U0921381

中国共青团年鉴

2005

共青团中央 编

中国青年出版社

(京)新登字 083 号

图书在版编目(CIP)数据

中国共青团年鉴（2005）/共青团中央编. —北京：中国青年出版社，2006
ISBN 7-5006-6921-6

Ⅰ. 中...　Ⅱ. 共...　Ⅲ. 中国共产主义青年团-年鉴-2005　Ⅳ. D29-54

中国版本图书馆 CIP 数据核字（2006）第 046548 号

*

中国青年出版社 出版 发行
社址：北京东四 12 条 21 号　邮政编码：100708
网址：www. cyp. com. cn
编辑部电话：（010）64034349　营销中心电话：（010）64065904
北京中科印刷有限公司印刷　新华书店经销

*

787 × 1092　1/16　82.5 印张　26 插页　2000 千字
2006 年 5 月北京第 1 版　2006 年 5 月北京第 1 次印刷
定价：260.00 元
本图书如有任何印装质量问题，请与印务中心质检部联系调换
联系电话：(010)84047104

《中国共青团年鉴》（2005）

编辑说明

一、《中国共青团年鉴》是全面反映中国共青团工作情况和组织发展情况的大型工具书。其宗旨是为社会各界提供中国共青团的有关资料，为各级团组织开展工作提供理论政策指导、工作经验和有关信息。

二、本年鉴共分9个部分：

1. 特载部分，收录了党和国家领导人关于共青团工作和青年工作的重要讲话和指示。

2. 团中央书记处领导讲话部分，收录了团中央书记处领导同志的有关讲话。

3. 重要文件部分，收录了团中央以及与其他相关单位联合下发的重要文件。

4. 重点工作概述部分，记录了团中央开展的重点工作和重点活动。

5. 命名及表彰部分，收录了团中央单独表彰及与其他相关部门联合表彰的先进集体和先进个人。

6. 组织概况部分，记录了共青团组织概况和其他全国性青年组织的概况。

7. 事业发展部分，记录了团中央直属单位的概况和开展的主要工作情况。

8. 省级团委工作简介部分，记录了各省级团委开展的主要工作情况。

9. 附录部分，为共青团工作大事记。

三、《中国共青团年鉴》记录的只是共青团工作的概况，为了解和研究共青团工作提供一个基本的线索，对于大量的具体工作特别是各地团组织开展的工作，因为篇幅原因未能详尽收录。

四、本年鉴由团中央机关各部门、各直属单位，各省级团委和各有关青年组织提供材料。团中央办公厅负责材料整理和编辑工作。

《中国共青团年鉴》涉及面广，资料收集工作繁杂，工作中难免会有差错和疏漏，不当之处，敬请批评指正。

2006年5月

∧ 2005年6月1日，中共中央总书记、国家主席胡锦涛与参加中国少年先锋队第五次全国代表大会的少先队员亲切交谈

∧ 2005 年 6 月 1 日，胡锦涛、吴邦国、温家宝、贾庆林、曾庆红、黄菊、吴官正、李长春、罗干等党和国家领导人接见参加中国少年先锋队第五次全国代表大会代表

∧ 2005 年 7 月 22 日，胡锦涛、吴邦国、温家宝、贾庆林、曾庆红、黄菊、吴官正、李长春、罗干等党和国家领导人接见参加中华全国青年联合会第十届委员会第一次全体会议、中华全国学生联合会第二十四次代表大会与会人员

∧ 2005 年 7 月 22 日，胡锦涛、吴邦国、温家宝、贾庆林、曾庆红、黄菊、吴官正、李长春、罗干等党和国家领导人接见参加中华全国青年联合会第十届委员会第一次全体会议、中华全国学生联合会第二十四次代表大会与会人员

∧ 2005 年 4 月 27 日，国家主席胡锦涛与菲律宾总统阿罗约出席《中菲青年事务合作协议》签字仪式

∧ 2005 年 11 月 1 日，中共中央总书记、国家主席胡锦涛和越共中央总书记农德孟在河内会见参加第六届“中越青年友好会见”活动的中越两国青年代表

∧ 2005 年 4 月 6 日，中共中央政治局常委、国务院总理温家宝参加中巴青年友好集会并讲话

∧ 2005 年 9 月 26 日，中共中央政治局常委、国务院副总理黄菊，中共中央政治局委员、全国人大常委会副委员长王兆国接见第二届“中国青年创业奖”获得者

∧ 2005年9月11日，中共中央政治局常委李长春，中共中央政治局委员、中央书记处书记刘云山参观“与共和国一起成长”——中国青少年宫半个世纪发展历程回顾展

∧ 2005 年 12 月 7 日，中共中央政治局常委、中央政法委书记罗干，中共中央政治局委员、全国人大常委会副委员长王兆国，中共中央政治局委员、中央书记处书记、国务委员周永康与第二届全国先进保安服务公司优秀保安员合影

∧ 2005年9月15日，中共中央政治局委员王乐泉出席“青年企业家西部行——新疆经贸考察活动”开幕式

∧ 2005 年 1 月 13 日，中共中央政治局委员、全国人大常委会副委员长王兆国与第十五届“中国十大杰出青年”合影

∧ 2005 年 5 月 4 日，中共中央政治局委员、全国人大常委会副委员长王兆国接见首届“全国十佳中学生”

∧ 2005年5月4日，中共中央政治局委员、全国人大常委会副委员长王兆国在北京人民大会堂接见第四届全国杰出进城务工青年

∧ 2005年5月8日，中共中央政治局委员、全国人大常委会副委员长王兆国在北京人民大会堂接见第九届“中国青年五四奖章”获得者

∧ 2005年10月12日，中共中央政治局委员、全国人大常委会副委员长王兆国与参加第十届全国十佳少先队员表彰会的少先队员亲切交谈

∧ 2005年12月团的十五届四中全会期间，中共中央政治局委员、全国人大常委会副委员长王兆国与团中央书记处成员合影

∧ 2005年12月21日，中共中央政治局委员，全国人大常委会副委员长王兆国接见参加"创新创业，报效祖国——2005海外学人回国创业周"的部分代表

∧ 2005年11月3日，中共中央政治局委员、全国人大常委会副委员长王兆国，中共中央政治局委员、国务院副总理回良玉出席第十届中国杰出青年农民颁奖典礼。回良玉同志讲话

∧ 2005年11月19日，中共中央政治局委员陈良宇会见第九届“挑战杯”全国大学生课外学术科技作品竞赛的参赛师生代表

∧ 2005 年 9 月 10 日，中共中央政治局委员、中央书记处书记贺国强参观“与共和国一起成长”——中国青少年宫半个世纪发展历程回顾展

∧ 2005 年 7 月 28 日，中共中央政治局委员、中央军委副主席、国务委员曹刚川出席第五届全国少年军校检阅式

∧ 2005 年 4 月 4 日，中共中央政治局委员，国务院副总理曾培炎参加“美化新三峡，保护母亲河”活动，并与青少年一起植树

∧ 2005 年 9 月 10 日，中共中央书记处书记、中央军委副主席徐才厚参观“与共和国一起成长”——中国青少年宫半个世纪发展历程回顾展

∧ 2005年9月10日，中共中央书记处书记何勇参观“与共和国一起成长”——中国青少年宫半个世纪发展历程回顾展

∧ 2005 年 10 月 12 日，国务委员唐家璇会见日本日中友好协会野中广务一行

∧ 2005年9月10日，国务委员陈至立参观“与共和国一起成长”——中国青少年宫半个世纪发展历程回顾展

∧ 2005 年 2 月 1 日，周强同志在春节期间到北京理工大学看望留校大学生，并与他们一起包饺子

∨ 2005 年 3 月 16 日，周强同志在云南省参加助学长征活动

∧ 2005 年 4 月 19 日，周强同志和全国青联获得联合国首届“地球卫士奖”

∨ 2005 年 9 月 29 日，周强同志看望中国新民主主义青年团第一个农村团支部——冯庄团支部的老团员

∧ 2005 年 6 月，赵勇同志率中国青年代表团访美，其间会见美国司法部部长阿尔伯托·冈萨雷斯

∨ 2005 年 10 月 29 日，赵勇同志率全国政协共青团、青联界别组考察团到宁夏回族自治区海原县关桥乡调研

∧ 2005 年 1 月 20 日，杨岳同志参加在广东省东莞市举行的“青春暖流”进城务工青年专列出发仪式

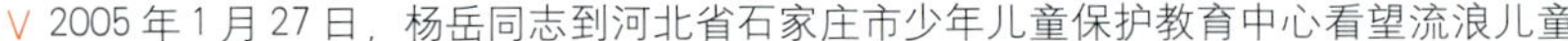

∨ 2005 年 1 月 27 日，杨岳同志到河北省石家庄市少年儿童保护教育中心看望流浪儿童

∧ 2005 年 1 月 28 日，胡伟同志到北京崇文区前门街道的特困居民家中送温暖

∨ 2005 年 3 月 2 日，胡伟同志参加第二届“全国杰出（优秀）青年外事工作者”表彰报告会

∧ 2005 年 11 月 7 日，尔肯江·吐拉洪同志考察胜利石油管理局黄河钻井五公司 70175 队

∨ 2005 年 12 月 15 日，尔肯江·吐拉洪同志为“科技之光”百名青年专家服务团授旗

∧ 2005 年 11 月 1 日，王晓同志到贵州省贵行集团红林公司就共青团员意识主题教育活动进行调研

∨ 2005 年 12 月 24 日，王晓同志参加在浙江省台州市举办的第二届中国青年创业周活动

∧ 2005 年 2 月 26 日，张晓兰同志到中国青年政治学院慰问春节寒假期间留校大学生

∨ 2005 年 6 月 1 日，张晓兰同志与参加第五次全国少代会的少先队员在一起

∧ 2005 年 12 月 19 日，贺军科同志在共青团十五届四中全会上当选为团中央书记处书记

∨ 2005 年月 12 月 24 日，贺军科同志参加“英雄航天员和航天专家与大学生见面会”

∧ 2005 年月 12 月 19 日，卢雍政同志在共青团十五届四中全会上当选为团中央书记处书记

∨ 2005 年 12 月 24 日，卢雍政同志在福建省考察海峡西岸经济区青年工作

∧ 2005 年 1 月 14 日，团中央直属机关保持共产党员先进性教育活动动员大会

∨ 2005 年 2 月 24 日，中国青年志愿者赴泰国救援服务队出征仪式在北京举行

∧ 2005 年 2 月，企业团组织结合自身实际，成立创新创效小组，开展攻关活动

∨ 2005 年 3 月，共青团组织开展青少年保护母亲河社会实践活动

∧ 2005 年 3 月 27 日，全国中小学生安全教育宣传日活动在北京西单文化广场举行

∨ 2005 年 5 月 20 日，青年就业与和谐社会国际论坛暨联合国青年就业网络年会在北京举行

∧ 2005 年 5 月 23 日，首届"振兴杯"全国青年职业技能大赛决赛开幕式在辽宁省沈阳市举行

∨ 2005 年 5 月 24 日，西部乡村流动图书车受到青少年的热烈欢迎

∧ 2005 年 5 月 28 日，海峡两岸共植同心树活动在广东省珠海市举行

∨ 2005 年 6 月 19 日，“青春自护，远离网隐”视频直播现场

∧ 2005 年 6 月 28 日，团中央举行农村青年中心建设现场经验交流会

∨ 2005 年 7 月 15 日，“感动”——第二届全国青少年网络短信作品大赛启动仪式

∧ 2005 年 7 月 28 日，第五届全国少年军校检阅式在北京举行

∨ 2005 年 8 月 1 日，第四届内地香港少年手拉手交流营活动在陕西启动

∧ 2005年8月，共青团组织开展现代农业科技培训活动

∨ 2005年8月21日，保护母亲河行动——“同一条河”美术家到三江源开展采风活动

∧ 2005 年 8 月 31 日，青年志愿者为中国人民抗日战争暨世界反法西斯战争胜利 60 周年活动提供志愿服务

∨ 2005 年 9 月 25 日，东盟与中日韩（10+3）青年领导人见面会在江苏省无锡市召开

∧ 2005 年 9 月 28 日，共青团中央在广西壮族自治区百色地区开展主题团日活动

∨ 2005 年 10 月 21 日，“12355” 青少年服务热线志愿者招募现场

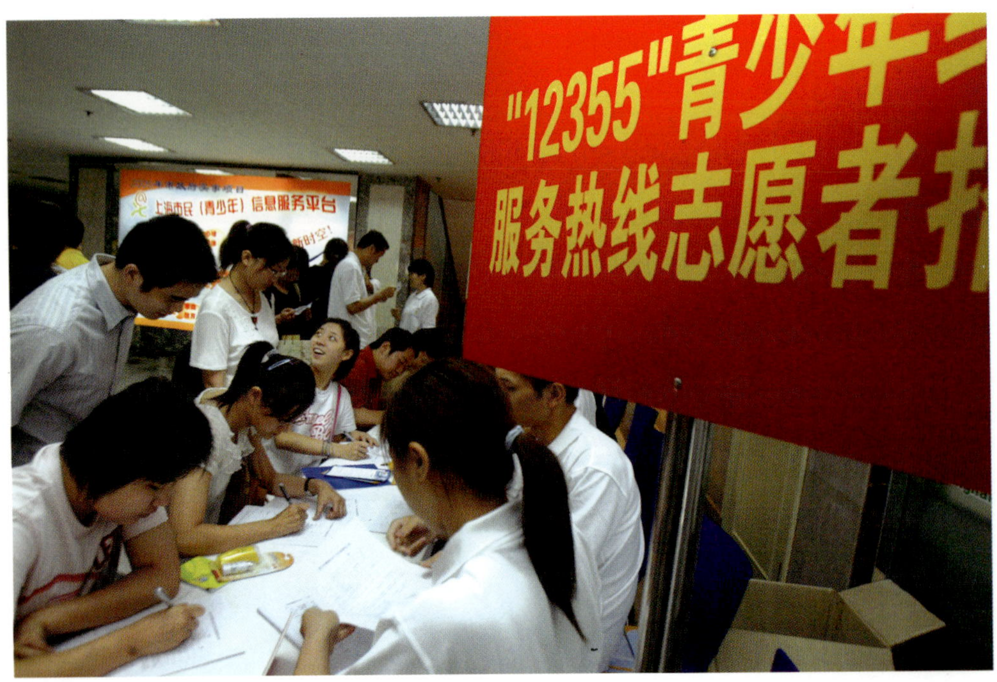

∧ 2005 年 10 月 22 日，2005 年中国青年服装时尚论坛在浙江省宁波市举行

∨ 2005 年 10 月 25 日，全国青年文明号活动现场经验交流会

∧ 2005 年 11 月 19 日，第九届挑战杯——飞利浦全国大学生课外学术科技作品竞赛终审决赛

∨ 2005 年 12 月 1 日，团中央召开增强共青团员意识主题教育活动电视电话会议

∧ 2005 年 12 月 3 日，农村公共卫生体系志愿服务项目试点工作志愿者开展地方病普查普治专项活动

∨ 2005 年 12 月 9 日，首都青年纪念“一二·九”运动 70 周年、“一二·一”运动 60 周年大会在北京人民大会堂召开

∧ 2005 年 12 月 20 日，共青团十五届四中全会在北京召开

∨ 2005 年 12 月 21 日，“2005 海外学人创业论坛”在北京人民大会堂举行

目　录

第一部分　特载

第二部分　团中央书记处领导讲话

周强同志讲话

赵勇同志讲话

杨岳同志讲话

胡伟同志讲话

尔肯江·吐拉洪同志讲话

王晓同志讲话

张晓兰同志讲话

第三部分　重要文件

第四部分　重点工作概述

第五部分　命名及表彰

第六部分　组织概况

第七部分　事业发展

第八部分　省级团委工作简介

第一部分

特　　载

给澳门劳工子弟学校学生的回信

2005年2月16日

胡锦涛

庄青青同学并初一年级英语兴趣小组各位同学：

你们好！春节期间，我收到你们的来信和你们亲手制作的精美贺年卡。在此，向你们表示感谢。你们在信中表达了对祖国和澳门的真挚感情，也表达了要好好学习、将来为祖国和澳门建设贡献力量的远大抱负。我看了以后十分高兴，也使我回想起两个月前在澳门同你们在一起的难忘情景。我向你们，向澳门劳工子弟学校的全体师生，致以诚挚的问候和良好的祝愿！

澳门回归祖国以来，社会安定祥和，经济持续增长，民众安居乐业，正如你们来信中所说，"澳门的变化是越来越好"。我相信，只要我们坚持"一国两制"、"澳人治澳"、高度自治的基本方针，在中央政府支持下，全体澳门居民紧密团结、不懈努力，澳门的明天一定会越来越好。

你们正处在风华正茂的年代。在你们身上，寄托着国家和民族的希望。希望你们和澳门青少年弘扬爱国爱澳精神，珍惜美好时光，学习文化知识，养成优良品德，树立远大志向，努力成长为社会的有用之才，准备着为把澳门建设得更加美好、为把祖国建设得更加美好贡献自己的智慧和力量。

我衷心祝愿同学们和澳门青少年学习进步、身体健康、生活幸福！

给新疆维吾尔自治区尉犁县达西村青年买买提·沙吾尔等的回信

2005年5月4日

胡锦涛

买买提·沙吾尔同志和达西村的青年朋友们：

你们好！很高兴收到你们热情洋溢的来信。今天适逢五四青年节，在此，我向广大青年朋友们致以节日的祝贺，并向全村的乡亲们致以亲切的问候！

从你们的来信中了解到，这些年来，在党的方针政策指引下，在村党支部带领下，全村各族群众艰苦奋斗、勤劳致富，用自己的双手改变了家乡贫穷落后的面貌，村里呈现出生产发展、生活富裕、邻里和睦、民族团结的喜人景象。在这个过程中，村团总支积极动员和组织团员青年，发挥优势、勇挑重担，为家乡的发展贡献了智慧和力量。我为你们所取得的成绩而感到欣慰。

当前，全党全国各族人民正在以邓小平理论和“三个代表”重要思想为指导，认真落实科学发展观，为全面建设小康社会而努力奋斗。这也为广大农村青年实现自己的理想抱负提供了难得机遇和广阔舞台。希望你们始终胸怀远大志向，不断学习知识技能，积极进行劳动创造，带头倡导文明新风，自觉维护民族团结，为建设社会主义新农村、为巩固和振兴祖国西部边陲再创佳绩、再立新功。

就实施大学生志愿服务西部计划作出重要指示

2005年7月12日

胡锦涛

2005年7月12日，中共中央总书记、国家主席胡锦涛就实施大学生志愿服务西部计划作出重要指示：

高校毕业生是国家宝贵的人才资源。实施大学生志愿服务西部计划，有利于开辟高校毕业生健康成长的新途径，有利于推动西部地区的经济社会发展。各级党委、政府和有关部门一定要从全局和战略的高度重视这项工作，总结成功经验，完善政策措施，健全工作机制，引导和鼓励更多的高校毕业生到西部、到基层、到祖国最需要的地方去，磨练意志，增长才干，为实现全面建设小康社会的宏伟目标贡献自己的智慧和力量。

在会见参加中巴青年友好交流活动两国青年代表时的讲话

2005年4月6日

温家宝

尊敬的中巴青年朋友们：

在巴基斯坦的访问过程中，能有机会来到小山公园这个美丽的地方，同中巴青年欢聚一堂，我感到非常高兴。看到青年朋友们一张张热情的笑脸，我仿佛也年轻了许多。

中巴已建交54年，让我们回顾一下中巴关系的昨天、认识一下它的今天和展望一下它的明天。40多年前，敬爱的周恩来总理在这里植下了第一棵象征中巴友谊的乌桕树。这棵树,在中巴人民辛勤培育下,历经风雨,苍翠挺拔,枝繁叶茂,这正是中巴友谊经受时间、历史和风云的考验,历久弥新,代代相传的生动写照。

中巴关系的今天,从昨天我一踏上这块土地,就深有体会。巴基斯坦人民用鲜花、舞蹈、两国的国旗和他们真挚的心来欢迎我们。用巴基斯坦朋友的话来说,现在形容对中国人民的感情,不是喜欢的问题了,喜欢已经不够了,而是热爱。

中巴关系的明天将更加稳固。在座的青年朋友是中巴友好事业的接班人,继承和发扬两国传统友谊的重任历史性地落在了你们的身上。今天,我在这里植了第93棵友谊树,我们要世世代代植下去,将来植树的,就是在座的青年一代。

青年人风华正茂,富有理想,是国家的未来和民族的希望。青年人热情奔放,勇于创新,是推动人类社会进步的重要力量。巴基斯坦著名诗人伊克巴尔曾说:"我热爱那些青年,他们敢上九天揽月。"中国的著名诗人李白也写有著名诗句:"大鹏一日同风起,扶摇直上九万里。"青年朋友们,你们是雄鹰,你们的面前有着广阔的前途。青年朋友们要成为展翅腾飞的雄鹰,就需要有远大的理想、丰富的知识和顽强的意志。我相信,中巴青年都是雄鹰,都可以上天揽月,展翅飞翔。

中巴两国青年之间的互访很有意义,它是两国青年增进了解、加深友好的重要渠道。我希望两国青年加强交往,相互学习,为中巴两国的友好合作,为建设人类更加美好的未来做出自己的贡献。

在会见第二届"中国青年创业奖"获得者时的即席讲话

2005年9月26日

黄　菊

同志们,青年朋友们:

今天,我与兆国同志,周强、成平同志一起,能够与创业有成的优秀青年代表见面,与大家共同感受青春的创造、共同分享丰收的喜悦,感到由衷的高兴。首先,我代表党中央、国务院,向第二届"中国青年创业奖"获得者表示衷心的祝贺,对中国青年创业行动推进会的胜利召开表示热烈的祝贺!

就业是民生之本、安国之策。就业问题与青年群体密切相关。青年创业是促进就业再就业的重要组成部分。青年当中有着巨大的创造活力和潜能,是我国人力资源中的重要力量。做好青年就业创业工作意义重大,关系到就业再就业工作的全局。

近年来,共青团组织、劳动和社会保障部门结合青年实际需求,大力整合资源,充分发挥自身优势,为推动青年就业创业做出了一系列积极努力,探索了中国青年创业行动的项目载体,培训了千千万万的青年创业带头人和合格劳动者,为广大青年提供了牵线搭桥、资金扶持、优惠政策等丰富有效的创业服务。当前,青年就业工作令人鼓舞,青年自主创业蔚然成风,在座的各位获奖者,事迹都很感人,是青年就业创业的典型代表。可以说,我国青年就业创业工作,已经初步形成了具有鲜明中国特色的工作体系框架和工作机制。

今年7月10日，胡锦涛总书记就青年就业问题作出重要批示，对做好我国就业再就业工作提出了新的更高的要求，为今后促进青年就业创业进一步指明了方向。各级团组织和劳动保障部门要深入学习贯彻胡锦涛总书记的批示精神，在总结工作经验的基础上，大力推进中国青年创业行动，进一步做好促进青年就业和再就业工作。要大力开展就业和创业培训，帮助青年提高就业和创业的能力，拓展青年就业和创业的空间。要大力宣传青年创业典型的先进事迹，充分发挥榜样的示范作用，带动和影响更多的青年投身创业实践。各级党委和政府要高度重视青年的就业创业工作，加强对青年就业创业工作的领导，通过整合力量、落实政策、资金扶持等多种途径，大力支持中国青年创业行动，推动青年就业创业工作不断开创新局面。

再过几天，我们将迎来国庆56周年的欢庆日子。最后，我预祝同志们、青年朋友们节日快乐，家庭幸福！

在全面建设小康社会的历史进程中锐意进取建功成才

——在首都青年纪念“一二·九”运动70周年、“一二·一”运动60周年大会上的讲话

2005年12月9日

李长春

尊敬的各位老同志，同志们、同学们、青年朋友们：

今天我们隆重集会，纪念“一二·九”运动70周年和“一二·一”运动60周年。我谨代表党中央、国务院，向所有参加过“一二·九”运动、“一二·一”运动的老同志致以崇高的敬意！向全国各族青年和青年学生致以诚挚的问候！

“一二·九”运动是中国共产党领导的、以爱国学生为主体的伟大抗日救亡运动。1935年，日本帝国主义在侵占我国东三省后，又向我华北地区发动了新的侵略。在民族存亡的关键时刻，中国共产党提出了建立抗日民族统一战线的主张，号召全民族团结起来抗日救国，反对不抵抗政策。在中国共产党的领导下，北平学生发起了一场轰轰烈烈的抗日救亡运动。12月9日晨，数千爱国学生呼喊“停止内战，一致抗日”“打倒日本帝国主义”等口号举行游行示威，要求停止内战、一致抗日。1936年1月初，平津学生组成“南下扩大宣传团”，深入平汉铁路沿线的华北农村，宣传抗日救国主张，并在这场斗争中建立了中国共产党领导的先进青年组织——“中华民族解放先锋队”，进一步开辟了青年和青年学生与工农群众相结合的正确道路。北平学生的爱国行动得到了全国各界群众和海外侨胞的广泛响应和支持，一个抗日救国的新高潮在全国迅速兴起。“一二·九”运动宣传了党的抗日主张，有力地推动了抗日救亡运动的发展，不仅是中国革命史上值得纪念的重大事件，也是中国青年运动史上一个光辉的里程碑。胡锦涛总书记今年在纪念中国人民抗日战争暨世界反法西斯战争胜利60周年大会上的重要讲话中深刻指出：“‘一二·九’运动促进了中华民族的觉醒，标志着中国人民抗日救亡民主运动新高潮

的到来。”

“一二·一”运动是中国共产党领导的又一场爱国学生运动。60年前，中国共产党号召“全国人民动员起来，用一切方法制止内战”，当时处于全国民主运动中心的昆明学生率先行动起来，迅速投入“反内战、争民主”的运动，在中国青年运动史上续写了光辉的一页。

“一二·九”运动以来的70年间，中国青年和青年学生在党的领导下，为争取民族的独立解放和国家的繁荣富强前赴后继、不懈奋斗，用青春和热血绘就了可歌可泣的历史画卷，创造了无愧于人民、无愧于时代的光辉业绩。在新民主主义革命时期，广大进步青年踊跃加入中国共产党，积极传播马克思主义，在党的领导下，为推翻三座大山、建立新中国英勇奋斗，敢于牺牲，谱写了不可磨灭的历史功勋；在社会主义建设时期，一批又一批青年积极响应党的号召，积极投身社会主义建设的火热洪流，为建设新中国贡献了青春和智慧；在改革开放的新时期，广大青年以振兴中华为己任，以蓬勃的朝气、强烈的时代责任感，为建设中国特色社会主义、实现中华民族的伟大复兴，勤奋学习，开拓进取，凝聚起强大的青春力量。

回顾总结“一二·九”运动以来中国青年运动的历史进程，我们可以深刻认识到：青年是民族的希望、国家的未来，祖国建设、时代进步的重任寄托在青年身上。中国青年运动只有始终坚持中国共产党的领导，与时代同步伐，与祖国共命运，与人民齐奋斗，才能始终保持正确的政治方向，吸引广大青年和青年学生积极参与，推动党和人民的事业不断向前发展。广大青年和青年学生只有在中国共产党的领导下，自觉把个人的理想追求和国家的前途命运紧密结合起来，把个人的事业发展和人民的根本利益紧密结合起来，才能成长为对国家、对人民有所贡献的人。

本世纪头20年，对我国来说是一个必须紧紧抓住并且可以大有作为的重要战略机遇期。我们要集中力量，全面建设惠及十几亿人口的更高水平的小康社会，使经济更加发展、民主更加健全、科教更加进步、文化更加繁荣、社会更加和谐、人民生活更加殷实。经过这个阶段的建设，再继续奋斗几十年，到本世纪中叶基本实现现代化，把我国建成富强民主文明的社会主义国家。前不久召开的党的十六届五中全会通过了《中共中央关于制定国民经济和社会发展第十一个五年规划的建议》，描绘了未来五年我国经济社会发展的宏伟蓝图。实现这一宏伟目标，需要包括当代青年在内的全国各族人民的共同努力和不懈奋斗。当代青年和青年学生的奋斗历程与本世纪头20年的重要战略机遇期紧紧相伴，也与中华民族在本世纪中叶实现伟大复兴的事业紧紧相连，全面建设小康社会和实现中华民族伟大复兴的重任历史性地落到了当代青年和青年学生身上。希望当代青年和青年学生进一步继承和发扬“一二·九”运动、“一二·一”运动的光荣革命传统，按照胡锦涛总书记提出的“勤于学习、善于创造、甘于奉献”的要求，切实增强使命感、责任感、紧迫感，为推动我国的经济建设、政治建设、文化建设与和谐社会建设，开创中国特色社会主义事业新局面做出新的更大贡献。

一是要坚定理想信念，弘扬民族精神。理想信念是一个人立身处世、成就事业的基石。青年时期是坚定理想信念、树立奋斗目标的关键时期。广大青年和青年学生要充分认识自己肩负的历史责任，牢固树立在中国共产党领导下、走中国特色社会主义道路、实现中华民族伟大复兴的共同理想，在全面建设小康社会的历史进程中明确人生的奋斗目标。要坚持用邓小平理论和“三个代表”重要思想武装头脑，树立和落实科学发展观，正确把握社会发展规律，坚定对中国特色社会主义的信仰和对改革开放的信念。要把个人的理想与国家的前途紧密结合起来，正确认识自己的社会责任，倍加顾全大局，倍加珍视团结，倍加维护稳定。要继承和弘扬以爱国主义为核心的伟大民族精神，努力培养团结统一、爱好和平、勤劳勇敢、自强不息的民族品格。特别要大力倡导新时期“伟大抗洪精神”、“两弹一星精神”、“抗击非典精神”和“载人航天精神”，认真学习时代先锋在建设和改革进程中展现的崇高风范，陶冶自己的情操，汲取精神力量。

二是要勤于学习，发奋成才。青年学生是国家高素质人才的重要来源，是中国特色社会主义事业未来的建设者和接班人。青年时期是人生中最好的学习时光。和革命战争年代相比，和过去相比，当代青年学生拥有十分难得的优越学习环境，要百倍珍惜大好光阴，把学习当作首要任务，抓住机会，学习一切对自己健康成长有用的知识，不断完善知识结构，打牢知识基础。要注重学习思想政治理论，学习马克思主义基本原理，学习体现当代马克思主义最新成果的邓小平理论和“三个代表”重要思想，树立正确的世界观、人生观、价值观，掌握认识问题、解决问题的科学思想方法。要深入钻研各种专业知识，用人类一切优秀文明成果和先进科学文化知识丰富自己，不断提高自身的综合素质。要充分利用现代信息技术特别是互联网作为重要的学习手段，丰富知识，开阔眼界，增长才干。

三是要投身实践，奉献社会。与实践相结合、与工农群众相结合，这是“五四”运动特别是“一二·九”运动、“一二·一”运动中广大青年知识分子开辟的成长成才的必由之路。深入社会，投身实践，是青年和青年学生了解社会、了解国情，增长才干、奉献社会，锻炼毅力、培养品格，增强社会责任感的重要途径。新世纪新阶段，改革开放和现代化建设的火热生活，人民群众全面建设小康社会、构建社会主义和谐社会的伟大实践，为当代青年和青年学生投身实践、奉献社会提供了广阔的舞台。当代青年和青年学生要继承光荣传统，坚持理论联系实际，积极投身社会实践，唱响“与人民紧密结合，为祖国奉献青春”这一当代中国青年运动的主旋律。要发扬无私奉献的优良传统，积极参与社会公益活动，热忱关心和帮助社会困难群体，努力做中华民族传统美德的传承者，做时代新风的倡导者，为构建社会主义和谐社会做出积极的贡献。要以敢为天下先的责任感和豪迈气魄，自觉到基层去，到西部去，到改革开放和现代化建设的第一线去，到祖国和人民最需要的地方去建功立业，在全面建设小康社会、实现中华民族伟大复兴的历史进程中写下壮美的青春之歌。

四是要与时俱进，勇于创新。创新是一个民族进步的灵魂，是一个国家兴旺发达的不竭动力。青年是思维最活跃、求新愿望最强烈、最富创新意识的群体。提高民族自主创新能力，建设创新型国家，关键在人才，希望在青年。科教兴国战略和人才强国战略的实施，为青年创新能力的培养和创新人才的涌现创造了良好的机遇和条件。当代青年应充分发挥自身优势，着力在培养创新意识，挖掘创新潜能，提高创新能力上下功夫，努力把自己培养成为创新型青年。要努力掌握现代科学文化知识，追踪现代科学技术发展的前沿，紧跟科技进步的步伐，勇于攀登世界科学高峰。要立足本职岗位，结合工作实际，运用所学知识，努力在一些关键领域和重要方面取得突破，为走出具有中国特色的科技创新之路做出应有贡献。千千万万创新型青年人才的涌现，必将汇聚成一支气势恢弘的人才大军，为建设创新型国家，增强我国综合国力和国际竞争力，提供强有力的智力支持和人才保证。

青年是祖国的未来和民族的希望。各级党委要站在为中国特色社会主义事业培养造就千千万万建设者和接班人，使党和国家的事业后继有人的全局高度，把青年一代的教育培养作为提高党的执政能力、巩固党的执政地位的战略任务，摆在更加突出的位置，切实加强领导。要建立健全党委统一领导、党政群齐抓共管、有关部门各负其责、全社会大力支持的领导体制和工作机制,采取更加有力的政策措施,及时解决涉及青年和青年学生健康成长的实际问题。要为青年和青年学生投身社会实践提供帮助,千方百计为青年人才的成长创造条件、提供舞台,营造有利于青年人才脱颖而出的良好社会环境。要认真研究当代青年的新特点,把握新的历史条件下青年工作的规律,促进青年思想和身心的健康发展。共青团和青联、学联组织要更好地担负起团结、教育、服务青年和青年学生的职责,特别要针对新时期不同青年群体的不同特点有针对性地做好工作,不断增强凝聚力和影响力,把青年和青年学生广泛团结在党的周围。要在全社会形成爱护青年、关心青年、支持青年的良好氛围,共同促进青年一代的健康成长。

同志们、同学们、青年朋友们,全面建设小康社会的宏伟大业已经开启,中华民族伟大复兴的美好蓝图已经展现在我们眼前,近代以来无数志士仁人不懈追求的强国梦想将在当代青年的手中变为现实。让我们更加紧密地团结在以胡锦涛同志为总书记的党中央周围,高举邓小平理论和"三个代表"重要思想伟大旗帜,以科学发展观为指导,与时俱进,开拓创新,为实现全面建设小康社会的宏伟目标而努力奋斗!

在接见全国青联九届六次常委(扩大)会议与会人员时的讲话

2005 年 1 月 13 日

王兆国

各位常委,同志们:

今天,再次与全国青联的各位青年朋友见面,我感到格外高兴。虽然现在北京是隆冬时节,但我们这里却是春意盎然,洋溢着青春的气息。在此,我首先向大家致以亲切的问候!

过去的一年,我国改革开放和现代化建设又取得了新的重大进展。GDP 增长率预计将超过 9%,全年总额可超过 1.6 万亿美元,外贸进出口总额首次达到 1.1547 万亿美元,跃居世界第三位,全年实际利用外资总额将突破 600 亿美元,外汇储备到去年 10 月底已超过 6099 亿美元,预计全年财政收入将比 2003 年增长 5000 亿人民币,综合国力大幅提升。在推进经济发展的同时,我国的社会主义政治文明、精神文明建设也取得了新的成就。这些成绩的取得,是党中央正确决策的结果,是包括广大青年在内的全党全国各族人民共同奋斗的结果。在这一进程中,广大青联委员在各自的领域,带领广大青年奋勇拼搏,取得了突出的成绩,为推动经济社会发展做出了积极的贡献。

青联是党领导下的我国各青年团体的联合组织。长期以来,在爱国主义、社会主义的旗帜下,青联组织坚持爱国、团结、进步,广泛团结、凝聚海内外各族各界青年,为我国经济发展、科技进步、社会稳定、民族团结、祖国统一等各项事业发挥了积极作用。在此,我对做好下一步的青联工作,简要讲四点意见。

第一,要团结引导广大青年在促进经济社会发展中发挥生力军作用。2005 年,是我国全面实现“十五”计划目标的最后一年，也是中国推进全面建设小康社会进程的重要一年，为亿万青年成长成才、建功立业提供了广阔的空间和舞台。各级青联组织要牢固树立科学的发展观，紧紧围绕今年经济社会发展的总体目标，团结动员广大青年为推动国民经济持续快速健康发展做贡献。要着眼于调整经济结构，转变经济增长方式，加速科技创新，增强经济发展的科技含量，促进科技成果向现实生产力的转化。着眼于调整农业产业结构，促进农民持续增收，帮助农民发展农业产业化经营，拓宽增收致富渠道。着眼于促进区域经济协调发展，组织引导广大青年积极投身西部大开发、振兴东北等老工业基地、促进中部地区崛起和东部地区继续加快发展等实践，立足本职岗位，发挥自身优势，建功立业成才。

第二，要为巩固党执政的青年群众基础做出新贡献。中华民族是最优秀的民族，当代中国青年也是世界上最优秀的青年，昭示着国家的未来和民族的希望。做好青年群众的工作，与巩固党的执政地位、保持党的事业长盛不衰息息相关。各级青联组织要从巩固党执政的青年群众基础的高度，充分认识做好新形势下青联工作的重要性，进一步增强责任感和使命感，把广大青年更加紧密地团结在党的周围。当前，青年的思想状况变化很大很快。影响青年思想的各种因素也变化很大很快。要针对国际国内形势复杂变化和各种思想文化相互激荡的现实，教育引导广大青年认清形势、了解国情，牢固树立正确的世界观、人生观、价值观，在吸收世界各国先进文化的过程中坚持以我为主、兼收并蓄，增强民族自豪感、自尊心、自信心，始终把握好人生的正确方向，进一步坚定广大青年跟党走中国特色社会主义道路的理想信念。

第三，要在构建社会主义和谐社会中发挥积极作用。坚持以人为本，努力构建社会主义和谐社会，形成全体人民各尽所能，各得其所，而又和谐相处的社会，体现了科学发展观的本质要求，是全面建设小康社会的重要内容。各级青联组织要进一步增强责任意识，发挥联系面广、代表性强的优势，影响和带动广大青年正确处理个人利益和集体利益、局部利益和整体利益、当前利益和长远利益的关系，增强主人翁意识和社会责任感；要积极参与社会建设与管理，主动配合党和政府做好化解矛盾、排忧解难的工作，为全社会形成团结互助、扶贫济困的良好风尚和平等友爱、融洽和谐的人际关系做出应有的贡献。

第四，要大力加强各级青联组织自身建设。一是要始终保持锐意进取、开拓创新的精神状态。青联要适应时代发展要求，立足我国国情，研究新情况，解决新问题，积极主动、创造性地开展工作，更好地体现时代性、把握规律性、富于创造性；二是要紧紧围绕大团结、大联合的主题。青联开展的每一项工作，都要赋予团结的意义，不断创新组织形式，拓宽联系渠道，促进实现各族各界、海内外中华青年的大团结、大联合，团结和引导广大青年为统一祖国、振兴中华共同奋斗。三是要牢牢把握面向青年、服务青年的宗旨。要进一步增强青联组织的服务能力，提高服务水平，加大培养、举荐青年人才的力度，为青年成长成才搭建平台，创造条件，促进更多的青年人才脱颖而出、健康发展，不断增强青联组织的吸引力和凝聚力。

青联荟萃了当代中国社会各界的青年人才，青联委员都是各领域的佼佼者，在全社会和广大青年中具有很强的导向和示范作用。多年来，一代又一代的青联委员在祖国建设的各个时期都发挥了重要的作用。在新世纪新阶段，广大青联委员要认清肩负的历史责任，把个人的前途命运融入到实现国家富强、民族振兴的伟大实践中，在发展壮大自身的同时，以模范的思想和行为，影响和带动更多的青年共同进步。

青年朋友们，目前我国的经济社会发展正处于历史上的最好时期之一，党和人民对青年寄予了殷切期望。希望大家抓住机遇、奋发进取，高举邓小平理论和“三个代表”重要思想伟大旗帜，按照胡锦涛总书记提出的勤于学习、善于创造、甘于奉献的要求，在投身全面建设小康社会的宏伟大业中再创辉煌业绩！

中华民族的传统节日——春节就要到了，在这里，我给大家拜个早年，祝各位青年朋友在新的一年里身体健康，事业进步，生活幸福！

在接见第15届“中国十大杰出青年”时的讲话

2005年1月13日

王兆国

同志们，青年朋友们：

今天与第15届“中国十大杰出青年”见面，我感到非常高兴。首先，我对你们获得的荣誉表示热烈的祝贺！

看到你们取得的成绩和先进事迹，很受鼓舞，也很欣慰。在你们当中，有顽强拼搏，在国际舞台上为国争光的体育健儿和青年艺术家；有潜心钻研，在科技领域做出重大贡献的青年专家；有舍生忘死，在缉毒工作中屡建奇功的公安干警；有艰苦创业，带领农民群众步入小康生活的村党支部书记；也有锐意进取，在社会主义市场经济大潮中茁壮成长的青年企业家。尽管大家的岗位不同，经历不同，但都有报效祖国，热爱人民的共同胸怀，能够自觉地把个人的奋斗融入到国家和民族的进步事业中，集中展现了当代青年勤于学习、善于创造、甘于奉献的精神风貌，是当代中国青年学习的榜样和楷模。15年来，“中国十大杰出青年”评选活动得到了广大青年和社会各界的普遍认同，已经成为新形势下典型树立工作的一个品牌，为促进当代青年的健康成长和青年人才的脱颖而出，为培养和造就一支强大的青年人才队伍发挥了重要的导向和示范作用。各级共青团和青联组织要认真总结经验，把握工作规律，体现时代要求，适应青年特点，不断提高“十杰”青年评选工作的层次和水平。

刚刚过去的2004年，我国现代化建设又取得了新的发展。2004年我国GDP增长率预计将超过9%，全年总额可超过1.6万亿美元，标志着我国在全面建设小康社会的征程上又迈出了坚实的一步。2005年，是我国全面实现“十五”计划目标的最后一年，也是推进全面建设小康社会大业的重要一年，为广大青年成长成才、建功立业提供了广阔的空间和舞台。希望你们抓住机遇、乘势而上，珍惜荣誉、再接再厉，不断取得新的更大的成绩；希望你们保持奋发进取的精神状态，学习新知识，掌握新本领，始终走在改革和发展的前列；希望你们以自己的模范行为影响和带动更多的青年共同成长，共同进步。相信全国亿万青年在你们的感召和鼓舞下，一定会奋发努力，开拓进取，在以胡锦涛同志为总书记的党中央的领导下，在邓小平理论和“三个代表”重要思想的指引下，积极投身全面建设小康社会的伟大实践中，创造出无愧于青春、无愧于时代、无愧于党和人民的辉煌业绩！

学习优秀青年，争当优秀青年

——在第九届“中国青年五四奖章”颁奖座谈会上的讲话

2005年5月4日

王兆国

同志们，青年朋友们：

今天是五四青年节。在这样一个喜庆的日子里，与第九届“中国青年五四奖章”获得者、首届“全国十佳中学生”、第四届“全国杰出进城务工青年”一起欢度青年人自己的节日，我感到非常高兴。首先，我向获奖的青年朋友们表示热烈的祝贺，并向全国各族青年致以节日的问候！

刚才，看了在座各位的事迹，听了几位同志的发言，我很受感动。你们当中，有归国创业、打造“中国芯”的知识英雄，有忠诚党的事业、司法为民的青年法官，有主动请战、远赴海啸灾区的巾帼女杰，有勇攀高峰、站在世界高科技前沿的火箭总设计师，有扎根艰苦地区、无私奉献的青年志愿者，有不怕牺牲、英勇抢险救援的消防战士，有艰苦创业、带领农民增收致富奔小康的基层干部，有勇于创新、爱岗敬业的技术能手，有致富思源、回馈社会的民营企业家，还有坚守在边防哨所、雪域高原的青年官兵，在宣传战线真情奉献的新闻工作者，在体育赛场为国争光的青年教练员和在平凡岗位上忘我工作的白衣天使。虽然大家来自不同的领域，工作在不同的岗位，但都有一颗报效祖国、服务人民的赤诚之心，用自己的青春、智慧和力量，在改革开放和社会主义现代化建设的伟大实践中创造了骄人的业绩，你们热爱党、热爱祖国、热爱社会主义的思想品质，服务人民、奉献社会的精神风貌，发奋学习、勇于创造的良好素质，集中体现了当代青年的先进性。你们不愧为优秀青年的杰出代表，不愧为广大青年学习的榜样！

改革开放以来，我们国家始终保持了持续快速健康发展的良好势头，经济建设和社会进步事业都取得了举世瞩目的伟大成就。当前，我们已进入全面建设小康社会、加快推进社会主义现代化的新的发展阶段。本世纪头20年，是我们必须紧紧抓住并且可以大有作为的重要战略机遇期。从国际国内形势看，这一机遇十分难得，只要我们抓得住、用得好，就能够建成惠及十几亿人口的更高水平的小康社会，在现代化的道路上大大地迈进一步。机不可失，时不我待。我们必须抓住机遇、乘势而上，聚精会神搞建设，一心一意谋发展，全面推进中国特色社会主义事业。当代青年要在这一伟大历史进程中健康成长，必须和全国人民一道，自觉地承担起全面建设小康社会、实现中华民族伟大复兴的崇高使命，按照胡锦涛总书记提出的“勤于学习、善于创造、甘于奉献”的要求，不断提高自身的全面素质，充分发挥生力军和突击队作用，为推动我国的经济建设、政治建设、文化建设与和谐社会建设的全面发展做出新的更大贡献。

青年是社会上最富有朝气、最富有创造性、最富有生机活力的群体，是祖国的希望，民族的未来。要确保我们党的事业薪火相传、后继有人，就必须培养造就千千万万的先进青年，使他们成为中国特色社会主义事业的合格建设者和可靠接班人。广大青年要按照党的要求健康成长，就必须学习优秀青年，争当优秀青年。

第一，要坚定理想信念，矢志报效祖国。全面建设小康社会，是时代的主题，也是当代中国青年的历史使命。在这一宏伟的历史进程中,青年要把握时代脉搏,铸就青春辉煌,就必须牢固树立走中国特色社会主义道路的理想信念,充分发挥引领社会风气之先的作用,竭诚服务人民、矢志报效祖国。只有这样,才能在今后的人生道路上把握正确的方向,为祖国和人民做出更大的贡献。这就要求广大青年坚持用邓小平理论和“三个代表”重要思想武装头脑,树立正确的世界观、人生观和价值观,构筑起强大的精神支柱。特别是要注重把个人的理想追求同国家的前途命运紧密结合起来,把个人的事业同人民群众的需要紧密结合起来,努力使自己成为对国家、对人民有所贡献的人。

第二,要立足本职工作,创造一流业绩。当代青年不仅要有追求先进的远大抱负,更需要有脚踏实地的实干精神。广大青年要从自身做起,从具体工作做起,从一点一滴做起,脚踏实地地去奋斗;要立足岗位,勤勉敬业,扎实工作,在不同领域创造一流的业绩;要把自身蕴藏的创新热情和创造潜力充分激发出来,锐意创新,勇于开拓,在各条战线不断有所发现,有所创造,有所前进;要自觉到基层、到现代化建设的第一线、到祖国和人民最需要的地方去经风雨、见世面,艰苦创业,勇挑重担。

第三,要掌握真才实学,练就过硬本领。青年要始终站在时代的前列,为国家、为社会做出更大的贡献,必须有过硬本领,必须有真才实学。青年时期是人生中最好的学习时光,是成长成才的关键时期,青年的首要任务就是学习成才。特别是随着时代的发展,知识更新的速度也比以往任何时候都要迅速,青年人不学习也会落伍,也会被时代所淘汰。广大青年要牢固树立终身学习的观念,努力掌握科学文化知识,吸收人类文明创造的一切优秀成果,通过发奋学习,锤炼品格,增长才干,全面提高自身素质。

第四,要珍惜机遇、促进发展、维护稳定。发展是党执政兴国的第一要务,发展是解决中国一切问题的关键。稳定是发展的前提和基础,没有稳定的社会局面,什么事也干不成。保持社会稳定,对于构建民主法制、公平正义、诚信友爱、充满活力、安定有序、人与自然和谐相处的和谐社会,具有重要的意义。广大青年要识大体、顾大局,珍惜当前来之不易的大好形势和难得的发展机遇,成为促进国家发展、维护社会稳定的一支重要力量,这也是当代青年走向成熟的一个主要标志和具体体现。要深刻领会、坚决贯彻党中央的一系列重大决策和部署,从国家、民族的长远和根本利益出发,把强烈的爱国热情转化为做好本职工作和刻苦学习的实际行动,把我们的国家建设得更加富强和美好。

共青团、青联、学联组织都是党联系青年群众的桥梁和纽带。在新的历史条件下,共青团、青联、学联组织要主动适应新形势新任务的要求,围绕中央的重大战略部署,进一步加强青年思想教育工作,坚持把竭诚服务青年作为全部工作的出发点和落脚点,引导广大青年在改革开放和现代化建设中充分发挥生力军作用。

“中国青年五四奖章”是共青团中央、全国青联授予当代青年的最高荣誉。赢得这样的荣誉来之不易,保持这样的荣誉更须努力。希望在座的各位同志珍惜荣誉,谦虚谨慎,不骄不躁,再接再厉,不辜负党和人民的殷切希望,团结和带领广大青年,在今后的工作中不断取得新的成绩。

同志们,青年朋友们,伟大的爱国主义精神是中华民族不断发展和进步的重要力量源泉。让我们紧密团结在以胡锦涛同志为总书记的党中央周围,以邓小平理论和“三个代表”重要思想为指导,在全面建设小康社会、实现中华民族伟大复兴的进程中谱写新的时代篇章!

时刻准备为实现中华民族伟大复兴贡献力量

——在中国少年先锋队第五次全国代表大会上的祝词

2005年6月1日

王兆国

少先队员朋友们，同志们：

中国少年先锋队第五次全国代表大会在今年“六一”国际儿童节隆重开幕了。刚才，胡锦涛总书记等中央领导同志亲切会见了全体与会代表，并殷切希望全国各族少年儿童勤奋学习、快乐生活、全面发展。这充分体现了党中央对全国少年儿童的亲切关怀和对少先队工作的高度重视。在这里，我代表党中央，向大会表示热烈的祝贺！向全国各族少年儿童表示节日的问候！向广大少先队辅导员、少年儿童工作者表示崇高的敬意！

第四次全国少代会以来，少先队按照党的要求，在共青团的带领下，紧紧围绕全党全国工作大局，把竭诚为少年儿童健康成长服务作为全部工作的出发点和落脚点，着眼于提高少年儿童的全面素质，发挥实践育人的优势，以体验教育为基本途径，突出抓好思想道德教育，深入开展了“手拉手”、“雏鹰争章”、“民族精神代代传”等一系列内容生动、形式新颖、吸引力强的活动，为促进少年儿童健康成长发挥了重要作用。广大少年儿童在党的阳光照耀下，以小主人的姿态，树立为建设祖国贡献力量的志向，努力学习、锻炼身体、参与实践、培养能力，在少先队组织中健康茁壮成长。实践表明，当代少年儿童是大有希望的一代，少先队是建设中国特色社会主义事业的合格预备队。

少先队员朋友们，你们成长在一个伟大的时代，一个改革开放和现代化建设不断推进的时代。全党全国各族人民正抓住本世纪头20年这个重要战略机遇期，全面建设惠及十几亿人口的更高水平的小康社会，努力实现经济更加发展、民主更加健全、科教更加进步、文化更加繁荣、社会更加和谐、人民生活更加殷实。经过这个阶段的建设，再继续奋斗几十年，到本世纪中叶我们将基本实现现代化，把我国建成富强民主文明的社会主义国家。实现中华民族伟大复兴的理想需要一代又一代人不懈奋斗，推进伟大事业的接力棒必将传到你们这一代少年儿童的手上。

时刻准备着为实现中华民族伟大复兴、为共产主义事业而奋斗，应当成为当代少年儿童的共同志向。你们只有把个人的志向同中华民族的奋斗目标、国家的发展前途紧紧联系在一起，通过艰苦不懈的努力，才能成就一番事业，真正实现自己的人生价值。要成长为社会主义现代化建设需要的合格人才，就必须把理想抱负落实到每一天的具体行动之中。要从爱家乡、爱父母、爱老师、爱同学做起，培养报效祖国、奉献社会、服务人民的优良品德；要从爱劳动、爱动脑、勤动手、上好每一节课、完成好每一次作业做起，培养有知识、能实践、会创造的实际本领；要从坚持参加体育锻炼、养成良好的生活习惯、战胜每一个困难做起，培养健康的身体和心理素质。

少先队是少年儿童健康成长的摇篮，是少先队员学习中国特色社会主义和共产主义的大学校。在新世纪新阶段，少先队要坚持以邓小平理论和“三个代表”重要思想为指导，树立和落实科学发展观，主动适应时代发展的要求，充分发挥少年儿童组织的优势，深入浅出讲道理，寓教于乐搞活动，满腔热情做服务，扎扎实实抓建设，教育引导广大少年儿童为实现中华民族的伟大复兴做好全面准备，努力为培育中国特色社会主义事业合格建设者和可靠接班人做出贡献。各级共青团组织要从不断巩固和扩大党执政的群众基础的高度，进一步发扬全团带队的优良传统，切实加强对少先队的领导，健全少先队的各级工作机构，支持少先队创造性地开展工作。

少先队辅导员和少年儿童工作者为少年儿童的健康成长和少先队事业的蓬勃发展付出了心血和汗水，做出了积极贡献，党和人民感谢你们。希望广大少先队辅导员和少年儿童工作者勤于学习、甘于奉献，不负党和人民的重托。各方面都要关心他们的学习、生活和进步，鼓励和支持他们努力做少年儿童人生追求的引领者、实践体验的组织者、健康成长的服务者、合法权益的保护者和良好发展环境的营造者，为培养祖国下一代做出新的更大的贡献。

胡锦涛总书记指出："少先队事业的蓬勃发展是党的事业始终保持生机和活力的重要源泉；少年儿童的健康成长是国家和民族永远兴旺发达的希望所在。"全党全社会都要从确保党的事业后继有人和社会主义事业兴旺发达的战略高度，关心少年儿童的健康成长，支持少先队工作。各级党委和政府要高度重视少先队工作，进一步发挥少先队在未成年人思想道德建设中的重要作用，为少先队开展工作提供政策支持和物质保障。教育行政部门要把少先队工作纳入教育发展规划，把对少先队工作的指导、检查、考核纳入教育行政部门的督导、评估范畴，为少先队发挥积极作用创造更好的条件。学校、家庭、社会各个方面都要密切配合，齐抓共管，形成关心少年儿童、爱护少年儿童、帮助少年儿童的氛围和合力。

少先队员朋友们，你们是祖国的未来，民族的希望。美好的生活要靠你们去创造，美好的理想要靠你们去实现。党和人民对你们寄予殷切期望，你们一定要奋发努力，为祖国美好的明天而不懈奋斗！

铸就青春辉煌，推进民族复兴

——在全国青联十届一次全委会和全国学联二十四大上的祝词

2005年7月22日

王兆国

青年朋友们，同学们，同志们：

中华全国青年联合会第十届委员会第一次全体会议和中华全国学生联合会第二十四次代表大会，今天隆重开幕了。开好这次会议，对于团结引导广大青年和青年学生为全面建设小康社会、实现中华民族伟大复兴而奋斗，具有重要的意义。我代表党中央，向大会的召开表示热烈的祝贺！向出席会议的全体委员和代表，向全国各族各界青年、大中学生和留学生、港澳台青年同胞、国外青年侨胞，致以亲切的问候和良好的祝愿！

全国青联九届一次全委会和全国学联二十三大召开五年来，各级青联、学联组织在党的领导下，坚持以邓小平理论和"三个代表"重要思想为指导，树立和落实科学发展观，紧紧围绕党和国家工作大局，与时俱进，开拓创新，各项工作都取得了显著成绩。深入开展丰富多彩、生动有效的爱国主义教育活动，进一步巩固和扩大了各族各界青年的大团结；广泛动员青年参与科教兴国、可持续发展战略和西部大开发、振兴东北地区等老工业基地战略的实施，为经济社会发展做出了积极贡献；竭诚服务青年成长发展，促进了大批青年人才脱颖而出；加强与香港、澳门和台湾各界青年的交流，发展壮大了爱国爱港、爱国爱澳和拥护祖国统一的青年力量；扩大与世界各国青年和青年组织的交往，有力地服务了外交工作大局。五年来，广大青年和青年学生始终牢记党的要求，同人民紧密结合，为祖国奉献青春，矢志报效祖国，发奋学习成才，投身创业实践，积极奉献社会，在改革开放和现代化建设的进程中艰苦奋斗、勇于争先，充分展现了当代青年昂扬向上、奋发有为的时代风貌。实践证明，当代青年是党和人民完全可以信赖的一代，是大有希望的一代。

青年朋友们、同学们、同志们，回首改革开放的20多年，中华大地发生了翻天覆地的变化，我国综合国力显著增强，人民生活水平迈上新的台阶，国际地位和影响力有很大提高。这些举世瞩目的辉煌成就是包括亿万青年在内的全国各族人民共同奋斗的结果，充分证明了党的十一届三中全会以来的路线方针政策是完全正确的，充分显示了中国特色社会主义事业的强大生命力。展望本世纪头20年，我们正面临着一个必须紧紧抓住并且可以大有作为的重要战略机遇期。只要我们坚持党的基本路线不动摇，继续艰苦奋斗不停步，紧紧抓住机遇不放松，就一定能够建成惠及十几亿人口的更高水平的小康社会，在此基础上，再经过几十年的奋斗，把我国建成富强民主文明的社会主义国家。历史的机遇需要青年去把握，时代的重任需要青年去承担，宏伟的目标需要青年去实现。在新的历史征程中，广大青年要用邓小平理论和“三个代表”重要思想构筑强大的精神支柱，全面落实科学发展观，按照胡锦涛总书记提出的要求，勤于学习，善于创造，甘于奉献，在全面推进社会主义经济建设、政治建设、文化建设与和谐社会建设的伟大进程中，充分发挥青年的生力军作用。

希望广大青年弘扬民族精神，谱写爱国新篇。以爱国主义为核心的伟大民族精神，是中华民族几千年历经磨难而自强不息的强大精神动力。在当代中国，爱国主义和社会主义在本质上是一致的。在推进中华民族伟大复兴的历史进程中，当代青年要继承和发扬爱国主义光荣传统，坚定不移地走中国特色社会主义道路，牢固树立报国志向，大力传承民族优秀文化，坚决维护民族尊严、祖国统一和国家安全，无论身在何处，无论什么职业，都始终做到胸怀祖国、心系民族，自觉把个人的事业融入民族复兴的伟大洪流。爱国主义是具体的。面对当前复杂的国际形势和繁重的国内建设任务，当代青年要着眼于国家和民族的根本利益与长远发展，把思想行动统一到维护改革发展稳定的大局上来，把炽热的爱国热情倾注到报效祖国、服务人民的具体实践中去。

希望广大青年弘扬科学精神，不懈追求新知。科学精神是人类认识世界、探求真理的强大思想武器。当今世界，新技术革命方兴未艾，知识更新不断加快。我们必须积极弘扬科学精神，深入实施科教兴国和人才强国战略，大力提高全民族的科学文化素质，为国家的现代化建设提供强大的人才和智力支撑。青年时期是培养科学精神的关键时期，是学习成才的最佳时期。广大青年要始终保持高涨的学习热情和旺盛的求知欲望，把学习作为终身的自觉行动，用人类创造的一切先进文明成果不断充实和提高自己，争当国家和民族的优秀人才。创新是科学精神的灵魂。前不久，党中央提出了建设创新型国家这一面向未来的重大战略，为广大青年的创新提供了前所未有的广阔舞台。建设创新型国家，关键在人才，希望在青年。广大青年要围绕提高自主创新能力，立足本职岗位，力争有所发现，有所突破，有所创造；要瞄准世界科技发展前沿，积极推动原始性创新、集成创新和在引进先进技术基础上的消化、吸收、创新，不断取得新的成果；要在重大科技创新工程中，敢挑重担，团结协作，努力在一些关键领域和重要方面取得突破，为建设创新型国家做出无愧于时代的贡献。

希望广大青年弘扬创业精神，勇建时代新功。创业精神是经济发展、社会进步的活力所在，是国家强盛、民族振兴的生命力所系。在经济全球化趋势不断发展和国际竞争日趋激烈的今天，尤其需要弘扬创业精神。时代呼唤创业精神，创业成就精彩人生。青年成长发展的过程就是一个干事创业的过程。在这样一个火热的创业时代，当代青年必定可以大展宏图、大有作为。要进一步增强创业意识，激发创业热情，提高创业本领，脚踏实地，百折不挠，竞展创业风采，争创一流业绩。改革开放和现代化建设的广阔天地，到处都是青年施展才华的舞台，到处都是青年成就事业的热土。广大青年要培养艰苦创业的精神，以高度的责任感、宽广的视野、豪迈的气魄，自觉到基层去，到改革开放和现代化建设的第一线去，到祖国和人民最需要的地方去，在艰苦创业的奋斗历程中唱响壮美的青春之歌，用实际行动书写壮丽的青春历史。

希望广大青年弘扬奉献精神，倡导文明新风。奉献精神是人类高尚的道德追求，是社会文明进步的重要标志。我们要建设民主法治、公平正义、诚信友爱、充满活力、安定有序、人与自然和谐相处的社会主义和谐社会，离不开包括广大青年在内的全体社会成员的广泛参与和自觉奉献。广大青年要带头弘扬中华民族传统美德，带头实践基本道德规范，从身边做起，从点滴做起，积极参与社会公益事业，踊跃投身精神文明创建，热情关爱他人，热心服务社会，带动全社会文明程度的提高。要以高度的社会责任感，通过志愿服务等途径，积极主动地为困难群众解难事、办实事、做好事，让他们充分感受到社会主义大家庭的温暖。要积极响应党中央、国务院建设节约型社会的号召，积极开展节约资源、保护环境的宣传和实践活动，积极促进经济社会的可持续发展，共同建设和谐美好的家园。

青联和学联都是党领导下的青年群众组织，青联又是最广泛的青年爱国统一战线组织。在新世纪新阶段，青联、学联组织要继承发扬优良传统，坚持党的领导，以邓小平理论和“三个代表”重要思想为指导，以科学发展观统领工作全局，坚持爱国团结进步，为党和国家事业的发展做出更大的贡献。一是要凝聚力量促发展。把不同界别、不同民族、不同信仰、不同地域的中华青年广泛团结起来，把青年的积极性和创造性汇聚到全面建设小康社会、实现中华民族伟大复兴的时代洪流之中。二是要服务青年促成长。把竭诚服务青年作为工作的出发点和落脚点，坚持用科学的理论武装青年、教育青年，切实帮助他们解决学习成才、就业创业、精神需求、权益维护等方面的实际问题，努力促进青年全面发展、健康成长。三是要扩大交流促统一。坚持“和平统一、一国两制”的方针，通过多种形式加强与台湾地区青年的交流往来，团结力量，凝聚人心，坚决反对“台独”分裂势力及其活动，使两岸青年共同肩负起实现祖国和平统一的历史重任。进一步加强与港澳地区青年的交流与合作，共同维护香港、澳门的长期繁荣稳定发展。四是要增进友谊促和平。不断扩大与世界各国青年和青年组织的友好交往与务实合作，广泛宣传我国坚持走和平发展道路的正确选择，积极展示中华青年热爱和平、追求发展的良好形象，增进了解与互信，同世界各国青年携手推进人类和平发展的崇高事业。青联、学联组织要主动适应新的形势，切实加强自身建设，不断增强内在活力，进一步提高在青年中的吸引力、凝聚力、影响力,努力开创新形势下青联、学联工作的新局面。

青年是祖国的未来、民族的希望。以毛泽东、邓小平、江泽民同志为核心的党的三代中央领导集体始终对青年寄予殷切希望,以胡锦涛同志为总书记的新一届中央领导集体十分关心青年、爱护青年。各级党委和政府要从巩固和扩大党执政的青年群众基础的战略高度,进一步加强对青年工作的领导,认真研究当代青年的特点和青年工作的规律,保持青联、学联组织正确的发展方向。要充分发挥青联、学联组织的桥梁纽带作用,把青联、学联组织作为新形势下开展党的群众工作的重要力量,为他们提供更加广阔的舞台,创造良好的条件,使之始终保持同青年和青年学生的密切联系,把广大青年和青年学生紧紧团结在党的周围。共青团要更好地发挥在青联中的核心作用和对学联的指导作用,帮助它们依照法律和各自的章程创造性地开展工作。社会各界都要关心青年、支持青年工作,努力为青年一代的成长发展营造良好的环境。

青年朋友们、同学们、同志们，胡锦涛总书记曾经指出：“建设中国特色社会主义的伟大时代，是一个百舸争流、英才辈出的时代。在这个时代，青年的创造活力可以得到最大程度的发挥，青年的成才愿望可以得到最充分的实现。”让我们紧密团结在以胡锦涛同志为总书记的党中央周围，高举邓小平理论和“三个代表”重要思想伟大旗帜，牢固树立和认真落实科学发展观，同心同德，奋发图强，为创造中华民族的美好未来而努力奋斗！

在接见十届全国青联常委时的即席讲话

2005年7月24日

王兆国

各位常委,同志们:

今天,全国青联十届一次全委会闭幕了。以胡锦涛同志为总书记的党中央对会议非常重视,亲切接见了全体与会代表。会议开得很好,真正开成了一次充满青春朝气的大会,民主团结的大会,昂扬奋进的大会。会议圆满完成了各项议程,选举产生了全国青联新一届领导集体。我向新当选的全国青联主席、副主席、常委表示热烈的祝贺!

青联具有光荣的历史和传统。五十多年来,青联作为党联系青年的重要纽带,在党的领导下,始终高举爱国主义和社会主义旗帜,始终坚持爱国团结进步,团结引导一代又一代中华青年,为实现国家强盛和民族振兴建立了卓越的功绩。在新世纪新阶段,青联担负着崇高的使命,要团结各族各界青年,为全面建设小康社会、实现中华民族伟大复兴而奋斗,使命崇高、责任重大。在新的历史征程上,青联必须坚持以邓小平理论和“三个代表”重要思想为指导,牢固树立和落实科学发展观,着眼于服务党和国家工作大局,着眼于巩固和扩大青年爱国统一战线,着眼于服务青年的成长发展,最广泛地团结凝聚青年,为社会主义经济、政治、文化与和谐社会建设做出新的更大的贡献!

以胡锦涛同志为总书记的党中央对全国

青年和青联寄予殷切的希望,广大青年要自觉担负起全面建设小康社会、实现中华民族伟大复兴的重任。各位青联常委都是青联领导机构成员,能否把青联事业不断推向前进,关键取决于大家的共同努力。在这里,我向大家提几点希望:一是希望同志们增强责任意识,青联常委在所处领域内有比较大的成就和影响,要始终心系国家民族,进一步增强对国家和民族的责任感,以自己的模范行为和表率作用,影响和带动广大青年为祖国的现代化建设贡献聪明才智。二是希望同志们增强创新意识,紧紧抓住重点战略机遇期,大力弘扬时代的创新精神,立足本职、放眼世界,锐意进取、不断创新,通过不懈的努力,促进事业发展,推动社会进步。三是希望同志们增强服务意识,密切联系青年,热诚服务青年,广泛团结青年,为促进青年的健康成长、构建社会主义和谐社会发挥更大的作用。

我坚信,在以胡锦涛同志为总书记的党中央领导下,在同志们的共同努力下,青联一定能够团结广大青年,创造出新的无愧于时代、无愧于青春的新业绩!

在中国青年政治学院建院20周年座谈会上的讲话

2005年9月9日

王兆国

老师们,同学们,同志们:

在全国第21个教师节即将来临之际,中国青年政治学院迎来了建院20周年的纪念日。首先,我向中国青年政治学院建院20周年表示热烈的祝贺!向辛勤耕耘、教书育人的老师们和全院教职员工表示崇高的敬意!向发奋学习、矢志成才的全体同学致以亲切的问候!出席今天会议的有许多为中央团校、中国青年政治学院的发展做出贡献的领导同志,借此机会,我也向他们表示亲切的问候和感谢!

刚才,听了学院领导的情况介绍和老师、学生代表的发言,我感到十分高兴。20年前,在中央团校的基础上,中国青年政治学院正式成立,成为团中央直属的惟一一所开办本科教育的普通高等院校,掀开了共青团教育事业的新篇章。在党中央、国务院的亲切关怀下,在团中央、教育部的直接领导下,中国青年政治学院发扬中央团校的优良传统,秉承"实事求是、朝气蓬勃"的校训,坚持"育人为本、德育为先"的办学理念,培养了一大批政治素质良好、基础知识扎实、实践能力较强、富有社会责任感的优秀学生,为国家建设和社会发展做出了积极贡献。中国青年政治学院也从1985年建校初期的两个系发展到现在的12个教学部门、25个专业,从几十名教师发展到现在的200多名专职教师,从200名学生发展到现在的近4000名学生,并招收了硕士研究生;学院办学规模不断扩大,办学实力明显增强,教学科研能力日益提高,校园环境逐步优化,在哲学社会科学特别是青年研究等领域结出了丰硕的成果。

本世纪头20年,是我国必须紧紧抓住并且可以大有作为的重要战略机遇期。抓住和用好这一战略机遇,实现全面建设小康社会的奋斗目标,教育是根本,人才是关键。特别是在当今经济全球化不断深入、科技进步日新月异、国际竞争日趋激烈的情况下,教育在提高国家综合国力的基础性、先导性、全局性方面的作用更加显著。未来的20年,对中国青年政治学院的发展同样是一个难得的机遇。中国青年政治学院要抓住机遇、加快发展,必须以邓小平理论和“三个代表”重要思想为指导,牢固树立科学发展观,紧紧围绕科教兴国和人才强国战略,全面贯彻党的教育方针,体现青年特色,发挥政治优势,勇于开拓进取,不断深化教育改革,大力推进教育创新,努力培养大批高素质人才,为全面建设小康社会提供人才支持和保证。

第一,要抓住思想教育这个根本,在努力加强和改进大学生思想政治教育工作中走在前列

我们党历来高度重视大学生教育,始终把培养德智体美全面发展的中国特色社会主义事业建设者和接班人作为高等教育的指导方针。加强大学生教育,不断提高大学生的思想政治素质,关系到中国特色社会主义事业的兴旺发达、后继有人。从总体上讲,当代大学生热爱党、热爱祖国、热爱人民、热爱社会主义,努力学习邓小平理论和“三个代表”重要思想,充分信赖以胡锦涛同志为总书记的党中央,对走中国特色社会主义道路充满信心。但是,在国际敌对势力加紧对我国实施“西化”“分化”图谋、世界范围思想文化思潮相互激荡、国内“四个多样化”不断发展的情况下,大学生思想政治教育也面临着诸多挑战。面对新的形势,中共中央、国务院下发了《关于进一步加强和改进大学生思想政治教育的意见》,这是新世纪新阶段指导大学生思想政治教育的纲领性文件,对高校加强和改进大学生思想政治教育提出了新的更高的要求。德育是大学生教育的根本。作为团中央直属的高等院校,中国青年政治学院要率先深入学习贯彻《意见》精神,切实加强和改进大学生思想政治教育工作。

一是要坚持不懈地用邓小平理论和“三个代表”重要思想武装大学生头脑,全面加强青年思想政治理论教育的学科建设,进一步推动马克思主义科学理论进教材、进课堂、进大学生头脑的工作,构筑起大学生的强大精神支柱,引导大学生自觉把个人的理想追求与国家民族的前途命运紧密结合起来,树立为中华民族伟大复兴而奋斗的理想,坚定跟党走中国特色社会主义道路的信念。

二是要大力加强以爱国主义为核心的民族精神教育,充分发挥共青团实践育人的优势,引导大学生不断增强民族自信心和自豪感,培养爱国情怀和艰苦奋斗精神,积极投身火热的社会实践,到艰苦的地方去,到祖国和人民最需要的地方去,努力创造青春的辉煌业绩。

三是要以促进大学生全面发展为目标,深入实施素质教育,引导大学生从自己做起、从身边做起,培养良好的道德品质和文明素养;引导大学生积极学习新知识新技能,掌握与时代发展相适应的本领,促进思想道德素质、科学文化素质和身心健康素质全面协调发展,为中国特色社会主义事业培育强大的后备军。

第二,要突出青年研究这个优势,努力在探讨新形势下青年工作的特点和规律中走在前列

青年研究是中国青年政治学院的优势和特色所在,也是学院服务党政工作大局、促进共青团事业发展的重要任务。中国青年政治学院要成为以人文社会科学为主、多学科协调发展的优秀院校,必须明确定位、办出特色,努力成为国内培养应用型公共管理人才的重要基地,成为全国青少年发展研究的基地。

胡锦涛同志曾深刻指出,青年工作是一门科学,我们要用共产主义精神教育青年,充分发挥青年在改革开放和现代化建设中的积极性和创造性,就必须了解青年,就必须学习和掌握青年工作的基本理论和与之相关的专业知识,摸索青年工作的客观规律。在新的历史条件下，青年研究和青年工作出现了很多新情况、新问题，需要有一大批科研教学工作者进行深入的探索。

多年来，中国青年政治学院发挥全国青少年发展研究基地的优势，积极致力于青年领域的研究，涌现了一大批具有较高学术造诣的专家学者，也取得了丰硕的学术科研成果，在社会上和学术界产生了积极的影响。要在已有成绩的基础上，进一步适应时代要求，改进研究方法，创新研究思路，深入研究社会主义市场经济条件下青年工作的特点和规律。比如，要适应加强党的执政能力和先进性建设的需要，深入研究如何通过扎实有效、富有针对性的思想政治工作，把广大青年更加紧密地团结在党的周围，不断增强党执政的青年基础问题；要围绕新的历史时期党政中心工作，深入研究如何充分发挥广大青年在推动经济、政治、文化和社会建设中的生力军作用问题；要紧密结合新时期青年思想观念、群体结构和行为方式发生深刻变化的实际，深入研究如何不断提高教育青年、服务青年的工作水平问题，等等。相信中国青年政治学院一定会通过积极的努力，充分发挥自身的优势，组织专门的力量，与全国的青年工作者一道，在这些研究领域取得新的更大的成绩。

第三，要夯实教师队伍建设这个基础，努力在提高教师综合素质上走在前列

百年大计，教育为本。教师是人类灵魂的工程师，是学生健康成长的引路人。古今中外，许多有所成就的人都把最美好的情感和祝愿献给自己的老师。这反映出人民群众对教师的尊敬，更反映出全社会对教师的期望。办好一所大学关键在教师，中国青年政治学院要在已有的基础上取得更大的发展，必须把教师队伍建设放在更加突出的战略位置，深化教育改革，加强师德建设，提高综合素质，并努力解决教师和全体教职员工在工作、生活上遇到的困难，进一步调动教师和广大教职员工教书育人的积极性和创造性。

广大教师要切实担负起崇高的责任和光荣的使命。一要热爱祖国、忠诚事业。始终把祖国的利益放在首位，时刻不忘党和人民的重托，以正确的思想和观念引导学生、教育学生，为国家发展和民族振兴努力培育千千万万的优秀人才。二要严谨治学、为人师表。加强学习、刻苦钻研，在治学态度、品德修养等方面以身作则，以高尚的人格魅力和良好的学术造诣为学生树立榜样。三要关心学生、因材施教。老师和校领导要像父母兄长那样，走近学生、了解学生、关心学生、爱护学生，与学生平等相处、互相尊重，用真挚的情感开启学生的心扉，做学生的良师益友。特别是学院要加强对大学毕业生的就业指导，并采取切实的措施，帮助困难家庭学生解决就学难的问题。

老师们、同学们、同志们，中国青年政治学院已经走过了20周年的辉煌历程，正以崭新的姿态迈向未来的征程。希望全体师生员工在以胡锦涛同志为总书记的党中央领导下，高举邓小平理论和“三个代表”重要思想伟大旗帜，齐心协力、扎实工作，开拓创新、锐意进取，为加快中国青年政治学院的发展，为推进青年教育事业，为培养更多更好的中国特色社会主义事业合格建设者和可靠接班人，做出新的更大的贡献！

在中国青年企业家协会成立20周年总结表彰大会上的讲话

2005年12月8日

王兆国

同志们，青年企业家朋友们：

今天，中国青年企业家协会在成立20周年之际召开总结表彰大会，回顾发展历程，总结成功经验，动员广大青年企业家学习贯彻党的十六大和十六届五中全会精神，为实施“十一五”规划、全面建设小康社会做贡献，有着重要意义。在此，我谨向大会的召开、向受到表彰的管理创新奖、建设成就奖、优秀会员和先进工作者表示热烈的祝贺！向各位与会代表并通过你们向全国广大青年企业家朋友致以诚挚的问候！

中国青年企业家协会成立20年来，始终围绕党和国家工作大局，引导广大青年企业家在改革开放和现代化建设的伟大实践中成长成才、建功立业，取得了可喜的成绩。特别是开展了青年企业家西部行、东北行、革命老区行等活动，在社会上产生了很好的影响。广大青年企业家顺应发展潮流，艰苦创业，锐意进取，在发展壮大企业的同时，报效祖国、回馈社会，成为推动我国经济社会发展的一支生机勃勃的力量。

当前，我们国家的经济社会发展形势很好，同时也正面临着前所未有的发展机遇。十六届五中全会描绘了我国在新世纪第二个五年经济社会发展的宏伟蓝图，强调以科学发展观统揽经济社会发展全局，扎扎实实地推进改革开放和社会主义现代化建设事业。企业是市场经济的基础，没有企业，就没有市场经济，就没有市场经济的兴旺。企业也是社会财富的直接创造者，是推动社会生产力和国民经济发展的重要力量。包括在座各位在内的当代青年企业家在全面建设小康社会的进程中肩负着重要的责任，希望大家积极响应党和政府的号召，深入学习贯彻十六届五中全会精神，树立和落实科学发展观，为实施“十一五”规划和全面建设小康社会做出新贡献。

青年企业家是促进经济增长方式转变的生力军。我国人口多，资源相对不足，环境承载能力较弱。近年来，我国在转变经济增长方式方面做出了很大努力，取得了积极成效。但从总体上看，经济增长方式还没有实现根本转变，土地、淡水、能源、矿产资源和环境状况已经对我国经济发展构成了严重制约。未来15年，我国仍将处于工业化和城镇化快速发展的阶段，国民经济的快速发展将进一步加大资源消耗，资源供需矛盾和环境压力将越来越大。

青年企业家要增强转变经济增长方式的意识，在建设资源节约型和环境友好型社会中敢闯新路。在创办企业时，就要立足于转变经济增长方式，真正将企业的发展定位于依靠科技进步和提高劳动者素质。要凭借先进的科学技术和科学管理，大力发展循环经济，节约使用资源，减少废弃物排放，循环利用资源，不断提高资源生产率，促进经济可持续发展。要加大企业人力资源开发力度，加强职工培训，提高职工队伍整体素质，为企业的长远发展提供人才保障和智力支持。要高度重视企业信息化建设，运用现代化手段，不断完善企业的生产、营销和管理模式，加快走新型工业化道路的步伐。

青年企业家及企业自主创新能力是企业发展的不竭动力。当前，科学技术已经成为经济社会发展的决定性力量，自主创新能力越来越成为国家竞争力的核心。由于缺乏核心技术和自主知识产权，自主创新能力不足，我国在国际产业分工中仍然处于低端位置。党的十六届五中全会明确提出，要把增强自主创新能力作为科学技术发展的战略基点和调整产业结构、转变增长方式的中心环节，大力提高原始创新能力、集成创新能力和引进消化吸收再创新能力。企业是创新的主体，也是建设国家创新体系、提高我国自主创新能力的重要支撑。青年企业家要着眼于建设创新型企业，加大科研投入，大力开发具有自主知识产权的产品和技术，提高企业核心竞争力。要针对企业发展的技术瓶颈，在关键环节上取得突破，努力填补我国的技术空白。要加快创新成果的转化速度，始终在激烈的市场竞争中掌握主动权。要鼓励职工立足本职岗位，开展创新实践活动，不断实现企业的新跨越。

青年企业家勇于参与国际市场竞争是企业开拓国际市场的助推器。我国加入世界贸易组织后，全方位、多层次、宽领域的对外开放格局逐步形成，国内市场与国际市场的联系越来越紧密，国内经济和国际经济的互动明显增强。适应经济全球化的要求，充分利用好国际国内两个市场、两种资源，主动参与国际竞争与合作，在更高层次上寻求更大发展，已成为摆在我国企业面前的重大课题。青年企业家要以宽广的世界眼光、开放进取的姿态，更加积极地参与国际合作与竞争。要学习借鉴国外先进企业的先进技术和管理经验，学习掌握国际贸易规则，找准企业定位，发挥比较优势，开发高附加值的产品，实施名牌战略，不断提高企业的国际竞争力。

青年企业家是和谐社会建设的一支重要力量。坚持以人为本，从解决关系群众利益的现实问题着手，加快建设社会主义和谐社会，是我们党从新世纪新阶段我国发展基本特征出发提出的重大战略思想。企业是社会的细胞，和谐企业建设是和谐社会建设的一个重要组成部分。青年企业家要牢固树立依靠职工办企业的思想，尊重职工的主体地位，鼓励职工与企业共谋发展。要诚实守信，合法经营，维护好市场经济秩序。要认真执行劳动保障政策，正确处理企业内部的各种关系，切实保障职工的合法权益。要创造更多的就业机会，协助政府做好就业再就业工作。要带头弘扬扶贫济困的时代新风，积极参加社会公益事业，推动构建和谐社会。

青年企业家协会作为共青团领导下的群众组织，肩负着团结凝聚青年企业家为经济社会发展做贡献的重要任务。要围绕党和国家工作大局，适应时代发展变化，丰富活动内容，创新工作方式，加强自身建设，团结、支持、服务、爱护青年企业家，不断增强青年企业家协会的吸引力和凝聚力，努力开创协会工作的新局面。希望各级党委、政府一如既往地关心青年企业家的成长，支持青年企业家协会的工作，努力创造利于青年企业家成长发展的良好环境。

同志们，实施“十一五”规划，为广大青年企业家提供了更加宽广的舞台。我们相信，有以胡锦涛同志为总书记的党中央的坚强领导，有邓小平理论和“三个代表”重要思想的指导，我们一定能够全面贯彻落实科学发展观，求真务实，艰苦创业，开拓创新，为全面建设小康社会、实现中华民族伟大复兴做出更大的贡献！

在共青团十五届四中全会上的讲话

2005年12月19日

王兆国

同志们：

这次共青团十五届四中全会，主要任务是深入学习贯彻党的十六届五中全会和中央经济工作会议精神，对一年来共青团的工作进行回顾总结，对明年和今后一个时期共青团的工作进行研究部署。开好这次会议，对于共青团更好地团结带领广大团员青年为实施“十一五”规划、实现全面建设小康社会宏伟目标贡献力量，必将产生重要作用。

党中央一直高度重视共青团工作。今年以来，胡锦涛总书记等中央领导同志多次对共青团工作作出重要指示。前不久，曾庆红同志主持召开中央书记处会议，专门听取团中央书记处的工作汇报，对一年来共青团工作取得的成绩给予了充分肯定，对下一年共青团工作提出了明确要求。各级团组织和广大团干部一定要认真学习领会，抓好贯彻落实，把共青团工作做得更好。

在过去的一年里，各级团组织坚持以邓小平理论和“三个代表”重要思想为指导，全面落实科学发展观，紧紧围绕全党全国工作大局开展团的工作，在加强和改进青少年思想道德建设、团结动员青年投身经济社会发展、竭诚服务青年成长进步、加强团的自身建设等方面取得了明显成效，党的助手和后备军作用、党联系青年群众的桥梁和纽带作用、国家政权的重要社会支柱作用都得到了进一步发挥。这些成绩的取得，是全团认真贯彻中央的决策部署，扎实工作、奋发进取的结果。在这里，我代表党中央，向团结奋斗在共青团工作第一线的广大团干部表示亲切的问候和衷心的感谢！

在“十五”即将结束、“十一五”即将开局的重要时刻，中央先后召开党的十六届五中全会和中央经济工作会议，立足当前、着眼未来，明确提出了“十一五”时期我国经济社会发展的奋斗目标、指导方针和重要任务，明确提出了明年我国经济社会发展的总体要求和各项政策措施，为我们做好今后一个时期的工作指明了方向。学习贯彻党的十六届五中全会和中央经济工作会议精神，是全党全国当前的一项重要任务。共青团历来有着“党有号召、团有行动”的优良传统，一定要高度重视并切实抓好党的十六届五中全会和中央经济工作会议精神的学习贯彻，用中央的精神统一全团的思想，用中央的精神指导全团的工作，努力开创共青团事业发展的新局面。

下面，我着重就共青团如何结合实际学习贯彻中央精神，做好明年和今后一个时期的工作，讲几点意见。

一、坚持用科学发展观武装头脑，进一步增强全团促进科学发展的自觉性和坚定性

科学发展观是指导发展的世界观和方法论的集中体现，是推动经济社会又快又好发展必须长期坚持的重要指导思想。全面建设小康社会，全面推进中国特色社会主义事业，都要求我们必须坚持以科学发展观统领经济社会发展全局。这是党的十六届五中全会和中央经济工作会议着重强调的重大战略思想，对于做好新时期共青团工作具有重要的指导意义。各级团组织和广大团干部要在领会和把握科学发展观上狠下功夫，进一步加深对科学发展观提出的历史背景的认识，进一步增进对科学发展观的基本内涵的理解，进一步提高结

合共青团实际贯彻科学发展观的能力，推动经济社会发展切实转入科学发展的轨道。

要进一步加深对科学发展观提出的历史背景的认识。要通过组织学习，使大家真正了解，科学发展观是以胡锦涛同志为总书记的党中央，坚持以邓小平理论和“三个代表”重要思想为指导，在认真总结我国长期发展经验教训的基础上，在深入分析我国发展阶段性特征的基础上，在准确把握世界发展趋势的基础上提出来的，标志着我们党对经济社会发展一般规律认识的深化。在我国经济社会发展的关键时期，我们要抓住发展机遇、破解发展难题，就必须认真贯彻落实科学发展观。

要进一步增进对科学发展观的基本内涵的理解。要通过组织学习，使大家真正懂得，科学发展观突出强调的以人为本，就是要坚持发展为了人民、发展依靠人民、发展成果由人民共享，在经济社会发展中努力实现人的全面发展；科学发展观突出强调的全面发展，就是要以经济建设为中心，全面推进经济、政治、文化和社会建设，实现经济发展和社会全面进步；科学发展观突出强调的协调发展，就是要做到“五个统筹”，推进生产力和生产关系、经济基础和上层建筑相协调，推进现代化建设各个环节、各个方面相协调；科学发展观强调的可持续发展，就是要处理好当前发展与长远发展的关系，促进人与自然和谐相处。我们必须按照科学发展观的要求，进一步转变发展观念、创新发展模式、提高发展质量，不断增强发展的全面性、协调性和可持续性。

要进一步提高结合共青团实际贯彻科学发展观的能力。要通过组织学习，使大家真正明确，科学发展观是新形势下推进共青团工作的强大思想武器，要自觉运用这一武器，研究和解决共青团事业发展中面临的突出问题，特别是如何提高共青团一系列建功立业活动的质量和效益，如何拓展青年人才培养的思路和途径，如何增强青年思想政治工作的针对性和实效性，如何适应新形势新任务要求加强和改进共青团自身建设，从而真正把科学发展观贯穿于共青团工作的全过程，落实到共青团工作的各方面，使共青团在推动党和国家事业发展中发挥更大的作用。

二、紧紧围绕“十一五”时期经济社会发展的重点任务，充分发挥广大团员青年在现代化建设中的生力军作用

“十一五”时期是我国全面建设小康社会的关键时期，经济社会发展的任务十分繁重、十分艰巨。要胜利完成“十一五”时期的各项任务，为实现全面建设小康社会宏伟目标打下坚实基础，需要包括广大青年在内的全国人民长期艰苦不懈的奋斗。各级团组织一定要认清形势、明确任务，按照中央关于“十一五”时期经济社会发展的重大战略部署，组织开展各种建功立业活动，把广大青年的积极性和创造性引导到为实施“十一五”规划做贡献上来。

要以“青年增收成才行动”为主要载体，带领青年为建设社会主义新农村奋勇争先。各级团组织要把推动社会主义新农村建设作为一项重大任务，进一步激发广大青年的建设热情和创造激情，在推进农业产业化、建设现代农业、加强农村基础设施建设中勇于开拓，勇挑重担，培养造就更多“有文化、懂技术、会经营”的新型青年农民和大批青年致富带头人、科技带头人，大力推广现代农业科技，丰富、活跃农村文化生活，踊跃参与村容整治和生态建设，积极维护社会治安，为建设社会主义新农村发挥更大作用。

要以“青年创业行动”为主要载体，带领青年为保持经济平稳较快发展建功立业。各级团组织要引导广大青年树立长期艰苦奋斗的思想，发扬创业精神，投身创业实践，立足本职，埋头苦干，在推进社会主义新农村建设、转变经济增长方式、加快产业结构优化升级、促进区域协调发展、深化经济体制改革、提高对外开放水平和落实节约资源、保护环境基本国策等方面发挥优势，为实现经济平稳较快增长做出积极贡献。

要以“青年科技行动”为主要载体，带领青年为增强自主创新能力施展才华。各级团组织要引导广大青年增强建设创新型国家的责任感和紧迫感，强化创新意识，挖掘创新潜力，提高创新本领，形成创新热潮，积极推进原始创新、集成创新和引进消化吸收再创新。尤其要通过团组织的工作，充分焕发青年科技工作者的创造活力，激励他们追踪世界科技发展前沿，勇攀科技创新高峰，力争在一些重要领域取得突破性进展，努力成为科技自主创新的开路先锋。

要以“青年文化行动”为主要载体，带领青年为推动社会主义先进文化建设大显身手。各级团组织在开展“青年文化行动”中要突出加强社会主义思想道德建设的内容，以建立健全未成年人思想道德建设和大学生思想政治教育的长效工作机制为抓手，帮助广大青年牢固树立正确的世界观、人生观、价值观和理想信念，自觉弘扬以爱国主义为核心的民族精神和以改革创新为核心的时代精神，在报效祖国、奉献社会、服务人民中实现人生价值。要引导广大青年发扬“开风气之先”的优良传统，立足于改革开放和现代化建设的实际，着眼于世界文化的发展，在继承民族优秀文化传统、汲取世界各民族长处的基础上，推动文化创新，不断丰富和发展中华民族文化。特别是要充分发挥青年文化工作者在建设先进文化方面的积极作用，鼓励他们深入实际、深入生活，创造出更多为人民群众和广大青年喜闻乐见的文化精品。

三、大力开发青年人才资源，为经济社会发展提供有力的智力支持和人才保证

人才资源是第一资源。要推动经济社会又快又好发展，迫切需要造就一支规模宏大、素质过硬的人才队伍。成才，是时代对广大青年的热切呼唤，是党和国家对广大青年的热切期盼，也是当代青年的热切追求。各级团组织要积极推动人才强国战略的实施，切实把提高青年素质、促进青年成才作为一项长期战略任务来抓，在广大青年成长成才的道路上留下共青团工作的深刻痕迹。

要从加强学习培训入手，推动青年提高整体素质。学习是青年成长的重要阶梯。要通过发挥团组织开展的各类学习活动和团组织所属的各类学习阵地的作用，在广大青年中大力倡导勤于学习、敏于求知的良好风气，帮助大家进一步夯实知识基础，进一步优化知识结构，进一步加快知识更新，不断用人类社会一切优秀文明成果充实自己、丰富自己、提高自己，以更好地适应改革开放和现代化建设对当代青年提出的新要求。

要从加强实践锻炼入手，帮助青年增强实际本领。实践是青年成才的必由之路。共青团作为广大青年在实践中学习中国特色社会主义和共产主义的学校，在实践教育方面有自己的独特优势。要引导广大青年特别是青年学生自觉投身现代化建设的火热实践，积极到基层去，到一线去，到艰苦的地方去，向实践学习，向群众学习，在不断积累经验、磨炼意志的过程中掌握真才实学，真正成为现代化建设的有用之才。

要从加强表彰举荐入手，促进青年人才脱颖而出。表彰举荐是共青团做好青年人才培养工作的重要形式。各级团组织要下功夫抓好表彰举荐青年人才的工作，进一步规范表彰举荐的程序，对青年人才的发现、评选、审核、表彰等各个环节都要形成完善的制度、细化的办法，以确保表彰举荐的质量；进一步增强表彰举荐的实效，将被共青团表彰的优秀青年向有关方面推荐，使这些青年人尽其才、才尽其用，走上更重要的岗位，发挥更突出的作用；进一步扩大表彰举荐的影响，向全社会和广大青年大力宣传被表彰的优秀青年的先进事迹和高尚品德，引导广大青年以他们为榜样，在学习和实践中尽快成才，努力形成一支宏大的青年人才大军。

四、竭诚为广大青年服务，积极促进社会主义和谐社会建设

中央强调，要坚持从解决群众最关心的现实问题入手，推进和谐社会建设。对共青团来说，就是要坚持把竭诚服务青年作为一切工作的出发点和落脚点，增强服务意识，拓宽服务领域，加大服务力度，完善服务机制，提高服务水平，真正把服务青年的工作做实在、做到位，为和谐社会建设做出应有的贡献。

要在优化青少年成长环境上作出积极努力。这是维护青少年合法权益的工作重点，共青团务必始终抓住不放、抓出成效。要主动配合党委、政府和有关部门，进一步加大保护青少年法律法规的执法力度，坚决扫除影响青少年身心健康的社会丑恶现象，为青少年成长创造一个更为有利的社会环境。特别需要强调的是，随着信息技术的迅猛发展，互联网对社会生活的影响越来越大。共青团要高度关注网络文化对青少年的影响，积极参与净化网络环境，有效防范网上负面信息对青少年的危害。

要在帮助青年排忧解难上做出积极努力。青年时期也是一个人步入社会的初始时期，青年在工作学习生活方面难免会遇到一些实际困难和问题。共青团作为青年自己的组织，理应尽最大努力推动青年这些困难和问题的妥善解决。在这当中，贫困地区农村青少年、残疾青少年、失足青少年以及进城务工青年农民、家庭困难的大学生等群体，遇到的困难更大一些，应给予他们更多的关心和帮助，使他们充分感受到党和政府的关怀，感受到团组织的关爱。

要在加强对青年的思想引导上做出积极努力。要以“我与祖国共奋进”为主题，教育和引导广大青年坚定跟党走中国特色社会主义道路的信念。要把帮助青年解决实际问题与解决思想问题有机结合起来，努力实现好、维护好、发展好广大青年的根本利益。在改革不断深化、开放不断扩大的今天，团组织尤其要注重引导青年特别是青年学生正确看待国际国内形势，充分认识稳定是国家最大利益所在，进一步增强大局意识，自觉维护安定团结的政治局面，把满腔的爱国热情转化成为国家富强、民族振兴做贡献的实际行动。

五、切实加强和改进共青团自身建设，更好地担负起党和人民赋予的光荣使命

面对新世纪新阶段的新任务新要求，共青团只有不断加强和改进自身建设，才能完成好党和人民赋予的光荣使命。要始终坚持“党建带团建”，主动适应我国经济社会生活的新变化和青年工作的新特点，进一步巩固和发展保持共产党员先进性教育活动的成果，深入开展增强共青团员意识主题教育活动，全面推进团的思想、组织、作风和制度建设，不断增强团组织的吸引力、凝聚力和战斗力，努力构建新形势下做好青年工作的新格局。

团中央书记处这次还增补两名书记，这充分体现了党中央对共青团事业发展的高度重视，也充分反映了共青团事业“后浪推前浪”的客观规律。全团对调整后的团中央书记处班子寄予厚望。同志们一定要不负众望、不辱使命，坚持正确的政治方向，模范执行民主集中制，加强学习，勤勉工作，团结共事，严格自律，紧紧依靠全团同志，把共青团事业不断推向前进。借此机会，我想着重谈谈加强团干部队伍建设的问题。团干部是带领团员青年为中国特色社会主义事业做贡献的骨干力量。根据党的事业和团的工作发展的需要，团干部队伍中总是一茬人走、一茬人来，不断进行着正常的新老交替。针对这个特点，团干部队伍建设必须常抓不懈、常抓常新，真正使共青团长期以来形成的优良传统作风传下去，并结合新的时代要求不断发扬光大。希望广大团干部忠诚党的事业，热爱团的岗位，竭诚服务青年，努力做党放心、青年满意的团干部。一是要做到政治过硬，自觉学习党的基本理论、基本路线、基本纲领、基本方针，自觉与党中央保持高度一致，自觉在大局下行动，始终保持清醒的政治头脑和坚定的政治立场。二是要做到业务过硬，注重探索工作规律，创新工作思路，丰富工作手段，完善工作方法，真正成为团的工作的行家里手。三是要做到作风过硬，努力成为求真务实、真抓实干的模范，成为联系青年、服务青年的模范，成为克己奉公、清正廉洁的模范，不辜负党的重托和青年的期望。

同志们，实施“十一五”规划、推进全面建设小康社会进程，为共青团开展工作提供了广阔空间，也提出了更高要求。我们完全相信，在以胡锦涛同志为总书记的党中央坚强领导下，在邓小平理论和“三个代表”重要思想正确指引下，在科学发展观全面统领下，在全团上下共同努力下，共青团一定能够开创崭新的工作局面，团结带领广大团员青年为推动党和国家事业的蓬勃发展做出新的更大贡献。

在“创新创业、报效祖国——2005海外学人回国创业周”活动开幕式上的讲话

2005年12月21日

王兆国

各位留学人员，青年朋友们：

今年，共青团中央、全国青联、欧美同学会、中国留学人员联谊会再次举办“海外学人回国创业周”活动，非常有意义。刚才听了周强同志关于海外学人回国创业情况的介绍以及宋永华、邓中翰两位同志的发言，我很感动，也很欣慰。广大青年留学人员以殷殷赤子情、拳拳报国心，刻苦学习，锐意进取，顽强拼搏，奋发有为，用自己的辛勤努力和骄人业绩，彰显了中华民族是优秀的民族，中国青年是优秀的青年，祖国和人民为你们感到骄傲和自豪。在此，我谨向参加这次活动的青年朋友们，并通过你们，向广大海外留学人员表示亲切的问候！

百年留学史，世纪强国梦。多少年来，一代又一代留学人员满怀报国热情和求知欲望，远渡重洋，艰辛求学，并以各种方式报效祖国，为我国的革命、建设、改革事业做出了卓越贡献。当西方工业革命兴起、经济快速发展之时，清朝的皇帝、大臣们还沉睡在封建帝国的迷梦之中。当帝国主义的坚船利炮打过来时，又惊恐万分、不知所措，慈禧太后竟然要“量中华之物力，结与国之欢心”。那时的中国饱受帝国主义的侵略、凌辱、瓜分，国民处于水深火热之中，是中华民族最悲惨的年代。为了富国强民，当时的满清政府也派了一些留学人员，开展洋务运动，建立了一些近代工业企业，詹天佑修了京张铁路这条“争气路”，但并未使中国经济、技术有较大发展，被帝国主义欺凌的局面没有得到改变。进入20世纪，为了实现中华民族的强国梦，一批批仁人志士前赴后继，走上了留学报国的道路。上世纪20年代，周恩来、邓小平等老一辈革命家奔赴海外，在勤工俭学的同时，接受了马克思列宁主义，回国后积极投身党领导的伟大革命事业，建立了不朽的历史功勋。

新中国建立之初，百废待举、百业待兴，那时国家最需要人才，李四光、钱学森、钱三强、何泽惠等一批杰出科学家响应祖国的召唤，冲破重重阻挠毅然回国，为开拓和发展新中国的工业、教育、科研和国防等各项事业奉献了满腔热血和青春才华，在荣获国家“两弹一星”功勋奖章的23位功臣中，有21位是留学人员。新中国成立后，我国派出的大批留学人员，学成回国后成为社会主义建设各条战线的重要骨干力量。改革开放以来，我国出国留学人员大量增加，从1978年到2004年底，81.5万人出国留学，其中学成回国的已达19.8万人，留在国外的有一大批造诣很深的专家学者，有的在当地发展成为著名的科学家。留学人员不论身处何地，都以不同的方式报效祖国，为促进改革开放和社会主义现代化建设发挥了不可替代的重要作用，谱写了中国留学史的新篇章。这充分表明，我国广大留学人员具有爱国报国的优良传统和奋发进取的崇高精神，是国家和民族的宝贵财富，是我国人才资源的重要组成部分，是推动中华民族伟大复兴的一支重要力量。广大留学人员为民族进步和国家富强做出的贡献，将永远铭记在中华民族发展的史册上！

党和国家历来高度重视留学人员工作。毛泽东、邓小平、江泽民同志在我国社会主义事业发展的不同时期，都对留学人员工作作出了重要论述，对广大留学人员寄予殷切期望。胡锦涛总书记在欧美同学会成立90周年庆祝大会上深情寄语广大留学人员，要与时俱进、发愤学习，为国服务、建功立业，心系祖国、热爱祖国，充分体现了新世纪新阶段党和国家对留学人员的高度重视和深切关爱。为充分发挥留学人员的作用，党中央制定了留学人员来去自由的政策，提出了“拓宽留学渠道，吸引人才回国，支持创新创业，鼓励为国服务”的要求，并制定和实施了一系列具体的政策措施。我们可以充分相信，广大留学人员回国工作、为国服务的环境和条件会越来越好，投身祖国现代化建设的留学人员会越来越多，在推动我国经济发展和社会进步中一定会发挥越来越重要的作用。

当前，我国发展的整体态势很好。国内生产总值连续26年保持了年均9.4%的增长速度；按经济普查结果，去年GDP在世界排第六位；进出口总额将超过14000亿美元，居世界第三位；引进外商直接投资居发展中国家之首和世界第二位，国家外汇储备在世界排名第二位，我国已成为全球最具潜力、最富吸引力的投资地之一。“神六”载人飞船完成多人多天飞行顺利归来，世界上穿越高原、高寒、缺氧及连续性永冻土地区最长的青藏铁路已全线铺轨贯通，举世瞩目的三峡工程提前一年实现了投产发电。这些成就中都凝聚了过去几代留学生的才智和业绩。祖国建设的辉煌成就，使海内外中华儿女扬眉吐气，备感自豪；祖国现代化的美好明天，更需要海内外中华儿女戮力同心，团结奋斗。

本世纪头20年，是我国必须紧紧抓住并且可以大有作为的重要战略机遇期。前不久，党中央站在新的历史起点上，通过了《关于制定国民经济和社会发展第十一个五年规划的建议》，进一步描绘了今后五年我国经济社会发展的美好蓝图。小康社会的建设伟业正全面推进，中华民族伟大复兴的航船正加速前行。要全面贯彻落实科学发展观，确保经济社会全面协调可持续发展，必须大力实施科教兴国和人才强国战略，充分发挥各类人才特别是青年人才的重要作用。广大青年留学人员学有所长、视野开阔，可以说是人才济济、群英荟萃，实施“十一五”规划，为青年人创业成才搭建了更加广阔的舞台，你们归国创业、为国服务正当其时。希望广大留学人员在中华民族复兴史册上留下奋斗的足迹，谱写新一代的青春之歌。

第一，希望青年留学人员继承爱国光荣传

统,树立成才报国、振兴中华的崇高理想。爱国主义是团结凝聚海内外中华儿女的光辉旗帜,是广大留学人员的光荣传统。在我国革命、建设、改革的各个历史时期,一代又一代留学人员为民族振兴而刻苦学习,为中华腾飞而艰苦创业,以自己的实际行动一次次生动地诠释了爱国主义。郭申元是留美的青年科学家,为了攻克癌症这一世界性难题,他惜时如金,刻苦钻研,每天工作十五六个小时,在DNA解旋酶的研究中取得了令美国科学界赞誉的突破性成就。他说,我来美国不是为了赚美金,也不是为了拿绿卡,而是学习本领,为中国人争光,为祖国服务。当得知自己身患绝症后,仍然拖着虚弱的身体进行科学研究。临终前,他坚定地表示,“我一定要回去,就是死也要死在中国”。回国后一下飞机,就将一个小包袱交给迎接他的父亲,郑重地说,“这是我十年的科研心血,也是我献给国家的一份心愿”。去世后整理遗物时,发现他在一张纸上写着这样的话:“中华是我根,祖国在我心。”他病逝时年仅29岁。像郭申元这样有才华、有报负的留学人员还有很多。希望广大青年留学人员向他们学习,无论身在何处,始终做到胸怀祖国、心系民族,立志振兴中华、服务桑梓,切实维护国家利益、促进祖国统一。我们相信,爱国主义精神在新一代留学人员中一定会薪火相传、发扬光大。

第二,希望青年留学人员把握机遇,艰苦创业、为祖国服务。我们所处的时代是一个科技日新月异、经济快速发展的时代,是一个崇尚创业、鼓励创业的时代,祖国现代化建设的各个领域,到处都是成就事业的沃土,到处都是大显身手的舞台。实践证明,只要广大留学人员自觉把个人的追求和祖国的发展有机统一起来,脚踏实地,艰苦创业,就一定能够取得不凡业绩,实现人生价值。老一代留学人侯祥麟,早年自费留学美国学习燃料科技。解放初期,液体燃料严重短缺,极大地阻碍着新中国的经济建设和国防安全。他立即回国,开始了长达半个世纪的为中国石油化工事业呕心沥血的历程,攻克了一个又一个技术难题,为我国石油事业做出了历史性贡献。2003年,年逾九旬的侯祥麟接受了温家宝总理的重托,担负起“中国可持续发展油气资源战略研究”课题,继续为国家建设贡献余热。祖国和人民对广大青年留学人员寄予很大的期望,希望你们能从中受到启发,把握现在难得的发展机遇,积极回国工作,勇于创业发展,直接投身到火热的祖国现代化建设的事业中来。在海外工作和居住的留学人员,也可以通过多种方式为祖国建设添砖加瓦。我国的现代化事业必将因广大留学人员的参与而更加充满生机,留学人员的人生也必将在服务祖国中更加绚丽多彩!

第三,希望青年留学人员发挥独特优势,为提高我国的自主创新能力大学留学做出新贡献。当今世界,科学技术越来越成为经济社会发展的决定性因素,自主创新能力越来越成为国家竞争力的关键所在。对于我们国家来说,自主创新显得尤为重要。我们要把增强自主创新能力作为科学技术发展的战略基点和调整产业结构、转变增长方式的中心环节,大力提高原始创新、集成创新和引进消化吸收再创新能力,建设面向未来的创新型国家。外国已有的先进技术,我们要大力引进、消化、吸收。同时也要看到,他们在核心技术问题上,肯定会对我们进行封锁,我们只有靠自己的努力去创造。青年留学人员通过在国外的学习钻研,掌握了许多先进技术,有的在全球最富创新性的团队里工作,有的甚至取得了世界领先的创新成果,在提高我国自主创新能力方面很有优势。邓中翰同志去美国伯克利加州大学留学5年间,刻苦攻读,拿了3个学位,成为该校第一位跨理、工、商三科的学者,回国后担任“星光中国芯”工程总指挥,实现7项核心技术突破,申请400多项国内外专利技术,开发出拥有中国自主知识产权的“星光”系列数字多媒体芯片,成为第一个大规模打入国际市场的"中国芯",视频芯片占全世界的60%。华为今年上半年全球销售330亿元,每年投入研发的资金都在40多亿元,华为通过自主研发创新,已经取得5%的基本专利,跻身同行业全球前5位。武汉中国光谷内的企业,不仅创下了许多世界第一,而且拥有完全的自主核心技术和知识产权,国际电信联盟有三项重要国际标准是由中国的一位年轻博士提出的,并向全球推广实施,在过去短短的5年里,专利申请量以40%的速度增长。这些成绩的取得,都是与充分发挥留学人员的作用分不开的。希望广大青年留学人员充分发挥自身优势,潜心钻研,敢为人先,紧跟世界科技发展的步伐,勇于抢占现代科技的制高点,大力开展与国内外相关领域的合作,与国内同行一起形成科技创新的强大合力,不断增强我国的自主创新能力。中国历史上的四大发明为人类社会的发展进步做出了重大贡献,在新的历史时期,我们要坚持自主创新和发明创造。拥有13亿人口的中国,要促进世界的和平发展、人类社会的进步事业,我们应该有这样的信心,应该做出新的贡献。

第四,希望青年留学人员立足中国国情,坚持将所学理论知识与中国具体实践相结合。从我国130多年留学人员的历史看,只有坚持将所学理论与中国具体实践相结合,广大留学人员才能在报国实践中建功立业成才。新一代青年留学人员要创新创业、报效祖国,也必须遵循这一原则。在这方面,有许多成功的典范,也有发人深省的事例。大家知道,王明在前苏联留学,专修马列主义,深得当时共产国际、苏共领导人的赏识。但他在中国土地革命时期回国担任中共中央主要负责人后,屡犯严重错误,给中国革命事业造成了巨大损失。究其原因,主要不是因为他马列主义理论学得不多,而是没有将马列主义理论与中国革命实践相结合。我举这个例子,是想跟大家说明一个道理,过去搞革命,不能搞教条主义;现在搞建设,也不能搞教条主义。在国内的同志要注重了解和把握国情,在改革和发展实践中坚持理论联系实际;长期在海外学习、工作的留学人员,更需要熟悉国情,把所学知识同具体实践结合起来。希望青年留学人员在报效祖国的伟大实践中,坚持理论与实际相结合,坚持个人所学与国家所需相结合,坚持个人努力与团队协作相结合,沿着正确的方向成长和发展。

近年来,共青团、青联组织和欧美同学会等留学人员团体围绕党和国家工作大局,充分发挥自身优势,大力开发海外青年人才资源,开展了许多卓有成效的工作。面对新形势新任务,希望共青团、青联组织和留学人员团体,着眼国家富强和民族振兴,创造性地开展工作,努力成为团结青年留学人员的桥梁纽带,将他们凝聚到全面建设小康社会的伟大实践中来;努力成为青年留学人员成就事业的助推器,帮助他们在与国内开展人才、资金、项目、科学技术等合作中建功立业;努力成为联系广大青年留学人员的平台,加强他们之间及与国内社会各界的交流;努力成为反映青年留学人员意见和建议的渠道,更好地表达和维护他们的合法权益,从而把广大留学人员的爱国报国热情、创新创业潜能引导好、维护好、发挥好。

各级党委和政府要从实施人才强国战略的高度出发,认真贯彻落实新时期留学工作的新要求,采取更加灵活的用人机制,创造更加优越的工作环境,提供更加完善的创业服务,吸引更多的青年留学人员回国创业、为国服务,为党和国家事业的发展集聚更大的力量。

各位留学人员、青年朋友们,海阔凭鱼跃、天高任鸟飞,祖国的现代化建设开辟了竞展风采的广阔天地,愿你们在祖国的怀抱里,为实现中华民族的伟大复兴,充分展现你们的聪明才智和创新创业才能,用你们火红的青春,谱写新时期留学报国的壮丽篇章！

最后，祝“2005海外学人回国创业周”活动圆满成功。新年就要到了，祝大家事业发展兴旺，家庭幸福，新年快乐！

在第十届中国杰出青年农民颁奖典礼上的讲话

2005年11月3日

回良玉

青年朋友们，同志们：

在全国上下认真学习贯彻党的十六届五中全会精神，亿万农民喜庆丰收之时，我们在这里隆重举行“第十届中国杰出青年农民”颁奖典礼。在此，兆国同志和我代表党中央、国务院，向为农业农村发展做出突出贡献的获奖青年朋友们表示热烈的祝贺和衷心的感谢！并向全国广大农村青年致以亲切的问候和良好的祝愿！

刚才观看了介绍获奖者事迹的短片，两位获奖代表又作了很好的发言，使我们深受教育和启示，很受鼓舞和激励。你们的事迹非常感人，你们的精神值得学习。中国杰出青年农民评选表彰活动开展十年来，树立了一大批优秀的农村青年典型，在社会上产生了较大反响，为激励广大农村青年积极投身农村全面小康建设，加快农村经济和社会发展发挥了重要作用。今天，历届杰出青年农民和农村青年创业致富带头人齐聚一堂，畅谈理想，共话事业，交流心得，很有意义。在你们身上，集中展现了当代青年农民胸怀大志、情系农村、艰苦创业、致富家乡的时代风貌；从你们身上，我们也看到了建设社会主义新农村的光明前景和美好未来。你们不愧为广大农村青年的楷模，不愧为当代中国农民的优秀代表。有千千万万这样的农村青年，我国的农业和农村就大有希望！

当前，我国农业和农村正处于一个新的发展阶段，发生了一系列重大而深刻的变化，呈现出一系列明显而积极的趋势。今年以来，在基数较高、困难增多、灾害偏重的情况下，农业和农村发展承接了去年的喜人局面，粮食生产在去年大幅度增产的基础上保持了稳定增产的良好态势，农民收入在去年较大幅度增长的基础上保持了持续增长的良好态势，农业农村经济结构调整和农村综合改革继续向前推进。前不久闭幕的党的十六届五中全会，明确提出了建设社会主义新农村的重大历史任务，明确阐述了“生产发展、生活宽裕、乡风文明、村容整洁、管理民主”的要求。这是中央立足新的发展阶段，统揽全局、着眼长远、与时俱进作出的重大战略决策，充分体现了中央统筹城乡发展、促进社会和谐、解决好“三农”问题的决心和信心。我们要以建设社会主义新农村统领农业农村工作全局，认真落实“工业反哺农业、城市支持农村”和“多予少取放活”的方针，进一步调整国民收入分配格局，加大各级财政对农业和农村的支持力度，努力建立以工补农、城乡互动、协调发展的新型城乡关系，让公共财政更多地覆盖广大农村，让现代化建设成果更多地惠及亿万农民。要稳定发展粮食生产，积极调整经济结构，加快发展公共事业，全面深化农村改革，持续促进农民增收，保持和发展农业和农村的好形势。

实施国民经济和社会发展第十一个五年

规划,推进社会主义新农村建设,为农业农村改革和发展带来了新的重要机遇。广大农村青年一定要认真学习贯彻党的十六届五中全会精神,树立和落实科学发展观,认清形势,抢抓机遇,勇挑重担,开拓进取,为解决好“三农”问题、建设社会主义新农村贡献青春、智慧和力量。在这里向广大农村青年提几点希望。

第一,要与时俱进,树立新观念。思想理念往往决定一个人的作为,思想解放经常是事业发展的先导。生活之树常青,认识永无止境。当今时代,经济社会迅速发展,科技进步日新月异,新知识新事物层出不穷。如果思想理念跟不上形势的发展变化,就很难有所作为。广大农村青年要适应新形势新任务的要求,进一步树立创新的意识、开放的观念、创业的精神,克服因循守旧的陋习、小富即安的思想、等靠要的作风,在市场经济的大潮中奋力拼搏,在竞争中求得生存和发展。

第二,要勤于学习,练就新本领。当今社会,竞争比以往任何时候都要激烈,对人的素质要求比以往任何时候都要高。这是一个崇尚学习的时代,追求知识已成为世界的潮流。一个始终坚持学习的人,才能永葆青春。对广大农村青年来说,学习是基础是前提是个人成才的基本途径,学习出智慧出境界是成长进步的重要阶梯。今天在座的获奖青年之所以能够取得不平凡的成绩,很重要的一条,就是勤于学习,善于思考,练就了一身过硬的本领。广大农村青年要刻苦钻研现代农业科技知识,掌握先进实用技术,成为现代农业生产的行家里手。要积极参加各种技能培训,掌握新的劳动技能,为就业创业打下坚实的基础。要努力学习现代经营与管理知识,成为市场意识强、有开拓精神的新一代经营者与管理者。

第三,要矢志奋斗,创造新业绩。在人的一生当中,青年时期是奋斗创业的黄金时期。开拓才有出路,创新才能发展,奋斗才会有成。从一定意义上讲,开拓、创新和奋斗精神的强弱,决定着人生成就的大小,决定着国家的兴衰,决定着民族的存亡。推进社会主义新农村建设,为当代农村青年施展才华、开创事业提供了广阔舞台。广大农村青年要积极参与农村各项改革,积极探索进一步解放和发展农村生产力的新路子,在农村体制创新中发挥排头兵作用。要带头示范推广农业新技术,参与农业和农村经济结构调整,发展农村二三产业,在推进农业现代化和农村工业化、城镇化的进程中大显身手。要勇于自主创业,自谋职业,在城镇闯出新的天地,在农村创造新的辉煌。

第四,要敢为人先,引领新风尚。青年是社会上最富有朝气、最富有创造性、最富有生命力的群体,具有开风气之先的光荣传统。在构建社会主义和谐社会、建设社会主义新农村的伟大事业中,广大农村青年要始终保持昂扬向上的精神状态,勇于开创新风,促进乡风文明。要从自身做起,努力做中华民族传统美德的传承者,做体现时代进步要求的新道德规范的实践者,做新型人际关系和良好社会风尚的倡导者。要崇尚科学,保护环境,在建设资源节约型、环境友好型社会中发挥示范带头作用。要积极参与农村基层民主建设,遵守法律法规,自觉维护社会稳定,与广大农民群众一道,共同推进农村政治文明建设、精神文明建设与和谐社会建设。

青年事关国家未来,青年也是建设社会主义新农村的生力军和突击队。各级党委和政府要始终重视和解决好“三农”问题,始终相信农村青年、关心农村青年,切实把农村青年的积极性和创造性调动起来。全社会都要关心帮助农村青年的成长和发展,积极为农村青年办实事、解难事、做好事。共青团组织要紧紧围绕党的农村工作大局,发挥优势,竭诚服务农村青年,充分激发农村青年的聪明才智,团结带领农村青年为建设社会主义新农村贡献力量。

同志们、青年朋友们,农业农村的宏伟蓝图已经绘就,农业农村的广阔天地大有可为。

我们坚信，在以胡锦涛同志为总书记的党中央领导下，在邓小平理论和“三个代表”重要思想指引下，全国亿万农村青年一定会抓住机遇，艰苦创业，开拓创新，在实现国民经济和社会发展第十一个五年规划和全面建设小康社会的伟大进程中，创造出更加辉煌的业绩！

在第五届全国少年军校检阅式上的讲话

2005年7月28日

曹刚川

小学员们，同志们：

在庆祝中国人民解放军建军78周年之际，第五届全国少年军校检阅式今天在北京隆重地举行。看到少年军校小学员和香港、澳门的少年朋友们展示出的蓬勃的朝气，昂扬的斗志和团结的精神，我们感到非常振奋，也非常高兴。在此，我代表中央军委对第五届全国少年军校检阅式的成功举行表示热烈的祝贺，向全国少年军校小学员和香港、澳门的少年朋友们致以亲切的问候！向全国少年军校工作者以及关心、支持少年军校活动的朋友们、同志们表示衷心的感谢！

少年军校是对少年儿童进行国防教育的一种重要的组织形式，也是加强少年儿童思想道德教育的重要阵地。近年来，在军队、武警部队和公安部门的积极参与、大力支持下，在教育行政部门的统一协调和指导下，少年军校活动的内容不断丰富，活动的方式不断创新，活动的场地也不断增加，活动的成果不断涌现，已成为少年儿童接受国防教育的生动课堂和磨炼意志品质、提高综合素质的重要舞台。实践证明，开展少年军校活动，对于促进全国少年儿童的健康成长具有不可替代的作用。

今年是中国人民抗日战争与世界反法西斯战争胜利60周年。60年前，在中国共产党倡导形成的抗日民主统一战线的光辉旗帜下，全国各族人民团结一心、前赴后继、浴血奋战，打败了日本军国主义，第一次取得了中国近代史上反侵略战争的完全胜利，为世界反法西斯战争的胜利做出了不可磨灭的、历史性的贡献。在这场艰苦卓绝的战争中，涌现出无数可歌可泣的抗日英雄，其中也包括许多抗日小英雄。大家熟悉的放牛娃王二小、小英雄雨来、小兵张嘎的故事，就是抗日时期中国少年儿童英雄事迹的生动写照。抗日英雄为国家、民族建立了丰功伟绩，将永载中华民族的史册。希望少年军校的小学员们牢记历史，学习抗日英雄崇高的爱国主义精神和大无畏的革命英雄主义精神。以英雄为楷模，走英雄的道路，完成英雄未竟的事业。增强国防意识，树立国防观念，学习掌握基本的国防知识、军事知识和军事技能。要通过少年军校的活动，磨练意志，增强体魄，增强集体主义精神，培养团结友爱的优良品质，促进德、智、体、美的全面发展，为将来成为中国特色社会主义事业的合格建设者和接班人，打下坚实的基础。

办好少年军校，需要国家、军队有关部门以及全社会的共同努力；各级少年军校，要以“三个代表”重要思想为指导，认真贯彻落实胡锦涛总书记对全国少先队员提出的“勤奋学习、快乐生活、全面发展”的要求，深入贯彻《中共中央国务院关于进一步加强和改进未成年人思想道德建设的若干意见》和《中华人民共和国国防教育法》，坚持以人为本，用爱国主义、集体主义和社会主义思想教育青少年，教育和引导他们树立正确的理想信念，培养高尚的道德情操，要采取生动活泼、丰富多彩的形式开展活动，使之更好地体现时代特征，更加符合少年儿童的特点，不断增加少年军校对少年儿童的吸引力和影响力；各级共青团、少先队组织要认真履行职责，积极借助社会各方面力量和资源，把少年军校活动进一步组织好、开展好；军队和武警部队要支持少年军校的活动，提供必要的配合、保障和指导；国防教育部门要把支持少年军校活动作为全民教育的基础工程来抓，积极协调地方政府、驻军、武警部队、公安干警参与和做好相关的工作；社会各方面都要关心少年军校的活动，努力形成全社会热情关心，各部门大力支持，少年儿童踊跃参与的良好氛围。

少年儿童是祖国的希望和未来，希望少年军校的小学员们和全国的少年儿童们，从小树立远大的理想，立志报效祖国，认真学习，刻苦锻炼，努力成为品德优良、意志坚强、发展全面的新一代人，长大以后为建设和保卫祖国，实现中华民族的伟大复兴做出应有的贡献。

谢谢大家！

在保护母亲河行动大会上的讲话

2005年4月4日

曾培炎

同志们，青少年朋友们：

你们好！

今天的大会表彰了保护母亲河行动先进集体、先进个人和“母亲河奖”获奖者。在这里，我代表党中央、国务院向受到表彰的单位和个人表示热烈的祝贺！向支持“保护母亲河行动”的社会各界人士表示衷心的感谢！向积极参加这一活动的全国青少年朋友致以诚挚的问候！

刚才，廖伟、田恬同学宣读了“美化新三峡，保护母亲河”的倡议，听了以后我很有感触。滚滚长江水，纵横19个省市区，绵延数千公里，给我们带来鱼米之利、舟楫之便。近年来，又源源不断地将电力送往全国各地，确是一条名副其实的母亲河。在海内外华人的心目中，长江已不仅是一个地理概念，更是中华民族的象征，负载着丰富的文化内涵。但是，今天的长江，也面临着水土流失严重、环境污染加剧的危险。我希望全国的青少年，能够积极响应“美化新三峡，保护母亲河”的倡议，以你们的实际行动，把长江两岸建成郁郁葱葱的绿色长廊。

同志们、青少年朋友们，生态环境是人类赖以生存和发展的基本条件，但是随着我们国家经济的快速增长，经济社会发展与资源环境的矛盾越来越突出。党中央、国务院高度重视生态环境保护与建设工作，把可持续发展确定为国家战略。胡锦涛总书记提出了要让“人民喝上干净的水、呼吸清洁的空气、吃上放心的食物，在良好的环境中生产生活”的奋斗目标。

这几年来，我们国家在生态环境保护和建设中做了大量工作，取得了很大成绩。实施了退耕还林、退牧还草、天然林保护、风沙源治理等生态建设重点工程,开展了重点流域区域污染防治、打击不法企业违法排污专项整治等环境保护行动,建立了一批不同类型的自然保护区。经过多年的努力,局部地区生态环境有所改善,关心环境、爱护环境的良好社会氛围正在形成。

我们欣喜地看到,在共青团中央和各有关部门、地方的努力下,"保护母亲河"大型群众性公益活动已成为我国实施可持续发展战略的一支重要力量。六年多来,这项活动已经吸引了3亿多人次的青少年和社会公众参与生态保护行动,在江河流域造林近400万亩。各地结合实际,探索了社会公众参与环境建设的新模式,开展了美化新三峡等活动,促进了广大青少年提高环保意识,在传播生态文化、实践环保理念、推进生态建设等方面取得了明显成效。

在充分肯定成绩的同时,我们也要清醒地认识到,我国生态环境总体恶化的趋势尚未得到有效控制。当前和今后一个时期,我们要以科学发展观统领经济社会发展全局,加快转变经济增长方式,大力发展循环经济,全面建设节约型社会,进一步加强生态环境保护和建设。要认真总结经验,完善运行机制,加强政策支持,把保护母亲河等生态环保行动不断推向深入。这里,我提四点希望。

第一,加强宣传教育,弘扬生态文明。要牢固树立人与自然和谐发展的理念,广泛宣传生态文化,积极倡导环境道德。广大青少年要从一点一滴做起,从每个家庭、学校和单位做起,从身边力所能及的事情做起,影响和感召更多的人投入生态环境保护与建设中来。

第二,结合青少年特点,开展生态活动。要广泛动员青少年参与生态重点工程建设,积极参与环境保护群防群测。多开展一些符合青少年特点的活动,鼓励他们走近自然、了解自然,关心生态、关注环境,保护家园、建设家园,培养和造就具有良好生态意识的一代新人。

第三,加强规划管理,抓好生态工程。生态工程建设要遵循自然规律,科学规划,严格论证,务必做到精心组织、精心施工、精益求精,确保高标准、高质量地完成任务。要把保护母亲河行动与美化新三峡等区域性生态环保活动结合起来,更好地推进三峡水库周边绿化带和示范区建设。

第四,调动各方面力量,支持生态工作。各级党委、政府要创造有利条件,加强对"保护母亲河行动"的关心和支持。要动员社会各界继续关注和参与"保护母亲河行动",把生态环境保护和建设作为责任和义务,长期坚持下去。各级共青团组织要继续与有关部门密切配合,采取有力措施,促进"保护母亲河行动"健康发展。

同志们、青少年朋友们,十年树木,百年树人。国家要繁荣昌盛,不可无济济之人才;社会要可持续发展,不可无郁郁之森林。一个人的青少年时期,正是人生观、价值观形成的阶段,青少年的生态道德水平,也决定着中国未来的环境状况。保护母亲河行动,把对青少年教育与环境保护结合起来,是一项意义深远、前景广阔的事业。让我们紧密团结在以胡锦涛同志为总书记的党中央周围,高举邓小平理论和"三个代表"重要思想伟大旗帜,全面落实科学发展观,保护母亲河,保护森林,保护环境,为再造祖国秀美山川做出新的贡献!

第二部分

团中央书记处领导讲话

周强在首届“中国中学生正泰品学奖”颁奖会上的讲话

2005年1月7日

新年伊始，我们在人民大会堂隆重举行颁奖会，表彰200名来自全国各地的首届“中国中学生正泰品学奖”获奖同学。刚才，黑龙江省齐齐哈尔市第一中学的金华同学、上海市第一中学的薛婷婷同学作了很好的发言，正泰集团公司南存辉同志作了精彩的致辞，听后很受感动。在此，我代表共青团中央和全国学联，向获奖的中学生朋友们表示热烈的祝贺，向长期以来关心支持未成年人健康成长的各位领导和社会各界人士表示衷心的感谢！

我国目前有在校中学生近1亿人，是未成年人群体的重要组成部分。加强中学生思想道德建设，促进广大中学生全面发展，把他们培养成为中国特色社会主义事业合格建设者和可靠接班人，关系到国家和民族的未来。党和国家对广大中学生始终高度重视，热情关怀，在去年2月党中央、国务院下发的《关于进一步加强和改进未成年人思想道德建设的若干意见》中，又为促进广大中学生的健康成长提出了许多具体措施。设立“中国中学生正泰品学奖”，为广大中学生树立可信、可敬、可学的榜样，引导广大中学生修德正己，全面发展，这是共青团、学联组织落实中央精神，加强未成年人思想道德建设的一项重要举措，也是为中学生办的一件实事。中共中央政治局委员王兆国同志就“正泰品学奖”的设立专门致信祝贺，并对做好这项工作提出了明确要求。今天，张怀西副主席在百忙中出席颁奖会，进一步体现了党和国家对未成年人的关心和爱护，对广大中学生是巨大的鼓舞和激励，对于在全社会营造关心未成年人健康成长的良好氛围，必将起到积极的推动作用。

中学时代是人生的花季，也是成长的起步阶段、发展的关键时期。在中学阶段打下一个良好的基础，对一个人一生的发展至关重要。今天受表彰的同学都是中学生中的佼佼者，你们身上有许多优秀的品质、模范的行为，很值得广大中学生学习。希望全国广大中学生以你们为榜样，从你们成长成才的经历中获得启示，不断取得进步。

一是要有一种服务人民的责任感。中学生正逐步走向成人，将担负起振兴国家、服务社会的责任。因此，一定要从现在起就培养对国家、对人民、对社会的责任感。获奖同学中有的积极开展志愿服务，连续几年帮助社区孤寡老人；有的勇挑家庭生活重担，照顾生病的亲人；有的担任学生干部，积极为同学和班集体服务，这都是责任感的具体体现。希望广大中学生从身边的事情做起，努力使自己成为有责任心、有良好的道德修养、受人尊敬的人。

二是要有一种自强不息的精神。今天获奖的许多同学有一个共同的特点，就是面对生活的贫困，面对一些意想不到的挫折，始终保持顽强的毅力和昂扬的精神状态。人的一生中总要遇到这样那样的困难，其实困难并不可怕，从某种意义上讲，困难是一种财富，关键是我们用什么样的态度去对待困难，战胜了困难也就是提高了自己的能力。希望广大中学生都能够勇敢地正视困难，鼓足信心和勇气去战胜困难，在逆境中经受磨砺。

三是要有一种敏于求知的态度。勤奋学习是同学们成长成才、报效祖国的基础。希望广大中学生紧跟时代，刻苦学习，打牢知识基础，更新知识结构，将来更好地回报社会，服务祖国和人民。求知不仅是在课堂上、在书本里，社会实践也是求知的重要途径。书本知识只有付诸实践，才能焕发出强大的力量。希望广大中学生积极投身丰富多彩的社会实践活动，善于在实践中发现新知，寻求真知，增长才干。

获得“中国中学生正泰品学奖”是一种荣誉，更是一种鞭策。希望获奖同学珍惜荣誉，再接再厉，以此为新的起点，更加严格地要求自己，不断取得新的成绩。各级共青团、学联组织要继续给他们更多的关心，引导他们脚踏实地、健康成长。要运用各种有效方式，宣传获奖者的事迹，发挥典型育人的作用，带动更多的同学共同进步。要以此为契机，进一步加大未成年人思想道德建设的工作力度，注重形成长效机制，为广大中学生成长成才营造良好的氛围，创造更好的条件。

最后，祝同学们在新的一年里取得更加优异的成绩！

周强在全国青联九届六次常委（扩大）会议共话青联交流活动上的讲话

2005年1月13日，根据录音整理

今天晚上的聚会群贤毕至，真情感人。首先，我代表共青团中央，向各位常委致以诚挚的问候，感谢大家五年来为青联事业付出的辛勤劳动和做出的重要贡献！

这次常委会时间虽然很短，但内容非常丰富，开得非常成功。上午，胡伟同志作了一个全面的工作报告，赵勇同志作了一个很好的讲话，大家进行了热烈的讨论。下午，大家参加了第15届“中国十大杰出青年”颁奖典礼。中共中央政治局委员王兆国同志亲切接见大家，并发表了热情洋溢的重要讲话，对青联委员和广大青年提出了殷切希望，对新世纪新阶段青联工作提出了明确要求，希望大家认真学习领会，切实抓好落实。

参加今天晚上的聚会，我深受感染。刚才几位老青联常委的发言，表达了对青联组织至真、至纯、至深、至厚的感情，寄托了对青联事业的无限期望。听了大家的发言，我有一种真切的感受，那就是一届又一届青联委员在不断地续写和创作昂扬奋进的“青联之歌”。从上个世纪50年代“踏上西去的列车”、中朝、中越、中俄友谊之歌，到改革开放时期“请到青年突击队里来”、“在希望的田野上”，唱到“年轻的朋友来相会”、“春天的故事”，再唱到“二十年后再相会”，直到今天，我们还在唱。而且，随着祖国统一大业的推进和社会主义现代化建设事业的发展，“青联之歌”不断被赋予崭新的时代内涵。从老常委晓光的“认识青联”，到香港、澳门的“我们青年人”，到台湾的“我们都是一家人”，所有这些都汇聚成推进祖国统一大业、实现中华民族伟大复兴的时代强音。

讲到青联，大家都很有感情。为什么青联

这么富有吸引力和凝聚力，为什么大家对青联这么依依不舍，充满了热爱和眷恋？我想，一方面是由青联组织的特征所决定的。青联是动态的、是流动的，大家都非常珍惜在青联度过的这一段美好时光；一方面是因为青联为大家提供了一个事业上真诚合作、思想上坦诚交流、生活中竭诚互助的平台。更重要的是，各位委员为青联事业的发展做出了贡献，为青联赢得了荣誉，使得青联组织的影响力越来越大，使青联组织永远保持活力，也使每一位青联委员永葆青春和魅力。

借此机会，我想谈几点感想，和大家交流。

第一，关于青联的缘。中国有那么多人，有那么多青年，有那么多青年才俊，大家走到一起有必然性，也有偶然性，这种必然性和偶然性的结合就是缘。今天，大家能够成为全国青联委员，成为全国青联常委，就是一种缘分。青联的缘是丰富多彩的。有一些委员因为青联结成美满的姻缘；有一些委员因为青联成为事业的合作伙伴；还有像郁钧剑常委刚才讲的，离开了又回来了，这也是与青联结下的一种缘，其他组织可能没有这种情况。青联的缘是感人至深的。大家在这里为着共同的理想和目标团结奋斗，无私相助，共度峥嵘岁月，留下了很多感人的故事。我特别希望即将离开青联的常委、委员把在青联的感人的佳话写下来，将来编辑成书。正是你们在青联结下的这段缘，构成了一部鲜活的青联历史，让青联名扬四方。

第二，关于青联的情。青联组织是一个讲感情、重感情的组织。刚才几位老常委都谈到了这一点。青联组织之所以有很大的吸引力和凝聚力，关键就是因为青联讲感情、重感情。在这里没有勾心斗角，没有铜臭味；在这里有的是真情，是以诚相待，是互相支持。因为青联这份情，我们很多同志在事业上互相帮助，共同合作；因为青联这份情，每每看到青联委员的成长和进步，看到大家事业成功，我们都为之感到由衷的高兴和鼓舞；因为青联这份情，当我们有些不顺心、暂时遇到困难的时候，一个电话、一条短信，大家都感到那样的温暖、那样的真诚。从根本上讲，青联这份浓浓的情，是一种中国情、中华情。正是这种中国情、中华情，把全国各族各界的青联委员紧密联系在一起，把祖国大陆同香港、澳门、台湾和海外的特邀委员紧密联系在一起。大家在不同的地方、不同的岗位，都在用自己的实际行动诠释和升华着这份真挚而宝贵的情感。

第三，青联永远是委员们的家。对于各位委员，无论是换届时将要离开的，还是继续留在青联组织的，我尤其想说的是，青联是你们生命中永远的牵挂，是你们永远温暖的家。大家在青联里相逢、相识、相知，结交了许多一生的朋友；大家在青联里团结奋斗，不断走向成熟，不断实现人生的辉煌；大家在青联里度过了难忘的青春岁月，留下了不可磨灭的、美好的回忆。我们这些从事青年工作的，从你们身上学到了许多优秀的品质和闪光的智慧，汲取了不断前进的无穷动力。我们由衷地为大家取得的每一个成绩感到高兴，感到自豪。当看到蔡振华少帅带领中国乒乓军团在世界乒坛奋勇拼搏、勇夺金牌的时候，我们在座的青联委员都同蔡少帅一起紧张，一起欢呼。对于我们在座的朋友来讲，无论你们将来是留在青联，还是离开青联，青联秘书处都要永远为你们服好务，我们的心永远在一起，青联永远是大家成就事业、互相支持、共同发展的舞台。

在这里，我特别要强调的是，在经济全球化的背景下，中华全国青年联合会同我们国家的青年一起，伴随共和国前进的步伐，正在昂首阔步地走向世界，在参与国际青年事务、推动全球经济合作与文化交流、促进世界和平与发展等方面发挥着越来越大的作用，青联的国际舞台越来越宽广。最近，我们将向东南亚海啸地区选派青年志愿者，还将向东南亚、向非洲派出青年志愿者。所以，青联不仅永远是大家的家，还永远是大家共同发展的舞台，走向世界的舞台，不断成就事业、创造新辉煌的舞台！

新春佳节将至，给大家拜个早年，衷心地祝愿各位朋友身体健康，全家幸福，万事如意！

周强在团中央直属机关保持共产党员先进性教育活动动员大会上的讲话

2005年1月14日

中央决定，从2005年1月开始，用一年半左右的时间，在全党开展以实践“三个代表”重要思想为主要内容的保持共产党员先进性教育活动。今天上午，中共中央总书记胡锦涛同志在中南海怀仁堂，就新时期如何保持共产党员先进性问题给中央党政军群各部门和北京市的党员负责同志作了重要报告，深刻指出党的先进性建设是马克思主义政党自身建设的根本任务，系统总结了我们党加强先进性建设和保持共产党员先进性的历史经验，充分论述了加强党的先进性建设对提高党的执政能力、巩固党的执政地位的重大意义，明确提出了开展先进性教育活动的目标要求，要求各级党组织把保持共产党员先进性教育作为当前党建工作中的头等大事来抓，全体共产党员都要积极投身先进性教育活动，领导干部尤其要发挥表率作用。我们要深入学习，认真贯彻。

按照中央的有关部署和要求，团中央直属机关参加第一批先进性教育活动。1月5日，中央召开电视电话会议，对第一批开展先进性教育活动的单位进行了动员，中共中央政治局常委、中央书记处书记曾庆红同志和中共中央政治局委员、中央书记处书记、中央组织部部长贺国强同志分别作了重要讲话，对全党开展保持共产党员先进性教育活动作出全面部署，我们要认真学习，深刻领会，抓好落实。1月10日，中直工委也召开了中直机关开展先进性教育活动工作会议，就中直系统开展保持共产党员先进性教育活动作出具体部署。今天，我们召开机关全体党员、入党积极分子和直属单位主要负责同志、党委书记参加的会议，就是要传达学习中央和中直工委关于开展先进性教育活动的一系列指示精神和要求，对团中央直属机关开展先进性教育活动进行部署，动员全体党员以高度的责任感、严肃的态度和饱满的热情投入到先进性教育活动中来。

刚才，胡伟同志宣布了团中央直属机关开展先进性教育活动的领导机构和工作机构组成人员名单及书记处参加先进性教育活动的方案，杨岳同志介绍了团中央直属机关的先进性教育活动方案。中央督导组组长、中纪委委员、监察部副部长李玉赋同志还将对先进性教育活动提出明确要求，大家要认真贯彻，抓好落实。下面，我根据中央的精神和团中央的实际，就开展好先进性教育活动讲几点意见。

一、统一思想，提高认识，进一步明确开展先进性教育活动的重要性和必要性

在全党开展先进性教育活动，是党中央深入研究新时期的形势、任务以及党员队伍状况，审时度势、深思熟虑作出的重大决策。早在1999年，江泽民、胡锦涛同志就先后作出重要批示，要求对新形势下如何建设我们的党认真调研。党的十六大和十六届四中全会分别对开展先进性教育活动作出重要部署和提出

明确要求。2004年10月14日、21日，胡锦涛同志分别主持中央政治局常委会和中央政治局会议，讨论并原则通过了《关于在全党开展保持共产党员先进性教育活动的意见》稿和有关方案。回顾这段历程，我们可以看到，在全党开展先进性教育活动，从提出建议到作出决定，从进行试点到开始部署，前后历时近5年时间。这样一个慎重决策的过程，充分体现了党中央对先进性教育活动的高度重视，也反映了开展先进性教育活动的重大意义。我们一定要把思想认识统一到中央的重大决策和部署上来，站在全党全国工作大局的战略高度，着眼于提高党的执政能力、全面推进党的建设新的伟大工程，着眼于全面建设小康社会、推进中国特色社会主义伟大事业，着眼于全面提高共青团干部队伍素质、开创共青团事业新局面，深刻认识开展保持共产党员先进性教育活动的重要性和必要性，以高度的政治责任感和历史使命感搞好这次先进性教育活动。

1. 开展保持共产党员先进性教育活动，是坚持用“三个代表”重要思想武装全党的重要举措，事关提高党的执政能力和巩固党的执政地位。党的先进性是党的生命所系、力量所在。80多年来，我们党作为中国工人阶级的先锋队和中华民族的先锋队，带领全国人民取得了反帝反封建斗争的胜利，把四分五裂、贫穷落后的旧中国建设成为人民生活总体上达到小康水平、正在蓬勃发展的新中国，取得了举世瞩目的成就。实践证明，我们党是代表先进生产力的发展要求、代表先进文化的前进方向、代表最广大人民的根本利益的党，是始终走在时代前列、保持先进性的党。正因为如此，我们党得到了人民的拥护和历史的选择，成为执掌全国政权并长期执政的党。但是必须看到，党的先进性不是一成不变的，党的执政地位也不是一劳永逸的。进入新世纪新阶段，我们党所处的国内外环境、所肩负的历史任务和党员队伍的现实状况都发生了深刻变化。这对保持党的先进性提出了新的要求，也使巩固党的执政地位面临新的考验。“三个代表”重要思想反映了当代世界和中国的发展变化对党和国家工作的新要求，科学地回答了建设什么样的党、怎样建设党，党为谁执政、怎样执政，什么是党在新的历史条件下的先进性、怎样保持先进性等一系列重大的理论和实践问题，是加强和改进党的建设的强大理论武器。按照“三个代表”重要思想的要求，加强和改进党的建设，是我们党保持先进性、始终成为建设中国特色社会主义坚强领导核心的基本要求，也是提高党的执政能力、巩固党的执政基础、完成党的执政使命的基本要求。党中央总揽全局、高瞻远瞩，决定在全党开展以实践“三个代表”重要思想为主要内容的保持共产党员先进性教育活动，就是要用“三个代表”重要思想教育和武装广大党员干部，用发展着的马克思主义指导新的实践，努力把全体党员锻炼成为“三个代表”重要思想的坚定实践者，使我们党始终与时代发展同步伐，与人民群众共命运，永葆生机与活力。

2. 开展保持共产党员先进性教育活动，是实现全面建设小康社会宏伟目标的重要保证，事关改革开放和现代化建设全局。全面建设惠及十几亿人口的更高水平的小康社会，是我们党立足国情，根据亿万人民的共同意愿提出的宏伟目标，也是我们党在新的形势下把党的先进性和社会主义制度的优越性落实到发展先进生产力、发展先进文化、实现最广大人民的根本利益上来的必然要求。全面建设小康社会的时期，是我国人均国内生产总值从1000美元向3000美元跨越的发展机遇期，也是产业结构急剧变动、社会问题逐步积累的矛盾凸显期。如果政策把握得当，就能推动经济社会协调发展，顺利实现工业化和现代化；反之，就会出现贫富悬殊、失业人口增多、城乡和地区差距拉大、生态环境恶化等问题，导致社会矛盾激化，经济社会发展徘徊不前，甚至出现社会动荡和倒退。全面建设小康社会的伟大事业需要一个保持先进性的党作为领导核心，经济社会发展的复杂局面考验着党的执政能力和领导水平。党中央决定开展保持共产党员先进性教育活动，就是要按照“三个代表”重要思想的要求，全面深入地加强和改进党的建设，使我们党在世界形势深刻变化的历史进程中始终走在时代前列，在应对国内外各种风险考验的历史进程中始终成为全国人民的主心骨，在全面建设小康社会、开创中国特色社会主义事业新局面的历史进程中成为坚强的领导核心；就是要促使广大党员进一步坚定理想信念，坚持党的宗旨，增强党的观念，发扬优良传统，发挥先锋模范作用，团结带领广大人民群众促进社会和谐、推动经济发展，共同致力于全面建设小康社会的伟大事业。

3. 开展保持共产党员先进性教育活动，是共青团按照党的要求加强团干部队伍建设的迫切需要，事关共青团当好助手和发挥桥梁纽带作用。开展先进性教育活动，是党建的首要任务。对于共青团来讲，同样是团建的首要任务，也是推进团建工作的难得机遇。团中央机关年轻党员多，年轻同志多。年轻同志在各方面有很多优点，但缺乏严格的党内政治生活的锻炼和考验。因此，开展先进性教育活动是对年轻党员的一次难得的党性教育和锻炼的机遇。新世纪新阶段，共青团要当好党的助手和后备军，发挥好党联系青年的桥梁纽带作用，关键是要按照党的要求，努力培养一支高素质的、能够担当重任、经得起风浪考验的团干部队伍。胡锦涛同志在同团中央新一届领导班子成员和团十五大部分代表座谈时指出：“做好新形势下团的工作，推动共青团事业的发展，开创共青团工作新局面，关键是各级团的干部要带头奋斗，努力做让党放心、让广大青年满意的干部。”“党放心、青年满意”是党对团干部的一贯要求，是在正确把握时代特点和团干部成长发展规律的基础上提出的，是加强新时期团干部队伍建设必须坚持的根本标准。要做到“党放心”，团干部就要不断在党性上锤炼自己，坚持用“三个代表”重要思想武装头脑，在政治上、思想上和行动上同党中央保持高度一致，围绕党政工作大局推动工作。要做到“青年满意”，团干部就要牢固树立服务青年的意识，满腔热情地关心青年，深入青年，了解青年，竭诚为青年办实事、做好事、解难事，做青年的表率，做青年的朋友。“党放心、青年满意”的标准与保持共产党员先进性教育活动的目标要求是一致的。团中央机关作为全团的领导机关，在保持共产党员先进性教育活动中要发挥示范作用，做全团的表率。每一位党员都要积极参加到先进性教育活动中来，通过学习提高认识，通过评议发现问题，通过整改提高素质，努力做到“党放心、青年满意”。机关各部门、各直属单位要统一思想，提高认识，切实增强党员队伍和党组织的创造力、凝聚力、战斗力，为做好新形势下的青年群众工作、巩固和扩大党执政的青年群众基础提供坚强的政治保证和组织保证。

二、落实要求，把握重点，切实解决党员和党组织存在的突出问题

在新的历史条件下，共产党员保持先进性，就是要自觉学习实践邓小平理论和“三个代表”重要思想，坚定共产主义理想和中国特色社会主义信念，胸怀全局、心系群众，奋发进取、开拓创新，立足岗位、无私奉献，充分发挥先锋模范作用，团结带领广大群众前进，不断为改革开放和社会主义现代化建设做出贡献。中央开展这次保持共产党员先进性教育活动要达到的目标要求是：提高党员素质，加强基层组织，服务人民群众，促进各项工作。这“四句话”是一个有机的整体，体现了使党员受教育、让群众得利益的精神，我们一定要深入理解、准确把握，全面贯彻、认真落实。

对团中央直属机关来说，提高党员素质，就是要引导党员用“三个代表”重要思想武装

头脑、指导实践，坚定理想信念，增强党员意识，按照“党放心、青年满意”的要求加强干部队伍建设；加强基层组织，就是要着眼于增强党组织的创造力、凝聚力和战斗力，把直属机关基层党组织建设成为贯彻“三个代表”重要思想的组织者、推动者和实践者，发挥战斗堡垒作用；服务人民群众，就是要把竭诚服务青年作为全部工作的出发点和落脚点，为青年诚心诚意办实事，坚持不懈做好事，尽心竭力解难事，促进青年的健康成长，不断巩固和扩大党执政的青年群众基础；促进各项工作，就是要树立、落实科学发展观和正确政绩观，在工作思路上创新，在工作方式上创新，在自身建设上创新，不断开创共青团工作的新局面。

落实中央提出的目标要求，开展好保持党员先进性教育活动，一方面要吃透中央精神，坚持指导思想，做到严格执行；另一方面要结合共青团实际，找出突出问题，做到有的放矢。关键是要抓住一条主线，把握一个主题，明确一个着眼点，坚持一个方针。首先，要抓住学习实践“三个代表”重要思想这条主线，在真学、真懂、真信、真用上下功夫，切实把“三个代表”重要思想落实在党员的岗位上，体现在党员的行动中。其次，要把握保持共产党员先进性这个主题，按照中央关于党员先进性的明确要求，教育引导广大党员对照检查，身体力行，努力体现先进性。第三，要明确提高党的执政能力这个着眼点，把加强党的执政能力建设的有关要求贯穿到先进性教育活动的各个阶段和各项工作中，使广大党员进一步提高认识，增强执政意识，自觉提高执政本领。最后，要坚持“党要管党，从严治党”这个方针，在先进性教育活动的全过程中坚持标准，对党员严格要求、严格教育、严格管理、严格监督。从团中央直属机关的情况来看，我们要重点抓好以下五个方面的工作。

1. 坚定理想信念，用“三个代表”重要思想武装头脑。正确的理想信念，是共产党员的政治灵魂，是保持共产党员先进性要解决的首要问题。共产党员要站在时代前列，保持先进性，就要树立共产主义远大理想，坚定走中国特色社会主义道路的信念，脚踏实地地为实现党在现阶段的基本纲领而奋斗。有了这样的理想信念，就有了立身之本、处事之规，就能在复杂的环境中保持正确的方向和坚定的立场。近年来，团中央直属机关认真贯彻中央有关精神，重视对党员的理想信念教育，开展了形式多样的主题教育活动，取得了良好的效果。广大党员在服务大局、服务青年的各项工作中，在突发事件、关键时刻的考验面前，保持了坚定正确的政治立场。但是，在改革开放和发展社会主义市场经济的过程中，在对外交流日益频繁、各种思想文化相互激荡和西方资本主义价值观不断渗透的背景下，个别党员在理想信念上不同程度地出现了一些模糊认识。比如，不能正确看待改革中暂时存在的困难，对社会主义经过长期发展必将战胜资本主义信心不足。有些受西方政治观念影响，在政治体制和新闻观方面出现了偏差。这就要求我们在先进性教育活动中，组织党员深入学习党的基本理论、基本路线、基本纲领和基本经验，帮助党员不断深化对“三个代表”重要思想的科学内涵和精神实质的理解，切实增强学习实践“三个代表”重要思想的自觉性和坚定性，构筑起强大的精神支柱。归根结底，共产党员必须信仰共产主义、信仰马克思主义，坚持四项基本原则，这是保持共产党员先进性最重要的内容。

2. 增强党员意识，发挥共产党员的先锋模范作用。党的先进性是具体的，不是抽象的。对广大群众来说，党员的模范行动是党的先进性的最直接体现。党与人民群众的血肉联系，是以广大党员为桥梁来连接的，也是由每一个党员的模范作用来促进的。一个党员就是一面旗帜。如果每一个党员都能发挥先锋模范作用，我们党就能始终走在时代前列，永葆先进性。长期以来,团中央直属机关的广大党员忠诚党的事业,热爱团的岗位,竭诚服务青年,勤奋敬业,任劳任怨,在各自的工作中较好地发挥了党员的先锋模范作用。但是,也有个别同志党员意识淡薄,在严于律己上有所放松,有的同志工作开拓性不够,事业心和责任感不强。新的形势和任务对每个党员进一步增强党员意识提出了新的更高的要求。在这次先进性教育活动中,团中央直属机关的广大党员,尤其是党员干部,要自觉做到在政治上、思想上和行动上与党中央保持高度一致,牢记"两个务必",树立正确的世界观、人生观和价值观,进一步增强党员的政治意识;要贯彻民主集中制,强化党的组织生活观念和组织纪律性,自觉履行党员权利、义务,进一步增强党员的组织意识;要立足本职工作埋头苦干、奋发进取,努力创造一流的工作业绩。

3. 加强基层建设,发挥基层党组织的战斗堡垒作用。党的基层组织,是贯彻"三个代表"重要思想的组织者、推动者和实践者,是党的全部工作和战斗力的基础。"基础不牢,地动山摇"。如果基层党组织不能发挥战斗堡垒作用,党的先进性也就无从体现。对党员来说,基层组织是党员保持先进性的组织保证。经验表明,基层党组织强的地方,落后党员可以转化为先进,基层党组织弱的地方,先进党员也可能变成落后。团中央书记处始终高度重视直属机关党的建设,近年来通过开展"机关建设月"活动、达标创先活动、网上理论学习活动、支部最佳学习活动评选和加强党内民主生活会管理等措施,着力加强基层党组织建设。但是我们也要看到,基层党组织建设中还存在一些值得注意的问题,比如,重业务工作,轻思想政治工作;对党员群众在工作生活等方面的困难关心不够,等等。这次先进性教育活动为我们进一步加强基层建设提供了契机。各级党组织要认真查找薄弱环节,采取有效措施加以解决。要切实选好、配齐、配强各级党组织尤其是党支部班子,对个别软弱涣散、不能组织开展先进性教育活动的基层党组织进行整顿。要认真做好党员的教育、管理和服务工作,进一步创新基层党组织工作方式和活动方式。直属机关各级党组织,尤其是基层党组织要在这次先进性教育活动中积极发挥战斗堡垒作用,适应新形势和新任务的要求,紧密联系党员的思想和工作实际,严格党内生活,严肃党的纪律,加强党员教育,不断提高党员的思想政治素质和科学文化素质,保持党员队伍的先进性和纯洁性。

4. 竭诚服务青年,巩固和扩大党执政的青年群众基础。密切联系群众,一切为了群众,一切依靠群众,是我们党的优良传统和根本工作路线。具体到我们共青团系统,就是要密切联系青年,竭诚服务青年,为党做好青年群众工作。近年来,我们把服务青年作为全部工作的出发点和落脚点,以服务促建设,以服务求活跃,紧紧围绕青年成长成才的根本需求和学习、参与、就业、维权等具体需要,扎实做好团结、凝聚、服务青年的工作,取得了明显成效。但是也必须看到,青年是最活跃的社会群体,总是处于不断发展变化之中。与青年选择的多样化相比,共青团服务青年的手段还需要不断创新;与青年群体结构的多样化相比,共青团的组织覆盖和工作覆盖还有待加强;与青年需求的多样化相比,共青团服务青年的项目还不够丰富。我们要以这次先进性教育活动为新的起点,紧紧围绕和服务加强党的执政能力建设的总体要求,积极适应青年变化和社会变革,切实加强共青团的服务能力、凝聚能力、学习能力、合作能力建设。要通过这次先进性教育活动,进一步提高认识、明确思路,在服务青年上有新举措,在凝聚青年上有新成效,在教育青年上有新发展,为巩固和扩大党执政的青年群众基础做出新贡献。

5. 树立落实科学发展观和正确政绩观,推动各项工作的深入开展。以人为本、全面协调可持续的科学发展观，是我们党以邓小平理论和“三个代表”重要思想为指导，从新世纪新阶段党和国家事业发展全局出发提出的重大战略思想和指导方针。正确的政绩观，是以“三个代表”重要思想为灵魂和指南，以实现人民群众的利益为根本目的，以实现经济社会可持续发展为重要内容，以重实干、求实效为重要途径，以党和人民的需要为衡量尺度的对政绩的科学评价。保持党员先进性，就必须坚持科学发展观和正确政绩观，在实践党的先进性中推动发展，在推动发展中体现党的先进性，切实把坚持党的先进性落实到发展先进生产力、发展先进文化、实现最广大人民的根本利益上来。从总体上看，团中央直属机关的干部都能够比较好地树立和落实科学发展观和正确政绩观，正是在大家的努力下，团的各项事业呈现出良好的发展态势。但是也要看到，少数干部还有一定的差距，比如，有的同志过多地考虑个人得失，存在浮躁情绪；有的同志追求轰动效应，工作流于形式；有的同志单纯追求经济效益，忽视社会效益。这次开展先进性教育活动，我们要紧紧围绕发展这个党执政兴国的第一要务，按照科学发展观和正确政绩观的要求，提高党员干部特别是领导干部的思想认识，推动团的各项事业实现新的更大发展。

这里我还要强调一点，团中央直属机关开展好保持共产党员先进性教育活动，还肩负着为即将开展的增强团员意识教育活动积累经验、提供示范、作出表率的任务。在全团开展增强团员意识教育活动，是共青团根据中央开展保持共产党员先进性教育活动的有关精神，结合团的工作实际，切实解决当前团员队伍中存在的突出问题，提高团员整体素质，促进基层团的建设的一项重要举措。直属机关各级党组织和全体党员要严格按照中央要求，搞好这次党员先进性教育活动。同时，要以保持共产党员先进性教育活动的成功实践，为在全团开展增强团员意识教育活动探索方法、总结规律、提供借鉴、锻炼干部。

三、精心组织，统筹安排，确保先进性教育活动取得实效

开展保持共产党员先进性教育活动，是一项重大的政治任务。团中央作为第一批参加先进性教育活动的单位，一定要以高度的政治责任感、良好的精神状态和求真务实的作风，全力以赴地搞好这次先进性教育活动。

1. 要加强组织领导，营造良好氛围。这次先进性教育活动时间紧、任务重、要求高，需要各级党组织和党员干部高度重视、周密部署。目前，团中央已经成立了先进性教育活动领导小组、办公室和各工作组，机关各部门、各直属单位也要建立健全相应的领导机构和工作机构。机关各部门、各直属单位主要负责同志要主动承担起先进性教育活动第一责任人的职责，将领导责任贯穿于先进性教育活动的全过程。要认真研究制定方案，精心组织开展活动，及时发现并解决活动中反映出来的突出问题。要层层进行动员，通过召开动员会、举行座谈会等方式对全体党员讲清意义、明确任务、提出要求。要开展调查摸底、编发活动简报等，及时了解反映信息，总结交流工作经验，督促检查进展情况，保证活动有计划、有步骤地进行。同时要注意发现和宣传党员和党员领导干部中的模范人物，充分发挥先进典型的影响和带动作用，为先进性教育活动创造良好的舆论氛围。

2. 要建立各项制度，丰富活动内容。制度管根本、管长远。保持共产党员的先进性，必须有制度建设作保证。各级党组织要把开展先进性教育活动与经常性的党建工作结合起来，认真总结、提炼党员群众在先进性教育活动中创造的成功经验和做法，努力探索建立长效机制。要建立领导责任制。机关各部门、各直属单位一把手在先进性教育活动中负有第一责任，要亲自抓，其他党员领导干部要结合分工具体抓，同时要充分发挥基层党组织和基层党组织负责人的作用，真正形成一级抓一级、一级带一级、层层抓落实的工作格局。要建立党员领导干部联系点制度。书记处成员将结合分管工作确定联系点，机关各部门、各直属单位领导干部也要采取这一做法。要深入联系点调查研究、督促检查、具体指导，帮助联系点查找工作差距、理清工作思路、解决实际问题，努力使联系点成为先进性教育活动的示范点。要建立督察制度。团中央先进性教育活动领导小组将在活动进行期间，抽调党性强、作风正、熟悉党务工作的同志组成督导组，加强对机关各部门、各直属单位党组织开展先进性教育活动的督促检查，及时了解掌握活动的进展情况，发现问题，提出建议，督促解决。要建立群众监督评价制度。充分吸收群众参与，广泛征求群众意见，及时向群众公布有关情况，主动接受群众监督。在先进性教育活动结束前，采取群众代表评议和在群众中随机抽样调查等形式，由上级党组织对下一级的先进性教育活动进行群众满意度测评。多数群众不满意的，要及时"补课"。

3. 要坚持区别情况，注重方式方法。工作方式方法对工作效果有直接的影响。团中央直属机关的党员中，既有领导干部，也有一般工作人员；既有在职的党员，也有离退休的党员；既有党龄较长的老党员，也有步入工作岗位不久的新党员；既有从事机关业务工作的党员，也有从事一线教学、科研、编辑出版印刷、企事业单位经营管理和后勤服务工作的党员。各级党组织要根据党员队伍构成的特点及思想状况，采取相应的方式方法，提出具体的工作要求，增强先进性教育活动的针对性和有效性。要坚持理论联系实际，紧密结合行业和战线的特点，围绕中心任务，大力弘扬求真务实精神，引导党员用科学理论武装头脑、指导实践，努力做到学以致用、用以促学。要坚持正面教育为主，用先进典型启迪、教育和激励广大党员，引导党员进一步明确新时期共产党员先进性的具体要求，激发党员的主动性，调动党员的积极性。要认真开展批评与自我批评，引导党员虚心听取群众意见，主动查找和切实解决自身存在的问题，增强党员自我改进、自我提高、自我完善的自觉性，为党员加强党性锻炼、充分发挥先锋模范作用奠定良好基础。要坚持领导干部带头，党员领导干部在下功夫抓好本部门本单位先进性教育活动的过程中，要以普通党员身份参加先进性教育活动，带头参加学习，带头查找问题，带头开展批评与自我批评，带头制定和落实整改措施，尤其要认真解决理想信念、廉洁从政、求真务实、联系群众等方面存在的问题。要坚持发扬党内民主，充分发挥党员的主体作用，认真听取党员的意见和建议，激发党员参与先进性教育活动的热情。

4. 要结合业务工作，确保相互促进。今年的工作任务繁重，团的各项工作要深入推进，同时还要认真筹备组织好全国青联、全国学联换届和全国少代会的工作。这就要求我们正确处理好开展先进性教育活动与推动业务工作的关系，将先进性教育活动与业务工作统一起来，以先进性教育活动的开展推动业务工作的深入，以业务工作的实绩检验和体现先进性教育活动的成效，切实做到先进性教育活动与业务工作两不误、两促进。一是在先进性教育活动的总体安排上，要考虑业务工作的开展，做到统筹兼顾，相互协调。为了保证先进性教育活动的顺利进行，可以对业务工作进行一定的调整，但是要尽量不影响工作进度。二是在先进性教育活动的具体阶段上，要与业务工作结合起来，做到不同的阶段有不同的要求。比如，学习和评议阶段需要集中进行，必须在人员、时间等方面予以切实保证，机关各部门、各直属单位主要负责同志除了参加统一安排的会议、活动和急需处理需在短时间外出的活动外，一般不再安排外出活动；整改阶段，可以针对不同情况分头开展，而且可以更多地同业务工作结合起来，既是整改提高，又是推进业务工作。三是要充分调动党员的积极性、主动性和创造性。能否在开展好先进性教育活动的同时，保质保量地完成业务工作，是对党员保持先进性的一个直接检验。要引导党员在学习和评议的基础上，把学习的收获和思想认识的成果真正转化为恪尽职守、勤奋工作的实际行动。

同志们，开展保持共产党员先进性教育活动是全党政治生活中的一件大事。按照中央的要求，做好先进性教育活动的各项工作，意义重大，影响深远。我们要紧密团结在以胡锦涛同志为总书记的党中央周围，高举邓小平理论和“三个代表”重要思想伟大旗帜，增强政治意识、大局意识、责任意识、创新意识，切实抓好先进性教育活动，为完成党交给我们的各项任务、推动共青团事业取得新发展提供坚强的政治保证和组织保证。

周强在中国青年卡首发仪式上的讲话

2005 年 1 月 14 日

今天，我们在这里隆重举行中国青年卡首发仪式，这标志着中国青年卡推行试点工作进入一个深化拓展的新阶段。首先，我代表团中央书记处对中国青年卡的首发表示热烈的祝贺，对大家长期以来给予中国青年卡和共青团事业的关心支持表示衷心的感谢！刚才，合作机构的代表和青年代表对青年卡的推行提出了期望和要求。下面，我讲几点意见。

中国青年卡是由团中央统一规划、实施，以 14—35 岁的城镇青年为主要服务对象，以信息网络为技术基础的富有青年特色的综合性服务卡，具有特色服务、信息管理、服务优惠、金融结算、信用记录等基本功能。2003 年 7 月，团十五大明确提出要积极稳妥地推行青年卡；12 月，团中央专门召开中国青年卡推行试点工作会议，决定在北京、上海、江苏、湖北、青岛、杭州和深圳等地开展试点工作。经过一年多的试点，我们欣喜地看到，中国青年卡试点工作稳步推进并取得了阶段性成果。中国青年卡已经与中国农业银行、交通银行、深圳发展银行、国家邮政局邮政储汇局四家金融单位签订合作协议，确立了青年卡的金融运行模式；已经与图书、就业、培训、旅游、保险、医疗、体育、娱乐、电信等行业的特约商户签署了合作协议，重点突出了青年卡的服务功能；通过与软件开发企业的合作，以数据中心为基础的信息发布和服务处理平台已经建成并交付使用。实践表明，中国青年卡是共青团在服务青年过程中探索出来的一个行之有效的项目，是团组织加强服务能力建设的一个重要载体。推行青年卡，有利于我们更新工作理念，丰富服务项目，创新工作手段，拓展工作领域，不断提高服务青年的水平。

当前，人类已经进入信息化社会，数字信息资源已经成为生产力发展的重要资源，信息化程度成为一个国家综合国力和国际竞争力的重要标志。信息资源、通信技术和计算机的广泛集成，催生了网络经济、网络社会和网络文化等新的经济社会形态。银行卡作为大规模数据综合、跨系统网络集成和多样化功能服务的金融载体，已经把经济社会文化的发展紧紧联系起来，成为信息化、全球化、市场化的助推力量和实现途径。当代青年文化程度较高，对新生事物的接受能力强，爱好广泛，流动性强，是银行卡的主要受众群体。中国青年卡适应了时代发展的潮流和青年群体的特点，充分运用现代科学技术，整合了社会资源，形成了网络载体，为共青团更好地团结凝聚广大青年，服务青年的成长发展，开辟了新的领域。为进一步做好青年卡的试点工作，应在以下三个方面作出努力。

1. 要把青年卡打造成为竭诚服务青年的新平台。竭诚服务青年是共青团全部工作的出发点和落脚点。青年卡具有内容丰富和技术平台先进的特点，能够为青年的工作、学习、生活提供具体有形的服务。要针对不同青年群体的具体需求，精心设计个性化的服务产品，切实增强服务的有效性。要通过远程教育、就业指导和银行信贷等方式，为青年获取知识、规划职业生涯和增强创业能力提供更好的服务。要大力开发资讯信息、商品优惠、健身休闲等功能，为青年的生活、消费和娱乐提供更多的便利。要大力增强青年卡服务功能的合作建设，充分借鉴国内外银行卡的先进经验，努力实现与国际青年卡组织的对接，积极利用国际资源服务青年。

2. 要把青年卡整合成为弘扬信用文化的新载体。信用是市场经济的灵魂。我国目前正在大力建设信用体系，需要在全社会范围内大力普及信用知识，弘扬信用文化。青年卡承载着具备社会性、制度性、专业性和商业性的现代信用文化。要紧紧抓住推行中国青年卡的有利契机，在广大青年中加强信用教育，倡导信用自律，深化信用实践，强化信用监督，努力提高广大青年的信用意识，大力弘扬信用文化，为推动整个社会的信用体系建设做出积极贡献。

3. 要把青年卡建设成为团结凝聚青年的新纽带。共青团加强能力建设，最根本的就是要把广大青年团结和凝聚起来，不断巩固和扩大党执政的青年群众基础。青年卡整合了银行卡功能和服务卡功能，能够满足不同青年群体的实际需求，帮助青年更好地享受信息时代的文明成果，是团组织新形势下联系青年的有效手段。要通过数据集中和信息整合，形成青年信息数据库，构建起联系青年的信息纽带。要充分发挥共青团的组织优势，建设好青年卡的网络体系，推动团的工作与青年更为紧密地结合，形成团组织联系青年的强大纽带。

各级团组织特别是试点地区团组织要切实按照团中央关于青年卡试点工作的要求，认真贯彻“积极稳妥、务求实效”的工作方针，不断深化和完善中国青年卡推行试点工作，努力把中国青年卡打造成青年欢迎、政府支持、社会满意的知名品牌。我们相信，在各级团组织的共同努力下，在金融机构和社会各个方面的大力支持下，中国青年卡试点工作一定会取得圆满成功。

元旦刚刚过去，春节即将来临。借这个机会，我向大家致以新年的问候，祝大家在新的一年里身体健康，工作顺利，家庭幸福！

充分发挥共青团组织在大学生思想政治教育中的重要作用

——周强在全国加强和改进大学生思想政治教育工作会议上的发言

2005年1月18日

党和国家历来高度关注大学生的健康成长，始终重视加强和改进大学生思想政治教育。在新的历史条件下，以胡锦涛同志为总书记的党中央高瞻远瞩，审时度势，从全局和战略高度，对加强和改进大学生思想政治教育作出全面部署，下发了《中共中央国务院关于进一步加强和改进大学生思想政治教育的意见》。这次会上，胡锦涛总书记和李长春同志作了重要讲话，陈至立同志还将作重要讲话，这些充分体现了党中央对党和国家事业长远发展的战略思考和对青年一代成长发展的亲切关怀，是我们进一步做好大学生思想政治教育工作的纲领文献和行动指南。共青团组织要把深入学习贯彻中央领导同志重要讲话精神和中央16号文件精神作为一项重要的政治任务，切实抓紧抓好。下面，我就共青团组织前一段时间开展大学生思想政治教育工作的主要情况和贯彻落实这次会议精神的主要安排作个汇报。

一、近期主要工作情况

中央16号文件下发后，各级团组织认真学习贯彻文件精神，在各级党政的领导下，紧密结合当前大学生思想实际，充分发挥自身优势，为加强和改进大学生思想政治教育做出了积极的努力。主要做了四个方面的工作。

1. 加强宣传引导。中央16号文件下发后，共青团立即采取有力措施加强宣传、组织学习。团中央多次召开书记处会议，学习领会16号文件精神，研究贯彻落实措施，并随即下发通知，要求全团和各级学联组织进一步提高认识，统一思想，明确任务，狠抓落实。各地各高校团学组织按照团中央、全国学联的要求，紧密结合自身工作实际和大学生特点，采取座谈会、报告会、经验交流会等多种方式认真组织学习。各级团组织充分发挥团属新闻舆论阵地和网上青少年思想教育阵地的积极作用，把握正确导向，围绕学习贯彻中央16号文件精神加大宣传力度。同时，团中央会同教育部起草修改了《关于进一步加强和改进大学生社会实践的意见》和《关于进一步加强和改进大学生社团建设的意见》，与有关部门一道联合下发了大学生党员发展和学生党支部建设、大学生心理健康、校园网络建设、校园文化建设的意见等文件。通过这些措施，全团上下迅速兴起了学习贯彻中央16号文件精神的热潮，加深了对大学生思想政治教育重要性和紧迫性的认识，明确了在加强和改进大学生思想政治教育工作中的责任和任务。

2. 开展主题教育活动。以庆祝建国55周年为契机，在大学生中广泛开展了“我与祖国共发展”、“五星红旗，我为你骄傲”主题教育活动，超过1000万的大学生参加了主题团会、读书、演讲等活动；组织了以首都高校5000名大学生为主体的国庆广场联欢活动，用改革开放和现代化建设的巨大成就教育大学生，用全面建设小康社会美好前景感召大学生，对大学生进行了一次生动具体的爱国主义和民族精神教育。充分发挥共青团组织联系广泛的优势，邀请党政领导、专家学者以及各行各业杰出人物进校园，在全国高校举办了“千场报告会”活动，为大学生作了2000多场次精彩的报告，极大地激发了大学生的爱国主义情感，鼓舞他们更加积极地投身全面建设小康社会的宏伟事业。举办了第四届“挑战杯”创业计划竞赛、全国大学生校园歌手大赛、DV大赛、公益形象大赛、大学生优秀社团评比等文化活动，用先进文化陶冶大学生情操，活跃校园文化，充分发挥文化育人功能。

3. 强化社会实践和服务力度。去年暑期，共青团组织会同宣传、教育部门动员全国400多万大中专学生参加了以"传承五四报国志，落实科学发展观"为主题的"三下乡"社会实践活动，并组织了"实践归来话成就"活动，巩固、深化和扩大社会实践的育人成果。会同教育部门组织实施大学生志愿服务西部计划，引导大学生志愿者立足基层，甘于奉献，影响和带动更多的大学生到祖国和人民需要的地方受锻炼、长才干、做贡献。围绕帮助大学生提高就业创业能力，大力推进大学生就业见习行动，推动大学生就业见习基地建设，开通"大学生就业见习网"，积极为大学生寻找就业见习岗位牵线搭桥。加强"中国大中学生心理健康教育在线"建设，开办高校团干部心理咨询员培训班，提高服务大学生心理健康教育专业水平。

二、今后工作的主要安排

共青团是党领导下的先进青年的群众组织，肩负着把青年一代培育成为"四有"社会主义新人的根本任务，在大学生思想政治教育中承担着重要的职责，发挥着重要的作用。高校学生会、研究生会是党领导下的大学生群众组织，是大学生思想政治教育的重要依靠力量。中央16号文件和这次会议充分肯定了共青团、学联组织在大学生思想政治教育中的作用，进一步明确了共青团、学联组织在大学生思想政治教育中的任务和要求，我们深感使命光荣，责任重大。这次会议后，我们要迅速组织学习贯彻，将召开全团大学生思想政治教育工作会议，进行具体部署，进一步发挥共青团组织在大学生思想政治教育中的重要作用。

第一，坚持不懈地开展理想信念教育。加强大学生理想信念教育，是大学生思想政治教育工作的核心。当代大学生思想政治状况的主流是积极、健康、向上的。但是也要看到，一些大学生存在着政治信仰迷茫、价值取向扭曲、社会责任感缺乏、艰苦奋斗精神淡化等问题，这些问题表现形式虽然多样，说到底都与理想信念有关。面对新情况新问题，我们要坚持不懈地用邓小平理论和"三个代表"重要思想武装大学生，引导大学生牢固树立为中华民族伟大复兴而奋斗的远大理想和走中国特色社会主义道路的坚定信念。要坚持以爱国主义教育为重点，在大学生中大力弘扬和培育民族精神，引导大学生积极投身全面建设小康社会的伟大实践，把爱国热情和报国之志转化为脚踏实地的实际行动。要利用建党、建国、"五四"、"一二·九运动"70周年等契机，开展征文、演讲、座谈、知识竞赛等丰富多样的主题教育活动，不断丰富理想信念教育的时代内涵。要按照全国开展保持共产党员先进性教育活动的要求，在大学生中开展团员意识教育，增强大学生的光荣感、使命感和责任感。

第二，积极创新大学生思想政治教育的方式方法。根据自身工作实际和青年的变化积极创新工作的方式方法，是党对共青团做好青年工作的一贯要求，也是共青团不断开创青年工作新局面的动力源泉。大学生是青年中思维最活跃的群体，具有个性突出、务实创新、信息来源广泛、对外界影响非常敏感等特点。我们要根据大学生的特点，大力弘扬求真务实精神，深入了解大学生，认真研究大学生思想政治教育工作的规律，探索大学生易于接受、丰富有效的思想政治教育方式方法。要认真贯彻"以人为本，贴近实际，贴近生活，贴近学生"的原则，在认识上尊重大学生在思想政治教育中的主体性，在具体措施上采取贴近大学生的方法，在评价标准上把大学生欢迎不欢迎、赞成不赞成作为重要的尺度之一，从而把共青团的教育工作与大学生的自我教育充分结合起来，把大学生的积极性和自觉性充分调动起来，把思想政治教育的任务要求真正落到实处。比如，适应互联网对大学生的影响日益深刻的趋势，我们将进一步加大网络教育的力度，建设好具有思想性、知识性、趣味性、服务性的团属青少年网站，扶持大学生自发创办的"红色网站"，不断争取网络思想政治工作的主动权。比如，我们将大力加强校园文化建设，采取大学生喜闻乐见的形式，开展丰富多彩、积极向上的文娱活动，寓教育于文化时尚之中。比如，我们将加强学生社团建设，既热情鼓励，又严格管理，特别是要帮助和扶持邓小平理论研究会、"三个代表"重要思想研究会等学生理论社团的发展，使他们在大学生中发挥更大的带动作用。

第三，不断深化实践教育。通过丰富多样的社会实践活动加强对大学生的思想政治教育，是共青团的传统优势，是大学生思想政治教育的有效途径之一。近年来，共青团通过广泛开展大学生"三下乡"、大学生志愿服务西部计划、扶贫接力计划等实践活动，引导大学生到西部、到基层、到祖国和人民需要的地方艰苦奋斗、建功立业，为大学生的健康成长开辟了有效途径。在新形势下，我们要建立实践育人的长效机制，完善激励、组织、培训和保障体系，积极探索和建立社会实践与专业学习、服务社会、勤工助学、就业创业等相结合的机制。要充分发掘社会实践、第二课堂等传统实践项目的内涵，不断丰富社会实践的形式，组织大学生积极参加社会调查、生产劳动、志愿服务、公益活动、科技发明和勤工助学等方面的社会实践，引导大学生利用双休日和节假日深入开展"三下乡"、"四进社区"、街道挂职等实践活动，切实增强实践活动的吸引力和感染力。

第四，把加强大学生思想政治教育与帮助他们解决实际困难结合起来。当前，在高校中不仅有家庭经济困难的学生，也有一些有心理障碍的学生，而且大学毕业生就业难的问题日益突出。因此，我们要把大学生思想政治教育与帮助他们解决实际困难紧密结合起来。要进一步做好济困助学工作，在做好"一助一"工作的基础上，扩大"希望工程助学基金"，帮助特困大学生完成学业。要高度关注有心理问题的学生，消除他们的心理障碍，服务大学生身心健康发展。要在引导大学生树立正确的就业观和择业观的同时，拓宽大学生就业创业的渠道，努力为大学生的就业创业牵线搭桥，鼓励、扶持大学生自主创业。

周强在全团关心和服务困难大学生工作会议上的讲话

2005 年 1 月 29 日

这次会议，是全团贯彻落实胡锦涛总书记和王兆国同志重要批示精神，切实做好春节期间关心和服务困难大学生工作的一次重要会议。

1 月 27 日，中共中央总书记、国家主席胡锦涛同志就关心假期不能回家的留校大学生作出重要批示，要求团组织帮助他们解决生活、学习和勤工助学方面的困难，让他们在学校也能高高兴兴地过年。这一重要批示内涵深刻，饱含深情，充分体现了党中央对大学生的亲切关怀和对大学生工作的高度重视，对促进全国大学生健康成长具有十分重要的指导意义。1 月 28 日，中共中央政治局委员王兆国同志作出重要批示，要求团组织尽快行动起来，切实帮助留校困难大学生解决实际问题，让他们过好年。昨天上午，团中央立即召开书记处扩大会议，研究部署贯彻落实措施。今天，我们召开全国电视电话会议，就学习贯彻胡锦涛总书记、王兆国同志的重要批示精神，关心和服务春节期间留校经济困难大学生工作，进行专门部署。各级团组织要统一思想，迅速行动，形成合力，切实帮助留校经济困难大学生解决生活、学习和勤工助学方面的问题。下面，我就做好这项工作讲三点意见。

一、统一思想，高度重视，充分认识做好关心和服务困难大学生工作的重要性

做好关心和服务困难大学生工作，是一项事关党政工作大局和共青团工作全局的重要工作。全团要从以下三个方面充分认识做好这项工作的极端重要性。

1. 做好关心和服务困难大学生工作，是贯彻“三个代表”重要思想，深入开展党员先进性教育的重要举措。当前，全党正在开展以实践“三个代表”重要思想为主要内容的保持共产党员先进性教育活动。这项活动的一个基本目标，就是要使广大共产党员自觉学习实践邓小平理论和“三个代表”重要思想，进一步增强全心全意为人民服务的宗旨观念，真正做好服务人民群众的工作。按照开展党员先进性教育活动的要求，共青团学习实践“三个代表”重要思想，关键是要坚持把竭诚服务青年作为全部工作的出发点和落脚点。春节期间留校的经济困难大学生虽然在青年中所占比重不是很大，但他们最需要关心、最需要帮助、最需要温暖。我们要通过做好帮助困难大学生的工作，真正让他们从内心深处感受到党的关怀和团组织的温暖，从而以此来检验广大团干部开展保持共产党员先进性教育活动的成效。

2. 做好关心和帮助困难大学生工作，是加强和改进大学生思想政治教育，服务大学生健康成长的必然要求。党和国家历来高度关注大学生的健康成长，始终重视加强和改进大学生思想政治教育。前段时间，中央专门召开全国加强和改进大学生思想政治教育工作会议，强调要把做好大学生思想政治工作与帮助他们解决实际困难紧密结合起来，既要教育人、引导人，又要关心人、帮助人。春节期间，一些经济困难大学生不能回家团聚，他们更加需要组织的关心和帮助。利用这个契机，各级团组织到困难大学生之中，关心他们、帮助他们，在解决他们面临的实际困难的同时，引导他们坚定理想信念，按照党的要求健康成长，能够起到事半功倍的效果。这也是我们贯彻落实中央 16 号文件精神和全国加强和改进大学生思想政治教育工作会议精神的重要举措。

3. 做好关心和服务困难大学生工作，是对共青团组织不断加强能力建设，进一步提高吸引力、凝聚力和战斗力的重要检验。团十五届三中全会围绕服务加强党的执政能力建设，明确提出了加强共青团能力建设的重大课题。共青团的能力，说到底，就是按照党的要求做好青年工作的本领。胡锦涛总书记和王兆国同志的重要批示，体现了党对共青团组织的高度信任，努力做好这项工作更是共青团组织义不容辞的责任。现在离春节只有很短的时间了，在全国范围内做好关心和服务困难大学生的工作，可以说时间紧、任务重。我们能不能迅速整合资源，集中力量，最大限度地帮助留校经济困难大学生解决面临的实际问题，这是对团干部思想作风的检验，是对团组织战斗力的考验。

二、迅速行动，狠抓落实，为经济困难大学生提供切实有效的服务

做好关心和服务困难大学生的工作，涉及面广，工作量大，要迅速行动，狠抓落实，务求实效。要着力做好以下四个方面的工作。

一是要调查研究，摸清底数。各有关省级团委要迅速召开高校团委书记会议，组织专门力量，深入到留校大学生中，了解留校经济困难大学生的基本情况，对他们的数量、困难程度，要逐一统计，登记造册。

二是要为留校经济困难大学生提供力所能及的资助。团中央将拨出200万元特殊团费，再向社会筹集800万元，即日划拨各地团组织。各级团组织也要加大筹资力度。团中央要求各级团组织在春节前共筹集2000万元。这样，全团可筹集3000万元，按每人200元标准资助，可以解决15万困难大学生在春节期间的生活费用。这笔资金务必专款专用，在春节前发到困难大学生手中。杨岳同志还要代表书记处就这项工作作出具体部署。

三是要千方百计为留校经济困难大学生提供勤工助学岗位。各级团组织要积极动员青联委员、青年企业家协会会员为留校经济困难大学生提供勤工助学岗位。各地青年就业服务中心要为他们勤工助学牵线搭桥。

四是要丰富留校大学生的文化生活。各级团组织要组织青联委员、大学生艺术团开展丰富多彩的联欢活动，各高校团委要积极开展各种校园文化活动，丰富留校大学生的节日生活，让他们过一个欢乐祥和的春节。要求每一所高校团委、学生会要为留校学生组织文娱活动。

为加强工作交流，督促检查工作，团中央将在《加强和改进大学生思想政治教育工作简报》开辟关心困难大学生专栏，每天汇总反映各地进展情况，上报中央领导，抄送各省区市委领导，印发各地。

三、着眼长远，加强合作，建立健全关心和服务困难大学生的长效机制

做好春节期间关心和服务困难大学生的工作，是当前全团的一项重要工作。但做好服务困难大学生的工作，则是一项长期的任务。因此，我们要在积极做好以上几项具体工作的同时，持之以恒，常抓不懈，积极探索做好这项工作的长效机制。

1. 建立健全结对帮扶机制。我们有数量庞大的团干部队伍，这是帮扶困难大学生的重要力量。把他们的积极性调动起来，作用发挥出来，就能够扩大服务困难大学生的范围，增强服务工作覆盖面和长效性。团中央书记处和机关部门、直属单位负责同志带头结对服务。广大团干部尤其是地市以上机关的团干部要积极开展与困难大学生结对服务，同时要动员全社会开展与困难大学生结对服务工作。

2. 建立健全合作协调机制。帮扶困难大学生，是一项涉及面很广的工作。各级团组织要充分发挥积极性、主动性，加强同教育行政部门的联系，加强同各地高校的合作，努力形成齐抓共管、相互配合、共同推进的良好局面。

3. 建立健全动态监测机制。各级团组织要深入了解、准确把握困难大学生的思想动态和生活状况，采取有效措施，始终保持与他们的密切联系，及时跟踪变化情况，掌握动态信息，向党政部门和上级团组织反映他们的有关情况，不断增强工作的前瞻性和预见性，牢牢把握工作的主动权。

同志们，我们一定要统一思想、明确责任，满怀深情、求真务实，把关心和服务困难大学生的工作切实落到实处，不辜负党中央的期望，向党和青年交上一份出色的答卷！

凝聚力量、服务大局
为构建社会主义和谐社会贡献力量
——周强在2005年共青团宣传工作电视电话会议上的讲话

2005年3月2日，根据录音整理

这次共青团宣传工作会议，采取了电视电话会的形式。会议的主要任务是：以邓小平理论和"三个代表"重要思想为指导，深入学习贯彻党的十六大和十六届三中、四中全会精神，全面宣传贯彻科学发展观，认真学习贯彻全国宣传部长会议精神，总结去年的工作，部署今年的工作，统一思想，凝聚力量，推动团的宣传思想工作取得新发展，更好地服务大局，服务青年。下面，我讲几点意见。

一、把握大局，贯彻落实好中央关于宣传思想工作的要求

去年以来，团的宣传思想战线紧紧围绕学习宣传贯彻"三个代表"重要思想和党的十六大、十六届三中、四中全会精神，学习宣传贯彻科学发展观，团结动员广大青年为全面建设小康社会而奋斗的主线，做了大量工作，取得了明显成绩，呈现出很好的发展势头。青年理论武装工作不断深入，进一步在全团兴起了学习贯彻"三个代表"重要思想的新高潮。贯彻中央8号、16号文件精神，努力为加强和改进未成年人思想道德建设和大学生思想政治教育办实事、办好事。特别是全面实施青年文化行动，产生了积极的成效，初步形成了青年文化建设蓬勃发展的局面。团中央联合有关部委和省市党委、政府，举办了纪念五四运动85周年"青春"主题晚会、青年文化周、青少年读书周、青年服装时尚周、欢乐节等一系列重点青年文化活动，产生了很好的影响。今年1月7日，中共中央政治局委员王兆国同志对团中央关于实施中国青年文化行动的报告作出重要批示，指出："团中央实施中国青年文化行动在青年中产生了很好的效果。要认真总结经验，坚持数年，对培养具有中华民族优秀文化传统，掌握现代先进知识，又有坚定理想和信念的一代青年接班人，有着深远的影响和重要意义。"同时，团属新闻出版单位坚持正确的舆论导向，深化改革，加快发展，青少年活动阵地建设和管理取得了新发展。总体上看，2004年团的宣传思想工作方向明确，重点突出，工作扎实，成效显著，保持了团十五大以来良好的发展态势，为做好今后的工作奠定了坚实的基础。这些成绩的取得，根本原因在于团的宣传思想战线始终很好地贯彻落实了中央关于宣传思想工作的要求，始终坚持服务大局、服务青年，这是我们最可宝贵的工作经验。这些成绩的取得，是团的宣传思想战线全体同志顽强拼搏、共同努力的成果。在这里，我代表团中央书记处，向同志们表示衷心的感谢和诚挚的问候！

以胡锦涛同志为总书记的党中央高度重视宣传思想工作，作出了一系列重要指示，采取了一系列重大举措。中央关于新世纪新阶段宣传思想工作的总体要求、方针原则和主要任务非常明确，做好今年宣传思想工作的任务要求非常具体和明确，为我们切实做好团的宣传思想工作，更好地发挥党联系青年的桥梁纽带作用指明了方向。做好新形势下团的宣传思想工作，必须坚定不移地把中央的要求贯彻好、落实好。

党的十六届四中全会提出了构建社会主义和谐社会的战略目标。最近，胡锦涛总书记在中央政治局第二十次集体学习时的重要讲话、在省部级主要领导干部专题研讨班开班式上的重要讲话，深刻阐述了构建社会主义和谐社会的重大理论和实践问题，提出我们所要建设的社会主义和谐社会，应该是民主法治、公平正义、诚信友爱、充满活力、安定有序、人与自然和谐相处的社会，强调要在推进社会主义物质文明、政治文明、精神文明发展的历史进程中，扎扎实实做好构建社会主义和谐社会的各项工作。构建社会主义和谐社会，是我们党从全面建设小康社会、开创中国特色社会主义事业新局面的全局出发提出的一项重大任务，适应了我国改革发展进入关键时期的客观要求，体现了广大人民群众的根本利益和共同愿望。在构建社会主义和谐社会中，共青团组织大有可为，共青团的宣传工作大有可为。各级团组织要认真学习贯彻胡锦涛总书记重要讲话精神，团结动员广大团员青年积极投身社会主义和谐社会构建工作，充分发挥出生力军作用，为构建社会主义和谐社会做出积极贡献。团的宣传思想工作要大力宣传广大青年和各级团组织为和谐社会建设所做的工作，为构建社会主义和谐社会营造良好的舆论氛围。

应该看到，贯彻落实好中央关于宣传工作的要求，做好新形势下的宣传思想工作，面临的任务既光荣又艰巨。我们要清醒地认识判断形势，充分看到做好宣传思想工作的有利条件和良好机遇，也要看到面临的新情况、新问题和新挑战，始终坚定正确的政治方向，坚定信心，努力为党做好新形势下的宣传思想工作。适应新形势新任务的要求，团的宣传思想工作中有很多新情况新问题，需要我们认真研究。比如，如何在更加开放的环境下做好青年思想政治工作，进一步提高青年思想政治工作的针对性和实效性；如何在青年中大力弘扬民族精神和时代精神，切实提高青少年的思想道德素质；如何进一步加强青年文化建设，不断满足青少年日益增长的精神文化需求；如何在构建社会主义和谐社会中充分发挥青年和共青团的作用，做好宣传思想工作等一系列课题，都需要我们在实践中积极探索。我们在这些方面前些年已经做了一些探索，但总体上，还有很多的工作要做。贯彻中央关于宣传思想工作的要求，我们要以邓小平理论和“三个代表”重要思想为指导，切实增强大局意识、政治意识、责任意识，认真总结经验，了解新情况，解决新问题，把党的要求和青年的实际结合起来，把服务大局和服务青年结合起来，求真务实、开拓创新，不断开创团的宣传思想工作新的局面。

二、突出重点，切实做好今年团的宣传思想工作

今年，是完成“十五”计划、向全面建设小康社会目标继续迈进的关键一年，也是共青团工作贯彻党的要求不断深化的一年。团的宣传思想工作面临的任务很重。赵勇同志将对今年团的宣传思想工作作出全面部署。这里，我重点强调三个方面的工作。

第一，要进一步加强青年思想政治工作。团的十五届三中全会召开前，中央书记处在听取团中央工作汇报时，明确要求共青团组织要在贯彻落实党的十六届四中全会精神和大力加强青少年思想教育工作上狠下功夫，把青少年思想教育放在重要位置继续抓紧抓好。加强青年思想政治工作，培养“四有”新人，是团的宣传思想战线的根本任务。我们要按照中央要求，以理想信念教育为核心，进一步加强青年思想政治工作。加强青年思想政治工作，首要的任务是抓好青年理论武装工作，要坚持不懈地用“三个代表”重要思想武装全团，教育青年，构筑青年一代的精神支柱。结合当前的保持共产党员先进性教育和全团即将开展的团员意识教育，把“三个代表”重要思想的学习贯彻不断引向深入。要把学习宣传贯彻党的十六届四中全会精神作为当前和今后一个时期的重要政治任务，帮助广大青年树立和落实科学发展观，贯彻落实构建社会主义和谐社

会的要求。要按照中央8号、16号文件要求，认真总结经验，采取有力措施，进一步深入做好加强和改进未成年人思想道德建设的工作和大学生思想政治教育工作，在青年中大力弘扬和培育以爱国主义为核心的民族精神和以改革创新为核心的时代精神。要在全国城乡广大青年中集中开展形势政策教育，组织形势报告会，开展多种形式的教育活动，帮助青年认清形势，理解和拥护党和国家的方针政策，坚定跟党走中国特色社会主义道路的信念，树立民族自尊心、自信心和自豪感。要为青年树立一批体现民族精神和时代精神、可亲可信可学的先进典型，加大宣传力度，引导激励青年立足本职岗位，建功成才，为全面建设小康社会做贡献。今年是抗日战争暨世界反法西斯战争胜利60周年和红军长征胜利70周年，要按照中央的统一部署，抓住重要历史契机，加强引导，加大对青少年的爱国主义教育力度。

第二，要牢牢把握正确的舆论导向。近年来，团属新闻出版事业发展迅速，各新闻出版单位改革也在进一步深化，在贯彻党的路线、方针、政策，教育引导青年方面发挥了越来越重要的作用。团的舆论阵地的扩大，坚持正确的舆论导向的任务更加繁重，对各级团组织的要求也越来越高。正确的舆论导向，对于推进我国的改革建设事业，对于构建社会主义和谐社会，具有十分重要的意义。当前我国改革发展的任务十分繁重，面临着错综复杂的情况，舆论导向的工作一刻也不能放松。各级团组织要贯彻中央的要求，进一步加强对所属报刊、出版、网站、影视单位的管理，把这项工作摆在重要位置，始终绷紧正确的舆论导向这根弦，切实加强领导，主要负责同志要亲自抓，把好关，把好度，做到守土有责。团属舆论阵地要严守政治纪律和新闻宣传纪律，认真贯彻落实中央对新闻宣传工作的要求，牢牢把握正确的舆论导向，坚持团结稳定鼓劲、正面宣传为主，唱响主旋律、打好主动仗。要大力宣传好党的路线、方针、政策，宣传好党对青年健康成长的关怀和要求，宣传好广大青年成长进步的主流、时代风貌和共青团的各项工作，为推进社会主义物质文明、政治文明、精神文明和和谐社会建设，促进青年健康成长营造良好的舆论氛围。要建立健全团属新闻出版工作的各项管理制度，坚持用制度管人、用制度管事，推动团属新闻出版事业健康发展。党的十六届四中全会提出深化文化体制改革，解放和发展文化生产力，这对于团属新闻出版事业的发展是一个宝贵的机遇。团属新闻出版网络影视单位要贯彻中央精神，抓住机遇，结合自身实际，积极稳妥地推进改革与发展，壮大团属新闻出版事业的整体实力，巩固和扩大团属舆论阵地，在团结教育引导青少年中发挥更大的作用。

第三，要大力加强青年文化建设。青年在发展社会主义先进文化中发挥着十分积极的作用。去年，各级团组织全面实施青年文化行动，大力加强青年文化建设，取得了良好的开局，打下了很好的基础。今年，我们要认真总结经验，深入实施青年文化行动，为促进青年健康成长服务，为加强社会主义文化建设服务，为构建社会主义和谐社会服务。要贯彻党对青年成长的要求，始终坚持先进文化的前进方向，充分发挥文化育人的作用，推动青年文化建设健康发展。要突出群众性和参与性，广泛动员青年参与校园文化、企业文化、乡村文化、社区文化、机关文化、军营文化和网络文化建设，使青年文化建设深入基层，深入青年，深入到经济社会文化的发展中。要全方位、多层次地加强青年文化建设，在创作精品、培养人才、发展文化事业和产业等各个方面下功夫，形成丰富多彩、充满活力的青年文化建设局面。青年文化行动刚刚起步，青年文化建设的领域十分广阔，有很多新情况需要我们去认识、去研究。要加强青年文化的理论研究，积极探索加强青年文化建设的有效途径，探索出更多为青年喜闻乐见、为青年所欢迎的文化活动形式，更好地满足青年日益增长的文化需求。要整合团内外各种资源，进一步加强青少年宫和青少年活动阵地建设，进一步发挥团属新闻出版单位和各级团校在青年文化建设中的作用，形成合力，切实加强青年文化建设。

推动青少年读书学习，在青少年中大兴勤奋学习之风，是青年文化建设的重要内容，是团的宣传思想战线的重要工作。各级团组织要始终如一地紧紧抓好这项工作，不断深化中国青少年新世纪读书计划，为青少年读书学习办实事、办好事，促进广大青少年提高素质，全面发展。要为青少年树立具有时代感的学习成才榜样，推动青年学习型组织的创建，着力形成良好的读书学习导向，开展主题读书活动，加强读书阵地建设，形成长效机制，争取社会各方面支持，为青少年读书学习提供切实有效的服务，使读书学习成为当代青少年的时尚和潮流，成为青少年建功成才的坚实基础。

三、加强建设，不断提高新形势下做好团的宣传思想工作的能力和水平

能力建设是共青团的一项根本建设。团的十五届三中全会提出要围绕和服务党的执政能力建设，按照党对青年群众工作的要求，大力加强自身能力建设。做好新形势下团的宣传思想工作，同样存在一个能力建设的问题。要贯彻党对宣传思想工作的要求，不断提高新形势下做好团的宣传思想工作的能力和水平。要提高服务大局的能力和水平，提高舆论引导的能力和水平，提高服务青年的能力和水平。

要进一步加强团的宣传思想工作队伍建设。宣传思想工作能力和水平的提高，最终要落实到队伍建设上来。团的宣传思想战线的人员比较多，包括各级团的宣传干部、团属新闻出版单位的工作者、青少年活动阵地的工作者、团的理论工作者等，加强队伍建设十分重要。团的宣传思想工作者要加强学习，结合保持共产党员先进性教育的开展，坚定正确的政治方向，牢固树立政治意识、大局意识、责任意识，努力提高思想认识水平和政策理论水平，提高业务工作能力，提高自身综合素质，增强法制意识，增强做好新形势下团的宣传工作的本领。要加强培训，使团的宣传思想战线的干部都成为政治坚定、业务过硬、作风扎实、纪律严明，“党放心、青年满意”的团干部。要在团属新闻出版单位深入开展三项学习教育活动，加强领导班子建设和编辑记者出版队伍、经营管理队伍建设，教育团的新闻出版队伍牢固树立马克思主义新闻观，做好团的宣传工作。要关心团的宣传思想战线的工作者，努力帮助他们解决一些实际问题，推动他们更好地做宣传思想工作。

同志们，新的一年，团的宣传思想工作任务繁重。希望大家坚定信心，鼓足干劲，以求真务实的工作作风、以开拓创新的实际行动，做好各项工作，为开创团的宣传思想工作新局面做出新的贡献。让我们紧密团结在以胡锦涛同志为总书记的党中央周围，高举邓小平理论和“三个代表”重要思想伟大旗帜，全面落实科学发展观，做好新形势下的青年群众工作，团结带领广大青年为构建社会主义和谐社会、全面建设小康社会、实现中华民族伟大复兴努力奋斗！

周强在中国青年志愿者赴泰国救援服务总结座谈会上的讲话

2005年3月10日,根据录音整理

听了中国青年志愿者赴泰国救援服务队队长和各位队员的发言,很受感动,很受启发,很受教育。我深深地感到,中国青年志愿者赴泰国救援服务队的全体同志在我驻泰使领馆的支持、领导下,团结拼搏,圆满地完成了这次紧急救援任务,进一步增进了中泰两国人民之间的传统友谊。你们以精湛的技术、良好的素质,充分展现了当代中国青年的良好风貌,展示了中国专业救捞队伍的高素质。今天这个座谈会,同时也是一次总结会,更是一次庆功会。我们欢迎你们凯旋归来,我们为你们所取得的成绩感到由衷的高兴,我们向你们表示祝贺,并致以崇高的敬意!你们以实际行动,为祖国争得了荣誉,我们为你们感到自豪!

这次救援服务工作之所以取得很好的效果,除了我们整个救援服务队的同志们团结拼搏之外,还与有关部门的大力支持分不开。交通部张春贤部长和其他几位部领导,包括救捞局等有关司局,对这次活动高度重视。张部长亲自过问,几次批示。广州、上海、烟台等六家打捞局、救助局全力以赴。商务部、外交部、我驻泰使领馆,不仅在组建服务队的时候给予了大力支持,而且在前方给予了指导,并在各方面提供了帮助。借这个机会,我代表团中央、中国青年志愿者协会,向交通部、商务部、外交部的领导和各司局的同志们表示衷心的感谢!

通过这一次赴泰国救援服务,我们可以得到很多启示,要很好地总结。我想,至少有这四方面的意义。

第一,谱写了"中泰一家亲"的友谊新篇章。志愿者们用自己的实际行动,为泰国灾后重建、恢复当地的自然生态环境做出了重要贡献,增进了中泰两国人民的传统友谊,进一步展示了中国青年、中国人民对泰国人民的友好之情。我们不仅将标志中泰两国人民友谊的"CHINA - THAILAND"(中国—泰国)字样刻在了安达曼海的浮标上,更重要的是将中泰友谊刻在了两国人民的心中。从这个意义上讲,这次活动服务了党政总体外交,服务了我们的援外工作。

第二,展示了中国青年志愿者的良好精神风貌。这次海外救援行动,向世界人民传递了中国人民急人所难、乐于助人的传统美德,加强了我国和受助国之间的文化交流,增进了人民之间的友谊,弘扬了"奉献、友爱、互助、进步"的志愿精神。这是江泽民同志为中国青年志愿者提出的精神,也是人类共同的崇高的精神财富。这种精神,对于我们在国内构建社会主义和谐社会,在国际上开展睦邻友好的对外交往,创造良好的周边国际环境,都是非常重要的。

第三,培养锻炼了青年人才队伍。这次海外救援服务工作,也锻炼了我们的队伍,尤其是锻炼了一支年轻的队伍。通过参与海外志愿服务,可以使青年志愿者在服务中开阔国际视野,培养国际眼光,在知识和能力等方面更好地适应国际化竞争的要求,成长为优秀的青年人才。我想,有了这样一个经历,我们很多同志都会终生难忘。对每一位参加海外服务的青年志愿者来讲,这样的行动都是一笔难得的财富,在每一位同志人生成长的道路上,都会留下深刻的烙印。

第四,拓展了中国青年志愿者行动的新领

域。这次救援行动，探索了海外服务的新途径，为推动中国青年志愿者行动的新发展积累了宝贵经验，也为我们国家的对外援助工作提供了借鉴。建国以来，我们对国外尤其是发展中国家，做了很多援外工作。青年志愿者赴海外服务，则是近几年开始的。我们向老挝和缅甸都派过青年志愿者，主要是在汉语教学、计算机培训、医疗卫生等方面提供服务。温家宝总理去年在老挝参加东盟“10+3”会议期间，还专门接见了我们赴老挝的青年志愿者，给予了高度评价。通过这次赴泰海外救援行动，我们要深入总结，进一步增强服务党和国家工作大局的意识，进一步拓宽中国青年志愿者海外服务的形式和途径，进一步同我们国家的援外工作更加有效和有机地结合起来。在党中央、国务院的亲切关怀下，在积极争取党政部门政策支持的基础上，争取社会各界的支持和参与，调动各方面的积极性，整合资源，全面实施“中国青年志愿者国际合作发展计划”。同时，深入推进这项计划的项目化管理，努力在动员、招募、选拔、培训、派遣、管理、服务、评估、考核、总结、表彰等各个环节，形成一整套科学规范的工作机制，推动这项工作的深入、持续、健康发展。

今天这个会议之后，赴泰救援服务队的同志们将要回到各自的岗位，开始新的工作。我向你们的家人问好，也衷心祝愿大家在今后的工作中取得更大的成绩！

深入实施青年志愿者行动
为构建社会主义和谐社会贡献力量

——周强在2005年全团青年志愿者工作会议暨中国青年志愿者协会二届四次理事会上的讲话

2005年3月14日，根据录音整理

这次全团青年志愿者工作会议暨中国青年志愿者协会二届四次理事会，是全团在春节以后召开的第一次重要会议。团中央书记处十分重视这次会议，此前专门听取了青年志愿者工作部的工作汇报，要求把会议组织好、服务好，通过这次会议进一步推进全团青年志愿者工作。

这次会议的主要任务是：以邓小平理论和“三个代表”重要思想为指导，深入学习贯彻党的十六大和十六届三中、四中全会精神，进一步树立和落实科学发展观，认真学习贯彻构建社会主义和谐社会的重大战略部署，回顾去年的工作，部署今年的工作，把握大局，求真务实，开拓创新，推动青年志愿者行动在构建社会主义和谐社会的进程中，立足新起点，把握新机遇，实现新发展，做出新贡献。

借此机会，我代表团中央，向各位理事在过去一年中给予青年志愿者工作的支持表示感谢，向大学生志愿服务西部计划、青年志愿者海外服务计划等志愿服务项目的共同实施单位、支持单位表示感谢，也向热心社会公益事业、对青年志愿者行动给予支持的单位表示感谢！

在下一阶段会议中，赵勇同志还要作工作

报告，这里我想先讲两点意见。

一、站在全局和战略的高度，充分认识青年志愿者行动在构建社会主义和谐社会中的重大意义

去年以来，青年志愿者行动紧紧围绕党政工作大局和群众需求，坚持“着眼发展，着力建设”的基本思路，求真务实，不断创新，取得了新的成绩。大学生志愿服务西部计划、青年志愿者扶贫接力计划等重点项目继续深入实施，引导更多青年参与其中，到祖国和人民最需要的地方建功立业。青年志愿者海外服务计划取得实质性进展。国务院总理温家宝在老挝参加东盟与中日韩领导人会议期间，亲切接见并看望了在当地服务的中国青年志愿者，并发表重要讲话。温家宝总理指出，“志愿者身上体现了中国人乐于助人、吃苦耐劳的精神”。温家宝总理的重要指示是对我们继续推进这项工作的巨大鼓舞和鞭策。在海外服务的中国青年志愿者素质很高，给中国青年和中国人民争了光。我在2003年访问老挝时，老挝领导人对我说，中国青年志愿者在老挝的服务受到了老挝党政领导、老挝人民、老挝青年的普遍欢迎。中国青年志愿者在老挝万象、在湄公河畔谱写了中老人民、中老青年新的友谊之歌。全国农村公共卫生体系志愿服务试点项目、“爱心助成长”志愿服务计划、“志愿服务与社会发展”论坛、“中国青年志愿者医疗扶贫万里长征”等项目和活动相继实施，志愿服务领域得到拓展。各地志愿服务工作机构逐步建立，志愿者队伍日益壮大，志愿服务理念得到更为广泛的传播，青年志愿者行动在全社会产生了越来越广泛的影响。在这里，我代表团中央书记处，对同志们一年来所取得的成绩表示热烈祝贺，对大家为此付出的辛勤劳动表示衷心感谢！

当前，我国的改革与发展处在关键时期。党中央从全面建设小康社会、开创中国特色社会主义事业新局面的全局出发，提出了构建社会主义和谐社会的战略目标。党的十六大在阐述全面建设小康社会的宏伟目标时，把社会更加和谐作为我们党的一个重要奋斗目标。党的十六届四中全会进一步提出了构建社会主义和谐社会的任务，并明确了构建社会主义和谐社会的主要内容。今年2月19日，胡锦涛总书记在省部级主要领导干部提高构建社会主义和谐社会能力专题研讨班开班式上强调指出：我们所要建设的社会主义和谐社会，应该是民主法治、公平正义、诚信友爱、充满活力、安定有序、人与自然和谐相处的社会。2月20日，中央政治局举行第二十次集体学习，胡锦涛总书记进一步阐述了构建社会主义和谐社会的理论。构建社会主义和谐社会战略任务的提出，适应了我国改革发展进入关键时期的客观要求，体现了广大人民群众的根本利益和共同愿望，对于正确应对当前和今后一段时期所面临的国内新情况和国际环境的新变化，进一步巩固党执政的社会基础，全面落实科学发展观，实现全面建设小康社会的宏伟目标，具有重要的现实意义和深远的历史意义。构建社会主义和谐社会给共青团、给青年工作提出了新任务、新要求，也提供了新的机遇、新的舞台。青年志愿者行动秉承“奉献、友爱、互助、进步”的志愿精神，致力于扶贫开发、社区建设、环境保护、抢险救灾、大型活动等公益事业，与构建和谐社会的要求是一致的。近年来的有效实践使我们进一步认识到，志愿服务可以在构建社会主义和谐社会、在全面建设小康社会的许多领域发挥积极作用。这里我着重谈四个方面。

1. 志愿服务可以促进社会保障体系建设，是促进社会公平的有效途径。胡锦涛总书记在省部级主要领导干部提高构建社会主义和谐社会能力专题研讨班开班式上的讲话中明确提出，要在推进社会主义物质文明、政治文明、精神文明发展的历史进程中，扎扎实实做好构建社会主义和谐社会的各项工作。志愿

服务在经济、政治、文化和社会建设中，都可以发挥重要作用。这里我想围绕社会建设，强调志愿服务在构建和谐社会中的重要作用。公平是稳定和谐的基础，一个和谐的社会，首先必定是一个公平的社会。公平是社会主义的核心价值取向，但在社会主义初级阶段，不可避免地存在着诸如贫富差距、区域发展不平衡等现象。当前，我国社会存在一些困难群体，如数百万生活困难的城市职工，数千万农村贫困人口，还有困难老人、残疾人、孤儿等弱势群体。解决困难群体问题，首先需要政府建立、完善社会保障体系，同时也需要社会各个方面都来关心、帮助困难群众的生活生产问题。青年志愿者行动对于促进社会保障体系建设具有不可替代的作用。青年志愿者行动一直把弱势群体作为重要服务对象，在城市社区和农村广泛开展了扶贫帮困、助老助残等服务，在消除贫困、促进就业、改善教育状况、提供医疗服务和实施法律援助等方面发挥了积极作用，对政府社会保障体系起到补充作用。当前，青年志愿者行动可以在促进老年人社会保障、农村公共卫生保障、贫困地区教育保障等诸多方面发挥更大作用。

2. 志愿服务具有较强的吸引力和凝聚力，是进行社会动员的有效方式。共青团十五届二中全会提出要建立健全适应社会主义市场经济体制的共青团工作机制，其中很重要的一个方面就是完善动员青年参与机制。青年志愿者行动是一种有效的动员方式。构建社会主义和谐社会，需要包括广大青年在内的全国各族人民的共同参与。党的十六届四中全会提出，“要坚持最广泛最充分地调动一切积极因素，不断提高构建社会主义和谐社会的能力”。志愿服务强调自觉自愿、力所能及，体现以人为本，注重了参与者的主体选择。同时，志愿精神得到社会普遍认同。因此，志愿服务具有内在的社会动员力。在计划经济时代，从前苏联开始的星期六义务劳动就是一种成功的动员方式。但在市场经济条件下，在经济全球化、社会各种思想文化相互激荡的形势下，当代青年素质不断提高，选择日益丰富，仅仅靠计划经济时代的动员手段难以有效动员青年、吸引青年。青年志愿者行动非常符合青年人的参与愿望，能够充分调动青年人的热情，具有很强的吸引力。现在，不仅青年人愿意参加志愿服务，各个年龄段的人，都有参与志愿服务的强烈愿望。比如，西部计划实施以来，每年都吸引5万多名的高校毕业生踊跃报名，在广大青年学生中形成了到西部、到基层去的良好导向；“金晖行动”、“爱心助成长”志愿服务计划等，都吸引了大批老同志参与其中，他们通过志愿服务真正实现了老有所为。可以说，志愿服务以人文关怀帮助人，以共同理想感召人，以高尚事业凝聚人，正越来越成为市场经济条件下一种重要而有效的社会动员方式，吸引和带动着广大青年及公众积极参与社会生活，共同促进社会进步。

3. 志愿服务具有深厚的精神内涵，是营造良好社会氛围的有效载体。良好的社会氛围是社会和谐的重要标志，也是构建社会主义和谐社会的重要内容。志愿服务及其蕴涵的精神，既与中华民族扶贫济困、助人为乐的传统美德一脉相承，又适应了市场经济条件下人们追求主体自觉的道德要求，具有鲜明的时代特征。广大青年参与志愿服务的过程，会潜移默化地感染被服务的对象、影响周围的群众，这本身就是一个文明传递的过程，可以发挥积极的示范导向作用，有助于推动平等友爱、融洽和谐人际环境的形成。这次获得青年志愿服务金奖的徐本禹同志，被中央电视台评为“感动中国2004年年度人物”之一，在全社会产生了很大反响。通过志愿服务的生动实践，广大青年可以更好地成长为既具有现代科学文化知识、又具有基层工作经验并富有社会责任感的优秀人才，成为志愿精神的倡导者和实践者，成为和谐社会建设的重要力量。特别值得一提的是，我国青年志愿者已走出国门，成为传播中华文明、促进世界合作发展的一支重要力量，成为推进世界青年事务发展、影响世界青年运动的一个重要途径和渠道。今年春节刚过，团中央联合有关部门组织了救捞志愿者赴泰国普吉岛开展救捞服务。中国青年志愿者不畏艰险，克服重重困难，很好地完成了任务，将中泰人民的友谊刻在了中泰两国人民、两国青年的心中，在服务国家外交大局中发挥了积极作用。

4. 志愿服务可以促进资源的配置整合，是推动社会协调发展的有效手段。社会主义市场经济条件下，经济社会发展主要依靠市场手段进行调节，同时也需要非市场手段。志愿服务就是推动社会协调发展的一种行之有效的非市场手段。志愿服务可以有效整合各种社会资源，实现资源的重新配置，促进资源的合理流动。西部计划、扶贫接力计划等都促进了人才的东西互动、城乡互动，也带动了其他资源的区域流动，产生了较好的综合效益。西部计划既是一种人才支持、智力支持，也是一种财政支持，是中央财政转移支付的有效手段。环境保护和生态建设一直是志愿服务的重点领域。保护母亲河行动已动员了 3 亿多人次的青少年和社会公众参与到宣传、保护和改善生态环境中。近年来，志愿服务以其强大的动员能力、快速的反应能力、专业的服务能力，越来越成为社会应急机制的重要组成部分。这方面最充分的体现是在 2003 年抗击“非典”的斗争中。在抗洪、地震、火灾等重大灾害的抢险救灾过程中，青年志愿者也发挥了重要作用。

二、打牢基础，积聚力量，推动青年志愿者行动实现新发展

当前，党中央突出强调要贯彻落实科学发展观，着力构建社会主义和谐社会，这为青年志愿者行动深入发展带来了难得的机遇。我们要抓住机遇，乘势而上，始终坚持“着眼发展，着力建设”的基本思路，牢牢抓住组织建设、队伍建设、项目建设、机制建设四个关键环节，进一步打牢发展的基础，进一步积聚发展的力量，推动青年志愿者行动实现新的更大的发展。我完全赞成今年作为志愿服务“项目建设年”的思路。结合今年的工作部署，我再着重强调三个方面。

第一，要着力深化。近年来，随着社会和群众需求的不断增长，志愿服务领域越来越广阔，志愿服务项目越来越丰富，这就要求我们正确处理规模和效益的关系，重在深化，重在实效。要有更多的地方项目。团中央项目更多的是起示范作用、引导作用。各地要从实际出发，量力而行，全面考虑项目实施的资金来源、志愿者服务结束后的就业情况等。要对近年来实施的全国项目、地方项目进行认真评估，为确保今后工作健康持续发展打好基础。要不断深化已有的重点项目。重点项目涉及面广，影响力大，牵动志愿服务发展全局。西部计划、扶贫接力计划、海外服务计划等都是志愿服务重点项目，经过多年探索和实践，形成了比较完善的工作机制，要积极总结经验，树立品牌意识和精品意识，推动这些项目深入发展。新启动的项目要继续推进。全国农村公共卫生体系志愿服务试点项目、“爱心助成长”志愿服务计划等，都是去年底启动实施的项目，服务领域和服务方式也与以往项目有所不同，需要我们不断进行探索和创新，努力把这些项目做实做好，做出成效，防止虎头蛇尾。当然，在深化已有项目的基础上，要本着量力而行、注重实效的原则，紧密结合社会和群众需求，逐步拓展服务领域，逐步构建长期项目与短期项目结合、全国项目与地方项目互动、重点项目与一般项目共同发展的志愿服务项目体系。

第二，要加强管理和服务。长期以来，我们一直在探索建立确保志愿服务长期深入发展的长效机制。青年志愿者工作任务繁重，从

志愿者的招募派遣到日常管理服务，工作量非常大，工作要求非常细，需要我们不断总结经验、加强管理，不断提高管理和服务水平。从某种意义上讲，青年志愿者行动能不能深化，能不能取得更大成效，取决于管理和服务水平。要进一步规范动员招募、管理服务、考核评估、表彰激励等志愿服务项目运行机制，促进项目科学高效运转。逐步建立健全组织协调、政策法律、资金筹措等项目保障机制，为志愿服务事业健康持续发展创造更为有利的条件。继续探索和完善“一助一”、“多助一”、“接力”等服务方式。既要从细微处着手，规范每一个具体项目、具体流程，又要从着眼全局，注重志愿服务的制度建设。当前，我们尤其要注重完善西部计划的各项管理和服务制度，努力把志愿者日常管理和就业服务的各项政策和制度落实好。

第三，要提高能力。推进志愿服务事业发展需要不断加强团组织、青年志愿者协会组织的能力建设。一要进一步加强专门工作机构建设，加强对志愿者工作的领导，不断建立健全基层志愿服务站，扩大志愿服务基层组织的覆盖面，切实提高对志愿者工作协调指导的能力。要充分发挥共青团城市社区工作部、农村工作部的作用，把社区青年志愿者服务站同社区青年中心、农村青年中心的建设结合起来，互相促进，共同发展。二要进一步加强协会建设，完善理事会和秘书处制度，充分调动社会方方面面的积极性，切实提高动员整合资源的能力。三要进一步加强干部队伍建设，通过志愿服务理念教育和志愿服务活动实践，切实提高把握大局、开拓创新的能力，进一步增强责任意识和奉献精神。各级团组织要将青年志愿者工作摆在更重要的位置，切实加强对青年志愿者工作的领导，关心、支持青年志愿者工作队伍建设。四要进一步加强理论建设，加强对志愿服务发展规律的认识，切实提高指导实践的能力。

各位理事、同志们，党的十六届三中、四中全会提出了以人为本，全面协调可持续的科学发展观和构建社会主义和谐社会的重大战略任务。在这一进程中，青年志愿者行动大有可为，前景广阔。让我们紧密团结在以胡锦涛同志为总书记的党中央周围，高举邓小平理论和“三个代表”重要思想伟大旗帜，全面落实科学发展观，深入推进青年志愿者行动，为全面建设小康社会、构建社会主义和谐社会贡献智慧和力量。

周强在团中央直属机关先进性教育活动分析评议阶段动员大会上的讲话

2005年3月14日

在中央督导组和团中央书记处的领导下，团中央直属机关先进性教育活动学习动员阶段从1月14日到3月14日，历时整整两个月，各项工作已顺利完成，达到了预期效果。今天我们召开大会，对前一阶段工作进行总结和回顾，对下一阶段工作进行动员和部署。下面，我代表团中央书记处和直属机关先进性教育活动领导小组讲三点意见。

一、学习动员阶段的做法和成效

在中央督导组的直接指导下，在直属机关各级党组织和全体党员的共同努力下，我们严格执行《团中央直属机关开展保持共产党员先进性教育活动的实施方案》，圆满完成了学习动员阶段的任务，取得了阶段性的成果。我们主要抓好了以下几个方面。

1. 领导带头，全面动员、全面参与。从中央督导组、团中央书记处到直属机关各级党员领导干部，都对开展好先进性教育活动高度重视。中央督导组在李玉赋同志的领导下，对我们各个环节的工作给予了大力支持和具体有效的指导，提出了很多很好的建议，为我们开展好先进性教育活动提供了有力保障。团中央书记处全体成员不仅带头参加所在支部的活动，而且多次召开会议，专题研究先进性教育活动的各项工作，并对活动中出现的问题及时加以解决。先进性教育活动领导小组成员多次听取办公室的汇报，对深化先进性教育活动提出具体指导意见。各部门各单位的主要负责同志都能够主动承担起先进性教育活动第一责任人的职责，认真筹划，精心组织。各级党员领导干部的高度重视和周密部署，调动和激发了广大党员参加先进性教育活动的热情，确保了先进性教育活动动员、实施、参与面广泛，覆盖到全体党员，为学习动员阶段取得实实在在的效果提供了有力的保证。

2. 认真学习，保证时间、保证效果。领导小组坚持组织党员个人自学与集中讨论相结合，邀请专家辅导与向优秀典型学习相结合，正面教育与警示教育相结合，组织广大党员集中精力抓好学习，做到深入研究，全面理解，融会贯通。团中央书记处理论学习中心组先后召开5次会议，集中学习胡锦涛总书记在中央纪委五次全会上的重要讲话和1月14日在新时期保持共产党员先进性专题报告会上的重要报告、《江泽民论加强和改进执政党建设》（专题摘编）和曾庆红同志、贺国强同志在中央先进性教育活动工作会议上的重要讲话。此外，团中央书记处理论学习中心组还以“继承发扬党的优良传统，加强共产党员作风建设”为主题，进行了认真学习和充分交流。为进一步深化广大党员对先进性教育活动的理解，团中央书记处全体成员分别给党员讲了党课。领导小组还邀请中央第23督导组组长、中央纪委委员、监察部副部长李玉赋同志作了“党风廉政建设和反腐败斗争”主题报告，邀请中央党校副校长李君如同志作了“加强党的先进性建设的重大决策”主题报告。我们还为广大党员发放了《保持共产党员先进性教育读本》、《江泽民论加强和改进执政党建设》（专题摘编）、《建立健全教育、制度、监督并重的惩治和预防腐败体系实施纲要》等书籍。春节期间，为保证先进性教育活动的连续性，领导小组专门下发通知，要求党员利用节日时间抓好自学，做到放假不放松、休假不休学；各部门各单位按照要求，进行了认真安排，制定了检查学习成效的具体措施，广大党员较好地完成了春节期间的学习任务，并在学习调研中取得了可喜成果。

3. 竭诚服务，改进作风、推动工作。为使群众切实感受到先进性教育活动的实际成效，从团中央书记处到各部门各单位，深入开展实践活动。团中央书记处成员在春节前分别带领机关党员干部到崇文区前门街道，对9个社区47个贫困、特困家庭进行慰问。机关部分青年党员开展了以服务基层、服务群众为主要内容的实践活动，慰问贫困居民，看望军烈属。团的各条战线在元旦春节期间开展了“真情助困进万家”活动，为下岗失业青年、进城务工青年、农村贫困青年、残疾青年等困难群体排忧解难。胡锦涛总书记和王兆国同志就关心和服务寒假留校经济困难大学生作出重要批示后，团中央书记处迅速研究部署，狠抓落实，把这项工作作为先进性教育活动的重要内容，并以此检验先进性教育活动成效。在短时间内，全团迅速筹集资金4122.6万元，为春节期间留校的每一位经济困难大学生提供了学习和生活资助；2月1日下午，团中央书记处成员带领机关党员在北京理工大学与留校大学生一起包饺子，共同参加“高高兴兴过年”新春联欢会；2月2日至7日，派出13个工作组，到全国各地慰问留校困难大学生，检查各地资金筹集、发放情况；2月5日，团中央书记处几位同志分别到北京部分高校开展“真情相伴”慰问活动，走进宿舍，走进食堂，帮助经济困难大学生解决学习、生活等方面的困难；2月8日，团中央书记处的同志和机关党员到北京部分高校，开展“温暖除夕夜”活动，和留校过春节的大学生共度除夕夜。参加这项工作的团干部普遍反映，在帮助大学生的同时，也加深了对青年群众的感情，加深了对大学生的感情，加深了对共产党员保持先进性的认识，加深了团干部的责任感和使命感，受到了深刻的教育。胡锦涛总书记对关心和服务春节期间留校经济困难大学生工作高度重视，2月11日第三次作出重要批示。团中央书记处按照胡锦涛总书记的要求，研究建立长效工作机制，通过构建勤工助学机制、结对帮扶机制、探索贷款担保机制，营造全社会关心帮助经济困难大学生、引导他们自强不息的良好氛围。

4. 措施得力，联系实际、突出特色。各部门各单位在规范到位地完成中央“规定动作”的基础上，结合各自工作实际和党员队伍状况，积极创新“自选动作”，方式多样，各有特点。办公厅编印了学习手册，人手一本，供大家学习；宣传部要求每个党员写8000字的学习笔记，开展了“我心中的优秀共产党员寻访”活动；权益部专门设立活动室，并拨出经费为党员购建了专题书架；中国青年政治学院、中青旅控股股份有限公司利用本单位局域网，制作专题网页，开设活动专栏，收录文献资料供党员学习查阅；中国青年报社通过层层讲党课、采用问卷调查形式保证学习成果，并把先进性教育活动与三项学习教育有机地结合起来，确保正确的舆论导向；中国青少年发展服务中心以“管理月”为载体组织开展专题学习；中国青年旅行社总社组织党员收看专题讲座录像；中国少先队事业发展中心建立了双休日集中学习制度，并组织党员参观了中国雷锋精神纪念馆、吴运铎事迹纪念馆；全国青联中华青年交流中心和全国青联国际项目合作中心因前一阶段有出访任务，在春节后及时进行了“补课”；青农部利用春节期间党员干部返乡探亲的机会，安排部署调研活动，并形成《回乡看“三农”，感受新变化》调研文章；机关服务局邀请服务行业全国劳模程俊云同志作专题报告；中国青少年发展基金会邀请希望工程老志愿者与全体党员座谈交流；中国国际青年交流中心组织开展了以“扎实认真，确保实效”为主题的集中教育学习讨论活动；学校部、实业发展管理中心、中国青年实业发展总公司分别召开座谈会，围绕“团中央直属机关党员先进性的标准和内涵”、“开展先进性教育活动与推动共青团工作和青少年事业新发展”等专题展开交流讨论。

各部门各单位努力实践服务基层、服务青年的要求，设计开展了形式多样、各具特色的活动。组织部与机关困难老干部结对，帮助他们解决实际困难；青工部、青农部、少年部分别到北京师范大学、北京林业大学、中国农业大学和中国青年政治学院等高校看望留校大学生，并与经济困难大学生结对帮扶；学校部组织全体党员以缴纳特殊党费的形式资助贫困大学生，并研究制定服务困难大学生的长效机制；统战部开展与广渠门中学宏志班同学座谈交流活动，并组织党员到宣武区牛街街道社区慰问少数民族下岗职工；国际联络部组织党员干部到北京密云县、陕西蓝田县开展实践活动；青工部、志愿者工作部分别组织党员赴辽宁阜新和河北省张北县、内蒙古自治区喀喇沁旗，慰问特困下岗失业青年、困难群众和青年志愿者；中国青少年研究中心组织全体党员和入党积极分子到海淀区的打工子弟小学开展实践活动，捐赠学习用品；中国青年出版总社参与了“把耳朵叫醒——中国青年志愿者助残行动暨听障儿童康复公益演出活动”，为听障儿童提供了切实服务；中国少年儿童新闻出版总社开展向进城务工子女赠书活动；网络影视中心组织全体党员和入党积极分子开展了免费接送返京大学生的志愿服务活动；中国光华科技基金会与天津泰达有限公司合作，先后向四川、山西、安徽等省的贫困边远地区的困难群众捐赠了价值180万元的棉衣棉被等保暖物资。

另外，各部门各单位之间加强信息沟通和经验交流，共同举办了丰富多彩的活动，形成了资源共享，共同提高的生动局面。组织部、统战部、中华儿女杂志社、中国光华科技基金会联合举办党章专题讲座，并邀请有关专家作了经济形势报告；青农部与中国青少年发展基金会共同举办了“当前我国农业农村经济形势与政策走向”专题报告会；统战部与国际联络部联合举办主题座谈会，邀请优秀共产党员代表、青海大学校长李建保同志与党员干部座谈交流；青工部、学校部、中国青年出版总社、中青实业发展总公司联合组织党员和入党积极分子观看影片《我的法兰西岁月》；权益部和中国青少年发展服务中心联合举办了“关于保持共产党员先进性教育的几个问题”专题报告会；办公厅、实业发展管理中心和网络影视中心联合开展了先进性教育活动学习动员阶段知识问答活动。

5. 深入讨论，集思广益、形成共识。我们按照中央先进性教育活动领导小组的要求，延长了学习动员阶段的时间，专门下发了《关于先进性教育活动学习动员阶段延长期的工作安排的通知》。在延长期中，我们按照中央精神，结合各部门各单位工作实际和党员的岗位实际，集中开展了新时期保持共产党员先进性具体要求的大讨论。召开了“如何保持共产党员先进性，做党放心、青年满意的团干部”主题座谈会，团中央书记处成员与机关年轻党员进行了交流谈心，对机关年轻党员如何更好地保持先进性提出明确要求；在机关局域网“电子论坛”板块中开设了“先进性大讨论”专栏，广大党员踊跃参加，纷纷发表了自己的认识和体会；各部门、各单位组织了讨论会、座谈会、学习成果交流等多种方式的活动。经过深入讨论，大家形成了共识，确定了体现时代精神、符合共青团工作和团干部实际的保持共产党员先进性的具体要求。一是要坚定理想信念。自觉用邓小平理论和“三个代表”重要思想构筑精神支柱，树立共产主义的远大理想，坚持走中国特色社会主义道路。二是要竭诚服务青年。坚持党的根本宗旨，诚心诚意为青年谋利益，始终保持与青年的密切联系，做青年的表率，做青年的朋友。三是要提高自身素质。树立终身学习、终身接受教育的观念，及时更新知识储备，不断提高适应新形势、研究新情况、解决新问题的能力。四是要创造一流业绩。忠诚党的事业，热爱团的岗位，在工作思路、工作方式和自身建设上锐意创新，不断开创工作新局面。五是要保持清正廉洁。牢记“两个务必”，贯彻落实“八个坚持，八个反对”，常怀感激之情，常葆进取之心，常存敬畏之念，耐得住寂寞、守得住清贫、经得起考验。

6. 广泛交流，相互学习、相互促进。我们结合各部门各单位先进性教育活动的进度和广大党员学习培训的情况，认真做好学习动员阶段“回头看”工作，并制定了“回头看”的六条标准。直属机关各级党组织和全体党员、入党积极分子严格按照六条标准，一级抓一级，层层抓落实。每一名党员紧扣团中央直属机关保持共产党员先进性的具体要求，一项一项对照检查，并结合岗位实际，提出了自身保持共产党员先进性的具体标准，撰写了学习总结，严格了对自身的要求，巩固和扩大了学习成果。各支部按照各部门各单位制定的先进性教育活动实施方案，逐条核查落实情况；同时，召开党员学习交流会，在听取党员个人学习汇报后，帮助他们查找问题、找出差距，指导他们制定针对性强、可操作的有效措施，切实解决问题。各单位在党员总结和支部总结的基础上，提炼经验，查找不足，制定改进措施，形成总结报告。我们通过召开各部门各单位党组织负责人会议，逐个审核第一阶段总结材料，抽查党员个人总结，检查各部门各单位是否达到“回头看”的六条标准。中央下发《关于对第一批先进性教育活动学习动员阶段工作进行“回头看”的通知》后，我们严格按照《通知》要求，再一次深入开展“回头看”。经过反复严格的“回头看”，我们学习动员阶段的工作取得了扎实成效。同时，我们注重督导、交流工作。在派出督导组的基础上，又组成了由机关各部门负责同志任组长的 12 个督导联系组，分别联系直属单位，在加强督导工作和各部门各单位之间信息沟通、经验交流、相互促进等方面收到了良好的效果；在学习动员阶段，我们 11 次下发领导小组文件，对先进性教育活动进行再动员、再部署；直属机关先进性教育活动领导小组办公室编发了 100 期专题简报，通报交流各部门各单位开展活动的情况和经验做法。

7. 注重实效，边学边改、不断提高。我们在学习动员阶段始终坚持边学边查边改，把认真学习与结合实际深入思考相结合，把解决思想问题和解决实际问题相结合，真正使广大党员有收获。主要体现为三个方面。一是在党员意识方面。有些党员在思想认识上存在不足，对自己要求不够严格，在日常工作和生活中没有充分发挥出党员的模范作用。针对这种情况，各部门各单位通过党员领导干部讲党课、邀请专家学者作形势报告等方式，教育引导党员逐步加深了对新时期保持共产党员先进性重大意义的理解，澄清了模糊认识。有的通过开展三项学习教育进一步统一党员思想，有的通过集中学习优秀共产党员的先进事迹激励党员进一步发挥模范带头作用；有的党员按照新时期保持党员先进性的具体要求制定了自己保持先进性的具体标准，有些党员在工作中更加注意发挥表率作用，经常加班加点到深夜。二是在学习意识方面。有些党员学历很高，知识很丰富，但对理论的掌握缺乏系统性、全面性。针对这些问题，各部门各单位对党员学习更加重视，通过进一步改善党员学习的条件，营造良好的学习氛围，激发党员学习的积极性、主动性。有的为党员编印学习手册，有的制定了固定时间、固定地点集中学习的制度，有的为党员购建学习书架，有的还专门为党员学习辟出专用学习室；有些党员养成了认真做读书笔记的好习惯，有些党员对理论知识的学习有了更加浓厚的兴趣，逐渐把理论素养提高作为自己自觉的追求。三是在服务意识方面。有些党员仅仅满足于按部就班地做好本职工作，没有更多的创造接触青年、接触基层的机会。针对这种情况，各部门各单位通过组织社会实践活动、邀请劳模讲座、举办讨论会和座谈会等方式，使广大党员的服务意识进一步增强，更加主动地通过“走出去、请进来”的方式切实为青年服务，进一步密切了与青年的血肉联系。有的与贫困大学生、下岗失业青年、进城务工青年、困难老党员等困难群体结对，对他们进行长期帮扶，有的为老少边穷地区捐赠衣物；有些党员牺牲春节休息时间慰问困难群众，有些党员为困难青年送去了慰问金。四是在继承和发扬党的优良传统方面。团中央对这项工作高度重视，长抓不懈。团中央书记处首先带头召开座谈会集中讨论，各部门各单位也通过召开座谈会、讨论会等形式，教育广大党员，作为团干部要在任何时候都忠诚于党、忠诚于人民、忠诚于共青团的事业，牢记党的宗旨，时刻把青年的冷暖放在心上，深入青年，了解青年，服务青年；同时，教育党员尤其是党员领导干部要坚持廉洁自律，面对各种各样纷至沓来的诱惑和考验，要切实建立思想上的牢固防线，始终坚持“两个务必”，始终保持蓬勃朝气，昂扬锐气，浩然正气。通过边学边查边改，广大党员的党员意识、党性修养、责任感和使命感切实得到增强，思想作风、工作作风、学风进一步得到改进。

目前，直属机关各部门各单位都已基本达到转段标准和要求。

二、学习动员阶段的体会和不足

通过第一阶段的认真学习，我们对新时期保持共产党员先进性的重大意义有了更加深刻的认识。在全党开展保持共产党员先进性教育活动，得民心、顺民意，在人民群众中产生了良好的反响，效果已经初步显现。在学习动员阶段，我们对开展好先进性教育活动有如下体会。

1. 必须坚持把学习和实践“三个代表”重要思想贯穿始终。始终做到“三个代表”，是我们党的立党之本、执政之基、力量之源，是我们开展这次先进性教育活动的一条主线。必须坚持把增强学习和实践“三个代表”重要思想的自觉性和坚定性，作为先进性教育活动的根本出发点和落脚点。做到谋划教育活动，以“三个代表”重要思想为根本依据；推进教育活动，以“三个代表”重要思想为根本动力；检查教育成效，以“三个代表”重要思想为根本标准。

2. 必须坚持理论联系实际，务求实效。理论联系实际是我们党的“三大作风”之一。先进性教育活动涉及全党，关系每一个党员，如果理论和实践相脱离，说一套，做一套，就会变成走过场，流于形式。只有把先进性要求与先进性实践结合起来，把改造主观世界与改造客观世界结合起来，把读书学习与实践锻炼结合起来，把开展先进性教育活动与做好本职工作结合起来，才能切实保证先进性教育活动落到实处，取得实效。

3. 必须坚持发挥党员领导干部的示范带头作用。这次先进性教育活动时间紧、任务重、要求高、政策性强。在学习动员阶段，各级党员领导干部在抓好本部门本单位先进性教育活动的同时，以普通党员身份积极参加先进性教育活动，带头学习，带头查找不足，有效地调动了党员和群众参与的积极性，有力地促进了学习动员阶段各项任务的完成。实践证明，党员领导干部的重视和参与，是搞好先进性教育活动的基本前提；党员领导干部的示范带头作用，是搞好先进性教育活动的关键。

4. 必须坚持依靠和发挥基层党组织的战斗堡垒作用。党的基层组织，是党的全部工作和战斗力的基础。党的先进性最终要体现在基层党组织战斗堡垒作用的发挥上。在学习动员阶段，各部门各单位党组织开展了多种形式的活动，创造了鲜活的经验，取得了良好的效果。下一步，我们要更加尊重基层的首创精神，充分发挥基层党组织的积极性、主动性和创造性，推动先进性教育活动深入展开。

总的来看，团中央直属机关先进性教育活动第一阶段的各项工作是扎实有效的，积累了一定的经验，取得了一定的成绩。同时，也要看到，我们的工作还存在一些不足。主要表现在，各部门各单位活动开展不平衡，个别党员还需进一步提高认识；有些单位信息反馈不够及时、缺乏主动性。针对这些问题，我们要求存在不足的部门和单位，利用周末和业余时间进行“补课”，切实保证学习时间和学习质量；我们要求各督导联系组进一步加强督促检查工作，参加所联系单位的集中活动，并及时反映活动开展情况。

三、认真做好分析评议阶段各项工作

从3月14日开始，我们的先进性教育活动进入分析评议阶段。这一阶段的主要任务是，以“三个代表”重要思想为指导，紧密结合团中央工作实际，以支部为单位，对每个党员进行党性分析和民主评议，切实查找存在的突出问题，剖析思想根源，明确努力方向，为下一步抓好整改和巩固提高作好思想和组织上的准备。

分析评议阶段是先进性教育活动最为关键和重要的环节，既是对学习动员阶段工作效果的检验，又是搞好整改提高阶段工作的基础，政治性政策性都很强，要求很高，意义重大。因此，我们必须在取得实效上下功夫。2月7日至11日，胡锦涛总书记在贵州考察期间发表了重要讲话。他从加强党的执政能力建设、巩固党的执政地位、完成党的执政使命的战略高度，对搞好先进性教育活动进一步提出了明确要求，强调开展先进性教育活动，关键是要取得实效。我们要深入学习贯彻胡锦涛总书记的重要讲话精神，牢牢把握“开展先进性教育活动关键是要取得实效”这个重要原则，贯穿于整个活动的全过程，尤其是要贯穿于分析评议阶段这个关键阶段的每一个环节当中，以是否取得实效来衡量我们所做的各个环节的工作是否达到了要求。各部门、各单位先进性教育活动领导小组及各级领导干部要高度重视，精心组织，保质保量地完成阶段任务。这里我强调以下四个问题。

1. 要牢牢把握“一条主线”。搞好学习是这次先进性教育活动贯穿始终的要求，要让每一个党员真正学有所思、学有所悟、学有所获。在学习动员阶段，我们通过上党课、开展集中学习、自学和社会实践等多种方式，加深了对“三个代表”重要思想的认识，增强了践行“三个代表”重要思想的坚定性和自觉性。在分析评议阶段，我们仍然要牢牢抓住学习实践“三个代表”重要思想这条主线不放松。一方面，我们要对党员在学习动员阶段的学习情况进行一次自查，摸清党员是否掌握了“三个代表”重要思想的时代背景、实践基础、科学内涵、精神实质和历史地位，是否掌握了党章对党员的基本要求，是否明确了保持共产党员先进性的基本要求，对学习任务完成得不理想的，要提出改进要求，进行“补课”。另一方面，要坚持用“三个代表”重要思想统领分析评议阶段的各项工作，教育引导党员通过学习实践“三个代表”重要思想端正分析评议的态度，促使全体党员提高认识，严肃对待；通过学习实践“三个代表”重要思想确立分析评议的标准，让全体党员明确目标，有所参照；通过学习实践“三个代表”重要思想保证分析评议的效果，从思想、工作、作风等多方面发现存在的问题，并找出根源所在。

2. 要认真对待两个材料。党性分析材料和党支部评议意见，是党员自我党性分析和党组织评议意见的集中体现。写好这两个材料，对于保证分析评议阶段取得实实在在的效果是十分必要的。每一名党员都要写好党性分析材料。自我党性分析主要是对照保持共产党员先进性的具体要求，查找自己在保持先进性方面存在的突出问题和主要差距，并且分析产生问题及差距的思想根源，明确今后的努力方向。写好党性分析材料，必须注意以下三个方面。一是要以“三个代表”重要思想为指导，按照“两个务必”和“八个坚持、八个反对”的要求，对照党章规定的党员标准进行党性分析。二是党员党性分析要从世界观、人生观和价值观方面深刻剖析自己存在的问题及其思想根源，领导干部还要从权力观、地位观、利益观方面进行深入剖析。三是要全面分析和总结自己近年来的思想、工作和作风等方面的情况，既不能把党性分析材料写成工作总结，又不能脱离工作实际空谈认识。党支部要写好对每个党员的评议意见。写好党支部评议意见，要注意以下三个方面。一是要全面。评议意见既要充分肯定成绩，又要指出缺点和不足，不能只说好话，没有批评。二是要客观。评议意见中的一切内容都应该来自事实，言之有据。对成绩要有充分的肯定，但是决不能夸大；对缺点要明确地分析，不能用“希望进一步加强学习”、“希望注意方式方法”等含糊语言代替。三是要有针对性。每一个党员在阅历、工作职责、知识层次、现实表现等诸多方面都存在差异,决定了评议结果不可能是千人一面。要结合每个人的实际情况写出有特点的评议意见,做到有的放矢,力戒千篇一律。

3. 要着力抓好三个重点。开展谈心活动、开好组织生活会、做好党支部评议,是党员分析评议阶段的三个重点环节,必须下大力气抓实抓好。谈心活动,是党员之间沟通思想,相互提醒,增进了解和团结的重要途径。党组织要为党员开展谈心活动创造良好的氛围,使党员之间能够敞开思想、畅所欲言;每一个党员要从团结的愿望出发,做到相互提醒、共同提高;党员领导干部要和所在支部的党员谈心,听取党员对自己的意见,并及时了解党员的思想动态,进行积极引导。组织生活会,是每个党员开展批评与自我批评、认真对照检查、进行民主评议的有效方法。要引导党员正确对待批评与自我批评,在接受评议时要虚心听取别人的意见,做到有则改之,无则加勉;在评议其他党员时要满腔热情,出以公心,知无不言,言无不尽。要严格按照中央的要求,做好充分准备,既要防止走过场,又要防止搞过头。要坚持群众监督的原则,评议中尽可能地吸收部分群众代表、入党积极分子参加,使党员切实接受党组织和群众监督。党支部评议,是根据党员的一贯表现、民主评议的情况、征求到的群众意见,提出对每个党员的评议意见的重要过程。做好这个环节,必须以对每一名党员负责的态度,深入了解情况,加强反馈沟通。党支部要召开支委会,在充分讨论的基础上,严肃认真地提出每个党员的评议意见。要把党支部评议意见及时传达给党员,指出其存在的问题,帮助其提高认识,指导其改正。

4. 要切实畅通四个渠道。在分析评议阶段,保证信息的畅通十分重要。只有做到信息畅通,让每名党员都能充分了解情况,才能使党性分析有所针对,才能使评议结果让人信服,才能保证先进性教育活动的效果落到每名党员的心坎上,落到具体的行动中。一是畅通党员之间交流的渠道。要大力营造坦诚相对、互相关心的组织氛围,鼓励党员互相交流意见,积极开展批评与自我批评,做到以人为鉴、互知得失、共同提高。二是畅通党员领导干部与普通党员之间交流的渠道。要充分利用党员领导干部个人电子信箱、以普通党员身份参加组织生活会和民主评议、广泛开展谈心活动等方式,加强普通党员与党员领导干部之间的沟通和交流。三是要畅通党组织和党员群众交流意见的渠道。党组织要采取适当方式广泛征求党员和群众的意见,认真向党员反馈评议意见,在一定范围内通报评议情况,自觉接受党员和群众的监督。四是要畅通工作信息报送和反馈的渠道。各部门、各单位先进性教育活动领导小组要及时将工作实施方案、活动进展情况、特色工作、存在问题以及意见建议等及时向直属机关先进性教育活动领导小组报送,领导小组办公室汇总整理后,通过编发简报等形式,指导和推动先进性教育活动深入开展。

同志们,我们目前开展的先进性教育活动,是党中央加强党的建设的一项重大举措。团中央直属机关作为首批开展这项活动的中央机关,肩负着中央领导和中央保持共产党员先进性教育活动领导小组的信任和期望。我们一定要不断增强政治意识、大局意识和责任意识,严格要求、认真对待,精心组织、周密安排,以精益求精的工作和实实在在的成效向党和人民、向全团和广大青年交上一份满意的答卷。

周强在中国民营企业家创业论坛上的讲话

2005 年 4 月 2 日,根据录音整理

全国工商联、团中央举办中国民营企业家走进清华大学的活动很有意义。今天整个会场掌声笑声不断,四位创业英雄的报告使我们听会的同学开阔了眼界。这四位创业英雄虽然创业道路各不相同,但都是历经千回百折才获得今天的成功。听他们的报告,我们不仅为他们的成功经验、他们创造的财富神话以及他们在讲话中所透露出来的理性和睿智所感染,更重要的是为他们的创业精神和创业激情所感染。我听了以后得到三点启发。

第一,企业家是我们国家宝贵的资源,民营企业是我们国家现代化建设的一支重要力量。这些年来,团中央、中国青年企业家协会经常到各地考察。考察中,地方领导纷纷要求我们把优秀的青年企业家介绍到当地去。中国现代化的发展离不开企业家。刚才张朝阳先生和梁信军先生都讲了,我们国家的发展需要千千万万职业经理人,企业家是极为宝贵的人力资源。民营企业家为我国经济的发展贡献了很大的力量。相信在今后我国现代化建设中,民营企业将会发挥越来越大的作用,民营企业的前景将会越来越光明,这也是中国特色社会主义事业的生命力和希望所在。

第二,中国的现代化建设呼唤千千万万的创业者。改革开放以来,我们国家发生了翻天覆地的变化。在经济全球化的过程中,我们综合国力不断提高,制造业水平大幅度提升,中国产品在世界市场上的份额不断增加。但是,我们不仅要有中国制造,还要有中国创造,这就需要更多的创业者、更多的创业英雄大批涌现。这些年来,团中央总结清华大学开展“挑战杯”和创业大赛的经验,举办了多届“挑战杯”学术科技作品竞赛和创业计划竞赛,培养了很多创业英雄。前不久国家自然科学奖二等奖的获得者邓中翰就是参加全国挑战杯赛并获得大奖的人,他获奖后非常感谢“挑战杯”给他带来的信心,同时决定自己创业,回报社会。我们热切地盼望能有更多的年轻人脱颖而出,积极投身创新创业的洪流,为国家的现代化建设做出应有的贡献。

第三,广泛深入地开展服务大学生就业创业活动。这次中国民营企业家论坛进校园,架起了高校学生了解民营企业家、了解社会、参加社会实践的一个很好的桥梁。要认真总结经验,把论坛长期办下去,同时要积极开展类似这样的活动,为大学生就业创业提供更多更好的服务。我们从今年 4 月份开始,还要举办世界 500 强企业与中国青年企业家对话,4 月 19 日第一讲由日本东芝株式会社总裁主讲。通过这种对话,为青年企业家创业、发展服务。清华大学的学生都是佼佼者,要完成好学业,还要勇于创业,努力成长为国家现代化建设需要的高素质复合型人才。我们愿意为同学们成长成才做更多工作,办更多实事,更好地为大家服务。

最后,衷心祝愿论坛越办越好,衷心祝愿同学们学业有成,创业有成,梦想成真,在全面建设小康社会、构建社会主义和谐社会的历史进程中建功立业!

周强在保护母亲河行动大会上的讲话

2005 年 4 月 4 日

今天,共青团中央联合全国绿化委员会、全国人大环境与资源保护委员会、全国政协人口资源环境委员会、水利部、农业部、国家环境保护总局、国家林业局、国务院三峡工程建设委员会办公室,隆重召开保护母亲河行动大会。会议的主要任务是,以邓小平理论和“三个代表”重要思想为指导,贯彻落实科学发展观,总结回顾六年来保护母亲河行动的成绩和经验,部署今后一个时期保护母亲河行动的各项工作,进一步动员引导广大青少年积极参与生态环境保护和建设,为构建社会主义和谐社会做贡献。党中央、国务院对这项工作十分重视,中共中央政治局委员、国务院副总理曾培炎同志在百忙之中出席大会并将发表重要讲话,我们深受鼓舞,倍感振奋,会后要狠抓落实。下面,我代表全国保护母亲河行动领导小组,讲三点意见。

一、六年来保护母亲河行动工作的简要回顾

保护母亲河行动以保护哺育中华民族的母亲河为主题,以社会化参与、工程化建设、项目化管理的方式,组织动员广大青少年和社会公众参与我国生态环境建设,在保护环境、改善生态、促进经济社会可持续发展等方面具有十分重要的作用。以 1999 年 1 月召开保护母亲河行动第一次电视电话会议为起点,六年来,保护母亲河行动的发展大体经过了三个阶段:一是探索起步阶段。从 1999 年初至 2000 年底,保护母亲河行动从无到有、从小到大,得到了广大青少年和社会公众的普遍认可,并初步探索出了一条行之有效的运作机制。二是巩固扩大阶段。从 2001 年 1 月至 2003 年初,保护母亲河行动实现了由单一地发动青少年,到以青少年为主,牵动社会公众和团体的广泛参与;实现了由植树种草为主,到植树种草与从身边小事做起、天天环保的有机结合;实现了生态环保和实践育人的有机结合。三是蓬勃发展阶段。从 2003 年 3 月到现在,青少年生态环保意识不断加强,社会参与面更加广泛,一批示范工程相继竣工,保护母亲河行动的影响越来越大。

六年来,保护母亲河行动取得了丰硕成果,共动员了 3 亿多人次青少年参与,面向海内外筹集资金 2.5 亿元(其中,海外筹资 6000 多万元),在母亲河流域建设了 1103 个、面积达 399 万亩的造林工程,有效地改善了大江大河流域的生态环境状况,有力地推动了可持续战略的实施,为母亲河更好地造福中华民族做出了积极贡献。具体来讲,主要体现在以下三个方面。

第一,保护母亲河行动开辟了青少年接受生态环保教育的新途径。六年来,我们通过设立“保护母亲河(周)日”,利用每年的重大环境纪念日,先后组织开展了“母亲河,我与你同行”绿色传递、“小事做起来,绿色助申奥”、“清洁江河水,保护母亲河”、“承诺天天做,保护母亲河”、“请跟我来,天天环保”、“共饮丹江水,保护母亲河”、“美化新三峡,保护母亲河”等一系列主题宣传教育活动,并利用报纸、电视、网络等媒体,通过创作歌剧、拍摄影视作品、举办生态文艺晚会等形式,大力宣传人与自然和谐相处,宣传生态文明理念,激发广大青少年对母亲河的情感,营造了人人参与生态环境建设的良好氛围。

第二,保护母亲河行动构建了广大青少年和社会公众参与生态环境建设的新平台。六年来，我们采取简单便利的方式，积极为青少年和社会公众参与生态环保事业创造条件。比如，“5 元钱捐植 1 棵树，200 元钱捐建 1 亩林”，只要愿意，人们足不出户就可以参与生态环境建设；“小事做起来，保护母亲河”，任何人都可以从节约用水、养花种草、净化环境等身边小事做起，为保护母亲河、保护生态环境做贡献；以命名建设纪念林的方式，动员企事业单位和团体为保护母亲河行动捐资，参与国家生态环境建设。通过这个平台，广大青少年和社会各界参与生态环境建设不断向深度和广度发展。

第三，保护母亲河行动架设了生态环保国际交流与合作的新桥梁。六年来，我们通过实施“小渊基金”项目、举办“中日民间水论坛”等方式，积极推动中日生态环保合作，广泛建设“中日青年生态绿化示范林”；通过建设“中埃青年友谊林”、亚欧基金合作、实施“澜沧江——湄公河青年友好之船”等多种途径，积极开展环保领域的国际交流与合作；通过申请联合国环境规划署“地球卫士奖”、参加全球青年论坛、可持续发展伙伴关系国际论坛、世界银行发展经济年会、青年与全球化论坛等活动，积极推动保护母亲河行动不断走向世界。在保护母亲河行动框架下，我们与世界 30 多个国家和地区的青少年开展了生态环保友好合作，保护母亲河行动的国际影响日益扩大。

保护母亲河行动的发展自始至终得到了党和政府的亲切关怀和大力支持。党中央、国务院高度重视保护母亲河行动，党和国家领导人带头捐款，建设“中直机关纪念林”、“中央国家机关纪念林”。2001 年 6 月，李瑞环同志在接见首届“母亲河奖”获得者时对保护母亲河行动给予了充分肯定。2002 年，全国保护母亲河行动领导小组办公室获得了首届“中华环境奖”。2002 年 5 月，江泽民同志为保护母亲河行动亲笔题词。2002 年 4 月，胡锦涛同志亲切会见来华参加中日青年生态合作论坛的日本代表团。2002 年 12 月，曾庆红同志会见日中绿化推进议员联盟代表团。这一切都表明，保护母亲河行动所取得的成果，饱含着党中央、国务院的关怀和鼓励，凝结着各级党委、政府的支持和帮助，体现了各级共青团、绿委、人大环资委、政协人资环委、水利、农业、环保、林业等部门的团结协作和共同努力，记录了广大青少年和社会公众的热情和奉献。在此，我代表全国保护母亲河行动领导小组和共青团中央，向长期关心支持青少年生态环保事业的各级党政领导表示衷心感谢！向六年来积极投身保护母亲河行动的广大青少年和社会各界人士致以崇高的敬意！

保护母亲河行动六年来的探索和实践，给我们提供了许多有益的启示：推进生态环保事业的发展，只有顺应人类生态文明发展的潮流，才能保持持久活力和旺盛的生命力；只有服务国家生态环境建设大局，才会在可持续发展进程中发挥积极推动作用；只有凝聚起广大青少年和社会公众的参与热情，才能获得不断前进的不竭动力；只有坚持以育人为根本出发点，才能培养具有生态文明素质的一代新人。

二、保护母亲河行动今后的发展思路和主要任务

当前，我国进入了全面建设小康社会，加快推进社会主义现代化的新的发展阶段。党中央从新世纪新阶段党和国家事业发展全局出发，提出了科学发展观这一重大战略思想和指导方针，并以此统领我国经济社会发展全局，统领我国社会主义和谐社会建设。科学发展观是我们党对社会主义现代化建设指导思想的新发展，进一步明确了要以经济建设为中心，注重提高经济增长质量和效益；要以人为本，注重统筹城乡发展、统筹区域发展、统筹经济社会发展、统筹人与自然和谐发展、统筹国内发展和对外开放，实现经济社会全面协调可持续发展。3 月 12 日，在中央人口资源环境工作座谈会上，胡锦涛总书记强调，全面落实科

学发展观，进一步调整经济结构和转变经济增长方式，是缓解人口资源环境压力、实现经济社会全面协调可持续发展的根本途径。要加快调整不合理的经济结构，彻底转变粗放型的经济增长方式，使经济增长建立在提高人口素质、高效利用资源、减少环境污染、注重质量效益的基础上，努力建设资源节约型、环境友好型社会。这些战略思想为我们进一步推进保护母亲河行动指明了方向。

今后一段时期，保护母亲河行动发展的思路是：以邓小平理论和“三个代表”重要思想为指导，认真落实以人为本、全面协调可持续的科学发展观，坚持群众性生态公益事业的发展方向，完善以生态环保文化、生态环保体验、生态环保工程、国际交流与合作为着力点的工作格局，进一步强化育人功能，努力提高青少年生态环保素质，广泛动员青少年和社会公众，积极投身环境保护和生态建设，为构建社会主义和谐社会，为全面建设小康社会做出新的贡献。根据这一发展思路，下一步我们要重点做好以下工作。

1. 围绕文化的育人功能，大力弘扬生态环保文化。人是环境的产物，也是文化的产物。青少年是生态环保文化的创造者和传播者，又是生态环保文化的受益者。生态环保文化是先进文化的重要组成部分。我们培养和弘扬的生态环保文化，就是要使人与自然和谐发展的理念成为广大青少年的一个基本价值观，深深扎根于每一个青少年心中。生态环保文化的培育过程就是生态道德的养成和生态环保意识提高的过程。要广泛宣传生态环境道德，规范人与自然的关系，形成青少年和全社会关爱生态环境、主动参与保护母亲河行动的浓郁社会氛围和深厚的文化、心理基础。要大力倡导以“珍爱生灵、节约资源、抵制污染、植绿护绿”为主要内容的生态道德要求，把热爱自然、保护生态、改善环境转化为人们的自觉行为。要培养传播生态文化的比较稳定的队伍，创造形式多样的文化载体，用群众喜闻乐见的方式宣传生态环保知识和理念，形成富有鲜明特色的生态环保文化品牌。要充分发挥广播、电视、报刊、互联网等大众传播手段在生态环保文化建设中的积极作用，吸引更多的公众关注和青少年参与。

2. 围绕国家生态环境建设大局，广泛开展生态环保实践。实践是对青少年进行教育的有效方式。生态环保实践就是要引导青少年在保护生态环境中亲身体验，从小养成保护生态环境的良好习惯。要探索多种方式，为青少年和公众直接参与生态环境建设创造条件。一方面要根据青少年和公众简便易行地参与生态环境建设的要求，大力开展人人能为、人人可为的主题活动，关注重点流域、国家重点大型工程、重大节庆活动的生态环境保护，打响保护母亲河行动这一生态环保公益品牌，吸引更多的人参与其中。另一方面，要广开渠道，广筹资金，着眼保持水土、治理污染、保护资源等，服务国家生态环境建设大局，扎扎实实地推进工程建设，确保建设一个成功一个，保证每个保护母亲河工程都是优质示范工程，让工程建设成果惠及更多的群众、惠及子孙后代。

3. 围绕青少年生态环保教育，积极开展国际交流与合作。生态环境问题与经济社会发展息息相关。人类只有一个地球，每个国家都有责任为维护全球生态平衡，实现可持续发展做出贡献，这已经成为国际社会的共识。生态环境问题的开放性和危机性，要求我们必须用开放的观念、战略的眼光来看待这个问题。要积极探索双边、多边合作机制，同时要在联合国青年政策框架内、国际青年组织框架内，广泛开展青年生态环保交流。要开展跨文明对话，积极引进国际资源，推进青年生态环保项目。要加强与国外企业和其他社会组织的合作，发挥各自优势，采取互惠、双赢的机制开展活动。总之，要创造更广泛的交流合作平台，不断扩大保护母亲河行动的国际影响。

三、加强机制建设，推动保护母亲河行动持续健康发展

保护母亲河行动能否长期健康发展，科学有效的工作运行机制至关重要。我们要把工作中形成的好做法好思路，不断总结提升，形成规律性认识。这些年来，保护母亲河行动之所以保持良好发展态势，根本原因在于探索了一套有效的运行机制。今后，我们要进一步探索，开拓创新，逐步建立健全适应我国社会主义市场经济发展规律和公益事业发展规律，青少年和社会公众参与面更广，参与程度更深，自我运转能力更强的运行机制。为此，我们要在以下几个方面下功夫。

1. 要把深化社会动员机制作为保护母亲河行动发展的关键环节。生态环保事业需要包括青少年在内的全社会的广泛参与。在新的历史条件下，社会动员方式发生了深刻变化。我们必须根据时代发展的要求，积极构建符合社会需求的有效动员机制。要充分利用团组织的政治优势、组织优势和网络优势，以满足社会公众参与生态环境建设的愿望为基础，广泛发动广大青少年参与生态环境建设。要着眼调动青少年的内在积极性，广泛采取公开招募、志愿参与、形象代言、发展会员等新型动员方式，引导青少年自觉参与生态环保实践。要充分利用现代传媒，加大宣传力度，吸引更多公众关注和参与生态环境保护。要积极探索和创造更多简便易行的方式，方便社会公众和广大青少年直接参与保护母亲河行动。

2. 要把完善多方合作机制作为推进保护母亲河行动的有力手段。保护母亲河行动涉及面广，包容性强，必须调动各个方面的积极性，加强协作，共同参与，形成工作的整体合力。要加强与政府部门间的合作，主动争取各主办部门在政策、资金和项目上的支持，形成政府有关部门委托、共青团承办落实的长效机制。深化与社会各界的合作，加强与国内企业和中介组织、非营利组织等其他社会组织的合作，发挥其牵动面广、成本低、效率高的优势，实现利益共享、互惠共赢。积极开展与国外青年组织、国际机构、非政府组织的合作，积极借鉴国际经验，为我国生态环境建设服务。要利用好团内团外、国际国内两种资源，探索国内外组织和个人更加踊跃出资建林的筹资机制，强化保护母亲河行动的物质依托。

3. 要把优化工程建设管理机制作为实施保护母亲河行动的重中之重。保护母亲河行动工程的建设，筹资是前提，建设和管理是关键。高标准的工程建设质量和显著的治理效果，是吸引更多的社会组织、公众和社会资金参与生态环境建设的直接反映，也是保护母亲河行动成果的直接体现。要按照基金管理使用要求，管理好各级专项行动资金，严格审批立项，科学规划设计，认真施工建设。要尊重生态环境保护和治理的客观规律，在规划、论证、资金使用、竣工、验收、移交等主要环节上，建立健全科学规范、严格有效的工作制度，实行动态全程的管理和监督，确保工程建设成果的保存和延续。要引入市场经济条件下的竞争机制，采取项目公开招标的方式，吸纳社会资源，实现效益最优化。

4. 要把健全组织运行机制作为深化保护母亲河行动的重要保障。要完善团组织牵头带动，政府有关部门和社会其他组织广泛参与、分工协作、统一高效的组织领导机制。要强化联席会议制度，定期不定期对保护母亲河行动的重大发展问题进行商讨。发展参与群体，适当组建团组织管理指导，青少年自发组织参与，能自行运转、自我发展壮大的青少年环保社团等组织形式。大胆探索用社会化、事业化方式推动大型群众性公益事业发展的思路，推动保护母亲河行动常规化、事业化。进一步建立以“母亲河奖”为龙头的表彰体系，形成有效激励和积极导向，激发各方面支持和投入这项工作的热情。

各级共青团组织是实施保护母亲河行动的主要组织协调部门之一。要积极争取各级党政领导的支持，与绿委、水利、环保、林业等有关部门密切配合，主动将保护母亲河行动纳入当地生态环境建设规划，服务地方经济社会的可持续发展。要结合实际，整合资源，创造性地开展工作，进一步发挥保护母亲河行动的育人功能，在全社会营造保护生态环境的浓厚氛围。要和有关部门一道，将保护母亲河行动作为一项具有长远发展的事业来抓，求真务实，真抓实干，务求实效，使这项工作不断实现新的发展。

同志们，保护母亲河就是保护我们自己，就是保护人类赖以生存的生态环境。深入开展保护母亲河行动，意义重大，影响深远。让我们紧密团结在以胡锦涛同志为总书记的党中央周围，高举邓小平理论和“三个代表”重要思想伟大旗帜，顺应时代发展潮流，倡树生态文明新风，扎实工作，开拓创新，不断开创保护母亲河行动的新局面，在贯彻落实科学发展观，构建社会主义和谐社会的伟大实践中做出新的更大的贡献！

周强在2005年大学生志愿服务西部计划电视电话会议上的讲话

2005年4月15日，根据录音整理

西部计划实施近两年来，在党中央、国务院的亲切关怀下，在有关部门的密切配合和共同努力下，各项工作进展顺利，取得了明显成效。今年是西部计划实施的第三年，也是西部计划承前启后、实现深入发展的重要一年。今年的实施规模有所扩大、专项行动要求更高、就业服务工作任务重、项目管理需要进一步加强，摆在我们面前的任务很艰巨。我们既要认真总结两年来的实施经验，看到成绩，坚定信心，也要充分认识今年工作的艰巨性，提高认识，埋头苦干，做好工作。刚才，杨岳同志对西部计划实施工作作了总结，对今年的工作进行了部署，教育部副部长袁贵仁同志、人事部副部长侯建良同志分别代表教育部、人事部就做好这项工作作了重要讲话，讲得很好，各级项目办、各级团组织要认真学习贯彻。财政部有关负责同志也出席了今天的会议，给予了大力支持。下面，我代表全国大学生志愿服务西部计划领导小组、代表团中央书记处，结合今年的工作重点再讲几点意见。

一、进一步提高认识，加强组织领导

伴随实践的不断深入，我们对西部计划在服务西部大开发战略、人才强国战略和科教兴国战略中的积极作用的认识也在不断深化。具体来讲，通过实施西部计划，一是在广大高校校园中进一步唱响了到西部去、到基层去、到祖国最需要的地方去的时代强音，形成了到西部基层建功成才的积极导向；二是大学生志愿者在西部基层热情服务、无私奉献，谱写了一曲曲新时期青年学子报效祖国、服务人民的青春之歌，促进了西部地区经济社会的发展；三是一大批青年学生在西部基层的艰苦实践中知国情、受锻炼、增阅历、长才干，正在成长为一支既有丰富科学文化知识、又富有社会责任感和基层工作经验的优秀青年人才队伍;四是探索了一种国家财政支持、相关部委共同组织实施、以志愿服务方式为西部发展、基层建设提供智力支持的新模式、新机制,促进了人才资源在东西之间、城乡之间、部门之间的合理流动和优化配置。

当前,我们要站在落实科学发展观、构建社会主义和谐社会的战略高度,站在加强高校大学生思想政治工作的高度,进一步认清新形势下实施好西部计划的重要意义。就落实科学发展观、构建社会主义和谐社会而言,西部计划通过合理配置人才资源,可以动员一批又一批大学生从城市到农村、从东部到西部,从而逐步形成一个当代青年立足基层、报效祖国、成就事业的洪流,进一步显现在促进城乡和区域共同发展中的积极作用;大学生志愿者的高尚品质和奉献实践,可以潜移默化地影响周围的同学和群众,从而带动志愿服务理念在全社会的弘扬和传播,促进和谐人际关系和良好社会环境的形成。就大学生思想政治工作而言,西部计划高扬理想主义的旗帜,积极树立到西部、到基层、到祖国最需要的地方锻炼成才、建功立业的正确导向,可以成为一种生动有效的思想政治教育形式,也有助于促进大学生就业创业观念的转变。各级项目办、各级团组织要紧密结合新形势、新要求、新任务,不断提高对西部计划重要意义的认识,加强领导机构和管理机制的建设,加强协调配合,加强资源整合,攥紧拳头,形成合力,以高度的责任感积极稳妥地把西部计划各项工作做精、做细、做实,取得更大成效。

二、坚持以人为本,切实搞好服务

大学生志愿者是宝贵的人才资源。我们要始终坚持以人为本,在工作、生活和就业等各个方面努力为大学生志愿者提供切实有效的服务。今年尤其要做好服务期满大学生志愿者的就业服务工作。大学生志愿者能否顺利实现就业,牵动方方面面,影响千家万户。他们的就业问题解决好了,西部计划的重要意义才能进一步展现,才能进一步推动西部计划的深入发展;他们的就业问题如果解决不好,将影响西部计划全局,影响西部计划今后的持续发展。今年全国高校毕业生将有338万需要就业,就全国而言,大学生就业压力增大。大学生志愿者中将有7279人服务期满需要就业,比去年有较大幅度增长。这些都说明今年为大学生志愿者提供就业服务的任务加重了。我们虽然没有承诺解决志愿者的就业问题,但服务青年是共青团的工作职责,服务大学生志愿者就业更是共青团组织义不容辞的责任。为此,各级项目办、各级团组织既要为志愿者提供热情周到的就业服务,使他们感受到组织的温暖、各级党委和政府的关怀;又要加强引导,讲清道理,做到动之以情、晓之以理,使他们的就业观念更加符合实际。一要落实和完善相关政策。要落实已有的教育、人事等部门的各项政策。进一步加大工作力度,积极争取有关部门的支持,紧紧依靠参与实施专项行动各部门的力量,争取出台更多支持志愿者就业创业的政策。各地也要积极争取相关部门支持,努力出台符合本地实际的地方性政策。在这方面,有些地方、有些部门的政策对鼓励大学生志愿者创业,鼓励大学生志愿者留在西部工作起到了很好的激励作用。二要整合资源、拓宽渠道。就共青团来讲,要全团一盘棋,全团上下共同关注支持大学生志愿者的就业创业工作。充分发挥各级青联、青年企业家协会、乡镇企业家协会等团体和社团联系资源广泛的优势,动员企事业单位为大学生志愿者直接提供有效的就业岗位。今年,争取为每个有就业需求的大学生志愿者提供至少1个以上的有效就业岗位。各级项目办要指定专人负责就业服务工作,做好服务期满志愿者个人资料的整理工作,了解他们的就业意向,有针对性地开展服务。要通过多种方式,为志愿者提供就业信息服务;通过多种措施,为志愿者就业创业提供实实在在的帮助；要加强对已就业志愿者的跟踪调查和培养。三要加强引导。到西部、到基层就业创业，是今后一段时期解决高校毕业生就业问题的一个方向。我们要统一思想，把引导志愿者扎根基层作为就业服务工作的一个重要目标。要通过加大宣传力度，形成积极导向，解决“愿意留”的问题；通过争取各地党政部门出台政策，畅通志愿者扎根基层渠道，解决“能够留”的问题；通过建立评估表彰机制，采取扶持志愿者自主创业等措施，解决“激励留”的问题。各服务地是西部计划的主要受益者，要切实承担起志愿者就业服务特别是引导志愿者扎根基层的主要责任，积极争取党政支持、协调各方关系、调动各种资源、不断创新渠道，争取把更多的优秀大学生留在西部和基层建功立业。

三、着眼提高质量，抓好动员招募

动员招募是西部计划的基础环节，对整个项目的实施有着深远影响。今年招募数量有所扩大，各级项目办、各级团组织要进一步加大招募工作力度。一要确保招募质量。志愿者的质量关系到西部计划实施的成功与否，志愿者素质的高低直接影响他们的服务成效、影响就业状况、影响日常管理。各招募省要落实责任、严格把关，确保选拔那些思想品质较好、业务素质较高、有奉献精神、身体健康的高校毕业生参加西部计划。全国项目办将采取一系列措施加强对招募工作的领导和管理。这里需要特别强调的是，今年招募对象要以本科和本科以上学历为主，全国项目办要加大在这方面的监管力度。各地在实施地方项目时，要本着实事求是、量力而行的原则，将全国项目与地方项目的招募工作统筹考虑，共同推进。二要按需招募。按需招募是西部计划取得实效、深入推进、长期发展的需要。服务省和招募省项目办要在服务岗位申报、实施岗位对接等方面加强联系和沟通。为了更好地实现按需招募，增强服务的针对性和实效性，在有关部委的支持下，今年我们要实施八个专项行动。各级团组织要与有关部门密切配合，做好各个专项行动的招募工作，把各个专项行动做实、做好。

四、逐步健全机制，加强管理

管理是西部计划的一个关键环节。两年来，我们成立了项目领导和管理机构，出台制定了一系列管理制度和规定，积累了一些项目管理经验，但依然存在着各地管理水平不平衡、管理不够规范细致等问题。各级项目办、各级团组织要进一步规范动员招募、选拔培训、日常管理、考核评估、表彰激励等志愿服务项目机制，促进项目科学高效运转；逐步建立健全组织协调、管理资金筹措等保障机制，为西部计划健康持续发展创造更为有利的条件。一要加强项目管理机构建设。重点在落实责任、健全制度、提高能力。按照“谁用人、谁受益、谁负责”的原则，层层落实责任制，其中，服务县项目办要承担起志愿者管理第一责任人的职责。二要强化安全健康管理。志愿者的安全无小事、身心健康也无小事。要通过加强安全健康教育和培训、制定完善各项管理制度，为志愿者提供切实有效的安全健康保障。特别要在完善保险理赔政策、把好体检关等方面加大力度。三要强化自我管理。自我管理可以在团结凝聚志愿者、增强服务实效、确保安全健康等方面发挥独特作用。志愿者具有参与管理的愿望，具备自我管理的能力。要通过建立志愿者党支部、团支部，成立志愿者服务队等形式，积极引导大学生志愿者开展自我管理、自我服务。要充分利用互联网、手机短信等现代通讯手段，创新管理方式，促进志愿者之间的交流。四要注重培养。培养青年人才是实施西部计划的一个重要目标。要贯彻使用与培养并重的原则，对志愿者要爱护和培养。要加强志愿者的岗前培训、岗中培训，不断提高他们的综合素质，增强他们的组织归属感。要为志愿者提供受锻炼、长才干的机会，提供可以施展才华的舞台,创造可以发挥更大作用的条件,使他们在奉献中体会到别人的尊重和关怀、感受到自己的成长和进步,使西部计划真正成为培养优秀青年人才的一个重要渠道。

五、注重正确导向,加强宣传

宣传工作是一项贯穿西部计划项目实施全过程的工作。各级项目办、各级团组织要牢固树立“大宣传”的观念,以富有成效的宣传工作促进各项工作的顺利开展。一要把西部计划与加强大学生思想政治教育紧密结合起来。要深化西部计划时代意义的宣传,通过宣传党和国家的重要战略决策、西部大开发的宏伟事业、先进志愿者的生动实践,对大学生进行理想信念教育、爱国主义教育和思想道德教育;通过深入宣传志愿服务理念,提高大学生对志愿精神的认知程度,增强他们服务他人、奉献社会的自觉意识。二要把西部计划与引导大学生走健康成长道路结合起来。使大学生意识到,走与人民紧密结合、为祖国奉献青春的道路,就是实现自身价值、成就个人理想的道路,进一步在高校校园中树立起到西部基层就业创业、建功成才的积极导向。要在全社会努力营造关注和支持西部计划,崇尚和争当志愿者的良好导向,营造有利于西部计划长期深入发展的社会氛围。三要把西部计划与有效动员青年学生结合起来。动员更多的高校毕业生积极参与西部计划,是确保志愿者招募质量的基础。宣传工作要符合青年特点、符合大学生特点、符合宣传规律。要用共同理想凝聚青年、用高尚精神激励青年、用伟大事业吸引青年。要充分发挥“典型引路”的作用,发挥身边优秀志愿者的感召作用,用身边的人和事教育引导青年。各级团学组织要在西部计划宣传中发挥积极作用。总之,要按照贴近生活、贴近实际、贴近青年的要求,通过多种形式、多种渠道的深入宣传,把青年学生有效地动员凝聚起来,积极响应国家号召,到西部去、到基层去、到祖国最需要的地方去,奉献青春、智慧和力量。

致母亲河

——周强在联合国首届“地球卫士奖”颁奖典礼上的致辞

2005 年 4 月 19 日

尊敬的托普费尔先生,

女士们、先生们、朋友们:

今天,我能在庄严的联合国总部接受联合国环境规划署授予我和中华全国青年联合会首届“地球卫士奖”这一殊荣,我感到深深的荣幸。荣幸于人们给予中华全国青年联合会和我投身环保事业的充分肯定,荣幸于我接过的是4.8亿中国青少年的共同荣誉,更荣幸于能够为母亲河尽一分绵薄之力、一片赤子之心。

水,是生命之源、万物之灵、文明之摇篮,在天而为雨露,在地而为江河。不同河流,滋润一片土壤,哺养一方百姓,孕育一种文明。千百条河流用她们的乳汁哺育了人类,因此,人们赋予她们“母亲河”这一最崇高而伟大的称谓。

我是在中国第一大河——长江边长大的,从长江边走上了人生之旅,对长江总有着无限的深情,对祖国的山山水水总有着像对母亲般的眷恋。记得小时候，我常在水边嬉戏、水中畅游，累了渴了就饮泉水。多年以后，长江依然奔腾不息，而家乡的小溪却失去了往日的灵秀。股股清泉为我讲述了多少美丽的童话，母亲河寄托着我多少美丽的梦想！

中华全国青年联合会一直致力于生态环保事业。特别是这些年来，我们组织动员亿万中国青少年，用勤劳的双手在大江大河两岸植树种草。现在，棵棵小树已是枝繁叶茂，片片绿林已是郁郁葱葱。我是他们中的一员，行进在他们的行列之中，用真诚和爱心体悟着与大自然的水乳交融，心灵得以净化，精神得以提升。

中国青少年在生态环保事业中的贡献，离不开中国政府的高度重视和大力支持。在全面建设小康社会的进程中，中国政府树立和落实科学发展观，努力实现人与自然的和谐、可持续发展，比以往任何时候都更加重视对包括水在内的各种环境资源的保护和利用，制定了一系列政策，致力于建设节水防污型社会，环保事业取得了显著成就。

此时此刻，站在领奖台上，除了荣幸，更感到一种神圣的责任。当今世界，人口快速增长，经济社会高速发展，水资源的破坏和短缺威胁着人类的生存和发展。曾几何时，生命绿洲干涸开裂；曾几何时，潺潺清水污秽浑浊；曾几何时，傍水而居的人们流离失所；曾几何时，楼兰古国成为沙漠……母亲河面临严峻的考验。我们应当有何责任、有何作为呢？

我们感恩母亲河、礼赞母亲河，更要呵护母亲河。

感谢母亲河，她的恩泽支撑着人类文明的浩瀚进程，承载起人类希望的诺亚方舟。

礼赞母亲河，她有着母亲般的厚爱和坚韧，怀有贤者的仁心和睿智。

呵护母亲河，全世界的人们都应该手拉手，心连心，让密西西比河、多瑙河、尼罗河、黄河、长江以及千百条母亲河进行文明的对话，融入广阔蔚蓝的海洋；让母亲河“一江碧水向东流”，生生不息地流淌下去，泽及我们的子孙后代；让母亲河推动社会更加和谐，使我们远离战争、远离疾病；让母亲河浇灌人类美好的家园，使我们赖以生存的地球绚烂多姿、永葆青春！

让我们每个人都成为母亲河的卫士、地球的卫士！

谢谢大家！

周强在首届“全国十佳中学生”表彰会上的讲话

2005年5月5日

在纪念伟大的五四运动86周年之际，共青团中央、教育部今天隆重举行表彰会，为首届“全国十佳中学生”颁奖。昨天，中共中央政治局委员王兆国同志亲切接见了“全国十佳中学生”，充分体现了党中央对未成年人思想道德建设工作的高度重视，体现了对广大中学生的亲切关怀。刚才，陕西省延安中学李琳、黑龙江省江川农场中学单洪波两位同学的发言生动感人，听后很受启发和感染。教育部副部长陈小娅同志宣读了表彰决定。在这里，我向获得首届“全国十佳中学生”荣誉称号的同学们表示热烈的祝贺！

近1亿在校中学生是我国青少年群体的重要组成部分。广大中学生的健康成长，关系到国家的发展和民族的未来。党和国家对广大中学生的成长成才高度重视，去年又专门下发文件，召开会议，提出了进一步加强和改进未成年人思想道德建设的重大举措，胡锦涛总书记出席会议并发表了重要讲话。这对于在全党全社会营造关心未成年人健康成长的良好氛围，促进广大中学生的全面发展，必将起到巨大的推动作用。

中学时代是人生的花季，充满着对未来的无限向往、憧憬和梦想。中学阶段也是人生的起步阶段，能否在中学阶段打下一个好的基础，对于今后一生的发展都至关重要。当代中学生生长在科学技术突飞猛进的年代，生长在改革开放深入发展的年代，生长在经济社会深刻变革的年代，与伟大的时代同成长、共发展，必将是大有可为、大有作为的新一代。广大中学生要切实增强使命感、责任感、紧迫感，按照胡锦涛总书记对广大青年提出的“勤于学习、善于创造、甘于奉献”的要求，向受表彰的“全国十佳中学生”学习，努力成长为中国特色社会主义事业的合格建设者和可靠接班人。

希望同学们牢记使命，志存高远。实现中华民族的伟大复兴，是当代青年学生担负的光荣而艰巨的历史使命。在获奖同学身上，充分体现了这种强烈的历史使命感。同学们今天是祖国的希望，明天将是国家的栋梁，应当自觉树立远大理想，把个人追求与中华民族的共同理想结合起来，与建设祖国、服务人民的时代要求结合起来，立志成为对国家、对社会有所建树的人，努力成就骄人的业绩，创造精彩的人生。

希望同学们只争朝夕，发奋成才。把理想变为现实，把希望化作辉煌，需要掌握报国为民的过硬本领。对同学们来说，勤奋学习是掌握知识、提高本领的重要基础，也是当前最重要的任务。同学们要珍惜大好年华，紧跟时代步伐，打牢知识基础，完善知识结构，把强烈的爱国之情、报国之志转化为刻苦学习、奋发成才的实际行动。要从课堂上、从书本里学习，更要从社会实践中、从他人身上汲取知识营养，善于在丰富生动的社会实践中发现新知，掌握真知，接受教育，增长才干。

希望同学们倡树新风，追求崇高。高尚的道德品质，崇高的精神境界，是一个人具有较高文明素养的重要标准，也是构建和谐社会的必然要求。中学生从小就要有高的追求、严的要求，养成良好的文明习惯，将来才能成为社会所需要的优秀人才，才能成为受人尊敬的人。要树立和倡导良好的社会风尚，带头实践“爱国守法、明礼诚信、团结友善、勤俭自强、敬业奉献”的基本道德规范，学会诚实守信，树立法制观念，遵守社会公德，培养合作意识。在学习和生活中，要有克服困难的信心，磨炼心志，砥砺品格，自立自强，乐观进取，以良好的精神风貌迎接时代的洗礼和未来的挑战。

“全国十佳中学生”是共青团组织和教育行政部门授予中学生的崇高荣誉称号。希望获奖的同学珍惜荣誉，再接再厉，以此为新的起点，更加严格地要求自己，不断取得新进步。希望各级共青团组织和教育行政部门一道，热情关心他们的成长，广泛宣传他们的事迹，充分发挥典型育人的重要作用，并以此为契机，进一步加大未成年人思想道德建设的工作力度，努力形成长效工作机制，为促进广大中学生全面发展、健康成长做出更大的贡献。

最后，祝同学们身体健康，学业进步，不断取得新成绩！

周强在团中央直属机关先进性教育活动整改提高阶段动员大会上的讲话

2005年5月13日

在中央督导组和团中央书记处的领导下，团中央直属机关先进性教育活动分析评议阶段从3月14日到5月13日，历时整整两个月，各项工作已顺利完成，达到了预期效果。今天我们召开大会，对分析评议阶段工作进行总结和回顾，对整改提高阶段工作进行动员和部署。下面，我代表团中央书记处和直属机关先进性教育活动领导小组讲三点意见。

一、分析评议阶段的做法和特点

在中央督导组的直接指导下，在直属机关各级党组织和全体党员的共同努力下，我们严格执行《团中央直属机关先进性教育活动分析评议阶段的实施方案》，按照“正确掌握政策，切实加强领导，采取有力措施，把各项工作抓紧抓实抓好”的总体要求，精心组织、周密安排，严肃认真、不走过场，圆满完成了分析评议阶段的各项任务，达到了预期效果。

1. 领导高度重视，准备工作充分。分析评议阶段是整个先进性教育活动承上启下的关键一环，既是对学习动员阶段工作效果的检验，又是搞好整改提高阶段工作的基础。这一阶段的工作决定着先进性教育活动的实效，决定着先进性教育活动的成败。从中央督导组和团中央书记处到直属机关各督导联系组和各级党员领导干部，都对开展好先进性教育活动分析评议阶段工作高度重视。中央督导组在李玉赋同志的领导下，对分析评议阶段7个环节的工作给予大力支持，为我们做好各项工作提供了有力保障。尤其是李玉赋同志和中央督导组全体成员深入到直属单位，进行检查调研，详细了解情况，及时掌握动态，结合不同单位的实际提出针对性很强的指导意见。书记处多次召开会议，认真研究深化措施，并对活动中出现的问题及时研究解决。先进性教育活动领导小组办公室专门召开各部门各单位负责人会议，对深化先进性教育活动提出具体要求。书记处成员、各部门各单位领导班子成员以身作则，既以普通党员的身份积极参加活动，又充分发挥表率作用，带头开展谈心活动，带头征求和听取意见，带头查找问题，带头深入剖析，带头开展批评与自我批评，切实推动分析评议阶段工作扎实有效地开展。先进性教育活动领导小组办公室还专门举办了各部门各单位先进性教育活动领导小组办公室负责人培训班，对分析评议阶段7个环节的重点难点工作进行专题辅导，为确保各项工作顺利开展做好了思想和组织准备。青农部专门对全体党员和入党积极分子进行了专题培训，使每一名同志都切实掌握了各个环节的具体要求；中国青少年研究中心对各党支部书记、委员进行培训，使他们对分析评议阶段的工作方法、步骤和政策有了深刻了解；中国青年出版总社对分析评议阶段工作提出了每个环节都要有材料、有总结、有汇报的明确要求。

2. 征求意见广泛，交流谈心诚恳。书记处带头坚持走群众路线，充分发扬民主，自觉接受监督，通过召开座谈会、互相谈心、发征求意见函、开通电子信箱等方式，多渠道、多层次广泛征求意见和建议。一是诚恳向全国38个省级团委负责人和团中央委员征求意见，并委托省级团委和团中央委员征求团干部、团员和青年的意见。二是召开机关局级干部和直属单位主要负责同志座谈会，当面听取意见，同时各部门各单位向书记处提交了书面意见。三是广泛征求直属机关广大党员职工的意见。书记处成员分别同所分管部门、单位领导班子进行谈心，征求意见和建议；带头参加所在支部活动，虚心听取党员的意见；以普通党员的身份主动向所在支部的负责同志汇报自己的思想情况。四是利用工作的机会征求团干部、团员、青年的意见和建议。另外，书记处成员之间相互谈心，充分交换意见。书记处共征求意见335条。在书记处的带动下，直属机关党员领导干部之间、党员领导干部与党员和群众之间、党员与党员之间、党员与群众之间广泛开展谈心活动，互相征求意见；机关各综合部门诚恳征求机关各部门、各直属单位的意见；机关各战线部门虚心征求全国各省级团委相应部门、有业务联系的部委相关司局的意见；各直属单位广泛认真征求其服务对象的意见。各部门各单位共征求意见2528条。组织部在谈心过程中，对每名党员提出了“三谈”、“四真”、“五促进”的明确要求；青工部党员之间、党员与群众之间相互谈心达到178人次，人均谈心10次以上；统战部专门设立了谈心室，为党员充分交流、诚恳谈心提供了便利条件；权益部在业务工作繁忙的情况下，利用晚上、周末时间认真开展谈心交流活动；国际联络部组织党员与赴泰国打捞救援青年志愿者服务队员座谈，学习他们为党政外交大局无私奉献的精神，对照查找自身存在的不足；机关服务局在开展谈心活动中，充分利用手机短信方式，使征求意见收到了较好效果；志愿者工作部邀请机关部分参加过支教志愿服务的同志与部门党员座谈，听取他们对志愿者工作的意见和建议；中国青少年发展服务中心多次召开座谈会，分别听取党员、入党积极分子、群众的意见；中国国际青年交流中心针对不同层面的党员、群众，设计制作、下发了各种类型的《征求意见表》；少先队事业发展中心走近服务对象，在天津召开座谈会，征求了15个市辖区、3个县的42名区县少工干部和大队辅导员的意见；全国青联中华青年交流中心在谈心过程中，引导党员欣赏别人、理解别人、宽容别人、感激别人，对照他人长处查找自身不足；全国青联国际项目合作中心主要负责同志带头同本单位每一位党员都进行了深入交流谈心；中国光华科技基金会制定了每周三下午例会制度，组织党员集中交流谈心、互相评议；中国青年旅行社总社为方便广大党员提意见，专门设置了流动意见箱。

3. 党性剖析深刻，批评与自我批评深入。直属机关先进性教育活动领导小组办公室专门召开会议，就认真撰写党性分析材料和开好专题民主生活会、组织生活会，对各部门各单位先进性教育活动领导小组办公室负责人进行专题培训。直属机关先进性教育活动领导小组办公室对各部门各单位领导班子主要负责同志的个人党性分析材料进行认真把关，各部门各单位领导班子主要负责同志对班子成员的个人党性分析材料进行认真审阅把关。从书记处成员到直属机关广大党员，认真梳理征求到的意见，深刻剖析思想根源，诚恳开展批评与自我批评。书记处以“实践‘三个代表’重要思想，保持共产党员先进性”为主题，召开专题民主生活会，书记处每位成员联系思想和工作实际，着重检查理想信念、坚持科学发展观和正确政绩观、求真务实、联系青年、廉洁自律等方面存在的问题，深刻剖析思想根源，明确努力方向。同时，书记处每位成员本着对团的事业高度负责、对同志热心帮助，相互促进、共同提高，精诚团结、推动工作的态度，相互提出了客观公正的评议意见。通过这次专题民主生活会，进一步促进了书记处班子民主集中制建设和自身建设，书记处成员进一步明确了工作思路和今后的努力方向。直属机关各级领导班子成员结合自身坚持树立和落实科学发展观和正确政绩观以及权力观、地位观、利益观等方面进行深入剖析，认真撰写党性分析材料，并在专题民主生活会上进行了深刻的批评与自我批评。书记处成员以普通党员的身份参加了各部门各单位以党支部和党小组为单位召开的专题组织生活会，每位党员严格对照党章和新世纪保持共产党员先进性的具体要求，从世界观、人生观、价值观方面，结合自身思想、工作实际，查找理想信念、宗旨意识、遵守党纪和立足本职工作发挥作用等方面存在的问题和不足。党员之间本着实事求是、坦诚公开、与人为善、团结帮助的原则，开展了深入的批评与自我批评。宣传部连续三次召开共15个小时的专题组织生活会，要求全体党员“剖析自己要真心，听取意见要虚心，帮助别人要热心，落实整改要诚心”；中青旅控股股份有限公司由于正值旅游旺季，有些党员出差在外还抓紧时间学习，认真撰写党性分析材料。

4. 评议公正公开，指导明确有力。各党支部对照党章要求、中发[2004]20号文件、胡锦涛同志关于新时期保持共产党员先进性六条基本要求和中央先进性教育活动领导小组《关于认真做好分析评议阶段“提出评议意见”工作的通知》，以及直属机关保持共产党员先进性的具体要求，结合党员个人讲评、党员互评、群众参评的情况以及征求到的群众意见和党员的一贯表现，以团结负责的态度和民主集中的方式进行了综合分析，对包括书记处成员在内的每一名党员提出了实事求是、客观公正的评议意见。党支部向每一名党员如实反馈了书面评议意见，既充分肯定成绩，也指出了党员自身存在的问题和不足，提出了明确的努力方向。同时党支部在一定的范围内通报了专题组织生活会情况、民主评议党员的情况。我们还专门要求先进性教育活动领导小组办公室对书记处和各部门各单位领导班子专题民主生活会的有关情况在一定范围内向党员、群众进行了通报。

5. 坚持边议边改，做到“两不误、两促进”。在先进性教育活动中，直属机关各级党组织坚决贯彻中央要求，坚持边议边改，引导广大党员切实改进工作作风，提高工作效率，进一步牢固树立竭诚服务青年的意识，密切与青年的联系。4月30日下午，团中央书记处专门召开扩大会议，认真传达学习了《向中央政治局通报中央政治局常委参加保持共产党员先进性教育活动民主生活会情况的报告》，结合共青团和青年工作实际，研究部署贯彻落实措施。书记处同志认为，中央政治局常委召开参加保持共产党员先进性教育活动专题民主生活会，为全党开展保持共产党员先进性教育活动，加强领导班子建设，推进党的建设新的伟大工程，树立了榜样，作出了表率，大家深受教育。书记处提出了五条贯彻落实措施，一是加强调查研究，努力把握青年工作规律；二是进一步加强和改进青年思想政治工作；三是团结带领广大青年在全面建设小康社会和构建社会主义和谐社会的伟大实践中建功立业；四是进一步加强团中央书记处自身建设；五是进一步加强团的队伍建设。为进一步改进工作作风，书记处在专题民主生活会上特别强调要继续发扬党的优良传统和作风，重申坚决杜绝团内宴请；要继续严于律己，不收受礼品，严格遵守中央和中纪委的规定；在加强直属机关干部队伍建设方面，要进一步关心和鼓励党员干部学习，创造更加良好的环境和条件，帮助党员干部全面提高自身素质；要进一步办好《10号楼之窗》，开设推介新书、好书栏目。办公厅针对党员和群众提出的意见建议，立即进行整改，办事纪律、工作效率得到进一步改进；少年部认真做好第五次全国少代会筹备工作，并在全国少先队员和辅导员中开展光荣感和责任感教育活动；实业发展中心注重保持先进性教育的连续性，对平时表现一般、评议意见较多的党员，及时做好跟踪帮助教育工作；中国青年政治学院向全院教职工党员发放了《关于党员和党的基层组织状况的调查问卷》，并初步形成调查报告，为进一步推动学院基层党组织建设打下良好基础；中国青年报社把先进性教育活动与本职工作紧密结合，进一步在广大编辑记者中树立了正确的舆论宣传导向，并在"两会"的报道工作中，受到了中宣部多次表扬，充分体现了先进性教育活动的成果；中国少年儿童新闻出版总社针对职工比较集中的意见及时整改，有关部门切实提高了为职工服务的质量，尤其是进一步完善了医疗保险制度；中国青少年发展基金会以实际行动关爱西部贫困失学儿童，举办"助学长征"大型公益步行筹款活动，促进贫困地区基础教育发展；中华儿女杂志社坚持两不误、两促进，在"两会"期间推出特刊，受到"两会"代表、委员的欢迎；团中央网络影视中心启动"健康上网、拒绝沉迷——帮助未成年人戒除网瘾大行动"，以服务青少年的实际行动衡量先进性教育活动的成效；中国青年实业发展总公司所属200余家药店开展"安全用药指导、药品信息咨询、专项用药优惠、社区用药服务"活动，为广大群众办实事、做好事。

6. 围绕党政大局，做好维护稳定工作。按照中央有关文件和中央先进性教育活动领导小组《关于紧密联系当前改革发展稳定的实际开展好先进性教育活动的通知》精神，我们把维护稳定工作作为当前各项工作的重中之重和先进性教育活动的一项重要内容，抓紧贯彻落实。书记处多次召开专题会议，及时传达学习中央文件精神，对全团在当前形势下如何进一步做好青年思想政治工作和维护稳定工作作出部署，严格要求各级团组织和各高校团委切实做好青年特别是大学生思想工作，正确引导广大青年的爱国热情。我们通过下发文件、建立省级团委信息报告制度、加强团属新闻媒体的正面宣传引导、召开高校团委书记座谈会等措施，将先进性教育活动的成果体现到维护稳定的实际工作中。直属机关先进性教育活动领导小组办公室同各督导联系组多次召开会议，并分片区深入各直属单位，对维护社会稳定工作进行了检查指导，确保各项工作措施落实到位。这项工作得到了党中央书记处以及中央先进性教育活动领导小组、中央督导组、中直机关先进性教育活动领导小组的肯定。学校部认真贯彻党中央关于维护社会稳定大局工作的统一部署，按照团中央书记处的要求，采取有力措施，切实做好大学生思想工作，每天24小时派专人值班，及时掌握各地高校动态；每名干部联系两所高校，并坚持每天沟通信息；在各高校学生会、研究生会指定专人成立信息员队伍，加强与各高校的联系；还多次深入各高校，了解大学生的情况。

7. 认真"回头看"，时间服从质量。各部门各单位按照中央先进性教育活动领导小组《关于对第一批先进性教育活动分析评议阶段工作"回头看"的通知》精神和中央督导组的要求，结合各自实际，重点从征求意见面广不广，谈心活动效果好不好，查找问题准不准，党性分析材料结合个人实际紧不紧，专题组织生活会和专题民主生活会开得效果好不好，对党员的评议是否公正全面，对民主评议和专题民主生活会情况是否在一定范围内进行了通报，是否紧密围绕中心工作、切实达到"两不误、两促进"的目标等方面认真进行"回头看"，对组织开展分析评议阶段工作的情况进行认真总结。在"回头看"过程中，各部门各单位注重吸收群众参与，以群众的满意度为根本标准衡量各个环节的工作效果；各督导联系组对所联系单位的"回头看"工作认真进行督察指导，环环把关。经过反复严格的"回头看"，确保了直属机关先进性教育活动分析评议阶段取得扎实成效，真正成为群众满意工程。

8. 尽心尽力尽责，落实措施到位。在分析评议阶段中，各督导联系组、各部门各单位先进性教育活动领导小组办公室、广大党务工作者为活动的顺利开展做了大量扎实有效的工作，创造和积累了许多经验。12个督导联系组经常深入所联系单位，以对活动高度负责的态度，认真履行职责，尽职尽责地做好督导联系工作，切实加强了各部门各单位之间的信息沟通、经验交流。各部门各单位先进性教育活动领导小组办公室认真落实工作责任，及时掌握工作进展情况，对发现的问题迅速研究解决，较好地完成了本部门本单位领导小组交给的任务，在推动分析评议阶段各个环节工作的健康发展中充分发挥了参谋助手、协调服务和指导检查作用，体现出良好的工作状态和工作效果。广大党务工作者不辞辛苦、任劳任怨，在推动分析评议阶段工作中充分发挥了骨干作用，尤其是奋战在工作第一线的各党支部书记和委员加班加点、无私奉献，认真学习领会中央精神，准确把握有关政策，紧密结合党员思想实际和所在部门、单位工作实际，不仅不变通、不走样地完成了"规定动作"，还积极探索、大胆创新，创造性地做好"自选动作"，以实际行动保证了分析评议阶段各项工作的落实。

二、分析评议阶段的成效与不足

我们把做好分析评议阶段工作作为全面加强和改进领导班子和党员干部队伍思想、作风建设的重要途径，牢牢把握关键环节，紧紧抓住重点问题，高起点、严要求，确保取得实效。各部门各单位结合各自实际，把每个环节的工作细化、具体化，责任到人，一项一项落实，一步一步推进，以扎扎实实的成绩让群众切实感受到了党组织和党员在先进性教育活动中发生的新变化、出现的新气象。

1. 推动了工作，进一步服务了改革发展稳定大局。在分析评议阶段中，我们坚持把开展先进性教育活动与推动各项工作和提高党员素质结合起来，不仅使广大党员增强了党的意识、提高了党性修养，认识了自身不足、明确了努力方向，而且进一步改进了工作作风、激发了工作热情，始终保持了昂扬向上的精神状态和积极饱满的工作热情。各部门各单位都很注重引导党员把保持先进性的要求同履行岗位职责结合起来，推动了业务工作的不断发展。尤其是在维护社会稳定大局工作中，广大党员切实增强了政治意识、大局意识，在思想上和行动上与党中央始终保持高度一致；切实强化了组织观念、纪律观念，做到了令行禁止，确保中央政令畅通；切实发挥了党员的模范作用，牢记党的根本宗旨，兢兢业业创造一流岗位业绩。由于措施到位、责任到人，在整个分析评议阶段，直属机关广大党员在维护稳定工作中切实履行党员职责，以实际行动维护和发展了本部门本单位改革发展稳定的大局。

2. 改进了作风，进一步营造了团结和谐的民主氛围。一是充分发扬了民主。在书记处和各级领导班子专题民主生活会上，一把手都能够带头做到敞开心扉、坦诚相见，大家都能够做到知无不言、言无不尽，真正把民主生活会开成了发扬民主、增进团结、促进工作的会议。二是切实畅通了渠道。通过广泛征求意见和深入交流谈心，畅通了团中央书记处与团中央委员沟通的渠道、党员领导干部与普通党员沟通的渠道、党员之间及党员与群众之间沟通的渠道，广大党员纷纷反映，通过认真开展批评与自我批评，消除了与书记处领导和本部门本单位领导干部沟通的心理障碍，与领导干部的距离更近了，党群、干群关系更加密切了。三是真正促进了团结。广大党员在征求意见过程中、在组织生活会上，切实做到了以人为鉴、互知得失、共同提高，在直属机关进一步营造了民主团结、坦诚相待、和谐融洽、相互促进的良好氛围。

3. 找准了问题，进一步明确了今后的努力方向。在民主评议过程中，各级领导班子侧重从科学决策、作风建设、坚持民主集中制等方面查找不足；党员领导干部侧重在工作思路、工作方法、党群关系、领导方式等方面查找不足；普通党员侧重从工作态度、敬业精神、工作业绩等方面查找不足。整个分析评议阶段，既是一个自我剖析、查找问题的过程，也是一个相互学习、取长补短的过程；既是一个自我教育、正面教育的过程，也是一个相互借鉴、共同提高的过程。通过扎实有效地开展分析评议阶段各项工作，各级领导班子和广大党员对存在的不足有了更加深刻的认识，对今后的努力方向有了更加明确的目标。目前，从书记处领导班子到直属机关各级党组织，从书记处成员到每一名党员，都制定了切实可行的整改方案。

4. 活跃了基层，进一步发挥了党支部的战斗堡垒作用。在分析评议阶段工作中，各党支部组织引导广大党员认真落实7个环节的各项要求，为确保活动覆盖全面、不留死角起到了关键作用。一是通过学习宣传和贯彻执行中央的有关精神，切实使每一名党员都能够准确领会，把握重点，积极响应，认真参与。二是通过组织落实好分析评议阶段的重点活动，切实使每一名党员都能够从维护大局、维护团结出发，增强全局观念和合作意识，提高自身党性修养，继承和发扬党的优良传统和作风。三是通过多方听取意见，认真提出评议，切实使每一名党员都能够从中受益，正视自身存在的问题和不足，明确学习的目标和改进的方向。

总的来看，团中央直属机关先进性教育活动分析评议阶段的各项工作是扎实有效的，积累了一定的经验，取得了一定的成绩。同时，也要看到，我们的工作还存在一些不足，主要表现在三个方面。一是在撰写党性分析材料和专题民主生活会、组织生活会中，直属机关广大党员都能够做到自我剖析深刻，深入挖掘思想根源。但有的党员在面对面的民主评议过程中，鼓励意见多、批评意见少。针对这个问题，我们要求各级党组织要把谈心活动作为一项经常性的工作常抓不懈，在党内进一步弘扬批评与自我批评的优良作风。二是有的部门和单位活动虽然开展较多，效果也较明显，但信息反馈缺乏主动性，未能及时总结、形成文字材料。针对这个问题，我们要求各部门各单位要进一步提高对信息反馈、经验推广工作重要性的认识，切实加强总结交流；同时要求各督导联系组进一步加强督促检查，及时反映活动开展情况。三是有的单位在以先进性教育活动促进工作的实际效果还不够明显，在促进事业发展方面缺乏新的发展思路和改革措施。针对这个问题，我们要求各单位要对此高度重视，认真研究制定整改措施，切实加以解决。

三、认真做好整改提高阶段的各项工作

从今天开始，我们的先进性教育活动将进入整改提高阶段。整改提高阶段是在前两个阶段工作的基础上，集中时间、集中精力解决问题，抓落实、见实效的阶段。这一阶段的主要任务是：贯彻中央先进性教育活动领导小组《关于做好第一批先进性教育活动整改提高阶段工作的通知》和贺国强同志的重要讲话精神，按照中央督导组的要求和《团中央直属机关先进性教育活动整改提高阶段的实施方案》的具体部署，针对征求意见、自我剖析和民主评议中查找出的问题，制定整改措施，明确整改重点，落实整改责任，切实解决党员个人、基层党组织和领导机关存在的突出问题，健全和完善党员教育管理常抓不懈的工作机制。

先进性教育活动的成效如何，归根到底要落实在整改上、体现在整改上。在这一阶段，我们要切实解决查找出来的问题，尤其是要把群众意见最大、最不满意的事情，群众最希望办、当前能够办好的事情作为整改工作的重点。同时，要进一步加强形势教育，切实将广大党员的思想和行动统一到中央的要求上来，以实际行动维护和发展改革发展稳定大局。做好这一阶段的工作，要注意做到“四个结合”。

1. 要把整改提高与学习贯彻“三个代表”重要思想结合起来。“三个代表”重要思想是这次先进性教育活动的一条主线，也是整改提高阶段的灵魂和主题。在学习动员阶段，我们通过上党课、开展集中学习、自学和社会实践等多种方式，加深了对“三个代表”重要思想的认识。在分析评议阶段，我们以“三个代表”重

要思想为指导，端正分析评议的态度，确立分析评议的标准，从思想、工作和作风等多方面查找存在的问题，深刻剖析了思想根源。在整改提高阶段，我们仍然要牢牢抓住学习实践“三个代表”重要思想这条主线不放松。一方面，要在以“三个代表”重要思想指导实践和务求实效上下功夫，进一步明确新时期保持共产党员先进性的具体要求，进一步明确整改的方向和重点，进一步制定、完善整改措施，切实解决好存在的突出问题。另一方面，要以“三个代表”重要思想为标准衡量整改提高成果。提高党员素质，要看党员学习实践“三个代表”重要思想的自觉性、坚定性是否进一步增强；加强基层组织，要看基层党组织是否真正成为贯彻“三个代表”重要思想的组织者、推动者和实践者；服务人民群众，要看是否深入贯彻落实“三个代表”重要思想“立党为公、执政为民”的本质要求；促进各项工作，要看是否以“三个代表”重要思想为指导，牢固树立和落实科学发展观和正确政绩观。

2. 要把整改提高与加强基层党组织建设结合起来。开展先进性教育活动，是推进党的建设新的伟大工程的一项基础工程。加强基层党组织建设既是先进性教育的目的，也是保持共产党员先进性的重要保证。先进性教育活动的各项任务、每个环节，都要靠基层党组织来组织实施。基层党组织在思想、组织、作风及工作方面存在的突出问题，也要靠这次先进性教育活动来检验和解决。从团中央直属机关的实际情况看，在这次先进性教育活动中，基层党组织的地位得到进一步体现，战斗堡垒作用得到充分发挥。把整改提高与加强基层党组织建设结合起来，一是要明确整改方向，制定整改方案。对于前一阶段征求到的意见和建议，基层党组织、党支部要予以正确对待，认真加以整理，并作具体分析，找准自身建设、党员教育管理中存在的突出问题和群众关心的热点问题，明确整改方向和重点。要在此基础之上，认真制定完善整改方案。方案既要有整改的总体安排，又要有分步实施的要求；既要有基层党组织工作的整改措施，又要有业务工作的整改措施；既要经过上级党组织和督导组审核把关，又要认真征求党员和群众的意见。二是要明确整改责任，落实整改措施。部门和单位一把手要重视党建工作，作为第一责任人，把党务工作作为部门和单位建设的重要内容，并为党支部书记充分发挥作用提供保障。要从党员和群众最不满意的事情改起，从党员和群众最希望办的事情做起，突出重点，切中要害，做到边查、边整、边改。要在一定范围内公布整改情况，充分听取党员、群众意见，自觉接受党员、群众监督。三是明确长远目标，加强机制建设。直属机关各级党组织要把抓好整改与建章立制工作紧密结合，按照“让党员受教育，使群众得利益”的要求，着手研究健全和完善充分发挥本部门本单位党组织战斗堡垒作用的长效机制问题。要认真总结这次先进性教育活动中，基层党组织在组织制度、领导方式和活动方式等方面积累的经验，进一步加强思想、组织、作风和制度建设，不断提高党组织的创造力、凝聚力和战斗力。

3. 要把整改提高与促进工作结合起来。促进工作既是先进性教育活动的目标要求，也是整改提高阶段效果的集中体现。整改提高要取得实效，就必须紧密结合工作实际。要把两者结合起来，就要注意以下三个方面。一是要在端正工作态度方面有新认识。要通过整改提高，提高直属机关党员干部的认识，使大家深切感受到，共青团工作是党的事业的重要组成部分，共青团岗位是十分光荣的、大有可为的岗位，从而进一步发扬“实事求是、朝气蓬勃”的机关精神，增强光荣感、使命感、责任感，始终保持与时俱进、奋发有为的精神状态。二是要在转变工作作风方面有新成效。团中央机关作为全团最高领导机关，联系社会的方方面面，代表着共青团的形象，端正工作作风非常重要。要通过整改提高,切实把团的岗位当做学习的岗位、锻炼的岗位、奉献的岗位,做青年友,不做青年官,树立艰苦奋斗、脚踏实地、求真务实的工作作风。三是要在增强工作能力方面有新提高。在团的十五届三中全会上,我们提出要加强共青团能力建设。通过整改提高,团组织和团干部的服务能力、凝聚能力、学习能力、合作能力是否得以增强,是衡量整改提高阶段工作成效的重要标准。要以"三个代表"重要思想为指导,树立和落实科学发展观和正确政绩观,在工作思路上创新,在工作方式上创新,在自身建设上创新,推动共青团工作在服务大局和服务青年方面不断迈上新台阶,开创新局面。

4. 要把整改提高与建立健全保持党员先进性的长效机制结合起来。党员队伍建设是一个长期的任务,保持党员先进性也是一个长期的过程,贵在持之以恒。坚持经常性教育与适当的集中教育相结合,是我们党解决自身存在问题、加强自身建设的一条重要经验。整改提高阶段作为先进性教育活动的最后一个阶段,总结经验、探索规律、建立长效机制,是十分必要的。各部门各单位要着手做好工作总结,将先进性教育活动中的好经验、好做法和理论思考,形成文字材料。每一位党员都要认真做好个人总结,制定加强自身党性修养的长期计划,并在今后的工作中认真加以落实。各级党组织要探索规律,建立健全党员教育管理常抓不懈的工作机制。制度和机制带有根本性、全局性、稳定性和长期性,要下大力气抓紧抓好,抓出实效。比如,建立健全党员评价机制,切实把政治上靠得住、工作上有能力、作风上过得硬的优秀人才选拔出来;比如,建立健全党员激励机制,鼓励越来越多的人艰苦奋斗、锐意创新,在本职岗位上争创一流工作业绩;再比如,建立健全党员监督机制,把群众评判作为重要标准,把群众是否满意作为重要衡量尺度,把党员置于群众的监督之下,等等。

同志们,整改提高阶段工作时间紧,任务重,要求高,难度大。我们一定要按照中央的要求,在中央督导组的指导下,加强领导,精心组织,严格要求,扎实推进,圆满地完成各项工作任务,确保我们这次先进性教育活动取得实效,真正成为群众满意工程。

周强在全团加强和改进大学生思想政治教育工作会议上的讲话

2005 年 5 月 18 日

这次会议是全团一次十分重要的会议。去年 8 月 26 日,党中央、国务院下发了《关于进一步加强和改进大学生思想政治教育的意见》。今年 1 月 17 日,党中央又专门召开了全国加强和改进大学生思想政治教育工作会议,胡锦涛总书记、李长春同志发表了重要讲话。这是以胡锦涛同志为总书记的党中央高瞻远瞩、审时度势,从全面实施科教兴国和人才强国战略,确保实现全面建设小康社会、加快推进社会主义现代化的宏伟目标,确保中国特色社会主义事业兴旺发达、后继有人的高度出发,作出的一项重要战略举措,充分体现了党中央对党和国家事业长远发展的战略思考和对青年一代成长发展的亲切关怀。胡锦涛总书记的重要讲话高屋建瓴，思想深刻，总揽全局，是进一步加强和改进大学生思想政治教育工作的纲领性文献，为当代大学生健康成长指明了方向，也为共青团组织进一步做好大学生思想政治教育工作指明了方向。

中央下发16号文件并召开全国加强和改进大学生思想政治教育工作会议以后，全团迅速行动，结合共青团实际，采取各种措施，认真贯彻落实中央精神。团中央多次召开书记处会议研究贯彻落实措施，会同有关部门联合下发了关于进一步加强和改进大学生社会实践、社团建设、网络管理、党员发展和支部建设、心理健康、校园文化建设等文件。其中关于发展学生党员的文件，中央党建领导小组还专门召开会议进行了认真讨论和修改，曾庆红同志就这个文件作了重要批示，要求切实做好发展学生党员工作。各地各高校团学组织紧密结合工作实际和大学生特点，广泛开展了“我与祖国共发展”、“五星红旗，我为你骄傲”等主题教育活动，深入开展了“三下乡”、“四进社区”、大学生志愿服务西部计划等社会实践活动，组织举办了“千场报告会”、校园歌手比赛等校园文化活动，同时采取多种措施服务大学生就业创业和心理健康。通过这些措施，全团上下兴起了学习贯彻中央16号文件和胡锦涛总书记重要讲话精神、大力加强大学生思想政治教育的热潮。

目前，从总体上看，大学生思想状况是积极向上、奋发有为的。这与党中央加强和改进大学生思想政治工作，高度重视和关心大学生的实际困难等有着直接的关系。这里，我们回顾一下今年以来全团上下做的两件大事。一是春节前夕，胡锦涛总书记和王兆国同志就关心留校过春节的经济困难大学生的学习生活作出重要批示。全团按照中央领导同志的重要批示精神，迅速部署，在很短的时间内筹集4100多万元，切实帮助留校经济困难大学生解决了生活方面的问题，对大学生进行了一次生动深刻的思想政治教育。这次活动在全社会产生了很好的影响，也充分显示了共青团组织的战斗力。总书记就这项工作又作了两次重要批示，对共青团工作给予了充分肯定，并就进一步做好这项工作提出了殷切的希望。二是做好青年和学生的思想教育引导工作，用中央的精神来统一青年和学生的思想，引导广大青年和学生相信党中央能够处理好中日关系，从而为维护当前的校园稳定和社会稳定做出了积极贡献。3月以来，团中央书记处遵照中央一系列指示精神，就青年思想教育工作进行了认真的研究和周密的部署。在4月9日一些地方出现涉日游行前后，团中央多次及时准确地给中央报送了重要信息和分析材料，为中央决策提供了依据。曾庆红同志在4月29日的党中央书记处会议上充分肯定了团中央和各级团组织在这次涉日游行中，在各级党委统一领导下所发挥的积极作用，要求我们进一步做好对青年和学生的教育引导工作。在这两件大事中，各级团组织和团干部尤其是高校团组织和团干部做了大量的工作，表现出了很强的政治性和满腔的工作热情，为教育引导青年学生，为维护高校稳定和社会稳定做出了积极贡献。借此机会，我代表团中央书记处，向各级团干部特别是高校团干部在这两项工作中所付出的辛勤劳动和汗水表示衷心的感谢！

今天我们召开会议，目的是以邓小平理论和“三个代表”重要思想为指导，进一步贯彻落实中央16号文件和全国加强和改进大学生思想政治教育工作会议精神，深入学习贯彻胡锦涛总书记重要讲话精神，认清形势，明确任务，开拓进取，扎实工作，开创共青团加强和改进大学生思想政治教育工作新局面。下面，我讲三点意见。

一、认清形势，抓住机遇，努力增强做好大学生思想政治教育工作的责任感和使命感

我们党历来高度关注大学生的健康成长，始终高度重视加强和改进大学生思想政治教育。大学生是党和国家宝贵的人才资源,是将来建设中国特色社会主义的中坚力量。要把大学生培养成为中国特色社会主义事业的合格建设者和可靠接班人,从根本上是要不断提高大学生的思想政治素质,这对于确保大学生始终坚定不移地跟党走中国特色社会主义道路,对党和人民的事业代代相传、长治久安具有特殊重要的意义。共青团是党的助手和后备军,肩负着培育"四有"社会主义新人的根本任务,在大学生思想政治教育中承担着重要的职责,在教育引导学生、维护社会稳定中发挥着不可替代的重要作用。当前,共青团加强和改进大学生思想政治教育面临着新的机遇,全团一定要站在新的时代背景下审视这项工作,不断增强做好大学生思想政治教育工作的责任感和使命感。

1. 我国改革发展的重要战略机遇为我们做好大学生思想政治工作提供了宝贵机遇。本世纪头20年,是我国必须紧紧抓住并且可以大有作为的重要战略机遇期。从国际情况看,和平与发展仍然是时代的主题,经济全球化深入发展,科技进步日新月异,为我国加快发展提供了有利的时机和条件。从国内情况看,经过改革开放以来20多年的奋斗,我国现代化建设"三步走"战略胜利实现了第一步、第二步目标,人民生活总体上达到了小康水平。党的十六大特别是十六届三中全会以来,以胡锦涛同志为总书记的党中央以邓小平理论和"三个代表"重要思想为指导,提出了以人为本的全面协调可持续的科学发展观,进一步指明了我国现代化建设的发展道路、发展模式和发展战略,并以科学发展观统揽经济、政治、文化、社会、外交等各项事业以及党的建设新的伟大工程。当前,我国改革发展取得了举世瞩目的成就,综合国力大幅跃升,人民生活持续改善,科技进步大大加快,文化建设日益繁荣,社会保持安定和谐,国际地位显著提高,在全面建设小康社会的征程中迈出了坚实的步伐。国家发展、社会进步的辉煌成就,是最具说服力的思想政治教育工作事实;重要战略机遇期所展示的美好前景,是最有感召力的思想政治教育工作素材。当代大学生置身于这样一个伟大的时代,对于身边的变化和发展感同身受,对于重要战略机遇期目标的实现充满向往,这正是我们做好大学生思想政治教育工作的宝贵机遇。这次中国国民党主席连战和亲民党主席宋楚瑜到大陆访问,引起了世界各国的关注,引起了全球华人的高度关注,也是我们做好青年和学生思想政治工作的有利时机。我们要抓住当前实现祖国完全统一所面临的难得机遇,一方面要积极推动两岸交流,推动祖国早日实现完全统一;另一方面,要把这个战略机遇变成一种强大的精神力量,来凝聚青年和学生。

2. 当代大学生的良好精神风貌为我们做好大学生思想政治工作提供了宝贵机遇。要做好大学生思想政治教育工作,必须用马克思主义青年观来看待当代大学生,这是我们分析形势、做好工作的基础。伴随改革开放的历史进程,当代大学生思想政治状况的主流是积极、健康、向上的,他们是值得信赖、大有作为、大有希望的。马克思主义青年观最根本的就是始终相信青年,始终依赖青年,热情关心青年,严格要求青年。这也是我们贯彻落实胡锦涛总书记提出来的要把竭诚服务青年作为共青团工作的出发点和落脚点这一根本要求的前提。

从理想信念上看,当代大学生在政治上日益成熟,热爱党、热爱祖国、热爱社会主义,高度认同邓小平理论和"三个代表"重要思想,充分信赖以胡锦涛同志为总书记的党中央。他们成长在改革开放的伟大时代,是改革开放政策的直接受益者,切身感受着我们国家蓬勃发展的好形势,对坚持走中国特色社会主义道路、实现全面建设小康社会的宏伟目标充满信心,对国家和民族有着强烈的自信心和自豪感。他们能够自觉地把个人的奋斗融入全国人民全面建设小康社会的共同奋斗之中，把个人的理想追求融入实现中华民族伟大复兴的共同理想之中，把满腔的爱国热情转化为建设中国特色社会主义的实际行动。

从学习成才上看，面对知识经济的不断发展、科技进步日新月异、人才竞争日趋激烈的形势，他们从自身成长的内在需求出发，越来越体会到勤奋学习、提高素质的重要性。在大学校园里，到处是刻苦攻读的感人场景，同学们学知识、学技能，比学习、比素质，表现出了只争朝夕的紧迫感，刻苦学习已经成了广大学生的自觉行动。

从道德修养上看，他们勇开风气之先，普遍热心参与公益事业，积极参加青年志愿者、青年文明社区等精神文明创建活动，自觉开展“文明修身”、诚实守信等活动，大力弘扬中华民族的传统美德，在服务社会、奉献人民的实践中受教育、长才干、做贡献，在促进良好社会风尚的形成中发挥了重要作用。

当然，我们也要看到，当代大学生成长在比较复杂的社会环境中，西方敌对势力对我“西化”、“分化”的图谋、世界范围内思想文化的相互激荡、国内“四个多样化”的趋势，都对大学生思想观念、价值取向和行为方式产生着日益深刻的影响，在一些大学生中也存在着诸如理想不够坚定、信念比较模糊、社会责任感缺乏等现象。这些问题不利于大学生身心健康发展，对我们做好大学生思想政治教育工作提出了新的挑战。但总体上说，当代大学生的思想政治状态是好的。这既是全党全社会长期以来不断加强思想政治教育的结果，也为我们进一步做好今后的工作提供了好的基础，创造了好的条件。

3. 全党全社会的普遍重视和高度关注为我们做好大学生思想政治工作提供了宝贵机遇。我们党一直非常重视大学生的健康成长。在新的历史条件下，以胡锦涛同志为总书记的党中央特别强调，要使大学生成长为中国特色社会主义事业的合格建设者和可靠接班人，不仅要大力提高他们的科学文化素质，更要大力提高他们的思想政治素质，从而把加强大学生思想政治教育提高到了前所未有的高度。在短短的半年时间里，中央不仅制定下发了文件，还召开了规格很高的全国性会议，对切实做好这项工作作出部署。有关部门积极行动起来，发挥各自优势，密切配合，相互协作，分工负责，共同推进工作的深入发展。同时，在社会上也形成了普遍关心重视大学生思想政治教育工作的良好氛围。新闻媒体对各地、各部门、各单位采取的有效措施和成功经验进行了大量报道，广大大学生家长尤为关注和支持，认为这是一个得民心、顺民意的德政工程。当前，一个由党委统一领导、党政群齐抓共管、有关部门各负其责、全社会大力支持的大学生思想政治教育的总体格局已经形成。

同时我们还要看到，当前大学生思想政治工作面临很多新的挑战，比如，西方价值观的影响和渗透，互联网的深刻影响以及国际形势的影响。各级团组织和团干部要在各级党委的统一领导下，继续做好稳定工作，做好青年学生的教育引导工作，做到思想不松懈、工作不放松，引导青年学生维护来之不易的安定团结的政治局面，维护改革发展稳定的大局。

总之，这是共青团工作特别是高校共青团工作面临的一个十分难得的发展机遇。我们一定要抓住机遇、乘势而上，发挥优势、有所作为，切实增强责任感和使命感，努力开创大学生思想政治教育工作的新局面。

二、求真务实，开拓创新，努力把大学生思想政治教育工作引向深入

加强和改进大学生思想政治教育，是一项系统工程。各级团组织要认真贯彻落实中央精神，按照《共青团中央关于进一步加强和改进大学生思想政治教育的实施意见》的要求，全面深入地推进大学生思想政治教育工作。

我在这里强调以下四点。

1. 围绕主线，坚持不懈地用“三个代表”重要思想武装大学生。用“三个代表”重要思想武装大学生，始终是共青团做好大学生工作的首要政治任务，这也是统领高校共青团工作各个方面、贯穿大学生思想政治教育各个环节的主线，我们在任何时候都要毫不动摇、毫不懈怠。大学生正处于世界观、人生观和价值观形成的最为关键的时期，也处于世界范围内意识形态、思想文化渗透和激荡的风口浪尖。这就要求我们必须坚持用“三个代表”重要思想武装大学生，以科学理论上的清醒和坚定确保大学生思想政治上的清醒和坚定，从而使大学生把科学理论转化为确定人生价值导向的强大思想武器，转化为投身改革开放和现代化建设的强大精神动力。

一是要用“三个代表”重要思想构筑当代大学生的强大精神支柱。理想信念是青年健康成长的精神支柱和强大动力，是大学生思想政治教育的核心问题。要广泛深入持久地在大学生中兴起学习实践“三个代表”重要思想的新高潮，引导大学生对“三个代表”重要思想的时代背景、实践基础、科学内涵、精神实质、历史地位的认识达到新的高度，从而牢固树立为实现中华民族伟大复兴而努力奋斗的远大理想，坚定跟党走中国特色社会主义道路的信念。

二是要在大学生中大力弘扬和培育伟大的民族精神。深入开展科学发展观教育和形势政策教育，使大学生正确认识我国国情，正确认识国家的前途命运，正确认识自身的社会责任，用改革开放和现代化建设的巨大成就激励大学生，用祖国繁荣昌盛的美好前景感召大学生，引导大学生不断增强民族自尊心、自信心、自豪感，从而自觉把个人的奋斗追求同国家民族的前途命运紧密结合起来，积极投身全面建设小康社会的伟大实践。

三是要不断增强理论武装工作的感染力和实效性。做好用“三个代表”重要思想武装大学生的工作，只有把握大学生的思想脉搏，顺应时代潮流，符合青年实际，努力做到贴近实际、贴近生活、贴近学生，才能取得实效。要尊重大学生的主体意识，运用大学生喜闻乐见、易于接受的方式，运用大学生自己的语言和身边的事例，使“三个代表”重要思想在大学生中入耳、入脑、入心。

四是要抓住契机开展教育。今年的重大节庆日和纪念日较多，要充分利用建党、建国、五四、抗日战争胜利60周年、“一二・九运动”70周年等契机，大力开展征文、演讲、座谈、知识竞赛等丰富多样的主题教育活动，同时要做好大学生的思想稳定工作，把他们的热情引导到刻苦学习、立志成才上来。

2. 坚持基本途径，充分发挥实践育人的重要作用。实践第一的观点是马克思主义认识论的基本观点。实践是人们全部认识的基础，人们总是以实践的方式来认识世界和改造世界的。青年是人生的起步阶段，思想认识必须经历一个由表及里、由感性到理性的过程。这就决定了青年必须积极投身社会实践，在实践中丰富和改造自己的主观世界，形成正确的思想认识，确保知识的常新。这是青年健康成长的基本途径。

与实践相结合、与人民群众相结合是我们党对青年学生的一贯要求。毛泽东同志早在抗日战争时期就强调，全国知识青年和学生青年一定要和广大工农群众结合在一块，并明确指出这是青年运动的方向。江泽民同志曾经深刻指出，大学生应该把学习书本知识与投身社会实践结合起来，做到知与行的高度统一，坚持走同人民紧密结合、为祖国奉献青春的成长道路。在新的历史条件下，胡锦涛同志要求大学生走入社会这个思想政治教育的大课堂，在自觉广泛的社会实践中熏陶思想感情、充实精神生活、提高道德境界、增长知识才干。这些重要论述，从根本上阐明了青年的成长道路这一马克思主义青年观的基本问题，为大学生的健康成长指明了方向。

在实践中育人，是共青团的优良传统和基本经验。《党章》明确规定，共青团是广大青年在实践中学习中国特色社会主义和共产主义的学校。这从团的性质的高度，确定了实践育人的政治任务；同时要求共青团动员组织包括大学生在内的广大青年积极投身国家建设的实践，在实践中不断丰富社会知识，不断深化思想认识，不断把切身感受内化为信念。长期以来，共青团把社会实践作为提高大学生素质的主要途径，号召大学生广泛深入社会，向实践学习，向人民学习，向社会学习。事实证明，实践育人已经成为大学生思想政治教育工作的基本方法和有效途径。在新的历史条件下，社会实践的时代内涵不断丰富和发展，共青团要大力发扬实践育人的传统，进一步发挥好实践育人的重要作用。要不断深化社会实践活动，大力开展大学生“三下乡”、大学生志愿服务西部计划、扶贫接力计划等活动，引导大学生到西部、到基层、到祖国和人民最需要的地方去艰苦奋斗、建功成才。要不断丰富社会实践的形式，充分发掘社会实践、第二课堂等传统实践项目的内涵，组织大学生积极参加社会调查、生产劳动、志愿服务、公益活动、科技发明和勤工助学等方面的社会实践，引导大学生利用双休日和节假日深入开展“四进社区”、街道挂职等实践活动，切实提高实践活动的吸引力和感染力。要建立健全实践育人的长效机制，完善激励、组织、培训和保障体系，积极探索和建立社会实践与专业学习、服务社会、勤工助学、就业创业等相结合的机制，更好地引导大学生在丰富生动的实践中经风雨、受锻炼、长才干。要引导青年学生切实处理好理论联系实际和学习借鉴前人文明成果的关系，坚持从中国国情出发，学习借鉴全人类的文明成果，学习国外先进的管理经验，从而培养与任何国家大学生相媲美的综合素质。

3. 强化宗旨观念，切实帮助大学生解决实际问题。解决大学生的思想问题必须与帮助他们解决实际问题紧密结合起来。能否有效解决实际问题，解决多少实际问题，直接关系到大学生思想政治教育工作的成效。胡锦涛总书记多次强调要从帮助大学生解决实际问题入手做好思想政治教育工作，这为我们加强和改进大学生思想政治教育进一步指明了方向。

当前，大学生群体在学习、工作和生活中面临着许多实际问题。比如，许多大学生在离开家庭、走进校园的过程中，没有明确的学习目的和人生目标，不同程度地存在着盲目学习、成长困惑的问题；相当数量的大学生家庭条件困难，据统计全国有240万贫困学生，他们在生活上面临着较大的经济压力；大学毕业生就业难的问题日益突出，今年将有338万大学毕业生，其中有相当一部分面临失业待业的问题；还有一些大学生的心理压力很大，存在着心理障碍的问题，等等。这些问题如果不能得到及时有效的解决，就容易对大学生思想政治状况带来负面影响，势必影响大学生的健康成长。对于大学生的实际问题，我们要坚持把竭诚服务作为全部工作的出发点和落脚点，既要晓之以理，做到以理服人，更要动之以情，做到服务育人，帮助大学生处理好成长过程中学习成才、就业创业、健康生活等方面的具体问题，真正把大学生吸引过来、凝聚起来。

在解决大学生实际问题方面，共青团组织尤其是高校团组织是大有可为的。针对大学生思想和学习中的困惑，要广泛开展“成长导航计划”、“阳光工程”，通过多种形式的辅导，帮助大学生进一步解决好学习为什么、学成之后干什么的问题。针对经济困难大学生群体，要进一步做好济困助学工作，深入了解他们的基本状况，及时把握他们的实际需求，建立健全长效帮扶机制，在做好“一助一”结对帮扶的基础上，扩大各种济困助学金和奖学金，帮助贫困大学生顺利完成学业。针对大学毕业生就业难的问题，要在引导大学生树立正确就业观和择业观的同时，充分发挥青年组织联系广泛的优势，拓宽大学生就业创业的渠道，大力开展“大学生就业见习行动”，加强大学生就业辅导，加强就业中介服务，努力为大学生的就业创业牵线搭桥，鼓励、扶持大学生自主创业。针对有心理健康问题的学生，要抓好心理健康咨询和教育工作，通过网上心理服务、心理咨询热线等方式，服务大学生身心健康发展。团属新闻报刊要满腔热情地关心大学生，鼓励大学生，对大学生成长中的问题和困惑要多做正面的引导工作。总之，我们要本着为党政分忧、为大学生解难的精神，积极为大学生办实事、做好事、解难事，把党的关怀和温暖送到大学生之中。

4. 创新活动载体，不断丰富大学生的精神文化生活。通过开展活动寓教于乐，不断丰富大学生的精神生活，始终是大学生思想政治教育工作的有效方式。大学生是青年中知识层次较高的群体，他们信息来源广泛，对时尚有着特殊的敏感，对精神文化生活有着更大的需求。这就要求我们高度重视精神文化活动对大学生思想意识潜移默化的影响，不断创新活动载体。要广泛开展健康有益、积极向上的学术、科技、体育、艺术和娱乐活动，大力推进以“挑战杯”为龙头的群众性校园科技活动，广泛开展“校园歌手大赛”、“校园DV大赛”、“校园原创作品竞赛”等活动，把德育与智育、体育、美育有机结合起来。要加强互联网建设，建设好具有思想性、知识性、趣味性、服务性的团属青少年网站，扶持大学生自发创办的“红色网站”，充分发挥互联网在丰富大学生精神文化生活方面的积极作用，争取网络思想政治工作的主动权。

三、明确任务，扎实推进，把加强和改进大学生思想政治教育的各项任务落到实处

1. 统一思想，周密部署。加强和改进大学生思想政治教育，是党赋予共青团尤其是高校共青团的重要任务，是共青团工作全局的重要组成部分，也是对共青团吸引力、凝聚力和战斗力的重要检验。各级团组织和广大团干部要从确保中国特色社会主义事业兴旺发达、后继有人的战略高度，不断提高对加强和改进大学生思想政治教育重要性和紧迫性的认识，真正把思想统一到中央精神上来，统一到团中央对工作的部署上来。这次会议下发了《共青团中央关于进一步加强和改进大学生思想政治教育工作的实施意见》，并配套下发了若干个具体文件，各地各高校团组织一定要认真学习贯彻，进行周密部署，切实把这项工作统筹好、安排好、落实好。

2. 深入学生，了解学生。尊重大学生的身心特点，遵循大学生的成长规律，这是共青团做好大学生思想政治教育工作的重要指导原则。大学生是青年中思维最活跃的群体，有知识，有思想，有见解，具有喜欢表现自我，张扬个性，标新立异，勇于自立自强，敢于探索创新，乐于接受新生事物等特点。我们要尊重大学生、走进大学生，与大学生广交朋友，了解大学生的所思所想、所需所求，准确把握大学生的思想脉搏和活动特点，不断增强思想政治教育工作的针对性和实效性。大学生信息来源广泛，对外界影响非常敏感，对事物判断较为感性，生活居住又相对集中，因而既容易被组织也容易被煽动。各地各高校团组织要主动加强信息沟通，广泛交流好的经验和做法，建立健全大学生思想动态预警、疏导机制，认真做好应对突发性事件的预案，增强工作的针对性和预见性。

3. 大胆探索，开拓创新。根据自身工作实际和青年的变化积极创新工作的方式方法，是党对共青团做好青年工作的一贯要求，也是共青团不断开创工作新局面的动力源泉。在国际国内形势发生深刻变化、大学生思想政治领域新情况新问题不断涌现的情况下，各地各高

校团组织和广大团干部要善于从大学生变化着的实际出发,从本地本学校的实际情况出发,大胆探索、勇于创新思想政治教育的方式方法。要找准思想政治教育与大学生成长进步的结合点,通过社会实践、校园文化、主题活动、学术科研、网络引导、心理辅导、团建创新等工作,拓展新形势下大学生思想政治教育的有效途径。要善于把透彻的说理同鲜活的语言结合起来,把思想的引导同有效的服务结合起来,充分挖掘大学生身边的事例,树立大学生身边的榜样,从而使大学生思想政治教育更好地体现时代性、把握规律性、增强实效性。

4. 构建体系,形成合力。在大学生思想政治教育工作中,我们要高度重视拓宽渠道,延长手臂,充分发挥学生组织的独特作用。各级学联和学生会、研究生会是党领导下的学生群众组织,在大学生自我教育、自我服务、自我管理中发挥着重要作用。各类学生社团是大学生依据兴趣爱好、按照一定程序自我建立的学生组织,在校园文化建设中占据着特殊地位,对大学生成长发展的影响日益显著。学生组织都在各自的领域直接联系着一定数量的大学生,在学生中具有很强的吸引力、影响力、号召力。各级团组织尤其是高校团组织要切实加强对学生组织的指导和管理,充分发挥它们在团结、教育、联系、服务学生方面不可或缺、无法替代的作用,帮助它们开展生动有效的思想政治教育活动,从而把共青团的教育、学生组织的教育与大学生的自我教育有机结合起来,形成大学生思想政治教育工作的网络体系与强大合力。

同志们,把大学生培养成为中国特色社会主义事业的合格建设者和可靠接班人,是党的重托、时代的要求、人民的期望。加强和改进大学生思想政治教育为共青团开创工作新局面、实现事业新发展提供了难得的历史机遇。让我们紧密团结在以胡锦涛同志为总书记的党中央周围,高举邓小平理论和“三个代表”重要思想伟大旗帜,牢固树立和认真落实科学发展观,求真务实,开拓进取,扎实工作,不断把大学生思想政治教育引向深入,团结带领大学生为全面建设小康社会做出新的贡献。

周强在首届“振兴杯”全国青年职业技能大赛决赛开幕式上的讲话

2005 年 5 月 23 日,根据录音整理

今天,首届“振兴杯”全国青年职业技能大赛决赛在这里隆重开幕了。这次大赛是贯彻全国人才工作会议精神的一项具体措施,是青工技能振兴计划实施成果的一次集中展示,也是当代青年技术工人技能水平的一次集中检阅,对于激励引导全国广大青年技术工人学练技能、奋发成才,促进中国制造业的发展,为全面建设小康社会做贡献,具有重要的意义。在此,我谨代表共青团中央,向本次大赛的举办表示热烈的祝贺!向长期以来关心、重视、支持共青团工作,尤其是对本次大赛给予大力支持的劳动和社会保障部、辽宁省委省政府、沈阳市委市政府表示衷心的感谢!向参加大赛的各位选手、裁判员和为大赛付出辛勤劳动的全体工作人员致以诚挚的问候!

这次大赛在辽宁省沈阳市举行,对于总

结、观摩辽宁省沈阳市培养青年技术工人的做法和经验，服务东北老工业基地振兴，打造装备制造业中心，都具有重要的意义。人才资源是第一资源。全面建设小康社会，需要方方面面的人才，不仅需要世界一流的科学家、各方面的科技领军人物，也需要一支掌握现代科技知识、具有较高技术水平的高技能人才队伍。我国有7000万技术工人，他们分布在各行各业、各条战线，直接创造产品、提供服务，是推动我国经济社会发展的重要力量。技术工人的整体技能水平，直接关系到企业产品质量、生产效率和经济效益，在一定程度上决定了经济发展的后劲和潜力。随着我国经济社会的发展，技能人才的重要地位日益凸显。走新型工业化道路，必然带来传统产业的升级改造和新兴产业的迅速发展，高技术含量就业岗位的增加要求相应的高技能人才；适应经济全球化的要求，主动参与国际竞争与合作，促进我国制造业的发展，都需要一大批高素质的技能人才作为保障；促进科技成果向现实生产力的转化，增强企业竞争力，必须发挥高技能人才的能动作用。

当前，我国技能人才成长面临前所未有的良好机遇。党中央、国务院高度重视技能人才工作，作出了实施人才强国战略的重大决策，并将高技能人才队伍建设纳入人才强国战略的总体部署和规划。新型人才观得到了全社会的广泛认同，人人都能成才、技术工人也是人才的观念深入人心，技术工人的经济待遇和社会地位不断提高，学习技术的热情空前高涨。劳动和社会保障部等部门启动实施了“国家高技能人才培训工程”、“三年五十万新技师培养计划”等工作，进一步畅通了技能人才成长的渠道。同时，我们也要清醒地看到，我国高技能人才仍然紧缺，人才培养的任务仍然艰巨。

共青团历来高度重视青年技能人才的培养工作。长期以来，先后开展了青年岗位能手、青年创新创效等活动，为青年技能人才成长搭建了舞台。在总结以往工作经验的基础上，团中央联合劳动和社会保障部等部门于去年启动实施了青工技能振兴计划，通过组织技能培训、开展技能竞赛、加强面向青年的职业技能鉴定等措施，开辟了青年技术工人成长的新途径。希望全国青工战线各级团组织按照实施人才强国战略的要求，进一步创新工作载体，健全工作机制，把青工技能振兴计划不断引向深入，努力培养造就一支高素质的青年技术工人队伍。

开展职业技能竞赛是实施青工技能振兴计划的重要环节。作为一种特殊的评价认证手段，职业技能竞赛在培养高技能人才方面具有积极的作用。本次大赛是国家一类竞赛，影响广泛，权威性强，必将进一步激发广大青年技术工人学技成才的积极性。希望大赛组委会和工作人员坚持高标准、严要求，把组织工作做细、做实，确保大赛公平、公正。希望参赛选手学习交流、切磋技艺，赛出风格、赛出水平，充分展现当代青年技术工人的精湛技艺和良好的精神风貌。

同志们，青年朋友们，时代呼唤人才，人才推进事业。让我们紧密团结在以胡锦涛同志为总书记的党中央周围，高举邓小平理论和“三个代表”重要思想伟大旗帜，深入实施青工技能振兴计划，着力培养造就高素质的青年技术工人队伍，团结带领广大青年技术工人为全面建设小康社会、实现中华民族的伟大复兴做出新的更大的贡献！

最后，预祝参赛选手取得优异成绩，预祝本次大赛取得圆满成功！

周强在青年就业与和谐社会国际论坛暨联合国青年就业网络年度会议开幕式上的讲话

2005年5月20日

尊敬的司马义·艾买提副委员长，
尊敬的斯图尔德女士，
女士们、先生们、朋友们：

上午好。

五月的北京春意盎然、生机勃勃。今天，我们召开青年就业与和谐社会国际论坛暨联合国青年就业网络年度会议，来自国际组织、国内外青年组织和国内政府部门、企事业单位的百余名代表在这里欢聚一堂，交流促进青年就业的经验，探讨青年就业与构建和谐社会的关系，具有十分重要的意义。在此，我谨代表共青团中央和中华全国青年联合会，对各位嘉宾、各位代表和各位朋友的光临表示热烈欢迎！向关注青年就业、支持青年就业的各界人士表示衷心的感谢！

就业是民生之本，是人民改善生活的基本前提和基本途径。中国政府从国情出发，把扩大就业放在经济社会发展突出的位置，制定和实施了一系列积极的就业政策，不断满足劳动者的就业需求。

就业问题也不仅仅是一个经济问题，更是一个现实的社会问题，关系到社会的安定，关系到社会的公正和社会的协调发展。一个社会只有实现了较为充分的就业，才可以保证人们既有一个相对安定、基本生活有所保障的现状，又有一个可以预期的良好发展前景，从而有助于实现社会和谐。

就业问题在一定意义上讲又是青年问题。根据国际劳工组织的统计，青年失业的可能性是成人的两至三倍。中国青年人口规模大，每年新成长劳动力数以千万计，青年就业问题日益突出。中国政府制定了一系列措施促进青年就业和提高青年劳动者的技能素质，充分体现了中国政府对青年就业问题的高度关注和重视。

在政府的领导和社会各界的重视支持下，共青团组织、青联组织根据广大青年的实际需求，发挥青年组织的优势，积极协助政府开展就业工作，创造了一些好的做法和经验，有力地推动了青年就业和再就业工作。主要表现在：适应青年自主创业的内在需求，在全国范围内组织实施了以创业为主题，以培养创业型青年人才为突破口，以创业扶持、技能培训、中介服务、观念引导、就业援助为主要内容的中国青年创业行动。中国青年创业行动实施以来，共培养扶持84615名青年创办了自己的企业，直接安置下岗失业人员110多万人。适应现代企业发展和青年成才的需求，大力实施“青工技能振兴计划”、“百万下岗失业青年技能培训工程”和“大学生素质拓展计划”，对城镇青年工人、下岗失业青年和在校大学生进行有针对性的技能培训，提高青年的职业技能水平。适应城乡经济社会统筹发展和农村青年发展的需求，推出“跨世纪青年农民科技培训工程”、“星火西进计划”和“千校百万进城务工青年培训计划”，对留乡青年和进城务工青年进行职业技能培训，引导农村青年更多地从事非农产业，切实提高他们的就业创业能力。此外，通过在全国105个青年就业和再就业工作重点联系城市建立651个青年就业服务中心，开展以职业介绍、就业咨询等中介服务为主要内容的“工岗快递”行动，在青年和就业市场之间搭建起了信息和沟通的桥梁。这些工作,对当前缓解青年就业压力,促进青年就业起到了积极的促进作用。

青年不仅是未来,更是现实。就业关系到当今青年最具体、最现实、最紧迫的利益。竭诚服务青年就业需要,构建与国家就业工作相衔接、具有青年组织特点、符合青年需求的青年就业工作体系,是青年组织服务青年的重要职责。

扩大青年就业领域的国际合作,有利于全世界共同应对青年就业的挑战。青年就业问题是当今国际社会普遍关注的问题,与全球化进程紧密相关。2003 年全球青年失业人数达到 8820 万,占到全球失业总人数的 47%,比十年前上升了 26.8%。在应对这一挑战的过程中,各国政府、社会机构和国际组织在促进青年就业方面进行了很多成功的实践,积累了丰富的经验。加强在青年就业领域的国际交流与合作,分享各国的成功经验,将有助于更好地重视和解决青年就业问题。近年来,在联合国、世界银行和国际劳工组织的共同支持下,联合国青年就业网络为应对全球青年就业挑战积极提出解决方案,为各国提供了有价值的参考意见和有益的交流机会。在今天的论坛上,联合国青年就业网络中国项目合作办公室将正式成立,这是全国青联与联合国青年就业网络密切交流合作的成果,也是青年就业国际合作进一步扩大的标志。我相信,中国项目合作办公室的成立一定能够进一步促进中国同世界各国在青年就业领域的国际交流与合作,推动中国青年就业创业工作取得更大发展,更好地为青年发展服务。

青年是构建和谐社会的重要力量。促进青年就业,让每一个青年都拥有体面的、有产出的工作,是世界各国首脑的共同承诺,也是构建和谐社会的前提条件。今天我们在这里召开青年就业与和谐社会国际论坛,体现了国际社会和中国社会各界实现这一目标的共同愿望和具体行动。我相信,在政府、企业、社会各方的共同努力下,我们会帮助青年赢得美好的未来,而青年,将会回报给人类、回报给社会一个更美好的世界!

最后,预祝论坛圆满成功!祝各位代表在北京身体健康!

谢谢大家。

周强在“青年企业家东北行——吉林经贸考察活动”开幕式上的讲话

2005 年 5 月 25 日

今天,共青团中央、中国青年企业家协会组织全国各地包括港澳台地区的 300 多名优秀青年企业家来到吉林进行经贸考察,中共吉林省委、省人民政府对本次活动给予了高度重视和大力支持,作了周密安排。刚才,王珉省长发表了热情洋溢的讲话,介绍了吉林省经济社会发展情况和吉林省政府鼓励域外企业投资的一系列优惠政策。听了以后,我们感到很振奋,也很受鼓舞。在此,我谨代表共青团中央、中国青年企业家协会,向长期以来关心支持共青团和青年工作,并给予本次活动大力支持的中共吉林省委、省人民政府表示衷心的感谢!向积极参加“青年企业家东北行”活动的青年企业家朋友们表示热烈的欢迎!

新中国成立初期，在国家实行的特殊区域经济政策的支持下，包括吉林在内的东北地区迅速成为我国重要的工业基地，为我国建立独立和相对完整的国民经济体系和工业体系做出了重大贡献。在全面建设小康社会、加快推进社会主义现代化的新的发展阶段，党中央、国务院作出了振兴东北地区等老工业基地的重大战略决策，支持东北等老工业基地加快调整、改造，促进区域经济协调发展。同时，中央也明确提出，必须用新思路、新体制、新机制和新方式走出加快老工业基地振兴的新路子。

企业是市场经济的主体。经济发展速度的快慢、质量的高低，主要取决于企业的经营状况。在振兴东北地区等老工业基地的进程中，企业和企业家的作用是不可替代的。依靠市场机制，发挥政府作用，吸引企业广泛参与，激发企业家的创造活力，将提高东北地区等老工业基地的开放水平，为区域经济发展提供强劲动力。

青年企业家作为企业家队伍的一个重要组成部分，是一个正在成长发展的群体，具有较强的创造和创新活力。中国青年企业家协会是我国有影响的青年企业家社团组织。这次组织“青年企业家东北行——吉林经贸考察活动”，目的就是充分发挥青企协的组织、联络优势，在青年企业家和吉林省之间牵线搭桥，引导组织广大青年企业家走进吉林、了解吉林，在振兴吉林的实践中发现商机、发展事业、发挥作用。开展好这一活动，一方面能够有效地促进资本、技术、人才等资源的优化配置，为振兴吉林、振兴东北做出贡献，另一方面也为广大青年企业家拓展事业提供机会和舞台，对青年企业家的成长发展具有积极的意义。

我们欣喜地看到，振兴东北地区等老工业基地战略实施以来，吉林经济增长速度加快，经济效益明显提高，已经具备了良好的投资环境。省委、省政府专门制定了《振兴吉林老工业基地规划纲要》，提出了振兴吉林的奋斗目标、指导思想和基本任务。广大干部群众在省委、省政府的领导下，精神面貌发生了很大的变化，人人在盼振兴，人人在谈振兴，人人在促振兴，全省上下形成了抢抓机遇、乘势而上、共谋发展的良好态势。吉林自然资源丰富，地理位置优越，基础设施完善，产业门类齐全，劳动力素质较高。刚才王珉同志讲，吉林省有汽车石化等五大优势支柱产业，同时还要大力发展能源旅游等五个特色产业。明天，省政府还将举办“2005 中国·吉林国有工业企业产权转让暨项目招商大会”。所有这些都为青年企业家发展事业创造了良好机遇，提供了广阔舞台。可以说，吉林商机无限、潜力巨大、前景广阔。广大青年企业家要抓住机遇，充分利用这次经贸考察机会，认识吉林，了解吉林，融入吉林，开辟事业发展的新天地。

振兴吉林等东北地区老工业基地，是一项系统工程，也是一项长期的任务。各级共青团组织要结合实际，积极探索，锐意实践，不断创新工作思路和工作方式，广泛动员青年参与东北地区等老工业基地的振兴，充分发挥青年的生力军和突击队作用。各级共青团和青企协组织要继续开展好“青年企业家东北行”活动，组织引导青年企业家为吉林等东北地区老工业基地的振兴不断做出新的贡献。

最后，预祝“青年企业家东北行——吉林经贸考察活动”取得圆满成功！

周强在2004年度法院系统全国青年文明号表彰大会上的讲话

2005年5月30日

今天，最高人民法院、共青团中央联合召开2004年度法院系统全国青年文明号表彰大会，目的在于表彰先进，总结经验，深化青年文明号活动，进一步动员和引导法院系统广大青年法官和其他青年工作人员立足本职岗位，争创一流业绩，为促进人民法院事业的新发展做出积极贡献。最高人民法院院长肖扬同志及其他院领导、中央督导组组长于宁同志亲临会议，肖扬院长还将发表重要讲话，这充分体现了最高人民法院对共青团和青年工作的关心、重视和支持。在此，我代表共青团中央，向最高人民法院肖扬院长和其他领导同志表示衷心的感谢，向今天受到表彰的全国青年文明号集体表示热烈的祝贺，向法院系统广大青年法官和其他青年工作人员表示亲切的问候！

青年文明号活动是由共青团中央联合最高人民法院等中央和国家机关25个系统共同组织开展的，以基层青年集体为主体，以弘扬高度职业文明、创造一流工作业绩为宗旨的群众性精神文明创建活动。1994年4月1日，江泽民同志亲笔题名。1996年5月4日，胡锦涛同志视察北京西单商场青年文明号活动，对这项活动给予了充分肯定，提出了明确要求。目前，这项活动已经在全国窗口行业、工业企业、重点建设工程、国家机关和事业单位中广泛展开，涌现出敬业爱岗、优质服务、争创一流的各级各类青年文明号集体25万多个。去年以来，最高人民法院与共青团中央联合下发了开展青年文明号活动的通知，联合成立了活动领导小组，联合开展了青年文明号的评选，今天又专门召开表彰会。各地人民法院从实际出发，开展了丰富多彩、各具特色的创建活动。比如，河南省法院本着“立足青年特点，突出法院特色”的创建思路，通过采取召开创建大会、明确创建目标、细化创建标准、加强指导监督、总结试点经验、推广先进做法等措施，扎实开展青年文明号活动，创建出全国级青年文明号4个、省级青年文明号20个、市级青年文明号96个。济南市历城区法院东郊法庭在青年文明号活动中，坚持司法为民抓审判，以人为本抓制度，为当事人提供优质高效的司法服务，取得了优异的工作成绩。今天受到表彰的全国青年文明号集体，尽管来自不同地区、不同岗位，但都在本职工作中始终坚持公正与效率的工作主题，落实司法为民的工作要求，不断提高司法能力和司法水平，创造出突出的工作业绩，树立了当代青年法官、青年干警的良好形象。可以说，青年文明号活动在法院全系统开展时间虽然不长，但法院系统各级领导高度重视，团组织扎实工作，广大青年法官、青年干警积极参与，取得了明显成效，并呈现出良好的发展态势。在法院系统，青年文明号正在展现应有的公平公正、应有的诚实守信、应有的群众至上，正在成为青年工作的一项名牌活动，成为加强青年法官、青年干警职业道德建设的重要载体，成为引导青年法官、青年干警岗位成才、建功立业的有效途径，成为群众性精神文明建设一道亮丽的风景线。

当前，我国正在构建社会主义和谐社会。维护社会公平和正义，是构建社会主义和谐社会的重要基础和内容，法院在构建和谐社会中发挥着重要的不可替代的作用。青年是我们社会中最积极最有生气的力量，在法院队伍中占有一定比例。广大法院系统青年和各基层青年集体要深刻认识构建社会主义和谐社会的重大意义，自觉在构建社会主义和谐社会进程中认清形势、明确责任、发挥作用，主动适应司法改革发展要求，紧紧围绕公正与效率的工作主题，在总结工作经验的基础上，深入开展青年文明号活动，在平凡的岗位上书写灿烂的青春。下面，我讲几点意见，供同志们参考。

第一，要进一步加强青年的思想道德教育。要结合当前正在开展的保持共产党员先进性教育活动，对青年深入进行邓小平理论、“三个代表”重要思想的学习教育，引导广大青年树立中国特色社会主义的共同理想，树立正确的世界观、人生观和价值观，不断提高政治素质。要认真贯彻公民道德建设实施纲要，以为人民服务为核心，以集体主义为原则，以诚实守信为重点，加强青年的道德教育，引导青年在遵守基本行为准则的基础上，追求更高的思想道德目标。要坚持思想标准和道德要求，通过开展形式多样的青年文明号主题活动，教育引导青年爱岗敬业，诚实守信，办事公道，服务群众，奉献社会，激发青年以岗报国的热情，把他们的积极性和创造力引导凝聚到全面建设小康社会的伟大事业上来。

第二，要更好地为人民群众的具体需求服务。据有关部门统计，当前社会上“80%的矛盾在基层，80%的案件在基层”。青年文明号大多在基层，扎根于群众之中，与群众有着直接、密切的联系。青年文明号活动要强化“群众利益无小事”的意识，切实处理好每一个案件，从实际效果上体现司法为民。要立足于满足人民群众的基本需求，组织青年开展丰富多彩的职业道德实践活动，为群众诚心诚意办实事，尽心竭力解难事，坚持不懈做好事。要着力解决群众关心的具体问题，同群众知心、交心、贴心，更好地实现司法便民、利民、护民的思想。

第三，要引导青年在本职工作中学习成才。要把提高青年业务素质作为重要的创建内容，紧扣公正与效率的工作主题，结合法官职业化建设的工作实际，不断加强对青年的教育和培训，帮助青年提高公正司法的能力。要适应青年成才的内在需求，引导青年法官、青年干警干一行，爱一行，钻一行，在岗位上勤奋学习，不断积累审判经验，增强准确依据法律明辨是非和驾驭庭审、司法调解、判决说理等能力，在实践中成长成才。要通过经常性的创建活动，开辟青年学习成才的新途径，搭建青年学习成才的新舞台。

第四，要建立健全事业化发展的活动机制。要健全完善机制，形成青年广泛参与、活动常抓常新的创建机制，形成自我激励与社会约束相结合的管理机制，形成科学考核评价的激励机制，推动青年文明号活动与时俱进，健康发展，使之在实现司法公正中发挥更大作用。

青年朋友们，伟大的时代召唤着我们，宏伟的事业激励着我们。让我们紧密团结在以胡锦涛同志为总书记的党中央周围，高举邓小平理论和“三个代表”重要思想伟大旗帜，与时俱进，开拓创新，求真务实，埋头苦干，深入开展青年文明号活动，为推动人民法院事业的全面发展，为构建社会主义和谐社会、实现全面建设小康社会的宏伟目标做出新的贡献！

让星星火炬的旗帜更加鲜艳

——周强在中国少年先锋队第五次全国代表大会上的致辞

2005年6月1日

在党中央的亲切关怀下,中国少年先锋队第五次全国代表大会在少年儿童自己的节日里隆重开幕了。在此,我代表共青团中央,向全国少年儿童致以节日的问候,向大会的召开表示热烈的祝贺!

中国少年先锋队是我们党亲手创立的。从诞生的那天起,少先队就始终高举星星火炬的旗帜,跟随我们党从胜利走向胜利,少先队事业从而成为我们党的事业的重要组成部分。进入新世纪以来,少先队组织按照党的要求,在共青团的带领下,在教育部门的支持下,用宏伟目标激励少年儿童,用丰富活动陶冶少年儿童,用竭诚服务凝聚少年儿童,开创了崭新的工作局面。当代少年儿童在党的阳光雨露下,在祖国温暖的怀抱中,在少先队自己的组织里,快乐幸福地成长。少年儿童的健康成长和少先队事业的蓬勃发展,始终离不开党的关怀和教导,离不开广大少先队辅导员、少先队工作者的奋斗和奉献,离不开全社会的关心和支持。在此,我们向敬爱的党、向以胡锦涛同志为总书记的党中央致以崇高的敬意!向辛勤工作的广大少先队辅导员和少先队工作者,向热心支持少先队事业的各有关部门和社会各界表示衷心的感谢!

今天,我们党正团结带领全国亿万人民奋进在全面建设小康社会的征程上,我国现代化建设的宏伟蓝图正在逐步变为美好的现实。当代少年儿童生活在这样一个伟大的时代,十分幸运,更是责任重大。实现推进现代化建设、完成祖国统一、维护世界和平与促进共同发展这三大历史任务,需要少年儿童胸怀祖国、放眼世界,掌握过硬本领,成长为德、智、体、美全面发展的社会主义"四有"新人。少先队组织作为少年儿童健康成长的摇篮,作为少先队员学习中国特色社会主义和共产主义的学校,要切实按照党的要求,全面树立和落实科学发展观,更好地肩负起培养千百万社会主义事业合格建设者和可靠接班人的历史重任。

少先队要始终坚持把思想道德教育放在各项工作的首位。去年,党中央、国务院下发了《关于进一步加强和改进未成年人思想道德建设的若干意见》,专门召开了全国加强和改进未成年人思想道德建设工作会议,胡锦涛总书记发表了重要讲话。刚才,胡锦涛总书记又亲切勉励少年儿童勤奋学习、快乐生活、全面发展,为我们做好新形势下的未成年人思想道德教育工作指明了方向。少先队要教育引导少年儿童从增强爱国情感做起,从确立远大志向做起,从规范行为习惯做起,从提高基本素质做起,在少年儿童中大力弘扬和培育以爱国主义为核心的伟大民族精神,引导少年儿童培养正确的世界观、人生观和价值观,逐步确立跟党走中国特色社会主义道路的信念,养成优良的品德和良好的行为习惯,树立起为祖国和人民建功立业的远大志向,为担负起建设祖国、振兴中华的光荣使命做好准备。

少先队要正确把握少年儿童的成长规律。少先队员是少先队组织的主人,竭诚服务少年儿童健康成长是少先队工作的出发点和落脚点。要尊重少年儿童的主体地位,既要加强组织的教育引导,又要调动少年儿童的主观能动性,引导少年儿童学会自我教育。要尊重少年儿童的认知方式和表达方式,坚持实践育人,以体验教育为基本途径,通过开展丰富多彩的实践活动，满足少年儿童在成长中的多样需求，激发少年儿童的积极性和创造性。要尊重少年儿童的年龄特点和差异性，照顾他们的心理特点，关注他们的心理生理变化，关心他们在学习、生活中遇到的困难，维护他们的合法权益，尽心竭力地为少年儿童办实事、做好事、解难事。

少先队要不断创新工作思路、工作方式和工作机制。要坚持以科学理论为指导，围绕全党全国工作大局，结合国内外形势的发展，适应当代少年儿童的变化，准确把握少先队工作的发展趋势和时代要求。要坚持贴近实际、贴近生活、贴近少年儿童，研究少年儿童的新特点，倾听少年儿童的心声，不断创新工作方式和工作内容，使少先队工作更加吸引少年儿童，更加激励少年儿童，更加启发少年儿童。要进一步推动学校、家庭、社会教育的衔接，把少先队工作主动纳入到学校、家庭、社会相结合的教育体系之中；要开拓创新，进一步加强农村少先队工作和城市社区少先队工作；要广泛联合社会力量，整合社会资源，共同营造有利于少年儿童健康成长的良好环境。

全团带队是党赋予共青团的光荣职责，也是共青团事业发展的必然要求。各级团组织要不断增强责任感和使命感，进一步加强对少先队的领导和指导，真正在思想上、组织上、工作上、队伍上、作风上带好少先队。要重点抓好少先队各级工作机构建设，重视和加强少先队辅导员和少先队工作者队伍建设，做好团队衔接和推优入团工作，为共青团输送一批又一批优秀少先队员，为建设中国特色社会主义和共产主义培养好预备队员。少先队事业是一项面向未来、塑造未来的崇高事业。长期以来，一批又一批少先队辅导员和少先队工作者以强烈的责任感和奉献精神，在自己的岗位上辛勤耕耘，倾注心血。各级团组织特别是团的领导机关要关心和帮助少先队辅导员，为他们的工作、学习和生活创造更加有利的条件。

少先队员小朋友们、辅导员老师们、同志们，第五次全国少代会的召开，将掀开中国少先队史册崭新的一页。我们相信，在邓小平理论和“三个代表”重要思想的指引下，在以胡锦涛同志为总书记的党中央的亲切关怀下，在全社会的热情支持下，在全体少先队员、少先队辅导员和少先队工作者的共同努力下，少先队事业一定会更加充满生机和活力，不断开创新的局面，星星火炬的旗帜一定会更加鲜艳夺目！

最后，预祝大会圆满成功！

周强在团中央直属机关先进性教育活动总结暨“七一”表彰大会上的讲话

2005 年 6 月 15 日

按照中央的统一部署，团中央直属机关从 1 月 14 日至 6 月 15 日开展了以学习实践“三个代表”重要思想为主要内容的保持共产党员先进性教育活动。在中央督导组的有力指导下，经过直属机关各级党组织和全体党员的共同努力，团中央直属机关先进性教育活动集中学习教育的各项任务已经顺利完成，达到了预期效果。刚才，我们对在过去一年，尤其是在保持共产党员先进性教育活动中涌现出的先进基层党组织、优秀共产党员和优秀党务工作者进行了表彰。在此,我代表团中央书记处向获奖的部门、单位和个人表示祝贺,希望直属机关全体同志以他们为榜样,勤奋学习,努力工作,不断创造新的业绩。下面,我代表团中央书记处和直属机关先进性教育活动领导小组,对团中央直属机关先进性教育活动各项工作进行总结。

一、开展保持共产党员先进性教育活动的基本情况

在全党开展先进性教育活动,是党中央深入研究新时期的形势、任务以及党员队伍状况,审时度势、深思熟虑作出的重大决策。作为第一批开展先进性教育活动的单位,我们始终把这次教育活动作为加强直属机关党的建设、推进共青团各项工作发展的重要措施和重大机遇,作为工作的重中之重来抓。在5个多月的时间里,直属机关各级党组织和广大党员按照中央的部署和要求,始终以高度的政治责任感、良好的精神状态和求真务实的作风,积极参与到先进性教育活动中来,圆满完成了集中学习教育的各项任务。

1. 各级领导高度重视,活动部署周密细致。这次教育活动准备充分,动员深入,从中央督导组、团中央书记处到各部门各单位领导班子和党员领导干部,都对开展好先进性教育活动高度重视,切实加强了领导和部署。

中央督导组在李玉赋同志的带领下,对我们各个阶段、各个环节的工作给予了大力支持和具体有效的指导,提出了很多很好的意见和建议,并深入到直属单位调研指导工作,为我们开展好先进性教育活动提供了有力保障。团中央书记处把先进性教育活动作为首要政治任务摆上日程,多次召开会议,认真学习和深入领会胡锦涛总书记、曾庆红同志、贺国强同志等中央领导同志的重要讲话和中央有关文件精神,安排部署先进性教育活动的各项工作。为确保这次教育活动顺利开展,我们专门成立了领导小组,由书记处全体成员组成。领导小组下设工作机构,具体负责制定先进性教育活动各个阶段的方案,对各部门各单位先进性教育活动办公室人员进行专门培训,组织开展各项活动。

各部门各单位按照团中央直属机关先进性教育活动领导小组的要求,也成立了相应的领导机构和工作机构,并明确了职责和任务。各部门各单位的主要负责同志都能够主动承担起先进性教育活动第一责任人的职责,认真筹划、精心组织。其他党员领导干部结合分工抓好各自分管部门的先进性教育活动。各基层党组织和基层党组织负责人在完成“规定动作”的同时,还积极策划具有自身特色的活动,充分发挥战斗堡垒的作用。整个直属机关在先进性教育活动中形成了一级抓一级、一级带一级、事事有人管、层层抓落实的良好工作格局。

在这次教育活动中,直属机关先进性教育活动领导小组共下发文件19次,领导小组办公室共编发专题简报171期。中央先进性教育活动领导小组办公室、中直机关先进性教育活动领导小组办公室、中央第23督导组共编发反映我们活动情况的简报20期。为了确保活动效果,我们还派出督导组,加强了对直属机关各部门各单位的督促、指导和检查;同时,又组成了由机关各部门负责同志任组长的12个督导联系组,分别联系直属单位,在加强督导工作和促进各部门各单位之间加强信息沟通、经验交流等方面收到了良好效果。

2. 广大党员积极参与,教育活动深入人心。团中央直属机关31个部门和单位按照中央要求,认真开展了先进性教育活动。特别是所属企业和高校也都参加了第一批先进性教育活动,与直属机关各部门的教育活动一同部署、一同推进。各部门各单位通过召开动员会、举行座谈会等方式,对广大党员层层进行动员,使广大党员充分认识到开展先进性教育活动的重要性和必要性,增强了搞好先进性教育活动的责任感和使命感。

党员领导干部都坚持以普通党员身份积极参加先进性教育活动，在各个环节中严格要求自己，带头参加学习，带头参加所在支部的活动，带头查找问题，带头开展批评与自我批评，带头制定落实整改措施，做到了以身作则、率先垂范。各部门各单位主要负责同志和很多党员领导干部还以《保持共产党员先进性教育党课参考教材》为参考，结合各自实际，给党员讲党课、作专题报告，深化了广大党员对先进性教育活动的认识。

在这次教育活动中，有很多党员是离退休的老同志，其中有些已经离开工作岗位多年，有的身体不是很好，但是他们对参加先进性教育活动表现出了很高的热情，积极主动地参加各项活动。很多老同志表示，我们虽然年纪大了，已经脱离了工作岗位，但是我们仍然要坚持共产党员的标准，仍然要接受党的教育，共产党员的先进本色决不能丢。

团中央机关青年党员比较多。在这次教育活动中，广大青年党员把参加活动作为一次难得的党内政治生活锻炼机会，作为提高自身素质、加强党性修养的难得机会，在每一个阶段都严格要求自己。通过认真学习理论知识，认真开展分析评议，认真落实整改措施，广大青年党员进一步坚定了理想信念，澄清了模糊认识，在增强党员意识、学习意识、服务意识和自觉继承发扬党的优良传统等方面有了明显进步。

3. 三个阶段重点突出，各项活动稳步推进。我们按照中央要求，制定了《团中央直属机关开展保持共产党员先进性教育活动实施方案》，分三个阶段开展这项活动。在每个阶段，我们都认真研究制定了操作性强的具体方案，做到了突出重点，务求实效，不走过场，稳步推进。

在学习动员阶段，我们以提高广大党员的思想认识为重点，坚持组织党员个人自学与集中讨论相结合，邀请专家辅导与向优秀典型学习相结合，正面教育与警示教育相结合，把不断提高广大党员的思想认识贯穿始终，引导广大党员集中精力抓好学习。各部门各单位组织广大党员以《保持共产党员先进性教育读本》、《江泽民论加强和改进执政党建设（专题摘编）》、《建立健全教育、制度、监督并重的惩治和预防腐败体系实施纲要》等书籍为重点，集中开展学习培训，并通过编印学习材料，创办网络专栏、电子论坛、专题书架，组织寻访先进、问卷考核、参观考察、社会实践、专题调研、电影观摩等方式，使广大党员进一步加深了对先进性教育活动的理解。为使群众切实感受到先进性教育活动的实际成效，从团中央书记处到各部门各单位，深入开展了以服务基层、服务群众为主题的实践活动，为下岗失业青年、进城务工青年、农村贫困青年、残疾青年等困难群体排忧解难。尤其是落实胡锦涛总书记和王兆国同志就关心和服务寒假留校经济困难大学生工作的重要批示，全团迅速筹集资金4122.6万元，为春节期间留校经济困难大学生提供学习和生活资助。胡锦涛总书记先后三次作出重要批示，对全团帮助经济困难大学生工作给予充分肯定。这次活动也受到了广大学生的欢迎，产生了深远的社会影响。在学习动员阶段延长期中，我们还集中开展了新时期保持共产党员先进性具体要求的大讨论，确定了体现时代精神、符合共青团工作和团干部实际的保持共产党员先进性的具体要求。

在分析评议阶段，我们以查找党员和党组织存在的突出问题为重点，严格按照中央部署，正确掌握政策，切实加强领导，采取有力措施，认真抓好分析评议阶段7个环节的各项工作。书记处先后两次召开座谈会，与机关年轻党员进行交流谈心，对机关年轻党员如何更好地保持先进性提出了明确要求。在征求意见和交流谈心环节，书记处共征求意见335条，各部门各单位共征求意见2528条。在此基础上，广大党员对征求到的意见进行了认真梳理，深刻剖析了思想根源，并本着高度负责、团结共进的态度，诚恳地开展了批评与自我批评。各党支部结合党员个人讲评、党员互评、群众参评的情况以及征求到的群众意见和党员的一贯表现，对包括书记处成员在内的每一名党员提出了实事求是、客观公正的评议意见，并向每一名党员作了如实反馈。围绕党政工作大局，我们把切实做好维护稳定工作作为先进性教育活动的一项重要内容，在做好青年特别是大学生思想工作，正确引导广大青年的爱国热情等方面抓紧贯彻落实，将先进性教育活动的成果体现到维护稳定的实际工作中。今年4月，国内发生了系列“涉日”游行，各级团组织特别是高校团组织深入学生，积极工作，正确引导保护大学生的爱国热情，为维护社会稳定做出了积极贡献。4月29日，在党中央书记处听取团中央工作汇报时，曾庆红同志对团中央所做的工作给予了充分肯定。

在整改提高阶段，我们以改正问题、推动工作、提高素质为重点，针对分析评议阶段征求到的意见和建议，结合思想、工作等方面实际，认真制定整改措施，并加以落实。团中央书记处就进一步做好团的重点工作和加强团中央机关干部队伍建设进行了深入研究，制定了操作性、针对性很强的整改方案，并向机关各部门、各直属单位、全国各省级团委、团中央委员诚恳征求意见和建议，同时委托他们向广大基层团干部、团员青年征求意见和建议。在整改过程中，团中央书记处和各部门、各单位领导班子将各自的整改任务进行分解，落实责任部门和具体责任人，明确完成时间，并对整改情况认真进行督察。对具备整改条件的问题，立即进行了整改；对通过努力能够解决的问题，限期进行整改；对应该解决但由于受客观条件限制一时解决不了的问题，向群众说明情况，并积极采取措施逐步加以解决。我们还在一定范围内公布了书记处、各部门各单位领导班子以及党支部的整改情况，听取群众意见，接受群众监督；各党支部召开了专题组织生活会，交流党员个人整改情况。各部门各单位还把抓好整改与建章立制紧密结合，按照“让党员受教育，使群众得利益”的要求，结合各自实际，组织精干力量，对健全和完善本部门本单位保持党员先进性的长效机制问题进行了深入研究。比如，机关各部门开展了与北京13所高校的团支部结对服务活动，广大党员踊跃捐款，为300多名特困、贫困学生提供了帮助，并为每人提供1个勤工助学岗位，我们将把这项活动作为巩固先进性教育活动成果的一项长效机制坚持下去。比如，为进一步推动学习型机关建设，我们责成有关部门为机关干部发放了北京图书大厦购书卡和王府井书店会员卡，在机关内营造了浓厚的学习氛围，给机关干部学习提供了便利条件。为确保先进性教育活动成为“群众满意工程”，各部门各单位认真开展了群众满意度测评工作，都达到了群众满意。在此基础上，我们广泛组织了党内外245名代表以无记名投票的方式，对团中央直属机关先进性教育活动在提高党员素质、加强基层组织、服务人民群众、促进各项工作等四个方面取得的成效进行了群众满意度测评，“满意”票占总投票数的95.9%，“基本满意”票占总投票数的4.1%。

二、保持共产党员先进性教育活动取得的成效

在这次教育活动中，我们始终按照胡锦涛总书记提出的确保先进性教育活动取得实效、真正成为群众满意工程的要求，牢牢把握关键环节，紧紧抓住重点问题，确保各项工作落到实处，取得了明显成效。

1. 广大党员学习实践“三个代表”重要思想的自觉性和坚定性进一步增强。“三个代表”重要思想是加强和改进党的建设、保持党的先进性的强大理论武器。直属机关各级党组织在整个先进性教育活动中，始终牢牢把握

学习实践“三个代表”重要思想这条主线，把它作为确保先进性教育活动取得实效、真正成为群众满意工程的关键所在。广大党员通过参加先进性教育活动，对“三个代表”重要思想的科学内涵和精神实质的理解不断深化，学习实践“三个代表”重要思想的自觉性和坚定性切实增强，真正做到了把“三个代表”重要思想落实在岗位上、体现在行动中。同时，广大党员还紧密联系自身思想实际，主动查找思想观念、工作作风和精神状态等方面存在的问题，把是否符合“三个代表”重要思想的要求作为检验思想、衡量工作的尺度和准绳，积极推动工作发展，很好地保持了共产党员的先进本色。

2. 广大党员的先锋模范作用进一步发挥。充分发挥先锋模范作用是我们党始终保持先进性的内在要求，是共产党员先进性的集中体现。直属机关各级党组织在先进性教育活动中，结合所在部门单位实际，针对个别同志党员意识淡薄、在严于律己上有所放松，有的同志工作开拓性不够、事业心和责任感不强等情况，组织开展了学习典型、争当先进等活动，使广大党员进一步增强了党员意识，强化了政治责任感和使命感。广大党员通过深入开展政治理论学习，进一步强化了宗旨意识，加深了对党的路线方针政策的理解；通过党性剖析、民主评议，进一步强化了党的组织生活观念和组织纪律性，增强了履行党员义务的自觉性；通过制定落实整改措施，进一步推动了自身素质的全面提高，坚定了立足本职工作、创造一流业绩的信心和决心。广大党员以自己的模范行动，直接体现了党的先进性，有力推动了直属机关整体建设和各项工作的发展。

3. 党的基层组织建设进一步加强。基层党组织是先进性教育活动的具体组织实施者，对确保先进性教育活动各项任务的落实负有重要责任。我们在这次教育活动中，注重突出基层党组织的地位，重视发挥基层党组织的作用，在每个阶段、每个环节都明确基层党组织的工作职责和目标要求，加强督促检查，有力地促进了基层党组织建设。在组织建设方面，有的部门和单位选派优秀干部充实党支部班子，使基层党组织对党员的教育、管理和服务工作更加有效，工作方式和活动方式更加切合实际；在制度建设方面，各部门各单位进一步建立健全了理论学习制度、党员领导干部民主生活会制度、组织生活会制度和评比表彰制度，使基层党组织的工作进一步规范化和有形化。

4. 党内、团内民主进一步发扬，党群、干群关系进一步密切。直属机关各级党组织在开展先进性教育活动中，一方面坚持发扬党内民主，团中央书记处、各部门各单位领导班子、各党支部负责人都充分听取广大党员、群众的意见和建议，充分调动了党员参加先进性教育活动的积极性和主动性，激发了党员的自豪感、光荣感、责任感；另一方面牢固树立群众观点，坚持走群众路线，“开门”搞教育，广泛征求和听取群众意见，主动接受群众监督，对群众反映强烈、直接涉及群众利益的问题切实加以解决。尤其是在分析评议阶段中，通过广泛征求意见、深入交流谈心、认真开展批评与自我批评，团中央书记处与团中央委员沟通的渠道、党员领导干部与普通党员沟通的渠道、党员之间及党员与群众之间沟通的渠道进一步畅通，广大党员、群众消除了与书记处领导和本部门本单位领导干部沟通的心理障碍，拉近了与领导干部的距离。各部门各单位通过开展先进性教育活动，进一步认识到密切联系青年、竭诚服务青年是我们全部工作的出发点和落脚点，推出了一系列行之有效、富有特色的活动，做到了在服务青年上有新举措，在凝聚青年上有新成效，在教育青年上有新发展，为巩固和扩大党执政的青年群众基础做出了积极贡献。

5. 团的各项工作有了进一步发展。在先进性教育活动中，我们坚持树立和落实科学发展观，以教育活动的开展推动业务工作的深入，以业务工作的实绩检验和体现教育活动的成效，切实做到先进性教育活动与业务工作两不误、两促进。广大党员通过学习、评议、整改，不仅增强了党员意识，提高了党性修养，认识了自身不足，明确了努力方向，而且进一步改进了工作作风，提高了工作水平，始终保持了昂扬向上的精神状态和积极饱满的工作热情，真正把学习的收获和思想认识的成果转化为勤奋工作的实际行动，推动了团的各项工作的不断发展。比如，在关心和服务寒假留校经济困难大学生工作中，很多党员干部放弃了休假，坚守岗位，深入校园，奉献爱心，圆满完成了党中央交给的任务。比如，在维护社会稳定工作中，团中央书记处多次召开专题会议，及时传达学习中央文件精神，对全团在当前形势下如何进一步做好青年思想政治工作和维护稳定工作作出部署，并采取了建立省级团委信息报告制度、加强团属新闻媒体的正面宣传引导、召开高校团委书记座谈会等措施，将先进性教育活动的成果体现到维护稳定的实际工作中。比如，保护母亲河行动荣获联合国首届"地球卫士奖"，胡锦涛总书记、王兆国同志就此作出重要批示，给予充分肯定；全国保护母亲河大会成功召开，曾培炎同志出席大会并作重要讲话；团的宣传工作取得新进展，尤其是中国青年报社在"两会"、少代会等活动报道中，多次受到中宣部的表扬；百名博士服务团西部行深入推进；"为了明天——预防青少年违法犯罪工程"深入开展；中央召开全国加强和改进大学生思想政治教育工作会议后，团中央迅速召开全团加强和改进大学生思想政治教育工作会议，对这项工作进行专门部署；大学生志愿服务西部计划顺利推进；青年就业和再就业工作深入发展；青年企业家东北行成效明显；成功召开第五次全国少代会；机关规范化管理和后勤服务工作进一步加强；各直属单位的事业都有新的发展等等。

三、开展保持共产党员先进性教育活动的体会

在开展先进性教育活动中，我们把中央的要求与直属机关工作、党员干部队伍实际紧密结合，大胆实践，积极探索，积累了一些好的做法和经验。归纳起来，主要有以下体会。

1. 必须牢牢把握主线，坚持把"三个代表"重要思想贯穿始终。"三个代表"重要思想赋予党的先进性以鲜明的时代内涵，揭示了党的先进性的本质特征。这次教育活动，把学习实践"三个代表"重要思想作为主线，就是要在提高广大党员学习实践"三个代表"重要思想的自觉性和坚定性上下功夫，通过党员自我教育、自我完善、自我提高，解决自身存在的突出问题，充分发挥党员的先锋模范作用。能不能牢牢把握住这条主线，决定了先进性教育活动的成败。我们在开展先进性教育活动中，始终把"三个代表"重要思想体现在活动的各个阶段、各个方面和各个环节。在学习动员阶段，我们引导广大党员深入学习、准确理解，坚持不懈地用科学理论武装头脑，不断增强学习实践"三个代表"重要思想的自觉性和坚定性；在分析评议阶段，我们强调要坚持用"三个代表"重要思想统领各项工作，通过学习实践"三个代表"重要思想端正分析评议态度，确立分析评议标准，保证分析评议效果；在整改提高阶段，我们要求把整改提高与学习贯彻"三个代表"重要思想结合起来，用"三个代表"重要思想指导实践，用"三个代表"重要思想衡量整改提高的成果。实践证明，牢牢把握住学习实践"三个代表"重要思想这条主线，使我们的先进性教育活动明确了目标、找准了方向、取得了实效。

2. 必须边教育边整改，切实解决党员和党组织存在的突出问题。共产党员要保持先进性，既需要具备较高的理论水平和思想觉悟，也需要在具体工作中切实发挥先锋模范作用。如果在加强党性修养的过程中，理论和实践相

脱离，说一套，做一套，保持党员先进性就会成为一句空话。因此，我们在这次教育活动中强调知行统一，始终坚持边教育边整改。在学习动员阶段，我们要求做到边学边改，及时把党员在理论学习上的收获转化成为提高素质、改进工作的动力；在分析评议阶段，我们要求做到边议边改，把分析发现的能够立刻改正的问题付诸整改实践，不让问题拖延乃至影响工作；在整改提高阶段，我们要求做到边整边改，让党员把在思想上对问题的认识和在行动上对问题的改正结合起来，保持同步。边教育边整改的做法，确保了先进性教育活动不走形式、不走过场，取得了立竿见影的效果，振奋了精神，促进了工作。

3. 必须依靠基层党组织，充分调动广大党员的积极性。党的基层组织是党的肌体的细胞，是党的全部工作和战斗力的基础。党的先进性最重要体现在基层党组织战斗堡垒作用的发挥上。只有通过基层组织开展活动，先进性教育才能落到实处，才能达到让全部党员受教育的目的。在这次教育活动中，基层党组织开展了多种形式的活动，创造了鲜活的经验，为确保活动覆盖全面、深入人心、不留死角起到了关键作用。一是通过学习宣传和贯彻执行中央的有关精神，切实调动了每一名党员参与教育活动的积极性。二是通过组织落实好领导小组对每个活动环节的具体部署，保证了先进性教育活动的顺利进行。三是创造性地开展了符合各自实际、体现支部特色的活动，体现了较高的首创精神，为先进性教育活动的深入开展积累了宝贵经验。

4. 必须坚持群众路线，自觉接受广大群众的评议和监督。先进性教育是面向党员开展的，但绝不是在党内封闭运行的。广大党员工作、生活在群众之中，党员的作用发挥得怎么样，有什么优点和长处，存在什么问题和缺点，群众看得最清楚，最有发言权。因此，开展先进性教育活动，一定要充分相信群众，紧紧依靠群众，坚持走群众路线。团中央直属机关在开展先进性教育活动中，重点从三个方面注意吸收群众参与。一是广泛征求群众意见。通过发函、召开座谈会、谈心、设立意见箱、开通网上论坛等多种方式，为群众发表意见创造了畅通的渠道。二是自觉接受群众监督。特别是在整改提高阶段，每个支部都在一定范围内公布了整改方案和整改结果，让群众知道改什么、如何改、什么时候改、达到什么目标。三是认真听取群众评价。在每一个阶段结束之前，上一级党组织都以抽查的方式，到下级党组织所在单位听取群众的评价意见。多数群众不满意的，都进行了严格的“补课”。这些做法使先进性教育活动形成了群众有序参与、监督有力、评价客观的良好局面，切实体现了服务群众和让群众满意的要求。

5. 必须注重方式方法，紧密结合实际创造性地开展党建工作。团中央直属机关的党员中，既有领导干部，也有一般工作人员；既有在职的党员，也有离退休的党员；既有党龄较长的老党员，也有步入工作岗位不久的新党员；既有从事机关业务工作的党员，也有从事一线教学、科研、编辑出版印刷、企事业单位经营管理和后勤服务工作的党员。开展先进性教育活动，必须从党员队伍构成的特点及思想状况出发，采取不同的方式方法。如果从上到下搞一刀切，就会丧失针对性和有效性。鉴于此，领导小组在制定方案的过程中，一方面认真贯彻中央的有关精神，严格执行中央先进性教育活动领导小组及中央督导组的具体要求，另一方面，也充分考虑到直属机关的多样性和特殊性，为他们开展特色活动留出空间。直属机关各级党组织在严格执行中央确定的先进性教育活动的指导思想、方法步骤和目标要求的前提下，都结合各自工作特点，有针对性地研究提出了党员保持先进性的具体标准，确定各自的重点学习内容和要重点解决的问题，使每一名党员都明确目标、有所收获；同时，坚持一切从实际出发，大胆创新，勇于开拓，采取了多种行之有效的方式和载体，创造性地完成了各项工作任务，为党的基层建设积累了鲜活的经验。

总的来看，我们在这次教育活动中，取得了一定的成绩，积累了初步的经验。同时，也要看到，我们的工作还存在一些不足，主要表现为以下几个方面。一是各部门各单位开展活动不平衡。总体来看，各部门各单位都能够按照中央要求，切实做好“规定动作”，但有的部门和单位开拓意识不强，在活动形式和活动载体方面创新不够。二是个别基层党组织对存在的问题解决力度还不够，解决问题还不够及时，要进一步在解决实际问题、解决具体问题上狠下功夫。三是个别党员领导干部作风还有待于进一步改进，个别党员的先锋模范作用还有待于进一步发挥。四是个别基层党组织不善于总结工作经验。基层党组织在这次教育活动中，结合各自工作实际和党员队伍思想状况，勇于创新“自选动作”，创造出很多鲜活经验，但个别基层党组织没有能够及时总结经验、形成成果。

四、巩固和扩大保持共产党员先进性教育活动成果的几点要求

6月14日上午，王兆国同志召集全国总工会、共青团中央、全国妇联、中国科协、中国侨联等单位主要负责同志会议，就进一步抓好先进性教育活动作出了重要指示。王兆国同志的重要讲话思想性、理论性、针对性非常强，对于巩固我们先进性教育活动的成果，做好新形势下党的青年工作具有重要的指导意义。我们要认真学习领会，深入贯彻落实。

先进性教育活动有时限，共产党员保持先进性永无止境。对一个领导全国人民全面建设小康社会、实现中华民族伟大复兴的执政党来说，保持党的先进性始终是一项长期艰巨的重要任务。我们的全体党员要自觉以这次先进性教育活动为新的起点，不断巩固和扩大活动成果，把“长期受教育、永葆先进性”作为经常性任务，毫不松懈地坚持下去。在此，我代表直属机关先进性教育活动领导小组提出以下几点要求。

1. 要保持先进性教育活动中形成的饱满热情，把学习实践“三个代表”重要思想不断引向深入。深入学习实践“三个代表”重要思想，是我们开展好先进性教育活动的根本指导思想，也是做好共青团工作的根本指针。我们巩固和扩大先进性教育活动成果，首要任务就是要保持广大党员的学习热情，进一步抓好用“三个代表”重要思想武装头脑、指导实践的工作，在真学、真懂、真信、真用上下功夫。一是要把坚持和实践“三个代表”重要思想作为衡量各项工作的根本标准，做到谋划活动、研究问题、推动工作都符合“三个代表”重要思想的要求，真正使学习贯彻的过程成为统一思想、提高认识、指导实践的过程。二是要自觉运用“三个代表”重要思想的立场、原则和方法，深入研究新情况新问题，紧密联系共青团工作和青年实际，拓展新思路，采取新举措，创造新业绩，真正使学习贯彻的过程成为与时俱进、开拓创新的过程。三是要不断创新学习贯彻“三个代表”重要思想的方式方法，探索理论武装的新载体，使直属机关各级党组织和广大党员真正成为贯彻“三个代表”重要思想的组织者、推动者和实践者。

2. 要巩固先进性教育活动中形成的初步成果，切实抓好各项整改措施的落实。在这次教育活动中，各级党组织和广大党员都根据征求到的意见建议和查找出来的问题不足，认真制定了整改方案，并按照中央的要求，着重对群众最关心、反映最强烈、能够短时间内解决的问题进行了切实整改，对于条件不具备、一时难以解决的问题，我们也都向广大党员群众作了详细说明，并制定了针对性强的整改措施，做好了长期安排。集中学习教育结束后，各级党组织和广大党员要继续坚持高标准、严要求，抓好这些措施的落实，防止出现虎头蛇尾的情况，要做到事事有回音，件件有着落。直属机关先进性教育活动领导小组办公室和各督导联系组还要继续做好督导检查工作，在适当时候还要认真开展一次“回头看”，看一看问题解决得是否彻底，看一看良好的形象是否保持，看一看整改工作的成效是否得以巩固和扩大。近期，我们还要开展增强团员意识教育活动。这是共青团解决团员队伍中存在的突出问题、提高团员队伍整体素质、促进基层团建的一项具体举措，也是共青团巩固和扩大先进性教育活动成果的一项具体举措。希望大家高度重视，把这项工作抓实抓好。

3. 要发扬先进性教育活动中形成的优良作风，做好服务大局、服务青年的各项工作。在这次教育活动中，我们坚持并发扬了我们党理论联系实际、密切联系群众、批评与自我批评、求真务实的优良作风。下一步，我们要把这些优良作风运用到服务大局，服务青年的工作实践中去。在服务大局方面，要始终坚持正确的政治方向，坚定理想信念，在政治上、思想上、行动上与党中央保持高度一致，把党的事业作为终身的奋斗方向，积极投身全面建设小康社会的伟大实践，切实发挥好党的助手和后备军作用。当前，我们要认真抓好广大青少年的思想政治教育工作，进一步做好维护稳定工作，尤其是要正确引导高校大学生以实际行动为社会主义现代化事业贡献力量。在服务青年方面，要始终保持与青年的密切联系，了解青年的愿望，倾听青年的呼声，做青年的朋友，做青年的表率，还要认真研究当代青年的新变化新特点，从青年的角度审视和看待自己的工作，把青年欢迎不欢迎、赞成不赞成、满意不满意作为开展工作、评价成效的根本标准，不断提高服务青年的能力和水平。下岗青工、经济困难大学生、进城务工青年等群体，在工作、生活、学习等方面面临着困难，尤其需要关心和帮助。我们要下实功、出实招、用实劲，为他们办好事、做实事、解难事。

4. 要运用先进性教育活动中形成的成功经验，着力健全保持共产党员先进性的长效机制。建立健全新形势下保持共产党员先进性的长效机制，是确保这次教育活动取得实效的一个重要内容，也是先进性教育活动的一个重要成果。直属机关各级党组织要深入贯彻曾庆红同志在重庆考察工作时的讲话精神，从党的先进性建设的长期性和艰巨性出发，紧密结合本单位改革发展稳定的实际和党员队伍状况，着重完善党员学习机制、党员教育机制、党员管理机制、党员联系群众机制、党内民主参与机制等五个方面的具体机制，把先进性教育活动的成功做法和有益经验用制度的形式固定下来、坚持下去，使先进性教育取得的成效、创造的经验转化为经常之举。健全长效机制要把握好三个原则：一是要着眼全面，注重系统性。对被实践证明行之有效的机制加以坚持，对不适应新形势需要的要修改完善或予以废止，需要而没有的要制定健全，从而形成完整的对党员教育和监督的长效机制体系。二是要把握重点，注重层次性。对重点制度的贯彻落实和重点问题的整改措施要明确要求，限定日期，责任到人。三是突出适用，注重操作性。机制建设要避免大而空，要在适用性上下功夫，做到规范具体、针对性强，使之易于掌握和操作。

同志们，团中央直属机关保持共产党员先进性教育活动已经取得了明显的成效。在过去的半年中，中央督导组在李玉赋同志的带领下，加班加点、不辞劳苦，求真务实、一丝不苟，深入基层指导工作，这种高度负责的工作态度和过硬的工作作风为我们作出了表率。同时，团中央直属机关先进性教育活动还得到了中央先进性教育活动领导小组办公室指导协调二组和中直机关先进性教育活动领导小组办公室的大力支持和悉心指导，借此机会，我代表团中央直属机关向以李玉赋同志为组长的中央第23督导组和中央先进性教育活动领导小组办公室指导协调二组、中直机关先进性教育活动领导小组办公室表示衷心的感谢和由衷的敬意!

同志们,让我们更加紧密地团结在以胡锦涛同志为总书记的党中央周围,高举邓小平理论和“三个代表”重要思想的伟大旗帜,与时俱进、开拓创新,求真务实、努力奋斗,不断开创共青团工作的新局面。

周强在全国青联与日本青年会议所友好交流20周年庆典上的讲话

2005年6月20日

尊敬的高竹和明团长先生、野津乔名誉顾问先生、冈田伸浩名誉团长先生,

尊敬的井出敬二公使先生,

先生们、女士们、朋友们:

在纪念中华全国青年联合会和日本青年会议所友好交流20周年之际,来自两组织及两国社会各界的有识之士欢聚一堂,共同回顾两组织20年的交往历程,探讨新形势下两组织合作的发展方向,展望中日青年交流的美好前景,是一件十分有意义的事。

日本青年会议所是全国青联对日交流的重要伙伴。自1985年双方建立友好交流关系以来,两组织致力于推动中日友好事业的信念始终没有改变,双方在人才培养、经贸合作、环境保护等各个领域开展了丰富多彩、卓有成效的交流。

“吃水不忘挖井人”。20年后,我们再次欢聚一堂,不能不想起为推动两组织交流与合作做出重要贡献的两国老一辈友好人士。今天在座的,就有全国青联的老领导和日本青年会议所的老前辈,他们的努力与奉献为两组织乃至中日两国友好事业的发展奠定了坚实的基础。让我们对他们表示衷心的感谢。同样,持续20年的友好交往也离不开两国有关部门和机构的大力支持,离不开两国社会各界青年的广泛参与,这是推动我们持续开展友好交流事业的重要力量。

青年交流是中日民间交流的重要组成部分,是推动中日关系不断发展的最为活跃的力量之一。当前中日关系中出现的不正常状况不符合两国青年的共同利益,我们愿与日本青年会议所的各位朋友一起,本着“以史为鉴、面向未来”的精神,继承中日青年友好交流的光荣传统,以胡锦涛主席提出的发展中日关系的五点主张,进一步加强中日青年友好往来,为促进中日关系继续沿着正确的方向向前发展做出新的贡献。

借此机会,我谨对今后两组织的交流提如下建议。

第一,引导更多的青少年参与中日友好交流活动。中华全国青年联合会与日本青年会议所要不断丰富交流载体,创新交流方式,以环保合作、文体交流、地方组织交流等具有时代特点、符合当代青少年兴趣热点的交流项目,吸引、动员更多的青少年参与中日友好交流活动,为培养中日友好事业的接班人做出努力。

第二,探索人力资源开发合作的新途径。两组织开展的研修生培养事业丰富了中日民

间交往的内涵，是中日项目合作的知名品牌。在新形势下，我们可以在原有基础上探索教育助学、短期培训、论坛讲座的新的合作方式，使这一传统合作项目焕发出新的活力。

第三，促进两国青年企业家之间的合作。中日两国互为重要贸易合作伙伴，这为青年企业家开展经贸合作提供了广阔的空间。我们两组织要利用各自广泛的青年企业家网络优势，充分发挥牵线搭桥的作用，切实促进两国青年企业家在各个领域开展交流与合作。

女士们，先生们，同志们：

20年来，我们之间的友好交流顺应了时代的发展潮流，取得了丰硕的成果。我相信，在我们的共同努力下，我们将迎来未来50年、100年甚至更长久的辉煌。

最后，再次对两组织友好交流20周年表示衷心的祝贺！

谢谢大家！

周强在共青团全国基层组织建设工作会议上的讲话

2005年6月28日

这次会议是在全党深入开展保持共产党员先进性教育活动的新形势下召开的。会议的主要任务是，以邓小平理论和“三个代表”重要思想为指导，深入贯彻党的十六大、十六届四中全会和团十五大、团十五届三中全会精神，总结交流近年来团的基层组织建设的主要经验和做法，研究提出当前和今后一个时期团的基层组织建设的工作思路和推进措施，部署开展增强共青团员意识主题教育活动，努力开创基层团建工作的新局面。

这次会议得到了中共河南省委、省政府的高度重视和大力支持。昨天，中共河南省委书记徐光春同志发表了热情洋溢的讲话。中共河南省委副书记王全书同志出席了今天的会议，介绍了河南省省情和河南各级团组织带领广大团员青年在经济社会发展中充分发挥生力军作用的情况。长期以来，中共河南省委、省政府高度重视和关心共青团和青年工作。近年来，团河南省委按照省委、省政府和团中央的要求，大力推进团的基层组织建设，取得了明显成效。

下面，我代表团中央书记处，就共青团基层组织建设讲三个问题。

一、认真总结团十四大以来团的基层组织建设的做法和经验

团十四大以来，团中央书记处贯彻党中央指示精神，坚持以“三个代表”重要思想为根本指针，坚持党建带团建，坚持以改革的精神研究和解决基层团建的新情况、新问题，不断探索与社会主义市场经济体制相适应的组织体系和运行机制，团的基层组织在继承中创新、在适应中发展，形成了全团抓团建、全团抓基层的良好氛围，各地积累了许多好的经验和做法，并呈现出以下特点。

1. 党建带团建工作有新发展，成为新时期加强和改进团的基层组织建设的根本保证。党建带团建是新形势下加强党对共青团领导的重要原则。2000年8月，中组部和团中央联合召开了全国基层党建带团建工作会议，这在团的建设尤其是团的基层组织建设的历史上具有深远的意义。2002年5月15日，江泽民同志在纪念中国共青团成立80周年大会上强调指出:“要坚持党建带团建,把团的建设纳入党的建设总体规划之中。”这对我们进一步加强团的建设具有极为重要的指导意义。几年来,各省(区、市)都召开了党建带团建工作会议。各级团组织在各级党委的关心支持下,努力把基层团的建设纳入基层党的建设总体格局,落实“五带一优化”的总体要求,建立完善党建带团建的领导机制、组织机制和工作机制,党建带团建工作不断地深入发展,有效地促进了团的基层组织建设。

2. 重点领域基层团建有新突破,成为新时期加强和改进团的基层组织建设的重要生长点。农村基层团组织按照“强乡带村”的思路,在实践中进行大胆探索,村团支部书记直选、农村团干部“三位一体”配置、产业建团等做法取得了明显成效,农村基层团组织建设在巩固中得到加强。2001 年,根据胡锦涛同志的重要批示,团中央着力抓好非公有制经济组织团建工作,在浙江温州召开了全国非公有制经济组织团建工作现场推进会。这次会议之后,在非公有制经济组织和社区中,形成了联合建团、依托建团、社区建团、公寓(楼宇)建团等基层团组织设置方式及适应其自身特点的发挥作用方式、推进工作方式。目前,团的基层组织体系进一步健全,保持着稳定发展的态势。尤其是非公有制经济组织团建工作在各地有了较大的发展,比如说浙江、福建、广东等地。从一些地方的非公有制经济组织团建工作来看,一方面是党的建设带动了非公有制经济组织团的建设,另一方面非公有制经济组织团建在一定程度上也促进了非公有制经济组织党的建设。截至 2004 年底,全国共有基层团组织 298.6 万个,非公有制经济组织建团率达到 53.3%。

3. 团员和团干部队伍建设整体水平有新提高,成为新时期加强和改进团的基层组织建设的坚实基础。在团干部队伍建设方面,始终把用邓小平理论和“三个代表”重要思想武装团干部作为教育培训的首要任务,加强团干部思想作风建设和基层团干部选拔配备工作,基层团干部素质有了较大的提高,作风有了明显的改进。2004 年,全国专职团干部中 35 周岁以下的占 95%,党员占 67%,拥有大学本科以上学历的占 72%。在团员队伍建设方面,加大了农村、中学和非公有制经济组织等领域发展团员工作力度,全国团员总数保持稳定。截止到 2004 年底,全国团员总数为 7188 万人,团青比为 23.2%,达到历史上的最高水平。“推优”工作深入发展,成为发展青年党员的重要渠道。1998 年至 2003 年,经各级团组织推荐入党的优秀团员为 368.7 万名。

4. 基层团建创新有新成果,成为新时期加强和改进团的基层组织建设的不竭动力。团十四大以来,特别是 1999 年团中央部署开展团建创新试点工作以来,各级团组织在团的组织形式、组织体系、组织制度、组织运行机制和工作方式等方面进行了大胆创新,取得了明显成效。比如,在社区形成了以街道团工委为核心,具有开放性、协作性,充满活力的社区团组织网络;在团员管理方面建立起了动态、开放、协作式的流动团员管理机制,等等。不同行业、不同战线都进行了积极探索,通过几年的不懈努力,创新观念在全团深入人心,创新实践在基层广泛开展,基层团组织的主动性和适应性得到了进一步增强。

5. 基层团建工作运行机制取得新成效,成为新时期加强和改进团的基层组织建设的长效保障。创建“五四红旗团委”活动是新形势下整体推进团的基层组织建设的重要载体和有形手段。1999 年,团中央在全团部署开展创建“五四红旗团委”活动,并逐步深化,探索形成了基层团建整体推进机制,县(市)团委、基层团委、团支部三级联合创优活动广泛开展,有力地促进了基层团建整体水平的提高;坚持和完善团内民主制度,在党组织的领导下,积极稳妥地推进团内民主;健全团的社会化工作机制，实行项目化、事业化运作，广泛吸纳和有效整合社会资源；大力推进城乡青年中心建设，努力构建"基层团委＋青年中心"的基层团组织联系团员青年的新型纽带。到目前为止，全团已经建立城乡青年中心3000多个，有力地促进了基层团的建设，活跃了基层团的工作。

回顾近年来的工作实践，我们深刻地认识到，做好新形势下的基层团建工作，必须坚持以"三个代表"重要思想为指导，把握基层团建工作的正确方向；必须坚持党建带团建，把基层团的建设纳入基层党的建设整体格局；必须坚持团建创新，不断增强基层团组织的生机与活力；必须坚持以服务促团建，切实增强基层团组织的吸引力和凝聚力；必须坚持全团抓团建、全团抓基层，努力形成加强团的基层组织建设的合力；必须坚持健全机制、完善制度，推进基层团建工作健康有序发展。

这些年来，在加强团的基层组织建设方面，团中央是每年一个工作重点。1999年，开展创建"五四红旗团委"活动和团建创新试点工作。2000年召开全国基层党建带团建工作会议，并就社区团建工作制定了《共青团中央关于加强城市社区团组织建设的若干意见》。2001年召开了全国非公有制经济组织团建工作现场推进会，作出了《共青团中央关于加强非公有制经济组织团的建设的意见》；年底，在团十四届五中全会上作出了《共青团中央关于加强和改进团的作风建设的决定》。2003年团十五大报告提出加强青年中心建设。2004年3月召开共青团全国青年人才工作会议，大力加强青年人才工作；年底，在团十五届三中全会上专门部署加强团的能力建设，提出加强各级团组织的服务能力、凝聚能力、学习能力、合作能力，还作出了《共青团中央关于进一步加强团的基层组织建设的决定》。近年来，在全团的共同努力下，团的基层组织建设取得了可喜的成绩。但我们还要清醒地看到，团的基层组织建设面临着许多新情况、新问题、新挑战，还存在很多薄弱环节，比如，基层团组织建设还存在不适应形势发展和青年需要的地方；在一些地方，基层团组织松散瘫痪、软弱无力的现象依然存在。这些问题都需要引起高度重视，采取切实有效措施加以解决。

二、充分认识团的基层组织建设面临的新形势新任务

我国正处于全面建设小康社会、加快推进社会主义现代化的关键时期。共青团事业的发展正处在新的历史起点上。现阶段，党的思想建设、组织建设、作风建设、制度建设全面展开，党的执政能力建设和先进性建设重点推进，中国特色社会主义伟大事业和党的建设新的伟大工程同步发展，为共青团加强自身建设，做好新时期青年群众工作进一步指明了方向，带来了新的机遇，也提出了新的更高的要求。

1. 经济社会发展的新形势为加强团的基层组织建设带来了新机遇。从现在起到2020年，是我国面临的重要战略机遇期。我国的人均GDP已经突破1000美元，改革发展既面临"黄金发展时期"的宝贵机遇，又面临"矛盾凸显时期"的严峻挑战。随着经济全球化、区域经济一体化趋势深入发展，科技进步突飞猛进，我国社会主义市场经济不断发展，公有制为主体、多种所有制经济共同发展的基本经济制度和按劳分配为主体、多种分配方式并存的分配制度不断完善，工业化、城镇化和经济结构调整加速进行，社会组织形式、就业结构、社会结构的变革加快，中国特色社会主义事业的总体布局由社会主义经济建设、政治建设、文化建设三位一体发展为社会主义经济建设、政治建设、文化建设、和谐社会建设四位一体。中国特色社会主义事业离不开青年的参与和创造。更好地把亿万青年团结起来、凝聚起来，放手让青年争先创优的活力竞相迸发，让一切创造社会财富的源泉充分涌流，是基层团的建设和工作新的舞台。同时，政府把更多的

社会职能交给社会组织来承担，特别是社会建设和管理的重心在基层，给基层团组织的发展拓展了新的空间，迫切需要基层团组织肩负起参与社会建设、提供社会服务、反映诉求、规范行为的重要职责，提高激发社会创造活力的本领、协助管理社会事务的本领、协调利益关系的本领、处理人民内部矛盾的本领、开展群众工作的本领、维护社会稳定的本领，团结带领广大青年在改革开放和现代化建设的伟大实践中充分发挥生力军作用。比如，在构建社会保障体系方面，青年志愿者行动和希望工程等各项公益事业已经成为社会保障体系的重要内容；比如，今年春节前，全团统一行动，贯彻胡锦涛总书记的重要指示，短短十天内筹集资金4122万元，为留校过春节的经济困难大学生送去温暖，开展了丰富多彩的文化活动；又比如，在实现人与自然和谐发展方面，保护母亲河行动取得明显的成效。

2. 适应青年群体新变化使团的基层组织建设面临着新挑战。青年是最活跃的社会群体，总是处于不断的发展变化之中。特别是在“四个多样化”的新形势下，青年的就业结构和就业方式不断变化，社会流动性大大加强，越来越多的青年由“单位人”变成“社会人”，新的青年群体不断涌现，青年思想的独立性、选择性、多变性和差异性明显增强，受各种思想观念影响的渠道明显增多、程度明显加深，青年需求日趋丰富和多样。特别是信息技术和互联网络的飞速发展，从观念到行为，到组织方式，都给青年带来了深刻的影响。网络已经成为一种新型的组织动员方式，注册QQ、MSN进行联系的人数已经达到上亿人，网上青年组织不断涌现，这对于共青团来说是一个新的挑战和考验。面对这些新变化，团的基层组织建设在有些方面明显滞后，有很多不适应的地方。与青年的选择多样化相比，基层团组织服务青年的观念和手段还需要不断创新；与青年群体结构的多样化相比，基层团组织的组织覆盖面和工作覆盖面还有待拓展；与青年的需求多样化相比，基层团组织服务青年的项目还不够丰富。同时，以青年为主要工作对象和以青年为主体力量的各种社会组织不断出现，是对团组织的又一挑战。各级团组织，尤其是基层团组织，要认真研究在改革开放条件下成长起来的新一代青年的特点，把握新时期做好青年工作的规律，从经济体制转轨时期的实际情况出发，努力扩大覆盖面和影响力，提高适应性和创造力，进一步密切与青年的联系，使团组织深深扎根于青年之中。

3. 巩固党的青年群众基础对加强团的基层组织建设提出了新任务。党的十六届四中全会提出了加强党的执政能力建设这一重大战略课题。青年工作是党的群众工作的重要内容，共青团是党的群众工作的重要力量。服务党的执政能力建设，把青年更广泛、更紧密地团结在党的周围，紧跟党走在时代的前列，是共青团的神圣使命。团的基层组织担负着直接联系青年、服务青年、团结青年、教育青年，把党的要求和团的任务落实到团员青年的重要任务。做好新时期青年群众工作的难点在基层，关键在基层，希望在基层，活力在基层。因此，抓住了团的基层组织建设就抓住了青年群众工作的根本。各级团组织必须牢固树立基层第一的理念，形成服务基层的导向，高度重视抓基层、打基础，多做事关全局、事关长远的工作，多干长久受益的事业，把工作的着力点放在基层，把心操在基层，把劲使在基层，夯实共青团各项事业发展的组织基础，并紧紧依靠广大基层团干部，多给基层团干部一些关心，理解他们的工作难处，尽最大努力帮助他们解决工作、生活中的实际困难和问题，为他们开展基层工作创造良好条件，使基层团组织真正成为团的全部工作和战斗力的基础。

三、不断探索和构建与经济社会发展相适应的团的组织运行机制

努力把共青团建设成为团结教育青年的

坚强核心，是党对共青团的一贯要求。新世纪新阶段，基层团建工作必须以邓小平理论和“三个代表”重要思想为指导，按照“全团抓团建，全团抓基层”和“党建带团建，团建抓创新”的总体要求，以提高基层团组织服务能力为核心，以不断扩大团的基层组织的有效覆盖为基础，以切实加强团员、团干部队伍建设为关键，以基层团组织制度建设为保障，努力构建与经济社会发展和青年群体变化相适应的组织运行机制，把团的基层组织建设成为政治坚定、组织巩固、具有内在活力的坚强集体，不断巩固和扩大党执政的青年群众基础。

在全党深入开展保持共产党员先进性教育活动中，各级团的领导机关在党委的领导下，高度重视，精心组织，普遍取得了良好的效果。共青团要在巩固开展党员先进性教育活动成果的基础上，进一步抓好基层团组织建设，切实抓好增强共青团员意识主题教育活动。基层团组织建设和增强共青团员意识主题教育活动是相互促进、相互影响的统一整体，体现了夯实基础、狠抓重点的工作要求，我们要准确把握，全面落实。加强团的基层组织建设是一项系统工程，我在这里主要强调以下三个问题。

1. 灵活设置团的基层组织。把共青团健全的组织体系转化为强大的组织优势，实现团组织对团员青年的组织覆盖和工作覆盖，从而把青年更广泛、更紧密地团结在党的周围，是共青团发挥好党联系青年的桥梁纽带作用的必然要求。要切实加强农村基层团组织薄弱环节和非公有制经济组织、社区等新兴领域的团建工作，努力做到“哪里有团员青年，哪里就有团组织，哪里就有团的工作”。非公有制经济领域团建工作既要提高建团率，又要在组织管理、运行机制和作用发挥上下功夫，使团组织既能建起来、又能活起来。社区团建要着力推动基层团组织跨行业、跨单位的横向协作，逐步形成以街道团工委为核心，具有开放性、协作性，充满活力的社区团组织网络。要着眼于增强农村基层团组织的活力，加强乡镇团委和小城镇团的建设，加大对松散瘫痪团支部的调整力度，着力选配好村团支部书记。山东团省委大力推动村团支部书记进两委，取得明显成效，值得各地借鉴学习。在国有企业和学校，要适应建立现代企业制度的要求和高校实行弹性学分制、后勤社会化的实际，在巩固的基础上不断创新和发展团的组织。

要树立“大团建”的观念，大力推进城乡青年中心建设。各级团组织要充分发挥领导者、创建者和指导者作用，充分发挥在青年中心建立、运转、管理等关键环节中的核心作用。既加强共青团的领导，又着力指导和支持青年中心独立自主开展工作，用三至五年左右时间，在全国符合条件的农村乡镇和城市街道逐步建立青年中心，并按照组织建设好、项目发展好、队伍建设好、阵地依托好、机制建设好的“五个好”标准，努力把青年中心建设成为共青团领导下的凝聚人才、联系青年的新纽带，服务青年、服务社区的新平台。

2. 创新基层团的工作和活动方式。按照党政所需、青年所急、共青团所能的要求开展团的工作和活动，进一步增强基层团组织对团员青年的吸引力和凝聚力，是共青团组织巩固和扩大党执政的青年群众基础的重要措施。创新基层团的工作和活动方式内涵非常丰富。比如，积极探索流动团员的管理方式，推动流入地和流出地团组织的相互衔接，实现动态管理，达到团员流动但不流失的目的。比如，创新团的教育方式，采取青年喜闻乐见的方式、运用互联网等现代化科技手段来改进教育工作。又比如，创新团的服务方式，适应青年日益增长的服务需求，不断丰富服务项目，强化服务阵地，构建面向青年、具有共青团特点、开放互动的服务体系。又比如，创新团的资源整合方式，适应市场经济发展的新形势，靠团的优势服务社会，靠服务社会吸纳资源，靠社会资源服务青年，从而使基层团的工作形成一个与社会和青年互动的、良性循环的机制，从根本上解决长期困扰基层团组织的资源短缺问题。

3. 建设一支先进性强、模范作用突出的团员队伍。坚持不懈地把团员队伍建设好、管理好、作用发挥好，是共青团组织不断焕发生机和活力的重要保证。建设一支先进性强、模范作用突出的团员队伍，核心是提高团员队伍的整体素质，关键在于发挥好团员的模范带头作用，重点是增强团员意识。在全团集中开展以学习实践"三个代表"重要思想为主要内容的增强共青团员意识主题教育活动，是团十五大作出的一项重大决策，是坚持用"三个代表"重要思想武装全团的重要举措，是加强团的基层组织建设的必然要求，是加强团员队伍建设的迫切需要，也是巩固共青团开展党员先进性教育活动成果的必然要求。要紧紧抓住学习实践"三个代表"重要思想这条主线，牢牢把握"永远跟党走"这个主题，学习借鉴党员先进性教育活动的成功经验，在广大团员中广泛深入地开展理想信念教育、宗旨意识教育、党的基本路线教育、思想道德教育、形势教育和团史团情教育，增强团员对团组织的认同感和归属感，提高团员的政治意识、组织意识和模范意识。各级团组织要高度重视，切实加强组织领导，建立健全领导责任制。要准确把握"增强意识、健全组织、活跃工作"的目标要求，在提高思想认识、解决突出问题、推动团的建设和促进各项工作上下功夫，适合团员青年特点，设计开展活动时注重简便易行，确保取得实实在在的成效。团中央从今年9月份正式启动增强共青团员意识主题教育活动，每一个基层团组织用一个月的时间开展主题教育活动。要坚持分类指导，根据党政机关、城市社区、农村、企事业单位、学校以及流动团员等不同领域、不同行业、不同类型团员的特点，从实际出发，设计开展形式多样、丰富多彩的主题实践活动，增强教育活动的针对性和感染力。要积极探索团员教育管理的新方法、新途径，建立健全团员"长期受教育，永远跟党走"的长效机制，巩固和扩大教育活动成果，逐步使团员意识教育经常化、制度化、规范化。

同志们，加强和改进新时期团的基层组织建设责任重大。让我们紧密团结在以胡锦涛同志为总书记的党中央周围，高举邓小平理论和"三个代表"重要思想伟大旗帜，以饱满的精神、良好的作风、创新的思路、扎实的工作，切实抓好团的自身建设，不断开创共青团事业发展的新局面，团结带领广大团员青年为全面建设小康社会而努力奋斗！

周强在全国大中专学生志愿者暑期"三下乡"社会实践活动出征仪式上的讲话

2005年7月12日

今天，中宣部、中央文明办、教育部、共青团中央、全国学联在中国农业大学隆重举行2005年全国大中专学生志愿者暑期文化科技卫生"三下乡"社会实践活动出征仪式。以今天的出征仪式为标志，2005年"三下乡"社会实践活动全面展开。

今年的“三下乡”社会实践活动是在全党全国各族人民以“三个代表”重要思想为指导，认真落实科学发展观，努力构建和谐社会，以及中央进一步加强和改进大学生思想政治教育，引导和鼓励高校毕业生面向基层就业的大背景下组织开展的。从今天开始，400 万大中专学生将唱响“服务和谐社会建设，提高思想政治素质”的口号，奔赴祖国各地，在改革开放和现代化建设的伟大实践中受教育、长才干、做贡献。这对广大青年学生来说是一次难得的锻炼的机会，是胸怀祖国、服务人民的具体实践。同学们出征在即，我代表团中央书记处，向同学们提出三点希望：

希望同学们在“三下乡”社会实践活动中虚心向人民群众学习。人民群众是历史的创造者，人民群众生产劳动的伟大实践是青年知识分子健康成长的深厚土壤。希望同学们在“三下乡”社会实践活动中深入群众，主动地向人民群众学习，虚心学习他们勤劳质朴、脚踏实地、谦虚谨慎、坚韧顽强的优良品质，在与人民群众的交往过程中建立深厚的感情。在实践中熏陶思想感情、充实精神生活、提高道德境界、增长知识才干。

希望同学们在“三下乡”社会实践活动中为人民群众办实事。全心全意为人民服务是我们党的根本宗旨，也是当代大学生的崇高追求。近日，温家宝总理在给中国农业大学 34 名同学的回信中勉励在校大学生要用自己所学知识为农民服务，体现当代大学生情系乡土回报乡亲的赤子情怀。希望同学们在“三下乡”社会实践活动中牢固树立为人民服务的观念，多为群众办实事、办好事，为基层留下一大批看得见、摸得着的成果，并通过活动建立起与基层、与人民群众长期、密切的联系，为地方经济社会的发展提供源源不断的物质和智力支持，用自己的实际行动服务和谐社会建设。

希望同学们在“三下乡”社会实践活动中树立面向基层、建功立业的成才志向。近日，中央下发了《关于引导和鼓励高校毕业生面向基层就业的意见》。了解基层是服务基层、扎根基层的前提和基础，希望同学们在社会实践中深入了解国情、了解社会，正确认识自我，正确认识基层特别是西部基层和艰苦边远地区广阔的发展前景，树立行行建功、处处立业的观念，自觉将青春融入到为祖国和人民的真诚奉献中去，把个人追求同国家与社会的需要紧密结合起来，唱响到基层、到西部、到祖国最需要的地方建功立业的主旋律和时代强音。

“三下乡”社会实践活动持续时间长、地域跨度大、人员流动性强，做好这项工作需要各级党政领导的关心，也需要社会各有关方面的大力支持。各级团学组织要在党政的领导下认真筹划，精心组织，加强协调，形成合力，把各项工作落到实处。同时，希望大家牢固树立安全第一的观念，明确责任制度，采取有效措施，确保参加活动师生的人身安全。

同志们、同学们，大学生“三下乡”社会实践活动已经走过八年时间。经过八年的发展建设，这项活动已经形成了比较完善的工作机制，已经具有了很好的品牌效应，已经产生了广泛的社会影响，已经得到了人民群众和广大青年学生的高度认同。我们完全有理由相信，在各有关方面的扎实工作下，今年的“三下乡”社会实践活动一定能够取得新的进展、新的提高，祝愿同学们在实践活动中取得新的进步！

在全面建设小康社会的伟大历史进程中谱写新的青春篇章

——周强在全国青联十届一次全委会和全国学联二十四大上的致辞

2005 年 7 月 22 日

中华全国青年联合会第十届委员会第一次全体会议和中华全国学生联合会第二十四次代表大会今天隆重开幕了。我谨代表共青团中央向两个大会表示热烈的祝贺！刚才，中共中央政治局委员王兆国同志代表党中央发表了重要讲话，对当代青年和青年学生寄予了殷切希望，对青联、学联组织提出了明确要求，我们要认真学习、深刻领会，切实抓好贯彻落实。

进入新世纪以来，我们党领导全国各族人民取得了社会主义现代化建设事业新的伟大成就。伴随着时代前进的步伐，当代青年和青年学生信念坚定、胸怀祖国，刻苦学习、矢志成才，奋勇拼搏、大显身手，展现出崭新的精神风貌。五年来，青联、学联组织充分发挥自身优势，坚持用科学理论武装青年，用爱国主义和社会主义旗帜引领青年，用中华民族伟大复兴的宏伟目标激励青年，围绕农村发展、企业改革、科教兴国、人才强国、西部大开发、可持续发展、振兴东北老工业基地等重大战略部署，扎实开展青年科技创新行动、青年志愿者行动、保护母亲河行动、博士服务团、百名博士“西部行”、青年企业家“西部行”“东北行”、海外学人回国创业、大学生志愿服务西部计划、“三下乡”等品牌活动，有效地服务了青年和青年学生的成长成才，推动了经济发展和社会进步。青联和学联组织取得的成绩，凝聚着党和政府的亲切关怀，饱含着社会各界的大力支持。在此，我们谨向以胡锦涛同志为总书记的党中央表示崇高的敬意！向长期以来关心、支持青年和学生工作的党政部门以及社会各界表示衷心的感谢！

本世纪头 20 年，是我国必须紧紧抓住并且可以大有作为的重要战略机遇期。全面建设小康社会的伟大实践，为当代青年施展才华、成就理想提供了广阔舞台，也需要当代青年以时不我待、只争朝夕的精神奋发进取。广大青年要切实增强使命感和责任感，始终铭记胡锦涛总书记的殷切期望，勤于学习、善于创造、甘于奉献，努力成长为社会主义“四有”新人，更好地肩负起全面建设小康社会、实现中华民族伟大复兴的崇高使命。青联、学联组织作为党联系青年和学生的桥梁纽带，要深入研究当代青年的发展变化，最大限度地凝聚青年的力量，激发青年的热情，发挥青年的作用，在全面建设小康社会的伟大进程中创造出无愧于时代和人民的业绩。

要始终坚持中国青年运动的正确方向。方向问题是中国青年运动的根本问题。青联、学联组织要始终坚持党的领导，坚决贯彻执行党的路线方针政策，自觉服从服务于党的工作大局，切实发挥好党联系青年的桥梁纽带作用，使党的主张变为广大青年的自觉行动。要始终高扬爱国主义和社会主义的伟大旗帜，把不同地域、不同领域、不同民族、不同信仰的中华青年最广泛地团结凝聚起来，充分调动他们热爱祖国、建设祖国的热情和创造活力，共同肩负起振兴中华、实现祖国完全统一的历史重任。要紧紧围绕全面建设小康社会的时代主题，贯彻落实科学发展观，引导青年倍加珍惜难得的发展机遇和安定团结的大好局面，在社会主义经济建设、政治建设、文化建设与和谐社会建设中充分发挥生力军作用。

要积极引导青年走健康成长之路。与实践相结合，与人民群众相结合，是青年健康成长的必然要求。青联、学联组织要按照党的要求，进一步加强对青年和青年学生的思想教育，引导青年和青年学生坚定对邓小平理论和"三个代表"重要思想的信仰，对中国特色社会主义道路的信念，对全面建设小康社会、实现中华民族伟大复兴的信心。要充分发扬实践育人的传统，进一步深化社会实践活动，丰富实践形式，完善实践机制，引导青年在自觉广泛的社会实践中了解基本国情、提高思想境界、增长知识才干。要深入实施大学生志愿服务西部计划，引导和鼓励更多的高校毕业生到西部、到基层、到祖国最需要的地方经受锻炼，施展才华。要引导青年和青年学生牢固树立依靠人民、学习人民、服务人民的思想和观念，在与广大人民群众的共同奋斗中拼搏奉献，在改革开放和现代化建设的伟大实践中成长成才。

要竭诚为青年服务。竭诚服务青年是党的全心全意为人民服务的根本宗旨在青联和学联工作中的具体体现，也是青联、学联组织增强对青年的吸引力、凝聚力的前提条件。青联和学联组织要着眼于青年的根本需求，帮助青年增强学习能力、实践能力和创新能力，培养造就一支规模宏大的青年人才大军。要围绕大局，服务青年，深入实施中国青年创业行动，鼓励扶持青年创业，促进青年就业，推动青年在经济社会发展的广阔舞台上建功立业。要深入青年，贴近青年，了解青年，帮助他们解决在学习成才、精神文化、权益保护等方面遇到的实际问题，特别要关心和帮助困难青年群体，尽心竭力为他们办实事、做好事、解难事。

共青团在青联中发挥着核心作用，对学联负有指导的责任。在新的历史条件下，各级团组织要始终把握青年运动的前进方向，带领青联和学联组织更好地开展工作。要支持青联、学联组织发挥自身优势，按照法律和章程独立自主地开展工作，激发它们的主动性和创造性。青联和学联组织要切实加强自身建设，主动适应时代发展的要求，认真研究工作中出现的新情况、新问题，积极探索新形势下开展工作的新思路、新方法，努力增强对青年的吸引力和凝聚力。

各位委员、同志们、同学们，伟大的事业催人奋进，美好的未来召唤青年。让我们更加紧密地团结在以胡锦涛同志为总书记的党中央周围，高举邓小平理论和"三个代表"重要思想伟大旗帜，全面落实科学发展观，团结奋进，求真务实，开拓创新，拼搏奉献，在全面建设小康社会、实现中华民族伟大复兴的历史进程中不断谱写新的青春篇章！

最后，祝全国青联第十届委员会第一次全体会议和全国学联第二十四次代表大会圆满成功！

周强在全国增强共青团员意识主题教育活动电视电话会议上的讲话

2005年8月24日

今天,我们召开全国增强共青团员意识主题教育活动电视电话会议,这是一次十分重要的会议。会议的主要任务是,深入贯彻党的十六大和十六届四中全会精神,认真落实团十五大和十五届三中全会精神,按照共青团中央《关于在全团开展以学习实践"三个代表"重要思想为主要内容的增强共青团员意识主题教育活动的意见》的要求,全面部署和启动实施增强共青团员意识主题教育活动。下面,我代表团中央书记处,谈几点意见。

一、充分认识在全团开展增强共青团员意识主题教育活动的重要性和必要性

在全团开展增强共青团员意识主题教育活动,是团十五大作出的重要决定。2004年底,团中央向党中央书记处汇报工作时,提出要把增强共青团员意识主题教育活动作为今年的一项重点工作。党中央书记处给予了充分肯定,要求全团认真开展好增强共青团员意识主题教育活动。各级团组织要认真贯彻落实党中央书记处的指示精神,深刻认识开展教育活动的重要性和必要性,将增强团员意识教育活动作为共青团员政治生活中的一件大事,以高度的责任感和使命感把教育活动切实抓紧抓好。

1. 开展增强团员意识主题教育活动是共青团贯彻落实保持共产党员先进性教育活动精神的必然要求。在全党开展以实践"三个代表"重要思想为主要内容的保持共产党员先进性教育活动,是坚持用"三个代表"重要思想武装全党的重要举措,是提高党的执政能力、巩固党的执政基础、完成党的执政使命的重要举措,是实现全面建设小康社会宏伟目标、推进中国特色社会主义伟大事业的重要举措。共青团作为党的助手和后备军,要通过开展增强团员意识教育活动,把保持共产党员先进性教育活动的精神全面深入地贯彻到团员青年中去,教育引导团员青年用"三个代表"重要思想构筑强大的精神支柱,牢固树立为中华民族伟大复兴而奋斗的远大理想,坚定跟党走中国特色社会主义道路的信念。这是共青团的根本任务所在,是共青团学习实践"三个代表"重要思想的深化,是全面贯彻落实保持共产党员先进性教育活动精神的实际行动。扎实开展好教育活动,对巩固和扩大党的青年群众基础、永葆党的先进性,具有重要的现实意义和深远的历史意义。

2. 开展增强团员意识主题教育活动是加强团的基层组织建设的必然要求。团中央始终高度重视团的自身建设,特别是团的基层组织建设。近年来,在全团的共同努力下,团的基层组织建设在继承中创新,在开拓中前进,团员队伍稳步发展壮大,团干部队伍素质明显提高,与社会主义市场经济体制相适应的工作机制逐步建立。但是,我们要清醒地看到,团的基层组织、团的队伍中还存在着与新形势不相适应的地方,有的基层团组织软弱涣散、作用发挥不够充分;有的团干部事业心和责任感不强、作风不实;有的团员思想认识模糊、理想信念动摇、团员意识淡薄,等等,这些问题需要引起全团的高度重视。要通过开展教育活动,进一步增强广大团员的政治意识、组织意识、模范意识,使广大团员自觉成为"三个代表"重要思想的忠实实践者,成为具有强烈的组织意识和纪律观念的合格团员,成为执行党的路线方针政策的模范、勤奋工作的模范、刻苦学习的模范、遵纪守法的模范和开拓创新的模范。要通过教育活动,着力解决基层团组织存在的突出问题和难点问题,使团的基层组织建设在整体上得到加强,不断增强基层团组织的吸引力、凝聚力和战斗力。

3. 开展增强团员意识主题教育活动是新时期推进团的各项工作的必然要求。当前,共青团事业正处于一个新的历史起点上。随着经济全球化的深入发展,科技进步的突飞猛进,社会主义市场经济的不断发展,共青团工作面临着难得的历史机遇,也面临着现实的挑战。牢牢抓住本世纪头二十年的重要战略机遇期,团结带领广大团员青年集中力量为建设一个惠及十几亿人口的经济更加繁荣、民主更加健全、科教更加进步、文化更加繁荣、社会更加和谐、人民生活更加殷实的小康社会而努力奋斗,是共青团组织的光荣使命。要通过开展教育活动,进一步活跃团的工作,把团员青年团结起来、凝聚起来,积极投身经济建设和经济体制改革,为促进国民经济持续快速健康发展做贡献;引导团员青年自觉增强民主法制意识,积极参与基层民主法制建设,为推进社会主义政治文明建设做贡献;引导团员青年积极投身群众性精神文明创建活动,为推进社会主义精神文明建设做贡献;引导团员青年以更加积极的姿态,全面参与社会建设,提供更多的志愿服务,为构建社会主义和谐社会做贡献。

二、围绕主线,紧扣主题,牢牢把握增强共青团员意识主题教育活动的方向

这次教育活动的指导思想是:以邓小平理论和“三个代表”重要思想为指导,深入贯彻党的十六大和十六届三中、四中全会精神,全面落实团十五大和团十五届三中全会确定的目标任务,紧密结合共青团和青年工作实际,以学习实践“三个代表”重要思想为主线,以“永远跟党走”为主题,切实增强广大团员的政治意识、组织意识和模范意识,解决基层团组织存在的突出问题,不断增强团组织的创造力、凝聚力和战斗力,进一步巩固和扩大党执政的青年群众基础。贯彻这一指导思想,就要围绕一条主线,紧扣一个主题,牢牢把握教育活动的方向。

1. 围绕主线就是要始终把学习实践“三个代表”重要思想作为教育活动的首要任务。“三个代表”重要思想是马克思主义在中国发展的最新成果,是一个博大精深、常学常新的科学体系。这些年来,全团学习实践“三个代表”重要思想一刻也没有放松。2000 年 8 月,团中央在北京召开了省级团委书记学习“三个代表”重要思想座谈会。此后,团中央分别于 2001 年 7 月和 2002 年 2 月,召开了共青团农村“三个代表”重要思想学习教育工作座谈会和全国青年学习“三个代表”重要思想座谈会,对全团深入学习贯彻“三个代表”重要思想进行了部署。2002 年 5 月,江泽民同志在纪念建团 80 周年大会上发表了重要讲话,全团兴起了学习贯彻“三个代表”重要思想的高潮。2002 年底,中宣部、团中央、教育部联合召开了全国大学生学习贯彻“三个代表”重要思想经验交流会,进一步推动了全国大学生学习“三个代表”重要思想。2003 年 9 月,团中央在北京举办了团十五届中央委员学习贯彻“三个代表”重要思想专题研讨班,进一步在全团兴起了学习贯彻“三个代表”重要思想的新高潮。简要回顾共青团学习实践“三个代表”重要思想的过程,我们可以看到,全团始终把“三个代表”重要思想作为共青团建设和工作的根本指针,始终把用“三个代表”重要思想武装全团、教育青年,作为共青团组织的首要政治任务。对于这次教育活动,我们也要把学习实践“三个代表”重要思想贯穿始终,把学习贯彻党章、党的十六大和十六届三中、四中全会精神贯穿始终,坚持用“三个代表”重要思想武装头脑、指导实践、推动工作。各级团组织要坚持经常性教育和适当集中教育相结合，把学习理论与改造世界观结合起来，与推动实际工作结合起来，组织和引导广大团员在真学、真懂、真信、真用上下功夫，不断增强学习实践“三个代表”重要思想的自觉性和坚定性，切实把“三个代表”重要思想落实到工作中、体现在行动上。

2. 紧扣主题就是要始终把团结引导广大团员青年“永远跟党走”作为教育活动的根本目的。共青团是党领导的先进青年的群众组织，与党有着特殊的政治关系，党的政治纲领决定了团的奋斗目标，指引着团员青年健康成长的正确方向；党的指导思想是团的行动指南，构筑着团员青年的强大精神支柱；党在各个时期的中心任务是团的光荣使命，激励着团员青年为之不懈努力。80 多年来，共青团始终围绕党在各个历史时期的中心任务，团结和带领广大团员青年在革命、建设、改革的广阔舞台上为祖国和人民积极贡献力量；始终按照党的要求培养和教育青年，使一代又一代青年在人民群众奋斗的洪流中锻炼成长；始终把最广大青年紧密团结在党的周围，为党的事业发展不断注入强大的有生力量。各级团组织要在教育活动中紧紧围绕“永远跟党走”的主题设计活动、开展工作，通过丰富多彩、形式多样的主题活动，使广大团员青年了解党、热爱党、拥护党，坚定“永远跟党走”的信念，在政治上、思想上和行动上与党中央保持高度一致。要在教育活动中密切与团员青年的联系，始终把竭诚服务青年作为全部工作的出发点和落脚点，努力为广大团员青年办实事、做好事、解难事，把团员青年更加紧密地团结在党的周围，不断巩固和扩大党的青年群众基础。

三、抓住关键，突出重点，确保增强共青团员意识主题教育活动取得实效

这次教育活动，我们提出了一个明确的目标，就是要“增强意识、健全组织、活跃工作”。这个目标符合团员队伍的实际情况，符合共青团工作的实际情况。增强意识就是要通过教育活动，进一步增强广大团员的政治意识、组织意识、模范意识；健全组织就是要通过教育活动，着力提高团员队伍素质，巩固和完善团的基层组织体系，建立健全与新形势相适应的基层团的组织制度和运行机制，整体推进基层团建工作；活跃工作就是要通过教育活动，进一步提高团组织的服务能力、凝聚能力、学习能力、合作能力，解决基层团的工作中存在的突出问题和难点问题，使团的各项工作更加活跃、更加扎实、更加深入。实现这一目标，我们要做的工作很多，任务很重。考虑到共青团的实际情况，教育活动要从今年 9 月开始，到明年 1 月基本结束，为期5 个月。在时间紧、任务重的情况下，我们只有抓住关键，突出重点，从实际出发，才能确保教育活动取得实实在在的效果。

1. 抓住关键就是要充分调动广大团员参与教育活动的积极性和主动性。这次教育活动涉及各行各业、各条战线的每一个团组织、每一名共青团员，是改革开放以来在全团范围内开展的人数最多、规模最大、涉及面最广的一次集中教育活动。如果没有广大团员的积极参与，教育活动就无法实现各项任务和目标。因此，要在短短几个月中做好这项涉及7000 多万名团员、近 300 万个团组织的教育活动，就必须把工作重心放在调动团员内在的积极性上，最大限度地调动广大团员参与教育活动的主动性和自觉性。要做到既教育团员，又服务团员；既加强管理，又注重引导，使广大团员从“要我学习”变为“我要学习”，从“要我参加”变为“我要参加”，真正把团组织的意图和团员的积极性有机地统一起来。要充分尊重基层的首创精神，提倡和鼓励各地各单位团组织从实际出发，因地制宜，因时制宜，在围绕主线和紧扣主题的前提下，大胆创新教育活动的内容和形式，大胆创新教育活动的载体和方法，让更多的团员参加到教育活动中来，让更多的团员真正投入到教育活动中去。

2. 突出重点就是要认真抓好学习教育这个基础环节。《意见》明确提出教育活动分为宣传动员、学习教育和总结提高三个阶段。这三个阶段相辅相承，是一个统一的整体，都是为了服务于学习实践“三个代表”重要思想这个首要任务。但是，学习教育是基础环节，是重点环节。因此，我们要重点抓好学习教育这个环节，坚持对广大团员进行正面教育和理论培训，帮助广大团员提高理论修养、坚定理想信念、增强团员意识。

一是要把握好学习教育的重点内容。要对广大团员进行马列主义、毛泽东思想、邓小平理论和“三个代表”重要思想教育，使团员学习和掌握马列主义的基本理论、观点和方法。要进行党的基本路线教育，使广大团员在了解国情的基础上，加深对“一个中心、两个基本点”的认识，加深对科学发展观、党的执政能力建设、构建社会主义和谐社会的认识。要进行团的基本理论教育，使团员了解团的历史、优良传统和光荣使命，了解团的重点工作，增强作为团员的荣誉感、归属感、责任感。要进行社会主义道德教育，使团员带头遵守社会主义道德规范，在社会主义精神文明建设中发挥带头作用。要进行社会主义民主和法制教育，使团员自觉遵纪守法，按照民主集中制原则和正常的民主程序，参与团内管理和社会监督。

二是要努力创新学习教育活动的方式方法。在学习教育活动阶段要组织团员上一次团课、学一遍团章、读一本学习辅导材料、写一篇学习心得、参加一次讨论活动、过一次民主生活，主要目的就是通过形式多样的主题活动使广大团员在这个阶段受到教育。各级团组织要发挥共青团实践育人的优势，结合本地区本部门的实际情况，在团中央提出的“六个一”基础上，大胆创新学习教育方式，广泛开展讲座、研讨、考察观摩、巡回报告等形式多样、丰富多彩的活动，采用广大团员喜闻乐见的方式，确保学习教育取得实效。

四、高度重视，加强领导，推动增强共青团员意识主题教育活动扎实开展、不断深入

开展增强团员意识教育活动是当前全团工作的重中之重。做好这项工作，需要全团上下共同努力，需要团的各条战线、各个部门形成合力。特别是团的各级领导机关和广大团干部要高度重视，精心组织，使教育活动扎实开展，顺利推进。

1. 要建立领导责任制。为开展好教育活动，团中央已经成立了教育活动领导小组，书记处全体成员以及机关各部门、各有关单位的主要负责人都是领导小组成员。地方各级团的领导机关，也要成立相应的领导机构和工作机构。各级团组织主要负责同志作为本单位教育活动的第一责任人，要以高度的政治责任感，认识到位，措施到位，工作到位，切实负起责任来，形成一级抓一级、一级带一级、层层抓落实的工作格局。

2. 要精心部署，周密安排。团的各级领导机关要按照团中央的总体要求，结合本地区本单位的实际情况，精心制定具体的实施方案，在深入动员、广泛宣传的基础上，认真部署开展好教育活动。要及时向党组织汇报教育活动的安排和工作开展情况，学习借鉴保持共产党员先进性教育活动的成功经验，积极争取把教育活动纳入第二批党员先进性教育活动之中，统一部署，统一安排，统一要求，统一考核。

3. 要认真做好督察工作。各地区各部门要结合教育活动的总体要求和本地实际，建立明确的考核标准，制定科学的考核制度，对教育活动实行量化考核。要抽调专门力量，成立督导组，通过巡回检查、抽查、交叉督察等形式，针对教育活动研究解决问题，提出意见建议，总结推广经验。

4. 要建立领导干部联系点。深入基层调查研究，指导基层开展工作，是共青团工作的一个重要方法。这次教育活动也必须坚持和发扬这一优良传统。各级团的领导机关和领导干部都要结合各自实际，确定一个基层团组织作为教育活动联系点。要深入到联系点，深入到团员中去，开展调研，督促检查，加强指导，帮助联系点理清工作思路，解决实际困难，努力把联系点建成示范点，以点带面，推动工作。

同志们，这次电视电话会议的召开，标志着以学习实践"三个代表"重要思想为主要内容的增强共青团员意识主题教育活动在全团正式启动了。这项工作光荣而艰巨，意义重大，影响深远。让我们更加紧密地团结在以胡锦涛同志为总书记的党中央周围，高举邓小平理论和"三个代表"重要思想伟大旗帜，牢固树立和全面落实科学发展观，脚踏实地，开拓创新，以开展增强共青团员意识主题教育活动为契机，全面加强团的自身建设，深入推进团的各项工作，团结带领广大团员青年为构建社会主义和谐社会、实现中华民族伟大复兴做出更大贡献。

周强在"青年企业家西部行——新疆经贸考察活动"大会上的讲话

2005 年 9 月 15 日，根据录音整理

今天，在庆祝新疆维吾尔自治区成立 50 周年的喜庆气氛中，共青团中央、中国青年企业家协会组织北京、上海等地的 100 多名青年企业家来新疆开展经贸考察活动，进一步动员和引导青年企业家积极参与西部大开发，为新疆的改革发展做贡献。新疆自治区党委和政府对这次活动高度重视，中共中央政治局委员、自治区党委书记王乐泉同志在百忙之中出席今天的活动并将发表重要讲话。7 月 24 日在全国青联十届一次全委会闭幕之际，王乐泉书记在北京接见了青联委员当中的青年企业家委员，热情洋溢地介绍了新疆经济社会发展情况，我们与会的同志深受感动和教育。长期以来，共青团工作和青年工作始终得到了王乐泉书记和新疆自治区党委和政府的高度重视和大力支持。在此，我代表共青团中央和中国青年企业家协会向王乐泉书记，向新疆区党委和政府表示衷心的感谢，也借此机会向从全国各地来参加新疆经贸考察活动的青年企业家朋友们表示热烈的欢迎！

实施西部大开发，是党中央、国务院高瞻远瞩，总揽全局，为进一步开辟我国现代化建设新战场而作出的重大战略决策。企业是西部大开发的重要参与者，加快培育和扶持能够与国内外企业同台竞技的西部企业群，做好一大批关系全局、带领地区发展的重点项目，对增强西部地区的经济活力和发展后劲至关重要。企业家作为企业经营管理者，在西部大开发的进程中肩负着重要责任。同时，西部地区资源丰富，潜力巨大，蕴含着企业发展的宝贵契机，对青年企业家来说，在西部大开发中蕴藏着十分难得的企业发展机会和宽广舞台。

为响应西部大开发的号召，引导广大青年企业家参与西部大开发，共青团中央、中国青年企业家协会组织开展了青年企业家西部行活动。5 年多来，在全国先后组织了 1500 多名青年企业家赴包括新疆在内的西部 9 个省区市开展了经贸考察活动，为西部大开发提供了资金、技术和信息支持，带来了企业家人才资源。青年企业家西部行活动已经成为共青团

组织、青企协组织服务青年企业家成长发展的一个重要途径,成为服务西部大开发的生动实践。各级团组织、青年企业家协会要继续高度重视,大力推进,不断深化这项活动。

新疆地处祖国的西部,是我国面积最大的省区,约占全国陆地面积的1/6。新疆是古代丝绸之路的重要通道,东西方的政治经济文化在这里留下了璀璨夺目的文化遗产,备受世人的崇仰和瞩目。新疆地处亚欧大陆腹地,边境线长达5600公里,与蒙古、俄罗斯、哈萨克斯坦、巴基斯坦、印度等8个国家接壤,是我国连接中亚、欧洲的唯一陆路通道,经济建设地位日益凸显,战略地位非常重要。现在世界上的很多政治家正在关注中亚地区的政治地位。对于我国来说,新疆作为连接中亚的省份,具有十分重要的战略地位。新疆矿产资源丰富,已发现各类矿产138种,这些矿产资源储量均居全国前列,其中,天然气占全国陆上储量的34%,煤炭储量占全国储量的40%,是我国重要的能源和有色资源基地,而且新疆的物产与旅游资源也非常丰富。自治区成立50年以来,特别是实施西部大开发战略以来,新疆各族人民在自治区党委和政府的领导下,发扬团结奋斗、艰苦创业的精神,树立和落实科学发展观,坚持实施优势资源转换战略,坚持走特色区域发展之路,经济社会实现快速发展。2001年我来过新疆,也看过一些地方,时隔4年,再次来到新疆,感到这几年新疆的经济社会发生了巨大变化,城市面貌发生巨大变化。2004年新疆人均国民生产总值11199元,比全国人均高出570元。新疆工业经济快速增长,形成了以矿产资源开发、农产品深加工为主导力量的门类齐全、具有一定规模的现代工业体系。新疆的基础设施建设取得显著成就,投资环境明显改善。改革开放20多年来,先后建成了一大批重点基础设施项目,并且形成了方便快捷,覆盖全区的交通网络。新疆作为投资热土,潜力无限、前途光明,将会有越来越多的中外企业家在这里创业发展。

我们衷心希望青年企业家朋友们把握好这次经贸考察的机会,实地了解新疆的经济和社会发展状况,加强与新疆有关部门和企业的经济技术合作;希望新疆各级团组织在党委和政府的领导下与有关部门密切配合,加强与参加经贸考察活动的青年企业家的联系,做好跟踪服务,把这次青年企业家经贸考察活动作为一个起点,保持密切联系,推动更多的青年企业家走进新疆、了解新疆,到新疆来寻求商机,开辟更为广阔的舞台。我们相信,青年企业家朋友们一定会不虚此行。

最后,预祝"青年企业家西部行——新疆经贸考察活动"取得圆满成功!

周强在中国青年创业行动推进会上的讲话

2005年9月26日,根据录音整理

共青团中央、劳动和社会保障部联合召开的中国青年创业行动推进会,是在全党全国树立和落实科学发展观、努力构建社会主义和谐社会、全面建设小康社会的形势下召开的,是深入推进青年就业和再就业工作的一次重要会议。这次会议的主要任务是,认真学习贯彻胡锦涛总书记和黄菊副总理关于青年就业工作的重要批示精神,交流各地实施中国青年创业行动的做法和经验，全面总结近年来促进青年就业创业的各项工作，重点部署今后一个时期的工作任务，推动青年就业和再就业工作不断取得新发展。

中央对青年就业创业工作高度重视，刚才，中共中央政治局常委、国务院副总理黄菊同志和中共中央政治局委员、全国人大常委会副委员长王兆国同志亲切接见了第二届“中国青年创业奖”获得者，黄菊副总理发表了重要讲话，为我们进一步做好新形势下的青年就业创业工作指明了方向。长期以来，青年就业和再就业工作一直得到了劳动和社会保障部的大力支持。田成平部长今天又出席会议并发表讲话，对近年来青年就业和再就业工作给予了肯定，对今后的工作提出了要求。田成平部长的讲话针对性、政策性很强，对于深入推进中国青年创业行动具有重要的指导意义。借此机会，我代表共青团中央，也提议与会的共青团系统代表，向长期以来关心支持共青团工作、关心支持青年就业和再就业工作的劳动和社会保障部领导表示衷心的感谢！

青年就业和再就业工作十分重要，关系民生和社会和谐，关系党的青年群众基础的巩固。共青团作为党的助手和后备军，作为国家政权的一个重要社会支柱，在服务青年就业和创业过程中，肩负着重要的责任。近年来，各地团组织根据青年的实际，充分发挥自身的特点，大力整合社会资源，为推动青年就业创业工作做出了一系列有益的探索。山东团组织创造的“四轮马车”式的经验还得到了联合国青年就业网络官员的肯定，成为各地团组织做好青年就业创业工作的一个生动写照。我们要在今后的工作中认真总结、推广各地团组织的做法和经验，适应新的形势、新的情况，探索新的办法，努力开创青年就业创业工作的新局面。下面，我讲两点意见。

一、中国青年创业行动的回顾和启示

自 1998 年中国青年创业行动实施以来，各级团组织在各级党政的领导下，在劳动保障部门的大力支持下，紧紧围绕国家就业和再就业工作大局，牢牢把握青年就业创业的多样化需求，以推动青年自主创业为主题，以下岗失业青年、城镇新增青年劳动力、农村富余青年劳动力和大学毕业生为重点群体，从观念引导、就业培训、创业服务、阵地建设等方面入手，努力构建具有鲜明特色的青年就业创业工作体系。经过几年的努力，中国青年创业行动在社会上产生了一定的影响，成为了一个工作品牌，也成为共青团服务国家就业再就业工作大局的一个重要载体。具体来讲，体现在四个方面。

1. 坚持以观念引导为前提，在广大青年中形成了崇尚创业、矢志成才的良好风尚。当代青年中蕴涵着巨大的创造热情和创造潜能，共青团组织在推进中国青年创业行动过程中，充分发挥教育引导青年的优势，从帮助青年转变就业观念入手，调动青年创业的积极性和自觉性，不断激发青年通过自身努力开创事业新天地的内在需求。一是广泛开展形势教育，引导青年充分认识到我国正处于一个重要战略机遇期，国家发展的各个领域、各条战线都有青年施展才华、实现价值的大好舞台，从而坚定青年把个人奋斗与国家发展的伟大实践紧密相结合的信念，积极投身到经济社会发展的各项事业之中。二是积极培育青年创业文化，通过举办就业创业座谈会、青年创业典型事迹报告会、就业创业论坛、传唱青年创业歌曲、宣传中国青年创业行动标识等方式，对青年进行观念教育，引导他们树立起“职业平等、劳动光荣，不等不靠、自主创业”的新观念。三是在《中国青年报》、《中国青年》杂志等媒体上大力宣传青年创业典型的先进事迹和在大学生志愿服务西部计划中涌现出的奉献西部、实现理想的感人事迹，通过开展青年创业奖评选活动、举办“中国青年创业周”活动等，在全国青年当中唱响了“青春不下岗”、“到西部去，广阔西部大有作为”等青年创业的口号，带动和影响越来越多的青年投身创业实践。

2. 坚持以培训为基础，培养了大批青年创业带头人与合格劳动者。各级团组织坚持以市场为导向，始终把培训作为一项基础性工作来抓，组织开展了多层次、多形式的培训活动。一是努力拓宽培训渠道。依托团校、青少年宫等团属阵地，同时争取职业教育学校、企业培训中心等方面的支持，建立了6830个青年就业技能培训基地。二是广泛开展针对性强的培训。在城市，采取订单式、个性化的培训方式，培训下岗失业青年278万人次、进城务工青年2800万人次，进城务工青年的培训已纳入中央社会综合治理领导小组的工作盘子。在农村，我们与农业部联合推动全国213个县（市、区）实施了跨世纪青年农民科技培训工程，累计帮助60多万名农村青年掌握了初步的就业技能。温家宝总理两次做了重要批示，把这项工作纳入财政部的工作规划。在学校，大力实施大学生素质拓展计划，向200多万名大学生提供了职业指导和就业能力培训。同时，还举办了36000多期青年创业培训班，在劳动和社会保障部的支持下在75个城市推行了SYB（创办你的企业）培训项目。我们还同企业合作，实施了“玫琳凯下岗失业青年技能发展项目”等青年创业培训项目。三是在劳动保障部门的支持下，将培训与职业技能鉴定结合起来，帮助部分青年获得了职业资格证书。

3. 坚持以服务为导向，开创了促进广大青年多种形式就业、自主有效创业的渠道。各级团组织发挥自身优势，从开展中介服务、直接提供岗位、扶持青年创业、组织志愿服务、落实优惠政策、解决实际困难等方面，为青年就业创业开辟新的渠道。一是开展中介服务。通过举办6700多场次职业介绍会、供需见面会等活动，为青年提供就业咨询、职业介绍等中介服务；依托中国青年创业网，定期举办青年网上招聘大会，为青年提供工作岗位信息。二是直接提供岗位。通过实施省际、省内、网上等不同范围的“工岗快递”行动，组织劳务输出，帮助41万名青年实现了异地就业。三是扶持青年创业。按照“培养一个人创业，带动一批人就业”的思路，几年来，累计扶持86000多名青年创办企业，这些企业又为青年提供了110多万个就业岗位。四是组织志愿服务。从前年起，团中央会同教育部、财政部、人事部，抓住大学毕业生面临就业压力和西部渴求青年人才的矛盾，实施了大学生志愿服务西部计划，三年来，全国共有2万名大学生在西部、在基层开展志愿服务，这项活动延缓了大学生就业的压力，更重要的是在大学生中倡导了到西部到基层施展才华、建功立业的风尚。五是落实优惠政策。在团组织的协调下，一些地方出台了鼓励下岗失业青年就业的优惠政策，有的地方专门开设了再就业市场。六是解决实际困难。广泛开展了“真情助困进万家”活动，帮助下岗失业青年解决家庭生活、子女教育等方面的实际困难。

4. 坚持以阵地为依托，初步构建起促进青年就业和再就业的阵地网络。着眼于促进青年就业和再就业工作的事业化发展，各级团组织不断加强阵地网络建设。一是在全国107个重点联系城市建立了青年就业服务中心，在县区、街道、社区、企业中建立了544个青年就业服务站（所），建立了300多个青年创业实践基地，青年就业服务中心有固定的工作场所，有工作人员，更重要的是有具体的服务项目，成为青年就业和再就业工作的重要平台。山东、上海等地团组织还在企业建立了大学生就业见习基地，在部分经济技术开发区中创办了青年创业园区。二是发挥互联网在促进青年就业和再就业工作中的作用，建立了中国青年创业网，形成了与各级青年就业和再就业工作网站有效联结的网上阵地。尤其可喜的是，一些团组织建立了实施中国青年创业行动的专门工作机构。比如，新疆团区委成立了青年就业服务中心，区人民政府很重视，区劳动保障厅给予了大力的支持。

回顾中国青年创业行动近几年来的发展，我们感到，共青团做好促进青年就业创业工作，必须把握和坚持以下基本经验。

第一，必须紧紧围绕党政工作大局，设计、安排和推动青年就业创业工作。我们党和国家始终关心青年一代的成才发展，始终高度关注青年的就业再就业问题。团中央在几次青年就业工作会上反复强调，共青团作为党的助手和后备军，要适应新形势，结合青年工作实际，扎扎实实推进青年就业创业工作，服务国家就业和再就业工作大局。这是中国青年创业行动的价值所在，也是共青团组织义不容辞的责任。

第二，必须始终把竭诚服务青年作为全部工作的出发点和落脚点，千方百计为青年就业创业办实事。就业创业是青年的基本需求。青年就业是一项长期的任务，也越来越成为影响青年一代成长发展的重要课题。共青团组织必须深入了解青年，针对青年的所思所想、所需所求开展服务，提供实实在在的帮助。一个基层团组织、一位团干部能够解决一名青年就业，就是我们的贡献。要不贪大、不求多、务求实效，千方百计地帮助青年排忧解难。也只有这样，共青团组织才能够增强在青年中的吸引力、凝聚力和影响力。

第三，必须坚持开拓创新，不断完善工作体系。促进就业，是一个世界性的课题，是一项复杂的工程，牵涉到社会的方方面面、各个领域。要解决这一问题，共青团组织光靠一个活动是远远不够的，必须要有从政策到措施、从企业到社会组织、从活动到阵地、从项目到机制的综合方法和格局。我们要认真总结在实践中形成的好做法和好经验，同时要借鉴国际上的一些有益做法。比如，中国青年创业国际计划（YBC）就借鉴了国际经验，吸纳了国际资源。要继续探索和创新，不断研究新情况、解决新问题，推动青年就业创业工作实现长远发展。

二、不断开创促进青年就业创业工作的新局面

当前，随着改革开放和社会主义市场经济的深入发展，青年日益成为就业和再就业的重点群体：在城镇每年新增近1000万劳动力中，青年占绝大多数；在城镇登记失业人员中，35岁以下青年也占有一定比例；在1.5亿农村富余劳动力中，在1亿多进城务工经商人员当中，向非农领域转移和进城务工的主要是青年；国家现代化建设为大学生就业提供了难得的机遇和宽广的舞台，同时大学毕业生也面临着较大的就业压力。面对这一形势，各级团组织要深入贯彻胡锦涛总书记近期关于青年就业工作的重要批示精神和黄菊副总理今天的重要讲话精神，在劳动保障部门的大力支持下，从实践“三个代表”重要思想、为和谐社会建设做贡献和服务青年一代成长发展的高度，切实增强责任感和使命感，以中国青年创业行动为载体，实施重点项目，健全组织网络，建立长效机制，经过三年的努力，帮助50万名青年提高创业本领，扶持20万名青年创业者，把促进青年就业和再就业工作提高到一个新水平。

1. 突出创业主题，大力扶持青年创办小企业。解决青年就业再就业问题，关键在于培养创业型人才，变安置型就业为开发型就业。青年最少保守思想，具有较高的创业热情和较好的创业潜力。要适应时代发展要求，结合青年就业工作的特点，扶持青年创办劳动密集型的小企业，实现促进经济发展与扩大青年就业的良性互动。要在青年中大力实施“成功创业计划”，确定扶持对象，选取具有创业意愿和能力的青年进行重点扶持；开展创业培训，积极探索符合青年特点的创业培训方式，广泛推行SYB培训，帮助青年掌握创业知识和技能；推行创业导航，建立青年创业专家指导团，为青年提供一对一的陪伴式创业指导；实施创业见

习，提高青年的创业实践能力；进行创业孵化，建立青年创业孵化基地，争取有利于青年创业的优惠政策，帮助青年迈出创业的第一步。最近我们还将争取国家开发银行的支持，为青年创业提供小额贷款。同时，要继续办好“挑战杯”、青年创业周、海外学人回国创业周等活动，搭建青年创业平台，推动大批青年创业人才脱颖而出。

2. 抓好职业培训，不断提升青年就业创业能力。搞好职业培训，是共青团帮助青年就业和创业的基础环节。我国就业的结构性矛盾，很大程度上是由于劳动者素质达不到岗位工作要求所造成的。要学习借鉴国际先进做法和经验，通过互动式、启发式的教学方法，帮助有志创业的青年掌握创办小企业的知识和技能。要充分发挥团校、青少年宫、青年就业服务中心等团属阵地的作用，推广很多省市团校办职业技术学校的做法。要争取职业培训机构的支持，加强对青年就业和创业能力的培训。要鼓励采取项目化运作的方式开展培训工作，推广“订单式”培训，使青年就业培训内容与企业岗位需求有效对接。要在部分大中城市建立青年技能培训基地，加大培训青年技能人才、青年技工的力度。团中央正在北京筹建青年职业技术学院，并将继续依托青年政治学院举办高职班，为更多的青年接受就业和创业技能培训提供条件。

3. 强化服务手段，努力为各个青年群体的就业创业牵线搭桥。不同群体的青年在就业和创业中遇到的实际问题各不相同。共青团组织各项促进青年就业创业的工作，都要结合青年的实际，做到针对性强，有的放矢。针对城市下岗失业青年，要继续抓好“工岗快递”行动，帮助青年跨地区、跨行业顺利就业。针对农村富余青年劳动力，要加大转移力度，加强输出地和输入地团组织的合作，做好就业的对接工作，引导农村青年外出务工和向城镇转移。针对大学生，要实施好青年就业见习计划和大学生就业见习行动，认真总结山东建立学士后流动站的经验，为大学生适应社会、适应岗位要求提供实实在在的帮助。要针对大学生就业的实际情况，开发农村卫生、社区治安、城市帮教等公益项目，帮助大学生实现阶段性临时就业。要深入实施大学生志愿服务西部计划，组织大学生到西部去、到基层去，广泛开展教育、医疗、扶贫等方面的志愿服务。针对特困青年，要深入开展“真情助困进万家”活动，动员团员青年、青年文明号、青年企业家、青年志愿者采取“一助一”长期结对等方式，对特困青年提供生活、培训、岗位等方面的援助，解决他们生活难、培训难、就业难等问题。

4. 着眼长远发展，建立健全工作机制。机制建设具有规律性、长期性、根本性。要在总结中国青年创业行动工作经验的基础上，建立健全促进青年就业和再就业的工作机制。一要健全与政府的协调机制。团中央在国务院办公厅、劳动和社会保障部的支持下，成为了国务院再就业工作部际联席会议成员单位，各省（区、市）和市、地团委都要积极争取加入政府再就业工作联席会议，配合、联合有关部门共同规划实施青年就业和再就业工作。二要健全团内整合机制。坚持全团抓、抓全团，而不能仅仅看成是青工战线的工作，强化团内各条战线、各地区的交流与协作，形成工作合力。三要建立工作责任制。进一步强化目标考核，把推进中国青年创业行动作为考核各级团组织的重要目标，把推进中国青年创业行动的成效作为检验团干部工作作风、能力和水平的重要标准，团的各级领导机构主要负责同志要作为工作第一责任人。四要完善宣传引导机制。大力宣传党和政府的就业政策和青年就业创业典型的先进事迹，努力形成全社会关心和支持青年就业创业、青年积极投身创业实践的良好氛围。

同志们，推进中国青年创业行动，做好青年就业和再就业工作，是全团面临的一项长期的重要的任务，也是全团工作的重中之重。我们面临的新情况新任务很多，但是我们有信心在党中央、国务院的领导下，在劳动和社会保障部的支持下，把青年就业工作做得更好。让我们紧密团结在以胡锦涛同志为总书记的党中央周围，高举邓小平理论和"三个代表"重要思想伟大旗帜，全面树立和落实科学发展观，求真务实，开拓进取，形成合力，扎实工作，深入推进中国青年创业行动，进一步做好青年就业和再就业工作，团结带领广大青年为构建社会主义和谐社会、全面建设小康社会做出新的更大的贡献！

周强在共青团工作宣传报道座谈会上的讲话

2005年9月27日

刚才，王宏猷同志、郗杰英同志、陈浩同志、孙爱军同志、向荣高同志、邢鹏同志、尚秀伟同志、宁龙同志先后发言，就《中国青年报》、《中国青年》杂志贯彻"服务全团"方针和各地团组织支持一报一刊发展，用一报一刊联系青年、指导工作作了介绍和交流。这些经验很值得总结，听了很受启发。借这个机会，我代表团中央书记处，向辛勤工作在共青团新闻出版战线上的同志们表示亲切的问候，对大家为共青团新闻宣传工作所做出的重要贡献表示衷心的感谢。下面，我代表团中央书记处讲几点意见。

一、站在团结动员广大青年为构建社会主义和谐社会做贡献的高度，充分认识加强团的宣传报道工作的重要性

当前，共青团事业面临着新的形势和任务。党的十六届四中全会提出了构建社会主义和谐社会的战略目标。胡锦涛总书记在省部级主要领导干部提高构建社会主义和谐社会能力专题研讨班上，全面阐述了构建社会主义和谐社会的重大意义、科学内涵、基本特征、重要原则和主要任务，强调要在推进社会主义物质文明、政治文明、精神文明发展的历史进程中，扎扎实实做好构建社会主义和谐社会的各项工作。构建社会主义和谐社会，是我们党从全面建设小康社会、开创中国特色社会主义事业新局面的全局出发提出的一项重大任务，适应了我国改革发展进入关键时期的客观要求，体现了广大人民群众的根本利益和共同愿望。这项重大任务的提出，对共青团工作提出了新的要求，也为共青团事业的发展指明了努力方向。今后一个时期，团的各项工作都要紧紧围绕构建社会主义和谐社会的大局，团结带领广大青年全面落实科学发展观，积极投身构建社会主义和谐社会的伟大实践。

团的宣传报道工作是共青团事业的重要组成部分，长期以来在宣传党的路线方针政策、贯彻党对青年成长的要求、形成良好的思想舆论氛围、推动团的各项工作发展等多方面都发挥着十分重要的作用。在构建社会主义和谐社会的大背景下，团的宣传工作肩负着团结动员广大青年为和谐社会建设做贡献的重要使命，要准确把握构建社会主义和谐社会的要求，在广大青年中打牢建设和谐社会的共同思想基础，引导青年在社会主义和谐社会建设中充分发挥生力军作用，为建设一个民主法治、公平正义、诚信友爱、充满活力、安定有序、人与自然和谐相处的社会贡献青春、智慧和力量。

新形势新任务给团的宣传报道工作提出了新的要求,也带来了新的机遇和挑战。应该说,团的各项工作与构建和谐社会都有密切的联系。比如,青年志愿者行动高扬“奉献、友爱、互助、进步”的志愿精神,与和谐社会“公平正义、诚信友爱”的特征具有内在的一致性;保护母亲河行动关注生态,促进环保,其目的就是要实现人与自然的和谐相处。这都为团的宣传报道工作提供了有利条件。同时,我们也要看到,团的宣传报道工作也面临不少新的挑战。当前,国际局势风云变幻,意识形态领域的斗争日趋复杂。西方敌对势力千方百计对我实施西化、分化,特别是把争夺青少年作为主要目标,从各方面向青少年进行渗透。随着我国社会生活的深刻变化,青少年思想的独立性、选择性、多变性和差异性进一步增强。今后一个时期既是我国的“发展机遇期”,又是“矛盾凸显期”,热点难点问题增多,统一思想、凝聚力量的任务极为繁重。特别是经济基础、体制环境、社会条件的深刻变化和互联网等新媒体的发展,对青少年的教育引导提出了新的更高的要求。对此,各级团组织特别是团的宣传思想战线要有清醒的认识,要看到团的宣传思想工作的长期性、艰巨性、复杂性,进一步增强责任感、使命感和紧迫感,牢牢把握大局,不断提高认识,站在构建社会主义和谐社会的高度,切实做好团的宣传报道工作,努力开创团的宣传报道工作的新局面。

二、充分发挥团属媒体作用,切实做好团的宣传报道工作

随着经济社会的发展,大众传媒对青少年的影响越来越大,不仅成为影响青少年成长的重要因素,也成为动员青少年参与社会的重要手段。《中国青年报》和《中国青年》杂志作为团中央的机关报、机关刊,在宣传贯彻党的路线方针政策、教育引导广大青少年、推进团的各项工作等方面的作用不可替代。各级团组织要充分发挥《中国青年报》、《中国青年》杂志等团属报刊的作用,做好团的宣传报道工作,做好服务大局、服务青年这篇大文章。

要始终坚持正确的舆论导向。正确的舆论导向,对于推进我国的改革开放和现代化建设,对于构建社会主义和谐社会,具有十分重要的意义。坚持正确的舆论导向,是关系到团属报刊生存和发展的根本问题,是我们做好团的宣传报道工作的前提和关键所在。团属媒体要认真贯彻落实中央对新闻宣传工作的要求,坚持团结稳定鼓劲、正面宣传为主的方针,牢牢把握正确的舆论导向,唱响主旋律,打好主动仗。要大力宣传好党的路线方针政策,宣传好党对青年健康成长的关怀和要求,宣传好广大青年成长进步的主流、时代风貌和共青团的各项工作,为促进青年健康成长,推进社会主义物质文明、政治文明、精神文明与和谐社会建设营造良好的舆论氛围。当前特别要注意把握好两个方面的工作。一是要坚持依法治国的方略,对一些案件,如王斌余案件的报道,要正确引导公众情绪。二是要坚持唯物辩证法,对当前存在的一些问题的报道要注意看到事物的两个方面,特别要看到主要的方面,正确引导舆论,不能有失偏颇。

要提高宣传报道水平。做好团的宣传工作,必须树立用正确的舆论占领阵地的意识,不断加强整体策划,提高舆论引导水平,牢牢掌握舆论引导的主动权。要按照团的工作总体部署,加大报道力度,努力为青年解决成长成才过程中遇到的问题,为青年办实事。共青团在教育、引导、服务青年方面做了大量的工作,这些工作中的探索和创新,有不少的闪光点,有很好的新闻宣传价值,其中很多工作在社会上都是开风气之先的。各级团组织要把工作中涌现出来的好经验和好做法以及先进人物和先进事迹,通过大众传媒特别是《中国青年报》、《中国青年》杂志等报刊宣传出去。

团属报刊也要通过报道这些好的做法,更好地为共青团联系青年、引导青年服务。

要注重宣传报道工作创新。新形势下,团属媒体要贴近实际、贴近生活、贴近青年,开展鲜活生动的宣传报道,努力创新表达方式,不断增强针对性、实效性和感染力。要大力宣传科学理论,传播先进文化,塑造美好心灵,弘扬社会正气,倡导科学精神,团结引导广大青年为建设和谐社会贡献力量。要围绕青年在学习、工作、就业、生活等方面的实际需要,为青年提供文化精品、精神食粮和优质服务。当代青年朝气蓬勃,充满激情,大有希望,大有作为。中国青年五四奖章获得者、十大杰出青年和广大的青年志愿者等,都是当代青年中的优秀代表。他们为我国经济社会发展做出了突出的贡献,在社会上产生了很大的影响。他们的青春是奉献的青春,多彩的青春。他们奏响了当代中国青年运动的交响乐章,奏响了实现中华民族伟大复兴的青春之歌。我们做青年工作的,要经常深入到青年中去,与青年在一起,了解他们的生活,反映他们的追求。我们的青年报刊要时刻贴近青年,大力讴歌青年先锋。只有这样,我们才能奏响时代的强音,才能赢得青年,也才能赢得市场。

要不断加强团属新闻出版队伍建设。当前开展的保持共产党员先进性教育活动和增强共青团员意识主题教育活动,为我们加强团属新闻出版队伍建设提供了重要契机。要结合新闻出版单位的实际,采取切实措施,加强编辑记者的学习、教育和培训,引导编辑记者讲政治、讲道德、讲法制,增强政治意识、大局意识、责任意识。要引导年轻编辑记者树立正确的名利观,正确处理好个人与国家、集体和他人的关系,培养良好的职业精神。要把“三项学习教育”活动不断引向深入,巩固和扩大“三项学习教育”活动所取得的成效,引导团属新闻出版单位进一步增强用“三个代表”重要思想统领新闻出版工作的自觉性,牢固树立马克思主义新闻观,加强职业精神和职业道德建设,加强领导班子建设和编辑记者队伍、经营管理队伍建设,为推动团属新闻出版事业健康发展提供坚强的保障。

三、认真落实“全团办报、服务全团”的方针,进一步巩固和扩大共青团的宣传舆论阵地

《中国青年报》和《中国青年》杂志等团属报刊是青少年文化事业的主体,是共青团重要的思想舆论阵地,在新形势下必须进一步得到巩固和加强。要做到这一点,重要的一条,就是要落实“全团办报、服务全团”的方针,把《中国青年报》和《中国青年》杂志等团属报刊办好,做强做大,从而巩固共青团的思想舆论阵地,不断扩大共青团的影响力和凝聚力。

“全团办报、服务全团”是团的宣传报道工作长期的经验总结,是团的宣传思想工作的优良传统,也是党的群众路线在团的宣传思想工作中的具体体现和运用。从理论上看,《中国青年报》、《中国青年》杂志等团属报刊是共青团的机关报、机关刊,是服务全团、团结引导青年的坚强阵地。团属报刊的性质决定了各级团组织和广大团员青年是团属报刊的主人。从实践上看,只有做到“全团办报、服务全团”,团属报刊才能真正成为我们党和团组织联系广大团员青年的桥梁和纽带,成为不断巩固党的青年群众基础的一个重要保证。办好《中国青年报》、《中国青年》杂志,不只是报社、杂志社人的责任,更是各级团组织和广大团员青年的责任。多年来,我们始终坚持这一方针,在推动报刊质量提高和事业发展、完成全团的宣传报道任务方面取得了突出成绩。新形势下,坚持“全团办报、服务全团”的方针具有更重要的现实意义。只要我们各级团组织和团属报刊结合团的宣传报道工作实际,进一步落实这一方针,就能不断巩固和扩大共青团的宣传舆论阵地,更好地服务全团工作发展,服务青少年健康成长。

各级团组织要大力支持报刊的发展，进一步巩固和发展“全团办报”的良好局面。各级团组织主要负责同志要亲自挂帅，分管同志要具体负责，充分调动有关方面的积极性，采取有力措施，为《中国青年报》、《中国青年》杂志提供实实在在的支持。要积极参与办报办刊，就编辑、采访等工作向报刊提出意见和建议，帮助报刊提高质量。要扎实做好自身的工作，推动共青团工作深入发展，为搞好宣传报道提供丰富的实践基础，帮助报刊加强和改进新闻报道。要协助报社、杂志社加强记者站和通讯员队伍建设，关心、支持记者和通讯员的工作，巩固和发展“全团办报”的网络格局。要用好《中国青年报》、《中国青年》杂志等团属报刊，善于通过团属报刊来传递共青团工作的信息，报道工作经验，指导各地工作。要利用团属报刊的平台，做好服务青少年的工作。特别要从共青团发挥好党的助手和后备军作用的战略高度，大力支持报刊事业发展，帮助报刊扩大在青少年中的影响，扩大社会覆盖面。

《中国青年报》、《中国青年》杂志等团属报刊要增强服务意识、提高服务能力。近年来，《中国青年报》、《中国青年》杂志宣传党的理论路线方针政策，宣传报道各地团组织的重点工作，宣传青年先进典型，展示青年时代风采，引导广大青年深入学习贯彻“三个代表”重要思想，为实现全面建设小康社会的宏伟目标而奋斗，在全社会产生了广泛的影响。今年7月以来，《中国青年报》进行了版面调整，进一步加强了共青团工作的报道，充实了团的报道队伍。这些措施，强化了《中国青年报》作为团中央机关报的办报宗旨和定位，为各级团组织服务的力度进一步加大，服务能力也进一步提高。《中国青年报》、《中国青年》杂志等报刊要始终坚持正确的舆论导向，贯彻“政治家办报”的原则，按照党的要求做好宣传报道工作，为构建社会主义和谐社会营造良好的舆论氛围。要深入报道团的各项重点工作和重大活动，充分反映共青团工作在新世纪新阶段的崭新实践和生动创造，有关采访报道要舍得给版面、给位置，舍得配精兵强将，舍得花功夫策划，舍得发重头稿件，切实把服务全团的工作落到实处。要坚持“三贴近”，坚持“三深入”，提高创新能力，增强团的宣传报道的针对性、实效性和吸引力、感染力。要以服务青年为出发点和落脚点，积极为基层团组织和广大团员青年办实事、解难事、做好事，充分发挥共青团联系青年的桥梁和纽带作用。要按照中央关于发展文化事业和文化产业的要求，积极稳妥地推进改革，提高报刊质量，壮大报刊实力，推动团的机关报刊实现新发展。

同志们，党中央提出构建社会主义和谐社会的战略任务，为今后一个时期的共青团工作指明了方向。团的宣传报道工作要服从和服务于这一目标，积极宣传动员广大团员青年为实现党的战略任务而努力奋斗。我相信，在全团的共同努力下，一报一刊一定会越办越好，团的新闻宣传工作一定会迈上一个新台阶，团属媒体在服务大局、服务青年的工作中一定会做出更大的贡献！

周强在推进青少年廉洁教育座谈会上的讲话

2005 年 9 月 27 日,根据录音整理

听了各位专家学者和同志们的发言,很受启发。廉洁是中华民族的美德。廉洁教育不仅是我国自古有之的教育传统,也是党和国家对青少年工作的一贯要求。今年 1 月中央颁布的《建立健全教育、制度、监督并重的惩治和预防腐败体系实施纲要》,对加强青少年廉洁教育提出了明确要求。《实施纲要》颁布以来,各级共青团组织与教育行政、广播电视、新闻出版等部门一道,结合深入贯彻落实中央 8 号和 16 号文件精神,扎实推进青少年廉洁教育,取得了初步成效。今天,我们召开这个座谈会,就是要吸收专家学者和各方面的智慧和经验,把青少年廉洁教育工作不断引向深入。下面,我讲三点意见。

一、统一思想,充分认识加强青少年廉洁教育的重要意义

当前,加强青少年廉洁教育具有很好的条件。党风廉政建设和反腐倡廉工作的深入开展,为加强青少年廉洁教育创造了有利的环境;公民道德建设和社会主义精神文明建设的不断加强,为加强青少年廉洁教育营造了良好的社会氛围;全面推进素质教育的积极成果和当代青少年朝气蓬勃、奋发进取的精神面貌,为加强青少年廉洁教育提供了重要基础。但是我们也要看到,随着社会主义市场经济和对外开放的深入发展,青少年思想行为的独立性、选择性、多变性明显增强,一些消极腐朽观念对青少年也产生了不可低估的影响。这都要求我们从政治和全局的高度,充分认识加强青少年廉洁教育的重要性和紧迫性,不断加大工作力度,帮助广大青少年筑起牢固的思想道德防线,按照党的要求健康成长。

1. 加强青少年廉洁教育,是构建社会主义和谐社会的必然要求。党中央提出了构建社会主义和谐社会的重大任务。人是和谐社会的主体,社会成员的道德自律、社会群体的和谐相处、社会风尚的良好导向,对于推动社会和谐十分重要。青少年的健康成长是构建和谐社会的重要基础。加强青少年廉洁教育,在实践中启发青少年的道德觉悟,引导广大青少年在现实生活中正确认识和处理个人与他人、个人与集体、个人与社会的关系,对于形成以廉为荣、以贪为耻的社会风尚,形成团结互助、平等友爱、共同前进的新型人际关系,促进社会稳定和谐,具有十分重要的作用。

2. 加强青少年廉洁教育,是建立健全教育、制度、监督并重的惩治和预防腐败体系的重要任务。建立健全教育、制度、监督并重的惩治和预防腐败体系,是党中央在总结历史经验、科学判断形势基础上作出的重大战略决策。中央颁布的《建立健全教育、制度、监督并重的惩治和预防腐败体系实施纲要》明确要求,反腐倡廉教育要面向全社会,把思想教育、纪律教育与社会公德、职业道德、家庭美德教育和法制教育结合起来;要大力加强廉政文化建设,积极推动廉政文化进社区、家庭、学校、企业和农村;要把廉洁教育作为青少年思想道德教育的重要内容,培养青少年正确的价值观念和高尚的道德情操。教育是从源头上铲除腐败滋生的土壤、抓好治本的重要举措,也是一项长期的工作,教育的效果往往需要很长的时间才能充分显现。青少年廉洁教育是一项基础性工程。加强青少年廉洁教育,从人生起步阶段教育引导青少年正确对待公共利益、公共资源、公共关系,标本兼治,注重治本,有利于帮助青少年成为反腐倡廉工作的建设性力

量，打牢教育、制度、监督并重的惩治和预防腐败体系的社会基础。

3. 加强青少年廉洁教育，是加强和改进未成年人思想道德建设和大学生思想政治教育，促进青少年健康成长的客观需要。党中央、国务院高度重视未成年人思想道德建设和大学生思想政治教育工作。目前，全社会关心支持未成年人思想道德建设和大学生思想政治教育工作的良好氛围已经形成。青少年正处在世界观、人生观、价值观形成的关键时期，这个时期的教育对青少年能否按照党的要求健康成长具有至关重要的影响。廉洁是做人的基本准则之一，廉洁教育是青少年思想道德教育的重要组成部分，是加强和改进未成年人思想道德建设和大学生思想政治教育不可缺少的重要内容。加强青少年廉洁教育，不断强化青少年的廉洁意识，增强青少年在市场经济的复杂环境中辨别是非曲直和自觉抵御不良风气侵蚀的能力，养成良好的行为习惯和完善的人格，对于实现未成年人思想道德建设和大学生思想政治教育的目标，帮助广大青少年不断提高思想道德素质，具有非常重要的作用。

4. 加强青少年廉洁教育，是弘扬中华民族传统美德的有效途径。中华民族自古以来就有敬廉崇洁的优秀传统。从春秋时期子罕“不贪为宝”的自勉、于谦“要留清白在人间”的誓言、林则徐“不廉，则无所不取；不耻，则无所不为”的警训，到新中国成立后焦裕禄、郑培民、牛玉儒等无数优秀共产党员、廉洁奉公先进人物的模范行动，都在人民群众和青少年中广为流传，形成了强大的精神力量。加强青少年廉洁教育，在青少年中广泛传播廉洁事迹，倡导廉洁文化，增强廉洁意识，培养廉洁操守，对于广大青少年认识和领悟中华民族优秀传统中的瑰宝，结合新的时代条件，培养民族自尊品格、民族自强信念和民族奉献精神，弘扬伟大的民族精神，具有十分重要的意义。

二、突出重点，确保青少年廉洁教育工作落到实处

加强青少年廉洁教育工作是一项复杂的系统工程。我们必须明确重点，针对实际，遵循规律，坚持不懈地把这项工作做好。当前，要着重抓好以下四个方面。

首先，要明确指导思想，始终保持推进青少年廉洁教育工作的正确方向。共青团推进青少年廉洁教育工作，要坚持以邓小平理论和“三个代表”重要思想为指导，全面贯彻落实科学发展观，在构建社会主义和谐社会、全面建设小康社会的进程中发挥重要作用。要紧密结合加强和改进未成年人思想道德建设和大学生思想政治教育，以帮助青少年增强廉洁意识，养成良好习惯，做中国特色社会主义事业合格建设者和接班人为主题，帮助青少年形成坚定的理想信念和正确的世界观、人生观、价值观，教育引导青少年树立高尚的道德情操。

第二，要坚持以人为本，努力认识和把握青少年廉洁教育的基本规律。坚持贴近实际、贴近生活、贴近青少年，不断加强对新的时代背景下青少年身心发展特点和教育规律的研究，探索青少年廉洁教育的有效途径，是共青团推进青少年廉洁教育的重要原则。要切实尊重青少年的主体地位，坚持重在教育、重在引导，以正面教育为主，调动青少年的主观能动性和接受教育的积极性，把集中教育和自我教育紧密结合起来。要针对不同年龄段、不同文化程度、不同学习工作状况、不同地区青少年群体的差异性，针对青少年的身心特点、思想实际和认知能力，规划教育内容，选取教育方式，循序渐进，因势利导。要发挥实践育人的重要作用，通过引导青少年参与实践体验，强化道德意识，养成良好的行为习惯，把廉洁教育的目标真正内化为自身素质的一部分。要着力加强机制建设，通过好的机制保障青少年廉洁教育深入开展、长远发展，取得实实在在的效果。

第三，要发挥自身优势，广泛深入开展青少年廉洁教育活动。要紧密结合以学习实践“三个代表”重要思想为主要内容的增强共青团员意识主题教育活动，紧密结合各条战线开展青少年思想道德建设的工作实际，把开展青少年廉洁教育贯穿到共青团、少先队、青联、学联的教育活动之中。在青工战线，要不断深化青年文明号活动，积极倡导诚实守信的职业道德，开展纪律教育、法制教育，推动廉政文化进企业，引导广大青工认清腐败现象的本质、根源和危害，自觉反腐倡廉。在青农战线，要依托农村青年中心大力推动廉政文化进农村活动，对广大青年农民进行法纪和健康文明生活方式教育，引导他们维护公共利益，规范自身行为。在学校战线，要发挥学校团组织的组织优势，配合学校日常课程教育，开展形式多样的社会实践、素质拓展活动，推动廉政文化进学校，为大中学生创造全方位的廉洁教育环境。少先队组织要深入开展“手拉手”活动，大力推行少先队小干部轮换制，在广大少年儿童心灵中播下廉洁品质的种子。各级青联委员要以身作则，率先垂范，带头做到廉洁自律，遵纪守法，为青年树立廉洁典范，带动广大青年共同为实践社会公德、形成良好社会风尚做出积极贡献。在社区权益战线，要进一步加强城市青年中心和青少年法制学校建设，拓宽“青年文明社区”活动内涵，推动廉政文化进社区，着眼于学校、家庭、社会教育相互补充、相互促进开展工作。要通过生动活泼的社会实践活动，使青少年不仅对廉洁具有正确认知，形成廉洁意识，而且要养成廉洁的行为习惯。

第四，要注重文化育人，在青少年中大力加强廉洁文化建设。当今社会，青少年的成长面临着激荡复杂的文化环境。特别是随着大众传媒的迅猛发展，文化对青少年的思想观念、价值取向和行为方式的影响日益广泛和深刻。要把廉洁文化建设作为加强青年文化建设的重要组成部分，充分运用文化育人的手段，寓教于文，寓教于乐，传播廉洁知识，培养廉洁意识，形成廉洁氛围。要在多样性的文化环境中坚持弘扬主旋律，发挥廉洁文化对青少年的正面教育引导作用，培养坚定的理想信念和良好的道德观念、法纪意识、社会责任感。要适应新的形势弘扬传统美德，教育引导青少年正确处理“义”与“利”的关系，正确处理公平与效率的关系。要因地制宜，百花齐放，创建多层次、富有特色的廉洁文化活动，努力增强文化活动的吸引力，使廉洁文化建设更加富有实效。要充分运用多种文化形式和传媒手段，采取青少年喜闻乐见的表达方式，增强廉洁文化对青少年的感召力，使廉洁文化充实青少年的精神世界。

同时，要加大宣传力度，营造推进青少年廉洁教育的良好氛围，促进以廉为荣、以贪为耻的良好社会风尚的形成。注重创新宣传内容、形式和手段，积极探索运用互联网、手机短信等现代信息手段，做到有声有色、生动活泼、入脑入心。要充分发挥典型的作用，扩大青少年廉洁教育工作的社会影响，一方面注重加强对先进典型的宣传，重视运用榜样的力量教育引导青少年；另一方面重视发挥反面典型的警示作用，帮助青少年心存敬畏之念，养成良好品行。要提高青少年的辨别能力，引导青少年正确认识社会生活中的不良现象。

三、加强领导，把青少年廉洁教育工作不断引向深入

推进青少年廉洁教育，关系长远，意义重大。面对新形势新任务，各级共青团组织以及青联、学联和少先队组织要以高度的政治责任感，认真贯彻中央要求，把青少年廉洁教育不断引向深入，为促进青少年健康成长做出更加积极的贡献。

1. 提高认识，高度重视，把思想统一到中央的要求上来。要认真学习胡锦涛总书记关于反腐倡廉的一系列重要论述，学习中央关于反腐倡廉的方针政策，全面把握《建立健全教育、制度、监督并重的惩治和预防腐败体系实施纲要》的基本精神，坚决贯彻落实好加强青少年廉洁教育工作的各项任务。要把加强青少年廉洁教育摆上重要议事日程，建立健全专门的领导机构和工作协调机构，采取有力措施，确保这项工作进一步落到实处。要结合各地党委政府开展反腐倡廉工作实际，积极争取将这项工作纳入党政工作的总体安排，争取更为有利的政策支持。

2. 精心部署，落实责任，把青少年廉洁教育纳入贯彻落实中央8号和16号文件和青少年思想道德建设整体工作之中。要坚持把加强青少年廉洁教育纳入到加强和改进未成年人思想道德建设和大学生思想政治教育工作之中，加强青少年思想道德建设整体工作部署，做到一起研究，一道部署，一同检查。要把加强青少年廉洁教育作为长期性的系统工程，结合各地实际，建立健全目标责任制，制定整体规划，注重实效，狠抓落实。在规划的制定过程中，要深入调查研究，听取各方面专家学者和青少年的意见，使规划更加科学，体现时代要求，切合青少年实际。要按照团中央、全国青联、全国学联、全国少工委《关于在全国青少年中深入开展廉洁教育活动的通知》要求，深入开展丰富多彩、青少年喜闻乐见的教育活动，使廉洁教育进入广大青少年头脑，深入广大青少年内心。团属新闻出版、网络影视单位、青少年活动阵地、各级团校和青年院校要在青少年廉洁教育中发挥重要作用。广大团干部要模范遵纪守法，自觉廉洁奉公，做青少年的榜样。

3. 加强协调，形成合力，建立完善推进青少年廉洁教育的长效机制。要建立工作协调机制，加强与教育行政、广播电视、新闻出版等部门的协调，认真负责地完成好职责范围内的工作。要建立检查监督机制，总结推广实践中创造的好经验、好做法，检查发现工作中存在的问题和不足，保证把青少年廉洁教育抓紧、抓实、抓出成效。要建立调查研究机制，结合反腐倡廉工作实际，注重调查青少年关心的社会热点问题和社会热点问题中的青少年现象，借鉴国内外开展青少年廉洁教育的有益经验，开展前瞻性研究，使推进青少年廉洁教育体现时代性、把握规律性、富于创造性。要建立资源整合机制，高度重视互联网的作用，积极联系科研院所、高等学校的力量，合理吸纳社会优质教育资源，广泛开辟社会化工作渠道，促进全社会关心支持青少年廉洁教育局面的形成。

加强青少年廉洁教育是一项重大的政治任务，是广大青少年成长发展的客观需要。我们要更加紧密地团结在以胡锦涛同志为总书记的党中央周围，坚持以邓小平理论和“三个代表”重要思想为指导，全面贯彻落实科学发展观，求真务实，开拓进取，扎实工作，把中央关于反腐倡廉的各项要求进一步落到实处，为加强党风廉政建设和反腐倡廉工作，为促进青少年一代的健康成长做出积极的贡献。

周强在中央综治委2005年第二次全体会议上的发言

2005年10月25日

我受秀莲同志和中央综治委预防青少年违法犯罪工作领导小组的委托，就贯彻落实中央领导同志重要批示精神，进一步推进预防青少年违法犯罪工作作一简要汇报。

一、一年来的工作情况

在中央综治委的高度重视下，各地区、各部门认真贯彻落实中央综治委2004年第二次全体会议和罗干同志的重要讲话精神，深入实施"为了明天——预防青少年违法犯罪工程"，做了大量工作，取得了一定成效。

一是扎实开展未成年人思想道德和法制教育。各地深入贯彻《中共中央国务院关于进一步加强和改进未成年人思想道德建设的若干意见》，针对未成年人的特点，开展丰富多彩、形式多样的教育活动，坚持学校教育与家庭教育、社会教育相结合，不断创新教育方式与教育载体，丰富教育资源与教育内容，进一步增强教育的针对性和实效性。2004年，全国90%以上的中小学生接受过较为系统的法制教育，社区青少年法律学校培训人数超过150万人次。目前，全国拥有中小学志愿辅导员400多万名、社区"五老"志愿者850多万名。广大未成年人知法、懂法、守法的意识和良好的行为习惯正在养成。

二是有针对性地加强对青少年的服务和管理工作。各地更加关注重点青少年群体，重视解决青少年社会问题。一方面，积极救助弱势青少年群体。2004年，中央财政投入救助流浪儿童资金7.7亿元，投入免费教科书资金11.7亿元。截至今年2月，在建设领域追讨农民工工资33.7亿元，偿还率99.1%。截至今年6月，国家助学贷款已发放95.8亿元，资助贫困大学生115万名。在今年春节开展的关心和服务大学生行动中，各地团组织共发放慰问金4000多万元。另一方面，针对毒品、网瘾和青少年心理健康问题，广泛开展青少年远离毒品、青春自护远离网瘾和心理阳光行动，全国各地还招募了一批戒毒和戒除网瘾志愿者，24个省份开通了"12355"青少年维权和心理咨询服务热线电话，很多中小学校设立了心理辅导室、聘用了心理辅导员，一些地方还探索建立了对重点群体的监测预警体系。

三是大力优化青少年成长环境。坚持整治与建设并举，一方面加大对网络游戏、营业性娱乐场所、书报刊音像市场、电子软件市场以及中小学校园及周边环境的整治力度。2004年，有关部门共收缴淫秽色情出版物1510万件，非法音像制品和电子出版物2.12亿件，关闭封堵境内外淫秽色情网站4922个，查处取缔违规经营声讯台97家，取缔查封非法"网吧"6.8万家。一年来共检查学校、幼儿园周边治安环境61万次，破获案件5.38万起。另一方面，积极创造条件加强青少年文化建设。目前，全国90%以上的爱国主义教育基地和公益性文化设施对未成年人免费开放，中央电视台少儿频道在296个省辖市实现落地，30个地方电视台少儿频道开播，2005年面向少年儿童图书选题超过2万种，同比增长29.31%。

四是重视加强基层基础工作。主要是从机构、制度、队伍、项目等方面入手，解决基层有人干事、有事可干的问题。目前，全国近90%的地市成立了预防工作领导小组，很多街道建立了联席会议制度，"未成年人零犯罪社区"及"平安家庭"创建等活动在基层深入开展，青少年事务社工队伍在一些大中城市开始试点和推广。

特别是今年6月胡锦涛总书记、罗干同志、永康同志就未成年人犯罪问题作出重要批示后，领导小组高度重视，迅速召开会议学习贯彻，并研究制定落实措施，要求各地区、各部门认真学习领会批示精神，狠抓落实。领导小组责成办公室先后就流浪儿童、服刑人员未成年子女、工读教育组织专项调研，形成专题调研报告，并制定了今后一个时期预防未成年人违法犯罪重点工作方案、各部门的任务分工和2005年度落实措施，下发了对基层的考核办法。各有关部门也积极行动，相继出台系列工作措施，如开展“扫黄打非”夏季行动、青少年维权岗在行动，制定强化维护校园及周边治安秩序八条措施，组织编写《兼职法制副校长工作指南》并向中西部赠送，围绕重点群体召开工作会、研讨会，举办专题论坛。各地加大“为了明天——预防青少年违法犯罪工程”的实施力度，形成了整体推进的良好态势。

同时，我们在工作中还存在不少薄弱环节，例如对服刑人员子女、流浪儿童、闲散青少年等重点群体的教育、管理和服务不够完善，有些地方的工作责任不明确，措施难以落实到基层，长效机制不够健全等等，这些都需要在今后的工作中加以解决。

二、当前青少年违法犯罪的情况和特点

当前，我国青少年违法犯罪的形势是严峻的，不仅总量仍然较大，而且未成年人犯罪上升势头明显。未成年人违法犯罪已经成为全社会共同关注的问题，呈现出以下一些特点：一是未成年人犯罪类型集中于侵财和伤害。二是流浪儿童、有严重不良行为和闲散未成年人违法犯罪问题突出。三是淫秽色情网站和图书音像制品、暴力网络游戏、毒品、非法网吧等不良社会文化严重危害未成年人。四是家庭和社区是预防未成年人犯罪的薄弱环节。失和、失教、失德、失才等“四失”家庭难以正确履行对未成年人的监护，一些社区对未成年人的教育工作不足，社区文化环境不好，成为未成年人违法犯罪的重要原因。

三、下阶段深化预防未成年人违法犯罪工作的主要措施

今后一个时期，我们将全面贯彻落实中央领导同志的重要批示精神，以“为了明天工程”为统揽，扎实做好预防青少年违法犯罪的各项工作。当前，重点是采取得力措施，有效遏制未成年人违法犯罪的上升势头。

第一，针对重点群体做好预防工作。加强对流浪儿童的救助保护，推进流浪儿童救助保护中心的建设和管理，严厉打击控制、操纵流浪儿童的黑恶势力。落实好对服刑劳教人员未成年子女的救助政策，积极引导和规范社会力量参与救助。制定和完善加强工读教育的政策，切实把工读学校办成预防未成年人违法犯罪的中心。推进义务教育法在基层的贯彻落实，严格规范中小学校开除、劝退学生等措施，积极落实对贫困中小学生的救助政策，努力减少未成年人辍学。加强闲散未成年人的教育管理，组建以专职青少年事务社会工作者为骨干的工作队伍，采取有针对性的帮助措施。目前，我们正在会商有关部门，在近期出台流浪儿童、服刑人员子女的救助保护政策以及流浪儿童救助保护中心和工读学校建设规划；在年底前召开全国流浪儿童救助保护工作会议，适时召开工读教育工作会议；并将总结一些地区开展青少年事务社工试点的经验，在明年全面推广。

第二，扎实推进重点工作项目。一是发挥学校的教育主渠道作用，强化德育在素质教育中的首要地位，加强中小学校兼职法制副校长工作，提高未成年人思想道德和法制教育的针对性、实效性。二是深入组织实施少儿文化建设工程，为未成年人健康成长创造良好环境；针对淫秽“口袋本”、城乡结合部和农村乡镇的“黑网吧”等突出问题，开展集中整治行动。三是深入开展“平安家庭”创建活动，推广“代理妈妈”等经验，促进对弱势未成年人的监护和教育。

四是大力推进“青少年违法犯罪社区预防计划”，深入开展“未成年人零犯罪社区”创建活动，推动各项工作任务、措施和责任的落实。目前，我们正在研究制定“为了明天——预防未成年人违法犯罪大中城市项目”，在大中城市、交通枢纽城市和部分未成年人犯罪问题较为集中的中等城市建立预防未成年人违法犯罪的工作网络和工作机制，实施综合性的工作项目，有效预防和减少未成年人违法犯罪。

第三，进一步加强基础性工作。一是积极推动未成年人保护法的修改工作，指导支持各地制订预防未成年人犯罪法实施办法，为开展预防工作提供法律保障；配合司法机关进一步完善我国的少年司法制度。二是通过多种形式，深入宣传“为了明天——预防青少年违法犯罪工程”，营造全社会关心关注的良好氛围，进一步凝聚各方面力量共同做好预防工作。三是积极推动预防工作机构、基层社工队伍的建设，采取政府拨款、设立基金等多种方式，落实预防青少年违法犯罪工作经费。四是建立和完善监测预警、协调联动、激励约束、督导等工作机制建设，推动预防工作的长远发展。

这次会议之后，我们将认真贯彻罗干同志的重要讲话精神，按照会议的整体部署，把预防青少年违法犯罪的各项措施落到实处，为社会治安综合治理工作做出新的贡献。

周强在“中国泰达生物论坛·2005”开幕式上的致辞

2005年11月4日

在硕果累累的金秋时节，“中国泰达生物论坛·2005”今天在这里隆重开幕了。来自海内外生物技术领域的著名专家、学者以及产业界人士济济一堂，共同交流生物技术的前沿成果，探讨中国生物产业发展前景，这是我国生物技术领域及产业界的一次盛会。我谨代表共青团中央、全国青联，向论坛的举办表示热烈的祝贺！向莅临论坛的海内外嘉宾表示诚挚的欢迎！向给予论坛大力支持的天津市人民政府以及天津滨海新区管委会表示衷心的感谢！

生物技术是当今时代最为活跃的科技领域之一。随着这一领域一系列重大突破的取得，在全球范围内一场具有划时代意义的生物科技革命和产业革命正在孕育和逐步形成。生物科技与产业已成为世界经济与国家安全竞争的一个焦点，日益显现出全局性的影响和主导性的地位，因此，世界各国已把抢占生物技术及其引领的生物经济的制高点作为各国发展的重要战略，重点扶持，超前部署，集中优势力量，加大投入力度，以增强其科技和经济持续发展的后劲。近10年来，全球生物产业的产值每5年翻一番，一些发达国家生物产业年均增长速度超过了30%，是其经济增长速度的10倍，相关产业产值已达到其GDP总量的20%到30%。生物技术产业已经成为这些国家新的经济增长点和强大的发展引擎。可以预见，随着生物芯片技术、生物制药技术、治疗性克隆技术的发展，生物经济必将取得更大更快的发展。中国政府已将生物技术及产业作为国家科技和经济社会发展的战略重点，予以高度重视，采取多种措施，重点扶持，在生物技术研究和产业发展中不断取得新的突破，在杂交水稻、基因治疗药物等方面取得了举世瞩目的成就,为全球粮食安全、人类健康和环境改善做出了重要贡献。但是,我们也要看到,随着生物技术的突飞猛进和生物产业的迅猛发展,与世界先进水平相比,我们在生物科技领域的自主创新能力、产业规模、人才培养等方面还存在着相当的差距,我国生物技术和生物产业的发展还任重道远。

我们注意到,生物技术应用广泛,与人类生活密切相关。每一次生物技术的重大突破,都会对人类所面临的人口健康、粮食安全、能源安全、资源与环境安全、生物安全等生存与发展的重大问题产生现实影响。因此,生物技术与生物产业的这种相关性和依存性,尤其需要推动产学研的紧密结合,通过人才、技术、资金、政策等要素的高度集聚,推动生物领域关键技术和重要产品的研发不断取得新的突破,实现科技成果的产业化。"中国泰达生物论坛"就是促进产学研紧密结合的重要平台,它是追踪和探讨国内外生物科技重大热点问题的前沿,是孕育创新思想、传播科技知识的阵地,是凝聚生物人才、促进交流合作的桥梁,是营造良好创新氛围、推动生物产业发展的舞台。四年来,"中国泰达生物论坛"促进了生物产业发展要素的整合和配置,培养了一批生物技术领域的创新人才,对中国生物技术及其产业发展做出了积极的贡献,扩大了生物领域的国际交流与合作,在国内外相关领域产生了广泛影响。

发展高新技术及其产业,关键在创新。青年最具创新潜能,历来是推动科技创新的重要力量。事实表明,在高新技术领域尤其在信息技术领域、航空航天领域,青年人才的比例很高。生物技术领域也不例外,在参加本次论坛的1000多名代表当中,青年人才占到了近60%;在本次论坛的88位主讲人当中,45岁以下的青年就有42位,他们中许多人都是本单位、本领域的学术带头人和产业领军人,同时也是创新和创业的骨干力量。团中央、全国青联始终高度重视青年科技创新和青年人才工作,从1999年就启动了中国青年科技创新行动,重点开展了包括中国泰达生物论坛在内的多项青年科技创新活动,引导动员广大青年尤其是青年科技工作者积极投身科技创新实践,为提高我国的自主创新能力、建设创新型国家做出了积极贡献。团中央、全国青联还将继续开辟更多的渠道,搭建更多的平台,为青年科技工作者成长成才、发挥作用创造条件。

天津是我国北方最大的沿海开放城市,近代以来就是我国重要的金融商贸中心。改革开放以来特别是近年来,全市人民在天津市委、市政府的正确领导下,创造了令人振奋的辉煌业绩,尤其是天津滨海新区以其快速发展的经济、优越的投资环境、良好的基础设施和高素质的人力资源,成为举世瞩目的投资热土、我国重要的加工制造业中心和高新技术成果转化基地。前不久,党的十六届五中全会通过的《中共中央关于制定国民经济和社会发展第十一个五年规划的建议》明确提出,要继续发挥包括环渤海地区在内的沿海较发达地区的带动和辐射作用,继续推进天津滨海新区等条件较好地区的开发开放。因此,我们有理由相信,这里必将成为有识之士投资创业的热土,必将成为青年人才大展宏图的舞台。

朋友们,今天我们在这里相聚,世界的目光在这里汇集。让我们携起手来,共同推动生物技术和生物经济的发展,为人类创造更加美好的未来。

最后,预祝本次论坛取得圆满成功!

周强在增强共青团员意识主题教育活动第三次领导小组会议上的讲话

2005 年 11 月 15 日

刚才，各个督察组汇报了第一次督察的情况。应当说这次督察工作很有成效，摸清了情况，总结了经验，对于推进下一阶段团员意识主题教育活动具有重要意义。从督察组的汇报和我们最近下去调研了解的情况看，增强团员意识主题教育活动开展以来，总体态势比较好，取得了阶段性成果。归纳起来主要有几个特点。

一是教育活动得到了各级党委的高度重视。中共中央政治局委员、新疆维吾尔自治区党委书记王乐泉同志对这项活动作了重要批示，湖南省委书记杨正午同志组织省委常委会就这项工作进行了研究和部署。很多地方保持党员先进性教育活动办公室转发了本地区增强共青团员意识主题教育活动方案，将教育活动纳入了党的先进性教育活动之中，统一部署、统一要求、统一推进。

二是教育活动形式灵活多样、丰富多彩。针对当前团员青年流动性大、青年群体思想观念多样化等情况，各地各级团组织围绕党政工作中心，因地制宜，创新载体，开展了许多有声有色的活动，如延安在主题团日活动中组织了文艺演出、合肥组织青年志愿突击队参与城市大拆迁等。这些活动参与性、互动性强，具有特色，效果良好。

三是教育活动成效明显。教育活动已经开展了一段时间，各地各级团组织都行动起来了，推进力度较大，成效比较明显。从城市到农村，从工矿企业到军营学校，到处都可以看到教育活动的良好发展态势。有些地方在教育活动中开展调研活动，清理了团员档案，摸清了团员底数，找回了流失的团员。

四是团建工作的长效机制开始建立。开展增强共青团员意识活动有三个方面的目标：增强意识、健全组织、活跃工作。围绕这三个目标，很多地区团组织开展了深入的调查研究，积极探索共青团建设和发展的规律，着手建立长效机制。

增强共青团员意识主题教育活动的总体形势是乐观的。但我们也要看到，教育活动开展过程中还存在很多不足，比如覆盖面的问题，实效的问题，长效机制的问题，还有少数地方重视不够的问题，这些都需要我们在下一阶段的工作中进一步加以解决。

近期，第二批督察工作又要开始了。我们要在第一批督察工作的基础上，以更严谨的态度、更科学的方式，把第二批督察工作做得更好。针对下一阶段的教育活动，我再强调几点。

1. 着力解决存在的突出问题。当前，共青团工作和建设中存在着许多实实在在的问题，比如流动团员的问题，团的工作覆盖面的问题，农村基层团组织不健全的问题，团的活动开展不正常的问题。各级团组织要抓住开展教育活动的契机，抓重点，破难点，集中精力解决组织建设和团的工作中存在的突出问题，找准症结，对症下药，务求实效。

2. 大力推动团的基层组织建设。各级团组织要努力找准团的基层组织建设中存在的突出问题，着力研究解决办法，推动团的基层组织建设上新台阶。基层团委是团的组织网络中非常重要的连接点，基层团委是否健全、充满活力，决定着团的各项工作能否落到基层、落到实处。现在很多乡镇正在撤并、精简干部，这对加强农村基层团组织建设既是一个挑战，也是一个机遇。组织部门要针对乡镇撤并、干部精简的情况，深入调研，重点了解乡镇团干部、团委书记的配备情况，按照“巩固一批、提高一批、整顿一批、新建一批”的团建工作思路，紧紧抓住乡镇和村两委换届契机，坚持党建带团建，不断强化团的基层团干部队伍建设。

3. 努力给青年带来更多实惠。开展好教育活动，抓好学习是关键，强化服务是重点。教育活动中，要进一步唱响服务社会、服务青年的主旋律。要深化主题实践活动，丰富服务内容，积极开展“真情助困进万家”等为青年办实事、办好事的活动，帮助青年解决生活工作中遇到的实际问题和困难，通过为他们提供实实在在的服务，使团员青年真正在活动中得实惠、受教育。

4. 充分发挥榜样的示范带动作用。要深入挖掘教育活动中各行业、各领域涌现出来的团员青年典型，特别是工作在基层一线的先进集体和先进个人。要从教育活动的实际出发，注意发现、及时总结一些好的经验，充分发挥典型的示范带动作用，引导和带动更多团员立足岗位，创业成才，自觉增强团员意识。

5. 积极营造教育活动的浓厚氛围。要进一步加强对教育活动的宣传，制定详细的宣传方案，全方位、多角度、立体化地宣传教育活动，积极通过中央电视台、《人民日报》、新华社等媒体，集中宣传团的重大典型和重要活动。要充分发挥互联网络等新型媒体在宣传中的重要作用，特别是要利用好中国共青团网、中青网等团属网站，积极宣传各地开展教育活动的好经验、好做法，为各地互相交流沟通、学习借鉴创造平台。

同志们，前一阶段教育活动的总体态势是好的，督察组的工作是扎实的。希望第二批督察组的工作更加深入，更好地指导和推动增强共青团员意识主题教育活动深入开展，使教育活动取得实实在在的效果。

周强在第二届全国先进保安公司优秀保安员表彰大会上的讲话

2005年12月7日

在全国上下认真学习贯彻党的十六届五中全会、中央经济工作会议和中央政法工作会议精神的新形势下，第二届全国先进保安公司优秀保安员表彰大会在这里隆重召开。我代表共青团中央，向受到表彰的第二届全国先进保安公司和优秀保安员表示热烈的祝贺！并借此机会，向辛勤工作在保安战线的广大青年朋友们表示亲切的问候！

刚才，听了十佳保安公司和十佳保安员代表的发言，很受教育、很受感动。我们非常高兴地看到，先进保安公司以科学的管理、规范的服务、一流的业绩，满足了社会需求，赢得了社会赞誉。优秀保安员爱岗敬业、无私无畏、甘于奉献，展示了过硬的素质和很好的形象。你们不仅是保安服务业的优秀代表，也是全国广大青年学习的榜样。

我国保安服务业是伴随社会主义市场经济发展而兴起的一项特殊行业，是第三产业的有机组成部分。多年来，在党和政府的关心支持下，保安服务业不断发展壮大，在服务经济建设、服务人民群众、增加社会就业、维护社会治安等方面发挥了积极作用。保安服务业适应时代发展要求，以产业化、市场化的运作方式满足了社会各界的安全需要，有效地预防和减少了社会不安定因素，同时，协助公安机关完成了大量的治安防范和安全保卫任务。保安员处在社会治安防范的第一线，能够直接接触基层，及时发现矛盾，把矛盾化解在萌芽状态，促进了社会和谐稳定。保安服务业还是社会主义精神文明建设的一个窗口。保安员在一定程度上代表着一个单位的形象，通过引导保安员文明从业，不断提高服务质量和服务水平，起到了传播文明新风的作用。实践证明，保安服务是新时期加强群防群治工作的一种有效形式，保安服务企业和保安队伍是服务经济社会发展、服务人民群众、维护社会秩序、建设社会主义和谐社会的一支重要力量。

青年保安员是保安队伍的主体和骨干。随着我国经济社会发展进程的加快，一方面，保安服务业将进一步发展壮大，会有更多青年投身保安职业，另一方面，也对保安服务质量和保安队伍的素质提出新的更高的要求。多年来，各级共青团组织始终按照各级党委和政府的要求，主动配合公安等有关部门，在促进保安服务业发展和保安队伍建设中做了一些工作，发挥了应有的作用。在全面建设小康社会和建设社会主义和谐社会新的历史条件下，各级共青团组织要积极配合公安部门，适应保安服务业的需要，为推动我国保安事业发展和提高保安队伍建设水平做出积极的贡献。要进一步加强宣传和引导，加深广大青年对保安服务业的了解和认识，通过深入实施“青年创业行动”、“千校百万”进城务工青年培训计划等活动，为热心从事保安工作的青年提供服务和帮助；要在保安行业青年中深入开展增强团员意识主题教育、青年志愿者行动、创建“青年文明号”、创建优秀“青少年维权岗”等活动，充分调动他们的积极性和创造性，更好地引导和帮助广大保安员建功成才；要进一步加强保安行业的基层团组织建设，把保安行业广大团员青年更好地凝聚在党和政府周围；要进一步同有关方面协调配合，积极为保安服务业发展和保安员队伍素质的不断提高创造良好条件，营造良好社会氛围。

广大团员青年要从自己工作和学习的实际情况出发，向优秀保安员等先进典型学习，立足本职岗位，勤于学习、善于创造、甘于奉献，以青春的责任和激情争创一流业绩。让我们紧密团结在以胡锦涛同志为总书记的党中央周围，高举邓小平理论和“三个代表”重要思想伟大旗帜，树立和落实科学发展观，为建设社会主义和谐社会、全面建设小康社会做出新的更大的贡献！

周强在中国青年企业家协会成立20周年总结表彰大会上的讲话

2005年12月8日

今天,共青团中央、中国青年企业家协会在这里召开中国青年企业家协会成立20周年总结表彰大会,目的是深入学习贯彻"三个代表"重要思想和党的十六大、十六届五中全会、中央经济工作会议精神,总结回顾20年来青企协工作的基本做法和经验,研究部署今后一个时期深化青企协工作的思路和措施,进一步动员引导广大青年企业家为全面建设小康社会做贡献。中共中央政治局委员、全国人大常委会副委员长王兆国同志在百忙中出席会议,并将发表重要讲话,使我们深受鼓舞。中央、国家机关有关部门的负责同志亲临大会指导,充分体现了对青年企业家协会工作的支持、对青年企业家的关心。在此,我谨代表共青团中央、中国青年企业家协会,向长期以来热情关心青年企业家成长、大力支持青年企业家协会工作的各级党政领导、社会各界表示衷心的感谢!向即将受到表彰的先进集体和个人表示热烈的祝贺!

中国青年企业家协会成立于1985年。协会成立以来的20年,是我国经济社会发展取得辉煌成就的20年,是青年企业家队伍孕育、发展、壮大的20年。20年来,中国青年企业家协会在共青团中央的领导下,高举邓小平理论和"三个代表"重要思想伟大旗帜,坚持服务党政工作大局和青年企业家的成长发展,紧紧围绕中心工作,强化工作措施,改进工作方式,加强自身建设,动员引导广大青年企业家在改革开放和社会主义现代化建设的伟大实践中成长成才、建功立业,协会工作不断迈上新的台阶。借此机会,谨向中国青年企业家协会历届领导、历届会员表示衷心的感谢和崇高的敬意!

20年来,中国青年企业家协会走过了不平凡的历程,在服务经济社会发展、服务广大青年企业家方面开展了大量的工作,做出了突出的贡献。

第一,引导青年企业家树立远大理想。协会始终把加强青年企业家思想教育工作作为重要的政治任务,坚持不懈地组织青年企业家学习邓小平理论和"三个代表"重要思想。组织青年企业家走进西部、走进东北、走进老区,深入了解国情,增强为全面建设小康社会做贡献的责任感和使命感。建立了协会领导集中学习制度,积极利用互联网络开展学习培训,把思想教育工作落到了实处。

第二,组织青年企业家投身经济建设。协会紧紧围绕经济建设这个中心,广泛开展经贸考察等活动,充分发挥青年企业家在经济建设中的生力军作用。响应党中央实施西部大开发的战略号召,实施了"青年企业家西部行"活动,先后组织了1200多名青年企业家赴内蒙古、广西、陕西、甘肃、宁夏、新疆等地进行经贸考察,签订了95.17亿元合同,为西部地区发展提供了资金、管理、项目等方面的支持。配合实施东北等老工业基地振兴战略,开展了"青年企业家东北行"活动,组织了660多名青年企业家赴辽宁、吉林、黑龙江进行经贸考察,签订了68.76亿元合同,促进了老工业基地的建设。根据促进中部地区崛起的部署,开展了"青年企业家中部行"活动,组织了720多名青年企业家赴江西、湖北进行经贸考察，签订了65.39亿元合同。为支持老区发展，开展了“青年企业家老区行”活动，组织了100多名青年企业家赴山东临沂进行考察，签订了11.25亿元合同，为老区的发展注入了活力。围绕国有企业的改革攻坚，开展了“振兴千家中小企业行动”，动员青年企业家参与国有中小企业改组改制，有效地服务了国有企业改革。这些活动的开展，不仅服务了我国经济建设，也为广大青年企业家发展事业搭建了平台。

第三，动员青年企业家参与社会发展。协会注重发挥青年企业家在推动社会进步中的积极作用，广泛动员青年企业家参与公益事业。开展捐资助学活动，组织青年企业家为“中国青少年科技创新奖励基金”、经济困难大学生、希望工程捐款3000万元，提供一大批勤工助学岗位，为经济困难学生提供了切实的帮助。开展青年企业家服务青年就业工作，定期举办“青年企业家协会会员网上招聘大会”，动员1600多家会员企业为下岗失业青年提供了81600多个就业岗位。引导青年企业家参与资源节约型和环境友好型社会建设，树立环保意识，开展环保活动，发展循环经济，并组织他们为“保护母亲河行动”等环保工程建设捐款1000多万元，促进了经济社会协调发展。在抗击“非典”期间，组织会员企业捐款捐物4000多万元，弘扬了一方有难、八方支援的文明新风。

第四，帮助青年企业家提高自身综合素质。与有关部门联合举办了“青年企业家厂长经理研究班”，组织青年企业家学习经济、法律、科技、外语等方面的知识，“研究班”至今已经举办了27期，8653位青年企业家接受了系统性培训。以“中国加入世贸组织带来的机遇和挑战”、“西部大开发与青年企业家成长发展”为主题，举办了中国青年企业家发展论坛和对话世界知名企业活动，邀请一些世界500强企业的董事长和总经理为中国青年企业家举办讲座，邀请国内外著名学者为企业家讲课，帮助青年企业家提高素质，了解市场。同时，协会开展了对外交流活动，组织中外青年企业家交流互访，拓宽了青年企业家的视野。针对会员企业发展中面临的问题，组织青年企业家和专家联合会诊，提高了青年企业家搞好企业的能力。

回顾20年的工作实践，我们深深地体会到，做好青年企业家协会的工作，必须始终坚持以下几个方面的做法。

第一，坚持以科学理论为指导，发挥好联系青年企业家的桥梁纽带作用。要坚持不懈地用邓小平理论和“三个代表”重要思想教育青年企业家，引导青年企业家自觉贯彻党的基本理论、基本路线、基本纲领和基本经验，牢固树立崇高理想和坚定信念，坚定不移地跟党走中国特色社会主义道路，不断巩固党执政的青年群众基础。

第二，坚持服务党政工作大局，充分发挥青年企业家在经济社会发展中的生力军作用。要始终把协会工作放到党政工作大局中去思考、去把握、去部署，在大局中找准位置，发挥作用，动员引导广大青年企业家为改革开放和现代化建设贡献力量。

第三，坚持服务青年企业家成长发展，培养一支规模宏大的青年企业经营管理人才队伍。青年企业家是宝贵的人才资源。要根据青年企业家的多样化需求，广泛开展学习培训等活动，帮助青年企业家提高理论修养、业务能力，为我国经济社会协调发展提供坚实的人才保证。

第四，坚持以改革的精神加强自身建设，不断增强协会的吸引力和凝聚力。要以建设一流青年社团为目标，不断创新工作手段、工作方式和工作机制，增强协会的内在活力，扩大协会的覆盖面和影响力。

当前，我国已经进入了全面建设小康社会、加快推进社会主义现代化的新的发展阶段。新形势、新任务对青年企业家协会工作提出了新的更高的要求。全国各级青年企业家协会要认真学习贯彻党的十六大、十六届五中全会和中央经济工作会议精神，立足新起点，发扬好传统，努力开创工作新局面。

一是要紧紧围绕党政工作大局，动员引导青年企业家促进经济社会全面发展。落实科学发展观，企业至关重要。各级青年企业家协会要着眼于促进科学发展，引导青年企业家带头树立和落实科学发展观。要引导青年企业家服务区域经济协调发展，继续深化青年企业家东北行、西部行、中部行、老区行等活动，促进生产要素的优化配置。要引导青年企业家自主创新，通过评选青年企业家管理创新奖、举办青年企业家创新论坛、开展企业创新成果发布活动等途径，强化青年企业家的自主创新意识，促进创新成果向现实生产力的转化。要引导青年企业家建设资源节约型企业，加强同行业企业间的交流，推广会员企业在发展循环经济方面的经验，带领青年企业家走在建设资源节约型和环境友好型社会的前列。要引导青年企业家履行社会责任，积极参与促进就业尤其是促进青年就业的工作，积极参与保护母亲河、希望工程等社会公益事业，大力弘扬时代新风。

二是要根据青年企业家成长发展需求，提高青年企业家协会的服务能力。各级青企协要根据青年企业家的需求，多做好事，多办实事，努力为青年企业家的成长提供服务、创造条件。要服务青年企业家学习成才的根本需求，加大对青年企业家的学习培训力度，丰富培训内容，提高培训层次，努力提高青年企业家的政治素质和业务能力。要服务青年企业家政治进步的需求，培养青年企业家典型，推荐优秀青年企业家加入党组织，做好优秀青年企业家的举荐工作。要服务青年企业家发展事业的需求，探索有利于会员合作的途径和方式，帮助解决青年企业家在事业发展中存在的困难和问题，比如要发挥维权委员会的作用，切实维护好青年企业家的合法权益。要服务青年企业家对外交往的需求，建立完善中外青年企业家社团的交流机制。现在，越来越多的海外青年企业家协会和青商总会同中国青年企业家协会建立了交往合作的关系。今后，我们要进一步拓宽渠道，采取多种形式，帮助青年企业家“走出去”，使他们在国际竞争与合作中汲取营养，提高素质，增强能力。要服务青年企业家的精神文化需求，尊重青年企业家的个性，开展文化体育活动，发展健康有益、充满活力的协会文化。

三是要按照一流青年社团的标准，全面加强协会自身建设。要完善协会组织体系，规范入会程序，拓宽入会渠道，严格入会标准，加强会员管理，最大限度地把优秀青年企业家吸纳到协会中来，扩大协会的覆盖面。要建立协会工作整体推进机制，实行目标管理，强化责任考核，形成上下联动、富有效率的工作格局。要加强协会制度建设，不断完善会长办公会议制度、理事会议制度、专业委员会工作制度以及秘书处工作制度、财务制度等各项制度，提高协会的自我运转能力。要加强协会阵地建设，办好协会内刊和网站，不断开辟新的服务阵地。

同志们、青年企业家朋友们，全面建设小康社会为当代青年企业家成长发展提供了广阔舞台，广大青年企业家必将大有作为。让我们更加紧密地团结在以胡锦涛同志为总书记的党中央周围，高举邓小平理论和“三个代表”重要思想伟大旗帜，与时俱进，开拓创新，求真务实，奋发进取，团结带领广大青年企业家为推动经济社会发展、全面建设小康社会做出新的更大的贡献！

周强在2005年“为了明天——预防青少年违法犯罪论坛”上的致辞

2005年12月17日

在顾秀莲副委员长和中央综治委的关怀下，在广东省委、省政府的关心支持下，“为了明天——预防青少年违法犯罪论坛”今天在广州隆重开幕，顾秀莲副委员长在百忙之中亲临论坛并将作重要讲话。在此，我代表共青团中央，也以与会代表的名义，向顾秀莲副委员长表示衷心的感谢！刚才，中共广东省委副书记刘玉浦同志发表了热情洋溢的讲话。借此机会，向长期以来关心、重视、支持共青团和青少年工作的广东省委、省人民政府表示衷心的感谢！也向出席论坛的各位专家、各位学者、各位代表表示诚挚的问候！

当前，我们正为全面建设小康社会、构建社会主义和谐社会而共同奋斗，我国已经进入了改革发展的关键期、机遇期。同时，以往潜在的各种深层次矛盾也进入了凸显期、多发期，诱发青少年违法犯罪的因素依然存在，青少年违法犯罪形势依然比较严峻，这一问题也越来越受到全社会的广泛关注。从全球范围来看，青少年犯罪问题是各个国家面临的共同的问题，预防青少年违法犯罪既是构建社会主义和谐社会的重要内容，又是考察社会和谐程度的重要指标。做好预防青少年违法犯罪工作，对维护社会稳定和国家长治久安，对推进社会主义和谐社会建设，都具有重要意义。研究青少年犯罪，探索、把握其规律是做好预防青少年违法犯罪工作的基础。我们在这里举办“为了明天——预防青少年违法犯罪论坛”，充分探讨和交流近年来青少年违法犯罪的研究成果，总结预防青少年违法犯罪工作的做法和经验，分析青少年违法犯罪的原因，提出预防和减少青少年违法犯罪的对策，有助于推进预防青少年违法犯罪工作的深入开展，有助于促进社会主义和谐社会的建设。为此，我对论坛的举办表示祝贺，也借这个机会对论坛今后长期举办提三点希望。

首先，希望论坛的举办能够为预防青少年违法犯罪研究搭建一个交流的平台。青少年犯罪研究是一门综合性的学科，需要各学科共同合作来完成。全国的和地方的青少年犯罪研究会，聚集了大批研究青少年违法犯罪问题的优秀人才，包括各条战线、各个部门从事相关研究的各方面专家和实际工作者。学术研究的发展需要更多的交流，预防青少年违法犯罪研究的专家、学者和实际工作者通过论坛，对青少年犯罪研究成果和工作实践进行深入探讨和相互交流，能够促进学术研究的繁荣和研究水平的提高，也能够促进预防工作的发展。在去年中国青少年犯罪研究会新一届领导机构成立大会上，我们就提出来，要为全国的研究工作者搭建更多的、更高层次的沟通和交流平台，包括同国际开展学术交流的平台。遵循这一原则，主办单位连续两年举办了“为了明天——预防青少年违法犯罪论坛”，为预防青少年违法犯罪研究提供了一个高层次、全国性的沟通和交流平台。要充分利用这一平台，宣传预防青少年违法犯罪工作，展示青少年犯罪研究成果，扩大“为了明天——预防青少年违法犯罪工程”的社会影响；要充分利用这一平台，加强学术交流的机制建设，不仅要每年举办一次全国性的大型论坛，还要积极开展区域论坛、专题论坛、行业论坛和国际论坛，通过不断丰富论坛的组织形式,积极为预防青少年违法犯罪研究创造一个稳定可靠的交流机制。

第二,希望论坛的举办能够产生一批预防青少年违法犯罪研究的成果。本次论坛举办前,中国青少年犯罪研究会、中国法学会青少年法律研究会进行了论文的征集评选,许多会员踊跃参与,形成了这次论坛的论文选辑。希望论坛进一步广泛汇集各位专家学者的真知灼见,形成一批有价值的研究成果,推动预防青少年违法犯罪研究更上一层楼。坚持理论与实践相结合是这个论坛的特色之一。我们的研究成果既有来自实务工作者的,也有来自专业人员的。论坛要对来自各方面的研究成果进行系统的总结,要为实际部门的工作,为中央有关部门的决策提供理论依据,提供对策建议,这就使得理论研究与决策、与实际工作有机地衔接起来了。要总结预防青少年违法犯罪工作经验,促进理论研究成果的转化应用。在理论研究成果的转化应用方面,我们要进一步办好《青少年犯罪研究》刊物,这个刊物已经办了二十年,出了很多成果,在全国影响很大,在海外也有影响,要继续办好。同时,在中央综治委陈冀平秘书长的支持下,我们最近正在同国家新闻出版总署沟通,积极争取创办一份新的刊物:《青少年法律》,这将为大家的交流、为成果的转化搭建一个新的平台。

第三,希望论坛的举办能够吸引和凝聚一大批预防青少年违法犯罪的研究人才。我们这个论坛还有一个很重要的任务,就是发现人才,举荐人才。培养和造就一批强有力的研究人才是推动预防青少年违法犯罪研究的重要保证,优秀人才的不断涌现是这一研究领域向前发展的重要标志。论坛本身就是人才汇集的平台,今天参加论坛的,都是来自各个地区、各个领域、各条战线的专家,可以说是人才济济。要通过论坛来汇聚人才,凝聚我国优秀的青少年犯罪研究专家以及预防青少年违法犯罪的实践工作者。通过举办论坛,推动预防青少年违法犯罪研究人才辈出,从中培养出一批研究骨干;通过举办论坛,打响“为了明天工程”品牌,吸引和团结更多的关注、从事相关学科的人才参与预防青少年违法犯罪研究;通过开展预防青少年违法犯罪研究优秀工作者和优秀论文的评选,创造有利于优秀人才健康成长的良好环境,激励一批又一批研究人才脱颖而出,形成一个老、中、青结合的预防青少年违法犯罪研究梯队,推动青少年犯罪研究事业的不断繁荣和发展。

团中央是中央综治委预防青少年违法犯罪工作领导小组成员单位,同时也是中国青少年犯罪研究会和中国法学会青少年法律研究会的主管单位。希望中国青少年犯罪研究会、中国法学会青少年法律研究会,各地的青少年犯罪研究会和青少年法律研究会,适应新的形势和新的情况,切实加强自身建设,进一步为会员开展研究提供更好的服务,同时也发现、举荐更多的研究人才。团中央将进一步加强对中国青少年犯罪研究会和中国法学会青少年法律研究会的领导和工作支持,支持两个研究会加强研究和加强自身建设,并为论坛的举办提供大力支持。

各位领导、同志们,预防和减少青少年违法犯罪,保护青少年健康成长需要全社会的共同努力。让我们紧密团结在以胡锦涛同志为总书记的党中央周围,高举邓小平理论和“三个代表”重要思想伟大旗帜,牢固树立和落实科学的发展观,求真务实,开拓创新,扎实工作,为促进青少年健康成长,为促进社会主义和谐社会建设贡献智慧和力量!

最后,预祝论坛取得圆满成功!

全面贯彻落实科学发展观，团结带领广大团员青年在构建社会主义和谐社会中发挥生力军作用

——周强在共青团十五届四中全会上的讲话

2005 年 12 月 20 日

各位委员，同志们：

这次全会的主要任务是，以邓小平理论和“三个代表”重要思想为指导，全面贯彻落实科学发展观，深入贯彻落实党的十六届五中全会和中央经济工作会议精神，认真学习贯彻党中央书记处的重要指示和王兆国同志的重要讲话精神，紧紧围绕党的十六届五中全会提出的重大任务，团结带领广大团员青年充分发挥生力军作用，竭诚服务青年一代的健康成长和全面发展，不断开创共青团工作新局面。

党中央对这次会议非常重视。12 月 9 日上午，中共中央政治局常委、书记处书记、国家副主席曾庆红同志主持召开党中央书记处会议，听取了团中央的工作汇报，中央领导同志充分肯定了全团 2005 年工作，对共青团 2006 年工作提出了明确要求，为我们做好明年和今后一个时期的工作指明了方向。昨天晚上，中共中央政治局委员王兆国同志出席会议并发表了重要讲话。这些都充分体现了以胡锦涛同志为总书记的党中央对共青团的亲切关怀和对青年工作的高度重视。我们要认真学习党中央书记处的重要指示和王兆国同志的重要讲话精神，切实抓好贯彻落实。

党的十六届五中全会是在我国即将完成“十五”计划，改革发展进入关键时期召开的一次重要会议。会议审议通过的《中共中央关于制定国民经济和社会发展第十一个五年规划的建议》，站在历史新高度，从战略全局出发，制定描绘了我国在新世纪第二个五年经济社会发展的宏伟蓝图，是动员全党全国各族人民全面建设小康社会、加快推进社会主义现代化的纲领性文件。全会精神的核心和灵魂就是坚持以科学发展观统领经济社会发展全局。科学发展观是指导发展的世界观和方法论的集中体现，是对社会主义现代化建设指导思想的重大发展。按照科学发展观的要求，推进社会主义和谐社会建设，是我们党从全面建设小康社会、开创中国特色社会主义事业新局面的全局出发提出的一项重大任务。今年初，胡锦涛总书记在省部级主要领导干部提高构建社会主义和谐社会能力专题研讨班上发表重要讲话，深刻阐明了构建社会主义和谐社会的历史背景、重大意义、科学内涵、重要原则和主要任务。党的十六届五中全会对构建社会主义和谐社会作出了进一步部署，提出了具体要求。这些为我们从理论和实践的结合上正确认识、全面把握和积极构建社会主义和谐社会指明了方向。

这次全会将就贯彻党的十六届五中全会、中央经济工作会议、党中央书记处重要指示和王兆国同志重要讲话精神，作出《关于认真学习贯彻党的十六届五中全会精神团结带领广大团员青年在实施“十一五”规划进程中充分发挥生力军作用的决定》和《关于团结带领广大团员青年为构建社会主义和谐社会做贡献的决定》。同时，将团中央 2005 年工作总结和 2006 年工作安排以书面报告的形式印发大家。下面，我代表团中央书记处，就全面贯彻落实科学发展观，团结带领广大团员青年在构建社会主义和谐社会中发挥生力军作用，谈三点

意见。

一、努力构筑青年投身社会主义和谐社会建设的共同思想基础

构建社会主义和谐社会是一个波澜壮阔的历史进程，也是一项艰巨复杂的系统工程，需要包括青年在内的全体人民的团结奋斗。共同的思想基础是全体人民团结奋斗的前提。构建和谐社会，必须有共同的思想基础、共同的价值观及和谐观。我们要从为和谐社会建设提供长远思想保证的战略高度，充分认识构筑青年一代共同思想基础的极端重要性和紧迫感。

从国际形势来看，构筑青年一代共同思想基础面临严峻挑战。随着经济全球化的深入发展，世界范围内思想文化交流日益频繁，意识形态领域的斗争日趋激烈。西方敌对势力通过各种途径和手段对我国青少年进行思想文化渗透，传播西方资产阶级的政治观点、价值观念、生活方式，企图使青年一代接受西方的价值观和政治制度，最终达到他们颠覆中国特色社会主义事业的政治目的。近些年来，西方敌对势力思想渗透的力度进一步加大，呈现出新的特点：意识形态的渗透越来越多地以文化产品、文化服务、文化交流的形式出现，形式更加隐蔽；更多地借助互联网、现代通讯系统、广播电视等现代电子媒体加强渗透，渠道更加多样；越来越多地利用非政府组织开展渗透和颠覆活动。

从国内情况来看，构筑青年一代的共同思想基础面临复杂的社会环境。我国正发生着深刻的历史变革，在主流意识形态不断发展的同时，社会生活多样、多元、多变的特征日益凸显，各种思想观念相互交织、相互影响、相互激荡。在这一发展变化过程中，思想理论领域杂音噪音时有出现，一些非马克思主义的思想意识有所滋长；一些领域道德失范、诚信缺失、假冒伪劣、欺骗活动有所蔓延；一些地方封建迷信、邪教和黄赌毒等社会丑恶现象沉渣泛起。特别是我国已经进入改革发展的关键时期，社会组织形式、就业结构、社会结构变革加快，社会利益关系更趋复杂，热点难点问题以及群体性事件增多，由此产生的各种思想观念也会以多种形式表现出来，意识形态领域影响社会和谐的因素会更加复杂。

从青年自身来看，构建青年一代的共同思想基础面临繁重任务。从总体上看，当代青年热爱党、热爱祖国、热爱社会主义，思想政治状况是健康向上、积极进取的。但是，伴随国内“四个多样化”的深入发展，当代青年思想活动的独立性、选择性、多变性、差异性显著增强。受各种思想文化的影响，在一部分青年中出现了政治信仰迷茫、理想信念模糊，社会责任感不强、价值取向扭曲等问题。如果不加以正确的思想引导，在一定的条件下，他们就有可能成为影响社会和谐的因素。

青年思想政治工作是共青团的优良传统和政治优势，是构筑青年一代共同思想基础的重要手段。面对复杂的国际国内形势，面对构建社会主义和谐社会的历史任务，我们要按照中央关于加强未成年人思想道德建设和大学生思想政治教育的要求，根据党中央书记处指示精神和王兆国同志讲话精神，进一步加强青年思想政治工作，科学教育青年、正确引导青年、热诚服务青年，把广大团员青年的思想统一起来，把他们的力量凝聚起来，形成构建和谐社会的强大合力。

1. 用科学理论武装青年。马克思主义科学理论是我们立党立国的根本指导思想，是构建社会主义和谐社会的科学指南。构筑青年建设社会主义和谐社会的共同思想基础，最根本的就是要坚持不懈地用邓小平理论和“三个代表”重要思想教育青年，用科学发展观这一与时俱进的马克思主义发展观武装青年，使马克思主义中国化的最新理论成果深深植根于广大青年的脑海之中，为他们参与社会主义和谐社会建设提供正确理论指导和根本思想保

证。各级团组织要抓住青年学生、青年骨干等重点群体,采取贴近实际、贴近生活、贴近青年的方式方法,推动青年理论武装工作向纵深发展。

2. 用共同的理想信念凝聚青年。共同的理想信念是维系社会和谐的精神纽带。中国特色社会主义是包括广大青年在内的全国各族人民不懈追求的共同理想。进一步加强青年的理想信念教育,需要我们不断创新工作思路和活动载体。明年,全团将要重点开展"我与祖国共奋进"主题教育实践活动,形成声势,兴起高潮,目的就是要引导青年全面回顾我国改革开放20多年来所取得的巨大成就,展望全面建设小康社会、实现中华民族伟大复兴的灿烂前景,帮助青年充分认识中国特色社会主义道路是发展中国的正确之路,是实现社会和谐的必由之路,引导青年把个人追求融入到全体人民的共同追求之中,把个人奋斗融入到建设中国特色社会主义的伟大实践之中。

3. 用伟大的民族精神和时代精神激励青年。以爱国主义为核心的伟大民族精神和以改革创新为核心的时代精神,具有强大的社会凝聚力和社会整合功能,是中华民族生生不息、薪火相传的精神血脉,是激发社会创造活力的不竭源泉。开展民族精神和时代精神教育,共青团有丰富的资源和良好的条件。在我国革命、建设和改革的历史进程中,我们党领导人民形成了井冈山精神、长征精神、延安精神、大庆精神、抗击非典精神、载人航天精神等宝贵财富。我们要充分利用这些教育资源,抓住重大活动、重大事件、重大节庆纪念日等契机,深入开展形式多样、内容丰富的教育活动,不断增强广大青年的爱国意识、团结意识和发展意识,激励他们以昂扬向上、奋发进取的精神状态投身和谐社会建设。

4. 用良好的道德风尚塑造青年。文明道德风尚是社会主义和谐社会的重要特征。一个社会是否和谐,一个国家能否长治久安,很大程度上取决于社会成员的思想道德素质,尤其是青少年的思想道德素质。青年具有开风气之先的传统,是文明新风的积极倡导者。我们要在青少年中广泛开展社会公德、职业道德、家庭美德教育,引导青少年积极参与青年志愿者、青年文明号、手拉手、青年文明社区、青年文化节等精神文明创建活动,促进良好社会道德风尚的形成,促进广大青少年道德素质的提高。

5. 用和谐观引导青年。和谐需要共识,共识形成合力。中华民族有着崇尚和谐、追求和谐的文化传统,千百年来形成了"和为贵"、"和而不同"、"求同存异"等价值观念和思维模式。在我国社会结构日益复杂、群体利益不断分化的今天,倡导和谐理念,培养和谐心态,尤为迫切。我们要引导广大青少年正确看待我国发展过程中出现的社会矛盾、社会问题,以积极的姿态参与社会生活,承担起自己的职业角色和社会角色,用贡献体现作为,用合作推进事业,用互助彰显责任,形成促进社会和谐的价值取向。

二、充分发挥广大团员青年在构建社会主义和谐社会中的生力军作用

构建社会主义和谐社会与发挥青年的生力军作用密不可分。青年是社会上最富有朝气、最富有创造性、最富有生命力的群体,是推动社会主义和谐社会建设的一支重要力量。充分发挥青年的聪明才智,调动青年的积极性、主动性和创造性,是构建社会主义和谐社会的必然要求。共青团要紧密结合青年的特点,凝聚青年的力量,发挥青年的优势,为构建社会主义和谐社会多做贡献。

1. 激发青年推动经济社会发展的创造活力。和谐社会不是一潭死水,而是充满发展活力。发展保证和谐,只有实现又快又好的发展,才能为和谐社会建设提供强大的物质基础。青年充满活力,国家就生机盎然;青年不断创新创造,社会就持续稳定发展。共青团要

按照我国经济社会发展的重大战略部署，充分调动青年的积极性，不断激发青年的创造活力，为经济社会发展注入蓬勃生机。

大力开发青年人力资源。培养、凝聚、举荐、配置青年人才，是共青团的重要职责，也是共青团的工作优势。我们要抓住培训这一基础环节，发挥团校、青少年宫、青少年教育基地、青年中心、农村青年科技图书站等阵地的作用，广泛开展素质拓展、技能培训等活动，不断提高青年的综合素质和劳动技能。充分发挥实践育人的优势，通过开展岗位竞赛、社会实践等活动，引导青年在实践中成才。发挥共青团广泛联系青年人才的优势，通过多种方式吸纳、聚集人才，为推动经济社会发展提供人才支持。

引导青年投身创造实践。保持经济持续快速协调健康发展，需要广大青年投身创业实践，提高创新本领。要围绕建设社会主义新农村、转变经济增长方式、加快产业结构优化升级、促进区域协调发展等重要部署，引导青年立足本职，艰苦创业。要围绕建设创新型国家，进一步深化中国青年科技创新行动，引导青年学生把创造活动和学习专业知识结合起来，鼓励青年科技工作者大力开发具有自主知识产权的关键技术和核心技术，鼓励青年职工立足岗位创新创效，在推进原始创新、集成创新和引进消化吸收再创新中大显身手。

营造青年创新创造的良好社会环境。创造活力需要激发，创造热情需要保护，创造活动需要支持。共青团要配合有关部门为青年创造提供信息、资金、政策、市场、成果转化等方面的支持。同时，要注重发挥先进典型的示范引导作用，以评选中国青年创业奖、青年科学家奖、青少年科技创新奖和开展挑战杯科技竞赛等活动为载体，努力形成从青年学生到高层次青年人才、从农村到城市、从经济科技到文化教育，覆盖各个领域、各个层次、各个行业青年人才的表彰体系，大力宣传青年典型的创新精神和创业事迹，为青年创新创造营造良好社会氛围。

推动港澳台青年和海外中华青年的广泛参与。港澳台青年和海外中华青年是建设祖国的一支重要力量，他们蕴藏着推动祖国发展的巨大热忱。共青团和青联组织要发挥广泛联系海内外中华青年的工作优势和网络优势，通过开展青年精英论坛、经贸投资考察、海外学人回国创业等活动，把他们的积极性、创造性调动起来，为祖国发展、民族振兴贡献力量。

2. 引导青年在巩固和发展民主法治、安定有序的局面中发挥积极作用。社会主义民主和法治，是构建和谐社会的政治基础和基本保障。我们要紧紧围绕发展社会主义民主政治和落实依法治国方略，发挥好联系青年的桥梁纽带作用，让他们的意愿和诉求充分表达出来，让他们的权利和利益得到切实保障，把他们的积极性充分调动起来。

积极有序地参与民主实践。青年有参与民主实践的巨大热情。共青团要引导青年树立正确的民主观念，深刻认识民主是权利与义务的统一，在享受民主的同时必须承担相应的义务；充分认识社会主义民主的本质是坚持党的领导、人民当家作主和依法治国的有机统一，我国人民民主专政的国体、人民代表大会的政体、共产党领导的多党合作和政治协商制度以及民族区域自治制度是最符合我国国情的民主制度，具有强大生命力和优越性。要畅通青年参与民主的渠道，充分发挥共青团和青联组织在人大、政协中代表青年的作用，积极建言献策，反映青年诉求；引导青年积极参与村民自治、社区建设、企事业内部管理、学生自我教育和管理等基层民主实践。

积极参与社会建设和管理。随着改革开放和社会主义市场经济的深入发展，我国政府职能转变加快，社会结构日益多样化，社会事业蓬勃发展。我们党提出要建立健全党委领导、政府负责、社会协同、公民参与的社会管理新格局，这就意味着民间组织在社会事务中将发挥更大的作用。青年社团是民间组织的重要组成部分，近年来发展迅速，代表了部分青年群体的利益需求、兴趣爱好，起到了提供服务、反映诉求、规范行为的作用。共青团要抓住契机，大力培育和发展青年社团，加强监督管理，推动形成社会服务网络化的新格局。

依法维护青少年的正当权益。目前，青少年权益被侵害的现象较多，比如，进城务工青年工资被拖欠、人身受伤害、被强制超时劳动等问题时有发生，未成年人权益受到侵害的事例屡见不鲜。这些问题解决不好，就会损害社会的正常秩序，就会影响社会和谐。共青团要高度重视青年的维权工作，一方面，要加强法制教育，增强青年的法律意识和法制观念，引导他们理性表达利益诉求，严格依法办事，自觉做到学法、用法、守法；另一方面，要加大对青少年的服务力度，通过创建青少年维权岗、开展法律援助等方式，帮助他们依法维护正当权益。

积极维护社会稳定。没有社会稳定，构建社会主义和谐社会就无从谈起。稳定保障和谐，和谐促进稳定。青年是社会稳定的最大受益者，也是维护社会稳定的重要力量。我国正处在社会转型和利益调整的关键时期，影响社会稳定的因素很多。要教育引导青年始终坚持稳定压倒一切的方针，珍惜来之不易的稳定局面，积极参与社会综合治理，自觉同各种破坏社会稳定的行为作斗争。当前，危害公共安全的突发性事件时有发生。要大力增强青年的公共危机意识，有效动员组织广大青年参与应对和处理各种突发性事件，努力维护社会稳定大局。

3. 动员青年促进社会公平和正义。实现公平和正义，涉及社会生活的各个领域，关系最广大人民群众的根本利益，是构建社会主义和谐社会的主要环节。没有公平正义，就没有和谐。当前，我国社会群体之间、地区之间、城乡之间利益变动加剧，机会不均等、发展不平衡、贫富差距拉大等问题日益凸显，成为构建社会主义和谐社会亟待解决的突出问题。我们党强调在促进发展的同时，要把维护社会公平放到更加突出的位置，使全体人民共享改革发展的成果，使全体人民朝着共同富裕的方向稳步前进。最近，胡锦涛总书记在视察青海时指出：发展为了人民，发展依靠人民，发展成果由人民共享。这集中回答了发展目标、发展动力、发展目的的问题，具有深远的意义。各级团组织要按照党的要求，从解决青年最关心、最直接、最现实的问题入手，把服务青年和服务社会结合起来，积极开展志愿服务，发展公益事业，切实促进社会公平和正义。

推动城乡区域协调发展。城乡区域发展不协调，将导致城乡发展割裂、地区差距拉大的矛盾，从根本上动摇构建社会主义和谐社会的基础。我们党着眼于统筹城乡区域协调发展，提出了西部大开发、振兴东北地区等老工业基地、中部地区崛起、加快沿海地区发展等重大战略。各级团组织要围绕中央的总体部署，开展青年企业家西部行、东北行、中部行、老区行活动，开展东西互助、博士服务团活动，组织动员东部沿海地区和城市青年到西部、到农村开展志愿服务，建立健全青年区域互动合作机制，为建设社会主义新农村，为促进区域协调发展发挥更加积极的作用。

促进青少年的教育公平。教育公平，是公平的基础，是全民教育的灵魂。没有教育机会的均等，就谈不上社会公平。近年来，各级团组织广泛开展了希望工程、手拉手、济困助学等活动，帮助大批青少年顺利接受教育，在全社会产生了良好反响。但目前，还有相当一部分农村贫困家庭、城市下岗失业家庭、进城务工人员的子女无法顺利完成学业；一些农村地区教育条件还很落后，教育资源相当匮乏，许多适龄青少年得不到有效教育。我们要进一步整合社会资源，通过结对帮扶、勤工助学等方式，加大济困助学力度，帮助经济困难学生顺利完成学业。要引导青年积极参与贫困地区教育公益事业，深化希望工程、扶贫支教等活动，让更多的青少年得到公平有效的教育。

促进青年充分就业。青年是就业和再就业的重点群体。在我国每年城镇新增劳动力、农村富余劳动力以及下岗失业人员中，青年都占了很大比例，大学毕业生就业难的问题也日益突出。共青团要按照国家就业和再就业工作的整体部署，把促进青年充分就业摆在更加突出的位置。要深化青年创业行动，大力开展就业培训，推进大学生志愿服务西部计划、就业见习行动、工岗快递、中介服务等工作，帮助青年转变就业观念，提高就业技能，搭建就业平台，拓展就业渠道，千方百计促进青年的就业和再就业。

帮扶社会弱势群体。弱势群体最需要帮助，最渴望公平。比如，城市下岗失业家庭需要再就业维持生计，贫困低收入家庭需要社会扶贫帮困，孤寡老人需要养老保障和生活照料，残疾人需要特别关心，等等。实践证明，志愿服务是帮扶弱势群体的有效载体。各级团组织要进一步推进志愿服务事业，广泛开展社区服务、扶贫开发、公共卫生、法律援助等工作，努力帮助弱势群体解决实际困难，让他们充分感受到全社会的关爱。

4. 带领青年促进人与自然和谐相处。实现人与自然的和谐相处，要求经济社会发展与资源环境容量相协调，既满足当代人的需要，又不能牺牲子孙后代的利益。当前，我国生态环境形势十分严峻，资源能源压力不断加大，建设资源节约型、环境友好型社会，已经成为一项紧迫的战略任务。

倡导生态文明理念。地球是人类共有的家园。在现代社会，对自然的尊重和爱护已经成为一个国家、一个民族文明程度高低的重要标志。要抓住世界水日、世界地球日、世界环境日等契机，大力开展宣传教育活动，引导青少年树立家园意识和共同体意识，增强环境保护意识和资源节约意识，树立尊重自然、善待自然的观念，使人与自然和谐相处的理念成为青少年遵循的价值观和全社会的共识。

推动生态环境保护。美好环境人人共享，保护环境人人有责。要围绕国家生态环境重点工程建设，进一步深化保护母亲河行动，动员更多的青少年和社会公众在母亲河流域开展植树造林、治理污染、保护水资源等活动，为建设祖国秀美山川做贡献。要动员和组织农村青年积极参与退耕还林、退耕还草，治理村容村貌，改善农村的生活条件和生态环境。要动员城市青年开展种植纪念林、绿地认养等活动，以自己的实际行动建设绿色家园。

促进循环经济发展。循环经济是解决我国经济社会发展面临的资源制约与环境压力的重要出路之一。要引导青年企业家实行清洁生产，提高资源利用效率，降低环境污染。要引导青年科技人员开发和推广资源综合利用、资源节约、资源替代等先进科学技术，为构建节约资源的技术支撑体系贡献聪明才智。要引导广大青年养成勤俭节约的生活习惯，提倡适度消费、公平消费和绿色消费。

5. 引导青年参与构建和谐世界。随着世界多极化和经济全球化趋势的深入发展，要和平、促发展、谋合作成为时代的主旋律。共同构建一个政治上和睦相处、经济上平等互利、安全上互信协作、文化上交流互鉴的和谐世界，是摆在世界各国政府和人民面前的一个重大课题，也为当代中国青年构建和谐社会开辟了宽广的国际舞台。

青年对外交流合作具有群众性、广泛性和灵活性的独特优势。我们要围绕党和国家的总体外交部署，深入开展同各国青年组织和青年全方位、多领域、深层次的交流，增进中国青年同世界各国人民和青年之间的了解与友谊，巩固国家友好关系的青年基础。要充分利用国际资源，大力实施国际青年项目，在经济贸易、就业创业、文化教育、环境保护、志愿服务等领域积极开展国际合作。要引导广大青年树立平等开放的精神，以更加开放的胸襟、兼容的态度参与国际文化交流，加强不同文明的对话沟通，努力促进各种文明的兼容与和谐。

三、大力加强团的自身建设，不断提高共青团服务社会主义和谐社会建设的能力

团结带领广大团员青年在构建社会主义和谐社会中发挥生力军作用，从根本上取决于共青团自身的能力。各级团组织要坚持党建带团建，以组织建设为基础，以机制建设为保障，以队伍建设为关键，不断增强共青团的服务能力、凝聚能力、学习能力、合作能力。

1. 加强组织建设，进一步扩大团组织的覆盖面，增强团组织的凝聚力。当前，共青团的工作环境、工作对象和组织依托都发生了深刻变化，传统的组织设置方式、联系团员方式已不能完全适应新的形势和要求。各级团组织要在观念上创新，在思路上创新，在举措上创新，夯实团结带领青年推动社会主义和谐社会建设的组织基础。

创新完善组织体系。要按照有利于联系团员青年、有利于增强内在活力、有利于整合工作资源的原则和“巩固一批、提高一批、整顿一批、新建一批”的思路，巩固现有组织网络，加大创新力度，特别是要重点探索农村、非公有制经济组织、城市社区等领域的团建模式，努力构建与经济社会结构相协调、与青年群体变化相适应的组织体系。两年多来，城乡青年中心作为延伸共青团工作手臂、扩大对青年的组织覆盖和工作覆盖的创新举措，取得了明显的成效，全国已经建立了4800多个青年中心，实现了组织模式、活动模式和工作平台的创新。各级团组织要总结经验，继续加强青年中心的组织建设、项目发展、队伍建设、阵地依托和机制建设，积极探索共青团发挥核心作用的工作机制，构建“基层团委+青年中心”的新型基层组织网络，带动基层团的工作整体活跃。

创新联系团员方式。便捷有效地联系团员青年，是共青团开展各项工作的前提。从目前情况看，团组织的相对固定性和团员不断增强的流动性，造成数量众多的团员没有被团组织覆盖。据统计，2004年全国有260多万流动团员没有被流入地团组织覆盖，占流动团员总数的42%。要创新团员管理的思路，建立动态的团员管理模式，按照证档分离、交叉覆盖、动态管理的原则，加强团员流入地和流出地的工作衔接，实现对流动团员的动态跟踪管理，逐步建立适应团员流动、易于确认身份、便于参加团的工作和生活的管理机制，努力做到团员流动不流失。要积极探索利用电子团员证、青年卡等新型联系方式，丰富团组织联系团员的手段。

2. 加强机制建设，提高共青团整合力量和资源的能力。良好的机制是一个组织顺利运转、发挥作用、持续发展的重要保障。要着眼于经济社会发展的新要求，健全完善自我运行能力更强，团员参与程度更深，更加富有效能的运行机制。

坚持完善民主集中制。民主集中制是共青团的根本组织制度。实行民主集中制，能够充分发挥广大团员的积极性、主动性和创造性，有利于整合团内力量，增强团组织的内在活力和战斗力。要建立健全团情公开制度、团务公开制度、征求意见制度，把团员对团的工作和事务的知情权、参与权、监督权真正落到实处。要积极稳妥地推进基层团干部直选，把充分体现团员的意志、热心团的事业、热情为团员青年服务的基层团干部选拔出来。要始终坚持个人服从组织、少数服从多数、下级组织服从上级组织的原则，在民主的基础上形成统一意志，推动团内决策的科学化、制度化，保证团内决策不折不扣地贯彻落实。

健全社会化运行机制。共青团是一个群众组织，必须大力整合社会资源，运用社会化的机制来推进工作。要推动工作方式的社会化,一方面主动争取党委政府在政策、资金和项目上的支持,推动形成政府委托、共青团承办的工作机制,另一方面在坚持公益性的基础上,加强与社会各界的合作,强化推进工作的物质依托。要推动工作力量的社会化,面向社会整合人才资源,努力建设一支以专兼职团干部为骨干,以各类青少年工作者、研究人员为重点,以热心青少年事业的社会各界人士为辅助的青少年工作者队伍。

3. 加强信息化建设,提高共青团的开放度。在经济全球化、世界多极化、文化多元化的背景下,共青团组织开放度越高,与各种组织资源的对接和平台就越多,生命力和活力就越强,服务青年的能力也就越强。我们要紧跟飞速发展的信息化潮流,掌握信息制高点,把信息技术作为推动工作发展的重要工具、重要手段和重要方式。要大力加强青少年网站建设,为广大青少年提供健康有益的信息,更好地服务和引导青少年。要充分利用互联网及时性、开放性、交互性的特点,大力推进共青团县县上网工程,促进信息交流、资源共享,切实提高工作效率。要密切关注、深入研究信息化条件下青年的思想动态和活动方式,增强动员青年、引导青年的有效性,把握工作的主动权。

4. 加强团干部队伍建设,切实提高团干部落实科学发展观的能力。按照科学发展观的要求构建社会主义和谐社会,对做好新形势下的青年群众工作提出了更高要求。广大团干部要按照"党放心,青年满意"的总要求,身体力行"三个代表",牢记"两个务必",自觉做到"八个坚持、八个反对"。要牢记胡锦涛同志提出的常怀律己之心、常思贪欲之害、常修为政之德的教导,始终保持昂扬锐气、蓬勃朝气、浩然正气,耐得住寂寞,守得住清贫,经得起考验。要进一步巩固保持共产党员先进性教育活动的成果,切实把科学发展观贯彻落实到团的各项工作之中。

要研究把握新形势。当前,共青团工作面临许多新情况、新课题。广大团干部特别是团的领导干部要增强敏锐性,静下心来,沉下身子,带头研究,认真思考。要深入研究经济社会发展中的重大问题,不断增强大局意识,提高把握大局、把握政策的本领;认真研究青年的新变化,了解青年的多样化需求,跟踪青年的思想动态,把握青年的思想脉搏;认真研究新时期做好青年群众工作的规律,提高工作的主动性、预见性和前瞻性。

要推动工作创新。推动共青团工作发展,关键在于创新。我们党就"十一五"时期经济社会发展作出了重大战略部署,为创新共青团工作提供了契机。广大团干部要紧紧围绕党和国家的重大战略部署,按照"找准聚焦点、明确结合点、把握着力点"的要求,创新工作思路,丰富工作手段,拓展工作领域,使团的工作在创新中不断前进发展。

要竭诚服务青年。坚持以青年为本,密切联系青年,竭诚服务青年,是广大团干部服务能力的集中体现,也是团干部作风建设的核心。通讯手段的发达为我们联系青年提供了便利,但始终代替不了我们面对面地与青年交流。广大团干部要怀着深厚的感情,深入青年,了解青年,做青年的朋友,做青年的表率。要把服务青年的工作落到实处,既为青年人才发挥作用牵线搭桥,又为困难青年群体排忧解难;既服务青年成长成才,又预防青少年违法犯罪。总之,要千方百计地为青年成长发展办实事、做好事、解难事。

要树立良好形象。团干部的形象关系共青团的形象,关系共青团事业的发展,也关系共青团服务和谐社会建设的能力。团干部没有好的形象,就不能团结凝聚青年,团组织就没有吸引力和凝聚力,参与和谐社会建设就无从谈起。和谐不是一团和气,不是你好、我好、大家好。广大团干部要敢于坚持原则,勇于批评与自我批评,不能用原则作交换、视规矩为游戏。要不断加强党性修养,廉洁自律,自警自省，不能随波逐流。要真抓实干，脚踏实地，不搞形式主义，不搞哗众取宠，为共青团事业的发展做出实实在在的贡献。

5. 加强团员队伍建设，不断增强团组织的向心力。共青团现在有7188万团员，是我们做好各项工作的重要基础和力量源泉。加强团员队伍建设，关键在于增强团员意识。要进一步巩固增强团员意识主题教育活动成果，积极探索新时期团员教育管理的新方法、新途径，努力构建团员“长期受教育、永远跟党走”的长效机制，不断增强广大团员的政治意识、组织意识、模范意识。同时，要进一步做好发展团员工作，努力把优秀青年吸收到团组织中来；进一步做好推荐优秀团员做党的发展对象工作，为党源源不断地输送新鲜血液。

同志们，在构建社会主义和谐社会的伟大进程中，共青团工作面临着良好的机遇和艰巨的任务。让我们紧密团结在以胡锦涛同志为总书记的党中央周围，高举邓小平理论和“三个代表”重要思想伟大旗帜，认真贯彻落实党的十六届五中全会精神，全面树立和落实科学发展观，求真务实，艰苦奋斗，扎实工作，开拓进取，团结带领广大团员青年为实现“十一五”时期的奋斗目标，为构建社会主义和谐社会做出新的更大的贡献！

周强在全国“五四红旗团委”、“五四红旗团支部”和“全国团建先进县(市)”表彰会上的讲话

2005年12月21日

按照惯例，团中央在每年的全会期间都要对先进基层团组织进行表彰。首先，我代表团中央书记处，向获得今年全国“五四红旗团委”、“五四红旗团支部”和“全国团建先进县(市)”荣誉称号的基层团组织和县(市)团委表示热烈的祝贺！向辛勤工作、无私奉献的广大基层团干部和团员青年致以亲切的问候！

创建“五四红旗团委”活动是加强团的自身建设的重要举措，是整体推进基层团组织建设的有效载体。创建活动自1999年启动以来，受到了基层团组织的广泛欢迎，得到了各级党政领导的高度重视。在创建“五四红旗团委”活动中，涌现出一大批自身建设过硬、工作扎实的先进典型，起到了抓住一批、带动全面的作用。这次受到表彰的486个先进团委、团支部和60个团建先进县(市)，就是全国298万个基层团组织和2800多个县(市)团委中的优秀代表。他们紧紧围绕党政中心工作和青年成长成才，深入开展“五四红旗团委”创建活动，活跃了基层团的工作，对全国基层团组织的建设起到了示范带动作用。希望受到表彰的基层团组织和县(市)团委，珍惜荣誉，把这次表彰作为新的起点和继续前进的动力，进一步深化创建活动，在团的建设和各项工作中不断取得新的成绩。希望各地团组织向受到表彰的先进集体和先进单位学习，与时俱进，开拓创新，突出重点，狠抓落实，努力形成基层团组织建设整体推进、常抓不懈的工作局面。

团的基层组织是团的全部工作和战斗力的基础。团中央书记处历来高度重视团的基层组织建设，始终将其作为关系团组织能否完成党赋予的历史使命，能否适应新形势、实现

新发展的基础性工作来抓。去年以来，共青团的几次重大会议都对基层团组织建设工作作出了专门部署。团的十五届三中全会专门作出了《共青团中央关于进一步加强团的基层组织建设的决定》；今年6月，我们召开了共青团全国基层组织建设工作会议；8月以来，在全团部署开展了以学习实践“三个代表”重要思想为主要内容的增强共青团员意识主题教育活动，取得了很好的成效。这些都是共青团切实加强和改进自身建设的重大举措。各级团组织要进一步强化抓好基层团建的责任意识，紧紧抓住当前的有利时机，努力推动基层团建工作再上新台阶。借此机会，我谈三点意见。

第一，始终坚持党建带团建的重要原则，进一步将基层团的建设纳入基层党的建设的整体格局。2000年，团中央、中组部联合召开了全国基层“党建带团建”工作会议。2002年，江泽民同志在纪念中国共产主义青年团成立80周年大会上向全党提出党建带团建的原则，要求把团的建设纳入党的建设总体规划之中。2003年，胡锦涛同志在同团中央新一届领导班子成员和团十五大部分代表座谈时，再次强调了党建带团建原则。坚持党建带团建，是团组织保持正确的政治方向，优化工作环境，更好地发挥党的助手和后备军作用的重要保证，是加强和改进团的建设的基本原则。各级团组织要以邓小平理论和“三个代表”重要思想为指针，积极推动党建带团建的工作体系和制度建设，把团的建设纳入党的建设伟大工程之中，在党组织的领导、支持和党建的带领、带动下，努力实现基层团组织建设的新发展。中央确定将第三批党员先进性教育活动以及省、市、县、乡四级党委换届作为明年党的组织工作的重点。这是我们进一步加强团的基层组织建设的难得机遇。各级团组织要配合在农村开展的第三批党员先进性教育活动，扎实推进农村基层团组织配套建设，着重解决部分农村基层团组织软弱涣散的问题；要抓住基层党委集中换届的有利时机，同步进行基层团组织按期集中换届，尤其是做好乡镇团委书记选拔配备和推荐村团支部书记进“两委”工作，推动乡镇团委和村团支部班子的整体优化。

第二，大力推进团建创新，进一步推动基层团组织扩大覆盖面、增强凝聚力。团建创新是时代发展的要求，是共青团事业实现新发展的重大课题。各级团组织要高度重视团建创新工作，进一步解放思想，实事求是，大胆探索，不拘一格，努力形成基层团的建设百花齐放的生动局面。一方面，要根据经济结构、社会结构、青年群体分布和组织行为方式的新变化，在调整组织设置、构建新的组织网络和工作体系方面锐意创新，进一步扩大对青年的组织覆盖和工作覆盖。特别是要注重加强在农村、非公有制企业、社区和新经济组织、新社会组织等重点领域的团建创新工作。另一方面，要大力加强基层团组织的服务能力建设，按照党政所需、青年所急、共青团所能的要求开展团的工作和活动，进一步增强基层团组织对团员青年的吸引力和凝聚力。要充分尊重和发扬基层的首创精神，推动基层在团的活动方式、作用发挥方式、工作推进方式和资源获取方式等方面积极创新，进一步激发基层团组织的创造性和内在活力，构建真正面向青年、具有共青团特点、开放互动的服务机制和服务体系。同时，要注意总结、概括、提炼和升华基层的好经验、好做法。团的领导机关要认真研究新时期团的基层组织建设的规律，把具体成果上升到理性认识，对基层团组织面临的挑战和机遇以及可能出现的问题和困难进行深入研究，力求获得新突破，形成新成果，开创理论建设和实际工作的新局面。

第三，扎实推进和不断深化增强共青团员意识主题教育活动，进一步加强基层团组织的制度建设。增强共青团员意识主题教育活动是切实加强团的自身建设的重要举措。建立一套适应时代要求和青年特点，能够有效运行、长期坚持并不断完善的团的自身建设的工作机制，是增强共青团员意识主题教育活动真正取得实效和长远发挥作用的关键。进一步深化和拓展团员意识教育活动，就要在探索加强团的基层组织建设和团员教育的长效机制上下工夫。在增强团员意识主题教育活动中，各地在加强团员、团干部教育和基层组织建设方面做了大量工作，创造了很多好的经验和做法。下一阶段，各级团组织要在继续深化团员意识教育活动的基础上，进一步将基层探索的好做法、好经验制度化，抓规范、抓长远，努力建立健全团的基层组织建设和团员意识教育的长效机制。一方面，要健全完善团的组织生活制度、基层团组织工作制度、团员和团干部管理制度、团内民主制度等运行机制；另一方面，要在大力推进县(市)团委、基层团委、团支部"三级联创"工作的基础上，着力加强工作联系点制度、检查考核制度、评比表彰制度、基层联席会议制度等基层团建工作长效机制建设，形成一套基层团建整体推进机制，将"全团抓基层，全团抓团建"的要求更好地落到实处。

同志们，明年是深入贯彻党的十六大和十六届五中全会精神的重要一年，是实施"十一五"规划的开局之年，也是开创团的工作新局面的重要一年。各级团组织和广大团干部要认真学习贯彻党的十六大、十六届五中全会和中央经济工作会议精神，学习贯彻王兆国同志在团十五届四中全会上的重要讲话精神，结合本地实际，把本次全会提出的各项任务落到实处。要紧紧围绕党和政府的工作大局，牢固树立和认真落实科学发展观，大力弘扬实事求是、朝气蓬勃、与时俱进的精神，始终保持开拓进取、昂扬向上的工作状态，研究新情况，解决新问题；要树立基层第一的观念，形成服务基层的导向，高度重视抓基层、打基础，把工作的着力点放在基层，切实加强团的自身建设，不断开创共青团工作的新局面。

周强在"2005海外学人回国创业周"活动开幕式上的讲话

2005年12月21日

今天，"2005海外学人回国创业周"活动隆重开幕了。首先，我代表共青团中央、全国青联、欧美同学会，向参加创业周活动的海外学人代表表示热烈的欢迎！

党和国家历来高度重视留学人员工作，始终把吸引和用好留学人员作为一项重要的战略任务来抓。今天，中共中央政治局委员、全国人大常委会副委员长王兆国同志在百忙当中来看望大家，出席开幕式，并将作重要讲话。这是王兆国同志自2002年以来第4次接见海外学人代表，充分体现了对海外学人的关心和爱护。

留学人员是我国人才资源的重要组成部分，是推动我国经济社会发展进步的一支重要力量。近年来，共青团、青联组织围绕党和国家工作大局，适应广大青年留学人员回国创业、为国服务的需要，大力开发海外青年人才资源，积极推动他们更好地参与祖国现代化建设，主要做了以下工作。

一是组织青年留学人员为国服务。团中央、全国青联、欧美同学会自2001年起，连续举办4届"海外学人回国创业周"活动，累计组织来自26个国家和地区的2500多名海外学人，到国内18个省(区、市)的40多个园区开展项目对接洽谈和人才交流合作，发布项目1789个，签署合作协议747份。创业周活动已经成为组织海外青年人才为国服务、创业发展的品牌项目。此外，团中央、全国青联还组织留日学生为国服务团、海内外青年材料博士服务企业、海外百名博士“走进西部”等系列活动，使上千人次的留学人员以项目合作、技术服务和直接创办高新技术企业等多种形式为国服务，达成经济技术合作项目560多项，与华北制药集团、北京有色金属研究总院等单位合作建立了27个研究基地，为800多家企业提供了咨询服务，为国家重点企业的发展、重大项目的建设和重大科研课题的研究做出了积极贡献。

二是团结凝聚海外青年人才。全国青联增设了海外学人华侨界别，把更多的青年留学人员和海外青年人才中的代表人士吸纳到青联组织。团中央和全国青联还分别设立专门工作机构，为做好青年留学人员工作提供了有力的组织保障。2004年，成立了全国青联留学人员联谊会，发展个人会员794名，吸纳团体会员43个，与数十万青年留学人员建立了有效的沟通渠道。

三是主动服务青年留学人员。举办海外学人创业论坛，邀请归国创业成功人士与海外学人、新近归国留学人员进行交流。举办聚焦特大型国有企业、新近归国青年留学人员同城聚会等活动，集中组织上百家国内知名企业提供了上千个职位，为留学人员回国创业发展和求职就业提供服务。开通中华海外学人服务网，搭建了政策和资讯的交流平台，开辟了服务海外学人的网上阵地。与有关单位和地方合作，创办了天津泰达华生生物园等6家海外留学人员高科技创业园，与全国23个留学人员创业园建立了密切联系，为青年留学人员归国创业发展提供快速通道和专业化服务，在海外留学人员与国内科研院所、企业、园区、投资机构之间搭建起桥梁。

四是加强对青年海外学人情况的研究。2004年，联合专业机构开展了“海归搜索行动——海外留学人员与归国人员现状大调查”，来自49个国家和地区的3000多名留学人员注册参与了调查，形成了资料翔实的高质量调查报告，为相关部门开展留学人员工作、制定有关政策提供了工作参考和决策依据。

2006年是实施“十一五”规划的开局之年，我国改革开放和现代化建设将迈出新的步伐，这为广大青年留学人员实现理想、施展才华提供了新的机遇，开辟了更为广阔的天地。团中央、全国青联要充分认识新形势下做好青年留学人员工作的重要意义，发挥优势，整合资源，切实把青年留学人员工作提高到一个新的水平。

第一，要进一步搭建平台，引导和组织更多的青年留学人员回国创业和为国服务。继续开展好每年一次的海外学人回国创业周活动，并依托北京望京、辽宁大连、广东东莞留学人员创业园，建立全国青年留学人员创业基地，促进人才、项目、资金等要素的有效对接。组织高层次海外青年留学人才积极参加天津泰达生物论坛、济南IT论坛等高新技术产业论坛。充分发挥海外学人掌握先进科学技术和管理经验、熟悉国内外各领域发展状况、具有国际视野等优势，组织他们围绕国家经济社会发展的重点、热点问题建言献策，为决策部门提供参考意见。

第二，要进一步完善机制，加大凝聚、培养、举荐优秀青年留学人员的力度。开展“创业中国——年度青年海归人物”评选活动，表彰和宣传青年留学人员回国创业典型。继续组织海外学人创业论坛，组派海归创业英才巡讲团赴海外留学人员集中的国家开展巡讲活动，宣传青年留学人员弘扬爱国传统、心系祖国建设的时代风貌，展示青年留学人员回国创业和为国服务的成就，激励引导更多青年留学人员投身祖国现代化建设。

第三，要进一步强化服务，切实把青年留学人员的创业潜能和创造热情引导好、发挥好。深入开展针对青年留学人员的调研工作，及时了解青年留学人员的思想状况、生活状况，准确掌握他们的实际需求，为形成有利于吸引和用好留学人才的政策环境提供第一手材料。大力开展形式多样的服务新近归国留学人员系列活动，帮助青年留学人员增强对国情和政策的了解，学习、交流创业经验，实现创业成果的有效对接，为青年留学人员创业发展和求职就业提供切实服务。不断拓宽服务渠道，创新服务方式，加强中华海外学人服务网建设，促进广大青年留学人员相互沟通、寻求合作。

第四，要进一步整合资源，形成服务青年留学人员的工作合力。团中央、全国青联将密切配合中央统战部、人事部、教育部和欧美同学会等单位，进一步做好吸引、服务海外青年留学人员的工作。努力探索创立青年留学人员工作发展基金和青年留学人员中介服务机构，逐步推动青年留学人员工作的项目化和社会化。

各位留学人员、青年朋友们，全面建设小康社会的广阔舞台，就是广大留学人员报效祖国、建功立业的沃土。我们相信，广大青年留学人员一定会高扬爱国主义旗帜，继承和发扬我国留学人员的优良传统，胸怀祖国，珍惜机遇，积极投身祖国现代化建设，为实现中华民族的伟大复兴做出新的更大贡献！

赵勇同志讲话

适应社会变革，坚持以人为本 不断提高新形势下组织青年的本领和水平

——赵勇在全国青年中心建设工作会议上的讲话

2005年1月10日，根据录音整理

这次全国青年中心建设工作会议，是团十五届三中全会之后团中央召开的一次重要会议，也是2005年新年伊始召开的第一个全团性的现场推进会。团中央书记处对开好这次会议高度重视，第一书记周强同志多次听取汇报，提出了明确要求。会议的主要任务是，深入贯彻党的十六届四中全会精神，认真落实团十五大和十五届二中、三中全会部署，总结交流两年来城乡青年中心建设试点工作的做法和经验，研究部署下一步城乡青年中心建设工作。

刚才，山西省委副书记薛延忠同志、晋城市委书记张少农同志发表了热情洋溢的讲话，充分体现了山西省、晋城市党委政府对共青团工作的高度重视和亲切关怀，特别是对青年中心建设的大力支持。五位同志作了很好的经

验介绍，听了之后很受启发。下面，我代表团中央书记处讲几点意见。

一、开展城乡青年中心建设试点工作两年来的简要回顾

建设青年中心，是共青团在新的历史起点上推进团的事业发展的重大战略举措。2003年初，周强同志在山西省灵丘县调查研究时，第一次提出在城乡基层普遍成立青年中心的构想。此后，城乡青年中心建设试点工作逐步展开，先后经历了初步探索和广泛试点两个阶段。第一阶段是初步探索阶段，从2003年年初到2003年7月团十五大召开。在这段时间里，团中央工作会议专门对青年中心进行了深入探讨，认真学习了国际上一些通行的做法，认真研究了中国的国情，尤其是认真研究了城乡基层团组织和青年组织建设的现状，组织人员赴部分省区市开展了专题调研，拟定印发了初步的试点工作方案，选择部分工作基础良好的地方进行试点，一些地方的团组织开始了建设青年中心的实践探索。第二阶段是广泛试点阶段，从团十五大召开到2004年12月团十五届三中全会召开。团十五大根据初步探索的情况，正式把青年中心作为一项战略任务写进工作报告，在团代会上形成了共识。随后，团中央先后在浙江省台州市和杭州市召开了现场推进会，对全国农村和城市青年中心建设试点工作进行了全面部署。会后各地狠抓落实，迅速推动试点工作广泛开展起来。在初步总结试点工作实践的基础上，2003年12月，团十五届二中全会通过的《全面建设小康社会进程中共青团工作战略发展规划》，对青年中心建设进一步作出部署安排，有力地推动了试点工作的深入发展。前不久刚刚召开的团十五届三中全会，认真总结和充分肯定了两年来城乡青年中心建设的试点工作，专门作出《关于加强青年中心建设的决定》。这次会议是一个动员令。经过两年来的试点工作，青年中心在面上展开的时机已经成熟。以这次会议的召开为标志，全国青年中心建设工作总体上进入了全面推进的新阶段。

两年来青年中心建设试点工作取得了丰硕成果。目前，全国已成立城市青年中心1400多个、农村青年中心1700多个，在组织青年、服务青年方面日益发挥出重要作用，显示出强大的生命力和广阔的发展前景。总的来看，青年中心建设在试点工作上取得了明显成效，呈现出良好的发展势头。更为重要的是，通过两年的试点工作，各级团组织和广大团干部深化了建设青年中心的认识，激发了建设青年中心的热情，增强了建设青年中心的自觉，提高了建设青年中心的本领。实践出真知。从长远来看，我们在思想认识上取得的收获更为宝贵，影响也更为深远。

第一，试点工作充分表明，建设青年中心是共青团适应社会变革加强基层组织建设的新思路。基层建设极其重要。对共青团这样的群众组织来说，基层建设尤其重要。面对社会转型的趋势，团的基层组织建设相对薄弱，是多年来一直困扰我们的一大难题。随着社会主义市场经济的深入发展和对外开放的不断扩大，我国经济社会结构已经和继续发生深刻变化，青年的群体分布、利益需求、价值取向、行为方式等在这一过程中也在持续发生新的变化。面对这些变化，加强基层建设必须要有新思路，必须要在主动适应社会变革上狠下功夫。这两年来，我们在加强和改进团的基层建设的总体部署和统一要求下，一方面，牢固坚持党建带团建的根本原则，以改革的精神大力推动团建创新，切实把基层团组织自身建设好；另一方面，积极开展青年中心建设试点工作，充分发挥城乡基层各类青年社团组织联系青年、服务青年、组织青年的作用，取得了重要的进展和明显的成效。事实表明，坚持两手抓、两手都硬，即一手抓基层团组织自身建设，一手抓青年中心建设，符合社会变革的要求，符合当代青年的特点，符合共青团工作的实际，是行之有效的新思路。有的同志讲，通过抓青年中心建设，“基层团委＋青年中心”的基层青年组织格局跃然欲出，两个方面的工作相互促进、相得益彰。团十五届三中全会在作出《关于进一步加强团的基层组织建设的决定》的同时，专门作出《关于加强青年中心建设的决定》，这是充分尊重实践，经过深思熟虑的。

第二，试点工作充分表明，建设青年中心是共青团落实科学发展观突出青年主体地位的新探索。科学发展观是我们党从新世纪新阶段党和国家事业发展全局出发提出的重大战略思想和指导方针，是全面建设小康社会和推进现代化建设始终要坚持的重要指导思想。各级团组织一定要增强自觉性坚定性，切实把科学发展观贯彻落实到团的全部工作当中。坚持以人为本，是科学发展观的本质要求。这就决定了，我们在团的工作中贯彻落实科学发展观，最根本的就是要坚持以人为本、以青年为本，充分尊重青年的主体地位，切实突出青年的主体地位。在这两年的试点工作中，我们坚持以青年为主体，始终把青年中心作为一种青年的自组织形态来培育和发展，一切为了青年，一切依靠青年，青年的组织青年办，青年的事情青年干。事实表明，这样做，对于充分调动青年的内在热情和力量是富有成效的。实际上，开展青年思想教育也好，推动青年参与也好，促进青年发展也好，协管青年事务也好，健全青年组织也好，都必须突出青年的主体地位，才能够真正按照科学发展观的要求，在新的历史条件下为促进经济社会发展做出应有贡献。这对团的工作来说是一个十分重大的要求，有大量的工作要做，在这方面，青年中心建设可以说是做了很好的探索。

第三，试点工作充分表明，建设青年中心是加强共青团能力建设服务青年成长发展的新举措。服务能力建设是共青团能力建设的重要内容。两年来的试点实践表明，青年中心具有强大的服务功能，建设青年中心对于提高共青团的服务能力是切实有效的，在服务青年成长发展中具有不可替代的重要作用。首先，青年中心为青年提供了社会化服务。服务主体很多本身就是青年中心的骨干会员特别是青年中心理事会的成员，他们有能力、也有动力为青年中心会员提供同等优先、优惠低偿的实际服务，并不需要团组织直接去找钱、找物。其次，青年中心为青年提供了会员制服务。各团体会员基本上都是有共同兴趣或利益联结的各类青年社团，这些社团对成员的服务很大程度上带有自我服务的性质，像文体俱乐部、读书俱乐部、科技兴趣小组等等，共同兴趣爱好是第一位的，一起组织开展活动是第一位的，不是必需多大的财物投入。很多地方还把青年中心建设同发放青年卡结合起来，这种会员制服务同样给青年带来了看得见、摸得着的好处。再次，青年中心为青年提供了菜单式服务。一切因地制宜、因时制宜，能够搞什么就搞什么，需要搞什么就尽量搞什么，方便有效地满足了青年的多样化需求。这些都没有要求团组织投入多少财力物力，而为青年所提供的服务却是实实在在的。

第四，试点工作充分表明，建设青年中心是共青团创新组织方式巩固和扩大党执政的青年群众基础的新途径。青年是党的群众基础的重要组成部分，最广泛地把广大青年紧密团结凝聚在党的周围，是共青团的一项根本政治责任。做好新形势下组织青年的工作，不断巩固和扩大党长期执政的青年群众基础，既要坚持好做法，又要创造新经验。两年来的试点工作表明，建设青年中心，是共青团创新组织青年方式的一种有益尝试。一是青年中心实行开放性的会员制，青年既不受地域限制，又不受组织关系限制，也不受严格的年龄限制，都可以加入进来，而且加入自愿、退出自由，青年的选择余地很大，自主性也很大。二是青年中心植根于城乡基层社区，采用扁平化结构，实行理事会管理，在管理上没有中间层次，直接面对社区所有青年提供服务，青年对青年中心的组织归属感强。三是青年中心组织成员之间互动性很强，青年在青年中心中从来都不是被动的接受者，会员既接受他人服务，又为他人提供服务；既是管理的提供者，也是管理的对象，青年的自我价值在这个持续互动的过程中得到了充分体现。由于青年中心具有这些特点和优势，实践表明，这种新的组织方式对青年的亲和力强、吸引力强，确实有利于共青团更加广泛地联系青年，更加有效地组织青年。

试点工作同时充分表明，青年中心为促进社会主义市场经济、民主政治、先进文化和和谐社会建设做出了积极贡献。从服务经济建设来看，青年中心把青年行之有效地组织起来，通过开展各种各样的教育培训和其他活动，提高了青年的综合素质，使青年人力资源在推动经济发展中发挥出更大的作用。从服务政治文明来看，青年中心作为一种自组织，在自我组织、自我管理的过程中为青年提供了参与社会管理、参与基层民主的机会和渠道。从服务文化建设来看，青年中心为活跃基层青年文化提供了新的平台，通过开展丰富多彩的、喜闻乐见的文化活动，更好地满足了青年日益增长的文化需求，使青年在参与青年中心的过程中传播了文化、创造了文化、享受了文化。从构建和谐社会来看，青年中心联系青年广泛、服务青年有效，在理顺情绪、化解矛盾、融洽关系、维护稳定等方面发挥着日益明显的积极作用。

总之，两年来的青年中心建设试点工作给了我们诸多有益的启示。我们要在认真总结回顾试点工作的基础上，进一步认清形势，统一思想，坚定信心，扎实工作，更加主动地适应社会变革，更加自觉地坚持以人为本，借党政之力，举全团之力，集青年之力，汇社会之力，不断开创青年中心建设工作新局面，不断提高新形势下组织青年的本领和水平。

二、全面推进城乡青年中心建设，把广大青年更加紧密地团结凝聚在党的周围

团十五届三中全会通过的《关于加强青年中心建设的决定》，坚持以邓小平理论和“三个代表”重要思想为指导，深入贯彻党的十六届四中全会和团十五大、十五届二中全会精神，认真分析了青年中心建设面临的新形势、新要求，明确提出了加强青年中心建设的指导思想、目标任务和工作原则，对加强青年中心建设作出了全面部署。各级团组织要从全局和战略的高度，紧密结合各地实际，认真贯彻落实《决定》精神，全面推进青年中心建设，扎实做好加强青年中心建设的各项工作，通过全团的不懈探索和长期奋斗，努力把青年中心建设成为新形势下共青团领导的集聚人才、联系青年的新纽带，服务青年、服务社区的新平台。有关工作安排，全会《决定》作出了总体部署，尔肯江同志在会上还要进一步提出要求，团中央青农部、权益部也分别印发了 2005 年农村和城市青年中心建设的工作要点，请大家认真贯彻，全面落实。这里，我着重强调三个方面的问题。

（一）大力培育和发展青年中心。任何一个组织的发展动力和生命力，从根本上讲，都源自于组织成员对该组织的组织需求和组织认同。全面推进青年中心建设，首要的工作任务就是要大力培育基层团组织和广大青年对青年中心的组织需求，不断增进基层团组织和广大青年对青年中心的组织认同，切实变“我们要基层和青年”成立青年中心为“基层和青年自己要”成立青年中心。

要进一步明确团县区委是第一责任人。青年中心是城乡基层的新型青年组织。团县区委离基层最近，发挥团组织在青年中心建设中的第一推动力作用，首先要充分发挥团县区委的第一推动力作用，使团县区委成为指导和推动青年中心建设的第一责任人。要推动每一个团县区委强化工作责任，制定工作方案，采取有效措施，推动工作落实，把培育和发展青年中心放到更加重要的突出位置切实抓紧抓好。

要及时总结推广经验。青年中心是一个新生事物。新生事物的发展壮大，从概念到概念可能一时还不好理解，用事实来说话，是最直接、最有力、最管用的。经过两年的试点工作，全团在勇于探索中对青年中心的认识逐步明晰、形成共识，也在勇于探索中涌现出一批建设青年中心的先进典型。今天受到表彰的先进集体和个人，就是他们当中的优秀代表。我们要充分发挥典型的说服教育和示范带动作用，及时总结推广经实践证明行之有效的好做法好经验，通过鲜活的事实，让更多的基层团组织和青年看到建设青年中心的好处，学到建设青年中心的方法，激发建设青年中心的热情。团属媒体要大张旗鼓地宣传青年中心试点工作的好经验、好典型，积极营造青年中心建设的良好氛围。

要着力推动依法组建。法律地位明确，是青年中心依法依章组建和长期健康发展的基本保证。在认真总结两年来试点工作实践的基础上，团中央青农部、权益部根据团十五届三中全会《决定》精神，分别对城乡《青年中心章程（试行范本）》作了修订，形成城乡《青年中心章程（范本）》（征求意见稿）印发给了大家。会后，团中央将根据大家的意见作进一步修改后审定下发，供各地参照。《章程》（范本）的基本精神，就是明确青年中心是社团法人。我们要按照社团法人登记管理的要求，指导和推动青年中心依法依章成立，依法依章运行，依法依章管理，依法依章发展。在试点工作中，一些地方反映，社团登记管理部门对青年中心进行社团法人登记还有疑问，现行社团登记管理条例对社团法人登记的资金要求也比较高。就这些问题，团中央有关部门与民政部民间组织管理局多次进行了交流探讨。民政部对共青团推动城乡青年中心建设是充分认可、大力支持的。有关负责人明确表示，第一，青年中心是新生事物，民政部门支持共青团开展这一有益探索；第二，各地反映的问题先由各地团组织和当地社团登记管理部门商量解决，待时机成熟后，民政部再以适当方式和团中央共同推动这件事，为青年中心的发展创造更好的条件。下一步，团中央将继续加强与民政部的沟通，各地团组织也要更加积极主动地争取当地民政部门的理解和支持，在依法依章办事的前提下，尽可能出台一些地方性的灵活措施，努力使青年中心的依法登记更加便利，依法管理更加有效。

要优先推动嫁接改造。在下一步全面推进青年中心建设过程中，各级团组织要充分依托城乡基层现有的青年组织、专业经济协会、青年社团、青年俱乐部、兴趣小组等，争取当地党委政府支持，贯彻青年中心的核心理念，将其改造提升为青年中心，这样就使青年中心既有组织保障，又有阵地依托，从而保证青年中心的健康发展。要把城乡社区青少年活动中心等整合改造为青年中心的有形依托，重在发展组织，全面推动青年中心建设。

（二）竭诚帮助青年中心提高服务能力。服务能力建设是青年中心一项最重要、最根本的建设。青年中心的建设成效，最终要体现到服务青年、服务社区的实际效果上来。提高青年中心的服务能力，从根本上讲，首先要依靠青年中心自身的努力。同时要看到，团组织的支持帮助也是极为关键、极其重要的，尤其在青年中心成立的初期，更是如此。

要不断扩大共青团工作和青年中心工作的交汇点。共青团和青年中心依据章程不同，组织性质不同，工作对象和工作内容也不尽一致。但是在服务青年这一点上，二者是高度一致的。服务青年，既是共青团全部工作的出发点和归宿，也是青年中心的根本宗旨。这就决定了，共青团工作特别是城乡基层共青团工作，同青年中心工作在很大程度上是可以紧密结合的。思想教育也好,增收成才也好,文化建设也好,志愿服务也好,维护权益也好,等等,除了团员教育管理等少数工作外,团的各项工作原则上都可以和青年中心的建设发展相结合。今后我们推动团的各项工作落实到基层,既要充分发挥基层团组织的作用,又要充分发挥青年中心的作用,不断扩大基层团的工作和青年中心工作的交汇点,使团的工作更好地落实到基层,使青年中心更好地为青年服务。各类团属活动阵地,都应当创造条件无偿或者优惠低偿地为青年中心开展活动提供场地、设备等服务。

要积极发展青年社团。大家在试点工作中都有体会,凡是青年社团活跃的地方,青年中心就好组建,组建起来之后也比较活跃。实际上,青年中心在一定程度上就是一个青年社团联盟,作为青年中心的团体会员,青年社团是青年中心开展活动的基本单元。青年社团活跃了,青年中心的组建就水到渠成,青年中心就容易充满活力。我们要把积极发展青年社团作为帮助青年中心提高服务能力的重要基础工作,切实抓好。一方面,要认真做好现有青年社团的工作,把社团的负责人吸纳到青年中心理事会之中,把社团的活动开展纳入到青年中心的工作格局之中,使社团作为青年中心的一员更加活跃,使青年中心因为社团的活跃更加充满活力。另一方面,要高度重视培育发展新的青年社团,依照有关法律法规,针对不同青年群体和青年的多样需求,以兴趣爱好为纽带,大力发展各类青年专业协会、俱乐部、兴趣小组等基层社团组织,引导他们积极参与青年中心的组织和活动。

要设法帮助青年中心获取更多的外部资源。青年中心这一新型青年组织限于在城乡基层组建,各青年中心之间也互不隶属,不是一个组织体系,这就使得青年中心的外部资源整合更多地限于所在社区,空间相对有限。共青团要充分发挥自身的组织优势,想方设法帮助青年中心获取更多的外部资源,不断提高服务能力和水平。要积极争取党委政府的重视支持,推动各地把青年中心建设纳入经济社会发展规划,推动出台有关扶持青年中心建设发展的政策措施,推动青年中心承接有关政府委托实施的项目。要大力宣传青年中心的宗旨和理念,发动社会力量出钱、出物、出力,关心支持青年中心的建设发展,关心支持城乡青年的成长成才。要广泛开展城乡互动活动,发动机关、学校、企业等单位和青年企业家、社会知名人士等个人结对支持城乡青年中心建设。

(三)着力建设高素质的青年中心工作队伍。青年中心建设,关键在人。培养造就一支高素质的工作队伍,是推进青年中心建设的根本保证。共青团推动青年中心建设,关键是要推动青年中心的工作队伍建设。要围绕选拔、培训、管理等环节,以专职工作者和志愿者为主体,大力培养青年中心的负责人、青年社团的负责人和青年中心秘书处工作骨干,努力建设高素质的青年中心工作队伍。当前,要着重做好以下工作。

要充分发挥大学生志愿者的作用。大学生志愿服务西部计划中有一部分志愿者专职从事青年中心工作,参加研究生扶贫接力计划等活动的志愿者中也蕴藏着兼职从事青年中心工作的巨大潜力。我们要把这支力量作为青年中心工作队伍中一个十分重要的组成部分,充分予以开发利用。要推动实施更多的地方项目,更好地发挥大学生志愿者在青年中心建设中的积极作用。

要充分发挥理事会主要成员的作用。青年中心理事会的理事长、副理事长、常务理事,都是当地有代表性的优秀青年,他们一般都具有做社会工作的热情和资源,在青年中也往往很有号召力、影响力,要通过理事轮值等灵活方式,更好地调动他们为青年中心积极工作的主动性自觉性。

要建立青年中心工作骨干培训制度。各

级团组织要把培训青年中心工作骨干当作一项重要的工作任务，逐步建立起培训制度，编写培训教材，筹措培训经费，组织培训活动，增强培训实效，切实帮助青年中心工作人员提高思想政治素质、专业知识水平和社会工作能力。

三、求真务实，狠抓落实，努力开创城乡青年中心建设工作新局面

团十五届三中全会通过的《决定》对加强青年中心建设作出了全面部署，这次会议对推进青年中心建设又进一步作出了工作安排，加强青年中心建设的指导思想、总体目标和主要任务均已明确，下一步关键是要决心不动摇，工作不放松，始终保持昂扬向上、奋发有为的精神状态，求真务实，狠抓落实，常抓不懈，不断把城乡青年中心建设工作提高到新水平。为进一步抓好工作落实，这里我就试点工作过程中大家反映比较集中的问题，再谈几点认识。

第一，既要灵活多样依托阵地，更要重在培育发展组织。对于任何一个组织来说，包括办公地点、活动场所在内的有形阵地依托都是重要的、必要的，青年中心也不例外。青年中心要提供有形的服务，更好地发挥出组织功能，必须要有有形的载体，有强有力的阵地依托。在试点工作中，各地按照“不求所有、但求所用”的思路，因地制宜、灵活多样地建设青年中心的阵地依托，取得了良好的实际效果，积累了许多好做法好经验，今后要切实坚持和发展。同时要十分明确，依托的阵地本身不是青年中心，也不能是青年中心。青年中心的本质规定是组织，核心理念是组织创新。建设青年中心，重在培育和发展组织，而不是换个名堂搞“青年之家”等活动阵地。对此，周强同志有一系列重要论述，团中央有一系列工作要求。团十五大报告即是从基层组织形式创新的角度，提出“直接组织”青年中心这一任务的。团十五届二中全会通过的《共青团工作战略发展规划》，也是在“青年组织”一章中专门设立“大力推进城乡青年中心建设”一节，明确指出发展城乡青年中心是“新形势下健全完善青年组织体系的基础工程”。团十五届三中全会在作出《关于进一步加强团的基层组织建设的决定》的同时，专门作出《关于加强青年中心建设的决定》，同样是着眼于推动基层青年组织创新。因此，我们一定要准确把握青年中心作为新型基层青年组织的根本定位和发展方向，切实把对青年中心的认识统一到团中央和全会《决定》的精神上来，始终坚持青年中心建设工作的正确方向。有的同志提出，建设青年中心没资金、没房子、没投入，没法做，这在一定程度上还是对青年中心的认识和理解存在偏差。建设青年中心的主要工作内容，是成立组织、活跃组织，而不是建设阵地、管理阵地，阵地依托应当是从属于组织建设，为活跃组织服务的。

第二，既要善于服务青年，又要善于组织青年。在试点工作当中，大家共同叫响了一个口号：“青年中心，服务青年”。实践表明这是准确贴切、恰如其分的。作为一种植根于城乡基层的服务型社团组织，青年中心的共同志趣和宗旨，就是服务青年、服务社区。我们要着力推动每一个青年中心都要以服务为主线，努力为青年和所在社区提供社会化、会员制、菜单式的有效服务。现在看来，我们在继续叫响“青年中心，服务青年”的同时，还需要叫响另一个口号，这就是：“青年中心，组织青年”。有效组织青年，竭诚服务青年，是青年中心建设全过程中相互促进、相得益彰的两大任务。从试点工作的实践看，大家对青年中心服务青年的认识是深刻的、自觉的，在推动青年中心服务青年方面的探索，也相对更多一些。下一步，我们要在指导和推动青年中心组织青年方面下更大的气力，切实增强组织青年的自觉性，不断探索组织青年的有效方式。这是因为，一方面，组织青年是青年中心提高服务能力的根本途径。作为一种自组织，青年中心的服务对象很大程度上是组织自身的成员，很大程度上是依靠组织成员各自的力量来互相提供服务，这就必然要以自我组织好为前提和基础。从一定意义上讲，青年中心组织青年的水平，决定着青年中心服务青年、服务社区的水平，只有组织好青年，才能够服务好青年。另一方面，服务青年有利于更好地组织青年，但服务青年不能替代组织青年。党的群众路线要求，开展群众工作，不仅要善于联系群众、服务群众，而且要善于宣传教育群众、组织引导群众。我们推动青年中心建设工作，也要善于在服务青年中组织青年。要大力推进服务主体组织化，通过青年中心这一组织形式，特别是青年中心理事会的组织机制，把那些有意愿、也有能力为所在社区和青年提供服务，符合青年中心章程规定条件的个人和法人广泛组织吸纳到青年中心来，竭诚帮助他们实现自身事业的更大发展，充分借助他们为所在社区和青年提供更多服务。要大力推进服务对象组织化，大力培育和发展文体俱乐部、读书俱乐部、专业技术协会、兴趣小组等各类青年社团，经过必要程序把这些组织吸纳为青年中心的团体会员，指导和扶持他们自我服务、发展壮大，充分发挥他们通过特定的兴趣纽带直接联系青年和有效服务青年的作用，增进青年对组织和社会的归属感。

第三，既要建立长效机制努力实现总体目标，又要立足当前不断取得阶段性成果。团十五届三中全会《决定》明确提出，要用三至五年左右的时间，在全国符合条件的农村乡镇和城市街道逐步建立青年中心，并按照组织建设好、项目发展好、队伍建设好、阵地依托好、机制建设好的“五个好”标准，不断推动青年中心的建设、运转和管理。我们要把实现青年中心建设的总体目标同当前的具体任务结合起来，立足当前，着眼长远，既要建立长效机制，紧紧围绕《决定》提出的目标任务开展工作，又要根据条件，分清轻重缓急，有计划、有步骤地推进《决定》提出的各项任务，不断取得阶段性成果，以实实在在的阶段性成果去分步、逐步实现总体目标，同时在争取阶段性成果的过程中不断健全完善长效机制。从推进工作来讲，我们在两年来开展试点工作的基础上，提出了全面推进青年中心建设的任务，这是就全国的总体情况而言的。试点工作开展早、力度大、成效好的地方，应当总结经验，适当加速，全面推进。而对于试点工作启动较晚、试点涉及面较窄的地方，现阶段的主要任务仍然应当是深入开展好试点工作，把主要精力先集中在争取试点工作的阶段性成果上。从指导建设来讲，长远地看，我们要建立长效机制，按照“七个一”、“五个好”的标准，努力推动每一个青年中心建起来、活起来、亮起来。而要实现这样的目标，关键是青年中心建起来后要活动不断，有声有色，阶段性成果明显，让大家看到希望，充满信心。现在全国已经成立的青年中心数量不算少了，有的同志反映，有些青年中心形同虚设，成立大会一开、牌子一挂，就无声无息，看不到什么动静了。这应当引起我们的高度重视。建设青年中心，一开始就要活得起来、活得下去，建一个活一个，建一个成一个，一时活不起来的，等到条件具备时再成立也不迟。

第四，既要切实坚持和加强团的领导，又要着力指导和支持青年中心独立自主开展工作。共青团是青年中心的领导者、创建者和指导者，青年中心是以共青团组织为核心的青年组织体系的重要基础。建设青年中心，必须切实坚持和加强团的领导。我们在这一点上要头脑十分清醒，丝毫不能含糊。这也是我们在试点工作中再三强调要由基层团委书记来担任青年中心法人代表的一个主要考虑。坚持团的领导，首先是团组织要充分发挥“第一推动力”的作用，通过细致深入的工作，指导和推动青年中心依法成立起来。坚持团的领导，关键是团组织要按照社团法人登记管理条例和青年中心章程的规定，切实履行青年中心业务主管单位的法定职责，一手抓培育发展，一手抓监督管理。坚持团的领导，还要求团组织增强服务意识，提高服务能力，切实为青年中心的发展壮大提供力所能及的帮助。这是正确把握基层团委和青年中心之间关系的第一个方面，也是我们在试点工作中强调得较多、注意得较多的一个方面。从试点工作的实践来看，下一步，还要更加重视和进一步把握好另外一个方面，这就是，虽然青年中心是共青团领导下的基层青年组织，但青年中心本身不是团组织，我们在坚持和加强团的领导的同时，一定要自觉尊重和大力支持青年中心按照自己的章程自我组织、自我管理、自我完善、自我发展，切实把团组织主管青年中心与青年中心独立自主开展活动有机结合起来，真正做到重在指导帮助、把握方向，而不是包办代替、越俎代庖。只有这样，青年中心才能够沿着正确的方向健康发展，才能够不断焕发出内在的生机和活力。团组织多推就多动，少推就少动，不推就不动的青年中心，是没有生命力、难以持续发展的。

同志们，建设青年中心是大势所趋，势在必行，任重而道远。我们要紧密团结在以胡锦涛同志为总书记的党中央周围，高举邓小平理论和“三个代表”重要思想伟大旗帜，认真贯彻落实科学发展观，与时俱进，奋发进取，求真务实，扎实工作，全面推进青年中心建设，不断提高新形势下组织青年的本领和水平，团结带领广大青年为全面建设小康社会做出新的贡献！

元旦刚过，春节将至。祝大家在新的一年里身体健康，工作进步，家庭幸福，万事如意！

赵勇在全国青联九届六次常委（扩大）会议上的讲话

2005年1月13日，根据录音整理

这次常委会是本届青联的最后一次常委会，是一次十分重要的会议。刚才，胡伟同志受青联主席会议委托作了一个很好的工作报告，六位界别委员会的负责同志分别作了精彩的工作汇报。会议通过的相关决议，为即将召开的全国青联十届一次全委会做了必要的准备。根据《中华全国青年联合会章程》有关规定，届时有相当一部分常委和委员因为年龄等原因将要离开青联。所以，此时此刻大家的心情比较复杂。大家有几多收获、几多喜悦，因为在青联这个学习和锻炼的大舞台上，大家努力奋斗，取得了骄人的成绩，从各方面都感受到了成功的喜悦；大家也有几多感慨、几多留念，因为融入了青联这个积极向上、朝气蓬勃的组织，许多常委和委员都觉得终身受益，很多人认为在青联里的时间不够长，还希望继续保留在这个组织里；大家还有几多惆怅、几多伤感，因为在青联这个温暖而融洽的大家庭里，大家付出了许多汗水，投入了真挚情感，将要离开这个组织时，多少会有些惆怅和伤感。所有这些，都真切感人。好在我们共同的青联事业是永恒的，大家互相之间的情谊是永恒的，我们共同奋斗的精神也是永恒的。这几年，我们一起共商青联大计，共谋青年福祉，共谱青春华章，互相了解，互相学习，互相激励，取得了厚重的共识，展现了青春的风采，结下了深厚的友谊，这都是我们一生受用的宝贵财富。

近年来,青联的事业取得了长足进步,青联的社会影响越来越大,服务大局越来越实,联系青年越来越广泛,自身建设也展现出勃勃生机,为推动经济社会发展,维护民族团结和社会稳定,促进祖国的完全统一做出了积极贡献。伴随着青联事业的发展,每一位常委和委员的事业也都取得了长足的发展,都有可圈可点的业绩。我们为各位常委和委员取得的成绩感到十分骄傲。这些成绩的取得,是党和政府关怀重视的结果,是共青团直接指导的结果,是大家共同奋斗的结果。事实充分证明,青联和青联委员的个人发展得益于国家的发展大局,同时也为国家的发展做出了积极贡献。

当前,我国正处在一个新的发展阶段。新的阶段要实现新的发展,关键是要树立和落实科学发展观。新一届党中央提出科学发展观,是我们党对经济社会发展规律的新的认识,是建国几十年来正反两方面经验教训的科学总结,是全面建设小康社会、加快推进现代化建设的根本指针。各级青联组织要大力增强贯彻落实科学发展观的自觉性和坚定性,切实用科学发展观来统领青联组织的各项工作。广大青联委员特别是青联常委要在树立和落实科学发展观方面充分发挥领先带头和示范带动的作用,努力为经济社会科学发展做出更大贡献。借此机会,我主要就青联组织和青联委员贯彻落实科学发展观谈几点认识,与大家共勉。

一、大力弘扬科学发展的精神

发展观的问题极为重要,它不仅包括要发展,而且包括为什么要发展和怎样发展的重大问题。有什么样的发展观,就有什么样的发展道路、发展战略和发展结果。以科学发展观作为统领,对经济良性发展和社会全面进步具有根本性和全局性的决定作用。从这个意义上来讲,科学发展观就是我们这个时代的一种精神。作为当代青年中的优秀代表,各位常委、各位委员尤其要弘扬科学发展的时代精神。

弘扬科学发展的精神,就要牢牢把握大局。科学发展观的提出是全党上下对解决我国改革发展中的困难和问题的共识。我国在26年的时间里保持平均9.5%的经济高增长,创造了世界经济史上的神话。我们这一代人的任务就是要续写这个神话。实现这个任务,关键是要解决目前经济社会运行中存在的一些问题。我们目前面临着包括人口、资源、环境、区域、城乡协调发展等方面的突出问题。这些深层次的矛盾不解决,我们快速健康发展的进程就可能会中断,我们发展的大好形势就可能会丧失。科学发展观是着眼解决这些矛盾作出的必然选择,是应对这些严峻挑战的指导思想。了解了这个大势,才能心中有大局,才能更好地理解中央的一系列决策和部署。

弘扬科学发展的精神,就要切实增强责任感。青联常委和委员与一般的青年不同,是我国各族各界青年的优秀代表,掌握着比较丰富的行政资源、经济资源、文化资源,其行动影响力要比一般青年广泛得多。因此,大家在树立和落实科学发展观的问题上,更是要增强责任感,肩负起特殊的使命。落实科学发展观,政府在统筹中发挥着主导作用,但仅仅依靠政府是远远不够的,还要有市场统筹和社会统筹。每一个社会成员在树立和落实科学发展观的问题上都有神圣责任,作为优秀青年的代表,青联的常委和委员们更是责不容辞。

弘扬科学发展的精神,就要带头实践、身体力行。落实科学发展观在实践中可能会遇到这样或那样的困难和挫折。比如,按照科学发展观来决策、行事,就可能需要牺牲暂时的利益,也可能需要拿出已有的一部分收益来,为以后的更好的可持续发展打基础。愿不愿意做这种选择或牺牲,有没有这种胸怀和勇气去带头实践,就体现出了我们的责任感和长远眼光,就反映出了我们是不是真正具备科学发展的精神和内在品质。所以，我们要面对眼前的困难，面对我们率先实施可能遇到的挫折和暂时的牺牲，以科学发展的勇气，咬定青山不放松，从全局和战略的高度处理好整体和部分、眼前和长远的关系，把积极进取精神同科学求实态度很好地结合起来，既要积极进取又要量力而行，既要努力奋斗又不能急于求成，重实干、办实事、求实效，自觉而坚定地带头实践科学发展观。

二、努力提高科学发展的能力

树立和落实科学发展观是一个庞大而复杂的系统工程，需要长期的科学发展规划和实践，需要付出艰苦的努力。对于青联的每一个成员来讲，就是要不断地提高科学发展的能力，肩负起带头示范的重任。

提高科学发展的能力，就要主动调整发展思路。无论是做什么工作，都有一个调整、确定发展思路的问题。符合科学发展观的就要坚持，就要坚定不移地去实践；不符合科学发展观的就要坚决改正，早调整早主动；一时有困难的要运用科学的发展观去逐步地调整。我们在做规划、作决策、上项目的时候都要认真考虑自己的思路，是不是符合科学发展观的要求，是否把握住了科学发展观的基本内涵和精神实质。

提高科学发展的能力，就要大力创新发展方式。落实科学发展观，怎么发展是关键，需要大胆地探索。按照科学发展观的要求，我们很多发展的方式与以前不一样了，有的甚至矛盾对立了。解决这些问题，关键就是要创新发展的方式，统筹各方关系，实现更好的发展。比如，循环经济是科学发展的一种新的方式，强调的是物质不断循环利用。物质变成产品，它的副产品、它消耗的废料等反过来又要变成再生产的物质，循环起来，资源的利用率就会大大提高，可持续发展就会有保障，这就是新的发展方式。再比如，城乡互动也是新的发展方式，就农村解决农村问题没有前途，就城市解决城市问题同样也没有前途，只有把城乡联结在一起，互相促进，良性互动，才能共同良性发展。城乡良性互动，就是指城乡之间人力资源互动、市场互动、信息互动、文化互动，在互动中构建新的发展格局，每一个人的社会角色在这互动过程中有了新的定位，获得了新的发展方式。

提高科学发展的能力，就要大力提升自身综合素质。虽然青联委员是青年中素质较高的群体，但是面对科学发展观的总体要求，我们还有一些素质亟待提高，需要进一步加强学习，开阔视野。比如，要有战略思维，能够立足当前，着眼长远。比如，要有世界眼光，能够与国际接轨，努力把自己培养成为熟悉国际规则、掌握国际知识并具备跨文化交流能力和全球视野的国际化人才，能够迎接更多、更关键、更紧迫的“世界级赶考”。还比如，要有统筹协调能力。统筹兼顾是处理社会主义建设和发展的基本方法。我们党提出的科学发展观，就是在坚持以人为本的方针下，实现“五个统筹”。这“五个统筹”方面的能力，我们要努力具备。还有很多其他方面的素质，我们都需要提高。新的目标和新的发展迫使我们必须以新的标准来要求自己，只有具备了和科学发展相适应的综合素质，才能勇于担当起责任，才能做出应有贡献。

三、着力创造科学发展的业绩

落实科学发展观的成效最终要体现在工作的业绩上，而业绩最终要靠广大人民来检验，要靠实践来检验，要看是不是真正有利于国家的发展，是不是真正有利于老百姓的根本利益。按照科学发展观的要求，中央明确提出要牢固树立正确的政绩观。由此引申到其他行业和领域，我认为同样有个商绩观、学绩观等问题。按照科学发展观的要求，从商的要有正确的商绩观，做学问的要有正确的学绩观等等，总起来讲就是大家都要有正确的业绩观。无论是政界，还是商界，还是学界，还是文艺届等等，每个人的业绩观都要按照科学发展观的要求来衡量。从当前的情况来看，广大青联委员特别要从以下几个方面来创造业绩。

一是要为调整经济结构做贡献。经过长期努力，我国经济结构发生了积极变化，但长期积累的结构性矛盾仍然突出，严重制约着我国经济又快又好地发展。当前经济的高增长，正是我们调整结构的好时机，给我们的经济结构调整提供了较好的手段和条件。在加快城市化和工业化的进程中，在调整经济结构、调整区域结构、调整城乡结构的进程中，青联委员们大有可为。青联中间有许多知名的大企业家，可以把更多的眼光投向西部、投向东北老工业基地、投向农村，在结构调整中抢抓机遇做贡献。

二是要为改变经济增长方式做贡献。转变经济增长方式，就是变过去粗放式的经营为走内涵式的发展道路。比如，要大力培育企业的核心技术和自主知识产权，积极推进科技进步，推进具有战略意义的高新技术研究和产业化。我们的全国青联委员中，还有去年成立的全国青联海外学人联谊会中，有好几位是国外的院士，他们是在自己的工作领域掌握相关核心技术的代表，为我国的有关产业发展做出了很大贡献。比如，要发展循环经济，在不断减少单位产出的资源消耗的基础上，最大限度地推进资源的循环利用。还比如，要推动生态环境建设，大力培育生态文化，倡导和实践人与自然和谐发展理论等等。在转变经济增长方式方面，我们广大委员大有作为。

三是要为加快完善体制机制做贡献。科学发展观最终要有体制和机制作保证来落实，尤其要在财政、税收、信贷、投资、分配这些体制机制上下功夫。当前正面临制订“十一五”规划，青联委员里面有很多是决策部门的各级负责同志。我们要通过各种渠道，为“十一五”规划体现科学发展观献计献策。各位常委可以直接提出自己的看法，也可以通过青联给有关部门提意见和建议。许多常委很有思想，对某些问题有很深刻的思考。我们要起一个青年智库的作用，为制定“十一五”规划贡献我们的力量，为建立和完善科学发展的评介标准、考核制度和奖惩制度，为形成正确的制度导向，贡献我们的智慧。

四是要为推动经济社会协调发展做贡献。要推动人口、资源、环境的协调发展，人类与自然的和谐发展，东西部的协调发展，城乡的协调发展。这些年许多同志做了大量的公益事业，支持西部，支持农村，搞环境建设，援助希望工程，其实都是在促进城乡和东西部的协调发展。青联委员要进一步转变观念，团结力量，调动各种积极因素，把更多的视野和资源投向农村和西部，寻找更大的发展空间。以这样一种胸怀和责任，抓住发展机遇，既落实了科学发展观的要求，又推动自己的事业实现了更大的发展。

五是要为构建和谐社会做贡献。中央提出构建社会主义和谐社会，这是一个重大战略举措。人类的文明史就是一个不断走向和谐的历史。要让老百姓真正感到幸福，绝不仅仅是简单的经济增长，而在很大程度上取决于社会的和谐。党的十六届四中全会提出了发展社会主义市场经济、社会主义民主政治、社会主义先进文化和社会主义和谐社会的社会主义现代化建设总体布局。构建社会主义的和谐社会，青联委员们大有可为。我们要积极化解社会矛盾，理顺社会情绪，促进社会公平，维护社会正义。首先做到我们单位和谐、社区和谐，同时发挥我们的作用为促进全社会的和谐做出贡献。

六是要为发展先进文化做贡献。发展先进文化是树立和落实科学发展观的一项重要战略任务。世界各国发展的历程表明，没有优秀的文化作支撑，一个民族就没有团结凝聚的精神支柱；没有先进文化的滋润，青少年一代的全面发展就会受到影响。在世界范围各种思想文化相互激荡的形势下，我们要积极推动先进文化建设，大力弘扬主流文化价值，不断彰显青年文化的力量。要适应时代发展要求，贴近实际、贴近生活、贴近青年，创造大量青年喜闻乐见、易于接受的文化作品，不断拓展文化育人的渠道和空间。要积极应对网络时代的文化挑战，关注和推动丰富多彩、健康向上的网络游戏、网络电影、网络动画、网络文学等网络文化发展，加速各种文化的相互吸收和融合，使先进文化在广泛传播中得到发展。要积极发展文化产业，以资产为纽带，按照专业分工和规模经营的要求，组建大型文化产业集团，促进文化、教育、科技、体育、旅游、信息等相关行业联动发展，形成新的文化产业发展格局。文化还是和谐社会的一个重要内容，要通过繁荣社会主义先进文化，用新的理念、新的道德水准来推动社会主义和谐社会的建设，实现人与人之间更和谐，人与环境更和谐，人与社会更和谐。

今年我们要召开全国青联十届一次全委会，青联事业将开始一个崭新的五年，开始一个全新的征程。中华全国青年联合会的事业要以换届为契机，在科学发展观的统领下上一个新的台阶。一是要在服务大局方面上新台阶。要组织和引导海内外不同领域、不同阶层的中华青年，把他们的积极性和创造性凝结起来，自觉地把个人的奋斗融入到全民族的共同奋斗之中，共同投身到实现中华民族伟大复兴的历史进程中，投身到全面建设小康社会的伟大洪流中。要紧紧抓住“人才”这两个关键字。青联是凝聚人才、培养人才、举荐人才的大舞台，是青年人才之家。中央实施人才强国战略，推出了一系列重大的举措，为青年人才脱颖而出创造了良好的政策环境。我们要牢牢地抓住青年人才资源开发这条主线，做好吸引人才、凝聚人才、配置人才工作，使人才通过青联的推动、带动，更好地发挥其作用，为经济社会发展做出更大的贡献。二是要在联系青年方面上新台阶。即将召开的青联十届一次会议要补充大量的新委员、新常委，这是一个契机。要通过换届广纳天下青年贤才，吸纳各族各界各阶层青年的杰出代表到青联这个大家庭里来，进一步增强青联组织的代表性和凝聚力、战斗力。尤其要注重发挥我们的优势，进一步联系港澳台青年，为祖国的完全统一做出积极贡献。我们在港澳的青年工作非常活跃，但是还有很大空间，还大有可为。2004 年 11 月，我率青年代表团访问了港澳，觉得做好港澳青年工作任务还非常艰巨。目前，香港青年到祖国内地来过、真正了解祖国内地的还是少数，很多人不会讲普通话，有一定的语言交流障碍。怎样进一步增强他们对祖国的认同感和对中华文化的认同感，还有大量的工作要做。争取台湾的工作，在很大程度上是争取台湾人心的工作，尤其要争取台湾青年的人心，全国青联要在这方面发挥自己的优势，做出积极贡献。三是要在自身建设方面上新台阶。党的十六届四中全会要求我们围绕青联的能力建设来不断加强青联的自身建设。我想，要突出四个方面的能力：首先是学习能力。要加强组织的学习能力建设，要为每一位委员的学习提供更好的条件，形成大家相互学习，向社会学习，向实践学习的良好氛围。二是凝聚能力。要凝聚各个方面的代表人物，虽然我们的联系面已经很广泛，但工作离最终要求还有许多差距。三是服务能力。面对广大青年不断增长的需求，怎样为他们服务？发挥青联优势，关注弱势群体、关注青年就业等方面还需要加强。四是开放能力。青联是个开放的组织，要进一步面向世界，要促使青联委员国际化，以适应经济社会建设新的人才需求。总之，要挖掘更多的资源，使青联的建设迈上新台阶。

各位常委、同志们，融入青联，我们彼此真情无限，青春无限。面对新的征程，我们倍感使命神圣，责任重大。我们要紧密团结在以胡锦涛同志为总书记的党中央周围，高举邓小平理论和“三个代表”重要思想伟大旗帜，发挥青联独有的优势，求真务实，开拓创新，埋头苦干，扎实工作，团结带领亿万青年为全面建设小康社会做出新的贡献。

新春佳节将至，衷心祝愿各位常委、委员和青联工作人员新年身体健康，事业兴旺，家庭幸福，万事如意！

赵勇在2004年度新增补九届全国青联委员见面会上的讲话

2005年2月18日，根据录音整理

各位委员：

春节刚过，大家欢聚一堂，相知相识，共商大计，我们感到格外高兴。今天的聚会是一次春天的约会，也是一次群贤毕至的青春约会。因为你们的加入，全国青联将更具活力，青联事业将更富希望。从此，你们的人生将和青联的事业更加直接地相关，你们的奋斗将与国家的发展更加紧密地相联。首先，我代表共青团中央、全国青联，向大家表示热烈的祝贺和诚挚的欢迎！

刚才，胡伟同志介绍了全国青联的情况，帮助大家对青联有了进一步的了解。杨利伟、张朝阳、刘国梁、李磊和杨澜等五位新增补委员作了精彩的发言，表达了所有新委员共同的心声，听了以后很受启发。我想各位新委员现在都在思考一些同样的问题，那就是：加入全国青联意味着什么？全国青联能够给我什么？我能够为全国青联做些什么？借此机会，我谈几点个人看法，与大家交流。

加入青联意味着光荣。全国青联作为我国最广泛的青年爱国统一战线组织，凝聚了我国各族各界、各个层面的杰出青年代表人物。56年来，全国青联在党的领导下，高举社会主义、爱国主义旗帜，在革命、建设和改革开放的各个历史时期发挥了不可替代的重要作用，影响着一代又一代青年的健康成长。从这里，走出了一批又一批青年才俊，他们在改变国家面貌，推动社会进步，实现民族复兴的伟大征程上，用卓越的才华和坚实的奋斗书写下了无上荣光。大家加入青联，就意味着从此将共同分享这么一份光荣。另外，能够加入全国青联，还说明大家过去的奋斗得到了党和国家以及社会各界的高度认同，标志着你们的人生奋斗在青春岁月结出了丰硕的成果。目前，全国青联共有委员1899名，平均几十万青年中才能有一名全国青联委员，这是多么大的光荣。作为几亿青年的杰出代表，全国青联委员的称号是光荣的。

加入青联意味着责任。本世纪头20年是我们必须紧紧抓住并且可以大有作为的重要战略机遇期。实现全面建设小康社会的宏伟目标，对我们这一代人来讲，可谓生逢盛世。在座的各位委员平均年龄30多岁，20年的重要战略机遇期正是我们为党、为国家、为人民奉献青春，实现人生价值的最美好的时期。我们与祖国同行，与重要战略机遇期同行，我们责任重大。全国青联委员作为各族各界青年的优秀代表，应该站在前列，肩负起这份伟大的历史责任，做改革的先锋、发展的中坚和社会稳定的基石。同时，作为一个组织的成员，为这个组织增添光彩，为这项事业添砖加瓦，同样是我们应尽的责任。每一个青联委员的所作所为都在打造青联的品牌，塑造青联的形象。因此，无论从国家和民族的角度，还是从青联组织的角度来讲，我们都承担着义不容辞的责任。

加入青联意味着进步。成为全国青联委员意味着大家站到了一个新的起点。大家应该在新的起点上，实现事业更大的发展，推动人生达到更高的境界。各位委员要按照科学发展观的要求，不断创造人生新的辉煌，才不负青联委员的光荣称号。全国青联将为各位委员的进步和发展提供更广阔的舞台，创造更好的环境，竭诚为大家排忧解难，帮助大家实现更大的进步。青联使我们的生命更加精彩，使我们的人生更加灿烂，使我们的青春更加壮丽。

当前，我国正处在全面建设小康社会、加快推进社会主义现代化的关键时期，我们要实现人均 GDP 从 1000 美元到 3000 美元的跨越。总结世界各国的经验，在这个特殊时期，有两种前景。一是把握得比较好，像亚洲四小龙，用不到 10 年的时间实现了这个跨越。另一种是“拉美陷阱”，50 年过去了还在原地徘徊，不再发展，甚至还有些倒退。我们要争取实现第一种前景。以胡锦涛同志为总书记的党中央，把握大势，总揽全局，在这个特殊的时期，提出了一系列新的执政理念，比如科学发展观、正确政绩观、新的人才观、新的群众观和新的国家安全观。大力构建社会主义和谐社会，是我们党从全面建设小康社会全局出发而确定的一项重大战略任务。中央强调建设和谐社会，既体现了科学发展观的要求，也体现了我们党科学执政、民主执政、依法执政的要求，归根到底体现了我国经济社会发展进入了这样一个非常关键的发展时期的要求。构建社会主义和谐社会是人民的愿望，让老百姓有更多的幸福感，分享改革开放的成果必须要有一个和谐的社会。现在，很多地方经济发展很快，老百姓的幸福感却不一定能赶上 GDP 的增长。所以，构建社会主义和谐社会顺应了人民的愿望，是社会主义现代化建设的一个基本目标。在全国青联九届六次常委(扩大)会议上，中共中央政治局委员王兆国同志殷切希望青联委员和广大青年在构建社会主义和谐社会当中发挥积极作用，我们要认真落实，努力为构建社会主义和谐社会做出更大贡献。这里，我谈几点体会，和大家共勉。

为构建和谐社会做出更大贡献，我们就要把自身事业做得更加强大。构建和谐社会，物质文明是基础，政治文明是保障，精神文明是支撑。三个文明和社会主义和谐社会密切相关。我们今天强调每一个委员都要为和谐社会做出更大贡献，首先要立足于把自己的事业做得更大更强。现在有很多委员功成名就，尤其是一些民营企业家，家产数以亿计。如果是仅考虑自己的生计，现在什么都不干，几辈子也吃不完。在这种情况下，我们奋斗的动力从哪里来？这就必须要有更大的胸怀，有更多的责任，才会有事业发展的不竭动力。我们讲把事业做强做大，是指站在国家、历史和世界的高度，按照科学发展观的要求创造新的业绩。参照国际经验，当前我们尤其要为结构调整做贡献，要把经济结构、社会结构搞得更加合理，把农民队伍尽可能压缩得更小，把社会的中间层发展壮大。只有中等收入的阶层发展壮大了，形成了橄榄型的社会结构，社会才会更加稳定，更加和谐。我们要发展循环经济。实践证明，粗放式的经营会贻害子孙，损害国家利益，自身的事业也无法长远发展。青联委员手中掌握了很多资源，大家要搞循环经济，转变经济增长方式。这样，也许现在发展慢一点，今年赚的钱可能比去年少一点，但是从长远来讲，对中国有贡献，对其他国家有贡献，对构建和谐社会有贡献,对个人事业的发展也是有利的。我们要大力发展社会主义先进文化。文化是一个民族的灵魂。作为和谐社会的核心价值观,先进文化要大力发展。青联中有一大批优秀文化人才,在这方面可以大显身手。青联可以为你们提供广阔的舞台,推动你们形成更大的事业。青联委员还要在振兴东北老工业基地、西部大开发和中部崛起中大显身手。要按照科学发展观的要求,围绕这些方面,把事业做得更强更大,把事业摆到大格局下发展,坚持不懈地追求更大更好发展。

为构建和谐社会做出更大贡献,我们就要把合作共赢推向更广领域。建设和谐社会,强调的一个基本准则就是合作共赢。我们所处的时代,已经进入一个共生的时代,一个合作的时代。社会要和谐,人与人之间,单位与单位之间,地区与地区之间,都要讲合作。合作应该成为我们每一个青联委员事业发展的行为准则、思维方法和自觉的行为方式。我讲的合作不仅仅是在一个小圈子里合作,而是联手合作,是不同行业、不同领域之间的大合作。青联委员经过层层组织考察,都有诚信,都有公信力。每个委员携起手来,就能干成大事。这就需要我们要有更加宽广的视野,要有全球眼光,要有战略思维。很多事情,我们单独是很难做好的,只有跟世界合作,跟比我强的人合作,我们自身的事业才能实现更大的发展。要有更加长远的眼光,不要只看眼前,要处理好眼前利益和长远利益之间的关系。要有博大的胸怀,跟别人合作,成人之美,自身也会得到发展。

为构建和谐社会做出更大贡献,我们就要把志愿服务变得更为自觉。从一定意义上讲,团结、进步、互助、友爱的志愿服务精神,就是和谐社会的核心价值。如果每一个人都愿意当志愿者,每一个人都愿意为别人服务,这个社会能不和谐吗? 我们要在青联大力倡导志愿服务精神,我们每一位青联委员都应该成为全社会最好的志愿者。各位委员以前也都或多或少为周围的人做过志愿服务,为社会做过公益事业。加入全国青联之后,大家应该把志愿服务变得更为自觉。首先要关注本单位和身边的弱势群体。在座的各位很多都掌管人力资源和物力资源,怎样把本单位的矛盾解决好,用志愿服务的方式关注本单位的弱势群体,关注身边、社区里的弱势群体,关心困难群众,不能视而不见,麻木不仁。我们还要关注社会矛盾,关注边远地区、西部地区和贫困地区。目前,农村困难面还很大,有的省绝对的贫困户上百万,因病致贫、因灾致贫的问题还很普遍。我们如何尽我们的所能,把关注的目光更多地投向这些弱势群体,减少社会不公平,化解社会矛盾,这样社会就会变得更加和谐。志愿服务应该成为青联委员的生活方式,成为大家实现人生价值的重要载体。我想提一个倡议,每一个青联委员都要成为志愿大使,大家要通过志愿服务的实践提炼和凝结构建和谐社会的核心价值观。

为构建和谐社会做出更大贡献,我们就要把自身修养提到更高境界。个人是社会的细胞,构建和谐社会要靠每一个人。每一个人的自身和谐,包括个人内在的和谐、与他人的和谐、与社会的和谐,是社会和谐的最深厚的基础。实现自身和谐的根本途径在于不断加强自身修养,特别是要对照构建社会主义和谐社会的新要求,努力把自身修养不断提高到新的境界。青联委员是青年中的佼佼者,大家都很注意自身修养,也有很多提高修养的好办法。我体会,知恩图报、知足常乐、与人为善,对每一位提高修养来说都是必要的、重要的。知恩图报,就是要在充分自信的同时,始终看到我们个人的能耐是渺小的、有限的,我们做出了成绩,与我们个人的努力当然分不开,但更是得益于伟大的时代给了我们成长的空间,得益于党和人民给了我们发展的机会,得益于家庭和同事朋友给了我们宝贵的支持,我们理应更好地报答国家、报答社会、报答家庭、报答一切关心支持我们的人们。知足常乐，不是说有点小成绩就得意洋洋、止步不前了，而是说在不顺的时候更要看到取得的成绩，不怨天尤人，不自暴自弃，更好地看待自我、平衡自我，更加轻装上阵地去奋发进取。与人为善，就是说我们要时时与人为善，事事与人为善，尊重每一个人，善待每一个人，建立起和谐的人际环境。有了这几条，我们的个人修养就有了一个更坚实的根基，就更加符合构建和谐社会的要求，就能够不断把自身修养提高到新的境界。

春节刚过，衷心祝愿各位在新的一年和未来的岁月里，身体健康，事业兴旺，家庭幸福，万事如意！

赵勇在2005年共青团宣传工作电视电话会议上的讲话

2005年3月2日，根据录音整理

刚才，周强同志的重要讲话站在全局的高度，深刻分析了团的宣传思想战线面临的新形势和新任务，明确了今年团的宣传思想工作的总体格局和工作重点，提出了团的宣传思想战线加强能力建设的基本要求，思想性、指导性很强，为做好今年团的宣传思想工作指明了方向。希望大家认真学习领会，狠抓贯彻落实。现在，我就如何贯彻落实周强同志讲话精神，扎实做好今年宣传思想工作讲几点具体意见。

一、2004年团的宣传思想工作回顾

过去的一年，团的宣传思想战线坚持以邓小平理论和"三个代表"重要思想为指导，服务大局，服务青年，各项工作在巩固中发展，在创新中前进，取得积极成效。

第一，坚持不懈地用科学理论教育武装青年，不断加强青少年思想政治教育。深化抓活动、抓实践、抓骨干、抓社团、抓网络的有效做法，推动青年学习贯彻"三个代表"重要思想活动深入发展。围绕纪念邓小平诞辰100周年、建国55周年和五四运动85周年，各地团组织开展了一系列主题鲜明的教育实践活动。举办理论学习骨干培训班，编写青年理论读物，引导和帮助广大团员青年深入学习贯彻邓小平理论和"三个代表"重要思想，树立和落实科学发展观。围绕巩固党执政的青年群众基础，在团员青年中大力开展党的十六届四中全会精神学习贯彻活动。认真贯彻中央8号文件和16号文件精神，召开全团加强和改进未成年人思想道德建设工作会议，成立专门机构，明确任务分工，集中力量办实事、办好事，开展了富有特色的青少年思想道德教育活动，推动全团加强未成年人思想道德建设工作的蓬勃开展。联合中宣部、中央文明办、国务院新闻办，举办"感动"——首届全国青少年网络短信作品大赛，探索新形势下青少年思想道德教育的新途径，共收到参赛作品1万多件，大赛主网页访问量达230万人次。举办"媒体与未成年人发展"中国青少年社会教育国际论坛，营造关心未成年人健康成长的良好舆论氛围。认真实施团中央课题研究规划，开展"青年价值观和中国和平崛起的新道路"、"大学生信息来源"、"青年文化"、"未成年人思想道德建设"等重大课题研究，形成一批有分量的研究成果。

第二，发挥文化育人作用，全面实施青年文化行动。与中宣部等7部委联合下发文件，召开全团推进青年文化行动工作会议，明确工作思路，作出工作部署。举办“青春”五四运动85周年晚会、第二届全国青年时代风采电视大赛，引导广大青年学习、创造、奉献。联合文化部和广东省委省政府、深圳市委市政府，举办“青春中华”中国青年文化周，团结凝聚了海内外中华青年，唱响了爱我中华、强我中华的主旋律。联合教育部、新闻出版总署及济南市委市政府，举办“青春中华”中国青少年读书周，引导青少年传承中华文化、立志学习成才。联合宁波市委市政府，举办“青春中华”中国青年服装时尚周，引导青年弘扬中华服饰文化、引领时尚潮流。联合国家旅游局及海南省委省政府，举办“青春中华”中国青年欢乐节，引导青年为民族强盛而欢乐、为时代进步而欢乐、为创造发展而欢乐、为青春奉献而欢乐。举办中国青年文化发展论坛等一系列活动，营造了青年文化建设良好的社会氛围。通过五大系列30多项青年文化活动，在全社会亮出了青年文化建设的旗帜，形成了青年文化蓬勃发展的态势。与此同时，各地也开展了丰富多彩的青年文化活动，初步形成了社会各界普遍关注、广大青少年踊跃参与的良好局面。据不完全统计，去年各地参与青年文化活动的内地及港澳台青年达8000多万人次。青少年新世纪读书计划扎实推进，广泛开展青年读书讲座，积极创建青年学习型组织，各地团组织推荐优秀青少年读物，加强新世纪书屋和读书俱乐部的建设，努力为青少年读书学习办实事、办好事。我们评选产生了10名全国青年学习成才奖，树立了很好的读书学习榜样。青年文化行动坚持文化育人，贯穿鲜明的导向，注重表达方式的创新，探索了新形势下青年思想政治工作的有效途径，使文化育人和实践育人成为加强青年思想教育、促进青年健康成长的两个驱动器。

第三，把握正确舆论导向，认真抓好新闻报刊出版管理工作。坚持团结稳定鼓劲、正面宣传为主，大力宣传党的路线、方针、政策和重大决策部署，生动反映广大青少年踊跃投身全面建设小康社会建功成才的时代风貌。团的重点工作报道有声有色，青年典型宣传生动感人，营造了良好的舆论氛围。建立健全新闻通气会制度、报刊阅评制度、责任追究制度等一系列管理制度，加强直属新闻出版管理。深入开展“三项学习教育”活动，举办直属新闻出版单位负责人专题培训班，加强马克思主义新闻观教育，进一步增强政治意识、大局意识、责任意识，强化职业精神和职业道德。开展第十届五四新闻奖评选，推动青年和团的工作宣传。大力推进直属新闻出版事业改革发展，推动中国青年出版社和中国青年杂志社强强联合，成立中国青年出版总社，推动中国青年报融资改制、改版扩版。注重发挥中国青年报刊协会的作用，促进青年报刊的交流合作。

第四，推动社会教育发展，大力加强青少年活动阵地的建设和管理。各地青少年宫围绕加强未成年人思想道德建设这条主线，广泛开展多种主题教育活动，积极促进青少年健康成长。一年来，各地青少年宫开展了5000余次大型主题教育活动，参加活动的青少年达1000余万人。确立了社会教育的理念，进一步理顺了青少年活动阵地的工作思路和机制。扎实推进“千宫百万”行动，积极实施中国青年创业国际计划，帮助青少年学习成才。目前，全国青少年外语培训站已达249家，有75家青少年宫被命名为全国计算机信息高新技术培训站，10余万名青少年接受了全国计算机信息高新技术培训，全国命名建立106家青少年棋院。举办亿万青少年健身展示大会、中国青少年书法美术大赛、全国青少年宫武术大赛、全国青少年棋院棋类比赛、“欢乐快车”等群众性文体活动，丰富青少年文化生活。加强青少年宫的安全管理，认真开展集中检查和专项治理工作，坚决取缔不利于青少年身心健康的经营活动。联合中宣部、中央文明办、教育部，组织青少年校外活动场所专题调研，加强对青少年活动阵地的研究。召开全国青少年宫协会第三届四次理事会，增补中央文明办、财政部等18个部委的代表担任副会长，加强秘书处和五个专业委员会的工作，切实加强协会自身建设。

总的看，2004年团的宣传思想工作导向鲜明，工作扎实，重点突出，青少年思想政治教育不断深化，青年文化行动开局良好，青少年活动阵地日益壮大，工作影响大、亮点多、创新性强，呈现出蓬勃发展的态势，为今后的工作打下了良好的基础，积累了有益的经验。这些成绩的取得，是各级党委政府高度重视、社会各界大力支持的结果，凝聚着团的宣传思想战线全体同志的智慧和汗水，在这里，我代表团中央书记处，对大家的辛勤工作表示衷心的感谢和亲切的问候！

近年来团的宣传思想工作的实践，给了我们深刻的启示。

一是必须坚持以邓小平理论和“三个代表”重要思想为指导，树立和落实科学发展观，始终坚持正确的政治方向。

二是必须坚持党的领导，坚持马克思主义在意识形态领域的指导地位，在思想上、政治上、行动上与党中央保持高度一致，遵守党的宣传纪律，贯彻党对宣传工作的要求。

三是必须坚持把培育“四有”新人作为根本任务，坚持以人为本，引导青年树立崇高理想和坚定信念，树立正确的世界观、人生观和价值观，全面提高素质，努力成为社会主义事业的合格建设者和可靠接班人。

四是必须坚持把服务大局和服务青年有机结合。从服务大局着眼，从服务青年入手，紧紧围绕经济建设这个中心，团结引导广大青年在全面建设小康社会的伟大实践中建功成才。

五是必须坚持实践育人，文化育人，服务育人，开展富有特色的实践活动，把解决思想问题与解决实际问题结合起来，注重发挥文化对青年潜移默化的塑造作用，更好地完成党交给的团结教育引导青年的光荣任务。

六是必须坚持求真务实，开拓创新，创新团的宣传思想工作的手段、方式和载体，提高宣传工作的时效性和针对性，增强时代感和感染力。

这些启示，是我们宣传思想工作实践中的宝贵经验，反映了我们对宣传思想工作的探索和成果，体现了我们对宣传思想工作规律性的认识，在今后的工作中，我们要进一步坚持和发展，努力把团的宣传思想工作提高到一个新水平。

二、认真贯彻中央要求和全团工作部署，扎实做好今年团的宣传思想工作

团的十五届三中全会对全团工作作出了部署。刚才，周强同志对团的宣传思想工作提出了总的要求。当前，我国改革发展正处于关键时期。贯彻党对宣传思想工作的要求，团的宣传思想工作肩负着光荣艰巨的任务。党的十六大、十六届三中、四中全会就全面建设小康社会、推进改革开放和社会主义现代化建设作出了一系列重大决策部署，为做好团的宣传思想工作指明了方向。树立和落实科学发展观，加强党的执政能力建设，构建社会主义和谐社会，要求共青团发挥积极作用。我们还要看到，国际局势风云变幻，经济全球化不断发展，各种思想文化相互激荡，意识形态领域的斗争错综复杂。随着社会生活的深刻变化，青少年思想的独立性、选择性、多变性和差异性进一步增强。今后一个时期既是我国的“发展机遇期”，又是“矛盾凸显期”。经济基础、体制环境、社会条件的深刻变化和互联网等新媒体的出现，对青少年教育提出了新的更高的要求。面对新形势新任务新要求，团的宣传思想战线的同志要进一步增强责任感、使命感和紧迫感，认真贯彻中央要求和全团工作部署，努力做好新形势下团的宣传思想工作。

贯彻全国宣传部长会议精神，落实团的十五届三中全会的部署，2005 年团的宣传思想工作的总体布局是：围绕一条主线，贯穿一个要求，深入推进一项行动，重点做好五个方面的工作。围绕一条主线，就是要以深入学习贯彻“三个代表”重要思想，学习贯彻党的十六大和十六届三中、四中全会精神，学习贯彻以人为本、全面协调可持续的科学发展观，学习贯彻中央 8 号文件和 16 号文件精神为主线，牢牢把握教育引导青年的主动权。贯穿一个要求，就是要紧紧围绕培养“四有”新人的根本任务，坚持贴近实际、贴近生活、贴近青年，把切实加强和改进青年思想政治教育落实到团的宣传思想工作全过程，不断巩固和扩大党执政的青年群众基础。深入推进一项行动，就是要推动青年文化行动深入基层、深入青年，大力加强青年文化建设，积极促进社会主义先进文化的发展。重点做好五个方面工作是：深化青年理论武装工作、加强青少年思想道德建设、牢牢把握正确的舆论导向、深入推进青年文化行动、加强团属青少年活动阵地建设。通过做好重点工作，带动团的宣传思想工作全面活跃，统一思想，振奋精神，凝聚力量，团结带领广大团员青年为全面建设小康社会、实现中华民族的伟大复兴而努力奋斗。

今年的工作，《2005 年共青团宣传思想工作要点》已作了安排，我这里强调以下几点。

第一，不断深化青年理论武装工作，把学习贯彻“三个代表”重要思想的活动引向深入。坚持不懈地用邓小平理论和“三个代表”重要思想武装全团、教育青年，是全团的首要政治任务。各级团组织要大力推动青年学习贯彻邓小平理论和“三个代表”重要思想，引导广大团员青年树立正确的世界观、人生观、价值观，坚定理想信念，构筑起强大的精神支柱。

一是大力深化学习内容。组织团员青年认真学习贯彻党的十六届三中、四中全会精神，帮助和引导他们认真学习领会党中央提出的科学发展观、加强党的执政能力建设、构建社会主义和谐社会等重大决策部署和重大理论创新成果，进一步深化对“三个代表”重要思想的学习贯彻。要大力探索具有鲜明时代特征、青年喜闻乐见的学习活动，不断增强理论武装工作的吸引力和感染力。

二是突出抓好重点群体。在抓好团干部和各条战线青年骨干的同时，要着力抓好大学生和青年知识分子的理论武装工作。深入贯彻中央要求，结合团的实际，开展青年理论工作者下基层活动，引导青年知识分子深入基层开展宣讲、服务等活动，在了解民情、服务社会中增强学习实践“三个代表”重要思想的自觉性和坚定性。

三是集中开展一次形势政策宣传教育。中央要求在全国城乡集中开展一次形势政策宣传教育，具有重要意义。各级团组织要按照党委的统一安排，紧密结合共青团和青年工作的实际开展这项工作。充分发挥大众传媒和宣讲团的作用，释疑解惑，化解矛盾，理顺情绪，引导青年全面准确地理解党和国家的重大方针政策、重大改革措施和重大理论创新，把思想和行动统一到中央的重大决策部署上来，自觉为改革发展稳定贡献力量。

第二，大力加强青少年思想道德建设，促进广大青少年健康成长和全面发展。加强和改进未成年人思想道德建设和大学生思想政治教育是党中央的重大部署，深谋远虑，具有十分重要的战略意义。各级共青团组织要进一步增强责任感，抢抓机遇，积极发挥作用。要认真学习贯彻中央 8 号文件和 16 号文件精神，坚持实践育人、文化育人、服务育人、组织育人，采取有力措施，大力推进青少年思想道德建设。团的宣传部门要努力发挥统筹协调和服务作用，与其他部门一道，共同推进青少年思想道德建设。

一是努力为促进青少年健康成长办实事。宣传思想战线要重点抓好以下几件实事：1. 举办“感动”——第二届全国青少年网络短信作品大赛，注重拓展活动内容，深化“感动”主题，运用新媒体，发挥青少年自我教育的作用。2. 开展“好榜样，好人生”系列活动，引导青少年寻访、学习身边的榜样，激励青少年积极向上、勤奋进取。3. 深入开展“好习惯”系列推广活动，引导青少年在日常生活中养成良好的道德和行为习惯。4. 举办中华童谣大赛，推动新童谣的创作和传播，充分发挥童谣对未成年人的教育作用。5. 命名建立第四批全国青少年教育基地，积极引导和服务青少年参加红色旅游活动，在活动中受教育。

同时，宣传战线要积极做好营造氛围、宣传典型、总结经验等工作，配合学校、少年、权益等部门共同推进大学生素质拓展计划、手拉手、雏鹰争章、大中专学生“三下乡”、“为了明天——预防青少年违法犯罪工程”等活动，生动活泼地开展道德实践教育。

二是抓住重要契机广泛开展主题教育活动。结合纪念抗日战争暨世界反法西斯战争胜利60周年和红军长征70周年，贯彻中央统一部署，在党委的领导下，在青少年中广泛开展主题鲜明、内容丰富的思想教育活动，大力开展爱国主义教育，引导青少年弘扬民族精神和时代精神。

三是积极探索建立青少年思想道德建设的长效机制。加强青少年成长特点和青少年思想道德建设规律的调查研究，培训一批青少年思想道德建设的工作骨干，努力为青少年思想道德建设提供理论和人才支持。要积极争取党政部门、学校、家庭和社会各方面的支持，探索建立广泛动员社会力量共同推进青少年思想道德建设的长效机制。

第三，牢牢把握正确的舆论导向，加强团属舆论阵地建设。舆论宣传是宣传工作的重要组成部分。把握正确的舆论导向，促进团属新闻出版阵地的建设和管理，始终是团的宣传思想工作中一项重要的任务。这些年来，团属舆论阵地不断扩大，在教育引导青年中发挥越来越大的作用，同时也对坚持正确的舆论导向提出了更高的要求。各级团组织要高度重视这项工作，主要负责同志要亲自抓，亲自出题目，亲自解决各种问题，采取切实的措施，把坚持正确的舆论导向落实到工作的各个环节中。

一是要始终坚持团结稳定鼓劲、正面宣传为主，唱响主旋律、打好主动仗。要深入宣传党的十六届四中全会精神和中央重大决策部署，深入宣传保持共产党员先进性教育活动的进展情况和成效，深入宣传党对青少年成长的要求，充分反映青少年积极进取的时代风貌，努力营造良好的舆论氛围。要加强报刊管理，进一步完善新闻通气会、报刊阅评、责任追究等制度。要对所属报刊、网站等加强把关，加强领导，守土有责，责任到人。

二是要加强宣传策划和协调，不断提高宣传报道水平。团的宣传工作要掌握舆论引导的主动权，就必须加强整体策划，提高舆论引导的水平。要深入贯彻“三贴近”要求，按照团的工作总体部署，就团的一些重点工作加强宣传舆论的总体策划，从团中央到地方各大媒体形成整体合力，打响共青团的品牌，营造共青团重点工作发展的良好舆论氛围。要做好全国青联、全国学联、全国少工委换届的宣传报道工作。当前，要重点做好“两会”的宣传报道工作。

三是要推动团属新闻出版事业深化改革、加快发展。要贯彻中央关于文化体制改革的精神，结合团属新闻出版单位的实际，积极稳妥地推动团属新闻出版事业的改革发展。服务青年是青年报刊发展的根本方向。在团属新闻出版事业的改革发展中，要牢固树立为青年服务的思想，真正把服务青年落实到办报办刊的各个方面，通过服务青年赢得青年、赢得市场，实现自身发展。在团属报刊改革发展中，要注意加强管理，依法运作，规范运作。加强思想政治工作，确保稳定，确保正确的舆论导向。要加强中国青年报刊协会工作，促进青年报刊交流合作。

四是要在新闻出版单位深入开展“三项学习教育”活动。要抓住当前保持共产党员先进性教育活动的契机，采取切实的措施，加强培训和教育，引导团属新闻出版单位进一步增强用“三个代表”重要思想统领新闻出版工作的自觉性，牢固树立马克思主义新闻观，加强职业精神和职业道德建设，加强领导班子建设和编辑记者队伍、经营管理队伍建设，为推动团属新闻出版事业健康发展提供坚强的保障。

第四，深入推进青年文化行动，大力加强青年文化建设。今年要着力推动青年文化行动深入基层，深入青年，突出群众性、参与性，使青年文化行动成为共青团牵头实施、广大青年广泛参与、社会各界共同推进的充满生机和活力的事业，为发展社会主义先进文化做出积极贡献。

一是在强化导向上下功夫。要在青年中大力弘扬民族精神和时代精神，大力倡导学习文化、创造文化、奉献文化，贯彻党对青年成长的要求，提升青年文化产品和服务的思想内涵和时代内涵，推动青年文化沿着正确的方向健康发展。

二是在推动深入上下功夫。要联合中央有关部委和地方党委政府，深入开展“青春中华”系列活动。要通过征集标识、主题歌曲等工作，打响“青春中华”这个品牌。各地要结合实际，突出重点，广泛动员青年参与校园文化、企业文化、乡村文化、社区文化、机关文化、军营文化和网络文化建设，推动青年文化建设深入青年，扎根基层，融入到经济社会文化的发展中。

三是在创作精品上下功夫。要以共青团“五个一工程”为龙头，组织文艺人才和文化单位，有计划地重点创作生产一批图书、歌曲、影视作品、网络文化产品，重点加以推广，同时积极推介中华文化和世界文化的经典作品。

四是在联系和培养青年文化人才上下功夫。开展青年文化新人评选活动，建立青年文化建设专家委员会，逐步探索建立起多层次的优秀青年文化人才的联系培养选拔机制，创造形成各类青年文化人才培养平台，推动青年文化人才脱颖而出。

五是在发展青年文化事业和产业上下功夫。要按照中央关于发展文化事业和产业、深化文化体制改革的要求，发展壮大青年文化事业和产业，进一步加强青少年宫和青少年活动阵地建设，推动团属新闻出版网络影视单位的改革发展，进一步发挥各级团校包括青年院校在青年文化建设中的作用，整合资源，形成合力，为青年文化建设提供强有力的保障。

要继续深入推进青少年新世纪读书计划，始终坚持为青少年读书学习办实事、办好事，推动形成青年勤奋学习的风气，不断提高青少年的综合素质。广泛开展丰富多彩的主题读书活动，形成读书学习的良好导向。实施西部乡村流动图书车项目，为贫困地区青少年读书学习提供切实帮助。联合有关新闻媒体发布优秀图书榜、举办读书讲座、开展阅读调查、评选优秀青年学习组织，推动读书计划深入发展。要加大青少年新世纪书屋、新世纪读书俱乐部建设力度，尝试会员制等形式，巩固和扩大青少年读书学习阵地。

第五，大力加强团属青少年活动阵地的建设和管理，充分发挥在青少年社会教育中的积极作用。团属青少年活动阵地是青少年教育事业的重要组成部分，青少年活动阵地的教职员工是团的工作者的一部分。要重视发挥他们的作用，运用好这一宝贵的资源，更好地教育服务青少年。中央领导高度重视青少年活动阵地建设，多次作出重要指示。有关部委还将出台一些政策规定。各级团组织和青少年活动阵地要抓住机遇，加强建设和管理，努力把青少年活动阵地建设成为推进青少年社会教育的重要基地。

一是积极拓展服务项目。要努力探索开展具有鲜明时代特色的主题教育活动、社会教育项目和现代知识技能培训项目。扎实推进中国青年国际创业计划,深入实施“千宫百万”行动,大力开展教育、科技、文艺、体育等青少年喜闻乐见的活动。

二是大力推动阵地建设。要积极争取把青少年宫的建设和发展纳入当地国民经济和社会发展总体规划,争取政府的支持,广泛吸纳社会资源,加大资金投入,推动地市、县级青少年宫建设。争取“十一五”期间实现全国所有地级以上的行政区都建有一所青少年宫,东部发达地区县级行政区都有一所青少年宫,省会及中心城市的各个地区都有一所青少年宫。同时,要积极推动在城市住宅小区建设、旧区改建和新区开发中的青少年活动场所建设。

三是进一步加强阵地管理。各级团组织要对青少年活动场所进行认真的清理整顿。要把社会效益放在首位,坚持面向未成年人、服务未成年人的宗旨,坚持为青少年健康成长服务,尽可能多地实行免费开放或优惠服务,决不能借开展青少年活动之名搞营业性创收。要坚持公益性的原则,深化内部改革,创新组织机构、资本结构、经营模式和运营机制,不断增强青少年活动阵地的发展活力。

四是要大力加强青少年宫协会建设。要扩大协会会员数量,加强对会员单位的指导和服务。要加强对青少年宫基本情况和运行机制的研究,制定行业标准和管理条例,发挥专业委员会的作用。要积极争取国家在政策、资金和人才上的支持,进一步优化青少年宫的发展环境。今年下半年要开好中国青少年宫协会第四次会员代表大会,推动青少年活动阵地健康发展。

三、求真务实,开拓创新,努力把团的宣传思想工作落到实处

完成今年的工作任务,做好新形势下团的宣传思想工作,关键是狠抓落实。抓落实,要认识到位,领导到位,人员到位,措施到位。从宣传工作的实际出发,我提几点具体要求。

第一,要树立政治意识、大局意识、责任意识和忧患意识。我们在一个更为开放、更为复杂的环境中做青年的思想政治工作,必须牢固树立政治意识、大局意识、责任意识和忧患意识,这是对宣传思想战线干部的基本要求,同时也是在新形势下提高服务大局、服务青年的能力,做好团的宣传思想工作的根本保证。团的宣传干部要采取切实的措施,不断加强学习,增强政治敏锐性,增强政治鉴别力,努力使自己的思想政治素质和理论政策水平适应新形势下团的宣传思想工作的需要。

第二,要把以人为本的思想贯彻落实到宣传思想工作中。以人为本是科学发展观的核心内容。团的宣传思想工作是做人的工作,必须体现以人为本。以人为本既是我们的指导思想,也是方法论的体现。在团的宣传思想工作贯彻以人为本,就是要竭诚服务青年,这是共青团全部工作的出发点和落脚点。团的宣传思想工作中首先要把培养人作为根本目标,不断满足青年精神文化需求,促进青年全面发展。要热情关心青年,深入了解青年,把解决青年思想问题和解决实际问题结合起来,努力为青年办实事、做好事。要尊重青年的主体地位,以平等积极的态度看待青年,把握青年的愿望、要求和特点,善于调动青年的积极性和创造性,加强与青年的交流、沟通和互动。要以青年的评价作为工作考核的重要依据,以青年是否受益、青年是否喜爱、青年是否拥护作为衡量工作成效的主要标准。

第三,要以创新的精神做好工作。当前,我国社会正处于深刻变革之中,新情况、新问题层出不穷。适应新形势,解决“不适应”的问题,增强工作的针对性、实效性和吸引力、感染力,必须坚持“三贴近”,大力推进宣传思想工作创新,努力体现时代性、把握规律性、富于创造性。首先要创新工作思路。善弈者谋势,不善弈者谋子。要善于从党政工作大局中布局谋篇,从经济社会发展总体趋向中审时度势,用辩证的思维和专业化的视角分析问题、思考工作,把党性和人民性有机结合起来,不断开阔视野、升华认识、打开思路。要创新表达样式,努力做到青年喜闻乐见。要积极探索具有鲜明时代特色的活动载体,充分发挥新媒体和高新技术手段的作用,努力使宣传思想工作生动具体、卓有成效。要创新工作机制,逐步建立健全资源整合机制、青年参与机制、人才培养机制、舆情预警机制、调查研究机制,努力使团的宣传思想工作规范有序、良性运转。

第四,要把加强队伍建设放在突出位置。团的宣传思想工作面临新的形势和任务,一切工作都要落实到人的身上,都要通过人来做,加强队伍建设是落实工作任务的根本保证。这对团的宣传思想战线的同志们提出了更高的要求,同志们要结合保持共产党员先进性教育的开展,勤于学习,善于思考,敢于实践,努力提高思想政治素质和业务工作水平,不断提高新形势下做好团的宣传思想工作的能力和水平。要加强团的宣传干部队伍、新闻出版工作者队伍、青少年宫工作者队伍、理论研究工作者队伍的建设,结合他们的实际,采取有针对性的措施,把加强队伍建设落到实处。

同志们,做好新形势下团的宣传思想工作责任重大,舞台广阔,大有可为。我们一定要紧密团结在以胡锦涛同志为总书记的党中央周围,高举邓小平理论和"三个代表"重要思想伟大旗帜,全面落实科学发展观,求真务实,开拓创新,努力开创工作新局面,团结带领广大青年为全面建设小康社会、实现中华民族的伟大复兴做出新贡献。

赵勇在2005年全团青年志愿者工作会议暨中国青年志愿者协会二届四次理事会上的讲话

2005年3月14日,根据录音整理

这次会议,既是中国青年志愿者协会理事会,又是首次专门召开的全团青年志愿者工作会议;既是青年志愿者行动欣欣向荣发展中团结鼓劲的一次会议,更是在科学发展观和构建社会主义和谐社会重大战略指导下再创辉煌的一次会议。刚才,周强同志作了重要讲话,深刻阐述了志愿服务在构建社会主义和谐社会中的重要作用,并对今年乃至今后一个时期的工作提出了明确要求,我们要认真学习贯彻。下面,我结合贯彻周强同志讲话精神,就做好今后一个时期的青年志愿者工作讲三点意见。

一、2004年青年志愿者工作务实进取、富有成效

在党中央、国务院的亲切关怀下,在相关部委和协会理事的大力支持下,青年志愿者行动围绕中心,服务大局,服务社会,服务青年,实施重点项目,拓展服务领域,完善工作机制,不断取得新的成效,志愿服务的影响和作用越来越大,已经日益成为一种社会风尚、时代风尚和青年风尚。志愿服务成为一种社会风尚,是因为它的参与群体已经超出青年的范畴,青年志愿者背后有家长、老师、受援单位党政领导的支持,更有许多中老年人的积极参与,志

愿服务的社会知晓度越来越高。志愿服务成为一种时代风尚，是因为它弘扬的“奉献、友爱、互助、进步”的精神，适应了发展社会主义市场经济的要求，彰显了当今时代主流价值观，体现和凝结了时代精神。志愿服务成为一种青年风尚，是因为它已经成为当代中国青年运动的一个亮点，渗透到青年运动的各个方面，在青年运动中起着巨大的推动作用。就去年工作而言，主要体现了四个“新”。

1. 重点项目取得新成效。一是大学生志愿服务西部计划。2004 年，国家加大了对这项工作的财政支持力度，项目规模和影响越来越大。西部计划探索了一种人才资源配置的有效机制，服务了西部大开发战略，服务了大学生就业，服务了青年人才的培养，取得了很好的社会效果。全国项目去年新招募志愿者 6212 名，18 个省(区、市)实施的地方项目人数达到 6939 名，加上 2003 年 2 年期志愿者，全国项目和地方项目志愿者总数达到 17132 名，服务的中西部贫困县超过 300 个。二是青年志愿者扶贫接力计划。去年这个项目在全国 10 个省进行了试点，派遣志愿者总数超过 1000 人。其中，从全国 64 所高校选派的 410 名研究生志愿者组成第六届研究生支教团，赴中西部 54 个贫困县开展了为期 1 年的支教服务。三是中国青年志愿者海外服务计划。前不久，团中央与交通部、商务部、外交部共同组织救捞志愿者赴泰国普吉岛开展救捞服务。派遣志愿者到国外开展服务，既拓展了志愿服务领域，又服务了党政外交，商务部已经颁行了《援外青年志愿者选派和管理暂行办法》，计划从援外经费中拨款，支持向更多国家派遣中国青年志愿者。

2. 服务领域实现新拓展。一是在红军长征出发 70 周年之际，联合卫生部、中央电视台，成功举办了“中国青年志愿者医疗扶贫万里长征”活动，取得显著成效；二是联合卫生部在河北、内蒙古、宁夏等地实施的农村公共卫生体系志愿服务项目试点工作进展顺利；三是在全国 101 个城市实施了以中老年志愿者服务未成年人为主要内容的“爱心助成长”志愿服务计划。同时，志愿服务已经渗透到社会发展的方方面面。如“志愿者为老服务金晖行动”、“百万青年志愿者助残行动”、“维护社会治安志愿者筑城行动”、“法律援助志愿者服务计划”等专项行动取得新进展。大学生“三下乡”、“保护母亲河”青年志愿者绿色行动营计划、全国青联志愿者艺术团、北京“奥运志愿服务宣讲团”，以及在上海“世界扶贫大会”、湖北“国际人口发展论坛”等大型会议上的志愿服务，山东、湖南和江西等地的消防志愿者计划，贵州的计生志愿者计划，浙江的“天天”志愿行动，江苏、福建等地的志愿者“110 联动”等，都在社会上产生了积极影响。

3. 志愿服务理念实现新提升。去年开展的“西部计划万里采风志愿行动”在全社会掀起了一个集中宣传志愿服务的新高潮，进一步唱响了“到西部去、到基层去、到祖国最需要的地方去”的时代强音；联合中宣部、中组部、教育部组织“奉献者风采——在西部基层工作的优秀大学毕业生事迹报告会”，在广大青年学生中产生热烈反响；编辑出版了第一部集中反映西部志愿者服务生活的书籍《燃情岁月——西部志愿者日记》；摄制了第一部集中反映青年志愿者服务经历的 18 集电视连续剧《请让我来帮助你》；在贵州参加扶贫支教服务的徐本禹当选中央电视台“感动中国 2004 年年度人物”；举办“志愿服务与社会发展论坛”；组织了反映在西部基层服务大学生志愿者事迹的话剧《托起明天的太阳》进京展演等。通过这一系列活动的开展，志愿服务理念更加生动、更加鲜活，志愿者的形象也更加有血有肉、深入人心。

4. 机制建设取得新进展。一是志愿者专门工作机构建设取得突破。全国已有 16 个省(区、市)和新疆生产建设兵团建立了志愿服务专门工作机构。二是各级志愿者协会建设得到加强,协会人员组成和工作机制社会化程度日益提高。三是长效工作机制建设取得新突破,截至目前,全国已有广东、山东、福建、河南、黑龙江五省和南京、宁波、杭州、成都、深圳五市实现了志愿服务地方立法。

在工作中我们深切感受到,青年志愿者以扎实有效的服务,弘扬了生动的民族精神和时代精神,他们用至诚爱心谱写了一曲曲新时代的奉献之歌。中国青年志愿者行动已经成为社会保障体系建设和社会主义精神文明建设的重要组成部分,成为青年运动的重要组成部分。这些成绩的取得,离不开党中央、国务院有关部门的大力支持,离不开一批又一批团干部坚持不懈的探索实践,凝结着在座各位的智慧和汗水。在这里,我代表团中央、中国青年志愿者协会,向对青年志愿服务事业发展给予亲切关怀、付出艰辛劳动的各位领导、同志们表示崇高的敬意和衷心的感谢!

在肯定成绩的同时,我们也要清醒地看到在我们的工作中还存在着的一些问题。就工作而言,一是青年的参与面不够,参与群体还比较单一,主要参与者还局限在大中学生群体;二是管理不够规范,部分志愿者不辞而别、发挥作用不够或人身安全出现意外;三是提供的志愿服务远远不能满足群众和社会的需求,实际动员能力与需求还有一定差距;四是长效机制不够完善,很多机制还不够规范。就自身建设而言,一是理论研究相对滞后,要在科学发展观指导下,在蓬勃发展的实践基础上,形成一整套志愿服务的理论观点、理论框架和理论成果;二是机构和人员配置不能满足工作需求;三是对志愿者服务的能力和对广大青年服务的能力相对较弱。这些问题都需要在下一步工作中认真加以解决。

二、几点体会和启示

通过认真回顾和总结近年来特别是去年以来的青年志愿者工作,通过认真学习周强同志的重要讲话精神,我们也有一些新的体会和启示。

第一,青年志愿者行动是贯彻科学发展观的青春壮举,必将在促进和谐社会建设中发挥越来越重要的作用。树立和落实科学发展观,建设社会主义和谐社会,是一个动态的不断发展的过程。和谐是中国文化的重要内容,是中华文明得以不断传承、中华民族得以不断延续的重要文化内涵。和谐社会是一个美好的理想,体现了全体人民的愿望和追求;和谐社会是一个幸福指数,建设和谐社会是要让老百姓的幸福感与 GDP 同步增长。推进和谐社会建设和促进经济发展的手段不同,经济发展是解决动力机制问题,和谐社会则是解决平衡机制的问题,而平衡机制的核心就是实现社会公正。志愿服务可以促进社会公正,和谐人际关系,理顺群众情绪,化解各种矛盾,可以在构建社会主义和谐社会的进程中发挥越来越大的作用,拥有更加广阔的发展空间。

第二,青年志愿者行动是当代青年共同的精神追求,必将有力激发蕴藏在青年中的巨大潜力和积极性。青年是社会中最富有朝气、创造性和生命力的群体,始终起着开风气之先的作用。更为重要的是,当代青年是在党的关怀下,和改革开放一起成长,他们切身感受到改革开放带来的巨大利益和深刻变化,发自内心地要求报效祖国、奉献社会、服务人民。志愿服务既开拓了青年成就事业的广阔舞台,又给他们提供了实现人生价值的精神家园,将有力激发蕴藏在青年中的激情和创造力。

第三,青年志愿者行动是服务人民群众的时代强音,必将成为青年投身全面建设小康社会的广阔舞台。青年志愿者行动与社会主义市场经济同向并轨,与市场经济追求的物质繁荣、优胜劣汰相互补充。在改革开放和社会主义市场经济条件下,人民群众的需求更加多样,行为更加务实,选择空间不断增大,自主意识、参与意识明显增强。志愿服务立足于人民群众需求，调动人民群众参与的内在积极性，开展像扶贫帮困、社区服务、环境保护、大型赛会、抢险救灾、社会应急等公益项目，广大青年可以通过这些平台，在全面建设小康社会进程中进一步发挥生力军作用。

第四，青年志愿者行动是新时期共青团工作的“先锋品牌”，必将极大地推动共青团事业不断焕发勃勃生机。中国青年志愿者行动已经成为共青团工作的一个亮点、结点和生长点。之所以称为亮点，是因为在全团工作的知名项目里，青年志愿者行动排在首位；之所以称为结点，是因为志愿服务可以将共青团的各项事业都结合起来；之所以称为生长点，是因为尽管青年志愿者行动已经取得了很大成绩，但与人民群众的需求相比，与共青团事业发展的要求相比，与中央对我们提出的要求相比，还具有很强的成长性，有巨大的发展空间。

当前，青年志愿者行动正处在承前启后、继往开来，立足新起点、实现新发展的重要时期。我们要把这次会议作为新形势下树立和落实科学发展观，落实构建社会主义和谐社会战略任务的一次新的动员，通过全团上下和社会各方面的共同努力，使志愿服务事业在更高的层次上、在更广阔的舞台上发挥更大的作用。

三、扎实推进2005年青年志愿者工作

2005年青年志愿者工作总的指导思想是：以“三个代表”重要思想和党的十六届四中全会精神为指导，树立和落实科学发展观，围绕构建社会主义和谐社会，服务大局、服务社会、服务青年，以深化拓展重点项目为带动，促进青年志愿者工作全面发展，求真务实，开拓创新，引导广大青年为推动社会发展、构建社会主义和谐社会不断做出新贡献。下面，我强调四个方面的重点工作。

1. 推动青年广泛参与。这是今年的首要任务。针对志愿服务参与面不够、参与群体单一这个突出问题，要与有关部门一起，推动青年更加广泛地参与志愿服务。只有在青年的广泛参与中，才能引导青年为社会做出更大贡献，才能更好地发挥志愿服务在教育、引导和锻造青年中不可替代的重要作用。“实践育人”和“文化育人”是引导青年的“两个轮子”，志愿服务既是“实践育人”的载体，同时也是“文化育人”的载体，“两个轮子”在志愿服务中找到了结合点。要从战略的高度推动青年广泛参与志愿服务。首先，要细分各种青年群体，抓住重点群体，结合不同群体的特点和专长，在组织专业化志愿服务方面下功夫；其次，要探索动员青年参与的丰富多彩的形式，小型分散，多种多样，可大可小，可长可短，让广大青年可以就近就便参与服务，天天可为，时时可为，处处可为；第三，要高扬理想主义旗帜，用理想和责任来感召广大青年参与，在宣传引导上不能就事论事，努力塑造志愿服务理念在社会主流价值观中的重要地位，从而引导越来越多追求高尚、追求人格完整、追求完美自身价值的人参与到这个时代洪流中来。

2. 深化重点服务项目。项目化管理、社会化运作是国际通行的惯例，也是我们通过这几年工作取得的一个基本经验。青年志愿者行动要做大做强，就是要牢牢抓住重点项目，以重点项目带动志愿者更广泛的参与，塑造志愿者更好的形象，争取更大的实效。

一要大力推进大学生志愿服务西部计划。要在总结经验的基础上，从深度和广度两个方面进一步推进西部计划。深度推进就是不断提高志愿者的素质，更好地发挥志愿者的作用，完善各项工作机制，使之成为一个长期运作、成效显著的品牌项目。为此，我们要在体现按需招募原则、提高招募质量上狠下功夫，要在规范各项管理制度上狠下功夫。广度推进就是要加强宣传动员的力度，更广泛地动员和影响高校毕业生的参与。在做好支教、支医、支农和青年中心等专项行动的同时，要大力推进农村现代远程教育志愿服务行动。根据中央统一部署，今年要在全国12个省(区、市)开展农村党员干部现代远程教育扩大试点工作，项目的实施要与农村基础教育结合起来，志愿服务要为远程教育工作的顺利开展提供人才支持。要争取中国科协的支持，动员大学生到农村去做科普志愿者，去传播现代文明理念，倡导新的生活方式，这可以作为一个新领域进行探索。要在稳步实施全国项目的同时，广泛开展地方项目。今年西部计划全国项目将在4月初启动，总体实施规模保持在1万人左右。地方项目要普遍实施，选派人数争取突破1万人。需要强调的是，今年将有7000多名大学生志愿者服务期满准备就业，我们要从服务稳定、服务全国就业大局的高度充分认识做好大学生志愿者就业服务工作的重要意义，提早部署，采取多种切实有效的措施为服务期满的大学生志愿者提供扎实有效的就业服务。

二要大力推进青年志愿者扶贫接力计划。今年争取各地普遍开展扶贫接力计划，重点是支教和支医领域，要与组织部门合作，将项目实施和培养年轻干部结合起来；要与卫生部门合作，将项目实施和构建农村公共卫生体系结合起来；要与教育部门合作，将项目实施和支教结合起来。各省(区、市)派遣人数争取不少于200人。要动员更多的青年知识分子参与扶贫接力计划，引导他们到实践中去，到群众中去，更好地为现代化建设发挥聪明才智。今年下半年要召开全团扶贫接力计划现场推进会。

三要大力推进青年志愿者国际合作发展计划。今年，团中央将与商务部、教育部和国务院侨办一起开展这项工作。向海外派遣青年志愿者，既可以促进民间外交，塑造中国负责任的大国形象，又可以培养国际化的青年人才，志愿者在国外服务期间经受了锻炼，得到了培养，回来以后可以为国家作更多的贡献。通过向国外派遣文化志愿者，传播中华民族文化，可以让更多国家的人认同中国文化，进而认同中国的产品，提高中国产品的国际竞争力。今年这个项目要扩大实施规模，派遣人数力争达到1000人左右。

四要大力推进“爱心助成长”志愿服务计划。去年，全国试点工作动员了大量健康低龄老人注册成为“金晖志愿者”，为帮助未成年人健康成长贡献力量，使他们真正实现了老有所为。今年，要进一步扩大项目实施规模，动员更多老年人参与其中，切实提高青年志愿者行动的社会参与面和服务覆盖面。

3. 拓展志愿服务领域。当前我国社会发展呈现多元化形态，老百姓需求日益多样化，需要志愿服务的领域也越来越多。根据社会需求，今年我们计划推出和拓展的项目包括：一是启动实施青年志愿者抢险救灾平安计划，组建地震、旱涝灾害、消防、交通安全、卫生防疫等专业化志愿者队伍；二是启动奥林匹克志愿服务计划，动员全国青年都来参与2008年北京奥运会志愿服务，提前进行志愿者的选拔和培训工作；三是联合中宣部、社科院等部门启动实施志愿服务基层“英才”计划，选派青年知识分子到基层去，参与内容丰富、形式多样、时间灵活的志愿服务；四是不断拓展社区志愿者计划，使这个就近就便、天天可为的基础性项目不断推陈出新，逐步完善长效工作机制。通过不断拓展服务领域，最终形成一个志愿服务项目体系和项目菜单，为所有希望参与志愿服务的人群提供便捷高效的菜单式服务。

4. 营造全社会支持参与志愿服务事业的良好氛围。要围绕和谐社会建设大力宣传志愿服务理念，广泛宣传和努力塑造志愿服务优秀典型，深入宣传志愿服务的实施成效。要采取多种方式进行立体化宣传，营造更加浓厚的舆论氛围，让更多的人感受高尚，认同高尚，也让更多的人参与高尚。

四、构建青年志愿服务事业持续健康发展的长效机制

机制建设是事业持续健康发展的重要保

障。要准确把握青年志愿者工作的特点和规律，建立健全志愿服务的长效工作机制，不断提高志愿服务的吸引力、动员力、教育力和凝聚力，推动青年志愿服务事业持续健康发展。这里我着重强调五个方面。

一是健全招募机制。目前，志愿者招募工作还存在很大困难，主要表现为招募渠道不够通畅便利。要继续发挥党政机关、群众团体的动员优势，依托组织进行招募；发挥社区联系广泛、群众参与便利的特点，依托社区进行招募；发挥媒体覆盖面广、影响力大的特点，依托媒体进行招募；要依托重大项目、大型赛会进行招募。在招募工作中，中央和地方要协同作战，逐步建立起既有长期项目招募、又有短期项目的临时招募，既有应急式招募、又有储备式招募的多种方式相互补充的招募工作机制。

二是健全培训机制。要把培训工作摆在一个突出的位置。当前志愿服务领域越来越宽，服务要求越来越高，对志愿者的要求也越来越专业化。对志愿者进行科学培训，是进一步拓宽服务领域、确保服务效果的重要保障。有条件的地方都要建立志愿服务的专门培训阵地，同时依托团校和各种培训基地，对志愿者进行理念、精神、技能和纪律等方面的系统培训。团中央要联合有关部门，加强对志愿服务的系统调研和理论研究，不断细化志愿服务的领域和专业，编写具有针对性和专业化的培训教材。

三是健全管理机制。一要强化层级管理制度，通过制定严格的制度和规范，明确各级管理机构的责任。二要强化志愿者自我管理，在志愿者中普遍成立党支部、团支部，发挥志愿者自我约束作用。三要注重安全管理，通过建立和完善问责制，明确志愿者安全管理第一责任人，严肃有关责任追究制度。同时要通过对志愿者的教育培训，切实提高志愿者的自护能力。

四是健全激励机制。要建立一整套激励体系，面向全国征集并制作全国统一、社会承认的奖章和证书，通过对志愿者服务经历的认可、表彰、激励，改变志愿者做多做少一个样、做与不做一个样的状况，吸引更多社会公众加入到志愿者队伍中来。

五是健全国际合作机制。加强国际交流与合作是中国青年志愿者行动发展的重要方向。志愿服务是一种国际通行语言和文化，在对外交往中有独特的优势。在对外援助领域，要加快“走出去”的步伐；在交流合作领域，要采取“请进来”的办法。加强在重大项目和重点工作中的国际合作，充分借鉴和利用志愿服务发展水平较高国家的经验，服务于我国经济社会的发展；通过召开国际研讨会、开展互访、承办国际志愿者项目等方式和途径，不断加强志愿服务理念和志愿服务理论的交流，提高理论水平，创新服务方式，指导服务实践。

机制管长远，组织是保障。要在加强志愿服务机制建设的同时，进一步加强自身建设。要积极推进志愿服务的组织建设和队伍建设，既要有专职干部队伍，又要组织志愿者来为志愿者服务；要把加强社区志愿服务站建设和青年中心建设结合起来，每个青年中心都要设立志愿者服务站；要加强各级青年志愿者协会建设，把社会贤达、热心志愿服务事业的人都吸纳进来；要加强志愿服务文化建设，形成一套志愿服务的文化理念和价值观，形成更有号召力和感染力的响亮口号。今年，全团要从战略的高度大力推进志愿服务机制建设，机制一旦形成，志愿服务的自转功能就会加强，志愿服务就会有更大的发展空间和舞台。

各位理事、同志们，青年志愿者行动是致力于明天和希望的行动，是致力于社会发展和人类文明的行动，是一项高尚的事业、大有希望的事业。让我们紧密团结在以胡锦涛同志为总书记的党中央周围，高举邓小平理论和“三个代表”重要思想伟大旗帜，不断开创青年志愿者工作新局面，为全面建设小康社会、构建社会主义和谐社会做出新贡献。

赵勇在大学生志愿服务西部计划服务省团委书记座谈会上的讲话

2005年4月12日，根据录音整理

这次会议非常必要，非常及时。刚才，周强同志作了重要讲话，就志愿服务的有关工作提出了四个方面的要求，对当前的稳定工作提出了明确的要求，大家要认真抓好落实。大家也作了发言，我听后很受启发，很受鼓舞。在这里，我讲三点意见。

一、大学生志愿服务西部计划进展顺利、成效显著，显示出强大的生命力

经过两年的实践，经过大家的共同努力，西部计划得到了各级党政的充分肯定，得到了全社会的高度评价，得到了人民群众的普遍欢迎，也得到了大学生的广泛响应，显示了强大的生命力。具体来讲，这个项目展示了当代青年的时代风采，诠释了社会主流价值观，丰富了青年运动的内涵，显现出了明显的成效。一是造就了一批了解中国国情、与老百姓有深厚感情、有社会责任感的优秀青年人才。我们的许多活动都是以培养人为着力点的，西部计划也要把握这一着力点，只有把人培养好了，才是共青团从根本上服务了大局、服务了青年。二是服务了经济社会发展，尤其是服务了西部地区的经济社会发展。为西部地区引进了观念，配置了急需的人才，为老百姓办了很多的实事和好事，涌现出了很多优秀典型。三是促进了人才资源的优化配置。西部计划通过志愿服务这种非市场手段在地区之间、城乡之间和部门之间进行了人才资源优化配置。在新的历史条件下，仅靠传统的动员方式，要让这么多大学生扎根西部，是不可能实现的。四是唱响了大学生到西部去、到基层去的主旋律，引导了广大青年尤其是大学生到西部去、到基层去、到祖国和人民最需要的地方去建功立业。只要通过有效的途径引导大学生到基层去，解决大学毕业生就业是不成问题的。西部计划形成了这样的导向，效果很明显。正是基于西部计划的良好社会效果，团中央书记处期望同志们再接再厉，把这项事业越做越大，越做越好。

二、认清和把握西部计划实施过程中存在的问题

大家刚才讲了很多西部计划中存在的问题，归纳起来是四个方面。

1. 志愿者的整体素质有待提高。主要表现在极少数人的政治素质不高，想来就来，想走就走，影响了志愿者的形象；专科学生的比例在一些地区还是太高，影响就业，影响工作的深化；有些志愿者的身体状况比较差，有住院的，还有因病倒在服务岗位的，这也反映出在体检时把关不严。

2. 岗位对接有待合理。主要表现在专业不对口，男女比例失调，还有岗位工作期限不合理等。

3. 管理有待加强。除了岗位管理，解决如何更好发挥大学生作用的问题外，还要加强安全方面的管理，加强行为操守的管理。这些管理上暴露的问题，损害了志愿者形象，我们应引起高度重视。

4. 服务有待改进。就业服务工作需要加大力度，使大学生更满意，使人才效益更充分地显现出来。有关政策的落实、政策的完善，还需要我们去督促、协调。

这些问题是客观存在的，因为这是一个开

创性的工作，不到两年的时间，涉及到几万人，存在这样那样的问题是正常的，关键是要正视这些问题，分析原因，抓住本质，然后共同努力去解决这些问题。

三、着眼长远，完善机制，把大学生志愿服务西部计划不断推向前进

需要进一步做好的工作很多，在这里，我着重强调五个方面。

1. 建立派出地和服务地互相配合的责任制。全国项目办要与全国 31 个省(区、市)签订责任状。派出地尤其要加大工作力度，加大服务力度。多数省份在大学生志愿者派出之后，到服务地区去慰问，做了很多的工作。在座的也有很多省既是派出省也是服务省，尤其感到派出地和服务地加强配合、加强协同的重要性和必要性。如有近一半的志愿者要回原户口所在地区就业，如果派出地不承担就业服务工作，这些志愿者的就业问题就很难解决。从今年开始，我们要签订责任状，把两地的责任都明确下来。从派出地来说，就是要搞好招募，把好素质关，配合处理突发应急事件，共同担负起就业的责任。服务地更是要从培训、管理、培养、就业服务、应急事件的处理等方面承担起责任。两地之间，要在全国项目办的协调下，加强沟通，加强协调，搞好对接，关心志愿者，服务志愿者，发挥志愿者的作用。

2. 探索服务县的动态管理机制。服务县是工作的基础环节，要明确服务县项目办作为第一责任人。实际上，从志愿者日常的管理、作用的发挥、平时的培养、最后的就业来看，基础工作都在服务县。对服务县要提出若干条件，比如县领导要高度重视，由县领导担任县项目办主任，团县委书记任县项目办副主任；团县委要有足够的力量保证项目的顺利实施；提供必要的生活补贴、住房条件；提供一定比例的就业岗位。在这个基础环节上，要开展动态管理，引入竞争机制，使服务县转变角色，由“要我做”变成“我要做”。

3. 加大就业服务的力度。志愿者服务期满的就业问题，我们不承诺，但要尽心，即使他们不是志愿者，也有义务为他们服务。经全国项目办摸底调查，志愿者的就业情况的比例为三个“三分之一”，即三分之一考公务员、三分之一到企事业单位、三分之一升学和自主创业。针对三个“三分之一”的情况，我们一是要广开渠道，利用共青团的优势，提供更多的就业信息。团中央各部门都有义务和责任来做好这项工作。二是有关支持政策一定要兑现。各地要将已有的支持政策落到实处并一以贯之，同时要推动地方落实政策，推动服务县党委政府提供优惠政策。三是要加强引导。要引导志愿者扎根西部、扎根基层。我们要把工作做细，有针对性地解决他们留在西部存在的问题。四是要探索新的派出机制。如按照周强同志的要求，招募已具有公务员资格的大学生作为志愿者。作为支持政策，可以跟人事部协调，公务员资格可以保留两年。如各个部委新招考的大学生可以作为志愿者，通过志愿服务来完成见习期，服务期结束回到单位。地方项目也可以参照这种做法。又如七个专项行动可以依托七个部委，由相关部委提供相关优惠政策。

4. 切实加强管理。首先，要加强岗位的管理，建立严格的岗位责任制和考勤制度，尽量减少违约，志愿者不能想来就来，想走就走。但对于在服务期间已经找到工作的志愿者，要允许他们离开，因为就业是西部计划的目的之一。其次，要加强安全管理。加强对志愿者安全意识的培训，进一步健全安全责任制。第三，要加强评估管理。金奖、银奖已有一套完整的评奖办法，要确实加强评估考核，发挥评估考核对志愿者的激励作用。对于考核不合格的志愿者，就不应为他们的就业提供服务。激励和约束要成为管理的调控手段。第四，要加强自我管理。通过建立党支部、团支部、服务队等方式，发挥志愿者的积极性和主动性，组织日常活动,加强志愿者之间的交流。

5. 加大宣传力度,营造更好的氛围。通过宣传,把志愿者推销出去,就业服务工作也就好开展了。要加强经常性的宣传,新一轮招募工作开始之前尤其要加大宣传力度,深入宣传西部计划的成效、宣传志愿者典型、宣传老百姓的反映。地方也要配合做好宣传工作,以得到全社会更多的认同。

最后,讲几个具体的问题。一是关于管理费的问题。今年还是要争取社会赞助,力争给各个服务县提供管理费。二是关于保险费的问题。保险额由原来的10万提高到15万,由全国项目办统筹,具体由志愿者工作部去落实。三是关于本科生的招募比例。通知要求本科生的招募比例为85%,但是在岗位对接的时候,各地原则上都要招募本科生。一方面是出于就业的考虑,另一方面是为了培养一批杰出的人才,培养一批有责任、高素质的人才。四是关于志愿者服务延期的问题。各地要将表现好、工作需要和具有本科学历作为延期的基本要求。

总之,我们要认真贯彻落实周强同志的要求,共同努力,扎实工作,进一步做好这项意义重大、前景广阔的事业。

赵勇在2005年全国省级团委办公室(研究室)主任会议上的书面讲话

2005年4月25日

这次会议,是在全党全国人民深入学习贯彻党的十六大、十六届三中、四中全会精神,全面树立和落实科学发展观,致力构建社会主义和谐社会,扎实开展保持共产党员先进性教育活动的形势下召开的;是在全团认真贯彻落实团十五大和十五届三中全会精神,大力加强共青团能力建设,团的各项工作和建设实现新发展的形势下召开的,是一次十分重要的会议。

这次会议,得到广西区委、区政府的高度重视和柳州市委、市政府的大力支持,团广西区委、团柳州市委作了精心安排。今天,柳州市委副书记胡锦朝同志、副市长文和群同志出席会议,市委常委、宣传部长甘霖同志发表了热情洋溢的致辞,介绍了柳州政治、经济、文化和社会建设取得的巨大成就,展示了柳州全面建设小康社会的美好前景。团广西区委书记余远辉同志介绍了广西经济社会发展和共青团工作的主要情况,很多方面的经验值得全团学习借鉴。在此,我代表团中央书记处,向长期以来关心、重视、支持共青团工作的柳州市委、市政府表示衷心的感谢,向奋战在广西现代化建设各条战线的广大团干部和团员青年致以亲切的问候!下面,我就做好新形势下团的办公室(研究室)工作,讲三点意见。

一、认清形势,胸怀大局,进一步增强做好团的办公室(研究室)工作的使命感和责任感

团的办公室(研究室)是各级团的领导机关和领导班子决策的“参谋助手”,是机关运转的“桥梁纽带”。这一职能,决定了团的办公室(研究室)工作始终与全党全国工作大局、与共青团工作全局紧密相连,决定了办公室(研究室)同志在任何时候都必须胸怀大局、把握全局。当前,我们面临的形势和大局,可以从三个方面来把握。

1. 从全党全国工作大局来看，当前我国正处于必须紧紧抓住并且可以大有作为的重要战略机遇期，改革发展正处于人均国内生产总值从1000美元向3000美元发展的关键时期。这首先是一个黄金发展期。我国将全面建设惠及十几亿人口的更高水平的小康社会，使经济更加发展、民主更加健全、科教更加进步、文化更加繁荣、社会更加和谐、人民生活更加殷实。这也是一个矛盾凸显期，搞不好容易出现贫富悬殊、失业人口增多、城乡和地区差距拉大、社会矛盾加剧、生态环境恶化等问题。立足重要战略机遇期和关键时期的重要判断，我们党做出一系列重大决策和部署。党的十六届三中全会明确提出了以人为本的全面协调可持续的科学发展观，进一步指明了当前我国现代化建设的发展道路、发展模式和发展战略，是我们党对社会主义市场经济条件下经济社会发展规律在认识上的重要升华和飞跃。党的十六届四中全会明确提出了加强党的执政能力建设的重大课题，第一次系统回答了我们党为谁执政、靠谁执政、怎样执政等根本问题，系统论述了科学执政、民主执政、依法执政的问题，体现我们党对共产党执政规律、社会主义建设规律和人类社会发展规律的深刻认识，丰富和发展了马克思主义执政党建设理论，推进党的建设新的伟大工程迈出新的步伐。党的十六届四中全会还明确提出了构建社会主义和谐社会的重大任务，并将其作为加强党的执政能力建设的重要内容。建设和谐社会的理想由来已久。早在古代，孔子、墨子、孟子等先哲就提出了“和”的人文思想，勾勒了大同社会的理想方案，很大程度上反映中华文明的底蕴和广大人民群众对美好生活的向往。建设和谐社会也是我们党不懈追求的社会理想。党的三代领导核心在不同历史时期，都曾对社会发展作出重要论断，不断丰富和发展了我们党关于社会主义社会建设的理论。在新的历史条件下，胡锦涛总书记就这一问题先后两次作了重要讲话，进一步明确了构建社会主义和谐社会的主要内容和前进方向。这些重大思想和决策，进一步揭示了建设中国特色社会主义事业的基本规律，为全面建设小康社会进一步指明了方向。近年来，国民经济持续健康协调发展，社会进步大大加快，城乡协调发展，对外开放的水平不断提高，广大人民群众从改革发展中获得了更多的实惠。这些都为共青团事业的发展提供了宝贵的机遇，开辟了广阔的舞台。团的办公室(研究室)作为参谋助手和运转枢纽，无论是开展调查研究、做好信息工作，还是加强综合协调，都要立足于这个大局。只有这样，才能为共青团工作更好地服务大局做出新的贡献。

2. 从共青团工作全局来看，团的各项工作和建设既面临实现新发展的良好态势，又面临着新形势新要求。近年来，共青团工作在继承中创新，在开拓中前进，团的各项工作和建设保持了蓬勃发展的良好态势。青少年思想政治教育迈出新步伐，全团形成了加强大学生思想政治教育和未成年人思想道德建设的热潮。服务经济社会发展做出新贡献，围绕国家发展重大战略的实施，不断深化团的重点活动，特别是大学生志愿服务西部计划、保护母亲河行动、青年创业行动、青年创新行动等，在广大青年和全社会产生了广泛影响。服务青年工作取得新成效，突出体现在为青少年解决实际困难上，今年春节前夕，共青团认真贯彻落实胡锦涛总书记、王兆国同志重要批示精神，迅速行动，周密部署，狠抓落实，把党的关怀和团的关心送到留校经济困难大学生当中。团的组织建设和青年组织建设实现新发展，一手抓基层团组织创新，一手抓青年中心建设，组织的吸引力和覆盖面进一步增强。

共青团工作面临的新形势新任务主要包括三个方面。一是当代青年中的新情况新问题层出不穷。当代青年处于经济全球化、政治多极化、科技发展日新月异以及国内“四个多样化”深入发展的时代，思想观念、群体结构、具体需求和行为方式多样化的趋势日益明显。二是服务大局的任务更加艰巨繁重。树立和落实科学发展观，服务加强党的执政能力建设，为构建社会主义和谐社会做贡献，更加有利于共青团自身优势的发挥，我们必须找准工作的切入点和结合点，构建起更有效的工作格局。三是共青团组织面临能否始终保持蓬勃生机与活力的课题。团的十五届三中全会提出了加强共青团能力建设的重大任务，这是共青团围绕和服务党加强执政能力建设的必然要求，也是共青团组织增强吸引力、凝聚力和战斗力，始终发挥团结教育青年核心作用的必然要求。要全面推进共青团工作，团的办公室（研究室）肩负重要职责，要在深入了解青年、准确把握青年需求、及时反映青年动态中当好耳目，在研究青年工作规律、开拓工作新思路、探索工作方法中当好参谋，在做好服务大局、服务青年工作中当好助手。

3. 从今年的工作任务来看，2005 年是共青团工作大事多、任务重、责任大的一年。一是当前全党正在扎实开展以实践“三个代表”重要思想为主要内容的保持共产党员先进性教育活动。这是我们党提高执政能力、巩固执政基础、完成执政使命的重要举措，是全面实现建设小康社会宏伟目标、推进中国特色社会主义伟大事业的重要举措，也是对每一位共产党员的考验。二是今年的重大会议多。将召开青联、学联换届大会和少代会，这些都是青年政治生活中的大事，必须精心组织，周密安排，确保会议圆满成功。三是当前是个敏感时期，维护青年稳定的责任重大。一方面，今年是改革攻坚年，利益格局将进一步调整，不可避免地会触及不同青年群体的利益。另一方面，国际事务中敏感事件比较多，特别是在有关中日关系、中美关系的问题上，青年的反日、反美情绪容易高涨，有可能出现一些突发性群体事件。这些情况，要求团的办公室（研究室）的同志们切实增强政治意识、大局意识和责任意识，以扎实细致的作风确保今年各项工作任务的顺利完成。

二、突出重点，求真务实，切实做好办公室（研究室）工作

近年来，随着共青团事业的发展，办公室（研究室）的系统性不断增强，调查研究、信息报送和信息化建设，已经成为办公室（研究室）系统承担的重点工作。做好这三项工作，有利于更好地服务领导决策，发挥办公室（研究室）的参谋助手作用，也有利于加强机关的内部建设，更好地培养锻炼干部队伍。

1. 关于调查研究工作。调查研究是我们的谋事之基、成事之道。重视调查研究，在深入基层、深入实践的基础上推进各项工作，是我们党的优良传统，也是共青团的一贯作风。近年来，我们根据经济社会发展和青年群体变化做出许多重大决策，都是以广泛、深入的调查研究为先导的。实践证明，在充分调研基础上推出的重点工作和项目，都能有效地动员青年，产生良好的社会效果。

为了做好调查研究工作，团中央从 2001 年开始，设立了全团调研奖。从实施情况看，这一奖项在全团的调查研究工作中发挥了重要的作用。一是推出了一批质量高、指导性强的调研成果。比如，对做好新形势下的青年工作和共青团工作有了深入思考，在青年工作的社会化转型、共青团承担青年事务、青年的爱国主义教育、做好小城镇共青团工作等课题上取得了一定的突破；对新青年群体和新青年组织进行了深入研究，在新经济组织中的青年、外来务工青年、流动青年组织和青年社团等方面有了新的认识；对伴随经济社会发展出现的青年现象和青年问题进行了深入分析，在青少年接触网络、接受外来文化、使用手机短信以及未成年人不良行为的矫治等方面提出了工作建议。二是在全团大兴了调查研究之风。全团调研奖的评选得到了广大团干部和青年工作者的积极参与，也得到了各省级团委的高度重视。有的省级团委一把手亲自搞调研，写报告，拿出高质量的成果参加评选。有的省级团委设立重点课题，联合有关部门开展专题研究。有的团干部和青年工作者连续四年参加评选，而且每次都提交了优秀的调研成果。重视调研、参与调研已经在全团蔚然成风。三是完善了调查研究的工作机制。调查研究是一个常项工作，推动调查研究需要一定的载体。全团调研奖很好地解决了这一问题，有效发挥了导向、激励和规范作用。有的省、市团委还设立了本级的调研奖，在完善与全团调研奖相配套的成果征集、申报、奖励和表彰机制方面做出了有益探索。目前，全团的调查研究工作已经形成了广泛发动、全面覆盖、积极参与的良好局面。

实践证明，评选全团调研奖已经成为各级办公室（研究室）主抓的一项品牌工作，也成为各级团组织推动调查研究的一个重要载体。今后，团中央要继续坚持这一做法，充分发挥全团调研奖在推动全团调查研究工作中的积极作用。关于今年的调查研究工作，我在这里强调三点。

一是要在紧扣大局、增强针对性上下功夫。我们讲的针对性，就是调查研究要有的放矢，要紧紧围绕党政工作大局、围绕团的中心工作展开。比如，党的十六大提出了全面建设小康社会的奋斗目标，为共青团事业在新世纪新阶段的发展提供了历史机遇。我们要围绕全面建设小康社会的伟大实践，着力研究共青团组织的职能定位问题，找准共青团工作在经济社会发展中的切入点，在全面建设小康社会中的生长点。比如，党的十六届四中全会提出了加强党的执政能力建设这一重大战略课题，对共青团做好青年群众工作提出了更高的要求。我们要围绕巩固和扩大党执政的青年群众基础，深入思考进一步做好新形势下的青年群众工作问题，探索加强团组织能力建设的有效途径。又比如，构建社会主义和谐社会，是我们党从全面建设小康社会、开创中国特色社会主义事业新局面的全局出发提出的一项重大任务。胡锦涛总书记在中共中央政治局第二十次集体学习时发表讲话强调，要切实加强对本地区本部门和谐社会建设有关情况和工作的调查研究，加强对社会结构发展变化的调查研究，加强对社会利益关系发展变化的调查研究，加强对维护社会稳定工作的调查研究。我们各级团组织要认真学习贯彻胡锦涛总书记的要求，从关注青年群体的结构变化、把握青年群体的利益要求、化解青年群体的矛盾和不安定因素入手，积极思考共青团组织为构建和谐社会做贡献的时代课题。

二是要在拓宽视野、增强前瞻性上下功夫。调查研究的过程，就是发现新情况、分析新矛盾、解决新问题的过程。是否具有前瞻性，决定了一项调查研究的价值和意义。当前，共青团事业的发展正处在一个新的历史起点上。经济全球化以及科学技术的迅猛发展给青年工作带来了深远影响，全面建设小康社会、实现中华民族伟大复兴的宏伟蓝图给青年工作带来了重大机遇，改革发展的关键时期和青年的深刻变化对青年工作提出了新的要求。我们要做好共青团工作，首先要站在时代前列，用全球化的视野和发展的眼光谋划团的工作。比如，经济全球化是人类社会发展的一个重要趋势，我们要研究全球化给共青团工作带来的机遇和挑战，思考青年工作的国际化问题。比如，伴随着经济社会的发展，青年中出现了许多新群体和新现象，我们要及时掌握最新情况，认真思考团组织如何覆盖新群体，如何适应新形势做好服务青年、动员青年和教育引导青年的问题。又比如，互联网、手机短信等新兴媒体的发展深刻地改变了人类的生活、学习与工作，我们要研究这些新兴媒体对青年和青年工作的影响，在创新工作思路、改进工作方式和加强自身建设上做出探索。

三是要在理论提升、增强指导性上下功夫。调查研究的出发点和落脚点都在于推动工作。这就要求我们的调查研究，在深入实践、深入基层掌握第一手资料的基础上，还要运用理论对现象进行梳理和分析，发现其中的规律，提炼出对工作具有指导意义的观点和建议。也就是说，要把调查和研究有机地结合起来，做到既有对实践的总结，又有理论上的分析；既有详实的数据支持，又有鲜明的结论统领；既有调查发现的新问题新现象，又有思考得出的新思想新观点。从这几年全团调研奖的评选情况来看，获奖成果大多是在调查与研究的关系上处理得比较好的，这样的成果对推进工作都能发挥很好的指导作用。也有一些参评文章，没能处理好调查与研究的关系，要么罗列数据，缺乏系统深入的分析；要么完全立足于理论，没能结合共青团工作实际。这样的成果对实际工作的指导意义就很有限，调查研究的价值与意义也大打折扣。

2. 关于信息报送工作。为领导和上级机关报送信息，是办公室（研究室）服务领导决策、发挥参谋助手作用的重要途径。在过去的一年里，各省级团委办公室（研究室）在团中央办公厅的指导下，都做到了及时、准确、全面地报送各地的工作信息和青年动态。有些省级团委办公室（研究室）还能够主动找寻本地青年中最具代表性的现象进行报送，比如团上海市委报送的“网络同居”现象分析、团北京市委报送的首都大学生思想动态都是非常有价值的信息，得到了中共中央办公厅、团中央书记处的充分肯定。

与其他单位、其他部门的信息工作相比，团的办公室（研究室）系统信息报送具有一定的特殊性，在工作中也有更高的要求。一是政治性。我们承担的信息报送工作是服务于党的青年工作的，党和政府了解青年情况、出台青年政策、制定青年法律，都要靠我们及时、准确、全面地报送信息。这就要求我们一定要从服务党政工作大局的高度，把信息报送作为一项重要的政治任务来严肃对待。二是广泛性。从工作对象上看，我们面对着工、农、学校、科技、社区等社会多个领域。这就决定了我们的信息要涵盖社会的多个方面，反映不同渠道的特点。三是全局性。相对于其他业务部门，办公室的信息应该有更宽广的视野、更多元的角度、更深入的思考。我们在收集传递处理信息的过程中，一定要着眼于全局，提升信息的层次和质量。四是时效性。青年群体思维活跃、好奇心强、情绪变化快，思想上的波动和行为上的变化都具有一定的突发性。能不能迅速捕捉到青年群体的信息，为领导决策提供有效的服务，考验着我们的信息工作能力。

关于做好今年的信息报送工作，我这里强调几点：一是领导要高度重视，要亲自抓。信息报送工作绝不是一项可做可不做的工作，而是一项政治任务，事关党中央在重大时刻、重大事件面前，全面、准确、及时地掌握情况，制订决策。因此，各级团组织一定要从讲政治的高度来认识这个问题，一把手要负责，主管领导要亲自抓。二是着力加强信息工作队伍建设。从中央到基层的办公室（研究室）系统，是负责信息工作的职能部门。各级团组织要在办公室（研究室）中指定专人负责信息报送，明确职责，加强培养。负责信息工作的各级团干部，要增强系统意识，加强沟通和联系，建立起相互贯通的渠道和网络。三是建立信息工作的激励机制。从以往的工作情况来看，信息报送主要是一个从下到上的过程，缺少一个从上到下的反馈环节，这不利于调动下级机关报送信息的积极性。这次办公室（研究室）主任会议上，大家要讨论一个关于设立全团信息工作奖的意见，其目的就是要对各地信息工作的情况进行考评，对表现突出、贡献较大的单位和个人进行表彰。这是我们健全信息工作制度的一个具体措施。希望大家充分发表意见。

3. 关于信息化建设。团十四大以来，团中央始终高度重视信息化建设，专门成立了团中央信息化工作领导小组，并指定办公厅具体负责信息化建设工作。经过几年的努力，共青团信息化建设已经取得了显著成效，可以说，已经走在了全社会的前列。主要体现在，一是“县县上网工程”顺利实施，所有县级以上团委（包括大型企业、高等学校）都已经配备了至少1台上网用计算机设备，从硬件设施上为共青团信息化建设奠定了基础。二是网上爱国主义教育网站迅速发展，形成了以民族魂、血铸中华网站为核心的一大批青少年思想道德教育网上基地，得到了社会各方面的关注、支持和肯定。三是各级团组织的信息化进程大大加快，目前在互联网上具有独立域名的团属网站已达650余个，团中央及直属单位和80%以上的省级团委、50%以上的地（市）级团委、15%以上的县级团委都已有独立的网站。这些成绩的取得，为我们进一步推动共青团的信息化建设奠定了坚实的基础。今年，我们要在巩固成果、发挥优势的基础上，突出重点，加大力度，推动团的信息化建设取得新突破。

首先，要以“共青团公共信息平台建设”为重点，继续推进“共青团县县上网”工程。共青团公共信息平台是“县县上网工程”的基础性建设项目，其目标是使全国所有县级以上团委均可通过互联网进入同一平台，形成联接全团的网上信息沟通渠道，实现网上信息发布、信息报送和信息共享的“全团互联”格局。这项工程从去年5月开始启动，目前已经完成了平台技术方案的招投标工作。今年的主要任务是搭建系统平台，完成主要功能开发和在部分地区进行试点。同时，为了适应互联网发展无线化的最新趋势，快速占领手机网络和手机短信传播阵地，扩大共青团利用现代信息手段教育青年、动员青年、服务青年的优势，团中央也在积极筹划建设共青团无线信息服务公共平台。这是以无线互联网为依托，以手机为终端的信息服务平台，是共青团公共信息平台的重要组成部分。公共信息平台的建设是团内资源整合和共享的基础性工程，也是一项涉及面广、技术复杂的系统工程，建设难度大，确保稳定运行难度更大。全团办公室（研究室）系统应当本着积极推进、稳步实施、精心组织的原则，共同努力把这一项目抓实抓好。

第二，要以爱国主义教育网站建设为重点，不断扩大共青团的网上优势。赢得共青团的网上优势，是充分运用互联网技术教育服务青少年的必然要求。团中央书记处明确提出，要让团旗在互联网上高高飘扬。目前，我们已经建立了一批弘扬主旋律的青少年思想道德教育网站，在广大青少年网络用户中形成了一定影响，办出了自己的特色。但是，与互联网飞速发展的趋势相比，与教育引导青少年健康成长的要求相比，与青少年网民日益丰富多样的需求相比，我们的网上优势还不明显，我们的网上工作还有大量的事情要做。今年团中央要以历史上的重大事件和重要人物纪念日为契机，建设“遵义会议纪念馆”等专题网站，开展“纪念孙中山逝世80周年”等网上纪念活动。各级团省委也要加大这方面工作的力度，以更强的责任感、更高的紧迫性大力推进以理想为旗帜、以共青团为主体、以青年文化为特色的青少年网站建设。

第三，要以中国共青团网站为平台，促进共青团工作的相互交流。中国共青团网站是共青团加强网络建设整体布局中的一个龙头。这一网站的建立，为各地、各级团组织交流工作信息、分享工作经验提供了便捷的平台，也为社会各界更好地了解共青团提供了展示的窗口。充分发挥中国共青团网站的作用，离不开包括办公室（研究室）系统同志在内的全团的支持。根据广大团干部的意见，今年团中央办公厅将对网站进行第5次改版。希望大家继续支持中国共青团网站，大力支持网站建设，积极上传各地的工作和活动情况，真正把中国共青团网站建设成为交流思想和经验的工作园地、分享知识和智慧的成长课堂、展示成果和形象的共青团窗口。

三、大力加强办公室(研究室)的整体建设,进一步发挥在服务全团工作大局中的重要作用

做好办公室(研究室)各项工作,进一步发挥办公室(研究室)在全团工作大局中的重要作用,关键在于必须毫不放松地加强和改进办公室(研究室)的整体建设。近年来,办公室(研究室)主动适应经济社会发展及共青团事业发展的迫切要求,不断加强自身建设,在思想、作风、制度建设以及内部管理等各个方面取得了明显的成绩,有力地促进了全团工作的开展。团十五届三中全会作出了《关于加强共青团能力建设的决定》,对各级团组织的工作能力及自身建设提出了新的更高的要求。办公室(研究室)是团的综合职能部门,在全团政务整体和谐运转中肩负着重要职责,这就要求,办公室(研究室)要从服务全团工作全局的战略高度出发,树立统筹规划、整体推进的思想,按照全系统一盘棋的思路,把自身建设切实提高到一个新的水平,以更好地在领导机关行使职能过程中发挥枢纽作用,更好地在领导决策过程中发挥参谋助手作用。

1. 进一步强化规范管理,为推动办公室(研究室)的整体建设提供根本保障。管理是办公室(研究室)的重要职能,办公室(研究室)承担着公文、活动、会议、档案以及资产、财务等许多行政管理职能。管理出成绩,管理出形象。办公室(研究室)这些管理职能发挥得好不好,直接关系到机关的正常运转,关系到团的形象和地位。随着共青团事业不断向前发展以及团组织机构改革的深化,办公室(研究室)覆盖的管理范围越来越广,肩负的管理责任越来越大,迫切需要进一步加强办公室(研究室)的规范管理工作。从根本上讲,做好规范管理工作,就是要狠抓制度建设,这是规范管理的精髓所在。制度化管理解决的不仅是管理的方式方法问题,而是管理中一系列带有根本性、长期性的问题。没有制度的管理,是不可靠的,也是不可能长久的。这些年来,全团办公室(研究室)系统积极探索工作规律,在会务、调研、档案、信息等方面的管理都进行了一系列的改革创新,形成了许多好经验好做法。如果不把这些经验和做法规范化、制度化,多少届办公室(研究室)系统改革和创新的成果就有可能白白流失了,多少位办公室(研究室)系统同志的心血就有可能白白浪费掉。我们要通过制度建设来进一步巩固改革和创新的成果。而且,制度化管理还有一个最大的优势,就是有了制度,办公室(研究室)管理的各项行政事务就有例可援、有章可循,管理起来也就师出有名、理直气壮,既方便了别人,又方便了自己。要注意的是,在制度化管理中既要讲原则,又要讲感情。不讲原则的人是最危险的人,不讲感情的人是最可怕的人。我们要在牢牢坚持原则的前提下,带着感情去做好规范管理工作,为机关把好会务关、文件关、财务关、安全关等等,确保机关正常运转。

2. 进一步抓好硬件建设,大力创新工作手段。办公室(研究室)的硬件建设是指加强办公自动化系统、电子邮件公文传输系统、网上信息报送系统等现代科技手段等方面的建设。这是办公室(研究室)整体建设的一个基础性工作,本质上是办公室(研究室)主动适应现代科技社会变革的一个工作手段上的创新。办公室(研究室)能不能准确及时地贯彻执行各级领导的意图和要求,能不能高效率地发挥在机关政务运转中的枢纽作用,在很大程度上取决于办公室(研究室)硬件建设状况。近年来,在电子政务快速推进的新形势下,办公室(研究室)系统以信息化建设为突破口,进一步加强办公室(研究室)的硬件建设,大力创新现代工作手段,促进了机关的有效运转。现在要引起注意的一个问题是,各级团组织加大了对办公室(研究室)硬件建设的投入,办公室(研究室)也为此下了很大的力气,这已经成为我们的优势,但是,这些设备的应用率还有待提高,有些比较先进的设备还不会使用或者不能熟练使用,在个别单位甚至还只是一种摆设。也就是说,这些设备还没有充分发挥作用,价值没有实现最大化。以办公室(研究室)信息化建设为例,共青团系统是走在全国前列的,而办公室(研究室)系统又是走在全团前面的,但是我们在利用这些硬件设备更好地进行信息资源的深度挖掘和处理,更有效率地进行信息资源的二级开发等方面,还有待加强和改进。因此,我们要坚持从实际应用出发,不断加强办公室(研究室)的硬件建设,使它们的实用价值都能够得到充分体现,实现价值最大化,以应用促发展,以应用促建设。

3. 进一步加强队伍建设,提高办公室(研究室)的凝聚力和战斗力。办公室(研究室)队伍建设是办公室(研究室)整体建设的关键。办公室(研究室)这支队伍政治过不过硬、能力强不强、作风正不正,决定了办公室(研究室)整体建设的成败。应该讲,我们现在的办公室(研究室)队伍是一支靠得住、有强大战斗力的队伍。目前共青团工作正处在发展的关键时期,对办公室(研究室)队伍建设提出了更高的要求。办公室(研究室)队伍的建设是多方面的,这里重点讲一讲办公室(研究室)队伍能力建设的问题。结合办公室(研究室)工作的实际,应当着重提高以下两个能力。

一是提高服务能力。办公室(研究室)工作的真谛在哪里?我看关键就是"服务"两个字,这是办公室(研究室)一切工作的生命线。谁的服务意识强、服务能力强,谁推动工作的力度就大;谁的服务意识弱、服务能力弱,谁的工作局面就打不开。办公室(研究室)的形象和地位是干出来的。把服务吃透了,我们的工作就到位了,办公室(研究室)的形象和地位就提高了。提高服务本领最重要的途径,就是不断加强学习。在实际工作中,服务无处不在,学习也无处不在。要按照建设学习型社会、学习型机关、学习型团队的要求,努力学习党的科学理论,学习做好本职工作的专业知识和本领。要把学习当作一种精神追求、一种思想境界、一种生活方式来认识和对待,打下扎实的理论基础和知识基础,不断提高自己的服务水平。

二是提高协调能力。办公室(研究室)与其他部门最大的区别就在于它是一个综合协调部门。办公室(研究室)这一特殊性质决定了它经常要面对团的各级组织、各个部门汇聚的各种各样的矛盾,有时甚至处在矛盾的风尖浪口。比如,近年来,团系统上访现象增多,办公室(研究室)经常要处理各种来信来访,包括突如其来的群体性事件。对这些事件处理不力,就会造成不良影响,影响团的形象。这对办公室(研究室)的协调能力是一大考验。提高协调能力的关键就是要区分各种矛盾的性质以及轻重缓急,协调有关部门着力解决与青年群众切身利益密切相关的突出问题,把矛盾解决在基层、化解在萌芽状态。

办公室(研究室)是一个锻炼能力、提高能力的岗位,更是一个辛苦的岗位、奉献的岗位。在办公室(研究室)工作,大家经常要加班加点,经常要忙前忙后、跑上跑下,有时甚至还要替人分忧、代人受过。跟团的战线部门比,大家参与的活动和项目不多,没有什么风光的大场面;跟其他系统的办公室(研究室)相比,没有那么多管人管财管物的实权特权,但是,大家身上担的担子一点都不少、责任一点都不轻。很多同志都是在默默无闻、任劳任怨中把一生中最美好的青春岁月献给了办公室(研究室),把一生中最坚实的足迹留在了办公室(研究室)。正是这种扎实苦干的精神,正是这种无私奉献的精神,形成了办公室(研究室)优良的传统和作风。可以讲,近年来共青团事业每一步的发展都凝结着办公室(研究室)系统全体同志的汗水,共青团组织良好的社会形象饱含着办公室(研究室)系统全体同志的一份辛劳。各级领导干部要进一步提高对办公室(研究室)工作重要性和办公室(研究室)工作特点的认识,关心办公室(研究室)干部的学习、工作和生活,关心他们的成长和发展,为办公室(研究室)队伍建设创造条件、营造环境。

同志们,一年来,办公室(研究室)工作取得了显著成效,办公室(研究室)系统全体同志为推动全团工作做出了重要贡献。在我国改革发展的关键时期,在共青团事业发展的关键时期,我坚信,办公室(研究室)全体同志在团中央书记处和各级团的领导机关的领导下,同心同德,艰苦奋斗,脚踏实地,锐意创新,一定会开创办公室(研究室)工作的新局面,为进一步推动全团工作实现新发展做出更大的贡献。

赵勇在西部乡村流动图书车项目启动仪式上的讲话

2005 年 5 月 12 日,根据录音整理

今天,我们在美丽而又充满生机的天山脚下隆重举行西部乡村流动图书车项目启动仪式,这标志着西部乡村流动图书车项目正式实施。西部乡村流动图书车项目是共青团中央、中华海外联谊会、中华全国青年联合会、海外杰青汇中华筹委会动员社会资源为西部青年办的一件实事。首先,我代表主办单位向给予这个项目大力支持的王乐泉书记、向中共新疆维吾尔自治区委、新疆自治区政府、香港各界的爱国热心人士表示衷心的感谢和由衷的敬意!

我们创立西部乡村流动图书车项目,是针对西部农村地区青年农民居住比较分散,信息相对比较贫乏,各种科技文化服务设施相对较少的情况作出的决定,力图为西部青年的学习、成长搭建一个新的平台,构建一个新的服务载体。这两天,流动图书车已经在乌鲁木齐县开展了服务,收到了意想不到的效果。我们相信,随着项目的深入实施,一定会受到西部广大农村青年的欢迎。

当今时代,学习改变命运,知识成就人生,新的时代向广大农村青年提出了新的要求。我们要深化新世纪读书计划,通过流动图书车服务广大农村青年多读书、读好书、好读书,服务他们全面发展,健康成长。同时,我们要把流动图书车打造成一个综合性的服务平台,把流动图书车办成“宣传车”,利用流动服务的过程,在广大农村青年中宣传党的方针政策,包括民族政策、宗教政策等,引导广大农村青年坚定地跟党走中国特色社会主义道路。我们要把流动图书车办成“培训车”,通过组织各方面的骨干到农村去,培养广大农村青年,提高他们的实用技能,鼓励他们自主创业,造就一批创业的带头人,推动农村经济的发展。我们要把流动图书车办成“服务车”,针对农村青年的实际困难,为他们开展医疗服务,开展远程的网络信息服务等,只要农村青年有需要,我们都会竭尽全力为他们服务。我们还要把流动图书车办成“连心车”,通过流动图书车连接海内外的爱心,连接广大农村青年建设家乡、建设祖国的决心和信心,汇聚成全面建设小康社会和实现中华民族伟大复兴的时代洪流。

五四青年节那一天,胡锦涛总书记给新疆达西村青年农民买买提回信,对农村青年提出

了希望和要求，希望他们始终胸怀远大志向，不断学习知识技能，积极进行劳动创造，带头倡导文明新风，自觉维护民族团结，为建设社会主义新农村、为巩固和振兴祖国西部边陲再创佳绩、再立新功。这是对全国亿万青年提出的希望和要求，也是对农村青年工作提出的新要求。我们希望，新疆各级团组织要把流动图书车项目实施好，管好、用好车辆，配好志愿者，搞好综合性的服务，力争创造出好的经验，在西部12个省区市全面推广。我们也衷心希望，全国各级团组织按照胡锦涛总书记的要求，竭诚为青年服务，结合先进性教育活动，为广大农村青年办实事、办好事，像流动图书车这样，一个一个地抓项目，一件一件地办实事。我们也希望有更多的海内外爱国贤达人士来关心支持西部地区的发展，关心支持西部的农村青年学习成才。

我们已经看到了中华民族伟大复兴的美好前景。让我们携起手来，团结海内外各方面的力量，为全面建设小康社会、实现中华民族伟大复兴作出不懈的努力！

谢谢大家！

赵勇在中国少年先锋队第五次全国代表大会上的闭幕词

2005年6月3日

在党中央的亲切关怀下，在社会各界的热情支持下，经过全体代表的共同努力，中国少年先锋队第五次全国代表大会圆满完成了各项任务，就要闭幕了。

这是一次隆重热烈、坚定方向的大会。大会得到了党中央的高度重视和亲切关怀。大会开幕前，胡锦涛、吴邦国、温家宝、贾庆林、曾庆红、黄菊、吴官正、李长春、罗干等党和国家领导同志亲切接见了全体与会代表。在少先队员代表给胡锦涛总书记敬献红领巾时，胡锦涛总书记向少先队员祝贺节日，希望与会代表把这次大会开好，团结全国的小朋友不断开创少先队工作的新局面；希望全国的小朋友勤奋学习、快乐生活、全面发展。这给我们以极大的鼓舞，使我们进一步增强了责任感和使命感，进一步明确了今后努力的方向，进一步坚定了做好少先队工作的信心和决心。中共中央政治局委员王兆国同志代表党中央向大会发表了祝词，祝词精辟深刻、语重心长。胡锦涛总书记的勉励和党中央的祝词充分体现了党中央对少年儿童的亲切关怀和殷切期望、对少先队工作的高度重视和充分肯定，进一步明确了当代少年儿童肩负的历史使命和少先队组织承担的光荣任务，体现了时代的要求，凸显了以人为本，是我们做好新时期少先队工作的行动指南，在代表中产生了强烈的反响。会上，团中央书记处第一书记周强同志和教育部部长周济同志的致词，对少先队工作具有重要的指导意义。刚刚通过的第四届全国少工委工作报告，明确了今后五年少先队的工作任务。通过这次大会，各级少先队组织、广大少先队员和少先队工作者进一步统一了思想，提高了认识，明确了任务，必将推动少先队工作不断开创新局面。

这是一次优化环境、凝聚力量的大会。中央八部委联合制定了《关于进一步加强少先队工作的意见》，为少先队提供了更多政策保障。各新闻媒体高度关注少代会，形成了关爱少年儿童、重视少先队工作的社会热潮和舆论热点。政府有关部门、社会各界积极为少代会和少年儿童办好事、办实事，营造了良好社会氛围。会上，我们用中华民族伟大复兴的目标感召少先队员，用新世纪新阶段的任务激励少先队辅导员和少先队工作者，增强了少先队员的光荣感，增强了辅导员和工作者的责任感。我们强化了团教合作机制，整合了方方面面的力量，迈出了优化环境、凝聚力量的少先队工作社会化新步伐。

这是一次求真务实、成果丰硕的大会。大会对五年来的成绩与经验达成了共识，对体验教育的研究与探索达成了共识，对当代少年儿童承担的使命与责任达成了共识，对队章修改达成了共识，对今后工作的思路达成了共识。这些共识，是我们面向未来不断开创工作新局面的重要基础。全体与会代表和同志一致表示，未来五年要高举邓小平理论和“三个代表”重要思想伟大旗帜，坚持科学发展观，大力推进未成年人思想道德建设，竭诚服务少年儿童健康成长，不断加强少先队自身建设，引导少年儿童为实现中华民族伟大复兴做好全面准备。

这次大会，是少先队事业处在新的历史起点上召开的承前启后、继往开来的重要会议，是在全党全社会树立和落实科学发展观、坚持以人为本推进素质教育的形势下召开的重要会议。我们党以“三个代表”重要思想为指导提出的以人为本、全面协调可持续的科学发展观，是我们党对社会主义市场经济条件下经济社会发展规律认识上的重要升华，是全面建设小康社会和推进现代化建设始终要坚持的重要指导思想和强大思想武器。党和国家经济社会各项事业的发展都必须贯彻科学发展观，都不能偏离科学发展观。少先队事业作为社会发展的重要组成部分，同样要以科学发展观为指导。在大会即将闭幕之际，我就贯彻落实胡锦涛总书记提出的希望和要求、贯彻落实党中央的祝词精神，以科学发展观指导少先队工作，讲三点意见。

一、以科学发展观指导少先队工作，就要深入了解当代少年儿童的时代特点

少先队坚持以科学发展观为指导，就是要从少年儿童的实际出发，把全部工作建立在对当代少年儿童正确认识和科学判断的基础上。当代少年儿童是十分幸运的。他们成长于国家快速发展、人民生活显著提高、科技进步日新月异的时代，他们眼界更为开阔、生活更加多彩、兴趣更加丰富，全面建设小康社会的伟大实践为少年儿童的成长创造了更为广阔的发展空间。当代少年儿童也是很有压力的。他们成长于市场经济不断发展、社会变革日益深入、国际竞争日趋激烈的时代，他们最渴求快乐的生活，最希望拥有宽松和谐的成长环境。娱乐是少年儿童的天性，快乐是少年儿童的追求。然而，一些地方还存在着“双休日里没休息”、“兴趣班里无兴趣”的现象。孩子们渴求充足的睡眠，渴求无拘无束地玩耍，渴望尊重与平等，渴望宽容与理解。遇到烦恼他们希望得到帮助，权益受到侵害他们希望受到保护，取得进步他们希望获得赞许与肯定，有了缺点他们希望得到谅解与指点。这些，都需要我们按照科学发展观的要求，坚持以人为本的原则教育和服务少年儿童，使他们感受到成长的快乐。

二、以科学发展观指导少先队的工作，就要引导少年儿童勤奋学习、快乐生活、全面发展

成长是少年儿童的特征，全面发展是少年时期的任务。当代少年儿童置身于一个快速发展的社会，迫切需要发展与时代和社会要求相适应的能力素质。与现实社会的变化相比，与面对未来世界的要求相比，少年儿童的意志还不够坚强，毅力还不够坚韧，缺少交往与合作的能力，缺乏艰苦环境的磨炼和劳动实践的锻炼，创新精神和实践能力还需要增强和提高。面对这些情况，我们要紧跟时代，凸显育人的前瞻性，从战略高度研究10年、20年后经济社会发展对人才素质的要求，努力培养少年儿童的创造精神和世界眼光，引导少年儿童立志与时代同步伐、与祖国共命运、与人民齐奋斗，在未来激烈的国际竞争中始终立于不败之地。要把握规律，强化教育的科学性，充分尊重少年儿童的主体意识，把握少年儿童的年龄特点和认知发展规律，运用现代教育规律，借鉴最新研究成果，全面深化体验教育，使少先队工作更加具有针对性和实效性，使少先队教育更加符合少年儿童的实际，促进少年儿童全面提高自身素质。

三、以科学发展观指导少先队的工作，就要竭诚服务少年儿童的具体需求

坚持以人为本，服务人的全面发展，是科学发展观的核心要求。少年儿童的健康成长，牵涉党和国家的长远发展，牵涉千千万万个家庭的幸福和谐。我们做好少先队工作，出发点和落脚点就在于竭诚服务好少年儿童，使他们能够按照党的要求健康成长。在理念上，要树立“一切为了孩子、为了一切孩子、为了孩子的一切”的意识，深入到少年儿童之中，真正了解少年儿童的要求，充分尊重少年儿童的意愿，切实维护少年儿童的利益。在感情上，要把广大少年儿童当作自己的孩子来看待，想他们之所想，急他们之所急，始终牵挂着他们，始终关爱着他们。在工作上，要把服务的触角延伸到农村、城市、内地、边疆的每一个角落，使全体少年儿童都感受到星星火炬的温暖；要向少年儿童提供全方位的服务，通过每一项具体的服务，满足少年儿童学习、娱乐、交友等各种需求，促进全体少年儿童的全面发展。

做好服务少年儿童的工作，组织是基础、是保障。要加强大、中、小队建设，使所有基层组织都活跃起来。要统筹城市和农村、东部和西部、学校和社区少先队基础建设，推动少先队事业协调发展。要构建社会化运行机制，努力形成强大的合力。要不断加强队伍建设，塑造一支高素质的少先队工作队伍，推进少先队事业不断向前发展。

各位代表、同志们，这次大会是胜利的大会、团结的大会、催人奋进的大会，必将载入新世纪中国少年先锋队的光荣史册。希望少先队员代表积极向同学们、小伙伴们宣传大会的精神，使大家牢记党中央的关怀和期望，牢记自己的使命和责任。希望各级少先队组织和广大少先队辅导员、少先队工作者汇报好、学习好、宣传好、贯彻好大会精神，以求实创新的实际行动，教育引导亿万少年儿童努力成长为中国特色社会主义事业合格建设者和接班人。

让我们更加紧密地团结在以胡锦涛同志为总书记的党中央周围，高举邓小平理论和“三个代表”重要思想伟大旗帜，进一步树立和落实科学发展观，同心同德，奋发进取，求真务实，努力开创少先队工作新局面，让星星火炬代代相传！

现在，我宣布：中国少年先锋队第五次全国代表大会胜利闭幕！

赵勇在中华全国青年联合会与美国青年政治领袖理事会建立交往关系25周年纪念活动上的讲话

2005年6月8日

尊敬的各位联邦议员，

尊敬的美青理会会长戴比·豪特女士、董事会主席丹尼·麦克唐纳先生、各位董事会成员和前访华团成员，

女士们、先生们、朋友们：

晚上好！

美青理会以国会颁奖庆典活动这一特别的方式来纪念与全国青联建立交往关系25周年，我感到非常高兴。首先，我代表全国青联和中国青年代表团，向获奖的四位联邦参众议员表示衷心的祝贺，你们积极参与社会公益事业的精神令人敬佩！同时，我们也欣喜地注意到，在四位获奖的议员中，克里斯托福·邦德先生曾作为美青理会第一批访华团成员，在1979年亲身见证了全国青联与美青理会之间这段延续了四分之一个世纪的友谊的开端，并且在中国的北京、上海、杭州和无锡四个城市留下了友好交流的足迹。我们谨向您、并通过您向所有当年积极推动中美青年交流的美国友人致以亲切的问候！

青年是国家的未来，也是世界的未来。健康稳定地发展中美关系的重任要由年轻一代来承担，特别是两国青年领导人和政治家对推动两国关系不断发展有着义不容辞的责任。全国青联和美青理会合作开展的中美青年领导人交流项目为两国青年领导人和政治家提供了一个互通有无、相互学习的平台。就在这25年的友谊之旅中，全国青联与美青理会相互派遣了近500名青年领导人进行互访，他们中的许多人都在后来的岁月中取得了辉煌的成就，在两国的议会和政府中担任重要领导职务。

25年的友谊之旅也共同见证了中美两国关系的不断发展。我们高兴地看到，近年来，中美关系总体上保持着稳定发展的势头，两国高层交往密切，这符合两国和两国人民的根本利益，也促进了亚太乃至世界的和平、稳定与发展。

25年过去了，全国青联与美青理会之间重要的伙伴关系经历了中美两国关系的风风雨雨，依然不断发展。今晚，我谨代表全国青联，向光临纪念活动的各位朋友表示诚挚的感谢！向所有积极关注和支持美青理会和全国青联之间友好交流项目的中美两国友人表示崇高的敬意！

贵国著名诗人梅尔维尔在《麦尔文山》中曾这样写道：“无论世界怎样变化，树木逢春便会绿叶招展”。面对新世纪中美关系的广阔前景，我希望两国青年领导人更加紧密地携起手来，为推动两国建设性合作关系的健康发展做出不懈的努力！

谢谢！

赵勇在中国青年卡工作会议上的讲话

2005 年 7 月 4 日，根据录音整理

在这次中国青年卡工作会议上，共青团上海、杭州、青岛市委介绍了试点进展情况，听后很受启发，其中有许多好经验、好做法，值得各地团组织学习借鉴。其他试点单位也都做了大量富有成效的工作。刚才，中国农业银行、交通银行、深圳发展银行、国家邮政局邮政储汇局等金融机构的负责同志作了讲话，体现了对青年卡项目的高度重视和大力支持，满怀着对青年工作和对共青团事业的责任感，听后很受鼓舞，进一步坚定了我们做好这项工作的信心和决心。在这里，我代表共青团中央，向所有试点单位的团组织和团干部表示亲切的问候！向各金融机构以及所有支持青年卡的合作单位表示衷心的感谢！下面，我讲几点意见。

一、青年卡是一项具有强大生命力的事业

在前一阶段的试点工作中，青年卡受到了青年的广泛欢迎，得到了社会的普遍认可，尤其是得到了各合作单位强有力的支持，显示了巨大的活力和生命力。实践表明，青年卡在青年工作中能够发挥重要作用，在经济社会发展中能够扮演重要角色。我们要以科学发展观为指导，紧密结合青年时代特点和青年工作规律，进一步提高对青年卡的认识。

1. 青年卡是共青团组织团结联系青年的新纽带。青年卡作为青年身份的象征，只有共青团员和青年才能够持有。一张青年卡发到青年手中，体现了共青团组织对青年的一份关心，青年拿到这张卡能够增强对组织的归属感，就建立起一种联系。青年卡就是实现这种联系的一条崭新的纽带。可以说，一张卡就是一份关心，一张卡就是一项体验，一张卡就是一种归属。在当代社会，青年的社会流动性大大增强，他们的职业分布日趋广泛，组织依存度大大减弱，居住、工作环境更加分散。在这种情况下，共青团要把青年紧密联系起来，不能仅仅依靠组织自身，必须积极探索灵活、多样的新型纽带。青年卡具有网络化、身份认证性的特点，一张卡就能联系一个青年。通过青年卡这个纽带可以把团员青年更广泛地团结起来，更紧密地联系起来，扩大我们党执政的青年群众基础。

2. 青年卡是共青团组织服务青年的新载体。共青团十五届三中全会明确提出要加强共青团的能力建设，其中一个重要方面就是提高服务能力。青年卡具有整合社会资源的功能，依托银行和专业机构，提供强大的物质支撑来为广大青年服务。在不同领域、不同时间，青年卡可以成为文化卡、优惠卡、学习卡、培训卡、金融卡、创业卡等，这反映了青年卡可以很好地服务青年的学习、生活、成长、创业等需求，大大地增强共青团组织服务青年的能力。两年来，“青年有困难找共青团”的意识在各级团组织的工作中不断强化，但实际工作效果还有待进一步增强。只有不断拓展服务青年的载体和手段，共青团对青年的服务才能真正地人格化、对象化。共青团在新的历史条件下讲服务，既要有那些思想层面的教育培养，更要强调从解决青年的实际问题入手，结合不同青年的具体需求，真正让青年受益。这就是服务青年工作人格化、对象化的要求，在这一过程中，青年卡是一个好的载体。

3. 青年卡是共青团事业实现发展的新平台。青年卡是一种新型工作手段，顺应了信息时代发展的要求，符合青年的时代特征，因此青年卡与团的各项重点工作都能找到结合点。

比如，青年卡在团的自身建设、青年文化建设、青少年思想道德建设、青年中心的建设和外来务工青年的权益维护等方面都能得以充分广泛运用。这就使团的事业发展在新的形势下有了新的认识、新的空间和新的整合手段，对整个共青团的事业发展都带来了直接的促进作用。我们要以青年卡工作的扎实推进，为团的工作整合资源、增添活力，切实影响和带动共青团各项工作的发展，促进共青团工作在新时期的创新和探索。

4. 青年卡是团干部加强学习的新课堂。在新时期，共青团需要逐步建立健全与社会主义市场经济相适应的组织体系和运行机制，不断提高适应市场经济、自我完善和自我发展的能力。这就要求团干部在新的社会经济环境下，以与时俱进的精神状态，不断学习研究新的工作方式和相关知识。青年卡中有很多专业术语和金融知识，尤其是现代管理理念，比如网络的手段、数据库的办法、点对点的管理，都是在现代管理中需要强化的新认识。通过使用青年卡、管理青年卡，团干部能够把这些知识真正悟透，并且能够驾驭，在市场经济条件下驾驭经济的能力和管理社会的能力都将会有新的提高。

当然，因为青年卡试点工作时间还不长，还存在这样那样的问题。其中突出的一点是活卡率还不高，大概在20%左右。活卡率是青年卡一个重要的景气指标，各级团组织应努力争取使青年卡达到30%，乃至50%的活卡率，这样青年卡才能真正称得上是被青年所接受。另外，还存在管理上不够规范，项目的开发还没有完全满足青年的需求，青年卡的推进速度还不够快等方面的问题。

总的来看，共青团全国青年卡工作办公室和各试点单位的工作是富有成效的，团中央书记处给予充分肯定。

二、深入探索研究青年卡运行的科学规律

青年卡从在欧洲诞生到现在已经有很长的时间，真正引入中国是在团十五大提出这个命题之后。在前一段不长时间的探索中，我们有了一些新的认识，积累了一些新的经验。但从长远发展来看，还需要解放思想，与时俱进，大胆创新，在实践中总结并把握其运行的基本规律。

1. 集中打响中国青年卡这个全国统一的品牌。这就是要形成规模效应。从服务青年的角度来看，只有确保青年卡的全国统一，才能实现各项服务功能在各地的互联互通，才能真正给持卡青年带来便利。从团的全局工作角度看，只有确保青年卡的全国统一，才能更全面地统筹、调度团内信息资源，才能更好地发挥团组织的管理协调优势。从技术建设来看，由团中央来完成统一数据库、呼叫中心、门户网站的建设工作，可以避免各地区分别开发的资源和成本浪费。

全国都要叫中国青年卡，打响这个统一的品牌，品牌本身就会变成巨大的无形资产。一旦品牌打响了，无形资产积累得很厚实了，那么每一张卡都会受益，每一个团组织都会受益。一旦成了名牌，很多社会资源都会向这里集中，积聚成为一个增长极。没有一个统一的品牌和规划，生产要素分散地流动，就不可能形成真正的规模效应。我们都要有全局意识，共同培育和打响中国青年卡这个统一的品牌，不断增值全团共同的无形资产。有些地方的青年卡采用了当地的名称，建议按照中国青年卡这个统一的标识、统一的品牌进行调整，按照整个操作程序、工作流程及服务开发标准等进行运作，全团上下要将这个共同的事业推向前进。

2. 动态推出符合时代和青年特点的服务项目。青年卡定位为综合性服务卡，并非单纯的金融卡。这是因为青年卡不但要实现其金融功能，更要开拓出一系列服务功能。从推出青年项目之初，我们就提出要把“服务”鲜明地写在青年卡的品牌上。共青团推出青年卡核心的理念就是服务青年,任何时候都必须牢记这一点。青年的需求是丰富多样的,是不断变化的。要根据时代的特点,根据变化的需求,不断推出一批又一批的服务项目。现在已经开发的服务项目累计起来已经达到1万项左右,我们设想在今后的一段时间内,要逐步建立起一套服务项目库,既要有全国的项目,也要有各具特色的地方项目。通过项目库逐步向青年发放服务信息,让青年可以选择,可以接受菜单式的服务。青年卡提供这些服务项目,就是要青年真正地受益,并将其作为青年卡工作的出发点和落脚点。

3. 切实建立科学高效的工作机制和运行机制。青年卡工作不是团的一项阶段性活动,而是一个开弓没有回头箭的长远事业。目前,全国已经发出了将近100万张青年卡,如果青年卡做不好,没有形成一套运行机制,就有可能搞成了一种形式主义,不仅会影响共青团的形象,还会影响青年卡合作伙伴的形象,甚至在社会上还会产生其他的负面效果。所以青年卡要做起来,就必须有一套机制保证它持续地运转下去。

一是要完善运营机制,明确操作主体和运行机构。青年卡在各地的运行机制,应该是在团中央的统一领导下,以市场为基础、以法律为依据,可持续发展的机制。初期要易于操作、便于管理,在任何情况下都离不开共青团的直接领导。有个别单位把青年卡承包给一些企业,这种方式我们是不赞成的。青年卡可以与一些事业单位和企业共同联合来做,但共青团不能做甩手掌柜,不能把青年卡做成一个单纯营利的项目,一定要明确共青团为主体的运行机制。

二是要与各金融机构紧密合作,形成良好的青年卡金融服务及运作系统。青年卡以金融系统为依托,成为为持卡人提供专业的金融服务和其他综合服务的结算平台。要进一步加强与金融机构的合作,深入探索青年卡服务系统与银行自身系统相结合的有效实现形式,开发针对性较强的青年特色金融服务。要以遵循金融规则为前提,通过与合作银行展开更为全面、深入、广泛、长远的合作,形成良好的青年卡金融运作体系。不但要支持金融系统的良好运作,还要与金融系统一道来共同探索开发服务青年的新产品,更要借助他们的资源衍生出更多的服务功能。

三是要推行全国统一的服务开发标准,建立青年卡标准化服务体系。青年卡的服务项目在选择上要以品牌知名度、市场占有率、服务优质率等为基本指标。各地选择服务项目要通过公开招标等形式使服务达到标准,做到优质服务青年。全国青年卡工作办公室要提供全国统一的服务项目合作法律文本,避免政治风险和经济风险,制定并颁发服务开发管理办法,建立全国统一的项目开发备案制度,做到奖惩分明,优荐劣出。要使服务内容规范化,切实提高服务青年的水平。

四是要利用技术平台进行服务受理、确认、存储和反馈。青年卡要提供一个信息资讯平台,使青年可以查询服务项目。部分服务项目可以通过网站和呼叫中心预定,通过电子银行直接消费。要与合作银行的技术平台相连,获取并存储青年使用服务的信息。对于服务中的问题也可以通过网站、呼叫中心受理和反馈。利用信息科技手段提高服务青年的效率,把服务手臂直接延伸到青年。

4. 培育专业化的服务机构和服务队伍。青年卡的运作管理不像简单的团务管理,有很强的持续性和规律性,需要一个专业的机构和专业化的队伍,需要来自管理学、社会学、经济学及信息技术等不同领域的专业化人才提供专业化的服务,这样才能保证事业的持续发展。共青团今后除了团干部以外,在服务青年方面要有一支越来越庞大的专业化服务队伍,就像现在青少年宫的青少年教育要求从事社会教育的工作者来做,志愿者要求社会学、社会服务专业的工作者来做，以逐步实现共青团工作的专业化。我们今后的社会管理和青年工作也要逐步专业化，可以从青年卡开始，培养共青团专业化的队伍。

三、做好近期的几项重点工作

推行青年卡是团十五大通过的重大举措。当前和今后一个时期要贯彻落实团十五大精神和十五届二中全会精神，从团的事业发展全局的高度重视和做好青年卡工作，在总结试点经验的基础上，逐步向全国推开，争取用五年的时间在团员青年中普遍推行青年卡。

1. 推动青年卡工作纳入党政工作大局。上海把青年卡作为市政府为百姓做的十件实事之一，体现了上海市领导的远见卓识。青年卡这件事情做好了，涉及到社会的方方面面，涉及到每一个家庭，涉及到每一个青年，涉及到青年卡的各个合作伙伴和商家，这是符合构建社会主义和谐社会要求的。把青年卡工作做好了，优化了服务，改进了青年的生活、学习、工作方式，对于化解矛盾，增强凝聚力、向心力，推动整个社会的和谐都具有重要意义。各级团组织要力争将青年卡纳入到和谐社会建设规划之中，纳入到当地经济社会发展的大局之中。

2. 把青年卡工作的推进和团的重点工作结合起来。要以青年卡为载体，推动团的重点工作进一步深化和活跃，提高共青团工作的整体水平。要依托青年卡对团的重点工作实行整合和管理，使团的整体工作水平迈上一个新台阶。现在，很多地方青年中心运作得好，就是因为有青年卡连接起来了很多商家为这个社区青年提供帮助。这张卡既是中国青年卡，又是青年中心的会员卡，效果非常好。青年卡可以与青年志愿者工作相结合，为“大学生志愿服务西部计划”的志愿者提供工资津贴划拨及生活服务；可以与共青团的公益活动相结合，利用青年卡的金融功能为保护母亲河行动等公益事业开辟新的募捐渠道；可以与青年文化行动相结合，与文化实体建立一种联系，利用青年卡参与文化行动；还可以逐步实现与欧洲及其他国家青年卡的对接与合作，促进共青团与国际青年组织的深层次交流与合作，积极利用国际资源服务青年。

3. 不断强化青年卡的服务功能。青年卡工作能不能做好，关键在于青年卡能不能为广大青年提供优质的服务。首先要保证青年卡“好用”。要紧密围绕青年的实际需求开发服务功能，整合社会资源为青年筛选、提供优质的服务项目，尤其要在青年需求较为集中的学习培训、就业创业、生活消费等方面下功夫。其次要促进青年卡“用好”。各地可以与当地的相关金融机构与服务机构相结合，以市场化的手段组织更多更好的优惠活动和便捷服务，整合服务资源、兑现服务承诺、优化服务环境，切实提高青年卡在青年中的使用水平和频率。总之，一定要把青年是否真正受益，作为青年卡工作根本的评判标准。

4. 建立规范化、以法律为基础的合作机制。青年卡服务项目要落地生根，不要贪多，有一个项目就要实实在在落实一个项目，让青年能够看得到的承诺都能落到实处。青年卡运行一定要有法制意识，对青年的承诺要说到做到，做到什么程度都得签一个具有法律约束力的文件。青年卡要讲诚信，团组织和各个合作单位之间要打造诚信，从自己做起，在法律的规范下不断增强青年卡的公信力。

5. 不断扩大发卡范围。各地应从实际情况出发，坚持“积极稳妥、务求实效”的方针，加快推进青年卡工作。尚未开展青年卡试点的地区和单位要尽快启动试点工作，已经开始试点的地区和单位要及时总结并推广试点经验，试点成功的地区和单位要适当加快发卡速度。在青年卡工作推进过程中，各地一方面要注意总结前一阶段服务项目开发、数据采集上传、青年卡发放流程等经验和规律，特别是了解青年卡发卡之后的使用状况，关注持卡人对青年卡的使用满意程度；另一方面要再选取一批条件、环境合适的单位和地区扩大发卡工作，在保证发卡质量的前提下，适当加快发卡速度，扩大青年卡服务青年的数量和规模，使青年卡全国的发卡工作进入健康发展的轨道，把青年卡的工作稳步推向前进。

希望各级团组织把中国青年卡的推进工作摆在构建社会主义和谐社会的战略高度，摆在提高共青团服务能力的战略高度，摆在巩固和扩大我们党执政的青年群众基础的战略高度来认识和把握，求真务实，开拓创新，稳扎稳打，持续推动，不断把青年卡工作提高到新的水平。

奏响团结、创新、奉献、合作的青春旋律 为实现中华民族的伟大复兴而奋斗

——赵勇在全国青联十届一次全委会上的工作报告

2005年7月22日

中华全国青年联合会第十届委员会第一次全体会议，是在我国全面建设小康社会、加快推进社会主义现代化的新阶段召开的一次青春盛会。

现在，我受中华全国青年联合会第九届常务委员会委托，向会议作工作报告，请委员们审议，欢迎学联代表提出意见。

一、跨入新世纪的青联工作回顾

跨入新世纪的五年，我国改革开放和社会主义现代化建设取得了举世瞩目的辉煌成就。国民经济持续快速健康发展，综合国力大幅跃升，人民生活不断改善，科技进步大大加快，文化事业日益繁荣，社会保持安定团结，国际地位显著提高。我们伟大的祖国到处焕发出勃勃生机，向着社会主义现代化宏伟目标阔步前进。

跨入新世纪的五年，我国各族各界青年与祖国共发展，与时代同进步，展现出绚丽夺目的青春风采。当代青年爱国热情持续高涨，谱写着报效祖国、振兴中华的动人乐章；创造潜能竞相迸发，描绘出锐意进取、勇于创业的壮丽画卷；成才愿望更为强烈，营造着追求新知、发奋学习的浓厚氛围；文明素养不断提升，引领着服务人民、回报社会的时代风尚；国际意识显著增强，表现出融入世界、业成天下的恢弘气度。在当代青年团结进步的时代洪流中，广大青联委员胸怀祖国，情系社会，勇立潮头，追求卓越，涌现出航天英雄、科技先锋、企业巨子、文化精英、人民卫士、体坛尖兵等一大批优秀青年代表。他们为祖国添彩，为民族增辉，他们的贡献必将深深镌刻在时代的丰碑上！

跨入新世纪的五年，青联组织在党的领导下，坚持以邓小平理论和“三个代表”重要思想为指导，高举爱国主义、社会主义旗帜，紧紧围绕党和国家工作大局，充分发挥团结联络优势、人才智力优势、代表协调优势，开展了富有成效的工作，为推进中国特色社会主义事业做出了积极贡献。

（一）围绕巩固和扩大青年爱国统一战线，团结教育青年取得新成效。五年来，青联组织

大力开展爱国主义教育和理想信念教育，深入学习实践“三个代表”重要思想，进一步巩固了各族各界青年团结奋斗的思想基础。主题教育活动形式多样，特别是在建党80周年、建国55周年、五四运动85周年、香港和澳门回归祖国5周年等喜庆日子里，在申奥成功、载人航天飞行成功等激动人心的时刻，组织开展了丰富多彩的庆祝活动，激发了广大青年的民族自信心和自豪感。纪念邓小平同志诞辰100周年等活动生动有效，进一步坚定了广大青年跟党走中国特色社会主义道路的信念。西部地区和民族地区青年干部培养计划、各族青年团结进步奖评选等活动扎实开展，唱响了各族青年同呼吸、共命运、心连心的团结进步之歌。宗教界青年代表人士考察学习活动内容丰富，增强了他们促进宗教与社会主义社会相适应的自觉性。各族各界青年共同绘就了大团结、大联合的美好图景。

（二）围绕推动经济社会发展，青年建功立业展现新气象。五年来，青联组织围绕国家重大发展战略，全面深化青年科技创新行动、青年创业行动、青年志愿者行动、保护母亲河行动、海外学人为国服务活动等重点工作，为经济社会发展做出了积极贡献。金桥计划成果斐然，促进了科技与经济紧密结合；青年企业家西部行、东北行和百名博士西部行成效显著，为西部大开发、东北等老工业基地振兴提供了有力支持；“三下乡”队伍饱含真情，为老少边穷地区送去温暖；志愿者艺术团满载爱心，为基层群众带去欢乐；“青春中华”系列活动异彩纷呈，为先进文化注入活力。3.5亿人次青少年装扮母亲河，全国青联荣获联合国首届“地球卫士奖”。2500余名海外学人参加“回国创业周”活动，为现代化建设增添了新的力量。尤其令我们难忘的是，在抗击“非典”的严峻斗争中，广大青联委员以对国家、对人民的高度责任感，舍身忘我，迎难而上，主动承担了大量急难险重任务，用赤诚和热血写就了一个又一个生与死的感人事迹，用智慧和勇气构筑起坚不可摧的“青春长城”！

（三）围绕服务青年成长进步，青年人才工作达到新水平。五年来，青联组织广泛汇聚人才，积极举荐人才，大力培养人才，优化配置人才，有力地促进了青年人才的成长和发展。青联及其会员团体发挥优势，各显其能，广纳英才。青年五四奖章、十大杰出青年、青年科学家奖、青年科技创新奖、青年创业奖等奖项评选，为当代青年树立了学习的时代榜样，推动了大批青年人才脱颖而出。青年创新论坛、青年创业论坛、大学生素质拓展计划等活动，激励广大青年奋发成才。2.5万名大学生参加的志愿服务西部计划、500多人参加的博士服务团、2000多名青年专家参加的科技服务团等项目，引导大批青年人才到现代化建设第一线学习锻炼，施展才华。放眼今日中国，人才济济，千帆竞发；瞩目当代青年，英才辈出，百舸争流。

（四）围绕促进港澳繁荣稳定和祖国完全统一，与港澳台地区青年交流实现新突破。五年来，青联组织坚决贯彻“和平统一、一国两制”方针，内地与港澳台地区青年的交流成果丰硕，亮点不断。“龙声飞扬”音乐会、“龙汇中华”青年论坛、“同心同根万里行”、“中秋赏月在大陆、元宵佳节聚台北”、首届青年华商峰会等一系列大型交流活动，增强了港澳地区青年对祖国的向心力和归属感，加深了台湾地区青年对中华文化的了解和认同。巩固了与香港青年联会、香港青年协会、澳门中华总商会青年委员会、台湾中华青年交流协会等青年社团的传统友谊，开辟了联系的新渠道。全国青联已与120多家港澳台青年社团建立了友好关系，开展了多领域的合作。包括港澳特邀委员在内的两岸四地青年，已经成为促进港澳繁荣稳定和祖国完全统一的一支重要力量。

（五）围绕促进世界和平与发展，青年国际交流与合作跨上新台阶。五年来，青联组织紧紧围绕党政外交大局，广泛开展国际交流与合作，为维护世界和平、促进共同发展做出了积极贡献。APEC青年节、中俄青年友谊年、中非青年联欢节、中国—东盟青年友好交流、中美青年领袖对话和中日、中韩大规模青年交流等多边、双边青年交流活动影响深远，在世界各国青年心中播下了一颗颗友谊的种子。中日青年生态绿化合作、中国青年创业国际计划等项目富有实效，在经济社会发展的各个领域架起了一座座友好合作的桥梁。积极推广、深入落实联合国世界青年行动纲领，在相关国际组织框架下的青年工作中充分发挥作用，为展示中国青年风采搭建了一个个缤纷的舞台。我们已同126个国家的近300个青年组织建立了交往关系，培养了一大批对华友好的各国青年代表人士。我们的友谊传四海，我们的朋友遍天下。

（六）围绕增强组织的吸引力、凝聚力和影响力，青联自身建设迈出新步伐。五年来，青联组织大力加强制度建设、组织建设、阵地建设，工作机制不断健全，组织体系更加完善。建立健全界别工作制度、新增补委员见面制度，促进了青联工作的制度化、规范化。积极履行青年社团归口管理职能，加强了对青年社团的指导。创办了全国青联网、青联会所等青联组织和委员的交流平台，吸收了一批新的会员团体，成立了留学人员联谊会和负责国际项目合作、中华青年交流的专门机构。在我们的共同努力下，青联组织的活力显著增强，青联事业的基础更加坚实。

回顾过去五年，我们清醒地看到，工作中仍然存在一些不足，主要表现在：工作联系面有待进一步拓宽，服务委员的能力和水平有待进一步提高，发挥委员作用的工作有待进一步加强，各会员团体工作发展还不够平衡，等等。这些都需要我们切实加以改进。

回顾过去五年，我们深切地感到，青联事业的每一步发展，都离不开党和政府的亲切关怀；青联事业的每一点进步，都离不开社会各界的大力支持；青联事业的每一份成绩，都离不开各会员团体和各位委员的热情参与。在此，我们谨向以胡锦涛同志为总书记的党中央表示崇高的敬意！向各级党委和政府，向社会各界，向所有关心支持青联事业的同志们、朋友们表示衷心的感谢！向即将卸任的老委员们致以诚挚的祝福！

二、当代青年和青联组织的时代重任

我们正站在光荣与梦想的交汇点上。本世纪头二十年，是我国必须紧紧抓住并且可以大有作为的重要战略机遇期。能否在这一阶段如期实现全面建设小康社会的奋斗目标，对于我国到本世纪中叶基本实现现代化，建成富强民主文明的社会主义国家，实现中华民族的伟大复兴，至关重要。当前，全国各族人民正在以胡锦涛同志为总书记的党中央坚强领导下，聚精会神搞建设，一心一意谋发展，为推进中国特色社会主义事业团结奋斗。当代青年的青春年华与全面建设小康社会的生动实践紧紧相连，当代青年的人生历程与实现中华民族伟大复兴的历史进程紧紧相伴，无数中华儿女为之奋斗的理想，将在当代青年的手中变为现实。当代青年的使命不同寻常！

面对难得的历史机遇，当代青年的使命不同寻常。和平与发展的时代主题、科技进步的日新月异、国际产业升级和转移速度的加快以及改革开放20多年打下的坚实基础，为我国加快发展带来了难得机遇和有利条件。面对机遇的态度将决定我们的作为。抓住机遇，我们就能赢得发展，大步向前；错失机遇，我们就会延误发展，愧对历史。机不可失，时不再来。这个重要的时刻，比以往任何时候都需要全民奋起、艰苦创业，比以往任何时候都需要青年大显身手、奋发有为。青年的面貌和祖国的未来紧密联系在一起，青春的奋斗和民族的振兴紧密联系在一起。以昂扬的姿态迎接机遇，实现全面建设小康社会的宏伟目标，当代青年责无旁贷。

面对艰巨的发展任务，当代青年的使命不同寻常。我国正处于并将长期处于社会主义初级阶段，全面建设小康社会和实现现代化的任务十分艰巨。特别是当前，我国既处在“黄金发展期”，也处在“矛盾凸显期”，体制创新进入攻坚阶段，深化改革必将进一步触及深层次矛盾和问题，城乡发展、区域发展、经济社会发展不平衡的矛盾更加突出，社会利益关系更趋复杂，统筹协调各方面利益的难度加大，改革发展稳定的任务更加繁重。创业惟艰，奋斗以成。当代青年是推进改革、促进发展、维护稳定的重要力量，是推动社会主义经济建设、政治建设、文化建设与和谐社会建设的重要力量。要完成艰巨的发展任务，当代青年任重道远。

面对激烈的国际竞争，当代青年的使命不同寻常。我们所处的时代是一个全球化的时代，全球化必然伴随着激烈的国际竞争。各国之间对发展要素的争夺日趋激烈，以核心技术和自主知识产权为主的创新能力竞争不断加剧。这既为我们充分利用国际国内两个市场、两种资源推动经济社会发展提供了新的动力，同时，也使我们面临着来自国际环境各种不确定因素的风险和挑战。面向世界，迎接挑战，是我们必须作出的选择。青年的素质决定着国家的竞争力，青年的作为决定着民族的未来。在激烈的国际竞争中争得主动、赢得先机，当代青年继往开来。

时代赋予青年重任，祖国寄予青年厚望。每一位有作为、有志气的中国青年，都应当义无反顾地肩负起时代重任，自觉用邓小平理论和“三个代表”重要思想构筑起强大的精神支柱，牢固树立和认真落实科学发展观，大力弘扬以爱国主义为核心的伟大民族精神，坚定不移地走中国特色社会主义道路，按照胡锦涛总书记提出的“勤于学习，善于创造，甘于奉献”的要求，贯彻王兆国同志代表党中央所作的祝词精神，以奋发图强、永不懈怠的追求，以时不我待、只争朝夕的气概，以脚踏实地、埋头苦干的作为，以不怕困难、百折不挠的意志，在全面建设小康社会、实现中华民族伟大复兴的进程中，创造出无愧于伟大时代的崭新业绩。

伴随着共和国前进的步伐，全国青联已经走过了整整56个春秋。56年来，作为党领导下的各族各界青年最广泛的爱国统一战线组织，青联紧紧围绕党在各个历史时期的中心任务，引导一代又一代中华青年团结一心、不懈奋斗，为国家强盛、民族振兴做出了积极的贡献。特别是改革开放以来，青联主动适应社会主义现代化建设的新要求，拓宽了团结联系青年的新渠道，开辟了青年人才工作的新领域，承担起管理青年事务的新职能，打造成与世界青年交流的新平台，青联事业取得了历史性进步。在新世纪新阶段，青联要继承和发扬光荣传统，勇敢地担负起团结中华青年，为全面建设小康社会、实现中华民族伟大复兴而奋斗的时代重任，在新的历史征程中争取新的更大光荣。

肩负起时代重任，青联就必须始终遵循以下重要指导原则：

——必须始终坚持中国共产党的领导。中国共产党是全国各族人民利益的忠实代表，是领导中国特色社会主义事业的核心力量。青联必须始终坚持党的领导，贯彻党的要求，在思想上和行动上同党中央保持高度一致，沿着党指引的方向前进。

——必须始终坚持以邓小平理论和“三个代表”重要思想为指导。邓小平理论和“三个代表”重要思想是全国各族人民团结奋斗的共同思想基础。青联必须认真学习贯彻邓小平理论和“三个代表”重要思想，始终坚持用发展着的马克思主义指导实践、推动工作，使我们的事业保持旺盛的生机与活力。

——必须牢固树立和认真落实科学发展观。坚持以人为本，全面、协调、可持续的科学发展观，是我们党从新世纪新阶段党和国家事业发展全局出发提出的重大战略思想和指导方针。青联必须牢固树立和认真落实科学发展观，坚持用科学发展观指导各项工作，统领各项工作，检验各项工作。

——必须始终高举爱国主义、社会主义旗帜。爱国主义是中华民族生生不息的力量源泉，社会主义是实现国家强盛、民族复兴的必然选择。青联必须始终高举爱国主义、社会主义旗帜，大力弘扬爱国团结进步的光荣传统，巩固和扩大青年爱国统一战线，为中国特色社会主义事业不断凝聚力量。

——必须紧紧围绕党和国家工作大局开展工作。作为党领导下的人民团体，青联只有紧紧围绕党和国家工作大局开展工作，才能找准位置，发挥优势，有所作为。青联必须把各项工作置于全党全国工作大局中去思考、去把握、去部署，围绕经济社会发展重大战略，引导广大青年为社会主义经济建设、政治建设、文化建设与和谐社会建设贡献智慧和力量。

——必须竭诚服务青年人才成长发展。人才是第一资源，直接关系国家的兴衰、事业的成败。青联必须紧紧围绕人才强国战略，竭诚为广大青年人才成长发展服务，造就一支适应现代化建设需要的青年人才大军。

——必须坚持与时俱进、开拓创新。在建立和完善社会主义市场经济体制进程中，青联的工作环境、工作对象正在发生着深刻的变化。青联必须不断研究新情况、开拓新思路、解决新问题，不断认识和把握工作规律，积极进取，大胆探索，努力开创工作的新局面。

三、今后五年青联工作的主要任务

今后五年，青联工作的主要任务是：以邓小平理论和“三个代表”重要思想为指导，全面落实科学发展观，高举爱国主义、社会主义旗帜，紧紧围绕全面建设小康社会、实现中华民族伟大复兴的宏伟目标，奏响团结、创新、奉献、合作的青春旋律，引导和组织广大青年为推动社会主义经济建设、政治建设、文化建设与和谐社会建设做出更大的贡献。

（一）构筑青年团结的坚固大厦。团结是振兴之基。要实现宏伟的奋斗目标，就必须团结一切可以团结的力量，调动一切可以调动的积极因素。中华青年的大团结是中华民族大团结的重要基础。青联自成立之日起，就始终把“团结”鲜明地写在自己的旗帜上。面对新形势新任务，青联要用共同的思想基础引导青年，用共同的爱国情怀感召青年，用共同的奋斗目标激励青年，用共同的文化血脉联结青年，结成海内外中华青年最广泛、最牢固的爱国统一战线。

要巩固和扩大不同界别青年的大团结，在巩固青年工人、青年农民、青年知识分子团结的基础上，切实加强与非公有制经济组织从业人员等新的社会阶层中青年的联系，充分发挥各行业、各领域青年代表人士的影响力和青年社团的辐射力，不断扩展团结的覆盖面。要巩固和扩大不同民族青年的大团结，大力开展民族团结教育，大力加强少数民族青年人才培养，大力推动对口援助，促进各民族青年的文化融合、情感融合和利益融合，巩固平等、团结、互助、和谐的社会主义民族关系，旗帜鲜明地反对民族分裂。要巩固和扩大不同信仰青年的大团结，积极宣传党和国家的宗教政策，热诚帮助宗教界青年代表人士了解国情社情，引导他们继承和发扬爱国爱教的光荣传统，关爱社会，造福大众，为促进宗教与社会主义社会相适应发挥积极作用。要巩固和扩大不同地域青年的大团结，密切与海外青年留学人员和青年侨胞的联系沟通，宣传祖国的发展成就，引导他们心向祖国、服务祖国，为他们回国创业发展牵线搭桥，提供服务，为祖国的现代化建设集聚力量。

各位委员、同志们，实现祖国的完全统一，是全体中华儿女的共同心愿。香港、澳门已经回归祖国，青联组织要进一步扩大与港澳青年和青年社团的交流，进一步深化在经贸、科技、文化、教育等方面的合作，使广大港澳青年进一步增强国家意识和民族自豪感，不断壮大爱国爱港、爱国爱澳的力量，为保持港澳的长期繁荣稳定发展做出更大的贡献。两岸青年血脉相连，手足情深，求和平、求稳定、求发展已经成为两岸青年的共同心声。青联组织要全面贯彻中央关于对台工作的大政方针，认真落实胡锦涛总书记关于新形势下发展两岸关系的四点意见，大力推动两岸青年全方位、多层次的交流与合作，热诚服务台湾青年的成长发展，切实维护来祖国大陆的台湾青年的合法权益，增进感情、扩大共识，凝聚人心、汇聚力量，反对“台独”、促进统一，为推动中华民族发展壮大、繁荣昌盛，实现民族复兴伟业而共同奋斗。我们坚信，包括青年在内的两岸同胞携手同心，众志成城，祖国完全统一的美好明天必将早日到来！

（二）汇聚青年创新的奔涌洪流。创新是发展之魂。要完成发展的任务，就必须不断激发全体社会成员的创新热情，使创新潜能充分涌流、创新活力充分释放，为发展提供源源不断的动力。发展的希望在创新，创新的希望在青年。集聚着不同行业、不同领域高端青年人才的青联组织，是富有创新资源、极具创新活力的组织。青联要大力营造创新氛围，着力培养创新人才，积极搭建创新平台，引导广大青年特别是青联委员，立足本职工作进行岗位创新，瞄准发展前沿深化自主创新，围绕重大课题开展协作创新，为建设创新型国家做出无愧于时代的贡献。

要推动青年在科技领域不断创新，深入实施青年科技创新行动，大力开展青年科学家奖、青年科技创新奖等评选表彰和青年科技创新论坛等活动，引导青年科技人员围绕国家中长期科学技术发展规划，大力加强原始性创新、集成创新和在引进先进技术基础上的消化、吸收、创新，努力实现关键领域和核心技术的自主创新。要推动青年在经济领域不断创新，深入实施青年创业行动，主动适应经济结构调整和经济增长方式转变，大力培养青年创业带头人，鼓励青年到农村、到西部、到新兴产业和新兴领域开辟事业发展的新空间，引导青年企业家加强产品技术、管理体制和企业制度等方面的创新，不断提高企业竞争力，推动他们创新业、创大业。要推动青年在文化领域不断创新，深入实施青年文化行动，引领文化时尚，培育文化名人，打造文化精品，壮大文化产业，为促进中国特色社会主义文化的发展繁荣做出积极贡献。只要我们具备一往无前的勇气、革故鼎新的锐气、敢为人先的志气，我们的祖国必将呈现一派创新活力竞相迸发的生动景象！

（三）激扬青年奉献的时代强音。奉献是进步之梯。实现经济和社会的持续协调发展，促进社会和谐与全面进步，尤其需要使崇尚奉献成为主流价值观，在全社会形成人人奉献、自觉奉献的良好风尚。青年憧憬理想，乐于奉献，历来是引领社会进步新风的重要力量。广大青联委员都是各个领域的代表人士，在社会上、在青年中具有很大的影响，担负着更大的社会责任。青联要引导广大青年特别是青联委员，带头弘扬奉献精神，立足岗位甘于奉献，投身社会自觉奉献，为构建社会主义和谐社会集聚宏大的力量。

开展志愿服务，是青年奉献社会的重要途径和有效方式。青联组织要大力弘扬“奉献、友爱、互助、进步”的志愿者精神，通过启动实施青联委员志愿服务社会行动，使每一位青联委员都成为志愿者，带动广大青年关爱他人，服务社会。要围绕促进人与人彼此关爱，着力为困难群体提供志愿服务，热诚帮助下岗失业人员、进城务工人员、经济困难学生、失足青少年等群体，切实解决他们在学习、工作和生活中的实际困难，使他们感受到社会主义大家庭的温暖。要围绕促进人与社会相互融合，着力为发展社会事业提供志愿服务，积极倡导社会关爱，踊跃参与文教卫生、公共建设、扶贫开发、抢险赈灾等社会事业，为实现社会成员的共同发展做出应有贡献。要围绕促进人与自然和谐相处，着力为生态环保提供志愿服务，全面深化保护母亲河行动，引导广大青年牢固树立生态文明理念，养成爱护生态环境、节约使用资源的良好习惯，为实施可持续发展战略、促进循环经济的发展、建设节约型社会做出积极贡献。奉献造福社会，奉献充实人生。让我们从身边做起，从点滴做起，共同建设和谐美好的家园。

（四）拓展青年合作的国际舞台。合作是共赢之路。我国要加快自身的发展，就必须在更大范围、更广领域和更深层次上开展平等互利基础上的国际合作，和各国人民一道，向着实现世界的持久和平和共同发展、共同繁荣的目标不断迈进。在改革开放中成长起来的中国青年，在全球舞台上开创事业的青联委员，应当意气风发地走在国际合作的前列。青联要坚持和平友好、独立自主、相互学习、平等合作、共同发展，深化合作内涵，拓宽合作领域，扩大合作规模，打造合作平台，推动中国青年更加积极地走向世界，更加主动地参与合作。

要以合作促进和平，根据国家总体外交部署，充分发挥青年对外交往广泛性、群众性和灵活性的特色，有重点、分层次地加强同各国青年组织和青年的交流，增进中国青年同世界各国人民和青年之间的了解与友谊，巩固国家友好关系的青年群众基础，为我国的现代化建设营造良好的和平环境。要以合作推动发展，围绕经济社会发展全局，以青年人才的全球优化配置为重点，充分利用国际国内两个市场、两种资源，精心实施国际青年项目，为国内发展赢取更大的空间和更多的有利条件。要以合作应对挑战，进一步加强与国际组织的合作，在生态环保、艾滋病预防、毒品控制、青年发展等各个领域广泛磋商，共同行动，以全球性的合作应对全球性的挑战，为实现联合国千年发展目标做出应有贡献。中国青年将牢固树立和平发展的意识，坚定不移地走和平发展的道路，与所有爱好和平、追求进步的各国青年更加紧密地携起手来，为建设一个更加美好的世界不懈努力。

团结、创新、奉献、合作，是青联组织围绕大目标、做出新贡献的主要任务，是青联组织创造新业绩、实现新发展的重要支撑。在新的历史征程上，青联组织要奏响团结、创新、奉献、合作的青春旋律，谱写出更加壮美激越的时代篇章！

四、加强和改进青联自身建设

青联事业正处在一个新的历史起点上。在这个重要战略机遇期，改革开放和现代化建设的深入推进，为青联事业的发展开辟了广阔的前景；当代青年在现代化建设各个领域大显身手、竞展风流，为青联事业的发展注入了不竭的动力。同时，经济社会的深刻变革，青年群体的日益分化，给青联工作带来了许多新情况新问题，提出了许多新要求新挑战。要肩负起时代赋予的重任，推动团结、创新、奉献、合作，青联就必须按照党的要求，主动适应时代和青年的变化，大力加强和改进自身建设，不断增强组织的吸引力、凝聚力和影响力，不断焕发出新的生机与活力。

要把青联建设成联系青年的牢固纽带。青联是党领导下的青年群众组织，是党联系各族各界青年的重要纽带。广大青联委员和各会员团体都代表着不同群体的青年，肩负着联系广大青年的重要职责。青联要密切会员团体、委员和青年之间的互相联系，加强各会员团体之间的交流协作，强化青联组织的区域联动，搭建委员之间的交流平台，形成联系青年的强大合力，不断巩固和扩大党执政的青年群众基础。

要把青联建设成群英荟萃的人才高地。

广泛汇聚各行各业、各个领域的优秀青年代表和杰出青年人才，是青联组织的显著特点和突出优势。不断提高青联对优秀人才的吸引力和凝聚力，形成海纳百川、群英荟萃的生动局面，是青联自身建设的重要任务。青联要始终以开阔的视野发现人才，以灵活的方式培养人才，以博大的胸怀选拔人才，以积极的姿态举荐人才，使青联真正成为人才集聚的宝库、人才辈出的舞台。

要把青联建设成携手共进的精神家园。长期以来，青联组织在跟随党不懈奋斗的光辉历程中，形成了“爱国进步、团结互助、追求卓越、乐于奉献”的青联文化。这是青联组织宝贵的精神财富、响亮的行动号角，是凝聚委员、感召青年的巨大魅力所在。青联组织要努力传承好青联文化，弘扬好青联文化，发展好青联文化，强化委员对青联文化的认同，倡导委员对青联文化的实践，推动委员对青联文化的创新，使青联始终成为委员共同的精神家园。

要把青联建设成充满关爱的温暖集体。五湖四海的青年朋友集结到青联的组织中，各族各界的优秀青年汇聚到青联的集体里。青联组织要真诚对待朋友，热诚服务委员，使青联真正成为充满真情、友情、温情的集体。要积极促进委员的学习进步、事业发展，帮助委员排忧解难、维护权益，使青联始终成为“委员之家”。

青联事业是充满希望的事业，是开创未来的事业。每一位青联委员和青联工作者都是青联事业共同的推动者，使命光荣，责任重大。每一位青联委员都要珍惜荣誉，履行职责，热诚参与，永不懈怠，为铸就青联事业的新辉煌贡献力量。每一位青联工作者都要坚定信念，勤奋学习，乐于奉献，竭诚服务，在推动青联事业新发展的过程中留下坚实的足迹。让在青联组织中生活的时光成为我们一生的珍藏，让在青联组织中奋斗的历程成为我们人生征途中最难忘的岁月！

各位委员、同志们，青年与时代同步，青联与祖国同行。让我们紧密团结在以胡锦涛同志为总书记的党中央周围，以邓小平理论和“三个代表”重要思想为指导，牢固树立和认真落实科学发展观，高举爱国主义、社会主义旗帜，紧紧抓住战略机遇，广泛团结中华青年，为全面建设小康社会、实现中华民族伟大复兴贡献全部的青春、智慧和力量！

把握新机遇，开创新局面
——赵勇在全国青联十届一次常委会上的讲话

2005 年 7 月 24 日，根据录音整理

在以胡锦涛同志为总书记的党中央的亲切关怀下，在社会各界的广泛关注和热情支持下，在全体委员的共同努力下，中华全国青年联合会第十届委员会第一次全体会议完成了各项议程，取得了圆满成功。几天来，大家的心情如盛夏骄阳，激情澎湃；如雨后凉爽，如沐春风。这次会议，使我们进一步统一了思想、凝聚了力量、增强了信心、展示了形象，开成了一次鼓舞人心、团结奋进、求真务实、开拓创新的会议，开成了一次各族各界青年大团结的青春盛会。

这次大会选举我们 190 位同志组成新一

届青联常委会。此时此刻，我们心潮澎湃、充满神圣感。回首青联走过的不平凡的奋斗历程，从“参加新民主主义的建设工作”到“举爱国旗帜，干四化大业”，到“科教兴国建功业，团结爱国促统一”，56 载春秋记载了青联人在党的领导下团结引导广大青年不懈奋斗的无尚光荣。今天，燃烧着青联人梦想的火炬传到了我们手中。我们接过的，是荣誉，更是鞭策；是信任，更是责任。我们感到的，是承载历史的厚重，更是续写光荣的决心！此时此刻，请允许我代表新一届青联常委会，向九届常委会、向卸任的老常委们致以崇高的敬意！我衷心感谢委员们选举我再次担任青联主席，我深深感到担子重、责任大，深知自己的思想水平和工作能力离党和人民的要求差得很远，和在座的同志们比也差得很远。但我坚信：党的教导是我强大的精神支柱，同志们的支持是我不竭的力量源泉，青联事业的发展是我尽职尽责的目标。我将恪尽职守，加强学习，积极进取，甘于奉献，与各位副主席、各位常委同心同德，精诚团结，共同奋斗，为青联事业的发展尽一分绵薄之力、献一片赤诚之心。

在这次会上，同志们都深切感到，胡锦涛总书记等党和国家领导人的亲切接见让我们备受鼓舞，王兆国同志代表党中央致祝词为我们指明了前进的方向；新时期青联愈来愈显示出强大的生机与活力，有着愈来愈大的责任和作用。当时代聚焦于我们的时候，当祖国重托于我们的时候，当青年关注于我们的时候，每一位青联人都要思考，青联事业应开创怎样的前景。青联事业面临着更为宽广的舞台。当前，我国正处于一个重要战略机遇期，经济社会发展的各项重大任务，都迫切需要我们不断激发当代青年的活力和潜能，为全面建设小康社会、实现中华民族伟大复兴而奋斗；全球化、信息化不断发展，青联作为世界上最大的青年组织，应当具备更加广阔的视野，树立更加强烈的合作意识，承担更加广泛的国际责任，更加积极地融入世界。青联事业，既要成为服务国内建设有所建树的事业，又要成为融入国际舞台大有作为的事业。青联事业肩负着更为重大的责任。青联的责任，首先在于肩负着为了党和国家的事业而争取青年、团结青年、凝聚青年的神圣使命。在西方敌对势力加紧对我实施“西化”和“分化”、世界范围内思想文化相互激荡、国内“四个多样化”趋势不断发展的情况下，青联最广泛团结海内外中华青年的任务更加艰巨。青联的责任，还在于肩负着服务青年成才、引领青年建功的光荣任务。当代青年成才建功的愿望日趋强烈，他们紧跟时代的步伐，日益成为科技创新的中坚、自主创业的骨干、文化创造的先锋。青联必须推动更多的青年人才脱颖而出，引领他们汇入全国各族人民团结奋斗的洪流之中。青联事业，既要成为筑牢各族青年团结基石的事业，又要成为搭建青年成才舞台的事业。青联事业面对着更多崭新的课题。青联事业的接力棒在一代又一代青联人当中手手相传。经过 56 年光辉的历程，形成了优良的传统和历史经验。在新的历史条件下，青联事业正处在一个新的历史起点上，青联的工作任务、工作环境、工作对象都发生了深刻的变化。青联必须坚持与时俱进、开拓创新，根据时代的变化和青年的特点，积极拓展工作新思路，探索工作新方法，健全运行新机制，使青联的吸引力、凝聚力和影响力不断增强。青联事业，既要成为始终继承光荣传统的事业，又要成为不断开创时代新篇的事业。

青联事业的美好前景，需要我们共同努力、不断开拓。全国青联十届一次全委会提出了“奏响团结、创新、奉献、合作的青春旋律”的任务。这些任务的提出，得到了广大青年特别是青联委员的高度认同，这是今后五年青联工作的主要任务，集中体现了党和国家的要求，集中体现了青联组织团结凝聚青年服务大局的最大优势所在和最佳切入点。今后五年的任务已经明确，关键是要抓好工作的落实。为此，我强调三点。

一、抓基础，不断增强青联各项工作的活力

未来五年青联工作框架刚刚绘就，新一届常委会刚刚组成。在今后一段时间内，关键是要练好“内功”，只有打好基础，才能谋划长远。要深入开展调查研究，围绕贯彻“十一五”规划和2020年远景目标，制定今后一个时期青联工作规划，形成青联事业发展的新格局。要切实加强制度建设，完善主席会议制度、常委会议事制度、界别活动制度、委员联系制度等，推动常委会决策进一步民主化、科学化，推动青联组织的活力不断增强。要不断加强阵地建设，适应信息化发展的趋势，积极搭建信息化工作平台，充分运用信息化手段开展工作；不断强化青联各类工作机构的建设，充分发挥它们服务大局、服务青年、服务委员的积极作用。

二、抓重点，紧扣国家发展的重大任务找准工作着力点

紧紧围绕国家发展大局，是青联谋划和开展工作的根本依据，是青联发挥作用的基本途径。当前，我们要紧密结合工作实际，找准青联工作与服务大局的结合点，扎扎实实地做几件对国家发展有所建树的工作。围绕树立和落实科学发展观，广泛开展青年学习贯彻科学发展观主题活动。围绕构建社会主义和谐社会，着力实施青联委员志愿服务和谐社会行动，在全社会倡树奉献的主流价值观。围绕建设创新型国家的要求，不断深化中国青年科技创新行动，进一步推动科技与经济的紧密结合。围绕建设节约型社会，组织广大青联委员从自身做起、从点滴做起，为推动经济社会可持续发展贡献力量。围绕促进祖国统一大业，抓住两岸关系中出现积极因素的契机，以来祖国大陆的台商、台生和台湾基层青年为重点，不断扩大内地青年与台湾青年交流合作的规模。

三、抓人才，把青年人才工作贯穿于青联工作的全过程

青联是群英荟萃的地方，这是青联区别于其他青年组织的特色所在，也是青联服务大局、推动发展的优势所在。青联要保持和发扬这种特色和优势，就必须切实做好青年人才工作。要抓好评选表彰，不断深化青联各种奖项评选活动，积极发掘青年人才，使优秀青年人才脱颖而出，并在广大青年中形成学习先进、矢志成才的氛围。要抓好平台建设，积极为青年人才施展才华创造条件，通过论坛、合作、项目等途径，把青年人才资源配置好，引导他们到现代化建设的第一线、到祖国和人民最需要的地方发挥作用，实现人才的最大效益。要抓好环境优化，充分认识青年人才是党和国家人才队伍的重要组成部分，推动有关部门把青年人才工作纳入人才工作大局之中，努力推动制定有利于青年人才健康成长的规划和政策，大力营造和优化青年人才的成长环境。

全国青联常委是青联领导机构的成员，在各自的行业和领域都有着不凡的业绩、突出的贡献，在广大青年和青联委员乃至社会上都有着很强的影响力和公信力。青联组织的贡献很大程度上取决于委员们的作为，青联事业的发展很大程度上取决于常委们的心力。我们必须切实加强自身修养，按照党和国家的要求和青年的期望，不断发展自己、完善自己，肩负起把青联事业不断推向前进的光荣使命。下面，我提几点要求与大家共勉。

我们应当信念惟坚。理想信念是立身之本，是决定人们思想行动的根本因素，也是我们战胜各种困难、不断赢得胜利的强大精神动力。不同的信念决定着每个人不同的人生追求和境界，树立了正确的理想信念，即使遇到纷繁复杂的局面也不会迷失方向。更为重要的是，奋进的历程总是充满坎坷和曲折，人生的旅途不可能是坦坦通途。我们树立起正确的信念，就能够在信念的支撑下矢志不渝、百折不挠。今天，我们都清晰地看到，是我们党团结带领全国各族人民取得了中国革命、建设和改革一个又一个辉煌的胜利。作为当代中国一名有志青年，我们要树立的远大理想，就是为中华民族伟大复兴而奋斗的理想；我们要树立的坚定信念，就是跟党走中国特色社会主义道路的信念。青联常委要深入学习、自觉实践邓小平理论和“三个代表”重要思想，构筑起强大的精神支柱，并为了这一远大理想和坚定信念而付出顽强努力，不管遇到什么困难和挫折，都不改初衷，奋斗终身。

我们应当报国惟责。古人说：“天下兴亡，匹夫有责。”一个人的价值，不在于他向祖国和人民索取了多少，而在于他为祖国和人民承担了多少。从一定程度上讲，国家民族在我们心中的分量有多重，我们在国家民族大业中的分量就有多重。我们只有把自己的追求和奋斗同国家民族的前途命运紧密相连，才能创造出人生的最大价值。各位常委都在自己的岗位上创造着人生的辉煌，我们更须谨记，是改革开放的好政策、国家发展的好形势给了我们施展才华的天地、成就事业的舞台。人之大德，莫过于饮水思源、知恩图报。我们应当始终牢记国家的重托，增强责任感和使命感，勇挑重担，自觉奉献，为国家强盛、民族复兴而极尽忠诚、竭心尽力，努力做一名有强烈的爱国之情、报国之志、为国之责的人。

我们应当谋事惟敬。追求卓越、永争一流，是时代发展的要求，是一名青联常委应有的优秀品质。当今时代，是一个英才辈出的时代；当今社会，是一个快速发展的社会。我们应认识到，事业的发展永无止境，今天的成功只是明天的开始，应当时刻葆有对事业的进取之心，树立终身学习的观念，培养精益求精的精神，强化超越自己的意识，不懈进取，赶超先进，始终走在学习、创造和奉献的前列。同时，我们身上承载着青联委员和青联工作者的信任和厚望，要本着一种对前人负责，也对后人负责的态度，热情关心和积极参与青联活动，脚踏实地，勤奋敬业，以自己点滴努力推动事业不断向前发展。

我们应当做人惟诚。不断地砥砺品格、提高修养，对人的一生至关重要。一个人良好的自身修养，集中体现为对待社会、对待他人时的态度和举动。青联常委都是各行各业的代表人士，都是各个领域的成功人士，正可谓“不患名之不著，只患德之不立”。青联常委更应当不断锤炼品德，对待自己要如同竹守其节，如同玉守其白，毕一生如一日，以崇高的人格贯穿始终，不断升华人生的境界；对待他人应以诚为先，以诚为本，自觉成为回报社会、奉献他人的表率。

各位常委，从今天起，我们携手迈进，共同开创。让我们紧密团结在以胡锦涛同志为总书记的党中央周围，以邓小平理论和“三个代表”重要思想为指导，树立和落实科学发展观，高举爱国主义和社会主义旗帜，奏响团结、创新、奉献、合作的青春旋律，求真务实，开拓进取，扎实工作，团结凝聚各族各界青年为全面建设小康社会、实现中华民族伟大复兴做出新的更大贡献！

赵勇在“博士服务团”第五批工作总结暨第六批培训动员会议上的讲话

2005年9月21日

在中央领导的亲切关怀下，在中组部、团中央的高度重视和同志们的共同努力下，“博士服务团”第五批工作总结暨第六批培训动员会议圆满完成了各项议程，今天就要结束了。首先，我代表团中央向顺利完成挂职任务的第五批“博士服务团”成员表示亲切的问候，向即将远行的第六批“博士服务团”成员表示良好的祝愿，向中组部领导和所有关心、支持“博士服务团”工作的有关单位、地区的领导和同志们表示衷心的感谢！

这次会议，既是“博士服务团”总结新发展、传承新经验的会议，也是立足新起点、续写新光荣的会议，对于不断开创“博士服务团”工作新局面具有十分重要的意义。中共中央政治局委员、书记处书记、中组部部长贺国强同志对这次会议高度重视，作出了重要批示。昨天，中组部常务副部长赵洪祝同志、团中央书记处第一书记周强同志专程来看望大家，赵洪祝同志还发表了热情洋溢的讲话。今天，中组部副部长李建华同志到会并作了重要讲话。

这次会议虽然只有两天，但是安排了丰富的内容，组织了专题报告、经验交流、分组座谈、联欢等活动。大家都感到很有收获，一致认为，这次会议开得非常好。概括大家的收获，主要有以下三个方面。首先，这是一次增强责任、明确方向的会议。大家通过深入学习几位领导同志的重要讲话，进一步了解和把握了“博士服务团”工作的时代背景、工作思路和工作方针。有的同志说，通过学习和培训，能够把这项工作放到西部大开发的背景下看，放到培养复合型人才的目标上看，放到当代青年知识分子健康成长的道路上看，觉得作为一名“博士服务团”成员非常光荣，到西部服务一年的意义十分重大。接收、派出单位的同志也普遍感到这项工作具有强大的生命力，纷纷表示要适应新的形势，以高度的责任感和使命感，以改革创新的精神，不断加强和改进“博士服务团”工作。其次，这是一次鼓舞士气、学习方法的会议。会议期间，大家既听了领导的讲话和专家的报告，也听了13位同志的经验介绍，都被他们无私奉献的精神深深感动，为他们取得的丰硕成果感到由衷高兴。从他们身上可以看到，“博士服务团”成员在一年的时间里做了大量卓有成效的工作，赢得了基层党政领导和老百姓的普遍赞誉。通过交流，即将下去的同志从发言同志的身上学到了经验和方法，增强了信心，进一步激发了投身西部大开发的巨大热情。第三，这是一次把握规律、形成机制的会议。尽管“博士服务团”工作已经开展五批了，但是形势在变化，我们的工作也不断面临一些新的情况。怎样适应这些新变化、新情况，把“博士服务团”工作做好，有许多新的课题需要研究。这次会上，大家提出了很多好的建议。有的建议搞一个信息交流的平台，大家有什么想法都能够在这个平台上交流；有的建议把派出单位和接收单位对接起来，便于各单位之间的互动；有的建议除了单位对接以外，人与人也要对接，这样可以把上一批同志没有做完的工作继续做下去。这些建议都非常好。通过这次会议，我们进一步研究了做好这项工作的规律和机制。总之，这次会议达到了预期目标，取得了丰硕成果，真正开成了一次统一思想、凝聚力量、求真务实、鼓舞士气的会议。

下面，我就“博士服务团”工作给我们的启示，以及怎样贯彻好这次会议的精神，讲三点意见。

一、五批“博士服务团”工作给我们带来的深刻启示

“博士服务团”工作自1999年开展以来，已经有五批了。这项工作，在有关方面的共同努力下，不断焕发出蓬勃的生机与活力，得到中央领导的充分肯定，受到全社会特别是西部地区人民群众的高度赞誉，更得到广大青年的积极响应，实现了巨大的经济、社会和人才的综合效益，为服务西部大开发、培养复合型人才、实施人才强国战略做出了积极的贡献。这些成绩的取得，凝结着中组部领导、共青团组织以及中央国家机关有关部委和单位、相关省区市党委组织部、有关干部学院的共同努力，反映着广大“博士服务团”成员的杰出创造。总结这几年的经验，有许多经验需要我们坚持和发扬。

1. 必须坚持报效祖国、奉献社会的正确导向。服务国家的全面协调可持续发展，为西部地区经济社会发展做贡献，是“博士服务团”工作的核心价值和灵魂所在，是广大“博士服务团”成员深入西部、深入基层、无私奉献的精神支柱和力量源泉。“博士服务团”自产生之日起，就始终高扬着为祖国奉献青春、为西部贡献力量的旗帜，引导着一批又一批学有所成的有志青年，到艰苦的地方、到祖国和人民最需要的地方经受磨练、做出贡献。几年来，“博士服务团”中涌现出许多感人的模范事迹，他们放弃了优厚的待遇，离开了舒适的环境，中断了自己的课题，克服了家庭的困难，甚至有很多人留在当地长期工作。他们的行动和事迹告诉我们，“博士服务团”所具有的强大生命力和社会影响力，其根本在于弘扬了报效祖国、奉献社会的主流价值观，在全社会尤其在当代青年中树立了“只有为国家民族前途命运而奋斗，才能实现人生最大价值”的正确导向。今后我们仍然要把弘扬伟大的爱国主义精神作为一条主线，毫不懈怠地贯穿下去。在项目选择上，要紧紧围绕全党全国工作大局；在项目推进中，要大力宣传为祖国、为人民无私奉献的先进事迹，从而带动越来越多的青年学习“博士服务团”的爱国精神，加入到志愿服务西部的行列，汇聚成全面建设小康社会的时代洪流。“博士服务团”的行动是一个示范行动，每一位成员都像一把火炬，燃烧着青春的旋律，燃烧着时代的旋律，引领着成千上万的青年。

2. 必须坚持服务西部、造福百姓的基本目标。“博士服务团”重在服务。在全面建设小康社会的历史进程中，在实施西部大开发和人才强国战略的背景下，服务西部、造福百姓是“博士服务团”始终坚持的基本目标。正是因为始终坚持了这一目标，“博士服务团”工作才得到西部各级党政、社会各界和广大群众的高度赞誉和广泛欢迎。广阔的西部是我国新世纪新阶段发展的重要方面。近些年来，中央对西部给予了极大的投入和支持，激发了西部人民建设西部的高涨热情，使得西部地区的发展取得了举世瞩目的成就，国内生产总值年均增长10%左右，各项社会事业的步伐大大加快。但是，我们也清醒地看到，西部大开发仍然面临不少困难和问题。西部地区亟需人才特别是高层次人才，完全依靠市场的手段和力量，在短时间内很难引进大量的人才，而“博士服务团”是一次优秀人才资源的“转移支付”，为西部构建了一个智力支持的平台，成为了促进东西部地区良性互动的桥梁和纽带。服务西部，归根结底是要造福西部的百姓，为西部的广大群众谋得实实在在的利益。“博士服务团”到西部来，就是来服务西部发展的，就是为西部老百姓办实事的。“博士服务团”成员要坚持发挥自己的智力优势、联络优势，紧密结合西部地区经济社会发展的实际和广大人民群众的需要来安排和推进工作，一个项目、一

个项目地抓落实，一件实事、一件实事地造福百姓，一项工作、一项工作地见成效，为西部地区的经济发展做出自己应有的贡献，满怀真情地为广大老百姓做实事、谋福祉。

3. 必须坚持与人民群众相结合、与实践相结合的育才途径。这几年，我们做过很多走访、座谈，了解到派出单位对大家挂职服务给予很高的期望，期望培养更加优秀、更加全面的复合型人才，这是派出单位的期望，也是党和国家的期望。实践证明，能够做成大事的人大多是复合型人才。当前，我国的社会转型还在发生深刻变化，科技进步也是日新月异。能够应对这种快速变化、立于不败之地、不断取得进步的必定是那些具有综合素质的人，这就需要我们造就一大批复合型人才。怎样才能成为复合型人才？我们党历来强调，与人民群众相结合、与实践相结合是青年知识分子健康成长的必由之路。青年博士是青年知识分子群体中的精英，拥有着较为完善的知识和比较前沿的思想。但是，青年博士要真正成为对党、对国家、对人民有所建树的人才，仍然离不开实践的历练，离不开人民群众的培养。首先，知识只有付诸实践才能焕发巨大的威力。没有实践，再高深的理论也只能是象牙塔中的摆设；没有实践，再丰富的知识也无法转化为实际的能力。“博士服务团”为广大青年博士提供了施展才华的广阔舞台，帮助青年博士在实践中深化认识、开辟研究领域，并最终转化为解决实际问题的能力。其次，人民群众是我们智慧和力量的源泉。昨天发言的同志讲得非常好，经过这一年的锻炼，人生的境界升华了，对国情的了解更加真切了，对祖国、对人民群众的感情更深了，研究的课题有了新的方向，视野开阔了，领域拓展了，自己的领导能力、决策能力、协调能力等各方面能力都增强了，这种收获只有在同人民群众的结合中才能得到。我们必须在推进“博士服务团”的工作中，坚持造就复合型人才的方向，坚持青年知识分子正确的成长道路。

4. 必须坚持志愿参与、项目运作的有效机制。“博士服务团”工作不断发展，一个重要的原因就是它适应了社会主义市场经济的特点，制定了一整套科学、完备、有效的工作机制。从组织和动员机制来看，“博士服务团”注重调动参与者内在的积极性，对于博士的选派以及接收单位的确定，都采取志愿参与的模式，这不同于以往大规模的社会动员和组织动员方式，从而保证了博士能够真诚奉献，也保证了接收单位能够得到有针对性的服务。从运作机制来看，“博士服务团”采取了项目化的运作模式。这项工作牵涉面大、影响范围广，涉及到组织、经济、教育科技、共青团等各个部门，从中央到地方、从党政到学校的各个方面，是一项系统工程，在资格审查、项目选择、服务保障、信息反馈等各个环节都形成了一套机制。社会管理工作实行项目化运作是国际上通行的经验，“博士服务团”工作一开始就坚持项目化运作，力求把“博士服务团”做成一个品牌，做成一个社会公益项目。经济发展中有一个增长极的现象，一个经济增长极形成以后，生产要素都会向这个增长极集中。社会工作也是这样，一个品牌形成了，在社会上有了美誉度、知名度，各种要素也会向这个品牌集中，这就是项目化运作的意义。我们就是要把“博士服务团”做成一个精品，在全社会成为一个“金字招牌”。

5. 必须坚持以人为本、服务青年的工作理念。“博士服务团”成员，既是提供服务的人，也是需要服务的人。他们离开熟悉的工作环境，到条件相对艰苦的西部工作，会面对诸多的困难和问题。“博士服务团”成员在奉献中体现人生，都有着施展才华、开创事业的实际需求。如果不能满足他们的实际需求、不能有效解决他们的实际困难，就有可能影响他们工作的积极性，影响人才的成长发展。“博士服务团”工作自开展以来，始终把服务青年作为工作的出发点和落脚点，想博士之所想、急博士之所急，尽心尽力地做好服务保障工作，既解除了他们的后顾之忧，又为他们提供了广阔的舞台，得到了“博士服务团”成员普遍的欢迎。今后的工作中，管理部门要继续把以人为本落实到各项工作中去，确立“为奉献者奉献”的思想。“博士服务团”成员到基层去奉献，我们做管理工作的人尤其是团组织要为这些奉献者奉献，要为他们排忧解难。只有把服务工作做好了，才能使博士们没有后顾之忧，全身心地投入工作。

二、不断开创“博士服务团”工作的新局面

这次会议，对第六批“博士服务团”工作进行了全面部署，各有关单位要深刻领会会议精神，扎实工作，开拓创新，努力开创“博士服务团”工作新局面。下面，我强调四个方面。

1. 从党政大局的高度进一步提高对工作重要性的认识。当前，我国正处在全面建设小康社会、加快推进社会主义现代化的新阶段，正处于可以紧紧抓住并且可以大有作为的重要战略机遇期。中央为赢得这个重要战略机遇期提出了一系列重要的指导思想和新的执政理念，如树立和落实科学发展观、构建社会主义和谐社会、加强党的先进性建设、建设创新型国家、建设节约型社会等。这是我们赢得重要战略机遇期、加快经济社会发展的重要指导思想。第六批“博士服务团”开展工作要践行这些指导思想，做出时代特点。

一是要做科学发展观的宣传队。发展是第一要务，中国的一切问题要靠发展来解决。我们讲的发展已经不是过去粗放的发展，而是科学的发展，就是以科学发展观来指导的发展。我国人均占有的资源十分有限，自然环境局部在优化，整体在恶化。经济的发展不能以牺牲环境为代价，不能以浪费资源为代价，否则我们对后人无法交代。我国的发展创造了“中国神话”，经济的高速增长已经持续了20多年，我们有信心把“中国神话”续写下去。但是，这必须建立在科学发展的基础上。大家下去之后要带头宣传实践科学发展观。

二是要做构建社会主义和谐社会的先锋队。和谐社会是共产党人孜孜以求的奋斗目标，也是人民群众的根本愿望。“博士服务团”成员要树立构建和谐社会的新理念，用新的理念指导工作，所做的一切都要有利于促进社会的和谐。自身要成为促进和谐的元素，单位要成为促进和谐的细胞，以高尚的品德、奉献的精神倡导和实践诚信友爱、互帮互助的风尚，化解矛盾，建设良好的人际关系。

三是要做党的先进性建设的实践队。党的先进性与发展是辨证统一的，先进性建设是发展的保证，发展是先进性建设成果的检验。“博士服务团”成员都要关心、参与、示范党的先进性建设，身体力行党员先进性，以自己的模范行为影响周围的党员，示范带动周围的群众，在实践中不断锤炼党性。

四是要做建设创新型国家和开发西部的突击队。青年最具有创新的潜能，博士尤其具有创新的素质，到西部去更需要创新。创新是源泉，创新是活力，创新是动力，大家要作为一个创新的元素到西部，把西部的创新活力激发出来。建设创新型国家，博士是大有可为的，要站在建设创新型国家的前列，从自己所在的单位、所从事的工作做起，推动西部的创新，推动国家的创新。

2. 进一步形成对“博士服务团”工作齐抓共管的局面。几年来，“博士服务团”工作不断取得新成效，很重要的一个原因，就是领导高度重视，部门沟通协调，形成了工作合力，为做好这项工作提供了坚强的组织保证。下一阶段，各有关部门要按照这次会议精神，继续发扬团结协作精神，互相支持，互相配合，共同把这项工作做大做强。组织部门要始终坚持党管人才的原则，制定好政策，规划好方向，当好领导者，做好协调人，充分发挥在这项工作中

的主导作用。团组织要主动、积极配合党委组织部门开展工作，努力发挥共青团的优势，结合自身的特点，组织博士们开展一系列活动。派出和接收单位要加强沟通，加强资源的整合，促进东西部地区经济社会协调发展。要加强有关单位和部门的沟通工作，如由党委组织部的牵头，定期召开“博士服务团”工作通气会，总结工作，通报情况，解决问题，共同把“博士服务团”工作做好。

3. 进一步做好关心和服务“博士服务团”成员的工作。“博士服务团”成员立足岗位、安心工作、多做贡献，是“博士服务团”工作取得成效的重要标志。各有关单位要为博士们开展工作做好服务，在思想上鼓励他们，工作上支持他们，生活上照顾他们。“严是爱，松是害”，组织部门要严格管理，及时提醒，保证他们健康成长。派出单位要多走访、看望挂职同志，做他们的坚强后盾，关心他们的家人和家庭生活，解决他们的后顾之忧，使他们能够安心工作。接收单位要精心安排，不把他们当客人，要放手使用，安排好他们的工作，培养他们的主人翁意识，使他们能够充分发挥自身作用。共青团组织要为他们搭建更多的平台，尤其要整合他们的力量，优化他们的工作环境，宣传他们的感人事迹，营造更好的社会氛围。

4. 共青团组织要更好地发挥助手作用。在为“博士服务团”成员提供服务方面，共青团有着独特的优势，也承担着义不容辞的责任。一是要在团结凝聚方面下功夫。要积极吸纳博士加入青联、青科协、青企协等组织，把更多的青年人才凝聚起来；要不断探索新的工作机制，尝试建立“博士服务团”联谊会等，用好的机制凝聚更多的青年人才。有些地方团委和青联，把挂职博士和本地青联委员、青科协、青企协会员召集在一起，互相交流，共同为当地的经济社会发展出谋划策。这是一种很好的做法，值得借鉴。二是要在搭建舞台方面下功夫。邀请“博士服务团”成员参加青年创新论坛、青年专家科技服务等活动，宣传科学发展观，传播科学知识，促进人才与项目、科技与经济的多元对接。这样博士们就能在做好本职工作的基础上，为当地提供更多的服务。三是要在关心体贴方面下功夫。要做挂职博士的贴心人，经常与他们交流思想，帮助解决他们到挂职岗位后的“水土不适”，放下包袱，轻装上阵。要做挂职博士的支持者，采取有效措施，帮助他们整理头绪、疏通思路，努力创造有利于他们成长和发挥作用的工作环境。要做挂职博士的勤务员，安排好他们的生活，满足他们的合理要求，让他们集中精力投入锻炼服务工作。

三、对第六批“博士服务团”成员的几点希望

昨天，赵洪祝同志对大家提出了希望，李建华同志在讲话中对大家提出了总体要求。我想结合大家交流的一些体会和可能会遇到的问题，再提几点具体要求。

第一，要处理好学习和干事的关系。这是我们首先要面对的问题。挂职一年实际上就是两件事：学习和干事。这两者是一个辩证统一的关系。如果纯粹是抱着一个学习的目的，更多的是旁观和感悟，就可能会让基层的同志失望。如果只想干成几件事情，没有想为自己的一辈子积淀精神财富、打下坚实基础，就可能不会用心去感悟。因此，要把学习和干事有效结合起来。首先要勇于实践。西部的党政干部、老百姓对大家的期望值很高，希望你们能够带去新的信息和资源，为当地的发展起到推动作用。大家要勇于实践，只要有利于地方经济社会发展的事，只要有利于改善群众百姓生活的事，不管事情再小我们都要去做，并且要做好。二是要在干事中不断学习。在座的博士都是在某个方面学识渊博之士，但是，未来社会发展尤其要求高级人才能够将各方面的知识融会贯通。这就要求我们读通实践这本“无字之书”，广泛接触，广泛涉猎，广泛钻研，把自己培养成一个国家所需要的高素质复合型人才。尤其要在干事中向干部群众学习。西部的干部有很多令我们感动的地方，他们几十年如一日，任劳任怨，无私奉献，要从他们身上吸取营养、汲取力量。学习和积累是要有体验的，“听到的容易忘记，看到的印象不深，只有亲身体验的才终身不忘、刻骨铭心”。所以，必须把干事和学习的关系处理好，把学与用、知与行结合起来。

第二，要处理好眼前和长远的关系。挂职一年时间不长，在工作当中经常会碰到眼前和长远的矛盾，这就需要我们有一种境界，有一种胸怀，有一种方略，决不能搞“形象工程”，急功近利，做表面文章，一定要把中央国家机关一些好的作风、好的传统带到西部去。要按照职责分工，脚踏实地，在深入调研的基础上，集中精力抓几件实事。当短期利益与长远利益发生矛盾的时候，一定要以长远利益为重，要沉下来多做一些基础性的工作，尤其在传播新思想、新观念，培养“永久牌”的当地人才，构建新的制度等方面多下功夫。总之，要以科学发展观来指导自己的言行，要以正确的政绩观来规范自己的言行。

第三，要处理好理性和真情的关系。做好自己的工作，只有丰富的知识和理性的思考是不够的，还要对国情有全面的了解、对老百姓有真实的感情。同志们在写文章、写调研报告等理性思考之前，一定要了解基层、了解人民群众。要认识到我国东西部发展还不平衡，城乡之间的发展水平还有很大差距；要放下架子、沉下身子，尽可能多下基层，多接触群众，多深入群众；要带去一腔热血，留下一片深情，讲当地话、做当地人、干当地事，以心换心，以情感人，把一年培养的深情烙在心上，融入血液。“博士服务团”的同志讲了很多生动的感言，“一次西部行，一生西部情”、“一年锻炼，终生受益”、“多做主人、少做客人”、“多实干、少埋怨”，这些感言都是发自肺腑的。所以大家确实要动真感情，对人动真感情才能交到真朋友，尤其对老百姓、对事动真感情才能把自己的潜能充分挖掘出来。具体讲，就是要做到，考虑工作有大局、谋划工作有思路、对待工作有激情、推动工作有魄力、落实工作有韧劲。

第四，要处理好个人与集体的关系。这一关系包括两个层面，一是在挂职单位都有一个领导集体，大家要按照民主集中制的要求，行使好自己的职权，尊重“班长”，尊重班子的每一个同志，团结大家一道工作。二是“博士服务团”是个集体，每一个成员与这个团队都有个人和集体的关系，打响“博士服务团”这一品牌，每一个成员的贡献都在其中。下一步，我们还要在团队工作方面探索更多的途径，想更多的办法。很多问题都不是一个人能解决的，要协作攻关，发挥团队优势。团队的负责人要善于搭建平台，发挥大家的优势，把大家的力量整合起来，为这个地方出点大主意，这就是我们这个团队的集成优势。

这次会议期间，大家都非常高兴，现场的气氛非常热烈，始终洋溢着青春、洋溢着激情、洋溢着欢乐，希望同志们在服务西部大开发的进程中，也能够把欢歌笑语洒到西部，让西部的老百姓有更多的欢歌笑语！我们的选择光荣而神圣，我们的责任重大而艰巨。让我们紧密团结在以胡锦涛同志为总书记的党中央周围，高举邓小平理论和“三个代表”重要思想伟大旗帜，落实科学发展观，为构建社会主义和谐社会，实现全面建设小康社会的宏伟目标，在西部的广袤大地上谱写一首新时代的青春之歌！

祝大家挂职工作顺利，身体健康！期待大家捷报频传，载誉而归！

充分发挥青年文化在构建社会主义和谐社会中的积极作用

——赵勇在第二届中国青年服装时尚论坛上的讲话

2005年10月22日

这两天，我们与各界朋友们都沉浸在服装时尚的海洋中，追寻着宁波独特的红帮余韵，感受着活力澎湃的时尚潮流，领略着激情洋溢的青年文化。作为中国青年服装时尚周的重要内容，第二届中国青年服装时尚论坛在这里隆重举行，这是青年文化建设中的一件盛事。服装是走动着的历史、时尚的载体、文化的缩影；时尚是流行的符号、文明的轨迹、时代的反映。回眸历史，我们看到，一部中国服装史同时也是一部中国社会史、文化史和时尚史，服装、时尚、文化、社会密不可分；关注今天，我们发现，服饰文化是时尚文化的重要形式，时尚文化是青年文化建设的重要内容，青年文化建设是新形势下青年工作服务于社会主义和谐社会建设的重要举措。当前，在经济全球化和发展社会主义市场经济的进程中，在新的传媒和通讯技术日益发展的形势下，文化对青年的思想观念、价值取向和行为方式的影响日益深刻，青年的文化需求日益旺盛，文化选择日益多样，文化创造日益活跃。而青年作为推动社会主义现代化建设的一支生机勃勃的力量，这个群体的文化建设即青年文化建设是社会主义先进文化建设的重要组成部分。发展健康有益、充满活力的青年文化，是时代的要求，是摆在我们面前的一项重要任务。青年决定社会的未来，青年文化影响和塑造着青年，正是因为和青年的紧密联系，青年文化在构建社会主义和谐社会中扮演着重要的角色，发挥着积极的作用。

文化发展推动社会进步，文化创新推动社会创新，这是一个被人类文明史所反复证明的公理，也是世界各国人民的共识。文化融入到经济社会发展的方方面面，我们时时处处都感受到文化的巨大力量。文化与政治结合，政治变得清明；文化与经济结合，经济焕发活力；文化与社会结合，社会走向和谐。下面，我想借此机会，就青年文化在构建和谐社会中的积极作用谈几点看法，与大家交流探讨。

第一，大力弘扬和培育民族精神，努力为构建社会主义和谐社会提供精神动力

文化的力量是一种强大的精神力量。文化是社会发展的推进器，不仅引导人们认识“这个社会是什么”，还引导人们努力朝着“这个社会应该是什么”迈进，它帮助人们在不断认识的过程中坚定追求理想社会的信念，形成一个社会的共同价值观。文化是凝聚力量的整合器，一个社会没有文化的凝聚就是一盘散沙。悠久灿烂的中华文化、伟大的民族精神是连结海内外华人的共同纽带，具有强大的凝聚力。青年文化是在青年中传播民族精神的有效载体。文化的力量，深深熔铸在民族的生命力、创造力和凝聚力之中。任何国家和地区的文化发展，都离不开文化的传承。文化传统的流传、继承与扬弃，总是在其自身内在规律和外部环境的支配影响下获得新的原动力与生命力的。同时，伴随着经济全球化的不断发展，西方文化对我国的文化渗透日益加剧，其中青年是进行文化渗透的重点群体。为了维护中华民族的文化安全，巩固青年一代的思想基础，在青年中大力弘扬民族精神是当前一项紧迫的战略任务。青年文化作为传播载体，使传统文化具有了鲜明的时代感，有了新的表达样式，使时代精神和民族精神结合起来，汇聚成为中华民族构建社会主义和谐社会的强大

精神力量。青年文化时尚新颖、生动活泼、寓教于乐，在这一平台上传播民族精神，将使青年能够入耳、入心、入脑，构筑起青年一代的强大的精神支柱。

第二，传承中华文化精髓，努力为构建社会主义和谐社会提供新的理念

和谐是中华传统文化的精髓。中华文化是一条宽广的长河，博大精深，历经数千年而绵延不绝，其中血脉相连的就是中华文化的优秀传统，而和谐的思想正是传统文化的精髓。早在2000多年前，伟大的思想家孔子就提出“君子和而不同”、“君子矜而不争”，强调人与人要学会宽和处世、协和人我；道家创始人老子提出“人法地、地法天、天法道、道法自然”，主张人与自然的关系应该是“天人合一”；在心与身的关系上，孔子指出“富与贵，人之所欲也”，但要“欲而不贪”，既肯定了正当的欲求，同时也强调要保持平和的心态；在民族与民族、国家与国家的关系上，《尚书》说“百姓昭苏，协和万邦”，主张和谐共处。秦汉、隋唐、宋元明清以来，和谐的思想不断丰富发展，“天下为公”更是反映了广大人民群众对理想社会和美好生活的向往。由此，我们可以看到的是，和谐的思想贯穿了几千年中华文化的发展历程，已经在一代又一代华夏儿女身上烙上了不可磨灭的印记。从这个意义上讲，今天我们构建社会主义和谐社会，拥有深厚的历史底蕴和文化底蕴。时代赋予了和谐理念以新的内涵，新一届中央领导集体提出对内讲和谐，构建和谐社会；对海峡两岸关系讲和解，以最大的诚意实现祖国的和平统一；对外讲和平，提出中国要和平发展，建设和谐世界，使和谐不仅成为中国社会的理念，同时作为一种普世的价值，为世界文明做出贡献。

第三，着力推动道德建设，努力为构建社会主义和谐社会提供有序规范

文化是社会秩序的调控器，一定的社会秩序所形成的稳定的环境，时常会受到人与人、人与社会、人与自然等矛盾的冲击，需要依靠道德情操、社会风尚等文化形态的有力调控，化解各种潜在的矛盾。促进社会和谐需要大力发展文化，社会的文明程度很大程度上决定着和谐的水平。我们能够看到的一些不和谐的社会现象，我们经常归结为不文明、不道德乃至不高尚，其实这些都是文化的表现形态，都需要通过加强道德建设、发展先进文化来解决。青年文化在对与错、善与恶、真与假、是与非等一系列问题上，提出了价值判断标准，指导青年形成与和谐社会相适应的正确的价值观。它使广大青年明确自己享有的权利和应尽的义务，指导他们形成正确的社会角色意识，使个人利益与社会整体和国家的利益相结合，自我价值的实现与社会和国家利益的发展相协调，从而形成强大的凝聚力和向心力。

第四，不断锻造青年完美人格，努力为构建社会主义和谐社会提供积极能动元素

人是社会化的人，是各种社会关系的总和。人的全面发展要在人与自然、人与人、人与社会、人与自我的协调中才能实现，文化对人的影响是全方位的。青年文化是促进青年全面发展的重要途径。人的全面发展最重要的阶段是青年时期。一个民族和国家是否充满生机和活力，和青年的素质密切相关。青年发展应当是人格培育、道德修养、创新能力、科学知识、理性精神等全面发展。在开放的现代社会里，一方面，青年的成长发展对文化的需求更为强烈。另一方面，改革开放形成的经济社会结构多元化，更使不同层面的社会青年群体形成不同的文化品位和文化心态。在这种情况下，由于青年文化接近青年，适应青年的生理、心理特点，最直接地反映青年的成长需求，所以能够帮助青年陶冶精神、释放情感、了解自然、适应群体生活，懂得行为规范，建立崇尚什么与摈弃什么的社会价值观，开始自然人向社会人的逐渐过渡，学习交际、交流、协调、谈判等社会交往的技巧，明辨和而不同、求同

存异的人生道理,帮助青年树立起理性精神、责任理念、参与意识,对青少年人格的形成、品质的培养、社会角色的建立具有重要的奠基作用。因此,青年对青年文化有着天然的亲近感,愿意接受它的熏陶。青年文化正因其为青年的喜闻乐见和显著的实践效果,成为促进青年全面发展的重要途径。

第五,探索倡导新的生活样式,努力为构建社会主义和谐社会提供健康导向

翻开人类历史的画卷,沿着青春的足迹,我们会发现,青年总是新生活样式的倡导者,是新观念、新风尚的实践者。青年喜欢新事物、新样式、新知识,富有理想,追求公正,较少功利色彩。由于青年对新生事物的掌握更具优势,随着知识经济大潮的兴起,知识、信息和技术更新的速度是呈几何基数增长,社会文化发展开始出现一些反喻特征,很多领域是青年人走在前面,青年人比成年人更为熟练地掌握知识、时尚和技术。在现实生活中,由于市场价值的影响,出现了人情淡薄、过于关注功利的现象,很多青年人对此反思,开始以平和与理性的心态面对人生和生活,追求健康、文明、和谐的生活方式。在这种情况下,青年的生活样式往往带动社会生活样式的更新和转变,他们的生活态度、审美取向、价值判断对全社会形成文明和谐的新风尚、新关系起到推动和导向作用。

第六,打造新的实践平台,努力为构建社会主义和谐社会提供良好氛围

当前,我国人均 GDP 已经达到 1000 美元,这是我国经济发展进入新阶段的重要标志,更是表明我国经济发展进入了一个充满机遇、面临风险的关键阶段,或者是乘势而上,或者是不进而退。随着经济全球化趋势愈演愈烈,市场经济体制不断完善,社会开放度日渐扩大,必然出现社会关系的变化、社会管理形式的调整。特别是“四个多样化”趋势进一步发展,人们的思想观念、价值取向、生活方式趋于多样化,诸如就业问题、分配不公问题、社会治安问题等多发易发。这些问题解决得好,就能促进社会持续健康发展,反之将阻碍社会的进步。而这些问题往往在青年群体中最集中地反映出来,青年往往是其中主要的经历者。这些问题,分布在家庭里、在社区里、在工作单位里。我们说,人的社会化是一个动态发展的过程,是一个和周围环境和谐共生的过程,这个过程也是一个实践的过程。实践离不开实践平台,因此,在家庭、社区、单位等社会单元里,积极打造青年文化的新的实践平台,使文化渗透进社会的每一个单元,以青年的凝聚带动不同阶层不同人群的凝聚,整合社会力量,调节社会矛盾,传播共同的思想基础和统一的意志,理顺情绪、化解矛盾、优化环境,从而在全社会形成心齐、气顺、劲足、实干的良好社会氛围。近年来,共青团坚持实践育人、文化育人,先后推出了青年志愿者、青年文明号、保护母亲河、青年创业行动、青年文化行动等系列品牌活动,不仅凝聚和培育了青年,更在全社会起到了良好的开风气之先的示范导向作用。当前,青年文化建设作为新形势下青年工作服务于构建社会主义和谐社会的新的实践平台,将在服务青年成长、优化社会氛围中发挥越来越重要的作用。

第七,积极引领时尚潮流,努力为构建社会主义和谐社会提供创新活力

青年和时尚密不可分,时尚影响青年,青年创造时尚。教育引导青年,不能忽视时尚文化的作用;构建和谐社会,同样需要时尚文化的创新活力。在现代社会,时尚文化对青年的影响越来越大,时尚如影随形地伴随着青年。时尚文化构成了青年成长和生活的重要环境,对于青年价值观念、生活方式和行为方式产生了深刻影响。

时尚文化鲜明地反映着青年的特点。青年往往喜欢鲜活精彩的事物,渴望了解外界信息,易受周围环境影响,善于模仿吸收,敢于大

胆创造。时尚文化求新求变求异的特征,与青年的特点高度协调。青年中的很多现象和时尚紧密联系在一起,青年的活力、青年的创造、青年的个性在时尚中展现,青年的追求、理想和情操在时尚中反映,我们引导青年在时尚文化的展示和创造中学习、创新和奉献,在时尚中释放青春活力、展现青春风采,把青年的积极性、创造性调动出来,用自己的双手裁剪时尚之衣,用自己的智慧创造时尚文化!

时尚文化具有旺盛的生命力。时尚文化是创造力和活力的表现,容易被青年接受,在青年中有广泛的感召力。青年不仅是时尚文化的创造者、推动者,更是时尚文化的追随者、受益者。一方面,时尚文化的不断推陈出新,使其保持着永远的生机和活力,直接辐射和影响着青年生活状态和精神面貌。另一方面,时尚文化推动了文化产业的持续创新和发展,不断完善了文化产业的教育功能。文化产业的繁荣,对塑造科学、积极、向上的民族价值观、审美观和生活观有着积极的促进作用。这些都是时尚文化生命力的具体体现。

各位嘉宾、朋友们,建设社会主义和谐社会是一个理论和实践的双重命题。胡锦涛总书记强调:“一个社会能否和谐,一个国家能否长治久安,很大程度上取决于全体社会成员的思想道德素质。没有共同的理想信念,没有良好的道德规范,是无法实现社会和谐的。要切实加强社会主义先进文化建设,不断增强人们的精神力量,不断丰富人们的精神世界”,总书记的讲话为我们发挥青年文化在构建社会主义和谐社会中的作用指明了方向。本次论坛的主题是“引时尚之潮,创和谐之美”,我们说,自然之美,在于和谐;服饰之美,在于和谐;社会之美,也在于和谐!共青团中央、全国青联愿意和社会各界一道,为发展积极向上、充满活力的青年文化,促进青年的健康成长,构建社会主义和谐社会做出切实的努力!

赵勇在首届亚欧政党青年组织领导人论坛开幕式上的讲话

2005年11月21日

各位嘉宾,各位代表,青年朋友们:

上午好!

深秋的北京,秋色宜人。亚洲会堂里荡漾着青春的气息。今天,首届亚欧政党青年组织领导人论坛在这里隆重召开。首先,我代表中华全国青年联合会对出席此次会议的各位嘉宾和青年组织代表表示热烈的欢迎,向亚欧政党青年组织领导人致以诚挚的问候!

首届亚欧政党青年组织领导人论坛是由中国、丹麦两国政府共同提议、第五届亚欧首脑会议一致通过的新后续行动,体现了亚欧会议各成员国领导人鼓励青年参与亚欧会议的政治共识。这次会议是亚欧会议交流史上首次在政党青年组织领导人之间举行对话活动,对推动亚欧会议进程、加强亚欧青年交流有着重要意义。自1996年亚欧会议成立以来,亚欧之间政治对话不断加强、经济合作不断拓展、文化交流不断深入,亚欧新型全面伙伴关系快速发展,极大地促进了地区的和平与发展。亚欧会议扩大后,成员国人口达24亿,占世界人口40%,国内生产总值超过全球一半,已经成为推动世界多极化发展和建立公正合理的国际政治经济新秩序的重要力量。

进一步振兴和充实亚欧伙伴关系是亚欧会议进程的需要，也是维护世界和平与稳定的需要。在振兴和充实亚欧伙伴关系的过程中，青年人能够、也应该发挥积极的作用。青年人朝气蓬勃、充满理想，最富有创造精神，既是推动各国经济社会发展的强大现实力量，也是实现世界持久和平与共同繁荣的希望所在。正如温家宝总理在出席第五届亚欧首脑会议时发言所说，“今后亚欧的发展和进步靠的是青年，亚欧各国的友好与合作靠的也是青年”。在经济全球化趋势深入发展，影响和平与发展的不稳定不确定因素增多的国际形势下，亚欧青年更要认识到并承担起促进和平、发展、合作的历史责任，为增进亚欧各国人民之间的了解和友谊，为促进全球化的良性发展和实现国际关系民主化，为建设持久和平、共同繁荣的和谐世界而共同努力。

为切实增进亚欧青年之间的相互了解与交流，推动青年在促进亚欧关系发展中发挥积极作用，进一步振兴和充实亚欧新型全面伙伴关系，我愿借此机会提出以下四点建议。

第一，在青年中宣传亚欧新型全面伙伴关系，为亚欧关系的进一步发展培养接班人。亚欧伙伴关系，是促进增长的新型、全面的伙伴关系，对亚欧地区的经济和社会发展有利，对维护世界和平与稳定有利。亚欧会议各成员的政府，应与各国民间组织一道，在青年中宣传亚欧伙伴关系的意识，增进各国青年对亚欧友好合作的了解和兴趣，为亚欧关系的进一步发展培养接班人。

第二，开放亚欧合作领域，鼓励和支持青年参与亚欧会议进程。青年参与是进一步振兴和充实亚欧新型全面伙伴关系的重要途径。亚欧会议各成员的决策机构应重视青年作为和平卫士和发展伙伴的重要作用，鼓励青年积极充分地参与亚欧会议进程。除鼓励青年参与文化交流外，还应该为青年参与政治对话和经贸合作创造条件。

第三，在亚欧会议框架下建立青年伙伴关系，提高青年的参与能力。亚欧伙伴关系应该是亚欧人民之间的伙伴关系，特别是亚欧青年之间的伙伴关系。青年是友谊的使者和友好事业的继承者，加强和密切亚欧青年交流，将扩大和夯实亚欧伙伴关系的基础，充实和丰富亚欧伙伴关系的内容。建议有关各方尽快研究在亚欧会议框架下建立青年伙伴关系的可行性，鼓励青年组织参与到这一研究过程中来，同时优先考虑设立亚欧青年领导人培训和交流项目。通过建立亚欧青年伙伴关系，将更好地提高亚欧青年的伙伴意识、参与意识，提高青年的参与能力，促进青年在亚欧会议框架下的交流和团结。

第四，加强亚欧青年组织之间的交流与合作，推动亚欧青年共同发展。在人类漫长的发展史上，各国人民的命运从来没有像今天这样紧密相连，休戚与共。青年面临的问题也表现出越来越多的共性和世界性特征，青年发展问题开始超越国界，成为全球发展目标的一部分。我们高兴地看到，在亚欧会议各成员国、亚欧基金和亚欧青年组织的共同努力下，青年领域的交流不断加强。我们积极评价这一趋势，并呼吁亚欧青年组织加强交流与合作，共同应对青年问题的挑战，共同推进青年发展事业。

作为中国青年组织的联合体，中华全国青年联合会在中国政府的支持和鼓励下，通过实施切实有效的项目、组织丰富多彩的活动、开展影响深远的运动，有效地服务了青年的成长成才，推动了中国的经济发展和社会进步。同时，全国青联积极与外国青年组织开展交流与合作，迄今为止已经与 130 个国家的 250 个组织建立了不同形式的交往关系。我们愿以召开此次政党青年组织领导人论坛为契机，加强与亚欧政党青年组织的对话与交流，为建立亚欧青年伙伴关系、推进青年发展事业而贡献力量。

各位代表,青年朋友们:

我们分别来自孕育了东、西方古老文明的亚欧国家,我们都生活在一个以和平、发展、合作为主旋律的新时代。在亚欧合作的新起点上,让我们携起手来,不懈努力,共同为建设一个有利于青年可持续发展的、持久和平、共同繁荣的和谐世界而努力!

谢谢大家。

杨岳同志讲话

杨岳在全团关心和服务困难大学生工作会议上的讲话

2005 年 1 月 29 日

刚才,周强同志传达了胡锦涛总书记和王兆国同志的重要批示精神。中央领导同志的重要批示充分体现了党和政府对大学生尤其是贫困大学生的高度重视和亲切关怀,也充分体现了党中央对共青团组织的高度信任和殷切期望,令人深受感动、备受鼓舞,是对我们的巨大鞭策。周强同志做了重要讲话,对全团贯彻落实胡锦涛总书记和王兆国同志重要批示精神,整合资源,团结协作,举全团之力做好关心和服务困难大学生工作做了全面部署。

各级共青团组织要迅速传达、深入学习和贯彻落实批示精神,全团特别是共青团学校战线一定要以此为契机,认真贯彻落实中央 16 号文件和中央领导同志重要批示精神,在各级党政领导下,进一步做好关心和服务困难大学生的工作,让党放心,让大学生满意。各级团组织和广大团干部要时时刻刻把贫困家庭学生的利益放在心上,尽心尽力帮助他们解决实际困难,把党和政府的温暖送到学生心坎上;要密切配合教育行政部门,争取各方支持,加大吸纳社会资源力度,完善长效工作机制,扎实推进关心和服务困难大学生工作。按照周强同志讲话要求和团中央总体部署,春节前要重点做好以下四项工作。

一是广泛组织"高高兴兴过年"新春联欢活动。各地团组织和每一所高校团组织都要结合学校的实际情况和统筹安排,在春节前为不能回家的留校学生举办新春联欢、团拜等文艺活动,努力营造浓厚、热烈的节日氛围,为贫困大学生送去党和政府的关怀,带去共青团组织对大学生的问候,让他们体会到"不是回家胜回家"的感觉。团中央学校部将于 2 月 1 日在北京理工大学举办 2005 年老少边穷地区留京大学生新春联欢会,团中央书记处同志将出席活动,向贫困大学生致新春祝词,赠送慰问金,与大学生一起包饺子,并邀请文艺界青联委员和知名艺术家与贫困大学生共同联欢。

二是深入开展"勤工助学行动"。贫困大学生的最大压力是经济困难,最大需求是成才就业,关心和服务困难大学生就要关心和服务于他们的这一根本需求。各地各高校团组织要充分发挥"大学生就业见习行动网"的优势,紧紧依托大学生就业见习基地、青年就业服务中心,大力挖掘青联、青年企业家协会等组织资源，通过各种方式为贫困大学生在寒假期间更好、更便利地参加勤工助学提供岗位、信息、中介等服务，帮助他们解决实际困难，使他们度过一个充实而有意义的寒假。同时，要逐步建立完善共青团组织服务大学生勤工助学的长效工作机制，做到真服务、常服务、求实效。

三是广泛组织“真情相伴”慰问活动。各级团组织和各高校团委负责同志要以高度的责任感和对大学生的真挚感情，在2月初春节前，深入到学生宿舍、食堂和教室，慰问留校贫困大学生，深入了解他们的学习生活情况，倾听他们的心声，尽力帮助他们解决住宿、伙食等方面的实际困难，让他们感受到“亲人就在身边”的温馨，感受到共青团组织就是他们坚强的后盾。2月5日，作为全团集中行动日，团中央书记处同志将和有关部门的同志一道深入到北京部分高校的学生宿舍、食堂和教室，看望并慰问贫困大学生。

四是广泛组织“温暖除夕夜”活动。“每逢佳节倍思亲”，除夕夜更是中国传统的家人团圆的最重要的标志性节日，也将是因故不能回家的大学生尤其是贫困大学生最需要关心和陪伴的日子。各地各高校团组织要充分利用这一时机，重点在除夕之夜组织丰富多彩的文化娱乐活动，让留校大学生以安心、快乐、温暖的心情迎接新年的到来。2月8日除夕夜，团中央书记处同志将前往部分高校，参加他们除夕夜的庆祝活动，看望留校大学生，与他们共度除夕，团中央有关部门将向北京部分高校贫困大学生赠送电话卡，让他们能在除夕之夜与家人通电话，问声平安，道声祝福，传达思念，表述衷情。

同志们，刚才周强同志在重要讲话中就全团做好关心和服务困难大学生工作提出了明确要求。这里，我就学校战线做好近期这几项工作提三点要求。

一是要高度重视。做好关心和服务困难大学生工作是实践“三个代表”重要思想、贯彻落实中央16号文件、加强和改进大学生思想政治教育的重要举措。学校战线各级共青团组织要站在党和国家工作大局的高度，认识做好关心和服务困难大学生工作的重要性和必要性。目前正处于寒假期间，春节在即，工作量大、任务多、时间紧，更需要同志们切实负起责任来，高度重视，迅速行动，认真落实本次会议的安排部署。

二是要务求实效。做好关心和服务困难大学生工作的关键是落到实处，切忌走过场、流于形式。各地各高校团组织要从本地本高校的实际出发，结合本次会议的精神，制定具体可行的落实办法和措施，开展有针对性、易操作、受欢迎的活动，提供困难大学生迫切需要的服务，真正把关心和温暖送到困难学生的手中和心里。

三是要开拓创新。各地各高校团组织要创造性地开展工作，采用学生喜闻乐见和易于接受的方式开展工作，既要帮助困难学生解决实际物质困难，又要充分尊重困难学生的心理特点；既要积极挖掘社会资源，拓展服务渠道，也要完善工作机制，延伸工作手臂；同时要研究关注困难大学生中的新情况、新需求，开辟新的工作领域和方式，更好地为他们提供服务。

同志们，关心和服务困难大学生的工作不是一时一事的工作，它需要我们求真务实、真抓实干、常抓不懈。让我们把认识统一到中央领导同志的重要批示精神上来，统一到周强同志重要讲话的要求上来，统一到本次会议的安排部署上来，把关心和服务困难大学生工作做实做好、做出成效。

杨岳在2005年全团青年志愿者工作会议暨中国青年志愿者协会二届四次理事会上的总结讲话

2005年3月15日,根据录音整理

在大家的积极参与和共同努力下,2005年全团青年志愿者工作会议暨中国青年志愿者协会二届四次理事会圆满完成了各项议程,今天就要闭幕了。团中央书记处对本次会议高度重视。团中央书记处第一书记周强同志、团中央书记处常务书记赵勇同志分别作了重要讲话,赵勇同志还专门听取了各地关于青年志愿者工作的汇报。团中央青年志愿者工作部对2005年的工作进行了具体部署。会议期间,还进行了经验交流和小组讨论,颁发了2004年中国青年志愿服务金奖,进行了协会理事会、秘书处人员调整。会上,大家畅所欲言,气氛热烈,交流了经验,统一了思想,明晰了思路,形成了广泛共识。会议开得很成功。

大家一致认为,青年志愿者行动实施以来,各级团组织和青年志愿者组织,紧紧围绕党政关注、群众急需、青年能为的领域扎实工作,在培养锻炼青年、传播文明新风、促进社会发展等方面发挥了积极作用。特别是近年来,大学生志愿服务西部计划、青年志愿者扶贫接力计划、中国青年志愿者海外服务计划等重点项目的实施,以及青年志愿者在大型赛会、抗击"非典"等急难险重任务中做出的富有成效的工作,进一步体现了志愿服务在推动社会发展中的独特作用。当前,党中央高度重视社会发展问题,突出强调要贯彻落实科学发展观,提出了构建社会主义和谐社会的重大战略任务。这给青年志愿者工作带来了新的发展机遇。大家通过学习交流,特别是通过认真学习周强同志、赵勇同志的重要讲话,进一步提高了对志愿服务在构建社会主义和谐社会中的重要意义的认识,增强了机遇意识和责任意识。大家一致表示,回去后将认真贯彻落实会议精神,努力推动青年志愿者行动在构建社会主义和谐社会的历史进程中发挥更大的作用,实现更大的发展。

大家对把今年确定为志愿服务"项目建设年"的工作思路表示普遍认同。大家一致认为,志愿服务项目是开展青年志愿者工作的基本载体。通过在不同领域实施各类志愿服务项目,可以把社会的需求和青年参与的需求有机结合起来,从而把服务大局、服务社会、服务青年落到实处。目前,虽然已经实施了西部计划、扶贫接力计划、海外服务计划等重点项目,也取得了比较好的效果,但总体来看,与经济社会发展的要求相比,还有大量的服务领域、服务项目需要拓展。志愿服务项目建设是一个系统工程,要探索规律、注重规划,着力深化、强化管理,加强协调、突出重点。大家表示,要按照本次会议的部署,以项目建设为重点,带动志愿服务的组织、队伍、机制等各项建设,促进青年志愿服务事业全面发展。

为贯彻落实周强同志、赵勇同志讲话精神,更好地推进2005年青年志愿者工作,加快青年志愿者事业的发展,我想再讲三点意见。

1.重整合。青年志愿者行动是一项社会事业,它的发展既需要社会各界的广泛参与和大力支持,也需要对各种资源和组织进行充分而有效的整合,形成推动事业发展的合力。一是资源整合。要进一步整合团内资源,青年志愿者行动涉及团的多个部门、多条战线,要加强团的各个部门、各条战线的协调合作,全团一盘棋，共同推进这项工作。要进一步借助行政资源，加强与政府部门的紧密合作，围绕党政中心工作开展服务，积极争取党政部门的政策和资金支持，进一步探索“政府购买服务”的好做法、好机制、好项目。要积极推进志愿服务立法工作，为志愿服务事业的发展营造良好的法律和政策环境。要进一步争取社会资源，继续通过包括市场化手段在内的多种方式，争取企业及社会各界的支持，不断增强事业发展的物质保障。志愿者工作是一项与国际接轨的事业，要通过志愿服务方式积极参与国际合作与交流，借鉴国外志愿服务领域的好经验、好机制。二是组织整合。共青团是中国青年志愿者行动的倡导者，是推动中国志愿服务事业发展的主要力量，这是在志愿服务发展的实践中形成的。共青团具有组织优势和动员优势，在开展志愿服务工作方面积累了大量的经验，肩负着推动志愿服务事业发展的光荣任务。要不断拓展青年志愿者行动的内涵，树立动员引导各类社会公众参与志愿服务的意识，通过志愿服务立法、争取民政等部门支持等方式，将社会上的各类志愿者组织进行有效整合，扩大志愿服务组织的覆盖面和影响力，更好地发挥指导和协调全国志愿者工作的核心作用。要充分发挥各级青年志愿者协会的职能，提高协会理事会成员的社会化程度，不断完善协会理事会和秘书处制度，充分调动社会方方面面的积极性。这次工作会议与理事会套开，团中央书记处常务书记、中国青年志愿者协会理事长赵勇同志专门听取部分理事关于志愿服务事业发展的意见，争取他们的支持。总之，要通过资源整合和组织整合，促进形成社会各界支持志愿服务事业发展，踊跃参与志愿服务的良好局面。

2. 重创新。青年志愿者事业是一项创新的事业。青年志愿者行动的诞生，源自青年工作的创新。青年志愿者行动发展的历史，就是一段创新的历史。青年志愿者行动在努力探索和创新中，不断适应中国经济社会发展的变迁，不断实现新发展。一要创新项目。志愿服务项目是公众参与志愿服务的最普遍的途径。项目创新应该作为创新工作的重中之重。要通过项目创新，带动志愿者队伍创新和工作机制创新，推动事业的发展。要根据社会的需求和公众参与的愿望，不断拓展新的服务领域，不断推出新的服务项目，逐步建立起全国项目与地方项目相得益彰、长短项目齐头并进、不同领域项目各具特色的志愿服务项目库，并推出形式多样的志愿服务项目菜单，为更多公众参与服务提供便利。当前，要把关注弱势群体、把握需求、适应变化、完善服务作为项目创新的重点。同时，各地要结合实际，加强地方项目创新工作。二要创新载体。青年志愿者事业的蓬勃发展，是依靠许多行之有效的工作载体和工作手段来实现的。要继续借助电视、报纸、广播等传统媒介，不断加强和完善原有载体，不断推进工作。要充分利用网络、手机短信等新的载体，不断创新服务平台、交流平台、工作互动平台，创新志愿服务工作展示和发展的载体。在志愿服务组织者和社会公众之间搭建开放的服务平台，可以有效解决参与服务和接受服务“两个便利化”的问题，更广泛地动员社会公众参与到志愿服务中。三要创新机制。机制创新是创新的核心环节。要在坚持“党政支持、共青团承办、项目化管理、社会化运作”、对口支援、扶贫接力、“一助一”结对等工作机制的基础上，不断创新工作方式和工作手段，在创新中完善机制，在创新中谋求更大发展。要在总结经验、把握规律的基础上，针对目前事业发展中存在的突出问题和制约事业发展的瓶颈，如社会参与度不够高、参与面不够广、参与服务便利化和接受服务便利化还没有很好实现等问题，不断创新工作思路和工作方法，开拓新领域，建立新机制，以创新的精神和方法解决事业发展中存在的问题。要着眼建立志愿服务长效机制，不断推动动员招募、培训派遣、管理服务、评估激励、国际合作等内部运行机制和协调合作、筹资、法律支持等外部保障机制的创新，为志愿服务事业的发展提供良好的机制环境。

3. 重建设。近年来，青年志愿者行动发展迅速，成效显著，有了良好的工作基础，但对于整个事业的发展而言，还有巨大的发展潜力和广阔的发展空间。我们要继续按照“着眼发展，着力建设”的基本思路，坚持开展活动、实施项目与建设并举，在不断拓展和深化志愿服务项目和活动的同时，把建设放到更加突出的位置来抓。一要加强网络建设。要大力加强组织网络建设。大力推进各级志愿者专门工作机构的建设，各省要积极争取党政支持，因地制宜，逐步建立志愿者工作部、志愿者行动指导中心等志愿服务专门工作机构，提高协调指导志愿者工作的能力；继续推进志愿服务基地、服务站的建设，在每个青年中心都要建立志愿服务站，扩大基层服务网络的覆盖面，切实提高服务能力；进一步加强各级志愿者协会特别是地（市）、县级协会的建设，形成自上而下、层次完备的志愿服务协会体系。不断加强组织网络建设，实际上也是不断加强工作网络建设，不断延伸服务网络，从而真正实现志愿服务事业对全社会的覆盖。二要加强队伍建设。要继续抓以重点项目、重点领域、重点单位和重大节庆等为主要契机的志愿者注册工作，坚持重点招募与普遍招募相结合，集中招募与经常性招募相结合，骨干队伍建设与一般队伍建设相结合，不断壮大志愿者队伍；要不断探索完善网上注册制度，把服务需求和服务可能有机结合起来，满足公众多种方式参与志愿服务的需求，解决好参与志愿服务便利化的问题；要加强专业志愿者队伍的建设，强化志愿服务理念和服务技能的培训，提高志愿者队伍的服务能力和综合素质；要进一步完善信息管理系统，通过建立青年志愿者人才信息库，充分发挥共青团网络人才的优势，更好地承担党和政府交给的任务。三要加强制度建设。制度建设是确保志愿服务事业长远发展的关键。青年志愿者事业经过十几年发展，在招募、培训、管理、服务等方面形成了一些行之有效的办法和制度。建立长效机制的过程，实际上是一个对工作思路、工作方式、工作手段、工作内容进行逐步完善和规范的过程，是一个制度建设的过程。无论是在法律环境、政策保障、资金筹措、舆论宣传等志愿服务外部保障机制建设方面，还是在动员招募、管理服务、考核评估、表彰激励等志愿服务内部运行机制建设方面，都客观存在着探索、归纳、总结和规范的过程。要以制度建设的深入推进，确保各项机制的良好运转，确保志愿服务事业的长远发展。四要加强理论建设。理论建设对于推进志愿服务事业具有前瞻性和指导性作用。要加强志愿服务理论研究，挖掘志愿精神内涵，探索志愿服务发展的基本规律，借鉴志愿服务发展水平较高国家的成功经验，逐步建立科学完善的志愿服务理论体系，切实提高指导志愿服务实践的能力。当前，尤其要加强对志愿服务在落实科学发展观、构建社会主义和谐社会中的重要作用的研究，充分发挥志愿服务的强大动员力，引导更多社会公众为推动社会主义和谐社会建设，促进经济社会协调发展做贡献。

各位理事、同志们，2005 年的青年志愿者工作面临着重要的发展机遇，同时也肩负着光荣而艰巨的任务，可以说是承上启下、继往开来，争取实现跨越式发展的重要一年。各地要认真学习领会、全面贯彻落实周强同志和赵勇同志的讲话精神，按照会议的具体部署，继续坚持服务大局、服务社会、服务青年的方针，坚持“着眼发展，着力建设”的基本思路，振奋精神，齐心协力，求真务实，开拓创新，全面推进青年志愿服务事业深入持续发展，为全面落实科学发展观、构建社会主义和谐社会做出新的更大的贡献。

杨岳在2005年大学生志愿服务西部计划电视电话会议上的讲话

2005年4月15日,根据录音整理

大学生志愿服务西部计划实施近两年来,党中央、国务院亲切关怀,有关部门大力支持,全团上下精心组织,大学生志愿者甘于奉献,各项工作进展顺利,取得了阶段性显著成效。在今天的会议上,周强书记、袁贵仁副部长、侯建良副部长将分别作重要讲话。在此,我就2004年的工作实施情况和2005年的工作安排作简要介绍。

一、2004年西部计划深入实施、富有成效

一是实施规模有所扩大。中央财政投入8700万,比2003年增加3700万,使总体实施规模有所扩大。全国项目和地方项目的总人数达到17132人,比2003年增加了近7000人。其中,全国项目的实施规模为10193人,比2003年增加了4000多人,18个省(区、市)参照全国项目实施的地方项目总人数达到了6939人。服务的中西部地区贫困县比2003年也增加了近100个,总数超过300个。

二是服务领域进一步拓展。2004年,在继续将工作重点放在西部地区急需的教育、医疗卫生、农业科技等领域以及青年中心建设和管理的基础上,与全国远程办联合实施了全国农村党员干部现代远程教育试点工作志愿服务行动,向山东、湖南、贵州、安徽等省的全国试点地区选派了1062名具有较高政治素质和专业素质的大学生志愿者,开展远程教育志愿服务工作;与中宣部、中央文明办、文化部联合开展了“百县千乡宣传文化工程”志愿服务行动,向中、西部20个省(区、市)选派了200名具有文艺特长的大学生志愿者,参与农村文化站的建设和管理;与最高人民检察院联合开展了西部基层检察院志愿服务行动,选派了近400名法律专业的志愿者,充实了西部地区基层检察机关的力量。此外,还开展了全国农村公共卫生体系志愿服务项目试点工作,专门招募75名医疗卫生专业的大学生志愿者在38名在职青年医师的带领下,分赴河北张北县、内蒙古喀喇沁旗、宁夏固原市开展服务。专项行动的实施,进一步体现了按需招募的原则,拓宽了志愿服务领域,增强了西部计划的针对性和实效性。

三是管理服务工作进一步完善。在日常管理服务工作中,逐步建立起全国项目办主导,省级项目办协调,县级项目办与用人单位落实和志愿者自我管理的四级管理架构;修订了《各级项目办职责》和《西部计划志愿者管理办法》;管理权限下移,进一步明确“谁用人、谁受益、谁负责”的原则;完善了重大事件通报制度、联络员制度等;对于不同地区的工作和问题进行分片指导,分类解决,先后召开了西部计划西南片和西北片服务县工作会议;组成志愿服务督导团,就西部计划的实施情况和各级项目办的管理服务情况进行督促、检查;对于全国农村党员干部现代远程教育试点工作志愿服务行动、西部基层检察院志愿服务行动等新实施的专项行动,实行专人负责、专项管理。

去年以来,西部计划工作机制不断完善,社会影响不断扩大。概括起来,主要有四个方面的成效。

一是西部计划在广大青年学生中树立起到西部基层建功成才的积极导向。西部计划高扬理想的旗帜，弘扬了社会新风，以责任激励青年，以奉献感召青年，以事业凝聚青年，成为新时期加强大学生思想政治工作的有效途径。志愿者立足基层建功立业的事迹，在高校大学生中引起了强烈的共鸣，参与志愿服务，到西部去、到基层去、到祖国最需要的地方去已成为高校毕业生的一个重要选择。2004 年西部计划招募的短短十几天，就有 49615 名应届毕业生踊跃报名。今年 3 月份以来，我们已经接到许多高校低年级学生和毕业生的咨询电话，表达了到西部、到基层奉献创业的强烈愿望。

二是西部计划为西部、为基层的群众带来了实惠。大学生志愿者以满腔的热情和丰富的知识，为西部、为基层的群众办了大量实事、好事。在教育岗位上，志愿者主动申请到乡村，到条件最艰苦的地方服务。他们每周都主动担负大量的教学任务，大大增强了西部基层的师资力量。在甘肃榆中县，43 名支教志愿者的到来，缓解了当地缺乏英语、计算机教师的燃眉之急。在广西、四川、云南、新疆等地服务的志愿者还在支教之余纷纷自发建立助学基金，资助贫困学生完成学业。服务于四川乐至的大学生志愿者，在全县 25 个乡镇全部建立了农林科技志愿服务基地，重点为农民朋友提供畜禽养殖、果蔬栽培及病虫害防治的技术指导。40 多名在河北张北县参加支医服务的志愿者，在青年医师的带领下，深入农村开展了“结核大扫除”普查治疗行动，诊治病人 1280 人，推动了当地公共卫生防疫体系建设。2004 年 9 月，重庆开县遭遇 200 年来罕见的特大暴雨袭击时，在开县服务的 58 名志愿者积极投身抗洪抢险工作，还从自己微薄的生活补贴中拿出一部分捐给灾区群众。

三是西部计划促进了一支优秀青年人才队伍的健康成长。大学生来到西部基层，来到人民群众之中，增进了与人民群众的感情，培养了吃苦耐劳的精神，增强了社会责任感，提升了精神境界，真正做到了知国情、增阅历、长才干。他们中有的成为学校教学骨干，有的成为科技致富的带头人，有的医术得到明显提高，有的被所在县党委政府委以重任。在贵州织金服务的志愿者中，已有 10 人被乡党委政府任命为副校长，7 人担任校教导副主任，4 人担任校团委书记。在新疆生产建设兵团服务的 284 名非党员志愿者中，有 77 人递交了入党申请书。在去年的农村基层党组织换届选举中，在重庆服务的王寿波和在四川服务的周毅分别以高票当选为村支书。

四是西部计划促进了人才资源的合理配置。西部计划采取公开招募、自愿参与的方式，探索了一条通过志愿服务配置人才资源的新途径，促进了高校毕业生的合理流动。两年来，西部计划全国项目和地方项目已动员近 3 万名大学毕业生到西部基层服务。通过在基层的服务，许多志愿者树立了正确的就业观，认识到在西部基层可以充分展示自己的才华和能力，大有可为。据不完全统计，有 30% 的大学生志愿者服务期满后，留在西部服务地工作。

西部计划实施以来特别是去年以来的生动实践，使我们进一步体会到，西部计划符合科学发展观和构建社会主义和谐社会的要求，符合青年学生成长成才的规律，符合西部和经济欠发达地区的急需，有效地服务了大局、服务了社会、服务了青年，蕴涵着巨大的生命力和广阔的发展空间。

二、扎实推进 2005 年西部计划的各项工作

2005 年，共青团中央、教育部、财政部、人事部将继续共同实施西部计划。今年西部计划全国项目的总体实施规模为 11300 人，比 2004 年略有增加。其中，除 2004 年招募的

2年期志愿者外，新招募8621名普通高校应届毕业生，到西部12省（区、市）和湖北恩施、湖南湘西两个自治州以及海南部分地区贫困县的乡镇一级从事为期1—2年的教育、卫生、农技、扶贫以及青年中心建设和管理等方面的志愿服务工作。同时，配合中央关于开展全国农村党员干部现代远程教育扩大试点工作的总体部署，与全国远程办、教育部共同实施全国农村党员干部现代远程教育扩大试点工作暨农村中小学现代远程教育工程志愿服务行动，规模2000人左右；继续实施“百县千乡宣传文化工程”志愿服务行动，实施规模稳定在200人；继续实施西部基层检察院志愿服务行动，实施规模为500人左右；同时，与司法部共同启动实施西部基层法律援助志愿服务行动，规模100人左右。

总体来看，今年西部计划实施规模有所扩大、专项行动工作要求更高、就业服务任务更加艰巨。我们既要认真总结项目实施两年来的经验，又要客观认识今年工作的复杂性和艰巨性。各级团组织要在教育、财政、人事等部门的大力支持下，进一步加强领导、注重统筹，密切配合、形成合力，精心组织、狠抓落实，全面推进西部计划的各项工作。

第一，加强领导，密切配合，形成工作合力。一要切实加强项目领导机构建设。今年的西部计划，涉及到多个专项行动、多家主办单位，涉及到全国大部分省、区、市，其中包括东、中部和东北地区。不管工作量的大小，凡是西部计划涉及到的省份，都要积极争取党委政府领导的关心和支持，建立健全由共青团、教育、财政、人事以及远程办、检察院、宣传部门、司法部门等多单位组成的项目领导机构，形成既统一领导、又密切协作的领导机制。二要切实加强项目管理机制建设，做到全国、省、地（市）、县和高校项目办职责明晰、分工协作，信息畅通、相互支持，组织完善、运转有序。要积极争取有关部门的支持，探索建立定期交流与合作的协调议事制度。要积极争取社会支持，加强与社会有关单位、各界人士的交流与合作，让全社会都来关心和参与西部计划的各项工作。共青团组织担负着西部计划工作的具体组织实施工作，要与团内各条战线的重点工作有机结合起来，进一步加强项目办各工作组的协作与配合，形成合力。

第二，注重导向，保证质量，做好动员招募工作。一要加大宣传力度，进一步提升西部计划的导向作用。要站在落实科学发展观和构建社会主义和谐社会的高度，积极配合大学生思想政治工作，全方位、多角度、深层次、大声势地开展西部计划的宣传工作，进一步突出西部计划时代意义的宣传，突出志愿服务理念的宣传，突出扎根西部基层就业创业的大学生志愿者典型的宣传，在广大高校学生中继续唱响“到西部去、到基层去、到祖国最需要的地方去”的主旋律，形成参加西部计划光荣、投身西部基层大有可为的积极导向。二要进一步体现按需招募，保证招募质量。要坚持数量和质量、规模和效益的有机统一，在确保完成招募数量的同时，切实提高招募质量。各级项目办、招募省与服务省要密切沟通，认真贯彻按需招募、按岗选派原则，坚持以本科生及以上学历为重点，依托“招募管理信息系统”等技术平台，尽量把岗位需求和志愿者提供服务的可能相对接，选拔更多符合西部地区需求、思想过硬、品学兼优、身体健康、有奉献精神的毕业生。

第三，把握特点，通力协作，精心组织专项行动。一要巩固支教、支医、支农和青年中心建设与管理等专项行动。这四个专项行动，是共青团组织近年来经过不断努力、积极探索而逐步形成的。对于支教专项行动，要进一步体现按需招募，体现教育教学规律，以2年期服务为主，做好志愿者的岗前、岗中的培训实习工作，真正做到学以致用；对于支医专项行动，要大力探索在职青年医师带领支医大学生志愿者“1+1”的服务模式，进一步深化“全国农村公共卫生体系志愿服务试点项目”，更好地为西部基层群众提供医疗卫生服务；对于支农专项行动，要加大农业实用技术推广的力度，进一步探索和建立志愿者参与农村科技人员培训工作的机制，为农村培养一批批“不走的技术员”；对于青年中心建设与管理专项行动，要进一步发挥志愿者的骨干作用和志愿服务的资源整合作用。二要精心组织全国农村党员干部现代远程扩大试点工作暨农村中小学现代远程教育工程志愿服务行动。今年，全国远程办、教育部和团中央将根据“整合资源、量力而行，突出重点、统筹兼顾，积累经验，示范带动”的原则，选拔2000名左右的大学生志愿者到贵州、四川、新疆、湖南、山西、河南、辽宁、吉林、黑龙江、山东、江苏、浙江等12个扩大试点省（区）以及安徽省金寨县的乡镇、村党员干部现代远程教育终端接收站点和农村中小学，开展为期1年的志愿服务工作。为体现示范导向作用，全国项目志愿者按适当比例分配到全国部分试点地区，没有全部覆盖全国试点地区，这就需要各有关省（区）团委、教育部门与组织部、远程办积极协作，在做好全国项目的同时，积极争取地方财政支持，整合利用本地资源，进一步拓宽资金来源和志愿者招募渠道，借鉴已有工作模式和初步工作经验，在本省（区）更大范围组织实施远程教育志愿服务行动。这项工作的总体实施安排，将由全国远程办、教育部和团中央近期下发通知进行专项部署。各有关省（区）要做好相关准备工作，当务之急就是各团省（区）委与教育厅、远程办要充分沟通、协商，根据即将分配给省（区）里的名额，合理制定派遣方案，确定志愿服务岗位报全国项目办。三要继续深化“百县千乡宣传文化工程”志愿服务行动和西部基层检察院志愿服务行动。这两个专项行动分别派遣200名和500名志愿者，基本稳定在去年的规模，要进一步巩固成果，总结规律，深入实施。四要认真实施西部基层法律援助志愿服务行动。做好启动实施工作，积累经验。

第四，狠抓落实，拓宽渠道，做好就业服务工作。就业服务工作是今年西部计划工作的重点。2003年2年期和2004年1年期服务期满需要就业的志愿者共有7279名。做好今年的就业服务工作，关系到西部计划的成效和长远发展。一要狠抓各项政策的落实工作。要切实抓好2003年八项政策和2004年六项政策的落实。我们将适时派出督导检查组赴有关省（区）检查政策的落实情况。各级项目办要高度重视，周密部署，将已出台的各项政策落到实处，并积极争取党政支持，制定有利于志愿者就业创业的新政策措施。二要多渠道为志愿者的就业创业提供服务。中央有关部委将结合自身优势，通力协作，共同做好大学生志愿者就业服务工作；要充分整合资源，通过组织青联委员企业家西部招募团、建立西部创业基金等多种形式，开展就业服务工作；要进一步加大就业创业信息服务力度，通过开通就业服务热线、与社会有关单位和企业合作等方式，为大学生志愿者提供及时、便捷和高效的就业信息服务；还要注重职业技能培训、求职择业指导等服务，提高志愿者的就业创业能力。三要加强大学生志愿者的就业引导工作。要突出主题，深度挖掘，大力宣传服务和扎根西部就业和创业的志愿者典型，解决志愿者实际困难，畅通志愿者扎根西部、扎根基层的渠道，鼓励志愿者到企业建功立业和大力倡导自主创业，促进志愿者转变就业观念，形成到西部基层就业创业的良好导向。四要健全就业服务工作机制。要逐步建立志愿者就业情况报告、公布、督察和评估制度。我们将逐步把就业率指标纳入西部计划考核评估制度。在建立志愿者人才库、充分掌握志愿者就业需求的基础上，对志愿者服务期满后就业创业的情况要及时进行跟踪调查，并力所能及地提供有效的服务。

第五，完善制度，落实责任，提高管理工作水平。一要不断完善志愿者管理制度。按照《大学生志愿服务西部计划志愿者管理办法（试行）》的规定，坚持“谁用人、谁受益、谁负责”和培养与使用并重的原则，结合本地实际和各专项行动的特点，细化管理工作制度，落实管理工作措施，进一步加强志愿者的管理。二要落实志愿者管理工作责任。总体讲，志愿者管理工作是各级项目办的共同责任。但具体来讲，志愿者绝大部分时间在服务县工作和生活，因此，服务县在志愿者管理中发挥着重要作用，肩负着主要的管理职责。服务县项目办和有关单位对志愿者的管理工作责无旁贷，是第一责任人。服务县项目办具体负责协调服务单位落实志愿者服务岗位、免费住宿以及安全、健康、卫生等后勤保障，帮助解决志愿者遇到的困难和问题，对志愿者的服务工作进行考核评估。要依据全国项目办颁行的有关安全、健康方面的管理制度，建立健全符合本地实际的详细安全、健康管理措施。三要加强志愿者的自我管理和服务。通过普遍建立临时党团组织、志愿者俱乐部等多种形式，强化志愿者自我管理、自我服务，加强志愿者之间的交流。四要加强志愿者管理工作的督促检查、指导和评估。全国项目办和各级项目办将从社会各界聘请督导员，将阶段性督导与日常性督导相结合。对西部计划的总体实施情况，分阶段进行评估。把经过实践检验、具有一定规律性的成果及时转化为有关政策，为志愿服务在更宽领域、更深层次发挥作用提供新的支撑和保障。

第六，统筹兼顾，因地制宜，广泛实施地方项目。一要高标准认真实施全国项目。这是顺利推进西部计划整体工作的重要基础和前提。要结合实际，创新工作思路和工作方法，严格标准，落实要求，使全国项目在本地发挥更大的作用。二要推动实施地方项目。要积极争取地方财政、组织人事等部门的支持，通过省内发达地区支持欠发达地区、城市支持农村等方式，普遍开展地方项目。已经实施地方项目的，要认真总结经验，完善工作机制，继续深入实施；没有启动地方项目的，要积极创造条件开展起来。三要统筹兼顾全国项目和地方项目。地方项目的实施要与全国项目统筹兼顾，齐头并进，相互补充，相得益彰，切忌顾此失彼。在普遍开展地方项目的过程中，要处理好规模和效益的关系，坚持从实际出发，量力而行，做到效益优先。地方项目纳入全国项目的表彰范围，志愿者享受同等政策待遇。

同志们，西部计划的显著成效和重要意义，必将激励我们继续以只争朝夕的责任感和使命感，努力做好今年的各项工作。让我们在“三个代表”重要思想指引下，紧密团结在以胡锦涛同志为总书记的党中央周围，齐心协力、开拓创新，求真务实、埋头苦干，进一步推进西部计划的深入健康发展，为落实科学发展观、全面建设小康社会和构建社会主义和谐社会不断做出新贡献。

杨岳在全团加强和改进大学生思想政治教育工作会议上的总结讲话

2005年5月18日

全团加强和改进大学生思想政治教育工作会议即将结束。这次会议是共青团贯彻落实中央16号文件和全国加强和改进大学生思想政治教育工作会议精神、部署推进加强和改进大学生思想政治教育工作的一次重要会议。中央领导同志对这次会议高度重视，中共中央政治局委员王兆国同志专门听取了汇报，并对开好这次会议作了明确的指示。上午，周强同志作了重要讲话，对共青团下一阶段做好大学生思想政治教育工作进行了部署。北京、上海、湖北团省(市)委和清华大学、北京大学、西安交通大学团委分别从不同的角度，介绍了各自加强和改进大学生思想政治教育工作的成功经验和工作规划，与会代表围绕如何更好地贯彻落实中央精神、发挥共青团的优势和特点做好大学生思想政治教育工作进行了热烈的讨论，在很多重大的问题上取得了高度共识。同志们一致认为，会议进一步统一了思想，理清了思路，明确了任务，对于共青团组织做好大学生思想政治教育工作具有重要意义。下面，我代表团中央书记处对本次会议作一简要总结。

一、关于本次会议形成的共识

1. 与会同志一致认为，以胡锦涛同志为总书记的党中央作出加强和改进大学生思想政治教育的重大决策体现出政治上的远见卓识。同志们在讨论中普遍谈到，大学生是十分宝贵的人才资源，是民族的希望、祖国的未来，大学生的思想政治素质如何，关系到中国特色社会主义事业的长远发展和国家的长治久安。党中央去年继抓未成年人思想道德建设后就加强大学生思想政治教育专门下发文件，召开了专门工作会议，作出全面部署，胡锦涛总书记发表重要讲话，这是党中央站在党和国家全局的战略高度作出的重大决策，充分体现了以胡锦涛同志为总书记的党中央对青年学生的高度重视、无限关爱和政治上的远见卓识，具有重大的现实意义和深远的历史意义。同志们也认为，加强和改进大学生思想政治教育既是全面建设小康社会、实现中华民族伟大复兴的战略要求，也是巩固党的青年群众基础、提高党的执政能力的政治要求；既是确保我国在激烈的国际竞争中立于不败之地的必然要求，又是大学生自身健康成长、全面发展的内在要求；只有把大学生培养造就成具有坚定理想信念和良好道德修养、掌握现代化建设所需要的丰富知识和扎实本领的中国特色社会主义事业合格建设者和可靠接班人，党在青年中的群众基础才能够得到巩固，国家、民族发展的宏伟目标才能够得到实现。同志们认为，党和国家历来高度重视大学生的思想政治教育，当代大学生思想政治状况的主流是积极、健康、向上的。但随着时代发展和社会变革，大学生思想政治教育也面临着严峻挑战。因此，中央作出加强和改进大学生思想政治教育工作的重大决策，非常及时，非常必要。

2. 与会同志一致认为，共青团组织在加强和改进大学生思想政治教育中承担着光荣的使命，一定能够大有作为。胡锦涛总书记和李长春同志在全国加强和改进大学生思想政治教育工作会议上的重要讲话以及中央16号文件都明确指出，共青团是党领导下的先进青年的群众组织，是党的助手和后备军，在大学生思想政治教育中具有重要作用。这充分体现了以胡锦涛同志为总书记的党中央对共青团的充分信任和殷切期望，同志们倍感振奋，备受鼓舞，同时也感到使命光荣、责任重大。同志们认为，中央领导同志的讲话和中央16号文件既是共青团做好大学生思想政治教育工作的指导性文件，同时也为共青团全面加强自身建设、全面活跃各项工作指明了方向。同志们也一致认为，共青团作为党的助手和后备军，在加强和改进大学生思想政治教育方面承担着重要职责，必须发挥“党有号召、团有行动”的光荣传统，把加强和改进大学生思想政治教育作为当前首要政治任务切实抓紧抓好。同时，高校共青团工作在大学生思想政治教育的第一线，是青年学生自己的群众组织，和大学生有着天然的密切联系，具有做好大学生思想政治教育工作的独特优势和丰富经验，因此有能力有信心把这项关系祖国未来和国家前途命运的大事做好。同志们认为，这次会议进一步明确了共青团担负的职责，进一步明晰了工作思路，只要按照这次会议的要求和周强同志的讲话要求，扎实推进各项工作，共青团组织就一定能在加强和改进大学生思想政治教育中做出新贡献。

3. 与会同志一致认为，共青团组织加强和改进大学生思想政治教育要充分发挥实践育人、文化育人、服务育人和组织育人的优势。同志们认为，周强同志的讲话全面总结阐述了共青团组织加强和改进大学生思想政治教育的工作理念和思路，具有很强的思想性、指导性和操作性。同志们认为，共青团做好大学生思想政治教育工作就一定要充分发挥实践育人、文化育人、服务育人和组织育人的优势。事实证明，这“四个育人”是共青团组织加强和改进大学生思想政治教育的行之有效的方法。各级共青团组织要进一步广泛组织开展“三下乡”、“四进社区”等社会实践活动，帮助大学生更好地了解社会、了解国情，增长才干、锻炼毅力、培养品格，进一步坚定跟党走中国特色社会主义道路的信念；要精心组织主题鲜明、形式多样的校园文化活动，把德育、智育、体育、美育有机结合起来，寓教于乐，润物无声，使大学生在活动中思想感情得到熏陶、精神生活得到充实、道德境界得到升华；要通过关心和服务经济困难大学生、推进大学生心理健康教育、服务大学生就业创业等途径，帮助大学生解决在成长过程中遇到的具体困难，把解决思想问题与解决实际问题结合起来，使思想政治教育既讲道理又办实事，既以理服人又以情感人；要不断加强和创新基层团组织建设，加强对学生会、学生社团等学生组织的指导，提高团学组织的凝聚力和战斗力。同志们认为，“四个育人”工作理念的总结，既为我们下一段工作奠定了基础，也极大地增强了我们做好工作的信心。

4. 与会同志一致认为，共青团组织加强和改进大学生思想政治教育就要以“大学生素质拓展计划”为统揽，全面落实《实施意见》中的10项工作。本次会议下发了《共青团中央关于进一步加强和改进大学生思想政治教育的实施意见》，同时还配套下发了若干具体实施意见。同志们在讨论中一致认为，这些文件全面规划和部署了共青团组织加强和改进大学生思想政治教育的工作任务，思路清晰、目标明确、任务具体。同志们认为，《实施意见》中明确指出共青团组织加强和改进大学生思想政治教育，必须坚持以“大学生素质拓展计划”统揽各项工作，这一点非常重要。很多同志在发言中都谈到，提高大学生思想政治素质必须与服务大学生成长成才的现实需求紧密结合起来。“大学生素质拓展计划”作为高校共青团工作的统揽，其基本内容就是进一步整合深化“第二课堂”有助于学生提高综合素质的各种活动和工作项目，以思想政治与道德素养、社会实践与志愿服务、科技学术与创新创业、文体艺术与身心发展、社团活动与社会工作、技能培训等六方面内容为经，以职业导航设计、素质拓展训练、建立评价体系和强化社会认同四个实施环节为纬，引导和帮助广大学生完善知识结构，提高技能素质，促进全面发展。计划突出了服务学生成才就业这个根本利益，符合思想政治教育“坚持解决思想问题与解决实际问题相结合”的基本原则，而且正式写入了中央16号文件，因此必须毫不动摇地推进“大学生素质拓展计划”。同志们认为，这次会议强调的10项工作全面系统，构成了一个有机的整体。全团要牢牢扭住“大学生素质拓展计划”这个龙头，紧紧围绕10个方面的工作任务，扎实推进、全面落实，开创大学生思想政治教育的新局面。

二、关于下一段的工作

这次会议不仅是全团加强和改进大学生思想政治教育的总结交流会，同时也是共青团加强和改进大学生思想政治教育工作再动员、再部署、再推动的会议。全团特别是高校共青团要深入学习领会中央16号文件和胡锦涛总书记、李长春同志、陈至立同志的重要讲话精神，按照周强同志的讲话要求，深入扎实地推进各项工作，在加强和改进大学生思想政治教育中发挥重要的作用。当前要重点加强三方面的工作。

首先，要在贴近上下功夫。坚持以人为本，贴近实际、贴近生活、贴近学生，是加强和改进大学生思想政治教育工作的一条重要指导思想。贴近实际，就要求我们的工作必须脚踏实地；贴近生活，就要求我们的工作必须融入大学生的衣食住行，要深入教室、深入食堂、深入宿舍，了解情况、把握需求；贴近学生，就要求我们想学生之所想、急学生之所急，发挥大学生的主体作用，真正调动起广大同学的积极性、创造性，把工作做到大学生的心坎上。要关注热点。学生群体中的热点问题会经常随着社会环境的变化而变化，在特殊情况下某些热点问题还有可能激化，因此必须高度关注。要深入学生开展调查研究，准确把握大学生思想认识的时代特点，准确把握大学生成长发展的实际需求，准确把握大学生关心、关注的热点问题。要引导热点。当前学生关注的热点问题总的来说较为分散，涉及学习、生活、就业等很多方面。但近来随着日本右翼势力的抬头，大学生中反日情绪有逐渐升温的趋势，如果掌握不好，就极有可能对社会稳定造成影响，因此必须注意引导热点，分散热点。要培育热点。要抓住与学生切身利益密切相关的问题，从战略全局的高度，以培养学生社会责任感为重点，着力培育积极健康、有利稳定的校园热点。要建设主流的校园文化，唱响主旋律，形成正确导向。要占领网络阵地，加强网络教育、网络文化建设，加强正面引导，加强有害信息的管理和防范，掌握网上舆论的主导权。

其次，要在活跃上下功夫。面对学习、就业、交友、生活等成长发展中的诸多问题，大学生的心理压力普遍增大，存在一定的心理焦虑。共青团、学联组织要通过创造积极进取、轻松活跃的校园文化，营造和谐的校园秩序和人际关系，为大学生健康成长创造有利的条件和氛围。要活跃基层班团组织。班团支部是高校共青团工作的基础，在加强和改进大学生思想政治教育中具有不可替代的重要作用。要进一步巩固基层班团组织，努力调动班团支部建设的主动性、积极性和创造性，充分发挥对大学生的思想教育引导功能。要活跃学生会组织。高校学生会、研究生会是学生进行自我服务、自我管理、自我教育的重要组织。高校团组织要加强对学生会组织的指导，同时要充分发挥学生会组织在维护学生权益、服务学生需求、活跃校园文化等方面的重要作用，努力扩大学生会组织在大学生中的群众基础，增强学生会组织的吸引力、凝聚力和动员力，更好地为加强和改进大学生思想政治教育服务。

要活跃学生社团。学生社团在活跃校园文化的过程中承担着重要职责，对形成积极、健康、向上的校园文化氛围具有重要作用。要进一步热情扶持、积极引导、严格规范学生社团的发展，丰富和活跃社团活动，努力使学生社团成为校园文化建设的中坚力量。

第三，要在建设上下功夫。长期以来，高校共青团组织一手抓活动，一手抓建设，积累了丰富的经验，取得了扎实的成效。在新形势下，要更加强调狠抓建设，进一步夯实大学生思想政治教育的工作基础，夯实高校共青团的工作基础。要抓好网络阵地建设。大学生日常获取的信息70%—80%来自网络，随着互联网技术的进一步发展和普及，网络不但为大学生获取信息提供便捷的服务，还影响到了大学生的生活方式、情感交流等方方面面。网络建设好了，能够成为大学生思想政治教育的左膀右臂；建设不好，将会产生不容小视的反面作用。要加强网上舆论的引导，着力培养一大批网络骨干，重点扶持校园“红色网站”的发展。要抓好大学生思想动态监测预警机制建设。高校稳定关系到社会稳定，要始终站在大局的高度，切实做好维护高校稳定工作。要防患于未然，进一步完善监测预警机制和应急处理机制，准确把握大学生思想动态，通过深入细致的工作，早发现、早处置、早化解，掌握工作主动权。今年四五月份波及全国的民间涉日游行活动，时间长、规模大、范围广，各地各校团组织在党委的领导下，按照中央统一部署，做了大量细致艰苦复杂的工作，持续一个多月坚持24小时值班，及时上报沟通信息，深入学生中间做思想工作，开展丰富多彩的校园文化活动，加强对学生的正面引导，从而保证了高校的稳定，为维护社会稳定做出了积极的贡献。经过这次事件，我们深切体会到，在全面建设小康社会、构建社会主义和谐社会的过程中，维护社会稳定具有极其重要的意义，高校共青团干部要把维护高校稳定作为一项长期重要的工作切实抓紧抓好，尤其要抓紧建设大学生思想动态监测预警机制，及时准确把握大学生思想动态，为做好稳定工作打下坚实的基础。同时要加强对高校团干部的培训，全面提高应对突发事件的能力。要抓好理论建设。新形势下加强和改进大学生思想政治教育面临很多新情况、新任务、新课题，对高校共青团提出了更高要求，必须高度重视理论建设，深入研究当代大学生的特点，深入研究思想政治工作的新方法、新载体、新途径，进一步研究、把握大学生思想政治教育的规律。要通过多种方式，鼓励和促进高校团干部深入开展理论研究，形成成果，展示交流，共同提高。

这次会议结束以后，希望同志们尽快结合本地本校实际，研究贯彻落实的意见，形成本地区本单位共青团加强和改进大学生思想政治教育的实施意见，提出具体举措。要把本次会议特别是周强同志的重要讲话精神及时向各级团学干部传达贯彻，抢抓机遇，迅速行动，形成高潮。这里再提三方面具体要求。一要切实加强领导。要成立由团省委主要领导同志牵头、各有关部门负责同志参加的领导机构，定期研究部署工作。同时根据工作需要，成立由党政有关方面的领导同志、专家学者组成的专门工作机构，在党委统一领导下，联合有关部门编制本地区本高校大学生思想政治教育工作规划，量化工作指标，加强落实督导和工作考评。二要切实加强协调。加强和改进大学生思想政治教育，是全党全社会共同的责任，共青团组织要在党委的领导下，积极协调各方力量，形成强大合力。同时要加强团内各部门之间的协调，优势互补，资源共享，共同开创共青团做好大学生思想政治教育的新局面。三要切实加强宣传。开展大学生思想政治教育，要求我们必须把大学生的主动性、积极性和创造性充分调动起来，使他们既成为服务和教育的对象，更要成为参与思想政治教育的主体。团属新闻媒体和高校共青团工作网站以及校内电视、广播、报纸等媒体要加强宣传，使全国加强和改进大学生思想政治教育会议和本次会议精神深入广大青年学生中，激发广大学生投身思想政治教育的热情，为开展工作奠定扎实的群众基础，形成良性互动的工作局面。

同志们，加强和改进大学生思想政治教育是一项涉及党和国家长远发展的重大战略，中央充分相信共青团，对我们寄予厚望，希望我们在这一重大战略部署中发挥应有的作用，共青团特别是高校共青团使命光荣，任重道远。让我们紧密团结在以胡锦涛同志为总书记的党中央周围，不断增强政治责任感和历史使命感，以新的作为、新的业绩，完成好党和国家交给我们的光荣任务，努力开创共青团做好大学生思想政治教育的新局面。

杨岳在全国增强共青团员意识主题教育活动电视电话会议上的讲话

2005年8月24日

在全团开展以学习实践“三个代表”重要思想为主要内容的增强共青团员意识主题教育活动，是新世纪新阶段加强团的建设的基础工程，是全团政治生活中的一件大事。从团十五大决定开展教育活动以来，在团十五届三中全会上针对教育活动提出了明确要求。今年1月，团中央在京召开了部分教育活动试点单位负责人座谈会。6月底，在河南郑州召开的共青团全国基层组织建设工作会议上，围绕教育活动进行了专题研讨。会后，团中央印发了《关于在全团开展以学习实践“三个代表”重要思想为主要内容的增强共青团员意识主题教育活动的意见》，对教育活动进行全面的安排部署。前不久，团中央又召开了全国增强共青团员意识主题教育活动座谈会，针对各省级团委的教育活动实施方案进行了专题交流和研讨。这些工作，都充分体现了团中央对增强共青团员意识主题教育活动的高度重视和精心准备。刚才周强同志的重要讲话，站在全团的战略高度，深刻阐述了教育活动的重要意义，指明了围绕主线、紧扣主题的工作方向，强调了抓住关键、突出重点的工作方法，提出了高度重视、加强领导的工作要求。各级团组织要认真领会，深入贯彻。下面我就贯彻落实周强同志的重要讲话精神，扎实开展好教育活动谈几点想法。

一、广泛宣传，大力营造教育活动的浓厚氛围

增强共青团员意识主题教育活动是共青团落实党中央保持共产党员先进性教育活动精神的具体举措，是全团的一项重点工作，意义重大，影响深远。各级团组织要充分调动各种力量，大力宣传教育活动的重要意义，宣传团员中的先进典型，宣传教育活动的好做法、好经验，让广大青年和社会各界真正感受到教育活动给团组织和团员带来的新气象和新面貌，为教育活动营造良好的舆论氛围。

各级团组织要广泛利用广播、电视、报刊等各种媒体，全方位、多角度、立体化地宣传教育活动。团属舆论阵地尤其要充分发挥好宣传作用。在教育活动中，《中国青年报》、《中国青年》和《中国共青团》杂志要通过开设专栏、

出版专刊等各种方式，全面、系统地介绍和报道青年英模的先进事迹以及各地教育活动的先进经验。中青网、中国共青团网要充分发挥现代传媒手段的作用，通过开设网上教育活动主页、建立网上论坛、举办网上知识竞赛等方式，加大教育活动的宣传力度。各省级团委也要制定教育活动宣传方案，广泛宣传报道教育活动。不仅要发挥好团属媒体作用，还要在省内、系统内的主要媒体上进行宣传介绍。同时，要通过编发简报、举办巡回报告会、专题研讨等各种形式，努力扩大教育活动在团员青年和全社会中的影响。

二、深入动员，努力扩大教育活动的参与面

增强团员意识教育活动参加的对象为全体团员和团干部。我们在《意见》中提出力争使教育活动覆盖到每一个基层团组织，覆盖到每一名团员。尽管实现这一目标任务艰巨，但扩大教育活动的参与面，是教育活动取得实效的必然要求，是我们努力的方向。

扩大教育活动的参与面，首先要在开展教育活动前，进行科学细致的调查研究，摸清底数。只有深入了解基层团组织和团员队伍的总体状况、分布情况，才能有针对性地采取措施，最大程度地引导广大团员参与到活动中来。只有掌握了团员队伍的基本情况和思想状况，摸清了团的组织建设、团的工作以及团员和团干部队伍中存在的突出问题，才能结合各条战线、不同领域团组织的实际情况，制定出切实可行的活动方案，做到对症下药，有的放矢。要在团员中进行广泛深入的动员。通过专题宣传、座谈会、访谈等各种形式，向团员介绍教育活动的意义、内容和方法，调动团员参与教育活动的积极性和主动性。在教育活动的方式、活动安排、时间掌握上要切合实际，灵活多样，尽可能地使团员便于参与。

要着力做好流动团员的教育活动安排。按照属地化的原则，以流入地为主，组织流动团员和非公组织中的团员参加教育活动。流出地的团组织，要及时与流入地团组织联系，将流动团员纳入到流入地团组织的教育活动总体安排当中。流入地的团组织要主动考虑流动团员的教育问题，通过各种方法，尽量为他们参加教育活动创造条件，提供方便。各级团组织要加强不同地区、不同系统团组织的横向联系，确保教育活动不留空白。比如中央企业团工委所属单位，要参照党员先进性教育活动的安排，在京企业由中央企业团工委负责，京外企业以所在地的团组织领导为主，中央企业团工委配合。这就需要系统团委加强与地方团组织的沟通交流。

三、联系实际，开展形式多样的主题活动

实践育人是共青团的优势和传统。各级团组织要把开展丰富多彩的主题活动作为教育活动的重要载体。要围绕教育活动的总体目标，围绕推动社会主义物质文明、政治文明、精神文明与和谐社会建设，结合各地区的不同情况，结合当前共青团的重点工作来设计活动，安排工作。

要根据不同战线、不同领域团员的特点、现状和需求，创新主题活动的内容。在企业，可以着眼于推动企业的改革和发展，组织引导团员青年积极投身企业的技术创新、管理创新、营销创新和服务创新等工作。在农村，可以着眼于推动农村的经济发展，促进城乡统筹，在增强团员青年的致富本领方面，开展主题实践活动。在学校，可以着眼于帮助学生团员了解国情，认识社会，坚定信念，磨砺意志等方面开展社会实践、志愿服务等。设计开展主题活动，要结合团员青年的特点，要有针对性，要通过时代性、互动性比较强的内容和方式，来吸引团员青年广泛参与。团中央将举办全国团员青年党团知识竞赛、全国共青团员演讲比赛、教育活动网上论坛等来推动教育活动的深入开展。各级团组织也要上下结合、横向联合设计一些主题活动，进一步丰富活动内容、创新活动方式。

四、务求实效，使教育活动成为团员青年满意工程

开展增强团员意识主题教育活动，要切实做到“三个结合”，即与贯彻党中央保持共产党员先进性教育活动精神相结合，与加强团的基层组织建设相结合，与促进团的各项工作相结合。不能就教育活动开展教育活动，不能使教育活动与正在开展的团的各项工作相脱节，与团员青年的要求相脱节。

要通过教育活动，认真研究、着力解决基层团组织建设、团员团干部队伍建设当中存在的一些突出问题。这些问题解决得好不好，既是衡量教育活动成效的一条重要标准，更是教育活动是否取得实效的关键。要坚持有什么问题，解决什么问题，什么问题突出，就重点解决什么问题。要在深入调查研究的基础上，找准并切实解决突出的问题，对于那些软弱瘫痪、不具备条件开展教育活动的团组织，首先要组织力量进行整顿，然后再开展教育活动。各级团干部要在教育活动中，深入基层，到团员青年中去，急团员青年之所急，想团员青年之所想，为团员青年解难事、办实事、做好事。广大团员要充分发挥模范带头作用，在生产、工作、学习和一切社会生活中，团结带动周围的青年共同成长进步，帮助他们解决学习生活工作中遇到的实际问题，真正使教育活动成为团员青年满意的工程。

要通过教育活动，建立起一套行之有效的工作制度和运行机制，使教育活动取得长效。集中教育活动的时间只有5个月，在这短短的时间里，要想解决所有问题，显然不切实际。因此，各级团组织要把制度建设作为根本性、全局性、稳定性和长期性的问题来对待，在教育活动中及时总结经验，努力探索和把握新时期团员教育管理工作的规律，多动脑子，多花心思，努力建立健全包括团员学习教育制度、流动团员管理制度、团员评议激励制度、团干部考评制度、组织生活制度等在内的，适应新形势发展、适合本地区本部门实际情况的长效机制，使团员意识教育经常化、制度化、规范化，不断巩固和扩大教育活动成果。

同志们，增强共青团员意识主题教育活动即将在全团深入开展了。我们要充分认识到，开展教育活动不仅是当前的一项重点工作，同时还是一个促进团的自身建设，推动团的各项工作全面深化的难得机遇。各级团组织要抓住机遇，乘势而上，扎实推进增强共青团员意识主题教育活动，努力实现教育活动“增强意识、健全组织、活跃工作”的目标，推进共青团事业再上新台阶。

杨岳在共青农场开发建设暨北京等五省市青年志愿垦荒队参加开发北大荒50周年纪念大会上的讲话

2005年8月30日

春华秋实，岁月如歌。从1955年8月30日新中国第一支青年志愿垦荒队到达萝北县，揭开全国青年志愿垦荒的序幕，至今已整整50年。我们欣喜地看到，经过一代又一代垦荒人的艰苦奋斗，黑龙江省共青农场这个昔日的“北大荒”，如今变成了阡陌纵横、良田万顷的现代化粮食生产基地，满眼生机，处处希望。今天，我们在这里隆重纪念共青农场开发建设50周年，回顾共青农场开发建设的历史，共同缅怀老一代垦荒人的光辉业绩，对于弘扬和传承垦荒精神，促进垦区经济社会全面发展，具有重要意义。在此，我代表团中央书记处，向大会的召开表示热烈的祝贺！向为新中国垦荒事业做出光辉业绩的老一辈垦荒队员、转业官兵、知识青年表示崇高的敬意！向至今仍在不懈奋斗的垦荒二代、三代，向辛勤工作在农场各条战线的全体干部职工表示诚挚的问候！

1955年，正值国家刚刚开始大规模社会主义经济建设时期，以杨华、庞淑英等为代表的一批立志报国的热血青年，积极响应党中央的号召，在新中国的大地上树起第一面青年志愿垦荒队的旗帜，以“忍受、学习、团结、斗争”的顽强意志，在萝北荒原开始了战天斗地的垦荒历程，以满腔豪情、冲天干劲和炽热青春，开启了中国现代史上青年志愿者到“北大荒”开发边疆、建设边疆的先河，以实际行动奏响了报效祖国的时代强音。在他们的带动下，青年志愿垦荒的星星之火迅速燃遍神州大地。北京、天津、山东、河北、哈尔滨等地垦荒队员积极响应，远离故乡，奔赴北大荒。50年来，全国各地先后有14万转业官兵、5万大专院校毕业生、20万支边青年和54万知识青年投身北大荒的开发和建设，书写了中国垦殖史上气势磅礴的伟大篇章。历史会永远铭记像青年志愿垦荒队员这些为新中国建设做出贡献的人们。

50年风雨沧桑，一代又一代垦荒人铸就了“艰苦奋斗、无私奉献、顾全大局、锐意进取”的垦荒精神，这是在长期奋斗中形成的一种政治觉悟、精神境界、道德品格、行为规范和工作作风。正是这种精神的激励，青年志愿垦荒者和广大转业官兵满怀报国之情和兴垦之志，克服各种艰难困苦，用辛勤的劳动开垦昏睡千百年的荒原。正是这种精神的激励，经过几代垦荒人的不懈奋斗，北大荒从荒芜走向繁荣、从贫瘠走向兴旺。青年志愿垦荒者和广大转业官兵的垦荒活动，与其所创造的大量物质财富相比较，留给我们后人更加宝贵的是无可估量的巨大精神财富，需要我们深刻总结，永远汲取。50年弹指一挥间，尽管垦荒精神形成在社会主义建设初期，但这种报效祖国、无私奉献、不怕困难、艰苦创业的时代精神及其所蕴含的深刻内涵，对我们今天的改革开放和现代化建设事业仍然有着强大的推动力和现实的影响力。

当前，我国正处在全面建设小康社会、加快推进社会主义现代化的新的发展阶段。本世纪头20年，是我们必须紧紧抓住并且可以大有作为的重要战略机遇期。这个时期，比过去任何时候都需要全民奋起、艰苦创业，比过去任何时候都需要青年大显身手、奋发有为。这个时期，比过去任何时候都需要我们发扬垦荒精神，为祖国的未来艰苦奋斗，为民族的复兴无私奉献。时代的呼唤就是我们的志向，祖国的需要就是我们的选择。每一个有理想、有抱负、有作为的当代青年，都应当勇敢地肩负起时代的重任，在全面建设小康社会的历史进程中，谱写当代青年报效祖国、服务人民的青春之歌。

当代青年要坚定理想，报效祖国。全面建设小康社会，是时代的主题，也是当代青年的神圣使命。在这一宏伟的历史进程中，当代青年必须牢固树立为国家富强、民族复兴而共同奋斗的崇高理想，坚持用邓小平理论和“三个代表”重要思想构筑起强大的精神支柱，坚定跟党走中国特色社会主义道路的信念。广大青年要把个人的理想追求同国家的前途命运紧密结合起来，把个人的事业同人民群众的需要紧密结合起来，把报效祖国的人生追求化作锐意进取、拼搏奋斗的实际行动，努力成长为社会主义事业的合格建设者和可靠接班人。

当代青年要投身基层，建功立业。50年前，青年志愿垦荒者以“到农村去，到边疆去，到祖国最需要的地方去”为行动指南，写就了一代热血青年扎根边疆、报国成才的绚丽篇章。50年后的今天，当代青年要认真贯彻胡锦涛总书记关于大学生志愿服务西部计划的重要指示，响应时代的召唤，传承垦荒精神，“到基层去，到西部去，到祖国最需要的地方去”，锻炼成长，建功立业。基层需要青年，青年更需要到基层磨炼。广大青年要到改革开放和现代化建设的第一线去，到艰苦的和困难多的地方去，经风雨、见世面，了解国情，经受锻炼，增长才干，开拓事业。要充分发挥自身的知识和技能优势，把艰苦的条件转化为奋斗的动力，在基层的丰富实践和创造中，贡献青春、智慧和力量。

当代青年要立足岗位，艰苦奋斗。建设中国特色社会主义的伟大事业是一项长期而艰巨的任务，需要全国人民和青年付出长期艰苦的努力。社会主义现代化建设，更需要几代、十几代甚至几十代人坚持不懈的奋斗。要清醒地看到，改革开放以来，我国各项建设事业取得了巨大成就，但我们仍然面临着区域、城乡、经济社会发展不平衡的突出矛盾。广大青年一定要深刻认识我们必须长期面对的基本国情，像当年青年志愿垦荒队员一样，继承和发扬艰苦奋斗的优良传统，任何时候都不懈怠创业精神，任何时候都不涣散奋斗意志，立足岗位，从具体工作做起，从一点一滴做起，勤勉敬业，扎实工作，以滴水穿石、锲而不舍的行动，以脚踏实地、埋头苦干的作为，积极创造无愧于前辈、无愧于后人的业绩。

回顾历史，是为了更好地开创未来。共青农场的发展史，是一部坚持党的领导，与时俱进，不断发展的历史；是一代又一代垦荒人艰辛实践、不断开拓的历史。我们衷心希望共青农场的广大青年和全体职工能够发扬青年志愿垦荒队的光荣传统，大力弘扬垦荒精神，紧紧围绕农产品竞争力增强、农场增效、农工增收，充分发挥土地资源丰富、农业机械化水平、科技水平、管理水平和组织化程度较高的优势，大力实施科技兴垦战略，锐意改革，不断进取，推动农垦事业由传统农业向现代农业转变，实现垦区经济社会全面协调可持续发展。

我们坚信，在以胡锦涛同志为总书记的党中央坚强领导下，在邓小平理论和“三个代表”重要思想的指引下，有垦荒精神的激励鼓舞，有老一辈垦荒队员的关心支持，有广大干部职工的共同努力，曾经创造了奇迹的垦荒人必将在新的历史时期谱写出更加壮丽的奋斗乐章！

在构建和谐社会进程中大力推进青少年思想道德建设

——杨岳在首届“中国青少年发展论坛(2005)”上的讲话

2005年9月25日

中国青少年研究中心、中国青少年研究会、共青团安徽省委联合在安徽合肥举办首届“中国青少年发展论坛”，围绕“和谐社会与青少年思想道德建设”这个主题，共同探讨新形势下青少年思想道德建设的理论和实践问题，很有意义。我代表团中央书记处，对论坛的召开表示热烈祝贺！向关心和支持青少年思想道德建设的各界人士表示衷心感谢！我相信，通过这次论坛的举办，对于进一步贯彻落实中央8号和16号文件精神，促进青少年思想道德建设和和谐社会建设，推动理论研究为青少年思想道德建设的实践服务将起到积极作用。

下面，我想就本次论坛的主题谈几点意见，与大家交流探讨。

一、加强和改进青少年思想道德建设是构建社会主义和谐社会的一项重大课题

实现社会和谐，建设美好社会，始终是人类孜孜以求的社会理想，也是包括中国共产党在内的马克思主义政党不懈追求的奋斗目标。构建社会主义和谐社会，把提高构建社会主义和谐社会的能力作为加强党的执政能力建设的重要内容，是党的十六大和十六届三中、四中全会提出的重大任务。党的十六大报告在阐述全面建设小康社会的宏伟目标时强调，建设更高水平的小康社会，就是要使经济更加发展、民主更加健全、科教更加进步、文化更加繁荣、社会更加和谐、人民生活更加殷实。把社会更加和谐作为我们党要为之奋斗的一个重要目标明确提出来，这在我们党历次代表大会的报告中是第一次。党的十六届四中全会，以胡锦涛同志为总书记的党中央进一步提出了构建社会主义和谐社会的任务，强调形成全体人民各尽其能、各得其所而又和谐相处的社会是巩固党执政的社会基础、实现党执政的历史任务的必然要求，并明确了构建社会主义和谐社会的主要内容，要求全党同志在建设中国特色社会主义的伟大实践中更加自觉地加强社会主义和谐社会建设，使社会主义物质文明、政治文明、精神文明建设与和谐社会建设全面发展。这反映了我们党对中国特色社会主义建设规律认识的进一步深化，拓展了中国特色社会主义事业的战略内涵，昭示着中国特色社会主义事业必将实现新跨越。

加强思想道德建设是构建社会主义和谐社会的本质要求。全面建设小康社会，从根本上讲，就是要建设人与自然、人与社会、人自身全面和谐的社会。首先，就是人与社会的和谐。没有社会的和谐稳定，其他的一切都无从谈起。必须要让每一个社会成员深切认识到维护社会稳定的极端重要性，从而更加自觉地维护社会稳定。其次，要强调人与自然的和谐。必须要确保经济发展和自然环境可承受能力之间的和谐，不能一味追求经济发展而断绝子孙后路。树立科学发展观，坚持可持续发展至关重要。第三，就是人自身的和谐。使每一个社会成员都具备健全的人格、高尚的情操，树立正确的世界观、人生观和价值观。要实现这三者的和谐，就必须要对每一个社会成员加强思想道德教育，由此可见，加强和改进思想道德建设对构建社会主义和谐社会意义十分重大。

加强青少年思想道德建设是构建和谐社会的一项重要任务。青少年是国家的未来和民族的希望，是社会中最有朝气、最具有创新精神的群体。青少年也是参与和谐社会建设的重要力量。现在的青少年的思想道德状况如何，将直接关系到中华民族的整体素质，关系到和谐社会建设的进程，对党和人民的事业代代相传、长治久安具有特殊重要的意义。改革开放以来，伴随着中国特色社会主义的发展，我国的思想道德建设取得了显著成绩，当前，我国仍处在社会主义初级阶段，思想道德建设的水平与社会主义和谐社会的新要求还不相适应。青少年思想道德的状况主流是好的，但受种种因素影响，一些青少年也不同程度地存在问题，因此，加强青少年的思想道德建设，已成为构建社会主义和谐社会中一项重大而紧迫的战略任务。

服务和谐社会建设，进一步加强青少年思想道德建设，共青团、少先队组织担负重要职责。共青团、少先队组织是广大青少年在实践中学习中国特色社会主义和共产主义的学校，是党的助手和后备军，肩负着培育“四有”社会主义新人的根本任务。按照党的要求把青少年培养成为中国特色社会主义事业的合格建设者和接班人，是共青团、少先队组织的神圣职责。近年来，共青团、少先队组织始终按照党和政府的要求，以竭诚服务青少年的全面发展为自己的工作目标，不断加强和改进青少年的思想道德建设，做了大量扎实有效的工作，取得了十分显著的成绩，也积累了丰富的经验。共青团、少先队组织必须要牢牢抓住当前难得的机遇，紧紧围绕培育“四有”新人的根本任务，充分发挥实践育人、文化育人、服务育人、组织育人的优势，积极探索青少年思想道德教育的新途径新方法，扎实苦干，开拓创新，不断提高工作水平，把这件关系千秋万代的大事落到实处。

二、在建设社会主义和谐社会中加强和改进青少年思想道德建设的工作思路

建设社会主义和谐社会，是一个富有时代意义的新课题。在建设社会主义和谐社会的大背景下加强和改进青少年思想道德建设有着十分深刻的时代内涵，我们要坚持贴近实际、贴近生活、贴近青少年，努力使青少年思想道德建设体现时代性、把握规律性、增强实效性。

加强和改进青少年思想道德教育，必须切实抓好理论武装工作。要坚持以理想信念教育为核心，对青少年进行广泛深入的世界观、人生观和价值观教育。要坚持以马克思列宁主义、毛泽东思想、邓小平理论和“三个代表”重要思想为指导，深入贯彻党的十六大和十六届三中、四中全会精神，教育和引导青少年牢固树立起中国特色社会主义的理想信念，矢志不渝跟党走。要坚持以爱国主义为重点，在青少年中大力弘扬和培育民族精神，引导他们在改革开放的伟大实践中，在时代和社会的发展进步中汲取营养，培养爱国情怀、改革精神和创新能力，始终保持艰苦奋斗的作风和昂扬向上的精神状态。要深入开展科学发展观教育和和谐社会教育，引导青少年树立科学发展和和谐发展的思想观念，正确处理自己与他人、个人与集体、人与社会、人与自然的关系。要坚持以基本道德规范为基础，在青少年中深入开展公民道德教育，引导青少年自觉遵守爱国守法、明礼诚信、团结友善、勤俭自强、敬业奉献的基本道德规范。积极开展道德实践活动，培养青少年良好的道德品质和文明行为，引导青少年勤于学习、善于创造、甘于奉献，促进青少年全面和谐发展，成长为有理想、有道德、有文化、有纪律的社会主义新人。

加强和改进青少年思想道德教育，必须坚持以人为本的理念。和谐社会，带给我们的一个重要新理念、新认识，就是“以人为本”。以人为本，对于青少年思想道德教育来说，首先就是要了解青少年。要深入青少年中，研究他们的兴趣和爱好，掌握他们的规律和特点，从而使思想教育工作有的放矢，更有针对性。其次，是要适应青少年。要善于掌握青少年喜欢的语言，用青少年习惯的方式开展思想教育，春风化雨，润物无声，使思想教育真正入耳入脑入心。第三，要尊重青少年。要从青少年的实际出发，充分尊重他们的主体性，相信他们、依靠他们，充分发挥他们开展思想教育的内在积极性，形成教育和自我教育的合力，从而把青少年思想道德教育提高到更高的层次。

加强和改进青少年思想道德教育，必须切实帮助青少年解决实际问题。从一般意义上讲，思想道德教育是解决人们的思想问题的。但是，思想问题的产生是有其主客观因素的，是与他们自身的生存发展密切相联系的。近年来，青少年在成长过程中遇到的问题和困惑明显增多，矛盾也很突出。这就要求我们在做青少年思想道德教育时，应把解决思想问题与解决实际问题结合起来，动员全社会力量尽可能多地帮助青少年尤其是弱势青少年群体。从这个意义上说，帮助青少年解决实际问题的过程，就是加强思想道德教育的过程。帮助青少年解决实际问题的成效，直接影响着思想教育工作的成效。胡锦涛总书记多次在讲话中强调要从解决青少年实际困难入手做好思想教育工作，为我们加强和改进青少年思想教育工作指明了方向。我们要尽可能地帮助青少年解决学习成才、就业创业、生活情感等方面的问题，真正把青少年吸引过来、凝聚过来，从而为做好思想教育工作打下坚实的基础。

加强和改进青少年思想道德教育，必须高度重视青少年心理健康。全社会健康的心理，是和谐社会赖以存在的基础。同样，个体心理的健康发展，是个体形成良好思想品质的基础。从某种意义上讲，人们只有处在和谐的心理状态下，才乐于接受教育。近年来，由于种种原因，青少年的心理问题增多，影响了思想道德素质、科学文化素质和健康素质诸方面的和谐发展，有的甚至酿成悲剧。因此一定要高度重视青少年心理健康问题，只有解决了青少年的心理健康问题，思想教育工作才有了开展的意义。对此，共青团、少先队组织义不容辞，专门的青少年工作者也要切实负起责任。要采取有力措施，建立健全心理健康教育和咨询的专门机构，配备专门的心理健康咨询员，扎实推进"心理阳光工程"，及时了解掌握青少年的心理状况并有针对性地开展心理辅导，促进青少年身心健康发展。

三、当前青少年思想道德建设需要重点研究的若干问题

切实加强青少年思想道德建设研究，为青少年思想建设提供有力支持，离不开我们广大从事共青团、青少年和青少年工作研究的同志们的努力。这次会议，大家提交的研究论文，运用现代教育理论，分别对和谐社会与未成年人思想道德建设、和谐社会与大学生思想政治教育、和谐社会网络中的青少年思想道德建设等多个方面进行了比较深入的研究。这些成果，我看了以后，很受启发。建议主办单位把这次论坛的成果进行整理，结集出版。

为了更好地解决我国青少年思想道德建设中的问题，适应构建和谐社会的要求，我们要进一步加强有关理论和政策的研究。当前，我们要研究的重点领域，有以下五个：

一是要加强研究社会环境的发展变化尤其是大众传媒和网络对青少年思想道德建设的影响。随着改革开放和社会主义市场经济的深入发展，人们思想活动的独立性、选择性、多变性和差异性日益增强，直接或间接地影响着青少年的思想观念和价值取向。尤其是网络对青少年的影响更大。在我国现在每年近亿上网人数和每天3亿条短信发送者中，青少年是其中的主力。网络由于其快捷和便利的特征，为青少年获取知识和信息创造了条件。但是，网络带有很强的虚拟性、隐蔽性和复杂性的特征，网上信息良莠不齐，如果管理不好，一些有害信息就会对青少年产生不良影响，有的青少年甚至因此走上违法犯罪的道路。如何深入分析和研究网络环境下青少年思想道德教育，牢牢掌握网络教育的主动权，已经成为青少年思想道德建设工作亟待解决的新问题。

二是要加强研究新形势下青少年思想道德建设的途径和方法的改进创新问题。思想道德教育必须借助于一定的途径和方法。在青少年思想道德建设方面，过去我们形成了一套比较有效的途径和方法。现在情况变了，有的途径和方法已经过时了。这就要求我们根据新的情况，重新审视这些途径和方法，看看哪些已经过时了，哪些过去我们忽视了，哪些需要在新的形势下进一步拓展。还要研究新形势新情况下新的有效途径和方法，特别是要认真研究如何促进学校教育、家庭教育和社会教育的衔接配合，形成共同推进青少年思想道德建设的合力问题。

三是要加强研究青少年思想道德教育的有效性问题。思想道德教育，最关键的问题是有效性。只有有效的思想道德教育，才能达到教育的目的。现在的情况是，一些青少年道德行为与道德认知存在不同程度的偏离，存在着道德追求、道德认知与道德实践不统一的问题。造成道德行为与道德认知不协调发展或道德行为失范的原因是什么？怎样才能解决这一问题？这些都是我们应该深入研究的。

四是要加强研究制定与社会主义市场经济相适应、与社会主义法律规范相配合、与中华民族传统美德相承接的青少年思想道德体系和考核评价体系。党的十六大提出了建立社会主义思想道德体系的任务，这个体系同样也适用于青少年思想道德建设。但是，青少年是有着自身特点的群体。在社会主义思想道德体系中，应建立什么样的青少年思想道德体系，用什么样的标准来衡量，都是需要认真研究加以解决的。

五是要加强研究共青团、少先队组织在青少年思想道德建设中作用的发挥问题。共青团、少先队组织在群众性精神文明创建活动中，走在了时代的前列。如实施的"希望工程"、"青年志愿者"、"手拉手"等行动，得到了党中央和社会各界的充分肯定。面对共青团创造的群众性精神文明实践活动，我们的理论研究显得相对滞后。如果不加强这方面的研究，势必会影响青少年思想道德建设向深度与广度拓展。广大理论工作者要认真研究上述群众性精神文明创建活动发生发展的内在机制和外在条件，加强理论对实践的指导，推动青少年思想道德建设深入持久地发展。

总之，我们要积极关注影响青少年思想道德建设的带有全局性、战略性的相关课题，努力研究，争取出一批有分量的研究成果，更好地支持青少年思想道德建设。

祝首届"中国青少年发展论坛"取得圆满成功！

杨岳在首届"东盟与中日韩青年友好会见"活动开幕式上的致辞

2005年9月27日

各位来宾，青年朋友们：

值此首届"东盟与中日韩青年友好会见"活动启动之际，我谨代表中华全国青年联合会和中国青年，对前来参加此次活动的各国代表和青年朋友们表示诚挚的欢迎，对首届"东盟与中日韩青年友好会见"活动的举办表示热烈的祝贺！

在2003年10月召开的第七次东盟与中日韩领导人会议上，中国国务院总理温家宝提出建立10+3青年交流合作机制的有关建议，将其作为推动东亚合作向更高水平迈进的重要途径，得到与会各国政府的积极响应。作为落实这一建议的具体举措，首届"东盟与中日韩青年友好会见"活动今天在美丽的太湖之滨成功启动了。作为东道主，我们对能够主办此次活动感到荣幸，对各国政府对此次活动给予的高度重视和大力支持，对各位代表的积极参与表示衷心的感谢！

放眼当今世界，和平、发展、合作日益成为国际形势的主流。国家间对话与协调增强，相互依存加深。经济一体化进程明显加快，区域合作方兴未艾。在这一时代洪流中，东亚区域合作成为令世人瞩目的一个亮点。东盟与中日韩合作领域稳步拓展，合作内容日益丰富，合作机制日趋健全，合作体系不断完善，取得了丰硕的成果，促进了东亚国家的共同发展，增强了东亚国家的整体意识，扩大了东亚国家间的共同利益，已经成长为亚洲地区最有活力、前景广阔的区域合作机制。

青年合作是东亚合作的重要组成部分。东亚各国拥有丰富的青年人力资源，青年精力充沛，思维活跃，最富生机和活力，蕴含着无限的发展潜能，既是推动各国经济社会发展的强大的现实力量，也是实现地区持久和平与共同繁荣的潜在力量。青年朝气蓬勃，乐于交流，是各国传统友谊的传承者，也是东亚未来的创造者。青年之间加强交流，发展合作，将为东亚各国关系的发展奠定广泛的社会基础，为东亚合作的稳固深入发展不断注入新的动力。

为切实加强东亚各国青年之间的交流与合作，推动青年合作在东亚合作进程中发挥更为积极的作用，借此机会，我提以下三点建议。

第一，建立东亚青年合作机制，构建东亚青年交流网络

建立稳固的合作机制，构建全方位的交流网络，是推动东亚青年交流与合作不断发展的重要保障。目前，东盟各国和中日韩有关政府青年部门、青年机构和组织之间已经分别建立了友好交流与合作关系。通过2004年9月召开的首届“中国—东盟青年事务部长会议”，中国—东盟青年交流机制也已经初步确立，从而为全面建立东亚青年交流合作机制奠定了良好的基础。我们建议以此次活动为契机，在东盟—中日韩合作的大框架下，本着发挥优势、各方兼顾、把握节奏、扎实推进的原则，逐步建立起不同层次、不同领域、不同形式的东盟—中日韩青年交流网络与合作机制，推动东亚青年交流与合作的稳步持续深入发展。

第二，拓展东亚青年合作领域，深化东亚青年合作内涵

在青年事务国际化趋势不断发展的大背景下，东盟及中日韩各国青年在成长、发展的各方面面临相似的问题，在推动本国经济社会发展、实现区域繁荣稳定方面肩负着共同的使命。东亚青年合作的领域十分宽广，前景无限广阔。我们建议以此次活动为契机，以东亚区域合作的重点领域为基础，进一步加强东亚各国青年在政治、经济、文化、科技等各个领域的合作，广泛开展青年政界人士对话、青年企业家经贸合作、青年学者论坛、青年艺术家交流、青年人力资源培训等各类交流合作项目，使东亚青年合作既满足东亚各国青年一代的现实需要，也符合东亚区域合作不断深入的时代要求。

第三，丰富东亚青年合作形式，增强东亚青年合作实效

东盟各国和中日韩历史文化别具魅力，政治制度有所不同，经济发展程度不一，青年事务管理各有特色，这就决定了东亚青年合作不可能采取整齐划一的方式，而必须根据合作双方的实际情况和合作目标的具体要求，充分利用各方的相对优势，采取灵活多样的合作方式。唯有如此，才能切实推动合作的扎实有效开展。

首届“东盟与中日韩青年友好会见”活动是东亚各界青年人才的一次盛大聚会。与会代表中，有经验丰富的青年事务高官，有学识渊博的青年学者，有事业有成的青年企业家。我们期待，此次活动能成为青年事务高官开展对话、谋求共识的有效渠道，成为青年学者探讨问题、交流观点的论坛，成为青年企业家沟通信息、开展合作的宽广舞台；我们相信，此次活动的成功举办，将掀开东盟和中日韩青年交流与合作的新篇章，将成为东亚区域合作不断深入发展的新动力。

各位代表，青年朋友们：

我们正站在东亚合作新的起点上。让我们携起手来，不懈努力，共同奋斗，为促进亚洲的和平与繁荣，实现人类社会共存、共享、共赢的美好未来做出新的更大的贡献！

杨岳在中俄青年友好论坛上的发言

2005年10月19日

各位嘉宾,女士们,先生们:

在这秋风送爽、硕果飘香的美好季节,中俄青年友好论坛在北京召开。访华的俄罗斯青年政治家和记者与中国同仁齐聚一堂,共商两国关系发展的大计,意义十分重大。我想借此机会,代表中华全国青年联合会对各位的光临表示欢迎。

中俄青年交流有着很好的传统和牢固的基础。进入到两国关系发展的新时期,青年交流被赋予了新的时代涵义和更加丰富的内容。2004年是中俄建交55周年,也是两国元首确定的"中俄青年友谊年"。全国青联作为中俄友好、和平与发展委员会青年工作分委会的中方牵头单位,在委员会双方秘书处和其他单位的大力支持下,与俄方分委会密切合作,共同开展了中俄百名青年互访等近十个交流项目。"友谊年"系列活动在增进中俄两国青年相互了解和友谊的同时,也进一步突显了青年交流对中俄国家交往尤其是民间外交的积极影响。

今年5月,委员会第六次全会在莫斯科召开。会议一致决定,将俄罗斯青年政治家和青年代表团访华并举办中俄青年友好论坛作为委员会2005年工作计划和"友谊年"后续行动的重要内容。其目的是在巩固"友谊年"交流成果的同时,为两国青年政治家提供了一个直接对话的机会,打造一个汇聚意见、沟通认识、为中俄关系发展提出建议的平台。

中华全国青年联合会作为中国最大的青年组织,受党和政府委托管理青年事务,统一协调青年对外交往。目前,我们已与世界上数十个国家和地区的上百个各种类型的青年机构或组织建立了友好交往关系。全国青联高度重视对俄青年交流,在长期实践中,开辟了4条交往渠道。

一是在中俄友好、和平与发展委员会的框架内。全国青联是青年工作分委会的中方牵头单位。2002年,我们组织了中国青年代表团访俄并参加中俄青年同游伏尔加河活动。2004举办的"中俄青年友谊年"系列活动以其高规格、大规模和宽领域的显著特点成为两国青年交流的标志性活动。

二是利用中俄教育、文化、卫生和体育委员会的渠道,开展多领域的青年交流。2001年,我们邀请了100名俄罗斯青年来华访问,举办了中俄青年联欢节。

三是发展与俄政府青年机构的联系。我们与原俄罗斯国家青年事务委员会、现俄罗斯教育和科学部等俄政府青年机构保持了往来和沟通,并合作实施了"友谊年"框架内的百名青年互访活动。

四是开展与俄社会性青年组织的交往。全国青联与俄最大的社会性青年组织之一——俄罗斯青年联盟于1996年建立交往关系,自1999起开展互访,并在爱国主义教育、青年卡等方面进行了合作。全国青联的核心组织—中国共青团去年与俄罗斯"青年统一"社会运动签署了双边交流意向书,致力于发展两国执政党青年组织的交流。

此外,全国青联还积极支持地方青年交流。经我协调和指导,辽宁省与俄鞑靼斯坦共和国、上海市和圣彼得堡市、安徽省和乌里扬诺夫斯克州的青年组织已经建立了交往关系,内蒙古自治区青联联合蒙古和俄远东地区青年组织,举办了首届"中蒙俄地区合作青年论坛"。两国地方青年交流积极性很高,覆盖面迅速扩大,前景喜人。

今年5月，中国国家主席胡锦涛访俄期间与俄联邦总统普京签署了《中俄关于建立21世纪国际新秩序的联合声明》，表明了两国致力于发展新型国家关系和共同维护世界和平与发展的坚定决心。蓬勃发展的中俄关系为新时期的青年交流提供良好发展机遇的同时，也给我们提出了更高的要求。为进一步提升中俄青年交流的水平，我想提出以下建议。

一、加强机制建设，确立协调机构

在对外交往中，机构和机制的建立有利于实现对社会资源的有效整合，对交流主体的积极引导。全国青联愿作为中方协调机构，与俄方负责单位一道，建立定期磋商机制，制定交流计划，提高交流效率和水平，服务国家友好交往大局。

二、加强文化交流，开展经贸合作

在人员往来的基础上，双方应该大力发展务实合作。我建议将文化和经贸作为合作的重点领域。中俄两国是文化大国，传统文化资源丰富，文化交流是心灵沟通的最好工具，有利于青年更深层次地加深了解，扩大认同；经贸合作一直是中俄关系的重要领域，中俄经济的强互补性为两国青年企业家合作提供了广阔的发展前景。

三、加强地方交流，推动区域发展

中国正在实施西部大开发和振兴东北老工业基地发展战略，俄罗斯远东和西伯利亚开发计划蓄势待发，两国地方、尤其是毗邻地区的青年交流发展潜力很大。中俄是本地区大国，同为上海合作组织、亚太经合组织等区域组织成员，从维护区域和平稳定、促进区域协调发展的角度出发，中俄青年交流应该扩大辐射半径，带动区域青年交流的活跃。希望中俄双方精诚合作，共同努力，在其中发挥更加重要的作用。

女士们，先生们，朋友们：

“中俄青年友谊年”开启了中俄青年交流的新局面；全面发展的中俄关系为青年交流提供了难得的机遇。两国元首已经决定于2006、2007年分别在中国和俄罗斯举办“俄罗斯年”和“中国年”，两国青年和青年组织应该在其中承担更多的工作，担负更大的责任。我相信，在两国社会各界的广泛关注和大力支持下，依靠两国青年机构和组织的紧密合作，中俄青年交流必将取得更大的进步，并为推动中俄友好事业的发展发挥更加积极的作用。

最后，预祝本次论坛取得圆满成功。

谢谢大家！

杨岳在第六届“中越青年友好会见”活动开幕式上的讲话

2005年10月31日

同志们，青年朋友们：

今天，第六届“中越青年友好会见”活动在美丽的越南隆重开幕了。我谨代表中国共青团中央委员会，对活动的举办表示衷心的祝贺，对越南胡志明共青团中央和越南青年为此次活动付出的辛勤努力，以及对中国青年代表团的盛情接待表示诚挚的感谢！

“中越青年友好会见”活动是中越两国共青团为贯彻落实两国党和国家领导人关于进一步加强中越青年交流的指示精神而开展的一项大规模、延续性的青年交流活动。这项活动自2000年以来，已经成功举办了五届，千余名中越青年直接参与了这项活动，在两国社会各界产生了广泛而深远的影响，成为中越青年交流的品牌项目。

中越有着传统友谊，两国人民友好交往的历史渊远流长。进入新世纪，中越关系进一步呈现出良好的发展势头。促进中越友好相处、共同进步，符合两国人民的利益和愿望，符合亚洲和世界和平与发展的要求。青年交流是中越友好关系的重要组成部分。长期以来，在两国党和政府的高度重视和亲切关怀下，在两国社会各界的大力支持下，在两国青年的积极参与下，中越两国共青团组织开展了一系列主题鲜明、内容丰富、形式多样的交流与合作项目。通过这些活动，两国青年进一步增进了了解，加深了友谊，巩固和加强了相互学习、相互借鉴的感情基础，增强了务实合作、共同发展的共识，对中越两国发展长期稳定、面向未来的睦邻友好与全面合作关系起到了积极的促进作用。

在新的历史时期，国际形势的发展变化、中越睦邻友好关系的不断深入为中越青年交流的进一步发展提供了难得的机遇，同时也提出了更高的要求。我们愿意和越南胡志明共青团一起，在巩固已有交流成果的基础上，继续努力，以具有一定规模的青年群众性友好交流活动烘托中越关系发展的氛围，巩固国家关系发展的社会基础；以符合中越两国经济社会发展实际、满足两国青年成长发展需求的务实合作为中越青年交流不断注入新的动力；以机制性的双边互访为依托，构建起内涵丰富、形式新颖、领域广泛、层次完善的中越青年交流的崭新格局。

同志们，青年朋友们，由中越两党和两国老一辈领导人共同栽种的中越友谊之树，需要不断培育和浇灌，中越关系更加灿烂的明天有赖于两国青年的共同努力。我相信，中越两国青年一定能承担起将中越友好接力棒代代相传的历史使命，在实现国家富强、民族振兴，以及地区和世界和平与发展的进程中做出新的更大的贡献。

祝第六届“中越青年友好会见”活动圆满成功！

杨岳在云南昆明纪念“一二·一”运动60周年大会上的讲话

2005年11月30日

今天，我们在“一二·一”运动的发源地云南昆明集会，隆重纪念“一二·一”运动60周年。首先，我谨代表共青团中央及全国各族各界青少年，向所有参加过“一二·一”运动的老同志致以崇高的敬意！向为了中华民族富强文明而流血牺牲的先驱们表示深切的怀念！

“一二·一”运动是抗日战争胜利后在国民党统治区爆发的第一次大规模的以学生为主的爱国民主运动。当时，抗日战争刚刚取得胜利，中国处在两个前途、两种命运抉择的历史紧要关头。全国人民渴望和平、民主、团结，要求建立一个自由、民主、富强的新中国。中国共产党顺应民心，提出了在抗战胜利后国家和平发展的正确主张。国民党反动派则逆民心而动，武装进攻解放区，发动内战。面对当时国民党的独裁统治和内战的腥风血雨，云南昆明的学生在中国共产党的领导下，旗帜鲜明地发出了“要和平，不要内战，要民主，不要独裁”的呐喊。他们不畏血腥镇压，不怕暴力殴打，坚决揭露国民党发动内战破坏民主的阴谋。这场全国范围的学生运动坚持了4个月，把国统区的爱国民主运动推向了高潮。这次运动继承和发扬了五四运动和“一二·九”学生运动的光荣传统，表现出广大青年追求和平民主、取义求真的崇高精神，表现出广大青年对国家、对民族前途命运的历史使命感和责任感。

“一二·一”运动爆发以来的60年，是我国发生翻天覆地变化的60年。60年来，在党的领导下，广大青年与全国各族人民一道，站在时代的前列，不屈不挠地奋斗，为人民解放和国家富强做出了积极的贡献。当前，我国正处在一个重要战略机遇期，全国各族人民正在党的领导下为全面建设小康社会而努力奋斗。不久前召开的党的十六届五中全会站在历史的新高度，从战略全局出发，制定描绘了我国“十一五”经济社会发展的宏伟蓝图，提出了党领导人民在新的发展起点上阔步前进的指导思想、发展目标和主要任务。实现这一宏伟蓝图，为当代青年施展才华提供了无限广阔的舞台，也对青年一代的健康成长提出了新的更高要求。

当代青年要始终坚持党的领导。“一二·一”运动是在中国共产党的直接发动和领导下开展的一场爱国民主运动。从这场运动之初，党就对运动发展的政治方向和斗争策略提出了明确的要求。“一二·一”运动在党的正确领导下，取得了伟大的胜利。历史昭示我们，党的正确领导是中国青年运动健康发展的根本保证。只有始终坚持中国共产党的领导，沿着党指引的道路前进，才能够经得住任何困难与挫折，经得起任何风浪的考验，在任何艰苦复杂的环境下永不迷失方向。当代青年的健康成长必须坚持在党的领导下，把个人的理想与国家和民族的共同理想结合起来，把个人的奋斗融入人民群众建设中国特色社会主义的伟大实践，在人民群众的奋斗洪流中锻炼成长，在推进中华民族伟大复兴的历史进程中实现人生的最大价值。

当代青年要进一步弘扬爱国主义精神。中华民族之所以能够绵延数千年而历久弥坚，正是因为一代又一代中华儿女始终有着强烈的爱国主义情怀，始终坚持把伟大的爱国主义作为自己的精神支柱。爱国主义始终是中国青年运动的旗帜，是引导中国青年运动蓬勃发展的精神力量。这不管是在伟大的五四运动中，还是在“一二·九”运动、“一二·一”运动以及其他历次青年运动中，都得到了充分的体现。同时，中国青年运动的实践也不断丰富和发展着爱国主义的内涵。广大青年要进一步弘扬爱国主义精神，牢固树立报效祖国、服务人民的远大志向，把强烈的爱国热情与建设中国特色社会主义伟大事业结合起来，与热爱社会主义、拥护党的领导结合起来，与放眼世界、学习借鉴人类创造的一切文明成果结合起来，积极投身改革开放和现代化建设的伟大实践。

当代青年要肩负起实现中华民族伟大复兴的历史重任。“一二·一”运动与近代以来的历次革命运动一样，其目的就是要为了国家走向繁荣富强，实现中华民族的伟大复兴。今天，全面建设小康社会、实现中华民族伟大复兴的历史重任落在了当代青年的肩上。当代青年要树立强烈的历史责任感和使命感，增强机遇意识、忧患意识。要具备承担历史重任的素质，发愤学习，注重实践，砥砺品格，开拓创新，努力成为改革开放和现代化建设的有用之材，努力为祖国和人民建功立业。

同志们、青年朋友们，全面建设小康社会、构建社会主义和谐社会的宏伟目标激励着我们去奋斗、去创造。让我们紧密团结在以胡锦涛同志为总书记的党中央周围，高举邓小平理论和“三个代表”重要思想伟大旗帜，全面落实科学发展观，振奋精神，扎实工作，锐意进取，努力创造无愧于历史、无愧于前辈、无愧于时代的崭新业绩！

杨岳在全国省级综治委预防办主任会议上的讲话

2005年12月17日

今年，胡锦涛总书记、罗干同志、周永康同志、顾秀莲同志先后对预防未成年人违法犯罪工作作出重要批示，今天上午，顾秀莲副委员长又对进一步做好这一工作提出了明确要求，充分体现了党和国家对广大青少年的殷切关怀和对预防青少年违法犯罪工作的高度重视。一年来，各地区、各部门深入贯彻落实中央领导同志的批示精神，按照“上海会议”的部署，以“为了明天工程”为统揽，针对薄弱环节，围绕重点群体，加强协调，强化基础，狠抓落实，各项工作取得了积极成效。刚才，广东、黑龙江、江苏、江西、甘肃等地的同志介绍了很好的经验，上海、天津、湖北、山东、浙江作了书面交流，增印同志代表中央综治办讲了很好的意见。听了以后，很受启发，很受鼓舞。借此机会，我就进一步做好预防青少年违法犯罪工作讲几点意见。

一、关于2006年的重点工作

中央综治委预防青少年违法犯罪工作领导小组办公室草拟了2006年工作要点的征求意见稿，今天，已经印发给大家。关于明年工作，重点是抓好以下三个方面。

第一，针对重点群体做好预防工作。一是加强对流浪儿童的救助保护，会同有关部门研究制定《流浪儿童救助保护办法》，明确政府及各部门的职责，指导各地出台相关的政策措施。我们已经与有关部门会商，准备在明年年初召开全国流浪儿童工作会议，进一步推进流浪儿童救助保护中心的建设和管理，严厉打击控制、操纵流浪儿童的黑恶势力。二是落实好对服刑劳教人员未成年子女的救助政策，积极引导和鼓励社会力量参与救助。联合有关部门制定落实有关政策，保障他们的基本生活，多渠道开展帮扶工作。三是制定和完善加强工读教育的政策和发展规划，适时召开全国工读教育工作会议，推进“大中城市工读学校建设工程”的实施，严格规范中小学校开除、劝退学生等措施，扎实做好对贫困中小学生的救助工作。四是加强闲散未成年人的教育管理，在一批重点城市实施“为了明天——全国大中城市预防青少年违法犯罪项目”，建立区域性闲散未成年人信息管理系统，推广青少年事务社工试点经验，组建以专职青少年事务社会工作者为骨干的工作队伍，力争经过几年的努力，在直辖市、副省级城市、省会城市、交通枢纽城市和部分未成年人犯罪问题较为集中的中等城市建立预防未成年人违法犯罪的工作体系。

第二，扎实推进重点工作项目。一是加强未成年人思想道德教育，深入实施小公民道德建设、少儿文化建设工程、中小学兼职法制副校长等活动，创新教育形式，扩大覆盖范围，进一步增强针对性和实效性。二是着力净化社会文化环境，适时针对不良游戏软件、利用互联网传播淫秽色情信息、城乡结合部和农村乡镇区域的黑网吧以及网吧违规接纳未成年人等突出问题，开展联合整治。三是深入开展

“平安家庭”创建活动,推广“代理妈妈”等经验,加强对弱势未成年人的监护和教育。四是大力推进“青少年违法犯罪社区预防计划”,深入开展“未成年人零犯罪社区”和“为了明天工程示范县市”创建活动,推动各项工作任务、措施和责任的落实。

第三,注意抓好重点工作环节。一是积极推动未成年人保护法的修改工作,指导各地制订完善预防未成年人犯罪法实施办法;促进有关部门制定办理未成年人刑事案件的配套工作机制,进一步完善少年司法制度。二是深入宣传“为了明天工程”,借助新闻媒体的作用,通过举办论坛、制作专题节目和公益广告等多种形式,宣传政策,培育典型,推广经验,调动全社会的责任意识和参与意识。三是加强以“12355”信息平台为重点的青少年维权网络建设,推广建立资源整合、监测预警和协调联动机制,着力解决侵害青少年权益的突出问题。四是加强工作督导,完善预防青少年违法犯罪工作考核标准和考核办法,组织各成员单位对各地工作进行监督检查。同时,加强分类指导,促进各地基层预防工作水平整体提高。

二、关于下一步预防青少年违法犯罪的工作要求

2006年的社会治安综合治理工作将预防青少年违法犯罪列入重要内容之一,作为贯彻落实“打防结合、预防为主,专群结合、依靠群众”方针的具体措施。前不久,党中央、国务院下发了《关于深入开展平安建设的意见》,将平安建设作为社会治安综合治理工作的重要抓手,团中央、预防办也将就此项工作下发专门文件。各地要深入贯彻落实文件精神,以务实的态度,采取有力措施,扎实推进“为了明天工程”,积极参与平安建设,使预防工作更好地服务党政工作大局。

第一,进一步加强协调配合。预防青少年违法犯罪工作涉及的部门多、内容广、责任重,客观上存在一定的协调难度。大家一定要正确认识,迎难而上,借助当前的良好契机,切实履行好组织、协调、指导职能,大胆工作,强化服务,积极协调各成员单位参与预防工作。一是要服务综治大局,紧密联系、密切配合综治办的工作,争取综治办对预防工作的重视和指导,使预防工作纳入综治工作大局、服务综治工作大局。二是要明确工作职责,结合实际,确定工作重点,合理制定各成员单位的职责任务,加强各有关部门的协作配合。三是要做好联络沟通,发挥好上传下达、协调联动的作用,将中央的精神和要求及时传达到各成员单位,及时通报工作信息、典型经验和工作动态,形成齐抓共管、整体联动的工作格局。四是要完善工作机制,通过建立预防工作的述职制度,完善成员单位联系点制度、联席会议制度、督导考核制度等,增强各有关部门的责任意识。

第二,进一步强化基层基础。各类社会矛盾和青少年问题聚集在基层,预防青少年违法犯罪的基层基础工作如何,直接关系到预防工作的整体成效。基层基础工作的巩固,不能单纯依靠搞活动、造声势的手段,必须一步一个脚印,实实在在地做一些管长远、打基础的工作,真正做到深耕基层,收到实效。一是将预防青少年犯罪的任务、措施和责任落实到基层,通过建立较为完善的工作体系,实现政令通畅,责任明确,上下联动,一抓到底,务求实效。二是全面掌握基层的情况,以社区为单位,对各类重点群体摸清底数,分析原因,为有针对性地开展工作提供依据。三是整合社会资源,进一步建设好基层工作阵地,依托城市青年中心建立社区预防青少年违法犯罪工作站、点,同时,大力推进校内外青少年教育活动阵地的建设,为青少年就近就便参加活动提供方便。四是建立社区青少年综合评价监督体系,不仅对中小学生要建立家庭、学校、社区相结合的综合评价体系,而且对闲散或有不良行为的未成年人、服刑人员未成年子女、流浪儿

童等群体，也要建立社区、家庭、民政、公安、共青团、妇联等部门组成的综合评价体系和教育监护网络。

第三，进一步加强队伍建设。预防工作是一项需要全社会共同关心、共同参与的事业，我们的工作队伍不能仅依靠预防办和党政部门有限的人力，要将方方面面的力量汇集到这项工作中来。一是要壮大专职队伍。争取政策支持，充实人员编制，建设由街道、乡镇和社区共青团、妇联、民警、司法干部组成的专业工作队伍，推广公安部门“一区一警”的警力配备模式，加强行政执法部门在一线的工作力量。二是建立社工队伍。大力推广上海建立专职社工队伍的经验，因地制宜，可以从中小城市开始试点，解决好基层有专业人员干事的问题。目前，江苏、湖北、云南等地已经着手建立具有本地特色的社工队伍，在预防青少年违法犯罪工作中开始发挥积极作用。三是建立志愿者队伍，发挥青年志愿者、“五老”人士和社会热心人士的积极性，在社区从事青少年法制宣传、帮教助困、社区矫正和心理辅导。四是广泛调动家庭、学校、企业、社区以及新闻传媒、社会团体和其他非政府组织参与的积极性，积极争取青少年事务工作者、社会知名人士的支持和参与，努力构建学校、家庭、社区相结合的工作网络。

同志们，预防青少年违法犯罪工作事关党和国家的前途命运，事关社会治安的稳定，事关千家万户的安宁和人民群众的根本利益。让我们团结一致，开拓创新，扎实工作，努力开创预防青少年违法犯罪工作的新局面，为构建社会主义和谐社会做出应有的贡献。

杨岳在全国预防青少年违法犯罪先进表彰暨示范创建工作会议上的发言

2005 年 12 月 17 日

“未成年人零犯罪社区”和“为了明天工程示范县市”创建工作是“为了明天工程”的重要项目，是预防青少年违法犯罪工作的重要内容。自 2004 年启动以来，各地区以预防和减少青少年违法犯罪为目标，坚持一般预防和特殊预防相结合，围绕流浪儿童、闲散未成年人、服刑人员未成年子女、有不良行为未成年人等重点群体，综合运用教育、服务、管理、帮教和优化环境等多种手段，探索总结了许多好的做法和经验，涌现出一大批先进的地区，一些地区的青少年违法犯罪数量明显下降，示范创建工作呈现出良好的发展态势。主要体现在以下几个方面。

一、立足基层，因地制宜，积极落实各项示范创建工作措施

各地根据实现未成年人零犯罪的目标要求，结合本地实际，制定切实可行的工作方案，采取了各种积极有效的工作措施，围绕加强青少年思想道德和法制教育，深入开展小公民道德建设、中小学兼职法制副校长、社区家长学校等实效性强的活动；围绕加强社区闲散青少年的教育和管理，组建专兼职相结合的工作队伍，建立区域性的闲散青少年管理信息系统；围绕流浪儿童等弱势群体的保护，建立救助保护中心、儿童村等服务机构，组织动员各方面的力量开展多种形式的救助工作；围绕消除不

良社会诱因，针对本地区的突出社会问题，组织有关部门开展专项治理整顿。各地在示范创建工作中积极探索，形成了许多成功的工作模式。例如：上海市青少年事务办按照“政府主导推动、社团自主运行、社会多方参与”的总体思路，采用政府购买服务的方式，聘用青少年事务社工为社区闲散青少年提供专业化的服务。江苏南通市以预防在校生的违法犯罪为工作重点，通过建立学校监管体系、心理干预体系和帮教矫正体系，使在校学生违法犯罪发案数持续下降。

二、明确责任，密切配合，协同构建示范创建工作体系

各级党委、政府切实加强领导，很多地方将示范创建工作纳入到党政工作的总体规划和年度计划，定期听取工作汇报，及时掌握工作动态，帮助解决工作中的困难和问题。各级综治委积极地组织协调各部门和社会各方面参与示范创建工作。各级综治办、预防办深入开展调查研究，积极总结推广典型经验，指导和协调各地区、各部门认真落实各项措施。各有关部门按照职责的任务分工，充分发挥自身的职能作用，加强对基层的指导，抓典型，抓示范，一些地区的创建工作取得了初步成效。例如，江西瑞昌以中小学生和毕业三年以内的青少年为重点，实施“免疫工程”，采取“学校育苗、家庭护苗、社会扶苗”三项措施，建立家庭、学校、社会三位一体的免疫网络，实现了青少年的零犯罪。

三、加强监督，深化考核，切实推动示范创建工作深入发展

为推动示范创建工作落到实处，各地综治委将示范创建工作作为当地社会治安综合治理考评的重要内容，实现了与综治其他工作进行同部署、同检查、同考核、同奖惩。各级综治办、预防办加强对示范创建工作的指导和考核，将其作为预防工作的重要考核内容，及时完善创建工作的具体方案，防止出现走过场和弄虚作假。很多地方积极商请人大、政协和新闻单位，组织人大代表、政协委员、新闻工作者等对示范创建工作进行检查和监督。例如，山东青岛市2004年底建立了“红黄绿”青少年违法犯罪社区预警的工作机制，组织社区内人大代表、政协委员、关工委成员组成权威监督员队伍，以及组织关心青少年工作的离退休老同志、社区群众等组成群众监督员队伍，加强了对示范创建工作的检查和监督。

四、强化保障，完善机制，着力加强示范创建工作的基础性建设

各地重视加强基层基础工作，从工作队伍、工作经费、工作阵地等方面入手，解决基层有人干事、有钱干事、有地方干事的问题。大部分地区为保证示范创建工作的顺利开展，都设立了专项工作经费，列入地方财政预算，有些地方还落实人员编制，确保了示范创建工作取得实效。同时，积极创造条件加强青少年文化建设，推进爱国主义教育基地和公益性文化设施对未成年人免费开放，广泛建立青少年能够就近就便参加的活动场所。深入宣传“为了明天工程”，积极动员社会各界参与示范创建工作，不断壮大以“五老”等为代表的社区青少年工作志愿者队伍，同时，加强行政执法部门在基层的工作力量，大力推广“一区一警”、“一区多警”的警力配备模式。例如，天津市以“未成年人零犯罪社区”创建活动为抓手，按照先期试点，总结经验，全面推广，考核命名的实施步骤，分阶段、分层次推进，在社区实现了未成年人违法犯罪有人抓、有人管，工作推进有措施、有制度，社区活动有阵地、有载体的良好局面。

各位领导、同志们，示范创建工作关系到预防青少年违法犯罪工作的全局。今后，我们将深入贯彻落实顾秀莲副委员长的重要讲话精神，会同各成员单位深入开展示范创建工作，扎实推进“为了明天工程”的深入实施，努力推动预防青少年违法犯罪工作再上新的台阶。

杨岳在2005年“为了明天——预防青少年违法犯罪论坛”闭幕式上的总结讲话

2005年12月17日

论坛的各项议程顺利进行完毕。我代表主办单位，向两个研究会的同志们表示问候，向论文获奖的同志表示祝贺，向所有关心、支持预防青少年违法犯罪研究工作以及参与“为了明天——预防青少年违法犯罪论坛”的同志们表示衷心的感谢！

在今天下午召开的预防办主任工作会上，我就明年预防青少年违法犯罪工作作了讲话。这里，我重点就预防青少年违法犯罪的研究工作讲几点意见。

一、关于本次论坛的成果

这次论坛开得很成功。概括起来，主要有以下四个特点：一是及时。在党的十六届五中全会通过了《中共中央关于制定国民经济和社会发展第十一个五年规划的建议》和中央领导同志对未成年人违法犯罪问题作出重要批示的背景下，论坛就“预防青少年违法犯罪对策和路径”开展研讨和交流，时机和主题选择得非常及时恰当。二是丰富。在这次论坛上，顾秀莲同志作了重要讲话，周强同志提出了明确的希望，各位专家学者及实务工作者就预防青少年违法犯罪问题进行了充分讨论和交流，开通了“中国预防青少年违法犯罪网站”，评选表彰了一批优秀的研究成果。论坛采用了演讲、互动式研讨、分组讨论等多种形式。无论是内容还是形式都很丰富充实。三是合作。这次论坛是由中央综治委预防青少年违法犯罪领导小组办公室、中国青少年犯罪研究会、中国法学会青少年法律研究会共同主办，广东省委、省政府给予大力支持。参加论坛的既有理论研究工作者又有实务工作者，不仅有内地专家学者还有港澳地区同仁，显示出济济一堂、群策群力、团结合作的良好局面。四是实在。论坛召开前，主办单位征集了论文，汇编了论文选辑，形成了具体的成果。论坛上，与会代表畅所欲言，交流了经验，开阔了眼界，得到了实实在在的收获。大家对研究会的工作提出了有益的建议，使得明年工作目标更加明确。总之，这次论坛是青少年犯罪研究会和青少年法律研究会的一次总结和展示，论坛开得比较务实，比较活跃，收到了好的效果。

二、关于两个研究会今年工作的简要回顾

今年是“为了明天——预防青少年违法犯罪工程”推进的第一年。一年来，在中央的亲切关怀和高度重视下，在预防领导小组各成员单位的大力支持下，通过各级团组织、预防办、各位专家、学者和实务工作者的共同努力，今年预防青少年违法犯罪的研究工作在以往基础上得到进一步推进。中国青少年犯罪研究会和中国法学会青少年法律研究会，在其中发挥了积极的作用，主要体现在以下四个方面。

一是工作内容更加丰富。各地广泛开展了各种形式的学术研讨会、报告会、学术演讲。联合有关部门，组织开展了“为了明天——预防青少年违法犯罪论坛”、未成年人违法犯罪研讨会等活动。推荐专家参与了全国人大的未成年人保护法修改工作以及到部分地方演讲，帮助地方提高青少年犯罪研究水平。江苏、上海、浙江、安徽、江西等省共同举办“为了明天——长三角首届‘法治社会与预防青少年违法犯罪’论坛”，推动青少年犯罪研究区域合

作与交流。北京召开了少年司法制度、未成年人民事审判等研讨会，山东、湖南、宁夏、福建、广东、四川等省举办了有关预防青少年违法犯罪的学术研讨会和演讲等活动。

二是研究成果更加丰硕。研究会开展了优秀论文评选活动，共收到论文120多篇，评选出80篇优秀论文。编辑出版《青少年犯罪研究》、《青少年法律研究通讯》杂志共6期。中国青少年犯罪研究会正在编辑《预防青少年违法犯罪工作年鉴》和《未成年人犯罪现状与对策研究》等书。各地的研究会也编辑了地方青少年犯罪研究论文选集，出版了一批学术著作。

三是组织网络更加完善。中国青少年犯罪研究会转由团中央主管后，在团中央的重视和中央综治委预防办的大力支持下，今年落实了秘书处专职工作人员和专门的办公场所，团中央还划拨了启动经费，为研究会工作开展提供了有力的保障。两个研究会通过制度建设，进一步规范了管理，通过开展活动凝聚和团结了一大批有影响力的青少年犯罪研究和青少年法律研究人才，进一步壮大了队伍。通过加强联系和指导，促进了省级研究会和专业委员会工作的开展。湖南、四川、山西、广东等省青少年犯罪研究会转由团省委主管或新成立了青少年犯罪研究会，初步理顺了管理体制，组织体系开始形成。

四是对外交流更加密切。2005年，中国青少年犯罪研究会先后与美国乔治亚州立大学、加利福尼亚州立大学、耶鲁大学中国法律中心、韩国江陵大学、新加坡触爱社会服务组织等国外青少年犯罪研究的专家和有关机构建立联系，就青少年犯罪研究交流合作进行了探讨，并派员参加东盟10+3“青年与网络”专题研讨会，加大了国际交流合作力度。部分省、区、市的研究会也组织了对外交流的团组，接待了来访的外国有关专家。

三、关于明年的研究工作

当前，我国青少年违法犯罪的总体形势依然严峻。青少年违法犯罪总量仍然较大。今年上半年，14至25岁的青少年犯罪人数占全部犯罪人数的44.7%。未成年人犯罪上升势头明显。2005年1至7月，全国判决生效未成年罪犯人数比去年同期上升23.96%。未成年人违法犯罪已经成为全社会共同关注的问题。党中央历来高度重视青少年保护和预防青少年犯罪工作。今年6月，锦涛、罗干同志又就未成年人犯罪问题作出重要批示，锦涛同志明确指出：“要从国家和民族的未来的高度，重视未成年人犯罪问题。要明确责任、大力协同，综合防治，通过教育和法制相结合，使未成年人犯罪问题得到明显好转。”罗干同志要求：“认真贯彻锦涛同志的重要批示，加强对未成年人犯罪问题的综合治理。”中央领导同志的批示体现了党中央对广大青少年健康成长的殷切关怀，体现了对预防青少年违法犯罪工作的高度重视，也为我们进一步开展研究工作指明了方向。

第一，把握大局，突出青少年犯罪和青少年法律研究工作重点。青少年犯罪和青少年法律研究是预防青少年违法犯罪工作的重要组成部分，要把预防青少年违法犯罪研究工作放在党政大局中去思考，去把握，认真学习贯彻中央领导同志批示精神，抓好落实，确立研究重点，深入推进研究，提出预防青少年违法犯罪对策和建议。具体来讲，一要抓好重点人群。例如对流浪儿童、服刑人员未成年子女、社区闲散青少年等重点群体的调查研究，为立法、司法和预防工作出谋划策。二要抓好重点课题。例如对青少年犯罪心理、少年司法制度建设、社区预警监测机制、未成年人司法保护等重点课题研究，能够做出有价值、有分量的研究成果，为预防工作实践提供有力的理论指导。三要抓好重大契机。明年全国人大将审议通过修改后的未成年人保护法，同时明年又是预防未成年人犯罪法颁布10周年，要及时开展相关培训，搞好宣传普及，推动法制教育和预防青少年违法犯罪研究进一步深入。

第二,开展活动,提高凝聚力和影响力。一是要开展各种形式的理论研究。承担党和政府委托的重点研究项目,积极参加《未成年人保护法》的修改,组织专家开展专题调研,编辑出版学术著作等,通过开展研究提高青少年犯罪和青少年法律研究的学术水平,扩大社会影响。二是要举办各种形式的论坛。要办好"为了明天——预防青少年违法犯罪论坛",打响"为了明天工程"品牌。要联合综治委、法院、检察院、教育、文化等部门举办分行业预防青少年违法犯罪论坛。就青少年犯罪心理、少年司法制度建设、社区预防未成年人违法犯罪,青少年普法教育等课题举办分类别的论坛。省级团委、预防办也可以根据本地实际,联合综治部门举办珠三角、长三角、环渤海区、西部、东北等地区的区域论坛。三是要抓好培训。围绕《未成年人保护法》、《预防未成年人犯罪法》等法律法规,举办学习培训,普及法律知识,联合综治部门开展青少年违法犯罪社区预防计划、未成年人零犯罪社区、社区青少年事务社工等工作培训,以及法律教育和自护教育的师资培训,提高各地预防工作水平。四是要扩大对外交流。明年要组织考察团出访,加强与国外和港澳台青少年犯罪和青少年法律研究组织、高校、研究所的联系与交流。

第三,促进建设,推动各项工作的规范化和可持续发展。一是要在队伍建设上打基础。通过研究会的工作,培养人才,扩大影响,提高队伍的整体水平。发挥理事会核心作用,完善理事的年龄结构,发展青年优秀专家加入理事会;完善理事的专业结构,增加理事会中法律工作者、社会工作者的名额;完善理事的地区结构,发展港澳地区人才作为理事。二是要在制度建设上花气力。进一步完善各级研究机构的运行机制,加强对专业委员会的规范管理,加强秘书处与各省级研究会、各专业委员会的项目合作,发挥"地方"和"中央"两个积极性。三是要在阵地建设上下功夫。做好《青少年犯罪研究》、《青少年法律研究通讯》杂志等阵地的建设,团中央正在向国家新闻出版总署申请创办全国公开发行的《青少年法律》杂志,如能获得批准,将是宣传和研究方面一块很重要的阵地,要下大力气建好这个阵地。做好预防青少年违法犯罪网站的维护和建设,把杂志和网站作为凝聚研究队伍、宣传预防青少年违法犯罪工作、扩大研究会影响力的有效载体。

四、关于工作要求

做好预防青少年违法犯罪研究工作,需要各级共青团组织、预防办、研究会和广大会员齐心协力,相互配合。

共青团组织、预防办要更加重视研究和研究会工作。预防青少年违法犯罪工作是一个理论性与实践性都很强的工作。加强研究,把握规律,可以为实践工作提供科学指导。各级共青团组织、预防办要把研究工作摆到更重要的位置,要履行好作为本级研究会主管部门的职责,关心研究会工作,发挥研究会的作用,促进研究会发展。一方面要加强指导。做好研究会的管理指导工作,在研究会机构设立运转规范、人员配备、队伍建设、确定课题、举办论坛等方面进行规划。另一方面要大力支持。研究和帮助研究会解决开展工作中遇到的问题和困难,为促进研究会发展创造有利条件。

研究会要进一步发挥作用。一是围绕党政大局,做好理论研究,开展相关活动,加强自身建设,提高研究层次,繁荣学术研究,使研究工作在预防青少年违法犯罪工作领域中真正有所作为、有所建树。二是积极争取各方面的大力支持。当前,青少年犯罪和青少年法律研究工作正处于历史上最好的发展时期之一,既有党政的高度重视,又有团组织、预防办的大力支持,还有社会各界的热情关心。各级研究会不仅凝聚了国内一流的理论研究专家学者,还聚集了一大批预防青少年违法犯罪工作一线的实务工作者。要抓住历史机遇,发挥好各方支持、研究力量强、联系面广、资源丰富等现有优势，将方方面面的力量汇聚到预防青少年违法犯罪研究这项事业中，形成合力，做出一流业绩。

各会员单位和广大会员要积极开展研究工作。各省级研究会、专业委员会、理论研究和实务工作者要积极开展工作。把各自研究纳入到研究会工作的总体规划之中，与研究会经常联系，提交研究论文，反映情况，提出建议，互通信息，互相支持。在开展活动的过程中要自觉遵守国家的法律法规，遵守研究会的相关规定，共同维护研究会的良好形象。研究会的老同志要发挥余热，切实起到传帮带的作用，中青年会员要充分发挥中坚力量的作用，新会员要加强学习，迎头赶上，形成一个老、中、青结合的预防青少年违法犯罪研究梯队，多出研究成果。

研究会秘书处要做好服务工作。一是要加强沟通。积极与各省级研究会、专业委员会、理论研究和实务工作者保持联系，了解情况，收集需求，增强交流，促进感情。二是要强化服务。及时帮助会员解决困难，用服务凝聚、团结更多青少年犯罪研究人才。三是要开拓创新。以创新发展会员的方式，不断扩大队伍，创新激励机制，支持和鼓励会员出优秀成果和研究精品。通过扎实的工作，把研究会真正办成青少年犯罪和青少年法律理论研究和实务工作者共同的家园。

同志们，2006年预防青少年违法犯罪研究工作面临着难得的发展机遇，同时也肩负着光荣而艰巨的任务。让我们紧密团结在以胡锦涛同志为总书记的党中央周围，以邓小平理论和“三个代表”重要思想为指导，振奋精神，齐心协力，求真务实，开拓创新，为促进青少年健康成长、促进社会主义和谐社会建设贡献智慧和力量！

新的一年就要来临，祝同志们新年愉快，工作顺利，身体健康！

杨岳在共青团十五届四中全会上的总结讲话

2005年12月21日

在党中央的亲切关怀下，在同志们的共同努力下，共青团十五届四中全会圆满完成各项任务，今天下午就要结束了。下面，我代表团中央书记处作会议总结。

一、关于会议的主要收获

这次全会是共青团深入学习贯彻党的十六届五中全会和中央经济工作会议精神，认真学习贯彻党中央书记处重要指示和王兆国同志重要讲话精神，紧紧围绕构建社会主义和谐社会的重大任务，团结动员广大团员青年充分发挥生力军作用，努力开创共青团工作新局面的一次重要会议。党中央对这次全会高度重视。12月9日上午，中共中央政治局常委、书记处书记、国家副主席曾庆红同志主持召开中央书记处会议，专门听取了团中央书记处的工作汇报，并作了重要指示，为我们做好新形势下的青年工作指明了方向。12月19日晚，中共中央政治局委员王兆国同志出席全会，代表党中央发表了重要讲话，对当前和今后一个时期的共青团工作提出了明确要求。全会认真听取了周强同志代表团中央书记处所作的《全面贯彻落实科学发展观，团结带领广大团员青年在构建社会主义和谐社会中发挥生力军作用》的主题报告，审议通过了《关于认真学习贯彻党的十六届五中全会精神团结带领广大团员青年在实施“十一五”规划进程中充分发挥生力军作用的决定》和《关于团结带领广大团员青年为构建社会主义和谐社会做贡献的决定》。全会还圆满完成了其他各项议程。会上，大家紧紧围绕学习贯彻中央精神和要求，紧扣全面贯彻落实科学发展观和构建社会主义和谐社会的主题，结合各自工作实际，进行了热烈、深入的研讨。同志们普遍反映，这次全会主题鲜明，内容丰富，催人奋进，很有收获，主要体现在以下几个方面。

1. 增强了信心，明确了责任。大家一致认为，党的十六届五中全会审议通过的《中共中央关于制定国民经济和社会发展第十一个五年规划的建议》，站在历史新高度，从战略全局出发，为我国“十一五”时期经济社会发展指明了方向，也为共青团工作乘势而上提供了难得的机遇，提出了更高的要求。团结带领广大团员青年在实施“十一五”规划进程中充分发挥生力军作用，是共青团组织在新的历史时期肩负的重要责任。党中央书记处的重要指示和王兆国同志代表党中央发表的重要讲话，充分体现了党中央对共青团工作的高度重视和对青年一代的亲切关怀，为做好当前和今后一个时期共青团工作指明了方向。有的同志讲，党中央关于“十一五”规划的建议为我国今后五年经济社会发展描绘的宏伟蓝图，是广大青年建功立业的广阔舞台，也是共青团工作实现新发展、开创新局面的难得机遇。有的同志讲，党中央为我们的工作指明了方向，我们决不能辜负党中央的期望，一定要努力工作，团结带领团员青年在实现“十一五”美好蓝图中谱写新的篇章。有的同志讲，我们恰逢国家发展的关键时期和重要战略机遇期，责任重大，使命光荣。

2. 统一了思想，提高了认识。这次全会上，大家深入学习了党的十六届五中全会和中央经济工作会议精神，学习了党中央书记处的重要指示和王兆国同志的重要讲话。同志们一致认为，科学发展观是与时俱进的马克思主义发展观，坚持以科学发展观统领经济社会发展全局，是党的十六届五中全会和中央经济工作会议精神的核心和灵魂。通过学习，大家进一步加深了对科学发展观历史背景的认识，进一步加深了对科学发展观基本内涵的理解，进一步增强了推动科学发展的自觉性和紧迫感。有的同志讲，王兆国同志要求我们在领会和把握科学发展观上下功夫，进一步增强促进科学发展的自觉性和坚定性。这一要求对我们推动共青团工作、提高自身素质具有重要意义。有的同志讲，科学发展观是新形势下推进共青团工作的强大思想武器，我们一定要牢牢把握、自觉运用这一科学武器，把科学发展观贯穿到共青团的各项工作之中。

3. 明确了结合点，把握了着力点。同志们在讨论中一致认为，在全党全国人民致力于构建社会主义和谐社会的背景下，周强同志的重要讲话和全会审议通过的两个《决定》，十分及时，具有很强的思想性、指导性和针对性。当前，我们要把共青团工作和中央制定的“十一五”规划建议结合起来，明确共青团工作的科学定位；要把团结带领广大团员青年参与社会主义和谐社会建设作为重大任务，花大力气，下真功夫，认真抓好落实。有的同志讲，中央要求我们在实现“十一五”美好蓝图中，找准聚焦点，明确结合点，把握着力点，为我们站在全局高度谋划共青团工作指明了方向。围绕国家发展，服务党政大局，共青团的事业一定能实现新的飞跃。有的同志讲，周强同志的讲话和这次全会审议通过的两个《决定》，以科学发展观为指导，为共青团团结带领广大团员青年参与社会主义和谐社会建设进行了思想动员和工作部署，为共青团工作聚焦“十一五”规划找准了结合点，明确了着力点。有的同志讲，构建社会主义和谐社会为共青团事业开辟了新的更大的发展空间，我们一定要科学教育青年、正确引导青年、热诚服务青年，把青年的积极性、主动性和创造性充分调动起来、发挥出来，为构建社会主义和谐社会做出更大的贡献。

总之，全会使我们进一步认清了形势，统一了思想，明确了任务，坚定了信心。全面贯彻落实好全会精神，对做好当前和今后一个时期的共青团工作，将起到十分重要的推动作用。

二、关于2005年共青团工作的简要回顾

2005年，共青团紧紧围绕党政工作大局，在巩固中发展，在创新中前进，保持了良好的发展态势。党中央书记处对我们的工作给予了充分肯定，认为团中央和各级团组织的工作在围绕中心、服务大局上有不少新的开拓、新的创造、新的举措，为改革发展稳定做出了新的贡献。这是对我们的巨大鼓舞和鞭策。下面，我再就今年工作的几个重要方面做简要的回顾。

在青少年思想政治教育上，团的各级机关紧紧抓住开展保持共产党员先进性教育活动的契机，深入学习实践“三个代表”重要思想，认真学习贯彻党的十六届三中、四中、五中全会精神，学习领会党中央提出的科学发展观、加强党的执政能力建设、构建社会主义和谐社会等重大理论创新成果和重大决策部署，把学习实践“三个代表”重要思想活动不断引向深入。围绕贯彻落实中央加强和改进未成年人思想道德建设和大学生思想政治教育工作的有关精神和重要部署，利用各种节庆日、纪念日，广泛开展了一系列富有特色的主题实践教育活动和纪念活动，起到了很好的教育引导作用。按照胡锦涛总书记的重要指示，迅速建设开通“中国青少年网络电台”并开展了各项活动，在教育引导青年的方式方法上进行了积极探索和创新，在青少年中产生了良好的影响。

在服务经济社会发展上，我们紧紧围绕党和国家工作大局，特别是围绕促进农村发展、企业发展、科教兴国、人才强国、西部大开发、振兴东北等老工业基地、可持续发展、节约型社会建设等国家重点工作和战略部署，大力推进农村青年增收成才行动、青工技能振兴计划、博士服务团、保护母亲河行动以及青年志愿者行动、青年文明号、青年文明社区、青年文化行动等重点活动，这些活动声势大、切入点准、效果好，为促进经济社会发展做出了积极贡献。比如，全年共培训农村青年50多万人次，培训转移就业带头人4万多名；西部计划在岗青年志愿者超过2万名；保护母亲河行动募集资金6000多万元，荣获联合国首届“地球卫士奖”。同时，海外学人回国创业周、“挑战杯”全国大学生课外学术科技作品竞赛等活动都取得了良好效果。

在服务青少年上，我们始终坚持把竭诚服务青年作为全部工作的出发点和落脚点，加大了服务青年就业创业、服务困难大学生和维护青少年合法权益的工作力度，取得了明显成效。全年共扶持3万多名青年成功创办小企业，19万多名青年顺利实现了就业和再就业；共募集4722万元资金资助留校经济困难大学生欢乐地过年；为大学生提供就业见习岗位近2万个；希望工程共募集资金9600多万元；26个省份开通或已经试运行省级“12355”青少年维权和心理咨询服务热线。

在青年统战和青年外事方面，我们配合中央对港澳台工作大局，充分发挥自身优势和特点，深化了与港澳台各界青年的交流与合作，进一步壮大了爱国爱港爱澳青年力量。全年组派了多个航天科技、文化、体育等领域的青年知名人士代表团和青年学生代表团赴港澳台交流。今年的青年外事工作全面活跃，成为国家整体外交的重要组成部分。全年共接待来访团组46个，1595人次，组派出访团组52个，1074人次。

在团的自身建设上，我们紧紧抓住开展保持共产党员先进性教育活动的契机，大力加强和改进团的自身建设。目前团员总数达7188万人；全国已建立城乡青年中心4800多个。同时，全团开展了以学习实践“三个代表”重要思想为主要内容的增强共青团员意识主题教育活动，使广大团员青年的政治意识、组织意识、模范意识明显增强，团的基层组织更加健全，团的工作更加活跃。

另外，我们还成功召开了全国青联十届一次全委会、全国学联第二十四次代表大会和少先队第五次全国代表大会，推动了青年工作、学生工作和少先队工作的进一步发展。

三、关于2006年的工作安排

明年是实施“十一五”规划的开局之年。共青团工作总的要求是：以邓小平理论和“三个代表”重要思想为指导，深入学习贯彻党的十六大和十六届三中、四中、五中全会精神，紧紧围绕“十一五”时期的奋斗目标和主要任务，全面落实科学发展观，扎实工作，开拓创新，进一步做好新形势下的青年群众工作，团结带领广大团员青年为全面建设小康社会、构建社会主义和谐社会做贡献。关于明年的工作安排，《共青团中央2006年工作要点》已经作了全面部署，各级团组织要结合实际，抓好落实。在这里，我就明年要重点抓好的几方面工作，谈几点具体意见。

1. 以理想信念教育为核心，以“我与祖国共奋进”为主题，推动青年思想政治教育取得新进展。当前，在我国经济社会发展进入关键时期的背景下，加强青少年的理想信念教育尤为重要。如何引导广大团员青年在实施“十一五”规划和全面建设小康社会的历史进程中，既回顾我国改革开放以来走过的光辉历程，又展望美好的发展前景，从而增强广大团员青年的自信心、使命感和责任感，是共青团组织加强青少年思想政治教育的一个重大课题。从明年起，全团将集中力量开展“我与祖国共奋进”主题教育活动，目的在于引导广大青年自觉践行“三个代表”重要思想，坚持用科学发展观武装头脑，组织青年认真学习、深刻领会科学发展观的基本内涵，增强贯彻落实科学发展观的自觉性，进一步坚定跟党走中国特色社会主义道路的信念。要充分利用重大活动、重大事件和重大节庆日的有利契机，开展主题鲜明、形式多样的教育实践活动，使这项活动形成高潮、深入人心、取得实效。

2. 围绕中心，突出重点，推动服务经济社会发展的各项工作迈上新台阶。这里讲的中心就是经济建设，重点就是构建社会主义和谐社会。各级团组织要围绕国家重要部署和重大发展战略，着眼于经济建设和社会主义和谐社会建设，找准工作聚焦点，明确工作结合点，把握工作着力点，把服务经济社会发展的各项工作在深度、广度、力度上整体向前推进。

要全面推进农村青年增收成才行动。围绕建设社会主义新农村，重点是构建农村青年人才开发和农产品市场开发两大体系，通过开展新型农民科技培训、农村实用人才培养项目，创建青年星火科技示范基地，提高农村青年增收致富的本领；引导农村青年积极参与农业结构调整，广泛建立农产品标准化生产示范区，掌握农产品市场营销的机制和方法，推动传统农业向现代农业转变。

要深入开展青工技能振兴计划。围绕推动产业结构优化升级，重点是通过推广青工技能培训学分制、举办青工技能大赛、组织青工技能鉴定考试等有效手段，引导和鼓励青年职工学习新知识新科技，刻苦钻研先进技术，熟练掌握岗位技能，尤其是掌握核心技术和关键技术，增强科技成果转化能力，为企业改革发展做贡献。

要大力推进青年科技创新行动。围绕实施科教兴国和人才强国战略，广泛开展青年专家科技服务，组织海外学人回国创业，举办高层次青年论坛，为青年科技工作者发展事业搭建平台。评选表彰青年科技人才，举办“挑战杯”大学生创业计划竞赛，培养青少年创新精神，提高创新素质，营造崇尚科学、鼓励创新的良好氛围。

要深化保护母亲河行动。围绕建设资源节约型、环境友好型社会，以“珍惜每一滴水，爱护每一条河”为主题，积极弘扬生态环保文化，以“节约资源、保护环境”为主要内容，大力开展各种生态环保实践活动，广泛整合社会资源，切实加强规范管理，推进保护母亲河生态环保示范工程建设。

要大力推进青年志愿者行动。进一步适应经济社会的新发展、人民群众的新需求和构建和谐社会的新要求，不断拓展志愿服务领域，健全志愿工作体系，完善志愿服务机制，推动志愿服务立法，实现青年志愿服务长远发展。

要大力推进青年文化行动。要把示范性活动和群众性活动结合起来，既要继续推进“青春中华”系列文化活动，在青年中发挥示范性、导向性作用，又要切实推动基层青年文化的发展繁荣。要创作和推广具有时代特点、反映青年风貌的文化精品，关注青年中的新文化现象，充分发挥文化精品教育人、引导人的作用。

要深化青年文明号、青年文明社区创建活动。青年文明号创建活动要突出节约、诚信的主题，开展“节约示范行动”和“信用建设示范行动”，推动全社会形成节约意识、建立信用体系。青年文明社区创建活动要进一步扩展范围，丰富内涵，提高水平，使创建活动成为和谐社区建设的重要推动力。

3. 动真感情，下真功夫，推动服务青年工作取得新成效。服务青年一定要动真感情，下真功夫，见真成效，竭诚为青年解决最急迫的困难和问题。共青团服务青年的健康成长，就是在为构建社会主义和谐社会做贡献。明年我们要重点围绕青年就业、扶贫济困、权益保护等方面，扎扎实实地开展工作。

要做好服务青年就业再就业工作。要按照全国就业再就业工作的统一部署，深入实施中国青年创业行动，通过技能培训、中介服务、观念引导、就业援助等手段，建立与国家就业工作相衔接、具有共青团特点、符合青年需求的青年就业工作体系。继续加强青年就业培训基地建设，实施好成功创业计划、“千校百万”进城务工青年培训计划、工岗快递行动和大学生就业见习行动，重点抓好高校毕业生就业、下岗失业青年再就业、城镇新增青年劳动力就业和农村进城务工青年就业工作。

要做好服务特殊困难青年群体工作。认真开展手拉手、希望工程助学计划、大学生济困助学等活动，帮助经济困难的大中小学生顺利完成学业。深入开展“真情助困进万家”活动，广泛动员社会力量，调动社会资源，切实为进城务工青年、农村贫困青年、残疾青年和困难群众排忧解难。

要做好维护青少年权益工作。青少年的合法权益需要我们切实保护。要深入开展创建优秀青少年维权岗、青春自护、青春红丝带、远离网瘾等活动，加强对中小学生、流浪儿童、进城务工青年等重点青少年群体的保护。同时，要密切关注青年思想动态，引导青年正确认识各种社会问题和热点、焦点问题，理性表达意愿，以实际行动维护社会稳定。

4. 扩大交流，促进合作，推动青年统战和青年外事工作实现新突破。青年统战工作要认真落实党中央关于港澳台工作的一系列精神，立足当前，着眼长远，做好港澳台青年代表人士、普通青年学生和青年社团三个层面的交流工作，构筑交流和服务的平台。青年外事工作要贯彻服务党政外交、服务团的重点工作的方针，拓展与各国青年和青年组织进行交流的范围和领域，巩固国家友好关系的青年基础。明年要继续做好“长城计划”友好交流活动和中日、中韩青年交流等项目，加强联合国青年就业网络中国项目合作建设，引进青少年创新素质教育项目。

5. 夯实基层，强化队伍，推动团的自身建设开创新局面。周强同志在这次全会上强调，各级团组织要坚持党建带团建，以组织建设为基础，以机制建设为保障，以队伍建设为关键，不断增强共青团的服务能力、凝聚能力、学习能力、合作能力。大家要认真学习领会周强同志的讲话精神，结合实际，贯彻落实。要牢固树立基层第一的观念，进一步加强团的基层组织建设。坚持党建带团建，把团的建设纳入党的建设规划之中，这是我们加强团的基层组织建设的根本保证。大力推动团建创新，主动适应经济社会结构和青年群体分布的新变化，创新组织体系，创新运行机制，创新工作方式，不断增强基层团组织的活力。深化团的领导机关抓基层团组织联系点工作，通过层层确定联系点，加强团的领导机关对基层的联系和指导，起到抓住一批、牵动一片、带动全面的作用。要全面推进青年中心建设。青年中心建设已经进入全面推进阶段，下一步要在扩大覆盖、提高质量、壮大队伍、完善机制上下功夫，提升青年中心建设的整体水平。着眼于提高团干部的素质和能力，大力开展以党的理论、方针、政策和共青团工作实务为主要内容的培训工作，提高团干部综合素质，增强把握大局、谋划工作和落实工作的能力。增强共青团员意识主题教育活动开展半年以来，成效显著。明年要总结经验、巩固成果、完善机制，进一步加强团员队伍建设。

四、关于贯彻落实好这次全会精神

这次全会对当前和今后一个时期的共青团工作作出了部署和安排，提出了新的要求。下一步，关键是要狠抓落实，在实际工作中求真务实，开拓创新，推进团的各项工作和建设。

1. 贯彻落实全会精神要高标准、严要求。贯彻落实全会精神，要始终用高标准来要求，积极主动，决不能打折扣，更不能应付了事。党中央对共青团工作亲切关怀、高度重视，广大团员青年对团干部充满期待，我们要有强烈的使命意识和责任意识，尽心尽力地去做好每一项工作，始终在工作上坚持更高更严的标准。要结合工作实际，将贯彻落实全会精神与我们党关于全面落实科学发展观、加强执政能力建设、保持共产党员先进性、建设创新型国家等重大理论创新成果和战略部署结合起来，认真把这次全会的精神学习好、传达好、贯彻好。要按照王兆国同志的重要讲话要求，真正把科学发展观落实到工作的各个方面，使共青团在推动党和国家事业发展中发挥更大的作用。要按照周强同志的讲话要求，研究把握新形势，努力推动工作创新，竭诚服务青年，树立良好形象，切实提高落实科学发展观的能力。

2. 贯彻落实全会精神要谋新意、出新招。要在思想上出新意。在全会上，领导同志的讲话和通过的工作文件，都体现了很强的思想创新和思路创新，大家在贯彻落实的过程中，既要坚决将全会精神和要求贯穿工作始终，又要把全会提出的各项任务同本地区、本部门的实际工作相结合，因地制宜，在思想上创造性地思考，在思路上创造性地谋划。各地区、各部门在落实全会的工作部署和要求时，总会碰到各种新情况新问题，要在把握总体要求的基础上，把勇于创造的精神和科学务实的精神统一起来，注重站在新的角度观察、研究和思考问题，注重在观念、意识和行动上进行创新，明确工作和大局的结合点，不断地解决新问题，不断地创造新业绩。要在工作的方式方法上创新。随着我国经济社会的变革和发展，青年的物质文化需求不断提高并更趋多样化，青年的活动方式出现许多新特点，青年群体结构和社会利益关系更趋复杂。这就要求我们在做各项具体工作时，必须有针对性地在工作的方式方法上创新，使团的工作既能符合党的要求、体现团的性质，又能为广大团员青年所接受、所欢迎、所拥护。

3. 贯彻落实全会精神要重实绩、求实效。贯彻落实全会精神，要结合各地区、各部门实际，把全会提出的各项工作任务进一步分解、细化，落实工作责任。要弘扬求真务实精神，千方百计出实招、办实事、求实效。要牢固树立正确的政绩观，用实实在在的成绩来评价工作、推动事业发展。各项工作措施务求着眼长远、落实到位、见诸成效，防止“大而化之”、“一阵风”，决不能搞形式主义、做表面文章。要多做一些抓基层、打基础的工作，为团的事业发展做出扎实的贡献。

另外，我再强调一下加强团内宣传舆论阵地建设和强化舆论导向的问题。《中国青年报》是团中央的机关报，《中国青年》杂志是团中央的机关刊，在宣传党的方针政策、宣传全团工作、引导青年方面发挥了重要作用。大家要高度重视《中国青年报》和《中国青年》杂志的发行工作，下大力气扩大发行量。同时，《中国青年报》和《中国青年》杂志要进一步宣传好各地、各部门的工作，为共青团工作的发展创造良好的舆论环境。

同志们，明年是为“十一五”起好步、开好局的关键之年，也是开创共青团工作新局面的重要一年，做好明年的各项工作意义重大。我们要更加紧密地团结在以胡锦涛同志为总书记的党中央周围，高举邓小平理论和“三个代表”重要思想伟大旗帜，全面贯彻落实科学发展观，求真务实，锐意创新，团结带领广大团员青年为完成党和国家明年的工作任务做出新的贡献！

胡伟同志讲话

胡伟在全国青联九届六次常委（扩大）会议上的工作报告

2005年1月13日

这次会议是九届全国青联任期内最后一次常委会。会议的主要任务是：以邓小平理论和“三个代表”重要思想为指导，深入学习贯彻党的十六届四中全会和中央经济工作会议精神，总结2004年工作，研究部署2005年工作，审议召开全国青联十届一次全委会的有关决议。现在，我受主席会议委托，向常委会作工作报告，请予审议。

2004年工作总结

刚刚过去的2004年，是全国各族人民在党的领导下积极投身全面建设小康社会伟大实践，推动各项事业取得辉煌成就的一年。在这一年里，全国青联坚持以邓小平理论和“三个代表”重要思想为指导，深入学习贯彻全国人才工作会议精神和《中共中央国务院关于进一步加强人才工作的决定》，高举爱国主义、社会主义旗帜，团结凝聚各族各界青年树立和落实科学发展观，积极服务经济社会发展大局，巩固民族团结，维护社会稳定，促进祖国统一，推进同世界各国青年友好交往，各项工作取得新的成绩和进展，保持了良好发展势头。

一、大力开展爱国主义和理想信念教育，把学习贯彻“三个代表”重要思想不断引向深入

一年来，我们抓住邓小平同志诞辰100周年、建国55周年、五四运动85周年、全国青联成立55周年等重大契机，广泛开展主题教育活动，兴起学习贯彻“三个代表”重要思想新高潮。

一是抓住纪念邓小平同志诞辰100周年契机，大力开展理想信念教育。通过召开座谈会、组织委员参观《世纪伟人邓小平》展览、观看电影《我的法兰西岁月》等活动，深切缅怀邓小平同志光辉战斗的一生，追思和学习邓小平同志的革命精神、科学思想和崇高风范，引导青联委员牢固树立为中华民族伟大复兴而奋斗的远大理想，进一步坚定跟党走中国特色社会主义道路的信念，坚持不懈地用邓小平理论和“三个代表”重要思想教育青年，武装头脑。

二是抓住建国55周年和五四运动85周年契机，广泛进行爱国主义教育。联合有关方面举办首都青少年庆祝建国55周年天安门广场大型活动和纪念五四运动85周年“青春”主题晚会，各级青联组织广泛开展各种主题纪念活动，进一步激发广大青少年的爱国热情，增强当代青年为全面建设小康社会而奋斗的使命感和紧迫感，引导青联委员和青年人才不断提高实践“三个代表”重要思想的自觉性和坚定性。

三是抓住全国青联成立55周年契机，增强推动青联事业发展的责任感。组织在京200多名青联委员举办纪念活动，回顾青联历史，共话光荣传统，总结基本经验，研究新情况，进一步用“三个代表”重要思想统揽青联工作，推动青联事业在新世纪新阶段实现新发展。

二、发挥人才集中和联络广泛优势，为促进经济社会发展做出新贡献

一年来，我们积极贯彻落实科学发展观，紧密围绕大局，充分发挥青联组织的自身优势，积极为促进经济社会全面协调可持续发展做贡献。

一是进一步深化中国青年科技创新行动。去年，根据邓小平同志亲属的倡议，团中央、全国青联等单位共同设立了“中国青少年科技创新奖励基金”，评选表彰了100名在校大、中、小学生，极大地激励了广大青少年投身创新实践的热情。组织青年专家到山东、黑龙江、浙江等地开展科技服务活动，通过举办科技论坛、成果洽谈会、专家咨询论证会，为地方经济建设献计献策，贡献力量。举办“中国泰达生物论坛”、“首届中国软件产业发展青年专家论坛”和“中国（济南）IT青年精英论坛”等活动，努力构建生物技术和信息技术领域青年人才交流平台。

二是继续组织海外学人回国创业。开展2004“海外学人回国创业周”活动，组织来自22个国家和地区的800余名海外留学人员，到北京、上海、湖北、四川等14个省、市进行成果发布、项目洽谈和人才交流，引导海外青年人才为国服务。活动共签署项目协议267个，人才招聘协议236个。联合国务院国资委、欧美同学会举办了“聚焦特大型国有企业”专题活动，组织48家特大型国有企业与500余名留学人员进行了人才招聘和项目合作洽谈。举办2004海外学人回国创业论坛，畅谈创业体会，分享成功经验，介绍相关政策，为广大留学人员回国创业和以多种方式参与祖国建设提供服务。

三是积极服务青少年健康成长。落实中央关于加强和改进未成年人思想道德建设和大学生思想政治教育的意见，启动“共享成长——中国十大杰出青年走进中学生”活动，到人大附中和北京四中，以“爱国文明、求知进取、健康成才”为主题，与中学生进行生动的互动交流，教育引导中学生走正确的成长道路。开展“青年科学家走进校园”活动，组织青年科学家走进山东大学、济南大学、山东省实验中学和实验小学，与学生面对面交流，探索科学奥秘，启迪智慧人生。组织第四届“全国各族青年团结进步奖”获奖者到中央民族大学参加21个班级的主题团日活动，举办“各族青年团结进步”论坛，与各民族大学生围绕“团结、奋斗、奉献、成才”的主题进行交流，激励他们奋发成才，为推动民族团结进步事业做贡献。

四是深入开展全国青联志愿者艺术团工作。2004年，全国青联先后组织志愿者艺术团来到广东东莞、宁夏银川和山西灵丘开展慰问演出活动，把党和政府的关怀和全国亿万青年的问候送到进城务工青年、建设一线职工和革命老区的人民群众中。他们不畏严寒，不怕辛苦，不计报酬，深入街头巷尾、田间地头为当地群众演出，受到了热烈欢迎。去年，全国青联志愿者艺术团突出主题开展大型公益演出，在纪念邓小平同志诞辰100周年之际，举办首届中国青少年科技创新奖颁奖典礼，表达全国亿万青少年对邓小平同志的崇敬和缅怀之情；在纪念希望工程实施15周年之际，联合有关方面举行“为了山里的孩子”大型文艺晚会，为重庆“希望工程”捐资1340万元。一年来，全国青联组织文艺界委员144人次参加了23场慰问和公益演出，现场观众近15万人。目前，已有18个省级青联成立志愿者艺术团地方分团，开展了大量慰问和公益演出活动，为青联组织赢得了良好的社会声誉。

三、落实人才强国战略，推动青年人才工作实现新进展

2003年底召开的全国人才工作会议，标志着我国人才工作进入了一个全面展开、整体推进的新阶段。一年来，我们深入学习贯彻全国人才工作会议精神和《中共中央国务院关于进一步加强人才工作的决定》，抓住举荐、培养、凝聚环节，深化品牌项目，加大培养力度，推动青年人才工作取得新进展。

一是促进了大批青年人才脱颖而出。继续深化“中国十大杰出青年”的评选活动。在推报环节，着重考虑对青少年成长成才具有强烈示范导向的青年人选；在评选环节，进一步扩大评委库规模到200人，增强评选的社会化程度；在表彰环节，深化与媒体合作，深度挖掘典型成长历程，扩大与青少年的交流。隆重表彰第二届“中国软件行业杰出青年”，激励软件行业广大青年勇于开拓、自主创新、服务社会、建功立业，为增强信息产业创新能力做出积极贡献。

二是积极为青年人才成长提供实践舞台。协同中组部进一步做好“博士服务团”工作，选派147名青年博士组成第五批“博士服务团”奔赴西部12省（区、市）和江西、吉林延边、湖北恩施、湖南湘西等地，进行为期一年的锻炼服务，引导高层次青年人才在西部大开发第一线施展才华，经受锻炼，增长才干。继续实施“培养计划”，选拔来自西部和民族地区的49名青年干部赴东部和沿海地区进行为期半年的挂职锻炼，帮助他们开阔视野，提高认识，增强建设家乡、振兴西部的本领。

三是加大服务委员发展的力度。一年来，依托界别活动，加大服务委员力度，推动委员学习、交流与合作。企业界针对委员自身成长和事业发展需要，依托中国一汽集团，在长春启动“青年企业家竞争力培训计划”，通过高层管理讲座、实地案例分析和商务考察相结合的方式，传授企业管理的前沿思想和先进方法，交流创业体会，提高企业科学管理和规范运作水平。政法界召开了委员宪法学习座谈会，交流学习心得体会，提高了学习宪法知识、落实宪法精神的自觉性。文艺界组织委员参加了常香玉同志事迹报告会，聆听艺术大师的感人事迹，增强了奉献社会、服务人民的责任感。

四是团结凝聚大批高层次海外留学人员。为大力开发国内国外两种人才资源，去年成立了全国青联海外留学人员联谊会。联谊会以广泛联系、促进交流、凝聚力量、为国服务为宗旨，吸收794名个人会员和43个团体会员，有效地团结凝聚了一批在海内外取得突出成就和具有较大影响的高层次青年留学人员。5月份，在北京、上海、广州、济南、深圳等地同时举行了以“激扬青春风采，创业报效祖国”为主题的新近归国留学人员同城聚会，为他们回国求职、创业发展提供切实帮助。

四、立足维护民族团结和社会稳定，推动民族地区青年和信教青年工作实现新发展

一是引导各族青年为巩固和发展民族团结进步事业做贡献。联合国家民委开展第四届“全国各族青年团结进步奖”评选活动，表彰近年来为民族团结进步事业作出突出业绩的先进个人198名，先进集体41个。这些获奖单位和个人来自全国56个民族，分布各行各业，为少数民族和民族地区经济社会发展做出了积极的贡献。这一活动对于引导、教育各族青年树立马克思主义民族观，促进各族青年健康成长，建功成才起到重要的作用。

二是做好宗教界青年代表人士工作。举办了2004年全国宗教界青年代表人士考察学习活动，组织28位宗教界青联委员赴重庆、湖北进行了为期一周的考察学习。考察团成员通过参加学习班，进一步提高了对党的宗教政策和工作方针的认识，了解了国际国内形势；通过参观爱国主义教育基地和世界文化遗产，进一步激发了爱国热情；通过参观三峡、东风汽车集团等国家重点工程和特大型企业，切身感受现代化建设的勃勃生机和伟大成就，增强了责任感；通过参观宗教活动场所，增进了各教之间的交流，扩大了共识。

五、服务大局，对港澳台青少年的交流工作取得新成效

一是以配合大局为重点加强对港青少年交流工作。组派全国少工委“手拉手”少儿艺术团赴港演出和交流，受到香港少年儿童的热烈欢迎，在香港各界产生了较大的反响。在中联办和国务院港澳办的支持指导下，促成全国学联和香港大学学生会建立联系，并进行互访交流，实现了历史性突破。配合大局，认真做好爱国爱港青年重点代表人士的工作，为维护香港社会稳定和繁荣发展做出了积极的贡献。

二是以中华文化为纽带做好港澳台青年和学生工作。举办“龙汇中华”首届世界华人青年论坛、海外杰青汇中华、“同心同根万里行”港澳青少年中国近代史之旅、第三届“内地香港少年手拉手体验交流营”、“彩云之南话团圆”第五届海峡两岸青年中秋联欢等活动，邀请3000多名香港青少年参加中国青少年文化周活动，邀请近300名台湾青年参加中国青年欢乐节，以文化为纽带，增进理解，扩大交流，增强民族认同感和凝聚力。

三是以有代表性青少年社团为主要对象深化交流工作。一年来，先后接待了香港各界青年才俊五四访京团、香港青商总会北京交流团、台湾青年学者大陆交流团、澳门中华总商会青年委员会内地交流团、澳门各界青年社团猴年携手创未来交流团、澳门青商总会访问团，举办了第八届海峡两岸暨港澳地区青年企业家经贸研讨会等活动，进一步丰富了与港澳台有代表性青少年社团交流的形式和内容。

全年共举办大型交流活动12项，接待32个港澳台青少年团组计9955人次；派出19个赴港澳台地区访问团组计511人次，加深了港澳台青少年对祖国和民族的了解，增进了内地和港澳台青少年之间的交流。

六、创新工作手段，青联组织自身建设迈出新步伐

一是阵地建设实现新突破。在全国青联成立55周年之际，开通了全国青联网，在委员之间架起了沟通的桥梁，在委员与组织、社会之间搭建起多元化信息交互平台，成为服务委员的重要载体和展示青联的窗口。进一步挖掘和发挥《全国青联通讯》和《中华儿女》杂志的信息沟通和宣传推介功能，增加委员信息和地方青联工作的报道量，服务委员和指导基层工作功能得到进一步强化。

二是组织文化建设进一步加强。2月，在京举办了新增补委员见面会，来自全国各地的140多名新委员欢聚一堂，分享成为青联大家庭一员的感受。已经卸任的老委员代表向新委员畅谈了在青联度过的难忘岁月，抒发了对青联的热爱,对新委员进行生动的入会教育,增强其对青联组织文化的认同感。同时,在界别活动、委员活动日等工作中,强化组织文化的教育功能。

三是工作调研更具针对性。一年来,开展了青联组织基本状况普查、全国和省级青联宗教界委员基本情况调查、“三・二〇”选举后台湾青年学生思想发展状况和台湾青年政治动向调研、“海归搜索行动——海外留学与归国人员现状大调查”等,为有针对性地开展切实有效的工作提供依据。

四是青年社团管理进一步规范。积极履行青年社团归口管理职能,按照《社会团体登记管理条例》和《全国性青年社团管理办法》,进一步做好青年社团管理工作。配合民政部开展全国性青年社团 2003 年年检和财务审计,组织全国性青年社团和基金会参加有关培训,推荐中国青年志愿者协会和中国青少年发展基金会荣获全国先进民间组织奖。

2004 年,青年外事工作以服务整体外交为重点取得新进展。一年来,全面落实“中俄青年友谊年”各项活动,组织中俄百名青年开展互访,将中俄青年交流引向深入;中国—罗马尼亚青年互访活动,为构筑中罗全面友好合作关系产生了积极作用;开拓了中国和东盟合作新领域并形成稳定交流机制,在我国对外青年事务合作中具有首创意义;举办首届“中非青年联欢节”,通过了《中非青年合作论坛北京宣言》,对进一步加强中非青年合作交流,推动新型伙伴关系产生了积极影响。同时,成功开展了中韩、中日、中越等双边青年交流活动,进一步深化中国青年志愿者海外服务计划、国际青年就业合作项目和国际培训计划合作项目等国际青年交流与合作。一年来,共接待外国来华团组 67 个,2066 人次,派出友好访问团 58 批,1151 人次,有力地推动了同世界各国青年的友好交往。

回顾过去的一年,我们欣喜地看到各位委员锐意进取,开拓创新,在人生和事业的道路上迈出了新的步伐:体育界委员在奥运赛场上奋勇拼搏,为祖国赢得了巨大荣誉;科技界委员追踪世界前沿,大胆创新,硕果累累;文艺界委员顶风雨、冒寒暑深入田间地头、工矿企业、边防哨所,开展慰问演出;企业界委员搏击商海,大显身手;农业界委员围绕“三农”问题开展多种形式的服务,为农民朋友释疑解惑,做出了扎扎实实的贡献等等。广大委员怀着对事业的满腔热忱,立足岗位,扎实奋斗,勇创佳绩,为青联组织赢得了无限荣光。各会员团体充分发挥自身优势,积极工作,开展了许多富有成效的活动,取得了可喜的成绩,为青联事业的发展增添了亮丽的色彩。在此,我代表全国青联向各位委员和各会员团体所取得的成绩表示衷心的祝贺。

回顾这一年,我们的工作取得了长足进步,也存在许多不足。比如,服务委员的针对性不够强,发挥委员作用平台还不够多,推动界别工作发展不够平衡,联系会员团体不够紧密等等。这些都有待于在今后的工作中研究解决,进一步加强和改进。

2005 年工作安排

2005 年,是全面实现“十五”计划的最后一年,是贯彻科学发展观,保持经济社会发展良好势头,向全面建设小康社会宏伟目标不断迈进的重要一年。2005 年,也是青联事业承前启后、继往开来的一年,全国青联将通过换届,制定未来五年的工作方针和任务,进一步振奋精神,以更加昂扬的姿态掀开青联事业发展的新篇章。

2005 年全国青联工作总的思路是:以邓小平理论和“三个代表”重要思想为指导,认真贯彻落实党的十六届四中全会和中央经济工作会议精神,树立和落实科学发展观,围绕加强党的执政能力建设和构建社会主义和谐社会,抓住青联换届契机,锐意创新,开拓进取,广泛团结凝聚各族各界青年为实现全面建设小康社会目标而奋斗，为促进民族团结和祖国统一做出新贡献。关于明年的具体工作，《全国青联秘书处2005年工作要点》都作了安排，这里我就明年的重点工作谈几点意见。

一、着眼巩固和扩大党执政的青年群众基础，增强做好新时期青联工作的责任感

党的十六届四中全会通过的《中共中央关于加强党的执政能力建设的决定》，是指导我们党担当起执政兴国历史使命的纲领性文件，对于全面推进中国特色社会主义伟大事业和党的建设新的伟大工程，具有重要而深远的意义，也为进一步做好新时期青年群众工作，巩固和发展新世纪新阶段青年爱国统一战线，指明了方向，提出了新的更高的要求。全国青联作为党领导下的我国青年最广泛的爱国统一战线组织，在巩固和扩大党执政的青年群众基础方面具有独特优势，能够发挥不可替代的作用。

各级青联组织要充分发挥党联系青年的桥梁纽带作用和在巩固国家政权方面的社会支柱作用，高举爱国主义和社会主义旗帜，用全面建设小康社会的宏伟目标感召和凝聚青年，最大限度地把各族各界青年的智慧和力量凝聚到为国家富强和民族振兴而奋斗的伟大洪流中。

各级青联组织要面对新形势，研究新情况，不断创新组织形式和工作方式，增强感召力和影响力，进一步扩大工作覆盖面，联系和凝聚更多高层次青年人才和青年代表性人物，把青联建成群贤汇聚的人才高地，为党和国家的事业发展提供不竭的人才智力支持。

各级青联组织要顺应时代潮流，大力加强自身的能力建设，把竭诚服务青年和青年人才作为一切工作的出发点和落脚点，代表和维护好青年的利益，丰富服务项目，强化服务手段，构建服务体系，提高服务的针对性和实效性，为党凝聚和赢得更多青年。

二、以科学发展观为指导，团结凝聚各族各界青年为经济社会发展做贡献

科学发展观是全面建设小康社会和实现现代化的根本指针，是统领经济社会发展各项事业的指导思想，也是新形势下推进青联工作的强大思想武器。青联组织要牢固树立和认真落实科学发展观，充分发挥自身优势，团结带领各族各界青年为促进国民经济持续快速协调健康发展做贡献。

一是围绕科教兴国战略，深入实施中国青年科技创新行动。深化“金桥计划”，开展青年专家科技服务活动，组织引导青年科技人才投身西部大开发、东北等老工业基地振兴、中部地区崛起等发展战略，为促进区域经济协调发展做贡献。举办中国青年科技节和中国青年科技创新成果博览会，集中展示科技界青年的创新成果和科技型企业的高新技术产品，促进人才与项目、科技与经济的对接，加速科技成果向现实生产力的转化。

二是适应海外学人回国创业需求，组织引导广大海外留学人员为国服务。组织好2005海外学人回国创业周，突出实效，巩固成果，加强机制建设，推动其深入发展。加强与海外青年留学人员社团合作，组织经常性的青年留学人员为国服务团，进行人才、项目、资金的对接和洽谈，为地方经济建设和社会发展服务。继续开展新近归国留学人员系列服务等活动，引导更多海外学人回国创业，为国服务。

三是发挥青年典型和公众人物的示范作用，大力弘扬社会新风。结合纪念抗日战争胜利和世界反法西斯战争胜利60周年、中国工农红军长征70周年，发扬抗战精神、长征精神，深刻挖掘时代内涵，开展形式多样的纪念活动。继续组织全国青联志愿者艺术团深入老、少、边、贫地区和困难人群、弱势群体开展慰问活动，弘扬主旋律，送去艺术精品和社会关怀。积极引导青联委员参加社会公益事业，营造社会和谐氛围，树立良好形象。以未成年人和大学生群体为重点，深入开展“共享成长”主题交流活动，组织“十大杰出青年”、青年科学家走进校园，发挥典型示范作用，帮助青少年升华思想道德境界，增强奋发进取的动力。

三、服务人才强国战略，把青年人才工作提高到新水平

青年人才的不断涌现，是党和国家事业生生不息、兴旺发达的希望所在。实施人才强国战略，关键在于青年人才资源的开发。青联组织要紧紧地扭住人才培养这条工作主线，在选拔、凝聚、培养等环节上下大功夫，把青年人才工作提高到一个新水平。

一是大力选拔和举荐青年人才。今年是青年奖项比较集中的一年。我们要继续深化十大杰出青年、青年科学家奖、青年科技创新奖、软件行业杰出青年奖等评选活动，适时推出“海外学人回国创业奖”，进一步完善评选机制，加大表彰和宣传力度，进一步营造有利于各类青年人才脱颖而出的社会氛围，努力推动形成青年人才辈出的生动局面。

二是注重实践环节培养青年人才。继续做好第6批“博士服务团”的选派工作，引导高级青年知识分子在西部大开发第一线，经风雨、受锻炼、长才干。进一步深化“培养计划”，做好西部地区和民族地区青年干部到东部经济相对发达地区挂职锻炼工作，适时组织民族地区优秀青年人才到经济发达地区进行考察学习，开阔视野，增强素质，为西部和民族地区发展提供人才智力支持。

三是重视加强青年人才的能力建设。紧紧抓住能力建设这一人才培养的重要环节，树立大教育、大培训观念，重点培养青年人才的学习能力、创新能力，着力提高其核心竞争力。要深入开展“青年企业家竞争力培训计划”等针对不同青年人才群体的培训活动，为青年人才学习新知识，交流成功经验，培养国际化视野积极创造条件。

四是努力构建各类青年人才的交流平台。针对不同青年人才群体的特点，创新组织形式，提供人才汇聚和交流的有效平台。着力加强全国青联留学人员联谊会的建设，广泛凝聚海外留学人员和青年华侨；成立“中国十大杰出青年联谊会”，推动杰出青年人才扩大交流，整合资源，树立整体社会形象；办好“中国泰达生物论坛”和“中国（济南）IT青年精英论坛”，把它建成生物技术和信息技术领域青年人才汇聚的高地。

四、围绕大团结、大联合，加强民族地区青年和信教青年工作，深化与港澳台青年交流

民族地区青年和信教青年工作是党的民族宗教工作的重要组成部分。与港澳台青年交流工作是新时期党的统一战线工作的重要领域。我们要从推进党的执政能力建设和构建社会主义和谐社会的高度，进一步做好民族地区青年和信教青年的工作，深化内地青年与港澳台青年的交流，为维护民族团结，促进祖国的完全统一做贡献。

一是做好民族地区青年和信教青年工作。今年，将召开中央民族工作会议暨国务院第四次全国民族团结进步表彰大会。要积极学习贯彻会议精神，推进各族青年民族团结事业。进一步做好“全国宗教界青年代表人士考察学习团”的组织工作，更好地团结引导宗教界青年代表人士，促进宗教与社会主义社会相适应。

二是深化与港澳青年的交流工作。在爱国爱港、爱国爱澳旗帜下，继续深化同香港、澳门地区青年的交流与合作。开展以中华文化为核心的主题交流活动，扩大港澳与内地青年的交流规模；面向港澳各领域青少年社团负责人，开展“青年领导人交流计划”，拓展与港澳青年代表人士的联系沟通；探索建立学生交流机制，推动内地与港澳青年学生交流活动蓬勃发展。

三是大力推进海峡两岸青年交流。贯彻“和平统一、一国两制”的基本方针和现阶段发展两岸关系、推进祖国和平统一进程的八项主张,促进两岸青年往来。开展两岸青年元宵、中秋大联欢、海外杰青汇中华、海峡两岸暨港澳地区青年企业家研讨会等活动,加大两岸青年交流力度;推动与台湾十杰青年基金会、台湾企划人协会、台湾中华青年交流协会等团体建立常年交流机制,为扩大两岸青年交流奠定基础。

各位常委、同志们,按照《中华全国青年联合会章程》的规定,全国青联第九届委员会即将任期届满。下半年将召开十届一次全委会,认真总结九届全国青联的工作,制订今后五年的工作方针和任务,选举新一届领导班子。我们要通过换届,团结凝聚和动员组织各族各界青年和各级青联委员以更加昂扬的姿态投身全面建设小康社会的伟大实践;通过换届,把在改革开放和社会主义现代化建设实践中涌现出来的优秀青年人才吸纳到青联组织中来,永葆青联组织的生机与活力;通过换届,努力创新工作方式,大力加强自身建设,不断开创青联工作的新局面。希望各位常委和会员团体以对党和青联事业高度负责的态度,与全国青联秘书处共同努力把大会筹备好、开好。

各位常委、同志们,在过去的2004年,我国各项事业蒸蒸日上,硕果累累;展望2005年,我国现代化建设必将迈出更加坚实的步伐。让我们紧密团结在以胡锦涛同志为总书记的党中央周围,高举邓小平理论和"三个代表"重要思想伟大旗帜,树立和落实科学发展观,求真务实,开拓进取,努力开创青联工作新局面,为推动经济社会全面协调可持续发展做出新的贡献。

元旦刚过,春节将至。在此辞旧迎新之际,我谨向各位常委、委员和广大青联工作者致以节日的问候,祝大家事业进步,家庭幸福,万事如意!

胡伟在共青团北京市委第十一届七次全委(扩大)会上的讲话

2005年1月19日

尊敬的强卫副书记,同志们:

今天,共青团北京市委第十一届七次全委扩大会议召开了。我谨代表共青团中央向大会表示热烈的祝贺!向一年来战斗在首都建设各条战线上的团员青年和在共青团岗位上辛勤工作的全市广大团干部表示亲切的问候!向长期以来关心支持共青团工作的中共北京市委表示衷心的感谢!

2004年是全团工作取得大发展的一年。全团在以胡锦涛同志为总书记的党中央领导下,坚持不懈地以"三个代表"重要思想武装教育青年,进一步加强和改进未成年人思想道德建设和大学生思想政治教育;树立和落实科学发展观,团结带领广大团员青年为促进国民经济持续快速协调健康发展做出积极贡献;大力弘扬先进文化,组织青少年广泛参与群众性精神文明创建活动;坚持以青年为本,努力做好服务青少年工作;围绕建设社会主义和谐社会,引导青年积极维护改革发展稳定大局;大力加强共青团自身建设,团的基层组织不断焕发出新的生机。总的来说,全团各项工作扎实推进,团的事业保持了蓬勃向上的发展态势。

2004年也是北京共青团工作取得丰硕成果的一年。全市各级团组织在市委的领导下，按照团中央的统一要求，紧密围绕党政中心工作和“新北京，新奥运”的战略构想，坚持“建设、服务、创新、发展”的工作理念，以“青春北京”为主题，打造“活力北京、志愿北京、学习北京、创业北京”四张青春名片，着力加强学习型、服务型组织建设，创造性地开展团的各项工作，在完善工作理念、拓展工作领域、健全工作机制、创新工作方式、巩固组织基础等方面不断取得新进展。主要表现在：深入学习贯彻邓小平理论和“三个代表”重要思想，牢固树立和落实科学发展观，广泛开展内容丰富、形式多样的学习实践活动，团的思想理论建设硕果累累；整合资源，形成合力，切实加强和改进未成年人思想道德建设和首都大学生思想政治工作，全市青少年始终保持着积极向上、昂扬进取的精神状态；围绕首都工作大局，持续推进青春奥运战略、青年成才战略和服务青少年战略，团结带领团员青年在首都率先基本实现现代化的进程中建功立业、成长成才；加强和改进团的自身建设，在青年中心建设、团的信息化建设、非公团建、团属企事业单位改革等方面大胆探索，不断取得新的突破。尤其是继承和发扬共青团组织敢打硬仗、能打硬仗的优良传统，在开展的“首都青少年庆祝建国55周年天安门广场大型活动”、“北京青年突击队成立50周年纪念活动”、“首届北京青少年科技博览会”和“第三届APEC青年科学节”等大型活动中，向全国乃至全世界展示了首都青年和北京团组织的精神风貌和青春风采。过去一年的工作充分表明，北京各级团组织是讲政治、讲大局的模范，是素质好、作风硬的典型。团中央对北京团市委一年的工作，对全市各级团干部在工作中表现出的与时俱进的工作状态和求真务实的工作作风，给予充分的肯定。

去年下半年，中央召开了十六届四中全会，提出了加强党的执政能力建设这一关系中国社会主义事业兴衰成败、关系中华民族前途命运、关系党的生死存亡和国家长治久安的重大战略课题，从根本上回答了我们党如何做到始终为人民执好政、掌好权的问题。党的四中全会强调要做好新形势下的群众工作，为共青团做好青年群众工作进一步明确了方向，也提出了新的更高的要求。去年12月7日，党中央书记处听取了团中央的工作汇报，并就做好今后一个时期的共青团工作提出了明确的要求。为了深入贯彻党的十六届四中全会精神和中央经济工作会议精神，贯彻落实党中央书记处的重要指示精神，去年年底我们召开了共青团十五届三中全会。在会上，中共中央政治局委员王兆国同志做了重要讲话，团中央第一书记周强同志作了“大力加强共青团能力建设，进一步做好新形势下的青年群众工作”的重要讲话。贯彻落实好全会精神，对做好当前和今后一个时期的共青团工作，将起到十分重要的指导和推动作用。

下面，我代表团中央，对北京各级团组织做好下一阶段工作讲三点意见。

一、持续兴起学习实践“三个代表”重要思想新高潮，进一步加强和改进青少年思想政治工作

以理想信念教育为核心，坚持不懈地用“三个代表”重要思想构筑青年一代的精神支柱，把团员青年的思想和行动进一步统一到党的十六届四中全会精神上来，是当前和今后一个时期共青团的首要政治任务。北京各级团组织要结合自身实际，把这项工作切实抓紧抓好。

要把学习贯彻党的十六届四中全会精神与学习马列主义、毛泽东思想、邓小平理论和“三个代表”重要思想相结合。紧密围绕党的执政实践，引导广大团员青年深刻认识共产党执政规律、社会主义建设规律、人类社会发展规律，认真领会树立和落实科学发展观、加强党的执政能力建设等重大决策中的一系列新思想、新论断、新观点和新方法。不断激发青年学习理论的热情，组织广大团员青年在读书交流、参观走访、岗位奉献、服务社会中进一步深化对“三个代表”重要思想的理解，在全面建设小康社会的伟大实践中健康成长。

要进一步增强青少年思想政治工作的针对性和实效性。在社会主义市场经济不断发展的新形势下，在北京向现代化国际大都市迈进的进程中，北京青年的思想空前活跃，多样化特征日趋明显。这要求北京各级团组织进一步深入了解、全面把握青年的思想状况，针对不同领域、不同行业、不同文化层次的青年特点，针对各种思想文化相互激荡的现实，不断改进工作方式方法，帮助他们用邓小平理论和“三个代表”重要思想武装头脑，牢固树立正确的世界观、人生观、价值观，不断增强民族自豪感、自尊心、自信心，始终把握好人生的正确方向。

要突出抓好未成年人和大学生这两个重点群体的思想教育工作。党和政府以及社会各界都十分关注未成年人和大学生的思想教育。全市各级团组织要抓住机遇、乘势而上，在去年工作的基础上，深入学习中央 8 号文件和 16 号文件精神，全面贯彻全国加强和改进未成年人思想道德建设工作会议和刚刚召开的全国加强和改进大学生思想政治教育工作会议精神，牢固树立以人为本的理念，尊重青少年主体地位，紧密结合首都青少年工作特点，充分发挥组织优势，“抓活动、抓实践、抓社团、抓骨干、抓网络”，进一步打牢这两个重点群体的思想基础。在工作中，北京各级团组织还要掌握规律、积极探索，努力为全团提供可资借鉴的经验。

二、全面加强共青团能力建设，进一步提高服务大局、服务青年的工作水平

能力建设是共青团组织的一项根本建设，关系到共青团组织能不能有效地巩固党执政的青年群众基础，关系到共青团事业的兴衰成败。共青团的能力，就是共青团按照党的要求，紧密结合青年和青年工作特点，充分发挥党的助手和后备军作用、党联系青年的桥梁纽带作用、国家政权的重要社会支柱作用，促进青年一代健康成长，团结带领广大青年为祖国和人民做贡献的本领。在团十五届三中全会上，周强同志深刻分析了加强共青团能力建设的重要性和紧迫性，明确提出了加强共青团能力建设的总体目标和主要任务，那就是要紧紧围绕和服务加强党的执政能力建设的总体要求，积极适应青年变化和社会变革，切实增强共青团的服务能力、凝聚能力、学习能力以及合作能力。在此，我就加强共青团能力建设强调两点。

一是要切实增强新形势下加强共青团能力建设的责任感、使命感和紧迫感。任何组织要生存与发展，履行好自身的职能，都必须积极主动地适应社会环境的变化，不断增强自身能力。缺乏适变的能力，这个组织必将丧失生存和发展的基本条件，最终必将被社会淘汰，共青团组织也不例外。长期以来，北京团组织始终围绕市委、市政府在不同时期的中心任务，研究新情况，解决新问题，创造性地开展工作，在促进首都经济社会协调发展、维护首都政治稳定和社会安定团结、服务广大青少年健康成长等方面，发挥了积极的作用，能力建设总体上得到了明显提高。当前，首都改革发展正处于关键时期，举办 2008 年奥运会进入倒计时阶段，这为北京共青团能力建设带来了难得的机遇，也提出了很高的要求。希望北京各级团干部在社会变革的大潮中，始终保持清醒头脑，不断增强忧患意识，进一步增强新形势下加强自身能力建设、做好共青团工作的责任感、使命感和紧迫感。

二是要始终保持求真务实、开拓创新的精神状态。长期以来，北京团的工作和青年工作之所以保持蓬勃发展的态势，在许多方面走在全团的前列，关键是全市各级团组织始终坚持求真务实、埋头苦干，始终坚持立足建设、开拓创新，始终坚持正确把握首都经济社会发展趋势对自身带来的挑战，不断增强适应北京青年发展变化、适应首都社会变革的本领。比如，前一阶段北京共青团在办好以往冬季书市的基础上丰富工作内容，提升工作品牌，开展了“2004北京青年学习节”，得到了社会各界和广大青少年的广泛认可。又比如在长期积累的基础上，“北青传媒”于去年底在香港成功上市，进一步壮大了北京共青团的事业，增强了北京共青团的能力。希望北京共青团继续发扬这种求真务实、开拓进取的优良传统，善于积累，善于创新，把服务大局、服务青年的本领提高到一个新的水平。

三、大力加强和改进团的自身建设，进一步增强组织的吸引力、凝聚力和战斗力

共青团能力建设的成效，共青团服务大局、服务青年水平的高低，根本上取决于团的自身建设。团十五届三中全会审议通过了共青团中央《关于进一步加强团的基层组织建设的决定》和《关于加强青年中心建设的决定》，专门就加强团的自身建设做了部署。我们要以两个决定精神为指导，紧密结合各地共青团工作实际，创造性地开展工作，在不断增强团组织的吸引力、凝聚力和战斗力上下功夫，努力为加强团的能力建设提供坚实保障。

一是要大力加强和改进团的基层组织建设。要进一步深化党建带团建、达标创优和团建创新等工作，努力使党建带团建工作制度化、规范化、经常化，带动团的基层组织整体活跃。要大力开展社区团建、非公有制经济组织团建和新型社会组织团建工作，以活动促建设，以建设促发展，不断扩大团组织在这些领域的覆盖面和影响力。要适应青年选择多样化、群体结构多样化、需求多样化等特征，积极推进青年社团建设，加强共青团组织在青年社团中的核心地位，努力构建更具活力、更加有效、青年更热衷参与的基层组织体系。总之，要上下协力、整体推进，努力形成全团抓团建、全团抓基层的生动局面。

二是要大力推进城乡青年中心建设。青年中心是共青团在新形势下联系、服务、引导青年的有效载体，加强青年中心建设是共青团的一项重大而紧迫的战略任务，是加强共青团能力建设的一项基础工程。目前，在全团上下的共同努力下，青年中心建设正稳步推进，已初步显示出强大的生命力和广阔的发展前景。下一步要在建设、运转、管理等关键环节上取得突破，大力开发青年发展项目，着力培养一支高素质的工作队伍，积极探索共青团在青年中心发挥核心作用的工作机制。要充分吸纳社会资源，争取各方支持，针对不同青年群体的具体需求，开发服务项目，创新服务方式，健全服务体系，不断增强青年中心的服务能力。

三是要大力加强团干部思想作风建设和团员队伍建设。目前正在全党开展的保持共产党员先进性教育活动，对全团加强团干部思想作风建设和团员队伍建设带来了有利契机。对于北京各级团组织来说，一定要严格按照中央和市委的要求，在党员团干部中开展好先进性教育活动。对全团来说，我们还要从今年下半年起分两阶段广泛开展增强团员意识教育活动，引导广大团员增强光荣感和责任感，始终在青年中发挥榜样和表率作用。

同志们，加强党的执政能力建设为我们做好新形势下的青年群众工作指明了方向，为进一步做好共青团工作提出了新的更高的要求。我们相信，在中共北京市委的领导下，有着光荣传统的北京团组织一定能够适应新的形势，抢抓新的机遇，求真务实，艰苦奋斗，埋头苦干，开拓进取，不断开创北京共青团工作的新局面，为“新北京、新奥运”战略构想的实现做出新的更大的贡献！

春节将至，祝北京市的广大团干部和团员青年新春愉快、学习进步、工作顺利！

胡伟在国际联络部 2005 年工作会上的讲话

2005 年 1 月 24 日

刚刚过去的 2004 年是青年外事工作成绩斐然的一年，书记处对此充分肯定，社会各界也给予高度评价。作为联系国际部的同志，我既为青年外事工作的不断发展感到振奋，同时也对国际部每位同志为此付出的辛勤努力感到欣慰。来开会之前，我向周强同志作了汇报，周强同志让我转达他对国际部全体同志的问候。春节将至，借此机会，我代表书记处，向国际部的全体同志表示感谢和慰问！

我认为，2004 年的青年外事工作呈现出以下几个鲜明的特点。

1. 全面出击，影响不断扩大。纵观全年工作，各业务处在青年对外交往的各个领域都成功举办了一系列内容丰富、意义重大、影响广泛的重点活动，在青年外事发展史上留下了浓墨重彩的一笔。办公室和综合处在综合协调、后勤服务和对外宣传方面也做出了积极努力，为对外交流活动的顺利开展提供了保障。

2. 重点突出，硕果累累。在党中央的高度重视和亲切关怀下，在团中央书记处的正确领导下，在国际部全部同志的共同努力下，青年外事在全面出击的基础上，在重点领域，针对重点人物，实施重点突破，可谓硕果累累。

3. 创新探索，成果显著。2004 年的青年外事工作从交流形式到内容安排上都实现了创新，取得了显著的成果。如安排美国青年政治领袖理事会代表团在上海开展民宿活动，让美国人深入中国普通老百姓的现实生活中，帮助他们了解真实的中国。中央电视台国际频道制作了专题片，反响良好。

尤为可喜的是，在显著的成果面前，在一片赞誉声中，国际部的部、处领导并没有沉醉于已有的成绩，而是保持着清醒的头脑，都在思考仍在存在的问题，寻找薄弱环节，寻求改进措施。广平同志强调“细节”的重要性，我很赞成。我经常讲，“好”与“优秀”之间只有一点点的差距，但要逾越这一差距却是非常困难的，需要付出艰辛的努力。在这一努力的过程中，“细节”发挥着十分重要的作用。细节的不完善会影响全局的发展，细节的疏忽会导致整体的被动。对此，我们有过十分深刻的教训。重视细节要求我们一定要认真。做人要认真，做事也要认真。大事、小事都要认真。只能做“大事”，不会做小事的人，肯定不会有所作为。当然，我这里讲的“大事”是加引号的。令人欣慰的是，国际部正在努力培养一批注重细节、勤奋严谨的青年外事干部，这是我们的事业不断获得发展的重要保障。

关于 2005 年的工作，刚才同志们已经讲了很多，我原则同意大家的意见。希望全部同志继续保持良好的工作状态，再接再厉，在新的一年取得更大的成绩。

周强同志在共青团十五届三中全会上的讲话中指出，共青团要充分认识到加强党的执政能力建设的重要性和紧迫性，围绕和服务党的执政能力建设，按照党对青年群众工作提出的新要求，大力加强自身的能力建设。共青团的能力，就是共青团按照党的要求，紧密结合青年和青年工作特点，充分发挥党的助手和后备军作用、党联系青年的桥梁纽带作用、国家政权的重要社会支柱作用，促进青年一代健康成长，团结带领广大青年为祖国和人民做贡献的本领。具体到青年外事工作，加强能力建设同样也很重要。下面，我就结合 2005 年的工作，围绕能力建设这一主题，谈五点意见，与大家交流。

1. 进一步增强责任感和使命感

青年外事工作是我国总体外交的重要组成部分,是共青团的对外交往战线,肩负着重要的使命和责任。目前的国际形势错综复杂,许多事不言自明,青年外事工作既面临难得的发展机遇,也面临严峻挑战。党的十六大指出,21 世纪前 20 年是我国全面建设小康社会的 20 年,是我国应该紧紧抓住并且可以大有作为的重要战略机遇期。青年外事更应认清形势,把握大局。这里我点一个问题:随着国际形势的发展变化,日本大批的青年政治家开始崛起,活跃在国内政治舞台上。他们没有历史包袱,民族主义意识强烈。如何有效地与之开展对话与交流,为中日关系未来的健康稳定发展进行铺垫,应是我们今后着力思考和解决的问题。我们经常讲,"外事无小事"。这不仅仅是一句空洞的口号,而有着丰富的政治内涵。我们每一位同志都应该深刻地认识到这一点,不断增强责任感和使命感,以高昂的斗志,忘我的工作精神,更加自觉地做好新形势下的青年外事工作。

2. 发挥优势,更好地服务党政外交

近一时期以来,我们越来越感觉到,随着我国现代化建设的不断深入和总体外交的不断发展,青年外事所承担的任务也越来越重。这是我们事业发展的必然结果,也是青年外事持续发展的强大动力。全面建设小康社会需要和平的国际环境和良好的周边环境。青年外事必须充分发挥优势,挖掘资源,更好地服务党政外交大局。具体来讲,要着重做好以下几方面的工作。

一是要集中精力完成好党和政府交办的项目。在此过程中,要注意把握好节奏,处理好重点活动与常规交流的关系。

二是要着眼于交流活动的机制建设。国际青年交流不同于对港、澳、台青年交流,机制建设非常重要。为此必须处理好以下三组关系:零散与统一的关系;片断与连续的关系;阶段与整体的关系。我们的目标是实现青年外事的统一、协调、持续发展,机制是实现这一目标的重要保障。如扎实开展交流后续工作,建立来访人员资料库等等,都是我们工作水平的体现。

三要精心组织,提高交流水平。目前我们已经取得了一定的成绩,但仍存在需要改进、提高的地方。如进一步增强交流工作的主动性,提高我们主导交流的能力,增强交流效果。无论是接待来访还是组团出访,无论是与发达国家还是与发展中国家交往,在议题选择、日程设计等各个方面,我们都应该以更加积极主动的态度去策划安排。如我们应美国青年政治领袖理事会邀请访美期间,观察了美国大选,与美国各界人士就共同关心的问题进行了坦率、深入的探讨,有时也难免进行争执,真正达到了加强交流、促进共识的目的,效果良好。这并不是大国沙文主义,而是尽可能充分发挥青年外事的资源和优势,更好地为党政外交服务。

3. 围绕经济建设,推动青年外事更好地为经济建设服务

国际部对这一问题已经有比较统一的想法,关键在于落实。我提三点意见。

一要从思想上高度重视。经济建设涉及国家的根本利益,服务经济建设是外交工作的基本出发点,青年外事也不例外。在全面建设小康社会的进程中,如何为经济建设提供实实在在的服务,已经越来越突出地摆在我们面前。我们一定要充分认识这一问题的重要性和紧迫性,紧紧围绕改革开放大局,更为积极主动地开展工作。

二要有针对性地进行探索,力争有所突破。经济发展有其自身规律,我们为经济建设服务也受许多主客观因素的制约,需要不断探索。这与一般性的对外交往有所区别,对此应该有足够的认识。为避免工作的盲目性,我们

应对已有资源进行全面、认真的梳理，条件已经具备的地区，要着力推动，力争有所突破；暂时还不具备条件的，可以先缓一缓。实现由易到难，由点到面，逐步推广。

三要创新服务形式，多方面、多层次地加以推动。我们已经积累了一些很好的经验，如中越边境青年交流活动中的一些做法，就很务实，也很有效果。在此基础上，我们要结合形势的发展，不断创新服务形式，提高服务质量。如我们在天津设立的“中国——泰达生物论坛”，在机构设置、功能设计、奖励机制、对外宣传等方面的做法就十分值得借鉴。

4. 增强服务意识，提高服务能力

在国际部2004年工作会上，周强同志就强调过这一问题。国际部在这方面也取得了一定的成绩。但从青年外事长远发展的目标来看，我们在这一领域仍存在进一步提高的空间。

一要增强服务意识。要树立全方位的服务意识，将服务不断引向深入；二要增强合作意识。合作是社会发展的产物。工业化程度越高，社会分工越细，对合作的要求也就越高。我们应以积极主动的姿态，与各方开展合作，争取最大限度地发挥资源的效益。尤其要注意指导、支持省级青联的外事工作；三要加强外事人员培训。要建立健全青年外事系统干部培训制度，提高青年外事干部整体素质；四要加强对国外青年工作的调查和研究，借鉴国外先进经验为我所用。

5. 不断加强队伍建设

多年实践证明，国际部有一支高素质的干部队伍，敢打硬仗，也能打硬仗，书记处对此充分信赖。这是国际部的良好传统，一定要继承下来，并不断发扬光大。

高素质的干部队伍是事业兴旺发达的保障。队伍建设是我们日常工作的重要内容，需要我们持之以恒地开展，一刻也不能放松。就这一问题，我提三点要求。

一要加强理论学习，增强工作的思想性、前瞻性与针对性。工作水平的高低首先取决于思想认识水平的高低。我们要以保持共产党员先进性教育活动为契机，切实按照书记处和机关党委的要求，抓好落实，将理论学习推进到一个新的高度，更好地指导实践。

二要了解现实政治生活，培养复合型、高素质的青年外事人才。对现实政治生活的了解不仅仅是知识的积累，更重要的是社会经验的积累。这是青年外事干部知识结构中相对薄弱的环节，要切实采取措施加以改进。不久前国际部党支部组织全体干部赴密云县进行社会考察，就是一个很好的做法，要坚持不懈地开展下去。我们的目标应该是“人无我有，人有我优”。唯有如此，才能适应形势发展的要求，不断迎接新的挑战。

三要加强对青年外事新情况的研究。刚才大家在发言中谈到了对外交流、归口管理等青年外事工作各个领域出现的新情况，需要我们深入思考研究，把握规律，寻求对策。

书记处对青年外事工作始终给予高度重视，我们有一支高素质的干部队伍，有良好的工作基础，这是我们做好2005年工作的有利条件。但同时我们也面临许多新的挑战。希望大家在认真总结的基础上，发扬优势，再接再厉，更好地完成2005年的工作任务。

胡伟在中央企业共青团工作会议上的讲话

2005年1月28日

尊敬的王瑞祥副书记,同志们:

今天,中央企业团工委召开2005年中央企业共青团工作会议,深入贯彻落实党的十六大、十六届三中、四中全会和中央经济工作会议精神,落实团十五届三中全会的各项部署,总结、研究中央企业共青团工作,这对于不断开创中央企业共青团工作新局面,促进中央企业改革发展和青年成长成才,具有重要的意义。在此,我谨代表团中央书记处向会议的召开表示热烈的祝贺,向长期以来重视支持共青团工作的中央企业各级党政领导表示衷心的感谢,向中央企业广大团员青年和团干部致以亲切的问候!

在过去的一年中,中央企业团工委和中央企业各级团组织以"三个代表"重要思想为指导,在国资委党委的领导下,在中央企业各级党政领导的支持和关怀下,按照团中央的要求,围绕国有企业的改革发展,紧密结合自身实际,团结带领广大团员青年在服务企业大局和服务青年成长成才中取得了新的成绩。一是青年思想政治教育取得新成效。把思想政治教育作为推动企业发展的强大精神动力,开展了丰富多样的形势任务教育和主题教育活动,建设充满活力的企业文化,通过典型引导、广泛宣传等方式,大力弘扬培育爱国爱厂爱岗精神,引导广大青年进一步认识国有企业面临的新形势、新任务,帮助他们不断强化做好本职工作的责任感和使命感。二是服务青年建功成才工作迈出新步伐。中央企业各级团组织大力推进青年创新创效、青年岗位能手、青年文明号等活动,特别是以青工技能振兴计划作为深化青年创新创效活动的突破口,通过开展培训、举办职业技能鉴定和青工技能大赛等方式,在培养青年高技能人才方面做了大量工作。同时积极引导广大青年到祖国和人民最需要的地方去、到国家重点工程第一线去,充分发挥生力军和突击队作用。三是企业团组织自身建设实现新发展。坚持党建带团建,进一步加强组织运行和工作运行的机制建设,深化创建"五四红旗团委"活动,大力开展调查研究工作,加大团干部培训力度,为企业团工作的长远发展提供了有力的保障。团中央对过去一年中央企业共青团的工作给予充分肯定,希望中央企业各级团组织再接再厉,不断开创工作新局面,为青工战线的工作乃至全团工作起到更好的示范带动作用。

2005年,是我国全面实现第十个五年计划目标的最后一年,是推进全面建设小康社会进程的重要一年。去年12月,团十五届三中全会在北京召开,对今年乃至今后一个时期共青团工作进行了部署。周强同志在全会上作了题为《大力加强共青团能力建设,进一步做好新形势下的青年群众工作》的报告。全面贯彻落实全会精神,对于做好企业团工作,具有重要的指导意义。下面,我围绕贯彻落实团十五届三中全会精神,就做好今年中央企业团的工作讲三点意见。

一、抓住增强学习能力这一根本,进一步做好新形势下的青年思想政治教育工作

按照党的要求,不断加强广大团干部、团员青年的学习,努力把青年一代培育成为"四有"社会主义新人,始终是共青团组织的根本任务。随着世界范围内思想文化相互激荡、经济全球化不断加剧、科学技术日新月异以及国内"四个多样化"的深入发展,青年的思想观念、行为方式都受到深刻的影响。企业的青年

置身于经济建设的主战场,处于体制改革的前沿阵地,受到的影响尤为明显。

我们更要认识到,党的十六届四中全会提出了加强党的执政能力建设这一关系中国社会主义事业兴衰成败、关系中华民族前途命运、关系党的生死存亡和国家长治久安的重大战略课题,从根本上回答了我们党如何做到始终为人民执好政、掌好权的问题。在党加强执政能力建设的大背景下,共青团作为党的助手和后备军,肩负着十分重要而光荣的使命。青年是党的群众基础的重要组成部分,青年一代是否能从思想上、行动上真正拥护党的领导,拥护党的理论和路线方针政策,是否能在共青团的带领下永远跟党走,直接关系到党的执政基础的稳固和党的执政地位的巩固。共青团必须紧密结合时代的发展和青年的变化,不断加强青年思想政治教育工作,把广大青年紧紧团结凝聚在党的周围。

中央企业各级团组织要进一步增强责任感,把不断兴起学习贯彻"三个代表"重要思想新高潮,学习贯彻党的十六届四中全会精神作为当前和今后一个时期的重要政治任务,把广大青工的学习不断引向深入。在学习内容上,最根本的,是要坚持不懈地用邓小平理论和"三个代表"重要思想武装青年,引导青年进一步牢固树立为全面建设小康社会而奋斗的理想,进一步坚定跟党走中国特色社会主义道路的信念;要在广大企业青年中弘扬和培育民族精神,引导他们立足企业发展实际和岗位要求,积极投身全面建设小康社会的伟大实践,把爱国热情和报国之志转化为争创一流工作业绩的实际行动。在学习方法上,要抓好团干部等重点群体学习,采取集中培训、理论研讨等方式,帮助他们深刻领会加强和改进党的执政能力的重要意义、主要内容和精神实质,做广大青年学习的表率;要利用"七一"、"十一"、"五四"、"一二·九"运动70周年等契机,广泛开展学习教育活动,不断丰富理想信念教育的时代内涵;要注重理论联系实际,紧密联系企业团工作和青年的实际,深入思考加强党的执政能力建设对共青团提出的新要求,深入思考新形势下做好党的青年群众工作的新情况新问题。还要强调的是,不断兴起学习贯彻"三个代表"重要思想新高潮,学习贯彻党的十六届四中全会精神要同贯彻落实党对共青团工作的新要求、用科学发展观指导企业共青团工作结合起来,提高工作的整体水平。

二、围绕加强服务大局和服务青年能力建设的要求,动员组织广大青年在促进中央企业改革发展中建功成才

以经济建设为中心,围绕企业的改革和发展做好各项工作,是中央企业各级团组织的重要任务。中央企业是我国国民经济的支柱,是我国经济持续快速健康发展的重要力量。中央企业青年占企业职工总数的60%以上,是国有企业改革发展的有生力量。做好中央企业团的工作,把广大青年职工的热情激发起来、作用发挥出来,意义十分重大。中央企业各级团组织要主动适应国有资产管理体制改革和建立现代企业制度的要求,认清形势,明确责任,进一步动员和组织广大青年职工投身中央企业改革发展的实践。结合中央企业团工作的实际,我在这里强调做好三项重点工作。

1. 以实施青工技能振兴计划为突破口,扎实推进青年创新创效活动。高技能人才是推动技术创新和实现科技成果转化不可缺少的关键因素,在提升企业核心竞争力中发挥着重要作用。目前,我国高技能人才队伍状况仍显不足,高技能人才数量远不能满足企业发展的需要。而高技能青年人才短缺状况则更为严重,许多企业高技能人才青黄不接甚至出现断档。因此,大力培养高技能青年人才已成为当前一项紧迫而重要的任务。一是要加强培训,创新培训方式,完善培训内容,充分利用好团的培训阵地,动员企业和社会职业技能培训机构开展青年职业技能培训。二是要举办大赛，通过各级各类青工技能大赛，为青年技术工人学技成才搭建舞台，形成钻研技术、创优争先的群众性热潮。团中央、劳动保障部已启动了首届“振兴杯”全国青年职业技能大赛，希望中央企业的青年职工积极参与。三是要组织技能鉴定，争取劳动保障部门的支持，定期组织面向青年技术工人的职业技能鉴定，适时举行青年职业技能专场鉴定考试，拓宽青年技术工人的职业技能鉴定渠道。

2. 深入开展青年岗位能手、青年文明号和青年安全生产示范岗创建活动。多年来，“号、手、岗”活动在中央企业开展得扎实有效，成为服务青年成长成才、促进企业改革发展的有效载体。对于这些已为实践证明行之有效的活动，我们要不断深化，使之成为青年欢迎、企业认可、具有共青团特点的优秀的工作品牌。要进一步总结开展青年岗位能手活动的经验和做法，创新活动方式，扩大活动参与面，不断增强活动的吸引力。要认真贯彻全国青年文明号活动十周年表彰大会精神，以建设诚实守信的职业道德为牵动，通过丰富活动内涵、拓展活动领域、宣传活动理念、健全活动机制等措施，更好地发挥青年文明号在建设企业文化、促进先进文化发展中的积极作用。要按照国资委关于加强中央企业安全生产的要求，在青年职工中广泛开展创建青年安全生产示范岗活动，引导青年职工强化安全意识，提高安全生产技能，积极主动地参与安全生产管理。总之，要通过“号、手、岗”的联动，充分发挥广大青年职工在中央企业改革发展中的生力军和突击队作用。

3. 继续开展“我为国家重点工程做贡献”活动。青年是国家重点工程建设的重要力量。为充分调动广大青年职工在国家重点工程建设中的积极性和创造性，国资委和团中央围绕创建优质工程、安全工程、文明工程和绿色环保工程，在参加国家重点工程建设的广大团员青年中开展了“我为国家重点工程做贡献”活动。活动开展几年来，广大团员青年以很高的热情参与到国家重点建设工程的实践中来，勤奋学习，刻苦钻研，战胜困难险阻，攻克技术难关，为国家重点建设工程做出了积极贡献。参加国家重点工程建设的团组织要继续深入开展“我为国家重点工程做贡献”活动，通过青年突击队、青年岗位能手等有效载体，表彰先进，树立典型，帮助广大青年职工增强责任意识、质量意识、安全意识、创新意识和环保意识，为加快工程进度、提高工程质量、确保工程安全做出应有的贡献。

三、以能力建设为重点，切实加强和改进中央企业团组织的自身建设

团十五届三中全会就如何加强共青团的能力建设，进一步做好新形势下的青年群众工作作出了部署。共青团组织能力建设的成效，从根本上说，取决于自身建设的成效。中央企业各级团组织要以“三个代表”重要思想为指导，坚持党建带团建，从基层组织建设、团干部和团员队伍建设等方面入手，全面加强自身建设。

要加强中央企业基层团组织建设。根据中央企业团组织建设面临的新情况和新问题，调整组织设置，改进工作方式，创新活动内容，扩大覆盖面，增强凝聚力，密切团组织与团员青年的联系。不断深化“五四红旗团委”创建活动，严格创建标准，规范创建程序，努力提高基层团建的整体水平。探索与现代企业制度和企业法人治理结构相适应的企业团组织设置模式，探索跨企业建团、生产线建团等组织设置方式，扩大团组织对团员青年的覆盖面。通过建立企业青年工作委员会以及青年攻关协会、科技协会等青年社团，延伸共青团的工作手臂。

要加强团干部和团员队伍建设。团干部队伍是做好青工工作的骨干力量。要坚持不懈地用马克思主义科学理论武装团干部的头脑，教育引导团干部按照“三个代表”重要思想的要求，不断加强党性修养，坚定理想信念，加强和改进团干部的作风；加大团干部培训力度，改进团干部教育管理方式，不断提高团干部的理论水平和业务素质，努力建设一支党放心、青年满意的高素质的团干部队伍。团员队伍建设是团组织工作的基础。中央企业各级团组织要按照团中央的统一部署，精心组织，扎实开展增强团员意识教育活动，增强广大团员的自豪感和使命感，提高团组织的归属感和向心力，更好地发挥广大团员的模范带头作用。

同志们，做好中央企业共青团工作，任务艰巨，责任重大。让我们紧密团结在以胡锦涛同志为总书记的党中央周围，高举邓小平理论和“三个代表”重要思想的伟大旗帜，树立和落实科学发展观，与时俱进，开拓创新，求真务实，艰苦奋斗，不断把中央企业团的工作推向前进，团结带领广大团员青年为国有企业的改革和发展做出新的更大的贡献。

春节将至，我在这里祝大家在新的一年身体健康，工作顺利！

胡伟在2004年度新增补九届全国青联委员见面会上的讲话

2005年2月18日，根据录音整理

跟各位新委员见面，我感到很高兴。大家都是靠自身的努力奋斗，在各自领域创造了突出业绩，才被推荐加入全国青联的，我首先向大家表示衷心的祝贺和欢迎。各位委员对青联可能还不了解，或者了解得不十分全面，现在我就向大家简要介绍一下全国青联的基本情况和近年来的主要工作。

第一，全国青联的组织概况

全国青联全称叫中华全国青年联合会，是中国共产党领导下的我国基本的人民团体之一，是以中国共产主义青年团为核心力量的各青年团体的联合组织，是我国各族各界青年的广泛的爱国统一战线。在各级政协中都有青联界别组，青联是我们国家的一个基本人民团体。

1949年5月4日，中华全国第一次青年代表大会隆重召开，宣告了全国青联的诞生，是经周总理提议，由毛主席亲自批准成立的。所以，全国青联是在毛主席和党的亲切关怀下，于建国前夕诞生的。

全国青联的基本任务是高举爱国主义、社会主义的旗帜；鼓励青年学习马列主义、毛泽东思想、邓小平理论和“三个代表”重要思想，学习现代科学技术和文化知识；最广泛地代表和维护各族各界青年的合法权益；引导青年积极健康地参与社会生活，努力为各族各界青年健康成长，奋发成材服务；发展同台湾青年、港澳青年和国外青年侨胞的联系和团结；发展同世界各国青年的友谊和联系，为巩固和发展我国社会安定团结的局面，推进我国改革开放和社会主义现代化建设，推动社会主义市场经济的发展，健全社会主义民主和法制，促进祖国统一和维护世界和平，把我国建设成为富强、民主、文明的社会主义国家而奋斗。所以我们经常讲，全国青联高举两面旗帜，一面叫做爱国主义的旗帜，一面是社会主义的旗帜。全国青联就在这两面旗帜下，在我们党的领导下，把我们全国各族各界、各行各业的优秀青年团结起来，共同为实现国家富强和民族复兴而奋斗。

全国青联实行团体会员制，现有团体会员50个。其中全国性团体会员14个，即共青团中央、全国学联、中华基督教青年会全国协会、中华基督教女青年会全国协会、中国青年企业家协会、中国青年乡镇企业家协会、中国青年科技工作者协会、首都青年编辑记者协会、中国青年志愿者协会、中国青年实业发展促进会、中国青少年研究会、中国青年工作院校协会、中国青少年网络协会和中国青少年犯罪研究会。地方性团体会员36个，包括31个省、自治区、直辖市青联和中央直属机关青联、中央国家机关青联、全国民航青联、全国金融青联和中央企业青联。

全国青联目前有包括在座各位在内的委员1899名，由各会员团体推荐、协商产生的代表和特别邀请的各族各界青年的代表出任。全国青联设有科技、教育、农林牧渔、经济管理、企业管理、工交商贸、金融、文化艺术、医药卫生、体育、新闻出版、宗教和祖国统一等14个界别工作委员会。

全国青联的最高权力机关是全国委员会，每届任期5年。全国委员会设主席1人，副主席若干人。全国委员会闭会期间，由常务委员会主持会务。目前，全国青联有主席1人，常务副主席1人，副主席22人，常委226人。常务委员会设秘书长1人，副秘书长若干人。

全国青联下设秘书处，负责日常事务。目前，秘书处设协调工作部、社团和民族宗教工作部、文体部、科技部、教育部、人力资源开发部、港澳台联谊部、海外学人工作部、国际部、旅游部、归国研修生工作部等机构。全国青联办有机关刊《中华儿女》和内部工作刊《全国青联通讯》。去年，我们还开通了“全国青联网”，主要面向青联委员和各级青联组织发布信息，提供及时交流的网络平台，希望大家能够经常关注，使用。

第二，九届全国青联换届以来开展的主要工作

2000年7月，全国青联九届一次全委会在北京召开，江泽民、李鹏、李瑞环、胡锦涛、尉健行、李岚清等党和国家领导人亲切会见了全体委员，胡锦涛同志代表党中央、国务院向大会致了祝辞。当时九届青联根据时代发展和我国改革开放和现代化建设新阶段的要求，提出了以邓小平理论和党的基本路线为指导，高举爱国主义和社会主义旗帜，坚持爱国团结进步，动员和引导各族各界青年积极投身建设有中国特色社会主义的伟大实践，推动科教兴国，参与西部开发，弘扬先进文化，促进民族团结，维护社会稳定，培养和造就大批青年人才，为实现中华民族的全面振兴和祖国完全统一而奋斗，这样一个总体的工作思路。

近年来，全国青联围绕党和国家的中心工作，坚持以邓小平理论和“三个代表”重要思想为指导，充分发挥青联组织优势，在广泛团结凝聚海内外各界优秀青年，巩固和发展全体中华青年大团结，培养和举荐青年人才，发挥人才作用服务经济社会发展等方面做了大量工作。

一是坚持用“三个代表”重要思想构筑当代青年的强大精神支柱。通过组织青年人才学习“三个代表”研讨会，召开各领域青年代表人士座谈会，抓住邓小平同志诞辰100周年、全国青联成立55周年等契机，广泛开展主题教育活动，掀起学习贯彻“三个代表”重要思想新高潮，引导广大青年不断加深对“三个代表”重要思想的认识，努力实践“三个代表”，不断扩大和增强我们党长期执政的青年群众基础。

二是广泛开展爱国主义教育，大力弘扬伟大的民族精神。抓住迎接新千年、纪念建党80周年、我国首次载人航天飞行成功、抗击非典阶段性重大胜利、建国55周年、五四运动85

周年等重大契机,先后组织开展一系列大型活动,激发广大青年的民族自信心、自豪感和爱国热情,展示青联委员和广大青年振兴中华的雄心壮志和团结奋进的精神风貌。

三是组织各界青年人才为经济建设和社会进步做贡献。实施中国青年科技创新行动,以青年专家科技服务团、百名博士西部行等活动为载体,组织各类青年科技人才通过项目合作、技术服务和直接创办高新技术企业等多种方式,参与地方经济建设,为青年人才投身经济建设主战场牵线搭桥,提供舞台。成立全国青联志愿者艺术团,长年组织文艺界委员和青年文艺工作者深入老少边贫地区和重点工程建设一线,为最边远、最基层的老百姓服务,送去精彩的文艺节目。据不完全统计九届青联换届以来已举行大型慰问演出 39 场,现场观众逾 65 万人。此外,我们还组织医药卫生、政法、书画等界别的委员,开展医疗义诊、普法宣传和主题画展等活动,受到了人民群众的热烈欢迎。

四是大力开发青年人才资源,推动青年人才健康成长。组织开展"中国十大杰出青年"、"中国青年科学家奖"、"中国青年科技创新奖"、"中国软件行业十大杰出青年"等评选、评审活动,杨利伟、姚明、张庆伟、袁家军、刘翔等一批青年典型脱颖而出,为当代青少年树立了榜样,受到全社会的普遍关注和高度认同;坚持实践育人,联合中组部组派了 5 批"博士服务团"赴西部地区挂职锻炼,引导高层次青年人才在西部大开发一线施展才华、经受锻炼、增长才干;面向委员组织培训交流活动,推动委员的学习、交流与合作,服务委员的发展。如面向企业界委员的"竞争力培训计划"等以界别为单位的交流活动、以区域为单位的委员活动日以及在香港举办的青年管理人才高级研修班等项目,均受到了委员的普遍欢迎。

五是做好民族地区青年和信教青年工作。开展"全国各族青年团结进步奖"评选活动,表彰近年来为民族团结进步事业作出突出业绩的先进个人和先进集体,引导、教育各族青年树立马克思主义民族观,促进各族青年健康成长,建功成才。开展西部和民族地区青年干部"培养计划",组织少数民族青年干部到经济较发达地区进行挂职锻炼,帮助他们在实践中开阔视野,提高认识,增强素质。组织宗教界青年代表人士考察学习团,通过开展考察学习活动,促进宗教界青年代表人士互相交流,开阔视野,增强他们对国情的认识,努力成为宗教与社会主义社会相适应的中坚力量。

六是加强与港澳台青年的交流。我们始终坚持中央对港澳台工作的一系列方针政策,大力推动两岸四地青年在经贸、科技、文化方面的交流与合作。先后举办了 4 届"中秋赏月在大陆,元宵佳节聚台北"活动,举办两岸杰出青年、两岸经贸界青年和香港青年才俊等交流活动,组织内地与香港青年学生、青年志愿者交流活动等。全国青联和香港、澳门的青年社团有着非常广泛的、多方面的联系。就香港而言,我们与香港 63 个团体有联系,与 28 个青少年团体有固定的交流关系,我们每年向香港派出的人数超过 1000 人次。全国青联与台湾的有关党派和青少年团体有很多的交流。所以加强与港澳台青少年的交流,促进祖国统一大业是全国青联工作的重要内容。

七是拓宽与海外留学人员的联系。我们已经连续 4 年组织海外学人回国创业周活动,吸引了来自美国、日本、英国等 30 多个国家和地区的 2500 多位海外留学人员到国内的 20 多个省区市参加考察、交流、合作活动,签订意向性协议 570 项,产生了广泛的社会影响。去年,全国青联成立了海外留学人员联谊会。联谊会以广泛联系、促进交流、凝聚力量、为国服务为宗旨,吸收 794 名个人会员和 43 个团体会员,有效地团结凝聚了一批在海内外取得突出成就和具有较大影响的高层次青年留学人员。

除此以外,全国青联与世界上117个国家的200多个青年组织和机构保持着良好的交往与合作。近年来,成功组织了APEC青年节、"中俄青年友谊年"、"中非青年联欢节",中韩、中日、中越等大型交流活动,在地区和全球青年事务中的影响正在日益扩大。同时,进一步深化中国青年志愿者海外服务计划、国际青年就业合作项目和国际培训计划合作项目等国际青年交流与合作。每年,全国青联都有大量的交流访问活动,为委员和高级青年人才提供国际交往的平台。去年共接待外国来华团组67个,2066人次,派出友好访问团58批,1151人次,有力地推动了同世界各国青年的友好交往。

各位委员,当前青联事业的发展正处在一个新的历史起点上,党中央高度重视青年人才工作,青联事业面临着宝贵的发展机遇。前不久,中共中央政治局委员王兆国同志亲切接见了全国青联九届六次常委(扩大)会议与会人员,并发表重要讲话。王兆国同志在讲话中对近年来青联事业的发展和青联委员在各自领域发挥的作用给予充分肯定,并从树立和落实科学发展观,增强党的执政能力的高度,对当代青年提出了殷切期望,对新世纪新阶段青联工作提出了明确要求。他强调,广大青年要认清肩负的历史责任,勤于学习、善于创造、甘于奉献,把个人的前途命运融入到实现国家富强、民族振兴的伟大实践中去,在全面建设小康社会的宏伟大业中再创辉煌业绩。

今天,又有这么多活跃在各领域前沿的新鲜血液补充进青联,这无疑将进一步壮大青联的力量。我坚信,有了委员的参与、支持和奉献,青联事业一定会实现新的发展。让我们共同努力,铸就青联事业新的辉煌,为实现全面建设小康社会的宏伟目标,做出我们应有的贡献。

胡伟在"全国青年营销策划大赛"颁奖仪式上的讲话

2005年3月10日

今天,我们在这里举行"全国青年营销策划大赛"颁奖仪式,我谨代表共青团中央向出席仪式的中国人民保险控股公司监事会主席、副总经理邓昭雨同志、中国人民财产保险股份有限公司副总裁赵淑贤同志以及各位来宾表示诚挚的欢迎,向获得"全国青年营销策划大赛"的全体获奖人员表示热烈的祝贺,向为这次大赛提供支持的中国人民财产保险公司和为大赛付出辛勤劳动的评审委员会的专家、以及对共青团工作给予长期支持的有关新闻单位表示衷心的感谢!

新世纪的头20年,我国进入了全面建设小康社会、加快推进社会主义现代化的新的发展阶段。这一阶段既是我国现代化建设加速发展的关键阶段,也是经济社会结构将发生深刻变化的重要阶段。小康大业,人才为本。实现经济社会更快更好的发展,开发人才资源起着基础性、战略性、决定性的作用。青年人才作为国家人才队伍的重要组成部分,对我国人才开发的可持续发展具有重要意义。胡锦涛总书记在全国人才工作会议讲话中指出:"青年是祖国的未来、事业的希望。青年人才队伍建设决定着整个人才队伍的前景"。在全面建设小康社会的进程中,尤其需要青年人才的积极参与、大胆探索和全力奉献，尤其需要充分发挥青年人才的生力军和突击队作用。

团中央历来高度重视共青团青年人才工作，要求全团要始终把培育“四有”新人作为根本任务。近年来，各地团组织在培养、凝聚、举荐青年人才，促进青年人才合理配置等方面作了大量探索和实践，创造了像中国青年科技创新行动、志愿服务西部计划、博士服务团、中国青年五四奖章评选等一批在社会上具有较大影响力的青年人才工作项目，共青团青年人才工作呈现出蓬勃发展的良好局面。

去年3月，在成都召开了共青团全国青年人才工作会议，对新时期共青团青年人才工作作了全面部署，并提出了一些新的青年人才工作项目，青年职业资格证书培训工程就是其中之一。这项工作去年6月启动，半年时间，共有7200多人参加了由浙江、安徽、陕西等9所团校开展的电子商务师、营销师、职业指导人员、通用管理能力等项目培训，6400多人取得了相应的职业资格证书，在青年中引起了良好反响。这次营销策划大赛，就是深化青年职业资格证书培训的一个有形载体，通过大赛的生动形式，把知识培训与社会实践有机结合了起来，把专业化的知识与群众性的普及有机结合起来，大赛不仅推动了青年培训工作向规范化、系统化、证书化发展，而且，也激发了青年的创造热情。从大赛收到的稿件看，其中有许多质量上乘、具有很好创意和可行性、有较高市场价值的营销方案。在评审过程中，评委对一些优秀方案难以取舍，大赛原定5个三等奖名额，不得已增加到了10个。可以说，这次大赛取得了预期的效果。

从青年营销策划大赛看，这次活动也为我们进一步做好青年人才工作提供了不少有益的启示。

一是要紧紧围绕大局，围绕青年的具体需求开展青年人才工作。这次活动之所以取得较好的效果，重要的一点是紧紧围绕国家急需的技能型人才开展培训工作，为国家经济建设发展服务。同时，活动还着眼于青年成长成才的具体需求，着力提高广大青年的技能素质，为促进青年全面发展服务，受到了广大青年的欢迎。

二是要充分发挥实践育人优势，引导青年在实践中成长成才。实践是青年人才成长的基本途径，实践育人是共青团工作的传统和优势。这次大赛把学习书本知识与投身社会实践紧密结合起来，抓住了提高青年综合素质这一中心，激发了广大青年的主动性和创造性，为青年展示才华、实现自身价值提供了机会、创造了条件。

三是要坚持社会化、项目化的方式推进青年人才工作。市场经济条件下，市场在青年人才资源配置中发挥着基础性作用，这要求我们开展青年人才工作也要按照市场经济的内在要求创新工作方式、方法。一方面，要积极挖掘、整合社会资源，按照社会化的方式开展人才工作。通过整合社会资源，为青年人才提供切实帮助，实现共青团工作经济效益、社会效益和人才效益的有机统一。另一方面，要不断强化经营理念，按照项目化的工作方式推进青年人才工作，使青年人才工作由一般发动向项目牵动转变。这次联合中国人民保险公司举办的“全国青年营销策划大赛”就是很好的尝试。通过实施项目，工作取得了实效，青年得到了实惠，干部也得到了锻炼。

这次大赛活动是青年人才工作社会化运作、项目化推进的很好范例，要进一步总结经验，探索工作规律，推动青年人才工作不断向前发展。要进一步开辟青年人才工作新渠道、探索新载体、搭建新舞台，为青年人才的成长提供更多的机会、创造更好的条件，促进青年的全面发展，为构建和谐社会，实现全面建设小康社会的宏伟目标贡献力量。

这次活动期间，中国人民财产保险公司的

有关部门对大赛的筹备、组织也付出了辛勤的劳动，多次协商，反复沟通，在此，表示衷心的感谢。

最后，祝各位来宾身体健康，万事如意！

胡伟在 YBC 第一届理事会会议上的讲话

2005 年 6 月 9 日，根据录音整理

女士们，先生们，各位朋友：

大家上午好！

今天参加 YBC 第一届理事会第一次全体会议，我感到非常振奋。两年以前，这个项目的引进还在讨论阶段。一年多以前，我们在上海成立了临时理事会，开始探索这个全新的项目在中国的实践。经过一年多的努力，项目在中国已经有了明显的、阶段性的效果。借此机会我要感谢 YBC 全国办公室和上海、陕西、山东三个地方办公室的同志们为这个项目的引入和展开所付出的辛勤劳动。其次要感谢所有参与这个项目工作和支持该项目开展的朋友们。正是因为有了大家的踊跃参与和奉献精神，才促成该项目的良好开局。今天各位理事选举我和张龙之同志担任理事长，这是大家对我的信任，同时我也感到肩负的责任。我一定尽心尽力，脚踏实地，和同志们一起，为 YBC 在中国扎实有效的展开做出自己应有的贡献。

回想过去的两年多时间，YBC 项目从无到有，从最初心存疑虑和担心，到现在可以看到的阶段性效果，逐渐形成了良好的发展态势。开展这样一个扶持青年就业和创业的项目，对于中华全国青年联合会来说是义不容辞的。我国每年城镇的新增劳动力超过 1000 万人，而这仅仅是城镇的数字。此外还有 1 亿 5 千万农村的富余劳动力需要向非农产业转移，而这其中无疑多数也是青年人。因此，帮助青年创业和就业应该成为中华全国青年联合会这样一个以服务青年为己任的青年组织的重要工作内容。全国青联对 YBC 给予了极大关注，同时也会尽最大的努力去支持这个项目。从另外一个角度上讲，YBC 项目具有很强的需求和生命力，因为在我国帮助青年就业和创业将会伴随着现代化建设的整个过程。我们已经有了一个很好的开端，在全体理事的共同努力下，我们有决心也有信心把这样一项非常有意义的项目很好地实施下去。

借此机会，我谈两点希望和要求。

第一，稳扎稳打，积极推进，确保项目的质量。经过一年多的努力，已有 21 位青年成功地接受了 YBC 的帮扶。项目办公室提出了 2005 年要实现帮扶 100 到 150 人的目标。我认为，现阶段应处理好稳扎稳打和积极推进的关系。从国外引进项目的时候，我们常常遇到这样的情况。比如共青团组织做青年志愿者扶贫接力计划项目时，是从与联合国发展规划署合作开展国际志愿者项目开始的。它的运作理念和做法都非常好，但在我们这样一个人口基数庞大的国家，数量的扩张和质量的保障之间存在着矛盾。应该稳扎稳打，同时为保证项目的良性循环，也要有一定的规模和数量。建议 YBC 全国办公室和地方办公室确立一个非常明确的发展目标。项目具备了规模，才有条件进入良性循环。还可以在资金的引入机制上进一步开阔思路，有整笔资金的支持很

好,同时也应鼓励单个的资金支持,捐款不一定要对项目,也可以针对个人。可以让捐助的途径和形式更宽泛一些。这样可以在不长的时间中形成量的积累。我不主张无限制地扩张,但一定量的积累是我们走入良性循环的重要条件。

第二,重视项目的宣传,营造有利于项目发展的良好氛围。引入YBC的直接目的和效果是帮助青年创业和就业,但还有一层非常重要的意义,就是通过项目的开展,在市场经济条件崇尚效率和竞争的社会中,倡导创业光荣、扶贫济困、助人为乐的社会风尚,而这一风尚在全社会的推广和弘扬又会对项目本身产生极大的促进作用。当代青年企业家是伴随着改革开放的大环境成长起来的,没有这样的好环境很难成就自己的事业,所以我们有责任和义务来回报社会,去帮助那些需要帮助的人。YBC所蕴涵的这一意义,对于该项目今后在更大范围内更加扎实地推进是非常重要的。因此,要加大项目的宣传力度。YBC和中央电视台一直保持着良好的战略合作关系,此外还应当有一个整体的宣传方案,开展与传统、现代媒体的全面合作。

我们一方面要处理好稳扎稳打和积极推进的关系,又要处理好项目落实和加强宣传的关系,动员更多的人来关心、关注和参与这个项目,使YBC具有更深远的意义。我相信,在诸位理事的共同努力下,通过YBC全国办公室和地方办公室同志们的辛勤工作,YBC今年的工作一定会取得更大的成效。

再次感谢各位理事为此项目所付出的辛勤劳动和给予此项目的支持与帮助!

建设面向21世纪的中美远程教育国际青年人才工程

——胡伟在2005年中美远程教育论坛上的致辞

2005年6月29日

尊敬的周强第一书记,
尊敬的艾博松副校长,
尊敬的于云秀会长,
尊敬的各位专家、各位来宾,
女士们、先生们:

今天我们在这里召开由中国青年国际人才交流中心、中国教育技术协会高校远程教育专业委员会共同举办的“2005中美远程教育论坛”,借鉴中美两国远程教育发展的成功经验,探讨未来远程教育发展之路,很有意义。在此,我谨代表共青团中央、中华全国青年联合会、中国青年国际人才交流中心向论坛的举办表示热烈的祝贺,向各位远道而来的中外贵宾致以诚挚的欢迎和问候!

在世界经济全球化深入发展的21世纪,建立具有全球思维和战略眼光、熟悉国际准则,掌握国际知识与技能并善于进行跨文化交流的国际化人才队伍,已经成为世界各国提高国际竞争力的必然选择。中国政府高度重视人才工作,把人才问题提升到了国家战略的层面来部署,提出了实施人才强国战略。青年人才的培养关系着中国未来发展和中华民族复兴伟业的兴衰成败。为此新时期下的青年人才培养工作一定要在全球化、国际化的背景下来考虑,充分利用国际化的方式、手段和渠道,努力开发国际资源,大力培养具有世界性跨文化背景的新世纪青年人才。这既是时代赋予共青团中央和中华全国青年联合会的光荣使命，也是中国广大青年工作者的历史责任。

20多年来，我们已向美国、日本、德国、英国等世界上20多个国家派遣了5000多名各类专业技术与管理人员，开展了一系列卓有成效的国际青年培训交流项目。归国人员活跃在我国社会、政治、经济、文化等各条战线上，很多人已肩负起重要的技术和领导工作，在各条战线上发挥着积极的作用。由中国青年国际人才交流中心和中国教育技术协会高校远程教育专业委员会、中央广播电视大学共同合作开展的“中国远程教育工作者赴美培训项目”已举办了五期，80余名来自20多个省、市、自治区广播电视大学的远程教育技术工作者参加了培训，访问了哈佛大学、耶鲁大学、南加利福尼亚大学、波士顿大学等20余所美国著名大学，中美专家就有关远程教育发展的前沿课题进行了多层次的研讨与交流。这个项目不仅开启了中美两国间远程教育的交流与合作，培养了一批优秀的青年远程教育工作者，而且为探索、总结和规划未来中国远程教育事业的发展之路提供了宝贵的经验。借此机会，我谨代表共青团中央、全国青联和中国青年国际人才交流中心向以艾博松副校长为团长的美方嘉宾和四所美国大学表示衷心的感谢，并请各位向为中国远程教育培训项目做出贡献的美方专家和学者，向所有从事中美友好事业的各界新老朋友和合作组织转达我们诚挚的谢意！在此，我也向为中国远程教育培训项目做出重大贡献的中国教育技术协会高校远程教育专业委员会、中央广播电视大学的领导和专家们表示衷心感谢。

我衷心希望这次论坛的成功举办，能够为中美两国间的远程教育友好交流奠定更为坚实的基础，进一步促进中美友好交流与发展，通过项目的广泛拓展和深度延伸，继续加强和巩固已培训青年专业技术与管理人员在以往取得技术成果基础上的创新，培养和提高我国青年远程开放教育管理、研究与教学队伍的整体素质，争取让更广泛的青年群体接受到更便利、更先进的国际远程教育培训，从而推动我国高等教育大众化和构建终生教育体制，为建设面向21世纪代表国际先进水平的中美远程教育国际青年人才工程开辟崭新的未来。

胡伟在共青团全国基层组织建设工作会议上的总结讲话

2005年6月29日

为期两天的共青团全国基层组织建设工作会议，今天下午就要结束了。团中央书记处对这次会议非常重视，会议召开前，周强同志和书记处也多次听取了汇报。昨天上午，周强同志作了重要讲话。讲话从全局和战略的高度，系统总结了近年来团的基层组织建设的基本经验，深刻分析了当前共青团组织建设面临的新形势、新任务，对全面加强新时期团的基层组织建设提出了明确要求。讲话立意高远，论述深刻，具有很强的时代感和思想性。两天来，大家认真学习领会了周强同志的重要讲话精神，深入讨论了三个《意见》的征求意见稿，针对团的基层组织建设和增强共青团员意识主题教育活动提出了许多很好的意见和建议。

会议上,13家单位交流了团的基层组织建设和开展增强团员意识教育活动经验,参观考察了河南省团的工作,都很有借鉴意义。大家在学习讨论中普遍感到,这次会议时间虽短,但意义重大,主题鲜明,内容丰富,富有成效,达到了预期目的,取得了圆满成功。可以说,去年底以团中央全会决定形式通过的《关于进一步加强团的基层组织建设的决定》,以及这次会议专题研究部署团的基层组织建设,标志着共青团对团的基层组织建设重要性的认识达到了一个新的高度,预示着团的基层组织建设工作进入到一个全面展开、整体推进的新阶段。概括地讲,这次会议的主要收获有以下三点。

一是进一步提高了认识,增强了责任感和使命感。大家深刻认识到,我国正处于全面建设小康社会、加快推进社会主义现代化建设的关键时期,共青团事业的发展正处在新的历史起点上。切实加强团的基层组织建设,是巩固和扩大党的青年群众基础的重要保证,是深入贯彻党的十六届四中全会精神的必然要求,是认真落实团十五届三中全会精神的实际行动。大家认为,在当前这个时期提出加强团的基层组织建设,抓住了团的自身建设的关键问题,提得及时、提得必要,提得准确,反映了基层的呼声和基层的实际。正如有的同志说的“不重视抓团的基层组织建设就是失职,抓不好就是不称职”。大家表示,一定要充分认识加强团的基层组织建设和开展团员意识教育活动的重大意义,以高度的责任感和使命感,切实抓紧抓好。

二是进一步交流了情况,总结了经验。近年来,各地、各部门围绕加强团的基层组织建设做了大量的工作,取得了良好效果,积累了宝贵经验。这次会议上,河南、北京等单位从不同层面、不同领域、不同角度分别介绍了各自的工作情况,很有借鉴意义。在会议讨论中,大家发言踊跃,气氛热烈,既交流了工作经验,又沟通了认识体会,收获很大。大家一致认为,多年来特别是团十四大以来,各级团组织高度重视基层组织建设工作,主动适应新情况、新变化、新任务,以改革的精神,创新的勇气,不断探索与社会主义市场经济体制相适应的组织体系和运行机制,在团的基层组织建设中取得很大成绩。周强同志在讲话中,对这些做法和经验所进行的系统总结实事求是。在今后工作中,我们要坚持运用并不断丰富和发展这些经验,使团的基层组织建设取得更大成绩。

三是进一步理清了思路,明确了方向。大家在讨论中充分认识到,尽管我们在团的基层组织建设中取得了明显成效,但相对于我国经济社会发展的新形势,相对于当代青年群体的新变化,相对于团的事业的新发展,团的基层组织建设不仅不能有一丝松懈,反而要求更高、任务更重了。大家一致认为,周强同志在讲话中提出团的基层组织建设要以邓小平理论和“三个代表”重要思想为指导,按照“全团抓团建,全团抓基层”和“党建带团建,团建抓创新”的总体要求,以提高基层团组织服务能力为核心,以不断扩大团的基层组织有效覆盖为基础,以切实加强团员、团干部队伍建设为关键,以基层团组织制度建设为保障。这些工作思路,体现了时代的要求,反映了团的组织建设规律,任务明确,重点突出,措施具体,为下一步的工作理清了思路,指明了方向。大家普遍感到,通过对周强同志重要讲话的学习和对《实施意见》稿的深入讨论,鼓舞了干劲,振奋了精神,进一步增强了做好基层组织建设工作的信心和决心。

下面,结合会议的学习和讨论情况,我就贯彻落实周强同志的重要讲话精神,切实抓好团的基层组织建设,以及开展好增强共青团员意识主题教育活动讲几点意见。

一、始终坚持党建带团建,团建抓创新,全面推进团的基层组织建设

当前,加强党的执政能力建设,树立科学

发展观,构建社会主义和谐社会的伟大实践,为共青团事业发展提供了更大的舞台、更广阔的天地,同时也对团的基层组织建设提出了新的更高要求。我们要始终坚持"党建带团建,团建抓创新"这一基层组织建设的总体要求,以这次会议的召开为契机,针对学校、企业、农村、社区的不同情况,按照"巩固一批、提高一批、整顿一批、新建一批"的工作思路,努力实现团的基层组织建设新的发展。

1. 进一步深化基层党建带团建,保证基层团组织建设正确的政治方向。党建带团建是新形势下加强党对共青团领导的重要原则。2000 年,团中央联合中组部在北京召开了全国基层党建带团建工作会议,其后各地也分别召开了相应会议,许多地方还制定了党建带团建的具体办法,取得很好的效果。在今后的工作中,我们要进一步深入贯彻全国基层党建带团建工作会议精神,不断深化党建带团建工作,把基层团的建设纳入基层党的建设总体格局之中,健全和完善机制,推动党建带团建工作的经常化、规范化、制度化。

一是进一步建立健全党建带团建的领导机制。各级团组织要在党组织领导下,进一步建立健全党建带团建目标责任制、联席会议和工作例会制度等,进一步把党建带团建工作列入党委重要议事日程。要积极争取党委相关部门的重视和支持,通过出台党建带团建相关政策文件、联合督导检查等措施,加强和改进对党建带团建工作的领导。

二是进一步建立健全党建带团建的工作机制。要贯彻落实"五带一优化"(带思想建设、带组织建设、带班子建设、带队伍建设、带工作开展、优化工作条件)的要求,通过建立工作联系点制度、检查考核制度、评比表彰制度、向党组织定期汇报工作制度等多项工作制度,积极推动把基层团建在目标任务、干部队伍建设、阵地建设、检查考核等方面纳入基层党建总体格局,使党团建设同步规划、同步实施、同步检查、同步发展。

三是进一步建立健全党建带团建的组织机制。要把"推优"工作纳入青年党员发展规划,进一步使"推优"成为发展青年党员的主要渠道。要把推动基层团组织集中换届作为突破口,进一步加大基层团干部的选拔培养力度,使基层团的岗位成为培养锻炼基层党的后备干部的重要岗位。要把农村党建"三级联创"和城市创"五好"党组织活动与共青团"三级联创"活动有机结合起来,以团建的实际成效服务于党的建设。

2. 努力扩大基层团组织的有效覆盖,健全完善基层团的组织体系。当前,共青团的工作环境、工作对象和组织依托都发生了深刻变化,传统的组织设置方式、工作思路和方法已不能完全适应新形势、新要求。建设一个横向到边、纵向到底的组织网络,是共青团工作和建设的重要保证。要根据经济社会结构和青年群体分布的变化,不拘一格地灵活设置基层团组织,不断巩固和扩大团组织对团员青年的有效覆盖。

要大胆创新基层团组织设置方式。团的基层组织设置、布局及其相互关系离不开特定的社会环境。近年来,随着改革的不断深入,国有企业管理权下放、乡镇合并、企业兼并重组改制、系统行业垂直管理以及跨行业、跨部门、跨地区和跨所有制企业的增多等新问题的不断出现,以往完全按行政归属维系的组织隶属关系和条块管理的格局逐渐被打破。基层团组织必须积极应对这些新的情况,按照便于联系青年,便于发挥作用的原则,勇于突破原有的建团模式,敢于突破条条框框,进一步探索完善联合建团、依托建团、产业建团等新型设置方式,实现灵活设置、有效覆盖。要不断延伸管理和服务手臂。加强管理与服务,其着眼点是使基层团组织及其外围组织跟着团员走,跟着青年走,反过来最终达到团员青年能真正跟着团组织走的目的,切实解决"有组织没青年,有青年没组织"的问题。当前,青年流动特别是农村团员流动的情况日益突出,甚至出现了许多"空壳"团支部的问题。我们要正确看待这种现象。从全团的角度来看,团员总数并未减少,团员的流动并不一定意味着"流失"。对这类问题,我们要从整体的角度,用发展的眼光来看待,树立"动态建团"和"大团建"的观念,在巩固原有基层组织的基础上,努力做好城市社区、非公有制企业及社会中介组织的团建工作,特别是要进一步加强青年中心建设,充分发挥青年中心在整合资源、凝聚人才、直接联系青年方面的优势,以项目化运作方式,构建"基层团委+青年中心"的新型基层共青团和青年工作网络。要加强基层团组织的横向联系。市场经济条件下,基层团组织获得充分资源的难度日渐增大。基层团组织生存发展必须通过加强横向合作和对社会资源的整合利用。近年来,各地团组织在加强横向联系方面做了许多有益的尝试,探索了青年工作联谊会等方式,值得借鉴。基层组织有自身的优势,但资源有限的实际情况决定着他们加强横向联系的能力有限。因此,加强团组织横向联系不仅仅是基层组织的事,各级团的领导机关也要加强引导,鼓励和帮助基层团组织发挥各自优势,联合开展活动,实现信息、资源、阵地共享,通过团内的合作,社会的协作,形成强大的工作力量。要加强制度建设,健全工作机制。制度建设具有全局性、根本性、长期性,以制度创新来激发团组织内在活力,是加强共青团能力建设的重要内容。抓制度保障,就是要把严格落实制度与制度创新结合起来。对基层组织建设需要但还没有建立起来的制度,要尽快建立完善。这次会议,我们提出了基层团组织"三级联创"的思路,各级团组织要按照"着眼于创,关键在联"的要求,深入开展团建"三级联创"活动,通过制定创建规划,完善推进措施,建立激励机制,逐步完善基层团建整体推进机制,努力形成三级团组织相互联动、相互促进、环环紧扣、整体提高的工作格局。河南团省委在这方面进行了有益的探索,他们通过示范引导、细化目标、党团共建、树立典型,初步构建三级团组织联合创优,促进基层持续活跃的长效工作机制,切实增强了各级团组织的内在活力。

3. 规范和创新团干部管理方式,努力建设一支"党放心、青年满意"的高素质基层团干部队伍。建设一支忠诚党的事业、热爱团的岗位、竭诚服务青年的基层团干部队伍,是团的事业不断发展的必然要求和增强团组织战斗力的基本保证,是加强团的基层组织建设的关键环节。

一是创新基层团干部的选拔配备方式。用科学的选拔机制严把入口关是基层团干部队伍建设的起点。要配合党委组织部门,开阔视野,拓宽渠道,打破身份限制,建立健全基层团干部公开选拔、民主推荐、竞争择优的新机制,真正把思想好、能力强、有潜力的年轻干部选拔到团的工作岗位,从源头上优化基层团干部队伍结构。比如,山东等部分省市实行每年选调一定数量的优秀大学毕业生充实基层团干部队伍的做法,就是一项效果很好的举措。要加强兼职团干部队伍建设,打造一支优势互补、专兼职相结合的团干部队伍;对团干部流动较大的基层单位,可以探索设立团支部(总支)后备委员等做法,以加强后备干部队伍建设,保持基层团干部队伍的整体稳定和团的工作的有序衔接。

二是强化培训,全面提高团干部队伍综合素质。这次会议,除加强基层组织建设、增强团员意识教育活动内容外,还有一项重要工作,就是认真研究部署"基层团干部培训工程"。要以这项工程为牵动,切实抓好县以下基层团干部培训工作和团地(市)、县委书记轮训项目,有计划、分步骤地把团地(市)、县(市、区、旗)委书记和基层专职团干部骨干轮训一遍,不断提高基层团干部的业务素质和实际工作能力。要继续做好新任职团干部培训,确保他们在新任职的一年时间内,接受一次比较系统的政治理论和团的业务知识学习。要进一步加强各级团校建设,更好地发挥团校在团干部教育培训工作中的主阵地作用,合理安排班次,调整充实培训内容,增强培训的实用性和针对性。

三是进一步加强团干部的管理和考核。我们一直讲"团要管团",很重要的一个内容就是加强对团干部的管理与考核,促进团干部不断健康成长。要加大基层团组织创建学习型组织的力度,在团组织内营造浓厚的学习氛围,做到学用结合、知行统一。要在实践中锻炼干部,积极创造条件,努力促进团的领导机关与基层团组织上下交流、双向互动,开阔视野。要加强基层团干部的作风建设,按照"两个务必"和"八个坚持、八个反对"的要求,从团内不称职务、不搞迎来送往等具体事情做起,形成"实事求是,朝气蓬勃"的生动局面。要建立健全以工作实绩为重点,以团员青年认可度、满意度为重要尺度的考核评价体系和考评机制。要在工作中关注青年的感受,注重青年的评价。要关心和爱护基层团干部,采取有效措施解决基层团干部的待遇问题,加大团干部特别是中层干部转岗推荐工作力度,促使团干部队伍形成"一池活水"。

4. 积极推动基层团的民主建设。加强基层团的民主建设,完善团的基层组织民主选举、民主决策、民主监督和民主管理,是新的历史条件下共青团组织保持活力的必然要求。我多次讲过,一个政治组织,如果其成员基本的知情权、参与权、监督权、决策权长期得不到落实,那么这个组织是很难有活力的。因此,我们要高度重视基层团组织的民主建设。

一是切实保障团员对团的工作和事务的知情权、参与权。要畅通团内建言献策、沟通交流的渠道,调动和发挥广大团员参与团的工作的主动性、积极性。积极推动团务,包括团的工作安排、团的活动开展、团的经费开支、团费缴纳情况、团内评选表彰等等,都要通过适当形式向全体团员公开。要实行民主决策,建立健全团的基层委员会议事决策制度,通过团的组织生活会、团的委员会等形式,集思广益,凝聚智慧,充分讨论,共同决定。

二是积极稳妥地推行基层团干部直选。积极落实和完善基层团的民主选举,是新形势下增强基层团组织凝聚力的重要途径。要在党组织统一领导下,加强对基层团组织直选工作的指导,进一步规范直选工作的规则和程序。要采用不指定候选人、公开竞争的办法,民主选举产生团支部书记,以体现团员的意志,选出热心团的事业、热情为团员青年服务的基层团干部,从机制上解决基层团组织没人干事的问题。同时,要积极稳妥地开展乡镇、街道等基层团组织的直选试点工作,在总结经验的基础上逐步扩大试点范围。

三是进一步完善团内监督。进一步建立健全团的各级委员会定期向代表大会或团员大会报告工作制度,完善团员民主评议制度,加强对团的各级委员会的监督。要以科学的评价机制为重点,综合团员青年、党组织和团组织等各方面意见,构建基层团内民主监督的有效体系。这次在参观中,我们看到河南巩义县竹林镇团委从1984年以来,长期坚持开展青年评团员、团员评支部、支部评团委的"三评"活动,不仅要求团员向青年述职,支部向团员述职,团委向支部述职,而且通过发放征求意见表、召开座谈会等方式,广泛征求广大青年和社会各界的意见建议。这些加强团内民主监督的做法,对深化团员意识,增强团组织的吸引力、凝聚力和战斗力都有很好的效果。

5. 不断提高基层团组织的服务能力。扎实有效的服务是增强基层组织的吸引力、号召力和凝聚力的必然要求,坚强有力的基层团组织是提高服务能力的基础和保证。从目前看,基层团组织服务青年的工作还存在着手段不多、渠道不多等问题，增强团组织服务能力显得十分重要和迫切。我们要找准提高服务能力和加强基层组织建设的结合点，实现加强基层组织建设和提高服务能力双赢局面。首先，要提高服务意识。竭诚为青年服务，是党的全心全意为人民服务宗旨在团的工作中的具体体现。基层团组织要牢固树立服务青年的意识，切实把服务青年作为一切工作的出发点和归宿。把为青年办了多少实事、解了多少难题，作为衡量工作成效的重要标准，作为检验团干部作风和业绩的重要尺度。其次，要不断探索服务载体。服务青年首先要了解青年，从青年的角度考虑问题，从青年的实际认识问题，细化服务领域和服务需求，不断丰富服务项目，强化服务手段。要通过建立青年接待日制度、设立青年热线电话、开辟青年电子信箱等方式，拓宽了解青年的渠道。要立足小型、分散、灵活、多样，增强活动的质量、效果和示范性。要加强服务阵地建设，大力推动青少年宫等青少年活动阵地建设，为服务青年创造必要的物质条件。第三，要注重服务的针对性和实效性。当代青年思想、行为、利益日益多元化，这就要求我们在服务过程中了解青年的需求，关注青年的感受，注重青年的评价。要在青年普遍关心的问题，如学习成才、提高素质、维权等方面为青年提供服务。要看到不同领域青年的具体需求林林种种，需要我们从实际出发，一是尽力而为，二是量力而行，抓住青年最关注、最迫切的要求，举全团之力，务求实效。如青工战线的技能振兴行动，帮助农村青年掌握致富能力、剩余青年劳动力转移，青年学生素质拓展和就业服务，社区工作中青年文化生活需求的满足，等等。第四，要善于吸纳整合社会资源。基层团组织必须适应市场经济发展的趋势，靠团的优势服务社会，靠服务社会吸纳资源，靠社会资源服务青年，从而使基层团的工作的资源配置形成一个与社会互动的、良性循环的机制，从根本上解决长期困扰基层团组织的资源短缺问题。要充分发挥共青团组织的政治、组织、人才及活动品牌的优势，运用政府、社会和市场机制，充分整合政府、社会和团内的各种有形和无形资源，增加对基层团组织的资源供给，实现资源在基层团组织中合理配置。要充分发挥团的组织网络优势，发动社会力量做好服务青年的工作，积极争取政策、法律、技术和资金等各方面的支持，为青年成长成才、展示才华创造条件，搭建舞台。

二、高度重视，精心筹划，扎实开展增强共青团员意识主题教育活动

在全团开展以学习实践“三个代表”重要思想为主要内容的增强共青团员意识主题教育活动，是新时期加强团的建设的基础工程，是全团政治生活中的一件大事。昨天，周强同志从建设一支先进性强、模范作用突出的团员队伍，不断焕发共青团的生机与活力的高度，对扎实开展增强共青团员意识主题教育活动提出了明确要求，指出了教育活动要以学习实践“三个代表”重要思想为主线，以“永远跟党走”为主题。各级团组织一定要深刻领会周强同志的讲话精神，把教育活动作为党中央保持共产党员先进性教育活动精神在全团贯彻落实的重要举措，作为加强团的基层组织建设、促进团的各项工作的有利契机，高度重视，及时研究，早作准备，扎实开展好这次教育活动，努力实现“增强意识、健全组织、活跃工作”的总体目标。8月份，团中央将围绕教育活动，分期分类举办教育活动骨干培训班，并召开电视电话会议，专题部署、全面启动这项工作。在此，我就开展好教育活动，简单提几点要求。

1. 把握三个结合，整体推进教育活动。开展增强团员意识教育活动是全团进一步贯彻落实中央保持先进性教育精神的实际步骤和具体举措，也是加强团的基层组织建设、活跃团的各项工作的内在要求和必要手段。当前，全党正在深入开展保持共产党员先进性教育

活动,各级团组织要把增强团员意识主题教育活动与保持共产党员先进性教育活动紧密结合起来,充分借鉴保持党员先进性教育活动的经验做法,积极争取党政重视和支持,努力把团员意识教育活动纳入到保持党员先进性教育活动的总体格局之中。要把增强团员意识主题教育活动与加强团的基层组织建设紧密结合起来,进一步深化创建"五四红旗团委"活动,不断完善"三级联创"工作机制,通过教育活动集中整顿一批软弱瘫痪团组织,创建一批"五有"、"四好"团组织,逐步建立健全与社会主义市场经济相适应的基层组织体系和自我运转能力更强,团员青年参与程度更深,社会化水平更高,更加富有效能的组织运行机制,使整个基层团的建设提高到一个新水平。要把增强团员意识主题教育活动与活跃团的各项工作紧密结合起来,以教育活动为契机,推动和促进团的各项工作任务在基层贯彻落实,切实做到"两不误、两促进"。

2. 从实际出发,加强对教育活动的分类指导。团员意识教育活动涉及到不同行业、不同年龄的七千多万名团员和不同地区、不同类型的二百九十多万个基层团组织,这些团员和基层组织特点各不相同,情况千差万别。这就要求我们在开展增强团员意识教育活动时,必须充分考虑各种类型基层团组织工作条件的好坏、工作力量的强弱、工作难度的大小等不同情况,根据团员年龄、文化结构和行业分布以及所担负工作的差异,根据基层的实际情况开展教育活动,决不能不加分析辨别,笼而统之地搞一般齐、一刀切。这次教育活动按照任务要求划分了三个阶段,这些安排是原则性的,各地区各部门可在确保质量的前提下,根据各自的实际情况来合理安排。比如,在时间安排上,学校的教育活动因暑假原因,可以推迟到9月中下旬,新入学团员可以推迟到10月;农村的教育活动可以根据不同地区的农闲时间灵活掌握。在具体要求上,对团干部要求应更严格一些,团干部要带头参加学习,带头参加活动,发挥表率作用,影响带动身边团员青年增强团员意识;对广大团员可以主题实践活动为主,通过参与实践活动,受教育、长才干、做贡献、起作用;对流动团员要创新教育管理方式,提高他们参与教育活动的自觉性、主动性。总之,要从实际出发,根据团员的特点,切实规划制定好各自的教育活动实施方案。

3. 着力解决突出问题,务求教育活动取得实效。能否解决突出问题是衡量教育活动是否取得成效的一条重要标准,更是教育活动能否求实效、求长效的关键。要抓紧抓好每一阶段、每一环节的工作,在提高思想认识、解决突出问题上下功夫,重点解决好一些团员理论素养欠缺、理想信念动摇、思想观念陈旧、意识淡薄、作风不实、能力不强、模范作用发挥不够好,一些基层团组织软弱涣散、不能发挥团结教育青年的作用等问题。要把解决突出问题,与履行岗位职责、服务青年结合起来,确保增强团员意识教育活动成为青年满意工程。

三、切实加强领导,全面落实会议精神

加强团的基层组织建设和增强团员意识主题教育活动是今后一段时期全团的重点工作,要求已经十分明确,关键在于狠抓落实。各级团组织要迅速把这次会议的精神传达下去,结合实际,认真研究贯彻落实。

1. 提高认识,强化领导。全面加强团的基层组织建设和开展好团员意识教育活动,领导是关键。这次会议请各地、各单位的负责同志参加,团中央的组织、青农、青工、学校、权益等相关部门的负责同志也一同与会,就是要进一步明确做好这两项工作的极端重要性和紧迫性;各地要进一步健全和完善基层组织建设和团员意识教育活动的领导工作机构,制定具体可行的工作规划。要主动争取党的领导和支持,紧紧抓住当前的有利时机,积极争取政策支持,不断优化工作环境,顺势而为,借势而上。团的各条战线、各个部门要进一步明确职

责,分工负责,上下联动,同心协力,努力形成齐抓共管的工作局面。

团中央的增强共青团员意识主题教育活动领导小组及其办公室已经成立,成员名单已经附录在《意见》稿后面。领导小组由周强同志担任组长,书记处全体成员任副组长,各有关部门的主要负责同志为领导小组成员,这种安排充分体现了团中央书记处对教育活动的高度重视。在教育活动中,省级团委肩负着重要职责,各省级团委也要成立教育活动领导小组,一把手要担负起主要领导责任。各地的领导小组要切实发挥作用,统筹安排好本地区本系统的教育活动。

2. 突出重点,有序推进。基层团的工作千头万绪,人手紧张,不能面面俱到,平均用力,必须拧成拳头,重点突破。一要明确重点,各地、各单位要集中利用1—2个月的时间,进行一次深入的调查摸底,既要摸清团员队伍的底子,又要查摆基层组织建设中的突出问题,找准工作突破口,制定具体措施和推进方案,分步实施。二要抓点带面,实行联系点制度。各级团的机关、团的干部原则上都要确定联系点,长期开展定点帮扶,深入基层,解剖麻雀,努力把联系点办成示范点,以点促面,形成整体推进的工作态势。三要强化舆论宣传,广泛运用各种媒体,特别是发挥团属舆论阵地的作用,通过开辟专栏、编发简报等形式,大力宣传工作中涌现出的各类典型,发挥典型示范带动作用,营造良好的舆论氛围。

3. 明确责任,量化考核。团的基层组织建设和团员意识教育活动,包括基层团干部培训工程,都是关系长远的基础工作,目标明确、内容具体,来不得半点虚假,必须把各项工作任务具体化、明晰化、指标化,通过量化考核来推动落实。要把基层组织建设和教育活动的工作任务进行细化分解,建立完整规范的目标量化考核体系,层层落实责任,做到任务明确,职责清晰;要加大考核检查力度,采取定期检查和不定期抽查相结合的办法,调度工作、督促落实。要加大对考核结果的使用力度,通过向党委通报、与团内奖惩挂钩等措施,进一步调动基层工作的积极性、主动性和创造性。

4. 充分尊重基层的首创精神。这次会议,各地各单位都提供了许多新鲜经验,充满了基层创造的智慧。各级团的领导干部要始终做到"从群众中来,到群众中去",积极鼓励基层进行大胆创新,善于从大局上进行指导,留足基层创新的空间。实践出真知,不论是加强团的基层组织建设还是开展团员意识教育活动,肯定会遇到不少新情况新问题,关键是要敢于创新,善于总结,从基层的工作实践中寻找答案。要及时将基层探索的好做法、好经验制度化、规范化,通过制度建设,抓规范、抓长远,努力建立健全团的基层组织建设和团员意识教育的长效机制。此外,要高度重视团的理论研究工作,充分发挥青少年理论研究机构的作用,通过设立团建创新奖、团建调研奖等激励手段,充分调动基层创新实践的积极性,及时将散落在基层的"思想火花"上升到理性层面思考,探索和把握团的建设规律。

同志们,加强团的基层组织建设、开展增强团员意识教育活动任务光荣而艰巨,意义重大,影响深远。全团上下必须振奋精神、齐心协力、脚踏实地、开拓创新,下真功夫、苦功夫,一步一个脚印,出实招、办实事、讲实效,努力在推动团的建设的历史进程中写下光辉的一笔!

关于全国青联十届一次全委会的筹备工作

——胡伟在预备会上的讲话

2005年7月21日

各位委员：

全国青联十届一次全委会筹备工作已经全部就绪。我受全国青联第九届常务委员会的委托，在今天的预备会上向大家报告全国青联十届一次全委会筹备工作的情况。

根据《中华全国青年联合会章程》规定，全国青联第九届委员会于今年7月任期届满。经全国青联九届六次常委会决定，并报党中央批准，全国青联十届一次全委会定于本月22日至24日在北京召开。这次会议的主要任务是：总结全国青联九届一次全委会召开以来的工作；部署全国青联今后五年的工作任务；修改全国青联章程；选举产生全国青联新一届领导班子。

党中央对召开全国青联十届一次全委会非常重视。去年年底，中央书记处办公会议原则议定了这次会议的会期等问题，并要求认真做好有关准备工作。今年4月，中共中央政治局常委、书记处书记、国家副主席曾庆红同志主持召开中央书记处办公会议，听取了团中央关于全国青联十届一次全委会筹备工作情况的汇报，对开好这次会议提出了明确要求。中央书记处指出，这次换届，是新世纪新阶段全国青联工作中的一件大事，中央对此高度重视，广大青年十分关注。要加紧工作，努力把这次会议开成鼓舞人心、团结奋进，求真务实、开拓创新的会议。要高标准、高质量、高效率地做好筹备工作，使这次会议充满朝气、体现正气，增长广大青年为振兴中华而奋斗的志气。按照中央的要求，为做好会议的筹备工作，全国青联于今年3月成立了专门机构，积极开展各项工作。目前，会议文件、人事、会务等方面的筹备工作已全部完成。现将有关情况汇报如下。

一、关于文件工作的筹备情况

精心起草好工作报告等会议文件，是开好会议的重要保证。这次会议文件的筹备，一开始就明确了目标：坚持以邓小平理论和“三个代表”重要思想为指导，落实科学发展观，体现时代特征，体现青年特点和青联特色，文字上既要精炼，又要有激情。文件起草工作主要体现了以下特点。

一是认真调查研究，把握工作规律。会议文件处成立以来，多次召开青联委员、青联干部、专家学者参加的各种类型的座谈会，认真听取不同方面对于青联工作和会议文件的意见与建议；广泛了解各省区市青联和会员团体的工作情况，总结提炼各级青联的工作经验；认真学习青联成立以来的相关会议文件，分析研究新时期青联工作的内在规律。在此基础上，确定了工作报告的写作提纲和青联章程的修改方案。

二是广泛征求意见，集中大家智慧。工作报告提纲提出后，召开专门会议，听取部分青联副主席、常委、委员和各方面人士的意见与建议；通过多种渠道，广泛听取各级青联的意见与建议。工作报告草稿相对成型后，印发各省（区、市）青联、各会员团体、全国青联副主席书面征求意见。可以说，提交大会的审议稿，是一个集思广益、群策群力的稿子。

三是反复讨论修改，提高文件质量。为向大会提交较为成熟的文件，按照全国青联领导班子和团中央书记处的要求，文件处对工作报告、章程修正案草案等进行了反复讨论，多次进行修改。全国青联领导班子和团中央书记处还专门召开会议,集体讨论会议主要文件,提出了重要的修改意见,使这些文件渐趋成熟。当然,工作报告和章程修正案草案还要提交大会讨论,作进一步修改,力求更加完善。

二、关于人事工作的筹备情况

协商产生委员是全国青联十届一次全委会筹备工作中的一项重要内容。这一工作自今年年初启动,前后经历了三个阶段。

第一阶段:确定委员组成方案。党中央对全国青联第十届委员会的组成提出了原则性意见。根据党中央的指示,经征求多方面意见和反复酝酿、研究,确定了全国青联第十届委员会的组成原则,即:从实施"人才强国"战略和适应时代进步、社会发展的需要出发,选拔堪当重任的优秀青年人才;从发展社会主义市场经济和实施"科教兴国"战略的需要出发,扩大了科技(科学技术、社会科学)、教育和企业管理界的委员比例;从促进香港、澳门繁荣稳定和做好祖国统一工作的需要出发,大幅度增加了港、澳、侨方面的委员,适当增加了台湾省籍委员;从更好地体现青联爱国统一战线组织的性质出发,增加了宗教界和民主党派委员;从不断推进青联事业新发展的需要出发,给各会员团体分别增加了1个名额,同时给中央企业青联、中国青少年网络协会和中国青少年犯罪研究会等新吸收的全国青联会员团体增加了委员名额;从青联委员应具有广泛代表性的要求出发,适当考虑党派、年龄、性别、民族等结构,统筹兼顾各族各界的优秀青年代表。根据上述原则,经全国青联九届六次常委会通过,于5月10日正式下发了《中华全国青年联合会第十届委员会组成方案》、《中华全国青年联合会第十届委员会委员名额分配方案》、《中华全国青年联合会第十届委员会委员推荐办法》等文件。

第二阶段:协商委员。4月初,专门召开了全国省级青联秘书长会议,就全国青联换届的各项筹备工作进行了认真、细致的部署,并对委员的推荐条件、产生办法和有关注意事项作了详细说明。各会员团体和有关部门严格考核和推荐委员人选,在征得委员人选所在单位同意后,又报经所在省(区、市)党委组织和统战部门审定、备案,最后上报全国青联。从5月13日起,全国青联的主要领导和秘书处严格按照第十届委员会的组成原则,与各会员团体的负责人对委员人选进行了逐个审议,在确保委员质量的基础上,经反复协商产生了本届全国青联1380名委员。

第三阶段:在完成委员协商工作的基础上,我们按照惯例,对本次会议主席团及本届常委会人选的组成与有关方面进行了协商,为选举本届常委会作了准备。同时将本届委员的有关资料编印造册。十届全国青联共有委员1380名,其中上届留任的有476名,占委员总数的34.49%;研究生以上学历的754名,占委员总数的54.64%;大专以上学历的1331名,占委员总数的96.45%;副高以上职称的669名,占委员总数的48.48%;少数民族委员217名,占委员总数的15.72%;女委员382名,占委员总数的27.68%;非中共党员的委员697名,占委员总数的50.51%;委员平均年龄35.49岁。委员中党的十六大代表8名,十届全国人大代表25名,十届全国政协委员21名。

全国青联第十届委员会在构成上有以下特点。

1. 委员会规模进一步扩大。本届委员总数为1380名,比上届第一次全委会时增加了200名,今后每年还将增补委员150名左右。规模的适度扩大,有利于及时吸收不断涌现出来的优秀青年人才,以保持青联事业和青联组织的活力。

2. 人才优势更加突出。与上一届的情况比较,本届委员中大专以上文化程度的增加了4.08个百分点,研究生以上文化程度的增加了10.06个百分点,副高以上职称的增加了0.86

个百分点。同时还吸纳了一大批在我国改革开放和现代化建设事业中取得显著成绩和做出突出贡献的优秀青年代表人物,荟萃了各族各界青年精英,充分体现了青联组织的人才智力优势。十届委员中,获得中国青年五四奖章的有30人,当选中国十大杰出青年的有35人。

3. 界别结构更为合理。为适应当前我国产业结构的划分,反映青年人才格局变化的新特点,我们对十届全国青联委员的界别划分作了适当调整,确定了科学技术、教育、农林牧渔、社会科学、工交商贸、企业管理、金融、政法、文化艺术、新闻出版、体育、医药卫生、社会团体和中介组织、宗教、海外学人华侨、台胞和港澳特邀人士、公共管理和其他等共17个界别。同时为顺应新经济发展潮流,我们对IT产业、非公经济领域、海外学人、社会中介等给予了较大的关注,进一步增加了相应界别的委员人数。

4. 委员代表面更加广泛。本届委员会包括了我国56个民族,不同宗教信仰,不同职业以及香港特别行政区、澳门特别行政区、台湾省籍和海外学人华侨的青年代表,充分体现了青联作为我国各族各界青年广泛的爱国统一战线组织的性质。

三、关于会务工作的筹备情况

本次会议为期3天,既有隆重热烈的开幕式,又有求真务实的讨论交流;既有结合形势的报告会,又有委员交流的论坛联谊。具体会务安排主要有以下特点。

1. 中央高度重视,给予亲切关怀。开幕式前,党和国家领导同志将亲切接见全体委员并与大家合影留念。开幕式上,中央领导同志将发表重要讲话。中央统战部主要领导还将在会议期间宴请与会的党外委员。

2. 突出人才智力优势,体现学习型组织特点。会议期间,各代表团、各界别组将围绕会议文件和我国现代化建设的重大问题认真讨论,深入交流,畅叙己见,建言献策。中央和国务院有关部委的领导将分界别与委员们座谈,听取各族各界青年反映情况、问题和建议。同时,大会将就建设节约型社会,向全国各族各界青年发出倡议;邀请外交部长李肇星同志,就我国外交形势作专题报告。

3. 加强委员交流,体现青年特色。会议期间,将举办"青春同行、岁月如歌"为主题的委员论坛,邀请卸职委员和新委员代表发言,讲述青联故事,感悟青联岁月,弘扬青联文化;将举办一场高水平的联欢晚会,文艺界委员将联袂奉献一道丰盛的艺术大餐。同时,全国青联网将在会议期间协助各位委员进行委员注册,以便今后顺利使用这一属于我们自己的网上家园。青联网还将在会余以短信方式,开展一些趣味问答活动,希望委员们踊跃参加。

4. 宣传报道力度大。为切实做好宣传工作,我们制定了详细的宣传报道计划。7月中旬,在中宣部、国务院新闻办的重视和支持下,连续召开了中央新闻单位通气会和记者协调会,会前宣传已经全面展开。会议期间,《人民日报》、新华社、中央人民广播电台、中央电视台、中国国际广播电台、《光明日报》、《经济日报》、《科技日报》、《中国青年报》等50多家新闻单位,将以多种形式对会议和委员作充分的报道。这是集中宣传青联工作、展示青联委员风采的好时机,希望有机会接受采访的委员积极予以配合,各代表团也可以主动向大会宣传处提供新闻线索。

本次会议规模大、活动多、时间紧,希望各位委员主动配合,积极参与,认真开好会议。大会工作机构将尽心竭力为大家提供好服务。

各位委员,在会议筹备工作机构、各会员团体和广大青联委员的共同努力下,会议的各项准备工作已全部完成。希望全体委员在大会主席团的领导下,切实履行委员职责,聚精会神开好会议,圆满完成大会的各项任务,为青联事业的新发展作出我们应有的努力。

谢谢大家。

尔肯江·吐拉洪同志讲话

尔肯江·吐拉洪在全国青年中心建设工作会议上的讲话

2005年1月11日,根据录音整理

这次会议是团中央今年召开的一次重要会议,目的是希望通过这次会议,能够把青年中心建设推向新的高潮。会前,团中央书记处多次听取汇报,对开好这次会议提出了明确的要求。在不久前召开的团十五届三中全会上,专门通过了《共青团中央关于加强青年中心建设的决定》,周强同志在讲话中对青年中心建设作了重要阐述。在这次会议上,赵勇同志又对加强青年中心建设提出了明确的指示和要求,这些都体现了团中央对青年中心建设的高度重视,也为做好青年中心建设工作进一步指明了方向,大家要认真地学习领会,结合实际,抓好贯彻落实。这次会议期间,大家还总结交流了青年中心建设的具体做法和经验,听取了晋城市等五个单位的青年中心建设工作情况介绍,实地考察了三个青年中心。刚才六个组的代表结合这两天的学习讨论,汇报了下一步的工作思路和打算。大家都认为这次会议开得很及时,很必要,收获很大。我想,这次会议的成果和收获主要体现在以下三个方面:一是增强了青年中心建设的责任感和紧迫感。通过这次会议,大家进一步认识到,青年中心建设是共青团适应社会变革加强组织建设的新思路,是落实科学发展观突出青年主体地位的新探索,是加强共青团能力建设的新举措,是巩固和扩大党长期执政的青年群众基础的新途径。青年中心建设意义深远,责任重大,非为不可,大有可为,一定要增强责任感紧迫感,抓住机遇,乘势而上,努力开拓新局面,为共青团事业的长远发展打下坚实的基础。二是坚定了建设青年中心的信心和决心。大家感到,在试点工作中所建立的一大批青年中心,对于提高基层青年的组织化程度、服务青年的需求、促进青年工作资源的有效整合,起到了十分积极的作用。更重要的是,在实践中逐步探索了青年中心建起来、活起来、亮起来的有效途径和机制,大家觉得心里更有底,工作更有把握,建设的积极性更加高涨,青年中心建设呈现出令人振奋的局面。和以前的几次会议相比,我确实感到大家通过一年的实践,对青年中心的认识有了很大的提高,团中央建设青年中心的这个重大决策已经深入到各级团组织和团干部之中。三是进一步明确了今后青年中心建设的关键环节和原则、目标。通过这次会议,大家进一步明确了要大力培育和发展青年中心,要帮助青年中心提高服务能力,要着力建设高素质的青年中心工作队伍,这是今后工作的重点和方向。要正确处理阵地建设与组织建设、服务青年与组织青年、阶段性成果与长效机制、青年中心自主运转与坚持团的领导等关系,这是工作中要着力把握的关键环节。明确了这些要点,就理清了下一步青年中心的发展思路,必将对青年中心的建设起到十分重要的推动作用。在这次会议上,大家在交流中也谈到,现在青年中心建设中还存在一些困难和不足:比如青年中心组织制度尚不健全,组织的活力还不足;一些青年中心的功能还没有真正地体现出来,还没有很好地发挥服务青年、凝聚青年的作用等等。这些问题影响了青年中心建设的成效,需要引起高度重视,切实加以解决。下面,结合赵勇同志的讲话精神和大家讨论交流的情况,我对下一阶段做好青年中心建设工作谈四点意见。

一、不断提高认识水平,促进青年中心建设工作的全面开展

青年中心建设是一项事关共青团发展全局的战略举措,各级团组织和广大团干部要把加强青年中心建设工作摆上重要的日程,下大力气、下苦功夫推动城乡青年中心建设工作不断取得新的成效。

第一,要进一步提高青年中心建设工作的认识。城乡基层共青团工作是全团工作的基础和极为重要的组成部分,也是我们亟待加强的重要方面。城乡基层共青团普遍存在着工作基础比较薄弱,组织化程度比较低,专职团干部比较少,有效的工作途径比较缺乏等现实问题。建设青年中心有利于加强城乡基层共青团的工作,有利于实现青年工作的社会化,有利于延伸共青团工作的手臂、健全青年组织体系,有利于加强共青团的能力建设。在两年的探索实践中,我们对青年中心的认识在不断深化,思路也更加清晰。青年中心是共青团领导下的新型城乡社区基层青年组织,其目的是解决在新形势下如何有效开展基层青年工作,不断巩固和扩大对青年的组织覆盖和工作覆盖的问题。它对于团结凝聚广大青年,参与构建社会主义和谐社会,巩固和扩大党长期执政的青年群众基础,具有重大而深远的意义。青年中心建设事关共青团工作发展的全局,我们一定要全面把握青年中心建设的主要内涵,自觉地把思想和行动统一到团的十五届三中全会和这次会议的精神上来,贯彻好周强同志、赵勇同志所提出的要求,把青年中心建设工作作为当前和今后一个时期共青团工作的重中之重,认真地研究好部署好实施好。

第二,要进一步强化青年中心建设的工作责任。通过这次会议,青年中心建设工作的目标、任务和具体推进措施更加明确,现在关键是如何落实和完成。工作责任明确不明确,很大程度上决定着工作效率和工作效果明显不明显。要切实加强领导,各级团组织都要成立专门的工作领导小组,书记负总责,分管副书记具体抓;具体牵头部门要切实负起责任,有关部门要主动参与,密切配合。要精心组织实施,按照团中央的统一部署,尽快制定详细的工作计划,确定推进青年中心建设的突破口和着力点。要采取有力措施,在青年中心的组织建设、项目发展、队伍培育、阵地依托、机制构建等方面动脑筋,出实招,切实抓出实效。要加大监督考核力度,定期组织人员,专项检查基层团委青年中心建设工作情况,特别是考核青年中心联系青年的有效性和服务青年的实效性;推动形成定期跟踪调查的制度和青年中心工作年度考评制度,将青年中心建设工作作为考核各级共青团工作的重要指标和内容,并与表彰奖励挂钩。

第三,要进一步优化青年中心建设工作的环境。青年中心建设工作还处在初始阶段,离不开各方面的共同努力,这就要求我们为青年中心建设营造良好的社会氛围。要积极争取党政领导的重视,主动向党委、政府汇报青年中心建设工作,取得他们的关心和支持,为青年中心建设寻求有力的政策保障。争取将青年中心建设工作纳入当地经济社会发展的大格局,获得有关部门在人力、物力和财力等方面的具体帮助。要坚持整合社会资源,用统筹的思路,以社会化的手段,帮助青年中心强化与政府部门、企业和其他社会组织的合作,通过承办政府项目、发展加盟单位、开展项目合作、建立对口联系等形式,广泛获取资源。要打造青年中心品牌。以品牌化的思路推进青年中心建设的各项工作和活动,广泛宣传青年中心建设中好的做法、好的经验、好的典型，喊响“青年中心，组织青年，服务青年”的口号，扩大青年中心的社会影响。要把团的有关工作向青年中心倾斜。我们要把青年中心作为反映共青团各条战线工作的显示终端，很多团的活动可以通过青年中心去开展，去体现。希望大家在这方面也要积极地进行探索。

二、抓住关键环节和重点，夯实青年中心建设工作的基础

青年中心建设是一项全面、系统的工程，内容丰富，任务艰巨，面临着诸多的实际问题。各地在建设过程中要注意抓好影响全局、关系长远的几项工作。通过把握关键环节和解决重点问题实现青年中心建设工作的整体推进。

第一，培育发展一批青年中心社团。一方面，社团如同一块块的积木，是青年中心开展活动的基本单元，多个社团共同搭建起青年中心有形的组织。另一方面，社团能够较好地吸引青年、组织青年参与青年中心的各项活动。通过社团可以扩大青年中心会员发展的空间和渠道，建立选拔、举荐理事和理事发挥作用的机制和途径，提高青年中心的联系能力和凝聚能力。要在抓好青年中心会员制、理事会制组织架构建设的同时，大力培育各类青年兴趣协会、俱乐部等社团，加强对社团和加盟单位的引导和有效的管理，使之成为联系青年纽带中最基本的环节和青年中心长效发展的支撑。既要针对青年的需求，帮助他们组建各类社团，还要对已有的社团、俱乐部加以规范和引导，把他们聚集到青年中心里来，聚集到团组织的工作视野和工作范畴中来。要通过社团活动巡展、优秀社团评比等方式，帮助一批参与率高、活动能力强、具有时代特色的青年社团脱颖而出，通过社团活动的活跃带动青年中心工作的活跃。

第二，总结推广一批青年中心项目。青年中心的服务能力是能力建设的关键，服务能力要靠能切实满足青年需求的服务项目来体现。当代青年的需求日益个性化、多样化，单一的服务项目、说教式的活动已很难满足他们学习、工作、休闲、兴趣发展的需要。因此，要通过调查研究，从青年的实际需求出发，为青年的具体利益谋划，针对不同青年群体的状况，努力拓展服务项目，竭诚服务青年。一方面，要在项目内容上创新，立足于青年的特点和实际，开发青年学习成才、致富增收、创业就业、生活娱乐、身心发展、维护权益和社会参与等方面的项目，使青年在接受服务过程中得到实惠。另一方面，要在项目形式上创新，充分利用青年卡等服务载体和互联网等信息平台，借鉴国际青年社团运作模式，运用时尚的形式、个性化的服务吸引青年，提升青年中心服务的层次和水平。还要注意加强项目管理，建立和完善项目论证、规划、实施、监督、考核、评估等制度，推动项目科学化规范化的发展。

第三，选拔培训一批青年中心工作的骨干。现在有些地方通过建立招募派遣机制、与高校结对共建等渠道，组织具有各类专业知识或特长的志愿者参与青年中心建设工作；有的地方参照劳动和社会保障部制定的社会工作者国家职业标准，借鉴国际通行做法，利用政府购买社会服务的契机，招聘具有一定专业知识背景的社会工作者或社区青少年工作者专职从事青年中心工作；也有的地方组建由专家学者组成的专业指导力量，定期开展培训指导，提高青年中心工作人员的政策理论水平和青年工作业务素质等等，这些都是很好的经验。比较国内外各类公益性社团组织可以看到，它们大都采取以专职社会工作者为骨干、以志愿者为主体的队伍发展模式，这也是今后青年中心工作队伍的基本格局。当前，要高度重视青年中心的人力资源配备，大力扩充和发展工作力量。如，建立大学生社会实践和社区援助、大学生志愿服务西部计划等选拔青年中心工作骨干的制度化渠道。

第四，树立巩固一批青年中心的典型。典

型的意义在于其工作的绩效和前瞻性，在于其做法能够在其他地方推广和运用。加强青年中心建设，需要树立一批组织建设好、项目发展好、队伍建设好、阵地依托好、机制建设好的青年中心典型，不断地把他们的经验和具体做法加以推介，为各地提供可供借鉴和参考的范例。同时，要在社会上大力地宣传这些典型，通过他们传播青年中心的工作理念，树立青年中心的良好形象，扩大青年中心的社会影响力。

三、加强研究和探索，推动青年中心建设工作的不断深化

青年中心建设是一项全新的工作，缺少现成的经验和模式。这就要求各级团组织和广大团干部要以创新的精神和发展的观念，不断研究新情况，寻找新方法，解决新问题。

第一，要坚持调查研究。只有通过调查研究，才能牢牢把握工作的主动权，做到有的放矢。要全面了解青年中心建设工作在基层的落实情况，既要掌握面上的情况，也要熟悉不同特点的个案；既要征求党政领导的意见，也要听取基层团干部的意见；既要挖掘好的做法和成功的经验，也要剖析存在的问题和薄弱环节。要扑下身去，深入到青年中心和青年之中，亲眼看看青年中心建得怎么样、转得怎么样、管得怎么样，亲口问问青年在想什么、需要什么，亲耳听听青年对青年中心的评价。要通过重点联系点或信息采集点、网络、简报等多种形式，畅通信息渠道。要实事求是地总结和归纳，不断提炼出青年中心发展中的规律性和普遍性的东西，为基层解决青年中心建设中遇到的问题提供切实有效的指导和帮助。

第二，要坚持因地制宜。各地经济社会发展水平不同，青年中心工作面临的具体情况更是千差万别。所以，坚持因地制宜，从实际出发，是青年中心建设必须坚持的重要原则。要把青年中心的核心理念与青年工作的实际、青年的具体需求结合起来。既要把基层团组织为核心、组织创新为灵魂、服务青年为宗旨、社团联系为重点等核心理念贯穿到青年中心的各项建设和工作中去；又要充分考虑社区的具体情况，探索青年中心的多种存在形式、多种建设渠道。要把尽力而为和量力而行结合起来。既要坚定不移地开展青年中心建设，不以经济落后、工作基础差为理由推诿，又要立足本地实际，积极稳妥，不搞大跃进，不定超越客观条件的目标。

第三，要坚持开拓创新。青年中心是组织青年的新形式，带来了团的基层组织建设的创新。创新既是青年中心建设的结果，也是青年中心进一步发展的动力。各级团组织要解放思想，不断地开拓，强化创新意识，善于把青年中心工作与社会的发展、青年的变化结合起来，增强青年中心建设的时代性，使其不断地充满生机与活力。要注重解决人财物配备不足、服务针对性有效性不强、注册登记不方便等普遍存在的难题，攻克制约本地青年中心建设发展的"瓶颈"问题，积极探索青年中心联系、服务、引导青年的具体途径和共青团发挥核心作用的工作机制。要注意把内地、港澳地区以及国外开展青年工作的经验和做法进行比较研究，结合本地实际加以吸收并创造性地运用到青年中心建设实践中，推动青年中心在组织上创新，在服务上创新，在机制上创新，实现青年中心"有事可干、有人干事、有章可循"的发展局面。

四、求真务实，实现青年中心建设工作的可持续发展

青年中心建设是一项实际、具体的工作，来不得半点虚假。它不仅检验着我们的工作能力，而且检验着我们的工作状态，我们一定要在求真务实上下功夫，做实事求实效，扎扎实实地把青年中心建设工作引向深入。

工作作风要踏实。要虚心学习，多掌握一些组织动员、青年工作、社会学、组织学、社团管理等多学科知识，拓宽知识面，提高理论水平，紧跟上形势的发展和青年中心前进的步伐。要勤于实践。“纸上得来终觉浅，绝知此事要躬行”，建设青年中心的本领来源于基层一线，来源于实际操作。要通过挂职、蹲点等形式，深入青年中心去直接面向青年开展工作，总结经验，推动面上的工作。要经得起磨炼。作为一个新生事物，青年中心建设中必然面临着不少难题，要正确对待挫折和困难，不急不躁，细致耐心、锲而不舍地推动青年中心向前发展。

工作措施要扎实。各级团组织要狠抓工作落实，而不是以会议落实会议、文件执行文件，要把各项措施真正落实到青年中心的建立、运转、管理等各个环节。要全面开展工作，而不要搞一刀切和简单的“翻牌”，要按照青年中心的要素条件，扎实地做好建立组织、开展服务等各项工作，使青年中心建一个、成一个、活一个。要重在建设，而不是雷声大雨点小。青年中心建设工作既要做好宣传发动工作，营造强大的声势，更要多做润物细无声的工作，从一个个青年中心建起，从青年中心的一件件事做起，采取具体的措施帮助青年中心创造条件，克服困难，不断地发展壮大。现在我们最担心的问题，一个是简单的“翻牌”，第二个是为了应付上级领导，临时地拼凑，一看很多东西都不是你的，把别人做的事也总结成自己做的。我们还是要实事求是，行就行，做了就做了，没有做就没有做。在这点上，要本着对团的事业负责的态度，成熟一个建一个，建一个活一个，真正地体现服务青年、凝聚青年的目的，不能搞简单的“翻牌”和糊弄上级的事情。

工作效果要实在。要务求实效而不搞形式主义。青年中心不能徒有健全的组织架构和漂亮的阵地，更重要的是要实实在在地开展活动和服务，要以是否能够有效地组织青年、服务青年作为评判青年中心成效的重要标准，把青年中心在基层青年工作的实际作用充分地体现好落实好发挥好。要力求大面积地丰收而不是搞盆景。现在有些地方就建那么一两个青年中心，整得也很好看，功能也齐全，但是就整个地区而言，其覆盖率和影响力都很有限，我们有时到一个地方老看那么一两个青年中心，这不行。在下一步的工作中，要做到质和量的统一，根据实际情况不断扩大青年中心的创建规模，朝着有条件的地方普遍建立青年中心的方向不懈地努力。要着眼长远发展而不搞短期行为。本着办事业的精神去经营青年中心，多做打基础强实力的工作，把迅猛发展和培育后劲结合起来，建立健全青年中心可持续发展的机制，在青年中心事业发展中留下团组织坚实的足迹，推动青年中心协调持续健康的发展。

同志们，2005 年是全团大力推进青年中心建设的一年。会议结束后，各地要尽快传达会议的精神，制定工作规划，认真部署工作，以最大的热情和干劲投入青年中心建设工作。

借此机会，我代表在座的全体同志，向长期以来关心、支持共青团工作的山西省委省政府、晋城市委市政府的领导表示衷心的感谢！也向为这次会议付出辛勤劳动的山西团省委、晋城团市委的全体同志表示诚挚的谢意！

祝大家新年愉快，工作顺利，合家幸福！

尔肯江·吐拉洪在共青团全国青农工作会议上的讲话

2005年1月11日

过去的一年,在团中央书记处的正确领导、全团上下的共同努力下,农村共青团工作在继承中创新,在开拓中前进,各项事业蓬勃发展,取得了积极的进展。一是服务农村青年增收成才取得新成效。联合六部委全面启动"农村青年转移就业促进计划",掀起农村青年转移就业新高潮。大力开发农村青年人才资源,一批农村青年致富带头人脱颖而出。二是农村青年中心建设取得新进展。确定230个创建县和百个重点联系点,大力开展工作骨干四级培训,启动实施系列青年发展项目,已建成农村青年中心1700个,展现出广阔的发展前景。三是保护母亲河行动开创新局面。全年共筹资640万元,首次推出"美化新三峡"和"共饮丹江水"等大型活动,一系列工程项目相继竣工,五周年纪念活动丰富多彩,青少年生态环保意识不断增强。与此同时,乡村青年文化活动蓬勃开展,农村青年信息化工作全面推进。去年7月,国务院副总理回良玉、全国人大常委会副委员长顾秀莲先后对农村青年转移就业工作作出重要批示,给予充分肯定。不久前,回良玉副总理在中国杰出青年农民颁奖典礼上发表重要讲话,高度评价农村共青团工作,并对广大农村青年提出了殷切希望。

当前,农村共青团工作面临着十分宝贵的发展机遇。去年以来,党中央、国务院下发1号文件,连续召开全国农村工作会议、农村税费改革工作会议、粮食安全生产会议、扶贫工作会议等,提出了一系列促进农民增收、农村脱困的重大政策措施。胡锦涛总书记在党的十六届四中全会上指出农业是"安天下、稳民心的战略产业",并提出"两个趋向"的重要论断。中央经济工作会议进一步明确要继续加大对"三农"的支持力度,保持农业和农村发展的好势头。刚刚结束的中央农村工作会议,着重研究了加强农业综合生产能力建设、促进粮食稳定增产和农民持续增收的政策措施。会上,国务院副总理回良玉作了重要讲话,明确提出要深刻认识和理解"两个趋向"的重要论断,继续加大政策扶持力度。2005年中央1号文件还将是关于农业问题。这一系列重大举措,为我们做好农村共青团工作指明了方向,提供了舞台,也提出了新的更高的要求。

今年是贯彻落实科学发展观,保持经济社会良好发展态势的关键一年,也是共青团贯彻党的十六届四中全会精神,加强自身能力建设,进一步开创工作新局面的重要一年。基于这点考虑,今年农村共青团工作要以邓小平理论和"三个代表"重要思想为指导,树立和落实科学发展观,着眼于促进城乡经济社会统筹发展、良性互动,着眼于引导青年积极参与和谐社会建设,着眼于加强共青团的能力建设,扎实做好推进农村青年增收成才行动、加强农村青年中心建设、深化保护母亲河行动、开展乡村青年文化活动等四项重点工作。

一、促进农村青年增收成才,服务农村经济发展

当前,增收、成才是广大农村青年发展的最根本需求。抓住了农村青年这一根本需求,就抓住了农村共青团工作的关键。我们要准确把握经济社会发展趋势,以促进农村青年转移就业为核心,紧紧围绕科技和市场两个基本环节,始终把服务农村青年增收成才作为农村共青团工作的主线,切实抓出成效。当前重点是抓好以下四方面工作。

1. 大力推进农村青年转移就业,促进农村青年增收成才。农村青年增收困难的原因很多,但关键的原因有两个:一是传统农业已不能适应现阶段农村发展要求和农村青年致富愿望;二是农村现有的土地资源远远不能承载这么多的剩余劳动力。因此,要帮助农村青年实现增收,就必须大力促进农村青年转移就业。一方面,要做好农业内部文章,引导农村青年积极参与农业结构调整,推进农业产业化经营,促进农村青年从传统农业向现代农业转移。另一方面,要用统筹城乡发展的思路,发挥团组织的优势,继续实施"农村青年转移就业促进计划",加强内引外联,大力培育中介组织,开发农村人才市场,通过举办供需见面会等形式,引导农村青年到城镇和城市就业,做好农业外部的文章。

2. 加大科技服务力度,提高农村青年科技素质。人是生产力中最积极、最活跃的因素,农民是农业综合生产能力建设的主体。提高农民的自我发展能力,关键要靠教育和培训。农村青年的科技素质如何,又直接决定着农村青年的就业空间和发展潜力,事关农村青年能否增收成才。今年要切实把提高农村青年的科技素质作为农村共青团工作中的一件大事,既要积极争取各级党政支持,与农业、科技等部门密切协作,以新型农民培训工程、星火科技富民工程为重点,强化农村青年的技能培训,力争突破100万人;同时,还要依托各类职业学校、农广校、大中专院校和互联网等现代传媒以及青年创业致富带头人、青年乡镇企业家的产业基地或企业,创建一批培训基地,通过组织专家服务团、科技大篷车等城乡互动的形式,以夜校、短期集中培训、委托培养、远程教育等方式,面向农村青年广泛开展技能培训。

3. 大力开发农产品市场,提高农村青年应对市场风险的能力。在工作中我们感到,农村青年只有赢得市场,才能创造财富、增加收入。要着眼于农业面临的日益激烈的国内外市场竞争,帮助农村青年提高应对市场的能力。一是要加大农村青年经纪人的培训,大力培养一批有市场意识、善于开拓的农村青年经纪人,依托他们搞活农产品市场流通,提高农村青年进入市场的组织化程度,带领农村青年闯市场。二是要大力引导农村青年推行农业标准化生产,与大型批发市场和连锁超市合作,通过举办产品推广商洽会、展销会等形式,引导农村青年打造品牌,扩大销路,从而更好地参与市场竞争。我们要大张旗鼓地表彰一批农村青年经纪人、产业带头人、青年富裕示范户等,在农村青年中形成致富成才的良好氛围。

4. 继续做好扶贫开发工作,促进贫困地区农村青年脱贫致富。扶贫开发事关全面建设小康社会目标的实现,事关科学发展观的贯彻和落实。要高度重视贫困地区的扶贫开发,坚持走共同富裕之路。要以"动真情,办实事,求实效"的原则,充分发挥青企协、乡企协的作用,积极帮助农村贫困地区青年提高就业技能、拓宽就业渠道,采取实际措施,推动进城务工青年返乡创业。要切合当地实际,开发特色扶贫项目,引导贫困地区农村青年利用当地的资源脱贫致富。要发动全社会的力量,特别是充分调动城市资源,采取东西互助、城乡互助的方式,为贫困地区农村青年脱贫致富提供切实支持。

二、强势推进农村青年中心建设,巩固和扩大党的青年群众基础

当前,农村青年中心建设进入了一个关键时期。团十五届三中全会通过了《关于加强青年中心建设的决定》,周强同志和赵勇同志分别就青年中心建设提出明确要求,充分说明团中央对这项工作的高度重视。就农村青年中心发展的现状看,目前还存在建设不够规范、服务项目比较单一、缺乏一支相对固定的工作队伍等问题,需要我们认真对待,切实加以解决。我们要本着"既要扩大规模,又要规范发展;既要讲究质量,又要积极推进"的原则,扎

实做好农村青年中心建设试点工作，努力把农村青年中心建设成为共青团领导下的凝聚人才、联系青年的新纽带，服务青年、服务社区的新平台。这里，我重点就建设、运转和管理三个环节，谈一谈农村青年中心的机制建设问题。

1. 进一步完善建设机制。青年中心建设涉及方方面面，我认为，其中最重要的是组织建设、项目建设、队伍建设和阵地建设。在组织建设上，关键是充分发挥理事的骨干作用，大力培育和发展社团，推动形成服务主体组织化和服务对象组织化。在项目建设上，要找准与当地经济社会发展的结合点和切入点，着眼农村青年生产生活基本需求，突出项目建设的针对性、有效性和多样性，构建项目建设的长效机制。在队伍建设上，既要与西部计划对接，招募大学生志愿者，又要争取政府和企业购买服务的方式，招募专职社会工作者，逐步建立一整套青年中心工作队伍的选拔、聘用和接力机制。在阵地建设上，要结合当地城市化、市场化进程和青年工作的实际，采取独立建设、依托建设和联合建设等多种途径，不断探索阵地建设的多元化机制。要继续以全国青年中心建设先进县(市)创建活动为抓手，进一步扩大农村青年中心建设规模，提高建设质量。

2. 不断完善运转机制。良好的运转机制是青年中心保持生机和活力的重要保障。要把握农村青年特点和青年中心发展规律，逐步建立完善自我运转能力更强、吸引力和凝聚力更大、更加富有效能的组织运转机制。要推动青年中心办事机构正常有序运转，做到开展服务活动经常化，建立和健全青年中心日常工作机制。要完善资源整合机制，以社会化和项目化的方式，推动形成“政府委托、中心承办、订单购买、合同管理”的良好工作局面。通过加盟、承办等形式，加强与企业和其他社会组织的合作，发挥各自优势，形成互惠共赢的合作机制，不断创新青年中心服务青年、服务社区的具体途径。

3. 逐步完善管理机制。要始终坚持共青团对青年中心的核心领导、核心作用，从会员注册、理事会领导、社团发展、工作经费、监督约束、工作考核等方面加强制度建设，切实加强青年中心的队伍管理、项目管理、阵地管理和网络管理，构建科学合理的管理体系，推动工作不断向科学化、规范化、制度化方向发展。要广泛了解和征求基层党政部门、社会各界、社区青年对青年中心工作的评价和建议，将自我评价、行政评价、社会评价和青年评价结合起来，逐步实现工作评价指标化、工作落实具体化、工作成果显性化。要建立青年中心表彰激励机制，通过对参与青年中心建设发展做出贡献的团体和个人进行表彰，树立典型，推广经验，以形成有效激励和积极导向，调动各方面力量参与青年中心建设和管理。

三、全面深化保护母亲河行动，促进循环经济发展

保护母亲河行动开展五年来，动员组织城乡广大青少年和社会各方面力量植树造林、治理水土、清洁环境，为保护和建设生态环境做出了积极贡献，已经成为新形势下共青团工作的一个品牌项目，在国内外产生了广泛的社会影响。2005 年，保护母亲河行动要从科学发展观的要求出发，继续坚持群众性公益事业的发展方向，积极吸纳募集资金，着眼于开发和弘扬生态环保文化、广泛开展生态环保体验、建设生态环保工程、加强生态环保国际交流与合作，积极构建和完善保护母亲河行动发展新格局。

1. 大力弘扬生态环保文化。生态环保文化是先进文化的重要组成部分，其核心是“人与自然和谐与共”的理念。2005 年，保护母亲河行动将以“同一条河”为品牌，统揽青少年的生态环保文化活动。要统一名称、标识和主题歌，通过文艺演出、广场文化、展览、论坛等形

式，广泛开展群众性生态环保文化活动。同时，通过文学和艺术手段，推出一批文艺精品；充分利用保护母亲河（周）日、各种环境纪念日和重大生态环境建设事件等开展宣传教育活动，努力传播"同一条河"文化理念。

2. 广泛开展生态环保体验。生态环保体验是开展保护母亲河行动的重要环节。开展生态环保体验活动，可以提高青少年的实践能力和创新能力，培养他们的综合素质。要围绕各大江河流域、重点工程、重大节会等，广泛开展生态环保活动。要继续深化"请跟我来、天天环保"活动，扩大活动实施领域，发动更多的青少年积极参与。要继续深化"美化新三峡、保护母亲河"，"共饮丹江水、保护母亲河"以及"保护母亲河生态监护"和"保护母亲河号"等主题活动，推动广大青少年在体验中不断增强生态环保意识。

3. 建设保护母亲河生态示范工程。工程建设是保护母亲河行动的关键。要在建设管理好已有工程的基础上，统筹社会资源，广泛面向社会各界募集资金，为保护母亲河工程提供建设支持，同时，结合有关部委重点项目实施规划，新立项建设一批全国重点资助项目。以建设保护母亲河青少年绿色家园、纪念林的方式，推动地方工程建设，促进和帮助每个县（市、区）建设自己的青少年绿色家园。推动各地、各区域采取对口合作、异地合作的方式，大力营造建设"饮水思源"林等各种纪念林。

4. 开展国际青少年生态环保交流与合作。以"河流"为载体，开展跨文明对话，促进不同文明之间的沟通和交流，是共青团合作能力建设的重要内容。要加强国际双边、多边的可持续发展对话交流，采取灵活多样的宣传方式，扩大保护母亲河行动的国际影响。继续加强与联合国环境规划署的联系，积极参与联合国系统和其他相关国际组织的青少年环保交流活动。以"中埃青年友谊林"为模式，进一步探索双边、多边国家合作交流方式，高质量、高水平建设各种国际纪念林。要在保护母亲河行动的框架下，以缔结友好城市、友好团体等各种方式，加强与国外青少年的合作。

今年将联合有关部委召开全国青少年绿化祖国暨保护母亲河行动大会。

四、广泛开展乡村青年文化活动，繁荣农村先进文化

乡村青年文化活动，历来是农村共青团工作和青年工作的重要内容。今年我们将根据农村青年的特点和农村共青团工作的实际，大力开展丰富多彩的乡村青年文化活动，通过弘扬先进文化教育青年、引导青年，帮助青年树立正确的世界观、人生观、价值观，努力培养一代新型农民。要通过着力打造青年文化精品，培育青年文化人才，发展青年文化社团，广泛整合城乡社会资源，全面推进乡村青年文化建设，不断满足农村青年日益增长的文化需求。

1. 推出一批乡村青年文化项目。着眼于活跃基层，以项目为牵动，以生动活泼的方式，在广大农村开展各类健康向上、丰富多彩的青年文化活动。一方面，要坚持开展"乡村青年文化节"、"乡村青年歌手大赛"等青年喜欢、社会欢迎的品牌活动，使这些活动成为当代农村青年文化活动的时尚精品。另一方面，结合当地民族文化、民间文化、乡土文化和广场文化，结合传统的民族节日、文艺演出、体育比赛和民间歌会，积极开发培育一批能体现地方特色、富有牵动性的特色文化项目，带动乡村群众性青年文化活动广泛开展。特别是要围绕农村的经济建设，抓住民间节日、农村集市和农产品展销会等有利时机，组织开发一批像"乡村青年民间工艺品制作大赛"等文化商贸一体化项目，通过文化搭台、经贸唱戏的方式，打造农村节会平台，推动乡村青年文化产业的发展。

2. 培育大批乡村青年文化名人。通过组织和推动农村青年创作一批弘扬新风尚、唱响主旋律，贴近实际、贴近生活、贴近群众的优秀文化作品，积极促进农村青年健康成长，促进农村先进文化的繁荣与活跃。依托农村青年中心开展形式多样的青年文体活动，使之成为青年展示才华、展示风采的重要平台，成为推动青年人才脱颖而出的重要渠道，发现并推出一批优秀乡村青年文化人才。要充分发挥农村青年文化名人的作用，广泛成立各种文化社团，推动更多农村青年传播文化、创造文化、享受文化。

3. 围绕和谐社会建设，教育引导农村青年为社会发展稳定服务。目前，农村社会难点问题和矛盾较多，这些问题解决不好，容易引发事端。从维护社会稳定大局出发，需要我们立足基层，面向最大多数，引导青年树立坚定理想信念，不断提高道德水平和文明素质。要发动青年积极参与农村治安防范、群防群控等基层安全创建活动，充分发挥农村青年在农村社会治安综合治理中的积极作用。要加强法制宣传教育，帮助农村青年树立法制观念，自觉养成遵纪守法的良好习惯，学会用法律保护自己的合法权益，学会正确处理人民内部矛盾。要切实维护农村青年的民主权利和合法权益，有针对性地加强青年思想政治工作，努力化解农村青少年中可能存在的不稳定因素。

最后，我还要强调一下加强农村基层团组织建设问题。农村共青团和青年工作的各项任务，最终要靠农村基层团组织去落实和完成。当前，农村共青团还面临许多实际困难，基层团的组织体系不够健全，服务能力相对不足，团的工作缺乏活力，农村共青团工作依然是全团工作的一个薄弱环节。加强和改进农村基层团组织建设，是一项长期任务和基础性工作。要紧紧依靠基层党组织的领导，进一步促进基层团的建设，按照“选好一个支部书记，配好一个班子，带好一个队伍”的工作思路，建立健全农村基层团建常抓不懈的工作机制。要适应农村产业结构和团员分布情况的变化，合理调整基层组织设置，扩大对农村青年的工作和组织覆盖面，不断探索新形势下农村团的组织建设模式。要针对经济发展程度不同地区和青年需求的不同，加强分类指导，提供有针对性的服务，努力提高农村基层团建的整体水平，切实做好新形势下党的农村青年群众工作。

同志们，做好新形势下农村共青团工作是服务“三农”工作的重要内容，任务光荣而艰巨，意义重大而深远。让我们紧密团结在以胡锦涛同志为总书记的党中央周围，高举邓小平理论和“三个代表”重要思想伟大旗帜，团结一致，艰苦奋斗，真抓实干，不断推动农村共青团工作再创新局面、再上新台阶。

尔肯江·吐拉洪在中国青年志愿者赴泰国救援服务队出征仪式上的讲话

2005年2月24日

新年刚过，我们在庄严的人民大会堂，为即将出征的中国青年志愿者赴泰国救援服务队的青年朋友们送行。此时此刻，我们每一个人的内心都十分激动。你们是继赴海啸灾区的中国国际救援队、中国卫生救援队之后的第三支救援队伍，所不同的是，你们有一个特殊的身份:中国青年志愿者,你们是我国派出的第一支国际性青年志愿者救援服务队。你们的出发,标志着中国青年志愿者进一步走向世界,也预示着我们国家志愿服务事业更加广阔的未来。在此,我代表共青团中央,向中国青年志愿者赴泰国救援服务队全体队员表示崇高的敬意!这次行动的顺利实施,始终得到外交部、商务部、交通部以及救捞局领导同志的高度重视和大力支持,受到新闻媒体的广泛关注和热情帮助。借此机会,我谨代表共青团中央,向有关方面的领导同志和所有关心支持这项工作的社会各界朋友表示诚挚的感谢!

天灾无情,人间有爱。去年年底印度洋突发海啸灾难以来,我国政府和人民向受灾国家和人民伸出了无私的援助之手,为灾区救援和重建提供了重要帮助,赢得了国际社会、各受灾国和人民的广泛赞誉。选派中国青年志愿者到海啸灾区服务,是我国参与海啸救援的重要组成部分,是青年志愿者服务党政外交大局和对外援助工作的重要内容,也是弘扬国际人道主义精神的青春壮举。救援服务队的同志们承载着1300多万中国青年注册志愿者的美好祝愿和全体中国人民的深厚情谊,远赴遭受海啸灾难的友好邻邦开展志愿服务。我们相信,你们必将以一流的服务成绩彰显中国青年志愿者的时代风采,谱写中泰友好的新篇章。

志愿服务是一项以不图物质报酬的方式自愿参与社会生活、促进社会进步、推动人类发展的崇高事业。她所奉行的“奉献、友爱、互助、进步”精神,既传承了中华民族的传统美德,又体现了人类对美好生活的向往与追求,从而为世界各个民族、各种文化所认同。因此,志愿服务在构筑不同国家、不同民族、不同文化之间相互沟通的桥梁和纽带,增进各国人民之间的了解和友谊,促进世界的和平与发展方面,具有不可替代的优势。共青团中央1993年底发起实施青年志愿者行动以来,1.5亿人次的青年志愿者在扶贫开发、社区建设、环境保护、抢险救灾、大型活动、国际合作等领域提供了超过55亿小时的志愿服务,为促进我国经济发展、社会进步和中外友好做出了积极贡献。

去年11月30日,温家宝总理在老挝亲切接见了在那里服务的全体中国青年志愿者,并发表重要讲话。他指出:到老挝服务的中国青年志愿者,都是来自国内各行各业的优秀青年代表,他们无私奉献,体现了中国人民的感情、同情心和责任感,体现了中国人民乐于助人、吃苦耐劳的精神。中国青年志愿者到老挝服务是无偿的,同我们对外的其他援助一样,不附加任何政治条件,充分表明了中国与其他国家交往的态度。温家宝总理从国家利益和外交事业的战略高度,充分肯定了中国青年志愿者在海外的服务,为我们做好派遣青年志愿者赴海外服务工作指明了方向。今后,团中央将在外交部、商务部等部委和社会各界的大力支持下,坚持服务党政外交大局的原则,继续构建“党政支持、共青团组织承办、项目化管理、社会化运作”的工作格局,努力建设一支高水平的海外志愿者队伍,不断扩大青年志愿者海外服务的规模,努力在更高的层次、更宽的领域、更多的国家和地区开展志愿服务行动,传播中国人民的友好情谊,共同构筑美好的新世界。

青年志愿者朋友们,到泰国海啸灾区开展志愿服务,是一项光荣而又艰巨的任务,是一次难得的人生经历,更是一次自我锤炼的宝贵机会。在你们临行之际,我向大家提三点希望。

第一,希望你们圆满完成打捞救援工作。中国青年志愿者赴泰国救援服务队的每位队员都是从交通救捞系统精心选拔出来的,具有很强的专业素质和奉献精神,是救捞系统的优秀代表,代表着我们国家的救助打捞水平。此次救援工作,条件艰苦,情况特殊。希望你们加强实地勘查研究,制定周密工作计划。一定要把安全放在第一位,把确保安全作为最基本的要求,安全作业,科学打捞。要及时总结工作经验，提高工作水平，圆满完成打捞救援任务。

第二，希望你们展示中国青年良好的精神风貌。你们踊跃报名当一名志愿者参与救援工作，根源于志愿精神的巨大感召，根源于当代中国青年的历史使命感和责任感，根源于中国人民对受灾国人民的由衷关切。希望你们牢记胡锦涛总书记对青年提出的“勤于学习、善于创造、甘于奉献”的殷切希望，在志愿服务工作中，充分展示中国青年良好的精神风貌，塑造中国青年志愿者的国际形象，提升中国志愿服务事业的国际影响，为更大规模地开展中国青年志愿者海外服务行动积累经验，锻炼队伍。

第三，希望你们传播中泰友谊，做中泰友好的使者。“与邻为善，以邻为伴”是新时期我国重要的周边外交工作方针。泰国是东盟的重要国家，中泰两国是好邻居、好朋友、好伙伴，被誉为“不同社会制度国家之间友好合作的典范”，两国人民亲戚般的传统友谊绵延千载，源远流长。希望你们用优质的志愿服务增进中泰两国人民之间的友好情谊，在志愿服务的过程中虚心向泰国人民和泰国青年学习，尊重泰国人民的文化传统、风俗习惯，严格遵守泰国的法律制度，自觉接受有关方面的管理，用青春、奉献和爱心为中泰友好做出新贡献。

最后，衷心祝愿中国青年志愿者赴泰国救援服务队的全体队员一路平安，工作顺利，凯旋而归！

尔肯江·吐拉洪在首届中国青年农产品经纪人研讨会暨北京市场行活动开幕式上的讲话

2005年5月19日

在刚刚过去的“五四”青年节，胡锦涛总书记在百忙之中亲笔给新疆尉犁县兴平乡达西村农村青年买买提·沙吾尔等写了回信，刚才学习了胡锦涛总书记的回信，传达了中青发[2005]22号《关于深入学习贯彻胡锦涛总书记给买买提·沙吾尔等回信精神的通知》和中青发[2005]21号《关于认真学习贯彻胡锦涛总书记对保护母亲河行动的重要批示精神的通知》。为深入学习贯彻落实胡锦涛总书记回信精神和对周强同志及中华青年联合会获得“地球卫士奖”的重要批示精神，我们结合首届中国青年农产品经纪人研讨会暨北京市场行活动，组织召开全团青农部长会议，进一步振奋精神、明确任务、强化措施，研究探讨进一步推动农村共青团和农村青年工作，同时让全团的青农部长参加首届中国青年农产品经纪人研讨会，对于更好地团结和服务青年农产品经纪人，加强青年农产品经纪人队伍建设，提高他们的组织化程度具有特殊的意义。这次活动是中国青年乡镇企业家协会农村青年经纪人分会成立以来的第一次活动，我在这里向参加研讨会的青年农产品经纪人和青农部长表示诚挚的问候！

下面，我就深入学习贯彻胡锦涛总书记给买买提·沙吾尔等回信精神，进一步推动农村共青团和农村青年工作讲几点意见。

一、认清形势，抓住机遇，进一步增强做好农村共青团和青年工作的使命感和责任感

胡锦涛总书记给买买提·沙吾尔等农村青年的回信充分体现了党中央对农业、农村和农民问题的高度重视,也是对我们共青团组织服务和谐社会建设的肯定,为进一步推进农村共青团和农村青年工作指明了方向,对广大青年在建设社会主义新农村中勇挑重担、再立新功寄予厚望。胡锦涛总书记对保护母亲河行动的重要批示充分肯定了各级团组织广大青少年为生态环保事业所作的贡献,是对各级团组织和广大青少年的巨大激励和鼓舞,对于进一步推动保护母亲河行动取得更大发展,动员广大青少年积极投身生态环保事业,具有重要意义。胡锦涛总书记的一个回信和一个批示对我们从事农村共青团工作的同志来讲既是极大的鼓舞,也是巨大的鞭策。

我在团中央分管农村共青团工作,备感振奋。胡锦涛总书记在回信中对农村青年提出了五个要求:胸怀远大志向,不断学习知识技能,积极进行劳动创造,带头倡导文明新风,自觉维护民族团结。如何贯彻落实胡锦涛总书记的回信精神,推动农村共青团和青年工作取得更大的发展,是各级共青团组织都应当认真思考的问题。全面建设小康社会的重点在农村,难点在农村,最繁重、最艰巨的任务也在农村,今年和去年党中央国务院都以"1号文件"的形式,研究制定农业和农村发展的大政方针,充分体现了党中央对解决农业、农村、农民问题的高度重视。如何解决这些难点、完成这些繁重而艰巨的任务,就是我们贯彻落实胡锦涛总书记回信精神的试金石。

我们党把解决好农业、农村和农民问题作为全党工作的重中之重,共青团作为党的助手和后备军,必须把农村共青团工作放在更加突出的位置。农村共青团既是党的农村工作的重要组成部分,又是党的青年工作的重要组成部分,各级团组织一定要认真学习、深刻领会胡锦涛总书记回信精神和批示精神,充分认识做好农村共青团工作的重要意义,进一步增强做好农村共青团和农村青年工作的使命感、责任感和忧患意识,把农村共青团和青年工作摆到更加突出的位置。

农村共青团的使命就在于用全面建设小康农村的奋斗目标教育引导农村青年,用更加扎实有效的服务吸引凝聚农村青年,最大限度地激发和调动广大农村青年的积极性主动性创造性,最大限度地把他们的智慧和力量凝聚到为全面推进农村小康建设、全面建设小康社会而奋斗的宏伟事业中来,使广大农村青年在全面建设小康社会的实践中充分发挥生力军作用。各级团组织要认清形势、把握大局、抓住机遇,始终关注农村、关注农村青年,从全局和战略的高度,认真学习领会胡锦涛总书记回信精神,贯彻落实党和政府关于农业和农村工作的一系列大政方针,想办法、办实事,采取更加切实有力的措施,把农村共青团工作抓好抓实,更多地关注支持农业和农村,更多地关心帮助农村青年,坚持不懈地服务农村青年增收成才,努力把农村共青团和农村青年工作提高到新的水平。

二、贯彻落实科学的发展观,大力培育青年农产品经纪人

今年中共中央、国务院下发的《关于进一步加强农村工作提高农业综合生产能力若干政策的意见》中明确指出,要认真贯彻党的十六大和十六届三中、四中全会精神,全面落实科学发展观,坚持统筹城乡发展的方略,促进农村经济社会全面发展。落实科学发展观,构建社会主义和谐社会,最突出的问题是城乡经济社会发展的统筹问题。农产品经纪人多数是农村的致富能人,他们在通过自身合法经营、增收致富的同时,还能带动周边农户发展生产,增加收入,改善生活,他们能够沟通城乡,搞活流通。这次来参加会议的代表就是农产品经纪人中的佼佼者,我们希望全国有一大批这样的农产品经纪人。加强农产品经纪人队伍建设,发挥农村经纪人的作用,是处理好农村先富与共同富裕关系、落实"三个代表"重要思想的具体体现,对于落实科学的发展观、统筹城乡经济和社会发展、构建和谐社会、全面建设小康社会，具有现实而深远的意义。

改革开放二十多年来，随着农村经营体制和农产品购销制度改革的不断深入，一方面，我国农业生产连续跨上几个大的台阶，农产品产量快速增长，由以往长期供不应求，逐步转变为供求平衡、丰年有余。去年，我国农业在政策好、人努力、粮价高、天帮忙等多种有利因素共同作用下，农业和农村发展取得显著成效，粮食生产出现重要转机，农民收入实现较快增长。另一方面，农业的生产，从主要依靠政府的计划指导，逐步转变为更多地依靠市场供求来调节。在这个具有历史意义的变化过程中，农产品经纪人逐步发展壮大，成为衔接农产品产销、搞活农产品流通的带头人，成为当前我国农产品流通领域的一支重要力量。农产品经纪人队伍日益壮大，作用不断增强，繁荣了农村经济，但很多地方农产品经纪人处于散兵游勇的自发状态，组织松散，缺乏管理；农产品经纪人素质参差不齐，缺乏专业知识和市场知识；缺乏信誉、品牌和扩大经营的理念，欺行霸市的行为不同程度地存在，这些现象在一定程度上阻碍了农产品经纪人的发展。

党和国家高度重视农产品市场建设和农产品经纪人的培育，先后出台了一系列政策措施，大力开拓农产品市场，增辟农产品流通渠道，发展相关的商贸业和服务业，健全市场体系，鼓励发展现代物流、连锁经营、电子商务等新型业态和流通方式，加快开通农产品“绿色通道”，鼓励发展各类农产品专业合作组织、购销大户和农民经纪人，完善农产品信息的收集、加工和发布机制，促进农产品价值的顺利实现。在筹备这次活动的过程中，我们收集了国家发布的相关政策，编印成册，供大家参考。

团中央高度重视培养青年农产品经纪人工作。2002 年，团中央、国家工商总局、农业部、科技部联合下发《关于加强农村青年经纪人队伍建设的意见》。2003 年 7 月举办了全国农村青年经纪人培训班，对农村青年经纪人骨干和基层团干部就如何组织和服务经纪人进行了专题培训，为全团做好农村青年经纪人工作从思想上进行了动员和部署。2004 年，我们在民政部申请成立了“农村青年经纪人分会”，先后编发了多期《协会动态》，举办了“第二届中国（武夷山）苗木产业战略研讨暨新产品展示交流会”等活动，以丰富多彩的活动带动协会工作全面活跃，力求通过协会更好地引导农村基层各类青年专业经济合作组织的发展，积极服务农村青年经纪人的健康成长，促进经纪人经营规模化、活动组织化、手段现代化、功能综合化、市场多元化、服务信息化，繁荣农村经济，服务农村工作大局。今天举办的“首届中国青年农产品经纪人研讨会暨北京市场行活动”就是深入贯彻落实胡锦涛总书记回信精神的具体行动，通过发挥共青团组织的优势，为农产品经纪人把握国家行业有关政策，了解市场行情，熟悉和掌握农产品市场营销的机制和方法，提升市场开发能力，增进农产品经纪人之间的交流与沟通提供多层次系列服务。

各级团组织要加强青年农产品经纪人队伍的培养，总的要求是提高认识，强化服务，优化环境，注重建设，加强管理，落到实处。一要注重培训，提高素质。各地要结合农业生产格局和农产品经纪人的需求，通过办班、讲座、网上服务等形式开展培训，要结合新型农民科技培训工程、农村青年星火带头人培训工程，把青年农产品经纪人纳入培训的主渠道。要针对青年农产品经纪人需求，培训专业知识、科技知识、市场营销知识、法律知识、职业道德观念以及社交礼仪等方面的知识。培训的方式，团组织可以直接办，也可以采取合作办学的方式去做。二要注重服务，优化环境。注意挖掘、培养、树立一批做出优异成绩、具有示范意义的青年农产品经纪人典型，通过宣传，扩大影响，充分发挥先进典型在推动农村经济社会发展、活跃农村共青团和农村青年工作的示范带头作用。要积极争取有关部门的支持,在青年农产品经纪人融资渠道、信息发布、维护权益等方面提供帮助,优化经营环境。三要健全组织,形成合力。随着农产品经纪人队伍的不断壮大,各级团组织要创造条件,鼓励在主导产业和支柱产业明显的地区建立区域性的青年经纪人协会和青年行业协会,通过协会的行业自律来实现对青年农产品经纪人队伍的科学管理,使这支队伍由无序向有序、由松散向紧密、由自发向自觉、由低层次向高层次发展,不断提高他们的组织化程度。要通过加强协会建设,为他们提供服务,促进会员间在农产品流通的各个环节的交流与合作,不断提高团组织服务青年农产品经纪人的能力和青年农产品经纪人协会自身运转活力。

青年经纪人也要加强学习,广交朋友,共谋发展。这次研讨班我们不仅邀请了国内研究农村经济政策和农产品市场的专家、教授,而且邀请了农业部市场与经济信息司具体负责农产品有关政策制定的负责人、中国农产品市场协会负责人分别就我国农产品经纪人发展及政策解读、国内外农产品市场宏观形势、农产品市场营销体系建设等作专题讲座,对大家如何做大做强品牌,如何开拓国内外市场很有帮助。这次活动既是全国青年农产品经纪人一次难得的学习机会,也是一次难得的互相切磋、交流信息的机会。各位青年农产品经纪人要珍惜机会,学习新知识,广交朋友,努力开拓国内国际市场,带头发展订单农业、品牌农业和创汇农业,做勇闯市场的领头人,做农业产业化发展的推动者。

三、以胡锦涛总书记回信精神为动力,不断开创农村共青团工作新局面

胡锦涛总书记的回信为我们开创农村共青团和农村青年工作新局面提供了广阔空间,对于做好当前和今后一个时期农村共青团和农村青年工作具有重要的指导意义。各级团组织要以胡锦涛总书记回信为巨大动力,以科学发展观为统领,以服务青年、教育青年、引领青年为出发点和落脚点,不断深化农村共青团的重点工作,大力选树和宣传青年典型,加强农村青年的组织建设,充分发挥农村团组织团结青年、凝聚青年的作用,引导和带领广大青年为建设社会主义新农村建功立业。

2005 年上半年,农村共青团工作以农村青年增收成才行动、保护母亲河行动、农村青年中心建设、乡村青年文化建设等重点品牌工作为载体,不断丰富工作内容,创新活动形式,取得了一定成绩。

一是扎实推进农村青年增收成才行动。坚持以人为本的原则,抓好科技和市场两个关键环节,构建农村青年人才市场开发和优质农产品开发服务体系,切实服务农村青年增收成才。在"农村青年转移就业服务月"活动中,各级团组织共培训农村青年 40 多万人次,培养转移就业带头人 5000 多名,提供就业岗位 35 万个,举办各种洽谈招聘会 500 多场,转移农村青年 30 多万人;实施青年星火科技培训和新型农民科技培训工程;稳步推进第十届中国杰出青年农民和全国农村青年创业致富带头人的评选表彰工作;积极探索帮助农产品经纪人与大型农产品批发市场、超市建立产销合作的机制;即将组织开展海峡两岸在农业领域的交流与合作。

二是全面深化保护母亲河行动。按照"全面深化、重点突破"的工作思路,以弘扬生态环保文化、开展生态环保体验、推进生态环保工程建设、加强生态环保国际交流与合作为重点,积极构建和完善保护母亲河行动发展的新格局。大力宣传生态环保文化,以流域为单元、关注国家大型重点工程,关注大型节会,以"天天环保"为主要内容,开展好主题生态环保体验活动;整合社会资源,积极争取国家水利、林业、农业、环保等专项资金,推进生态环保工程建设;召开全国保护母亲河大会会议,全面回顾总结保护母亲河行动6年来的工作；周强同志及中华全国青年联合会获得联合国环境规划署首届“地球卫士奖”；进一步完善和创新工作机制，保障保护母亲河行动良性发展。

三是继续推进农村青年中心建设。召开全国青年中心建设工作会议，农村青年中心由年初1700个增长为2500个；制定下发《全国青年中心建设先进县（市）创建办法》，深化全国青年中心建设先进县（市）创建活动；开发农村青年中心青年发展项目，与卫生部联合实施“农村青年中心青年健康促进计划”、与中宣部等单位共同组织开展“全国农民读书征文活动”、取得中国农业出版社支持共同深化“青年开放书架”建设活动。

四是乡村青年文化建设蓬勃发展。在山西晋城举办第五届全国乡村青年歌手大赛和颁奖晚会；举办第七届乡村青年文化节活动，表彰全国乡村青年文化活动先进县（市、区）117个、全国优秀乡村青年文化活动项目100个、全国乡村青年文化名人91个；设计落实下半年将要开展的系列文化活动方案。

今年下半年，全团青农工作任务很重，全团将继续围绕党的农业和农村工作中心，高举邓小平理论和“三个代表”重要思想的伟大旗帜，牢固树立和认真落实科学发展观，着眼于构建和谐社会，着眼于促进城乡经济社会统筹发展、良性互动，着眼于大力开发农村青年人力资源，充分整合资源，集中打造品牌，大力培养典型，加大宣传力度，扎实推进农村青年增收成才行动、保护母亲河行动、乡村青年文化活动和农村青年中心建设等重点工作，切实加强农村基层团组织和青年组织建设，为不断开拓农村共青团工作和农村青年工作的新局面做出不懈努力。

同志们，让我们抓住机遇，创新工作方式和工作载体，紧紧围绕促进农民增收，团结带领广大团员青年，服务农村改革发展稳定的大局，为建设社会主义新农村、实现全面小康社会建设目标建功立业。

最后，预祝首届中国青年农产品经纪人研讨会暨北京市场行活动和全团青农部长会议取得圆满成功！

尔肯江·吐拉洪在江苏省农村青年创业大会上的讲话

2005年5月20日

今天来溧阳参加江苏省农村青年创业大会，非常高兴。这是江苏共青团贯彻落实省委和全团农村工作要求召开的一次重要会议。在此，我代表团中央书记处向长期以来关心、支持共青团工作的江苏省各级党政领导表示衷心感谢！向广大团干部和团员青年致以亲切的问候！

党中央、国务院历来高度重视农业、农村和农民工作。党的十六大以来，以胡锦涛同志为总书记的党中央毫不动摇地坚持这一战略思想，把解决好农业、农村和农民问题作为全党工作的重中之重。继2004年后，2005年，中央再次以一号文件的形式下发了《关于进一步加强农村工作提高农业综合生产能力若干政策的意见》，强调要把加强农业基础设施建设，加快农业科技进步，提高农业综合生产能力，作为一项重大而紧迫的战略任务，切实抓紧抓好，为今后农村共青团工作指明了方向。

农村共青团工作是党的农村工作的重要组成部分，在全团工作中具有十分重要的地位。团十五大以来，全团农村工作在继承中创新，在创新中发展，紧密围绕农村青年增收成才这一主线，重点推进农村青年增收成才行动、保护母亲河行动和农村青年中心建设三项重点工作，不断加强农村基层团组织建设，保持了良好的发展势头。5 月 4 日，胡锦涛总书记给新疆尉犁县兴平乡达西村农村青年买买提·沙吾尔等亲笔回信，勉励他们为建设社会主义新农村、巩固和振兴祖国西部边陲再创佳绩、再立新功。各级团组织要深入学习贯彻回信精神，进一步增强责任感和使命感，不断开创农村共青团工作新局面。

当前，我国农业和农村经济正处在新的发展阶段。中央采取了一系列支持农业、发展农村、致富农民的重大政策措施，为推进农村共青团工作提供了重要发展机遇。同时，我们也要清醒地认识到，农村共青团工作还面临着不少困难，如农村青年流动性日益增强，增收依然困难，文化、科技、信息等方面的需求日益迫切，农村团组织设置、工作方式和服务项目，还不能很好地适应工作对象发生的变化等。这些都需要我们在今后的工作中认真研究，着力解决。下面，我谈几点意见，供同志们参考。

一、大力实施农村青年转移就业促进计划，积极服务农村青年创业致富、增收成才

服务农村青年增收成才是我们做好农村共青团工作的根本着力点。实施农村青年转移就业促进计划，是服务农村青年增收成才、统筹城乡发展和全面建设小康社会的一项重要举措。各级团组织要引导农村青年向现代农业、向二三产业、向城镇、向境外转移就业，在农业现代化和农村工业化、城镇化进程中创业致富、增收成才。

1. 要引导农村青年在向农业深度和广度的转移中就业创业。要大力培养青年种、养殖大户，调动农村青年种粮积极性，带头参与优质粮食产业工程，积极发展畜牧业。要大力培养青年农业标准化生产示范户，积极发展无公害食品、绿色食品、有机食品等优质农产品，实行标准化生产。要大力培养青年农业产业化带头人，扶持有志青年创办农业产业化龙头企业和各类加工企业，延长农业产业链。要大力培养农村青年经纪人，提高青年农民的组织化程度，增强带动能力和市场竞争能力，形成“集团军”参与农业市场竞争。

2. 引导农村青年在向农村二三产业转移中就业创业。继续深化跨世纪青年农民科技培训工程和青年星火西进计划，加大技能培训力度，使农村青年练就就业创业的过硬本领。要充分发挥青年乡镇企业家协会、青年民营企业家协会的作用，根据企业发展需求，开展岗位培训，最大限度地吸纳农村青年。要倡导有志农村青年立足本土创业、反哺家乡创业，利用国家在税收、投融资等方面的优惠政策，带头创办和发展农村个体私营企业。

3. 引导农村青年在向城镇和境外转移中就业创业。要调动城市和农村、东部和中西部各方面的积极性，积极搭建促进农村青年转移就业的工作桥梁和联系纽带。不断推动输出地与输入地团组织工作对接，建立订单培训、定向输出等制度，签订劳务培训和接收协议。建立城乡青年劳务信息交流制度，实现培训机构与用工企业的信息对接，丰富和完善农村青年信息服务网络。充分运用政府引导和市场主导的各类服务手段，为农村青年提供政策指导、维护权益等服务，增强农村青年自主选择转移就业创业渠道的能力。有条件的地区还应积极开发境外劳务输出渠道，探索农村青年境外转移就业创业的方式和途径。

二、积极促进农村经济社会全面发展，为构建社会主义和谐社会再立新功

构建社会主义和谐社会，是我们党从全面建设小康社会、开创中国特色社会主义事业新局面的全局出发提出的一项重大任务，适应了我国改革发展进入关键时期的客观要求,体现了广大人民群众的根本利益和共同愿望。各级团组织要牢固树立科学发展观,积极促进农村经济社会全面发展,为构建社会主义和谐社会再立新功。

1. 大力开展精神文明创建活动,倡树文明新风。要大力开展乡村青年文化活动,立足农村基层,创作推广一批乡土气息浓厚、健康向上、有趣有为的文体娱乐节目,打造文化精品,塑造文化品牌。要引导农村青年自觉履行“爱国守法、明礼诚信、团结友善、勤俭自强、敬业奉献”的基本道德规范,带头弘扬社会新风气,彰显社会正气。要积极引导农村青年崇尚科学,移风易俗,养成健康文明的生活方式。要大力开展志愿服务活动,关注农村贫困人口和弱势群体,为他们提供热心周到的服务。要广泛动员组织农村青年参加群众性精神文明创建活动。

2. 积极开展保护母亲河行动,促进人与自然和谐发展。保护母亲河行动是市场经济条件下动员青少年和社会公众参与生态建设和环境保护的一条重要途径。要大力培育和弘扬生态环保文化,普及生态环保知识,践行生态道德,树立生态环保意识。要广泛开展生态环保体验,引导农村青年从日常生产生活中的小事做起,紧紧抓住改水改厕、革除陋习,绿化美化、保护水源等与人们生活相关的问题,保护好农村的生态环境。要大力建设生态环保示范工程,积极发展生态经济。

3. 积极引导农村青年支持农村改革,维护社会稳定。农村青年是维护农村社会稳定的一支重要力量。要引导和教育农村青年倍加珍惜安定团结的政治局面,正确认识和对待在社会改革中各方面利益关系的调整,积极支持改革、参与改革。要切实维护农村青年的民主权利和合法权益,有针对性地加强青年思想政治工作,努力化解农村青年中可能存在的不稳定因素。要加强法制宣传教育,不断增强农村青年法制观念,自觉养成遵纪守法的良好习惯。要组织农村青年积极参与农村社会治安综合治理,自觉维护社会稳定。

三、切实加强以共青团组织为核心的农村基层青年组织建设

新世纪新阶段,要充分发挥广大农村青年在全面建设小康社会中的生力军作用,必须大力加强和改进农村团的建设。要坚持以邓小平理论和“三个代表”重要思想为指导,坚持党建带团建,努力提高服务农村青年的能力,以服务促建设,以服务求活跃。必须把思想建设、组织建设和作风建设有机结合,把制度建设贯穿其中,与时俱进、开拓创新,逐步建立健全与社会主义市场经济相适应的组织体系和运行机制,不断提高团组织自我完善和发展的能力,进一步增强团组织的吸引力和凝聚力。

加强和改进农村基层青年组织建设,农村青年中心建设是突破口。青年中心建设是共青团在社会主义市场经济条件下实现青年工作社会化的必然选择,是延伸共青团工作手臂、健全青年组织的重要措施,是加强共青团能力建设的一项基础工作。农村青年中心建设是青年中心建设的重点。各级团组织要深刻认识青年中心的重要地位,摆上重要议程,加大工作力度,积极稳妥,常抓不懈,抓出实效。一要深刻理解“组织创新”这一青年中心的核心理念。青年中心的本质规定是组织,核心理念是组织创新。各级团组织要牢牢坚持这一核心理念不动摇,准确把握青年中心作为新型基层青年组织这一根本定位和发展方向。二要牢牢把握服务青年这一青年中心的宗旨。青年中心,服务青年。要以服务为主线,不断推出各类适合农村青年的服务项目,努力打造一批青年欢迎、社会认可、特色突出的服务品牌,为农村青年提供有效的社会化服务、会员制服务、菜单式服务。三要建立健全青年中心的建设、运转和管理机制。建设、运转和管理是青年中心的三个核心环节。建设是青年中心的基础。健全的组织体系、吸引青年的服务项目、稳定的服务队伍、稳固的服务阵地,是一个充满活力的青年中心的必然要求。要充分发挥青年中心理事的骨干作用,大力培育和发展青年社团,形成青年中心服务主体和服务对象的组织化。要着眼农村青年生产生活的基本要求,开发富有实效的服务项目。要采取招募志愿者和专职社会工作者等方式,建立青年中心工作队伍选拔、聘用和接力机制。要采取独立建设、依托建设、联合建设等多种途径,探索青年中心的阵地建设机制。运转是青年中心的关键。要适应农村青年特点和青年中心发展规律,推动青年中心正常有序运转,做到提供服务、开展活动经常化。管理是青年中心的保障。要坚持团对青年中心的领导和核心作用,从会员注册、理事会领导、社团发展、资金运作等方面加强管理,推动青年中心向制度化、规范化方向发展。

青农战线的广大团干部是做好农村共青团工作的关键。要身体力行"三个代表"、牢记"两个务必",自觉做到"八个坚持、八个反对",加强党性修养,刻苦学习,自觉奉献。要保持谦虚谨慎、不骄不躁和艰苦奋斗的作风,锐意创新,开拓进取。要深入了解农村青年,服务农村青年,为农村青年做好事、办实事、解难事,努力做一名党放心、青年满意的农村团干部。

江苏是经济大省,也是改革开放较早的沿海省份。近年来,在省委省政府的领导下,江苏各级共青团组织高举邓小平理论和"三个代表"重要思想的伟大旗帜,以服务大局、服务社会、服务青年为宗旨,各项工作全面活跃,为全国提供了很多值得推广的经验,尤其是创业江苏·青春行动,农村青年转移就业等活动,有效地服务党政工作大局,促进了全省经济社会的发展,产生了积极反响。希望江苏各级团组织再接再厉,不断创造佳绩。

同志们,让我们紧密团结在以胡锦涛同志为总书记的党中央周围,高举邓小平理论和"三个代表"重要思想的伟大旗帜,求真务实,艰苦奋斗,奋发进取,扎实工作,努力开创新阶段农村共青团工作新局面,为全面推进农村小康建设做出新的贡献!

尔肯江·吐拉洪在共青团农村青年中心建设现场经验交流会上的讲话

2005年6月28日

这次会议是团中央继全国青年中心建设工作会议之后召开的推进农村青年中心建设的一次重要会议。主要面向东北、华北片区,同时邀请了其他省(区、市)的同志参加,目的是深入贯彻《共青团中央关于加强青年中心建设的决定》精神,总结交流前一阶段农村青年中心建设的做法和经验,研究部署下一步全面推进农村青年中心建设的有关工作。

建设青年中心,是共青团在新的历史起点上,为推进团的事业发展而作出的重大战略举措。两年来,青年中心建设呈现出勃勃生机和旺盛活力,得到了社会各界的肯定和团员青年的欢迎。以全国青年中心建设工作会议的召开为标志,青年中心建设已经进入了全面推进的发展阶段。半年来,各地按照团中央的统一部署,以“全国青年中心建设先进县(市)”创建活动为重要抓手,以队伍建设推动组织能力增强,以项目建设促进服务能力提高,以机制建设推进科学有效管理,全面推进农村青年中心建设,取得了明显的成效。目前,“全国青年中心建设先进县(市)”创建单位由去年的230个增加到435个,已成立农村青年中心由年初的1700个增长到2658个。总的来看,全面推进农村青年中心建设工作呈现出良好开局和积极的发展势头。东北、华北地区团的工作基础较好,曾为全团青农工作创造出许多值得推广的经验。全面推进农村青年中心建设以来,东北、华北八省(区、市)的各级团组织认真谋划,积极推进,成绩明显。主要表现在:一是建设速度较快。从青年中心数量看,已建成农村青年中心555个,对比年初的390个增长了40%多;从创建单位数量看,共有创建县110个,对比去年的75个增长了30%多,总数占到了全国的四分之一。二是发展模式多样。在建设上,既有联合有关部门积极共建,又有团内主导、协会联合;既有主动争取政策支持,又有统筹社会、资源共享。在管理上,有的推广理事轮值、实现专人负责,有的推动政府出资、社会招募,有了专门工作队伍。在运转上,既有探索以低偿养无偿,也有承办政府事务、争取社会赞助,还有依托协会系统合作,基本实现自主运转。三是服务青年有效。许多青年中心根据实际或提供综合性服务,或提供专业化服务,或提供社团化服务,服务类型多样;根据青年需求,青年中心重点发展诸如品牌连锁、信息咨询、教育培训、转移就业等项目,服务内容比较丰富。这些好的做法希望能够坚持下去,并不断丰富和发展。

当前,全国农村青年中心建设总体还处在发展的初期阶段。必须清醒看到,在工作中还存在着一些困难和不足。比如,从推进工作看,有些地方还不同程度地存在畏难情绪,工作推进力度有待进一步加大;一些地方基层力量较弱,人员和经费相对不足,工作环境有待进一步优化;有些工作沿用了以前基层团建的方式方法和管理模式,工作创新有待进一步加强。从青年中心看,部分青年中心活力还不够足,服务功能发挥得还不够好,社会影响力还需要进一步扩大,等等。这些需要我们认真对待,切实加以解决。

下面,我就全面推进农村青年中心建设工作讲三点意见。

一、从构建社会主义和谐社会的角度,把握全面推进农村青年中心建设的重大意义

构建社会主义和谐社会,是我们党从全面建设小康社会、开创中国特色社会主义事业新局面的全局出发提出的一项重大任务。今年2月19日,胡锦涛总书记在省部级主要领导干部提高构建社会主义和谐社会能力专题研讨班开班式上发表重要讲话,全面分析了当前国际国内形势和我们党肩负的使命,深刻阐述了构建社会主义和谐社会的重大意义和马克思主义关于社会主义社会建设的理论,明确提出了构建社会主义和谐社会的基本特征、重要原则和主要工作,并就加强和改善党对构建社会主义和谐社会各项工作的领导提出了具体要求。各级团组织要认真学习领会,在工作中积极贯彻落实。作为党领导下的群众组织,团结带领广大青年积极促进社会主义和谐社会建设,既是共青团服务改革发展稳定大局的必然要求,也是共青团服务青年成长发展的重要途径,也为共青团组织不断加强自身建设、全面推进农村青年中心建设工作,提供了新的发展机遇。

1. 全面推进农村青年中心建设,有利于提高广大青年的组织化程度。构建社会主义和谐社会,需要调动方方面面的积极因素,需要包括广大青年在内的全体社会成员的共同努力。这就要求共青团必须提高组织青年的本领，充分调动他们的参与热情和创造活力，积极投身到和谐社会建设的伟大实践。我们既要始终坚持党建带团建的原则，加强基层团组织建设，切实把青年团结凝聚在党的周围，不断巩固和扩大党执政的青年群众基础。同时，还要积极推进青年中心建设，充分发挥城乡基层各类青年社团组织的作用，组织青年、联系青年、引导青年，更好地引导他们为和谐社会建设做贡献。这是因为，一方面，青年中心具有更广泛的群众基础。广大青年可以不受地域限制，不受组织关系限制，不受年龄限制，无论是优秀青年、普通青年还是特殊群体，都可以加入其中。另一方面，青年中心具有组织青年的独特优势。采用扁平化结构，实行理事会管理，通过推进服务主体组织化，把各类青年致富带头人、企事业单位负责人以及青年领军人物，广泛吸收到青年中心理事会中，竭诚帮助他们发展事业，也借助他们为青年和社会提供服务；同时，推进服务对象组织化，通过培育和发展各类协会社团组织，利用兴趣纽带直接联系青年，增进了青年对组织和社会的归属感。这样，青年中心构建起了联系青年的组织网络，有效地提高了青年的组织化程度，从而更好地团结和带领广大青年积极参与和谐社会建设。

2. 全面推进农村青年中心建设，有利于推动青年参与社会建设和管理。加强社会建设和管理，推动社会管理体制创新，是构建社会主义和谐社会的核心内容。这就决定了，既要充分发挥党委的领导核心作用和政府的公共管理职能，也要充分发挥社会组织的协同功能和社会公众的参与作用，各类主体各司其职、各尽所能，形成推进社会建设和管理的强大合力。在广大农村基层，尤其是乡镇层面，政府行政管理能力相对不足与农民日益增长的生产生活要求之间的矛盾正在凸显。前不久，温家宝总理在全国农村税费改革试点工作会议上指出，要巩固农村税费改革成果，建立精干高效的基层行政管理体制和覆盖城乡的公共财政制度，不断推进全面建设小康社会和社会主义和谐社会建设。可以看到，随着税费改革的不断深化，乡镇政府的管理职能必将发生根本性转变，越来越多的政府事务需要社会组织来承担，社会组织提供服务、反映诉求、规范行为的作用必将得到进一步强化。这就为农村青年中心的建设和发展提供了良好的机遇。作为共青团领导下的新型社区青年组织，农村青年中心植根农村基层，自我管理、自我教育、自我服务、自我发展，在参与社会管理和建设方面具有独特优势。全面推进农村青年中心建设，可以充分发挥青年中心提供服务、反映诉求、规范行为的作用，为转变政府职能、加强社会管理提供有力平台，广泛联系青年，有效服务青年，积极引导青年，从而促进社会建设和管理。

3. 全面推进农村青年中心建设，有利于深入推进农村和谐社区建设。社区是社会的细胞，社区和谐是社会和谐的基础。近年来，随着农村城市化进程的加快，城乡二元结构的传统格局正在发生变化，社区蓬勃兴起，在农村乡镇和发育较好的小城镇也得到了迅猛发展。大力推进农村和谐社区建设，可以密切党和政府同人民群众的关系，维护社会稳定、为群众创造安居乐业的良好环境。在建设农村和谐社区过程中，农村青年中心无疑是大有可为的。首先，农村青年中心联系青年广泛。农村青年中心建立在乡镇和小城镇，是非营利性的社会团体，对青年具有很强的亲和力和吸引力，正日益成为党、团组织密切与青年联系的桥梁纽带。其次，青年中心提供服务有效。农村青年中心始终坚持以服务为根本宗旨，始终坚持公益性的原则，开展各类无偿或低偿的服务，既为农村青年成长发展提供了帮助，也为乡镇农民提高生活质量和水平提供了积极的服务。第三，青年中心在维护社会稳定方面发挥着促进作用。青年中心以“青年的事情青年办”为原则，可以及时了解和如实反映青年的意见要求，理顺关系，化解矛盾，同时，通过开展政策宣传、志愿服务、扶贫济困等工作，倡导了和睦相助、友爱向善的良好风尚，促进了融洽和谐的人际关系形成。由此看出，农村青年中心的优势和特点，与构建农村和谐社区、和谐社会的要求是一致的。全面推进农村青年中心建设，可以且应当成为促进农村和谐社区建设的有效途径。

总之，各级团组织和广大团干部要从全局和战略高度，切实增强使命感和责任感，切实把全面推进农村青年中心建设放在工作的突出位置，加大工作力度，勇于开拓创新，不断将青年中心建设工作提高到新的水平，为构建社会主义和谐社会做出应有的贡献。

二、突出工作重点，努力夯实全面推进农村青年中心建设的基础

深入贯彻《关于加强青年中心建设的决定》精神，全面推进农村青年中心建设，是当前和今后一个时期农村共青团工作的重中之重。我们要按照“一手抓扩大规模，一手抓提高质量”的原则，以“五个好”为标准，切实做好青年中心的建设、管理和运转工作，努力在农村基层构建一个以团组织为核心、以青年中心为载体的新型青年组织网络体系。在全面推进农村青年中心建设过程中，各级团组织必须着眼长远，通过把握关键环节和解决重点问题，切实抓好几项影响全局的工作，为实现农村青年中心建设的整体推进打下坚实的基础。

1. 要把深化创建活动作为全面推进青年中心建设工作的重要抓手。加快农村青年中心建设步伐，是全面推进农村青年中心建设的紧迫要求。通过树立典型，形成有效激励和积极导向，是推进青年中心建设工作的有效方式。从2003年开始，全团开展了“全国青年中心建设先进县(市)”创建活动。实践表明，通过抓创建，调动了基层团组织的工作积极性，营造了推进工作的良好氛围；通过抓创建，树立了一大批先进典型，为各地推进工作提供了有益的参考和借鉴；通过抓创建，实现了面上推进和重点突破的有机结合，一大批农村青年中心相继建成。在全面推进农村青年中心建设过程中，各级团组织要充分利用创建工作这一重要抓手，不断推进农村青年中心建设工作。

努力扩大创建规模。目前，全国共确定创建县435个，约占全国县(市)总数的21%；已建农村青年中心2658个，约占全国乡镇总数的7%。从数据不难看出，要推进农村青年中心建设的任务还很艰巨。因此，我们要加大工作力度，不断扩大创建规模，通过大力开展创建活动，整体推进农村青年中心建设。创建工作要实行“三级联动”，既要有全国层面的创建县，也要有省级创建县，还要有市级创建县，做到层层有创建县，层层抓创建县，努力形成一个横向有面、纵向有线，彼此联接、上下联动的创建格局。

积极落实创建工作。各创建单位要积极探索，大力开展创建活动，组建一批农村青年中心，建设稳定的青年中心工作队伍，实施青年发展项目，推动青年中心建设工作不断取得新的成绩。目前，从全国范围看，农村青年中心无论是覆盖面还是自身能力，都与农村发展和广大青年的迫切要求存在较大差距。因此，要把推动建立和发展作为重要任务。我们要始终坚持三个原则：一是因地制宜、务求实效；二是尊重实践、开拓创新；三是坚持依法组建、规范管理。要着眼于建起来、活起来、亮起来的目标，围绕组织建设、项目发展、队伍建设、阵地依托和机制建设五方面工作，全面推进农村青年中心建设。

切实加强对创建活动的管理。通过机制建设加强对创建单位的管理，是全面推进农村青年中心建设的重要途径。从今年开始，团中央将对创建单位实行动态管理。一是动态申报，每年年初由团县(市)委提出申请，省级团委审核推荐，经团中央资格审查合格，即可成为年度创建单位；二是动态确认，每年都要对创建单位进行确认，上年度创建单位需经再次确认，与当年新增单位一起作为年度创建单位，继续开展创建活动；三是动态考核，团中央将组织督察组对创建单位工作情况进行定期或不定期抽查，年底全面检查考核，对于创建工作成绩突出的单位，可优先参加"全国青年中心建设先进县（市）"评选，而对工作推进措施不力、效果差的创建单位，则取消其创建资格；四是动态奖惩，团中央对获得"全国青年中心建设先进县（市）"称号的县级团委实行年度考核，对工作退步不符合标准的，将予以摘牌并进行通报。各地要根据团中央的要求，制定本地区管理办法，确保创建活动取得实效。

2. 要把培育协会社团作为推动农村青年中心可持续发展的重要支撑。协会社团是农村青年中心的基本单元，协会社团活跃了，青年中心自然可以充满活力。今后一个时期，我们要按照"吸纳一批，培育一批，整合一批"的要求，大力培育和发展协会社团，推动农村青年中心可持续发展。

着力培育一批协会社团。这两年，通过抓读书俱乐部、体育协会、志愿者协会等青年社团，组织开展了形式多样、内容丰富的读书活动、体育活动和志愿服务活动，促进了青年中心服务能力的提高，受到了青年的欢迎，也坚定了我们的工作方向。今后，要在坚持这些好做法的基础上，着重建设青年科技协会、青年文体协会、青年经纪人协会等青年社团，指导、扶持他们发展壮大。农村青年中心点多面广，如果每个农村青年中心都培育发展社团，横向联合起来，就可以形成推进工作的强大合力，必将产生服务青年的规模效应。同时，还要结合农村特点，依照有关法规，积极培育农村基层各类青年专业生产协会、市场中介服务组织和专业经济合作组织等，使之成为青年中心发展的重要支撑。

着力整合已有协会社团。随着我国市场经济的发展和农村改革的逐步深入，作为农民进入市场重要组织形式的农村专业经济协会蓬勃发展。据统计，全国已成立的各类农村专业经济协会达 10 万多个，涉及农、林、牧、副、渔等产业，涵盖农产品的生产、加工、销售和技术信息服务等诸多领域，他们在促进农业结构调整和农业市场化、产业化的发展，在农业科技成果的示范推广和农产品、农业技术的对外交流，在提高农民进入市场的组织化程度、增强市场竞争力等方面，发挥了积极的推动作用，日益成为农村经济社会发展中一支十分活跃的力量。近年来，各级团组织也依托乡镇企业、青年创业致富带头人、科技推广项目等，也积极发展了一大批农村青年专业经济协会。今后要继续大力培育这类协会社团，要通过多种方式和必要程序，把已有的农村专业经济协会、市场中介组织等，吸纳到青年中心的团体会员和理事会中，借助他们的力量更加有效地联系和服务青年。

着力促进协会社团健康发展。要按照"一手抓培育发展，一手抓监督管理"的原则，采取多种方式，大力促进协会社团健康发展。要通过培养典型、交流经验、表彰先进、加强宣传等方法，着力打造一批活动能力强、吸纳会员广、对当地经济社会发展有突出影响的协会社团。有条件的地方，可在地方青联组织中设置青年中心界别，将社团负责人等青年中心工作骨干吸纳进青联，调动他们的工作热情。要引导帮助青年协会社团根据各自特点，结合农村青年需求，采取单独或者联合的方式，在农村青年中心这一平台上，广泛开展特色活动，从而为青年提供实实在在的服务。

3. 要把提供有效服务作为全面推进农村青年中心建设的重要保障。共青团是青年中心的创建者、领导者和指导者。在全面推进农村青年中心建设过程中，各级团组织除了总体部署、建章立制、规划指导、监督检查外，更要结合基层青年工作实际,着眼于构建长效工作机制,为全面推进农村青年中心建设提供切实有效的服务。

大力开发青年发展项目。两年来,各级团组织紧紧围绕农村青年生产生活、学习成长、创业就业、文化娱乐等具体需求,因地制宜,积极探索青年发展项目,涌现了广西“培训就业连锁超市”、山西“劳务输出大篷车”、山东“青春大舞台”、沈阳“品牌连锁”和广州“健康直通车”等一大批富有实效的牵动性项目,促进了青年中心服务能力的提高。下一步我们要着重围绕信息服务和文化体育两个重心,坚持因地制宜,强调针对性,积极推进农村青年中心的“青年信息服务站”和“乡村青年文体广场”等能带动地方、带动基层、吸引青年的项目建设,为农村青年提供扎扎实实的服务。要积极深化“农村青年读好书”、“青年开放书架”、“体育三下乡青年中心行动”等已有的工作项目,大力实施“青年健康促进计划”,全面推进农村青年中心项目发展。

积极发展特约服务单位。发展特约服务单位是农村青年中心整合资源,为会员和青年提供优质优惠服务的有效方式。这项工作做好了,对于扩大青年中心的社会影响,提高青年中心服务水平,具有重要意义。要本着统筹城乡、互惠互利的原则,采取市场化的方式,积极整合社会资源,广泛征集全国层面和区域层面的青年中心特约服务单位。要利用网络、报纸等媒体公布单位名称与服务项目,确定一批公布一批。要以青年卡作为青年中心会员享受优惠服务的凭证,统一青年中心青年卡样式,强化青年卡的联系服务功能,打响“一卡在手、优惠无限,青年中心、服务青年”的品牌。要重点吸纳书店、培训学校、医院、餐饮、公园等单位成为特约服务单位,切实为青年提供学习教育、技能培训、娱乐休闲、生活服务等方面的免费、打折等优质优惠服务。

不断加强工作队伍建设。队伍建设是青年中心可持续发展的关键。从前一阶段工作看,各地通过“抓团干部、抓理事会成员、抓志愿者”等加强青年中心工作队伍建设,是行之有效的,需要我们长期坚持。从去年开始,团中央依托西部计划招募大学生志愿者从事青年中心建设和管理工作,有力推进了西部农村青年中心建设。今年,我们加大了力度,招募并将派遣700名大学生志愿者,这为全面推进西部地区农村青年中心建设奠定了良好的基础。各地也要积极采取多种形式招募选派青年中心志愿工作者,逐步形成一支高素质、相对稳定的青年中心工作骨干队伍。要按照团中央青年中心建设工作骨干四级轮训工作的有关要求,大力开展培训工作,着力提高青年中心工作骨干的思想政治素质、专业知识水平和管理服务能力。要用三年时间,对所有的农村青年中心工作骨干分级分批进行培训,力争培训10000人。

三、加大工作力度,把全面推进农村青年中心建设的各项工作落到实处

当前,全面推进农村青年中心建设的指导思想、目标任务和基本原则已经非常明确。下一步的关键是各级团组织和广大团干部要把思想和行动统一到团中央的各项部署上来,加大工作力度,采取有力措施,扎实推进农村青年中心建设的各项工作,出实招、用实功、求实效,狠抓落实,坚持不懈,努力把农村青年中心建设工作提高到新的水平。

1. 要集中全团力量抓建设。农村青年中心建设,是新形势下全团重点推进的一项基础性工程,需要我们集中力量整体推进。一是切实加强领导。按照团中央的要求,各级团组织要成立以书记为组长的工作领导小组,书记负总责,分管书记具体抓,具体负责部门做好牵头工作,其他部门密切配合,加强领导,相互协作,一级抓一级,推动建立“团中央统一领导,团省委具体指导协调,基层团委组织实施,全团联合行动”的良好工作局面。这里,我重点强调几点：团组织要牢牢坚持对青年中心的领导权，把握青年中心的正确政治方向，不被别有用心的人利用；青年中心不是青年之家、青年活动阵地的简单翻牌，而是新型基层青年组织；青年中心要始终坚持公益性原则，可以采用部分市场化的方式维持青年中心的正常运转，但坚决不能以盈利为目的，将青年中心作为创收的手段。二是精心组织实施。要按照团中央的统一部署，迅速行动起来，紧密结合当地经济社会发展情况和青年工作实际，深入基层调查研究，尽快制定详细的推进计划，采取有效措施，把青年中心建设目标任务逐项加以分解，建立和落实工作责任制，各负其责，狠抓落实。团县委书记要切实担负起青年中心建设第一责任人的责任，积极为青年中心建设协调资源、优化环境。三是加强检查督导。要将农村青年中心建设纳入党建带团建、"三级联创"的总体格局之中，作为年度考核基层团组织工作的重要指标和内容。要制定并细化对本地区农村青年中心建设的评估考核标准，定期组织人员，检查督导基层团组织工作开展情况。团中央将适时组织省级团委交叉检查青年中心建设工作，省级团委也要组织本区域内市、县团委进行交叉检查，将青年中心建设工作与各项扶持政策和手段相挂钩。各地要紧紧抓住规划部署、落实责任和考核监督三个关键环节，用机制和制度调动各方面积极性、主动性和创造性，确保农村青年中心建设工作取得实效。目前，团中央正在安排部署全团开展以学习实践"三个代表"重要思想为主要内容的增强共青团员意识教育活动，各级团组织可以依托青年中心组织、阵地和活动优势，广泛开展各种形式的教育活动；青年中心也要积极配合和参与，在团员意识教育活动中发挥基层青年组织的应有作用。

2. 要争取党政支持强建设。党政支持是全面推进农村青年中心建设的重要动力和保障。在实践中，我们都有这样的体会，凡是党政重视的地方，青年中心建设工作环境就更好，推进措施就更有力，工作成效就更明显。比如，甘肃玉门将乡镇党政所属文化中心、农民职业技术学校、党团校等阵地和配套资产统一划归青年中心经营管理，授权团组织按要求进行整合、改造、提升，为当地农村青年中心建设奠定了坚实的硬件基础；又比如，沈阳团市委与民政部门联合发文，为农村青年中心注册登记、规范管理创造了良好的条件；再比如，江西团省委积极协调新闻出版部门支持，建设了一批青年中心书屋，有效服务了青年。这些做法值得充分肯定。各级团组织要定期向党委、政府汇报青年中心建设进展情况，主动争取领导关心和支持。有条件的地方，要积极争取将青年中心纳入经济社会发展规划，推动出台有关扶持青年中心建设发展的政策措施。要推动青年中心承接有关政府委托实施的项目，获得有关部门在人力、物力和财力等方面的具体支持。比如，在农村青年中心建设初期，提供开展活动的场所，资助必要的工作经费，选派专人作为青年中心工作人员，为青年中心的交流合作提供信息、牵线搭桥，等等。去年推出的大中专院校与青年中心工作结对工作，充分利用高校资源，通过"到青年中心去"、建立实践基地等形式，既丰富了青年中心的工作内容，服务了农村青年，又促进了大学生的成长成才，实现了工作的多赢。今后，要继续深入地开展城乡互动，发动机关、学校、企业等单位结对支持农村青年中心建设。

3. 要加大新闻宣传促建设。新闻宣传对于农村青年中心扩大影响、整合资源至关重要。加强新闻宣传工作，要把握三个方面：一是在领域上，要把扩大社会影响与加强团内交流相结合。一方面积极协调广播、电视、报刊、杂志、互联网等新闻媒体，广泛宣传农村青年中心建设工作，努力扩大青年中心的社会影响；另一方面，充分利用团报、团刊、团网三种渠道，畅通工作信息，交流工作经验，为全面推进农村青年中心建设营造良好的工作氛围。二是在内容上，要把介绍青年中心的核心理念和推广基层的好做法、好经验相结合。围绕青年中心的组织特征、活动方式和发展方向，重点宣传推广青年中心的核心理念、重要意义、指导思想、目标任务和工作方法，使更多的人了解青年中心、关注青年中心。要大张旗鼓地宣传基层的实践和创造，积极选树优秀典型，及时总结推广好做法、好经验，激发基层团组织建设青年中心的热情。三是在方法上，要把常规手段和创新手段相结合。通过采取新闻记者联谊会、发送工作信息等多种形式，建立和完善与新闻单位定期联系制度，积极主动地宣传农村青年中心建设。要围绕农村青年中心建设的重点和热点，注意选择公众关心、政府重视、媒体关注的契合点，策划组织一系列有较强影响力的专题报道，形成规模效应。定期组织邀请研究单位、大专院校、政府部门和新闻单位的有关人员，深入青年中心调研和采访，通过撰写研究报告、科研论文和通讯报道等方式，深入宣传青年中心建设所取得的成效。充分利用互联网及时性、开放性、交互性的优势，以全国农村青年中心网建设为重点，打造一个工作发布、活动展示、资源共享、青年交流的综合性服务平台，创造扩大影响、双向交流、直接互动的良好局面。

同志们，全面推进农村青年中心建设，面临着良好的发展机遇和繁重的工作任务。我们要以邓小平理论和“三个代表”重要思想为指导，与时俱进，求真务实，全面推进农村青年中心建设，团结带领广大农村青年为全面建设小康社会做出更大的贡献！

尔肯江·吐拉洪在中国杰出青年农民联谊会成立大会上的讲话

2005年11月3日

今天，来自全国各地的历届中国杰出青年农民及提名奖获得者代表欢聚一堂，隆重举行中国杰出青年农民联谊会成立大会暨中国农村青年发展基金设立仪式，首先，我代表中国杰出青年农民评选活动组委会、共青团中央，向联谊会的成立表示热烈的祝贺！同时也借此机会，向奋斗在农业和农村第一线的农村青年表示亲切的慰问！

刚才，王兆国副委员长和回良玉副总理亲切接见了第十届中国杰出青年农民及提名奖获得者，并发表了重要讲话，这充分体现了党和国家领导人对“三农”问题的高度关注，对广大农村青年的殷切期望。当前，经济全球化、一体化迅猛发展，科技进步和产业升级日新月异，我们正面临一个必须紧紧抓住并且可以大有作为的重要战略机遇期。前不久召开的十六届五中全会又明确提出，“建设社会主义新农村是我国现代化进程中的重大历史任务”。这些都为我们杰出农村青年发挥聪明才智、脱颖而出提供了广阔的舞台。

中国杰出青年农民及其提名奖获得者是一支重要的青年人才队伍。10年来，共有100名农村青年荣获“中国杰出青年农民”殊荣，130名农村青年获得提名奖称号。他们活跃在农村各行各业，是社会主义新农村建设的排头兵、领头雁，为农村经济社会发展做出了积极的贡献。成立中国杰出青年农民联谊会就是为了适应新形势的发展，切实加强农村青年人才队伍建设，进一步凝聚中国杰出青年农民的力量，充分发挥模范带头作用，引导广大农村青年为农村全面小康社会建设和构建和谐社会做出更大的贡献。

在这里，我向大家提几点希望。

第一，要砥砺品格、永争一流。当今时代，是一个英才辈出的时代，当今社会，是一个快速发展的社会。在座的各位都是农村青年的杰出代表，立足农村在各自的领域都开创了一番事业，取得了瞩目的成绩。但我们应当清醒地认识到，事业的发展永无止境，今天的成功只是明天的开始。各位会员千万不能固步自封、裹足不前，应当不断锤炼自身品德，提高修养，树立终身学习的观念，不断升华人生的境界；应当时刻葆有对事业的进取之心，培养精益求精的精神，强化超越自己的意识，勤奋敬业、不懈进取，始终走在学习、创造和奉献的前列。

第二，要扎根农村、示范带头。中国杰出青年农民活跃在广大农村，根植于农业生产第一线，是带头学习、接纳、应用、传播先进理念、科学技术的重要力量。各位会员要始终牢记国家领导人的希望和嘱托，增强责任感和使命感，主动适应时代发展的要求，积极投身农村建设的广阔天地，把自己的追求和奋斗同社会主义新农村的建设目标紧密结合，勇挑重担、开拓创新，努力作引领农村青年前进的典范，作推动农村改革和发展的先锋。

第三，要奉献社会，和谐发展。实现共同富裕，共创美好生活，是构建和谐社会的本质要求。目前我国大部分农村地区还比较落后，农民的生活还比较困难。在这种情况下，各位会员要树立奉献意识，在自己事业发展的同时，不忘带领广大群众共谋发展，走共同富裕之路。今天在这里还成立了中国农村青年发展基金，这是新时期下共青团组织通过社会化、市场化、项目化手段充分调动社会各界的力量服务农村青年增收成才的有益尝试。刚才，俞学文等同志带头向基金捐赠了启动资金，这非常好。希望各位会员也要立足实际，增强社会责任感，为促进农村和谐发展贡献自己的一份力量。

中国杰出青年农民联谊会是共青团组织联系农村青年人才的桥梁和纽带，是杰出青年交流发展的平台。希望联谊会成立后，要紧紧围绕杰出青年农民的特点和需求开展各种活动，努力构建服务会员的工作机制和有效途径，帮助会员开拓视野、提高素质，切实发挥联系会员、服务会员、引领青年的作用，努力把联谊会打造成为会员自我服务、相互交流的平台，成为共青团组织培养优秀农村青年人才的学校。

各位会员、同志们，“中国杰出青年农民”是一个响亮的称号，希望广大会员要珍惜荣誉、不辱使命、顽强拼搏、开拓进取，以更为开阔的眼界、更加昂扬的状态、更具务实的作风投身农业和农村现代化建设的伟大实践，创造出无愧于人生、无愧于时代的新业绩。

尔肯江·吐拉洪在首届“全国优秀青年乡镇企业家”命名表彰暨广西(南宁)经贸项目推介会上的讲话

2005年12月14日

今天,我们在美丽的绿城南宁,隆重举行首届“全国优秀青年乡镇企业家”命名表彰大会,表彰为推动农村经济发展和社会进步做出重要贡献的优秀青年乡镇企业家,同时还将举办广西(南宁)经贸考察洽谈,召开中国青年乡镇企业家协会六届二次理事(扩大)会,举办中国乡镇(民营)企业发展论坛等系列活动。这是全国青年乡镇(民营)企业家深入学习贯彻十六届五中全会和中央经济工作会议,共商发展、共谋合作、共话未来的一次重要活动。借此机会,我谨代表共青团中央向获得首届“全国优秀青年乡镇企业家”荣誉称号的企业家们表示热烈的祝贺!向给予活动大力支持的中共广西区委、区政府和中共南宁市委、市政府表示衷心的感谢!向出席会议的各位来宾、青年企业家朋友们致以崇高的敬意!

乡镇企业是中国农民的伟大创造,一大批农村青年顺应时代发展的潮流,艰苦创业,锐意进取,带头发展乡镇企业和民营企业,在推动农业产业化、农村工业化和城镇化进程中发挥了积极的作用,为农民创业就业、发展社会主义市场经济做出了重大贡献。今天我们在此隆重表彰的就是他们当中的优秀代表,他们的成长历程既是我国乡镇企业发展的真实写照,更是当代青年自主创业、勇于拼搏、追求卓越的集中体现。

当前,我国经济社会发展正面临着前所未有的发展机遇。党的十六大确立了全面建设小康社会的奋斗目标,党的十六届五中全会进一步描绘了“十一五”时期经济和社会发展的宏伟蓝图,强调以科学发展观统揽经济社会发展全局,明确提出了建设社会主义新农村的重大历史任务。刚刚闭幕的中央经济工作会议明确指出,要建立以工促农、以城带乡的长效机制,扎实推进社会主义新农村建设;全面增强自主创新能力,不断推进产业结构调整。这是党中央立足新的发展阶段,统揽全局、着眼长远、与时俱进做出的重大战略决策。这一决策对于我们正确分析和认识乡镇企业面临的新形势,加快产业结构调整,加强自主创新能力建设,提升企业核心竞争力具有重要意义。

企业家是企业生产经营管理的指挥者,是促进市场经济发展的宝贵人力资源。青年乡镇企业家是企业家队伍的重要组成部分,在经济社会发展中处于特殊的地位,发挥着尤为重要的作用。青年乡镇企业家队伍的状况,是乡镇企业转变生产方式、发展模式和统筹城乡经济发展的关键因素,广大青年乡镇企业家在建设社会主义新农村、构建和谐社会的伟大实践中肩负着重要责任。希望广大青年乡镇企业家要认清形势,明确责任,乘势而上,树立和落实科学的发展观,为实施“十一五”规划和全面建设小康社会再立新功。下面,我谈几点意见。

一、希望广大青年乡镇企业家善于在实践中学习,不断开拓视野。当今时代,科技发展日新月异,社会竞争日趋激烈,要适应时代发展的要求,青年乡镇企业家要勇于实践,积极参与国内外经济竞争与合作,在实践中长知识、经风雨、见世面,实现人生和事业的新跨越。要善于学习市场经济知识,增强按市场规律和国际通行规则办事的能力;要善于学习借鉴国内外先进技术和管理经验，做到为我所用，提高企业竞争力；要把自己的企业放在全国乃至世界经济大格局中去审视、去把握，找准企业发展方向和市场定位；要积极主动地参与国内和国际竞争与合作，增强运用资本、信息、科技、人才实施企业发展战略的能力。

二、希望广大青年乡镇企业家注重自主创新能力建设，提高企业核心竞争力。刚刚闭幕的中央经济工作会议明确指出，我国已经到了必须更多依靠增强自主创新能力和提高劳动者素质推动经济发展的历史阶段。综观全球，国家的竞争力越来越体现在以自主创新为核心的科技实力上，经济竞争力、文化影响力归根结底有赖于自主创新能力。企业是自主创新的主体，是建设国家创新体系、提高自主创新能力的重要支撑。青年乡镇企业家要着眼于企业的长远发展，将技术创新作为企业的核心战略，以创新促成长，以技术保领先，加强基础研究，发展高新技术产业，努力形成一批具有自主知识产权的技术和产品，促进经济增长方式转变，推动企业在创新中实现跨越式发展。

三、希望广大青年乡镇企业家坚持统筹城乡发展，推进企业产业升级和素质提高。党中央、国务院提出了“坚持推进西部大开发，振兴东北地区等老工业基地，促进中部地区崛起，鼓励东部地区加快发展，形成东中西互动、优势互补、相互促进、共同发展的新格局”的区域经济发展整体战略。青年企业家要审时度势，以市场为导向，以国家产业政策为指导，以提高经济质量和效益为中心，使企业在发展中调整。在区域布局上，乡镇企业要着眼东中西优势互补、互惠互利，推进东西合作，共同发展，实现地区间协调发展。在产业方向上，乡镇企业要围绕“三农”做文章，重点发展农产品加工、储藏、保鲜和运销业，劳动密集型产业，资源开发加工产业和农村第三产业。要着眼于发展高新技术产业和外向型经济，积极实施“引进来”和“走出去”战略，注重引进先进技术和先进管理经验，并进行消化吸收和改造创新。要树立品牌意识，开拓国内外市场，不断提高企业的国际竞争力。

四、希望广大青年乡镇企业家坚持诚信奉献的理念，为构建和谐社会做贡献。构建社会主义和谐社会，是党中央从全面建设小康社会、开创中国特色社会主义事业新局面的全局出发提出的一项战略任务，青年是构建和谐社会一支生机勃勃的力量。青年企业家不仅肩负着营造良好的社会风尚，创造更多的社会财富，提供更多的就业岗位，为构建和谐社会创造出坚实的物质基础的任务，青年企业家的责任还体现在取之于社会，反馈于社会，通过资助各类公益事业或弱势群体，为社会的稳定和谐做贡献。因此，青年乡镇企业家要信守公平正义、诚信友爱的理念，坚持诚信立业，恪守商业信誉和公认的道德规范，营造团结互助、诚实守信、平等友爱、融洽相处的社会氛围。要积极为农村青年、下岗职工、进城务工人员和失学青少年等困难群众提供帮助，要积极投资发展教育、文化、卫生、绿化、环保等社会事业，进一步促进经济社会协调发展，带动和帮助更多的人走向富裕。

同志们，共青团中央历来高度重视青年人才工作，始终把服务青年成长成才作为根本任务，特别是近年来，各级团组织积极探索培养和造就各类青年能人的机制，紧紧抓住教育培训、创业扶持、表彰激励等关键环节，为青年创业、致富、成才提供切实有效的帮助和服务。中国青年乡镇企业家协会是共青团领导下的全国性的青年群众组织，肩负着服务党和国家工作大局、服务青年企业家成长成才、团结凝聚青年企业家为社会主义现代化建设做贡献的光荣使命。协会工作要以会员的需求为导向，把服务青年企业家作为全部工作的出发点和落脚点，适应工作领域、工作对象、工作手段、工作环境等方面的新变化，创新工作理念，改进工作方式，充分发挥桥梁纽带作用，做到服务大局有新贡献，服务青年乡镇（民营）企业家有新作为，自身建设有新发展，把协会建成人才培养的学校、交流合作的平台、展示形象的窗口、举荐人才的通道。今天，团中央和农业部在这里举办首届“全国青年乡镇企业家”命名表彰活动，旨在通过这样一个平台，推动青年乡镇企业家之间的交流与合作，促进青年乡镇企业家健康成长。希望各级共青团组织和农业部门一道，热情关心他们的成长，广泛宣传他们的创业事迹，大力推广他们的成功经验，努力培养一支善管理懂经营的青年企业家队伍，为全面小康社会建设、构建社会主义和谐社会提供强大的人才保证和智力支持。

广西背靠大西南，面向东南亚，南临北部湾，与东南亚陆地接壤，海洋相连，是中国通向东南亚的重要门户，具有承担起构建中国与东盟国家之间海陆空最便捷通道的基础和潜力；从经济上看，广西拥有水泥、陶瓷、食品、纺织、水产等特色产业；从气候条件上看，广西是水热资源条件最优越的省份之一，物种资源丰富，具有发展特色农业的潜力。近几年来，在党中央、国务院的亲切关怀下，广西自治区党委、政府根据中央的战略部署，各项事业都取得了令人瞩目的成就，对外开放不断扩大，基础设施建设和城市化进程明显加快，投资环境日益改善。广西已经成为国内外企业投资的新热点，是各类人才施展才华、建功立业的热土。希望广大青年企业家充分利用这次机会，了解广西人文、地理、资源优势，积极寻求合作机会，利用中国—东盟博览会这个平台，加强与东盟各国的经贸联系，拓展东南亚市场。

最后，衷心祝愿各位青年企业家事业蒸蒸日上！预祝青年乡镇企业家在广西（南宁）的经贸之旅圆满成功！

谢谢大家。

尔肯江·吐拉洪在“科技之光”百名青年专家服务团吉林行活动开幕式上的讲话

2005年12月15日，根据录音整理

今天，共青团中央、科技部、全国青联、中国青年科技工作者协会组织全国各地100多名青年专家，来到素有“北国春城”之称的历史文化名城长春，开展农业科技咨询、项目对接和服务活动，共同探讨和推动吉林农业产业的发展，这对于进一步动员和引导广大青年科技人员参与东北地区等老工业基地的振兴与发展，促进吉林省农业及农业产业发展，推动社会主义新农村建设，都具有十分重要的意义。借此机会，受团中央书记处第一书记周强同志委托，我代表共青团中央、全国青联和中国青年科技工作者协会，向怀着满腔热情从全国各地踊跃参加科技服务活动的全国青联委员、青科协会员和各有关单位的青年科技专家表示衷心的感谢！向为此次活动的举办付出辛勤汗水的团吉林省委、吉林省科技厅、吉林省农委等有关单位的同志们表示由衷的感谢！向长期以来关心支持共青团和青年工作的中共吉林省委、省政府表示崇高的敬意！

实施振兴东北地区等老工业基地战略，是党和国家从全面建设小康社会全局着眼，继实施东部沿海地区开发开放和西部大开发战略之后，为加快推进我国经济社会协调发展作出的又一项重大战略决策。前不久，党的十六届五中全会通过的《中共中央关于制定国民经济和社会发展第十一个五年规划的建议》明确提出，东北地区要加快产业结构调整和国有企业改革改组改造，发展现代农业，着力振兴装备制造业，促进资源枯竭型城市经济转型，在改革开放中实现振兴。吉林省所在的东北地区，有着良好的产业基础、明显的科教优势和较为完备的基础设施。建国初期，东北为国家重要战略物资储备和工业化建设奠定了扎实基础，并为全国培养和输送了大量工业人才，是社会主义工业建设的摇篮。改革开放以来，东北老工业基地和大量的国有企业通过改革改制和结构调整，取得了许多宝贵的经验，为改革和发展做出了新的贡献。进入新世纪以来，我国初步建立了社会主义市场经济体制，综合国力显著增强，加快老工业基地振兴更成为广大干部群众的强烈愿望，希望东北振兴成为再一轮经济增长和全面发展的新动力。《“十一五”规划建议》的提出和实施，为加速东北地区的发展提供了新的历史机遇，必将有力地推动包括吉林在内的东北地区等老工业基地重振雄风、再造辉煌。

振兴东北，关键在科技，根本在人才。振兴东北老工业基地，无论是解决体制性、结构性矛盾，还是进行经济结构的战略性调整，无论是振兴工业，做好其他产业兼顾农业和第三产业，还是扩大对外开放，融入全球经济，最终需要靠千千万万各类人才来实现，最终需要靠推动科技进步和科技创新来实现。青年人才是人才队伍中最有创新精神、最有创造活力的群体，是高层次人才队伍的重要组成部分，也是推动东北地区等老工业基地实现振兴的重要力量。东北地区等老工业基地的振兴和发展，为青年人才施展才华、服务社会提供了广阔的舞台，同时，青年人才在振兴东北地区等老工业基地的进程中更肩负着重要责任。因此，要在推动科技创新，提高自主创新能力方面，充分发挥青年人才的生力军和突击队作用，为东北老工业基地的振兴做出积极的贡献。

团中央、全国青联历来高度重视科技创新工作，几年前就启动了中国青年科技创新行动，通过组织青年专家到各地开展科技服务、成果洽谈、人才交流，举办科技论坛、专家咨询论证会等多种方式，大力促进产、学、研、资等要素的聚合，努力在大专院校、科研院所与企业、东部地区与西部地区、海外学人与国内建设之间搭建平台、架设桥梁，为推动科技创新及其产业化以及青年人才的培养做了许多卓有成效的工作。“科技之光”百名青年专家服务团吉林行活动，是团中央、科技部、全国青联联合组派的第一支科技服务团，是贯彻科教兴国战略和人才强国战略，服务社会主义新农村建设的一项实实在在的举措。这次活动是要组织各类青年专家尤其是青年农业专家深入吉林省基层单位和农村地区，通过举办高水平科技报告会、大中学生与青年科学家面对面活动、农业发展青年专家座谈会、农业科技项目推介与洽谈会，以及开展农村科技、教育和医疗卫生等具体服务，广泛传播现代科技知识，推动农业科技成果的转化，促进人才、项目、资金的多元对接，在实践中培养青年科技人才，为推动吉林农村、农业的发展，提高农民的生活水平做贡献。我们希望，通过开展“科技之光”百名青年专家服务团吉林行活动，深入贯彻落实十六届五中全会精神，积极探索高层次人才在建设社会主义新农村的过程中发挥作用的新途径和新方式。今后，我们还将陆续组织不同层次、不同类型、不同规模的青年专家服务团，到全国各地的农村开展形式多样、富有成效的科技服务，切实帮助农民改善农村的生产生活条件。各级团组织、青联、青年科技工作者协会要高度重视、大胆创新，不断深化和推进这项工作。

吉林省地处东北地区中部,是我国重要的工业基地和粮食生产基地,优越的生态环境和丰富的资源优势,为经济和社会的可持续发展奠定了坚实基础。改革开放以来,特别是振兴东北地区等老工业基地战略实施以来,全省人民在省委、省政府的领导下,发扬团结奋斗、艰苦创业的精神,创造了令人振奋的辉煌业绩,社会文化事业发展速度明显加快,经济效益显著提高。目前,吉林在做大做强汽车、石化等五大支柱产业的同时,还在大力发展能源、旅游等五个特色产业。我们相信,在振兴东北地区等老工业基地战略的进程中,吉林的经济社会发展必将乘势而上、再创新的辉煌,这块"黑土地之乡"也必将成为青年人才大展宏图的广阔舞台。

这次活动虽然筹备的时间较短,但青年科技专家参加却非常踊跃,这里面既有我们国家电子信息产业的领头人,"神州"六号飞船年轻的副总设计师,还有中国自动化研究、数学研究领域的学术带头人,他们很多人都是推掉学术会议、推迟出差甚至推迟出国赶来的,不少人还是带着自己的科研成果专程赶到吉林。他们是怀着对黑土地的热爱而来,怀着对基层人民群众的深厚感情而来。我相信,大家一定会珍惜这一难得的机会,广泛交流,深入服务,在开展科技知识传播,推动现代农业发展,加强产学研结合等方面,取得丰硕的成果。

最后,预祝"科技之光"百名青年专家服务团吉林行活动取得圆满成功!

尔肯江·吐拉洪在"2005海外学人回国创业周"河南活动开幕式上的讲话

2005年12月23日

今天,来自海外的青年留学人员来到七朝古都——开封,在河南这片美丽的土地上共谋创业盛举,共抒报国之情。这是一次人才的聚会、创业的聚会、友谊的聚会、青春的聚会。在此,我代表共青团中央、全国青联,向参加"创新创业、报效祖国——2005海外学人回国创业周"活动的青年留学人员表示诚挚的欢迎,向对这次创业周活动给予大力支持的河南省委、省政府,开封市委、市政府和有关单位表示衷心的感谢!

学有所成,报效祖国,不仅是每一位海外学人的美好愿望,也是海外学人的优良传统。这些年来,越来越多的海外爱国青年关注着祖国的现代化建设,期盼着中华民族的腾飞。一批批来自世界各地的海外留学人员,以项目合作、技术服务和创办高新科技企业等多种方式回国创业,不仅自己事业上得到了发展,也为我国社会主义现代化建设做出了积极的贡献。广大海外留学人员是国家和民族的宝贵财富,是我国人才资源的重要组成部分,是推动中华民族伟大复兴的一支重要力量。

改革开放以来,在我们党的坚强领导下,全国各族人民团结奋斗,祖国的面貌发生了天翻地覆的变化,人民生活总体上达到小康水平,社会主义现代化建设取得了举世瞩目的伟大成就。从1978到2004年改革开放26年间,国内生产总值年均增长9.4%。刚刚结束的全国第一次经济普查结果显示,2004年我国国内生产总值现价总量为159878亿元,经济总量在世界上升至第六位。这是我国坚持改革开放、与时俱进,全国各族人民坚持独立自主、艰苦奋斗,用勤劳的双手创造出的惊人奇迹,令全世界所有的中华儿女都为之感到骄傲和自豪。

本世纪的头20年,对我国来说,是一个必须紧紧抓住并且可以大有作为的重要战略机遇期。面对新的历史形势,党中央通过了《中共中央关于制定国民经济和社会发展第十一个五年规划的建议》,确定了未来五年的发展目标,争取到2010年人均国内生产总值比2000年翻一番,实现国民经济持续快速协调健康发展和社会全面进步,取得全面推进小康社会建设的重要阶段性进展。祖国美好的发展前景为广大青年留学人员回国创业、报效祖国,提供了广阔的发展空间和千载难逢的发展机遇。

团中央、全国青联与欧美同学会共同举办的"海外学人回国创业周"活动,已经成功举办了五年,是共青团、青联组织发挥广泛联系的优势,为青年留学人员回国创业、为国服务牵线搭桥的重要举措。今年的"海外学人回国创业周活动",邀请了300多名优秀海外学人分6条路线赴北京、天津、辽宁、上海、江苏、江西、河南、福建、广东、山东、重庆等11个省、市开展项目洽谈和人才交流活动。前天,参加创业周活动的海外学人齐聚北京,聆听了中共中央政治局委员、全国人大常委会副委员长王兆国同志的重要讲话。王兆国同志高度评价了广大留学人员热爱祖国的优良传统、锐意进取的开拓精神和他们为促进改革开放和社会主义现代化建设做出的贡献,并对他们提出了要弘扬以爱国主义为核心的伟大民族精神,始终维护国家利益、促进祖国统一;要把握难得的发展机遇,艰苦创业、自主创新,利用多种形式,为现代化建设尽一份心、出一份力;要紧跟世界科技发展的步伐,积极开展交流与合作,形成科技创新的强大合力;要紧密联系实际,坚持将所学理论知识与中国具体实践相结合,坚持个人所学与国家所需相结合,坚持个人努力与团队协作相结合,沿着正确的方向成长和发展的殷切希望。在京期间,国家发改委主任马凯同志专门为大家做了《关于"十一五规划"建议的几个问题》的报告;举办了"海外学人创业论坛"、"海外学人回国创业恳谈会";还开展了"聚焦大型民营企业"专题活动,组织42家我国知名民营企业与300多名海外留学人员、400多名新近归国留学人员进行了人才和项目、技术等多层次多渠道的合作洽谈。广大留学人员相聚一堂,相互交流,相互勉励,同叙依恋祖国之情,共话民族发展大业。"海外学人回国创业周"活动的内容越来越丰富,举措越来越有效,理念越来越务实,为广大留学人员积极参与和投身地方经济建设铺路搭桥,为大家回国创业、报效祖国搭建广阔平台。

河南,是一个环境优美、历史悠久、人力资源雄厚、发展势头强劲的省份。改革开放以来,尤其是进入新世纪以来,在省委省政府的领导下,河南人民艰苦奋斗,开拓创新,河南的面貌日新月异,各项事业都取得了新进展。河南省各级党政部门和共青团、青联组织,非常重视青年留学人员工作,不断创新工作机制,优化创业环境,提高服务水平,使这里成为了留学人员创业的好舞台、发展的好平台。特别是作为千年古都的开封,拥有厚重的历史和灿烂的文化。这次留学人员来到古都,开封市委、市政府高度重视,做了精心周到的安排。希望各位海外学人珍惜机遇,努力寻找创业立业的切入点,为古老的开封再造辉煌增光添彩。

青年朋友们,祖国的繁荣富强是海外学子最为坚强的后盾。我们期待,通过本次活动,能有更多的海外学子回到祖国这片充满梦想、孕育希望的土地上来,创造事业的新辉煌,为祖国的繁荣昌盛贡献自己的力量!

最后,预祝本次"2005海外学人回国创业周"在河南期间的活动取得圆满成功!

王晓在2005年全国青年文明号活动组委会办公会议上的讲话

2005年3月15日，根据录音整理

刚才，绍川同志代表组委会办公室通报了2004年青年文明号活动的基本情况，提出了今年的工作打算，我都同意。各成员单位的有关负责同志结合本行业、本系统实际就如何深化青年文明号活动发表了很好的意见，听后很受启发。在这里，我想就加强组委会自身建设问题谈几点想法，和大家交流。

任何一个组织，都存在着加强自身建设的问题。只有自身建设加强了，才能切实实现组织目标、提高组织效能、降低组织运行成本，确保各项工作的顺利开展。全国青年文明号活动组委会虽然是一个松散型的组织机构，也同样存在着加强自身建设的问题。这既是一项长期的任务，也是青年文明号活动健康发展的迫切要求。

1996年3月18日，本着有利于各系统共商共议、齐抓共管的原则，我们成立了全国青年文明号活动组织委员会。《关于成立全国青年文明号活动组织委员会的决定》明确了组委会的四项基本职责，即进行宏观调控、加强科学管理、严格监督检查、推动整体协调。从9年来组委会的运行情况看，组委会的效能还是比较高的，对青年文明号活动的健康发展发挥了重要的推动作用。但在9年后的今天，我觉得我们有必要以与时俱进的精神和求真务实的态度，对组委会的职能进行调整和强化，推动组委会的自身建设迈上一个新的台阶，为青年文明号活动的可持续发展提供有力保障。

第一，要强化组委会的议事功能。去年我们对组委会办公会议的开法进行了改革，提出一些具体的议题由大家来共同商议，今天下午大家也站在全局的高度、从各自的实际出发，对青年文明号活动的发展提出了很好的建议。从实践情况看，在组委会全体会议不能经常召开的情况下，办公会议起到了决策的作用，青年文明号活动也成为促进社会主义精神文明建设的有效载体，成为加强职业文明建设的有益实践，成为青年建功成才的现实途径，得到了各界的广泛好评。所以组委会的议事功能应该强化，特别是在我国当前经济和社会结构发生了深刻变化的背景下，我们应清醒地认识到自己的工作基础和社会基础所发生的深刻的结构性变化，站在新的历史起点上，在认真总结借鉴十年青年文明号活动经验的基础上，着眼于青年文明号的持续健康发展，深入研究社会主义市场经济条件下青年文明号活动的成长发展规律，推动青年文明号活动进入理性、健康、可持续的发展阶段。

第二，要强化组委会的组织功能。提高组织效率和组织化程度，是青年文明号活动健康发展的重要保障。经过多年的努力，我们已经形成了以全国青年文明号活动组委会为龙头，以各行业、各地区青年文明号活动领导小组或组委会为联结，条块结合、开放互动的组织体系，每年基本上都有新的单位加入组委会，各方面互相支持、密切合作，形成了齐抓共管、良性互动的工作格局。在新的历史条件下，我们应该从各自的现实条件和潜在条件出发，从全局和长远的角度谋划资源配置的最优化和组织效能发挥的最大化，努力构建既能发挥每个成员单位的各自比较优势、又能形成新的工作合力的工作格局，形成“和而不同、分工协作”的整体优势。在组织体系中，组委会办公室处于枢纽的地位，应发挥好作用，确保组委会的良好运转。

第三，要强化组委会的指导功能。指导本行业、本单位、本地区青年集体按照组委会的部署开展青年文明号活动，是组委会的重要职责。长期以来，各成员单位高度重视、精心组织、共同努力，才有了青年文明号活动今天的发展态势。每当我们看到青年文明号的牌匾、接受青年文明号的服务、听到人民群众对青年文明号的赞誉，心情总是很舒畅。我想，这是因为我们把它当做一项事业、倾注了很多心血。从一定意义上讲，青年文明号是“大家的孩子”，需要每个人去关心、爱护、培育、扶持。但我们有个别单位认为所有的工作理所当然都是组委会办公室的事情，他们做是帮忙、额外的，不仅不重视工作的推进，不主动支持办公室的工作，甚至就连参加会议和活动都觉得是给面子。个别单位把创建简单地等同于评选表彰，在一定程度上存在着“重结果、轻过程，重表彰、轻培养”等不良倾向，一年也就发发文件、评选表彰了事。我们很多成员单位人手少、任务重，但仍然做了大量工作，创造了许多经验。试想，如果我们每个成员单位在现有的基础上，一年指导、组织一次本行业、本系统的统一活动，那将是什么样的局面和成效。所以，我衷心地希望各成员单位继续加大工作力度，做到大家的事情大家办、大家管，齐心协力，指导、推动本行业青年文明号活动迈上新台阶。

第四，要强化组委会的协调功能。加强协调，着力改善组委会各个环节的“结合能力”和“协同能力”，是组委会自身建设的重要内容。我们应该共同致力于建立健全信息交流和多层协商机制，畅通沟通的渠道，避免造成不必要的工作损失。比如，个别成员单位没有遵循联合团中央共同下发评选表彰通知、共同组织表彰工作的原则，单独下发文件，造成在推报过程中要求省级团委在事先不知情的情况下加盖公章；个别成员单位不按规定时间下发文件、提出候选名单，延误了在媒体上进行集中公示的时间。我们一共才 20 多个单位，又没有利益之争，协调上应该是没有问题的，只要多一些协调的意识就可以了。

第五，要强化组委会的管理功能。强化管理，就是要根据《全国青年文明号活动管理办法》规范本行业、本系统、本地区的青年文明号创建工作。一是要加强制度建设。长期以来，我们在合作中约定俗成的事情较多，今后要着眼于工作的规范化、科学化、制度化建设，进一步加强制度建设，既发挥制度的刚性约束作用，又尊重并发挥习惯做法等非正式制度的约束力。二是要创新管理方式。依托互联网络，对青年文明号实施动态管理，是青年文明号活动管理方式上的一个创新。由于种种原因，青年文明号活动组委会办公室花大力气建立的全国青年文明号在线网站还没有充分发挥作用。组委会办公室要加大工作力度，加快工作进度，也希望各成员单位提供相应的支持，使其作用得到充分发挥。三是要强化监督。我们目前的监督很客观，是柔性的、有人情味的、人文化的。要确保公开、公平、公正，并探索建立荣誉退出机制，永葆青年文明号的先进性。

第六，要强化组委会的服务功能。服务，是组委会的天职。要强化服务意识，坚持服务党和国家工作大局，服务职业文明建设全局，服务青年建功成才，把提高服务能力作为加强组委会自身建设的重要任务。要创新服务手段，积极利用互联网络，打破服务工作的时间和空间限制。要优化服务环境，特别是要加强政策环境建设，制定出台更多有利于青年文明号和青年成长发展的政策，努力为青年成长成才创造良好的政策环境。组委会办公室要竭诚为成员单位服务，各成员单位要竭诚为基层、为青年文明号集体服务，共同营造和谐美好的氛围。

王晓在中国青年企业家协会专家委员会成立仪式上的讲话

2005年3月25日，根据录音整理

今天，中国青年企业家协会专家委员会在这里举行成立仪式，这是自去年中青企协第九次会员代表大会以来，由专业委员会组织开展的第一个活动。在此，我谨代表共青团中央、中国青年企业家协会向今天的庆祝联谊活动表示热烈的祝贺！

刚才，敖宏同志作了一个很好的报告，一些会员也作了精彩的发言，听了以后很受启发，很受鼓舞。广平同志作为团中央国际联络部部长和多届的中青企协副会长，在过去的工作中，对“青年企业家走出去”战略的实施做出了重要贡献。在中青企协内部成立专业委员会，既是中青企协加强自身能力建设、提高工作水平的重要举措，也是中青企协创新自身工作方式的一个重要方向。成立专业委员会，可以有效改进中青企协的工作方式，提高工作的针对性和实效性；可以有效改进中青企协的组织方式，降低工作重心，改善中青企协组织管理机构各个环节的“结合能力”和“协同能力”，提高工作效率和效益；可以有效改进中青企协的动员方式，实现资源的有效配置和整合，对于进一步提高中青企协的凝聚力、吸引力和战斗力，在组织、人才、服务、合作、文化等方面创造新优势、实现新发展，必将产生积极的影响。

借此机会，我就专家委员会的工作谈几点想法，和大家交流。

第一，要把握工作定位。关于工作定位，我想有以下几个描述。首先，专家委员会应是一个“智囊团”。在专家委员会里，既有政府官员、企业家，又有来自科研单位、高等院校的专家学者。大家都是在各自所从事的领域中有较高造诣的杰出英才，有着广泛的代表性和突出的智能优势，理所应当成为中青企协、青年企业家实现科学决策的思想库和智囊团，理所应当为中青企协及其会员企业、青年企业家的持续健康发展提供强有力的智力支持。其次，专家委员会应是一个“平台”。依托这个“平台”，中青企协可以在决策咨询等领域为青年企业家提供有效服务，可以帮助更多的青年企业家开辟自身事业发展的崭新天地；依托这个“平台”，中青企协可以为会员提供真诚可靠的交流合作空间，促进会员之间的优势互补和资源共享，增强协会的凝聚力和吸引力；依托这个“平台”，可以实现中青企协工作的市场化、社会化和事业化发展。再次，专家委员会应是一个“加油站”。每一个青年企业家都有难忘的创业历程，都积累了宝贵的创业经验。在专家委员会里，通过真诚的交流合作，每个人都可以从身边人的成长故事和成长轨迹中汲取营养，受到激励和启迪，从而增强自身的发展动力。最后，专家委员会还应是一个“窗口”。通过这个“窗口”，可以有效地帮助更多的会员及时全面地了解党和政府的方针政策和信息；通过这个“窗口”，可以有效地扩张中青企协的融智功能，广泛吸纳人才，不断优化专家委员会的结构；通过这个“窗口”，可以有效地展示中青企协的工作成效，展示当代青年企业家开拓进取、艰苦创业的生动实践，展示青企协组织和青年企业家服务人民、报效祖国的崭新时代形象。

第二，要提升成长能力。任何一个组织的发展，都是一个彰显其自身比较优势和作用的过程。在产业组织经济学的分析框架中，一个组织的竞争力集中表现在成本优势、时间优势和差异优势三个方面。专家委员会作为一个组织，如何提升自己的竞争力，如何增强自己的可成长性，如何展现自己的比较优势，都是我们应该认真思考的问题。我想应努力做好以下几方面工作。一是要强化组织功能。提高组织效率和组织化程度，是一个组织正常开展工作的重要保证。专家委员会的成员都是杰出英才，而且造诣很深，每个人都有很多长处与优势。我们应着眼于组织的可持续成长，从各自的现实条件和潜在条件出发，努力构建既能充分发挥各自比较优势、又能形成新的工作合力的分工格局，形成一种“和而不同，分工协作”的整体优势。二是要做好统筹规划。到中青企协第十次会员代表大会召开还有近三年时间，每个专业委员会在这三年里如何开展工作是要有规划的。希望专家委员会的成员，特别是领导班子深入调查研究，科学确定专家委员会的定位、功能和发展方向，从全局和长远的角度谋划资源配置的最优化和组织效能发挥的最大化，推动专家委员会的工作进入一个理性、健康、可持续的发展阶段。三是要打造品牌项目。对于一个组织来讲，活动就是生命。要在丰富多彩、形式多样的基础上，注重突出主题。在这三年里，专家委员会可能要搞很多活动。如果我们突出一个主题，并围绕这条主线来搞活动，三年下来，我们在某个方向就会挖得比较深、做得比较实，从而打造出品牌项目，形成专家委员会的鲜明特色。比如，如果我们有部分专业委员会围绕相关主题，开展调研活动，形成相关产业的白皮书，那将是很令人振奋的。

第三，要加强自身建设。对于组织来讲，只有加强自身建设，才能有效实现工作目标，提高组织效能，降低运行成本，确保工作的顺利开展。专家委员会虽然是个松散型的组织机构，但其自身建设也是非常重要的，而且从专家委员会的生存发展来看，是一个长期而紧迫的任务。一是要加强思想建设。把学习实践“三个代表”重要思想贯穿于活动始终，引导青年企业家坚定跟党走中国特色社会主义道路的信念，致富思源，富而思进，在创造物质财富的同时，切实履行社会责任，成为社会主义政治文明的建设者和精神财富的创造者。二是要加强队伍建设。做好专家委员会工作，实现专家委员会的健康发展，队伍建设是关键。专家委员会的领导班子特别是执行主任要切实履行职责。要广泛吸纳人才，逐步优化结构，培养一支热心工作、素质过硬的工作者队伍，为专家委员会的正常运转提供工作力量上的保证。三是要加强制度建设。《中国青年企业家协会章程》和《中国青年企业家协会专业委员会工作条例》，是专家委员会工作的基本准则。当然，专家委员会在工作中还会形成一些制度。希望你们在按照章程、条例等制度要求，推动工作向规范化、科学化、制度化发展的同时，尊重并发挥习惯性做法等非正式制度的约束力，为专家委员会的工作创造良好的制度环境。

中青企协秘书处要全力支持专家委员会的工作。我希望专家委员会能成为中青企协加强专业委员会建设的新标尺。我也相信，在大家的共同努力下,专家委员会一定能取得可喜的工作成绩,一定能够和中青企协其他专业委员会一道,为把中青企协建成令人向往、对会员有所帮助的组织做出积极贡献。

王晓在首届京津冀青年企业家合作(河北)年会上的致辞

2005年4月3日,根据录音整理

尊敬的德旺书记、胜业常委、利民省长,

同志们,朋友们:

今天,首届京津冀青年企业家合作年会在河北隆重开幕了。这对三省市共青团和青企协组织深入学习贯彻"三个代表"重要思想、党的十六大和十六届三中、四中全会精神,全面落实全国"两会"和团十五届三中全会的有关要求,进一步统一思想,振奋精神,团结带领三省市广大团员青年在推进京津冀一体化、构建社会主义和谐社会的新征程上做出新贡献,必将产生积极的影响。在此,我谨代表共青团中央、中国青年企业家协会向本次会议的召开表示热烈的祝贺!向长期以来重视关心支持共青团和青企协工作的三省市各级党政领导和有关部门表示衷心的感谢!向出席会议的各位来宾、青年企业家朋友们致以诚挚的问候!

在经济全球化加速发展、科技进步日新月异的今天,区域经济一体化已经成为当今世界经济发展的一大趋势,呈现出前所未有的生机和活力。区域经济问题,是我国经济和社会发展的重大问题,在我国全面建设小康社会的过程中,可以说是充满了区域特色。统筹区域发展,是党的十六届三中全会提出的完善社会主义市场经济的重要要求,也是在新的历史时期需要我们特别予以高度重视的重大现实问题。积极推进区域合作,有利于树立和落实科学发展观,实现优势互补、协调发展;有利于加速区域市场一体化和经济结构合理化的进程,促进经济与社会的发展和稳定;有利于优化资源配置,有效集成工作能量,形成并提升整体竞争实力。

京津冀三省市地域相邻,人缘相亲,文化相通,经济相融,在经济、科技、教育、文化等方面的合作历史悠久、源远流长。京津冀都市圈不仅拥有较为雄厚的经济基础、明显的区位和资源优势,而且区域经济的均质化和特色化程度较高。推进京津冀一体化进程,形成叠加优势,实现经济的聚合效应和乘数效应,就可以推动三省市的经济迈上新台阶,进而带动整个环渤海经济的腾飞,从而掌握未来竞争的主动权。

多年来,三省市共青团和青企协组织坚持以邓小平理论和"三个代表"重要思想为指导,在服务党和国家工作大局、服务经济社会发展全局、服务青年成长发展等方面,做了大量扎实有效的工作,取得了显著成绩。特别是近年来,三省市共青团和青企协组织,在促进区域合作方面做了大量积极有益的探索,积累了宝贵的经验。本次年会的成功举办,是三省市共青团和青企协组织又一次具有战略意义的探索,必将为三省市今后的青年工作合作打下良好基础。希望三省市共青团和青企协组织以本次会议为契机,认真总结经验,科学规划未来,努力构建三省市青年工作合作的新格局,不断取得新的成绩。

第一,要做好统筹规划。所谓统筹规划,

就是要打破区际间在观念、制度等方面的壁垒，着眼于组织的可持续成长，从全局和长远的角度去谋划如何实现资源配置最优化、如何发挥组织效能最大化，推动三省市青年工作合作进入理性、健康、可持续的发展阶段，形成新的凝聚力。希望三省市共青团和青企协组织从各自的现实条件和潜在条件出发，采取战略规划和战术规划相结合的方式，努力构建一种既能充分发挥各自比较优势、又能形成新的工作合力的分工格局，形成一种"和而不同、分工协作"的整体优势。

第二，要构建项目体系。项目化运作，是近年来共青团和青企协组织适应社会主义市场经济发展要求、创新自身工作方式的一个重要方向。实施项目化远作，有利于整合资源，促进工作要素的有效配置和无边界流动；有利于培育人才，缓解人力资本短缺构成的瓶颈制约，强化工作可持续发展的智力支持；有利于量化目标，降低组织的运行成本，提高工作效率和效益。在产业组织经济学的分析框架中，组织竞争力集中表现在成本优势、时间优势和差异优势三个方面，这就要求三省市共青团和青企协组织充分发挥自身优势，着力培育符合区域经济社会发展要求、具有共青团特点、满足青年企业家和团员青年成长发展需要的支柱项目，着力打造区域青年工作合作品牌，努力形成京津冀青年企业家合作年会和青年工作合作的鲜明特点和优势。希望三省市共青团和青企协组织切实加强项目体系建设，积极推进项目开发、项目实施和项目评估，切实提高工作项目对青年企业家的凝聚力，对区域经济社会协调发展的贡献率，从而使三省市青年工作合作不仅是一种形态上的合作，更是一种业态上的合作，实现资源与功能的有效整合。

第三，要完善运行机制。机制建设是一个带有全局性、战略性和根本性的问题，也是促进三省市青年工作合作健康发展的"内生变量"。这里我讲三个机制。一是要完善组织管理机制，建立科学的组织机构，采取先进、科学的管理模式和手段，着力优化组织领导机构中各个环节的"结合能力"和"协同能力"，做到组织科学、管理科学、领导科学，为三省市青年工作合作提供强有力的组织保障。二是要完善多层协商机制，通过畅通沟通渠道、加强信息交流、强化过程控制等途径，优化工作流程，推动三省市青年工作合作向全方位、宽领域、多层次方向健康发展。三是要完善政策保障机制，认真学习贯彻党和政府关于统筹区域发展的方针政策，努力为三省市青年企业家之间的合作与发展，为三省市青年工作的合作与发展创造良好的政策环境。

企业家是经济和社会发展最稀缺的资源之一，也是市场经济发展的"发动机"。青年企业家是企业家队伍的重要组成部分，在经济社会发展进程中发挥着特别重要的作用。在座诸位都是三省市优秀青年企业家中的杰出代表，应该在京津冀一体化进程中，充分发挥先锋作用。希望青年企业家朋友们认真学习实践"三个代表"重要思想，勤奋学习，艰苦创业，勇于创新，热心公益，积极投身区域经济合作与交流，为京津冀一体化做出积极贡献。

本次年会的召开，标志着三省市青年企业家合作和青年工作合作进入了一个新的发展阶段。团中央、中国青年企业家协会将全力支持三省市共青团和青企协组织的合作与交流。我相信，三省市共青团和青企协组织在以胡锦涛同志为总书记的党中央的坚强领导下，一定会团结带领广大团员青年沿着"三个代表"重要思想指引的方向，开拓进取，埋头苦干，在新的征程上不断做出新的更大的贡献。

最后，预祝本次年会取得圆满成功！祝年会越办越好！

王晓在首届中国青年企业家发展论坛开幕式上的致辞

2005年4月7日，根据录音整理

今天，共青团中央、中国青年企业家协会在这里举办首届中国青年企业家发展论坛，研讨当代青年企业家如何实现自我发展、如何通过青年企业家的发展推动我国经济社会的发展，很有意义。在此，我谨代表活动主办单位向论坛的举办表示热烈的祝贺，向出席论坛的各位来宾、同志们、朋友们致以诚挚的问候！

发展是人的高级需求，也是人存在的基本形态。正是由于发展，人经历了由低级到高级、由旧质到新质、由单向到全面的变化过程。人是环境的产物。这就决定了，人的发展不可能是静止的、孤立的，必然具有鲜明的时代内涵。可以说，不同的时代背景、不同的社会形态决定着人的不同发展方向。实践证明，只有将人的发展有机融入时代和社会的发展，才能获得更高层次的发展平台，才能开辟人生发展的崭新天地。对于人类社会发展而言，经济发展是第一位的，换言之，发展首先要抓好经济的发展。坚持以经济建设为中心，大力解放和发展社会生产力，就能为全面协调发展打下坚实的物质基础。青年企业家处在经济建设的第一线，是企业的领导者和管理者，其发展水平直接决定了企业乃至社会的发展。因此，我们在这里研讨的青年企业家发展问题，是立足于推动我国经济社会发展和全面建设小康社会的重大课题，具有重要的理论和实践价值。

当前，青年企业家面临着变化多端的发展环境。从国际看，科技发展日新月异，知识经济蓬勃兴起，经济全球化的步伐进一步加快。经济全球化提高了我国对外开放的深度和广度，扩大了参与国际竞争、开展国际合作的领域，对我国经济发展和社会进步产生了广泛而深刻的影响。经济全球化带来的国与国之间的竞争，是以科技和人才为基础的竞争，也是以企业为主体的竞争。著名经济学家斯蒂格利兹提出，发展中国家经济要素固然不足，但最缺乏的是能够参与市场竞争的企业家。基于经济发达国家主导贸易规则的制定，一些跨国集团在资金、技术、人才、品牌、管理等方面具有较大优势的实际，全球化浪潮所引发的国际竞争，对于正处在成长阶段的青年企业家来说，更多意味着冲击和挑战。同时，又给青年企业家的发展提供了更为广阔的空间。从国内看，我们党从新世纪新阶段党和国家事业发展全局出发，提出了“坚持以人为本，树立全面、协调、可持续的发展观”的战略构想，作出了以科学发展观统领经济社会发展全局的战略部署。树立和落实科学发展观，既有赖于企业发挥主体作用，又为企业以及青年企业家的发展指明了方向。比如说，青年企业家积极投身发展循环经济的实践，促进自然生态系统和社会经济系统的良性循环，既符合国家的产业发展方向，符合科学发展观的要求，又能为企业发展提供新的增长点。如何在落实科学发展观的过程中实现自身的发展，成为新形势下青年企业家面临的重要课题。

据此，我们建议，当代青年企业家要从以下几个方面着手，努力实现自身的新发展。

第一，要坚持市场取向，适应社会主义市场经济发展的内在要求，走集约化生产经营的新路子。要优化企业产品、组织、技术和资本结构，提高产品附加值，转变效益增长方式，提高企业的质量和效益。要大力开发具有自主知识产权的技术，促进科技成果向现实生产力的转化，培育企业核心竞争力，使企业在激烈的市场竞争中立于不败之地。要深化企业改革，优化企业人、财、物等生产要素的配置和管理，源源不断地为企业发展注入新的活力。此外，还要按照发展循环经济的要求，实施清洁生产，改进资源利用方式，减少对自然资源的依赖。

第二，要推动社会进步，勇于承担社会责任，履行社会义务，在发展社会主义民主政治、建设社会主义先进文化、构建社会主义和谐社会等方面发挥积极作用。要坚持厂务公开，扩大企业基层民主，保障职工依法行使选举权、知情权、参与权和监督权。要培育健康向上的企业文化，弘扬质量、效率、诚信等符合时代发展要求的新观念，促进先进文化的发展。要热心社会公益事业，为教育、科技、文化、卫生等社会公益事业做贡献。当前，我国就业问题十分突出，就业压力很大。青年企业家要妥善安排好下岗失业人员，创造更多的就业岗位，促进就业和再就业工作的开展。

第三，要坚持以人为本，满足人们多方面的需求，促进人的全面发展。要尊重职工的主体地位，充分相信职工，紧紧依靠职工，一切为了职工。要尊重群众的首创精神，尊重劳动，尊重知识，尊重人才，尊重创造，鼓励职工干事业，帮助职工干成事业，使一切有利于企业发展和社会进步的创造愿望得到尊重，创造活动得到支持，创造才能得到发挥，创造成果得到保护。要树立法制观念，保障职工的合法权益，执行劳动用工、工资分配、社会保障等劳动保障政策，改善工作环境、劳动条件，维护好职工最现实、最直接、最具体的利益。要妥善处理好企业改革发展稳定的关系，把企业改革的力度、发展的速度和职工的承受程度结合起来，建立健全利益沟通机制和协调机制，维护企业和社会的稳定。

第四，要开拓国际视野，勇敢地投身国际经济竞争与合作，在竞争中长知识、经风雨、见世面，实现人生和事业的新跨越。要学习世贸知识，增强按国际通行规则办事的能力。学习借鉴国外先进技术和管理经验，做到为我所用，提高企业竞争力。要正确认识世界范围内产业梯度转移的趋势，把企业放在世界经济大格局中去审视、去把握，找准企业发展方向和市场定位。通过建立企业联盟等方式，灵活有效地与各国企业进行合作，扩大合作领域，分享国际资源和市场。要积极主动地参与国际竞争与合作，增强运用资本、信息、科技、人才实施企业发展战略的能力，从而变竞争压力为合作动力，变不利因素为有利因素，形成企业新的竞争优势。

青年企业家协会是青年企业家自己的组织，肩负着服务青年企业家成长发展的重要责任。希望各级共青团和青企协组织站在新的历史起点上，认真贯彻落实中国青年企业家协会第九次会员代表大会精神，以建设现代化、国际化一流社团为目标，以提高服务能力为关键，努力创造组织、人才、服务、合作和文化新优势，不断开创新的工作局面，团结引导广大青年企业家成长发展、建功立业，为全面建设小康社会、构建社会主义和谐社会做出新的更大的贡献。

最后，预祝本次论坛取得圆满成功！

王晓在中青企协九届二次会长办公(扩大)会议上的讲话

2005年6月21日,根据录音整理

刚才,大家进行了热烈的讨论,提出了很多很好的建议,请秘书处会后认真整理、采纳。良驯同志代表秘书处作了一个很好的报告,对九次会员代表大会以来的工作情况进行了总结,对今年下半年的工作进行了安排部署,我都赞成。自九次会员代表大会以来,通过大家的共同努力,中青企协在服务经济社会发展方面做出了新贡献,在促进会员成长发展方面取得了新成效,在加强协会自身建设方面实现了新发展,协会整体工作迈上了新台阶。在这里,我谨代表共青团中央向为青企协事业发展付出辛勤劳动、做出积极贡献的各位副会长、副秘书长表示衷心的感谢。

因时而变、因势而起,是事物发展进步的客观要求。中青企协至今已历九届,正是在不断地把握规律、奋发进取中,协会工作始终保持了蒸蒸日上的良好发展态势。主动适应形势和任务的要求,积极研究新情况、解决新问题、探索新机制、创造新经验、实现新发展,团结引导广大青年企业家成长发展、建功立业,不断开创协会工作的新局面,是新世纪新阶段中青企协的历史使命和光荣任务。作为协会的领导层,由会长、副会长、秘书长、副秘书长组成的组织领导机构承担着不可替代的责任,发挥着重要作用。因此,加强中青企协组织领导机构的自身建设,就显得尤为重要。下面,我想就这个问题谈几点想法,和大家交流。

第一,要在组织层面上做到知行统一

任何组织都是为实现一定目标而建立起来的。组织目标就是组织的宗旨和纲领,它表明建立组织的目的,是组织的旗帜。大家都知道,中青企协是全国性的青年企业家的群众组织,是共青团联系青年企业家的桥梁和纽带,其宗旨是以邓小平理论和“三个代表”重要思想为指导,服务党和国家工作大局,服务青年企业家成长发展,引导青年企业家在全面建设小康社会的伟大实践中成长发展、建功立业。这就是我们的组织目标,是我们的行动指南。

一般而言,参加某一组织的人,都应该是该组织的目标赞成者,有为实现组织目标做贡献的意愿。但实际上,组织成员对组织目标的知行不一,往往还具有一定的普遍性,这对组织目标的实现是十分有害的。大家都是协会的重要人物,大家在践行组织目标层面上知行统一的程度如何,对协会的长远健康发展有着决定性的影响。在座各位都是自己所处行业中的杰出英才,都有很多优势和长处。所以,我希望每一位领导成员都能在认同协会组织目标的同时,积极行动起来,强化领导责任,充分发挥各自比较优势,力所能及地为协会发展做出应有贡献。同时,希望秘书处加大服务力度,特别要为协会领导成员服好务,因为这个群体本身就是服务对象,规模也不大。客观地讲,与自身条件、状况相比,协会秘书处的工作取得了很大成绩,但和协会健康发展的要求相比,差距还比较大。所以,一方面中青企协秘书处要研究、制定、落实更加有效的服务措施,提高服务能力和服务水平,另一方面也要请各位会长、秘书长谅解秘书处的工作难度,支持他们做好工作。

第二,要在加强组织管理层面上作到刚柔并济

加强管理是协会工作的永恒主题。加强组织管理,不是要把协会管成一个僵化的组织,而是管成一个富有人情味的集体,作到刚柔并济。这里的“刚”是指制度;“柔”是指文

化。前者强调工作方式，后者强调思维方式，是维持组织运转的两大法宝。

一方面，要用制度管理。大家都是管理企业的专家，都懂得用制度加强管理的道理。制度是社会组织有序运转的基本元素。严格遵照制度加强管理才能保证社团组织健康发展。中青企协自成立之日起就制定了协会章程，所有会员在章程面前都是平等的，没有特殊化。在座各位作为中青企协的领导成员，能否带头遵守章程和有关规定，直接关系到协会的健康发展。协会是我们自己的组织，自觉维护组织形象，积极参加协会活动，是每一名会员特别是领导成员的基本职责。

另一方面，要用文化管理。文化是一个社会发展的最深层动力，也是一个社会组织长远发展的最有力支撑。任何一个组织都有自己的文化，协会也不例外。这里，我想着重讲一下信任文化的问题。协会是一个社团组织，在这里我们提供了一个信任平台，而组织中的信任、规范和网络是组织及其成员之间合作的主客观基础。有了这个基础，组织体系就能自然而然地成为一个信息交流畅通、资源共享充分、相互合作默契、集体行动高效、创造活力迸发的社会存在物。反过来，信任也是基于行为的统一性和连续性。一个人是用自己行为的统一性和连续性去赢得他人信任的，一个组织也是如此。在协会的活动中，我们可以和会员相互观察，会员之间也会相互考察。一些会员在这个平台上成了合作伙伴，甚至是莫逆之交。希望通过组织文化的建设，能够进一步统一认识，协调行动，增强组织成员的归属感；能够有效提升协会在整个社会系统中的地位；能够使我们的组织成员实现良性互动和完善。

第三，要在组织机制层面上做到统筹兼顾

组织机制是把组织内各种要素组合起来的一种规则、规范。机制建设是一个长期性、根本性、全局性、战略性的问题，是推动组织可持续发展的“内生变量”。我们既要坚持从实际出发，立足当前，健全完善有关机制，又要着眼长远、着眼于组织的可持续成长，探索形成长效机制。一是要完善决策机制。决策是选择和实现领导目标的起点，也是实现领导工作科学化的前提和关键。正确决策的形成，单靠少数领导的智慧和力量是远远不够的。我们已经对会长办公会的开法进行了改革，今后要进一步完善组织决策的规则和程序，通过多种渠道和形式有效集成领导成员的智慧，实现决策的科学化和民主化。同时，要加强秘书处干部队伍的培养和教育，进一步提高决策执行主体的思想素质和工作能力。二是要完善整合机制。要通过资源整合，促进智力、物力等要素资源的有效配置和无边界流动；通过力量整合，使不同组织成员的矢量在组织目标下形成合力；通过信任整合，避免组织成员的边缘化，实现组织整体效能的最大化。三是要完善更新机制。提高组织领导体系的“吐故纳新”能力，保持组织体系与外界环境的要素交流和能量交换，把青企协及其组织领导机构建设成为具有较强自我更新能力的“智慧型”组织。四是要完善评价机制。建立科学的评价体系，突出工作效益在工作评价中的核心地位，突出组织成员在工作评价中的主体地位，突出团组织和有关部门在工作评价中的中心地位，把组织评价、会员评价和社会评价有机结合起来。五是要完善激励机制。要通过目标激励激发成员为实现组织目标而努力完成个人目标，从而体现个人价值及其在组织中的地位和作用；通过参与激励，为组织成员提供参与管理和决策的机会，使其产生主人翁责任感；通过关怀激励，尽可能帮助组织成员解决一些实际问题，使其感到组织的温暖；通过认同激励，评选表彰一批先进典型，激发更多的青年企业家健康成长。最近我们正在进行青年企业家评选表彰活动的有关筹备工作。同时，在着手解决当前工作重点、难点问题的基础上，我们还要组织开展调查研究，科学认识青企协的工作基础和社会基础所发生的结构性变化，积极研究一些涉及协会长远发展的重大问题，力求建立推动青企协事业可持续健康发展的长效机制，推动青企协工作进入理性、健康、可持续的发展阶段。

王晓在中国青年创业行动推进会上的总结讲话

2005年9月27日，根据录音整理

这次会议是共青团、劳动保障部门深入贯彻胡锦涛总书记、黄菊副总理关于青年就业工作的重要批示精神，研究深化中国青年创业行动、做好青年就业和再就业工作的一次重要会议。会议期间，中共中央政治局常委、国务院副总理黄菊，中共中央政治局委员、全国人大常委会副委员长王兆国亲切接见了第二届"中国青年创业奖"获得者，黄菊同志发表了重要讲话。团中央书记处第一书记周强、劳动和社会保障部部长田成平出席中国青年创业行动推进会并作了重要讲话，山东团省委等单位作了大会发言，与会代表分组进行了充分热烈的讨论。大家一致认为，这次会议时间不长，但是主题鲜明，内容丰富，收获很大。

一是强化了责任意识。会议认真学习了胡锦涛总书记、黄菊副总理关于青年就业工作的重要批示和黄菊副总理的重要讲话。大家深切感受到，讲话和批示，充分体现了党中央对共青团工作特别是促进青年就业和再就业工作的高度重视和亲切关怀，令人鼓舞，催人奋进，同时也让大家感到了沉甸甸的责任。大家一致认为，就业是关系民生和社会和谐的大事，就业和再就业工作是党和国家工作的重中之重。共青团作为党的助手和后备军，要努力为党政分忧，竭诚服务青年，通过深化中国青年创业行动，切实做好促进青年就业和再就业工作。广大团干部要自觉强化政治意识、大局意识、责任意识，把中国青年创业行动摆上更加突出的位置，努力取得更大的实效。

二是明确了工作任务。周强同志的重要讲话，站在全团的高度，明确提出了实施中国青年创业行动、做好青年就业和再就业工作的总体要求、基本思路和主要任务，为做好青年就业和再就业工作指明了方向。田成平同志也对这项工作提出了明确要求。大家一致认为，要按照周强同志、田成平同志提出的要求，结合实际，抓好技能培训、创业扶持、中介服务等工作，不断开创工作新局面。本次会议下发的《关于在青年中实施"成功创业计划"的通知》得到了与会代表的广泛认同。大家认为，《通知》思路清晰、目标明确、措施具体，规划和部署了当前和今后一个时期中国青年创业行动的主攻方向。大家纷纷表示，"成功创业计划"是一个系统、科学、规范的工作项目，是深化中国青年创业行动的重要载体，要切实抓好确定扶持对象、开展创业培训、推行创业导航等关键环节，全面落实"成功创业计划"的各项任务，推动中国青年创业行动实现新发展。

三是交流了先进经验。本次会议交流并推介了部分地区实施青年创业行动的做法和经验。大家认为，这些做法和经验，具有很高的借鉴价值。比如，山东团组织用政策、资金、培训、服务四个"轮子"和大企业扩张这驾"马车"，通过项目运作帮助青年迈出创业的第一步；上海团组织借鉴国际先进做法，整合社会资源，建设公共服务平台，为青年创业提供全方位扶持;河南团组织采取组织化发动、规模化转移、一体化服务的方式,实施“工岗快递”行动,促进青年劳动力的转移。大家表示,要认真学习借鉴这些好的做法和经验,推动中国青年创业行动再上新水平。

四是优化了工作环境。大家认为,本次会议的召开,标志着中国青年创业行动进入了一个新的发展阶段。劳动保障部门的大力支持,为工作的深入发展创造了良好条件。中央新闻单位对本次会议给予了积极关注,大量报道了会议消息以及中国青年创业行动这项工作,广泛宣传了第二届“中国青年创业奖”获得者的创业事迹,形成了鼓励支持青年创业的积极导向,营造了有利于工作发展的良好氛围。大家认为,有党和政府的关心和重视,有社会各界的大力支持,有广大青年的踊跃参与,中国青年创业行动一定会取得更大的成绩,成为共青团工作的重要品牌。

近年来,各级团组织按照团中央的部署和要求,联合劳动保障部门深入实施青年创业行动,取得了明显成效,为国家就业和再就业工作做出了积极贡献。坚持齐抓共管,团的各级领导机关主要负责同志亲自抓,各条战线、各个部门共同抓,联合劳动保障等部门一起抓,一级抓一级,一级带一级,形成了强大的工作合力;坚持“实”字当头,不贪大,不求多,从小事做起,从青年最关心的事情做起,把工作任务有效落到了实处;坚持开拓创新,在工作载体、项目上推陈出新,在工作思路、方式上不断发展;坚持强化保障,健全完善了评价、考核等一整套工作机制,加强了阵地建设,促进了工作的可持续发展。这些做法,需要我们在今后的工作中长期加以坚持。

下面,我结合学习贯彻胡锦涛总书记、黄菊副总理的重要批示和黄菊副总理在接见第二届“中国青年创业奖”获得者时发表的重要讲话以及周强同志、田成平同志在昨天大会上的讲话精神,就以下四个问题谈几点意见,供同志们参考。

一、在创业扶持方面,要实施过程控制

扶持青年创业,是一项长线、系统工程,不可能一蹴而就。这就要求我们在工作中明晰工作流程,强化过程控制,突出全程性、专业性和前瞻性。一是要突出全程性。从确定扶持对象到帮助其提高创业能力、选准创业领域、明确创业方向,到指导其制定创业计划、筹集创业资金、迈出创业步伐,再到实现成功创业,进行跟踪扶持,为创业青年提供全程化的扶持。比如,在创业之初,指导经过培训的扶持对象选准创业方向,制定创业计划书。在创业过程中,对缺乏资金的创业青年,通过建立青年创业基金、协调提供小额贷款、减免加盟连锁费用等途径,为其“融资”;对缺少项目或不了解相关业务的创业青年,通过组织专家进行项目论证和技术咨询、举办创业项目发布会等途径,为其“融技”;对缺少创业伙伴或需要建立创业团队的创业青年,则通过建立创业青年人才库、推荐合作伙伴等途径,为其“融智”。在创业之后,深入扶持对象所创办企业掌握第一手资料,及时提供新一轮的指导,制定相应的跟踪扶持措施,实现短期扶持和长期扶持的有机结合。二是要突出专业性。通过成立青年创业专家指导团、举办现场会诊、组织创业见习、进行挂职锻炼、建立专业化服务机构等途径,为创业青年提供项目论证、业务咨询、政策指导和决策参考等专业化服务。如,帮助创业青年把在创业培训中学到的知识与实践中得到的直观体会结合起来,熟练掌握如何科学制定创业计划、如何正确选择创业项目和开业地点、如何及早规避市场风险、如何更好地运用优惠政策、如何增强企业的市场竞争力等等,使创业青年的创业实战能力得到全面提升。三是要突出前瞻性。创业是一种探索性实践,充满了艰难和挑战,必须坚持以科学的创业理论为指导,方能成功地应对各种机遇和挑战。因此,我们要切实加强对扶持青年创业工作的研究，研究经济社会和就业创业形势的变化，研究创业青年群体的变化，研究共青团作用路径和方式的变化，客观分析工作中存在的主要问题和约束条件，力求形成一些规律性的认识和成果，为扶持青年创业工作提供理论支撑。

由团中央、劳动和社会保障部联合在青年中实施的“成功创业计划”，是当前和今后一个时期扶持青年创业的支柱性项目。希望青工战线各级团组织将其作为扶持青年创业工作的主打项目和主攻方向，进行专门的研究、规划和部署，将扶持青年创业的有关工作和项目在“成功创业计划”的盘子里进行整合，优先保障工作资源在该领域的配置，并加大实施力度，确保其顺利实施。

二、在职业培训方面，要强化需求约束

职业培训，是青年实现就业、提高就业稳定性的基石。职业培训，是一个复杂的过程，应坚持以劳动力市场和青年需求为导向，做到因材施教、因需施教、因势施教，在扩大培训规模的同时，优化培训的供给结构和产出结构，实现总量目标与结构目标的统一。一是要做到因材施教。按照“加强基础、强化能力、优化结构、协调发展”的原则，加强培训教材建设，增强培训课程的针对性和实用性，优化培训对象的知识结构、思维结构和能力供给结构，增强青年的“可就业性”。同时，要重视培训活动的过程管理和效能改善，通过对培训组织形式、培训计划编排、技术项目设计、师资队伍建设、课程教材设置、培训方法手段等方面的动态评估，注重以经市场检验的培训成果校正培训过程，切实提高培训质量。二是要做到因需施教。针对劳动力市场和不同层次、不同条件培训对象的不同要求，把握多层次、多渠道、多形式的原则，确定不同层次的培训目标和内容，选择相应的方式和手段，通过进行“订单式”培训、组织就业见习、开展网上培训活动等途径，灵活多样、务求实效地开展培训活动，全方位地帮助青年或拥有一技之长、或实现一专多能、或掌握宽口径的职业适应能力、职业转换能力和自主创业能力，切实改善青年劳动力的素质能力供给结构。如，对缺乏就业技能的青年，以“订单式”培训为主要方式，根据劳动力市场和产业结构调整需要开展培训；对缺乏职业经历的青年，则通过帮助他进入企业进行实践性就业见习，帮助其获得相应的职业经历；对创业青年，则针对其不同的创业方向、领域和需求，提供适合其需求的个性化培训服务。三是要做到因势施教。根据不同青年在就业创业不同时期和过程中的发展变化，制定动态培训计划，指导青年与时俱进地调整职业目标，激发青年的自信心、成功欲和想像力，提高青年的就业竞争能力和可持续发展能力，为他们实现职业向上流动和提高就业质量奠定基础。如，在培训时间上，要考虑青年需要从业谋生的特点；要针对不同创业青年的发展能力和要求，既培养生存创业型青年人才，又培养机会创业型青年人才，形成生存创业和机会创业比例适当的合理结构。

三、在就业服务方面，要创新工作手段

就业服务是一个大概念。这里，我主要想讲一下就业服务的项目化、社会化、组织化和信息化问题。一是要实现就业服务的项目化。实践证明，项目化运作，有利于量化目标、整合资源、培育人才、推进工作，是一种先进科学的工作方式。一个好的工作项目，就是一个全新的工作增长点。我们要在现有的工作基础上，打造一批青年欢迎、社会认可、具有共青团特点的工作项目，使更多的青年感受到团组织的帮助、温暖和作用。青工战线各级团组织要切实加强项目开发、项目实施和项目评估等工作，逐步建立完善包括项目论证、规划、实施、监督、评估等内容的一整套制度，着力提高项目的成熟度和项目在青年中的市场占有率，为工作注入新的活力。比如，“工岗快递”就是一个很好的工作项目，有效促进了青年劳动力的跨地区、跨行业、跨所有制合理流动；山东团省委的成功实践经验中很重要的一条，就是采用项目化方式推进工作。二是要实现就业服务的社会化。我们要充分发挥共青团组织的联络优势，找准社会需求的兴奋点，加强与有关部门和机构的交流与合作，牵动、影响、辐射更多的社会机构和社会力量支持、参与青年就业创业工作，广泛吸纳并有效整合社会资源，建立社会化的工作平台和机制，不断加快青年就业创业工作的社会化进程。同时，要主动与国际接轨，积极利用国际资源，学习借鉴国际先进模式和经验。比如，上海团市委配合市政府实施的"青年就业见习计划"，就是借鉴了国际模式，通过挖掘见习岗位，组织青年就业见习，帮助青年实现了阶段性就业，取得了积极成效。三是要实现就业服务的组织化。近年来，我们先后确定了107个重点联系城市。据统计，在这107个城市中，有青年就业服务中心、青年职业介绍所等青年就业服务组织651个。抛开隶属关系不谈，这651个青年就业服务组织的建设、管理、运营水平如何，是一个需要高度关注的问题。各地团组织要按照去年团中央、劳动和社会保障部下发的《关于深入实施中国青年创业行动、促进青年就业工作的意见》的要求，积极争取劳动保障部门的支持，将青年就业服务组织建设切实纳入地方劳动力市场建设的整体格局，按照团中央下发的《青年就业服务中心管理条例》的要求，规范青年就业服务组织的工作，确保机构、人员、场地、制度、工作"五到位"，抓好队伍建设，切实提高青年就业创业工作的组织效率和组织化程度。四是要实现就业服务的信息化。要大力加强青年就业创业信息网络建设，构建起以中国青年创业网为主干、以各地青年就业创业工作网站为联结的网上工作平台，通过建立网上项目库和人才库、举办网上招聘会、开设网上培训学校等途径，为青年就业创业提供在线服务，打破青年就业创业的时间和空间限制。

四、在机制建设方面，要做到统筹兼顾

机制建设，是一个带有长期性、根本性和全局性的问题，我一直将其视为工作发展的"内生变量"。我们要从自身实际出发，既要立足当前，完善有关工作机制，又要着眼长远，着眼于工作的持续健康发展，探索形成推进工作的长效机制。一是要完善组织管理机制。在实施中国青年创业行动过程中，要结合各地、各单位实际，建立科学合理的组织领导机构，注重科学管理，采取先进科学的管理模式和手段，并通过统筹协调，着力改善青年就业创业工作组织领导机构各个环节的协作效率，从而系统发挥整体优势，使不同的矢量在共同的目标下形成合力。二是要完善载体建设机制。载体，是推进工作的手段。到目前，我们已初步构建了中国青年创业行动的载体体系，比如，在技能培训方面，有"订单式"培训、SYB培训和农村青年培训工程等；在创业扶持方面，有"成功创业计划"等；在就业服务方面，有"工岗快递"行动、大学生志愿服务西部计划等；在就业援助方面，有"真情助困进万家"等活动。各地团组织要充分认识载体建设的重要意义，切实抓好载体开发、载体应用、载体评估和载体完善等工作，把青年就业创业工作要求落到实处。三是要完善政策保障机制。适应新的形势和任务要求，再就业政策面临着向就业政策的转变。各地团组织要积极参与本地党委政府有关就业政策的制定和实施，充分考虑、及时反映青年的愿望和要求，积极配合劳动保障部门实施的政策实效行动，帮助青年学习了解政策，用足用好政策，并抓好对青年就业创业有关政策的协调落实和监督检查，努力营造有利于青年就业创业的良好政策环境。四是要完善评价激励机制。要按照工作评价指标化、工作认证规范化、工作成果显性化的要求，进一步规范评价标准和程序，建立符合科学发展观要求、具有可操作性的评价体系，发挥工作评价的应有作用。要健全完善以"中国青年创业奖”为龙头的激励体系，对青年创业典型、工作中表现突出的单位和个人进行表彰，以形成有效激励和积极导向，营造良好的工作环境。

同志们，从现在到年底还有三个月的时间，青工战线的工作任务非常繁重。要坚持统筹兼顾，在抓好中国青年创业行动的同时，推动青工工作的整体协调发展。要扎实推进青年创新创效活动和青工技能振兴计划，推广技能培训学分制等做法，不断扩大工作成效；以“青年文明号节约示范行动”为突破口，着力深化青年文明号活动；进一步做好青年企业家协会工作，在服务区域经济社会发展和青年企业家成长成才方面做好文章；深入开展增强共青团员意识主题教育活动，切实实现增强意识、活跃工作、健全组织的工作目标。

同志们，促进青年就业和再就业工作是党交给共青团的光荣任务。让我们紧密团结在以胡锦涛同志为总书记的党中央周围，高举邓小平理论和“三个代表”重要思想的伟大旗帜，与时俱进，开拓创新，求真务实，埋头苦干，推动促进青年就业创业和再就业工作取得新发展，为服务国家就业和再就业工作，为构建社会主义和谐社会做出新的更大的贡献。

“十一”将至，祝大家节日快乐，身体健康，工作顺利，万事如意！

王晓在全国青年文明号活动现场经验交流会上的讲话

2005年10月25日，根据录音整理

在全国上下深入学习贯彻党的十六届五中全会精神，全面落实科学发展观，努力构建社会主义和谐社会的新形势下，我们在福建召开全国青年文明号活动现场经验交流会，这对于我们进一步深化青年文明号活动，引导广大团员青年在全面建设小康社会的新征程上做出更大贡献，具有重要意义。本次会议得到了福建省委省政府、福州市委市政府和全国青年文明号活动组委会各成员单位的高度重视和大力支持。在此，我谨代表共青团中央，向长期以来关心重视支持共青团工作和青年文明号活动的各级党政领导和有关部门，向为深化青年文明号活动付出辛勤劳动、做出积极贡献的同志们、朋友们表示衷心的感谢！

刚才，听了几位领导同志的重要讲话和福建团省委的精彩发言，感到很受启发。下面，我就站在新的历史起点上深入开展青年文明号活动讲三点意见，供同志们参考。

一、认真总结青年文明号活动的基本经验

青年文明号已经走过了十多年不平凡的历程，成为加强职业文明建设的有效载体，成为引领青年建功成才的生动实践，成为群众性精神文明建设的一道亮丽的风景线，产生了显著的经济效益、社会效益和人才效益。去年全国青年文明号活动十周年表彰大会以来，各行业、各地区又进行了新的探索和实践，形成了一些新的做法，创造了新的经验，特别是福建省在信用建设、规范管理、节约示范等方面作了大量富有成效的探索，积累了宝贵经验，为青年文明号活动的蓬勃发展做出了重要贡献。

重视总结经验、善于运用经验指导和推动工作，是青年文明号活动一直坚持并行之有效的重要工作方法。回顾十多年的工作实践，我

们进一步认识到,做好新形势下的青年文明号创建工作,必须始终坚持以下基本经验。

第一,要坚持以科学理论为指导。马克思列宁主义、毛泽东思想、邓小平理论和“三个代表”重要思想是指引青年正确认识世界、改造世界的强大思想武器,是青年文明号活动健康发展的科学指南。青年文明号创建工作要坚持以科学理论为指导,用马克思主义青年观认识青年、服务青年、引导青年,始终走在时代前列。

第二,要坚持以职业文明建设为主题。市场经济,是效率经济,也是文明经济。加强职业文明建设,是社会主义市场经济健康发展的内在要求。青年文明号创建工作要紧扣职业文明建设主题,引导青年弘扬一流职业道德,培育一流职业素质,创造一流职业业绩,立足本职,建功成才。

第三,要坚持以服务青年成长发展为着力点。竭诚服务青年,是青年工作的出发点和落脚点。青年文明号创建工作要坚持以人为本,以青年健康成长的需求为导向,引导帮助青年树立正确的世界观、人生观和价值观,提高思想道德素质、科学文化素质、技术技能素质和生理心理素质,促进青年的全面发展。

第四,要坚持以创建为中心环节。青年文明号活动重在建设。青年文明号创建工作要坚持从青年集体的工作实际出发,制定创建标准,细化创建措施,优化创建流程,严格创建考评,走市场化导向、项目化运作、品牌化经营、社会化推进的路子,不断提高活动的青年参与度和实效。

第五,要坚持以机制建设为保障。机制建设是一个带有长期性、根本性和全局性的问题。青年文明号创建工作要着眼于工作的持续发展,不断完善工作机制,实现宏观指导与微观能动、刚性约束与柔性导向、自主管理与外部监督的有机统一。

二、正确把握青年文明号活动的时代方位

古人说:“辨方位以正则。”方位不清,则方向不明。任何事业的发展都是一定时间和空间条件作用的结果。正确认识并把握青年文明号活动的时代方位,积极确定活动的时代坐标,深刻领会活动的时代内涵,是推动青年文明号创建工作深入发展的基本前提。

第一,社会主义市场经济建设对青年文明号活动提出了新的更高要求。全面建设小康社会,最基本的就是要坚持以经济建设为中心,不断解放和发展生产力。刚刚胜利闭幕的党的十六届五中全会,描绘了我国今后五年经济和社会发展的壮丽蓝图,令人鼓舞,催人奋进。这既为广大青年提供了前所未有的发展机遇,也为青年文明号活动搭建了广阔舞台。青年文明号创建工作要主动适应社会主义市场经济的发展规律和必然要求,在新的实践中做出新的贡献。要适应实施人才强国战略的要求,大力培养青年人才,帮助青年提高自身素质,优化自身的知识结构、思维结构和能力结构,培养造就一支政治坚定、规模宏大、素质优良、结构合理的职业青年人才队伍,为社会主义市场经济发展提供青年智力支持和人才保证。要适应建设节约型社会的要求,以青年文明号节约示范行动为载体,引导广大青年树立节约观念,提高节约能力,开展节约实践,建设节约文化,履行青年文明号节约公约,共同建设节约型组织,打造节约型团队,形成节约型工作模式,为经济社会持续发展做出积极贡献。要适应企业和机关事业单位改革发展要求,以科学管理为基本内涵,以青年文明号信用建设示范行动等活动为载体,引导青年树立正确的发展观、权利观、义务观和得失观,努力用扎实的奋斗成就事业,用无私的奉献充实人生。

第二,社会主义和谐社会建设为青年文明号活动提供了新的实践平台。促进社会和谐,是我国经济社会发展的重要目标和必要条件。党中央提出的构建社会主义和谐社会的理念,是在继承的基础上对马克思主义的新发展。

构建和谐社会，不仅要促进宏观层面上的和谐与协调，还要妥善协调各方面的利益关系，增进微观层面上社会基本单元的和谐与协调，形成稳定和谐的社会微观结构。青年文明号本身就体现和谐，团结、和谐是评定青年文明号的必要条件。弘扬社会新风，爱岗敬业，真诚服务，构建团结互助、诚信友爱、公正民主、安定有序的和谐人际关系是青年文明号活动的题中应有之义。这就要求我们通过开展青年文明号活动，引导青年积极参与构建和谐文明的社会环境，正确处理立德与立功、利益与道义、个人与社会的关系，使青年在创造巨大物质财富的同时，成为社会精神财富的创造者和拥有者，为构建新型人际关系、建设和谐社会做出应有贡献。

第三，社会主义先进文化建设确定了青年文明号活动新的时代内涵。发展社会主义先进文化，是中国特色社会主义事业的重要特征。文化的核心是价值观。文化对人的价值观的塑造具有根本性的作用。塑造青年的理想追求和价值观念，对于国家和民族的发展，具有重要意义。这就要求青年文明号创建工作要遵循文化引领青年、文化塑造青年的规律，加强对青年人文精神和科学精神的培养和塑造，促进青年在品德、知识、能力上的相互融合，引导青年弘扬以爱国主义为核心的伟大民族精神，自觉实践社会主义道德，养成与社会主义市场经济发展相适应的道德观念和行为习惯，树立正确的劳动价值观，从而在青年文明号活动中突出思想内涵，强化道德要求，努力打造符合时代要求、具有青年特点的青年职业文化，为社会主义先进文化建设提供扎扎实实的生长点。

第四，党的执政能力建设和先进性建设赋予了青年文明号活动新的历史使命。加强党的先进性建设，提高党的执政能力，最终都要落实到实现好、维护好、发展好最广大人民群众的根本利益上来。青年文明号集体及争创集体分布在我国经济社会发展的各个层面和领域，与人民群众有着天然、直接、密切的联系。他们的职业活动状况在很大程度上影响和决定着整个社会职业活动的状况和水平。这就要求我们在开展青年文明号活动的过程中，要注重加强和改进青年思想政治工作，引导青年坚持不懈地用邓小平理论和“三个代表”重要思想武装头脑，坚定永远跟党走中国特色社会主义道路的信念，帮助青年解决学习、工作和生活中的实际困难，巩固党的青年群众基础；引导广大青年牢固树立群众观点，强化群众利益无小事的意识，紧紧围绕人民群众生产生活的基本需求，诚心诚意办实事，尽心竭力解难事，坚持不懈做好事，使青年文明号活动成为青年服务群众、报效祖国、奉献社会的实践舞台。

三、以科学发展观统领青年文明号活动创建工作全局

科学发展观是指导发展的世界观和方法论的集中体现。以科学发展观统领青年文明号创建工作全局，就要创新工作思路，改进工作方式，强化工作保障，努力开创新的工作局面。

第一，要创新工作思路。一是要体现时代性。先进的事物总是以其引领时代的独特品质，获得强大的生命力，推动时代和社会向前发展。当今时代的脉搏是推进现代化，实现文明进步。青年文明号要永葆先进性，就要紧扣时代脉搏，正确把握时代坐标提供的工作方位，以现代化的思维、物质技术手段、概念和范畴工具推动创建工作的组织结构、功能机制和推进方式实现现代化，在创建理念、思路、方式和机制等方面体现先进性，以永葆先进性的要求反映时代进步的方向。要引导青年文明号集体及争创集体发扬“文明先锋”精神，以自身的青春实践充分体现职业文明的时代水准，展示职业发展的美好前景，形成职业文明发展的积极导向和良好态势。要针对青年文明号的先进性是具体的、历史的这一实际，深入研究并正确把握社会主义市场经济条件下青年文明号活动的成长发展规律，在内涵、载体、手段、机制等方面不断创新，推动青年文明号活动进入理性、健康、可持续的发展阶段。二是要注重示范性。青年文明号的先进性是实实在在的，是在具体岗位上的职业实践中体现出的模范行为，是加强职业文明建设的辐射源，理应发挥示范作用，带动更多的青年集体为职业文明建设贡献力量。要用一流的职业道德去示范，引导更多的青年集体做社会主义道德建设的先锋力量，有效防止市场经济活动中道德风险、逆向选择等消极经济行为，为市场经济的健康发展提供道德支撑。要用一流的职业素养去示范，引导更多的青年树立崇高的职业理想，恪守职业道德，苦练职业技能，严守职业纪律，展示良好的职业风貌。要用一流的职业业绩去示范，通过加强标准化建设、进行质量认证、优化管理流程等途径，引导更多的青年和青年集体创造一流的工作业绩，实现更高的职业价值，使青年文明号成为企业最优化的管理单元、最有效率的作战单元和最具品质的效益单元。三是要增强开放性。青年文明号活动的组织方式、创建方式、运行方式和评价方式决定了其自身工作体系必须具有较高的开放性。因此，在青年文明号创建工作中，要着力构建富有弹性和张力、开放互动的工作体系，保持工作体系与外部环境的要素交流和能量交换，提高工作体系的“吐故纳新”能力，使青年文明号成为具有较高自我更新能力的“智慧型”组织。

第二，要改进工作方式。一是要优化结构。要优化行业结构，在巩固传统行业创建成果的基础上，把握行业发展趋势，推动创建工作向中介服务业等新兴行业拓展。要优化地区结构，推动创建工作向农村发展，加快城乡青年文明号创建工作的一体化进程。要优化所有制结构，扩大非公有制经济领域的创建规模，并以此带动非公有制经济单位的青年工作。要优化层次结构，按照“低重心、高标准”的要求，形成基础稳固、等级结构合理、金字塔式的青年文明号创建群。要优化空间结构，试点推进互联网上的青年文明号创建工作，让青年文明号的旗帜在互联网上高高飘扬。二是要培育能力。加强能力特别是核心能力建设，形成自己的比较优势和鲜明特色是青年文明号活动的活力所在。要培育学习能力，倡导全员学习、团队学习、全程学习和终身学习的理念，把青年文明号建设成为善于自主管理和自我创造的学习型组织。要培育创新能力，以创新促成长，以创新保持领先，推动创建工作在创新中实现跨越式发展。要培育运营能力，优化工作流程，提高产出效率，增强青年文明号的持续竞争能力。要培育文化建设能力，科学确定文化建设的内容，积极探索文化建设的模式，形成独具特色的青年职业文化。上述四种能力是相辅相成，相互促进的，可融合集成为青年文明号的核心竞争能力。三是要创新载体。载体，是推进工作的有效手段。青年文明号活动的成长发展史，可以说就是一个载体不断创新的过程。从挂牌示范，到推行青年文明号服务卡，到青年文明号助万家、进社区，到开展百城万店青年文明号促销创效活动和青年文明号优质服务促假日经济活动，到实施青年文明号信用建设示范行动和节约示范行动，工作载体的不断创新，不断赋予青年文明号活动新的时代内涵，开辟了创建工作蓬勃发展的崭新天地。各行业、各地区要高度重视载体创新、应用和完善等工作，特别是在当前和今后一个时期，切实抓好青年文明号节约示范行动，推动创建工作不断实现新发展。

第三，要强化工作保障。一是要强化组织保障。提高组织效率和组织化程度，是青年文明号活动健康发展的重要保证。经过多年的努力，我们已经形成了以全国青年文明号活动组委会为龙头，以各行业、各地区青年文明号活动组织领导机构为联结,条块结合、开放互动的组织领导体系,形成了齐抓共管、良性互动的工作格局。在新的历史条件下,我们要切实加强组织领导机构的自身建设,强化其组织功能、管理功能、议事功能、指导功能、协调功能和服务功能,采取科学的管理模式和手段,充分发挥各成员单位的比较优势,形成新的工作合力。二是要强化队伍保障。青年的智慧和力量,是青年文明号永葆先进性的源泉。青年文明号活动吸引优秀青年为实现其目标而奋发进取,同时也培养造就了一批优秀青年人才,成为青年人才的成长基地。要加强青年人才特别是青年文明号号长的培养工作,抓好培养、凝聚、配置、举荐等关键环节,不断形成新的人才积累和人才优势,用优秀人才巩固青年文明号的先锋地位。要引导青年深化团队实践,强化团队意识,发扬团队精神,注重团队荣誉,加强团队协作,充分展示青年文明号的团队精神、团队实践、团队业绩和团队价值。三是要强化制度保障。要抓好制度安排,在组织领导、监督管理、评价考核、政策保障、激励约束等方面健全完善有关制度,为创建工作的健康发展提供有力的体制保障。要抓好制度落实,严格标准,严格管理,严格监督,强化制度的刚性约束,推动创建工作的规范发展。要抓好制度创新,制定出台更多有利于创建工作发展的制度和政策,探索建立推进工作的长效机制,努力营造良好的制度环境。

同志们,本次会议的召开,标志着青年文明号活动进入了一个新的发展阶段。让我们紧密团结在以胡锦涛同志为总书记的党中央周围,高举邓小平理论和“三个代表”重要思想伟大旗帜,全面落实科学发展观,着力深化青年文明号活动,团结带领广大团员青年在新的实践中谱写新的青春篇章。

王晓在西南地区增强共青团员意识主题教育活动座谈会上的讲话

2005 年 11 月 3 日

这次增强共青团员意识主题教育活动集中督察,我们这个组先后在贵州、云南走了 7 个地市、9 个县,看了 27 个点,召开了 16 个座谈会,切实感受到主题教育活动的扎实有效。刚才,又听了同志们的精彩发言,感到很受启发,收获很大。下面,我就这项工作谈三点意见,和大家交流。

一、关于对西南地区团组织开展主题教育活动的总体评价

增强共青团员意识主题教育活动启动以来,西南地区各级团组织按照团中央的要求,在党委的领导下,结合自身实际,创造性地开展工作,保持了良好的工作状态和发展势头,取得了可喜的阶段性成果。概括起来有以下四个特点。

第一,组织到位,领导有力。从大家的发言和实地考察情况来看,各地各级团组织高度重视主题教育活动,坚持党建带团建,将增强团员意识主题教育活动纳入了本地区保持共产党员先进性教育活动的总体部署,为主题教育活动的开展提供了有力保障。各地团组织都成立了相应的领导机构和工作机构,建立和落实了领导责任制，形成了一级抓一级、层层抓落实的工作局面。

第二，宣传到位，氛围浓厚。各地团组织充分利用报刊、电视、广播、工作简报、互联网络等各种媒体，广泛宣传开展增强团员意识主题教育活动的重要意义，使各级团组织、团干部和广大团员对开展这项活动的重要性和必要性有了充分认识，统一了思想，凝聚了力量，充分调动了基层团组织、团干部和广大团员青年的积极性和主动性，营造了良好的氛围。

第三，学习到位，主线突出。各地团组织坚持以学习实践“三个代表”重要思想为主线，把学理论、知团情作为主题教育活动的基础环节，切实抓好学习培训，特别是在抓好团的各级领导机关和团干部自身学习的同时，采取组织教育和自我教育相结合、理论学习和实践锻炼相结合、个体示范和集体影响相结合等方式，在广大团员中深入开展以“三个代表”重要思想为主要内容的理论学习和以团章为主要内容的团史团情教育，组织团员开展专题讨论，制定团员标准，进一步坚定了广大团员的理想信念，团员的理论水平和素养有了新的提高。

第四，实践到位，成效明显。各地团组织全面落实团中央的部署，按照各自的工作方案，在开展“青春献祖国”主题团日活动、“我为团旗添光彩”主题实践活动的基础上，创造性地开展了丰富多彩、富有成效的活动。比如，云南开展了“云岭青年先锋工程”，重庆开展了“传承红岩魂、青春献祖国”主题活动，四川开展了“青春助困创和谐”、“颂歌献给党”等系列活动，贵州开展了“缅怀昨天、奉献今天、展望明天”活动、实施了集中教育与长效机制相结合的团建系统工程，西藏加强流动团员的学习教育，并把有关团员教育知识读本印成藏文本，受到团员团干部的欢迎。通过这些活动，团员的政治意识、组织意识和模范意识有了一定提高，团的组织制度和运行机制得到了积极的调整和完善，基层团建工作实现了整体推进，团的能力建设得到了新的加强。

上述成绩的取得，是各级团组织、广大团干部和共青团员共同努力的结果。在此，我谨代表周强同志和团中央书记处，向在座的同志们并通过你们向为开展增强共青团员意识主题教育活动付出辛勤劳动、为团旗添光彩的团干部和共青团员致以诚挚的问候！同时，我们也要看到我们的工作中还存在一些问题和不足。一是工作发展不够平衡。各地团组织尽管按照团中央的部署，很好地完成了规定动作，但在不同地区、不同行业、不同领域和活动的不同环节上工作发展不够平衡，如个别基层团组织开拓创新意识不强，活动形式和载体创新不够，个别地区宣传力度不够大，需进一步营造氛围等等。二是个别基层团组织解决实际问题力度不够大。个别基层团组织在解决实际问题方面还存在着问题找不准、解决不及时、力度不够大等情况，需要在解决实际问题上进一步下功夫。三是部分地区总结工作经验不够及时。部分地区在实践中尽管形成了很多好的做法，但在对基层工作经验的总结、推广方面不够及时，需要进一步加大工作力度，形成指导工作实践的理论创新。四是对流动团员的学习教育不够有效。流动团员的教育管理问题在这次主题教育活动中再次凸显出来，需要流出地、流入地团组织及时做好衔接工作，更需要全团上下共同探索有效的手段和机制。总之，我们对前一阶段取得的成效不能估计过高，应保持清醒头脑，准确客观地估价前一阶段的活动成效，杜绝形式主义和短期行为，找准问题，认真整改，把主题教育活动不断推向深入。

二、关于对前一阶段主题教育活动的体会

总结前一阶段主题教育活动，有以下四点体会。

第一，必须牢牢把握主线，把学习实践“三

个代表”重要思想贯穿始终。“三个代表”重要思想是指引团员青年正确认识世界、改造世界的强大思想武器，是引领团员青年健康成长的航标。在这次主题教育活动中，我们坚持以学习实践“三个代表”重要思想为主线，就是要在提高广大团员学习实践“三个代表”重要思想的自觉性和坚定性上下功夫，通过团员的自我教育、自我完善和自我提高，使团员认真查找自身存在的问题并加以整改，政治意识、组织意识和模范意识得到增强。实践证明，坚持这条主线，主题教育活动就找准了方向、明确了目标、确保了实效。

第二，必须坚持党建带团建，为开展主题教育活动提供根本保证。坚持党建带团建，是共青团长期以来一直坚持并行之有效的重要工作方法。在这次主题教育活动中，很多地方团组织坚持党建带团建，把增强团员意识主题教育活动纳入了保持共产党员先进性教育活动的总体部署，为主题教育活动的开展提供了坚强领导和有力保证。同时，主题教育活动的开展，也充分展示了团组织是党的助手和后备军作用。

第三，必须紧紧依靠基层，充分调动广大团员的积极性。基层团组织是我们全部工作和战斗力的基础。增强团员意识主题教育活动重在基层，这是因为有什么样的基层团组织，基层就有什么样的工作层面，基层的团员青年就有什么样的精神面貌和实际表现。我们只有抓住了基层，通过基层开展工作，才能确保主题教育活动的各项措施落到实处，才能真正使广大团员受到教育、健康成长。在这次主题教育活动中，基层团组织发挥了关键作用，创造性地开展了形式多样的活动，创造了很多鲜活的经验，体现了较高的首创精神，为扩大主题教育活动的覆盖面、提高活动实效做出了重要贡献。

第四，必须加强统筹兼顾，探索建立推进工作的长效机制。机制建设是一个带有全局性、战略性和根本性的问题。我个人认为，机制建设也是推进工作的一个“内生变量”。加强统筹兼顾，就是既要立足当前，健全、完善、落实我们已有的一系列工作制度，又要着眼长远，积极探索能够推动工作持续健康发展的良性长效机制。这就要求我们在下一阶段主题教育活动中不断探索，大胆创新，及时总结基层的工作经验，力争形成一些规律性的认识和成果，逐步建立起使广大团员“长期受教育，永远跟党走”的良性长效机制。

三、关于对下一阶段开展主题教育活动的建议

10 月 25 日，团中央召开了增强共青团员意识主题教育活动领导小组会议，周强同志发表了重要讲话，对进一步扎实开展主题教育活动，确保主题教育活动取得实效提出了明确要求。周强同志的重要讲话是推进增强团员意识主题教育活动的纲领性文件，是我们的行动指南，也是本次会议最重要的文件，要认真学习，深刻领会，抓好贯彻落实。下面，结合学习贯彻周强同志的重要讲话精神，我对西南地区团组织开展好下一阶段的主题教育活动讲三点建议。

第一，要创新工作思路。一是要体现时代性。先进性的事物，总是以其引领时代的独特品质拥有强大的生命力，从而推动时代和社会向前发展。当今时代的脉搏，是推进现代化。这就要求增强团员意识主题教育活动要紧扣时代脉搏，正确把握时代坐标提供的时代方位，以现代化的思维、现代化的概念和范畴工具、现代化的物质技术手段，推动主题教育活动的组织结构、功能机制和推进方式实现现代化，充分展现主题教育活动的时代内涵和时代水准，形成有利于团组织、团干部和团员青年健康成长的积极导向。二是要强化过程性。增强团员意识主题教育活动是一项长线、系统工程，不可能一蹴而就。这就要求我们要把学习实践“三个代表”重要思想贯穿于活动的各个环节、各个领域和各个方面，始终突出永远跟党走的主题，直观量化地描绘出团组织开展这项活动的工作轨迹。要规范严谨，坚持高标准、严要求，紧密结合自身实际，注重解决实际问题，确保教育活动取得实效。要正确处理好工作进度和工作质量的关系，坚持做到进度服从质量、时间服从效果，不折不扣、扎扎实实地去做。要做到规定动作到位、自选动作创新，在不变通、不走样地完成规定动作的同时，积极探索，大胆创新，推动主题教育活动在创新中不断向前发展。三是要增强辐射性。各地团组织要利用各种宣传工具大力宣传在主题教育活动中涌现出的先进典型，使这些先进典型成为辐射源，使更多的团组织、团干部和团员从先进典型的先进事迹和成长轨迹中受到启迪和激励，进一步激发广大团组织、团干部和团员参与主题教育活动的积极性。

第二，要改进工作方式。工作方式决定着工作状况和工作成效。一是要进行分类指导。在统一工作品牌的前提下，坚持因地制宜、因人制宜、因事制宜，既是主题教育活动保持生机和活力的必然要求，也是求真务实精神在我们工作中的具体体现。这就要求我们在主题教育活动中，把握多层次、多形式、多渠道的原则，切实加强分类指导。要对不同地区进行分类指导。指导各地区结合自身实际，确定符合本地区实际的工作内容、路径和手段，形成该地区的鲜明特色和比较优势。要对不同的组织形态进行分类指导。通过有针对性的指导，实现主题教育活动的整体推进，提高对团员的组织和工作双重覆盖，增强主题教育活动的成效。要对不同的团员群体进行分类指导。针对团员队伍的构成特点和思想状况，采取相应的方式，建立分层次的工作格局，增强主题教育活动的针对性和实效性。要对不同的阶段进行分类指导。针对不同阶段的不同要求，抓住关键环节，解决重点问题，使主题教育活动的各个阶段有机衔接，产生良性的连锁反应和聚合效应。二是要创新活动载体。载体，是推进工作的有效手段。创新载体，不仅是当前我们推进主题教育活动的有效抓手，也是我们探索建立长效机制的现实途径。只有创新载体，才能提高主题教育活动对团员的吸引力，提升团组织的影响力，不断注入新的工作活力。因此，我们要积极探索一切符合团员思想活动变化规律的方式方法，加强活动载体的创新、应用和完善等工作，不断增强主题教育活动的生机与活力。三是要加强工作研究。随着我国经济社会的发展，共青团的工作领域、工作对象、工作手段、工作力量、工作环境都发生了深刻变化。这就要求我们要切实加强工作研究，客观分析工作中存在的主要问题和约束条件，探索工作规律，将基层的成功做法升华提炼为进一步指导工作实践的理论创新，为工作的发展提供具有前瞻性的理论支撑。

第三，要强化工作保障。一是要强化组织保障。各地要结合实际，健全完善主题教育活动的组织领导机构，加强统筹协调，着力改善组织领导机构各个环节的“结合能力”和“协同能力”，充分发挥各个部门、各条战线的比较优势，构建齐抓共管、互动发展的工作格局，不断形成新的工作合力。二是要强化队伍保障。要切实加强团的各级领导班子的思想政治建设和团干部队伍建设，使之在主题教育活动中发挥示范带头作用，特别是要引导广大团干部在践行工作目标层面上做到知行统一，为主题教育活动的深入开展提供队伍保证。三是要强化制度保障。要抓好制度安排，突出制度建设的层次性、系统性和可操作性，找准制度间的内在联系，为主题教育活动的开展提供良好的制度环境。要抓好制度落实，将各自制定的工作制度有效落到实处，切实强化制度的刚性约束，推动主题教育活动的规范发展。要抓好制度创新，探索建立长效机制，使制度体系成为自律与他律、自觉与强制相统一的长效机制链，发挥让广大团员“长期受教育，永远跟党走”的作用。

最后，希望西南地区各级团组织认真学习贯彻周强同志的重要讲话精神，按照团中央的部署，在党委的领导下，开拓进取，埋头苦干，扎实推进增强共青团员意识主题教育活动，为全团贡献更多的经验。

王晓在第二届中国青年创业周活动开幕式上的讲话

2005年12月24日，根据录音整理

这次团中央联合劳动和社会保障部在浙江台州举办第二届中国青年创业周活动，是为了深入学习贯彻党的十六届五中全会、中央经济工作会议、团十五届四中全会和前不久中央领导作出的一系列重要指示精神，认真落实中国青年创业行动推进会部署的各项工作任务，进一步推进中国青年创业行动，为国家就业和再就业工作做出新的贡献。本次创业周活动得到了浙江省委、省政府和台州市委、市政府的大力支持。在此，我谨代表共青团中央，向长期以来关心、重视、支持共青团和青年工作的浙江省各级党政领导，向长期以来支持中国青年创业行动的各界朋友，向为促进青年就业、创业和再就业工作付出辛勤劳动、做出积极贡献的广大团干部表示衷心的感谢！

大家知道，就业是民生之本，也是民富之源，更是安国之策。就业和再就业工作，事关人民群众的切身利益，事关改革发展稳定大局，事关社会主义和谐社会的建设进程。我们党和政府历来高度重视就业和再就业工作，把扩大就业摆到了经济社会发展更加突出的位置，坚持实施积极的就业政策，千方百计地增加就业岗位。在当前和今后一个时期，我国的就业形势比较严峻。劳动力总量供给矛盾和就业结构性矛盾相叠加，下岗失业人员再就业、城镇新增劳动力就业和农村富余劳动力转移就业等问题相交织，情况比较复杂。近几年我们国家的就业形势，应该说是基本稳定、趋于好转。这从我们整个劳动就业系统的年度工作目标就可以看出来。2004年目标是“95147”，即新增就业900万人，下岗失业人员再就业500万人，其中困难人员再就业100万人，城镇登记失业率控制在4.7%；2005年的目标是“95146”，其他指标不变，城镇登记失业率降为4.6%；明年的目标还是“95146”。但我们要看到，城市每年1400万左右的下岗失业人员存量始终难于消减，每年新增的1000万劳动力难于全部消化，农村富余劳动力向非农产业转移的压力也很大，而且大学生就业难的问题不容忽视。在下岗失业人员、城镇新增劳动力、向非农领域转移的农村富余劳动力中，青年占有相当的比例。从一定意义上讲，就业问题是一个青年问题。解决就业问题，仅仅依靠安置是远远不够的，必须在全社会营造创业氛围、弘扬创业精神、培育创业人才、鼓励创业实践，优化配置各种创业要素，扩张创业的就业倍增效应，通过创业带动就业，逐步解决全社会高度关注的就业问题。青年人思维敏捷，文化程度相对较高，对市场经济的适应能力相对较强，最有条件成长为创业型人才。能否把蕴藏在广大青年中的创业热情真正激发起来，把他们的创业潜能充分挖掘出来，对于我国掀起全民创业的热潮，进一步做好就业、再就业工作，推进社会主义和谐社会的构建进程，具有重要的意义。近几年来，各地团组织紧紧围绕国家就业再就业工作大局，牢牢把握青年就业、创业和再就业的多样化需求，在劳动保障部门的大力支持下，按照“扶持一个人创业，带动一批人上岗”的思路，深入实施中国青年创业行动，培养扶持了 8 万多名青年成功创办了企业，并通过扶持青年创业直接向社会提供了 110 多万个就业岗位，取得了初步成效。

党中央、国务院对青年就业和再就业工作非常重视。今年 7 月，胡锦涛总书记、黄菊副总理对青年就业问题作出了重要批示。9 月 26 日，黄菊副总理又亲切接见第二届“中国青年创业奖”获得者并发表了重要讲话。所有这些，都为我们的工作指明了方向，使我们深受鼓舞，倍感振奋。各级团组织要抓住机遇，乘势而上，着眼于贯彻落实科学发展观，着眼于构建社会主义和谐社会，深入推进中国青年创业行动，把促进青年就业、创业和再就业工作摆上更加突出的位置，尽最大努力，代表好、维护好、发展好、实现好就业这一当前青年最紧迫、最直接、最现实、最具体的利益。

中国青年创业行动是共青团组织和劳动保障部门在促进青年就业再就业方面一项统揽性的工作。经过多年努力，中国青年创业行动已经形成了比较完善的载体或项目体系。比如，在就业培训方面，有“百万下岗失业青年技能培训工程”、“SYB”培训和“玫琳凯下岗失业青年技能发展项目”；在扶持创业方面，我们联合劳动和社会保障部推出了“成功创业计划”，实施了“宝健自主创业项目”；在就业服务方面，我们有“工岗快递”行动和中国青年创业网网上招聘大会；在就业援助方面，我们开展了“真情助困进万家”等活动；在创业激励方面，我们开展了“中国青年创业奖”的评选表彰活动，可以说形成了一个比较完善、开放性的项目体系。前一阶段，团中央和国家开发银行就如何扶持青年创业进行多轮商谈，计划向创业青年提供小额贷款，并设计了贴息直贷、贴息转贷、贴息统贷等运作模式，为促进青年就业创业再就业工作创造了新的条件。

当前和今后一个时期深化中国青年创业行动的突破口，就是实施“成功创业计划”。实施好这个计划，就要抓好确定扶持对象、开展创业培训、推行创业导航、实施创业见习、进行创业孵化等五个环节，完善从确定扶持对象，到帮助他提高创业能力、选定创业方向、制定创业计划、筹措创业资金、迈出创业步伐，到提供创业发展平台的过程，引导青年成功创业。“成功创业计划”推出以后，浙江省各级团组织特别是台州市各级团组织，起步早、行动快、措施实、成效好，在实践中探索了一些有效的模式，创造和积累了很多宝贵的经验，为全团实施“成功创业计划”、推进中国青年创业行动做出了重要贡献。这次创业周活动期间，我们安排了现场观摩活动，希望与会团干部，抓住这次机会，认真学习观摩，借鉴先进经验，结合本地实际，扎实组织实施好“成功创业计划”，切实帮助更多的青年走上自主创业、成功创业之路。

第二届中国青年创业周活动是团中央和劳动和社会保障部联合推出的一项重点活动，也是中国青年创业行动的一个非常重要的项目。其目的是通过整合各方面的资源，搭建一个有效的平台，逐步构建起符合时代要求、具有共青团特点、适合青年需求的促进青年就业再就业的工作体系，为青年就业创业和再就业提供切实有效的服务。在创业周期间，我们安排了很多活动，包括第二届中国青年创业项目洽谈会、第三届中国青年创业论坛、第二届中国青年创业能力大赛等。这些项目既是传统的项目，也是根据青年需求和特点精心设计的。比如，这次集中展示的各类创业项目，符合青年需求，具有投资少、操作便利、风险相对较小等特点，特别适合刚刚起步的创业青年。希望通过各个方面的努力，真正促进创业青年与项目、资金、信息、政策等方面实现有效对接,使创业周活动能够成为激发青年创业潜能的新载体、帮助青年创业成才的孵化器、促进地方经济发展的辐射源。

同志们,我们正处在一个伟大的创业时代。让我们紧密团结在以胡锦涛同志为总书记的党中央周围,沿着邓小平理论和"三个代表"重要思想指引的方向,进一步扎实推进中国青年创业行动,为国家就业和再就业工作,为构建社会主义和谐社会做出新的更大的贡献!

最后,衷心祝愿本次创业周活动取得圆满成功!

王晓在"社区志愿服务与和谐社会杭州论坛"开幕式上的讲话

2005年12月26日,根据录音整理

这次我来参加"社区志愿服务与和谐社会杭州论坛",有机会和各位专家学者及团干部进行研讨交流,感到非常高兴。本次论坛的举办,对于我们深入学习贯彻党的十六届五中全会、中央经济工作会议和团十五届四中全会精神,认真总结志愿服务工作的基本做法和基本经验,统筹谋划社区志愿服务事业健康发展的美好蓝图,进一步统一思想,振奋精神,动员和引导更多青年投身志愿服务工作,为构建社会主义和谐社会做出积极贡献,具有十分重要的意义。借此机会,我谨代表共青团中央,向应邀参加本次论坛的中央有关部门的相关负责同志和专家学者表示热烈的欢迎!向长期以来关心重视共青团工作和青年志愿者行动的浙江省、杭州市各级党政领导,向为志愿服务事业健康发展付出辛勤劳动、做出积极贡献的广大团干部和有关方面的同志们、朋友们表示衷心的感谢!

自1993年底团中央实施中国青年志愿者行动以来,中国青年志愿者行动走过了12年不平凡的历程。12年来,青年志愿者行动可以说是薪火相传,服务领域不断拓展,服务项目日趋丰富,服务队伍日益壮大,服务机制逐步完善。截至目前,全国志愿服务长期结对数已经超过300万对,遍布城乡的基层志愿者服务站、服务基地超过8.9万个,经过规范注册的志愿者达到1379万人,已经有6省7市实现了志愿服务立法,青年志愿者行动已经成为加强精神文明建设的有效载体,成为引领青年健康成长、建功立业的现实途径,成为共青团和青年志愿服务组织学习实践邓小平理论和"三个代表"重要思想的生动实践,受到了各级党政领导的充分肯定和社会各界的广泛赞誉。特别是近5年来,团中央以青年志愿者社区发展计划为统揽,与有关部门密切合作,组织实施了"志愿者为老服务金晖行动"、青年志愿者维护社会治安"筑城行动"、"爱心助成长"志愿服务计划、"百万青年志愿者助残行动"、法律援助志愿者服务计划、禁毒志愿者行动、青年志愿者"四进社区"等活动,推动了社区志愿服务工作的蓬勃开展,形成了规模、打造了品牌、完善了机制,在全社会产生了广泛而深远的影响,青年志愿者行动已经成为动员青年和社会公众参与社区建设、投身志愿服务实践的重要渠道，成为我国城市社区中一道亮丽的风景线。

在青年志愿者行动蓬勃发展的过程中，我们欣喜地看到，浙江省及杭州市的各级团组织坚持以邓小平理论和“三个代表”重要思想为指导，始终坚持服务党和国家工作大局，服务地方经济社会发展全局，服务青年成长发展，扎实推进青年志愿者行动，着力深化社区志愿服务活动，取得了显著成效，为全团提供了许多宝贵经验，很多工作走在了全团前列，为共青团组织深化青年志愿者行动做出了重要贡献。团中央书记处、中国青年志愿者协会对浙江省及杭州市共青团和青年志愿服务工作是非常满意的。

当前，我国正处在全面建设小康社会、构建社会主义和谐社会的新的发展阶段。促进社会和谐，是我国经济和社会发展的重要目标和必要条件。构建社会主义和谐社会这一重大战略任务的提出，是我们党在继承的基础上对马克思主义的新发展。构建社会主义和谐社会，不仅要求促进宏观层面上的和谐与协调，而且要求妥善处理、协调好各方面利益关系，增进微观层面上社会基本单元之间的和谐与协调，形成稳定和谐的社会微观结构。社区是社会的基本单元。构建和谐社区，促进社会各个系统的良好运转，实现社区成员之间的和谐、社区成员和团体之间的和谐、社区成员和周围环境的和谐，事关社区居民的切身利益，事关改革发展稳定大局，事关社会主义和谐社会的建设进程。同时，志愿服务本身就体现和谐，志愿服务的过程就是一个建设文明、传递文明的过程，志愿服务所倡导的“奉献、友爱、互助、进步”精神，体现了人与人之间的相互关爱、人与社会之间的相互融合、人与自然之间的和谐共处，完全符合和谐社会构建的核心理念和本质要求。可以说，弘扬社会新风、促进社会和谐，正是青年志愿者行动的题中应有之意。因此，发扬志愿精神，在社区深入开展志愿服务活动，有利于弘扬邻里互助的道德传统，形成新型的良好人际关系和互助氛围，建设一个安定有序、充满活力的社区；有利于弘扬扶贫济困、敬老助残的中华美德，形成共同关爱弱势群体的良好风尚，建设一个诚信友爱、公平正义的社区；有利于弘扬社会文明新风，推动社区成员、乃至社会成员参加民主法制建设、资源节约型社会和环境友好型社会的建设，建设一个民主法治、人与自然和谐共处的社区。各级共青团和青年志愿服务组织要站在全局和战略的高度，充分认识在构建社会主义和谐社会进程中做好青年志愿服务工作的重要意义，着眼于贯彻落实科学发展观，着眼于构建社会主义和谐社会，把深化青年志愿者行动、推动社区志愿服务事业实现更大发展摆上更加突出的位置，切实抓紧抓实抓好，抓出新的成效。

下面，我就社区志愿服务工作谈几点初步想法，供同志们参考。

第一，要进一步体现时代性。先进的事物总是以其引领时代的独特品质获得强大的生命力，从而推动时代和社会向前发展。当今时代的脉搏就是推进现代化，推动社会文明进步。当前，社区志愿服务工作正处在一个新的发展起点上，这就要求社区志愿服务工作要紧扣时代脉搏，正确把握时代坐标给我们提供的工作方位，以现代化的思维、现代化的物质技术手段、现代化的概念和范畴工具，推动社区志愿服务工作的组织结构、功能机制和推进方式逐步实现现代化，从而使社区志愿服务工作在理念、思路、方式、机制等方面体现先进性，充分展现精神文明建设的时代水准，展示构建社会主义和谐社会的良好前景，形成引领青年健康成长的积极导向。

第二，要进一步注重示范性。志愿服务是推动社会文明进步的先进实践，是在无私奉献的具体实践中体现出的模范行为，是加强精神文明建设的辐射源，理应发挥辐射作用，示范带动更多的青年投身志愿服务工作实践，为构建和谐社会贡献力量。同时，志愿服务强调自觉自愿、力所能及，体现以人为本，尊重参与者的主体选择，这就要求我们在做好招募工作的同时，大力宣传、表彰、树立志愿服务工作中涌现出的先进典型，使广大青年从身边人的成长故事和成长轨迹中受到激励和启迪，使志愿服务理念深入人心，使志愿服务行为得到广泛认可，使志愿服务队伍不断壮大，从而提高志愿服务工作的群众含量，扩大和夯实志愿服务事业持续健康发展的群众基础。

第三，要进一步增强针对性。增强针对性，就要围绕社区成员对社区建设和社区服务等方面的具体需求，坚持以需求为导向开展志愿服务活动，增强志愿服务活动的针对性和实效性，切实提高志愿服务工作的质量和效益。要围绕公共利益和公共需求开展公益的服务，在社区文化、教育、环境、卫生、秩序等与社区居民密切相关的领域，经常性地开展集中服务活动。要围绕社区孤寡老人、下岗失业人员、残疾人、特困家庭等困难或特殊群体的具体需求，动员引导更多青年和他们建立长期稳定的“一助一”结对关系，为他们提供高质量的服务。要围绕社区管理工作日益繁重的需求，积极整合社区志愿服务资源，引导青年参与社区管理工作，发挥青年的智力优势，为提高社区建设和管理水平做出积极贡献。

第四，要进一步强化规范性。回顾青年志愿者行动的12年历程，我们可以看到一个很重要的特点就是操作严谨、规范发展。下一步要在规范上进一步下大气力，切实加强三个方面的建设，推动志愿服务事业更快更好发展。一是要切实加强社区志愿服务工作的载体建设。载体，是推进工作的有效手段。社区青年志愿服务工作的成长发展史，就是一个载体不断创新的过程。工作载体的不断创新，为青年志愿者行动的蓬勃发展注入了新的活力，赋予了它新的时代内涵，也开辟了志愿服务工作的崭新天地。各级共青团和青年志愿服务组织要高度重视载体的建设、应用、评估和完善等工作，采取项目化和社会化的方式，通过建立志愿服务项目库、探索政府购买公共服务模式等途径，实现参与服务和接受服务的便利化。二是要切实加强社区志愿服务工作的机制建设。机制建设是一个内生变量，是带有全局性、根本性、长期性和战略性的问题。我们要在组织领导、动态管理、招募培训、评价考核、政策保障以及表彰激励等方面进一步健全完善工作机制，进一步推动全国和各地的志愿服务立法进程，为社区志愿服务工作和中国青年志愿者行动的深入开展创造良好的制度环境。三是要切实加强社区志愿服务工作的理论建设。一项工作有了12周岁，在共青团工作中是不多见的。青年志愿者也好，青年文明号也好，之所以能够成为全团工作的品牌，成为社会上知名度、美誉度、忠诚度都很高的品牌，其成长发展史可以从东方文化的背景中找到答案，这就是实践的积累加上持之不懈的努力。我们要从管理学、社会学、经济学、伦理学、青年学、文化学等多个角度研究志愿服务现象，深入研究和正确把握在社会主义市场经济条件下青年志愿者行动、青年志愿服务工作的成长发展规律，客观分析工作中存在的主要问题和约束条件，努力形成一些规律性的认识和成果，为青年志愿者行动和社区志愿服务工作的健康发展提供坚实的理论支撑，推动青年志愿服务工作进入一个理性、健康、可持续的发展阶段。

同志们、朋友们，在全面建设小康社会、构建社会主义和谐社会的新形势下研讨社区志愿服务问题，具有重要的理论价值和实践意义。各级共青团和青年志愿服务组织将紧密地团结在以胡锦涛同志为总书记的党中央周围，沿着邓小平理论和“三个代表”重要思想指引的方向，与时俱进，开拓创新，求真务实，埋头苦干，深入实施中国青年志愿者行动，动员引导更多青年成为青年志愿者，动员引导更多青年志愿者为我们国家和民族的发展做出新的更大的贡献。

最后，衷心预祝本次论坛取得圆满成功！衷心祝愿大家新年快乐、身体健康、工作顺利、万事如意！

张晓兰同志讲话

张晓兰在中国小公民道德建设暨“双合格”家庭教育宣传实践活动领导小组上的讲话

2005年1月25日

刚才，世平同志代表中国小公民道德建设计划领导小组总结了2004年工作，提出了2005年的工作意见，我完全赞成。下面，我就共青团中央贯彻落实中央8号文件精神和《中国小公民道德建设行动指导意见（2003—2008年）》，以体验教育为基本途径，大力开展少年儿童道德实践活动，竭诚服务未成年人的健康成长开展的有关工作作汇报，请大家指正。

2004年中共中央、国务院下发了《关于进一步加强和改进未成年人思想道德建设的若干意见》，对共青团、少先队进一步发挥在未成年人思想道德建设中的重要作用提出了新的要求，为共青团、少先队组织进一步做好有关工作指明了方向，我们深受鼓舞，更感到责任重大。全团全队认真学习胡锦涛总书记、李长春同志重要讲话和中央8号文件精神，立足共青团、少先队自身特点，迅速行动起来，充分发挥教育引导、实践育人、服务育人和文化育人的作用，为努力构建学校、家庭、社会三位一体的教育体系，加强和改进未成年人思想道德建设作出了我们的努力。

一、加强思想教育，发挥教育引导的作用

共青团、少先队作为具有鲜明政治属性的组织，其首要任务就是教育引导未成年人从小树立远大理想，树立正确的世界观、人生观和价值观。我们坚持用共产主义的远大理想激励未成年人，用爱国主义、集体主义、社会主义的思想教育未成年人，用全面建设小康社会的宏伟目标鼓舞未成年人，引导他们胸怀大志，不断积极进取，把正确的理想信念作为人生成长进步的动力。我们主要抓了三个方面的工作。一是针对少先队员，开展主题队会和队旗、队徽、队礼、入队仪式教育，培养他们的光荣感和使命感，帮助他们从小树立远大理想。二是针对中学生，通过中学生团校和业余党校，帮助他们树立正确的理想信念。三是定期组织团员、少先队员到各类纪念馆、博物馆、烈士陵园等爱国主义教育基地参观，帮助他们接受爱国主义和社会主义教育。

二、开展道德实践活动，发挥实践育人的作用

良好道德的养成、正确信念的确立仅仅靠知识的灌输和理念的教授是不能完成的，没有亲身经历和真实感受的体验环节，没有符合未成年人特点的实践活动，无法达到预期的教育效果。实践育人是共青团、少先队组织的优良传统和基本经验，近年来提出的体验教育是新形势下共青团、少先队组织育人思想的探索和发展。我们按照《中国小公民道德建设行动指导意见(2003—2008年)》的要求和分工，以体验教育为基本途径，引导广大少先队员深入开展符合少年儿童身心发展规律、深受他们喜爱的道德实践活动，帮助他们从家庭生活、学校生活、社会生活和大自然等各个方面，寻找岗位，扮演角色，通过亲身经历和真实感受，明白做人做事的道理，养成良好的行为习惯。我们主要开展了以下五个方面的工作。一是组织城市少年儿童与进城务工就业农民工子女手拉手，通过"同在一片蓝天下，手拉手共同成长"的同伴教育形式，帮助少年儿童互助互学共同进步。二是组织少先队员广泛开展"雏鹰争章"活动，引导他们自学、自理、自护、自强、自律，促进他们全面发展。三是开展"民族精神代代传"活动，引导少年儿童寻访体现民族精神的历史人物、寻访体现民族精神的历史事件、亲身做一件体现民族精神的事情，了解民族精神的内涵，感受民族精神的力量。四是完善18岁成人仪式教育活动，组织未成年人开展社区16岁居民身份证颁发仪式，提高他们的社会责任感。五是开展中学生暑期"四个一"实践教育活动，引导未成年人通过学习、参观，深入群众，了解国情，进一步增强使命感。

三、竭诚服务未成年人，发挥服务育人的作用

共青团、少先队始终把竭诚服务青少年作为一切工作的出发点和落脚点。我们主张在未成年人思想道德建设中鲜明地体现服务的思想，从关心爱护未成年人的角度出发，在满腔热情地关注和解决未成年人学习、生活、成长遇到的问题中进行教育和引导，在耐心细致地解疑释惑中帮助未成年人辨别是非、美丑、善恶，把思想道德教育做到未成年人的心坎上。我们主要做了六个方面的工作。一是大力宣传《预防未成年人犯罪法》，深入开展"青少年违法犯罪社区预防计划"、"青少年远离毒品行动"和预防艾滋病"青春红丝带"行动，切实维护青少年合法权益。二是联合教育部实施"校园净化工程"，通过主题团队日活动引导未成年人认清不法出版物和不良活动场所对自身成长的巨大危害，协助、配合相关部门对市场上违法出版物和校园周边违法开设的各种场所进行清理和整治，为未成年人健康成长创造良好的社会环境。三是联合信息部等部委大力开展"青少年网络文明行动"，同时在中青网上新建12个有关未成年人的爱国主义教育网站，为未成年人健康成长创造良好的网络环境。四是开展未成年人心理生理知识教育，对未成年人心理生理发展现状进行调查研究，为他们提供心理知识普及、心理测量实践、心理咨询问答、心理健康辅导等多种服务，帮助他们掌握一般的心理健康知识和自我调节方法，培养良好的心理素质。五是深入开展"知心家庭学校"活动，传播科学的家庭教育观和教育方法，为未成年人健康成长创造良好的家庭环境。六是联合中国关工委、全国老龄办实施"爱心助成长"志愿服务计划，通过志愿招募的形式使"五老"积极参与到未成年人思想道德建设的行列中来，为未成年人思想道德建设做实事、办好事。

四、加强文化建设，发挥文化育人的作用

文化对青少年的影响愈来愈大。积极营造有利于未成年人健康成长的文化氛围，是加强未成年人思想道德建设的迫切任务。我们通过团属的各种文化阵地、多样的文化载体、优秀的文化产品、良好的文化环境，积极传播先进文化，丰富未成年人的精神世界。我们主要做了四个方面的工作。一是组织"共享成长"主题活动，把历届的杰出青年组织起来，走

进中小学生，让他们给未成年人讲述自己成长的故事，用他们的事迹和精神教育激励未成年人。二是开展“青春中华”文化周、青少年文化节、社区青少年大家乐等活动，展现当代青少年的时代风采，吸引青少年参与群众性文化活动。三是进一步深化中国青少年新世纪读书计划，并推出《少年邓小平》、《航天第一人杨立伟》等200多种优秀图书，推出《我的法兰西岁月》、《我们手拉手》等高质量的影视作品和大量音像、电子出版物，为未成年人提供丰富的精神食粮，引导他们多读书、读好书。四是进一步加强中国青少年宫协会的管理，进一步指导团属活动阵地为未成年人思想道德建设提供场所，创造条件，发挥积极的作用。

2004年我们在加强和改进未成年人思想道德建设、服务未成年人健康成长中做了一些工作，这与在座的各位领导和各个部门的大力支持是分不开的，在此我代表团中央书记处向大家表示衷心的感谢，希望大家进一步支持共青团、少先队工作。2005年团中央将继续把加强和改进未成年人思想道德建设作为工作重点，深入开展生动活泼、特色鲜明的实践教育活动，搭建促进未成年人健康成长的服务体系，构建共青团加强未成年人思想道德建设的长效机制，以求真务实的精神把这项工作抓实抓好，竭诚服务未成年人的健康成长，为祖国培养社会主义事业的合格建设者和接班人做出更大的贡献。

张晓兰在团中央工作会上的讲话

2005年3月11日

在去年年底召开的共青团十五届三中全会、全国少工委四届六中全会上，我已经就今年和今后一个时期少先队工作提出了明确的意见。2005年少先队工作的指导思想是继续认真贯彻落实中央8号文件精神，进一步发挥少先队在未成年人思想道德建设中的重要作用，工作思路是全队抓基层、全队抓落实，工作目标是推动少先队基层组织的全面活跃，提升少先队工作的整体水平。下面，我就如何贯彻落实全队抓基层、全队抓落实的工作思路谈几点意见。

少先队基层组织是少先队工作和活动的基本单位，是少先队全部工作和建设的基础。少先队基层组织是否具有活力，少先队各项工作能否落到基层，决定了少先队组织是否具有旺盛的生命力和战斗力，是否具有强大的凝聚力和影响力。因此，本着对少先队事业长远发展高度负责的态度，我们认识到，全队抓基层、全队抓落实是少先队贯彻党的十六届四中全会精神，服务党的执政能力建设的必然要求，是少先队贯彻落实中央8号文件精神，进一步在未成年人思想道德建设中发挥重要作用的必然要求，是少先队适应时代发展，推动少先队工作全面活跃的必然要求，必须要下大力气抓，要持之以恒地抓。

全队抓基层、全队抓落实的总体目标就是努力把党的关怀和期望落实到少先队的基层组织中，落实到少先队员身上；把少先队的教育思想和理念落实到少先队辅导员和工作者中，落实到面向少先队员开展的活动中；让少先队的品牌活动在每一个基层组织中开展，让每一个少先队员都受到少先队组织的深刻影响。具体来说，就是要把未成年人思想道德建设的主要任务转化为基层少先队组织可操作的具体要求，把体现少先队教育理念的品牌活动在基层组织中普遍开展，把少先队的文化理念推广到少先队基层组织的建设中。总之，我们要通过以上工作，使少年儿童时时感到组织的关心和温暖，快乐时愿意与组织分享，有困难时愿意向组织倾诉，离开后珍藏作为少先队员的美好记忆。当社会谈起少先队的时候，就能自然而然地想起少先队的主张和作为，就能想到"手拉手"、"雏鹰争章"这样的活动品牌，就能想到鲜艳的红领巾对少年儿童的影响。

贯彻全队抓基层、全队抓落实的工作思路，关键是一级抓一级，层层抓落实，各级少工委要为基层组织开展工作创造更加良好的环境和条件，提供更为坚实的保障。

一、出政策，建机制，为少先队基层组织创造良好的工作环境

少先队事业的蓬勃发展，离不开党中央的亲切关怀，离不开各级党委政府的关心支持，离不开共青团组织和教育部门的通力合作。保证少先队事业不断发展的政策集中体现了这些关怀、关心和支持。中央8号文件第四部分第十二条明确指出：把少先队工作纳入教育发展规划，把对少先队工作的指导、检查、考核纳入教育行政部门的督导、评估范畴。中小学校党组织和行政部门要积极支持少先队开展活动，并选派优秀青年教师担任少先队辅导员，把少先队辅导员培训纳入师资培训体系。共青团组织和教育、民政等部门要密切协作，积极推进社区少工委建设，扩大少先队工作的覆盖面。这就为在新形势下制定推动少先队学校和社区工作的新政策提出了要求，提供了依据。当前一个时期，全国少工委正紧紧抓住召开第五次全国少代会的契机，根据中央文明委贯彻落实中央8号文件目标任务分工的要求，准备联合有关部委认真研究如何将少先队工作纳入经济社会发展的大局，纳入教育发展规划，纳入社区发展的布局，出台相应的政策。省市级少工委也要结合各地实际，联合教育、人事、民政、文化、财政等部门，制定有利于少先队事业发展的政策。县、乡级少工委要根据自己的实际情况，保证这些政策贯彻到基层，落实到位。各级少工委在开展这项工作方面有很多好的经验，关键是要因地制宜，不断推广。在争取地方党政支持方面，去年在上海团市委、市少工委的努力下，中共上海市委决定每年拿出30万元的党费支持少先队工作，上海市财政局按少先队员人均1.5元的标准给上海市少工委划拨了专项经费。北京、内蒙古也按少先队员人均标准争取到了财政的支持。在把少先队工作纳入教育发展规划方面，陕西、浙江、宁夏、山西等地与教育部门、人事编制部门等出台了保证少先队活动时间和阵地、保证辅导员选聘、培养、使用、管理等一系列政策。很多地方还就加强农村少先队工作、民办学校和打工子弟学校少先队工作制定了相关政策。在把少先队工作纳入社区发展布局方面，天津探索出了教育部门统一协调，学校派老师做社区少先队专职辅导员的工作模式，上海探索出了政府拨专款聘请专人做社区少先队专职辅导员的模式，这些都是很好的探索，都为基层开展工作提供了方便，创造了良好的工作环境。

二、定标准，抓考核，为少先队基层组织指明方向

少先队组织的优势重要的一条就是全国一盘棋，通过完备的组织体系，把统一的理念、统一的工作思路、统一的品牌落实到基层，同时又鼓励基层在这些理念、思路、品牌的基础上创造性地开展工作。定标准、抓考核就是各级少工委保证基层组织既统一意志又生动活泼的重要手段。

今年全国少工委准备出台三个组织建设方面的文件。一个是《少先队辅导员工作纲要（试行）》。这个纲要在借鉴1990年制定的《少先队教育纲要》的基础上，参照基础教育新课程标准，更具体明了地确定少先队基层组织分年级工作内容和活动建议，明确少先队大、中队辅导员的工作职责。我们要通过实施《纲要》使少先队基层组织进一步熟悉少先队日趋成熟的教育理念，推广少先队已经成熟的活动品牌，使少先队基层组织知道自己应该开展哪些工作，还可以选择开展哪些工作。我们还鼓励有条件的省份根据《纲要》编写本省的《少先队辅导员工作指导手册》，采集好的案例，对《纲要》要求开展的各项工作做出有地方特色的示范，为少先队基层组织和辅导员开展工作提供进一步的指导。

第二个是《关于开展省级少工委年度工作考核的通知(试行)》。全国少工委将制定专门的考核原则和考核办法，并成立考评办公室，采用定量和定性相结合、自评与综合评定相结合的方式，对省级少工委进行考评和奖励，加大对省级少工委的考核和表彰力度。同时，鼓励各省级少工委对市、县级少工委进行考核，以达到明确工作任务、提高工作效率、加强作风建设的效果。

第三个是《中国少年先锋队奖励条例(暂行)》。对各级少工委的考核重在表彰和奖励。近年来，少先队各项工作和建设中涌现出了一批又一批先进个人和集体，对他们的表彰和奖励极大地鼓舞了少先队各级组织、少先队辅导员、少先队工作者和广大少年儿童，对于推动少先队事业的发展起到了积极的作用。《条例》的颁发就是试图进一步完善少先队奖励体系，规范奖励程序，更好地发挥先进典型的激励和示范作用。

三、搭平台，抓典型，为少先队基层组织提供示范

各级少工委对于少先队基层组织的指导主要在于出思路，搭平台，抓典型，做宣传。出思路就要求对基层开展的各种活动进行少先队独特理念的指导。比如，开展思想教育活动突出少先队的特点，不是把真理直接告诉少年儿童，而是引导少年儿童在实践体验中寻求真理；开展科技教育活动突出少先队的特点，不是看重少年儿童取得的科技成果，而是注重科学实践的过程和科学精神的培养；开展少年儿童群众性体育运动突出少先队的特点，不是强调体育技能技巧的专业训练，而是强化培养用心出智慧、配合有力量、顽强能进步的意志品质。搭平台就要求为基层组织展示工作成果创造条件，既可以利用重大节庆日开展集中展示活动，也可以调动各种新闻媒体进行深入宣传报道，扩大少先队的社会影响，争取社会各个方面对少先队工作的有力支持。比如，“少年军校”活动紧紧依托“全国少年军校检阅式”这个平台，把全国13000所少年军校吸引在周围，按照少先队的理念开展国防教育，在社会上产生了很大影响。抓典型，做宣传就要求深入基层，及时掌握第一手资料，善于总结提炼基层的好经验好做法，推出不同类型、不同模式的典型，以点带面，影响全局。比如，对海口经验的发掘和宣传，就是及时总结他们以少先队道德实践活动为载体，党政牵头、部门联动、社会参与、协调行动、齐抓共管的领导体制和工作机制，为少先队工作社会化积累了经验，为“雏鹰争章”活动的普及和推广创造了一种模式。再比如，“雏鹰争章”活动与新课改的结合，我们既肯定上海探索的“雏鹰奖章”与各门课程相衔接的模式，也肯定浙江、江苏探索的“雏鹰奖章”进入综合实践活动课程的模式，还鼓励各地根据各自的实际探索新的模式。

全队抓基层、全队抓落实是一项长期而艰巨的工作任务，做好这项工作意义深远而重大。我们必须做好长期抓、常抓不懈的准备。我们将按照科学发展观的要求，全队上下统一思想，求真务实，真抓实干，努力把这项工作抓好，为少先队工作再上新的台阶打下坚实的基础。

做党放心、青年满意的团干部

——张晓兰在全国西部地区团干部培训班开班式上的讲话

2005 年 5 月 10 日

非常高兴参加本期西部地区团干部培训班开班式。我首先代表周强同志和团中央书记处向全体学员表示热烈的欢迎和诚挚的问候。

今年是团中央贯彻落实党中央《西部地区人才开发十年规划》，深入实施“万名西部团干部培训工程”的最后一年。四年来，团中央和东部省市团委充分利用教育培训资源，采取举办培训班、挂职锻炼、考察交流、务工锻炼等多种形式，对近万名西部地区的团干部进行了轮训。实践证明，培训工程成效显著，反响良好，为促进西部地区团干部队伍素质的提高和共青团事业的全面发展起到了积极的作用。

团干部队伍是做好党的青年工作的骨干力量，建设充满生机活力的团干部队伍是共青团事业蓬勃发展的重要保证。加强团干部队伍建设的总方针是“努力建设一支党放心、青年满意的团干部队伍”，借此机会，我结合 2005 年全团的重点工作谈几点意见。

一、努力做党放心的青年干部

（一）忠诚党的事业

1. 要有坚定的理想信念。团的干部也是党的干部，党性观念要强，要树立远大的共产主义理想和坚定的社会主义信念，自觉把自己的事业融入到党和国家的宏伟事业中。

2. 要自觉坚持党的领导。认真贯彻党的路线方针政策，在政治上、思想上、行动上和党中央保持一致。

（二）当好党的助手和后备军

党有号召，团有行动是共青团的光荣传统。共青团的性质就要求我们按照党的要求，紧密结合青年和青年工作特点，充分发挥党的助手和后备军作用、党联系青年的桥梁和纽带作用，国家政权的重要社会支柱作用，把握大局，服务全局，不断巩固和扩大党的青少年群众基础。

1. 要以理想信念教育为核心，加强青少年思想政治教育。共青团作为一个政治组织，要始终把青少年的思想政治教育工作放在首要位置，要坚持用“三个代表”重要思想构筑青年一代的精神支柱。去年中央连续发了两个文件，一个是《中共中央国务院关于进一步加强和改进未成年人思想道德建设的若干意见》，一个是《中共中央国务院关于进一步加强和改进大学生思想政治教育的意见》，全团全队也根据党中央的安排做了统一部署，开展了一系列活动，收效很好，受到了党中央的肯定，也得到了社会各界的认可。我们要继续把这两项重点工作抓实抓好，努力培养具有正确的世界观、人生观、价值观、德智体美全面发展的当代青少年。

2. 要以科学发展观为指导，团结引导广大青少年积极投身到全面建设小康社会的伟大实践中，为社会主义祖国的经济建设、政治建设、文化建设和和谐社会建设做出我们的贡献。去年党的十六届四中全会提出了加强党的执政能力建设这一重大战略课题，从根本上回答了我们党如何做到始终为人民执好政、掌好权的问题。去年年底，团中央召开了团十五届三中全会，提出要紧紧围绕和服务加强党的执政能力建设的总体要求，积极适应青年变化和社会变革，切实增强共青团的服务能力、凝聚能力、学习能力、合作能力，成为党的得力助手和可靠后备军，成为具有强大吸引力、凝聚力和战斗力的组织。我们要认真学习和领会会议精神，应用到我们的实际工作中，按照科学发展观的要求，按照紧紧围绕和服务加强党的执政能力建设的总体要求，谋划布局我们的整体工作，当好党的助手和后备军。

二、努力做青年满意的团干部

(一)把竭诚服务青年作为全部工作的出发点和落脚点

胡锦涛总书记多次提出，“要把竭诚服务青年作为全部工作的出发点和落脚点”。共青团组织对青年的吸引力和凝聚力，从根本上取决于服务青年的能力。我们要坚持引导与服务相结合，在服务中进行教育。

1. 树立服务意识

大家知道，“三个代表”重要思想的本质是立党为公、执政为民。把这一本质要求落实到团的工作上，就是要竭诚服务青年，要牢固树立全心全意为青年服务的思想，做到心里装着青年，凡事想着青年，工作依靠青年，一切为了青年。

2. 了解服务需求

要服务青年，首先要了解青年的服务需求。我们要深入基层，密切联系青年，把青年的喜怒哀乐、安危冷暖时刻放在心上。要了解青年在学习成才、就业创业、精神文化、权益维护等方面的具体需求，特别要关注困难青年群体的学习、工作和生活，努力做到青年有什么样的需求，共青团和青年组织就努力提供相应的服务。

3. 提高服务能力

不断增强共青团服务青年的覆盖面和实效性，就要不断强化服务手段，提高服务青年的水平。要大力推进服务青年工作网络化，努力构建以团组织和相关青年组织为依托，以服务项目和品牌活动为载体，以服务阵地为基础的青年服务体系。要积极创新服务青年手段，在进一步完善已有的活动品牌和网络体系的基础上，不断创新，满足青年日益增长的具体需求。

(二)坚持求真务实的工作作风

共青团工作有自己的特点，搞活动、造声势、做宣传是我们的强项。我们要在充分发挥这一优势的同时，更加注重脚踏实地，求真务实的工作作风。要经常深入基层，了解实际情况，掌握第一手资料；要敢于讲真话，报实情，惟实不惟上；要多做打基础的工作，多为基层组织和普通团员青年考虑，努力把各项工作真正落实到基层。切忌搞形式主义，切忌好高骛远。

(三)严于律己，以更高的标准要求自己

团干部对于自己要高标准严要求，要求青年做到的，首先自己要做到。要勤于学习，不断扩充知识面，不断加强自身修养；要勤奋工作，认认真真地对待每一项工作，兢兢业业地面对每一天，努力在本职岗位上做出扎实的工作业绩；要严于律己，始终按照“八个坚持，八个反对”的要求，经常自省，廉洁自律，培养高尚的生活情趣。

(四)具有饱满的工作精神与良好的工作状态

要保持奋发有为的精神状态，热爱团的岗位。共青团工作是党的事业的重要组成部分，共青团的岗位是十分光荣的岗位，也是可以大有作为的岗位。在这个岗位上，我们要常怀感激之情，常葆进取之心，常存敬畏之念，把团的岗位当做学习的岗位、锻炼的岗位、奉献的岗位，永葆蓬勃朝气、昂扬锐气和浩然正气。

同志们，本次培训班时间紧，内容丰富，是一次非常难得的学习提高的机会。希望同志们，第一要珍惜培训机会，集中精力，认真学习，静下心来看一点书，思考一些问题。要主动联系西部地区共青团工作的实际，结合新获取的信息，拓宽自己的工作思路。第二要加强交流，在座的 150 名学员来自西部 12 个省、市、自治区和新疆生产建设兵团，希望大家多交流，既贡献经验和智慧，又向他人虚心学习，从而共同提高。第三要注意总结，我们作为西部地区团干部的代表来参加培训，一定要把在这里的学习体会和心得带回去，把学到的好经验、好做法、良好的学风带回去，运用到本地区的改革发展的实际中，不断在共青团的岗位上创造新的业绩。

最后，预祝本期培训班取得圆满成功！

引导少年儿童为实现中华民族伟大复兴做好全面准备

——张晓兰在中国少年先锋队第五次全国代表大会上的报告

2005年6月1日

现在，我代表中国少年先锋队第四届全国工作委员会向大会作报告，请审议。

中国少年先锋队第五次全国代表大会是在深入学习贯彻党的十六大和十六届三中、四中全会精神，贯彻落实《中共中央国务院关于进一步加强和改进未成年人思想道德建设的若干意见》的形势下召开的一次十分重要的代表大会。

在我国进入全面建设小康社会，加快推进社会主义现代化建设的新的发展阶段，少先队作为党领导下的少年儿童群众组织，作为建设社会主义和共产主义的预备队，肩负着神圣使命，这就是引导少年儿童为实现中华民族伟大复兴做好全面准备。

一、新世纪新阶段少先队事业的新发展

第四次全国少代会以来的五年，是全国各族人民高举邓小平理论和"三个代表"重要思想伟大旗帜，团结奋进、锐意创新的五年。在党的领导下，我国的社会主义现代化建设取得令人鼓舞的巨大成就，中国特色社会主义事业不断向前发展。辉煌业绩昭示光明前景，伟大时代造就面向未来的新一代。

五年前，胡锦涛同志在第四次全国少代会上希望当代少年儿童从小树立远大理想，养成优良品德，培养过硬本领，锻炼强健体魄。五年来，当代少年儿童在党的亲切关怀下，伴随时代步伐而进步，跟随祖国发展而成长。中华民族的美好未来激励少年儿童立志振兴中华，社会主义精神文明建设促进少年儿童培养高尚情操，改革开放的深入和科学技术的发展开阔了少年儿童的眼界，日新月异的现代化建设和日趋激烈的国际竞争促使少年儿童奋发自强。在新世纪新阶段成长起来的少年儿童，是热爱祖国、勤奋学习、全面发展、积极向上的一代，是党的事业后继有人、社会主义事业兴旺发达的希望所在。

在少年儿童生机勃勃的队伍里，高扬着星星火炬的旗帜。五年来，少先队按照党的要求，在共青团的带领下，在教育部门和社会各界的支持下，团结、教育、引导亿万少年儿童立志做中国特色社会主义事业合格建设者和接班人，少先队组织充满活力，少先队事业蓬勃发展，为促进少年儿童的健康成长做出了积极贡献。

思想道德教育深入推进。少先队坚持把少年儿童思想道德教育放在首位。按照实践育人的要求，着眼提高思想道德教育的针对性和实效性，大力倡导体验教育的理念和方法，不断推进少先队教育理论和实践的创新，探索形成了新形势下加强和改进少年儿童思想道德教育的有效途径。“实现宏伟蓝图，做好全面准备”活动用全面建设小康社会的宏伟目标激励少年儿童，教育少年儿童把个人的成长进步同祖国的繁荣富强紧密联系在一起，从小树立跟党走中国特色社会主义道路的坚定信念。“民族精神代代传”活动引导少年儿童寻找体现民族精神的人物和事件，做体现民族精神的身边小事，使少年儿童感受民族精神的伟大力量，树立民族自尊心和自豪感。“手拉手”活动把不同地区、不同民族、不同生活状况的少年儿童联系起来，使少年儿童感受到“同在蓝天下，共同成长进步”的快乐，培养了关心他人、乐于助人的优良品德。“手拉手捡起一个希望，还母亲河一片绿色”活动引导少年儿童爱护大自然，参与环保，为保护环境做出了特殊的贡献。“养成道德好习惯”活动引导少年儿童在学校生活、家庭生活、社会生活和大自然中积极体验，逐步学会处理人与人、人与社会、人与自然、人与自我的基本关系，养成良好的行为习惯，为培养社会公德、职业道德和家庭美德奠定了基础。

服务能力不断提高。少先队坚持按照素质教育的要求，服务少年儿童健康成长。服务内容更加注重每个少年儿童的不同需求，服务方式更加突出科学性和实用性，服务手段更加强调社会化和多样化。“雏鹰争章”活动积极探索与基础教育课程改革相适应的“雏鹰奖章”新体系，把思想道德素质方面的奖章与新课程的德育要求结合起来，把科学文化素质方面的奖章与新课程培养创新精神和实践能力的要求结合起来，把健康素质方面的奖章与新课程关于身心健康的要求结合起来，进一步突出了奖章的激励功能，强化了实践环节，使争章活动成为少年儿童发挥特长、体验成功、提高能力的有效载体，在实施综合实践活动课程和开发地方课程、校本课程中发挥了积极作用。少年军校活动、少年科学院活动、中华少年小甲A足球活动、少年儿童平安行动、雏鹰热线、知心家庭学校等项目，有效地服务了少年儿童学习、生活、安全、娱乐、权益维护等具体需求，促进了少年儿童的身心健康和全面发展。加大了对基层少先队组织尤其是西部和农村少先队组织的指导与帮助力度，增强了基层少先队组织的服务能力。

自身建设进一步加强。少先队坚持把加强自身建设作为事业发展的重要基础。学校少先队组织不断巩固，日益活跃，少先队干部的民主选举和任期轮换制普遍推行；各类非公立学校少先队的建设得到普遍重视。社区少先队组织不断发展，逐步完善，探索建立了由学校派教师和政府聘请专人担任社区少先队辅导员等多种模式，志愿辅导员队伍不断壮大。辅导员培训工作有了新进展，逐步完善了全国、省、地、县四级培训机制，探索了高级研修、上门培训、网上培训等多种培训方式，辅导员素质普遍提高。以红旗大队、优秀中队、特色小队、“十佳少先队员”、“十佳少先队辅导员”、“十佳少先队志愿辅导员”、“星星火炬奖章获得者”为代表的少先队先进集体和先进个人不断涌现，一大批优秀少先队员在少先队组织的推荐下成为光荣的共青团员。少先队阵地建设得到加强，学校红领巾广播站、红领巾电视台、少先队网站等日益活跃，青少年宫和各级各类文化、教育、活动场所都成为少先队活动的广阔天地。队报队刊、新闻出版和互联网络等少先队文化事业和文化产业进一步发展。各级少先队工作学会普遍建立，少先队理论研究队伍不断壮大，有价值的研究成果不断推出。少先队争取党政及各方面重视支持的力度进一步加大，更加有利于少先队事业发展的政策环境和社会环境正在形成。与香港特别行政区、澳门特别行政区和台湾地区少年儿童组织的交流更加活跃。

回顾过去的五年，我们为已取得的成绩而鼓舞，同时也清醒地看到，农村和贫困地区少先队工作还需要进一步加强，中学少先队工作还需要进一步重视，基层少先队组织还需要进一步活跃，少先队工作队伍的整体素质还需要进一步提高，少先队适应教育改革与发展的措施还需要进一步强化，服务少年儿童的方式和手段还需要进一步创新，社会化的工作运行机制还需要进一步构建。

回顾过去的五年，我们深刻地认识到，面对全面建设小康社会、实现中华民族伟大复兴的历史任务，面对全党全社会大力加强和改进未成年人思想道德建设的形势要求，面对经济社会发展尤其是基础教育改革不断深化的趋势，进一步开创少先队工作新局面，必须始终坚持以下基本经验：

第一，以马克思列宁主义、毛泽东思想、邓小平理论和“三个代表”重要思想为指导，不断探索和把握少年儿童成长规律和教育规律，与时俱进，开拓创新。

第二，围绕党的历史任务，按照时代发展的要求，把思想道德教育放在首位，努力培养中国特色社会主义事业合格建设者和接班人。

第三，坚持以人为本，树立和落实科学发展观，尊重少年儿童在少先队组织中的主人地位，把少年儿童的积极性、主动性、创造性保护好、引导好、发挥好。

第四，全面贯彻党的教育方针，按照实践育人的要求，以体验教育为基本途径，开展丰富多彩、生动活泼的实践活动，努力提高少年儿童的综合素质。

第五，把竭诚服务少年儿童健康成长作为全部工作的出发点和落脚点，帮助少年儿童解决学习、生活、成长中的实际问题，切实维护少年儿童的具体利益和合法权益。

第六，不断加强自身建设，积极探索与经济社会发展相适应的社会化运行机制，切实增强少先队组织的吸引力、凝聚力和创造力。

回顾过去的五年，我们深切地感到，少年儿童的成长进步和少先队事业的蓬勃发展，是在党中央的亲切关怀下取得的，是在各级党委、政府和社会各界的关心支持帮助下取得的，是在共青团组织和教育部门的通力合作下取得的，是在广大少先队辅导员和少先队工作者的共同努力下取得的。在此，我们向以胡锦涛同志为总书记的党中央致以少先队的崇高敬礼！向各级党委、政府和社会各界表示衷心的感谢！向广大少先队辅导员和少先队工作者以及所有少年儿童工作者表示诚挚的问候！

二、引导少年儿童立志为中华民族伟大复兴贡献力量

实现中华民族伟大复兴是中华儿女的美好理想。二十世纪以来，中国人民在中国共产党领导下，开始了实现中华民族伟大复兴的崭新征程。争取民族独立和人民解放伟大斗争的胜利，为实现中华民族伟大复兴创造了前提；社会主义制度的建立，为实现中华民族伟大复兴开辟了道路；中国特色社会主义事业的开创，为实现中华民族伟大复兴展现了光辉灿烂的前景。

从20世纪向21世纪的跨越是中华民族伟大复兴史上的一个重要时刻，我们胜利实现了现代化建设“三步走”战略的第一步、第二步目标，人民生活总体上达到小康水平。我们正全面建设惠及十几亿人口的更高水平的小康社会，信心百倍地朝着第三步战略目标迈进，到本世纪中叶基本实现现代化，把我国建设成为富强民主文明的社会主义国家，实现中华民族的伟大复兴。到那时，我们国家将进入中等发达国家的行列，中国人民将达到现代化基础上的共同富裕，我们的生活将更加多姿多彩，我们的祖国将更加繁荣富强。

从现在起到2020年的15年中，当代少年儿童将度过美好的少年时代，既享受全面建设小康社会的丰硕成果，又要为肩负起实现中华民族伟大复兴的历史任务做好全面准备。从2020年到2050年的未来岁月，当代少年儿童将全面担负起建设国家的使命，直接为实现中华民族伟大复兴贡献力量。当代少年儿童是幸运的一代，更是肩负重任的一代！

立志贡献力量，当代少年儿童就要为建设社会主义物质文明做好准备。我们的生产是日益走向高科技的生产，鼠标轻轻一点就能看到全世界的信息，开关轻轻一按就能生产出适合社会需求的产品。我们的产品是面向世界的产品，走出去，引进来，在更大范围、更广领域和更高层次上参与国际合作和竞争。我们的劳动是创造的劳动，劳动创造美好生活，劳动使得社会财富更加丰富。探索没有止境，劳动无上光荣。当代少年儿童要打好坚实的知识和能力基础，积蓄迎接挑战的力量；要拥有开放的胸襟，培养面向世界的眼光；要鼓起创造的勇气，锻炼创新的能力，成长为勤劳勇敢、勇于创造的一代。

立志贡献力量，当代少年儿童就要为建设社会主义政治文明做好准备。我们的制度是社会主义民主制度，坚持党的领导、人民当家作主和依法治国有机统一，每个人的意愿能够充分表达，每个人都可以参与管理和监督，每个人的积极性、主动性和创造性都得到发挥。我们的社会是社会主义法制社会，法律面前人人平等，每个公民都要自觉守法用法，每个公民的权利都得到尊重和保护，社会公平和正义得到维护和实现。民主需要参与，法制要求规范。当代少年儿童要培养民主意识，学习正确行使民主权利；要具备法律意识，学习依法办事；要树立公民意识，学做国家和社会的主人，成长为遵纪守法、具有高度社会责任感的一代。

立志贡献力量，当代少年儿童就要为建设社会主义精神文明做好准备。我们的文化是追求先进的文化，在古今中外文化的融会中，建设面向现代化、面向世界、面向未来的，民族的科学的大众的社会主义文化。我们的精神是追求崇高的精神，以爱国主义为核心的民族精神和以改革创新为核心的时代精神支撑我们民族的生存和发展。我们的道德是追求高尚的道德，中华民族传统美德和社会主义道德塑造民族的灵魂。文化陶冶情操，精神滋养心灵。当代少年儿童要用社会主义先进文化丰富精神世界，增强精神力量；要在世界范围内各种思想文化的相互激荡中弘扬和培育伟大的民族精神；要保持昂扬向上的精神状态，追求更高的精神境界，成长为品德高尚、充满活力的一代。

立志贡献力量，当代少年儿童就要为构建社会主义和谐社会做好准备。我们的和谐社会是民主与法治相统一、公平与效率相统一、活力与秩序相统一、科学与人文相统一、人与自然相统一的社会。我们的和谐社会是政通人和、国泰民安、生产发展、生活富裕、生态良好的社会。和谐呼唤诚信，和谐需要爱心。当代少年儿童要待人以诚，交友以信，把热爱献给祖国，把敬爱献给长辈，把友爱献给他人，把关爱献给自然，把珍爱留给自己，成长为崇尚和谐、追求美好生活的一代。

引导少年儿童为实现中华民族伟大复兴做好全面准备，少先队使命崇高，责任重大。我们要以邓小平理论和“三个代表”重要思想为指导，树立和落实科学发展观，深入贯彻落实《中共中央国务院关于进一步加强和改进未成年人思想道德建设的若干意见》要求，紧紧围绕团结教育少年儿童的根本任务，按照“全队抓基层，全队抓落实”的思路，以体验教育为基本途径开展道德实践活动，竭诚服务少年儿童，大力加强自身建设，把党的关怀和期望落实到每一个少先队员，引导亿万少年儿童沿着党指引的方向健康成长。

各位代表、同志们，展望未来，实现中华民族伟大复兴的目标从来没有像现在这样接近我们，有如遥望大海上喷薄欲出的红日，我们已经感受到曙光的温暖。伟大的使命激发无穷的力量，召唤我们敞开胸怀，拥抱未来；召唤我们开拓进取，只争朝夕；召唤我们为建设社会主义物质文明、政治文明、精神文明和和谐社会贡献力量，谱写中华民族伟大复兴的新篇章。

三、在未成年人思想道德建设中发挥重要作用

进一步加强和改进未成年人思想道德建设，是以胡锦涛同志为总书记的党中央从推进新世纪新阶段党和国家事业发展、实现党和国家长治久安出发作出的一项重大决策，体现了党中央对未成年人的亲切关怀和未成年人思想道德建设的高度重视。《中共中央国务院关于进一步加强和改进未成年人思想道德建设的若干意见》对少先队组织充分发挥重要作用提出了明确要求，为少先队进一步做好工作指明了方向，提供了重要的政策保证，创造了良好的工作氛围。少先队要进一步发挥在未成年人思想道德建设中所特有的政治优势、组织优势、活动优势以及资源整合的优势，在未成年人思想道德建设中发挥不可替代的重要作用。

在未成年人思想道德建设中发挥重要作用，就要全面落实党中央提出的未成年人思想道德建设的主要任务。党中央把从"四个做起"作为未成年人思想道德建设的主要任务，少先队的责任就是把党的要求具体化、儿童化。从增强爱国情感做起，少先队就要在少年儿童中弘扬和培育伟大民族精神，把"以爱国主义为核心的团结统一、爱好和平、勤劳勇敢、自强不息"的民族精神转化为具体的人物形象、历史事件和少年儿童能够做到的身边小事，具体化为少年儿童爱家乡、爱集体、爱护公共财物、爱父母、爱老师、爱伙伴的情感。从确立远大志向做起，少先队就要引导少年儿童树立和培育正确的理想信念，把"时刻准备着，为共产主义事业而奋斗"的呼号转化为建设中国特色社会主义、实现中华民族伟大复兴的远大志向，具体化为少年儿童学习、生活、成长的目标，具体化为每一天的实际行动。从规范行为习惯做起，少先队就要培养少年儿童良好的道德品质和文明行为，把"爱国守法、明礼诚信、团结友善、勤俭自强、敬业奉献"的基本道德规范转化为少年儿童可在学校生活、家庭生活、社会生活和大自然中感知的做人做事的基本道理，具体化为日常生活中的良好行为习惯。从提高基本素质做起，少先队就要把劳动意识、创造意识、效率意识、环境意识、合作意识、诚信意识和进取精神、科学精神、艰苦奋斗精神以及民主法制观念转化成"自学、自理、自护、自强、自律"的要求，具体化为少年儿童可以通过动脑动手完成的任务，促进少年儿童全面发展。

在未成年人思想道德建设中发挥重要作用，就要充分发挥少年儿童的主体作用。党中央把贴近实际、贴近生活、贴近未成年人作为未成年人思想道德建设的重要原则，少先队的责任就是引导少年儿童在少先队组织中自己管理自己，自己教育自己，自主开展活动，激发少年儿童的主动性、积极性和创造性。尊重少年儿童的独立人格，从少年儿童的自身需求出发，对少年儿童多理解、多关心、多帮助、多维护，既教育人，又服务人，不仅仅把少年儿童当作教育和管理的对象。尊重少年儿童的年龄特点，适应少年儿童的接受能力，因势利导，循循善诱，做到入耳、入脑、入心，不提大而空的口号，不提做不到的要求。尊重少年儿童的认知方式和表达方式，适应当代少年儿童的学习、生活特点，在思想道德教育中体现知识性、科学性、娱乐性、趣味性，不用过去的眼光看待少年儿童，不用成人的标准要求少年儿童。尊重少年儿童的差异和个性，充分考虑少年儿童的年龄差异、地域差异和个体差异，促进每一个少年儿童个性的健全发展，不按一个标准、一个模式、"一刀切"地进行教育。

在未成年人思想道德建设中发挥重要作用，就要按照体验教育的理念开展道德实践活动。党中央把体验教育作为开展未成年人道德实践活动的基本途径，少先队的责任就是引

导少年儿童在实践中体验,在体验中成长。丰富体验教育的内容,突出爱国主义、集体主义和社会主义教育,继续深化“手拉手”、“雏鹰争章”、“民族精神代代传”、“中华少年小甲 A”、“少年军校”、“少年科学院”等品牌活动,并不断赋予新的时代内涵,使之更加符合少年儿童的需求。配合 2008 年奥运会的举办,开展“红领巾迎奥运”活动。创新体验教育载体,与家庭教育、学校教育、社会教育相结合,特别要与基础教育课程改革相结合,充分利用多种教育资源,丰富项目体系,拓展教育基地,为少年儿童创造更为广阔的成长舞台。注重体验教育实效,引导少年儿童自己在体验中寻求正确答案,不直接给出结论;注重实践环节和参与过程,不让少年儿童当活动道具;突出情与理的结合、知与行的统一,不搞“表演式”活动;坚持以让少年儿童懂得道理和培养习惯为目标,不搞形式主义。

在未成年人思想道德建设中发挥重要作用,就要用少先队文化陶冶少年儿童。党中央要求积极传播先进文化,营造有利于少年儿童健康成长的良好氛围,少先队的责任就是通过特有的标志礼仪阵地、群体互动、先进典型、组织制度和价值理念,着力营造独具特色的文化氛围。倡导人人都平等的文化,营造充满尊重、和谐、友爱的氛围,让少年儿童一进入少先队组织,就感到春风拂面、温暖快乐。倡导人人都是主人的文化,营造对自己负责、对他人负责、对集体负责的氛围,让少年儿童懂得自己的事情自己做好,他人的事情帮助做好,集体的事情一起做好。倡导人人都探求的文化,营造主动发现问题、积极研究问题、努力解决问题的氛围,让少年儿童在探究的过程中培养科学精神和求实态度。倡导人人都创造的文化,营造充满童趣和幻想的氛围,让少年儿童的想像力得以充分发挥,以幻想为快乐,以创造为光荣。倡导人人都追求美好的文化,营造热爱美、欣赏美、发现美、追求美、创造美的氛围,让美好的种子在少年儿童心中扎根。要重视时尚文化对少年儿童的影响,充分发挥健康向上的动漫和影视作品、青少年偶像的作用,培养少年儿童高尚的情操和优雅的情趣,使少先队的经历成为少年儿童人生历程中的美好印记和宝贵财富。

四、竭诚为少年儿童健康成长服务

服务少年儿童是少先队贯彻落实“三个代表”重要思想,坚持以人为本,树立和落实科学发展观的必然要求,是增强少先队组织吸引力、凝聚力,充分发挥教育引导作用的前提条件,也是少先队作为少年儿童群众组织的本质要求。少先队要坚持把竭诚为少年儿童健康成长服务作为全部工作的出发点和落脚点,心里装着少年儿童,凡事想着少年儿童,倾听少年儿童的心声,关注少年儿童的成长,满足少年儿童的需求。

服务少年儿童在人际交往中的需求。倾听少年儿童渴望与老师交流的心声,关注学校教育对少年儿童的影响,通过开展校园体验活动和倡导老师做少年儿童的亲密朋友,促进平等和谐的师生关系的形成,满足少年儿童与老师良好沟通的愿望。倾听少年儿童渴望与家长沟通的心声,关注家庭教育对少年儿童的影响,通过引导少年儿童在家庭生活中体验和举办“知心家庭学校”等服务项目,促进家长和孩子的相互理解,满足少年儿童与父母良好沟通的愿望。倾听少年儿童渴望与小伙伴交往的心声,关注交友对少年儿童的影响,通过参加“手拉手”等活动,促进小伙伴之间友好相处,满足少年儿童交友的愿望。

服务少年儿童在社会生活中的需求。倾听少年儿童对良好成长环境的向往,关注社会环境对少年儿童的影响,通过贯彻实施《未成年人保护法》和《预防未成年人犯罪法》,开展“青少年维权岗”、“少年儿童平安行动”等活动,营造良好社会环境,满足少年儿童快乐成长的愿望。倾听少年儿童对健康网络生活的向往，关注网络对少年儿童的影响，开展“网络文明行动”，建设绿色网络环境，满足少年儿童适应信息化发展的愿望。倾听少年儿童对参与社会生活的向往，关注社会参与对少年儿童的影响，创造参与的机会和岗位，引导少年儿童开展力所能及的社会参与和服务活动，满足少年儿童学做社会小主人的愿望。

服务少年儿童在自我发展中的需求。倾听少年儿童在自我评价时的烦恼，关注自信心对少年儿童的影响，通过开展“五自”等活动，形成正确认识自我的态度，满足少年儿童积极面对生活的愿望。倾听少年儿童遇到挫折时的烦恼，关注意志力对少年儿童的影响，通过开展“我能行”等活动，引导少年儿童形成乐观向上、自强不息的态度，满足少年儿童不断战胜困难的愿望。倾听少年儿童面对青春期的烦恼，关注身心发展对少年儿童的影响，通过实施青春期教育，引导少年儿童形成健康文明的生活态度，满足少年儿童向往美好未来的愿望。

加大对特殊少年儿童群体的服务力度。特别关心进城务工就业农民子女，通过开展“同在一片蓝天下，手拉手共同成长”等活动，帮助他们拥有自尊和自信，和城市少年儿童一道快乐成长。特别关心单亲家庭少年儿童和农村“留守少年儿童”，通过送去少先队组织的关怀，使他们感受到集体的温暖和快乐。特别关心贫困家庭少年儿童，通过开展“城乡少年手拉手助学”、“东西部少年手拉手助学”等活动，帮助他们改善学习条件。特别关心身体残疾少年儿童，通过开展“红领巾助残”等活动，帮助残疾少年儿童克服学习、生活中的困难，努力自立自强。要通过我们的工作，努力把党和政府的关怀和温暖送到每一个少年儿童的心坎上，使所有少年儿童都能充分享受经济社会发展的成果，在少先队温暖的集体中茁壮成长。

五、加强和改进少先队自身建设

少先队有着光荣的传统，半个多世纪的实践表明，自身建设是我们做好全部工作的基础和保障。少先队要不断增强吸引力、凝聚力和创造力，担负起引导少年儿童为实现中华民族伟大复兴做好全面准备的神圣使命，让星星火炬代代相传，就必须不断加强和改进自身建设。自身建设重在抓机制，要按照“全队抓基层，全队抓落实”的要求，努力构建务实、有效的工作运行机制。

面对基层组织需要进一步活跃的要求，努力构建全队抓基层的机制。要抓理念，抓品牌，抓标准，抓考评，并形成相互联接、相互推动的有机整体。抓理念，就是把少先队在长期实践中形成的基本经验和教育理念落实到基层的工作中。抓品牌，就是使体现少先队教育理念的品牌活动在基层组织中普遍开展。抓标准，就是把少先队的教育理念和品牌活动转化为可以具体操作的工作规范。抓考评，就是依据工作规范评价和奖励基层工作。抓基层就是抓落实，通过构建全队抓基层的有效机制，全面增强少先队基层组织的活力。尤其要进一步加强对农村少先队工作的服务与指导，完善农村少先队“五有”基础建设，促进“科技小能手”和“文明小使者”等活动的开展，使农村少先队全面活跃起来；进一步加强城市社区少先队工作，广泛开展社区少先队活动，积极推进社区少工委建设，扩大少先队在社区的覆盖面和影响力；进一步加强中学少先队工作，巩固中学少先队组织，开展富有初中阶段少先队员特点的教育活动，加强团队衔接，加大推荐优秀少先队员作团的发展对象的工作力度。进一步加强中、小队建设，完善少先队干部任期轮换制，培养少先队员和队干部的参与意识和服务精神。

面对所担负任务对少先队工作者的要求，努力构建队伍建设的机制。要做好辅导员的选拔聘任、培训培养、政策落实工作，壮大志愿辅导员队伍。做好选拔聘任工作，把尊重少年儿童、热爱少年儿童工作的优秀青年教师选派到少先队辅导员的岗位上来。鼓励有条件的地方开展辅导员职业资格评价的探索。做好培训培养工作,通过学习研修、名师带徒、组织讲师团等多种途径提高少先队辅导员的职业道德、专业知识和技能,建设一支思想政治素质好、业务素质高、心理素质强的辅导员队伍。做好政策落实工作,通过检查、评比、督导等方式,促进相关政策规定的实施,服务少先队辅导员的学习、生活、工作和成长。壮大志愿辅导员队伍,积极吸纳优秀青年志愿者、"五老"以及社会各界专业人士加入志愿辅导员队伍,纳入志愿者的整体管理体系,并加强培训工作,使他们更好地发挥作用。抓队伍就抓住了关键,通过构建队伍建设的有效机制,使广大少先队辅导员不断增强光荣感和责任感,努力成为少年儿童人生追求的引领者、实践体验的组织者、健康成长的服务者、合法权益的保护者和良好发展环境的营造者。

面对经济社会发展的要求,努力构建少先队社会化工作机制。要加强与各有关方面的合作,形成相互支持、相互配合的工作合力,为少年儿童创造良好的成长环境。加强与政府部门的合作,争取相关部门的支持,形成齐抓共管的工作格局。会同人事部门大力表彰奖励优秀少先队辅导员;会同民政、农业部门把少先队城市社区和农村工作纳入文明城市、文明社区、文明村镇创建工作;会同科技部门广泛开展科技创新实践活动;会同环保、国土资源部门深化少年儿童环境保护活动;会同宣传、文化、出版、体育部门共同推动少年儿童文化艺术和体育活动的繁荣发展,丰富少年儿童的文化生活;会同公安、司法部门广泛开展法制教育,维护少年儿童的合法权益;会同财政部门加大对少先队工作的投入力度;会同解放军、武警部队加强国防教育,增强少年儿童的国家安全意识和国防观念。加强与社会有关方面的合作,积极动员和整合社会力量,为少先队工作提供广泛的社会支持。积极吸纳相关领域专家学者和社会各方面热心人士的参与,不断壮大少先队的工作队伍;在管好、用好现有活动阵地的同时,大力拓展少年儿童校外活动的空间;运用政府的、社会的、市场的等多种手段,广泛争取物质支持,建立促进少先队事业发展的物质保障;积极探索少先队活动的事业化、项目化运作模式,实现工作方式和工作手段的社会化。抓社会化就顺应了经济社会发展趋势的要求,通过构建有效的社会化工作机制,扩大少先队的社会影响,促进少先队工作的持续发展。

面对少先队事业的新发展和基础教育改革的新要求,努力构建和教育部门密切合作的工作机制。少先队事业是党的事业的重要组成部分,同时也是共青团和教育事业的重要组成部分。全团带队是共青团的优良传统,我们要在共青团的带领下,主动与教育行政部门加强合作,配合教育行政部门把少先队工作纳入教育发展规划,把对少先队工作的指导、检查、考核纳入教育行政部门的督导、评估范畴,使少先队充分发挥在基础教育课程改革中的积极作用,成为推进少年儿童素质教育的重要力量。

各位代表、同志们,我们要坚定不移地贯彻"一国两制"的方针,严格按照香港基本法和澳门基本法的规定,进一步发展与香港、澳门少年儿童和少年儿童组织的交流与合作。

台湾是中国神圣领土不可分割的一部分,实现祖国的完全统一是包括海峡两岸少年儿童在内的全体中国人民的共同愿望。我们要加强与台湾少年儿童的交流,增进两岸少年儿童之间的友谊,为早日解决台湾问题、完成祖国统一大业做出贡献。

要继续加强对外交流,促进我国少年儿童与世界各国少年儿童的友好交往。

各位代表、同志们,实现中华民族伟大复兴,需要当代少年儿童去奋斗。引导少年儿童为实现中华民族伟大复兴做好全面准备,是时代赋予我们的神圣使命。让我们高举邓小平理论和“三个代表”重要思想伟大旗帜,更加紧密地团结在以胡锦涛同志为总书记的党中央周围,努力培育中国特色社会主义事业合格建设者和接班人,向着祖国更加美好的未来,奋勇前进!

张晓兰在全国少工委五届一次全委会上的讲话

2005年6月3日

各位委员,同志们:

首先感谢大家对我的信任,选举我做全国少工委常务副主任,我将和各位同志一道,尽心竭力为少先队事业的发展做贡献!

第五次全国少代会是一次朝气蓬勃的大会、团结奋进的大会、成果丰硕的大会,对于少先队更好地引导少年儿童为实现中华民族伟大复兴做好全面准备,具有十分重要的意义。党中央的亲切关怀是我们开好大会的根本保证,团中央的正确领导、教育部的大力支持是大会取得圆满成功的重要原因。会议期间,少先队员代表、少先队辅导员和工作者代表,都始终保持了饱满的热情和高昂的精神状态,集中展现了少先队组织生机勃勃、昂扬向上的时代风貌。这次少代会必将在中国少先队的历史上留下重要的一页。

作为新一届全国少工委,我们肩负着庄严而神圣的使命。今后五年将是全面建设小康社会、推进“三步走”战略第三步奋斗目标的关键时期,具有光荣传统的中国少先队,如何在新的征程中跟随祖国前进的步伐,按照党的要求更好地团结、教育、服务、带领广大少年儿童为实现中华民族伟大复兴做好全面准备,谱写中国少先队事业的崭新篇章,是我们新一届全国少工委必须认真思索和回答的问题。就这个问题,我想集中谈三个方面的意见,与大家共同探讨。

一、全面加强全国少工委的建设

全国少工委是全国少代会选出的全国少先队经常性工作的领导机构,担负着重要职责。少先队要肩负起党赋予的光荣职责,团结教育好、服务带领好广大少年儿童,全国少工委责任重大。

(一)充分发挥全国少工委委员的作用

本届全国少工委是历届少工委中委员人数最多、代表范围最广的一届。200名委员中,有全国与省级的团队工作干部、教育行政部门负责同志,有与少年儿童工作有关的中央和国务院相关部委的负责同志,有全国知名的少先队教育专家,有社会方方面面的代表,还有少先队员委员。这是一个具有广泛代表性的工作和领导机构。

面对全国少工委所肩负的任务,各位委员做少先队工作,不论是专职还是兼职,不论是主管还是分管,也不论是成人还是少年儿童,都要心中装着少先队,凡事想着少先队。要立足本职,充分发挥才智、专长和职业优势,增强少先队的凝聚力和影响力,促进全国少工委的科学决策和有序运转。来自共青团系统的委员,要按照全团带队的要求,从思想建设、组织建设、队伍建设以及活动开展等各个方面,全面履行职责,为少先队工作创造良好的外部环境和支持条件。从事专职少先队工作的委员,要不断增强少先队工作的光荣感和责任感,爱岗敬业，尽职尽责，抓基层，抓落实，创造性地做好工作。希望各位教育行政部门的委员，按照中央的要求，积极主动指导、参与少先队各方面工作，推动把少先队工作纳入教育发展规划，把对少先队工作的指导、检查、考核纳入教育行政部门、各中小学校的督导、评估范畴，为学校少先队辅导员开展工作创造条件，提供支持。希望社会各有关方面的委员结合本部门、本行业工作实际，尽心竭力为少先队办实事、解难事、做好事，推动在全社会形成关心、支持少先队工作的强大合力和良好氛围。

本届全国少工委第一次增选了少先队员委员，这是少工委自身建设和少先队组织建设的创新，也是少先队坚持以少年儿童为本，树立和落实科学发展观的具体举措。作为一名少先队员，参加到全国少工委工作中来，既十分光荣，又责任重大。你们要认识到是包括少先队员代表在内的各位少代会代表把你们推选到这个光荣的岗位上来，你们不能骄傲自满，不能脱离队集体，要树立起全心全意为小伙伴服务的思想，努力成为小伙伴们的好朋友。虽然你们年纪还比较小，但是在全国少工委进行有关工作的讨论研究时，你们要和成人们一样讲出自己的感受，提出意见和建议，反映小伙伴们的心声。也希望你们处理好学习与工作的关系，好好学习，好好工作，好好锻炼，在各方面都能成为少先队员的表率。

（二）加强全国少工委工作机制的建设

本届全国少工委从适应经济社会发展实际，全面推进少先队工作社会化的要求出发，在扩大委员的广泛性、社会性方面迈出了新的步伐。在这种情况下，大力加强工作机制建设，就成为促进委员发挥作用、提高工作效率的关键所在。

建立健全各种制度。有效的制度是做好工作的保证。本次全委会通过了《全国少工委工作规则（试行）》。今后我们要以这个规则为依据，认真加强全国少工委的各项制度建设。基本的想法是通过制度建设，规范各方面工作，提高少工委的凝聚力、向心力，增强委员的参与度，保障我们的工作不断迈上新的台阶。

建立科学决策机制。少工委的各项决策科学不科学，在实践中是否可行，能否取得实际效果，都要依赖科学的决策机制。健全全委会决策机制，充分发挥全委会的作用，涉及全队的重要问题要经全委会充分讨论和表决。全委会闭会期间，少工委办公室要实行工作咨询和重大决策征询制度，在作出重要决策之前广泛征询委员的意见。

建立调查研究机制。调查研究是一切决策的前提和基础。希望各位委员经常深入实际，及时了解少先队员的新特点、新变化，及时了解基层少先队工作面临的新情况、新问题，将少年儿童和少年儿童工作者中间出现的新矛盾、新变化、新特点、新需求以及自己对少先队工作的意见和建议，及时与全国少工委沟通与反映。建立重大课题专题研究制度，组织少工委委员就少先队工作面临的重大课题进行集中研究。

建立考核评估机制。考核评估是抓落实的一个重要环节。要组织委员进行监督、检查和评估，通过检查、评比、奖励等手段，推动各项工作的落实。

建立服务委员的机制。组织的凝聚力来自于共同的志向，也来自于对成员服务的力度。要开辟委员与全国少工委之间畅通的联系渠道，加强互相之间的沟通，使全国少工委能够更好地听取各位委员的意见和愿望，及时了解和掌握大家在思想上、学习上、工作上的需求，使服务更有针对性。要开展形式多样的学习交流活动，通过培训、考察、调研、参观等方式帮助大家开阔视野，了解情况，提高工作水平。总之，要通过服务把全国少工委建设成委员工作交流的园地、心灵沟通的家园、一心一意干事业的舞台。

把全国少工委建设好，有赖于全体委员的

共同努力。我们大家进入全国少工委，每个人都是这个集体的一员。只要我们团结一心，心往一处想、劲往一处使，就一定能够把全国少工委建设成一个充满创造力、富有战斗力的坚强集体，在引领亿万少年儿童健康成长中发挥应有作用。

二、扎扎实实地贯彻落实第五次全国少代会精神

第五次全国少代会是新世纪少先队召开的一次盛会，会议精神集中体现在胡锦涛总书记的殷切希望、王兆国同志代表党中央所作的祝词和周强、周济同志的致词以及工作报告等文件中，我们一定要学习好、领会好、贯彻好。

一是要汇报好。各位委员回去后，要尽快把胡锦涛总书记的殷切希望和中央祝词的精神向党政领导认真汇报，把党中央的高度重视、亲切关怀，把大会的盛况作认真汇报，把少代会对今后五年的工作部署作认真汇报。

二是要传达好。各省(自治区、直辖市)团委、少工委的负责同志要把这次会议的精神向党组集体汇报，各级少工委要利用工作会、全委会等各种方式层层传达，少先队员代表也要向身边的小伙伴们讲参加少代会的感受，使少先队工作者、少先队员都能迅速领会少代会精神，感受到党和政府对少先队工作的关怀和重视。要使各级少先队组织明确所肩负的责任，使每一位少先队工作者和辅导员明确工作任务，使每一位少先队员从中受到激励和鼓舞，明确今后努力的方向。

三是要宣传好。少代会期间，中央各大新闻单位进行了充分报道，营造了良好的氛围，形成了积极的社会导向。各地要运用多种方法和载体，把少代会精神全面、深入、大张旗鼓地进行宣传，努力营造全社会关心少年儿童、支持少先队工作的新风尚和良好氛围。

四是要学习培训好。各级少工委、少先队工作学会要利用即将到来的暑假，举办多种类型、多种形式的培训活动，帮助广大少先队工作干部和辅导员学习、掌握少代会精神，并以贯彻少代会精神为契机，积极开展新一轮的辅导员培训工作，为全面推进少先队各项工作做好准备。

五是要规划落实好。各地要集中时间、精力，开展一次比较全面的调研工作，在摸清基层状况、弄清基层需求的基础上，贯彻“全队抓基层、全队抓落实”的思路，按照少代会精神、中央八部委《关于进一步加强少先队工作的意见》和《少先队辅导员工作纲要(试行)》的要求，认真梳理少先队工作的主要内容，把少先队基础建设、辅导员待遇落实、少先队主题活动等各方面工作，细化为一个个具体可操作的条目，力争在8月份之前制定本地抓基层、抓落实的五年推进计划，推动少先队的各项建设。推进计划要目标明确，措施具体，稳步推进，坚持不懈。各市、县级少工委和各个学校也要制定相应的推进计划，按照一级抓一级、级级抓落实的要求，逐级抓督导、检查，不留空白点，把推进计划落到实处。

三、突出重点，抓好落实，开创少先队工作新局面

去年年底，在全国少工委四届六次全委会上，我们提出了“全队抓基层、全队抓落实”的工作思路。在本次少代会上我们再次强调了这一思路，目的就是要贯彻科学发展观的要求，发扬求真务实的工作作风，把少代会精神贯彻落实好，把少先队的各项工作推向前进。当前，要着重抓好四个方面的工作。

(一)深入贯彻中央8号文件精神，进一步加强少先队思想道德教育工作

中央8号文件是新世纪新阶段全面推进未成年人思想道德建设的纲领性文件，也是少代会的重要指导思想。一年多来，各级少先队组织认真贯彻中央8号文件精神，开展了丰富多彩的思想道德教育活动，在未成年人思想道德建设中发挥了独特的重要作用。当前，各级少先队组织要根据少代会精神，进一步深入贯

彻中央8号文件精神，全面加强少先队思想道德教育工作。要全面落实加强和改进未成年人思想道德建设的主要任务，把中央的要求创造性地体现在少先队的具体活动中。要坚持实践育人的原则，以体验教育为基本途径，大力开展少先队道德实践活动。要坚持以少年儿童为本，尊重少年儿童的主体地位，使少先队活动进一步贴近实际、贴近生活、贴近少年儿童。

（二）落实好八部委《关于进一步加强少先队工作的意见》，促进少先队工作实现新发展

在少代会召开前夕，团中央、教育部、科技部、民政部、财政部、人事部、农业部、文化部等部委联合下发了《关于进一步加强少先队工作的意见》。这是深入贯彻中央8号文件精神，充分发挥少先队在未成年人思想道德建设中的重要作用的一个重要举措，是一个政策性、指导性很强的文件，集中体现了全社会对少年儿童的关心和对少先队工作的热情支持，为新世纪新阶段少先队工作实现新发展创造了很好的政策氛围。好的文件关键是要有好的落实。少代会后各级少先队组织的一项重要任务就是抓好这个文件的贯彻落实。各地要乘中央8号文件的东风，抓住贯彻全国少代会精神的契机，根据八部委《意见》的精神，结合当地实际，与有关方面联合出台贯彻八部委《意见》的具体措施。要按照文件要求，一个方面一个方面地协调，一项任务一项任务地落实。努力在中央八部委《意见》的基础上，制定更为具体、有形、操作性强的落实措施，为进一步推进少先队工作争取更多的社会支持，营造更加良好的社会氛围。

（三）实施《少先队辅导员工作纲要（试行）》，把少先队的各项任务落实到基层

去年年底，全国少工委四届六次全委会讨论了《少先队辅导员工作纲要（试行）》（草案），其后全国少工委办公室的同志到各地进行了一系列调研，广泛听取了少先队员和少先队工作者的意见，对《纲要（试行）》（草案）进行了修改。《少先队辅导员工作纲要（试行）》再次提交本次全委会，将在征求意见的基础上下发。下一阶段，全队要把实施好《纲要（试行）》作为抓手，把少先队的各项任务落实到基层。

要充分认识实施《少先队辅导员工作纲要（试行）》的意义。《纲要（试行）》明确了少先队教育的基本任务和基本内容，提出了少先队教育的基本要求。特别是以学校少先队为实施主体，参照基础教育新课程标准，确定了少先队基层组织分年级的工作内容和活动建议，揭示了不同年级工作、活动内容之间循序渐进的逻辑联系，既可以使辅导员工作有章可循，又具有规范性、指导性，既是检验和考核辅导员工作的标准和依据，也是检验和考核基层少先队工作的标准和依据。《纲要（试行）》的实施使"全队抓基层，全队抓落实"的工作思路得以具体化、有形化，将有利于少先队工作广泛、扎实地开展。

要科学实施《少先队辅导员工作纲要（试行）》。一要坚持标准，全面实施。《纲要（试行）》规定了辅导员工作的基本任务和内容，是少先队工作的基本标准和基本要求，具备条件的城乡少先队组织都要积极实施，逐条落实，保证少先队教育的完整性、系统性。二是分类指导，逐步推开。《纲要（试行）》提供的是最基本的要求和规范，有的地方已经达到或超过《纲要（试行）》的要求，但是更多的地方尚未达到，各地要从实际出发，制定规划，分类指导，逐步推开，争取经过三到五年的努力，使少先队的教育理念和教育活动在每一个基层队组织都能落实。三是加强培训，做好示范。把对《纲要（试行）》的学习作为辅导员培训的重要内容，有条件的省份可以根据《纲要（试行）》编写本省的《少先队辅导员工作指导手册》，运用现场观摩、网络交流等多种形式，为少先队基层组织和辅导员实施《纲要（试行）》

提供指导。四是与时俱进,突出特色。《纲要(试行)》的实施是一个动态的、开放的过程,各地可以在实施中不断调整、充实,使《纲要(试行)》的实施更具时代性;利用《纲要(试行)》给基层组织留下的创造空间,结合实际,创造性地开展工作,使少先队的百花园更加缤纷多彩。

(四)抓好少工委工作的考核,提升少先队工作水平

按照"全队抓基层,全队抓落实"的工作要求,按照全国少工委建立工作考核评估机制的要求,为推进少先队工作的新发展,全国少工委决定从2005年开始对省级少工委工作进行年度考核。第五次全国少代会前夕,全国少工委下发了考核通知和考核量化评分标准,这是加强少先队组织建设、推进各项工作的具体举措。在此基础上,今年下半年全国少工委将根据《少先队辅导员工作纲要(试行)》和八部委《意见》的要求,在充分调研的基础上,依据各地制定的抓基层、抓落实推进计划,区分各地区经济社会发展状况和少先队工作基础,制定全队抓基层、抓落实五年推进计划,把少先队各项工作具体化为可供考核的具体条目,在全队施行。时间考虑是下半年集中调研、科学设计推进计划,在年底的二次全委会上推出,明年开始执行,以后每年年底对各地进行考评,奖励先进,牵动全队,以此加强少先队基层组织的能力建设,不断提高少先队的影响力和战斗力。

全国少工委部署的各项任务,最终要通过各级少工委的辛勤工作来完成。全国少工委要牢固树立为基层服务的思想,不断提高服务能力。要及时了解各级少工委在工作中遇到的困难和问题,加强对基层工作的指导和帮助力度,为基层更好地开展工作营造环境,创造条件。作为全国少工委的日常工作机构,全国少工委办公室尤其要做到热情服务,发挥好沟通全国少工委和各级少工委的桥梁和纽带作用,切实为各级少工委服好务。

各位委员,同志们,我们这届少工委任期已经开始,广大少先队工作者、少先队辅导员、少先队员对我们寄予了厚望和重托,我们的责任重大,使命光荣。让我们紧密团结在以胡锦涛同志为总书记的党中央周围,高举邓小平理论和"三个代表"重要思想的伟大旗帜,坚持以人为本,贯彻落实科学发展观,发扬求真务实的工作作风,与时俱进,开拓创新,真抓实干,推进少先队事业不断向前发展!

加强青少年思想道德建设
为构建社会主义和谐社会做贡献

——张晓兰在"第二届中国公民道德论坛"上的讲话

2005年9月20日

尊敬的各位领导、各位嘉宾,同志们,朋友们:

作为一名青少年工作者,我很荣幸能在这里与大家进行交流和研讨。本届论坛的主题是"公民道德建设与构建和谐社会",这是一个时代话题,是在构建社会主义和谐社会的伟大进程中不容回避的重要课题,必将越来越引起

社会各界的关注与思考。

加强公民道德建设是构建社会主义和谐社会的重要内容，是提高全民族思想道德素质的一项基础性工程。一个社会是否和谐，一个国家能否实现长治久安，很大程度上取决于全体社会成员的思想道德素质。没有共同的理想信念，没有良好的道德规范，是无法实现社会和谐的。不断加强公民道德建设，对于弘扬民族精神和时代精神，形成良好的社会道德风尚，对于促进社会主义经济建设、政治建设、文化建设与和谐社会建设的协调发展，全面推进中国特色社会主义事业，具有十分重要的意义。

在公民道德建设中，青少年思想道德建设又具有基础性的地位。从个体来说，青少年时期是人一生道德品质形成的关键时期；从整体来说，青少年是一个国家和民族的未来和希望。抓住青少年思想道德建设，一代一代地培养，就能够使中国特色社会主义的共同理想、正确的世界观、人生观、价值观、“爱国守法、明礼诚信、团结友善、勤俭自强、敬业奉献”的基本道德规范在全社会逐步形成，就能够不断地提高全民族的思想道德素质。同时，在公民道德建设的伟大实践中，青少年既是受教育者，更是公民道德建设的积极的推动者。他们崇尚先进，敢于追求自己的理想，开风气之先，发挥着生力军的作用。他们不但相互激励，共同进步，还能通过自身的言行影响和带动社会，为全社会良好道德风尚的形成做出积极贡献。因此，加强公民道德建设，必须大力加强青少年思想道德建设。

胡锦涛总书记指出：“我们所要建设的社会主义和谐社会，应该是民主法治、公平正义、诚信友爱、充满活力、安定有序、人与自然和谐相处的社会。”我们要研究和谐社会的人应该具有什么样的素质，要通过大力加强青少年思想道德建设，帮助青少年了解和谐社会的内涵，形成建设和谐社会的自觉意识，养成构建和谐社会需要的社会品质和良好行为习惯，在实践中处理好人与人的关系，人与社会的关系，人与大自然的关系，用自己的实际行动去构建社会主义和谐社会。

一是大力培养青少年的爱心意识，帮助他们养成平等友爱、团结互助、扶贫济困的良好道德品质和行为习惯，促进人与人的和谐。送人玫瑰，手有余香，爱心是人与人沟通的润滑剂。近年来，共青团组织全力推进青年志愿服务工作，在全社会大力弘扬“奉献、友爱、互助、进步”的志愿精神。从一定意义上讲，志愿服务的核心价值观，就是和谐社会的核心价值观。志愿服务既继承中华民族扶贫济困、助人为乐的传统美德，又反映世界先进文明成果，对于建设和谐社会发挥着重要的导向作用。志愿服务人人可为、人人能为，领域十分广阔，为全体社会成员参与和谐社会建设搭建了广阔的舞台。因此，进一步深化青年志愿者行动，大力推进青年志愿服务工作，是共青团加强青少年思想道德建设，动员组织广大青年积极参与和谐社会建设的重要载体和有效途径。少先队组织开展多年的品牌活动“手拉手”，也体现了互相关爱，共同进步的社会理念，不同民族、不同地区、不同生活状况的少年儿童通过手拉手，相互了解，相互学习，相互帮助，对他们的健康成长起到了积极的促进作用。去年 4 月，我们启动了“城市少年儿童与进城务工就业农民子女手拉手”，一年多的时间内就有 800 万少年儿童结成了手拉手的小伙伴，城市少年儿童从自己的小伙伴身上学到了吃苦耐劳、勤俭节约、不怕困难、顽强学习的优秀品质，增强了学习进步的动力，进城务工就业农民子女真正体会到了“同在蓝天下，共同成长进步”的快乐，他们对所在城市有了更多的认同感和归宿感，他们对自己的明天也有了更好的憧憬和希望，从一定意义上说促进了社会的安定和和谐发展。

二是大力培养青少年的责任意识，帮助他

们养成诚实守信、遵纪守法、公平竞争的良好道德品质和行为习惯，促进人与社会的和谐。如果一个社会的公民都具有强烈的责任感，对待他人诚实守信，对待自己遵纪守法，宽以待人，严于律己，这个社会自然就变得和谐美好。共青团中央和多家政府部门联合开展的“青年文明号”评选活动，10 年来一直适应社会主义市场经济对职业道德建设的新要求，积极引导广大青年在工作岗位上加强道德建设，倡导职业文明。实践证明，在 30 多个系统中争创青年文明号的 25 万多个青年集体，正以自己的实际行动弘扬职业道德、树立行业新风，从他们身上，顾客看到了诚信，行业看到了榜样，他们自己也心情愉快，精神奋发，在弘扬职业道德中收获自己的价值。少先队组织开展的“全国青少年网络文明公约”宣传活动，大力宣传作为一个有责任的网民，在网上要诚实友好交流，不侮辱欺诈他人，要维护网络安全，不破坏网络秩序。许多青少年朋友在参加宣传活动后，责任意识倍增，不仅从自我做起，自觉成为文明网民，而且互相监督，互相帮助，共同倡导和建设网络文明新风，自觉成为网络文明的建设者。

三是大力培养青少年的环保意识，帮助他们养成爱护环境、节约资源、珍爱生命的良好道德品质和行为习惯，促进人与大自然的和谐。“保护母亲河”行动受到了全国广大青少年的热情参与，六年多来，这项活动已经吸引了 3 亿多人次的青少年和社会公众参与生态保护，在江河流域造林近 400 万亩。更为重要的是，亿万青少年通过活动走近自然、了解自然，开始关心生态、关注环境，他们从不使用一次性筷子到自觉植绿护绿，从参与生态实践到主动宣传生态文化，逐渐成为具有良好生态意识的一代新人。前不久，团中央、全国少工委还启动了“四个一”节约资源活动，引导广大青少年节约一滴水，一度电，一张纸，一粒米。很多青少年朋友开始双面用纸，循环使用课本，吃饭时也不再挑食浪费，并且作为小宣传员、小监督员去影响自己的家人、邻居、同学，他们用自己的实际行动参与到节约型社会的建设中。

共青团、少先队一直承担着引导青少年成为“有理想、有道德、有文化、有纪律”的四有新人的历史使命，一直把青少年思想道德教育工作放在首位。多年来，我们一直在探索，如何更好地发挥共青团、少先队的政治优势、组织优势和活动优势，增强青少年思想道德教育工作的针对性、实效性和主动性，把思想道德教育工作贴近实际，让他们乐于接受并在行动中加以实践；多年来，我们也一直在努力，坚持以体验教育为基本途径，用正确的思想启迪青少年，用先进的文化感染青少年，用生动的实践锻炼青少年，用先进的典型激励青少年，引导他们在道德实践活动中明白做人做事的道理，养成良好的行为习惯，在自身健康成长的同时促进社会的进步。我们过去做了一些工作，我们今后将继续努力，争取把工作做得更好。

加强公民道德建设，尤其是加强青少年思想道德建设是一个系统工程，需要社会各界齐抓共管。共青团、少先队组织愿与社会各界一道，探索更多的有效途径和载体，为青少年思想道德建设搭建更为广阔的平台，创造更加良好的氛围，引导他们勤奋学习，快乐生活，全面发展，努力成为社会的栋梁之才，为构建社会主义和谐社会，早日实现中华民族的伟大复兴做出新的更大的贡献。

张晓兰在推进未成年人思想道德建设工作协调会上的发言

2005 年 9 月 29 日

中央 8 号文件下发以来,团中央认真贯彻中央关于加强和改进未成年人思想道德建设的一系列重要精神,以落实中央文明委要求为基本任务,高度重视,精心部署,真抓实干,大力加强和改进未成年人思想道德建设,取得明显成效。

一、共青团加强和改进未成年人思想道德建设工作落实情况

各级共青团和少先队组织充分认识加强和改进未成年人思想道德建设的重要性、紧迫性,把未成年人思想道德建设纳入共青团、少先队工作的总体规划,列入团委、少工委的重要议事日程,发挥自身优势,广泛开展形式多样、符合未成年人特点、又具有鲜明时代特点的教育实践活动,实施了一批富有特色的活动项目,涌现出一批先进典型;对未成年人思想道德建设规律认识不断深化,形成和积累了一些在新形势下加强和改进未成年人思想道德建设的好的做法和有益的经验,初步探索建立了长效机制;未成年人思想道德状况得到不断改善,共青团、少先队未成年人思想道德建设整体工作呈现良好的发展势头。今年"六一"期间,我们成功召开了第五次全国少代会。大会高举邓小平理论和"三个代表"重要思想伟大旗帜,深入学习贯彻党的十六大和十六届三中、四中全会精神,贯彻落实《中共中央国务院关于进一步加强和改进未成年人思想道德建设的若干意见》,总结了少先队过去五年的工作,确定了今后五年的发展方向和工作任务,选举产生了新的少先队工作领导机构,教育引导少年儿童时刻准备着为建设中国特色社会主义贡献力量,产生了强烈的社会反响。一年来,我们的工作主要体现在以下十二个方面:

1. 精心部署,明确职责。中央 8 号文件下发后,为加强领导和协调,团中央成立了专门领导小组,由团中央书记处第一书记周强同志担任组长,书记处全体同志担任副组长。团中央书记处和领导小组多次召开专题会议,对这项工作进行研究、部署和督促。去年 6 月,团中央专门召开了全团加强和改进未成年人思想道德建设工作会议,深入学习贯彻中央 8 号文件和全国加强和改进未成年人思想道德建设工作会议精神,对全团加强和改进未成年人思想道德建设工作作出具体部署。团中央先后下发了《关于学习贯彻 < 中共中央国务院关于进一步加强和改进未成年人思想道德建设的若干意见 > 的通知》、《关于加强和改进未成年人思想道德建设的实施意见》、《关于印发 < 团中央贯彻落实 < 中共中央国务院关于进一步加强和改进未成年人思想道德建设的若干意见 > 的目标任务分工 > 的通知》等一系列文件。我们把中央文明委《目标任务分工》涉及团中央的 37 个方面细化为 130 多个单项工作,制定了具体的落实措施,每一项工作都明确责任部门和责任人员,明确分工,责任到人。

2. 集中全团力量,为未成年人健康成长办好 11 件实事。一是联合教育部实施"校园净化工程",对有害卡通画册、淫秽"口袋书"、游戏软件和"粗口歌"进行专项治理。二是实施"爱心助成长"志愿服务计划,招募热心未成年人教育工作、有责任心的"五老"(老干部、老战士、老专家、老教师、老模范)志愿者,充分发挥中老年人在教育引导未成年人方面的积极作用。三是组织"共享成长——杰出青年走进中学生"主题活动,组织全国、省、市等各级"十大杰出青年"或成功人士给中学生讲述自己成长的故事,用他

们的事迹和精神教育激励未成年人。四是开展“民族精神代代传”歌曲传唱活动，在未成年人中广泛传唱革命传统歌曲和爱国主义歌曲。五是广泛开展“同在一片蓝天下，手拉手共同成长”——城市少年儿童与进城务工就业农民子女“手拉手”活动，广泛发动城里的学校和学生与进城务工农民子女学校和学生结成对子，在学校与学校之间、学生与学生之间开展各种联谊和互助活动。六是开展中学生暑期“四个一”实践教育活动，即：参观一次爱国主义教育场所、参加一次社区志愿服务活动、为回报父母长辈做一件实事、学习一项生产生活技能或自理自护知识。七是举办“快乐成长”系列活动，依托青少年宫开展“快乐成长”主题系列活动，让未成年人在快乐中成长。八是实施青少年文化精品计划，大力推进青少年文化精品的创作、生产和推广，为广大未成年人提供更多更好的精神食粮。九是开展“社区关爱行动”，广泛动员社区内的专业人士、知名人士、驻区单位工作人员、大学生等志愿者与社区内特困、失学、失足、残疾、单亲和流动人口家庭子女等特殊未成年人群体建立结对关系，帮助他们解决实际困难，开展心理咨询等服务。十是培训一批未成年人思想道德建设工作骨干，依托团校、青干院，邀请在未成年人思想道德教育领域知名的专家、学者等，面向团队干部、辅导员，以及其他从事未成年人思想道德建设的工作者，开展大规模的培训。十一是形成一批有分量的研究成果，组织专家学者，加强对新时期未成年人身心发展特点和未成年人思想道德建设规律的研究，为开展未成年人思想道德建设工作提供有效依据。

3. 扎实推进未成年人心理生理知识教育专项工作。团中央把牵头负责的未成年人心理生理知识教育专项工作作为重中之重，精心谋划，多方协调，认真部署，确保中央文明委的要求得到落实。按照《重点专项工作方案》的要求，去年 8 月，由团中央牵头，成立了团中央、教育部、卫生部、全国妇联、中国科协、中国社科院为责任单位的未成年人心理生理知识教育专项工作小组，各责任单位有关领导同志担任成员，办公室设在团中央。为加强协调，各部委确定专人作为联络员，定期沟通信息，协调工作。工作小组制定了《未成年人心理生理知识教育专项工作小组工作方案》，围绕“规范对未成年人的心理生理知识教育”这一任务，进行详细分工，确定了 4 个方面共 17 个工作项目，按照 6 个责任单位的职能明确了任务，落实了责任。各责任单位根据自身职能，实施了富有成效的工作项目。团中央联合有关部门开展了“心理阳光工程”、“青少年网络文明行动”、“为了明天——青春自护远离网瘾行动”、青少年自护教育、预防艾滋病“青春红丝带”行动、“良好行为习惯推广计划”等教育活动。先后发放了 30 多万册《全国青少年网络文明公约》宣传画、卡通画册和书签，组织了全国近 1300 名大学生志愿者、10 万多名城市和乡村青年志愿者深入到 127 个艾滋病综合防治示范区开展了青少年防治艾滋病宣传教育工作，在全国近 20 个省的 400 余所中小学校推广了“良好行为习惯推广计划”。围绕“少年儿童行为习惯与人格的关系研究”课题，开展了 400 多项课题研究，编辑出版了《儿童教育就是培养好习惯》等一系列优秀图书。联合有关部门共同开展了共青团系统心理健康辅导员远程培训试点工作，团中央、全国学联先后开展了 5 批大中学校团组织心理咨询培训工作。推出了“建立流动人口子女家长学校”计划，于今年 3 月在北京建立了首家“流动人口子女家长学校”。团中央开通了未成年人心理生理知识专门网站“青少年思想道德网”、“青少年心理 · 生理网”、“中国大中学生心理健康教育在线网站”、“中国青少年研究网”、“12355”全国青少年维权和心理咨询服务热线、“孙老师咨询热线”等。拍摄了《88995》、《会说话的风筝》、《圆梦》等引导未成年人健康上网、加强心理健康教育的电影。

4. 坚持实践育人，开展富有特色的活动项目。从去年起，中宣部、中央文明办、团中央、国务院新闻办共同主办了“感动”——全国青少年网络短信作品大赛。参赛者遍及全国30多个省市，大赛主网站的访问量达230万人次，提交参赛作品10000多件，大赛主页在线评选投票43万人次。加上分赛区设立的网站和高校校园网站的访问量，全国的总访问量在600万人次以上，参赛作品的总量在30000件以上。从今年起，团中央联合中宣部、中央文明办、教育部、文化部、国家广播电影电视总局、新闻出版总署、国家体育总局、全国妇联、中国科协共同开展了“小时候”青少年社会教育活动。“小时候”青少年社会教育活动包括“寻找”篇、“重返”篇和“欢聚”篇等三个部分，共八项重点活动。“寻找”篇主要开展征集和连线活动，“重返”篇包括“小时候”青少年社会教育暑期欢乐营活动和“小时候·重返日”活动，“欢聚”篇包括青少年社会教育论坛、中国青少年社会教育“银杏奖”颁奖典礼等活动。举办了“与共和国一起成长”中国青少年宫半个世纪发展历程回顾展，李长春等中央领导同志亲自参观了展览并作出重要指示。这个展览全面回顾了党和政府对青少年宫的关怀，体现了青少年宫育人的累累硕果。十部委还第一次共同颁发了中国青少年社会教育“银杏奖”，联合表彰为青少年社会教育做出突出贡献的工作者和单位，受到普遍好评。团中央深入开展了18岁成人宣誓仪式教育活动、16岁居民身份证颁发仪式等活动。以纪念建国55周年为契机，全国100多个城市开展了以“弘扬民族精神，肩负历史使命”为主题的18岁成人仪式教育活动。实施中学生素质拓展计划，积极开展了各种富有趣味性的课外文化体育活动、怡情益智的课余兴趣小组活动和力所能及的公益性劳动。开展少年军校活动，对广大少年儿童进行爱国、爱党、爱军教育，目前全国已有各级各类少年军校13000所。开展“雏鹰争章”活动，促进少年儿童思想道德素质、科学文化素质和健康素质的全面提高。各级团、队组织抓住纪念日、节庆日、入队、入团日等契机开展团队活动，定期组织未成年人到纪念馆、博物馆、烈士陵园等场馆参观、开展宣誓教育活动等，使广大未成年人普遍受到生动具体的爱国主义和社会主义教育。清明期间开展的“网上祭英烈，共铸中华魂”活动吸引830多万青少年参加，网上留言达300万字。各级团组织积极依托中学生团校、业余党校对中学生进行理想信念教育。2004年全国中学生推优人数达到19.6万名，4.4万名中学生加入党组织。“六一”期间，各地少先队组织集中开展了丰富多彩的道德实践活动。

5. 坚持文化育人，用文化的力量教育引导未成年人。去年以来，团中央联合中宣部、中央文明办、教育部、文化部、国家广电总局、新闻出版总署等部委共同实施了青年文化行动，满足青少年日益增长的精神文化需求，努力为未成年人成长创造良好的文化环境。团中央举办了纪念五四运动85周年“青春”主题晚会，“青春中华”——首届中国青年文化周、中国青少年读书周、中国青年服装时尚周、中国青年欢乐节，中国青年时代风采电视大赛等一系列重点活动，形成了青年文化的良好导向和示范作用，起到了用文化的力量凝聚未成年人、教育引导未成年人的良好成效。各地团组织按照团中央的统一部署，根据实际情况和当地青少年的特点，结合当地文化发展战略，创造性地开展了“媒体与未成年人发展”论坛、“欢乐快车”少儿电视文艺节目展演活动、青少年读书节、青年文化广场、社区青少年文化节、乡村青少年文化节等各具特色、形式多样的青少年文化活动，寓教于文，寓教于乐，倡导健康有益、充满活力的青少年文化，为未成年人的健康成长创造了良好的文化环境。

6. 坚持服务育人，增强未成年人思想道德建设的实效。一是针对西部贫困地区未成年人、农村留守儿童、流浪儿童、单亲家庭儿童、贫困家庭子女、城市务工人员子女等一批特殊未成年人群体,提供及时有效的服务,把社会的关怀和温暖送到他们的心坎上。团中央联合中华海外联谊会、海外杰青汇中华筹委会实施了西部乡村流动图书车项目,首批14辆流动图书车已经深入到新疆维吾尔自治区13个地州市的乡村开展服务。各地依托社区团组织和社区青年中心,设立"社区关爱交流站",组织社区"一对一手拉手"活动。团北京市委专门组织了百部优秀故事片进校园活动,为未成年人提供优秀的精神食粮。二是维护未成年人的合法权益,为未成年人成长创造良好的社会环境。进一步深化创建优秀青少年维权岗活动,推动各地"青少年维权中心"建设。目前,全国建立省、地市青少年维权中心84个,社区青少年法律学校300多个,初步形成了青少年社会化维权网络的核心体系。配合有关部门实施好《未成年人保护法》和《预防未成年人犯罪法》,动员社会各方面力量,共同维护青少年合法权益。开展"青春自护"活动,通过开展青少年自我保护主题教育活动、青少年自护知识技能竞赛活动、青少年自护教育培训活动等,增强青少年自我保护意识和能力。开通"12355"特服号码,建立全国青少年维权和心理咨询服务热线。广东、浙江、湖北等十几个省已经开通试运行热线,聘请法律和心理方面的专业人员为青少年提供维权、心理等方面的免费咨询服务,有效提高了共青团组织服务未成年人的能力。

7.加强团属青少年活动阵地建设和管理,努力为未成年人健康成长提供有效服务。目前,团属青少年活动阵地建设形成了一定规模,全国现有团属青少年宫1200多所、青少年营地36所,固定资产达150亿元。团中央先后召开一系列专题会议,就贯彻落实中央有关精神,加大青少年活动阵地的建设和管理,充分发挥广大青少年活动阵地育人作用作出部署。团中央先后三次下发通知对团属青少年活动阵地进行检查和治理,要求各地坚持团属青少年活动阵地的公益性质,把社会效益放在首位,坚持把培育"四有"新人作为根本任务,坚持面向未成年人、服务未成年人的宗旨,和学校教育结合起来,创造条件向全体未成年人免费开放。团中央还对团属青少年活动阵地进行了认真的清理整顿,并定期对青少年活动阵地的建设、管理和使用情况进行检查,积极促进团属青少年活动阵地的健康发展。加强全国青少年宫协会建设,建立健全了各项规章制度,增补了中央文明办、教育部、人事部、科技部、财政部、建设部、文化部、国家税务总局、国家广电总局、国家体育总局、国家工商总局、新闻出版总署、全国妇联、中国社会科学院等部委的有关司局负责同志为副会长。各级团属青少年活动阵地探索青少年社会教育的新思路,积极促进校外活动场所与学校教育的有效衔接,推动形成未成年人社会教育与学校教育、家庭教育相互补充、相互促进的教育格局。各级共青团、少先队组织把未成年人思想道德建设融入到青少年活动阵地教育的全过程,设计开展了丰富多彩、吸引力强的实践活动和知识技能培训,大力开发"千宫百万"行动、全国青少年棋类比赛等一批青少年社会教育的品牌。团中央专门成立"全国青少年校外活动场所现状与发展"课题组,委托全国青少年宫协会撰写并出版了《中国青少年校外活动场所现状与发展报告》,为进一步加强团属青少年活动阵地建设和管理提供了理论依据。为充分展示团属青少年活动阵地在未成年人思想道德建设中取得的成果,进一步拓展教育和服务功能,举办了全国青少年宫思想道德教育成果展。

团中央充分运用网络信息技术,在继续做好以"民族魂"、"血铸中华"网站、网上英烈纪念馆为核心的网上爱国主义教育基地建设的同时,重点建好了未成年人思想道德建设的专门网站"青少年思想道德网",努力增强中青网、雏鹰网对未成年人的吸引力，为广大未成年人创造良好的网络环境。今年，团中央专门开通了“中国青少年网络电台”，加强运用网络对青少年教育引导和服务工作。

8. 整合力量，净化未成年人成长环境。团中央联合新闻出版、教育等部门进行专项治理，在中小学生中广泛开展“远离不良文化”专项教育活动；配合教育部门开展校园及周边治安综合治理行动，加强中小学生、少年儿童的安全自护教育；配合公安部、文化部门开展打击淫秽色情网站专项整治行动，北京等地成立了“远离淫秽色情和不健康网站志愿者服务队”，组织青年志愿者积极参加黄色网站专项整治行动；联合文化、教育、公安等部门开展“安全放心网吧”创建活动，推动网吧业主进行行业自律，营造健康文明的互联网上网服务场所，动员社会力量组成义务监督员，安装屏蔽淫秽色情网站的软件，引导青少年安全文明上网。

9. 加强理论研究，积极探索未成年人思想道德建设工作规律。围绕胡锦涛总书记在全国加强和改进未成年人思想道德建设工作会议上提出的“五个如何”，结合中央的一系列部署，团中央组织专家学者，吸纳社会力量，结合团、队实际，确立重点课题，进行了专题研究。团中央联合中宣部、中央文明办、教育部、文化部、国家广播电影电视总局、国家新闻出版总署、国家体育总局、全国妇联、中国科协分别举办了中国青少年社会教育论坛、“媒体与未成年人发展”论坛和“娱乐与青少年成长”论坛，深入研讨服务未成年人成长的工作。团属青少年研究机构、团校、青干院把未成年人思想道德建设理论研究作为重要课题，纳入教学科研计划，加强相互协作，开展了少年儿童行为习惯与人格的关系研究、未成年人犯罪的社区预防、中国少年儿童发展状况调查等专题研究，取得了一系列研究成果，为掌握新时期未成年人思想道德建设工作规律，促进未成年人思想道德建设工作的有效开展提供了支持。

10. 大力表彰先进，发挥典型示范引导的作用。团中央、少工委进一步深化和完善了中学“优秀共青团员”、三好学生、“雏鹰奖章”、“十佳少先队员”、少先队“红旗大(中)队”、希望工程之星的评选表彰活动，联合教育部开展了首届“全国十佳中学生”评选表彰活动、全国中学生首届“正泰品学奖”评选表彰活动，同时把对优秀中学生和中学生集体的表彰纳入到全团表彰体系，加大了对优秀未成年人的表彰力度。按照邓小平同志遗愿，共青团中央、全国青联、全国学联、全国少工委联合设立了“中国青少年科技创新奖励基金”，开展了“中国青少年科技创新奖”评选表彰活动。在开展表彰活动的同时，充分利用新闻媒体，大力宣传优秀典型，集中展示了当代未成年人蓬勃向上的精神风貌，形成了良好的价值导向，营造了良好的社会舆论氛围，激励了广大未成年人健康成长。

11. 发动社会参与，未成年人工作队伍不断壮大。各级团组织和少先队组织加大对中学团干部和少先队辅导员的培训力度，仅去年暑期，全国就有近8万名团干部和少先队辅导员接受了未成年人教育专题培训。团中央与中国法学会青少年法律研究会、北京青少年法律援助与研究中心共同举办了中西部未成年人维权干部培训班，培训中西部12省1200名维权干部。团中央聘请专家成立“青春自护”讲师团，定期赴全国各地向广大青少年和家长及青少年工作者传授青少年自我保护的知识和技能。中国青年政治学院轮训部举办了四期“加强和改进未成年人思想道德建设工作骨干专题培训班”。“心手相连”志愿服务活动组织发动志愿者帮助社区内贫困家庭、单亲家庭的未成年人子女解决学习、生活、心理方面遇到的困难，现已动员了20多万名志愿者加入其中。为加强社区预防未成年人违法犯罪专兼职工作队伍建设，上海采用政府购买服务的方式建立了专职社工队伍，南京市探索采用多种方式筹集资金建立社区青少年专职社工队伍。同时，各地积极采用公开招募的方式，扩大未成年人工作队伍。

12. 着眼长远，努力构建未成年人思想道德建设工作的长效机制。在加强和改进未成年人思想道德建设的工作中，积极探索建立健全长效工作机制。“爱心助成长”志愿服务计划，按照公开招募、自愿报名、组织选拔、经常服务的方式，组建以“五老”为主体、吸收中青年人参与的专门志愿者队伍，围绕加强和改进未成年人思想道德建设开展志愿服务，着眼于构建长效工作机制，初步形成了推行注册制度，规范招募管理，岗前培训制度化、岗中培训经常化，健全工作流程，完善服务方式等工作机制，推动未成年人思想道德建设的长期化、制度化和社会化。团中央与教育部联合下发了关于加强中学生团校建设的意见，对各地更好地发挥中学生团校、业余党校在加强未成年人思想道德建设方面的作用进行了规范。海口市共青团和少先队组织在开展未成年人思想道德建设工作中，积极探索建立长效工作机制，形成了以少先队道德实践活动为载体，广泛动员社会力量，党政群齐抓共管，大力加强和改进未成年人思想道德建设的有效经验。浙江省少工委积极争取教育行政部门的支持和帮助，在全国率先将雏鹰争章活动编入综合实践课程的省级课本，以固定的课时保证争章活动的开展，以新颖的形式突出奖章的激励作用，构建了与课程改革相适应的雏鹰争章运行机制。

各级共青团、少先队组织在开展未成年人思想道德建设工作过程中，探索形成了一些有益的经验，形成了自身工作的特点。一是深入研究未成年人的特点，设计开展了针对性强、富有未成年人特色的思想教育活动，吸引了广大未成年人的踊跃参与。二是尊重未成年人的主体地位，把握未成年人的成长规律，调动未成年人的内在积极性。三是充分发挥实践育人、文化育人、服务育人、组织育人的作用，坚持四个育人有机统一，不断创新未成年人思想道德建设的工作方法。四是努力集中全团力量，上下形成合力，抓住未成年人思想道德建设的重点环节，实施了影响力大、效果显著的品牌项目。五是注意整合社会资源，动员社会各界力量，共同推动未成年人思想道德建设产生更大的成效。

二、下一步加强和改进未成年人思想道德建设的打算和建议

共青团、少先队组织将认真贯彻中央8号文件精神，发挥自身优势，突出教育和服务，把教育和服务结合起来，坚持实践育人、文化育人、服务育人、组织育人，深入落实好加强和改进未成年人思想道德建设工作任务。

1. 深入开展加强和改进未成年人思想道德建设的特色活动。我们将在加强对新时期未成年人身心发展特点和未成年人思想道德建设规律调查研究的基础上，摸清未成年人思想道德建设存在问题，抓住关键环节，设计开展有针对性、有影响力的活动和工作项目，联合各有关方面力量，共同实施，合力推进，形成声势，抓出实效，切实为未成年人办实事、做好事。

(1)继续深化“手拉手”活动。进一步加强城市与农村、富裕地区与贫困地区、身体健康与身体残疾、不同民族、不同生活状况少年儿童之间手拉手。加强机制建设，通过组织少年儿童手拉手，带动大队手拉手、中队手拉手、小队手拉手，促进学校手拉手、辅导员手拉手，形成“手拉手”活动的长效机制。深入挖掘和宣传“手拉手”活动中的感人故事，动员社会各界关注与支持“手拉手”活动。

(2)全面深化“雏鹰争章”活动。结合基础教育新课程建设，完善雏鹰奖章新体系，以体验教育活动为基本方式，以定章、争章和颁章为基本环节，开展丰富多彩的雏鹰争章活动，推动少年儿童素质教育。着力推广海口市以“雏鹰争章”活动为主要载体，广泛动员社会力量，党政群齐抓共管，全面推进素质教育和少年儿童思想道德建设的活动模式和工作机制。积极总结推广浙江等地把"雏鹰争章"活动纳入综合实践课程的典型经验,以点带面,推进少先队教育与新课程的有机衔接。

(3)积极推进"民族精神代代传"活动。通过形式多样的学习实践活动,深入开展以"中国了不起、中国人了不起、做个了不起的中国人"为主要内容的"三个了不起"系列活动。组织少年儿童和社会各界创作优秀的原创少儿歌曲,组织引导少年儿童广泛传唱,做好重点推广活动,力争有部分歌曲能够在全国形成流行态势。组织新闻出版单位编写相关图书,并向全国主要城市和重点地区派发。

(4)深入推进"感动"——全国青少年网络短信作品大赛活动。以"感动"为主题,以亲身体验为途径,以互联网、手机短信为活动平台和纽带,运用现代技术手段和传播方式开展生动活泼的思想道德实践活动。动员和引导青少年走访和了解发生在身边的、鲜活的、令人感动的人和事;在青少年中开展"身边最让我感动的人"评选活动;在各级各类电视台、电台、报刊杂志和网站开办各具特色的专题、专栏、论坛或访谈节目;以重大节庆日为契机,动员和组织广大青少年通过互联网和手机,积极下载和发送大赛参赛作品。

2.认真做好未成年人心理生理知识教育专项工作。作为未成年人心理生理知识教育专项工作的牵头单位,进一步精心部署,认真实施,扎实开展大量富有特色的工作,争取更大成效。

(1)完善责任制度,进一步落实任务分工。对照工作方案,进一步明确各责任单位职责,研究制定长期的实施规划,有步骤按计划地推进工作。根据责任分工,进行定期检查督促,确保每项工作落到实处。加强统筹协调,建立阶段性的量化工作目标,制定切实可行的推进措施。

(2)抓住工作重点,打造精品项目。找准未成年人和家长普遍关心的重点问题,抓住关键环节,集中各方力量,设计开展有针对性、有影响力、切实有效的工作项目,努力在重点领域形成示范作用。进一步深化"心理阳光工程",通过开展"认知行动"、"专家行动"、"走进校园行动"、"救助行动"、"心理阳光讲师团"等主题活动,将青少年心理健康教育工作提高到一个新水平。

(3)注重工作成果有形化。在工作推进过程中注意汇集各单位、各部门的工作成果,不断归纳、总结经验和做法,形成阶段性工作成果。及时推出内容丰富、有针对性的调研理论报告和专著,充分利用广播、电视、报刊特别是互联网等传媒进行宣传和展示,力求形成整体效应,促进形成加强未成年人心理生理知识教育的良好氛围。

3.进一步加强青少年活动场所建设。切实加强建设和管理,有针对性地解决青少年活动场所存在的主要问题,充分发挥青少年活动场所在未成年人思想道德建设中的积极作用。

(1)坚持正确方向,始终把社会效益放在首位。坚持面向未成年人、服务未成年人的宗旨,把未成年人思想道德建设融入青少年活动阵地教育、活动和各项工作的全过程,充分发挥青少年活动阵地的教育引导功能。认真贯彻《关于进一步加强和改进未成年人校外活动场所建设和管理工作的意见》,进一步明确团属青少年活动场所的公益性质,并加强督促检查。积极开展教育、科技、文化、艺术、体育等未成年人喜闻乐见的活动,满足青少年日益增长的精神文化需要,引导青少年在踊跃参与中舒展身心,陶冶情操,全面发展,快乐成长,真正把青少年活动阵地办成未成年人之家。

(2)大力加强管理,坚决清理整顿与青少年活动阵地宗旨相违背的项目和活动。按照中央要求,坚决清理以青少年活动阵地名义开展的、不符合国家规定的培训项目,杜绝乱收费和借开展活动之名搞营业性创收。坚决取缔不利于青少年身心健康的经营活动。坚决取缔有违规、违纪现象的营业性歌舞厅、电子游戏厅、网吧等经营项目。严禁青少年活动场所的教学用房用于出租或挪作他用，被挤占、挪用、租借的，要限期归还和改正。确保青少年活动场所的设备、设施和活动的安全，彻底消除安全隐患。进一步组织开展全国青少年活动阵地情况调查，有针对性地解决实际问题，制定全国青少年活动场所的管理办法和评估体系，不断推动青少年活动场所管理的科学化、制度化。

(3)加强中国青少年宫协会建设。积极争取相关部委对青少年宫协会工作的指导，充分发挥青少年宫协会在青少年活动场所建设和管理、加强和改进未成年人思想道德建设中的积极作用。积极推动青少年宫协会理论创新，通过组织研究队伍，制定行业标准和评价体系，监督和评价会员单位执行情况，健全行业的自律机制。努力完善和探索具有鲜明时代特点的青少年社会教育项目，打造精品项目，形成典型示范。运用社会化的工作手段，健全信息服务，营造良好环境，整合资源，凝聚力量，努力提高行业服务水平。加强与学校、家庭、社区的沟通和交流，努力提高青少年宫协会的服务能力。做好中国少年宫的筹建工作。

(4)进一步加大青少年活动场所建设力度。积极争取党政部门和社会各界的支持，制定全国青少年活动场所建设和发展规划，努力增加建设经费，争取把青少年活动场所纳入当地国民经济和社会事业发展总体规划。团中央已经制定计划，利用财政专项经费，今后几年内重点扶持建设82个青少年活动场所，力争5年内在全国90%以上的县(市)至少建设一所青少年活动场所，消灭地市级青少年活动场所的空白点。重点扶持西部和少数民族地区青少年活动场所建设。逐步完善建设经费管理办法，规范申请、拨付、使用和管理工作。

4.扎实推进青少年社会教育，促进家庭、学校、社会相结合的教育网络的建立健全。充分认识和发展青少年社会教育，促进学校、家庭、社会相结合的未成年人思想道德教育体系的建立健全，使学校教育、家庭教育和社会教育相互配合，相互促进。

(1)构建青少年社会教育理论体系。坚持贴近青少年，贴近实际，贴近生活，大力加强调查研究，不断加强对新的时代背景下青少年身心发展特点和社会教育规律的研究，使青少年社会教育更好地体现时代性、把握规律性、富于创造性。通过建立“中国青少年社会教育专家库”和“中国青少年社会教育课题库”，集中教育工作者、专家学者、科研机构等的智慧，从内涵、机制、方法、手段等多方面，逐步形成完善的理论体系。

(2)打造青少年社会教育品牌项目。抓住青少年社会教育的重点环节，创设更多组织的载体、设施的载体、活动的载体，为青少年社会教育提供日益丰富的有形依托。不断丰富教育的内容和活动，把健康教育、创业教育、情感教育等纳入社会教育体系，把充满活力、青少年喜闻乐见的活动纳入日常开展项目，特别是把像“小时候”这样的青少年社会教育精品活动做大做强，以项目化的工作方式，树立青少年社会教育的良好品牌。

(3)积极整合社会各方面的教育资源。在党委政府领导下，形成开放的工作机制，建立科学的评价机制，广泛调动各文化场馆、企事业单位、社会机构、热心人士和青少年家长等方方面面的积极性，形成大家都来关注青少年成长、积极参与青少年社会教育事业的社会支持体系。充分发挥各级青少年宫协会的统筹协调作用，实现资源的有效配置，努力构建青少年社会教育工作社会化的工作格局。

5.加大对不良文化环境的整治力度，优化未成年人成长环境。针对文化环境治理工作中的薄弱环节，加大治理工作力度，推动预防未成年人犯罪工作深入开展。

(1)深入开展青少年网络文明行动。一是开展宣传教育活动,提高青少年的网络文明素质。积极宣传《未成年人保护法》、《预防未成年人犯罪法》、《互联网上网服务营业场所管理条例》以及《全国青少年网络文明公约》;开展"社区网络文明行"同伴教育活动。二是通过配合文化部门深化"安全放心网吧"创建活动,营造健康文明的上网服务场所。推动网吧等互联网上网服务营业场所的行业自律;进一步加强社会监督;广泛宣传"安全放心网吧"的先进典型。三是通过动员青少年以及共青团和少先队所属媒体,加强社会监督,逐步建立长期的群防群控体系。建立网吧监督举报热线电话;动员组织青少年积极参与专项整治行动;组织共青团和少先队所属报刊、网站等媒体积极参与专项整治行动。

(2)深入开展"为了明天——青春自护远离网瘾行动"。一是面向广大青少年,深入开展宣传教育活动。开展"青少年安全文明上网"宣传巡讲活动;利用寒暑假开展"青春自护"专项活动。二是针对网络成瘾的青少年,积极开展帮助矫治工作。深入研究、广泛宣传青少年远离网瘾的知识和方法;开展"一助一"志愿者矫治和青少年同伴教育;开展"青少年远离网瘾夏(冬)令营"活动。三是广泛培训志愿者,建立矫治队伍和工作阵地。有针对性地招募和培训社区志愿者;加强青少年维权和心理咨询服务热线电话和青少年自我保护教育网站建设。

(3)加强青少年维权网络基础建设。在完善省级青少年维权中心建设的基础上,积极推动地市级青少年维权中心的建设。探索建立协调联动机制,推行联席会议制度,建立维权岗单位驻社区制度,健全接待咨询制度等。不断完善青少年权益保护网站,推进青少年维权和心理咨询服务热线建设。进一步加强队伍建设,建立以"青少年维权岗"单位、心理咨询机构、法律援助等部门工作人员以及律师为主体的志愿者工作队伍。

(4)深化创建优秀"青少年维权岗"活动。联合公安、工商、文化、新闻出版、信息产业等部门针对非法网吧、不良网络信息和电子信息产品、淫秽色情书刊、"黄赌毒"、校园周边环境治理等突出问题,开展集中专项整治,建立长效监管措施。联合中央综治办等部门开展全国优秀"青少年维权岗"命名表彰工作。

(5)推动青少年自我保护教育工作社会化。开展"青少年自护教育基地"命名表彰活动,依托青少年活动中心、交管、消防等场所以及电台、电视台、报刊、网站等媒体,广泛建立自护学校。组织和推动有关专家编写针对性、实用性强的各类自护教材。聘请具有医学、社会学、法学等专业背景知识的热心人士,建立自护教育讲师团、自护辅导员、自护宣传员等队伍。开展"青春自护走进西部"活动,推广"自护训练营"等贴近未成年人的自护教育项目。

(6)深入开展"青春红丝带行动——志愿者面对面宣传教育活动"。深入实施《共青团中央防治艾滋病战略规划》,广泛开展"青春红丝带行动",深化志愿者面对面宣传教育活动,整合社会资源,在全国 127 个艾滋病综合防治示范区建立起较为完备的青少年预防艾滋病工作体系,运用扎实有效的工作手段,立足社区兼顾社会做好宣传培训、服务帮教、维权关怀、优化环境等四个方面的工作,做到面上与重点相结合、集中行动与长期工作相结合,实现青少年和社会的双向受益。

(7)加强预防青少年违法犯罪工作。按照中央要求,结合新的时代特点,深入推进青少年廉洁教育。深入实施"青少年违法犯罪社区预防计划",在全国确定 50 个试点单位,明确责任、加强指导,同时开展"未成年人零犯罪社区创建"工作。广泛开展青少年法制宣传教育工作,通过开展法律宣传周、知识竞赛、专家咨询等形式多样的活动,不断增强未成年人法律意识。加强预防青少年犯罪专兼职队伍建设,依托中国青少年犯罪研究会和中国法学会青少年法律研究会，团结凝聚青少年犯罪研究的专家，广泛开展培训活动，加强维权干部队伍自身建设。

（8）进一步加强青年文化精品生产。结合“五个一工程”、“五四新闻奖”评选，引导团属新闻出版单位做好规划，加大精品生产力度，争取每年生产一批优秀图书和影视、音像、电子出版物等视听产品。加大对健康动漫、电子游戏产品和针对农村青少年的文化产品生产扶持力度，不断增强优秀文化对青少年的吸引力和感召力。在继续做好“青少年思想道德网”、“青少年心理·生理网”、“中国大中学生心理健康教育在线网站”、“中国青少年研究网”和“民族魂”、“血铸中华”等网站的同时，加强青少年网络电台建设，加强网上正面宣传，创造良好的网络文化氛围。

6.加大对外来民工子女、留守儿童的服务力度。共青团、少先队组织将加大帮助、教育、引导外来民工子女、留守儿童特殊群体的工作力度，切实提供有效服务。

（1）进一步完善工作机制。组织动员各级共青团、少先队组织关心他们的成长状况，结合外来民工子女、留守儿童维护权益、成长发展的实际需求，实行多帮一、一帮一，使城乡的未成年人都能得到共同的进步和发展，特别使外来民工子女、留守儿童获得更大的帮助和提高。

（2）进一步开展好各种救助活动。广泛动员社会支援，围绕“同在一片蓝天下，手拉手共同成长”的主题，以结交一个好朋友、互写一封信、互赠一个友谊卡、共度一个周末、同争一枚“雏鹰奖章”、同做一件好事为基本内容，重点做好城市少年儿童与进城务工就业农民子女“手拉手”活动。通过“希望工程”等活动，加大对外来民工子女、留守儿童的倾斜，扩大受助地区和人数。不断创设新的活动载体，发动更广泛的社会支援，为外来民工子女、留守儿童办实事办好事。

我们将以这次推进未成年人思想道德建设工作协调会为一个新的起点，坚持以邓小平理论和“三个代表”重要思想为指导，全面贯彻落实科学发展观，按照中央文明委的统一部署，扎实工作，开拓进取，把共青团加强和改进未成年人思想道德建设工作提高到一个新的水平。

张晓兰在华东地区增强共青团员意识主题教育活动座谈会上的讲话

2005年10月31日

今天，华东六省市的同志们共聚安徽，召开华东地区增强共青团员意识主题教育活动座谈会。这是华东六省市增强共青团员意识主题教育活动的一个阶段性总结，也是继续做好下一阶段工作的再部署。

刚才，大家作了很好的发言。这两天，我也和团中央督察组的其他同志在江苏和安徽进行了调研和督察。从总体上看，华东六省市增强共青团员意识主题教育活动按照团中央的部署和要求，结合自身实际，开展了很多有效的工作。各地党政领导高度重视，各地团组织行动迅速，宣传发动广泛深入，主题活动丰富多彩，取得了初步成效。当然，工作中也还有一些需要改进和加强的地方，比如部分地区学习教育的内容和形式还需要增强吸引力，不同地区不同战线增强共青团员意识主题教育活动发展不平衡等等。下面，我谈三点具体意见。

1. 切实加强基层组织建设，在打基础上下功夫。去年召开的团中央十五届三中全会通过了《关于进一步加强团的基层组织建设的决定》。今年6月，团中央在河南郑州召开了加强基层团组织建设工作会议。团的基层组织建设一直是全团的一项重点工作。要把这次主题教育活动作为重要契机，进一步加强基层团的组织建设。据统计，2004年非公有制经济组织团建比重比2003年有所下降，从流入地和流出地团员统计来看，大概接近一半的团员没有被覆盖到。希望这次主题教育活动能够覆盖尽可能多的团员，特别是覆盖流动团员，把他们团结在团组织周围。此外，组织形式的设置要适应经济社会发展的需要有所创新，团干部队伍建设还要有所加强。

2. 竭诚服务团员青年，在务实效上下功夫。检验增强共青团员意识主题教育活动是否达到了预期的目标，一个重要标志是团员青年满意不满意。这次督察一个很重要的环节，就是到社区、学校通过对团员青年进行访谈、开展问卷调查等方式，了解他们对增强共青团员意识主题教育活动的反映，对团的工作的意见和建议。前一阶段工作中各地都把服务青年、服务团员作为主题教育活动的一个重要内容，下一阶段还要继续坚持把教育和服务相结合，丰富服务内容，创新服务方式，进一步增强服务团员青年的针对性和实效性。

3. 加强机制建设，在求长效上下功夫。加强和改进团的基层组织建设的任务是长期的。开展增强共青团员意识主题教育活动是这个长期任务中的一个阶段性工作。要以这次主题教育活动为契机，加强长效机制建设，进一步建立健全党建带团建的工作机制、团员受教育的长效机制、团的基层组织建设和团干部队伍建设的长效机制。在主题教育活动结束以后，要把这些长效机制巩固下来，引导更多的共青团员增强意识，紧紧地团结在团组织周围。

前一阶段同志们工作都很辛苦，工作也很扎实，取得了一定成效，在这里，我代表团中央书记处，对大家在工作中所付出的辛勤努力表示感谢！希望大家继续认真贯彻落实团中央的有关要求，克服困难，坚定信心，扎实工作，积极进取，真正把增强共青团员意识主题教育活动建设成为“党组织支持、社会欢迎、团员青年满意”的工程。

张晓兰在中拉青年合作论坛上的发言

2005年11月17日

各位代表，青年朋友们：

很高兴代表中华全国青年联合会进行发言，我发言的主题是“增进相互了解、发扬传统友谊、共创美好未来”。

“相知无远近，万里尚为邻”。中国和拉丁美洲及加勒比地区虽然远隔千山万水，但是中拉人民之间的友好往来源远流长。在争取民族解放、捍卫国家独立、建设自己国家的事业中,中国和拉美各国有着相似的经历。中国高度重视拉美和加勒比各国在维护世界和平、促进共同发展方面所发挥的积极作用,衷心希望同这些国家进一步密切全方位、多领域的合作,建设长期稳定的友好关系,以充实和推进南南合作。

青年人富有理想,风华正茂,是国家的未来和民族的希望;青年人朝气蓬勃,勇于创新,是推动人类社会进步的一支重要力量。青年是中拉友好事业的接班人。继承和发扬中拉传统友谊的重任历史性地落在了青年的肩上。青年合作是中国与拉丁美洲及加勒比国家合作的重要内容,青年之间的交流与合作有利于增进中国与拉丁美洲及加勒比地区各国人民的友谊,有利于促进国家间经济、文化的交流和合作,有利于为国家关系的发展奠定广泛的社会群众基础。

长期以来,在中拉友好合作关系获得了不断巩固的同时,青年之间的交流也获得了长足发展。中华全国青年联合会与拉丁美洲及加勒比地区许多国家的青年部门或组织建立了友好合作关系,推动了中拉青年之间的相互了解,加深了彼此间的友谊,为中拉人民的世代友好培养了预备队和接班人。

在全球化不断发展的今天,国际形势正发生着复杂深刻的变化。和平、稳定和发展成为中国和拉丁美洲及加勒比地区广大发展中国家的共同心声。中国和拉丁美洲及加勒比地区都面临着许多相同的挑战,同时也为中拉青年在更广领域、更深层次的合作提供了契机。只有不断推动中拉青年之间的友好交流,加强彼此之间的相互了解,才能使中拉青年之间的合作得到不断巩固和加强,中拉之间的传统友谊得到不断深化和发展。

在此,我们提以下三点建议。

一、开展对话,增进了解,交流经验,相互学习,扩大共识,共同发展。为进一步确立、巩固和发展中国与拉丁美洲和加勒比地区各国在青年事务领域的交流与合作,我们建议,建立中国和拉丁美洲及加勒比各国之间青年领导人互访机制,积极推动中拉青年组织间多层次的交往与合作,定期交流青年工作经验,共同促进青年工作的发展。

二、推动中拉青年企业家之间的务实合作。中拉经济之间有较强的互补性,双方各有优势,合作潜力巨大,前景广阔。我们建议,双方共同创造条件,鼓励和推动本国青年企业家积极参与中拉之间的经贸合作,尤其是基础设施建设、农业发展、矿产资源开发等领域,为促进中拉之间实现双赢互利、共同发展做出贡献。

三、加强青年人力资源领域的开发与合作。中拉各国拥有庞大的青年人力资源,加强青年人力资源开发,对于促进中拉各国经济社会发展具有重要意义。我们建议,通过设立基金、举办培训班和研修班等方式加强中拉之间青年人力资源领域的开发与合作,设立青年工作者培训项目,推动中拉青年的共同发展,为中拉世代友好奠定坚实的人才基础,从而进一步加强中拉全面合作。

目前,中国经济持续快速增长,各项社会事业全面发展,社会生产力和综合国力实现了历史性跨越,人民生活总体上达到小康水平。7千万共青团员和3亿中国青年正在中国共产党的领导下,积极投身社会主义物质文明、政治文明和精神文明建设,为全面建设小康社会而努力奋斗。同时,中国青年组织以竭诚服务青年作为全部工作的出发点和落脚点,围绕青年的思想道德、教育、健康、就业、权益保护等问题富有成效地开展了许多深得青年喜爱和社会好评的活动和工作。

目前,世界多极化和经济全球化的趋势在曲折中发展,科技进步日新月异,尽管当今世界还存在着这样那样的矛盾和冲突,但和平与发展仍是当今时代的主题,和平、发展和合作是不可阻挡的历史潮流。青年应该广泛参与到维护世界和平和人类进步的事业中，积极促进合作，为中国和拉丁美洲及加勒比地区各国之间的相互信任、扩大合作做出积极贡献。

女士们，先生们，青年朋友们！中拉友谊在双方领导人和人民的共同努力下，显示出勃勃生机和广阔发展前途，中拉友好合作也必将迎来更加美好的前景。让中国和拉丁美洲的青年更加紧密地携起手来，为增进相互了解，发扬传统友谊，共创美好未来而共同努力！

谢谢！

张晓兰在首届亚欧政党青年组织领导人论坛闭幕式上的讲话

2005年11月24日

各位嘉宾，各位代表，青年朋友们，

在这收获的季节，我们迎来了首届亚欧政党青年组织领导人论坛的胜利闭幕。在全国青联和亚欧基金以及天津市政府、天津市青年联合会和欧洲青年论坛的共同努力下，首届亚欧政党青年组织领导人论坛今天在天津圆满结束。在此，我谨代表中国共青团、中华全国青年联合会对各位嘉宾、各位代表以及青年志愿者为本次会议的成功所做出的积极贡献致以敬意，对天津市政府和天津市青联对本次活动的大力支持表示衷心的感谢！

首届亚欧政党青年组织领导人论坛是第五届亚欧首脑会议的成功后续。通过召开本次会议，亚欧青年领导人用实际行动回应了亚欧首脑进一步振兴和充实亚欧伙伴关系的号召，在青年领导人中形成了共同推进亚欧关系发展的共识，提出了构建亚欧青年伙伴关系的建议，为亚欧关系发展注入了青春活力。

经过四天的讨论和交流，本次会议圆满完成了预定议程，取得了丰硕的成果。来自亚欧会议34国的百余名青年组织领导人围绕着“进一步振兴和充实亚欧伙伴关系”这一主题，坦诚对话、充分交流，一致通过了《首届亚欧政党青年组织领导人论坛天津宣言》。这是全体与会代表辛勤工作、协商一致的成果，充分表达了亚欧青年积极参与亚欧会议进程的愿望，体现了亚欧青年进一步振兴和充实亚欧伙伴关系的决心，标志着亚欧青年交流与合作进入了一个新的历史起点，为亚欧青年伙伴关系的建立奠定了良好的基础。

同时，通过本次会议，亚欧各国青年组织领导人增进了友谊，交流了经验。青年组织代表青年的利益，最关心青年问题。不同时代的青年人面临的问题既是相似的，又是具有时代特征的。在经济全球化趋势深入发展的当今时代，青年问题表现出越来越多的共性和世界性特征。青年流动、青年失业、艾滋病、青少年犯罪等问题的凸显为青年组织提出了共同的挑战。在这样的形势下，各国青年组织需要交流经验，共商对策。这次会议为青年组织的领导人提供了很好的交流平台，使来自不同国家、不同文化背景、持有不同政治信仰的青年组织领导人，增进了解，寻求合作，这对于推动青年发展的事业，对于促进多边主义和文化多样性，都是十分有益的。

在此，我要特别感谢丹麦政府，不仅作为共同提议国向亚欧首脑会议建议举办本次活动,而且表达了承办下届亚欧政党青年组织领导人论坛的良好愿望。这一动议,是对青年在振兴和充实亚欧伙伴关系的作用的肯定,是对建立亚欧青年伙伴关系的支持,是对亚欧关系未来的贡献。

各位代表,青年朋友们:

纵观全球,国际环境复杂多变,世界经济发展不平衡状况加剧,国际关系民主化尚未实现,影响和平和发展的不稳定和不确定因素增多。当今的青年,有责任大力弘扬要和平、促发展、谋发展的时代主旋律,为建设持久和平、共同繁荣的和谐世界而共同努力。古老的亚洲和欧洲,为了亚欧地区乃至世界的和平与发展走到了一起。亚洲和欧洲的青年,愿意从此携起手来,多交流,多合作,为共同发展和进步而贡献青春和力量。

最后,我宣布首届亚欧政党青年组织领导人论坛胜利闭幕!

2007年让我们在丹麦再见!

谢谢大家!

第三部分

重 要 文 件

一、共青团中央书记处会议纪要

十五届（2005）第1次

1月19日下午，周强同志主持召开团中央书记处会议，传达、学习全国加强和改进大学生思想政治教育工作会议精神，对充分发挥共青团组织作用，进一步做好大学生思想政治教育工作进行专题研究，作出统一部署。

会议认为，中央召开全国加强和改进大学生思想政治教育工作会议，对加强和改进大学生思想政治教育工作作出全面部署，充分体现了以胡锦涛同志为总书记的党中央对当代大学生的亲切关怀和对大学生思想政治教育工作的高度重视。这次会议规格高，规模大，主题突出，对大学生思想政治教育工作面临的形势和任务进行了深入透彻的分析，对加强和改进大学生思想政治教育工作提出了明确的任务、目标和具体措施。会议非常及时，意义重大，对于进一步加强和改进大学生思想政治教育工作，促进大学生全面发展，大力培养和造就社会主义事业建设者和接班人，确保实现全面建设小康社会、进而实现现代化的宏伟目标，确保实现中华民族的伟大复兴，具有重要的现实意义，必将产生极其深远的历史影响。

会议认为，胡锦涛总书记的重要讲话站在全局的高度、战略的高度和时代的高度，深刻阐述了加强和改进大学生思想政治教育的极端重要性和紧迫性，思想深刻，高屋建瓴，总揽全局，是进一步加强和改进大学生思想政治教育工作的纲领性文献，为当代大学生健康成长指明了方向，为新时期进一步加强和改进大学生思想政治教育工作指明了方向，也为共青团组织进一步做好大学生思想政治教育工作指明了方向，具有极强的理论性和指导性。李长春同志、陈至立同志的讲话分析透彻、要求明确，具有很强的针对性、操作性。胡锦涛总书记、李长春同志、陈至立同志的重要讲话和中央16号文件，都强调要充分发挥共青团组织在大学生思想政治教育工作中的重要作用，全团深受鼓舞，同时也感到重任在肩，责任重大，使命光荣而艰巨。共青团组织特别是学校战线团组织一定要认真学习贯彻会议精神，紧密结合工作实际狠抓落实，充分发挥共青团组织在大学生思想政治教育工作中的重要作用，充分发挥共青团组织在维护大学生权益，维护社会稳定、应对突发事件等方面不可替代的作用，与时俱进，开拓创新，进一步做好新形势下大学生思想政治教育工作。

会议决定抓好以下10件实事。

一、认真学习、深刻领会。各级团组织要把贯彻落实会议和中央领导同志讲话精神作为首要政治任务抓紧抓好，切实把思想统一到中央精神上来。要进一步明确大学生思想政治教育工作的总体目标、指导思想和主要任务，进一步明确团组织在加强和改进大学生思想政治教育工作中的地位、职责和作用，通过开座谈会、办培训班等多种形式，把精神学习好、贯彻好、落实好。

二、突出抓好大学生理想信念教育。要广泛开展形式多样、内容丰富的主题教育活动，帮助大学生进一步树立实现共产主义的远大理想和跟党走中国特色社会主义道路的坚定信念，树立正确的世界观、人生观、价值观，把大学生培养成为中国特色社会主义的合格建设者和可靠接班人。

三、以“大学生素质拓展计划”为统揽，积极探索加强和改进大学生思想政治教育工作的新途径、新方式。要认真总结“大学生素质拓展计划”实施以来取得的经验，进一步突出大学生思想政治教育工作的内容，加大力度，更好地促进大学生健康成长。

四、深化大学生社会实践活动。要进一步深化“三下乡”、“四进社区”、“大学生志愿服务西部计划”、扶贫支教等重点活动项目，不断发掘社会实践活动新的时代内涵，探索建立社会实践的长效工作机制，更好地发挥在大学生思想政治教育工作中的积极作用。

五、活跃校园文化。要充分发挥校园文化在培育大学生人文精神和科学意识方面的重要作用，广泛开展丰富多彩的校园文化活动，寓教育于文化活动中，帮助学生陶冶情操、提高素质，不断提高大学生的思想精神境界，实现全面发展。

六、树立典型。要深入挖掘突出的个人和集体典型，进行广泛的宣传和推广，为当代大学生树立可亲可敬可学的榜样，用大学生的典型教育大学生，感动影响全社会。

七、加强调查研究。要研究当代大学生的特点和规律，研究他们遇到的实际困难和现实问题，在大学生心理健康、经济状况、就业问题等多个方面形成一批有分量的研究成果，为更有针对性地做好大学生思想政治教育工作打下坚实的理论基础。

八、加大宣传力度。要进一步宣传当代大学生健康向上的时代风貌，宣传共青团组织多年来在加强和改进大学生思想政治教育方面所做的工作和取得的成效，以鼓舞人心，凝聚力量。要制定宣传计划，形成宣传声势。团属报刊和媒体尤其是《中国青年报》要开辟专栏，组织发表系列评论员文章，为加强和改进大学生思想政治教育营造良好的舆论氛围。

九、坚持为大学生解决实际困难。要按照中央的要求，把做好大学生思想政治教育和为大学生办实事、做好事、解难事紧密结合起来。特别要努力帮助大学生解决在学习、就业、生活、心理等方面的实际困难，提供切实有效的服务。

十、切实加强团组织和团干部队伍建设。中央召开全国加强和改进大学生思想政治教育工作会议，为共青团组织特别是学校团组织加强队伍建设提供了十分难得的机遇。各级团组织一定要抓住历史机遇，乘势而上，切实抓好团干部、学生干部、社团骨干队伍建设，尤其要加强以班级为基础的基层团组织建设，要加强高校团组织、学生会网站建设，努力把组织建设提高到新的水平。

会议决定，在今年第一季度召开全团加强和改进大学生思想政治教育工作会议，作出进一步部署。

会议强调，各级团组织要认真学习贯彻会议精神，紧密结合共青团工作实际，抓住机遇、总结经验、发挥优势，求真务实、埋头苦干、开拓创新，不断开创共青团加强和改进大学生思想政治教育工作的新局面。

十五届(2005)第2次

1月28日上午,周强同志主持召开团中央书记处扩大会议,传达、学习胡锦涛总书记、王兆国同志的重要批示精神,研究贯彻落实措施。

会议认为,胡锦涛总书记1月27日在《国内动态清样》(第248期)上就关心假期不能回家的留校大学生所作的重要批示,充分体现了对大学生的亲切关怀和对大学生工作的高度重视,对促进全国大学生健康成长具有十分重要的指导意义。王兆国同志1月28日就此事所作的重要批示针对性、操作性和指导性很强。会议要求,各级团组织要认真学习、贯彻落实胡锦涛总书记、王兆国同志的重要批示精神,把关心春节期间留校特困大学生作为当前十分重要的工作来抓,作为对各级团干部开展保持共产党员先进性教育活动成效的检验,作为落实全国加强和改进大学生思想政治教育工作会议的重要举措。全团一定要统一思想,迅速行动,形成合力,切实帮助留校特困大学生解决生活、学习和勤工助学方面的困难,让他们在学校高高兴兴地过好春节。会议研究提出以下贯彻落实措施。

一、高度重视,迅速行动。各级团组织、广大团干部要认真学习领会胡锦涛总书记、王兆国同志的重要批示精神,统一思想,集中力量,整合资源,形成合力,明确责任,把关心留校特困大学生工作切实落到实处。

二、调查研究,摸清底数。迅速召开高校团委书记会议,了解留校特困大学生的基本情况,切实做到心中有数。

三、切实关心留校特困大学生的生活。团中央拨出200万元特殊团费,向社会筹集800万元,即日划拨各地团组织。各级团组织筹集2000万元,全团共筹集3000万元。按每人200元标准资助,解决15万特困大学生在春节期间的生活费用。

四、千方百计为留校特困大学生提供勤工助学岗位。各级团组织要动员青联委员、青年企业家协会会员为留校特困大学生提供勤工助学岗位。各地青年就业服务中心要为他们勤工助学牵线搭桥。

五、丰富留校大学生的文化生活。各级团组织要组织青联委员、大学生艺术团开展丰富多彩的联欢活动,各高校团委要积极开展各种校园文化活动,丰富留校大学生的节日生活。

六、建立帮助特困大学生的长效机制。广大团干部尤其是地市以上机关的团干部要积极开展与特困大学生结对服务,同时要动员全社会开展与特困大学生结对服务工作。各级团组织要加强同教育行政部门的联系,建立完善各种帮困机制,努力解决特困大学生在学习、生活中遇到的实际困难。各高校团委要及时向党委汇报工作情况,在党政领导下把工作做细做实。

会议决定,立即就贯彻落实胡锦涛总书记、王兆国同志重要批示精神,切实做好帮助留校特困大学生工作向全团发出明传电报。1月29日将召开全团电视电话会议,作出进一步部署。

十五届(2005)第3次

2月1日上午,周强同志主持召开团中央书记处扩大会议,学习贯彻胡锦涛总书记1月29日在团中央书记处会议纪要(十五届(2005)第2次)上的重要批示精神,就全团切实做好关心和服务留校困难大学生工作进一步研究和部署。

1月28日以来,团中央书记处两次召开扩大会议学习贯彻中央领导同志重要批示精神,1月29日召开全团关心和服务留校困难大学生工作会议,对全团作出统一部署。会议认为,团中央机关各部门相互配合、密切协作,各地团组织迅速行动,目前工作开局良好,进展顺利。会议就下一阶段贯彻落实胡锦涛总书记等中央领导同志重要批示精神,研究提出以下措施。

一、进一步提高认识。胡锦涛总书记等中央领导同志的重要批示,充分体现了以胡锦涛同志为总书记的党中央对当代大学生的亲切关怀和殷切期望,广大青年学生深受感动,深受鼓舞,深感责任重大,表示绝不辜负党中央的希望,刻苦学习,早日成才,报效祖国。各级团组织、广大团干部要进一步提高认识,切实把关心春节期间留校困难大学生作为当前十分重要的工作来抓,将其作为当前正在开展的保持共产党员先进性教育活动的一项重大举措,作为全团贯彻落实全国加强和改进大学生思想政治教育工作会议的一项重大举措,作为对共青团战斗力的检验。

二、在狠抓落实上下功夫。各地团组织要按照团中央的统一部署,狠抓落实,扎实做好以下工作。(1)在了解留校困难大学生基本情况的基础上,认真登记造册,不留死角,切实把党的关怀、团组织的关心和服务送到每一个留校困难大学生的心坎上。(2)高校团委、学生会要以"高高兴兴过年"为主题,组织开展形式多样的联欢会、座谈会、慰问和文体活动。(3)加大宣传力度。要制定宣传计划,形成宣传声势,为留校大学生高高兴兴过年营造良好的舆论氛围。团属新闻报刊和媒体,尤其是《中国青年报》要进一步加大宣传力度,使广大青年学生深深感受到党和政府的亲切关怀。要组织新闻记者深入到各地高校,报道活动开展情况。春节后,《中国青年》杂志要挖掘典型,进行有深度的专题报道。(4)迅速派出工作组。从2月1日开始,团中央组建13个工作组赴各地指导检查当地团组织开展关心和服务留校困难大学生工作。

三、着力构建帮助困难大学生的长效机制。要以结对服务和勤工助学为重点,构建帮助困难大学生的长效机制。要牢牢扭住与困难大学生结对服务这项工作不放松,广大团干部尤其是地市以上机关的团干部要以党支部为单位,每人至少帮助一名困难大学生。要广泛动员青联委员、青年企业家协会会员为困难大学生提供勤工助学岗位。各地青年就业服务中心要为他们勤工助学牵线搭桥。全国学联要在结对服务、勤工助学方面做好宏观指导工作。团中央将会同教育部就切实做好困难大学生勤工助学工作联合发文,作出进一步部署。

会议强调,各级团组织要认真贯彻胡锦涛总书记等中央领导同志的重要批示精神,狠抓落实,务求实效,努力开创共青团加强和改进大学生思想政治教育工作的新局面,为促进大学生健康成长,大力培养和造就社会主义事业建设者和接班人发挥更大的作用。

十五届(2005)第4次

3月16日下午,周强同志主持召开团中央书记处扩大会议,传达学习胡锦涛总书记2月19日在省部级主要领导干部提高构建社会主义和谐社会能力专题研讨班开班式上的重要讲话、2月20日在中共中央政治局第二十次集体学习时的重要讲话和曾庆红同志2月25日在省部级主要领导干部提高构建社会主义和谐社会能力专题研讨班闭幕式上的总结讲话,结合共青团和青年工作实际研究贯彻落实措施。

会议认为,胡锦涛总书记的重要讲话深刻阐述了构建社会主义和谐社会的重大意义和马克思主义关于社会主义社会建设的理论,明确提出了构建社会主义和谐社会的基本特征、重要原则和主要工作,并就加强和改善党对构建社会主义和谐社会各项工作的领导提出了具体要求。讲话以邓小平理论和"三个代表"重要思想为指导,全面深刻地回答了什么是社会主义和谐社会和怎样构建社会主义和谐社会的重大理论问题,高屋建瓴,思想深刻,求真务实,为在实践中积极稳妥地推进社会主义和谐社会建设指明了方向。曾庆红同志的重要讲话全面总结了研讨班的主要收获,对贯彻落实研讨班精神进行了全面部署,思想深刻,内容丰富,对切实做好构建社会主义和谐社会的工作具有十分重要的指导意义。会议要求,各级团组织、广大团干部要认真学习、深刻领会,紧密结合工作实际,切实贯彻落实到团的各项工作中去。会议研究提出以下贯彻落实措施。

一、进一步加强青少年思想道德建设。以理想信念教育为核心,进一步加强青少年思想道德建设,把广大青少年团结、凝聚在党的周围。要始终把用邓小平理论和"三个代表"重要思想武装全团、教育青年作为首要政治任务。要广泛开展形式多样、内容丰富的主题教育活动,帮助广大团员青年进一步树立远大的共产主义理想和坚定走中国特色社会主义道路的信念,树立正确的世界观、人生观、价值观。要进一步加强和改进未成年人思想道德建设和大学生思想政治教育工作。

二、动员组织团员青年在促进城乡、东西部区域协调发展方面发挥作用。全面推进青年志愿者扶贫接力计划,加大东西对口支援和省内发达地区支援欠发达地区两种模式、支教和支医两大支柱项目的实施力度。深化大学生志愿服务西部计划,充分发挥其在促进青年就业和区域发展,推动城乡互助、东西互助方面的重要作用。不断深化青年企业家西部行、东北行、革命老区行以及博士服务团、海外学人回国创业、希望工程、手拉手等活动。

三、动员组织青少年在促进人与自然和谐发展方面发挥作用。要不断深化保护母亲河行动,组织青少年积极参与生态环境保护和建设。要全力打造"同一条河"系列宣传文化活动精品,开展生态文化进校园、进社区、进工地,引导青少年积极参与节约型社会建设。创建一批"青少年生态教育体验园",实施"生态道德我实践,天天环保校园行"活动,推动青少年环保实践活动。建好青少年绿色家园、"饮水思源"林等一批保护母亲河新工程。开展青少年跨文明生态环保对话,加强生态环保领域的国际交流与合作。

四、动员组织团员青年在促进社会保障体系建设方面发挥作用。各级团组织要不断深化各项工作,为促进社会保障体系的进一步完善发挥重要作用,努力成为社会保障体系当中一个有机组成部分。要深入开展中国青年志愿者行动,进一步扩大青年志愿者行动的社会动员面和覆盖面,积极实施“青年志愿者抢险救灾平安计划”,扎实推进农村公共卫生体系志愿服务试点项目,充分发挥青年志愿者在扶老助残等方面的作用。

五、动员组织团员青年在促进社会公平和正义方面发挥作用。要切实做好为特殊困难青少年群体服务的工作，在促进社会公平和正义方面发挥积极作用。深入开展进城务工青年发展计划、“为了明天——预防青少年违法犯罪”工程、“真情助困进万家”、“城市少年儿童与进城务工就业农民子女手拉手”、“希望工程助学计划”等活动，采取募集钱物、志愿服务、社会服务、济困助学等各种措施，经常性地为下岗失业青年、进城务工青年、贫困学生、农村贫困青年、残疾青年等排忧解难，帮助他们解决工作、学习和生活中遇到的实际困难。

六、培养和造就青年人才大军。要按照党的十六大关于尊重劳动、尊重知识、尊重人才、尊重创造的方针,积极培养和造就青年人才大军,激发青年人才的创造活力,推动经济社会发展。深入开展中国青少年新世纪读书计划、农村青年人才开发计划、青工技能振兴计划、大中学生素质拓展计划、“挑战杯”全国大学生课外学术科技作品竞赛、“千校百万”进城务工青年培训计划、中国青年科技创新行动等活动,为青年成才发展提供服务。

七、为构建社会主义和谐社会营造良好舆论氛围。团属新闻媒体和研究机构要牢牢把握正确的舆论导向,加强对构建社会主义和谐社会的宣传力度和理论研究,增强说服力和影响力。要采用青少年喜闻乐见的方式,按照“三贴近”的要求,深入宣传构建社会主义和谐社会的重大意义、科学内涵、基本特征、重要原则和主要任务,使构建社会主义和谐社会真正成为广大青少年的共识和自觉行动。

八、进一步加强团的各级领导班子和团干部队伍建设。团的各级领导班子要按照党的十六届四中全会精神和胡锦涛总书记、曾庆红同志的讲话精神,围绕加强党的执政能力建设,结合当前正在开展的保持共产党员先进性教育活动,进一步加强班子和团干部队伍建设,要牢固树立正确的世界观、人生观、价值观和权力观、地位观、利益观,忠诚党的事业,热爱团的岗位,竭诚服务青年,做党放心、青年满意的干部,不断提高构建社会主义和谐社会的本领,团结带领广大团员青年在构建社会主义和谐社会中充分发挥生力军作用。

十五届(2005)第8次

4月30日下午,周强同志主持召开团中央书记处扩大会议,传达学习党中央书记处会议精神和曾庆红同志重要讲话,研究贯彻落实措施。

会议认为,4月29日上午曾庆红同志主持召开党中央书记处会议,听取团中央关于青学联换届工作和少代会筹备工作的汇报并作出重要指示,充分体现了以胡锦涛同志为总书记的党中央对青学联和少先队工作的高度重视与亲切关怀。曾庆红同志的讲话充分肯定了青学联和少先队组织五年来工作所取得的成绩,高度评价了团中央近期以来在维护稳定工作中发挥的作用,令人深受鼓舞,倍感振奋。会议认为,曾庆红同志在讲话中对开好青学联换届会和少代会提出了明确要求，对青学联和少先队工作提出了明确要求，语重心长，思想深刻，具有很强的针对性，为开好青学联换届会和少代会，做好新形势下青学联和少先队工作，进一步指明了方向。会议强调，各级共青团、青学联、少先队组织要认真学习，深刻领会，紧密结合工作实际，切实做好贯彻落实工作。会议提出以下贯彻落实措施。

一、统一思想，提高认识。要把思想统一到党中央书记处会议精神上来，充分认识在新形势下开好青学联换届会和少代会的重大意义，充分认识开好会议对于做好青学联和少先队工作的重大意义，对于培养和造就社会主义事业的合格建设者和可靠接班人的重大意义。各级共青团、青学联、少先队组织要以高度的责任感认真做好会议的各项筹备工作，以实际行动迎接青学联换届会和少代会的召开。

二、精心组织，开好会议。要把青学联换届会和少代会开成振奋精神、鼓舞人心的会议，明确目标、明确任务的会议。高标准、高质量、高效率地做好各项筹备工作，设计好符合青年和少年儿童特点的鲜活的活动。

三、明确任务，凝聚力量。要以召开青学联换届会和少代会为契机，进一步明确当代青年、学生、少年儿童肩负的历史使命，引导广大青年、学生、少年儿童深刻认识在全面建设小康社会的实践中和构建社会主义和谐社会的历史进程中所肩负的历史责任。用全面建设小康社会和实现中华民族伟大复兴的宏伟目标凝聚广大青年、学生和少年儿童，在爱国主义和社会主义的旗帜下最广泛地团结凝聚各族各界青年，按照党的要求把少年儿童组织起来，引导他们健康成长。

四、加强引导，开拓创新。要深入贯彻落实中央有关文件和会议精神，以青学联换届会和少代会的召开为契机，进一步深化青年、学生和少年儿童思想道德建设工作。适应新形势新情况，创新工作方式、工作机制和组织形式。深入调查研究、努力把握新形势下青年、学生和未成年人教育的工作规律，更加贴近青年、贴近未成年人，引导广大青年、学生和少年儿童按照党的要求健康成长。适应国际国内形势，积极探索创新教育引导方式，尤其要注意占领互联网阵地，更好地教育引导青少年认清当前形势，坚定理想信念，自觉用邓小平理论和“三个代表”重要思想武装头脑，构筑强大的精神支柱，勤奋学习，发愤成才，建功立业。

五、竭诚服务，力求实效。要把竭诚服务青少年作为全部工作的出发点和落脚点，把思想教育工作与帮助解决实际困难结合起来，千方百计解决青少年在学习、生活、就业方面的实际困难。切实维护青少年权益，反映青少年的愿望和呼声。

六、服务大局，维护稳定。要紧紧围绕全党全国工作大局开展工作，引导广大青年学生倍加珍惜来之不易的大好局面，倍加珍惜难得的战略机遇期，倍加珍惜中华民族在历史上难得的机遇，真正做到胡锦涛总书记在会见中国驻文莱使馆工作人员、中资机构和留学生代表时所要求的“五个始终牢记”，把广大青年学生的爱国热情引导到勤奋学习、建功立业的实践中来，从自身做起，自觉维护改革发展稳定大局、安定团结局面，为构建社会主义和谐社会、实现中华民族伟大复兴贡献青春、智慧和力量。

会议还按照党中央书记处会议要求对青学联章程和少先队章程及有关文件进行了修改。

十五届(2005)第11次

5月4日下午,周强同志主持召开团中央书记处会议,认真学习贯彻胡锦涛总书记3月4日提出的关于新形势下发展两岸关系的“四点意见”和4月29日与中国国民党主席连战会谈时提出的关于发展两岸关系的“四点主张”精神,结合共青团工作实际,深入研究贯彻落实措施。

会议认为,近一段时期以来,以胡锦涛同志为总书记的党中央在对台问题上作出了一系列重大决策,坚持“一个中国”原则和“九二共识”,采取了一系列反对遏制“台独”、符合两岸人民福祉、有利于和平统一的切实有效措施,既坚持了原则性又体现了灵活性。这顺应了历史的潮流,体现了时代的要求,反映了两岸人民的共同意愿,必将极大地促进祖国和平统一大业。

会议认为,胡锦涛总书记与连战主席会见和会谈,是两党关系发展的历史性的一步,在两岸关系的发展中具有历史性的意义,在中华民族振兴史上具有里程碑意义。全体中华儿女无不为之感到高兴、无不为之感动。

会议强调,共青团、青学联、少先队组织要认真学习、深刻领会胡锦涛总书记“四点意见”、“四点主张”的精神和中央对台的一系列方针政策,紧密结合工作实际,切实做好促进两岸青少年交流合作工作。会议提出以下贯彻落实措施。

一、加强教育引导,把广大青年的思想和行动统一到中央精神上来。要通过开展座谈会、报告会、加强宣传报道等方式,使广大青年深入了解和把握胡锦涛总书记“四点意见”、“四点主张”的精神和中央对台一系列方针政策,把他们的力量凝聚到为促进祖国统一、实现中华民族伟大复兴作贡献上来。要引导广大青年充分认识当前发展两岸关系的历史性机遇,充分认识解决台湾问题是一项长期而艰巨的任务,不断增强广大青年为促进祖国和平统一大业做贡献的责任感和使命感。要以此为契机,进一步凝聚海内外中华青年力量,为实现中华民族伟大复兴而奋斗。

二、积极推动两岸青少年的交流。要充分发挥两岸青少年交流品牌活动的积极作用,深入开展“中国心·中国情”、“青春中华”等文化交流活动;以扩大台湾青少年访问大陆为重点,积极探索“两岸青少年论坛”、“黄河长江之旅”、“寻根问祖”等新的品牌交流活动,不断发挥中华文明在促进两岸青少年交流中的精神纽带作用。要努力建立健全促进两岸青少年交流的长效工作机制,构建两岸学生、各界青年代表人物等不同层次和领域青年群体的交流渠道,推动两岸青少年交流实现长远稳定发展。

三、为青年台商、台湾学生提供切实有效的服务。要积极牵线搭桥,搭建舞台,为青年台商在大陆投资、创业提供便捷的条件。要深入了解在大陆求学的台湾学生学习、生活中的实际问题,努力为他们办实事、做好事、解难事,使他们切身感受到祖国的温暖。要围绕越来越多的台湾青少年希望到大陆求学和就业的具体需求,加强与有关部门配合协调,为他们提供有效服务。

四、探索两岸青少年交流的新机制。加强与承认“九二共识”的台湾各政党青年组织的交流,建立两岸青少年交流基金,加强涉台青年工作者的培训,促进内地和港澳台青年社团积极开展两岸四地青少年交流活动。

会议强调,各级共青团、青学联、少先队组织要把进一步学习贯彻胡锦涛总书记“四点意见”、“四点主张”的精神和中央对台的一系列方针政策作为一项重要任务，抓住机遇，扎实工作，开拓进取，努力开创两岸青少年交流工作新局面。

十五届(2005)第12次

5月9日下午，周强同志主持召开团中央书记处会议，认真学习胡锦涛总书记给新疆尉犁县兴平乡达西村农村青年买买提·沙吾尔和达西村青年朋友的回信，结合共青团和农村青年工作实际，研究贯彻落实措施。

会议认为，5月4日胡锦涛总书记给新疆尉犁县兴平乡达西村农村青年买买提·沙吾尔和达西村青年朋友的回信，思想深刻，内涵丰富，心系青年，语重心长，催人奋进，充分体现了以胡锦涛同志为总书记的党中央对青年一代的亲切关怀和殷切期望，为广大农村青年健康成长进一步指明了方向，为今后共青团工作尤其是农村团的工作进一步指明了方向。会议认为，胡锦涛总书记在回信中，充分肯定了达西村团员青年在发展生产、促进民族团结方面发挥的积极作用，是对达西村青年的巨大鼓舞，也是对全国广大青年的巨大鼓舞。会议强调，各级共青团组织要认真学习，深刻领会，切实做好贯彻落实工作，不断开创共青团工作新局面。会议提出以下贯彻落实措施。

一、深入学习，明确任务。各级团组织要通过召开学习座谈会等多种形式，组织广大团干部、团员青年认真学习，深刻领会，使广大团员青年尤其是农村团员青年进一步明确所肩负的责任和努力方向，使广大团干部切实增强做好农村共青团工作的责任感和使命感，把思想和行动真正统一到胡锦涛总书记的回信精神上来。

二、服务青年，教育青年。各级团组织要把竭诚服务青年作为共青团各项工作的出发点和落脚点。各级团组织要对农村青年予以更多的关心支持，要把农村共青团工作摆在更加突出位置来抓，竭诚服务农村青年增收成才。要统筹城乡和区域发展，积极开展东西互助、厂村结对、科技大篷车、大学生服务西部计划、大中学生“三下乡”、城乡少年儿童“手拉手”、“争做文明小使者”、“争做科技小能手”等活动。要通过教育培训、示范带动、评选表彰等方式，引导农村青年始终胸怀远大志向，不断学习新知识、新技能，加强人格修养，带头倡导文明新风，增强建设社会主义新农村的本领，积极进行劳动创造，自觉维护民族团结，更好地为农村经济社会发展做贡献，促进农村和谐社会的构建。

三、深化重点工作，全面活跃农村团的工作。各级团组织要以推动农村经济社会发展，开展青年增收成才行动为载体，进一步深化团的各项重点工作，培养农村致富带头人。大力推进农村青年转移就业促进计划、农村青年人才开发计划、优质农产品开发计划，扎实推进农村青年增收成才行动；要围绕国家生态环境建设大局，以弘扬生态环保文化、开展生态环保体验、推进生态环保示范工程建设、加强生态环保国际交流与合作为重点，积极构建和完善保护母亲河行动发展的新格局；以“全国青年中心建设先进县(市)”创建活动为重要抓手，不断推进农村青年中心建设；传承中华民族优秀文化，倡导文明新风，大力繁荣乡村青年文化,提高农村青年素质。

四、选树青年典型。要紧紧抓住培养、凝聚、举荐、服务四个关键环节,善于发现优秀青年人才,充分发挥团属新闻媒体在宣传优秀青年人才中的主导作用,提高各类优秀青年人才、优秀青年集体的社会知名度和认可度,发挥青年典型的示范带动作用,努力在全社会营造鼓励青年干事业、支持青年干成事业的良好氛围。在农村,要大力培养包括科技兴农带头人、青年经纪人、农业产业化带头人、工商创业带头人在内的优秀农村青年,加大培养力度,使之成为在实现农业现代化进程中带领农村青年致富成才的领路人。

五、切实加强农村团组织建设。坚持党建带团建,实施强乡带村,建立健全工作、管理和考核制度,积极探索团员青年管理新思路。通过制定村团支部建设手册、中学生团支部建设手册等,加强农村团组织规范建设。努力把城乡社区青年中心建设成为新形势下联系青年的新纽带和服务青年的新平台。

会议强调,各级团组织、广大团干部要认真学习、深入贯彻胡锦涛总书记回信精神,狠抓落实,开拓创新,务求实效,努力开创共青团工作新局面,团结带领广大团员青年为全面建设小康社会、构建社会主义和谐社会贡献青春、智慧和力量。

十五届(2005)第14次

6月24日上午,周强同志主持召开团中央书记处扩大会议,传达学习王兆国同志6月14日上午与工、青、妇、科协、侨联主要负责同志谈话精神,贺国强同志在第二批保持共产党员先进性教育活动工作会议上的讲话精神及中央第23督导组组长李玉赋在团中央直属机关先进性教育活动总结大会上的讲话,结合共青团和青年工作实际研究贯彻落实措施。

会议认为,王兆国、贺国强同志的重要讲话,思想深刻,针对性强,对于巩固保持共产党员先进性教育活动成果,做好第二批保持共产党员先进性教育活动具有十分重要的指导意义。会议要求,各级团组织、广大团干部要认真学习,深刻领会,结合工作实际,切实做好贯彻落实工作。会议提出以下贯彻落实措施。

一、积极探索党员队伍建设的长效机制。团中央保持共产党员先进性教育活动集中学习教育取得了比较明显的成效,基本实现了中央提出的预期目标,团中央系统的广大党员、群众对此是满意的。尤其是机关的年轻党员,经历了一次系统的党性教育,增强了党性,得到了锻炼。机关各部门、各直属单位在集中学习教育阶段形成了很多好的经验和做法,要认真总结,充分借鉴和运用,结合本单位实际积极探索党员队伍建设的长效机制。

二、进一步加强共青团组织建设。在"四个多样化"条件下,团的工作环境、工作对象和组织依托发生了深刻变化,团员的流动性不断加大,团的自身建设面临许多新课题。要与时俱进,开拓创新,深入研究和解决团的建设中出现的新情况新问题,积极探索与社会主义市场经济相适应的组织体系和运行机制,着眼增强团组织的适应性,不断提高团组织自我完善和发展的能力,进一步增强团组织的吸引力和凝聚力,努力扩大团组织的覆盖面和影响力。

三、进一步加强团干部、团员队伍建设。

认真贯彻“党放心、青年满意”,“忠诚党的事业,热爱团的岗位,竭诚服务青年”的团干部队伍建设总方针,建设一支政治坚定,作风过硬,朝气蓬勃,开拓创新,求真务实的团干部队伍。加强团员队伍建设关键在于保持团员先进性。要广泛开展以学习实践“三个代表”重要思想为主要内容的增强团员意识教育活动,增强团员的光荣感和使命感,真正达到增强意识,健全组织,活跃工作的目标,使广大团员做到先进性和群众性的统一,在全面建设小康社会的历史进程中充分发挥生力军作用。

四、进一步做好新形势下的青年群众工作。竭诚服务青年是团的全部工作的出发点和落脚点。要紧紧围绕青年学习、成长成才的需要,不断增强服务能力,提高服务水平,深入了解青年,认真研究青年在成长发展中遇到的新情况新问题,千方百计为他们办实事、做好事、解难事。找准服务青年的工作着力点,创新团的工作载体,探索新的活动方式,更好地服务和凝聚青年。

会议强调,当前尤其要做好以下三项工作。

一、继续做好服务青少年困难群体的工作。各级团组织要把困难青年群体的安危冷暖时刻挂在心上,真心诚意关心他们,千方百计帮助他们。帮助下岗失业青年克服生活上的暂时困难,实现再就业。帮助农村贫困青年提高增收能力,拓宽增收渠道。帮助进城务工青年解决技能培训、子女教育、权益保护等方面遇到的困难。通过希望工程、济困助学、结对帮扶等活动,帮助经济上有困难的学生顺利完成学业。通过志愿服务等方式,做好残疾青年的帮扶工作。

二、切实做好维护社会稳定工作。当前,我国发展形势很好,但也面临着深层次的矛盾。各级团干部要在党委统一领导下,深入到青年和学生中去,及时了解青年和学生的思想动态,及时反映青年和学生的愿望。要面对面的做工作,把思想政治教育工作做实、做细。要积极向广大青年和学生宣传党和政府的方针、政策,引导广大青年和学生相信党中央完全有能力处理好遇到的新情况新问题。把广大青年和学生的爱国热情引导到勤奋学习、建功立业的实践中来。引导广大青年和学生倍加珍惜当前我国面临的难得的发展战略机遇期,自觉维护安定团结的大好局面。要对西方敌对势力的西化、分化图谋保持高度警惕。

三、深化重点工作。各级团组织要紧紧围绕党政工作大局,不断深化团的各项重点工作。要集中精力做好青学联换届大会的筹备工作。要不断深化青工技能振兴计划、保护母亲河行动、中国青年文化行动、大中学生素质拓展计划、“挑战杯”全国大学生课外学术科技作品竞赛、大中专学生志愿者暑期“三下乡”社会实践活动、中国青年科技创新行动、博士服务团、大学生志愿服务西部计划、“为了明天——预防青少年违法犯罪”工程、“城市少年儿童与进城务工就业农民子女手拉手”、希望工程等工作,为青少年学习、成才发展服务。

十五届(2005)第18次

10月12日上午,周强同志主持召开团中央书记处扩大会议,传达学习党的十六届五中全会精神,结合共青团和青年工作实际研究贯彻落实措施。

会议认为,党的十六届五中全会是在我国即将完成"十五"计划,改革发展进入关键时期召开的一次重要会议。全会明确了我国下一个五年经济社会发展的指导方针、奋斗目标、主要任务和重大举措,对于进一步激励全党和全国各族人民在新的历史起点上为实现国民经济和社会发展第十一个五年规划和全面建设小康社会的宏伟目标而努力奋斗具有十分重要的意义。会议认为,胡锦涛总书记的重要讲话,全面总结了一年多来中央政治局团结带领全党和全国各族人民推进全面建设小康社会进程,推动社会主义经济建设、政治建设、文化建设、和谐社会建设和党的建设取得的新进展,深刻指出了当前和今后需要研究和解决的事关经济社会发展全局的重大问题,深刻分析了当前我国经济社会发展形势,尤其是经济社会发展的阶段性特征。讲话思想深刻,高屋建瓴,总揽全局,对于做好"十一五"时期经济社会发展工作具有十分重要的指导意义。温家宝总理就《中共中央关于制定国民经济和社会发展第十一个五年规划的建议(讨论稿)》向全会所做的说明,全面总结了"十五"时期我国经济社会发展情况,深刻分析了制定"十一五"规划所面临的形势,阐述了指导方针、奋斗目标、主要任务和重大举措,对于理解好、贯彻好"十一五"规划具有重要的指导意义。会议认为,《中共中央关于制定国民经济和社会发展第十一个五年规划的建议》(以下简称《建议》)高举邓小平理论和"三个代表"重要思想伟大旗帜,站在历史的新高度,从战略全局出发,以科学发展观统领经济社会发展全局,描绘了我国在新世纪第二个五年经济社会发展的宏伟蓝图,是动员全党和全国各族人民为全面建设小康社会、加快推进社会主义现代化而奋斗的纲领性文件。会议要求,各级团组织、广大团干部要把学习贯彻全会精神作为当前和今后一个时期的重要政治任务抓紧抓好,紧密结合实际,认真贯彻落实,切实做好新形势下的青年群众工作。会议研究提出以下贯彻落实措施。

一、深刻理解当前我国经济社会发展和"十一五"时期所面临的新形势。"十五"时期我国经济社会发展取得了巨大成就。在全面建设小康社会的进程中,"十一五"时期具有承前启后的重要历史地位,是一个十分关键的时期,改革和发展的任务十分繁重和艰巨。各级团组织、广大团干部要认清形势,增强机遇意识、发展意识、大局意识、责任意识、忧患意识,切实把思想和行动统一到全会精神上来。

二、深刻理解"十一五"时期的指导思想、奋斗目标和主要任务。《建议》提出"十一五"时期的指导思想、奋斗目标和主要任务,对于统一全党和全国各族人民的思想认识,同心同德地为全面建设小康社会而奋斗具有十分重要的意义。各级团组织、广大团干部要认真学习,深刻理解,牢固树立和落实科学发展观,团结带领广大团员青年为完成"十一五"时期的各项任务充分发挥生力军和突击队作用。

三、引导广大团员青年牢固树立和落实科学发展观。科学发展观是指导发展的世界观和方法论的集中体现,是对社会主义现代化建设指导思想的重大发展。要引导教育广大团员青年深刻理解科学发展观的基本内涵和精神实质,深刻认识到发展必须是科学发展,创新发展模式,提高发展质量,切实把经济社会发展转入以人为本，全面协调可持续发展的轨道。

四、团结带领广大团员青年为实现“十一五”时期的目标和任务而奋斗。《建议》提出“十一五”时期我国经济社会发展和改革开放的目标和任务，既对加快推进我国社会主义现代化具有重要作用，同时也为共青团和青年工作的发展提供了新的机遇，为广大团员青年施展才华、建功立业提供了广阔舞台。各级团组织要不断深化近年来形成的一系列影响广泛的团的重点活动，进一步动员广大团员青年为实现“十一五”时期的目标和任务贡献青春、智慧和力量。

五、进一步加强团组织和团员队伍建设。着眼于服务“十一五”时期经济社会发展大局，切实加强团的服务能力、凝聚能力、学习能力、合作能力建设，通过扎实开展增强共青团员意识主题教育活动，进一步加强团员队伍建设，为团结带领广大团员青年为实现国民经济和社会发展第十一个五年规划和全面建设小康社会的宏伟目标而奋斗提供组织保障。

会议决定，一、近期召开团中央常委扩大会议，就学习贯彻党的十六届五中全会精神作出决议；二、年底召开共青团十五届四中全会，就全团深入学习贯彻全会精神作出进一步部署。

十五届（2005）第19次

12月2日下午，周强同志主持召开团中央书记处会议，传达学习中央经济工作会议精神，结合共青团和青年工作实际研究贯彻落实措施。

会议认为，这次中央经济工作会议，是党的十六届五中全会之后中央召开的一次重要会议。胡锦涛总书记的重要讲话，深刻分析了国内经济形势和当前国际经济环境，科学总结了“十五”时期我国经济社会发展取得的宝贵经验，全面阐述了做好明年经济工作的指导思想和主要任务。温家宝总理的重要讲话全面总结了今年的经济工作，就做好明年经济工作进行了部署，对进一步加强政府自身改革和建设提出了明确要求。胡锦涛总书记和温家宝总理的重要讲话，坚持以邓小平理论和“三个代表”重要思想为指导，坚持以科学发展观统领经济社会全局，高瞻远瞩，实事求是，具有很强的思想性、针对性和操作性。深入学习贯彻中央经济工作会议精神，对于统一全党的思想认识，团结和动员全国各族人民做好明年的经济工作，确保“十一五”规划开好局、起好步，具有重要的意义。

会议要求，各级共青团组织和广大团干部要紧密结合共青团和青年工作实际，坚持以科学发展观为指导，把学习贯彻中央经济工作会议精神与贯彻落实党的十六届五中全会精神结合起来，团结带领广大团员青年为实现中央提出的明年和今后五年的经济社会发展目标做出积极贡献。会议研究提出以下具体落实措施。

一、提高认识，统一思想。这次中央经济工作会议，充分体现了我们党领导全国人民全面建设小康社会取得的新成就，体现了我们党对社会主义现代化建设规律的新认识。要帮助广大团员青年深刻认识我们面临的国际国内形势，准确把握党提出的明年经济社会发展目标,把团员青年的思想和行动统一到中央对国际国内形势判断上来,统一到中央对明年经济工作的总体要求和具体部署上来。

二、深入贯彻落实科学发展观。坚持以科学发展观为统领,用科学发展观来指导、规划团的工作,努力把科学发展观的要求体现到各项工作中来,落实到实际行动中去。要深入开展学习科学发展观活动,教育引导广大团员青年深刻理解科学发展观的核心要求、基本内涵和精神实质,帮助他们全面树立和自觉实践科学发展观。

三、为建设社会主义新农村贡献力量。要大力培养农村青年人才,帮助农村青年提高增收致富本领。大力促进农村青年转移就业,以项目援助、技术指导等多种方式为农村青年转移就业提供服务。积极开展乡村青年文化节,大力推进村容整治,开展爱国卫生运动,进一步丰富农村青年的精神文化生活。引导农村青年在党组织领导下积极参与乡村民主管理。积极引导农村青年参与农村教育、卫生、体育等领域的公共事务建设。

四、不断深化中国青年创新行动。围绕推动产业结构优化升级,大力培养青年创新人才,扎实推进科技创新基地建设,以技术、管理、营销、服务创新为主要内容,引导青年学习新知识新技能,积极开展发明创造活动,鼓励青年大胆探索、走自主创新之路,为提升我国的产业技术水平做贡献。

五、积极推动资源节约型、环境友好型社会建设。进一步深化保护母亲河行动,组织青少年积极参与生态环境保护和建设。广泛开展节约教育,引导青少年增强资源意识和节约意识,推动全社会形成爱护环境、厉行节约的良好风尚,不断促进人与自然和谐发展。

六、积极促进区域协调发展。通过深化大学生志愿服务西部计划,青年企业家西部行、中部行、东北行、革命老区行活动,博士服务团等重点工作项目,有效促进劳动力资源的合理转移,促进企业家资源的优化配置,组织动员青年为西部大开发、振兴东北等老工业基地和中部地区崛起做贡献。

七、积极推进经济体制改革。在国企、农村、社区、新经济组织改革发展中发挥好青年的首创精神,为青年投身改革提供有利的舆论环境,推动青年在改革创新方面多出成果,为落实科学发展观提供体制保障。

八、大力推动对外开放中互利共赢战略的实施。青年外事工作要在服务党政外交、服务改革开放、服务共青团重点工作中迈出更大的步伐,通过开展形式多样的活动,为帮助更多青年企业家走出国门、发展事业服务,为吸纳更多国外资源牵线搭桥。

九、着力做好服务困难青少年群体的工作。这是共青团贯彻"三个代表"重要思想,树立和落实科学发展观,维护社会政治稳定,建设和谐社会的重要内容和必然要求。各级团组织要千方百计为困难青少年办实事、解难事、做好事,把党和政府的温暖送到下岗失业青年、农村贫困青年、残疾青年、进城务工青年等相对弱势青年群体的心上,为他们的成长发展排忧解难。

十、不断巩固和扩大保持共产党员先进性教育活动的成果,进一步抓好增强共青团员意识主题教育活动。把学习贯彻中央经济工作会议精神作为开展增强共青团员意识主题教育活动的重要内容,用明年工作目标和今后五年发展蓝图来激励和凝聚青少年,团结带领广大青少年为实现党的奋斗目标贡献力量。

十五届(2005)第20次

12月9日上午，中共中央政治局常委、中央书记处书记、国家副主席曾庆红同志主持召开中央书记处会议，听取团中央工作汇报并作了重要指示。12月9日中午和12日下午，周强同志分别主持召开团中央书记处和团中央书记处扩大会议，传达学习中央书记处关于共青团工作的重要指示精神，结合实际研究贯彻落实措施。

会议认为，中央书记处充分肯定了2005年共青团工作，对做好2006年工作作出了重要指示。曾庆红同志和中央书记处各位领导同志对共青团工作十分关心，所作的指示思想深刻，高屋建瓴，为共青团和青年工作指明了方向。这充分体现了以胡锦涛同志为总书记的党中央对共青团工作的高度重视和亲切关怀。

在书记处扩大会议上，与会的团中央机关各部门负责同志结合所在部门的具体工作实际，交流了学习中央书记处指示精神的感受和体会。大家一致认为，曾庆红等中央领导同志的指示使我们深受教育，备受鼓舞，倍感振奋。这些指示既站在新的高度，具有鲜明的时代性，又注重青年工作特点，具有很强的针对性，对于做好明年和今后一个时期的共青团工作具有十分重要的指导意义。大家表示，要认真学习，深刻领会，结合工作实际，切实抓好贯彻落实。

会议研究提出以下贯彻落实措施。

一、深入学习，统一思想。要通过召开团中央常委会、团中央全委会学习，以及组织团中央直属机关干部职工学习和全团学习等方式，把广大团员青年和团干部的思想统一到中央书记处的指示精神上来，统一到党中央对明年共青团工作的要求上来。要以中央书记处的指示精神为指导，总结好今年的工作，谋划好明年的工作，努力开创共青团工作新局面。

二、按照找准聚焦点、明确结合点、把握着力点的要求，团结带领广大团员青年为实现我国“十一五”规划和明年的经济社会发展目标做贡献。围绕建设社会主义新农村，在培养农村青年人才、引导青年开发名特优农产品、促进农村转移就业等方面加大工作力度，促进农村青年增收成才。围绕推进产业结构优化升级，以实施青工技能振兴计划为重点，引导青年职工学习新知识新技能，立足本职岗位开展技能竞赛、发明创造等活动，提高青年职工的技能素质和创新能力。围绕推动区域协调发展，深化大学生志愿服务西部计划和青年企业家西部行、中部行、东北行、老区行活动，做好博士服务团工作，促进西部大开发、东北等老工业基地振兴、中部地区崛起等区域发展战略的实施。围绕科教兴国和人才强国战略，深化青年科技创新行动，举办高层次青年论坛，开展青年专家科技服务和海外学人回国创业周活动，推动创新型国家建设。围绕建设资源节约型、环境友好型社会，大力推进保护母亲河行动，组织青年积极参与开发推广资源节约、替代和循环利用技术，参与发展生态经济和循环经济，引导青少年增强资源意识和节约意识。

三、按照科学教育青少年、正确引导青少年、热诚服务青少年的要求，充分发挥广大青年在建设社会主义和谐社会中的生力军作用。要以理想信念教育为核心，坚持不懈地用邓小平理论和“三个代表”重要思想武装全团、教育青年，引导广大团员青年全面把握科学发展观的重大意义和深刻内涵，进一步增强全面贯彻落实科学发展观的自觉性和坚定性。要以“我与祖国共奋进”为主题，用改革开放的伟大成就来教育青少年，用“十一五”规划和全面建设小康社会的宏伟蓝图来激励青少年，引导他们坚定跟党走中国特色社会主义道路。要强化志愿服务在和谐社会建设中的积极作用，帮助困难群体，弘扬社会正义。要通过开展创建青少年维权岗等活动，维护青少年合法权益。要把竭诚服务青年作为工作的出发点和落脚点，千方百计为广大团员青年办实事、做好事、解难事，努力解决他们在工作、学习和生活方面遇到的实际困难。要进一步研究青少年中出现的新情况、新问题，掌握青年思想动态，加强教育引导，积极化解矛盾。要加强宣传引导工作，努力营造构建社会主义和谐社会的良好氛围。

四、按照搭建新平台、建立新机制、寻求新突破的要求，做好与港澳台青少年交流和青年外事工作。要抓好载体，搭建平台，打造重点工作品牌，不断深化与港澳台青少年的交流工作。要全力做好邀请1000名港澳台地区高中生到上海和1000名台湾大中学生到内地访问工作，不断增强他们对中华文化和祖国的认同感。通过开展中秋元宵节、两岸结亲、友好互访等活动，在港澳台着力培养代表性的青年人物。青年外事要配合党政外交大局，加强与各国青年的交流合作，特别是要在中日民间青年交流方面求得突破。要探索新机制，拓展新渠道，推动中国青年在双边、多边国际交往中，在开展大国外交、周边外交中展示风貌，提高素质。

五、深入开展增强团员意识主题教育活动，不断探索新形势下团的建设的新路子。要继续按照增强意识、健全组织、活跃工作的思路，专题部署下一阶段增强团员意识主题教育活动。要以农村第三批党员先进性教育活动为契机，进一步加强农村基层团组织建设。要结合巩固团员意识主题教育活动的成果，深入开展“真情助困进万家”活动，千方百计帮助困难青年群体解决实际问题。2006年元旦、春节期间，要以下岗失业青年、贫困学生、农村贫困青年、残疾青年为重点，采取募集钱物、志愿服务、社区服务、济困助学等多种措施，把党和政府的关怀和温暖，把团组织的关心和帮助送到他们的心坎上。

六、狠抓落实、务求实效。要根据中央书记处的指示精神，一项一项地抓落实。近期，团中央将专门召开工作会议，把中央书记处的指示逐项分解，落实到各个部门、各条战线的工作之中。要制定措施，建立机制，加强督促检查，确保各项工作落到实处，取得实效。

十五届（2005）第23次

12月31日下午，周强同志主持召开团中央书记处会议，在总结2005年工作、研究部署2006年工作的基础上，对进一步加强书记处自身建设进行了专题研究。

团中央书记处认为，2005年，胡锦涛总书记多次对共青团工作做出重要批示，曾庆红同志主持召开中央书记处会议对共青团工作进行了充分肯定并作出重要指示，王兆国同志就共青团工作作出了一系列重要指示，所有这些充分体现了以胡锦涛同志为总书记的党中央对共青团工作的高度重视和对青少年的亲切关怀，是对我们的巨大鼓舞和鞭策。团中央书记处一定不辜负党中央的重托和广大团员青年的期望,努力为党做好青年群众工作,不断巩固党执政的青年群众基础。

会议指出,在党中央的亲切关怀下,共青团十五届四中全会圆满完成了各项议程,增补贺军科、卢雍政同志为团中央书记处书记。这充分体现了党中央对团中央书记处班子建设的高度重视。会议强调,要团结带领广大团员青年为实施"十一五"规划做贡献,把党中央对共青团的各项要求落到实处,关键是要进一步加强团中央书记处班子建设。会议传达学习了王兆国同志关于加强班子建设的指示,结合实际,就加强团中央书记处自身建设提出以下具体措施。

一、要进一步加强学习。要用马列主义、毛泽东思想、邓小平理论、"三个代表"重要思想和科学发展观来武装头脑,在学习和掌握基本理论的科学体系和精神实质上狠下功夫,不断提高理论素养,不断提高运用基本理论分析和解决实际问题的能力。要进一步健全理论学习中心组制度,结合学习贯彻党的十六大和十六届三中、四中、五中全会精神,制定学习计划,确定学习专题,确保学习效果。要把学习当作一种习惯,做团干部的表率,带动全团大兴勤奋学习之风。要在机关多举办一些理论学习讲座,多开展一些时事政策辅导,多为机关干部的学习创造条件。

二、坚持和完善民主集中制。民主集中制是党的根本组织制度,也是共青团的根本组织制度。始终坚持民主集中制,是建设一个坚强有力的领导班子的关键。要切实提高贯彻执行民主集中制的自觉性,认真落实集体领导与个人分工负责相结合、重大问题集体决策等制度,严格按照少数服从多数的原则进行决策,进一步健全班子议事规则和工作规则。要做执行民主集中制的模范,通过健全、落实民主集中制,在书记处班子中营造严肃认真、坚持原则、积极向上、团结和谐的良好氛围。

三、切实加强作风建设。作风是一个组织的形象,体现一个班子的风貌。加强作风建设是党的一贯要求,也是共青团完成党交给的任务的重要保证。要继承和发扬党的优良传统,发扬共青团实事求是、朝气蓬勃的作风,不断增强党性修养,不断提高思想境界。要艰苦奋斗,吃苦在前、享受在后,厉行节约、勤俭办事。要说老实话、办老实事、做老实人。要多读书学习、少些应酬,多深入基层、少浮在上面,求真务实,埋头苦干,甘当苦力。要与时俱进,开拓进取。要始终保持清醒头脑,始终牢记"两个务必",严格遵守"八个坚持、八个反对",一身正气,两袖清风,廉洁奉公,自警自重。要继承和发扬共青团长期以来形成的优良传统,如团内一律互称同志,不称职务;下基层轻车简从,不搞迎来送往等。

四、切实带好队伍。建设一支政治坚定、作风过硬、业务精湛的团干部队伍,是完成党的任务的必然要求,是团中央书记处和各级团的领导班子的职责所在。在新的历史条件下,要按照"党放心,青年满意"的总要求,把胡锦涛总书记提出的忠诚党的事业、热爱团的岗位、竭诚服务青年作为指导团干部队伍建设的总方针,始终做到热情关怀、严格要求。要言传身教,当好表率,学会做深入细致的思想政治工作,创新思想政治教育的方式方法,努力把思想政治工作做深、做细。要立足当前,着眼长远,在指导做好各项具体工作的同时,努力帮助广大团干部不断提高政治素质和业务水平,为党和国家培养一支规模宏大、值得信赖的青年工作者队伍。

二、综合

共青团中央2005年工作要点

2005年1月1日

2005年共青团工作总的思路是:以邓小平理论和"三个代表"重要思想为指导,深入学习贯彻党的十六大和十六届三中、四中全会精神,求真务实,艰苦奋斗,埋头苦干,开拓进取,围绕加强党的执政能力建设,进一步做好新形势下青年群众工作,巩固和扩大党执政的青年群众基础,团结带领广大团员青年为全面建设小康社会做出新的贡献。

一、以理想信念教育为核心,进一步加强青少年思想政治工作

坚持不懈地用"三个代表"重要思想构筑青年一代的精神支柱,把团员青年的思想和行动统一到党的十六届四中全会精神上来。把学习贯彻党的十六届四中全会精神作为全团当前和今后一段时期的重要政治任务,在团员青年中持续兴起学习实践"三个代表"重要思想新高潮,引导广大团员青年积极投身全面建设小康社会的伟大实践。把学习贯彻党的十六届四中全会精神与学习马列主义、毛泽东思想、邓小平理论和"三个代表"重要思想结合起来,紧密围绕党的执政实践,引导广大团员青年深刻认识共产党执政规律、社会主义建设规律、人类社会发展规律,认真领会树立和落实科学发展观、加强党的执政能力建设等重大决策中的一系列新思想、新论断、新观点和新方法。重点抓好团干部、大学生和各条战线青年骨干的理论学习,针对不同领域、不同行业、不同文化层次的青年特点,采取不同方式,加强对理论学习的指导。不断激发青年学习理论的热情,动员和组织广大团员青年在读书交流、参观走访、岗位奉献、服务社会中学习实践"三个代表"重要思想,在各行各业中培养一大批坚定的青年马克思主义者。

以未成年人和大学生群体为重点,进一步加强和改进青少年思想道德建设。深入贯彻中央8号文件和16号文件精神,尊重青少年主体地位,发挥组织优势,开展特色活动,教育引导青少年成长为社会主义"四有"新人。大力弘扬和培育以爱国主义为核心的伟大民族精神和以改革创新为核心的时代精神,积极开展"民族精神代代传"、纪念"一二·九"运动70周年和"一二·一"运动60周年等活动,引导青少年为全面建设小康社会、实现中华民族伟大复兴奋发成才。广泛开展体验教育和社会实践活动,完善14至18岁中学生公民素质教育体系,深化手拉手、雏鹰争章、养成道德好习惯、希望工程助学进城计划等活动,实施"校园净化工程"、"爱心助成长"志愿服务计划,开展"社区关爱行动"、"我们的文明"、"快乐成长"、"共享成长"等主题活动,引导青少年在实践中磨练意志,陶冶情操,升华思想道德境界。大力推进大中专学生"三下乡"社会实践活动,积极探索和建立社会实践与专业学习相结合、与服务社会相结合、与勤工俭学相结合、与择业就业相结合、与创新创业相结合的管理体制,同时组织大中专学生利用双休日和节假日深入社区城镇开展“四进社区”、街道挂职等社会实践活动。广泛开展中学生社会实践活动。深入实施“心理阳光工程”,发挥好心理健康教育网站、“5·25”教育日、心理咨询顾问团的作用,不断把心理健康教育引向深入,帮助青少年文明生活、健康成才。进一步加强青少年思想道德阵地和队伍建设,建设好、管理好青少年活动场所和网络阵地,充分发挥爱国主义教育基地的作用,加强网上知心家庭学校、中学生团校、业余党校、少年军校建设,加大团干部和少先队辅导员培训力度,组织动员更多的人士加入到社会志愿辅导员和青年志愿者队伍中来,推动学校、家庭、社会共同做好青少年思想道德教育工作。积极探索新形势下加强和改进青少年思想道德建设的新途径、新载体、新办法,把青少年思想道德建设贯穿到团的各项工作中去。

二、以科学发展观为指导,团结带领广大团员青年为促进国民经济持续快速协调健康发展做贡献

深入推进农村青年增收成才行动。突出抓好科技和市场两个关键环节,着力构建服务农村青年人才市场开发和农产品市场开发体系。推进农村青年人才开发计划,重点培养农村青年经纪人1万名,农村青年科技星火带头人30万名,新型农民科技培训项目50万户。推动农村青年转移就业,设立农村青年发展基金,培育一大批农村青年转移就业培训基地和劳务中介组织,开展农村青年转移就业服务。实施“名特优农产品市场开发计划”,开展“农村青年名特优农产品市场行”活动,在全国大型农产品批发市场和大型连锁超市设立农村青年名特优农产品专柜,推出农村青年名特优农产品品牌。

以实施青工技能振兴计划为重点,扎实推进青年创新创效活动。适应走新型工业化道路的要求,以市场为导向,以技术、管理、营销、服务创新为主要内容,继续推行“青年项目制”,把青工技能振兴计划作为深化青年创新创效活动的突破口,努力培养造就一支规模宏大、结构合理、素质较高的青年技能人才队伍。加强技能培训,丰富培训内容,创新培训方式,完善培训评价机制,帮助青年技术工人提高岗位技能和创新本领。开展技能竞赛,举办首届“振兴杯”全国青年职业技能大赛,分行业举办青年职业技能大赛,选拔代表参加国际、区域青年职业技能对抗赛。组织技能鉴定,举办“全国青年职业技能鉴定周”,命名一批全国青年职业技能鉴定基地,建立“青年高技能人才储备库”。营造良好氛围,命名表彰2004年度全国青年岗位能手,开展2005年中国青工技能月活动。

引导青年为西部大开发和振兴东北地区等老工业基地做贡献。开展青年企业家西部行、东北行、革命老区行活动,建立“青年企业家区域开发项目库”,将西部、东北和革命老区的重点开发项目和广大青年企业家的投资意向进行有效对接。充分发挥青年突击队在重点工程建设中的示范带头作用,引导青年在国家重点工程建设中建功立业。鼓励大中专毕业生到国家重点建设一线创业成才,深入推进大学生志愿服务西部计划,全国项目和地方项目志愿者总数力求达到2万名。继续做好博士服务团工作,组织经常性的海外学人回国创业活动,引导高层次海外青年人才参与祖国西部大开发和振兴东北地区等老工业基地。

围绕实施科教兴国战略,深入实施青年科技创新行动。继续做好中国青少年科技创新奖的评选表彰工作,带动广大青少年广泛开展科技创新活动。开展青年专家科技服务活动,深入科技园区、企业和农村,促进人才与项目、技术与市场的对接。举办高层次青年论坛,探索市场化运作模式,争取建成在生物技术和信息技术领域具有重要地位和广泛影响的论坛组织。成立全国青联留学人员联谊会,团结和凝聚海内外青年留学人员和华侨华人代表人士，按照“广泛联系、促进交流、帮助创业、为国服务”的宗旨，开展形式多样的交流合作与为国服务活动；继续组织好创业周、新近归国留学人员系列服务等活动，适时推出“海外学人回国创业奖”评选活动，引导更多海外学人回国创业、为国服务。举办第十届“挑战杯”全国大学生课外学术科技作品竞赛，引导更多大学生参与科技创新活动。

围绕可持续发展战略，组织青少年积极参与生态环境保护和建设。积极促进循环经济的发展，构建保护母亲河行动持续发展的新格局。大力培育生态文化，全力打造“同一条河”系列宣传文化活动精品，开展生态文化进校园、进社区、进工地，引导青少年积极参与节约型社会建设。开展主题生态体验活动，创建一批“青少年生态教育体验园”，启动“生态道德我实践，天天环保校园行”活动，推动青少年环保实践活动。扎实推进生态工程建设，设立“环保企业联盟绿色工程基金”，建好青少年绿色家园、“饮水思源”林等一批保护母亲河新工程。加强国际交流与合作，开展青少年跨文明生态环保对话，在保护母亲河行动合作的框架下，缔结友好国际团体。

三、大力弘扬先进文化，组织青少年积极投身精神文明建设

大力实施青年文化行动。以社会主义先进文化为指导，大力加强青年文化建设，满足青年日益增长的文化需求，充分发挥文化育人作用，促进青年全面健康发展。以学习创造奉献为导向，深化“青春中华”品牌活动，发展各具特色的校园文化、企业文化、社区文化、乡村文化、军营文化，引导青年文化时尚和文化潮流。着眼于先进文化的发展趋势，积极创作推广青年文化精品，开发全国性、区域性活动和合作项目，推动青年文化事业和文化产业的发展。加强团属新闻、出版、网络建设，始终坚持正确的舆论导向，坚持团结稳定鼓劲、正面宣传为主的方针，牢牢掌握舆论宣传的主动权，按照“三贴近”的要求，加强宣传策划，提高宣传报道的说服力和影响力，更好地服务大局、服务青年。加强青少年宫、青少年活动营地等活动阵地的建设和管理，为青年文化建设提供依托。

深化青年志愿者行动。全面推进青年志愿者扶贫接力计划，加大东西对口支援和省内发达地区支援欠发达地区两种模式、支教和支医两大支柱项目的实施力度，重点招募在职人员，并探索经常化的招募机制和服务时间长短结合的服务机制。动员更多的老年人注册成为“金晖志愿者”，为未成年人健康成长服务。进一步扩大青年志愿者行动的社会动员面和服务覆盖面。积极实施奥林匹克志愿服务计划、“青年志愿者抢险救灾平安计划”，扎实推进农村公共卫生体系志愿服务试点项目和中国青年志愿者医药扶贫万里长征活动。全面深入推进西部计划，大力实施海外计划。

深化青年文明号行动。以建设诚实守信的职业道德为牵动，丰富活动内涵，拓展活动领域，更好地发挥青年文明号在促进经济和社会发展中的积极作用。推广“青年文明号信用评估模型”，推行“青年文明号职业实践档案”和“全国青年文明号信用公约”，大力倡导诚实守信的职业道德。开展整体创建活动，在全国范围内建设一批青年文明号示范街、路、山、市场，并将活动向非公有制经济领域拓展，争取使青年文明号在非公有制经济领域的覆盖率达到20%，提升青年文明号的规模效应。开展“青年文明号文化节”活动，举办青年文明号歌曲演唱比赛，组织征文活动、摄影比赛、Flash大赛，宣传、展示青年文明号活动的理念。利用互联网建立电子档案和监督平台，制定全国青年文明号网上注册制度，形成青年文明号科学化、动态化的监测机制。

深化创建“青年文明社区”活动。坚持服务社区、突出重点的方针，按照典型引路、以点带面的思路，推动创建“青年文明社区”活动的深化和发展。参照《全国文明城市测评体系(试行)》制定全国青年文明社区测评标准,使考核工作量化,并对已评定的"青年文明社区"和"青年文明社区"示范城(区)进行复查。

四、坚持以青年为本,努力做好服务青少年工作

为青少年成长发展服务。深入开展中国青少年新世纪读书计划,依托城乡青年中心、青少年宫、学校等青少年学习和活动场所,开展青少年百场读书讲座,推荐适合青少年阅读的各类优秀图书,引导青少年多读书、读好书。进一步完善雏鹰奖章新体系,推进雏鹰争章活动与新课程改革的有机结合,以定章、争章和颁章为基本环节开展丰富多彩的雏鹰争章活动,促进少年儿童综合素质的提高。全面深化"大中学生素质拓展计划",把"素质拓展证书"与大学生毕业求职相衔接,把"中学生素质拓展计划"的实施纳入全国基础教育改革试验区教改规划,进入中学的综合实践课程,促进青年学生全面发展。深化"千校百万"进城务工青年培训计划,重点推动用工单位做好进城务工青年的岗位职业技能培训,并动员社会培训机构,为进城务工青年提供实用、优质的培训服务。实施西部乡村流动图书车项目,为西部地区贫困县免费配备流动图书车,为贫困地区青少年读书学习提供实际帮助。

为青年就业创业服务。贯彻全国再就业工作表彰大会精神,建立健全促进青年创业就业工作体系,帮助20万名青年掌握创业本领,扶持5万名青年创办小企业,开发就业岗位30万个,提供就业服务150万人次,并使服务对象的就业率达到60%以上。举办中国青年创业论坛、青年创业事迹报告团、创业大讲堂等活动,评选表彰第二届"中国青年创业奖",开展创业意识和创业入门教育,增强青年创业的自信心。推广国际劳工组织SYB(创办你的企业)培训项目,开展"青年企业家扶持青年小老板"活动,举办第二届中国青年创业能力大赛,帮助青年提高创业能力。建立中国青年创业基金、青年创业项目库,举办中国青年创业周、青年创业项目发布会,落实税费减免、手续简化等政策。采取配备创业导师、推荐创业项目、提供小额贷款等方式,引导青年到第三产业、劳动密集型行业和高新技术产业创业。召开"订单式"就业服务培训交流会,分区域举办"工岗快递"行动协调会,建立青年劳务协作区,推动就业服务制度化、专业化、社会化发展。继续开展"大学生就业见习行动",建立大学生就业见习基地,利用"大学生就业见习行动网"开展网络职业测评,帮助大学生转变就业观念,提高就业创业能力。

深入开展预防青少年违法犯罪工作,切实维护青少年的合法权益。以服务大局和促进青少年健康成长为出发点,探索工作规律,完善工作体系,采用多种方式,对青少年违法犯罪实行综合治理,同时切实做好青少年维权工作。进一步做好预防青少年违法犯罪工作,启动实施"为了明天——预防青少年违法犯罪"工程,协调推进预防青少年违法犯罪各项重点工作,着力深化"青少年违法犯罪社区预防计划",围绕影响青少年健康成长的突出问题开展专项行动,营造预防青少年违法犯罪的良好氛围。实施青少年法律学校创建活动,加强青少年法制建设。强化省、市两级青少年维权中心和青少年维权和心理咨询服务热线建设,深化创建优秀"青少年维权岗"活动,加强对中小学生、流浪儿童、进城务工青年等相对弱势青少年群体的保护,推动青少年自我保护教育工作实现社会化发展。深化"青少年远离毒品行动",广泛开展"青春红丝带行动",建立较为完备的青少年预防艾滋病宣传教育工作体系,推进"阳光网吧"的试点建设。

五、围绕建设社会主义和谐社会,引导青年积极维护改革发展稳定大局

适应我国社会的深刻变化,注重调动青年中的一切积极因素,激发青年的创造活力,维护社会的安定团结。认真做好思想引导工作,密切关注青年思想动态,准确把握青年思想脉搏,引导青年特别是大学生和下岗失业青年等面临较多困难的青年群体正确认识各种社会问题和热点、焦点事件,认真做好青年群体在学习、就业等方面出现的矛盾的疏导工作,切实把他们的思想和行动统一到中央的决策上来,转化为勤奋学习、努力工作、报效祖国、奉献社会的实际行动。深入开展"真情助困进万家"、"城市少年儿童与进城务工就业农民子女手拉手"、"希望工程助学计划"等活动,采取募集钱物、志愿服务、社区服务、济困助学等多种措施,经常性地为下岗失业青年、进城务工青年、贫困学生、农村贫困青年、残疾青年排忧解难,帮助他们解决工作、学习和生活中遇到的实际困难。引导广大青年警惕西方敌对势力对我国实施西化、分化的政治图谋,引导青年同境内外敌对势力、分裂势力和"法轮功"等邪教作斗争,坚决反对和打击各种暴力恐怖活动,坚决反对和遏制陈水扁的"台独"分裂活动。

六、继续深化与港澳台青少年的交流和青年外事工作

深化与港澳台青少年的交流。立足眼前、着眼长远,深入开展各项交流活动,充分做好不同青年群体的工作,为巩固港澳的繁荣稳定,促进祖国的完全统一做出贡献。大力加强人员往来,努力开展以中华文化为核心的主题交流活动,邀请港澳台地区各个界别、各个层次的青年大规模地到内地交流。拓展港澳台青年代表人士工作,扩大全国青联港澳地区特邀委员的数量,推动中国青年科技工作者协会等专业性青年社团吸收港澳人士参加,开展面向港澳台各领域青少年社团负责人的"青年领导人交流计划",积极稳妥地做好这部分人士的工作。积极开展青年学生交流活动,在海峡两岸、内地与港澳青年学生各种规模交流的基础上,初步建立学生交流机制。加强青少年工作研究机构的交流与合作,推动中国青少年研究中心等单位与港澳台青少年研究机构建立学术交流关系,开展合作研究,为进一步掌握港澳台青少年的发展动向和基本脉络服务。进一步加强青年侨务工作力度,拓展工作领域,积极与国务院侨办、全国侨联、致公党中央等有关部门和党派合作,促进海内外华侨青年的交流。

加强青年外事工作。努力服务整体外交,不断拓展青年外事工作领域。举办"亚欧政党青年组织领导人论坛"、中国—东盟 10 + 3 青年合作论坛,建立中日韩三国青年事务局长级会晤机制。举办"联合国青年就业会议",继续拓展青年就业国际合作平台。继续开展与国外相关组织的交流活动,举办第 13 届"长城计划"活动、中日朝韩四国青年自行车友好比赛,与巴基斯坦、印度、泰国等国家和地区合作开展大型双边青年交流活动。按照国家援外工作的总体规划,深入实施中国青年志愿者海外服务计划,在巩固已有项目的基础上,向东南亚、非洲等地区派遣 100 名志愿者。继续利用广西国际青年交流学院和深圳国际青年交流学院等资源,培养友好国家青年人才。

七、以增强组织的吸引力、凝聚力和战斗力为目标,不断加强团的自身建设

加强团的基层组织建设。不断扩大基层团组织的有效覆盖,提高基层团组织的服务能力,把团的基层组织建设成为政治坚定、组织巩固、具有内在活力的坚强集体。进一步深化党建带团建工作、创建"五四红旗团委"活动和团建创新工作,开辟网上基层组织建设创新交流平台,实现党建带团建工作制度化、规范化、经常化,带动团的基层组织整体活跃。大力开展"全团抓基层"行动,团的各级领导机关直接抓基层示范点,团中央和省级团委的各部门及地(市)级团委直接抓 5 个以上的基层团组织,县(市)级团委直接抓至少 2 个基层团组织,为基层组织提供具体的指导和帮助。通过在全团新抓 3000 个以上的支部,把团的各项工作和任务落实到支部。建立健全基层团建整体推进、基层团组织横向联系和协调、团组织与团员青年的新型组织联系机制，健全完善团日活动制度等团的组织生活制度，提高团员参与程度，增强团组织的内在活力。

大力推进城乡青年中心建设。围绕建设、运转、管理等关键环节，不断加强青年中心的建设，大力开发青年发展项目，着力培养一支高素质的工作队伍，积极探索青年中心服务青年、服务社区的具体途径和共青团在青年中心发挥核心作用的工作机制。通过规范青年中心理事会制、会员制等各项制度，强化团组织在青年中心理事会中的主导作用，加强会员与青年中心的联系，大力构建组织体系，不断提高青年中心的组织化程度。大力培育青年中心工作骨干，切实加强青年中心负责人、青年社团负责人和青年中心志愿者等工作骨干的选拔、培训和管理，建立一支热心青少年事业、有较强组织能力和工作责任心的专兼职相结合的青年中心工作队伍。充分吸纳社会资源，争取各方支持，针对不同青年群体的具体需求，开发服务项目，创新服务方式，健全服务体系，不断增强青年中心的服务能力。

大力加强团干部思想作风建设和团员队伍建设。把学习贯彻“三个代表”重要思想、党的十六大和十六届四中全会精神作为团干部教育培训工作的主要内容。在团干部特别是团的领导干部中全面开展党员先进性教育活动，进一步提高团干部的思想政治素质。开展廉洁从政教育活动，帮助团干部增强责任意识、忧患意识和廉洁意识，切实落实各项廉洁从政规定。继续推进“万名西部团干部培训工程”，在西部地区举办4—5期西部基层团干部培训班。积极推行公开选拔、民主推荐和竞争上岗等多种方式，推进团干部选拔工作科学化、民主化、制度化。在全团开展以学习实践“三个代表”重要思想为主要内容的增强团员意识教育活动，引导广大团员增强光荣感和责任感。继续做好推优入党工作，为党组织输送新鲜血液。

八、做好全国青联、全国学联和全国少工委换届工作

充分做好换届准备工作，如期召开换届大会。加强青联、学联、少先队以及青年企业家协会、青年乡镇企业家协会、青年科技工作者协会、青年志愿者协会、青少年网络协会、青少年宫协会等青少年组织和青年社团的工作，进一步发挥好它们的积极作用。

中国人民解放军和武警部队的青年工作，由解放军总政治部统一作出部署。

共青团中央办公厅关于进一步推进中国青年卡工作有关问题的通知

2005年5月16日

共青团北京、上海、天津、江苏、浙江、山东、湖北、广东、辽宁、海南省(市)委：

中国青年卡首发仪式以来，按照团中央书记处的总体要求，青年卡工作已呈现出良好的发展态势。目前已经与中国农业银行、交通银行、深圳发展银行、国家邮政局邮政储汇局四家金融单位签订了合作协议，确立了青年卡的金融运行模式；已经与图书、就业、培训、旅游、保险、医疗、体育、娱乐、电信等行业的特约商户签署了合作协议，突出了青年卡的服务功能；以数据中心为基础的信息发布和服务处理平台已经建成并交付使用；各试点地区已经形成并总结出一批成功经验。为进一步做好青年卡工作，使青年卡项目科学有序地推进，现将有关事宜通知如下。

一、进一步深化对青年卡项目的认识，把青年卡工作作为团的重点工作抓紧抓好

团十五大明确提出要积极稳妥地推行青年卡。青年卡工作是共青团组织在新时期团结、引导、服务青年的崭新纽带，是共青团组织进一步整合、调动社会服务资源的有效载体，是各级团组织增强服务能力、为构建社会主义和谐社会做出积极贡献的广阔平台，是团干部学习和适应社会主义市场经济，提高青年工作整体水平的社会课堂。各地要深刻认识和理解青年卡工作的重要意义，切实把青年卡工作纳入重要议事日程，作为团的重点工作抓紧抓好。为切实加强对这项工作的领导，各地应从实际出发，成立青年卡工作领导小组和办公室，确定专门部门负责该项工作的计划、组织和协调。在青年卡工作推进中，要本着积极稳妥的原则，有计划、按步骤地分步实施。要积极争取当地党委政府的重视和支持，使青年卡工作真正与青年的成长成才紧密结合，与各地的经济社会发展紧密结合，与共青团工作在新时期的创新紧密结合。

二、牢固树立青年卡服务青年的意识，进一步加大青年卡服务项目的开发力度

服务项目的质量与数量是衡量青年卡服务青年能力的重要标准。各地要在前期工作的基础上，进一步保质保量地加大青年卡服务项目的开发力度。要紧紧围绕青年在学习成才、创业就业、生活娱乐、身心发展、维护权益和社会参与等方面的需求，开发一批深受青年欢迎的核心项目。要以品牌知名度、市场占有率和服务优质率等为基本指标，通过公开招标等形式实现服务项目的选择，做到优质服务。同时，要针对不同青年群体，开发不同的服务项目，形成青年卡的服务特色和优势。

各地开发的服务项目可适时上传到中国青年卡网站，实现服务信息的及时更新，从而逐步实现团中央及各省市青年卡服务项目在全国范围内的互连互通。青年卡要在整合各地服务项目的基础上，逐步形成面向全国的服务网络。

三、进一步加强与金融机构的联系，坚持青年卡的“五个统一”

青年卡是以银行卡为载体的综合性服务卡，金融机构的支持是保证青年卡支付结算和信息安全的重要保障。目前，团中央已经确定了中国农业银行、交通银行、深圳发展银行和国家邮政局邮政储汇局作为青年卡的金融服务合作伙伴，各地要加强与这四家金融单位当地机构的联系和对接，在发卡和项目宣传过程中互相配合，严格按照青年工作规律和金融运作规律，探索青年卡服务系统与银行系统结合的有效实现形式。

推进工作中，要始终坚持中国青年卡的“五个统一”，即中国青年卡统一名称、统一卡面和标识、统一服务规范、统一发放流程、统一技术标准和数据系统。只有坚持这“五个统一”，青年卡才能实现服务功能在全国各地的互联互通，真正给持卡青年带来便利，才能更有效地通过青年卡统筹、调度团内信息资源，发挥团组织的管理、协调优势，在全国上下打响中国青年卡的品牌。各团省市委应坚持“五个统一”的原则，将青年卡工作积极有效地推进，个别地区采用了当地名称的青年卡要按照“五个统一”原则进行调整。近期，共青团全国青年卡工作办公室将组织青年卡工作专项培训，中国青年卡卡面及标识、中国青年卡办理流程及操作规范、服务开发标准及上传办法也将印发各地。

四、从各地实际情况出发，适当加快发卡速度

各地在前期工作经验的基础上，应从实际情况出发，加快推进青年卡工作。尚未开展青年卡试点的地区和单位要尽快启动试点工作，已经开始试点的地区和单位要及时总结并推广试点经验，试点成功的地区和单位要适当加快发卡速度。

在青年卡工作推进过程中，各地一方面要注意总结前一阶段服务项目开发、数据采集上传、青年卡发放流程等的经验和规律，特别是了解青年卡发卡之后的使用状况，关注持卡人对青年卡的使用满意程度；另一方面要再选取一批条件、环境合适的单位和地区扩大发卡工作，在保证发卡质量的前提下，适当加快发卡速度。青年卡发放已形成一定数量的地区，要注意青年卡的活卡率，和当地的金融机构与服务机构配合，共同为青年提供更多更好的有效服务，切实提高青年卡的使用水平和频率，保证青年卡工作进入健康持续的发展轨道。

各地要按照本通知要求，进一步推进青年卡工作。具体事项与共青团全国青年卡工作办公室联系。

共青团中央办公厅关于印发《全团信息工作奖评选办法(试行)》的通知

2005年7月29日

共青团各省、自治区、直辖市委，军委总政治部组织部，全国铁道团委，全国民航团委，中直机关团工委，中央国家机关团工委，中央金融团工委，中央企业团工委：

现将《全团信息工作奖评选办法(试行)》印发给你们，请结合实际贯彻执行。

全团信息工作奖评选办法(试行)

为提高全团信息工作水平，推动全团信息工作制度化、规范化，特设立全团信息工作奖。全团信息工作奖，由共青团中央设立，是面向全团对信息工作进行表彰的最高奖项。

一、全团信息工作奖包括“全团信息工作先进集体”和“全团信息工作先进个人”。

二、全团信息工作先进集体候选单位仅限于各省级团委。

三、共青团中央每年进行一次全团信息工作奖的评选。

四、全团信息工作先进集体评选标准采用积分制。其中，基础工作部分占30%；考核量化部分占70%，按采用信息积分标准累计，以共青团中央办公厅每两月下发的《信息报送及采用情况》为准。以两部分得分总和为依据，由共青团中央确定入选单位。

(一)基础工作部分

1. 领导重视，有省级团委领导分管。机构健全，有专门的信息工作机构和信息工作人员。

2. 建立信息收集、报送、反馈、激励等工作制度，并能严格执行。

3. 信息工作人员能及时收集编发青年和青年工作信息，对共青团中央办公厅要求报送的信息能及时、准确报送。

(二)考核量化部分

1. 各省级团委向《中国青年动态》、《信息专报》、《全团要讯》报送信息,每篇记1分。向《中国共青团网站》上传信息,每条记0.1分,每月上传信息最多记5分。

2. 各省级团委报送的信息,被《中国青年动态》、《信息专报》、《全团要讯》单篇采用,每篇追加20分。

3. 被《中国青年动态》、《信息专报》和《全团要讯》综合采用,每篇追加10分。

4. 被《中国青年动态》、《信息专报》、《全团要讯》简名采用,每条追加2分。

5. 共青团中央办公厅特别要求向《中国青年动态》和《全团要讯》报送的信息,在规定时间内完成,无论采用与否,每篇追加3分;过时报送的,不予记分。

五、全团信息工作先进个人,由各省级团委按以下评选条件推荐,经共青团中央办公厅审核确定。

全团信息工作先进个人评选条件:热爱团的信息工作,有较强的政策水平和业务能力;信息工作成绩突出,采编上报的信息数量多、质量高;从事团内信息工作1年以上,且仍在从事此项工作。

六、所报信息经共青团中央转报,并被上级部门有关内刊单篇采用,追加20分,同时获当年全团信息工作先进集体,加授一名全团信息工作先进个人;被综合采用,追加10分。

七、全团信息工作奖以共青团中央文件形式通报表彰、由共青团中央颁发证书。每年的全团信息工作奖在第二年的全国省级团委办公室(研究室)主任会上表彰。

共青团中央办公厅负责评选的组织协调工作,办公室设在共青团中央办公厅综合处。

本办法由共青团中央办公厅负责解释。

共青团中央、新闻出版总署关于开展“光华公益书海工程”活动的通知

2005年8月18日

各省、自治区、直辖市团委、新闻出版局,各出版集团、出版社、各发行集团、新华书店:

为树立和落实科学发展观,构建和谐社会,支持中西部地区及贫困地区文化事业发展,帮助中西部及贫困地区图书馆(室)和“农民书社”等农民自助读书组织解决购书经费短缺、藏书贫乏的实际问题,共青团中央、新闻出版总署决定共同开展“光华公益书海工程”活动。现将有关事项通知如下。

一、指导思想和宗旨

坚持以邓小平理论和“三个代表”重要思想为指导,集聚图书出版发行系统的资源力量,发挥共青团组织和青年志愿服务工作的优势,探索建立通过公益感召和志愿服务的方式改善基层文化条件的工作机制,为中西部及贫困地区广大群众日益增长的精神文化需求提供援助支持,树立图书出版发行业通过大型公益活动促进社会主义物质文明、政治文明和精神文明建设事业的新形象。

二、基本原则

(一)整合资源,逐步推进。充分整合各大图书出版发行单位的图书库存资源以及热心公益事业社会力量的资金资源,经过几年努力,逐步实现“为库存图书找到读者,为缺书的

读者找到图书”的目标，用公益理念和手段架起图书与读者之间的桥梁，并根据图书、资金保障情况，合理确定“光华公益书海工程”实施规模。

（二）突出重点，有所兼顾。按照突出西部重点地区、兼顾中东部实际需求的原则，确定不同地区活动规模。通过开展主题鲜明、范围明确、成效显著的活动丰富工作内容，扩大社会影响。

（三）着眼长远，务求实效。通过不断推进活动，尝试建立不断创新、不断积累、不断发展的长效工作机制；通过开展读书比赛、演讲交流、写作评比等，创造社会氛围，检验活动效果。

三、主要内容

在共青团中央、新闻出版总署的领导下，各图书出版发行机构通过公益组织捐赠库存图书，借助青年志愿者和其他社会力量的帮助，使所捐图书顺利到达受益人手中，为他们创造学习科普知识和实用技术的条件，帮助他们成才和致富。

四、组织机构

本次活动由共青团中央、新闻出版总署主办，各省、自治区、直辖市团委和新闻出版局协办，各出版集团、出版社、发行集团、新华书店等图书出版发行单位和团中央所属中国光华科技基金会承办。活动组委会设在中国光华科技基金会。各省、自治区、直辖市团委和新闻出版局可视情况设立相应工作机构或指定专人负责，以保证活动顺利开展。

五、实施方式和步骤

（一）各出版集团、出版社、发行集团、新华书店等图书出版发行单位作为捐赠人，整理库存书目，提交组委会，并做好捐赠准备；

（二）组委会选择受益人并提供相应书目供其选择；

（三）组委会根据受益人选择结果向捐赠人通报发货；

（四）核对发货、到货情况后，中国光华科技基金会向捐赠人开具全码洋以及发货费用的捐赠发票；

（五）根据国家有关公益捐赠税收优惠政策，捐赠人持捐赠发票进行税收和财务处理；

（六）其间，组委会通过开展活动落实和检验工作效果。

六、工作要求

（一）高度重视，加强领导。实施“光华公益书海工程”，对于缓解部分地区图书馆（室）和“农民书社”等农民自助读书组织藏书贫乏、购书经费短缺，满足读者读书需求，活跃基层文化生活，促进青少年的成长成才，具有十分重要的作用。各级团委和新闻出版管理部门要充分认识这项工作的重要意义，精心组织，周密安排。

（二）积极探索，扎实推进。要及时跟踪和把握活动进展情况，及时发现和处理有关困难和问题，积极探索围绕公益理念开展活动的新思路和新方法，努力创新机制，落实保障措施。

（三）加强宣传，营造氛围。要围绕“为库存图书找到读者，为缺书的读者找到图书，架起图书与读者之间的桥梁”的主题，宣传中央关于丰富基层文化生活工作的有关精神和本次活动的服务理念；要积极争取媒体支持，大力营造舆论氛围，整合社会资源，动员全社会力量，推动活动取得实效。

共青团中央办公厅、教育部办公厅关于推荐并组织观看电视系列片《神圣的使命——加强大学生思想政治教育典型实录》的通知

2005 年 12 月 14 日

各省(区、市)团委、教育厅(教委),教育部属各高等学校:

为认真贯彻《中共中央、国务院关于进一步加强和改进大学生思想政治教育的意见》精神,切实加强和改进高校思想政治理论课教育教学的方式和方法,进一步提高教学的针对性和实效性,共青团中央学校部、网络影视中心联合制作了大型系列电视片《神圣的使命——加强大学生思想政治教育典型实录》(附文字读本)。

该电视片共拍摄 100 集,展示大学生思想政治工作的典型经验和创新方法。首批拍摄制作了清华大学的《大学生社会实践》、北京大学的《大学生社团活动》、复旦大学的《增强团学组织影响力》、西安交通大学的《大学生素质拓展计划》、中南大学的《心理健康教育》、中国海洋大学的《志愿者服务》、华南理工大学的《校园科技创新》、扬州大学的《大学生“三下乡”》、浙江大学宁波理工学院的《学生党员挂牌》、内蒙古农业大学的《大学生英雄榜样》等 10 所高校的创新方法和典型经验。这部电视片贴近生活、贴近实际、贴近大学生,是加强和改进大学生思想政治教育工作的有益教材,对于丰富高校思想政治理论课教育教学具有一定的借鉴作用。教育部办公厅、共青团中央办公厅决定向全国高等院校推荐这部系列电视片,现将有关事项通知如下:

一、要注重运用大学生中涌现的典型加强教育引导。典型和榜样具有重要的示范引导作用。目前,各高等院校思想政治教育工作者(包括:各级党政干部、思想政治理论课教师、辅导员与班主任、学生会、研究生会及各种学生社团组织的负责人)急需创新思想政治教育工作的形式与方法。借鉴其他学校的先进经验,学习现有的典型和榜样,实现同辈人教育同辈人、身边人教育身边人的教学效果,是一种快捷和实际的方式。《神圣的使命——加强大学生思想政治教育典型实录》反映的是高校团组织在工作实践中取得的好经验,树立的好典型,推出的好榜样,这对加强和改进大学生思想政治教育工作具有特别重要的现实意义。

二、要注重依托实例丰富教育教学。高校思想政治理论课课堂教学是大学生思想政治教育的主渠道。提高高校思想政治理论课教育教学的针对性和实效性,要形成包括基本教材、配套教材和电子音像类教材等在内的立体化教材体系。电视片《神圣的使命——加强大学生思想政治教育典型实录》可以作为高校思想政治理论课的专用参考资料和音像类教材,有利于进行启发式、参与式和研究式教学。

三、要借助电视等手段创新教育形式。电视等媒体对大学生的思想政治素养影响很大。高校思想政治理论工作要充分利用现代化的传媒手段如校园闭路电视、局域网络等方式实施多媒体教学,要充分发挥高校团组织优势,通过观看电视片等,进行深入互动。

各级团组织和教育行政部门及各高校要高度重视,采取有效的方法,以院系为单位认真做好电视片《神圣的使命——加强大学生思想政治教育典型实录》的推荐和观看工作。同

时,要不断总结经验,不断探索创新,推出更多更好的思想政治教育工作典型。

系列电视片《神圣的使命——加强大学生思想政治教育典型实录》由红旗电子音像出版社出版发行,制作宣传发行工作办公室设在团中央网络影视中心。

三、青联

中华全国青年联合会章程

中华全国青年联合会第十届委员会部分修改,2005 年 7 月 24 日通过

第一章　总　　则

第一条　中华全国青年联合会是中国共产党领导下的我国基本的人民团体之一,是以中国共产主义青年团为核心力量的各青年团体的联合组织,是我国各族各界青年广泛的爱国统一战线组织。

第二条　中华全国青年联合会的基本任务是:高举爱国主义、社会主义的旗帜,团结、教育各族各界青年;鼓励青年学习马列主义、毛泽东思想、邓小平理论和“三个代表”重要思想,学习现代科学技术和文化知识;最广泛地代表和维护各族各界青年的合法权益;引导青年积极健康地参与社会生活,努力为各族各界青年健康成长、奋发成才服务;加强同台湾青年、港澳青年及国外青年侨胞的联系和团结,发展同世界各国青年的联系和友谊;为巩固和发展我国社会安定团结的局面,推进我国的改革开放和社会主义现代化建设,推动社会主义市场经济的发展,健全社会主义民主和法制,促进祖国统一和维护世界和平,把我国建设成为富强、民主、文明的社会主义国家而奋斗。

第三条　中华全国青年联合会的一切活动以中华人民共和国宪法为根本准则。

第四条　中华全国青年联合会的组织原则是民主集中制。

第二章　会员和委员

第五条　中华全国青年联合会实行团体会员制,由全国性的各青年团体和各省、自治区、直辖市青年联合会等联合组成。

凡依法成立、赞成本章程、并自愿申请加入中华全国青年联合会的青年团体,经本会常务委员会通过,即取得本会团体会员资格。

第六条　中华全国青年联合会的委员,由各会员团体推荐、协商产生的代表和本会特别邀请的各族各界青年的代表出任。

第七条　会员团体的权利

一、会员团体有向本会推荐委员的权利;

二、会员团体有对本会工作进行监督、讨论、提出建议和批评的权利;

三、会员团体有根据本会的决议精神,独立开展本团体会务工作的权利。

第八条　会员团体的义务

一、会员团体有遵守本会章程和执行本会决议的义务。如对决议有不同意见,在执行的前提下,可予保留;

二、会员团体有向本会交纳会费、报告团

体会务的义务；

三、会员团体有维护青年的合法权益，反映各族各界青年意见和要求的义务。

第九条　会员团体如果严重违反本会章程，由本会常务委员会分别依据情节给予警告或撤销其团体会员资格处分；受处分者有请求本会全体委员复审议一次的权利。

第十条　委员的条件

一、本会委员必须承认本章程，遵守国家法律和社会公德；

二、本会委员应是在青年中有一定影响的各族各界青年杰出人才或代表人物；

三、本会委员应具有一定的议事能力，能代表各族各界青年在本会中认真履行有关权利和义务；

四、本会每届委员出任时，年龄一般不超过四十周岁；除特别需要外，常务委员当选时，年龄一般不超过四十五周岁。

第十一条　委员的权利

一、委员有表决权、选举权和被选举权；

二、委员有对本会工作讨论、建议、批评和监督的权利；

三、委员有参加本会和当地青年联合会举办的活动，要求本会维护委员合法权益的权利。

第十二条　委员的义务

一、委员有遵守本会章程、执行本会决议和积极参加本会工作的义务；

二、委员有维护青年的合法权益，了解和反映各族各界青年意见和要求的义务；

三、在各级人民代表大会中担任代表和在中国人民政治协商会议各级委员会中担任委员的本会委员有反映本会意见和建议的义务。

第十三条　委员如有违反国家法律或严重违反本会章程的行为，由本会常务委员会撤销其委员资格。

第十四条　会员团体和委员都有退出本会的自由，退会前应提出书面申请。

第三章　组织和职权

第十五条　本会的最高权力机关是全国委员会。

第十六条　全国委员会由各会员团体推荐、协商产生的委员和本会特别邀请的委员组成。每届全国委员会名额、名额分配方案，由上届委员会的常务委员会决定。每届任期内有必要变更委员名额及相关事宜，由本届常务委员会决定。

第十七条　本会全国委员会每届任期五年。如遇特殊情况，经常务委员会决定，可提前终止或延长任期。

第十八条　会员团体在本会指定席位的人选工作变更后，由新任人选替补。

第十九条　确需变更、增补委员时，由所在会员团体或推荐单位提出变更、增补理由和人选，报请常务委员会确认；会员团体认为有必要变更本团体参加全国委员会的指定席位委员时，可按规定替补，并报请常务委员会确认。

因工作需要，由全国委员会常务委员会决定增补的常务委员会委员需通报全国委员会委员。

第二十条　全国委员会设主席一人，副主席若干人。主席、副主席由全国委员会全体会议选举产生；在特殊情况下，可由常务委员会予以调整和增选。全国委员会的主席、副主席同是常务委员会的主席、副主席。主席、副主席连续任职不超过两届。

第二十一条　全国委员会全体会议每届一般举行两次，会期由常务委员会确定。

第二十二条　全国委员会的职权

一、听取和审议常务委员会的工作报告；

二、讨论和决定本会的重大工作方针和工作任务；

三、修改本会章程；

四、选举全国委员会主席、副主席和常务委员会委员；

五、认为有必要处理的其他重要事务。

第二十三条　全国委员会闭会期间，由常务委员会主持会务。

第二十四条　全国委员会常务委员会每年举行一次，会期由全国委员会主席会议决定。

第二十五条　全国委员会常务委员会下设秘书长一人、副秘书长若干人，协助主席、副主席处理会务。秘书长由主席提名，常务委员会决定。副秘书长及工作机构负责人由主席会议决定。

全国委员会常务委员会根据工作需要，可设立若干工作机构或派出办事处，承办中华全国青年联合会的有关日常工作。

第二十六条　全国委员会常务委员会的职权

一、召集并主持全国委员会全体会议，每届第一次全体会议由会议选举产生的主席团主持；

二、组织实施章程中规定的任务；

三、执行全国委员会全体会议的决议；

四、决定全国委员会工作机构的设置和变动；

五、行使全国委员会全体会议授予的其他职权。

第二十七条　由中华全国青年联合会主席、副主席组成主席会议，处理常务委员会的重要日常工作。

第二十八条　全国委员会根据委员不同的界别，成立界别工作委员会。

界别工作委员会组织本界别委员开展有益于本会事业和界别工作的活动。

界别工作委员会的组成由常务委员会决定。

第四章　地方青年联合会

第二十九条　省、自治区、直辖市、自治州、地级市，以及其他有条件的城市，均可依据本章程，按照国务院颁布的《社会团体登记管理条例》，参照中华全国青年联合会的组成办法，建立地方青年联合会。

第三十条　省、自治区、直辖市青年联合会全体委员会每届任期五年；特殊情况下，经该青年联合会常务委员会决定，可提前终止或延长任期；每届委员会召开的会议次数由该青年联合会常务委员会确定。

第三十一条　地方青年联合会全体委员会的职权

一、听取和审议常务委员会的工作报告；

二、讨论并决定本地青年联合会的重要工作；

三、选举本地青年联合会主席、副主席及常务委员会委员；

四、认为有必要处理的其他重要事务。

第三十二条　地方青年联合会常务委员会的职权

一、在全体会议闭会期间，由常务委员会负责领导会务；

二、召集并主持本地青年联合会全体委员会议，每届第一次全体会议由会议选举产生的大会主席团主持；

三、组织实施章程中规定的任务和中华全国青年联合会作出的全国性决议以及上级地方青年联合会作出的全地区性决议；

四、执行本地青年联合会全体委员会的决议；

五、决定本地青年联合会工作机构设置和变动，并决定秘书长、副秘书长（或由地方青年联合会主席会议决定副秘书长）。

第三十三条　上一级青年联合会与下一级青年联合会的关系为指导与被指导的关系。

第五章　经　　费

第三十四条　本会经费来源为：会员团体的会费、事业收入和其他资助。

第六章　附　　则

第三十五条　本章程为中华全国青年联合会和地方青年联合会统一章程。地方青年联合会还可依据本章程的原则制定本地的组织和工作细则，并报上一级青年联合会备案。

第三十六条　本章程经中华全国青年联合会全体委员会通过后实行。

第三十七条　本章程的解释权属于中华全国青年联合会。

四、学联

中华全国学生联合会章程

中华全国学生联合会第二十四次代表大会部分修改，2005年7月21日通过

第一章　总　　则

第一条　中华全国学生联合会是中国共产党领导下的中国高等学校学生会、研究生会和中等学校学生会的联合组织。

第二条　本会的基本任务：

（一）遵循和贯彻党的教育方针，促进同学德、智、体全面发展，团结和引导同学成为热爱祖国，适应中国特色社会主义现代化建设事业要求的合格人才；

（二）发挥作为党和政府联系同学的桥梁和纽带作用，在维护国家和全国人民整体利益的同时，表达和维护同学的具体利益；

（三）倡导和组织自我服务、自我管理、自我教育，开展健康有益、丰富多彩的课外活动和社会服务，努力为同学服务；

（四）增进各民族同学的团结。加强与台湾省和港澳同学的联系，促进中华民族的团结和伟大祖国的统一；

（五）发展同各国、各地区学生和学生组织的友谊与合作，支持各国、各地区人民和学生的正义事业。

第三条　本会的一切活动以中华人民共和国宪法为最高准则。

第四条　本会参加中华全国青年联合会为团体会员。

第二章　会　　员

第五条　本会实行团体会员制。

国民教育体系中的全日制普通高等学校和中等学校的学生会、高等学校和科研教育机构的研究生会、国外中国留学生团体，承认本会章程，均可成为本会会员。

第六条　会员的基本权利：

（一）通过符合本会章程规定的民主程序，讨论和决定本会的重大事务；

（二）对本会工作提出建议、批评和实行监督；

（三）有选举权和被选举权。

第七条　会员的基本义务：

（一）遵守本会章程，执行本会决议；

（二）依照规定交纳会费。

第三章　组织和职权

第八条　本会按照民主集中制的组织原则，在中国共产党的领导和中国共产主义青年团的指导下，依照国家的法律、法规和本组织的章程，独立自主地开展工作。

第九条　全国学联代表大会是中华全国

学生联合会的最高权力机关。

全国学联代表大会每五年举行一次。在特殊情况下，由全国学联主席团提议，并得到全国学联委员会三分之二以上多数的同意，可以提前或推迟举行。

全国学联代表大会应当有三分之二以上当选代表参加才能召开。

全国学联代表大会进行选举和通过决议实行表决制。

全国学联代表大会行使下列职权：

（一）审议和批准全国学联委员会的工作报告；

（二）讨论和决定本会的工作方针与任务；

（三）修改本会章程；

（四）选举全国学联委员会；

（五）讨论、决定应当由全国学联代表大会议决的其他重大事项。

第十条　全国学联委员会是中华全国学生联合会在全国学联代表大会闭会期间的最高权力机关。

全国学联委员会由当选为委员的会员团体组成，每届任期五年。全国学联代表大会如提前或推迟举行，它的任期相应改变。

全国学联委员会每届任期内至少应举行三次全体会议。委员会开会时，委员团体各派一名代表参加。

全国学联委员会全体会议应当有三分之二以上委员参加才能召开。

委员会全体会议由全国学联主席团召集和主持。

全国学联主席团认为必要时，对于需由全国学联委员会决定的个别事项，可以分省、自治区、直辖市召集全国学联委员开会议决。分省、自治区、直辖市召集的委员会议，由所在地方的全国学联主席团成员主持。

全国学联委员会进行选举和通过决议实行表决制。

全国学联委员会行使下列职权：

（一）在全国学联代表大会闭会期间，执行代表大会决议，决定全国学联的重大事项；

（二）召集全国学联代表大会；

（三）选举全国学联主席团；

（四）审议和批准全国学联主席团的工作报告。

第十一条　全国学联主席团是全国学联委员会的常设机关。

全国学联主席团由当选为全国学联主席和副主席的会员团体派出的代表组成。主席团成员团体认为必要时，可以更换自己派出的代表。

主席团全体会议每年至少举行一次，由主席召集。

全国学联主席团决定重要事项实行表决制。

全国学联主席团推选若干执行主席并实行驻会制度。

全国学联主席团行使下列职权：

（一）在全国学联代表大会和全国学联委员会全体会议闭会期间，执行代表大会和委员会的决议，决定全国学联的重大事项；

（二）召集全国学联委员会会议；

（三）决定聘任和解聘全国学联秘书长、副秘书长；

（四）审议和批准全国学联秘书处的年度工作报告和年度经费使用情况的报告；

（五）批准任免全国学联各职能部门负责人。

第十二条　全国学联秘书处是全国学联的日常工作机构，向全国学联主席团负责并报告工作。

全国学联秘书处由秘书长、副秘书长组成。

全国学联秘书处行使下列职权：

（一）执行全国学联主席团的决议和决定；

（二）负责全国学联日常工作；

（三）管理全国学联的经费和财产；

（四）在全国学联主席团闭会期间，受主席团委托，对外代表全国学联。

第四章　学生会、研究生会和地方学生联合会

第十三条　学生会、研究生会是学生自己的群众组织。凡在学的中国学生，不分民族、性别、宗教信仰均可为学生会、研究生会会员。

第十四条　学生会、研究生会在党组织的领导和团组织的指导帮助下，依照法律、学校规章制度和各自的章程，独立自主地开展工作。

第十五条　学生会、研究生会的基本任务：

（一）遵循和贯彻党的教育方针，组织同学开展学习、科技、文体、社会实践、志愿服务等多种活动，促进同学全面发展；

（二）维护校规校纪，倡导良好的校风、学风，促进同学之间、同学与教职员工之间的团结，协助学校建设良好的教学秩序和学习、生活环境；

（三）组织同学开展勤工助学、校园公益劳动等自我服务活动，协助学校解决同学在学习和生活中遇到的实际问题；

（四）沟通学校党政与广大同学的联系，通过学校各种正常渠道，反映同学的建议、意见和要求，参与涉及学生的学校事务的民主管理，维护同学的正当权益。

第十六条　全校学生、研究生代表大会或全校学生、研究生大会一般每一至二年举行一次，审查和决定学生会、研究生会的工作，选举学生会、研究生会工作领导机构，修改学生会、研究生会章程。

高等学校的全校学生、研究生代表大会或全校学生、研究生大会可成立常任代表会议，在大会闭会期间代表全体同学帮助和监督学生会、研究生会的工作。

第十七条　学生会、研究生会工作领导机构负责学生会、研究生会的日常工作，它们向各自代表大会及其常任代表会议负责并报告工作。

学生会、研究生会的工作领导机构选举主席一人、副主席若干人主持日常工作，并可聘任秘书长协助工作。

第十八条　省、自治区、直辖市学生联合会是中华全国学生联合会在该省、自治区、直辖市的会员团体的地方联合组织。

省、自治区、直辖市学联代表大会一般每三至五年举行一次。

省、自治区、直辖市学联委员会、主席团、秘书处的产生、组成办法及其职权等，可参照本章程对全国学联的相应规定。

第十九条　省、自治区、直辖市以下地区学联组织的设置，由省、自治区、直辖市根据具体情况决定。

第五章　附　　则

第二十条　本章程的解释权属于中华全国学生联合会主席团。

五、少代会

中国少年先锋队章程

中国少年先锋队第五次全国代表大会部分修改，2005 年 6 月 2 日通过

一、我们的队名：中国少年先锋队。

二、我们队的创立者和领导者：中国共产党。

党委托中国共产主义青年团直接领导我们队。

三、我们队的性质：是中国少年儿童的群众组织，是少年儿童学习中国特色社会主义和共产主义的学校，是建设社会主义和共产主义的预备队。

四、我们队的目的：团结教育少年儿童，听党的话，爱祖国、爱人民、爱劳动、爱科学、爱护公共财物，努力学习，锻炼身体，参与实践，培养能力，立志为建设中国特色社会主义现代化强国贡献力量，努力成长为社会主义现代化建设需要的合格人才，做共产主义事业的接班人。

维护少年儿童的正当权益。

五、我们的队旗、队徽：五角星加火炬的红旗是我们的队旗。五角星代表中国共产党的领导，火炬象征光明，红旗象征革命胜利。

五角星加火炬和写有“中国少先队”的红色绶带组成我们的队徽。

六、我们的队歌：《我们是共产主义接班人》。

七、我们的标志：红领巾。它代表红旗的一角，是革命先烈的鲜血染成。每个队员都应该佩戴它和爱护它，为它增添新的荣誉。

八、我们的队礼：右手五指并拢，高举头上。它表示人民的利益高于一切。

九、我们的呼号：“准备着：为共产主义事业而奋斗！”回答：“时刻准备着！”

十、我们的作风：诚实、勇敢、活泼、团结。

十一、我们的队员：凡是 6 周岁到 14 周岁的少年儿童，愿意参加少先队，愿意遵守队章，向所在学校少先队组织提出申请，经批准，就成为队员。

队员入队前要为人民做一件好事。要举行入队仪式。

队员是少先队组织的主人，在队里都有选举权和被选举权，可以对队的工作和队的活动提出意见和要求。

每个队员都要遵守纪律，服从队的决议，积极参加队的活动，做好队交给的工作，热心为大家服务。

优秀的少先队员可以由队组织推荐作为共青团的发展对象。

队员由一个大队转到另一个大队，要带上队员登记表，到新的大队报到。

超过 14 周岁的队员应该离队。由大队举行离队仪式。

十二、我们的入队誓词：我是中国少年先锋队队员。我在队旗下宣誓：我热爱中国共产党，热爱祖国，热爱人民，好好学习，好好锻炼，准备着：为共产主义事业贡献力量！

十三、我们的组织：在学校、社区建立大队或中队，中队下设小队。

小队由 5 至 13 人组成，设正副小队长。

中队由两个以上的小队组成,成立中队委员会,由3至7人组成。

大队由两个以上的中队组成,成立大队委员会,由7至13人组成。

小队长和中队、大队委员会都由队员选举产生。半年或一年选举一次。

大队和中队委员会可以根据工作需要,设队长、副队长、旗手和学习、劳动、文娱、体育、组织、宣传等委员。

十四、我们的活动:举行队会,组织参观、访问、野营、旅行、故事会,开展文化科学、娱乐游戏、军事体育等各种有意义有趣味的活动,以及参加力所能及的公益劳动和社会实践。

十五、我们队的奖励和批评:队员和队的组织,做出优异成绩的,由队的组织或报共青团组织给以表扬和奖励。

队员犯了错误,队组织要进行耐心帮助、批评教育,帮助改正错误。

十六、我们的辅导员:由共青团选派优秀团员或聘请思想进步、作风正派、知识丰富、热爱少年儿童的教师以及各条战线的先进人物来担任。他们是少先队员亲密的朋友和指导者,帮助中队或大队委员会进行工作,组织活动。

十七、我们队的领导机构:全国和地方各级少先队工作委员会,是全国和地方少先队经常性工作的领导机构,由同级少先队代表大会选举产生。全国代表大会原则上每五年召开一次。

关于《中国少年先锋队章程修正案(草案)》的说明

现行的《中国少年先锋队章程》是2000年6月3日在中国少年先锋队第四次全国代表大会上修订通过的。五年来,我国经济与社会生活各个领域都发生了深刻变化,少先队事业也有了新的发展。为使队章既符合变化了的实际,更加充实、完整,同时又保持基本内容的稳定,对现行队章的部分条款作了必要的修改和补充,增加了新的条款。

一、共青团第十五次全国代表大会通过的《中国共产主义青年团章程》第九章第三十八条规定:“中国少年先锋队是中国少年儿童的群众组织,是少年儿童学习中国特色社会主义和共产主义的学校,是建设社会主义和共产主义的预备队。”依据团章规定,对现行队章第三条“我们队的性质”作了修改,将“是少年儿童学习共产主义的学校”修改为“是少年儿童学习中国特色社会主义和共产主义的学校”。

二、1986年7月1日起施行的《中华人民共和国义务教育法》过渡期已于2000年结束。该法第五条规定:“凡年满六周岁的儿童,不分性别、民族、种族,应当入学接受规定年限的义务教育。”根据少先队“把全体少年儿童组织起来”的组织发展方针,将现行队章第十条“我们的队员”中队员年龄下限由7周岁改为6周岁。这样修改,有利于全体少年儿童从一入学就能在少先队组织中接受教育。

三、增加队歌的条款。中国少年先锋队队歌《我们是共产主义接班人》早已确定并广为传唱,但没有在现行队章中规定。现增加一条:“六、我们的队歌:《我们是共产主义接班人》。”

四、增加入队誓词的条款。少先队员在入队仪式上都要进行宣誓,誓词由共青团三届三中全会于1958年6月通过并公布,一直沿用到现在,内容是:“我是中国少年先锋队队员。我在队旗下宣誓:我决心遵照中国共产党的教导,好好学习,好好工作,好好劳动,准备着:为共产主义事业,贡献出一切力量!”这一誓词没有在现行队章中予以规定。现增加入队誓词的条款,并根据当前实际对原誓词内容作部分调整:“我是中国少年先锋队队员。我在队旗下宣誓:我热爱中国共产党,热爱祖国,热爱人民,好好学习,好好锻炼,准备着:为共产主义事业贡献力量!”

五、现行队章第十三条“我们队的奖励和处分办法”中关于处分的规定不符合少年儿童的年龄特点和教育规律，在少先队工作实践中也很少使用。按照少年儿童教育以正面教育为主的原则，根据广大少先队员、少先队辅导员和少年儿童工作者的要求，现修改为"我们队的奖励和批评：队员和队的组织做出优异成绩的，由队的组织或报共青团组织给以表扬和奖励。队员犯了错误，队组织要进行耐心帮助、批评教育，帮助改正错误。"

六、为使整体风格一致，现行队章第十五条在内容不变的情况下增加文字表述："我们队的领导机构："。

七、对个别文字进行了修改。

六、团中央全会

共青团中央关于认真学习贯彻党的十六届五中全会精神团结带领广大团员青年在实施"十一五"规划进程中充分发挥生力军作用的决定

中国共产主义青年团第十五届中央委员会第四次全体会议通过，2005 年 12 月 21 日

中国共产主义青年团第十五届中央委员会第四次全体会议，认真学习了党的十六届五中全会精神，就结合共青团和青年工作实际，贯彻落实党的十六届五中全会精神进行了认真研究。

会议认为，党的十六届五中全会是在我国即将完成"十五"计划，改革发展进入关键时期召开的一次重要会议。全会明确了我国下一个五年经济社会发展的指导方针、奋斗目标、主要任务和重大举措。全会审议通过的《中共中央关于制定国民经济和社会发展第十一个五年规划的建议》，高举邓小平理论和"三个代表"重要思想伟大旗帜，站在历史的新高度，从战略全局出发，以科学发展观统领经济社会发展全局，描绘了我国新世纪第二个五年经济社会发展的宏伟蓝图，是动员全党和全国各族人民为全面建设小康社会、加快推进社会主义现代化而奋斗的纲领性文件。贯彻落实好全会精神，对于全面建设小康社会，实现国家繁荣富强和人民生活富裕，不断推进中国特色社会主义伟大事业，具有十分重要的意义。

会议提出，在实施"十一五"规划进程中，共青团组织肩负着重要的历史责任。构建社会主义和谐社会、全面建设小康社会的伟大事业，对共青团组织进一步发挥作用、加强自身建设提出了新要求。各级团组织要认真贯彻落实全会精神，切实做好新形势下的青年群众工作，在新的历史起点上推动共青团事业实现新发展，团结带领广大团员青年在实施"十一五"规划进程中充分发挥生力军作用。

会议作出如下决定。

一、组织广大团员青年认真学习、深刻领会全会精神，切实把思想和行动统一到全会精神上来

组织广大团员青年认真学习、深刻领会党的十六届五中全会精神，是当前和今后一个时

期共青团组织的重要政治任务。各级团组织要广泛动员和组织团员青年认真学习、深刻领会全会精神,切实把思想和行动统一到全会精神上来。

教育引导广大团员青年深刻理解当前我国经济社会发展和"十一五"时期所面临的新形势。在团员青年中大力宣传"十五"时期我国经济社会发展取得的巨大成就,引导团员青年深刻认识在全面建设小康社会的进程中,"十一五"时期具有承前启后的重要历史地位,是一个十分关键的时期,改革和发展的任务十分繁重和艰巨,必须增强机遇意识、发展意识、大局意识、责任意识、忧患意识,倍加珍惜大好局面,在党的领导下,与全国各族人民一道,共同推进中国特色社会主义伟大事业。

教育引导广大团员青年深刻理解"十一五"时期的指导思想、奋斗目标和主要任务,进一步增强责任感和使命感。引导团员青年深刻理解"十一五"规划的指导思想,就是要坚持以科学发展观统领经济社会发展全局,坚持必须保持经济平稳较快发展、必须加快转变经济增长方式、必须提高自主创新能力、必须促进城乡区域协调发展、必须加强和谐社会建设、必须不断深化改革开放的原则。引导团员青年深刻理解"十一五"时期的奋斗目标和主要任务,全面准确地掌握思想内涵和基本要求,深刻认识自身肩负的历史责任,紧紧抓住历史赋予的难得机遇,充分发挥积极性、主动性和创造性,在完成"十一五"时期的各项任务和构建社会主义和谐社会、全面建设小康社会的伟大进程中充分发挥生力军和突击队作用。

各级团组织要站在全局和战略的高度,把组织团员青年学习贯彻全会精神列入重要工作日程,高度重视,精心组织,周密部署,务求实效。结合增强共青团员意识主题教育活动,广泛开展形式多样、内容丰富的学习贯彻活动,帮助团员青年学习领会全会精神。广大团干部要带头学习,深入学习,作团员青年的表率。团属新闻舆论阵地要按照中央的要求,加强宣传引导,营造良好的学习氛围。

二、教育引导广大团员青年牢固树立和全面贯彻落实科学发展观

各级团组织要紧密结合学习实践"三个代表"重要思想,把学习贯彻科学发展观作为当前和今后一个时期青年思想政治工作的重要内容,以团干部、青年学生和各条战线的青年骨干为重点,切实把科学发展观教育落到实处。要坚持不懈地用邓小平理论和"三个代表"重要思想武装全团、教育青年,在团员青年中大力加强理想信念教育,大力弘扬以爱国主义为核心的民族精神和以改革创新为核心的时代精神,大力加强思想道德建设,帮助广大团员青年树立正确的世界观、人生观、价值观,构筑起强大的精神支柱。

教育引导广大团员青年深刻认识树立和落实科学发展观的重大意义,深刻理解科学发展观的基本内涵和精神实质,使他们认识到科学发展观是我们党以邓小平理论和"三个代表"重要思想为指导,从新世纪新阶段党和国家事业发展全局出发提出的重大战略思想,是指导发展的世界观和方法论的集中体现;认识到发展必须是科学发展,必须坚持以人为本,转变发展观念,创新发展模式,提高发展质量,把经济社会发展切实转入全面协调可持续发展的轨道;认识到必须坚持发展为了人民,发展依靠人民,发展成果由人民共享,不断实现好、维护好、发展好最广大人民的根本利益。

各级团组织要坚持用科学发展观指导团的工作,把贯彻落实科学发展观贯穿到团的全部工作和建设之中,更好地服务大局、服务青年。要按照科学发展观的要求,审视、谋划和推进团的各项工作,推动团的工作思路、工作方式和自身建设创新,坚持以人为本,竭诚服务青年,多为青年办实事、做好事、解难事,团结带领团员青年在促进经济社会发展中发挥积极作用。

三、团结带领广大团员青年为实现“十一五”时期的目标和任务而奋斗

《建议》提出“十一五”时期我国经济社会发展和改革开放的目标和任务，对加快推进我国社会主义现代化具有重要指导作用，同时也为共青团和青年工作的发展创造了新的机遇，为广大团员青年施展才华、建功立业提供了广阔舞台。各级团组织要不断深化各项重点工作，积极拓展工作领域，进一步动员广大团员青年为实现“十一五”时期的目标和任务贡献青春、智慧和力量。

团结带领团员青年为建设社会主义新农村做贡献。按照生产发展、生活宽裕、乡风文明、村容整洁、管理民主的要求，积极推进农村共青团工作。进一步深化农村青年增收成才行动，不断提高农村青年增收致富的本领。扎实推进农村青年人才开发计划，努力培养农村青年人才。大力实施农村青年转移就业促进计划、进城务工青年发展计划，促进农村青年转移就业。广泛开展大中学生志愿者“三下乡”、乡村青年文化节等活动，丰富农村的精神文化生活。

团结带领团员青年为推进产业结构优化升级做贡献。深入开展青工技能振兴计划、青年创新创效、青年岗位能手、大学生挑战杯竞赛等活动，激励和引导广大青年发愤学习新知识新技能，努力掌握核心技术和关键技术，增强科技成果转化能力，提升产业技术水平，在调整产业结构、转变经济增长方式中发挥更大作用。

团结带领团员青年为促进区域协调发展做贡献。深化青年企业家西部行、东北行、中部行、老区行，开展东西互助、博士服务团等活动，深入实施大学生志愿服务西部计划、青年志愿者扶贫接力计划，动员团员青年踊跃参与西部大开发、振兴东北地区等老工业基地战略的实施，在促进中部地区崛起和东部地区率先发展中发挥作用。进一步促进各地区团组织的交流，有效整合资源，健全协调互动机制，推动区域间发展要素合理配置和流动，促进东中西互动、优势互补、共同发展。

团结带领团员青年为建设资源节约型、环境友好型社会做贡献。全面深化保护母亲河行动，大力弘扬人与自然和谐与共的生态文明理念，扎实推进生态环保示范工程建设，动员青少年广泛开展生态环保宣传实践，参与国家的生态建设和环境保护。广泛开展“节约一滴水、一度电、一粒米、一张纸”等活动，组织青少年积极参与开发推广资源节约、替代和循环利用技术，引导广大青少年树立节约观念，开展节约实践，建设节约文化。

团结带领团员青年为深化体制改革和提高对外开放水平做贡献。积极协助政府管理青年事务，在加强社会建设和管理、推动社会管理体制创新中努力发挥作用。深入开展青年文明号等活动，加强青少年廉洁教育、诚信教育，促进社会信用体系建设，推进现代市场体系建设。广泛开展青年国际合作，鼓励和支持优秀青年企业家等参与国际竞争，推动互利共赢的开放战略的实施。

团结带领团员青年为深入实施科教兴国战略和人才强国战略做贡献。大力实施青年科技创新行动，积极动员广大青年参与国家创新体系建设。深入开展中国青年五四奖章、十大杰出青年、青年科学家奖、青少年科技创新奖、青年创业奖、十大杰出青年农民等奖项评选，树立和表彰青年人才典型，推动大批人才脱颖而出。扎实推进青少年新世纪读书计划、大中学生素质拓展计划、雏鹰行动等活动，为青少年成长成才提供服务。实施青年人才开发计划，积极发现、培养、举荐青年人才，主动吸引海外学人归国服务，培养造就规模宏大的青年人才大军。

团结带领团员青年为构建社会主义和谐社会做贡献。不断深化青年志愿者行动，在全社会弘扬奉献、友爱、互助、进步的时代新风。

大力实施青年文化行动，广泛动员青年参与社区文化、校园文化、企业文化、乡村文化、军营文化和网络文化建设，积极营造欢乐祥和的社会氛围。扎实推进中国青年创业行动，广泛开展成功创业计划，帮助青年创业就业。深入开展创建优秀青少年维权岗、"为了明天——预防青少年违法犯罪工程"等活动，维护青少年合法权益，预防和减少青少年违法犯罪。进一步开展手拉手、希望工程、大学生济困助学、进城务工青年发展计划、真情助困进万家等活动，切实为下岗失业青年、贫困学生、进城务工青年、进城务工人员子女及农村留守儿童等弱势群体解决实际困难。在广大青年特别是青年学生中广泛开展形势政策教育，引导青年把爱国热情转化为立足本职、建功立业、维护稳定、促进发展的实际行动。深化全国各族青年团结进步奖评选表彰活动，加强对宗教界青年代表人士的引导和服务，促进民族团结和社会进步。

团结带领团员青年为保持港澳长期繁荣稳定和促进祖国统一大业做贡献。通过多种方式和途径加强内地和港澳青年的交流，促进内地同港澳在经贸、科教、文化、卫生、体育等领域的合作。贯彻"和平统一、一国两制"的基本方针和现阶段发展两岸关系、推进祖国和平统一的八项主张，加强与反对"台独"、主张发展两岸关系的台湾青年社团的交流，促进两岸经济技术文化交流合作。围绕青年代表人士、青年学生和青年社团，打造交流品牌，建立合作机制。进一步加强青年留学人员和青年侨务工作，积极与有关部门和党派合作，促进海内外华侨青年的交流，共同肩负起振兴中华、实现祖国统一的历史使命。

四、进一步加强团组织和团员队伍建设

实施"十一五"规划对团的建设提出了新的要求。各级团组织要以邓小平理论和"三个代表"重要思想为指导，全面贯彻落实科学发展观，坚持党建带团建、团建抓创新，深入开展增强共青团员意识主题教育活动，不断加强和改进团的建设，为团结带领广大团员青年积极投身实现"十一五"规划和全面建设小康社会的宏伟目标提供有力的组织保障。

主动适应经济社会发展和青年群体的变化，切实加强团的基层组织建设，努力把团的基层组织建设成为政治坚定、组织巩固、富有内在活力的坚强集体。要进一步深化基层党建带团建工作，将基层团建工作纳入基层党建工作的整体格局，实现党建带团建工作制度化、规范化、经常化。大力推进基层团建创新，巩固国有企业团建成果，以农村乡镇、城市社区和非公有制经济组织为重点，积极创新团组织设置方式、组织体系和组织形式，建立起灵活多样、动态开放的团组织网络。不断创新与规范基层团内民主制度、组织生活制度等团的基层建设制度，建立健全基层团组织工作机制，努力增强团组织的内在活力。各级团组织要进一步加强对少先队的领导，履行好全团带队的职责。大力推进青年中心全面建设，以项目建设、社团建设、队伍建设、机制建设为重点，整合社会资源，进一步扩大青年中心的组织和工作覆盖面，提升青年中心的建设水平和服务水平。逐步建立健全与社会主义市场经济相适应的组织体系和运行机制，不断提高团组织自我完善和自我发展的能力，充分发挥党联系青年的桥梁和纽带作用。

进一步加强团员队伍建设。扎实开展以学习实践"三个代表"重要思想为主要内容的增强共青团员意识主题教育活动，切实增强广大团员的政治意识、组织意识和模范意识，解决基层团组织存在的突出问题，不断增强团组织的吸引力、凝聚力和战斗力，不断巩固和扩大党执政的青年群众基础。做好经常性团员发展和"推优"工作，切实加强流动团员管理，不断完善团员教育管理机制，进一步提高基层团组织教育、管理和服务青年的能力，全面提高团员队伍的整体素质。

广大团干部要始终坚定理想信念，忠诚党的事业，热爱团的岗位，竭诚服务青年，忠实执行党的群众路线，坚持求真务实、开拓创新，大力发扬谦虚谨慎、艰苦奋斗的优良传统，始终保持蓬勃朝气、昂扬锐气、浩然正气，做党放心、青年满意的团干部。要自觉适应构建社会主义和谐社会、全面建设小康社会的要求，积极研究新情况，解决新问题，不断提高新形势下开展青年群众工作的能力和水平，努力开创共青团和青年工作的新局面。

会议号召，全国广大团员青年要更加紧密地团结在以胡锦涛同志为总书记的党中央周围，高举邓小平理论和“三个代表”重要思想伟大旗帜，坚持党的基本路线、基本纲领、基本经验，全面贯彻落实科学发展观，勤于学习，善于创造，甘于奉献，为实现“十一五”规划和全面建设小康社会的宏伟目标而努力奋斗！

共青团中央关于团结带领广大团员青年为构建社会主义和谐社会做贡献的决定

中国共产主义青年团第十五届中央委员会第四次全体会议通过，2005 年 12 月 21 日

中国共产主义青年团第十五届中央委员会第四次全体会议，认真学习了党的十六届五中全会精神，就团结带领广大团员青年为构建社会主义和谐社会做贡献作出以下决定。

一、深刻认识构建社会主义和谐社会的重大意义，团结带领广大团员青年投身和谐社会建设的伟大实践

构建社会主义和谐社会，是党中央从全面建设小康社会、开创中国特色社会主义事业新局面的全局出发提出的一项重大任务。今年初，胡锦涛同志在省部级主要领导干部提高构建社会主义和谐社会能力专题研讨班上发表重要讲话，深刻阐明了构建社会主义和谐社会的历史背景、重大意义、科学内涵、重要原则和主要任务，为我们从理论和实践的结合上正确认识、全面把握和积极参与构建社会主义和谐社会指明了方向。党的十六届五中全会对构建社会主义和谐社会作出了部署，提出了具体要求。我们党提出构建社会主义和谐社会这一战略任务，是对我国改革开放和现代化建设经验的科学总结，也是在新的国内外形势下提高党的执政能力、贯彻落实科学发展观、更好地推进我国经济社会发展的战略举措，适应了我国改革开放进入关键时期的客观要求，体现了广大人民群众的根本利益和共同愿望，为我们紧紧抓住和用好重要战略机遇期、实现全面建设小康社会的宏伟目标提供了重要的思想指导。

构建社会主义和谐社会，是一个长期的战略任务，也是一项复杂艰巨的系统工程，需要充分调动广大人民群众的积极性、主动性和创造性，把各方面的力量和智慧集中起来、凝聚起来，形成强大的合力。青年是构建社会主义和谐社会一支生机勃勃的力量。共青团作为党领导下的先进青年的群众组织，作为党联系青年的桥梁和纽带，作为国家政权的重要社会支柱，肩负着团结带领广大团员青年为构建社会主义和谐社会做贡献的历史重任。各级团组织要站在战略和全局的高度，深刻认识构建社会主义和谐社会的重大意义，准确把握构建

社会主义和谐社会的科学内涵，进一步把思想统一到社会主义和谐社会建设的目标上来，统一到中央的工作部署上来。要牢牢把握构建社会主义和谐社会给共青团工作带来的机遇，进一步增强责任感和使命感，把构建社会主义和谐社会的各项要求和任务落实到共青团工作的各个方面，把广大团员青年的智慧和力量凝聚到为构建社会主义和谐社会做贡献上来。

二、加强青年思想政治教育，为构建社会主义和谐社会打牢团结奋斗的思想基础

在改革发展的关键时期推进和谐社会建设，必须不断巩固马克思主义在意识形态领域的指导地位，巩固全党全国人民团结奋斗的共同思想基础。否则，就难以有效整合各种各样的利益诉求和价值观念，就难以在全社会形成强大的精神支撑。坚持不懈地对青少年进行思想政治教育和正确引导，始终是共青团组织的首要政治任务。

用科学理论构筑青年一代的精神支柱。邓小平理论和“三个代表”重要思想是我们立党立国的根本指导思想，是构建社会主义和谐社会的科学指南。共青团加强对青年的思想政治教育，最根本的就是用邓小平理论和“三个代表”重要思想武装全团、教育青年，引导青年牢固树立为中华民族伟大复兴而奋斗的共同理想和跟党走中国特色社会主义道路的坚定信念，引导青年树立正确的世界观、人生观和价值观。科学发展观是指导发展的世界观和方法论的集中体现，是我们推动经济社会发展、加快推进社会主义现代化必须长期坚持的重要指导思想。各级团组织要紧紧围绕构建社会主义和谐社会的要求，在青少年中深入开展学习实践“三个代表”重要思想活动，帮助青年牢固树立和全面落实科学发展观，全面准确地理解党的路线、方针和政策，为促进社会和谐、实现共同理想而努力奋斗。

在青少年中大力弘扬民族精神和时代精神。构建社会主义和谐社会是一项前无古人的创造性事业，只有大力弘扬以爱国主义为核心的民族精神和以改革创新为核心的时代精神，才能激励人民保持昂扬向上的精神状态，战胜前进道路上的各种艰难险阻。各级团组织要始终高举爱国主义的旗帜，深入开展“民族精神代代传”、18岁成人仪式、“我与祖国共奋进”等主题教育实践活动，把弘扬民族精神贯穿于青年思想教育的全过程，引导青年增强爱国意识、团结意识和发展意识，增强民族自尊心、自信心和自豪感。要结合新的形势和任务，大力弘扬解放思想、实事求是、与时俱进、开拓创新的精神，引导青年树立与时代进步潮流相适应的思想观念、价值取向和行为方式，以昂扬的姿态和饱满的热情投身构建社会主义和谐社会的伟大实践。

加强和改进青少年思想政治工作。高度重视和做好青少年思想政治工作，是党对共青团的一贯要求，也是共青团长期坚持的优良传统。各级团组织要贯彻落实中央加强和改进未成年人思想道德建设和大学生思想政治教育的重要部署，坚持和发扬长期以来行之有效的做法和经验，适应新形势，以未成年人和大学生为重点，研究和遵循青少年成长的特点和规律，不断探索和创新方式方法，使青少年思想政治工作更好地体现时代性，把握规律性，增强实效性。要大力宣传贯彻党的十六届五中全会精神，广泛开展形势政策教育，动员和激发广大青年为实现“十一五”宏伟目标而奋斗。要牢牢把握正确舆论导向，充分发挥团属媒体在振奋青年精神、凝聚青年力量、理顺青年情绪中的积极作用。要把解决思想问题和解决实际问题结合起来，既讲道理又办实事，既以理服人又以情感人，有针对性地解决青少年的思想疑虑和实际困难，不断增强思想政治教育的针对性、实效性和吸引力、感染力。

三、带领青年投身经济建设，为保持经济持续快速协调健康发展贡献力量

保持经济持续快速协调健康发展，创造更

丰富的社会物质财富，使国家的整体实力不断增强，使人民群众的生活水平不断提高，是构建社会主义和谐社会的物质基础。当前，我国的经济发展迎来了难得的机遇，同时也面临着一系列的矛盾和问题。各级团组织要团结带领青年不断增强贯彻落实科学发展观的自觉性和坚定性，全面把握贯彻落实科学发展观的目标要求，始终坚持发展是硬道理的战略思想，转变发展观念，创新发展模式，调整发展思路，在推动经济持续快速协调健康发展中建功立业。

带领青年投身社会主义新农村建设。建设社会主义新农村，是我们党统筹城乡发展的重大战略决策，是构建和谐社会的必然要求。各级团组织要紧紧围绕生产发展、生活宽裕、乡风文明、村容整洁、管理民主的目标，坚持服务农村青年增收成才的根本需求，充分激发广大农村青年改变农村面貌、艰苦创业、学习成才的内在动力，积极投身社会主义新农村建设。大力开展青年农民培训，进一步提高农村青年的科技文化素质和增收致富本领，造就大批有文化、懂技术、会经营的新型青年农民。大力培养青年致富带头人、青年农产品经纪人，引导农村青年推行农业标准化生产，积极参与农业结构调整，促进农业产业化经营，推动传统农业向现代农业的转变。积极开展促进农村青年转移就业工作，引导和组织广大农村青年向非农产业转移和向城市有序流动，在加快农村工业化和城镇化进程中发挥作用。

带领青年推进产业结构优化升级。产业结构的优化升级是实现经济又快又好发展的关键。要深化青工技能振兴计划，通过推行技能培训“学分制”等措施，引导青年职工学习掌握新知识新技能，立足岗位创新创效，尤其要努力掌握核心技术和关键技术，增强科技成果转化能力，为提升产业技术水平、增强企业的核心竞争力贡献聪明才智。要围绕产业结构调整，鼓励青年到先进制造业、服务业和基础产业基础设施建设中创业发展。

带领青年促进区域协调发展。实现区域协调发展，是发挥各个区域的优势、增强全国发展合力的要求，也是确保国家长治久安、实现社会和谐的需要。各级团组织要从科技培训、生产实践、创业扶持等方面入手，引导西部地区和老工业基地青年艰苦创业、建设家乡。深化青年企业家西部行、东北行、中部行、老区行等系列活动，引导青年开展多种形式的区域经济协作和技术、人才合作，动员青年踊跃参与西部大开发、东北等老工业基地振兴、中部地区崛起等区域发展战略的实施。进一步做好博士服务团、“科技之光”百名青年专家服务团等工作，引导高层次青年人才到国家重点建设一线创业发展，为形成东中西相互促进、优势互补、共同发展的良好格局做贡献。

带领青年促进人才强国和科教兴国战略的实施。人才是推进国家发展的第一资源，是科技创新的决定因素。围绕开发青年人才资源，各级团组织要深入开展新世纪青少年读书计划、大中学生素质拓展计划和面向不同青年群体的培训活动，帮助青年提高职业技能和综合素质，为各行各业培养更多的岗位能手和高素质人才。要充分发挥青联、学联、青年企业家协会、青年乡镇企业家协会、青年科技工作者协会等青年组织的作用，发现青年人才，集聚青年人才，举荐青年人才，为经济社会发展提供源源不断的人才支持。要大力实施青年科技创新行动，推行青年项目制，鼓励青年立足岗位创新创效；深化青年专家科技服务活动，举办高层次青年论坛，引导海外青年人才回国创业服务；进一步做好青少年科技创新奖的评选表彰工作，开展“挑战杯”全国大学生课外学术科技作品竞赛，带动广大青少年广泛开展科技发明、科技创新活动，引导广大青年为建设创新型国家做贡献。

带领青年建设资源节约型、环境友好型社会。加快建设资源节约型、环境友好型社会，事关现代化建设和中华民族生存发展，是实现人与自然和谐相处的重要举措。各级团组织要紧紧围绕可持续发展战略，大力推进保护母亲河行动，引导青少年树立尊重自然、善待自然、保护自然的观念，开展植树造林、治理水土流失、抵制环境污染、保护野生动植物、保护生态环境等活动，为建设和谐家园做贡献。引导青年积极从事生态农业和生态工业生产，参与开发和推广资源节约、替代和循环利用技术，提高资源利用率，推动循环经济的发展。加强对青少年的宣传、教育和培训，通过广泛开展青年文明号节约示范行动、节约资源“四个一”等活动，大力倡导与国情相适应的资源节约型消费模式，引导青少年从身边力所能及的事情做起，强化资源意识和节约意识，形成爱护环境、保护资源的良好风尚。

四、引导青年积极参与，在发展社会主义民主和落实依法治国方略中发挥积极作用

社会主义和谐社会是社会主义民主得到充分发扬、依法治国基本方略得到切实落实、各方面的积极因素得到广泛调动的社会。青年是社会主义民主法制建设的一支重要力量。各级团组织要团结凝聚各族各界中华青年的力量，引导青年有序参与政治实践，自觉维护和发展民主团结、生动活泼、安定和谐的政治局面。

组织青年参与民主法制建设。民主是实现社会和谐的重要条件，法制是和谐社会的基本保障。要引导青年充分认识社会主义民主政治最根本的是坚持党的领导、人民当家作主和依法治国的有机统一，深刻认识社会主义民主政治与西方政治制度的区别，坚定不移地走中国特色社会主义政治发展道路。引导青年依法有序参与民主选举、民主决策、民主管理、民主监督等民主实践，在村民自治、城市居民自治和企事业单位民主管理中建言献策，发挥作用。要大力开展法制教育，帮助青年学习法律知识，增强法制观念，自觉遵守法律，学会依法办事。组织青年开展普法宣传、法律援助等法律实践活动，在全社会传播法律知识，弘扬法治精神，为需要法律帮助的群众提供服务。

引导青年维护社会稳定。没有社会稳定，构建社会主义和谐社会就无从谈起。各级团组织要引导青年充分认识国家统一、民族团结、社会稳定的重要性，倍加顾全大局、倍加珍视团结、倍加维护稳定。要多做释疑解惑、理顺情绪、化解矛盾、凝聚人心的工作，引导青年正确认识各种社会问题和热点、焦点事件，正确面对改革中利益格局的调整，用理性合法的方式和途径表达自己的利益要求。动员组织青年积极参与社会治安综合治理，在构建社会治安防控体系中发挥积极作用。引导青年同境内外敌对势力和分裂势力作斗争，坚决反对和打击各种暴力恐怖活动、“台独”分裂活动，坚决抵制和反对邪教。

促进各民族青年大团结。构建和谐社会，需要各族各界青年的大团结。共青团要加强民族地区青年马克思主义民族观和党的民族政策的宣传教育，加大实施少数民族团干部培训计划的工作力度，加强不同民族青年的交流合作，巩固和发展平等、团结、互助的社会主义民族关系。要全面贯彻党的宗教政策，促进不同信仰青年的相互尊重与帮助，通过考察交流等形式，做好团结信教青年的工作，引导信教青年依照法律法规开展宗教活动、宗教研究，继承和发扬爱国爱教、团结进步、服务社会的优良传统，积极促进宗教与社会主义社会相适应。

广泛凝聚港澳台和海外中华青年。全体中华儿女的广泛参与和共同奋斗，是构建社会主义和谐社会的内在要求。港澳台和海外中华青年，是构建社会主义和谐社会的一支重要力量。要通过各种渠道广泛开展培训考察、经贸合作、文化交流等活动，加大与港澳台地区青年的交流合作，引导他们为港澳的繁荣稳定、两岸的和平统一做出积极贡献。要密切与海外青年留学人员和青年侨胞的联系沟通，通过鼓励海外学人回国创业、促进海内外青年人才交流等工作，推动海外学人、青年侨胞心向祖国、服务祖国，共同推进中华民族伟大复兴的崇高事业。

五、组织青年参与精神文明建设，为构建社会主义和谐社会培育文明健康的时代新风

文明道德风尚是社会主义和谐社会的重要特征。无论是处理人与人之间的关系还是协调人与自然的关系，无论是实现社会公平正义还是维护社会安定团结，都要求不断提高全社会的文明程度和公民的思想道德素质。各级团组织要深入贯彻《公民道德建设实施纲要》，切实加强青少年思想道德建设，引导青少年在发展社会主义先进文化、建设社会主义精神文明中发挥积极作用。

组织青少年开展群众性精神文明创建活动。群众性精神文明创建活动是提高社会文明程度的有效途径。各级团组织要发挥实践育人的优势，通过内容鲜活、形式新颖、吸引力强的道德实践活动，广泛开展社会公德、职业道德和家庭美德教育，引导青年自觉实践爱国守法、明礼诚信、团结友善、勤俭自强、敬业奉献的基本道德规范。大力推进青年志愿者行动，把志愿服务作为共青团参与和谐社会建设的重要载体，引导青年在参加扶贫开发、环境保护、社区服务、大型活动、抢险救灾、海外服务等活动中，弘扬奉献、友爱、互助、进步的志愿精神。深入开展青年文明号、大中专学生“三下乡”、手拉手和青年文明社区创建等活动，不断拓展领域、深化内涵，使创建活动成为陶冶道德情操、提高思想素养的过程，成为融洽人际关系、促进团结和谐的途径。

推动青年文化建设。在各种文化相互激荡、大众传媒迅猛发展的新形势下，文化对青年思想观念和行为方式的影响日益深刻，青年参与文化发展、引领文化潮流的热情日益高涨。各级团组织要以文化育人为目标，大力实施青年文化行动，发展健康有益、充满活力的青年文化。要以富有时代特色的青年文化主题活动和节庆活动为牵动，广泛动员青年参与社区文化、校园文化、企业文化、乡村文化、军营文化和网络文化建设。要积极发现培养优秀青年文化人才，发挥青年文化名人的社会影响和积极作用，创作、生产、推广青年文化精品。加强青少年宫、青少年活动营地、青少年教育基地、乡镇青年科技图书站的建设和管理，依托阵地开发全国性、区域性青少年文化项目，推动青年文化的蓬勃发展。要积极稳妥地推进文化体制改革，不断发展壮大团属文化事业和产业。

六、协助政府做好青年事务，引导青年积极推进社会建设和管理

构建社会主义和谐社会，需要建立与社会主义经济、政治、文化体制相适应的社会体制，形成党委领导、政府负责、社会协同、公众参与的社会管理格局。各级团组织要切实履行协助政府做好青年事务的职责，坚持把竭诚服务青年作为全部工作的出发点和落脚点，紧扣青年成长发展的主要环节，增强服务功能，拓展服务领域，提高服务水平，在形成社会服务网络化的格局中发挥积极作用。

维护青少年合法权益。代表和维护青少年的合法权益是共青团的一项重要职能。要积极配合有关部门检查、监督、评估《未成年人保护法》和《预防未成年人犯罪法》等法律政策的执行情况，促进法律政策的落实与完善。加强青少年维权服务中心建设，充分发挥优秀青少年维权岗在维护青少年权益方面的重要作用，建立社会化的青少年维权工作网络。积极推进“为了明天——预防青少年违法犯罪工程”，采取教育、服务、管理、优化环境等多种形式，对青少年违法犯罪实行综合治理，努力创造有利于青少年健康成长的社会环境。

促进青年就业再就业。青年是就业和再就业的重点群体,就业问题是影响青年发展的重大现实问题。共青团要按照全国就业再就业工作的统一部署,深入实施中国青年创业行动,通过技能培训、中介服务、观念引导、就业援助等手段,逐步构建与国家就业工作相衔接、具有共青团特点、符合青年需求的青年就业工作体系。做好就业引导工作,引导青年尤其是大学毕业生转变就业观念,采用灵活多样的方式到社会需要的地方实现就业。紧密结合市场需求,有针对性地开展青年就业培训工作,增强青年的就业能力,提高青年的就业率。发挥共青团组织网络健全的优势,为青年提供就业信息,组织青年劳务输出,引导青年有序跨地区跨行业就业。

为特殊困难青少年群体提供切实有效的帮助。困难青少年群体最需要帮助。要深入开展"希望工程助学计划"、大学生济困助学等活动,大力推进结对帮扶工作,帮助经济困难的学生完成学业。开展"真情助困进万家"活动,采取募集钱物、志愿服务、社区服务等多种措施,为下岗失业青年、进城务工青年、农村贫困青年、残疾青年、失足青少年、社区闲散青少年、进城务工人员子女、农村留守儿童排忧解难,帮助他们解决工作、学习和生活中遇到的实际困难。

七、加强自身建设,提高共青团服务社会主义和谐社会建设的能力

共青团要团结带领广大团员青年为构建社会主义和谐社会做贡献,必须切实加强自身建设。要以邓小平理论和"三个代表"重要思想为指导,坚持党建带团建、团建抓创新,不断提高团组织的服务能力、凝聚能力、学习能力、合作能力,增强团组织的吸引力、凝聚力和战斗力,为团结带领广大团员青年投身和谐社会建设奠定坚实的组织基础。

加强团的基层组织建设。基层团组织是团的工作和活动的基本单位。要通过推进基层团建创新工程,县(市)团委、基层团委、团支部三级联创以及团的领导机关抓基层团组织联系点活动,大力推进团建创新,不断扩大基层团组织的有效覆盖,尤其要加强农村、社区和非公有制经济组织的团建工作,健全完善与社会主义市场经济发展相适应的组织体系和运行机制。要全面推进青年中心建设,积极探索青年中心联系、服务、引导青年的具体途径和工作机制,建立"基层团委+青年中心"的基层工作网络,推动基层团组织工作的整体活跃。

加强团的队伍建设。团干部是带领团员青年投身和谐社会建设的骨干力量。要大力推进基层团干部培训工程,坚持抓好团干部队伍思想作风建设,全面提高团干部综合素质,按照"党放心、青年满意"的要求,建设一支忠诚党的事业、热爱团的岗位、竭诚服务青年的团干部队伍。广大团员是建设和谐社会的生力军。要进一步深化增强共青团员意识主题教育活动,不断增强广大团员的政治意识、组织意识和模范意识,建设一支数量宏大、能够发挥带头作用的团员队伍。要不断创新团员管理方式,逐步建立适应团员流动、易于确认身份、便于参加团的工作和生活的管理机制。要加强对少先队的领导,履行好"全团带队"的职责。

全会号召,各级团组织要带领广大团员青年更加紧密地团结在以胡锦涛同志为总书记的党中央周围,高举邓小平理论和"三个代表"重要思想伟大旗帜,全面贯彻落实科学发展观,振奋精神,扎实工作,开拓创新,为全面建设小康社会和构建社会主义和谐社会而努力奋斗。

七、组织

共青团中央关于开展向牛玉儒同志学习活动的通知

2005年1月31日

共青团各省、自治区、直辖市委，军委总政治部组织部，全国铁道团委，全国民航团委，中直机关团工委，中央国家机关团工委，中央金融团工委，中央企业团工委：

最近，中共中央政治局常委集体听取牛玉儒同志先进事迹报告。胡锦涛总书记强调全党要向勤政为民、鞠躬尽瘁的牛玉儒同志学习。去年底，中共中央纪律检查委员会、中共中央组织部、中共中央宣传部、中央保持共产党员先进性教育活动领导小组联合发出《关于开展向牛玉儒同志学习活动的决定》。为贯彻落实胡锦涛总书记的重要指示精神，按照中纪委、中组部、中宣部、中央保持共产党员先进性教育活动领导小组关于开展学习牛玉儒同志活动的决定要求，共青团中央决定在全团特别是广大团干部中广泛开展学习牛玉儒同志活动。

牛玉儒同志生前任内蒙古自治区党委常委、呼和浩特市委书记。他始终以党的事业、人民的利益为重，心系群众，勤政为民；始终以饱满的激情和忘我的工作精神，认真贯彻执行党的路线方针政策，模范地践行“三个代表”重要思想；始终保持着共产党人的蓬勃朝气、昂扬锐气和浩然正气，不忘本色，奋发进取，赢得了各族干部群众的普遍赞誉。牛玉儒同志把有限的生命投入到无限的为党和人民事业的奋斗之中，为当地的经济和社会发展做出了突出贡献，在人民群众心中树立了不朽的丰碑。牛玉儒的先进事迹，集中体现了当代中国共产党人的精神风貌，有着鲜明的时代特色，是新时期领导干部执政为民的楷模，是广大团干部学习的榜样。

广大团干部要认真学习牛玉儒同志的先进事迹，紧密联系思想实际和工作实际对照检查自己，找出差距，明确今后的努力方向。要学习牛玉儒同志坚持原则、顾全大局的坚强党性，自觉学习党的思想理论，不断坚定理想信念，牢固树立政治意识、大局意识、责任意识，在政治上、思想上、行动上同党中央保持高度一致。要学习牛玉儒同志勤政为民、鞠躬尽瘁的公仆情怀，密切联系青年，热忱关心青年，切实为广大青年的工作、学习、生活提供有效服务和帮助，真心诚意地为青年排忧解难，促进青年健康成长。要学习牛玉儒同志奋发有为、开拓进取的创业精神，立足团的岗位，脚踏实地，拼搏奉献，求真务实，与时俱进，推动共青团工作不断焕发出蓬勃的生机和活力。

各级团组织要紧密结合开展保持共产党员先进性教育活动，把牛玉儒同志的先进事迹作为教育团干部的生动教材，把学习活动同贯彻落实党的十六大精神和十六届四中全会精神结合起来，同加强团的自身建设，加强团的能力建设结合起来，同进一步推进和深化团的各项工作结合起来，通过深入开展学习活动，引导和帮助广大团干部牢固树立正确的世界观、人生观、价值观，真正把“三个代表”重要思想体现在自己的全部工作实践中，坚持做到忠诚党的事业，热爱团的岗位，竭诚服务青年，努力做党放心、青年满意的团干部。

共青团中央关于在全团开展以学习实践“三个代表”重要思想为主要内容的增强共青团员意识主题教育活动的意见

2005 年 7 月 12 日

根据中央开展保持共产党员先进性教育活动的有关精神，结合共青团工作实际，团中央决定，2005 年 9 月至 12 月，在全团开展以学习实践“三个代表”重要思想为主要内容的增强共青团员意识主题教育活动。

一、开展增强团员意识主题教育活动的重要性和必要性

在全党开展保持共产党员先进性教育活动，是党中央作出的一项重大决策，是坚持用“三个代表”重要思想武装全党的重要举措，是提高党的执政能力、巩固党的执政基础，实现全面建设小康社会宏伟目标、推进中国特色社会主义伟大事业的重要举措。共青团作为党的助手和后备军，党联系青年的桥梁和纽带，将保持共产党员先进性教育活动的精神传达贯彻到团员青年中去，教育引导广大团员青年“永远跟党走”，是共青团的神圣职责。在全团开展增强团员意识主题教育活动，是共青团学习实践“三个代表”重要思想的继续和深化，是全面贯彻落实中央保持共产党员先进性教育精神的实际行动和具体举措，对巩固和扩大党的青年群众基础、永葆党的先进性具有重要意义。

当前，共青团正处在新的历史起点上，团结和带领广大团员青年积极投身全面建设小康社会的伟大实践，坚持科学发展观，努力构建社会主义和谐社会的历史重任，为团的发展提供了新的机遇，也对各级团组织和广大团员提出了新的更高要求。从总体上看，当前团的基层组织是有战斗力的，广大团员也在各条战线上发挥了生力军和突击队的作用。但是，少数基层团组织软弱瘫痪，部分团员组织观念淡薄、模范作用不突出等问题依然存在。在全团开展教育活动，使广大团员牢固树立共产主义远大理想，坚定走中国特色社会主义道路的信念，不断增强荣誉感、归属感、责任感；切实解决基层组织建设中存在的突出问题，扩大组织覆盖，完善组织体系，健全工作机制，是共青团适应新形势、开创新局面的必然要求和重要保证。

各级团组织要从贯彻落实党中央保持共产党员先进性教育活动精神的高度，从新时期团的事业发展的高度，充分认识开展增强团员意识主题教育活动的重要性和必要性，统一思想，认真部署，切实把教育活动抓实抓好。广大共青团员要积极投入到教育活动中来，立足岗位，无私奉献，充分发挥模范作用，为推动社会主义物质文明、政治文明、精神文明建设与构建社会主义和谐社会做出更大贡献。

二、增强团员意识主题教育活动的指导思想和原则

增强团员意识主题教育活动，要以邓小平

理论和“三个代表”重要思想为指导，深入贯彻党的十六大和十六届三中、四中全会精神，全面落实团十五大和团十五届三中全会确定的目标任务，紧密结合共青团和青年工作实际，以学习实践“三个代表”重要思想为主线，以“永远跟党走”为主题，切实增强广大共青团员的政治意识、组织意识和模范意识，解决基层团组织存在的突出问题，不断增强团组织的创造力、凝聚力和战斗力，进一步巩固和扩大党执政的青年群众基础。

增强团员意识主题教育活动要坚持以下原则：

1. 坚持党建带团建。认真学习、借鉴保持共产党员先进性教育活动的成功经验，积极争取党政支持与重视，把增强团员意识主题教育活动纳入到本地区、本单位保持共产党员先进性教育活动的总体部署中，在党的坚强领导下切实开展好增强团员意识主题教育活动。

2. 坚持理论学习贯穿始终。将理论学习作为整个教育活动的基础环节，坚持不懈地在广大团员中开展理想信念教育、宗旨意识教育、党的基本路线教育、思想道德教育和团史团情教育，引导和帮助广大团员牢固树立正确的世界观、人生观和价值观。

3. 坚持以主题实践活动为载体。围绕党政中心工作，发挥共青团实践育人的优势，以团员喜闻乐见的各种主题实践活动为载体，拓展和深化教育活动，使广大团员在实践中受教育、长才干、做贡献。

4. 坚持充分发挥团员的主体作用。努力把团组织的积极性和团员的积极性统一起来，切实提高广大团员参与教育活动的自觉性和主动性。力争使教育活动覆盖所有基层团组织，使每个团员都参加活动、受到教育。

5. 坚持充分尊重基层创造性。广泛调动和发挥基层团组织、团干部和广大团员的能动性与创造性，鼓励和支持各地各单位从实际出发，大胆创新。及时总结基层的好做法好经验，努力探索新时期团员教育的有效途径。

6. 坚持区别情况，分类指导。根据不同地域、不同行业之间团组织和团员的实际情况，确定各自的实施方案和工作安排。丰富活动内容，创新活动载体，加强活动指导，切实增强教育活动的针对性和实效性。

三、增强团员意识主题教育活动的目标任务

1. 增强意识。坚持用科学理论构筑广大团员的精神支柱，自觉成为“三个代表”重要思想的忠实实践者，切实增强政治意识；保障和维护团员的基本权利，明确团员的各项义务，提高团员对团组织的认同感和归属感，切实增强组织意识；引导团员在学习和工作中自觉发挥模范带头作用，提高团员的责任感和使命感，切实增强模范意识。

2. 健全组织。把教育活动与加强基层团组织建设紧密结合起来，进一步深化创建“五四红旗团委”活动，完善“三级联创”工作机制。通过教育活动，达到提高团员队伍素质，巩固和完善团的基层组织体系，建立健全与新形势相适应的基层团的组织制度和运行机制，整体推进基层团建工作的目的。力争使“五有”、“四好”团组织在基层达到相当比例。

3. 活跃工作。进一步提高团组织的服务能力、凝聚能力、学习能力、合作能力，不断提高团的工作水平。着重解决工作中存在的突出问题和难点问题，推动各项任务深化落实，努力构建有效服务青年、服务党政工作大局的工作体系。

四、增强团员意识主题教育活动的总体安排和方法步骤

增强团员意识主题教育活动的参加对象为全体共青团员和不是中共党员的各级专、兼职团干部。流动团员按照属地化的原则，以流入地为主参加教育活动。流出地团组织在流动团员中建立临时团组织的，要及时与所在地团组织取得联系，流入地团组织要将流动团员的教育活动纳入本地的总体安排、统筹考虑。

增强团员意识主题教育活动在2005年9月至12月开展，在此期间，各基层团组织可根据实际情况自行确定起止时间，原则上各单位开展学习教育活动时间应不少于一个月。已进行过增强团员意识（先进性）教育活动试点的单位要在建立长效机制上下功夫。正在开展的单位可结合本意见的有关要求，按原有安排继续开展。省级团委要切实做好统筹协调工作。

教育活动分三个阶段进行。

第一阶段：宣传动员。充分运用团属宣传阵地和各类媒介，大力宣传增强团员意识主题教育活动的重要意义。通过广泛深入的思想发动和组织准备，为教育活动的顺利开展营造良好的舆论氛围。深入调查研究，了解掌握团员队伍的基本状况，找准组织建设、团的工作和团员、团干部队伍中存在的突出问题，有针对性地制定活动方案。

第二阶段：学习教育。以“学理论知团情”主题学习活动为载体，通过个人自学、专题辅导和上团课等多种形式，深入开展以“三个代表”重要思想为主要内容的理论学习和以团章为主要内容的团史团情教育。以“新时代新风采”团员标准讨论活动为载体，围绕新时期共青团员的时代特征、素质能力、作用发挥等专题开展讨论。争取使每一名团员上一次团课、学一遍团章、读一本学习辅导材料、写一篇学习心得、参加一次讨论活动、过一次民主生活。

第三阶段：总结提高。以“我为团旗添光彩”主题实践活动为载体，结合本职岗位，通过团日活动等形式，引导团员奉献社会，发挥模范作用。争取使每一名团员参加一次主题团日活动、重温一次入团誓词、为团支部提一个建议，每一名专职团干部要帮扶一名团员青年，团支部要建立一套行之有效的工作制度。

五、加强组织领导

增强团员意识主题教育活动，是当前全团的一项重点工作，各级团组织要高度重视，统筹安排，精心组织，狠抓落实，务求实效。

1. 建立领导责任制。团的各级领导机关和团干部要在抓好自身学习教育的同时，认真组织好本地区、本部门的教育活动。各级团委要成立相应的领导机构和工作机构，落实领导责任，制定具体工作方案，一级抓一级，层层抓落实。

2. 建立联系点制度。县级以上团的领导机关和团干部要结合各自特点确定基层教育活动联系点，深入调研，督促检查，加强指导，帮助联系点理清工作思路，解决实际问题，努力把联系点建成示范点，以点带面，推动工作。原则上团中央各部门要建立5个以上的联系点，省级团委要建立10个以上联系点，地（市）、县（区）团委也要根据实际情况确定各自的联系点。

3. 建立督察考核制度。各地区各部门要结合教育活动的总体要求和本地实际，建立明确的考核标准，实行量化考核。团中央将抽调专门力量，成立督导组，到各地开展检查监督，同时还将组织各省级团委开展交叉检查。各地也要通过有效形式开展督导，帮助基层团组织解决问题，提出意见建议。教育活动结束后，团中央将在适当时机进行总结表彰。

4. 建立青年监督评价制度。教育活动的全过程要充分吸收青年参与，主动接受青年监督。在教育活动过程中，要广泛征求和听取青年的意见建议，并就教育活动开展情况进行综合测评，以检验和提高教育活动成效。

5. 着力构建长效机制。教育活动中，各级团组织要及时总结经验，努力探索和把握新时期团员教育和管理工作规律，建立起一套适应新形势发展要求、适合本地区本部门实际情况的长效工作机制，巩固和扩大教育活动成果。

各地区各部门要根据本意见的精神，结合实际制定具体的实施办法。省级团委的实施方案要在7月底之前上报团中央。解放军和武警部队的教育活动原则上同步开展，具体由解放军总政治部组织部作出部署。

附：团中央增强共青团员意识主题教育活动领导小组及办公室组成人员名单

一、领导小组

组　长：周　强

副组长：赵　勇　胡　伟　杨　岳
　　　　尔肯江·吐拉洪　王　晓
　　　　张晓兰

成　员：李晓军　倪邦文　刘可为
　　　　张良驯　陶　宏　卢雍政
　　　　高　洪　胡尹庐　李而亮
　　　　李学谦　曹东新

二、领导小组办公室

主　任：倪邦文（兼）

副主任：关海祥

成　员：戴　江（办公厅）
　　　　王立健（组织部）
　　　　于天琪（宣传部）
　　　　马兴民（青工部）
　　　　孙　毅（青农部）
　　　　陈光浩（学校部）
　　　　吴立菊（少年部）
　　　　褚　峰（社区和维护青少年权益部）
　　　　江　华（中国青年报社）
　　　　陈　勇（中国共青团杂志社）
　　　　欧阳向群（中青网）

共青团中央关于实施基层团干部培训工程的意见

2005年7月12日

近年来，特别是2002年全国团干部教育培训暨团校建设工作会议以来，各级团组织围绕团的中心任务，紧密结合团干部队伍实际，不断加强团干部教育培训工作，有力促进了共青团事业的不断发展。加强基层团组织建设，关键在于按照“党放心、青年满意”的要求，建设一支忠诚党的事业、热爱团的岗位、竭诚服务青年的基层团干部队伍。对基层团干部进行大规模培训，对于加强基层团组织建设具有重要意义。为贯彻落实《共青团中央关于进一步加强团的基层组织建设的决定》，进一步加强基层团干部培训工作，提高基层团干部队伍素质，团中央决定实施基层团干部培训工程。

一、指导思想

以邓小平理论和“三个代表”重要思想为指导，深入贯彻党的十六大和十六届三中、四中全会精神，全面贯彻团十五大和团十五届三中全会精神，认真落实《共青团中央关于进一步加强团的基层组织建设的决定》，努力提高基层团干部素质，切实加强基层团干部队伍建设，培养造就“党放心、青年满意”的基层团干部队伍，为加强团的基层组织建设提供切实保障。

二、工作目标

用2年左右的时间，把基层专职团干部和兼职团干部骨干培训一遍。培训工作要以保持共产党员先进性教育活动和增强共青团员意识主题教育活动为契机，按照加强党的执政能力建设的要求，紧紧围绕加强共青团能力建设，努力使广大基层团干部的政治理论素质和思想作风得到增强，服务青年的意识和岗位工作能力得到提高。

三、培训内容

一是按照中央的部署和要求,深入学习贯彻“三个代表”重要思想,集中开展党的十六大、十六届三中、四中全会精神的学习培训,认真学习贯彻科学发展观和构建社会主义和谐社会的战略目标。二是认真学习团的工作理论、团的历史和团的工作实务,学习社会主义市场经济知识、法律法规知识、现代管理知识、现代科技知识等。三是学习贯彻《共青团中央关于进一步加强团的基层组织建设的决定》,学习研讨加强团的基层组织建设实务,推动团的基层组织建设。

四、主要项目

1. 团地、县委书记轮训项目。团地(包括市、州、盟)委和团县(包括市、区、旗)委承上启下,是基层团的工作的组织者和实施者,在整个团的工作特别是团的基层组织建设中具有关键性的作用。团地、县委书记在团地、县委工作中发挥着核心作用。对他们进行大规模轮训,能够进一步提高他们的素质,促进团地委和团县委工作的全面活跃,从而示范带动整个基层团干部培训工程的深入实施,切实推动团的基层组织建设。

团地委书记轮训项目由团中央直接组织实施。近期,在中央团校连续举办4期培训班,将全国400余名团地委书记轮训一遍,每期培训时间7天。

团县委书记轮训项目由团中央总体协调,各省级团委大力配合,共同组织实施。主要采取举办轮训班的方式,遵循集中培训与分片培训相结合、当地培训与交叉培训相结合的原则,充分依托中央团校和地方团校的培训资源,从现在起用一年时间将全国的团县委书记轮训一遍。今年下半年,团中央依托中央团校举办6期重点班,培训800名团县委书记。其他班次依托省级团委和地方团属院校举办,团中央支持部分培训经费,并且在师资方面进行适当帮助。每期培训时间不少于5天。

2. 基层团干部轮训项目。基层团干部直接面对团员青年,是团的各项工作的执行者和落实者。基层团干部轮训项目是基层团干部培训工程的主要内容。

基层团干部轮训项目主要由各省级团委及地、县级团委负责组织实施。按照“分级培训、分类实施”的原则,各省级团委要对乡镇团委书记和街道社区、学校、机关、非公有制经济组织等各条战线基层团干部的培训工作统筹安排,全面部署,明确责任。地市级团委和县级团委要根据省级团委的统一安排,做好基层团干部培训工作。全国铁道、民航团委,中直机关、中央国家机关团工委,中央企业、金融团工委根据各自的实际情况,具体组织实施本系统内基层团干部的培训工作。解放军和武警部队的基层团干部培训工作由解放军总政治部组织部具体做出部署。轮训以短训班和专题学习研讨班等方式,按照先专职、后兼职的原则,用2年时间,把基层专职团干部和兼职团干部骨干培训一遍。每期培训时间不少于3天。轮训要紧紧围绕三项培训内容的要求,紧扣加强基层团组织建设这一主题,紧密结合本地区本部门基层工作实际,开展各具特色、有针对性的培训,本着“少而精”和“管用”的原则,务求实效。

在实施上述轮训项目的同时,要按照《2002—2005年全国团干部教育培训规划》要求,继续扎实开展新任职团干部培训、万名西部团干部培训工程、少数民族青年干部培训、学历教育、出国出境培训等培训项目。各项培训要向基层团干部倾斜,培训对象应以基层团干部为主。

五、加强领导,扎实推进基层团干部培训工程

基层团干部培训对于加强基层团组织建设具有基础性和先导性作用,各级团组织要充分认识实施基层团干部培训工程的重要意义,按照统一部署,结合各地实际,制定教育培训

规划和年度计划，扎实推进基层团干部培训工程。

1. 完善工作机制。要争取将基层团干部培训列入党政部门干部、人才培养培训整体规划。要建立健全团干部教育培训工作领导小组，在实施基层团干部培训工程中切实发挥领导和协调作用。团干部教育培训工作领导小组下设办公室，设在组织部门，负责牵头抓总，并确定专人负责，具体组织实施各项基层团干部培训。青工、青农、学校、权益等各个战线部门要密切配合，形成合力，避免重复培训。要充分发挥团属院校在团干部培训中的主渠道作用，支持帮助团属院校不断提高教育培训质量，担负起基层团干部培训的有关任务。

2. 建立约束激励制度。要建立落实基层团干部培训工程的检查通报制度，定期公布调训情况。团中央组织部将对省级团委开展基层团干部培训情况进行抽查，及时向各地通报工程推进情况，对在工程实施工作中表现优秀的单位和个人进行表彰，并将经费补助与培训任务完成情况适当挂钩。各省级团委要注意总结推广基层团组织开展基层团干部培训的经验，不断把培训引向深入。

3. 落实各项保障措施。一要进一步加强师资队伍建设。探索建立团中央和省级团委的两级师资库，实现师资的合理配置与资源共享。针对团地市委书记及团县委书记的轮训，团中央将成立专门的讲师团。各省级团委要在省级团属院校师资队伍的基础上，吸收有关高等院校、研究机构的专家学者及有关部门负责同志建立师资库，负责本省各级团委举办的基层团干部培训班的授课。各省级团委班子成员要深入到培训班为基层团干部授课。二要保证培训经费。团中央将从今年起，在团干部教育培训专项经费的基础上，再从团费中拨出专款用于基层特别是贫困地区基层团干部培训。各级团组织也要从团费中划拨专门经费用于基层团干部培训，切实保证工程的顺利开展。三要加强教材建设。按照中组部《全国干部学习培训教材建设五年规划（2003—2007）》的要求，团中央组织部适应基层团干部的培训需要，于今年编辑出版《共青团干部培训教程》。各省级团委和团属院校要根据自身情况，编写适应基层团干部需求、各具特色的辅导材料，为基层团干部培训提供学习教材。

4. 创新培训方式、提高培训质量。要与时俱进，积极创新培训的方式方法。学习运用现代教育培训方法，采取案例教学、情景模拟、体验式教学等方式，提高学员的参与度。充分运用网络，发展远程教育，降低培训成本，提高培训效果。团中央将在“全国团干部教育培训网”上开辟专栏，提供课件下载等服务。各省级团委和团属院校也要积极利用所属网站开展远程培训试点。要提高培训的针对性和实效性，根据各地加强共青团基层组织建设的需要和基层团干部的实际情况，科学制定培训计划，创新培训内容，真正使培训达到提高素质、推动工作的目的。

《共青团中央关于进一步加强团的基层组织建设的决定》的实施意见

2005年7月12日

团的十五届三中全会审议通过了《共青团中央关于进一步加强团的基层组织建设的决定》。深入贯彻落实《决定》精神,对于进一步推进新时期团的自身建设,切实增强团组织的吸引力、凝聚力和战斗力,不断巩固和扩大党执政的青年群众基础,具有重要意义。为此,特提出如下实施意见。

一、加强团的基层组织建设的指导思想、基本原则和目标任务

1. 新形势下加强团的基层组织建设的指导思想是:以马克思列宁主义、毛泽东思想、邓小平理论和"三个代表"重要思想为指导,以提高基层团组织服务能力为核心,以不断扩大团的基层组织的有效覆盖为基础,以切实加强团员团干部队伍建设为关键,以基层团组织制度建设为保障,进一步增强基层团组织的吸引力、凝聚力和战斗力,使团的基层组织成为贯彻"三个代表"重要思想的组织者、推动者和实践者。

2. 加强团的基层组织建设的基本原则是:坚持党建带团建,使团的基层组织建设纳入党的基层组织建设总体格局;坚持以服务能力建设为重点,以服务促建设,以服务求活跃;坚持与时俱进,以创新的精神和发展的观点,研究新情况,解决新问题;坚持思想建设、组织建设和作风建设的有机结合,把制度建设贯穿其中。

3. 团的基层组织建设的目标任务是:力争用三到五年时间,使"五个有"(有一个好的班子特别是一个好的带头人、有一支能够发挥模范带头作用的团员队伍、有围绕党的中心工作并适合团员青年特点的活动、有一套行之有效的工作制度、有保证工作正常开展的必要经费和阵地)团组织在学校、国有企业、机关事业单位团组织中所占比例达到90%以上,在农村和社区团组织中达到60%以上,在非公有制经济领域团组织中达到50%以上。在此基础上,创建一大批"四个好"(班子建设好、主题活动好、支部建设好、阵地建设好)的"五四红旗团委"。经过努力,逐步建立健全与社会主义市场经济相适应的基层组织体系,构建自我运转能力更强,团员青年参与程度更深,社会化水平更高,更加富有效能的组织运行机制,把团的基层组织建设成为政治坚定、组织巩固、具有内在活力的坚强集体。

二、以扎实推进基层团建创新工程为载体,进一步提高基层团组织建设整体水平

4. 推动基层党建带团建工作深入发展。坚持党建带团建,推动"五带一优化"(带思想、带组织、带班子、带队伍、带工作发展,优化工作条件)的深入贯彻落实,建立、完善基层党建带团建工作机制,进一步将基层团建工作纳入基层党建工作的整体格局。各级团组织要按照根本在"建"、关键在"带"的要求,切实抓好自身建设,积极推动工作目标、组织建设、队伍建设、阵地建设、检查考核"五个纳入",使基层党团工作统一研究、统一部署、统一规划、统一检查、统一考核,实现基层团建与基层党建的有效衔接。要在党组织领导下,进一步建立健全党建带团建目标责任制,推动各级党组织把团建工作纳入党建目标考核。要进一步建立健全党建带团建联席会议和工作例会制度,使

党组织负责同志能够定期听取团的工作情况汇报，研究和解决基层团建工作中出现的问题，制定基层党建带团建的规划，进行工作部署。要把推动基层团组织集中换届作为突破口，进一步加大基层团干部的选拔培养力度，使基层团的岗位成为培养锻炼基层党的后备干部的重要岗位。要把农村党建“三级联创”和城市创“五好”党组织活动与共青团“三级联创”活动有机结合起来，以团建的实际成效服务于党的建设。要积极争取党委相关部门的重视和支持，通过出台党建带团建相关政策文件、联合督导检查等措施，加强和改进对党建带团建工作的领导。有条件的地方可以积极探索聘请老党员、老干部担任团建工作指导员等做法。

5. 合理调整基层团组织设置。按照与经济社会结构相协调、与青年分布相适应的原则，以农村乡镇、城市社区和非公领域为重点，因地制宜地调整团的基层组织设置，建立起灵活多样、动态开放的组织网络，扩大团组织有效覆盖。在农村，要充分发挥乡镇团委和小城镇团委的龙头带动和示范辐射作用，切实抓好松散瘫痪团支部的整顿工作。在经济发展较快、团员数量较多的行政村，可以建立团的总支部或基层团委。对外出团员较多的“空壳”村，可以探索“校村联建”、“企村联建”、“村村联建”等做法。在国有企业、学校和机关事业单位，应根据实际工作需要，及时调整基层团组织设置，不能随意将团的工作机构撤消或并入其他职能部门。在城市社区，努力加强在居委会建立团组织工作，进一步建立健全街道社区团的工作协调机构，构建“横向到边，纵向到底”的社区团的组织网络。街道团(工)委要加强与驻街单位团组织的协作，驻街单位团组织应积极支持、配合街道团(工)委开展工作。在非公领域，大力推行联合建团、挂靠建团、行业建团、社区建团、公寓建团等多种建团方式。对于暂不具备建团条件的，可以探索由主管团组织或驻地团组织选派团建工作联络员或指导员，通过筹建社团、开展活动、建立阵地等方式推动建团工作。推动基层团组织跨行业、跨单位的联合设置，在一定区域内形成横向联合、资源共享、协同运作的基层团组织工作网络。新建和改建的基层团组织应及时明确与党组织和上级团组织的隶属关系，隶属关系尚不能明确的，应先按照属地管理原则来处理。

6. 大力推进县(市)级团委、基层团委、团支部“三级联创”。各级团组织要从本地实际出发，制定创建规划，完善推进措施，建立完善申报、评选和激励机制，形成三级团组织相互联动、相互促进、环环紧扣、整体提高的工作格局。要逐步扩大创建单位的覆盖面。团县(市)委应将所属基层团委作为本级“五四红旗团委”的创建单位，基层团委应将所属基层团支部(总支)作为本级“五四红旗团支部”的创建单位。要实行三级团组织联合考核。创建“团建先进县(市)”的单位，所属基层团委中获市(地)级(含)以上“五四红旗团委”及其创建单位的比例应在30%以上；创建“五四红旗团委”的单位，所属团支部(总支)中获县(市)级(含)以上“五四红旗团支部(总支)”及其创建单位的比例应在20%以上。要进行动态管理考核。“团建先进县(市)”、“五四红旗团委”、“五四红旗团支部”的命名表彰不搞“终身制”，已被表彰的单位自动转为下一年度的创建单位，参加新一轮的创建、评选，并保留有效期三年。三年后仍未获命名的，不再纳入创建单位管理。要建立抽查制度。各级团的领导机关分别对每年拟表彰的本级“团建先进县(市)”、“五四红旗团委”和“五四红旗团支部”进行随机抽查，抽查数量应不少于当年拟表彰总数的10%，对抽查不合格的单位要予以通报，并相应削减所在地区下次的申报名额。

7. 全面推进城乡青年中心建设。各级团组织要充分发挥领导者、创建者和指导者作用，深入贯彻《共青团中央关于加强青年中心建设的决定》精神，坚持既加强共青团领导，又着力指导和支持青年中心独立自主开展工作。要用三至五年左右时间，在全国符合条件的农村乡镇和城市街道逐步建立青年中心，并按照组织建设好、项目发展好、队伍建设好、阵地依托好、机制建设好的“五个好”标准，全面推进青年中心建设，努力把青年中心建设成为共青团领导下的凝聚人才、联系青年的新纽带，服务青年、服务社区的新平台。要充分发挥团组织在青年中心建立、运转、管理等关键环节中的核心作用，积极促进团组织和青年中心实现良性互动，构建起“基层团委＋青年中心”的新型基层青年组织网络体系。要大力加强青年中心的工作队伍建设，采取多种形式招募志愿者或专职工作者，培养一大批青年中心工作骨干。

8. 抓好基层团组织建设联系点。全团抓基层，层层建立联系点，实现点上突破，以点带面，提高基层团组织建设的整体水平。要充分发挥基层首创精神，着力在基层组织形式、组织体系、组织制度、组织运行机制、工作方式等方面大胆创新，在巩固基层团的组织体系的同时，不断增强基层团组织的内在活力。要加大对联系点的工作指导力度，通过现场观摩会、推进会等形式，促进各团建联系点的工作交流。要及时总结基层新鲜经验，组织开展“基层团组织建设创新奖”评选活动，对勇于创新、措施得力、成效显著的团建先进典型进行表彰奖励，充分发挥其示范引导作用。

9. 积极推行“基层团委工作手册”和“团支部（总支）工作手册”。由团中央统一制定“基层团委工作手册”和“团支部（总支）工作手册”样本，在全团基层组织中推行，进一步规范基层团的工作。“基层团委工作手册”和“团支部（总支）工作手册”内容主要包括基层团组织、团员和团干部基本情况、基础团务工作、特色工作和活动等。基层团组织要认真填写，每年度将手册交上级团组织审阅并签署意见后存档。适时逐步推出并试行两个“手册”的电子版。

三、以全面开展增强共青团员意识主题教育活动为契机，进一步提高团员队伍整体素质

10. 扎实开展增强共青团员意识主题教育活动。从2005年9月到12月，在全团部署开展以学习实践“三个代表”重要思想为主要内容的增强共青团员意识主题教育活动。各级团组织要根据《关于在全团开展以学习实践“三个代表”重要思想为主要内容的增强共青团员意识主题教育活动的意见》要求，切实把学习实践“三个代表”重要思想作为主线贯穿教育活动始终，以“永远跟党走”为主题，坚持党建带团建，坚持分类指导、因地制宜的方针，加强组织领导，落实具体措施，扎扎实实搞好这次教育活动，充分达到活跃工作、健全组织、增强意识的目标。基层单位要结合各自实际，灵活安排为期一个月的集中教育活动。要根据“宣传发动、学习教育、总结提高”各个阶段的要求，认真研究制定具体实施方案，设计开展符合团员特点、具有共青团特色的主题教育活动。要立足于建立长效机制，进一步建立健全团员的学习教育制度、流动团员管理制度、团员评议激励制度、团干部考评制度、基层组织生活制度等，巩固和扩大教育活动成果。

11. 做好团员发展和“推优”工作。基层团组织要认真制定团员发展计划。建立青年积极分子名册和积极分子培养考察制度，做好入团积极分子的培养考察工作。中学团委要办好中学生团校，加强团前教育，搞好团队衔接。有条件的地区和单位可以探索试行民主推选、入团公示、入团预备期教育等做法。要在党组织的指导下，制定“推优”工作规划和有关实施细则，建立并落实“推优”工作制度，使“推优”进一步成为党组织发展青年党员的主要渠道。结合党组织发展青年党员工作的重点，重视培养和推荐生产、工作第一线的青年骨干和青年学生中的优秀团员。有条件的地方可以试行由团县(市)委牵头,集中举办团员入党积极分子培训班的做法。

12. 以加强流动团员管理为重点,加强团员管理。积极探索对团员实行多重组织覆盖的有效方式,允许团员组织关系与参加团的活动范围适当分离,鼓励流动团员就近就便参加团的活动。对于外出团员较多的地区,流出地团组织要探索外出团员联络管理办法,流入地团组织要通过建立社区流动团员联络站、实行团员到社区报到等形式,主动与本地区的流动团员建立联系,实现流动团员管理社区化。对于不能确定团籍、本人提出要求、愿意履行团员义务并符合入团标准的青年,可以采取两名正式团员介绍、重新补发团员证或补填入团志愿书的办法,确认其团员身份。充分利用互联网等现代化的信息交流平台,通过开设团组织电子信箱、探索开展网上组织生活等形式,构建团组织联系团员青年的新型纽带。进一步拓展团员证功能,积极开展电子团员证试点工作。

四、以大力实施基层团干部培训工程为重点,进一步加强基层团干部队伍建设

13. 大力实施基层团干部培训工程。省(区、市)、地(市)、县(市)各级团的领导机关要按照分级分类培训的原则,抓好基层团干部的集中培训,根据《共青团中央关于实施基层团干部培训工程的意见》的要求,深入实施基层团干部轮训项目,按照先专职、后兼职的原则,以短期培训班和专题学习研讨班等方式,有计划、有针对性地对团干部进行政治理论、业务能力和工作项目等内容的培训,用2年时间,把基层专职团干部和兼职团干部骨干培训一遍。要逐步把基层干部的培训与使用结合起来。健全完善新任职团干部培训制度,继续做好万名西部团干部培训工程、少数民族青年干部培训、学历教育等培训项目,并有计划地向基层团干部倾斜。团中央将组织实施团地、县委书记轮训项目,示范带动基层团干部培训工程的深入开展。

14. 加强基层团干部选拔配备工作。按照德才兼备原则,积极开阔视野、拓宽渠道,打破身份限制,把政治素质好、文化水平高、善于做青年工作的优秀年轻党团员,经过民主程序,选拔到基层团的工作岗位。要在党组织领导下,在团支部中大力推行团干部直选,乡镇、街道等基层团委在认真总结试点经验的基础上,进一步规范直选工作的规则和程序。大力推行基层团干部公开选拔、竞争上岗、选调优秀大中专毕业生等选配方式。乡镇、国有企业、大中专院校、城区街道等基层团组织应配备专职团干部,并专职专用。兼职团干部应以团的工作为主。如因工作调动出现基层团组织书记、副书记空缺时,应在3个月内配齐。认真贯彻落实《中共中央组织部关于印发〈共青团机关参照〈国家公务员暂行条例〉管理的实施方案〉的通知》精神,科级及以下的专职团干部任职最高年龄一般不超过33周岁;处级的专职团干部任职最高年龄一般不超过38周岁。

15. 落实基层团干部政治经济待遇。基层团组织的书记、副书记应按同级党组织(行政)职能部门或下一级党组织主要负责干部的条件配备,并享受相应的政治、生活待遇;兼职书记、副书记也应享受相应的政治待遇和工作补贴。严格落实《党章》中关于"团的县级和县级以下各级委员会书记,企事业单位团的委员会书记,是党员的,可以列席同级党的委员会和常务委员会的会议"的规定,不是党员的,也应列席与团的工作有关的会议,使团组织及时了解党组织的工作意图,更好地服务党的中心工作。

16. 加强基层团干部协管。协助党委组织部门做好团的领导班子选拔配备和团干部的转业输送工作。对超过任职最高年龄限制的,应及时安排转岗,对特别优秀的,可予以破格使用。适应团干部队伍流动快的特点,加强基层团的后备干部队伍建设。对团干部流动较大的基层单位,可以探索设立团支部(总支)后备委员等做法,避免因人员流动影响团的工作连续性。结合实际制定、完善团干部考核办法和考核细则,将考核结果定期向有关基层党组织通报。

五、以创新与规范团的基层建设制度为保障,建立健全基层团建工作机制

17. 完善团日活动制度。在坚持并不断改进"三会两制一课"制度的基础上,进一步创新团的组织生活的内容和方式。基层团委和团支部(总支)要以传统节日和重大历史事件纪念日为契机,集中组织开展主题团日活动。要在团员中广泛开展"举团旗、学团章、唱团歌、戴团徽"主题教育活动。进一步规范团的活动仪式,团组织举行的各种活动的集会和工作会议,应使用团旗,室内要挂团旗,户外要举团旗;室内团的大型活动或会议应先唱国歌,活动或会议结束后唱团歌,户外团的活动要在出发前列队唱团歌;团员和团干部要佩戴团徽。在基层团组织中推行"重温入团誓词"活动,原则上每位团员每年重温一次入团誓词。

18. 健全完善基层团内民主制度。坚持民主集中制,积极稳妥地发展团内民主。团中央将修订《中国共产主义青年团地方各级代表大会组织选举规则(暂行)》和《中国共产主义青年团基层组织选举规则(暂行)》,推动团内选举工作制度化、规范化。以乡镇、村两级团组织为重点,推动县以下基层团组织按期集中换届工作,使基层团组织换届时间与党组织换届时间相衔接。基层团组织要建立团情团务公开制度,通过有效途径,定期把团的重点工作、活动开展情况、团费收缴和使用情况等团情团务信息向广大团员公布,把团员对团的工作和事务的知情权、参与权、监督权真正落到实处。建立基层团组织负责人定期与团员谈心、与青年对话制度,充分听取团员青年的需求和意见,切实从团员青年的意愿出发,谋划开展团的工作和活动,提高团组织服务团员青年的针对性和实效性。

19. 建立基层团建工作目标考核制度。严格基层团建工作考核,制定量化考核办法,实施基层团建工作目标管理。考核内容既包括班子建设、队伍建设、阵地建设、制度建设、团务管理等基本工作项目,又包含结合本地区、本行业和基层团组织的实际情况合理设计的特色工作项目,并具体量化为考核分数。上级团组织对下级团组织建设每年进行1至2次专项考核和不定期抽查,对考核不合格的,取消该团组织及其负责人团内一切评先表彰资格。下级团组织要对上级团组织的工作进行评议。

20. 加强基层活动阵地建设,拓宽经费来源渠道。活动阵地建设要遵循"实际、实用、实效"的原则。基层团委一般应建立由团组织管理和使用的活动场所。要积极争取党政领导支持,推动将青少年活动阵地建设纳入本地区经济社会发展规划或本单位精神文明建设规划,积极建设青少年活动中心、青少年图书站、青年之家等活动阵地,努力促进青年中心及其所属青年社团组织的活动阵地建设。充分运用市场机制,通过政府主导、社会依托、市场牵动、团内联合等途径,探索社会化、多元化的阵地建设新路子。要积极探索网络阵地建设。市、县、乡镇、街道、学校、机关企事业单位团工作经费应列入财政预算。鼓励基层团组织多渠道筹集经费。要在积极争取党政拨款的同时,依照国家有关政策法规,通过向社会募集资金等方式,扩大经费来源。积极探索推行农村划拨和建设经费基地、承包政府项目的办法筹集经费。街道社区团组织要通过承担政府职能中的青年事务,积极争取将涉及青年事务的项目和经费列入财政预算。要严格经费管理使用。

六、加强组织领导,确保基层团建各项工作落到实处

21. 建立基层团建领导责任制。团的各级领导机关要牢固树立基层第一的观念和为基层服务的思想,层层建立团建工作领导责任制,一把手亲自抓,把基层组织建设工作列入重要日程常抓不懈。各省级团委每年要将基层组织建设工作进展情况向团中央写出报告。要把团的基层建设的状况,作为考核团的领导机关各项工作的重要依据。

22. 明确基层团建工作职责。要进一步明确职责,逐级分解任务,一级抓一级,层层抓落实。省级团委要对基层团建工作进行专题研究,制定加强团的基层组织建设的实施细则,加强对基层组织建设工作的宏观协调、分类指导和督促检查。地、县两级团委要制定加强基层组织建设的工作计划,确定每年组织实施的工作目标、工作重点和推进措施,分解工作任务,把基层团建各项任务落到实处,求得实效。团的各级组织部门要切实履行职能部门工作职责,积极发挥牵头抓总的作用。农村、机关企事业、学校、社区等各条战线,要从各自的职责出发,齐抓共管,协同作战,形成合力。

23. 加强对基层的指导和服务。各级团的领导机关和领导干部要切实改进工作作风和工作方式,不断增强服务意识,经常深入到乡村、厂矿、街道等基层单位,认真开展调查研究,直接听取基层团干部和团员青年的意见,掌握第一手材料,加强对基层团建工作的督促、检查和指导。团的领导机关要为基层团组织服务,基层团组织要为广大团员服务,广大团员要为青年服务。要通过在政策、人员、经费、阵地等方面的大力支持,切实为基层做实事、办好事、解难事,进一步加大服务基层力度。主要领导要带头抓基层团组织建设联系点,每年保证有一定时间驻点并解决具体问题。要通过解剖典型,分析个性,研究共性,对农村、机关企事业、学校、社区、非公领域基层团组织建设工作提出有针对性的指导性意见,提出体现地区和行业特点的目标要求和方法步骤,并认真组织实施。

共青团中央办公厅关于2004年全国发展团员工作情况的通报

2005年9月2日

共青团各省、自治区、直辖市委,军委总政治部组织部,全国铁道团委,全国民航团委,中直机关团工委,中央国家机关团工委,中央金融团工委,中央企业团工委:

2004年团的组织统计工作已经结束,现将全国2004年发展团员工作情况通报如下。

一、团员队伍情况

2004年全国发展团员962万名,比2003年减少6万名。截至2004年底,全国共有团员7188万名,比2003年增加81万名。按照国家统计局提供的青年数计算,全国团青比例为23.2%,比2003年上升0.2个百分点。

2004年全国农村发展团员226.7万名,团员数量为2144.9万名,比2003年增加27.2万名;全国农村团青比例为13.7%,比2003年上升0.1个百分点。

2004年大中学校发展团员615.3万名,比2003年增加1.7万名;全国学生团员数量达3492.3万名,比2003年增加81.4万名,团青比例为50.8%,上升了0.5个百分点。其中,大专院校学生团员总数为872.9万名，比2003年增加64.5万名，团青比例为85.8%，比2003年上升0.9个百分点；中等专业学校的团青比例为58%，比2003年下降0.5个百分点；职业高中的团青比例为58.5%，比2003年下降2个百分点；普通高中的团青比例为63.1%，比2003年上升0.2个百分点；初中的团青比例为33.2%，比2003年上升0.1个百分点。

2004年，全国团员行业构成基本稳定。其中，全国农村团员占全国团员总数的比例为29.8%，与2003年持平；全国学生团员占全国团员总数的比例为48.6%，比2003年上升0.6个百分点。

2004年，全国非农产业从业团员总数为1750.8万名。其中，在国有经济组织中从业的团员为1163.8万名，占66.5%，比2003年下降1.8个百分点；在集体经济组织中从业的为265.6万名，占15.2%，比2003年上升0.6个百分点；在私营经济组织中从业的为234.8万名，占13.4%，比2003年上升0.7个百分点；在外商经济组织中从业的为55.7万名，占3.2%，比2003年上升0.4个百分点；在港澳台经济组织中从业的为28.8万名，占1.6%，比2003年上升0.1个百分点。

2004年，全国共有17个省级团委发展团员数量多于2003年。其中，云南、江西、青海、宁夏、广西、甘肃、海南、四川增长5%以上；河北、辽宁、江苏、安徽、河南、湖南、贵州、新疆、中央直属机关都有所增长。

2004年，全国共有25个省级团委团员总数呈现增长。其中，中央国家机关、中央直属机关、宁夏、海南、江西、甘肃、四川、贵州、西藏比2003年增长5%以上；广西、北京、陕西、上海比2003年增长3%以上；天津、山西、内蒙古、辽宁、江苏、安徽、福建、山东、河南、湖南、青海、新疆都有所增长。

二、发展团员工作中存在的问题

2004年团的组织统计情况表明，全国发展团员工作基本保持稳定。2004年团员数量达到7188万，为历史最高水平。同时，也存在以下几个问题。

1. 非公有制经济组织团员发展工作有待进一步加强。从近两年的数据分析，全国非公有制经济组织建团率、团员数量连续呈小幅下降趋势。2004年，全国非公有制经济组织团员数量比2003年减少4万，团组织数量与2003年基本持平，但建团率下降了3个百分点。这与非公有制经济组织数量逐年增长的形势不相符合，需引起各级团组织的高度重视。

2. 国有企事业单位团员数量有所下降。2004年，国有企事业单位中团员数量为1164万名，比2003年减少82万。其中，国有企业团员数量减少53万。

3. 团组织在流动团员中覆盖不够。据统计，2004年全国流入各地团组织的团员为368万名，流出各地团组织的团员为631万名。这表明有41.7%的流出团员没有被流入地团组织覆盖，从而造成团员流失。

三、继续做好发展团员工作的要求

1. 坚持不懈地抓好发展团员工作，保持团员总数基本稳定。发展团员工作是一项重要的基础性工作，各级团组织要始终把发展团员工作摆在加强团的建设的重要位置，采取切实措施，常抓不懈。要以“三个代表”重要思想为指导，坚持党建带团建，不断深化基层团建创新工程，加强基层团组织建设，增强团组织的服务能力、凝聚能力、学习能力和合作能力，更好地团结、吸引、凝聚青年，把符合团员条件的青年源源不断地吸收到团组织中来。

2. 切实加强社区、非公有制经济组织和国有企事业单位的团员发展工作。社区、非公有制经济组织和国有企事业单位中集中了大量青年。各地要高度重视社区和非公有制经济组织建团工作，采取联合建团、依托建团、行业建团、公寓（楼宇）建团等多种形式，增加社区和非公有制经济组织中团组织的数量，进一步促进团员发展工作。要积极探索国有企事业单位改革过程中团员发展工作的新特点,服务于企事业中心工作和团员成长成才,扎实开展团的工作,切实加强团员发展工作。

3. 进一步加强流动团员管理。要按照“证档分离、交叉覆盖、动态管理”和“流入地为主,流出地为辅”的原则,进一步探索建立以流动团员管理为重点的,动态、开放的团员管理机制。对于外出团员较多的地区,流出地团组织要积极探索外出团员联络管理办法,流入地团组织要通过建立社区流动团员联络站、实行团员到社区报到制等形式,主动与本地区的流动团员建立联系,及时做好团员组织关系转接工作。要以增强共青团员意识主题教育活动为契机,努力探索团员自我教育、相互教育的新型团的组织生活制度,不断增强团组织对团员的凝聚力和团员对团组织的归属感,保证团员数量基本稳定。

八、宣传

中共中央宣传部、中央文明办、教育部、文化部、国家广播电影电视总局、国家新闻出版总署、国家体育总局共青团中央、全国妇联、中国科协关于开展“小时候”青少年社会教育活动的通知

2005 年 6 月 24 日

各省、自治区、直辖市党委宣传部,文明办,教育厅(教委),文化厅,广播影视局(厅),新闻出版局,体育局,团委,妇联,科协:

为深入贯彻“三个代表”重要思想,认真落实《中共中央国务院关于进一步加强和改进未成年人思想道德建设的若干意见》,按照建立健全学校、家庭、社会相结合的未成年人思想道德教育体系的要求,开展好以青少年宫、儿童活动中心、青少年科技馆、青少年活动营地、青少年教育基地等为主体的社会教育活动,实现学校教育、家庭教育和社会教育的协调发展,同时集中展示我国青少年宫等青少年校外活动场所半个世纪以来在青少年社会教育方面取得的丰硕成果,进一步动员全社会对青少年宫等校外活动场所和青少年社会教育的关注,充分发挥青少年宫等校外活动场所在推动青少年社会教育、促进青少年全面发展中的重要作用,中共中央宣传部、中央文明办、教育部、文化部、国家广播电影电视总局、新闻出版总署、国家体育总局、共青团中央、全国妇联、中国科协决定共同开展“小时候”青少年社会教育活动。现将有关事项通知如下。

一、指导思想

开展“小时候”青少年社会教育活动要以邓小平理论和“三个代表”重要思想为指导,充分展示青少年宫等校外活动场所在青少年社

会教育领域取得的成绩,大力宣传青少年社会教育,使社会教育的理念深入人心,进一步营造全社会关心支持社会教育的浓郁氛围;广泛开展青少年社会教育活动,努力探索具有鲜明时代特点的青少年社会教育项目,不断创新和丰富社会教育的内容和形式;大力发展青少年社会教育事业,积极整合社会资源,实施全国性和区域性活动项目,建设以互联网为中心的新型教育平台,推进青少年社会教育工作培养评价体系建设,不断推动青少年宫、儿童活动中心、青少年科技馆、青少年活动营地、青少年教育基地等校外活动场所的发展。

二、活动时间

"小时候"青少年社会教育活动每两年举办一次。今年的活动时间为6月至9月。

三、主要内容

2005年青少年社会教育活动包括"寻找"篇、"重返"篇和"欢聚"篇三个部分。

(一)"寻找"篇:主要通过开展征集和连线活动,寻找发生在青少年宫等校外活动场所中的感人故事,寻找曾经在青少年宫等校外活动场所学习、培训和实践过的优秀人物,展示半个世纪以来青少年宫等校外活动场所在青少年社会教育领域取得的丰硕成果。"寻找"篇主要由两个重点活动构成:

1."小时候"青少年社会教育征集活动

主要征集与青少年宫等校外活动场所相关的感人故事、童谣、文章、图片和科技、文化、艺术作品,特别是在青少年宫等校外活动场所发展历程中具有历史意义的纪念性物品。

2."小时候"青少年社会教育连线活动

重点寻找曾经在青少年宫等校外活动场所学习、培训、工作、生活和实践,如今在各行各业有突出成就、对青少年社会教育怀有深厚感情的社会各界知名人士,讲述他们在青少年宫等校外活动场所的成长历程,突出青少年社会教育对他们成长的作用和影响。

(二)"重返"篇:主要通过新老教师、新老学员交流,开展主题活动和文艺演出,讲述发生在青少年宫等校外活动场所的动人往事,向社会呈现育人成果。"重返"篇主要由两个重点活动构成:

1."小时候"青少年社会教育暑期欢乐营活动

邀请曾经在青少年宫等校外活动场所从事过青少年社会教育和接受过教育的老教师、老学员和新教师、新学员共同搭建交流的平台,开展丰富多彩的暑期活动,向社会呈现育人成果。活动主要由各地青少年宫、儿童活动中心、青少年科技馆、青少年活动营地、青少年教育基地等申报活动方案,并承办相关活动。有关部委协调中央媒体进行宣传报道。

2."小时候·重返日"活动

邀请曾经在青少年宫等校外活动场所从事过青少年社会教育的老教师和接受过教育的老学员重返青少年宫,举办"小时候·重返日"活动,畅谈昔日的工作经历和学习生活,讲述发生在青少年宫等校外活动场所的动人往事。全国"小时候·重返日"定于8月的第一个星期日。为配合此项活动,各青少年宫等校外活动场所要开展座谈会、报告会、联欢会、夏令营、兴趣小组及各种主题活动。

(三)"欢聚"篇:邀请全国各地青少年宫等校外活动场所的新、老师生员工代表汇聚一堂,共同回顾几代人小时候的成长历程,表彰青少年社会教育领域的先进集体和个人,展望中国青少年社会教育的美好未来。"欢聚"篇是"小时候"青少年社会教育活动的主体部分,主要由三个重点活动构成:

1.青少年社会教育论坛

以"娱乐与青少年成长"为主题,加强青少年成长与娱乐关系的研究,强化对青少年参与娱乐的引导,提倡健康向上的娱乐方式,为青少年提供良好的娱乐环境,发挥娱乐在陶冶情操、愉悦身心中的重要作用,促进青少年健康成长。

2. 中国青少年社会教育“银杏奖”颁奖典礼

通过艺术形式再现人们“小时候”在青少年宫的美好时光和成长历程,讴歌几代青少年社会教育工作者辛勤育人、拼搏奉献的精神风貌,展示广大青少年宫和青少年社会教育工作者在提高青少年素质,促进青少年全面发展中不平凡的业绩,宣传青少年社会教育理念,营造青少年社会教育事业的良好社会氛围。中国青少年社会教育奖项命名为“银杏奖”,源于我国古代思想教育家孔子杏坛讲学、传道授业的教育理念。更因银杏作为珍稀树种,虽历尽沧桑,依然顽强生长,表现出旺盛的生命活力。银杏树茂盛多果,象征着社会教育硕果累累、学子满天下;银杏树干挺拔直立,象征着社会教育自强自立、学子正直向上;银杏树全身是宝,果仁可食又可入药治病,体现着社会教育特有价值和贡献,象征着学子报效祖国、兼济天下。“银杏奖”既有文化教育传承的含义,又能准确反映青少年社会教育工作者辛勤育人、自强不息的精神风貌。

3. 青少年社会教育回顾展

征集半个世纪以来反映青少年宫等校外活动场所发展历程的图片和纪念物品,追寻不同时期的典型事件和代表人物,抚今追昔,展示成就,激发广大青少年社会教育工作者的自豪感,推动青少年社会教育事业的快速发展。

为配合重点活动的开展,还将以电视专题、网络论坛、走访座谈、专题演出、各类征集等方式营造氛围,扩大宣传。

组织青少年社会教育活动,可以在全国范围内采取与基层联动的方式开展,也可以采取不同地方主办或区域性实施的方式开展。各地要根据实际情况和当地青少年的特点,创造性地开展各具特色、形式多样的青少年社会教育活动,进一步促进青少年的健康成长。

四、工作要求

1. 高度重视,加强领导。在构建社会主义和谐社会、加快推进社会主义现代化的新形势下,充分发挥青少年宫、儿童活动中心、青少年科技馆、青少年活动营地、青少年教育基地等教育文化主体和设施作用,开展好青少年社会教育活动,是加强未成年人思想道德建设的一项重要而紧迫的任务,具有十分重要的意义。各省、自治区、直辖市党委宣传部、文明办、教育厅(教委)、文化厅、广播影视局(厅)、新闻出版局、体育局、团委、妇联、科协等部门要高度重视,切实加强对这项工作的领导。要把青少年社会教育活动作为加强未成年人思想道德建设的重要内容,列入重要议事日程,纳入各地文化教育建设总体规划,积极推进各项活动,把工作落到实处。

中共中央宣传部、中央文明办、教育部、文化部、国家广播电影电视总局、新闻出版总署、国家体育总局、共青团中央、全国妇联、中国科协联合成立“小时候”青少年社会教育活动组委会(名单附后),加强对活动的领导和协调,组委会办公室设在团中央,具体工作由团中央宣传部和中国青少年宫协会承担。各地可参照成立相应的领导机构,加强对本地相关工作的指导和协调。

2. 周密组织,讲求实效。要按照本通知的要求,结合本地区本单位的实际,积极组织参与,务求工作实效。要认真实施好重点项目,同时积极规划实施本地区本单位的青少年社会教育活动。要调动各方面参与,形成合力共同推进。要把活跃基层、服务广大青少年作为青少年社会教育活动的重要任务。青少年宫等校外活动场所要以阵地为依托,针对青少年的生理、心理特点,大力组织开展丰富多彩的群众性青少年社会教育活动。

3. 突出重点,加强宣传。各省(自治区、直辖市)要分别确定一个中心城市或重点地区(示范区),参照全国性的活动开展好各地的总结展示活动,并充分利用广播、电视、报刊、网络等各种宣传媒介,扩大对青少年的影响力和覆盖面。形成良好的舆论氛围,不断扩大活动的社会影响。

附:"小时候"青少年社会教育活动组委会名单

主　任:周　强　共青团中央书记处第一书记

副主任:胡振民　中共中央宣传部副部长

翟卫华　中央文明办副主任

陈小娅　教育部副部长

周和平　文化部副部长

胡占凡　国家广播电影电视总局副局长

邬书林　国家新闻出版总署副署长

张发强　国家体育总局副局长

赵　勇　共青团中央书记处常务书记

张世平　全国妇联书记处书记

程东红　中国科协书记处书记

成　员:杨新力　中共中央宣传部副秘书长、宣教局局长

李　伟　中央文明办协调组组长

杨　进　教育部基础教育司副司长

李　宏　文化部社会文化图书馆司副司长

金德龙　国家广播电影电视总局总编室主任

吴尚之　新闻出版总署图书管理司司长

刘国永　国家体育总局群体司副司长

刘可为　共青团中央宣传部部长

张学军　共青团中央宣传部副部长

谷丽萍　中国青少年宫协会副会长

操学诚　共青团中央宣传部副部长

陈晓霞　全国妇联儿童工作部副部长

蒙　星　中国科协青少年工作部副部长

余培侠　中央电视台青少节目中心主任

办公室主任:谷丽萍(兼)　操学诚(兼)

中共中央宣传部、中央文明办、共青团中央、国务院新闻办教育部、信息产业部、国家广播电影电视总局、全国学联全国少工委关于开展"感动"——第二届全国青少年网络短信作品大赛活动的通知

2005年7月1日

各省、自治区、直辖市党委宣传部,文明办,团委,新闻办,教育厅(教委),通信管理局,广播影视局(厅),学联,少工委:

为深入贯彻党的十六大和十六届三中、四中全会精神,落实《中共中央国务院关于进一步加强和改进未成年人思想道德建设的若干意见》、《中共中央国务院关于进一步加强和改进大学生思想政治教育的意见》和《公民道德建设实施纲要》的要求,充分运用互联网和手机等新技术新手段,开展富有时代特色、为青少年喜闻乐见的思想道德教育实践活动,提高青少年思想道德素质,促进社会主义和谐社会建设,中共中央宣传部、中央文明办、共青团中央、国务院新闻办、教育部、信息产业部、国家广电总局、全国学联、全国少工委决定开展"感动"——第二届全国青少年网络短信作品大赛活动。

2004年开展"感动"——首届全国青少年

网络短信作品大赛的实践证明,这项活动对于探索新形势下加强青少年思想道德教育的新途径、新办法,引导青少年追求真善美,陶冶道德情操,促进社会主义新型人际关系的形成,促进社会和谐,具有积极的作用。各地要高度重视"感动"——第二届全国青少年网络短信作品大赛的组织实施工作。党委宣传部门、文明办、新闻办、教育部门、通信管理部门、广电部门要加强领导协调,制定具体支持措施,形成合力,共同指导和推动大赛活动的开展。要充分利用广播、电视、报刊、互联网、手机等传媒手段,为大赛的深入开展营造浓郁的氛围。各级共青团、学联和少先队组织要把这次大赛作为推进青少年思想道德建设、实施青年文化行动的一项重要工作来抓。要紧紧围绕"感动"这个主题,开展丰富多彩的思想道德教育实践活动,广泛动员青少年踊跃参赛,在发现"感动"、表达"感动"、评选"感动"、传递"感动"、共享"感动"的过程中丰富精神和情感世界,提高思想道德素质,切实推进青少年思想道德建设,为促进青少年全面发展、健康成长,服务社会主义和谐社会建设做出应有贡献。

附:"感动"——第二届全国青少年网络短信作品大赛活动方案

一、大赛目的

贯彻落实《中共中央国务院关于进一步加强和改进未成年人思想道德建设的若干意见》、《中共中央国务院关于进一步加强和改进大学生思想政治教育的意见》和《公民道德建设实施纲要》精神,按照"三贴近"要求,以"感动"为主题,以亲身体验为途径,以互联网和手机为活动平台和纽带,激发广大青少年参与思想道德教育实践活动的热情,以自己喜爱的方式表达和传递身边让人感动的事物,积极发展健康向上、充满活力的网络短信文化,引导青少年追求真善美,自觉提高思想道德素质,努力追求和创造文明、和谐、美好的生活,促进社会主义和谐社会建设。

二、大赛时间

2005 年 7 月至 12 月

三、大赛主题

以"感动"为主题,旨在坚持以人为本的原则,尊重青少年在思想道德建设中的主体地位,充分发挥自我教育的作用,发掘感动事物,歌颂人间真情,抒发美好情感,引导青少年在发现、表达和评选感动的过程中树立崇高的道德追求,陶冶高尚的道德情操,养成良好的道德习惯。

四、主办单位、承办单位和协办单位

大赛由中共中央宣传部、中央文明办、共青团中央、国务院新闻办、教育部、信息产业部、国家广电总局、全国学联、全国少工委主办,广州上扬科技发展有限公司承办,人民日报、中央电视台、中央人民广播电台、中国青年报、北京青年报、腾讯公司、搜狐公司、新浪公司、中青网协办。

五、大赛内容

1. 提交和评选参赛作品。参赛者通过互联网和手机提交参赛作品。参赛作品分为网络部分和短信部分。网络作品分三类:感动故事、感动人物、网络小小说。短信作品分两类:感动心声、幽默笑话。参赛作品在经过初选后发布在大赛网站主页上,并面向全社会进行在线投票,对初选作品进行复评。包括参赛者在内的所有人士都可以参加在线投票。在复评的基础上,将组织由相关方面的专家学者和社会知名人士组成的评委会进行终评,以无记名投票方式评定获奖作品。

2. 评选"身边最让我感动的人"。在对大赛征集到的"感动人物"类作品进行审核和初选后,向全社会发布,并通过大赛网站主页进行在线投票,在青少年中开展"身边最让我感动的人"评选活动。最后,在全国评选出青少年公认的"身边最让我感动的人"若干名。

六、参赛要求

1. 凡我国35岁以下的公民均可参赛。参赛作品要紧紧围绕"感动"这个主题进行创作，内容可以涉及亲情、友情、爱情以及身边让人感动的人和事等。每名参赛者提交参赛作品的数量不限。

2. 参赛作品中"感动故事"、"感动人物"的体裁不限，但必须真实客观、生动感人，篇幅在3000字以内。"感动人物"类作品在介绍感动人物事迹的同时，应注明其真实姓名、工作单位和有效联系方式。"感动人物"应是作者熟悉或通过直接调查了解的对象，可以是作者的亲人、老师、同学、朋友、邻居等，可以是社会知名人士，也可以是生活中的平凡人。网络小小说应在2000字左右。短信的创作应精炼，每个短信作品正文不超过66个字（含标点符号）。

3. 所有参赛作品应为原创作品，不得抄袭、转载或改编。作品应符合国家法律法规要求，突出思想道德内涵，体现积极向上、健康活泼的价值取向。不得出现不文明用语，不得有淫秽、暴力、恐怖等内容。

4. 参赛作品可由集体创作，但须以个人名义参赛。所有参赛作品须明示作者的真实姓名和有效电话号码等内容（除表彰时公布获奖者姓名及单位外，其余信息一律为参赛者保密）。

5. 在线报名、提交参赛作品应登陆大赛网站主页（网址：www.gandong.com.cn）。用手机发送参赛短信作品，移动用户发至：189606，联通用户发至：923906，电信用户发至：993906，网通用户发至：9923906。发送格式须写成：T#年龄类别+短信类别+短信正文。年龄类别用1/2/3分类，分别代表12岁以下、13—17岁、18—35岁。短信类别用1/2分类，分别代表感动心声和幽默笑话。例如："T#11短信正文"表示一名12岁以下的参赛者提交的感动心声类短信作品。

6. 提交参赛作品的截止时间为：2005年10月16日。

七、奖励和表彰

1. 参赛作品评选原则上设一等奖4名、二等奖12名、三等奖24名、优秀奖60名。每名一等奖获得者将得到价值10000元的奖品及证书，每名二等奖获得者将得到价值5000元的奖品及证书，每名三等奖获得者将得到价值1000元的奖品及证书，每名优秀奖获得者将得到价值100元的奖品及证书。

2. 全国青少年"身边最让我感动的人"获选者将获得大赛组委会颁发的奖杯、证书及价值5000元的奖品。另外，还将设立幸运奖若干名，对积极参与作品提交和评选活动的青少年进行奖励。

3. 设立组织工作奖若干名，用于表彰在活动中组织宣传工作成效突出的省、地（市）、县（区）级团组织。申报组织工作奖的单位须先将申报材料报所在省（区、市）级团委宣传部，经省级团委审核后再统一报团中央评定。

4. 举办颁奖活动。部分获奖者将由承办单位出资邀请参加颁奖活动。其他获奖者的奖品将由承办单位出资通过邮寄方式发送。

5. 各地团组织可结合本地活动的实施开展相应的表彰活动。

八、工作要求

整个大赛从7月中旬启动，分三个阶段：7—10月征集作品，11—12月评定获奖作品和全国青少年"身边最让我感动的人"；12月举行颁奖活动。

为广泛动员和吸引青少年参赛，要重点抓好以下活动：

1. 开展寻访和评选活动。各地要动员学校、企（事）业、社区等基层单位的团队组织，以重要节庆日、纪念日、团队活动日为契机，在青少年中扎实开展"身边的感动"寻访活动，引导青少年发现身边让人感动的人和事，激发青少年的创作灵感和热情，积极撰写并提交参赛作品。在此基础上,通过个人和集体推荐相结合,并以团组织审核把关为保证,推荐和评选青少年"身边最让我感动的人"。要以各地各类网站、手机和电视台、电台、报刊杂志为平台,从县(区)、地(市)、省(区、市)自下而上逐级开展推荐评选活动。各省(区、市)组织评选出的"身边最让我感动的人",将参加全国青少年"身边最让我感动的人"评选活动。

2. 开展真情互动活动。充分利用建军节、教师节、中秋节、国庆节、重阳节、少先队建队纪念日等,以各级各类网站和手机为载体,紧紧围绕"感动"这个主题,在青少年之间、青少年和社会各界人士之间广泛开展以节日问候和祝福为主要内容的邮件和短信的展示、下载、发送活动。可围绕大赛主题开展报告座谈、演讲征文、志愿服务、图片展览、文艺演出等活动,深化大赛的教育效果。

3. 广泛开展媒体宣传活动。以"感动"为主题,以各级各类网站、电视台、电台以及报刊杂志为阵地,大力开展大赛活动的宣传报道、广告宣传及作品展示活动。开办各种节目和栏目,举办各具特色的活动采访和人物专访活动,阐发"感动"理念,为大赛营造声势和氛围。

4. 各地可结合 www.gandong.com.cn 网站上设立的"评选感动"、"发现感动"、"倾听感动"、"感动社区"等栏目,动员组织广大青少年参加"感动"系列活动。

5. 鼓励各地在征得全国大赛组委会同意的情况下,结合本地实际和优势广泛开展分赛区活动。

九、领导机构

为加强对活动的领导,成立全国大赛活动组委会。具体如下:

主　任:周　强　共青团中央书记处第一书记

副主任:胡振民　中共中央宣传部副部长、中央文明办主任

翟卫华　中央文明办专职副主任

赵　勇　共青团中央书记处常务书记、全国青联主席、全国少工委主任

蔡名照　国务院新闻办副主任

陈小娅　教育部副部长

奚国华　信息产业部党组副书记、副部长

胡占凡　国家广电总局副局长

成　员:杨新力　中共中央宣传部副秘书长、宣教局局长

李　伟　中央文明办未成年人组组长

刘可为　共青团中央宣传部部长

卢雍政　全国学联秘书长、共青团中央学校部部长

高　洪　全国少工委副主任、共青团中央少年部部长

刘正荣　国务院新闻办网络局副局长、互联网新闻研究中心主任

杨　进　教育部基础教育司副司长

苏金生　信息产业部电信管理局局长

李宗达　国家广电总局总编室副主任

张学军　共青团中央宣传部副部长

操学诚　共青团中央宣传部副部长

郭运德　人民日报文艺部主任

余培侠　中央电视台青少节目中心主任

杨志东　中央人民广播电台总编室主任

李而亮　中国青年报总编辑

田科武　北京青年报常务副总编辑

郑毓宣　广州上扬科技发展有限公司总经理

马化腾　腾讯公司首席执行官

张朝阳　搜狐公司董事局主席兼首席执行官

汪　延　新浪公司总裁

欧阳向群　中青网总裁

组委会下设办公室。

办公室主任:刘可为(兼)

副主任:张学军(兼)　操学诚(兼)　郑毓宣(兼)

共青团中央、全国青联、全国学联、全国少工委关于在全国青少年中广泛开展节约资源主题实践和宣传活动的通知

2005年7月7日

各省、自治区、直辖市团委，青联，学联，少工委，军委总政治部组织部，全国铁道团委，全国民航团委、青联，中直机关团工委、青联，中央国家机关团工委、青联，中央金融团工委、全国金融青联，中央企业团工委、青联：

为深入贯彻落实党的十六大和十六届三中、四中全会精神，贯彻落实科学发展观，加快建设节约型社会，促进我国经济社会全面协调可持续发展，动员广大青少年为构建社会主义和谐社会做出积极贡献，共青团中央、中华全国青年联合会、中华全国学生联合会、全国少工委决定在全国青少年中广泛开展节约资源主题实践和宣传活动。有关内容通知如下。

一、活动主题

节约资源，从我做起

二、活动意义

人口众多、资源相对不足、环境承载能力较弱，是中国的基本国情。当前我国面临着资源供需矛盾和环境压力越来越大的突出问题，资源供给不足已经成为经济社会发展和实现全面建设小康社会目标的重要制约因素。加快建设节约型社会，关系我国现代化建设进程和国家安全，关系人民群众福祉和根本利益，关系中华民族生存和长远发展。通过在青少年中开展内容丰富、形式多样的节约资源主题实践和宣传活动，教育引导青少年树立节约意识、节约观念，大力倡导节约文化、建设节约文明，培养青少年勤俭节约、艰苦奋斗的道德品质，切实提高公民的资源忧患意识和节约意识，努力为建设节约型社会贡献力量。

三、活动内容

1. 在青少年中广泛开展节约资源“四个一”主题实践活动，引导青少年从我做起，争做节约资源的先锋。开展以“节约一滴水、节约一度电、节约一张纸、节约一粒米”为内容的节约资源主题实践活动，提倡循环用水、提倡使用节能产品、提倡使用可再生材料、提倡使用公共交通工具、提倡简朴的生活方式和适度消费，教育引导青少年从身边做起，从点滴小事做起，牢固树立“节约资源，人人有责”的意识，培养节约型消费观，养成节约资源、爱护环境的意识和良好的行为习惯，争做节约资源的先锋。各级共青团、少先队组织要广泛开展以“四个一”为主题的团、队日活动，建立以基层团、队组织为单位的节约资源创优争先活动机制，制定节约资源日常行为规范，推动节约资源“四个一”主题实践活动在广大青少年中深入开展。

2. 在大中小学生中普遍开展形式多样的资源国情宣传教育活动，增强资源忧患意识，牢固树立“节约光荣、浪费可耻”的观念。在大中小学生中开展口号征集、宣誓签名、知识竞赛等主题教育活动，举办专家咨询、主题展览、专题论坛等宣传普及活动，对大中小学生进行珍惜资源、节约资源的宣传教育，使大中小学生加深对建设节约型社会重要意义的认识，深入了解基本国情，不断增强忧患意识。组织少先队员开展“我是节能小使者”系列活动，发出“争做节能小使者”倡议，充分发挥少先队员“小宣传员”、“小监督员”的作用，广泛带动家

庭、社区积极参与节约型社会建设。组织大中学生深入城市社区和乡村开展宣传实践活动，宣传普及节约资源知识，大力倡导文明绿色消费，传播节约文化，大兴节约之风，推动全社会形成珍惜、节约资源的良好风尚。

3. 扎实推进保护母亲河行动，组织青少年积极参与生态环境保护和建设。大力倡导以“珍爱生灵、节约资源、抵制污染、植绿护绿”为主要内容的青少年生态道德，培育和弘扬生态文化，不断增强青少年的生态环保意识。广泛开展青少年生态环保实践活动，引导青少年在保护生态环境中亲身体验，从小养成保护生态环境、节约资源的良好习惯。围绕国家生态环境建设大局，扎实推进保护母亲河生态环保示范工程建设。加强青少年生态环保国际交流与合作，开展青少年跨文明生态环保对话，不断扩大保护母亲河行动的国际影响。

4. 深入实施创新创效活动，动员广大青年职工立足岗位，积极投身节约能源、提高效率的实践活动。围绕发展循环经济，提高资源使用率，发挥青年职工在推广应用节能降耗的新技术、新工艺、新设备和新材料方面的积极作用。对青年职工进行节能降耗教育，引导青年职工为企业节约资源，减少浪费，提高效益。开展群众性资源节约合理化建议征集和生产技术的小窍门、小创造、小发明推广等活动，促进企业革新生产技术，提高生产效率。完善青年职工绩效评价体系，将节能增效作为考核的重要标准。

5. 组织开展青少年节约资源志愿服务活动，动员广大青少年以志愿服务的形式投身节约型社会的建设。组织青少年志愿者深入学校、社区、企业、乡镇、网上虚拟社区等，广泛开展节约资源宣传实践活动。深化青年志愿者绿色行动营计划，积极组织志愿者参与环境整治、植树造林、防风固沙、治理污染等环保服务和生态建设，培养生态环保意识和可持续发展意识。实施一批具有较高生态效益和社会效益的环保节能志愿服务项目，为青少年参与环保节能志愿服务提供有效途径。

6. 各级团的领导机关和团的干部要率先垂范，在节约资源活动中发挥带头作用。团的各级机关要从自身做起，厉行节约，在开展工作和活动中力戒形式主义，反对铺张浪费。各级团的机关要普遍开展节约型机关创建活动，制定节能实施方案和能耗水耗定额、支出标准，降低费用支出，带头节约资源。严格执行公共建筑夏季空调室内温度最低标准，倡导实行夏季用电高峰期间室内空调温度提高1—2度。即将召开的全国青联十届一次全委会将把积极投身节约型社会建设作为会议的一项重要内容，号召各界青联委员厉行节约，率先垂范，为建设节约型社会、节约型国家做贡献。

四、工作要求

1. 高度重视，精心组织。各级共青团、青联、学联和少先队组织要充分认识开展节约资源主题实践和宣传活动的重要意义，把这项活动作为教育引导广大青少年贯彻落实科学发展观、积极参与节约型社会建设的重要载体，作为加强未成年人思想道德建设、弘扬民族精神、开展爱国主义教育的有效途径，高度重视，精心组织。要认真落实通知要求，将这项活动作为当前和今后一段时间的重点工作，结合本地区、本单位实际部署实施，采取有力措施，确保活动扎实开展。

2. 广泛动员，深入推进。节约资源主题实践和宣传活动要面向基层，面向广大青少年。要针对不同年龄、不同层面的青少年，因地制宜设计开展富有特色、为青少年喜闻乐见的活动，广泛动员青少年积极参与。要注意形成活动开展的长效机制，确保活动持之以恒。

3. 加强宣传，营造氛围。舆论宣传是动员广大青少年积极参与主题实践和宣传活动，营造建设节约型社会良好社会氛围的有效手段和途径。要充分利用广播、电视、报刊、互联网、手机短信等媒体，加强宣传，扩大影响。要注重加强对活动中涌现出的先进典型和好的经验做法的宣传，使建设节约型社会的意识深入人心，影响和带动广大青少年掀起建设节约型社会的热潮。

共青团中央、全国青联、全国学联、全国少工委关于在全国青少年中深入开展廉洁教育活动的通知

2005年7月14日

各省、自治区、直辖市团委，青联，学联，少工委，军委总政治部组织部，全国铁道团委，全国民航团委、青联，中直机关团工委、青联，中央国家机关团工委、青联，中央金融团工委、全国金融青联，中央企业团工委、青联：

为认真落实中央《建立健全教育、制度、监督并重的惩治和预防腐败体系实施纲要》和《中央纪委关于贯彻落实<建立健全教育、制度、监督并重的惩治和预防腐败体系实施纲要>的分工方案》要求，把廉洁教育作为青少年思想道德教育的重要内容，作为构建社会主义和谐社会的有效载体，教育引导广大青少年树立廉洁意识，自觉从我做起，健康成长为社会主义事业合格的建设者和接班人，为新形势下加强党风廉政建设和反腐败工作做出积极贡献，共青团中央、中华全国青年联合会、中华全国学生联合会、全国少工委决定在全国青少年中深入开展廉洁教育活动。有关内容通知如下。

一、活动意义

坚持标本兼治、综合治理、惩防并举、注重预防的方针，建立健全与社会主义市场经济体制相适应的教育、制度、监督并重的惩治和预防腐败体系，是党中央从完成经济社会发展的重大任务和巩固党的执政地位的全局出发，为做好新形势下反腐倡廉工作作出的重大战略决策。加强反腐倡廉教育，筑牢拒腐防变的思想道德防线，是建立健全惩治和预防腐败体系的基础。通过在青少年中深入开展形式多样的廉洁教育活动，不断加强青少年的思想道德建设，引导青少年树立廉洁意识，积极倡导廉政文化，培养正确的价值观念和高尚的道德情操，促进全社会增强反腐倡廉意识，形成以廉为荣、以贪为耻的良好风尚。

二、活动内容

1. 在青少年中广泛开展“培养廉洁自律好习惯”宣传教育活动，引导青少年从小做起，树立廉洁意识，养成廉洁习惯。充分发挥共青团、少先队组织的优势，在青少年中深入开展以“不说谎、不作弊、不攀比、不昧金”为主要内容的宣传教育活动，教育引导青少年从点滴做起，从身边的小事做起，养成遵守法律、尊重规则、爱护公物、诚实守信、正直无私、抵制诱惑、自律自强等良好的道德品质和行为习惯，确立正确的价值观念，自觉抵御不良社会风气的侵蚀，使廉洁意识真正深入到青少年思想中，体现在青少年行为上。

2. 针对少年儿童的特点，开展“争做廉洁勤俭好孩子”主题廉洁教育活动，帮助广大少年儿童奠定终身廉洁做人的品德基础。以基层少先队组织为单位，在少年儿童中广泛开展讲廉洁故事比赛、“孩子心中的廉洁模范”作文竞赛，“养成廉洁勤俭好习惯”主题队会、征集廉政漫画、办廉洁知识板报、画报等体验教育活动，帮助少年儿童学习和理解廉洁的基本行为规范，

在心灵中播下廉洁品质的种子。在少先队基层组织中大力推行少先队小干部定期岗位轮换制度，教育广大少先队员把小干部的岗位作为服务的岗位、奉献的岗位、锻炼的岗位，从小培养正确的岗位意识，树立为他人和集体服务的意识。组织少先队员开展“我是廉洁小卫士”活动，充分发挥少先队员“小宣传员”、“小监督员”的作用，广泛带动家庭、社区形成良性互动，营造廉洁教育的良好社会氛围。

3. 在大中学生中广泛开展廉洁教育宣讲、实践活动。就近就便组织廉洁从政、廉洁自律模范人物，深入到大中学生中开展廉洁意识、廉洁典型和事例的宣讲教育活动。以基层团组织为单位，组织大中学生参加形势报告会、参观廉洁教育展览、举办专题座谈会、讨论会、开展征文比赛、知识竞赛、辩论演讲赛、志愿宣讲活动等，倡导大中学生普遍做到“阅读一本廉洁教育的书籍、观看一部反腐倡廉的电影、登录一次廉洁教育的网页、参加一次廉洁主题团日活动、设计一句廉洁格言”，引导大中学生在不断的学习实践中通过亲身参与，接受廉洁教育，树立廉洁观念。

4. 以“学习身边的廉洁榜样”为主题，在各行各业青年中开展廉洁教育宣传普及活动。开展“学习身边的廉洁榜样”主题教育活动，组织青年寻找、发现身边的廉洁榜样和廉洁事迹，选树、宣传、学习和推广一批具有时代意义、富有群众性的青年先进典型和感人事例，发挥典型的示范作用，教育引导青年学习先进榜样，查找自身不足。通过开设廉洁教育课、印发廉洁教育学习材料、观看警示教育片、听取先进事迹报告、开展职业道德培训等形式，对青年进行法制、纪律、公德和职业道德的宣传普及教育，引导广大青年认清腐败现象的本质、根源和危害，进一步树立廉洁意识，关注公共事务，维护公共权益，自觉规范自身行为，培养高尚的道德情操。同时，通过宣传普及活动，加强廉政文化建设，大力推动廉政文化进社区、进农村、进企业、进家庭。各级青联委员要以身作则，率先垂范，带头做到廉洁自律，遵纪守法，为青年树立廉洁典范，带动广大青年共同为形成以廉为荣、以贪为耻的良好社会风尚做出积极贡献。

5. 依托团属宣传文化单位和青少年活动阵地，广泛开展“廉洁教育早知道”主题宣传活动。积极发动团属报纸、杂志、出版、网络、影视等各级各类宣传文化单位和团属青少年宫等青少年活动阵地，开展经常性的廉洁教育宣传活动。以“廉洁教育早知道”为主题，推出青少年廉洁教育口号、格言、警句，出版青少年廉洁教育图书、宣传册、招贴画，拍摄、播出青少年廉洁教育公益广告、宣传片；在青少年宫举办廉洁教育主题展览、廉洁教育讲座；依托网络开设青少年廉洁教育专栏、专题网页，开展青少年网上学习、讨论活动，积极促进全社会反腐倡廉意识的增强。

三、工作要求

1. 高度重视，加强领导。各级共青团、青联、学联和少先队组织要站在全局和讲政治的高度，充分认识开展青少年廉洁教育活动的重要性和紧迫性，把开展廉洁教育活动作为青少年思想道德教育的重要内容，纳入加强未成年人思想道德建设和大学生思想政治教育的整体工作，列入议事日程。要切实加强领导，采取得力措施，确保青少年廉洁教育工作落到实处。要注意结合各地党委政府开展反腐倡廉工作的实际，积极争取将这项工作纳入党政工作的总体方案，保障青少年廉洁教育活动的深入开展。

2. 加强针对性，注重实效性。在青少年中加强廉洁教育，是一项复杂的、长期的系统工程，要把青少年廉洁教育工作融入到青少年思想道德建设具体工作中去，遵循青少年的成长规律和教育规律，尊重青少年自身的特点，注重教育的针对性和实效性，避免走过场，切忌搞形式主义。

3. 及时总结经验，建立长效机制。要加强调查研究,及时总结开展青少年廉洁教育的经验和不足,研究在青少年中开展廉洁教育的特点、难点、热点,不断创新开展青少年廉洁教育工作的思路、方法和途径,积极探索建立长效机制,确保这项工作扎实推进,常抓不懈。

各地开展活动的情况,请及时报团中央宣传部。

联系电话:(010)85212199

传真:(010)85212119

电子邮箱:85212199@163.com

共青团中央关于在全团开展纪念中国人民抗日战争暨世界反法西斯战争胜利60周年活动的通知

2005年7月20日

共青团各省、自治区、直辖市委,军委总政治部组织部,全国铁道团委,全国民航团委,中直机关团工委,中央国家机关团工委,中央金融团工委,中央企业团工委:

今年是中国人民抗日战争胜利60周年和世界反法西斯战争胜利60周年。中国人民抗日战争是世界反法西斯战争的重要组成部分,中国人民为世界反法西斯战争胜利作出了巨大的民族牺牲和重要的历史贡献。抗日战争的胜利,为中国共产党团结带领全国各族人民实现民族独立和人民解放、建立新中国奠定了重要基础,也对世界各国人民取得反法西斯战争的胜利、争取世界和平的伟大事业产生了巨大影响。用抗日战争的生动历史推进爱国主义教育,对于进一步弘扬民族精神,凝聚民族力量,增强民族自尊心、自信心和自豪感,激励和动员全国各族人民和海内外中华儿女为实现中华民族的伟大复兴、促进世界和平与发展的崇高事业而努力奋斗,具有十分重要的现实意义。为贯彻中央精神,共青团中央决定在全团开展纪念中国人民抗日战争暨世界反法西斯战争胜利60周年活动。有关内容通知如下。

一、指导思想

坚持以马克思列宁主义、毛泽东思想、邓小平理论和“三个代表”重要思想为指导,全面贯彻党的十六大和十六届三中、四中全会精神,认真总结历史经验,在广大青少年中大力弘扬以爱国主义为核心的民族精神和以改革创新为核心的时代精神,着力宣传中国人民抗日战争胜利的伟大历史意义,着力宣传抗日战争在世界反法西斯战争中的重要地位,着力宣传在中国共产党主张建立的抗日民族统一战线旗帜下全民族打败日本军国主义侵略的历史功绩,着力宣传中国共产党在全民族团结抗战中的中流砥柱作用,激励和动员全国广大青少年为实现中华民族的伟大复兴、促进世界和平与发展的崇高事业而努力奋斗。

二、活动安排

1.开展“牢记历史、振兴中华”主题宣传教育活动,弘扬以爱国主义为核心的民族精神和以改革创新为核心的时代精神。各级共青团组织要以“牢记历史、振兴中华”为主题,在青少年中广泛开展纪念抗日战争和世界反法西斯战争胜利60周年的宣传教育活动,教育引导广大青少年牢记历史,肩负责任,为全面建设小康社会、实现中华民族的伟大复兴做出积极贡献。通过举行主题知识竞赛、演讲比赛、读书征文活动,组织专家学者深入青少年中举办报告会、专题讲座、座谈会等,对青少年进行近现代中国人民反抗日本帝国主义侵略斗争历史的宣传教育。组织青少年开展寻访抗战老战士、慰问军烈属、参观抗日战争纪念场馆、陈列展览、祭扫抗日烈士陵墓、瞻仰抗日战争历史遗址等实践教育活动,使青少年通过亲身参与,接受生动具体的抗日战争历史教育。以基层团队组织为单位,组织青少年开展以"阅读一本反映抗战的书籍,观看一部抗战题材的电影,学唱一首抗战歌曲,登陆一次抗战主题网页,专门开展一次以抗战为题材的主题团队日活动"为主要内容的学习教育活动,在重要纪念日集中开展团、队日活动,帮助青少年铭记历史,坚定理想信念。以纪念活动为契机,在广大少年儿童中深入开展"民族精神代代传"活动,教育引导少年儿童了解民族精神的丰富内容,感受民族精神的伟大力量,培养民族精神的时代内涵,从小树立为实现中华民族伟大复兴而奋斗的远大理想。各地团组织可结合实际,组织青少年开展以纪念抗日战争为内容的红色旅游活动。

2. 集中组织开展为抗战老战士、老同志及抗日将领或其家属志愿服务活动。广泛动员组织青少年志愿者以抗战老战士、老同志及抗日将领或其家属为对象,开展送温暖、慰问、走访等形式的志愿服务活动。采取"一助一"结对服务方式,为他们提供日常生活照料、医疗保健、文化娱乐等切实有效的志愿服务,帮助他们幸福生活。通过活动,引导青少年在开展志愿服务的同时,学习老一辈的优良品质,接受革命传统和爱国主义教育。

3. 充分利用团属青少年活动阵地,开展宣传纪念活动。依托团属青少年宫,集中开展以纪念抗战为主题的青年文化广场、歌咏比赛、文艺演出、摄影书画比赛、历史图片展览、抗战题材电影展映等青少年文化活动,宣传普及抗日战争历史知识,激发青少年爱国热情,培养青少年爱国情怀,营造纪念活动的良好氛围。大力加强对全国青少年教育基地的开发、利用、规范和管理工作,继续做好各级青少年教育基地建设工作,充分挖掘教育基地的教育功能,以反映抗日战争史实的纪念场馆、历史遗址等青少年教育基地为重点,对青少年进行生动形象的爱国主义教育。各地以纪念抗日战争为内容的青少年教育基地在重要纪念日要向青少年和全社会免费开放,在平时对青少年实行减免费用的优惠措施。

4. 依托团属新闻出版舆论阵地,开展抗日战争和世界反法西斯战争胜利60周年宣传。积极发挥团属报纸、杂志、出版、影视、网络等各级各类新闻出版舆论阵地的优势,创新宣传报道的内容、形式、手段和机制,形成整体舆论宣传的合力,做到既有声势,又生动活泼、入脑入心。在报纸、杂志开辟专栏、专版和专题,发表社论评论、纪念文章、图片和资料。组织专门力量,出版适合青少年阅读的抗战题材图书。组织创作、拍摄、播出抗战题材的影视文艺作品。以共青团精神文明建设"五个一"工程为龙头,发动社会各界向青少年推荐一批抗战题材的图书、歌曲、影视剧、广播剧等文化精品。依托各级各类团属青少年网站,开展网上宣传纪念活动,开设抗战专题网页、栏目。进一步加强"民族魂"、"血铸中华"网站和网上抗日英烈纪念馆建设,组织青少年通过网络接受教育,开展网上祭奠英烈等活动。

三、工作要求

1. 高度重视。纪念抗日战争和世界反法西斯战争胜利60周年,是今年党和国家政治生活中的一件大事。各级团组织要充分认识开展纪念活动的重要意义,按照中央有关指示精神,扎实做好各项纪念工作。要将纪念活动作为今年共青团工作的一项重要内容,作为开展青少年思想政治教育的重要工作,通过纪念活动的开展,对青少年进行广泛生动的爱国主义教育,在广大青少年中进一步弘扬和培育民族精神，坚定理想信念，增强民族自尊心、自信心和自豪感。

2. 精心组织。各地团组织要结合本地实际情况，针对青少年的特点，认真部署，因地制宜设计开展内容丰富、形式多样的纪念活动。主要活动集中在8—9月。活动要立足基层，面向青少年，广泛动员青少年积极参与。要采取有效措施，确保活动深入扎实地开展，切实起到教育凝聚青少年的积极作用。要认真组织青少年参加中央和地方党委、政府安排部署的重要纪念活动。各地开展纪念活动既要隆重热烈，又要务求节俭，讲求实效。

3. 加强领导。抗日战争和世界反法西斯战争胜利60周年纪念活动政治性、政策性强，各级团组织要增强政治意识、大局意识和责任意识，增强政治敏锐性和政治辨别力，加强正面引导，在组织青少年开展纪念活动中要注意加强领导，掌握政策，把握基调。要加强对各级各类团属新闻出版单位的管理，牢牢把握正确的舆论导向。

各地开展纪念活动的安排及情况请及时报团中央宣传部。

共青团中央关于组织团员青年认真学习贯彻胡锦涛总书记在纪念中国人民抗日战争暨世界反法西斯战争胜利60周年大会上重要讲话的通知

2005年9月5日

共青团各省、自治区、直辖市委，军委总政治部组织部，全国铁道团委，全国民航团委，中直机关团工委，中央国家机关团工委，中央金融团工委，中央企业团工委：

9月3日，中共中央总书记、国家主席、中央军委主席胡锦涛在纪念中国人民抗日战争暨世界反法西斯战争胜利60周年大会上发表了重要讲话。胡锦涛总书记的讲话站在人类文明、时代潮流和历史规律的高度，全面回顾了那场决定中国和世界前途命运的战争进程，深刻总结了赢得那场伟大胜利的重大意义和历史经验，准确概括了中国人民在抗日战争中表现出来的伟大民族精神，充分肯定了中国共产党在全民族团结抗战中的中流砥柱作用，深切表达了对为支持中国人民赢得抗日战争胜利的世界各国人民的感激之情，精辟阐述了当今世界的发展趋势和我国对当前国际形势的基本主张，深刻分析了当代中国的发展大势和前进方向，号召全党和全国各族人民牢记历史、不忘过去、珍爱和平、开创未来，更好地推进全面建设小康社会、实现中华民族伟大复兴的光辉事业，更好地促进人类和平与发展的崇高事业。胡锦涛总书记的重要讲话，高瞻远瞩，气势磅礴，情理交融，振奋人心，是纪念中国人民抗日战争暨世界反法西斯战争胜利60周年的重要文献，是进行爱国主义教育的珍贵教材，是动员全党和全国各族人民全面建设小康社会、加快社会主义现代化的行动纲领，具有重大而深远的指导意义。

各级团组织要组织广大团员青年认真学习胡锦涛总书记的重要讲话，紧密结合学习贯彻邓小平理论和“三个代表”重要思想，全面落实科学发展观，紧密结合学习贯彻党的十六大和十六届三中、四中全会精神，紧密结合深入开展保持共产党员先进性教育活动和增强共青团员意识主题教育活动，引导广大团员青年紧密团结在以胡锦涛同志为总书记的党中央周围，高举邓小平理论和“三个代表”重要思想伟大旗帜，大力弘扬伟大的民族精神，为推进我国的改革开放和现代化建设，为维护世界和平，促进共同发展，共同创造人类的幸福生活和美好未来而不懈奋斗。

各级团组织要引导广大团员青年深入领会胡锦涛总书记的重要讲话精神。要使广大团员青年深刻认识中国人民抗日战争是以中国共产党倡导建立的抗日民族统一战线为旗帜，以国共合作为基础的全民族抗战；中国共产党以自己的坚定意志和模范行动，在全民族抗战中发挥了中流砥柱的作用；中国共产党人以自己最富于牺牲精神的爱国主义、不怕流血牺牲的模范行动，支撑起全民族救亡图存的希望，成为夺取抗战胜利的民族先锋；使广大团员青年更加热爱党，拥护党的领导，牢固树立跟党走中国特色社会主义道路的坚定信念。要使广大团员青年深刻认识中国人民抗日战争是世界反法西斯战争的重要组成部分，是世界反法西斯战争的东方主战场；中国人民为最终战胜世界法西斯反动势力做出了不可磨灭的历史贡献；中国人民抗日战争和世界反法西斯战争的胜利，是20世纪人类历史上的重大事件，对于中华民族发展和世界文明进步都具有重大而深远的意义；中国人民抗日战争和世界反法西斯战争的胜利，不仅彻底摧毁了世界法西斯反动势力，而且成为世界发展的一个重大转折点。要使广大团员青年深刻认识中国人民的巨大民族觉醒、空前民族团结和英勇民族抗争，是中国人民抗日战争胜利的决定性因素；在那场空前壮阔的伟大斗争中，中华民族进一步弘扬了以爱国主义为核心的伟大民族精神，并表现出许多鲜明的特点；伟大的民族精神，不仅成为激励中国人民团结一心、血战到底的坚实思想基础和强大精神支柱，而且在抗战的烽火中得到了新的丰富和升华；伟大的民族精神是伟大的抗日战争留给我们的最宝贵的精神财富，我们一定要结合新的时代条件大力继承和发扬。要使广大团员青年深刻认识今天中华民族的发展正面临着难得的历史机遇，中华民族伟大复兴的光辉前景已经展现在我们面前；包括大陆同胞、港澳同胞、台湾同胞、海外侨胞在内的全体中华儿女，都应该为自己是中华民族的成员而感到无比自豪，都应该承担起实现中华民族伟大复兴的历史责任，都应该以自己的努力为中华民族发展史续写新的光辉篇章。要使广大团员青年深刻认识人类的发展进步，民族的繁荣富强，应该也只有通过和平发展道路才能实现；我们要高举和平、发展、合作的旗帜，坚定不移地走和平发展道路。要使广大团员青年深刻认识在中日两国2000多年的交往史上，中日友好是主流；我们强调牢记历史并不是要延续仇恨，而是要以史为鉴、面向未来；以实际行动致力于发展21世纪的中日友好合作关系，使中日关系健康稳定地向前发展，使中日两国人民世世代代友好下去。

各级团组织要组织广大团员青年认真学习胡锦涛总书记重要讲话精神，把抗日战争作为教育青年、鼓舞青年的宝贵教科书，作为激励青年一代牢记历史、发愤图强的强大精神力量，团结带领广大团员青年把强烈的爱国热情转化为振兴中华的实际行动。要以理想信念教育为核心，紧密结合开展以学习实践“三个代表”重要思想为主要内容的增强共青团员意识主题教育活动，坚持不懈地用“三个代表”重要思想武装全团，教育青年，引导广大青年用“三个代表”重要思想构筑起强大的精神支柱。要教育引导广大青年牢固树立和全面落实科学发展观，牢牢坚持发展是硬道理的战略思想，紧紧抓住和用好重要战略机遇期，在促进社会主义经济建设、政治建设、文化建设与和谐社会建设全面发展中充分发挥生力军作用。

要大力弘扬以爱国主义为核心的伟大民族精神和以改革创新为核心的时代精神，不断加强和改进青少年思想道德建设。要紧紧围绕党和国家工作大局，进一步深化拓展团的各项工作，大力推进青年创业行动、青年科技创新行动、保护母亲河行动、青年文化行动、青年志愿者行动和青年人才开发计划等重点项目，带领广大团员青年在构建社会主义和谐社会、全面建设小康社会的伟大实践中建功立业。要广泛团结凝聚海内外中华青年，加强内地与港澳台青年的交流，结成海内外中华青年最广泛、最牢固的爱国统一战线，为促进祖国完全统一、实现中华民族伟大复兴做出积极贡献。

共青团中央办公厅关于开展全国青少年教育基地工作情况调查的通知

2005年11月10日

共青团各省、自治区、直辖市委：

1991年以来，团中央先后命名了三批共129个全国青少年教育基地。这些教育基地在青少年教育中发挥了重要作用。为深入贯彻中央关于进一步加强和改进未成年人思想道德建设和大学生思想政治教育精神，加强全国青少年教育基地建设，为在新形势下充分发挥全国青少年教育基地作用、促进全国青少年教育基地建设发展，团中央决定开展全国青少年教育基地工作情况调查。有关事项通知如下。

一、调查对象

全国青少年教育基地（名单附后）。

二、调查内容

1. 发挥作用的情况。调查各教育基地根据当地实际和自身实际，发挥优势，在教育引导青少年中发挥作用的情况。重点调查坚持公益性原则，面向全体青少年，为青少年健康成长服务，促进青少年思想政治教育和思想道德建设的情况。要求内容翔实，重点突出，提供相关实例数据。

2. 党政部门和社会各界支持的情况。调查党政部门和社会各界关心支持教育基地建设和发展的情况，包括党政部门的重视和支持，有关文件政策的颁布，社会多方面的支持，与有关单位共建，新闻媒体的宣传等。要求总结有重要价值的举措，反映各地的积极探索，提炼可推广的经验。

3. 自身建设的情况。调查教育基地加强内部建设，加强教育资源管理和开发，建立健全科学的运行机制，建设高素质的工作者队伍等情况，调查教育基地工作中面临的困难和存在的问题。要求从实际出发，求真务实，致力发展。

三、调查方式

各省级团委负责组织实施本地调查工作。先由各基地进行自查，填写调查表（见附件），撰写自查报告。自查报告要求在3000字以上，同时附5张以上照片，欢迎同时提供音像图片图书资料。省级团委进行复查。团中央将组织相关部门进行抽查。调查结果将作为考核教育基地工作的基本依据。

四、有关要求

1. 高度重视，加强领导。各省级团委要高度重视这次全国青少年教育基地调查工作，摆到重要工作日程,落实工作部门,组织专门人员,提供必要支持,认真负责地抓好调查工作。要对调查过程和结果进行把关,保证本地调查的真实性、准确性和实效性。

2. 坚持原则,实事求是。调查要针对教育基地的工作实际,尊重历史,注重事实,突出重点,体现特点,客观全面地反映教育基地这些年来教育引导青少年健康成长的情况,如实反映工作中存在的困难和问题。对于自查不实的教育基地要予以纠正。

3. 着眼建设,集思广益。在调查过程中,要认真听取教育基地和各有关方面的意见建议,紧密结合时代特点,紧密结合青少年实际,紧密结合教育基地发展需要,提出意见建议和切实可行的措施,为进一步加强全国青少年教育基地建设提供重要依据。

附 1:全国青少年教育基地名单

(共 127 个,不含两个网站)

北京市

天安门城楼、广场国旗、人民英雄纪念碑

中国革命博物馆

中国历史博物馆

中国人民革命军事博物馆

中国人民抗日战争纪念馆

故宫博物院

中国长城博物馆

圆明园遗址公园

北京鲁迅博物馆

中国农业博物馆

中国科学技术馆

北京天文馆

北京自然博物馆

中国航空博物馆

北京锦绣大地农业股份有限公司

北京市房山区东营乡韩村河村

天津市

周恩来邓颖超纪念馆

天津科技馆

河北省

西柏坡党中央住址旧址

冉庄地道战遗址

李大钊纪念馆

董存瑞烈士陵园

涉县八路军一二九师旧址

山西省

刘胡兰纪念馆

麻田八路军总部纪念馆

黄崖洞

太旧高速公路民宿立交桥

内蒙古自治区

乌兰夫纪念馆

辽宁省

辽沈战役纪念馆

雷锋纪念馆

抗美援朝纪念馆

吉林省

东北抗联史迹纪念馆

杨靖宇将军殉国地

吉林省伪皇宫博物馆

吉林市博物馆

黑龙江省

东北烈士纪念馆

侵华日军第七三一部队罪证陈列馆

侵华日军东宁军事要塞

佳木斯市第一中学

赵尚志烈士纪念馆

铁人王进喜纪念馆

上海市

中共一大会址

上海博物馆

东方明珠广播电视塔

上海鲁迅纪念馆

杨浦大桥

江苏省

雨花台烈士陵园

侵华日军南京大屠杀遇难同胞纪念馆
中山陵园
周恩来纪念馆
淮海战役烈士纪念塔园林

浙江省
宁波市镇海口海防遗迹
宁波服装博物馆
新四军苏浙军区革命旧址

安徽省
大别山革命纪念馆
皖南事变烈士陵园

福建省
古田会议会址
厦门市皓月园
闽西革命历史博物馆
张高谦烈士陵园

江西省
井冈山
瑞金革命纪念馆
共青垦殖场
江西铜业公司
兴国革命烈士纪念馆
上饶集中营革命烈士陵园
洪都航空工业集团

山东省
华东革命烈士陵园
中国甲午战争博物馆
海尔工业园
孔繁森同志纪念馆
莱芜战役纪念馆
大青山革命纪念地

河南省
焦裕禄烈士陵园
红旗渠

湖北省
辛亥革命武昌起义纪念馆
红安革命传统教育基地
长江三峡坝区
擂鼓墩遗址博物馆
八七会议会址纪念馆

湖南省
韶山
雷锋纪念馆
彭德怀纪念馆
杨开慧烈士故居
炎帝陵
平江起义旧址

广东省
虎门炮台
黄花岗72烈士墓公园

广西壮族自治区
百色起义纪念馆

海南省
宋氏祖居
琼山红树林自然保护区
万宁兴隆热带植物园
文昌东郊椰林风景区

重庆市
重庆歌乐山烈士陵园
重庆红岩革命纪念馆
邱少云烈士纪念馆

四川省
攀枝花钢铁公司
大邑刘氏庄园
川陕革命根据地博物馆
中国工程物理院科技馆

贵州省
遵义
黎平会议会址
赤水红军烈士陵园
息峰集中营

云南省
昆明市聂耳墓
云南人民英雄纪念碑暨云南人民革命斗争史展览
云南民族村

西藏自治区

江孜抗英遗址

陕西省

延安

西安卫星测控中心

八路军西安办事处纪念馆

秦俑博物馆

甘肃省

兰州八路军办事处纪念馆

玉门市铁人王进喜事迹纪念馆

红军三大主力会宁会师纪念馆

兰州重离子加速器国家实验室

甘肃省引大入秦工程

青海省

龙羊峡水力发电厂

青海钾肥厂

宁夏回族自治区

六盘山长征纪念亭

任山河烈士陵园

中国工农红军长征将台堡会师纪念碑

新疆维吾尔自治区

乌鲁木齐烈士陵园

石河子军垦博物馆

周总理纪念馆

乌鲁木齐经济技术开发区

八路军新疆办事处纪念馆

附2:全国青少年教育基地调查表(略)

共青团中央关于动员组织广大团员青年做好当前高致病性禽流感防控工作的通知

2005年11月11日

共青团各省、自治区、直辖市委,军委总政治部组织部,全国铁道团委,全国民航团委,中直机关团工委,中央国家机关团工委,中央金融团工委,中央企业团工委:

当前,世界一些国家和地区高致病性禽流感持续蔓延,我国面临的疫情防控形势也相当严峻。党中央、国务院高度重视重大动物疫病防控工作,对高致病性禽流感防控工作作出重要部署。团中央要求各级团组织和广大团员青年认真贯彻落实中央精神,在各级党委的统一领导下,配合协助有关部门,积极做好高致病性禽流感防控工作。有关事项通知如下。

一、认清形势,提高认识,切实增强防控高致病性禽流感的紧迫感和责任感

高致病性禽流感是一种传播快、危害大的动物疫情。做好高致病性禽流感防控工作,事关人民群众的身体健康和公共卫生安全,事关国民经济发展和社会稳定大局。我国是世界第一养禽大国,目前正处在高致病性禽流感的高发季节,各地疫情仍有蔓延扩散的危险,防控任务十分艰巨。各级团组织和广大团员青年要充分认清当前疫情的严峻性和危害性,充分认识加强防控工作的重要性和紧迫性,把思想认识统一到党中央、国务院的一系列重大决策和重要工作部署上来,进一步增强责任感和使命感,认真贯彻“加强领导、密切配合、依靠科学、依法防控、群防群控、果断处置”的方针,以对党和人民高度负责的精神,全面做好防控工作,为维护改革发展稳定的大局做出应有的贡献。

二、广泛动员，精心组织，引导广大青少年为高致病性禽流感防控工作做实事

各级团组织要充分发挥自身优势，广泛动员组织青少年投入到高致病性禽流感防控工作之中，在打好全面预防和控制高致病性禽流感这场硬仗中充分发挥生力军作用。

切实做好青少年自身防护工作。引导广大青少年认真学习高致病性禽流感的科学知识，坚持预防在先，切实提高自身防护能力。在青少年中深入开展“好习惯推广”活动，养成科学文明的生活习惯和公共卫生习惯；深入开展“清洁日”活动，搞好个人卫生，做好灭鼠、灭蟑、灭蝇等工作，保持良好的卫生环境；同时组织青少年开展健身运动，增强体质，增强免疫力。疫区内的青少年要减少与活禽接触的机会，参与扑疫行动的青年要强化保护措施，配备必要的防护设备，严格按规程操作，防患于未然。

组织青少年广泛开展高致病性禽流感防控志愿服务活动。广泛动员青少年组建各种形式的青年志愿服务队，协助有关部门做好外来畜禽检查消毒、本地畜禽疫情监测、居住和养殖环境消毒、帮助困难群众解决生产生活中的困难等工作。在已发现疫情的地区，协助有关部门开展畜禽扑杀、强制免疫、环境净化工作，努力防止疫情扩散。在未发现疫情的地区，协助做好防疫工作，防止疫情发生。同时，组织开展为医务人员献爱心行动，慰问战斗在第一线的广大医务工作人员家属，解除一线医务人员的后顾之忧。开展高致病性禽流感患者家庭关怀行动，为在高致病性禽流感中遭受损失的家庭提供志愿服务，帮助他们解决生产生活中的困难。

组织青年科技工作者积极参与防控高致病性禽流感科技攻关。广泛动员青年科技工作者，充分调动他们的主观能动性和创造性，开展防控技术攻关，加强对禽流感流行病学规律、病毒变异和传播途径的研究，研究开发快速诊断技术、防护用具和消毒产品，特别是人工疫苗、抗病毒药物及治疗用中草药的研究开发，在防控高致病性禽流感科技攻关中发挥积极作用。在重点地区组织青年科技工作者开展基层防疫队伍技术培训，推广普及防控新技术。

协助做好重点地区和重点行业的防控工作。重点地区和重点行业的团组织要根据实际情况，在当地党委的统一领导下，配合有关部门做好防控工作。发生过疫情的地区、家禽养殖大省、水网地区、边境地区、农村、牧区和大中城市郊区等重点地区的团组织，要协助有关部门落实监测、免疫等各项防控措施。农牧、食品、卫生、民航、铁道、交通等重点行业的团组织和团员青年身处防控工作第一线，要勇挑重担，发挥突击队、生力军作用。

做好防控宣传和舆论引导。各级团组织要充分利用媒体、宣传栏等宣传阵地以及青年中心、青少年活动阵地等场所，通过组织宣讲队、印发宣传资料等方式，大力宣传党中央、国务院关于高致病性禽流感防控工作的政策措施，宣传疫病的预防、治疗和控制的科学知识，深入细致地做好群众和青年的思想工作，使广大群众和青年了解高致病性禽流感传播的特点和预防知识，提高自我保护意识和防疫能力，正确认识疫情，克服盲目恐慌，坚决做到科学防疫、依法防疫。团属新闻媒体要增强大局意识、责任意识，坚持“准确适度、重在引导、普及知识、支持发展”的报道原则，实事求是地反映防控工作及其效果，在青少年中进行正确的舆论引导，在全社会营造良好的氛围。

三、加强领导，建立机制，把各项防控工作落到实处

各级团组织要切实加强组织领导，切实做好高致病性禽流感防控工作。主要负责人要亲自抓，班子成员和相关部门要分工负责，建立工作责任制。重点地区和行业的团组织要根据工作需要成立高致病性禽流感防控工作

领导机构,统筹安排各项防控工作。要加强协作,协助建立部门间、区域间联防联控机制,在各级党政的统一领导下,配合有关部门落实各项防控任务。要建立配套运行的应急机制,制定应急预案,组建青年志愿者储备队伍,提前落实各项保障措施,应对各种突发疫情。要发挥共青团的优势,动员组织社会各方面的人力、物力、财力,投入高致病性禽流感防控工作。要将防控高致病性禽流感工作同正在开展的增强团员意识主题教育活动结合起来,发挥团员青年在防控工作中的先锋作用,切实做到思想到位、工作到位、措施到位,以防控工作的突出成绩来检验团组织的战斗力和开展增强团员意识主题教育活动的成效。

九、青工

共青团中央办公厅、劳动和社会保障部关于印发首届“振兴杯”全国青年职业技能大赛实施方案的通知

2005年2月16日

各省、自治区、直辖市团委、劳动保障厅,军委总政治部组织部,全国铁道团委,全国民航团委,中直机关团工委,中央国家机关团工委,中央金融团工委,中央企业团工委:

为贯彻落实“关于举办首届‘振兴杯’全国青年职业技能大赛的通知”(中青联发〔2004〕69号)精神,切实做好大赛的各项组织筹备工作,全国大赛组委会制定了大赛实施方案。现将实施方案下发给你们,请结合实际,认真贯彻落实。

一、参赛人员

年龄在35周岁(含)以下的青年技术工人

二、大赛安排

大赛设置电焊工、工具钳工、维修电工、数控车工4个竞赛工种。比赛依据各工种《国家职业技能标准》高级工(三级)要求实施,以笔试和实际操作的形式分别进行,笔试成绩占总成绩的30%,实际操作成绩占总成绩的70%。笔试包括时事政治、业务知识等内容,其中时事政治题占10%。

大赛分为初赛和决赛两个阶段。

1. 初赛:由各省(区、市)大赛组委会组织实施。各省(区、市)大赛组委会应成立评判委员会(每个工种至少设7名评委)。

比赛由两部分组成:

(1)团体赛。以企业为单位组队报名参赛(全国“青工技能振兴计划”第一批和第二批试点企业必须参赛)。每个企业队由四名选手(电焊工、工具钳工、维修电工、数控车工各1名)组成。以四名选手的竞赛成绩之和决出3个优胜企业队参加团体决赛。

(2)单项赛。由青年技术工人个人报名参赛,以个人成绩决出优胜者。获各工种第一名的选手(每个工种1名,共4名)参加单项决赛。

请各省（区、市）认真填写首届“振兴杯”全国青年职业技能大赛决赛报名表并于4月20日前报至全国大赛组委会办公室（团中央青工部），地址：北京前门东大街10号；邮编：100051；联系电话：(010)85212081，85212182；联系人：王晶、陈必昌。

2. 决赛：由全国大赛组委会组织实施。各省（区、市）参加团体决赛和单项决赛的企业队和选手由各省（区、市）大赛组委会统一组织参赛，各省（区、市）团委青工部长带队，四个竞赛工种各派1名技术指导。全国大赛组委会将成立评判委员会。比赛定级为国家级一类竞赛。

决赛由两部分组成：

(1)团体赛。以各省企业队为单位进行比赛。以四名选手的竞赛成绩之和决出优胜企业。

(2)单项赛。以个人成绩决出优胜者。对既参加团体赛又报名参加单项赛的选手（初赛各工种第一名），其在团体赛中的个人成绩计入单项赛排名。

三、奖励办法

1. 在大赛单项赛中获各工种前三名的选手，将分获金、银、铜牌。获各工种前五名的选手，由劳动和社会保障部授予“全国技术能手”称号，由团中央、劳动和社会保障部联合授予“全国青年岗位能手”称号，晋升为技师或高级技师，并在“中华技能大奖”、“全国杰出青年岗位能手”评选中享有优先权。获各工种第6—20名的选手，在原技术等级基础上晋升一级。

2. 大赛组委会向获得全国青年职业技能大赛团体决赛第一名的企业颁发“振兴杯”，向第2—30名的企业颁发“优胜杯”。

3. 大赛组委会设优秀组织奖，对工作成绩突出的单位和个人进行表彰。

共青团中央关于命名“全国青工技能鉴定示范单位”的决定

2005年2月28日

各省、自治区、直辖市团委，军委总政治部组织部，全国铁道团委，全国民航团委，中直机关团工委，中央国家机关团工委，中央金融团工委，中央企业团工委：

青工技能振兴计划启动实施以来，各地区、各行业结合实际，充分发挥各级职业技能鉴定所（站）的作用，积极举办面向青年的职业技能鉴定，拓宽了青年进行职业技能鉴定的渠道，激发了青年学技成才的热情，促进了青工技能振兴计划的深入实施。为了树立典型，表彰先进，激励职业技能鉴定所（站）积极开展面向青年的职业技能鉴定，为广大青工提高职业技能等级创造良好条件，共青团中央决定命名北京市第47职业技能鉴定所等59个职业技能鉴定所（站）为“全国青工技能鉴定示范单位”。

希望被命名的“全国青工技能鉴定示范单位”总结经验，再接再厉，积极探索青年职业技能鉴定的做法和经验，为推动实施青工技能振兴计划，培养造就一支高素质的青年技术工人队伍做出新的贡献。

附：“全国青工技能鉴定示范单位”名单

北京市第47职业技能鉴定所

北京市第80职业技能鉴定所冶金行业特有工种第20职业技能鉴定站
天津市精工机电行业职业技能鉴定站
天津港口行业职业技能鉴定站
天津市大港油田集团公司技能鉴定站
华北制药集团有限责任公司培训中心国家职业技能鉴定所
河北省承德钢铁集团有限公司职工职业技能鉴定站
山西省太原钢铁(集团)有限公司冶金行业特有工种职业技能鉴定站
山西省出版物发行员职业技能鉴定站
内蒙古大学奥都驾驶技能培训基地
航空工业第二职业技能鉴定站沈阳市第22职业技能鉴定所
辽河石油勘探局井下作业专业技能鉴定站
中国第一汽车集团公司技能鉴定站
哈尔滨市职业技能鉴定指导中心
大庆石油管理局钻探集团钻井一公司职工培训中心
上海汽车工业职业技能鉴定中心
上海宝钢职业技能鉴定所
徐工集团技工学校
无锡技师学院国家职业技能鉴定所
杭钢国家职业技能鉴定所
镇海炼油化工股份有限公司职业技能鉴定站
合肥工业大学工业培训中心
福建省厦门职业技能学院
福建省供用电国家职业技能鉴定站
江西省洪都航空工业集团技工学校国家职业技能鉴定所
江西交通职业技术学院
中国重型汽车集团有限公司职业技能鉴定所
胜利石油管理局技能人才训练基地
洛阳石化职业技能鉴定站
河南省职业技能鉴定指导中心
东风汽车公司职业技能鉴定所
江汉石油管理局国家职业技能鉴定所
中国南车集团株洲电力机车厂技师协会
湖南省涟源钢铁集团有限公司职业鉴定所
茂名石油化工公司职业技能鉴定站
南宁市职业技能鉴定指导中心
柳州职业技术学院
重庆机电控股(集团)公司教育培训中心
重庆船舶工业公司职工技能鉴定所
成都飞机工业(集团)有限责任公司029国家职业技能鉴定所
贵州水城矿业(集团)有限责任公司国家第46职业技能鉴定所
南方汇通股份有限公司国家第29职业技能鉴定所
云南第127职业技能鉴定所
云南省交通高级技工学校
西藏自治区职业技能鉴定指导中心
陕西省兵器专业技能鉴定站
青海省电力行业职业技能鉴定中心
中国石油青海职业技能鉴定中心青海油田特有工种职业技能鉴定站
甘肃省电力行业职业技能鉴定中心
甘肃省公路运输管理局甘肃第30国家职业技能鉴定所
西北煤机高级技校
中国石油新疆职业技能鉴定中心第3鉴定站
新疆交通职业技术学院新疆第7国家职业技能鉴定所
新疆天富电力（集团）有限责任公司培训中心
新疆生产建设兵团农五师职业技能鉴定中心
沈阳铁路局劳资处劳动力调剂中心
天津石油化工公司职业技能鉴定站
中原石油勘探局职业技能鉴定站
湖北三江航天集团国家职业技能鉴定站

共青团中央办公厅关于印发《2005 年促进青年就业和再就业工作要点》和《共青团全国青年就业和再就业工作领导小组成员单位 2005 年主要工作安排》的通知

2005 年 3 月 15 日

共青团各省、自治区、直辖市委员会，军委总政治部组织部，全国铁道团委，全国民航团委，中直机关团工委，中央国家机关团工委，中央金融团工委，中央企业团工委：

现将《2005 年促进青年就业和再就业工作要点》和《共青团全国青年就业和再就业工作领导小组成员单位 2005 年主要工作安排》印发给你们，希望认真学习贯彻，并结合本地区实际狠抓落实，切实为青年就业和再就业服务。

2005 年促进青年就业和再就业工作要点

2005 年促进青年就业和再就业工作的总体要求是：以邓小平理论和"三个代表"重要思想为指导，按照党中央国务院对就业和再就业工作的统一部署和要求，结合共青团的实际和青年的特点，以扶持青年创业为主线，以下岗失业青年、城镇新增青年劳动力和农村富余青年劳动力为重点，以创造就业岗位、促进青年就业为目标，实施重点项目，健全组织网络，建立长效机制，努力实现帮助 20 万名青年掌握创业本领、扶持 5 万名青年创办小企业，培训下岗失业青年 30 万人次、农村富余青年劳动力 50 万人次、进城务工青年 300 万人次，开发就业岗位 30 万个，提供就业服务 300 万人次的总体目标，把促进青年就业和再就业工作提高到一个新水平，为促进经济和社会发展做出新的贡献。

一、全方位扶持青年创业。启动"青年小老板培养计划"，通过进行创业意识教育、开展创业能力培训、建立中国青年创业基金、完善青年创业项目库、推出帮助青年创业的示范项目、举办创业项目发布会、成立青年创业专家指导团等方式，为广大创业青年提供有效的指导和服务。动员青年企业家与有创业愿望和一定创业能力的青年小老板培养对象结成帮扶对子，依托青年企业家协会会员企业建设一批青年创业实践基地，组织青年进入企业经营管理岗位实践锻炼，增强创业本领。举办第二届中国青年创业周，为青年创业搭建交流、合作、展示的平台。协调落实支持青年创业的相关优惠政策，切实为青年创业提供扶持。抓好"中国青年创业国际计划"（YBC）的试点工作。举办第九届"挑战杯"全国大学生课外学术科技作品竞赛，设立大学生创业风险投资基金，充分利用大学科技园的孵化器，帮助大学生培养创业意识，锤炼创业本领，提高创业能力，促进一批未来科技创业者脱颖而出。组织"海外学人回国创业周"、"新近归国留学人员同城聚会"活动，为归国留学人员创业提供切实服务。开展第二届"中国青年创业奖"评选活动，树立、表彰不同领域的创业青年典型。

二、多层次提高青年职业技能。实施"百万下岗失业青年技能培训工程"，指导各地青年就业培训基地根据劳动力市场变化和产业结构调整要求，对下岗失业青年开展操作技能培训、市场适应力训练。实施"青年订单式培训"项目，采取组织用工企业与青年就业培训基地签订培训订单等方式，确定培训项目和培训规模，根据用工企业的岗位要求设定培训课程，培训期满成绩合格者由对口企业接收，形成市场引导培训、培训促进就业的良性机制。发挥团属院校的阵地作用，进一步满足青年高职、中职学历教育需要和职业技术培训需求。推进“新型青年农民科技培训工程”、“星火富民科技工程”，对农村青年进行以农业实用技术、农产品加工营销和就业技能等为主要内容的培训。深化大学生素质拓展计划、“千宫百万”行动和“千校百万”进城务工青年培训计划，帮助青年取得职业资格证书或素质拓展证书，为他们顺利就业打下基础。继续通过开办“周日志愿培训学校”、组建“志愿者就业培训指导团”、义务家教等形式为社区青年特别是下岗失业青年提供免费技能培训和专门指导。

三、积极为青年提供就业岗位。试点实施“青年就业见习计划”，帮助10万名青年进入企业进行实践性见习，从而实现阶段性临时就业。深入实施“大学生就业见习行动”。积极协调青联委员、青年企业家协会会员在所在企业、事业单位挖掘用工岗位，配合地方党委和政府大力开发公益性就业岗位，扩大青年就业的选择面。继续抓好“工岗快递”行动，使用工信息在全国范围内实现共享，帮助青年跨地区、跨行业流动就业。开展“农村青年转移就业服务月”活动，促进农村青年有序转移。扩大中国青年志愿者海外计划实施规模，为部分青年提供阶段性就业岗位。发挥“彩虹工程”在中介服务中的积极作用。依托中国青年创业网、农村青年转移就业工作网、中国大学生就业见习行动网、彩虹网等网站，分层次发布招聘信息，有针对性地为青年就业服务。

四、加大对青年就业观念的引导力度。采取宣传典型、举办报告会等多种形式，有针对性地对青年进行就业观念和创业意识教育。在青年中大力宣传“劳动者自主择业、市场调节就业、政府促进就业”的就业方针，宣传自主择业、灵活择业、自主创业等新的就业观念，引导青年树立正确的就业观，树立起自食其力、劳动光荣和临时就业、阶段性就业、弹性就业都是就业的观念。大力培养、宣传青年创业典型，使“创业”这一主旋律真正被青年认同，被青年唱响。

五、切实为青年提供就业援助。认真总结“真情助困进万家”活动开展两年多来的经验，扩大活动覆盖面，广泛动员团员青年、青年文明号、青年企业家、青年志愿者采取“一助一”长期结对等方式，为特困青年提供就业援助，切实帮助他们解决生活难、培训难、就业难等问题。依托优秀“青少年维权岗”，帮助社区青年解决就业和再就业过程中遇到的实际困难。通过开展“手拉手”活动等，促进下岗失业青年和外来务工青年的子女健康成长，解决他们的后顾之忧。

六、加强青年就业服务阵地建设。指导105个全国青年就业和再就业工作重点联系城市建立集人力储备、就业指导、职业介绍、人才开发、技能培训、创业扶持等多种职能于一体的青年就业服务中心，并按照《青年就业服务中心管理条例》的有关要求，完善中心职能。为青年就业服务中心培训职业指导师，引入社会资源参与管理，强化青年就业服务中心发展的人才支撑和物质依托。指导基层建立青年就业和再就业工作信息网并与中国青年创业网实现有效链接。从办学方向、硬件设施、师资队伍、教材编印、学员管理等多方面规范青年就业培训基地建设。与劳动保障部门联合成立社区青年就业专业指导机构，形成市、区、街道、社区四级社区青年就业网络组织。

七、着手建立促进青年就业和再就业的长效机制。推动省、区、市团组织加入政府再就业工作联席会议，联合有关职能部门共同规划青年就业和再就业工作。建立片区联席制度，强化各地区间的交流与合作，形成促进青年就业和再就业工作的立体组织体系。协调有关部门为青年创业、就业和再就业争取各种优惠政策，创造良好的社会环境。围绕青年在创业、就业和再就业过程中遇到的法律和权益保护问题,采取法律服务、法律援助、舆论支持、维权咨询等方式,为青年提供帮助。筹建联合国青年就业网络中国伙伴办公室并启动相关试点项目,进一步加强国际交流与合作。把促进青年就业和再就业工作作为考核各级团组织的一项重要指标,作为团的各种评选表彰的一项重要内容。设立"中国青年创业行动"优秀组织单位和先进个人奖项,定期表彰工作成绩突出的团组织和团干部。适时进行专项检查,并实行全团通报制度。

共青团全国青年就业和再就业工作领导小组成员单位2005年主要工作安排

一、团中央组织部

指导全国各级团校(包括以团校为基础建立的各类青年院校)围绕青年人力资源开发,大力发展各类职业教育和技能培训,帮助和促进青年就业和再就业。

(一)在完成团干部教育培训任务的基础上,指导各级团校根据人才市场和青年需求,调整增设若干高、中等职业技术教育专业,大力开展青年职业技术学历教育。年底前专业数量突破100个,在校生规模不低于2万人。

(二)在开展学历职业教育的同时,指导各地团校积极拓展办学领域,通过在团校基础上建立的职业技术培训学校(中心),积极引导、满足广大青年的培训需求,注意与有关机构职业技术培训标准的接轨,结合国家和社会实行的培训证书和职业资格证书制度开展职业教育,为青年掌握劳动技能和成才就业提供服务。2005年各地团校举办职业技术教育培训班次不少于600个,覆盖专业不少于80个,培训人数不低于5万人次。

(三)继续在全国青年院校(团校)实施"青年职业证书培训项目"。主要开展好与劳动和社会保障部培训就业司、职业技能鉴定中心联合进行的电子商务师等八个职业资格证书培训项目的推广工作,为广大青年掌握劳动技能和成才就业服务。

二、团中央宣传部

深入开展"千宫百万"行动全国计算机信息高新技术考试活动,通过加大宣传力度,不断扩大规模,力争年底前在青少年宫系统建立50家全国计算机高新技术考试站。在上半年召开共青团系统全国计算机高新技术考试工作会议,进一步在青少年宫中推进计算机培训、考试工作,帮助更多的青年获得国家级职业资格证书,增强就业竞争力。

三、团中央青工部

大力实施"中国青年创业行动",帮助20万名青年掌握创业本领,扶持5万名青年创办小企业、成为"小老板"。

(一)普及创业意识。以第二届"中国青年创业奖"评选表彰为牵动,大力宣传青年自主创业的先进事迹,激励更多的青年走创业之路。分区域、分专题继续举办"中国青年创业论坛",邀请国内外专家宣讲先进的创业理念。举办创业大讲堂、青年创业者俱乐部、对话会等,开展创业意识和创业入门教育,增强青年创业的自信心。举办青年创业成果展暨表彰大会,协助办好中国青年报《创业周刊》,使"创业"这一主旋律真正被青年认同,被青年唱响。

(二)培养创业能力。在从办学方向、硬件设施、师资队伍、教材编印、学员管理等方面指导各地加强青年创业培训基地建设的基础上,根据《国家级青年就业创业培训基地建设标准》,命名一批国家级青年创业培训基地。举办全国共青团系统SYB师资培训班,为重点联系城市培训专门师资力量,逐步推广国际劳工组织SYB(创办你的企业)培训项目,对青年进行包括经营管理、市场营销、法律法规、融资理财等内容的培训。编辑出版《青年创业指南》并向部分重点培养对象免费发放,帮助青年了解创业基本知识。动员青年企业家与有志创业青年结成帮扶对子,依托青年企业家协会会员企业建设一批青年创业实践基地，组织青年进入企业经营管理岗位锻炼，帮助青年开阔眼界，增强实际创业能力。举办第二届中国青年创业能力大赛，通过层层选拔的形式，帮助青年以赛带练，在竞赛中提高创业理论知识水平和实战能力。

（三）提供创业扶持。建立中国青年创业基金，完善青年创业项目库，举办青年创业项目发布会，采取配备创业导师、推荐创业项目、提供小额贷款、进行重点评估等方式，引导青年到第三产业、劳动密集型产业和高新技术产业创业。开展青年创业专家神州行活动，组织中国青年创业行动专家指导团成员到部分青年创办的企业中，对他们在创业中遇到的问题进行会诊，提供良策。举办第二届中国青年创业周，召开青年创业投资峰会，为青年创业者脱颖而出，为人才、项目、资金、技术等创业要素的有效对接搭建平台。争取政府有关部门支持，推进创业培训、信用社区、小额担保贷款结合的工作模式，落实税费减免、手续简化等政策，为青年创业提供实实在在的服务。

（四）完善就业服务。试点实施"青年就业见习计划"。召开"玫琳凯"示范项目总结推广会，在规范原有20个项目城市工作的基础上，抓好15个城市的启动，帮助接受专门培训并取得结业证书的青年到合作企业提供的就业岗位上岗。召开"订单式"培训交流会，实施"青年订单式培训"项目，发动更多的企业与青年就业培训基地签订培训订单，形成市场引导培训、培训促进就业的良性机制，用一年时间对100万人次青年进行操作技能、市场适应力训练和职业指导教育。分区域举办"工岗快递"行动协调会，按照社会化、市场化的方式，建立青年劳务协作区，加大信息沟通和交流，推动青年跨地区、跨行业合理有序地流动。通过挖掘空缺岗位、发布用工信息、建立青年择业超市、举办就业洽谈会等方式，帮助100万人次青年实现异地就业。继续办好每季度第一个月15—25日的中国青年创业网招聘大会。争取中国职业技术培训中心的支持，为各地青年就业服务中心培训一批优秀的职业指导师和职业信息分析师，推动就业服务制度化、专业化、社会化建设。总结"真情助困进万家"活动开展两年多来的经验，继续以"关爱进万家、岗位进万家、政策进万家"为重点，将钱物、岗位、技术、信息、政策等送到特困下岗失业青年的手中，为他们提供就业援助。

（五）健全工作机制。按照"市场化导向、社会化操作、事业化推进"的原则，加强青年就业服务中心的组织制度建设、服务项目建设和硬件设施建设，命名一批达标青年就业服务中心，总结推广他们的经验和做法，推动重点联系城市团组织建立青年就业和再就业工作信息网，实现与中国青年创业网的有效链接，形成中央、省（区、市）、市、区（县）四级青年就业服务网络联动机制。集中培训中国青年创业行动工作骨干，确保工作部署在基层落实不变调、不走样。协调有关部门，为青年创业、就业和再就业争取各种优惠政策和经费支持。联合有关研究机构开展中国青年创业状况调查，为各级团组织谋划工作提供参考。开展"中国青年创业行动检查督导"活动，根据《中国青年创业行动工作目标考核标准》对各级团组织进行全面检查，并将评分结果向地方党政领导通报。表彰中国青年创业行动优秀组织单位和先进个人。

四、团中央青农部

（一）加强宣传发动。依托广播电视、报刊、互联网、宣传栏等阵地，深入宣传转移就业的重要意义，帮助农村青年树立正确的就业观念。大力表彰先进，积极发掘树立典型，通过表彰会、报告会等形式，宣传农村青年转移就业的优秀事迹，发挥示范带动作用，充分调动农村青年转移就业的主动性。

（二）狠抓技能培训。依托与农业部、财政部共同实施的"新型青年农民科技培训工程"、与科技部联合开展的"星火富民科技工程"，进一步加强培训工作，以培养“农村青年创业致富带头人”为重点，组织开展以农业实用技术、农产品加工营销知识等为主要内容的培训。采用社会化运作的方式，加强对社会资源的整合，创建一批培训规范化、转移组织化、服务一体化的青年劳务培训基地，服务农村青年转移就业。

（三）强化信息服务。采取命名、挂牌、表彰的方式，培育一批青年劳务中介机构及青年劳务经纪人，提高农村青年转移就业的市场化、专业化水平。加强“农村青年转移就业工作”网站的建设，丰富栏目设置，加快信息传递，依托网站发布就业信息、推广科技项目、提供各项服务，把网站建设成为各地团组织和农村青年开展信息交流、供需洽谈的高效平台。

（四）完善工作机制。配合有关部门，建立“组织化发动、市场化运作、规模化转移、一体化服务”的促进农村青年转移就业的工作机制，构建完善的组织体系和服务体系。加强城乡间、地区间的协作，完善对口转移就业的机制。采取成立专业协会、在已转移就业的农村青年中建立团组织等方式，提高农村青年的组织化程度，维护转移就业农村青年的合法权益。

（五）开展调研督导。广泛开展对基层促进农村青年转移就业工作的调查研究，及时掌握各地工作中出现的新情况、新问题，制订更加符合农村青年需求的工作措施。对基层的工作经验及时总结、推广，督促各地更加有效地解决农村青年就业问题。

（六）开展主题活动。在农村青年外出务工最集中的春秋两季，在前期充分调查研究的基础上，在全国分片区集中策划开展“农村青年转移就业服务月”活动。集中组织一批适合农村青年实际需求的致富项目、就业岗位和务工信息，加快农村青年的转移就业步伐。

五、团中央学校部

（一）广泛调动社会力量，搭建服务平台，为大学生特别是经济困难大学生提供更多的勤工助学岗位和信息、中介等服务，并依托大学生就业见习基地、青年就业服务中心、青少年宫等阵地，大力挖掘社会资源，为大学生提供可持续的工作岗位。

（二）广泛开展主题教育活动，帮助广大青年学生加深对就业制度改革的理解，使高校毕业生树立交费上学、自主择业、勤奋创业、终身学习的观念。积极引导毕业生充分利用小城镇建设、西部大开发和大中城市社区建设以及大力推进产业结构调整的有利时机，到西部、到基层、到城市社区就业，到中小企业、到非公有制单位就业。

（三）以转变就业观念、加强就业辅导、提高就业能力、拓宽就业渠道为着力点，深入实施“大学生就业见习行动”，整合各方面资源，推进见习基地建设。在高职中职学校中广泛开展职业技能竞赛或展示活动，提高学生的职业素质和就业能力，促进他们的就业创业。

（四）大力推进大学生素质拓展计划的实施，通过职业导航设计、素质拓展训练，使大学生在入校之初就能树立适当而准确的目标，努力实现自身的全面发展。通过建立评价体系、强化社会认同，以“大学生素质拓展证书”为载体，统一品牌，形成学生综合素质的权威认证，更好地促进大学生就业。

（五）积极筹办好第九届“挑战杯”全国大学生课外学术科技作品竞赛，构筑大学生创新创业的平台。将“挑战杯”大学生课外学术科技作品竞赛和创业计划竞赛有机结合起来，使之成为一个完整的人才培养过程，通过创业计划竞赛帮助大学生培养创业意识，锻炼创业本领，提高创业能力。努力吸纳社会资源，设立大学生创业风险投资基金，为大学生创业提供资金支持。有效依托大学科技园的孵化器，提高大学生创办企业的成功率，通过创业促进就业。

（六）利用好“中国大学生就业见习行动网”、“大学生就业信息网（彩虹网）”、“大学生素质拓展计划”证书管理网络系统、“中国大中学生心理健康教育在线”，向社会、企业、用人单位等推介优秀人才，充分发挥网络快捷高效覆盖面广的优势，有针对性地为学生提供就业创业服务。

六、团中央少年部

加强同教育部门的密切协作，在教育部门规范、引导进城务工就业农民子女学校发展的过程中，及时考虑少先队组织建设工作，使之同步发展。按照“哪里有少先队员，哪里就有队组织和队活动”的要求，在教育行政部门批准成立的外来务工子弟学校中广泛建立少先队组织。下发《关于加强进城务工就业农民子女学校少先队组织建设的若干意见》，将外来务工子弟学校少先队组织纳入规范管理体系。通过开展“手拉手”活动、援建队室、聘请大学生志愿者为志愿辅导员、培训外来务工子弟学校少先队辅导员等方式，将少先队成熟的运作模式、先进的活动经验、浓厚的少先队组织文化引入外来务工子弟学校，推动外来务工子弟学校教育的全面发展，使广大少年儿童在同一蓝天下共同成长。

七、团中央统战部

（一）组织好每年一度的“海外学人回国创业周”活动，进行人才、项目、资金的对接和洽谈，为海外留学人员回国创业和为国服务搭建舞台。

（二）开展好“新近归国留学人员同城聚会”活动，为新近归国留学人员创业、就业提供切实服务。

（三）积极动员青联委员和青科协会员充分挖掘所在企业、事业单位的用工岗位，特别是针对特困大学生等特殊群体提供公益性就业岗位，发挥示范作用，营造良好社会氛围。

八、团中央社区和维护青少年权益部

（一）加强与劳动和社会保障部等有关部门的联系，积极挖掘社区就业岗位。和劳动保障部门联合成立社区青年就业专业指导机构，建立形成市、区、街道、社区四级社区青年就业网络组织，为社区青年就业牵线搭桥。同时，加强和社区驻区单位的横向联系，为社区青年积极争取就业岗位。

（二）利用社区现有阵地包括社区青年中心、社区青少年法律学校等，对社区青年进行普及性、针对性、实用性、经常性的技能、技术培训。从提高他们的动手能力入手，提高他们在市场竞争中的竞争力。

（三）联合有关部门，依托优秀“青少年维权岗”，帮助社区青年解决就业中遇到的具有普遍性的问题，为促进社区青年就业做实事。

（四）抓好社区青年就业的示范点，探索促进社区青年就业的规律，促进社区青年就业有关公共政策的出台，为促进社区青年就业提供良好的政策保障。

（五）扩大“千校百万进城务工青年培训计划”的覆盖面，推动用工单位和社会培训机构做好进城务工青年的岗位职业技能培训。做好进城务工青年劳务对接工作，通过牵线搭桥以及提供资金、技术、信息等方面服务，搞好创业辅导和就业指导，扶持他们创业立业。

（六）树立社区青年就业、创业的典型，发掘培养促进社区青年就业的典型事件，影响带动更多的社区青年依法经商、依法务工。

九、团中央国际联络部

（一）继续加大国际交流与合作力度，推动“中国青年创业国际计划”（YBC）的深入发展。

（二）为青年就业再就业工作搭建国际合作平台。重点推进联合国青年就业网络中国伙伴办公室的筹备工作，争取在2005年上半年正式成立办公室并启动相关试点项目，并于年内召开联合国青年就业网络高级别小组会议。

（三）进一步开展青年就业的专题调研，介绍国外促进青年就业的先进政策和实践。

十、团中央志愿者工作部

（一）继续实施大学生志愿服务西部计划。加强与有关部门的合作，不断深入推进支教、支医、支农、青年中心建设和管理、“全国农村党员干部现代远程教育试点工作”志愿服务行动、“百县千乡宣传文化工程”志愿服务行动、“西部基层检察院志愿服务行动”等专项行动的实施,使全国项目的实施规模在2004年的基础上适度扩大。完善对地方项目的政策支持,从考研究生、考公务员、考选调生以及促进就业方面一视同仁,给予相同的待遇,推动地方项目在质量和数量上有新的突破。

(二)为服务期满的大学生志愿者就业提供服务。一是引导志愿者在西部基层创业。加强对志愿者的岗前培训和后续培训,有针对性地对志愿者进行扎根西部、扎根基层的意识教育,使他们深入了解国家西部大开发的政策、西部地区吸引人才的政策、西部地区的重点建设项目以及在西部创业的典型事迹,进一步引导大学生了解西部,走进西部,热爱西部,扎根西部。二是加强就业信息化建设。建立和完善志愿者管理信息系统和志愿者人才库,加强与各部委人才信息网络及社会化就业信息网络的对接。三是在西部地区分片召开西部计划的专项招聘会,敦促各地就业服务机构和用人单位大力开展针对西部计划志愿者的信息发布、职业技能培训、求职择业指导、人才储备等服务。四是成立西部创业基金,鼓励参加西部计划的志愿者扎根西部,并为愿意留在西部创业的志愿者在西部自主创业提供资金支持。

(三)扩大海外服务计划的实施规模。在外交部、商务部支持下,扩大中国青年志愿者海外服务计划的实施规模,招募具有专业特长的优秀青年志愿者到友好发展中国家开展为期6个月至2年的志愿服务,一方面促进中外友好,另一方面培养一批具有国际眼光的优秀人才,促进青年的成长与发展。

(四)进一步动员青年志愿者为青年就业和再就业提供服务。继续通过开办“周日志愿培训学校”、组建“志愿者就业培训指导团”、义务家教等形式,调动具有较高专业素质或技能的志愿者为下岗失业人员提供免费培训和专门指导,有针对性地帮助他们就业和再就业。按照社会化运转方式加强志愿服务中心、服务站的建设,为青年在社区志愿服务中提供就业岗位。

十一、中国青年政治学院

(一)重视毕业生就业工作的领导。成立院、系两级毕业生就业工作领导小组,学院一把手担任毕业生就业工作领导小组组长。进一步落实好教育部提出的“机构、人员、经费”三到位以及“全程化、全员化、专业化、信息化”的要求。

(二)鼓励毕业生到西部地区建功立业。积极配合共青团中央等有关部门做好毕业生志愿服务西部、服务贫困地区、服务基层的工作。对参加志愿服务西部计划的毕业生,给予政策优惠,服务期满后,按国家有关规定办理就业手续,对志愿支援西部且有突出表现的毕业生授予优秀毕业生荣誉称号。

(三)转变就业观念、拓宽就业渠道。教育引导毕业生转变就业观念,鼓励并引导毕业生自主创业、灵活就业。充分发挥学校在毕业生求职就业中的主渠道作用,通过各种形式为毕业生收集提供需求信息,组织毕业生参加公务员考录工作和不同类型的人才市场的招聘活动,并请部分用人单位到校参加与毕业生直接见面的小型招聘会。

(四)积极落实教育部对高校毕业生就业信息网络硬件、软件的要求,开通并使用高校毕业生就业信息网,为毕业生提供更加快捷准确的就业信息网络服务。

十二、中国青少年发展服务中心

(一)继续举办彩虹工程——创业中国巡回报告会,在广大青年中宣传创业文化,营造创业氛围,推动转变就业观念,鼓励青年通过创业扩大就业。

(二)以彩虹工程创业学院为平台,针对不同文化层次青年的特点,开展多层次、多领域的创业培训,特别是针对贫困地区农村大学毕业生就业特别困难和农业产业化过程中农村迫切需要创业致富带头人举办培训班，力争培训创业人员10000人次。

（三）配合学校部完善“中国大学生创业就业服务网”，为广大青年提供创业项目信息和项目推介、开业指导、政策介绍、专家指导等全面服务。

（四）继续举办全国青年“彩虹工程”创业就业项目推介会。

（五）继续开展职业指导师国家职业资格证书的培训。全年1000人次。

十三、团中央网络影视中心

（一）优化“中国青年创业网”技术平台。加强“中国青年创业网”“招聘大厅”、“招聘社区”等专栏的功能，针对企业需求开发和增加简历定制检索、人才定制排名、即时洽谈、异地网络面试等功能，促进用工单位与求职人员的有效对接。进一步优化数据库结构，从安全性、稳定性、易用性等多个方面完善网站的技术架构，为相关工作提供更为扎实的网络平台。

（二）配合青工部开展优秀企业家系列访谈。充分发挥中青网的作用，组织开展优秀青年企业家系列访谈活动，交流青年企业家创业历程，宣传和推广优秀青年企业家与优秀企业的创业经验，引导青年就业与创业。

（三）举办创业成就展和创业项目评比。通过网上展览、网上展示、创业项目评比等手段，宣传优秀创业项目，展示优秀创业成果。促进优秀创业项目与扶持资金的对接，鼓励更多青年自主创业、拓展新的致富门路。

（四）继续推进中青奥美培训示范项目。进一步扩大公益培训覆盖面，在2004年已开展17个省（自治区、直辖市）培训工作的基础上，扩大到27个省（自治区、直辖市），使参加培训的青年增加到1万名，增加带薪实践项目，使参加青年增加到1000名；探索建立各地长期培训工作站，努力形成长期运转的培训机制，整合培训内容，推出指导性强、实践性强的培训课程；增强配套服务项目和功能，逐步建立集培训、实践、创业和就业于一体的可持续发展的服务模式和运转模式。

（五）发挥中青网作为中央重点新闻网站的优势作用，结合青海卫视频道、《新知时报》等传媒平台，以网站专题、电视专题片、报纸专访等方式对“中国青年创业行动”、“星火富民科技工程”、“挑战杯”大学生创业计划竞赛、“真情助困进万家”活动等进行广泛宣传。

共青团中央办公厅关于开展“青年文明号文化节”活动的通知

2005年5月8日

共青团各省、自治区、直辖市委：

为深入贯彻“三个代表”重要思想和党的十六届四中全会精神，弘扬青年文明号活动的文化内涵和精神实质，宣传、展示青年文明号活动在构筑诚信理念、质量理念、服务理念、管理理念、创新理念、团队理念、形象理念等方面的独特作用，引导和推动企业文化、机关文化、网络文化等先进文化的健康发展，为构建社会主义和谐社会做出新的贡献，团中央决定于2005年7月集中开展“青年文明号文化节”活动。现将具体事宜通知如下。

一、活动主题

弘扬先进文化　争做文明先锋

二、主要内容

1. 组织开展群众性的文化建设活动。各级团组织要本着参与性和群众性相结合的原则,动员青年文明号集体及争创集体紧紧围绕构建社会主义和谐社会的时代主题,创作反映本系统、本单位青年文明号活动特点的小品、歌曲、舞蹈、相声、戏曲、快板等文艺作品,通过举办文艺汇演、"青年文明号文化广场"等群众参与面广、影响力大的活动,深入宣传青年文明号活动的文化理念。组织青年文明号集体及争创集体成员在重大活动时展示青年文明号标识,佩戴青年文明号徽章,传唱"青年文明号之歌",宣读青年文明号信用公约,丰富青年文明号活动的文化内容。在青年文明号集体及争创集体中广泛开展"征集一句职业警言、做一次群众回访、参加一次文化实践活动、开展一次活动理念宣传"的"四个一"活动,努力使弘扬高度职业文明、创造一流工作业绩的活动宗旨得到广泛传播,提高青年文明号活动的社会认知度,引领社会先进文化的新风尚。

2. 组织开展形式多样的文化竞赛活动。各级团组织要结合青年文明号活动的相关知识,组织开展形式多样的文化竞赛活动。围绕青年文明号与共产党员先进性、青年文明号与职业道德、青年文明号与诚信建设、青年文明号与企业文化等主题开展演讲比赛,围绕创建青年文明号和开展信用实践过程中的感人事迹和动人场面开展征文比赛和摄影比赛,围绕推广"青年文明号之歌"、宣传青年文明号集体生动事迹开展动漫作品大赛。全国青年文明号活动组委会将在文化节期间重点组织"全国青年文明号文化作品大赛"(分征文、摄影、动漫三个单项),并依托网络媒体,举办"青年文明号文化节"活动网上博览会,集中展示优秀作品。

3. 组织开展立足岗位的文化示范活动。各级团组织要动员各级青年文明号集体及争创集体立足本职,文明从业,通过岗位实践丰富青年文明号活动的文化内涵。继续推行"青年文明号服务卡",开展"青年文明号助万家"、"青年文明号信用建设示范行动"、"真情助困进万家"等主题活动,并在此过程中着力体现青年文明号活动的文化内涵,让广大群众在接受优质服务的同时受到更好的教育和熏陶,感受到先进文化的强大魅力,从而提升自身的精神境界。

三、实施步骤

1. 规划部署阶段。2005 年 6 月底前,各级团组织按照本通知要求,制定具体实施方案,对"青年文明号文化节"活动进行全面部署。

2. 全面启动阶段。2005 年 7 月,在全国各级青年文明号集体及争创集体中普遍开展"青年文明号文化节"活动。各级团组织要做好组织指导工作,确保在 7 月中下旬形成高潮。

3. 评选表彰阶段。2005 年 8 月底前,各地推荐本地区参赛作品(具体通知另发)。9 月,全国青年文明号活动组委会将组成专家评审组,在推报的各类参赛作品中分别评选出一、二、三等奖及优秀奖进行表彰。

四、有关要求

1. 高度重视,精心组织。"青年文明号文化节"活动是今年青年文明号活动的重点项目,对于推动青年文明号活动的全面深化,引导广大青年立足本职,再创佳绩,在构建社会主义和谐社会中发挥生力军作用具有重要意义。各级团组织要对这项活动给予高度重视,指派专人负责。要根据团中央的统一部署,精心设计本地活动,并采取有力措施,确保活动有步骤地扎实推进。

2. 广泛动员,狠抓落实。各级团组织要采取主题鲜明、内涵深刻、真正为青年喜闻乐见的形式,充分调动青年文明号集体及争创集体开展这项活动的积极性和创造性,广泛动员青年参与,一级抓一级,层层抓落实。要重点抓好一至两个特色活动作为牵动项目，影响和带动面上活动开展。要高标准组织活动，精心打造一批青年文明号活动的文化精品。

3. 加强宣传，营造氛围。各级团组织要充分利用广播、电视、报刊、网络、短信等宣传媒介，加强对“青年文明号文化节”活动的宣传报道，营造有利于活动开展的良好社会氛围。要加大对在活动中涌现出的优秀作品的宣传，使其成为人民群众喜闻乐见、耳熟能详的文艺作品，为青年文明号活动增添文化亮点。

共青团中央办公厅关于开展全国青年文明号文化作品大赛的通知

2005年8月9日

共青团各省、自治区、直辖市委：

自共青团中央下发《关于开展“青年文明号文化节”活动的通知》以来，全国各级青年文明号集体积极行动起来，围绕青年文明号的内涵，开展了形式多样、内容丰富的文化建设活动，涌现出一大批优秀的反映青年文明号活动主题的文化作品。为深入推进青年文明号文化建设活动，共青团中央将联合有关部委在“青年文明号文化节”期间组织“全国青年文明号文化作品大赛”。现将有关事宜通知如下。

一、指导思想

以“三个代表”重要思想为指导，坚持“二为”方向和“百花齐放、百家争鸣”方针，发展引领时代、健康向上的先进青年文化，为构建社会主义和谐社会做出新的贡献。

二、大赛主题

弘扬先进文化　争做文明先锋

三、大赛时间

2005年8—10月

四、大赛形式及奖项设立

大赛分征文、摄影、动漫三个单项比赛。征文按照报告文学、诗歌散文、戏剧小品等三种体例分别评选；动漫作品按照FLASH动画和漫画作品分别评选。凡是2005年9月15日以前创作、符合相关要求、反映青年文明号活动及相关内容的作品都可以参加评选。比赛的奖项分为一、二、三等奖，奖励获奖作品的主创人员。同时，设立活动优秀组织奖，对组织工作出色的单位予以表彰。

五、实施步骤

1. 推荐（2005年8月上旬—9月15日）。各省级团委在广泛发动各级青年文明号集体及争创集体普遍开展“青年文明号文化节”活动的基础上，按类别分别筛选出3—5份优秀作品，于2005年9月15日前统一报送全国青年文明号活动组委会办公室。

2. 评选（2005年9月15日—2005年9月底）。全国青年文明号活动组委会组成专家评审组，分别评选出一、二、三等奖若干名。

3. 表彰（2005年10月）。对获奖者进行表彰，对获奖作品通过报纸、网络等途径进行集中宣传。

六、评选条件

1. 坚持以邓小平理论和“三个代表”重要思想为指导，突出青年文明号活动文化主题，充分体现青年文明号活动的宗旨和内涵，体现中国传统文化与现代文明的交融。

2. 思想性与艺术性俱佳，形式与内容一

致，健康向上。

3. 属原创作品。

4. 征文稿件作品使用A4纸打印一式两份，并附磁盘电子稿件。有以下情形之一者不可参赛：(1)已出版或在传媒(不含网络)发表的作品；(2)已向传媒或出版社投稿尚未得到退稿通知的作品；(3)参加任何正在举办尚未公布结果的征文活动的作品；(4)作者不拥有全部版权的作品；(5)已在任何比赛中获过任何奖项的作品；(6)有虚构内容。

5. 摄影作品：(1)规格：数码、胶片不限，单幅、组照不限，黑白、彩色不限，一律为7寸照片，不接收数码合成片；(2)必须为拥有版权的作品；(3)作品涉及的肖像权等问题由作者本人负责。

6. 动漫作品：(1)单幅漫画：黑白、彩色均可。无论手绘或电子稿件，参赛者需投递A4规格原作打印稿(或原稿)，并同时附上该作品的光盘或磁盘电子稿件，须为JPG格式，分辨率300dpi以上。(2) 故事漫画 (四格漫画)：需为8页以上的连续画稿。8—32页为短篇，32页以上为长篇作品(长篇作品参赛请选取代表性章节寄送，页数不少于24页，需同时寄送故事大纲或剧本)。并附故事梗概和创意说明(200字以上，打印稿)。无论手绘或电子稿件，参赛者需投递A4规格原作打印稿，并同时附上该作品的光盘或磁盘电子稿件，须为JPG格式，分辨率300dpi以上。(3) FLASH：以FLASH为主要创作工具。作品大小尽量不要超过10M，建议采用：尺寸720×576pi×25帧/秒，配有相关文字说明(200字以上文字稿)。

7. 所有来稿均需注明作者姓名、身份证号码和联系方式。

8. 主办单位拥有作品的非商业用途使用权。

9. 作品一律不退稿，请自留底稿。

七、有关要求

1. 各省级团委负责本地区评选推报工作的统一实施。要及时转发并广泛宣传本通知精神，努力扩大大赛的社会影响力。

2. 各省级团委要在本地区组织初评工作，对报送的参赛作品进行客观、认真的评比筛选，确保所推报作品的真实性和艺术性。

共青团中央关于命名沈阳为全国青年高技能人才培养示范基地的决定

2005年8月26日

沈阳是我国重要的装备制造业基地，在实施东北等老工业基地振兴战略中处于重要地位。长期的工业化和现代化实践，为沈阳奠定了雄厚的工业基础，造就了一支高素质的技能人才队伍，培育了深厚的技能文化情感。近年来，在沈阳市委市政府的领导下，团沈阳市委深入实施青工技能振兴计划，努力培养青年技能人才，取得了明显成效，积累了许多好的做法和经验。

为配合实施人才强国战略，切实加强青年技能人才队伍建设，充分发挥沈阳在青年技能人才培养中的示范、辐射和带动作用，共青团中央决定，命名沈阳市为全国青年高技能人才培养示范基地。基地的主要工作职能是：确定一批青年职业技能实训基地和青年职业技能鉴定站(所),通过举办面向全国的青年职业技能培训班等方式,加强青年职业技能培训和鉴定;做好"振兴杯"全国青年职业技能大赛的方案制订、组织实施等工作,承办区域性技能比赛;举办青年技能节,培育并弘扬青年技能文化;加强青年高技能人才培养的理论研究,探索青工技能振兴计划的有益经验;培养青年高技能人才典型。团中央青工部、沈阳市委市政府、团辽宁省委有关负责同志共同组成基地工作领导小组。领导小组办公室设在团沈阳市委,负责具体工作。办公室要有固定编制、工作人员和经费保障。

希望沈阳市以此次命名为契机,把青年技能人才培养列入更加重要的议事日程,强化基地工作职能,创新基地工作方式,完善基地工作运行机制,源源不断地培养和造就青年高技能人才,走出一条新形势下加强青年技能人才队伍建设的新路子,为促进经济社会发展和构建社会主义和谐社会做出新的贡献。

共青团中央、劳动和社会保障部关于在青年中实施"成功创业计划"的通知

2005 年 9 月 26 日

各省、自治区、直辖市团委,劳动和社会保障厅(局):

为进一步推动青年就业再就业工作,培养和扶持一批青年成功创业,为社会创造新的就业岗位,团中央、劳动和社会保障部决定在深入推进中国青年创业行动的进程中启动实施"成功创业计划"。

一、基本目标

重点抓好下岗失业青年、高校毕业生、返乡青年的创业扶持。2005—2008 年,通过开展创业培训、推行创业导航、实施创业见习、进行创业孵化等措施,帮助 50 万名青年掌握创业本领,扶持 20 万名青年成功创业(本人创办一个以上经济实体,且所创办实体运营状况良好,有一年以上营业的记录,为社会提供 3 个以上全职工作岗位)。

二、主要内容

1. 确定扶持对象。要遵循广泛发动、科学审核、优中选优的原则,采取重点考察、组织推荐或举办创业能力竞赛等方式筛选确定一批扶持对象。扶持对象应具备以下基本条件:拥护中国共产党的领导,遵守国家各项法律法规;有强烈的创业愿望;具备一定的创业素质和创业条件(包括资金、项目、技术或场地等);诚信度较高。要委托当地青年就业(创业)服务中心设立专门窗口、开通服务专线,为青年提供咨询、报名申请等服务。对已经确定的扶持对象,要指导其填写"扶持对象登记表",将其纳入本地区青年创业人才库,并报上一级团组织备案。

2. 开展创业培训。要以"创办和改善你的企业(SIYB)"培训为主要形式开展有针对性的创业培训。要落实专门的培训机构,按照劳动保障部关于 SIYB 培训机构的认定条件和程序申请培训资质,督促其严格按照 SIYB 培训技术标准举办培训班,制定培训计划,并报

劳动保障部门备案。培训班要优先安排扶持对象参加。在培训班期间,要邀请专家进行现场咨询和案例分析,指导扶持对象制定创业计划书。对制定创业计划书并经专家论证通过的学员,颁发劳动保障部与国际劳工组织联合认证的创业培训(GYB或SYB或IYB)合格证书,创业培训合格证书可作为申请地方政府小额担保贷款的有效证明。要建立学员管理制度,将扶持对象参训情况备案,进行实时跟踪和服务。各地劳动保障部门要把团组织开展的SIYB培训纳入当地创业培训工作总体规划,加强指导,并根据有关规定给予经费补贴。

3. 推行创业导航。在实施"成功创业计划"过程中引入青年创业导师制。要积极发动社会力量,选择本地区创业经验丰富、业绩突出且有强烈社会责任感的青年企业家、经济学家、SYB培训师等作为青年创业导师,组织他们和扶持对象结对,签订指导协议,为扶持对象提供至少一年的陪伴式创业指导。要督促青年创业导师与所结对的扶持对象进行充分沟通交流,帮助扶持对象科学认识自己的创业价值观、创业兴趣、创业能力等特质,初步确定适合自己的创业方向,并在如何科学制定创业规划、正确选择创业项目和开业地址、及早规避市场风险、更好地运用优惠政策、增强市场竞争力等方面为扶持对象提供有效的行为指导,定期深入扶持对象创办的企业掌握第一手资料,及时提供新一轮指导。

4. 实施创业见习。要遵循自觉自愿、互惠互利的原则,通过广泛宣传、层层动员等途径,确立一批企业作为青年创业见习基地。见习企业必须具备以下条件:有健全的党团组织,青年工作基础较好;在同行业中有一定知名度,经济效益和社会效益良好;有参与社会公益事业的意愿,能为扶持对象提供多种类、符合创业发展需求的见习岗位。要根据扶持对象的创业方向、见习意愿和见习基地的行业特点进行扶持对象与见习岗位的对接。要组织见习青年、见习企业签订《见习协议书》,明确见习计划、见习期限、见习岗位、见习企业职责、见习纪律等。在不超过半年的见习期内,要为扶持对象提供跟踪服务,并督促见习基地为扶持对象提供战略研究、企业管理、市场营销等多个岗位进行锻炼,全面提升扶持对象的创业实战能力。

5. 进行创业孵化。要将创业孵化这一全新理念和模式引入"成功创业计划"的实施过程。要整合社会资源,依托当地政府的开发区、高新技术园区、企业孵化器或高校的创业园区,建立青年创业孵化基地,通过市场化的手段组织扶持对象进入基地创业。要争取政府有关部门、园区管理部门以及银行、担保机构的支持,按规定落实降低准入门槛、简化审批程序、减免各类费用等优惠政策,帮助扶持对象顺利迈好创业的第一步。也可利用破产企业的闲置厂房,或采取建立青年创业市场、广场等方式,为扶持对象提供相对集中的生产经营场所,并尽可能地提供相关配套服务。

三、保障机制

1. 建设服务平台。要按照帮助青年成功创业的新要求加强青年就业(创业)服务中心建设,进一步拓展服务功能,完善服务项目,有针对性地设立创业青年登记、创业培训申报、项目论证、开业咨询等专门窗口,大力开展创业服务。各级劳动保障部门对青年就业(创业)服务中心要给予必要的业务指导,帮助其完善服务功能。要高标准建设本地青年就业创业工作网站,并依托网站建好本地区青年创业项目库和青年创业人才库,发布有关信息,提供在线服务。有条件的地方可以成立青年创业者联谊会、俱乐部,为青年创业者之间加强交流和合作提供条件,促进他们的健康成长和共同发展。

2. 培育专业队伍。要对具体实施"成功创业计划"的团干部进行培训,使其充分了解实施"成功创业计划"的操作流程,了解具有本地特色的扶持项目,推动这项工作规范化、科学化开展。要积极派遣青年创业培训基地责任心强、有丰富教学经验的教师参加团中央、劳动和社会保障部举办的SIYB师资培训班,并实行持证上岗制,由获得劳动和社会保障部中国就业培训技术指导中心统一颁发的师资培训合格证书的教师授课。对青年创业导师要重点加强责任意识教育,从参与创业指导的次数、时间和具体效果等方面进行量化考核。对青年就业(创业)服务中心的从业人员,要普遍开展政策业务和操作技能培训,实行持证上岗制度。

3. 建立专项基金。要争取社会、企业支持,建立青年创业基金,为青年创业提供必要的资金支持。要通过委托专门金融机构管理等方式,对申请贷款的扶持对象进行市场前景评估,确保基金发放科学、有序、合理。要加强管理,督促获得资金扶持的扶持对象在投入项目运作后每季度向有关机构报送详尽的运行状况报告。

4. 进行任务分解。各级团组织要制定具体实施方案,对照工作目标进行任务分解,确保工作落实。要在劳动保障部门支持下动员方方面面力量共同为青年创业搭建舞台、提供服务。要加大对"成功创业计划"的宣传力度,营造关心支持青年创业的良好社会氛围。

请各地将贯彻本通知的情况及时反馈到团中央青工部。

共青团中央办公厅关于印发《全团青工战线增强共青团员意识主题教育活动实施方案》的通知

2005年10月12日

共青团各省、自治区、直辖市委,军委总政治部组织部,全国铁道团委,全国民航团委,中直机关团工委,中央国家机关团工委,中央金融团工委,中央企业团工委:

现将《全团青工战线增强共青团员意识主题教育活动实施方案》印发给你们,请结合实际,认真组织实施,并将有关情况及时报共青团中央青工部。

全团青工战线增强共青团员意识主题教育活动实施方案

为深入贯彻落实《共青团中央关于在全团开展以学习实践"三个代表"重要思想为主要内容的增强共青团员意识主题教育活动的意见》,在全团青工战线扎实开展增强共青团员意识主题教育活动,特制定实施方案如下。

一、指导思想

以邓小平理论和"三个代表"重要思想为指导,深入贯彻党的十六大和十六届五中全会精神,全面落实团十五大和团十五届三中全会的工作部署,紧密结合企业、机关事业单位和青年企业家协会组织的实际,以学习实践"三个代表"重要思想为主线,以"永远跟党走"为主题,以动员广大青年职工立足岗位做贡献为途径,切实增强青工战线共青团员的政治意识、组织意识和模范意识,解决基层团组织存在的突出问题,不断增强团组织的创造力、凝聚力和战斗力,进一步巩固和扩大党执政的青年群众基础。

二、目标任务

1. 增强意识。坚持用邓小平理论和“三个代表”重要思想构筑广大团员的精神支柱，切实增强政治意识；对团员进行团史团情和团员权利义务教育，提高团员对团组织的认同感和归属感，切实增强组织意识；组织广大团员学习《团章》，重温入团誓词，认真查找自身与团员标准的差距，引导团员在学习和工作中自觉发挥模范带头作用，切实增强模范意识。

2. 健全组织。把教育活动与加强基层组织建设紧密结合起来。根据青工战线基层团组织建设面临的新情况和新问题，调整组织设置，创新团建方式，密切团组织与团员青年的联系。开展“五四红旗团委”创建活动，提高基层团建的整体水平。适应建立现代企业制度和企业法人治理结构的要求，探索公寓建团、社区建团、跨企业建团、生产线建团等组织设置模式。广泛建立企业青年工作委员会和青年攻关协会、科技协会等青年社团，扩大团的工作覆盖面，延长团的工作手臂。以各级青年就业服务中心为依托，建立符合下岗失业团员实际的团的组织机构。

3. 活跃工作。以服务改革发展稳定大局、服务青年成长发展为宗旨，强力推进中国青年创业行动、青工技能振兴计划、青年创新创效和青年文明号等各项主题活动，进一步做好青年企业家协会工作，努力开创全团青工工作新局面，团结带领广大青年职工为全面建设小康社会做贡献。

三、总体安排

教育活动分为三个阶段进行。

（一）宣传动员阶段（9月至10月下旬）

1. 下发通知，对青工战线团员意识主题教育活动进行具体部署。

2. 做好宣传发动工作。组织青工战线团干部深入企业、机关事业单位、青年企业家协会会员单位，开展调查研究，争取党政领导支持，加强对基层的工作指导。

3. 建立定点联系制度。团中央青工部确定辽宁阜新橡胶集团公司、首钢总公司、中国第一汽车集团公司、江南造船（集团）有限公司、万象集团、中国石化集团茂名石油化工公司等单位为团员意识主题教育活动的联系点，青工战线团组织也要层层设立工作联系点，深入联系点检查指导教育活动，帮助联系点解决实际问题。

4. 加强督导检查。建立考核标准，一级抓一级，加强对基层工作的检查督导。团中央青工部将对全国青工技能振兴计划400家试点企业进行重点检查督导。

（二）学习教育阶段（11月份）

1. 开展“学理论知团情”主题学习活动。通过组织个人自学、举办培训班、专题讲座和上团课等方式，引导团员青年深入了解以“三个代表”重要思想为主要内容的科学理论和以团章为主要内容的团史团情。

2. 开展“新时期企业团员标准”大讨论。通过召开研讨会、举办论坛等方式，围绕时代发展对青年职工的要求、青年职工学习努力的方向、如何发挥团员青年的模范作用等主题，广泛开展讨论，提高团员青年对团员标准的认识。

3. 加强对企业团员青年的教育引导。深入开展青年创新创效活动，组织企业团员青年积极投身创新实践，为促进企业科技进步、提高企业竞争力做贡献，用实际行动体现团员青年的先进性。深化青工技能振兴计划，引导企业团员青年立足本职，苦练技能，学习提高，争做高技能人才。团中央青工部将举办全国优秀青年技能人才颁奖典礼、举办“2005年中国青工技能月”活动、评选首届“中国十大杰出青年技师”，以加强对企业团员青年的引导。

4. 发挥青年文明号创建集体在活动中的示范带动作用。动员青年文明号活动组织管理部门和青年文明号集体紧扣团员意识主题教育活动，广泛开展“青年文明号文化节”、青年文明号辩论赛、征文比赛、知识竞赛等活动，把团员意识主题教育活动融入青年文明号创建的过程中。要求青年文明号集体成员佩带团徽上岗，并将其作为青年文明号评选考核的重要标准。

5. 开展“新时代新风采”六个一主题教育活动。组织青工战线每一名团员上一次团课、学一遍团章、读一本学习辅导材料、写一篇学习心得、参加一次讨论活动、过一次民主生活。

(三)总结提高阶段(12 月份)

1. 广泛征集意见。下发征求意见表，向青工战线团员青年征求意见，切实了解掌握他们的服务需求。

2. 开展结对帮扶。深入开展“真情助困进万家”活动，向困难企业青年职工、下岗失业青年送温暖。要求青工战线每个团委与一名下岗失业青年结对，提供就业援助，帮助他们尽快实现就业创业。

3. 建立长效机制。根据团员青年的意见，完善工作内容，改进工作方式，建立工作制度，形成主题教育活动的长效机制。

四、活动要求

1. 高度重视。青工战线各级团组织要充分认识此项工作的重要性和必要性，统一思想，提高认识，将其作为当前头等大事来抓。

2. 精心组织。要及时了解掌握基层开展增强团员意识主题教育活动的情况和团员青年的思想动态，根据不同地域、不同行业的实际，确定具体的实施方案和工作安排。鼓励和支持各地从实际出发，大胆创新。

3. 加强宣传。要充分运用团属舆论阵地和各种新闻媒体，大力宣传增强团员意识主题教育活动的重要意义，充分调动广大团员青年参与活动的主动性和积极性，为活动开展创造良好的舆论氛围。注意选树典型，用先进典型教育引导广大团员青年。

共青团中央、劳动和社会保障部、国务院国有资产监督管理委员会关于开展“2005 年中国青工技能月”活动的通知

2005 年 10 月 28 日

各省、自治区、直辖市团委、劳动保障厅，各中央企业，军委总政治部组织部，全国铁道团委，全国民航团委，中直机关团工委，中央国家机关团工委，中央金融团工委，中央企业团工委：

为深入学习贯彻党的十六届五中全会精神，全面落实团十五届三中全会部署的工作任务，扎实推进增强共青团员意识主题教育活动，加强青年高技能人才培养，动员引导广大青年职工特别是团员青年立足岗位，学技成才，创新创效，团中央决定联合劳动和社会保障部、国务院国有资产监督管理委员会开展“2005 年中国青工技能月”活动。有关事宜通知如下。

一、基本思路

以邓小平理论和“三个代表”重要思想为指导，以加强青年技能人才队伍建设为主线，以增强企业自主创新能力、发展循环经济、培养青年技能人才为目标，以开展青年创新创效活动、实施青工技能振兴计划为途径，广泛开展主题鲜明、内容丰富、形式多样的活动，组织引导团员青年学习、创新、提高，为企业改革发展和全面建设小康社会做贡献。

二、活动主题

增强团员意识，岗位创新成才

三、活动时间

2005 年 11 月 1 日至 30 日

四、主要内容

1. 加强对团员青年的教育引导。通过召开研讨会、举办论坛等形式，开展“新时期企业团员标准”大讨论，提高企业团员青年对团员标准的认识，强化团员青年的政治意识、组织意识和模范意识。宣传新型人才观，树立青年典型，引导广大青年职工树立人人皆可成才、技术工人也是人才的观念，立足岗位，创新成才。

2. 组织团员青年积极投身创新实践。适应不断增强自主创新能力、加快建设国家创新体系的要求，以市场为导向，以技术、管理、营销、服务创新为主要内容，不断深化青年创新创效活动。广泛推行“青年项目制”，抓住申报创新项目、开展项目攻关、促进成果转化、建立激励机制等环节，为青年创新攻关提供支持。举行青年创新创效成果评选、组织青年创新创效成果推介转化等活动，强化青工的知识产权意识，促进科技成果向现实生产力的转化。建立青年科技协会、青年攻关小组、青年技能培训小组，强化组织阵地依托。

3. 大力培养青年高技能人才。适应加强人力资源能力建设、实施人才培养工程的要求，扎实推进“青工技能振兴计划”。深入开展技能培训，扩大培训参与面，规范培训流程，实现培训、竞赛、鉴定的有效衔接，逐步构建青工技能培训的工作体系。跟踪科技发展潮流，依托各种传统培训阵地和现代网络传媒，举办培训班、知识讲座和知识竞赛，帮助青工学习掌握新知识、新技术和新工艺。深入开展导师带徒、岗位练兵、同业交流、绝技观摩等活动，帮助青工学技成才。广泛举办技能竞赛，为青年成长发展搭建舞台。加强面向青工的职业技能鉴定工作，帮助更多的青年技术工人晋升技术等级。

4. 组织团员青年开展节能降耗活动。适应加快建设资源节约型、环境友好型社会的要求，在企业青年职工中广泛开展节能降耗活动。要高度重视节能宣传，通过开展节能法律法规宣传、能源形势宣传和普及节能知识等形式多样的节能宣传活动，提高青工的节能意识。深入开展五小、QC、合理化建议等活动，鼓励广大青年职工积极参与技术改造，提高节能降耗的技能水平。深入开展节约竞赛活动，把节能降耗活动和青年岗位能手活动结合起来，在青工中实施岗位责任制和能源考核奖惩制度，力争达到以管理促节约、以节约求效益。

活动月期间，活动主办单位将联合举办全国青年创新创效成果评选、全国青年高技能人才表彰等活动，加强对基层的引导。

五、有关要求

1. 积极配合，认真实施。各级团组织、劳动保障部门、各中央企业要密切配合，通力协作，按照部署和要求，制定切实可行的活动方案，有计划、有步骤地组织实施各项活动。各地区、行业团组织要联合有关部门组织一些具有示范性的活动，为基层提供借鉴，努力做到上下联动，全面活跃。

2. 立足基层，讲求实效。要把活动的重点放在基层，放在企业，广泛发动青工参加，掀起群众性学练技能的新高潮。

3. 扩大宣传，营造氛围。各地要充分利用各种新闻媒体，加强活动宣传，选树活动中涌现出的各类典型，形成有利于青工成长成才的良好社会环境。

共青团中央办公厅关于开展首届“中国青年企业家管理创新奖”评选活动的通知

2005年11月1日

共青团各省、自治区、直辖市委，全国铁道团委，全国民航团委，中直机关团工委，中央国家机关团工委，中央金融团工委，中央企业团工委：

今年是中国青年企业家协会成立20周年。为深入学习贯彻“三个代表”重要思想和党的十六届五中全会精神，展示当代青年企业家的时代风采，激励广大青年企业家弘扬创新精神，不断提高企业管理水平，增强企业竞争力，为全面建设小康社会贡献力量，共青团中央、中国青年企业家协会决定，在全国范围内开展首届“中国青年企业家管理创新奖”评选活动。现将有关事宜通知如下。

一、评选对象

各级青年企业家协会会员

二、奖项设置

本次评选活动设“中国青年企业家管理创新金奖”10名，“中国青年企业家管理创新奖”50名。

三、评选标准

1. 申报者年龄原则上不超过40周岁。

2. 长期从事企业管理，在主要管理岗位工作连续五年以上，在社会上有较高知名度。

3. 具备很强的管理能力，包括：开拓创新能力、战略决策能力、挑战和风险应对能力、沟通协调能力、资源整合能力、学习和自省能力、创新型团队塑造能力。

4. 在企业管理中，逐步探索形成符合时代和社会主义先进文化建设要求的管理方法、管理模式或管理理论，在本企业实施效果明显。

5. 所在企业与利益相关者关系和谐，即能正确处理好企业与员工、股东和社会各界关系，诚实守信，积极承担社会责任。

6. 在任期间，所在企业发展态势良好，企业具有一定的竞争力和可持续发展能力。

四、评选步骤

1. 推报(11月10日前)。各省级团委按照评选标准推报3—5名青年企业家参评(其中，各副省级青企协推荐1名青年企业家参评)。

参评者须提供：(1)不少于3000字的事迹材料(一式10份，用A4纸复印并装订成册)，事迹材料包括个人简历、个人经营管理理念、企业发展状况、管理创新成果等。管理创新成果必须是自主创造的，不涉及他人成果。如引起他人异议，参评者必须承担全部责任；(2)《首届“中国青年企业家管理创新奖”候选人申报表》(见附件，一式两份，请用A4复印纸)；(3)有关奖励证书、荣誉证书、专利证书复印件、身份证复印件各一份；(4)反映管理创新情况的5寸活动照片5张，申报人1寸免冠彩照3张。

上述申报材料需用磁盘储存一并上报。

2. 审核(11月14日前)。中青企协秘书处对各地推报的候选人资格进行审核，初步确定候选人名单。

3. 公示(11月19日前)。中青企协秘书处对初步确定的管理创新奖候选人名单及简要事迹在有关新闻媒体上进行公示，接受社会监督。

4. 评定(11月22日前)。共青团中央、中国青年企业家协会邀请政府官员、专家学者、知名企业家组成评委会，开展评选工作，并进行表彰。

五、有关要求

1. 高度重视。本次评选活动对于引导青年企业家强化管理创新意识，投身企业管理创新实践，为全面建设小康社会贡献力量，具有重要意义。各地共青团、青年企业家协会要高度重视，精心组织，确保这项工作能够顺利开展，收到实效。

2. 严格把关。“中国青年企业家管理创新奖”获得者应是企业管理创新的优秀典型，各地要坚持标准，实事求是，严格把关，保证质量。

3. 加强宣传。各地要抓住本次评选活动这一契机，树立一批有说服力的典型进行宣传，营造支持企业管理创新，服务青年企业家成长发展的良好社会氛围。

十、青农

共青团中央、国务院三峡工程建设委员会办公室、水利部国家环境保护总局、国家林业局关于进一步深入开展“美化新三峡，保护母亲河”活动的通知

2005年1月12日

各省、自治区、直辖市团委，有关省(市)移民部门、水利(水务)厅(局)、环保局(厅)、林业局(厅)：

为贯彻党中央、国务院关于三峡库区生态环境建设和保护的一系列指示精神，2004年，共青团中央等部委启动了“美化新三峡，保护母亲河”活动，动员青少年为三峡库区生态环境保护和改善做贡献。当前，三峡水利枢纽工程建设已蓄水发电，进入工程建设与生态保护并举的新阶段。为进一步围绕三峡水库周边绿化带建设，大力改善长江流域生态环境状况，服务于三峡工程的建设和综合效益的发挥，全面动员青少年和社会公众开展宣传教育和实践体验活动，在三峡库区大力植树种草、保持水土、美化环境，形成全社会关心三峡水利枢纽工程建设，关注和参与长江流域生态环境保护的良好局面，共青团中央、国务院三峡工程建设委员会办公室、水利部、国家环境保护总局、国家林业局决定，进一步深入开展“美化新三峡，保护母亲河”活动。

一、加强宣传，使“美化新三峡，保护母亲河”的观念深入人心

(一)开展“同一条河”大型文化活动。各地要统一以“同一条河”为名称，统一标识和主题歌，通过文艺演出、文化广场等青少年和社会公众喜闻乐见的方式，结合当地赞美家乡、歌颂河流和富有地域特点的文化节目，在城市广场、街道、社区、农村集市开展演出活动，广泛宣传长江的博大情怀、孕育华夏文明的深厚历史文化底蕴和三峡水利枢纽工程建设的重大意义，培养传播生态文明的稳固队伍，在全社会大力传播“人与自然和谐与共”的理念。各地也要结合实际，通过文学、艺术等手段，邀请当地的社会名人，推出一批音乐、歌曲、电影、电视片等文艺精品，塑造形式多样的文化载体，在青少年和社会公众中广为传播。

（二）大力宣传“美化新三峡，保护母亲河”理念。全流域各地各单位要通过网络、广播、电视、报刊等各种媒体，利用公益广告、宣传画（册）、绿色咨询等多种方式，以重大节会活动、生态环保纪念日、团（队）日为契机，固定时间、固定载体，大力宣传党中央、国务院关于三峡工程的一系列指示精神，宣传保护和改善三峡库区乃至长江流域生态环境状况的伟大意义，宣传青少年和社会公众参与保护新三峡、保护母亲河的决心和行动，宣传三峡水利枢纽工程取得的良好综合效益，使“美化新三峡，保护母亲河”的理念渗透到青少年和社会公众的日常学习、劳动、娱乐、生活中，使“美化新三峡，保护母亲河”成为每个人的固有观念和自觉行动。

全国“美化新三峡，保护母亲河”活动领导小组拍摄制作5至10集的电视专题片，集中反映三峡水利枢纽工程建设的进展情况，宣传广大青少年在保护三峡库区乃至长江流域生态环境中开展的活动成果，展现各地青少年和三峡库区建设者在保护生态环境中涌现出的先进典型和感人故事。邀请部分保护母亲河爱心使者，拍摄“美化新三峡，保护母亲河”专题公益广告片，宣传生态文明理念，号召社会各界为保护三峡库区的生态环境献计献策。发行“美化新三峡，保护母亲河”生态教育挂图，在长江流域的公众场所广泛张贴悬挂。

（三）发放摆放“美化新三峡，保护母亲河一天天环保宣传卡、台签”。各地要新聘请一批青少年喜爱、社会影响力广泛、热心生态环保事业的社会知名人士为“保护母亲河爱心使者”，制作带有名人头像、寄语和日常环保小事的“美化新三峡，保护母亲河一天天环保宣传卡、台签”，在青少年和社会公众中广泛发放。尤其要在长江流域客船、宾馆、码头等公众出入较多的场合广泛发放、摆放，提醒游客从日常环保小事做起，自觉践行，保护生态环境，减少三峡库区的流动污染。

（四）开通“美化新三峡，保护母亲河”流动宣传车。要组织一批车辆，经精心设计和改装后，运用声、电、光等综合立体的方式，深入农村、城镇等地，宣传不向江河倾倒垃圾污染物等保护生态环境的各种知识，教育广大农民革除生活陋习，整治农村生态环境，保护长江流域的生态建设成果。尤其要向社会公众展示长江和三峡库区的风土人情和三峡工程的建设成就，宣传长江流域的生态环境改善对三峡库区、长江流域人民乃至中华民族生存繁衍的重要意义，使宣传车成为宣传保护母亲河、保护生态环境的流动阵地。各地要创造条件，争取每个县（市、区）都开通一辆流动宣传车，保证宣传活动经常持久深入的开展。

（五）培训“保护母亲河宣传员”。广泛招募一批青年志愿者，通过正规、系统的培训，使他们了解保护生态环境、保护三峡库区和长江水环境的重要性，向社会公众广泛宣传“美化新三峡，保护母亲河”理念，引导社会公众采取多种方式参与三峡库区的生态环境建设。要在长江流域的客船、游船、旅行社、旅游团及主要风景名胜区的导游中培训一批“保护母亲河宣传员”，在向旅客介绍旅游风光、名胜古迹等知识的同时，宣传保护母亲河行动简介和保护生态环境的各种常识，教育广大游客自觉做生态环境保护的实践者和生态文明理念的传播者。

二、以三峡水库周边绿化带建设为重点，大力建设保护母亲河生态示范工程

（一）动员社会各界积极投身三峡水库周边绿化带建设。建设保护母亲河三峡水库绿化带示范工程。湖北省、重庆市要在全面推进《三峡水库周边绿化带建设规划》实施基础上，切实花大力气建设好保护母亲河三峡水库绿化带示范工程。要通过绿化带及其示范区建设，恢复植被、美化景观，为库区全面绿化提供建设样板及管理经验，引导社会各界关心支持和资助三峡水库两岸生态建设，营造生态安全、环境优良、景观秀美的三峡水库。国务院各有关部委、各党派、对口支援省市、国内外各企业界、社会各团体可以采取各种方式积极参与三峡库区绿化带建设，建设优质示范工程。

（二）大力建设“美化新三峡，保护母亲河”纪念林。以“我为三峡植棵树”、“饮水思源”和“三峡助我大发展，我为三峡献片绿”等为主题，面向海内外筹集社会资金，动员企事业单位、团体、三峡水利枢纽工程受益地区和国内外参加三峡水利枢纽工程建设企业募集资金，在三峡水库周边绿化带及其示范区内建设纪念林，建设文化纪念设施，设立各种文化标识，对绿化者及单位予以鼓励。

三、扎实开展“美化新三峡，保护母亲河”生态实践活动

（一）命名一批“保护母亲河号”。在长江航运系统大力开展“保护母亲河号”创建活动。组织长江航运系统的青年员工文明从业、严格达标排放，广泛开展各种生态环保宣传活动，引导乘客从小事做起，保护长江的生态环境。要将“保护母亲河号”作为青少年进行环保宣传的实践阵地，建立“保护母亲河号”与库区各高校、中学结对宣传的体制，大力开展“美化新三峡，保护母亲河”实践活动。

（二）开展“保护母亲河生态监护活动”。在三峡库区及长江沿线招募青少年志愿者，成立生态监护队，设立监护点，对当地污染源进行监督。同时，通过设立监护热线接受群众举报，并将监护点的状况经环保部门确认后形成“青少年美化新三峡”公告，定期向社会发布，引导青少年亲身参与对三峡水环境的监督与保护。

（三）开展生态环保实践。利用节假日，结合“三下乡”、“夏令营”等活动，广泛动员青少年参与“送三峡环保知识下乡”等生态体验活动，让青少年在体验自然、宣传环保的过程中，受到生态环境意识的教育。抓住新三峡库区成为旅游热点的契机，组织广大青少年和社会公众广泛开展“新三峡生态游”活动，使青少年和社会公众在畅游新三峡的同时，接受环保教育，提高自身的环保意识。

四、加强领导，建立和完善机制，为活动的顺利开展创造良好的环境

（一）高度重视。“美化新三峡，保护母亲河”活动是一个较长期的具有战略性意义的活动，是关注大江大河流域生态环境保护的重要举措，是动员广大青少年和社会公众参与国家生态环境保护的新载体，也是2005年保护母亲河行动春季活动的重要内容。各地各部门要按统一要求认真做好工作计划，并及时向当地党委和政府请示汇报。在党委和政府统一指导下，加强与有关部门沟通和协调，统一主题，统一行动，充分保障这一活动顺利有序开展。各地要高度重视，精心组织，认真实施，形成合力，积极动员当地的青少年和社会公众为三峡水利枢纽工程建设，为保护母亲河行动贡献力量，在全社会形成关注新三峡，保护母亲河的热潮。

（二）加强领导。调整全国“美化新三峡，保护母亲河”活动领导小组（见附件），充分发挥对活动的领导和协调作用。办公室设在团中央青农部。团中央负责活动的宣传发动、策划实施；国务院三峡工程建设委员会办公室负责组织周边绿化带示范区建设，动员三峡工程受益地区、国内外参与三峡工程建设的企业和对口支援省市募集资金，建设纪念林。水利部、国家环境保护总局、国家林业局负责对保持水土、植树造林进行技术指导，并在国家水利、林业、环保工程建设立项上对三峡水库周边绿化带建设予以倾斜。国家环境保护总局负责对青少年开展环保工作进行业务指导和支持，提供三峡库区环保方面的资料。各地也要结合实际情况，成立“美化新三峡，保护母亲河”活动领导小组，加强对活动的领导。

（三）完善机制。建立联席会议制度，定期召开联席会议，对活动进行协商、统一部署，形成合力。完善动员机制，大力表彰奖励在活动中做出突出成绩的先进集体和个人,广泛动员青少年和社会各界积极参与“美化新三峡,保护母亲河”活动。探索新的筹资机制,鼓励企事业、集体、个人等以各种不同方式积极投入三峡库区的生态环境建设。积极探索以东西互助、结对等方式建设纪念林、友好林。

(四)注重实效。开展“美化新三峡,保护母亲河”活动,要立足于各地实际情况,扎扎实实地开展工作。要遵循生态环境建设的客观规律,建设好保护母亲河三峡水库绿化带示范区建设工程及纪念林工程,真正建设一批精品示范工程,确保公众爱心得到实实在在的体现,确保每个工程综合效益的发挥,服务经济社会的发展。要大力宣传活动中涌现出的先进人物和事迹,激励和引导广大青少年和社会公众积极投身到这项活动中来,为保护和改善三峡库区乃至长江流域的生态环境做出积极的贡献。

附:全国“美化新三峡,保护母亲河”活动领导小组成员名单

组　长:周　强　共青团中央书记处第一书记
　　　　蒲海清　国务院三峡工程建设委员会办公室主任
副组长:尔肯江·吐拉洪　共青团中央书记处书记
　　　　高金榜　国务院三峡工程建设委员会办公室副主任
　　　　鄂竟平　水利部副部长
　　　　潘　岳　国家环境保护总局副局长
　　　　祝列克　国家林业局副局长
成　员:陶　宏　共青团中央青农部部长
　　　　柳　地　国务院三峡工程建设委员会办公室水库管理司司长
　　　　刘　震　水利部水保司司长
　　　　刘友宾　国家环境保护总局宣教办副主任
　　　　魏殿生　国家林业局造林司司长
　　　　林　青　共青团中央青农部副部长
　　　　黄真理　国务院三峡工程建设委员会办公室水库管理司副司长
办公室主任:陶宏(兼)　柳地(兼)
副主任:林青(兼)　黄真理(兼)

共青团中央、全国绿化委员会、全国人大环境与资源保护委员会、全国政协人口资源环境委员会、水利部农业部、国家环境保护总局、国家林业局关于进一步深化保护母亲河行动的意见

2005年1月19日

生态环境是人类生存和发展的基本条件。加强生态建设,保护生态环境,实现经济社会可持续发展,是关系中华民族生存与发展的根本大计。中华民族具有植树种草、建设美好家园的光荣传统。建国以来,特别是改革开放以来,国家非常重视生态环境建设,把保护和改善生态作为一项基本国策,制定了一系列方针政策,极大改善了我国生态环境状况。

人民群众是生态环境建设的力量源泉。在党和政府不断加大投入,下大力气建设生态

环境的同时，动员广大人民群众积极参与，把人口优势化做资源优势，是现阶段我国生态环境建设的必由之路。青少年始终是生态环境建设的生力军和突击队，作为民族的未来，祖国的希望，肩负着保护生态环境，建设美好家园，促进我国可持续发展战略实施的重要历史使命。青少年参与生态环境保护和建设，大有可为。

保护母亲河行动自1999年实施以来，各级党委、政府亲切关怀，社会各界大力支持，各级团组织和有关部门共同努力，广大青少年积极参与，取得了良好的生态效益、经济效益和社会效益，在中国和世界产生了广泛影响。实践证明，保护母亲河行动顺应人类文明进步的潮流，有力服务了国家生态建设大局；适应市场经济条件下生态环境建设规律，促进了经济社会的可持续发展；将环境保护和实践育人有机结合，加强了青少年环保意识的培养和爱国主义教育；丰富了新时期青年运动的内涵，增进了中外青年的友好合作交流。

现在，我国进入了全面建设小康社会，加快推进社会主义现代化的新的发展阶段。由于历史、自然的种种原因，我国的生态环境状况还很脆弱，生态环境建设任务还很艰巨。经济社会的发展，人民生活水平的提高，要求更加良好的生态环境与之适应。市场经济条件下，蕴藏在人民群众中参与生态环境建设的热情还有待激发，潜力十分巨大。为深入贯彻落实党中央国务院关于生态环境建设一系列重要指示精神，更广泛地动员青少年和社会公众积极投身国家生态环境建设，保护赖以生存的生态环境，共青团中央、全国绿化委员会、全国人大环境与资源保护委员会、全国政协人口资源环境委员会、水利部、农业部、国家环境保护总局、国家林业局决定，广泛组织动员青少年和社会公众积极行动起来，集中力量，强势推进，进一步深化保护母亲河行动，不断开创保护母亲河行动工作新局面。

一、充分认识进一步深化保护母亲河行动的重要意义

保护母亲河行动是一项引导亿万青少年全方位参与生态环境保护和建设的大型生态公益事业，是青少年植树种草、绿化祖国传统的继承和创新，不同于团组织开展的一般性活动。进入新世纪，倡导人与自然和谐与共的生态文明成为人类社会的发展潮流。生态环境状况和国民生态道德素质已成为一个国家、一个民族文明与进步的重要标志。保护自然就是保护人类，建设自然就是造福人类。大力保护和改善生态环境，保护母亲河，是顺应人类历史发展潮流做出的必然选择。

全面建设小康社会，为当代青少年实现抱负、施展才华提供了广阔舞台，也赋予青少年为我国生态环境建设不懈奋斗的历史责任。全面建设小康社会的重要目标就是实现“可持续发展能力不断增强，生态环境得到改善，资源利用效率显著提高，促进人与自然和谐，推动整个社会走上生产发展、生活富裕、生态良好的文明发展之路”。组织动员青少年通过参与保护母亲河行动，积极投身生态环境建设，有效实现这一目标，是全面建设小康社会的客观要求和实现中华民族伟大复兴的必由之路。

保护母亲河行动是青少年参与生态环境建设，提高自身综合素质的重要途径。坚持抓好培育“四有”新人这一根本任务，全面提高青少年的素质，是党赋予共青团的光荣职责。通过参与保护母亲河行动，投身生态环境建设实践，提高了青少年的实践能力和创新能力，增强了他们的爱国主义精神和社会责任感，对于提高青少年的综合素质，培养具有良好生态文明意识和可持续发展意识的一代新人，意义重大。

长期以来，各级团组织和有关部门积极配合，扎实推进保护母亲河行动，积累了丰富经验。面对我国改革发展的新形势，面对党对青少年成长的新要求，面对新时期青年运动发展的新特点,必须从战略高度充分认识进一步深化保护母亲河行动的重要性,采取有力措施,切实将这项工作抓实抓好。

二、进一步深化保护母亲河行动的总体思路和基本原则

进一步深化保护母亲河行动的总体思路是:以邓小平理论和“三个代表”重要思想为指导,认真落实以人为本,全面协调可持续的科学发展观,坚持群众性生态公益事业的发展方向,构建以生态文化、生态体验、生态工程、国际交流与合作为着力点的工作格局,进一步强化育人功能,努力提高青少年生态文明素质,最广泛地动员青少年和社会公众,积极投身生态环境建设,自觉保护生态环境,为全面建设小康社会,实现中华民族的伟大复兴而努力奋斗。

进一步深化保护母亲河行动要遵循以下基本原则:

——坚持服务大局。顺应人类文明进步的潮流,围绕不同时期国家生态环境建设的目标,服从生态环境建设的总体规划和部署,服务全面建设小康社会对生态环境建设的总体要求。

——坚持实践育人。发挥保护母亲河行动在实践育人中的优势,围绕青少年生态道德的养成和生态文明意识的提高,探索增强青少年综合素质的有效方式。

——坚持求真务实。一切从实际出发,尊重科学规律,按市场经济规律办事,从大处规划,从小处着眼,以实实在在的生态建设成果,以一件件卓有成效的实事,稳步推进。

——坚持开拓创新。要与时俱进,不断研究新形势下青少年参与生态环境建设的新方式,总结新经验,探索新规律,解决新问题。

三、积极构建保护母亲河行动不断发展的新格局

着眼于开发和弘扬生态文化、广泛开展生态体验、推动生态工程建设、加强生态环保国际交流与合作四个方面,积极构建保护母亲河行动不断发展的新格局。

(一)开发和弘扬生态文化,不断增强青少年的生态环保意识。生态文化是先进文化的重要组成部分,核心是使“人与自然和谐与共”的理念成为青少年的基本价值观之一。要打响“同一条河”文化品牌,成立保护母亲河行动艺术团,统一名称、标识、主题歌,通过文艺演出、展览、论坛、文化广场等形式,开展群众性文化活动,培养传播生态文明的稳固队伍和渠道。要利用各种媒体,通过新闻、文学、艺术等手段,推出一批音乐、电视、电影等文艺精品,用群众喜闻乐见的方式宣传生态文化,塑造形式多样的文化载体。每年春天,要集中开展好保护母亲河(周)日活动和各类主题宣传活动,全国统一主题,通过刊播公益广告、绿色咨询等形式多样的活动,上下联动,集中宣传生态环保知识和理念。各地也要结合实际,利用重大节会活动、环保纪念日、团(队)日为契机,开展保护母亲河主题活动,使生态文明理念渗透到青少年日常学习、劳动、娱乐、生活中。尤其要利用好保护母亲河网站,开展各种展示、征集、竞赛等活动,使网站成为青少年学习环保知识、交流生态环保经验的平台。

(二)广泛开展生态体验,促进青少年养成保护生态环境的良好习惯。生态体验是开展保护母亲河行动的重要环节,目的是通过青少年在保护生态环境中的亲身实践,将做人做事的道理内化为自身的心理品格,从小养成爱护生态环境的良好习惯。适应青少年和公众参与生态环境建设的要求,以“请跟我来,天天环保”为抓手,进一步促使环保小事从个人向学校、单位、家庭、社区扩展,使环保实践走进公众日常生活,建立牢固、广泛的社会基础。要特别关注利用重点流域、重点工程、重大节会开展生态环境保护主题活动。要完善机制,发动基层团组织积极参与“保护母亲河号”、“保护母亲河生态监护”、“全国生态环保教育基

地”等创建活动。将保护母亲河行动纳入“三下乡”、“夏(冬)令营”、生态旅游、野外科学考察等活动范围,让青少年在亲身体验大自然中陶冶情操,增强生态环保技能。广泛参与农村生态环境保护,开展农产品和“菜篮子”基地调查,发展生态农业,整治农村环境,革除生活陋习,切实解决农业和农村污染源问题。参与国家重要生态功能区、自然保护区的保护工作。倡导清洁生产,发展循环经济。

(三)大力建设好保护母亲河工程,确保公众爱心得到回报。保护母亲河工程是保护母亲河行动的关键。要广泛面向社会公众、法人团体等企事业单位和个人募集资金,为保护母亲河工程提供建设资金。全国重点资助项目要在建设好已有工程基础上,结合有关部委重点项目实施规划,每年新立项建设一批。要进一步落实完善工程管理和资金拨付办法,保障工程建设进度和工程资金按时足额到位。由外国政府和民间组织捐资建设的项目,参照《全国保护母亲河工程管理办法》具体实施。

地方工程是今后保护母亲河工程建设的重点。今后,地方工程将以命名建设保护母亲河青少年绿色家园的方式实施。各地要以县(市、区)为单位,与有关部门密切合作,按照市场化运作的方式,划定一个固定区域,规模适当,高标准、高质量进行建设,为青少年和社会公众植绿护绿、劳动实践、素质拓展、休闲观光、环保交流提供场所。今后,全国每个县(市、区)至少建设一个保护母亲河青少年绿色家园。鼓励通过向各行业、各系统募集资金,大力建设保护母亲河纪念林。各地要广开渠道,广泛挖掘各种社会资源进行工程建设。

工程质量是保护母亲河工程的核心和保障。要在治理技术、建设模式、建设机制方面做出示范,建设一个成功一个,保证每个保护母亲河工程都是优质工程,确保社会公众的爱心得到实实在在的回报。

(四)加强青少年生态环保国际交流与合作,增进中外青少年的友谊。开展跨文明对话,促进不同文明之间的沟通和交流。以“河流”为载体,继续开展好“澜沧江—湄公河青年友好之船”活动,增进以环保和区域开发为主题的区域合作。加强国际双边、多边的可持续发展对话交流,采取灵活多样的宣传方式,扩大保护母亲河行动的国际影响。开展好中日民间水论坛活动,增进与日本各团体的相互了解。加强与联合国环境规划署的联系,积极参与联合国系统和其他相关国际组织的青少年环保交流活动。

加大保护母亲河行动国际合作力度,吸引国际资源,谋求共同发展。实施好小渊基金项目,兴建中日青年生态绿化示范林。以“中埃青年友谊林”为模式,进一步探索双边、多边国家合作交流方式,高质量、高水平建设各种国际纪念林。在保护母亲河行动的框架下,以缔结友好城市、友好团体等各种方式,加强与国外青少年的合作,促进人类文明进步。

四、建立健全机制,促进保护母亲河行动健康发展

进一步建立健全适应我国市场经济规律和公益事业发展规律,青少年参与面更广,参与程度更深,自我运转能力更强,社会化水平更高,更加富有效能的运转机制,促进保护母亲河行动良性运转。

(一)完善动员机制。依托电视、广播、报纸、互联网等媒体,加大宣传力度,通过“5元钱捐植一棵树,200元钱捐植一亩林”、“请跟我来,天天环保”等简便易行的方式,将社会各界参与生态环境的愿望与筹集保护母亲河基金、建设保护母亲河工程结合起来。积极开展认养绿地、认护河段、认管公共区域、认捐纪念林、纪念树等活动,拓展参与保护母亲河行动的领域。探索青少年环保志愿者的招募、培训、服务、管理机制,培养一支青少年环保志愿者队伍。要切实形成项目产权所有者定期与捐资者联系的有效办法,广泛开辟公众了解保

护母亲河工程的渠道。充分借助媒体大力宣传保护母亲河行动的意义和做法，组织广大文艺工作者创作富有感染力的艺术作品，激发广大青少年和社会公众的参与热情。设立保护母亲河行动系列奖项，对优质工程、优秀活动项目进行命名，优先在其所属地区安排新工程，表彰奖励工作突出的先进集体、个人，动员和激励社会各界踊跃投入保护母亲河行动。

各级人大、政协的相关委员会或机构要充分发挥职能作用，将保护母亲河行动纳入人大、政协的议事范围，加强对保护母亲河行动的指导、监督、支持，组织本级人大代表和政协委员定期视察保护母亲河行动，督促活动在本地区的开展。全国人大环境资源与保护委员会和全国政协人口资源环境委员会将适时组织视察保护母亲河行动。

（二）完善资源整合机制。各级团组织作为牵头单位，要充分发挥组织、活动等方面的优势，积极协调，不断整合资源，形成团内团外各方面支持、国内国外广泛参与保护母亲河行动的良好局面。要积极主动争取党政领导的支持，将保护母亲河行动纳入经济社会发展的总体规划，紧密围绕当地生态环境建设任务开展工作。充分调动新闻单位、文艺团体等社会各界的积极性，成立保护母亲河行动顾问团、记者团、保护母亲河艺术团等后援组织，充分发挥独特优势，为保护母亲河行动发展提供智力、舆论支持。

要积极寻求与各主办单位之间的合作空间，发展恰当的合作项目，争取政策和资金等方面的支持，形成各部委委托、支持，共青团承办、落实的长效机制。各级绿委要把保护母亲河行动纳入全民义务植树的范围，在宣传、协调、相关政策上予以倾斜。各级水利、林业部门要落实资金，共同参与建设保护母亲河工程。各级农牧部门要把保护母亲河行动与草原保护建设有机结合起来，认真组织实施退牧还草等草原保护建设工程。各级环保部门要大力支持保护母亲河生态监护等活动，在青少年环保活动项目方面发挥优势，与相关部门全面对接，开展具有一定示范意义的活动，形成声势。

要加强对外宣传，拓展国际渠道，开辟与其他国家、非政府组织、环保团体等方面的合作新领域，争取国外有关资金，吸引海外热心中国生态环境建设的组织、团体、企业、个人参与保护母亲河行动。

（三）建立严格的管理机制。保护母亲河行动筹集资金和建设工程，要遵守国家有关法律法规，执行国家技术标准，依法签订和履行协议。要严格执行《关于“保护母亲河工程”实施暂行规定》，做到科学规划，严格论证，精心施工，宁少勿滥。各级对兴建重点工程负有主要责任，对下级建立的重点工程要建立层层备案制度，加强指导和监督。按照《关于“保护母亲河行动专项（绿色希望工程）基金管理”的暂行规定》要求，管理好全国、省级保护母亲河行动资金。所有下拨资助资金必须全部用于项目建设，坚决杜绝资金“体外循环”。资金收支和工程建设情况要自觉接受社会监督，严格依法审计，定期实地检查。要主动聘请人大代表、政协委员、新闻记者、社会知名人士以及捐资代表组成巡视（检查）组，检查工程建设和基金管理使用情况。要建立规范严格的责任追究制度和工程移交管理制度，确保工程建设成果的保存和延续。

五、加强领导，把保护母亲河行动各项工作落到实处

做好保护母亲河行动，领导是关键。各级团委、绿委、人大和政协相关委员会、水利、农业、环保、林业等部门要以强烈的责任感和使命感，高度重视保护母亲河行动，充分认识其重要性和长期性，始终把保护母亲河行动纳入各自工作整体布局，加强对这项公益事业的领导。要建立以团委主要负责同志负总责的责任制，一级抓一级，一级带一级，逐级抓落实。

要加强各级保护母亲河行动领导机构的建设，形成统一、有力的领导机构，发挥决策和协调作用。要建立和完善职责分明、队伍充实、目标明确的保护母亲河行动办事机构。各级保护母亲河行动领导小组都要建立例会制，不定期解决商议重大问题。

各级保护母亲河行动工作机构，要牢固树立服务意识，不断转变工作作风，深入基层、深入群众，加强调研，研究新情况，解决新问题。坚持与时俱进，不断创新保护母亲河行动的工作方式，丰富活动内容，吸引更多的青少年和社会公众参与保护母亲河行动。

全团各级青农战线是实施保护母亲河行动的主要部门，职责重大。要求真务实，结合实际，提出本地保护母亲河行动的工作思路，制定具体计划，研究具体工作措施，做好规划、协调等工作，切实将保护母亲河行动的各项工作抓牢抓实。全国和省级保护母亲河行动领导机构要建立严格的量化考核制度，对下一级开展保护母亲河行动的情况进行定期考核，定时公布考核结果，褒奖先进，鞭策落后。各地也要据此意见，制定本地进一步深化保护母亲河行动发展意见，确定工作目标，科学推进，推动保护母亲河行动取得更大发展。

共青团中央办公厅关于印发《农村青年中心章程(范本)》的通知

2005年2月21日

共青团各省、自治区、直辖市委，军委总政治部组织部，全国铁道团委，全国民航团委，中直机关团工委，中央国家机关团工委，中央金融团工委，中央企业团工委：

《农村青年中心章程(范本)》已制定，现印发给你们，请结合实际，参照执行。

农村青年中心章程(范本)

第一章　总　　则

第一条　名称：×××县(市)×××青年中心(以下简称为中心)。

第二条　中心是在×××乡(镇)团委的领导下，面向广大农村青年，以联系、服务、引导青年为目的，以会员制、理事会制为主要运作方式，服务青年、服务社区的基层青年组织。中心的组织性质为社团法人。

第三条　中心以邓小平理论和“三个代表”重要思想为指导，贯彻落实科学发展观，遵守国家宪法、法律、法规和政策，弘扬社会主义道德风尚，代表和维护会员利益，依照本章程自主开展相关活动，服务农村青年增收成才，努力促进本地经济社会和青年的全面发展。

第四条　中心的地址：×××

第二章　会　　员

第五条　中心实行会员制，由团体会员和个人会员组成。会员加入和退出实行自愿原则。

第六条　团体会员包括本区域内依法成立的各类青年专业经济合作组织、中介服务组织、青年社团和热心青年事业的单位。

第七条　申请加入中心须具备下列条件：

(一)承认本章程的农村青年和青年社团；

(二)遵守国家宪法、法律和法规；

(三)有加入中心的意愿。

第八条　会员加入程序：

（一）个人会员提出口头申请，团体会员提交书面申请；

（二）携带有效证件进行会员登记；

（三）个人会员经秘书处审查，团体会员须经秘书长提名报理事会审核。

第九条　会员享有下列权利：

（一）享有选举权、被选举权和表决权；

（二）参加中心组织的活动；

（三）获得中心服务优先权和优惠权；

（四）向中心推荐理事；

（五）对中心工作提出建议、意见并进行监督；

（六）理事会规定的其他权利。

第十条　会员履行下列义务：

（一）遵守章程，执行中心工作决议；

（二）维护中心权益和形象；

（三）参加中心活动并承担委托的工作；

（四）理事会规定的其他义务。

第十一条　个人会员一年不参加中心活动，视为自动退出，特殊情况除外。团体会员退出须提出书面申请。

第十二条　会员严重违反法律、法规或中心章程，经理事会审查决定，予以除名。

第十三条　团体会员可以以中心名义组织开展活动，但须提前经理事会审批同意且经书面授权，并在活动中使用中心的统一标识。

第三章　理　事　会

第十四条　中心管理实行理事会制度。理事会是中心的最高权力机构。

第十五条　理事实行推举制。每个团体会员可推举1名理事，50名个人会员可以联名推荐1名理事，乡（镇）团委可推举部分理事但不能超过理事总数的2/5。

第十六条　理事会的职权是：

（一）制订和修改章程；

（二）选举和罢免理事长、副理事长、秘书长；

（三）审批吸收团体会员，决定会员除名；

（四）决定副秘书长、中心各部门负责人的聘任；

（五）制定内部管理制度；

（六）决定中心的工作方针、任务及其他重大事宜。

第十七条　理事会须有2/3以上理事出席方能召开，其决议须经到会理事2/3以上表决通过方能生效。

第十八条　理事会一般每季度召开一次。

第十九条　理事会设理事长一名，副理事长若干名，由理事会选举产生。

第二十条　理事长实行年度选举制度，一届任期一年，一般由乡镇团委书记担任。

第二十一条　理事长行使下列职权：

（一）召集和主持理事会；

（二）督察理事会决议的落实情况；

（三）代表本中心签署有关文件；

（四）提名中心副理事长、秘书长的人选；

（五）听取秘书处的工作报告，支持和指导、检查、监督秘书处的工作；

（六）理事会规定的其他权利。

第二十二条　副理事长协助理事长做好各项工作。

第二十三条　中心法定代表人由理事长担任。

第二十四条　秘书处是理事会的执行机构，在闭会期间领导中心开展日常工作，对理事会负责。

第二十五条　秘书长行使下列职权：

（一）主持秘书处开展日常工作，组织实施年度工作计划；

（二）提名建议有关部门主要负责人，交理事会决定；

（三）提名副秘书长，交理事会决定；

（四）决定工作人员的聘用；

（五）办理新会员入会手续；

（六）处理其他日常事务。

第二十六条　中心不设分支机构。

第四章　经　费

第二十七条　中心经费来源：

（一）会员会费；

（二）社会捐赠；

（三）政府拨款；

（四）依法开展活动和服务的收入；

（五）其他合法收入。

第二十八条　中心运行经费主要以市场化、社会化方式筹集，实行自收自支，自负盈亏。

第二十九条　中心经费全部用于事业发展，不在会员中分配。

第三十条　中心建立严格的财务管理制度，保证会计资料合法、真实、准确、完整，并接受有关部门监督。

第三十一条　中心的资产来源属于国家拨款或者社会捐赠、资助的，必须明晰产权并接受监督。中心的资产管理情况定期以适当方式向会员公布。

第三十二条　任何单位、个人不得侵占、私分和挪用中心的资产。

第五章　标　识

第三十三条　中心使用全国统一的标识及形象设计。中心的合作单位使用标识须经中心特别授权并到主管团委登记备案。标识不得用于任何商业活动。

第六章　附　则

第三十四条　本章程的修改，由中心理事会审议表决。

第三十五条　本章程的解释权属中心理事会。

第三十六条　本章程自×年×月×日中心理事会表决通过起生效。

共青团中央办公厅关于印发《“全国青年中心建设先进县（市）”创建办法（试行）》的通知

2005年5月9日

共青团各省、自治区、直辖市委：

全国青年中心建设工作会议以来，各地积极部署，以队伍建设推动组织能力增强，以项目建设促进服务能力提高，以机制建设推进科学有效管理，以“全国青年中心建设先进县（市）”创建活动作为重要工作载体，强势推进农村青年中心建设，取得了明显成效。为深入贯彻落实《共青团中央关于加强青年中心建设的决定》和全国青年中心建设工作会议精神，积极深化“全国青年中心建设先进县（市）”创建活动，进一步扎实推进全国农村青年中心建设工作，现将《“全国青年中心建设先进县（市）”创建办法（试行）》印发给你们，请认真遵照执行。

“全国青年中心建设先进县（市）”创建办法（试行）

第一章　总　则

第一条　为深入贯彻落实《共青团中央关于加强青年中心建设的决定》和全国青年中心建设工作会议精神，进一步扎实推进全国农村青年中心建设工作，根据《关于开展“全国青年中心建设先进县（市）创建活动”的通知》（中青办发〔2004〕4号）和《决定》的有关规定，特制定本办法。

第二条 “全国青年中心建设先进县(市)”创建活动是深入推进农村青年中心建设的重要举措,要立足基层,重在创建,形成声势,务求实效。

第二章 创建单位的申报和确认

第三条 “全国青年中心建设先进县(市)”创建单位原则上按年度申报和确认。

第四条 “全国青年中心建设先进县(市)”创建单位申报条件:

(一)团的工作基础和环境较好,所在县(市)和所辖乡镇工作积极性高;

(二)有一批热心青年工作、具有一定知识水平和服务能力的青年中心工作队伍;

(三)已建成了一批初步运转良好的农村青年中心。

第五条 各省(区、市)每年新申报的创建县(市)数量一般控制在所辖县(市)总数的5%—10%。

第六条 每年年初,由团县(市)委提出申请,省级团委根据申报条件审核推荐,及时上报团中央。

第七条 团中央对所有申报“全国青年中心建设先进县(市)”创建单位的县级团委进行资格审查和年度确认,并适时公布“全国青年中心建设先进县(市)”创建单位名单。

第三章 创建工作主要内容

第八条 “全国青年中心建设先进县(市)”创建单位要按照团中央统一部署,开展创建工作。

第九条 创建工作主要内容:

(一)组建一批农村青年中心。要通过会员制方式,因地制宜,广泛吸纳符合条件的农村青年成为青年中心会员;以农村青年创业致富带头人、青年星火带头人、青年民营企业家、农村青年专业协会和经济合作组织负责人、机关企事业单位负责人等农村优秀青年人才为基础,选举一批有实力、有能力、有影响力、热心青年中心事业的骨干组建理事会;以乡镇团委书记为法定代表人,在当地民政部门登记注册,依法建立,建章立制,规范运作。

(二)建设稳定的青年中心工作队伍。要逐步建立起一支以专兼职团干部和青年中心志愿者为骨干、社区内关心支持青年工作的各界人士为依托的青年中心工作队伍,以此建立稳定高效的青年中心秘书处。有大学生志愿服务西部计划全国项目和省级项目的省(区、市)要定向招募、定向培训、定向派遣一批大学生志愿者到青年中心秘书处工作,并形成接力机制。要广泛开展专题培训、理事培养等活动,加强对工作骨干的培训,帮助他们掌握建设青年中心的工作理念和具体方式,培养和提高其动员组织、活动设计、公共服务等方面的能力。

(三)实施青年发展项目。要统筹社会和团内资源,结合当地青年需求,因地制宜,大力开发青年中心特色项目,尤其是要发挥青年中心在农村青年人才开发、乡村青年文化建设等方面的作用,加强青年中心的服务能力建设。积极争取党政有关部门把有关农村青年的发展项目引入农村青年中心,积极承接和领办社会各界有关青年发展的特色项目,促进青年中心的有效运转。依托农村青年中心,广泛开展农村青年转移就业促进计划、农村青年科技培训专项行动、乡村青年文化节、“农村青年读好书”、青年开放书架建设、体育三下乡青年中心行动、青年志愿者服务等工作项目。

第四章 “全国青年中心建设先进县(市)”标准

第十条 “全国青年中心建设先进县(市)”是团中央对县级团委参加“全国青年中心建设先进县(市)”创建活动,扎实推进农村青年中心建设工作的一项综合性奖励称号。

第十一条 “全国青年中心建设先进县(市)”标准:

(一)对青年中心建设高度重视,积极争取

党政支持，出台政策措施推动工作，成效显著；

（二）所属40%以上的乡镇建有青年中心，并能正常有效运转，积极发挥组织青年、服务青年作用；

（三）建设了一支稳定高效的青年中心工作骨干队伍；

（四）因地制宜开发实施了一批深受青年欢迎、具有实效性和牵动性的服务项目；

（五）探索形成了一套长效工作机制。

第五章 创建单位管理

第十二条 团中央对“全国青年中心建设先进县（市）”创建单位实行动态管理。

第十三条 上年度创建单位（含已受表彰的先进县市）经再次确认后，与当年新增单位一起作为年度创建单位，继续开展创建活动。

第十四条 团中央将组织督察组对创建单位工作开展情况定期进行抽查，年底进行全面检查考核。

第十五条 创建工作成绩突出的县级团委，可优先参加“全国青年中心建设先进县（市）”评选；对工作推进措施不力、效果差的创建单位，取消其创建资格。

第十六条 团中央对获得“全国青年中心建设先进县（市）”称号的县级团委实行年度考核，如果出现问题或工作退步，不符合标准，团中央将予以摘牌，并进行通报。

第六章 表彰与奖励

第十七条 在开展“全国农村青年中心建设先进县（市）”创建活动中，评选表彰“全国青年中心建设先进县（市）”、“全国优秀青年中心”和“全国青年中心建设先进个人”，原则上每年年底进行表彰。

第十八条 团中央对“全国青年中心建设先进县（市）”、“全国优秀青年中心”和“全国青年中心建设先进个人”予以适当方式的奖励和宣传。

第七章 附 则

第十九条 本办法在试行过程中，将不断总结经验，逐步加以完善。本办法的解释权属团中央青农部。

第二十条 各地可根据实际，参照本办法制定青年中心建设先进县（市）创建办法。

第二十一条 本办法自2005年5月起施行。

共青团中央关于深入学习贯彻胡锦涛总书记给买买提·沙吾尔等回信精神的通知

2005年5月18日

共青团各省、自治区、直辖市委，军委总政治部组织部，全国铁道团委，全国民航团委，中直机关团工委，中央国家机关团工委，中央金融团工委，中央企业团工委：

5月4日，胡锦涛总书记亲笔给新疆尉犁县兴平乡达西村买买提·沙吾尔等农村青年回信，肯定他们为家乡建设所作的突出贡献，勉励他们始终胸怀远大志向，不断学习知识技能，积极进行劳动创造，带头倡导文明新风，自觉维护民族团结，为建设社会主义新农村、为巩固和振兴祖国西部边陲再创佳绩、再立新功。胡锦涛总书记的回信思想深刻，语重心长，情真意切，为进一步推进农村共青团和青年工作指明了方向。为深入学习贯彻胡锦涛总书记回信精神,推动农村共青团和青年工作取得更大发展,团结带领广大农村青年在建设社会主义新农村的伟大事业中发挥生力军作用,特通知如下。

一、认真学习、深刻领会胡锦涛总书记回信精神,切实把农村共青团和青年工作摆到更加突出的位置来抓

解决好农业、农村和农民问题是全党工作的重中之重。在"五四"青年节这样一个特殊的日子里,胡锦涛总书记在百忙之中,亲笔给祖国西部边陲的农村青年回信,充分体现了我们党对农业、农村、农民问题的高度重视,对广大农村青年在建设社会主义新农村中勇挑重担、再立新功所寄予的期望。各级团组织要认真学习、深刻领会胡锦涛总书记回信精神,从全面建设小康社会的高度,从维护社会安全团结和国家长治久安的高度,充分认识做好农村共青团和青年工作的重要意义,进一步增强使命感和责任感,进一步把农村共青团和青年工作摆到更加突出的位置上来。要认清形势,抓住机遇,更多地关注支持农业和农村,更多地关心帮助农村青年,不断开创农村共青团和青年工作的新局面。

二、以胡锦涛总书记回信精神为强大动力,全面推进农村共青团和青年工作

贯彻落实胡锦涛总书记回信精神,关键是要以胡锦涛总书记回信为动力,全面推进农村共青团和青年工作。各级团组织要以邓小平理论和"三个代表"重要思想为指导,树立和落实科学发展观,大力推进农村青年增收成才行动、保护母亲河行动、农村青年中心建设、乡村青年文化建设等重点工作,促进城乡经济社会统筹发展、良性互动,动员和带领广大农村青年为建设社会主义新农村、实现全面建设小康社会的宏伟目标建功立业。

要进一步推进农村青年增收成才行动。坚持以人为本,紧紧抓住科技和市场两个关键环节,以农村青年转移就业、农村青年人才开发、农产品市场开发、扶贫开发为重点,广泛开展农村青年技能培训,积极构建农村青年社会化服务体系,为农村青年进厂进城就业、开拓农产品市场、发展现代农业、实现增收成才提供切实服务。

要全面深化保护母亲河行动。深入贯彻保护母亲河行动大会精神,坚持群众性生态公益事业的发展方向,以弘扬生态环保文化、开展生态环保体验、推进生态环保示范工程建设、加强生态环保国际交流与合作为重点,紧紧抓住环境卫生、绿化美化、水源保护等与人们生活息息相关的热点问题,教育青少年,带动全社会,积极倡树生态文明,投身环保实践。

要广泛开展乡村青年文化活动。坚持文化育人,围绕构建社会主义和谐社会的时代主题,大力开发特色文化项目,通过文艺演出、作品展览、文体比赛等多种形式,深入开展"乡村青年文化节"、"乡村青年歌手大赛"、曲艺展演、劳动技能比武等活动。着力培养优秀青年文化人才,推动先进文化在乡村的传播,繁荣农村青年文化生活。

要积极促进城乡良性互动。按照统筹城乡经济社会发展的要求,大力推进东西互助、城乡互动,广泛整合资源,服务农村、服务农村青年。要进一步深入开展青年志愿者行动、大学生"三下乡"、手拉手、西部创业行动、博士团西部行等活动,大力开发农村青年人才资源,扶持农村青年开发致富项目,促进农村青年创业就业,把服务农村、服务农村青年的工作落到实处。

要大力选树农村青年先进典型。树立一个青年先进典型,就可以活跃一个基层组织,就可以带动一方青年。各级团组织要深刻认识树立青年先进典型的重要意义,更多地发现、培养、凝聚、举荐一大批具有时代特征,在学习知识技能、创业致富、倡树文明新风、维护民族团结和社会稳定等方面作出突出业绩的农村青年典型,充分发挥先进典型在推动农村经济社会发展、活跃农村共青团和青年工作中的示范带头作用，在广大农村青年中营造学习先进、争当先进的良好氛围。

三、切实加强和改进农村基层团组织和青年组织建设，夯实农村共青团和青年工作的基础

农村共青团和青年工作的各项任务，最终都要靠农村基层团组织和青年组织去落实、去完成。加强和改进农村基层团组织和青年组织建设，不仅是做好农村共青团和青年工作的组织保障，也是不断巩固和扩大党的青年群众基础的政治要求。各级团组织要充分认识加强农村基层组织建设的极端重要性，深入分析当前农村基层团组织和青年组织建设面临的新形势，研究出现的新情况，探索建设的新模式。

要以团支部（总支）建设为核心，大力加强农村基层团组织建设。要坚持党建带团建，把提高服务青年的能力作为加强团的建设的着力点，以服务促建设，以服务求活跃，发挥好农村基层团组织团结、凝聚、服务团员青年的作用。要特别注重制度建设，采取制定团支部建设工作规范等手段，保障团支部的规范建设和工作开展。

要以农村青年中心建设为重点，不断健全农村基层青年组织。要贯彻落实全国青年中心建设工作会议精神，以“全国青年中心建设先进县（市）”创建活动为重要抓手，按照组织建设好、项目发展好、队伍建设好、阵地依托好、机制建设好的标准，不断扩大农村青年中心的覆盖面。要积极探索农村青年中心联系、服务、引导农村青年的具体途径，努力把农村青年中心建设成为共青团领导下的凝聚人才、联系青年的新纽带，服务青年的新平台。

各地学习贯彻胡锦涛总书记回信精神的情况请及时报团中央。

共青团中央、农业部、国家林业局、水利部、财政部 全国青联关于印发《中国杰出青年农民评选表彰办法》的通知

2005年5月31日

各省、自治区、直辖市团委，水利厅（局），农业厅（局），财政厅（局），林业厅（局），青联：

为更好的开展中国杰出青年农民的评选表彰工作，现将《中国杰出青年农民评选表彰办法》印发给你们，请结合本地区实际，认真贯彻执行。

“中国杰出青年农民”评选表彰办法

第一条　为积极适应农业和农村经济社会发展的新形势，进一步扩大中国杰出青年农民评选表彰活动的社会影响，鼓励更多的青年农民积极投身农（林）业和农村现代化建设的伟大实践，特制定本办法。

第二条　组织领导

1. 评选活动由共青团中央、水利部、农业部、财政部、国家林业局和全国青联共同主办。主办单位联合成立“中国杰出青年农民评选组织委员会”（以下简称“评选组委会”），协调指

导“中国杰出青年农民”评选表彰活动工作。

2. 评选组委会下设办公室（设在共青团中央青农部），由各主办部委有关司局相关处室负责人组成，具体负责评选活动的日常工作。

3. 各省、自治区、直辖市团委和水利局（厅）、农业局（厅）、财政局（厅）、林业局（厅）、青联共同负责候选人的考察推荐。具体工作由各省、自治区、直辖市团委牵头协调。

第三条　评委组成

评委由席位评委和特邀评委组成。席位评委由各主办部委分管部长和有关部门负责人组成。特邀评委由评选组委会邀请的“三农问题”和生态建设领域专家、学者、社会知名人士、各大媒体负责人组成。

每届评选时，由评选组委会采取抽选的方式从各类别特邀评委中随机邀请10名左右，与席位评委一起共同参加当届评审会。

第四条　评选时间和名额

评选表彰活动原则上每年进行一次，每次评选表彰“中国杰出青年农民”10名和“中国杰出青年农民提名奖”若干名。

第五条　候选人条件

1. 年龄在18周岁至39周岁之间，具有中华人民共和国国籍的青年农民；

2. 热爱社会主义祖国，拥护党的基本路线，模范遵守法律法规；

3. 从事农（林）业生产经营、农（林）产品加工及为农村经济社会发展、改善生态环境服务，从业时间3年以上，业绩突出，示范带动作用强；

4. 明礼诚信，团结互助，富而思源，带领和帮助广大农民群众共同致富。

5. 同一人选原则上不可连续两年申报。

第六条　评选程序

中国杰出青年农民评选活动分为“推选候选人”、“确定正式候选人”、“正式候选人公示”、“评审会评选”四个步骤进行，具体实施办法如下：

1. 推选候选人。候选人推选工作由各省级团委牵头协调当地水利、农业、财政、林业、青联等部门共同开展。各地负责对推荐的候选人进行实地考察，向中国杰出青年农民评选组织委员会办公室择优推荐候选人1名，并报送候选人事迹材料。上报材料必须征得候选人所在的县（市）党委和省级团委及水利、农业、财政、林业、青联等部门审核盖章。

2. 确定正式候选人。评选组委会办公室对各地申报的候选人材料进行审核，报经主办单位批准，确定正式候选人。不具备参选条件或所报送材料不符合要求的候选人不作为正式候选人。

3. 正式候选人事迹公示。通过全国性报刊、网站和候选人所在县（市）党报公布正式候选人的基本情况、主要事迹和评选组委会办公室监督电话，广泛接受社会公众监督。在正式候选人事迹公示期间，如有举报，省级团委要配合做好调查工作，根据情况迅速做出处理，并对调查和处理情况作书面报告，评选组委会办公室将调查情况进行核实并将核实结果报评选组委会。对经核实确有问题的正式候选人，评选组委会将取消其参选资格。

4. 评审会评选。评选组委会组织召开由席位评委和随机抽选的特邀评委参加的评审会，依据每位正式候选人的报送材料，对正式候选人进行无记名投票。得票前10名的正式候选人获得当届“中国杰出青年农民”荣誉称号，其余正式候选人获得当届“中国杰出青年农民提名奖”。

第七条　表彰奖励

每年以主办单位的名义举行隆重的颁奖典礼，为获奖者颁发荣誉证书和奖牌。

第八条　“中国杰出青年农民”及提名奖荣誉称号获得者若出现任何违法违纪行为，评选组委会将自动取消其“中国杰出青年农民”荣誉称号。

第九条　本办法自公布之日起执行，中国杰出青年农民评选组织委员会有最终解释权。

共青团中央办公厅关于进一步做好大学生志愿服务西部计划青年中心建设和管理有关工作的通知

2005年6月10日

共青团各省、自治区、直辖市委：

大学生志愿服务西部计划青年中心建设和管理专项行动（以下简称“专项行动”）实施以来，西部地区团组织充分发挥大学生志愿者的专业优势和特长，围绕建设、运转和管理三个关键环节，积极推进农村青年中心建设，取得了比较明显的工作成效。实践表明，大学生志愿者正日益成为西部地区农村青年中心建设的一支重要力量。今年的“专项行动”进一步加大工作力度，招募并将派遣700名大学生志愿者专门从事青年中心建设和管理工作，为全面推进西部地区农村青年中心建设奠定了良好的基础。为贯彻落实《共青团中央关于加强青年中心建设的决定》和全国青年中心建设工作会议精神，切实加强农村青年中心队伍建设，全面推进西部农村青年中心建设工作，现就进一步做好大学生志愿服务西部计划青年中心建设和管理有关工作通知如下。

一、把实施“专项行动”作为全面推进西部地区农村青年中心建设的重要举措

“专项行动”是贯彻落实团的十五大精神，加强青年中心工作队伍建设，深入推进西部地区农村青年中心建设的重要举措。切实做好西部计划青年中心建设和管理有关工作，有利于进一步提高农村青年中心志愿者的专业知识水平、管理能力和服务能力，有利于培养一批相对稳定、高素质的工作骨干队伍，增强工作力量，提高工作质量，有利于进一步加快西部地区农村青年中心建设与发展的步伐，对促进西部农村共青团工作和青年工作有着十分重要的意义。各地要高度重视，加强领导，明确专人负责，结合本地农村青年中心建设的工作实际，制定具体可行的工作推进方案。要把“专项行动”服务县作为今年西部地区推进农村青年中心建设的重点县，加大工作指导力度，确保农村青年中心建设工作取得实效。各地要积极探索，努力在大学生志愿者的培训培养、联系指导、考核评价等方面形成一整套工作机制。

二、切实做好大学生志愿者与服务岗位的对接工作

做好大学生志愿者与服务岗位对接工作，是确保“专项行动”取得实效的前提。要按照“专项行动”的有关工作要求，明确大学生志愿者的服务岗位和工作职务。原则上一个青年中心配备一名大学生志愿者，大学生志愿者担任青年中心秘书长职务并兼任所在乡镇团委副书记，主要从事青年中心秘书处工作。服务地待建农村青年中心的，担任乡镇团委副书记职务，专门从事青年中心的筹建工作，加快当地青年中心建设步伐。各地要与县、乡做好协调工作，帮助大学生志愿者明确工作岗位，确保志愿者落实到位并专门从事青年中心建设工作。

三、开展青年中心建设工作专题培训

开展青年中心建设工作专题培训，是提高大学生志愿者从事青年中心建设工作水平的有效途径。要在本省（区、市）西部计划大学生志愿者培训工作中，安排专门时间，对“专项行动”大学生志愿者开展专题培训（工作要求见附件）。要制定切实可行的培训计划，安排具体培训内容，培训内容以团中央编写的《全国农村青年中心志愿工作者手册》为主。培训可采取集中授课、现场观摩等方式,集中时间、集中地点进行。培训结束后,对大学生志愿者培训情况进行考核,重点考核对青年中心知识的掌握情况。上岗后的培训工作要列入当地团组织培训计划。

四、加强对大学生志愿者的工作联系与指导

加强日常工作的联系指导,对于切实发挥大学生志愿者作用推动青年中心建设尤为重要。要加强对服务地团组织负责人的指导,增强他们的业务能力和服务意识,提高有关人员的管理服务水平。加强对大学生志愿者的指导,采取定期走访慰问、电话交流等直接联系的方式,及时了解工作情况,听取意见和建议,指导开展工作;通过建立青年中心工作网站、编发工作简报和信息动态等间接联系的方式,帮助大学生志愿者了解本地区青年中心建设情况;通过举办工作交流会、学习观摩等方式,引导大学生志愿者学习先进经验,改进工作方法,提高工作能力和水平。联系指导要坚持经常,确保工作落到实处。各地青农部门与志愿者工作部门要通过联席会议、共同调研等方式,定期就“专项行动”实施工作进行沟通研讨。

五、加强对“专项行动”的考核评价

要按照农村青年中心建设工作任务和要求,制订切实可行的工作标准,明确大学生志愿者在农村青年中心的工作职责。制定完善农村青年中心志愿者考核管理办法,加强对“专项行动”的管理和评估,做到业务指导与工作考核相结合。以季度考核为主要方式,定期评估“专项行动”工作开展情况,对存在的问题及时进行整改提高,保证“专项行动”得以深入实施。对在“专项行动”中表现突出、成绩优异的大学生志愿者进行评选表彰,大力树立、宣传先进典型。大学生志愿者服务期满,要对其工作表现做出评价,记入档案。团中央将在年度工作结束时,形成专题工作报告,并适时表彰“专项行动”先进集体和个人。

附:农村青年中心志愿工作者工作要求

为贯彻落实《共青团中央关于加强青年中心建设的决定》和全国青年中心建设工作会议精神,大力加强农村青年中心队伍建设,切实推进西部农村青年中心建设工作,参加西部计划青年中心建设和管理专项行动的大学生志愿者应主要做好八方面工作。

1. 制定工作计划。依据服务地农村青年中心建设情况制定一套年度工作计划,计划包括青年中心建设的总体目标、工作进度、发展社团、整合资源、组织活动等方面,力争在服务期间,培育一个协会社团,建设一个青年书屋,设立一个实践基地,发展一个服务项目等。

2. 加强工作调研。考察了解服务地的经济、文化、自然、地理等情况,调查研究当地青年中心建设现状,学习借鉴优秀青年中心的经验,在农村青年中心建设中统筹安排各项工作。兼顾服务地的实际情况,突出青年中心的社团组建、活动开展、阵地建设等工作重点,对工作落实可分阶段,要具体化。

3. 建好办事机构。按照《农村青年中心章程》行使秘书长职权,主持好青年中心秘书处日常工作。要建立健全工作制度,加强内部规范化管理,加强青年中心秘书处建设。积极开展对外交流,扩大青年中心影响,树立青年中心的良好社会形象。要按照年度计划积极组织实施活动,努力探索青年中心高效运转机制。

4. 联系理事会员。建立健全联系理事、服务会员的机制。适应会员自身发展的要求,做好会员服务工作。发挥会员主体作用,引导会员积极参与青年中心民主管理。协同理事长促进青年中心理事会建设,组织开展理事联谊、培训等活动,实行理事轮值制度,定期建议召开理事会,向理事会做好工作报告,落实好理事会各项决策。

5. 协调社团活动。依照相关规定，针对不同青年群体和青年需求，采取多种方式在农村青年中心培育发展青年科技协会或青年文体俱乐部等。有条件的地方，要大力建设青年经纪人协会和各类专业经济协会。要组织动员社团经常性开展活动，通过兴趣和需求纽带有效联系和服务青年。

6. 拓展服务项目。针对青年在学习成才、创业就业、生活娱乐、身心发展、维护权益和社会参与等方面的不同需求，大力开发服务项目，为青年提供菜单式服务。充分发挥各自的专业优势和特长，组织开展如科技培训、医疗卫生、法律援助、文体活动、心理咨询等服务，努力打造青年中心工作品牌。

7. 推动结对共建。积极联系动员所在高校与青年中心建立对口联系，实行校地挂钩，发挥高校优势，为青年中心提供物资、人才、智力支持。动员高校团委或院系把青年中心作为大学生社会实践基地，组织学生利用假期到农村青年中心开展科技培训、志愿服务、调查研究等社会实践活动。

8. 整合社会资源。积极采取社会化、市场化的方式，动员社会各方力量支持农村青年中心建设。本着互惠互利的原则，大力发展青年中心特约服务单位，使青年享受更多优质优惠服务。广泛依托社会资源，建设青年开放书架、建设青年中心网站、信息服务站等，着力拓展服务的物质依托。

共青团中央、卫生部关于实施农村青年中心青年健康促进计划的通知

2005年6月14日

各省、自治区、直辖市团委，卫生厅（局）：

农村青年中心建设是共青团十五大做出的一项重要战略举措。两年来，各地因地制宜，开拓创新，成立农村青年中心2600多个，并逐步成为农村凝聚人才与联系青年的新纽带，服务青年与服务社区的新平台。为了深入贯彻党的十六大和十六届四中全会精神，结合农村青年中心建设，积极推进全国亿万农民健康促进行动规划的实施，在农村地区普及基本卫生知识，倡导健康生活方式，动员和发挥广大农村青年在新时期农村卫生事业发展与农村小康社会建设中的生力军作用，不断提高农村青年的思想道德素质、科学文化素质和健康素质。共青团中央、卫生部决定共同组织实施农村青年中心“青年健康促进计划”（以下简称“青健计划”）。现将有关事宜通知如下。

一、指导思想

以“三个代表”重要思想为指导，以推动实施全国亿万农民健康促进行动为主要内容，以提高农村青年健康素质为目标，依托农村青年中心，大力开展健康教育与促进活动，引导广大农村青年追求科学文明、健康安全的生产生活方式，为构建社会主义和谐社会做贡献。

二、目标任务

1. 以“全国青年中心建设先进县（市）”创建活动与全国亿万农民健康促进行动相结合，用两年的时间，在全国建立以健康教育为特色的100家农村青年中心。

2. 农村青年中心建立青年健康教育志愿服务队，培养一批农村青年健康教育宣传员。

3. 开辟健康教育宣传阵地,定期开展多种形式的健康教育志愿服务活动,加强农村卫生防病宣传,服务农村青年及广大群众。

三、活动内容

1. 积极普及科学卫生知识。组织和聘请城乡青年医疗卫生工作者为义务宣传员,通过开展健康讲座,发放宣传资料,并运用广播电视、文艺、展板、宣传栏、墙体标语、报纸、网络等多种方式,普及基本卫生防病知识,移风易俗,努力营造健康教育氛围,促进农村青年与广大群众人人讲科学、讲卫生、树新风,自觉养成健康的生活方式和行为习惯。

2. 重点开发青年中心健康教育服务项目。依托农村青年中心开展农村改水改厕和综合利用沼气等环境卫生工作。结合当地实际,有重点地开展劳动力转移健康教育培训,加强艾滋、肝炎、结核、血吸虫等传染病和地方病的预防,以及吸烟、酗酒等生活方式及行为危险因素干预等服务,结合"健康面对面"、"乡村健康金话筒"等多种形式的特色活动,因地制宜开发青年中心健康教育服务项目。

3. 大力开展"卫生下乡"活动。组织城市医疗卫生单位青年工作者和大中专学生志愿者开展"卫生下乡"社会实践活动。动员青年志愿者深入农村乡镇,普及基本卫生知识,特别是控烟宣传、校外青少年艾滋病反歧视等内容,以及有关健康与卫生需求调查等项目,推动医学院校与农村青年中心开展医疗卫生结对帮扶工作。

4. 切实培养优秀青年卫生人才。吸纳城乡优秀青年医生、热心健康教育公益事业的青年为农村青年中心理事会成员,充分发挥他们的积极作用。制定农村青年卫生人才培养计划,建立和完善优秀青年卫生人才培养机制,开展农村青年医生集中、定期、结对培训。举荐优秀青年卫生人才到高校、医院学习深造和交流,为他们的成长与发展创造机会。

四、推进措施

1. 高度重视,加强领导。"青健计划"是增强青年中心服务青年能力,提高农村青年健康素质的重要举措。共青团中央、卫生部将建立工作网络和工作机制。共青团中央青农部具体负责"青健计划"的管理与实施。各地要将"青健计划"作为当地亿万农民健康促进行动的重要内容,切实加强领导和部门合作,具体部署,精心组织,认真落实。

2. 广泛宣传,深入发动。各地要组织农村青年中心开展多种形式的健康教育活动,并充分利用大众媒介等宣传"青健计划"的意义及做法,进一步宣传动员社会力量支持农村青年中心建设。广泛动员青年卫生人员及乡村医生参与农村青年中心健康教育活动,增强青年卫生人员支援农村、服务农村的责任感。

3. 统筹城乡,确保实效。要将"青健计划"纳入农村青年中心建设和全国亿万农民健康促进行动的目标任务考核,在项目设置、人员配备、活动经费等方面统筹城乡,并积极争取社会资源。要结合实际制定本地切实可行的活动计划和实施方案,充分调动和发挥地方的积极性,探索创新,务求工作取得实效。

4. 探索机制,表彰奖励。"青健计划"是一项长期的系统工程。各地要积极探索建立活动的长效机制,把实施"青健计划"与党政中心工作有机结合起来,努力形成以政府倡导,青年广泛参与的农村健康教育工作模式,并为"青健计划"的可持续发展提供切实保障。要及时总结经验,树立先进典型。共青团中央、卫生部将适时评选表彰一批先进集体和优秀个人。

共青团中央、全国绿化委员会、全国人大环境与资源保护委员会、全国政协人口资源环境委员会、水利部、农业部国家环境保护总局、国家林业局关于开展“保护母亲河——建设节约型社会我先行”活动的通知

2005年8月10日

各省、自治区、直辖市团委,绿委,人大环境与资源保护委员会,政协人口资源环境委员会,水利(水务)厅(局),农业厅(局),环保局(厅),林业厅(局):

最近,国务院发出了《关于做好建设节约型社会近期重点工作的通知》。《通知》从节能、节水、节材、节地和资源综合利用五个方面提出了今明两年建设节约型社会的重点工作,并提出了加快节约资源的体制机制和法制建设七个方面的要求。《通知》充分体现了科学发展观的要求,是贯彻落实科学发展观的重大部署。坚持勤俭节约,加快建设资源节约型和环境友好型社会,不仅是现代化建设的迫切要求,也是中华民族的优良传统;不仅是经济发展的客观需要,也是和谐社会建设和社会主义精神文明建设的必然要求;不仅是党和政府的一项重要工作,也应成为生产企业和广大干部群众的自觉行动。

保护母亲河行动是一项群众性生态公益活动,它以动员广大青少年乃至社会公众,从力所能及的身边小事做起,在日常生活中节约资源、保护生态、防治污染、美化环境,并通过简便易行的方式,在长江、黄河等江河流域植树种草、保持水土,在全社会倡树生态文明意识和可持续发展意识,使广大青少年在参与生态环境保护中接受爱国主义教育和社会主义教育,为母亲河更好地造福中华民族做贡献。

建设节约型社会,为广大青少年参与社会主义和谐社会建设提供了广阔的舞台,为正在蓬勃开展的保护母亲河行动提出了新的更高的要求。为进一步动员广大青少年树立和落实可持续发展观,在建设节约型社会中率先垂范、积极实践,带动全社会广泛开展各种建设节约型社会的活动,加大宣传教育力度,形成人人为建设节约型社会尽责、人人为建设节约型社会出力的良好风尚,共青团中央、全国绿化委员会、全国人大环境与资源保护委员会、全国政协人口资源环境委员会、水利部、农业部、国家环境保护总局、国家林业局决定今明两年在全国青少年中开展“保护母亲河——建设节约型社会我先行”活动。具体事宜通知如下。

一、时间

2005年8月—2006年12月

二、主题

建设节约型社会我先行

三、主要任务

动员青少年,影响带动全社会,从改变日常生活中不符合节约型社会要求的习惯做起,积极倡导,率先实践,养成良好、文明的生产生活习惯,为建设资源节约、环境友好型社会做贡献。

(一)广泛开展“建设节约型社会我先行”主题宣传活动,形成强大的社会舆论声势

1. 以重要生态环保节日为契机,以节约用水为重点,集中开展宣传教育活动。利用“保护母亲河日”、全国节能宣传周、全国城市节水宣传周、世界水日、植树节、世界环境日等大力

宣传节约水资源的方式方法，动员和组织全社会力量在农村、社区、企业、宾馆、学校等开展节水签名，节约生活用水，保护净化水源等活动，使全社会认识到水资源的宝贵，认识到节约的重要性。2006 年 3 月 9 日“保护母亲河日”的主题为“珍惜每一滴水，爱护每一条河”。

2. 利用文学艺术手段，设计制作公益广告、宣传挂图等，在媒体上广泛刊发，广泛宣传节约资源、发展循环经济的重要性和做法，传播建设资源节约型、环境友好型社会的理念。

3. 开展建设节约型社会最佳宣传语、最佳创意征集活动。以“节约的社会，和谐的家园”为主题，在全国范围内开展最佳宣传语、最佳创意征集活动。激起全社会对资源环境的关注，对资源节约的重视，营造全社会节约资源、人人争先的良好氛围。

（二）以“我为建设节约型社会做贡献”为主题，广泛开展节约资源、保护环境的实践活动

1. 在各级党政机关的团员青年中广泛开展“争当节约标兵”活动。以科室为单位，以青年干部职工为主体，在各级党政机关广泛开展以节约用电、节约用水、节约用纸为主要内容的主题活动，推出一批党政机关节约标兵和一套行之有效的节约方法，带动党政机关的节约活动。

2. 在大、中、小学普遍开展“节约之星”活动。以“珍爱生灵、节约资源、抵制污染、植绿护绿”为总体要求，在全国确定 1000 所学校，以垃圾分类回收、节约用水、节约用电、节约纸张、节约粮食等为主要内容，动员学生节约资源，净化美化校园，从身边小事做起，养成良好的生活习惯，为建设节约型社会做贡献。

3. 在社区开展“创节约社区，建和谐家园”活动。以家庭为单位，通过高校与社区结对的方式，组织大学生深入社区，开展节约知识宣传、节约技巧展示、节约方法推荐等活动，鼓励家庭参与节约型社会建设。

4. 在农村普遍开展“革除陋习，天天节约”活动。推荐秸秆还田、改水改厕、节水灌溉等节约技术，培养一批在农村生产生活带头实践节约技术、创造和谐优美环境的带头人，带动广大农村青年从日常生活生产的各个环节做起，节约资源。全国保护母亲河行动领导小组将适时推出农村建设节约型社会 10 件事，在全国广泛宣传推广。

5. 继续深化“青春在绿色生态工程中闪光”，“保护母亲河生态监护活动”，“保护母亲河号创建活动”等青少年生态环保实践主题活动，大力建设保护母亲河生态环保示范工程，带动广大青少年在参与国家生态环境建设中保护生态环境，节约资源。

（三）树立全国青少年节约型社会标志性样板——全国青少年节约之家

为展示全国青少年勇于实践，积极参加建设节约型社会的良好精神风貌，在全国选择、树立一批全国青少年节约型社会的样板园区，集中展示全国青少年开展节约型社会活动的成果。各地可参照全国青少年节约之家建设自己的青少年节约之家。

四、有关要求

1. 高度重视。“保护母亲河——建设节约型社会我先行”活动是贯彻落实党中央、国务院建设节约型社会一系列方针政策的重要举措，也是全面深化保护母亲河行动新的领域和载体。各地要高度重视，精心组织，认真实施，形成合力，将此活动作为今明两年保护母亲河行动的重点工作来抓，结合当地实际，制定自己的实施方案，稳步推进，务求实效。

2. 加强领导。要主动向当地的党政汇报，积极争取党政支持，形成在党委统一领导下，团组织牵头，各部门协调行动，积极推进活动的良好局面。各级保护母亲河行动领导小组要加强对活动的领导，作好本地区的长远规划，建立规范的运作机制和工作机制，统一安排，统一部署，确保活动在各地的顺利

有序开展。

3. 做好宣传。各地要充分利用新闻媒体、互联网等，通过喜闻乐见的方式，宣传活动的开展情况，宣传活动中涌现出的典型事例和人物，在全社会倡树节约光荣、节约是时尚的理念，为活动的顺利开展营造良好的社会氛围。全国将适时举办“保护母亲河——建设节约型社会我先行”活动网络展示活动，宣传展示全国青少年参加节约型社会建设的成果。

4. 表彰先进。要大力表彰活动中涌现出的先进集体、个人,树立先进典型,带动全社会参与节约型社会建设。团中央将联合有关部委表彰活动中表现突出的集体和个人。

共青团中央、农业部关于举办首届全国乡村青年才艺风采大赛的通知

2005 年 9 月 10 日

各省、自治区、直辖市团委、农业厅(局):

为深入贯彻党的十六届四中全会精神,认真落实科学发展观,积极实施中央关于进一步加强青少年思想道德建设的工作要求,充分发挥文化育人的作用,展示农村青年风采,推进乡村青年文化建设,共青团中央、农业部决定举办首届全国乡村青年才艺风采大赛。现将有关事宜通知如下。

一、指导思想

以“三个代表”重要思想为指导,紧紧围绕构建社会主义和谐社会的时代主题,充分发挥农村青年在先进文化建设中的生力军作用,带头倡导文明新风,打造青年文化精品,培育青年文化人才,推动先进乡村青年文化的繁荣发展,积极引导广大农村青年为全面建设小康社会做贡献。

二、活动主题

弘扬先进文化　展示青年风采　促进社会和谐

三、组织机构

1. 本次活动由共青团中央、农业部共同主办,由山东团省委、临沂市委、临沂市政府协办,临沂团市委和有关单位承办。

2. 主办单位与协办、承办单位的领导及相关人士组成首届全国乡村青年才艺风采大赛组织委员会(附件 1),负责活动的领导工作,下设办公室,负责活动的日常工作,办公室设在团中央青农部。

3. 活动组委会将邀请有关专家学者、新闻媒体负责人、文化名人组成评委会。邀请有关领导、专家组成监审组,对本次活动进行监督。

四、时间地点

2005 年 9 月—10 月,全国复赛和决赛在山东省临沂市举办。

五、参赛条件

年龄在 16 周岁至 35 周岁(1970 年 6 月 30 日至 1989 年 6 月 30 日出生),热爱祖国,遵纪守法,身体健康,工作和生活在县及县以下地区、城市郊区的青年,在城市或城镇工作的农村青年。

具备一定的艺术修养,能够展示个人才能和技艺(如歌唱、舞蹈、乐器演奏、表演、朗诵、

书法、绘画等)。

六、比赛内容

第一环节:青春风采展示。由选手展示仪表形象、风度气质和服装服饰。重在考察选手的外在形象、着装风格、审美能力。选手自备具有乡村、地域和民族特色的服装服饰并通过舞台表演方式进行展示。

第二环节:才能技艺展示。由选手选择一项主打才艺和一项辅助才艺进行比赛。主打才艺为以民族或地方文艺为重点的演唱、舞蹈、器乐、曲艺等艺术表现形式;辅助才艺为个人艺术修养方面的特殊技能或绝技绝活。选手参赛才艺力求独特、高超,具有较高艺术性、观赏性。

第三环节:综合素质展示。由选手抽签选取2道题目现场回答,内容有关农业常识和社会公德两方面,重点考察选手的反应能力和综合知识水平。评委给予现场点评。

七、奖项设置

本次比赛设一等奖2名,二等奖3名,三等奖5名,同时授予10名选手"时代风采之星"称号,并颁发证书、奖杯;向组织工作突出的单位颁发"优秀活动组织奖"。

八、推进步骤

1. 基层推荐选手阶段(9月):活动初期依托农村青年中心在基层广泛开展各种形式的乡村青年文化活动,从中发现和推荐符合本次活动条件、能代表当地特色和水平的选手。

2. 地区选拔活动阶段(10月上中旬):各省(区、市)围绕活动主题,结合全国乡村青年才艺风采大赛的内容,举办多种形式的地区性选拔活动,选拔推荐参加全国比赛的选手。

3. 全国复赛和决赛阶段(10月下旬):将选拔50名选手参加全国乡村青年才艺风采大赛复赛,30名选手参加决赛。

九、选手报名及推荐办法

1. 在基层普遍开展此项活动的基础上,以省为单位向大赛组委会推荐参加复赛选手,每省(区、市)可推荐3—5名,少数民族聚居地区和农村群众文化活动活跃地区可适当多报。

2. 为扩大活动覆盖面,拓宽活动领域,全国性团体、单位也可以向大赛组委会推荐符合条件和要求的选手。个人可通过网站(www.cryn.net.cn和www.rycn.org)和电话报名。

十、工作要求

1. 高度重视,加强领导。本次大赛是深化乡村青年文化建设,展示乡村青年风采,服务乡村青年全面发展的一项重要活动,各地要高度重视,加强领导,采取有力措施,精心组织实施,确保活动取得实效。

2. 认真选拔,严格推荐。各地要紧紧依托农村青年中心,组织动员广大农村青年积极参与此项活动,严格按照活动要求,坚持公平、公正、公开的原则,认真做好选手的推荐工作,杜绝弄虚作假,禁止向选手收取报名费,如有违规,将对推荐单位给予通报批评。

3. 广泛宣传,扩大影响。各地要充分发挥地方新闻媒体的作用,利用电视、广播、报纸、网络等多种方式,对开展活动情况进行宣传报道,扩大社会影响。要注重发挥文化育人优势,注重发现和培养一批农村青年文化骨干,推动优秀青年人才脱颖而出、大量涌现。

4. 分工合作,建立机制。乡村青年才艺风采大赛作为深化乡村青年文化建设的重要举措,将长期开展。各地要从这次活动开始,做好长远规划,建立长期运行机制,为活动的不断深入奠定基础。各级团委和农业部门要积极合作,分工负责,整合资源,形成合力,共同推进。

附:首届全国乡村青年才艺风采大赛组织委员会名单

主　任:尔肯江·吐拉洪　共青团中央书记处书记
　　　　范小建　农业部副部长
委　员:陶　宏　共青团中央青农部部长

郑文凯　农业部农村体制与经营管理司司长
白平胜　共青团中央青农部副部长
陈　伟　共青团山东省委书记
张　涛　共青团山东省委副书记
张少军　中共山东省临沂市委副书记
刘彦祥　山东省临沂市人民政府副市长
办公室主任：白平胜（兼）
副主任：孙　毅　团中央青农部农村青年中心建设指导处处长
贾广东　农业部农村体制与经营管理司办公室主任
孙丰华　共青团山东省委青农部部长
任庆虎　共青团山东省临沂市委书记
成　员：宁　澈　朱鹛屏　刘　涛
杨　光　郭启华　徐华东

共青团中央办公厅关于印发《全团青农战线推进增强共青团员意识主题教育活动的方案》的通知

2005年9月23日

共青团各省、自治区、直辖市委，军委总政治部组织部，全国铁道团委，全国民航团委，中直机关团工委，中央国家机关团工委，中央金融团工委，中央企业团工委：

现将《全团青农战线推进增强共青团员意识主题教育活动的方案》印发给你们，请结合实际，认真组织实施，并将有关情况及时报共青团中央青农部。

全团青农战线推进增强共青团员意识主题教育活动的方案

为贯彻落实《关于在全团开展以学习实践“三个代表”重要思想为主要内容的增强共青团员意识主题教育活动的意见》精神，结合农村共青团工作实际，特制定全团青农战线推进增强共青团员意识主题教育活动的方案。

一、引导农村共青团组织和广大团员青年深刻认识开展增强团员意识主题教育活动的重要性和必要性

开展增强团员意识主题教育活动，是共青团深入学习实践“三个代表”重要思想，贯彻落实中央保持共产党员先进性教育活动精神，教育引导广大团员青年“永远跟党走”的实际行动和具体举措，对巩固和扩大党的青年群众基础、永葆党的先进性具有重要意义。通过开展教育活动，进一步坚定广大团员的理想信念，切实解决基层组织建设中存在的问题，是共青团适应新形势、开创新局面的必然要求和重要保证。农村共青团组织要从贯彻落实党中央保持共产党员先进性教育活动精神的高度，认真部署，精心组织，切实把教育活动抓实抓好。广大农村团员青年要积极投入到教育活动中去，立足岗位，无私奉献，为全面建设小康社会、构建社会主义和谐社会做出积极贡献。

二、推动全团青农战线明确增强团员意识主题教育活动的指导思想和目标任务

全团青农战线要以邓小平理论和“三个代表”重要思想为指导，深入贯彻党的十六大和十六届三中、四中全会精神，全面落实团十五大和团十五届三中全会部署，紧密结合农村共青团工作和青年工作实际，以学习实践“三个代表”重要思想为主线，以“永远跟党走”为主题,增强广大团员的政治意识、组织意识和模范意识,大力构筑“基层团委+青年中心”的基层团建工作格局,不断增强基层团组织的创造力、凝聚力和战斗力。

增强团员意识主题教育活动的目标任务:一是增强意识。坚持用邓小平理论和“三个代表”重要思想构筑广大团员的精神支柱,切实增强政治意识;提高团员对团组织的认同感和归属感,切实增强组织意识;引导团员在学习和工作中自觉发挥模范带头作用,切实增强模范意识。二是健全组织。巩固和完善团的基层组织体系,建立健全与新形势相适应的基层团的组织制度和运行机制,整体推进基层团建工作。三是活跃工作。进一步提高团组织的服务能力、凝聚能力、学习能力、合作能力,不断提高团的工作水平,着重解决工作中存在的突出问题和难点问题。

三、推进全团青农战线完成好增强团员意识主题教育活动的各项任务

1. 在宣传动员阶段,要做好宣传、发动和调查工作。充分运用报刊、广播、电视等媒介和乡村各类宣传阵地,大力宣传增强团员意识主题教育活动的重要意义。通过广泛深入的思想发动和组织准备,为教育活动的顺利开展营造良好的舆论氛围。开展全面调查摸底工作,了解掌握农村团员队伍的基本状况,找准农村团组织建设、团的工作和团干部队伍中存在的突出问题,有针对性地制定活动方案。

2. 在学习教育阶段,要做好学习、教育和讨论工作。开展“学理论知团情”学习活动,以上一堂团课、发一份挂图或宣传册、做一次专题辅导报告等多种形式,切实推进理论学习、团章学习和团史团情教育。围绕团员青年带头致富奔小康主题举办一次团日活动,让团员重温入团誓词、为支部提建议、为集体献良策。以“展示新风采、发挥新作为、建设新农村”为主题,围绕新时期农村共青团员的时代特征、素质能力、作用发挥等开展团员标准大讨论。

3. 在总结提高阶段,要做好实践、活动和帮扶工作。以“我为团旗添光彩”为主题,通过助耕帮困、村镇治理、志愿服务、建设乡村文化等形式,广泛开展主题教育实践活动,引导团员奉献社会,发挥模范作用。建立直接联系帮扶制度,团中央青农部分别从县级团组织、乡镇团组织、村团支部、乡镇产业协会团组织等不同角度,选择5个单位作为教育活动重点联系点。省(区、市)、地(市、州)团委青农部和县级团组织要根据实际情况确定各自的联系点。要加强工作联系和指导,帮助联系点理清工作思路,解决实际问题,努力把联系点建成示范点,以点带面,整体推进。

四、把握增强团员意识主题教育活动的契机,进一步推进全团青农工作和基层组织建设

1. 进一步推进全团青农工作。大力选树一批农村基层的先进典型。组织开展杰出青年农民、农村青年创业致富带头人等评选表彰活动,通过事迹报告会、图片展、论坛等多种形式,用先进典型教育引导农村青年。贯彻中央关于建设节约型社会的一系列举措,开展“保护母亲河——建设节约型社会我先行”活动,充分发挥团员青年的模范带头作用,积极引领“节约光荣”的文明新风。充分发挥农村青年中心作用,依托其组织、阵地和活动优势,在农村基层广泛开展以“展示青年风采,促进社会和谐”为主题的学习实践活动,以团员喜闻乐见的形式拓展和深化教育活动,使广大团员在实践中受教育、长才干、做贡献。

2. 大力加强农村基层团组织建设。深入调查研究在农村税费改革中加强农村团的组织建设问题,积极推动联合建团、产业建团、协会建团、园区建团等多种农村基层团组织设置方式,加强对流动团员的属地管理和跟踪管理,实现团组织和团的工作对团员的“双覆盖”。牢固树立“大团建”的观念,全面推进农村青年中心建设,大力构建“基层团委+青年中心”的新型基层青年组织网络,促进农村基层共青团工作和青年工作的整体活跃。

五、有关要求

开展增强团员意识主题教育活动是当前一个时期全团工作的一件大事，全团青农战线要从全局和战略的高度，认真部署，积极工作，齐心协力，切实推动教育活动取得实效。

1. 突出重点，精心组织。要牢牢抓住学习实践“三个代表”重要思想的主线，始终突出“永远跟党走”的主题，准确把握“增强意识、健全组织、活跃工作”的目标，结合农村共青团工作和团员青年的特点，找准突破口，解决实际问题，切实做好各项工作任务的部署和落实，推动农村经济社会可持续发展，促进农村青年增收成才。

2. 畅通渠道，加强指导。各地要充分利用网站、简报等手段，建立信息反馈机制，畅通沟通渠道，及时了解掌握基层开展增强团员意识主题教育活动的情况和农村团员青年的思想动态。要坚持区别情况，加强分类指导，根据不同地域、不同行业之间团组织和团员的实际情况，确定各自的实施方案和工作安排，鼓励和支持各地从实际出发，大胆创新。

3. 建立机制，促进工作。要抓住契机建章立制，用制度调动基层的积极性和创造性，着力构建开展教育活动的长效机制，推动团员意识教育经常化、制度化、规范化。要把推进工作和教育活动紧密结合，大力推进农村青年增收成才行动、保护母亲河行动、农村青年中心建设和乡村青年文化建设等各项工作，切实做到“两不误、两促进”。

共青团中央办公厅关于实施农村青年中心双助行动计划的通知

2005年10月13日

共青团各省、自治区、直辖市委，军委总政治部组织部，全国铁道团委，全国民航团委，中直机关团工委，中央国家机关团工委，中央金融团工委，中央企业团工委：

为深入贯彻落实《共青团中央关于加强青年中心建设的决定》精神，切实加快农村青年中心建设步伐，充分发挥农村青年中心在帮助农村青年增收成才中的作用，积极参与农村和谐社会建设，共青团中央决定整合资源，形成合力，实施农村青年中心双助行动计划（帮助农村青年中心建设发展，帮助农村青年增收成才）。现将有关事宜通知如下。

一、目的意义

农村青年中心双助行动计划是由共青团组织发起，政府部门和社会力量支持，农村青年中心具体实施的一项社会公益性活动，旨在通过组织化运作、社会化参与、定制式服务、项目化管理的方式，帮助农村青年中心提高服务能力，支持农村青年中心大力实施青年发展项目，促进农村青年增收成才。实施农村青年中心双助行动计划，对于加强农村青年中心服务项目建设，推动农村青年中心可持续发展，全面推进农村青年中心建设工作，以及提高农村青年的科学文化素质和现代职业技能，推动农村青年带头示范、带动推广农业新品种新技术，引导农村青年积极向非农领域转移就业，促进农村经济社会的全面协调可持续发展，具有十分重要的意义。

二、指导思想

以邓小平理论和“三个代表”重要思想为指导，深入贯彻党的十六届五中全会和团十五届三中全会精神，主动适应农村经济社会发展的新情况和当代农村青年的新特点，紧紧围绕全面推进农村青年中心建设和农村青年增收成才，积极统筹城乡资源，支持农村青年中心实施青年发展项目，引导广大青年为全面建设小康社会与构建和谐社会做出积极贡献。

三、工作内容

农村青年中心双助行动计划由青年发展项目基金、青年发展项目和相关活动三部分组成。其中，项目是核心，基金是保证，活动是基础。

1. 设立青年发展项目基金。在中国青少年发展基金会设立全国农村青年中心青年发展项目基金，面向国内外个人、企业、团体、组织等募集，支持农村青年中心大力实施青年发展项目，开展促进青年发展的活动。

（1）基金管理。中国青少年发展基金会和共青团中央青农部是基金捐款受理机构和管理机构。

（2）基金使用。所有募集资金全部用于实施全国项目，使用情况及时向捐款人和社会公布，接受社会监督。

（3）筹集方式。一般个人捐款和企业法人、组织捐款并重，海内、海外捐款并重。

由江苏省张家港市新中环保设备有限公司出资500万元人民币设立的第一个子基金“全国农村青年中心青年发展项目（新中）基金”，从2005年11月开始进行首批项目的申报、立项、公示和确认工作。各地要组织青年中心进行项目申报（相关表格从全国农村青年中心网 www. rycn. org 下载），并做好审核工作。

2. 实施青年发展项目。青年发展项目通过定制式服务、项目化管理方式由农村青年中心实施。

（1）项目领域。重点支持一批农村青年中心在农业科技推广、职业技能培训、信息咨询服务等方面实施青年发展项目，帮助一批农村青年走上增收成才之路。

（2）项目设置。2006年，团中央将首批重点支持50个全国项目。其中，重点项目10项，每个项目资助金额为8000元；面上项目20项，每个项目资助金额为5000元；一般项目20项，每个项目资助金额为3000元。

（3）实施步骤。由青年中心提出项目申请，经所在团县委、团省（区、市）委审核后报团中央；团中央对申报项目进行初评，再由专家评审组对通过初评的项目进行投票，确定立项项目；团中央将资助款项分两次拨付立项的农村青年中心，青年中心根据计划组织实施项目。

（4）项目管理。项目由团中央进行统一管理，省级团委青农部和基层团组织协助管理；团中央将委托专门机构或人员，就项目实施和资金使用情况进行全程的监督检查。所有项目均实行公示制。

3. 开展促进农村青年中心发展的相关活动。

（1）建设一批农村青年中心书屋（青年开放书架），开展农村青年读好书活动。每个农村青年中心成立一个以上的农村青年读书俱乐部，每月开展一次学习活动或读书比赛活动，定期推荐书目。

（2）建设一批全国体育三下乡青年中心行动示范点，开展体育三下乡青年中心行动。积极组建青年体育协会，大力培养青年体育健身指导员，精心培育一批富有地方特色、适宜推广的农村青年体育项目。推广适合农村青年的体育健身方法。

（3）建设一批对口联系点，开展大中院校与青年中心工作结对互助活动。组织大中专院校与青年中心分别结对。青年中心作为结对院校的社会实践和志愿服务基地或“三下乡”定点单位。结对高校选派专人，参与青年中心管理，帮扶乡村青年社团，开展志愿服务活动。

(4)建设一批农村青年健康教育服务站，实施农村青年中心健康促进计划。建立青年健康教育志愿服务队，培养一批农村青年健康教育宣传员。定期开展多种形式的健康教育志愿服务活动，加强农村卫生防病宣传，服务农村青年及广大群众。

(5)建设一批农村青年信息服务站，实施农村青年中心网络教室建设项目。以信息员队伍建设和网络使用、网站资源的开发为突破口，收集、分析、发布农业政策、农业科技、农产品市场、转移就业等信息以及信息咨询和信息员培训等，推进当地信息化的进程。

四、保障措施

1. 切实加强领导。实施农村青年中心双助行动计划是当前和今后一个时期农村共青团重点推进的一项工作。各级团组织要充分认识开展好活动的重要意义，把此项工作列入重要议事日程，切实加强领导，攥紧拳头，整合工作力量，强势推进。要根据团中央统一部署，制定相应的工作方案，精心组织实施，上下联动，确保这项工作取得实效。

2. 积极整合资源。整合资源是实施农村青年中心双助行动计划的重要前提。要主动争取党政有关部门关心支持，本着统筹城乡的原则，在坚持公益性的基础上，通过社会化的方式，积极争取企业和社会力量的资金支持，因地制宜地实施省级项目和地方项目。要充分利用新闻媒体及时报道相关工作和活动，努力扩大社会影响。

3. 加强监督管理。农村青年中心双助行动计划是按照公开、公平、竞争、择优原则开展的一项公益性活动。各级团组织要有强烈的责任感，加强对项目的审核监督和管理。团县委要切实担负起第一责任人的职责，深入农村青年中心，了解掌握项目进展、活动开展和资金使用情况，督促检查落实，并及时向上级团组织通报信息。

4. 建立长效机制。双助行动计划是从机制层面促进农村青年中心可持续发展的重要创新。要紧紧抓住资金筹集、项目设计、项目实施与管理等关键环节，积极探索，大胆创新，建立完善推进工作的长效机制。团中央将把农村青年中心双助行动计划纳入“全国青年中心建设先进县(市)创建活动”考评，对活动中的优秀项目、优秀青年中心和先进个人适时进行表彰奖励。

各地可根据实际，参照本通知制定本地区农村青年中心双助行动计划的实施方案。

共青团中央、农业部关于开展首届“全国优秀青年乡镇企业家”评选表彰活动的通知

2005年10月31日

各省、自治区、直辖市团委，乡镇企业局、办：

共青团中央和农业部决定，从今年开始每两年开展一次“全国优秀青年乡镇企业家”评选表彰活动。为做好这项工作，共青团中央和农业部在征求各方面意见的基础上，制定了《“全国优秀青年乡镇企业家”评选办法(试行)》，现将《办法》印发你们，请认真贯彻落实。

首届“全国优秀青年乡镇企业家”评选表彰

活动评选名额100名,重点是农业产业化、农副产品加工等涉农龙头企业,吸纳农村富余劳动力成绩突出的企业负责人。评选采取自下而上的办法进行,先由各地组织考核后每省(区、市)择优推荐5—10名候选人,填写《首届“全国优秀青年乡镇企业家”候选人申报表》,于11月25日前报“全国优秀青年乡镇企业家”评选表彰领导小组办公室(设在团中央青农部),由办公室组织评审后报评选表彰领导小组确定100名“全国优秀青年乡镇企业家”。共青团中央和农业部将在2005年年底召开的中国青年乡镇企业家协会六届二次理事会期间联合对获奖者进行命名表彰。有关要求如下:

1. 高度重视。乡镇企业是农村经济的主体力量,在推动国民经济发展、促进社会进步等方面发挥着不可替代的重要作用。青年乡镇企业家是乡镇企业家的重要组成部分。开展“全国优秀青年乡镇企业家”评选表彰活动,旨在通过表彰先进,树立典型,激励和引导广大青年乡镇企业家积极调整结构,加快体制创新和科技创新,不断提高整体素质,为转移农村富余劳动力,增加农民收入,推动工业化、城镇化进程,促进经济社会发展做出积极的贡献。首届“全国优秀青年乡镇企业家”评选表彰活动开好头、起好步,对今后评选表彰活动的开展将起到良好的促进作用。各地要高度重视,大力宣传,充分挖掘成绩突出的先进典型。

2. 严格把关。要本着实事求是、高度负责的原则严格把好推荐关,按照《办法》规定的评选范围、条件、程序,对被推荐人选进行实地考察,多方听取意见,确保被推荐人事迹的真实性、可靠性。

附1:“全国优秀青年乡镇企业家”评选办法(试行)

一、评选对象

年龄在40周岁以下的乡镇企业主要负责人。重点是农业产业化、农副产品加工等涉农龙头企业,吸纳农村富余劳动力成绩突出的企业负责人。

二、基本条件

1. 贯彻执行党和国家的方针、政策,自觉落实科学发展观,实施可持续发展战略,保护生态环境,诚实守信,遵纪守法。

2. 企业管理科学,经营有方,安全生产,产品质量高,经济效益好,重视科技进步和人才开发,所在企业技术引进、革新和设备改造成绩突出。

3. 能正确处理国家、集体、个人三者利益关系,艰苦创业,廉洁奉公,关心职工生活,个人品德好,带领群众共同致富奔小康,在群众中威信高。

4. 本人连续担任企业主要负责人三年以上,并受过地(市)以上有关部门表彰,或所领导的企业获得过地(市)以上的荣誉称号。

二、组织领导

1. 评选活动由共青团中央和农业部共同主办,由两部委成立“全国优秀青年乡镇企业家评选表彰工作领导小组”,组长由两部委负责人担任,成员由两部委有关司局负责人组成。

2. 评选表彰领导小组下设办公室,办公室设在团中央青农部,具体负责有关评选事宜。

3. 各地评选工作由各省、自治区、直辖市团委和乡镇企业局共同组织,负责考核和申报工作,各省级团委青农部承担具体事务。

四、评选程序

评选采取自下而上的办法进行,先由各省、自治区、直辖市组织考核后择优推荐5—10名候选人,报评选表彰领导小组办公室,经办公室审核后确定100名正式候选人报领导小组审批。

五、评选时间和名额

评选表彰活动原则上每二年进行一次,由两部委统一部署。每届评选表彰100名优秀青年乡镇企业家。

六、表彰奖励

1. 评选当年,以共青团中央、农业部的

名义举行颁奖典礼，授予获奖者“全国优秀青年乡镇企业家”荣誉称号，并颁发荣誉证书。

2.“全国优秀青年乡镇企业家”获得者若出现任何违法违纪行为，将自动取消其“全国优秀青年乡镇企业家”荣誉称号。

本办法由全国优秀青年乡镇企业家评选表彰工作领导小组办公室负责解释。

附2:“全国优秀青年乡镇企业家”评选表彰工作领导小组名单

组　长:周　强　共青团中央书记处第一书记

副组长:范小建　农业部副部长

尔肯江·吐拉洪　共青团中央书记处书记

成　员:甘士明　农业部乡镇企业局局长

陶　宏　共青团中央青农部部长

卢永军　农业部乡镇企业局副局长

陈　迈　共青团中央青农部副部长

办公室主任:陶宏(兼)

办公室成员:戚惟恺　农业部乡镇企业局产业指导处处长

王学坤　共青团中央青农部农村发展处处长

赵长军　农业部乡镇企业局产业指导处副处长

张淑霞　共青团中央青农部农村发展处副处长

共青团中央办公厅关于开展第八届“乡村青年文化节”的通知

2005年11月21日

共青团各省、自治区、直辖市委:

为深入学习贯彻党的十六届五中全会精神，促进文化科技卫生“三下乡”活动深入开展，推进乡村青年文化建设，繁荣农村文化，展示当代农村青年的良好精神风貌，共青团中央决定，今冬明春在全国农村广泛开展第八届“乡村青年文化节”活动。现将有关事宜通知如下。

一、指导思想

以“三个代表”重要思想为指导，贯彻落实科学发展观，歌颂我国“十五”期间经济社会发展取得的巨大成就，抒发广大农村青年热爱党、热爱祖国、热爱家乡的壮志豪情，进一步振奋广大农村青年精神，为建设社会主义新农村做贡献。

二、活动主题

新农村　新青年　新风采

三、活动时间

2005年12月15日至2006年2月15日。

四、主要内容

1. 歌颂新时代。立足基层，组织广大农村青年结合实际创作一批快板、小品、相声、音乐、戏曲、诗歌等新作品，以生动的艺术形式宣传党的十六届五中全会精神。举办群众歌会、诗歌朗诵会、歌手大赛、文艺汇演等活动，讴歌我国经济社会发展取得的伟大成就，表达农村青年永远跟党走的炽热情怀，展现新世纪农村青年的新风貌。支持农村青年用剪纸、编织、绘画、雕刻、布艺等民间艺术,描绘社会主义新农村的幸福生活和美好未来。邀请青年书法家、画家、民间艺人,制作赠送反映建设社会主义新农村、构建社会主义和谐社会、农村全面小康建设要求的年画春联,倡导“挂主题年画、贴时代春联”。

2. 学习新技能。围绕农业农村经济结构调整,依托科技示范基地、星火培训基地等载体,广泛开展形式多样的科技培训、传播和普及活动,推广农业新技术新品种、农业标准化生产技术和农产品经营管理、市场知识。举办青年科技大集、科技大篷车乡村行等活动,通过图片展览、播放录像、发放资料、现场咨询、租借图书、销售农用物资等方式,为农村青年和农民群众提供科技、产品、就业信息等服务。组织科技文化擂台赛、科技知识竞赛、劳动技能比赛和现代职业技能培训等活动,引导农村青年学文化、长知识、强技能,促进农村青年增收成才。按照《公民道德建设实施纲要》要求,不断提高农村青年思想道德素质和科学文化素质,促进乡风文明。以村镇街道、农贸市场、商业街区等公共活动场所为重点,组织发动农村青年集中开展环境整治、卫生扫除、绿化美化等活动,倡导健康文明的生产生活方式。

3. 健身迎奥运。充分发挥农村青年推动实施《全民健身计划纲要》的先锋模范作用,通过举办健身讲座、健康咨询和培养青年体育健身指导员等方式,普及体育科普知识,传授体育健身技能。广泛开展深受广大青年喜欢的乒乓球、篮球竞赛活动和拔河、跳绳等群众基础深厚的活动。组织农村青年挖掘和推广优秀民族传统体育项目,大胆创新一批形式灵活、内容健康、富有特色的体育项目和健身方式。组织城市优秀青年运动队或健身队下乡表演、展示,促进农村形成良好的文化体育氛围,引导农村青年强健体魄,带动农民群众形成积极向上的生活习惯,喜迎2008北京奥运会。

4. 真情助农家。动员青年乡镇企业家、青年民营企业家、青年经纪人开展对口支援、劳务对接等活动,组织农村青年中心理事会成员、会员和特约服务单位开展“一助一”结对帮扶活动,服务农村青年成长发展,将团组织的温暖送到困难青年之中,将党和政府的关心传达给贫困群众。组织城市青年文艺工作者“送歌下乡、送戏下乡、送电影下乡”,与农村团组织共同开展慰问活动。动员青年志愿者、青年医生、热心医疗公益事业的社会人士积极参与“农村青年健康促进行动”,为广大群众提供切实有效的医疗卫生服务。利用大学生寒假返乡机会,积极开展“三下乡”社会实践活动,通过文艺演出、政策宣讲、举办讲座等形式,将校园文化送到农村,活跃农村节日,丰富群众生活。

五、有关要求

本届文化节是共青团深入贯彻党的十六届五中全会精神的重要内容,是加强乡村青年文化建设的品牌工作。各级团组织要将其作为今冬明春农村共青团和青年工作的重点,高度重视,加强领导,积极争取党政有关部门的支持,广泛吸收社会力量,形成合力。

1. 统一行动,狠抓落实。当前,保持共产党员先进性教育活动和增强共青团员意识主题教育活动正在强势开展,各地要紧紧抓住这一契机,推进文化节活动有效实施。2005年12月18日和2006年1月16日是全国统一行动日,团中央将在部分地方,分别集中开展全国性重点活动。各省(区、市)也要在2005年12月15日至20日和2006年1月15日至20日两个时间段内分别选择一天作为统一行动日,抓好一至两个有特色的活动作为牵动项目,以县(市)为单位重点部署,统一行动,抓点带面,整体推进。要按照“基层抓活动设计发动组织、机关抓项目牵动服务指导”的要求,层层制定具体实施方案,明确责任,确保活动取得实效。各省(区、市)团委请将本地区具体活动方案于2005年12月10日前报团中央。

2. 依托中心，扎实开展。要把文化节与农村青年中心建设紧密结合，一方面以农村青年中心为依托，广泛开展各种文化活动，每个农村青年中心至少要开展一次活动，形成声势。要积极承接党政部门和社会各界的有关青年文化活动项目，集中力量打造“乡村青年文化节”工作品牌。另一方面要抓住两节期间乡村青年相对集中的有利时机，以文化类青年发展项目为牵动，广泛成立青年文化社团，大力发展会员，推动农村青年中心全面建设，不断提高乡村青年文化水平。

3. 因地制宜，着力创新。生动丰富的活动形式是乡村青年文化节得以深化，广大农村青年发挥特长、展示风采的重要载体。各地要紧密结合地方经济社会发展实际，紧密结合地方民间文化和民族传统文化实际，紧密结合农村青年需求和发展的实际，不断创新和丰富活动的形式和内容，努力扩大活动的覆盖面和受益面。要在活动中统一使用全国“乡村青年文化节”徽标，进一步丰富乡村青年文化节的品牌内涵。徽标式样、说明、使用范围及要求可从全国农村青年中心网站(www.rycn.org)下载。

4. 加强宣传，营造氛围。宣传工作是推进基层开展乡村青年文化节的重要措施。各地要进一步密切与宣传部门的紧密合作，积极协调广播、电视、报刊、网络等媒体，对文化节活动进行集中宣传，集中展示活动成果，烘托积极向上、喜庆热闹的氛围，营造农村青年文化体育活动蓬勃开展、青年人才健康成长的良好社会环境。活动期间，各地要及时上报活动开展情况，团中央将对全国重点活动、地方优秀活动项目和工作中涌现的先进典型进行宣传推广。

十一、学校

教育部、卫生部、共青团中央
关于进一步加强和改进大学生心理健康教育的意见

2005年1月12日

各省、自治区、直辖市党委教育工作部门、教育厅(教委)、团委、卫生厅(局)，新疆生产建设兵团教育局，有关部门(单位)教育司(局)，教育部属各高等学校：

为贯彻落实《中共中央国务院关于进一步加强和改进大学生思想政治教育的意见》(中发〔2004〕16号)精神，现就进一步加强和改进大学生心理健康教育，切实做好心理咨询工作提出以下意见。

一、进一步明确大学生心理健康教育的总体要求

加强和改进大学生心理健康教育是新形势下全面贯彻党的教育方针、推进素质教育的重要举措，是促进大学生健康成长、培养高素质合格人才的重要途径，是加强和改进大学生思想政治教育的重要任务。

加强和改进大学生心理健康教育的总体要求是:以邓小平理论和“三个代表”重要思想为指导,遵循思想政治教育和大学生心理发展规律,开展心理健康教育,做好心理咨询工作,提高心理调节能力,培养良好心理品质,促进大学生思想道德素质、科学文化素质和身心健康素质协调发展。

加强和改进大学生心理健康教育的基本原则是:(1)坚持心理健康教育与思想教育相结合。既要帮助大学生优化心理素质,又要帮助大学生培养积极进取的人生态度。(2)坚持普及教育与个别咨询相结合。既要开展面向全体大学生的心理健康教育,更要根据不同情况,开展心理辅导和咨询工作。(3)坚持课堂教育与课外活动相结合。既要通过课堂教学传授心理健康知识,又要组织大学生参加陶冶情操、磨炼意志的课外文体活动,不断提高大学生心理健康水平。(4)坚持教育与自我教育相结合。既要充分发挥教师的教育引导作用,又要充分调动学生的积极性和主动性,增强大学生心理调适能力。(5)坚持解决心理问题与解决实际问题相结合。既要加强大学生心理健康教育,又要为大学生办实事办好事。

加强和改进大学生心理健康教育、做好心理咨询工作的主要任务是:(1)宣传普及心理健康知识,帮助大学生认识健康心理对成长成才的重要意义。(2)介绍增进心理健康的方法和途径,帮助大学生培养良好的心理品质和自尊、自爱、自律、自强的优良品格,有效开发心理潜能,培养创新精神。(3)解析心理现象,帮助大学生了解常见心理问题产生的主要原因及其表现,以科学的态度对待心理问题。(4)传授心理调适方法,帮助大学生消除心理困惑,增强克服困难、承受挫折的能力,珍爱生命、关心集体,悦纳自己、善待他人。

二、努力提高大学生心理健康教育和心理咨询工作水平

积极引导大学生保持健康向上的心理状态。要把心理健康教育融入到思想政治教育之中,开展深入细致的思想教育活动,做到“一把钥匙开一把锁”,化解矛盾,润物无声。要组织并引导大学生参加丰富多彩、形式多样的校园文化和社会实践活动,陶冶大学生高尚情操,促进其全面发展。通过各种活动,加强大学生思想、感情上的交流与沟通,努力营造有利于大学生健康成长的良好氛围。

切实帮助大学生解决实际问题。要开展深入细致的谈心活动,帮助大学生解疑释惑。采取切实措施,帮助大学生缓解来自经济、就业、学习和生活等方面的压力,帮助他们培养良好的心理素质。

认真做好大学生心理辅导和咨询工作。高校要面向全体大学生,做好心理辅导和咨询工作。通过个别咨询、团体咨询、电话咨询、网络咨询、书信咨询、班级辅导、心理行为训练等多种形式,为大学生提供及时、有效、高质量的心理健康指导与服务。要做好新生、应届毕业生、家庭贫困学生,特别是学习困难学生、失恋学生、违纪学生、言行异常学生的心理辅导和咨询工作,帮助他们化解心理压力,克服心理障碍。发现存在严重心理障碍和心理疾病的学生,要及时转介到卫生机构进行治疗。

充分发挥课堂教学在大学生心理健康教育中的重要作用。高校要普及大学生心理健康教育,发挥哲学社会科学特别是思想政治理论课中相关课程教学对提高大学生心理素质的重要作用。要结合实际,有针对性地开设相关选修课程。要不断丰富心理健康教学内容,改进教学方法,通过案例教学、体验活动、行为训练等形式提高课堂教学效果。

积极开展心理健康宣传教育活动。高校要充分发挥学校广播、电视、校刊、校报、橱窗、板报以及校园网络的作用,大力宣传普及心理健康知识。要积极组织大学生心理健康宣传日或宣传周、心理剧场、心理沙龙、心理知识竞赛等活动,努力开办网上心理健康栏目,经常举办心理健康讲座。要支持大学生成立心理健康教育社团组织，发挥大学生在心理健康教育中互助和自助的重要作用。

努力构建和完善大学生心理问题高危人群预警机制。高校要认真开展大学生心理健康状况摸排工作，积极做好心理问题高危人群的预防和干预工作，要特别注意防止因严重心理障碍引发自杀或伤害他人事件发生，做到心理问题及早发现、及时预防、有效干预。要建立咨询教师值班制、异常情况及时报告制，建立从学生骨干、辅导员、班主任到院系、部门、学校的快速危机反应机制，建立从心理健康教育机构到校医院、专业精神卫生机构的快速危机干预通道。

三、大力加强大学生心理健康教育队伍建设

建设一支以专职教师为骨干，专兼结合、专业互补、相对稳定、素质较高的大学生心理健康教育和心理咨询工作队伍。要坚持少量、精干的原则，配备一定数量专职从事大学生心理健康教育的教师。专职人员原则上要纳入大学生思想政治教育队伍序列。设有教育学、心理学、生理学、医学等教学机构的学校，也可纳入相应专业序列。兼职教师开展心理辅导和咨询活动要计算工作量或给予合理报酬。

加强大学生心理健康教育和咨询工作专兼职教师的培训。教育部要分批对大学生心理健康教育骨干教师开展重点培训。各省（自治区、直辖市）教育部门和高校要采取有效措施，对大学生心理健康教育队伍进行培训，并参照国家有关部门心理咨询专业人员相关规定和要求，逐步使专职心理健康教育和咨询人员达到持证上岗要求。

高校所有教职员工都负有教育引导大学生健康成长的责任。要根据学生思想动态和心理状况，在教学、管理和服务中，有意识、有针对性地做好教育引导工作。要重视大学生思想政治教育工作人员，特别是辅导员和班主任在大学生心理健康教育中的重要作用，加强培训，使他们了解和掌握心理健康教育的基本知识和方法，帮助大学生处理好学习成才、择业交友、健康生活等方面遇到的具体问题，提高思想政治教育的针对性和实效性。

四、切实建立和完善大学生心理健康教育领导体制与工作机制

教育部成立全国大学生心理健康教育专家指导委员会，对全国大学生心理健康教育提供咨询与指导。各省（自治区、直辖市）教育部门要高度重视并统筹规划本地大学生心理健康教育工作，在政策指导、人才培养、资源共享和督导检查等方面发挥重要作用。

高校要把大学生心理健康教育和咨询工作纳入学校思想政治教育重要议事日程，加强领导。不断完善和健全心理健康教育的工作机制，形成课内与课外、教育与指导、咨询与自助相结合的心理健康教育工作体系。要在学生工作系统设立大学生心理健康教育和心理咨询工作的专门机构，配备专职专业人员，具体负责组织实施大学生心理健康教育，切实做好心理咨询工作。

不断完善大学生心理健康教育的保障机制。各省（自治区、直辖市）教育部门和高校要保证大学生心理健康教育必需的工作经费和条件，确保工作顺利开展。要组织专家和高校从事大学生心理健康教育的工作队伍积极开展科学研究，为加强和改进大学生心理健康教育提供理论支持及决策依据。

各省（自治区、直辖市）教育部门和高校要根据本意见，结合实际，制定贯彻落实本意见的具体实施办法。

共青团中央、教育部关于加强和改进大学生社团工作的意见

2005年1月13日

为贯彻落实《中共中央国务院关于进一步加强和改进大学生思想政治教育的意见》(中发〔2004〕16号)精神,现就加强和改进大学生社团工作提出如下意见。

一、充分认识加强和改进大学生社团工作的重要性

大学生社团是由高校学生依据兴趣爱好自愿组成,按照章程自主开展活动的学生组织。高校学生社团活动是实施素质教育的重要途径和有效方式,在加强校园文化建设、提高学生综合素质、引导学生适应社会、促进学生成才就业等方面发挥着重要作用,是新形势下有效凝聚学生、开展思想政治教育的重要组织动员方式,是以班级年级为主开展学生思想政治教育的重要补充。

随着社会发展、科技进步和教育改革的不断深入,高校学生社团在发展过程中出现了网络社团增多、跨校活动增多、与社会联系增多等新情况和新趋势。大学生社团在建设中存在着管理不够规范、硬件条件有限、发展还不平衡等问题。在新形势下,各地各高校要从加强和改进大学生思想政治教育,全面推进素质教育,实施科教兴国、人才强国战略,培育中国特色社会主义事业合格建设者和可靠接班人的高度进一步加强和改进大学生社团工作。

二、明确加强和改进大学生社团工作的总体要求和主要任务

加强和改进大学生社团工作的总体要求是:以邓小平理论和"三个代表"重要思想为指导,全面贯彻党的教育方针;以推动大学生全面发展为目标,坚持以人为本,全面推进素质教育,充分发挥学生自我教育、自我管理、自我服务的积极性;坚持建设和管理并重,积极扶持、规范运作,促进健康发展;推动学生社团在活跃校园文化、加强和改进大学生思想政治教育、服务学校改革发展稳定等方面发挥更大的作用。

加强和改进大学生社团工作的主要任务是:积极支持学生社团活动,大力促进学生社团发展;切实加强对学生社团管理,引导学生社团健康发展。

三、积极支持大学生社团开展健康有益的活动

支持学生社团开展活动。支持和引导学生社团依据国家的法律法规,按照各自《章程》,独立自主地开展理论学习、学术科技、文化娱乐、社会实践、志愿服务、体育竞技等活动。各地各高校可以根据实际情况,通过举办优秀社团评比展示、社团文化节、社团活动展演等方式,进一步活跃社团活动,扩大社团在学生中的影响,为学生社团发展注入活力、创造条件、搭建舞台、营造氛围。团中央、教育部将定期组织社团开展交流活动,评选全国优秀学生社团。

加强对学生社团的指导。在学生社团发展过程中,要加强工作指导,把握正确方向。大力扶持理论学习型社团,热情鼓励学术科技型社团,正确引导兴趣爱好型社团,积极倡导社会公益型社团。要充分调动专业教师的积极性,选派有专长和责任心强的教师指导学生社团建设,并创造条件,提高社团指导教师的主动性、积极性、创造性和工作水平。

加强学生社团骨干队伍建设。高度重视对学生社团负责人的选拔培养,使那些思想过硬、

作风正派、素质全面、有社会工作能力的学生担任社团负责人。要有计划地对学生社团负责人进行培训,有针对性地提高他们的综合素质。要把学生社团负责人和骨干人员纳入到团学干部体系,在推优评奖和综合测评等方面充分考虑他们从事社团工作及其业绩,通过他们凝聚更多的学生,使社团聚集在党团组织周围。

加大对学生社团建设的投入。高校要提供学生社团活动的必要经费,保证学生社团活动正常开展。要积极支持和引导监督学生社团通过吸纳社会赞助和提供有偿服务的方式募集活动资金。要在活动场地、活动条件等方面给予学生社团以优惠和支持,有条件的学校建设学生社团活动中心,为学生社团开展活动提供有力的物质保障。

四、切实加强对大学生社团的领导和管理

建立健全领导体制。各级党委教育部门、共青团组织要切实加强对高校学生社团工作的领导。高校党委要把加强和改进学生社团工作作为学校贯彻党的教育方针、推进素质教育的重要组成部分,纳入学校整个工作计划之中;学校团委要在党委领导下,切实承担起对学生社团的指导和日常管理工作;学校宣传、学生管理、教务、科研等部门要结合工作职能,为学生社团的建设和发展给予支持,提供必要的指导;学校后勤等相关部门要加强对学生社团开展活动的支持和帮助,形成党委领导,行政支持,团组织具体管理,各部门共同关心的管理格局。

切实加强政治领导。学校团委和有关部门要在党委领导下把握学生社团建设和发展的方向。对学生社团组织大规模社会调查、举办哲学社会科学讲座和报告会等活动要严格把关,并加强监督,不使违背宪法和党的路线方针政策的错误观点和言论通过学生社团或社团活动散布、传播。要探索和推进在学生社团中建立党组织、团组织,加强政治指导,在社团活动中融入生动有效的思想政治教育,使学生社团在大学生思想政治教育中更好地发挥作用。

规范完善管理办法。学校团委要设社团部或指派专人负责社团工作,社团数量较多的高校可成立社团联合会,作为学生社团自我管理、自我服务的载体,由校团委负责指导,社团联合会主要负责人由学生会(研究生会)负责社团工作的同学兼任。各地方和学校要依据本意见制定、修订具体的《学生社团管理办法》,在社团成立、审批、活动开展、工作考核、评优奖先、财务管理和监督、队伍建设等重点环节明确管理内容、目标和办法。要督促学生社团制定、执行《社团章程》和内部工作制度,对学生社团及其成员的行为加以规范,保证学生社团健康、持续、稳定发展。要根据实际情况集中力量建设一批特色鲜明、管理规范、在校园有广泛和积极影响的社团,发挥其示范和带动作用。

不断推动工作创新。要密切关注和研究学生社团发展中的新情况和新问题,以求真务实、与时俱进的精神改进和创新学生社团工作。要积极探索网上社团活动、跨校社团活动、学生社团刊物与宣传活动的管理方式和办法,认真研究学生社团之间竞争加剧、学生社团与学生会及其他学生组织的关系处理、学生社团活动个性化和社会化程度增强等问题。要通过创新工作内容和形式,适应学生需求,增强学生社团和社团活动的吸引力和凝聚力,努力形成新形势下通过学生社团开展思想政治教育的新手段、新方法。

五、不断健全大学生社团发展的工作机制

探索评价机制。要把学生社团活动作为学校贯彻党的教育方针,推进素质教育的重要组成部分,以育人功能和活动效果为主要指标,以年度考核为主要方式,综合评价学生社团的活动和建设。要把学生参与社团活动的情况作为《大学生素质拓展证书》记录的重要内容之一,并纳入到学生综合测评体系之中。

完善激励机制。要定期对表现优秀的学

生社团、成效显著的社团活动、工作出色的社团负责人、积极参与社团活动的学生、成绩突出的社团指导教师和工作人员给予适当的表彰和奖励。

建立研究机制。要以专家学者、干部教师和学生骨干为主体构建研究队伍,关注和研究学生社团发展中出现的新情况、新问题,掌握学生社团工作的动态信息,总结和把握高校学生社团发展的规律,为学生社团的繁荣发展提供理论支持。

中宣部、中央文明办、教育部、共青团中央关于进一步加强和改进大学生社会实践的意见

2005年2月1日

为贯彻落实《中共中央国务院关于进一步加强和改进大学生思想政治教育的意见》(中发〔2004〕16号)精神,现就进一步加强和改进大学生社会实践提出以下意见。

一、充分认识加强和改进大学生社会实践的重要意义

1. 理论联系实际是党的优良传统和作风,教育与生产劳动和社会实践相结合是党的教育方针的重要内容,理论教育和实践教育相结合是大学生思想政治教育的根本原则。大学生参加社会实践,了解社会、认识国情,增长才干、奉献社会,锻炼毅力、培养品格,对于加深对邓小平理论和“三个代表”重要思想的理解,深化对党的路线方针政策的认识,坚定在中国共产党领导下,走中国特色社会主义道路,实现中华民族伟大复兴的共同理想和信念,增强历史使命感和社会责任感,具有不可替代的重要作用,对于培养中国特色社会主义事业的合格建设者和可靠接班人具有极其重要的意义。

2. 改革开放特别是党的十三届四中全会以来,大学生社会实践不断加强,取得了显著成效,已经成为大学生思想政治教育的有效途径。但是,面对新形势、新任务、新情况、新变化,大学生社会实践还存在薄弱环节,社会实践的方式方法、形式途径还不多,社会实践的新体制新机制还没有建立起来,社会实践活动基地建设还不能满足需要,一些高校领导对大学生社会实践重视不够、措施不力、办法不多,全社会共同支持大学生社会实践的局面尚未形成。必须在巩固已有工作成果基础上,采取更加有力措施,进一步加强和改进大学生社会实践,使之在大学生思想政治教育中发挥更加积极的作用。

二、进一步明确大学生社会实践的总体要求和工作原则

3. 大学生社会实践的总体要求是:以邓小平理论和“三个代表”重要思想为指导,认真贯彻以人为本、全面协调可持续的科学发展观,全面贯彻党的教育方针,遵循大学生成长规律和教育规律,以了解社会、服务社会为主要内容,以形式多样的活动为载体,以稳定的实践基地为依托,以建立长效机制为保障,引导大学生走出校门、深入基层、深入群众、深入实际,开展教学实践、专业实习、军政训练、社会调查、生产劳动、志愿服务、公益活动、科技发明和勤工助学等,在实践中受教育、长才干、做

贡献，树立正确的世界观、人生观和价值观，努力成长为中国特色社会主义事业的合格建设者和可靠接班人。

4. 大学生社会实践的工作原则是：(1)坚持育人为本，牢固树立实践育人的思想，把提高大学生思想政治素质作为首要任务。(2)坚持理论联系实际，提高社会实践的针对性、实效性和吸引力、感染力。(3)坚持课内与课外相结合，集中与分散相结合，确保每一个大学生都能参加社会实践，确保思想政治教育贯穿于社会实践的全过程。(4)坚持受教育、长才干、做贡献，保证大学生社会实践长期健康发展。(5)坚持整合资源，调动校内外各方面积极性，努力形成全社会支持大学生社会实践的良好局面。

三、把大学生社会实践纳入教学计划，不断丰富社会实践的内容

5. 进一步加强以教学实践、专业实习为主要内容的实践教学。把实践教学作为课堂教学的重要组成部分和巩固理论教学成果的重要环节，使大学生在参与实践教学的过程中，深刻体会蕴涵在各门课程中反映人类文明成果、弘扬民族精神、体现科学精神、揭示事物本质规律的内容，培养大学生的创新精神和实践能力。要把实践教学的要求落实到每一个部门、每一门课程和每一位教师，体现在专业培养计划、课程教学大纲和教师的岗位职责中。要着重解决好实践教学经费投入、实验教学资源、实习教学质量、毕业设计质量、实践教学管理等方面存在的问题和不足。

6. 认真组织军政训练。要把军政训练作为必修课，纳入学校整体教学计划，认真组织实施，使大学生在军政训练中提高思想政治觉悟，增强国防观念和国家安全意识，培养爱国主义、集体主义、社会主义和革命英雄主义精神，加强组织纪律观念，发扬艰苦奋斗、吃苦耐劳作风。要积极争取解放军和武警部队的支持，选派优秀指战员组织指导大学生军政训练。

7. 深入开展社会调查。要组织大学生围绕经济社会发展的重要问题，开展调查研究，提出解决问题的意见和建议，形成调研成果。高校要加强对大学生社会调查的选题、途径、过程的管理和指导，开设社会调查课程或讲座，帮助大学生正确认识社会现象，掌握科学研究方法，提高分析问题和解决问题的能力，努力把握事物的本质和规律。本、专科生和研究生在校期间每人至少要开展一次社会调查，写出一篇较高质量的社会调查报告。

8. 广泛开展生产劳动和社会服务。高校要创造条件，引导大学生参加生产劳动，培养大学生的劳动观念和职业道德。大力倡导大学生参加志愿服务等公益活动，引导大学生运用所学知识和技能服务人民，奉献社会，培养为人民服务的道德观，弘扬社会主义道德风尚。要拓展社会服务的新领域、新载体、新形式，鼓励大学生参加志愿服务西部计划、贫困地区支教计划、青春红丝带志愿行动等活动。要把大学生志愿者纳入中国青年志愿者规范管理的范畴，激发大学生参与社会服务的热情，带动更多大学生参与到志愿服务中来。

9. 大力开展科技发明。引导大学生在社会实践中参与技术改造、工艺革新、先进适用技术传播，为经济社会发展献技出力，不断提高大学生的科学素养，培养良好的学术道德，弘扬求真务实、开拓创新的科学精神。要规范和促进大学生科技成果转化，鼓励大学生开展创业实践，提高创业技能。

10. 扎实开展勤工助学。要为大学生参加勤工助学创造条件，建立规范有效的勤工助学管理制度，鼓励大学生在完成学业的同时，积极参加勤工助学活动。各级政府要广开渠道，努力帮助经济困难的大学生参加勤工助学，取得合理的经济收入，增进对社会和国情的了解。要加强大学生参加校外勤工助学活动的管理，维护大学生的合法权益。坚决禁止大学生参与传销等非法活动。

11. 积极开展“红色之旅”学习参观。要组织大学生到革命纪念地、改革开放前沿和经济社会发展成效显著的地方学习参观，了解中国革命、建设和改革开放的历史和成就，增强大学生对党的感情，对中国特色社会主义的热爱，激发他们全面建设小康社会、实现中华民族伟大复兴的责任感。要充分发挥博物馆、纪念馆、展览馆、烈士陵园等爱国主义教育基地的教育作用。学习参观要突出教育主题，增强教育效果，力戒形式主义。

四、全面深入开展“三下乡”和“四进社区”活动

12. 文化、科技、卫生“三下乡”和科教、文体、法律、卫生“四进社区”活动，是新形势下大学生参加社会实践的有效载体。要广泛发动大学生利用寒暑假等时间开展“三下乡”和“四进社区”活动。高校要更加主动地与地方沟通，进一步明确实践服务的内容，根据需求选派相关专业的大学生组成团队，为群众办实事、做好事、解难事。当地团组织要在党政的领导和支持下，与有关部门协调配合，安排好活动的时间、地点和具体内容。活动所在单位要对大学生的表现作出鉴定。

13. 高校要根据年度大学生思想政治教育的重点和不同年级、专业大学生的具体情况，像组织课堂教学一样，精心设计、周密安排大学生参加“三下乡”和“四进社区”活动。高校团委要根据计划负责具体组织实施。本、专科生和研究生在校期间至少参加一次“三下乡”和“四进社区”活动，开展活动的时间不少于两周。并在开学初，以团支部、班级等为单位进行总结交流。

五、探索建立大学生社会实践的长效机制

14. 探索建立社会实践与专业学习、服务社会、勤工助学、择业就业、创新创业相结合的管理体制。要把社会实践纳入学校教学计划，规定学时学分，对大学生参加社会实践提出时间和任务要求。要把大学生社会实践作为对高等学校办学质量和水平评估考核的重要指标，纳入高等学校党的建设和教育教学评估体系。要制定行之有效的考核办法和激励机制，把大学生参加社会实践的情况记入《大学生素质拓展证书》，定期评选表彰先进集体和个人。

15. 建立多种形式的投入保障机制。对教学实践、专业实习、军政训练，要在学校教学经费中作出安排，确保人人参加；对“三下乡”和“四进社区”活动，学校要建立专项经费，地方政府要给予大力支持；对社会调查、生产劳动和社会服务、科技发明、勤工助学、“红色之旅”，要大力提倡和引导大学生自愿参加，政府和社会各方面予以一定支持。

16. 把大学生社会实践与教师社会实践结合起来，组织高校干部教师参加、指导社会实践。学校党政干部和共青团干部、思想政治理论课和哲学社会科学课教师、辅导员和班主任都要参加大学生社会实践活动。鼓励专业教师参与、指导大学生社会实践。要把干部、教师参加和指导大学生社会实践计入工作量，作为考评的重要依据，调动干部、教师参与社会实践的积极性。

17. 建立相对稳定的大学生社会实践基地。高校要主动与城市社区、农村乡镇、爱国主义教育基地、企事业单位、部队、社会服务机构等联系，本着合作共建、双向受益的原则，从地方建设发展的实际需求和大学生锻炼成长的需要出发，建立多种形式的社会实践基地，力争每个学校、每个院系、每个专业都有相对固定的基地，长期坚持，使学生受锻炼，当地见效益。定期评选表彰大学生社会实践示范基地和优秀基地。

六、切实加强对大学生社会实践的领导

18. 各级党委和政府要为高校组织社会实践活动创造条件，提供便利。各地要在党委统一领导下，建立由有关部门负责同志参加的大学生社会实践联席办公会议制度，定期召开工作协调会。地方各级政府要把支持大学生社会实践列入政府财政,给予具体支持。各地宣传部门、文明办、教育部门和共青团组织要在当地党委政府统一领导下,明确各自任务,形成工作合力。高校要成立由分管领导牵头的大学生社会实践领导小组,统筹安排,抓好落实。要加强安全教育,制定安全预案,确保师生参加社会实践安全。

19. 动员社会各方面支持大学生社会实践。制定社会各方面支持大学生社会实践的政策和具体办法,调动各方面的积极性,为大学生社会实践创造有利条件。鼓励支持社会各方面接纳大学生社会实践。

20. 加强对大学生社会实践的宣传。报刊、广播、电视、互联网等新闻媒体,要深入宣传报道大学生社会实践,为大学生社会实践营造良好氛围。要加强有关大学生社会实践网站建设,构建社会实践网上工作平台。要开展大学生社会实践理论研究,指导社会实践深入发展。

共青团中央、教育部关于进一步加强中学生团校建设的意见

2005 年 3 月 14 日

为深入贯彻《中共中央国务院关于进一步加强和改进未成年人思想道德建设的若干意见》,适应新形势的要求,在中学(含全日制普通中学、中等职业学校和民办中学,下同)全面推进素质教育,培养中国特色社会主义事业合格建设者和可靠接班人,现就进一步加强中学生团校建设提出以下意见。

一、充分认识加强中学生团校建设的重要意义

中学共青团组织在加强和改进中学生思想道德建设、促进学生全面发展、健康成长中发挥着重要作用。中学生团校是对中学生进行经常性的思想政治和团的基本知识教育的重要阵地,是壮大团员队伍、加强团员发展工作的重要基地,是学校德育工作的重要组成部分。多年来,各级共青团组织、教育行政部门、学校党政领导和社会有关方面高度重视中学生团校建设,严格管理制度,充实教育内容,创新教学形式,提供基本保障,取得了突出成绩,积累了丰富经验。中学生团校在帮助中学生树立理想信念、培养团员意识、提高综合素质方面发挥了重要作用。

随着我国社会主义市场经济的深入发展,对外开放的不断扩大,互联网等新兴媒体的深刻影响,中学生的思想观念、价值取向、行为方式等发生了许多新的变化。2004 年初,党中央就进一步加强和改进未成年人思想道德建设作出了专门部署,提出了更高要求,为中学生团校建设提供了难得的发展机遇。同时也要看到,团校建设在新形势下还显露出一些问题和薄弱环节。各地团校发展不平衡,个别学校未成立团校,一些团校作用发挥不明显;部分教学内容滞后,教学手段比较单一,教师力量薄弱;部分团校实践教育经费相对不足,激励机制相对缺乏等。各级共青团组织、教育行政部门和学校要高度重视,采取有力措施加以解决,使中学生团校真正成为广大中学生接受理想信念教育的重要阵地,学习团的基础知识的

主要渠道,提高综合素质的有效手段。

二、加强中学生团校建设的指导思想和主要任务

加强中学生团校建设的指导思想是:以邓小平理论和“三个代表”重要思想为指导,贯彻党的教育方针,按照团章的要求,遵循中学生身心成长规律,满足中学生成才发展需要,突出中学生思想道德教育,以丰富多彩的教学内容和实践教育活动,为加强团的基础建设、提高团员的综合素质更好地发挥作用。

中学生团校建设的主要任务是:对学生团员及入团积极分子进行教育,不断提高思想道德素质;为共青团输送新鲜血液,壮大团员队伍;对团干部进行思想政治水平和工作能力的培养,培训团的骨干;开展丰富多彩的实践教育活动,推动中学团的工作。从2005年起,力争用三年左右的时间,使城市中学的团校覆盖率达到100%,农村中学的团校覆盖率达到80%以上;有条件的省、地、县三级分别建立中学生团校,形成完善的组织网络体系。

三、丰富中学生团校的教学内容

理想信念教育。帮助中学生树立远大理想和坚定信念,培养以爱国主义为核心的伟大民族精神,引导中学生正确认识社会发展规律,树立科学的世界观、人生观和价值观,把个人的成长发展与祖国和人民的前途命运紧密结合,为将来奉献社会、建设祖国做好准备。

团员意识教育。通过学习团章和团的历史,了解团的光荣传统、性质、任务、组织、纪律和团员的权利、义务,掌握团的基本工作方法,增强对共青团组织的认同感、光荣感和使命感。

形势政策教育。结合国内外新形势和发生的重大事件,不失时机地进行形势政策教育,引导中学生树立正确的政治立场和观点,提高判断是非的能力,使自己的思想观点与党中央的路线、方针、政策和重大战略部署保持一致。

社会实践教育。组织中学生走进社会大课堂,参加多种有益的实践教育活动,在实践中了解国情,经受锻炼,加深对所学团的知识的理解,增强责任感和适应社会的能力。

四、创新中学生团校的教学方式

坚持集中培训与自我教育相结合。制定严密规范的教学计划,对中学生进行集中培训,传授基本知识,解决具有普遍性的问题。坚持灵活性,鼓励中学生以班级、小组为单位学习基础知识和开展教育活动,倡导个人分散自学,抓住重点,有针对性地加强自我教育。

坚持课堂教学与社会实践相结合。课堂是团校教学的主渠道,重在讲解基本知识和理论。社会实践是理解和深化理论知识的重要途径,采取参观访问、社会调查、志愿服务、公益劳动以及演讲、征文、阅读等多种方式,开展行之有效的社会实践活动和主题教育活动。

坚持思想道德教育与全面拓展素质相结合。按照德育总体目标要求,遵循教育规律,根据中学生生理、心理特点,将思想道德教育寓于素质拓展活动中,加强中学生思想政治教育、品德教育、纪律教育、诚信教育和法制教育。同时,提高他们的科学文化素质和健康审美素质,培养健康的心理和文明的生活习惯。

坚持传统有效教学手段与现代科技手段相结合。互联网等新兴媒体的迅猛发展,给中学生学习与生活提供了崭新的空间和渠道。要高度重视,认真研究互联网对中学生的影响,充分利用网络等新的手段,采取网上授课、网上答疑的形式,发挥网络在团校教学中快速便捷、信息量大、对学生吸引力强的优势,激发中学生的学习兴趣,增强教育的成效。

五、加强中学生团校机制建设

提高师资水平。团校教师主要由学校德育教师和青年骨干教师担任。根据教学内容需要和开放性原则,还可聘请校外党政领导、社会工作者、高校教师、先进人物以及青少年工作者等。团校教师要增强责任感,加强学习,提高对共青团工作的认识,为人师表,教书育人,提高综合素质。共青团组织、教育行政部门和学校要关心和支持团校教师的工作,调动他们的工作积极性。

注重教材建设。团校教材既要利用团章、时政等书面教材,又要充分发挥团史录像、光碟等影音教材的作用。根据团校教育基本指导纲要,规范教学内容,形成统一的评价标准,体现知识性、科学性、针对性和实效性。鼓励各地结合学生实际需要编写富有特色的教材。

完善领导体制。中学生团校在校党支部的领导下,以中学团委为依托,设立校务委员会,由校党支部书记或其他党政领导、老干部等兼任团校名誉校长,中学团委书记任团校校长,配齐配强团校领导班子。从实际出发,建立健全团校章程和学生登记、学习、考核评价、奖励、服务等相关制度,不断提高办学质量,推进团校管理的规范化。

做好团队衔接。履行全团带队职责,办好团校少年班,增强团组织的吸引力和凝聚力。要从初中一年级学生开始进行团章和团的基本知识教育,有条件的学校应吸收初中一年级学生进入中学生团校或团章学习小组学习。少先队员、积极分子入团,必须经过中学生团校培训,考核合格。保证每个团员在入团前后分别参加一期团校培训。对于经少先队组织培养推荐和团组织考察已达到入团标准的优秀少先队员,可以在他们年满13周岁未满14周岁时,发展他们入团,按照团章和《发展团员工作细则(试行)》的规定,办理入团手续。少先队员入团后,在年满14周岁以前仍保留队籍。力争在初中二年级普遍建立班级团支部。

强化推优入党。推荐优秀团员做党的发展对象,是充实党的新生力量、发挥共青团作为党的后备军作用的需要。对学习成绩优秀、申请入党的团员,要加强教育和培养,并严格遵循"推优"工作程序和要求,主动协助党组织进行培养和考察,推荐参加业余党校或党课小组学习。中学生入党积极分子考入高等学校后,中学党组织要及时把培养教育的学员登记表、结业评语等有关材料转给高等学校党组织继续跟踪考察。

六、加强对中学生团校建设工作的领导

加强中学生团校建设是各级共青团组织、教育行政部门和学校党政的共同责任。共青团组织要加强对中学生团校的具体指导,努力提高团校在中学的覆盖面,在团校办学方向、教学内容、师资培训和拓宽社会资源渠道等方面提供帮助。教育行政部门要高度重视,正确把握团校的发展方向和目标,把团校工作纳入中学德育工作体系,支持中学生团校建设。学校党政及其有关部门要加强对团的工作的领导和协调,定期听取团校工作情况,关心团校建设,保证团校的教学时间和相对固定的教学场所,确保一定的工作经费,为中学生团校建设提供必要的条件。各方面要密切配合,形成合力,求真务实,不断创新,进一步加强中学生团校建设,使其在提高中学生思想道德素质和壮大团员队伍工作中发挥更大作用。对各地、各类学校的团校建设情况,共青团组织、教育行政部门要定期进行检查指导。

共青团中央、教育部
关于进一步做好大学生勤工助学工作的意见

2005年4月8日

为贯彻落实《中共中央国务院关于进一步加强和改进大学生思想政治教育的意见》和全国加强和改进大学生思想政治教育工作会议精神，现就进一步做好大学生勤工助学工作提出如下意见。

一、提高对大学生勤工助学工作重要意义的认识

倡导和组织大学生在课余时间通过参加勤工助学活动获取合法报酬，是贯彻教育与生产劳动相结合、推进素质教育全面实施、加强和改进大学生思想政治教育的重要举措。作为社会实践活动的重要内容之一，勤工助学能帮助大学生进一步了解国情，了解改革开放取得的伟大成就，增强社会责任感，加深对党的大政方针的理解，更加自觉地跟党走中国特色社会主义道路。同时，通过参与勤工助学，能够有效地帮助大学生培养劳动观念和职业道德，锻炼品格毅力，提高综合素质，实现德智体美全面发展。作为高等教育收费制度改革的一项重要配套措施，勤工助学有助于贫困家庭学生获得一定经济收入、缓解经济困难，帮助他们自立自强，体现了思想政治教育"坚持解决思想问题与解决实际问题相结合"的原则，是关心和服务贫困家庭学生的有效途径，对促进社会公平和正义、构建和谐校园都具有重要作用。

二、明确大学生勤工助学工作的内容

挖掘校内勤工助学岗位。各高校要整合校内资源，规范勤工助学岗位，建立勤工助学基地，积极在校园内部为学生提供更多的勤工助学岗位。要结合人事制度和校内管理体制改革的需要，积极推进学生兼任"助教、助研、助管"工作，力争用3—4年的时间，使60%以上的在校研究生和部分本科生能够拥有"三助"岗位。要根据实际情况，吸纳学生参加校内实验室、校办产业的有关工作，使学生的勤工助学与专业学习相结合。要加大力度，选派学生承担后勤服务、校园秩序维护、公益劳动等方面力所能及的工作。

拓展校外勤工助学资源。学校应鼓励大学生从事家教、社区服务等校外勤工助学工作，为学生到校外参加勤工助学活动创造条件。各级共青团组织要充分发挥优势，联合有关方面推进建立大学生勤工助学基地，通过青联、青年企业家协会等组织大力挖掘社会资源，以组织勤工助学招聘会等方式动员企事业单位为大学生提供更多的勤工助学岗位和信息服务。学校团委要明确专人承担拓展校外勤工助学资源的工作，指导学生会成立学生勤工助学协会等组织，鼓励他们对外联系、自我服务。

三、完善大学生勤工助学工作的管理

强化管理体制。各高校要把勤工助学工作作为一项日常工作和深化高校改革的重要内容予以高度重视，并采取切实措施，加强组织领导。要建立学校党委领导、行政负责、各职能部门参与、团学组织协助的管理体制。其中，学工、教务、科研、后勤、团委等部门承担着主要职责。同时，要充分发挥学生会、学生社团在勤工助学中的重要作用。

健全管理机构。各高校要设立专门的勤工助学服务中心，作为对学生勤工助学活动实施管理和提供服务的专职机构。服务中心的工作人员主要由学工、教务、后勤和团委

干部共同组成，可设专职工作人员编制。服务中心的主要职责包括：具体负责学生勤工助学活动的指导、管理；负责勤工助学专项经费的筹措、管理；为学生参加勤工助学提供各项服务等。要为勤工助学服务中心提供必要的办公场地和相关设备，保证其正常有效运转。

完善管理办法。各地各高校要根据本意见的精神和要求，针对学生勤工助学的岗位开发、申请审批、工作考核、经费管理、权益保护等重点环节，结合各自实际情况制定具体管理办法。管理的基本原则是：一切勤工助学活动必须遵守国家的法律法规、社会公德以及用人单位的规章制度；必须确保不影响学校正常的教学、生活秩序和校园管理，不能影响学生自身的学习主业；学生从事勤工助学活动，应在节、假日和课余时间进行，原则上每周参加勤工助学的时间不超过 8 小时；应优先安排贫困家庭学生参加勤工助学；对在勤工助学过程中造成不良影响或违反校规校纪的单位或个人，学校应及时作出相应处理；学生参加勤工助学劳动的报酬原则上不低于 8 元/每小时，如条件许可，应尽量争取同比稍高的标准；校外单位到校内招聘参加勤工助学活动的学生，必须经过学校勤工助学服务中心同意。

四、加强大学生勤工助学工作的保障

加大专项投入。要按照国家有关规定，学校每年须从学费收入中划出一定比例的经费，纳入学校预算，专门用于勤工助学工作。校内开展勤工助学的部门可从自身的管理费用或其他收入中，按有关规定支付学生的劳动报酬，经费不足的部分，由学校勤工助学基金予以解决。

维护学生权益。要采取严格审查资格、签订劳动协议等切实措施，确保学生在勤工助学过程中的合法权益得以保护。要加强对用人单位招聘和使用学生的过程进行监督，对有损学生合法权益的行为，应予以纠正甚至取消用人单位招聘学生勤工助学的资格。要保证学生参加勤工助学时依法享受劳动保护，禁止学生参加高空作业、污染严重、放射性强等易对人体造成伤害和威胁的工作以及其他不适合学生承担的工作。要切实保障学生勤工助学应得的合理报酬，防止克扣和拖欠。

建立长效机制。要把勤工助学作为一项长期的工作，同学校内部教学、行政、后勤管理、服务机制的转换等各项工作有机结合起来，切实抓紧抓好。要在制度建设上下工夫，制定完善《大学生勤工助学管理办法》、《勤工助学服务中心工作制度》等规章制度，保证勤工助学工作的规范运作和长远发展。要推进工作创新，利用网络等新载体加大社会资源整合力度、提高服务水平。要定期对在勤工助学活动中表现突出的学生和开展勤工助学工作成绩显著的单位予以表彰和奖励，建立良好的激励机制。

共青团中央、教育部
关于进一步加强和改进高等学校共青团建设的意见

2005年4月8日

为适应高等教育改革和发展的新形势，充分发挥共青团在加强和改进大学生思想政治教育中的重要作用，现就进一步加强和改进高等学校共青团建设提出如下意见。

一、站在党的事业长远发展的战略高度，充分认识新形势下进一步加强和改进高校团的建设的重要性和紧迫性

长期以来，高校团组织在党的领导下，全面贯彻党的教育方针，积极适应经济社会发展对人才成长的需要，在团结和带领青年学生跟党走、服务青年学生成长成才等方面发挥了重要作用。当前，我国进入了全面建设小康社会、加快推进社会主义现代化的新的发展阶段。新的形势和任务，要求我们必须进一步加强和改进高校团的建设。

加强和改进高校团的建设，是保证党的事业后继有人的需要。中国特色社会主义事业的薪火相传、蓬勃发展，需要一代又一代政治坚定、理想远大、素质全面的优秀青年为之不懈奋斗。高校团组织承担着为国家培养优秀后备人才的重要职责。只有进一步加强和改进团的建设，才能充分发挥团组织在大学生思想政治教育中的重要作用，不断培养出中国特色社会主义事业的合格建设者和可靠接班人。

加强和改进高校团的建设，是服务大学生成长成才的需要。当代大学生具有鲜明的时代特点，在“四个多样化”的社会背景下，当代大学生的成长发展、学习生活、择业交友都遇到了一些新问题，迫切需要团组织的关心和帮助。高校团组织必须进一步加强自身建设，才能不断提高服务学生的能力，始终保持在学生中的吸引力和凝聚力。

加强和改进高校团的建设，是团的事业适应新形势、实现新发展的需要。全面建设小康社会宏伟目标的制定，中央关于加强和改进大学生思想政治教育战略的实施，高等教育体制改革的不断深化，都为高校共青团提供了难得的发展机遇，同时也提出了新的更高的要求。高校团组织必须主动顺应新形势的要求，找准新的工作定位，拓展新的工作领域，探索新的工作方式，开创新的工作局面。

二、以“三个代表”重要思想为指导，进一步加强和改进高校团的思想建设

共青团是党的助手和后备军，承担着为党做好青年工作的光荣使命。高校共青团在培养中国特色社会主义合格建设者和接班人的过程中承担着重要职责，必须始终把思想建设作为高校团的建设的首要任务，把自己锻造成团结和凝聚大学生跟党走中国特色社会主义道路的坚强核心。

坚持用“三个代表”重要思想武装头脑。认真学习马列主义、毛泽东思想、邓小平理论和“三个代表”重要思想，牢固树立以人为本、全面协调可持续的科学发展观，全面理解构建和谐社会的深刻内涵。建章立制，形成相对固定的学习制度，不断推进思想建设的制度化和规范化。把思想建设与社会实践紧密结合，通过深入实践，不断深化和增强对党的方针政策的理解。

坚持解放思想、实事求是、与时俱进的思想路线。保持思想认识、理论水平、应变能力和党性修养的与时俱进，按照“三个代表”的要求，用发展的马克思主义指导高校团的建设的实践，从实际出发，认真研究团的建设出现的

新情况新问题，总结新的经验，探索新的路子。

保持求真务实的工作作风。高校团的干部要躬行“两个务必”，贯彻“八个坚持、八个反对”。始终保持高昂的工作热情，对待工作高度认真负责。注重理论学习和专业学习相结合，不断提高思想政策水平、专业水平和实际工作能力。牢固树立科学的发展观和正确的政绩观，克服浮躁情绪，加强调查研究，强化服务意识，深入学生实际，和学生交朋友，切实帮助学生解决实际问题。

三、以活跃基层组织为重点，进一步加强和改进高校团的组织建设

加强基层组织建设，活跃团的基层工作。基层组织是团的全部工作和战斗力的基础。要巩固班级团支部建设，在思想教育、发展团员、推优入党、开展文化活动、解决学生各种困难等方面充分发挥其作用。加强院系团委（团总支）建设和研究生团组织建设。坚持多种模式、多重覆盖，创新和发展新的建团模式。根据需要，在学生公寓和学生社团中建立团组织，尝试在活动项目、网络虚拟群体中建立团组织。以思想建设为核心，以活动为载体，全面活跃基层团组织，促进高校基层团组织焕发新的活力。

加强团员队伍建设，强化团员意识。通过重温入团誓词、组织团支部集体活动等多种形式，不断增强团员的荣誉感，保持团员的先进性。认真做好推荐优秀团员作为党的发展对象工作，使“推优”成为在大学生中发展党员的主渠道，使优秀团员成为学生党员的主要来源。善于发现和树立先进团员的典型，大力表彰先进。对德才表现突出的优秀团员，在推荐研究生和毕业分配时，学校有关部门要适当优先考虑。

加强团干部队伍建设，提高团干部综合素质。把德才兼备、有培养前途的青年教师和优秀毕业生选拔到团的工作岗位上来，建设一支以专职干部为骨干，专、兼职相结合的高质量的团干部队伍。加强对团干部的培养、培训，选送优秀的团干部攻读思想政治教育相关专业的硕士、博士学位，组织参加业余党团校学习、社会实践考察、挂职锻炼等活动，不断提高团干部的综合素质。

四、以提高服务能力为核心，进一步加强和改进高校团的职能建设

高校共青团要从加强团的能力建设和保持团的先进性出发，进一步明确新形势下团的各项工作职能。同时，要根据形势发展和大学生实际需求的变化，不断强化和完善工作职能，探索和开辟新的工作项目。

强化高校团组织的教育职能。坚持育人宗旨，通过开展生动有效的思想政治教育活动，帮助大学生不断提高政治理论素质和思想道德素质，增强法律意识和守信意识。以理想信念教育为核心，深入进行树立正确的世界观、人生观和价值观教育；以爱国主义为重点，深入进行弘扬和培育民族精神教育；以基本道德规范为基础，深入进行公民道德教育。以“大学生素质拓展计划”为统揽，深入开展“三下乡”、“四进社区”、“志愿服务”、“红色之旅”等社会实践活动，着力加强以“挑战杯”为龙头、以“校园文化节”为载体的校园文化建设，引导大学生全面发展，成长成才。

突出高校团组织的服务职能。始终坚持把服务学生作为高校团的工作的出发点和落脚点，积极帮助广大学生解决和处理好学习和生活中遇到的具体问题。采取有效措施，通过济困助学、勤工助学，认真做好关心和服务经济困难大学生工作。深入实施“心理阳光工程”，积极参与大学生心理健康教育，为大学生提供及时有效的心理咨询服务。加强对大学生创业就业的指导，帮助他们培养创业意识，树立正确的就业观念，不断提高创业素质和就业本领。

巩固高校团组织的管理职能。全面加强和改进对学生会、研究生会、学生社团组织的指导。学校团委应选派优秀的干部，担任校级学生会、研究生会组织的秘书长。帮助学生会、研究生会组织研究制定工作计划和重要工作决策，把握好工作的政治方向，做好主要干部候选人的选拔、推荐工作和主要干部的培养工作。校、院系团委（团总支）要选派得力干部具体负责指导学生社团工作。要通过吸收学生社团主要干部参加业余团校的学习、评选优秀学生社团和社团活动等办法，把学生社团的主要干部团结在团组织的周围，开展丰富多彩的社团文化活动。

五、坚持党建带团建，进一步加强党对高校团的建设的领导

各级党委要高度重视高校团的建设，按照党建带团建的要求，切实加强对团的建设的领导。要把高校团的建设纳入党的建设的总体格局，把团建工作开展情况作为检查、评估、考核校、院系党建工作的一项重要内容，予以高度重视。

高校党委要有一名副书记分管共青团工作，高校行政也应有一名副校长联系共青团工作。高校党委每学年应召开一至二次专题会议，研究团的工作。校团委书记可以列席校务会议，党员校团委书记可以列席校党委、常委的有关会议。

高校党政领导要支持共青团按照团章独立自主地开展工作，不得把团的组织机构撤消、合并或归属于其他工作部门，已经合并或归属其他部门的，应尽快采取措施予以纠正。高校团委领导职数和高校专职团干部的人数，根据学校规模和工作需求而定，要充分保证共青团工作正常开展的需要。在校学生数在1万人以下的学校，校团委专职团干部的编制不得少于5人；1万人至2.5万人的学校，不得少于9人；2.5万人以上的学校，不得少于12人，分校区较多的学校，还应酌情增加。院系团委（团总支、教工团总支必须配备至少1名专职团干部。校级团委正、副书记按学校部、处级干部配备、管理，并享受相应待遇；校团委各部部长和院系团总支书记应按科级干部配备、管理，并享受相应待遇。要积极为团组织开展工作创造条件，提供必要的活动场所、设备，保证必要的活动时间，要按照在校生人均不低于20元的标准划拨校级团委日常工作经费。

共青团中央、教育部党组将组成督察组，就各地贯彻落实本意见的情况进行检查督导。

共青团中央关于进一步做好服务大学生就业创业工作的意见

2005年4月10日

为深入贯彻落实中央16号文件、全国加强和改进大学生思想政治教育工作会议精神，协助党和政府做好大学生就业创业工作，现就共青团组织进一步做好服务大学生就业创业工作，提出如下意见。

一、进一步提高对服务大学生就业创业工作重要性的认识

高校毕业生是宝贵的人才资源。做好大学生就业创业工作，关系实施人才强国战略和全面建设小康社会的全局，关系广大青年学生的切身利益，关系高校和社会的稳定。当前和今后一个时期，伴随着社会转型、经济结构调整和深化教育体制改革，大学生就业形势比较严峻，就业压力普遍增大，成为大学生迫切需要解决的实际问题。胡锦涛总书记在全国进一步加强和改进大学生思想政治教育工作会议上强调，要坚持解决思想问题与解决实际问题相结合，既以理服人又以情感人，增强思想政治教育的实际效果。共青团组织要从解决大学生实际问题、进一步加强和改进大学生思想政治教育的高度，充分认识服务大学生就业创业的重要意义，增强做好这项工作的责任感和紧迫感。

二、扎实推进服务大学生就业创业各项工作

共青团组织服务大学生就业创业，关键在于帮助大学生提高就业创业素质和综合竞争力，必须把服务大学生就业创业和扎实推进大学生素质拓展计划紧密结合起来，丰富素质拓展计划各个环节的就业创业内容，构建服务大学生就业创业的长效机制。

1. 帮助大学生树立正确的就业创业观念。树立正确的择业观是大学生就业创业的重要因素，要把帮助和引导大学生树立正确的择业观作为职业设计导航的重要内容。要发挥共青团组织的优势，邀请党政机关、企事业单位的领导和人力资源管理方面的专家，为大学生传授就业创业的知识和观念。探索建立帮助大学生进行职业生涯设计和人生发展导航的大学生就业创业志愿导师制度。挖掘和树立大学生就业创业先进典型，组织"创业者风采"系列活动，通过演讲、报告、座谈等多种方式，发挥典型的示范带动作用。通过行之有效的宣传教育活动，帮助大学生全面了解我国经济社会的发展状况，正确认识就业形势，转变计划经济条件下毕业就业的陈旧观念，树立"行行建功、处处立业、先就业后择业"的就业成才观，鼓励他们抓住西部大开发、小城镇和城市社区建设、产业结构调整等契机，到西部就业，到中小城市和社区就业，到中小企业就业和自主创业，在当代大学生中进一步唱响到西部、到基层、到祖国最需要的地方建功立业的主旋律。

2. 全面提高大学生就业创业素质。掌握较高的就业创业素质是大学生就业创业的关键环节，要把提高大学生就业创业素质作为开展素质训练的重点。根据大学生职业意向，科学规划、精心设计素质训练内容。加强与专业培训机构的合作，引入人力资源管理的方法，开展多种形式的素质训练，使校内素质训练与就业岗位要求同步并轨。按照全员性、全程性的要求，开办面向所有大学生的"就业创业素质培训班"，有条件的地方可以举办"大学生素质拓展训练学校"，利用节假日集中时间开展素质拓展训练，传授就业创业本领。全面推行《大学生素质拓展证书》，加大宣传推广力度，强化社会认同，既向社会提供客观、权威的学生个人信息，同时促进大学生更加自觉地提高自身综合素质。

3. 大力推进"大学生就业见习行动"。"大学生就业见习行动"是共青团服务大学生就业创业，帮助他们增加职业经历，学习择业就业技巧，提高就业竞争力的一项重要举措。要广泛发动在校大学生参加就业见习行动，特别要协调有关方面为高年级学生参加见习活动提供便利条件。发挥共青团组织联系面广的优势，普遍建立大学生就业见习基地，推动更多企业参与到行动中来，特别是要积极协调青联组织、青年企业家协会、青年乡镇企业家协会等做好相应工作，力争每年为大学生提供50万个见习就业的机会。进一步建设和利用好"大学生就业见习行动网"(www.54club.com)，加大向社会和学生宣传的力度，为大学生提供优质、高效的就业创业信息，进一步畅通学生和用人单位之间的联系渠道。

4. 积极支持大学生创业实践活动。要营造鼓励创业的校园环境，培养大学生的创业观念和创业精神，使创业成为大学生实现人生价值的共同追求。广泛深入地开展"挑战杯"全国大学生课外学术科技作品竞赛和创业计划竞赛，通过活动对大学生进行系统的创业教育、指导和训练，促进大学生创业人才不断涌现。广泛吸纳社会资源，尝试设立专门的风险投资基金，推动学生科技成果转化。结合实际，联合有关部门制定和完善鼓励大学生创业的措施。创造条件，探索依靠社会力量建立“大学生创业园”，完善孵化功能，为大学毕业生创业提供必要的资金、技术和智力支持。

三、确保服务大学生就业创业各项工作落到实处

1. 加强领导。服务大学生就业创业是当前和今后一个时期共青团组织的一项重要工作任务。各级团组织要充分认识服务大学生就业创业的重要意义，在党委统一领导下，积极参与到服务大学生就业创业工作中。省级团委要成立由主要负责同志牵头的服务大学生就业创业领导小组，定期研究本地大学生就业创业工作，统筹规划，广泛发动，稳步推进，务求实效。

2. 加强宣传。要加大对党和国家支持大学生就业创业政策的宣传，加大对共青团服务大学生就业创业各项举措的宣传，把党团组织对大学生就业创业的重视关心送到大学生心中。要不断推出投身西部大开发、投身农村乡镇和城市社区建设、自主创业、在祖国最需要的地方成长成才的先进典型，充分发挥典型的示范带动作用。

3. 加强研究。要建立信息反馈机制，加强沟通，及时了解大学生就业创业的思想动态，通过深入细致的思想政治工作疏导情绪，化解矛盾，严防因学生就业问题引发突发性事件。要加强调查研究，不断总结经验，把握规律，指导工作深入发展。

共青团中央关于进一步加强和改进大学生思想政治教育的实施意见

2005年4月10日

为深入贯彻《中共中央国务院关于进一步加强和改进大学生思想政治教育的意见》（以下简称《意见》）和全国加强和改进大学生思想政治教育工作会议精神，贯彻落实胡锦涛总书记重要讲话精神，开创共青团加强和改进大学生思想政治教育新局面，特提出如下实施意见。

一、指导思想

共青团加强和改进大学生思想政治教育的指导思想是：坚持以马克思列宁主义、毛泽东思想、邓小平理论和“三个代表”重要思想为指导，深入贯彻党的十六大精神，全面贯彻党的教育方针，紧密结合全面建设小康社会和构建社会主义和谐社会的实际，坚持以理想信念教育为核心，以爱国主义教育为重点，以思想道德建设为基础，以大学生全面发展为目标，解放思想、实事求是、与时俱进，发挥共青团的优势和特点，全面推进大学生素质拓展计划，着力培养广大学生的使命感和责任感，加强实践育人、文化育人、服务育人、组织育人，努力增强思想政治教育的针对性、实效性和吸引力、感染力，培养德智体美全面发展的社会主义合格建设者和可靠接班人。

二、实施内容

（一）深化理论学习教育活动

1. 坚持不懈地开展邓小平理论和“三个代

表”重要思想学习宣传活动,通过组织专家讲座、报告会、论坛、创办理论刊物、开设校园红色网站、编写学习材料等多种方式,进一步加深大学生对邓小平理论、“三个代表”重要思想、科学发展观以及构建和谐社会的精神实质和科学内涵的理解,用科学理论武装教育学生,构筑强大精神支柱,引导他们树立远大理想,坚定跟党走中国特色社会主义道路的信念。

2. 以全国开展保持共产党员先进性教育活动为契机,通过学习、讨论、交流、谈心、撰写心得体会等方式,用两年左右的时间,在广大学生党员和学生团员中集中组织开展以“保持党员先进性”和“加强团员意识教育”为主要内容的教育活动。加强业余党校、业余团校建设,促进大学生全面学习党团基本知识、发展历史和组织纪律,进一步增强学生党、团员的光荣感、自豪感,明确自己肩负的历史使命和社会责任。

3. 广泛组织开展形势政策教育活动,以“我与祖国共发展”为主题,邀请党政领导、专家学者以及为国家和社会做出突出贡献的各行各业杰出人物走进校园,走近大学生,紧密结合全面建设小康社会的实际,针对大学生关注的热点问题,帮助他们认清国内外形势,教育和引导他们全面准确地理解党的路线、方针和政策,积极投身改革开放和现代化建设伟大事业。

4. 利用建党、建国、“五四”、“一二·九”等具有重要纪念意义的节庆日,以征文、演讲、座谈、文艺演出、红色旅游等形式多样、生动活泼的方式,广泛开展以弘扬民族精神为主要内容的爱国主义教育活动。进一步加大《公民道德建设实施纲要》的实施力度,引导大学生自觉遵守爱国守法、明礼诚信、团结友善、勤俭自强、敬业奉献的基本道德规范。采取课堂学习与实践学习相结合的方式,在大学生中加强民主法制教育,增强遵纪守法观念。

(二)广泛开展社会实践活动

1. 组织大学生广泛开展教学实践、专业实习、军政训练、社会调查、生产劳动、志愿服务、公益活动、科技发明和勤工助学等活动。促进大学生了解国情、认识社会、坚定信念、磨砺意志,在实践中受教育、长才干、做贡献。

2. 在寒暑假期间重点组织开展大学生“三下乡”、“四进社区”社会实践活动,广泛发动大学生积极参与,进一步扩大活动的覆盖面;遵循“按需设项、据项组团”的原则,做好前期调研、立项、组团等工作,务求实效;大力推进社会实践基地建设,积极配合党政部门逐步建立和完善社会实践保障体系,形成长效机制。

3. 大力开展大学生志愿服务活动。组织大学生利用节假日、课余时间深入社会开展扶贫开发、社区服务、环境保护、大型活动、抢险救灾、海外服务等各类志愿服务活动,培养大学生的社会责任感。巩固“大学生志愿服务西部计划”、“扶贫接力计划研究生支教团”等志愿服务品牌项目,挖掘活动的思想教育内涵,扩大活动的参与面和影响力。

4. 组织“红色之旅”学习参观。充分发挥博物馆、纪念馆、展览馆、烈士陵园等爱国主义教育基地的教育作用,组织大学生到革命纪念地学习参观,了解中国革命、建设和改革开放的历史和成就,增强大学生对党的感情,激励他们为全面建设小康社会、实现中华民族伟大复兴而建功立业。

(三)建设健康向上的校园文化

1. 组织开展丰富多彩的校园文化活动。围绕学术科技、文化娱乐、公益服务、体育竞技等多项主题,发挥团学组织优势,广泛开展活动,活跃校园文化,把德育、智育、体育、美育有机结合起来,帮助大学生在参与校园文化活动中提升思想道德素质。

2. 着力打造校园科技文化活动品牌。以“挑战杯”课外学术科技作品竞赛、创业计划竞赛和“中国青少年科技创新奖”评选表彰为龙头，深入开展群众性科技创新活动。整合校园现有的文化活动，组织开展“中国大学生校园文化节”，继续办好“大学生校园歌手大赛”，努力使校园文化活动的品牌广为人知、深入人心。

3. 充分发挥学生社团的重要作用。通过举办优秀社团评比展示、社团活动展演等方式，大力扶持理论学习型社团，热情鼓励学术科技型社团，正确引导兴趣爱好型社团，积极倡导社会公益型社团，一手抓繁荣、一手抓管理，使学生社团成为大学生“自我教育、自我管理、自我服务”的重要载体，成为建设健康向上的校园文化的重要力量。

4. 营造良好的校园文化环境。不断壮大青年文化事业、产业，大力整合团属青年文化事业资源，积极开辟广播电视青年频道、报纸杂志青年栏目，加强青少年网络影视建设，推出电影、电视剧、歌曲、曲艺、图书等精品力作，培养一大批青年文化名人，为大学生提供更多更好的文化产品和服务。

（四）积极促进大学生就业创业

1. 着力帮助大学生树立正确的就业创业观念。成立大学生职业设计的专门机构，为大学生提供职业倾向测评、职业导航、创业咨询等服务，帮助大学生确立职业方向，树立“灵活就业，先就业、后择业”和“创业带动就业”等观念，倡导学生到西部、到基层、到祖国最需要的地方去建功立业。

2. 全面提高大学生就业创业素质。强化“大学生素质拓展计划”中的“素质拓展训练”环节，根据学生的职业意向精心设计素质训练内容，提高大学生的就业竞争力。加强与专业培训机构的合作，举办“大学生素质拓展训练学校”，建立素质拓展基地，使校内的素质培训与社会需求同步并轨。有条件的地方可以全面推行《大学生素质拓展证书》，方便用人单位选拔人才，同时促进大学生更加自觉地提高自身综合素质。

3. 大力推进“大学生就业见习行动”。建好“大学生就业见习行动网”（www. 54club. com）。建设就业见习基地，动员更多的企事业单位为不同年级尤其是高年级的学生提供不同类别的见习岗位，力争每年落实50万个以上就业见习岗位，在大学生和用人单位之间构建起就业创业平台。

4. 积极支持大学生创业实践活动。通过创业计划竞赛等方式，对大学生进行系统的创业教育、创业指导和培训，营造鼓励创业的校园环境。协助党和政府做好有关大学生创业政策的宣传和落实工作，联合有关部门制定有利于大学生创业的具体政策措施。整合资源、完善机制，为大学生创业提供必要的资金、智力和技术支持。

（五）关心和服务经济困难大学生

1. 推进济困助学工作。争取各方支持，吸纳社会资源，拓宽济困助学资金的来源，加大直接资助、奖励经济困难学生的力度。树立优秀自强典型，引导和激励更多的经济困难学生自强、自立，勤奋学习，顺利完成学业。

2. 推进勤工助学工作。积极整合校内资源，选派学生承担后勤服务、校园秩序维护、公益劳动等方面力所能及的工作，为学生提供更多的勤工助学岗位。大力挖掘青年企业家协会、青联等校外资源，推进建立勤工助学基地，动员企事业单位为大学生勤工助学提供岗位和信息服务。采取切实措施，维护学生的正当权益。

3. 推进结对扶助工作。充分发挥各级团组织、团干部队伍的作用，动员各级团组织、团干部尤其是地市以上机关的团干部以及社会各界力量，按照团内与团外相结合、团体资助与个人资助相结合、物质扶助和其他扶助相结合的原则，由集体或个人与经济困难大学生尤其是特困生结成扶助对子，帮助他们克服困难，完成好学业。

4. 推进助学贷款担保。作为对国家助学贷款的有益补充，通过吸纳各类社会资源建立社会化助学贷款担保基金，制定具体可行的担保办法，为经济困难大学生顺利贷款提供服务和帮助。基金担保主要面向西部、面向特困生，优先解决他们的实际困难，力争覆盖特困生的20%。通过多种方式在大学生中开展诚信教育，配合推进国家助学贷款政策的实施。

（六）加强大学生心理健康教育

1. 普及基本常识。以“5·25”中国大学生心理健康节为重点，大力实施“心理阳光工程”。通过举办讲座、报告、论坛等活动以及海报、橱窗、校园广播等宣传手段，在大学生中普及基本的心理健康常识，帮助他们树立正确的心理健康观念，提高对自己心理健康的认识。积极扶植心理类学生社团的建设发展，充分发挥它们在普及知识、宣传观念方面的积极作用。

2. 加强咨询辅导。加强学校团委心理咨询室和心理咨询师队伍建设，为大学生提供更好的心理测试和心理咨询等服务。邀请专家学者编写发放《大学新生心理健康手册》，针对大学新生面临的具体心理问题，提供有针对性的辅导。充分发挥“中国大中学生心理健康教育在线”的作用，开辟专家咨询热线、网上心理论坛等栏目，为尽可能多的学生提供心理健康教育服务。

3. 培训工作队伍。每年举办一次大中学校团干部心理咨询培训班，对在学生工作一线、熟悉学生实际状况的专职团干部进行专业培训，丰富他们的心理学知识、提高开展心理咨询工作的能力，建设一支高素质的基层工作队伍，为做好大学生心理健康教育提供有力保障。通过网络、工作简报等渠道加强各学校共青团组织心理健康教育工作的交流和研讨。

（七）强化网络思想教育功能

1. 牢牢把握网络思想政治教育主动权，主动占领网络思想政治教育的制高点。大力支持校园“红色网站”的建设发展，使之在学生自我教育中发挥更加显著的作用。针对大学生接受信息途径发生的新变化，进一步建设好校园网，通过强化网络的服务功能吸引凝聚大学生，在服务中增强思想政治教育的实效性。

2. 加强团属网络建设。整合网络资源，建设和完善“血铸中华”、“民族魂”等一批融思想性、知识性、趣味性、服务性于一体的主题教育网站或网页，突出思想政治教育的主题，突出服务青年学生的重点。以网络主题团日、网络道德问题辩论、网页和 Flash 制作竞赛等为载体，积极开展网络思想政治教育活动。

3. 深入实施“网络文明工程”。加强网络教育团、学骨干队伍建设和机制建设，推进健康向上的网络文化建设，倡导文明上网习惯，引导大学生自觉遵守网络道德规范。积极关注网上动态，了解大学生思想动态，把握网上阵地的正确导向。加强网络信息管理，积极配合政府有关部门做好网上信息审查，及时过滤删除有害信息。

（八）加强高校共青团和学生组织建设

1. 加强基层团组织建设。巩固班级团支部，在思想教育、发展团员、推优入党、开展文化活动、解决学生各种困难等方面发挥其作用。创新和发展新的建团模式，根据需要，在学生公寓和学生社团中建立团组织，尝试在活动项目、网络虚拟群体中建立团组织，加大对民办高校和中外合作办学高校团组织建设的指导力度。

2. 加强团的队伍建设。选拔政治立场坚定、专业素质高、工作能力突出、年富力强的青年教师从事高校共青团工作，加大对团干部的培养、选拔、使用力度，关心团干部特别是基层团干部的学习和生活，积极采取措施，为他们创造良好的工作环境和成长环境。加强团员意识教育。积极推荐优秀团员作为党的发展对象，把协助党组织做好入党积极分子工作作为高校团组织的一项经常性工作做好做实。

3. 加强学生会、研究生会和学生社团建设。高校共青团组织要加强对高校学生会、研究生会、社团组织的指导，选派优秀干部担任校级学生会、研究生会组织的秘书长。帮助学生会、研究生会组织研究制定工作计划和重要工作决策，把握好工作的政治方向，做好主要干部候选人的选拔、推荐工作和主要干部的培养工作。选派得力干部具体负责指导学生社团工作。支持学生社团开展丰富多彩的校园文化活动，加强学生社团的规范化建设。

（九）加强宣传和活动阵地建设

1. 加强宣传阵地建设。团属新闻、出版、网络等媒体要始终坚持正确的舆论导向，坚持团结稳定鼓劲、正面宣传为主的方针，牢牢掌握舆论宣传的主动权。要结合当代大学生的时代特征、行为特点和成才需求，按照“三贴近”的要求，不断提高宣传报道的说服力和影响力，为深入推进大学生思想政治教育营造良好氛围。

2. 加强活动阵地建设。团属青少年宫、青少年活动营地要发挥自身特点，主动承担大学生思想政治教育的任务，引导大学生参与文化建设，提高自身素质。积极推动建设大学生活动中心、大学生素质拓展中心等活动场所，为大学生开展活动提供依托。

（十）加强理论研究

1. 团属青少年研究机构、团校、青干院要主动适应形势要求，把大学生思想政治教育理论研究作为重要课题，研究新时期大学生思想政治教育规律，探索新形势下大学生思想政治教育的新途径、新办法，组织各领域专家学者进行课题攻关，早出成果，多出成果，出好成果。及时编辑、整理、出版研究成果，形成大学生思想政治教育的系列精品丛书，推动学校、社会共同做好大学生思想政治教育工作。

2. 各级共青团组织特别是高校团组织要积极参与思想政治理论课题研究，深入学生实际，发挥自身优势，总结工作经验，形成研究成果，针对大学生普遍关注的心理健康、交友择业、成长发展等热点问题，定期邀请有关方面的专家、学者、成功人士或优秀大学生代表，举行报告、对话、研讨以及网络在线问答等活动，对大学生进行指导和帮助。

三、实施要求

1. 统一思想，明确使命。各级共青团组织要进一步把思想统一到中央《意见》精神上来，统一到中央领导同志重要讲话精神上来，统一到中央工作部署上来。要以对党的事业高度负责的态度，进一步增强做好大学生思想政治教育工作的历史责任感和使命感，充分发挥积极性和主动性，坚定信心，不懈努力，共同推进这项关系长远的重大战略工程。

2. 狠抓落实，务求实效。各级团组织要根据中央部署，紧密结合本地本高校实际，细化大学生思想政治教育各项工作，明确目标任务，确保思想落实、措施落实、工作落实。要加强与各有关方面的协调，形成推进大学生思想政治教育工作的强大合力。要充分整合社会资源，调动各方面的积极性，为加强和改进大学生思想政治教育提供有力的支持。

3. 完善机制，着眼长远。各级团组织要建立领导机制和工作机制，各地各高校要建立相应工作机构，定期研究部署本地本高校大学生思想政治教育工作。要建立信息沟通机制，及时、准确地把握大学生思想动态，对事关大学生思想政治方面的重大问题和突发事件要及时沟通，及时引导。要建立保障机制，配备专门人员负责具体工作，并给予必要的资金支持。

4. 把握规律，开拓创新。各级团组织要深入大学生，了解大学生，及时研究、解决大学生思想政治教育的新情况新问题，为加强和改进大学生思想政治教育提供理论支持和决策依据。要勇于创新，善于创新，深入探索加强和改进大学生思想政治教育的规律和方法，大力推广行之有效的做法和经验。要创新大学生思想政治教育的内容、形式、手段和载体，不断提高思想政治教育的针对性、实效性和吸引力、感染力，切实把大学生思想政治教育工作提高到一个新的水平。

共青团中央、教育部关于“五四”期间在高校广泛开展“勤奋学习、成才报国”主题活动的通知

2005年4月22日

各省、自治区、直辖市团委,教育厅(教委),新疆生产建设兵团教育局,教育部各直属高等学校:

为纪念“五四”运动86周年，进一步加强和改进大学生思想政治教育，引导广大青年学生树立远大理想，更加坚定地跟党走中国特色社会主义道路，共青团中央、教育部决定“五四”期间在全国高校广泛开展“勤奋学习、成才报国”主题活动。具体通知如下。

一、活动主题

勤奋学习，成才报国。

二、活动内容

1. 开展主题教育活动。发挥基层班团组织的作用，广泛开展报告会、主题班会、座谈会等丰富多彩的活动。邀请党政领导、专家学者进校园宣讲形势政策，帮助大学生加深对党和政府大政方针的了解。开展理想信念教育，引导大学生深入贯彻“三个代表”重要思想，牢固树立起中国特色社会主义的理想信念。充分发挥博物馆、纪念馆、展览馆、烈士陵园等爱国主义基地的教育作用，组织红色旅游活动，引导学生深入了解中国革命、建设和改革开放的历史与成就，激发爱国情感，明确自身责任。

2. 开展校园文体活动。充分发挥学生社团在营造校园文化氛围方面的重要作用，在“五四”期间，特别是七天长假期间开展丰富多彩、积极向上的文体活动，如歌咏比赛、足球比赛、“三人制”篮球比赛等。寓思想政治教育于文体活动之中，引导学生积极参与校园文化建设，提高思想文化水平和身心素质。

3. 开展学术科技活动。以“挑战杯”为龙头，广泛开展各类群众性学术科技活动，各省、自治区、直辖市团委要组织好“挑战杯”课外学术科技作品竞赛的省级选拔工作，各高校要相应组织好校内的选拔工作。广泛邀请有较高知名度、学术人品为学生认可的专家教授就学术科技某一领域的最新发展情况开展学术讲座，激发学生对专业学习研究的兴趣。

4. 开展服务大学生就业创业活动。共青团中央将在“五四”期间组织开展“导航”——名企名家百校行高校巡讲活动，组织优秀企业负责人、人力资源专家等进高校，就人生发展导航、职业生涯规划、实践技能与实用管理知识等方面为学生解疑释惑，帮助学生提高就业创业能力。各地要积极开展相应的工作。

5. 开展“相约西部，放飞梦想”主题活动。通过报告会、班会、展览等多种形式，宣传国家西部大开发政策、西部蕴藏的发展创业的巨大机会和在西部就业创业的大学生取得的优秀成绩，鼓励大学生积极投身西部，投身基层。共青团中央将在北京举办“爱心牵手”——首都高校西部志愿者日记大型朗诵会。各地同时要大力做好今年的“大学生志愿服务西部计划”招募工作。

三、工作要求

1. 高度重视。在“五四”期间统一开展“勤奋学习，成才报国”主题活动是共青团中央、教育部加强和改进大学生思想政治教育，促进改革、发展和稳定的一项重要举措，具有十分重要的意义。各地各高校一定要高度

重视，把它作为当前一项重要任务抓紧抓好。要切实加强组织领导，要突出五四运动“爱国、进步、民主、科学”的光荣传统，强化思想教育功能，引导大学生树立“勤奋学习，成才报国”的意识。

2. 精心组织。各地各高校要认真总结以往开展类似活动的经验，按照中央16号文件的要求，结合新的时代特点，认真组织好这次主题活动。要立足基层，立足校园，切实了解学生的需求和兴趣，精心策划活动内容，发动学生广泛参与。必须确保在“五一”七天长假中每天都有较大规模的各类活动。

3. 加强宣传。各高校要广泛发动校电视台、校园网、校报等校内媒体进行宣传报道，扩大活动的影响面。各省、市、自治区团委要利用当地媒体扩大宣传，广泛报道各高校的成功活动，在社会上营造出良好的舆论氛围，促进校内活动的深入开展。

教育部办公厅、共青团中央办公厅关于深入开展中学生暑期“四个一”社会实践活动的通知

2005年6月24日

各省、自治区、直辖市教育厅（教委），团委，新疆生产建设兵团教育局：

为深入贯彻《中共中央国务院关于进一步加强和改进未成年人思想道德建设的若干意见》，落实《中小学开展弘扬和培育民族精神教育实施纲要》，充分发挥实践育人的重要作用，在实践中培养和提高广大中学生的思想道德素质，促进学生全面发展，教育部办公厅、共青团中央办公厅决定，今年暑期深入开展中学生“四个一”社会实践活动。有关事项通知如下。

一、活动主题

今年暑期社会实践活动的主题是：弘扬民族精神，承担社会责任。大力弘扬和培育伟大的民族精神，是当前和今后一个时期未成年人思想道德建设的重要任务，是中学德育工作的重要内容。确定这样一个主题，旨在突出中学生暑期社会实践活动的思想道德教育内涵，抓住当前有利时机，引导广大中学生从增强爱国情感做起，从确立远大志向做起，从规范行为习惯做起，从提高基本素质做起，增强中学生的社会责任感和适应力，努力成长为中国特色社会主义事业的合格建设者和可靠接班人。

二、活动内容

今年中学生暑期社会实践活动的主要内容是“四个一”。

1. 参观一次爱国主义教育场所。通过参观各级各类博物馆、纪念馆、展览馆、爱国主义教育基地，瞻仰革命遗址、烈士陵园，举办夏令营、“革命圣地游”、“红色旅游”，考察城市、农村建设成就，浏览“血铸中华”、“民族魂”爱国主义网站等多种形式，接受爱国主义教育和革命传统教育。

2. 参加一次社区志愿服务活动。立足于所在社区，开展敬老爱幼、助残帮困、保护环境、公益宣传等各种形式的志愿服务活动，参与道德实践，接受社会公德教育。

3. 为回报父母、长辈做一件实事。通过为父母、长辈做饭、洗衣、整理家务，或过生日等

多种形式,接受中华民族传统美德教育。

4. 学习一项生产生活技能或自理自护知识。通过实际动手实践,学习生产劳动、工艺制作、日常生活实务等方面的基本技能,学习自我保护、生存安全等方面的基本知识,接受社会适应能力教育。

三、活动原则

组织中学生开展"四个一"暑期社会实践活动,要注意把握以下原则。(一)就近就便的原则,立足于学生所在社区、乡村,便于学生广泛参与;(二)分散与集中相结合的原则,学生可以个人分散活动,可以就近自由组合活动,也可以由学校出面组织一些集中性的重点活动;(三)力所能及的原则,活动的设计和安排要以学生可以做到为前提,不能成为学生的负担;(四)保障安全的原则,要教育学生增强安全意识,落实保障措施,认真负责地做好学生的安全工作。

四、工作要求

(一)高度重视,加强领导。开展中学生社会实践活动,是各级教育行政部门和共青团组织加强未成年人思想道德建设的重要途径,是全面推进素质教育的重要措施,各地务必给予高度重视,切实加强对活动的领导。要把"四个一"社会实践活动作为暑期的一项重点工作摆上日程,制定方案,尽早部署,确保活动顺利实施。教育行政部门要加强对活动的指导,积极支持活动的开展。共青团要做好活动的具体组织协调工作,特别是各市县级团组织,要集中力量,明确责任,把活动的各项任务落实好。各学校主要负责人要亲自抓暑期社会实践活动,认真研究制定工作计划,保证活动的顺利开展。

(二)精心组织,务求实效。学校要把"四个一"社会实践活动在放假前布置给每一位学生,并就开展好这项活动向学生提出具体要求,切实做好动员工作。学生参加活动的情况要予以适当的记载认证。要努力增强学生参与社会实践的意识,使学生完成"四个一"活动内容,真正在活动中受到启发和教育。

(三)突出重点,以点促面。各地要围绕"四个一",结合本地实际,设计和开展一些集中性示范性的重点活动,吸引带动学生广泛参与。特别要突出活动主题,有重点地组织一批参观爱国主义教育场所的团队,集中对学生进行教育。

(四)加强宣传,营造氛围。要积极协调新闻单位做好活动的宣传工作,组织记者深入报道活动的开展情况和学生的实际感受。要通过工作简报等方式,加强信息沟通,交流工作经验,推动"四个一"社会实践活动的开展。要在开学后专门组织一次班会或团会,交流活动经历和体会。通过校报、校内广播站、校园网等多种方式,展示本校学生参与活动的情况,使更多的学生受到教育。

请各地将活动方案、重点团队情况和活动开展情况及时上报共青团中央学校部中学中专处、教育部基础教育司德育与校外教育处。

中央宣传部、中央文明办、教育部、共青团中央、全国学联关于组织开展2005年大中专学生志愿者暑期文化科技卫生“三下乡”社会实践活动的通知

2005年6月29日

各省、自治区、直辖市党委宣传部，文明办，教育厅（教委），团委，学联：

《中共中央国务院关于进一步加强和改进大学生思想政治教育的意见》明确提出，深入开展社会实践是加强和改进大学生思想政治教育工作的有效途径。广泛动员组织大中专学生开展“三下乡”社会实践活动，对于引导青年学生在改革开放和现代化建设的伟大实践中学习贯彻“三个代表”重要思想，大力弘扬和培育民族精神，树立和落实科学发展观，对于引导青年学生以服务农村经济社会发展的实际行动，促进城乡统筹发展，构建社会主义和谐社会，对于积极拓展大学生思想政治教育的有效途径，引导大学生在实践中熏陶思想感情、充实精神生活、提高道德境界、增长知识才干，具有重要意义。为此，中宣部、中央文明办、教育部、共青团中央、全国学联决定今年暑期继续组织开展大中专学生志愿者文化、科技、卫生“三下乡”社会实践活动。现将有关事项通知如下。

一、活动主题

今年的活动主题为：服务和谐社会建设，提高思想政治素质。

二、活动内容

今年的活动要以“三个代表”重要思想为指导，突出服务和谐社会建设、服务革命老区经济社会建设、博士生服务地方经济建设等主题，各地各高校可根据地方经济社会发展的实际，广泛开展形势政策宣讲、科技支农、企业帮扶、文艺演出、法律援助、医疗服务等活动。为集中力量，发挥优势，示范带动，今年全国将组织400支重点团队。

1. 百支大学生和谐社会建设宣传服务团。通过讲座、报告会、板报、文艺演出等多种形式，组织大学生向广大农村干部和农民宣讲构建社会主义和谐社会的有关内容，帮助他们正确认识构建社会主义和谐社会的重大意义、科学内涵、基本特征、重要原则和主要任务。组织大学生按照“五个统筹”的要求，立足农村经济社会发展实际，传播和推广农业实用技术，培训农村科技人才，帮助群众解决生产技术难题，大力开展环境保护、城镇规划、支教扫盲、法律援助等方面的服务活动，组织相关专业的学生大力宣传普及与农民生产生活密切相关的法律法规，开展义务法律咨询，帮助培训基层法律工作者，为实现经济社会全面、协调、可持续发展献计出力。

2. 百支大学生形势政策宣讲团。组织大学生通过报告会、座谈会、专题讲座、文艺演出、宣传板报、图片展等群众喜闻乐见的形式，摆事实，讲道理，着力宣传党和政府以科学发展观为统领，加强和改善宏观调控、解决“三农”问题、推进经济结构调整等重大决策部署和取得的新进展新成效；着力宣传党和政府始终把人民群众的切身利益放在心上，特别是在农民增收方面采取的具体措施和取得的实际效果。引导广大农村干部群众充分认识当前我国的大好形势，正确理解党和国家的方针政策。

3. 百支大学生红色之旅参观服务团。将

暑期社会实践活动与红色旅游有机结合起来。按照中共中央办公厅、国务院办公厅《2004—2010全国红色旅游发展规划纲要》规定的红色旅游线路，组织大学生围绕旅游规划、旅游产业开发、生态建设和环境保护等方面开展服务，组织医学专业学生送医送药下乡，为农民进行健康普查和常见病治疗，开展卫生知识宣传咨询，培训基层医务工作者；组织学生文艺演出队下乡巡回演出，培训一批乡村文艺骨干，活跃老区人民的文化生活。在服务老区经济建设的同时，引导大学生自觉接受爱国主义和革命传统教育，更加深刻地理解历史和人民是怎样选择了中国共产党，选择了社会主义制度，牢固树立正确的世界观、人生观、价值观，坚定在共产党领导下走中国特色社会主义道路的信念。

4. 百支博士生地方经济实践服务团。充分发挥博士生、硕士生等高学历青年学生的人才技术优势，为地方经济建设贡献力量。在充分调研的基础上，根据地方需求，组建专业优势互补的博士生、硕士生实践服务团，按照项目化要求，扎实开展服务，在老工业基地技术改造升级、西部地区农业综合开发、中部地区农业产业化等方面，力所能及地帮助地方解决困难。

此外，还将联合有关部委组织扶贫状况社会调查、禁毒和防治艾滋病知识宣传教育等专项活动。

三、工作要求

1. 高度重视，加强领导。"三下乡"是新形势下大中专学生社会实践的创新发展，是加强和改进大学生思想政治教育的有效途径，是实施科教兴国战略，发挥大学生人才智力优势，促进农村三个文明建设的重要举措，各地各高校和各有关部门要充分认识组织开展大中专学生"三下乡"社会实践活动的重要意义，切实加强领导，狠抓落实。高等学校要把社会实践纳入学校教育教学总体规划和教学大纲，规定学时和学分，提供必要经费。要高度重视参加活动的师生的安全，采取切实措施，确保万无一失。

2. 扩大覆盖，注重建设。要把"三下乡"社会实践活动纳入学校素质教育的整体格局中，并作为实施大学生素质拓展计划的重要内容，引导学生广泛参与暑期社会实践活动。要进一步扩大覆盖面，力争使每一个在校大中专学生在学期间至少参加一次（为期一至两周）以"三下乡"为主要形式的社会实践活动。要切实重视机制建设，加强社会实践基地建设，力争每所高校、每个院（系）都建立相对固定的社会实践基地，使学生受锻炼，当地见效益。在高校组团的基础上，探索由地县级宣传部门、教育部门和团委根据本地经济社会发展的需求，组织回乡大学生组成社会实践团队，就近就便开展活动。

3. 加强调研，力求实效。要严格落实"按需设项、据项组团、双向受益"的工作要求，加强前期调研，掌握基层需求，根据需求进行活动立项，选拔相关专业的大学生组建团队。活动前要加强培训，帮助大学生在思想上、心理上、专业上、身体上做好准备。活动期间，要针对需求开展服务，切实帮助群众解决实际困难，为群众带去实惠。返校后要加强联系，对于活动中一时未能解决的问题，要发动老师、学校的力量继续攻关。学生返校后要通过"实践归来话成就"主题活动，交流体会收获，扩大教育成果。

4. 加强宣传，营造氛围。各级宣传部门要把大中专学生志愿者暑期"三下乡"社会实践活动的宣传摆上重要日程，列入计划，协调中央和地方新闻单位，开辟专题、专栏，组织精干力量深入一线采访报道，为活动营造良好的舆论氛围。教育行政部门、学校和各级团学组织要积极协助新闻单位做好宣传工作。各高校要通过校内报刊、广播、电视和工作简报，积极主动地开展宣传工作。要充分利用好"三下乡”网站(www.54club.com),及时上报工作材料,加强信息沟通,交流工作经验,推动“三下乡”活动不断深入。

全国重点团队的组织采取申报制,根据申报材料确定并划拨经费,配发宣传品、服装和旗帜。

共青团中央办公厅关于印发《共青团学校战线增强共青团员意识主题教育活动实施方案》的通知

2005年9月22日

共青团各省、自治区、直辖市委,军委总政治部组织部,全国铁道团委,全国民航团委,中直机关团工委,中央国家机关团工委,中央金融团工委,中央企业团工委:

现将《共青团学校战线增强共青团员意识主题教育活动实施方案》印发给你们,请结合实际,认真组织实施,并将有关情况及时报共青团中央学校部。

共青团学校战线增强共青团员意识主题教育活动实施方案

为深入贯彻落实《共青团中央关于在全团开展以学习实践“三个代表”重要思想为主要内容的增强共青团员意识主题教育活动的意见》,全面推进共青团学校战线深入开展增强共青团员意识主题教育活动,特制定实施方案如下。

一、指导思想

以邓小平理论和“三个代表”重要思想为指导,深入贯彻党的十六大和十六届三中、四中全会以及中共中央国务院《关于进一步加强和改进未成年人思想道德建设的若干意见》、《关于进一步加强和改进大学生思想政治教育的意见》精神,全面落实团十五大和团十五届三中全会确定的目标任务紧密结合共青团和青年学生实际,以学习实践“三个代表”重要思想为主线,以“永远跟党走”为主题,切实增强广大共青团员的政治意识、组织意识和模范意识,解决基层团组织存在的突出问题,不断增强团组织的创造力、凝聚力和战斗力,进一步巩固和扩大党执政的青年群众基础。

二、目标任务

1.增强意识。把教育活动与加强和改进未成年人思想道德建设、大学生思想政治教育紧密结合起来。大中学校特别是高校团员青年比较集中,团员意识容易淡漠,要以此次教育活动为契机,充分发挥业余团校、团报团刊、团组织网站等教育载体的作用,对团员普遍进行一次团史团情和团员的权利和义务教育;要组织广大团员对照《团章》,重温入团誓词等方式,认真查找自身与合格团员之间的差距;面向全体学生开展团的知识教育,提高团员学生对团组织的认同感和归属感,使团员学生切实增强政治意识、组织意识;

2.健全组织。把教育活动与加强基层组织建设紧密结合起来。按照《团中央教育部关于进一步加强和改进高等学校共青团建设的意见》精神,巩固和完善团的基层组织体系,要在加强班级团支部和院系分团委的组织体系建设基础上,加大社团、学生公寓建团的力度;中学系统要着重加大团组织规范化、制度化建设,建立健全与新形势相适应的基层团的组织制度和运行体系。要大力加强民办学校团建工作，进一步提高建团率，扩大团组织的覆盖面和影响力。进一步深化创建“五四红旗团委”活动，力争使“五有”、“四好”团组织在基层达到相当比例，整体推进基层团建工作。

3. 活跃工作。把教育活动与大中学生素质拓展计划紧密结合起来。要以提高服务能力为核心，强化团组织的教育职能，完善团组织的服务职能，巩固团组织的管理职能。高校共青团组织要通过实施素质拓展计划不断整合工作资源，丰富工作内容，提高工作实效。中学共青团组织要探索如何主动适应新课改的要求，重新定位、全面活跃共青团的工作，努力构建有效服务青年学生的工作体系。

三、总体安排和方法步骤

增强团员意识主题教育活动在2005年9月至12月开展，在此期间，各基层团组织可根据实际情况自行确定起止时间，原则上各单位开展学习教育活动的时间应不少于一个月。

教育活动分为三个阶段进行。

（一）宣传动员阶段

1.9月份下发通知，要求学校战线深入开展团员意识主题教育活动。

2.9月份学校部负责同志分路到高校比较集中的省市进行宣传发动活动。

3. 请有关机构设计调查问卷并发放，就大中学生中团员的思想状况、存在问题等进行摸底调研。

4. 建立定点联系制度，学校部正式干部一人联系2—4个规模较大的高校和中学，进行具体指导。

（二）学习教育阶段

1.10月份广泛开展“学理论知团情”主题学习活动。请有关部门出一套知识问答题，并在中青报刊登，组织大中学生参与答题。

2. 开展“新时代新风采”六个一主题教育活动。组织每一名团员上一次团课、学一遍团章、读一本学习辅导材料、写一篇学习心得、参加一次讨论活动、过一次民主生活。

（三）总结提高阶段

1. 开展“我为团旗添光彩”主题教育活动，以此为载体，开展形式多样的团日活动。

2. 开展结对帮扶。要求学校战线每一名团干部要与一名贫困学生结对，开展帮扶工作。

3. 广泛征集团员意见，建立和完善班级、院系、学校各级团组织的工作制度，提高团组织的凝聚力与影响力。

四、活动要求

1. 高度重视，加强领导。增强团员意识主题教育活动是当前全团的一项重点工作，是共青团学习实践“三个代表”重要思想的继续和深化，是全面贯彻落实中央保持共产党员先进性教育精神的实际行动和具体举措，对巩固和扩大党的青年群众基础、永葆党的先进性具有重要意义。学校战线各级团组织要充分认识此项工作的重要性和必要性，统一思想，精心组织，切实把教育活动各阶段的任务抓实抓好。

2. 分类指导，突出实效。各地各高校在活动中要根据不同类别学校的特点，加强分类指导。要密切联系基层团组织，给予有力指导。按照“三贴近”的原则，采取生动活泼和学生喜闻乐见的活动方式开展教育活动，力求取得实际效果。

3. 注意宣传，扩大影响。积极运用校园宣传栏、广播站、团报团刊、团学组织的网站大力宣传增强团员意识主题教育活动的重要意义，充分调动广大团员青年参与活动的主动性和积极性，为活动开展创造良好的舆论氛围。要深入挖掘宣传素材，用基层增强团员意识教育活动中涌现出的生动事例教育引导广大团员青年。

4. 建章立制，巩固成果。要及时总结活动的经验，着力建立教育活动的长效机制，保证教育活动常抓不懈，抓出成效。要把教育活动贯穿到日常工作中去，通过开展教育活动促进业务工作取得更大成果。

共青团中央、全国学联
关于举办全国中学生科技创新成果展的通知

2005 年 10 月 11 日

各省、自治区、直辖市团委，学联：

为促进建设创新型国家战略的实施，进一步推动中学校园科技创新活动的蓬勃开展，激发和培养中学生的创新精神和实践能力，丰富中国青少年科技创新奖励基金的活动内容，展示近年来中学校园科技创新活动的丰硕成果，共青团中央、全国学联决定在第九届“挑战杯”全国大学生课外学术科技作品竞赛决赛期间，举办全国中学生科技创新成果展。现将有关事项通知如下。

一、展览主题

科技承载希望，创新谱写未来。

二、时间和地点

2005 年 11 月 20—24 日在上海复旦大学举行。

三、举办单位

共青团中央、全国学联主办，上海团市委、市学联、复旦大学承办。

四、参展作品

参展作品为全日制中学(包括普通中学和各类中等职业学校)在校学生在展览之前两年内完成的、在科技创新实践活动中以及研究性学习过程中产生的发明创造作品、工程设计作品等能够代表当代中学生科技创新水平的成果。重点是第一、二届中国青少年科技创新奖和第十九、二十届全国青少年科技创新大赛的获奖者的作品。

五、推荐数量及产生办法

1. 全国共展览 200 件作品，原则上每位学生只能有一件作品参展。

2. 参展作品采取各省、自治区、直辖市团委、学联按分配名额推荐的办法等额产生，具体名额分配见附件 1。

3. 推荐参展的作品可分为个人作品和集体作品两种。

4. 被推荐作品应填写《全国中学生科技创新成果展推荐表》(附件 2)，由学生所在学校和省级团委、学联签署推荐意见。

六、展览方式

1. 展览将与第九届“挑战杯”全国大学生课外学术科技作品展示同期举行，设全国中学生科技创新成果展专区，专区内以省份为单位集中展览。

2. 展览采用的主要方式为文字图片展板、实物模型展示、成果现场演示。参赛作品最好能够进行实物模型展示或现场演示。

3. 原则上每一件作品制作一块彩色喷绘展板进行有关说明，每个省份制作一块展板对本地的中学生科技创新活动做总体介绍。展板规格为 90 × 120cm (其中纵向为 120cm)。

4. 展板与“挑战杯”竞赛一样，由各省(区、市)按照上述规格要求自行设计制作后带往上海，并报送电子稿给主办单位备案，展架由承办单位统一提供。实物模型展示、成果现场演示部分的物品及具体展览方式由各省(区、市)安排，方案和需求提前报送承办单位。各省(区、市)原则上安排一名作者赴上海参加展览。

5. 主办单位将向参展作品的作者颁发参展证书。

七、有关事项及要求

1. 请各地共青团、学联组织高度重视展览工作，按照要求认真做好参展作品的遴选、推荐和相关的各项准备工作,充分展示本地中学生科技创新活动状况和水平。

2. 请各省级团委学校部、学联秘书处协调安排一名负责同志或工作人员负责本地的参展具体工作,并与本地参加现场演示的学生一起于11月17日到上海报到并提前布展。参展人员往返交通费由所在学校或单位负责,在上海期间的食宿费用由主办单位承担。赴上海人员名单及回执请于11月13日前报送团中央学校部。

共青团中央、教育部、国家广播电影电视总局、全国学联关于举办首届中国大学生校园文化节的通知

2005年10月28日

各省、自治区、直辖市团委,教育厅(教委),广电局(厅),学联:

为贯彻落实《中共中央国务院关于进一步加强和改进大学生思想政治教育的意见》精神,发挥校园文化育人功能,建设体现社会主义特点、时代特征和学校特色的校园文化,服务大学生健康成长成才的需要,共青团中央、教育部、广电总局和全国学联决定联合举办首届中国大学生校园文化节(以下简称校园文化节)。现就有关事项通知如下。

一、目的

通过开展丰富多彩的校园文化活动,引导青年学生加强文化道德修养,提高综合素质,促进德智体美全面发展;整合现有的校园文化活动内容,集中在一段时间内形成声势和规模,打造新的文化活动品牌,创造有利于学生健康成长的社会氛围和校园氛围;创新校园文化活动的内容和形式,努力适应新时期高校学生对校园文化建设的新需求,使高等学校成为发展中国特色社会主义先进文化的重要阵地。

二、主题

美好青春　和谐校园

三、时间

2005年11月中旬至12月底,并在"一二·九"前后形成高潮。

四、内容

1. 以学习邓小平理论和"三个代表"重要思想为重点,以理论学习社团为依托,深入开展大学生思想政治理论学习和团员意识主题教育活动;以学习大学生行为规范为核心,倡导大学生开展文明修身活动,努力成为社会文明的表率;以《全国大中学生共建节约型社会日常行为公约》为规范,引导大学生"从小事做起,从现在做起",用实际行动反对浪费,厉行节约,养成良好的行为习惯,共建节约型社会。

2. 广泛开展大学生文化艺术活动,提升学生审美能力和艺术修养;积极开展符合青年学生特点的各类体育竞赛活动,提高学生的身体素质,培养学生的拼搏精神和团队意识。

3. 以帮助和服务大学生解决心理问题为出发点,积极采取多种有效形式,广泛挖掘资源,动员社会各界力量,开展深入细致的心理健康教育和咨询服务活动。

4. 结合大学生特点开展生动活泼的网络文化活动,引导大学生文明上网、上文明网,形成富有时代特色、青年特点的校园网络文化体系,发挥网络文化的育人作用。

5. 积极开展其他有益于大学生身心健康

发展、综合素质提高的文化艺术活动。

五、组织机构及其职责

为加强对校园文化节的统一领导，成立全国组织委员会（以下简称组委会），组委会下设办公室，负责活动的日常工作，办公室设在团中央学校部。

各省（区、市）、高校应成立相应组织机构，负责本地、本校的校园文化活动领导和组织工作。

六、主要安排

1. 各省（区、市）各高校要根据本地实际情况，广泛开展学生喜闻乐见的校园文化活动。要创新活动形式和内容，充分调动大学生的参与积极性，力争使每一个大学生至少参加一项文化活动，形成浓郁的校园文化氛围，在“一二·九”期间形成高潮。各地要重视活动的总体设计和总结，及时向全国组委会上报有关活动计划和推进情况。各地开展重点活动的具体安排请于 11 月 14 日前上报全国组委会办公室。全国组委会将根据各地上报情况，制作印发校园文化节全国活动指南。

2. 全国性活动由全国组委会统筹实施。今年重点开展的活动项目有：

（1）“一二·九”期间，举办第三届中国大学生校园歌手大赛决赛。歌手大赛将唱响主旋律，鼓励和引导大学生创作和演唱反映丰富多彩校园生活和大学生积极向上精神风貌的歌曲，展示当代大学生崇高的理想追求和高雅的审美情趣。今年歌手大赛的重点内容是纪念抗日战争胜利 60 周年、“一二·九”运动 70 周年。

（2）举办高校校园文化建设高层论坛。邀请教育专家、教育部门领导、著名大学校长、团学干部等，就校园文化的基本理论、基本内涵，特别是校园文化在加强大学生思想政治教育过程中的独特作用、途径和方式以及有效载体等进行全方位探讨，为校园文化建设提供理论支撑。

（3）12 月中旬，以“心理阳光工程”为依托，开展“快乐学习、阳光生活”大学生心理健康教育系列活动。举办第五届全国大中学校团组织心理咨询工作培训班，组织编写《2005 年大学生心理健康手册》，并向全国部分高校新生免费发放 10 万册；通过组织心理健康知识竞赛、倡导学生心理健康社团开展同伴教育等方式，引导广大青年学生关注自身和周围同学的心理健康，帮助广大青年学生提高心理调节能力，培养良好的心理品质，促进大学生思想道德素质、科学文化素质和身心健康素质协调发展。

（4）12 月底，开展“社团活动集中展示周”活动。对学生社团主动引导，积极扶持，加强管理，使广大同学在社团活动中受到教育，增长才干。大力扶持理论学习型社团，热情鼓励学术科技型社团，正确引导兴趣爱好型社团，积极倡导社会公益型社团。组织第二届全国高校“优秀学生社团”及其标兵评选活动。今年将进一步规范评审办法，严格申报程序，加大宣传力度，向广大同学和社会推出一批引领时代潮流的学生社团，充分发挥学生社团在校园文化建设中的重要作用。

（5）11 月上旬，举办“高校网络文化周”活动。今年在部分高校尝试开展网络文化活动，举办网上原创歌曲、DV、flash、动漫、摄影、手机小说、短信等内容的设计大赛，为大学生在线开设专家讲座、提供优秀艺术影片鉴赏等内容丰富的网络活动。

（6）12 月，举办全国大学生公益文化艺术大赛决赛。开展好公益歌曲大赛、戏剧小品大赛、青春服饰风采展示、中国大学生公益之星评选和大学生公益论坛等相关活动。

七、表彰奖励

首届中国大学生校园文化节是动员组织全体青年学生参与校园文化建设，在校园文化活动中提高素质、增长本领、受到锻炼的重要尝试，全国组委会将对全国各地组织开展活动的情况进行综合考察,对各地各校的优秀活动和先进集体、个人进行表彰。各地各校要积极打造本地本校的重点品牌活动,对在活动中涌现出的优秀个人和先进集体,及时予以表彰和奖励。

八、宣传报道

加强对活动的宣传,充分发挥各级新闻媒体的作用,利用广播、电视、报纸、网络等多种方式对各地活动开展情况进行广泛宣传报道,积极营造氛围,打造活动品牌,扩大社会影响。

附:首届中国大学生校园文化节全国组织委员会名单

主　任:周　济　教育部部长
周　强　团中央书记处第一书记
副主任:杨　岳　团中央书记处书记
李卫红　教育部副部长
胡占凡　广电总局副局长
刘　凯　全国学联主席
成　员:卢雍政　团中央学校部部长、全国学联秘书长
冯　刚　教育部社政司副司长
王丹彦　广电总局总编室副主任
李小豹　团中央学校部副部长、全国学联副秘书长
办公室主任:李小豹(兼)
成　员:魏树旺　团中央学校部全国学联办公室主任
荆　辉　教育部社政司思政处副处长
戈　晨　广电总局总编室文艺处处长
郭　舒　团中央学校部全国学联办公室副主任
霍光峰　团中央学校部全国学联办公室副主任

中国红十字会总会、教育部、卫生部、共青团中央关于加强学校红十字会工作的指导意见

2005 年 11 月 30 日

各省、自治区、直辖区、新疆生产建设兵团红十字会,教育厅(教委),卫生厅(局),团委:

为贯彻落实《中共中央国务院关于进一步加强和改进未成年人思想道德建设的若干意见》、《中共中央国务院关于进一步加强和改进大学生思想政治教育的意见》和中国红十字会总会、教育部联合下发的《学校红十字会工作规则》、《关于进一步推进学校红十字会工作的意见》等文件精神,依据《中华人民共和国红十字会法》(以下简称红十字会法)和《中国红十字会章程》的有关规定,进一步推动红十字运动的普及,使"人道、博爱、奉献"的红十字精神在青少年中得以弘扬,并真正成为推进学校素质教育的有效途径和载体。现就加强学校红十字会工作,提出如下意见。

一、提高思想认识,加大对学校红十字会工作的支持力度

1. 青少年是祖国的未来,是民族的前途和希望。做好青少年工作,是新形势下全面贯彻党和国家的教育方针、推进素质教育的重要举措。宣传、普及红十字运动知识,推动红十字事业全面发展,动员和组织广大青少年参加具有红十字特色的实践活动,在广大青少年中弘扬"人道、博爱、奉献"的红十字精神,有益于使

广大青少年树立正确的世界观、人生观和价值观，成为德、智、体、美全面发展的社会主义事业合格建设者和可靠接班人。

2. 各地要针对各级各类学校和青少年的成长规律和实际情况，分别开展不同内容、不同层次的活动。

在小学，要重点开展红十字运动基本知识宣传，培养自救互救能力和自我保护能力，就近就地参加红十字志愿服务等活动，树立青少年敬老助残、尊师爱幼、互助互爱的思想道德观念，达到了解红十字会的性质，增强自我保护和关心他人、关爱生命意识的目的。

在中学，要重点开展红十字运动基本知识和红十字会法宣传，救护知识普及，参与红十字志愿服务，结合预防艾滋病宣传、远离毒品和远离烟草教育等活动，树立青少年关心社会、服务他人、乐于奉献的道德观和价值观。达到理解红十字会的宗旨，培养青少年崇高的品格和良好作风的目的。

在高校，要重点开展红十字会法和国际人道法的传播，救护员培训，广泛参与红十字志愿服务，倡导自愿无偿献血和捐献造血干细胞，结合远离毒品和远离烟草教育、预防艾滋病宣传和青年同伴教育等活动，树立正确的人生观和世界观。使青年热心公益事业，增强社会责任感，达到培养和造就社会主义事业合格建设者和可靠接班人的目的。

3. 红十字青少年工作需要全社会的广泛参与和支持。要坚持政府主导、多部门合作、各学校参与的原则，动员各方面的资源和力量，努力协调好工作，形成相关部门各司其责，齐抓共管，协同作战的局面。

二、完善组织机构，不断建立健全学校红十字会工作机制

4. 各地要不断完善组织机构，加大宣传工作力度，本着积极、自愿的原则，吸引广大青少年参与红十字青少年活动，为建立健全学校红十字会工作机制打下坚实基础。尚未建立红十字会组织的学校要积极争取，尽快建立红十字会，相关部门要做好帮助、支持、指导工作。已经成立红十字会的学校，要进一步完善组织建设，在巩固中提高。中、小学红十字会的会长由一名学校领导担任，秘书长一般由德育处（政教处）主要负责同志担任。高校红十字会的会长由校（院）长或主管学生工作副校（院）长担任，秘书长一般由团委主要负责同志担任。由学校主要领导、有关部门负责人和红十字青少年会员代表组成理事会。理事会应定期召开会议，专题研究红十字青少年工作，及时总结经验。要加强学校各部门之间的协调，为学校红十字会开展工作提供和创造多方面的条件。

5. 各级各类学校红十字会，要建立健全理事会制度、红十字青少年活动制度、会费收缴使用管理制度、年终评比表彰制度等规章制度，使学校红十字会的组织建设、会员发展、活动组织等各项工作制度化和规范化。

6. 各级红十字会、教育、卫生、共青团等有关部门联合建立学校红十字工作委员会，指导各级各类学校的红十字青少年工作。全国学校红十字工作委员会职责是指导各级各类学校红十字会的工作，研究探讨红十字青少年运动的发展，积极推进工作创新。各地要加快建立学校红十字工作委员会的步伐，尚未成立学校红十字工作委员会的省份，要将此项工作列入议事日程，并制定《学校红十字工作委员会工作职责》，推动红十字青少年工作健康发展。

7. 各级学校红十字工作委员会，要积极争取教育、卫生、共青团等有关部门的配合与支持，保证对学校红十字会的组织发展、人员培训、活动开展等方面必要的经费投入，抓好新会员入会的宣传、动员、组织工作，壮大红十字青少年队伍，提高广大青少年对红十字会活动的参与率。

三、明确工作思路，合力推进红十字青少年工作加快发展

8. 要针对学生不同的年龄特点和知识层次，精心组织适合青少年特点的红十字活动。注意培养一批红十字青少年骨干，培训一批红十字志愿辅导员，充分发挥学生的主体作用，重点推动以下各项工作的开展。

——红十字运动基本知识传播。青少年是红十字运动基本知识传播的主要对象。各级各类学校红十字会要针对青少年特点，把传播红十字运动基本知识融入学校社会实践活动中，积极开展具有红十字特色的演讲比赛、征文比赛、知识竞赛、夏（冬）令营等活动，充分发挥校园广播、宣传栏、校内报刊、网络等宣传阵地作用，切实扩大传播工作的覆盖面。

——红十字志愿服务。要丰富志愿服务的形式和内容，以适合不同年龄青少年群体的社会需要，为青少年志愿者提供实践红十字精神的社会平台。积极探索把符合人道主义宗旨的红十字志愿服务，纳入青年志愿者行动体系，与西部计划等志愿服务项目及大型赛事活动有机结合，并对这些项目的志愿者提供安全健康知识和技能的培训。

——救护知识普及和救护员培训。各级各类学校要将救护知识普及和救护员培训，列入学校健康教育工作的内容。学校红十字会要针对青少年的不同生理、心理特点，与少先队、共青团活动相结合，把救护知识普及和救护员培训，办成内容丰富、青少年喜闻乐见的活动。不断增强学生自我保护意识，提高自救互救能力。

——自愿无偿献血和捐献造血干细胞。在中小学要侧重对自愿无偿献血和捐献造血干细胞相关知识的宣传教育，培养青少年树立自愿无偿献血和捐献造血干细胞的科学意识。在高校要提高青年对自愿无偿献血和捐献造血干细胞的认识程度，在倡导自愿基础上，鼓励和引导广大青年参与捐献活动，并积极探索将自愿无偿献血和捐献造血干细胞工作，作为学生德育教育的内容之一。

——关爱生命和青年同伴教育。初中以上各级各类学校要采取多种形式，积极开展预防艾滋病，远离烟草、远离毒品等健康教育活动。要与我国国情及有关政策相符合，把握宣传教育工作的科学性和准确性。高校要结合自己的实际情况，积极开展青年同伴教育活动。

9. 全国各级教育、卫生行政部门，共青团组织，红十字会要密切配合形成合力，明确工作思路，结合本系统的实际，共同做好红十字青少年工作。教育行政部门要把学校红十字会工作同开展素质教育、加强思想道德建设相结合；卫生行政部门要把学校红十字会工作同开展健康教育与健康促进工作，增强青少年自救互救知识与技能相结合；共青团组织要把学校红十字会工作与共青团、少先队的工作和活动相结合。四部门要建立定期或不定期的联席会议制度，从各自不同角度和层面，切实担负起各部门在加强和改进未成年人思想道德建设和大学生思想政治教育中所应担负的社会责任。

10. 各部门在工作中要注意互相协作，加强沟通，及时总结经验，勇于开拓创新，研究新方法，采取新措施，解决新问题，使红十字青少年工作体现时代性、把握规律性、富于创造性，不断开创红十字青少年工作新局面。

中宣部、中央党史研究室、教育部、共青团中央关于组织开展"一二·九"运动70周年和"一二·一"运动60周年纪念活动的通知

2005年12月1日

各省、自治区、直辖市党委宣传部、党史研究室、教育厅(教委)、团委,新疆生产建设兵团教育局:

今年是"一二·九"运动70周年。"一二·九"运动是中国共产党领导下的青年学生的爱国运动。"一二·九"运动中广大青年学生体现出的在中国共产党领导下,以国家兴亡为己任的爱国主义精神,走与工农相结合的道路,积极投身中国革命伟大实践的光荣传统,一直是我国青年运动的正确方向。同时,今年是"一二·一"运动60周年。"一二·一"运动是党领导下的青年学生爱国民主运动,发扬光大了"一二·九"运动的光荣革命传统。

在新的历史条件下纪念"一二·九"、"一二·一"运动,发扬"一二·九"和"一二·一"运动的光荣传统和革命精神,对于进一步激发广大青年学生的爱国热情,教育引导他们更加坚定地跟党走,努力成长为中国特色社会主义事业的合格建设者和可靠接班人,具有十分重要的现实意义。因此,决定于今年"一二·九"、"一二·一"前后,在青年学生中组织开展多种形式的纪念活动。现将有关事项通知如下。

一、纪念活动总的方针和要求

要以邓小平理论和"三个代表"重要思想为指导,全面落实科学发展观,进一步弘扬"一二·九"运动和"一二·一"运动的光荣革命传统,增强广大青年学生的社会责任感和历史使命感。要通过纪念活动,使广大青年学生进一步明确今天继承和发扬我国学生运动的光荣传统,就是要努力实践"三个代表"重要思想,按照党所指引的方向前进;就是要树立和落实科学发展观,为构建社会主义和谐社会和全面建设小康社会做贡献;就是要勤于学习,善于创造,甘于奉献,切实肩负起实现中华民族伟大复兴的历史重任。

二、中央及有关部委组织的相关纪念活动

2005年12月9日,在人民大会堂举行"首都青年纪念'一二·九'运动70周年、'一二·一'运动60周年大会",部分参加过"一二·九"运动和"一二·一"运动的老同志出席会议。中央领导同志将出席大会并作重要讲话。

2005年12月10日在首都高校以团中央、全国学联名义召开"首都大学生纪念'一二·九'运动70周年和"一二·一"运动60周年座谈会",请参加过"一二·九"运动和"一二·一"运动的老同志代表出席,首都部分大学生代表参加。

2005年12月下旬,团中央、教育部在京举行"第八届全国三好学生、优秀学生干部和先进班集体"表彰活动。通过树立优秀典型,引导广大青年学生全面发展,努力成长为中国特色社会主义事业的合格建设者和可靠接班人。

2005年12月3日至10日,结合增强共青团员意识主题教育活动,在广大团员青年中开展"增强团员意识、服务和谐社会"主题实践周活动,主要包括"新时期新风采"大讨论、"志愿奉献,共创和谐"和"继承光荣传统,共建和谐社会"等活动。组织广大团员青年用实际行动

落实科学发展观，服务大局，服务社会，为构建社会主义和谐社会贡献力量。

2005年11月中旬至12月底，团中央、教育部、国家广电总局、全国学联等联合举办主题为“青春相伴、和谐校园”的首届中国大学生“校园文化节”。内容包括中国大学生校园歌手大赛、校园文化建设高层论坛、全国高校“优秀学生社团”及其标兵评选、校园网络文化周、大学生心理健康教育等。

2005年12月28日在清华体育馆举行由中宣部、教育部主办，中国教育电视台、湖南电视台、清华大学承办的《青春万岁》晚会。此台晚会集中展现中发〔2004〕16号文件下发及全国加强和改进大学生思想政治教育工作会议召开以来全国高校大学生思想政治教育工作成果以及大学生们昂扬向上的精神风貌。

2005年12月至2006年元月，根据中宣部、教育部安排，中国教育电视台、中央电视台联合摄制大型电视政论片《青春中国》(暂定名)。该片系统宣传中发〔2004〕16号文件精神以及文件下发一年来高校大学生思想政治教育取得的新成就、新经验和新进展，营造全社会关心大学生健康成长的良好氛围。

三、在青年学生中广泛开展形式多样的思想教育活动

各学校特别是高等学校党委和共青团、学联组织，要抓住“一二·九”运动70周年和“一二·一”运动60周年的有利契机，结合中央及有关部委开展的相关纪念活动，贯彻落实《中共中央国务院关于进一步加强和改进未成年人思想道德建设的若干意见》和《中共中央国务院关于进一步加强和改进大学生思想政治教育的意见》精神，在青年学生中广泛深入地开展思想政治教育工作。要加强对学生的形势政策教育，通过组织学生走访参加“一二·九”运动、“一二·一”运动的老同志，邀请党政领导、时代先锋、航天英雄、专家学者举办报告会等方式，帮助青年学生了解国情和党领导全国人民不懈奋斗的历史，从而增进对党的感情；要广泛开展社会实践活动，通过组织青年学生瞻仰历史遗址，参观革命历史纪念馆，深入农村社区开展志愿服务，引导广大青年学生树立科学的世界观、人生观和价值观；要组织丰富多彩的校园文化活动，让青年学生在先进文化的熏陶中开阔心胸，提高思想境界，促进身心全面健康发展。

四、加强对纪念活动的指导、组织和宣传力度

各省、自治区、直辖市党委宣传部门、教育行政部门和共青团、学联组织要切实加强对纪念活动的指导，把它作为当前贯彻落实中发〔2004〕8号和16号文件精神的一项重要工作切实抓紧抓好。要按照统一部署，结合各地实际，精心设计组织相关活动，使广大青年学生能真正受到一次生动、深刻的爱国主义教育，确保取得实际成效。要加大宣传，既要宣传“一二·九”、“一二·一”运动的历史背景、基本经验和光荣传统，更要宣传当代青年学生继承和弘扬“一二·九”运动、“一二·一”运动光荣传统，在党的领导下奋发进取、成才报国的时代风采和先进典型。各地报刊、电视、广播、网络等传媒要发挥优势、互相配合、统一行动，加大报道力度，力争在学校和社会上掀起一个纪念热潮。

十二、少工委

共青团中央、教育部、科技部、民政部、财政部、人事部 农业部、文化部关于进一步加强少先队工作的意见

2005年5月20日

为深入贯彻落实《中共中央国务院关于进一步加强和改进未成年人思想道德建设的若干意见》(中发〔2004〕8号),充分发挥少先队在未成年人思想道德建设中的重要作用,现就进一步加强少先队工作提出如下意见。

一、充分认识进一步加强少先队工作的重要意义

1. 中国少年先锋队是中国共产党创立和领导的少年儿童的群众组织,是少年儿童学习中国特色社会主义和共产主义的学校,是建设社会主义和共产主义的预备队。目前,我国7到14周岁的少年儿童约有1.3亿,他们都是少先队员。加强少先队工作,充分发挥少先队组织团结教育少年儿童的核心作用,对于实施加强和改进未成年人思想道德建设这一重大而紧迫的战略任务,努力培育有理想、有道德、有文化、有纪律,德、智、体、美全面发展的中国特色社会主义事业的合格建设者和可靠接班人具有极其重要的意义。

2. 长期以来,少先队在党的领导和共青团的带领下,在教育部门和社会各界的大力支持下,主动适应时代发展的要求,坚持实践育人,广泛开展"手拉手"、"雏鹰争章"和"民族精神代代传"等一系列富有成效的活动,坚持用正确的思想启迪少年儿童,用科学的知识充实少年儿童,用生动的实践锻炼少年儿童,用先进的典型激励少年儿童,为促进少年儿童综合素质的全面提高发挥了不可替代的作用。面对全面建设小康社会,实现中华民族伟大复兴的历史任务,面对全党全社会大力加强和改进未成年人思想道德建设的形势要求,面对基础教育改革的发展趋势,必须采取更加有力措施,进一步加强少先队工作,充分发挥少先队在未成年人思想道德建设中的重要作用。

二、进一步明确少先队在未成年人思想道德建设中发挥作用的总体要求和主要任务

3. 少先队事业是党的事业的重要组成部分,是共青团事业的重要组成部分,是教育事业的重要组成部分。少先队工作的总体要求是:以马克思列宁主义、毛泽东思想、邓小平理论和"三个代表"重要思想为指导,全面贯彻党的教育方针,以竭诚为少年儿童健康成长服务作为一切工作的出发点和落脚点,充分发挥少年儿童的主体作用,以体验教育为基本途径,开展丰富多彩的实践活动,不断加强自身建设,增强少先队组织的吸引力和凝聚力,充分利用社会资源,争取各方面支持,为少年儿童的成长进步营造良好的环境。

4. 少先队在未成年人思想道德建设中的主要任务是:(1)教育引导少年儿童树立远大理想,把个人的成长进步同中国特色社会主义伟大事业、同祖国的繁荣富强紧密联系在一起,牢固树立起振兴中华的雄心壮志。(2)教

育引导少年儿童养成优良品德,弘扬和培育民族精神,继承和发扬中华民族的传统美德,学习和实践社会主义道德,养成文明礼貌、团结互助、诚实守信、遵纪守法、勤俭节约、热爱劳动的好品行。(3)教育引导少年儿童培养过硬本领,发愤学习,打好知识基础,积极参加形式多样的课外校外活动,不断培育创新精神,提高实践能力。(4)教育引导少年儿童锻炼强健体魄,养成良好的卫生习惯,磨练勇敢顽强的意志,以乐观向上、积极进取的精神状态学习生活。

三、把少先队工作纳入基础教育发展的总体格局

5. 各级教育行政部门在规划本地区教育发展时,要把少先队工作作为重要内容统筹安排,充分发挥少先队在素质教育中的重要作用。教育行政部门的有关负责同志要参与同级少先队工作委员会工作。要把少先队工作纳入学校德育工作的督导评估范畴,作为学校综合性督导评估的具体内容。

6. 学校党组织和行政部门要把少先队工作列入重要议事日程,列入学校思想政治工作考核目标,作为衡量学校办学目标的重要标准。要保证每周有相当于两个课时的少先队活动时间,少先队活动可与学校的其他教育教学活动相结合,要有必要的活动经费。把少先队基础建设作为学校整体发展规划的一部分,建设好少先队队室、鼓号队、广播站、电视台、网站等。支持和指导少先队按照民主选举、定期轮流任职的原则,完善队干部的任职、培训和管理。支持少先队组织开展夏令营、冬令营、红色旅游、绿色旅游以及各种参观、瞻仰和考察等活动。

7. 各级教育行政部门和学校在开展综合实践活动、建立发展性评价体系、校本课程开发以及开展教学改革时,要充分发挥少先队的作用。要加强对少先队“雏鹰争章”活动的指导和支持,通过开展丰富多彩的争章实践活动,提高少年儿童思想道德素质、科学文化素质和健康素质,培养创新精神和实践能力。把“雏鹰奖章”作为衡量少年儿童内在素质和能力的重要依据,推动与课程改革相适应的具有少先队特色的“雏鹰争章”活动的健康发展。

四、大力加强城市社区和农村少先队工作

8. 要把少先队社区工作纳入创建文明城市、文明社区的重要组成部分,把社区少先队工作委员会建设作为社区党建带团建的重要内容,民政、教育、科技、文化等部门要与共青团和少先队密切协作,积极参与社区少工委的建设。社区少工委要有专人负责。要把少先队社区工作作为探索实践教学和学生参加社会实践、社区服务的重要内容,作为建立科学的学生思想道德行为综合考评制度的重要途径。要督促学校积极参与所在社区的少先队组织建设,动员广大少先队员到社区报到,参加少先队社区活动,鼓励教职员工在节假日担任少先队的社区志愿辅导员,创造条件在节假日向少先队社区组织开放校内活动设施。建立少先队图书室(角)、队室、宣传栏等,逐步建立少先队的社区读书屋、社区少年儿童素质培训点等。各级少年宫(家、站)等校外教育阵地要向社区少先队开放,鼓励社会各界结合自身实际提供各种活动和实践基地。

9. 要把农村少先队工作作为创建文明村镇的重要内容,充分发挥少先队在传播文明理念和生活方式上的独特作用。教育行政部门要适应农村城镇化发展和教育资源逐步整合的形势,支持农村乡镇中心校的少先队组织建设,发挥其示范作用。要按照“有组织、有阵地、有活动、有队伍、有机制”的基本标准,加强对农村少先队工作的督导和评估。发挥少先队在“东部地区学校对口支援西部贫困地区学校工程”的组织优势,支持少先队广泛开展“手拉手”互助活动。教育、农业、科技等部门在农村学校劳动实践活动和场所建设中要重视发挥少先队作用，支持少先队开展以“争当科技小能手”农业实用科技实践活动和“争当文明小使者”倡导现代文明新风活动。加强以接收进城务工就业农民子女为主学校的少先队工作，支持少先队组织面向农村“留守少年儿童”开展的各项工作。

五、努力建设高素质少先队辅导员队伍

10. 要认真做好学校少先队辅导员的选拔、聘任工作，选派优秀青年教师担任少先队辅导员。小学 15 个教学班以上，初中一、二年级 8 个教学班以上的学校要配备少先队大队辅导员，按学校中层人员进行管理，并报上级教育行政部门和团委备案。大队辅导员要参加校务会议。中队辅导员一般由班主任兼任。少先队辅导员工作计入工作量，并相应酌减辅导员授课时数。省（区、市）、市（地）、县（市）应按不低于同级团委或教育行政部门中层副职任职的标准在同级团委或教育行政部门设总辅导员。乡（镇）总辅导员可由中心小学大队辅导员兼任。

11. 要在政治、工作、学习、生活上关心学校少先队辅导员。重视推荐优秀辅导员加入党组织的工作，优秀的大队辅导员应列入教育系统后备干部培养序列。对做出突出贡献的少先队辅导员，人事部门、教育行政部门和共青团组织按照有关规定给予表彰和奖励。各类少先队奖励获得者的事迹和获奖情况，应记入本人档案，并作为考核、聘任、职务和工资晋升的重要依据。在教师聘任、评选先进时要将辅导员从事少先队工作的业绩作为考核的重要依据。少先队辅导员培训要纳入继续教育培训体系，保证他们参加培训的时间和经费。

12. 做好少先队志愿辅导员的招募、培训、使用、管理、考评和表彰等工作，纳入志愿者的整体管理体系。调动家长和社会各界人士的积极性，力争实现城市学校每个中队、农村学校每个大队和城市社区少先队组织都至少有一名志愿辅导员。充分发挥老干部、老战士、老专家、老教师、老模范在少先队活动中的作用。鼓励优秀青年人才担任县（市）、乡（镇）和农村学校少先队志愿辅导员。

六、切实加强对少先队工作的领导和指导

13. 要把少先队工作作为事关未成年人思想道德建设全局的重要任务，加强领导和指导。按照党委统一领导、党政群齐抓共管的要求，以少先队活动为重要载体，充分发挥少先队组织在学校、家庭、社会相结合的少年儿童思想道德教育体系中的作用。依据《未成年人保护法》和《预防未成年人犯罪法》，支持少先队维护少年儿童合法权益。按照财政分级负担的原则，加大对少先队工作的投入力度。

14. 共青团要切实履行“全团带队”的职责。各级团组织要进一步明确少先队工作在共青团事业中的基础地位，把少先队建设纳入团建的总体规划，把少先队建设的目标任务纳入团建的目标任务，将团带队工作情况纳入团的工作考核指标。省级和副省级团委应单设少年部。要加强各级少先队工作学会的建设，重视少先队理论研究工作。各级团校和青少年研究所要设立少先队研究室。要重视发挥队报队刊在少先队事业中的积极作用，发展少先队文化事业和文化产业。

共青团中央、教育部、国家邮政局、全国少工委关于开展第二届全国少年儿童书信文化活动的通知

2005 年 11 月 2 日

各省、自治区、直辖市团委、教育厅(教委)、邮政局、少工委:

以"致 2008 年北京奥运会的一封信"为主题的第一届全国少年儿童书信写作比赛活动,在北京奥组委和各级教育行政部门的大力支持下,在各级共青团、少先队组织和邮政部门的共同努力下,受到了广大少年儿童的热烈欢迎和积极参与,全国共有 27 个省近 1800 万少年儿童用书信的方式抒发了对 2008 年北京奥运会的热切向往和美好祝愿,在亲身实践中感受了书信文化的特殊魅力,养成了规范书信写作的良好行为习惯。为进一步推动活动的深入开展,共青团中央、教育部、国家邮政局和全国少工委决定联合开展第二届全国少年儿童书信文化活动。现将有关事宜通知如下。

一、活动主题

以"爸爸、妈妈,我想对您说"为主题,引导少年儿童加深与父母的情感沟通,增强家庭责任感和社会责任感;同时呼吁全社会倾听孩子的心声,为少年儿童健康成长创造良好的社会环境。

二、活动时间

2005 年 11 月—2006 年 8 月

三、组织机构

本次活动由共青团中央、教育部、国家邮政局和全国少工委共同主办,由中国少年报社和中国邮政广告有限责任公司承办。全国组委会由主办单位的相关领导共同组成。

全国组委会办公室设在中国少年报社和中国邮政广告有限责任公司。

联系电话:(010)64634838,64633227,88380917,88381364。

地址:北京市朝阳区左家庄北里 5 号楼中国少年报编辑部(100028)或北京市西城区北礼士路甲 8 号中国邮政广告有限责任公司(100044)。

四、活动进程

1. 组织发动阶段。2005 年 11 月,主办单位联合发出活动通知,适时举办启动仪式。《中国少年报》、《中国邮政报》等媒体刊发活动启事。各级共青团、少先队组织特别是学校团委和少先队大队做好宣传和发动工作。各省、自治区、直辖市邮政部门会同当地团委、少工委和教育部门共同组建活动组委会和相关工作机构。

2. 自主开展活动阶段。2005 年 11 月—2006 年 6 月,以"爸爸、妈妈,我想对您说"为主题,广泛发动少年儿童开展书信文化活动。各地活动组委会可在学校、少年宫、邮政局等场所开展形式多样的读书读报活动和书信文化公益讲座。讲座可以"一封信的旅程"、"邮票、明信片的来历"、"书信中的故事"以及"如何正确写信"等内容为主题,引导少年儿童感受书信文化的魅力,养成规范写作的意识。《中国少年报》开设相关专栏,报道各地开展活动的情况,普及书信文化的相关知识。

少年儿童可自主参加活动,也可在共青团、少先队组织和教育部门的指导下集体参加活动。参加活动的少年儿童可在《中国少年报》上剪下活动标识(全国组委会惟一指定的可免费交寄的标识),或使用当地组委会免费提供的专用信封(附有足额邮资),将书信作品

交寄到活动组委会指定的专用信箱。家长参加活动,需将书信作品贴足邮资。书信作品文体不限,字迹要求工整规范,必须是本人的真实作品。凡已在报刊上公开发表的作品不列入本次活动评选范围。报送作品时须写明姓名、所在学校、年级、地址、联系电话及邮政编码,并在信封左下角注明"书信文化活动"字样。来稿一律不退,请参加者自留底稿。全国组委会办公室对获奖作品享有包括但不限于书籍、报刊、杂志、影视、网络等相关媒体出版、发表的著作使用权。对被采用的作品不再另行支付稿酬。活动参加者一经投稿,表明接受上述约定。

3. 集中评奖和表彰阶段。2006 年 4 月—9 月,全国组委会办公室邀请专家对参赛作品进行集中评选,评出初中组和小学组特等奖各 3 名,一等奖各 10 名,二等奖各 50 名,三等奖各 100 名,鼓励奖和组织奖若干名,并颁发证书和纪念奖品。部分获奖作品将分期在《中国少年报》上刊登。各地活动组委会也可根据参赛情况设立省市级奖项。

五、活动要求

1. 各级团委、教育行政部门、邮政部门、少工委要结合本地区的实际情况,共同协商,密切配合,制定出适合本地区特点的活动方案,确保活动顺利开展。活动方案和活动总结要及时报全国组委会办公室备案。活动期间严禁开展任何形式的有偿服务、搭售、摊派等非公益性活动。

2. 各级共青团、少先队组织要把本次活动与体验教育活动、"雏鹰争章"活动、特色小队活动等有机结合起来,调动少年儿童的主动性和创造性,使他们在活动中了解社会,体验生活,促进思想道德素质、科学文化素质和健康素质的全面提高。各级教育部门和学校要结合教育教学,支持少先队员积极参加活动。

3. 各地组委会负责本地区参选作品的收集、汇总、初选工作。国家邮政局将在全国各省、自治区、直辖市设立本次活动专用信箱和邮政编码(《中国少年报》、《中国邮政报》将公布相关信息)。各地区组委会评选出 1000 件优秀作品上报全国组委会办公室,参加全国评选。书信作品必须紧扣"爸爸、妈妈,我想对你说"这一活动主题。

4. 要注重对活动进行宣传,并可充分利用当地社会资源,引进企业赞助支持本次活动。《中国少年报》、《中国邮政报》是本次活动全国组委会的支持媒体,各地可充分利用上述媒体做好活动的组织发动和宣传工作,并在与各级媒体合作的同时,确保上述媒体的优先地位。对于邮资封的赞助审批,参照国家邮政局现行相关管理办法执行。

共青团中央、教育部、中国关心下一代工作委员会、全国少工委关于举办全国青少年“让世界充满爱——同心共建和谐社会”爱国主义读书教育活动的通知

2005 年 11 月 2 日

各省、自治区、直辖市团委，教育厅（教委），关工委，少工委：

为深入贯彻落实《中共中央国务院关于进一步加强和改进未成年人思想道德建设的若干意见》，共筑爱心世界，同建和谐社会，建设社会主义精神文明，发展社会主义先进文化，共青团中央、教育部、中国关心下一代工作委员会、全国少工委决定，自 2005 年 11 月至 2006 年 10 月在全国青少年中开展以“让世界充满爱——同心共建和谐社会”为主题的大型爱国主义读书教育活动。现将有关事项通知如下。

一、活动意义和宗旨

在广大青少年中开展“让世界充满爱——同心共建和谐社会”主题读书活动，是一次面向全国青少年的大型国情教育，它有助于青少年深刻理解和把握构建社会主义和谐社会的丰富内涵，有助于增强青少年对祖国、人民、社会主义的深厚情感，激发广大青少年树立远大理想，为促进我国经济社会协调发展全面进步，实现全面建设小康社会的宏伟目标而奋斗。

本次活动的宗旨是坚持以邓小平理论和“三个代表”重要思想为指导，以爱国主义教育、理想信念教育为核心，以树立正确的世界观、人生观、价值观为重点，以养成高尚的思想品质和良好的道德情操为基础，以“让世界充满爱——同心共建和谐社会”为主题，紧密结合各年龄段未成年人思想、学习、生活的实际，着重从人与自然、人与人、人与社会的和谐出发，鼓励和引导青少年身体力行，以爱心共建和谐社会。

二、活动组织机构

本次活动由共青团中央、教育部、中国关心下一代工作委员会、全国少工委主办，教育部关心下一代工作委员会协办，团中央所属中国青年出版总社承办。

主办单位组成读书活动组织委员会，领导活动的开展；主办单位及协办单位的负责同志组成读书活动指导委员会，对活动进行具体指导。组委会下设活动办公室，负责日常事务和组织联络等相关工作，活动办公室设在中国青年出版总社。

三、活动内容

1. 读书知识竞赛。目的是检测全体参加者读书效果，根据各单位的推荐及成绩评选出获奖者。

2. 各地根据实际情况，组织青少年利用板报、广播、报告会、演讲会、参观访问、团队活动日等各种方式，开展丰富多彩、形式各异、健康向上、寓教于乐等活动。

3. 举办摄影比赛和歌咏比赛。

4. 总结表彰。2006 年 8 月，在北京召开总结表彰大会，邀请活动组织单位代表和学生代表参加，并举办夏令营，组织参观及营员联欢等活动。2006 年 10 月，召开组织工作表彰大会。

四、活动用书

组织有关专家和学者遵照“以科学的理论武装人，以正确的舆论引导人，以高尚的精神塑造人，以优秀的作品鼓舞人”的精神，结合中小学生的实际特点，编写主题活动用书“让世界充满爱——同心共建和谐社会”。按中小学生年龄阶段，分为注音读本、小学生读本、中学

生读本、青年读本。这些读物内容丰富，文笔生动，知识性、可读性强，是对青少年进行教育引导的好教材。希望各有关单位根据通知精神，结合本地实际有计划地开展活动，并协助当地新华书店以自愿为原则组织好活动用书的征订工作，为活动的有序开展提供保障。

十三、统战

共青团中央办公厅
关于转发《2005年全国青联秘书处工作要点》的通知

2005年3月1日

共青团各省、自治区、直辖市委，军委总政治部组织部，全国铁道团委，全国民航团委，中直机关团工委，中央国家机关团工委，中央金融团工委，中央企业团工委：

现将《2005年全国青联秘书处工作要点》转发给你们，请结合实际贯彻执行。

2005年全国青联秘书处工作要点

2005年全国青联工作总的思路是：以邓小平理论和“三个代表”重要思想为指导，认真贯彻落实党的十六大、十六届四中全会和中央经济工作会议精神，树立和落实科学发展观，围绕加强党的执政能力建设和构建社会主义和谐社会，抓住青联换届契机，锐意创新，开拓进取，广泛团结凝聚各族各界青年为实现全面建设小康社会目标而奋斗，为促进民族团结和祖国统一做出新贡献。

根据这一总体思路，全国青联秘书处2005年工作安排如下：

一、学习贯彻党的十六届四中全会精神，增强做好新形势下青联工作的责任感

1. 认真学习贯彻党的十六届四中全会精神。把学习贯彻党的十六届四中全会精神同学习实践“三个代表”重要思想结合起来，通过座谈会、报告会等多种形式，认真领会树立和落实科学发展观、加强党的执政能力建设、构建社会主义和谐社会等重大决策中的一系列新思想、新论断、新观点和新方法。要通过学习，把思想和行动统一到中央的总体部署上来，不断增强为加强党的执政能力建设服务的自觉性和坚定性。

2. 巩固和扩大党执政的青年群众基础。充分发挥党联系青年的桥梁纽带作用，最大限度地把各族各界青年的智慧和力量凝聚起来。适应新形势，研究新情况，不断创新组织形式和工作方式，增强感召力和影响力，进一步扩大青联工作覆盖面，联系和凝聚更多高层次青年人才和青年代表性人物。大力加强自身能力建设，把竭诚服务青年和青年人才作为一切工作的出发点和落脚点，代表和维护好青年的利益，为党凝聚和赢得更多青年。

二、团结凝聚各族各界青年为经济社会发展做贡献

3. 实施“金桥计划”，开展青年专家科技服务活动。根据地方经济社会发展需求，组织有关方面专家学者和企业界人士到3至5个省开展青年专家科技服务活动。举办培训班，指导各级青联开发和利用当地青年科技人才资源，就地组织青年专家到园区、企业开展灵活多样的科技服务活动。围绕服务"三农"问题，组织青年专家深入农村，开展农技推广和技术服务活动。联合科技部在东北地区试点，分期分批组织青年专家赴东北开展咨询论证、献计献策、项目合作等科技服务活动。

4. 举办首届中国青年科技节。依托中国青年科技工作者协会理事会，集中组织各个领域青年科技专家，结合地方需求，整合资源，开展形式多样、内容丰富的青年科技系列活动，为官产学研资交流、促进地方科技进步和经济发展提供平台。

5. 举办首届"中国青年科技创新成果博览会"。通过举办博览会，集中展示五年来科技界青年的创新成果和科技型企业的高新技术产品，促进风险投资基金和科技项目的对接，推动青年科技人才和科技企业间的交流与合作，宣传推介各类经济技术开发区、创业园区和企业孵化器等，为科技成果向现实生产力转化铺设通道，为人才、项目同企业和地方对接牵线搭桥。

6. 继续组织引导广大海外留学人员为国服务。组织好2005海外学人回国创业周、海外学人回国创业论坛和新近归国留学人员系列服务等活动，突出实效，巩固成果，加强机制建设，推动其深入发展。加强与海外青年留学人员社团合作，组织经常性的青年留学人员为国服务团，为地方经济和社会发展做贡献。配合西部大开发、振兴东北等老工业基地、中部崛起等战略的实施，积极与有关部委开展合作，努力探索青年留学人员为国服务工作的长效机制。

7. 继续做好全国青联志愿者艺术团工作。2005年全国青联志愿者艺术团活动要突出系列化、公益性。结合纪念抗日战争胜利和世界反法西斯战争胜利60周年、中国工农红军长征70周年，开展形式多样的纪念活动，宣传抗战精神、长征精神，深刻挖掘时代内涵。继续组织艺术团深入老、少、边、贫地区和困难人群、弱势群体开展慰问活动，弘扬主旋律，送去艺术精品和社会关怀。推动这一工作方式在省级青联的推广。

8. 发挥青年典型的示范作用，引导青少年健康成长。以未成年人和大学生群体为重点，深入开展"共享成长"主题交流活动，组织"十大杰出青年"、青年科学家走进校园，发挥青年典型的示范导向作用，帮助青少年升华思想道德境界，确定健康成才的方向，增强奋发进取的动力。

三、把青年人才工作提高到一个新水平

9. 做好青年典型的评选表彰工作。搞好2005年十大杰出青年、青年科学家奖、青年科技创新奖、软件行业杰出青年等评选活动，适时推出"海外学人回国创业奖"。进一步完善评选机制，加大表彰和宣传力度，营造有利于各类青年人才脱颖而出的社会氛围，努力推动形成青年人才辈出的生动局面。

10. 继续做好"博士服务团"工作。积极配合中组部，适时启动第六批"博士服务团"选派工作。对第五批"博士服务团"成员提供跟踪服务，帮助解决其工作、生活和学习中的实际困难。建设博士服务团工作网站，为青年博士交流，选派和接收双方沟通人才供求信息提供平台。编辑《"博士服务团"工作交流》，挖掘、树立并宣传"博士服务团"的先进典型。

11. 成立"中国十大杰出青年联谊会"。通过开展丰富多彩的活动，促进"十杰"青年相互交流与学习；通过加强自律，完善相关制度，鼓励"十杰"青年追求卓越，不断实现新发展；通过参与社会公益事业，倡导社会新风，树立"中国十大杰出青年"的整体形象；开展与港澳台地区杰出青年及世界各国杰出青年的交流活动。

12. 继续实施“青年企业家竞争力培训计划”。面向企业界委员，举办2至3期培训。邀请知名商学院教授，传授管理科学的前沿思想和先进方法，依托国内若干家极具感召力的知名企业，进行案例讨论，学习先进管理经验，交流成功体会，培养国际化视野，提高科学管理和规范运作水平。

13. 举办中国青年创新论坛。以“中国泰达生物论坛”和“中国（济南）IT青年精英论坛”为试点，设立论坛常设机构，定期、定址开办，并探索市场化运作模式，增强论坛的后续效应和发展后劲，争取建成在生物技术和信息技术领域具有一定影响力的论坛组织。联合有关部委和地方举办高层次的行业性或区域性青年专家论坛。

四、加强民族地区青年和信教青年工作

14. 深化“培养计划”工作。做好西部地区和民族地区青年干部到东部沿海经济相对发达地区挂职锻炼工作。适时组织民族地区优秀青年人才到经济发达地区进行考察学习，开阔视野，增强素质，为西部和民族地区发展提供人才智力支持。

15. 组织“全国宗教界青年代表人士考察学习团”。适当增加西部地区和欠发达地区作为考察地，加强国情教育和爱国主义教育。进一步加强宗教界青年代表人士之间，以及与其他界别人士的交流，相互学习，增进了解，扩大共识。走访宗教界部分青年代表人士和影响较大的宗教活动场所，了解情况，掌握动态，扩大联系，广交朋友。

五、深化与港澳台青年、海外留学人员和青年华侨交流工作

16. 深化与港澳青年的交流工作。开展以中华文化为核心的主题交流活动，扩大港澳与内地青年的交流规模。面向港澳各领域青少年社团负责人，开展“青年领导人交流计划”，拓展与港澳青年代表人士的联系沟通。探索建立学生交流机制，推动内地与港澳青年学生交流活动蓬勃发展。

17. 大力推进海峡两岸青年交流。开展两岸青年元宵、中秋大联欢、海外杰青汇中华、海峡两岸暨港澳地区青年企业家研讨会等活动，加大两岸青年交流力度。推动与台湾十杰青年基金会、台湾企划人协会、台湾中华青年交流协会等团体建立常年交流机制，为扩大两岸青年交流奠定基础，努力推进祖国统一大业做贡献。

18. 进一步加强海外留学人员和青年侨务工作。按照加强联系、促进交流、帮助创业、为国服务的宗旨，着力加强全国青联留学人员联谊会的建设，开展各种社会关注、青联擅长、会员欢迎的社团活动，调动会员积极性，引导海外留学人员为国服务。积极与国务院侨办、全国侨联等有关部门合作，拓展与海内外青年华侨的联系与交流。

六、加强自身建设

19. 加大服务委员工作力度。举办新委员见面会，对新委员进行入会教育；加强与地方青联的联动，分区域举办委员活动日，加强委员之间交流；推动界别活动平衡发展，全面活跃青联工作；加强青联之友联谊会建设，强化对卸任委员的服务。

20. 加强阵地建设。加强全国青联网的建设，拓展服务委员和指导会员团体功能；进一步挖掘和发挥《全国青联通讯》和《工作动态》的信息沟通和宣传推介作用；筹建青联会所，提供委员联络沟通和活动开展的阵地依托。

21. 做好青年社团归口管理工作。按照《社会团体登记管理条例》、《基金会管理条例》和《全国性青年社团管理条例》的规定，做好社团年检及日常管理工作。

七、做好全国青联换届筹备工作

22. 精心组织换届工作。深入调研，认真总结经验，全面规划未来五年青联工作；研究新情况,积极听取意见,认真修改好青联章程;拓展视野,广泛凝聚吸纳各领域青年俊才。通过精心筹备,把全国青联十届一次全委会开成一个团结、进步、鼓劲、奋进的大会。

共青团中央、科技部、全国青联关于印发《关于深化中国青年科技创新行动大力开展青年专家科技服务活动的意见》的通知

2005年5月12日

各省、自治区、直辖市、计划单列市、副省级城市团委、科技厅(科委、科技局)、青联,新疆生产建设兵团团委、科技局、青联,军委总政治部组织部,全国铁道团委,全国民航团委、青联,中直机关团工委、青联,中央国家机关团工委、青联,中央金融团工委、全国金融青联,中央企业团工委、青联:

现将《关于深化中国青年科技创新行动,大力开展青年专家科技服务活动的意见》印发给你们,请结合各地、各行业的实际情况,采取有效措施,认真贯彻落实。

关于深化中国青年科技创新行动,大力开展青年专家科技服务活动的意见

共青团中央、科技部于1999年实施了中国青年科技创新行动。各地共青团组织和政府科技部门结合当地实际,组织青年专家开展科技服务活动,有效地促进了人才、项目、资金的多元对接,推动了科技成果产业化,在实践中培养了青年科技人才,为推动科技进步和经济发展做出了积极的贡献。

为深入贯彻党的十六大和党的十六届三中、四中全会精神,树立和落实科学发展观,进一步实施科教兴国战略和人才强国战略,努力开发青年科技人才资源,进一步促进人才与项目对接、科技与经济结合,共青团中央、科技部、全国青联决定深化中国青年科技创新行动,大力开展青年专家科技服务活动。现提出如下实施意见。

一、指导思想

高举邓小平理论和"三个代表"重要思想伟大旗帜,深入贯彻党的十六大和十六届三中、四中全会以及全国人才工作会议精神,积极落实科学发展观和科教兴国战略、人才强国战略,全面深化中国青年科技创新行动,大力组织青年专家开展科技服务活动,为提高国民经济的整体素质和竞争力,推动经济持续快速协调健康发展做贡献。

二、工作目标

建立青年科技信息服务站,构建青年科技供需信息渠道;发挥青年科技人才的聚合作用,实现人才与项目的有效对接,促进科技与经济的紧密结合,提高经济发展的科技含量;帮助青年科技工作者创新创业,在实践中培养高层次青年科技人才。

三、工作内容

1. 成果发布和项目洽谈。各级共青团、青联组织和政府科技部门要根据地方政府、科技园区、企业和农村对人才、技术、项目、信息等方面的需求,组织青年专家携带适合当地发展

的新技术、新成果，赴地方举行科技成果发布会，开展项目洽谈、合作事宜，促进科技与经济结合。

2. 咨询、论证。组织相关专业的青年专家深入地方和企业，围绕地区经济发展战略和科技发展规划进行咨询、论证，提出建议和意见。围绕企业技术改造、技术攻关和改组改制等问题进行咨询、论证，为地方和企业制定发展规划献计献策。受聘担任地方政府和园区、企业的科技顾问，开展多种形式的科技服务工作。

3. 技术指导和合作。组织青年专家深入企业和农村考察生产情况，就有关生产技术难题进行分析研究，开展技术攻关，通过技术指导和技术改造进行经济合作。用先进技术改造传统产业，促进产业升级、产品升级，推动高新技术产业和新兴产业的发展。深入企业车间、高新技术园区，与当地技术人员开展交流，进行技术指导和技术合作。深入农村，做好农业科技知识普及，提供农业科技致富信息，参与农业实用技术的推广与应用，促进农业产业结构调整。

4. 培训、讲座。邀请有关青年专家就宏观经济形势、地区发展战略、产业结构调整以及其他问题作专题报告，为党政部门和企业领导提供信息服务和决策参考。通过科技报告、创新论坛、培训授课，传播新观念，传授新知识，推广新技术，促进地方干部群众的观念转变和技术提高。

5. 其他科技服务。根据园区、企业、农村的要求，开展其他项目的科技服务。

四、工作程序

1. 收集信息。要依托共青团县县上网工程和青年中心，建立青年科技信息服务站。广泛收集科技界青联委员、青科协会员和其他方面青年科技人才的有关信息，建立人才库。及时了解园区、企业、农村对于人才、技术、项目、资金的需求，建立项目库。通过网络，促进青年科技信息服务站之间的互联互通，实现青年科技信息资源的共享。

2. 供求对接。根据地方、园区、企业的项目需求情况，采取通知青年科技人才库的有关成员、召开项目需求情况通报会、举办新闻发布会等形式，广泛征集需求项目的合作方。在对合作方情况进行审核的基础上，为供求双方进行对接。供求双方通过网络、电话等形式进行商洽。

3. 组团服务。在供求双方通过商洽达成合作意向的基础上，按照实际、实用、实效的原则，组织青年专家深入科技园区、企业或农村开展成果发布和项目洽谈以及咨询、论证、技术指导和合作、培训、讲座等服务活动。

4. 跟踪管理。与合作双方密切联系，切实加强协调服务工作，促进合作项目的进一步落实并取得成效。通过建立服务基地、服务示范点、服务联系点等方式，积极探索开展长期服务和合作的新模式，逐步形成以项目化、市场化运作的工作机制，促进产学研资的有效结合，保证活动取得实效。

五、工作要求

1. 高度重视。开展青年专家科技服务活动是共青团、青联组织和政府科技部门学习贯彻党的十六大和十六届三中、四中全会精神，牢固树立和落实科学发展观，深化中国青年科技创新行动的一项重要举措。各级共青团、青联组织和政府科技部门要从战略的高度充分认识其重要性，摆上议程，制定周密的计划，采取有力措施，健全工作机制，确保活动健康有序开展。

2. 精心组织。开展青年专家科技服务活动是为不同领域、不同层次青年科技工作者服务社会牵线搭桥、提供舞台，也是为地方经济发展提供人才智力支持。这项工作需要细心，也需要耐心，必须精心组织。促进人才与项目、科技与经济结合，关键的环节是供需对接，而做好供需对接的基础是搞好需求调查。因此从需求调查开始就必须组织好每一环节的工作。

3. 注重实效。要根据地方支柱产业发展需求,有针对性地开展不同层次、不同规模、不同形式、不同领域的青年专家科技服务活动。要不贪多求大,不怕少,不怕小,一件事一件事地做,一个项目一个项目地抓,脚踏实地,积少成多,力求取得实际效果。要建立科学的评价体系,实行量化管理,以便对活动开展情况进行全面的了解和分析。活动可以是志愿服务,也可以是有偿服务,还可以进行社会化、市场化运作。

六、试点工作

2005年是建立青年科技信息服务站、开展青年专家科技服务活动的试点阶段。各地要根据当地党政工作大局,确定试点地区,开展试点工作。原则上,每个省(区、市)要确定1至2个地(州、市),每个地(州、市)要确定1至2个县(市、区),每个县(市、区)要确定1至2个乡(镇、街道)进行试点,在试点地区开展2次以上有影响的青年专家科技服务活动。请以省为单位,将试点地(州、市)、县(市、区)名单于2005年6月10日前报团中央统战部科技处和科技部发展计划司计划处,以便加强工作指导。各地在试点过程中,要及时将工作情况、成绩、经验和建议等,以书面形式报送团中央和科技部。试点工作结束后,团中央、科技部、全国青联将适时召开经验交流会,总结工作,表彰先进,推广经验,全面推进此项活动。

共青团中央、科技部、全国青联将按照全国人才工作会议精神和中共中央、国务院振兴东北等老工业基地的战略部署,协调一致,推动中国青年科技创新行动和振兴东北老工业基地科技行动的进一步实施,率先在东北地区进行试点工作,开展青年专家东北行科技服务系列活动。活动的重点是分期分批组织青年专家赴东北就科技发展规划以及制造业信息化、装备制造业、中药现代化、现代农业和现代服务业等开展咨询论证、献计献策、项目合作等重大科技服务活动,努力发挥科技在振兴东北老工业基地中的支撑和引领作用,为青年科技人才的成长进步铺桥架路、搭建平台。

十四、权益

共青团中央、中央社会治安综合治理委员会办公室、中央综治委预防青少年违法犯罪工作领导小组办公室关于在全国开展“为了明天——青春自护远离网瘾行动”的通知

2005年1月14日

各省、自治区、直辖市团委，综治办，综治委预防青少年违法犯罪工作领导小组办公室：

为深入贯彻《中共中央国务院关于进一步加强和改进未成年人思想道德建设的若干意见》，加强青少年网络文明教育，帮助青少年远离网瘾侵害，健康成长，共青团中央、中央社会治安综合治理委员会办公室、中央综治委预防青少年违法犯罪工作领导小组办公室决定在全国联合开展“为了明天——青春自护远离网瘾行动”。现将有关事项通知如下。

一、行动目的

开展“为了明天——青春自护远离网瘾行动”旨在进一步动员社会各界对青少年网络成瘾问题进行深入研究，广泛开展青少年网络文明教育，教育引导广大青少年认识沉迷网络的危害，协助家长和学校对网络成瘾的青少年进行矫治，用爱心和科学关心帮助青少年正确使用网络，增强自我保护能力，远离网瘾侵害。

二、行动目标

通过开展“为了明天——青春自护远离网瘾行动”，建立社会各界密切合作的工作格局，研究科学有效的预防教育手段和矫治措施；依托专业社会力量，招募培训志愿者，建立能够开展经常性宣传教育和矫治的工作队伍；依托各级青少年维权和心理咨询服务热线、青少年自我保护教育网站等，建立比较稳定的工作阵地；围绕宣传教育、网瘾矫治等重点工作，培育一系列青少年网络文明教育的活动项目；着眼于活动的持久开展，探索建立社会化工作机制。

三、行动内容

（一）面向广大青少年，深入开展宣传教育活动

开展“青少年安全文明上网”宣传巡讲活动。组织各级青少年自我保护教育讲师团的成员，利用互联网、影视、广播、报刊等媒体，通过专家做客互联网、演播厅，接受报刊专访等形式，向青少年宣传讲解《全国青少年网络文明公约》；开展“青春自护——青少年网络文明校园行”活动，普及青少年安全文明上网知识；向家长和教师宣传和讲解帮助青少年安全文明上网、远离网瘾的主要做法，不断提高监护能力和辅导水平。今年上半年，组织有关专家赴各地开展用爱心和科学帮助孩子远离网瘾巡回演讲活动。

利用寒暑假开展“青春自护”专项活动。以“远离网瘾”为主题，在2005年寒假和暑假，分别开展“青春自护——青少年网络文明社区

行”活动，依托青少年自我保护教育基地和社区青少年法律学校，针对网吧经营业主、未成年人及其监护人等重点群体，深入宣传未成年人保护法、预防未成年人犯罪法、《互联网上网服务营业场所管理条例》，运用群众喜闻乐见的形式，开展网络文明教育，推动广大青少年安全文明上网。

（二）针对网络成瘾的青少年，积极开展帮助矫治工作

深入研究、广泛宣传青少年远离网瘾的知识和方法。动员社会力量特别是青少年研究和心理矫治机构，对青少年网络成瘾问题进行深入研究，制定出行之有效的矫治措施和方法。运用电视、杂志、报刊、互联网、图书等媒体，大力宣传戒除网瘾的基本知识和科学方法，推动社会力量编辑、出版、推介一批教育和帮助青少年远离网瘾的图书和音像制品。

开展“一助一”教育和矫治工作。针对未成年人进入网吧、青少年沉溺网络游戏、不道德网络聊天等突出问题，开展“一助一”志愿者矫治和青少年同伴教育。广泛动员社会力量，招募具备专业知识的志愿者，对沉迷网络的青少年进行心理矫治；培养青少年文明上网的骨干，运用身边的案例，潜移默化地对同伴进行网络文明教育，加强课余时间的监督和辅导。

组织开展“青少年远离网瘾夏（冬）令营”。利用寒假和暑假，联合专业的心理矫治机构，对沉迷网络的青少年进行封闭性的训练和矫治。聘用专业人员担任教师，运用情景训练等科学有效的方法，通过实践教育等青少年喜闻乐见的活动，开展青少年网络文明训练，教育引导孩子们正确使用网络，帮助青少年戒除网瘾。

（三）广泛培训志愿者，建立矫治队伍和工作阵地

有针对性地招募和培训社区志愿者。招募教师、社工、机关干部、干警等关心青少年健康成长的社区志愿者，聘请青少年心理生理、自我保护教育和网络文明教育的专家学者，深入开展培训，帮助志愿者掌握谈心辅导、网络干预等科学有效的方法。建立社区青年志愿者招募、培训和管理的办法，形成志愿者“一助一”长效工作制度。

加强青少年维权和心理咨询服务热线电话和青少年自我保护教育网站的建设。把“远离网瘾”作为青少年维权和心理咨询服务热线电话和青少年自我保护教育网站的一个重要项目，加强对热线电话工作人员和志愿者的培训，帮助他们掌握正确的方法。同时，把热线电话作为了解青少年沉迷网络状况、志愿者信息服务的综合性窗口，推动“为了明天——青春自护远离网瘾行动”深入开展。

四、工作要求

（一）高度重视，加强领导。各地要充分认识帮助青少年远离网瘾对于促进青少年健康成长的重要意义，把这项工作作为加强和改进未成年人思想道德建设的一项重要工作，切实摆上重要位置，纳入预防青少年违法犯罪工作的考核范围，与“为了明天工程”的各项工作同部署、同落实、同检查。

（二）周密部署，讲求实效。各地要根据《通知》要求，迅速行动，结合本地实际情况制定切实可行的工作方案。要针对网络时代和特点、针对青少年的身心特点，认真研究工作措施，精心设计活动方式，有的放矢，对症下药，促使这项活动取得实效。

（三）整合力量，积极探索。各地要广泛动员社会力量积极参与这项活动，特别要注意发挥专业研究机构和专业志愿者的作用，针对重点和难点问题，积极探索和实践，创造出更多的有效方法。

（四）建立机制，持之以恒。各地在开展活动过程中，要注意根据实际情况逐步探索、建立有效的工作机制和保障措施。通过健全机制，确保活动长期、深入地开展，有效帮助青少年预防和解决网络成瘾的问题。

附：用爱心和科学帮助孩子戒除网瘾巡回演讲活动方案

一、活动名称：用爱心和科学帮助孩子戒除网瘾巡回演讲活动

二、活动时间：2005 年 3 月—2005 年 8 月

三、主办单位：团中央社区和维护青少年权益部、中国青少年研究会、中国青年出版总社、华中师范大学素质教育研究中心

四、主要内容：以"用爱心和科学帮助孩子戒除网瘾"为主题，由青少年网络文明大使、华中师大特聘教授陶宏开举行巡回演讲，向广大青少年、教育工作者及家长传播素质教育的理念，培训青少年网络文明教育的志愿者，提高青少年的网络文明素质和自我保护意识，呼吁全社会用爱心和科学帮助青少年正确使用网络，促进青少年健康成长。

五、组织机构：主办单位成立用爱心和科学帮助孩子戒除网瘾巡回演讲活动办公室，负责协调与各地团组织、新闻媒体以及其他机构的联系，协助安排演讲活动及宣传事宜。

六、活动安排：2 月 28 日前，有活动需求和承办能力的大中城市团委把活动申请和方案报巡回演讲活动办公室。

共青团中央办公厅关于印发《城市青年中心章程(范本)》的通知

2005 年 2 月 22 日

共青团各省、自治区、直辖市委，军委总政治部组织部，全国铁道团委，全国民航团委，中直机关团委，中央国家机关团工委，中央金融团工委，中央企业团工委：

《城市青年中心章程(范本)》已制定，现印发给你们，请结合实际，参照执行。

城市青年中心章程(范本)

第一章　总　　则

第一条　名称：××市××区××街道(社区)青年中心(以下简称为中心)。

第二条　中心是由本区域内青年和各类专业经济协会、中介服务组织、社区服务组织、兴趣小组等青年社团和热心青年事务的单位、组织联合发起成立的，以服务青年成长发展为主要目标，直接联系、服务、引导青年的城市社区青年组织。

第三条　中心以邓小平理论和"三个代表"重要思想为指导，遵守国家宪法、法律、法规和政策，弘扬社会主义道德风尚，代表和维护会员利益，服务青年创业成才，依法自主开展相关服务，促进本地经济社会和青年的全面发展。

第四条　中心所在街道团组织为业务主管单位，对中心进行具体业务指导；中心同时接受所在市(区)、县(县级市)社团登记管理机关的业务指导和监督管理。

第五条　中心的地址：×××

第六条　中心使用全国统一的青年中心形象标识。

第二章　业务范围

第七条　本中心的业务范围是：

(内容必须具体、明确、合法，比如：会员活动、教育、培训、劳动中介、会员联谊、维权等。)

第三章　会　　员

第八条　中心实行会员制，由团体会员和个人会员组成，会员加入自愿、退出自由。

第九条　团体会员包括本区域内依法成立的各类专业经济协会、中介服务组织、社区服务组织、兴趣小组等青年社团和热心青年事务的单位、组织。

第十条　申请加入中心须具备下列条件：

（一）遵守国家宪法、法律和法规；

（二）承认中心章程；

（三）有加入中心的意愿。

第十一条　会员加入程序：

（一）个人会员提出口头申请，团体会员提交书面申请；

（二）携带有效证件进行会员登记；

（三）个人会员入会须经秘书处审查，团体会员入会须经秘书长提名报理事会审核。

第十二条　会员享有下列权利：

（一）有选举权、被选举权和表决权；

（二）参加中心组织的活动；

（三）获得中心服务优先权和优惠权；

（四）向中心推荐理事；

（五）对中心工作提出建议、意见并进行监督。

第十三条　会员履行下列义务：

（一）遵守章程，执行中心工作决议；

（二）维护中心权益和形象；

（三）参加中心活动并承担委托的工作。

第十四条　个人会员一年不参加中心活动，视为自动退出。团体会员退出须提出书面申请。会员如严重违反法律、法规或中心章程，经理事会审查决定，予以除名。会员退出须交回会员卡，办理有关手续。

第十五条　团体会员以中心名义组织开展活动，须提前经理事会审批同意且经书面授权，并在活动中使用中心的统一标识。

第四章　组织机构

第十六条　中心最高权力机构是会员（代表）大会。其职权是：

1. 制定和修改章程；
2. 选举和罢免理事；
3. 审议理事会的工作报告和财务报告；
4. 决定终止事宜；
5. 决定其他重大事项。

第十七条　会员（代表）大会须有1/2以上的会员（代表）出席方能召开，其决议须经到会会员（代表）半数以上表决通过方能生效。

第十八条　会员（代表）大会2—3年召开一次。因特殊情况提前或延期换届的，须由理事会表决通过，报街道团组织审查同意并经社会团体登记管理机关批准。但延期换届最长不超过1年。

第十九条　理事会是大会的执行机构，在大会闭会期间领导本中心开展日常工作，对会员（代表）大会负责。每个团体会员可推举1名理事候选人，××名个人会员可以联名推荐1名理事候选人，街道团组织可推举部分理事候选人但不能超过理事总数的1/3。理事数量不超过会员总数的1/4。

第二十条　理事会的职权是：

（一）召开会员（代表）大会，并向其报告工作和财务状况；

（二）执行会员（代表）大会决议；

（三）选举和罢免理事长、副理事长、秘书长（中心主任）；

（四）审批吸收团体会员，决定会员除名；

（五）决定副秘书长、中心各部门负责人的聘任；

（六）制定内部管理制度；

（七）决定中心的工作方针、任务及其他重大事项。

第二十一条　理事会须有1/2以上理事出席方能召开，其决议须经到会理事2/3以上表决通过方能生效。

第二十二条　理事会一般半年召开一次，特殊情况可以随时召开。

第二十三条　理事会设理事长一名，副理事长若干名，秘书长（中心主任）一名，由理事会选举产生。

第二十四条　理事长实行选举制度，一届任期2—3年（也可实行理事长一年一任制）。

第二十五条　理事长行使下列职权：

（一）召集和主持理事会；

（二）督察理事会决议的落实情况；

（三）提名中心副理事长、秘书长（中心主任）的人选，交理事会决定；

（四）听取秘书处的工作报告，支持、指导、检查和监督秘书处的工作。

第二十六条　副理事长协助理事长做好各项工作。

第二十七条　中心法定代表人由秘书长担任，由理事长、副理事长或者副秘书长担任法定代表人应报业务主管单位审查并经社团登记管理机关批准同意。

第二十八条　秘书处是理事会的执行机构，在闭会期间领导中心开展日常工作，对理事会负责。

第二十九条　秘书长行使下列职权：

（一）主持秘书处开展日常工作，组织实施年度工作计划；

（二）提名建议有关部门主要负责人，交理事会决定；

（三）提名副秘书长，交理事会决定；

（四）代表本中心签署有关文件；

（五）决定工作人员的聘用；

（六）办理新团体会员入会手续；

（七）处理其他日常事务。

第五章　经　　费

第三十条　中心经费来源：

（一）团体会员会费；

（二）社会捐赠；

（三）政府拨款；

（四）依法在核准业务范围内开展活动和服务的收入；

（五）其他合法收入。

第三十一条　中心以社团法人注册，形成长期良性运行机制，实现自收自支，自负盈亏。

第三十二条　中心经费全部用于事业发展，不得在会员中分配。

第三十三条　中心建立严格的财务管理制度，保证会计资料合法、真实、准确、完整，并接受有关部门监督。

第三十四条　中心的资产来源属于国家拨款或者社会捐赠、资助的，必须明晰产权并接受监督。

资产管理情况要定期以适当方式向会员公布。

第三十五条　任何单位、个人不得侵占、私分和挪用中心的资产。

第六章　附　　则

第三十六条　本章程自×年×月×日中心会员（代表）大会表决通过起生效。

第三十七条　本章程的解释权属中心理事会。

共青团中央办公厅关于印发《青年中心“爱心超市”管理办法(暂行)》的通知

2005年3月14日

共青团各省、自治区、直辖市委,军委总政治部组织部,全国铁道团委,全国民航团委,中直机关团委,中央国家机关团工委,中央金融团工委,中央企业团工委:

为加强青年中心“爱心超市”管理,促进青年中心“爱心超市”规范、有序发展,特制定《青年中心“爱心超市”管理办法(暂行)》,现印发给你们,请遵照执行。

青年中心“爱心超市”管理办法(暂行)

第一条　为加强青年中心“爱心超市”(以下简称“爱心超市”)规范化管理,不断提高服务社区青少年群体的能力,促进“爱心超市”健康有序发展,特制定本办法。

第二条　各“爱心超市”所在街道(镇)的共青团组织是“爱心超市”管理工作的领导机构。

第三条　本办法所称“爱心超市”是指依托社区青年中心建立,以扶助本社区内困难家庭子女、进城务工青年及其子女等青少年群体以及促进本社区内青少年物资交流为主要服务内容的社会富余生活物资流通场所。

第四条　本办法所称“社会富余生活物资”是指社区居民自愿通过“爱心超市”捐赠以及青少年用以相互交流的粮食、衣被、青少年文体活动器械、教材及辅导材料、书刊杂志、玩具、电器等家庭富余生活物品。

第五条　青年中心工作人员接受社区居民捐赠以及青少年用以相互交流的各类富余生活物资时应仔细检查,确保物资外观完好、质量合格。如有破损、霉变、不能正常使用等情形,应婉言谢绝。

第六条　“爱心超市”物资应用于以下情形:

(一)扶助社区内困难家庭子女、进城务工青年及其子女等青少年群体,青年中心“爱心超市”工作人员和领用人均不得以任何形式转让或变卖此类物资;

(二)本社区内青少年互通有无。

第七条　青年中心应有专人负责“爱心超市”日常管理事宜。

青年中心应设立“爱心超市”物资受赠、估价、发放、交流等情况的基础台账。

第八条　青年中心工作人员接受居民捐赠以及青少年用以相互交流的各类富余生活物资后,应对受赠物资作出适当的价值评估并标出价格。

第九条　“爱心超市”应设有符合国家统一标准的用电、防火、防蛀、防盗等设施,各项物资应妥善保管。

第十条　以下人员经所在街道(镇)民政部门认定后,可以凭“爱心超市”发放的票证按票面金额免费领取相应的“爱心超市”社会富余生活物资:

(一)社区内困难家庭子女;

(二)生活条件困难的进城务工青年及其子女;

(三)其他确需扶助的青少年。

第十一条　社区青少年相互交流富余的文体活动器械、教材及辅导材料、书刊杂志、玩具、电器等富余物品时,应遵循价值基本相当原则。

第十二条　未成年人捐赠、交流物品时,

须由其监护人陪同。

第十三条　社区青少年一般应本人到“爱心超市”领取或交流物资。对行动不便的社区青少年，“爱心超市”可送货上门。

第十四条　对用于扶助弱势青少年群体的物资，“爱心超市”应合理安排发放工作，并根据当地实际情况确定一般每户(人)每年领取物资价格上限。

第十五条　青年中心理事会是“爱心超市”监督责任机构，应定期检查物资受赠、发放、交流及保管情况。

第十六条　对违反本办法的单位和人员，青年中心将给予相应的处理；造成损失的，应作相应赔偿。对其中违反法律的单位和人员，交由有关部门依法追究其法律责任。

第十七条　本办法自发布之日起生效。

共青团中央办公厅关于组织开展2005年社区青年文化节活动的通知

2005年4月20日

共青团各省、自治区、直辖市委，军委总政治部组织部，全国铁道团委，全国民航团委，中直机关团工委，中央国家机关团工委，中央金融团工委，中央企业团工委：

为深入贯彻党的十六大、十六届四中全会和团十五届三中全会精神，进一步加强和改进社区青少年思想道德建设，动员广大社区青少年积极参与构建社会主义和谐社会，发展社会主义先进文化，大力弘扬时代新风，营造有利于社区青少年健康成长的思想文化环境，推动社区团的工作全面活跃，全国青年文明社区创建工作领导小组决定继续深入开展社区青年文化节活动。现将有关事宜通知如下。

一、指导思想

以邓小平理论和“三个代表”重要思想为指导，全面贯彻党的十六大、十六届四中全会和团十五届三中全会精神，牢固树立和落实科学发展观，充分发挥社区在凝聚青年、服务青年中的前沿作用，通过开展健康向上、形式多样、特色鲜明的社区文化活动，丰富青年精神文化生活，展示当代青年风采，促进青年成长成才，把广大社区青年的智慧和力量引导到积极参与精神文明建设和构建社会主义和谐社会上来。

二、活动主题

展青春风采　建和谐社区

三、活动时间

2005年5月至10月。

四、活动内容

2005年的社区青年文化节活动要在全面总结近年来工作经验的基础上，立足本地实际，创新工作方式，结合青年中心建设，发挥青年社团在建设社区青年文化中的重要作用，突出社区青年文化建设在构建社会主义和谐社会中的重要功能，着力开展好以下三个方面的活动项目。

1. 校园文化进社区活动。深化大中专院校与社区青年中心结对共建活动，充分发挥校园文化活动内容丰富、充满朝气的特点，组织校园社团及具有相关特长的大学生走进社区，依托青年中心，开展面向社区青少年和群众的专场或联合文艺演出活动，传播先进文化，将一批融思想性、艺术性于一体，反映时代风貌的优秀文化作品送到社区青少年身边，使校园文化与社区文化在互补与融合中不断丰富和发展。注重发挥优秀校园社团的示范带动功能，推动社区青年中心各社团发展水平的整体提升，进一步促进社区青年中心建设工作深入开展。

2.“相约大家乐舞台”活动。各街道、社区团组织、青年中心要结合社区实际，利用好现有的“青年文明社区”大家乐舞台等社区文化活动阵地，组织开展消夏纳凉文艺晚会、文体才艺展示、主题征文书画摄影大赛、社区文化讲坛、社区青少年趣味运动会等社区群众喜闻乐见的文体活动，丰富社区青少年、群众的精神文化生活，鼓励他们发挥自身文化、艺术、体育特长，积极参与到活动中来，发现和培养一批社区文体骨干。通过活动牵动，促进社区群众间的交流，激发他们的社区主人翁意识，增强社区的凝聚力，营造邻里和谐、互助友爱、积极向上的社区氛围。

3. 社区青少年“三人篮球”运动。社区青少年“三人篮球”运动是适合在社区内开展的青少年体育活动，要积极争取社会支持，建立社区青少年篮球园地，配备“三人篮球”运动设施；通过青年中心、街道和社区团组织、青少年体育俱乐部等，组织青少年开展社区“三人篮球”争霸赛、区域联赛等活动，展现运动中的青春风采。一些群众体育活动基础较好的社区可组建较为固定的社区青少年篮球队或篮球爱好者社团，定期举行活动，使该项运动成为青年中心在社区中长效运作的主要项目之一。要以社区青少年“三人篮球”运动为牵动项目，在社区组织开展青少年喜爱的体育活动，组建健身社团。

五、推进步骤

4 月下旬。各省级团委确定一批重点城市，各城市将本年度社区青年文化节活动方案，特别是“五四”和暑期的活动安排报团中央社区和维护青少年权益部。

5 月上旬、暑假期间、10 月上旬和下旬。各地围绕主题和主要活动内容重点开展活动，并及时将有关信息、素材上报。

11 月中旬。各省级团委报本年度社区青年文化节活动开展情况总结及典型活动材料。

12 月。全国青年文明社区创建工作领导小组评选颁发本年度社区青年文化节组织奖、创新奖。

六、活动要求

1. 把握方向，加强领导。各级团组织要从建设社会主义先进文化、构建社会主义和谐社会的高度充分认识开展社区青年文化节活动的重要意义，在活动开展期间，尤其是重要节庆期间要通过内容丰富、小型多样的活动引导好广大青年的热情和干劲，为服务党政工作大局多做贡献。要切实加强对这项工作的领导、把握和协调，保证正确的政治方向，做好整体规划部署，完善推进和应对措施，抓好工作落实。

2. 积极创新，务求实效。坚持贴近实际、贴近生活、贴近青年的方针，创新内容、创新形式、创新手段，依托社区青年中心，积极整合各类工作项目资源，主动争取社会多方参与和支持，满足广大社区青少年精神文化需求，有效服务广大社区青少年丰富知识、提高修养。

3. 大力宣传，营造氛围。组织开展活动过程中要注意及时总结提炼好的做法经验，通过报刊、电视、网络等媒体加强宣传，特别是推出一批典型活动和优秀集体、个人，广泛发动和有效吸引社区青少年积极参与，营造社区青年文化蓬勃开展的良好社会氛围。

共青团中央、中央综治委预防青少年违法犯罪工作领导小组办公室、国家禁毒委员会办公室关于开展2005年“社区青少年远离毒品行动”的通知

2005年4月22日

各省、自治区、直辖市团委，综治委预防青少年违法犯罪工作领导小组办公室，禁毒委员会办公室：

自2001年共青团中央、民政部、国家禁毒委、中央综治委预防青少年违法犯罪工作领导小组联合在全国开展“社区青少年远离毒品”行动以来，各地全面加强社区青少年禁毒教育，引导青少年认识毒品危害，自觉远离毒品，增强了青少年拒毒、防毒的意识和能力，创建了一大批青少年群体中无人涉毒的社区，营造了有利于青少年健康成长的社会环境。为认真贯彻中央政治局常委会对禁毒工作的重要指示、胡锦涛总书记等中央领导同志对禁毒工作的重要批示，认真贯彻《国家禁毒委2004—2008年禁毒工作规划》、2005年国家禁毒委员会全体委员会议和部署开展禁毒人民战争电视电话会议精神，发挥自身优势，打好禁毒人民战争，努力把青少年禁毒教育工作提高到一个新水平。共青团中央、中央综治委预防青少年违法犯罪工作领导小组办公室、国家禁毒委办公室决定2005年进一步开展“社区青少年远离毒品行动”。现将有关事宜通知如下。

一、时间

2005年4月28日开始，延续至年底，在全国禁毒宣传月（6月3日至26日）期间形成高潮。

二、主题

为了明天　远离毒品

三、活动内容

1. 广泛开展“为了明天——青少年禁毒宣传月”活动

团中央确定今年6月为“为了明天——青少年远离毒品宣传月”，围绕6月3日虎门销烟纪念日、6月26日国际禁毒日等契机，开展集中性的活动。各地共青团组织要统一行动，参与禁毒人民战争，要深入学校、社区、企业、乡镇，根据青少年特点，通过设置宣传栏、张贴主题宣传画、专题咨询、散发宣传品、文艺演出、知识竞赛、宣誓签名等形式，向广大青少年宣传毒品的危害，要求每一名青少年自觉做到“为了明天，远离毒品”。集中性的宣传教育要在6月形成高潮。要重点抓好禁毒宣传“五个一”主题教育活动，即组织青少年“开一次主题班（队）会”、“读一本禁毒好书”、“写一篇禁毒心得”、“看一部禁毒好电影”、“登陆一次禁毒网站”，使广大青少年充分了解毒品给家庭、社会和个人带来的巨大危害，增强拒毒防毒的意识。

2. 推进禁毒青年志愿者行动

各地共青团组织要广泛开展禁毒青年志愿者行动。一是要动员社区志愿者组成宣传小分队，面向社区、面向未成年人、面向群众，宣传禁毒工作和有关知识，开展毒品预防教育，引导青少年自觉抵制毒品诱惑。二是要招募教师、医生、律师、新闻和传媒工作者、社会工作者等有专业特长的青年志愿者，以“多助一”、或“一助一”等形式，开展关心生活、帮助学习、心理辅导等帮教活动，让涉毒青少年、有不良行为的青少年和生活困难的青少年充分认识到毒品的危害，感受到社会的温暖，自觉

远离毒品。

3. 积极组织青少年参加“网上青少年禁毒知识竞赛”

为增强青少年的禁毒意识,普及青少年禁毒知识,提高青少年自觉抵御毒品的能力,团中央、中央综治委预防青少年违法犯罪工作领导小组办公室、国家禁毒办将依托中青网于2005年4月28日至6月26日期间开展“青少年禁毒知识竞赛”、“青少年禁毒誓词征集”、“青少年最关心的禁毒知识调查”等活动(网址:www. cycnet. com 或 jindu. cycnet. com)。禁毒知识竞赛涉及毒品种类、毒品危害、毒品预防、禁毒工作等方面。各地要将网上“青少年禁毒知识竞赛”作为宣传教育工作的重要手段,在学校、社区动员青少年登陆有关网站,参加知识竞赛。要通过当地报刊、校园网、广播、社区宣传栏等,广泛征集誓词,让青少年在活动中接受禁毒教育,增长禁毒知识,远离毒品诱惑。

4. 依托青少年工作阵地开展禁毒宣传教育活动

各地要充分依托青年中心、青少年法律学校、青少年宫、知心家庭学校、进城务工青年培训学校、青少年维权服务站,作为常年开展禁毒宣传、培训的阵地,继续开展远离毒品“自护教育”活动。通过公安、教育、司法等系统的优秀“青少年维权岗”,举办“青少年远离毒品知识培训班”,开展“青少年暑期禁毒自护教育”等活动,向青少年普及拒毒、防毒知识,教育他们自觉远离毒品,提高青少年自我保护意识和能力,增强青少年对毒品的免疫力。要在社区青少年法律学校开设青少年禁毒教育课程,重点为长期深入地开展青少年禁毒教育的社区教师举办“禁毒知识培训班”,提高禁毒教师队伍的教学水平。

四、工作要求

1. 高度重视,精心设计

要站在民族兴衰、国家存亡和社会稳定的高度,充分认识搞好青少年禁毒教育的重要性和必要性;各地要建立相应领导机构,由相关负责同志挂帅,切实保证禁毒教育工作落到实处;要在积极组织参与“网上青少年禁毒知识大赛”的基础上,结合本地实际开展活动;要深化青少年法律学校创建活动,切实加强社区内的青少年毒品预防教育工作。各地团组织和禁毒部门要密切配合,精心组织,积极协调社会资源的参与,不断加强社区青少年法律学校建设,巩固禁毒教育的社区基础。各地要从实际出发,对禁毒教育活动进行精心设计,活动形式要新颖,内容要贴近青少年群体实际,要为广大青少年所喜闻乐见。

2. 广泛发动,突出重点

各地要以“社区青少年远离毒品行动”为载体,使社区内的所有青少年了解到毒品危害,自觉参与到禁毒人民战争中来。西部边境毒情比较严重的地区,特别是云南、新疆等地要围绕毒品流入通道多、毒品侵害青少年问题较为严重的特点,因地制宜开展宣传教育工作;经济发达地区人口密集、人员流动快,也要根据实际情况重点面向进城务工青年、闲散青少年等,做好毒品预防和宣传教育工作。

3. 扩大宣传,讲求实效

各地要结合宣传贯彻《全民禁毒教育实施意见》和开展禁毒人民战争电视电话会议的有关精神,大张旗鼓地宣传禁毒知识。各地要突出地方特色,充分利用媒体和网络的优势,不断扩大青少年禁毒宣传教育的声势和影响,积极营造全社会密切关注青少年禁毒工作、共同参与禁毒斗争的良好氛围。各地要结合实际,发挥主动性、创造性,开展生动具体、形式多样的主题教育活动,使广大青少年在实践中受到一次深刻的教育。

4. 重在建设,探索机制

各地要注重探索加强青少年禁毒工作的阵地建设,建立长效机制。要试点实施并总结推广由专职社工组织志愿者开展禁毒工作的动员组织机制；要建立对社区内重点人联系到人的沟通机制；要形成各部门联动、及时通报信息的协调机制；要落实奖励表彰机制，对工作做得好的个人及单位进行奖励表彰。

活动中，各地要及时反馈、上报活动情况；活动结束后，各地要对本地禁毒工作情况进行评估。团中央、中央综治委预防青少年违法犯罪工作领导小组、国家禁毒委将对工作开展扎实、工作方式有所创新的地方进行集中宣传，并对各省（区、市）活动开展情况进行考核、验收。

中央文明办、共青团中央、新闻出版总署、中国社会科学院、光明日报社关于开展“健康上网拒绝沉迷——帮助未成年人戒除网瘾大行动”的通知

2005 年 4 月 26 日

各省、自治区、直辖市委文明办，团委，新闻出版局：

为进一步贯彻落实《中共中央国务院关于进一步加强和改进未成年人思想道德建设的若干意见》精神，引导和帮助广大青少年正确使用互联网，树立健康上网理念，有效戒除网瘾，中央文明办、共青团中央、新闻出版总署、中国社会科学院和光明日报社决定在全国范围内开展“健康上网拒绝沉迷——帮助未成年人戒除网瘾大行动”。现将有关事项通知如下。

一、活动目的

广泛动员社会各界力量，帮助未成年人有效预防和戒除网瘾，弘扬和发展先进网络文化，为未成年人创建绿色网络环境，促进未成年人健康成长。

二、活动时间

本次活动已于2005 年 3 月 1 日正式启动，并在北京、上海、四川、浙江、江苏、湖北、广东、福建、辽宁、陕西等 10 省、市率先展开。

三、活动内容

1. 发布《中国青少年网络发展热点报告——网瘾》。在科学调查和深入研究的基础上，找出形成网瘾的原因，以便为政府主管部门、行业组织、教育研究机构等提供丰富翔实的资料、数据，以昭示社会，影响青少年。并以此为依据科学分析，合理筹划，指导本次活动的开展。

2. 编撰戒除网瘾指南。在进行深入研究的基础上，由志愿者顾问团编撰戒除网瘾指南，作为组委会指定的志愿者团、家长、老师以及青少年预防、戒除网瘾的辅导资料。同时，通过电视、广播、报纸、图书、网络等方式进一步使家长和青少年获得预防、戒除网瘾的直接途径。

3. 组建志愿者团，开展“手拉手”活动。招募专家、学者、社会工作者、在校学生和关心青少年成长发展的热心人士加入“中青网络志愿者团”，运用网络手段一对一结对子，帮助未成年人戒除网瘾。同时，邀请有关专家组成志愿者顾问团，负责戒除网瘾方法的研究和对志愿者团成员的培训。

4. 开展全国十大城市巡讲活动。组织专家、学者、相关社会工作者在全国十大主要城

市以讲座、论坛、心理咨询热线等形式，向家长、老师、学生讲解网瘾相关知识及治疗方法，同时向社会推荐一系列健康、多样的互联网产品和服务。同时还将在十大城市建立专门的戒除网瘾机构和优秀互联网产品体验基地，引导青少年健康上网。

5. 开展戒除网瘾青少年假期特别行动。在寒暑假期间，组织各地沉迷网络的青少年到组委会指定的假期特别行动基地参加夏(冬)令营。请志愿者顾问团专家和志愿者向青少年讲解网瘾的形成原因、危害、预防和治疗知识。同时，通过开展课外教育、素质拓展训练等活动，帮助青少年戒除网瘾。

6. 向全社会征集行动公益主题歌和公益形象大使。通过电视、报纸、杂志、网站等各种媒体就征集行动公益主题歌和公益形象大使进行广泛的报道，向全社会倡导公益文化、公益实践，形成人人关注、人人参与、人人奉献的良好局面。

7. 帮助青少年树立健康的网络安全与道德意识。通过召开"网络·青少年"论坛，邀请社会各界参加，研究帮助青少年戒除网瘾的方法和具体实施手段。同时，发布网络企业自律宣言及网络媒体宣传承诺，以扩大社会影响。组织开展"全国中小学生网络安全与道德教育活动"，解决目前中小学生网络安全与道德教育明显滞后于网络信息技术教育的不利状况，在全社会进一步形成保护未成年人在网络信息时代健康成长的观念，促进中小学生自觉树立网络安全与道德意识。

8. 开发和推荐绿色网络游戏。整合社会各界资源，大力开发和推荐"中华英雄谱"等绿色网络游戏以及弘扬爱国主义精神和民族优秀传统的网络游戏。满足青少年的娱乐需求，寓教于乐，益智成才，把游戏变成青少年成长进步的阶梯和快乐生活的源泉。

9. 运用技术手段帮助青少年戒除网瘾，消除不良信息对他们的侵害。要照顾青少年的网络需求，积极研发推广"绿色游戏保护神"等系列软件，运用先进技术手段保护青少年的身心健康和合法权益不受侵害。

四、表彰激励

通过申报、评选，对活动中表现突出的志愿者团体和个人进行表彰奖励，并授予"先进志愿者团"、"优秀志愿者"荣誉称号。对活动中组织得力、宣传广泛、社会效果显著的各级地方团委、网络企业进行表彰奖励，并授予"优秀组织奖"、"优秀贡献奖"，以促进活动的开展。全国性表彰，拟在北京进行。

五、实施要求

1. 高度重视，加强领导。要从关心祖国未来，培养社会主义事业接班人的高度充分认识开展"健康上网拒绝沉迷——帮助未成年人戒除网瘾大行动"的重要意义，各地有关部门要把这项活动纳入本地区、本单位精神文明创建活动中来，加强领导，大力支持。

此项活动，由中国青少年网络协会、中国出版工作者协会、光明日报社网络信息部承办，主办单位成立"健康上网拒绝沉迷——帮助未成年人戒除网瘾大行动"组委会(名单附后)，组委会办公室设在中国青少年网络协会，各省级团委要指定专门部门负责这项工作。组委会办公室建立专题网站及时反馈活动进展情况。

2. 周密安排，讲求实效。各地要按照本通知的要求，结合网络状况发展的实际，制定实施帮助未成年人戒除网瘾行动的规划，广泛凝聚社会资源，密切配合，科学管理，把帮助广大未成年人预防和戒除网瘾的工作落到实处。

3. 加强宣传、营造氛围。各地要充分利用新闻媒体，调动宣传力量，加大活动宣传力度，为"健康上网拒绝沉迷——帮助未成年人戒除网瘾大行动"营造良好的舆论环境，推动形成进一步关注青少年网络沉迷和帮助他们戒除网瘾的良好社会氛围。

4. 畅通信息，探索经验。帮助未成年人戒除网瘾行动是一项利国利民的长期工程，对于促进我国社会主义和谐社会的构建具有重要意义。各地要大胆探索，求实创新，及时把工作实践中的新情况、新问题、新方法通报给组委会办公室。

附：“健康上网拒绝沉迷——帮助未成年人戒除网瘾大行动”组委会名单

组委会主任：

翟卫华　中央文明办专职副主任

赵　勇　共青团中央书记处常务书记、全国青联主席

于永湛　新闻出版总署副署长

江蓝生　中国社会科学院副院长

何东平　光明日报社副总编辑

于友先　中国出版工作者协会主席

组委会副主任：

张英伟　中央文明办未成年人思想道德建设工作组副组长

寇晓伟　新闻出版总署音像电子和网络出版管理司副司长

解延德　中国社会科学院信息中心主任

张碧涌　光明日报社网络信息部主任

郝向宏　中国青少年网络协会秘书长

组委会办公室主任：郝向宏（兼）

共青团中央、中央综治委预防青少年违法犯罪工作领导小组办公室关于开展2005年“为了明天——青春自护暑期行动”的通知

2005年6月16日

各省、自治区、直辖市团委，预防青少年违法犯罪工作领导小组办公室：

为深入贯彻“三个代表”重要思想，认真实施《中华人民共和国未成年人保护法》和《中华人民共和国预防未成年人犯罪法》，贯彻落实《中共中央国务院关于进一步加强未成年人思想道德建设的若干意见》，增强青少年的自我保护意识和能力，促进青少年健康成长，共青团中央、中央综治委预防青少年违法犯罪工作领导小组办公室决定，今年暑假期间，在全国集中开展“为了明天——青春自护暑期行动”。现将有关事项通知如下。

一、活动主题

这次活动的主题是“传播自护理念，呵护美好青春”。通过活动，一方面向青少年传播自护理念和知识，进一步增强青少年的法制观念、提高青少年自我保护的意识和技能，有效预防和减少青少年违法犯罪，促进青少年健康成长；另一方面，建立和充实青少年自我保护专家队伍，探索建立青少年自我保护工作的长效机制。

二、活动内容

1. 举办“传播自护理念，呵护美好青春”主题研讨活动。各地团组织要召集具有心理学、医学、社会学、法学等专业背景知识，对国内外青少年自我保护有深入研究，经验丰富的专家、学者，举办专题论坛及研讨活动，形成研究成果。并借此契机，建立和充实“青春自护”

专家队伍，制定工作规划，探索建立青少年自我保护的长效机制。团中央将组织开展青少年自我保护理论文章推荐评选活动，并在适当时候举办主题论坛，邀请各地较有影响的相关专家参加交流活动。

2. 举办“为了明天——青春自护社区行”活动。各地团组织要在建立“青春自护”讲师团的基础上，组织富有演讲和教学经验、热心青少年权益保护事业的“青春自护”讲师团成员，赴社区开展巡讲活动，向广大青少年宣讲自我保护、青少年生理、心理的自我保健等方面的知识和技能，帮助青少年树立科学、正确的自护观，掌握合理、实用的避险逃生方法，提高心理承受能力和应对挫折的能力。团中央将组织青春自护讲师团专家，利用暑期，在部分省市开展“青春红丝带——青少年防治艾滋病”宣传巡讲活动。

3. 举办“为了明天——青春自护知识技能竞赛”活动。各地团组织要积极联系电台、电视台，在暑假期间制作、播出一批优秀的青少年自护教育节目，组织青少年及其家长、老师收听收看。要充分利用青少年自我保护教育网站、青少年自我保护教育基地、报刊、媒体等阵地，根据青少年实际，举办多种主题、形式的自护知识、技能竞赛、书画比赛、电视擂台赛等，动员组织青少年广泛参与，使青少年在收听收看节目、参与竞赛中学到必要的自护知识和方法，得到启迪和警示。

4. 举办“为了明天——青春自护夏令营及培训班”活动。各地团组织今年重点以“青少年远离网瘾”为主题，开展“青少年网络文明社区行活动”。依托青少年自我保护教育基地、社区青少年法律学校、青少年维权中心、青少年维权和心理咨询服务热线等阵地，通过举办“青少年远离网瘾”夏令营、培训班和开展咨询等多种方式，面向广大青少年，深入开展网络文明宣传教育活动，针对网络成瘾的青少年，积极开展帮助矫治工作，广泛培训志愿者队伍，建立矫治队伍和工作阵地，帮助青少年增强安全防范意识和道德意识，有效戒除网瘾，安全文明上网。

三、活动要求

1. 各级团组织要充分认识开展“为了明天——青春自护暑期行动”的重要意义，高度重视，精心组织，广泛发动，大力宣传。要在总结以往经验的基础上，开展丰富多彩、富有成效的活动，加强理论研究，制定长远规划。

2. 各级团组织要充分调动各方面的积极性，积极开发、利用各种社会资源，不断创新青少年自我保护教育活动的方式、方法，激发青少年参与的积极性，切实为青少年提供服务和帮助。

3. 各级团组织要善于发现典型、总结经验，充分利用各种宣传手段，加强对“为了明天——青春自护暑期行动”的大力宣传，营造良好的舆论氛围，推动活动的健康发展。

各地要及时将活动开展过程中的典型经验、特色做法报共青团中央社区和维护青少年权益部，以便及时交流推广。工作总结、影像资料及开展青少年自我保护教育的理论研讨文章请于2005年9月20日前报共青团中央社区和维护青少年权益部。

共青团中央、中央综治委预防青少年违法犯罪工作领导小组办公室、中央社会治安综合治理委员会办公室教育部、公安部、民政部、信息产业部、国家工商行政管理总局、新闻出版总署关于印发《2005年“为了明天——青少年维权岗在行动”活动方案》的通知

2005年7月15日

各省、自治区、直辖市团委，综治委预防青少年违法犯罪工作领导小组，综治办，教育厅(教委)，公安厅(局)，民政厅(局)，通信管理局，工商行政管理局，新闻出版局：

现将《2005年“为了明天——青少年维权岗在行动”活动方案》印发给你们，请结合实际，密切配合，认真组织实施，并将有关情况及时报团中央社区和维护青少年权益部。

2005年“为了明天——青少年维权岗在行动”活动方案

为贯彻落实党中央、国务院有关文件和指示精神，解决当前影响青少年健康成长的一些突出问题，深入实施“为了明天——预防青少年违法犯罪工程”，为建设社会主义和谐社会做贡献，共青团中央、中央综治委预防青少年违法犯罪工作领导小组、中央社会治安综合治理委员会办公室、教育部、公安部、民政部、信息产业部、国家工商行政管理总局、新闻出版总署决定开展2005年“为了明天——青少年维权岗在行动”活动。

一、指导思想

2005年“为了明天——青少年维权岗在行动”活动的指导思想是：坚持以邓小平理论和“三个代表”重要思想为指导，全面贯彻党的十六大和十六届三中、四中全会精神，全面落实科学发展观，按照构建社会主义和谐社会的要求，通过对影响青少年健康成长的突出问题进行源头治理、综合施策，有效预防青少年违法犯罪，为改革开放和现代化建设创造和谐稳定的社会环境。

二、工作任务和目标

2005年的主要任务是：针对当前互联网上违法违规网站传播有害信息，操纵控制流浪儿童，非法“口袋本”图书、卡通画册和不良游戏软件，冰毒、摇头丸等苯丙胺类新型毒品等突出问题，通过集中行动和专项治理，动员组织各系统的基层单位、各级优秀“青少年维权岗”及争创单位，切实加强监管，严格执法，标本兼治，务求实效。

2005年的工作目标是：通过加强日常监管和采取专项行动，依法查处和清除传播淫秽色情等有害信息的违法违规网站，侦破打击一批操纵控制流浪儿童、涉及冰毒和摇头丸等苯丙胺类新型毒品的重点案件，使非法制售淫秽“口袋本”图书和有害卡通画册以及不良游戏软件的现象明显减少，有效维护校园及周边治安秩序，建立针对突出社会问题清理整治的经常性工作制度，形成主管部门牵头，各部门齐抓共管的工作机制，进一步优化青少年成长环境。

三、主要内容和措施

(一)继续加大对网上传播淫秽色情等违法犯罪活动打击力度，依法查处和清除违法违

规网站

1. 依法严厉打击，建立长效监管和综合执法制度。由公安部门牵头，会同工商、通信管理等部门组成联合执法组，设立举报电话，建立协同工作制度，坚决查处传播淫秽色情信息的互联网网站、“点对点”网络、“BT”论坛和视频聊天室，对责任人依法处理并将查处信息通报通信管理部门，通信管理部门依法配合处理。

2. 加强教育引导，提高青少年对不良信息的抵制能力。教育部门、共青团组织和学校要加强对青少年学生的自我保护教育和性健康教育，自觉远离不良信息，做到不登陆不良网站和视频聊天室，向有关部门积极提供线索；有条件的地方可以举办家长培训班，提高家长的监护能力和教育水平；组织开展丰富多彩的课外活动，用健康向上的文化熏陶青少年，不断提高他们的思想道德素质。

（二）打击操纵控制流浪儿童的组织或个人

1. 依法严厉打击，解救流浪儿童。公安部门负责实施，共青团组织参与，针对拐卖利用流浪儿童，进行乞讨、盗窃、卖艺、卖花等活动的组织或个人，广泛巡查线索，集中力量侦破，严厉打击，对黑恶势力或首要分子依法严惩；对招募流浪儿童为童工的组织或个人依法查处。

2. 采取有效措施救助保护流浪儿童。民政部门主管流浪儿童的救助保护工作，共青团组织及政府有关部门参与。对在街头流浪乞讨的儿童，有关部门要及时将他们引导护送到民政部门举办的救助管理机构；对被解救的流浪儿童，也可以安排在救助管理机构予以临时庇护。救助管理机构要根据有关部门和受助儿童提供的情况，积极帮助其寻找监护人和家庭，查明情况后，及时帮助他们返回家庭；对不能及时返家的，要安排他们就近入学，接受义务教育，不能上学的，要安排适当的课程，确保流浪儿童接受教育的权利。对在受助期间患有严重疾病需要给予及时救治的流浪儿童，有关部门要按照相关规定给予及时救治。要努力做好早期干预和预防工作，防止儿童脱离家庭，流浪社会，对问题家庭和问题儿童要强化家庭监护，对家庭生活确有困难的，按照有关规定给予救助。对造成儿童多次流浪的，要追究其监护人的责任。对无法查明监护人或亲属情况，也无法查明家庭住址的，由流浪儿童救助保护中心上级民政主管部门提出安置方案，报同级人民政府给予安置。

（三）打击制售淫秽“口袋本”图书和有害卡通画册以及不良游戏软件

1. 加大执法力度，清理整顿出版物市场。依法从重从快查处印刷、制作淫秽“口袋本”图书和有害卡通画册以及不良游戏软件的违法犯罪行为；取缔非法出版物批发市场，对淫秽“口袋本”图书和有害卡通画册以及不良游戏软件泛滥、经限期整治仍达不到要求的市场要坚决关闭；加强对城市街头和社区非法兜售淫秽出版物的游商的治理，重点清理中小学校周边和城乡结合部的非法书报刊经营场所，维护校园及周边治安秩序。

2. 加强教育引导，禁止不良出版物和游戏软件在学生中传播。制止淫秽“口袋本”图书和有害卡通画册以及不良游戏软件在学校传播，发现学生携带、传阅、购买淫秽色情读物，使用不良游戏软件的，要及时进行教育并收缴。开展多种形式的教育活动，使广大青少年学生自觉抵制不健康“口袋本”图书和不良游戏软件的诱惑，做到不购买、不传阅、不租借，并积极举报社会上销售、出租不健康图书和不良游戏软件的不法行为。

3. 加强舆论宣传，优化青少年成长的文化环境。利用多种方式，广泛宣传淫秽“口袋本”图书和有害卡通画册以及不良游戏软件的危害，大力宣传相关法律法规和政策。坚持“一手抓繁荣，一手抓管理”的方针，用先进文化充实青少年的精神生活，组织力量创作出版优秀的卡通画册和健康“口袋本”图书以及游戏软件，向青少年提供健康有益的文化作品，开展“社区青年文化节”、“中国少年雏鹰行动”、“大中学生素质拓展计划”等活动，提高广大青少年的思想道德素质和科学文化素质。

（四）深入开展“社区青少年远离毒品”行动

1. 进一步加大打击涉毒犯罪力度。全面推进各项禁毒执法工作，严厉打击针对青少年的毒品犯罪活动，加强堵源截流工作，及时、坚决、严厉查处向青少年出售毒品的违法犯罪行为；大力整治娱乐场所吸贩毒问题，加大对酒吧、舞厅、歌厅等场所的管理和检查力度，特别要集中力量查处冰毒、摇头丸等苯丙胺类新型毒品，依法取缔涉毒问题严重的娱乐场所。

2. 深入开展禁毒宣传教育活动。以“为了明天——青少年禁毒宣传月”活动为载休，利用节假日及6月26日国际禁毒日等契机，通过多种形式向广大青少年宣传禁毒知识，在6月掀起禁毒宣传教育热潮。大力开展“不让毒品进校园活动”，组织青少年参加“青少年禁毒知识竞赛”、“青少年禁毒誓词征集”、“青少年最关心的禁毒知识调查”等活动。依托青年中心、青少年法律学校、青少年宫、知心家庭学校、进城务工青年培训学校、青少年维权服务站，发挥公安、教育、司法等系统的优秀“青少年维权岗”的作用，开展经常性的禁毒宣传教育活动。

3. 推进禁毒青年志愿者行动。动员社区志愿者组成宣传小分队，面向社区、面向未成年人、面向群众，宣传禁毒工作和有关知识，开展毒品预防教育，引导青少年自觉抵制毒品诱惑。招募有专业特长的青年志愿者，以“多助一”或“一助一”等形式，开展关心生活、帮助学习、心理辅导等帮教活动，让涉毒青少年、有不良行为的青少年和生活困难的青少年充分认识到毒品的危害，感受到社会的温暖，自觉远离毒品。

（五）深化校园及周边治安综合治理活动

1. 加强中小学生和少年儿童的自我保护教育。发挥各系统基层单位阵地优势，推动各地广泛建立自护教育基地、自护教育学校、自护网站等阵地，动员优秀青少年维权岗及争创单位，以及具有法学、社会学、医学、消防、交通、预防被害等专业背景知识的热心人士，组成自护教育讲师团队伍，担任中小学校、幼儿园法制、自护副校长或法制、自护讲师，向青少年传授自我保护、生理心理的自我保健、预防被害和自然灾害的知识技能。开展“为了明天——青春自护”活动，广泛开展“自护训练营”、“消防夏令营”、“安全冬令营”、“净化校园，从我做起”主题团队会，抓住开学、放假前的有利时机，有针对性的对学生集中开展安全教育，强化学生的法制观念和安全意识，提高学生的自救自护能力。

2. 加大打击力度，强化防范措施。公安、教育等系统优秀青少年维权岗及争创单位要狠抓“公安机关维护校园及周边治安秩序八条措施”和“教育部关于做好中小学幼儿园安全工作六条措施”的贯彻落实。组织力量对校园及周边治安情况进行巡逻、排查，开展治安防范、交通和消防安全宣传教育活动，强化治安管理，消除安全隐患，维护校园及师生安全，探索建立维护校园及周边治安秩序的长效工作机制。

四、组织机构和参与部门

“为了明天——青少年维权岗在行动”活动由中央综治委预防青少年违法犯罪工作领导小组统一领导（领导小组办公室设在团中央社区和维护青少年权益部），各省级综治委预防青少年违法犯罪工作领导小组办公室负责组织实施；针对不同问题由主管部门牵头负责，有关部门参与，各系统基层单位和各级优秀“青少年维权岗”及争创单位共同参与实施。

（一）清理和打击互联网上传播有害信息

问题

牵头部门:公安部

参与部门:中央综治委预防青少年违法犯罪工作领导小组办公室、中央社会治安综合治理委员会办公室、教育部、信息产业部、国家工商行政管理总局、共青团中央

(二)操纵控制流浪儿童的黑恶势力问题

牵头部门:公安部、民政部

参与部门:中央综治委预防青少年违法犯罪工作领导小组办公室、中央社会治安综合治理委员会办公室、共青团中央

(三)淫秽"口袋本"图书和有害卡通画册以及不良游戏软件问题

牵头部门:新闻出版总署

参与部门:中央综治委预防青少年违法犯罪工作领导小组办公室、中央社会治安综合治理委员会办公室、教育部、公安部、国家工商行政管理总局、共青团中央

(四)"社区青少年远离毒品"行动

牵头部门:共青团中央、公安部

参与部门:中央综治委预防青少年违法犯罪工作领导小组办公室、中央社会治安综合治理委员会办公室、教育部

(五)深化开展校园及周边治安综合治理活动

牵头部门:公安部、教育部

参与部门:中央综治委预防青少年违法犯罪工作领导小组办公室、中央社会治安综合治理委员会办公室、共青团中央

五、行动步骤

(一)宣传动员阶段(8月)。各地各有关部门结合本地情况制定行动方案,明确工作任务、措施和步骤;培训执法人员进一步掌握相关法律法规,能够对违法违规活动实施准确、快速、严厉的打击;广泛动员社会力量特别是青少年积极参加整治行动。

(二)整治行动阶段(9月至11月)。针对四个突出问题,有关责任部门从清理整顿入手,对重点环节进行整治打击,综治委预防青少年违法犯罪工作领导小组办公室协调组织建立投诉举报、快速处理、部门联动的工作机制。

(三)检查评估阶段(12月)。各省、市、自治区组织检查组,对各地整治行动进行检查和评估,总结经验、查找问题,并将检查情况报中央综治委预防青少年违法犯罪工作领导小组办公室。主办单位对成效显著的地区予以表彰,对行动消极迟缓、问题突出的地区予以通报批评并限期整改。各地开展此项活动的情况纳入社会治安综合治理考核的范围。

六、工作要求

(一)加强领导,精心组织。坚持各级综治委预防青少年违法犯罪工作领导小组统一领导,办公室组织协调。各地区各部门结合工作实际和工作任务,制定行动方案,做出周密部署,并对行动开展情况及时进行指导和检查。

(二)依法行政,密切配合。各部门要恪尽职守,严格执法,坚决避免有案不查、执法不严或以罚代刑现象的发生。在专项整治行动期间,各地有关执法部门可建立联席会议制度或成立联合执法组,加强信息沟通和交流,分工协作,建立齐抓共管的工作格局。

(三)注重实效,完善机制。要按照行动部署,以大案要案为突破口,务求措施到位,标本兼治,取得成效。在开展专项整治的同时,完善日常监管措施,建立长效机制,建立责任倒查制度、逐级检查制度、通报制度以及举报奖励制度。

(四)加强宣传,群治群防。要充分发挥新闻媒体的作用,加强舆论监督,积极组织、支持和配合新闻媒体对当地存在的问题以及专项整治行动进行客观公正的报道。发挥城市社区、街道居委会和农村乡(镇)、村党组织的作用,广泛发动群众,形成人人关心、支持和参与专项整治行动的良好氛围。

新闻出版总署、教育部、共青团中央、中央综治委预防青少年违法犯罪工作领导小组办公室、全国“扫黄打非”工作小组办公室关于开展以未成年人为主要对象的有害出版物专项治理的通知

2005年7月25日

各省(自治区、直辖市)新闻出版局、教育厅(教委)、团委、综治委预防青少年违法犯罪工作领导小组办公室、“扫黄打非”工作领导小组办公室:

近一段时期以来,以未成年人为主要对象的淫秽色情光盘、“粗口歌”等音像制品,有害卡通画册、“口袋本”图书和“现代迷信”读物,不良游戏软件等非法出版物在一些地区屡禁不绝,更为恶劣的是,一些地区的不法分子在中小学校园周边大肆兜售、租售这些有害出版物,极大地伤害了广大青少年的身心健康,严重影响了青少年的健康成长,并且已经成为诱发青少年违法犯罪的一个重要原因。为贯彻落实《2005年“扫黄打非”行动方案》,深入实施“为了明天——预防青少年违法犯罪工程”,进一步净化未成年人健康成长环境,整顿和规范出版物市场秩序,新闻出版总署、教育部、团中央、中央综治委预防青少年违法犯罪工作领导小组办公室、全国“扫黄打非”工作小组办公室决定,从2005年8月1日至10月15日开展以未成年人为主要对象的有害出版物的专项治理行动。现将有关事项通知如下。

一、工作重点

此次专项治理重点是:坚决查处淫秽色情、凶杀暴力、封建迷信和伪科学出版物,包括含有淫秽色情、“粗口歌”等内容的音像制品,有害卡通画册、“口袋本”图书和各类含有封建迷信、伪科学内容的“现代迷信”读物,不良游戏软件;重点清理中小学校及周边和城乡结合部、电子出版物市场、电脑科技城等重点部位的出版物经营场所,进一步净化校园及其周边环境;重点打击以未成年人为读者对象、长期从事非法制作、发行、传播以未成年人为主要对象的有害出版物的违法犯罪行为,为青少年健康成长营造良好的社会文化环境。

二、工作措施

(一)强化出版物市场各环节的有效监管。新闻出版部门要进一步加强对出版、印刷、复制环节的监管,进一步加大对出版物市场的监管力度,重点清理中小学周边书店、电子出版物市场等出版物经营场所,依法收缴各种以未成年人为主要对象的有害出版物。对违规出版、印刷、复制、发行、传播以未成年人为主要对象的有害出版物的企业和个人要依法从严查处,对从事非法出版物经营活动的市场要坚决予以整治或关闭,构成犯罪的要及时移送司法机关处理。

(二)加大案件查处力度。各级“扫黄打非”部门要进一步协调有关部门,加大案件的查处力度。要健全查办案件的工作机制,按照“打团伙、端窝点、破网络、查大案”的要求,打掉从事非法出版、印刷、复制、批发、零售、出租和传播以未成年人为主要对象的有害出版物的犯罪团伙,端掉其制作储运窝点,摧毁其地下发行网络,加大对非法出版活动的刑事打击力度,依法查处、审结一批重点案件,严惩一批专门制作、销售有害出版物的要犯和惯犯。

(三)加强教育和引导工作。教育、共青团等部门要加大对未成年人的教育引导工作,通

过举办知识讲座、课余兴趣小组、公益性社会实践、健康有益作品推荐等活动，组织中小学校集中开展崇尚科学文明、反对低俗迷信的教育活动，引导青少年学生阅读健康有益的课外读物，开展积极向上的校园文化活动，提高广大青少年学生防范、抵制有害出版物侵害的意识和能力，做到不购买、不租借、不传阅。坚决禁止有害读物在校园传播蔓延，发现学生携带、传阅、购买有害出版物的，要及时进行教育并收缴，努力营造积极健康的校园文化氛围。

（四）扩大舆论宣传声势。要适时开展出版物市场法制宣传活动，充分利用传媒、公告栏、宣传册等多种方式，广泛宣传专项整治行动的意义，积极宣传有害出版物对未成年人身心健康的危害，大力普及相关法律法规和政策，要把专项治理与在青少年中开展的“中国少年雏鹰行动”、“社区青年文化节”等活动有机结合起来，提高专项治理成效。要畅通有关举报渠道，接受群众举报，形成全社会支持和参与专项治理工作的良好局面。

三、行动步骤

专项治理行动分为三个阶段进行：

（一）宣传动员阶段（8月1日至8月15日）。各地区各有关部门要加强对相关执法人员进行相关法律法规培训，及时开展有针对性的宣传教育活动。

（二）治理行动阶段（8月16日至9月30日）。各地按照专项治理方案要求，全面开展专项治理行动。

（三）检查评估阶段（10月1日至10月15日）。各地要对本地区专项治理工作开展情况进行检查、统计和总结。

此次专项治理行动由各级“扫黄打非”工作领导小组办公室牵头，新闻出版、教育、共青团、综治委预防青少年违法犯罪工作领导小组办公室共同组织实施。各有关部门要切实履行职责，狠抓各项任务落实，并加强部门配合，齐抓共管，确保此次专项治理取得实效。

专项治理工作结束后，各省（自治区、直辖市）“扫黄打非”工作领导小组办公室要将本地区专项治理情况汇总，并于10月20日前将专项治理工作总结上报全国“扫黄打非”工作小组办公室。

共青团中央办公厅关于印发《社区和维护青少年权益系统推进增强共青团员意识主题教育活动方案》的通知

2005年9月13日

共青团各省、自治区、直辖市委，军委总政治部组织部，全国铁道团委，全国民航团委，中直机关团工委，中央国家机关团工委，中央金融团工委，中央企业团工委：

现将《社区和维护青少年权益系统推进增强共青团员意识主题教育活动方案》印发给你们，请结合实际，认真组织实施，并将有关情况及时报共青团中央社区和维护青少年权益部。

社区和维护青少年权益系统推进增强共青团员意识主题教育活动方案

为深入贯彻落实《关于在全团开展以学习实践“三个代表”重要思想为主要内容的增强共青团员意识主题教育活动的意见》精神，推动全国共青团社区和权益战线深入开展增强共青团员意识主题教育活动,制定方案如下。

一、指导思想

社区和权益战线以邓小平理论和"三个代表"重要思想为指导,深入贯彻党的十六大和十六届三中、四中全会精神,全面落实团十五大和团十五届三中全会确定的目标任务,紧密结合共青团和青年工作实际,以学习实践"三个代表"重要思想为主线,以"永远跟党走"为主题,切实增强广大共青团员的政治意识、组织意识和模范意识。

二、活动内容

1. 以"学理论知团情"为主题,开展形式多样的教育活动。组织各地街道社区团组织抓住理论学习的基础环节,确定教育活动指定文件、理论文章和有关书籍(如《增强共青团员意识主题教育活动问答》、《增强共青团员意识教育读本》),建立学习计划,个人自由学习和集中学习相结合,认真组织广大社区团员、进城务工团员青年加强团的知识学习,把学习贯穿教育活动的始终。积极开展社区青年"读书月"、"团史知识竞赛"、网上网下团史知识问答等活动,加强团情团史教育,明确党的基本路线,增强理想信念,提高理论学习的效果。

2. 突出重点领域,结合基层社区共青团组织建设深入开展教育活动。把社区作为开展教育活动主要场所,把青年中心建设和社区共青团工作紧密结合起来,积极开展教育活动。一方面,组织开展社区共青团和城市青年中心建设专题调研,把增强团员意识主题教育活动作为专题调研的一个重要的方向,为进一步加强社区基层团组织建设提供参考和指导。另一方面,结合城市青年中心建设和青年文明社区创建,组织各城市青年中心、各级青年文明社区要开展"新时代新风采"团员标准讨论、"我为团旗添光彩"系列主题实践活动,充分发挥城市青年中心以及青年文明社区在开展增强团员意识主题教育活动中的基础平台作用。

3. 突出重点群体,加强进城务工青年团员意识教育。一是结合进城务工青年团建加强教育活动。研究探索"公寓建团"的模式,制定进城务工青年"口袋团员"参加增强团员意识主题教育活动的办法,把流动分散的进城务工团员青年团结和凝聚在党团组织周围。探索推优入党、流失团员关系转接、新团员发展、积极分子培养等有效的方式方法,加强进城务工团员队伍建设。二是开展争做"学习的模范、创业的先锋、守法的公民、致富的骨干"主题教育活动,通过组织"优秀进城务工人员先进事迹报告团"等活动,更好地教育、引导、服务进城务工青年特别是团员发愤学习创业、立志成才。三是进一步深化"千校百万"培训计划。重点放在推动用工单位做好进城务工青年岗位职业技能培训,努力帮助进城务工青年提高素质。四是大力加强进城务工青年文化建设和志愿服务。开展科技文化卫生志愿者进工地等系列活动,为进城务工青年群体提供法律咨询、技能培训、医疗卫生、文化宣传、权益保护等服务;推动建立进城务工青年团员志愿者队伍。

4. 服务困难群体,增强团组织凝聚力。推动城市社区共青团组织研究新形势下服务青年、凝聚青年的新手段新载体,加强对社区困难青少年、闲散青少年、进城务工人员子女等青少年群体的服务。加快建设青年中心"爱心超市",以"爱心超市"为载体,经常性地开展"送温暖"活动;深化青少年的自我保护教育活动,赠送自我保护教育的教学光盘和书籍,开展青少年自我保护培训;深化"为了明天工程",开展对弱势青少年群体的关爱活动。通过为弱势青少年群体提供实实在在的服务,使他们感受到团组织的关怀,增强对团组织的感情,提高团组织的凝聚力。

5. 加强对基层团组织的督促指导,增强教育活动效果。为密切和基层的联系,团中央社区和权益部将确定10个基层单位为增强团员意识主题教育活动的部门联系点，并根据团中央增强共青团员意识主题教育活动领导小组办公室的要求开展检查督导教育活动。各级团委社区和权益部门也要确定一批联系点，联系点包括基层街道社区团工委、团支部、进城务工青年集中地团组织等，要与联系点建立定期联系，信息反馈的机制，通过联合开展或参加活动等方式，了解基层开展增强团员意识主题教育活动的情况以及团员青年的思想动态，及时提出针对性强的改进措施。

6. 加大宣传力度，营造教育活动良好氛围。积极运用社区宣传栏、青年中心网站、进城务工青年活动室等大力宣传增强团员意识主题教育活动的重要意义，调动基层团组织、团员青年参加增强团员意识主题教育活动的积极性、主动性，为教育活动在基层顺利开展创造良好的舆论氛围。要深入挖掘基层宣传素材，加强对教育活动过程中涌现出来的先进人物和先进事迹的宣传报道，充分发挥先进人物和事迹的典型引路的作用，用基层增强团员意识主题教育活动的生动事例教育引导广大团员青年。

三、时间安排

第一阶段：宣传动员（9 月初到 9 月底）

第二阶段：学习教育（10 月初到 11 月底）

第三阶段：总结提高（12 月初到 12 月底）

四、活动要求

1. 高度重视，加强领导。增强团员意识主题教育活动是当前全团的一项重点工作，是加强社区团建和进城务工青年团建的良好机遇，各地要高度重视，精心策划部署，保证各阶段工作落实到位。

2. 突出实效，加强指导。各地要结合当前社区和权益战线各项重点工作，抓住工作对象的特点，深入开展教育活动，力求教育活动取得实际效果。社区和权益系统团的干部要密切联系基层，对基层的教育活动加以有力指导。

3. 建立机制，巩固成果。要及时总结经验，着力构建开展教育活动的长效机制，保证教育活动常抓不懈，抓出成效。同时要把教育活动落实到日常工作中去，以教育活动促进业务工作取得更大成果。

共青团中央办公厅关于印发《“全国青年中心建设先进城区（市）”创建办法（试行）》的通知

2005 年 9 月 20 日

共青团各省、自治区、直辖市委：

全国青年中心建设工作会议以来，各地积极部署，狠抓落实，以组织创新、队伍培育、项目拓展、机制建设等为着力点，大力推进城市青年中心建设，取得了良好成效。为深入贯彻落实《共青团中央关于加强青年中心建设的决定》和全国青年中心建设工作会议精神，进一步扎实推进全国城市青年中心建设工作，现将《“全国青年中心建设先进城区（市）”创建办法（试行）》印发给你们，请认真遵照执行。2005 年度的创建单位名单一并下发。

“全国青年中心建设先进城区（市）”创建办法（试行）

第一章 总 则

第一条 为深入贯彻落实《共青团中央关

于加强青年中心建设的决定》和全国青年中心建设工作的有关要求,进一步扎实推进城市青年中心建设,特制定本办法。

第二条 "全国青年中心建设先进城区(市)"创建活动是深入推进城市青年中心建设工作的重要举措,要立足基层,重在创建,务求实效。

第二章 创建单位的申报、确认和管理

第三条 "全国青年中心建设先进城区(市)"创建单位原则上按年度申报和确认。

第四条 "全国青年中心建设先进城区(市)"创建单位申报条件:

(一)社区共青团工作和青年工作基础和环境较好,街道青年中心建设工作积极性高;

(二)有热心青年工作、具有一定知识水平和服务能力的青年中心工作队伍;

(三)已建成了一批初步运转良好的城市青年中心。

第五条 各省、自治区、直辖市每年新申报的创建城区(市)数量一般控制在所辖城区(市)总数的10%—20%。

第六条 每年年初,由团城区(市)委提出申请,省级团委根据申报条件审核推荐,及时上报团中央。

第七条 团中央对所有申报"全国青年中心建设先进城区(市)"创建单位的城区(市)级团委进行资格审查和年度确认,并适时公布创建单位名单。

第三章 "全国青年中心建设先进城区(市)"评选

第八条 "全国青年中心建设先进城区(市)"创建单位要按照团中央统一部署,开展创建工作。

第九条 创建工作主要内容:

(一)逐步实现城市青年中心在本区域的全覆盖。逐步做到每个街道有一个青年中心。通过会员制方式,因地制宜,广泛吸纳符合条件的城市青年中心会员。以街道团干部、青年企业家、青年社团负责人、驻街机关企事业单位负责人等优秀青年人才为基础,选举一批有实力、有能力、有影响力、热心青年中心事业的骨干组建理事会。培育各类青年兴趣协会、俱乐部等社团,加强对社团的引导和有效管理。以街道团(工)委书记为法定代表人,制定章程和相关管理制度,在当地民政部门登记注册,依法建立,规范运作。要通过争取党政支持投入、利用青少年宫、社区青少年服务中心等既有场所、共用社区服务中心、整合社会各界资源等途径,建立起一定规模的办公、活动场地。

(二)建设稳定的青年中心工作队伍。逐步建立起一支以社会工作者和青年中心志愿工作者为骨干、社区内关心支持青年工作的各界人士为依托的青年中心工作队伍,以此建立稳定高效的青年中心秘书处。结合大学生志愿服务西部计划全国项目和省级项目、青年中心与高校结对共建等活动,开展定向招募、定向培训、定向派遣,吸收一批大学生志愿者到青年中心秘书处工作,并形成接力机制。探索建立工作绩效考核体系和志愿者激励机制,充分调动工作人员积极性。广泛开展专题培训、理事轮训等活动,加强对工作骨干的培训,帮助他们掌握建设青年中心的工作理念和具体方式,培养和提高其动员组织、活动设计、公共服务等方面能力。

(三)实施青年中心服务项目。统筹社会和团内资源,在通过调查研究,充分了解社区青年实际需求状况的基础上,因地制宜,大力开发青年中心特色项目,尤其是要发挥青年中心在服务困难青少年群体、社区青年文化建设等方面的作用,加强青年中心的服务能力建设。积极争取党政有关部门在政策和资金等方面的扶持,承接政府有关青年事务项目,促进青年中心的有效运转。依托城市青年中心,广泛开展预防青少年违法犯罪、青年文明社区创建、社区青年文化节、社区青年志愿服务等工作项目。建立和完善项目论证、规划、实施、监督、考核、评估等制度，加强对项目的管理。

第四章 “全国青年中心建设先进城区(市)”标准

第十条 “全国青年中心建设先进城区(市)”是团中央对城区(市)扎实推进城市青年中心建设工作的一项综合性奖励称号。

第十一条 “全国青年中心建设先进城区(市)”标准:

(一)对青年中心建设高度重视,党政积极给予支持,出台政策措施推动工作,工作环境良好,成效显著;

(二)实现青年中心在本区域内的全覆盖。即所属街道建有一个或一个以上的青年中心,并能正常有效运转,积极发挥组织青年、服务青年作用;

(三)建设了稳定高效的青年中心工作骨干队伍;

(四)推广实施了一批深受青年欢迎、具有实效性和牵动性的服务项目;

(五)探索形成了一套长效工作机制。

第五章 创建单位管理

第十二条 团中央对“全国青年中心建设先进城区(市)”创建单位实行动态管理。

第十三条 上年度创建单位(含已受表彰的先进城区(市))经再次确认后,与当年新增单位一起作为年度创建单位,继续开展创建活动。

第十四条 团中央将组织督察组对创建单位工作开展情况进行抽查,年底进行全面检查考核。

第十五条 创建工作成绩突出的城区(市)级团委,可优先参加“全国青年中心建设先进城区(市)”评选;对工作推进措施不力、效果差的创建单位,取消其创建资格。

第十六条 团中央对获得“全国青年中心建设先进城区（市）”称号的城区（市）级团委实行年度考核，如果出现问题或工作退步，不符合标准，团中央将进行通报，并取消其资格。

第六章 表彰与奖励

第十七条 在开展“全国青年中心建设先进城区(市)”创建活动中,评选表彰“全国青年中心建设先进城区(市)”、“全国优秀城市青年中心”和“全国城市青年中心建设先进个人”,原则上每年年底进行表彰。

第十八条 团中央对“全国青年中心建设先进城区(市)”、“全国优秀城市青年中心”、“全国城市青年中心建设先进个人”予以适当方式的奖励和宣传。

第七章 附 则

第十九条 本办法在试行的过程中,将不断总结经验,逐步加以完善。本办法的解释权属共青团中央。

第二十条 各地可根据实际,参照本办法制定青年中心建设先进城区(市)创建及评选表彰办法。

第二十一条 本办法自2005年9月起施行。

共青团中央办公厅关于开展“城市青年中心爱心行动”的通知

2005年10月31日

共青团各省、自治区、直辖市委，军委总政治部组织部，全国铁道团委，全国民航团委，中直机关团工委，中央国家机关团工委，中央金融团工委，中央企业团工委：

为进一步推动城市青年中心建设，不断创新工作项目，丰富工作内容，更好地服务青年、服务社区，团中央决定以各地城市青年中心为主体，集中开展“城市青年中心爱心行动”。有关事宜通知如下。

一、目的

提高工作活力，切实推进城市青年中心建设；整合社会资源，扩大城市青年中心影响；集中力量办实事，树立城市青年中心公益形象；推广品牌项目，巩固城市青年中心工作基础；服务社区青少年，和谐社区人际关系。

二、时间

2005年11月至2006年2月。

三、主要内容

1. 寻找需要关注的人。动员青年中心会员和青少年主动了解、发现社区内需要关注、帮助的对象，根据实际情况，确定为他们服务的具体内容，包括学习、就业、婚恋、娱乐、健康以及自护、维权等，帮助青年中心对不同青少年个体建立需求档案。结合此方面的工作，积极发展社区内的青年志愿者，把青年中心建设和志愿者服务站点的建设紧密结合起来。

2. 服务需要帮助的人。在“寻找需要关注的人”活动基础上，整合社区资源，组织各方力量特别是社区内的青少年，发挥各自优势和专长，开展有针对性的志愿服务，在志愿服务中体验助人的快乐，在助人中培育公民意识。街道、社区团组织、青年中心工作以扶助特殊青少年群体为主，重点关注贫困家庭子女、孤残青少年、进城务工人员及其子女、社区闲散青少年等特殊群体，为他们提供力所能及的经常性帮助、交流。

3. 爱心超市奉献爱心。进一步推广和拓展爱心超市项目，积极发动社区群众和社区服务、商业、医疗、培训机构等各种服务组织，以城市青年中心爱心超市为依托，开展灵活多样的捐助活动，捐助的内容可以把实物捐助和服务承诺相结合，把有形帮助和无形关爱相结合，把接受帮助和积极助人相结合，进一步充实爱心超市“货架”，延展爱心超市内涵，扩大爱心超市参与者、受益者范围。

4. 青年中心征寻合作伙伴。通过广泛宣传青年中心的作用和功能，联系和动员信誉良好、业绩优秀、热心社会公益事业、有一定影响力的企事业单位、社会服务机构和青年中心建立合作伙伴关系，以项目合作为主，按照互惠共赢原则，共同打造青年中心品牌项目，丰富工作内容，促进青年中心实现可持续发展。

5. 培育发展青少年社团。突出社团在青年中心工作基本单元的作用，在活动中积极培育和发展青少年公益、文化类社团，提高青少年自我组织、自我管理、自我服务的能力，鼓励他人在服务自身的同时服务他人，增强青年中心吸引力，壮大自身力量。在今年年底，将开展城市青年中心明星社团风采展示活动，评选表彰若干优秀社团。

四、要求

1. 高度重视，认真组织。这项活动既是对城市青年中心以往重点工作和项目的加强,也是对今后工作的探索和拓展。各地要从加强城市青年中心建设,检验城市青年中心工作水平的高度出发,对这项活动予以足够重视,加强领导,充分发动,扎实有效地把这项活动积极开展起来。要注意加强与有关单位的沟通,争取联合行动,提高工作牵动面。

2. 扎实推进,务求实效。要根据各地具体情况,结合当地青年实际需求,制定符合本区特点的细化落实方案。工作要有计划、有步骤,既注意照顾大多数青年的需求,又有侧重,突出重点。要在务求实效上下功夫,各省要确定5个以上的重点城市或城区,各青年中心确定重点工作项目,在元旦、春节期间与送温暖活动结合起来,掀起活动的高潮。

3. 加强宣传,扩大影响。利用新闻宣传、海报、网络以及中介组织等渠道进行广泛动员,扩大活动知晓率。要注意收集、整理、保留工作资料,利用各级报纸、简报等及时宣传活动进展情况。

为加大工作力度,团中央将以多种形式对各地活动开展情况进行宣传报道,并联系有关媒体对工作成效突出的活动给予重点报道。请各省、自治区、直辖市团委于2005年11月20日前将活动方案报团中央社区和维护青少年权益部。

共青团中央办公厅关于开展“青春红丝带”行动——进城务工青年防治艾滋病“面对面”宣传教育月活动的通知

2005年10月31日

共青团各省、自治区、直辖市委:

为深入实施《中国预防与控制艾滋病中长期规划(1998—2010年)》、《中国遏制与预防艾滋病行动计划(2001—2005年)》和《共青团中央防治艾滋病战略规划》,贯彻落实国务院“关于切实加强艾滋病防治工作的通知”精神,按照国务院防治艾滋病工作委员会关于在农民工中开展预防艾滋病宣传教育工程的部署,进一步深化“青春红丝带”行动,共青团中央决定在11月至12月开展“青春红丝带”行动——进城务工青年防治艾滋病“面对面”宣传教育月活动。现将有关事项通知如下。

一、活动目的

通过开展“青春红丝带”行动——进城务工青年防治艾滋病“面对面”宣传教育月活动,帮助进城务工青年掌握艾滋病防治知识,提高自我保护意识,增强预防艾滋病的技能,预防和遏制艾滋病在他们中流行,促进进城务工青年的健康发展。

二、活动主题

送知识、送关怀、送服务,遏制艾滋、履行承诺

三、活动内容

(一)开展“青春红丝带”千校百万培训活动

1. 依托阵地:各级团组织要充分利用各种阵地,如“千校百万”进城务工青年培训学校、“青春红丝带”爱心之家、城市青年中心、青

(少)年宫、社区知心家庭学校、社区青少年法律学校等,对进城务工青年开展培训活动。

2. 组织师资:组织有关专家、知名人士、大学生志愿者、其他方面的热心人士到进城务工青年集中的行业,如:建筑、工矿、运输、加工、餐饮、美容美发等行业,对进城务工青年讲授防治艾滋病知识,帮助他们掌握预防艾滋病知识,提高自我保护意识和能力。

(二)开展"青春红丝带"宣传教育活动

1. 发放资料:组织大学生志愿者、青年志愿者和知名人士,到进城务工青年集中的地方,通过宣传橱窗、张贴主题宣传画、发放材料、举办图片展,向进城务工青年普及预防艾滋病知识、无偿献血知识,帮助他们了解艾滋病的危害、传播的途径和预防措施,提高预防意识和防护能力,养成良好的生活习惯。

2. 举办活动:组织预防艾滋病宣传员、文艺团体、大学生艺术团,通过文艺演出、开展知识竞猜活动、观看防治艾滋病专题片等形式向进城务工青年宣传防治艾滋病知识。

3. 媒体和网上宣传:通过进城务工青年喜爱的杂志、报刊、电视节目和网站向进城务工青年宣传防治艾滋病知识。

(三)开展"青春红丝带"关怀服务活动

1. 组织卫生系统青年志愿者为进城务工青年进行义务体检,提供有关艾滋病防治知识咨询和辅导服务。

2. 动员进城务工青年集中的企业和行业的团组织开展向进城务工青年每人发放1封信和免费赠送安全套等干预服务。

3. 组织团员和青年志愿者以"一助一"和"多助一"的形式与有高危行为的进城务工青年开展结对帮助活动。

四、有关要求

1. 高度重视,扩大宣传。各级团组织要把"青春红丝带"行动——进城务工青年防治艾滋病宣传教育月活动作为当前的一项重要工作,积极部署。中央9部委将于12月1日"世界艾滋病日"前夕在北京举行农民工预防艾滋病宣传教育工程启动大会,各级团组织要结合中央的活动,相应举行"青春红丝带"行动——进城务工青年防治艾滋病"面对面"宣传教育月活动,在12月1日"世界艾滋病日"前后掀起高潮。各级团组织要由专人负责,以"青春红丝带"行动为品牌,切实保证进城务工青年防治艾滋病宣传教育活动落到实处。

2. 争取支持,通力合作。积极与当地卫生部门及相关部门联系,将"青春红丝带"行动——进城务工青年防治艾滋病宣传教育月活动纳入各级政府艾滋病防治工作的统一安排,争取工作资源,扩大活动影响和成效。

3. 抓住重点,服务青年。各省、自治区、直辖市,分别确定一个中心城市或重点地区,对进城务工青年群体,有针对性地开展活动,并通过影视、广播、报刊等媒体,扩大宣传教育活动的影响力和覆盖面。

4. 突出特色,讲求实效。按照"预防为主,贴近青年,注重实效"的原则,从各地的实际情况出发,发挥主动性、创造性,因地制宜,组织开展具有共青团特色和地方特色的活动。

请各省级团委于11月15日前将中心城市或重点地区,在今年12月1日"世界艾滋病日"开展活动的方案报团中央社区和维护青少年权益部维权工作处,便于统一协调,重点宣传。请于2005年12月31日前,将一年来的活动情况小结(2000字左右)一式三份和2004—2005年"青春红丝带"行动——青少年防治艾滋病志愿者"面对面"宣传教育活动统计表报团中央社区和维护青少年权益部维权工作处,可附活动照片、音像资料和当地的宣传报道材料的复印件。各省级团委开展"青春红丝带"行动的情况纳入社区和维护青少年权益工作年底考核评奖。

共青团中央办公厅关于实施“城市青年中心建设推进计划”的通知

2005年11月9日

共青团各省、自治区、直辖市委，军委总政治部组织部，全国铁道团委，全国民航团委，中直机关团工委，中央国家机关团工委，中央金融团工委，中央企业团工委：

为了进一步加大城市青年中心建设力度，实现城市青年中心在区域上的广泛覆盖，切实增强城市青年中心的活力，团中央在总结以往工作的基础上将实施“城市青年中心建设推进计划”。具体事宜通知如下。

一、指导思想

通过整合工作资源，抓好城市青年中心基础建设的关键环节，实施一批有影响、受欢迎的工作项目，推动城市青年中心在组织、队伍、项目、阵地等方面实现突破，牵动城市青年中心建设全局，提升城市青年中心建设水平。

二、目标任务

2005年底，在全国若干省和部分城市全部建立青年中心，并涌现一大批有特色有活力的先进典型。2006年底，全国大部分城市完成青年中心建设工作，城市青年中心在总体上达到组织机构健全、工作队伍稳定、项目发展持久、阵地多元整合、运转基本正常、能够有效组织和服务青年的工作目标。

三、主要原则

加强组织建设，吸收社区里热心公益事业和在青年中有较高威望的青年加入青年中心理事会，在青年中广泛发展青年中心会员，大力培育和发展社区青少年社团，强化青年中心工作支撑；发展工作队伍，逐步建立以专职青少年事务社会工作者牵头，社区志愿者、青少年骨干为主要力量的青年中心工作队伍；开发工作项目，以争取政府项目和青年中心联合征寻合作伙伴等形式，丰富服务青年的内容和手段；整合阵地资源，争取政府部门和有关单位的支持，依托社区服务中心、文体活动机构、加盟单位等建立青年中心，有条件的地方可以新建青年中心阵地。

四、重点工作

当前的重点工作主要包括两大建设和十项举措。各地在实施过程中可根据工作进展情况和当地具体情况适当增加内容。要切实把政策、项目、资金等向青年中心倾斜，加强城市青年中心建设，实现青年中心建设和共青团其他工作互利共赢。

（一）基础建设

基础建设主要针对城市青年中心的组织、队伍等建设，以有效的工作措施强力推进城市青年中心建设。

1. 配备专职社会工作者。团中央将在全国选择50个重点城市，提供一部分资金支持，以政府或社会团体购买公共服务的方式，招聘有专业知识、工作能力较强、热爱青少年工作的社会工作者，安排到青年中心开展工作，提高青年中心工作队伍的稳定性和专业化水平。各地要积极做好政策协调、资金配套、人员选拔等工作，为青少年事务社工开展工作进一步创造条件。要协调有关地方党政职能部门，多方配合开展当地的社工试点工作。要以社工专业化的服务提高城市青年中心的服务能力和服务水平，特别是面向特殊青少年群体开展针对性强的帮助和服务。对于团中央社工试点城市以外的地方，各级团组织要千方百计争取资源,积极实施地方性的青少年事务社工项目,以此推动青少年事务社工在城市青年中心的广泛配备。要加强培训,建立机制,充分发挥青少年事务社工在青年中心工作队伍中的骨干和中坚作用。

2. 发展志愿工作者。团中央将采取小额项目资金扶持的方式重点扶持200支城市青年中心志愿服务队伍。各地要把城市青年中心建设和社区志愿者工作紧密结合起来,积极动员、发展、组织社区志愿者参与城市青年中心工作,充实城市青年中心工作队伍。各级团组织都要联系扶持一批城市青年中心志愿服务队。每个青年中心要组建至少一支志愿服务队、确定至少一个志愿服务项目、培养一批志愿服务骨干。要加大对社区志愿服务的投入,加强对社区志愿者的管理和培训,开发符合城市青年中心工作需要的社区志愿服务项目,提高青年中心服务能力。要通过社工和志愿者的配合、继续深化大学生社区援助等方式,建立青年中心相对稳定的工作队伍。

3. 培育青少年社团骨干。团中央将举办全国城市青年中心青少年社团骨干轮训班,分期培训1000名社团骨干,各地也应开展类似的学习培训工作。各街道、城区、城市和省级团委都要分批、分类培育青少年社团活动骨干,争取在2006年底之前,在全国发展、培养10000名城市青年中心社团活动骨干。每个青年中心都要把组建、吸纳社区青少年社团和培育社团骨干放在同等重要的位置。通过对青少年社团骨干的培养、支持,大力发展青年社团。要把青少年社团纳入青年中心团体会员加以引导、扶持和管理,帮助青少年社团按照正确的方向发展壮大,并通过兴趣和需求纽带有效地联系和服务青年,不断夯实城市青年中心的组织基础。

4. 配备青少年信息系统。团中央将在社区闲散青少年管理信息系统的基础上开发面向全体社区青少年的综合性的信息系统,免费为全国6000多个街道全部配备该系统,并分批次为部分重点街道的青年中心配备电脑等硬件设施。各地也要积极协调各方面的力量、争取资金支持,为城市青年中心配备电脑等工作设备。要通过系统的推广和使用,对社区内的青少年进行调研摸底,并为青少年建立社区电子档案。根据摸底的情况,对社区内青少年进行分类,了解他们的兴趣爱好、优势资源、家庭状况、困难问题等,为青年中心开展适合青少年特点、满足青少年需求的活动和服务提供依据。要做好数据材料的分析和整理,及时发现带有倾向性和前瞻性的问题,为做好新形势下青年中心工作乃至社区青少年工作提供理论依据和决策参考。

5. 拓展合作伙伴。团中央将利用全国现有2000多个城市青年中心的规模优势,广泛联系有关单位、机构,争取建立一批青年中心合作伙伴和服务项目。各级团组织也要积极发掘和整合社会资源,运用城市青年中心扎根在社区的网络优势,为城市青年中心牵线搭桥,引进信誉良好、业绩优秀的合作伙伴,丰富青年中心工作内容和项目,为青年中心发展提供帮助。要结合青年卡的推广,充分利用青年卡的功能,推出个性化的增值服务和延伸服务,以青年卡为手段为广大城市青年中心会员提供优质、高效、便捷的服务。要注意与政府有关部门的合作,共同开展社区工作,解决青年中心的资金、场地等困难。

6. 设立城市青年中心发展基金。团中央多方整合社会资源,设立城市青年中心发展基金,在3—5年的时间内,为各地青年中心发展项目、培训骨干、建设阵地等方面给予重点帮助和扶持。各级团组织和有条件的青年中心也要开拓创新,大胆探索,以设立基金或专项资金等方式,为加大青年中心建设工作力度、实现青年中心可持续发展提供可靠、稳定的经费保障。

(二)项目建设

项目建设以立足实际、贴近青年、便于操作为原则,用项目化运作的方式发挥青年中心组织青年、服务青年的作用。城市青年中心要面向社区内的广大青少年,以社团活动为主要形式,以社区文化和社区服务为主要内容,实施教育、娱乐、健身、休闲、就业、交友、公益等丰富多彩的活动项目,同时各级团组织要注意把有资金有良好发展前景的项目放在青年中心里实施,以此支持青年中心的持续健康发展。目前重点实施以下项目。

1. 推广青年中心“爱心超市”。努力把“爱心超市”打造成为城市青年中心的品牌项目。把全面推广“爱心超市”作为当前的一项重点工作。尤其要在需求显著的青年中心建立“爱心超市”,要做好宣传发动工作,开展经常性的劝募活动,丰富“爱心超市”物资的种类和数量。突出“爱心超市”的社会救济和慈善性质,通过这一载体推动社区扶危济困工作经常化,使社区困难群体特别是弱势青少年能够得到及时、经常、实际的帮助。组织青年中心会员参与“爱心超市”的管理、物资募集和发放,并注意通过“爱心超市”服务生活困难的青年中心会员。通过“爱心超市”这一有效途径和窗口,进一步聚拢人气、集聚资源、扩大影响,展现青年中心的良好形象。

2. 实施城市青年中心爱心行动。要动员青年中心立足社区实际,以志愿服务方式为主,广泛动员社区青年特别是青年中心会员深入社区,主动了解、发现社区内需要关注、帮助的对象,了解他们的困难和需求。发挥青年中心会员的爱心和特长,力所能及、有针对性地开展以专业咨询、文体活动、扶贫帮困、助老助残为主要内容的志愿服务。把青年中心长期建设与经常性的爱心行动紧密结合起来,广泛动员社会力量,在扎实开展各项服务活动中切实推进青年中心建设的长效机制。重点关注贫困家庭子女、孤残青少年、进城务工人员及其子女、社区闲散青少年等特殊群体,增强青年中心对这些青少年的感召力和影响力。

3. 开展青少年健康教育活动。各级团组织要帮助青年中心争取政府、非政府组织有关青少年健康教育方面的资金和项目。团组织开展的青少年健康教育项目要向青年中心倾斜,形成青年中心项目运作的良性循环。要按照费随事转的原则,在城市青年中心针对社区内的广大青少年,以发放宣传材料、张贴宣传画、现场咨询、培训等方式开展生殖健康、心理健康、卫生常识、应急避险等方面宣传教育,使这些工作依托青年中心在社区广泛开展。特别是各级团组织开展的“青春红丝带”——艾滋病宣传教育活动要尽可能依托青年中心来开展工作,并提供相应的项目经费支持。

4. 深化社区闲散青少年教育服务。配合所在社区的预防青少年违法犯罪工作,形成以青年中心为依托,以专职社工和志愿者为主体,多种社会力量参与的闲散青少年帮教体系,向青少年提供个案辅导、法律宣传、心理咨询、团体康乐活动等服务,对社区闲散青少年做到生活上解困,学习上帮助,行为上纠偏,就业上扶持,把教育、引导与解决他们的实际困难结合起来,帮助他们走上健康的人生道路。青年中心还应在建立青少年社区预警机制等方面发挥作用。各级团组织要协调有关部门和社会力量,为青年中心开展此类工作提供经费等方面的支持。

五、推进措施

1. 大力宣传。各地要高度重视,做好对青年中心各项建设工作的宣传,进一步扩大青年中心在社会上的知晓率。要充分利用团属宣传媒介和当地媒体,及时发布、宣传青年中心工作情况、最新进展和典型事例,吸引社会各界对青年中心建设工作的关注和支持,动员更多社会力量参与,为不断深化城市青年中心建设营造舆论氛围。继续加强信息报送制度,及时将好的做法、经验、典型报送团中央。

2. 争取政策。各地要积极争取党政部门的关心、支持,帮助青年中心获取政策支持,解决青年中心建设、发展的关键问题。要争取有关职能部门和社会机构的支持,把涉及社区和青少年的科普、宣传、教育、卫生、体育等方面的工作交给青年中心承办。要整合共青团工作品牌,将工作优势、重点项目整合起来,向青年中心延伸,共同推进青年中心建设工作,带动基层共青团工作和青年工作的整体活跃。

3. 项目扶持。各地团组织要以扶持重点项目的方式,对工作思路有创新、工作项目有拓宽、工作进展有突破的地区和城市青年中心在资金、人员培训等方面提供具体帮助,形成示范辐射效应。项目应该便于操作实施、资金有基本保障、能满足青少年需求、促进青年中心发展,内容和方式可以根据实际情况确定。要帮助青年中心提高争取项目的能力,逐步实现外部项目扶持与自主寻求项目结合。

4. 督导检查。要加强对青年中心建设工作的检查指导,推动各地的青年中心建设不断向深度和广度发展。团中央将成立若干督导组赴各地调研督导,检查青年中心建设工作进展。各地也要成立检查小组,开展自查互查,保证各项工作措施实施到位。

5. 表彰奖励。团中央将发掘树立先进典型,对工作突出的城市青年中心、各级团组织和个人予以表彰。对于城市青年中心建设高度重视、工作取得重大突破、完成目标任务的城市或省份,将给予奖励,并在青年中心项目等方面给予重点扶持。各地也要采取得力措施,奖励先进。各级团组织要在授予和推荐单项或综合性奖项、荣誉时,充分考虑为青年中心建设做出重要贡献的地方和个人,形成青年中心建设快速发展的生动局面。

共青团中央、中央综治办、司法部、教育部、中央综治委预防青少年违法犯罪工作领导小组关于开展2005年“为了明天——青少年法制教育宣传周”活动的通知

2005年11月18日

今年是“四五”普法规划贯彻实施的最后一年,也是全民法制宣传教育20周年。为贯彻落实中央领导同志就预防未成年人违法犯罪问题所作的重要批示和党中央、国务院批转的“四五”普法规划精神,大力推进“为了明天——预防青少年违法犯罪工程”,增强广大青少年法律意识,提高法律素质,优化青少年成长环境,预防和减少青少年违法犯罪,共青团中央、中央综治办、司法部、教育部、中央综治委预防青少年违法犯罪工作领导小组决定,继续开展“为了明天——青少年法制教育宣传周”活动。现将有关事宜通知如下。

一、目标任务

依托青少年法律学校、青年中心、优秀“青少年维权岗”、12355青少年维权热线,发挥中小学法制副校长、法制辅导员的作用,动员志愿者、青少年学生和社会各界广泛参与,今年在“为了明天——法制教育宣传周”期间围绕“弘扬宪法精神构建和谐社会”这一全国法制宣传日主题,集中开展青少年法制宣传教育,

引导青少年学法、懂法、守法和用法，营造全社会关心重视青少年法制教育的社会氛围，提高青少年法律意识，预防青少年违法犯罪，促进青少年健康成长。

二、活动时间

2005年12月3日至9日。

三、活动内容

1. 广泛开展青少年法制宣传教育

“为了明天——青少年法制教育宣传周”活动是“为了明天——预防青少年违法犯罪工程”的重要组成部分。各地要在活动周期间积极主动争取党政领导和相关部门的支持，开辟多种渠道，整合各类资源，大力加强青少年法律学校的建设，丰富各项工作内容，根据不同年龄青少年的身心特点和本地区的实际情况，广泛开展以青少年法制教育为主题的宣传活动，通过举办法律故事会、案例分析会、法律知识竞赛等互动活动，开展现身说法、情景训练、模拟法庭等体验教育，用好社区法制课堂、主题团队日等行之有效的方式，帮助青少年掌握与自己学习、工作、生活密切相关的法律知识。

2. 围绕重点法律知识开展学习活动

各地要围绕“弘扬宪法精神构建和谐社会”的主题，利用新闻媒体、互联网站、宣传橱窗、画册、海报等形式广泛宣传宪法，认真组织青少年学习宪法。进一步加强《中华人民共和国未成年人保护法》和《中华人民共和国预防未成年人犯罪法》等与青少年健康成长密切相关的法律法规的学习宣传。要从实际情况出发，从与青少年有关的最突出的问题入手，帮助青少年正确理解法律知识，利用法律手段保护自身合法权益。

3. 针对重点群体开展宣传教育

各地要从建设和谐社会的高度，把进城务工青年作为“为了明天——青少年法制教育宣传周”活动重点宣传教育对象之一，通过多种渠道对他们进行法律培训和法律服务。一是开展主题教育活动，结合团员意识教育，组织进城务工青年积极参与，争当“学习的模范、创业的先锋、守法的公民、致富的骨干”。二是动员社区志愿者组成宣传小分队，进社区、进工地、进厂矿，面向广大进城务工青年，宣传国家各项法律知识，提高他们的守法意识。三是结合进城务工青年工作的实际，针对他们的具体困难，通过编写教材，发放宣传册，举办讲座，开展相关法律法规的培训与咨询等方式，帮助进城务工青年提高运用法律维护自身权益的意识和能力。

4. 积极组织参与“全国青少年网上普法知识大赛”和“全国青少年普法知识竞赛”

为帮助广大青少年增强法律意识，掌握法律常识，共青团中央、司法部等单位同“我们的文明”主题系列活动组委会、中国青少年通讯社开展了“全国青少年网上普法知识大赛”和“全国青少年普法知识竞赛”。各地要将“全国青少年网上普法知识大赛”和“全国青少年普法知识竞赛”作为宣传教育工作的重要手段，在学校、社区动员青少年登陆有关网站，积极参加知识竞赛、普法征文等活动。要通过当地各种媒体、校园网以及社区广播、宣传栏等，让青少年通过各种途径接受法制教育，增长法律知识，抵制不良诱惑。

5. 深入开展青少年法律服务

在“为了明天——青少年法制教育宣传周”期间，各地要依托青少年法律学校、青年中心、12355青少年维权热线，在社区和青少年较为集中的地方设置法律咨询点，向青少年及家长散发青少年法制手册，解答与青少年有关的法律问题。要将青少年法制教育工作和禁毒工作、防治艾滋病工作相结合，组织本地区优秀“青少年维权岗”及创建单位的人员深入到青少年当中，向青少年普及拒毒、防毒知识，教育青少年远离不良生活方式。要面向基层执法人员、学校教师、家长以及与青少年成长密切相关的部门和单位的人员，对他们进行相关法律法规的宣传和教育，强化他们维护青少年合法权益的法律意识，提高他们教育青少年和保护青少年的能力和水平，更有效地与危害青少年成长的不法行为作斗争。要组织教师、律师、社会工作者等有专业特长的青年志愿者，以“多助一”、“一助一”等形式，针对有困难的青少年开展关心生活、帮助学习、引导创业、法律援助等活动，让他们感受到社会的温暖，为构建社会主义和谐社会做出积极的贡献。

四、工作要求

1. 高度重视，加强领导。各地要充分认识开展“为了明天——青少年法制教育宣传周”活动的重要意义，高度重视青少年法制教育工作，把这项活动作为贯彻中央领导批示精神，推进“为了明天——预防青少年违法犯罪工程”的重要举措，加强领导，统一部署。

2. 突出重点，力求实效。各地要按照“为了明天——预防青少年违法犯罪工程”和“为了明天——青少年法制教育宣传周”活动要求，结合本地区实际，动员相关单位广泛参与，突出重点，强化措施，制定切实可行的实施方案，建立长效工作机制，推动工作取得实效。各地还要注重以12月4日全国法制宣传日为契机，努力掀起青少年法制宣传教育的高潮。

3. 加强宣传，形成声势。各地要充分利用新闻媒体，积极调动宣传力量，尤其是团属新闻报刊，加大活动宣传力度，为“为了明天——青少年法制教育宣传周”活动营造良好的舆论环境，推动形成进一步关注支持青少年法制教育的社会氛围。

十五、志愿者

共青团中央、教育部、财政部、人事部
关于做好2005年大学生志愿服务西部计划工作的通知

2005年4月26日

各省、自治区、直辖市团委，教育厅（教委），财政厅（局），人事厅（局）：

自2003年以来，根据国务院常务会议精神，共青团中央、教育部、财政部、人事部共同组织实施了大学生志愿服务西部计划（以下简称“西部计划”），已累计选派了16000多名普通高等学校（以下简称“高校”）应届毕业生到西部贫困县的乡镇一级从事1—2年的志愿服务工作，在促进西部地区经济社会发展、培养优秀青年人才、树立高校毕业生正确就业导向等方面发挥了积极作用，正在成为落实科学发展观、促进社会主义和谐社会建设的有效载体。按照国务院部署，2005年共青团中央、教育部、财政部、人事部继续实施西部计划。现将进一步做好2005年西部计划工作的有关事项通知如下。

一、工作内容

2005年，西部计划选派志愿者数量为11300名。除2004年招募的2年期志愿者外，按照公开招募、自愿报名、组织选拔、集中派遣

的方式，新招募8621名普通高校应届毕业生，到西部12省(区、市)和湖北恩施、湖南湘西两个自治州以及海南部分地区贫困县的乡镇一级从事为期1—2年的教育、卫生、农技、扶贫以及青年中心建设和管理等方面的志愿服务工作。志愿者服务期满后，鼓励其扎根基层，或者自主择业和流动就业。同时，实施全国农村党员干部现代远程教育扩大试点工作暨农村中小学现代远程教育工程志愿服务行动、西部基层法律援助志愿服务行动，继续实施“百县千乡宣传文化工程”志愿服务行动、西部基层检察院志愿服务行动。继续做好2004年招募志愿者的管理服务工作。认真抓好2003年2年期和2004年1年期服务期满需要就业的7279名志愿者的就业服务工作。

二、政策支持

参加西部计划的志愿者，享受共青团中央、教育部、财政部、人事部《关于实施大学生志愿服务西部计划的通知》(中青联发〔2003〕26号)中规定的八项政策支持和《关于做好2004年大学生志愿服务西部计划工作的通知》(中青联发〔2004〕16号)规定的六项政策支持。

参加全国农村党员干部现代远程教育扩大试点工作暨农村中小学现代远程教育工程志愿服务行动、“百县千乡宣传文化工程”志愿服务行动、西部基层检察院志愿服务行动、西部基层法律援助志愿服务行动等专项行动的志愿者享受同等政策支持。

三、工作要求

各级团组织、教育、财政、人事部门要进一步加强领导、注重统筹，密切配合、形成合力，精心组织、狠抓落实，全面推进西部计划各项工作。

1. 加强领导，密切配合，形成工作合力。要切实加强项目领导机构建设，做到全国、省、地(市)、县和高校项目办职责明晰、分工协作，信息畅通、相互支持，组织完善、运转有序。加强项目管理机制建设，进一步落实已经制定的相关政策、制度和措施并不断充实完善，努力把动员招募、培训派遣、日常管理、评估考核、激励表彰、就业服务等各个环节的工作做精做细，做出更大成效。

2. 注重导向，坚持质量，做好招募选拔工作。要坚持数量和质量、规模和效益的有机统一，在确保完成招募数量的同时，切实提高招募质量。要积极配合大学生思想政治工作和高校稳定工作，充分利用各类媒体和现代技术手段，进一步突出志愿服务理念的宣传，突出扎根西部基层就业创业的大学生志愿者典型的宣传，在广大高校学生中继续唱响“到西部去、到基层去、到祖国最需要的地方去”的主旋律，形成参加西部计划光荣、投身西部基层大有可为的积极导向。要认真贯彻按需招募、按岗选派原则，依托“招募管理信息系统”等技术资源，尽量把岗位需求和志愿者提供服务的可能相对接，选拔更多符合西部地区需求、思想过硬、品学兼优、身体健康、具有较强奉献精神的毕业生参加这项计划。

3. 整合资源，拓宽渠道，切实做好就业服务工作。各级项目办要高度重视，周密部署，采取各种有效措施，努力为志愿者提供就业服务。要积极争取有关党政部门的支持，将已出台的各项政策落到实处，同时积极争取有利于志愿者就业创业的新政策。在建立志愿者人才库，充分掌握志愿者就业需求的基础上，整合各种社会资源，加强宣传引导，使党政机关、企事业单位及社会各界更加关注志愿者、了解志愿者，尽量为志愿者提供可选择的就业岗位。动员和鼓励各地人才中介机构和就业服务机构开展针对志愿者的信息咨询、职业技能培训、求职择业指导等服务，提高志愿者的就业创业能力。对志愿者服务期满后就业创业的情况要及时进行跟踪调查，并力所能及地提供有效的服务。同时，西部各省(区、市)项目办还要积极争取有关部门的支持，制定符合本地实际的政策和措施，畅通志愿者扎根西部、扎根基层的渠道，帮助志愿者解决留下来可能遇到的各种困难，为志愿者在西部基层就业创业创造更为有利的环境和条件。

4. 完善制度，注重规范，提高管理水平。要按照《大学生志愿服务西部计划志愿者管理办法（试行）》的规定，坚持“谁用人、谁受益、谁负责”和培养与使用并重的原则，进一步加强志愿者的管理。志愿者日常管理和服务工作由服务县项目办具体指导，由服务单位具体承担。服务县项目办具体负责协调服务单位落实志愿者服务岗位、免费住宿以及安全、健康、卫生等后勤保障，帮助解决志愿者遇到的困难和问题，对志愿者的服务工作进行考核评估。要依据全国项目办颁行的有关安全、健康方面的管理制度，建立健全符合本地实际的详细安全、健康管理制度，实行一把手负责制，县级项目办和服务单位主要负责同志全面担负起志愿者安全、健康管理的领导责任。通过普遍建立临时党团组织、志愿者俱乐部等多种形式，强化志愿者自我管理、自我服务，加强志愿者之间的交流。服务省项目办对服务县项目办的工作进行督促、检查和评估。招募省和志愿者所在高校项目办要及时跟踪了解志愿者工作、生活等情况，并积极给予帮助支持。进一步健全志愿服务定期督导制度，定期巡回检查各地项目实施和日常管理等情况。

5. 统筹兼顾，因地制宜，广泛实施地方项目。要在认真实施全国项目的同时，积极争取地方党委、政府及有关部门的支持，普遍开展地方项目。已经实施地方项目的，要认真总结经验，完善工作机制，继续深入实施；没有启动地方项目的，要积极创造条件开展起来。在开展地方项目的过程中，要坚持从实际出发，优先考虑急需人才的地区和领域。地方项目具体实施方案由各省级项目办自行制定，及时报团中央和教育部。

司法部、共青团中央关于实施西部基层法律援助志愿服务行动的通知

2005 年 5 月 9 日

各省、自治区、直辖市和新疆生产建设兵团司法厅（局）、团委：

从 2002 年开始，司法部和共青团中央共同实施了法律援助志愿者计划，动员社会各界特别是青年法律人才通过志愿服务方式积极投身法律援助工作，取得了良好效果，推动了法律援助和志愿服务事业的发展。为进一步推动法律援助志愿者计划的深入开展，根据司法部、共青团中央《关于实施法律援助志愿者计划的通知》（司发通〔2002〕124 号）精神，司法部、共青团中央决定共同组织实施西部基层法律援助志愿服务行动。现将有关事项通知如下。

一、主要任务

建立青年法律人才由东部和城市向西部基层流动的渠道，推动西部基层法律援助事业的发展，维护社会公平和正义；带动基层司法行政干部队伍素质的提高，促进西部基层司法行政机关的各项工作的开展；培养一批既具有扎实专业知识，又有基层工作经验和社会责任

感的青年法律人才，不断充实法律援助志愿者骨干队伍。

二、工作方式

按照公开招募、自愿报名、组织选拔、集中培训、统一派遣的方式，从全国普通高等学校（以下简称"高校"）招募一批品学兼优、具有奉献精神的普通高校法律专业应届毕业生，到西部基层司法行政部门从事为期1年的法律援助志愿服务。每个县级司法行政部门派遣志愿者1—2名。志愿者服务期满后，鼓励其扎根基层，或者自主择业和流动就业。

2005年计划选派志愿者100名，到部分西部计划服务省开展法律援助志愿服务。今后将形成制度，逐步推广，长期坚持。

三、选拔条件

本科及本科以上学历为主，法律专业应届高校毕业生，要求政治过硬、品学兼优，具有奉献精神，身体健康。

四、政策支持

参加西部基层法律援助志愿服务行动的大学生志愿者除享受团中央、教育部、财政部、人事部《关于实施大学生志愿服务西部计划的通知》（中青联发〔2003〕26号）和《关于做好2004年大学生志愿服务西部计划工作的通知》（中青联发〔2003〕16号）规定的政策外，给予以下政策支持：

1. 服务期间，志愿者可在所服务的西部省（区、市）当地报名参加国家司法考试，享受司法部制定的有关优惠政策；服务单位应向参加国家司法考试的志愿者提供与在职工作人员相同的复习时间。

2. 服务期间，志愿者可享受所在服务单位自定的奖金和补贴。

3. 服务期满后，对于有志扎根西部地区的志愿者，司法行政机关应优先录用。志愿服务时间可确认为法律工作经历。

五、经费保障

所需经费由司法部负责解决，具体工作由中国法律援助基金会承担，由共青团中央负责使用，具体工作由青年志愿者工作部承担。经费使用应严格遵守有关财务制度。

六、组织管理

1. 司法部、共青团中央共同负责这项工作的总体规划、协调、指导，落实有关保障政策。司法部主要负责确定、落实服务需求和岗位，协调组织专业培训，具体工作由司法部法律援助中心承担；共青团中央主要负责志愿者的招募、培训、派遣等方面的组织实施工作，具体工作由团中央青年志愿者工作部承担。

2. 各省（区、市）司法厅（局）、团委具体负责工作的组织实施，同时负责协调、指导服务县开展宣传、组织工作；志愿者服务县司法局、团委具体负责志愿者的日常管理和服务工作。

七、工作要求

1. 高度重视，加强领导。要站在践行"三个代表"重要思想，落实科学发展观和构建社会主义和谐社会，开创基层司法行政工作新局面的高度，切实加强对这项工作的领导，求真务实、开拓创新，建立长效工作机制，及时解决工作中遇到的问题，确保这项工作稳步推进，健康发展。

2. 按需招募，认真选拔。要贯彻按需、择优的原则认真做好岗位申报和志愿者遴选工作，为志愿者提供合适的服务岗位，选拔政治素质高、业务能力强，具有奉献精神和责任意识，身体健康的优秀大学毕业生到西部基层行政司法机关从事法律援助志愿服务工作。

3. 完善制度，严格管理。要加强沟通，按照"谁用人、谁受益、谁负责"的原则，建立健全各项规章制度，齐抓共管、明晰责任，做好志愿者管理工作；要进一步健全志愿服务定期督导制度，定期巡回检查各地项目实施和日常管理等情况。

4. 以人为本，搞好服务。始终坚持以人为本，在工作、生活、就业等各个方面努力为志愿者提供切实有效的服务；要贯彻培养与使用并重的原则，加大培养力度，为志愿者发挥作用，成长成才创造条件；要加强宣传，大力弘扬“奉献、友爱、互助、进步”的志愿精神，为志愿者开展工作及就业等方面营造良好舆论氛围。

全国农村党员干部现代远程教育试点工作领导协调小组办公室、教育部、共青团中央关于实施2005年全国农村党员干部现代远程教育扩大试点工作暨农村中小学现代远程教育工程志愿服务行动的通知

2005年5月15日

山西、辽宁、吉林、黑龙江、江苏、浙江、安徽、山东、河南、湖南、四川、贵州、新疆农村党员干部现代远程教育试点工作领导协调小组办公室，教育厅，团委：

为配合全国农村党员干部现代远程教育扩大试点工作和农村中小学现代远程教育工程，根据中组部《关于印发〈关于扩大农村党员干部现代远程教育试点工作的意见〉的通知》（组通字〔2005〕6号）和教育部、国家发改委、财政部《关于印发〈2004—2005年度农村中小学现代远程教育工程实施方案〉的通知》（教基〔2005〕8号）的精神和部署，在总结2004年农村党员干部现代远程教育试点工作志愿服务行动工作经验的基础上，全国农村党员干部现代远程教育试点工作领导协调小组办公室（简称“全国远程办”）、教育部、团中央决定共同实施2005年全国农村党员干部现代远程教育扩大试点工作暨农村中小学现代远程教育工程志愿服务行动（简称“远程教育志愿服务行动”）。现将有关事项通知如下。

一、指导思想

坚持以邓小平理论和“三个代表”重要思想为指导，全面贯彻落实党的十六大和十六届三中、四中全会精神，发挥共青团组织和青年志愿服务工作的优势，招募选拔具有较高政治素质和专业水平的大学毕业生到远程教育扩大试点地区开展志愿服务，探索建立通过志愿服务的方式促进远程教育骨干队伍建设的工作机制，为农村党员干部现代远程教育扩大试点工作和农村中小学现代远程教育工程提供人才和智力支持。

二、基本原则

1. 整合资源，量力而行。充分整合大学生志愿服务西部计划和农村中小学现代远程教育工程的资金、人才资源，将实施农村中小学现代远程教育工程与农村党员干部现代远程教育扩大试点工作有机结合，根据资金保障情况，合理确定今年远程教育志愿服务行动整体实施规模。

2. 突出重点，统筹兼顾。根据参加扩大试点工作东、中、西部省（区）不同的经济发展状况，按照突出西部、照顾中部、兼顾东部的原则，确定不同省（区）的志愿者派遣规模。

3. 积累经验，示范带动。在扩大试点工作中，充分发挥大学生志愿者的作用，为促进和加强远程教育骨干队伍建设积累经验。要发挥全国项目的示范、带动和引导作用，鼓励各

扩大试点省(区)根据工作需要,整合资源,实施地方项目,在本省(区)更大范围组织实施远程教育志愿服务行动。

三、主要内容

远程教育志愿服务行动采取公开招募、自愿报名、组织选拔、集中派遣的方式,选派普通高等学校应届毕业生,到扩大试点省(区)的全国试点地区的农村党员干部现代远程教育乡镇、村终端接收站点及开展现代远程教育的农村中小学,从事为期1年的志愿服务工作。志愿者服务期满后,鼓励其扎根基层,或者自主择业及流动就业。

1. 实施规模。今年向12个农村党员干部现代远程教育扩大试点省(区)和安徽省金寨县共派遣大学生志愿者2004名。各试点省大学生志愿者的派遣名额如下:山东、江苏、浙江分别为100名,辽宁、黑龙江、山西、河南分别为160名,湖南、吉林分别为175名,新疆为224名,贵州、四川分别为240名,安徽金寨县为10名。东、中部地区试点省的志愿者原则上从本省高校应届毕业生中招募,西部地区试点省(区)的志愿者采取本省招募为主、全国调剂为辅的原则进行招募。

2. 志愿者基本条件。具有较高政治素质、奉献精神,熟悉计算机、互联网基本操作,身体健康的2005年应届高校毕业生;以本科及本科以上学历为主。

3. 志愿者服务单位及岗位。志愿者服务单位为全国试点地区的乡镇党委办公室,服务岗位为试点地区乡镇、村终端接收站点及有关农村中小学。具体岗位由扩大试点省(区)党委组织部(远程办)、教育厅、团委根据本省(区)实际情况,按照分配给本省(区)的派遣名额合理安排。各有关省(区)要将志愿者派遣方案和具体服务岗位于6月15日前书面报送全国远程办、教育部和团中央。

4. 志愿者主要任务。志愿者的主要任务是协助配合服务地区开展以下工作:农村党员干部现代远程教育终端接收站点及有关农村中小学现代远程教育的技术指导和骨干人员培训工作,为乡(镇)管辖的每个站点至少培养1名操作人员;在乡镇党委领导下,开展形式多样、内容丰富的基层党员干部培训工作;发挥共青团的组织优势,利用各类资源,为当地的农民增收、农村经济社会发展提供网络服务和其他服务;参与乡镇青年中心的建设和管理工作;积极参与试点其他有关工作,提出相关建议。

四、组织实施

这项工作由全国远程办、教育部和团中央共同组织实施。全国远程办负责提出农村党员干部现代远程教育扩大试点工作服务岗位需求,协调和指导工作的开展;教育部负责协调有关地区农村中小学现代远程教育服务岗位需求,开展教育教学等相关业务的工作指导和培训,提供有关资金支持,为志愿者开展工作提供便利条件;团中央负责志愿者的招募、选拔、派遣、管理、服务等方面的具体业务工作。

在各有关省(区)党委、政府的统一领导下,相关省(区)党委组织部(远程办)、教育厅、团委共同负责本省(区)远程教育志愿服务工作的规划、组织和实施,协调、指导试点市(地、州)的具体组织实施工作。试点市(地、州)党委组织部(远程办)、教育局和团委负责本地区远程教育志愿服务工作的组织实施。服务县(市)党委组织部(远程办)、教育局、团委相互配合,协调、指导乡镇党委及有关单位具体实施这项工作,负责对志愿者的日常管理及培养、考核工作。

五、政策支持

1. 参加远程教育志愿服务行动的志愿者享受团中央、教育部、财政部、人事部《关于实施大学生志愿服务西部计划的通知》(中青联发〔2003〕26号)、《关于做好2004年大学生志愿服务西部计划工作的通知》(中青联发

〔2004〕16 号)规定的相关政策。

2. 志愿者服务期间兼任乡镇团委副书记。

3. 参加有关省(区)远程教育志愿服务行动地方项目的志愿者,同样享受上述政策。

这项工作的招募选拔、培训派遣、管理服务、考核表彰及项目实施经费等纳入由团中央、教育部、财政部、人事部实施的 2005 年大学生志愿服务西部计划。

六、工作要求

1. 高度重视,加强领导。派遣大学生志愿者到试点地区开展服务工作,对于加强农村党员干部现代远程教育扩大试点工作和农村中小学现代远程教育工程骨干队伍建设,促进青年大学生的成长成才,推动基层共青团工作的发展,具有十分重要的作用。各试点省(区)要充分认识这项工作的重要意义,切实将其摆上重要位置,精心组织,周密安排。要建立健全各级党委组织部门(远程办)、教育部门、团委协调议事制度,各有关试点省(区)、市、县党委组织部门(远程办)、教育部门、共青团以及服务单位主要负责同志要亲自抓,使这项工作成为建立健全远程教育骨干队伍建设工作机制的重要内容和有效途径,成为拓展志愿服务领域的有益尝试。

2. 严格管理,热情服务。要按照"谁用人、谁受益、谁负责"的原则,明确职责,完善志愿者管理制度。要及时跟踪了解志愿者工作生活情况,协调有关部门制定、落实相关政策和保障措施,切实帮助志愿者解决工作生活中遇到的困难和问题,为志愿者服务期满就业提供帮助。要进一步加强对志愿者的培训、培养工作,切实发挥他们的作用,在部分未开始建设远程教育终端接收站点的地区,要及时组织志愿者围绕当地党委政府的中心工作,开展相关服务工作。要通过民主选举县志愿者服务队队长、成立临时党团组织等方式,实现志愿者的自我管理、自我服务。

3. 加强宣传,营造氛围。要围绕"党员干部受教育、老百姓得实惠、志愿者长才干、全社会树新风"的主题,宣传中央关于开展农村党员干部现代远程教育扩大试点工作的有关精神和志愿服务理念;要大力营造舆论氛围,引导高校毕业生走"同人民紧密结合、为祖国奉献青春"的健康成长之路,形成投身西部、投身基层大有作为的积极导向。

4. 畅通信息,探索经验。要建立健全有关主办单位沟通信息、志愿者反馈信息和工作信息上报制度,指定专人每月逐级上报信息,及时把握工作动态。要注重建设,创新方式,通过组织专题调研等方式,积极探索工作规律,不断提高工作水平,为各地进一步实施远程教育志愿服务行动积累经验,为农村党员干部现代远程教育工作和农村中小学现代远程教育的发展提供服务。

全国农村党员干部现代远程教育试点工作领导协调小组办公室、教育部、共青团中央关于做好2005年农村党员干部现代远程教育扩大试点工作暨农村中小学现代远程教育工程志愿服务行动大学生志愿者培训派遣工作的通知

2005年6月27日

山西、辽宁、吉林、黑龙江、江苏、浙江、安徽、山东、河南、湖南、四川、贵州、新疆农村党员干部现代远程教育试点工作领导协调小组办公室，教育厅，团委：

根据全国远程办、教育部、团中央《关于实施2005年全国农村党员干部现代远程教育扩大试点工作暨农村中小学现代远程教育工程志愿服务行动的通知》（中青联发〔2005〕27号），全国远程办《关于做好农村党员干部现代远程教育扩大试点工作中骨干人员培训工作的通知》（远通字〔2005〕9号），教育部、国家发改委、财政部《关于印发〈2004—2005年度农村中小学现代远程教育工程实施方案〉的通知》（教基〔2005〕8号）及团中央《关于做好2005年大学生志愿服务西部计划实习见习和培训派遣工作的通知》（中青电〔2005〕29号）等文件的要求，现就做好2005年农村党员干部现代远程教育扩大试点工作暨农村中小学现代远程教育工程志愿服务行动大学生志愿者培训派遣工作通知如下。

一、指导思想和目标任务

大学生志愿者培训派遣工作要坚持以邓小平理论和“三个代表”重要思想为指导，认真贯彻中央关于开展农村党员干部现代远程教育扩大试点工作和实施农村中小学现代远程教育工程的重要精神和要求，着眼于提高大学生志愿者的政治思想素质和业务工作水平，提高农村教育教学质量，充实和加强农村教育师资力量，求真务实，加强领导，精心组织，周密安排，确保培训派遣工作质量。

通过培训派遣工作，使大学生志愿者充分认识中央关于开展农村党员干部现代远程教育扩大试点工作和实施农村中小学现代远程教育工程的重要意义及有关部署，弘扬志愿精神，明确工作任务和岗位职责，基本掌握应具备的相关知识和技能，增强做好志愿服务工作的信心；确保大学生志愿者安全顺利到岗服务，到服务地区后能尽快适应环境开展工作；为试点地区农村党员干部现代远程教育扩大试点工作和农村中小学现代远程教育工程提供具有较高素质的业务骨干。

二、主要内容

1.培训。各试点省（区）要组织对大学生志愿者的集中培训，培训包括综合知识和专业技能两方面内容。综合知识培训，主要内容包括：政治思想教育、志愿服务理念、志愿服务相关政策、大学生志愿服务西部计划和青年志愿者扶贫接力计划等志愿者典型事迹、健康保健及保险知识、服务地区风土人情等。专业技能培训，主要内容包括：关于农村党员干部现代远程教育扩大试点工作和农村中小学现代远程教育工程的基本情况、现代远程教育基本原理、终端接收站点的建设和设备维护、辅助教学网络的使用和管理、教学的组织和管理以及

教学效果的评估等。集中培训结束后,要以大学生志愿者个人小结和培训主办单位评定相结合的方式进行培训考核,考核结果记入志愿者管理档案。

2. 派遣。各试点省(区)远程办、教育厅、团委要根据有关要求,确定大学生志愿者服务岗位,并按照统一派遣的原则,在集中培训结束后,将大学生志愿者安全、顺利地派遣到服务岗位。

三、主要形式

要根据大学生志愿服务工作、农村党员干部现代远程教育扩大试点工作和农村中小学现代远程教育工程的特点,结合当地实际情况,采取多种形式进行培训。专业技能培训要在集中授课的基础上,创造必要的实习环境,通过实际操作、现场观摩、交流讨论等形式进行培训。

要强化宣传,营造氛围,组织简朴、热烈的大学生志愿者派遣(出征)仪式。

四、工作要求

1. 高度重视,通力协作。培训派遣工作的成效,直接关系到大学生志愿者到基层后的工作水平和服务质量。各试点省(区)远程办、教育厅、团委要提高对培训派遣工作的认识,由省(区)远程办牵头,共同做好这项工作。在此期间,有关部门要合理分工、各有侧重,省(区)团委主要负责综合知识的培训和志愿者派遣工作,远程办和教育厅主要负责专业技能的培训。

2. 争取支持,提供保障。要积极争取试点省(区)有关部门的支持,认真落实培训场所、培训师资、培训设备、培训经费、交通安全及后勤保障等工作。要确定培训教材。综合培训教材由团中央统一编发,省(区)团委负责提供。专业技能培训以全国远程办组织编写出版的《农村党员干部现代远程教育试点工作培训教材(修订本)》为基本教材,省(区)远程办负责提供。农村中小学现代远程教育工程的有关教材,由省(区)教育厅负责提供。各试点省(区)可根据本省实际,以本省(区)制作的乡土教材为辅助教材。以上培训教材要免费发至每名大学生志愿者。

3. 统一部署,务求实效。按照2005年大学生志愿服务西部计划的总体部署和统一安排,大学生志愿者于7月22日报到,7月23日起分别在各试点省(区)省会城市(首府)接受培训。在团中央关于"大学生志愿服务西部计划"各专项行动志愿者集中培训时间不少于4天的要求的基础上,结合工作实际,远程教育志愿者集中培训的时间不少于5天。其中,试点省(区)团委安排培训内容的时间不少于2天,远程办和教育厅安排培训内容的时间总共不少于3天。对于同时承担远程教育志愿者和"大学生志愿服务西部计划"其他项目志愿者(如支教、支农志愿者等)培训工作的省(区),可按照"统一时间,分班培训"的方式组织培训工作;培训结束后,统一派遣。试点地区要制定志愿者培训、派遣期间的安全工作预案,精心组织,周到服务,要派专人接(送)大学生志愿者,确保志愿者安全顺利到岗并开展工作。

对各试点省(区)大学生志愿者的培训派遣工作,全国远程办、教育部、团中央将组织有关人员,适时进行督促检查。请各试点省(区)于7月5日前和8月10日前,分别将本省(区)培训派遣工作方案和这项工作总结,同时书面报送全国远程办试点工作指导组、教育部基础教育司和团中央青年志愿者工作部。

共青团中央、教育部、财政部、人事部、劳动和社会保障部关于做好大学生志愿服务西部计划志愿者就业服务工作的意见

2005年6月29日

为积极引导大学生志愿者到西部、到基层、到祖国最需要的地方锻炼成才、建功立业，促进大学生志愿者就业创业观念的转变，提高大学生志愿者就业创业能力，现就做好大学生志愿服务西部计划志愿者就业服务工作提出如下意见。

一、重要意义

1. 大学生志愿服务西部计划是贯彻落实科学发展观的重要举措，在实施西部大开发战略的进程中将发挥越来越重要的作用。积极引导大学生志愿者扎根西部基层，有利于青年人才的健康成长和改善基层人才队伍的结构，逐步形成青年立足基层、报效祖国、成就事业的时代洪流；有利于促进城乡和区域经济的协调发展；有利于传播志愿服务理念，构建社会主义和谐社会和巩固党的执政地位。

2. 西部计划志愿者就业服务工作是西部计划的重要组成部分。解决好大学生志愿者就业创业问题，可以更好地调动大学毕业生参加西部计划的积极性，可以稳定志愿服务队伍，激发志愿者服务热情，提高志愿服务质量，西部计划才能够走上健康持续发展的道路，西部计划的重要意义才能进一步彰显。做好西部计划志愿者就业服务工作，对于积极探索大学生就业创业的规律，积累引导大学毕业生面向基层就业的经验，都将发挥重要作用，并将有力地配合国家整体工作安排，为鼓励引导大学生面向基层就业创业做好示范、导向工作。

二、总体要求和工作原则

1. 做好大学生志愿者就业服务工作的总体要求是：以邓小平理论和“三个代表”重要思想为指导，认真贯彻以人为本、全面协调可持续的科学发展观，全面贯彻落实党的各项方针、政策，遵循大学生志愿者成长规律和教育规律，以鼓励扎根西部、扎根基层为主要目标，以形式多样的就业服务活动为载体，以团中央、教育部、财政部、人事部等主办单位及劳动和社会保障部门的各种就业信息网络为依托，以建立长效就业服务机制为保障，引导大学生志愿者到基层就业创业，树立正确的择业观、创业观，努力成长为中国特色社会主义事业的合格建设者和可靠接班人。

2. 大学生志愿者就业服务工作的原则是：(1)尊重志愿者的择业意愿，坚持鼓励大学生扎根西部、扎根基层的积极导向。(2)坚持中央和地方结合，以地方为主；招募省与服务省相结合，通力合作；服务省与服务地、县结合，以地、县为主的原则，确保大学生志愿者获得切实有效的高质量就业服务。(3)创造就业岗位，提供适量可供选择的就业机会。(4)坚持整合资源，调动各方面积极性，努力形成全社会支持帮助大学生志愿者就业创业的良好局面。

三、落实政策

认真贯彻落实共青团中央、教育部、财政部、人事部《关于实施大学生志愿服务西部计划的通知》(中青联发〔2003〕26号)、《关于做好2004年大学生志愿服务西部计划工作的通知》(中青联发〔2004〕16号)、《关于做好2005年大学生志愿服务西部计划工作的通知》(中

青联发〔2005〕17号）精神，扎实做好就业服务工作。

1. 各地教育行政部门要认真落实《教育部办公厅关于"大学生志愿服务西部计划"志愿者报考硕士研究生享受优惠政策的通知》（教学厅〔2004〕18号）精神，确保参加"大学生志愿服务西部计划"并完成服务期、考核合格、符合报考条件的志愿者，在服务期满后三年内报考硕士研究生时，享受初试总分加10分的政策和在同等条件下招生单位优先录取的优惠政策。

2. 各地人事部门要切实落实《关于做好2004年大学生志愿服务西部计划工作的通知》中的优惠政策，明确服务期满、考核合格的志愿者，可以应届高校毕业生身份报考国家机关公务员。报考中央国家机关和东、中部地区公务员的，同等条件下，优先录取；报考西部地区公务员的，笔试总分加5分。

3. 各级团组织要帮助大学生志愿者及时了解和掌握各级政府出台的创业、就业优惠政策，积极推动志愿者就业、创业优惠政策的落实，努力为志愿者创造良好的就业、创业环境。

四、具体措施

1. 努力为大学生志愿者提供及时有效的就业岗位信息和便捷的就业服务。组织各地劳动保障部门公共职业介绍机构积极收集适合大学生志愿者的空岗信息，在就业服务场所通过多种方式及时发布。建立大学生志愿者求职信息库，积极向用人单位推荐。各地劳动保障部门公共职业介绍机构在为高校毕业生免费提供就业服务的基础上，优先做好大学生志愿者的就业服务工作。有条件的城市要设立专门窗口，为大学生志愿者提供代管档案、代办入户手续、代办职称评定、代办以个人名义参加社会保险手续等"一条龙"服务。

各地团组织要联合各级青联、青年企业家协会、乡镇青年企业家协会等，组织各协会成员赴西部考察，加深对西部计划及大学生志愿者的了解，并为志愿者提供有效就业岗位。各地团组织要争取有关方面支持，开发岗位信息。

2. 完善高校毕业生就业市场，全面实施网络招聘。各地要采取有效措施积极推动高校毕业生就业市场、人才市场、劳动力市场相互贯通和资源共享。各级人才交流服务机构和公共职业介绍机构都要向大学生志愿者开展有针对性的指导、服务培训和招聘活动。

充分发挥团中央、教育部、财政部、人事部及中组部、中宣部、劳动和社会保障部、最高人民检察院等部委人才、劳动力市场信息网络的优势，面向志愿者开展网络招聘工作。各地要加强与有关部门及社会化就业信息网络的对接，及早向大学生志愿者发布有关用人单位信息，与社会公共人才招聘网协商合作模式，共享社会招聘岗位资源。有条件的地方要开通专业人员招聘网，为用人单位和大学生志愿者免费提供一个双向、实时的信息交流平台，力争做到用人单位与应聘志愿者在网上顺利交换信息，达成录用意向。

3. 加大培训力度，提高大学生志愿者就业能力和创业意识。各地劳动保障部门要将大学生志愿者创业培训工作纳入创业培训总体规划，将创业的大学生志愿者纳入服务范围，与国家促进大学生就业的相关扶持政策相衔接，为毕业生提供创业培训与项目开发、开业指导、小额担保贷款、减免收费等服务。各地团组织要积极组织大学生志愿者参加当地有关部门组织的职业技能培训。依托有条件的团校、青少年宫、青年就业培训中心等团属培训阵地，借助企事业单位培训机构和职业学校，进行大学生志愿者创业、就业培训。

4. 加大就业服务工作宣传力度，形成积极就业导向。利用报刊、广播、电视、互联网等新闻媒体，大力宣传西部计划志愿者在就业创业中涌现出来的先进典型，大力宣传为志愿者就业做出贡献的用人单位典型，大力宣传党政各部门出台的各项优惠政策以及各级团组织在就业服务方面所做的工作。要刊发志愿者就业宣传的公益广告。组织在西部创业卓有成效的先进个人典型报告团,在西部举行巡回报告会,鼓励志愿者扎根西部就业或自主创业,为大学生志愿者就业、创业营造良好舆论氛围。

五、建立机制

1. 建立就业协调机制。由各地共青团组织、教育行政部门、人事部门、财政部门、劳动和社会保障部门在当地党委政府统一领导下,明确各自任务,形成工作合力,定期或不定期召开工作协调会。

2. 狠抓各项任务落实。西部计划就业服务工作重在落实。各地要根据总体目标,制定切实可行的工作计划和措施,及时召开会议,部署本省(区、市)西部计划志愿者就业服务工作。要做到分工明确,措施得力,责任到人,把就业服务工作落到实处。

3. 做好监督检查工作。要建立激励有效、约束有力的监督检查机制。各省级项目办要建立就业服务监督检查工作责任制,逐步建立志愿者就业情况报告、公布、督察和评估制度。

4. 建立就业服务基地。各地要与党政部门、城市社区、农村乡镇、企事业单位和社会服务机构,本着合作共建、双向受益、着眼长远的原则,从各地实际需求和大学生志愿者成长的需要出发,建立多种形式的就业服务基地。

共青团中央关于深入学习贯彻胡锦涛总书记对大学生志愿服务西部计划重要指示精神的通知

2005年7月18日

共青团各省、自治区、直辖市委,军委总政治部组织部,全国铁道团委,全国民航团委,中直机关团工委,中央国家机关团工委,中央金融团工委,中央企业团工委:

近日,胡锦涛总书记对实施大学生志愿服务西部计划作出重要指示。为深入学习贯彻胡锦涛总书记重要指示精神,推动西部计划和共青团工作取得更大发展,引导和带领广大青年在实践中锻炼、在奉献中成才,为全面建设小康社会和构建社会主义和谐社会做出更大的贡献,特作出如下通知。

一、深刻领会胡锦涛总书记对大学生志愿服务西部计划的重要指示精神,增强推进西部计划的使命感和责任感

胡锦涛总书记在重要指示中指出:“高校毕业生是国家宝贵的人才资源。实施大学生志愿服务西部计划,有利于开辟高校毕业生健康成长的新途径,有利于推动西部地区的经济社会发展。”这是对全国各级团组织、高校毕业生和青年志愿者的巨大鼓舞,充分体现了党中央、国务院对大学生和共青团工作的高度重视和亲切关怀,对做好西部计划和共青团工作具有重要的指导意义。各级团组织和广大团干部要认真学习、深刻领会胡锦涛总书记的重要指示精神,进一步提高对西部计划重要意义的认识,把推动西部计划持续健康深入发展作为当前和今后一段时期的重要工作抓紧抓好。要把学习领会胡锦涛总书记重要指示精神和贯彻落实《关于引导和鼓励高校毕业生面向基层就业的意见》、《关于进一步加强和改进大学生思想政治教育的意见》结合起来，进一步增强使命感和责任感，切实做好西部计划及共青团各项工作，引导广大青年学生积极响应党的号召和时代的召唤，自觉走与实践相结合、与人民群众相结合的健康成长之路，自觉到西部、到基层、到祖国最需要的地方去，把自己的青春、智慧和力量奉献给全面建设小康社会的伟大事业。

二、以胡锦涛总书记的重要指示精神为指导，进一步做好大学生志愿服务西部计划的各项工作

胡锦涛总书记的重要指示对扎实推进西部计划各项工作提出了明确要求。各级团组织要深入贯彻落实胡锦涛总书记重要指示精神，在总结成功经验、完善政策措施、健全工作机制方面狠下功夫，切实做好西部计划的各项工作。要深入基层、深入群众、深入实际，调查研究，认真总结西部计划实施两年来的好做法、好经验，不断深化对西部计划时代意义和工作规律的认识和把握，更好地指导和推动西部计划各项工作的开展。要抓住机遇，深入贯彻《关于引导和鼓励高校毕业生面向基层就业的意见》精神，积极争取有关部门支持，全面落实西部计划已有政策措施，制定出台有利于引导志愿者在西部基层就业、创业的新政策新举措，不断完善鼓励和引导高校毕业生到西部基层参加志愿服务的政策措施。要着眼发展、着力建设，逐步建立健全西部计划组织领导、动员招募、选拔培训、日常管理、表彰激励、就业服务等各个环节的长效工作机制，建立健全全国项目和地方项目统筹发展的协调机制，促进和保障西部计划深入持续健康发展。当前，尤其要认真组织好今年新一批大学生志愿者的培训派遣工作，切实提高他们的志愿服务意识和技能，组织他们安全顺利抵达服务岗位；要扎实做好服务期满大学生志愿者的就业服务工作，通过整合社会资源，不断拓宽渠道，采取行之有效的措施，为他们就业创业提供切实有效的帮助。

要把推进西部计划和推进青年志愿者扶贫接力计划、青年志愿者国际合作发展计划等重点项目相结合，发挥项目带动作用，推进青年志愿者行动的组织、队伍、项目和机制等各项建设，推动青年志愿者行动全面发展。要把推进西部计划和推进大中专学生志愿者暑期“三下乡”社会实践活动、青年创业行动、保护母亲河行动等团的重点工作结合起来，全面推进团的各项事业，努力开创共青团工作的新局面。

三、加大对西部计划等工作的宣传力度，引导更多的高校毕业生面向西部基层创业成才

各级团组织要加大对西部计划等工作的宣传力度，深入挖掘典型，突出重点，点面结合，集中报道，营造浓厚的舆论氛围，在青年学生中进一步唱响到基层、到西部、到祖国最需要的地方建功立业的主旋律。

要大力宣传在西部、基层创业成才的西部计划志愿者和其他高校毕业生先进典型，宣传西部基层对人才的渴求，宣传高校毕业生在西部基层建功成才的生动事例。要把深入宣传西部计划与加强和改进大学生思想政治教育工作相结合，引导青年学生树立正确的世界观、人生观和价值观，自觉在西部基层经受锻炼、增长才干，从西部基层的实践中正确认识国情民情，增强社会责任感。要把深入宣传西部计划与党和政府关于高校毕业生就业工作的各项政策尤其是《关于引导和鼓励高校毕业生面向基层就业的意见》精神相结合，在高校毕业生中进一步形成到基层、到西部、到祖国最需要的地方建功立业的积极导向，引导更多高校毕业生到西部基层创业成才，为实现全面建设小康社会的宏伟目标贡献智慧和力量。

各地学习贯彻胡锦涛总书记重要指示精神的情况请及时报共青团中央办公厅。

共青团中央、中国残疾人联合会关于印发《关于“十一五”期间继续做好“百万青年志愿者助残行动”工作的意见》的通知

2005年10月26日

各省、自治区、直辖市团委、残疾人联合会，军委总政治部组织部，全国铁道团委，全国民航团委，中直机关团工委，中央国家机关团工委，中央金融团工委，中央企业团工委：

现将《关于“十一五”期间继续做好“百万青年志愿者助残行动”工作的意见》予以印发，请各地认真学习贯彻意见精神，结合实际，狠抓落实，不断将“百万青年志愿者助残行动”引向深入。

关于“十一五”期间继续做好“百万青年志愿者助残行动”工作的意见

中国有6000万残疾人，他们的生活状况各不相同，他们的需求多种多样。助残工作一直是青年志愿者行动的重要内容。2002年4月，为进一步深化青年志愿者助残工作，共青团中央、中国残联在全国范围内启动实施了“百万青年志愿者助残行动”（以下简称“助残行动”），以“践行志愿精神，倡树助残风尚”为主题，动员引导广大青年积极参与助残志愿服务工作。三年来，在各级团组织和残联的共同努力下，在社会各界的广泛参与下，助残行动取得了显著成效，广大青年志愿者在日常生活、科技教育、就业创业、康复服务、法律援助等方面为残疾人提供了扎实有效的服务，不仅使广大贫困残疾人得到实实在在的帮扶，而且促进了扶残助残良好社会风尚的形成，弘扬了中华民族的传统美德，丰富了社会主义精神文明的内涵，增进了社会的团结与和谐。为进一步弘扬志愿精神，深化助残行动，推动残疾人事业的发展，现就“十一五”期间继续做好“百万青年志愿者助残行动”工作提出以下意见。

一、指导思想

以邓小平理论和“三个代表”重要思想为指导，牢固树立和认真落实科学发展观，按照构建社会主义和谐社会的要求，进一步弘扬“奉献、友爱、互助、进步”的志愿精神，引导广大青年并带动社会各界积极参与助残志愿服务等工作，帮助残疾人提高生活质量，平等参与社会生活，共享社会物质文化成果，使残疾人残有所助、能有所用、权有所维。

二、工作目标

在“十一五”期间，各省注册助残志愿者人数每年递增20%，到“十一五”末全国注册助残志愿者人数达到600万；继续巩固和发展“一助一”长期结对服务形式，基本涵盖有需求的残疾人及其家庭；进一步加强制度建设，健全志愿者助残工作的组织网络，基本形成志愿者助残工作的长效机制，努力使有志愿服务需求的残疾人都能够得到有效的志愿服务。

三、工作内容

1. 继续推行助残志愿者注册制度，建立一支稳定的助残志愿者队伍。要按照《中国青年志愿者注册管理办法（试行）》的要求，继续推行助残志愿者注册制度，掌握助残志愿者的基本资料及可以提供服务的项目和时间。坚持普遍号召和重点发动相结合，重点动员大中学生、机关和企事业单位的青年干部职工等加入助残志愿者队伍，带动社会各界支持和参与志愿者助残活动，建立一支以

青年人为主体、社会各界广泛参与的稳定的助残志愿者队伍。

2. 继续做好调查摸底工作，详细掌握残疾人需求和志愿服务资源。要充分发挥志愿者助残服务站、联络站的作用，发挥好社区（村）居委会、社区（村）残疾人协会及残疾人专职委员的作用，认真做好基础性调查统计工作。对辖区内每个残疾人的基本情况和实际需求、注册志愿者的特长优势及可以提供服务的项目和时间要详细掌握，并在此基础上做好牵线搭桥工作。

3. 继续深化“一助一”长期结对服务，为有需求的残疾人提供长期稳定的帮扶。继续按照就近就便、力所能及、持续接力、务求实效的原则，通过“一助一”长期结对形式，为残疾人提供长期稳定、扎实有效的服务。对已结成的“一助一”对子要加强指导与服务、监督与评估、考核与表彰，进一步巩固服务成果；要完善接力机制，对长期需要志愿服务的残疾人，做好助残志愿者的轮换接替工作，在志愿者和残疾人之间建立起稳定的帮扶和受助关系。

4. 继续加强基层组织建设，逐步完善志愿者助残组织网络。要不断拓展思路，加大资源整合力度，积极探索志愿者助残服务基地、服务站和联络站建设的新方式。进一步加强内部管理，不断建立健全规章制度，充分发挥基层志愿者助残组织联系残疾人和志愿者的桥梁和纽带作用，逐步构建起运转灵活、协调一致的志愿者助残组织网络。

5. 重视残疾人志愿者队伍建设，引导更多残疾人参与助残行动。对有能力、有愿望奉献社会、服务他人的残疾人，要及时了解他们的需求，肯定他们的愿望，鼓励和引导他们加入助残志愿者队伍，帮助他们找到参与助残志愿服务的适合方式和途径。有条件的地区可以考虑选聘残疾人到志愿者助残服务站、联络站工作。

四、工作要求

1. 围绕服务需求，提升服务水平。要通过深入调研，详细了解残疾人的需求和志愿服务资源，围绕残疾人的实际需求，充分发挥助残志愿者的资源优势和特长，在日常生活照料、医疗康复服务、法律维权援助、科技教育培训、扶贫就业创业等方面为残疾人提供专业化、高水平的服务，帮助贫困残疾人摆脱困境、自强自立。

2. 加强制度建设，构建长效机制。要建立培训制度，加强对助残志愿者的技能培训，切实提高他们的服务能力；要规范管理，对残疾人和注册助残志愿者的基本情况和提供志愿服务的具体情况进行调查统计、登记造册、科学分类，加强管理的规范性和科学性；要完善表彰制度，将对助残志愿者的表彰纳入中国青年志愿者行动评选表彰活动和残联系统志愿者助残先进个人、先进集体评选活动中。通过加强各项制度建设，逐步构建助残行动长效工作机制。

3. 加大宣传力度，营造良好氛围。要充分利用新闻媒体及其他方式，抓住“国际志愿者日”和“全国助残日”等契机，大力宣传助残行动，宣传助残行动中涌现出的先进人物和先进事迹，扩大助残行动的社会影响力，在全社会营造扶残助残的良好氛围，激励和引导更多人参与到助残行动中来。

4. 注重配合，加强指导。要加强沟通，明确分工，密切配合。残联要摸清辖区内每个残疾人的基本情况和实际需求，并将需求分类汇总提供给团组织和志愿者组织；团组织要了解注册志愿者的基本资料、特长优势及可以提供服务的项目和时间；团组织和残联要共同做好志愿者和残疾人之间牵线搭桥的工作。要加强对下一级共青团组织、残联和志愿者助残服务基地、服务站、联络站的指导，统筹协调，共同开展好助残行动，使有志愿服务需求的残疾人真正能够得到切实有效的服务。

第四部分

重点工作概述

用“三个代表”重要思想武装教育团员青年的工作

2005 年，各级团组织认真落实用党的科学理论武装教育青年这一首要政治任务，大力提高团干部和团员青年用“三个代表”重要思想武装头脑、指导实践、推动工作的意识和能力，提高团干部和团员青年贯彻落实科学发展观的自觉性和坚定性。

坚持以团干部、青年学生和各条战线的青年骨干为重点，通过抓活动、抓实践、抓骨干、抓社团、抓网络等有效做法，把全团学习贯彻“三个代表”重要思想的活动不断引向深入，引导广大团员青年坚定理想信念，牢固树立正确的世界观、人生观、价值观。

结合开展保持共产党员先进性教育和增强共青团员意识主题教育活动，推动广大团干部和团员青年深化对邓小平理论和“三个代表”重要思想的重大意义、指导地位、科学内涵、精神实质的理解，增强运用邓小平理论和“三个代表”重要思想解决实际问题的本领，建立健全使团干部和团员青年长期受教育的长效机制。

广泛开展内容丰富、形式多样的主题教育和实践活动，引导团员青年深入学习贯彻党的十六大和十六届三中、四中、五中全会精神，准确认识我国发展的阶段性特征和经济社会又快又好发展的基本要求，深刻领会我们党的重大理论创新成果、重大战略部署和重大改革举措，牢固树立和全面落实科学发展观，积极投身构建社会主义和谐社会建设。

抓住纪念五四运动 86 周年的契机，以“发愤学习创业立志成才报国”为主题，在团员青年中广泛开展形势报告、座谈讨论、参观走访、社会实践等丰富多彩的纪念活动，帮助团员青年认清国际国内形势，进一步增强振兴中华的历史责任感和使命感，自觉把爱国之情转化为报国之行，以实际行动维护改革发展稳定的大局。

举办第七期共青团理论学习骨干培训班，就构建社会主义和谐社会的重大理论和实践问题对团干部进行培训，带动各地团组织的理论学习，深化团干部和团员青年对构建社会主义和谐社会的重大意义、科学内涵、基本特征、重要原则和主要任务的学习理解，引导和激励青年踊跃参与社会主义和谐社会建设。

加强对用邓小平理论和“三个代表”重要思想、科学发展观武装教育青年的研究。完成 2004—2005 年度青少年和青少年工作研究课题的结项工作。开展“新时期青年思想状况调查”、“部分青年群体思想政治倾向调查研究”、“青年文化研究”等重大课题的研究工作，形成一批有价值的研究成果，促进青年理论武装、青年思想政治教育等各项工作深入有效地开展，为推进青年理论武装等工作提供必要的理论支持。发布了 2006—2007 年度青少年和青少年工作课题研究指南，启动了研究课题的申报评选工作。

加强和改进大学生思想政治教育工作

大学生思想政治教育工作是高校共青团组织一项长期的工作任务。2005年,共青团学校战线以《中共中央国务院关于进一步加强和改进大学生思想政治教育的意见》和全国加强和改进大学生思想政治教育工作会议精神为指导,结合共青团实际,采取有效措施,积极推进大学生思想政治教育工作。

1. 加强了大学生思想政治教育工作机制建设。2005年,召开了全团加强和改进大学生思想政治教育工作会议,下发了《共青团加强和改进大学生思想政治教育工作的意见》,并会同中宣部、中央文明办、教育部等有关部门联合下发了关于进一步加强和改进大学生社会实践、社团建设、网络管理、党员发展和支部建设、心理健康、校园文化建设等8个配套文件,推动了加强和改进大学生思想政治教育的机制建设。

2. 组织开展了一系列主题教育活动。各地各高校团学组织充分利用重大纪念日等契机,以"我与祖国共发展"为主题,开展征文、演讲、座谈、知识竞赛等丰富多样的主题教育活动。

3. 深化了社会实践活动。在大力开展大学生"三下乡"活动的基础上,各地各高校团组织组织大学生积极参加社会调查、生产劳动、志愿服务、公益活动和勤工助学等方面的社会实践,引导大学生利用双休日和节假日深入开展"四进社区"、街道挂职等实践活动,丰富了社会实践的形式,切实提高实践活动的吸引力和感染力。

4. 帮助大学生解决实际问题。针对经济困难大学生群体,在做好"一助一"结对帮扶的基础上,扩大各种济困助学金和奖学金,帮助贫困大学生顺利完成学业。针对大学毕业生就业难的问题,积极引导大学生树立正确就业观和择业观的同时,大力开展"大学生就业见习行动",加强大学生就业辅导,加强就业中介服务,努力为大学生的就业创业牵线搭桥。针对有心理健康问题的学生,通过网上心理服务、心理咨询热线等方式,服务大学生身心健康发展。

5. 创新了活动载体。各地各校团组织开展了大量的健康有益、积极向上的学术、科技、体育、艺术和娱乐活动,大力推进了以"挑战杯"为龙头的群众性校园科技活动,广泛开展"校园歌手大赛"、"校园DV大赛"、"校园原创作品竞赛"等活动,把德育与智育、体育、美育有机结合起来。通过这些措施,全团上下兴起了学习贯彻中央16号文件和胡锦涛总书记重要讲话精神、大力加强大学生思想政治教育的热潮。

增强共青团员意识主题教育活动

增强共青团员意识主题教育活动,是团十五大作出的重要决定。2004年底,团中央向党中央书记处汇报工作时,提出要把增强共青团员意识主题教育活动作为2005年的重点工作。党中央书记处给予了充分肯定,并要求全团认真开展好增强共青团员意识主题教育活动。

开展增强共青团员意识主题教育活动，是共青团贯彻落实保持共产党员先进性教育活动精神的必然要求，是加强团的基层组织建设的必然要求，也是新时期推进团的各项工作的必然要求，对进一步增强广大团员的政治意识、组织意识、模范意识，使团的基层组织建设在整体上得到加强，巩固和扩大党的青年群众基础、永葆党的先进性，具有重要意义。

在全团开展增强共青团员意识主题教育活动，涉及全团近300万个基层团组织、7000多万名团员，是改革开放以来全团范围内开展的人数最多、规模最大、涉及面最广的一次集中教育活动。根据共青团工作实际，团员意识教育活动确定了“一条主线、一个主题、三个目标”的总体思路。即，紧紧围绕学习实践“三个代表”重要思想这条主线，组织和引导广大团员在真学、真懂、真信、真用上下功夫，不断增强学习实践“三个代表”重要思想的自觉性和坚定性；紧紧把握“永远跟党走”这个主题，通过丰富多彩、形式多样的主题活动，使广大团员青年了解党、热爱党，更加紧密地团结在党的周围；通过教育活动，实现“增强意识、健全组织、活跃工作”的目标。

教育活动从2005年8月份正式启动以来，各级团组织结合本地区本单位的实际情况，精心准备，周密部署、深入动员、广泛宣传，迅速形成了教育活动热潮。一是教育活动得到了各级党委的高度重视。先后有29个省（区、市）的党委领导对教育活动做了批示或讲话，20个省（区、市）的保持共产党员先进性教育活动办公室转发了开展团员意识教育活动的方案，把团员意识教育活动纳入了当地党员先进性教育活动中，有力地加强了党对这项工作的领导，确保教育活动取得实效。二是动员广泛、覆盖面广。各级团组织充分利用团属媒体、电视报刊、广播网络等宣传手段和阵地，进行了广泛深入的宣传动员。据统计，93.4%的团组织进行了专门动员，87.3%的团员在媒体中收看或收听到教育活动报道，教育活动基本覆盖到绝大多数基层团组织，对团干部的覆盖率达90%以上，对团员的覆盖率在80%以上。三是教育活动主线突出、主题鲜明。各级团组织围绕学习实践“三个代表”重要思想这条主线和“永远跟党走”这个主题，以党团基本知识为主要内容，广泛开展了理论学习。据不完全统计，教育活动期间，全国各县（市、区）级以上团委举办骨干培训班5380余期，召开专题动员会、报告会25700多场，举办党团知识讲座、研讨57000余次，省、市、县三级团的领导干部讲团课3.2万场次，培训团员5210万人次。四是主题实践活动丰富多彩。以实践活动为载体是这次教育活动的一个显著特点。各地团组织根据团员青年的特点，引导组织团员青年开展喜闻乐见、丰富多彩的实践活动，先后在全团统一开展了“青春献祖国”主题团日活动、“增强团员意识，服务和谐社会”主题实践周活动和“真情助困进万家”活动，共有5130多万人次的团员青年参加了重温誓词、志愿服务、扶贫助困等活动。五是加强督导检查，务求活动实效。借鉴党员先进性教育活动的有效经验，我们先后组织了3批共15个督察组，对全部38个省级团委开展教育活动的情况进行了督察，形成了一级抓一级、层层抓落实的良好局面，有力地推动了教育活动的落实和深化。

教育活动开展以来，取得了明显成效。一是团员意识明显增强。团员青年对党组织和团组织的感情不断加深，“戴团徽、唱团歌、打团旗”已蔚然成风，申请入党人数明显增加。二是团的基层组织逐步健全。各级团组织按照“巩固一批、提高一批、整顿一批、新建一批”的思路，不断巩固和完善团的基层组织体系。团的基层组织活力明显增强，各级团组织的服务能力、凝聚能力、学习能力、合作能力得到加强。三是团的工作更加活跃。在教育活动中，各级团组织把促进团的各项工作作为检验教育活动成效的重要内容，努力推动团的各项任务在基层的深化落实。团组织整合社会资源的能力增强，对外合作的空间得到了拓展，渠道更加畅通。四是初步构建了团员教育管理的长效机制。教育活动中，各级团组织努力探索和把握新时期团员教育管理工作的规律，初步建立健全了团员学习教育制度、流动团员管理制度、团员评议激励制度、团干部考核评比制度、组织生活制度等在内的，适应新形势发展、适合本地区本部门实际情况的长效机制，对巩固和扩大教育活动成果起到了重要作用。

深入开展青年文化行动

按照大型主题活动与基层全面活跃相结合的基本原则，2005年青年文化行动在以往工作的基础上，继续深入实施青年文化行动重点品牌活动，促进各地青年文化工作形成全面活跃的良好局面，有力地推动了青年文化建设健康发展。

1.举办“青春中华”第二届中国青年服装时尚周。联合中共宁波市委、宁波市人民政府于10月在浙江省宁波市举行第二届中国青年服装时尚周，以“青春中华·时尚先锋”为主题，组织开展了服装时尚周文艺晚会、2005中国青年最喜爱的服装品牌发布会、中国青年服装设计大赛决赛暨颁奖晚会、中国青年服装时尚论坛、中国青年服装设计展示馆开馆仪式、第五届少儿服饰文化节等活动。服装时尚周再现了青年服装服饰的历史演进，通过引导时尚文化影响和塑造青年，与服装产业形成了有机的结合，产生了极强的生命力和影响力。

2.举行第三届中国青少年书法美术大赛。12月全面启动第三届中国青少年书法美术大赛，以“传承艺术之魂，共创和谐之美”为主题，通过评奖、展示、笔会等形式，促进青少年书法、美术的学习与交流，弘扬伟大的民族精神和时代主旋律，抒发青少年热爱党、热爱祖国、热爱人民的情怀，不断提高青少年文化艺术素养和技能，激励青少年为构建社会主义和谐社会、实现中华民族伟大复兴贡献青春、智慧和力量。大赛分为青年、少年、儿童和青年院校四个组别，聘请国内书法界、美术界等方面专家组成评委会，对各组别作品进行评审。大赛获奖作品和获奖代表将参与全国展览及国际交流活动。

3.各地青年文化活动丰富多彩。共青团河南省委以“厚重河南、青春中原”为主题，广泛开展感知家乡文化系列活动、民族精神代代传系列活动、厚重河南青春中原文化系列活动。共青团江苏省委举办的青年文化节暨“东方水城青春苏州”青年文化展示活动推出江苏水乡青年歌手大赛、青年龙舟友谊赛、“时尚江苏青春风采”——青年喜爱的江苏服装品牌推介展示活动。共青团内蒙古自治区委举办了“青春·草原”首届内蒙古青少年读书节、青年欢乐节暨那达慕大会等活动。共青团福建省委在全省实施了“爱我福建青年文化行动”，开展了两岸青少年“中华儿女共奥运”寻根祭祖活动，激励青年为建设海峡西岸经济区贡献青春、智慧和力量。共青团上海市委于五四期间启动了“青春的节日——让青少年走近经典”2005年上海青年文艺巡演活动和“共享阳光”校园文化特色项目展评活动。共青团湖北省委举办了第二届湖北青年时尚节，五四期间精选了一批青年原创文艺节目,举办了大型五四文艺晚会。共青团四川省委以抗战暨反法西斯战争胜利 60 周年为契机,开展了青少年红色旅游和爱国主义影视展播文化活动,颂扬我国特有的红色文化、传统美德和革命精神。共青团河北省委充分利用传统文化、红色文化和志愿文化的资源优势,以“青年文化建设是新形势下青年工作服务于构建社会主义和谐社会的重要举措”理念为统领,围绕“了解河北,热爱河北,振兴河北”,创造性地组织开展了一系列形式新颖、内容充实的主题活动。共青团天津市委以“和谐天津·青春飞扬”为主题,举办了2005·天津青年文化艺术节。艺术节集中展现了广大团员青年紧紧跟着党,用青春的诗篇为天津的和谐发展贡献力量的精神风貌。此外,各地团组织还通过举办青年文化论坛,开展青少年书法、美术、摄影大赛,组织青年文化网络作品大赛,全面活跃企业青年文化、乡村青年文化、校园、社区青年文化。这些活动在广大青少年中引起了强烈反响,充分发挥了文化育人的作用,满足了青少年日益增长的文化需求,创造出有利于青少年健康成长的社会文化氛围,形成了青年文化行动蓬勃发展的良好局面。

青少年爱国主义教育网站建设

2005 年,共青团继续落实中央文明委《关于贯彻落实〈关于进一步加强和改进未成年人思想道德建设的若干意见〉的目标任务》,建设了系列青少年爱国主义教育网站,举办了多项网上思想道德教育活动。

先后开通网上“陈云纪念馆”、“杨靖宇纪念馆”、“张自忠纪念馆”、“方志敏纪念馆”、“张爱萍纪念馆”、“郑和下西洋纪念馆”、“台湾同胞抗日斗争纪念馆”、“抗美援朝纪念馆”、“一二·一运动纪念馆”。

清明节期间,联合 1000 家国内网站举办第四届“网上祭英烈,共铸中华魂”网上共祭活动,600 余万网民参观访问并在网上献花,留言 500 余万字。4 月至 8 月,举办网上“全国青少年纪念抗日战争暨世界反法西斯战争胜利 60 周年”系列活动。其间,800 余万网民参观访问并献花,网上留言达 10 万余条,有 3 万多人次参加了网上“抗战知识竞答”活动。《人民日报》8 月 15 日发表题为《全国数百万青少年网上纪念抗战胜利 60 周年》新闻,报道了活动开展情况。6 月,以网上“陈云纪念馆”为平台,举办网上纪念陈云诞辰 100 周年活动。7 月,以网上“郑和下西洋纪念馆”为平台,举办网上纪念郑和下西洋 600 周年活动。9 月,举办网上纪念西藏自治区成立 40 周年活动。10 月,举办网上纪念红军长征胜利 70 周年活动。12 月,举办网上纪念“一二·九”运动 70 周年活动。

10 月 20 日,全国人大常委会副委员长李铁映在团中央书记处第一书记周强、团中央书记处常务书记赵勇、书记处书记王晓陪同下视察中青网并在民族魂网站上向英烈献花。

12 月 27 日,血铸中华网站荣获由国务院新闻办、中国互联网协会联合颁发的“2005 年中国互联网站品牌栏目”奖。

中国青少年新世纪读书计划

2005年,各级团组织以邓小平理论和"三个代表"重要思想为指导,全面贯彻落实科学发展观,深入落实团中央《关于深入实施中国青少年新世纪读书计划的通知》要求,坚持为青少年读书学习办实事、做好事,深入开展主题读书活动,不断加强阵地建设,努力形成良好导向,为青少年读书学习提供切实有效的服务。

5月,共青团中央、中华海外联谊会、中华全国青年联合会、海外杰青汇中华筹委会在新疆共同启动了西部乡村流动图书车项目。中共中央政治局委员、新疆维吾尔自治区党委书记王乐泉出席启动仪式。首批14辆流动图书车在新疆13个地州市开展服务,至年底不间断服务1400多次,直接服务青少年10多万人次。12月,共青团中央、中国青少年新世纪读书计划指导委员会在北京举办了2005年"文明生活从读书开始"主题读者日活动。读者日活动开设了"增强共青团员意识主题教育活动推荐书目"专柜和"青春阳光书架",举办了"青春阳光讲堂"大型读书讲座。以中国青少年网络电台为平台,开展了"心灵深处的一本书"青少年阅读调查活动。团北京市委举办了"学习北京、书香京城——北京青少年新世纪读书计划工作图片展"。在读者日活动启动仪式上,青少年代表发出倡议,让读书成为时尚、成为追求、成为习惯,多读书、读好书,为中华之崛起而读书。联合北京现代汽车公司为山西、陕西贫困地区学校捐建了一批新世纪书屋。

积极推动青少年新世纪读书计划深入基层,深入青少年。各地团组织积极争取党政部门的支持,发挥自身优势,动员社会力量,整合有益资源,围绕保持共产党员先进性教育、团员意识教育和重要纪念日开展主题读书活动,举办各种类型的读书讲座,开展青少年阅读情况调查,评选青少年喜爱的图书,推荐优秀图书,举办青年学习成才典型评选,巩固和扩大新世纪书屋、读书俱乐部等读书学习阵地。中央国家机关团组织深化"读书·实践·成才"主题活动,提高中央国家机关广大青年干部的综合素质。举办了青年哲学知识系列讲座,邀请了16位国内著名专家、学者讲课,吸引听众4000多人次。中共河南省委宣传部、共青团河南省委、河南日报报业集团、河南省广播电影电视局、河南出版集团在郑州市联合举办了"2005河南青少年读书节",以"读书、明理、成才"为主题,总结了河南省实施青少年新世纪读书计划成果,评选表彰了首届河南青少年读书成才奖和河南青少年新世纪读书计划优秀组织单位,推出了好书推介、读书讲坛、精品图书展销、图书捐赠、美文吟唱等主题鲜明、富有时代特色、符合青少年特点的活动。共青团内蒙古自治区委、内蒙古自治区出版局、中共乌海市委、乌海市政府等共同主办了"青春草原"首届内蒙古青少年读书节,以读书励志、学习成才、奉献草原为主题,举办了青少年精品图书展、青少年美文诵读晚会、系列名家讲座、青少年科技创新市长奖启动仪式、种植"读书节"纪念林、青少年精品书画展、课本剧大赛和青少年有奖书信大赛等活动。北京市团组织积极整合各方面社会资源,以大型青少年读书节等形式,广泛开展青少年读书活动,营造促进青少年读书学习的浓厚氛围。

各地团组织还充分发挥青年中心、青少年宫、团属报刊、出版社、互联网站、团校在服务青少年读书学习中的作用,利用广播、电视、报刊、网络等媒体和宣传阵地，积极宣传实施读书计划的工作成果，吸引社会各界关注、关心、支持读书计划，营造良好的社会环境，促进青少年勤奋学习、健康成长。

实施西部乡村流动图书车项目

2005 年，共青团中央、中华海外联谊会、中华全国青年联合会、海外杰青汇中华筹委会共同实施了大型社会公益活动——西部乡村流动图书车项目，先后向新疆、山西等中西部地区捐赠了 15 辆图书车，开展流动服务 1400 多次，服务青少年 10 多万人次，深受广大青少年的欢迎，呈现出良好发展的态势。

实施西部乡村流动图书车项目，是共青团和青联组织服务西部大开发战略和科教兴国战略，落实中央关于进一步加强和改进未成年人思想道德建设要求，深入实施中国青少年新世纪读书计划，帮助贫困地区青少年多读书、读好书，不断丰富知识，提高素质，全面发展，健康成长的具体举措。

西部乡村流动图书车项目通过发动海内外热心人士募捐，购置中型客车改装成流动图书车，每辆图书车配备 5000 册左右图书，设置车载电视、影碟机设备。采取一辆车配一名青年志愿者和一名专职司机的方式，结合实施“大学生志愿服务西部计划”，深入到西部贫困地区的乡镇、村落、学校、社区、集市，免费为青少年提供借阅图书、组织捐赠图书、举办读书讲座、播放音像资料、举办展览、送信息下乡、组织城乡青少年交流以及组织港澳地区、海外青少年与内地青少年交流等服务，快捷、灵活、广泛、有效地传播科学文化知识，倡导健康文明的生活方式。

首批 14 辆流动图书车在新疆 13 个地州市开展流动服务，得到了党政领导的高度重视、有关部门的大力支持和社会各界的广泛关注。新疆各级团组织精心组织实施，不断拓展服务领域，完善管理机制，加大宣传力度，为新疆地区农村青少年读书学习提供了一个良好的平台，较好地服务了他们成长成才。有的地州、县市党政领导表示将利用流动图书车下乡服务的有利条件，不断加大对农村青少年读书阵地的资金投入和建设力度。主要取得了以下几方面成效：

1. 强化读书导向，营造良好氛围。充分利用流动图书车快捷、灵活、持续、有效的特点，强化青少年读书导向，营造引导青少年多读书、读好书的良好氛围。阿克苏地区通过流动图书车定期向青少年发布好书信息，邀请专家学者深入乡村中小学校，开展专题讲座，向青少年推介了一系列适合他们阅读的好书。伊犁地区举办了“博览群书，推荐好书”现场推荐会。同时，新疆各地通过信息报送、媒体宣传、车载宣传相结合的形式，大力宣传西部乡村流动图书车项目的重要意义和作用，营造关心支持西部乡村流动图书车项目的良好氛围，募集图书近40 万册，为促进项目的顺利实施提供了保障。

2. 深入乡村，激发各族青少年读书热情。为使流动图书车真正发挥作用，新疆各地团组织立足农村实际，积极开展了形式多样的活动。哈密地区依托图书车开展“行千里路，迎千百人，送千册书”大型赠书借书活动，行程近万公里，走遍了哈密地区所辖的乡镇、学校，日平均接待借阅者 160 人次，送书 1100 余册，借阅图书近1.5万人次。博尔塔拉州团委在乡镇农村集市日等时间利用图书车开展服务，提高了科技书刊、光盘的利用率。吐鲁番地区团委针对各乡村的实际特点，深入村镇开展图书借阅活动，播放有关党的民族宗教政策、农村种养殖技术和团情团务知识的光碟，努力把流动图书车打造成一个综合性的服务平台。

3. 大力开展主题读书日活动，广泛吸引青少年参与。新疆各地以西部乡村流动图书车为载体，积极开展各种主题读书日活动。有的地州将西部乡村流动图书车的运行与开展增强共青团员意识教育活动结合起来，将西部乡村流动图书车挂牌为“共青团员车”，使图书车成为增强团员意识教育活动的有效载体。克孜勒苏柯尔克孜州流动图书车在各乡镇、中小学广泛开展“多阅读一些书籍，多学习一些知识，多增长一些见识”主题读书活动，整合社会资源，将丰富的精神食粮送到青少年手中。

4. 发挥优势，深入开展流动服务。新疆各地区充分发挥西部乡村流动图书车机动性强的优势，结合当地实际，深入基层开展流动服务。阿勒泰地区流动图书车面向学校、社区、企事业单位、养老院等特定区域的人群开展特约服务，为广大群众、青少年送去了文化科技知识，帮助贫困家庭的青少年改善了课外阅读条件。乌鲁木齐市团委利用节假日、休息日和各乡村闲暇时间，广泛开展了图书借阅、读书心得交流和法律法规、禁毒的宣传。喀什地区分别在39个乡镇、街道办事处开展了流动图书车送文化、科技下乡服务活动，为120多所中小学近2万名学生提供了图书借阅服务，利用农村集市在各乡镇集市中心为农村青少年提供实用科技书籍借阅服务6000余人次，利用业余时间在人口比较集中的地方播放农业科技光盘50余场次，3000多人次观看了农业科技实用知识。

捐赠给山西省灵丘县的流动图书车于2005年底开始在当地12个乡镇展开服务，受到了青少年的欢迎和社会各方面的好评。

深化创建“五四红旗团委”活动

2005年，按照“抓落实，求深化”的工作要求，坚持把进一步深化创建“五四红旗团委”活动作为加强团的基层组织建设的重要载体，推动基层团的建设全面加强和团的工作全面活跃。各级团组织从本地实际出发，制定创建规划，完善推进措施，建立完善申报、评选和激励机制，逐步形成三级团组织相互联动、相互促进、环环紧扣、整体提高的工作格局。团中央对全国“五四红旗团委”、“五四红旗团支部”和“团建先进县（市）”实行了动态管理考核，命名表彰不搞“终身制”，已被表彰的单位自动转为下一年度的创建单位，参加新一轮的创建、评选，并保留有效期三年。

第四季度，确定了第六批全国五四红旗团委创建单位和第三批全国团建先进县（市）创建单位。通过层层选拔，在团十五届四中全会上，评选表彰了10个全国五四红旗团委标兵、190个全国五四红旗团委、10个全国五四红旗团支部标兵、276个全国五四红旗团支部和60个全国团建先进县（市）。通过树立典型，表彰先进，促进基层团的组织建设，在基层团组织和广大团员中形成了学习先进、争创先进、赶超先进的良好氛围。

党建带团建工作

坚持党建带团建，把党建带团建作为推动团的组织建设的根本保证和有效措施。深入贯彻落实全国基层党建带团建工作会议精神，加强工作指导，督促各地将党建带团建的各项工作任务落到实处，推动各地结合实际出台具体的政策措施，建立健全党建带团建工作责任制度、联席会议制度、工作考核制度和团建工作情况通报等制度，促进党建带团建工作机制的建立和完善。

基层团建创新工作

2005 年 6 月，在河南郑州召开了共青团全国基层组织建设工作会议，系统总结交流近年来团的基层组织建设的主要经验和做法，研究提出当前和今后一个时期团的基层组织建设的工作思路和推进措施，通过了《〈共青团中央关于进一步加强团的基层组织建设的决定〉的实施意见》。7 月，在团中央北戴河基地举行了“推进基层团建创新工程”团干部培训班，培训了近 300 名基层团干部。8 月，在全团部署开展了团的领导机关抓基层团组织联系点活动，团中央书记处每位领导同志联系 1 个基层团组织，团中央机关各部门和团省（自治区、直辖市）委各部门及团地（市）委联系 5 个以上的基层团组织，团县（市）委联系 2 个以上基层团组织。团的各级领导机关确定了超过 10000 个基层团组织联系点，通过团的领导机关加强对基层的工作联系和指导，辐射和带动了面上的工作。10 月，开通了全国基层团建工作网，设立团建动态、经验交流、工作文件等栏目，加大对基层团建工作的指导力度。同时，进一步规范基层团的工作，编印了“基层团委工作手册”和“团支部（总支）工作手册”，并将两个手册的电子版本上传至全国基层团建工作网，供基层团组织下载使用。

推荐优秀团员做党的发展对象工作

推荐优秀团员做党的发展对象（即“推优”）工作就是坚持不懈地按照党的要求教育培养团员，推荐他们当中的优秀分子作为党员发展对象，为党源源不断地输送新鲜血液，始终保持党员队伍的生机与活力。“推优”工作是党赋予共青团的一项光荣政治任务，是共青团发挥党的后备军作用的一个重要方面。多年来，各级党团组织始终把“推优”工作作为加强党员队伍建设的重要内容，作为激发广大团员青年政治热情、增强共青团组织凝聚力的重要途径，作为对团员青年进行理想信念教育的有效载体，立足培养，加强教育，夯实“推优”基础；坚持标准，严格程序，完善“推优”机制；结合实际，突出重点，强化“推优”效果，“推优”工作成效显著。据中央组织部统计，2004 年全国发展入党的93．3 万名团员中，经由团组织“推优”入党的已占 92．6%。共青团员已经成为党组织发展青年党员的主要来源，“推优”工作已经成为党组织发展青年党员的主要渠道。

团的领导机关抓基层团组织联系点活动

在全团开展团的领导机关抓基层团组织联系点活动，是全面落实《关于进一步加强团的基层组织建设的决定》和共青团基层组织建设工作会议精神，扎实推进增强共青团员意识主题教育活动的重要举措，是全团抓团建、全团抓基层工作思路的具体体现。按照要求，团中央机关各部门和省级团委各部门及团地(市)委直接抓 5 个以上基层团组织，团县(市)委直接抓至少 2 个基层团组织，力争用三年左右的时间，在全团新抓 1 万个以上基层团组织，切实加强对基层团组织的工作联系和指导。联系点工作基础在于联系，关键在于建设，重点是抓好调查研究、主题活动、服务整建、机制建设和典型选树等工作，使各级团的领导机关工作对象更加清晰，广大基层团组织目标任务更加明确，真正起到抓住一批、牵动一片、带动全面的作用，努力把联系点建成示范点，推动基层团组织建设水平整体提高。

农村团建工作

巩固共青团农村“三个代表”重要思想学习教育活动成果。加强对农村基层团组织建设的指导和农村团建创新成果的总结。着力健全农村党建带团建工作机制，切实加强农村基层团建工作制度建设、农村基层团的阵地建设，积极推动农村基层团组织按期集中统一换届。加大农村团员发展力度，结合实际加强农村团员教育管理。探索和创新农村团干部选拔配备机制，积极稳妥地推进乡镇团组织直选试点工作，选调优秀大学生、组织大学生志愿者充实农村基层团干部队伍，推动村团支部书记进“两委”工作。在评选表彰中国青年五四奖章中加大选树来自农村、农业战线青年典型的力度。

非公有制经济组织团建工作

深入贯彻落实全国非公有制企业党建工作经验交流会精神。推动各级团组织坚持党建带团建,逐步建立起符合非公有制企业特点、充满生机与活力的工作运行机制。以扩大非公有制经济组织团的组织覆盖和工作覆盖为着眼点,通过联合建团、依托建团、公寓建团等多种建团方式,努力提高非公有制经济组织建团率,进一步活跃非公有制经济组织团的工作。

城市社区团建工作

深入开展调查研究,积极探索研究新时期城市社区团建工作的新思路、新方法。坚持党建带团建,把社区团建工作纳入党的建设的统一格局。健全和完善社区共青团组织体系和工作体系,加强街道团工委建设,充分发挥其在社区团的工作中的主体作用,探索和尝试社区青年工作联席会议等制度。进一步加强社区流动团员管理。整合社会资源,创新活动方式,加强社区青年中心、青少年宫等活动阵地建设,推动社区团建工作整体提高。

基层团干部培训工程

2005 年 6 月,团中央在郑州召开的共青团全国基层组织建设工作会议上提出在全团实施基层团干部培训工程,会后下发了《共青团中央关于实施基层团干部培训工程的意见》,基层团干部培训工程开始实施。

实施基层团干部培训工程的指导思想是以邓小平理论和“三个代表”重要思想为指导,深入贯彻党的十六大和十六届三中、四中全会精神,全面贯彻团十五大和团十五届三中全会精神,认真落实《共青团中央关于进一步加强团的基层组织建设的决定》,努力提高基层团干部素质,切实加强基层团干部队伍建设,培养造就“党放心、青年满意”的基层团干部队伍,为加强团的基层组织建设提供切实保障。目标是用 2 年左右的时间,把基层专职团干部和兼职团干部骨干培训一遍。培训要求以保持共产党员先进性教育活动和增强团员意识教育活动为契机,按照加强党的执政能力建设的要求,紧紧围绕加强共青团能力建设,努力提高广大基层团干部的政治理论素质,改进思想作风,增强他们服务青年的意识和岗位工作能力。培训的内容主要包括三个方面。一是按照中央的部署和要求，深入学习贯彻“三个代表”重要思想，集中开展党的十六大、十六届三中、四中全会精神的学习培训，认真学习贯彻科学发展观和构建社会主义和谐社会精神。二是认真学习团的工作理论、团的历史和团的工作实务，学习社会主义市场经济知识、法律法规知识、现代管理知识、现代科技知识等。三是学习贯彻《共青团中央关于进一步加强团的基层组织建设的决定》，学习研讨加强团的基层组织建设实务，推动团的基层组织建设。

基层团干部培训工程包括团地(市)、县委书记轮训项目和基层团干部轮训项目。团地(市)委书记轮训由团中央直接组织实施。每期培训时间7天。团县委书记轮训由团中央总体协调，各省级团委大力配合，共同组织实施。主要采取举办轮训班的方式，遵循集中培训与分片培训相结合、当地培训与交叉培训相结合的原则，充分依托中央团校和地方团校的培训资源，力争用一年时间将全国的团县委书记轮训一遍。基层团干部轮训项目是基层团干部培训工程的主要内容，主要由各省级团委及地、县级团委负责组织实施。按照“分级培训、分类实施”的原则，由各省级团委负责对乡镇团委书记和街道社区、学校、机关、非公有制经济组织等各条战线基层团干部的培训工作统筹安排。轮训以短训班和专题学习研讨班等方式，按照先专职、后兼职的原则，用2年时间，把基层专职团干部和兼职团干部骨干培训一遍。每期培训时间不少于3天。

2005年7月至12月，直接依托中央团校等团属院校举办了2期团地(市)委书记轮训班、5期团县委书记轮训班，培训800余人。各省级团委及地(市)、县级团委按照《意见》的要求，紧扣加强基层团组织建设这一主题，紧密结合本地区本部门基层工作实际，也开展了各具特色、有针对性的基层团干部培训，取得了良好的效果。

中国青年创业行动

一是全方位扶持青年创业。按照党中央国务院对就业和再就业工作的统一部署和要求，结合共青团的实际和青年的特点，以扶持青年创业为主线，以创造就业岗位、促进青年创业为目标，实施重点项目，健全组织网络，建立长效机制，努力帮助青年就业和创业，把促进青年就业和再就业工作提高到一个新水平，为促进经济社会发展做出新的贡献。

2005年7月，胡锦涛总书记和中共中央政治局常委、国务院副总理黄菊先后就青年就业工作作出重要批示，肯定了各级团组织在实施中国青年创业行动、促进青年就业和再就业方面发挥的积极作用，并对下一步共青团组织开展青年就业创业工作提出了新的要求。4月29日，联合劳动和社会保障部共同下发了《关于开展第二届“中国青年创业奖”评选活动的通知》。经过各地推荐、组织选拔、集中公示、专家投票等程序，评选出了10名第二届“中国青年创业奖”和19名提名奖，树立了青年创业的榜样，广泛宣传他们的创业事迹，激励广大青年走自主创业之路。9月25日，中共中央政治局常委、国务院副总理黄菊和中共中央政治局委员、全国人大常委会副委员长王兆国亲切接见了第二届“中国青年创业奖”获得者并与他们亲切合影,黄菊副总理发表了重要讲话,为进一步做好新形势下的青年就业创业工作提出了要求,指明了方向。

9月25日,团中央联合劳动和社会保障部在北京召开中国青年创业行动推进会,总结近年来各地团组织实施中国青年创业行动的好做法和好经验,研究部署推进中国青年创业行动的措施。团中央书记处第一书记周强、劳动和社会保障部部长田成平、团中央书记处书记王晓在会上就共青团组织实施中国青年创业行动发表重要讲话。会上下发了《关于在青年中实施"成功创业计划"的通知》,在全国范围内启动实施了"成功创业计划",指导各级共青团组织紧密结合自身实际和青年特点,从开展创业培训、推行创业导航、实施创业见习、进行创业孵化等方面入手培养创业型青年人才,通过发展青年创业"孵化器"、建立更多青年创业基地、提供小额贷款、建立青年创业项目库、成立青年创业专家指导团等多种方式,以及建立完善科学化的运作流程和社会化的服务体系,把服务青年创业工作做得更具系统性、针对性和实效性,培养一大批成功创业青年。

加大与国际劳工组织、国家劳动和社会保障部的合作力度,在107个重点联系城市逐步推广国际劳工组织SYB(创办你的企业)培训项目。3月,联合劳动和社会保障部举办了第三期共青团系统SYB师资培训班,培训了来自全国21个城市青年创业就业培训基地的专职教师,并全部取得了劳动和社会保障部颁发的合格证书,为各地举办SYB培训班提供了师资支持。12月举办第二届"中国青年创业周",通过举办青年创业项目洽谈会、中国青年创业能力大赛、中国青年创业论坛和"成功创业计划"现场观摩等活动,动员青年企业家与创业青年结对,搭建帮扶青年创业的平台,促进人才、技术、资金、信息等创业要素的有机结合,帮助一大批勇于创业、善于创业的青年人才脱颖而出。为激励青年自主创业,与康佳集团联合摄制了中国青年创业行动公益广告片,并在中央电视台播出。据统计,全国各级团组织一年来共对15万多名青年进行了创业意识、创业能力培训,扶持13000多名青年成功创办自己的小企业。

二是继续加大青年就业服务力度。不断培育品牌项目,继续实施了"玫琳凯下岗失业青年技能发展项目",先后在重庆、南昌、兰州、徐州、包头等地建立起了"玫琳凯下岗失业青年美容技能培训中心",为广大下岗失业青年搭建了提升技能、提高素质的平台。指导各地逐步扩大省际、省内、网上"工岗快递"的覆盖区域和参与群体,引导青年实现跨地区、跨城乡、跨行业就业。9月,指导和协助河南团省委向上海、江苏两地实施"工岗快递"行动,共输出青年劳动力3万余人,起到了很好的示范带动作用。1月、4月和10月依托"中国青年创业网"召开了三届全国青年网上招聘大会,7月还针对参加"大学生志愿服务西部计划"服务期满的大学毕业生举办了专场招聘会,为青年自主择业或流动就业开辟了全新渠道。开展"真情助困进万家"活动,共提供有效就业岗位65872个。1月,组织走访特困青年,动员团员青年、青年文明号、青年企业家采取"一助一"长期结对等方式,为特困青年提供就业援助,切实帮助他们解决生活难、培训难、就业难等问题。据统计,全国各级团组织一年来共对43万多名青年进行了职业技能培训,有60%以上的学员顺利就业和再就业。举办了1377场专场招聘大会,为95万多名青年提供了就业指导、咨询、职业介绍等专门服务。

三是工作机制逐步健全。作为国务院再就业工作部际联席会议的成员单位,定期参加国务院再就业工作部际联席会相关会议,向国务院汇报团组织实施中国青年创业行动的具体情况,听取要求,为开展活动优化了外围环境、争取了政策。团中央书记处调整充实了共青团全国青年就业和再就业工作领导小组后,召开了领导小组全体会议，下发《2005年促进青年就业和再就业工作推进方案》，明确了各地区、各部门全年的工作任务。推动中国青年创业行动各项工作制度化，汇总统计了2004年各地实施青年创业行动的相关数据，下发了《2005年实施中国青年创业行动任务分解表》，建立了工作情况定期通报制度，从而更有效地督促各地根据部署创造性地开展工作。

青工技能振兴计划

2005年，全团青工战线各级团组织将青工技能振兴计划列为工作中的重中之重强力推进，以加强技能培训、开展技能竞赛、组织技能鉴定为主要措施，不断探索新的工作载体，青工技能振兴计划工作迈上新的台阶，取得显著成效。一是联合劳动和社会保障部举办了首届“振兴杯”全国青年职业技能大赛。大赛设置电焊工、工具钳工、维修电工、数控车工等4个竞赛工种，分为初赛和决赛两个阶段，决赛定级为国家一类比赛。110多万名青年技术工人参加了选拔，390名优秀青年技术工人参加了决赛。决赛期间，还举办了许振超同志先进事迹报告会、全国青工技能振兴计划现场观摩会。大赛的举办，引起了强烈的社会反响，营造了利于青年学技成才的良好环境。二是开展了2005年中国青工技能月活动。活动由团中央联合劳动和社会保障部、国务院国有资产监督管理委员会共同举办，其间，各地方、行业特别是企业结合增强共青团员意识教育主题活动，开展了形式多样的主题活动，动员组织广大青年职工为增强企业自主创新能力、加强企业人力资源能力建设、建设资源节约型社会做出积极贡献。三是积极探索青工技能振兴计划活动的新载体。在总结基层经验的基础上，探索出技能培训“学分制”这一有形载体，联合劳动和社会保障部下发文件并在上海进行了工作试点。命名沈阳市为全国首个青年高技能人才培养示范基地。基地的主要工作职能包括举办面向全国的青年职业技能培训班、做好“振兴杯”全国青年职业技能大赛的方案制订和组织实施等工作、举办青年技能节等内容。团中央青工部、沈阳市委市政府、辽宁团省委有关负责同志共同组成基地工作领导小组。领导小组办公室设在沈阳团市委，办公室有固定编制、工作人员和经费保障。四是坚持行业、区域推进相结合的工作推进方式。联合中国煤炭工业协会、中国石油天然气集团、中国铁路工程总公司等单位举办了行业青年职业技能比赛。指导召开了2005年全国钢铁行业青年工作年会、全国大钢团委书记联席会、全国汽车行业团委书记年会和全国开发区、特区、保税区青年工作年会，把青工技能振兴计划的任务直接落实到基层。将全国各省（区、市）划分为五大区域，每个区域确定一个牵头单位和一个中心城市，分别开展了研讨会、培训班等活动，取得了较好效果。五是加强了典型培养和调查研究工作。联合劳动和社会保障部共同推出沈阳鼓风机集团公司青年技术工人徐强这一典型，进行了广泛深入宣传，形成了积极的社会导向。联合国家安全生产监督管理总局表彰了第三届全国青年安全生产示范岗。联合劳动和社会保障部评选表彰了2004年度全国杰出青年岗位能手和全国青年岗位能手。团中央青工部、中国青少年研究中心共同对青年技术工人成长状况进行调研并于年内发布了《当代青年技术工人发展状况蓝皮书》。六是积极组织青年投身创新实践。各地各企业广泛推行"项目制",认真抓好申报创新项目、开展项目攻关、促进成果转化、建立激励机制等关键环节,为青年开展创新实践活动搭建平台,引导广大青年职工积极开展技术、管理、营销、服务创新。广泛举行了青年创新创效成果展、青年创新创效大赛,组织青年创新创效成果推介转化活动,促进科技成果向现实生产力的转化。建立青年科技协会、青年攻关小组、青年技能培训小组,完善活动的组织阵地依托。建立青年创新创效人才库、项目库、成果库,加强了活动管理。

据不完全统计,青工技能振兴计划已在全国95%以上的国有大中型企业、1000多万青年技术工人中广泛开展。活动取得阶段性成果,截至目前,共培养了青年高级工174000多名、青年技师30000多名、青年高级技师14000多名。

青年文明号活动

2005年是青年文明号活动继往开来的一年。

总结和规划工作。10月,召开了"全国青年文明号活动现场经验交流会"。从节约模式、诚信模式、规范管理等几个方面,总结了近年来各行业、各地区开展青年文明号活动的典型经验,展示青年文明号活动成果,研究深化青年文明号活动的措施,进一步动员组织广大青年在全面建设小康社会的伟大实践中成长成才,建功立业。

开展主题活动。联合中宣部、商务部等七部委下发了《关于开展2005年百城万店无假货活动的通知》。1月,开展了"百城万店青年文明号优质服务统一行动日活动"。3月,开展了"百城万店青年文明号信用宣传教育月"活动,进一步动员青年文明号集体进行诚信经营示范,创新服务方式,优化服务过程,改善服务环境,完善服务网络,提供优质、高效、便捷的服务。积极响应党中央、国务院建设节约型社会的号召,在全国各级青年文明号集体中实施"青年文明号节约示范行动",动员和组织各行业的优秀青年集体立足岗位开展节约资源的主题活动,从而示范、带动全社会成员树立节约观念,建设节约文化,共同为建设节约型社会贡献力量。8月,以"做节约先锋,展青春风采"为主题,开展了"青年文明号节约示范行动统一行动日"活动。

培育文化内涵。以开发、推广、宣传、展示青年文明号活动在构筑诚信理念、质量理念、服务理念、管理理念、创新理念、团队理念、形象理念等方面的独特作用,引导和推动企业文化、机关文化、网络文化的健康发展为出发点,开展了"全国青年文明号文化节"活动。各行业、各地区本着参与性和群众性相结合的原则,组织青年文明号集体及争创集体开展群众性的文化建设活动、形式多样的文化竞赛活动以及立足岗位的文化示范活动。通过创作反映青年文明号活动特点的文艺作品,举办文艺汇演,佩戴青年文明号徽章,传唱"青年文明号之歌",宣读青年文明号信用公约,努力使弘扬高度职业文明、创造一流工作业绩的活动宗旨得到广泛传播,提高青年文明号活动的社会认知度，引领社会先进文化的新风尚。7月至10月，全国青年文明号活动组委会在文化节期间重点组织了以征文、摄影、动漫为主要内容的“全国青年文明号文化作品大赛”，集中评选和展示了一批优秀青年文明号文化作品。开展青年文明号评选表彰工作，上半年联合公安部等部门分行业、分系统命名表彰了5335个全国青年文明号。

青年创新创效活动

2005年，各级团组织适应建设创新型企业、创新型国家的要求，继续推进青年创新创效活动。

广泛推行“青年项目制”，引导青年立足本职创新创效。企业团组织坚持以市场为导向，以技术、管理、营销、服务创新为主要内容，以“青年有项目，项目有青年”为努力方向，认真抓好申报创新项目、开展项目攻关、促进成果转化、建立激励机制等关键环节，形成了较为健全的工作机制，为青年创新攻关提供了舞台。普遍建立了“青年创新创效人才库”、“青年创新创效项目库”、“青年创新创效成果库”，提高了活动的管理水平。

促进青年创新创效成果向现实生产力转化。广泛举办了青年创新创效成果大赛和青年创新创效成果展，有的企业还组织开展了青年创新创效成果推介转让活动，帮助青年获取专利，采取专利入股、转让等方式，有效促进了青年创新创效成果的转化。

加强青年创新创效活动的阵地建设。大部分企业组建了青年科技协会，在车间、班组等企业生产一线建立了青年项目攻关小组、青年技能培训小组等，有的企业还在协会内部设立了技术、管理、营销、服务等形式的分会组织。

开展青年安全生产示范岗创建活动。联合国家安全生产监督管理总局继续开展青年安全生产示范岗创建活动，企业团组织以“安全生产，青年当先”为主题口号，通过开展安全生产宣传教育、组织安全生产技能培训、加强青年安全生产管理、鼓励青年参与安全技术创新、培育青年安全生产文化等方式，普遍提高了青年安全生产水平，提升了青年安全生产贡献率。评选表彰了第三届全国青年安全生产示范岗。

青年企业家经贸考察活动

为了积极响应党中央、国务院关于实施振兴东北等老工业基地战略的号召，动员引导广大青年企业家积极参与东北等老工业基地的振兴，为加快东北地区发展和全面建设小康社会做贡献，团中央、中国青年企业家协会组织开展了“青年企业家东北行”活动。2005年1

月，组团赴辽宁省阜新市开展经贸考察，共达成合作协议3项，协议金额2亿元。5月25日至27日，组织来自北京、上海、浙江等13个省（区、市）以及港澳台地区和韩国青年商会的300多名青年企业家赴吉林开展了“青年企业家东北行——吉林经贸考察活动”，团中央书记处第一书记周强、中共吉林省委书记王云坤、省长王珉出席活动并讲话，团中央书记处书记王晓和省委副书记林炎志等领导同志出席了活动。此次活动共签订投资合同10项，金额达人民币34.8亿元。

为了响应党中央、国务院实施西部大开发战略，动员引导广大青年企业家为西部大开发做贡献，2000年3月，共青团中央、中国青年企业家协会组织开展“青年企业家西部行”活动。2005年9月，组织120多名青年企业家赴新疆开展了“青年企业家西部行——新疆经贸考察活动”，共签订合同7项，金额达人民币29.6亿元。中共中央政治局委员、新疆维吾尔自治区党委书记王乐泉出席活动并发表重要讲话，团中央书记处第一书记周强出席活动并讲话，团中央书记处书记、中青企协会长王晓主持了会议。此外，中青企协还组织会员赴宁夏、甘肃等西部地区进行经贸考察。

为响应党中央、国务院提出的“中部崛起”战略，服务区域经济建设，团中央、中国青年企业家协会组织开展了“青年企业家中部行”活动。2005年6月21日，中青企协组织开展了“青年企业家合肥经贸考察活动”，33名中青企协副会长及部分副秘书长参加，共签订人民币20亿元的投资协议。目前协议已落实。

为了进一步动员组织广大青年企业家参与革命老区经济建设，促进区域经济协调发展，在构建社会主义和谐社会的实践中成长发展、建功立业，共青团中央、中国青年企业家协会开展了“青年企业家老区行”。2005年12月3日，中国青年企业家协会组织100多名青年企业家赴山东临沂开展“青年企业家革命老区行——山东临沂经贸考察活动”，此次活动，签订经济合作合同11个，合同金额达人民币11.25亿元。

青年岗位能手活动

2005年，各级团组织积极适应走新型工业化道路的要求，继续深化青年岗位能手活动。一是大力树立先进典型。团中央联合劳动和社会保障部命名表彰了2004年度203名全国杰出青年岗位能手和全国青年岗位能手，树立了先进典型，形成了积极导向。二是积极营造活动氛围。在首届“振兴杯”全国青年职业技能大赛决赛期间，举办了许振超同志先进事迹报告会，引导广大青年技术工人向许振超同志学习，立足本职岗位，提高技能水平。三是抓好工作指导。在深入调研的基础上，指导各地各企业结合实际，广泛开展了“青工技能月”、导师带徒、推广先进操作法等内容丰富、形式多样的主题活动，形成了蓬勃发展的工作局面。指导各地各企业以普及互联网知识和技术为切入点，加强新技术、新技能培训，促进青年职工整体素质的提高。四是突出青年岗位能手在企业安全生产中的示范作用。在青年岗位能手的培训、考核、评价过程中突出安全生产的内容，充分发挥青年岗位能手在企业安全生产中的示范作用。

首届“振兴杯”全国青年职业技能大赛

为了扎实推进青工技能振兴计划，激励和引导广大青年技术工人立足岗位，学练技能，成长成才，为企业改革和发展做出更大的贡献，共青团中央、劳动和社会保障部于5月联合举办了首届“振兴杯”全国青年职业技能大赛。大赛设置电焊工、工具钳工、维修电工、数控车工等4个竞赛工种，分为初赛和决赛两个阶段，决赛定级为国家一类比赛。劳动和社会保障部为此次大赛提供了优惠政策，规定在大赛中获各工种前五名的选手，晋升为技师或高级技师，并在“中华技能大奖”、“全国杰出青年岗位能手”评选中享有优先权。获各工种第6—20名的选手，在原技术等级基础上晋升一级。各个地区、行业团组织结合各自的实际积极开展大赛初赛工作，110多万名青年技术工人参加了初赛，掀起了群众性的学技成才热潮。经过选拔，390名优秀青年技术工人参加了在沈阳举行的全国决赛，决赛期间，还举办了许振超同志先进事迹报告会、全国青工技能振兴计划现场观摩会。大赛的举办，引起了强烈的社会反响，营造了利于青年学技成才的良好氛围。

第二届中国青年创业周活动

2005年12月24日—28日在浙江省台州市举办的第二届中国青年创业周活动，作为中国青年创业行动的重要载体，搭建了弘扬创业精神、交流创业经验、挖掘创业资源、互通创业信息、培育创业青年、展示创业成果的有效平台，帮助广大青年在创业中实现就业和再就业，为促进国家就业再就业工作大局、构建社会主义和谐社会作做了积极贡献。其内容包括开幕式、第二届中国青年创业项目洽谈会、第三届中国青年创业论坛、第二届中国青年创业能力大赛、“成功创业计划”现场观摩等。第二届中国青年创业项目洽谈会历时两天，来自25个省、自治区、直辖市的企业家携带257个投资少、见效快、适合青年创业的项目与近万名青年进行了现场洽谈。其内容涉及专利产品及技术的知识产权转让、特约连锁加盟合作、品牌产品区域性代理合作、风险资金的投融资、产品或服务的交易等诸多方面。47个合作项目在洽谈会现场签约。此次洽谈会评选出创业项目金奖10个、银奖20个、铜奖30个。第三届中国青年创业论坛于2005年12月25日举行，邀请创业方面有关专家和部分第二届“中国青年创业奖”获得者围绕青年创业问题进行了主旨演讲。论坛的举办对培育青年创业文化、强化青年创业行动的理论支撑起到了积极的推动作用。第二届中国青年创业能力大赛分为初赛、复赛和决赛三部分。初赛由各省、自治区、直辖市团委组织，选拔推荐1—2名青年参加复赛。2005年12月26日—28日进行了大赛复赛和决赛。经过创业方案答辩、创业知识考核、创业能力实战等环节的激烈角逐，评选出中国最具创业潜能青年奖。

中国青年企业家发展论坛暨对话世界知名企业系列活动

为了贯彻中国青年企业家协会第九次会员代表大会和九届一次会长办公(扩大)会议的精神,增强青企协组织的服务能力,致力于提高青年企业家的综合素质和应对国际市场激烈竞争的能力,中国青年企业家协会组织举办了中国青年企业家发展论坛暨对话世界知名企业系列活动。2005 年 4 月至 12 月,中青企协分别在海南、北京等地举办了六届中国青年企业家发展论坛,先后邀请知名学者、经济学家、企业家就青年企业家普遍关心的热点问题作演讲,共有 1100 多人次青年企业家参加了论坛,受到了广大青年企业家的普遍欢迎。

保护母亲河行动

2005 年保护母亲河行动以弘扬生态环保文化、开展生态环保体验、推进生态环保示范工程建设、加强生态环保国际交流与合作为重点,关注重点流域、重点工程、重大节会的生态环境保护,不断推进保护母亲河行动。3 月 5 日,中共中央总书记、国家主席胡锦涛在《关于周强同志获得首届"地球卫士奖"情况的报告》上作出重要批示,充分肯定各级团组织和广大青少年为生态环境保护事业所做的贡献。4 月 19 日晚,"地球卫士奖"颁奖仪式在美国纽约联合国总部举行,周强同志到场领奖并致辞。联合国副秘书长兼环境规划署执行主任克劳斯·托普费尔在获奖文件中称"保护母亲河行动是中国非政府组织自发开展的影响最为广泛的环保活动"。

1. 召开全国保护母亲河行动大会。4 月 4 日,联合保护母亲河行动各主办部委、国务院三峡办等,在重庆市万州区首次召开全国保护母亲河行动大会,总结保护母亲河行动开展以来的经验,部署今后一个时期的工作,表彰了先进集体、先进个人和第三届"母亲河奖"。中共中央政治局委员、国务院副总理曾培炎出席大会并作重要讲话,全国政协副主席、农工民主党常务副主席李蒙以及中央有关部委、重庆市的 20 多位省部级领导出席了大会。

2. 大力弘扬生态环保文化。3 月 9 日"保护母亲河日",动员全国上百万青少年统一行动,开展"同一条河"文化广场、植树种草、生态监护、绿色承诺等活动,积极践行保护母亲河的誓言。设计制作主题公益广告和招贴画,在各媒体和公众场所广泛刊发。新邀请 13 位"保护母亲河爱心使者",印制了一批"请跟我来,天天环保"纪念书签,发放"两会"代表、委员。3 月 12 日植树节,各地青少年通过散发宣传资料、参加义务植树等活动,共建青少年绿色家园。开展"同一条河美术家采风活动"和"同一条河·全国中国画展"。开展"保护母亲河——建设节约型社会我先行"活动。立足农村、社区、学校,在青少年中积极开展资源国情教育、"建设节约型社会我先行"、"我为建设节约型社会做贡献"等主题宣传实践活动,倡导"节约光荣"的文明新风。2005 年,中央电视台《新闻联播》5次、人民日报、光明日报、中国青年报等30多家报刊刊发了保护母亲河行动公益广告百余次,全国40余家电视台、200余家报刊和100多家网站宣传报道了各地的活动。

3.广泛开展生态实践。在沿黄九省区开展"同一条河"保护母亲河系列活动,发动青少年通过开展百名诗人颂黄河、百名小卫士监测黄河、建设纪念林等方式,保护黄河流域的生态环境。系列活动在山东省滨州市启动并以主题晚会的形式在东营市闭幕。围绕保护首都的重要水源地——密云水库,开展京、冀两地青少年"同一条河——相约2008绿色接力潮河情"保护母亲河系列活动,为绿色奥运做贡献。结合2006沈阳世界园艺博览会,在沈阳世博园内命名"全国青少年生态文化园"。启动"同一条河"——泛珠三角青少年保护母亲河行动系列活动,以"共创生态城市群、同建绿色居住圈"为主题,组织发动珠江流域九省区及香港、澳门的广大青少年,集中开展携手争创"十个一"、环保自驾行、环保产业交流高峰论坛及展示会等活动,建设母亲河主题公园。

4.积极推进生态环保示范工程建设。与解放军总政治部组织部合作,在重庆云阳、湖北宜昌、宁夏吴忠、北京顺义建设4片解放军青年林,总投资400万元,总规划面积2万亩。争取国家林业专项资金70万元,分别资助建设重庆、湖北、山西和陕西7000亩的保护母亲河工程建设。利用中央电视台《真情无限》栏目筹集资金100万元,联系浙江、上海、广东三省市团委各35万元,资助建设三峡库区的生态建设。与安利(中国)日用品有限公司合作,争取资金60万元,资助黑龙江、安徽、广东、西藏、青海等5省区建设青少年绿色家园,至此,保护母亲河工程安利林植树达到100万棵。新启动实施"小渊基金"项目6个。据统计,2005年共募集资金6000多万,建设全国重点项目10个,地方新增项目160多个。

5.不断加强保护母亲河行动机制建设。联合保护母亲河行动各主办单位,下发《关于进一步深化保护母亲河行动的意见》,制定政策,健全机制,指导各地大力推动保护母亲河行动。在广泛征求各地及专家学者意见的基础上,修订完善下发《保护母亲河工程管理办法》。要求全国保护母亲河行动领导小组办公室加强对已立项工程的审批建设管理,指导他们针对新时期开展青少年生态环保教育开展调查研究工作,重点对全国各地的大学生生态环保社团的分布、数量、规模等进行了全面系统地调查。

全国农村青年中心建设工作

2005年,按照"一手抓扩大规模,一手抓提高质量"的原则,以"全国青年中心建设先进县(市)"创建活动为重要措施,以推动建设、培育社团、发展项目、建设队伍为工作重点,积极推进农村青年中心建设工作,大力构筑"基层团委+青年中心"新型基层青年工作网络,取得了显著成效。

1.加大青年中心建设力度。1月10日至11日,在山西晋城召开全国青年中心建设工作会议,总结试点阶段工作,提出全面推进农村青年中心建设的目标。深化"全国青年中心先进县(市)"创建活动,确定2005年度创建单位

435个,比2004年增加205个。在全团青农部长会议上,就全面推进农村青年中心建设作出具体安排。印发《农村青年中心章程(范本)》,编辑《全国农村青年中心建设工作指南》,出版《农村青年中心建设工作100问》,进一步明确青年中心核心理念和工作方法。6月26日至28日,在辽宁沈阳召开农村青年中心现场经验交流会,部署推动华北、东北片区农村青年中心建设有关工作。分赴10多个省(区、市)开展专题调研,编印《全国农村青年中心名录》,了解掌握基层工作推进情况。目前,农村青年中心已增长为3000个。

2. 着力开发青年发展项目。以"建设青年中心,促进社会和谐"为主题,在农村青年中心组织开展纪念五四运动86周年系列活动。联合卫生部实施农村青年中心青年健康促进计划,推动建设100个以健康教育为特色的农村青年中心。邀请中国移动通信集团公司、中央广播电视大学、新华书店总店、中央农业广播电视学校等200家企事业单位成为首批"全国农村青年中心特约服务单位",结合业务特点为农村青年提供优质优惠服务。争取江苏张家港市新中环保设备有限公司支持,捐资500万元设立"全国农村青年中心青年发展项目(新中)基金"。取得于若木同志关注支持,向农村青年中心捐赠一批个人著作。继续深化青年开放书架建设、体育三下乡青年中心行动,积极参与全国九亿农民健康促进行动和全国农民读书征文活动。

3. 切实加强工作队伍建设。选派799名大学生志愿者从事西部地区农村青年中心建设和管理工作。就进一步做好大学生志愿服务西部计划青年中心建设和管理有关工作下发通知,明确农村青年中心志愿工作者工作要求。编辑制定《全国农村青年中心志愿工作者手册》,作为西部计划大学生志愿者专题培训青年中心建设工作的统一教材。7月8日至15日,在北戴河举办全国农村青年中心建设培训研讨班,240多名青年中心工作骨干参加。安排7名团中央机关年轻干部,赴内蒙古、河南、广西从事农村青年中心建设与管理工作。推动中东部13个省(区、市)实施青年中心志愿者工作项目。启动全国农村青年中心工作骨干四级轮训工作,出版指导用书和培训教材,推动15个省(区、市)举办专题培训研讨班。

4. 不断完善工作推进机制。出台《"全国青年中心先进县(市)"创建办法(试行)》,明确创建工作目标,对创建单位实行动态管理。命名表彰47个全国青年中心建设试点工作先进县(市)、51个全国优秀青年中心和53名全国青年中心建设试点工作先进个人。实施农村青年中心"双助行动"计划,以组织化运作、社会化参与、定制式服务、项目化管理的方式,推进农村青年中心项目建设。完善全国农村青年中心网站,编辑青年中心建设工作简报40多期,推广基层经验和做法,打造信息交流、共享、互动平台。在人民日报、中国青年报、农民日报、光明日报、经济日报、中央电视台、新华网、人民网、中青网、中国共青团等媒体推出宣传报道50多篇次,转载400多篇次,为各地推进工作提供了有益借鉴。

促进农村青年转移就业工作

“农村青年转移就业促进计划”是团中央等部委2004年在全国启动的一项重点工作，是共青团组织围绕社会主义新农村建设、全面动员农村青年参与建设小康社会的一项重要举措。2004年团中央联合农业部、教育部、科技部、劳动和社会保障部、国务院扶贫办、民进中央等六部委共同下发了《关于实施全国农村青年转移就业促进计划的意见》，围绕农村青年技能培训、促进农村青年在农业内部转移、拓宽农村青年对外输出渠道等方面出台了具体的指导意见和推进措施。

2005年各地团组织紧紧围绕党的农村工作大局，着眼于服务农村青年增收成才，按照“引导农村青年向农业的深度和广度拓展，引导农村青年向农村二三产业转移，引导农村青年外出务工和向城镇转移就业，积极开展国际青年劳务协作”的总体思路，紧密结合各地实际，努力创新工作方式，大力开拓转移渠道，不断开创工作新局面，形成了多层次、多途径、多元化的帮助农村青年转移就业的格局。

一、广泛宣传，帮助农村青年树立新的就业观念

各地团组织充分利用地方广播电视、报刊等媒体，通过举办表彰会、联欢会等多种形式，对农村青年开展转移就业宣传，帮助农村青年树立新的就业观念。黑龙江、吉林、湖南等地团组织将乡村青年文化节、新春拜年活动与转移就业宣传相结合，把转移就业信息、有关政策、创业经验一起送到农村青年手中，在广大农村青年中营造了“外出务工致富，转移就业成才”的良好氛围。

二、搭建平台，拓展农村青年转移就业的渠道

各地团组织采取组织对接、就业洽谈会、“网上招聘”、“送岗位下乡”等多种形式搭建农村青年转移就业平台，帮助、引导农村青年实现有序转移、稳定就业。山西、辽宁等地团组织举办“转移就业大篷车”活动，把就业培训和工作岗位直接送到农村青年的家门口。内蒙古团区委实施了“百万青年出草原”活动，服务农牧民青年转移就业。重庆、山东等地团组织举办了100多场的转移就业招聘会，帮助农村青年寻找合适的就业岗位。安徽、江西、河南、湖北、湖南、广西、贵州、陕西、宁夏等中西部地区团组织与北京、上海、江苏、浙江、广东、福建等省(市)的大城市和沿海发达地区的团组织建立起比较稳定的劳务协作关系。

三、开展培训，提高农村青年的转移就业技能

团中央联合农业部、财政部、科技部等相关部委，实施“新型农民科技培训工程”和“星火科技培训工程”，深入开展农村青年农业技术和职业技能培训。各级团组织也充分整合各类资源，依托农广校、团校、农村青年中心等各种教育机构建立农村青年转移就业培训基地，举办各类职业技能培训班，以培训推动农村青年转移就业。浙江团省委开展了“欠发达地区农村青年人才培训工程”，整合社会资源建立培训基金，2005年拿出基金增值部分158万元开展培训，2005年培训农村青年4万余人，有近10000人通过培训实现转移就业。河南、辽宁、江西等地各级团组织积极争取党政政策支持，将农村青年就业培训纳入政府农村劳动力转移培训“阳光工程”，整合社会各方力量开展农村青年培训。

四、典型带动，着力培养农村青年转移就业带头人

各地团组织突出共青团的工作特色，利用

春节期间，在返乡探亲的农村青年中选拔确定了一批思想素质较高、外出就业经验丰富、联系广泛的青年作为农村青年转移就业带头人，通过走访慰问、座谈会、培训班等多种形式对他们进行培养、表彰和宣传。内蒙古、江西、安徽等地团组织开展了“寻找转移就业带头人”和“创业之星、文明之星”评选活动，通过带头人的人缘、地缘、亲缘的关系，发挥他们的示范带动作用，直接带领农村青年转移就业。

五、全程服务，为农村青年转移就业排忧解难

各地团组织充分发挥自身优势，组织开展了送票、送行、送药、体检、政策法律咨询、务工常识和维权知识宣传等各类内容丰富的服务活动，为农村青年转移就业解决实际困难。四川、河南等地团组织开展“青春创业快车”活动，开行了青年专列，为农村青年出行提供方便。湖北、广西、云南、海南等地团组织建立了“农村青年转移就业档案”，详细掌握每一批输出的农村青年的基本情况，并进行跟踪管理。他们还设计制作了形式多样的“联系卡”，开通了青少年维权热线，以方便及时了解进厂进城就业农村青年的思想动态，维护他们的合法权益。

经过各级团组织的共同努力，2005 年全国共创建省级以上农村青年转移就业培训基地 200 多个，培训农村青年 50 多万人次，培养带头人 4 万多人，举办 1000 人以上规模的劳务洽谈会 500 多场，向农村青年提供岗位 35 万个，转移农村青年 30 多万人。

全国乡村青年文化建设工作

与农村青年中心建设相结合，坚持文化育人，打造文化品牌，通过广泛开展丰富多彩、健康向上、洋溢乡土气息、深受农村青年喜爱的群众性文化活动，有力地推动了乡村青年文化建设。

1. 举办第五届全国乡村青年歌手大赛。大赛以“弘扬民族文化，展示青年风采”为主题，通过基层群众性演唱活动、地区选拔赛等形式，推动乡村青年文化活动蓬勃开展，数十万农村青年参与其中。先后举办全国初赛、复赛、决赛和颁奖晚会，一批优秀乡村青年歌手脱颖而出。表彰 48 名获奖歌手和 10 个省级团委青农部。

2. 开展第七届全国乡村青年文化节活动。元旦、春节期间，围绕社会主义和谐社会建设，以“繁荣乡村文化，服务青年发展”为主题，广泛开展第七届乡村青年文化节活动，吸引了上百万农村青年积极参与。新华社、中央电视台、中国青年报、农民日报、经济日报、新华网、中青网等新闻媒体报道累计 200 余篇次。命名“全国乡村青年文化活动先进县（市、区）”117 个、“全国优秀乡村青年文化活动项目”100 个和“全国乡村青年文化名人”91 名。

3. 举办首届全国乡村青年才艺风采大赛和筹备第八届全国乡村青年文化节。充分发挥青年在先进文化建设中的生力军作用，联合农业部举办“金升杯”首届全国乡村青年才艺风采大赛，以青春风采展示和才能技艺展示为主要内容，通过基层推荐、地区选拔、全国复赛决赛三个阶段，弘扬先进文化，展示青年风采，促进社会和谐。吸引了 19 个省（区、市）的近百名选手踊跃参加，表彰 30 名获奖选手和 10

个省级团委青农部。围绕“新农村、新青年、新作为”的要求，积极筹备实施第八届全国乡村青年文化节活动，努力打造全国文化卫生科技“三下乡”活动示范项目品牌。

大中专学生“三下乡”社会实践活动

中宣部、中央文明办、教育部、团中央、全国学联紧紧抓住贯彻落实《中共中央国务院关于进一步加强和改进大学生思想政治教育的意见》的有利契机，深入开展大中专学生“三下乡”社会实践活动，为促进城乡统筹发展，构建社会主义和谐社会做出了积极贡献。广大学生在实践中熏陶了思想感情，充实了精神生活，提高了道德境界，增长了知识才干，思想政治素质有了明显提高，得到了基层党政和人民群众的普遍欢迎。

2005年暑期大中专学生“三下乡”社会实践活动以“服务和谐社会建设，提高思想政治素质”为主题，动员组织了400余万大中专学生深入农村基层，广泛开展形势政策宣讲、科技支农、企业帮扶、文艺演出、法律援助、医疗服务等内容丰富、形式多样的志愿服务。全国共组织重点团队7000余支，其他各类团队近10万支，特别是全国重点组织的400支“大学生和谐社会建设宣传服务团”、“大学生形势政策宣讲团”、“大学生红色之旅参观服务团”、“博士生地方经济实践服务团”，主题鲜明，活动扎实，效果突出，产生了广泛的影响，受到了普遍的好评。

大学生就业见习行动

“大学生就业见习行动”是共青团中央、全国学联贯彻落实《中共中央国务院关于进一步加强和改进大学生思想政治教育的意见》的具体举措。根据大学生成长成才和就业创业的需求，包括职业生涯测评、就业创业辅导、见习岗位推荐等三个方面。

2005年是深化“大学生就业见习行动”的一年，“大学生就业见习网”的日点击量已稳定在25万以上，已有包括30余家世界500强企业在内的500多家国内外企业与网站签约，提供就业见习岗位，累计提供就业见习岗位近2万个。活动组委会还邀请IBM、德州仪器等世界500强企业和中兴通讯等国内知名企业的人力资源经理，在就业见习网上举办宣讲咨询会，讲解企业员工应具备的素质，邀请联想集团、万科股份等大型企业的人力资源部门负责人，深入25个省区市的150余所高校进行了200多场专题报告，对学生进行就业素质教育。通过一系列举措，帮助广大高校学生积累就业经验，提高就业能力。

“一二·九”、“一二·一”运动纪念活动

2005年是“一二·九”运动70周年和“一二·一”运动60周年。在新的历史条件下纪念“一二·九”、“一二·一”运动,发扬“一二·九”和“一二·一”运动的光荣传统和革命精神,对于进一步激发广大青年学生的爱国热情,教育引导他们更加坚定地跟党走,努力成长为中国特色社会主义事业的合格建设者和可靠接班人,具有十分重要的现实意义。“一二·九”、“一二·一”前后,中宣部、中央党史研究室、教育部、团中央共同在青年学生中组织开展了多种形式的纪念活动。

12月9日,在人民大会堂举行“首都青年纪念‘一二·九’运动70周年、‘一二·一’运动60周年大会”,部分参加过“一二·九”运动和“一二·一”运动的老同志130余人出席会议。中央政治局委员李长春同志出席大会并作重要讲话。当晚,在北京大学百年纪念讲堂举行“首都大学生纪念‘一二·九’运动70周年文艺晚会”。国务委员陈至立、教育部部长周济、团中央书记处第一书记周强出席晚会。

12月10日,在北京师范大学召开“首都大学生纪念‘一二·九’运动70周年和‘一二·一’运动60周年座谈会”,部分参加过“一二·九”、“一二·一”运动的老同志代表出席,首都部分大学生代表参加。

全国中学生暑期“四个一”社会实践活动

为深入贯彻《中共中央国务院关于进一步加强和改进未成年人思想道德建设的若干意见》精神,落实《中小学开展弘扬和培育民族精神教育实施纲要》要求,充分发挥实践育人的重要作用,在实践中培养和提高广大中学生的思想道德素质,促进学生全面发展,共青团中央、教育部在暑期深入开展了中学生“四个一”社会实践活动,引导广大中学生从增强爱国情感做起,从确立远大志向做起,从规范行为习惯做起,从提高基本素质做起,增强中学生的社会责任感和适应力,努力成长为中国特色社会主义事业的合格建设者和可靠接班人。

中学生暑期社会实践活动的主要内容是“四个一”,即参观一次爱国主义教育场所,参加一次社区志愿服务活动,为回报父母、长辈做一件实事,学习一项生产生活技能或自理自护知识,广泛参与各种形式的道德实践,度过一个健康、文明、快乐而有意义的暑假。活动包括组织中学生参观博物馆、纪念馆、展览馆,瞻仰革命遗址、烈士陵园,开展“红色旅游”,考察我国现代化建设的伟大成就,浏览“血铸中华”、“民族魂”爱国主义网站,在社区开展敬老爱幼、助残帮困、保护环境、公益宣传等多种志愿服务,为父母长辈做饭、洗衣、整理家务,学习生产劳动、工艺制作、日常生活实务,学习自我保护、生存安全等方面的基本知识。

关心服务经济困难大学生工作

2005年初，胡锦涛总书记、王兆国同志就关心和帮助经济困难大学生多次作出重要批示。各地团组织在团中央的统一安排和部署下，发挥自身优势，整合社会资源，积极开展关心和服务经济困难大学生工作。通过各方努力，在短短一周的时间里，全团共募集4000多万元资金，在春节期间发放到困难大学生手中，切实帮助他们解决生活方面的问题，在社会上产生了很好的影响。团中央还把关心和帮助经济困难大学生的工作作为保持共产党员先进性教育的重要内容，积极探索建立关心服务经济困难大学生的长效机制。书记处同志率先垂范，全体机关干部积极响应，尝试以机关党支部与高校团支部结对帮扶长期资助的方式，深化此项工作，短时间内捐款超过了15万多元。

2005年新学期开始后，各级共青团、学联组织广泛挖掘社会资源，积极争取政策措施，做好关心服务经济困难大学生的工作，千方百计为经济困难大学生做实事、办好事，开展了形式多样、卓有成效的活动，帮助贫困生顺利入学，安心就学。同时，还设立专项奖学金、济困助学金，开辟勤工助学岗位，在建立关心和服务经济困难大学生长效机制方面做了很多尝试。一年来，全国各地各级团学组织为经济困难大学生共募集资金约1.65亿元、提供勤工助学岗位约47万个、受助学生近59万人。

首届中国大学生校园文化节

为贯彻落实《中共中央国务院关于进一步加强和改进大学生思想政治教育的意见》精神，发挥校园文化育人功能，建设体现社会主义特点、时代特征和学校特色的校园文化，服务大学生健康成长成才的需要，共青团中央、教育部、广电总局和全国学联于2005年11月中旬至12月底联合举办了首届中国大学生校园文化节。首届中国大学生校园文化节以“美好青春·和谐校园”为主题，通过开展丰富多彩的校园文化活动，引导青年学生加强文化道德修养，提高综合素质，促进德智体美全面发展；整合现有的校园文化活动内容，打造新的文化活动品牌，创造有利于学生健康成长的社会氛围和校园氛围；创新校园文化活动的内容和形式，努力适应新时期高校学生对校园文化建设的新需求，使高等学校成为发展中国特色社会主义先进文化的重要阵地。

主要内容：

1.以学习邓小平理论和“三个代表”重要思想为重点，以理论学习社团为依托，深入开展大学生思想政治理论学习和团员意识主题教育活动；以学习大学生行为规范为核心，倡导大学生开展文明修身活动，努力成为社会文明的表率；以《全国大中学生共建节约型社会日常行为公约》为规范，引导大学生“从小事做起，从现在做起”，用实际行动反对浪费，厉行节约，养成良好的行为习惯，共建节约型社会。

2.广泛开展大学生文化艺术活动，提升大

学生审美能力和艺术修养；积极开展符合青年学生特点的各类体育竞赛活动，提高大学生的身体素质，培养大学生的拼搏精神和团队意识。

3. 以帮助和服务大学生解决心理问题为出发点，积极采取多种有效形式，广泛挖掘资源，动员社会各界力量，开展深入细致的心理健康教育和咨询服务活动。

4. 结合大学生特点开展生动活泼的网络文化活动，引导大学生文明上网、上文明网，形成富有时代特色、青年特点的校园网络文化体系，发挥网络文化的育人作用。

5. 积极开展其他有益于大学生身心健康发展、综合素质提高的文化艺术活动。

重点活动项目：

1. 在“一二·九”期间，举办第三届中国大学生校园歌手大赛决赛。大赛唱响了主旋律，展示了当代大学生崇高的理想追求和高雅的审美情趣。

2. 12 月中旬，以心理阳光工程为依托，开展“快乐学习、阳光生活”大学生心理健康教育系列活动。举办第五届全国大中学校团组织心理咨询工作培训班，组织编写《2005 年大学新生心理健康手册》，并向全国部分高校新生免费发放了 10 万册；组织心理健康知识竞赛、倡导学生心理健康社团开展同伴教育，引导广大青年学生关注自身和周围同学的心理健康，帮助广大青年学生提高心理调节能力，培养良好的心理品质，促进大学生思想道德素质、科学文化素质和身心健康素质协调发展。

3. 12 月底，开展“社团活动集中展示周”活动。对学生社团主动引导，积极扶持，加强管理，使广大同学在社团活动中受到教育，增长才干。大力扶持理论学习型社团，热情鼓励学术科技型社团，正确引导兴趣爱好型社团，积极倡导社会公益型社团。组织第二届全国高校“优秀学生社团”及其标兵评选活动，充分发挥学生社团在校园文化建设中的重要作用。

“全队抓基层、全队抓落实”工作

全国少工委四届六次全委会提出了“全队抓基层、全队抓落实”的工作思路。2005 年 6 月第五次全国少代会进一步明确了“全队抓基层、全队抓落实”的工作任务，指出要按照全队抓基层、全队抓落实的要求，努力构建务实、有效的工作运行机制。

围绕这一工作思路，全国少工委推出了一系列举措对抓基层、抓落实进行部署和推进。2005 年 5 月团中央联合教育部、科技部、民政部、财政部、人事部、农业部、文化部等部委出台了《关于进一步加强少先队工作的意见》，为少先队营造更好的政策环境；2005 年 8 月全国少工委在总结少先队教育实践的基础上，制定了《少先队辅导员工作纲要（试行）》，为少先队辅导员工作提供了指导；为全面了解基层现状，进一步摸清队情，为扎实推进全队抓基层、全队抓落实奠定坚实基础，2005 年 9 月全国少工委发出《关于在全队开展工作调研并制定 2006 年—2010 年少先队重点工作推进计划的通知》，在全队范围内开展了集中调研，各省级少工委在充分调研的基础上写出了调研报告，结合实际填写了《2006 年—2010 年少先队重点工作推进进度表》，制定了合理的重点工作推进计划。在汇总全队调研情况的基础上，全国少工委办公室起草了《2006 年—2010 年少先队重点工作推进计划(草案)》,2006 年 1 月经全国少工委五届二次全委会审议后,以全国少工委文件印发施行。《推进计划》进一步明确了“全队抓基层、全队抓落实”的指导思想、基本原则、总体目标、重点工作、推进方式与实施要求。

全国少工委要求全队统一思想,深刻认识全队抓基层、全队抓落实的重要性和紧迫性;把握内涵,准确理解全队抓基层、全队抓落实的总体目标和工作内容;创造条件,出政策、建机制,定标准、抓考核,搭平台、抓典型,确保“全队抓基层、全队抓落实”的实施。

按照全国少工委的部署,2005 年各级少工委对抓基层、抓落实工作进行了积极部署和贯彻实施。在具体实施中,能突出重点,大胆创新,准确把握“全队抓基层、全队抓落实”的工作内涵和基本任务,在少先队辅导员中大力推进《少先队辅导员工作纲要(试行)》的全面实施,认真贯彻落实八部委《关于进一步加强少先队工作的意见》,强化执行力,切实加强少先队基层组织和辅导员队伍建设,深入推进少先队品牌活动,不断完善少先队工作机制,把“全队抓基层、全队抓落实”工作不断推向深入。

“雏鹰争章”活动

“雏鹰争章”活动是按照自学、自理、自护、自强、自律的要求,把对少年儿童的思想道德素质、科学文化素质和健康素质等方面的要求,具体化为一枚枚“雏鹰奖章”,通过定章、争章、考章、颁章、护章等环节,鼓励少年儿童从自身的学习、生活实际出发,不断为自己确立新的目标,发现自己的潜能,看到自己的进步,证明自己的成功。“雏鹰争章”活动面向全体少年儿童,人人可为,天天可为,充分体现了少先队的体验教育理念,是少先队加强少年儿童思想道德建设的有效途径,也是少先队发挥自身优势,配合基础教育改革,推进实施素质教育的有效方式和现实途径。

2005 年“雏鹰争章”活动以推进与基础教育新课程改革的有机结合为重点,有效服务素质教育,切实加强少年儿童思想道德建设,取得了新发展。各地采取不同形式将雏鹰争章活动纳入新课改,使雏鹰争章活动呈现出勃勃生机。上海市推进雏鹰争章课程化,将雏鹰争章纳入《上海市学生成长记录册》,并在学校教育教学工作中进一步强调用好《争章手册》。云南省出台《关于深化雏鹰争章活动的意见》,全省统一使用《云南省雏鹰争章手册》,并把争章活动纳入教学管理。山西省少工委命名了 100 所雏鹰争章与新课程改革实践基地。浙江省建立雏鹰奖章评价奖励制度,分年级编写出版了《雏鹰争章活动手册》,坚持每年联合教育部门颁发省级雏鹰奖章,并把雏鹰争章与综合实践课程相结合,与学校三好学生、特长生等评比活动相结合。辽宁省协调教育部门把雏鹰争章活动作为对少先队员进行考核和评价的依据,促进争章活动深入发展。

“四个一”节约资源活动

围绕建设节约型社会,2004 年 12 月全国少工委四届六次全委会在全队部署开展了以“节约一滴水、一度电、一张纸、一粒米”为主要内容的“四个一”节约资源活动。第五次全国少代会期间,少先队员代表又向全国少年儿童发出了“四个一”的倡议,得到了全国少年儿童的积极响应。

按照全国少工委的部署,各级少先队组织充分调动每一个少先队员的积极性和主动性,号召全体少先队员从我做起、从现在做起、从点滴小事做起,节约每一滴水、每一度电、每一张纸、每一粒米。围绕“节约一滴水”,引导少先队员坚持做到随手关好水龙头、生活用水循环使用,并积极寻找生活中其他可以节水的小技巧;围绕“节约一度电”,引导少先队员坚持做到随手关灯、合理使用空调,并广泛寻找节约用电的小常识、小窍门;围绕“节约一张纸”,引导少先队员坚持做到作业纸双面使用、多用手帕少用纸巾、把旧教科书送给有需要的小伙伴,并积极探索其他纸张循环使用、再生利用的好方法;围绕“节约一粒米”,引导少先队员坚持做到吃饭不剩一粒粮、剩菜打包不浪费、尽量少吃零食,积极倡导健康俭约的生活方式。

各级少先队组织还充分发挥少先队小队的创造性,组织少先队员以小队为基本单位,深入开展了形式多样的资源节约宣传和实践活动。发挥少先队员“小宣传员”的作用,组织引导广大少先队员积极向同学、父母、街坊邻居及全社会宣传节约资源的理念和方法,倡导健康的生活方式和科学的消费理念,带动更多的人加入到节约资源的行列;发挥少先队员“小监督员”的作用,组织引导广大少先队员深入家庭、超市、商场、饭馆等场所,寻找一个浪费的现象,做一件抵制浪费的事情,带动家长和其他社会成员共同建设节约型社会。

“四个一”节约资源活动得到了广大少先队员的热烈参与和老师、家长的积极支持,形成了较大的社会反响。实践表明,以体验教育为基本途径,深入开展“四个一”节约资源活动,是少先队加强少年儿童思想道德建设的重要载体,是在少年儿童中积极弘扬中华民族传统美德的有效途径,是引导少先队员积极参与建设节约型社会的具体举措。

“同在一片蓝天下,手拉手共同成长”

为进一步深化“手拉手”互助活动,以实际行动贯彻落实《中共中央国务院关于进一步加强和改进未成年人思想道德建设的若干意见》,2005 年共青团中央、全国少工委在原有活动的基础上进一步深化城市少年儿童与进城务工农民子女手拉手活动。活动以“同在一片蓝天下,手拉手共同成长”为主题,旨在按照党中央、国务院进一步加强和改进未成年人思想道德建设的要求,以体验教育为基本途径,组织城市少年儿童与进城务工就业农民子女手拉手，让他们知道进城务工就业农民为城乡经济社会发展做出的贡献，使城市少年儿童尊重和平等对待进城务工就业农民子女，使来自农村的少年儿童尊敬自己的父母，为他们分忧；让城市的少年儿童了解来自农村的小伙伴的学习生活条件，更加珍惜今天拥有的一切，让农村的少年儿童看到城市的发展，祖国的发展，更加勤奋地学习，快乐地生活；让城市的少年儿童从自己的小伙伴身上学习吃苦耐劳、勤俭节约、克服困难、顽强学习的优秀品质，增强学习进步的动力，让农村的少年儿童努力使自己和小伙伴一样拥有开阔的眼界、多方面的知识和技能，全面提高自己的综合素质。

活动以“六个一”为基本内容，即结交一个好朋友。城市少年儿童在少先队组织的帮助下与进城务工就业农民子女结成“手拉手”小伙伴。在一个学校上学的以少先队大队会、在不同学校上学的以两个学校联合大队会的形式举行“手拉手”结对仪式。互写一封信。向小伙伴介绍自己在学校、家庭、少先队组织和社区中学习生活的情况。互赠一个友谊卡。通过自己设计制作的友谊卡表达祝福和友谊。共度一个周末。在辅导员和家长的组织下，在城市少年儿童的家庭中度过一天，在进城务工就业农民家庭中度过一天，体验对方的学习生活环境。同争一枚“雏鹰奖章”。根据各自的特长和爱好，共同确立进步目标，互相学习，互相帮助，互相激励。同做一件好事。开动脑筋想办法，共同为班级、学校、社区、双方家庭做一件力所能及的好事。

2005年各地少先队组织对当地进城务工就业农民子女开展调查，初步掌握了解到进城务工就业农民子女在生活中的困难和学习上的需求，并以此为依据，对各地“手拉手”情况进行具体指导并结合当地的实际，创造性地设计开展了内容丰富、形式多样的活动。

北京市少工委开展了“蓝天下红领巾携手共成长”——首都少年手拉手活动。江苏省少先队组织广泛开展了“蒲公英关爱行动”重点针对苏南地区外来儿童和苏北地区外出务工家庭的留守儿童两大群体，通过“手拉手”、爱心捐助及加强少先队组织建设的方式为他们送上一份特别的爱。无锡市少先队组织发起“真情无锡——关心流动少年儿童百千万爱心工程”主题活动，活动以外来工子弟学校少年儿童为对象，开展了“招募百名少先队志愿辅导员，建立千对少先队手拉手互帮互助对子，捐赠万册少年儿童喜爱的图书”等一系列切实有效活动。江西省南昌市少工委组织“城乡少年手拉手，健康快乐庆六一”活动，100名优秀少先队员与进城务工农民子女一对一手拉手并向他们赠送学习用品。四川省少工委组织了“同在一片蓝天下，共创文明新城”活动。陕西省少工委组织了“同在一片蓝天下，共享繁荣进步”城乡少年手拉手捐赠活动。上海少工委开展了“万名困难青少年看上海”、“青春的节日文艺巡演”及“希望工程助学进城计划”活动。湖南省少工委开展了以“手拉手、心连心、我文明、我诚信”为主题的城市少年儿童与进城务工就业农民子女手拉手互助互学活动。辽宁省少工委还将城市少年儿童和进城务工就业农民子女手拉手小伙伴活动为背景创作了小品《礼物》，在庆“六一”的文艺晚会上播出。全国少工委于2005年7月在云南省玉溪市为进城务工农民子女、农村留守儿童等生活贫困的农村少年儿童组织了以“关注环保、热爱生命、尊重科学、共建和谐社会”为主题的夏令营活动。来自全国各地的200多名少年儿童不仅体验了自然生态的乐趣，还结交了“手拉手”的好朋友，在健康向上、富含深意的生活中度过了快乐的暑期。全国各级少先队组织通过“手拉手”活动，为外来务工子弟营造了一个共同成长共同进步的良好氛围，体现出了蓝天下少年儿童共同成长的主旨。

第五届全国少年军校检阅式

为深入贯彻《中共中央国务院关于进一步加强和改进未成年人思想道德建设的若干意见》和《中华人民共和国国防教育法》，落实第五次全国少代会精神，进一步增强少年儿童国防观念，展示少年军校教育活动成果，让更多的少年儿童走进少年军校，在体验军营生活中学习国防知识，培养爱国情感，养成良好的生活习惯，2005 年 7 月 28 日上午，共青团中央、解放军总政治部、全国少工委在中国少年军校总校北京房山基地举行了盛大的第五届全国少年军校检阅式。来自全国各地的 22 支少年军校代表队和香港女童军、香港交通安全队、澳门童军 3 支代表队约 1500 名小学员接受了检阅。中共中央政治局委员、中央军委副主席、国务委员兼国防部长曹刚川出席检阅式并讲话。

检阅式上，全国少工委、国家国防教育办公室、中国少年军校总校共同命名了第三批“全国少年军校示范校”。

民族精神代代传活动

为深入学习贯彻党的十六大精神，加强和改进未成年人思想道德建设，在广大少年儿童中大力弘扬和培育民族精神，中宣部、中央文明办、团中央、教育部、全国少工委共同开展了“民族精神代代传”活动，旨在教育引导少年儿童了解民族精神的丰富内容，感受民族精神的伟大力量，体验民族精神的时代内涵，树立民族自尊心和自豪感，从小立志为实现中华民族的伟大复兴做好全面准备。

2005 年，为纪念中央红军长征胜利 70 周年和抗日战争、世界反法西斯战争胜利 60 周年，全国少工委办公室在全国少先队员中开展了“手拉手传承长征精神，心连心共话小康蓝图——全国少先队员纪念红军长征 70 周年主题教育活动”和“了解抗战历史、弘扬民族精神——少先队纪念抗日战争和世界反法西斯战争胜利 60 周年主题教育活动”，这两项活动以“我心中的长征”、“让历史告诉我们——抗战知识竞赛”、“抗战民族魂作品征集”、“踏着英雄的足迹——红色之旅探访”为主要内容。各地十分注意加强宣传工作，主动联系和发动广播、电视、报纸、杂志、网络等各种新闻媒体，以不同形式，从不同侧面对活动进行多方面报道，努力营造良好的社会氛围。广大少先队员们也积极以书法、绘画、摄影、诗歌等形式表达了不忘历史，立志为中华民族伟大复兴贡献力量的决心。

中国教育学会少年儿童校外教育分会在全国校外教育系统开展了“民族精神代代传”优秀原创少年儿童歌曲 Flash 动漫设计竞赛活动。活动得到了校外教育机构、广大校外教育工作者和少年儿童的积极响应。

中国少年儿童平安行动

“中国少年儿童平安行动”是共青团中央、教育部、公安部、全国少工委等共同主办的一项引导全社会关注和预防少年儿童意外伤害、促进少年儿童健康成长的社会公益活动。

2005年的“中国少年儿童平安行动”以“预防道路交通意外伤害，快快乐乐出门，平平安安回家”为主题，充分发挥少年儿童的自主性和创造力，引导他们积极参与知识竞赛、绘画比赛、训练营、DV拍摄等活动，让他们在活动中接受道路安全教育和技能培训，提高道路交通安全的认识，提高自我保护意识和能力，为改善当地交通状况和学校周边环境做贡献。

2005年3月28日是第十个“全国中小学生安全教育日”，共青团中央、教育部、全国少工委、公安部、建设部等单位共同在北京西单图书大厦开展了“安全教育日”主题活动和2005年中国少年儿童平安行动的启动仪式。教育部部长周济，团中央书记处书记、全国少工委常务副主任张晓兰向少年儿童发放了安全教育图书和宣传页。浙江、内蒙古、山西等地少先队组织也以安全教育日为契机，按照文件要求，因地制宜地开展了丰富多彩的活动。《光明日报》、中国教育电视台都围绕中国少年儿童平安行动作了专题报道。

为落实2005年总体活动要求，组委会办公室在全国推出了“预防道路交通意外伤害知识竞赛”、“我心中的平安”绘画比赛、“寻找安全细节DV大赛”、“预防校园侵害，争创平安校园”为主题的“六个一”活动（唱响一支“平安校园歌”、创编一句“平安校园警句”、参加一次“平安校园征文”活动、参加一次“平安校园”知识竞赛、参加一次“平安训练营”、参加一次“平安校园论坛”）。

“飞上太空的心愿”——神舟六号搭载少先队员太空画系列活动

2005年9月，全国少工委和中国航天科技集团公司以“和平、和谐、科学、进步”为主题，在全国少先队员中开展了以征集少儿绘画为表现形式的“飞上太空的心愿”——神舟六号搭载少先队员太空画活动。短短一个月时间，主办单位就收到两千余幅绘画作品。经过专家认真筛选，北京、山西、上海、陕西等地少先队员创作的10幅优秀作品被幸运地送上“神舟六号”载人飞船遨游太空。少先队员们通过绘画作品从祝愿世界和平、期盼祖国统一、倡导环境保护、建设和谐社会、全国各民族大团结、关爱残疾人等弱势群体、北京2008奥运会、热爱科学勇攀高峰、未来的人类与太空、少年儿童“手拉手”等方面，表达了自己对祖国的美好祝愿。

10月19日下午，全国少工委、中国航天科技集团公司共同举办了“飞上太空的心愿”——迎接神舟六号搭载少先队员太空画仪式。

全国少先队玉溪抚仙湖夏令营

2005年7月16日至20日，全国少工委办公室、共青团云南省委、云南省玉溪市人民政府联合主办了全国少先队玉溪抚仙湖夏令营。此次夏令营以"关注环保、热爱生命、尊重科学、共建和谐社会"为主题，激发青少年爱国主义情感，对于贯彻落实《中共中央国务院关于进一步加强和改进未成年人思想道德建设的若干意见》具有深远的意义。

全国少先队玉溪抚仙湖夏令营是公益性夏令营，200名正式营员都是来自全国各地生活较为困难的优秀学生，费用全部由主办单位承担。

第四届内地香港少年手拉手体验交流营

应全国少工委邀请，2005年8月1日至7日，香港游乐场协会派出香港少年儿童代表团一行40人（少年儿童35人，成人5人）赴陕西省参加了"第四届内地香港少年手拉手体验交流营"活动。该交流营是全国少工委与香港游乐场协会交流活动的重要项目之一。内地、香港两地少年儿童通过共同活动、相互交流，获得真情的感悟与真诚的友谊，进一步深化了"手拉手"和"体验"的主题。在全国少工委办公室和陕西省少工委等单位的共同努力下，交流活动取得圆满成功。

争创"李四光中队"活动

2005年，为认真落实温家宝总理给"李四光中队"回信和《国务院办公厅关于开展资源节约活动的通知》精神，加强对少年儿童的资源和环境教育，引导全国广大少先队员以我国著名科学家李四光为榜样，创建"李四光中队"，积极参加"节约资源，保护环境，做保护地球小主人"活动，从小树立对资源、环境的忧患意识，养成节约资源、保护环境的良好习惯和道德品质，为和谐社会建设做贡献，由国土资源部、国家环保总局、共青团中央、全国少工委、教育部组成的"节约资源，保护环境，做保护地球的小主人"活动全国组委会命名和表彰了一批全国少先队"李四光中队"，并联合下发了一系列文件，对今后的工作提出了指导性意见。

编辑出版《中国校外教育工作年鉴(2004)》

《中国校外教育工作年鉴(2004)》于2005年10月正式出版。这是2004年中国教育学会少年儿童校外教育分会研究工作的一项重要成果。

《年鉴(2004)》结合2004年教育改革的进程与发展,以校外教育领域为背景,围绕未成年人思想道德建设的中心任务,对我国校外教育的整体面貌作了概括性记录,共收录、介绍了全国29个省、自治区、直辖市的校外教育发展情况、成就和相关数据。

《年鉴(2004)》全书730页,137万字。共分总论,各省、自治区、直辖市校外教育,附录三大部分,聚焦国家校外教育各项信息,汇集我国校外教育发展重要文献资料及数据,较全面地反映了2004年我国校外教育建设发展现状,内容涉及校外教育各个领域。

全国青联志愿者艺术团慰问演出活动

全国青联志愿者艺术团成立于2000年10月,是在全国青联长期组织开展的"心连心"、"三下乡"、赈灾助残、扶贫帮困等文艺慰问活动的基础上组建的。艺术团以"回报社会,奉献人民,培养德艺双馨艺术家"为宗旨,通过组织开展各种主题鲜明、形式多样的慰问演出活动,把党和政府的关怀和温暖送到人民群众中和祖国现代化建设的第一线。全国青联志愿者艺术团已经成为青联组织发挥人才优势,服务社会,奉献人民,树立良好形象的一个有效载体。

2005年,全国青联志愿者艺术团继续秉承"回报社会,奉献人民,培育德艺双馨的艺术家"的宗旨,在坚持深入老少边贫地区送文化下乡的同时,紧紧围绕党政和青年工作大局,开展了丰富多彩的慰问演出活动。无论是新疆维吾尔自治区首府乌鲁木齐还是燕赵大地的国家"十一五"规划重大项目工程建设工地,无论是海外学人创业周活动的激情联欢,还是为博士服务团壮行与贫困大学生共迎新春,处处都有志愿者艺术团成员们奉献的身影。一年来,累计有近140人次的全国青联文艺界委员参加了慰问活动,演出场次达11场,现场观众达6万人。

一是加强纵横向联合,举办大型专题性慰问演出,反响强烈。2005年6月,全国青联组织志愿者艺术团来到新疆维吾尔自治区首府乌鲁木齐,结合保持共产党员先进性教育活动,与新疆维吾尔自治区党委、自治区保持共产党员先进性教育活动领导小组办公室、自治区党委宣传部等单位联合举办了"党啊,亲爱的母亲——保持共产党员先进性教育暨庆祝建党84周年大型电视文艺晚会"。全国青联志愿者艺术团著名艺术家与新疆本地各族艺术家同台献艺、联袂奉献了一台集思想性、艺术性、观赏性于一体的高品位的文艺节目。中共中央政治局委员、自治区党委书记王乐泉,自治区党委副书记、自治区主席司马义·铁力瓦尔地，共青团中央书记处常务书记、全国青联主席赵勇和新疆维吾尔自治区领导以及自治区各界党员干部、英雄模范和先进个人等近4000人观看了晚会。专题晚会在新疆卫视和中央电视台先后播出，受到新疆各族群众以及全国广大电视观众的喜爱。

8月，由全国青联志愿者艺术团、共青团河北省委、河北省青联、北京市青联等单位联合举办的“青春飞扬曹妃甸”大型慰问演出活动在国家“十一五”规划重大项目、河北一号工程——曹妃甸工程建设工地隆重举行。志愿者艺术团成员们顶烈日、冒酷暑，在近40度的闷热天气下，克服重重困难，以饱满的热情，以认真负责的态度，把最灿烂的笑容，最甜美的歌声献给广大的工程建设者们。演员们的奉献精神和精湛的表演深深地感动、感染着建设者们，他们用最热烈的掌声表达着兴奋和感激之情。

二是围绕共青团和青年工作的重点项目，举办灵活多样的慰问演出活动，收效明显。2005年，全国青联志愿者艺术团围绕青年工作大局举办了丰富多彩的慰问演出活动。“青春2004——第15届‘中国十大杰出青年’颁奖典礼”、全国青联文艺界委员与首都高校留京学生共迎新春慰问活动、“我和我的祖国——全国青联十届一次全委会、全国学联二十四大联欢晚会”、第五批和第六批“博士服务团”成员选派和接收仪式联欢活动、“青春·田野——中国杰出青年农民评选表彰活动10周年文艺晚会”、“心系奥运——香港青年领袖访京团联欢活动”、“首届全国乡村青年才艺风采大赛”颁奖晚会、“2005海外学人回国创业周”联欢活动等，以青年人乐于接受的文艺形式，有效地宣传和推动了各项工作的开展，产生了良好的效果。

三是全国青联志愿者艺术团喜获全国文化科技卫生“三下乡”先进集体，艺术团成员的奉献行为赢得了社会广泛赞誉。2005年11月，在全国开展文化科技卫生“三下乡”活动十周年之际，中宣部、中央文明办、教育部、科技部、司法部、农业部、文化部、卫生部、国家人口计生委、国家广电总局、新闻出版总署、共青团中央、全国妇联和中国科协等十四家部委联合做出决定，表彰长期以来为“三下乡”活动做出突出贡献的先进集体和个人。全国青联志愿者艺术团作为先进集体受到表彰，志愿者艺术团成员的奉献行为得到广泛赞誉。

青联之友联谊会交流活动

9月19日，“相约在月圆时节”青联之友联谊会2005中秋赏月活动在京举办。近百位卸任老委员相聚北京颐和园，开展了健身行走、荡舟赏月活动，书画界委员挥毫泼墨，抒发了对青联的热爱和对祖国的美好祝愿。团中央书记处第一书记周强，八届全国青联副主席、青联之友联会会长、中国科学院常务副院长白春礼院士出席活动并讲话，活动由团中央书记处常务书记、全国青联主席赵勇主持。

“培养计划”2005 年西部和民族地区团干部挂职锻炼工作

2005 年是实施“培养计划”的第 8 年。6 月中旬，来自西部和民族地区 16 个省（区、市）的 50 名团干部到岗挂职。此次到东部沿海 10 个经济相对发达的省（市）挂职锻炼的团干部全部为中共党员（含预备党员），少数民族 27 名，分别为蒙古、藏、回、维吾尔、苗、彝、壮、朝鲜、土家、哈萨克、土、保安、珞巴等 13 个民族。在六个多月的挂职锻炼期间，挂职团干部勤于学习，勇于创新，不断进取，在参与各项工作中取得了突出成绩，挂职工作收到显著成效。

根据团中央的要求，派出和接收的 26 个省（区、市）做了认真细致的工作。各派出省（区、市）团组织精心组织，严格考察，认真选派挂职团干部；接收省（市）团组织高度重视，周密安排，为“培养计划”的顺利实施做了大量而富有成效的工作，为培养西部和民族地区团干部做出了贡献，拓展了东西协作互助的渠道。

12 月 12 日，团中央在北京举办了“培养计划”2005 年西部和民族地区挂职团干部总结座谈会。会上，挂职团干部代表作了发言，团中央书记处书记尔肯江·吐拉洪出席会议并讲话。团中央决定对表现突出的单位和个人进行表彰，授予共青团北京市朝阳区委员会等 10 个单位为接收工作先进单位，阿拉腾乌拉等 19 人为“培养计划”2005 年西部和民族地区优秀挂职团干部。

2005 年全国宗教界青年代表人士学习考察团

为贯彻落实党的十六大、团的十五大和全国青联十届一次会议精神，更好地团结、教育和引导宗教界青年代表人士，促进宗教与社会主义社会相适应，为全面建设小康社会做贡献，团中央、全国青联于 2005 年 11 月 14 日至 18 日举办了 2005 年全国宗教界青年代表人士学习考察活动，来自全国 22 个省（区、市）和中央国家机关、中华基督教青年会全国协会、中华基督教女青年会全国协会的佛教、道教、伊斯兰教、天主教、基督教的 55 名青年代表人士赴陕西、北京两省市进行了为期一周的考察学习活动。参加考察学习的宗教界青年代表人士由全国青联宗教界委员、在社会上和信教青年中具有一定影响力和号召力的省级青联宗教界委员和从事宗教研究的专家学者组成。学习考察团团长由全国青联副主席、全国人大常委、中国道教协会副会长张继禹担任。

学习考察团举办了三次学习班。11 月 14 日上午，学习考察团在西安市举办学习班开班式，陕西省人大常委会副主任巩德顺出席开班式并讲话，西北大学中国思想文化史研究所张茂泽教授作了题为“以人为本与儒家精神”的中华传统文化讲座。11 月 17 日，国家发改委规划司副司长田锦尘、国家宗教局政策法规司司长陈宗荣，分别作了关于“十一五”规划和宗教政策、法律法规讲座。

在为期一周的活动中，学习考察团参观考察了世界文化遗产秦始皇陵兵马俑，西安经济技术开发区、西飞集团；参观了革命圣地延安、北京航天城等爱国主义教育基地；考察了佛教、道教、伊斯兰教、天主教、基督教的宗教活动场所。

11月18日下午，学习考察团在北京举行宗教界青年代表人士座谈会。全国政协副主席、中央统战部部长刘延东出席会议并作重要讲话。团中央书记处第一书记周强主持座谈会。中央统战部副部长陈喜庆、国家宗教事务局局长叶小文、团中央书记处书记、全国青联副主席尔肯江·吐拉洪等出席座谈会。叶小文也在座谈会上作了即席讲话。座谈会上，五大宗教的青年代表中国道教协会副会长张继禹，西藏自治区拉萨大昭寺管委会副主任、拉萨市佛教协会副会长尼玛次仁，山东省泰山碧霞祠管委会副主任范恩君、青海省西宁市富强巷大清真寺教长金镖、中国天主教爱国会副秘书长郭金才、中华基督教青年会全国协会副总干事吴文辉等交流了考察学习的感受和体会。大家在发言中认为，组织全国宗教界青年代表人士考察学习团活动，体现了党和政府对信教青年的重视和关怀，也只有在中国共产党的领导下各宗教才能和睦相处。大家表示通过学习讲座，进一步提高了对宗教政策理论、法律法规认识和中华传统文化的了解；通过考察参观经济开发区、国有大型企业，开阔了视野，增长了见识，切身感受到了社会主义现代化建设的勃勃生机和伟大成就；通过参观爱国主义教育基地，激发了爱国热情，增强了责任感；考察五大宗教的寺观教堂，感受到党的宗教政策得到全面落实，进一步增强了积极与社会主义社会相适应，报效祖国的自觉性；通过各教之间的交流，加深了彼此的了解，扩大了共识，增进了友谊。大家表示，回去后要把本次考察学习成果在教友中广泛宣传交流，在教务活动中深刻贯彻落实，团结带领广大信教青年，坚持爱国爱教、团结进步的宗旨，为全面建设小康社会、构建社会主义和谐社会，在维护社会稳定、民族团结和祖国统一等方面做出应有的贡献。

全国宗教界青年代表人士学习考察活动是由共青团中央、全国青联主办的，自2000年以来成功组织了5次，来自29个省（区、市）佛教、道教、伊斯兰教、天主教、基督教青年代表人士共153人次参加，先后到上海、江苏、北京、广东、福建、辽宁、天津、重庆、湖北、陕西等地参观考察和学习。

2005全国青联元宵访问团赴台访问取得圆满成功

2月22日至3月3日，应台湾“中国青年大陆研究文教基金会”的邀请，以全国青联副主席杨岳为团长的全国青联元宵访问团一行27人访问台湾。访问团团员由来自10个省、自治区、直辖市的科技、经贸、教育、文化艺术、医药卫生、农林牧渔等界别的青联委员组成。访问团环岛一周，相继走访了台北、台中、高雄、台东等12个县市，举行了内容丰富、形式多样、气氛热烈的座谈、联欢活动。在台北，两岸优秀青年举行了“掌握契机，再创新局”两岸青年交流座谈会。座谈会上，两岸青年各抒己见，畅所欲言，坦诚交换意见。元宵节的晚上，两岸青年欢聚一堂，共庆团圆。为期十天的交流活动中，访问团拜访了台湾青年商会总会、中华青年企业家协会、两岸发展研究基金会、

"中国"青年创业协会总会、十杰基金会、台湾中小企业创联会等社团，考察了台北薇阁中、小学、花莲东华大学、高雄餐旅学院、传统艺术中心、垦丁青少年活动中心，参观了台北故宫博物院、垦丁海洋生物博物馆，游览了日月潭、阿里山、花莲太鲁阁景区等。

团中央、全国青联、全国学联召开学习《反分裂国家法》座谈会

3月16日，共青团中央、全国青联、全国学联在京召开座谈会，学习《反分裂国家法》，深刻领会这部法律的立法宗旨，充分表达广大团员和各界青年坚决拥护这部法律的强烈心声。团中央书记处第一书记周强同志出席座谈会并讲话，团中央书记处书记、全国青联副主席尔肯江·吐拉洪同志主持座谈会。全国青联副主席、中国广播艺术团艺术总监冯巩，全国青联副主席、清华大学工程力学系教授杨慧珠，全国青联副主席、全国学联主席申跃以及来自文化、教育、科技等界别的青年代表和大学生代表出席了座谈会并发言。大家一致认为，《反分裂国家法》是一部反对和遏制"台独"分裂活动，促进祖国和平统一的法律，是一部维护台湾海峡地区和平稳定，维护国家主权和领土完整，维护中华民族根本利益的法律，充分体现了中国共产党和中国政府以最大的诚意、尽最大的努力争取和平统一前景的一贯主张，表明了全中国人民绝不允许"台独"分裂势力以任何名义、任何方式把台湾从中国分裂出去的共同意志和坚定决心。各界青年表示坚决拥护和支持。

内地青年代表团赴港澳参加港澳各界青年庆祝五四系列活动

5月1日至4日，以团中央书记处书记王晓为团长的内地青年代表团一行17人赴港澳参加港澳各界青年庆祝五四系列活动。在香港，代表团参加了香港青年联会第13届会董会就职典礼、香港18岁青年成人礼、香港青年五四大汇演等活动，香港特别行政区署理行政长官曾荫权、中央人民政府驻香港联络办主任高祀仁等出席了有关活动。在澳门，代表团团员分别与澳门6所大学和中学学生进行了面对面的交流座谈；参加了澳门各界青年庆祝五四青年节晚会，澳门特别行政区行政长官何厚铧、澳门中联办主任白志健等先后会见了代表团全体团员并出席有关活动。

全国青联、全国学联组织召开“学习胡锦涛总书记讲话，促进祖国统一大业”座谈会

2005年5月4日下午，正值五四青年节和五四运动86周年之际，全国青联、全国学联组织召开了学习胡锦涛总书记讲话，促进祖国统一大业座谈会。团中央书记处第一书记周强，常务书记赵勇和书记处书记胡伟、杨岳、尔肯江·吐拉洪、张晓兰出席了座谈会，在京的台湾省籍、访问过台湾以及海外学人华侨界的全国青联委员和青年学生代表等20余人参加了座谈会。与会人员一致认为，胡锦涛总书记近期一系列对台重要讲话对于发展和改善两岸关系，推动祖国统一大业具有重要的指导意义。与会人员表达了坚决拥护中央对台方针政策和近期对台新举措的立场，对青联、学联组织进一步为促进祖国统一大业做贡献提出了意见和建议。

海峡两岸青年共植同心树活动

2005年5月28日上午，由中华全国青年联合会主办、广东省青年联合会、珠海市青年联合会承办的“海峡两岸青年共植同心树”活动在珠海市圆明新园举行。台湾青年商会总会广东经贸考察团一行150名青年和珠海数百名各界青年怀着激动的心情，共同挥锹铲土，浇水育苗，携手栽下了一棵棵象征着海峡两岸青年友谊和寄托着美好祝福的“同心”树。植树现场气氛热烈，许多两岸青年种完树后仍意犹未尽，纷纷在树前合影留念，期待下次相会。全国青联副主席尔肯江·吐拉洪和台湾青商总会2005年度总会长宋树仁参加了植树活动。两岸青年纷纷表示，希望同心树苗壮成长，真诚祝愿两岸青年的友谊能够像同心树一样生机勃勃，绿树常青。台湾青年特别表示，如果下次再来珠海，一定要看看自己亲手栽下的同心树。广东省青年联合会和珠海市委、市政府的主要负责人出席了活动。活动结束后，台湾青商总会广东经贸考察团分5路赴东莞、江门、中山、番禺和佛山等地参观考察。

“心系奥运——香港青年社团领袖及各界青年学生代表访京团”拜访全国青联

11月13日下午，以香港特区政府民政事务局局长何志平为团长的“心系奥运——香港青年社团领袖及各界青年学生代表访京团”一行130人拜访全国青联。周强同志会见了访京团主要成员。赵勇同志宴请全团，尔肯江·吐拉洪、蔡振华同志陪同出席。全国青联常委、中国航天员科研训练中心副主任杨利伟，全国青联委员、乒乓球奥运会冠军张怡宁，乒乓球奥运会冠军王励勤、马琳出席了晚宴，部分在京全国青联文艺界委员与访京团全体团员举行了联欢。

全国青联访问团赴港澳访问取得圆满成功

应全国青联澳门地区特邀委员和香港青年商会总会的邀请，尔肯江·吐拉洪同志率全国青联访问团一行11人于2005年12月25日至30日赴澳门和香港，出席“辉煌澳门、青春同行”澳门各界青年庆祝澳门回归祖国六周年系列活动和内地与香港青年学生交流运动会等活动。访问团包括了中国羽毛球队总教练李永波、著名旅美小提琴家吕思清、知名青年朗诵艺术家徐涛以及羽毛球女子单打奥运会冠军张宁、羽毛球男子单打世界冠军林丹等在国内外享有较高知名度的青年代表人士。在港澳期间，访问团先后参加了5场大型活动，拜访了澳门、香港中联办以及5家主要青少年社团，与港澳地区青联委员等各界青年代表人士开展广泛交流，澳门特区行政长官何厚铧等出席有关活动，港澳各界青少年约3500多人次参与了各项交流。

“科技之光”百名青年专家服务团吉林行活动

12月15日至16日，共青团中央、科技部、全国青联和中国青年科技工作者协会在长春市联合主办了“科技之光”百名青年专家服务团吉林行活动。中共吉林省委副书记林炎志，团中央书记处书记、全国青联副主席尔肯江·吐拉洪等出席活动开幕式并致辞。科技部发展计划司副司长秦勇作了《关于国家中长期科技发展规划纲要和“十一五”时期科技工作》的报告。来自全国各地的123名青年专家和吉林省的400余名科技工作者、农业企业管理者和省青联委员、青企协会员参加了有关活动。

12月15日，全国青联副主席、中国青年科技工作者协会副会长、中国电子信息产业集团总裁陈肇雄等11位著名青年科学家到吉林大学、长春工业大学、吉林省实验中学等11所大中学校，就学习与成才话题与青年学生进行了交流与对话。中国青年科技工作者协会副会长、农业部规划设计研究院院长朱明等15位知名青年农业专家与吉林省农业主管部门的负责同志举行了吉林省农业发展青年专家座谈会。19位青年农业科技工作者举行了农业科技项目推介洽谈会，与吉林省100家涉农企业开展了项目洽谈与合作事宜。5位青年医学专家到长春市南关区新春街道和平社区，为300多位社区居民进行了医疗义诊。

12月16日，80多位青年科技专家分8组深入到吉林省的公主岭市朝阳坡镇和农安县合隆镇的8个自然村针对养殖业、种植业进行了技术指导和科学普及，为当地农民进行了医疗义诊，为当地中小学生上了生动的科普课。

这次活动对于进一步动员和引导广大青年科技人员参与东北地区等老工业基地的振兴与发展，促进吉林省农业及农业产业发展，推动社会主义新农村建设发挥了积极作用。活动获得圆满成功，受到当地群众的热烈欢迎和社会各界的高度评价。

选派第六批“博士服务团”

9月21至22日，中组部、团中央在京召开会议，对第五批“博士服务团”工作进行总结，对第六批“博士服务团”成员进行培训和动员。中央政治局委员、书记处书记、中组部部长贺国强对开好这次会议非常重视，专门作出重要批示，并委托团中央书记处第一书记周强和中组部常务副部长赵洪祝接见全体与会代表。赵洪祝作了即席讲话。中组部副部长李建华、团中央书记处常务书记、全国青联主席赵勇出席会议并讲话。西部12个省区市和江西、吉林、湖南、湖北等有关省(区、市)的团委统战部负责同志参加了座谈会。第五批和第六批“博士服务团”成员，承担选派任务的中央国家机关有关部委、单位和有关省市党委组织部，接收省区市党委组织部和团委，井冈山干部学院的有关人员385人参加了会议。

为了帮助第六批“博士服务团”成员熟悉情况，尽快适应新岗位，中组部和团中央还专门对他们进行了短期培训。国家宗教事务局局长叶小文、中组部培训中心主任姚雪、国务院西部办综合组组长杜平分别就西部大开发有关情况、西部地区经济社会发展状况和风土人情以及到西部后如何开展工作作了专题讲座。第五批“博士服务团”的13位代表作了交流发言，从不同角度介绍了个人的工作情况和挂职体会。会议期间，全体与会代表与部分文艺界全国青联委员进行联欢。

第六批145名“博士服务团”成员，分别来自中央国家机关42个部委及所属科研院所、高等院校、国有大型骨干企业，以及北京、天津、上海、广东、浙江、山东、江苏7个省市，平均年龄37岁，具有高级职称的占75.9%。他们分别到西部12个省区市和江西革命老区及吉林延边、湖南湘西、湖北恩施3个自治州进行为期一年的锻炼服务。

组织“博士服务团”到西部地区锻炼服务，是中组部和团中央为贯彻落实西部大开发战略和人才强国战略，加强对青年专业技术人才培养而采取的一项重要举措。“博士服务团”工作自1999年开展以来，已经从中央国家机关有关部委和单位，以及北京、天津、上海等地选派了六批共660名青年知识分子到西部地区进行锻炼服务。“博士服务团”成员在接收省区市各级党委、政府和挂职单位的关心支持下，发挥专业特长、为地方经济社会发展做出了贡献，积极为地方党委、政府建言献策，充分发挥眼界宽、信息灵、知识新等优势，为地方提供了多方位的服务，为西部与各方的合作互补和共同发展搭建了桥梁，发挥了高层次人才的示范带头作用，为当地人才队伍建设增添了新的活力，受到当地干部群众的好评和欢迎。他们能够时刻严格要求自己，树立了“博士服务团”良好形象，为西部地区和革命老区的发展做出了应有的贡献，并在服务中得到了锻炼提高。

“中国泰达生物论坛·2005”

为追踪生物技术最新前沿进展，探讨生物技术为人类服务的新过程，解析生物经济的内在动因，推动中国生物技术及产业的发展，11月4日至6日，共青团中央、全国青联、国家发改委、科学技术部、中国科学院、国家药监局、中国侨联和天津市人民政府在天津联合主办了“中国泰达生物论坛·2005”。

11月4日上午，“中国泰达生物论坛·2005”在天津经济技术开发区举办开幕式。全国人大常委会副委员长、中国科学院院长路甬祥为本次论坛发来贺信，共青团中央书记处第一书记周强、天津市市长戴相龙、科技部党组成员、秘书长张景安、中国侨联副主席林淑娘、民盟中央副主席李重庵等出席了大会开幕式并致辞。团中央书记处书记、全国青联副主席尔肯江·吐拉洪主持开幕式，开幕式后，瑞典卡罗林斯卡大学校长 Harriet Wallberg Henriksson 发表了题为“前沿生命科学对人类的影响”的精彩演讲。

在11月4日和5日的主题论坛中，来自海内外的知名专家学者围绕生命科学前沿进展、生物医药、临床研究与 FDA/SFDA 政策法规、生物产业与风险投资四大议题进行了广泛而深入的交流和探讨。5日开设的生物加工与生物提纯、临床实验设计与临床研究、创业与风险投资三组专题培训中，共有14位各领域权威人士作了专业性讲解，使受训者受益匪浅，同时也大大提高了论坛专业性的水平。

论坛期间，举办了生物技术和产品博览会，参展商130余家，共设标准展位160个。内容涉及中西药、生物试剂、生物药品、实验仪器、生物芯片、疫苗、基因治疗、环境科学与保护、中医学、癌症研究、传染疾病、HIV及艾滋病、生物工程设备、生物技术出版物、生物网站、投融资等。

在本次论坛上首次设立1亿元奖励基金，面向全球，奖励生物技术领域取得卓越成就的杰出人才。天津市委常委、滨海新区管委会主任皮黔生在开幕式上发布了单奖10万美金的“泰达生物奖”设立的信息和评选办法。该奖成为了本论坛吸引业内目光的新亮点。“中国泰达生物论坛”至今已连续举办了五届。

2005 海外学人回国创业周活动

为进一步开发海外青年人才资源，推动海外学人回国创业和以多种方式为国服务，引导他们为祖国经济社会发展做出更大贡献，共青团中央、全国青联、欧美同学会自2001年起已连续举办了四届“海外学人回国创业周”活动，累计组织来自26个国家和地区的2500余名海外学人回国参加活动。

2005年12月20日至26日，以“创新创业、报效祖国”为主题的“2005海外学人回国创业周”活动举行，来自19个国家和地区的321名海外学人应邀回国参加活动。12月21日上午，中共中央政治局委员、全国人大常委会副委员长王兆国亲切接见参加活动的留学人员，并在活动开幕式上发表了重要讲话。开幕式上，团中央书记处第一书记周强介绍了团中央、全国青联近年来开展青年留学人员工作的有关情况和今后的工作安排。全国青联留学人员联谊会副会长、北京中星微电子有限公司董事长邓中翰，全国青联留学人员联谊会副会长、英国布鲁内尔大学副校长宋永华代表留学人员分别作了发言，交流了自己学习创业、报效祖国的经历和体会。团中央书记处书记、全国青联副主席尔肯江·吐拉洪主持了开幕式。中央统战部副部长、欧美同学会党组书记陈喜庆、人事部副部长王晓初、欧美同学会常务副会长冯长根等出席了开幕式。

在北京的集中活动期间，还举办了部长形势报告会、海外学人创业论坛、海外学人回国创业恳谈会和聚焦大型民营企业活动。在首次举行的部长形势报告会上，国家发改委主任马凯为参加活动的留学人员作了《关于“十一五规划”建议的几个问题》的主题报告。在论坛和恳谈会上，中国载人航天工程总设计师王永志、Google公司全球副总裁兼中国区总裁李开复、清华大学材料科学与工程系教授李建保以及北京物美集团董事长张文中、北京金杜律师事务所合伙人王俊峰、空中网集团董事长兼首席执行官周云帆、新浪网首席执行官、总裁汪延等不同时期的留学人员代表分别发表演讲，与青年留学人员交流了留学报国、创新创业的感受和体会。在聚焦大型民营企业活动中，联想、海信、百度等42家大型民营企业提供了515个中、高级别的职位，与300多位海外学人、400多位新近归国留学人员围绕推动民营企业加快国际化进程，进行了人才对接，达成人才合作意向269人次。

12月22日至26日，参加活动的海外学人分成6队赴北京、天津、上海、江苏、福建、广东、山东、辽宁、河南、江西、重庆等11个省、市进行商务考察、项目洽谈和人才交流活动。各线路根据海外学人专业领域和回国创业发展的意愿，围绕地方经济社会发展的具体需求，高度重视、精心安排，让海外学人感受到回国创业发展的巨大热情和潜力。福建、河南的省领导出席有关活动，向回国参加活动的海外学人表示热烈欢迎；江苏盐城、江西萍乡、山东临沂、重庆长寿区和江津市等地主要领导，亲自向海外学人介绍当地经济社会发展情况、投资环境和相关政策；上海闵行区专门成立了由13个部门组成的工作小组，召开3次协调会，研究部署活动有关工作，对活动每个环节的实施进行了周密安排；天津、辽宁大连和广东东莞，重点安排到留学人员回国创办的企业参观，组织回国创业成功的海外学人代表“现身说法”。各线路均动员了大批国内企业、投资机构、科研院所参加对接活动，还组织了回国创业论坛、项目发布与对接会、回国创业之星表彰活动及庆祝圣诞等丰富多彩的活动。活动期间，举行项目发布会、投资环境介绍会、座谈会27场；组织海外学人参观考察高科技企业和高新技术园区71家，与326家国内企业和投资机构进行了洽谈和项目对接；通过网络发布了178个生物医药、信息通讯、新材料、农业、环保等项目，现场发布了647个项目，签署合作协议9份、意向性协议51份。

活动期间，共青团中央、全国青联还分别依托北京望京留学人员创业园、辽宁大连留学人员创业园、广东东莞留学人员创业园建立“中国青年留学人员创业基地”，为青年留学人员回国创业发展提供快速通道和专业服务。

城市青年中心建设

2005年，认真贯彻落实《共青团中央关于加强青年中心建设的决定》精神，坚持数量、质量并重的原则，大力加强城市青年中心建设，提高青年中心服务青年的能力和可持续发展能力，增强其在青年中的影响力和凝聚力，为构建社区共青团工作和青年工作新格局做出贡献，共建设城市青年中心2400个，天津、青岛、南宁等城市已经达到100%的建设率。

一、交流经验，明确城市青年中心建设思路

为深入贯彻党的十六届四中全会精神，落实团十五大和十五届三中全会部署，认真总结全国青年中心建设试点工作经验，全面部署青年中心建设工作，2005年1月10日—11日，团中央召开了全国青年中心建设工作会议。各省（区、市）团委分管书记、青农部部长、权益（社区）部部长，副省级城市团委书记，各省（区、市）全国青年中心先进县（市）创建单位团委书记和全国城市青年中心建设试点城市（区）团委书记（不含副省级城市）参加了会议，团中央书记处常务书记赵勇出席会议并讲话。会议总结交流了青年中心建设试点工作的做法和经验，并下发了2005年城市青年中心建设工作推进要点，安排部署了下一阶段全国青年中心建设有关工作。

二、推广城市青年中心优秀项目和工作方案

为进一步加大全国城市青年中心的建设力度，充分展示城市青年中心形象，2005年3月至6月在全国开展了城市青年中心优秀项目（工作）方案征集活动。各省（区、市）团委和青年中心积极参与，采取组织推荐和青年中心自荐相结合的方法，征集到一大批城市青年中心优秀项目（工作）方案。为进一步启发各地城市青年中心工作思路，推动城市青年中心完善组织结构，培育社团组织，整合社区资源，开展符合青年特点、满足青年需求的活动，增强内在活力和对青年的吸引力，进一步提高城市青年中心的工作水平，把具有代表性的优秀项目（工作）方案按照职业拓展、运动健身、休闲娱乐、生活服务、学习教育、工作计划等类别进行了汇编整理。编辑出版了城市青年中心建设工作丛书之二——《城市青年中心工作项目实例》，免费提供给全国城市青年中心，对各地城市青年中心建设起到了积极的指导作用。

三、积极开展各种形式的青年中心建设培训

为进一步加强城市社区共青团工作，提高社区共青团干部的理论水平、工作水平，加快城市青年中心建设步伐，2005年5月至

11月，组织各省、自治区、直辖市团委开展了社区青少年工作及城市青年中心建设专题培训，具体由各省、自治区、直辖市团委权益部（社区部、城区部）组织实施，地、市级团委根据实际情况开展培训。培训工作采取集中授课、分批轮训、观摩考察和现场工作会议相结合等方式进行培训。全国有20个省（区、市）组织开展了培训，共培训基层团干部、城市青年中心骨干约6000余名，培训工作取得了显著的成效。

四、把“爱心超市”建设作为城市青年中心工作的重要突破口

自《关于在青年中心推广“爱心超市”项目的通知》下发以来，各地把“爱心超市”作为城市青年中心丰富项目、服务社会的有效途径积极加以实践，研究、探索城市青年中心“爱心超市”的建设模式，把城市青年中心“爱心超市”建设成为密切党群关系的桥梁，深入群众、关心群众、服务群众的窗口和平台。为进一步加强青年中心“爱心超市”的管理，促进青年中心爱心超市规范、有序发展，2005年3月，制定颁布了《青年中心“爱心超市”管理办法（暂行）》。北京、天津、上海、广西等地积极建设爱心超市得到当地党政的大力支持和社会各界的好评，他们对社区青年中心爱心超市给予充分肯定，认为这是居民之间、社区与社会“感情交流的窗口、爱心奉献的平台，社区和谐的纽带、道德教育的课堂”。

五、切实调动城市和城区团委开展城市青年中心建设的积极性

全国青年中心建设工作会议以来，各地以组织创新、队伍培育、项目拓展、机制建设等为着力点，大力推进城市青年中心建设，取得了良好成效。为深入贯彻落实《共青团中央关于加强青年中心建设的决定》和全国青年中心建设工作会议精神，进一步扎实推进全国城市青年中心建设工作，2005年9月，正式下发《“全国青年中心建设先进城区（市）”创建办法（试行）》并公布了2005年度“全国青年中心建设先进城区（市）”创建单位名单。

青年文明社区创建工作

2005年青年文明社区创建工作主要突出基础建设，抓好评选表彰工作，通过开展评选表彰第四批全国青年文明社区，鼓励先进，树立青年文明社区创建的示范典型。通过开展面向基层的调研，全面掌握社区青少年的现状和需求发展，为开展社区工作掌握一手资料，提供有力依据。

一、积极开展全国社区共青团工作调研活动

为深入调查了解社区共青团工作的现状和新情况、新问题，摸清底数，掌握实际情况，加强对广大基层社区共青团工作和青年工作的了解，提高工作的主动性、针对性和实效性，加强对社区团建、城市青年中心建设等工作的指导，2005年6—9月启动开展全国社区共青团工作调研活动，各省、自治区、直辖市团委组织部、社区和权益部、城市（含市辖区）团委、街道团工委根据调研工作的要求，结合各地实际情况采取座谈、访谈、调研问卷、个案研究等方式就社区建设、社区文化、社区服务、社区教育、社区团组织建设、青年中心建设、团员意识教育、志愿者工作、专业社会工作者工作、社区青少年社团发展等方面开展了调研。在各地提交大批调研论文的基础上，进行了评选和表彰奖励。

二、评选表彰第四批全国青年文明社区

2005年各地团组织积极开展青年文明社区创建工作，围绕“建立良好社会秩序、美化社区环境、完善社区服务、形成和谐的社区人际关系、提高社区青少年素质”的总体目标，组织青少年积极投身群众性精神文明建设，以社区团建和青年中心建设为基础，以社区服务和社区文化为重点，整合运用社区资源，通过开展符合青年特点、满足青年需求的活动项目，扎实推进各项工作，创建工作取得了积极成效。2005年10月，共青团中央、民政部、建设部、工商行政管理总局联合命名了355个社区为第四批全国青年文明社区，并表彰了62个创建青年文明社区组织奖单位。截至目前，已有全国级青年文明社区969个，全国青年文明社区示范城区60个。

预防青少年违法犯罪工作

2005年，预防青少年违法犯罪工作在中央综治委的领导下，以“为了明天——预防青少年违法犯罪工程”为统揽，全面落实各项工作措施，呈现出良好的发展势头。

1. 及时贯彻落实中央领导同志的重要批示精神。6月，胡锦涛总书记，罗干同志、周永康同志、顾秀莲同志分别就未成年人犯罪问题作出重要批示。领导小组迅速召开会议学习传达中央领导同志的批示精神，并会同有关部门成立调研组，就流浪未成年人、服刑人员未成年子女、工读教育开展专项调研，形成专题调研报告。制定了今后一个时期预防未成年人违法犯罪重点工作方案，细化分解了任务，明确了责任。各部委和有关单位认真贯彻落实。

2. 集中力量做好青少年重点群体救助和服务工作。会同18个部委制订出台了《关于加强流浪未成年人工作的意见》，召开会议专题研究加快推进流浪未成年人救助保护中心建设和管理工作的措施；协调联合有关部门开展“为了明天——服刑人员未成年子女关爱行动”，积极推广建立闲散青少年信息管理系统和组建青少年事务专职社工队伍，加强进城务工青年的法制教育、技能培训和维权工作，认真做好服务经济困难大学生工作，严厉整治打击控制、操纵流浪未成年人的黑恶势力。全国共青团组织通过“希望工程”募集资金7833万元，资助贫困学生83092名。春节期间，募集资金4722.6万元，发放给经济困难的留校大学生。建立省、地市两级“青少年维权中心”130多个，有26个省开通省级“12355”青少年维权和心理咨询服务热线，为青少年提供多方面的维权服务。

3. 扎实推进未成年人思想道德建设和青少年法制教育。深入贯彻《中共中央国务院关于进一步加强和改进未成年人思想道德建设的若干意见》，坚持学校教育、家庭教育与社会教育相结合，不断创新教育方式与教育载体，丰富教育资源与教育内容，开展小公民道德建设、“雏鹰争章”、“青少年网络文明行动”、“青春自护远离网瘾行动”、“社区青少年远离毒品行动”等富有特色的实践教育活动。组织专家、学者、志愿者开展宣传和矫治工作。

4. 整治与建设相结合，进一步优化青少年成长环境。中央综治办、公安部、教育部、文化部、国家广电总局、国家工商总局、新闻出版总署等部门针对非法“网吧”、淫秽色情网站、违法网络游戏、毒品、不良“口袋本”图书等影响青少年健康成长的突出问题，开展集中整治打击，探索建立长效监管机制。收缴淫秽色情出版物近2000万件，非法音像制品和电子出版物2亿多件，关闭封堵境内外淫秽色情网站4922个，查处违法网络游戏产品13款和违法游戏运营单位10家，查处取缔违规经营声讯台97家，取缔查封“非法网吧”6.8万家，15万老同志担任“网吧义务监督员”。

5. 以示范创建工作为抓手，促进基层工作全面活跃。通过创建“未成年人零犯罪社区”和“为了明天工程示范县市”、“平安家庭”等活动，着力巩固基层工作基础，解决了基层有人干事、有地方干事的问题。积极探索、总结和推广各地的典型经验。上海、江苏、湖北、云南等地采用政府购买服务的方式，聘用青少年事务专职社工为社区闲散青少年提供专业化的服务；江苏南通市以预防在校生的违法犯罪为工作重点，建立学校监管体系、心理干预体系和帮教矫正体系，使在校学生违法犯罪发案数持续下降；江西瑞昌以中小学生和毕业三年以内的青少年为重点，建立家庭、学校、社会三位一体的教育网络，实现了青少年的零犯罪；山东青岛市积极探索“红黄绿”青少年违法犯罪社区预警机制，组成群众监督员队伍，加强了对示范创建工作的检查和监督；天津分阶段、分层次推进，在社区实现了未成年人违法犯罪有人抓、有人管，工作推进有措施、有制度，社区活动有阵地、有载体的良好局面。全国近90%的地市成立了预防青少年违法犯罪工作机构，部分街道建立了联席会议制度。

6. 强化工作保障机制，壮大工作力量。团中央积极配合全国人大内司委，参与了未成年人保护法的修改工作和最高人民法院组织的对全国少年法庭组织机构建设、审判未成年人刑事案件等情况开展的调研活动。举行“为了明天——预防青少年违法犯罪论坛”、“为了明天——长三角首届法治社会与预防青少年违法犯罪论坛”。预防办和团中央采取社会募集的方式设立了“为了明天工程基金”，争取财政部加大对“为了明天工程”的支持力度，积极落实了预防工作经费预算。强化了考评机制，预防办下发《2005年预防青少年违法犯罪工作考核办法》，加大对各地工作的考核督导力度，各地综治委将预防工作作为当地社会治安综合治理考评的重要内容，实现了与综治其他工作同部署、同检查、同考核、同奖惩。

7. 广泛开展宣传，不断扩大“为了明天工程”的社会影响。通过组织标识评选、开展公益宣传、举行公益晚会、联系媒体宣传典型经验等多种方式，广泛宣传“为了明天工程”。依托中青报、法制日报、中青网、中国征集网等媒体，面向全社会征集评选“为了明天工程”标识，收到415件参赛作品；利用公共汽车、站牌、专题片、台历、贺卡等形式，制作公益广告；在北京、广东等地组织“为了明天公益晚会”。同时，组织记者采访团赴广东、湖北、上海、江苏等地，采写到大量预防青少年违法犯罪工作的一手资料和先进典型，中央电视台制作专题节目，不断扩大“为了明天工程”的社会影响。

创建优秀"青少年维权岗"活动

创建优秀"青少年维权岗"活动由共青团中央、中央综治委联合最高人民法院、最高人民检察院、公安部、司法部、劳动和社会保障部等有关部门共同开展。2005 年创建工作着重围绕加强维权基础建设，建立维权服务体系，营造维权舆论氛围，整治热点问题等方面，重点做了以下几方面工作。

1. 推动各地青少年维权中心建设。在完善省级青少年维权中心建设的基础上，积极推动地市级青少年维权中心的建设，重点提高维权服务能力。推广建立律师合作制度和协调联动机制，建立以"青少年维权岗"单位、心理咨询机构、法律援助等部门工作人员以及律师为主体的志愿者工作队伍。深入开展调研，了解掌握各地"青少年维权中心"建设的进展状况。目前全国共建立省、地市两级"青少年维权中心"130 多个，初步形成了青少年社会化维权网络的核心体系。

2. 推动建立省级"12355"青少年维权和心理咨询服务热线。为进一步提高团组织的维权服务能力，切实维护青少年合法权益，解决青少年的心理问题，经信息产业部批准，共青团中央、中央综治委预防青少年违法犯罪工作领导小组办公室下发了《关于建立全国青少年维权和心理咨询服务热线电话的通知》，筹备建立全国青少年维权和心理咨询服务热线电话，通过电话问答的方式，由法律和心理方面的专业人员为青少年提供维权、心理等方面的免费咨询服务。目前北京、广东、浙江、湖北、贵州、宁夏、山东等 28 个省已开通或试运行省级"12355"青少年维权和心理咨询服务热线电话，部分地市级(如苏州等)热线也已经开通。各地团组织聘请法律和心理方面的专业人员，建立近百人的专职工作人员队伍和近两千人的志愿者工作队伍。部分地区还在探索建立与本地政法机关、行政执法部门、优秀"青少年维权岗"单位、青(少)年宫(活动中心)、律师事务所等单位之间的协调联动机制，对团组织自身不能解决的案件，积极协调各职能单位根据职权范围进行分流处理。对涉及多个部门的复杂案件，动员各单位相互配合，形成工作合力，帮助青少年解决实际问题。

3. 开展"青少年维权岗在行动"活动。共青团中央会同教育部、公安部、民政部、信息产业部、国家工商行政管理总局、新闻出版总署等"青少年维权岗"创建成员单位，针对当前侵害青少年权益的突出问题，在全国联合开展 2005 年"为了明天——青少年维权岗在行动"活动。各系统充分发挥优秀"青少年维权岗"单位职能作用，动员组织各系统的基层单位，继续加大对网上传播淫秽色情等违法犯罪活动打击力度，依法查处和清除违法违规网站，打击操纵控制流浪儿童的组织或个人，打击制售淫秽"口袋本"图书和有害卡通画册以及不良游戏软件，深入开展"社区青少年远离毒品"行动，深化开展校园及周边治安综合治理活动。针对影响青少年健康成长的突出问题切实加强监管，严格执法，进行源头治理、综合施策，有效预防青少年违法犯罪，为改革开放和现代化建设创造和谐稳定的社会环境。

青少年自我保护教育工作

2005年青少年自我保护教育工作主要围绕丰富活动类型、加强基础设施建设和集中解决社会热点问题等方面开展了以下工作。

1. 开展了丰富多彩的暑期自护活动。共青团中央和中央综治委预防办联合开展了“为了明天——青春自护暑期行动”，利用暑期在全国开展以“传播自护理念，呵护美好青春”为主题的自护教育活动，举办“为了明天——青春自护社区行”活动、“为了明天——青春自护知识技能竞赛”活动和“为了明天——青春自护夏令营及培训班”活动。各地团组织根据统一要求，聘请具有医学、社会学、法学等专业背景知识的热心人士，建立自护教育讲师团，利用假期深入社区为青少年举办讲座，传授自护知识；组织有关专家编写针对性、实用性强的各类自护教材，举办多种主题、形式的自护知识、技能竞赛、书画比赛、电视擂台赛等。团中央联合中青网建立了“中国青少年自我保护教育网站”，依托网络等阵地深入开展网络文明宣传教育活动，针对网络成瘾的青少年，积极开展帮助矫治工作，广泛培训志愿者队伍，建立矫治队伍和工作阵地，帮助青少年增强安全防范意识和道德意识，有效戒除网瘾。

2. 进一步加强了自护教育基地建设。为调动和激励更多的社会力量投身于青少年自我保护教育事业，大力推进青少年自我保护教育工作，提高青少年自护意识和能力，2005年8月，共青团中央联合最高人民法院、最高人民检察院、教育部、公安部、司法部、卫生部、新闻出版总署等有关部门，下发了《关于命名首批“为了明天——全国青少年自我保护教育基地”的决定》，命名表彰了北京青少年法律与心理咨询服务中心等101个单位为全国首批青少年自护教育基地，各地也相继评选命名了一批省市级自护教育基地。各地依托青少年活动中心、交管、消防等场所和电台、电视台、报刊、网站等媒体，通过开办自护培训班、自护训练营和自护学校等多种形式，广泛建立自护学校和自护基地，取得良好成效。

3. 针对青少年网瘾等社会热点问题广泛开展自护教育。2005年初，共青团中央联合中央综治办、中央综治委预防青少年违法犯罪工作领导小组办公室在全国开展了“为了明天——青春自护远离网瘾行动”。各地积极开展“青少年网络文明校园行(社区行)”、“青少年远离网瘾夏(冬)令营”。积极开展“一助一”志愿者矫治和青少年同伴教育等帮助矫治工作，形成了长效工作制度，例如，戒除网瘾训练营对营员进行“体验式心理治疗”，成效明显；建立远离网瘾行动服务站和心理咨询室，成立志愿队伍，使青少年成功脱离网瘾。组织青少年网络文明爱心大使陶宏开等有关专家在全国开展“用爱心和科学帮助孩子远离网瘾”巡回演讲活动。在北京、上海等27个省(区、市)40多个城市开展了巡回演讲活动，数万名青少年及家长收听了讲座，培训近万名志愿者。举办“远离网瘾亲子夏令营活动”，许多家庭参与了夏令营的封闭式培训和亲子互动活动，收到了良好的效果。

进城务工青年工作

2005年，适应构建社会主义和谐社会和进城务工青年发展的需要，大力加强进城务工青年文化建设，深入实施“千校百万”培训计划，全面提高共青团组织的服务能力，重点开展了以下工作：

1. 大力加强进城务工青年文化建设。首次面向进城务工青年群体开辟文学奖项，特邀王蒙、贾平凹、柯岩、陆天明等知名作家作为专家评委，评出了一批符合先进文化的前进方向，具有文学艺术品位，反映广大进城务工青年随着时代大潮外出求生存，求发展，用辛勤劳动创造着自己明天的昂扬精神状态的优秀作品，2005年1月20日在广州举办了进城务工青年文学论坛和颁奖晚会，获奖作品结集出版的工作目前正在进行之中。各地团组织从实际出发，继续通过大家乐、慰问演出等形式活跃进城务工青年文化生活，不断加强经常性文化建设。有的地方团委创建进城务工青年文化驿站，为务工青年提供读书学习的场所，有的地方团委配合有关部门发放读书绿卡，为务工青年免费参观、读书提供方便，推动了当地进城务工青年文化生活进一步丰富和发展。

2. 加大了典型树立和宣传力度。5月，举办了第四届全国杰出(优秀)进城务工青年、进城务工青年先进集体、进城务工青年良师益友及“千校百万”培训工作先进集体评选表彰活动。评出第四届杰出进城务工青年10人、优秀进城务工青年123人、进城务工青年先进集体102个、进城务工青年良师益友107人、“千校百万”进城务工青年培训工作先进集体109个。还追授了勇救他人、光荣牺牲的河南商丘外出务工青年李学生“全国杰出进城务工青年”称号。“五四”期间，中共中央政治局委员王兆国在人民大会堂亲切接见了第四届全国十大杰出进城务工青年，代表党中央向“十杰”表示祝贺并与他们合影留念。第四届全国杰出进城务工青年还与北京市的进城务工青年代表举行了座谈交流活动，共度五四青年节，共话创业发展。各地以“十杰”评选活动为载体，树立、宣传进城务工青年先进典型，武汉、深圳等一些地方还积极争取政府有关部门政策支持，给十杰务工青年奖励城市居民户口，引导广大进城务工青年争做“学习的楷模、创业的先锋、守法的公民、致富的骨干”。9月，团中央与中宣部、全总、劳动部、建设部联合开展“优秀务工人员先进事迹报告会”活动。先后在北京、河南、上海、广东、重庆等地做了巡回报告，中宣部联合编辑制作报告会图书及光盘资料。举办“关爱务工青年构建和谐社会”座谈会，中宣部、全总、劳动部、建设部、农业部相关部委司局级领导、专家学者、务工青年代表、优秀进城务工人员事迹报告团成员及服务进城务工青年基层单位代表参加会议，围绕“关爱务工青年、构建和谐社会”这一主题进行了深入研讨。

3. 加强了进城务工青年培训工作。与公安部、司法部、建设部、中央综治办等七部门深入实施“千校百万”进城务工青年培训计划，开展了政策法规、文化知识、基本职业技能、权益保护、劳动安全、计划生育和卫生常识以及禁毒、预防艾滋病等方面的培训。各地依托进城务工青年培训学校，对进城务工青年进行了针对性、实用性强的培训，还积极把社会培训机构纳入“千校百万”进城务工青年培训学校的范围，引导他们为进城务工青年提供优质、实用的培训服务，指导进城务工青年就业，为进城务工青年提供就业信息，促进进城务工青年的有序流动。

4. 加强了进城务工青年维权服务工作。依托共青团劳动保障法律监督员制度和法律援助机构,建立维权工作的监督员队伍和法律援助队伍,帮助进城务工青年解决工作生活中的突出问题,提高进城务工青年的维权意识和自我维权能力。与有关新闻媒体合作,普及维权知识,强化社会对进城务工青年群体的关注,元旦春节期间,广泛开展了“真情暖万家”——为进城务工青年送温暖活动。团中央带头与有关方面联合深入到北京、广东、河北、广西等地开展慰问、赠送书籍和生活用品等活动。广东等地还为进城务工青年开设专列和就近就便开辟购票窗口,并继续开展了“把文明带回家”活动。

5. 认真开展了团员意识教育活动。抓住全团开展团员意识教育活动的契机,在进城务工青年团员中开展争做“学习的模范、创业的先锋、守法的公民、致富的骨干”主题教育活动,同时,根据进城务工青年团员的特点,进一步巩固、调整、发展团组织,积极开展进城务工青年工作基层团组织联系点工作,确定了4个联系点,加强督察指导,加强进城务工团员教育管理,积极探索推荐优秀进城务工团员作为党的发展对象、流失团员的关系转接、新团员的发展、积极分子的培养的有效方式方法,不断加强基层团组织建设。

青少年法制建设

1. 积极做好未成年人保护法修订工作。为了进一步完善我国的未成年人权益保护制度,促进未成年人健康成长,十届全国人大将未成年人保护法修订工作列入近期立法规划。团中央接受全国人大内司委关于先行起草未成年人保护法修订案的委托,着手开展修改未保法的基础性准备工作。一是成立领导小组、专家顾问小组和起草小组,拟订未保法修订案提纲,并下发到各省、市、自治区团委和未成年人保护委员会办公室及有关部门单位,以便各地和有关部门单位参与未成年人保护法的修订工作。二是开展多方面的调查研究,草拟修订案初稿。领导小组、专家小组和起草小组围绕修订案提纲中的热点难点问题,分赴一些地方和部门开展调研。同时,组织有关人员,利用便利条件,到美国、香港等未成年人法律保护较完备的国家和地区进行实地考察研究。在此基础上,拟出未保法修订案初稿,并分送各省、市、自治区团委和未成年人保护委员会办公室、有关科研院所、国家机关、社会团体及单位。三是组织召开了涉及政府部门、司法机关、高等院校、学术研究单位、非政府组织的十多个座谈会、论证会、研讨会,反复研究讨论,广泛听取意见,形成未成年人保护法修订案建议初稿。该建议稿从五个方面对现行未保法进行了补充完善:一是明确未成年人保护专门机构的地位、作用,提高未成年人保护工作水平;二是明确政府及其职能部门在未成年人保护工作中的职责,突出政府在保障未成年人健康成长过程中的重要作用。三是立足于解决实际问题,针对当前未成年人保护工作存在的主要问题进行修订,增强法律的针对性;四是强化法律责任,加大依法行政、依法维权的力度,提高法律的操作性;五是总结和借鉴国内外未成年人权益保护的成功经验,体现法律的时代性。

2. 不断加强青少年法制宣传教育工作。一是广泛开展青少年法制宣传教育活动。通过开展法律宣传周、宣传日活动,采用以案说法、法律咨询、法律知识竞赛、法律征文等多种形式,不断增强未成年人的法律意识,加强青少年法制宣传教育和警示教育工作。二是与"我们的文明"主题系列活动组委会、司法部联合,开展了"全国青少年网上普法知识大赛活动",与中国青少年通讯社等单位联合开展了青少年普法知识大赛活动。三是依托中国法学会青少年法律研究会的专家资源,加强青少年法制研究,开展法制宣传教育和青少年法律援助工作。四是结合"为了明天——预防青少年违法犯罪"工程启动,组织开展了第二届"为了明天——青少年法制教育宣传周"活动。五是依托中国法学会青少年法律研究会的专家资源,大力开展法制宣传教育和青少年法律援助工作,加强青少年法制宣传教育和警示教育工作。六是与中央综治办、最高人民法院、最高人民检察院等十二个部门联系,下发了开展第五届"中国杰出(优秀)青年卫士"评选表彰活动通知,开展了推荐评选活动。此外,我们还通过"为了明天——长三角首届法制社会与预防青少年违法犯罪论坛"加强青少年法制宣传教育,积极参与人大代表议案答复,人大法工委个人所得税等法案意见反馈工作,为司法部普法教育20周年展提供青少年法制教育相关资料。

3. 加大青少年法制建设研究力度。加强中国法学会青少年法律研究会建设,充分发挥其在青少年法制建设研究领域的作用,通过确定课题、召开主题年会等方式,不断提高青少年法制建设研究水平。

青少年禁毒工作

2005年,按照国家禁毒委的总体部署和要求,共青团组织从自身工作特点和优势出发,积极同有关部门协调配合,加大青少年禁毒宣传教育力度,深入实施"社区青少年远离毒品"行动,强化广大青少年的拒毒、防毒意识,引导和带领青少年积极参与禁毒人民战争。

1. 全面部署实施2005年"社区青少年远离毒品"行动。团中央与中央综治委预防青少年违法犯罪工作领导小组办公室、国家禁毒委办公室联合,在4月下旬专门下发了《关于开展2005年"社区青少年远离毒品行动"的通知》,对全国青少年禁毒工作进行统一部署。各级团组织以"为了明天,远离毒品"为主题,依托青年中心、青少年宫、知心家庭学校、进城务工青年培训学校、青少年维权服务站、青少年法律学校等工作阵地,动员组织青少年广泛参与"社区青少年远离毒品"活动。充分利用各种宣传手段,广泛宣传毒品的严重危害,积极宣传禁毒工作面临的形势和重大意义,促进形成了强大的禁毒宣传声势。

2. 不断加大青少年禁毒宣传教育活动力度。团中央等单位把每年6月确定为"为了明天——青少年远离毒品宣传月",并围绕6月3日虎门销烟纪念日、6月26日国际禁毒日开展集中性的宣传教育活动。2005年6月,团中央、国家禁毒办、中央综治委预防办等单位联合在北京市强制戒毒所举行"为了明天——青少年远离毒品宣传月"启动仪式。

宣传月启动后，各地团组织统一行动，通过设置宣传栏、张贴主题宣传画、专题咨询、发放宣传品、文艺演出、知识竞赛、宣誓签名等多种形式，向广大青少年宣传毒品的危害，重点开展了禁毒宣传“五个一”主题教育活动，即组织青少年“开一次主题班（队）会”、“读一本禁毒好书”、“写一篇禁毒心得”、“看一部禁毒好电影”、“登陆一次禁毒网站”，使广大青少年充分了解毒品给家庭、社会和个人带来的巨大危害，进一步增强拒毒防毒的意识。同时各地团组织也充分利用各种宣传手段，广泛宣传毒品的严重危害，建立起经常性禁毒宣传与集中宣传相结合的禁毒宣传教育机制。

3. 大力推进禁毒青年志愿者行动。各地动员社区青年志愿者组成宣传小分队，面向社区、面向未成年人、面向群众，宣传禁毒工作和有关知识，开展毒品预防教育，引导青少年自觉抵制毒品诱惑。同时招募教师、医生、律师、新闻和传媒工作者、社会工作者等有专业特长的青年志愿者，以“多助一”或“一助一”等形式，开展关心生活、帮助学习、心理辅导等帮教活动，让涉毒青少年、有不良行为的青少年和生活困难的青少年充分认识到毒品的危害，感受到社会的温暖，自觉远离毒品。

4. 深入开展青少年自我保护教育和心理健康教育。团中央启动了首批青少年自我保护教育基地的评选命名活动，协调动员社会力量，拍摄了《自护智多星》等电视片，成立了全国青少年自我保护教育讲师团，开展了“青春自护”走进西部活动，向西部地区赠送了价值近200万元的自护教材。各地依托青少年维权中心、社区青年中心、自我保护教育网站等对青少年开展心理健康教育，帮助社区未成年人培养健康的心理状态。针对有心理隐患的青少年，聘请专业医疗机构，开办社区暑期心理训练班，通过亲子训练、同伴训练、专题训练、野外训练等科学有效的方式，有针对性地帮助青少年解决心理问题，提高心理调适能力，增强他们的心理健康意识，自觉远离毒品。

5. 充分利用网络加强青少年禁毒教育。团中央、国家禁毒办在进一步加强禁毒社区青少年远离毒品网站和网上“青少年禁毒教育展览馆”建设的基础上，依托中青网开展了“青少年禁毒知识竞赛”、“青少年禁毒誓词征集”、“青少年最关心的禁毒知识调查”等活动。各地将网上“青少年禁毒知识竞赛”作为宣传教育工作的重要手段，在学校、社区动员和组织青少年登陆有关网站，参加知识竞赛。并通过当地报刊、校园网、广播、社区宣传栏等，广泛征集誓词，让青少年在活动中接受禁毒教育，增长禁毒知识，远离毒品诱惑。

6. 针对重点区域加强青少年禁毒宣传教育。团中央和云南等地建立了禁毒情况定期报送制度，直接指导云南的青少年禁毒工作。针对经济发达地区人口密集、人员流动快等特点，重点抓好北京、上海等大型城市的青少年禁毒宣传教育，以此带动全国青少年禁毒工作的展开，增强工作针对性。

“青春红丝带”行动

为贯彻落实国务院“关于切实加强艾滋病防治工作的通知”精神，深入实施《中国预防与控制艾滋病中长期规划（1998—2010年）》、《中国遏制与预防艾滋病行动计划（2001—2005年）》的要求，以全国127个艾滋病综合防治示范区为重点，在广大青少年中积极开展防治艾滋病宣传教育活动。

一、深入基层，积极创新，扎实开展青少年防治艾滋病宣传教育工作

一是抓阵地。各级团组织依托青年中心、青少年宫、热线电话及宣传栏等阵地，开展多种形式的宣传教育工作。一些地方还开设了“青春红丝带”免费书架，在青年中心设立安全套免费发放箱。各级团组织充分利用“12355”青少年维权和心理咨询服务热线，提供预防艾滋病知识的电话咨询服务。

二是抓骨干。各级团组织普遍开展了青少年预防艾滋病社区实验项目、同伴教育活动，加强对教师、家长、青年志愿者的培训。2005年8月至10月，团中央组织艾滋病防治专家，赴陕西、宁夏、内蒙古、山西、重庆、四川、贵州、云南8个省份对2000多名团干部、青年志愿者进行培训，一些团组织也举行了相应的培训活动。

三是抓契机。各地充分利用世界艾滋病日、国际志愿者日、世界卫生日、计划免疫日等契机，动员组织广大青少年深入社区、街道等公众场合，开展大规模的宣传教育活动，产生了良好的社会效果。有的志愿者深入学校、社区、村庄，利用双休日、集日等机会举办宣传活动，发放了大量宣传材料。团中央权益部也为进城务工青年举办了专场慰问演出，并发放了慰问品。

四是抓群体。把青年农民和进城务工青年作为“面对面”宣传教育的重点，实施“千校百万”进城务工青年培训计划、开展“火种传递——把我知道的预防艾滋病知识告诉别人”活动。目前，已经累计培训进城务工青年1500多万人次，其中，为服务、建筑、交通、个体等行业的青少年举办预防艾滋病培训班1500多期，直接培训近5万人。

二、组织动员青年志愿者，为艾滋病病毒感染者及家属提供帮助

各级团组织充分发挥自身优势，组织团员青年，动员社会力量，为艾滋病患者、感染者及其家属提供“面对面”的关怀服务。一是开展“多助一”和“一助一”青年志愿者服务活动，组织、招募专业青年志愿者队伍，深入社区、医院、家庭，为艾滋病患者、感染者及其家属提供医疗护理和咨询服务，解决他们的实际困难。湖北随州团市委组织青年志愿者对艾滋病感染者和患者进行志愿服务，帮助他们抢收粮食和解决生活困难。二是依托“青少年维权岗”，保护艾滋病患者、病毒感染者及家属的合法权益，为他们和家属提供就业、教育、社会保障等多方面的服务。山东团省委在感染者中成立“青春红丝带”自我支持小组，建立起同伴支持网络。三是关爱艾滋孤儿成长，将他们纳入“希望工程”的资助范围，动员社会资源，为解决艾滋孤儿的生活和学习困难提供帮助。如有的单位已连续多年资助山西省艾滋病感染者子女的学杂费。

三、减少艾滋病蔓延的社会因素，营造有利于防治艾滋病的社会环境

一是深入开展“社区青少年远离毒品行动”。通过多种形式，教育青少年拒绝毒品，减少艾滋病的毒源传播途径。广西团区委帮助一批吸毒者获得了免费体检和就业培训，为有困难的吸毒者家庭赠送油、奶粉、米等物品，培养他们成为防治艾滋病同伴教育志愿者和义务宣传员。二是开展“青年文明社区”创建活动。通过开展群众喜闻乐见、健康向上的文化活动，倡导社区公益和邻里互助，平等对待艾滋病患者和艾滋病病毒感染者，培育有利于遏制艾滋病传播的和谐、文明、友爱的社区环境。三是大力倡导义务献血。一些示范区的团组织与红十字会共同开展了“抗击艾滋，捐献热血”活动。有的地方成立了青年志愿者无偿献血服务队，一天就动员149人无偿献血3万毫升。

第十三次“长城计划”友好交流活动

“长城计划”活动是由日本自民党原竹下派发起，后由新生党、新进党、自由党先后继承，现由日中至诚基金与全国青联联合实施的一项大型中日民间友好交流活动。该活动始于1989年，以日方派遣包括多名国会议员、社会活动家在内的数百名各界代表访华为主要形式。迄今为止，已有100多名日本国会议员参加过此项交流活动。

10月27日至30日，应全国青联邀请，以日本众议院议员、民主党前副代表小泽一郎为名誉团长，以众议院议员奥村展三为团长，由9名民主党国会议员和社会各界代表组成的日本第十三次“长城计划”友好交流代表团一行83人对北京进行了友好访问。其间，国务委员唐家璇会见并宴请了代表团主要成员，与全团合影留念；团中央书记处第一书记周强、全国人大外委会副主任委员吕聪敏、中共中央统战部副部长胡德平、中日友协副会长陈永昌分别会见了代表团主要成员；团中央书记处书记王晓宴请了代表团；团中央书记处书记、全国青联副主席杨岳出席了日方举办的答谢宴会。此外，代表团参观了北京市经济技术开发区和北京市规划展览馆等。

“长城计划”友好交流活动的连续开展给中日两国年轻政治家提供了一个较为稳固的对话渠道，对于双方增进共识、消除误解，进而从民间角度增加中日关系发展进程中的积极因素发挥了独特作用。

中日百名青年互访活动

日本百名青年代表团访华。根据中日两国政府于1998年11月26日签署的《关于进一步发展青少年交流的框架合作计划》（以下简称“计划”）及两国外长2002年9月会谈时就“计划”有效期满后继续实施事宜达成的共识，应全国青联邀请，由日中友好协会派遣，以日本青年团协议会会长冈下进一为团长，由日本各界青年组成的日本青年代表团一行88人于8月31日至9月8日对我国北京、云南、南京、上海等地进行了友好访问。在京期间，团中央书记处第一书记周强会见了代表团主要成员，书记处书记张晓兰宴请了全团。代表团还参观了中青网、中日友好医院、和平街社区以及北京城市规划展览馆等单位。在云南，代表团参观了龙润集团和昆明晨农绿色食品有限公司。在南京，代表团出席了主题为“为了和平、相聚南京”的南京城墙修复10周年纪念活动，参观了侵华日军南京大屠杀遇难同胞纪念馆及在该馆举行的和平撞钟仪式，听取了南京大屠杀幸存者报告，与东南大学师生及江苏各界青年代表举办了中日青年和平论坛。在各地，代表团都与中国青年开展了较为深入的交流及联欢活动。

中国百名青年代表团访日。根据“中日青年友谊计划”,应日本政府和日本国际协力机构(JICA)邀请,由全国青联派遣,以河北省青年联合会主席王晓栋为总团长的中国青年考察团一行95人于5月18日至6月9日对日本进行了研修考察。“中日青年友谊计划”始于1987年,是根据中日两国政府间换文,由日本政府出资、每年邀请100名中国各界优秀青年代表访日的一项大型中日青年交流项目,全国青联和JICA受两国政府委托,担任实施窗口。迄今已有1840名中国青年参加此项目访问日本。

中日百名青年互访项目的持续稳定开展对于促进两国人民及青年间的理解和友谊,扩大中日友好活动在两国广大青年中的影响,培养中日友好事业的接班人,调动两国社会各界维护与推进中日长期稳定的睦邻友好合作关系的发展发挥了积极作用。

中韩青年友好交流计划暨500人访韩项目

根据中韩两国政府签署的《青少年交流协议》，应韩国政府邀请，以全国青联的名义组织三批中国青年代表团共计500人，分别于7月和11月对韩国进行了友好访问，韩中文化青少年未来林中心、韩国青少年联盟受韩国青少年委员会委托接待了各批代表团。这是继2004年首批中国青年代表团500人成功访韩的第二批，代表团参观考察了韩国政治、经济、文化、科教等领域的发展状况，并与韩国青年及青少年工作者进行了广泛的交流，取得了良好的效果。

韩国青年国会议员代表团访华

应共青团中央邀请，以韩国执政党国会议员金爀珪为团长的韩国青年国会议员代表团一行13人于1月6日至13日对中国北京、青岛、上海等地进行了友好访问。在京期间，中共中央政治局委员、全国人大常委会副委员长王兆国会见了代表团，团中央书记处第一书记周强和中联部副部长刘洪才分别会见并宴请了代表团，团中央书记处书记、全国青联常务副主席胡伟与代表团进行了工作会谈。在上海，中共上海市委副书记王安顺会见并宴请了代表团。在青岛，青岛市人民政府市长夏耕会见并宴请了代表团。此外，代表团拜会了外交部、北京奥组委，参观了浦东经济开发区、青岛韩资企业泰光制鞋和海信集团、青岛啤酒等企业，增进了对中国政治、经济和社会发展状况，以及中国共青团和青年工作的了解。

以2005年4月韩国会选举为契机，韩政界实现新老交替，大批新生力量步入政界，成为政坛主角。接待韩国青年国会议员代表团访华，并以此为契机，做好韩年轻国会议员工作，对促进两国青年领导人间的对话与了解，培养韩高层对华友好人士，推动两国友好合作关系的深入发展具有十分积极的意义。

东北亚青年论坛

东北亚青年论坛包括“第三届中日韩青年领导者论坛”和“第二届东北亚（中日韩）青少年论坛”两项活动。

“中日韩青年领导者论坛”始于2002年，前两届分别在2002年和2004年由日本国际交流基金与韩国国际交流财团、中国现代国际关系研究所合作举办。7月17日至27日，全国青联与日本国际交流基金、韩国国际交流财团共同主办了“第三届中日韩青年领导者论坛”，来自中日韩三国政府部门、经济界、传媒界和学术界的青年精英代表共15人与会。论坛分别在中、日、韩三国举行。其间，与会代表参加了拜会各国国家领导人、研讨会和参观考察活动。

“东北亚（中日韩）青少年论坛”始于2004年，由全国青联和世界道德重整韩国本部、日本道德重整日本本部合作举办，旨在增进中日韩三国青少年间的相互理解，引导三国青少年关注并努力推动本地区的和平与繁荣。8月26日至31日，全国青联派遣中国青年学生代表团一行19人参加了在韩国首尔举行的第二届东北亚（中日韩）青少年论坛。本届论坛的主题是“探索未来东北亚协作方案”。与会代表围绕“加强三国青少年在经济、环保和文化领域的协作”等主题，进行了坦率深入的交流，并开展了丰富多彩的文化交流活动。

通过参加、举办中日韩青年论坛活动，进一步提高了全国青联在东北亚青年交流领域的知名度和影响力，为贯彻“以邻为伴，与邻为善”外交方针，为推动我国与周边国家关系的不断发展做出了积极贡献。

第六届中越青年友好会见活动

为贯彻胡锦涛总书记关于“扩大青少年和民间交流,为中越世代友好奠定更加坚实的基础”的指示,落实两国共青团所达成的协议,应越南胡志明共青团中央邀请,以团中央书记处书记杨岳为团长的中国青年代表团一行94人于2005年10月30日至11月6日赴越南参加了第六届中越青年友好会见活动。

此次访问恰逢胡锦涛总书记对越南进行正式友好访问,11月1日下午,胡总书记和越共中央总书记农德孟共同接见了参加第六届中越友好会见活动的中越两国青年代表并分别发表了重要讲话。胡锦涛总书记在讲话中充分肯定了开展中越青年交流的重要意义。越南国家副主席张美花出席了第六届中越友好会见活动开幕式,胡志明共青团中央第一书记陶玉蓉与中国青年代表团团长杨岳举行了工作会谈并签署了《中国共青团与越南胡志明共青团2006年至2007年合作协议》。代表团访问了河内、胡志明市和广宁省、巴地—头顿省,与越南地方党政官员、企业家、大中学生和青年工作者进行了广泛接触和交流,考察了青少年活动设施、学校、企业和农村,对越南国情民情及青年现状有了进一步的了解。

此次出访是一次贯彻落实中越领导人在新时期达成的共识、服务党政外交、进一步扩大和深化中越青年交流成果的重要青年外事活动。代表团访越,从民间的角度配合了胡锦涛总书记对越南进行的正式友好访问,烘托了中越友好的气氛。访越期间,代表团与越南各界各地青年进行了广泛接触,交流了工作经验,建立和加深了友谊,为推动中越睦邻友好合作关系的不断发展发挥了积极作用。

“中泰一家亲”——中泰两国青年友好交流

为庆祝中泰建交30周年,进一步落实中泰两国总理达成的关于“举办‘中泰一家亲’青年友好交流活动,促进两国青少年的了解,让中泰友好世代相传”的指示,2005年,全国青联与泰国相关部门以“中泰一家亲”为主题,开展了一系列青年交流活动。

10月17日至26日,应全国青联邀请,以泰国社会发展和人类保障部弱势群体权益保护、促进和能力提升办公室主任基蒂·萨曼泰为团长的泰国青年代表团一行117人访问了北京、成都、宜昌和武汉。在京期间,团中央书记处第一书记周强会见了代表团主要成员,团中央书记处书记杨岳宴请了代表团主要成员。代表团参观了中国儿童活动中心。在成都,四川省人民政府副省长张作哈会见了代表团主要成员。代表团参观了成都市青少年活动中心、成都市锦江区幸福梅林和红砂村花乡农居、成都大熊猫繁育研究基地,代表团还访问了成都市树德中学并与在校学生交流座谈。在宜昌,代表团参观了三峡工程。在武汉,代表团进行了家访活动,参观了华中师范大学并与在校中外学生座谈交流。代表团在各地都开展了文艺交流活动,参观了名胜古迹。

12月4日至11日,应泰国社会发展和人类保障部弱势群体权益保护、促进和能力提升办公室邀请,中国青年学生代表团一行100人回访了泰国。在曼谷,泰国社会发展和人类保障部部长瓦他那·穆安松礼节性会见了代表团主要成员。在清迈,清迈省府尹苏瓦特·坦提派会见了代表团全体成员,代表团还参加了由清迈市政厅主办的庆祝泰国王生日的庆典活动,参观了清迈大学和蒙佛高中。叻武里省府尹旺萨·萨瓦帕尼会见了代表团主要成员,叻武里市市长洪兰凤宴请了代表团全体成员。代表团还在萨姆桑克拉省参加了民宿活动。

此外,全国青联还与泰国工业部合作于7月7日在人民大会堂共同举办“曼谷时尚之都——中泰青年文化经贸交流活动”。活动期间,全国人大常委会副委员长乌云其木格会见了应邀访华的泰国下议院第二副议长拉丽达等泰国议会代表团一行4人,并与拉丽达副议长一同出席了中泰青年文化经贸交流活动。

“中泰一家亲”青年友好交流活动的成功举办有效烘托了中泰建交30周年热烈气氛,增进了两国青少年之间的了解和友谊,推动了两国青年交流与合作,为夯实中泰睦邻友好、长期合作的社会基础发挥了积极作用。

中国百名青年代表团访问巴基斯坦

作为对2004年百名巴基斯坦青年访华的回访,应巴基斯坦文化、体育和青年事务部邀请,以团中央书记处书记、全国青联副主席尔肯江·吐拉洪为团长的中国青年代表团一行100人于2005年4月1日至7日对巴基斯坦进行了友好访问。

在伊斯兰堡,正在巴基斯坦访问的温家宝总理和巴基斯坦总理肖卡特·阿齐兹共同会见了中巴双方共200名青年代表。温家宝总理发表热情洋溢的讲话,要求两国青年要做展翅高飞的雄鹰,肩负起建设国家、发展中巴友谊的重任;巴基斯坦总统穆沙拉夫会见了代表团部分成员;巴基斯坦国民大会副议长萨达·穆罕默德·亚布贝、巴基斯坦文化、体育和青年事务部国务部长穆罕默德·阿里·杜拉尼、常秘贾利尔·阿巴斯和辅秘卡利德·赛义德·哈鲁恩会见了代表团。在卡拉奇,信德省省督伊什拉特·伊巴德、信德省首席部长古拉姆·阿巴贝·拉希姆、信德省青年部长夸曼·曼苏分别会见和宴请了代表团。在拉合尔,旁遮普省通讯设施部长查希尔·阿曼德、青年部长肖卡特·阿里·巴提会见并宴请了代表团。巴基斯坦青年事务联秘贾拉路丁·苏海尔全程陪同了代表团。访问期间,中巴双方举行了中巴青年友谊演讲大会,并在三地分别举办了中巴青年联欢晚会。代表团还向巴基斯坦国父真纳墓敬献了花圈,参观了巴基斯坦钢铁厂、塔克西拉重型机械厂、警员训练中心以及巴基斯坦著名的博物馆、清真寺等名胜古迹。

如此大规模的中国青年代表团访巴在中巴青年交流史上尚属首次。此次访问有力地烘托了中巴友好关系的氛围,适时地配合了党政外交,达到了加深友谊、增进互信、扩大交流和加强合作的预期目的,获得了圆满成功。

中菲青年友好交流

2005年正值中菲建交30周年，两国面临全面加强交流、深化合作的良好机遇。2005年4月胡锦涛主席访菲期间，在胡主席和阿罗约总统的见证下，团中央书记处第一书记周强与菲律宾全国青年委员会主席阿基诺共同签署了《中菲青年事务合作协议》，约定了包括中菲百名青年互访在内的一系列中菲青年交流与合作项目。

7月10日至18日，应全国青联邀请，以菲律宾全国青年委员会主席保罗·阿基诺为团长的菲律宾百名青年代表团一行113人访问了北京、杭州和上海。其间，中共中央政治局委员、全国人大常委会副委员长王兆国会见了菲青年代表团主要成员并与代表团全体成员合影留念。团中央书记处第一书记周强和外交部部长助理沈国放分别会见代表团主要成员并宴请了代表团全体成员。中共浙江省委副书记乔传秀会见了代表团主要成员。团中央书记处第一书记周强和菲律宾全国青年委员会主席保罗·阿基诺签署了《关于继续开展中菲青年交流的谅解备忘录》。在北京期间，举办了“体验中国”中菲青年文化交流活动，代表团参观了北京城市规划馆，还分组参观了宣武区广外街道茶叶项目和清华大学青年创业项目。在杭州期间，代表团全体参观了浙江大学、万向集团和萧山航民村，分组参观了浙江移动1860客服中心、青少年活动中心、三替集团以及各社区和青年项目。在上海期间，代表团参观了上海城市规划展览馆。

11月6日至12日，应菲律宾全国青年委员会邀请，以团中央书记处书记、全国青联副主席杨岳为团长的中国青年代表团一行104人访问菲律宾并参加了中菲青年友好会见活动。在马尼拉期间，菲律宾总统阿罗约的女儿露莉·阿罗约代表阿罗约宴请了代表团，菲律宾前总统拉莫斯出席了活动告别酒会；中菲两国青年代表参加了中菲青年友好论坛；中国青年代表团向菲民族英雄黎刹纪念碑敬献了花圈，参加了“中菲青年友谊村”奠基仪式及建设活动，参观了马拉卡汉宫和菲律宾华人博物馆，之后分六组赴宿务、保和、班乃、班诗兰、卡威提和达沃进行了友好访问并与当地主要官员进行了交流。

中菲百名青年互访活动涵盖了不同层次、不同界别的青年代表，达到了增进了解、加深友谊、促进沟通、扩大合作的目的，在两国青年及社会各界引起了广泛反响。活动的成功开展不仅掀开了两国青年交流的新篇章，培养了中菲友好的青年使者，更配合了国家关系发展进程，对于建立中菲致力于和平与发展的战略性合作关系将产生十分积极的影响。

中拉青年节

为落实胡锦涛主席关于“举办中拉青年节”，不断增进中拉人民友谊的倡议，加强中国同拉丁美洲及加勒比地区青年之间的相互了解，巩固和发扬中拉传统友谊，培养拉丁美洲及加勒比国家对华友好新一代，2005 年 11 月 16 日至 22 日，以全国青联名义举办了中拉青年节活动，共有来自阿根廷等 20 个拉丁美洲和加勒比国家的 65 名青年代表来华参加了此次活动，并对北京和上海进行了友好访问，其中包括未建交国多米尼加共和国和巴拉圭的代表。

活动期间，全国人大常委会副委员长韩启德会见了代表团主要成员并与全体代表合影。团中央书记处第一书记周强会见了代表团主要成员并出席了为代表团举办的欢迎招待会。活动期间，举办了中拉青年合作论坛，团中央书记处书记张晓兰出席论坛并发表了题为《增进相互了解，发扬传统友谊，共创美好未来》的主旨演讲。张晓兰和中联部部长助理谭家林分别会见了多米尼加共和国和巴拉圭的代表。各国代表还拜会了外交部，参观了北京经济技术开发区、上海宝钢集团和上海青少年活动中心。

“中拉青年节”通过一系列形式多样、内容丰富、特点鲜明的活动，使拉美及加勒比地区各国对现代中国政治、经济、文化和社会发展各方面有了较为全面的认识。同时通过这种面对面的交流，增进了中国与拉美及加勒比地区青年之间的理解和友谊，探索了双方增强互信与理解、扩大沟通与合作的新途径。

东盟青年领袖访华计划

2004 年 9 月，以全国青联名义举办了首届中国—东盟青年事务部长会议，建立了“10 + 1”框架下青年领域的稳定交流机制。在会上通过的《首届中国—东盟青年事务部长会议后续行动计划》中，各国青年部长一致同意在中国—东盟合作基金的支持下，“为促进中国和东盟的青年领袖之间更深入的了解，从 2005 年起每年开展中国—东盟青年领袖互访计划”。

6 月 6 日至 16 日，应全国青联邀请，由东盟国家青年事务官员、青年企业家组成的“东盟青年领袖访华计划”代表团一行 17 人访问了北京、南京、合肥和广州。在京期间，团中央书记处第一书记周强礼节性会见了代表团，团中央书记处书记胡伟宴请了代表团，外交部副部长武大伟会见了代表团。代表团拜会了中国社会科学院，举办了中国—东盟青年研讨会。在南京，代表团参观了南京经济技术开发区和社区服务中心。在合肥，代表团参观了曼图实业有限公司、安徽中科大讯飞信息科技有限公司、安徽农业大学和农业项目。在广州，代表团参观了广州经济技术开发区，举办了中国—东盟青年企业家见面会。访华过程中，代表团对各地青年机构和企业公司开展了深入考察，与各地青年干部和青年企业家进行了广泛接触，交换了青年工作的有益经验，形成了经贸合作的初步意向。

“东盟青年领袖访华计划”的顺利启动在巩固10+1青年交流机制的同时，搭建了中国—东盟青年工作的新平台，进一步加深了中国和东盟青年领袖及青年企业家间的相互了解，加强了各国青年组织之间的交流，推动了各国青年企业家之间的务实合作，为中国和东盟青年参与各国社会经济发展和区域合作起到积极的促进作用。

东盟与中日韩(10+3)青年友好会见

为落实温家宝总理在2003年10月召开的第七次东盟与中日韩领导人会议上提出的建立10+3青年交流合作机制有关建议，在积极巩固和发展10+1青年交流机制的基础上，以全国青联名义发起举办了“东盟与中日韩(10+3)青年友好会见”活动，搭建了东亚地区青年交流合作的崭新平台。

9月25日至10月1日，应全国青联邀请，来自东盟10国与日本、韩国的青年领导人、青年学者和青年企业家以及东盟秘书处官员共82人来华参加了首届“东盟与中日韩(10+3)青年友好会见”活动。团中央书记处书记、全国青联副主席杨岳出席了于9月27日在江苏省无锡市举行的活动启动仪式并讲话。杨岳在讲话中就加强东亚青年合作提出三点建议：建立东亚青年合作机制，构建东亚青年交流网络；拓展东亚青年合作领域，深化东亚青年合作内涵；丰富东亚青年合作形式，增强东亚青年合作实效。活动期间，与会代表根据界别不同，分青年领导人、青年学者和青年企业家三组举行了见面会。青年领导人以“加强互利合作，促进共同发展”为主题进行了广泛交流，青年学者对东盟与中日韩合作的前景进行了深入探讨，各国青年企业家则进行了项目洽谈。与会代表还拜会了外交部，在江苏省无锡市开展了参观考察活动，部分代表参加了国庆招待会。

本次活动的举办标志着东盟与中日韩(10+3)框架下青年交流合作机制的正式确立，将有效促进东盟各国与中、日、韩青年之间的友好交流与务实合作，推动东亚合作向更高水平迈进。

中法签署《关于开展青年领域合作的联合声明》

2005年12月5日，正在法国进行正式访问的温家宝总理与法国总理德维尔潘共同发表了《关于开展青年领域合作的联合声明》，当日，声明全文在两国主要媒体同时发表。

为了推动该声明的正式出台，2005年11月28日至12月1日，应法国外交部邀请，全国青联工作组一行4人访问了法国。在法期间,工作组就声明内容等有关具体细节与法国外交部国际合作与发展总司、大学合作与职业培训办公室、亚大司、青体部、教育部和经财部等部委的相关负责人进行了工作会谈。

11月29日,全国青联工作组与法国外交部国际合作与发展总司总司长菲利普·埃迪安草签了《关于开展青年领域合作的联合声明》。依据该声明,全国青联将着力围绕青年权益保护、环保、青年志愿服务、青年就业、创业和培训等共青团重点项目与法方开展合作,法国成为近年来首个与共青团在青年工作领域开展全方位、深层次合作的西方大国。

温家宝总理在访法期间与法国国民议会议长德勃雷、法国总统希拉克、法国总理德维尔潘的会见和会谈中,均特别强调两国青年交流的重要性。温总理多次表示希望两国青年认识到中法友好在整个世界格局中的重要意义,并建议中法双方有关部门根据两国青年交流联合声明精神,通过举办各种形式的活动,增进年轻一代的相互接触和了解,确保中法两国人民永远友好下去。温总理的主张得到法方领导人的积极响应。另外,根据温家宝总理与法国总理德维尔潘达成的共识,中法两国将于2006年开展各派400名青年的互访交流。作为中国政府指定的负责中法青年交流的中方牵头单位,共青团将以全国青联名义与法国政府指定的法方牵头单位——法国外交部共同承办上述交流活动。

俄罗斯青年政治家和青年记者代表团访华暨举办中俄青年友好论坛

应全国青联邀请,以俄罗斯联邦杜马议员、中俄友好、和平与发展委员会青年工作分委会俄方副主席、俄"青年统一"社会运动领袖布拉塔耶娃为团长的俄罗斯青年政治家和青年记者代表团一行19人于2005年10月18日至26日访问了北京和上海,并参加了中俄青年友好论坛。

在京期间,中共中央政治局委员、全国人大常委会副委员长王兆国会见了代表团;团中央书记处第一书记周强宴请了代表团。外交部部长助理李辉会见了代表团;团中央书记处书记、全国青联副主席杨岳出席中俄青年友好论坛并做主旨发言;代表团分组拜会了中国石油天然气集团公司和人民日报社、人民网,还游览了故宫和长城。在上海期间,市人大常委会副主任陈豪会见了代表团;代表团参观了城市规划馆、东方明珠电视塔、城市发展陈列馆和东方绿洲青少年活动基地;政治家代表团还拜会了上海埃力生集团公司总部。

作为中俄友好、和平与发展委员会第六次全会所制定的工作计划和"2004中俄青年友谊年"后续活动的重要内容,代表团此次访华暨举办中俄青年友好论坛在巩固友谊年交流成果的基础上,进一步增进了俄国内青年政治精英和媒体对中国国情的了解,烘托了中俄关系发展的良好氛围,为推动中俄友好事业的深入发展发挥了积极作用。

周强及全国青联获得联合国环境规划署首届地球卫士奖并赴纽约联合国总部出席颁奖典礼

应联合国环境规划署邀请,团中央书记处第一书记周强率中国青年代表团于2005年4月18日至21日赴纽约出席了首届"地球卫士奖"颁奖仪式。4月19日,联合国副秘书长、环境规划署执行主任克劳斯·特普费尔在联合国总部亲自为周强同志颁发"地球卫士奖"奖杯和获奖证书。

"地球卫士奖"是联合国新设立的一项环境大奖,旨在表彰在保护地球生态和自然资源方面取得突出成就的个人。2004年是该奖项首次评选,除周强和全国青联外,全球还有六人获此殊荣,周强是获奖者中唯一的青年组织领导人,"保护母亲河行动"项目也是其中唯一一个青年环保项目,因而获得与会代表和新闻媒体的特别关注。获得"地球卫士奖",不仅是中国青年和青年组织的荣誉,也是国际社会对中国为人类生态环境保护事业所做贡献的充分肯定。联合国副秘书长、环境规划署执行主任特普费尔在颁奖仪式上讲话强调指出:"全国青联是世界环保事业中的一支重要力量"。党和国家领导人对周强同志和全国青联获"地球卫士奖"做出了重要批示。

首届亚欧政党青年组织领导人论坛

11月20日至26日,应全国青联邀请,来自亚欧会议34个成员国的政党青年组织以及亚欧区域性青年组织的100名青年领导人来华参加了由全国青联和亚欧基金共同举办的首届亚欧政党青年组织领导人论坛。此次论坛的主题为"进一步振兴和充实亚欧伙伴关系:青年的作用"。论坛于11月21日在京开幕,全国青联主席赵勇出席了论坛开幕式并做主旨发言。团中央书记处书记张晓兰宣布论坛开幕并主持了论坛第一次全会。外交部部长助理沈国放出席了开幕式并讲话。在京期间,团中央书记处第一书记周强宴请了亚欧主要青年组织的负责人,中联部副部长刘洪才会见了全体与会代表,团中央书记处书记张晓兰宴请了全体与会代表。论坛闭幕式于24日在天津举行,会议一致通过了《首届亚欧政党青年组织领导人论坛天津宣言》。团中央书记处书记张晓兰,天津市委常委、宣传部部长肖怀远出席了闭幕式并讲话。天津市市委副书记、市人大常委会主任房凤友在闭幕式前会见了部分与会代表。

本次论坛是根据温家宝总理在2004年第五届亚欧首脑会议上的倡议而举办的,是第五届亚欧首脑会议的重要后续行动。此次会议系在亚欧会议框架下首次针对政党青年组织领导人举行对话活动,对推动亚欧会议进程、深化亚欧青年交流有积极意义。会议的重要成果是与会代表一致通过了《首届亚欧政党青年组织领导人论坛天津宣言》,充分表达了亚欧青年积极参与亚欧会议进程的愿望,体现了亚欧青年进一步振兴和充实亚欧伙伴关系的决心，标志着亚欧青年交流与合作进入了一个新的历史起点，为亚欧青年伙伴关系的建立奠定了良好的基础。《天津宣言》将递交即将于2006年在芬兰举行的第六届亚欧首脑会议。

参加联合国《到2000年及其后世界青年行动纲领》通过10周年系列活动

1995年第五十届联合国大会决议通过了《到2000年及其后世界青年行动纲领》（以下简称行动纲领），首次较为系统地提出了具有世界普遍意义的青年政策框架和行动指导原则。这是联合国成立以来在青年领域通过的最具综合性、纲领性的指导性文件，是世界青年发展进程中的里程碑，是青年问题逐渐国际化的标志。2005年是《行动纲领》通过10周年，联合国为此开展了一系列的评估和纪念活动。全国青联积极参与了这一进程。1月29日至2月4日，全国青联代表赴葡萄牙科英布拉参加了联合国《行动纲领》10周年评估磋商会议；10月4日至6日，全国青联副秘书长江广平率中国青年代表团赴纽约参加了第60届联合国大会青年议题第27次和28次全体会议和青年非政府组织圆桌会议并做了大会发言。为纪念《行动纲领》通过10周年，我还与中国青少年研究中心联合撰写了《中国青年发展报告》并刊发在《中国青年研究》和《新华文摘》杂志上。该报告对10年来中国青年发展状况和青年工作成果进行了系统的总结和评估，为世界青年发展状况的全面评估和比较研究提供了有价值的参考。

观察第十六届世界青年学生联欢节

应委内瑞拉第十六届世界青年学生联欢节国家组委会邀请，中国青年代表团一行7人于2005年8月5日至15日以观察员身份参加了在委内瑞拉首都加拉加斯举行的第十六届世界青年学生联欢节，受到委内瑞拉政府的高度重视和热情接待。委内瑞拉总统查韦斯亲切接见了代表团成员，委内瑞拉全国代表大会主席奥尔塔在国会大厦宴请部分与会嘉宾时专门邀请了中国青年代表团全体成员。

世界青年学生联欢节是由世界民主青年联盟主办的左翼青年组织大型国际活动，也是当前重要的国际左翼青年运动之一。该联欢节每四年举办一次，此前已举办过15届。本次联欢节的主题是“为了和平与团结，让我们同帝国主义和战争斗争到底”，共有来自全世界144个国家的17000多名青年学生参加了联欢节。联欢节最后发表了《第十六届世界青年学生联欢节最终宣言》。此次是全国青联连续第四次派团以观察员身份参加世界青年学生联欢节,达到了保持与国际左翼青年运动的接触、扩大团结、争取朋友、服务总体外交的目的。

青年就业与和谐社会国际论坛

2005年5月20日至21日,共青团以全国青联名义与联合国青年就业网络合作在京举办了青年就业与和谐社会国际论坛暨联合国青年就业网络年会。会议的主题是“青年就业:构建和谐社会的积极因素”,旨在促进青年就业领域的国际交流与合作,探讨青年就业与构建和谐社会的关系。其间,全国人大常委会副委员长司马义·艾买提出席开幕式并讲话。团中央书记处第一书记周强在开幕式上致辞。团中央书记处书记、全国青联常务副主席胡伟在开幕式上为联合国青年就业网络中国项目合作办公室揭牌。来自联合国青年就业网络、国际劳工组织等国际机构和国内外政府部门、企事业单位、青年组织的百余名代表也出席了此次会议。

举办此次会议是共青团落实党的十六届四中全会精神和构建社会主义和谐社会的任务,整合国际国内资源,推进国内青年就业创业工作的具体举措,同时也为促进青年就业领域的国际交流与合作搭建了平台。联合国青年就业网络相关各方高度评价此次会议的重要意义,认为这是在决定联合国青年就业网络未来发展方向的关键时刻召开的一次重要而及时的会议,是中国为解决全球青年就业问题做出的积极贡献。

会后,团中央组织联合国青年就业网络高级别小组代表团一行12人于22日至23日赴山东考察了青年创业项目。联合国青年就业网络对共青团开展的青年就业和创业项目给予高度评价,指出这是他们考察过的众多国家中最综合、最广泛、规模最大、最有创造力的青年就业扶助模式之一,认为它的成功对于其他国家开展青年就业项目具有重要借鉴意义。胡锦涛同志在关于此次访问的专题报告上作出重要批示。

成立联合国青年就业网络中国项目合作办公室

2005年5月20日,以全国青联名义在京正式成立了联合国青年就业网络中国项目合作办公室(英文名称为Youth Employment Network Office China)。该办公室是共青团组织与联合国青年就业网络的合作机构,主要工作任务是推广国内外青年就业领域的先进模式和成功经验;促进青年就业政策、研究、信息、服务等领域的国际交流;组织开展青年就业领域的国际合作项目。

办公室成立以来,积极引进资源,先后与有关机构合作开展了以下青年就业和创业项目,为促进国内青年就业和再就业工作,提高青年就业能力和创业能力做出了积极贡献。

1. 中国青年创业国际计划。该项目是一个旨在帮助青年创业的教育性公益项目,通过与欧美和联合国等组织合作,动员社会各界特别是工商界的力量为创业青年提供导师辅导以及资金、技术、网络支持,帮助青年成功创业。截止到2005年12月,中国青年创业国际计划已在上海、山东、陕西、福建和北京建立了5个地方办公室,共吸引资金1000余万元,吸纳了500人的创业导师队伍,扶持青年创建了58个中小企业,创造了300多个就业岗位,取得了良好的经济和社会效益。

2. “从学校向工作过渡”中国青年就业状况调查。该项目采用国际劳工组织的调查方法,在天津市、辽宁省大连市、湖南省长沙市和广西壮族自治区柳州市共抽取6000个青年样本和200个雇主样本,对青年从学校向工作过渡的情况进行了调查,也是国内首次较大规模的青年就业调查。该调查的分析报告引起了国内外社会各界的关注,被评为“人民网2005年度最受网友关注的十大调查报告之一”。

3. 职前教育网络学堂项目。这是一个对大学生进行职前教育,旨在提高大学生就业能力的项目,目前已开发形成了一整套学习教程。教程共分50讲,每讲3小时,涉及就业政策分析、职业选择和规划、求职技巧、职业素质等多个方面,主要通过在线学习、网络课堂、模拟实战、网上咨询等方式把上述知识和技能传授给高校毕业生,增强其在就业市场中的竞争能力,帮助他们顺利实现从学校到工作的转换。该项目由清华大学牵头实施,目前已被清华、北大、复旦等近百所高校采用。

4. KAB大学生创业教育试点项目。该项目以在校大学生为对象,通过教授有关企业和创业的基本知识,帮助学生树立有关创业的正确认识,掌握创业的基本知识和实践技能。项目以国际劳工组织开发的教材为蓝本,采用选修课的形式在大学开展,约需36到54学时。学生通过选修该课程可以获得相应的学分。目前,该项目已完成第一阶段的工作任务,改编形成了中文版《大学生KAB》教材。第二阶段拟从2006年2月开始,利用一学期的时间在清华大学、中青院等六所高等院校试点开设“KAB创业基础”课程。

成立联合国青年就业网络中国项目合作办公室是共青团组织与联合国青年就业网络深化合作的重要举措,有利于共青团借鉴国际上促进青年就业的成功经验,引进资金和智力,推动国内青年就业工作的开展;同时也有利于共青团扩大宣传,把有中国特色的先进经验推广到国际社会,为解决青年就业这一全球性难题以及实现联合国千年发展目标做出贡献。

青年非正规教育项目取得丰硕成果

我积极引进国际资金,借鉴非正规教育的国际经验,通过开展国际合作项目拓展非正规教育领域、充实非正规教育内容、完善非正规教育方法,促进了青年素质的提高和基层青年组织的能力建设。

(1)与国际组织合作成功举办青年非正规教育项目。2005年上半年,我引进世界银行资金25万元,在石景山青年中心开展了青年健康同伴教育项目,在北京师范大学开展了大学生志愿者培训项目。培训了26名同伴教育者骨干,向1100余名外来务工青年传授了预防艾滋病的知识和技能;向即将赴西部支教服务的北京师范大学在校学生提供了350人次的培训。以上两个合作项目是我与世界银行在青年领域的首次合作,开端良好,为今后双方在更广的领域里开展更深入的合作打下了合作基础,探索了合作模式。

(2)引进国际慈善基金,支持地方开展非正规教育。2005年5月,从英国帕台农基金引进15万元,用于支持济南泺源学校(该学校为智障儿童辅读学校)开展人力资源项目。到目前为止,该项目共培训了30名青年教师、20名青年志愿者,编制了一套(120余册)适合特殊儿童教育的教材。2005年7月,济南泺源学校4名同学利用捐款参加了全国特殊奥林匹克游泳比赛并取得五枚金牌、三枚银牌、两枚铜牌。同时,陕西省蓝田县团委继续利用英国帕台农基金捐款,开展了第二期农村青年就业技能培训班,对100名农村贫困青年进行了就业技能培训。

大学生志愿服务西部计划

根据国务院常务会议精神,自2003年6月起,团中央、教育部、财政部、人事部共同组织实施了大学生志愿服务西部计划(以下简称“西部计划”)。3年来,按照公开招募、自愿报名、组织选拔、集中派遣的方式,西部计划全国项目和地方项目累计招募4万多名普通高校应届毕业生到西部12省(区)及部分中部省贫困县乡镇一级,开展1—2年的教育、卫生、农技、青年中心建设与管理、“百县千乡宣传文化工程”、全国农村党员干部现代远程教育扩大试点工作暨农村中小学现代远程教育、西部基层检察院和法律援助等方面的志愿服务工作。2005年7月12日,胡锦涛总书记就实施西部计划作出重要指示,对高校毕业生寄予厚望,对西部计划给予充分肯定,并为这项工作的深入开展指明了方向。

2005年,西部计划整体实施工作进展顺利,并呈现出四个特点。一是实施规模略有扩大。全国项目从全国1309所高校的5万多名报名应届高校毕业生中新招募志愿者8602名,使在岗服务的志愿者达到11099名;参照全国项目,北京、河北等21个省(区、市)相继实施了地方项目,招募了9639名大学生志愿者到本省(区、市)贫困乡镇开展服务。2005

年全国在岗服务的大学生志愿者总数超过2万名，服务县总数达到392个。二是志愿服务领域有所拓展。在继续做好支教、支医、支农、“百县千乡宣传文化工程”、西部基层检察院以及青年中心建设志愿服务工作基础上，与全国远程办、教育部联合实施了全国农村党员干部现代远程教育扩大试点工作暨农村中小学现代远程教育工程志愿服务行动，向山西等12个扩大试点省（区）选派了2004名大学生志愿者；联合司法部启动实施西部基层法律援助志愿服务行动，选派了100名大学生志愿者。三是管理服务工作不断完善。建立健全了全国项目办主导、省级项目办协调、县级项目办与用人单位落实和志愿者自我管理的四级管理架构；强化分类指导，分别做好不同地区、高校及专项行动的相关工作。四是就业服务力度进一步加大。团中央、教育部、财政部、人事部、劳动和社会保障部联合下发《关于做好大学生志愿服务西部计划志愿者就业服务工作的意见》，并下发《关于做好2005年大学生志愿服务西部计划志愿者就业服务工作的通知》，整合社会资源，完善政策措施，积极引导大学生志愿者到西部、到基层就业。各级项目办为服务期满的7279名志愿者提供有效就业岗位15128个，促进了服务期满志愿者的顺利就业或升学。

西部计划的实施，符合科学发展观的基本要求，符合青年学生成长成才的基本规律，在广大青年学生中树立了到西部去、到基层去、到祖国最需要的地方去的健康成才导向，促进了西部基层的经济社会发展，培养了一支既有现代科学文化知识、又有基层工作经验并富有强烈社会责任感的优秀青年人才队伍，有效地服务了大局、服务了社会、服务了青年，在建设社会主义和谐社会和社会主义新农村的伟大历史进程中发挥了积极作用，取得了显著的综合效益。

中国青年志愿者扶贫接力计划

中国青年志愿者扶贫接力计划是团中央、教育部、人事部、卫生部、国务院西部开发办等有关部门共同组织实施的志愿者行动重点项目，采取公开招募、自愿报名、定期轮换、长期坚持的接力机制，动员和组织城市青年到中西部贫困地区开展每期半年至2年的基础教育、医疗卫生、农业科技推广等方面的服务。该计划自1996年试点实施以来，全国累计报名人数近30万，先后选派了16361名青年到西藏、新疆等中、西部19个省（区、市）235个贫困县开展志愿服务，已形成省内发达地区支援欠发达地区、东西部地区对口支援两种模式和支教扶贫、支医扶贫两大支柱项目，并在组织指导、动员招募、选拔派遣、服务管理、安全保障、检查监督和评估激励等方面形成了一整套较为完善的工作运作机制。2005年，团中央扶贫接力计划示范项目范围有所扩大，除继续做好山西静乐、广西百色项目外，新增加了甘肃榆中作为扶贫工作示范点。中直机关和上海、安徽、四川、贵州、青岛、福建、山东等地相应扩大了地方项目的实施规模，共选派了1102名志愿者到中西部欠发达地区从事1—2年支教、支医、支农等方面的志愿服务。组织了第七届研究生支教团，从全国65所重点高校选派了440人赴中西部57个贫困县开展为期1年的支教服务，使参加支教的研究生志愿者总数达到1817名。

中国青年志愿者国际合作发展计划暨援外志愿者系列项目

2005年,从服务党政外交大局和国家援外工作要求出发,根据我国政府与相关国家政府换文和商务部制定的《援外青年志愿者选派和管理暂行办法》的规定,受商务部委托,中国青年志愿者协会通过公开招募、自愿报名、集中选拔、培训和派遣的方式,先后向泰国、埃塞俄比亚、老挝、缅甸等国派遣了60名志愿者,开展海啸灾区水下救捞和中文教学、中国传统医疗、农业科技与体育、计算机教学、行政管理等多项援外志愿服务工作,为加强我国与相关国家民间友好交往、促进受援国经济社会发展、增进中外友好和青年交流做出了积极贡献,也为今后深入开展援外志愿者工作奠定了良好基础。

中国青年志愿者首次参与国际救援,赴泰国海啸灾区开展近海水下废弃物打捞工作,赢得了泰国政府和人民的高度评价,在国内外取得了积极反响。2月25日,面向交通救捞系统招募的18名潜水员志愿者赴泰国南部普吉岛、攀牙岛海啸灾区,开展清理近海水下珊瑚礁、打捞海底废弃物等服务工作。在为期10天的紧急救援行动中,志愿者共执行潜水打捞151人次,潜水打捞总时间8130分钟,水下搜寻打捞总面积达18万平方米,打捞各类废弃物共20多吨。中国志愿者的工作精神和专业水平深深地打动了泰方的工作人员。志愿者回国前,普吉府府尹专门接见了18名志愿者队员,并向他们颁发了志愿服务证书。泰国自然资源和环境部还专门为服务队发来了感谢信。

中国青年志愿者首次前往非洲,开展为期6个月的服务,为促进中非友好,拓展援外志愿服务新领域做出了有益尝试。8月4日,12名来自北京、成都、上海、云南等地的青年志愿者从北京起程奔赴埃塞俄比亚,开展沼气开发、中文、体育教学、医疗卫生、信息技术服务等方面的志愿服务工作。赴埃塞志愿者中绝大多数为大学本科以上学历,外语程度良好,其中有5名在读硕士研究生、1名在读博士研究生。服务期间,志愿者克服了语言、气候、风俗和工作生活条件等各方面的困难,顽强拼搏,辛勤工作,在各自的服务岗位做出了积极的贡献。回国前,埃塞能力建设部部长接见了我援埃塞全体青年志愿者,对该项目的实施给予了充分的肯定和高度的评价。

老挝、缅甸项目继续巩固发展。继第四批赴老挝志愿服务队完成服务任务回国后,2005年10月12日又招募选派15名青年志愿者组成第五批志愿服务队赴老挝开展新一轮服务。2005年11月开始招募第三批缅甸项目15名志愿者赴缅开展种子技术、养蚕技术、优质橘和优质葡萄生产技术、农机设备锻造和锻炼、大米质量分析、营养安排研究、农业电脑软硬件、举重教学等方面服务。

进一步健全和完善了新机制。自第二批老挝项目志愿者委托上海市团委和市志愿者协会承办后,2004年,援外志愿服务项目开始纳入商务部援外计划。一年来,在商务部的支持下,以项目承办的方式委托地方团组织和青年志愿者组织实施援外志愿服务项目,在援外志愿者的招募、选拔、培训、派遣和管理服务等各个环节已经形成一整套工作规范,为下一步全面深入开展青年志愿者国际合作发展计划奠定了坚实的基础。

农村公共卫生体系志愿服务项目试点工作

从卫生部、北京市以及河北、内蒙古等试点省(区)省级、地(市)级直属医疗单位先后招募选派了三批共88名具有中级以上(含中级)专业技术职称的青年医师志愿者赴河北省张北县、内蒙古自治区喀喇沁旗、宁夏回族自治区固原市的医疗卫生机构开展基础医疗、业务培训、义务诊治、卫生普查、健康宣传等方面的服务工作。同时,从西部计划大学生志愿者中招募选派了112名医学专业的大学生志愿者配合青年医师志愿者共同开展志愿服务。通过一年来的实践,基本形成了“1+2”服务工作模式,即在实际工作中,由一名青年医师志愿者指导2名大学生志愿者开展医疗卫生工作的管理服务模式;通过开展一个专项活动,带动农村基层专业医疗和卫生防疫保健两支工作队伍建设的人才培养模式;通过开展院院合作和院校合作,在一家乡镇卫生院与医师派出医院和大学生毕业学校之间建立“绿色通道”的援助共建模式。一年来,志愿者共开展各类健康医疗讲座40余次,发放宣传资料近万份。志愿者成立了防疫灭病、妇幼卫生、预防健康宣教、医疗救治等10多支专业医疗服务队,积极开展流行病、地方病普查等针对性较强的专项行动。在张北县的志愿者,组织开展“肺结核、慢性阻塞性肺病普查普治活动”,经过近一个月的辛勤工作,共普查3379人次,发现并登记肺结核疑似患者263例,确诊13例,患者全部享受了国家免费治疗政策;筛查出慢阻肺疑似患者620例,最终确诊420例。志愿者到西部基层诊治病人、实施手术、创建新科室,填补当地医疗卫生领域多项空白,使农民群众不出县城就能享受到高水平的医疗服务。通过试点工作的开展,促进了试点地区乡镇卫生院建设,培养了当地的医疗卫生人才,加强了当地的医疗卫生工作,为推动农村公共卫生体系建设积累了经验。

中国青年志愿者社区发展计划

中国青年志愿者社区发展计划旨在以社区群众的服务需求为导向,以推行志愿者注册制度为核心,以创建社区志愿者服务站和志愿者为老服务“金晖行动”、百万青年志愿者助残行动、中学生成人预备期志愿服务、青年志愿者“四进社区”活动、维护社会治安“筑城行动”、法律援助志愿者服务计划以及消防志愿者、禁毒志愿者等方面工作为重点,以“共建、互助、共享”为主题,立足社区群众生产生活基本需求,组织和动员青年深入社区、深入千家万户,围绕扶贫济困、尊老敬老、帮孤助残、科普宣传等方面积极开展生活服务、义务家教、医疗保健、信息咨询、文体娱乐、科技传播等内容具体的志愿服务活动。围绕优良秩序、优质服务开展社会治安综合治理、交通维护、法制宣传、窗口行业服务等社会公益活动。

2005年,中国青年志愿者社区发展计划深入实施,社区青年志愿服务工作全面活跃,有力促进了和谐社区建设。“爱心助成长”志愿服务计划在101个试点城市集中展开，依托各地中小学校、社区、各类教育基地和公益场所，广泛开展了以假日社区德育志愿行动、爱国教育宣讲志愿行动、护苗志愿行动、场所监察志愿行动、关爱志愿行动等为重点的关爱未成年人教育活动，进一步推动了未成年人思想道德建设的长期化、制度化和社会化。“六一”儿童节前夕，专门下发了《关于在“六一”儿童节前后开展“爱心助成长金晖映朝霞”主题活动的通知》，将每年6月1日定为“爱心助成长”志愿服务主题日。“百万青年志愿者助残行动”稳步推进，共青团中央、中国残联于8月在四川省成都市联合召开了“百万青年志愿者助残行动”总结表彰大会，并下发了《关于“十一五”期间继续做好“百万青年志愿者助残行动”工作的意见》，进一步深化助残行动，推动“十一五”期间残疾人事业的发展。志愿者为老服务“金晖行动”深入实施，数百万青年志愿者在生活照料、医疗卫生、文化娱乐、法律援助等方面为困难老人提供了形式多样的志愿服务，进一步倡导了敬老、爱老、助老的良好社会风尚。维护社会治安志愿者“筑城行动”不断深化，与公安部、劳动和社会保障部共同下发了《关于组织流动人口参与“维护社会治安筑城行动”的通知》，推动了筑城行动深入开展。法律援助志愿服务计划的队伍建设得到进一步加强，与司法部共同开展了法律援助志愿者的专项注册工作，法律援助志愿者队伍不断壮大。禁毒志愿者工作继续推进，与国家禁毒办在陕西柞水联合召开禁毒志愿者工作现场会，促进了禁毒志愿者工作的规范化建设，志愿者已逐步成为禁毒人民战争中的一支重要力量。截至目前，全国各地已建成比较规范的社区志愿服务站近10万个，与以社区注册志愿者为骨干、社会各界人士参与的上千万社区青年志愿者组成的数十万支服务队共同构成了中国志愿服务的基层社区志愿服务组织网络。

“社区志愿服务与和谐社会”杭州论坛

为深入贯彻胡锦涛同志关于加强社区志愿者队伍建设的重要指示精神，进一步总结、交流2000年全团社区青年志愿者工作现场会以来各地开展社区志愿服务工作的有益经验，积极探索社区志愿服务工作的机制、项目和文化建设，不断推动青年志愿者行动在社区建设这一参与人数最多、服务内容最广泛、参与方式最便捷的志愿服务重点领域取得新发展，团中央、中国青年志愿者协会于2005年12月26日至27日举办了“社区志愿服务与和谐社会杭州论坛”，来自中央有关部委相关部门的负责同志和全国29个省(区、市)的共青团干部、社区志愿服务工作者及相关领域专家学者共200余人出席论坛。

开幕式上，中共浙江省委副书记乔传秀点击开通杭州论坛专题网站，团中央书记处书记王晓作了重要讲话。在主旨演讲中，来自全国政协社会与法制委员会、中央文明办未成年人思想道德建设工作组、国家发改委社会发展司、教育部社政司相关负责同志和各级团干部代表、专家学者代表围绕“发展社区志愿服务，推进和谐社会建设”的主题分别作了精彩发言；与会代表还深入杭州市下城区天水街道灯芯巷社区、西湖区西溪街道白荡海社区、下城区长庆街道浙大玉跸社区、上城区湖滨街道东平巷社区等社区街道进行实地观摩并在“社区志愿服务机制建设”、“社区志愿服务项目建设”、“社区志愿服务文化建设”和“城市青年中心中的社区志愿服务”四个分论坛上进行了深入而富有成效的研讨;在“精彩 100 秒”论坛上,与会的专家学者、志愿服务工作者和社会知名人士就社区志愿服务在经济社会发展、社区建设中的作用，我国社区志愿服务发展的现状、趋势和挑战，如何发挥政府、企业及志愿服务组织的作用，推动社区志愿服务事业的发展等话题进行了交流；论坛现场还进行了全国社区志愿服务特色项目展示。与会代表在论坛上就社区志愿服务工作达成了广泛共识，发表了《社区志愿服务与和谐社会杭州共识》。

第二届“奉献者风采——在西部基层工作的优秀大学毕业生事迹报告团”

2005 年大学生志愿服务西部计划招募期间,中宣部、中组部、团中央、教育部共同主办了第二届“奉献者风采——在西部基层工作的优秀大学毕业生事迹报告团”。4 月 22 日至 5 月 10 日,报告团先后在北京、沈阳、南京、武汉、广州、深圳等地进行巡回报告,各地还开展了一系列主题活动,有力推动了 2005 年西部计划各项工作的开展,也为促进大学生思想政治教育工作营造了良好的舆论氛围。

4 月 22 日和 25 日,莫锋、高天、陈晏杰、周毅、李媛、刘勇等 6 名报告团成员经过 7 天的紧张培训后,分别在清华大学和中国政法大学举行报告会,并与全国学联主席团成员、两所高校的大学生代表进行座谈。4 月 27 日,报告团成员参加了中国人民大学等首都高校发起的“爱心牵手——西部志愿者日记大型朗诵会”并登台演出。从 4 月 29 日起,报告团在“五一”长假期间先后赴沈阳理工大学、东南大学、华中师范大学、华中农业大学、广东教育学院、广州大学城广东工业大学校区、深圳职业技术教育学院等高校进行巡回报告和座谈。此次报告团活动历时 24 天,作专题报告 7 场,参加座谈会 6 次、朗诵会 1 次,在 6 个城市的 10 所高校与大学生进行了面对面的交流,聆听报告的学生近 8000 人。其间,报告团成员在沈阳看望了老劳模代表,在南京参观了雨花台烈士陵园并参与志愿服务,在广州珠江啤酒集团与外来务工青年代表进行座谈,在深圳与五星级义工(志愿者)和参与西部支教、海外服务后返深志愿者代表等进行了座谈。

巡回报告活动极大鼓舞了高校毕业生投身西部基层的热情,唱响了到西部基层建功成才的青春主旋律。在西部基层工作的优秀大学毕业生的感人事迹和奉献精神在高校校园中引起强烈反响。报告团成员报效祖国、服务人民的青春壮举,无私奉献、艰苦奋斗的感人事迹,积极进取、乐观向上的精神风貌,脚踏实地、任劳任怨的工作作风,使大学生们心灵受到强烈震撼,在“五一”期间的高校校园中营造出到西部基层建功成才的浓厚氛围。

中国人民抗日战争暨世界反法西斯战争胜利60周年纪念活动志愿服务

2005年9月3日前后,中国人民抗日战争暨世界反法西斯战争胜利60周年纪念活动(以下简称"纪念活动")在北京隆重举行。按照中央领导同志的指示和中国人民抗日战争暨世界反法西斯战争胜利60周年纪念活动筹备办公室的要求,从在京医学高等院校和首都卫生系统招募了70名具有较强思想政治素质和业务水平的青年卫生志愿者,协助中央统战部和中国人民对外友好协会,为应邀参加纪念活动的抗日将领和老战士、海内外爱国人士或其遗属以及曾为抗日战争胜利做出贡献的国际友人提供陪护、急救等方面的志愿服务。

为确保纪念活动志愿服务工作的顺利开展,召集有关单位成立了相应的领导机构,制定了详细的工作方案,建立健全了巡检制度、例会制度和值班制度等工作制度,并专门举行了纪念活动志愿者宣誓仪式暨上岗动员会,组织志愿者参加由纪念活动筹备办公室统一组织的集中培训,同时,有针对性地对志愿者进行志愿服务理念、外事礼仪和医疗救护知识等方面的专业培训。为保证志愿者能及时有效地处理突发事件,为每名志愿者配备了急救包。

志愿者们在服务期间,秉承"奉献、友爱、互助、进步"的志愿精神,以高度的政治责任感、严格的组织纪律性、饱满的工作热情和良好的专业技能,为中外来宾的安全、健康提供了优质、高效的志愿服务,圆满完成了服务任务,赢得了参加纪念活动的中外来宾和有关部门的广泛赞誉和充分肯定,展示了当代中国青年和青年志愿者乐于奉献、奋发有为的良好精神风貌,成为纪念活动中一道亮丽的风景。

通过为纪念活动提供志愿服务,志愿者们聆听抗战老将军、老战士讲述当年的战斗经历,切身体会到了历史的悲壮与胜利的喜悦,激发了强烈的社会责任感和历史使命感;通过与国外来宾的接触,目睹了国际友人对中国的深情厚谊以及他们对中国巨大变化的赞叹,激发了崇高的爱国热情和民族精神;通过志愿服务的付出与收获,对志愿精神有了进一步了解,也使更多的人了解志愿者、认识志愿者,在全社会进一步弘扬了"奉献、友爱、互助、进步"的时代新风。

全国政协共青团、青联界委员大学生志愿服务情况考察团

2005年10月28日至11月3日,由全国政协常委、团中央书记处常务书记、全国青联主席赵勇任团长,全国政协共青团、青联界21位委员组成的大学生志愿服务情况考察团,专程考察了宁夏、辽宁两省区大学生志愿服务情况。临行前,团中央书记处第一书记周强、全国政协副秘书长齐续春专程到机场为考察团送行。周强同志向考察团成员介绍了共青团开展大学生志愿服务工作的总体情况,齐续春同志对考察工作提出了希望。

考察期间，政协委员们先后来到宁夏回族自治区银川市、海原县和辽宁省大连市、朝阳市、北票市、朝阳县等地，深入乡村农户、街道社区、医院及学校了解有关情况，共召开各级座谈会6个，捐建希望小学3所，捐赠款物价值110万元，为服务期满志愿者提供就业岗位220个，并在宁夏海原县举办了大学生志愿者专场慰问演出，还到辽宁省大连市西岗区红岩敬老院慰问了老人和在那里服务的大学生志愿者。通过考察，委员们对以大学生志愿服务西部计划为重点项目的大学生志愿服务情况有了深入的了解和认识，并对今后大学生志愿服务工作的发展提出了很好的意见和建议。

委员们建议进一步深入实施大学生志愿服务西部计划，不断完善落实有关政策措施、健全工作机制、扩大地方项目实施规模；把志愿服务纳入高校思想政治教育工作和大学生综合考核，把大学生在校期间参与一定时间的志愿服务作为毕业、评优的一项考核评估内容，量化到高校思想政治工作中，逐步建立健全大学生参与志愿服务的评价考核制度；把大学生志愿服务作为各级党委、政府人才工作的重要组成部分，着力完善通过志愿服务的方式培养和锻炼青年人才的工作机制；引入“政府购买公共服务”的理念，将志愿服务纳入各地“十一五”规划和构建和谐社会工作的具体内容，围绕农村基础教育、农业适用技术推广、公共卫生、社区建设等重点领域，广泛开展志愿服务工作；促进志愿服务的全国立法工作，推动志愿服务事业健康、有序、持续、深入发展；做好宣传普及工作，提高社会认知，不断整合社会资源，形成关心、支持志愿服务事业的良好氛围。

“志愿中国，和谐社会”主题志愿服务活动

2005年12月5日是第20个“国际志愿者日”。其间，各地团组织和青年志愿者组织集中开展了“志愿中国，和谐社会”主题志愿服务活动。

各地围绕党政工作大局和群众需求，立足志愿服务重点领域和重点内容，积极参与社会主义和谐社区建设、社会主义新农村建设和环境友好型社会建设。立足城市社区青年志愿者服务站、服务基地，深入社区，深入千家万户，围绕扶贫济困、尊老敬老、帮孤助残、科普宣传等主题内容，为社区群众提供生活服务、医疗保健、义务家教、信息咨询、文体娱乐、科技传播及社会治安综合治理、窗口行业服务等形式多样、内容具体的志愿服务活动；组织青年学生集中开展科教、文化、法律、卫生“四进社区”活动；帮助青年志愿者和服务对象之间建立长期稳定的“一助一”结对关系；针对农村地区和基层群众的实际需求，组织科技、教育、文化、卫生、司法等专业志愿服务队伍，深入农村开展科技培训、义诊义治、文艺演出、普法宣传等服务活动；组织参加大学生志愿服务西部计划和扶贫接力计划的青年志愿者在服务地集中开展多种形式的志愿服务活动；发动广大青少年开展植树造林、护花种草、认养绿地及清除白色垃圾、清除非法张贴物、促进垃圾分类收集和综合利用等环保服务活动。

各地通过集中开展主题活动，进一步加强了志愿者注册工作和协会自身建设。通过采

取多种有效方式，动员和吸纳各阶层社会公众加入到注册志愿者行列，形成一支规模宏大、相对稳定的志愿者队伍；通过与加强志愿者协会建设相结合，推广“开门办协会”理念，广泛吸纳各阶层、各行业、不同年龄阶段的社会公众以注册志愿者身份加入理事会、秘书处，不断壮大协会规模和影响力；通过推进志愿者协会的能力建设，提高协会的自转能力，推动基层协会活动的经常化，进一步加强协会品牌形象建设，使协会真正成为共青团联系社会各界的有效载体，成为推动志愿服务事业发展的重要力量。

各地通过开展“志愿中国，和谐社会”主题活动，大力弘扬了“奉献、友爱、互助、进步”的时代新风，在促进和谐社会建设中充分展示出亮丽的青春风采，用志愿服务的实际行动纪念国际志愿者日，在全社会形成关心志愿者、支持志愿服务的良好氛围。

第五部分

命名及表彰

中国青年五四奖章

“中国青年五四奖章”是共青团中央、全国青联授予青年的最高荣誉，原则上每年“五四”青年节授予，有特殊贡献者，可以随时授予。1997年，“中国青年五四奖章”首次颁授，迄今已颁授九届。“中国青年五四奖章”获得者来自各行各业，是我国改革开放和社会主义现代化建设实践中涌现出来的优秀青年典型。他们的先进事迹集中体现了当代青年报效祖国、热爱人民的崇高理想，艰苦奋斗、无私奉献的高尚情操，锐意进取、勇于探索的创新精神，不畏艰难、不折不挠的坚忍品格，爱岗敬业、脚踏实地的实干作风。他们的事迹充分反映了党和人民对青年一代的期望和要求，集中体现了当代青年崭新的时代风貌，昭示了在新世纪的伟大征程中当代青年成长成才的必由之路，他们是全国广大青年学习的榜样。

第九届“中国青年五四奖章”获奖者名单

“星光中国芯工程”总指挥、研究员，北京中星微电子有限公司董事长邓中翰

北京市海淀区人民法院知识产权庭庭长宋鱼水

中国科学院北京基因组研究所司法物证鉴定中心主任、首席科学家邓亚军

中国航天科技集团公司第八研究院研究员，长征二号丁运载火箭总指挥、总设计师马佳

湖北省秭归县归州镇初级中学教师陈春晓

辽宁省公安消防总队本溪支队明山大队特勤班班长金春明

山东省淄博市张店区沣水镇城东村党支部书记孙守年

新疆和静县和静镇巩哈拉村村委会主任艾买提·买买提

哈尔滨电机厂有限责任公司冷作分厂技师赵毓忠

红豆集团有限公司总裁、高级经济师周海江

中国人民解放军65927部队68分队班长李世刚

武警交通一总队四支队五中队中队长刘红春

中央电视台文艺中心制片人、主持人、主任播音员周涛

中国乒乓球队男队主教练刘国梁

上海市普陀区人民医院护士长于井子

中国十大杰出青年

“中国十大杰出青年”评选活动由中华全国青年联合会、中国青少年发展基金会与人民日报、中央人民广播电台、中央电视台、光明日报、解放军报、经济日报、中国青年报、科技日报、工人日报、农民日报等10家新闻单位联合主办。第16届评选包括五个环节:1. 各省级青联根据要求推荐人选;2. 组委会确定30名候选人;3. 在媒体上公布候选人事迹,进行为期一个月的社会公示;4. 评委会以无记名方式投票选出“十杰青年”;5. 举办系列颁奖表彰活动。本届评选进一步扩大评委库规模至200人,以电脑随机抽取的方式产生评委,使评选更加科学规范、公正客观。

第16届“中国十大杰出青年”称号获得者名单

宗道辉　广州军区某部班长
张庆君　中国航天科技集团公司第五研究院载人飞船系统副总设计师
张怡宁(女)　中国乒乓球队运动员
丁立国　德龙钢铁有限公司董事长
邓中翰　北京中星微电子有限公司董事长
盘振玉(女)　湖南省郴州市苏仙区塘溪乡五马垅小学教师
吴维洲　青藏铁路建设拉萨指挥部指挥长
毛建东　武汉市公安局巡逻民警处特警大队副大队长
阿迪力·吾休尔(维吾尔族)　新疆杂技团“达瓦孜”队队长
陈　丹　广东恒兴集团董事长

第16届“中国十大杰出青年”提名奖获得者名单

(按姓氏笔画排序)

万河保　江西省余江县平定乡双渔乡农民
王　峥(女)　中央电视台《艺术人生》制片人
王冬梅(女)　云南保山市青少年宫教师
邓有明　宁夏恒产建设发展有限责任公司董事长
邓建军　黑牡丹（集团）股份有限公司高级技师
冯久田　山东鲁北企业集团总公司总经理
刘庆峰　科大讯飞公司总裁
吉　吉(女,藏族)　西藏登山队运动员
吕　萌　辽宁芭蕾舞团演员
朱张金　浙江卡森实业有限公司董事长
张学军　长春光机与物理研究所光学技术研究中心主任
张尚昀　河南省国家税务局科员
李兴钢　中国建筑设计研究院(集团)副总建筑师
李彦宏　百度网络技术北京有限公司首席执行官
李琼芬(女,苗族)　贵州省罗甸县农业局副局长、蔬菜办主任
杨　燕(女)　甘肃省金昌市金川路金冶里社区党总支书记、居委会主任
周根发　天津市扶素生物技术有限公司董事长
林腾蛟　阳光国际集团董事长、总裁
钟世荣　重庆市云阳县千峰村党支部书记

全团调研奖

全团调研奖是对全团优秀调研成果进行评选表彰的最高奖项。2002 年 7 月,为进一步在全团大兴调查研究之风,提高调研工作水平,推动共青团工作和青年工作发展,共青团中央决定设立“全团调研奖”,每年评选一次。自评选工作开展以来,得到了各地团组织的大力支持,报送了一批又一批对共青团和青年工作具有现实指导意义的研究成果。2005 年,根据《全团调研奖条例》,经全团调研奖评选委员会认真评审,决定授予《网络电台的发展状况及对青少年的影响》等 10 篇调研文章 2005 年度全团调研奖一等奖,授予《关于和谐社会与当代上海青年的研究》等 40 篇调研文章二等奖,授予《四川共青团组织人力资源策略分析》等 40 篇调研文章三等奖;授予共青团重庆市委等 15 家单位 2005 年度全团调研奖组织奖。

2005 年度全团调研奖名单

一等奖(10 名)

1. 网络电台的发展状况及对青少年的影响
（团北京市委）
2. 博客:值得关注的新兴网络交流方式
（团上海市委）
3. 关于长沙市区进城务工就业农民子女接受义务教育情况的调查与思考
（湖南教育报刊社团委王博　湖南教育电视台团委詹琼）
4. 江苏省青年社团发展现状及对策研究
（团江苏省委练月琴、沈自力、周永中、张海燕）
5. 武汉市未成年人违法犯罪的社区预防研究
（团武汉市委徐晓、周运清、徐洪兰、吴少武、白显良）
6. 浙江青年文化现象实证研究
（团浙江省委课题组）
7. 东莞市“两新”组织团建工作调研报告
（团东莞市委调研组）
8. 重庆农村留守儿童现状及对策研究
（团重庆市委少年部）
9. 天津市高校大学生就业情况调查报告
（团天津市委刘道刚、田建国、许瑞）
10. 青岛市青年人才状况调查研究报告
（团青岛市委陈启、车景华　青岛市社科院金玲　青岛市委党校刘桂英）

二等奖(40 名)

1. 关于和谐社会与当代上海青年的研究
（团上海市委研究室）
2. 关于“两免一补”形势下希望工程的调查和思考
（团湖北省委谢群、吕星、程慧芳）
3. 长沙市青年人才状况调查与思考
（团长沙市委）
4. 当前陕西省青少年思想状况专题调查报告
（团陕西省委办公室赵莉萍、白敏）
5. 重庆市共青团干部队伍建设现状及对策建议
（团重庆市委谭家玲、何友生、张波、王宗瑄、黄祖英）
6. 广东省青少年的实际需求及青少年工作对策
（团广东省委办公室）
7. 重庆市社区青少年状况调查报告
（团重庆市委权益部）
8. 北京市高新技术企业青年思想政治工作状况及对策调研报告
（团北京市委）
9. 背景嬗变与机制创新:社会学视角下的当前大学生入党动机偏差研究
（浙江教育学院资源环境学院团委）
10. 中央企业共青团组织状况和重点工作调研报告

（中央企业青联秘书处）

11. 共青团服务能力建设研究
（团浙江省委赵一德、卢旺忠、钱永祥、陈江）

12. 关于北京大学学生人力资源现状的调研报告
（北京大学团委）

13. 湖北省青年人才培训的现状调查及思考
（团湖北省委胡勇政、陈艳）

14. 在社会主义新农村建设中大力开发青年人才资源
（团湖南省委吴奇修）

15. 青少年网络成瘾问题谱系分析
（团北京市委中　国科学院心理研究所）

16. 广东省未成年人犯罪调研报告
（团广东省委社区与权益部）

17. 鞍山市农村团的基层组织建设工作的调查报告
（团鞍山市委）

18. 关于加强青年文化建设的思考
（团宁夏区委杨玉经）

19. 杭州市青少年家庭生活状况调查报告
（杭州市青少年成长发展环境监测网络课题组）

20. 城市青少年偶像崇拜现象调查研究
（江南大学师范学院课题组）

21. 湖北制造业青年高技能人才状况与对策研究
（团湖北省委肖菊华）

22. 重庆市专科院校德育现状调查及对策研究
（团重庆市委学校部刘战、郭光亮、易炳翀）

23. 实施“四级在线”工程推进信息化建设的实践与思考
（团河北省委办公室姚幸福、崔涛、刘河）

24. 共青团组织开发青年技能型人才工作的基本经验和发展趋势
（团辽宁省委冯多、孙志强、荣娜、韩平）

25. 四川团员意识现状调查与研究
（团四川省委邵革军、周键、王德彰、张岷、郑涛、黄敏、梁志全、李莉、辛才荣）

26. 着眼大格局　形成大合力——构建海南群团组织联动工作机制
（团海南省委唐剑光）

27. 青年工作区域联动“五同”工作法的研究
（团上海市杨浦区委）

28. 2005—2020：中国青年就业三大难题与突围之路
（山东省青少年研究所张华）

29. 宁波市青年舆情观测分析系统构建研究
（团宁波市委张文杰、杨勇、杨芳、杨益）

30. 增强活力　全面覆盖　有效凝聚——基层团支部活力建设调研报告
（团上海市委组织部赵国强、张雳）

31. 加强和改进党对群团工作领导的调研报告
（团陕西省委卫华、尉俊东、白敏）

32. 青春创业行动的“四轮马车”模式研究
（团山东省委陈伟）

33. 银监会青年发展状况调查报告
（中央金融团工委杨玉柱、徐文新、易晓、李广文、杜伟、佟建桥、尹金丹、李自力、向鑫）

34. 关于云南青少年违法犯罪情况的调研报告
（团云南省委罗国权、汪洋、耿磊、毕小忠、晏连红、李志雷、王颢钧、陈万萍、陈子禾、李智佳、李文祥）

35. 在凝聚中引领青年
（团上海市委马春雷）

36. 找准位置　狠下功夫　积极推动青年创业
（团吉林省委隋忠诚）

37. 从重庆青少年触网调查中看网络中的青少年思想道德建设
（团重庆市委研究室）

38. 关于全区大学生思想政治教育工作若干问题的调研报告
（团内蒙古区委）

39. 当代大学生心理预警和援助系统构建刍议
（广西师范学院中文学院团委李玲）

40. 福建青年创业调查报告
（团福建省委吴过铭、李朝阳、张学军）

三等奖(40名):

1. 四川共青团组织人力资源策略分析
（团四川省委吴旭）
2. 合理规划青年职业发展　全面提升青年工作水平
（上海证监局团委）
3. 天津医科大学学生消费状况与对策研究
（天津医科大学敖立功、刘莉、孙彬、林怡）
4. 河南省青少年生存样态对比研究
（团河南省委岳杰勇、宋晓波、高中建、杨平）
5. 关于德州市农村青年合作组织的调查报告
（团德州市委张婧）
6. 公共管理视角下的共青团组织改革和发展
（团乐清市委张贤孟）
7. 共青团组织推进和谐社会与和谐青年构建的系统研究
（辽宁省青少年研究所江洪）
8. 以建设政治文明构建和谐社会为目标的共青团组织发展
（团苏州市委蔡丽新）
9. 上海市市级机关青年公务员群体现状调查报告
（上海市市级机关团工委）
10. 城市青年中心建设探索与思考
（团天津市委刘惠、冼群、侯建国）
11. 从冲突走向和谐:未成年人违法犯罪实证研究
（团河南省委赵茂军、岳杰勇、宋晓波、于庆生、任学强）
12. 青少年心理和青少年违法犯罪问题探究
（团吉林省委李晓杰）
13. 和谐社会构建中未成年人人格发展问题研究
（黑龙江省青少年研究所吕杰）
14. 当前大学毕业生就业障碍:高校教育与管理视角的思考
（安徽师范大学北校区团委刘晓宇）
15. 津贴志愿者概念与论证
（团湖北省委汪智汉）
16. 共青团干部岗位认同感调查及其培养研究
（团贵州省委办公室刘锐）
17. 辽宁省未成年人思想道德建设状况调研报告
（辽宁省青少年研究所陈玲　团辽宁省委办公室霍燕）
18. 高校团员意识的调查与思考
（佛山科学技术学院团委王凡、伊志平、张坚、潘国辉）
19. 青年人才开发与湖南回应中部崛起战略研究
（湖南省团校黄象品、张飞燕、王克修）
20. 厦门市青年就业发展状况调查报告
（团厦门市委）
21. 海南新一轮经济建设进程中群团组织的战略选择
（团海南省委）
22. 农村村级文化体育设施配备情况调查报告
（团新疆区委张文全、蔡晓荣）
23. 农村青年专业合作经济组织发展的调查与思考
（团齐齐哈尔市委）
24. 外出务工青年回乡创业研究
（团盐城市委祁从峰、曹为忠）
25. 成长的困惑与希望——党政机关青年成才问题调查与建议
（团贵州省直属机关工委陈麟）
26. 中信集团公司青年发展调查报告
（中信集团公司团委）
27. 关于甘南州团的基层组织建设情况的调查报告
（团甘南州委）
28. 关于山西省青少年违法犯罪情况调查与对策研究
（团山西省委李云峰、暴英杰）
29. 南昌市中小学法制教育状况的调研及政策研究
（团江西省委梅亦、刘小玲、曾明生、易外庚）
30. 共青团社会动员能力建设与思考
（团新疆区委办公室赵川）

31. 关于“星级团员”创建活动对增强团员意识教育作用的调查
(团吉林省委吴宏韬、赵心锐)
32. 积极参与和谐社区建设 努力促进青年成长成才
(团四川省委谭红杰)
33. 边疆少数民族地区信教问题研究
(团思茅市委艾上荣)
34. 高校特困生心理问题特征及教育对策
(河北师范大学乔庆刚)
35. 关于云南青少年毒品犯罪的调查报告
(团云南省委罗国权、汪洋、王颢钧、毕小忠、晏连红、李志雷、陈万萍、耿磊、陈子禾、李智佳、李文祥)
36. 河北省民营经济组织中青年工作机构建设的状况与展望
(团河北省委青工部)
37. 西北师范大学学生思想、心理状况调研报告
(西北师范大学团委梁兆光、张国奎、范国彬)
38. 关于海东地区少数民族青年外出“拉面”创业情况的调查与思考
(团青海省委吕刚、桑本)
39. 在高校中建立学习型团组织的思考
(山西医科大学团委赵文军)
40. 基层团支部建设现状分析及思考
(新疆生产建设兵团农十三师团委吕永珍、李宁洲)

2005年度全团调研奖组织奖名单

团重庆市委 团湖南省委 团河南省委
团江苏省委 团广东省委 团吉林省委
团北京市委 团浙江省委 团天津市委
团上海市委 团四川省委 团甘肃省委
团湖北省委 团辽宁省委 团山西省委

全团信息工作奖

全团信息工作奖是团中央面向全团对信息工作进行表彰的最高奖项，包括“全团信息工作先进集体”和“全团信息工作先进个人”。奖项的设置旨在进一步提高全团信息工作水平，推动全团信息工作制度化、规范化，推动共青团工作和青年工作发展。评选表彰工作每年进行一次，由团中央办公厅根据《全团信息工作奖评选办法（试行）》负责组织协调，办公室设在团中央办公厅综合处。全团信息工作先进集体候选单位仅限于各省级团委，评选标准采用积分制，基础工作占30%，考核量化部分占70%，按采用信息积分标准累计，以团中央办公厅每两个月下发的《信息报送及采用情况》为准。2005年是全团信息工作奖的第一个评选年度。

2005年度全团信息工作奖名单

一、全团信息工作先进集体(17个)

共青团上海市委 共青团辽宁省委
共青团北京市委 共青团福建省委
共青团广东省委 共青团湖南省委
共青团重庆市委 共青团陕西省委
共青团江苏省委 共青团河北省委
共青团四川省委 共青团吉林省委
共青团湖北省委 共青团黑龙江省委

共青团浙江省委　中央国家机关团工委

共青团山东省委

二、全团信息工作先进个人(35名)

北　京　胡九龙　何旭萍(女)

天　津　惠　冰

河　北　刘　河

山　西　邱建国

内蒙古　任少华

辽　宁　霍　燕(女)

吉　林　赵心锐

黑龙江　王义海

上　海　刘　刚　周志诚

江　苏　郑海龙

浙　江　陈玉锋

安　徽　邹永生

福　建　陈超扬(女)

江　西　石　泠(女)

山　东　金海明

河　南　宋晓波

湖　北　江　浩

湖　南　刘　涛

广　东　张文杰

广　西　林志华(女)

海　南　游琼彪

四　川　廖　庆

重　庆　张　果

贵　州　李　玲(女)

云　南　艾上荣

陕　西　白　敏

甘　肃　王韶华

宁　夏　马建林

青　海　马建立

新　疆　杜建刚

全国铁道　徐　宁

中央国家机关　张利霞(女)

中央企业　王　巍

全国五四红旗团委、团支部和全国团建先进县(市)

2005年全国五四红旗团委标兵名单

(10个)

上海文化广播影视集团团委

河南省巩义市竹林镇团委

北京林业大学团委

江苏省南京市玄武区新街口街道团工委

中国人民解放军68302部队团委

山东省济南供电公司团委

浙江省浦江县黄宅镇上市村团委

重庆工商大学团委

民政部直属机关团委

中国铁路工程总公司中铁三局集团有限公司团委

2005年全国五四红旗团委名单

(190个)

北京公共交通控股(集团)有限公司团委

北京市延庆县八达岭镇团委

北京市石景山区八角街道团工委

北京市丰台区教育团工委

铁道第三勘察设计院设计单位团委

天津市通信公司数据通信维护中心团委

天津市蓟县第一中学团委

天津市东丽区教育局团委

天津市公安刑侦局团委

河北省张家口发电厂团委

河北省隆化县满族中学团委

河北省衡水供电公司团委
河北理工大学团委
北京铁路局石家庄站团委
河北省保定市直属机关工作委员会团委
山西省电力公司太原供电分公司团委
山西省潞安矿业(集团)公司五阳煤矿团委
山西省中医药研究院团委
山西大学生命科学与技术学院团委
内蒙古自治区鄂伦春旗大杨树镇欧肯河牧场团委
内蒙古自治区土默特右旗萨拉齐镇团委
内蒙古大学团委
内蒙古自治区阿拉善盟阿左旗温都尔勒图镇团委
内蒙古自治区乌海市交通局团委
辽宁省抚顺矿业集团有限责任公司团委
辽宁省大连市第二公共汽车公司团委
辽宁省两锦供电公司团委
辽宁省高速公路管理局团委
辽河石油勘探局钻井一公司团委
辽宁省辽阳县兰家镇团委
沈阳大学团委
中国航空工业第一集团公司第五七〇四厂团委
中国联合通信有限公司吉林分公司团委
东北师范大学团委
吉林省延边供电公司团委
吉林农业大学团委
吉林省白城师范学院团委
大庆石化公司团委
黑龙江省海伦市共合镇团委
黑龙江省双鸭山矿业集团团委
黑龙江省鹤岗市人民医院团委
牡丹江医学院团委
黑龙江省黑河电业局团委
上海汽车工业(集团)总公司团委
上海市长宁区天山路街道团工委
上海大学团委
上海市卢湾区瑞金二路街道团工委
江苏省无锡供电公司团委
南京禄口国际机场有限公司团委
江苏华电扬州发电有限公司团委
江苏省卫生厅团委
江苏省宿迁供电公司团委
江苏省姜堰市桥头镇团委
大屯煤电(集团)有限公司团委
浙江省富阳市高桥镇团委
浙江省宁波市电业局团委
浙江省电力公司团委
杭州电子科技大学团委
浙江元立金属制品集团有限公司团委
浙江省舟山市人民医院团委
合肥工业大学团委
安徽省合肥市庐阳区大杨镇团委
安徽省马鞍山市公安局团委
大唐淮北发电厂团委
安徽省阜阳市供电公司团委
福建省闽西职业技术学院团委
福建省泉州市市直建设系统团委
福建省体育局直属团委
福州大学工程技术学院团委
福建省南平市电业局团委
赣南师范学院团委
洪都航空工业集团有限责任公司飞机部装厂团委
江西省九江职业技术学院团委
南昌铁路局鹰潭车辆段团委
江西省景德镇市国家税务局团委
山东省青岛市教育局团委
山东省诸城市昌城镇团委
胜利油田有限公司临盘采油厂团委
山东科技大学团委
山东省日照供电公司团委
莱芜钢铁股份有限公司轧钢厂团委
山东省新泰市青云街道办事处团委
山东省医学科学院团委

山东省威海供电公司团委
河南科技大学团委
河南省固始县驻沪工作处团工委
河南省济源市建委团委
河南省许昌烟草机械有限责任公司团委
河南油田团委
河南省濮阳市国税系统团工委
河南省平顶山市卫东区建设路街道团工委
河南省开封县城关镇团委
湖北省电信有限公司武汉市分公司团委
武汉理工大学团委
中国十五冶金建设有限公司团委
武汉钢铁集团鄂城钢铁有限责任公司团委
湖北省宜昌市商业银行团委
湖北省襄樊市公安局团委
湖北移动通信有限责任公司十堰分公司团委
湖南省长沙县江背镇团委
南华大学团委
中国石化集团巴陵石油化工有限责任公司团委
湖南省张家界第一中学团委
江南机器(集团)有限公司团委
湖南省邵阳医学高等专科学校团委
湖南涉外经济学院团委
广东省佛山市顺德区北滘镇团委
广东出入境检验检疫局直属机关团委
广东省清远市清城区石角镇团委
广东省惠州市 TCL 集团股份有限公司团委
广东省白天鹅宾馆团委
广东省广州市白云区同和街道团工委
广东省东莞市东城区职业中学团委
广东省仁化县董塘镇团委
广西民族学院团委
广西壮族自治区柳州五菱汽车有限责任公司团委
广西电网公司柳州供电局团委
广西壮族自治区贺州市八步区莲塘镇团委
海南省万宁中学团委
海南省琼海市嘉积镇团委
海南省儋州市公安局团委
重庆市高级人民法院机关团委
重庆大学土木工程学院团委
重庆市第七中学团委
重庆市大渡口区新山村街道团工委
重庆市公安局交警总队团委
重庆市电信有限公司传输局团委
四川省德阳市旌阳区扬嘉镇团委
四川久大盐业集团公司团委
四川省绵阳南山中学团委
四川省乐山职业技术学院团委
四川省彭山县观音镇团委
四川省丹巴县巴旺乡团委
中国工程物理研究院化工材料研究所团委
四川省彭州市九尺镇团委
贵州大学团委
贵州省盘县盘江镇团委
贵州省毕节市长春堡镇团委
云南省普洱县勐先乡团委
云南省楚雄民族中等专业学校团委
云南省电信公司直属机关团委
云南省卫生厅团委
西藏山南地区建筑工程建材工业总公司团委
西藏大学团委
西安石油大学团委
陕西地方电力集团公司团委
陕西省西安市公安消防支队团委
陕西省安康水力发电厂团委
西安思源学院团委
陕西省岐山县大营乡团委
陕西省榆林市榆阳区青山路街道办事处团委
甘肃省财贸学校团委
甘肃省电力公司团工委
甘肃省临泽县倪家营乡团委
甘肃省嘉峪关市前进路街道团委
青海省互助县南门峡镇团委
青海石油管理局团委
青海省玉树州州直机关团委

宁夏回族自治区中卫市文昌镇团委
宁夏回族自治区泾源县一中团委
宁夏回族自治区水利厅团委
新疆维吾尔自治区沙湾县大泉乡团委
新疆维吾尔自治区巴州焉耆县五号渠乡团委
新疆维吾尔自治区阿克苏市喀拉塔勒镇团委
新疆维吾尔自治区鄯善县辟展乡团委
中国石油吐哈油田分公司丘陵采油厂团委
新疆生产建设兵团农十师一八六团团委
新疆生产建设兵团农十二师三坪农场团委
中国人民解放军信息工程大学信息工程学院团委
中国人民解放军91431部队团委
中国人民解放军95968部队团委
中国人民解放军第二炮兵工程学院六系团委
中国人民解放军65042部队团委
中国人民解放军第二五四医院团委
中国人民解放军72253部队团委
中国人民解放军73133部队团委
中国人民解放军75706部队团委
中国人民解放军77160部队团委
武警天津市总队第五支队团委
呼和浩特铁路局集宁机务段团委
上海铁路局上海站团委
南昌铁路局南昌南车辆段团委
昆明铁路局昆明供电段团委
国家民族事务委员会民族文化宫团委
国家开发银行直属机关团委
中国农业发展银行辽宁省分行团委
中国工商银行广东省分行营业部团委
中国农业银行浙江省分行营业部团委
国家电网公司聊城供电公司团委
中国电力投资集团公司上海电力股份有限公司团委

2005年全国五四红旗团支部标兵名单

（10个）

陕西省延安市宝塔区冯庄乡冯庄村团支部
四川省广汉三星堆博物馆团支部
天津大学社会科学与外国语学院2002级科技英语A班团支部
福建省厦门市思明区嘉莲街道莲花社区团总支
中国人民解放军93398部队93分队团支部
黑龙江省尚志市乌吉密乡小九村团支部
广东省阳江市食品药品监督管理局团总支
湖南大学金融学院团总支
柳州铁路局南宁客运段T5/6次列车二组团支部
安徽省马鞍山钢铁股份有限公司煤焦化公司第二炼焦车间团支部

2005年全国五四红旗团支部名单

（276个）

北京市顺义区仁和镇陶家坟村团支部
北京资生堂丽源化妆品有限公司团总支
北京市丰台区司法局团支部
中国农业大学国旗班团支部
北京汇文中学高三（2）班团支部
天津柯美雅美术材料有限公司团总支
天津市西青区李七庄街王兰庄团支部
天津市塘沽区城市管理综合执法大队直属队团支部
天津市今晚报社96860团支部
河北省唐山中港一分局四公司团支部
全国农村公共卫生体系志愿服务张北大学生志愿者团支部
河北省张家口供电公司地区调度所团支部
华北石油第一机械厂华油钢管有限公司制管一分厂团支部
河北省保定天威电气设备结构有限公司机关团支部
河北省邯郸市供电公司用电处团支部
河北省承德市公安消防支队特勤中队团支部
武警河北总队四支队五中队团支部
邯郸钢铁集团有限责任公司连铸连轧厂轧钢车间团支部
燕山大学信息科学与工程学院团总支

河北省人民医院第一团支部
河北金牛能源股份有限公司东庞矿机掘队团支部
山西昆明烟草责任有限公司卷包车间团支部
山西省榆次供水有限责任公司团总支
山西省阳城县皇城相府景区团支部
山西省原平市东大高贸有限公司团总支
山西省吕梁市财政局团支部
山西省同煤集团云冈矿工程区四队团支部
山西建筑工程集团总公司一分公司团支部
太原理工大学建筑与土木工程学院建筑学0203团支部
山西农业大学农学院分团委农学021班团支部
内蒙古自治区呼和浩特市自来水公司供水营销分公司营业一所团支部
内蒙古自治区通辽市科尔沁区建国镇清河村团支部
内蒙古自治区赤峰市岚迪汽车服务有限公司团总支
内蒙古自治区乌审旗嘎鲁图镇团总支
内蒙古自治区巴彦淖尔市国税局机关团支部
辽宁省沈阳中心血站团支部
辽宁省大连市金州区友谊街道兴民村团支部
鞍山科技大学农民之子协会团支部
辽宁省抚顺市顺成区将军堡街道顺达社区团支部
本溪钢铁集团有限责任公司炼钢厂连铸车间团总支
辽宁省丹东供电公司客户服务中心团支部
辽宁省锦州新时代集装箱码头有限公司团支部
辽宁省营口市高级中学青年教工团支部
辽宁省阜新橡胶集团有限公司三分厂团支部
国电电力朝阳发电厂发电部团支部
辽宁省大洼县田家镇大堡子村团支部
东北石油管道公司铁岭基地物业公司供热站团支部
长春中医学院中医系中医学专业2002级1班团支部
吉林省辽源市国税局稽查分局团支部
吉林艺术学院美术学院03级国画团支部
吉林省辽河农垦管理区公安分局团支部
吉林电力股份有限公司二道江发电公司汽机检修分公司团支部
吉林省松江河发电厂生产二团支部
吉林省延边二中青年教师团支部
吉林省人民检察院团总支
吉林省洮南市第十中学二年三班团支部
吉林省松原市房地产管理处团支部
黑龙江省泰来县广播电视事业局新闻综合团支部
黑龙江省牡丹江市阳明区阳明街道办事处团总支
黑龙江省佳木斯市中心医院手麻、ICU团支部
黑龙江省鸡西电业局鸡冠供电局团总支
黑龙江省伊春市双丰林业局第一子弟小学团支部
黑龙江省七台河市桃山区桃南街道运管社区团支部
黑龙江省大兴安岭十八站林业局防火办森林消防大队团总支
黑龙江省兴隆林业地区公安局团总支
哈尔滨工业大学材料科学与工程学院2003级本科焊接技术与工程二班团支部
上海市浦东新区外商投资企业协会团支部
复旦大学2002级武警法学班团支部
上海交通大学医学院附属新华医院上海儿童医学中心团总支
上海市中建律师事务所团支部
上海浦发银行总行信息科技部团支部
江苏省无锡市南长区迎龙桥街道锡惠里社区团支部
江苏省南京市地方税务局玄武分局团支部
江苏省徐州矿务集团有限公司张双楼煤矿综采二矿团支部
江苏省苏州市吴中区国家税务局团支部
江苏省通州市环境保护局团支部

江苏省淮安市财政局第一团支部
江苏省扬州市邗江区地方税务局团总支
新华日报报业集团靖江日报社团支部
南京农业大学女排直属团支部
中国矿业大学信息与电气工程学院团总支
江苏省连云港市新浦区人民法院团支部
南通大学钟秀校区公寓团总支
浙江省杭州市地方税务局西湖税务局团支部
浙江医药高等专科学校邓小平理论研究会团支部
浙江省温州消防支队特勤二中队团支部
浙江电信湖州分公司10000号团支部
中信实业银行嘉兴分行团支部
绍兴文理学院人文学院团总支
浙江省永康市交通建设发展公司330国道永康市收费所团支部
浙江省舟山市定海区马岙镇马岙社区团支部
浙江隆中机械制造有限公司团总支
浙江省水利水电勘测设计院规划团支部
杭州师范学院理学院数学0301团支部
浙江省浙南综合工程勘察院团支部
安徽省萧县联华超市团支部
安徽省淮南市田家庵区洞山第二小学机关团支部
安徽省明光市招信镇花园社区团支部
安徽省舒城县公安局巡警大队团支部
安徽省繁昌县中沟中学团总支
安徽省宣城市公路管理局宣南收费站团支部
安徽省铜陵市公安局巡警支队团总支
安徽省东至县供电有限责任公司团总支
安徽省岳西县检察院团支部
福建省福州榕乐集团有限公司团支部
福建省石狮市湖滨街道玉湖社区团支部
福建省漳浦县前亭镇后蔡村团支部
福建省三明市120急救中心团支部
福建省莆田市地方税务局湄洲分局团支部
福建省建阳市潭城街道城关村团支部
福建省红炭山实业七〇八化工公司团总支
福建省宁德市中医院团支部
江西师范大学教育学院2003级公共事业管理班团支部
赣南师范学院中文与新闻传播系团总支
南昌工程学院土木工程系04房建(2)班团支部
江西中医学院03计算机班团支部
江西省新余市国家税务局团总支
江西财经大学法学院团总支
江西省横峰县财政局团支部
华东交通大学经管学院02级会计(4)班团支部
山东省临沂市兰山区西关社区市场团总支
山东省青岛小陈热线服务社团支部
山东省桓台县国税局团总支
山东省烟台市牟平区国家税务局团总支
山东省嘉祥县国税局疃里分局团支部
山东省日照市经济开发区人民法院团支部
山东省宁津县柴胡店镇东崔村团支部
山东省滨州市供电公司变电队团支部
山东省菏泽市地税局团支部
中铁十局集团电务工程有限公司徐州枢纽应急工程电务项目部团支部
山东省济邹公路管理处团总支
胜利油田有限公司孤岛采油厂管理201队团支部
济南铁路局青岛客运段“海之情”青京车队团总支
中铁十四局集团建安公司滨州工程指挥部团支部
山东省文登中日友好日语中等专业学校团总支
河南省尉氏县邢庄乡蜜蜂赵村团支部
河南省郑州市二七区福华街道办事处苗圃花园社区团总支
河南省洛阳市第一高级中学2004级12班团支部
舞阳钢铁有限责任公司炼钢厂炼钢车间团支部
河南省安阳市北关区曙光街道办事处曙光社区团支部
河南省新乡市开发区办事处启明社区团支部

焦作煤业（集团）有限责任公司中马村矿综采队团支部
河南省濮阳市泓天威药业有限公司 103 车间团支部
河南省许昌市金来职业培训学校驻深圳龙岗区新路程团支部
河南省舞阳县辛安镇老蔡村团支部
河南省鹤壁市淇滨区大赉店镇翟村团支部
河南省南阳金牛彩印集团有限公司团支部
郑州北车站电算站车间团支部
河南辅仁堂制药有限公司团总支
河南省正阳县新阮店村团支部
河南省三门峡职业技术学院生化系团总支
湖北省武汉市武昌区国家税务局计划征收科团支部
湖北省武汉小学教工团支部
湖北省荆州市荆州区东城街道办事处荆东社区团支部
中国航空工业第二集团公司中国特种飞行器研究所航特液压制动有限公司团总支
湖北省鄂州市地税局机关团支部
湖北省安陆市府城办事处五一社区团支部
湖北省恩施州职业技术学院外语系团总支
湖北省宜昌市葛洲坝港湾水工工程有限公司团总支
武汉铁路局武昌南机务段客运车间东线客车队团支部
中船重工第七一九研究所第五研究室团支部
武汉科技学院经济管理学院团总支
中石化长岭炼化催化剂分公司加氢车间团支部
湖南省张家界国家森林公园门票监督站团支部
湖南科技学院经济贸易与管理系团总支
湖南中医学院中西医结合系团总支
湖南移动通信有限责任公司娄底分公司营销中心团支部
湖南省湘西公路桥梁建设有限公司团支部
湖南省郴州市财政局团支部
湖南商学院计算机与电子工程系团总支
湖南省嘉禾县田心乡田心村团支部
湘潭市步步高商业连锁股份有限公司团总支
郴州市一中教工团支部
广东省汕头市澄海区溪南镇东社村团总支
广东省揭东县曲溪镇路篦村团总支
广州远洋运输公司泰安口轮团支部
广东省英德监狱十监区团支部
广州中医药大学第一临床医学院七年制团总支
广州大学化学化工学院化学系团总支
佛山科学技术学院南海学院法学专业 033 团支部
广东省信宜市人民北社区团总支
广东省肇庆市端州区城北办事处康乐北社区团支部
广东省深圳市吉达电梯工程有限公司团支部
广东省云浮市永光兄弟石材有限公司团支部
广西壮族自治区宁明县峙浪边防派出所团支部
广西壮族自治区南宁市兴宁区人民东社区团支部
广西壮族自治区河池供电局客户服务中心团支部
广西壮族自治区东兴市公安局团总支
广西伟健药业有限公司团支部
广西壮族自治区北海市海城区人民法院团支部
广西壮族自治区兴业县葵阳镇四新村团支部
海南省乐东公安边防支队机动中队团总支
海南师范大学计算机科学与教育技术系 2002 级教育技术班团支部
中国南方航空股份有限公司海南省分公司客舱部团总支
重庆市梁平县人民医院团总支
重庆晨报团总支
重庆商社新世纪百货连锁经营有限公司世纪新都团总支
重庆市石柱县南宾中学团总支
西南大学物理学院 2002 级物理学团支部
中国石化集团四川维尼纶厂供排水车间团支部
四川师范大学数学与软件科学学院 2003 级第

4 团支部
攀钢集团钢城企业总公司合金分公司团总支
四川省泸州市江阳区大山坪街道纪念标社区团支部
四川省广元市人民检察院团支部
四川省内江市市中区临江小区社区团总支
四川省南充市国家税务局团总支
四川省宜宾市翠屏区妇幼保健院团支部
四川达竹煤电(集团)公司金刚煤矿机电队团支部
四川省巴中市劳动和社会保障局团支部
四川省雅安市财政局团支部
四川省乐至县天池镇南街社区团支部
四川省汶川县绵池镇羌锋村团支部
四川省凉山州地方税务局机关团支部
中科院成都计算机应用研究所办公自动化事业部团支部
贵州民族学院法学院团总支
贵州省普定县移动通信分公司团总支
贵州省六盘水市房地产产权监理处团支部
武警铜仁地区支队直属大队四中队团支部
贵州省黔南州水利局团总支
昭通卷烟厂团委行政非烟联合团总支
云南省丽江市古城区西安街道办事处正义社区寨后上村团支部
云南省弥勒县西一镇油榨地团支部
云南省农业大学园林艺术学院 2002 级园林专业团支部
云南省电信公司梁河县分公司团支部
云锡股份有限公司冶炼分公司澳斯麦特车间团支部
云南省鹤庆县草海镇新华村团支部
云南省烟草烟叶公司复烤部团支部
大理学院 2003 级临床医学一班团支部
西藏自治区拉萨市城关区冲赛康办事处团总支
西藏自治区林芝国家税务局机关团支部
陕西黄河集团有限公司 24 车间团支部
陕西省澄城县交道镇南社村团支部
陕西省宜君县公安局交警大队城关中队团支部
陕西省南郑县牟家坝村团支部
陕西省安康市中心医院外科团支部
陕西省商洛市商洛小学团支部
甘肃省金昌市金川区金冶里社区团总支
甘肃省民乐县六坝镇六南村团支部
兰州商学院工商管理学院团总支
甘肃省定西供电公司客户服务中心团支部
甘肃省酒泉市疾病预防控制中心团总支
甘肃省灵台县中台镇康家沟村团支部
青海省德令哈市蓄集乡浩特茶汉村团支部
青海大学机械系团总支
青海茫崖石棉矿子弟学校团总支
宁夏医学院护理学院团总支
宁夏石嘴山市大武口区人民路街道团支部
宁夏财政厅机关团支部
新疆维吾尔自治区哈巴河县加依勒玛乡博旦拜村团支部
新疆维吾尔自治区乌鲁木齐市新市区北京路街道新医社区团支部
新疆维吾尔自治区墨玉县奎亚乡巴西阿其玛村团支部
塔里木油田工程技术部井控欠平衡中心团支部
伊犁师范学院外语系团总支
新疆生产建设兵团农三师伽师总场十连团支部
新疆生产建设兵团农十三师红星二场学校团支部
解放军艺术学院戏剧系学员队团总支
中国人民解放军后勤工程学院营房管理与环境工程系学员六队团支部
中国人民解放军 63601 部队地面设备站团总支
中国人民解放军国防科学技术大学指挥军官基础教育学院五大队四队团支部
中国人民解放军 65537 部队 80 分队团支部
中国人民解放军 66113 部队 85 分队团支部
中国人民解放军 73235 部队 82 分队团支部
中国人民解放军 77325 部队 63 分队团支部
武警广东省总队深圳市支队二大队五中队团

支部
郑州铁路局郑州北车辆段下行到达列检所团总支
太原铁路局侯马车务段赵城站团支部
北京铁路局天津桥隧段一队团支部
哈尔滨铁路局海拉尔车务段海拉尔站客运团支部
中国残疾人联合会中国聋儿康复研究中心团支部
国务院国有资产监督管理委员会信息中心团支部
北京银监局外资处、财务会计处联合团支部
中国证监会浙江监管局团总支
中国兵器工业集团第二〇一研究所第四研究室团支部
中国南方电网有限公司桂林供电局客户服务中心团支部
中国航空集团公司重庆分公司客舱服务部乘务二分部团支部
中国航空工业第一集团公司沈阳飞机工业(集团)有限公司数控加工厂生产技术团支部

2005年全国团建先进县(市)名单

(60个)

共青团北京市门头沟区委
共青团北京市西城区委
共青团天津市南开区委
共青团天津市北辰区委
共青团河北省石家庄市长安区委
共青团河北省香河县委
共青团山西省阳泉市城区区委
共青团山西省晋中市祁县县委
共青团内蒙古自治区通辽市开鲁县委
共青团内蒙古自治区阿拉善左旗旗委
共青团辽宁省凌海市委
共青团辽宁省彰武县委
共青团吉林省敦化市委
共青团吉林省东丰县委
共青团黑龙江省克山县委
共青团黑龙江省杜尔伯特蒙古族自治县委
共青团上海市普陀区委
共青团江苏省常州市武进区委
共青团江苏省南京市白下区委
共青团江苏省苏州高新区、虎丘区委
共青团浙江省宁波市鄞州区委
共青团浙江省海宁市委
共青团安徽省濉溪县委
共青团安徽省凤阳县委
共青团福建省福清市委
共青团福建省将乐县委
共青团江西省黎川县委
共青团江西省新余市渝水区委
共青团山东省广饶县委
共青团山东省枣庄市市中区委
共青团山东省冠县县委
共青团山东省青州市委
共青团河南省滑县县委
共青团河南省郑州市金水区委
共青团河南省尉氏县委
共青团湖北省武汉市江岸区委
共青团湖北省竹溪县委
共青团湖南省郴州市北湖区委
共青团湖南省湘潭市岳塘区委
共青团广东省广州市海珠区委
共青团广东省梅县县委
共青团广东省深圳市福田区委
共青团广西壮族自治区来宾市兴宾区委
共青团广西壮族自治区横县县委
共青团海南省文昌市委
共青团重庆市万州区委
共青团四川省名山县委
共青团四川省大竹县委
共青团四川省平昌县委
共青团贵州省盘县县委
共青团云南省腾冲县委
共青团云南省维西县委

共青团西藏自治区班戈县委	共青团青海省大通县委
共青团陕西省延安市宝塔区委	共青团宁夏回族自治区青铜峡市委
共青团陕西省韩城市委	共青团新疆维吾尔自治区霍城县委
共青团甘肃省武威市凉州区委	共青团新疆维吾尔自治区呼图壁县委

全国团校精品培训项目、精品课程评选活动

为进一步促进团校教育创新，深化教学改革，更好地推动团干部教育培训工作和团校发展，团中央于2005年底开展了第一届全国团校精品培训项目、精品课程评选活动。

全国共有21所团校申报的17个培训项目和69门课程参加了评选。经过资格审查和评选委员会专家评审及上网公示，产生了7个精品培训项目和18门精品培训课程。

第一届全国团校精品培训项目名单

全国中西部地区优秀基层团干部上海培训班	上海市团校
共青团干部职务资格证书培训班	上海市团校
辽宁省大型国有企业团干部培训	辽宁省团校
发电厂青年职工岗位技能培训	辽宁省团校
历奇培训	广东省团校
国际青年干部高级研修班	广西壮族自治区团校
团干部基础级岗位职务培训	青岛市团校

第一届全国团校精品课程名单

青少年社会工作	中央团校	陆士桢
刑法学	中央团校	林　维
中国法制史	中央团校	苗鸣宇
团干部口才修养与施展	北京市团校	李耀珠
共青团工作的组织与管理	北京市团校	金　胜
演讲	山西省团校	楚龙芬
数据库开发与应用	山西省团校	郭翠英
微机原理与应用	辽宁省团校	李卓玲
思维与表达训练	上海市团校	刘宏森
网络操作系统	上海市团校	孙志峰
新闻业务	山东省团校	冯恩大
思想道德修养	山东省团校	权福军

舞蹈编导	山东省团校	高志毅
餐饮服务与管理	山东省团校	秦炳贞
青年领袖素质培养	广东省团校	谭建光
公共关系学	重庆市团校	邓寒竹
共青团工作项目管理	贵州省团校	付红玲
现代物流基础	陕西省团校	吴彩霞

全国优秀共青团员

2005 年全国优秀共青团员名单
（191 名）

史　瑞　北京首都旅游集团有限责任公司前门全聚德烤鸭店厨师

朱小妹（女）　北京密云县太师屯镇团委书记

关　鑫（女）　北京朝阳区卫生局团委书记

姚　为（满族）　清华大学机械工程系博士研究生

鞠新艳（女）　北京汇源饮料食品集团有限公司员工

武春雷　天津大沽化工股份有限公司技术员

杨守宾　天津宝坻区建设管理委员会干部

于　鋆（女，回族）　天津河西区天塔街道办事处团工委副书记

孙春光　天津大学学生、校学生会主席

刘　洁（女）　天津汉沽区河西第一小学教师

杨　涛　河北石家庄市运输管理处组织人事科科长

丁　月（女）　河北保定市第三中学学生

张笑宇　河北景县中学学生

闫志勇　河北邢台市第七中学学生

肖　宵　河北廊坊市第一中学学生

段　永　上海昌晋劳务信息公司经理

薛宏伟　山西省电力公司大同供电分公司西万庄变电站主值

谭　晶（女）　太原钢铁（集团）有限公司总医院急救中心护士

陈妍如（女）　山西大学附属中学学生

周亚磊　太原科技大学通信工程系学生

王鹏飞（满族）　赤峰学院学生

方　达（蒙古族）　内蒙古呼和浩特市新城区人民检察院干警

刘　畅（女，蒙古族）　内蒙古乌兰浩特市第四中学学生、校学生会主席

巴图毕力格（蒙古族）　内蒙古新巴尔虎左旗乌布尔宝力格苏木白音贡嘎查农民

刘晓霞（女）　内蒙古乌兰察布市旗下营中学学生

李　雪（女）　辽宁移动通信有限责任公司沈阳分公司皇姑区营业部经理助理

张　健　大连冰山集团有限公司制冷空调安装公司项目管理部主任

李　磊　鞍钢集团房产物业公司党委组织干事

张晓晨（女）　辽宁盖州市第一高级中学学生

王凤威（女）　辽宁抚顺市第三医院护士

刘晓宇（女）　吉林省科学技术协会办公室科员

范嘉亮　吉林白山市公安局国内安全保卫支队干警

付　哲（女）　吉林四平市实验中学学生

张乃奎　东北师范大学政法学院学生

王　选(女)　吉林辽源市中医院内科护士
张春敏(女,满族)　黑龙江双鸭山市尖山区鞍山社区副主任
李玥鸣(女)　黑龙江黑河市逸夫中学学生
王　濛(女)　黑龙江七台河市体育局运动员
武志海　黑龙江鸡西煤矿机械有限公司工人
赵　兵　武警黑龙江总队牡丹江市支队二中队班长
陈永萍(女)　上海晨姿美容美发店经理
彭晓骏　上海柴油机股份有限公司车间主任助理
陈　洸　上海交通大学物理系博士研究生
李　俊　上海电气资产管理有限公司党群工作部干部
韩　琪　上海市公安局治安总队巡特警支队防暴突击大队干警
马之珺(女,回族)　江苏南京市红星国际家具装饰城办公室主任
倪慧娟(女)　江苏南通市卫生监督所医师
宋　扬(女)　南京大学学生
丁佐成　南京外国语学校学生
丁雪峰　江苏如皋市供电公司工程处变电检修班班长
姚王岚(女)　浙江杭州市拱墅区米市巷街道锦绣社区工作者
王晓静(女)　团浙江温州市委宣传部部长助理
夏　婷(女)　绍兴文理学院教师
俞宏达　浙江舟山市定海区临城街道胜山村农民
尹绍辉　浙江台州市公安局干警
张羊娃(女)　安徽明光市第三中学学生
朱　勇　安徽黄山市屯溪四中教师
窦　淼(女)　安徽含山县清溪初级中学学生
刘洋溢　安徽铜陵市第一中学学生
汪苇杭(女)　安徽安庆市第一中学学生
冯鸿昌　福建厦门港务集团海天集装箱公司工人
林　瑶(女)　福建邵武市第一中学学生
熊春花(女)　福建龙岩市财政局干部
苏　丽(女)　福建屏南县屏城中心小学少先队总辅导员
郑雄彭　福建德化县飞天陶瓷艺术研究所副所长
李福瑞　江西艺术职业学院教师
刘庆言　江西农业大学职业师范(技术)学院分团委书记
钟　理　江西铜业集团贵溪冶炼厂熔炼车间仪表组组长
徐天啸　江西师范大学附属中学学生
叶　斌　江西兴国县平川中学教师
朱振坤(满族)　中国石油大学经济管理学院学生
陈振勇　齐鲁石油化工公司建设公司工程三处工人
王　鑫　莱芜钢铁集团有限公司焦化厂炼焦车间工艺主管
张帆远(女)　山东潍坊市第一中学学生
王　卉(女)　山东银座商城股份有限公司职员
李　乐(女)　河南开封市顺河区工业街道工委化建社区干事
李　娜(女)　河南濮阳市百姓量贩有限公司职工
郭　静(女)　河南漯河宏运汽车运输集团有限公司漯河汽车站检票班班长
李学伟(回族)　河南淮阳县刘振屯乡高河村农民
李元清　河南南阳市第一高级中学学生
王　桢(女)　武汉小学教师
邹　静(女)　湖北黄石市第二中学学生
胡绍鋆　团湖北郧西县委干部
周千淇　湖北黄冈中学学生
秦　弦(女)　湖北仙桃中学学生
张　献　中国石化集团巴陵石油化工有限责任公司氯丙烷车间工段长
肖晓露(女)　湖南郴州市第一中学学生
刘　梅(女,土家族)　湖南桑植县十一学校学生

郑新民 湖南湘西自治州移动通信分公司大客户中心集团主管
赵长平 中南大学信息科学与工程学院学生
郑晓敏(女) 广东电信有限公司汕头分公司客户服务中心业务受理班副班长
梁国沛 广东东莞市公安局刑警支队一大队干警
黄国荣 广东中山市横栏镇六沙村农民
何 婧(女) 广东高州中学学生
李凯峰 广东肇庆市体育运动学校学生
何达勇(苗族) 团广西陆川县委干部
刘雪花(女,壮族) 柳州铁路局南宁客运段T5/6次列车副车长
周文强 广西防城港务集团有限公司技术员
吴家辉 广西北海市卫生局办公室干部
唐 豪 广西电力工程建设公司焊接公司工人
麦 俏(女) 海南省汽车运输总公司乐东分公司乘务员
徐 进 海南航空股份有限公司维修工程部液压/起落架区主管
羊代霞(女) 海南国营西华农场割胶工人
舒 海 海南大学学生、校学生会主席
黄绪清 海南海口市三门坡镇林昌村农民
彭卓金(土家族) 重庆万县中医药学校学生、校学生会主席
么 祺(女) 重庆市体育局篮球管理中心运动员
林安江 重庆市排水有限公司鸡冠石污水处理厂运行科副科长
樊 臻(女,土家族) 重庆石柱中学学生
李月起 重庆工商大学商务策划学院学生
付 锐 四川成都市公安局干警
刘建忠 四川达州职业技术学院机电系学生
佘 燕(女) 四川广元市直属机关团工委干事
田 波 团四川隆昌县委副书记
张 斌 团四川甘孜州委学校青少部部长
龙 睿(女,布依族) 贵州贵阳市第六中学学生
潘朝发(水族) 中国石化集团贵州石油总公司HSE管理体系办公室副主任
张仁权 贵州铜仁市公安消防大队一中队二级士官
田 华 贵州电信有限公司黔西南州分公司综合管理部秘书
聂耀荔(女) 团贵州都匀市委组织部部长
王 欢(女,回族) 云南大理市上关镇政府干部
冯 煜(女) 云南省药物依赖防治研究所项目经理
刘静怡(女) 云南曲靖市麒麟区建宁街道办事处团工委书记
徐 敏(女) 云南曲靖市麒麟区白石江街道办事处干部
非明文(彝族) 云南民族大学化学与生物技术学院学生
王国严 西藏大学农牧学院学生
马莉(女,藏族) 西藏民族学院外语系学生
毛红(女,藏族) 团西藏山南地委干部
玉珍(女,藏族) 西藏藏医院护理部副主任
校兴华 陕西宝鸡市陈仓区阳平镇野寺村农民
梁 钧 陕西横山县公安局南街派出所干警
李百鹏 煤炭工业西安设计研究院电力所工艺室主任
郭 耀 西北师范大学生命科学学院学生
杨 深 甘肃平凉市第一中学学生
拉毛草(女,藏族) 甘肃移动通信有限责任公司甘南分公司营业中心班长
于 滢(女) 兰州铁路局兰州客运段列车长
徐生萍(女) 甘肃金昌市金川区金川路街道金都里社区副主任
贾永建 青海铝业有限责任公司第二电解厂四车间铝电解大组长
宋爱清 青海盐湖工业集团采矿公司机电老卤排放车间组长
胡源泉 青海玉树州民族中学学生
多 托(藏族) 青海玛沁县东倾沟乡农民
汪万珍(女) 青海西宁市湟川中学学生
陈国林 宁夏煤炭工业学校团委书记

张海晨　宁夏水利工程建设管理局管理科干部
王国强（回族）　宁夏海原县贾塘乡党委秘书
杨晓霞（女）　宁夏固原师范高等专科学校学生
高　原（女）　宁夏吴忠市吴忠中学学生
热依拉·阿不力肯木（女，维吾尔族）　新疆库车县金铃铛双语幼儿园园长
哈　杰（哈萨克族）　新疆额敏县额玛勒郭楞蒙古乡恰尔吉尔干东村农民
何　琥　新疆哈密市西河区大营门村农民
艾沙江·买买提（维吾尔族）　新疆石油工程建设有限责任公司第十一工程队电焊工
王光磊（女）　新疆医科大学中医学院学生
扇新忠（回族）　新疆生产建设兵团农六师军户农场二连职工
薛　婷（女）　新疆奎屯锦业纺织有限责任公司三分厂挡车工
罗　鸣（女，回族）　解放军电子工程学院三系十六队学员
周雅菲（女）　解放军八一体育工作大队游泳队运动员
蒋永兴（满族）　解放军65304部队63分队班长
朱晓芸（女）　解放军69220部队通信营通信连排长
童志平　解放军71260部队89分队战士
曾维祉　解放军73661部队543分队班长
高秋亮　解放军75232部队修理所制配班班长
张正勇　解放军77635部队65分队班长
任才清　国防科技大学指挥军官基础教育学院学员五大队四队学员
韩守成　武警吉林省总队四支队三中队班长
赵　璟（女）　呼和浩特铁路局呼和浩特客运段K89/90车队副列车长
唐向荣　上海铁路局杭州北车辆段调度员
徐　菁（女）　广铁集团公司衡阳火车站团委副书记
林　红（女）　郑州铁路局郑州供电段技术员
王　爽　沈阳铁路局沈阳车务段浑河站值班站长
冼凯中　民航中南空管局区域管制中心东北区管制室职工
刘　坡　北京首都国际机场股份有限公司运营管理部消防支队火警监控室职工
杨兴烨（女）　中央机构编制委员会办公室四司二处干部
王明杰　中国妇女报社电脑中心照排科组长
张　荣（女）　中国科技会堂会展部主管
刘　丽（女）　中国日报社国内部记者
王华君　光明日报社计财部科长
杨蔚莉（女）　司法部法制宣传司研究和综合指导处副处长
钟　华（女）　国家安全生产监督管理总局机关文印室职工
胡楠阳　中国社会科学院直属机关党委青年处（团委）干部
冯晓康　中国光大银行总行营业部公司业务管理部客户经理
黄　媛（女）　中国地震局地球物理研究所工程师
许　晔（女）　中国农业发展银行南通市分行计划信贷处科员
才金卉（女）　中国建设银行辽宁省分行国际业务部职工
尚琳琳（女）　交通银行北京西单支行客户经理
刘江波　中国民生银行太原分行客户经理
周　跃　中国证券监督管理委员会浙江监管局副处长
于占军　中国第一汽车集团公司一汽大众冲压车间工段长
吴自强　中国新兴（集团）总公司保信建设总公司六公司副总经理
廖　用　中国第二重型机械集团公司重容分厂电焊工

杜　颖(女)　山东电力集团聊城供电公司职工

魏学春(女)　南方电网有限责任公司云南思茅供电局职工

全国优秀共青团干部

2005 年全国优秀共青团干部名单
（197 名）

李　杰　北京市政工程总公司团委书记
许新文　团北京延庆县委书记
袁海鹏　团北京东城区委书记
魏　国　北京师范大学团委书记
吴彦胜　北京宣武区教育工作委员会团委书记
刘洪环　北京铁路局天津铁路分局团委书记
张红鹰(女)　天津农垦集团总公司团委书记
白凤祥　团天津塘沽区委副书记
张宁宁　南开大学团委书记
刘耀邦　天津市新闻出版局团委副书记
高春复　河北秦皇岛市经济技术开发区团工委书记
姚　冰(女)　河北理工大学团委书记
贾东水　河北工程学院团委书记
辛　港　团河北沧州市运河区委书记
石国强　河北北方学院团委书记
荆存柱　团山西阳泉市委书记
邢　斌　团山西大同市委书记
邱建国　中北大学团委书记
朱鸿刚　山西阳泉煤业(集团)有限责任公司团委书记
查文萍(女)　团山西灵石县委书记
杨晓宏(女)　团山西繁峙县委书记
任　霄　团内蒙古自治区委社区和青少年权益部部长
宫秉祥(蒙古族)　团内蒙古通辽市委书记
陈　波　呼和浩特铁路局团委书记
乌恩奇(蒙古族)　内蒙古大学团委书记
张　凯　内蒙古包头市青山区科学路街道团工委书记
李　琳(女)　团辽宁本溪市委书记
林　强　团辽宁沈阳市委书记
柴志仁　团辽宁省委社区权益部部长
范思雯(女)　东北育才学校高二学生、团支部书记
王迎旭(女,满族)　中国石油集团辽河石油勘探局团委书记
姜国富　吉林省吉林市教育局团委书记
韩　东(女,满族)　吉林通化振国药业有限公司团委书记
张枥丹(女)　吉林长春市绿园区铁西街道团工委书记
孟繁超　延边财经学校团委书记
范　非　团吉林白城市委副书记
王志浩　哈尔滨商业大学团委书记
郑彤章　哈尔滨铁路局团委副书记
李　霞(女)　团黑龙江哈尔滨市委组织部部长
李　莉(女)　团黑龙江齐齐哈尔市建华区委书记
吴大鹏　团黑龙江肇州县委书记
吴烨宇　上海青年报社党委书记、社长
许建忠　团上海青浦区委书记
王小干　上海宝山钢铁股份有限公司团委书记
王承栋　上海航空股份有限公司团委书记
李　昕　同济大学团委书记
华　伟　团江苏无锡市委书记

陈红红(女) 团江苏盐城市委书记
黄军伟 南京师范大学团委书记
殷 军 团江苏丹阳市委书记
王吉祥 团江苏徐州市泉山区委书记
周 伟 团江苏张家港市委书记
王 翔(女) 浙江宁波电业局团委副书记
应 俊 浙江衢州电力局团委书记
刘朝友 浙江龙泉市兰巨乡团委书记
何瑶伟 杭州钢铁集团公司团委书记
吕迎春(女) 浙江师范大学团委书记
董 雨 中国科学技术大学团委书记
刘玉杰 团安徽淮北市委书记
洪 渊 团安徽淮南市委书记
汪 冬 团安徽六安市委书记
王启荣 团安徽马鞍山市委书记
杭 东 团福建福州市委书记
张元江 团福建三明市委书记
刘向东 团福建龙海市委书记
徐姗娜(女) 厦门大学团委书记
陈宜淳 福建省直机关团工委副书记
张 俊 团江西省委组织部部长
朱学路 团江西鹰潭市委书记
涂建忠 团江西抚州市委书记
黄平槐 南昌大学团委书记
彭 静(女) 江西洪都航空工业集团有限责任公司团委书记
刘建武 团山东省委组织部部长
林海波 团山东省委秘书长
李玉国 团山东省委学校部部长
陈 启 团山东青岛市委副书记
苏 星 团山东淄博市委书记
陈志伟 团河南洛阳市委书记
焦百勇 团河南滑县县委书记
刘 予 河南新郑国际机场管理有限公司团委书记
刘守义 信阳师范学院团委书记
王立峰 河南项城市郑郭镇团委书记
周文霞(女) 团湖北荆门市委书记
骆军华 中师范大学团委书记
张友斌 中国长江三峡工程开发总公司团委书记
苏 敏 湖北省交通厅团委书记
王学明 团湖南岳阳市委社会活动部部长
周建武 湖南娄底市经济技术开发区团委书记
何旭娟(女) 湖南师范大学团委书记
廖良辉 湖南理工学院团委书记
张建军 团湖南省委少年部部长
唐航浩 团广东广州市委书记
林海武 团广东湛江市委书记
陈卓武 广东工业大学团委书记
陈科文 广东出入境检验检疫局团委书记
梁国锋 广东深圳市城市管理局团委书记
李英海(壮族) 团广西壮族自治区委宣传部部长
罗试坚(壮族) 团广西百色市委书记
胡晶波(女) 团广西南宁市委副书记
何世恰(壮族) 团广西柳州市委副书记
陈铭彬 广西民族学院团委书记
林 刚 团海南海口市委副书记
张春梅(女) 团海南东方市委书记
杨 海 海南师范大学团委副书记
劳才安 海南省农垦海口中等专业学校团委书记
徐 瑛(女) 团重庆涪陵区委书记
张 涛 团重庆南岸区委书记
孙胡鼎 重庆市公安局团委书记
张 勇 重庆市电信有限公司团委书记
张季菁(女) 四川外语学院团委书记
王 军 团四川雅安市委书记
彭 勇 团四川德阳市委书记
李同果 四川乐山师范学院团委副书记
柳树国 成都铁路局团委书记
何春琳(女) 团四川宜宾市翠屏区委书记
宋红团 贵州黎阳航空发动机公司团工委书记
令狐彩桃(女,侗族) 贵阳医学院团委书记
罗秋金(女,侗族) 团贵州黔东南州委办公室

主任
刘孝春　团贵州余庆县委书记
谭有跃　团贵州六盘水市六枝特区区委书记
沈光鑫(彝族)　团云南省委希望工程办公室主任
覃　渝　云南大学团委书记
保建彬　团云南昆明市委书记
牛红杰　昆明钢铁集团有限责任公司团委副书记
张立发　云南南华县龙川镇团委书记
扎　堆(藏族)　西藏大学团委书记
巴桑次仁(藏族)　西藏山南地区艺术团团支部书记
刘　华(女,藏族)　西藏自治区人民医院团委副书记
普布顿珠(藏族)　团西藏那曲地委办公室主任
格桑次仁(藏族)　拉萨市师范学校团委书记
程　军　团陕西渭南市委书记
宋传东　陕西师范大学团委书记
江　华　陕西移动通信有限责任公司团委书记
王铁鹰　陕西五环(集团)实业有限责任公司团委书记
李志斌　陕西洋县龙亭镇团委书记
马　俊(东乡族)　团甘肃临夏州委书记
汪永锋　甘肃中医学院团委书记
曹学义　甘肃省国防科技工业工作委员会团工委书记
李伟栋　甘肃省气象局团委书记
焦可荣(女)　甘肃省邮政局机关团委书记
史中兴　甘肃省景泰川电力提灌管理局团委书记
菊　红(女,藏族)　青海省人民医院团委副书记
赵晓燕(女)　团青海同仁县委书记
孟海(蒙古族)　团青海海西州委书记
巫海蓉(女,苗族)　团青海西宁市城中区委书记
程胜利(满族)　中国水利水电第四工程局团委书记
王淑玲(女)　团宁夏固原市原州区委书记
惠作勤　中国石油天然气集团公司宁夏化工厂团委副书记
张新宁　宁夏电力公司大坝发电有限责任公司团委书记
申　虹(女)　宁夏自治区交通厅团委副书记
苏　毅　宁夏银川市教育局团委书记
艾克白尔·阿不都卡的尔(维吾尔族)　团新疆和田地委书记
叶家强　团新疆精河县委书记
居来提·艾买提(维吾尔族)　团新疆鄯善县委书记
妙旭嫣(女)　新疆八一钢铁集团有限责任公司团委副书记
王意茹(女)　新疆工业高等专科学校团委副书记
刘丽芳(女)　新疆生产建设兵团团委办公室主任
姜文耀　新疆生产建设兵团农一师阿拉尔市团委书记
罗建梁　解放军61195部队政治部组织处青年干事
何世科　解放军汽车管理学院政治部副主任、团委书记
周　玮　解放军63839部队44分队团支部书记
吴志超　海军大连舰艇学院政治部组织处处长、团委副书记
李　莉(女)　解放军95269部队31分队干事
李忠林　解放军96265部队政治部主任、团委书记
李大忠　北京军区政治部组织部青年处处长
郭浪波　解放军68302部队政治部副主任
王梦义　南京军区政治部组织部青年处副团职干事
樊富强　武警新疆总队政治部组织处正连职干事
周庆浩　济南铁路局团委书记
田　敏　昆明铁路局团委书记
金立鑫(蒙古族)　哈尔滨铁路局伊图里河地

区办事处团工委书记
金　龙　北京铁路分局团委书记
卢学印　乌鲁木齐铁路局阿克苏车务段团委书记
杨　娜(女)　中国国际航空股份有限公司内蒙古分公司团委书记
付　强　中国东方航空集团公司山西分公司团委书记
杨志强　民航华北空中交通管理局天津空中交通管理站团委副书记
李　靖　全国政协机关服务局团总支书记
郝安平　中央直属机关团工委办公室主任
沈黎萍(女)　中央党校团委书记
吴亚明　人民日报社团委书记
王华杰　共青团中央直属机关团委副书记
李　辉　最高人民检察院机关团委书记
周　强　商务部直属机关团委书记
景小勇　文化部团委书记
卢　山　中国电子信息产业发展研究院团委书记
蒋　磊　中国科学院团委副书记
王　瑾(女)　中国人民银行上海分行团委副书记
金　宁　中国工商银行浙江省分行营业部团委书记
傅咏梅(女)　中国光大(集团)总公司团委书记
鲁振宇　中国长城资产管理公司合肥办事处副处长、团委书记
唐洪涛　中国保险监督管理委员会黑龙江监管局团委书记
秦　捷　东风汽车公司团委书记
张　昆　中国石油化工集团公司直属机关团委副书记
郭　颖(女)　中国电子信息产业集团公司团委书记
李晓声　中国铁路工程总公司团委书记
曾青松　中国粮油食品(集团)有限公司团委书记
徐志辉　中国石油天然气集团公司石油天然气管道局团委副书记

共青团精神文明建设“五个一工程”奖

共青团精神文明建设“五个一工程”是由共青团中央牵头实施，动员和激励团内外力量参与青少年精神文化产品的创作和生产，充分发挥精神文化产品育人作用的文化示范工程，是青年文化行动的重要组成部分。自1996年以来，共推出优秀图书173部(套)、文章95篇、歌曲106首、戏剧36部、电影24部、电视剧(片)85部、优秀文化活动115项。这些优秀的作品、活动从一个侧面反映了近些年来全国共青团工作和青年文化建设的蓬勃发展和取得的丰硕成果。

第八届共青团精神文明建设“五个一工程”优秀文化作品奖名单

一、图书

申报单位	作品名称
1. 共青团北京市委	《他们》
2. 共青团北京市委	《回家——一只灰喜鹊受伤之后》
3. 共青团内蒙古区委	《她的天空有多高》
4. 共青团辽宁省委	《嘭嘭嘭》
5. 共青团辽宁省委	《我与柯棣华》

6. 共青团吉林省委 《与时代同行》
7. 共青团黑龙江省委 《青春放歌北大荒》
8. 共青团江苏省委 《纯真部落》
9. 共青团浙江省委 《阳光·青春·大学——浙江大学学生校园文学获奖作品选编》
10. 共青团江西省委 《三色玉》
11. 共青团河南省委 《好青年李学生》
12. 共青团河南省委 《根与叶的絮语——安克慧母子家书集》
13. 共青团湖南省委 《刘梅日记》
14. 共青团广东省委 《假如我是海伦》
15. 共青团广西区委 《兵妈妈》
16. 共青团四川省委 《漂亮老师和坏小子》
17. 共青团陕西省委 《托起明天的希望》
18. 共青团甘肃省委 《做一个纯洁高尚的人》
19. 共青团新疆区委 《“新星”维吾尔民间寓言、童话故事丛书》(1—10)
20. 共青团新疆区委 《大河百川——新疆民族团结故事》
21. 共青团宁夏区委 《起点》
22. 军委总政治部组织部 《悲日》
23. 军委总政治部组织部 《雷锋》
24. 军委总政治部组织部 《金色课堂》
25. 军委总政治部组织部 《蘑菇房》
26. 中央直属机关团工委 《教育无痕》
27. 中央直属机关团工委 《中国儿童百科全书》
28. 中央国家机关团工委 《闪光的青春——中央国家机关优秀青年事迹汇编》
29. 中央国家机关团工委 《教你认星星——探索星空的奥秘》
30. 共青团中央办公厅 《珍贵的手迹——毛泽东、邓小平、江泽民关怀青少年和青少年工作》
31. 中华儿女杂志社 《爷爷毛泽东》
32. 中国少年儿童新闻出版总社 《神圣抗战》(图文版)
33. 中国少年儿童新闻出版总社 《知心姐姐告诉你——做人与做事》
34. 中国少年儿童新闻出版总社 《冰心儿童文学全集》(美绘版4册)
35. 中国少年儿童新闻出版总社 《中国新童谣》
36. 中国少年儿童新闻出版总社 《一路风景——〈儿童文学〉十年精华本》(上下册)
37. 中国青年出版总社 《改变孩子一生的一件小事》
38. 中国青年出版总社 《巴金全传》
39. 中国青年出版总社 《斯好作品精华》(三卷本)
40. 中国青年出版总社 《中国军花在非洲》
41. 中国少年先锋队工作学会 《中国少年先锋队大全》
42. 中国青少年发展服务中心 《中国少年科学》

二、电影

申报单位	作品名称
1. 共青团安徽省委	《三毛救孤记》
2. 共青团山东省委	《上学路上》
3. 共青团河南省委	《我爱我孙》
4. 中央直属机关团工委	《没有音乐照样跳舞》

5. 中央直属机关团工委 《女生日记》
6. 中央直属机关团工委 《快乐时光》
7. 共青团中央网络影视中心 《88995》
8. 共青团中央网络影视中心 《我的法兰西岁月》
9. 中华儿女杂志社 《暖情》

三、电视剧

申报单位	作品名称
1. 共青团北京市委	《红色家书——革命烈士临终绝笔》
2. 共青团北京市委	《古都北京》(中英文版)
3. 共青团河北省委	《我们都是好朋友》
4. 共青团辽宁省委	《轻松一点》
5. 共青团江苏省委	《独领风骚—诗人毛泽东》
6. 共青团江苏省委	《水上小学》
7. 共青团山东省委	《知识就是力量——首届中国青年学习成才奖暨全国优秀青年学习组织颁奖典礼》
8. 共青团河南省委	《红剪花》
9. 共青团湖北省委	《音乐之路》
10. 共青团湖南省委	《蓝猫淘气 3000 问之〈航空航天系列〉》
11. 共青团四川省委	《奉献如歌》
12. 共青团新疆区委	《一个都不能少》
13. 军委总政治部组织部	《最后的骑兵》
14. 中央直属机关团工委	《中国史话》
15. 中央直属机关团工委	《心灵的成长》
16. 中央直属机关团工委	《给你一双翅膀》
17. 中央直属机关团工委	《道德在身边——首届全国未成年人影像大赛》
18. 中央直属机关团工委	《关注未来行动》
19. 中央直属机关团工委	《民族之魂》
20. 共青团中央网络影视中心	《老爸老妈,兄弟姐妹》
21. 中国青年出版总社	《请让我来帮助你》

四、戏剧

申报单位	作品名称
1. 共青团北京市委	《Hi,可爱》
2. 共青团山西省委	《一把酸枣》
3. 共青团山西省委	《我能当班长》
4. 共青团黑龙江省委	《秘密在脚下》
5. 共青团江苏省委	《青春跑道》
6. 共青团浙江省委	《同行》
7. 共青团甘肃省委	《朗萨雯波》
8. 军委总政治部组织部	《青年近卫军》
9. 军委总政治部组织部	《回家》

五、歌曲

申报单位	歌曲名称
1. 共青团北京市委	《行进在无畏的行列中》
2. 共青团内蒙古区委	《草原放歌》
3. 共青团辽宁省委	《小猫种鱼》
4. 共青团上海市委	《中华吉祥》
5. 共青团上海市委	《城市心情》
6. 共青团江苏省委	《放飞青春》
7. 共青团浙江省委	《畲山真好看》
8. 共青团安徽省委	《真情》
9. 共青团湖南省委	《小白鹤》
10. 共青团广东省委	《MY WAY》

11. 共青团广西区委 《盼你回来》
12. 共青团重庆市委 《数大桥》
13. 共青团西藏区委 《春雨洒高原》
14. 共青团新疆区委 《红书包》
15. 军委总政治部组织部 《忠诚卫士组歌》
16. 军委总政治部组织部 《相思月夜》
17. 军委总政治部组织部 《好榜样》
18. 中央直属机关团工委 《卓玛》
19. 中央直属机关团工委 《让爱随音乐起飞》
20. 中国音乐家协会 《我们是春天》
21. 中国青少年社会服务中心 《爱在天地间》
22. 共青团中央志愿者工作部 《青年志愿者之歌》

第八届共青团精神文明建设“五个一工程”优秀文化活动奖名单

申报单位 活动名称

1. 共青团北京市委 首届北京青少年科技博览会
2. 共青团北京市委 “青春北京、读书成才”北京青少年主题读书活动
3. 共青团北京市委 公益电影流动快车
4. 共青团河北省委 承钢青年文化月活动
5. 共青团河北省委 乡村青年文化超市
6. 共青团山西省委 青年风采大赛
7. 共青团内蒙古区委 呼和浩特青少年文化艺术节
8. 共青团辽宁省委 阳光嘉年华
9. 共青团辽宁省委 铁岭市青少年广场文化活动
10. 共青团黑龙江省委 革命英烈展“三走进”活动
11. 共青团黑龙江省委 青少年民俗文化活动
12. 共青团上海市委 青春拥抱阳光——上海青年原创歌曲大型演唱会
13. 共青团上海市委 青春的节日——让青少年走近经典上海青年文艺巡演活动
14. 共青团江苏省委 “2005江苏青年文化节暨东方水城·青春苏州”青年文化展示活动
15. 共青团江苏省委 2004年中国南京世界历史文化名城博览会系列活动之世界历史文化名城杰出青年对话及世界历史文化名城诗会
16. 共青团浙江省委 浙江省庆“六一”电视文艺晚会
17. 共青团浙江省委 “青春中华”——首届中国青年服装时尚周
18. 共青团浙江省委 台州市青少年开心读书大奖赛
19. 共青团安徽省委 “五月风”科技文化节
20. 共青团福建省委 “魅力泉州·魅力青春”青年文化行动
21. 共青团江西省委 “团队训练模式”教育活动
22. 共青团山东省委 齐鲁国际动漫艺术展览会
23. 共青团山东省委 市南区外来务工青年文艺轻骑兵巡回演出
24. 共青团河南省委 “青春与古都同行”万名青少年历史文化火炬传递接力活动
25. 共青团河南省委 河南省百万青少年“红色之旅”信阳文化节
26. 共青团湖北省委 全省青少年宫文艺书画摄影作品展演
27. 共青团湖北省委 广水市青少年文化节

28. 共青团广东省委　“新东山·新青年·新文化”东山区青少年文化创新工程

29. 共青团广东省委　中山大学艺术与人生讲坛

30. 共青团广东省委　“青春中华”——首届中国青年文化周

31. 共青团广西区委　2003 南宁国际民歌艺术节南宁青春风采大赛

32. 共青团广西区委　中越边境青少年“手拉手”禁毒活动

33. 共青团海南省委　“青春中华”——首届中国青年欢乐节

34. 共青团海南省委　预防艾滋病宣传活动

35. 共青团重庆市委　“青春红岩”青年文化周

36. 共青团四川省委　中国诗书城形象大使评选活动

37. 共青团贵州省委　“农行杯·青春遵义”大中专学生电视文化艺术节

38. 共青团陕西省委　“纵论四海、九州名家”系列高端报告会

39. 共青团甘肃省委　少儿知识竞技台

40. 共青团宁夏区委　“浪漫情缘，真爱一生”大型集体婚礼

41. 共青团新疆区委　《阳光行动·创业2005》创业计划大赛

42. 中央国家机关团工委　中央国家机关职工英语风采大赛

43. 中央国家机关团工委　中关村青年文化节

44. 中国青少年社会服务中心　“我们的文明”主题系列活动

45. 共青团中央网络影视中心　首届全国大学生公益文化艺术大赛

46. 共青团中央网络影视中心　“健康上网拒绝沉迷——帮助未成年人戒除网瘾大行动”

47. 中国青年出版总社　第 16 届“民族精神代代传”全国青少年爱国主义教育读书活动

第八届共青团精神文明建设“五个一工程”优秀文化新人奖名单

报送单位	姓名	性别	单位及职务
1. 共青团上海市委	黄豆豆	男	上海歌舞团舞蹈演员
2. 中央国家机关团工委	袁　泉	女	中国国家话剧院影视演员
3. 中国青年报刊协会	胡　果	女	人民日报社主编、记者
4. 中央直属机关团工委	柴　静	女	中央电视台主持人、记者
5. 中国青少年宫协会	谭群钊	男	盛大网络公司首席技术官
6. 共青团上海市委	张　军	男	上海昆剧团戏曲演员
7. 共青团广东省委	张悉妮	女	深圳市东湖中学学生，深圳市作协成员
8. 共青团贵州省委	阿幼朵	女	凯里市苗族乡村歌手
9. 军委总政治部组织部	王　莉	女	空军政治部文工团歌唱演员
10. 共青团浙江省委	周　旋	女	浙江歌舞剧院歌唱演员

第八届共青团精神文明建设“五个一工程”优秀文化新人提名奖名单

报送单位	姓名	性别	单位及职务
1. 共青团北京市委	王昭懿	女	北京儿童艺术剧院股份有限公司戏剧演员
2. 共青团河北省委	尉迟琳嘉	男	凤凰卫视记者、编辑

3. 共青团山西省委	贾菊兰	女	运城市蒲剧团演员
4. 共青团辽宁省委	王馨颖	女	辽宁电视台编辑
5. 共青团黑龙江省委	晁雪莲	女	大庆话剧院歌舞剧院戏剧演员
6. 共青团江苏省委	褚云霞	女	江苏歌剧舞剧院歌唱演员
7. 共青团浙江省委	黄曼婷	女	浙江婺剧团戏曲演员
8. 共青团安徽省委	吴　薇	女	安徽电视台播音员
9. 共青团江西省委	陈　罡	男	江西书画院美术师
10. 共青团福建省委	杨君炜	男	漳州市木偶剧团舞美设计师
11. 共青团山东省委	房丽丽	女	济南市杂技团杂技演员
12. 共青团河南省委	李　铮	男	河南日报记者
13. 共青团湖南省委	全洁琼	女	张家界市永定区文化馆专职干部
14. 共青团湖北省委	刘智鹏	男	武汉说唱团说唱演员
15. 共青团广东省委	魏　微	女	广东省文联作家
16. 共青团广西区委	陈春燕	女	南宁市艺术剧院歌唱演员
17. 共青团重庆市委	刘　锐	男	重庆市少年宫专职艺术教师
18. 共青团甘肃省委	草　珺	女	甘肃政法学院艺术团指导教师
19. 共青团新疆区委	赵武军	男	新疆电视台编辑
20. 中央国家机关团工委	孙靖涵	女	中央电视台播音员
21. 共青团中央青农部	安家满	男	辽宁省大石桥市农民
22. 共青团中央学校部	刘元元	女	湖南大学新闻与传播学院学生
	刘　曙	女	湖南大学新闻与传播学院学生
23. 共青团中央志愿者工作部	李　媛	女	“百县千乡宣传文化工程”志愿者
24. 共青团中央网络影视中心	郑罗茜	女	影视演员

第八届共青团精神文明建设“五个一工程”组织工作奖名单

1. 共青团北京市委
2. 共青团辽宁省委
3. 共青团河南省委
4. 共青团上海市委
5. 共青团江苏省委
6. 共青团浙江省委
7. 共青团广东省委
8. 军委总政治部组织部
9. 中央直属机关团工委
10. 中央国家机关团工委
11. 中国青年出版总社

宣传共青团工作优秀新闻作品评选活动

为认真落实中央精神，切实做好五四新闻奖并入中国新闻奖的有关工作，进一步发挥五四新闻奖作为中国新闻奖的专项新闻奖在推动青年工作宣传报道方面的积极作用，更好地服务共青团和青年工作发展，共青团中央决定从2005年开始，组织每年一度的宣传共青团工作优秀新闻作品评选，并从评选出的作品中择优推荐参评中国新闻奖。

经宣传共青团工作优秀新闻作品评选评审委员会严格评审，共评出获奖作品100件。此外，按照全国文艺新闻出版评奖工作调整办法，经评选委员会严格评选，从各地推荐作品中挑出12件作品参评第15届中国新闻奖，并有3件作品荣获中国新闻奖。

2004年度宣传共青团工作优秀新闻作品评选获奖名单

文字类(51件)

作品名称	体裁	作者	刊播单位
椰风海韵一帆悬——海口市未成年人思想道德建设纪实	通讯	李亚杰 崔清新	新华社
关注未成年人(一组)	系列报道	田　雨 杨维汉 李薇薇 吕　诺 王　黎 邱红杰 顾瑞珍 李亚杰	新华社
永远的五四，青春的祖国——写在五四运动85周年之际	通讯	胡　果	人民日报
让五加二大于七——在天津市和平区感受未成年人思想道德建设	通讯	胡　果	人民日报
首都城乡少年手拉手结友谊	消息	李海秀	光明日报
《写给小读者》：孩子心灵成长的新童话	通讯	王　瑟	光明日报
青年企业家群体成为区域经济建设重要力量	消息	苏大鹏	经济日报
制度的魅力	通讯	王江华	中国青年报
洋文凭能否换来"中国机会"	通讯	孙　晔 桂　杰 陈　刚	中国青年报
挑战杯：让成果与市场、资本亲密接触	通讯	孙　晔 李松涛	中国青年报
我只想做只灯泡，照亮一间屋	通讯	张文凌	中国青年报
外来务工人员子女求学调查	系列报道	张　坤 徐百柯	中国青年报
他们为何成为优秀	通讯	陈若葵	中国妇女报
携手保护母亲河	通讯	张春侠	人民中国

忘不了的“036”	通讯	刘　震 李　辉 黄　巍	人民铁道
徐本禹:从心制造感动	通讯	李海波	中国青年
特立独行的刘翔	通讯	韩春丽	中国青年
在声音消失的地方起舞	通讯	蒋　晔	中国青年
风展队旗五十年,建楼育人铸辉煌	通讯	张　颖	北京青年报
“六一”如何过,孩子做主	系列报道	张虹红	今晚报
他感动了河北	通讯	李海燕 葛昌秋	唐山劳动日报
女博士的乌金情缘	通讯	尚慧辉	山西日报
绿洲之梦	通讯	巴音孟克	内蒙古日报
守住青少年课外阵地	通讯	王笑梅 谢文君	辽宁日报
闪亮的眼睛,火热的胸口	通讯	刘　怀	吉林日报
走进未成年人群系列报道(五篇)	通讯	米　娜	黑龙江日报
青少年迷途有人帮——五里桥街道青少年社工点见闻	通讯	陆梓华	新民晚报
60 多家企业“抢夺”返沪西部志愿者	消息	方秀敏	新闻午报
两场招聘昨日闹南北	通讯	薛　玲	扬子晚报
神奇的陶教授来杭州了	通讯	魏　奋 祝清宇	都市快报
新团县委书记是如何“炼”成的	通讯	钱伟锋 王　嫣 柴　鸿 毛剑杰	青年时报
西部的感动	通讯	桑红青	安徽青年报
团省委首次向社会推介公益事业项目	消息	吴育卿	福建日报
年轻人,有颗火热的心	通讯	黄继妍 叶　俊 雷　鹰	江西日报
残疾女孩终圆十年梦	消息	彭　东	齐鲁晚报
300 张纸条:悄悄话,悄悄说	消息	邱延波	青年导报
不倒的排爆英雄——记全国优秀人民警察毛建东	通讯	余　凯	湖北日报

携手净化未成年人成长环境	系列报道	韩少林	楚天金报
		吴志远	
		包东喜	
		谢　斌	
		秦　璇	
		柯　锐	
		李昌建	
		艾红霞	
		王　义	
		彭四平	
青春,在雪域高原闪光	通讯	朱　定	湖南日报
		奉清清	
伴随暖流一路欢歌回老家	通讯	尹安学	羊城晚报
		林旭嘉	
		庞开强	
“我心目中的中华青年偶像”青年学子系列访谈	系列报道	刘炜茗	南方都市报
架在务工者心中的金桥	通讯	周仕兴	广西日报
“我嫁给了西藏”——海南首位援藏大学生周梅中秋节前诉说西藏情	通讯	卓兰花	海南日报
校长挂帅“卖”初中生	通讯	熊　黎	重庆青年报
团组织为蓝领青工成才铺路	通讯	孙　琳	四川日报
把团旗插在青藏铁路线上	消息	刘俊涛	西藏青年报
让我们在实践和服务中锻炼成长	通讯	刘　锋	陕西日报
		毛宗学	
行走在湿地上	通讯	韦小红	甘肃日报
		张　琳	
雄鹰折翅撼高原	通讯	王小龙	青海青年报
		刘　源	
兵团优化青少年成长成才环境	通讯	殷雪静	兵团日报
《大学生周末短工见面会》系列报道	系列报道	徐　娜	都市消费晨报

电视类(28 件)

作品名称	**体裁**	**作者**	**刊播单位**
激情长征	专题	吴光曦	中央电视台
		罗　野	
第一届中国青年年度人物特别节目	专题	王希文	中央电视台
少年宫里来了民工子弟	专题	黄　瑛	中央电视台
		王守城	
我帮孩子戒掉网瘾	专题	李雪莲	中央电视台

席宝力皋:绿色梦想	专题	李卫华	中央电视台
青春暖流,情满社区	消息	吴剑光 唐志辉	中央电视台
我国首届打工青年文学奖颁奖仪式在广州举行	消息	吴剑光 唐志辉 方兴撑	中央电视台
我国青少年健康状况系列报道	系列报道	刘京山 王晓明	中央电视台
志愿者谭珍和她的“静心书社”	专题	王　健	中国教育电视台
第三届 APEC 青年科学节系列报道	系列报道	郑　蓉 张　阳 乔晓鹏 刘　斌 郭东风	北京电视台
情暖和田——新疆维族少年吐尔洪回家记	消息	王连军 李晓松	河北电视台
奉献没有终点站	消息	胡海艺 周秋来	双鸭山电视台
麦田的守望者	专题	董立飞 郭新文 周云龙 汪小溪	江苏教育电视台
光环	专题	郭之文 曾　言	南京电视台
新三百六十行列“跑腿员”	消息	孔昭巍 陈方崎 杜　威	江苏城市频道
“加强和改进未成年人思想道德建设”系列——校外活动,未成年人的第二课堂	系列报道	庞惠君 娄　原	浙江电视台
构筑三位一体教育网络,加强未成年人思想道德教育	专题	吴　军 漆卫中	合肥电视台
走进湿地	专题	余志坚 肖　玮 温小力 饶晓刚	江西卫视

徐本禹们的故事	专题	吕　芃 杨　璐 张楚晨 李　宁 路　宏 毛　磬	山东电视台
兰万里:挑战非典	专题	周群莉 田红年 王德成 陈耀辉	山东电视台
增进沟通与交流,东盟青年干部到南宁市青年中心挂职锻炼	消息	刘红明	广西电视台
春晖使者,反哺故土	专题	王　志 翟旭东 谭本恂	贵州电视台
从同学中来,为同学服务	消息	董　光 高　天	昆明教育电视台
马骅留给我们的	专题	陈　颖 陈　舒 江　涛	云南电视台
路在团旗下延伸——青年农牧民参与青藏铁路建设及纪实	专题	陈国庆	西藏电视台
中日青年同德县生态示范林揭碑	消息	张　荣 杨晓艳	青海电视台
塔城地区青年林基地建设启动	消息	陶建军	塔城地区电视台
自治区大学生就业创业巡回报告会	消息	李鲁新 库尔班	新疆电视台

广播类(13 件)

作品名称	体裁	作者	刊播单位
沟通零距离——台湾青年学生心声实录	专题	李　明 温婷玉	中央人民广播电台
寻找回来的世界——记一次特殊的联欢会	专题	侯宇军 周　军	中央人民广播电台
成长变奏	系列报道	郭　静 张　军 漆新平	中央人民广播电台
北京儿童唱响“新童谣”	消息	王业丰 赵美兰 姜宝宏	中央人民广播电台

边关行	系列报道	尹　莉 张小艳 孙巧稚 冯会玲	中央人民广播电台
中国大学毕业生到西部实现自身价值	录音报道	肖丽林	中国国际广播电台
志愿者的心愿	专题	宋　晶	山西人民广播电台
“神舟”五号返回纪念雕塑落户内蒙古团委青少年生态园	消息	赵　薇	内蒙古人民广播电台
普法进校园	专题	杨春慧	吉林人民广播电台
牵挂着西部这一方热土	专题	张志力 肖　宇	遵义人民广播电台
缉毒英雄欧阳军	专题	温建军 赵黎清 马　佳	宁夏人民广播电台
爱满长征路	专题	温建军 张俊萍 马　佳	宁夏人民广播电台
《爱,始于足下》——从乌市八中“给父母洗脚”的暑假作业谈青少年德育教育	评论	付　华	新疆人民广播电台

图片类(8件)

作品名称	**体裁**	**作者**	**刊播单位**
我奉献,我快乐	摄影	张　震	石家庄日报
青年时报记者冰冷河水中勇救落水女子	摄影	王　攀	青年时报
成都驶出“青年创业快车——打工专列”	摄影	刘前刚	新华社
志愿者暑期“三下乡”社会实践服务	摄影	易秉荣 雷　军	铜仁日报
青年志愿者在西藏	摄影	姚海金	西藏日报
蔬菜种植技术培训到基层	摄影	张海东	西海都市报
爱心使者宣讲环保	摄影	袁　满	新华社
加拿大学生的动手能力让中国学生羡慕不已	摄影	李　舸	人民日报

中国青年创业奖

为深入贯彻"三个代表"重要思想和党中央、国务院关于就业和再就业工作指示精神，树立、表彰、宣传在中国青年创业行动中涌现出来的青年创业典型，进一步激励和引导广大青年弘扬新时期创业精神，积极投身创业实践，共青团中央、劳动和社会保障部决定，授予丁立权等10人第二届"中国青年创业奖"，同时授予马依尔江等19人第二届"中国青年创业奖"提名奖。

第二届"中国青年创业奖"获得者名单

（10名，按姓氏笔画排序）

丁立权　河北唐山市恒安实业有限公司董事长

王华君　广东深圳市裕同印刷包装有限公司董事长

王树军　辽宁太克液压机械有限公司董事长

史小琴（女）　江西南昌市洁佳物业实业公司董事长

朱张金　浙江卡森实业有限公司董事长

杨民召　甘肃兰州城关物业管理服务中心总经理

张永舵　山东净雅餐饮集团董事长

张安新　陕西西安小六汤包餐饮有限责任公司董事长

鲁建国　湖北龙发钢铁工贸有限公司董事长

谢子龙　湖南老百姓大药房连锁有限公司董事长

第二届"中国青年创业奖"提名奖名单

（19名，按姓氏笔画排序）

马依尔江（塔吉克族）　新疆马依尔江商贸公司董事长

王昌翰　海南大海水产饲料有限公司总经理

朱洪兵　四川开江山参堂药品连锁有限公司总经理

刘　耘　贵州麒龙房地产开发有限公司董事长

刘德文　黑龙江林甸海达纸业有限责任公司董事长

齐义乐　天津鑫裕建设发展有限公司董事长

汤文军　新疆家宝科教爱婴之家总经理

李秀业　青海西宁金佰川商贸有限公司总经理

邹平生　吉林四平市九洲热力设备制造有限公司董事长

沈基前　安徽梦都集团董事长

陈立影　北京爱家投资管理有限公司总经理

陈显成　福建舒简国际集团有限公司董事长

金根虎　山西太原市金虎连锁超市配送有限公司董事长

俞东平　内蒙古广远铁合金有限公司、乌海市世纪元大酒店有限责任公司董事长

陶华强　上海宝松实业有限公司董事长

程　建　河南濮阳市百姓量贩（连锁）有限公司董事长

魏　欣　重庆新洁净清洗技术服务有限公司总经理

魏兆峰　西藏曲水信通水泥厂厂长

魏爱民　江苏义源铜业集团董事长

中国青年创业行动优秀组织单位和先进个人

为表彰先进，树立典型，进一步深入推进中国青年创业行动，更好地做好促进青年就业和再就业工作，共青团中央、劳动和社会保障部决定，授予共青团北京市委事业部等72个单位中国青年创业行动优秀组织单位称号，吴燕等60名同志中国青年创业行动先进个人称号。

2005年度中国青年创业行动优秀组织单位名单

共青团北京市委事业部
北京市创业指导中心
北京青年科技创新成果转化服务中心
共青团天津市委青工部
共青团天津市塘沽区委
共青团天津市南开区委
共青团河北省委青工部
共青团河北省秦皇岛市委
共青团河北省唐山市委
河北省承德市劳动和社会保障局
共青团山西省委青工部
共青团山西省太原市委
山西省太原市职业介绍服务中心
山西省大同煤矿集团公司青年就业指导服务中心
内蒙古自治区通辽市就业管理局
共青团辽宁省营口市委
共青团辽宁省辽阳市委
共青团吉林省委青工部
共青团吉林省长春市委
吉林省长春市就业服务局
共青团吉林省四平市委
共青团黑龙江省鹤岗市委
共青团黑龙江省伊春市委
黑龙江省齐齐哈尔市青年就业创业服务中心
共青团上海市委青工部
上海市浦东新区就业促进中心
共青团上海市青浦区委
共青团江苏省南通市委
江苏省无锡市劳动和社会保障局
共青团浙江省委青工部
共青团浙江省衢州市委
共青团浙江省温岭市委
共青团安徽省委青工部
安徽省池州市劳动和社会保障局
共青团安徽省马鞍山市委
共青团福建省厦门市委
共青团福建省漳州市委
江西省宜春市劳动就业管理局
清华科技园（江西）发展有限责任公司
共青团山东省委青工部
山东省劳动就业办公室
共青团山东省威海市委
共青团山东省烟台市委
共青团山东省东营市委
共青团河南省委青工部
共青团河南省濮阳市委
河南省滑县劳动和社会保障局职业介绍服务中心
河南省漯河市青年创业就业服务中心
共青团湖北省随州市委
共青团湖北省孝感市委
共青团湖南省衡阳市委
湖南华联瓷业有限公司青年就业中心
广东省广州市劳动力市场共青团分市场服务中心
共青团广西壮族自治区南宁市委
共青团海南省海口市委
重庆市就业服务管理局

共青团重庆市沙坪坝区委
共青团四川省委青工部
共青团四川省绵阳市委
四川省德阳市就业服务管理局
贵州省就业办公室
共青团云南省楚雄州委
西藏高争(集团)有限责任公司团委
陕西省劳动和社会保障厅就业和涉外劳动管理处
陕西省财政厅社会保障处
共青团甘肃省委青工部
共青团甘肃省酒泉市委
甘肃省武威市凉州区劳务经济发展局
共青团青海省西宁市委
共青团宁夏回族自治区银川市委
新疆维吾尔自治区青年就业服务中心
新疆生产建设兵团农五师八十九团团委

2005 年度中国青年创业行动先进个人名单

吴　燕(女)　共青团北京市石景山区委副书记
范　力　北京城市学院团委书记
巴根那　北京市东方家园置业有限公司总裁
陈克勇　天津市盈通物资有限公司总经理
刘　伟　天津市建鑫伟业工贸有限公司董事长兼总经理
董晓航　共青团河北省石家庄市委书记
张　锐　共青团河北省张家口市委书记
高保存　山西省劳动和社会保障厅就业指导处副处长
李中秋　山西省太原青年创业服务中心主任
张晓慧(女)　共青团内蒙古自治区包头市委青工农牧部部长
许晓青(女)　辽宁省劳动和社会保障厅就业处处长
杜　鑫　共青团辽宁省抚顺市委书记
荣　娜(女)　共青团辽宁省委青工部干部
周继峰　共青团吉林省长春市委副书记
姜铁忠　共青团吉林省四平市委副书记
卢宗强　吉林省延吉市宗强农林贸易有限公司董事长
王江涛　共青团黑龙江省委青工部干部
姚建华　黑龙江省劳动和社会保障厅助理调研员
项国勇　上海市杨浦区就业促进中心副主任
刘培森　上海英达国际人才有限公司总经理
李　晖　共青团江苏省南京市委副书记
徐华明　共青团江苏省盐城市委副书记
张　勇　共青团江苏省常州市委副书记
符祝如　江苏省南京市鼓楼区劳动和社会保障局局长
黄小昶　浙江省杭州市就业服务局副局长
沈凯波　共青团浙江省杭州市下城区委书记
江　渊　共青团浙江省宁波市江北区委副书记
张加勇　浙江永艺家具有限公司董事长兼总经理
田　敏(女)　共青团安徽省六安市委青工青农部部长
夏凤云(女)　安徽省合肥市团校校长
李　苹(女)　福建省劳动就业中心科长
黄　翎(女)　共青团福建省委青工部干部
陈晓蓉(女)　共青团福建省泉州市委副书记
龚　宏　江西省劳动就业服务管理局副科长
陈水平　共青团江西省南昌市委青工青农部部长
高庆军　共青团山东省委青工部干部
杨烈鹏　共青团山东省委青工部干部
郭振甫　河南省郑州日产汽车有限公司总经理兼党委书记
张传君　河南省粮食局珠海金凯商贸发展有限公司总经理
易有权　共青团湖北省武汉市委经济工作部部长
陈学强　湖北省襄樊禾龙房地产开发有限公司总经理
王海军　共青团湖南省长沙市委城工部部长

周细军　湖南省岳阳市九鼎科技有限公司总经理
张仕伍　广东省琪雅实业有限公司董事长兼总经理
杨伟雄　广东省广州市劳动力市场共青团分市场服务中心主任
宋震寰　共青团广西壮族自治区柳州市委书记
曾　锋　共青团海南省三亚市委副书记
严　蕾（女）　共青团重庆市巴南区委书记
王新亚　重庆市涪陵区就业服务管理局局长
刘泽斌　共青团四川省委青工部副部长
刘　黧（女）　四川省南充市就业服务管理局企管科科长
周世立　贵州省青利工贸有限公司董事长
刘　恒　云南省玉溪市劳动就业局局长
张海建　共青团陕西省宝鸡市委书记
王　军　共青团陕西省西安市委副书记
张建友　甘肃省天水兰天房地产开发有限公司董事长
祁明善　共青团青海省乐都县委书记
杨　飞　宁夏回族自治区中卫市香山瓜果流通有限责任公司总经理
姜　文（女）　新疆维吾尔自治区乌鲁木齐市水磨沟区腾达木线加工厂总经理
闫盛红（女）　新疆生产建设兵团农七师团委副书记

中国青年创业项目洽谈会获奖项目

第二届中国青年创业项目洽谈会获奖项目

一、金奖项目

1. 立体投影系统（北京快乐探索科技文化发展公司推报）
2. 龙莲堂保健品（天津市龙莲堂有限责任公司推报）
3. 手工艺布鞋（临汾市尧都区土疙瘩手工布艺有限公司推报）
4. 创业教育网络培训系统（长春工业大学推报）
5. 汽车维修服务连锁加盟（新焦点汽车维修服务公司推报）
6. 太阳能的开发与利用（福建圣元电子科技有限公司推报）
7. 新洁净清洗技术连锁加盟（重庆新洁净清洗技术服务有限公司推报）
8. 浙江易货网（杭州市青春创业俱乐部推报）
9. 数字化农业项目开发（丽水市农科所农业智能化快繁中心推报）
10. 国家级毛竹家纺加工项目、代理销售（台州快眠宝科技寝具有限公司推报）

二、银奖项目

1. 企业级加密邮件推送软件（北京数字天堂信息科技有限责任公司推报）
2. 晨光烧饼连锁加盟（哈尔滨晨光食品连锁有限公司推报）
3. 辐射电热供暖系统保健电暖画（山西凯博尔电力供暖技术有限公司推报）
4. 善财童子 SEO 网站优化技术服务（长春一萌电子有限责任公司推报）
5. 食用菌食品加工（齐市富区天锦野生食用菌有限责任公司推报）
6. 福安居居家饰品零售（上海百万圆桌企业顾问有限公司推报）
7. 新一代长纤维增强热塑性复合材料及制件产业化（安徽天工集团推报）
8. 沈字坊宫廷臭豆腐连锁店（沈字坊食品连

锁有限公司推报)

9. 餐饮连锁特许加盟(青岛远见投资服务公司推报)

10. 汉码软件暨计算机培训(汉码软件暨计算机培训联盟推报)

11. “立可靓”专业汽车美容装潢连锁加盟(武汉天成汽车服务有限公司推报)

12. 长沙水晶坊连锁加盟(长沙水晶坊有限公司推报)

13. 瓦楞纸箱生产(海南儋州新潮包装实业有限公司推报)

14. 三角形架空组合地平构建(杭州神塔建材有限公司推报)

15. 教育咨询服务(杭州师范学院推报)

16. 感应式智能IC卡(宁波市科技园三博科技有限公司推报)

17. 森马服饰特许加盟(温州森马集团推报)

18. 合作加盟(衢州天地人网络工程有限公司推报)

19. 职业技能培训连锁经营(天台天成职业技术学校推报)

20. 家纺系列连锁店(台州市情定法拉寝饰用品有限公司推报)

三、铜奖项目

1. 宝贝当家理财棋(北京融通财富投资有限公司推报)

2. 中旺食品加盟(北京中旺投资集团有限公司推报)

3. 天然营养品生产营销(河北畅达集团天然营养品有限公司推报)

4. 手工艺品项目加盟(明祥工艺行推报)

5. 旅游工艺品项目加盟(天龙东民族旅游工艺品厂推报)

6. 保健用品制作(哈尔滨马氏护理用品厂推报)

7. 晶瀚水晶花制作(上海百万圆桌企业顾问有限公司推报)

8. 户外广告(无锡财富时代传播策划有限公司推报)

9. 纯天然黑芝麻提取物的提取及后续产品的开发(天长科技局推报)

10. 逐搏体表希氏束检测仪(安徽富华电子有限公司推报)

11. 奥诺康降脂血康(芜湖诺康生物科技有限公司推报)

12. 服装连锁(泉州隆泉制衣有限公司推报)

13. 巨源童乐园玩具租赁、儿童寄托淘气堡、儿童教育连锁加盟(山东巨源游乐设备制造有限公司推报)

14. “大营山牌臭干子”连锁加盟项目(武汉生态农业园推报)

15. 休闲食品、淡水鱼加工开发(资兴市东江鱼集团有限公司推报)

16. 虚拟商业街(广东金融学院计算机科学与技术系推报)

17. SUPER·S汽车经纪人项目(深圳市SUPER·S汽车经纪人有限公司推报)

18. 药膳食疗保健项目(成都中医药大学推报)

19. 手机短信审计系统项目(西安三人行信息通讯有限公司推报)

20. 细节装饰配饰设计(传宇细节装饰配饰设计公司推报)

21. 物业管理项目(兰州城关物业管理服务中心推报)

22. 自动感应卡锁推广加盟(嘉善科技创业服务中心推报)

23. 黄酒特许经营加盟(绍兴黄酒集团有限公司推报)

24. 石英晶体谐振器开发(浙江东晶电子股份有限公司推报)

25. 蜂业制品特许经营加盟(温州大红花蜂业有限公司推报)

26. 职业技术培训(许航行推报)

27. 食用野菜引种、代理销售(浙江仙龄野菜合作社推报)

28. 网球文化推广、技术培训、销售(福祥网球咨询工作室推报)

29. 临海涌泉牌柑橘经销加盟（浙江临海市涌泉农贸公司推报）

30. 不知火等杂柑引种改良试验、名优水果代理销售（黄岩区西部青年苗木合作社推报）

中国青年创业能力大赛

第二届中国青年创业能力大赛获奖名单

一、中国最具创业潜能青年奖

董一萌（吉林推报）

才　华（黑龙江推报）

唐国珣（湖北推报）

仇龙健（宁夏推报）

董一萌、才华、唐国珣、仇龙健等4人同时获第二届中国青年创业能力大赛优胜奖

二、第二届中国青年创业能力大赛优胜奖

李永宗（上海推报）　杨　琦（安徽推报）

范学敏（浙江推报）　夏　恬（湖南推报）

陈君标（浙江推报）　王　欣（广东推报）

王　颖（江苏推报）　魏　欣（重庆推报）

全国青年职业技能大赛优秀集体和个人

为扎实推进青工技能振兴计划，大力实施3年50万新技师培养计划，共青团中央、劳动和社会保障部于2004年年底启动了首届“振兴杯”全国青年职业技能大赛。

为表彰先进，进一步调动广大青年技术工人钻研技术业务、立足岗位成才的积极性，推动青工技能振兴计划的深入开展，共青团中央、劳动和社会保障部决定，分别授予各工种比赛前三名获得者金、银、铜牌，颁发奖章、证书；授予各工种比赛前五名获得者“全国技术能手”称号和“全国青年岗位能手”称号，晋升为技师或高级技师。各工种第6—20名的选手，其技术等级在原有基础上晋升一级（晋级工作由选手所在地劳动和社会保障部门负责办理，团组织协助）；授予中国一航沈阳飞机工业（集团）有限公司首届“振兴杯”，颁发奖杯和证书；授予团体总分第2—30名获得者首届“振兴杯”全国青年职业技能大赛决赛“优胜杯”，颁发奖杯和证书；授予共青团北京市委、北京市劳动和社会保障局等28个单位首届“振兴杯”全国青年职业技能大赛决赛优秀组织奖；授予共青团辽宁省委等5个单位首届“振兴杯”全国青年职业技能大赛决赛突出贡献奖。

首届“振兴杯”全国青年职业技能大赛决赛团体总分前30名及各单项赛前20名名单

团体总分

第1名　中国一航沈阳飞机工业（集团）有限

公司
第2名　东风汽车公司
第3名　中国石化集团中原油田
第4名　中国一航沈阳黎明航发集团
第5名　盐城技师学院校办厂
第6名　沈阳鼓风机(集团)公司
第7名　首钢总公司
第8名　北京京城机电控股有限责任公司
第9名　马钢集团(控股)有限公司
第10名　巨化集团
第11名　南京汽车集团有限公司
第12名　广西柳州钢铁(集团)公司
第13名　中国石化集团茂名石油化工公司
第14名　中国三江航天工业集团公司
第15名　中国兵器内蒙古第一机械制造(集团)公司
第16名　江南造船(集团)有限责任公司
第17名　上海电气集团股份有限公司
第18名　中国石化集团江汉油田
第19名　中石化镇海炼油化工股份有限公司
第20名　福建省三钢(集团)有限责任公司
第21名　重庆机电控股(集团)公司
第22名　北京汽车工业控股有限责任公司
第23名　上海汽车集团股份有限公司
第24名　大庆石油管理局
第25名　甘肃省酒钢集团有限责任公司
第26名　包头钢铁(集团)有限责任公司
第27名　中国东方电气集团公司
第28名　湘潭电机集团有限公司
第29名　安徽叉车集团公司
第30名　南车四方机车车辆股份有限公司

电焊工比赛

第1名　刘新海　中国石油天然气第一建筑公司
第2名　张福伟　山东电力集团电建二公司
第3名　巩章生　中国石化集团中原油田
第4名　陈景毅　江南造船(集团)有限责任公司
第5名　冯东波　大庆石油管理局
第6名　安海涛　华北电网有限公司
第7名　梁明甘　中国石化集团茂名石油化工公司
第8名　黄　超　浙江省火电建设公司
第9名　童　江　山西电建二公司
第10名　罗啟民　天津市自来水集团管道工程集团有限公司
第11名　张建强　荆门石油化工总厂工程建设公司
第12名　潘鹏杰　中石化镇海炼油化工股份有限公司
第13名　徐龙杰　中国石油吉化集团公司吉林化建设备制造公司
第14名　侯树林　华北石油管理局工程建设公司
第15名　黄文锋　广西柳州钢铁(集团)公司
第16名　邱　宏　安徽淮南平圩发电有限责任公司
第17名　唐国伟　上海锅炉厂有限公司
第18名　翟兴刚　中国兵器内蒙古第一机械制造(集团)公司
第19名　崔立威　沈阳鼓风机(集团)公司
第20名　王　色　首钢总公司

工具钳工比赛

第名　曲　骊　中国汽车工业丰田金杯技工培训中心实习厂
第2名　闫　杰　中国三江航天工业集团公司
第3名　王晓东　中国一航沈阳飞机工业(集团)有限公司
第4名　朱仕海　东风汽车公司设备制造厂
第5名　李鸿伟　天津市机电控股集团天发重型水电设备制造有限公司
第6名　孙家宇　中国一航沈阳黎明航发集团
第7名　贾大虎　盐城技师学院校办厂
第8名　马长春　北京汽车工业控股有限责任公司

第9名　孙　凯　北京京城机电控股有限责任公司
第10名　张书春　包头钢铁(集团)有限责任公司
第11名　潘　狄　沈阳鼓风机(集团)公司
第12名　孙　勇　中国兵器内蒙古第一机械制造(集团)公司
第13名　刘未来　安徽叉车集团公司
第14名　徐林欢　浙江豪情汽车制造有限公司
第15名　杨志强　中国兵器内蒙古第一机械制造(集团)公司
第16名　屈二龙　首钢总公司
第17名　陈　耀　湘潭电机集团有限公司
第18名　宋光亮　中国石化集团中原油田
第19名　蔡　竑　上海大众汽车有限公司
第20名　许智平　昌河飞机工业集团公司

维修电工比赛

第1名　王柏华　宁波市育星机电厂
第2名　李建军　盐城技师学院校办厂
第3名　孙书印　中国一航沈阳飞机工业(集团)有限公司
第4名　夏春勇　沈阳供电公司
第5名　闫　鑫　马钢集团(控股)有限公司
第6名　徐　铁　本溪钢铁集团有限责任公司
第7名　崔广游　首钢总公司
第8名　雍　宁　南京汽车集团有限公司
第9名　王　阳　沈阳鼓风机(集团)公司
第10名　李新有　包头钢铁(集团)有限责任公司
第11名　许　伟　华北石油管理局天成公司
第12名　李　锐　中国石化集团江汉油田
第13名　刘　源　重庆长安汽车(集团)有限责任公司
第14名　盛利明　巨化集团
第15名　曾　明　广西柳州钢铁(集团)公司
第16名　唐向荣　上海铁路局
第17名　周虎兵　湖北省电力公司超高压输变电局
第18名　郭华曦　福建省三钢(集团)有限责任公司
第19名　曹帅军　云南昆岭薄膜工业有限公司
第20名　王洪涛　东风汽车公司电动车公司

数控车工比赛

第1名　孙思国　沈阳机床集团
第2名　李　钊　东风汽车公司
第3名　曹　彧　无锡市新光电器机械厂
第4名　许洪伟　盐城技师学院校办厂
第5名　魏长江　北京汽车工业控股有限责任公司
第6名　黄　迪　上海电气集团股份有限公司
第7名　杨克勇　中国一航沈阳飞机工业(集团)有限公司
第8名　王玉锋　晋西机器工业集团有限责任公司
第9名　宋小斌　上海三电贝洱汽车空调有限公司
第10名　黄喜明　北京京城机电控股有限责任公司
第11名　蔡金才　中国石化集团茂名石油化工公司
第12名　张元松　安徽叉车集团公司
第13名　陈高峰　徐州工程机械集团有限公司
第14名　韩　樑　青岛市高级技工学校校办厂
第15名　董　慧　安徽叉车集团公司
第16名　杨　娟　南京汽车集团有限公司
第17名　宋传斌　中国东方电气集团公司东方汽轮机厂
第18名　刘　军　重庆卡福汽车制动转向系统有限公司
第19名　樊学刚　甘肃国防科技工业万里机电总厂
第20名　陈　霓　辽宁省大连重工起重集团

首届"振兴杯"全国青年职业技能大赛决赛优秀组织奖名单

共青团北京市委、北京市劳动和社会保障局
共青团河北省委、河北省劳动和社会保障厅
共青团内蒙古区委、内蒙古劳动和社会保障厅
共青团上海市委、上海市劳动和社会保障局
共青团江苏省委、江苏省劳动和社会保障厅
共青团浙江省委、浙江省劳动和社会保障厅
共青团安徽省委、安徽省劳动和社会保障厅
共青团山东省委、山东省劳动和社会保障厅
共青团河南省委、河南省劳动和社会保障厅
共青团湖北省委、湖北省劳动和社会保障厅
共青团四川省委、四川省劳动和社会保障厅
共青团重庆市委、重庆市劳动和社会保障局
共青团陕西省委、陕西省劳动和社会保障厅
共青团甘肃省委、甘肃省劳动和社会保障厅

首届"振兴杯"全国青年职业技能大赛决赛突出贡献奖名单

共青团辽宁省委
辽宁省劳动和社会保障厅
共青团沈阳市委
沈阳市劳动和社会保障局
天津工程师范学院

全国青年安全生产示范岗

为表彰先进,树立典型,激励更多的青年职工参与到创建"青年安全生产示范岗"活动中来,为企业安全生产工作做出更大贡献,共青团中央、国家安全生产监督管理总局决定,命名首钢型材轧钢厂三车间轧钢乙班等102个单位为第三届"全国青年安全生产示范岗"。

第三届全国青年安全生产示范岗名单

北　京

首钢型材轧钢厂三车间轧钢乙班
北京建工四建工程建设有限公司第二项目经理部
北京燕化公司合成橡胶事业部丁基车间聚合工段化工五班

天　津

海洋石油工程股份有限公司安装公司滨海108船甲板部
天津电力滨海供电公司汉沽变电站
天津铁路分局天津北机务段DF4B9228机车组

河　北

河北保定天威保变电气股份有限公司质量保证部超高压试验室
河北省沧州市沧化集团沧井公司EVCM中控岗位
邯钢型棒材厂棒二轧钢车间青年安全生产示范岗

山　西

山西省阳煤集团新景矿洗煤厂重介二队
太重集团太原重工油膜轴承分公司立车组
晋机集团公司热表处理分厂真空热处理一班

内蒙古

内蒙古北方联合电力公司达拉特发电厂锅炉检修队
包头铝业(集团)有限责任公司电解四公司铸造车间

辽　宁

沈阳供电公司送电工区线路三班
本溪钢铁(集团)矿业有限责任公司南芬选矿

厂生产科自控室
沈阳冶金机械有限公司加工六车间大型装配钳工班

吉　林

白山发电厂信息通信部监控班
长春轨道客车股份有限公司第二车体厂铝合金车间自动焊班
吉林石油集团有限责任公司地球物理勘探公司处理中心

黑龙江

齐齐哈尔北方机器有限责任公司机加二分厂“杨承忠”班组
大庆油田有限责任公司储运销售分公司成品油供销总站成品油一库
中国石油哈尔滨石化分公司生产指挥控制中心岗

上　海

宝山钢铁股份有限公司炼钢厂转炉二分厂青安岗
上海大众汽车有限公司冲压中心二车间返工工段
上海一品国际颜料有限公司技术测试部

江　苏

南京供电公司500KV东善桥变电站
中国石化仪征化纤股份公司动力中心供电装置总降
中石化股份公司江苏油田分公司刘陆联合站

浙　江

杭钢转炉厂二连车间“青安岗”
杭州机务段DF4D—3142机车包乘组
巨化集团公司热电厂电气中央控制室

安　徽

淮北矿业(集团)公司朔里煤矿综采区
中石化安庆分公司腈纶部纺丝装置循环岗
中铁四局集团八公司朔黄运输分处检修车间

福　建

龙岩电业局调度所调度班
福建省三明化工有限责任公司合成氨厂三聚氰胺车间总控岗位
福建三钢炼钢厂转炉车间1#炉

江　西

江西洪都航空工业集团公司动力分公司13车间高修组1班
南昌卷烟厂卷包车间丙班
南昌铁路局南昌电务段永修信号工区

山　东

中国石化集团齐鲁分公司胜利炼油厂联合装置车间主控室
莱钢股份有限公司中型型钢厂轧钢车间轧钢大班
山东电力建设第二工程公司汽机工程处本体班
山东黄岛发电厂生产运营部三单元

河　南

中国石化股份公司洛阳分公司四联合车间一班
中原油田物资供应处套管配送大队
河南省超越矿业股份有限公司

湖　北

武钢设备维修中心二炼钢车间电气工段青安岗
东风锻造有限公司前梁车间120MN锻压自动线
中国石化股份公司荆门分公司催化二车间三机组岗位

湖　南

湘潭钢铁集团有限公司第二炼钢厂二连铸车间青安岗
湖南湘潭发电有限责任公司控制中心控制三班
湖南省资兴矿业集团周源山煤矿采四队青安分岗

广　东

广钢集团广钢股份有限公司连续轧钢厂
中石化集团茂名石化公司化工事业部裂解车间
广东省韶钢集团有限公司第三炼钢厂运行工段OG班

广　西

上汽通用五菱股份有限公司冲压车间E线

工段
广西玉柴机器股份有限公司冷加工厂重机车间

海　南

中国南方航空股份有限公司海南公司飞行部一中队

重　庆

重庆市汽车运输(集团)有限责任公司三分公司安全保卫科
重庆齿轮箱有限责任公司总装分厂军品班
重钢股份公司炼铁厂五高炉车间值班室班组

四　川

四川省攀枝花煤业(集团)公司小宝鼎煤矿开拓队
四川启明星铝业有限责任公司电解铝厂电解车间四区
四川华锋钻探工程有限责任公司

贵　州

贵州移动通信有限责任公司贵阳分公司基站维护中心
中国南方电网超高压公司天生桥换流站

云　南

昆明卷烟厂生产三部九工段三班
云天化集团云南盐化股份有限公司昆明盐矿盐硝车间

西　藏

西藏天昊民爆物资有限公司化工厂炸药车间

陕　西

西航集团公司锻造厂13车间一工段
中铁一局新运朔黄运输公司运转团支部
陕西鼓风机(集团)有限公司机加车间卧车班

甘　肃

靖远煤业公司红会一矿综放一队
甘肃省嘉峪关市酒泉钢铁(集团)有限责任公司热电厂设备部综合作业区焊工甲班

青　海

青海省电力公司西宁供电局修试所保护二班
中国华北冶金建设公司第二工程公司锡铁山二矿供矿车间

宁　夏

长庆局第三采油技术服务处大水坑变电所
国电宁夏石嘴山发电有限责任公司发电部
宁夏煤业集团有限责任公司羊场湾煤矿零点行动小分队

新　疆

中国石油新疆油田油气储运分公司王家沟原油库原油运行班
新疆机场(集团)有限责任公司安全检查总结安检一科要客服务保障分队

铁　道

哈尔滨铁路局三棵树机务段3094机车班组
兰州铁路局武威铁路分局嘉峪关机务段东风11型0198机车组
呼和浩特铁路局呼和机务段7305机车组

民　航

中国南方航空股份有限公司湖南分公司飞机维修厂一车间

中　直

经济日报印刷厂本报激光照排车间

国家机关

国家邮政局邮票印制局印刷一车间六色良明机组

中央金融

西安印钞厂接线凹印9号机亓珂台班
石家庄印钞厂检封车间

中央企业

中国石油冀东石油勘探开发公司井下公司作业一队
中国北车集团大连机车车辆有限公司车体车间机车工段总组装班
中国航天科技集团公司四院7416厂五车间装配组
中国兵器工业集团公司山西北方惠丰机电有限公司六分厂总装组
中国铁通集团公司湖北分公司襄樊铁道通信中心丁家营光电缆工区

中海发展股份有限公司货轮公司振奋7轮
神华集团神东公司补连塔煤矿综采一队生产一班
大唐石门发电有限责任公司发电集控室
南方航空股份有限公司湖南分公司飞机维修厂一车间

新疆生产建设兵团

新疆奎屯热电厂运行分场团支部
新疆兵团农五师电力公司供电公司89团供电营业所

全国杰出青年岗位能手和全国青年岗位能手

为表彰先进，树立典型，激励更多的青年职工立足本职岗位，学习新知识，掌握新技能，创造新业绩，不断在企业改革和发展的实践中成长成才、建功立业，共青团中央、劳动和社会保障部决定，授予徐强等10名同志2004年度“全国杰出青年岗位能手”称号，授予张俊良等193名同志2004年度“全国青年岗位能手”称号（其中含竞赛获奖者94人）。

2004年度全国杰出青年岗位能手名单

徐　强　沈阳市鼓风机(集团)公司
田洪珊(女)　北京邮政速递局国际分拣科
郝　强　天津市政工程设计院道路桥梁设计二所
李桂其　中国石油吉化集团公司丙烯腈厂
苗　俭(女)　上海航天局第八〇四研究所
杜　峰　中国石化股份公司江汉油田分公司清河采油厂
温雪峰　重庆重型铸锻厂
任全彬　中国航天科技集团公司第四研究院41所
高年慧　青海火电工程公司
申传安　解放军总医院第三〇四临床部烧伤整形科

2004年度全国青年岗位能手名单

一、评选获奖者

北　京

张俊良　北京市京棉纺织集团二公司
张　剑　北京住总集团有限责任公司

天　津

边少卿　天津中新药业集团隆顺榕制药厂
贾晓川　天津出入境检验检疫局

河　北

俞　虹(女)　河北省保定市第二医院
王淑芳(女)　大唐国际发电股份公司陡河发电厂
高建朝　邢台矿业集团东庞矿

山　西

关锐钟　山西综合技术学院
雷　霖(女)　太原钢铁(集团)有限公司
田鑫萍(女)　山西原太高速公路有限公司

内蒙古

高树军　内蒙古北方重工业集团有限公司科研所
高慧玲(女)　内蒙古莫尔道嘎森工公司贮木场检验队

辽　宁

任兰江　中国石油抚顺石化公司乙烯公司
徐大宝　大连新船重工有限责任公司
穆英姿(女)　辽阳市商业银行营业部

吉　林

吴　军　通钢股份公司炼铁厂

丁凤德　吉林石油集团第一钻井工程公司30579钻井队

黑龙江

王有鹏　黑龙江中医药大学附属第二医院

李承君　双鸭山市天华建筑开发有限公司第五分公司

张跃虎　中国石油天然气股份公司大庆炼化分公司

上　海

幸利军　宝山钢铁股份有限公司

葛晨罡　上海乾通汽车附件有限公司

江　苏

葛建华　江苏通州四建集团有限公司

邵剑明　江苏省电力公司无锡供电公司

张　军　南京禄口国际机场有限公司

浙　江

傅祥方　中银(宁波)电池有限公司

吴国强　湖州电力局

朱小平(女)　浙江省海盐广大纺织有限责任公司

安　徽

方　军　中国人民解放军第五七二〇工厂

虞长银　安徽省马鞍山钢铁股份有限公司

马　勇　安徽省电力公司宿州供电公司

福　建

金宁飞　福建省东方职业技能培训学校

章德胜　福建闽侯供电局

兰志勇　厦门卷烟厂

江　西

林　平　江西移动通信有限责任公司上饶分公司

杨建东　江西省交通厅稽查征费局吉安分局永丰交通稽查征费所

肖礽芳　宜春市袁州区地税彬江分局

山　东

孙　健　潍柴动力股份有限公司

王　黎　中国网通(集团)济宁市分公司

姜　静　威海市国家税务局信息中心

李　丽　山东省交通运输集团公司济宇高速运业有限公司

河　南

别小飞　义马煤业(集团)有限责任公司耿村煤矿

王晓东　河南中原高速公路股份有限公司许昌收费站

湖　北

周建军　南阳市电业局变电安装公司

刘　炯　中建三局第一建设工程有限责任公司

孙　耕　湖北省武汉市武昌区国家税务局

湖　南

谭勇军　湖南省建华精密仪器有限责任公司

赵建兵　衡阳有色冶金机械总厂铆焊分厂

谭学军(女)　长沙市中心医院

广　东

黄创杰　汕头出入境检验检疫局

雷海峰　广州市地方税务局稽查局

钟豫粤　中国联通广州分公司

广　西

邓　强　广西电网公司玉林供电局

唐　昕　广西桂林市公安局交警支队

海　南

吴天贵　海南省万宁市国税局兴隆分局

侯永钢　海南省海口市公安局禁毒支队

重　庆

张德勇　中国嘉陵集团设备工程公司

苏　宇　重庆红岩汽车有限责任公司

四　川

毛　委(女)　中国二重重机分厂

梁　伟　成都飞机工业(集团)公司

董文斌　泸州医学院附属医院

贵　州

娄恒勇　贵州省遵义碱厂

刘　枫　南方汇通股份有限公司

云　南

陈忠良　云南铜业股份有限公司熔炼分厂

谢祖华　云南昆明钢铁集团有限公司烧结厂

韦祖高　云南省电子技工学校

西　藏

德　吉(女)　中国银行西藏分行

陕　西

李卫平　西安飞机工业集团有限责任公司

刘佰强　渭南供电局

甘　肃

颜　峰　核工业集团公司五〇四厂离心分公司

吕　杰　甘肃省嘉峪关市酒钢(集团)公司检修公司

青　海

汪天游　中国石油青海油田公司钻采工艺研究院

宁　夏

朱国强　宁夏石化公司

刘　劼　银川市农村信用联社

新　疆

匡忠斌　塔里木油田公司塔西南石化厂

李　旭　塔里木油田公司天然气事业部

新疆生产建设兵团

陶　飞　伊力特绿原糖业公司

解放军总政治部

张学彬　武警黄金第二总队七支队八中队

铁　道

董　明　沈阳铁路局通辽机务段

吴永太　兰州铁路局兰西机务段

李祚宝　哈尔滨铁路局绥化车务段

张建根　济南铁路局徐州机务段

民　航

沈　泱　中国东方航空股份有限公司上海飞行部

周易之　中国南方航空股份有限公司广州飞行部

中直机关

封丽霞(女)　中共中央党校政法教研部

国家机关

任　翔　信息产业部电子第四研究所

金　融

李海文　中国工商银行北京市分行

王鲁非　中国人民银行沈阳分行

王　俊　中国农业银行湖南省分行

田垒城　招商银行股份有限公司深圳上步支行

张虹玮(女)　中国出口信用保险公司江苏分公司

中央企业

莫应强　中国航天科工集团公司061基地3531厂

闫林栋　中国铁路工程总公司中铁七局黔桂指挥部

王兰武　攀枝花钢铁有限责任公司钢铁研究院钒钛研究所

杜小培　国航股份公司工程技术分公司成都维修基地

孙百中　中国国电集团公司谏壁发电厂

陈　成　中国南方机车车辆工业集团公司株洲电力机车厂

鲁建峰　中国第一重型机械集团公司重型装备制造分厂

汪　洋　中国石油化工集团公司中原油田工程建设总公司

二、竞赛获奖者

孙玉成(女)　中国航天科技集团公司

冯学继　中国航天科工集团公司

王伟华　中国航天科工集团公司

陈小华　中国航天科工集团公司

许　力　中国航天科工集团公司

童华平　中国航天科工集团公司

鲍延华　中国航天科工集团公司

潘华峰　中国航天科工集团公司

杨建智　中国航天科工集团公司

景凤霞(女)　中国航天科工集团公司

刘时勇　中国航空工业第一集团公司

王晓东　中国航空工业第一集团公司

万胜强　中国航空工业第一集团公司
刘建军　中国航空工业第一集团公司
孙建辉　中国航空工业第一集团公司
宋　睿　中国航空工业第一集团公司
郭晓虎　中国航空工业第一集团公司
姚珍军　中国航空工业第二集团公司
郭福臣　中国航空工业第二集团公司
吴乐明　中国航空工业第二集团公司
崔小雨　中国航空工业第二集团公司
于满慧　中国航空工业第二集团公司
王泉中　中国航空工业第二集团公司
黄　群　中国航空工业第二集团公司
许锐冰　中国兵器装备集团公司
肖　飞　中国兵器装备集团公司
田　毅　中国兵器装备集团公司
刘　源　中国兵器装备集团公司
陈卷良　中国兵器装备集团公司
赵德茹(女)　中国兵器装备集团公司
梅　春(女)　中国兵器装备集团公司
杨　浩　中国兵器装备集团公司
吕国宾　中国兵器装备集团公司
姚强伟　中国兵器装备集团公司
蒋　明　中国石油天然气集团公司
崔志国　中国石油天然气集团公司
邓鲁宁　中国石油天然气集团公司
薛　魁　中国石油天然气集团公司
郑海涛　中国石油天然气集团公司
崔启福　中国石油天然气集团公司
苏保权　中国石油天然气集团公司
郭振恩　中国石油化工集团公司
朱立奎　中国石油化工集团公司
徐　军　中国石油化工集团公司
陈夕琴(女)　中国石油化工集团公司
王旭东　中国石油化工集团公司
刘劲松　中国石油化工集团公司
徐建伟　中国石油化工集团公司
鲁宝全　中国大唐集团公司
周贻峰　中国华电集团公司
刘家升　中国华电集团公司
马玉疆　中国华电集团公司
李兴敏　中国华电集团公司
胡　勋　中国国电集团公司
胡　先　中国国电集团公司
马　驰　中国国电集团公司
姜广伟　中国国电集团公司
孙裔文　中国国电集团公司
李少华　中国国电集团公司
文二小　中国国电集团公司
刘宏军　神华集团有限责任公司
高　峰　神华集团有限责任公司
诸文胜　神华集团有限责任公司
张卫兵　中国电子信息产业集团公司
万里恩　中国第一汽车集团公司
郝良生　东风汽车公司
李　广　中国东方电气集团公司
李小军　中国东方电气集团公司
陈恩勇　中国东方电气集团公司
杨　锐　武汉钢铁(集团)公司
高　龙　武汉钢铁(集团)公司
陈建峰　中国远洋运输(集团)总公司
胡耀春　中国远洋运输(集团)总公司
杜昌义　中国远洋运输(集团)总公司
刘振利　中国远洋运输(集团)总公司
闫世奎　中国远洋运输(集团)总公司
纪宏伟　中国远洋运输(集团)总公司
谢云鹏　中国远洋运输(集团)总公司
马传栋　中国远洋运输(集团)总公司
宋黎军　中国远洋运输(集团)总公司
季志峰　中国远洋运输(集团)总公司
马万里　中国远洋运输(集团)总公司
邵　峰　中国远洋运输(集团)总公司
胡　逊　中国远洋运输(集团)总公司
王小冬　中国远洋运输(集团)总公司
许　军　中国远洋运输(集团)总公司
许　鑫　中国远洋运输(集团)总公司
张建兵　中国远洋运输(集团)总公司

张雪松 中国北方机车车辆工业集团公司
彭红俊 中国南方机车车辆工业集团公司
刘伟斌 中国铁路通信信号集团公司
张文凯 中国铁路通信信号集团公司
李文山 中国铁路通信信号集团公司
刘　皓 中国铁路工程总公司

中国青年企业家管理创新奖

为树立典型，表彰先进，激励引导广大青年企业家更加踊跃地投身企业管理创新实践，共青团中央决定，授予神州数码（中国）有限公司总裁兼首席执行官郭为等10人首届“中国青年企业家管理创新金奖”，授予北京双全控股有限公司董事局主席王伟斌等50人首届“中国青年企业家管理创新奖”。

首届“中国青年企业家管理创新金奖”名单
（10名）

郭　为 神州数码（中国）有限公司总裁兼首席执行官
潘　刚 内蒙古伊利实业集团股份有限公司董事长、总裁
任洪斌 中国机械工业集团公司总经理、党委书记
南存辉 正泰集团股份有限公司董事长
宋　鑫 中金黄金股份有限公司董事长
敖　宏 中国铝业公司党组成员、副总经理
罗钊明 香江国际发展有限公司总裁
周桐宇（女） 上海威达高科技（集团）有限公司董事长
邓　伟 亿阳集团董事长
姜林奎 哈药集团有限公司总经理

首届“中国青年企业家管理创新奖”名单
（50名）

王伟斌 北京双全控股有限公司董事局主席
武　力 北京保罗科工贸发展集团董事长
曾　钫 北京帝恒集团董事长、总裁
潘国立 长春佳林实业集团有限公司董事长
张　泓 中国再保险（集团）公司副总经理
严　琦（女） 重庆陶然居饮食文化集团董事长
汪宏坤 北京华威家具制造有限公司董事长
郭少泉 招商银行青岛分行行长
梁信军 上海复星高科技（集团）有限公司副董事长、副总裁
刘钧贻 北京资源集团总裁
刘振东 北京联东投资集团有限公司董事长
冯　军 北京华旗资讯数码科技有限公司总裁
陈立影 爱家投资控股集团有限公司总裁
杨连发 天津一商发展有限公司友谊商厦总经理
王中旺 河北三太子实业集团有限公司董事长
唐　军 太原市煤气公司经理、党委书记
李　奕 大唐长山热电厂厂长
刘鹏程 金杯汽车股份有限公司总裁
顾　杰 上海杰宝大王企业发展有限公司董事长、总经理
王化冰 山东省路桥集团有限公司总经理
尚吉永 万达集团股份有限公司董事长、总裁、党委书记
辛颖梅（女） 南京擎天科技有限公司董事长
曹兴斌 南京青和投资集团有限公司董事长
周成建 美特斯邦威集团有限公司董事长、总裁
吴忠泉 金都房产集团有限公司总裁

安聪慧　浙江吉利汽车有限公司总经理
戴和根　中铁四局集团有限公司总经理、副董事长
黄化锋　安徽六国化工股份有限公司总经理、党委书记
林腾蛟　阳光国际集团董事长、总裁
胡精沛　厦门万里石有限公司董事长
陈圣以　江西迪宝实业有限公司总经理
宋革委　郑州新长城房地产有限公司总经理
凌公朋　河南豫美实业发展有限公司总经理
胡宏伟　湖北省粮油食品进出口(集团)公司总经理
孙文东　武汉钢铁股份有限公司烧结厂厂长
谭　波　湖南波隆投资集团股份有限公司董事长、总裁
蔡东青　广东奥迪玩具实业有限公司总经理
李楚源　广州白云山和记黄埔中药有限公司总经理
曹　阳　力劲机械(深圳)有限公司总经理
曾光安　广西柳工机械股份有限公司副董事长、总裁
邓传明　海口农工贸(罗牛山)股份有限公司董事长
樊志斌　铜川矿务局玉华煤矿矿长
喻宝才　中国石油天然气股份有限公司兰州分公司总经理
毛小兵　西部矿业股份有限公司董事长
胡文森　国电石嘴山发电厂厂长
张　新　新疆特变电工股份有限公司董事长
霍兰兰(女)　新疆佳雨工贸(集团)有限公司董事长
郑渝力　成都市路桥工程股份有限公司董事长、总经理
陈之洪　云南省第三建筑工程公司分公司经理
刘　耘　贵州麒龙房地产开发有限公司董事长

中国青年企业家协会建设成就奖

青年企业家协会是共青团联系广大青年企业家的重要桥梁和纽带。协会成立20年来,全国各级青年企业家协会高举邓小平理论和“三个代表”重要思想的伟大旗帜,坚持服务党政工作大局、服务青年企业家成长发展,创新工作思路,改进工作方式,加强自身建设,为加快培养一支高素质的企业青年经营管理人才队伍、推动改革开放和社会主义现代化建设做出了积极贡献。

为了树立典型,表彰先进,进一步调动各级青企协组织的积极性和主动性,不断实现协会事业的新发展,共青团中央决定授予北京市青年企业家协会等20个单位“协会建设成就奖”。

“协会建设成就奖”获奖单位名单

(20个)

北京市青年企业家协会
天津市青年企业家协会
河北省青年商会
山西省青年企业家协会
辽宁省青年企业家协会
吉林省青年企业家协会
上海市青年企业家协会
江苏省青年商会
浙江省青年企业家协会
安徽省青年企业家协会

山东省青年企业家协会
湖北省青年企业家协会
广东省青年企业家协会
重庆市青年企业家协会
新疆维吾尔自治区青年企业家协会
青岛市青年企业家协会
杭州市青年企业家协会
厦门市青年企业家协会
武汉市青年企业家协会
成都市青年企业家协会

中国青年企业家协会优秀会员和先进工作者

为表彰先进,激励青企协会员和协会工作人员以更加饱满的热情和昂扬的姿态投身协会工作,为协会事业发展做出更大贡献,中国青年企业家协会决定,授予北京申安投资集团有限公司董事长庄申安等70名同志首届中国青年企业家协会优秀会员称号,授予北京市青年企业家协会苏砚云等38名同志首届中国青年企业家协会先进工作者称号。

首届中国青年企业家协会优秀会员名单

(70名)

庄申安　北京申安投资集团有限公司董事长
李鸿喜　天津市环宇纸塑包装制品有限公司总经理
石永庆　河北廊坊大庆道桥有限公司董事长
杨建新　山西百圆裤业有限公司董事长
修景涛　中油辽河油田公司沈阳采油厂厂长
邝　冶　吉林长春吉昌集团有限公司董事长
张　勇　中国电信集团北方电信有限公司鸡西市分公司总经理
倪建达　上海城开(集团)有限公司总经理
陆永华　江苏林洋电子有限公司董事长
阮小明　浙江宝石集团董事长
李树雷　安徽淮南平圩发电有限责任公司总经理
周永伟　福建七匹狼集团有限公司董事长
蒋霖猷　江西映山红园林景观工程有限责任公司董事长
王化冰　山东路桥集团有限公司总经理
程　建　百姓量贩(连锁)有限公司董事长
蔡维金　湖北宝源集团有限公司董事长
刘岳泉　湖南百草制药有限公司总裁
邓曦晖　广州市南菱汽车集团总裁
曾宪武　广西梧州中恒集团股份有限公司总经理
夏春友　海南新华投资有限公司总裁
张晓霞　重庆得意现代家具有限公司董事长、总经理
陈大利　四川新华出版有限公司总经理
马江黔　中铁五局集团机械化工程公司总经理
李瑞斌　陕西隆基集团董事长
贾　锦　兰州华兴汽车贸易有限公司总经理
方勤升　青海盐湖钾肥股份有限公司总经理
赵文生　宁夏有色地质工程公司总经理
林　敏　新疆中垦国际贸易集团公司董事长
吕军成　哈尔滨原野农业科技开发有限公司总经理
李亘古　吉林省永明装饰材料总公司总经理
张培潜　大连综艺徽章标牌总汇总经理
范恩军　山东森特医院管理有限公司董事长
张贤存　青岛维客集团股份有限公司董事长
俞建午　杭州宋都房地产集团有限公司董事长

陈铁铭　厦门大洲集团董事长
王明凡　深圳冠利达波顿香料有限公司总经理
陈　亚　武汉海特生物制药股份有限公司董事长
董曙初　湖北天厦建设总承包有限公司董事长
郑渝力　成都市路桥工程股份有限公司董事长、总经理
邓文云　深圳科技控股有限公司常务副总裁
孙　焱(女)　青岛剑桥湾生命科技有限公司总经理
朱　雷　中外企业家杂志社副社长
张　勇　中油(醴陵)燃气有限公司总经理
张林先　北京合力金桥软件技术有限责任公司副总裁
杨怀京　时珍堂医药集团总经理
陈远东　西部发展控股有限公司董事长
赵　颖(女)　北京嘉华永业商贸有限公司董事长
席劲松　上海舜业钢铁集团有限公司董事长
贾惠平　中铁电气化局集团第三工程有限公司董事长
黄　涛　世纪金源(北京)集团有限公司总裁
潘亚文　北京京福文商贸有限公司董事长
廖杰远　北京数通世纪信息技术有限公司董事长
张建功　北京凡元科技集团董事长
邓志宝　北京志信乾成科技商贸公司董事长
李　辉　河南金大福集团董事长
杨传荣　北京天地新维科技公司董事长
赵　民　北京正略钧策管理咨询有限公司董事长
顾　强　国家发展改革委员会中小企业司非国有经济处处长
王绪江　天津市龙江精细化工有限公司总经理
罗元武　北京罗威婚纱摄影有限责任公司董事长
杨晓鸥　新疆翰海电子工程有限公司董事长
陈福泉　内蒙古伊利实业集团股份公司北京办事处主任
袁圣尧　北京首润(集团)有限公司总经理
葛晓鳞　中拓国际经贸集团公司总裁
李　玲　北京市汉韬律师事务所主任
谭国清　北京中大英才培训教育中心总经理
刘兰奇　山东国青医药有限公司董事长
阳国华　长沙康远实业有限公司总经理
张亮哲　河南医药保健品进出口公司总经理
雷　萍　湖南祥宇科技实业有限公司董事长

首届中国青年企业家协会先进工作者名单

(38 名)

苏砚云　北京市青年企业家协会信息部部长
刘　伟　天津市青年企业家协会秘书长
夏少鹏　河北省青年商会副秘书长
张瑞芳　山西省青年企业家协会常务副会长兼秘书长
赵宪雷　内蒙古自治区青年企业家协会秘书处干部
韩　平　辽宁省青年企业家协会秘书处干部
王江涛　黑龙江省青年商会秘书处干部
郑　凯　上海市青年企业家协会副秘书长
朱建国　江苏省青年商会常务副秘书长
俞科军　浙江省青年企业家协会副秘书长
王家和　安徽省合肥市青年企业家协会秘书长
张建英　福建省青年企业家协会秘书处干部
刘雅琴　江西省青年企业家协会秘书处干部
谢　宁　山东省青年企业家协会副秘书长
李晓勇　河南省青年企业家协会秘书处干部
胡合宇　湖北省青年企业家协会副秘书长
张　硕　广东省青年企业家协会副秘书长
张继军　重庆市青年企业家协会秘书长
柴鄢兰　贵州省青年企业家协会常务副会长兼秘书长
马异文　陕西省青年企业家协会副会长兼秘书长
安红兵　青海省青年企业家协会秘书处干部
向智勇　新疆生产建设兵团青年企业家协会

秘书长
阎　生　哈尔滨市青商会秘书长
刘忠全　长春市青年企业家协会秘书长
刘　晶　济南市青年企业家协会秘书处干部
曲科世　青岛市青年企业家协会副秘书长
祁　欣　南京市青年商会秘书长
武长虹　杭州市青年企业家协会副秘书长
何清成　厦门市青年企业家协会秘书处专职秘书
周智江　深圳市青年企业家联合会秘书处干部
彭　涛　武汉市青年企业家协会秘书长
高闻序　吉林市青年企业家协会副会长兼秘书长
戴　勤　通辽市青年企业家协会秘书长
刘曙光　湖南省岳阳市青年企业家协会秘书长
赵　波　湖南省湘潭市青年企业家协会秘书长
廖柳燕　广西自治区柳州市青年企业家协会秘书处干部
张　虎　宁夏自治区银川市青年企业家协会秘书长
苑海珍　团中央青工部企业家工作处干部

全国青年文明号

法院系统

一、继续认定的

河北省承德市双滦区人民法院
江苏省南京市江宁区人民法院汤山人民法庭
山东省垦利县人民法院民事审判第二庭
河南省鹤壁市鹤山区人民法院民事审判第一庭
海南省海南中级人民法院立案庭
海南省海口市中级人民法院书记官处
重庆市九龙坡区人民法院刑事审判庭

二、新命名的

北京(3 个)
北京市第一中级人民法院司法警察支队
北京市丰台区人民法院未成年人案件审判庭
北京市石景山区人民法院书记员室
天津(1 个)
天津市大港区人民法院滨海人民法庭
河北(2 个)
河北省廊坊市安次区人民法院民事审判第一庭
河北省泊头市人民法院司法警察大队
山西(2 个)
山西省临汾市尧都区人民法院执行局
山西省太原市迎泽区人民法院执行局
吉林(1 个)
吉林省通榆县人民法院开通人民法庭
上海(1 个)
上海市松江区人民法院泗泾人民法庭
江苏(2 个)
江苏省连云港市新浦区人民法院少年案件审判庭
江苏省启东市人民法院立案庭
浙江(1 个)
浙江省绍兴市中级人民法院司法警察支队
安徽(2 个)
安徽省蚌埠市中级人民法院立案庭
安徽省芜湖市镜湖区人民法院立案庭
福建(1 个)
福建省福州市仓山区人民法院司法警察大队
江西(1 个)

江西省九江市庐山区人民法院办公室

山东(5个)

山东省济南市历城区人民法院东郊人民法庭

山东省淄博市周村区人民法院南营人民法庭

山东省诸城市人民法院刑事审判庭

山东省聊城市中级人民法院司法警察支队

山东省莒南县人民法院十字路人民法庭

河南(4个)

河南省郑州市中级人民法院民事审判第三庭

河南省洛阳市中级人民法院司法警察支队

河南省驻马店市中级人民法院少年刑事审判庭

河南省三门峡市中级人民法院立案庭

湖北(3个)

湖北省武汉市江夏区人民法院流芳人民法庭

湖北省黄石市中级人民法院刑事审判第一庭

湖北省秭归县人民法院归州人民法庭

广东(1个)

广东省深圳市中级人民法院立案窗口

广西(1个)

广西壮族自治区巴马瑶族自治县人民法院民事审判庭

海南(1个)

海南省澄迈县人民法院老城人民法庭

重庆(1个)

重庆市高级人民法院行政审判庭

四川(1个)

四川省泸州市龙马潭区人民法院民事审判第二庭

贵州(1个)

贵州省贵阳市中级人民法院书记员室

甘肃(1个)

甘肃省高级人民法院文印室

青海(1个)

青海省互助土族自治县人民法院司法警察大队

宁夏(1个)

宁夏回族自治区同心县人民法院政工科

公安系统

一、继续认定的

北京市公安局天安门地区分局巡警一队

北京市公安局出入境管理处中国公民出入境管理处前台接待组

北京市公安局丰台分局西罗园派出所

北京市公安局办公室指挥中心110报警服务台

北京市公安局交通管理局西城支队府右街南口岗

北京市公安局消防局第四支队双榆树消防中队

北京市公安局东城分局交道口派出所

北京市公安局宣武分局牛街派出所

北京市公安局朝阳分局南磨房派出所

天津市公安局预审监所管理局第一看守所女子看守班

天津市公安局和平分局户政管理办证中心

天津市公安局墙子派出所

天津市公安消防局司令部调度指挥中心

天津市公安局刑侦局刑侦二支队青年突击队

天津市公安局板厂路派出所

河北省唐山市公安局丰润分局刑警大队

河北省易县公安局交警大队

河北省滦平县公安局巴克什营公安检查站

河北省秦皇岛市公安局交警支队二大队一中队文化路岗

河北省邯郸市公安局邯山分局贸易东派出所

山西省太原市公安局巡警(防暴)支队特警大队

山西省太原市公安局交警支队一大队五一广场东岗

山西省临汾市公安局尧都分局110报警服务台

山西省临汾市公安局尧都分局交警大队四中队

山西省怀仁县公安局鹅毛口派出所

山西省孝义市公安局兑镇派出所
山西省阳泉市公安局巡警支队
山西省太原警官职业学院警务训练处
内蒙古自治区呼伦贝尔市公安局海拉尔分局巡警大队河东中队
内蒙古自治区乌海市公安消防支队三中队
辽宁省沈阳市公安局铁西分局兴华派出所
辽宁省大连市公安局旅顺口分局民主桥派出所
辽宁省抚顺市公安局望花分局朴屯派出所
辽宁省本溪市公安局交警支队溪湖大队
辽宁省锦州市公安消防支队北宁消防大队
辽宁省喀左县公安局巡警大队
辽宁省丹东市公安局交警支队铁路文化宫岗
辽宁省盖州市公安局西城分局
吉林省敦化市公安局巡警大队
黑龙江省哈尔滨市公安局交警支队南岗大队大厦岗
黑龙江省牡丹江市公安局交警支队驾管科
黑龙江省佳木斯市公安局110报警服务台
黑龙江省安达市公安局巡警大队
黑龙江省黑河市公安局交警支队驾管科
黑龙江省鹤岗市公安局工农分局治安大队
黑龙江省双鸭山市公安局交警支队尖山大队
黑龙江省绥芬河市公安局出入境管理科
上海市公安局黄浦分局交巡警支队南京路步行街管理中队
上海市公安局110报警服务台
上海市公安消防总队第二支队天山消防中队
上海市公安局监管处收容教育所三中队
上海市公安局城市轨道交通分局徐家汇站警务站
上海市公安局浦东分局交巡警支队二大队东方明珠中队
江苏省南京市公安局夫子庙派出所户籍室
江苏省常州市公安局南大街派出所
江苏省常熟市公安局110处警服务中队
江苏省扬州市公安局邗江分局刑警大队技术中队
江苏省通州市公安局兴仁交巡警中队
江苏省镇江市公安局交巡警支队润州大队中山西路道口岗亭
江苏省扬中市公安局城西派出所
江苏省宜兴市公安局洑东治安卡口
江苏省建湖县公安局沿河派出所
江苏省公安边防总队南通边防支队吕四港边防派出所
江苏省淮安市公安局交巡警支队一大队健康路岗
江苏省宿迁县公安局幸福路派出所
浙江省奉化市公安局裘村派出所
浙江省绍兴市公安局蕺山派出所
浙江省海宁市公安局刑侦大队技术队
浙江省湖州市公安局交警支队特勤大队
浙江省诸暨市公安消防大队
浙江省公安厅警卫局招待四处团总支
浙江省嘉兴市公安局110报警服务台
浙江省缙云县公安局交警大队新碧中队
安徽省蚌埠市公安局交警支队一大队一中队
安徽省亳州市公安局北关派出所
安徽省泗县公安局交警大队大桥中队
安徽省安庆市公安局杨桥派出所
安徽省淮南市公安局交警支队五大队上窑中队
安徽省明光市公安局交警大队张八岭中队
安徽省宣城市公安局水阳派出所
福建省石狮市公安局凤里派出所
福建省武夷山市公安局交通警察大队
福建省福州市公安局东街派出所
福建省福州市公安局对湖派出所
福建省漳州市公安局巡警支队直属大队
福建省晋江市公安局刑事侦查大队
福建省三明市公安局列东派出所
江西省公安厅交警总队直属支队二大队
江西省南昌市公安局筷子巷派出所
江西省九江市公安局交警支队直属大队汽车

站岗
江西省星子县公安消防大队
江西省鹰潭市公安局巡警支队四大队
江西省赣州市公安局交警支队直属大队女警中队
江西省井冈山市公安消防大队
江西省南昌市公安局南站派出所
山东省莱州市公安局110报警服务台
山东省诸城市公安局昌城派出所
山东省济宁市公安局阜桥派出所
山东省青岛市公安局交警支队市南大队宁夏路中队
山东省公安厅车辆管理所车管二科
湖北省武汉市公安局交管局直属大队二队
湖北省襄樊市公安消防支队特勤中队
湖北省鄂州市公安局交警支队鄂城大队西山助学岗
湖北省利川市公安局谋道派出所
湖北省仙桃市公安局毛嘴派出所
湖北省公安厅交警总队高管支队五大队二中队
湖北省黄石市公安局黄石港分局刑侦大队三中队
湖南省湘潭市公安局110指挥中心
湖南省邵阳市公安局防暴处警支队二大队
湖南省常德市公安局城南派出所
湖南省沅江市公安局110巡警大队
湖南省怀化市公安局鹤城分局团结派出所
湖南省新化县公安局孟公派出所
湖南省张家界市公安局交警支队紫舞岗亭
广东省深圳市公安局第三看守所
广东省中山市公安局交警支队高速公路大队
广东省茂名市公安局指挥中心调度科
广东省湛江市公安消防支队雷州消防中队
广东省广州市公安局华乐街派出所社区警务中队
广东省广州市公安局越秀分局刑警一大队驻人民街中队
广东省汕头市公安局110报警服务台
广东省惠州市公安局交警支队高速公路一大队白云中队
广东省东莞市公安局莞城分局特警队
广东省中山市公安局出入境管理科
广东省梅州市公安局110报警服务台
广东省江门市公安局出入境管理科
广西壮族自治区梧州市公安局交警支队万秀大队中山岗
广西壮族自治区贵港市公安局交警支队一大队中山岗
广西壮族自治区南宁市公安局巡警支队110警务大队
广西壮族自治区桂林市公安局治安巡逻警察支队六大队
广西壮族自治区桂林市公安局第一车辆管理所
广西壮族自治区钦州市公安局车辆管理所
广西壮族自治区贵港市公安局港北分局巡警大队
广西壮族自治区贺州市公安局交警支队特勤大队
海南省公安厅出入境管理处办证科
海南省海口市公安消防支队金融消防中队
重庆市公安局看守所一监区管教组
重庆市公安局渝中分局大阳沟派出所
重庆市公安局交警总队一支队临江门队
重庆市公安局水上警察总队朝天门派出所
重庆市公安局万州分局交警支队二大队
重庆市綦江县公安局110报警服务台
重庆市公安消防总队特勤大队第一中队
四川省成都市公安局北干道派出所
四川省成都市公安局青羊分局巡警(防暴)大队
四川省成都市公安消防支队五中队
四川省内江市公安局交警支队直属二大队一中队
四川省三台县公安局巡逻警察大队

四川省广汉市公安局巡警大队
四川省乐山市公安局交警支队直属一大队张公桥中队
四川省彭山县公安局刑警大队
四川省泸州市公安局指挥中心
四川省达州市公安局复兴派出所
贵州省遵义市公安局汇川区分局刑侦大队一中队
贵州省贵阳市公安局交警支队二大队违章处理大厅
贵州省麻江县公安局交警大队
贵州省福泉市公安局马场坪派出所
贵州省公安消防总队毕节市消防大队二中队
云南省南华县公安局龙川派出所
云南省龙陵县公安局交警大队镇安中队
云南省昆明市公安消防支队官渡大队第二中队
云南省昭通市公安局刑侦支队
云南省曲靖市公安消防支队特勤中队
西藏自治区拉萨市公安局八廓派出所
西藏自治区拉萨市公安局刑警支队刑事技术中心
西藏自治区拉萨市公安局吉日派出所
甘肃省兰州市公安局西固分局刑警大队二中队
甘肃省天水市公安局秦州分局刑警大队三中队
甘肃省迭部县公安局刑警大队
甘肃省成县公安局110巡警大队
青海省西宁市公安局防暴巡警支队三大队七中队
青海省西宁市公安局城北分局刑警大队
宁夏回族自治区银川市公安局交警支队兴庆区二大队巡逻一中队
宁夏回族自治区银川市公安局巡警支队四大队三中队
宁夏回族自治区平罗县公安局治安大队
新疆维吾尔自治区乌鲁木齐县公安局水西沟派出所
新疆维吾尔自治区博尔塔拉蒙古自治州公安局防暴大队
新疆维吾尔自治区阿勒泰地区公安局防暴大队
新疆维吾尔自治区伊犁哈萨克自治州公安局防暴支队
新疆生产建设兵团奎屯垦区公安局六十户派出所
新疆生产建设兵团农八师公安处交警支队城区大队
北京铁路公安局天津公安处北戴河站派出所
上海铁路公安处巡警支队
南昌铁路公安局南昌车站派出所
广州铁路公安局怀化公安处古丈车站派出所
重庆铁路公安处乘警支队京渝第五乘警组
昆明铁路公安局昆明公安处乘警支队一大队
兰州铁路公安局110报警服务中心
广州铁路公安局衡阳公安处衡阳北站派出所
日照港公安局刑警支队一中队
上海港公安局外高桥欧高路港区派出所交巡警中队
天津港公安局治安科管理组
民航江西省局公安局昌北机场候机楼派出所
民航黑龙江省局公安局哈尔滨机场候机楼派出所
北京首都国际机场公安局警卫处
成都双流国际机场公安局候机楼派出所
四川省珙县公安局森林公安分局
四川省冕宁县公安局林业公安分局
浙江省舟山市公安局普陀山分局森林派出所
河南省栾川县公安局森林公安分局
江西省信丰县公安局森林分局油山派出所
吉林省和龙县森林公安局地区派出所
河北省公安边防总队秦皇岛边防支队西河南边防派出所
山西省公安边防总队执勤业务科
辽宁省公安边防总队大连边防支队龙王庙边

防派出所
黑龙江省公安边防总队黑河边防支队红旗街边防派出所
黑龙江省公安边防总队绥芬河边防检查站监护中队
上海市公安边防总队上海边防支队马家港边防派出所
浙江省公安边防总队舟山边防支队罗家岙边防派出所
福建省公安边防总队宁德边防支队三都边防派出所
山东省公安边防总队青岛市边防支队沙子口边防派出所
湖北省公安边防总队武汉边防检查站执勤业务一科
广东省公安边防总队第六支队十三中队
广东省公安边防总队深圳经济特区检查站同乐分站五科
广东省公安边防总队珠海边防支队下栅公安检查站
广西壮族自治区公安边防总队崇左边防支队峙浪边防派出所
海南省公安边防总队洋浦边防支队干冲边防派出所
重庆市公安边防总队执勤业务二科
四川省公安边防总队执勤业务三科
公安部刑事侦查局爆炸和恐怖案件侦查处
广州白云出入境边防检查站五队

二、新命名的

北京市公安局交通管理局122交通事故报警服务台
北京市公安局刑事侦查总队特警支队三队
天津市公安交通管理局南开支队南马路大队海光寺岗组
天津市公安局巡警(防暴)总队巡警一支队一大队
天津市公安局富民路派出所
天津市公安局寨上派出所
河北省固安县公安局辛立村治安检查站
河北省玉田县公安局巡警防暴大队
河北省张家口市公安局交通警察支队直属三大队
河北省冀州市公安局市区派出所
河北省邢台市公安局刑侦支队三大队
河北省冀中公安局刑警支队直属大队
河北省保定市公安局新闻中心
山西省忻州市公安局交警支队宣传科
山西省长治市公安局交警支队二大队长运岗
内蒙古自治区呼和浩特市公安局新城分局刑警大队
内蒙古自治区五原县公安局110巡警大队
内蒙古自治区莫旗公安局塔温敖宝刑警中队
内蒙古自治区包头市公安局交警支队青山大队一中队
内蒙古自治区奈曼旗公安局交巡警察大队
内蒙古自治区敖汉旗公安局交警大队公路巡警一中队
辽宁省葫芦岛市公安局站前派出所
辽宁省盘山县公安局经侦大队
辽宁省昌图县公安局毛家店派出所
辽宁省海城市公安局监管大队一中队
辽宁省沈阳市公安消防支队启工中队
吉林省长春市公安局交警支队治安巡逻大队安龙泉中队
吉林省吉林市公安局交警支队丰满大队一中队
吉林省磐石市公安局巡警大队
吉林省通化市公安局山上派出所
吉林省洮南市公安局永康派出所
吉林省四平市公安局交警支队铁西大队迎宾中队
吉林省辽源市公安局东吉警察署第二警务协作区
吉林省白山市公安局看守所狱政科
吉林省和龙市公安消防大队
黑龙江省七台河市公安局桃北派出所

黑龙江省肇东市公安局奋斗派出所
黑龙江省嫩江县公安局铁西派出所
黑龙江省哈尔滨市公安消防支队太平中队
上海市公安局长宁分局交巡警支队 4045 巡逻车组
上海市公安局刑事侦查总队三支队
上海市公安局交巡警总队高架道路支队南北高架岗段
江苏省南通市公安消防支队天生港中队
江苏省徐州市公安局交巡警支队建国路岗
浙江省杭州市公安局交警支队西湖大队二中队松木场警组
浙江省诸暨市公安局枫桥派出所
浙江省湖州市公安局 110 指挥中心
安徽濉溪县公安局刑警大队
安徽省涡阳县公安局龙山派出所
安徽省蚌埠市公安局指挥中心指挥科
福建省厦门市公安局指挥中心
福建省三明市公安局白沙派出所
福建省宁德市公安局交警支队直属大队七都中队
江西省南昌市公安消防支队特勤大队
江西省瑞金市公安消防大队
山东省高唐县公安局人和派出所
山东省邹平县公安局刑警大队
山东省菏泽市公安局牡丹分局何楼派出所
山东省日照市公安局交警支队车辆管理所
山东省临沂市公安局兰山分局户政科
山东省陵县公安局刑警大队
山东省济南市公安局交警支队槐荫区大队经七路中队
山东省枣庄市公安局沙沟派出所
山东省东营市公安局治安警察支队
河南省中牟县公安局交巡警大队四中队
河南省尉氏县公安局交警大队
河南省安阳市公安局交警支队一大队
河南省鹤壁市公安局山城区分局刑警大队
河南省新乡市公安局交巡警支队第四大队
河南省沁阳市公安局王召派出所
河南省濮阳县公安局胡状派出所
河南省漯河市公安局顺河街派出所
河南省三门峡市公安局崤山路派出所
河南省商丘市公安局交警支队交通指挥控制中心
河南省南阳市公安局交警支队车辆管理所
河南省固始县公安局交警大队
河南省济源市公安局轵城派出所
湖北省赤壁市公安局交警大队莼川中队
湖北省武汉市公安局行动技术处一大队
湖北省荆州市公安局 110 报警服务台
湖北省宜昌市公安局交警支队车管所办证大厅
湖北省孝感市公安消防支队应城大队
湖南省洪江市公安局交警大队雪峰交警中队
湖南省长沙市公安局交警支队岳麓大队一中队
湖南省吉首市公安消防大队
广东省深圳市公安局盐田巡警一中队
广东省肇庆市公安局 110 报警服务台
广东省云浮市公安局交警支队市区大队云城一中队
广西壮族自治区防城港市公安局渔 沥派出所
广西壮族自治区平果县公安局交警大队
海南省公安边防总队乐东边防支队机动中队
海南省公安边防总队三亚边防支队三亚港边防派出所
重庆市公安局高新区分局 110 报警服务队
重庆市公安局行动技术总队六支队
四川省广元市公安局交警支队直属一大队一中队
四川省宜宾市公安局巡警支队防暴特勤大队
贵州省贵阳市公安局交警支队一大队三中队
贵州省遵义市公安局直属交警大队一中队
云南省昆明市公安局小南门派出所
云南省双柏县公安局大庄派出所
云南省个旧市公安局交警大队老厂交警中队

云南省瑞丽市公安局110巡逻警察大队
云南省玉溪市公安消防支队红塔区公安消防大队
西藏自治区拉萨市公安局交警支队城北大队布达拉宫岗组
陕西省西安市公安局未央分局巡警大队
陕西省咸阳市公安局110指挥中心
陕西省铜川市公安局王益分局治安管理大队
陕西省大荔县公安局公路巡逻民警大队荔北中队
陕西省榆林市公安局出入境管理科
陕西省南郑县公安局新集派出所
陕西省旬阳县公安局城郊派出所
陕西省杨陵示范区公安局杨陵分局刑警大队
甘肃省榆中县公安局和平派出所
甘肃省酒泉市公安局肃州分局巡警大队
甘肃省静宁县公安局八里派出所
宁夏回族自治区中卫市公安局永康派出所
新疆维吾尔自治区阿克苏市公安局交巡警大队东城中队
新疆维吾尔自治区轮台县公安局交警大队
新疆生产建设兵团伊宁垦区公安局谊群派出所
新疆生产建设兵团塔斯海垦区公安局刑警大队
新疆生产建设兵团农十三师公安局尖尖墩派出所
成都铁路公安局成都公安处江油车站派出所一警组
昆明铁路公安局昆明公安处昆明所警务检查站
铁道建筑公安局第十六公安处八分处东胜站派出所
铁路工程公安局第二公安处青藏分处第五派出所
乌鲁木齐铁路公安局奎屯公安分处阿拉山口站派出所
南昌铁路公安处赣州分处赣州车站派出所客勤二组
大连海运公安局长兴岛轮乘警队
长航公安局宜昌分局秭归派出所
中国民航空中警察总队第十二大队七十中队
河南省伊川县森林公安局
广州海关缉私局侦查一处一科
上海吴淞海关缉私分局侦查科青年探组
拱北海关缉私局海上缉私处832艇
内蒙古自治区公安边防总队呼伦贝尔边防支队黑山头边防派出所
江苏省公安边防总队南通边防支队新开港边防派出所
安徽省公安边防总队合肥边防检查站值勤业务二科
福建省公安边防总队海警第三支队二大队海警35093艇
山东省公安边防总队滨州市边防支队岔尖边防派出所
江西省公安边防总队南昌边防检查站值勤业务一科
河南省公安边防总队郑州边防检查站值勤业务三科
云南省公安边防总队怒江边防支队独龙江边防派出所
云南省公安边防总队保山市边防支队曼海公安检查站
甘肃省公安边防总队音凹峡边防工作站
陕西省公安边防总队值勤业务一科
西藏自治区公安边防总队阿里地区边防支队霍尔边防派出所
新疆维吾尔自治区公安边防总队霍尔果斯边防检查站监护中队

铁道系统

一、继续认定的

哈尔滨铁路局(19个)
三棵树机务段DF_{4D}3094号机车组
佳木斯机务段DF_{4C}5300号机车组

满洲里车辆段伊图里河分段伊图里河站列检乙班
牡丹江站运转车间四班二调
昂昂溪机务段 $DF_4$1220 青年机车组
海拉尔车务段免渡河站青年调车组
哈尔滨客运段 T17/8 次第一乘务组
哈尔滨站软席候车室
佳木斯客运段 N7/8 次列车青年班组
牡丹江机务段 $DF_8$0089 号机车组
佳木斯机务段 $DF_4$5068 号机车组
牡丹江客运段北京车队 K265/6 次第五乘务组
哈尔滨车辆段哈南一场二班一组
满洲里站运转解体四班
齐齐哈尔客运段 T47/8 次第一青年包乘组
佳木斯站软席青年班组
海拉尔客运段 1303/4 次第二乘务组
绥化车务段绥化站运转车间四班北调车组
齐齐哈尔机务段 DF_{4C}3305 青年机车组

沈阳铁路局(20 个)

大连客运段 T227/8 车队第二、第三乘务组
沈阳北站客运一班第一候车室
大安北机务段 $DF_4$9007 号机车组
沈阳客运段 K53/4 次车队
沈阳客运段 4203/4 次第二包乘组
长春客运段 T59/60 次第二乘务组
吉林客运段 T271/2 次第五乘务组
锦州机务段 DF_{8B}0022 号机车组
梅河口车务段兴隆河站
赤峰车站运转车间二队一调
长春站售票中心预售班组
大安北工务段三十三工区
沈阳机务段 $SS_9$0054 号机车组
彰武车务段小东站
奈曼车务段三义井车站
梅河口机务段 DF_{4C}4160 机车组
龙潭山车辆段鹿道列检所二班
大连北站运转三班第一调车组
大连机务段 $ND_5$390 机车组
锦州东车辆段东列检四班三组

北京铁路局(11 个)

丰台机务段 DF_{8B}5066 号机车组
北京西站客运车间 036 候车室
天津机务段 DF_{4D}0355 号机车组
邢台车务段官庄站
石家庄工务段石家庄探伤工区
石家庄客运段 T521/4 次车队
北京列车段京沪 Z21/2 次车队
天津车务段军粮城站调车丁班
北京站运转车间甲调五组
唐山机务段 DF_{4B}2212 机车组
秦皇岛车务段秦皇岛南站运转车间乙班第一调车组

太原铁路局(7 个)

榆次站行一车间乙班第一调车组
太原客运段 N201/2 次第四包乘组
侯马车务段刘村站
侯马北机务段 $DF_4$6413 号机车包乘组
大秦铁路股份有限公司湖东车辆段制动车间制动室
大秦铁路股份有限公司大同列车段包头车队第五包乘组
大秦铁路股份有限公司湖东电力机务段检修车间电子一组

呼和浩特铁路局(11 个)

包头客运段 K263/4 次车队
呼和浩特站运转丙班第三青年调车组
包头西机务段 DF_{4C}4275 号机车包乘组
集宁机务段 DF_{8B}5295 号机车包乘组
乌海工务段杜家台养路工区
包头西车辆段包西列检到达丙班
二连站运转车间乙班宽轨一调
集宁车辆段南站列检所丁班
呼和浩特客运段 K89/90 次车队
呼和浩特机务段 $DF_4$7305 号机车包乘组
呼和浩特站软席贵宾室

郑州铁路局(8 个)
郑州客运段 K179/80 次车队
洛阳机务段 6K059 机车包乘组
郑州站供水车间
郑州北站 YIS 系统室
郑州机务段京武快速机车队
郑州客运段武昌车队 T501/502 次列车
洛阳供电段阳城接触网工区
三门峡工务段阳店线路工区
西安铁路局(7 个)
西安站“共青团候车室”
西安东站二班四调
西安东车辆段新丰一场列检所红外线班组
西安客运段 T41/2 次第三、第四乘务组
略阳车务段青石崖车站
汉中工务段机械化队
万源工务段巴山指导区
武汉铁路局(6 个)
武汉铁路局公寓管理段信阳老场公寓
武汉电务段乌龙泉信号维护工区
襄樊客运段 K49/50 次第四、第八乘务组
江岸机务段 $SS_4$288 号机车包乘组
江岸车辆段信北列检所三班
荆门车务段桃子岭车站
济南铁路局(14 个)
徐州客运段 K107/8 车队
济南机务段 DF_{11}0039 号机车组
徐州车务段桃山集站
烟台站客运车间
青岛客运段 T195/6 次列车
济南站客运车间第一候车室
徐州工务二段三张茂养路工区
青岛客运段 T25/6 次列车
徐州站北区候车室
济南工电大修处大型机械化养路段机械大修一队 332 号机组
泰安车务段泰山站客运车间服务房
济南客运段 T35/6 次列车
潍坊车务段潍坊东站调车组
济南西站下行丁班驼峰调车组
上海铁路局(11 个)
上海列车段沪京直达特快车队
南京列车段 T65/6 次列车
阜阳机务段检修车间第二包修队
杭州列车段 T31/2 次第一、第二乘务组
京九线王楼至阜阳南段
上海车辆段制动室
常州站贵宾软席班组
上海站张庆桓服务台
杭州北车辆段艮山门到达场列检所二班
上海机务段 DF_{11}1898 号机车包乘组
南京站软席班组
南昌铁路局(15 个)
鹰潭站熊云清售票窗口
宜春车务段宣风站
南昌站客运三组
南昌车务段潭岗站
鹰潭机务段 $DF_4$3918 号机车包乘组
新余工务段探伤二班
鹰潭铁路公安处鹰潭站派出所
南昌客运公司 T167/8 次列车
南昌客运公司 1453/4 次第一、第二乘务组
向塘机务段 DF_{4B}9356 机车包乘组
南昌铁路公安局萍乡刑侦队
南昌机务段 DF_{4D}3288 机车组
永安机务段 $SS_3$4027 号机车组
福州电务段西洋信号工区
福州东站货运发送大厅
广州铁路(集团)公司(15 个)
怀化车辆段到达场列检二班
广州客运段 T15/6 次第二乘务组
长沙电务段株北二场驼峰信号楼
长沙客运段 T1/2 次第二乘务组
广九客运段广九第二乘务组
广州客运段 T29/30 次第三乘务组
怀化车务段仁里冲站

广梅汕动力事业部 $DF_4$7569 号机车包乘组
广州北车辆段轮轴检修组
株洲站软席贵宾室
长沙供电段株洲水电维修检测中心 110KV 变电站
怀化客运段 K267/8 次第六乘务组
广州机械保温车辆段第 95 列青年包乘组
惠州线路事业部和平水电所
广东三茂铁路股份公司 $DF_4$5275 机车包乘组
柳州铁路局(11 个)
柳州南站运转车间甲班三调
柳州车辆段到达场列检所
南宁客运段 T5/6 次列车第二、第五乘务组
柳州客运段 1379/80 次第二、第六包乘组
湛江车辆段段修车间青年台车组
南宁站软席候车室
南宁电务段黎塘 I 场信号工区
南宁供电段百色牵引变电所
玉林工务段居仕工区
河唇车务段贵港车站运转丙班一调
柳州机务段青年电器包修组
成都铁路局(15 个)
成都车站第四候车室
内江车务段汉王山站
六盘水机务段青年辅机组
成都客运段 K113/4 次车队
重庆西机务段 $SS_1$235 号机车包乘组
成都客运段 T7/8 次车队
成都机务段 $DF_7$5028 号机车包乘组
重庆铁路公安处重庆站区刑警大队
遵义机务段 $SS_3$0459 号机车组
重庆客运段 T9/10 次第四乘务组
成都东站营销策划部
贵阳机务段 $SS_3$4260 号机车包乘组
峨眉车务段峨眉车客运室
重庆西站货运车间交付组
贵阳南车辆段设备车间电力室
昆明铁路局(8 个)
蒙自车务段山腰站
昆明站客运车间客运一组
昆明客运段 T61/2 次车队第三、第八乘务组
广通机务段 SS_{3B}4388 号机车包乘组
开远铁路公安处宜良北站派出所青年警组
昆明东站运转一车间四组二调
开远机务段 073 号机车包乘组
昆明电务段拉信号工区
兰州铁路局(9 个)
银川车务段中卫站乙班调车组
武威南机务段 $SS_3$6066 号机车组
石嘴山车辆段电工班
兰州客运段 T75/6 次第一、第二乘务组
嘉峪关车辆段嘉峪关列检所丙班
迎水桥机务段 SS_{3B}4126 号机车组
武威南供电段安远变电所
嘉峪关机务段 DF_{11}0198 机车组
银川机务段 SS_{3B}5035“雷锋号”机车组
乌鲁木齐铁路局(12 个)
哈密工务段红光养路工区
和静车务段上新光站
乌鲁木齐车务段吐鲁番站二班一调
乌鲁木齐客运公司 T53/4 次第八乘务组
乌西车辆段阿拉山口列检所
哈密车辆段敦煌列检所
库尔勒客运段旅游车队
北疆公司阿拉山口换装作业所起重工班
哈密机务段检修车间包修一组
乌鲁木齐客运公司 T69/70 次第三乘务组
乌鲁木齐铁路局奎屯机务段 DF_{4B}9475 机车包乘组
乌鲁木齐铁路局鄯善工务段中修队
部直属机关(2 个)
铁道部专运处列车段三队列车三班
铁道部信息技术中心信息部
青藏铁路公司(2 个)
西宁车辆段哈尔盖列检车间戊班
西宁机务段 $DF_4$1105 号机车组

二、新命名的

哈尔滨铁路局哈尔滨客运段Z15/16次车队
哈尔滨铁路局牡丹江站软席候车室
哈尔滨铁路局佳木斯客运段北京四组
沈阳铁路局通辽车务段欧里站
沈阳铁路局吉林机务段运用车间$DF_4$4119号机车组
北京铁路局石家庄站软席候车室
太原铁路局大秦铁路股份有限公司秦皇岛车辆段轮轴车间轴探组
呼和浩特铁路局包头站贵宾室
郑州铁路局郑州站贵宾室
郑州铁路局洛阳机务段洛阳检修车间制动组
武汉铁路局襄樊北车辆段宜昌客技站
武汉铁路局江岸工务段红安工区
武汉铁路局武汉客运段Z37/38次车队
济南铁路局青岛车辆段库检车间定检组
上海铁路局合肥工务机械化大型机械维修队维修工班
南昌铁路局南昌客车车辆段台车组
广州铁路(集团)公司石长铁路有限责任公司益阳客运事业部N726/7/8/5次列车第二乘务组
柳州铁路局桂林机务段运用车间快车组
成都铁路局攀枝花客运段K117/118次第二乘务组
昆明铁路局昆明车务段石林站
兰州铁路局银川客运段K177/178次车队
乌鲁木齐铁路局哈密机务段检修车间包修四组
中铁行包快递公司昆明分公司调度室
青藏铁路公司格尔木机务段$DF_4$7438号机车组
铁道科学研究院机车车辆研究所客车行车安全监测系统项目组

交通系统

一、继续认定的

北京市门头沟区交通局稽查大队
北京市首都公路发展有限责任公司京石高速公路(北京段)
首都高速公路发展公司
北京市公路局京津塘高速公路大羊坊收费站
天津市交通局汽车运输一场天环客运站
天津港第一港埠公司机电科运行岗
天津市公路局公路工程总公司桥梁分公司青年项目经理部
河北石安高速公路石家庄裕华路收费站
河北省石家庄市运管处出租汽车管理大队
河北省怀来县交通局运输管理站
河北省保定市交通局易县收费站
河北省石青高速公路有限公司井陉西收费站
河北石安高速公路邢台北收费站
河北省廊坊市公路管理处
河北省京秦高速公路管理处山海关主线收费站
保津高速公路管理处冀津主线收费站
河北邢台中心汽车站客运科
山西省公路局吕梁分局汾阳公路管理段
山西省交通征稽长治分局常村征稽站
山西原太高速公路有限公司养护事业部
山西太旧高速公路管理局阳泉管理处旧关收费站
山西省公路局晋中分局108线榆次东长寿至祁县东38公里“青年文明号”创建管理组
山西省太旧高速公路管理局晋中管理处武宿收费站
山西省柳林县交通征稽所
内蒙古自治区包头路政稽查大队四中队
内蒙古自治区鄂尔多斯市运管处东胜区管理所
辽宁省高速公路管理局桃仙管理处沈阳收费站
辽宁省丹东港务局国际客运站
吉林省长春市公路客运中心站务乙班
吉林省通化市运输公司客运总站
吉林省四平处高速公路管理局四平收费站
吉林省长春公路客运北站

吉林省通化市长白公路凉水收费站
吉林省仁坪收费站
吉林省辽源市公路客运总站
黑龙江省公路局黑大公路北安管理所
黑龙江省道路运输稽查总队
黑龙江省交通征费稽查局哈尔滨一处南岗所
黑龙江省哈双高速公路管理处瓦盆窑收费站
黑龙江省哈绥高速公路管理处尚志管理所
黑龙江省哈绥高速公路管理处磨刀石管理所
黑龙江省牡宁高等级公路管理中心牡丹江收费站
上海市航务管理处市区航务管理所华江路签证点
上海市公路规费稽查大队机动中队
上海强生控股股份有限公司业务调度中心62580000青年频道
上海地铁运营有限公司客运一分公司“青年文明号”乘务组
江苏省无锡九龙公交中南分公司K11路31238号车组
江苏省苏州市汽车北站
江苏省宁连公路连云港收费站
江苏省交通科学研究院有限公司道路工程研究所
江苏宁沪高速公路股份有限公司南京收费站
江苏省南京机场高速公路管理处机场路收费站
江苏省交通工程总公司市场开发部
江苏恒基路桥总公司道路青年集体
江苏省南通汽运实业集团有限公司南通汽车站
江苏省苏北航务管理处邵伯船闸管理所
江苏京沪高速公路有限公司淮安南女子收费站
江苏扬子大桥股份有限公司江阴大桥收费站
江苏省交通厅政治处
浙江省舟山市轮船公司“锦屏”轮青年服务队
浙江省03省道金华收费站
浙江省路桥工程处杭甬高速公路六标路面工区
浙江省杭州运河客运旅游公司“天堂”轮
浙江省交通工程建设集团一处上三青年突击队
浙江省205国道开化通行费征收管理所
浙江省余姚市“四自”公路管理所
浙江省37、39省道东阳征费所
浙江省104国道湖州收费站
浙江省宁波汽车南站售票组
浙江省宁波港集团油港轮驳有限公司甬港1004驳
安徽省淮南市地方海事局水上行政执法稽查大队
安徽省公路勘察设计院机关
安徽省六安市裕安区交通执法督察大队女子中队
安徽省高速公路总公司高界管理处
安徽省铜陵长江公路大桥收费站
安徽省淮北市运输管理处运政管理科
福建省高速公路车辆通行费宁德征管所
福建省福州外轮代理公司电脑部
福建省公路通行费赛岐大桥征收管理所
福建省厦门大桥管理中心
福建省高速公路车辆通行费泉州征管所
福建省公路通行费樟湖征收管理所
江西省抚州市公路局南丰路政巡查大队
江西省公路管理局萍乡市公路分局湘东分局机关
江西省九江市稽征分局九瑞收费站
江西省宜春市稽征分局祥符收费站
江西省吉安市稽征分局河东收费站
江西省高等级公路管理局艾城管理所
江西省高等级公路管理局邹家河管理所
江西省九江市城区公路运输管理所
山东省济南市历城区交通局交通稽查站
山东省青岛公交集团电车分公司2路队868号车组

山东省青岛公交集团三分公司6路队6路线
山东省青岛交运集团长途汽车站
山东省淄博市公路管理局淄河大桥收费处
山东省国道204线烟台管理处
山东省烟台交运集团有限责任公司烟台汽车站
山东省烟威高速公路烟台管理处
山东省莱芜市交通稽查站(26号稽查站)
山东省滨州公路工程监理咨询公司
山东省临沂市交通工程局桥工处
山东省济南长途汽车总站
山东交通济宇高速运业有限公司
山东省路桥集团有限公司第四分公司
山东基建股份有限公司济青高速济南管理处济南收费站
山东高速公路有限责任公司鲁西分公司德州管理处鲁冀收费站
河南省许昌市公路局G107线俎庄收费站
河南省新乡市公路局沥青一库
河南省G107国道信阳甘岸收费站
河南省高速公路发展公司安新公司卫辉收费站
河南中原高速公路股份公司郑漯分公司机场收费站
河南省高速公路发展公司郑州公司郑州东收费站
河南省开封黄河公路大桥管理处收费站
湖北黄黄高速公路建设指挥部综合办公室
湖北省宜城市邬家冲收费站
湖南省郴州市嘉禾县交通规费征稽所
湖南省张家界市直属交通运输管理所
湖南省永州市江永县公路局新铺道班
湖南省娄底市冷水江运输公司东站运输站
湖南省高速公路总公司长永高速公路管理处黄花收费站
湖南省株洲市交通规费征稽处直属一所
湖南省长常高速公路朝阳收费站
湖南省湘潭县交通规费征稽所
湖南省长潭高速公路管理处马家河收费站
湖南潭耒高速公路衡东养护所
广东省深圳市观梅高速公路有限公司梅林至黎光段
广东省长大公路工程有限公司第一分公司第一施工处
广东省航务工程总公司岩土分公司
广东省深圳市宝安区公路局水田收费站
广东省长大公路工程有限公司三公司路面机械化施工队
广东省佛开高速公路路政大队
广东省汕头海湾大桥收费站
广东省深圳市罗湖汽车客运站
广东省珠海市公共汽车公司10路粤C04450车组
广东省恩平路桥收费站
广佛高速公路横沙收费站
广东省广州市长途汽车运输公司客运分公司售票处
广东省佛开高速公路有限公司
海南省海口港客运站票务中心
广西壮族自治区桂林连通运输集团观光“701”游船
广西壮族自治区柳州绕城高速公路S3－2项目经理部
广西壮族自治区水任至南宁公路全线青年文明号共创集体
广西壮族自治区高速公路管理局桂林傢田收费站
广西壮族自治区高速公路管理局桂柳高速公路管理处
广西壮族自治区高速公路管理局南宁管理处南宁收费站
广西壮族自治区钦州市公路局钦州收费站
重庆成渝高速公路有限公司重庆收费站
重庆交通运业有限公司菜元坝汽车站服务总台
重庆市道路运输管理局运政事物处

重庆市公交(集团)公司第二公交公司261共青团专线
重庆市公交(集团)公司公共电车公司465大巴线
重庆市公交(集团)公司第一公交公司118路队1120号车组
重庆市公交(集团)公司冠忠(第三)公交公司306线3047号车组
重庆市公交(集团)公司冠忠(新城)公交公司601线6014号车组
四川省交通厅公路规划勘察设计研究院隧道研究设计处
四川省绵阳市绵(阳)江(油)公路征费管理站
四川成渝高速公路股份有限公司成都收费站
四川省汽车运输自贡公司自贡汽车客运站微机处
四川省泸州市运输管理处兰田片区站
四川省川北高速公路股份有限公司棋盘关收费站
四川省成都机场高速公路收费站
四川省广安市交通稽征处
贵州省金关公路有限公司金关收费站
贵州省安顺征费稽查处关岭征费稽查所
贵州省贵阳公路管理段粑粑坳道班
贵州省都匀公路管理局独山公路管理段麻尾道班
贵州省遵义地区仁怀市延津河大桥收费站
贵州省兴义公路管理局兴仁公路管理段摆布河道班
贵州省高等级公路管理局贵阳管理处小碧征费站
云南省公路规划勘察设计院第四公路测设处
云南省芒市公路管理总段姐勒收费站
甘肃省白银公路总段青江驿公路养护管理站
甘肃省武威公路总段国道312线六坝河收费站
甘肃省平凉公路总段岬苋收费所东收费站
甘肃省张掖公路分局高台公路管理段元山子养护管理站
甘肃省金昌交通征稽处河西堡交通征稽所
青海省湟源公路建设养护公司第四项目部
青海省大坂山隧道收费站
青海省湟源公路段
青海省清水河公路段查龙穷工区
青海省房建公司交通大楼项目经理部
宁夏高等级公路管理局银灵吴收费站
新疆维吾尔自治区塔城总段夹河子养护站
中远集装箱运输有限公司"松子轮"
中远物流公司上海中远国际航空货运代理有限公司
中海发展股份有限公司油轮公司大庆42轮
中海发展股份有限公司货轮公司宁安10轮
中国长江航运(集团)总公司中石化长江燃料有限公司长燃5号轮
中国长航货运总公司上海长江轮船公司J81057驳
中国长航货运总公司武汉长江轮船公司长江22015轮
中国长航上海长江轮船公司申康汽车综合检测站
中港一航局一公司第九项目部"永进号"
中港广州航道局测量勘察分公司测勘一队
广州航道局黄埔轮
路桥集团第二工程局第一工程处京珠国道主干线武汉军山长江公路大桥主5号墩青年突击队
长江南京航道局张家港征稽站
长江航道工程建设指挥部工程一部
长江重庆航道局莲花背信号台
长江通信管理局万县长江通信导航处共青团安全监督岗
宜昌海事局船员证件科
长江引航中心镇江引航站
长江三峡通航管理局葛洲坝一号船闸集控室
天津海事局船舶交管中心
辽宁海事局信息中心

镇江海事局船舶交管中心
广东海事局海测大队制图队
海南海事局海口话台
中国船级社上海分社驻沪东厂区组
人民交通出版社汽车图书编辑部
北京运达交通技术开发公司
交通部公路研究所交通工程研究室
中国交通通信中心卫星通信处

二、新命名的

北京首都公路发展有限责任公司八达岭高速公路清河收费站
北京祥龙赵公口长途客运站服务台
天津市长途客运西站
天津港电力公司维修基地试验班
天津市公路管理局第三路政支队
河北省京沪高速公路管理处吴桥终点收费站
河北冀星高速公路有限公司涿州北收费站
河北省邢台市交通局祁南公路南宫收费站
河北省廊坊市112线霸州收费站
河北省廊坊市三河收费站
山西省太原河西交通征费稽查所
山西省太祁高速公路有限公司小店收费站
山西省公路局太原公路分局勘测设计所
内蒙古自治区乌海市海勃湾公路段桥头道班
内蒙古自治区包头市交通运输管理处运政稽查大队一中队张家营子检查站
辽宁省快速汽车客运站
辽宁省大连现代轨道交通有限公司金马快轨运营分公司
吉林市公路客运总站
吉林省白城市公路处收费总站到保大桥收费站
吉林省长白公路朝阳山收费站
吉林省高速公路管理局拉林河收费站
黑龙江省佳木斯市佳抚公路佳木斯收费站
黑龙江省伊春市公路客运总站售票班
中港第三航务工程局上海三航工程船舶公司拖4001轮
上海市宝山区养路费通行费征稽站
上海集装箱码头有限公司张华浜码头青年文明线
江苏省南京长途汽车总站李瑞班
江苏省太仓市公路管理处204国道太仓收费站
江苏省扬州市公路建设处青年集体
浙江省104国道杭州市余杭区收费所
浙江省绍兴市汽车运输集团有限公司公路客运中心售票组
安徽省公路工程检测中心
安徽省当涂水上交通安全检查站
福建省福泉高速公路有限公司车辆通行费莆田征收管理所
福建省高速公路罗宁段路政大队
江西公路开发总公司梨温高速公路公司鹰潭西收费站
江西省高等级公路管理局昌北机场路管理所
江西省宜春市公路管理局丰城分局路政巡查大队
江西省于都(323国道)通行费征收站
江西省崇仁交通稽查征费所
山东省京沪高速公路临沂管理处鲁苏收费站
山东省日东高速公路菏泽管理处菏泽收费站
山东省济南市历城区机动车辆维修行业管理所
山东省济宁市航运管理局微山船闸管理处
山东省东营市公路管理局辛河路东营斗柯收费站
河南省平顶山市华豫运输服务公司机动车综合性能检测中心
河南省洛阳黄河大桥管理处
湖北省武汉市东西湖区107公路管理所
湖北省孝襄高速公路建设指挥部孝感工作站
湖北省蕲春县道路运输管理所
湖北省荆州长江大桥收费所
湖南省交通规划勘察设计院桥梁勘察设计处
湖南省常德市319国道樟木桥收费站

广东省长大公路工程有限公司第五分公司隧道工程处
广东省高速公路有限公司京珠北分公司
广东省广州市客轮公司“花城明珠”船
广东省深圳市龙岗区公路局路政科
海南省公路养护质量监督中心福山养护站
海南省汽车运输总公司文昌公司李向群快车乘务班
广西壮族自治区广西沿海高速公路管理处合浦管理所
广西壮族自治区鹿寨至平乐二级公路鹿寨收费站
广西壮族自治区贺州华安汽车运输有限责任公司客运服务总站
重庆高速公路发展有限公司中渝营运分公司南坪收费站
重庆市渝中区交通局交管所业务科
四川成雅高速公路股份有限公司成都收费站
四川成乐高速公路有限责任公司乐山收费站
贵州省交通厅龙里征费稽查所
贵州省高等级公路管理局贵阳管理处阳关征费站
云南省禄劝交通规费征收稽查所
云南省通海公路管理段机化站
西藏自治区西藏天域交通宾馆
陕西省西安绕城高速公路生态林带建设管理局未央收费站
陕西省西安汽车站共青团“小红帽”服务队
陕西省榆林公路管理局榆阳管理段鱼河道班
甘肃省交通规划勘察设计院有限责任公司第二设计所
甘肃省酒泉公路总段柳圆收费站
甘肃省甘肃华运园林绿化工程有限公司
青海省交通征费稽查局倒淌河交通征费稽查所
青海省高等级公路建设管理局韵家口收费站
宁夏回族自治区高等级公路管理局银川收费站
宁夏回族自治区天豹汽车运输有限责任公司快客分公司运调科
新疆维吾尔自治区高等级公路管理局奎屯管理处奎屯收费站
新疆维吾尔自治区高等级公路管理局石河子管理处玛纳斯收费站
新疆维吾尔族自治区阿克苏公路总段库车天山公路段库尔干公路养护管理站
中远航运股份有限公司航运经营部
中海发展股份有限公司油轮公司枫林湾轮
中国长江航运（集团）总公司南京长江油运公司大庆412轮
中港四航局三公司湛江港项目部
中港疏浚股份有限公司新海龙轮
重庆海事局朝天门海事处江北执法中队
长江航道局监利航道处监利航道站
营口海事局营口港区海事处
烟台海事局成山头交管中心
张家港海事局锦丰海事处
宁波海事局交管监控室
南通海事局交管中心

通信系统

一、继续认定的

国家邮政局
北京市东四邮电支局营业组
北京市海淀区北太平庄邮电局营业股
北京市建内大街邮电支局储蓄组
北京市东城区邮政投递局东四投递部
北京市百万庄共青团邮电局营业班
北京市北京邮区中心局信函分拣处平常进口科甲班
北京市南区邮电局计算机中心
北京市北京邮区中心局邮件运输处押运一科
天津市南开区邮电局红旗路储蓄所
天津市和平区邮电局鞍山道支局
天津市河东区邮电局天津站支局
天津市集邮公司和平路营业部

河北省保定市邮政局五一路邮政储蓄所
河北省廊坊市邮政局递送服务局
河北省邯郸市邮政局中华大街邮政营业厅
河北省石家庄市邮政局长安邮政分局
山西省长治市邮政局英雄路支局南营业组
山西省新绛县邮政局营业厅
山西省太原市邮政局广场收投分局
山西省临汾市邮政局平阳北街邮政支局
山西省太原邮区中心局转运分局转运站
内蒙古自治区通辽市邮政局和平路营业班
内蒙古自治区乌兰察布市邮政投递局投递组
内蒙古自治区呼伦贝尔市邮政局中央街支局
内蒙古自治区呼和浩特市邮政局新城支局
辽宁省本溪市邮政局投递分局平山投递班
辽宁省抚顺市邮政局营业分局望花营业班
辽宁省沈阳市邮政局和平区局共青团支局
辽宁省大连市邮政局营业分局站前营业部
辽宁省丹东市邮政局七经街营业班
辽宁省盘锦市邮政局大楼邮政营业厅
吉林省长春市邮政局绿园邮政分局人民广场邮政支局
吉林省吉林市邮政局船营分局营业室
吉林省长春市邮政局桂林路发行投递局
吉林省长春市邮政局桂林路邮电局同志街邮电支局
吉林省白城市邮政局青年街邮政支局
吉林省延边朝鲜族自治州邮政局人民路营业班
黑龙江省大兴安岭地区邮政局人民路邮政支局
黑龙江省大庆市邮政局会战营业分局营业班
黑龙江省双鸭山市邮政局储汇中心
黑龙江省佳木斯市邮政局储汇中心
黑龙江省哈尔滨市邮政局南岗营业分局邮政营业厅
黑龙江省鹤岗市邮政局兴山支局
上海市宝山区局友谊路支局营业组
上海市曹家渡投递支局投递二班
上海市市南区局卢湾支局综合服务台
上海市上海邮区中心局押运科 71 班
上海市松江区局人民路支局营业组
江苏省镇江邮政局火车站支局
江苏省苏州邮政局察院场支局
江苏省扬州邮政局文昌支局
江苏省无锡邮政局人民路支局
江苏省徐州邮政局淮东支局
浙江省临海市邮政局赤城路储汇组
浙江省岱山县邮政局高亭支局
浙江省宁波市邮政局中山东路支局
浙江省瑞安市万松邮政支局营业班
浙江省金华市邮政局西市街营业班
浙江省平湖市建国北路邮政储蓄所
安徽省马鞍山市邮政局湖北路支局营业大厅
安徽省合肥市邮政局投递服务局三孝口投递站
安徽省界首市邮政局综合营业班
安徽省铜陵市邮政局长江路支局营业大厅
安徽省黄山市邮政局前园南路支局
福建省福州市邮政局华林邮电支局
福建省晋江市邮政局英林邮政分局
福建省莆田市邮政局文献邮政营业部
福建省厦门市邮政局湖滨西路邮电支局
福建省三明市邮政局列东邮政营业组
福建省泉州市邮政局九一路支局
福建省漳州市邮政局南昌路邮政储蓄所
福建省福清市邮政局融城分局邮政储蓄营业部
江西省南昌市邮政局广场邮政分局营业班
江西省新余市邮政局广场邮政支局
江西省宜春市邮政局中山西路邮政储蓄所
江西省九江市邮政局浔阳段递送中心
江西省南昌邮区中心局昌京线押运班
山东省济南市邮政局经二路邮电支局
山东省济南市邮政局投递局师范路分局
山东省长岛县邮政局万联邮递公司
山东省泰安市邮政局投递班

山东省青岛市邮政局广西路邮电支局
山东省潍坊市邮政局潍洲路支局
河南省郑州市邮政局花园路三八女子投递班
河南省平顶山市邮政局火车站邮政储蓄所
河南省新乡市邮政局邮件转运站
河南省安阳市邮政局火车站营业班
河南省驻马店市邮政局解放路邮政营业处
河南省许昌市邮政局投递班
湖北省武汉市邮政局洪山区局水果湖支局储蓄班
湖北省武汉市邮政局桥口区局航空路支局邮政班
湖北省襄樊市邮政局中心营业处
湖北省荆州市邮政局荆中投递班
湖南省长沙市邮政局五一路邮政储蓄班
湖南省长沙邮区中心局长京 1/2 次押运班
湖南省常德市邮政局青年投递班
湖南省张家界市邮政局中心储蓄所
湖南省衡阳市邮政局邮电大楼邮政储蓄所
广东省广州市邮政局中山大道支局
广东省深圳市邮政局邮区中心局邮件转运站
广东省东莞市邮政局运河西邮政营业处
广东省中山市邮政局小榄分局营业部
广东省潮州市邮政局速递公司
广西壮族自治区南宁市邮政局新城邮政营业处
广西壮族自治区南宁市邮政局新民邮政储蓄所
广西壮族自治区柳州市邮政局邮件处理中心转运站
广西壮族自治区桂林市邮政局中南营业处
广西壮族自治区玉林市邮政局东门邮政支局
海南省海口市邮政局海府营业部
海南省海口市邮政局南宝邮政储蓄所
海南省琼海市邮政局邮政储蓄营业班
海南省海南邮政 11185 客户服务中心
重庆市开县邮政局中心营业部
重庆市渝中区邮政局解放碑邮政营业室
重庆市南岸区邮政局南坪邮政营业室营业组
重庆市九龙坡区邮政局杨家坪邮政营业室
四川省成都市邮政局沙湾邮政分局营业部
四川省成都市邮政局建设路投递部
四川省南充市邮政局人民中路邮政营业厅
四川省泸州市江阳区邮政局投递组
贵州省贵阳市邮政局喷水池营业部
贵州省贵阳市邮政局中华南路营业部
贵州省黔东南州邮政局投递班
贵州省黔南州瓮安县邮政局营储班
贵州省遵义市邮政局中华南路邮政所
云南省西双版纳州邮政局储蓄组
云南省大理州邮政局建设路综合营业室
云南省河口县邮政局营业组
云南省德宏州瑞丽市邮政局邮政营业组
云南省曲靖市邮政局康桥邮政储蓄组
西藏自治区拉萨市邮政局营业科营业一班
西藏自治区拉萨市邮政局投递局投递班
西藏自治区那曲地区邮政局营业班
西藏自治区阿里地区邮政局中心营业厅
西藏自治区山南地区邮政局邮政运营部营业班
陕西省西安市邮政局小寨邮电支局营业组
陕西省西安市邮政局钟楼邮电支局邮政营业组
陕西省咸阳市邮政局人民路邮政支局
陕西省延安市邮政局中心街邮政支局
甘肃省兰州市邮政局耿家庄邮政分局营业部
甘肃省兰州市邮政局中央广场分局营业部
甘肃省天水邮区中心局火车邮件转运站
甘肃省陇南市邮政局投递班
甘肃省武威市邮政局城区支局
青海省西宁市邮政局城东邮政分局互助路支局
青海省西宁市邮政局城西邮政分局五四大街邮政支局
青海省西宁市邮政局礼仪服务中心
宁夏回族自治区银川市邮政局发行投递局女

子投递班
宁夏回族自治区银川市邮政局西城邮政分局虹桥营业大厅
宁夏回族自治区石嘴山市邮政局石嘴山区河滨邮政支局
宁夏回族自治区石嘴山市邮政局中心营业厅
宁夏回族自治区中卫市邮政局中山街邮政储蓄专柜
新疆维吾尔自治区乌鲁木齐市邮政局石化支局
新疆维吾尔自治区阿克苏地区邮政局南大街支局
新疆维吾尔自治区伊犁州邮政局斯大林街邮政储汇组
新疆维吾尔自治区吐鲁番地区邮政局城市投递班
新疆维吾尔自治区乌鲁木齐市邮政局扬子江路支局
中国电信
上海市电信有限公司大客户部
上海市电信有限公司浦东电信局东昌分局设备组
上海市电信有限公司市场部查号中心
上海市电信有限公司长途通信事业部南京东路营业厅
上海市电信有限公司信息网络部数据网络中心
江苏省电信有限公司南京分公司大客户部
江苏省电信有限公司苏州分公司大客户部
江苏省电信有限公司苏州分公司电话装机公司
江苏省电信有限公司徐州分公司电信营业处营业厅
江苏省电信有限公司扬州分公司石塔路营业处
江苏省电信有限公司无锡分公司大客户部
江苏省电信有限公司淮安市分公司 10000 号客户服务中心
浙江省电信有限公司绍兴市分公司综合营业厅
浙江省电信有限公司杭州分公司大客户部
浙江省电信有限公司杭州市分公司武林广场电信营业厅
浙江省电信有限公司岱山县分公司电信局营业班
浙江省电信有限公司温州市分公司市话营业班
浙江省电信有限公司金华市分公司西市街营业厅
福建省电信有限公司泉州市分公司石狮市电信局营业厅
福建省电信有限公司泉州市分公司帐务计算机中心
福建省电信有限公司福清市分公司综合营业厅
福建省电信有限公司厦门市分公司公众客户部江头营业部
福建省电信有限公司福州市分公司枢纽综合营业厅
福建省电信有限公司漳州市分公司 112 应急通信抢修中心
福建省电信有限公司厦门市分公司 10000 号客户服务中心
福建省电信有限公司三明分公司列东电信营业厅
福建省电信有限公司厦门分公司公众客户服务中心
安徽省电信有限公司马鞍山分公司花雨路电信营业部
安徽省电信有限公司合肥市分公司网络监控部数据分局
安徽省电信有限公司合肥市分公司芜湖路营业厅
安徽省电信有限公司滁州市分公司公众客户服务一部
安徽省电信有限公司淮北分公司社区服务室

安徽省电信有限公司淮南分公司洞山电信营业大厅

江西省电信有限公司鹰潭市分公司广场营业班

江西省电信有限公司南昌电信大客户部

江西省电信有限公司九江市分公司线路维护安装中心

江西省电信有限公司九江市分公司浔阳路电信营业厅

江西省电信有限公司景德镇分公司珠山西路营业组

江西省电信有限公司上饶市分公司抗建路营业厅

广东省电信有限公司中山市分公司客服中心查号台

广东省电信有限公司珠海市分公司吉大电信营业厅

广东省电信有限公司广州卫星通信局国际通信室

广东省电信有限公司佛山市分公司营业中心

广东省电信有限公司深圳市分公司人工信息咨询台

广东省电信有限公司深圳分公司黄木岗营业厅

广东省电信有限公司汕头市分公司原计算机站

广东省电信有限公司广州分公司客户服务中心114查号台

广东省电信有限公司汕尾市分公司香洲营业班

广西自治区电信有限公司玉林分公司营业中心

广西自治区电信有限公司南宁市分公司大客户服务部

广西自治区电信有限公司柳州分公司龙城路电信营业部

广西自治区电信有限公司梧州分公司文化路营业厅

广西自治区电信有限公司桂林分公司中中营业厅

湖北省电信有限公司恩施州分公司营维中心

湖北省电信有限公司武汉分公司海大信息资讯分公司人工信息台

湖北省电信有限公司襄樊市分公司老河口市电信局花园路分局

湖北省电信有限公司武汉市分公司武昌区局东亭支局

湖北省电信有限公司荆州市分公司江津电信营业厅

湖北省电信有限公司仙桃市分公司公众客户部营维中心

湖北省电信有限公司咸宁分公司中心营业厅

湖南省电信有限公司益阳市分公司中心营业厅

湖南省电信有限公司长沙市分公司营维公司营维二处

湖南省电信有限公司常德市分公司营维服务中心

湖南省电信有限公司郴州分公司营业中心营业班

陕西省电信有限公司宝鸡市分公司商业客户部营业中心

陕西省电信有限公司渭南市分公司电信局营销中心组

陕西省电信有限公司汉中市分公司电信营业班

陕西省电信有限公司西安分公司营业服务部西华门中心厅电信营业班

甘肃省电信有限公司陇南分公司市话机线维护中心

甘肃省电信有限公司兰州市分公司帐务结算中心

甘肃省电信有限公司嘉峪关市分公司中心营业处

宁夏回族自治区电信有限公司银川市分公司业务部客户经理部

宁夏回族自治区电信有限公司吴忠市分公司网管中心

宁夏回族自治区电信有限公司数据通信局终端维护班

宁夏回族自治区电信公司业务部营业中心虹桥营业厅

青海省电信有限公司果洛州分公司营业班

青海省电信有限公司海东地区分公司平安电信营业班

青海省电信有限公司海晏县电信局营业室

青海省电信有限公司西宁分公司营业受理班

新疆维吾尔自治区电信有限公司阿拉尔市电信局营业厅

新疆维吾尔自治区电信有限公司克拉玛依分公司中心电信营业班

新疆维吾尔自治区电信有限公司乌鲁木齐市分公司胜利路市话分局维护一班

新疆维吾尔自治区电信有限公司吐鲁番地区分公司电信中心营业厅

新疆维吾尔自治区电信有限公司乌鲁木齐分公司特力电信公司话务中心查号台

贵州省电信有限公司贵阳市分公司数据设备维护中心

贵州省电信有限公司黔西南州分公司电信营业班

贵州省电信有限公司贵阳市分公司中华南路营业班

贵州省电信有限公司黔南州分公司传输中心光缆维护段

贵州省电信有限公司遵义市分公司客户服务中心 114 查号台

贵州省电信有限公司贵阳运营中心 10000 客户服务中心 114 查号台

重庆市电信有限公司万州区分公司中心营业厅

重庆市电信有限公司电视电话会议中心

重庆市电信有限公司大坪综合营业厅

重庆市电信有限公司涪陵区分公司高笋塘营业厅

重庆市电信有限公司巴南区分公司电信营业厅

西藏自治区电信公司昌都电信分局

西藏自治区电信公司拉萨分公司业务部销售中心营业班

西藏自治区电信公司拉萨分公司业务部线路维修班

西藏自治区电信公司乃东局营业厅

海南省电信有限公司海口市电信局海府区域中心

海南省电信有限公司海口市电信局海府路营业厅

海南省电信有限公司三亚市电信分公司客户服务中心

云南省电信有限公司楚雄分公司中心电信营业厅

云南省电信有限公司昆明市分公司营销中心

云南省电信有限公司大理州分公司人民街电信营业室

云南省电信有限公司西双版纳州分公司电信营业室

云南省电信有限公司文山州分公司收费查询中心

四川省电信有限公司成都市分公司东城运营部人民东路营业厅

四川省电信有限公司成都分公司计费帐务支撑中心

四川省电信有限公司南充市分公司综合电信营业厅

四川省电信有限公司乐山市分公司玉堂街邮电广场电信综合营业厅

四川省电信有限公司成都市分公司东郊电信运营部新华营业厅

四川省电信有限公司绵阳分公司临园口社区服务站

中国网通

中国网通国际分公司国际客服部国际台

中国网通北京市分公司四区电话局左家庄局线务班
中国网通北京市分公司三区电话局西单局查修班
中国网通北京市分公司八区电话局五棵松局查修班
中国网通北京市分公司营销部营销渠道管理部西单营业厅
中国网通天津市和平区分公司赤峰道营业厅
中国网通天津市大港区分公司永明路营业厅
中国网通天津市分公司客户服务中心呼叫中心南京路营业厅
中国网通天津市分公司客户服务中心数据业务中心技术支撑部
中国网通天津市河西区分公司黄山路分局社区一班
中国网通天津市分公司客户服务中心呼叫中心 10060
中国网通河北省唐山市分公司信息港营业厅
中国网通河北省高碑店市分公司白沟营业部
中国网通河北省石家庄市分公司中山路营业厅
中国网通河北省邢台市分公司桥东营业厅
中国网通河北省衡水市分公司客户服务中心 114 查号台
中国网通山西省太原市分公司客户服务中心 114 查号台
中国网通山西省大同市分公司广场营业厅
中国网通山西省晋中市分公司 112 集中受理中心
中国网通山西省临汾市分公司 112 测维中心维护组
中国网通山西省万荣县分公司综合营业厅
中国网通内蒙古包头市分公司通信五分局钢铁大街中心营业厅营业班
中国网通内蒙古自治区呼和浩特市分公司营业部中山路营业厅
中国网通内蒙古自治区呼伦贝尔市分公司尹敏街营业厅
中国网通内蒙古自治区鄂尔多斯市分公司达拉特南路营业厅
中国网通辽宁省本溪市分公司营业中心
中国网通辽宁省沈阳市分公司客服中心综合营业班
中国网通辽宁省丹东市分公司营销一分局六纬路营业厅
中国网通辽宁省邮电规划设计院鞍山分院
中国网通辽宁省沈阳市分公司客服中心 114 查号台
中国网通辽宁省大连市分公司胜利桥营业厅
中国网通吉林省松原市分公司营业服务中心
中国网通辽宁省沈阳市分公司客服中心综合营业班
中国网通吉林市分公司解放大路营业厅
中国网通吉林省通化市分公司营业服务中心营业班
中国网通吉林省通化市分公司江东线路维护中心
中国网通吉林省吉林市分公司站前营业室
中国网通吉林省靖宇县分公司新华路营业厅
中国网通黑龙江省佳木斯市分公司互联网事业部
中国网通黑龙江省哈尔滨市分公司 10060 客户服务中心
中国网通黑龙江省哈尔滨市分公司道里区局尚志营业厅
中国网通黑龙江省通信公司总经理热线受理中心
中国网通黑龙江省通信公司鸡西市分公司大客户事业部
中国网通山东省济南市分公司营销事业部共青团路营业厅
中国网通山东省济南市分公司营销事业部中心营业厅
中国网通山东省临沂市分公司市话装机班
中国网通山东省青岛市分公司客户服务中心

中国网通山东省青岛市分公司客户服务中心杭州路营业厅
中国网通山东省威海市分公司线路分局查修队
中国网通山东省淄博市分公司重点客户事业部
中国网通山东省烟台市分公司电信世界市话业务营业厅
中国网通山东省济宁市分公司客户服务中心114查号台
中国网通河南省信阳市分公司中山南路营业厅
中国网通河南省开封市分公司114查号台
中国网通河南省新乡市分公司客户服务中心
中国网通河南省郑州市分公司百花路营业厅
中国网通河南省驻马店市分公司解放路建苑营业厅

中国联通

中国联通北京分公司寻呼事业部198寻呼台
中国联通北京分公司营业部西直门营业厅
中国联通北京分公司车公庄营业厅
中国联通天津分公司客户服务中心
中国联通天津分公司寻呼事业部话务中心
中国联通重庆分公司歇台子营业厅
中国联通黑龙江佳木斯分公司中心营业厅
中国联通黑龙江哈尔滨分公司客服与呼叫中心
中国联通黑龙江佳木斯分公司客服与呼叫中心业务部
中国联通吉林长春分公司10010客服中心
中国联通吉林长春分公司自由大路营业厅
中国联通吉林吉林市分公司吉林市营业厅
中国联通辽宁锦州分公司10010客户服务中心
中国联通河北分公司客户服务中心
中国联通河北唐山分公司中心营业厅
中国联通河北石家庄分公司营业部
中国联通河南安阳分公司客服中心
中国联通河南开封分公司移动机房
中国联通河南平顶山火车站营业厅
中国联通河南洛阳分公司七里河营业厅
中国联通山东青岛分公司延安三路营业厅
中国联通山东济南分公司第一营业厅
中国联通山东济南分公司10010客服中心
中国联通山西太原分公司客服与呼叫中心太原地区
中国联通内蒙古包头分公司10010话务中心
中国联通内蒙古赤峰分公司运行维护部
中国联通内蒙古乌海分公司中心营业厅
中国联通内蒙古包头分公司松梅街营业厅
中国联通江苏常州分公司寻呼暨客服中心
中国联通江苏徐州分公司呼叫中心
中国联通江苏南京分公司呼叫中心
中国联通浙江温州分公司大诚营业厅
中国联通浙江杭州分公司10010客服中心
中国联通安徽合肥分公司10010客服中心
中国联通安徽六安分公司六安营业厅
中国联通福建龙岩分公司营业厅
中国联通福建厦门分公司江头营业厅
中国联通福建福州分公司东街营业厅
中国联通江西南昌分公司基础网络部
中国联通江西鹰潭分公司东湖营业厅
中国联通湖南分公司呼叫中心
中国联通湖南岳阳分公司营业中心
中国联通湖南湘潭分公司呼叫中心
中国联通湖北分公司10010客户服务中心
中国联通广东广州分公司天河营业厅
中国联通广西南宁分公司客户服务部秘书台
中国联通广西南宁分公司东葛路营业厅
中国联通四川泸洲分公司联通通讯广场
中国联通四川绵阳分公司城区业务部富乐路营业厅
中国联通四川乐山分公司牛耳桥营业厅
中国联通贵州安顺分公司南华路营业厅
中国联通陕西安康分公司城区分部江南营业厅

中国联通陕西延安分公司中心营业厅
中国联通宁夏银川分公司民族南街营业厅
中国联通宁夏分公司客服与呼叫中心业务部客服一班
中国联通新疆伊犁分公司客户服务中心
中国联通广西柳州分公司客户服务部话务中心

中国移动

北京移动通信有限责任公司广渠门营业厅
北京移动通信有限责任公司客户服务中心1860呼叫中心
北京移动通信有限责任公司网络优化中心
北京移动通信有限责任公司三元桥营业厅
天津移动通信有限责任公司中心营业厅
天津移动通信有限责任公司客户服务中心
天津移动通信有限责任公司南马路营业厅
河北移动通信有限责任公司秦皇岛分公司网优维护中心
河北移动通信有限责任公司石家庄分公司大客户服务中心
河北移动通信有限责任公司唐山分公司兴源道营业厅
山西移动通信有限责任公司忻州分公司定襄营业部
山西移动通信有限责任公司太原营销中心城区营业部迎泽营业厅
山西移动通信有限责任公司呼叫中心
内蒙古自治区移动通信公司网管中心交换维护室
内蒙古自治区移动通信公司鄂尔多斯市分公司伊金霍洛街营业厅
辽宁移动通信有限责任公司沈阳分公司南顺城营业厅
辽宁移动通信有限责任公司客户服务中心
辽宁移动通信有限责任公司大连分公司上海路营业厅
辽宁移动通信有限责任公司沈阳分公司十一纬路营业厅
吉林移动通信有限责任公司辽源分公司南区营销中心
吉林移动通信有限责任公司长春营销中心客户服务中心
吉林移动通信有限责任公司通化分公司第一营销服务中心营业班
吉林移动通信有限责任公司长春营销中心隆礼路营业厅
黑龙江移动通信有限责任公司哈尔滨事业部中央大街营业厅
黑龙江移动通信有限责任公司客户服务中心
黑龙江移动通信有限责任公司大庆分公司营业中心
上海移动通信有限责任公司九江路营业厅
上海移动通信有限责任公司大客户服务部
江苏移动通信有限责任公司姜堰分公司人民中路营业厅
江苏移动通信有限责任公司丹阳分公司丹凤南路营业厅
江苏移动通信有限责任公司吴江分公司中山南路营业厅
浙江移动通信有限责任公司湖州分公司营业班
浙江移动通信有限责任公司余姚分公司营业班
浙江移动通信有限责任公司金华市分公司营业中心
浙江移动通信有限责任公司温州分公司营业中心
浙江移动通信有限责任公司杭州分公司延安路营业中心
安徽移动通信有限责任公司合肥营销中心四牌楼营业厅
安徽移动通信有限责任公司黄山市分公司建维部维护中心
安徽移动通信有限责任公司巢湖分公司人民路营业厅
福建移动通信有限责任公司移动通信维修中

心

福建移动通信有限责任公司厦门分公司莲前营业厅

福建移动通信有限责任公司宁德分公司闽东大广场营业厅

福建移动通信有限责任公司泉州分公司九一路营业厅

江西移动通信有限责任公司新余市分公司运维中心

江西移动通信有限责任公司南昌营销中心客户八一大道营业厅

江西移动通信有限责任公司赣州分公司红旗大道营业厅

江西移动通信有限责任公司九江分公司客户服务中心

山东移动通信有限责任公司潍坊分公司早春园营业厅

山东移动通信有限责任公司济南分公司客户服务中心

山东移动通信有限责任公司威海分公司中心营业厅

河南移动通信有限责任公司市场经营部

河南移动通信有限责任公司许昌分公司市区营业部

河南移动通信有限责任公司郑州分公司农业路营业厅

河南移动通信有限责任公司驻马店分公司解放路营业厅

湖北移动通信有限责任公司荆州分公司广场营业厅

湖北移动通信有限责任公司十堰市分公司客户服务中心

湖北移动通信有限责任公司武汉营销中心客户服务中心

湖北移动通信有限责任公司荆门分公司移动通信广场

湖南移动通信有限责任公司邵阳分公司交换无线维护中心

湖南移动通信有限责任公司长沙移动营销中心涂家冲营业厅

湖南移动通信有限责任公司常德分公司营业中心

广东移动通信有限责任公司深圳公司客户服务热线1860

广东移动通信有限责任公司中山分公司恒信营业厅

广东移动通信有限责任公司顺德分公司网管维护中心

广东移动通信有限责任公司汕头分公司网管维护中心

广东移动通信有限责任公司佛山分公司中国移动通信服务中心

海南移动通信有限责任公司海口分公司大客户服务部

海南移动通信有限责任公司儋州分公司

海南移动通信有限责任公司1860客服中心

广西移动通信有限责任公司柳州分公司营业中心营业工作部

广西移动通信公司桂林分公司移动广场服务厅

重庆移动通信有限责任公司歇台子营业厅

重庆移动通信有限责任公司客户服务中心

重庆移动通信有限责任公司营销中心解放碑营业厅

四川移动通信有限责任公司成都营销中心太升南路营业厅

四川移动通信有限责任公司泸州分公司水井沟营业厅

四川移动通信有限责任公司绵阳分公司江油市营业部纪念碑营业组

贵州移动通信有限责任公司黔西南州分公司营业班

贵州移动通信有限责任公司安顺分公司塔山西路营业厅

贵州移动通信有限责任公司贵阳分公司延安东路营业厅

贵州移动通信有限责任公司遵义分公司交换维护中心
云南移动通信有限责任公司昆明营销中心东华营业厅
云南移动通信有限责任公司大理白族自治州分公司大理市人民街营业厅
云南移动通信有限责任公司楚雄分公司红房子营业厅
陕西移动通信有限责任公司西安分公司尚朴路营业厅
陕西移动通信有限责任公司咸阳分公司计费班
陕西移动通信有限责任公司数据信息中心
陕西移动通信有限责任公司1860客户服务中心
陕西移动通信有限责任公司延安分公司中心街营业厅
甘肃移动通信有限责任公司网络管理中心维护中心
甘肃移动通信有限责任公司客户服务中心
甘肃移动通信有限责任公司天水分公司解放路营业厅
青海移动通信有限责任公司省会营销中心西大街营业部
青海移动通信有限责任公司海东分公司平安县营业部
青海移动通信有限责任公司省会营销中心西关大街营业部
宁夏回族自治区移动通信有限责任公司银川营销中心虹桥营业厅
宁夏回族自治区移动通信有限责任公司客户服务中心
新疆维吾尔族自治区移动通信有限责任公司计费中心业务部
新疆维吾尔族自治区移动通信有限责任公司营销中心南门营业厅
新疆维吾尔族自治区移动通信有限责任公司伊黎分公司霍尔果斯营业部
西藏自治区移动通信有限责任公司拉萨营业部
京移通信设计院有限公司第二设计所

中国铁通

中国铁通内蒙古呼和浩特分公司察素齐机械室
中国铁通辽宁丹东分公司十一纬路营业厅
中国铁通辽宁沈阳分公司沈河营业厅
中国铁通吉林市分公司吉林程控室
中国铁通黑龙江牡丹江分公司日照街营业厅
中国铁通山东青岛分公司新业务部
中国铁通湖南株洲分公司钻石路营业厅
中国铁通广东广州分公司中山一路营业厅

中国卫通

中国通信广播卫星公司测控监测中心

二、新命名的

国家邮政局

北京市东区邮电局嘉里中心邮电所
河北省廊坊市邮政局营业服务局
河北省张家口市邮政局桥西邮政储蓄专柜
山西省太原市邮政局广场女子分局车站营业厅
内蒙古自治区阿拉善盟邮政局报刊发行部
辽宁省沈阳市邮政局太原街邮政支局
吉林省辽源市邮政局邮政营业班
吉林省白山市邮政局中心支局
黑龙江省齐齐哈尔市邮政局龙华路营业厅
上海市上海邮电大厦总服务台
江苏省盐城邮政局建军路支局邮电大厦储蓄部
浙江省东阳市邮政局投递公司
浙江省舟山市普陀山邮政支局
安徽省邮政信息技术局计算机中心
福建省南平市邮政局滨江邮政支局
江西省赣州市邮政局南门邮政储蓄所
山东省淄博市邮政局柳泉路支局
河南省信阳市邮政局东方红营业厅
湖北省十堰市邮政局三堰邮政营业厅

湖南省常德市邮政局武陵路邮政营业组
广东省揭阳市惠来县邮政局惠城支局
广西壮族自治区河池市邮政局邮政储蓄班
重庆市永川市邮政局西大街邮政营业室
重庆市重庆邮政 11185 客户服务中心
四川省眉山市邮政局三苏大道营业组
贵州省遵义市邮政局大兴路储蓄所
云南省玉溪市邮政局南北路营业室
西藏自治区日喀则地区邮政局市场部营业班
陕西省西安市邮政局方新村邮电支局
甘肃省庆阳市邮政局中街储蓄所
青海省格尔木市邮政局东城分局柴达木东路邮政支局
宁夏回族自治区泾源县邮政局综合营业班
新疆维吾尔自治区乌鲁木齐邮区中心局转运分局 T69/70 次押运班

中国电信

上海市电信有限公司网络运行部传输中心“223”监控室
江苏省电信有限公司徐州分公司 10000 客户服务中心
浙江省电信有限公司台州电信客户服务中心
福建省电信有限公司莆田市分公司公众客户部营业部
安徽省电信有限公司巢湖市分公司长江路营业厅
江西省电信有限公司宜春市分公司 10000 客户服务中心
广东省电信有限公司惠州市分公司 10000 客户服务中心
广西自治区电信有限公司柳州市分公司 10000 客户服务中心
湖北省电信有限公司武汉市分公司大客户部
湖南省电信有限公司衡阳市分公司中心营业厅
陕西省电信有限公司榆林市分公司神木县综合营业部
甘肃省电信有限公司传输局兰州电信无线传输分局
宁夏回族自治区电信有限公司 10000 客户服务中心
新疆维吾尔自治区电信有限公司巴州分公司公众客户部营业厅
贵州省电信有限公司毕节地区分公司威宁路综合营业厅
重庆市电信有限公司 10000 号客户服务中心
海南省电信有限公司 10000 号客户服务中心 114 查号台
云南省电信有限公司昆明市分公司帐务结算部
四川省电信有限公司成都分公司 10000 号客户服务中心
北方电信有限公司辽宁省分公司呼叫中心
广东省电信有限公司广州市分公司天河营业厅
海南省电信有限公司大客户部
江西省电信有限公司上饶市分公司抗建路营业厅
安徽省电信有限公司淮南分公司洞山电信营业大厅

中国网通

中国网通国际分公司国际运维中心卫星地面站
中国网通北京市分公司营销部渠道管理部营业厅部东单营业厅
中国网通天津市塘沽区分公司解放路营业厅
中国网通河北省邯郸市分公司千禧大厦营业厅
中国网通河北省沧州市分公司运东客户营销中心装移修服务社区
中国网通山西省忻州市分公司城北营业厅
中国网通内蒙古赤峰市分公司昭乌达路营业厅
中国网通辽宁省铁岭市分公司营业中心
中国网通吉林省长春市分公司青岛路营业厅
中国网通吉林省四平市分公司英雄大街综合

营业厅
中国网通黑龙江省哈尔滨市分公司南岗区电话局中山营业厅
中国网通山东省潍坊市分公司设备维护中心
中国网通河南省安阳市分公司红旗路营业厅
中国联通
中国联通北京分公司客户服务中心
中国联通天津分公司联通大厦营业厅
中国联通吉林松原分公司郭尔罗斯大路营业厅
中国联通河北廊坊分公司市区经营部营业中心
中国联通河南沈丘分公司
中国联通山东威海分公司主营业厅
中国联通山西分公司10010客服中心
中国联通江苏连云港分公司客服中心
中国联通安徽马鞍山分公司雨山路营业厅
中国联通广东佛山分公司禅城区CDMA概念店
中国联通湖北分公司客户服务中心
中国联通广西南宁分公司客服中心
中国联通福建泉州分公司丰泽营业厅
中国联通江西吉安分公司鹭洲营业厅
中国联通四川成都分公司科华营业厅
中国联通贵州都匀分公司剑江中路营业厅
中国移动
天津移动通信有限责任公司集团客户营销服务部
河北移动通信有限责任公司保定分公司金迪路营业厅
山西移动通信有限责任公司长治分公司紫金东街营业厅
辽宁移动通信有限责任公司鞍山分公司胜利广场营业厅
黑龙江移动通信有限责任公司齐齐哈尔分公司中心营业厅
上海移动通信有限责任公司客户服务中心呼入服务部
江苏移动通信有限责任公司徐州分公司淮海路营业班
浙江移动通信有限责任公司绍兴分公司营业班
福建移动通信有限责任公司福州分公司湖东路营业厅
山东移动通信有限责任公司临沂分公司重点客户服务部
河南移动通信有限责任公司洛阳分公司西工营业厅
湖北移动通信有限责任公司鄂州分公司凤凰路营业厅
湖南移动通信有限责任公司湘西自治州分公司营销中心
广东移动通信有限责任公司广州分公司润粤服务厅
广东移动通信有限责任公司深圳公司文华服务厅
重庆移动通信有限责任公司渝北分公司城区营业厅
四川移动通信有限责任公司成都营销中心人民东路营业厅
贵州移动通信有限责任公司客户服务中心
新疆维吾尔族自治区移动通信有限责任公司客户服务中心1860班组
甘肃移动通信有限责任公司平凉分公司解放路移动营业厅
浙江移动通信有限责任公司客户服务中心1860热线
中国铁通
中国铁通山西太原分公司迎泽营业厅
中国铁通重庆渝州分公司江北营业厅
中国铁通贵州黔东南分公司大十字营业厅

卫生系统

一、继续认定的

首都医科大学附属北京友谊医院急诊科
首都医科大学附属北京同仁医院急诊科

北京朝阳医院血液科
北京天坛医院神经内科二病房
北京安定医院锣鼓巷十四病区
北京急救中心青年车组
北京市结核病胸部肿瘤研究所六病区
北京佑安医院“爱心家园”
北京积水潭医院创伤骨科八病房
北京丰台医院心内监护室
天津市第一中心医院检验学部临检科
天津市人民医院肿瘤科
天津市第三医院门诊化验室
天津市医疗急救指挥中心通讯调度科
天津医科大学附属肿瘤医院高级病房护理部
天津医科大学总医院干部保健护理部
天津黄河医院急诊内科
河北省邯郸市中心医院儿科
保定市儿童医院新生儿科
冀州市医院外科病区
廊坊市中心血站
河北医科大学第三医院创伤急救中心
河北省人民医院急救中心
哈励逊国际和平医院内二科
山西省人民医院内分泌科二病区
山西医科大学第一医院呼吸科
山西医科大学第二医院药剂科
山西医科大学第二医院骨科
山西省阳泉市第三人民医院手外科
山西省长治市人民医院妇产科
山西省长治医学院附属和平医院检验科
山西省中医药研究院内分泌科
内蒙古医学院附属医院门诊青年集体
沈阳市第一人民医院神经内一科
沈阳市红十字会医院泌尿外科病房
沈阳市第五人民医院普外一科
中国医科大学附属第二医院感染科一病房
中国医科大学附属第二医院儿科急救中心
中国医科大学附属第二医院心血管内科
大连市儿童医院重症监护病房
大连市中医院骨二科
大连市第五人民医院胸外一病房
大连医科大学附属二院心内科
辽宁省鞍山市中心医院神经内科
辽宁省抚顺市中心医院影像科
辽宁省抚顺市第二医院内科门诊
锦州市中心医院亚东眼科医院
阜新市中医院全国中医泌尿结石病治疗中心
吉林省四平市中心医院门诊青年服务岗
吉林省人民医院血液内科
吉林省肿瘤医院胸二科护理组
白求恩医科大学第三临床学院(中日联谊医院)急救中心护理组
吉林省人民医院特诊病房
长春市中心医院综合注射室
吉林市中心医院手术室护理组
黑龙江省牡丹江市中医医院放心药房
黑龙江省医院普外一科
双鸭山市人民医院骨外科
黑龙江省牡丹江心血管病医院监护室
黑龙江省大庆市第四医院骨外科青年集体
哈尔滨医科大学第一临床医学院普外科
黑龙江省医院心血管外科
黑龙江省佳木斯市中心医院肾内科血液透析中心
黑龙江省哈尔滨市儿童医院急救中心
哈尔滨医科大学第二临床医学院二部六病区
上海第二医科大学附属新华医院/上海儿童医学中心心胸外科
上海第二医科大学附属仁济医院药房窗口
上海第二医科大学附属瑞金医院灼伤三楼病区
上海市第二人民医院急诊护理组
上海中医药大学附属曙光医院检验科门急诊窗口
复旦大学附属华山医院神经外科青年医师组
复旦大学附属中山医院肝癌研究所团支部
上海市第六人民医院产科病区

上海市第一人民医院眼科病区
江苏省昆山市中医医院
南京市鼓楼医院急诊中心护理组
无锡市第二人民医院心内科病区
常州市第二人民医院心血管内科
江苏省盐城市第一人民医院二病区护理组
江苏省镇江市第一人民医院输液室
徐州市中心医院急诊科
温州医学院附属第一医院急诊科
浙江省人民医院急诊科
浙江省中医院肿瘤科(6 病区)
宁波市医疗中心李惠利医院心胸外科
浙江省湖州市中心医院妇产科
杭州市余杭区第一人民医院急诊护理站
浙江省妇产科医院妇一科
浙江省嘉兴市第一医院十一病区
安徽省蚌埠市第一人民医院儿科护理部
蚌埠医学院附属医院 ICU 科
安徽省立医院 ICU 科
安徽省立医院输血科
安徽省血吸虫病防治研究所血吸虫病研究室
安徽中医学院第一附属医院神经内科(二病区)
安庆市第一人民医院内二科
福建省漳州市中医院急诊科
龙岩市急救中心
福建省人民医院五区护理组
福建省妇幼保健院产房护理组
福建医科大学附属协和医院心外科 ICU 护理组
福建省肿瘤医院内科六区护理组
福建省急救中心
江西医学院第一附属医院妇产科
江西省人民医院重症监护室(SICU)
赣州市人民医院急诊科
江西省肿瘤医院放疗技术组
江西省新余市人民医院外二科
九江市第一人民医院神经内科
济南市传染病医院检验科
济南市中心医院友谊血液净化中心
山东省青岛市立医院神经外科
青岛市妇女儿童医疗保健中心残疾儿童医疗康复中心
青岛市海慈医疗集团急诊科
山东省淄博市中心医院普外科
烟台市烟台山医院急诊科护理组
山东省潍坊市人民医院妇科
济宁市红十字会中心血站体检采血科
山东省泰安卫生学校学生工作处
山东省立医院消化东病房(护理单元)
山东大学齐鲁医院肿瘤中心七病房
山东省精神卫生中心青年志愿者心理健康热线
河南省人民医院内四病区
郑州大学第二附属医院妇产科支部
洛阳市妇女儿童医疗保健中心新生儿科
河南省洛阳正骨医院髋部损伤科
漯河市中心医院外二科
鹤壁市第一人民医院儿科
武汉市妇女儿童医疗保健中心输液室
华中科技大学同济医学院附属同济医院内科血液病房
武汉市普爱医院肿瘤科
湖北省荆门市第二人民医院妇产科
湖北省肿瘤医院肿瘤内科
湖北省人民医院检验科
襄樊市中心医院神经外科
湖北省宜昌市一医院 120 急救中心
鄂州市中心医院心血管内科
中南大学湘雅二医院代谢内分泌所
中南大学湘雅二医院心胸外科
湖南省湘潭市中心医院十六病室
邵阳市中心医院儿观室
湘潭市一人民医院十一病室
湖南省肿瘤医院十五病室
湖南省人民医院肝胆外科

汕头大学医学院第一附属医院内七病区
肇庆市第一人民医院急诊科
广州市中医医院肿瘤科一区
广东省韶关市粤北人民医院老年病科
广东省中医院内科一区
梧州市妇幼保健院妇产科
桂林医学院附属医院消化内科
桂林市第三人民医院内一科
广西玉林市第一人民医院急诊科
广西柳州市人民医院心胸外科
广西壮族自治区人民医院眼科
广西医科大学第一附属医院神经内科二病区
海南省安宁医院女病区
海南省人民医院肿瘤内科
海南省农垦总局医院急诊科
海口市120急救中心
四川省医学科学院·四川省人民医院"绿色生命通道"急救组
成都市第一人民医院重症监护病区
成都市第三人民医院肾病内分泌科
成都市妇幼保健院产科高危病区
四川大学华西医院心血管内科护理组
四川省肿瘤医院放疗中心技术组
四川省德阳市人民医院内一科
内江市第一人民医院外三科
重庆市第三人民医院老年病科
重庆医科大学附一院检验科门诊
重庆医科大学儿童医院重症监护室
重庆市中山医院重症监护室
贵州省人民医院急诊科
遵义医学院附属医院急诊科
贵州省毕节地区医院第一门诊部
贵阳医学院附属医院外科二病房
贵阳市妇幼保健院新生儿科
贵州省遵义医院呼吸内科
昆明市延安医院心胸外科
云南省第一人民医院生殖遗传科
云南省大理州人民医院干疗科
云南省红河州人民医院心内科
云南省第二人民医院肝胆外科
西藏自治区藏医院心脑血管科
西藏自治区人民医院小儿科
陕西省肿瘤医院胸外科护理部
陕西省肿瘤医院 CT 室
西安市第四医院眼科
甘肃省卫生厅规划财务处
兰州大学第一医院(原兰州医学院第一附属医院)CCU 病房
甘肃省中医院急诊科
甘肃省妇幼保健院新生儿童重症救护中心
青海省人民医院神经内科
青海省妇产儿童医院电生理科
青海大学附属医院心胸科护理部
宁夏回族自治区人民医院眼科
宁夏回族自治区人民医院普外科
宁夏医学院附属医院心胸外科
宁夏医学院附属医院神经外科
宁夏银川市第一人民医院肝胆外科
新疆维吾尔自治区人民医院急救中心
新疆医科大学第一附属医院中心手术室
新疆乌鲁木齐市妇幼保健院产房
乌鲁木齐市血液中心检验科
新疆伊犁州友谊医院肿瘤科
新疆生产建设兵团奎屯医院内四科
新疆生产建设兵团农十三师红星医院外科
深圳市人民医院显微外科
深圳市宝安区中医院外科住院部
深圳市宝安区人民医院外科一病区
厦门市仙岳医院二病区
厦门市中心血站
中国中医研究院广安门医院二病区护理组
中国中医研究院西苑医院呼吸科护理组
北京大学第三医院神经科高干病房
北京大学人民医院创伤骨科
北京大学第一医院儿科二病房
北京大学第一医院泌尿外科病房

北京大学临床肿瘤学院内五病区
中国疾病预防控制中心传染病预防控制所腹泻病室
卫生部北京医院神经内科护理组
中日友好医院心脏血管外科护士站
中华医学会杂志社微机中心
北京协和医院加强医疗科(ICU)
北京协和医院神经内科病房
北京中医药大学东直门医院急诊科

二、新命名的

北京妇产医院妇科五病房
首都医科大学附属北京儿童医院急救中心
北京市第六医院 CCU 病区
中国医学科学院血液病医院血液五科
天津市儿童医院影像科
天津市河东区卫生局公共卫生监督所证照科
河北医科大学第二医院眼科
保定市第一医院内四科
山西省肿瘤医院血液内科
山西职工医学院基础部班主任室
辽宁省本溪市中心医院 ICU 病房
吉林省辽源市中心医院老干部疗区
吉林大学中日联谊医院神经外科
吉林省肿瘤医院化疗一科护理组
佳木斯大学附属第一医院急诊科
黑龙江中医药大学附属第一医院心血管内科(一)病房
哈尔滨医科大学第一临床医学院 ICU 病房
哈尔滨医科大学第二临床医学院心外监护治疗中心
华东医院东十一楼
上海市东方医院心脏中心监护室护理组
无锡市妇幼保健院临产室
南京市妇幼保健院四病区
东台市人民医院青年志愿者服务站
江苏大学附属医院二病区(心内科)护理组
温州医学院附属第二医院产科
浙江省金华市中心医院急诊科
浙江省诸暨市人民医院重症监护中心
安徽医科大学第一附属医院儿科护理单元
安徽省肺科医院第三病区护理单元
安徽省立医院急救中心急救急诊部
福建省南平市第一医院神经内科
福建省宁德市医院急诊科
福建省三明市第二医院门诊西药房
江西医学院第二附属医院心血管内科
江西省医学院第一附属医院消化科
江西省景德镇市第二人民医院内一科重症监护室(ICU)
江西医学院附属口腔医院正畸科
泰安市中心医院肿瘤内科
济宁市第一人民医院中心监护室
山东大学齐鲁医院产科病房
济南市中医医院保健中心
河南中医学院第一附属医院门诊药房
河南郑州市第三人民医院血液科
河南南阳市中心血站发血科
黄石市中心医院急诊科(急诊绿色通道)
湖北省恩施自治州中心医院五官科团支部
南华大学附属第一医院脊柱外科
湖南省人民医院急诊儿科
广东省中医院神经一科
广州医学院第一附属医院急诊科
广东医学院附属医院儿科
广西壮族自治区人民医院消化内科
北海市妇幼保健院妇产科
广西梧州市红十字会医院急诊科
四川泸州医学院附属第二医院门诊检验科
四川医学科学院·四川省人民医院住院部手术室
成都市第二人民医院心血管内科
重庆市卫生局卫生监督所监督管理办公室(稽查科)
重庆市急救医疗中心院前急救部
贵州省紧急救援中心 96999
贵州省人民医院麻醉科

昆明医学院第一附属医院药剂科
西藏自治区人民医院急救中心
陕西省人民医院肝胆外科护理组
陕西省肿瘤医院普通肿瘤外科
陕西省妇幼保健医院产科病区
甘肃省疾病预防控制中心免疫规划科
银川市妇幼保健院新生儿科
宁夏回族自治区人民医院心血管内科
新疆维吾尔自治区巴音郭楞蒙古自治州人民医院内三科
新疆克拉玛依市中心医院儿科
石河子大学医学院一附院老干科
新疆生产建设兵团农九师医院内二科
新疆阿克苏农一师医院内三科
广东省深圳市中医院肝病科
深圳市南山区人民医院注射中心
厦门市医疗急救中心调度科
中国中医研究院广安门医院针灸科(医疗组)
中国中医研究院西苑医院药剂科中草药调剂组
中国中医研究院望京医院创伤一科护理组
北京大学第三医院心内科 23 病房
北京大学人民医院急诊科
北京大学第一医院感染科一病房
北京协和医院基本外科一病房
中国医学科学院阜外心血管病医院信息中心
中华医学杂志英文版编辑部

中央企业

一、继续认定的

中国核工业集团公司第二一建设公司第五项目部
中国核工业集团公司第二三建设公司深圳组科利核电工程有限公司检修部
中国核工业集团公司秦山核电公司运行部主控室
中国核工业集团公司五四厂〇四控制室
中国航天科技集团公司五院总体部载人航天总体研究室
中国航天科技集团公司五院 529 厂一车间数控班
中国航天科技集团公司一院十四所第二研究室
中国航天科工集团公司六院红岗机械厂四分厂小车组
中国航天科工集团公司风华机器厂 101 车间有色合金铸造小组
中国航天科工集团公司三院三十三所驾驶仪部(原五车间)
中国航空工业第一集团公司成都飞机工业集团公司民机公司
中国航空工业第二集团公司六O二所十九室(直升机旋翼动力学国家科技重点实验室)
中国航空工业第二集团公司昌河飞机工业集团公司涂装车间运行工段
中国航空工业第二集团公司洪都航空股份有限公司数控机械加工厂二工段 715 机组
中国船舶重工集团公司山西平阳机械有限责任公司精机分厂技术室
中国兵器工业集团公司第二〇一研究所第四研究室生产联调组
中国兵器装备集团公司长安公司汽车制造厂 231 车间冲压自动化 A 线
中国兵器装备集团公司长安公司汽车制造厂 235 车间"长安之星"总装线
中国兵器装备集团公司建设工业(集团)有限责任公司建设宾馆前厅销售部
中国兵器装备集团公司中国嘉陵集团公司销售公司维修技术室
中国电子科技集团公司第十一研究所光伏锑化铟器件组
中国石油天然气集团公司东方地球物理勘探公司国际勘探事业部
中国石油天然气集团公司塔里木油田勘探开发研究院勘探所
国家电网公司山东青岛供电公司客户服务中

心营业厅

国家电网公司山东电力集团潍坊供电公司客户服务中心青年优质服务岗

中国南方电网有限公司贵阳市北供电局息烽分局

中国南方电网有限责任公司超高压输电公司梧州局500KV梧州变电站

中国南方电网有限责任公司电力调度通信中心调度处

中国南方电网有限责任公司广电集团500KV汕头变电站

中国南方电网有限责任公司广电集团佛山供电分公司电力客户服务呼叫中心

中国南方电网有限责任公司广电集团广州供电分公司市场及客户服务部业分部

中国南方电网有限责任公司广电集团江门新会供电分公司客户服务中心

中国南方电网有限责任公司广电集团茂名供电分公司分界供电服务所

中国南方电网有限责任公司广电集团深圳供电分公司客户信息中心

中国南方电网有限责任公司广电集团输变电工程公司变电工程处

中国南方电网有限责任公司广电集团珠海明源机电工程有限公司

中国南方电网有限责任公司广西防城港供电局新兴变电站

中国南方电网有限责任公司贵州省都匀供电局信息自动化分部

中国南方电网有限责任公司广西区桂林供电局电力故障报修服务中心

中国南方电网有限责任公司广西区柳州供电局沙塘500KV变电站

中国南方电网有限责任公司广西区南宁供电局配电抢修中心

中国南方电网有限责任公司广西区梧州供电局平浪220KV变电站

中国南方电网有限责任公司云南省滇东电业局500KV罗平变电站

中国南方电网有限责任公司云南省滇东电业局三岔变电站

中国南方电网有限责任公司云南电网公司楚雄供电局青年志愿者服务站

中国南方电网有限责任公司云南省滇西电业局西洱河二级电站运行一值

中国南方电网有限责任公司云南省滇中电力青年志愿者服务队

中国南方电网有限责任公司云南电网公司个旧供电局个旧营业厅

中国南方电网有限责任公司云南电网公司昆明供电局营业厅

中国南方电网有限责任公司云南省罗平鲁布革发电总厂计算机班

中国南方电网有限责任公司云南电网公司送变电工程公司送电三处

中国南方电网有限责任公司遵义供电局城区供电分局红花岗区营业厅

中国华能长兴电厂燃料电工班

中国华能鹤岗发电有限公司运行三值

中国华能集团公司江苏华能淮阴发电有限公司继电保护班

中国华能集团公司山西华能榆社电力有限责任公司化水车间试验班

中国华能集团公司武汉华能发电有限责任公司输煤公司机械班

中国华能集团公司辛店电厂运行丁值一班

中国华能集团公司伊敏发电厂检修部热工专业机控班

中国华能集团公司南京分公司运行部甲值

中国华能集团公司大连电厂运行部运行一值

中国华能集团公司德州电机厂机务检修部汽机本体班

中国大唐集团公司陡河发电厂运行甲值四单元

中国大唐集团公司长春第二热电有限责任公司一号发电机组

中国大唐集团公司广西桂冠电力股份有限公司大化水电总厂百龙滩厂发电部
中国大唐集团公司淮北发电厂#5 主机
中国大唐集团公司大唐长山热电厂 8 号机组
中国大唐集团公司兰州西固热电公司汽机附属一班
中国大唐集团公司洛阳首阳山发电厂#4 青年机组
中国大唐集团公司三门峡华阳发电有限责任公司电检二班
中国大唐集团公司太原第二热电厂燃料车间#7 皮带间
中国大唐集团公司西安灞桥热电有限责任公司运行部电气主控室
中国大唐集团公司张家口发电厂发电部运行五值四单元
中国华电集团公司华电工程(集团)公司物料输送部
中国华电集团公司上海华电望亭发电厂运行部电运乙 1 班
中国华电集团公司内江发电总厂高坝发电厂#11 机组
中国华电集团公司山东十里泉发电厂 300MV 六号机组生产线
中国华电集团公司浙江华电乌溪江水力发电厂继保班
中国国电集团公司大同第二发电厂发电部网控站
中国国电集团公司河北衡丰发电有限责任公司#2 机组
中国国电集团公司吉林热电厂 11 号机组
中国国电集团公司荆门热电厂四号机组
中国国电集团公司滦河发电厂继电保护班
中国国电集团公司山东中华发电有限公司聊城发电厂试运接机青年突击队
中国国电集团公司石嘴山发电厂焊接分厂高压班
中国国电集团公司双辽发电有限公司 1 号机组
中国国电集团公司天津第一热电厂汽机运行热水网岗
中国国电集团公司万安水力发电厂大修青年突击队
中国国电集团公司小龙潭发电厂运行部五号机炉
中国电力投资集团公司河南分公司开封发电有限公司热工自动班
中国长江三峡工程开发总公司三峡水力发电厂 2 号机组
神华集团有限责任公司神府东胜煤炭公司大柳塔煤矿综采一队
中国电信集团公司贵州省电信公司黔南州分公司无线设备维护中心
中国网络通信集团公司山东省通信公司济南市分公司中心营业厅
中国移动通信集团公司山东移动通信有限责任公司青岛分公司香港中路营业厅
中国电子信息产业集团公司北京和利时系统工程股份有限公司
中国电子信息产业集团公司北京中电华大电子设计有限责任公司软件部
中国电子信息产业集团公司中国电子进出口总公司第三事业部
中国电子信息产业集团公司中国软件与技术服务股份有限公司系统集成总部
中国第一汽车集团公司一汽大众汽车有限公司轿车厂总装车间奥迪 A6 生产线
中国第一汽车集团公司动能分公司动力厂锅炉车间 1 号炉
中国第一汽车集团公司第二发动机厂机加车间双轴工段
中国第一汽车集团公司一汽客车公司产品开发部
中国第二重型机械集团公司重机分厂 5 × 17 米数控铣镗班
哈尔滨电站设备集团公司哈尔滨锅炉厂有限

责任公司联箱分厂三通组
哈尔滨电站设备集团公司哈尔滨锅炉厂有限责任公司重容分厂8000吨油压机组
哈尔滨电站设备集团公司哈尔滨汽轮机厂有限责任公司三分厂转子工段
鞍山钢铁集团公司新钢铁有限责任公司热轧带钢厂1780生产线
上海宝钢集团公司宝山钢铁股份有限公司技术中心信息技术及亚欧信息研究组
上海宝钢集团公司宝山钢铁股份有限公司炼铁厂高炉分厂一号高炉
上海宝钢集团公司五钢公司制造管理部结构钢工模具钢产品室
上海宝钢集团公司特钢技术中心结构工模具钢产品室
武汉钢铁(集团)公司武钢股份有限公司大型轧钢厂高线车间轧钢乙班
中国铝业公司中州分公司生产运行部电力调度室
中国远洋运输(集团)总公司散货运输有限公司燕京轮
中国远洋运输(集团)总公司上海中远国际货运有限公司接单组
中国东方航空集团公司安徽分公司市场部“知心”地面服务组
中国南方航空集团公司大连分公司客舱服务部乘务队
中国煤炭地质总局黄石市液压机械厂
中国民航信息集团中国航空结算中心BSP业务部
中国建筑工程总公司一局张运龙项目管理型青年突击队
中国建筑工程总公司三局三公司武汉销品茂项目部
中国建筑工程总公司三局一公司开封项目经理部
中国建筑工程总公司三局一公司深圳分公司第二项目经理部
中国建筑工程总公司三局工程总承包公司湖北省出版文化城项目经理部
中国建筑工程总公司三局一公司武昌项目经理部
中国建筑工程总公司四局安装公司厦门太古三期安装工程项目部
中国建筑工程总公司中建五局三公司湖南平和堂商业大厦项目部
中国中煤能源集团公司大屯煤电公司电力生产线
中国中煤能源集团公司第五建设公司友谊宾馆前厅部
中国中煤能源集团公司太原煤气公司焦化厂炼焦车间热工工段
中国中煤能源集团公司五公司第二工程处204青年突击队
中国中煤能源集团公司太原煤气化公司太原市煤气用户发展营业厅
煤炭科学研究总院天地科技金草田分公司
中国机械装备(集团)公司中工国际工程股份有限公司成套工程一部
钢铁研究总院“新一代钢铁材料的重大基础研究”(973)项目组
中国化学工程第七建设公司独山子重整青年突击队
北京有色金属研究总院国家复合材料工程技术研究中心
中国建筑科学研究院建研建筑设计研究院有限公司建筑设计所
中国北车集团齐车公司铸钢分厂树脂砂青年生产线
中国北车集团北京二七机车厂传动车间箱体班
中国北车集团北京南口机车车辆机械厂三机车间车二班
中国北车集团长春轨道客车股份有限公司转向架厂轮轴车间轴承班
中国北车集团大连机车车辆有限公司铸钢厂

造型大件组
中国北车集团大同电力机车有限责任公司技术中心产品开发部总体室
中国北车集团大同电力机车有限责任公司铸铁车间合金组
中国北车集团哈尔滨车辆有限责任公司技术中心设计部产品设计组
中国北车集团济南机车车辆厂备料分厂预处理一班
中国北车集团唐山机车车辆厂机车公司质保处柴油机检查组
中国北车集团西安车辆厂冲压车间拼板组
中国北车集团永济电机厂一机车间加工中心
中国北车集团齐车公司技术中心货车设计组
中国南车集团北京二七车辆厂备件车间数控下料班
中国南车集团北京二七车辆厂货车车间三通阀班
中国南车集团南方汇通股份有限公司市场部
中国南车集团贵阳车辆厂台车车间轴承工段
中国南车集团眉山车辆厂货车公司货一车间中梁电焊班
中国南车集团四方机车车辆股份有限公司总装一分厂方法分部
中国南车集团南京浦镇车辆厂车架车间铆焊三组
中国南车集团戚墅堰机车车辆厂内机分厂机车二车间电焊一班
中国南车集团石家庄车辆厂货车事业部台车车间轴承检修工艺线
中国南车集团株洲车辆厂备料分厂大型钢班
中国南车集团株洲电力机车厂九方装备模具公司设备服务部
中国南车集团株洲电力机车研究所变流技术开发部
中国南车集团资阳机车厂机车分厂转向架车间大车班
中国铁路通信信号集团公司济南工程分公司城市轨道交通项目部
中国铁路通信信号集团公司济南工程分公司第一信号段
中国铁路通信信号集团公司上海工程公司轨道交通项目部
中国铁路通信信号集团公司上海工程公司卫星通信网项目部
中国铁路工程总公司二局青藏铁路第四项目部
中国铁路工程总公司铁路工程公安局第五公安处三分处第三派出所
中国铁路工程总公司五局第五工程分公司长万高速公路项目经理部
中国铁路工程总公司五局二公司第六工程队
中国铁路工程总公司五局青藏铁路昆仑山隧道青年突击队
中国铁路工程总公司一局集团青藏铁路铺架工程项目部
中国铁路工程总公司中铁宝桥有限责任公司道岔车间大刨组
中国铁路工程总公司中铁电气化局西铁工程公司陇海铁路灞河桥抢险抢建青年突击队
中国铁道建筑总公司十八局渝怀铁路工程指挥部
中国铁道建筑总公司铁道第四勘察设计院城建院武汉轻轨项目部
中国铁道建筑总公司铁道第四勘察设计院桥梁处设计技术研究室
中国铁道建筑总公司铁道第四勘察设计院武汉长江隧道项目部
中国铁道建筑总公司第一勘察设计院地质路基处青年突击队
中国铁道建筑总公司第一勘察设计院桥隧处青年突击队
中国铁道建筑总公司十八局五公司滨海立交桥项目部
中国铁道建筑总公司十二局二公司云南昆石高速公路小团山隧道工程指挥部

中国铁道建筑总公司十二局四公司西南铁路木籽桩淮河特大项目部

中国铁道建筑总公司十七局青藏铁路指挥部

中国铁道建筑总公司十二局二公司西南铁路工程项目部

中国铁道建筑总公司中铁十六局三公司上海磁悬浮项目部

中国港湾建设(集团)总公司三航局上海分公司"港建劲旅"青年项目管理部

中国港湾建设(集团)总公司一航局长江口项目部

中国路桥(集团)总公司中交第一公路勘察设计研究院桥梁分院

中国路桥(集团)总公司第一公路工程局一公司合徐项目

中国路桥(集团)总公司西安筑路机械有限公司计算机信息部

中国路桥(集团)总公司中交公路规划设计院大桥办

中国普天信息产业集团公司北京首信科技公司电信软件事业部

中国普天信息产业集团公司普天东方通信制造事业部系统制造生产部

中国中旅(集团)公司北京丽都假日饭店前厅部电话班

中国中旅(集团)公司中旅大厦客房部楼层组

中国航空油料集团公司云南公司航空加油站

攀枝花钢铁(集团)公司冷轧厂镀锌机组

攀枝花钢铁(集团)公司炼钢厂连铸浇钢

攀枝花钢铁(集团)公司新钢钒股份有限公司炼铁厂6号烧结机

攀枝花钢铁(集团)公司新钢钒股份有限公司氧气厂点检站

中国长江航运(集团)总公司货运总公司武汉船务公司长江22039号

中国长江航运(集团)总公司货运总公司武汉船务公司长江22022轮

上海船舶运输科学研究所机舱监控自动化项目组

彩虹集团公司彩管一厂ITC组

中国葛洲坝集团机电建设有限公司三峡机电金结制造安装项目部

中国葛洲坝集团三峡机电安装工程施工项目部

二、新命名的

中国航天科技集团公司第一研究院第一设计部运载火箭型号总体研究设计室

中国航天科工集团公司三院一五九厂质量处技术组

中国航空工业第二集团公司哈尔滨航空集团微发股份206车间总装生产线

中国兵器工业集团公司北方工业公司北方物业开发公司中控室

中国南方电网有限责任公司超高压输电公司平果局500KV平果变电站

中国南方电网有限责任公司玉林供电局玉林变电站

中国南方电网有限责任公司广电集团中山供电客户服务中心

中国华能集团公司华能国际电力股份公司井冈山电厂检修部炉控班

中国华能集团公司重庆珞璜发电有限责任公司珞璜电厂运行部二值

中国大唐集团公司大唐国际唐山热电有限责任公司运行#7机控制室

中国大唐集团公司户县热电厂检修部汽机本体班

中国华电集团公司华电国际十里泉电厂电气专业公司变电班青年安全文明岗

中国长江三峡工程开发总公司三峡水力发电厂运行部

神华集团国华电力公司天津国华盘山发电有限责任公司发电部运行三值

中国电信集团公司陕西省电信有限公司商洛市分公司北新街营业厅

中国网络通信集团公司济宁市分公司客户服

务中心114查号台

中国联合通信有限公司北京分公司车公庄营业厅

中国移动通信集团公司陕西移动通信有限责任公司延安分公司中心街营业厅

中国电子信息产业集团公司武汉中原电子集团有限公司研发中心抗干扰室

东风汽车公司东风股份有限公司汽车分公司一总装作业部总装配线

中国第一重型机械集团公司重型装备制造分厂装配一组

哈尔滨电站设备集团公司哈尔滨电机厂有限责任公司大电机研究所水力设计组

中国东方电气集团公司东方气轮机厂主机一分厂大件工段钳工班

鞍山钢铁集团公司新钢铁化工总厂三炼焦车间调火班

上海宝钢集团公司一钢公司炼钢厂连铸车间浇铸作业区乙班3号机组

武汉钢铁集团公司武汉钢铁股份有限公司冷轧生产线

中国远洋运输集团总公司大连远洋运输公司"远大湖"轮

中国航空集团公司国航股份浙江分公司西子空乘组

中国东方航空集团公司东方航空股份有限公司河北分公司石家庄售票处

中国南方航空集团公司客货代理有限公司国际客运部

中国中煤能源集团公司北京煤矿机械厂液压元件分厂张雅东数控班

中国冶金建设集团公司十七冶上海不锈钢工程项目经理部

北京有色金属研究总院有研稀土新材料股份有限公司金属及特种合金事业部

中国北方机车车辆工业集团大连机车车辆有限公司技术开发部机车二室

中国北方机车车辆工业集团长春轨道客车股份有限公司铁路客车开发部车体组

中国南方机车车辆工业集团四方机车车辆股份有限公司转向架分厂侧梁班

中国南方机车车辆工业集团株洲电力机车研究所安全装备事业部

中国铁路工程总公司中铁三局运输公司二运段机服队SS40911电力机车包乘组

中国铁道建筑总公司十六局集团铁运公司神朔铁路运输指挥部

中国路桥集团总公司国际建设股份有限公司北京工程部青岛路面项目经理部

中国普天信息产业集团公司武汉普天通信设备集团有限公司技术中心

中国长城计算机集团公司湖南计算机产业集团板卡生产线

中国煤炭地质总局湖北局物测队物探处技术组

中国民航信息集团公司中国航空结算中心国内业务部客运审核科

中国航空油料集团公司黑龙江分公司哈尔滨第二油库

中国电力工程顾问集团公司华北院工程有限公司发电分公司热机室

中国水利水电建设集团公司第七工程局三分局青年突击队

攀枝花钢铁(集团)公司冷轧厂轧钢车间冷轧酸轧机组

中国长江航运(集团)总公司重庆公司江山7轮客房部

天津水泥工业设计研究院中天仕名科技集团有限公司研发中心

中国葛洲坝集团公司第五工程有限公司1800号挖泥船

海关系统

一、继续认定的

北京海关报关厅

天津新港海关查验处查验一科

天津机场海关旅检科
满洲里海关驻十八里办事处
长春经济技术开发区海关
上海海关调查局调查处青年办案组
苏州海关报关厅
苏州工业园区海关
南京海关驻禄口机场办事处旅检科
南通海关查验科
常熟海关
杭州海关驻邮局办事处申报台
北仑海关驻港区办事处物流监控科
黄山海关报关厅
铜陵海关报关厅
东渡海关货运机检科
吉安海关报关厅
广州白云机场海关非贸物品监管科
皇岗海关货运机检二科
拱北海关行李物品监管处缉毒组
成都双流机场海关旅检二科
重庆海关驻机场办事处
贵阳海关现场业务处
拉萨海关驻贡嘎机场办事处
西安咸阳机场海关旅检科
红其拉甫海关
塔城海关报关厅
阿拉山口海关查验二科
霍尔果斯海关查验二科
吐尔尕特海关

二、新命名的

首都机场海关旅检处
天津经济技术开发区海关查验科
太原机场海关
包头海关报关厅
大连港湾海关(筹)通关业务科
沈阳海关驻桃仙国际机场办事处
长春海关现场业务处监管科
大庆海关综合业务科
上海浦东国际机场海关旅检处旅检一科
张家港海关报关厅
杭州萧山机场海关报关厅
宁波海关驻机场办事处旅检科
阜阳海关报关厅
福州海关驻长乐机场办事处旅检科
厦门海关驻同安办事处大嶝监管科
南昌海关现场业务处驻昌北机场办事处
黄岛海关通关处
郑州海关驻铁路东站办事处通关科
武汉海关驻江汉办事处通关科
番禺海关南沙港非贸物品监管科
汕头海关驻港口办事处查验科
桂林海关驻机场办事处
海口海关现场业务处通关科
万州海关
绵阳海关
瑞丽海关监管科
宝鸡海关
西宁海关报关厅
银川海关业务处
伊宁海关报关厅

质检系统

一、继续认定的

北京出入境检验检疫局检务处产地证科
北京首都机场出入境检验检疫局旅检处
天津东港出入境检验检疫局检务科
天津空港出入境检验检疫局检务处报检科
内蒙古二连浩特出入境检验检疫局公路口岸科
内蒙古满洲里出入境检验检疫局植检处
吉林出入境检验检疫局检务处签证科
吉林珲春出入境检验检疫局圈河办事处
黑龙江黑河出入境检验检疫局大黑河岛办事处
黑龙江绥芬河出入境检验检疫局检务科
黑龙江绥芬河出入境检验检疫局铁路办事处综合科

上海吴淞出入境检验检疫局动植物和食品检验检疫科
上海出入境检验检疫局航交所办事处
上海检验公司
江苏南京出入境检验检疫局机场办事处
江苏常熟出入境检验检疫局检务科
江苏南通出入境检验检疫局化矿实验室
浙江温州出入境检验检疫局报检厅
浙江绍兴出入境检验检疫局检务处
安徽马鞍山出入境检验检疫局综合业务科
安徽出入境检验检疫局报检大厅
安徽黄山出入境检验检疫局综合业务科
湖北出入境检验检疫局三峡工程办事处
福建马尾出入境检验检疫局检务科
福建出入境检验检疫局检务处
福建宁德出入境检验检疫局检务科
福建莆田出入境检验检疫局检务科
福建福清出入境检验检疫局检务科
福建晋江出入境检验检疫局检务科
福建泉州出入境检验检疫局检务科
厦门出入境检验检疫局机场办事处综合科
江西出入境检验检疫局报检签证大厅
江西赣州出入境检验检疫局综合业务科
江西上饶出入境检验检疫局检务窗口
山东青岛出入境检验检疫局化矿金实验室
山东威海出入境检验检疫局检务与综合业务科
山东烟台出入境检验检疫局动检处
广东中山出入境检验检疫局小榄办事处
广东东莞出入境检验检疫局凤岗办事处
广东广州出入境检验检疫局食品实验室
广东湛江出入境检验检疫局化矿检验鉴定处登轮科
广东惠州出入境检验检疫局惠阳办事处
深圳笋岗出入境检验检疫局动物检验检疫科
海南出入境检验检疫局检务处签证岗
广西东兴出入境检验检疫局货检组
广西柳州出入境检验检疫局检务鉴定科
广西出入境检验检疫局检务处
重庆出入境检验检疫局法规与执法稽查科
云南国际旅行卫生保健中心
陕西出入境检验检疫局机场办事处旅检科
新疆阿勒泰出入境检验检疫局
北京市质量技术监督信息研究所代码室
山西省质量技术监督局计量产品质量监督检验站
山西省纤维检验局棉花监督科
吉林省标准研究院代码室
吉林市技术监督情报所
上海市产品质量监督检验所食品化工室
江苏省技术监督情报研究所组织机构编码管理技术中心
江苏盐城质量技术监督局服务大厅
江苏徐州市产品质量监督检验所食品部
浙江省物品编码中心
江西省质量技术监督稽查总队
山东东营质量技术监督局东营区分局综合业务科
山东淄博质量技术监督稽查大队
河南省信阳市质量技术监督局平桥区分局稽查队
广东中山市质量技术监督稽查大队
海南省质量技术监督标准与信息所
重庆市荣昌县产品质量监督检验所
甘肃省标准计量情报研究所代码办公室
青海省出租车计价器计量检测中心

二、新命名的

天津出入境检验检疫局通关业务处报检科
内蒙古包头出入境检验检疫局综合业务科
辽宁丹东出入境检验检疫局口岸查验一科
江苏连云港出入境检验检疫局检务处
浙江湖州出入境检验检疫局检务处
宁波出入境检验检疫局机场办事处旅检科
厦门出入境检验检疫局检务处
江西吉安出入境检验检疫局综合业务科
山东青岛出入境检验检疫局检务处

天津市质量技术监督稽查大队
内蒙古自治区质量技术监督信息中心
吉林省产品质量监督检验院业务部接待窗口
上海市金银饰品质量监督检验站无损检测组
浙江省标准化研究院
福建省技术监督情报研究所代码办证窗口
山东省质量技术监督局组织机构代码办公室
河南洛阳市质量技术监督局涧西区分局

民航系统

一、继续认定的

民航华北空管局终端管制中心塔台进近管制室
民航华北空管局气象中心预报室
民航太原空管中心区域管制室
民航呼和浩特空管中心区域管制室
中国国际航空股份有限公司客舱服务部三分部“金凤”一组
中国国际航空股份有限公司客舱服务部二分部“金凤”二组
中国国际航空股份有限公司飞行总队第三飞行大队三中队
中国国际航空股份货运航空有限公司北京运营基地特运室
中国国际航空股份有限公司西南分公司地面服务部要客室
中国国际航空股份有限公司西南分公司飞行五中队
中国国际航空股份有限公司成都飞机维修基地航线维修部机电分部 B737 维护组
中国国际航空股份有限公司西南分公司乘务部“蓝色旅途”乘务组
中国国际航空股份有限公司重庆分公司客舱服务部“红岩”乘务组
中国国际航空股份有限公司重庆分公司客舱服务部“银鹰”乘务组
中国国际航空股份有限公司工程技术分公司呼和浩特飞机维修基地定检维修分部
中国国际航空股份有限公司内蒙古分公司客舱服务部“百灵”乘务组
中国国际航空股份有限公司内蒙古分公司运行分控中心签派室
中国国际航空股份有限公司工程技术分公司飞机维修基地航线车间三工段
中国航空集团公司资产管理公司民航徐州设备修造厂一车间钳工班
中航集团民航快递有限责任公司广州分公司物流部
首都机场集团公司要客部服务中心
首都机场集团动力能源公司暖通分公司集中供热站运行班
首都机场集团动力能源公司水电分公司供电站 110KV 变电站
北京首都国际机场股份有限公司航空保安部安检部一科
北京首都国际机场股份有限公司运行管理部消防支队一中队
北京空港航空地面服务有限公司客运部国际值机室
首都机场集团天津滨海国际机场公安分局候机楼派出所
首都机场集团天津滨海国际机场运输服务部问询台
首都机场集团天津滨海国际机场安检站旅检科
华南蓝天航空油料有限公司湖北分公司武汉航空加油站
中国航空油料西北公司咸阳国际机场航空加油部
中国航空油料东北公司大连分公司航空加油站
中国航空油料新疆公司航空加油站三分队
中国航空油料重庆分公司航空加油站
北京天航信民航通信网络发展有限公司网络部
中国航空结算中心海外业务部 BSP 数据处理

中心
民航第二研究所信息技术分公司
民航总医院骨科
民航华东空管局终端管制中心进近管制室
山东民航客货销售公司市内售票处
民航合肥售票中心
江西机场集团公司安全护卫部旅检科旅检二组
民航厦门航务管理站航行气象处航行科
杭州萧山国际机场航空地面服务公司服务部
南京禄口国际机场有限公司安检护卫部安检科
南京禄口国际机场有限公司要客服务室
温州航空实业有限公司客运分公司
中国东方航空股份有限公司客舱部“凌燕”青年乘务示范组
中国东方航空股份有限公司上海保障部客运部“温馨组”
中国东方航空股份有限公司上海保障部客运部“穿梭中国”中转部
中国东方航空股份有限公司飞机维修基地航线部维修规范岗
中国东方航空股份有限公司市场营销部上海营业部售票处
中国东方航空股份有限公司山东分公司青岛飞行部“鲁燕”乘务示范组
中国东方航空股份有限公司山东分公司市场销售部东海路售票处
中国东方航空股份有限公司江西分公司飞行部乘务中队“赣燕”乘务示范组
中国东方航空股份有限公司安徽分公司飞行部乘务一中队“皖燕”乘务示范组
中国东方航空股份有限公司安徽分公司飞行部乘务二中队“黄山”乘务示范组
中国东方航空江苏有限公司客舱服务部“苏燕”乘务示范组
中国东方航空江苏有限公司“苏鹰”飞行示范组
东航江苏有限公司客运服务部“苏馨”值机服务组
中国东方航空股份有限公司山西分公司市场销售部太原售票处
中国东方航空股份有限公司山西分公司客舱部“白鸽”乘务示范组
中国东方航空股份有限公司山西分公司客舱部“银鸽”乘务示范组
中国东方航空股份有限公司甘肃分公司市场销售部客运处地面服务室
东航武汉有限责任公司运行服务部“楚燕”乘务示范组
上海东方航空实业有限公司汽车修理厂升降平台车维修小组
中国东方航空西北公司客舱服务部“如意”乘务示范组
中国东方航空西北公司飞机维修基地航线部特种车辆车间一工段
中国东方航空西北公司地面服务部服务处问讯及特殊服务小组
中国东方航空西北公司货运部咸阳机场货运站国内营业室
中国东方航空云南公司客舱服务部“金孔雀”乘务组
中国东方航空云南公司客舱服务部“云莺”乘务组
中国东方航空云南公司客运销售部中心售票处
上海机场(集团)虹桥国际机场公司候机楼管理分公司旅客服务科电话问讯室
上海机场(集团)虹桥国际机场公司候机楼管理分公司旅客服务科贵宾室
上海机场(集团)虹桥国际机场公司安检护卫分公司安检一科一分队
上海机场(集团)虹桥国际机场公司运行保障分公司供电科灯光组
上海国际机场股份公司候机楼管理分公司服务部现场问询“翔音组”

上海航空股份有限公司客舱服务部"金鹤"示范乘务组
上海航空股份有限公司客舱服务部"银鹤"示范乘务组
上海航空股份有限公司中心售票处
上海航空股份有限公司商务部顾客服务中心
上海航空股份有限公司商务部客运处客运虹桥站
厦门航空有限公司客舱服务部乘务分部
厦门航空有限公司运输服务部旅客服务处值机室
厦门国际航空港集团有限公司地勤服务有限公司运行服务科
厦门国际航空港集团有限公司安检护卫中心旅检科三班
山东航空股份有限公司客舱服务部"彩虹"乘务队
山东航空股份有限公司市场部济南营业部
民航中南空管局终端管制中心塔台管制室
民航中南空管局气象中心预报室
郑州机场地面服务处旅客服务部
郑州机场安检站旅检一中队一分队
湖南省机场集团公司长沙黄花国际机场地勤保障服务部客运部候机室
民航长沙空管中心航务管理部区域管制室
民航海口空管中心技术保障部
民航郑州空管中心航务管理部区域管制室
民航新时代设计院广州分公司质量组
桂林两江国际机场地勤服务总公司服务部服务队
湖北省机场集团公司武汉天河机场场务修缮公司灯光动力部
湖北省机场集团公司武汉天河机场公安分局候机楼派出所
中国南方航空股份有限公司客舱部乘务二部"春风"乘务示范组
中国南方航空股份有限公司客舱部乘务一部"春晖"乘务示范组
中国南方航空股份有限公司地面服务保障部航班不正常处理室
中国南方航空股份有限公司广州营业部中心售票处"春蕾号"
中国南方航空股份有限公司河南分公司客舱部乘务队"牡丹"乘务组
中国南方航空股份有限公司湖北分公司"楚韵"乘务示范组
中国南方航空股份有限公司湖南分公司乘务队"芙蓉"乘务示范组
中国南方航空股份有限公司海南分公司"含笑"乘务示范组
中国南方航空股份有限公司海南分公司市场营销部中心售票处
中国南方航空海南分公司客舱部"天涯知己"乘务组
中国南方航空股份有限公司深圳公司客舱服务部"木棉"乘务示范组
南航汕头航空有限公司客舱服务部"虹云"乘务示范组
南航珠海航空有限公司客舱部"明珠"乘务示范组
广州飞机维修工程有限公司地面保障设备部特种车辆修理分队
广州南方航空报关有限公司
中国南方航空北方分公司客舱部"微笑"共青团乘务示范组
中国南方航空北方分公司营运部地面服务处服务室
中国南方航空北方分公司沈阳维修基地发动机车间
中国南方航空吉林分公司维修厂三车间
中国南方航空黑龙江分公司维修厂麦道车间
中国南方航空北方分公司营运部马路湾售票处
中国南方航空吉林分公司中心售票处
中国南方航空北方分公司"银燕"共青团乘务组

中国南方航空大连分公司950333客户服务呼叫中心
中国南方航空新疆分公司客舱部“雪莲”示范乘务组
中国南方航空新疆分公司客舱部“蓝天”示范乘务组
中国南方航空新疆分公司地面服务公司旅客服务部机场问询处
中国南方航空新疆分公司营运部售票处客运室
中国南方航空新疆分公司乌鲁木齐维修基地五车间电气工段
广州白云国际机场公安局刑警支队
广州白云国际机场易登机商旅服务公司政务贵宾室
广州白云国际机场股份有限公司航空护卫分公司一中队
广州白云国际机场股份有限公司航空护卫分公司三中队
广州白云国际机场股份有限公司旅客服务分公司天龙酒家烧腊房
广州白云国际机场易登机商旅服务有限公司售票处直销室
广州白云国际机场宾馆饮食部贵宾房服务组
民航广州医院门急诊护理组
深圳航空有限责任公司乘务部乘务大队
深圳航空有限责任公司商务售票处
深航货运有限公司燕南路营业部
深圳机场承远航空加油站
深圳市机场股份有限公司旅客服务部服务科
深圳宝安国际机场安检站旅检二分队
海南航空股份有限公司乘务大队“飞鹿”乘务组
海南航空股份有限公司海口乘务队
民航西南管理局办公室秘书档案科
民航西藏区局候机楼管理部服务科
民航西南空管局成都管制中心塔台管制室
民航西南空管局气象中心预报室
重庆机场集团有限公司公安局交巡警支队
重庆机场集团有限公司地面服务部客服部总服务台
贵州机场集团有限公司客运部贵阳营业处
云南机场集团公司大理机场营运科
四川省机场集团成都双流国际机场股份有限公司安全检查站安检一科
中国航空油料西南公司成都航空加油站
民航西藏区局客运销售部拉萨售票处
中国民航飞行学院广汉分院机务工程部“团员安全监督岗”
中国民航飞行学院洛阳分院航站安检站
四川航空股份有限公司客舱部乘务队“心连心”乘务组
四川航空股份有限公司机务工程部维修一队三分队
四川航空股份有限公司机务工程部维修三队三分队
民航西北空管局西安区域管制室
西安咸阳国际机场公安分局机场派出所
西安咸阳国际机场现场运行中心灯光站
甘肃省机场集团公司机场派出所
宁夏机场集团有限公司航空服务公司市场销售部
民航兰州空管中心航务管理部区域管制室
民航东北空管局沈阳空管运行中心气象中心预报室
民航东北空管局哈尔滨空管中心航管部管制室
黑龙江省机场管理集团有限公司民航哈尔滨中心售票处
吉林省民航机场集团公司长春机场候机室
沈阳桃仙国际机场安全检查站安检一科
大连周水子国际机场集团公司公安分局派出所
大连周水子国际机场集团公司商贸公司免税店
民航新疆空管局通信导航处莎车导航站
新疆机场集团公司消防护卫部消防大队飞行

区消防站
新疆民航酒店管理公司机场宾馆客房服务组

二、新命名的

民航华东空管局宁波空管站航务管理部气象预报室
民航中南空管局珠海进近管制中心管制室
成都双流国际机场贵宾服务中心贵宾服务部
民航西北空管局通信导航总站宁陕导航台
沈阳桃仙国际机场股份有限公司旅客服务公司贵宾部
民航新疆空管局管制中心区域管制室三组
中国国际航空股份有限公司市场营销部北京营业部要客公务员室
中国东方航空股份有限公司云南公司“凌云”机组
中国南方航空贵州航空有限公司“云鹤”乘务组
中国南方航空新疆分公司飞行部一大队一中队“天鹰组”
华南蓝天航空油料公司广东分公司广州航空加油站
民航第二研究所六维航化有限责任公司
吉林省民航机场集团公司安全检查处检查科
福州国际航空港有限公司安检护卫中心旅检科
深圳市机场国际航空销售有限公司贵宾厅
陕西省机场管理集团公司迅邦达贵宾服务中心

旅游系统

一、继续认定的

北京

北京国际会议中心一层服务班组
北京商务会馆前厅部
新世纪饭店客房预订组
北京民族饭店磨坊咖啡厅
京都信苑饭店香榭丽寨咖啡苑
昌平区十三陵特区办事处定陵博物馆
国际饭店礼宾部行李房
昆仑饭店保卫部前厅门卫
中国职工之家客房部
北京饭店中华礼仪餐厅
西苑饭店餐饮部宴会服务班
前门全聚德烤鸭店餐厅组
首汽集团公司国宾队
颐和园管理处殿堂队德和园班
长富宫饭店宴会厅青年班组
北海公园琼岛景区
世界公园安保部
北京中华民族园
天坛公园回音壁殿堂班
中国人民解放军空军航空博物馆团委
建国饭店西餐厅
港澳中心电话总机班
北京长城饭店茶园餐厅
北京五洲大酒店总机班

天津

利顺德大饭店中餐厅
水晶宫饭店中厨房集体
友谊宾馆客房服务中心
利顺德大饭店白金汉宫宴会厅
水晶宫饭店西餐服务组
友谊宾馆营销小组
蓟县盘山风景名胜区索道公司
塘沽海滨旅游度假区温泉游乐宫
天津市大亚旅行社导游部

河北

邯郸宾馆总服务台
石家庄市平山县天桂山景区管理处
秦皇岛市海燕国际旅行社有限责任公司
河北宾馆金燕都餐厅
秦皇岛市山海关老龙头景区管理处
承德避暑山庄管理处群工部
石家庄市国际大厦客房部12—15楼班组
唐山饭店餐饮部美食林宴会服务班
廊坊市天都大酒店
遵化中国国际旅行社北京接待中心

山西

山西商务国际旅行社(有限公司)

山西省煤炭运销总公司愉园温泉度假村前厅部
山西大酒店客房部
大同云冈石窟文物研究所宣传接待部
太原市晋祠博物馆群工部
太原市迎泽宾馆客房部
大同云冈宾馆有限责任公司客房部七楼班组
太原愉园大酒店客房部前厅岗

内蒙古

包头市公交运输集团大自然旅游有限责任公司
满洲里市友谊宾馆
呼和浩特市新城宾馆八号楼青年集体
呼伦贝尔市巴彦呼硕旅游度假村
呼伦贝尔宾馆餐饮部
集宁映山大厦贵宾楼
巴盟电力大酒店

辽宁

辽阳汀洲大酒店有限公司餐饮部
鞍山中国国际旅行社国内部
张氏帅府博物馆宣教部
大连中国青年旅行社
沈阳市凤凰饭店客房部
大连天富大酒店前台接待部
本溪水洞管理处导游班
凤凰山风景名胜区管理局山门管理科
鞍山玉佛苑青年导游服务班
抚顺友谊宾馆客房部
大连博览大酒店康乐中心
抚顺雷锋纪念馆

吉林

长春宾馆餐饮部宴会厅
四平宾馆客房部
长春香格里拉大饭店宴会及会议统筹部
集安市翠园宾馆客房部
吉林省宾馆客房部
长春市长白山宾馆客房部
吉林市银河大厦总服务台
长春市乐府大酒店客房部
长春华侨饭店客房部
长春市伪满皇宫博物院宣教部

黑龙江

大兴安岭兴安湖度假村
大兴安岭国际旅行社
哈尔滨青年国际旅行社国内部
五营国家森林公园
齐齐哈尔市白鹤宾馆旋转餐厅
黑龙江省中国青年旅行社港台部
哈尔滨天鹅饭店餐饮前厅部
哈尔滨观光国际旅行社外联部
大庆市铁人纪念馆
哈尔滨市马迭尔宾馆总服务台
大庆宾馆总服务台
哈尔滨铁道国际旅行社国际部
黑龙江省旅游培训中心培训部
哈尔滨铁路分局旅游公司黑河号列车
牡丹江北山宾馆

上海

上海市南京饭店总台小组
虹桥宾馆食府班组
上海国旅英语接待部青年导游小组
上海锦江饭店前厅礼仪班组
上海海仑宾馆索菲特俱乐部
静安宾馆应接青年服务班
春秋国际旅行社国内部门市营业部小组
银河宾馆客房部 VIP 班组
衡山宾馆客房部一号电梯班组
新锦江大酒店青年国宾接待班组
华亭宾馆宴会厅
和平饭店客房部北四楼青年班组
上海大厦前厅销售部大堂班组
华东大酒店房务部总台班组

江苏

南京中央大酒店有限公司总服务台
常州大酒店前厅青年集体
镇江宾馆礼宾部
扬州市外事旅游实业公司游船部导游讲解组
南京金陵饭店中餐部佳宾厅

南京夫子庙旅游商贸区
苏州市虎丘山风景区管理处检票组
徐州市云龙山观景台管理所
南通文峰大世界总服务台
连云港连岛海滨浴场
常州江南春宾馆客房服务一班
溧阳市天目湖宾馆餐饮部
张家港国贸酒店前厅部
无锡大饭店有限公司总机商务班
盐城市盐阜宾馆房务部迎宾苑服务班

浙江

温州湖滨饭店客房部
中国远洲国际大酒店前厅部
嘉兴国际旅行社有限公司
杭州楼外楼实业有限公司东厅接待部
杭州望湖宾馆望湖楼餐厅
宁波亚洲华园宾馆商务中心
杭州香格里拉饭店商务中心
温州华侨饭店客房部
杭州大华饭店“共青团服务楼”
台州市凤凰山庄房务中心
奉化市溪口台胞服务中心
杭州大厦总台
湖州国际大酒店总服务台
舟山市普陀山息耒小庄保安部

安徽

黄山市云松宾馆餐饮部宴会组
九华山旅游发展股份有限公司缆车分公司站务班
安徽顺达旅行社金寨路营业部
合肥明珠国际大酒店前厅部
六安市寿县寿州宾馆客房部
池州市九华山庄前厅部
安徽饭店主楼客房服务班
黄山西海饭店总服务台
黄山北海宾馆总服务台
黄山云谷索道贵宾室
池州市九华山索道公司
芜湖市铁山宾馆竹苑楼
安庆市安庆迎宾馆御苑餐厅
马鞍山市林散之艺术馆
黄山狮林大酒店总服务台
滁州市红三环大酒店有限责任公司客房部
淮北市相王府宾馆总服务台
巢湖市临湖宾馆客务部

福建

连城县冠豸山风景名胜区石门湖管理站
龙海市角美旅游服务总公司国内旅游部
武夷山庄贵宾楼服务班组
漳州大酒店总机班
福州大饭店
泰宁县金湖导游服务公司
泉州酒店客房部
厦门鹭江宾馆总台
福建外贸中心酒店客房部
福建青旅航空服务有限公司
永安市桃源洞风景区导游班组

江西

江西宾馆尽美苑餐厅
庐山量璐宾馆客房部
鹰潭龙虎山旅游集团公司导游管理所
新余市北湖宾馆客房部
九江市五丰宾馆前厅部
南昌市青山湖宾馆客房部
南昌市江西宾馆客房部七楼小组
景德镇宾馆客房部二班
庐山宾馆客房部
南昌市滕王阁管理处接待科
九江宾馆餐饮部居易山庄服务小组
抚州温泉宾馆客房部
萍乡市安源宾馆宴会厅
赣州市虔城大酒店客房部

山东

山东鲁能信谊有限公司贵友大酒店餐饮部宴会组
泰山索道中天门分公司运营科乙班

青岛海景花园大酒店客房部
烟台市中心大酒店客房服务一班
舜耕山庄总服务台
威海卫大厦鲁苑厨房
青岛海天大酒店东来顺餐厅
蓬莱市蓬莱阁管理处导游科
泰安市博物馆导游部
青岛崂山风景区奇石馆
威海刘公岛景区甲午海战馆导游讲解班
潍坊富华游乐园摩天轮、过山车机组
济南市贵都大酒店餐饮部
菏泽南华牡丹大酒店前厅部
临沂陶然居大酒店餐饮部
曲阜孔子六艺城艺术团
淄博中国古车博物馆

河南

新乡市九州宾馆客房部
许昌市桃园国际大酒店云天楼餐厅
平顶山友好旅行社有限公司
驻马店西园宾馆客房部
南阳宾馆紫竹园餐厅服务班
新乡宾馆客房部
郑州市嵩山饭店餐饮部7号楼餐厅
郑州市嵩山少林旅行社接待部
开封包公祠讲解组
安阳市殷墟博物苑讲解班
洛阳市新友谊大酒店客房部礼宾班
濮阳宾馆贵宾楼服务班
焦作市月季大酒店餐饮部
三门峡明珠宾馆房务部前厅部
安阳宾馆四号楼服务组
许昌大酒店客房部
开封清明上河园有限公司保卫科

湖北

长江轮船海外旅游总公司神州轮
武当山索道有限公司索道站
武穴龙潭宾馆前厅部
黄鹤楼公园管理处主楼科
湖北康福国际旅行社有限公司
襄樊市隆中风景名胜区导游接待班
武汉市东湖磨山管理处旅游接待部
宜昌国际大酒店前厅部
十堰商业贸易大厦客房部
赤壁市金桥宾馆青年集体
荆门市八方国际大酒店客房部

湖南

长沙华天大酒店礼宾部
张家界市青年旅行社
株洲市金龙大酒店客房部
衡阳市雁城宾馆共青团文明楼
资兴市东江湖风景旅游区兜率岛景点
湖南省中国青年旅行社导游部
张家界市琵琶溪宾馆客房部二号楼服务班
岳阳市中银大酒店前厅部
常德市华都大酒店餐饮部
吉首市湘西民族宾馆前厅部
郴州国际大酒店前厅部

广东

梅州大埔县虎山宾馆
潮州市中国旅行社有限公司
阳江国际大酒店丰泽园餐厅
东莞市国际旅行社前台
湛江海滨宾馆六号楼服务班
中山国际酒店前台部
广州市中国大酒店酒水部
白天鹅宾馆管家部机动综合班
广州酒家正店三楼班组
深圳世界之窗有限公司表演部日本园
佛山市旅游总公司旅游部
深圳锦绣中华发展有限公司中国民俗文化村
深圳世界之窗
广州白云山云台花园
肇庆七星岩游览公司龙岩洞讲解班
江门市恩平金山温泉度假酒店前厅部
南海市中旅集团公司云影琼楼酒店前台
万绿湖风景区票务部

韶关市东明商贸有限公司广客隆金沙商场
南海市迎宾馆客房部
罗浮山旅游开发总公司门楼管理部
广西
玉林市振林宾馆前厅部
梧州市五丰大酒店前厅部
天湖酒店前台班
柳州饭店四号楼餐厨班
南宁邕江宾馆大堂酒吧
桂林榕湖饭店榕湖楼餐厨组
桂林芦笛公园女子导游班
柳州饭店前厅接待组
梧州市五丰大酒店房务部
桂林宾馆前厅部
凭祥市园林大酒店
桂林漓江游船公司桂海 27 号船组
桂林漓江游船公司八桂 17 号船组
桂林漓江游船公司山水 18 号船组
海南
康乐园海航度假酒店前台接待服务班
海南金银岛大酒店餐饮部
三亚市山海天大酒店礼宾部
琼海金芙蓉度假村房务部
兴隆金银岛大酒店前厅部
三亚明珠海景酒店客房部 A 座服务班组
海口市南庄酒店公关部
南山佛教文化苑保安部
海口市金海岸罗顿大酒店前堂部
三亚珠江花园酒店珠江春中餐厅
海南宝华海景大酒店客房部
重庆
涪陵饭店前厅部
万盛石林旅游区讲解组
重庆海逸酒店前台
重庆人民宾馆前厅部东楼前台
大足石刻艺术博物馆宣传讲解组
巫山县小三峡清洁队
重庆市扬子江假日饭店客房部
重庆宾馆客房部服务中心会议组
奉节县白帝城文管所讲解组
武隆县芙蓉洞讲解组
重庆新亚国际旅行社海外部
四川
峨眉山大酒店
宜宾酒都饭店团总支
九寨沟管理局专职消防队
成都市锦江宾馆客房部主五楼小组
成都市岷山饭店客房部三区
峨眉山万年索道有限公司
峨眉山金顶索道公司
长宁县竹海风景区竹海宾馆
峨眉山市红珠山宾馆客房部
九寨沟民族艺术团
贵州
贵州山水旅行社外联接待部
贵州省中国国际旅行社欧美部
贵州铁路通达饭店餐饮部服务班
贵州青年文化旅行社
云南
石林风景名胜区管理局导游组
瑞丽新凯通国际大酒店房务部
西藏
拉萨假日酒店牦牛咖啡厅
西藏宾馆客房部
陕西
陕西历史博物馆宣教部
华山旅游汽车客运有限公司
宝鸡西虢宾馆客房部
华山风景名胜区园林环境卫生管理处
秦始皇兵马俑博物馆宣教部
宝鸡市太白山索道公司
兴平市茂陵博物馆
甘肃
酒泉宾馆
嘉峪关铁道宾馆
嘉峪关君和旅行社有限责任公司

兰州金轮宾馆客房部
天水金龙大酒店
嘉峪关大自然旅行社
兰州丝路旅行社
嘉峪关市长城宾馆餐饮部
嘉峪关关城文物管理所
武威市博物馆
敦煌月牙泉管理处接待部
嘉峪关宾馆客房部
甘肃张掖电力宾馆客房部
兰州假日旅行社
敦煌宾馆
青海
格尔木盐湖大酒店
青海省中国青年旅行社
青海宾馆客房部总服务台
宁夏
宁夏春秋旅行社
宁夏大自然旅行社
宁夏沙湖旅游公司旅游部
新疆
吐哈石油大厦
库尔勒巴音郭楞宾馆客房部
石河子宾馆客房部
库尔勒巴音郭楞宾馆清真餐厅前堂部
吐鲁番市葡萄沟游乐园
新疆生产建设兵团
农四师花城宾馆客房部A楼班组
农五师艾比湖大酒店总服务台
农十师北屯宾馆客房部
新疆伊犁大酒店客房部
新疆徕远宾馆餐饮部零点组
二、新命名的
北京市
亮马河大厦有限公司租赁与物业部
北京朝来农艺园旅游部
天津市
天津喜来登大酒店—宴会厅
天津凯悦酒店电话部
天津热带植物观光园
山西省
太原市中国旅行社
内蒙古
赤峰市喀喇沁旗锦山宾馆
辽宁省
丹东中联大酒店前厅部
吉林省
吉林市雾凇旅行社有限公司
吉林物贸大酒店前厅部
白山市长白山假日旅行社
黑龙江省
黑龙江省哈尔滨西苑宾馆总台
黑龙江省中国国际旅行社日本部
江苏省
盐城瀛洲宾馆房务部
无锡湖滨饭店宴会班
徐州龟山汉墓管理处
扬州新世纪大酒店房务部
浙江省
衢州东方大酒店有限责任公司团委
杭州临平宾馆有限公司前厅部
湖州市德清县莫干山大酒店前厅
浙江省慈溪钱塘国脉大酒店总台
安徽省
合肥园林旅行社
九华山聚龙大酒店
福建省
武夷山青竹山庄客务部
宁德市交通旅行社
江西省
江西省鹰潭华侨大厦有限公司餐饮部
江西宾馆总台小组
井冈山井秀山庄客房部
山东省
滨州贵苑大酒店餐饮部
东营宾馆贵宾楼

日照碧波大酒店餐饮部宴会服务班
青岛崂山风景名胜区北九水游览区管理处
河南省
南阳宾馆总台服务班
河南云台山风景名胜区
林州市红旗渠游览区管理处
湖北省
武汉武大旅行社有限责任公司导游部
中科院武汉植物园科普旅游部
咸宁市阳光酒店有限责任公司
湖北神农溪国际旅行社有限公司
广东
茂名市明湖百货有限公司明湖商场大家电组
梅州市雁南飞景区围龙酒店
广西
梧州市中恒怡景酒店前厅部
宜州市君怡大酒店
桂林市七星景区女子导游班
重庆市
重庆市旅游质量监督管理所(执法大队)执法科
重庆长安旅行社旅游部
重庆渝都大酒店九重天旋转风味厅楼面部
四川省
锦江宾馆前厅部礼宾组
邓小平故里管理局讲解组
青城山旅游索道管理所
贵州省
贵阳市花溪区天河潭风景区管理区
贵州省织金洞风景名胜区管理处导游部
陕西省
陕西省耀州窑博物馆宣教科
宝鸡市陈仓区钓鱼台旅游开发区管理委员会旅游科
甘肃省
天水和平旅行社有限公司
平凉山崆峒山管理局
武威市雷台公园
青海省
西海国际旅行社
宁夏回族自治区
宁夏中国国际旅行社(有限公司)外联接待中心
新疆生产建设兵团
农五师八十七团赛里木宾馆
农九师朝阳宾馆客房部

金融系统

一、继续认定的

中国人民银行
天津分行塘沽中心支行营业部
天津分行黎城县支行
天津分行文安县支行
天津分行平陆县支行
天津分行吉县支行
沈阳分行内审处
沈阳分行抚顺市中心支行调查统计处
沈阳分行长春中心支行营业部与清算分中心
沈阳分行白山市中心支行科技科
沈阳分行大连市中心支行营业部
沈阳分行鞍山市中心支行外汇管理处
沈阳分行铁岭市中心支行国库科
沈阳分行齐齐哈尔市中心支行科技科
上海分行南平市中心支行营业室
上海分行杭州中心支行经常项目管理处出口收汇管理科
上海分行嘉兴市中心支行外汇管理科
上海分行泉州市中心支行营业室
上海分行嘉兴市中心支行营业室
上海分行绍兴市中心支行外汇管理科
南京分行常州市中心支行营业室
南京分行盐城市中心支行营业室
济南分行淄博市临淄区支行
济南分行邹城市支行
济南分行宝丰县支行
济南分行寿光市支行
济南分行邓州市支行
济南分行滑县支行会计国库科

武汉分行万年县支行
武汉分行上高县支行
武汉分行荆门市中心支行科技科
武汉分行襄樊市中心支行营业室
武汉分行余江县支行
武汉分行婺源县支行
武汉分行长沙中心支行营业部
广州分行办公室
广州分行深圳市中心支行营业部
广州分行深圳市中心支行科技处
广州分行柳州市中心支行营业室
广州分行江门市中心支行国库科
成都分行苍溪县支行货币金银科
成都分行蒙自县支行
成都分行贵阳中心支行营业部联行、核算科
成都分行德宏傣族景颇族自治州中心支行科技科
成都分行宜宾市中心支行核算中心
西安分行略阳县支行
西安分行拜城县支行营业部
西安分行湟中县支行
西安分行果洛藏族自治州中心支行信贷与统计科
西安分行石嘴山市中心支行营业部
西安分行海东地区中心支行货币金银科
西安分行富蕴县支行会计发行股
重庆营业管理部资本项目处外资外债科
重庆营业管理部云阳县支行会计国库股
成都印钞公司印钞事业部印码车间彭俊林机台
西安印钞厂印码车间5号机贾新兵台班
南京造币厂造机分厂W160落地镗床机台
沈阳造币厂制模中心设计组
保定钞票纸厂四二车间精抄丙班
昆山钞票纸厂水印车间制网甲班

中国银行业监督管理委员会

中国民生银行上海外滩支行
中国民生银行北京管理部营业部
中国民生银行北京万寿路支行
中国民生银行北京上地支行
中国民生银行深圳分行罗湖支行
招商银行深圳红岭支行
招商银行重庆分行营业部
招商银行沈阳分行营业部个人银行部
招商银行南京分行营业部
招商银行北京分行营业部
招商银行武汉分行营业处营业室会计组
招商银行上海分行徐家汇支行

中国证券监督管理委员会

上海期货交易所市场部
上海证券交易所
大连商品交易所
深圳证券交易所综合研究所
中国银河证券有限责任公司中山证券营业部
中国银河证券有限责任公司厦门美湖路证券营业部
中国银河证券有限责任公司绍兴证券营业部
中国民族证券有限责任公司长春西安大路证券营业部

中国保险监督管理委员会

中国人民财产保险股份有限公司黑龙江省哈尔滨市道里支公司
中国人民财产保险股份有限公司江西省南昌市西湖区支公司
中国人民财产保险股份有限公司福建省南安市支公司
中国人民财产保险股份有限公司上海市分公司国际业务部营业一部
中国人民财产保险股份有限公司天津市分公司国际业务营业部营业三部
中国人民财产保险股份有限公司安徽省淮南市洞山支公司
中国人民财产保险股份有限公司青海省西宁市城中区支公司
中国人民财产保险股份有限公司青海省格尔木市支公司
中国人民财产保险股份有限公司江苏省南京

市下关支公司

中国人民财产保险股份有限公司广东省广州市海珠市支公司业务综合部

中国人民财产保险股份有限公司上海市宝山支公司宝钢办事处

中国人民财产保险股份有限公司山东省泰安市分公司营业部

中国人民财产保险股份有限公司山东省潍坊市分公司理赔/客户服务中心

中国人民财产保险股份有限公司福建省泉州分公司第一营业部

中国人民财产保险股份有限公司湖北省宜昌市葛洲坝支公司

中国人民财产保险股份有限公司河北省唐山国际保险部

中国人民财产保险股份有限公司甘肃省天水市分公司五里铺营业所

中国人民财产保险股份有限公司黑龙江省绥化市北林支公司

中国人民财产保险股份有限公司山东省东阿县支公司

中国人民财产保险股份有限公司四川省宜宾市分公司营业部

中国人民财产保险股份有限公司福州分公司第六营业部

中国人民财产保险股份有限公司甘肃省安西县支公司

中国人民财产保险股份有限公司安徽省铜陵分公司营业部

中国人民财产保险股份有限公司杭州市分公司第一营业部业务二科

中国人民财产保险股份有限公司湖南省衡阳水口山支公司

中国人民财产保险股份有限公司上海市外高桥支公司营业一部

中国人民财产保险股份有限公司广西壮族自治区桂林分公司营业部

中国人民财产保险股份有限公司厦门市湖里区支公司

中国人民财产保险股份有限公司江苏省常熟支公司业务部机动车定损理赔小组

中国人民财产保险股份有限公司天津市经济技术开发区公司营业一部

中国人民财产保险股份有限公司山西省运城分公司营业部

中国人寿保险股份有限公司上海市分公司个险销售部

中国人寿保险股份有限公司湖南省郴州分公司个人业务部

中国人寿保险股份有限公司河北省沧州分公司业务处理中心

中国人寿保险公司广东佛山城区支公司

中国人寿保险股份有限公司内蒙古赤峰市元宝山支公司

中国人寿保险股份有限公司河南洛阳市城东支公司业务科

中国人寿保险股份有限公司江苏南京市城北支公司

中国人寿保险股份有限公司山东临清市支公司

中国人寿保险股份有限公司福建莆田市涵江区支公司

中国人寿保险股份有限公司陕西商州市支公司

中国人寿保险股份有限公司浙江天台县支公司

中国人寿保险股份有限公司山西阳泉市城区支公司

中国人寿保险股份有限公司云南澜沧县支公司

中国人寿保险股份有限公司内蒙古四子王旗支公司

中国人寿保险股份有限公司湖北五峰土家族自治县支公司

中国人寿保险股份有限公司福建邵武市支公司

国家开发银行
总行营业部经营管理处
云南省分行客户二处
四川省分行营运处
陕西省分行评审处
中国农业发展银行
河北省分行营业部营业室
山西省长治市分行营业部
辽宁省阜新市分行营业部
江西省南昌市西湖支行
河南省漯河市分行营业部
湖北省宜昌市分行营业部
新疆维吾尔自治区巴州分行营业部
新疆维吾尔自治区大河沿支行
中国工商银行
北京市王府井支行新东安分理处
北京市翠微路支行玉泉路储蓄所
北京市分行信息科技部海淀区域中心管理系统支持部
北京市新街口支行地安门外大街储蓄所
北京市分行东城支行营业室
天津市天保支行外汇业务部
天津市北站支行个人金融业务专柜
天津市塘沽分行营口道储蓄所
天津市万新村支行个人业务专柜
河北省承德市分行营业部
河北省张家口市分行解放街储蓄所
河北省分行营业部桥西支行营业室
河北省邢台市冶金路支行
河北省邯郸市联纺支行
山西省太原市迎泽支行营业室
山西省太原市迎泽支行金厦分理处
山西省临汾市东大街支行
山西省长治市牡丹支行
山西省太原市大营盘支行大营盘分理处
山西省运城分行广场分理处
山西省阳泉市石卜嘴支行
山西省太原市建设路支行建设北路储蓄所
内蒙古包头市昆区支行包百大楼分理处
内蒙古自治区包头分行东河支行商场储蓄所
内蒙古自治区呼伦贝尔海拉尔支行阿里河路储蓄所
辽宁省盘锦市分行国际业务部
辽宁省抚顺市分行雷锋储蓄所
辽宁省锦州市分行大楼支行
辽宁省本溪市分行解放路支行
辽宁省葫芦岛市分行新华分理处
辽宁省分行营业部太原一分理处
吉林省分行营业部大经路支行长春市三八储蓄所
吉林省吉林市吉化市支行湘潭储蓄所
吉林省长春经济技术开发区支行
黑龙江省哈尔滨市大直支行奋斗路储蓄所
黑龙江省分行营业部西十二支行中央大街第一储蓄所
上海市分行营业部理财室
上海市外高桥保税区支行
上海市南京东路第三支行
上海市分行第一支行
上海市浦东分行证券大厦支行
上海市淮海中路第二支行会计组
江苏省南京市玄武支行营业部储蓄专柜
江苏省扬州市分行营业部
江苏省分行营业部雨花支行西善桥分理处
江苏省镇江市分行中山路储蓄所
江苏省南通市长桥支行
浙江省台州市黄岩区支行营业部业务中心
浙江省杭州市延中支行储蓄专柜
浙江省湖州市分行红旗路分理处
浙江省杭州市解放路支行本级业务部储蓄专柜
浙江省瑞安市支行个人金融业务中心
安徽省合肥市雷锋储蓄所
安徽省淮北市分行相山分理处
安徽省马鞍山分行营业部会计股
安徽省合肥市回龙桥储蓄所

福建省宁德市分行营业部营业厅
福建省福州市闽都支行储蓄专柜
福建省泉州市分行营业部
福建省福州市南门支行储蓄专柜
江西省南昌县莲塘分理处
江西省分行营业部胜利路分理处
江西省九江市分行柴桑分理处
山东省济南市大观园储蓄所
山东省济南市中区支行经十纬二路储蓄所
山东省济南市经二路支行经二纬三路分理处
山东省济南市解放路储蓄所
山东省济南市经二纬十二路储蓄所
山东省潍坊市分行营业部
山东省莱芜市莱城区支行
山东省济南市中区支行七里山西路储蓄所
山东省济南高新技术产业开发区支行
山东省东营市分行东城支行
山东省淄博高新技术产业开发区支行
山东省济南市大观园支行经四纬一路储蓄所
河南省开封市分行南关支行纪念塔分理处
河南省郑州市分行建设路支行建设路分理处
河南省新乡市分行银行卡中心
河南省安阳市分行安钢一生活区分理处
河南省洛阳市分行中州分理处
河南省安阳市分行人民大道分理处
河南省焦作市分行民主路支行三八储蓄所
河南省郑州市政二街支行
河南省分行营业部国际业务部
湖北省武汉市汉阳区支行钟家村储蓄所
湖北省随州市支行营业部
湖北省潜江市支行营业部
湖北省武汉市民航新村支行
湖北省分行营业部青山区支行十九街储蓄所
湖北省荆门市分行石化工业区支行营业室
湖南省衡阳市分行营业部
湖南省长沙市银迅支行储蓄专柜
湖南省长沙市韶山路支行大楼储蓄所
湖南省湘潭市岳塘支行岳塘储蓄所
湖南省长沙市南门口支行南门口储蓄所
广东省中山市张家边支行
广东省广州市署前路支行
广东省佛山市分行向秀丽支行
广东省分行营业部长堤路支行
广东省惠州市分行长寿路储蓄所
广东省汕头市分行大厦储蓄所
广西壮族自治区柳州市分行城中支行解放北路分理处
广西壮族自治区桂林市分行阳桥储蓄所
广西壮族自治区分行营业部桃源路第二分理处
广西壮族自治区柳州市分行鱼峰分理处
广西壮族自治区桂林分行解放东路储蓄所
广西壮族自治区玉林分行解放路分理处
海南省海口市金贸支行
重庆市分行南坪储蓄所
重庆市渝中区支行渝都储蓄所
重庆市九龙坡区支行西郊分理处
四川省成都市草市支行营业室储蓄专柜
四川省分行营业部盐市口支行营业室
四川省达州市通川支行东风路储蓄所
四川省分行营业部春熙支行春熙路储蓄所
四川省分行营业部滨江支行青羊宫支行
四川省泸州市纳溪支行河东储蓄所
四川省自贡市分行沙湾分理处储蓄专柜
四川省南充市顺庆支行茧市街储蓄所
贵州省贵阳市瑞金北路支行瑞北专柜
贵州省分行营业部云岩支行交际处储蓄所
贵州省分行营业部甲秀支行
云南省昆明市银通支行
云南省丽江市新大街分理处
云南省大理州分行营业部振兴街分理处
陕西省西安市高新支行营业室
陕西省铜川分行红旗街储蓄所
陕西省宜川县支行营业部
陕西省西安市咸宁路储蓄所
陕西省咸阳分行个人金融服务中心

陕西省西安市东新街支行
甘肃省分行营业部东岗支行定西南路储蓄所
甘肃省兰州市金城支行营业室
青海省西宁市分行城中支行营业室
青海省分行营业部营业室
宁夏回族自治区石嘴山区支行南街支行
宁夏回族自治区吴忠市裕民支行
新疆维吾尔自治区昌吉州分行延安中路分理处
新疆维吾尔自治区石河子市分行百大城分理处
新疆维吾尔自治区分行营业部北京路支行三宫分理处
大连市青泥洼桥分理处
大连市商品交易所支行
青岛市分行龙口路分理处
青岛市分行登州路储蓄所
宁波市分行国际业务部单证处理中心
宁波市分行鼓楼支行鼓楼储蓄所
深圳市分行营业部金融大厦储蓄所
深圳市深圳湾支行营业部
深圳市罗湖支行营业部
厦门市东渡支行
三峡分行葛洲坝支行石子岭分理处
苏州工业园区支行
苏州张家港市城西路储蓄所
总行营业部
中国农业银行
北京市朝阳路北支行
北京市骡马市支行
北京市定福庄支行
天津市光荣道支行
天津市六纬路支行
河北省石家庄市自强支行
河北省秦皇岛市迎宾支行
河北省石家庄市广安支行
河北省石家庄市西城支行
河北省唐山市建设南路支行
山西省大同市振兴支行
山西省运城市河东支行
内蒙古自治区赤峰市元宝山区支行营业部
辽宁省沈阳市砂山支行
辽宁省抚顺市望花支行
辽宁省本溪市分行新华储蓄所
吉林省四平市红嘴支行
吉林省公主岭市支行黄龙办事处
吉林省蛟河支行电脑储蓄专柜
黑龙江省牡丹江市裕源支行
黑龙江省大庆市卧里屯支行
黑龙江省哈尔滨银河支行
上海市浦东分行滨江支行
上海市虹口区大连支行
上海市嘉定区支行
上海市宝山区吴淞支行
上海市普陀区陆家宅支行
江苏省无锡市江海支行
江苏省吴江市盛泽支行东方分理处
江苏省徐州市分行营业部
江苏省江阴璜土支行
江苏省扬州市新区支行
江苏省昆山经济技术开发区支行国际业务部
浙江省杭州市朝晖支行
浙江省杭州市西湖支行
浙江省温州市中山支行中山储蓄所
浙江省绍兴市中心储蓄所
浙江省长兴县支行解放路储蓄所
浙江省义乌中兴支行
安徽省合肥市东陈岗支行营业室
安徽省庐江县支行营业部
安徽省临泉县支行营业部
安徽省宣城分行城中支行
福建省漳州市分行营业部
福建省龙岩市新罗支行营业部
福建省莆田市涵江支行石庭营业所
福建省福州市鼓楼支行营业厅
福建省晋江支行营业部

江西省九江市八里湖支行化纤厂分理处
江西省赣州市分行国商分理处
江西省广丰县支行营业部
山东省泰安石横支行
山东省济南市和平支行
山东省东营基东支行
山东省临沂市兰山区支行营业部
山东省青州市支行营业部
河南省商丘市八一路支行
湖北省武汉市江岸区支行建设大道分理处
湖北省武汉市武昌支行大东门储蓄所
湖北省宜都市支行营业部
湖北省荆州市直属支行泰安分理处
湖南省长沙市城中支行营业部
湖南省永州市零陵支行
湖南省邵阳市昭陵支行朝阳分理处
广东省广州萝岗支行
广东省佛山南海支行国际业务部
广东省佛山顺德支行营业部
广东省广州市西湖路支行
广东省东莞市厚街支行营业部
广东省佛山分行同济支行
广西壮族自治区南宁市天桃支行
广西壮族自治区柳州市分行飞鹅分理处
广西壮族自治区桂林市分分钟支行
海南省分行科技处
海南省万宁市支行兴隆储蓄所
海南省海口华信支行
四川省西昌市支行营业部
四川省巴中市分行平梁营业所
四川省成都市总府支行营业部
四川省绵阳市涪陵区支行营业部
四川省广安市分行营业部
四川省泸州市纳溪支行营业部
重庆市万州市分行营业部营业大厅
重庆市梁平县支行屏锦营业所
重庆市上清寺支行
贵州省水城县支行营业室
贵州省贵阳市青云支行
贵州省贵阳市甲秀支行
云南省建水县支行营业室
西藏自治区山南中心支行营业部
陕西省延安市分行营业部
陕西省咸阳市分行营业部
陕西省渭南分行营业部
陕西省汉中市勉县支行和平路分理处
陕西省分行营业部莲湖路分理处
陕西省汉中市分行营业部
陕西省榆林市分行营业部
甘肃省张掖市城关支行
青海省门源支行青石嘴办事处
青海省格尔木市支行营业室
青海省西宁市城西支行营业室
宁夏回族自治区银川市北京路支行
宁夏回族自治区银川市开发区支行
宁夏回族自治区银川市广场支行南郊支行
新疆维吾尔自治区库尔勒石油支行营业部
新疆维吾尔自治区焉耆县支行营业部
新疆维吾尔自治区乌鲁木齐市中山路支行营业部
新疆维吾尔自治区阿克苏兵团支行营业部
新疆维吾尔自治区巴音郭楞兵团支行营业部
新疆维吾尔自治区阿克苏兵团支行一团营业所
新疆生产建设兵团乌鲁木齐市光明路支行
大连市民生街支行
青岛市四方区支行杭州路分理处
青岛市市北区第一支行京山分理处
宁波市周巷支行食品城分理处
宁波市姜山支行
厦门市滨北支行
厦门市海沧支行新阳分理处
厦门市莲花支行
深圳市国贸支行营业部
深圳市田贝支行
深圳市龙兴支行

深圳市福田支行营业部
中国农业银行总行营业部
中国银行
总行营业部长安处
北京市经济技术开发区支行营业部
北京市西站支行
北京市丰联广场大厦支行
天津市天山路支行储蓄所
天津市泰达大街支行
河北省石家庄市机场路支行储蓄专柜
河北省石家庄市育才支行储蓄专柜
河北省分行营业部零售部
山西省忻州分行长征路分理处
山西省太原市北城支行
山西省朔州分行平朔支行
内蒙古自治区通辽分行东城分理处
内蒙古自治区包头市分行包百大楼分理处
辽宁省鞍山市分行中银储蓄所
辽宁省沈阳市分行营业部储蓄科
吉林省延吉河南街支行营业部
黑龙江省分行营业部储蓄科
黑龙江省齐齐哈尔市分行营业部储蓄专柜
黑龙江省牡丹江市分行营业部储蓄专柜
上海市分行资金计划处交易室
上海市分行结算业务处结算二科
上海市洋泾支行
上海市分行营业部贵宾服务室
江苏省苏州市分行营业部
江苏省南通启东支行储蓄专柜
江苏省南通海门支行营业部
江苏省苏州昆山支行鹿城分理处
浙江省绍兴市分行清道桥支行
浙江省舟山市分行普陀山支行
浙江省杭州市钱塘支行营业部
浙江省台州市黄岩青年东路支行
浙江省台州市温岭支行储蓄专柜
安徽省分行营业部零售业务科
安徽省合肥市三孝口支行营业部
安徽省芜湖市分行营业部
安徽省阜阳分行人民路支行
福建省厦门市分行厦禾支行
江西省分行营业部储蓄专柜
江西省赣州市分行文清路支行
江西省新余市分行渝水支行财会营业部
江西省南昌市省府大院支行
山东省青岛市市南区支行香港西路分理处
山东省东营市西城支行
河南省洛阳分行国际结算部
河南省郑州市陇西支行营业部
河南省郑州市文化支行营业部储蓄专柜
湖北省武汉市沌口支行江汉二桥分理处
湖北省武汉市洪山支行何家垅分理处
湖北省潜江广华支行
湖北省武汉市汉口支行营业部非贸易柜组
湖南省分行营业部
湖南省长沙市八一路支行
广东省惠州分行营业部储蓄专柜
广东省佛山分行南海支行储蓄部
广西壮族自治区梧州市文澜支行
海南省分行营业部个人理财科
海南省海口市海甸支行营业部
四川省双流支行营业部
四川省成都市蜀都大道支行东城根街支行
四川省绵阳分行中心储蓄所
四川省德阳分行营业部
重庆市九龙坡支行中心储蓄所
重庆市万州分行营业部储蓄专柜
云南省开远支行
云南省分行营业部零售业务科
云南省昆明市机场支行
云南省昆明市华山西路支行
西藏自治区分行营业部
陕西省宝鸡分行体育路分理处
陕西省分行营业部综合结算二部
陕西省西安市解放路支行营业部
陕西省西安市四府街支行

甘肃省兰州市广武门支行
青海省西宁市城中支行大什字分理处
青海省西宁古城台支行营业部
宁夏回族自治区分行银川市怀远路支行
宁夏回族自治区分行营业部储蓄专柜
新疆维吾尔自治区乌鲁木齐市解放路支行营业部
新疆维吾尔自治区克拉玛依石油分行通讯路支行
深圳市分行银行卡中心客户服务科
中国建设银行股份有限公司
北京市分行朝阳支行营业部
北京市分行城建支行安华里储蓄所
北京市分行海淀支行科南路储蓄所
北京市分行前门支行永安分理处
北京市分行金安支行
北京市分行清华园支行
天津市分行河西支行平山道储蓄所
天津市分行南开支行王顶堤储蓄所
天津市分行塘沽分行广州道分理处
天津市分行河北支行铁路办事处
河北省分行邯郸铁西办事处
河北省分行石家庄市西大街支行
河北省分行唐山分行营业部
河北省分行衡水市桃城支行
山西省分行营业部
山西省晋城分行营业部
山西省运城分行新绛县支行
内蒙古自治区分行乌海老石旦街分理处
内蒙古自治区分行营业部如意支行电力分理处
辽宁省分行沈阳皇姑支行第一储蓄所
辽宁省分行沈阳铁路支行中兴街分理处
辽宁省分行沈阳沈中支行储蓄专柜
辽宁省锦州市分行营业部储蓄专柜
辽宁省鞍山市分行市府广场储蓄所
吉林省分行公主岭市支行
吉林省分行吉林市分行武汉路分理处
黑龙江省分行哈尔滨市南岗支行储蓄专柜
黑龙江省分行牡丹江市东安支行
黑龙江省分行大庆市分行营业部
上海市分行第五支行业务一部市政小组
上海市分行宝钢支行营业室
上海市分行黄浦支行营业室
上海市分行杨浦支行长阳路办事处储蓄专柜
上海市分行国际业务部国际融资部
江苏省分行南通市启东支行营业部储蓄专柜
江苏省无锡分行学前支行营业室
江苏省徐州市分行营业部营业室
江苏省分行射阳县支行营业部
江苏省分行仪征市支行城南分理处
江苏省分行营业部新街口支行汉中路分理处
江苏省分行直属支行营业部
浙江省分行杭州市宝石支行松木场储蓄所
浙江省分行杭州市高新支行储蓄专柜
浙江省分行温州市瓯海区支行营业部
浙江省分行绍兴市大通支行营业部储蓄专柜
安徽省分行合肥市钟楼支行个人理财中心
安徽省分行合肥市庐阳支行营业部现金柜
安徽省淮北市分行电厂分理处综合柜
福建省分行福州市城北支行储蓄会计专柜
福建省分行晋江市支行
福建省分行莆田市分行储蓄专柜
福建省分行泉州市分行营业部储蓄专柜
江西省分行赣州市分行文清路分理处储蓄专柜
江西省分行南昌市永叔支行储蓄专柜
江西省分行储蓄专柜
山东省分行济宁市城区支行
山东省分行济南市历下区支行营业部
山东省潍坊市分行营业部
山东省分行淄博市齐鲁石化公司专业支行
山东省分行泰安市新汶矿区专业支行
山东省分行济南市泉城支行
河南省分行平顶山分行煤炭支行营业部
河南省分行郑州市金水支行营业部储蓄专柜

河南省分行洛阳市分行库区支行财会部
湖北省分行襄樊市襄城支行
湖北省分行武汉市省直支行储蓄专柜
湖北省分行武汉市长江支行胜利街储蓄所
湖北省分行荆州市新桥分理处
湖北省分行襄樊汽车产业开发区支行营业部
湖南省分行长沙市华兴支行营业部
湖南省分行长沙市芙蓉支行梓园储蓄所
湖南省分行长沙市天心支行长岭支行
湖南省分行郴州市分行南大支行
广东省分行广州市署前路支行
广东省分行广州市登峰支行
广东省分行茂名市分行官渡分理处
广东省分行惠州市分行南湖支行
广西壮族自治区柳州分行储蓄专柜
广西壮族自治区分行南宁市朝阳支行朝阳路分理处
广西壮族自治区分行南宁市新城支行新民分理处
广西壮族自治区分行南宁市民主支行园湖路分理处
广西壮族自治区桂林分行营业部储蓄专柜
海南省分行海口市义龙支行
海南省分行海口市美舍河支行
海南省分行营业部储蓄专柜
重庆市万州分行营业部
重庆市分行高新技术区支行营业部
重庆市分行杨家坪支行营业部
重庆市涪陵分行新星分理处
四川省分行成都市新华支行南郊公园分理处
四川省分行成都市一支行储蓄专柜
四川省分行成都市岷江支行蜀都大厦储蓄所
四川省分行成都市新鸿路支行储蓄专柜
贵州省六盘水市分行共青团储蓄所
云南省大理州分行庆丰支行
云南省分行昆明市城西支行滇池国家旅游度假区分理处
云南省分行昆明市城东支行营业室储蓄专柜
西藏自治区分行城西支行营业厅
陕西省分行西安市友谊东路支行
陕西省分行咸阳渭阳路支行
陕西省分行西安市长乐中路分理处储蓄专柜
陕西省分行蒲城电厂分理处
甘肃省分行兰州市电力支行西固办事处
甘肃省分行兰州市电力支行住房城建办事处
甘肃省分行兰州市铁路支行营业部营业室
甘肃省分行兰州市城关支行城关办事处武都路分理处储蓄专柜
青海省分行西宁市城北支行储蓄专柜
宁夏回族自治区分行青铜峡市铝厂支行
新疆维吾尔自治区分行营业部黄河路支行营业部
新疆维吾尔自治区分行营业部铁道支行营业部
新疆维吾尔自治区分行营业部红山路支行营业部
大连市分行机场支行
大连市分行栾金支行
宁波市分行营业部(一支行)储蓄专柜
宁波市分行镇海区支行储蓄专柜
厦门市分行中山支行
厦门市分行湖里支行营业科
厦门市分行厦大支行
厦门市分行文灶支行
青岛市分行市南区支行贵州路储蓄所
青岛市分行高科技工业园支行
深圳市分行营业部结算服务部
苏州市分行张家港市支行金洲储蓄所
苏州市分行金阊分理处储蓄专柜
苏州市分行吴江市支行盛泽分理处
三峡分行营业部储蓄专柜
总行营业部结算部
中国中信集团公司
中信实业银行杭州分行天水支行
中信实业银行杭州分行嘉兴支行营业部
中国光大(集团)总公司

中国光大银行郑州分行营业部
中国光大银行黑龙江开发区支行
中国光大银行济南市舜耕支行
交通银行
北京分行王府井支行
石家庄分行裕华西路支行
太原分行高新技术开发区支行
长春分行长春大街支行核算科
哈尔滨分行营业部营业室
上海分行鞍山路支行
上海分行业务部会计科
南京分行营业部储蓄专柜
南京分行新街口支行营业部
合肥分行营业部
南昌分行国际业务部
郑州分行黄河路支行
郑州分行铁道支行营业部
武汉分行江岸支行会计科
武汉分行竹叶支行
武汉分行武昌支行会计科
长沙分行湘湖支行
重庆分行南坪支行南城支行
重庆分行营业部营业厅
昆明分行建设路支行
西安分行大雁塔支行
兰州分行城关支行综合柜组
乌鲁木齐分行营业部
乌鲁木齐分行开发区支行营业部
青岛分行市北第一支行营业厅
无锡分行营业部储蓄专柜
苏州分行张家港支行营业部储蓄专柜
大庆分行开发区支行
扬州分行营业部会计出纳科
常州分行营业部营业厅
温州分行营业部综合科
岳阳支行营业部储蓄专柜
中山分行华桂支行
遵义分行万里支行舟水桥支行

二、新命名的

中国人民银行
天津分行成安县支行会计国库股
天津分行宣化支行国库股
天津分行宁城县支行营业部
沈阳分行长春中心支行国库处
沈阳分行丹东市中心支行清算中心
上海分行会计财务处支付系统科
上海分行湖州市中心支行货币金银科
上海分行连江县支行营业室
南京分行营业管理部清算分中心清算一科
南京分行吴江市支行国库会计股
南京分行天长市支行
济南分行菏泽市中心支行会计财务科
济南分行三门峡市中心支行营业室
济南分行泰安市中心支行营业室
济南分行夏邑县支行
济南分行聊城市中心支行国库科
武汉分行新田县支行
广州分行汕头市中心支行国库科国债综合组
广州分行东莞市中心支行经常项目管理科
成都分行黔东南苗族侗族自治州中心支行科技科
西安分行延长县支行
西安分行奎屯市支行
西安分行皋兰县支行
重庆营业管理部江津支行人事教育科
重庆营业管理部合川支行国库会计科
成都印钞公司印钞部凹印车间弋一机台
北京印钞厂印钞二部李荣春机台
上海印钞厂胶印乙班27号刘军机台
石家庄印钞厂凹印车间417机台
上海造币厂二车间963压印乙班
中国银行业监督管理委员会
中国民生银行南京分行营业部
中国民生银行股份有限公司广州天河支行
招商银行北京分行东三环支行
中国证券监督管理委员会

中国银河证券有限责任公司北京双榆树证券营业部
中国民族证券有限责任公司上海延平路营业部
中国保险监督管理委员会
中国人民财产保险股份有限公司河北秦皇岛海港支公司开发区营业部
中国人民财产保险股份有限公司湖北三峡坝区支公司
中国人民财产保险股份有限公司四川德阳市旌阳支公司业管部
中国人民财产保险股份有限公司福建建阳支公司
中国人民财产保险股份有限公司河南安阳铁西支公司
中国人民财产保险股份有限公司深圳客服95518专线
中国人民财产保险股份有限公司山西阳泉平定支公司
中国人民财产保险股份有限公司青岛胶南支公司营业部
中国人民财产保险股份有限公司湖南衡阳雁峰支公司
中国人寿保险股份有限公司新疆维吾尔自治区昌吉分公司业务中心
中国人寿保险股份有限公司辽宁省东港市支公司
中国人寿保险股份有限公司广西壮族自治区荔浦支公司
中国人寿保险股份有限公司深圳分公司燕南办事处
中国人寿保险股份有限公司黑龙江省哈尔滨分公司第一营销服务部
中国人寿保险股份有限公司甘肃省分公司敦煌市支公司
中国大地财产保险股份有限公司宁波分公司
中国出口信用保险公司短期业务理赔退偿部
中国农业发展银行
四川省绵阳市分行营业部
湖南省长沙市天心支行
陕西省铜川市分行营业部
重庆市分行营业部营业室
中国工商银行
北京市海淀区公主坟第三储蓄所
天津市十一经路支行个人业务专柜
河北省衡水市胜利支行
山西省大同市分行车站储蓄所
内蒙古自治区赤峰市红山支行新华分理处
辽宁省阜新市海州支行营业部
吉林省长春市东盛路支行
黑龙江省佳木斯市中心储蓄所
上海市延安西路支行
江苏省南京市山西路支行
浙江省杭州市高新支行营业部
安徽省六安市皖西路分理处
福建省莆田市城厢支行
江西省南昌市洗马池分理处
山东省东营市基西储蓄所
河南省安阳市迎宾支行
湖北省孝感市北街口支行
广东省江门市港口支行营业部
广西壮族自治区南宁市南湖支行客户经理部
海南省分行营业部个人理财中心
重庆市沙坪坝区三峡广场支行中心储蓄所
四川省宜宾市五粮液支行
贵州省贵阳市南明区支行专柜
云南省昆明市北京路储蓄所
陕西省咸阳市彩虹支行
陕西省延安市宝塔区支行大街储蓄所
甘肃省金昌市金川支行营业室
新疆维吾尔自治区博州阿拉山口支行营业部
新疆维吾尔自治区分行营业部明德路支行
大连市沙河口支行个人信贷中心
青岛市市北区第一支行营业部个人理财中心
宁波市东门支行营业部
厦门市中山支行

三峡分行云集支行海鸥分理处
苏州市阊门支行营业部现金专柜
中国工商银行数据中心(上海)
中国工商银行票据营业部上海分部
中国农业银行
北京市和平里支行
天津市河西支行佟楼分理处
河北省武安市支行
山西省临汾金钥匙支行
辽宁省鞍山市海城支行南台营业所
黑龙江省肇东支行储蓄专柜
上海市翔殷支行
江苏省常州市九龙支行
浙江省嘉兴市分行心连心营业中心
安徽省蚌埠市中山支行
福建省泉州市分行营业部
福建省三明市分行营业部营业厅
山东省邹平支行
河南省安阳市区支行营业室
湖南省长沙市井湾子支行营业部
广东省广州市北秀支行营业部
广东省佛山顺德乐从支行营业部
广西壮族自治区柳江县支行营业室
四川省乐山市分行营业部
重庆市龙湖支行
贵州省仁怀茅台支行
云南省曲靖市环城支行
陕西省延安分行七里铺支行
青海省西宁市黄河路支行营业部
宁夏回族自治区银川市解放西街支行
新疆维吾尔自治区分行营业部河南路支行营业室
新疆生产建设兵团乌鲁木齐市建设路支行营业处
新疆生产建设兵团乌鲁木齐市五星路支行营业处
青岛市市南区第三支行
宁波市镇明路支行
厦门市海沧支行营业部
深圳市科技园支行
中国银行
北京市三里屯支行
天津市分行营业部大客户室
辽宁省沈阳市大东区支行
辽宁省本溪市分行公司业务部
吉林省延边朝鲜族自治州分行营业部
黑龙江省分行资金计划处外汇交易科
上海市泰康路支行
江苏省南京市中华路支行
江苏省苏州市工业园区支行
江苏省盐城市大丰支行营业部
江苏省无锡分行营业部
浙江省嘉兴市分行储蓄专柜
浙江省宁波市江东支行营业部
福建省福州市安泰支行营业部
福建省泉州市华大支行
江西省南昌市北湖支行财会营业部
山东省淄博市分行营业部
湖北省鄂州市鄂城支行营业室
湖南省怀化市鹤城支行
湖南省益阳市南县支行储蓄专柜
广东省江门分行营业部理财中心
广东省广州市海珠支行滨江东路支行
广东省梅州分行兴宁支行储蓄专柜
广西壮族自治区桂林市分行营业部储蓄专柜
海南省三亚市分行新居分理处
重庆市长江路支行
贵州省分行营业部专柜
陕西省西安市尚德路支行
新疆维吾尔自治区分行营业部
中国建设银行股份有限公司
北京市分行东四首都机场支行
天津市分行北辰支行储蓄专柜
河北省分行邯郸峰峰支行
山西省分行临汾市大楼分理处
辽宁省分行沈阳铁西支行储蓄专柜

吉林省分行银海支行科贸储蓄所
黑龙江绥化市分行储蓄专柜
上海市分行金茂支行
浙江省分行诸暨市支行东风分理处
安徽省分行合肥市城西支行营业部
福建省分行福州市城东支行储蓄专柜
山东省分行东营市胜利支行
湖南省分行长沙市天心支行营业管理部
广东省分行东莞市城区支行营业部储蓄专柜
广西壮族自治区分行南宁市桃源支行邕州分理处
海南省分行海口市龙华支行营业部储蓄专柜
重庆市分行观音桥支行营业部
四川省分行成都市岷江支行民兴大厦储蓄专柜
贵州省分行营业部储蓄专柜
云南省分行新兴支行营业部
陕西省分行西安高新技术产业开发区支行营业部储蓄专柜
甘肃省分行营业部秦安路营业厅
新疆石油分行营业部营业室
大连市分行天津街支行
宁波市分行慈溪支行营业部储蓄专柜
青岛市南第三支行
中国建设银行股份有限公司基金托管部深圳分部
苏州分行营业部储蓄专柜
中国建设银行股份有限公司信用卡中心营业部风险管理科
中国中信集团公司
中信实业银行杭州分行营业部公司业务一处
中国光大(集团)总公司
光大银行太原分行营业部
交通银行
北京分行营业部信贷业务部
长春分行亚泰支行
上海分行长宁支行营业部
杭州分行浣沙支行会计储蓄科
广州分行机场路支行
西安分行高新支行营业室
兰州分行桥北支行
大连分行北粮支行

供销系统

一、继续认定的

北京市佳之兴商业有限公司
北京市昌平新世纪商城黄金部
天津市宁河县芦阳大厦化妆品组
天津市港商医药总公司业务科
天津市宁河县家乐超市有限责任公司收银部
河北省石家庄市中山路化妆品专业商店
河北省邯郸市腾达贸易有限公司家电市场
河北省廊坊市农业生产资料公司化肥科
河北省石家庄市大众商场燃气具组
河北省冀兴房地产开发公司
河北省武安市供销大厦
河北省武安市蓝天宾馆餐饮部
河北省邢台站北汽车站调度室
河北省廊坊市民得利超市文安店
山西省阳泉市天元商厦
山西省供销社招待所
山西省柳林县贸工农实业有限公司
山西省盐业公司太原分公司皇后园批发部
山西省朔州市明星家电有限公司
山西省晋城市太行饭店
山西省商业供销职工医院内科住院部
山西省盐业公司塑料厂供销科
内蒙古自治区赤峰市喀喇沁旗乃林供销社科技兴农服务部
辽宁省大连市旅顺供销大厦青年服务队
辽宁省沈阳市玫瑰大酒店前厅部
辽宁省盘锦供销大厦有限公司
辽宁省辽阳市翰林府大市场管理处
辽宁省沈阳金秋实农资有限公司
中国农资公司沈阳分公司阜新经营部
吉林省长春供销邦农总公司

吉林省白山市合兴实业股份有限公司食品化妆商场
吉林省辽源市千甲超市
黑龙江省大庆市五金工具总汇有限责任公司
黑龙江省哈尔滨市陶瓷总公司建材分公司
黑龙江省哈尔滨市农资总公司化工储运分公司
黑龙江省尚志市北方商场首饰组
黑龙江省大庆市供销合作社开发公司
黑龙江省哈尔滨市埃德乐器公司
江苏省天京大酒店总服务台
江苏省大丰市银都大酒店
江苏省果品苏果超市有限公司(总部)
江苏苏农农资连锁有限责任公司
江苏省徐州供销大厦有限责任公司
江苏圣大集团射阳县第三纺织厂前纺车间
江苏省镇江国际饭店房务部
浙江省衢州市家电城有限责任公司
浙江省湖州市浙北大酒店总服务台
浙江省杭州市宝善宾馆管家部楼层班组
浙江省绍兴大通商城股份有限公司副食商场烟酒组
浙江省燕京啤酒(浙江仙都)有限公司
安徽省马鞍山市珍味南北货有限责任公司
安徽省新世纪大厦餐饮部
安徽省新亚大酒店客房部
福建省仙游县枫亭供销社枫江商场
福建省忠门供销商厦
福建省莆田市湄州湾北岸灵川供销社商厦
江西省旅游商贸职业学院经济管理系
江西省供储报关有限公司
江西省赣州供销大厦空调器总汇
山东省东营市东营大酒店
山东省兖州市广场商厦
山东省青岛北方国贸大厦股份有限公司
山东省安丘市供销大厦
山东省淄博东泰商厦
山东省即墨市新世界大厦皮鞋部“森达”皮鞋组
山东省枣庄购物中心有限公司
山东省日照市凌云大厦
青岛利客来商贸股份有限公司
山东省临沂市供销石油公司
山东省荷泽花都大酒店
河南省中国郑州贸易中心栈商城饭店总台
河南省内乡县新大新有限公司新大新商场
河南省洛阳市供销储运总公司仓储分公司
河南省豫农农业生产资料有限公司营销公司
河南省商丘市银河纺织有限公司
河南省农业生产资料总公司农药化工公司
河南省南阳市棉花储运有限公司
河南省郑州豫棉宾馆总台接待班
湖北省供销社循礼门饭店“崔红班组”
湖北省随州市新世纪购物中心三资化妆柜
湖南省长沙县路口区供销社路口商场
湖南省岳阳市九州大厦
湖南省岳阳市九龙商厦
湖南省长沙市泰阳商城
湖南省商务职业技术学院经济贸易与管理系
湖南省娄底银海商业广场黄金柜
湖南留芳宾馆客房部
广东省普宁市中都大酒店
广东省东莞市长安供销社新世界超级购物广场有限公司超市部
广东省云浮市百惠超级商场有限公司
广东省茂名市明湖百货有限公司明湖商场大家电组
广东省广州—大昌合资汽车服务有限公司怡乐路工场款接部
广西自治区百色地区供销大厦
广西自治区玉林市金城商厦有限责任公司床上用品柜
贵州省供销工业品联销公司紫林商场食品组
贵州省供销工业品联销公司紫林商场针织柜
贵州省贵阳市山林大酒店客房部楼层班组
贵州省福泉市农业生产资料公司

贵州省贵阳市山林大酒店餐饮部
云南省供销合作社储运公司甸尾分公司生产科
云南省玉溪市红塔区供销社玉溪百信购物广场
陕西省勉县新世纪商城
陕西省商洛乾元宾馆客房部
青海省农牧生产资料总公司仓储部☆
宁夏自治区国棉农药公司经警队
新疆棉花产业集团有限公司南疆公司☆
新疆自治区石河子市新疆西部银力棉业(集团)有限责任公司检测中心
新疆兵团棉麻大厦利华大酒店营销部
海南果蔬食品配送有限公司

二、新命名的

北京东方信捷物流有限责任公司半截塔分公司海尔亦庄业务部
河北省唐山市金客隆超市有限公司
山西省临汾市机动车辆安全技术检测中心
辽宁省阜新市果品食杂有限公司
江苏昆山商厦珠宝柜
江苏宏信商贸股份有限公司黄金柜
浙江浙南工贸股份有限公司轿车分公司
安徽省阜阳商厦股份有限公司黄金饰品柜组
福建省龙祥大酒店有限公司客房部
山东省高青流云纺织有限责任公司细纱车间
河南金鹭特种养殖股份有限公司
武汉纺棉配送有限公司
贵州省龙里县土产公司

中国石油化工集团公司

一、继续认定的

胜利石油管理局胜利石油化工建设有限责任公司青年突击队
胜利油田有限公司现河采油厂一矿五队青年突击队
胜利石油管理局通讯公司胜中通讯分公司
胜利石油管理局北京胜利饭店
胜利油田有限公司油气集输公司孤岛分公司青年突击队
胜利石油管理局黄河钻井总公司固井公司巴州分公司
胜利石油管理局伊朗勘探项目部
中原油田分公司采油一厂 17 号计量站
中原油田分公司采油五厂 48 号计量站
中原石油勘探局钻井三公司 70118ZY 钻井队
中原石油勘探局钻井一公司 32747 钻井队
中原油田分公司采油二厂 69－72 号计量站
河南石油勘探局地质调查处 2235 地震队
河南石油勘探局勘察设计研究院热机室
河南油田分公司第一采油厂魏岗联合站
河南油田分公司第二采油厂 8#女子计量站
江汉油田分公司井下作业处作业六队青年突击队
江汉石油管理局中心医院托老康复中心
江汉石油管理局江汉采油厂五七作业区采油一队
江汉石油管理局油建公司穿越施工作业处青年突击队
江苏油田分公司试采二厂采油九队韦庄集转站
江苏石油勘探局钻井处 40671JS 钻井队
江苏油田分公司试采一厂刘陆联合站
江苏石油勘探局地质测井处录井中心
滇黔桂石油勘探局钻探一公司 45770DG 钻井队
新星石油公司泰州石化总厂机修安装厂
上海海洋石油局勘探三号
西南分公司川西采输处新场集输气站
西北分公司采油二厂采油二队 S86 井站
华东分公司采油厂采油一队 158 井组
华北石油局五普 50790HB 钻井队
管道储运分公司鲁宁输油处临邑站加热炉班
北京燕山分公司化工一厂电气车间低压班
北京燕山分公司化工一厂仪表车间高压班
北京燕山分公司炼油厂检验中心分析组

北京燕山分公司合成橡胶事业部聚合车间化工三班
齐鲁分公司胜利炼油厂重油加氢车间循环压缩机岗位
齐鲁石化股份公司氯碱厂电化车间看槽岗
齐鲁分公司腈纶厂聚合车间回收岗
高桥分公司炼油事业部催三车间反应内操岗
高桥分公司化工事业部苯酚车间 2#装置氧成内操岗
金陵分公司加氢精制车间全员文明岗
金陵石化公司烷基苯厂制气车间
金陵分公司热电联合车间汽机工区
茂名石化公司港口公司营业大厅
茂名石化公司化工事业部销售中心
茂名石化公司经理办官度村客房部
茂名分公司化工事业部裂解车间
天津分公司芳烃部 PTA 车间
天津分公司烯烃部乙烯部
扬子石化股份公司化工厂醋酸车间乙醛工段
扬子石化股份公司芳烃厂中央控制室
扬子石化股份公司贮运厂液体装卸车间桶装台
巴陵石化公司合成橡胶事业部 SBS 车间聚合岗
巴陵石化公司环已酮事业部环已酮车间主控室
长岭分公司 1#联合装置常压单元主、外操岗位
长岭炼化公司催化剂厂加氢车间 DCS 岗
长岭炼化公司油品管理处装油车间计量室
长岭炼化公司岳阳兴长气分厂气体分离岗
仪征化纤股份公司涤纶五厂 806 青年女子班
仪征化纤股份公司动力中心供电装置总降青年文明生产区
南京化工公司氮肥厂硝酸车间直硝工段
南京化工公司帝斯曼东方化工有限公司环已酮车间
广州分公司炼油二部重整装置
广州分公司仪控中心一车间重催班
安庆石化总厂港口贮运公司油品七罐区
安庆分公司煤气化部合成氨青年文明号生产线
安庆分公司丙烯腈部丙烯腈装置
洛阳分公司炼油厂二催化车间
洛阳分公司炼油厂常减压车间
洛阳分公司炼油厂二联合车间
荆门分公司催化一车间气压机岗
荆门分公司化工厂
四川维尼纶厂热电厂燃运车间青年突击队
九江分公司二联合车间芳烃岗位
九江分公司化工厂聚丙烯车间内操岗位
石家庄炼化股份有限公司动力站电气运行岗
济南分公司聚丙烯车间
济南分公司二催化车间
武汉分公司联合车间润滑油站青年团员岗
中原石化公司聚乙烯车间造粒工段
沧州分公司炼油二部
润滑油分公司重庆一坪润滑油分公司销售公司市场部
青岛石化公司催化车间 DCS 岗位
上海石化股份公司炼化部 1#乙烯联合装置 C－402 压缩机系统青年文明岗
上海石化股份公司化工事业部聚乙烯醇联合装置合成岗位
镇海炼化股份公司炼油二部延迟焦化作业区
镇海炼化股份公司炼油四部重整加氢作业区
镇海炼化股份公司重三装置区“六位一体”生产线
福建炼化有限公司重油催化车间
福建炼化有限公司装车站
北京石油公司宣武门加油站
北京石油公司金融街加油站
北京石油公司亚运加油站
天津石油公司零管中心区三号路加油站
天津石油公司零管中心区气象台路加油站
天津石油公司零管东区津塘路加油站
河北石油公司石家庄分公司建设大街加油站

河北石油公司邯郸分公司第十一加油站
河北石油公司张家口分公司第一加油站
山西石油公司临汾分公司尧庙加油站
山西石油公司忻州分公司七一北路加油站
上海石油公司信息管理处
江苏石油公司徐州分公司矿山路加油站
江苏石油公司南京分公司汉中门加油站
浙江石油公司杭州天目山路加油站
浙江石油公司宁波分公司三官堂油库计量组
安徽石油公司蚌埠分公司营业部
安徽石油公司淮南分公司泉山加油站
福建石油公司莆田分公司城关加油站
江西石油公司鹰潭分公司白马油库发油班
山东石油公司泰安第十加油站
山东石油公司济南分公司第一加油站
湖北石油公司直属销售公司王家墩加油站
湖北石油公司武汉分公司青年路加油站
湖南石油公司宁乡县石油支公司湘宁加油站
湖南石油公司衡阳分公司耒阳服务区加油站
海南石油公司海口分公司海秀加油站
海南石油公司三亚分公司三亚加油站
贵州石油公司黔西南分公司天利加油站
云南石油公司昆明分公司昆玉加油中心呈贡加油站
云南石油公司玉溪分公司北郊加油站
第二建设公司安装工程公司管工龚群组
第四建设公司设备公司焊接一队孙松贵班
第五建设公司第一管道安装工程公司青年突击队
第十建设公司仪电公司曹慷仪表班

二、新命名的

胜利油田有限公司海洋石油开发公司采油二分公司埕岛中心二号平台
胜利油田有限公司阿尔及利亚扎尔则油田开发项目部
中原石油勘探局钻井二公司 70595 钻井队
河南石油勘探局 70129 钻井队
江汉石油管理局钻井工程处 50786JH 钻井队
西南石油局第二物探大队 249 队
中南石油局第五物探大队 545 队
西北分公司雅克拉采油厂采油气一队 YK1 班组
管道储运分公司南京输油处仪征输油站运行班
齐鲁股份有限公司烯烃厂裂解车间裂解单元
高桥分公司炼油事业部重二车间重整内操岗
金陵分公司加氢裂化车间全员文明岗
茂名分公司化工事业部全密度聚乙烯车间
天津分公司炼油部联合二车间
巴陵石化公司供销部八号沟罐区操作岗位
广州分公司检验中心第四化验室中心站
洛阳石化总厂聚丙烯有限责任公司聚合车间
荆门石化总厂动力厂热机车间汽轮机大班
济南分公司二加氢车间
上海石化股份公司塑料事业部 1 号高压聚乙烯联合装置 1PE 装置压缩岗
镇海炼化股份公司炼油五部 PX 装置
河北石油公司高速路口加油站
上海石油公司南汇加油中心
浙江石油公司台州温岭支公司第三加油站
福建石油公司漳州分公司云霄加油站
广西石油公司南宁分公司东宝加油站
云南石油公司昆明分公司碧鸡加油中心
洛阳工程公司工艺系统室工艺二组

国家电网公司

一、继续认定的

国家电网公司国家电力调度通信中心调度处
华北电网有限公司承德供电公司榆树沟变电站
华北电网有限公司秦皇岛发电有限责任公司运行部三值二单元
华北电网有限公司秦皇岛电力公司市区供电公司营抄班
华北电网有限公司唐山供电公司建设路营业站

华北电网有限公司张家口供电公司宣化区供电分公司营业厅
华北电网有限公司廊坊供电公司开发区分公司
华北电网有限公司华北网调调度运行班
华北电网有限公司十三陵蓄能电厂发电部运行主值
华北电网有限公司北京超高压公司姜顺运检工区
北京电力公司调度通信中心地区调度
山东电力集团公司鲁能恒源经贸集团有限公司山西调运分公司
山东电力集团公司德州供电公司客户服务中心
山东电力集团公司聊城供电公司客户服务中心
山东电力集团公司日照供电公司客户服务中心营业厅
山东电力集团公司济南供电公司天桥供电部营业厅
山东电力集团公司枣庄供电公司市中供电部永安供电所
山东电力集团公司临沂供电公司客户服务中心服务部
山东电力集团公司超高压供电公司 500kV 淄博变电站
山东电力集团公司淄博供电公司张店供电部配电班
山东电力集团公司威海供电公司客户服务中心营业厅
山东电力集团公司烟台供电公司客户服务中心客户代表工作部
山东电力集团公司济宁供电公司客户服务中心
山东电力集团公司滨州供电公司客户服务中心
山东电力集团公司潍坊供电公司客户服务中心
山东电力集团公司日照供电公司莒县供电公司营业厅
山东电力集团公司菏泽供电公司客户服务中心
山东电力集团公司泰安供电公司客户服务中心
天津市电力公司调度通信中心调度运行处
天津市电力公司滨海供电公司客服中心营业大厅
天津市电力公司城东供电分公司河北营业站
天津市电力公司天津高压供电公司继电保护管理所
天津市电力公司北辰供电分公司用电营业窗口班
天津市电力公司静海供电有限公司王口供电营业所
天津市电力公司客户服务中心
河北省电力公司大件吊装青年文明号
河北省电力公司河北电力调度中心调度(市场交易)处
河北省电力公司保定供电公司用电服务中心
河北省电力公司石家庄电业局桥东营业大厅
河北省电力公司沧州供电公司客户服务中心
河北省电力公司衡水供电公司用电服务中心
河北省电力公司邯郸供电公司电力客户服务中心
河北省电力公司 500kV 廉州变电所
河北省电力公司邢台供电公司桥西客户服务中心
山西省电力公司洪洞供电支公司中心营业站
山西省电力公司大同供电分公司新开路营业所
山西省电力公司长治大用户营业所
山西省电力公司太原供电分公司解放路营业站
山西省电力公司太原供电分公司建设北路营业站
山西省电力公司匡村 220kV 变电站

山西省电力公司运城供电分公司继电保护自动化所
山西省电力公司晋城供电分公司南环营业站
山西省电力公司电建一公司仪表分公司锅炉热控安装队
内蒙古电力(集团)有限责任公司内蒙古电力科学研究院热工所
内蒙古电力(集团)有限责任公司内蒙古超高压供电局变电检修所
内蒙古电力(集团)有限责任公司巴彦淖尔电业局调度所调度班
内蒙古电力(集团)有限责任公司鄂尔多斯电业局客户服务中心
内蒙古电力(集团)有限责任公司呼和浩特供电局新城分局鼓楼营业站
内蒙古电力(集团)有限责任公司包头供电局调度所微波班
内蒙古电力(集团)有限责任公司内蒙古送变电有限责任公司调试分公司
内蒙古电力(集团)有限责任公司内蒙古电力调度通讯(交易)中心调度室
东北电网有限公司元宝山发电厂二号机组运行集体
东北电网有限公司哈尔滨超高压局大庆变电站运行二班
东北电网有限公司丰满发电厂运行分厂五值
东北电网有限公司齐齐哈尔超高压局500kV冯屯变电站
东北电网有限公司太平湾发电厂谊江旅行社
东北电网有限公司通辽电业局科尔沁区农电局木里图供电营业厅
东北电网有限公司白山发电厂发电部白山站一值一班
辽宁省电力有限公司营口西市供电分公司用户服务中心
辽宁省电力有限公司沈阳供电公司和平营业大厅
辽宁省电力有限公司沈阳供电公司送电工区青年群体
辽宁省电力有限公司鞍山供电公司调度所二次集控站
辽宁省电力有限公司两锦供电公司锦州一次变工区南山一次变电所
辽宁省电力有限公司大连电业局甘井子供电局服务班
辽宁省电力有限公司大连电业局金州供电局服务班
辽宁省电力有限公司辽宁电力送变电工程公司送电第五分公司
辽宁省电力有限公司鞍山供电公司客户服务中心
辽宁省电力有限公司盘锦供电公司负荷管理中心站
辽宁省电力有限公司本溪供电公司配电报修中心
吉林省电力有限公司长春供电公司客户服务中心
吉林省电力有限公司辽源供电公司西安供电局
吉林省电力有限公司白城供电公司洮北客户服务中心营业厅
吉林省电力有限公司吉林供电公司龙潭供电分公司营业窗口
吉林省电力有限公司白山供电公司市区电力客户服务中心
吉林省电力有限公司吉林供电公司蛟河市农电局天岗供电所
黑龙江省电力有限公司鸡西电业局鸡冠供电局中心营业所
黑龙江省电力有限公司绥化电业局绥化供电局中兴路营业所
黑龙江省电力有限公司大庆电业局东风供电局汇丰营业所
黑龙江省电力有限公司佳木斯电业局浩良河供电局
黑龙江省电力有限公司牡丹江电业局东安供

电局
黑龙江省电力有限公司齐齐哈尔电业局建华供电局售电班
黑龙江省电力有限公司哈尔滨电业局道里供电局道里售电所
黑龙江省电力有限公司鹤岗电业局电力客户服务中心
黑龙江省电力有限公司黑河电业局北安供电局
华东电网有限公司富春江水电厂运行中控室集体
华东电网有限公司富春江水电厂经济民警分队
华东电网有限公司新安江水电厂经警中队
华东电网有限公司新安江水电厂运行三值
华东电网有限公司华东电力调度交易中心调度处
华东电网有限公司天荒坪抽水蓄能有限责任公司设备管理部动力分部
上海市电力公司浦东供电分公司营业室
上海市电力公司上海超高压500kV南桥交直流变电站
上海市电力公司沪西供电分公司线路一班
上海市电力公司上海超高压输变电公司220kV机场变电站
上海市电力公司市区供电公司客户服务公司承询室
上海市电力公司金山供电分公司线运一班
上海市电力公司输能电力工程公司青年工程队
上海市电力公司电缆输配电公司工程二分公司青年工程队
上海市电力公司南汇供电分公司继电保护班
上海市电力公司沪东供电分公司营业室
浙江省电力公司温州电业局送电工区运检二工段
浙江省电力公司嘉兴电力局城郊供电分局变电工区操作二班
浙江省电力公司金华电力设计院
浙江省电力公司江山供电局外线二班
浙江省电力公司杭州市电力局城南供电局营业厅
浙江省电力公司杭州市电力局500kV乔司变电所运行班
浙江省电力公司嘉兴电力局修试工区高压实验班
江苏省电力公司常州供电公司客户服务中心
江苏省电力公司扬州供电公司500kV江都变电所
江苏省电力公司盐城供电公司用电营业厅青年服务队
江苏省电力公司苏州供电公司市区供电营业厅
江苏省电力公司电力调度通信中心调度处
江苏省电力公司无锡供电公司春申营业厅
江苏省电力公司徐州发电厂汽机公司本体一班
江苏省电力公司徐州市西供电局用电服务中心
江苏省电力公司镇江供电公司220kV官塘变电所
江苏省电力公司南京热电厂运行部炉新丁班
江苏省电力公司连云港供电公司连云供电营业部业务班
江苏省电力公司栖霞供电公司营业厅
江苏省电力公司淮安供电公司市区营业大厅
江苏省电力公司南通供电公司信息中心
安徽省电力公司铜陵供电公司用电营业厅
安徽省电力公司马鞍山供电局配网检修班
安徽省电力公司安庆供电公司调度室地调组
安徽省电力公司芜湖供电公司客户服务中心营业大厅
安徽省电力公司巢湖供电局营业大厅
安徽省电力公司合肥供电公司客户信息部包河区营业部
安徽省电力公司安庆供电公司客户服务中心

用电营业厅
安徽省电力公司宿州供电公司电力保修中心
安徽省电力公司马鞍山供电公司客户服务中心营业大厅
安徽省电力公司淮南供电公司市东营业大厅
福建省电力有限公司电力调度通信中心调度处
福建省电力有限公司福州电业局马尾供电局
福建省电力有限公司水口发电有限公司机电设备维护处自动化班
福建省电力有限公司超高压输变电局500kV泉州变电所
福建省电力有限公司厦门电业局城区电力客户服务中心
福建省电力有限公司漳州电业局操作抢修班
福建省电力有限公司龙岩电业局营业大厅
福建省电力有限公司三明电业局电力调度中心
福建省电力有限公司莆田电业局客户服务中心城厢营业所
福建省电力有限公司厦门电业局送电部带电班
福建省电力有限公司泉州电业局送电部高压维护二班
华中电网有限公司中国电力财务有限公司华中分公司直属业务部营业结算中心
华中电网有限公司湖北襄樊发电有限责任公司发电部四值
华中电网有限公司湖北襄樊发电有限责任公司发电部一值
湖北省电力公司荆州供电公司荆城客户服务中心
湖北省电力公司宜昌供电公司夷陵区供电公司营销中心
湖北省电力公司宜昌供电公司快速反应小虎队
湖北省电力公司武汉供电公司汉阳供电公司带电班
湖北省电力公司武汉供电公司洪山营业所
湖北省电力公司钟祥市供电公司城区供电所
湖北省电力公司黄石供电公司市区黄石港供电所
湖北省电力公司襄樊供电公司樊城供电分公司城区供电营业所
湖北省电力公司汉新发电有限公司#2 青年文明机组
湖北省电力公司超高压局荆门分局运检队
湖北省电力公司鄂州城区供电公司电力客户服务中心
湖北省电力公司咸宁供电公司塘角镇220kV变电站
河南省电力公司郑州市电业局220kV石佛变电站
河南省电力公司开封市电业局供电抢修中心
河南省电力公司安阳市电业局调度班
河南省电力公司南阳市电业局变电工区青台220kV变电站
河南省电力公司河南第二火电建设公司锅炉钢架青年突击队
河南省电力公司河南送变电建设公司变电工程公司施工一队
河南省电力公司焦作市电业局供电110班
河南省电力公司平顶山市电业局供电报修中心
河南省电力公司驻马店市电业局配电抢修“110”班
河南省电力公司郑州市电业局配电工程处“雷锋号”电力抢修队
河南省电力公司息县电业总公司城关营业所
河南省电力公司洛阳市电业局电力调度中心调度班
河南省电力公司第一火电建设公司汽机施工处本体班
湖南省电力公司荷塘220kV变电站
湖南省电力公司常德电业局科技开发中心
湖南省电力公司天顶维操队

湖南省电力公司长沙电业局调度管理所远动班
湖南省电力公司长沙城南供电局客户服务中心
湖南省电力公司株洲市电业局变电管理所云田变电站
湖南省电力公司娄底电业局500kV民丰变电站
湖南省电力公司湖南电力调度通信中心调度科
湖南省电力公司万榕江变电站
湖南省电力公司衡阳电业局调度所调度班
江西省电力公司送变电建设公司送电一处二队
江西省电力公司水电工程局第一分局第一工程队
江西省电力公司火电建设公司调试青年突击队
江西省电力公司九江供电公司220kV妙智变电站
江西省电力公司景德镇供电公司用电营业厅
江西省电力公司赣西供电公司220kV白沙变电站
江西省电力公司赣州供电公司城区分公司客户服务中心
江西省电力公司赣西供电公司新余分公司营业大厅
江西省电力公司宜春供电公司市场营销部城北营业班
江西省电力公司南昌供电公司市中分公司营业班
江西省电力公司萍乡供电公司客户服务中心
江西省电力公司上饶供电公司用电营销部客户服务中心
四川省电力公司乐山电业局城区供电局220kV范坝变电站
四川省电力公司攀枝花电业局220kV青龙山变电站
四川省电力公司自贡电业局沿滩客户服务中心
四川省电力公司宜宾电业局江南客户服务中心
四川省电力公司德阳电业局220kV新市变电站
四川省电力公司德阳电业局德电技术信息有限公司
四川省电力公司成都电业局双流供电局调控中心
四川省电力公司四川电力建设三公司广安电厂二期工程项目部
重庆市电力公司重庆发电厂21号机组
重庆市电力公司万州电业局三峡供电局营销中心
重庆市电力公司长寿供电局220kV东新村变电站
重庆市电力公司江北供电局用电营业厅
重庆市电力公司北碚供电局220kV梅花山变电站
重庆市电力公司杨家坪供电局巴山变电站
重庆市电力公司南岸供电局用电营业厅
重庆市电力公司沙坪坝供电局电力营销中心营业班
重庆市电力公司城区供电局用电营业厅
重庆市电力公司杨家坪供电局营销中心营业厅
西北电网有限公司调通中心调度处
陕西省电力公司汉中供电局勉县电力局
陕西省电力公司铜川供电局客户服务中心营业厅
陕西省电力公司安康水力发电厂电气分厂保护班
陕西省电力公司西北电建四公司107工程队
陕西省电力公司西北电建集团公司调试施工研究所
陕西省电力公司延安供电局黄陵县电力局城区供电所

陕西省电力公司西安高压供电局变电工区蓝田基地站
陕西省电力公司西安供电局城南供电分局西关营业站
陕西省电力公司商洛供电局调度所继电保护班
陕西省电力公司渭南供电局计量所用户组
甘肃省电力公司白银供电局西区供电所
甘肃省电力公司庆阳电力局修试所高试班
甘肃省电力公司武威电力局供电所用电组
甘肃省电力公司天水供电局客户服务中心配网运检班
甘肃省电力公司兰州供电局桃树村变电站
甘肃省电力公司兰州供电局海石湾变电所
甘肃省电力公司兰州供电局送电处一工区带电班
甘肃省电力公司兰州供电局客户服务中心
甘肃省电力公司平凉电力局客户服务中心
甘肃省电力公司白银供电局景泰县电力局长城供电所
青海省电力公司西宁供电局城东供电营业所
青海省电力公司西宁供电局湟源县电力局
青海省电力公司青海送变电工程公司四处三队
青海省电力公司海东供电局送电工区带电班
青海省电力公司海北州电力局海晏县电力局
青海省电力公司海东供电局平安县电力局
青海省电力公司海南州电力局共和县电力局
宁夏回族自治区电力公司银川供电局新城变电所
宁夏回族自治区电力公司石嘴山供电局大武口区分局营业班
宁夏回族自治区电力公司银南供电局五里坡变电所
宁夏回族自治区电力公司大坝发电有限责任公司电气分场保护一班
新疆电力公司奎屯电业局客户服务中心市场开发运营部
新疆电力公司巴州电力有限公司铁门关水电厂运行分场
新疆天山电力股份有限公司玛纳斯发电分公司运行部锅炉运行三班
新疆天山电力股份有限公司玛纳斯发电分公司检修公司汽机本体班
新疆电力公司乌鲁木齐电业局地调所调度班
国家电网公司中国电力科学研究院电网调度自动化公司
国家电网公司北京国电富通科技发展有限责任公司水灰渣事业部
国家电网公司国电自动化研究院自动控制所工程三部
国家电网公司中国电力技术进出口总公司工程一部
国家电网公司国电通信中心运行部网络管理处

二、新命名的

华北电网有限公司唐山供电公司迁安市电力局城区居民用电管理所
华北电网有限公司天津大港发电厂集控运行二期主控
北京电力公司海淀供电公司客户服务中心
山东电力集团公司东营供电公司客户服务中心
山东电力集团公司山东电力培训中心会议服务中心
山东电力集团公司黄岛发电厂生产运营部一单元
天津市电力公司城西供电分公司红桥业务组
河北省电力公司栾城县供电局客户服务中心
河北省电力公司沧州供电公司任丘电力客户服务中心
山西省电力公司阳泉市区供电支公司客户服务中心
内蒙古电力(集团)有限责任公司包头供电局客户服务中心信息科
东北电网有限公司锦州超高压局董家变电站

青年突击队
东北电网有限公司长春超高压局包家变电站
辽宁省电力有限公司抚顺供电公司城东供电分公司客户服务室
辽宁省电力有限公司丹东供电公司客户服务中心营业厅
吉林省电力有限公司四平供电公司客户服务中心
吉林省电力有限公司延边供电公司电能计量所外勤校验一班
黑龙江省电力有限公司哈尔滨市市郊农村电气化局西郊电管处
黑龙江省电力有限公司牡丹江水力发电总厂莲花运维分厂
华东电网有限公司新安江水力发电厂继电保护班
上海市电力公司沪南供电分公司迎勋中心站
上海市电力公司闵行供电分公司继保班
浙江省电力公司浙江丽水电力检修公司高试班
浙江省电力公司湖州电力局检修工区继电保护自动化班
江苏省电力公司宿迁供电公司市区供电营业厅
江苏省电力公司泰州供电公司客户服务中心
安徽省电力公司淮北供电公司业务大厅
安徽省电力公司阜阳供电公司颍州中路供电营业厅
福建省电力有限公司福州电业局 95598 电力呼叫中心
福建省电力有限公司超高压输变电局 500 千伏福州变电所
华中电网有限公司武汉华能发电有限责任公司电气分公司通信班
湖北省电力公司十堰供电公司电力调度通信中心调度室
湖北省电力公司浠水县电力客户服务中心
河南省电力公司安阳市电业局客户服务中心
河南省电力公司新乡供电公司变电运行部洪门变电站
湖南省电力公司常德城区供电局收费厅
湖南省电力公司超高压输变电公司电力实验所高压室
江西省电力公司鹰潭市供电公司月湖区农电白露供电营业所
江西省电力公司吉安供电公司客户服务中心营业班
四川省电力公司罗江供电局客户服务中心
四川省电力公司宜宾电业局南溪客户服务中心
重庆市电力公司超高压局 500 千伏万州变电站
重庆市电力公司建设总公司焊接培训中心教务组
西北电网有限公司宝鸡第二发电有限责任公司热工分场保护班
陕西省电力公司咸阳供电局 330 千伏沣河变电站
陕西省电力公司安康供电局信息中心
甘肃省电力公司嘉峪关电业局变电工区 330 千伏嘉峪关变电站
甘肃省电力公司刘家峡水电厂运行六值
青海省电力公司海东供电局变电检修工区试验班
宁夏回族自治区电力公司石嘴山供电局正谊变电站
新疆电力公司送变电工程公司高压电网检修公司带电检修工区
新疆电力公司伊犁第二火电厂热工维护班
国家电网公司常州超高压管理处运行部
国家电网公司中国电力出版社《电力设备》杂志社

个协、私协系统

一、继续认定的

北京市海淀区芳雪药店

北京用友软件股份有限公司财务开发部
北京市朝阳新静粤菜酒楼有限公司
北京正辰科技发展有限公司
北京罗威婚纱摄影有限公司
北京更香茶叶有限公司
北京金吉列企业集团有限公司
北京华旗资讯数码科技有限公司
北京沸腾鱼乡餐饮有限公司
天津市阔佬皮衣超市
天津市宝成会议服务公司服务部
天津市南开区思齐美容用品经营部
天津开发区白云宾馆有限公司
天津市西青区金三角电器商行
天津市蓟县长白朝鲜酒楼
河北省唐山市牛燕美容美发有限公司
河北省迁安市北方家具城
河北省阜城县华兴服装有限公司
河北省藁城市京虎实业有限公司
河北省唐山龙悦酒业饮品有限公司
河北省唐山贺祥锆业有限公司
河北怡达食品集团有限公司
河北小洋人食品有限公司
河北省廊坊新奥酒店管理有限公司新奥贵宾楼
河北省武安市九龙商贸有限公司
山西远鑫实业有限公司
山西青云宏工贸有限公司
山西省祁县珍珍美容美发中心
山西省侯马市家和自选商店
内蒙古自治区锡林浩特市万利达商贸有限公司
内蒙古恒茂集团有限公司
内蒙古自治区乌兰浩特市建华图片社
内蒙古自治区鄂尔多斯市爱国商贸有限公司
内蒙古自治区鄂尔多斯市中意商贸有限公司
内蒙古自治区扎兰屯市百兴商城
辽宁省大连金三角双盛园餐饮娱乐有限公司
辽宁省沈阳小土豆餐饮有限公司
辽宁省海城市吉利来蛋糕大世界
辽宁省营口市大石桥市新世界家私城
辽宁省阜新市天妮美容院
辽宁省葫芦岛市连山区丽君服装店
辽宁省沈阳市塞尔曼专卖店
吉林省桦甸市亚太冷藏有限公司
吉林省白城市蓝盾美容美发学校
吉林省万隆路桥工程有限公司
吉林紫鑫药业股份有限公司
吉林省松原市玉顺堂药业有限公司
吉林省长春市明廊眼镜有限公司
吉林省辽源市隆基花园物业管理有限公司
吉林省长春明轩实业有限公司
黑龙江省大庆市北方皮草行有限公司
上海市杨浦区小苏北旧货调剂商店
上海百达辉琪市场拓展服务有限公司
上海视点公共关系有限公司
上海市徐汇区蔚晨贝尔电器电脑经营部
上海聚通建筑装潢工程有限公司
上海新农饲料有限公司
上海祺阳贸易有限公司
江苏省海安县李堡镇春明发廊
江苏省赣榆县小丽养鸡场
江苏月星家具集团有限公司总部
江苏省江阴市贝贝装饰有限公司
江苏省南京海世界实业有限公司
江苏省江都市金鑫电器制造有限公司
江苏省徐州久隆集团有限公司
江苏省盐城市小海农贸市场爱清水产经销点
江苏太平洋工程集团有限公司
江苏省昆山市曼氏香精有限公司
江苏红星家具集团有限公司
江苏省镇江金聚楼烤鸭大酒店有限公司
浙江省缙云县布厂
浙江铁牛实业有限公司
浙江传化股份有限公司化学制品公司三车间
浙江省温州市浙南农副产品中心市场第二组
安徽省宿州市符离集刘老二烧鸡食品有限公

司
安徽源牌实业集团有限公司
安徽省界首市良威塑化有限公司
安徽省临泉山羊集团有限公司
安徽省万厦建安集团有限公司
安徽省淮北市天煌美容整形院
安徽省舒城县青云精米加工有限公司
福建万友企业集团有限公司
福建省福州市鼓楼区梳剪美容美发城
福建省福州鸟语林游乐有限公司
福建省福州榕乐豆制品有限公司
福建省福州市金得利首饰模具有限公司种蜡车间
江西省高安市新兴饭店
江西省赣州港嘉兴食品有限公司
江西省万安县无线电学校
江西天义广告艺术有限公司
江西仁和药业集团有限公司总部
江西省赣县液化气供应站
江西华龙物业有限公司
江西省新余市李水根眼镜店
江西博能房地产开发有限公司
山东望海实业集团有限公司
山东中瑞海产食品有限公司
山东省青岛中能集团有限公司
山东绿叶制药股份有限公司
山东一滕集团有限公司
山东鲁圣电力器材有限公司
山东省临清市第二色织厂
山东瑞泰化工有限公司
山东省日照百盛商务酒店有限公司
河南省永城市佳丽制衣厂
河南省焦作市精益眼镜有限公司
河南省平顶山市美味思大酒店
河南省内乡县牧园养殖有限公司
河南新天明广告信息传播有限公司
河南省商丘市影帝艺术广告有限公司
河南省永城市百惠商贸有限公司
湖北省孝感市楚特麻糖米酒有限公司
湖北省宜昌市沙龙宴餐饮有限公司
湖北省武汉小蓝鲸健康美食酒店管理有限公司
湖北长友现代农业股份有限公司
湖北安康置业有限公司
湖北省荆门市永兴茶庄
湖北富迪实业有限公司
湖北省鄂州市梦天湖阳光大酒店
广东省广州市恒生集团有限公司
广东省深圳市龙岗区坪山镇六联餐室
广东省惠阳裕华永兴电子有限公司
广东省深圳市深信电器冷气服务有限公司
广东省珠海新东升集团有限公司
广东盛海酒店管理有限公司
广东省江门市飞龙电器城有限公司
广东省佛山市顺德区容山商场有限公司
广西壮族自治区南宁市周小容连锁店
广西壮族自治区玉林巨东种养有限责任公司
广西壮族自治区玉林市顺达纺织品经营部
海南省儋州艺进实业有限公司
海南省乐东县佛罗中心幼儿园
海南海润珍珠科学馆有限公司
重庆江城化工厂
重庆市川江车辆制造有限公司
重庆华林印务有限公司
重庆皇城装饰工程有限公司
重庆得力实业集团有限公司
重庆市雁山机械制造有限公司
四川省光荣实业有限公司
四川省宜宾宏远纸业有限公司
四川省成都市金牛区耘涛美容美发总院
四川王氏集团有限公司
四川省西昌新星电脑有限公司
四川广安建筑集团有限公司
云南省昆明宝太祥工贸有限公司
云南优耐达信息产业有限公司
云南省大理亦乐商饮有限公司

云南万路信息技术发展有限公司
甘肃省兰州益民伊甸园饮食有限公司
甘肃省酒泉市创通科贸有限公司
甘肃省临洮美兰花卉有限公司
甘肃省武威市伊宁斋商贸有限公司
甘肃省临夏市清真银星餐厅
青海绿宝天然饮品有限公司
青海省视健光学贸易有限公司
青海省西宁市富燕商店
青海金溢新型铝型材有限公司
青海红人科技有限公司
青海省西宁新奇工艺装饰有限公司
宁夏回族自治区中卫县张氏科工贸有限公司
宁夏回族自治区石嘴山市大恒电子商贸有限公司
宁夏回族自治区青铜峡市聚豪餐饮有限公司
宁夏回族自治区银川市林峰园特色餐厅
宁夏银祥房地产开发有限公司
宁夏回族自治区石嘴山市东方市政工程有限公司
新疆维吾尔自治区洛浦县亚克西综合商贸中心
新疆维吾尔自治区奇台县永合医院
新疆维吾尔自治区乌鲁木齐市柴氏电器维修有限公司
新疆维吾尔自治区克拉玛依市星星大酒店
新疆阿尔曼实业有限公司

二、新命名的

天津市珠江装饰城家装市场管理部
天津市丽兴京津钢铁贸易有限公司现货部
河北三太子实业集团有限公司
山西省大同市阿元美容美发设计中心
吉林省德春米业集团有限公司绿色大米加工车间
黑龙江省哈尔滨市欣欣玩具城
黑龙江省哈尔滨市新吉商城兄弟精品家私商场
黑龙江省齐齐哈尔市金琪建筑材料有限公司
黑龙江省牡丹江市穆棱市迈达家电有限公司
黑龙江省鸡西市亨得利眼镜店
黑龙江省双鸭山市集贤县普康药店
江苏金日商贸有限公司
江苏省宿迁市福庆木业有限公司
浙江华联集团有限公司
浙江巨桑家私有限公司
浙江永跃海运有限公司
浙江省嘉兴市中诚文化传播有限公司
浙江金洲管道工业有限公司螺旋管车间
浙江省台州市爱华大酒店
浙江省宁波市新曙光美发美容中心
江西恒大高新技术实业有限公司
江西省南昌和平大酒店有限公司
山东凌骏集团有限公司
山东万兴集团有限公司
山东新星购销有限公司总部
山东省济南大陆机电有限公司
山东省滕州市嘉誉商贸有限公司
湖北三佳电线电缆有限公司
湖北省襄樊市戴梦得古柏行珠宝首饰有限公司
广东省中山市黄圃镇第一服装厂
广东省中山市美图洁具实业有限公司
海南京豪酒家金龙店
海南省临高县临城镇优丽汽车美容厂
重庆涪陵辣妹子集团有限公司
贵州省贵定金象实业总公司
贵州明德实业有限公司
贵州省遵义市华茂贸易有限公司
贵州赛狮龙贸易发展有限公司
青海利智达投资有限公司
宁夏鑫羊装饰设计有限公司

团组织独立开展活动的行业

一、继续认定的

北京同仁堂药店西药部
首钢总公司第三炼钢厂精炼车间 2#LF 炉丁班

北京燕京啤酒集团公司十二包灌酒机组
北京宏志中学历史教研组
北京社区服务热线96156呼叫中心
北京化工医院休养部(香山老年护理院)
北京北汽福田公司怀柔汽车厂总装生产线
北京66中学物理教研组
北京密云水库管理处下会水文站
北京东安市场男服部西服组
北京房山区劳动和社会保障局养老保险科
北京丽晶皇城老妈饮食有限公司宣武店
北京天安门城楼管理处
北京海淀区人民检察院审查起诉一处
北京医药股份有限公司计算机中心
北京建材经贸集团新科公司国际精品厅
北京怀柔区劳动和社会保障局职业介绍服务中心
北京第一社会福利院颐养区
北京焦化厂回收一分场东鼓风冷凝泵房
北京京棉纺织集团一分厂细纱车间丙班七组
北京国际会议中心会展部二层班组
北京京煤集团总医院导医服务队
天津河西区有线电视台业务服务厅
天津钢管有限责任公司管加工厂2#热处理生产线
天津太平(集团)有限公司太平大药店
天津铁路分局唐山机务段DF8B0020机车组
中铁十八局集团公司渝怀铁路工程指挥部(天津)
天津开发区经济发展局(工商分局)
天津港保税区管理委员会贸易发展局
天津天铁冶金集团炼钢厂炼钢车间转炉丙班
天津有机化学工业总公司溶剂厂苯酐车间
天津梨园监狱六监区
天津钢管公司轧管厂热轧作业区
天津汽车夏利公司汽车制造分公司装配分厂C线
天津工商局大港分局太平工商所
天津石化公司乙烯厂聚乙烯部
天津减速机股份有限公司一车间柔性线班
天津渤海石油公司采油渤西油气处理厂
天津渤海化工集团天津化工厂聚氯乙烯分厂合成车间转化岗
河北中煤第一建设公司31处许厂项目部
河北石药集团中诺药业102车间普青工段
河北秦皇岛港务集团有限公司第六港务分公司卸车队
河北承钢集团承德燕山带钢有限公司轧钢生产线
河北沧州青县殡仪馆
河北石家庄西柏坡纪念馆
河北保定电视台广告经济信息中心
河北张家口市城市信用社小东门营业部
河北秦皇岛市失业保险事业管理处
河北邢台矿业(集团)有限公司东庞矿机掘一队
河北高碑店市白沟箱包交易市场
华北制药集团114车间八楼
河北沧州黄骅港航务工程有限公司水工分公司
中国华冶二公司西部矿山建设青年突击队
河北秦皇岛耀华国投浮法玻璃有限公司
河北唐山钢铁股份有限公司棒材厂
河北沧州市农村信用合作社中心社
河北邯郸市雪驰集团有限公司销售公司
河北石家庄东方热电燃气集团有限公司燃气分公司营业所抄表班
河北邢台电缆厂交联车间
河北唐山钢铁集团有限公司运输部1127机车包乘组
河北邯郸钢铁集团有限公司炼铁厂5#高炉工段
河北国防工业建筑工程公司张晓珍青年突击队
河北石家庄市乐仁堂调剂部
河北省委办公大楼服务科
河北宝山集团有限公司电镀车间

山西音乐广播
山西晋西机器工业集团有限责任公司冲压分厂112班
山西百圆裤业有限公司
山西富路工贸有限公司印刷厂
山西吕梁市财政局预算科
山西省人民政府机关事务管理局幼儿园
山西襄垣县财政局预算股
山西铁路护路联防办公室
山西荣军医院骨科
山西太原市迎泽区人民检察院公诉科
山西医药杂志社
山西太原市财政局办公室
山西天维尔食品发展有限公司
山西太原市青年创业服务中心
山西国阳新能股份有限公司一矿选煤厂重介洗选组
山西太原新世纪眼镜有限公司
山西晋中市榆次区郭家堡乡财政所
山西太原第一监狱运输科机电维修组
山西焦煤集团公司西山煤矿总公司机电总厂结构分厂金属构件生产线
山西大同市永和红旗美食城
山西大同北方电器有限公司
山西太原钢铁(集团)有限公司金属制品分公司
山西国营大众机械厂第一研究所
山西大同市左云县鹊儿山精煤有限责任公司综采队
山西证券有限公司太原迎泽大街营业部
内蒙古自治区人民政府通信服务中心
内蒙古北方重工业集团特殊钢厂101车间电炉乙班
内蒙古通辽市扎鲁特旗预算外资金管理局
内蒙古补连塔煤矿综采队
内蒙古包头铝业集团电解一公司铸造车间多品种生产班
内蒙古平庄煤业(集团)公司平庄宾馆
内蒙古通辽市梦达印务有限公司
内蒙古通辽市扎鲁特旗会计核算中心
内蒙古呼和浩特市回民区人民检察院公诉科
内蒙古包钢(集团)公司生产部总调度室
内蒙古党政专用电信局话务科
内蒙古康源药业有限公司
内蒙古呼和浩特市回民区司法局公证处
内蒙古包钢(集团)公司房地产开发公司置换中心
内蒙古呼和浩特市新城区人民检察院审查批捕科
内蒙古森工集团满归森工公司绿星宾馆
内蒙古铁骑集团棉纺织厂织布二车间保养组
内蒙古通辽通顺铝业股份有限公司供电部
内蒙古莫尔道嘎林业局龙岩山庄总服务台
内蒙古自治区党委机关幼儿园
内蒙古迎宾馆客务部西楼组
辽宁丹东市东港职业介绍所
辽宁锦州北宁市工商城市信用合作社
辽宁阜新市住房公积金管理中心
辽宁华锦通达化工股份有限公司合成车间总控岗
辽宁葫芦岛市住房公积金管理中心营业厅
辽宁沈阳市商业银行滨河支行储蓄所
辽宁大连重工建筑钢结构厂铆一青年班
辽宁鞍山市人民检察院公诉一处
辽宁抚顺铝厂炭素厂三工段钳工七班
辽宁本溪钢铁集团公司炼钢厂连铸青年文明生产线
辽宁沈阳市铁西供电分公司郭家售电站
辽宁鞍山市铁东宾馆
辽宁北方华兴机械有限公司军品研究所设计室
辽宁天宝虎台煤业分公司选煤厂跳汰机1—5号
辽宁辽阳市商业银行辽阳县支行
中国科学院金属研究所纳米材料研究组(辽宁)

辽宁丹东化纤集团股份有限公司粘胶长丝一厂加工车间
辽宁阜新矿务局海州露天煤矿运输段6608包机组
辽宁鞍山市社会保险总公司基金财务处
辽宁本溪市城市信用联社东宫储蓄所
辽宁沈阳超高压局辽阳送变电工区运行班
辽宁大连海洋渔业集团公司安全处消防队
辽宁锦州市商业银行凌云支行储蓄专柜
吉林吉林市消费者协会
吉林四平市北二城市信用社
吉林一汽轿车公司直属总装车间
东北高速公路股份有限公司吉林分公司五里坡收费站
吉林通榆县审计局乡镇审计特派所
吉林吉林市商业银行江北支行
吉林四平市第一中学现代教育技术中心
吉林白山市临江林业局公共事业公司客户服务中心
吉林通化市人民检察院公诉处
吉林长春市商业银行安达街支行
吉林四平市站前城市信用社
吉林辉南县工商局富强分局
吉林辉南县工商局朝阳分局
吉林吉林市工商局注册分局企业登记注册窗口
吉林白城电视台新闻部
吉林汪清林业局森铁处027青年包车组
吉林化学工业股份有限公司有机合成厂苯乙烯车间苯乙烯精馏青年岗
吉林石油集团公司石油大厦
黑龙江大庆晚报
黑龙江七台河市惠祥城市信用社
黑龙江哈尔滨市商业银行营业部
东北高速黑龙江分公司肇东收费站
黑龙江哈尔滨市环境监测中心自动系统室
黑龙江牡丹江市工商行政管理局收费所
东北高速黑龙江分公司哈尔滨收费站
黑龙江哈药集团医药药材公司康泰药品超市
黑龙江齐齐哈尔电视台政教部
黑龙江哈尔滨汽轮机厂有限公司三分厂转子工段
黑龙江哈尔滨市皇山公墓管理处
黑龙江大庆市让胡路区人民检察院起诉科
黑龙江双鸭山市机关事业单位会计核算中心
黑龙江齐齐哈尔市商业银行营业部
黑龙江哈尔滨市工商局道外分局南十六工商管理所
黑龙江齐齐哈尔富拉尔基监狱狱政接见室
黑龙江齐齐哈尔市矿产勘查开发总公司溜槽组
黑龙江哈尔滨飞机工业集团公司飞机事业部设计所九室结构组
黑龙江哈尔滨锅炉厂有限公司联箱分厂三通组
黑龙江大庆石化公司炼油厂重油催化生产线
黑龙江哈尔滨市药材总公司服务中心
上海岩土工程勘察设计研究院有限公司科技开发公司
上海辐射环境监督站放射环境监理科
上海航天局第八设计部红外仿真实验室
上海银行金桥支行
上海今亚金店
上海华氏大药房中心店
上海新世纪股份有限公司七楼商场精品自营柜
国泰君安证券股份有限公司上海延平路证券营业部
上海测绘院浦东分院管网科
上海西郊宾馆中宾接待班组
上海宝山钢铁股份有限公司技术中心信息技术及亚欧信息研究组
上海汇众汽车制造有限公司内燃机配件厂二车间轮毂生产线
上海三菱电梯有限公司工程本部急修中心
上海永新彩色显像管有限公司制造一部工艺

质量科
上海徐汇区人民检察院公诉科
上海通用汽车有限公司动力总成厂 V6 缸体生产线
上海利泰进出口有限公司第四业务部
上海海洋石油钻井工程公司“勘探二号”平台钻井队
上海提篮桥监狱青年实验分监区
上海东方明珠广播电视塔有限公司接待部
上海豫园旅游商城绿波廊酒楼三楼服务组
江苏连云港广播电视传输总台电视发射部
江苏南通市职业介绍服务中心
江苏通州市农村信用联社营业部
江苏徐州市殡仪馆殡仪引导班
江苏张家港市财政局
江苏吴江市农村商业银行横扇支行
江苏扬中市农村信用合作社联合社营业部
江苏兴化市预算外资金管理办公室
江苏如东县工商信息咨询服务中心
江苏盐城市工商局直属市场管理分局人民路工商所
江苏南京证券有限责任公司大钟亭营业部
江苏泰兴电视台新闻部
江苏徐州市工商局朝阳市场管理所
江苏无锡市财政局预算管理处
江苏淮阴市水利建设集团有限公司生产经营部
江苏徐州卷烟厂三车间
江苏恒顺集团灌装一车间
江苏昆山市陆家镇财政所
江苏华泰证券南通姚港路营业部
江苏南京夫子庙晚晴楼接待部
江苏省气象台观测站
江苏金坛市国土规划局
江苏电视台新闻中心《大写真》专栏
江苏徐州市财政局直属征收管理处
华泰证券有限责任公司常州和平南路证券营业部
江苏东吴证券有限责任公司张家港杨舍证券营业部
江苏铜山县三堡农村信用合作社
浙江杭州西子奥的斯电梯有限公司扶梯开发科技攻关小组
浙江温州人民广播电台经济台
浙江台州 76 省道玉环收费站
浙江金华市工商局婺城分局城北工商所
浙江华电乌溪江水电厂继保班
浙江上虞市便民服务中心
浙江舟山市审批办证服务中心
浙江衢州巨化氟化公司二车间 DCS 主控室
浙江革命烈士纪念馆宣讲科
浙江临海市信用联社营业部
浙江浦江县农机监理站
浙江嘉兴市工商行政管理局秀城分局新丰工商所
浙江大成建设集团有限公司合徐高速公路项目部
浙江博物馆社教部
浙江杭州中美华东制药有限公司三车间
浙江杭州钢铁集团公司小轧公司连轧车间 P3操作室
浙江宁波市工商局奉化分局溪口工商所
浙江化纤联合集团有限公司长丝分厂牵伸 M–4029#机
浙江杭州市商业银行官巷口支行营业部
浙江金华市商业银行市府支行
浙江省气象台中短期预报科
浙江湖州市图书馆外借部
浙江三狮水泥股份有限公司烧成车间 2#回转窑看火班
浙江镇海炼油化工股份有限公司重三装置区六位一体生产线
浙江横店进出口有限公司
安徽淮南市财政局国库支付中心
中铁四局天津滨海轻轨工程项目经理部(安徽)
安徽合(肥)徐(州)高速公路

中港二航局金桥青年突击队(安徽)
安徽六安市金安区物价局价格监督检查分局
安徽阜阳市大桥管理处泉河公路桥收费站
安徽华茂集团五分厂后纺特班细纱工序
安徽马钢股份公司三钢厂连铸二车间3#铸机丙班
安徽水利开发股份有限公司交通公司
中共安徽省委办公厅机关招待所
安徽合肥鑫胜工贸有限公司
安徽淮北市物价局相山分局
安徽芜湖市工商行政管理信息中心
安徽芜湖长轮公司海员宾馆
安徽宁国市工商局西津工商所
安徽省委办公厅综合调研室
安徽华光玻璃集团有限公司浮法锡退工段
安徽芜湖造船厂希亚德大酒店房务部楼层
安徽肥东宾馆迎宾楼餐饮服务班
福建福安市国土资源局政务服务大厅
福建福州电视台"新闻110"栏目组
福建福州市农业969155热线服务中心
福建省检察院办公室综合科
福建瑞闽铝带有限公司轧制班
福建福鼎市工商行政管理局注册大厅
福建晋江市人才交流服务中心
福建兴业证券股份公司福州市湖东路营业部
福建莆田市国土资源局东庄国土资源所
福建泉州市鲤城区工商行政管理局中区分局
福建福州市鼓山地区人民检察院
福建黄金大酒店餐饮部
福建省直单位公积金管理中心
福建兴业银行福州分行营业部
福建厦门基业衡信咨询有限公司
福建漳州市工商行政管理局12315消费者投诉服务台
福建福州市仓山区工商行政管理局12315消费者投诉服务分台
福建兴业证券股份有限公司泉州营业部
福建兴业银行厦门分行思明支行综合柜员科
福建兴业银行福安支行储蓄专柜
江西萍乡市水政监察支队
江西临川国家粮食储备库仓储科
江西鹰潭市余江县会计管理中心
江西铜业集团公司武山铜矿采矿车间东一盘区青年采矿队
江西赣州市章贡区人民检察院起诉科
江西九江海事局监督科
江西南昌卷烟厂烟叶基地小组
江西赣州监狱一监区铸造一分监区
江西宜黄县工商局凤岗分局
江西南昌市商业银行中山支行营业部
江西上饶县华坛山农村信用合作社
江西铜业集团公司德兴铜矿泗洲选矿厂碎三圆锥车间
国泰君安证券股份有限公司九江营业部
江西江铃全顺汽车厂总装车间吊装班
江西井冈山革命烈士陵园管理处
江西庐山博物馆群工部讲解组
江西江南证券有限责任公司南昌广场南路证券营业部
江西铜业集团公司德兴铜矿采矿场工程机械维修青年突击队
江西新余钢铁有限公司运输部1610号青年包乘组
江西新华印刷厂八色机车间
江西铜业集团公司永平铜矿9#电铲青年机组
江西电视台青少部
江西铜业集团公司德兴铜矿精尾综合厂4#坝青年突击队
江西赣州市商业银行青年支行
山东济南市保安服务总公司驻泉城广场保安队
山东东营市经济开发区农村信用分社
山东古贝春有限公司新厂灌装车间
将军集团济南卷烟厂卷接包车间
山东枣矿集团柴里煤矿机电运输公司
山东青岛海信营销有限公司质量服务部
山东武所屯生建电厂运行车间

山东威海地方铁路局进京列车段乘务组
山东烟台恒丰银行营业三部
山东莱芜市城市信用社钢城办事处营业部
山东烟台市商业银行西大街支行
山东威海市外商投资服务中心
山东日照市市级机关服务中心服务部
山东济南市天桥区人民检察院反贪局侦察科
山东淄博市商业银行营业部
华夏银行济南市城东支行
山东济南化肥厂有限公司甲醇车间
山东广饶石化集团股份有限公司催化主控室
山东烟台市委机要局业务科
山东青岛钢铁集团公司第一线材厂青年轧制生产线
山东淄博市博山区人民检察院反贪污贿赂局
山东泰安市工商行政管理局企业注册局
山东济南电视台新闻节目中心
河南郑煤集团供电公司方山变电站
河南开封皮鞋商场
河南鹤壁市财政国库支付中心
河南博物院社会教育部讲解科
河南焦作市行政服务中心
河南濮阳市市区幼儿园
中建三局一公司河南开封项目经理部
河南洛铜集团公司铜板带厂剪切、精整车间
河南安阳卷烟厂科技交流中心
河南周口市人民检察院起诉处
中国铝业河南分公司热力厂燃化车间除盐水站
中国船舶重工集团公司七二五研究所三室橡胶制品车间
河南洛玻集团浮法玻璃厂
河南安阳钢铁股份公司炼铁厂四高炉车间
河南平顶山煤业集团天宏焦化公司80炼焦厂乙工段
中国铝业河南分公司氧化铝厂六车间成品过滤岗位
河南新野纺织集团股份有限公司东织分厂织造车间
河南安阳市人民检察院技术处
河南驻马店市检察院技术科
河南舞阳钢铁公司煤气公司煤气车间发生炉工段
河南平顶山煤业集团一矿综采三队程太昌班
河南日报新闻出版部夜编组
湖北建工混凝土制品有限公司余家头分公司
湖北随州市会计核算中心
湖北鄂州市新华书店
湖北十堰市寿康永乐连锁超市公司
湖北武汉市武昌区社会福利院服务中心
湖北孝感红林机械厂数控加工中心
湖北襄樊市市直财政征管中心
中建三局一公司深圳分公司第二项目经理部（湖北）
湖北襄樊邓城神农园
湖北鄂钢集团公司鄂钢医院外二科（骨科）
中国建筑三局总承包公司湖北出版文化城项目经理部
湖北黄梅县停前镇财政所
湖北武钢矿业公司大冶铁矿球团车间竖炉班
湖北广济药业股份有限公司广宁制药厂
湖北武汉烟草（集团）有限公司武汉卷烟厂制丝车间甲班制丝组
湖北武汉市基础地理信息中心
湖北武汉市公路勘察设计院
湖北襄樊华明光学元件有限公司二车间4号炉
中国葛洲坝集团公司水泥厂烧成一车间2号窑系统
湖北得伟律师事务所
湖南郴州市桂阳县信用联社营业部
湖南岳阳市中心血站
湖南宁乡县财政局国库集中支付核算局
湖南浏阳市株树桥水力发电与调度管理所
湖南衡阳市衡东县非税收入征收管理局
湖南长沙市商业银行汇丰支行营业部
湖南娄底市娄星区花山街道办事处计生办
湖南永州市祁阳县三吾农村信用社

湖南郴州市工商行政管理局人民路工商所
湖南水口山有色金属公司机电总厂杨家岭变电站
湖南防汛抗旱指挥部办公室
湖南长沙市商业银行金城支行营业部
湖南衡阳市雁峰区财政局
湖南湘潭市商业银行雨湖支行
湖南长沙市商业银行银德支行营业部
湖南长沙卷烟厂六车间甲4#生产线
湖南湘潭钢铁集团有限公司高速线材轧制生产线
湖南长沙市商业银行华夏支行营业部
湖南常德卷烟厂八车间丙纤加胶棒生产组
湖南黎家坪水泥厂旋窑分厂看火班
湖南计算机股份有限公司技术中心
湖南长沙铁路总公司长沙火车站母婴—军人候车室
广东广钢集团热电厂中控室
广东深圳市国土资源和房产管理局地政和监察分局业务受理窗口
广东广州海运(集团)有限公司雪峰岭轮
广东中山市机动车驾驶员协会综合业务部
广东梅州迎宾馆客房部
广东广州珠江电厂热控分部
广东北江监狱八监区
广东深圳市国土资源和房产管理局龙岗分局业务受理窗口
广东梅县华银雁鸣湖旅游度假村
广东深圳市宝安区经济贸易局加工贸易合同管理办公室
广东广州本田汽车有限公司总装科底盘班
广东梅县雁南飞茶田有限公司
广东深圳市房地产权登记中心业务受理窗口
广东东莞市凤岗镇康佳电子公司影视机芯厂电脑插件车间B班
广东广州市政府总值班室
广东深圳市规划局宝安分局综合业务科收发文窗口
广东广州地铁运营有限公司一号线黄沙站
广东东莞市长安镇莲花山庄前台部
广东珠岛宾馆中心二楼服务班
广东深圳市万厦公司莲花北村管理处
广东深圳市工商局专业市场分局第二工商所
广西南宁市人民政府信访局市长公开电话受理办公室
广西南宁城市投资发展有限公司那洪收费站
广西东兴市银海大酒店客房部
广西桂林市商业银行榕湖支行
广西柳州市商业银行广雅支行营业部
广西贵糖(集团)股份有限公司第一造纸厂8#机
广西河池化工股份有限公司尿素二车间化工二组
广西钦州市接待办贵宾楼
广西三环企业集团炻瓷厂成二车间
广西柳钢气体公司空分车间二班
广西航空大厦售票处“玉桂组”
广西桂林市商业银行秀峰支行
广西梧州市工商行政管理局南中工商所
广西柳工机械股份有限公司桥箱厂托架班
广西玉柴机器股份公司发动机一厂技术科
中铝股份广西分公司动力厂供电车间
广西柳州市商业银行营业部
广西柳州市华锡集团车河选矿厂二车间铅锌承包组
广西桂林市工商局经济检查支队
中铝股份广西分公司电解铝厂铸造车间
广西玉柴机器股份公司冷加工厂缸盖枪铰机组
广西桂林银海纺织集团三分厂甲班
广西柳州五菱汽车有限公司模具中心CAD/CAM工作站
海南海洋石油富岛股份有限公司尿素部
海南新中北科技有限公司呼叫中心运营部
海南海口红妆美容有限公司
海南价格认证中心
海南振业新合纤有限公司生产部
海南海口海滩开发管理有限公司假日海滩

海南琼中县检察院审查起诉股
海南海口工商局振东分局
海南国营八一总场金川农场办公室
海南鸿益药业有限公司
海南海口市罗牛山蛋鸡场
海南海口市国土海洋资源局服务窗口
海南东升农场十一队青年割胶班组
海南丰田汽车特约维修服务中心
重庆重型铸锻厂热处理分厂淬火二班
第三军医大学新桥医院心血管外科
重庆百事达汽车有限公司
华能重庆分公司(电厂)运行部一值
第三军医大学重庆大坪医院妇产科
重庆沙坪坝区文化广播电视局新闻中心
中铁五局集团五公司长万高速公司项目经理部(重庆)
重汽集团重庆红岩汽车有限公司总装厂总装车间
重庆万州区工商行政管理局直属分局
重庆新华书店集团民生路图书发行大楼
中港二航局二公司机械化公司青年突击队
重庆忠县国土资源局
重钢电子有限公司三峰仪表成套厂
重庆大足县人民检察院反贪局
重庆永川工商局注册登记科
重庆燃气有限公司渝西分公司茄子溪管理站
中国嘉陵集团公司设备工程公司数控二组
重庆工商行政管理局渝中区分局大溪沟工商所
重庆少管所七管区
重庆工商局企业登记所
重庆商业银行四贤巷支行
四川峨眉山博物馆
四川宜宾市蜀南竹海博物馆
四川成都市商业银行武侯支行营业部
四川明珠水利电力股份有限公司电气安装工程公司
四川仁寿县农村信用联社营业部
四川万源市汽车站
四川大学华西医院急诊科
四川德阳东方汽轮机厂主机四分厂核电总装钳工班
四川绵阳市富乐山公园管理处
四川成都杜甫草堂博物馆讲解部
四川九寨沟管理局票务处
四川明珠水利电力股份有限公司供电所
四川航空公司客舱服务部客运室
四川成都市工商局双流分局华阳工商所
四川成都市商业银行营业部
四川德阳工商局旌东分局旌湖工商所
四川泸天化股份有限公司合成二主控岗位
四川峨眉山市工商城市信用合作社
四川广元工商局南河分局
四川遂宁市蓬溪县红江发电厂
四川剑南春集团包装一车间
四川广安市广安区四九滩电站
贵州赤天化仪表成品班
贵州水钢(集团)公司动力厂热力车间锅炉站
中铁二局第一工程有限公司青年突击队(贵州)
中国路桥集团第二公路工程局第一工程处贵州崇遵高速公路项目经理部
贵州黎阳机械厂43车间二号台青年班组
贵州航天凯天科技有限公司三车间总装调试组
中铁五局集团二公司六队(贵州)
南方汇通股份有限公司市场部市场销售组
贵阳电视台三、四、五频道新闻中心
贵州贵阳市第十一幼儿园
贵州开磷(集团)矿业总公司机电公司维修一班
贵州赤天化股份公司尿素车间总控制中心
贵州金星啤酒有限公司糖化车间
贵州贵阳铝镁设计研究院冶建分院电解组
贵州贵阳市商业银行金城支行营业部
贵州茅台酒股份有限公司制酒二车间一班
贵州水城矿业(集团)有限责任公司洗煤厂洗煤车间生产三轮班
贵州赤天化集团有限公司育才学校中学青年教师组

贵州开磷(集团)有限公司重钙公司物管部保健食堂班
贵州水城钢铁(集团)有限公司原料处原料科
贵州贵阳市商业银行直属支行
贵州贵阳卷烟厂一车间甲班二线
贵州钢绳(集团)有限公司一厂钢丝车间拉丝工段30#机组
云南昆明市人民政府便民热线办公室
云南昆船第一机械有限公司三分厂齿磨组
云南第四监狱防暴队
云南铜业股份有限公司熔炼分厂艾萨炉工区
云南第六建筑工程公司第三工程处
云南昆钢焦化厂第二炼焦车间调火班
云南保山市财政局预算科
云南龙生绿色产业(集团)有限公司科研组
云南玉溪红塔集团生产一部白班包装机修理组
云南滇红集团茶科所科研所
云南第一女子监狱一监区
云南农业科学院园艺所花卉研究中心
云南第三建筑工程公司四处孙开祥青年突击队
云南易门县小街乡财政所
云南羊场煤矿沙背冲矿井青年突击队
云南昆明水泥股份有限公司质量处物理组
陕西高速公路建设集团公司西渭分公司渭南管理所
陕西第五建筑工程公司第一直属项目部
陕西省公证处
陕西秦岭水泥(集团)股份有限公司安全保卫处
陕西西安电视台文化影视频道影视组
陕西航天建筑公司二部青年突击队
陕西西安西电高压开关有限公司十五车间灭弧三组
陕西洋县电力局酉水变电站
陕西高速集团榆林市王沙沟收费站
陕西鼓风机集团有限公司产品试验研究室科研二组
陕西西安市商业银行城南支行营业室
陕西西凤酒股份有限公司销售公司市场科
陕西咸阳偏转股份有限公司二分厂
陕西汉江药业股份有限公司706车间
中国第九冶金建设公司金结厂一车间汽焊班
陕西宝鸡市工商局渭滨分局马营工商所
陕西西安变压器厂机械制造分厂钳工一班
中国石油股份有限公司长庆油田分公司第一采油厂王三计量站
陕西宝鸡卷烟厂五车间
西北国棉一厂细纱车间赵梦桃小组
陕西水电工程局四处五队
武警陕西西安市警卫处
陕西长岭股份有限公司29车间钣金组
甘肃兰州铝业西北铝加工分公司压延厂箔轧工序
甘肃兰飞总厂直九自动驾驶仪生产线
甘肃兰州燃气化工集团建筑安装公司第一分公司
甘肃金化集团合成氨公司压缩岗位联合工段
甘肃窑街煤电公司三矿综采一队
甘肃华亭煤业集团公司华亭煤矿建井公司
甘肃天水长城开关厂FMS板材柔性加工生产线
甘肃甘州区新乐超市有限公司
甘肃酒钢焦化厂设备维检作业区调火班
甘肃白银公司深部铜矿机运队运转工段
甘肃黄河电力检修工程公司陇电分公司水轮机班
甘肃兰州佛慈制药股份公司销售公司
甘肃银光化学工业公司仪表计量处仪表流量组
甘肃金昌化工集团公司纯碱公司重碱车间碳化岗位
甘肃白银有色金属公司冶炼厂电解车间种板工段
甘肃兰州铝业股份有限公司电解二厂一车间二大组
甘肃靖远煤业有限公司魏家地煤矿综放队
中国铝业青海分公司第一电解厂铸造一班
青海新能源研究所
中国水电四局拉西瓦施工局(青海)

中国水电四局第一施工局(青海)
中共青海省委幼儿园
青海盐湖钾肥股份有限公司干包车间
西部矿业有限公司锡铁山铅锌矿脱水车间铅系统
青海盐湖钾肥股份有限公司采收车间
宁夏银川市农村信用联社营业部
宁夏煤业集团灵新矿运输队皮带运输班
新疆气象影视中心
新疆伊犁哈萨克自治州红旗幼儿园
新疆区党委办公厅秘书二处文印室
新疆乌鲁木齐市河东污水处理厂运行班
新疆伊犁州苗苗幼儿园
新疆乌鲁木齐市乌河管理处供水公司红雁水厂运行班
新疆特变电工股份有限公司新变厂总装车间
新疆有色集团公司阜康冶炼厂电解车间生产线
将军烟草集团新疆卷烟厂技术中心
新疆水利厅玛河管理处第二水利工程管理站
新疆八一钢铁股份有限公司电炉炼钢厂电气作业区
新疆八一(钢铁)集团有限公司能源中心1159热线服务台
新疆八一钢铁股份有限公司转炉炼钢厂转炉机修系统转炉维护组
新疆生产建设兵团建筑工程第一师北新路桥建设股份公司内蒙古项目部
新疆生产建设兵团农八师石河子市东热电厂化学分场
新疆生产建设兵团党委机要局译电传真处
新疆生产建设兵团农六师五家渠联营棉纺织厂前纺车间丙班
新疆生产建设兵团第一建筑安装工程公司天元公司
新疆生产建设兵团农一师青松建材化工总厂水泥厂烧成三分厂
新疆生产建设兵团建筑工程第一师北新路桥建设股份公司机械调配中心
新疆生产建设兵团机关幼儿园
新疆生产建设兵团农五师赛里木油脂集团浸出车间
新疆生产建设兵团农一师电力公司塔里木热电公司电气分场
新疆天富热电股份有限公司热电厂化学分场
武警北京市总队二师十四支队六中队
武警天津市总队二支队四中队
武警天津市总队三支队六中队
武警安徽省总队池州市支队九华山中队
武警浙江省总队一支队三中队
武警广东省总队深圳市支队沙头角中队
武警福建省总队泉州市支队晋江中队
武警四川省总队乐山市支队峨眉山中队
中共中央直属机关事务管理局北戴河接待办公室服务处
人民日报社国内政治部党建组
新华社国内部政文采访室
新华社国内部经济采访室
中央电视台《今日说法》专题栏目组
中央警卫团二大队三中队人民大会堂东门哨位
中央办公厅老干部局文津俱乐部活动处
人民日报社网络中心论坛管理部
人民日报社经理部科技处卫星传输室
中央办公厅机要局通讯中心译电处
中央电视台新闻评论部
新华社专特稿采编中心
中办警卫局新华门哨位
中央纪委监察部信息中心硬件部
中国科学技术馆展教部
国务院机关事务管理局北京友谊宾馆友谊宫聚祥园餐厅
外交部钓鱼台国宾馆芳菲苑
国家工商行政管理总局外资注册处
最高人民检察院检查日报社总编室
故宫博物院展览宣教部参观导引组
国家经贸委委主任办公室
国务院办公厅秘书一局信息处

国家经贸委办公厅信息调研处
国家图书馆外文新书阅览室
司法部监狱管理局狱政管理处
农业部经管司农民负担管理处
对外贸易经济合作部交际司翻译处
中国聋儿康复研究中心语言训练部
中国新华航空公司"金鹏"乘务示范组
国家气象中心中央气象台短期预报科

二、新命名的

北京星海乐器公司共青团号生产线三线
北京兴华地产有限公司北苑家园秀菊园管理处
北京四中青年德育研讨小组
北京星明湖度假村
北京八大处公园培训中心
天津碱厂化肥分厂造气车间中控岗
天津金山线缆公司技术处新品组
天津冶金集团轧一公司二热分厂轧钢丙组精轧工段
天津市社会保险基金管理中心河北分中心基金征缴科
天津市商业银行开源支行
河北石家庄钢铁有限责任公司2号高炉工长班
河北廊坊市生产力促进中心
河北常青实业集团有限公司井径服务部
河北唐山开滦有限责任公司钱家营业矿业分公司皮带区 -600 水平平运一部皮带巷
河北衡水市医疗保险基金管理中心业务大厅
山西原太高速公路
山西大同市政府结算中心
山西大学商务学院会计系
山西大同市城市居民最低生活保障管理中心
山西太原市食品药品监督管理局药品案件督察处
内蒙古呼和浩特市土默特左旗会计管理局
内蒙古包头市北方奔驰重型汽车有限责任公司总装分公司底盘车间
内蒙古包头市城外城娱乐有限责任公司前厅部
内蒙古通辽市财政缴款大厅
内蒙古平庄煤业(集团)公司水沟煤矿综采队
辽宁沈阳华晨金杯汽车有限公司海狮工厂装配车间一工段
辽宁大连市瓦房店振兴城市信用合作社
辽宁本溪市长途客运有限责任公司靓马快客
辽宁营口市老边区财政局核算中心
辽宁铁岭市城市信用社广嘉分社
吉林长春市商业银行白山支行
吉林长春市市直行政事业会计集中核算中心
吉林吉林市气象台
吉林东北证券有限责任公司松原营业部
吉林延边开元大酒店有限公司餐饮管理部
黑龙江哈药集团三精制药口服液车间王浆生产线配剂灌封班组
黑龙江大庆市市区农村信用合作社联合社营业部
黑龙江大兴安岭北山宾馆
黑龙江九三油脂(集团)有限责任公司黑龙江惠康食品有限公司维 E 车间
上海市青浦区就业促进中心
上海浦江桥隧运营管理有限公司延东东路隧道路政牵引班
上海氯碱化工股份有限公司聚氯乙烯厂糊状树脂装置分析岗位
上海宋庆龄幼儿园保教组
江苏常州市武进区148法律服务中心
江苏江都市土地市场
江苏射阳港发电有限责任公司汽机化学班
江苏省测绘工程院工程测量分院
江苏昆山市财政局玉山镇财政所
浙江象山县便民服务中心
浙江舟山市气象台
浙江嵊州市行政审批服务中心公安窗口
浙江杭州市土地交易登记发证中心办文窗口
浙江乔司监狱九分监狱二监区
安徽财政厅国库支付中心
安徽马鞍山市职业介绍服务中心
安徽淮北矿业(集团)公司祁南煤矿灯房班

安徽黄山太平索道有限公司营销部
安徽合肥市工商局城隍庙分局信息服务中心
中共福建省委机要局报务处
福建福州市仓山区人民检察院
福建福州市仓山区城市管理执法大队
福建长汀县国土资源局服务大厅
福建霞浦县三沙镇计生办
江西上饶市政府市长热线电话办公室
江西南昌市东湖区步行街管委会
江西赣州市南芳律师事务所
江西江铜集团贵冶硫酸车间生产工段
江西省直住房公积金管理中心
山东省级机关政府采购中心
山东济南钢铁集团总公司中厚板厂热轧精整生产线
山东烟台市行政审批中心工商登记窗口
山东莱钢国际贸易有限公司进出口二部
山东蒙山国家森林公园管理局旅游管理科
河南郑州市金水区行政审批服务中心
河南濮阳市财政集中收付中心
河南三门峡市农业信息中心
河南洛阳市涧西区人民检察院未成年人犯罪公诉科
河南周口市财政局契税征收管理所
湖北鄂州市鄂城区兴业农村信用合作社
中港二航局湖北武汉阳逻长江大桥项目部
湖北武穴市新华书店
湖北荆州市视信网络有限公司园林路营业处
湖北赤壁市国库集中收付中心
湖南长丰汽车制造股份有限公司永州分公司涂装部前处理线
湖南长沙市国土资源局天心区分局
湖南桂阳县会计核算中心
湖南岳阳市南湖宾馆临风楼
湖南龙山县电力总公司湾塘水电站
广东广州市番禺区环境监测站
广东东莞市长安镇收费处
广东飞来峡水利枢纽管理局发电厂
广东惠州市国土资源局服务大厅
广东省高明监狱一监区
广西钦州市钦州港经济开发区办证中心
广西凤山县人民检察院
中共广西南宁市委办公厅第一秘书科
广西桂林市商业银行建于路支行
四川成都市武侯祠博物馆宣教部
四川三星堆博物馆陈列宣教部讲解组
四川广旺矿务集团总公司九寨沟度假村
四川威远县严陵镇财政所
四川泸天化(集团)有限责任公司动力厂水气车间澄清池岗位
重庆市建峰化工总厂化肥厂总控制室
第三军医大学西南医院烧伤研究所护理组(重庆)
重庆市北碚人民广播电台
重庆巴南区房地产权产籍监理所
重庆渝永电力股份有限公司锅炉运行五班
贵州宏福总公司瓮福磷肥厂磷酸分厂
中国太平洋财产保险股份有限公司贵州分公司防灾理赔部
中国振华集团永光电工厂车用电子车间生产二班
贵州天义电器有限责任公司汽车继电器流水线
贵州省贵阳市商业银行清镇支行营业部
云南楚雄州博物馆陈列部
云南迪庆州国投宾馆贵宾楼客房部
云南昆明世博园股份有限公司市场营销部营业组
云南昆明钢铁集团股份有限公司四轧厂高线车间轧钢生产线
陕西西安铁路工程(集团)有限责任公司混凝土公司
陕西咸阳路桥工程公司
陕西西安交通大学附属中学
陕西西安亚建国际高尔夫俱乐部
甘肃金川集团公司精炼厂铜系统电调三班
甘肃嘉峪关市酒钢(集团)宏兴钢铁股份有限公司中厚板生产线

甘肃华亭煤业集团销售运输公司营业部
甘肃阳光大厦前厅公关部
中国科学院兰州分院青藏铁路工程与多年冻土相互作用及其环境效应项目组
青海红十字医院速检中心
青海柴达木盐化工实业总公司
青海西宁天桥商贸有限公司
宁夏盛泽实业公司燕莎大酒店
宁夏银川市新城农村信用社立交桥分社
宁夏煤业集团羊场湾二矿采煤一队生产二班
宁夏银川市工商局消费者权益保护科（12315中心）
新疆人民广播电台汉语专题部
新疆国土资源规划研究院数字化所
特变电工股份有限公司新疆线缆厂裸线车间
新疆伊犁书城
新疆生产建设兵团农七师党委机要局
海南省财政国库支付局第一会计核算站
海南高速公路东线管理公司
海南威龙电脑有限公司 DC 城电脑超市
海南三亚旅游投资有限公司天涯海角分公司保安部
武警黑龙江省总队第四支队十中队
武警广西总队桂林市一支队阳朔县中队
广州军区东山招待所客房科前厅销售部
中央人民广播电台《新闻纵横》栏目组
人民日报总编室编辑四组
中国青年报社印刷厂照排车间
民政部社会福利和社会事务司社会福利处
山东聊城市东昌府区检察院白云热线
《计算机世界》报社
交通部科学研究院环保室
中国农业科学院畜牧研究所反刍动物营养研究室

全国青年文明号文化作品大赛

自全国青年文明号活动组委会举办全国青年文明号文化作品大赛以来，各行业、各地区高度重视，精心组织，广泛动员广大青年文明号集体及争创集体积极参赛，一批具有思想性和艺术性、较好反映了青年文明号活动文化内涵和精神实质的作品脱颖而出，对于展现青年文明号风采、弘扬良好的职业道德、促进先进文化发展、构建社会主义和谐社会，发挥了积极的作用。

在层层选拔、推报的基础上，全国青年文明号文化作品大赛评审会对各行业、各地区报送的 1463 件作品进行了认真、公正、严格的评选。根据评选结果，全国青年文明号活动组委会决定，对 17 个优秀组织单位和 121 件作品进行表彰。

首届全国青年文明号文化作品大赛优秀组织单位

最高人民法院政治部宣教部
公安部政治部宣传局思想政治工作处
交通部体改法规司法制与文明建设处
卫生部直属机关党委组织处
国务院国有资产监督管理委员会群工部青年处
海关总署政工办政工处
国家税务总局人事司基层工作处
国家质量监督检验检疫总局直属机关团委
国家旅游局直属机关团委
中国石油天然气集团公司思想政治工作部青

年工作处	共青团江苏省委城工部
中国石化集团公司思想政治工作部青年处	共青团安徽省委青工部
国家电网公司团委	共青团福建省委青工部
共青团山西省委青工部	共青团甘肃省委青工部

首届全国青年文明号文化作品大赛获奖作品

报告文学类(17 件)

一等奖(2 件)

作品名称	作者	推报单位
《清蒸胖头鱼》	林志文	公安部政治部宣传局
《十年磨一剑》	黄　山	海关总署思想政治工作办公室

二等奖(4 件)

作品名称	作者	推报单位
《为青春喝彩》	王小燕	交通部体改法规司
《高擎的红旗》	陈永春	中央企业团工委
《火热青春一支歌》	时彩琴	国家电网公司政工部
《一切为了畅通》	马　婧	中央国家机关团工委

三等奖(11 件)

作品名称	作者	推报单位
《航行在船员心中的“青年文明号”》	董芳静	交通部体改法规司
《爱心天使——生命的守护神》	关雅娜	卫生部直属机关党委
《此生难了水电情》	刘飞华	中央企业团工委
《风雷激荡战执行,酸甜苦辣品人生》	林小兰	最高人民法院政治部宣传教育部
《镌刻在国际空港的志诚》	程　昕 赵柳方 韩建平	国家质检总局直属机关党委
《青春在奉献中闪耀光芒》	刘秋苏	最高人民法院政治部宣传教育部
《一路前行,用青春浇筑丰碑》	郭中华 刘海俊 王　健	中国石化集团公司思想政治工作部
《他们都有一颗金子般的心》	保晓冲	江苏团省委
《乐为安全奉献每一瞬》	周　平	甘肃团省委
《那一丛芬芳的茉莉花》	魏文忠	国家税务总局人事司
《第一时间》	米　静	山东团省委

诗歌散文类(27 件)

一等奖(2 件)

作品名称	作者	推报单位
《敬礼,青春的中国》	王　炎	中央企业团工委

作品名称	作者	推报单位
《基站建设工作之五味》	张 益	贵州团省委

二等奖(5件)

作品名称	作者	推报单位
《跨越巅峰》	周 皓	江西团省委
《青年文明号,我的“大学”》	于 俊	国家税务总局人事司
《白鹭的独白》	沈亚清	公安部政治部宣传局
《心灵纯洁》	宋朝基	甘肃团省委
《辉煌电业人》	宋官昌	国家电网公司政工部

三等奖(20件)

作品名称	作者	推报单位
《因为我们年轻》	关 静	交通部体改法规司
《献给为争创青年文明号努力奋斗的所有青年人》	马 丽	国家质检总局直属机关党委
《青春的选择》	王 颖 王 鑫	卫生部直属机关党委
《青春在蓝色的旋律中飞扬》	苏辉煌	福建团省委
《我为海关添风采,壮丽青春别样红》	杨奕群	海关总署思想政治工作办公室
《为人民服务的门永远不能关》	高德新	中国工商银行团委
《青年文明号赞歌》	黄先恒	广西团区委
《让平凡熠熠生辉》	韩 瑛	江苏团省委
《五色风、七彩虹》	耿黎明	安徽团省委
《以青春的名义,让我们歌唱》	吴天宇	湖南团省委
《为您》	赵咏莉	陕西团省委
《诗三首:法的歌》	李 文	最高人民法院政治部宣传教育部
《搭乘文明号,明灯伴我行》	王圣杰	中央国家机关团工委
《管道青年生命里有一种黑色》	孟宪玲	中国石化集团公司思想政治工作部
《安钢放歌》	黄陆军	河南团省委
《“青年文明号”赞歌》	张 宁	辽宁团省委
《歌唱“青年文明号”》	种向东	新疆团区委
《放飞青年文明号的梦想》	苏同伟	辽宁团省委
《冬行散记》	张 渊	新疆团区委
《将爱献给青藏线》	史桂玉	全国铁道团委

戏剧小品类(21件)

一等奖(3件)

作品名称	作者	推报单位
《瞧这一家子》	中华发电有限公司聊城发电厂团委	中央企业团工委

《承诺》	乔培克	最高人民法院政治部宣传教育部
《除夕夜》	翁嘉懿	海关总署思想政治工作办公室

二等奖(5 件)

作品名称	作者	推报单位
《爱的奉献》	刘　强	最高人民法院政治部宣传教育部
《责任》	深圳市国税局蛇口分局办公室	国家税务总局人事司
《响彻蓝天的鸽哨》	徐增华	国家质检总局直属机关党委
《国门卫士的职责》	张兆民	国家质检总局直属机关党委
《夸夸咱青年文明号》	李军雁	张家玲
山西团省委		

三等奖(13 件)

作品名称	作者	推报单位
《与大山偶遇的青春》	屠庆波	国家电网公司政工部
《张大赖外传》	王　勇	最高人民法院政治部宣传教育部
《今天我上班》	胡士芳 赵洪杰 徐大驰	中央企业团工委
《夸夸咱的鲁冀站》	孙绪亮	交通部体改法规司
《大同市商业银行腾飞曲》	王建平	山西团省委
《一幕·一幕》	王　丽	甘肃团省委
《咱把电信夸一夸》	贵州电信六枝特区分公司	贵州团省委
《找准位置》	徐井然	安徽团省委
《哎哟！老婆!》	袁定伟	中国石油天然气集团公司思想政治工作部
《瞧！年轻有为的青年文明号》	田　靓	北京团市委
《生日礼物》	王　燕	中国石化集团公司思想政治工作部
《两千块钱一中缸》	陈祥平	中国个体劳动者协会
《船上一刻》	陈　颉	国家海洋局直属机关党委

摄影类(24 件)

一等奖(3 件)

作品名称	作者	推报单位
《警徽在暴雨中闪光》	王　兵	公安部政治部宣传局
《空中田园》	陈爱国	广东团省委
《普法进山乡》	杨　元	国家税务总局人事司

二等奖(5件)

作品名称	作者	推报单位
《绿色的田野》	武劲松	安徽团省委
《生命隧道、誓言》	郭温华	卫生部直属机关党委
《雪天抢修》	李志泰	山东团省委
《特别的爱给特别的你》	刘寿坤	福建团省委
《铁花》	秦建国	贵州团省委

三等奖(15件)

作品名称	作者	推报单位
《青春的“底片”》	刘　巍	海关总署思想政治工作办公室
《焊花》	王军军	江苏团省委
《求学》	杨希仁	甘肃团省委
《真情》	卢　凯	最高人民法院政治部宣传教育部
《杯水传情》	张子花	交通部体改法规司
《海洋开发的青春乐章》	钟晓岩	中国石化集团公司思想政治工作部
《迎战麦莎》	陈　勇	国家电网公司政工部
《间道追踪》	许弘伦	国家质检总局直属机关党委
《爱心天使》	段思杰	河北团省委
《纳税服务零距离》	周代成	吉林团省委
《柳荫下》	任立良	北京团市委
《奉献之歌》(组照)	贾宇翔	中央企业团工委
《党旗引领下的青年文明号工作者》	易　晓 杜　伟	中国银监会团委
《税法宣传“零距离”》	齐　伟	上海团市委
《我为大桥献青春》	段玉章	宁夏团区委

漫画类(16件)

一等奖(2件)

作品名称	作者	推报单位
《“青年文明号”交警小王的休息天》	福建省龙岩市公安局交警支队	公安部政治部宣传局
《青年文明号》	左都建 谢枚琼	国家税务总局人事司

二等奖(4件)

作品名称	作者	推报单位
《杀毒特工队》	深圳国税局计算机信息中心	国家税务总局人事司
《国门卫士》	孙燕婷	海关总署思想政治工作办公室

《山沟里的年轻人》	曾　荣	中国石化集团公司思想政治工作部
《我们的青年文明号》	张　奥	国家质检总局直属机关党委

三等奖(10件)

作品名称	作者	推报单位
《一拨就通》	郭喜平	公安部政治部宣传局
《解危救难,救死扶伤》	毛英超	交通部体改法规司
《御通人的故事》	付　英	山西团省委
《你健康,我快乐》	单立峰	中国石油天然气集团公司思想政治工作部
《罗湖海关青年文明号系列漫画》	李莎莎 梁　毅	海关总署思想政治工作办公室
《青年文明号,你我做起》	童志辉	广东团省委
《守护者》	杨玎旎	湖南团省委
《意外事故》	何志松	交通部体改法规司
《"文明号"吹起来》	付满东	北京团市委
《警界防火墙》	周　星	四川团省委

Flash类(17件)

一等奖(3件)

作品名称	作者	推报单位
《马虎巡视》	查　诺 周　泉	安徽团省委
《文明并快乐着》	安永伟	中国石化集团公司思想政治工作部
《安全第一》	罗　琦	国家电网公司政工部

二等奖(4件)

作品名称	作者	推报单位
《青年文明号之歌》	曾　怡	贵州团省委
《我又考砸了……》	南京长江路小学"知行号"	江苏团省委
《小毛孩寻青记》	张丽平	中国石化集团公司思想政治工作部
《青少年不要沉迷网络》	梅　杨	中央国家机关团工委

三等奖(10件)

作品名称	作者	推报单位
《驱鸟记》	黄伟源	国家电网公司政工部
《光明服务记》	许　明	安徽团省委
《青春飞扬》	张海涛	中国石化集团公司思想政治工作部
《青年文明号便民万家行》	扬子石化团委	江苏团省委
《海关关员》	姜庆萱	海关总署思想政治工作办公室
《青春飞扬》	常州海关	海关总署思想政治工作办公室

《故事启迪人生》	王小飞	卫生部直属机关党委
《济南收费站》	济南收费站	交通部体改法规司
《青春在团旗下闪光》	南车集团株洲车辆厂团委	湖南团省委
《校园普法在行动》	莆田城厢区人民法院办公室	最高人民法院政治部宣传教育部

中国杰出青年农民

"中国杰出青年农民"评选表彰是由共青团中央、水利部、农业部、财政部、国家林业局和全国青联自1996年开始共同组织开展的一项活动，旨在通过评选表彰活动引导和激励广大农村青年积极投身我国农业现代化建设的伟大事业，为建设富裕、民主、文明的社会主义新农村做出积极的贡献。

第十届"中国杰出青年农民"评选表彰工作自2005年4月份开始，各省（区、市）团委、水利、农业、财政、林业、青联等部门联合组织了候选人考察、推荐等工作。经评委会严格审核、候选人事迹公示、评委投票等评选程序，从各省（区、市）推报的36名人选中产生了10位第十届"中国杰出青年农民"和17位提名奖获得者。

第十届中国杰出青年农民名单

（10名，按姓氏笔画排序）

牛兆学　山东省青岛市城阳街道城阳村青年农民

王化东　安徽省宿州市夹沟镇夏刘寨村青年农民

王树军　辽宁省阜新市四合镇黄家沟村青年农民

任秋征　河北省深州市穆村乡魏家林村青年农民

刘文新　河南省信阳市平桥区肖王乡肖王村青年农民

杨振强　宁夏回族自治区平罗县城关镇青年农民

汪日露（女）　浙江省奉化市松岙镇上汪村青年农民

阿奴（藏族）　西藏自治区堆龙德庆县羊达乡通嘎村青年农民

苗建生　天津市宁河县苗庄镇大沙窝村青年农民

梁长武（蒙古族）　内蒙古自治区开鲁县道德镇东明村青年农民

第十届中国杰出青年农民提名奖名单

（17名，按姓氏笔画排序）

王文华　新疆维吾尔自治区博乐农五师89团3连青年农民

王翊众　吉林省长春市南关区青年农民

刘建坤　黑龙江省汤原县香兰镇新建村青年农民

吴成水　江西省上饶县大地乡青年农民

张永利　北京市平谷区马坊镇英城村青年农民

张百顺　山西省临县三交镇东坡村青年农民

张国桥　湖北省黄梅县新开镇青年农民

李震洲　江苏省滨海县八滩镇青年农民

杜春永　云南省寻甸县仁德镇青年农民

罗光美（布依族）　贵州省麻江县贤昌布依族乡新场村青年农民

郑传彬　四川省简阳市简城镇青年农民

施性江　福建省晋江市龙湖镇衙门口村青年农民

赵雪红　陕西省子长县史家畔乡青年农民

聂高贵　重庆江津市永兴镇葛堰村青年农民

高　健　上海市崇明县港西镇静南村青年农民

梁清岗　甘肃省徽县江洛镇赵湾村青年农民

谭曙光　湖南省望城县高塘岭镇青年农民

全国优秀青年乡镇企业家

近年来，广大青年乡镇企业家深入贯彻落实科学发展观，与时俱进，开拓创新，立足农村积极创业，主动调整和优化产业结构，不断提高自主创新能力，在繁荣社会主义市场经济、推进农业产业化，转移农村富余劳动力，推动农村城镇化等方面做出了突出贡献，涌现出了一大批先进典型。为激励更多的青年乡镇企业家锐意进取，奋发有为，为推动我国经济社会发展做出新的贡献，2005年共青团中央和农业部联合开展了“全国优秀青年乡镇企业家”评选表彰活动，在全国层层推选的基础上，评选出100名“全国优秀青年乡镇企业家”。

首届“全国优秀青年乡镇企业家”名单

（100名）

北京（4名）

刘宝平　北京东升方圆农业种植开发有限公司总经理

李　盈（女）　北京合众力源农业高科技有限责任公司总经理

李瑞军　北京顺鑫牵手有限责任公司总经理

曹振兴　北京御食园食品有限公司总经理

天津（4名）

吕　超　天海同步器有限公司总经理

齐义乐　天津鑫裕建设发展有限公司董事长

张　健　天津绿色南国园林工程有限公司董事长

赵昌林　天津市天庆化工有限公司总经理

河北（3名）

张立新　河北深州市东方实业集团副总经理

房广安　保定新天羽纺织有限公司董事长

郭占勋　河北方正钢板集团有限公司董事长

山西（3名）

刘　跃　山西喜跃发道路养护有限公司董事长

荣学泽　山西来福老陈醋集团有限公司董事长

贾永明　山西亚鑫煤焦化有限公司董事长

内蒙古（3名）

张振荣　内蒙古鄂尔多斯市振荣园林绿化有限责任公司总经理

陈利军　内蒙古包头市莨仁药业有限责任公司总经理

徐　顺　内蒙古通辽岳泰股份有限公司董事长

辽宁（4名）

尹为民　辽宁大正集团董事长

李长明　大连绿嘉侬农业发展有限公司董事长

李海生　盘锦鑫安源企业集团董事长

宋咏霖　大连华乳实业集团董事长

吉林（3名）

生振东　白山市振东煤业有限公司董事长

郭瑞峰　吉林市宝丰球黏土有限公司总经理

韩　明　吉林草还丹药业有限公司总经理

黑龙江（3名）

王佰成　哈尔滨市宏光园林花木有限责任公司

王继东　黑龙江省东兴永继农机制造有限责

任公司
刘德文　林甸海达纸业有限责任公司董事长

上海(3名)

吴新颖(女)　上海施普农业科技有限公司董事长
杨勇萍　上海高榕食品有限公司董事长
郑惠彪　上海惠和种业有限公司、上海惠和蔬果农艺有限公司董事长

江苏(4名)

陈　松　张家港市新中环保设备有限公司董事长
冒国平　江苏南通维纶纺织有限公司董事长、总经理
黄荷芳　江苏省张家港市大新毛纺织厂董事长、总经理
蔡　杰　江苏南通久和药业有限公司董事长、总经理

浙江(4名)

吴生锡　浙江天竹工贸有限公司总经理
沈荣虎　浙江吉天农业开发有限公司总经理
黄兆进　浙江温州奋起皮业有限公司董事长
詹伟建　浙江佳丽珍珠首饰有限公司董事长

安徽(3名)

汪国栋　无为县高沟轮渡有限公司总经理
黄泽云　安徽省三利丝绸集团有限公司总经理
程洁明　怀宁明达农工贸有限公司总经理

福建(3名)

余劼福　清市阳光食品有限公司总经理
施性江　晋江市闽南水产开发公司总经理
蔡金垵　晋江福源食品有限公司董事长

江西(3名)

饶中华　江西通用机械制造有限公司董事长
徐辉良　江西省贵溪市金沙蔬菜加工厂厂长
黄冬彪　江西南城县株良木制品经销有限责任公司总经理

山东(4名)

于建洋　荣城泰祥水产有限公司总经理
田　静(女)　山东八戒食品有限公司肉联厂厂长
宋向阳　烟台新潮实业股份有限公司董事长
秦学彬　东营市兴瑞公司总经理

河南(4名)

王栓军　河南郑州金源房地产开发有限公司总经理
许全堂　河南省亿隆高效农业开发有限公司董事长
郑丰声　河南省雅新园艺有限公司总经理
袁延萍(女)　河南省洛阳市盛世春园艺有限公司董事长

湖北(3名)

刘道贵　鄂州市华苑米业有限公司总经理
陶双球　武汉康之源菇业有限公司总经理
谭卫东　湖北稻花香酒业公司总经理

湖南(4名)

张　备　湖南一路歌工贸有限公司董事长
陈令中　湖南洞口县三可食品有限责任公司董事长
唐锡中　株洲经仕实业有限公司董事长
夏正奇　湖南大康牧业股份有限公司副总经理、执行董事

广东(3名)

李　忠　湛江国联水产开发有限公司董事长
余益耀　肇庆市益信农业发展有限公司董事长
欧成忠　阳春市粤西绿色工业有限公司总经理

广西(4名)

卢义贞　广西隆安县金穗农工贸有限公司董事长
陈　成　广西北流仲礼瓷业有限公司副总经理
蒋爱国　广西全州生物技术开发实验场总经理
曾　翔(壮)　广西柳州健龙车辆有限公司总经理

海南(3名)

张　屹　海南信泰实业公司总经理

陈信羽　海南鱼乡水产养殖基地董事长
周桂永　海南嘉桂实业有限公司董事长

重庆(3 名)

王小波　重庆市芳草花卉园艺发展有限公司总经理
程　文　重庆市程文农业开发有限公司董事长
曾　山　重庆雁山机械制造(集团)有限公司董事长

四川(3 名)

张忠伟　成都丰丰食品有限公司总经理
金翔宇　四川高金食品股份有限公司董事长
秦玉兰(女)　四川玉兰纺织有限公司董事长

贵州(3 名)

王作飞　贵州山君生物工程有限公司总经理
姜　流　贵州省东太农业股份有限公司董事长
周朝军　贵阳小河区金海农业科技开发有限公司总经理

云南(3 名)

刘　伟　云南澜沧江啤酒企业集团有限公司常务副总经理
李云锁　昆明晨农绿色产品有限公司总经理
何祖训　南神农农业产业集团公司董事长

西藏(3 名)

才旺晋美(藏)　西藏雄巴拉曲神水藏药厂总经理
邓国辉(土家)　西藏山南雅拉香布实业有限公司董事长
肖丽苹(女)　西藏绿宝食品开发有限公司总经理

陕西(2 名)

倪　勇　西安市富饶石油有限责任公司董事长
燕君芳(女)　陕西杨凌本香农业产业集团有限公司总经理

甘肃(4 名)

田国辉　甘肃贤辉建筑安装工程有限责任公司总经理
刘延东　兰州东方大酒店总经理
何延忠　永登碧泊产业有限责任公司总经理
唐占麟　甘肃省永靖县古典建筑总公司十三分公司经理

青海(1 名)

红英海　西州南极大厦总经理

宁夏(3 名)

王宝库　宁夏富乳业清真食品公司经理
胡文军　银川市郊区第二建筑公司副总经理
朱彦华　宁夏中宁县早康枸杞开发有限公司总经理

新疆(3 名)

尔不江·汗布都拉　乌市达坂城区姑娘商贸有限责任公司经理
李兰江　精河县青年农民经纪人协会会长
热迪力·阿布拉　新疆阿尔曼实业有限公司董事长、总经理

全国农村青年创业致富带头人

为表彰先进,激励更多的农村青年自主创业、致富成才,感召各有关方面关注、支持农村青年,为农村青年增收成才提供扎实有效的服务,共青团中央和农业部自 2001 年起,共同在全国范围内评选表彰“全国农村青年创业致富带头人”和“服务农村青年增收成才奖”。到

2005年,已有近5000个集体和个人获得表彰,极大地激励了广大农村青年积极投身社会主义新农村建设,为我国农业和农村经济社会发展做贡献。

2005年度全国农村青年创业致富带头人标兵名单

(97名)

北　京

郭继东　孙金花(女)　于海霞(女)

天　津

李河龙　王庆强

河　北

刘文刚　王本国　李玉庆

山　西

贺志坚　郭志立　刘　洁(女)

内蒙古

白斯古楞　裴立国　刘耀泽

辽　宁

姜大光　周向东　李海生　张保卫

吉　林

于　畅　闫大恒　韩禹日

黑龙江

王雪涛　姜　涛　秦绪利　王占林

江　苏

李红飞　黄金利　储文宝　袁新华

浙　江

黄利权　徐建宏　廖丽君(女)　朱益民

安　徽

黄泽云　江文才　汪智利

福　建

余　劼　李金华　陈文斌　林　艺(女)　施性江

江　西

林远泉　张梅生　马　飞

山　东

戚荣妮(女)　孙亦松　翟根运

河　南

田军召　黄　伟　程新房　韩长有

湖　北

王　兵　张　志　雷艳国

湖　南

朱国顺　李海东　王先荣　曾　广

广　东

温带颖　李向明　林　锋

广　西

卢义贞　黄忠芳　马广荣

海　南

陈信羽　黎珠远　徐华松

重　庆

张　贤　朱四新　张绍勇　黄　伟

四　川

邓祥红　颜泽文　刁　斌　付在兴

贵　州

龚殿斌　罗华维　韦成刚

云　南

吴应华　邓志刚　白标云　白文龙

陕　西

谭建忠　梁钶铨　张科研

甘　肃

尹喜生　闫生顺　何清吉

青　海

郭　雄　切　果(女)

宁　夏

谢占河　朱彦华

新　疆

蒋　华　艾买尔·艾买提　尔不江·汗不都拉　梁清平　卜亚军

2005年度全国农村青年创业致富带头人名单

(824名)

北京

张雁兵　焦艳红(女)　崔　宇　张　辉
赵建国　李　盈(女)　胡子玉　刘春雷
肖　笛　赵桂英(女)　闫伟群　焦文良

赵玉斌　曹德斌　郝振汉　王　钢
张凤英(女)　高海龙

天津

扈加元　薛崇奕　曹　强　周伟良
陆海燕(女)　张　健　袁金红(女)
林建华　张学营　谭振兴　程树森　武问才
尚成海　边春青　崔学清　齐志强　孙树元
宋志功　吴建旺　刘运彬

河北

骆爱新　许新路　陈素娟　吴　伟(女)
刘维祥　王文军　张国亮　武想兰(女)
魏淑华(女)　王艳武　赵玉忠　范利川
昂　勤　肖海东　宫建国　李建军　杨建军
韩向军　张同峰　孙立忠　王俊杰　石振朝
张风志　梁春雷　董洪军　宋志原　常东风

山西

彭根栓　曹爱东(女)　赵明双　贺红洲
郝文宏　冯建平　李晋国　张国壁　路应恒
高志刚　李俊强　侯慧萍(女)　蔡　平
马高齐　张肖飞　李福山　原建忠　张春生
王再武　郝绳虎　孙吉云　王晓林　赵波峰
朱俊利　袁俊红(女)　梁爱生　韩海岗
石卫斌　朱　海　曹润香(女)　王荣伟
张宝亮　赵建书　陈永刚　刘耀狮　申怒涛
施晓利　王锁洲　郝富锁　胡建财　关红斌
冯杰斌　潘学彪　崔志忠　车安奎
黄妙娟(女)

内蒙古

陈海柱　李　伟　苏　德　巴特尔　张冬林
温　忠　温　都　苏　敖　登其木格(女)
斯琴花(女)　栗永亮　段广荣　张君良
吴占军　崔树山　路清泽　刘玉鹏
娜布其(女)　秦　剑　任志强　魏双喜
杨文军　韩忠民　赵旭芳　李勇建　张玉国
邹青海　苏彦君　张全红　刘俊玲　孙志强
王志强　郝国良　宋　平　唐立军
曹　利(女)

辽宁

史海锋　包天才　王长青　张　威(女)
包国军　杨成利　王维玉　张　生　李亚军
孙洪山　范惠忠　黄淑君(女)　李志勇
王吉宣　徐传龙　张子成　蒋延军　马世宇
张　军　慈兆星　王立强　张洪权　吕锡伟
罗英波　孙玉刚　金明玉(女)　王兴大
刘志强　石全成　王海波　武　墨　刘玉学
孙　双　吕　辉　宇鲁刚

吉林

马　月(女)　肖　俨　王月胜　李纪祥
房成铖　车力新　刘顺序　邹德君　马晓峰
刘彦斌　杨新海　刘艳林　许秀才　张雨军
兰海军　于洪军　马希忠　孟令江　张广东
郭立新　南　日　王玉全　张述海　马祥炳
朱炳才　刘玉生　王光莹　石　岩　司良政
付金超　刘　江　王福生　许秀英(女)

黑龙江

王东波　张宏飞　刘如龙　张月鹏　王青春
朱兰清　陈清林　许明德　宗太庆　郑连升
于明臣　梁兆山　朱明乐　韩大勇　孙　军
刘剑洋　陈晓东　刘彦峰　朱玉杰(女)
周广山　刘立臣　赵广南　李丽丽(女)
徐　国　徐振禄　张宝赞　李宝春　兰云江
郑伟国　曲宝明　李玉宝　方金玉　庞友祥
黄　禹　王利伟

上海

顾海峰　王继英(女)　陈志刚　顾澄勇
赵东良

江苏

黄永科　陆　鸣　马　林　彭汉良　许爱国
沈永辉　苗全喜　郭大庆　冯应胜　祁永根
吕永久　周国伟　邓海如　王有志　潘广永
严夕中　陆海兵　陈明华　薛建国　潘冬生
顾海明　阮洪河　陆朝荣　吴长春
王　莲(女)　孙晓剑　沈新贵　蒋加平
吴建春　沈红英(女)　韩培志　孙春荣
田守港　常晓平　罗登国

浙江

邱建焕　王　萍(女)　沈福良　张锦林
陈洋森　翁光裕　应东旭　郑松宽　杨再能
李松明　汪华良　郑道胜　陈卫忠
倪香英(女)　刘永青　徐　晖　潘鸽华
林学青　叶庆喜　来兴东　钟志荣　劳建树
方忠平　朱国庆　赵葛斌　俞斌倪　华　伟
孙立华　朱建中　徐先标　尹　飞　傅永国
刘斯衷　吴丽光

安徽

阮丹青　沈保平　王海关　甘小顺　康德海
赵帮荣　彭华杰　袁晓露(女)　孟庆杰
葛　义　卫　霞(女)　惠　倩(女)
徐咏芳(女)　王成有　王希平　刘义旭
郭少祥　仇素文　陈伯文　王宏祥　左　营
杨　俊　朱云峰　陈　鑫　殷明亮　纪　鸿
王陈超　季云胜　陈齐春　唐义发　查国喜
纪多志　郭红旗　刘志伟　邹怀斌　孙海亮
朱道席

福建

杜清洁　陈世明　吴连光　范恒盛　陈盛夫
杨冬玉　林金标　林　秋　高敏芳(女)
许清镇　苏美珍(女)　张　伟　魏忠韶
王新宝　吴赞忠　蔡述夏　张振松　蔡明哲
黄思群　温元宝　陈诗强　陈启贞　陈孝好
陈天降　刘炳杰　张瑟霞(女)　王淑荣
王新辉　黄连福　庄文良　吴思旺

江西

欧阳亮亮汪建标　肖章瑛　李小平　徐建忠
张永军　朱春林　胡利建　王建和　何晓春
姚小平　孙学斌　方根民　刘东林　张永军
彭玉权　曾小江　唐中旗　汪　伦　柳堂新
赵华鹏　杨青春　仇源旺　李海勇

山东

景　华　毛成海　董桂灵　刘　永　万修林
罗明生　刘新贵　张　毅　王建波　张廷一
刘长城　路兴良　高　平　贾正民　季士峰
胡　明　崔俊峰　张建涛　邵慧芹(女)
杨爱华(女)　房文中　徐广举　刘思国

王　志　苏庆亮　杨玉泉　于荣强　王振礼
梁光辉　夏芳蕾　秦学彬　徐恒军　王　鹏
刘昌生

河南

潘立军　李　珂　岳林国　曹富春　林　峰
张宏举　景付满　张　德　凌公朋　关国利
张小爱(女)　柳国言　赵梅均　崔杰穆
高　杰　高　星　李恒振　冯　明
岳克华(女)　郭建厂　王相军　王怀峰
叶柏林　苗守根　刘香荣(女)　冯保生
耿　永　柳建峰　辛向阳　郑仁春　任根希
岳新房　魏月忠　赵国叶　尚军伟　谢信尧

湖北

李建明　周大军　夏　清　王春槐
李绍权　魏艳芳(女)　尹新波　汤茂勇
肖　勇　陈小林　田　芳(女)　张　涛
杜锡娇(女)　李仁海　李　军　施水华
陈志远　高登峰　李树云　周卫国　饶清华
黎春林　陈晓文　刘朝霞

湖南

吴光灯　张铁柱　刘建国　熊卫华　周先兵
康启勇　陈　爵　陈　群　钟军红　刘　刚
成世锋　李友华　张典斌　冯光辉　贺良平
李国清　姚富祥　田宗能　刘明雄　周国辉
李广平　陈毅钢　舒象楚　李　艳(女)
田小春　彭长清　万　应　张　备　李德和

广东

王　强　谢伟志　胡事君　曾集裕　刘石明
李　兴　秦开田　李剑明　庄沛锐　林　森
王锐祥　黄锦华　梁知成　张荣基　许学斌
邱锦青　黄春生　蔡国富

广西

施焕新(女)　吴业芳　周海荣　汤广强
谢宝燕(女)　卢家庆　李禄兴　李　武
蒙力菊(女)　杨学文　陈质安　黄子宝
何开忠　黄忠供　韦文升　覃明亮
韦爱龙(女)　许文安　梁勋武　谢雍海
覃安勇　肖子洪　赖朝山　凌新洪　王　涛

吴兆军　董　冰(女)　黄秋琳(女)
苏有军

海南

罗　龙　陈忠儒　董玉光　胡春兰(女)
林荣庆

重庆

詹位峰　李　伟　程　文　蔡教奎　周始建
梅仁福　杨大可　倪明山　李清文　汪兴平
陈广林　赵　平　豆晓琴(女)　李来勇
施信煌　廖友义　余江由　陈儒权　黄　林
罗良清　李世成　葛先萍(女)　夏晓华
项　建　王子文　吴陆金　周相军　李　林
黄成友　余　涛

四川

郭大成　罗红霞(女)　王其武　刘照银
陈文晓　李永隆　张　琴(女)
陈　宁(女)　赵　亮　王　平　刘天友
李晓琼(女)　董存伟　杨世军　谢　兵
唐培军　刘胜峰　陈　章　胡志林　黄　浩
邓春兰(女)　先清珍(女)　冷志金
马　恒　游　勇　唐　锐　唐大权　杨　林
王　潜　冯　祥　韩声玲(女)

贵州

祝常亮　张光文　覃建良　毛林峰　杨权富
唐合忠　唐胜虎　李勇明　杨光发　金发华
江　勇　胡万书　曾志伟(女)　陶晓旭
胡华群(女)　张　晶　肖泽林　韦兴实
艾秀伦　罗明福　尹家丽(女)

云南

杨　丽(女)　黄炳刚　许有富　杨武红
杨加芳(女)　王岩糯　勐志明　罗春祥
杨金坤　蒲长文　王　胜　李君刚
张玉竹(女)　王红云　张　勇　李兴云
刘　实　杨丽英(女)　李俊祥　杨建尧
马开祥　刘丽丽(女)　宋天卫　熊相入
何　灿　周　云　李　旭　崔　俊　李顺民
闫　虎　李　斌　夏继仁　赵正彪
代素芳(女)　吴　家　禧自文　赵兴册

贾文思

西藏

旦巴罗布素　巴多布杰德吉(女)

陕西

刁枭武　李全祥　贺曙龙　高功斌　李　刚
樊海平　武兴有　叶春斌　田　珍(女)
黄广金　董聪智　张　笑　寇耀军　张金保
李　芳(女)　夏福军　孙达梯　郝晓刚
李浩辉　杨晓辉　王永成　冀智勇

甘肃

尚兴林　赵　国　张家顺　贾永毅　刘开兴
高相中　斗格加　梁志虎　蒲春云　冯宏义
毕学智　范文杰　卢宝春　焦元明　帅金龙
李日占　黄七文　董元科　汪永明　吕茂红
何维秀(女)　陈晓峰　韩　忠　赵永刚
闫文斌　魏从江

青海

才太加　马元良　祁花明(女)　王吉福
白启仓　索叶力图罗贵邦　何进忠　李生祥
蔡有鹏　王永生

宁夏

杨宏伟　朱少华　马庆华　杨华雄　张　力
严晓平　潘　军　王宝库　李建华　马忠兵
邵生平　郭　有　王怀东　周学河　唐进文
刘怀强　刘兴财　孙天龙　赵小龙

新疆

阿吾提买海提　徐胜军　李　进
吐尔洪·吐尔逊　丁志仁
艾合买提·吾买尔
阿不都热依木·卡斯木　李海青(女)
朱玉江　努尔买买提·库尔班　董道军
徐忠良　艾买尔阿不力孜　赵　勇
居马洪·买买提　艾则孜卡得尔　朱勤俭
白贵和　阿不都热依木·吐尔逊　李　军
杨　旭　刘　军　安　强
艾木都拉·阿布拉肉孜巴克·依迪力斯巴克
王　平　武　杰　缪秀琴(女)　邱新文
荣随根　马国文　夏不汗(女)

艾尔西丁·阿沙叶尔肯江
艾合买提·买买提明

2005 年度服务农村青年增收成才奖名单

一、先进集体

（100 个）

北京

共青团平谷区委员会
共青团门头沟区委员会

天津

共青团天津市津南区委员会
天津市宝坻区农业技术推广服务中心
共青团天津市宁河县委员会

河北

共青团保定市委员会
共青团迁安市委员会

山西

吕梁市农业局
长治市潞城市农机局
阳泉市平定县农业技术推广中心
共青团运城市新绛县委员会

内蒙古

兴安盟农牧场管理局团委
赤峰市农业多种经营管理站
巴彦淖尔市乌拉特前旗团委
锡林郭勒盟阿巴嘎旗德力格尔苏木畜牧兽医工作站

辽宁

共青团新民市委员会
共青团鞍山市委员会
本溪市财政局农业处
共青团丹东市委员会
共青团沈阳市新城子区委员会

吉林

共青团抚松县委员会
共青团舒兰市委员会
吉林省农业广播电视学校

黑龙江

共青团齐齐哈尔市委员会
共青团鹤岗市委员会
共青团伊春市委员会
黑龙江省农垦总局团委

江苏

共青团徐州市委员会
共青团常州市委员会
共青团淮安市委员会
共青团溧阳市委员会

浙江

杭州市萧山区青年星火带头人协会
共青团宁波市委员会
共青团温州市委员会
共青团武义县委员会

安徽

共青团巢湖市委员会
共青团五河县委员会

福建

共青团仙游县委员会
共青团龙岩市委员会
共青团宁德市委员会

江西

共青团鹰潭市委员会
共青团九江市委员会
共青团赣州市委员会
高安市农业综合办公室
江西鄱湖龙华水产食品有限公司
景德镇市农业局
新余市渝水区农机局

山东

共青团青岛市委员会
共青团淄博市张店区委员会
共青团龙口市委员会
共青团沂南县委员会

河南

共青团濮阳市委员会

共青团新郑市委员会
共青团栾川县委员会
共青团舞阳县委员会

湖北

省直机关团工委
湖北省国有资产监督管理委员会团委
恩施州农业局

湖南

共青团宁乡县委员会
共青团湘潭市委员会

广东

广州市番禺青年企业家协会
汕头市澄海区莲上镇农业服务中心

广西

共青团广西区委青农部
共青团玉林市委员会
钦州市浦北县农业局
共青团梧州市委员会
共青团崇左市委员会

海南

海南省琼中县湾岭镇人民政府
共青团保亭县什岭镇委员会
海南省儋州市农村信用联社
共青团琼海市塔洋镇委员会

重庆

共青团重庆合川市委员会
共青团重庆市巴南区委员会
共青团梁平县农村信用合作联社

四川

共青团四川省委青农部
共青团成都市委员会
共青团资阳市委员会
共青团南充市委员会

贵州

共青团毕节市岔河镇委员会
共青团余庆县构皮滩镇委员会
贵阳市农业局

云南

玉溪市农业局
文山县农业局
弥勒县西二镇农业技术推广站

陕西

西安市灞桥区农业科技推广站
陕西省农业广播电视学校三原分校

甘肃

共青团酒泉市委员会
共青团临泽县委员会
共青团陇西县委员会
甘肃农业职业技术学院

青海

玉树州农业技术推广站
共青团乐都县委员会

宁夏

银川市满春农村信用合作社八里分社
石嘴山市平罗县委员会
吴忠市同心县委员会

新疆

吐鲁番地区鄯善县农业技术推广中心
哈密地区伊吾县苇子峡乡团委
昌吉州阜康市城关镇政府
新疆生产建设兵团农六师五家渠市团委
新疆生产建设兵团农十二师三坪农场团委

二、先进个人

(105 名)

北京

张若冰　闫德强　张井才　黄全胜

天津

沈　欣　徐德发　薛　梅(女)

河北

周海军　王增强　张洪涛　郝连水

山西

张九萍(女)　焦宏文　牛沁斌　孟德昌

内蒙古

孟和那仁　贺亮伟　鲍丽玛(女)　薛富平

辽宁

刘　洋　崔建辉　孙　雷

吉林

张　彬　陈　涛　王金才

黑龙江

周晓兵　陈永发　张立杰

上海

顾荷英(女)　蒋雪君

江苏

高玉华(女)　刘海燕(女)　马剑嵇
卫　星(女)

浙江

应伟峰　周　迅　傅　治　陈才杰

安徽

廉保军　刘洪洁　曹　峰　常　芳(女)

福建

郭德志　陈文颖　黄　翀

江西

潘其波　童　骏　梁棉利　高志坚

山东

刘　涛　朱万亮　胡安源　王保峰　鲍　伟

河南

孔庆贺　鲁彦峰　王健霞(女)　孙卫杰

湖北

蔡　卿　傅建业　肖四平　师智敏
汪艺琼(女)

湖南

李昌茂　张友余　吴细华

广东

陈　洪　刘秀云(女)　吴建文

广西

黄来焕　黄学华　何世恰　范世超

海南

陈一华　陈海洁　林　伟　吴增荣　王文平

重庆

孔金秀(女)　黄　伟　侯玉峰

四川

江山满嘉(女)　张海文　朱　蓉(女)
梁　俊

贵州

罗　文　夏可容(女)　胡荣平　冉权敏

云南

李荣敬

陕西

曹全虎　杨鹏程　吴军强

甘肃

于　轩　刘长信　崔仁杰

青海

张绍军

宁夏

马建林　杨玉国

新疆

司惠明　管建华　米吉提木沙　孙志敏
姚爱斌

全国保护母亲河行动先进集体、先进个人

2005年12月30日，共青团中央、全国绿化委员会、全国人大环境与资源保护委员会、全国政协人口资源环境委员会、水利部、农业部、国家环境保护总局、国家林业局联合发文，决定授予北京市丰台区林业局等121个集体“2005年全国保护母亲河行动先进集体”、程海军等150名同志“2005年全国保护母亲河行动先进个人”荣誉称号。

2005年全国保护母亲河行动先进集体名单

（121个）

北京

北京市丰台区林业局

北京市门头沟区斋堂镇团委

北京市延庆县张山营镇团委

北京林业大学团委

北京外国语大学团委

天津

水利部海河水利委员会海河流域水资源保护局

共青团天津市西青区委

天津市开发保税区团工委

河北

河北省水利厅水土保持处

共青团临城县委

共青团沧州市南大港管理区委员会

山西

共青团山西省委青农部

共青团临汾市委

中国石油天然气股份有限公司山西销售分公司

内蒙古

内蒙古防火指挥部办公室

内蒙古环境保护局宣教中心

共青团呼和浩特市委

共青团呼伦贝尔市委

辽宁

共青团沈阳市委

共青团丹东市委

共青团锦州市委

辽宁省农业环境保护监测站

吉林

共青团公主岭市委

共青团抚松县委

共青团长春市二道区委

黑龙江

黑龙江省生活报社

黑龙江省工程学院团委

共青团哈尔滨市委

上海

共青团上海市奉贤区委

上海市林业总站团支部

华东理工大学环保协会

上海市浦东新区万德小学

江苏

共青团江苏省委

江苏省财政厅农业处

共青团扬州市委

共青团江阴市委

共青团泰州市委

江苏省农林厅环境监测站

浙江

共青团浙江省委

浙江省钱塘江管理局杭州管理处团支部

浙江省交通厅道路运输管理局

共青团丽水市委

共青团湖州市委

安徽

共青团黄山市委

共青团蚌埠市委

皖西学院环境保护者协会

福建

共青团漳州市委

共青团三明市委

福建省建瓯二中团委

江西

南昌市红谷滩新区城市管理与环境保护局

江西财经大学绿派社

江西省环境保护宣传教育中心

山东

共青团山东省委

共青团济南市委

共青团东营市委

共青团滨州市委

共青团淄博市博山区委

共青团肥城市委

河南

河南省财政厅农业处

共青团漯河市委

共青团驻马店市委

共青团郑州市二七区委

湖北

共青团湖北省委

共青团潜江市委

共青团秭归县委

共青团湖北工业大学委员会

武汉科技学院青年志愿者协会

中国地质大学(武汉)大学生保护母亲河环保协会

湖南

中南林学院

南华大学建筑工程与资源环境学院青年志愿者服务队

共青团汝城县委

广东

共青团广州市委

共青团始兴县委

蕉岭县水务局保护母亲河志愿者服务队

广西

共青团广西区委青农部

共青团南宁市委

共青团桂林市委

海南

海南师范大学绿色环境保护协会

共青团海口市美兰区委

重庆

共青团重庆市委

共青团重庆市黔江区委

共青团重庆市九龙坡区委

共青团重庆市长寿区委

重庆工学院团委

重庆市农业环境保护监测站

四川

共青团四川省委青农部

四川省水土保持局

共青团阿坝州委

共青团眉山市委

贵州

共青团贵州省黔东南州委

贵州省册亨县秧坝镇党委

云南

云南省绿化委员会办公室

云南省保护母亲河行动领导小组办公室

云南省晋宁县环境保护局

云南省禄劝县林业局

西藏

共青团昌都地委

西藏环境保护局规划财务政策法规处

陕西

陕西省环境保护局宣教中心

共青团西安市委

共青团潼关县委

甘肃

共青团平凉市委

共青团敦煌市委

共青团民勤县委

青海

共青团西宁市委

共青团海南州委

青海翰海集团保护母亲河生态监护站

宁夏

共青团石嘴山市委

共青团青铜峡市委

新疆

共青团新疆区委青农部

安利(中国)日用品有限公司新疆分公司

新疆沙湾县环境保护局

新疆生产建设兵团农八师石河子市第四中学

中央机关、部委、军队

中央国家机关绿化委员会办公室

国务院南水北调办公室机关团委

西安铁路局宝鸡工务段团委

中铁工程总公司中铁七局第三工程公司

93670 部队

第二炮兵指挥学院

65811 部队

宁夏军区

73857 部队

76117 部队

2005 年全国保护母亲河行动先进个人名单

（150 名）

北京

程海军　王学明　连占国　苗　松　佟立成

莫晓松

天津

李森阳　刘　莉（女）　张　伟　贾兰英（女）

河北

高士伟　路洪顺　付振波　刘　琦

山西

刘润民　李文银　张云龙

内蒙古

杨文忠　陈永胜　马忠海

辽宁

张春玉（女）　孙达志　薛　静（女）

吉林

林　立（女）　邱　岩　白　宇

黑龙江

田　凯　毛金彪　范庆华　黄世伟

上海

潘晓岗　陈　磊（女）

汪　敏（女）

江苏

冯　欣（女）　郭　超　虞越嵩　吴伟君

徐华东　李鼎成　刘　佳

浙江

邱瑶德　戚志坚（女）　徐鸣华　沈燕俊

马志华

安徽

袁国春　郭家满　许　建　李峥嵘

殷雨虹（女）

福建

赖学舜　陈清凉　张仁涛

江西

程学新　吕聚煜　饶干华　吴龙泉

山东

王新桥　李东利　李爱国　宁　龙

河南

陈　勇　牛志宏（女）　宋慧萍（女）

湖北

江　炎　程东波　傅安洲　宋小华（女）

袁明刚　董继宁　谭　勇

湖南

黄峥嵘（女）　吴成祥　刘振中　唐建初

广东

吴建琪　折志凌　许　演　陈国藩

广西

谭　靖（女）　徐伟翔　朱鹃屏（女）

海南

梁　新　林　顺

重庆

施崇刚　张崇庆　李美华　罗利旻（女）

王　涛

四川

江　山　唐思远　杨华国　梁时民　冯云清

贵州

向　阳（女）　谭显荣

云南

何池康　杨志强　邹恒芳（女）　胡向军

王红华（女）

西藏

琼　达　卢　伟

陕西

张　路　陈孝勇　赵路路

甘肃

胡建伟　解　平　张立东　杨斌宏

青海

赵学章　陈　琼　张生军　鲍成林

宁夏

王　涛　刘险峰

新疆

赵　川　车书君(女)　王建新　王明生

中央机关、部委、军队

张燕妮(女)　刘东生　刘　怡(女)

耿明山　张启亮　牛剑锋　张再芳　张玉山

李永春　胡远地　高　洁　陈洪斌　李　翔

王界山　张万臣　夏荷生　宫　丽(女)

何晓云(女)

新闻单位

柳晓森　李亚杰　赵　威(女)　杨松涛

李　瑾(女)　林　洁(女)　张　伟

白峰哲(女)

其他

蒋　喦　阎禹铭　张龙新　乐祥海

母亲河(波司登)奖

长期以来，一大批以保护母亲河、保护和改善我国生态环境为己任的有识之士，大力弘扬生态环保文化，积极参与生态环保实践，推动生态环保建设，努力探索，无私奉献，为我国的可持续发展做出了积极贡献，成为我国实现可持续发展战略的重要推动力量。为表彰为我国生态环境保护事业做出突出贡献的社会人士，激励更多的青少年和社会公众参与到保护母亲河、保护生态环境的伟大事业中来，2005 年 3 月 25 日，经共青团中央、全国绿化委员会、全国人大环境与资源保护委员会、全国政协人口资源环境委员会、水利部、农业部、国家环境保护总局、国家林业局同意，全国保护母亲河行动领导小组决定，授予日本友人川手正一郎、北京东方德才学校四年级学生王君婧、中央电视台新闻中心地方新闻部记者刘东华、浙江省绿色环保志愿者分会志愿者忻皓、青海省林业调查规划院副院长董得红第三届“母亲河(波司登)奖”。

全国乡村青年才艺风采大赛

为深入贯彻党的十六届四中、五中全会精神,认真落实科学发展观,充分发挥文化育人的作用,大力弘扬优秀民族文化,共同抒发广大农村青年热爱党、热爱祖国、热爱社会主义的豪迈情怀和投身社会主义新农村建设的昂扬志气,全面展示新世纪农村青年的新风采,共青团中央、农业部共同主办了首届全国乡村青年才艺风采大赛。大赛自 9 月份启动实施以来,各地共青团组织和农业部门依托农村青年中心,精心组织,有效部署,通过地区性选拔活动,推动乡村青年文化活动蓬勃开展,引导乡村青年提高文化素养,展现靓丽青春风采,一大批优秀乡村青年脱颖而出，取得了良好效果。通过激烈的复赛和决赛，共有30名选手分别获得大赛一等奖、二等奖、三等奖、最佳才艺奖和优胜奖。同时，有10个单位获得大赛组织奖。

首届全国乡村青年才艺风采大赛
获奖选手名单

一等奖

胡远莉（女） 重庆

安家满 辽宁

二等奖

卞新兵 山东

杨八零 四川

尔玛安雄 四川

三等奖

卢丽娟（女） 重庆

何志辉 江西

王劲峰 河北

曲纪武 辽宁

习近飞 湖北

最佳才艺奖

王 辉 北京

齐旦布 四川

苗 雨 山东

朱 峰 江苏

李晓雪（女） 吉林

优胜奖

孙涛 山东

李跃民 黑龙江

苏海珍（女） 广西

刘耘夫 安徽

李彬彬（女） 天津

曹春波 安徽

张诗逸 福建

李龙云 黑龙江

韩风军 河北

王波（女） 北京

段胜高 贵州

郑艳伟 河北

林书文 河北

张建英（女） 山西

林武河 福建

首届全国乡村青年才艺风采大赛
组织奖名单

共青团北京市委青农部

共青团河北省委青农部

共青团黑龙江省委青农部

共青团江苏省委青农部

共青团江西省委青农部

共青团山东省委青农部

共青团河南省委青农部

共青团湖北省委青农部

共青团重庆市委青农部

共青团四川省委青农部

全国乡村青年歌手大赛

为深入贯彻党的十六届四中全会精神，紧密围绕农村经济社会发展大局，大力弘扬优秀民族文化，促进农村先进文化建设，共青团中央主办了第五届全国乡村青年歌手大赛。大赛通过基层群众性演唱活动、地区选拔赛、全国初赛、复赛及决赛等形式，推动乡村青年文化活动蓬勃开展，引导乡村青年提高文化素养，展示青春风采，取得了良好效果，一大批优秀乡村青年歌手脱颖而出。

“碧水庄园杯”第五届全国乡村青年歌手大赛获奖选手名单

一等奖

民族组

韦辉洪　广西

胡远莉(女)　重庆

通俗组

白　沙　宝音图　巴音　乌兰满达(蒙古族，四人组合)

内蒙古

王璐(女)　江西

二等奖

民族组

田庆玲(女)　山西

陈蕾(女)　上海

周静静(女)　江苏

徐贤秀(女)　安徽

通俗组

韩小丽(女)　山西

赵冬变(女)　山西

三等奖

民族组

李凤娟(女)　山东

汪　杰　四川

黄红英(女,藏族)　四川

杨维忠(藏族)　甘肃

杨海春(土族)　青海

陈华江　新疆生产建设兵团

通俗组

杜占功　山东

张捷辉　湖北

杨　强　重庆

石　成　四川

优秀奖

民族组

雷第锋(女)　山西

张慧渊(女)　山西

杜学芳　内蒙古

张盼盼(女)　安徽

林晓斌　福建

钟文萍(女)　江西

郑慧勤(女)　江西

华殿花(女)　江西

潘尔斌　江西

辛崇栋　山东

宋维娜(女)　山东

司丽娅(女)　山东

白凤晓　山东

闫　鑫　河南

陈为晓　广东

温景波　广东

韦彩凤(女,壮族)　广西

陈智聪(哈尼族)　云南

通俗组

邱凇林　江西

李军峰　山东

庄具锋　山东

瑶东方(苗族)　贵州

刘　虎(苗族)　贵州

罗　飞　贵州

江　波　新疆生产建设兵团

“碧水庄园杯”第五届全国乡村青年歌手大赛组织奖

共青团天津市委青农部

共青团山西省委青农部

共青团江苏省委青农部

共青团安徽省委青农部

共青团江西省委青农部

共青团山东省委青农部

共青团河南省委青农部

共青团广西区委青农部

共青团重庆市委青农部

共青团贵州省委青农部

全国乡村青年文化活动先进县(市、区)

2004年以来,各地团组织积极行动,紧密围绕社会主义和谐社会建设,以“繁荣乡村文化,服务青年发展”为主题,依托农村青年中心,通过送春联年画、科技大集、文艺演出、农技培训、科普讲座、卫生大扫除等多种形式,广泛开展第七届“乡村青年文化节”活动,在繁荣农村文化生活、传授创业致富技能、培养青年文化人才等方面取得了明显成效。共评选出117个县(市、区)2004年度“全国乡村青年文化活动先进县(市、区)”,100个2004年度“全国优秀乡村青年文化活动项目”,并授予91名同志2004年度“全国乡村青年文化名人”称号。

2004年度“全国乡村青年文化活动先进县(市、区)”名单

(117个)

北京

门头沟区　怀柔区　延庆县

天津

东丽区　北辰区　蓟　县　静海县

河北

深州市　鹿泉市　沽源县

山西

泽州县　古交市　临猗县　清徐县

定襄县　柳林县

内蒙古

科右前旗　扎鲁特旗　喀喇沁旗

辽宁

法库县　庄河市　大石桥市

阜新蒙古族自治县

吉林

长春市绿园区　吉林市船营区

延吉市

上海

奉贤区

江苏

溧水县　张家港市　通州市　东台市

浙江

临安市　慈溪市　台州市路桥区

安徽

凤台县　金寨县　界首市　当涂县

福建

南靖县　永安市　龙岩市　新罗区

江西

九江市　庐山区　新干县　万安县

南昌县　靖安县　广丰县

山东

济南市　历城区　平度市　日照市

东港区　宁津县　博兴县

河南

安阳市　殷都区　辉县市　确山县

新　县

湖北

武汉市　江夏区　云梦县　黄冈市

黄州区　鄂州市　梁子湖区

湖南

郴州市　北湖区　隆回县　凤凰县

祁阳县

广东

高要市 乳源瑶族自治县 东莞市

万江区 中山市 三乡镇

广西

宾阳县 玉林市 福绵区 武宣县

平乐县 那坡县 柳城县

海南

三亚市

重庆

万州区 九龙坡区 开 县 南川市

四川

双流县 绵竹市 峨边县 遂宁市

安居区 苍溪县 康定县

贵州

修文县 麻江县 玉屏县 兴义市

六盘水市 钟山区

云南

元阳县 南涧县 新平县 曲靖市

麒麟区

西藏

拉萨市 城关区 陈 县 尼木县

类乌齐县

陕西

乾 县 澄城县 延川县 榆林市

榆阳区 商南县

甘肃

白银市 平川区 武威市 凉州区

肃南裕固族自治县 永昌县

青海

大通回族土族自治县 门源县

新疆

沙雅县 伊宁县 乌恰县 泽普县

新疆生产建设兵团农二师三十团

新疆生产建设兵团农六师五家渠市

新疆生产建设兵团农七师一二三团

新疆生产建设兵团农九师一六三团

全国优秀乡村青年文化活动项目

2004年度“全国优秀乡村青年文化活动项目”名单

（100个）

北京

“马坡花园杯”城市之星礼仪模特大赛（共青团顺义区委）

“文化广场村村行”文艺演出（共青团怀柔区委）

“青春燕山”文艺演出（房山区燕山团工委）

天津

“光荣啊，中国共青团”文艺演出（共青团津南区委）

首届青年运动会（共青团武清区委）

乡村青年文化活动月（宝坻区郝各庄镇东郝村团支部）

河北

青年志愿者“三下乡”服务活动（共青团深州市委）

反邪教警世教育巡回演出（共青团鹿泉市委）

送歌舞下乡活动（共青团沽源县委）

山西

“志愿互动，真情快递”活动（共青团泽州县委）

高跷秧歌（共青团定襄县委）

青年文化艺术节（共青团孝义县委）

青年歌手大奖赛（共青团古交市委）

“顶灯舞”大型集体文化活动(共青团武乡县委)

内蒙古

第二届民歌大赛(科右前旗团委)

第七届“乡村青年文化节”暨青年志愿者文化科技卫生三下乡活动
(共青团通辽市科尔沁区委)

“财险杯”第七届乡村青年文化节(共青团赤峰市委)

辽宁

“选百人、进百村、干百天”科技文化下乡活动(共青团台安县委)

“扶贫送温暖,春联送万家”活动(共青团新宾满族自治县委)

烟草科技培训活动(宽甸县金山镇团委)

“舞动的团情,飞扬的青春”乡村青年文化主题系列活动(共青团黑山县委)

吉林

“科技快车”(共青团九台市委、九台市东湖镇团委、九台市土门岭镇团委)

“文化大院”创建活动(共青团吉林市龙潭区委)

农乐舞(图们市月晴镇人民政府)

上海

“喜爱宝山的理由”——活力宝山环长兴岛马拉松接力赛(宝山区长兴乡人民政府、共青团宝山区委)

江苏

“向百万务工农村青年大拜年”活动(共青团江苏省委青农部)

“送科技下乡”活动(共青团南通市如东县委)

“同心欢乐马群”活动(南京市栖霞区马群街道团工委)

“东方水城——盛大集体婚礼”(共青团苏州市委)

浙江

新年心连心文艺演出(共青团富阳市委)

户外乡土俱乐部慈善拍卖晚会(共青团宁海县委、宁海乡土户外俱乐部)

送科技文化体育下乡活动(台州团市委)

安徽

首届乡村青年歌手大赛(共青团合肥市委)

第四届青年足球锦标赛(共青团铜陵县委)

创业之星、文明之星评选(共青团当涂县委)

迎新春青年文化节(金寨县船冲村团支部)

福建

“盛世乡约”乡村青年文化活动(共青团漳州市委)

“声声唱不尽俺家乡好!”(共青团翔安区委、翔安区内厝镇团委、翔安区内厝镇许厝村团支部)

“弘扬中华精神,参与平安建设”主题活动(共青团长乐市委)

“让天使下凡”活动(莆田市仙游区妇幼保健医院团支部)

江西

乡土文化社区行——黄梅戏巡回演出(共青团九江市庐山区委)

山东

“青年元宵情巡演”(共青团青岛市城阳区委)

青年中心鼓子秧歌表演(平原县王杲铺青年中心)

小戏节活动(共青团博兴县委)

河南

农村青年科技大集活动(共青团郑州市委)

“百乡百村百万农民培训五建五送”活动(共青团开封市委)

农村青年科技110活动(共青团安阳市委)

青年志愿者“三下乡”活动(共青团驻马店市委)

湖北

湖北省第七届“乡村青年文化节”(共青团湖北省委青农部)

首届青年广场文化艺术节(共青团应城市委)

“八送服务进乡村”活动(共青团十堰市茅箭区委)

"携手奔小康"活动(共青团松滋市委)

湖南

民歌龙狮大赛(共青团嘉禾县委)

广东

首届打工歌曲创作大赛(东莞市塘厦镇团委)

布马舞(共青团饶平县委)

梅录"三绝"(共青团吴川市委)

青年生态文化行(共青团南澳县委)

广西

"诚信创业"工程农产品擂台赛(共青团柳江县委)

"玉贵走廊"乡村青年文化活动项目(共青团玉林市委)

茶艺大赛(共青团横县县委)

北路壮剧表演周(西林县那劳乡团委)

农村青年编织工艺品评比大赛(共青团博白县委)

海南

"润泽杯"乡村青年文化节(共青团三亚市委)

重庆

接龙民间文化艺术节(共青团巴南区委)

乡村青年文化广场(共青团南川市委)

返乡青年春节大观园活动(共青团丰都县委)

"火红的青春"活动(大足县龙水镇团委)

四川

推进城乡一体化"文化带动工程"活动(共青团成都市委)

"乡村青年大家乐"活动(共青团德阳市委)

"青年中心搭台,乡土人才超市唱戏"活动(共青团遂宁市委)

"壮汉负重接力赛"活动(共青团广元市委)

"情歌故乡康定风情"农牧区青年文艺调演活动(共青团甘孜州委)

贵州

苗年文化周"歌舞选秀"大赛(共青团雷山县委)

"六月六"青年书法活动(开阳县禾丰乡王车村团支部)

苗族青年芦笙节(金沙县岩孔镇团委)

"情系三农思青年,春绿大地歌满山村,文化盘江情满怀"活动(盘县盘江镇团委)

云南

壮乡广场文艺演出活动(共青团富宁县委)

优秀文艺节目下乡巡回演出活动(共青团易门县委)

"金叶杯·爨乡之星"青少年艺术人才大赛(共青团陆良县委)

风午青年先锋文艺演出活动(泸西县午街乡团委)

彝族秧佬鼓活动(晋宁县双河乡团委)

西藏

法制宣传(洛扎县政法委)

"乡村青年文化节"活动(类乌齐县卡玛多青年中心)

陕西

乡村青年文化节活动(共青团咸阳市委)

农村青年科技培训活动(共青团韩城市委)

民间文化系列活动(延川县文体事业局)

"青春永远年轻"活动(米脂县办事处团委)

"青春红丝带,你我同行动"——青少年健康生活教育活动(共青团商洛市委)

甘肃

"送文化、技术、法律、政策"下乡"乡村青年文化节"(武威职业学院)

首届裕固族民俗文化艺术节(肃南县康乐乡大草滩村团支部)

新城镇青年趣味运动会(共青团嘉峪关市委)

环县曲子镇社火队大拜年(环县曲子青年中心)

新疆

"承扬刀朗文化,科技引领青年"活动(共青团阿瓦提县委)

"家庭青年民族文化艺术"活动(伊宁县吐鲁番玉孜乡团委)

"赛杏会"项目(阿克陶县巴仁乡团委)

百村青年文化室建设(共青团疏附县委)

"开来之春"文化艺术节(新疆生产建设兵团农二师二十一团团委)

青少年读书实践活动(新疆生产建设兵团农六师军户农场二连团支部)
“书画艺术进校园”活动(新疆生产建设兵团农六师芳草湖团委、文联)
“百日青年科技文化大集”活动(新疆生产建设兵团农九师团结农场团委)

全国乡村青年文化名人

2004年度“全国乡村青年文化名人”名单
(91名)

北京

陈振清　通州区青年编导、策划人
郝双锁　大兴区青年编导、策划人
杨晓东　顺义区青年歌手

天津

郑顺和　宁河县俵口中学青年教师
陈强汉　汉沽区文化局干部

河北

张大冒　深州市兵曹乡邵甫村青年农民
王铁新　鹿泉市文化艺术团团长
王富枝　蔚县蔚州镇西关村青年农民

山西

刘晓辰　定襄县宏道镇木雕艺术师
杨　勇　泽州县东四义青年中心理事
黄山石　团新绛县委干部
任大智　晋中艺校青年编导
梦　冰　古交日报青年摄影师

内蒙古

格日乐科　右前旗文化馆青年编导
满宝扎鲁　前旗文化广播局青年编导
贾永昕　赤峰市喀喇沁旗青年书法家

辽宁

王艳春　铁岭市西丰县部家店镇青年农民
李春军　朝阳市朝阳县北四家子乡青年农民
范　楷　盘锦市大洼县荣兴乡双井子村青年农民
李丽敏　葫芦岛市绥中县李家乡青年农民

吉林

闫秋月　双阳区鹿乡镇石灰村青年农民
修　丹　敦化市文化馆美术部青年书法家
张　杰　通县快大茂镇青年剪纸艺术家

江苏

黄　峰　东台市广播电视局新闻中心文艺部主任
黄　蕾　苏州市广播电视局总台新闻综合频道编导

浙江

余海军　慈溪市桥头镇丰潭村现代民间画家
乐海波　温岭市松门镇东城村团支部书记

福建

兰坤发　松溪县版画院院长
方圆和　晋江青年摄影协会会长
陈孝录　寿宁县南山文武学校校长

江西

柯长征　九江市庐山区青年编导、歌手
王　璐　上饶县青年歌手
严卫华　团广丰县委干部
古志雄　遂川县大汾镇农民剧团负责人

山东

杜　虔　济南市长清区青年书法家
董文杰　胶南市大泥沟头村青年画家
辛崇栋　莒县寨里河乡青年歌手
白凤晓　莒县城阳镇岳家村青年歌手
刘玉海　德州经济开发区抬头寺乡刘千村二

胡演奏员
崔义彬　滨州市滨城区梁才办事处青年书画家

河南

崔小田　安阳市北关区青年演员
马章乘　许昌县青年书法家
谷天意　驻马店市青年编导

湖北

张捷辉　孝感市青年歌唱演员
龚　涛　赤壁市青年演奏演员
熊　琰　华中农业大学团委艺术教师
张　黎　武汉理工大学学生

湖南

康丽芳　永兴县青年舞蹈编导
龙仙娥　凤凰县文化局民间文艺工作者
黄生田　江华县白芒营镇青年艺人

广东

赵建华　东莞市塘厦镇文化站音乐创作人
冯才权　徐闻县友好农场美术教师
马永锋　韶关市曲江区青年歌手
沈声兴　潮安县青年书画家

广西

韦辉洪　宾阳县青年歌手
邓彬光　藤县禤州武术醒师体校教师
卢爱丽　宜州市洛西镇三柏村青年农民
陈　发　北海市海港粤剧团青年演员
李海艳　那坡县城乡镇龙华村青年农民

海南

刘　成　海南琼台师范高等专科学校教师

重庆

胡远莉　永川县青年歌手
蒋泽光　荣昌县民间艺人

四川

赵雨树　成都市青阳区青年画家
李道全　彭州市致和镇青年歌手
袁　静　德阳市中江表嫂艺术工作室青年编导
汪　杰　苍溪县陵江镇青年歌手
段志鹏　康定县文化馆舞蹈编导

贵州

阿幼朵　凯里市文工团青年演员
候正朝　金沙县岩孔镇青年编导
谭家香　贞丰县鲁贡镇民间文艺工作者
李福银　六盘水市六枝特区箐口乡团委干部

云南

李江福　元江县因远镇青年根雕艺术师
韦云海　富宁县归朝镇民间文艺创作者
余石见　陆良县三岔河乡文艺创作者

西藏

巴　桑　陈县泽当镇藏戏表演队负责人
白玛罗布类　乌齐县卡玛多乡民间艺人

陕西

张亚兰　武功县南仁中学教师
郭如林　延川县青年剪纸艺术家
高河晓　延川县青年剪纸艺术家
王万斌　靖边县文工团青年演员
王小勇　商洛市天宇文化传播中心负责人

甘肃

王军善　嘉峪关市文珠镇农民书画家
徐爱元　武威市凉州区四坝镇青年编导
弋　敏　嘉峪关市新城镇青年编导
谢发福　武威市青年编导

新疆

阿不里青木·肉孜库　车县齐满镇木卡姆艺术团团长
佟玉芳　察布查尔县城镇青年编导
努尔克亚孜　阿合奇帕尔巴依乡“库木孜奇”农民
杨小莉　农二师三十团中学青年舞美编导
曹斌才　农六师芳草湖农场青年书法家
吴向阳　农七师一三〇团青年书法家

全国自立自强优秀大学生

为号召广大团员青年向自立自强的优秀大学生代表洪战辉学习，培养自尊自信、自立自强的高尚品质，树立克服困难、百折不挠的奋斗精神，锻炼刻苦学习、严于律己的顽强毅力，树立乐观向上、积极进取的人生态度。学习他自尊自信、自立自强的高尚品质，学习他克服困难、百折不挠的奋斗精神，学习他刻苦学习、严于律己的顽强毅力，学习他乐观向上、积极进取的人生态度。2005年12月23日，共青团中央、全国学联决定授予洪战辉同学“全国自立自强优秀大学生”荣誉称号。

洪战辉，男，汉族，23岁，中共预备党员，湖南省怀化学院经济与管理系2003级学生。洪战辉同学的父亲是间歇性精神病人，母亲因不堪生活重负离家出走。12年来，他勇敢地挑起家庭的重担，在十分困难的情况下，一边自己坚持完成学业，一边独自承担起照顾妹妹生活和学习的重任。尽管生活困难，他却从来没有申请过特困补助，还多次婉拒好心人的捐款。他的事迹报道后，在社会上、在广大青少年中引起了强烈的反响。洪战辉同学是在党的哺育下成长起来的新时期青年学生的优秀代表，集中体现了中华民族的传统美德和当代青年学生的高尚境界，是全国广大团员青年学习的榜样。

“三下乡”系列奖项

全国大中专学生志愿者暑期“三下乡”社会实践活动优秀组织工作奖名单

（22个）

重庆市大学生“三下乡”社会实践领导小组
江苏省大学生“三下乡”社会实践领导小组
山西省大学生“三下乡”社会实践领导小组
湖南省大学生“三下乡”社会实践领导小组
黑龙江省大学生“三下乡”社会实践领导小组
湖北省大学生“三下乡”社会实践领导小组
上海市大学生“三下乡”社会实践领导小组
北京市大学生“三下乡”社会实践领导小组
贵州省大学生“三下乡”社会实践领导小组
河南省大学生“三下乡”社会实践领导小组
陕西省大学生“三下乡”社会实践领导小组
河北省大学生“三下乡”社会实践领导小组
广东省大学生“三下乡”社会实践领导小组
安徽省大学生“三下乡”社会实践领导小组
天津市大学生“三下乡”社会实践领导小组
浙江省大学生“三下乡”社会实践领导小组
江西省大学生“三下乡”社会实践领导小组
内蒙古自治区大学生“三下乡”社会实践领导小组
青海省大学生“三下乡”社会实践领导小组
宁夏回族自治区大学生“三下乡”社会实践领导小组
辽宁省大学生“三下乡”社会实践领导小组
山东省大学生“三下乡”社会实践领导小组

全国大中专学生志愿者暑期"三下乡"社会实践活动先进单位名单

北京(15个)

北京大学　清华大学
中国人民大学　北京师范大学
北京科技大学　北京航空航天大学
北京理工大学　北京交通大学
中国农业大学　北京林业大学
中央财经大学
中国石油大学(北京)　北京工业大学
北京工商大学　北京农学院

天津(11个)

天津大学　南开大学
天津师范大学　天津医科大学
天津工业大学　天津科技大学
天津理工大学　天津商学院
天津财经大学　中国民航学院
天津工程师范学院

河北(12个)

河北师范大学　河北经贸大学
河北医科大学　石家庄经济学院
河北科技大学　石家庄铁道学院
河北工程学院　河北农业大学
河北理工大学　河北大学
华北电力大学　燕山大学

山西(10个)

山西大学　太原理工大学
山西师范大学　山西医科大学
中北大学　太原科技大学
长治学院　太原师范学院
运城学院　长治团市委

内蒙古(8个)

内蒙古农业大学　内蒙古工业大学
内蒙古医学院　内蒙古大学
内蒙古师范大学　包头职业技术学院
内蒙古民族大学　内蒙古财经学院

辽宁(12个)

辽宁工程技术大学　辽宁石油化工大学
大连民族学院　锦州医学院
沈阳农业大学　东北大学
沈阳建筑大学　沈阳化工学院
大连海事大学　沈阳工业大学
沈阳师范大学　大连交通大学

吉林(11个)

吉林大学　东北师范大学
长春工业大学　长春大学
吉林建筑工程学院
吉林工程技术师范学院　长春中医学院
长春师范学院　吉林体育学院
吉林艺术学院　吉林师范大学

黑龙江(11个)

哈尔滨工业大学　哈尔滨理工大学
黑龙江大学　东北林业大学
哈尔滨工程大学　哈尔滨师范大学
哈尔滨医科大学　东北农业大学
黑龙江中医药大学　黑龙江科技学院
黑龙江八一农垦大学

上海(15个)

复旦大学　上海交通大学
同济大学　华东师范大学
华东理工大学　上海外国语大学
东华大学　上海财经大学
上海大学　上海体育学院
华东政法学院　上海水产大学
上海中医药大学　上海师范大学
第二军医大学

江苏(22个)

扬州大学　南京大学
江南大学　南京工业大学
南京师范大学　中国矿业大学
南京航空航天大学　苏州大学
南京农业大学　江苏大学
南通大学　南京邮电大学
江苏科技大学　南京林业大学
南京理工大学　徐州师范大学
盐城师范学院　淮阴师范学院

东南大学 江苏工业学院
南京审计学院 盐城工学院

浙江(13个)

浙江大学 浙江工业大学
浙江师范大学 宁波大学
浙江工商大学 杭州电子科技大学
浙江理工大学 浙江中医学院
浙江万里学院 温州大学
中国计量学院 嘉兴学院
浙江科技学院

安徽(13个)

中国科学技术大学 合肥工业大学
安徽大学 安徽中医学院
安徽建筑工业学院 安徽财经大学
安徽师范大学安徽理工大学
淮南师范学院安徽工业大学
安庆师范学院安徽科技学院
滁州学院

福建(10个)

厦门大学 福州大学
福建师范大学 福建农林大学
福建医科大学 福建教育学院
厦门理工学院
福建公安高等专科学校
泉州团市委 宁德市旅游局

江西(11个)

赣州团市委 南昌大学
江西师范大学 江西农业大学
江西财经大学 江西理工大学
东华理工大学 南昌航空工业学院
赣南师范学院 江西中医学院
南昌工程学院

山东(14个)

山东大学 山东师范大学
山东中医药大学 山东建筑工程学院
山东财政学院 中国海洋大学
青岛科技大学 山东农业大学
山东科技大学 泰山医学院
泰山学院 曲阜师范大学
枣庄学院 枣庄团市委

河南(17个)

安阳团市委 郑州大学
河南大学 河南农业大学
河南工业大学 河南师范大学
河南理工大学 河南科技大学
河南财经学院 华北水利水电学院
河南中医学院 中原工学院
信阳师范学院 洛阳师范学院
南阳师范学院
河南公安高等专科学校 新乡医学院

湖北(16个)

武汉大学 华中科技大学
武汉理工大学 中国地质大学
华中农业大学 华中师范大学
中南财经政法大学 中南民族大学
湖北大学 武汉科技大学
武汉工程大学 武汉工业学院
湖北工业大学 湖北教育学院
武汉船舶职业技术学院
武汉体育学院

湖南(13个)

中南大学 湖南大学
湖南师范大学 湖南农业大学
长沙理工大学 湖南商学院
南华大学 湘潭大学
湖南工程学院 湖南理工学院
湖南文理学院 湖南人文科技学院
吉首大学

广东(13个)

中山大学 华南理工大学
暨南大学 华南农业大学
广州中医药大学 华南师范大学
广东工业大学 汕头大学
广东商学院 湛江师范学院
广东轻工职业技术学院
广东教育学院 番禺职业技术学院

广西(9个)
广西师范大学 广西医科大学
桂林工学院 广西工学院
广西师范学院 玉林师范学院
广西大学梧州分校
广西水电职业技术学院 梧州团市委
海南(3个)
海南大学 华南热带农业大学
琼州大学
四川(12个)
四川大学 电子科技大学
四川师范大学 四川音乐学院
成都体育学院 成都信息工程学院
成都大学
成都电子机械高等专科学校
四川农业大学 西华师范大学
成都团市委 西昌学院
重庆(11个)
重庆大学 西南大学
西南政法大学 重庆师范大学
重庆工商大学 重庆交通学院
重庆工学院 四川美术学院
涪陵师范学院 重庆三峡学院
重庆教育学院
贵州(8个)
贵州大学 贵州师范大学
遵义医学院 贵阳中医学院
贵州民族学院 贵州教育学院
遵义师范学院
六盘水师范高等专业学校
云南(9个)
云南大学 昆明理工大学
西南林学院 云南师范大学
云南财贸学院 云南民族大学
云南中医学院 玉溪师范学院
云南国土资源学院
西藏(2个)
西藏民族学院 西藏大学农牧学院
陕西(14个)
西安交通大学 西北工业大学
西北农林科技大学 西安电子科技大学
长安大学 陕西师范大学
西北大学 西安理工大学
西安建筑科技大学 西安科技大学
西安工程科技学院 西安工业学院
西安财经学院 渭南师范学院
甘肃(9个)
兰州大学 西北师范大学
西北民族大学 兰州商学院
兰州交通大学 兰州理工大学
甘肃农业大学 陇东学院
天水师范学院
青海(3个)
青海大学医学院
青海建筑职业技术学院 青海师范大学
宁夏(4个)
宁夏大学 宁夏医学院
西北第二民族学院
固原师范高等专科学校
新疆(含兵团)(11个)
新疆大学 新疆医科大学
新疆农业大学 新疆师范大学
新疆财经学院 新疆艺术学院
新疆教育学院
新疆工业高等专科学校
乌鲁木齐职业大学 石河子大学
塔里木大学

全国大中专学生志愿者暑期“三下乡”社会实践活动优秀团队名单

北京市(5个)
首都大学生新世纪英才学校红色之旅主题实践团
中国农业大学服务百村实践服务团
北京航空航天大学赴大庆博(硕)士生社会实践团

北京林业大学赴内蒙古森工集团博士生服务团

北京工商大学“走进农业农村农民,服务和谐社会”社会调查团

天津(3个)

天津大学涉外学院“希望之旅”暑期社会实践团

南开大学历史学院和谐社会实践团

天津师范大学暑期延安行社会实践服务团

河北省(3个)

石家庄铁道学院大学生形势政策宣讲团

燕山大学博士生地方经济实践服务团

华北电力大学大学生红色之旅参观服务团

山西省(4个)

山西农业大学博士生地方经济实践服务团

山西中医学院赴新绛“青春红丝带”三下乡服务队

山西财经大学大学生形势政策宣讲团

临汾职业技术学院医学部实践服务队

内蒙古(3个)

内蒙古农业大学博士(硕士)生地方经济实践服务团

内蒙古工业大学大学生红色之旅参观服务团

内蒙古医学院医疗卫生形势政策宣讲服务团

辽宁(3个)

辽宁大学“关爱老前辈”和谐社会建设考察服务团

沈阳工程学院“棚户区改造”形势政策宣讲团

团大连市委“沿海经济带”博(硕)士生实践服务团

吉林(3个)

吉林农业大学赴梅河口市山城镇博士生地方经济实践服务团

延边大学大学生形势政策宣讲团

北华大学大学生和谐社会建设宣传服务团

黑龙江(4个)

哈尔滨工程大学船舶学院大学生和谐社会建设宣传服务团

黑龙江中医药大学博士生地方经济实践服务团

东北林业大学大学生形势政策宣讲团

哈尔滨理工大学经济管理学院大学生和谐社会建设宣传服务团

上海(5个)

上海师范大学赴贵州、广西和谐社会建设宣传服务团

上海交通大学赴云南文山和谐社会建设宣传服务团

第二军医大学赴云南鲁甸博士生医疗实践服务团

复旦大学赴甘肃会宁和谐社会建设宣传服务团

华东师范大学赴甘肃临夏博士生地方经济实践服务团

江苏(5个)

南京医科大学第一医学院博士生实践服务团

南京人口管理干部学院外语系“振兴苏北,义务支教”社会实践服务团

南京财经大学国际经贸学院暑期社会实践队

南京中医药大学“家·社区”——百名杏林学子大型社区行动服务团

河海大学博士生西部水电开发实践服务团

浙江(4个)

浙江大学大学生重访红都瑞金,感悟长征精神小分队

中国美术学院赴衢州柯城地区和谐社会建设宣传服务团

温州医学院大学生和谐社会建设实践服务团

浙江树人大学“构建和谐社会”衢州宣传服务团

安徽(3个)

安徽农业大学大学生和谐社会建设宣传服务团

安徽医科大学大学生和谐社会建设宣传服务团

淮北煤炭师范学院大学生和谐社会建设宣传

服务团

福建(3 个)

厦门大学博士生地方经济实践服务团

福建师范大学大学生形势政策宣讲团

福建农林大学和谐社会建设宣传服务团

江西(3 个)

赣南医学院赴会昌县“三下乡”社会实践服务团

井冈山学院“重走红军路,保持先进性”党员社会实践团

景德镇陶瓷学院自行车协会环江西经济调查社会实践队

山东(4 个)

山东经济学院大学生和谐社会建设宣传服务团

山东轻工业学院大学生红色之旅参观服务团

聊城大学大学生和谐社会建设宣传服务团

烟台大学大学生形势政策宣讲团

河南(3 个)

郑州轻工业学院大学生和谐社会建设宣传服务团

南阳理工学院大学生红色之旅参观服务团

安阳师范学院大学生红色之旅参观服务团

湖北(6 个)

华中科技大学赴河南省睢县农村能源情况调查社会实践队

武汉理工大学理学院“三农问题”暑期社会实践队

华中农业大学赴湖北通山服务农民增收博士团队

湖北经济学院“星火燎原行动”社会实践队

武汉音乐学院大学生艺术团赴洪湖市“三下乡”社会实践队

武汉科技学院“三个代表思想和农村政策宣传”暑期社会实践服务队

湖南(4 个)

中南大学百名党员博士生湘西行社会实践服务团

衡阳师范学院“三下乡”禁毒宣传服务团

株洲工学院红色之旅服务团

怀化学院大学生和谐社会建设宣传服务团

广东(4 个)

中山大学“健康直通车开进青藏高原”服务团

南方医科大学博士生地方经济实践服务团

韶关学院“爱国、守法、诚信、知礼”现代公民教育形势政策宣讲团

佛山科学技术学院经济管理学生党员红色之旅服务团

广西(3 个)

广西中医学院和谐社会建设服务团

桂林电子工业学院形势政策宣讲团

广西生态职业技术学院红色之旅实践服务团

海南(2 个)

海南师范大学赴琼中县爱心支教服务团

海南医学院赴五指山市大学生和谐社会建设宣讲服务团

四川(3 个)

西南民族大学赴阿坝和谐社会建设宣传服务团

川北医学院赴广安红色之旅参观服务团

西华大学赴阿坝州红色之旅参观服务团

重庆(4 个)

重庆医科大学“关爱农民”大学生医疗卫生实践服务团

重庆邮电学院“红色之旅·聚焦农村教育,关爱贫困学生”赴贵州省实践服务团

重庆电力高等专科学校“大学生和谐社会建设”宣传服务队

四川外语学院第五届亚太市长峰会核心层志愿者实践服务队

贵州(2 个)

贵州医学院大学生和谐社会建设宣传服务团

铜仁师范高等专科学校大学生和谐社会建设宣传服务团

云南(3 个)

昆明医学院昆医·香港青年大专生云南山区义工服务团

云南警官学院禁毒与艾滋病预防宣传教育服

务团
云南农业大学赴玉龙县黎明乡服务团

西藏(1个)

西藏大学和谐社会建设宣传服务队

陕西(5个)

西北工业大学陕西关中城市群生态化发展模式考察团
西北农林科技大学博士生地方经济实践服务团
西安石油大学大学生和谐社会建设宣传服务团
西北政法学院大学生赴陕北形势政策宣讲团
西安邮电学院大学生赴延安红色之旅参观团

甘肃(4个)

兰州大学博士生服务地方经济实践服务团
西北师范大学大学生和谐社会建设宣传服务团
兰州理工大学博士生地方经济实践服务团
甘肃省中医学院服务和谐社会建设实践团

青海(2个)

青海交通职业技术学院大学生和谐社会建设服务团
青海民族学院大学生形势政策宣传服务团

宁夏(3个)

宁夏医学院大学生红色之旅参观服务团
固原师范高等专科学校大学生和谐社会建设宣传服务团
宁夏大学大学生和谐社会建设宣传服务团

新疆(3个)

新疆大学和谐社会建设宣传服务团
新疆农业大学和谐社会建设宣传服务团
伊犁师范学院"红色之旅"参观访问团

全国大中专学生志愿者暑期"三下乡"社会实践活动先进个人名单

北京(5名)

沈千帆　北京大学团委书记
郑浩峻　清华大学团委书记
代　鹏　中国人民大学团委书记
魏　国　北京师范大学团委书记
张启鸿　北京理工大学团委书记

天津(3名)

刘　莉　天津医科大学团委副书记
刘　迎　天津理工大学团委干部
谭海涛　中国民航学院团委副书记

河北(3名)

赵新峰　河北大学团委书记
徐国强　河北师范大学团委书记
崔建会　河北农业大学团委书记

山西(3名)

鞠　振　山西师范大学团委书记
吴晓华　共青团长治市委书记
李晋平　山西财税专科学校党委副书记

内蒙古(2名)

贵羲之　内蒙古自治区团委学校部部长
李文阁　内蒙古民族大学团委书记

辽宁(3名)

钟俊生　团辽宁省委常委、学校部部长、辽西北计划项目办主任
邵永远　沈阳师范大学团委书记
赵　实　沈阳化工学院团委书记

吉林(3名)

梁　雪　长春理工大学团委组织部干事
马　凯　长春工程学院团委书记
李晓元　白城师范学院团委副书记

黑龙江(3名)

李坦阔　团黑龙江省委学校部副部长、省学联副秘书长
高铁春　中共黑龙江省委高校工委学工部副部长、黑龙江省教育厅学生处副处长
董广芝　东北农业大学学工部部长、学生处处长

上海(5名)

徐　枫　共青团上海市委员会副书记
蔡伟民　上海市精神文明建设委员会办公室未成年人思想道德建设协调处副处长

刘玉祥　上海交通大学团委书记
江卫平　上海水产大学团委书记、学生处副处长
孙　勇　上海师范大学团委书记

江苏(5名)

田　浩　扬州大学团委书记
赵　岚　江苏技术师范学院团委书记
周　琴　南京医科大学团委书记
张志华　南京邮电大学团委书记
刘　晓　南京中医药大学团委书记

浙江(4名)

王永胜　浙江财经学院团委书记
应广兴　浙江传媒学院团委书记
何　军　杭州师范学院团委书记
陈均士　绍兴文理学院团委书记

安徽(3名)

马立骥　皖南医学院团委书记
李国强　阜阳师范学院团委副书记
宣　文　合肥学院团委副书记

福建(3名)

陈崇羔　福建农林大学蜂学院教授、党总支书记
曾少娇　福建师范大学生物工程学院2004级学生
许金聪　福州大学至诚学院2003级行政管理专业学生

江西(3名)

刘光华　江西师范大学团委书记
程学新　南昌大学医学院团委书记
许桂芳　共青团江西省委学少部干部

山东(4名)

李玉国　共青团山东省委学校部部长
彭　莉　共青团山东省委学校部副主任科员
杨　赟　山东建筑工程学院团委书记
王德钊　中国石油大学团委书记

河南(4名)

秦树理　郑州大学党委副书记
郭守占　河南省文明办处长
石　品　河南省教育厅学生工作处处长
李变芬　共青团安阳市委书记

湖北(5名)

曾庆东　团湖北省委学校部副部长
文云冬　武汉大学团委办公室主任
马彦周　中国地质大学(武汉)团委副书记
段　伟　湖北中医学院团委书记
刘红霞　湖北师范学院团委副书记

湖南(4名)

吴成祥　中南林学院团委书记
余　杰　湖南科技大学团委书记
陈　聪　湖南中医学院教师
胡　佩　湖南科技学院团委副书记

广东(4名)

陈　凯　广东医学院团委书记
黄学武　肇庆学院团委书记
张绍图　广东金融学院团委书记
谢应东　广东外语外贸大学国际商务英语学院党总支副书记

广西(3名)

廖梅宣　共青团广西区委学校部干部
罗日新　广西师范大学团委书记
文秋林　广西医科大学团委书记

海南(2名)

周栋亮　海南省学联秘书长
杨　林　海口经济职业技术学院团委副书记

四川(3名)

唐志成　四川师范大学副校长
陈　萍　团泸州市委学少部长
李武生　四川农业大学团委书记

重庆(3名)

王志杰　共青团重庆市委副书记
牟延林　重庆文理学院党委书记
武金陵　重庆科技学院党委副书记

贵州(2名)

任亚军　共青团贵州省委学校部副部长
黄　平　贵州民族学院团委书记

云南(3名)

樊腾发　云南艺术学院团委书记
李国钰　昆明大学团委书记、云南省学联副秘

书长

龙梦蛟　大理学院团委书记、学工部副部长、学生处副处长

西藏(1 名)

索朗尼玛　西藏大学学生会副主席

陕西(4 名)

刘　锋　共青团陕西省委学校部部长

郑永安　西北工业大学党委副书记、副校长

龙建成　西安电子科技大学党委副书记

王秉琦　西安建筑科技大学党委副书记

甘肃(3 名)

张映文　甘肃政法学院团委书记

汪永峰　甘肃中医学院团委书记

杨海东　兰州师范高等专科学校团委书记

青海(2 名)

周全厚　青海大学学生工作处副处长、团委副书记

塔　勇　青海省文化艺术学校学生科科长

宁夏(2 名)

王鹏固　原师范高等专科学校化学工程系学生政治辅导员、学生党支部书记

白华龙　西北第二民族学院团委干事

新疆(3 名)

穆克热木·米力克　新疆大学团委副书记

张　勇　石河子大学团委副书记

黄　真　新疆自治区财政厅办事员

中国青少年科技创新奖

为深切缅怀邓小平同志的丰功伟绩，引导广大青少年深入学习邓小平理论和“三个代表”重要思想，积极投身科技创新，大力推动科教兴国战略和人才强国战略的实施，为全面建设小康社会、实现中华民族伟大复兴而努力奋斗，2005 年，共青团中央、全国青联、全国学联、全国少工委联合开展了第二届“中国青少年科技创新奖”评选表彰活动。

第二届中国青少年科技创新奖获奖学生名单

(100 名)

北京

刘自鸿　清华大学电子工程系电子科学技术专业 2004 级硕士研究生

梁建宏　北京航空航天大学机械学院机器人机械工程及自动化专业 2001 级博士研究生

谷　炜　北京科技大学管理学院工商管理双学位班 2000 级本科生

王　东　北京市第八中学高三年级学生

田昊枢　北京市第四中学高二年级学生

芮　瑞　北京理工大学附属小学六年级学生

天津

李　妍　南开大学化学学院分析化学专业 2003 级博士研究生

苏天翼　天津市第四中学高三年级学生

闫壮壮　天津市河西区同望小学五年级学生

河北

樊振华　燕山大学机械工程学院机电专业 2001 级本科生

刘　昭　河北省衡水中学高二年级学生

谷恭贺　河北省沧州市第十四中学初三年级学生

山西

王艳华　太原理工大学机械工程学院动力机

械及工程专业2002级硕士研究生

李 卿 山西省实验中学高三年级学生

内蒙古

长 龙 内蒙古大学理工学院数学系数学与应用数学专业2001级本科生

赵 娜 内蒙古自治区包头市北方重工业集团有限公司第三中学高二年级学生

辽宁

李兆维 东北大学机械工程与自动化学院机械工程及自动化专业2002级本科生

吴 玥 大连海事大学计算机科学与技术学院2002级本科生

陈 琪 辽宁省抚顺市第五十中学初二年级学生

孙天尧 辽宁省沈阳市大东区杏坛小学五年级学生

吉林

吴兴隆 东北师范大学化学学院化学专业2001级本科生

付晓琳 长春工业大学计算机科学与工程学院计算机科学与技术专业2002级本科生

赵 彦 吉林省江城中学高二年级学生

侯 旭 吉林省吉林市实验中学初三年级学生

黑龙江

陈东良 哈尔滨工程大学机电工程学院机械设计及自动化专业2003级博士研究生

夏 荣 哈尔滨理工大学电气与电子工程学院高电压与绝缘技术专业2003级硕士研究生

上海

程 岩 复旦大学化学系物理化学专业2003级博士研究生

陈 洸 上海交通大学物理系光学专业2002级博士研究生

陈 旻 东华大学机械工程学院机械设计及理论专业2002级硕士研究生

肖逸清 上海第二医科大学临床医学法文班2000级本科生

王超昊 上海市上海中学高三年级学生

万 柔 上海市世界外国语中学初三年级学生

李泽华 上海市徐汇区向阳小学五年级学生

江苏

何其慧 南京大学化学化工学院高分子化学与物理专业2003级硕士研究生

秦波涛 中国矿业大学能源与安全学院安全技术及工程专业2002级博士研究生

马 洁 南京邮电大学计算机系计算机科学与技术专业2001级本科生

施 源 江苏省南通中学高三年级学生

吕贝贝 江苏省苏州市第一中学校分校初三年级学生

黄闽羚 江苏省南京市凤凰街小学六年级学生

浙江

赵晓楠 浙江大学竺可桢学院混合班2001级本科生

龚冲意 浙江师范大学信息科学与工程学院计算机科学与技术专业2001级本科生

刘海平 浙江工商大学统计与计算科学学院信息与计算科学专业2002级本科生

姚丹丹 浙江省湖州市德清县新市镇士林中学初三年级学生

杨元秀 浙江省新昌县青年路小学三年级学生

安徽

傅 尧 中国科学技术大学化学与材料科学学院有机化学专业2002级博士研究生

杨白雨 安徽省蚌埠市第九中学初一年级学生

福建

王承远 厦门大学信息科学与技术学院计算

机科学系计算机科学与技术专业2001级本科生

管永光　福建农林大学食品科学学院食品科学与工程专业2001级本科生

谢鑫淼　福建省福州第一中学高三年级学生

庄　恺　福建省厦门第六中学初三年级学生

江西

孙凌飞　南昌大学生命科学学院生物技术专业2002级本科生

杨　探　江西省黎川县宏村中学初三年级学生

山东

李　平　山东大学化学与化工学院量子计算化学专业2003级博士研究生

龚　骏　中国海洋大学生命科学与技术学部水生生物专业2002级博士研究生

李　粟　山东省青岛第二中学高二年级学生

张笑颜　山东省临沂第一中学高三年级学生

王梦飞　山东省青岛德县路小学六年级学生

河南

赵　菁　郑州大学医学院临床医学系2001级本科生

杨　平　河南师范大学法律系法学专业2003级本科生

王鹏宇　南阳理工学院计算机专业2002级本科生

戚庆沛　郑州外国语学校高二年级学生

谢天慈　河南省平顶山市新华区实验小学五年级学生

湖北

刘　刚　武汉大学电气工程学院电气工程与自动化专业2001级本科生

彭　珏　中国地质大学(武汉)材料科学与化学工程学院矿物学岩石学矿床学专业2002级博士研究生

田　晖　武汉工程大学计算机学院计算机应用技术专业2004级硕士研究生

刘　邕　华中师范大学第一附属中学高二年级学生

韩佳希　湖北省武汉市江汉区滑坡路小学六年级学生

湖南

潘启沅　湖南师范大学物理与信息科学学院理论物理专业2002级硕士研究生

肖　潇　湖南省沅江市第一中学高三年级学生

广东

黄南荫　中山大学理工学院凝聚态物理学专业2003级博士研究生

冯桂明　广州大学生物与化学工程学院化学系化学教育专业2001级本科生

钟浩源　华南师范大学附属中学高一年级学生

徐梓豪　广东省深圳市南山区后海小学五年级学生

广西

唐　亮　桂林电子工业学院机电与交通工程系电气工程及其自动化专业2002级本科生

谭庆宁　广西壮族自治区北海市第二中学高三年级学生

莫嘉杰　广西壮族自治区南宁市卫国小学五年级学生

海南

华元刚　华南热带农业大学农学院作物栽培与耕作学专业2003级硕士研究生

李　戎　海南省定安县第一小学六年级学生

四川

梁伟波　四川大学华西基础医学与法医学院遗传学专业2003级博士研究生

张轶骏　电子科技大学自动化工程学院自动化专业2001级本科生

石　翔　四川省成都市七中高二年级学生

蒲若坤　四川省绵阳外国语学校小学五年级学生

重庆

宋福忠　重庆大学资源及环境科学学院环境

工程专业2002级硕士研究生

柯　阳　四川外语学院附属外国语学校高一年级学生

刘至江　重庆市南岸区珊瑚实验小学六年级学生

贵州

孙　翔　贵州省毕节第一中学高二年级学生

云南

帅云洪　昆明大学艺建系包装与装潢设计专业2003级本科生

陕西

屈治国　西安交通大学能源与动力工程学院动力工程及工程热物理专业2002级博士研究生

杭久成　西北工业大学机电学院工业设计系2001级本科生

周一舟　西安电子科技大学附中高一年级学生

甘肃

刘焕香　兰州大学化学化工学院分析化学专业2003级博士研究生

青海

周晨曦　青海省西宁市湟川中学高三年级学生

宁夏

张　冬　宁夏大学物理电气信息学院电路与系统专业2004级硕士研究生

金少华　宁夏回族自治区吴忠市马莲渠中学九年级学生

新疆(含兵团)

西克热木　新疆大学机械工程学院机械自动化专业2001级本科生

王丽红　石河子大学机械电气工程学院农业机械化专业2002级硕士研究生

王毅诚　新疆教育学院实验小学五年级学生

解放军

李怡勇　装备指挥技术学院研究生管理大队飞行器设计专业2003级硕士研究生

王文斌　海军工程大学兵器工程系鱼雷反潜工程专业2001级本科生

尉询楷　空军工程大学工程学院飞行器与动力工程系航空宇航推进理论与工程专业2004级博士研究生

全国十佳中学生

为深入贯彻《中共中央国务院关于进一步加强和改进未成年人思想道德建设的若干意见》,树立中学生可亲、可敬、可信、可学的榜样,激励广大中学生热爱祖国,勤奋学习,勇于实践,全面发展,努力成长为中国特色社会主义事业的合格建设者和可靠接班人,2004年,共青团中央、教育部联合开展了首届“全国十佳中学生”评选活动。

“全国十佳中学生”是共青团中央和教育部授予中学生的最高荣誉称号,原则上每年评选表彰一次,在全国范围内,面向全日制普通中学、中等职业学校的在校学生,评选出“全国十佳中学生”获得者和45名提名奖获得者予以表彰和宣传。

首届“全国十佳中学生”荣誉称号获得者名单

(10名)

单洪波(女)　黑龙江省江川农场中学初四年级

刘梅(女,白族)　湖南省张家界市桑植县十一学校初三年级
汤俊良　广东省广雅中学高一年级
马静远(女)　天津市耀华中学高三年级
刘博文　四川省乐至中学高三年级
周家耀　上海市晋元高中高三年级
王晓荟(女)　北京求实职业学校2001级
李新宇　山东省即墨市第一中学高二年级
李　琳(女)　陕西省延安中学高三年级
郭　蕊(女,蒙古族)　内蒙古自治区呼和浩特市第十九中学初三年级

首届“全国十佳中学生”提名奖荣誉称号获得者名单

（45名）

赵　辰　北京景山学校高三年级
任冠宇(回族)　北京市第十五中学高二年级
赵立双(女)　天津市第四中学高三年级
韩赟儒(女)　河北省石家庄市第二中学高三年级
崔思维(女)　河北省唐山市第一中学高三年级
沈海伦(女)　山西省长治市第二中学高三年级
郭小波　山西省运城市康杰中学高三年级
熊向明　内蒙古自治区包钢第一中学高三年级
苏　展(女)　辽宁省锦州市锦州中学高三年级
辛　韬　辽宁省东北育才学校高三年级
甘思雨(女)　吉林省吉林市第五十中学初三年级
许顺哲　吉林省长春市希望高中高二年级
金　华(女,朝鲜族)　黑龙江省齐齐哈尔市第一中学高三年级
叶大卫　上海市向明中学高三年级
黄　莉(女)　江苏省天一中学高三年级
孙贤达　江苏省盐城中学初三年级
陈　赟　安徽省合肥七中高三年级
彭一凡(女)　安徽省蚌埠二中高三年级
陈　夏(女)　福建省福州第一中学高三年级
陈怡凤(女)　福建省泉州第一中学高三年级
邱　晨(女)　江西省赣州市第七中学初三年级
陈昌煦　江西省鹰潭市第一中学高三年级
魏　豪　山东省新泰市第一中学高三年级
陈冉冉(女)　湖北省武汉市第四中学高一年级
周勤洁(女)　湖北省黄冈中学高三年级
郭梦瑜(女)　广东省深圳市罗湖中学初三年级
罗洁莹(女)　广西壮族自治区南宁市第三中学高三年级
王　宏　海南省华侨中学高二年级
莫单单(女)　海南省海南中学高二年级
赵铁凯　四川省成都石室联合中学初三年级
王一丹　重庆市綦江中学高二年级
陈韵竹(女)　重庆市巴蜀中学高一年级
马文江　贵州省贵阳市第一中学高三年级
严忠波　贵州省遵义市第四中学高三年级
金晟哲　云南省云南师大附中高二年级
王　璞(女)　陕西省靖边中学高二年级
王东勇　甘肃省西北师大附中高三年级
薛　元　甘肃省兰州市第五中学初三年级
樊　熙(女)　青海省湟川中学高三年级
李晓娟(女,回族)　宁夏回族自治区海原县回民中学高三年级
关巍巍　宁夏回族自治区吴忠市吴忠中学高三年级
毛丽旦·玉素甫江(女,维吾尔族)　新疆维吾尔自治区新疆实验中学高三年级
郭　静(回族)　新疆维吾尔自治区乌鲁木齐八一中学高三年级
周锦虎　新疆生产建设兵团农二师华山中学高三年级
刘昊朋　新疆生产建设兵团二中高三年级

中国中学生正泰品学奖

为进一步贯彻落实《中共中央国务院关于进一步加强和改进未成年人思想道德建设的若干意见》，充分发挥先进典型的示范导向作用，引导和激励广大中学生修德正己、全面发展，成为国家和社会所需要的优秀人才，共青团中央、全国学联和正泰集团联合设立了“中国中学生正泰品学奖”。2005年进行第二届评选活动。

“中国中学生正泰品学奖”面向全体中学生设立，每年奖励200名左右品学兼优、表现突出的中学生，其中100名向西部地区和贫困家庭的中学生倾斜，鼓励家境贫寒、自强不息、好学上进、成绩优异的中学生。“中国中学生正泰品学奖”每年评选一次，每年评出10名特别奖，190名左右优秀奖。

第二届“中国中学生正泰品学奖”特别奖获得者名单

（10名）

马福元　重庆市南川道南中学高三年级宏志班

王汀滢（女）　福建省福州第一中学高三年级

李洁儒（女，回族）　河南省驻马店中学高三年级

陈轶栋　上海市大江职业技术学校、松江建筑工程学校10311班

王诗逸　四川省成都市第七中学高三年级

徐慧镝　江苏省南京市第四中学高二年级

王　颇（女）　黑龙江省齐齐哈尔市特殊教育学校初二年级

裴昊阳（瑶族）　广西壮族自治区南宁市第三中学高三年级

米　硕（回族）　北京宏志中学高三年级

梁若冰（女）　内蒙古自治区呼和浩特市第二中学高三年级

第二届“中国中学生正泰品学奖”优秀奖获得者名单

（191名）

北京

吕孝辰　顺义区第一中学高二年级

邱烨麟　北京市第四中学高二年级

刘　琳（女）　房山区良乡第二中学初三年级

闫建强　北京市第十九中学高三年级

崔　凯　广渠门中学高三年级

张　鹏（女，满族）　怀柔区第一中学高三年级

徐丝雨（女）　大兴区第三中学初二年级

天津

张海兰（女）　天津市南开职业中等专业学校三年级

张国研（女）　大港第一中学高二年级

贾彦琪（女）　耀华中学实验二年级

于雪松　天津市第一中学高三年级

陈冠男　蓟县第一中学高三年级

河北

鄢慧慈（女）　石家庄市第十八中学初二年级

闫志勇　邢台市第七中学普高二年级

史　颖（女）　乐亭第二中学高三年级

郑艳云（女）　张家口市第四中学高二年级宏志班

翟超（女）　保定外国语学校高三年级

山西

刘　箫（女）　忻州市第一中学高二年级

胡霈月（女）　阳泉市第七中学初一年级

邢　鑫　大同市第一中学高一年级

韩　栋　运城市康杰中学高三年级

吕伟业　晋城市第一中学高二年级

内蒙古

陈延哲　通辽市第一中学高三年级
包雪芳(女,蒙古族)　锡盟蒙古中学高二年级
吉米斯(女,蒙古族)　鄂尔多斯蒙中高二年级
魏全帅　海拉尔第二中学高二年级
张欣欣　赤峰市林西县实验中学
刘　斌　乌兰察布市集宁一中高三年级

辽宁

金　池(女,满族)　鞍山市华育学初一年级
赵一鸣(女,满族)　本溪市第一中学高三年级
朱宝意(女)　辽宁省实验中学高三年级
蔡宝满　建昌县高级中学高三年级
陈　阳(女)　丹东市第二中学高三年级
齐兴达(蒙古族)　阜新市高级中学高三年级

吉林

吴　鹏(回族)　吉林省实验中学高二年级
王潇涵　吉林市第一中学高二年级
卢宗昊　通化市靖宇中学高三年级
张　晶(女)　白山市第二中学高三年级
张金龙　油田管理局高级中学高二年级
全英俊(朝鲜族)　延边第一中学高二年级

黑龙江

杨金燕(女)　佳木斯市第十一中学高二年级
姜博雍　哈尔滨市第三中学高三年级宏志班
张　洋(女)　伊春市第二中学高二年级
韩璧丞　牡丹江市第一高级中学高三年级
陈　曦(女)　嫩江县第二中学校初二年级

上海

陈妍玲(女)　南洋中学高三年级
陈　燕(女)　天山中学高二年级
唐　颖(女)　宝山职业技术学校040142班
唐　蒙　控江中学高二年级
桂雨清(女)　市北初级中学初三年级
陈冰如(女)　上海外国语大学附属浦东外国语学校初三年级
尹致远(女)　民办桃李园实验学校初三年级

江苏

李田忠　南京外国语学校高三年级
陈天婴　天一中学高三年级
陈保君　徐州市第一中学高三年级
叶庭祥　盐城中学初三年级
汪　悦　苏州市第一中学校高三年级
胡宏蛟　宿迁中学高三年级
许小燕(女)　南京师范大学附属中学江宁分校初二年级

浙江

余　晟(女)　温州市温州中学高三年级
汤培峰　新昌中学高三年级
缪　晟(女)　舟山中学高三年级
陈　瑜　嘉兴市第一中学高三年级
胡潇潇(女)　台州市椒江区职业中专高三年级
郑　淇(女)　湖州中学高二年级
张　弘　杭州第二中学高三年级

安徽

张力子　六安第一中学高二年级
周　漠(女)　黄山市屯溪第一中学高三年级
葛大东　淮南第二中学高二年级
周　沫　淮北市第一中学高三年级
邵　军　马鞍山市第二中学高三年级

福建

王雅晶(女)　泉州第一中学高三年级
吴　婕(女)　莆田第一中学高三年级
陈珊珊(女)　厦门集美中学高一年级
黄　捷　福州第四中学高三年级鸿志班

江西

谢英太　赣州市第三中学高三年级
方　正　九江一中高三年级
黄　璜(女)　宜春中学高二年级
邱　筠(女)　吉安市第一中学高二年级
丁　舒(女)　新余市第四中学高三年级

山东

艾　静(女)　山东省实验中学高三年级
崔文婉(女)　东营市实验中学四年级
卞晨影(女)　莱芜市第一中学实验学校初中部初三年级
李安妮(女)　东平高级中学高二年级
申文伟　临朐县实验中学高二年级

赵静远(女) 济宁市第一中学高三年级
周 诺(女) 滕州市第一中学高三年级

河南

张享波 开封高级中学高三年级
张开翔 郑州市第二中学高二年级
周 峰 济源市第一中学高二年级
孔雪莹(女) 洛阳市第一高级中学高二年级
王午相(女) 安阳市第七中学初三年级

湖北

陈冉冉(女) 武汉市第四中学高二年级
陈 娟(女) 十堰市第一中学高二年级
范小康 天门中学高三年级
蔡天琪(女) 水果湖高级中学高三年级
王文希(女) 随州市第二中学高一年级
舒 舟 宜昌市夷陵中学高二年级
周千淇 黄冈中学高三年级

湖南

袁广超(女) 湖南师范大学附属中学高三年级
王悠(女) 衡阳市第一中学高三年级
宋秋明(瑶族) 江华瑶族自治县第一中学高二年级
张钧杰(侗族) 怀化市第三中学高三年级
李东海 益阳市第一中学高二年级
吴颖媛(女) 广益实验中学高一年级

广东

叶婉红(女) 广州市聋人学八年级
陈朝吉 湛江市第二中学高三年级
吴光东 广东北江中学高三年级
黄 妍(女) 华南师范大学附属中学高三年级
梁镇娴(女) 云浮市新兴县华侨中学高二年级
徐梓文 汕头南澳县南澳中学高二年级

广西

韦柳志(壮族) 柳州高级中学高三年级宏志班
陈善婷(女) 龙胜各族自治县瓢里中学初二年级
覃洁华(女) 梧州市旺甫初级中学九年级
罗永成 桂平市第一中学高三年级
罗艳金(女,壮族) 河池市都安瑶族自治县高级中学高三年级
叶燕婷(女,瑶族) 贺州高级中学高三年级

海南

占兴雪(女,黎族) 三亚市实验中学初三年级
符程云(黎族) 乐东黎族自治县乐东中学初三年级
符圣振(黎族) 昌江黎族自治县职业中学高二年级

四川

赵铁凯 成都市石室中学高一年级
王睿思(女) 成都市玉林中学高三年级
万 波 成都市双流县中学高二年级
吴剑波 自贡市釜溪职业高级中学高二年级
严汝佳(女) 雅安中学高三年级
杨 东 绵阳中学高二年级宏志班
余龙腾(女) 南充高级中学高二年级
曾 艺(女) 泸州高级中学高三年级
贾林宏(女) 乐至县吴仲良中学高一年级

重庆

戴林璇 重庆市商务学初三年级
聂 胜 巫溪县中学高二年级
向 璐(女) 重庆市清华中学高三年级
胡 雪(女) 涪陵实验中学高一年级
孙 魏(土家族) 石柱中学高三年级
李 红(女) 永川中学高二年级
毛天一 重庆南开中学高二年级

贵州

罗 潇(布依族) 荔波民族中学初三年级
杨 刚 安顺市第一高级中学高三年级
潘兴鸿(苗族) 黔东南州民族高级中学高三年级
段 敏(女,苗族) 六盘水市水城县第二中学高二年级
周 旭(女) 遵义市第五中学高三年级
匡奇飞(女) 普安县第一中学高二年级
郭云胜 毕节兰苑中学高三年级

云南

刘 烨(女) 昆明市第一中学高三年级

陶　军(傣族)　西双版纳傣族自治州允景洪中学高三年级
罗　康(拉祜族)　思茅地区澜沧民族中学高二年级
刘彦旭　云南民族中学高一年级
蔺　蕊(女,傣族)　德宏州梁河县第一中学高二年级
毕廷礼(彝族)　楚雄彝族自治州民族中学高二年级
罗松莲(女)　永德县第一完全中学高二年级
茶志能(彝族)　大理白族自治州民族中学高二年级

西藏

达瓦群宗(女,藏族)　拉萨市第二高级中学高一年级
格　列(藏族)　林芝地区第二中学初二年级
伦珠坚参(藏族)　日喀则地区第一高级中学高二年级
普布卓玛(女,藏族)　拉萨中学高二年级
益西平措(藏族)　山南地区职业技术学校藏医班2003级

陕西

王喜平　西安市第一中学高三年级
贺力君(女)　西安交通大学附属中学高二年级
崔　浪　西安中学高二年级
黄柯柯(女)　西光中学高二年级
鲁　佳　咸阳市实验中学高三年级
盛小霞(女)　汉中农业学校计算机0403班
冯长青(回族)　汉中市第三中学高一年级
施伍登　安康中学高三年级
李　宏　商洛市卫生学校2003级交大临床班
杨　阳　宝鸡中学高三年级

甘肃

牛　蒨(女)　中国有色工业第八冶金建设公司第一中学高三年级
常　慧(女)　兰州市第三十六中学高二年级
戴金雨　兰州铁路第四中学初二年级
王　笑　兰州第一中学高二年级
马　楠　兰州第十九中学初二年级
张艺镡　兰州市第七中学初二年级
白星星　成县第一中学高一年级

青海

宋生乾(土族)　门源县第二中学九年级
白玛求措(女,藏族)　玉树州民族中学高二年级
卓玛措(女,蒙古族)　黄南藏族自治州民族师范学校高三年级
任增魏　乐都县第八中学初二年级
韩欣静(女)　格尔木市第七中学高三年级

宁夏

余静静(女,回族)　吴忠市回民中学高三年级
海　浩(回族)　固原市回民中学高二年级
吴　涛　石嘴山市回民高级中学高一年级
蒋雅恬(女)　中卫市第三中学初二年级
王　梅(女,回族)　灵武市回民中学高三年级

新疆

米热尼沙·阿不都克热木(女,维吾尔族)　喀什市第三中学双语初一年级
赵　婷(女)　乌鲁木齐市第一中学高三年级
帕塔木汗·买买提明(女,维吾尔族)　策勒县一中高二年级
吾兰·居马西(哈萨克族)　伊犁哈萨克自治州直属第一中学高三年级
木合塔尔·斯依提(维吾尔族)　乌鲁木齐市第六十六中学初二年级

新疆生产建设兵团

李　娜(女,回族)　石河子市技工学校2003级幼师
刘　瑶(女)　农九师高级中学高一年级
马　玲(女,回族)　农五师87团子女学校初一年级

“挑战杯”全国大学生课外学术科技作品竞赛

第九届“挑战杯”全国大学生课外学术科技作品竞赛终审决赛工作于11月下旬在复旦大学圆满结束。经过评审委员会认真评审，终审结果已经揭晓。

第九届“挑战杯”全国大学生课外学术科技作品竞赛终审成绩单（大陆地区）

第1位 420分

学校	作品	作者	奖项
复旦大学	对禁毒教育与宣传及吸毒者感觉寻求状况的研究	马燚娜	特等奖
	腐败的经济学分析	钟宁桦	一等奖
	世界上最小的电源—纳米电池	赵　强	一等奖
	资源植物马齿苋延缓衰老作用及其机制研究	凌　晨	一等奖
	面向移动平台的全光视频压缩、传输与绘制技术	毛燕东	一等奖
	三峡悬棺之谜的遗传学求证	闫鹏荣	二等奖

第2位 370分

学校	作品	作者	奖项
北京大学	专业市场主导下的地方产业集群研究	刘　增	特等奖
	当代大学生价值观新动向	沈　旭	一等奖
	对微波和光诱导的Staudinger反应的立体化学过程研究	梁　勇	一等奖
	字幕自动加配解决方案及其系统实现	黄松芳	一等奖
	利用多状态RUN进行彩票均匀性检验的理论概述及检验结果	林洁敏	二等奖
	二硼化镁超导材料在不锈钢衬底上的制备和性质研究	郭荆璞	三等奖

第3位 340分

学校	作品	作者	奖项
中国矿业大学	两足智能机器人	杨　勇	特等奖
	基于绝热氧化的煤自燃倾向性鉴定方法与装置	陆　伟	一等奖
	上运皮带输送机断带保护装置	李允旺	一等奖
	离子型钴铁氧体磁流体的制备与稀土改性研究	刘永超	二等奖
	火箭炮风速风向智能测控系统	赵彦涛	二等奖
	液固流化床高效分选粗煤泥初步研究	王大鹏	三等奖

第4位 330分

学校	作品	作者	奖项
南京大学	安徽百户农民秋收报告	李赫然	一等奖
	Kekulé和长程共振价键结构搜索的高效算法及应用	蔡　斐	一等奖
	新型中央处理器用超低介电常数薄膜	袭　锴	一等奖
	大众文化对“两课”的冲击及其应对	范　赟	二等奖
	知识产权、制度变迁与经济社会的和谐发展	史　晨	二等奖
	一种新型高效的DNAAdaptor生物合成法	孙小芹	二等奖

第5位 310分

南京航空航天大学	使用C++实现的类UNIX操作系统	张子谦	一等奖
	超洁净领域驱动用新型磁悬浮薄片电机	王　宇	一等奖
	“奇奇”新概念无人直升机	石　钢	一等奖
	高效可回收纳米光催化剂及其污水净化装置	汤育欣	二等奖
	基于视觉导航系统的太空探测车	邵　瑞	二等奖
	江苏省上市公司诚信状况及其影响因素调查分析报告	查冬兰	三等奖
浙江大学	汽车gps的市场模型及其推广应用	高　山	一等奖
	智能调温自粘性纳米胶囊	顾红艳	一等奖
	中枢神经系统线粒体BK通道的调控与在脑缺血保护中的作用	沈　方	一等奖
	自动化的照片高级编辑软件	应逸亭	二等奖
	高压断路器实时监测预警系统	郭　磊	二等奖
	浙江省首届公众人文社会科学素养及需求调查研究报告	徐慈华	三等奖

第6位 290分

中国人民大学	自费攻读硕士研究生的成本收益分析	赵　瑜	特等奖
	言与心的解读	段　希	一等奖
	转型期我国户籍制度改革与地方政府治理	朱佩娴	二等奖
	“三农”政策的协调性思考	罗　煜	二等奖
	社区矫正:现状与问题分析一份来自北京市三城区社区矫正的调研报告	朱　宇	三等奖
	“民工荒”:劳动中介、信息流动与民工流动	王　颢	三等奖
东南大学	高性能海量存储数字荧光示波器	戴　戈	特等奖
	手持式气象检测仪	彭韶华	一等奖
	钙锌固态植物油	刘　泉	二等奖
	可绘制环境地图的自主避障智能移动机器人	安　康	二等奖
	加强西部公共卫生建设,创建和谐公平小康社会	徐建浦	三等奖
	车载导航Telematics信息终端	倪维波	三等奖
中国科学技术大学	2-环丙胺甲基自由基开环反应的取代基效应	王毅敏	特等奖
	通过em双轻子道探测R宇称破坏和超对称中微子信号	陈　昭	一等奖
	V-1800会议电视终端	李德升	二等奖
	基于现场可编程逻辑器件的高精度低成本时间数字转换器	宋　健	二等奖
	可以调节皮肤色素沉着的新型a-MSH相似物F肽	孟　丹	三等奖
	新型无手写板光学导航无线手写笔	杨建军	三等奖
西安电子科技大学	用于煤矿安全生产的网络化多参数气体监测系统	张　宝	特等奖
	枪支防盗防抢追踪系统	沈雪亮	一等奖
	基于VGA的医疗影像捕捉系统	唐小峰	二等奖

	超分辨率图像重建系统	徐　茵	二等奖
	面向科技奥运的体育运动视频分析系统	龚　琦	三等奖
	智能剩余电流保护开关测试仪	郭　洋	三等奖
第7位　280分			
电子科技大学	限价指令市场中连续双向拍卖机制下的短期价格行为及交易量分析	刘　波	特等奖
	基于 Adhoc 无线网络的新型骨干架构及其路由协议	余　涛	一等奖
	PSGrid:电力系统网格计算平台	王　超	二等奖
	基于 ERD/ERS 的脑－机接口	刘海峰	二等奖
	基于虚拟仪器的软磁薄膜磁滞回线测试仪	赵文多	三等奖
	数码城市中适合任意建筑结构的室内场景三维可见性计算	向川云	未入围
国防科学技术大学	先驱体转化 C/SiC 复合材料高室压推力室	王　松	特等奖
	基于多重信息隐藏的光学防伪系统	贾　辉	二等奖
	数字全景图像无缝快速生成系统	高　辉	二等奖
	新概念高斯轨道电磁炮	王　京	二等奖
	一种可实现全方位运动的遥控武器平台	徐　聪	二等奖
	高效报文捕获引擎 FPC	唐　勇	三等奖
南开大学	智能化仿生催化材料	赵燕楠	一等奖
	基于自旋系统的量子信息传输	石　弢	一等奖
	对税费改革下农村义务教育财政体制变革的调查及思考	王越超	二等奖
	4—取代烟酰胺辅酶模型负氢转移热力学动力学研究	邓飞黄	二等奖
	电子加工业 CAM 系统 PCBScanner	张一鸣	二等奖
	外资参与我国西部荒漠化治理的考察报告及策略研究	武云斌	三等奖
第8位　260分			
第三军医大学	新型小直径工程血管研制	朱楚宏	特等奖
	复方壳多糖组织工程皮肤生物学功能研究	朱堂友	一等奖
	体外构建的新型工程化骨与软骨复合组织	段小军	二等奖
	莪术油组分对慢性白血病细胞作用与机制研究	林　海	三等奖
	待移植器官体外保存实验平台	彭　旭	三等奖
	高强度电磁辐射对军事作业人群损伤效应的流行病学评价	马　菲	未入围
北京航空航天大学	高临场感大屏幕立体视觉成像系统	刁为民	一等奖
	折叠投放微小型无人驾驶验证机	冷佳桢	一等奖
	细菌视紫红质在燃料电池中的研究与应用	杨　萌	二等奖
	全变掠翼布局验证机	俞彬彬	二等奖
	嵌入式智能汽车电子系统	刘　欣	三等奖
	高机动全向运动球形机器人	臧　昊	三等奖

学校	作品	作者	奖项
上海交通大学	基于AVR单片机辅助盲人过马路的系统	傅正佳	一等奖
	反恐单兵电子装备	孙广跃	一等奖
	节约司法资源与促进人权保障	吴敞铮	二等奖
	太阳能电动汽车	居小凡	二等奖
	民主与经济发展的关系：民主化路径探析	郑晓华	三等奖
	双足溜冰机器人	杨　磊	三等奖
东华大学	"敬畏自然"之争辨析	史晓雷	一等奖
	新型植物染料的选择、制备与应用	张栗源	一等奖
	新型高分子基载药纳米粒的优化研究	许　森	二等奖
	非结构环境变位四履带足行走系统	龙　斌	二等奖
	织物结构的计算机自动识别	孙亚峰	三等奖
	羊毛织物的次氯酸钠氯化法及高锰酸钾氧化法防缩整理	王　昕	三等奖
苏州大学	天然彩色家蚕丝的色素特性及利用方法研究	梁海丽	一等奖
	鼠抗人OX40L单克隆抗体的应用研究	王　勤	一等奖
	耐腐蚀难燃结构复合板	高　强	二等奖
	高精度数字图像相关测量系统的研究	王琰蕾	二等奖
	城镇化进程中失地农民问题的调查报告	殷　杰	三等奖
	宏诱导射流式厨房油烟抽排净化机	王　锐	三等奖

第9位　250分

学校	作品	作者	奖项
大连理工大学	棱镜分光红外比色测温系统	郭文楠	特等奖
	关于意见传播的社会物理学模型	孙　琪	一等奖
	葡萄糖、木糖共底物生物转化生产2,3－丁二醇代谢计量分析	马成伟	三等奖
	新一代锥束X射线CT无损检测系统	侯　颖	三等奖
	基于IEC61131－3标准的可编程控制器	郭福帅	三等奖
	自升式钻井平台参数化三维设计软件系统	于雁云	三等奖
华中科技大学	小型无人地面侦测平台	吴　松	一等奖
	华奥2008—数字体育助理	李　熠	二等奖
	量子明文直传的实现方法研究	王晓鑫	二等奖
	移动式自动化管杆高速无损检测系统	孙燕华	二等奖
	圆锥齿轮的数字化修形及冷精密成形	金俊松	二等奖
	全可控有源能量回馈器	柯德平	三等奖

第10位　240分

学校	作品	作者	奖项
福建农林大学	苏云金芽孢杆菌vip－3A基因的原核表达及生物信息学分析	刘　舟	特等奖
	苏云金芽孢杆菌生长发育不同时期转录组的比较研究	俞晓敏	二等奖
	人胰岛素基因转化银耳的研究	饶永斌	二等奖
	稻瘟病菌两个候选激发子的表达	刘淑集	三等奖

	T－DNA插入突变体库—稻瘟病菌功能基因组学平台的构建	魏艺聪	三等奖
	化感水稻对稗草胁迫响应的差异蛋白组学分析	宋碧清	三等奖
北京理工大学	低可探测性单兵无人侦察机	杨　铭	一等奖
	新体制干涉成像光谱仪	崔德琪	一等奖
	病险水库堤坝隐患监测及险情预报系统	王静远	二等奖
	北京市月坛街道社区发展状况及居民需求调查报告	尚松田	三等奖
	数字圆明园大水法展示系统	安志军	三等奖
	融合机器人概念建模及其实现的研究报告	张新沅	三等奖
内蒙古大学	蒙古族聚居地区的纠纷解决机制研究	萨其荣桂	一等奖
	内蒙古白云塔拉民族文化定位及景观规划基于城市草原文化,生态经济和谐发展的研究	邬改利	一等奖
	辛空间两类算子的谱分析	张　东	二等奖
	修宪后我国土地征用征收制度改革	朱现伟	三等奖
	掺杂型稀土氧化铈研磨固相法合成及甲烷催化氧化性能表	吴海霞	三等奖
	“数字管家”	赖大可	三等奖
华东师范大学	在断裂中追求新生	陈　彦	一等奖
	课堂教学变革中的教师生命发展	岳欣云	二等奖
	构建社会支持系统探究社工工作模式	方　鹃	二等奖
	“民工潮”背景下农村家庭消费方式的嬗变	刘　程	二等奖
	码头集装箱智能管理模型的建立及算法的设计	刘　单	二等奖
	高精度电容谷物水分仪	孔　静	未入围
西北工业大学	西安市发展公共机械式立体停车库的可能性研究报告	刘　正	二等奖
	高性能氟硅烷纳米不粘薄膜研究	刘　骞	二等奖
	基于可视嗅觉的多用途智能电子鼻系统	郭冬敏	二等奖
	移动自组网嵌入式实验床及其仿真软件包	赵玉亭	二等奖
	无活塞压缩微型制冷机	邓　梁	二等奖
	基于DSP无线通讯的多功能机器人“灵狐”的研究与实现	周　飞	二等奖

第11位　230分

华中师范大学	青年农民工的城市适应	符　平	特等奖
	合村并组后如何增强村民自治的活力	叶本乾	二等奖
	增加农民收入的关键因素及主要对策	王春超	二等奖
	不良同伴关系对青少年行为问题的影响及矫治	王　强	三等奖
	消费视野下的农民阶层结构分析	陈文超	三等奖
	两种SOD模拟化合物对体外培养肝癌细胞活性的比较	吴连锋	未入围
湖南大学	自组生长的硅纳米管——新型的硅纳米材料	陈扬文	特等奖

	建立金融机构突发事件应急管理机制研究	朱小奇	二等奖
	人力资本与经济增长关联性研究	王文宇	二等奖
	我国商业银行危机事件管理研究	彭路	三等奖
	便携式电子秤	易霞	三等奖
	双气囊主动式空气悬架	戴晓晶	未入围
浙江工业大学	S－四嗪类化合物的合成及其抗肿瘤活性构效关系的研究	饶国武	一等奖
	基于供应链的跨区域群体投资模式研究	彭霞	二等奖
	藤黄八叠球菌转化合成谷胱甘肽的研究	张磊	二等奖
	模具自由曲面的柔性抛光技术	杨建峰	二等奖
	原位液相催化加氢合成芳胺的研究	孙军庆	三等奖
	基于GSM的远程安全监控系统	陈正	三等奖
厦门大学	农民工社会养老保险模式选择与制度创新	王一峰	一等奖
	公用事业民营化的困境与出路	王海龙	二等奖
	"超级维生素E"——天然虾青素的高产培养基改良及培养模式研究	张英	二等奖
	肝癌栓塞手术仿真系统	徐秀英	二等奖
	高效生物制氢及氢能发电系统	史继祥	三等奖
	环保型半导体温差电源	梁广	三等奖

第12位　220分

天津大学	用于钢液终脱氧与合金化的微碳铝铁合金及其制备方法	代腾飞	一等奖
	DSD酸生产废水的处理及资源化工艺	李国柱	一等奖
	富G核酸自组装结构特性	邱春梅	三等奖
	测脉搏波血氧饱和度激励鼠标	姜媛媛	三等奖
	摩擦式电动翻谱台	倪宗悦	三等奖
	堤坝安全监测、预警系统的研究与开发	王奎超	三等奖
河北大学	纳米中孔整体分离介质的制备、表征及其应用	李煦	一等奖
	自组装合成纳米复合TiO2介孔材料及其结构与光催化性能	张美红	二等奖
	阻燃大豆蛋白纤维的热性能研究	田丽欣	二等奖
	54种拟步甲雄性外生殖器比较形态学与进化	申丽莉	二等奖
	非小细胞肺癌蛋白芯片诊断系统的研究	王毓斌	三等奖
	精萘静电消除装置	唐超	未入围
东北大学	基于映射式决策系统的新型足球机器人	姜长安	一等奖
	Optimizationinflow - shoplogisticsschedulingwithfiniteintermidiatestorage	李韶华	二等奖
	OptimumPreparationConditionsofLiNi0. 8Co0. 2O2andLiNi0. 95Ce0. 05O2asaNewGenerationLithium - ionBatteryCathodeMaterial	豆志河	二等奖

	"贴心医生"	董建威	二等奖
	基于BP神经网络的中国钢材市场需求量预测研究	范立刚	三等奖
	中国象棋计算机博弈系统研究	王　骄	未入围
广州大学	广州三元里村历史文化保护及景观规划	吴志学	一等奖
	大型居住区突发事件预警与应急机制研究	区慧莹	二等奖
	一种基于纳米r-Al2O3+Nd2O3的催化发光传感器检测二氧乙烷的研究	冯桂明	二等奖
	数字掌上司机	谭国豪	二等奖
	切割式拾音技术	张春展	三等奖
	风疹病毒E1抗原基因片段的拼接及原核表达	欧阳昭	未入围
暨南大学	先行者	梁志坤	一等奖
	我国八十年代初出生大学生生育意愿调查报告	姚春生	二等奖
	生物活性剂对血铅的清除及其对铅中毒的拮抗作用研究	李世川	二等奖
	魔屏	李洪伟	二等奖
	上市公司财务的多元图形分析及实证研究	舒晓惠	三等奖
	智能盲人导行仪	陈武宗	未入围
同济大学	城市生态试验田的设置	孙雅楠	二等奖
	全降解包装材料聚乳酸的低成本制备工艺	郁　晓	二等奖
	日照分析在建筑体块设计中的"逆"运用	黄　璜	二等奖
	智能化微小扭矩传感器	陈　仲	二等奖
	数字化钢结构信息系统——从三维实体到平面施工详图	陈晓敏	二等奖
	基于网格技术的城市交通信息监控与管理系统	方　钰	三等奖

第13位　210分

山西大学	谁动了民主的奶酪	魏娟玲	特等奖
	一种检测尿液中无机磷的方法及其试剂盒	阴彩霞	一等奖
	浅谈科学发展观的哲学内涵和实践意义	韩　宇	三等奖
	一种用于纺织附料金银丝保护层涂料及其制备方法	杨林春	未入围
	利用超声强化提取大枣多糖的研究	韩兵兵	未入围
东北师范大学	单一铁源合成普鲁士蓝纳米立方体	吴兴隆	特等奖
	2008北京奥运会虚拟现实数字立体转播软件系统研究	孙　博	二等奖
	在困顿与希望之间	朱兴涛	三等奖
	自浮式表层海流发电系统	朱挽强	三等奖
	高速公路收费亭数量的优化	孙瑞华	三等奖
	道路通向农村	周伟科	未入围
南京师范大学	城市流动儿童心理健康状况调查及干预研究	殷　飞	一等奖
	城市拆迁社会成本分析	陈赟畅	二等奖
	语音控制的智能导航电子地图系统	张　亮	二等奖

	新《婚姻登记条例》实施状况调查报告	鲍玲红	三等奖
	改性 ACF/醋酸纤维卷烟复合滤嘴	张玉清	三等奖
	纳米仿生态稀土转光农膜	华佳捷	三等奖
山东大学	期待可能性理论在我国刑事司法中适用范围的限定	于佳佳	一等奖
	高质量、大尺寸 6H－SiC 单晶的制备	李现祥	二等奖
	石蜡纳米乳液的制备及其在钻井液中的应用研究	李财富	二等奖
	复杂产品的协同虚拟装配系统	刘伟伟	三等奖
	数控车床智能控制系统	徐晓东	三等奖
	日照电网输电线路检修决策支持系统	张　辉	三等奖

第 14 位　200 分

吉林大学	FolinB 近红外分光光度法测定维生素 C	张大海	一等奖
	社区建设“沈阳模式”的多元形态研究	靳　枫	二等奖
	构建东北老工业基地和谐社会的稳定器	姚毓春	二等奖
	人工湿地环境经济价值评价及实例研究	赵　涛	三等奖
	汽车智能助力转向控制器	于科琼	三等奖
	DM1610 语音电子门锁	林　琳	未入围
华南理工大学	性别工资歧视的微观计量分析	范　闽	一等奖
	高效聚合物发光材料及显示	曾文进	二等奖
	面向 GPU 的多 LOD 因子的大规模场景可视化策略及其原型系统	张嘉华	二等奖
	稀土改性炭黑填充型粉末天然橡胶	欧阳鎏	三等奖
	植物蛋白的体外消化评价及加工处理的影响	蔡　蕾	三等奖
	DBD 等离子体废气废液处理机	黎照生	未入围
重庆大学	探寻和谐库区的“金”钥匙	李　超	二等奖
	分子结构表征新方法用于中药指纹图谱研究	胡银玉	二等奖
	自吸式液体二氧化碳冷冻刀	徐广才	二等奖
	基于 ARM9 芯片的嵌入式计算机系统	张　振	二等奖
	重庆市小城镇居民用水状况研究	颜合想	三等奖
	基于扫频生物阻抗 CT 成像的脑水肿监护系统	赵　铁	三等奖

第 15 位　190 分

清华大学	FlyFire 电子系统设计平台	王晓峰	一等奖
	高性能薄壁臭氧发生器	张辛玥	二等奖
	地方政府角色与街道社区经济发展	杨　灵	三等奖
	DeepEyes 数字式立体摄像与显示系统	周　筠	三等奖
	微型平面变压器	耿屹楠	三等奖
	基于 32 位 RISC 单片机的嵌入式软硬件开发平台	余晓建	三等奖
扬州大学	禽流感病毒血凝素基因转基因水稻的构建与鉴定	崔一晨	一等奖
	结构优化的遥控水下机器人	仓义东	二等奖

	农户对粮食生产、存储和销售的态度与行为研究	陈　波	三等奖
	原发性产业集群成长促进机制分析及启示	陈玉平	三等奖
	水稻抗纹枯病主效 QTL 的进一步定位及其染色体片段叠代系的构建	周小康	三等奖
	振动式电流变体黏度测定仪	王　皓	三等奖
安徽工业大学	“WJGE”3D 网络游戏开发平台	王　晋	一等奖
	中国煤炭分类自动识别系统	王亚春	二等奖
	财务会计概念框架若干问题的研究	李　琳	三等奖
	煤的预处理对其缔合结构影响研究	钮敏锋	三等奖
	TiO2 光催化空气净化工艺研究	单兴刚	三等奖
	新型无换向器直流电机	潘春明	三等奖
中南大学	当前农村经济工作中一个特别值得注意的问题	曹　裕	一等奖
	雌激素对全脑缺血再灌小鼠海马 CA1 区 P－CREB 和 BDNF 表达的影响	吕　奔	二等奖
	我国农村养老现状的分析与思考	吴晓林	三等奖
	电子封装用 CPC 新型层状复合材料的研制	郑秋波	三等奖
	掺杂纳米二氧化锡的合成及气敏元件的制作	张向超	三等奖
	基于 FPGA 的 PLC 加密系统及其在压机控制中的应用	赵　旭	三等奖
中山大学	大股东隧道挖掘与制衡力量	罗党论	一等奖
	抗 SARS 冠状病毒药物靶基因（nsp5）的克隆及功能研究	李　娟	二等奖
	垃圾邮件的现象调查与法律对策研究	蔡伟钊	三等奖
	电子植物分类检索表	杨建荣	三等奖
	基于碳纳米管的纳米天线	罗　玛	三等奖
	视易点对点网络直播系统（TVEase）	吴康恒	三等奖
四川大学	成都市高新区失地农民现状调查与分析	张雅婕	一等奖
	四川省城市综合实力评价体系研究	龚俊华	二等奖
	一种无盐亲水粉体鞣剂及其制备方法	陈　慧	三等奖
	高收缩、高光泽、高透明、低成本聚酯薄膜的研制	陈昭军	三等奖
	无卤素阻燃耐熔滴聚酯/硫酸钡纳米复合材料	王　氚	三等奖
	牙科陶瓷表面离子交换增强剂	何立弘	三等奖
江南大学	城市救助站救助对象情况分析及相关问题对策救助站实地调查	李长虞	二等奖
	微波辐射——酶耦合催化反应器及反应新技术	黄　伟	二等奖
	喷墨印花用水性纳米颜料墨水的开发及应用	王晓莉	二等奖
	耦合式生物反应器	程　龙	二等奖
	太阳能电动自行车的研制	许志强	三等奖
	杏、南瓜、胡萝卜复合果蔬汁的制备	闵晓宇	未入围
中国地质大学	天然气水合物资源量计算——运用于中国南海	葛　倩	二等奖

（武汉）	分形几何在难识别岩矿体地球物理调查中的应用	吴小羊	二等奖
	三维动态 TSP 算法研究	李长河	二等奖
	块体理论用于三峡库区边坡稳定性分析及其锚固力的求解	樊少鹏	二等奖
	武汉市水价上调的政策效应分析	李世祥	三等奖
	家庭智能清洁机器人	姚文锋	未入围

第16位　180分

中国政法大学	法律离中国的农民有多远	王国骞	特等奖
	流动人口的选举问题	江　辉	三等奖
	新交法七十六条之规范分析	张玉成	三等奖
	社区矫正试点调查与研究	蔡雄山	三等奖
	从转型期到和谐社会:政治社会和道德信仰的双进路解读	杰文津	三等奖
湖南师范大学	守望的童心	刘永刚	一等奖
	从宪法权利到现实权利	詹约伦	二等奖
	走向义务公平的时代	张晶玉	三等奖
	作为“权利荒”的“民工荒”	彭中礼	三等奖
	基于嵌入式实时操作系统的智能钞票鉴伪仪软件系统	廖志军	三等奖
	半自动业务流程装配平台	谭　煌	未入围
西安理工大学	构建和谐社会必须关注城市农民工	赵庚科	一等奖
	纳米碳纤维复合 pH 传感器的研制及临床应用	薛奇奇	二等奖
	渭河流域农村水问题调查	贺久欢	三等奖
	微电子工业用无铅焊锡微粉的开发研究	李　涛	三等奖
	彩色 CT 图像三维重建及处理系统	马湘旺	三等奖
	水中气泡界面的光学性质研究	马　琦	未入围
北京师范大学	中国大学生对艾滋病的乐观偏差	王　炜	二等奖
	中国警察的职业枯竭及其前因后果	张姝玥	二等奖
	社会保障制度与人力资本投资研究	田永坡	二等奖
	共享心智模型在不同领导风格虚拟团队中的作用探析	李佳嘉	三等奖
	关于大学生孤独感现状及成因的研究	陆一萍	三等奖
	利用 SAGE 数据建立基于信息增益特征选择和最大熵模型的癌症自动分类及相关基因识别系统	金鑫	三等奖
浙江工商大学	城市流浪乞讨人员管理制度重构	林时献	二等奖
	试论高等院校规章制度的现状及其完善	蒋乐琪	二等奖
	关于 Hardy 不等式与 Wilker 不等式的研究	章　陆	二等奖
	创办新《申报》可行性分析——对长三角业市场的调研	郑晶玮	三等奖
	京沪高速铁路市场前景调查报告	邱　毅	三等奖
	基于 Web 数据挖掘的智能比较购物系统	费玉莲	三等奖

第17位　170分

深圳大学	蟑螂特异性变应原的基础及应用研究	李　翀	特等奖

	城市农民工权益保护初探	傅小华	三等奖
	深圳外来务工人员培训现状调研	廖耀权	三等奖
	空调滤网灰尘中尘螨调查及尘螨抗原检测的系列研究	蔡成郁	三等奖
	基于视觉控制的管道机器人	林日凯	未入围
西南大学	萝芙木毛状根培养体系的建立与 TIAs 途径上关键酶基因的克隆和分析	谌　容	一等奖
	家蚕细胞凋亡相关基因 BmICAD 的克隆、序列和功能分析及在精巢中特异表达的初步研究	王　璞	一等奖
	源于姜黄的植物性杀螨剂创制	张永强	三等奖
	中国股市信息不对称的实证分析及对策研究	陈凯鸿	未入围

第 18 位　160 分

南京工业大学	纳米磁性材料在靶向抗癌制剂研制上的应用	林本兰	二等奖
	莪术油固体脂质纳米粒的制备与研究	徐元龙	二等奖
	新型驱油剂－威兰胶制备新工艺	李　莎	二等奖
	新型熟料矿相体系研究	王　琴	三等奖
	一个时代的背影	党　育	未入围
	塑性拉伸法制备微电子挠性印制电路板用聚酰亚胺薄膜	程　茹	未入围
武汉大学	企业信息资源网站的定位、聚类和综合评价模型研究	李东旻	二等奖
	移动终端上的 GPS/GIS 系统	韦福如	二等奖
	农村社会养老保险基金筹资机制改革研究	阳义南	三等奖
	基于小波理论的发电用煤热重数据分析	余　量	三等奖
	基于图像的光电瞄准与定位技术研究	李永翔	三等奖
	基于引射和汽蚀原理设计的高效节水型清洗水枪	吴伟烽	三等奖
广州中医药大学	广藿香指纹图谱解析的人工神经网络方法研究	汤　丹	二等奖
	裸子植物门 26 种药用植物染色体核型聚类分析研究	卢炎华	二等奖
	铁皮石斛差减 cDNA 文库的构建	龙泳伶	三等奖
	转基因青蒿高产植株的培育	麦润汝	三等奖
	强直性脊柱炎患者生存质量测量表(SQOL－AS)的制定	李　婷	三等奖
	多功能实验动物脑神经功能区数据化定位系统	邓霭静	三等奖

第 19 位　150 分

安徽大学	城市化进程中失地农民社会保障体系建设的思考	王　超	一等奖
	明清徽州的“环境保护”及其现代启示	耿　朔	二等奖
	欠发达地区农村残疾儿童特殊教育问题与对策研究	夏必应	三等奖
	可视化电磁散射计算软件的研究与开发	沙　威	三等奖
石河子大学	3MD—12/20 型宽幅折叠式棉花打顶机的研制	吕葩铽	一等奖
	新疆生产建设兵团人口承载力预测分析研究	殷　健	三等奖
	新疆特殊环境产腈水合酶微生物的筛选、高酶活表达及其水合新工艺的研究	吴　丽	三等奖

	生物合成β－D－单葡萄糖醛酸基甘草次酸的专用酶制剂的开发	文先军	三等奖
	5XS－96脱绒棉种色选机	李景彬	三等奖
西北农林科技大学	村干部工资标准研究	黄越慈	一等奖
	小麦条锈菌遗传转化体系的构建	冯　强	三等奖
	关中西部主要水源工程枯季月径流预模型研究	董丽莉	三等奖
	棉桃剥壳机研制	李炎军	三等奖
	雄激素受体AR在大鼠垂体中的表达及雄激素对AR的调节研究	李定强	未入围
	秦川牛智能化信息管理系统的研制	邹荣婕	未入围
哈尔滨工业大学	城市老年人的社区服务问题研究	黄　哲	二等奖
	基于InterNet的远程网络实验及管理平台	叶雪荣	二等奖
	PLC控制型铜铝管自动对焊机	张　悦	二等奖
	VOIP网关系统	阮华斌	三等奖
	新型工业化道路中的东北老工业基地改造问题	郭凌晨	未入围
长春工业大学	PVC透明冲击改性剂MBS的开发	陈　明	二等奖
	视频摄像传感器埋弧焊焊缝自动跟踪系统的研究	彭德良	二等奖
	树脂交换法分离β盐母液中2－萘磺酸钠新工艺的研究	陈　敏	三等奖
	油田单元资产综合信息评价系统	王小虎	三等奖
	智能在线电导率分析仪	郝　睿	三等奖
	CA1092车身轻量化的应用研究	孙　冲	未入围
华东理工大学	锁起来才能走	王呈杰	二等奖
	甲醇水蒸气重整制氢微型反应器	袁　彪	二等奖
	社会转型期流浪乞讨人员救助管理政策研究	陈庆升	三等奖
	镍的钝化和点蚀“指纹”（电化学振荡）的研究	张　屹	三等奖
	新型炭基复合电极超级电容器的制备及其在汽车领域中的应用	成　果	三等奖
	三重－比导数分光光度法同时测定氨基比林、非那西丁、咖啡因含量研究	代　文	未入围
江苏大学	全射流喷头	朱兴业	二等奖
	轿车用电动助力转向系统研究与开发	李　强	二等奖
	耐热、耐磨、高强度铝基陶瓷颗粒复合材料的研究	张红杰	三等奖
	荧光定量PCR技术研究家蚕抗NPV机理	高　路	三等奖
	一类洋流方程的新型孤立波解、Backlund变换以及解的稳定性	杨　雪	三等奖
	循环还原氧化法制备亚微米钨和碳化钨粉末的研究	傅小明	未入围
南昌大学	取消农业税：农村管理模式改革的新契机	边旭明	二等奖
	新形势下我国利用外资战略与维护国家经济安全研究	黄勇进	二等奖

	湿排粉煤灰新型墙体材料	谢帮华	三等奖
	可再生能源-动植物废弃油脂制备生物柴油新工艺的研究	陈文伟	三等奖
	水稻苯达松敏感致死基因 bel 的 SNP 标记	孙凌飞	三等奖
	催化合成3,3,3-三氟丙基甲基二氯硅烷	周宇翔	未入围
华南农业大学	水土保持植物资源库及其电子检索系统	陈海军	二等奖
	一种新型制革废水处理剂 Aspergillussp 菌丝球在 ALSMB 生物反应器中的应用	陈维嘉	二等奖
	纳米银掺杂炭气凝胶的溶胶凝胶法制备研究	钟利伦	三等奖
	用T4 噬菌体展示的 NS1 蛋白区分禽流感免疫禽群和感染禽群	陈　丽	三等奖
	一种高效安全生物源杀螺剂的发现	骆　悦	三等奖
	多功能电子教学助手	欧功庆	未入围
云南大学	云南省彝族群众的基层政治参与研究	贺琳凯	二等奖
	一改进的判别方法及其在纵向岭谷夏季降水预测中应用	尤亚磊	二等奖
	现代信息传播视角下边疆民族文化可持续发展探索	严明利	三等奖
	大鼠眶额叶微量注射 GABAB 受体激动剂以及电损毁对吗啡诱导的位置偏好的影响	叶雯睿	三等奖
	智能温度生态波形按摩理疗控制装置	廖春明	三等奖
	现代城市交通系统虚拟仿真软件	普东东	未入围
长安大学	高性能化学构网改性桥面防水材料	栗培龙	二等奖
	城市景观设计的影响因素分析	陆　路	二等奖
	关于西安市垃圾填埋处理问题的调研报告	白志强	三等奖
	CADX-干旱地区沙漠治理功能型材料的研究报告	吴雅睿	三等奖
	多功能外加剂在青藏高原的应用	刘　永	三等奖
	陕西省农村贫富差距现状及对策研究	徐显杰	未入围

第 20 位　140 分

大连海事大学	角膜接触镜的安放戴取装置	尹浩宇	二等奖
	数控切割机套料系统基于工控机的研发	倪海峰	二等奖
	立体化水上综合监管平台的设计与实现	曹　辉	三等奖
	船舶液压推进基础研究	纪玉龙	三等奖
	船舶综合监控系统的设计与实现	王和平	未入围
	无炔纯氧割枪	夏天宝	未入围
南京理工大学	多周期条码数字图像编解码技术在数字水准测量中的应用	李劼伟	二等奖
	农村老年人正式与非正式支持系统初探	陈奇娟	三等奖
	基于 WAP、短信、彩信技术的移动电子政务系统——面向公众服务的移动电子政务	肖　昆	三等奖
	左心室核磁共振图像的运动重建及可视化	陈　强	三等奖
	智能化视频目标检测和跟踪系统	王　欢	三等奖

	行走测试及步态分析系统	牟宏伟	三等奖
河南工业大学	洛阳市水环境承载力可持续发展调查分析	应诚威	二等奖
	信息化对企业价值增值作用的实证研究	舒　亮	三等奖
	完善河南粮食直接补贴政策的实证分析与对策研究	王瑞香	三等奖
	农业新政与粮食主产区农民增收耦合机制研究	吕书良	三等奖
	虚拟仿真生物反应器	邱　震	三等奖
	微机辅助磨具配方设计软件	陈金生	三等奖
武汉理工大学	桥梁建造过程监测监控模拟系统	孔祥韶	二等奖
	高科技创业企业价值链的构建	汪　飞	三等奖
	氯乙烯－丙烯酸丁酯－甲基丙烯酸甲酯三元共聚物	武振峰	三等奖
	新型环保型农业种衣剂	王恩文	三等奖
	基于大规模网络语料库和双语网页搜索的辅助翻译系统	贺方升	三等奖
	智能无弧断路器	张尊华	三等奖
桂林工学院	高耐磨陶瓷研磨介质的制备及球形研磨介质的磨损率预报	贺孝一	二等奖
	广西平果铝业公司赤泥资源建材化整体利用的研究	叶承业	三等奖
	复合络盐法制备纳米复合氧化物粉末	陈　林	三等奖
	沙漠石英砂制备高性能烧结砖的塑性机理研究	宋杰光	三等奖
	TW－301 智能多道心电图工作站的设计制作	苏　欣	三等奖
	嵌入式家庭测控网络系统	龚威宇	三等奖
西安交通大学	基于远程通讯技术的家庭用 MF－Holter 及平台软件	康　雨	二等奖
	“城中村”现状的调查与思考	黄　中	三等奖
	板坯连铸二冷表面传热系数预测与仿真软件 IHCPSoft	卢　义	三等奖
	组合一维光子晶体全能反射器	耶红刚	三等奖
	碳纳米管场发射显示器制造新工艺	曾凡光	三等奖
	电力电缆外护套在线检测与故障测寻系统	王贤清	三等奖
宁夏大学	煤矸石提取氧化铝、氧化硅的生态化利用技术开发研究	杨彦海	二等奖
	“彭阳现象”透析	罗强强	三等奖
	民族贫困地区退耕还林还草后续产业发展的研究	魏宏钧	三等奖
	金银花蜜腺的发育解剖学研究	田启业	三等奖
	VirtualBox 虚拟计算机	康　彩	三等奖
	可视化网络控制“弗兰克－赫兹”实验仪	王　荣	三等奖

第 21 位　130 分

湘潭大学	旋转电弧传感轮式移动机器人焊缝跟踪系统	袁　灿	一等奖
	纳米晶镍连续脉冲喷射电沉积装置	唐　甜	二等奖
	基于连续分度弧面凸轮机构的大扭矩高性能数控转台	谢成荫	三等奖
重庆邮电学院	同位素及试剂自动分装仪	郭兴隆	一等奖
	OPT 公交车载无线智能终端	卢策吾	二等奖
	TD－SCDMA 终端基带芯片的设计与实现	杨小勇	三等奖

海南大学	柔软型电磁波吸收材料	王生浩	二等奖
	转美洲商陆抗病毒蛋白基因获得抗纹枯病水稻	许丁坛	二等奖
	抗 WSSV 卵黄抗体的制备及其作用效果研究	盘家传	三等奖
	新型海南产抗虫 O－超家族芋螺毒素基因 CaFN 的克隆研究	徐　钧	三等奖
	民间艺苑一奇葩	刘　刚	未入围
贵州大学	远程虚拟兼编程控制开链连杆式关节型机器人	苏　茂	二等奖
	从福泉市发展现状探讨资源型城市向旅游型城市转型的构想	张小华	三等奖
	贵阳乌当泥盆系马鬃岭组上部地层中的遗迹化石	陈云明	三等奖
	岩溶脆弱环境下土质和植被保护的调查研究——以贵阳盆地黔灵公园为例	吴　吉	三等奖
	实验室用拟生态可编程对照试验箱	李丰伯	三等奖
	贵阳市乌当区朱昌镇麦乃村六、七组地质灾害成因初析	冉文瑞	未入围

第 22 位　120 分

华中农业大学	利用新形态标记保障超级杂交水稻应用的安全性	邓锋林	一等奖
	一株抗重金属细菌的筛选鉴定及其对重金属吸附能力的检测	宋振丽	三等奖
	猪繁殖与呼吸综合征病毒(PRRSV)orf7 和 orf5 双基因的克隆表达及 RNE－ELSA 诊断方法的建立	乐　敏	三等奖
	蝇蛆几丁低聚糖降脂咀嚼片的研制	艾　辉	未入围
浙江师范大学	当代浙江大学生价值观的差异性研究	吴向眉	二等奖
	论失地农民社会保障体系建设的制度创新	张莉莉	二等奖
	锥形弹簧质量对振动周期的影响	张　峰	二等奖
江苏科技大学	联合仿生推进扁平型水下运载器	马　欣	二等奖
	农村流动人口与城镇化政策的若干探讨	都　全	三等奖
	断路器新型智能控制器研制	蔡　亮	三等奖
	基于计算机多媒体技术的视力检测系统	魏海群	三等奖
	“水中不倒翁”	高　雷	三等奖
上海大学	智能足球机器人系统开发	张　冰	二等奖
	工业反哺农业的“复合型”策略与欠发达农村社区的和谐发展	童　潇	三等奖
	生态植被混凝土	智光源	三等奖
	FTC 新型脱盐器	张登松	三等奖
	黄曲霉毒素免疫亲和柱的制备及其应用	黎双华	三等奖
华北电力大学	国家助学贷款及偿还机制的问题与对策研究	王玉璋	二等奖
	介观电路量子效应的研究	邹国平	三等奖
	基于 NIC 的无功补偿装置	曹玲玲	三等奖

	基于DSP的发电机转子匝间短路故障的气隙线圈探测法	朱曙光	三等奖
	发挥保定市小水电综合功能的对策研究	曹煜晟	未入围
	基于PCI总线的多路视频捕获系统	李文华	未入围
哈尔滨理工大学	基于综合物理场数值分析的大型电机运行监测系统	熊　斌	二等奖
	双螺旋辊式新型磨浆机螺旋套的开发	路艳峰	三等奖
	平均非扩张映射的不动点性质及计算	苏跃峰	三等奖
	结构光深度图像视觉系统及深度图像处理	施　楚	三等奖
	FS-1型日光灯节电器	孙建涛	未入围
	电动密集架电子政务管理系统	王　伟	未入围
兰州大学	ELFS电力负荷预测系统	张晟畅	二等奖
	中药大黄及其制剂中蒽醌类活性成份的胶束电动毛细管色谱含量测定方法学研究	沈守杰	三等奖
	牧草种群生长对家畜践踏的短期响应	俞斌华	三等奖
	反光式道路交通分隔标	刘苏宁	三等奖
	重金属镉和铬单因子及双因子联合对草鱼鱼苗的毒性研究	王少博	未入围
	普氏原羚的生境分析及濒危原因初探	方　明	未入围
新疆大学	新疆少数民族汉语-外语(英语、俄语、日语)学习系统	艾尼瓦尔·阿布力孜	二等奖
	风机性能测试装置的改进	段文剑	三等奖
	一维纳米材料低热固相制备的新方法	李　芳	三等奖
	传播HPV16媒介微生物的发现及其在预防宫颈癌中的应用	刘立鸿	三等奖
	新疆维吾尔族民居文化	邱　琳	未入围
	新型ClO2保鲜剂的研制	钟　梅	未入围
上海财经大学	业绩指标、业绩风险与高管人员报酬的敏感性	陈　震	三等奖
	农村税费改革影响农村义务教育的现状分析与对策	谢雪艳	三等奖
	上海市社区服务需求调研报告	江大维	三等奖
	关于上海"流动的花朵"教育状况调研报告	唐刘婷	三等奖
	大学生基督教信仰的心理学调查与分析	满　雪	三等奖
	统计模型对于上海企业主要境外投资国投资环境的排名分析	王道俊	三等奖

第23位　110分

上海电力学院	分时计价蓄冷节能电冰箱	周徐达	一等奖
	上海定海社区"社工"工作调研	楼斌斌	三等奖
	发电机转冷水系统中微生物的清洗与抑制研究	罗　洁	三等奖
浙江理工大学	中国农产品行业协会发展状况的实证研究——以浙江福建为例	余凤秀	一等奖
	织物疵点识别研究	陈康英	三等奖

	新型提花织物色彩复制技术的研制	高慧萍	三等奖
济南大学	如此规范,急坏"的哥""的姐"	张　蕊	一等奖
	太阳能半导体制冷帽	曹梅君	三等奖
	双人行无动力电子导航观光车	闫允勇	三等奖
中国农业大学	中国小城镇典型现代服务业发展阶段分析	曾燕明	二等奖
	城市交通服务系统	梁　辰	三等奖
	基于射频技术的高速公路自动收费系统	李连骏	三等奖
	超薄无轴逆变交电风扇	张松立	三等奖
	手推车式挤奶机自动脱落控制器的设计	傅　颖	未入围
湖北大学	一种酵母基因工程菌及耐热耐碱木聚糖酶制剂和应用方法	屠　俊	二等奖
	武汉城市综合竞争力的分析及其发展对策	王艳丽	三等奖
	论见义勇为观的现代错位及其拯救	周　凯	三等奖
	《江河联合站突发事件处置程序》多媒体演示系统	刘文超	三等奖
	氟硅基海洋仿生防污涂层及其制备方法	杨婷婷	未入围
西南交通大学	成都市无障碍环境建设状况调查报告	冯　月	二等奖
	水文自动监测系统	林　敏	三等奖
	智能翻谱机	于　涛	三等奖
	便携式电力故障监测仪	邓　宇	三等奖
	运用磁悬浮技术测算海拔高程的一种新方法	贾剑钢	未入围
河南大学	河南省农村卫生医疗状况的调查与分析	马宇飞	二等奖
	论网络恐怖主义对国家安全的危害及其对策	陈　钟	三等奖
	北京奥运会临时超市网点的规划设计	何沧平	三等奖
	建立和完善农村社会保障制度问题研究	倪　钢	未入围
	运用现代教育手段提高小学生创新思维能力的实验研究	王　萍	未入围
	通用网站自动生成系统 Ver1.1a	李少勇	未入围
太原理工大学	新型换热器设计	许尧龙	三等奖
	节能型电场激活 SHS 法合成梯度复合材料	安占军	三等奖
	应用遥感技术进行高中低产农田监测研究	任　政	三等奖
	摔跤训练器	郭　俊	三等奖
	磁流变液精密表面光整加工装置	李唯东	三等奖
	等离子体热解煤制乙炔的新技术	申曙光	未入围
华侨大学	构建指标体系的方法研究	李宝玲	三等奖
	"乞讨权"的法律分析	陈海暄	三等奖
	新型营养液吸附树脂制备及其在无土栽培中的应用研究	白　雪	三等奖
	新型药物载体聚组氨酸的研究	侯　越	三等奖
	建筑用相变节能复合窗	薛伟卫	三等奖
	分段沉积/雕铣快速原型制造技术	王　霏	未入围
江西师范大学	网络拍卖的法律问题分析	张　霖	三等奖

	谨防周边塌陷	许世建	三等奖
	聚芳醚酮酮/聚芳醚砜醚酮酮(PEKK/PESEKK)三元无规共聚物的合成与性能研究	黄忠其	三等奖
	表面改性纳米二氧化钛杂化聚砜芳纶纳米纤维的制备与表征	周　花	三等奖
	基于GSM短消息的远程报警和控制系统	常旭东	三等奖
	区域环境对大学生创业的影响及对策分析	黄　军	未入围
郑州大学	基于知识管理的图书馆运行机制典型案例调查研究	任全娥	三等奖
	我国农业劳动力转移的问题和对策研究	何晓晨	三等奖
	聚焦城镇贫困群体,构建社会主义和谐社会	孟　力	三等奖
	高介电陶瓷吸波材料	辛　玲	三等奖
	高精度游标卡尺	施晓宇	三等奖
	3DMMO网络游戏通用引擎	徐明亮	未入围
青海大学	青海省工业化水平评价及其发展目标的选择	刘亮萍	三等奖
	欧拉羊血红蛋白多态性的研究	党　媛	三等奖
	长江源头地区退牧还草工程调查研究	邓艳芳	三等奖
	西宁及周边地区沥青混凝土路面破坏调查研究报告	高国华	三等奖
	小型便携式自动向日太阳灶	马小刚	三等奖
	智能交通灯	部　磊	未入围

第24位　100分

广东商学院	对我国菲利普斯曲线的实证分析	赵　伟	特等奖
中国地质大学(北京)	北京市内资超市服务环境调查研究报告	余志芳	二等奖
	“虚拟企业”在中国的实现	安　洋	二等奖
	西南天山托云盆地新生代玄武岩中巨晶的研究	吕勇军	三等奖
河北科技大学	二维织机织造异型立体织物的系统研究	安　猛	二等奖
	河北农村富余劳动力流动就业调查及对策建议	张新雅	三等奖
	脂肪族水性聚氨酯/聚丙烯酸酯胶乳互穿网络乳液的合成研究	孟永维	三等奖
	基于网络的计算机辅助设计(CAD)上机考试系统	王志海	三等奖
黑龙江大学	根癌农杆菌介导的紫杉醇产生菌HQD33遗传转化体系的建立	李丽萍	二等奖
	对三种公共政策理论框架的伦理反思	高　红	三等奖
	基于虚拟仪器的便携式晶体管参数测量系统	王冠然	三等奖
	全球化背景下振兴东北国有老企业的策略	郭　旭	未入围
	农产品关税下降对黑龙江省农业的影响及对策	李海东	未入围
中国海洋大学	帆板摇帆模拟训练测试系统	张继伟	二等奖
	培植落后民族地区教育的“造血”功能	杨　艳	三等奖

	2008 年奥运会帆船比赛海域青岛海域海洋大气环境统计分析	李守宏	三等奖
	一体化活塞式单级低压闪蒸海水淡化装置	陈建秋	未入围
	基于计算机视觉技术的商品外观多角度展示系统	黄　雷	未入围
沈阳工业大学	辽宁省非公有制经济发展现状及其法律政策问题的调查报告	陈　斌	二等奖
	对 2003 年辽宁省科普状况的调查研究报告	欧阳普华	三等奖
	淀粉牙签	徐瑞芳	未入围
	虚拟雕塑系统	姬永成	未入围
	基于虹膜的身份鉴别系统	徐　露	未入围
	磁控式无阀搏动血泵	葛　超	未入围
云南师范大学	云南黑颈鹤自然保护区居民环境意识评估与环境教育	杨坤武	三等奖
	芳香二胺桥联环糊精对几种荧光染料的分子识别研究	金婷婷	三等奖
	三维有序大孔 SiO2 的制备	刘树东	三等奖
	GIS 制图在云南省疟疾流行态势分析中的应用	季惠颖	三等奖
	关于水电工程的生态环境效应和社会经济效应的辩证分析	吴志锋	未入围
	澜沧江－湄公河次区域经济合作障碍分析及建议	王春华	未入围

第 25 位　90 分

首都师范大学	利用基因重组大肠杆菌技术制取燃料乙醇	李学凤	一等奖
	EasyCStudio	陈知新	三等奖
中国药科大学	中药国际化问题的研究	林园园	一等奖
	药品调查告及定价模型	孙晓云	三等奖
南京邮电大学	多智能体对抗系统的自主决策及其实现	马　洁	一等奖
	基于 SIP 的 IP 多媒体通信平台	张俊九	三等奖
北华大学	吊臂式高压输电线检测机器人	焦宏章	一等奖
	基于 B/S 的试卷与题库分析评定系统	冯冬石	未入围
	全自动电极打号机	赵　强	未入围
哈尔滨工程大学	仿生蝼蛄机器人	徐明道	二等奖
	新型高性能超级电容器	刘智敏	三等奖
	模块化智能多足机器人	陈东良	三等奖
	非线性拟抛物方程解的渐进性质和 Blow－up	徐润章	未入围
广东技术师范学院	城市乞丐生存状态与广州形象报告	李泽敏	二等奖
	棋魔	赖勇浩	三等奖
	Gobybus 城市公交车线路智能信息平台	赖楚庭	三等奖
	基于嵌入式 linux 的网络信息设备	徐伟龙	未入围
广西师范大学	陆地深海鱼油——罗汉果角鲨烯的研究	董朝敏	二等奖
	桂林红色旅游开发和资源保护	付广华	三等奖
	混沌信号模拟系统	黄钦宁	三等奖

	CPBL 网络平台的设计与实现	罗建明	未入围
中北大学	MEMS 红外光学原理的甲烷浓度瓦斯检测报警系统的研究	谭秋林	二等奖
	SEIRS 类流行病的细胞自动机模型	刘权兴	三等奖
	存储器自动检测装置	焦新泉	未入围
	多加速度计的测试系统及信息融合技术	崔　敏	未入围
	瞬态表面温度传感器校准技术的研究	王艳红	未入围
齐齐哈尔大学	水稻抗逆基因 OsCBF1 的分离和功能研究	王晓宇	二等奖
	黑龙江老工业基地国有企业(集团)存在的问题及对策研究	付振波	三等奖
	Gemini 阳离子表面活性剂的合成及其表面活性研究	陈曾侃	未入围
	亚麻脱胶酶的发酵生产及酶法亚麻脱胶工艺初探	夏　凤	未入围
	从黑曲霉菌丝体中提取制备壳聚糖	李　斌	未入围
汕头大学	关于广东省企业劳动者权益问题的调查报告	蔡泽芸	三等奖
	固体微波新法合成玫红酸及其性质研究	钟启仲	三等奖
	机场助航灯光巡检监控系统	谢　彬	三等奖
	汕头贵屿的警示:电子废物简易拆解业状况及其人体健康影响调查	丘　波	未入围
	精液检测分析与精子发生的实验研究	张志奇	未入围
	复合材料沟井盖	潘建荣	未入围
第 26 位　80 分			
浙江林学院	杭州地区地被植物应用现状和开发前景	韩丽莹	一等奖
	浙江林学院学生膳食营养调查与分析	林玉鸟	未入围
山东理工大学	恐龙灭绝的可能分子机理——爬行动物特异氨基酸组成的启示	王光中	一等奖
	城市生活垃圾塑料分选技术及设备	曹修生	未入围
重庆三峡学院	金属离子修饰二氧化钛光催化降解优先污染物	马荣刚	二等奖
	三峡库区万州区消落带植被及生态初步研究	杨　容	二等奖
河北农业大学	发根农杆菌转化三倍体毛白杨植株的研究与鉴定	苏彦苹	二等奖
	河北高校大学生道德素质现状的调查研究及影响因素分析	宣荃星	三等奖
	长城 491QE 电喷发动机实验台的开发	樊良军	三等奖
大连水产学院	瑞威洗车废水自动化回用装置	王洪霞	二等奖
	生活小区雨水收集系统设计	古健君	三等奖
	基于 GPRS 无线数传终端的海水温度探测系统	张铸国	三等奖
河南财经学院	实现"中原崛起"的战略思考	刘　丹	二等奖
	"天之骄子"的乐与忧	董　燕	三等奖
	河南省劳动力市场歧视调查	刘根先	三等奖
河南中医学院	加强宣传教育是防控艾滋病蔓延的当务之急对策研究	张北华	二等奖
	冬凌草规范化种植研究	吕晓飞	三等奖

	颈椎力学平衡枕	田新宇	三等奖
湖北工业大学	三轴数控机床上实现球头立铣刀端刃重磨的研究	李　俊	二等奖
	三元硼化物基金属陶瓷覆层的组织及性能	高　博	三等奖
	基于FPGA的智能化PCB高压测试机	程良明	三等奖
贵州师范大学	自由视野中的安乐死	刘佳祥	二等奖
	关于"师范中选生"学习适应现状及教育对策的研究	田　馨	三等奖
	浅析贵州文化产业的现状与发展	黄　河	三等奖
云南财贸学院	昆明市城市交通问题的系统分析	孙正伟	二等奖
	云南失地农民问题探究	钟晓丽	三等奖
	昆明市轻轨建设初探	房敬杰	三等奖
西安工程科技学院	花式纱线及其产品的研发	李　颖	二等奖
	陕西省服装品牌竞争力研究	安　妮	三等奖
	高等职业教育人才培养与区域经济发展的适应性研究	王建峰	三等奖
西安外事学院	XWY-I型工业噪声发生器	鲁　琦	二等奖
	民办高校大学生人生价值取向调查分析及对策探讨	杨玉琼	三等奖
	我国动漫市场产业化改革探究	张　卓	三等奖
福建师范大学	福建省中小学教师继续教育的现状、问题与对策	江文生	三等奖
	跨载体复制权:我国著作权立法完善之应然选择	陈　诚	三等奖
	基于移动代理的无线AdHoc网络自适应拓扑管理	林力伟	三等奖
	变电站开关室环境智能监控系统	陈　圆	三等奖
福州大学	基于元胞自动机的产业集群技术扩散研究	蔡彬清	三等奖
	现代智能家居系统	韩海梅	三等奖
	红外通信智能水表系统研发与设计	杨谊昌	三等奖
	低温等离子体水处理新装置	管栋印	未入围
	基于嵌入式系统的网络化医院病房智能监控系统	阮成功	未入围
合肥工业大学	嵌入式掌上智能助游系统	吴浩平	三等奖
	嵌入式车载多媒体数字视音系统	王熹徽	三等奖
	基于DSP的低成本智能涡街流量计信号处理系统	陈智渊	三等奖
	三维矢量声强探头及其测量分析系统	倪记来	三等奖
内蒙古农业大学	新型绿色环保包装材料	刘雪峰	三等奖
	动物胆汁的综合开发利用及其药理学研究	李少春	三等奖
	优质绵羊胚胎移植技术应用与推广	姜向宏	三等奖
	野蓝莓果味荞麦保健酸豆乳	高　健	三等奖
南京林业大学	制浆造纸漂白污染物的控制策略及其应用	刘　哲	三等奖
	林木病虫害防治农药精确对靶施用系统	张慧春	三等奖
	环保型农药新剂型——高效氯氟氰菊酯水乳剂的研制与产业化开发	齐　武	三等奖
	小型脉冲式热烟雾机发动机研究	曹存鑫	三等奖

学校	作品	作者	奖项
西南财经大学	国家助学贷款贷还问题研究及解决路径探讨	何　水	三等奖
	外出务工农民子女生存状况调查及对策研讨	郭　焰	三等奖
	房产投资行为中政府调控的政策效应的实物期权分析	樊　胜	三等奖
	多校区模式下高校办学成本控制研究	胡天天	三等奖
第27位　70分			
沈阳大学	复合光合细菌大棚简易富集培养技术及其应用	廉大海	一等奖
吉首大学	吉首大学校园植物志	邓　涛	一等奖
广西工学院	“非正式”模式:一种研究城市流浪儿童救助与教育的新视野	朱秋香	一等奖
沈阳师范大学	中国科学技术落后的沉思	金淑波	二等奖
	转化犯若干问题的创新研究	周锦玲	三等奖
	佛教的环境伦理思想	王　东	未入围
中南财经政法大学	德隆金融的神话	史高飞	二等奖
	城乡统筹进程中的农村社会保障:以医疗保障为例	孙晓燕	三等奖
	奥运会临时超市网点设计	郭云南	未入围
武汉工程大学	紫外光(UV)固化防潮树脂的研究	黄泽州	二等奖
	无线胎压监测系统的研制	牛毅峰	三等奖
	一种新的双核铜大环配合物的合成和晶体结构	张　钊	未入围
韩山师范学院	潮州市城市用字的调查及对策研究	陈崇正	二等奖
	潮州老宅	林　琳	三等奖
	手机红外密码认证模块的开发及应用	林　超	未入围
四川农业大学	长毛兔微卫星标记多态性及其与产毛量的相关分析	刘　平	二等奖
	华西雨屏区退耕还林生态经济效益调查研究	王　娟	三等奖
	智能耕地拖拉机模型	朱新涛	未入围
西藏大学	浅谈松赞干布时期的吐蕃教育	普　次	二等奖
	拉萨市城市品牌的建立与推广	祝金鑫	三等奖
	西藏寺庙建筑的军事防御风格	杨永红	未入围
第28位　60分			
天津科技大学	农药西维因快速检测用试纸条及其制作方法	刘俊伟	二等奖
	三氧化钨光催化降解水中有机污染物的研究	曹　婧	三等奖
上海理工大学	多功能传动轴寿命试验系统	李庆山	二等奖
	基于计算机视觉的汽车音响面板测试系统	梁少晶	三等奖
河海大学	飘摇的游牧人	张叶涵	二等奖
	基于普通数码相机的地形数据快速采集系统	杨立君	三等奖
浙江中医学院	槲寄生内生真菌发酵产物的药理作用初步研究	陈炎伟	二等奖
	中药经鼻吸收特性及其影响因素研究	毛展凯	三等奖
景德镇陶瓷学	结晶釉在现代陶艺中的应用研究	武　波	二等奖

院	高介电常数、高抗电强度和低介质损耗臭氧发生器用陶瓷基板制备及研究	刘青琳	三等奖
山东科技大学	山东省承接韩国产业转移的问题研究	刘　斌	二等奖
	关于假日经济的研究与探索	王　蒙	三等奖
武汉工业学院	基于免疫遗传算法的采煤机螺旋滚筒装煤性能参数优化设计	熊　倩	二等奖
	煤矸石淋溶微量元素对地下水污染的仿真研究及应用	刘　鹏	三等奖
湖南工程学院	燃气管道带压开孔在线智能切割机械手	邱建友	二等奖
	自供套袋的垃圾桶篓	巢　维	三等奖
湖南理工学院	全自动永磁起重器	何凡锋	二等奖
	不间断高楼逃生装置	李旭东	三等奖
湖南商学院	曾国藩故里特色旅游开发战略研究	熊　曦	二等奖
	经营名牌:实现长沙餐饮老字号的可持续发展与跨越式发展	张宏波	三等奖
重庆工学院	新型弹性元件	龚小涛	二等奖
	聚焦失地农民	徐心方	三等奖
天津医科大学	一对双胞胎兄弟精子生成障碍遗传机制的研究	董明	三等奖
	不同碘摄入水平对仔代大鼠脑组织发育与功能的影响	王赞鑫	三等奖
	静海县597对已生育一胎正常女儿夫妇染色体核型分析	薛春祥	三等奖
安徽农业大学	农村剩余劳动力转移的实证分析	冯　峰	三等奖
	基于农民视角的农地制度现状和改革方案的评价	李　靖	三等奖
	海带多糖提取纯化的研究	倪小波	三等奖
福建医科大学	福建省普通人群艾滋病问题调查报告	郑　曦	三等奖
	2型糖尿病合并心血管疾病患者低密度脂蛋白胆固醇的变化	陈　辉	三等奖
	诱导型一氧化氮合酶反义腺相关病毒载体的构建及其在抗肿瘤和保护脑组织损伤中应用的研究	陈春美	三等奖
湖南科技大学	长沙工程机械产业集群发展的现状、问题与对策	黄少君	三等奖
	用吴文俊消元法获得非线性Schr dinger方程的精确解	裴德先	三等奖
	多芯重锁防盗锁头	黄家厚	三等奖
西藏民族学院	西藏地区报业“双语”传播体制分析	宋宪霞	三等奖
	青藏铁路对沿线资源开发和生态环境的影响	廖冶寅	三等奖
	制约西藏经济发展的宗教思想分析	王志强	三等奖
西北大学	西安大学生择业意识与自身规划意识调研	唐志海	三等奖
	消除障碍,方便大家	沈良吉	三等奖
	守望最后的精神家园	沈良吉	三等奖

第29位　50分

北京邮电大学	神经网络融合及在计算机辅助乳癌诊断的应用	许冰婧	二等奖

	电信运营业广告策略研究及调查报告	张晓璐	未入围
北京信息科技大学(筹)	基于中医诊脉原理的生命体征远程监测系统	项晓骁	二等奖
	易用组合架设计	石　爽	未入围
河北工程学院	污水处理设备网络监控系统	马学著	二等奖
	未确知有理数在预防自然灾害中的应用	郑建新	未入围
上海第二医科大学	法语助手教育软件	肖逸清	二等奖
	上海医学生对支援西部的看法和探讨	王旖旎	未入围
山东大学威海分校	胶东半岛海洋旅游发展联动战略的构想	孙洪霞	二等奖
	AsOX 傲视中文图形操作系统内核	朱洪亮	未入围
中南民族大学	民族地区经济发展制约因素分析	向　楠	二等奖
	从家庭情感结构防御功能缺失看农村妇女自杀	朱　丹	未入围
北京科技大学	为了健康事业的健康发展——以北京等七城市为代表的我国保健食品市场终端调查	王晓晔	三等奖
	仿 Stenocara 甲虫高效实用空气取水技术	张欣茹	三等奖
	融合式自行车防盗锁	穆树亮	未入围
辽宁工程技术大学	基于两项调查的农民工社会保障问题研究	杨　静	三等奖
	最终用户软件盗版的经济学分析	侯　强	三等奖
	智能遥控钓鱼船	王亚东	未入围
辽宁工学院	转炉炼钢除尘废水磁脉冲处理装置	高海波	三等奖
	超级电容器性能参数的综合测试系统	闫晓金	三等奖
	汽车轮胎温度压力检测预警系统	卢川海	未入围
东北林业大学	林业生产地衡智能管理系统	宋　伟	三等奖
	无损伤水果成熟度检测仪	姜永涛	三等奖
	碱法草浆黑液制备炭吸附剂、白碳黑橡胶增强剂	路　祺	未入围
哈尔滨商业大学	海洋石油污染载体降解菌研究	蔡可庆	三等奖
	基于灰色系统理论的龙江绿色大豆食品安全风险预警系统的建立	张春梅	三等奖
	基于内容理解的多语种垃圾邮件自动判别系统	刘国徽	未入围
哈尔滨医科大学	RNAi 结合高通量筛选开发新抗肿瘤药物平台的建立	马文财	三等奖
	肺腺癌与 THBS1CpG 岛甲基化及其蛋白表达的相关性研究设计	张　真	三等奖
	淀粉纳米包载强的松治疗多发性骨髓瘤疗效研究	潘　鹏	未入围
安徽理工大学	矿井通风网络稳定性分析及基于 AutoCAD 的通风网络数据自动生成系统	蔡　峰	三等奖
	集中控制的智能控制开关的研制	束南山	三等奖
	水胶震源药柱	吴　伟	未入围
集美大学	从妈祖信仰看文化认同	吴　辉	三等奖
	基于电子标签的小区车辆管理信息系统	魏祖民	三等奖

	基于 AIFCS 工业配电智能化监控系统	吕明星	未入围
江西农业大学	江西农村城镇化发展的实证分析与对策研究	邱晓平	三等奖
	试用遗传距离进行籼型水稻优势生态型的划分	曾敏清	三等奖
	城市绿地对空气负离子影响的研究	郑卫青	未入围
中国石油大学（华东）	我国陆上石油作业安全环保的法律问题及其对策	董　岩	三等奖
	生物大分子仿生合成纳米多孔氧化硅	张　磊	三等奖
	水平井井下自适应管道爬行器的研究与开发	高进伟	未入围
广西师范学院	广西百色革命老区芒果基地产业化途径探讨	李　霓	三等奖
	两种苯并吡喃黄烷酮类化合物的全合成研究	曹　军	三等奖
	甘蔗渣纤维素磷酸酯钾的合成及生物活性研究	韩信睿	未入围
新疆财经学院	新疆大学生创业意识调查分析	黄聪	三等奖
	多功能起子	买买提艾力	三等奖
	新疆支柱产业选择的实证分析	匡亚斌	未入围
兰州理工大学	一种具有较强玻璃形成能力及热稳定性的铝基非晶合金及其制备方法	胡　勇	三等奖
	法律与“三农”问题的基本研究	张百兴	未入围
	黑河流域中游生态用水量估算及可持续发展策略	李洪东	未入围
	淀粉基烷基糖苷的制备与应用研究	吕兴连	未入围

第30位　40分

中央民族大学	滴水藏海——从北京市农民工子弟健康教育透视和谐社会的构建	马　宏	二等奖
对外经济贸易大学	西部县域经济调查报告——青海湟源县低水平均衡现状与主导产业发展对策	陈建伟	二等奖
长春工程学院	人工冻土强度影响因素试验研究	陈义民	二等奖
南京中医药大学	中药 ST 纳米球的研制	孙　娥	二等奖
赣南师范学院	心在淌泪	凌　焰	二等奖
曲阜师范大学	关注高等教育建设园区	朱先梅	二等奖
河南新乡医学院	山羊心脏纤维骨骼的大体解剖及意义	陈志国	二等奖
武汉科技学院	针织电脑提花圆纬机选针控制系统的研制	张　弛	二等奖
湖南理工学院	全自动永磁起重器	何凡锋	二等奖
华南师范大学	Friedlnder 法合成喹啉类新化合物	吴少芝	二等奖
海南师范大学	激素诱导四眼斑水龟人工繁殖的研究	刘宇翔	二等奖
西北师范大学	兰州百合多糖的提取、纯化及其药理作用研究	赵小亮	二等奖
成都理工大学	论当代科技发展与伦理道德冲突的根源	周晶晶	二等奖
重庆师范大学	贫困大学生心理健康现状及对策	袁祥梅	二等奖
陕西师范大学	社会分层视角中的农村居民政治参与	罗　洪	二等奖

兰州交通大学	高维映射的局部余维二分岔	张建刚	二等奖
北京建筑工程	中国城市污水处理厂技术经济调查与分析	向璐璐	三等奖
学院	全自动移动搬运机器人	李蔚蔚	三等奖
燕山大学	稀土对低合金耐磨铸铁力学性能和耐磨性能的影响	唐丽娜	三等奖
	用神经网络解决异或问题的新算法	刘　郑	三等奖
东北大学东软	数字化社区服务平台	朱　毅	三等奖
信息学院	全功率脚踏轿车	张轩荣	三等奖
上海师范大学	小语种国际导游的市场前景分析	高　波	三等奖
	基于 BBSForce 核心的新一代网络论坛系统	朱明伦	三等奖
南通大学	一类李普希茨离散系统鲁棒观测器设计	孟　晶	三等奖
	基于 CCD 视觉传感的智能验布装置	谭　真	三等奖
杭州电子科技	杭州市单向交通管理规划研究	梁燕宏	三等奖
大学	浙江省纯农户增收问题研究	吴彬	三等奖
安徽师范大学	基于空间句法的城市交通网络特征研究	陈明星	三等奖
	安徽扬子鳄自然保护区可持续发展的对策研究	胡　芸	三等奖
安徽医科大学	大鼠腹外侧视前区 P 物质对睡眠的影响及其作用机制研究	孙　庆	三等奖
	SD 大鼠非酒精性脂肪性肝炎模型的建立	刘　翔	三等奖
安徽中医学院	关于洪泽湖水污染状况及其对渔民生活影响的调查报告	马圆圆	三等奖
	安徽省宁国市云梯畲族乡中药资源初探	程爱春	三等奖
青岛大学	论国际政治的成本原则	杨智霖	三等奖
	中国当前社会是否适合电子竞技运动的推广	宋其林	三等奖
青岛科技大学	衣康酸二甲酯及衣康酸酐的研制	刘仕伟	三等奖
	紫外光固化交联型水基环氧改性聚氨酯树脂	胡胜泊	三等奖
山东轻工业学	电化学固定化微生物联合深度处理造纸废水的研究	洪　卫	三等奖
院	药物包衣用水性渗透型丙烯酸树脂制备及包衣研究	姜晓璐	三等奖
山东师范大学	流动人口子女心理健康问题及对策研究	张清霞	三等奖
	中华豆蟹感染对紫贻贝的影响	杨剑超	三等奖
河南师范大学	我国高校体育流态趋势研究	王颢霖	三等奖
	传统观念与农村法治进程冲突研究	李占立	三等奖
武汉科技大学	关于武汉地区 6 所高校大学生上网状况的调查报告	钱丽容	三等奖
	湖北省地下六合彩—现状、问题及对策	胡　文	三等奖
广西大学	从碱性土壤混合基因组文库筛选碱性蛋白酶基因的研究	李　丹	三等奖
	基于 80C196KC 单片机的励磁调节控制装置	彭济湘	三等奖
西南科技大学	高效快速降解秸秆就地还田技术	竹文坤	三等奖
	基于 MEMS 技术的微通道冷却器	何　叶	三等奖
贵阳中医学院	基于中医虚拟人的可扩展医疗应用系统	王　巍	三等奖
	《中医外科治疗》虚拟空间三维系统(针灸、骨伤、外科)	吴　曾	三等奖
昆明理工大学	大学生毕业前心理压力的调查分析	刘　俊	三等奖

	金属基与熔融盐复合的新型蓄热材料的制备	祁先进	三等奖
西安工业学院	透析同居现象,探讨大学生性教育	张　静	三等奖
	论西安市过街天桥建设利弊及先行解决办法	王志欣	三等奖
西安科技大学	水力致裂在矿井瓦斯控制中的应用	曹世杰	三等奖
	矿用乳化液泵性能测试分析虚拟仪器的设计	冯华光	三等奖
西安石油大学	塔里木盆地与鄂尔多斯盆地石油地质条件对比分析	耳　闯	三等奖
	共沉淀法制备 Fe_3O_4 纳米磁性流体	罗志鹏	三等奖
新疆师范大学	论法制儒家文化及其对现代化法制建设的现实意义	王春生	三等奖
	宁夏大战场移民模式及其对我国生态大移民的借鉴意义	杨　龙	三等奖
北京交通大学	便携式白蛋白与尿素检测系统(PAUMS)	谢　平	三等奖
	交通冲突技术在平面交叉口安全评价中的应用	郭淑霞	未入围
	汽车胎压测试系统	王　呈	未入围
河北师范大学	新闻媒体在公共突发事件控制中的功能与作用	王　一	三等奖
	可调式磁疗保健负重健身服的研制	李　立	未入围
	电梯导轨教规尺	李晓凯	未入围
山西师范大学	濒危植物翅果油树种群遗传多样性研究	宋慧娟	三等奖
	陕西合阳和山西芮城的线戏	姜　莉	未入围
	康德“永久和平”思想初探	刘　雷	未入围
内蒙古工业大学	真实 IP 查找器	崔　伟	三等奖
	国际产业转移与内蒙古产业发展的探讨	海　山	未入围
	重力加速度自动测定装置	郭少峰	未入围
大连民族学院	对中国建筑和城市建设的思考	张　威	三等奖
	中国农村全面建设小康社会成功经验的调查与分析	杨中佳	未入围
	基于 PLC 控制的极坐标数控钻床	李　晋	未入围
长春大学	关于 3DSMAX 中记录生成大帧数动画的参数值人为设定	孙兴宏	三等奖
	玉米纤维食品加工新技术	强　凯	未入围
	超导热管电磁加热(取暖)器	李晓光	未入围
江西理工大学	关于 2004 年中央“一号文件”在农村落实情况的调查报告	刘文广	三等奖
	难选铅锌矿石清洁选矿新工艺试验研究	欧阳魁	未入围
	图档信息智能提取与工程数据管理系统	沈　澐	未入围
山东经济学院	浅析胶东半岛经济低地—海阳和栖霞—的突破战略	邢伟刚	三等奖
	基于科技创新战略的组织设计	杨力童	未入围
	中国农村金融体系再构造研究	孔祥冲	未入围
贵州财经学院	关于县域经济发展的一种综合评价方法	魏宏杰	三等奖
	经济相对落后地区社会保障制度研究	袁　涛	未入围
	新型升降式高杆照明灯	闫　亮	未入围

第 31 位　30 分

北京工业大学	运用 SCI、EI 评价高校科学技术水平的研究	刘　勋	三等奖

	DNA 芯片组技术在解决地图四着色问题中的应用	仲国强	未入围
天津工业大学	光敏感性凝胶的合成及性能研究	王作嘉	三等奖
	无梭织机织边用筒管纱缠绕装置的研制	宋春梅	未入围
天津理工大学	基于虚拟仪器技术物化实验系统研究	张燕来	三等奖
	高血压病理治疗仪(人体外周血管治疗仪)	王桂艳	未入围
天津师范大学	品牌延伸效果的眼动心理研究	杨海波	三等奖
	试论以游戏为载体的广告营销及其模式	刘 力	未入围
河北经贸大学	SA8000 标准与我国公司职工利益保护	李 庆	三等奖
	当前大学生医疗保障现状及对策研究	康国治	未入围
河北科技师范学院	河北省冀东地区蝶类资源调查研究及新发现	王贵春	三等奖
	落叶病的罪魁祸首——金纹细蛾的生物学特性及无公害防治的研究	王丽霞	未入围
山西财经大学	关于乡镇政府区域联合、共谋农村经济新发展的思考	梁桂萍	三等奖
	网络对大学生的影响	陈建兴	未入围
内蒙古师范大学	游戏课程	李素梅	三等奖
	内蒙古典型草原带中小型土壤动物群落特征研究	李宏龙	未入围
辽宁大学	当代形而上学的呼唤	史冬柏	三等奖
	“近视防护器”的原理及使用	曹 巍	未入围
辽宁师范大学	年幼儿童特质稳定性理解的乐观主义	高 雯	三等奖
	论村民自治中二元权力关系的规范	杨 帆	未入围
沈阳化工学院	集成管网与污水处理厂的河流水质模拟系统	辛宗源	三等奖
	利用废旧塑料生产可控光	周 杨	未入围
大连轻工业学院	一种应用在微波高温加热场中的热电偶	刘 智	三等奖
	环保节能手摇手电筒	李国斌	未入围
上海金融学院	上海城市公交票价定价问题研究及思考	俞奇安	三等奖
	上海市大学生信用卡使用情况调查分析	汪晓娟	未入围
山东建筑工程学院	利用层次式交换技术构建下一代互联网络	任 斌	三等奖
	无线防盗警系统	邱河涛	未入围
山东交通学院	当今外语人才市场需求环境状况调查与分析	张文星	三等奖
	车辆超载监控装备的开发与应用研究	刘凯峥	未入围
河南科技大学	轴承套圈磨加工中陶瓷支承技术研究及应用	杜 辉	三等奖
	carrywith	陈凤娟	未入围
河南理工大学	WY－Ⅰ型瓦斯 q 值测定仪[作品]	魏风清	三等奖
	芹池煤矿 3113 工作面采前瓦斯突出危险性评价	左秋玲	未入围
河南农业大学	鸡志贺氏菌病和鸡白痢的血清流行病学调查研究	薛 双	三等奖
	味精废液的资源化利用与生态保护	李 凯	未入围
三峡大学	土家踩生习俗的文化阐释与现实价值	骆海涛	三等奖

	宜昌城区固废收集路线优化设计	张明磊	未入围
南华大学	腹腔镜解剖器	吴青松	三等奖
	抗同频干扰智能调频收发系统	胡乡城	未入围
广西民族学院	中国—东盟自由贸易与广西少数民族传统体育旅游业发展研究	农　贵	三等奖
	光催化降解含氯有机废水的实验研究	唐庚飞	未入围
桂林电子工业学院	壁球馆或网球练习馆的智能计分系统	许惠泉	三等奖
	CPU 冷却系统	江海乐	未入围
西南石油学院	数码笔	邓　鹏	三等奖
	区块整体调剖智能决策系统	金发杨	未入围
成都学院	新型球形机器人	李　凯	三等奖
	关于中国农村司法成本的调研报告	余　涛	未入围
甘肃农业大学	羊肉挥发性成分研究	王晓玲	三等奖
	农杆菌介导的 PPO 反义基因转化马铃薯	李静雯	未入围
新疆农业大学	棉花高产条件下植株氮素营养诊断初步研究	钟世勇	三等奖
	新疆小麦黑胚病原分布及侵染机制研究	段晓东	未入围

第 32 位　20 分

中央财经大学	增长率的决定—论技术进步率与实际要素增长率的关系	戴旻乐	三等奖
中国青年政治学院	中国城市乞丐群落与社会救济	张宝石	三等奖
中华女子学院	从性别与发展理论的角度看农村妇女参与社区发展	沈金花	三等奖
中国传媒大学	北京市中学生性生理、性心理发展现状及其期望的性健康教育调查研究	陈　曦	三等奖
中国计量学院	具有机器视觉、嗅觉功能的管道探测机器人	张　志	三等奖
中国民航学院	民航机场旅客吞吐量的 PGM(1,2)预测模型研究与应用	杜　云	三等奖
北京工商大学	高校校园文化调研报告	陈阿芬	三等奖
北京服装学院	北京市某高校学费现状调查及分析	赵盈盈	三等奖
天津工程师范学院	阴极保护的智能控制装置	王　帆	三等奖
天津商学院	原料乳和液态奶中志贺氏菌污染程度快速检测技术	黄宝华	三等奖
北华航天工业学院	车载卫星天线控制系统	蒋　威	三等奖
石家庄经济学院	古尔班通古特沙漠不良工程地质现象及其防治措施	张金成	三等奖
唐山师范学院	红掌气生根再生快繁体系的建立	李朝霞	三等奖
太原科技大学	中国农民的收入水平、人文素质及其社会地位的实证研究	宋　媚	三等奖
内蒙古科技大学	新型智能双用电动载人飞机	蔡金星	三等奖

内蒙古医学院	儿童头发中铅元素含量的调查分析	云文明	三等奖
鞍山科技大学	向量函数矩阵与非线性自治系统稳定性的判定	徐望宝	三等奖
沈阳航空工业学院	沈阳市产业结构调整优化的调查报告	阿茹娜	三等奖
沈阳建筑大学	经济欠发达地区小城镇建设途径探索	哈　静	三等奖
东北财经大学	辽宁老工业基地振兴的财政支出规模研究	王　强	三等奖
吉林工程技术师范学院	柳黄酮对大鼠肝细胞凋亡的保护作用	姚振远	三等奖
吉林建筑工程学院	缺氧－好氧循环流化床同步去除有机物和脱氮	姜　洋	三等奖
吉林农业大学	基于远程无线技术的水泵变频调速系统设计的研究报告	高　洋	三等奖
白城师范学院	无线数字多点多通道数据采集监测系统	黄艳涛	三等奖
吉林师范大学	Fe/Al_2O_3 纳米陶瓷复合材料的制备与表征	夏杨	三等奖
东北电力学院（大学）	准静态旋转式全方位图形图像显示系统	于存孝	三等奖
吉林体育学院	排球多功能训练器	李　恒	三等奖
哈尔滨工业大学（威海）	汽车胎压动态监测系统	何运贤	三等奖
齐齐哈尔医学院	CNA－PROFESSIONALSYS（电脑营养教授）	王嘉淇	三等奖
东北农业大学	黑龙江省三江平原生态农业走循环经济道路的调研报告	刘　刚	三等奖
承德医学院	松花粉对衰老大鼠精子活动的影响	陈　丽	三等奖
川北医学院	浅析高校 NEET 族形成原因及引导措施	周　娟	三等奖
东北大学秦皇岛分校	基于运动控制器的飞剪定长切割系统的实现	胡　姣	三等奖
东华理工学院	栀子黄废液的再利用	李佳春	三等奖
安徽财经大学	调查报告——关于网络社会中大学生人际交往及伦理道德问题的探讨	唐　琳	三等奖
安徽工程科技学院	基于 ADSL 的远程污水处理自动监测监控系统	陈孟元	三等奖
安徽淮北煤炭师范学院	现代教学媒体的弱势绩效分析与对策研究	林东林	三等奖
上海工程技术大学	模块式开放型 PIC 单片机应用开发系统	陈文杰	三等奖
上海海事大学	航次租约修改生成系统	汪　浪	三等奖
上海水产大学	淡腌黄鱼微生物生长动力学模型及生长界面的研究	别春彦	三等奖
上海外国语大学	论中国非公募基金会的困境和出路	张书田	三等奖

上海中医药大学	用音乐守护健康	黄　彦	三等奖
南京农业大学	促进苹果着色新技术的研究	董显才	三等奖
苏州科技学院	应急关爱生命联动改善生活:苏州城市应急救助系统现状调查报告	侯明明	三等奖
浙江财经学院	我国房地产业税费改革的现实思考	戴丽娜	三等奖
浙江万里学院	基于分布式密钥的增强型手机钱包	潘庚然	三等奖
杭州师范学院	水稻叶绿素含量的基因定位及其与环境互作分析	傅丽卿	三等奖
江西宜春学院	改良环氧树脂制作人体管道铸型标本	黄海龙	三等奖
南昌理工学院	激光-离子组合式火箭发动机的探究	郭宗帅	三等奖
烟台大学	圣女果中番茄红素的提取及其综合利用	刘肇芳	三等奖
华北水利水电学院	无电动力源城镇室外排水管道机械截流装置	李松龄	三等奖
中原工学院	加热辊压复合土工膜结构与性能研究	刘淑萍	三等奖
南阳理工学院	移动通信网络远程控制系统	宋会仁	三等奖
湖南科技学院	女书与瑶族文化的旅游品牌塑造	吴小勇	三等奖
长沙理工大学	室内环境监测与智能家电网络控制系统	罗　敏	三等奖
株洲工学院(长沙理工大学)	喷气自转脉冲清洗式低流速高效换热器	周永剑	三等奖
湖南农业大学	开菲尔纯培养复合发酵剂的研制	张　庆	三等奖
中南林学院	湖南省黄盖湖湿地生态保护与可持续发展模式探索	李稷富	三等奖
湖南文理学院	湘北地区园林绿地春季杂草种类及其危害的研究	赵　煌	三等奖
湖南中医学院	以科学发展观为指导构建中医学理论新体系	樊新荣	三等奖
佛山科学技术学院	公共汽车停靠站服务水平研究——以佛山市禅城区为例	王　婵	三等奖
深圳职业技术学院	课堂警官 1.1	黄小明	三等奖
四川理工学院	四川阿坝州羌民族教育发展状况及对策	雍纪波	三等奖
西南民族大学	边境线上的小留学生	李春林	三等奖
成都信息工程学院	基于 LINUX 的 J2EE 开放式教学互动平台	曾小迅	三等奖
西华师范大学	经济增长与就业增长的关系研究	李俊锋	三等奖
四川师范大学	电力市场输电阻塞管理模型	张　娜	三等奖
重庆交通学院	汽车前照灯智能转向系统	万文均	三等奖
西南政法大学	构建中国市民社会	陈树森	三等奖
重庆科技学院	纳米 TiO_2 在汽车面漆中的应用研究	王　斌	三等奖
重庆文理学院	酒精浓度衰退曲线的应用研究	吴朝平	三等奖

贵阳医学院	贵州省仡佬族、苗族在婚妇女生殖道支原体、衣原体携带现状调查	余　蕾	三等奖
贵州警官职业学院	刑事案件信息管理系统	吴　江	三等奖
西藏大学农牧学院	西藏林芝觉木沟藏杏光合日进程研究	格桑罗布	三等奖
中国人民解放军第四军医大学	基于 Syms 小波与采样式 Gabor 滤波器对掌纹进行特征提取	黄　珅	三等奖
西安邮电学院	基于 VoIP 技术的下一代 V4 网络通信系统	姚　健	三等奖
红河学院	凝胶法制备纳米氧化铝粉体研究	梁春花	三等奖
云南民族大学	云南老年产业现状及目前存在问题调查研究	李　萍	三等奖
宁夏医学院	胎儿卵巢组织异种移植后的形态学研究	张忠伟	三等奖
西北第二民族学院	一个回汉杂居社区的劳务输出及其影响	马建民	三等奖
天津城市建设学院	住宅商品房中的 CS 研究与实践	李晓楠	未入围
	饮用水除氟新材料——X 型纳米分子筛	刘国昌	未入围
山西农业大学	大学生自我教育模式的建构	张智娟	未入围
	石灵保健口服液的研制	牛艺儒	未入围
大连交通大学	癌症高发之谜:饮用水源疑为主因	王波涛	未入围
	乡镇小康住宅设计	谢春来	未入围
江西财经大学	基于 DEA 模型评估我国地区政府绩效实证研究	刘逸萱	未入围
	组建 windows2003server 网络	王　栋	未入围
云南农业大学	“社会性别”理论在高校班级建设中的应用	张有奇	未入围
	昆明地区蔬菜菜蚜新蚜虫疠霉发生流行规律研究	李良静	未入围
甘肃中医学院	舒经玫瑰胶囊对小鼠原发性痛经 SOD、OFR、NO、Ca^{2+} 的影响作用研究	王　铎	未入围
	祛痤疮免疫活性喷剂的研究	裴　明	未入围
青海师范大学	虫洞广告公司创业计划	杨　阳	未入围
	孟达自然保护区旅游资源开发与旅游扶贫 PPT 战略	于禄鹏	未入围

第 33 位　10 分

北京林业大学	虫草枸杞葡萄酒的研制	徐海蒂	未入围
中央司法警官学院	论刑事辩护律师执业环境构建及诉讼权利保障	李员君	未入围
华北科技学院	智能机器人勘测、排障、消防模拟系统	刘永涛	未入围
河北理工大学	高效复合絮凝剂的合成及在乳化废液处理中的应用	孙海潘	未入围

保定金融高等专科学校	高校贫困生成长困境的对策性思考	黄永红	未入围
山西中医学院	山西省高平市家村煤炭经济调查报告	申毅刚	未入围
太原师范学院	太原市及周边城市大学生人格健康状况调查报告	毕文翠	未入围
吉林省通化师范学院	《长白山区"木屋村"口头和非物质遗产的调查与思考》	王　冠	未入围
大连大学	慧鱼模型机构创新	叶德金	未入围
辽宁石油化工大学	奥运会临时超市网点设计	赵祥仙	未入围
辽宁中医学院	中医经典背诵等级考试系统伤寒论部分	李垠含	未入围
通化师范学院	长白山药用植物图像信息的采集与信息库的制作	徐志国	未入围
长春理工大学	应用语音识别控制电动轮椅	逯　亮	未入围
长春中医学院	中医药防治艾滋病的研究进展	陈　佳	未入围
黑龙江中医药大学	方剂配伍研究之回顾与展望	吴革林	未入围
上海应用技术学院	钢帘线材 CCT 曲线确定及连续冷却转变实验研究	马　楠	未入围
上海大学悉尼工商学院	成套立体几何教学模具	罗　怡	未入围
华东政法学院	网络虚拟财产交易法律规范及其纠纷解决探析	袁腊梅	未入围
安徽建筑工业学院	2004 年安徽房地产市场调查报告	邱　军	未入围
阜阳师范学院	"吉戈黛"企划及其技术应用	徐建宏	未入围
华东交通大学	智能型仓储搬运机器人的开发	贾海立	未入围
江西医学院	叶酸—牛血清白蛋白纳米囊的制备	欧阳晓卫	未入围
青岛理工大学	农村医疗服务站医疗废物	韩洪展	未入围
聊城大学	阳离子表面活性剂/醇/水体系彩色液晶的研究	孙晓杰	未入围
山东财政学院	房地产企业价值链的构建	韩　跃	未入围
泰山学院	化学实验教学与创新人才培养	解　攀	未入围
济宁医学院	医疗纠纷对律师界的挑战、对策与医务律师培养模式的建构	刘　冰	未入围
济宁职业技术学院	粗苯精制废酸的净化研究	刘明蕊	未入围
山东中医药大学	青少年网络成瘾的心理机制及治疗策略	赵锦华	未入围
郑州航空工业管理学院	地方政府债务风险分析	张　磊	未入围
南阳师范学院	河南方言对英语单词发音的影响	崔建宇	未入围

郑州轻工业学院	关于支撑郑州现代化商贸城发展的相关产业群的研究	万慧杰	未入围
中南民族大学工商学院	农村法律之维	余大伟	未入围
湛江师范学院	感动大学生的一百篇微型小说	邓燕云	未入围
广东工业大学	嵌入式智能脉像诊断仪	刘传森	未入围
五邑大学	江门市外来工精神文化生活状况调查	陆晓恩	未入围
海南医学院	输液完毕自动截流装置	王雅纯	未入围
成都中医药大学	论"宣透"思想在温病治疗中的作用	汪　娟	未入围
西华大学	智能公共汽车无线控制系统	付春来	未入围
重庆医科大学	HIFU(高强度聚焦超声)增效剂 HL－2	肖雁冰	未入围
贵阳学院	从猕猴桃加工废物—猕猴桃籽中提取 α－亚麻酸的研究	郭云国	未入围
黔南民族师范学院	食堂最佳定货策略	李跃福	未入围
曲靖师范学院	富源县农村养老状况的调查分析	刘海洋	未入围
文山师范高等专科学校	浅谈中学英语教师如何优化英语教学法	王清艳	未入围
云南省昆明冶金高等专科学校	关于高职高专"思想政治理论课"教学方法改革的调查分析	周　昱	未入围
陕西科技大学	纳米复合鞣剂在毛皮上的应用探索	龚开蒙	未入围
西安建筑科技大学	帕累托最优下社会公平的"模型新演"	许白羽	未入围
甘肃河西学院	赏识教育	杨万鹏	未入围
西北民族大学	中国古代文人的归属意识及文学归属主题系列论文	彭芳芳	未入围
青海建筑职业技术学院	青海河湟地区藏传佛教寺院中的古建筑之调查报告	军　军	未入围
新疆医科大学	关于中国社会医疗保障制度改革的调查与思考	刘昕雨	未入围

第九届"挑战杯"全国大学生课外学术科技作品竞赛终审成绩单(港澳地区)

第 1 位　290 分

香港中文大学	化废为生物柴油以舒缓能源危机	黄耀光	一等奖
	无袖带式可连续监测血压的新型多功能听诊器	张新宇	一等奖
	虚拟针灸 V	谢永明	一等奖
	公众健康纳米斗士	麦振宗	二等奖
	虚拟鼠标 Virtual Mouse	曾伟华	三等奖

	剽检通	麦志聪	三等奖
第 2 位　270 分			
澳门大学	无谐波的 2.4GHz 整流天线功率传输系统	苏光诒	特等奖
	中药材与金融期货的战略融合	赵静	一等奖
	适合人车两用的 GPRS 监察及追踪系统	司徒伟明	二等奖
	中药国际化拓展关键问题的探索	万建波	三等奖
	能处理模糊提问的语音答疑系统的研究与实现	麦海峰	三等奖
	以模态数据作有限元更新及非破坏监测	王嘉桀	三等奖
第 3 位　240 分			
香港大学	沙士冠状病毒刺突蛋白可引致细胞凋亡反应	杨燕珊	特等奖
	锶羟基磷灰石生物活性骨水泥的研制与临床应用	陈以来	二等奖
	DNA 混合遗迹的法证研究及其分析软件,以改善罪证确认可靠性	胡跃清	二等奖
	以 cDNA 微阵列对云芝引起癌细胞凋亡反应之研究	李锦彬	三等奖
	UNO:以人为基础的电脑操作模式	林景禧	三等奖
	香港精英体育综合训练馆	陈俊宇	三等奖
第 4 位　190 分			
澳门科技大学	论澳门特区与中国内地区际刑事司法协助问题	倪烜璟	一等奖
	伍廷芳与中西诉讼法会通之尝试	何志辉	二等奖
	澳门博彩业定位的国际比较研究	郭子钰	三等奖
	改良大量海马神经元体外原代培养技术探讨	李焕仪	三等奖
	交互式三维人体模型浏览软件	黄远雄	三等奖
	基于蓝牙协议的计算机遥控软件	梁福气	三等奖
第 5 位　180 分			
香港浸会大学	消失中的社会边界?——迁移下社会边界不断模糊的社区	冯碧琪	二等奖
	童话童心——小孩画中的家庭	李文清	二等奖
	宗教思想与社会地位	吴阿环	二等奖
	从常规化看上市公司的辉煌业绩	李文慧	三等奖
	七十年代香港情色电影	叶清盈	三等奖
	笼牢下的客体——媒体再现的汪明荃	刘世龙	三等奖
第 6 位　140 分			
香港理工大学	多功能智能面膜	刘保华	二等奖
	iJADE 智能社区	林浩宏	二等奖
	ASPP 方法的性能研究——主动测量方法	罗秀雯	三等奖
	智能电表概念在家居中的应用——网上智能电表系统	张政毅	三等奖
	节能接触器	保晶	三等奖
第 7 位　120 分			
香港树仁学院	香港教育界及学生对母语教学政策的态度	余妙如	三等奖

	探讨香港新闻工作者在商业与道德间的矛盾	叶雅媛	三等奖
	香港中学生的国民教育及国民身份	陈淑晶	三等奖
	香港青少年文化创业服务	梁国轩	三等奖
	香港生态旅游业发展研究	叶文慧	三等奖
	探讨我国在亚洲经济一体化中担当的角色	胡荣堃	三等奖
香港专业教育学院	香港常见药用植物原色图谱	萧汉松	三等奖
	综合酒店服务系统——IP 网络电话的应用	蔡惠如	三等奖
	留声机—有声相片制作系统与播放系统的开发与应用	刘玉怡	三等奖
	家居安全短讯警告系统	何全丰	三等奖
	自动表面缺陷识别系统	钟启玲	三等奖
	全自动智能呼吸易口罩	谢伟健	三等奖

第 8 位　100 分

香港科技大学	无痛注射新方法——沸石微型针	梁伟健	二等奖
	光纤扫描光学显微镜	李宇浩	二等奖
	新型抗癌中药丹参酮 IIA 的研究与开发	赵文瑞	三等奖
香港城市大学	一种带实时编译器的 Java 处理器	邱致衡	二等奖
	新型衍射光学元件在光纤通讯中的应用	温　峰	三等奖
	新型宽频带双频线极化和双极化的贴片天线及阵列	李　培	三等奖
	低成本高效能小型工业自动化系统	张维新	三等奖

第 9 位　20 分

香港教育学院	以信息技术课堂结合系统思维能力训练的教育模式	卢颂钧	三等奖

第九届“挑战杯”全国大学生课外学术科技作品竞赛终审成绩单(台湾地区)

第 1 位　130 分

台湾淡江大学	创业家的思维	朱皖伶	三等奖
	淡江大学社团负责人研习会之淡海同舟之探讨	柳锐昇	三等奖
	探索教育对大学社团之分析探讨研究	林文智	三等奖
	消费者保护法与校园案例之探讨(以台湾地区为例)	康雅婷	一等奖

第 2 位　120 分

台湾政治大学	政治经济学分析架构的发展	黄宗昊	三等奖
	公共事业民营化的案例研究	陈蕙珊	特等奖

第 3 位　90 分

台湾东海大学	探查疑似色情中文网站之分散式网路巡逻系统	章少谦	一等奖
	在自然中漫步	游伟哲	三等奖

第 4 位　80 分

台湾元智大学	区域经济整合与对外投资的关系	张秀萍	二等奖
	ATM 防伪装盗领系统	赵新民	二等奖

第 5 位　40 分

台湾中国文化大学	服务徐锡方案在大学服务性社团中实施及其学习成效之研究	李燕美	二等奖

第 6 位　20 分

台湾大学	全球化与天下文明——从中国到“中国”	李志鸿	三等奖
台湾树德科技大学	21 世纪高等教育的目标——从服务领导课程观点	陈　楠	三等奖

第九届“挑战杯”全国大学生课外学术科技作品竞赛优胜杯获奖学校名单

北京大学　第三军医大学
中国矿业大学　北京航空航天大学
南京大学　上海交通大学
南京航空航天大学　东华大学
浙江大学　苏州大学
中国人民大学　大连理工大学
东南大学　华中科技大学
中国科学技术大学　福建农林大学
西安电子科技大学　北京理工大学
电子科技大学　内蒙古大学
国防科学技术大学　华东师范大学
南开大学　西北工业大学

第九届“挑战杯”全国大学生课外学术科技作品竞赛港澳优胜杯获奖学校名单

香港中文大学

第九届“挑战杯”全国大学生课外学术科技作品竞赛两岸交流杯获奖学校名单

淡江大学

第九届“挑战杯”全国大学生课外学术科技作品竞赛优秀指导教师名单

学校	项目名称	奖项	指导老师
北京大学	专业市场主导下的地方产业集群研究	特等奖	杨开忠
中国人民大学	自费攻读硕士研究生的成本收益分析	特等奖	曾湘泉
中国政法大学	法律离中国的农民有多远	特等奖	郑永流
山西大学	谁动了民主的奶酪	特等奖	董江爱
大连理工大学	棱镜分光红外比色测温系统	特等奖	仲崇权
东北师范大学	单一铁源合成普鲁士蓝纳米立方体	特等奖	曹敏花
复旦大学	对禁毒教育与宣传及吸毒者感觉寻求状况的研究	特等奖	孙时进
东南大学	高性能海量存储数字荧光示波器	特等奖	吴乐南
中国矿业大学	两足智能机器人	特等奖	张晓光
中国科学技术大学	2 - 环丙胺甲基自由基开环反应的取代基效应	特等奖	郭庆祥
福建农林大学	苏云金芽孢杆菌 vip - 3A 基因的原核表达及生物信息学分析	特等奖	关雄
华中师范大学	青年农民工的城市适应	特等奖	江立华

湖南大学	自组生长的硅纳米管——新型的硅纳米材料	特等奖	唐元洪
国防科学技术大学	先驱体转化 C/SiC 复合材料高室压推力室	特等奖	陈朝辉
深圳大学	蟑螂特异性变应原的基础及应用研究	特等奖	刘志刚
广东商学院	对我国菲利普斯曲线的实证分析	特等奖	黄正新
电子科技大学	限价指令市场中连续双向拍卖机制下的短期价格行为及交易量分析	特等奖	曾勇
解放军第三军医大学	新型小直径工程血管研制	特等奖	应大君
西安电子科技大学	用于煤矿安全生产的网络化多参数气体监测系统	特等奖	赵建
北京大学	当代大学生价值观新动向	一等奖	佟新
北京大学	对微波和光诱导的 Staudinger 反应的立体化学过程研究	一等奖	许家喜
北京大学	字幕自动加配解决方案及其系统实现	一等奖	迟惠生
清华大学	FlyFire 电子系统设计平台	一等奖	任勇
中国人民大学	言与心的解读	一等奖	焦国成
北京航空航天大学	高临场感大屏幕立体视觉成像系统	一等奖	张晓林
北京航空航天大学	折叠投放微小型无人驾驶验证机	一等奖	万志强
北京理工大学	低可探测性单兵无人侦察机	一等奖	代方震
北京理工大学	新体制干涉成像光谱仪	一等奖	张丽君
首都师范大学	利用基因重组大肠杆菌技术制取燃料乙醇	一等奖	杨秀山
天津大学	用于钢液终脱氧与合金化的微碳铝铁合金及其制备方法	一等奖	李刚
天津大学	DSD 酸生产废水的处理及资源化工艺	一等奖	张凤宝
南开大学	智能化仿生催化材料	一等奖	程鹏
南开大学	基于自旋系统的量子信息传输	一等奖	宋智
河北大学	纳米中孔整体分离介质的制备、表征及其应用	一等奖	杨更亮
山西大学	一种检测尿液中无机磷的方法及其试剂盒	一等奖	杨频
内蒙古大学	蒙古族聚居地区的纠纷解决机制研究	一等奖	张文香
内蒙古大学	内蒙古白云塔拉民族文化定位及景观规划基于城市草原文化,生态经济和谐发展的研究	一等奖	郭晓川
大连理工大学	关于意见传播的社会物理学模型	一等奖	贺明峰
东北大学	基于映射式决策系统的新型足球机器人	一等奖	徐心和
沈阳大学	复合光合细菌大棚简易富集培养技术及其应用	一等奖	杨绍斌
吉林大学	FolinB 近红外分光光度法测定维生素 C	一等奖	藤利荣
北华大学	吊臂式高压输电线检测机器人	一等奖	姜生元
复旦大学	腐败的经济学分析	一等奖	石磊

复旦大学	世界上最小的电源—纳米电池	一等奖	江志裕
复旦大学	资源植物马齿苋延缓衰老作用及其机制研究	一等奖	卢宝荣
复旦大学	面向移动平台的全光视频压缩、传输与绘制技术	一等奖	臧斌宇
上海交通大学	基于AVR单片机辅助盲人过马路的系统	一等奖	谢亿伟
上海交通大学	反恐单兵电子装备	一等奖	张志刚
华东师范大学	在断裂中追求新生	一等奖	李家成
东华大学	“敬畏自然”之争辨析	一等奖	张怡
东华大学	新型植物染料的选择、制备与应用	一等奖	顾庆良
上海电力学院	分时计价蓄冷节能电冰箱	一等奖	赵玲
南京大学	安徽百户农民秋收报告	一等奖	周海燕
南京大学	Kekulé 和长程共振价键结构搜索的高效算法及应用	一等奖	刘春根
南京大学	新型中央处理器用超低介电常数薄膜	一等奖	贾叙东
东南大学	手持式气象检测仪	一等奖	黄庆安
南京航空航天大学	使用C++实现的类UNIX操作系统	一等奖	朱广蔚
南京航空航天大学	超洁净领域驱动用新型磁悬浮薄片电机	一等奖	邓智泉
南京航空航天大学	“奇奇”新概念无人直升机	一等奖	陆洋
中国药科大学	中药国际化问题的研究	一等奖	梁毅
南京邮电大学	多智能体对抗系统的自主决策及其实现	一等奖	张志涌
南京师范大学	城市流动儿童心理健康状况调查及干预研究	一等奖	缪建东
中国矿业大学	基于绝热氧化的煤自燃倾向性鉴定方法与装置	一等奖	王洪欣
中国矿业大学	上运皮带输送机断带保护装置	一等奖	王德明
扬州大学	禽流感病毒血凝素基因转基因水稻的构建与鉴定	一等奖	焦新安
苏州大学	天然彩色家蚕丝的色素特性及利用方法研究	一等奖	徐世清
苏州大学	鼠抗人OX40L单克隆抗体的应用研究	一等奖	张学光
浙江大学	汽车gps的市场模型及其推广应用	一等奖	魏江
浙江大学	智能调温自粘性纳米胶囊	一等奖	罗英武
浙江大学	中枢神经系统线粒体BK通道的调控与在脑缺血保护中的作用	一等奖	夏强
浙江工业大学	S-四嗪类化合物的合成及其抗肿瘤活性构效关系的研究	一等奖	胡惟孝
浙江理工大学	中国农产品行业协会发展状况的实证研究——以浙江福建为例	一等奖	胡剑锋
浙江林学院	杭州地区地被植物应用现状和开发前景	一等奖	林夏珍
中国科学技术大学	通过em双轻子道探测R宇称破坏和超对称中微子信号	一等奖	马文淦
安徽大学	城市化进程中失地农民社会保障体系建设的思考	一等奖	夏淑梅

安徽工业大学	“WJGE”3D 网络游戏开发平台	一等奖	秦峰
厦门大学	农民工社会养老保险模式选择与制度创新	一等奖	陈振明
山东大学	期待可能性理论在我国刑事司法中适用范围的限定	一等奖	刘远
济南大学	如此规范,急坏“的哥”“的姐”	一等奖	喻洪
山东理工大学	恐龙灭绝的可能分子机理－爬行动物特异氨基酸组成的启示	一等奖	张红雨
华中科技大学	小型无人地面侦测平台	一等奖	尹仕
华中农业大学	利用新形态标记保障超级杂交水稻应用的安全性	一等奖	曾汉来
中南大学	当前农村经济工作中一个特别值得注意的问题	一等奖	陈晓红
湖南师范大学	守望的童心	一等奖	曹中平
湘潭大学	旋转电弧传感轮式移动机器人焊缝跟踪系统	一等奖	洪波
吉首大学	吉首大学校园植物志	一等奖	张代贵
中山大学	大股东隧道挖掘与制衡力量	一等奖	唐清泉
暨南大学	先行者	一等奖	洪涛
华南理工大学	性别工资歧视的微观计量分析	一等奖	任兆璋
广州大学	广州三元里村历史文化保护及景观规划	一等奖	杨宏烈
广西工学院	“非正式”模式:一种研究城市流浪儿童救助与教育的新视野	一等奖	曾桂林
四川大学	成都市高新区失地农民现状调查与分析	一等奖	李航星
电子科技大学	基于 Adhoc 无线网络的新型骨干架构及其路由协议	一等奖	彭启琮
西南大学	萝芙木毛状根培养体系的建立与 TIAs 途径上关键酶基因的克隆和分析	一等奖	廖志华
西南大学	家蚕细胞凋亡相关基因 BmICAD 的克隆、序列和功能分析及在精巢中特异表达的初步研究	一等奖	夏庆友
重庆邮电学院	同位素及试剂自动分装仪	一等奖	陈勇
解放军第三军医大学	复方壳多糖组织工程皮肤生物学功能研究	一等奖	伍津津
西安电子科技大学	枪支防盗防抢追踪系统	一等奖	谢楷
西北农林科技大学	村干部工资标准研究	一等奖	王征兵
西安理工大学	构建和谐社会必须关注城市农民工	一等奖	杨文选
石河子大学	3MD—12/20 型宽幅折叠式棉花打顶机的研制	一等奖	胡斌

第九届“挑战杯”全国大学生课外学术科技作品竞赛杰出工作奖获奖名单

北京

王　粤　共青团北京市委副书记

张　彦　北京大学党委副书记

王新清　中国人民大学党委副书记

赵　平　北京航空航天大学党委常务副书记

杨　宾　北京理工大学党委副书记、副校长

刘　震　北京市学生联合会秘书长
沈千帆　北京大学团委书记
郑浩峻　清华大学团委书记
代　鹏　中国人民大学团委书记
程基伟　北京航空航天大学团委书记
张启鸿　北京理工大学团委书记

天津

张　静　南开大学党委副书记
贾德民　天津工程师范学院党委副书记
张宁宁　南开大学团委书记

河北

万素英　河北大学党委副书记

山西

史　洁　太原理工大学团委书记

内蒙古

云荣布扎木苏　内蒙古农业大学党委书记
赵　东　内蒙古大学党委副书记
杜晓东　内蒙古大学团委副书记

辽宁

姜德学　大连理工大学党委副书记
郑少南　大连海事大学副校长
郭玉铸　大连理工大学团委书记

吉林

杨长生　长春工业大党委副书记

黑龙江

高　环　黑龙江团省委书记

上海

马春雷　共青团上海市委书记
徐　枫　共青团上海市委副书记
金　梅　共青团上海市委学校部部长
邵世志　共青团上海市委学校部副主任科员
林　巍　上海市科协学术部部长
梁建敏　上海市教委体卫艺科处副处长
秦绍德　复旦大学党委书记
陈立民　复旦大学党委副书记
潘　敏　上海交通大学党委副书记
王小明　华东师范大学党委副书记
浦解明　东华大学党委副书记
王宏舟　复旦大学团委书记
刘玉祥　上海交通大学团委书记
裴小倩　华东师范大学团委书记
任晓杰　东华大学团委书记
丁　力　复旦大学团委副书记

江苏

李国华　团省委副书记
龚亲华　团省委学校部部长
张　荣　南京大学党委副书记
刘　波　东南大学党委副书记
夏东民　苏州大学党委副书记
邹放鸣　中国矿业大学党委副书记
陈夏初　南京航空航天大学党委副书记
兰亚明　南京大学团委书记
裴　锋　东南大学团委副书记
孙德芬　苏州大学团委副书记
畅军亮　中国矿业大学团委干部
刘　虎　南京航空航天大学团委副书记

浙江

韩翼祥　浙江工业大学党委副书记
曹高劭　浙江大学团委书记
李铭霞　浙江大学团委科技部部长

安徽

燕贵忠　安徽省教育厅高校学生处处长
鹿　明　中国科技大学党委副书记
董　雨　中国科技大学团委书记

福建

杨江帆　福建农林大学党委副书记
关一凡　华侨大学党委副书记、副校长
李于雄　福建农林大学团委书记

江西

程样国　南昌大学党委副书记、副校长

山东

刘　珂　山东大学党委副书记

河南

杨六栓　河南工业大学团委书记

湖北

邱观建　武汉理工大学党委副书记

欧阳康　华中科技大学党委副书记
王志勇　华中科技大学团委书记
湖南
严　华　湖南团省委副书记
于起龙　国防科技大学副政委
吴拥军　国防科技大学政治部组织处青年干事
广东
陶韶菁　华南理工大学团委常务副书记
广西
李东兴　广西团区委副书记
海南
吴　昊　海南大学团委思想政治教育科负责人
四川
敬枫蓉　成都信息工程学院党委副书记
成孝予　电子科技大学党委副书记
文　学　电子科技大学团委书记
重庆
王志杰　重庆团市委副书记
张朝宁　解放军第三军医大学副政委
范志民　解放军第三军医大学政治部副主任、团委书记
贵州
冯晓宪　贵州大学党委副书记
云南
周本贞　云南师范大学党委副书记
西藏
强巴欧珠　西藏团区委学校部副部长
陕西
丘　进　西安交通大学党委副书记、副校长
郑永安　西北工业大学党委副书记、副校长
龙建成　西安电子科技大学党委副书记
乔　辉　西北工业大学团委书记
任小龙　西安电子科技大学团委书记
甘肃
张旭晨　兰州大学团委书记
青海
张英智　青海大学副校长
宁夏
刘平和　宁夏医学院党委副书记
新疆(含兵团)
周跃志　新疆大学团委书记

第九届“挑战杯”全国大学生课外学术科技作品竞赛省级优秀组织奖名单

北　京　天　津　河　北　山　西
内蒙古　辽　宁　吉　林　黑龙江
上　海　江　苏　浙　江　安　徽
福　建　江　西　山　东　河　南
湖　北　湖　南　广　东　广　西
四　川　重　庆　陕　西　新　疆

第九届“挑战杯”全国大学生课外学术科技作品竞赛高校优秀组织奖名单

北京
北京大学　清华大学　中国人民大学
北京航空航天科技大学　北京理工大学
中国农业大学
天津
南开大学　天津大学　天津医科大学
河北
河北大学　河北农业大学　河北科技大学
燕山大学
山西
太原理工大学　山西大学　中北大学
山西师范大学
内蒙古
内蒙古农业大学　内蒙古医学院
辽宁
东北大学　沈阳化工学院　鞍山科技大学
东软信息学院
吉林
吉林大学　东北师范大学　长春工业大学
白城师范学院　北华大学
黑龙江

哈尔滨工业大学　哈尔滨工程大学
哈尔滨理工大学　黑龙江大学

上海

复旦大学　上海交通大学　同济大学
东华大学　华东师范大学　华东理工大学

江苏

南京师范大学　南京理工大学　扬州大学
南京工业大学　江苏大学　江南大学

浙江

浙江大学　浙江工业大学　浙江理工大学

安徽

中国科学技术大学　合肥工业大学
安徽工业大学　安徽大学

福建

厦门大学　华侨大学

江西

南昌大学　江西师范大学　江西农业大学

山东

山东大学　济南大学　山东建筑工程学院
山东轻工业学院

河南

郑州大学　河南大学　河南农业大学
河南工业大学　河南中医学院

湖北

武汉大学　武汉理工大学
中国地质大学(武汉)
华中师范大学　华中农业大学

湖南

中南大学　湖南大学　湖南师范大学
湘潭大学　湖南科技大学

广东

中山大学　华南理工大学　暨南大学
华南农业大学　广州中医药大学

广西

桂林工学院　广西师范大学

海南

海南大学

四川

四川大学　电子科技大学　西南交通大学
四川师范大学　四川农业大学

重庆

重庆大学　西南大学　重庆邮电学院
解放军第三军医大学

贵州

贵州大学

云南

云南大学　云南师范大学

西藏

西藏大学　农牧学院

陕西

西安交通大学　西北农林科技大学
长安大学　西安理工大学　西安科技大学

甘肃

兰州大学　兰州理工大学

青海

青海大学

宁夏

西北第二民族学院

新疆(含兵团)

新疆农业大学　新疆财经学院

中国大学生校园歌手大赛

由共青团中央、教育部、国家广电总局、全国学联主办，湖南大学承办的第三届中国大学生校园歌手大赛决赛已圆满结束。活动开展以来，得到了全国高校师生的广泛欢迎，各地各高校高度重视、精心实施，大学生踊跃参与，积极投入。2005年12月16日—18日，来自全国31个省(区、市)的114所高校近200名大学生参加了全国决赛。经过初赛、复赛及总决赛，中国音乐学院常思思等10名(个)同学(组合)获得金奖，清华大学谢超等20名(个)同学(组合)获得银奖，北京大学路神通等82名(个)同学(组合)获得铜奖，北京市等17个省级组委会获得"省级优秀组织奖"，中国人民大学等100所学校获得"校级优秀组织奖"。

第三届中国大学生校园歌手大赛金奖名单

(10名)

中国音乐学院　常思思　王　莹　何美琳　刘嘉欣　李　君　陶晓静

沈阳音乐学院　邢立珂

安徽师范大学　孙来法

太原师范学院　买锋琴

中国科学技术大学　张礼楠

湖南大学　蔡　博

湖南师范大学　刘学谛　张一璟

中南大学　吴　蓓　宁　涛　郑　琦　赵小岑　彭心薏　王　艺

成都中医药大学　张举婕

贵州大学　曹　雯

第三届中国大学生校园歌手大赛银奖名单

(20名)

清华大学　谢　超　陈　宁

中国人民大学　彭一喆

中央音乐学院　王斐南

内蒙古大学艺术学院　存布乐等

东北师范大学　王晓光

哈尔滨师范大学　李响沅

上海音乐学院　王　喆

南京艺术学院　高　盼　徐　恺　孟俊辰　谢浩方　云　凌　俞荣理

南京农业大学　齐　佳

南京工业大学　李沐涵　蔡　垚

南通纺织职业技术学院　石　娇　茆红娟　潘　茜　徐蓓蓓

南京艺术学院　刘刚刚

合肥工业大学　沈银斌

厦门大学　林立夫

山东经济学院　官　群

南阳师范学院　周　辉

河南大学　袁　培

武汉大学　余美松

中山大学　蔡丽娜

云南师范大学　王　翀

第三届中国大学生校园歌手大赛铜奖名单

(82名)

北京

北京大学　路神通

中央民族大学　杨　子

中国传媒大学　许可嘉

天津

天津音乐学院　白　茹

天津师范大学　师巧莉　颜秉伟　鲁　娜

天津职业大学　路　爽

河北

河北省体育学院　张　宁

河北大学　苏彦斌
河北科技师范学院　王啸坤
河北师范大学　周珍珍

山西

山西运城学院　严丽玲
山西大学　郑建飞

内蒙古

内蒙古民族高等专科学校　巴达荣贵
内蒙古师范大学　刘国庆

辽宁

沈阳大学　李　光
渤海大学　郝玲晔
辽宁师范大学　董思政

吉林

吉林师范大学　余文文
延边大学　全永龙　金　星　梁国哲
　　　　　金永俊

黑龙江

黑龙江大学　杨　頔
东北林业大学　冷　超
黑龙江大学　冯天姝

上海

复旦大学　葛　佳
东华大学　周伟文
上海电力学院　冷　捷
上海商学院　凤　霄
上海师范大学　尚　静

江苏

江苏广播电视大学　吴　憾

浙江

浙江师范大学　余伶俊
杭州师范学院　余　欢
浙江大学　张文巍
浙江传媒学院　陈　策

安徽

安徽省安庆师范学院　朱　毅

福建

福建师范大学　陈迪菲
福建师范大学　罗　敏

江西

南昌工程学院　邓丽娟
江西师范大学　王　伟
江西科技师范学院　张红英

山东

山东理工大学　高　旗
青岛大学　阚啸峰
山东财政学院　金　硕
山东师范大学　曹　健

河南

河南大学　李铁林
郑州轻工业学院　陈兴华　赵　攀　孙　璇
河南司法警官职业学院　沈　健

湖北

华中师范大学　胡一婷　李　茜
华中科技大学　邓　运
中国地质大学(武汉)　彭　松
武汉音乐学院　姜胜男等

湖南

湖南科技大学　唐艳凤

广东

华南师范大学　周亚辉
广东商学院　赖泽棠　陈乔铎
星海音乐学院　周　榕

广西

广西民族学院　李国升
广西艺术学院　廖鸿飞

海南

海南大学　崔大伟
海南职业技术学院　杨冲等
海南软件职业技术学院　符婷婷

四川

四川师范大学　翁　甲
四川理工学院　魏珍珍
西昌学院　罗　翔
四川音乐学院　李　毅

重庆

西南政法大学　颜　娟

涪陵师范学院　许　芳

西南大学　李阳阳

贵州

贵州民族学院　廖一璇

云南

云南艺术学院　汪惠娟

陕西

西安翻译学院　张　旸

西北工业大学　王　玉

陕西教育学院　屈秀萍

西北大学　王　鑫

西安音乐学院　李　杨

甘肃

西北民族大学　朱安军

西北师范大学　刘小花

西北民族大学　马　睿

青海

青海卫生职业技术学院　才仁

青海师范学院　才仁文斗

宁夏

西北第二民族学院　林盈盈

西北第二民族学院　王　静

新疆

新疆喀什师范学院　阿先古·热合曼

新疆石河子大学　任　钢

新疆艺术学院　姜　涛

第三届中国大学生校园歌手大赛 单项奖名单

最佳组合奖

中国音乐学院　常思思　王　莹　何美琳
刘嘉欣　李　君　陶晓静

最佳舞台表现奖

中南大学　吴　蓓　宁　涛　郑　琦
赵小岑　彭心薏　王　艺

最佳原创奖

湖南大学《难忘的校园》词:龚明金　曲:赵智勇

最具潜质奖

上海音乐学院　王　喆

第三届中国大学生校园歌手大赛 省级优秀组织奖名单

（17个）

北　京	河　北	山　西
吉　林	黑龙江	上　海
江　苏	浙　江	江　西
山　东	河　南	湖　北
湖　南	广　东	重　庆
云　南	陕　西	

第三届中国大学生校园歌手大赛 校级优秀组织奖名单

（100所）

北京

北京大学　中国人民大学　中国传媒大学　中央民族大学

天津

天津音乐学院　天津职业大学

河北

河北大学　燕山大学　石家庄铁道学院　河北理工大学

山西

山西师范大学　中北大学　忻州师范学院　太原理工大学　轻纺工程与美术学院

内蒙古

内蒙古大学　内蒙古民族高等专科学校

辽宁

沈阳音乐学院　渤海大学　辽宁师范大学　沈阳大学

吉林

东北师范大学　延边大学　吉林师范大学　吉林艺术学院

黑龙江

东北林业大学　黑龙江大学

哈尔滨师范大学　哈尔滨商业大学

上海

上海电力学院　上海师范大学　上海商学院

上海音乐学院

江苏

南京艺术学院　南京农业大学　南京工业大学

南京大学　江苏广播电视大学

南通纺织职业技术学院

浙江

浙江大学　浙江师范大学

浙江传媒学院　杭州师范学院

安徽

中国科学技术大学　安徽师范大学

合肥工业大学　安庆师范学院

福建

厦门大学　福建师范大学　福建农林大学

江西

南昌大学　华东交通大学　景德镇陶瓷学院

山东

山东师范大学　山东经济学院

山东财政学院　青岛大学　山东理工大学

河南

河南大学　郑州轻工业学院

南阳师范学院　洛阳师范学院

湖北

中国地质大学(武汉)　华中师范大学

武汉音乐学院　武汉工程大学

湖南

中南大学　湖南大学　湖南师范大学

湖南科技大学

广东

中山大学　华南理工大学　华南师范大学

广东商学院　星海音乐学院　广东工业大学

广西

广西艺术学院　广西民族学院

广西机电职业技术学院

海南

海南软件职业技术学院

四川

西南石油学院　宜宾学院

达县师范高等专科学校　西昌学院

重庆

西南大学　西南政法大学

贵州

贵州大学　贵州民族学院

云南

云南艺术学院　云南师范大学

西藏

西藏藏医学院

陕西

西北工业大学　西北政法学院

陕西教育学院　西北大学

甘肃

西北民族大学　西北师范大学

青海

青海卫生职业技术学院

宁夏

西北第二民族学院

新疆

新疆艺术学院　新疆喀什师范学院

全国高校“优秀学生社团”及其标兵

为贯彻落实《中共中央国务院关于进一步加强和改进大学生思想政治教育的意见》（中发［2004］16号）精神和《关于加强和改进大学生社团工作的意见》（中青联发［2005］5号）的要求，积极支持学生社团活动，切实加强对学生社团管理，大力促进和引导学生社团健康发展，使学生社团在大学生思想政治教育中更好地发挥作用，共青团中央、教育部、全国学联于2004年11月——2005年1月组织了首届全国高校“优秀学生社团”及其标兵评选表彰活动。

在各地共青团组织、教育行政部门、学联组织和学校严格选拔、认真推荐的基础上，经过全国评委会的评审，共青团中央、教育部、全国学联决定授予北京大学爱心社、清华大学学生马克思主义学习研究会等10个学生社团全国高校“优秀学生社团标兵”称号，授予武汉大学春英诗社、中国科学技术大学学生科学考察探险协会等91个学生社团全国高校“优秀学生社团”称号。

全国高校“优秀学生社团标兵”获奖名单

（10个）

北京大学爱心社
清华大学学生马克思主义学习研究协会
北京师范大学心理健康者协会
山西大学自行车协会
哈尔滨工业大学绿色协会
复旦大学生命学社
华东政法学院学生社会法律援助中心
东南大学创业协会
中南大学雷雨剧社
重庆大学大学生“三下乡”与“三个代表”理论研究会

全国高校“优秀学生社团”获奖名单

（91个）

北京(4个)
中国人民大学临界动漫协会
北京航空航天大学小飞机协会
北京理工大学网络开拓者协会
北京林业大学科学探险与野外生存协会
天津(3个)
南开大学学生学习“三个代表”重要思想研究会
天津大学北洋艺术团
天津医科大学大学生心理卫生协会
河北(3个)
石家庄经济学院马列主义、毛泽东思想、邓小平理论学习研究会
承德医学院定向越野运动协会
河北科技大学野生动物保护协会
山西(2个)
山西师范大学心理健康教育研究社
太原科技大学法律服务中心
内蒙古(3个)
内蒙古大学学生邓小平理论学习研究会
内蒙古工业大学大学生艺术团
内蒙古师范大学《马头琴》诗歌协会
辽宁(3个)
大连理工大学邓小平理论暨“三个代表”重要思想研究会
东北大学校园文化促进会
渤海大学自行车协会
吉林(3个)
吉林大学大学生科技协会
东北师范大学三农学社
吉林建筑工程学院邓小平理论和“三个代表”

重要思想学习研究会

黑龙江(3 个)

哈尔滨工程大学 E 唯协会

哈尔滨理工大学大学生科技协会

黑龙江大学雪帆艺术团

上海(4 个)

上海交通大学“三个代表”实践团

上海财经大学工商管理学会

华东理工大学心理健康与发展协会

上海第二医科大学艾滋病同伴教育协会

江苏(5 个)

南京大学日语俱乐部

中国药科大学邓小平理论研究会

南京航空航天大学计算机协会

南京师范大学辩论协会

扬州大学绿行社

浙江(3 个)

浙江大学学生跆拳道协会

浙江工业大学邓小平理论读书会

浙江师范大学学生邓小平理论研究会

安徽(3 个)

中国科学技术大学学生科学考察探险协会

合肥工业大学大学生科技与创新协会

安徽大学环境保护协会

福建(3 个)

集美大学学生科技创业者协会

福州大学演讲与口才协会

福建师范大学青年志愿者协会

江西(2 个)

江西师范大学“蓝天”环保社团

江西中医学院艺术团

山东(4 个)

山东大学学生科技创业者协会

中国海洋大学大学生邓小平理论暨“三个代表”重要思想学习研究会

聊城大学新农科技社

山东建筑工程学院沂蒙情协会

河南(3 个)

郑州大学马列主义研究会

河南大学三农发展研究会

郑州轻工业学院大学生艺术团

湖北(5 个)

武汉大学春英诗社

华中科技大学计算机协会

华中师范大学青年志愿者协会

中国地质大学(武汉)大学生军乐团

武汉理工大学大学生艺术团

湖南(3 个)

湖南大学启智定向协会

湖南理工学院大学生中国特色理论研究会

湘潭大学学生国防教育协会

广东(4 个)

广州中医药大学学生心理发展促进会

广东技术师范学院自行车旅游俱乐部

肇庆学院摄影协会

韶关学院红心协会

广西(2 个)

广西大学数学建模协会

桂林电子工业学院创业协会

海南(1 个)

海南大学青年法学社

四川(4 个)

电子科技大学科技创新协会

成都电子机械高等专科学校电子协会

西南交通大学大学生心理学会

西南财经大学金融投资协会

重庆(3 个)

西南政法大学青年法学会

四川美术学院世纪诺亚漫画社

西南师范大学心理联盟

贵州(2 个)

贵州民族学院青年志愿者协会

贵阳医学院艾滋病青年同伴教育协会

云南(2 个)

云南大学唤青社

云南师范大学冬阳爱心社

西藏(1个)

西藏大学经济爱好者学社

陕西(5个)

西安交通大学微软技术俱乐部

陕西师范大学"求是"理论读书社

西安电子科技大学创新DTO协会

西北农林科技大学义务环保协会

西北工业大学"阳光工程"委员会

甘肃(3个)

兰州大学绿队

西北师范大学阳光服务社

兰州商学院大学生青年志愿者协会

青海(1个)

青海大学绿色空间社

宁夏(1个)

宁夏大学爱心社

新疆(含兵团)(3个)

新疆大学环境保护协会

新疆师范大学绿色阳光行动组

石河子大学知音文学社

全国十佳少先队员

"全国十佳少先队员"是当代中国少年儿童的崇高荣誉,由共青团中央、教育部、全国少工委和中央电视台联合授予,从2003年开始每年评选一届。评选"全国十佳少先队员"是少先队运用典型引导和激励少年儿童健康成长的重要途径,是少年儿童开展相互学习、自我教育的重要形式。2005年评选的第十届"全国十佳少先队员"是在全党全社会高度重视未成年人健康成长,大力加强和改进未成年人思想道德建设,少先队组织深入学习贯彻第五次全国少代会精神,全面深化体验教育的形势下,涌现出来的当代少先队员的优秀代表,充分展示了广大少先队员在党的阳光照耀下,以小主人的姿态,努力学习、锻炼身体、参与实践、培养能力,在少先队组织中茁壮成长的精神风貌,集中体现了当代少年儿童朝气蓬勃、奋发向上的时代风采。

第十届"全国十佳少先队员"名单

山东省青岛市实验小学少先队员李南金(女)

贵州省三都水族自治县城关小学少先队员唐倩(女,水族)

四川省成都市锦江区红专小学少先队员舒航涯(女)

江苏省丰县华山镇子侠小学少先队员侯贺

安徽省肥东县六家畈镇养正中心学校少先队员谭海美(女)

山西省河津市实验中学少先队员柴旭达

宁夏回族自治区海原县第一小学少先队员高凯歌(回族)

天津市河东区盘山道小学少先队员纪昂

江西省南昌市豫章路小学少先队员方铭璐(女)

葛洲坝水利水电工程集团实验小学少先队员王书瑞(女)

“星星火炬”奖章

“星星火炬”奖章用于表彰各条战线长期关心支持少先队工作并做出突出贡献的人士。旨在通过评选活动，宣传在党和政府及社会各界的关心和支持下，少先队事业所取得的成绩；激励广大少先队辅导员和少先队工作者为培养中国特色社会主义事业合格建设者和接班人而努力工作；吸引和鼓励更多的社会各界人士支持和关心少先队事业；进一步优化少年儿童健康成长的社会环境，推动星星火炬事业再上台阶。

2005 年全国“星星火炬”奖章获得者

郑　琦　湖南省当阳市庙前镇井冈小学退休教师

全国十佳少先队辅导员

“全国十佳少先队辅导员”是全国少先队辅导员的崇高荣誉，由共青团中央、教育部和全国少工委联合评选表彰，每两年评选一次，1997 年评选第一届，从 2003 年开始改为每年评选一次。评选表彰“全国十佳少先队辅导员”，是加强少先队组织建设和队伍建设的重要举措。通过评选活动，大力宣传少先队辅导员的无私奉献精神，用榜样的力量教育和感召少先队工作者，推动星星火炬事业代代相传。

第六届“全国十佳少先队辅导员”名单

卫　春　北京市西城区展览路第一小学大队辅导员

马友燕　河北省石家庄市长安区教育局少先队总辅导员

孙海英　辽宁省沈阳市皇姑区岐山路第一小学大队辅导员

刘英楠　黑龙江省哈尔滨市继红小学大队辅导员

廖思琴　团浙江省丽水市委少先队总辅导员

方建平　安徽省祁门县祁山小学大队辅导员

邱孝感　团福建省委少先队总辅导员

鹿　豫　河南省郑州市中原区教育体育局少先队总辅导员

肖前华　重庆市开县汉丰镇第一小学大队辅导员

刘子萍　新疆维吾尔自治区克拉玛依市第九小学大队辅导员

全国十佳少先队志愿辅导员

“全国十佳少先队志愿辅导员”由共青团中央和全国少工委联合评选表彰，每两年评选一次，1999年评选第一届，从第二届开始又联合教育部，与“全国十佳少先队辅导员”同时评选表彰，2003年改为每年评选一次。“全国十佳少先队志愿辅导员”评选活动是加强少先队组织建设和队伍建设的重要举措。通过评选活动，大力宣传少先队志愿辅导员的无私奉献精神，进一步优化少年儿童成长的社会环境，激励更多的社会力量关心少年儿童健康成长，支持少先队事业的发展。

第五届“全国十佳少先队志愿辅导员”名单

钱玉珍　天津市塘沽区盐场小学退休教师

袁去病　河北省廊坊市少儿成长俱乐部总经理

陈光明　内蒙古自治区气象局退休干部

苗淑香　吉林省长春市二道区人民法院少刑庭庭长

孙小敏　上海市杨浦公安分局交通警察支队民警

杨金平　江西省南昌市公安局西湖分局筷子巷派出所副所长

刘绍杰　广东省广州远洋公司退休职工

杨顺德　广西壮族自治区柳州铁路公安处柳州治安大队干部

张景衡　陕西省建筑公司第二小学退休教师

张晓杰　青海省西宁市城东区人民法院少年庭庭长

全国优秀少先队辅导员

“全国优秀少先队辅导员”是由共青团中央、教育部联合评选表彰。首次是从1984年开始，有249名少先队辅导员、少先队志愿辅导员和少年儿童工作者受到表彰。2000年第四次全国少代会开始，每五年评选一次，在少代会期间进行表彰。第四次、第五次全国少代会期间分别授予300名和499名“全国优秀少先队辅导员”荣誉称号。通过评选活动，宣传他们在平凡的岗位上，辛勤耕耘，无私奉献的精神，激励更多的少先队辅导员把辅导员工作作为光荣而神圣的事业，为少年儿童健康成长和全面发展做出更大的贡献。

2005年全国优秀辅导员名单

（共499名）

北京市（15名）

付满东（满族）　平谷区少工委少先队总辅导员

胡长红（女）　昌平区城北中心小学少先队大队辅导员

许士凤（女）　大兴区第五小学少先队大队辅导员

刘桂芹（女）　通州区运河小学少先队大队辅导员

周立娟（女）　门头沟区三家店小学少先队辅导员

杨燕滨（女） 石景山区古城第二小学少先队大队辅导员
陈晓辉（女） 丰台区少工委少先队总辅导员
陈筱梅（女） 朝阳区呼家楼学区少先队总辅导员
车海英（女） 第一实验小学少先队大队辅导员
徐敏玲（女） 朝阳区教育委员会少先队总辅导员
闫志欣（女） 崇文区体育馆路小学少先队大队辅导员
张蔼萍（女） 西城区柳荫街小学少先队大队辅导员
倪彦鹏（女） 东城区丁香胡同小学少先队大队辅导员
颜立新（女） 海淀区彩石路小学少先队大队辅导员
崔青慧（女） 海淀区少工委少先队大队辅导员

天津市（15 名）

周　蓓（女） 汉沽区少工委少先队总辅导员
刘　茜（女） 宁河县团委少先队总辅导员
路　阳（女） 河西区同望小学少先队大队辅导员
崔　凯 南开区南开小学少先队辅导员
焦　茹（女） 和平区万全道小学少先队大队辅导员
张振芸（女） 大港区第四小学少先队大队辅导员
贾德奎 蓟县城关小学少先队大队辅导员
张　骏 河东区教育局少先队总辅导员
丁　静（女） 北辰区北仓小学少先队大队辅导员
张　霞（女） 红桥区跃进里小学少先队大队辅导员
刘亚娜（女） 西青区杨柳青镇第一小学少先队大队辅导员
叶文君 河北区教育局少先队总辅导员
王玉全 东丽区教育局少先队总辅导员
曹翔东（女） 塘沽区浙江路小学少先队大队辅导员
董宝顺 静海县独流镇教育委员会少先队总辅导员

河北省（16 名）

王惠民 石家庄市新华区教育服务公司副经理
郝丽芳（女） 石家庄市桥西区曙光小学少先队大队辅导员
毕淑红（女） 承德市头道牌楼小学少先队大队辅导员
杨晓燕（女，满族） 青龙满族自治县第一实验小学少先队大队辅导员
郑　敏（女） 张家口市宣化区相国庙街小学少先队大队辅导员
侯卫华（女） 张家口市桥东区卫华小学少先队大队辅导员
董　辉（女） 唐山市路南区教育局少先队总辅导员
陈广慧（女） 廊坊市安次区团委少先队总辅导员
张健冬（女） 廊坊市广阳区团委少先队总辅导员
于　光（女） 保定市前进小学少先队大队辅导员
高彦芹（女） 保定师范学校附属小学少先队大队辅导员
潘国风（女） 沧州市新华区少工委少先队总辅导员
张　健（女） 衡水市实验小学少先队大队辅导员
刘德光 冀州市文教局少先队总辅导员
张　敏（女） 邯郸市复兴区文化教育体育局少先队总辅导员
魏丽霞（女） 邢台市团委少先队总辅导员

山西省（16 名）

侯爱萍（女） 太原市迎泽区教育局少先队总

辅导员

高俊芳(女)　大同市城区四十三小学校少先队大队辅导员

陈冬媛(女)　大同市城区第十七小学校少先队大队辅导员

秦彩兰(女)　朔州市朔城区第二小学少先队大队辅导员

李彩清(女)　朔州市实验小学少先队辅导员

梁凤英(女)　忻州市长征路小学少先队大队辅导员

程建英(女)　晋中市榆次区郭家堡乡中心校少先队大队辅导员

曹瑞国　阳泉市郊区实验小学校少先队大队辅导员

郑华文(女)　平定师范附属小学少先队大队辅导员

王青兰(女)　晋城市城区第二小学少先队大队辅导员

郑志文　长治师范附属友谊小学少先队大队辅导员

贾路军　长治市城区梅辉坡小学少先队大队辅导员

李冰花(女)　吕梁市离石区第一小学校少先队大队辅导员

安文丽(女)　霍州市鼓楼街道办事处第二小学少先队大队辅导员

杨红娟(女)　运城市盐湖区实验小学少先队大队辅导员

任燕萍(女)　晋机集团公司第一小学少先队大队辅导员

内蒙古自治区(16名)

成丽君(女)　呼和浩特市回民区教育局少先队总辅导员

李　颖(女,蒙古族)　呼和浩特市赛罕区幸福街小学少先队大队辅导员

李素霞(女)　包头市昆区乌兰小学少先队大队辅导员

程耀珍(女)　少先队活动辅导站少先队辅导员

侯庆利(女,蒙古族)　通辽市科左中旗教体局少先队总辅导员

郭冬梅(女)　呼伦贝尔市民族少年宫附属实验小学少先队大队辅导员

张庆席(女,蒙古族)　赤峰市红山区教育局少先队总辅导员

张爱萍(女)　锡盟锡林浩特市第四小学少先队大队辅导员

董　煜(女)　察右中旗第二中学少先队大队辅导员

王子慧(女)　鄂尔多斯市东胜区实验小学少先队大队辅导员

白瑞霞(女,蒙古族)　巴彦淖尔市实验小学少先队大队辅导员

尚凤莉(女)　乌海市海勃湾区第四完全小学少先队大队辅导员

郑　颖(女)　大兴安岭林管局阿里河林业局少先队总辅导员

陈玉珍(女,蒙古族)　内蒙古军区第三干休所学雷锋、学赖宁少先队中队辅导员

程彦平(女)　兴安盟突泉县工农小学少先队大队辅导员

青格勒图(蒙古族)　阿拉善盟额济纳旗蒙古族春蕾小学少先队大队辅导员

辽宁省(19名)

孙海英(女)　沈阳市皇姑区岐山路第一小学少先队大队辅导员

赵婷婷(女,满族)　沈阳市大东区静美小学少先队大队辅导员

于文艳(女)　大连市沙河口区少先队总辅导员

张　颖(女)　鞍山市铁西区教育局少先队总辅导员

张　晔(女)　鞍山市铁东区教育局少先队总

辅导员
刘巍巍(女) 抚顺市实验小学校少先队大队辅导员
张铁飞(女) 本溪市明山区东胜小学少先队大队辅导员
李 纲 丹东市振兴区教育局少先队总辅导员
王 娇(女,满族) 丹东市元宝区文化教育局少先队总辅导员
丁苗苗(女) 锦州市古塔区保安第二小学校少先队大队辅导员
顾 丽(女) 锦州市凌河区解放小学少先队辅导员
韩 冬(女) 营口市西市区韶山小学少先队大队辅导员
应 磊 阜新市细河区教育文化局少先队总辅导员
佟丽丽(女) 辽阳市白塔区东文化小学少先队大队辅导员
金 丹(女) 开原市红旗小学少先队辅导员
王敬国 盘锦市实验小学少先队大队辅导员
马秋月(女) 葫芦岛市师范学校附属小学少先队大队辅导员
王文辉(女) 辽河石油勘探局基础教育部少先队总辅导员
赵文财 大连市西岗区东关小学关工委副主任

吉林省(16 名)

王 旭(女) 长春市朝阳区教育局少先队总辅导员
宋迎超(女) 长春市南关区南岭小学校少先队大队辅导员
宋国英(女) 九台市苇子沟镇中心校少先队总辅导员
李淑玲(女) 吉林市龙潭区教育局少先队总辅导员
韩国良 吉林市第一实验小学校少先队大队辅导员
李大义 延吉市北山小学少先队大队辅导员
韩 颖(女) 安图县第二实验小学少先队大队辅导员
吴欣然(女) 四平市第二实验小学少先队大队辅导员
邓春平(女) 通化市东昌区实验小学校少先队大队辅导员
辛志伟(女) 柳河县实验小学少先队大队辅导员
王春晖(女) 洮南市团委少先队总辅导员
程 勇 白城市海明小学少先队大队辅导员
韩立春(女) 辽源市龙山区多寿路小学少先队大队辅导员
李文萍(女) 松原市油田教育处实验小学少先队大队辅导员
宋 静(女) 白山市实验小学少先队大队辅导员
张海燕(女) 第二实验学校少先队大队辅导员

黑龙江省(16 名)

丁振红(女) 双鸭山市尖山区教育局少先队总辅导员
王书媛(女) 宁安市第四小学少先队大队辅导员
王国忠 齐齐哈尔市龙沙区青云小学校少先队大队辅导员
王 然(女,回族) 哈尔滨市经纬小学校少先队大队辅导员
邓春蕾(女) 佳木斯市第十一小学校少先队大队辅导员
田 萍(女) 农垦总局牡丹江分局 854 农场子弟校少先队大队辅导员
刘海涛 大庆市大庆油田教育中心少先队总辅导员
牟宏静(女) 哈尔滨市大同小学校少先队大队辅导员
张 弘(女) 黑河市第三小学少先队大队辅导员

李秀娟(女)　海伦市实验小学少先队大队辅导员

李国栋　七台河市第五小学少先队大队辅导员

杜晓萍(女)　鸡西市鸡冠区东风小学校少先队大队辅导员

陈　芳(女)　鹤岗师范高等专科学校附属小学少先队大队辅导员

单洪涛(女,达斡尔族)　大兴安岭林业育才小学少先队大队辅导员

原　鸣(女)　伊春市伊春区朝阳小学校少先队大队辅导员

谭　滨(女)　海林市大海林林业局第二小学少先队辅导员

上海市(15 名)

张　蓓(女)　黄浦区曹光彪小学少先队大队辅导员

陈　俭(女)　卢湾区第三中心小学少先队大队辅导员

张　新(女)　长宁区少年宫少先队总辅导员

孔琳琳(女)　第一师范学校附属小学少先队大队辅导员

俞　芳(女)　普陀区武宁路小学少先队大队辅导员

金　艳(女)　青云中学少先队辅导员

崔可嘉(女)　虹口区青少年活动中心少先队总辅导员

黄　熠(女)　杨浦区控江二村小学少先队大队辅导员

王燕平(女)　宝山区月浦新村小学少先队大队辅导员

王　萌(女)　闵行区汽轮小学少先队大队辅导员

陆春荀(女)　嘉定区教师进修学院少先队辅导员

朱海燕(女)　浦东新区社会发展局第四教育署少先队总辅导员

孙翠英(女)　金山区第一实验小学少先队大队辅导员

高健华(女)　青浦区佳信小学少先队总辅导员

孙小敏　杨浦区公安分局交警支队宣传科民警

江苏省(19 名)

赵明才　溧水县关心下一代工作委员会

梁　红(女,回族)　南京市少工委少先队总辅导员

张　健　南京市长江路小学少先队大队辅导员

吉静娟(女)　无锡市玉祁镇中心小学少先队总辅导员

朱凤娟(女)　无锡市惠山区堰桥镇中心小学少先队总辅导员

于桂芬(女)　徐州市团委少先队总辅导员

郭玉琴(女)　常州市第二实验小学少先队大队辅导员

储宁玲(女)　常州市武进区湟里中心小学少先队总辅导员

陆春花(女)　苏州市吴中区东山实验小学少先队大队辅导员

李玉华(女)　海安县实验小学少先队大队辅导员

曹爱东　如东县马塘镇少先队总辅导员

张永虎　连云港师范高等专科学校第一附属小学少先队大队辅导员

张良文　淮阴师范学校附属小学少先队大队辅导员

仓定志　盐城市少先队总辅导员冯长宏高邮市少先队副总辅导员

周超英　扬州市广陵区少先队辅导员

夏　莉(女)　镇江实验学校少先队总辅导员

汤荣祥　泰州市海陵区少先队总辅导员

程新宇　宿迁市实验小学少先队大队辅导员

浙江省(16 名)

朱佩华(女)　杭州市西湖区青少年宫少先队总辅导员

蔡筱文(女) 杭州市萧山区瓜沥镇第二小学少先队辅导员
夏利波(女) 宁波市曙光小学少先队大队辅导员
王林素(女) 象山县贤庠镇中心小学少先队辅导员
葛红敏(女) 温州市团委少先队总辅导员
林甲建 平阳县中心小学少先队大队辅导员
郑宁远 湖州市团委少先队总辅导员
向 婕(女) 嘉兴市实验小学少先队大队辅导员
姚爱英(女) 平湖市黄姑中学少先队辅导员
于 军 绍兴市团委少先队总辅导员
赵予心(女) 嵊州市鹿山小学少先队总辅导员
何若伟 金华市团委少先队总辅导员
蓝 峻(畲族) 常山县天马镇第二中心小学少先队大队辅导员
刘立力(女) 舟山市普陀区沈家门小学少先队大队辅导员
徐红飚 温岭市教育局少先队总辅导员
李小平 龙泉市水南小学少先队大队辅导员

安徽省(16 名)

周 妍(女) 合肥师范附属学校少先队大队辅导员
武兴玲(女) 淮北市实验小学少先队大队辅导员
胡永丰 宿州市埇桥区少先队总辅导员
胡福凌(女) 蚌埠市禹会区教育局少先队总辅导员
付春梅(女) 阜阳市太和县第三小学少先队大队辅导员
赵 平(女) 淮南师范附属小学少先队大队辅导员
周树龙 滁州市实验小学少先队大队辅导员
张 敏(女) 六安市裕安区解放路小学少先队辅导员
傅文静(女) 马鞍山市山南小学少先队大队辅导员
何 菊(女) 庐江县城北小学少先队大队辅导员
王 颖(女) 芜湖市育红小学少先队大队辅导员
汤文莉(女) 宣城市第四小学少先队大队辅导员
吴 军 铜陵市实验小学少先队大队辅导员
许志中 池州市贵池区实验小学少先队大队辅导员
王传兵 枞阳县陈瑶湖镇中心小学少先队总辅导员
王 宾 黄山市屯溪长干小学少先队大队辅导员

福建省(16 名)

王国光 福州实验小学少先队辅导员
江道坦 福州市鼓楼区少年科学艺术宫
张 宏(女) 福州教育学院附属第一小学少先队总辅导员
洪建军 厦门市团委少先队总辅导员
林晴虹(女) 福州市平潭县城中小学少先队总辅导员
张少云(女) 漳州市平和县育英小学少先队总辅导员
黄 博 漳州市实验小学少先队总辅导员
高秀华(女) 晋江市永和镇教育委员会少先队总辅导员
李百灵(女) 泉州市第二实验小学少先队总辅导员
李春萍(女) 三明学院附属小学少先队总辅导员
黄小强 三明市梅列区群英小学少先队总辅导员
刘雪璠(女) 莆田市涵江区实验小学少先队总辅导员
陈玉英(女) 南平市延平区教育局少先队总辅导员
张继艳(女) 永定县胡文虎小学少先队总辅

导员

钟小明(畲族)　福安师范学校附属小学少先队总辅导员

陈文宁　德市蕉城区少先队总辅导员

江西省(16名)

陈玲玲(女)　永修县新城小学少先队大队辅导员

龙　梅(女)　萍乡市安源区城北小学少先队大队辅导员

朱　燕(女)　乐平市第一小学少先队大队辅导员

许剑萍(女)　景德镇市第十二小学少先队大队辅导员

李慧敏(女)　鹰潭市师范附属小学少先队大队辅导员

彭明明　于都县实验小学少先队总辅导员

邓　玲(女)　鹰潭市第一小学少先队大队辅导员

赖静怡(女)　赣州市红旗大道第二小学少先队大队辅导员

张志红(女)　宜春市实验小学少先队总辅导员

张　敏(女)　上饶市逸夫小学少先队大队辅导员

肖　辉(女)　萍乡市师范学校附属小学少先队大队辅导员

彭　艳(女)　南昌市站前路小学少先队大队辅导员

黄海艳(女)　泰和县澄江镇澄江中心小学少先队大队辅导员

陈　莺(女)　九江市双峰小学少先队大队辅导员

许贤玉(女)　吉安市吉州区仁山坪小学少先队大队辅导员

万文华(女)　南昌市青桥学校少先队大队辅导员

山东省(21名)

王　静(女)　威海市实验中学少先队大队辅导员

魏红光　东营市广饶县第一实验小学少先队大队辅导员

张　娟(女)　莱芜市实验小学少先队总辅导员

俞　燕(女)　烟台市芝罘区教育体育局少先队总辅导员

李　红(女)　济宁市市中区教育局少先队总辅导员

朱宁刚　济南市槐荫区教育局少先队总辅导员

刘　强　济南市历下区教育局少先队总辅导员

崔建波　邹平县教育局少先队总辅导员

孙　智(女)　青岛市市南区教育体育局少先队总辅导员

袁永红(女)　莱西市实验小学少先队大队辅导员

李　刚　枣庄市薛城区北临城小学少先队大队辅导员

董维山　淄博市张店区教育局少先队总辅导员

李　平(女)　德州市德城区教育委员会少先队总辅导员

蔡玉娟(女)　聊城市实验小学少先队大队辅导员

付红军　临沂市兰山区西郊实验学校少先队总辅导员

张桂松　沂南县砖埠镇中心完全小学少先队总辅导员

王开亮　泰安师范学校附属学校少先队大队辅导员

李文波　日照市新营小学少先队大队辅导员

吕　磊　菏泽市教育局少先队总辅导员

王桓太　潍坊市奎文区教育局少先队总辅导员

尹世明　青州市共青希望小学少先队大队辅导员

河南省(21 名)

禹淑贤(女)　郑州市管城回族区教育文化体育局少先队总辅导员

马松年　登封市崇高路小学少先队大队辅导员

葛广普　开封市杞县柿园乡黄庄小学少先队大队辅导员

宫　鹤(女)　洛阳市涧西区教育局少先队总辅导员

王舒楠(女)　平顶山市新华区体育路小学校少先队大队辅导员

于直孝　新乡市新乡县朗公庙镇少先队总辅导员

宋　璐(女)　安阳市北关区健康路小学少先队大队辅导员

张增恩　安阳市内黄县城关镇宛庄小学少先队总辅导员

李晋凤(女)　焦作市解放区团结街小学少先队大队辅导员

杨美丽(女)　濮阳市子路小学少先队大队辅导员

杜颖娟(女)　许昌实验小学少先队总辅导员

薛曙雅(女)　三门峡市第一小学少先队大队辅导员

李朝峰　鹤壁市教育局少先队总辅导员

赵玉超　商丘市第二实验小学少先队总辅导员

丁超勋　周口市团委少先队总辅导员

郑鸣浩　驻马店市驿城区教育体育局少先队总辅导员

刘　洁(女)　信阳职业技术学院附属小学少先队大队辅导员

吕学功　济源市济水中心校东街学校少先队总辅导员

孙锦仁(女)　濮阳市油田教育中心少先队总辅导员

刘利梅(女)　省实验小学少先队大队辅导员

陈亚玲(女)　郑州市金水区教育文化体育局少先队总辅导员

湖北省(15 名)

余　蓓(女)　武汉市江岸区教育局少先队总辅导员

王　金　黄石市广场路小学少先队大队辅导员

周晓雁(女)　十堰市五堰小学少先队大队辅导员

张成志　当阳市东门小学少先队大队辅导员

李　明(女)　松滋市城关第一小学少先队大队辅导员

高厚平　孝感市实验小学少先队总辅导员

吴　敏(女)　荆门市东宝区象山小学少先队总辅导员

李　颖(女)　襄樊市第一实验小学少先队大队辅导员

潘　峻　鄂州市东方红小学少先队大队辅导员

胡超玲(女)　武穴市梅川镇小学少先队中队辅导员

吴秋玲(女,苗族)　宣恩县珠山镇宝塔小学少先队大队辅导员

瞿　霞(女)　广水市实验小学少先队大队辅导员

董　超(女)　武钢中小学教育处少先队总辅导员

李　鑫(女)　武昌区水果湖第二小学少先队大队辅导员

曾　华(女)　葛洲坝水利水电工程集团实验小学少先队大队辅导员

湖南省(16 名)

张　菁(女)　湖南大学子弟小学少先队大队辅导员

徐小柳(女)　中南大学附属铁道小学少先队大队辅导员

周　玮　湖南师范大学附属小学少先队大队辅导员

谷香萍(女)　衡东县城关镇完全小学少先队

大队辅导员
李　茜(女)　株洲市芦淞区栗树山小学少先队大队辅导员
王　蓉(女)　湘潭市雨湖区风车坪学校少先队大队辅导员
李向阳　邵东县两市镇第一完全小学少先队大队辅导员
张　艺(女)　岳阳市岳阳楼区实验小学少先队总辅导员
周金华　常德市鼎城区灌溪镇中学少先队大队辅导员
张　轶(女,土家族)　吉首市民族实验小学少先队大队辅导员
吉红蕾(女)　益阳师范学校附属小学少先队大队辅导员
郭阳锋　彬州市第九完全小学少先队大队辅导员
阳小刚　永州市冷水滩区第四小学少先队大队辅导员
刘建华　怀化市舞水小学少先队大队辅导员
陈爱莲(女)　娄底市涟源钢铁集团有限公司第四小学少先队大队辅导员
蒋贻俊(苗族)　湘西自治州龙山县民安一小少先队总辅导员

广东省(20名)

刘超英(女)　广州市白云区少先队总辅导员
常　洪(满族)　深圳市福田区园岭小学一分部少先队大队辅导员
诸文养　珠海市香洲区第一小学少先队大队辅导员
李锦华　汕头市澄海凤翔中心小学少先队总辅导员
吴海燕(女)　佛山市顺德区北滘镇城区小学少先队大队辅导员
廖敏谊(女)　韶关市武江区红星小学少先队大队辅导员
刘惠芳(女)　河源市连平县第二小学少先队总辅导员
李　永　梅州市梅县丽群小学少先队总辅导员
梁湖根　惠州市博罗县实验小学少先队大队辅导员
黄淑军　汕尾市海丰县海城镇城西小学少先队大队辅导员
彭仿兰(女)　东莞市凤岗镇少先队总辅导员
郑少君　中山市板芙镇教科文卫办少先队总辅导员
周一文(女)　江门市范罗冈小学少先队大队辅导员
林德强　阳江职业技术学院附属实验学校少先队大队辅导员
张桂兰(女)　高州师范附属第一小学少先队大队辅导员
黎红玉(女)　四会市城中区沙尾小学少先队大队辅导员
招丽霞(女)　清远市清城区新北江小学少先队总辅导员
陈森雁　潮州市绵德小学少先队总辅导员
夏细珊(女)　揭阳市邱金元纪念小学少先队大队辅导员
梁　波(女)　云浮市新兴县新城镇中心小学少先队大队辅导员

广西壮族自治区(15名)

颜　敏(女)　南宁市民主路小学少先队大队辅导员
侯　琳(女)　柳州市弯塘路小学少先队大队辅导员
吴秋蓉(女)　柳州市公园路小学少先队大队辅导员
李树荣(女)　桂林市民主小学少先队大队辅导员
李海燕(女)　梧州市藤县藤城中心校少先队大队辅导员
赵晓鹂(女)　北海市海城区第十一小学少先队大队辅导员
甲世宝(壮族)　防城港市防城区那垌乡滩散

小学少先队大队辅导员

翟添才　钦州市钦北区小董镇中心小学少先队总辅导员

潘伟英(女)　贵港市港北区贵城镇西江中心小学少先队总辅导员

林　智(女)　玉林市玉州区东环小学少先队大队辅导员

马丽娅(女,壮族)　百色市八一希望学校少先队大队辅导员

刘玉菲(女)　贺州市八步实验小学少先队总辅导员

卢丽君(女,壮族)　河池市金城江区实验小学少先队总辅导员

石艳蓉(女,壮族)　合山市实验小学少先队员总辅导员

吴义爱(女,壮族)　崇左市江州区教育局少先队总辅导员

海南省(12 名)

朱　巧(女)　海口市第二十五小学少先队总辅导员

卓晓雷　海口市第二十七小学少先队大队辅导员

李少霞(女,黎族)　陵水黎族自治县椰林第一小学少先队大队辅导员

黄运山(黎族)　三亚市河西区中心学校少先队总辅导员

曾令荣　澄迈县永发中心学校少先队总辅导员

高　师　琼海市嘉积镇中心学校少先队总辅导员

卓琼辉　万宁市万城镇第一中心学校少先队总辅导员

高运兴　东方市第四小学少先队总辅导员

黄　娥(女,黎族)　五指山市南圣军民希望小学少先队总辅导员

陈俊标　屯昌县向阳小学少先队总辅导员

曾建益(女)　儋州市民族中学少先队辅导员

李　理(黎族)　乐东黎族自治县第二小学少先队总辅导员

重庆市(14 名)

何光君(女)　万州区实验小学少先队大队辅导员

周　杰　涪陵城区第七小学校少先队大队辅导员

王宏琴(女)　渝中区第一实验小学校少先队大队辅导员

魏　萍(女)　江北区新村实验小学少先队大队辅导员

王　靖(女)　沙坪坝区树人小学校少先队总辅导员

练光明　南岸区龙门浩小学校少先队大队辅导员

周贤平　北碚区静观镇中心小学校少先队大队辅导员

陈小兵　渝北区第二实验小学校少先队大队辅导员

李　晶(女)　合川涼亭小学少年警校少先队大队辅导员

曹小丽(女)　铜梁县第一实验小学少先队大队辅导员

刘代洋(土家族)　石柱土家族自治县南宾镇小学校少先队大队辅导员

李元亮(土家族)　酉阳土家族苗族自治县实验小学少先队大队辅导员

谢晓梅(女)　人民小学校少先队大队辅导员

马　颖(女)　巴蜀小学校少先队总辅导员

四川省(20 名)

漆巨馥(女)　成都市武侯区团委少先队总辅导员

宋宝平(女)　自贡市育才小学少先队大队辅导员

陈春林(女)　攀枝花市实验学校少先队大队辅导员

明　权(女)　泸州市大北街小学校少先队大队辅导员

雷　春(女)　德阳市旌阳区教育局少先队总

辅导员

余志勇　绵阳市三台县潼川第二小学校少先队总辅导员

汪　杰　苍溪县特殊教育学校少先队大队辅导员

卢建华(女)　遂宁市船山区新盐市街小学校少先队大队辅导员

雷智菊(女)　资中县重龙镇中心学校少先队总辅导员

刘春梅(女)　峨眉山市绥山镇第三小学校少先队大队辅导员

胡　珺(女)　阆中市城东小学校少先队大队辅导员

黄剑珠(女)　屏山县屏山镇西城小学少先队辅导员

周小琴(女)　华蓥市双河小学少先队大队辅导员

僧希林(女)　达州市通川区第一小学校少先队大队辅导员

刘　晓(女)　巴中市巴州区第一小学校少先队大队辅导员

曹清慧(女)　汉源县九襄镇小学少先队大队辅导员

刘美兰(女)　仁寿县教育局少先队总辅导员

毛　琨(女)　简阳市简城镇第一小学少先队大队辅导员

高泽君(女,藏族)　阿坝州小金县美兴镇小学少先队大队辅导员

瓦其阿呷(女,彝族)　凉山州昭觉县教育局少先队总辅导员

贵州(15名)

穆卫红(女)　贵阳市云岩区教育局少先队总辅导员

郭　蒂(女)　贵阳市毓秀路小学少先队辅导员

汪李莉(女)　贵阳市省府路小学少先队大队辅导员

陈兴梅(女,布依族)　贵阳市白云区艳山红镇高山小学少先队大队辅导员

李世波(女,仡佬族)　遵义市文化小学少先队大队辅导员

刘　晖(女)　遵义市汇川区高桥镇淑仙纪念小学少先队大队辅导员

朱定英(女,布依族)　镇宁布依族苗族自治县城关镇第三小学少先队大队辅导员

吴胜云　六盘水市六枝特区岩脚镇第二小学少先队大队辅导员

金崇俊(仡佬族)　都匀市第七完全小学少先队总辅导员

陈　云(女)　凯里市第七小学少先队大队辅导员

杨昭嗣(侗族)　册亨县实验小学少先队大队辅导员

刘　刚(土家族)　印江土家族苗族自治县峨岭镇第二完全小学少先队大队辅导员

魏家芬(女)　毕节市第六小学校少先队大队辅导员

杨　鹃(女)　纳雍县雍熙镇第一小学少先队大队辅导员

曹　义(女)　黎阳航空发动机公司子校小学部少先队大队辅导员

云南省(15名)

郝学兰(女,回族)　昆明市盘龙区明通小学少先队大队辅导员

魏　晴(女)　昆明市五华区武成小学少先队大队辅导员

杨一红(女,纳西族)　丽江市古城区教育局少先队总辅导员

旃凌雁(女,蒙古族)　文山壮族苗族自治州实验小学少先队总辅导员

高　兰(女)　大理州巍山县为民小学少先队大队辅导员

代福年　玉溪第四小学少先队总辅导员

张木兴　保山市实验小学少先队总辅导员
牛建昭（女）　昭通市实验小学少先队中队辅导员
云万兵（回族）　禄丰县广通镇小学少先队总辅导员
张会林（女）　蒙自县教育局少先队总辅导员
李国艇（藏族）　迪庆州香格里拉县上江乡中心完小少先队总辅导员
周宗仙（女）　临沧市临翔区前进小学少先队大队辅导员
王从英（女）　瑞丽市姐岗小学少先队大队辅导员
段卫芹（女）　德宏州陇川县第二小学少先队大队辅导员
罗　坤　思茅市翠云区少先队总辅导员

西藏自治区（12 名）

德　吉（女，藏族）　拉萨市第一小学少先队大队辅导员
边巴平措（藏族）　拉萨市城关区雪小学少先队大队辅导员
索郎拥青（女，藏族）　昌都地区第一小学少先队大队辅导员
阿布琼（藏族）　山南地区琼结县完小少先队辅导员
金　桑（藏族）　林芝地区第二小学少先队总辅导员
扎　巴（珞巴族）　南伊珞巴民族乡中心小学少先队辅导员
张　强　那曲地区第一小学少先队辅导员苏迪中国人民解放军 95938 部队
丹巴加措（藏族）　拉萨市城关区海城小学少先队大队辅导员
央金拉姆（女，藏族）　阿里普兰县多油村完小学少先队大队辅导员
格桑占堆（藏族）　拉萨市城关区娘热乡完全小学少先队大队辅导员
尼　珍（女，藏族）　日喀则地区小学少先队大队辅导员

陕西省（16 名）

侯育刚　西安东方小学少先队大队辅导员
李　兰（女）　西安市莲湖区环城西路小学少先队大队辅导员
李红春（女）　宝鸡市金台区团委少先队总辅导员
马　琨（女）　三原县城关镇东关小学少先队大队辅导员
阳晓岚（女）　岚皋县民主镇民主小学少先队辅导员
强广林　杨凌示范区高新小学少先队大队辅导员
李　静（女）　西安铁路信号工厂子弟小学少先队辅导员
陈　欣（女）　西安交通大学附属小学少先队大队辅导员
朱宝军　西安中学少先队辅导员
罗玺麟（女）　商洛市商州城关小学少先队大队辅导员
薛文芳（女）　延安育才学校少先队大队辅导员
李翠文（女）　汉中市西大街小学少先队大队辅导员
杨　娟（女）　铜川市耀州区城关镇塔坡小学少先队大队辅导员
管丽丽（女）　富平县杜村镇杜村小学少先队大队辅导员
马海霞（女）　榆林市第一小学少先队大队辅导员
郑　梅（女）　省少工委少先队总辅导员

甘肃省（15 名）

张继水　榆中县文成小学少先队大队辅导员
杨淑英（女）　西北师范大学附属小学少先队辅导员
袁　莉（女）　泾川县中街小学少先队大队辅导员
周贵靖　远师范学校附属小学少先队大队辅导员

王庆峰　庆阳师范学校附属小学少先队大队辅导员

孙爱英(女)　天水市建设路第二小学少先队辅导员

高　漪(女)　玉门油田外国语学校(小学部)少先队大队辅导员

刘治兰(女)　酒泉市西大街小学少先队中队辅导员

臧小蕾(女)　兰州市城关区宁卧庄小学少先队大队辅导员

杨学军　张掖市甘州区南关小学少先队总辅导员

常玉芬(女)　民勤县西关小学少先队大队辅导员

卢　雁(女)　嘉峪关市胜利路小学少先队大队辅导员

龙春花(女)　陇南市武都区葆真小学少先队大队辅导员

王锦屏　定西市岷县西江镇中心小学少先队大队辅导员

张志红(藏族)　甘南藏族自治州团委少先队总辅导员

青海省(15名)

史海蓉(女)　西宁市城西区教育局少先队总辅导员

鲁海燕(女)　西宁市七一路小学少先队大队辅导员

贾永蓉(女)　西宁市南大街小学少先队大队辅导员

严晋海　西宁市晓泉小学少先队大队辅导员

刘海清　平安县第二完全小学少先队大队辅导员

马旭梅(女)　民和回族土族自治县实验小学少先队大队辅导员

杨长格　格尔木市实验小学少先队大队辅导员

林其其格(女,蒙古族)　德令哈市民族联校少先队辅导员

张安加(蒙古族)　门源回族自治县城关第一小学少先队总辅导员

罗　加(藏族)　贵南县城关民族完全小学少先队大队辅导员

拉　毛(女,藏族)　海南州共和县民族完小少先队辅导员

韩惠英(女,藏族)　同仁县第一完小少先队大队辅导员

布才仁(藏族)　玉树藏族自治州红旗学校少先队大队辅导员

扎西措(女,藏族)　果洛州玛沁县大武镇第一完全民族小学少先队辅导员

贾永珍(女)　石油管理局第三小学少先队大队辅导员

宁夏回族自治区(15名)

董兴高　银川市西夏区第十一小学少先队大队辅导员

马文梅(女,回族)　银川市兴庆区通贵乡教委少先队总辅导员

杨　明　银川市灵武市逸夫小学少先队总辅导员

丁旭东　石嘴山市第二小学少先队总辅导员

于忠玲(女)　石嘴山市第十一小学少先队大队辅导员

何太升　中卫市第三小学少先队大队辅导员

蒋振彤　中卫市海原县贾塘乡中心小学少先队辅导员

叶　涛　中卫市中宁县第一小学少先队大队辅导员

秦　烨(满族)　青铜峡市第三小学少先队大队辅导员

马希芳(女,回族)　吴忠市同心县实验小学少先队总辅导员

马耀军(回族)　吴忠市利通区金积镇中学少先队辅导员

张恒忠　固原市西吉县第一小学少先队大队辅导员

孙晋芳(女)　固原市彭阳县第二小学少先队大队辅导员
耿月霞(女)　灵武农场小学少先队大队辅导员
许　琳(女)　石嘴山市平罗县城关镇第一小学少先队大队辅导员

新疆维吾尔族自治区(15 名)

王晓梅(女,回族)　昌吉州团委少先队总辅导员
何法斌　阿瓦提县上海广电集团希望小学少先队大队辅导员
张爱梅(女)　八一钢铁集团有限责任公司第三小学少先队大队辅导员
王　琨(女)　哈密市少工委少先队总辅导员
王国凯　乌鲁木齐市天山区教育局少先队总辅导员
巴德玛(女,蒙古族)　博乐市第三中学少先队大队辅导员
阿曼古丽(女,柯尔克孜族)　乌恰县第一中学少先队辅导员
米娜瓦尔·艾合买提(女,维吾尔族)　和田市第五小学少先队大队辅导员
克丽比努尔·努尔热合买提(女,维吾尔族)　泽普县第一小学少先队大队辅导员
李妍静(女)　克拉玛依市第八小学少先队大队辅导员
沙拉·苏里坦(女,哈萨克族)　伊犁州新源县第一小学校少先队中队辅导员
张　卫(女)　新疆兵团农六师五家渠市第一小学少先队大队辅导员
李　芳(女)　新疆兵团农七师一二七团一小少先队大队辅导员
舒卫华(女)　新疆兵团农十三师红星二场学校少先队大队辅导员
权双庆(女)　新疆兵团农十师北屯中学少先队大队辅导员

中国少年儿童平安行动

2005 年,“中国少年儿童平安行动”全国组委会办公室在各级少先队组织层层推荐和审核的基础上,评选出 2005 年“中国少年儿童平安行动”优秀组织奖 135 个,“平安校园(社区)”组织奖 296 个,“平安行动好队员”861 名,优秀“平安使者”95 名。

2005 年“中国少年儿童平安行动”优秀组织奖名单

(排名不分先后)

北京

西城区少工委　丰台区少工委
崇文区少工委　平谷区少工委

天津

红桥区少工委　塘沽区少工委
南开区少工委　静海区少工委

河北

唐山市少工委　邢台市少工委
廊坊市少工委　承德团市委
保定市少工委

山西

晋中市少工委　朔州市少工委
太原市少工委　长治市少工委

内蒙古

呼和浩特市少工委　呼和浩特市赛罕团区委
通辽市少工委　大兴安岭林管局少工委

辽宁

鞍山市少工委　丹东团市委

抚顺市少工委　阜新市少工委

吉林

长春市少工委　白山市少工委

吉林市少工委　梅河口市少工委

四平市少工委

黑龙江

哈尔滨市少工委　双鸭山市少工委

鸡西市少工委　鹤岗市少工委

上海

长宁区少工委　奉贤区少工委

徐汇区少工委　静安区少工委

杨浦区少工委

江苏

南京市少工委　连云港市少工委

苏州市少工委　扬州市少工委

南通市少工委　盐城团市委

浙江

浙江省少工委　温州市少工委

湖州市少工委　金华市少工委

台州市少工委　杭州市少工委

安徽

合肥市少工委　铜陵市少工委

黄山市少工委　阜阳团市委

滁州市少工委

福建

宁德市少工委　莆田市少工委

三明市少工委　漳州市少工委

江西

新余团市委　景德镇市少工委

南昌市少工委

山东

山东省少工委　东营市少工委

济南市少工委　烟台市少工委

青岛市少工委

河南

安阳市少工委　焦作团市委

南阳市少工委　濮阳市油田教育中心

湖北

湖北省少工委　襄樊团市委

咸宁市少工委　武汉市江岸区教育局团委

随州市少工委

湖南

湖南省少工委　湘潭市少工委

长沙市少工委

广东

广东省少工委　深圳市少工委

广州市少工委　湛江吴川市少工委

广西

来宾市少工委　贺州市少工委

玉林市少工委　贵港市少工委

海南

海口市少工委　万宁市少工委

三亚市少工委　乐东县少工委

重庆

重庆市少工委　奉节县少工委

九龙坡团区委　石柱县少工委

四川

四川团省委　遂宁市少工委

泸州市少工委　南充市少工委

宜宾市少工委　达州市少工委

贵州

安顺市少工委　金沙县少工委

铜仁地区少工委　六盘水市少工委

云南

昆明团市委　曲靖市少工委

玉溪团市委　文山州少工委

陕西

渭南市少工委　汉中市少工委

咸阳市少工委　杨凌示范区少工委

甘肃

甘肃省少工委　庆阳市少工委

酒泉市少工委　陇南团市委

青海

西宁市少工委　海北州少工委

海东团地委

宁夏

银川团市委　　吴忠团市委

石嘴山团市委　　固原团市委

新疆

新疆少工委　　巴音郭楞蒙古自治州少工委

伊犁州少工委　　喀什地区少工委

新疆建设兵团

农一师团委　　农十师团委

农七师团委

2005年"平安校园(社区)"组织奖名单

(排名不分先后)

北京

北京东城区和平里第九小学

北京东城区府学胡同小学

北京西城区浸水河小学

北京西城区东街小学

北京崇文区崇文小学

北京丰台区纪家庙小学

北京丰台区六里桥小学

北京平谷区第一小学少先大队

北京平谷区东高村镇第一学区少先大队

天津

天津河东区实验小学

天津河北区宁园小学

天津津南区双港小学

天津西青区大寺中心小学

天津汉沽区体育场小学

天津武清区杨村第八小学

天津宝坻区大白庄中心小学

天津静海县静海镇第三小学

天津宁河县芦台镇第四小学

天津蓟县城关第六小学

河北

河北承德市实验小学

河北承德市营子区逸夫实验小学

河北保定市县学街小学

河北保定市实验小学

河北保定市前卫路小学

河北沧州市沧县旧州镇东关学校

河北衡水市阜城长城双语学校

河北衡水市北门口小学

河北邢台市南和县北关学校

河北邢台市临西县临西镇校区仓上小学

河北邢台市邢台县南石门镇大石头庄小学

山西

山西太原市青年路小学

山西吕梁市离石区第八小学

山西晋城市实验小学

山西运城临猗县贵戚坊小学

山西晋中市新世纪书院

山西忻州市实验小学

山西朔州市怀仁县城镇第八小学

山西临汾市铁路第一小学

山西阳泉市城区南山路街道新华东街社区

内蒙古

内蒙古通辽市实验小学

内蒙古通辽市科尔沁区实验小学

内蒙古呼和浩特市新城区青山小学

内蒙古呼伦贝尔市鄂温克旗第二实验小学

内蒙古大兴安岭林管局根河林业局第二小学

内蒙古大兴安岭林管局金河林业局牛尔河中小学校

辽宁

辽宁沈阳市大东区永丰社区

辽宁大连市兆麟小学

辽宁本溪市平山区平山小学

辽宁锦州市古塔区保二小学

辽宁营口市站前区长征小学

辽宁辽阳市文圣区普化小学

辽宁铁岭市银州区实验小学

辽宁朝阳市双塔区育红小学

辽宁盘锦市双台子区建设小学

辽宁葫芦岛市第三实验小学

吉林

吉林长春市富锦小学

吉林长春市朝阳区安达小学

吉林吉林市昌邑区莲花社区

吉林吉林市船营区第九小学校

吉林四平市第一实验小学

吉林梨树县实验小学

吉林通化市东昌区靖宇小学

吉林通化集安市开发区中心校

吉林辽源市龙山实验小学

吉林辽源市东吉路小学

吉林前郭县蒙古族实验小学

吉林白山市八道江区新建街道古兰社区

吉林白山市实验小学

吉林敦化市胜利街长城社区

黑龙江

黑龙江哈尔滨市师范附属小学

黑龙江哈尔滨市锅炉小学

黑龙江齐齐哈尔龙沙区青云小学

黑龙江齐齐哈尔讷河市第五小学

黑龙江鸡西市园丁小学

黑龙江鸡西市鸡冠区东风办事处电厂社区

黑龙江双鸭山市光明小学

黑龙江双鸭山市建国小学

黑龙江鹤岗市向阳区光明十一社区

上海

上海黄浦区第一中心小学

上海卢湾区师范专科附属小学

上海长宁区天山新村第二小学

上海市江宁学校

上海杨浦区同济小学

上海宝山区杨行中心小学

上海奉贤区解放路小学

上海金山区第一实验小学

上海崇明县东门中学

上海静安区南京西路街道社区少工委

上海静安区西康路第三小学

上海市市南中学

上海市时代中学

江苏

江苏南京市江浦实验小学

江苏南京市雨花台区实验小学

江苏苏州市沧浪区实验小学

江苏徐州公园巷小学

江苏常州市西横街小学

江苏南通市如皋师范附属小学

江苏连云港市院前小学

江苏扬州市教育学院附属中学

江苏泰州市兴化市第二实验小学

江苏宿迁市泗洪县青阳中心小学

江苏盐城市实验小学

江苏泰兴市江平路小学

江苏无锡市沁园实验小学

江苏无锡市北大街街道凤宾路社区少工委

浙江

浙江宁波市海曙区白云街道白云庄社区

浙江嘉兴市桐乡市崇福镇虎啸中心小学

浙江衢州市实验学校

浙江湖州市德清县新安镇勾里中心学校

浙江台州市临海市回浦实验小学

浙江丽水市遂昌县实验小学

浙江温州市瓯海区实验小学

浙江绍兴市诸暨实验小学

浙江杭州市天地实验小学

浙江杭州市树人小学

浙江舟山市普陀区沈家门小学

浙江金华市婺城区环城小学

安徽

安徽肥东县六家畈中学

安徽合肥市舒城路小学

安徽黄山市徽州区第一中学

安徽黄山市黄山区新城街道龙北社区

安徽滁州市第二小学

安徽滁州市琅琊路小学

安徽铜陵市实验小学

安徽阜阳市颍州区北城小学

安徽阜阳市城关镇第二小学

福建

福建宁德师范附属小学
福建长汀师范附属小学
福建明溪县实验小学
福建福安市赛岐中心小学
福建屏南县古峰镇佳洋社区
福建龙岩师范附属小学
福建三明市实验小学
福建莆田市实验小学
福建福州市鼓山新区小学
福建长泰县第二实验小学

江西

江西新钢第一小学
江西南昌师范附属实验中学
江西鹰潭市师范附小
江西余江县第一小学
江西萍乡市安源区
江西上饶市第六小学
江西宜丰县新昌第一小学

山东

山东青岛市太平路小学
山东淄博市淄川第一中学
山东东营市实验小学
山东潍坊市潍城区实验小学
山东济宁市枣店阁中心小学
山东泰安肥城矿业集团公司社区
山东威海文登实验小学
山东莱芜师范附属小学
山东临沂市西郊实验小学
山东德州市北园小学
山东聊城市东昌府区东关民族小学
山东滨州市滨城区第二小学

河南

河南安阳市人民大道小学
河南安阳市文明大道小学
河南安阳市梅东路小学
河南安阳市三官庙小学
河南焦作市学生路小学
河南焦作市山阳区太行办事处华盛社区
河南濮阳市油田第一小学
河南濮阳市油田第三小学
河南南阳市第七小学
河南南阳市教育局油田实验小学

湖北

湖北公安县孱陵小学
湖北宜昌市伍家岗区隆中路小学
湖北咸宁市实验小学
湖北监利县实验小学
湖北十堰市实验小学
湖北武汉市江汉区滑坡路小学
湖北襄樊市大庆路小学
湖北武穴市实验小学

湖南

湖南长沙市雨花区砂子塘小学
湖南长沙市雨花区枫树山小学
湖南湘潭市湘潭电机子弟小学
湖南湘潭市和平小学
湖南湘潭市雨湖区风车坪学校

广东

广东广州市天河区沙河小学
广东广州市越秀区人民北路小学
广东广州市农林下路小学
广东深圳市湖贝小学
广东深圳市南山区南头城小学
广东汕头市新乡小学
广东韶关市浈江区解放路小学
广东东莞市塘厦第一小学
广东中山市南区竹秀园中心小学
广东肇庆市第一小学
广东潮州市枫溪区枫溪小学
广东云浮市第一小学

广西

广西南宁市星湖小学
广西防城港市防城区防城镇第二小学
广西贵港市港北区西江中心小学

广西玉林市玉州区第一实验小学
广西贺州市八步实验小学
广西河池市金城江区第三小学
广西来宾市兴宾区来宾镇镇西小学
广西来宾市武宣县第二中学
广西崇左市龙州县新华小学

海南

海南海口市第十一小学
海南海口市双岛学园
海南三亚市第一小学
海南三亚市第七小学
海南三亚市河西中心学校
海南万宁市第二小学
海南万宁市番村小学
海南海口市青少年交通知识体验教育基地
海南海口市公安局交通巡逻警察支队龙华大队

重庆

重庆南岸区弹子石街道石桥社区
重庆北碚区实验小学
重庆万盛区实验学校
重庆渝北区第二实验小学
重庆巴南区李家沱小学
重庆合川市凉亭小学
重庆璧山县实验小学
重庆南川市东胜小学
重庆酉阳县民族小学校

四川

四川成都市泡桐树小学
四川成都市盐道街小学
四川成都市实验小学
四川成都市双流县新兴小学
四川眉山市三苏路小学
四川泸州市江阴西路学校
四川德阳市长江路小学
四川南充市西华师大附小
四川南充市营山县回龙小学
四川达州市万源太平镇二小
四川遂宁市船山区顺南街小学
四川资阳市雁江区雁江七小
四川巴中市巴州区马鞍小学

贵州

贵州安顺市第九中学
贵州安顺市开发区西市小学
贵州威宁县一小贵州金沙县一小
贵州毕节地区实验小学
贵州印江县缠溪镇中心完小
贵州思南县孙家坝小学
贵州六盘水市实验小学
贵州六盘水市钟山区荷城街道钟环社区

云南

云南昆明市盘龙区盘龙小学
云南昆明市五华区红旗小学
云南玉溪市第一小学
云南玉溪市红塔区凤凰路街道瓦窑社区
云南曲靖市麒麟区北关小学
云南曲靖市沾益县水桥小学
云南文山州实验小学
云南文山州砚山县一小
云南师范大学附属小学

陕西

陕西省西安小学
陕西西安市实验小学
陕西凤翔县东关逸夫小学
陕西铜川市七一路小学
陕西延安市宝塔区七里铺小学
陕西榆林市第二小学
陕西西北工业大学附属小学
陕西汉滨区培新小学
陕西商洛市商州区城关小学

甘肃

甘肃天水市逸夫实验中学
甘肃白银区第三小学
甘肃金昌市实验小学
甘肃定西市安定区北关小学
甘肃兰州市七里河小学

青海

青海化隆县第二小学

青海海西州西海民族寄校

青海互助县城南学校

青海海南州共和县第一完全小学

青海海南州共和县第二完全小学

青海海北州门源县城关第二小学

青海西宁市湟源县城关第三小学

青海西宁市湟中县鲁沙尔镇第二小学

青海西宁市城中区仓门街办事处前营街社区

宁夏

宁夏中宁县长山头农场二校

宁夏银川市第21小学

宁夏兴庆区第三小学

宁夏西夏区第二小学

宁夏同心县实验小学

宁夏泾源县六盘山镇一小

宁夏固原市铁路小学

宁夏中宁县第一小学

宁夏中卫市五小

新疆

新疆塔城地区塔城市第五小学

新疆昌吉州米泉市一小

新疆乌鲁木齐市天山区二校

新疆吐鲁番地区吐鲁番市第二小学

新疆阿克苏地区阿克苏市第二小学

新疆和田地区洛浦县第二小学

新疆农业大学附小

新疆伊宁市十一中学小学部

新疆巴音郭楞蒙古自治州尉犁县第二小学

新疆克拉玛依市克拉玛依区昆仑路街道南林社区

新疆建设兵团

新疆建设兵团农七师126团小学

新疆建设兵团农七师129团小学

新疆建设兵团农十师188团中学

新疆建设兵团农十师北屯中学

新疆建设兵团农一师中学

新疆建设兵团阿拉尔中学

2005年“平安行动好队员”名单

（排名不分先后）

北京

胡扬尘　岳亚茜　吴广浩　查明轩　王　璨
戴　越　李寒冰　王沫沫　杨欣培　石　悦
刘瀚丰　陈秋昊　谭安至　郑伊辰　夏旭阳
李逸达　龚高凤　李　烨　史碧维　高文博
王梦丹　王彤萌　刘怡晨　李　想　杜文佳
张清扬　杨雨萱　纪东芳　耿佳雯　丁　奇

天津

黄嘉鑫　何　滔　王子龙　翟晓萱　孟凡帅
张　江　马斯伟　王　菲　高　帆　吕思远
刘子豪　于恬欣　宋彦立　赵鹤翔　刘　雅
陈芝彤　石　杨　陶泓杉　王　玉　邢恩禹
谷聪聪　董子鹤　王艾彤　李昊南　崔庆为
李　津　高　畅　张玉莹　朱　悦　丁　玮

河北

李　聪　路　畅　徐　跃　殷博文　张敏行
胡艺婷　于博源　郑　宪　杨肖易　朱今朝
王春阳　杨雨森　侯尧珍　冉可心　宋柳柯
刘杉杉　辛　闻　刘　畅　王浩骅　李建阳
刘晓迪　张　斌　刘屹东　赵泽斌

山西

刘　畅　王春臻　刘　阳　郭婧婧　赵中健
望超群　孔雅丽　成　铖　梁志鹏　陈　玮
张照宇　张　帆　李健宇　彭丽君　曹　阳
刘妮畅　舒　琦　张若南　王婧月　李若瑜

内蒙古

宫　理　刘泽琦　王晓伦　吕姝颖　马思宁
胡昊楠　迟　昊　杨雨婷　蒙宁乃日
乐莹莹　赵思强　吴琳琳　王若平　王　琪
任秋慧　王紫薇　张润生　霍姝宏　王　蒙
田　甜　弓傲妮　郭佳蕾　张峻崚　于　洋
葛静琦

辽宁

李皓明　连东明　王鹤晓　李晟泽　姜　姗

孔晓彤　李仲夷　朱　惠　林娄一　孙思宇
马心鸽　万浩然　郭惠臻　李　畅　姜姝宇
果巾迪　陈　茜　蒋尔帅　李艺璇　邱莫同
陈香宇　王其华　舒子怡　王思淼　温天铭
康宇同　李天琦　祝鹏飞　冯一然　何苗雨
齐　缘　邱启迪　孙飞雪

吉林

刘鑫宇　刘建达　彭铄婷　马东旭　綦春雨
骆美珊　刘　爽　张潇月　李叔恒　王正阳
邱冠铭　曲明月　江　雪　邱婉婷　李　宇
博　韩　铭士博　王光宇　王木子　王英琪
孟　玉　王书阳　张伟莹　张　淼　王翰博
孙　梦　申优拉　洪秀燕

黑龙江

马鸟鸟　守牧瀚　谭　帅　李一萌　杨若一
王思靓　宫　贺　刘海洋　朱　博　刘文文
孙琦雯　张　瑜　姜　峰　邵　帅　吴　彤
刘　帅　闫子晗　徐佳丽　高　雪　张　明
吕博营　朱思齐　刘安峰　刘璐璐　张乃心
于　也　程一帆　范　泽　李业鑫　李佩藓

上海

杨　静　陆欣慰　石　欢　周璐瑶　张　诗
云归昕　徐凯文　倪云帆　周亦怡　薄　琳
李哲予　骆英青　谢　涵　周琳峰　徐庭珺
任　怿　从志超　顾贝尔　严硕雯　倪佳倩
沈思佳　袁义清　郁佳琪　杨歆媛　朱程远
黄思勉　韩佳凌

江苏

林天瑶　陆永康　刘思遥　胡　洋　卢　忆
黄一唱　惠雪柔　戴维欢　沈新成　丁洪元
史晓誉　钱雯娴　王梦蝶　杨　宁　朱俊玺
高琼宇　韩子野　雷济鸣　郑　琪　姚牧宇
张　硕　翁采薇　杨　娴　冯　丰　阎　茹
韦博文　陈超凡　金春光　陆佳婧　邢　丹
陈　辰　华茹玥　顾思义　秦　哲　殷心怡
蔡彭杏

浙江

华鑫韬　庄珺凯　韩丹阳　胡一多　朱威雯
周佳阳　孟思琪　徐艺来　华芳琪　沈佳悦
钱怡陶　沈秋蕊　陈　昕　戴　鸽　胡佳颖
俞雅丽　吕律潜　宣　谕　邱乐洋　边沁于
佳　林　杨羽裳　张振豪　许嘉炀　祁晓茵
刘彦含　林　舒　陈奥迪　潘正超　董文航
马丹阳　贾　硕　吕笑笑　倪　珂　陈烨彬
鲍宇丹　徐颖聪　周　玛　伊　琳

安徽

项鹏飞　尚晨蕊　胡庆玥　李旭冉　刘子越
蒋玉婧　王莎莎　唐思亮　盛　楚　洪　澜
黄春娟　孟　欣　陈迎迎　徐玉恒　章　竹
伍若璠　林　莉　朱彦青　陶姣姣　魏　澜
吴启航　吴　雄　叶何敏　侯臣之　韩　霜
张一九　李松琦　梁德杰　李雅雯　尹　子
胜　俊

福建

陆　航　吴罗江　乐文欣　杨育鸿　丁弘萍
林　菲　黄　晖　张晓强　缪海超　何　霖
吴晨茜　黄煊婷　汪　翌　陈　贞　郑茗敏
林天一　张硕磊　庄琦敏　方凯育

江西

刘　畅　钟然然　梁鹤竞　钟依汝　阙瑞林
李思雨　王　涵　陈莞儿　曾　强　陈美琪
徐一帆　邱坤宇　马若欣　徐军亭　周宇童
陈　慧　黄路凡　赵欣玢　曹玉廷

山东

高子嘉　杨　澈　王思佳　张　媛　王婧媛
王梦瑶　孙玲环　徐楚阳　田　翔　宇支晨
白　雪　田　磊　周　严　牟一明　李治平
鹿歆笛　毛昕旸　王子龙　郝　斌　颜晓阳
李昕彤　刘佳琳　娜日莎　李　悦　蔡红磊
张子尧　刘　文　陈为安　孙　琳　袁　权
郭盛斌　叶　童　侯啸天　李　魏　岳香云
刘思佳　吕一凡　丁晓珂

河南

张　驰　马炳亚　石炳南　焦　悦　袁　媛
张国帅　贾梦瑶　李欣蓓　刘　丹　李若楠
冯　燊　牛昭旭　杜　哲　李旭滨　牛　牧

刘　畅　康　琦　庞寻岑　陈旭东　金云翔
艾晨曦　赵　娜　李　博　于沛洪　汪博浩
杜颖爽　刘颜冰　杨慕雪　孙闻起　张怡雯
刘　佳　孙　佳　朱一夫　李培然

湖北

宋从举　杨　馨　邱梓婷　盛　楠　吴彦颖
李　晖　缪子炎　张　贝　周　游　黄思宜
曾　一　靳　悦　李上睿　胡　蝶　袁晓芸
刘竞宇　王　圆　杨梦媛　梅瑞洁　刘祯晔
散文靖　吴　晟　肖慎轲　李钰锋　徐　晓
康詹毅　陈佳妮　金　磊　陈梦雪

湖南

万　晓　许克毅　陈紫瑜　王　婷　郭嘉成
陈乐勤　孟楚涵　杨　洁　周楚函　杨骞骞
唐古拉　周轩畅　宋璟昱

广东

杨瀚宇　刘倩妮　肖　瑶　蔡熙悦　陈婷婷
黄玲玲　袁　媛　杨　航　马一敏　温咏怡
郑灿坤　任嘉琪　莫晓晖　刘广韵　肖　钧
刘　冰　李栩盈　陈伊君　陈　垦　邓斯超
庄国华　吴洁仪

广西

董格格　黄　倩　杨心宇　周倩宇　吴　彬
黄鉴坤　陈继丽　梁洪铭　李　欣　廖　舟
陈玉宇　徐肖潇　李　春　董凌莉　陈沛然
莫凡人　李思雯　藤　立　陈思卉　陈恬怡
周章丰　王涵宇　蓝寒蕿　何紫沁　区　睿
覃翔宇　覃凯林　李健林　农馨静　陈栋才

海南

汤一明　李　欣　王和伟　陈　欢　胡楷稀
冯家悦　詹雅伦　韩振帮　杨戈岩　苏香苑
冯清羽　陈美贤　邱　明　钟　莹　吴卓慧
王润心　梁乔景　温巧葳　刘悦然　李大松
陈紫清　刘一新　杨晓颖　林　瑜　陈枞宝
潘辅明　杨云鹤　钟为民

重庆

陈铭炀　刘杨扬　黄文皓　吴倩楠　徐浩然
姚　尧　黄俊弢　倪铣拧　钟京宏　梅傲霜
姚璐娉　董嘉懿　秦晓彤　侯星宇　李静为
张蓝巍　易　思　周方冰　刘德海　郎艺娜
胡聪颖　曹浚丰　谭鸿瀛　邵琳惠　张力丹
严婧蜜　甘翰文　王　坛　丫　茜

四川

黄润熙　郭　峦　伍丹妮　路鸿远　徐浩然
陈会鼎　赵晴柔　王小敏　谭笛萱　韩璐岭
田佳芮　李晨阳　彭滢莹　泸小宇　徐　畅
何皓婷　顾兴媚　方　圆　戴可依　严云帆
赵雅婕　余小林　刘航池　陈瀚宇　赵丽云
郑　茜　古　茜　张路尧　李思瑾　杨　雯
苏　越　伍文驰　李偲嘉　魏若寒　刘玉玲
马艺腾　钟韵杰　吴学枫　付世依　陈　珂
叶九宏　黄陈艺天　李　亚　雅　格

贵州

杨博岚　任　铭　张碧君　陈玉洁　刘睿智
黄小文　陈昭颖　方　鑫　黄　妮　孙　婷
刘　婷　杨　帅　张楚雪　高培姗　刘小霞
陈雨濛　汤　犁　王雨哲　谯素芳　吴宇翔
李　羽　周　迪　侯乃祯　何滨腾　黄思师
毛梅先　张　昱　宋易阳　李　薇　张春丽

云南

马雯契　张钰羚　黄　迪　唐溯阳　廖曦晟
王紫凝　刘兴帮　乐晨璨　唐僖婧　范　典
彭　程　高箐霞　杨修然　李扬扬　罗景文
张抗抗　王　娜　杨明晓　唐蕊蕊　马抒雅
赵　鑫　杨轶雯　杨　阳　赵　敏　松小钦
罗　军　何安吉　付靖超　雪　犁　李　晴
王　普　旖　旎

陕西

张铂宇　张　宇　李芾伟　朱梦鹤　王子道
曹屹坤　王　播　罗程凯　徐雯彬　王启明
张雪倩　韩　璐　田　雨　郝　爽　刘　繁
王　旭　秦留洋　席　梓　汀　代　金航乐
园谢丰　李晨歌　张嘉靖　王　娜　沈佳祥
王俊杰　周　杉　于启帆　赵溶榕　林　琳

甘肃

牛艺媛　李　劲　张志伟　杨延卓　薛洁琼

唐　硕　杜玉洁　于　欣　郝　妮　汪瑞瑞
杨　刚　杨　杰　朱振鹏　吴国娇　张雨祺
王健宏　杨　丹　陈海东　赵俊潇　白　杨
张　强　张婷婷　杨张兰　冯子舟　刘　赵
东　方

青海

董瑞承　多吉加　萨仁娜　韩　钰　冯　晨
苏小滢　赵素雯　陈奕帆　李孝睿　张瑞婧
马嘉妮　彭小珂　王茜芮　郭晓燕　王雨婷
白廷蔚　王泽晶　赵　悦　房德鹏　刘　璇
邓　琳　马　萍　马富兰　徐雪英　王　淇
惠铃青　央三智

宁夏

范雨薇　马郑斌　田　地　刘新宇　冯　蓉
朱　青　吴悦琦　徐　磊　张晋睿　王　源
吕　叶　丁　鹏　段　磊　杨　鹤　王　瑞
卜纪元　贾志伟　苏　晓　王　恺　李　羚
庄云婷　张楚凡　韩　枫　闫　弢

新疆

尚红豆　黄鑫悦　谷珉轩　唐努尔　崔爱超
漆彩凤　白国荣　马云儿　赵　波　金　玉
姜　炎　杨　倩　卢耀文　刘雪凤　马　璇
蔡文叶　孙玮淘　赵　琦　郭鹏瑞　方雪娇
杨果蕊　金　烁　阿合玛拉迪尼
格尔迪力夏提　迪里木拉提·阿吾提

新疆兵团

袁兴东　谢玲玲　马海燕　杨　菲　孙墅磊
高毅博　杜　琴　颜　悦　曹　越　金媛媛
周蒙恩　曹　娟　杨佳怡　徐姗姗　宋肖肖

2005 年优秀“平安使者”名单

（排名不分先后）

北京

张丙元　北京市东城区和平里第九小学
刘珊珊　北京市崇文区崇文小学
穆　红　北京市丰台区纪家庙小学

天津

刘　文　天津市和平昆鹏小学
周　萍　天津市河西中心小学
张　健　天津市东丽实验小学

河北

孙爱东　河北唐山市交警支队车辆管理所
郭　庆　河北保定市公安局交警支队
张　雷　河北邢台市人民检察院

山西

芦秀萍　山西临汾市南街小学
赵利文　山西忻州市铁路小学
贾瑞红　山西阳泉市平定县实验小学

内蒙古

李玉婷　内蒙古通辽市实验小学
王晓奕　内蒙古大兴安岭林管局得耳布尔林业局

辽宁

周　军　辽宁鞍山团市委
谷卫东　辽宁大连市中山区交警大队
谢文君　辽宁沈阳市和平区和平二校

吉林

王卫东　吉林长春市公安局交警支队
喻海英　吉林通化县实验小学
张晓辉　吉林辽源市友谊路小学
麻云刚　吉林长白县第一实验小学
潘明心　吉林延吉市新兴小学

黑龙江

王洪兵　黑龙江双鸭山市尖山交警
岳丽君　黑龙江鹤岗市欣虹小学
隋　谊　黑龙江沈阳军区 65116 部队

上海

瞿浩峰　中国平安人寿保险股份有限公司上海分公司
陈　瑾　武警上海市消防总队防火监督部宣传处

江苏

张清清　中国平安人寿保险股份有限公司江苏分公司
沈茂芳　江苏苏州常熟市公安局城市巡逻警察支队

夏国喜　江苏无锡市公安局交通巡逻警察支队
赵　剑　江苏扬州市公安局治安支队基础防范科

浙江

邵永华　浙江湖州德清县新安镇勾里中心学校
官正华　浙江温州市育英国际实验学校
林延盛　浙江丽水遂昌县教育局
陶宏莉　浙江杭州市上城区青少年活动中心

安徽

梁　丽　安徽黄山市新世纪学校
张永奇　安徽滁州市交警支队
张光荣　安徽铜陵县钟鸣镇联丰小学

福建

黄宝元　福建上杭县关工委
张苏闽　福建周宁县公安局交警大队狮城中队
马华山　福建长汀师范附属小学
肖美霞　福建龙岩师范附属小学

江西

易彬彬　江西新余市新钢一小
黄丽君　江西南昌市育新学校
陈振宏　江西萍乡市特巡警支队
熊次娃　江西宜丰县新昌一小

山东

张亚宁　山东青岛胶南市人民检察院
种法立　山东枣庄市薛城区实验小学
魏秀明　山东东营市公安局交巡警支队
王秀梅　山东日照市第三实验小学
郑思洁　山东团省委少年部

河南

马志军　河南安阳市交警支队二大队
郭海利　河南焦作市解放区司法局

湖北

李桂英　湖北武昌市水果湖第一小学
姜延安　湖北鄂州市公安局交警支队鄂城大队三中队
陈　丹　湖北武汉市常青第一小学

湖南

曾红辉　湖南长沙市交警支队雨花大队二中队
张利萍　湖南湘潭市雨湖区风车坪学校

广东

池素文　广东广州市天河区少年宫
丁小明　广东汕头市公安局交警支队三大队
廖道本　广东东莞市寮步镇实验小学
黄李生　广东吴川市公安局交通警察大队档案中队

广西

莫烘霞　广西南宁市天桃实验学校
韦明山　广西来宾市象州县公安局交通警察大队宣秘中队
林子皓　广西玉林市团委宣传部

海南

冯　燕　海南海口市交巡警支队
邹　云　海南海口市交巡警支队

重庆

夏才英　重庆市万州区鸡公岭小学
张　军　重庆市北碚区公安分局
李元亮　重庆市酉阳县实验小学

四川

宋　军　四川成都市百草园小学
袁　晓　四川宜宾市交警支队一大队
易凌云　四川南充市高坪团区委
邱希淳　泰康人寿保险股份有限公司四川分公司

贵州

任光荣　贵州六盘水市第二实验小学
傅　俊　贵州安顺市经济技术开发区西市小学
严　红　贵州毕节市第八小学

云南

李　卿　云南昆明市公安局盘龙分局巡警大队
何　伟　云南玉溪市公安局交警支队直属一

大队

叶海生　云南曲靖市交警一大队

陕西

刘　莉　陕西西安交通大学附属小学南校区

马婉涛　陕西省少工委办公室

董新伟　大学生志愿服务西部计划志愿者

甘肃

魏万宝　甘肃兰州市东郊学校

张玉文　甘肃武山县交警大队

魏学春　甘肃张掖市甘州区青年东街小学

青海

逯克柱　青海平安县第三小学

蔺玉英　青海共和县第一完全小学

吴　谦　青海西宁市公安局交警支队城中大队

宁夏

蒋小安　宁夏银川市兴庆区回民二小

王俊林　宁夏中卫市一小

新疆

闫陆军　新疆博尔塔拉蒙古自治州博乐市公安局交警大队

王　敏　新疆昌吉州米泉市交警大队

王　瑞　新疆乌鲁木齐市第18小学

新疆兵团

罗　娜　新疆建设兵团农七师129团五五小学

"培养计划"2005年西部和民族地区挂职团干部接收工作先进单位和优秀挂职团干部

为深入贯彻党的十六大和十六届五中全会精神，积极服务西部大开发和人才强国战略的实施，培养适应全面建设小康社会需要的西部和民族地区优秀团干部，团中央在2005年继续实施"培养计划"，组织西部和民族地区团干部到经济较发达地区挂职。为表彰先进，推动工作，团中央决定对表现突出的单位和个人进行表彰，授予共青团北京市朝阳区委员会等10个单位为接收工作先进单位，阿拉腾乌拉等19人为"培养计划"2005年西部和民族地区优秀挂职团干部。

"培养计划"2005年西部和民族地区挂职团干部接收工作先进单位名单

（10个）

共青团北京市朝阳区委员会

天津市红领巾凤凰山营地

共青团辽宁省本溪市委员会

共青团上海市普陀区委员会

共青团江苏省委员会统战部

共青团浙江省宁波市委员会

共青团福建省莆田市委员会

共青团山东省青岛市委员会

共青团广东省广州市委员会

共青团海南省委员会权益部

"培养计划"2005年西部和民族地区优秀挂职团干部名单

（19名）

阿拉腾乌拉（蒙古）

团内蒙古鄂尔多斯市鄂托克前旗委书记

挂任团北京市海淀区委书记助理

张　韬

团内蒙古通辽市委办公室副主任

挂任团北京市西城区委书记助理

阿茹娜(女,蒙古)

团内蒙古锡林郭勒盟正镶白旗委书记

挂任团北京市委组织部部长助理

王　力(藏)

团甘肃省甘南州委副书记

挂任团天津市津南区委副书记

李亚南(女)

团吉林省桦甸市委书记

挂任团天津市北辰区委书记助理

张俊录

团青海省西宁市大通回族土族自治县委书记

挂任团辽宁省营口市委经济部副部长

朗珍曲尼(女,藏)

团西藏拉萨市堆龙德庆县委副书记

挂任团上海市委青工部副主任科员

邓　飞

团新疆阿勒泰市委书记

挂任团上海市委组织部主任科员

李　函

团陕西省咸阳市委副书记

挂任团江苏省连云港市委副书记

税刚毅

团四川省泸县委员会书记

挂任浙江省宁波卓成化纤有限公司总经理助理

邓　萍(女)

团四川省冕宁县委书记

挂任浙江省杭州绿盛集团有限公司总裁助理

吕荣峰

团河北省泊头市委书记

挂任福建省福州市金山工业集中区管委会主任助理

米尔阿迪力(维吾尔)

新疆民政厅团委书记

挂任团山东省泰安市委经济统战部副部长

阿曼太·哈里克(哈萨克)

团新疆伊犁州委办公室主任

挂任团山东省济南市委青工部副部长

蒋　慧(女)

新疆生产建设兵团农六师一〇一团团委书记

挂任团山东省烟台市委统战部副部长

马仲雄(回)

云南大学团委副书记

挂任中国海洋大学团委副书记

罗素霞(女)

团广西梧州市蝶山区委书记

挂任团广东省广州市委员会组织部部长助理

陆永军(壮)

团广西扶绥县委副书记

挂任团广东省江门市委学少部副部长

张　琪

团湖北省丹江口市委书记

挂任团海南省委权益部部长助理

全国预防青少年违法犯罪工作先进集体和先进个人

自 2001 年以来,在党中央、国务院和各级党委、政府的领导下,预防青少年违法犯罪工作全面展开,各项工作措施逐步得到落实,取得了显著成效,为青少年的健康成长创造了良好的社会环境。为了深入贯彻落实《中共中央国务院关于进一步加强和改进未成年人思想道德建设的若干意见》和《中央社会治安综合治理委员会关于深化预防青少年违法犯罪工作的意见》，全面总结自2001年以来全国预防青少年违法犯罪工作取得的成绩和经验，树立典型，鼓励先进，推动预防青少年违法犯罪工作再上新台阶，中央社会治安综合治理委员会决定授予北京市未成年人救助保护中心等100个单位全国预防青少年违法犯罪工作先进集体称号，授予马浩等95名同志全国预防青少年违法犯罪工作先进个人称号。

全国预防青少年违法犯罪工作先进集体
（100个）

北京

北京市未成年人救助保护中心

北京市未成年犯管教所

北京星光青少年素质教育培训中心

天津

天津市河西区东海街办事处

天津市西青区南河镇教委

天津市和平区教育局

河北

河北省沧州市预防青少年违法犯罪警示教育基地

河北省秦皇岛市海港区人民法院刑事二庭

共青团河北省承德市委员会

山西

山西省太原电视台法制频道《并州之剑》栏目

山西省万荣县社会治安综合治理委员会

内蒙古

共青团内蒙古自治区巴彦淖尔市乌拉特前旗委员会

内蒙古自治区呼和浩特市新城区锡林北路街道团工委

内蒙古自治区通辽市科尔沁区科尔沁街道利农社区青少年自我管理委员会

辽宁

辽宁省抚顺市工读学校

辽宁省营口市公安局跃进派出所

吉林

吉林省长春市宽城区人民法院少年法庭

吉林省长春市绿园区社会治安综合治理委员会办公室

黑龙江

共青团黑龙江省委员会

黑龙江省哈尔滨市道外区人民法院未成年人案件审判庭

上海

共青团上海市徐汇区委员会

上海市浦东新区青少年事务署

上海市卢湾区五里桥街道党工委

江苏

江苏省综治委预防青少年违法犯罪工作领导小组办公室

南京市综治委预防青少年违法犯罪工作领导小组办公室

浙江

浙江省杭州市下城区武林街道办事处

浙江省宁波市海曙区西门街道办事处

安徽

安徽省马鞍山市未成年人保护委员会办公室

共青团安徽省芜湖市委员会

福建

福建省厦门市综治委预防青少年违法犯罪工作领导小组办公室

福建省三明市梅列区人民法院

江西

江西省瑞昌市综治委预防青少年违法犯罪工作领导小组

江西省南昌市西湖区十字街街道建设桥社区居委会

山东

共青团山东省青岛市委

山东省枣庄市社会治安综合治理委员会办公室

山东省威海市人民检察院

河南

河南省济源市北海街道办事处

河南省汝阳县社会治安综合治理委员会

河南省焦作市解放区焦西街道电翔社区居委会

湖北

湖北省未成年犯管教所

共青团湖北省宜昌市委员会

湖南

共青团湖南省常德市临澧县委员会

湖南省长沙市雨花区砂子塘街道办事处

广东

广东省深圳市义务工作者联合会

广东省佛山市综治委预防青少年违法犯罪工作领导小组办公室

广西

广西壮族自治区桂林市七星区人民检察院

共青团广西壮族自治区南宁市新城区委员会

共青团广西壮族自治区委员会社区和维护青少年权益部

广西壮族自治区柳州市中级人民法院刑事审判一庭

海南

海南省昌江黎族自治县人民法院

重庆

共青团重庆市委员会社区和维护青少年权益部

中共江津市委政法委员会

四川

四川省成都市文化市场稽查队

四川省泸州市江阳区人民政府南城街道办事处

共青团四川省广元市委员会

贵州

贵州省少年管教所

贵州省贵阳市云岩区普陀路街道办事处

共青团贵州省遵义市红花岗区委员会

云南

云南省昆明市公安局五华分局北门街派出所

云南省个旧市文锡社区团支部

西藏

西藏自治区林芝地区工商局珠海路工商所

西藏自治区“扫黄”“打非”工作领导小组办公室

陕西

陕西省未成年犯管教所

陕西省宝鸡市凤翔县社会治安综合治理委员会办公室

陕西省渭南市人民检察院侦查监督处

甘肃

甘肃省酒泉市肃州区人民检察院

甘肃省公安厅治安警察总队派出所工作指导科

青海

青海省女子戒毒劳动教养管理所、少年教养管理所

宁夏

共青团宁夏回族自治区银川市西夏区委员会

新疆

中共新疆维吾尔自治区策勒县委政法委员会

新疆维吾尔自治区阿克苏地区库车县公安局新城派出所

新疆维吾尔自治区乌鲁木齐市天山区人民法院少年合议庭

新疆生产建设兵团

新疆生产建设兵团农八师石河子市向阳街道二十二小区第一社区

中宣部

中共江西省委宣传部宣传处

教育部

教育部社会科学研究与思想政治工作司综合处

教育部基础教育司德育与校外教育处

最高人民法院

北京市崇文区人民法院

山东省青岛市市南区人民法院

江苏省高级人民法院刑一庭

最高人民检察院

天津市和平区人民检察院
江苏省溧阳市人民检察院

公安部

山东省青岛市公安局市南分局
北京市公安局西城分局厂桥派出所

民政部

四川省成都市流浪儿童救助保护中心

司法部

天津市和平区司法局
福建省厦门市思明区司法局

财政部

财政部行政政法司

建设部

北京市外地施工人员法律援助工作站

文化部

浙江省文化文物市场稽查队
北京市文化局文化市场处

国家工商行政管理总局

四川省南充市工商行政管理局注册科

国家广电总局

中央电视台青少中心青年部《第二起跑线》栏目组
中央人民广播电台法制部

新闻出版总署

新闻出版总署出版物市场监管局市场监管处
重庆市“扫黄”“打非”工作小组办公室

全国妇联

辽宁省鞍山市妇女联合会
河北省石家庄市新乐市妇女联合会
湖北省武汉市青山区妇女联合会
重庆市沙坪坝区妇女联合会

中国关工委

淮北矿业集团公司关心下一代工作委员会

全国预防青少年违法犯罪工作先进个人

（95名）

北京

马　浩　北京市丰台区人民法院人民陪审员
盛华东　北京市人大常委会副主任科员

天津

刘　方（女）　天津市南开区嘉陵道街道嘉陵北里社区党总支书记、居委会主任
范玉林　天津市咸水沽第二中学书记、校长

河北

刘益深　河北省秦皇岛市北戴河区政法委副书记、综治办主任
王红欣（女）　河北省沧州市公安局团委书记
董晓航　河北省石家庄市综治委预防青少年违法犯罪工作领导小组办公室主任

山西

许　震　山西省朔州市公安局法制处处长
强永平　山西省柳林县柳林镇派出所所长

内蒙古

于锦绣（女）　内蒙古自治区包头市预防青少年违法犯罪工作领导小组办公室副主任
高崇毅　内蒙古自治区巴彦淖尔市五原县第六中学党支部副书记

辽宁

柴志仁　辽宁省青少年教育保护委员会办公室主任
管洵惟（女）　辽宁省大连市青少年教育办公室主任

吉林

丁树达　吉林省长春市朝阳区人民检察院检察员
刘继业　吉林常春律师事务所副主任

黑龙江

任鸿亮　黑龙江省大庆市人民检察院公诉科副科长
姚　舜　黑龙江省海林市公安局第四派出所所长

上海

张建国　中共上海市闸北区政法委员会专职副书记、综治办主任

钟晓敏（女） 共青团上海市长宁区委员会书记

周建军 上海市社区青少年事务办公室社工处处长、上海市阳光社区青少年事务中心代总干事

江苏

陈晓东 江苏省南通市综治委预防青少年违法犯罪工作领导小组副组长

史良成 江苏省连云港市海州区人民法院院长

葛恒显 中共江苏省无锡市委教育工委副书记

浙江

林国庆（女） 浙江省杭州市上城区劳动路社区党委书记

温　暖 共青团浙江省温州市委副书记

华　珺（女） 共青团浙江省上虞市委副书记、上虞市青少年维权中心主任

安徽

张　权 安徽省合肥市预防青少年违法犯罪工作领导小组办公室主任

戴　勇 安徽省蒙城县公安局党组成员、巡警大队长

张晓静（女） 共青团安徽省蚌埠市委员会副书记

福建

王育琪 福建省泉州市综治办主任

林志雄 福建省福州市台江区人民法院院长

郭永兴 福建省综治委预防青少年违法犯罪工作领导小组办公室干部

江西

刘焕荣（女） 江西省弋阳县社会福利厂会计

刘小玲（女） 江西省综治委预防青少年违法犯罪工作领导小组办公室副主任

陶　晔（女） 江西省九江市综治委预防青少年违法犯罪工作领导小组办公室主任

钟正喜 江西省赣州市章贡区委政法委副书记、综治办主任

山东

张宏伟（女） 共青团山东省委社区和维护青少年权益部部长

于忠建 山东省济南市市中区政法委副书记

刘建军 山东省高级人民法院正科级助理审判员

於　青 山东省青岛市综治委预防青少年违法犯罪工作领导小组办公室副主任

河南

莫极端 河南省三门峡市湖滨区人民法院刑庭庭长

冯书凯（女） 河南省许昌县公安局张潘派出所指导员

徐普桓（女） 河南省浚县善堂镇司法所所长

王　芳（女） 河南省驻马店市中级人民法院少年庭庭长

湖北

袁晓玲（女） 湖北省蕲春县人民法院刑庭庭长

黄继传 湖北省枣阳市人民检察院副检察长

覃宗友 湖北省宜昌市公安局西陵区分局副局长

湖南

姜伟南 湖南省岳阳市公安局禁毒支队政委

邓鹏宇 中共湖南省长沙市天心区委常委、政法委书记

宾茂良 湖南省湘潭市雨湖路街道党委书记

广东

陈少浩 广东省综治委预防青少年违法犯罪工作领导小组办公室副主任

唐航浩 广东省广州市综治委预防青少年违法犯罪工作领导小组办公室主任

张俊华 广东省东莞市莞城街道办事处团委书记

广西

林子皓 共青团广西壮族自治区玉林市直机

关工委副书记

海南

杨来清　海南省海口市龙华区外来工管理协会会长

重庆

任丽娟（女）　共青团重庆市九龙坡区委员会书记

杨飞雪（女）　重庆市沙坪坝区人民法院少年刑事审判庭副庭长

四川

李　荣　四川省达州市公安局治安管理支队基层基础大队长

刘　晓　共青团四川省宜宾市委员会副书记

郭开敬　四川省乐山市市中区人民法院刑事审判庭庭长

贵州

刘　杰（女）　贵州省综治委预防青少年违法犯罪工作领导小组办公室副主任

王智仁　贵州省六盘水市国家安全局副局长

云南

毕小忠　共青团云南省委员会宣传部副部长

杨　锐　共青团云南省昆明市盘龙区委员会书记

西藏

向巴宗珠　西藏自治区昌都地区司法处党组副书记、处长

陕西

缑发平　陕西省延安市富县公安局副局长

尹秉礼　陕西省未来出版社社长

甘肃

李国胜　共青团甘肃省委员会权益部副部长

刘义雄　甘肃省兰州市城关区法院副院长

青海

乔　健　青海省西宁市中级人民法院副院长

宁夏

邵　虹（女）　宁夏回族自治区综治委预防青少年违法犯罪工作领导小组办公室副主任

新疆

阿巴白克力　新疆维吾尔自治区克孜勒苏柯尔克孜自治州公安局政治处副主任

马志英（女）　新疆维吾尔自治区乌鲁木齐市沙依巴克区友好南路街道办事处司法助理员

新疆生产建设兵团

苗塔河　新疆生产建设兵团社会治安综合治理委员会办公室副主任

中宣部

袁克敏　中共黑龙江省委宣传部处长

教育部

迟刚毅　教育部社会科学研究与思想政治工作司司长助理兼综合处处长

吕同舟　教育部基础教育司德育与校外教育处助理调研员

最高人民法院

马建华　黑龙江省哈尔滨市道里区人民法院刑庭庭长

刘　敏（女）　上海市闵行区人民法院少年刑事案件审判庭庭长

最高人民检察院

樊荣庆　上海市人民检察院侦查监督处副处长

刘世波　黑龙江省哈尔滨市道外区人民检察院检察长

公安部

周朝坤　四川省公安厅治安总队总队长

翁仲明　广东省汕头市公安局龙湖分局局长

民政部

王万民　河南省郑州市救助保护流浪少年儿童中心主任

司法部

汪文虎　浙江省未成年犯管教所科长

黄永东　广东省广州市司法局副局长

建设部

蔡建兴 上海市城市建设工程学校党委副书记

文化部

陈海根 上海市闸北区文化稽查队队长

吴申安 安徽省庐江县文化旅游局局长

国家工商行政管理总局

王艺群 黑龙江省牡丹江市工商行政管理局党组书记、局长

国家广电总局

刘 京(女) 中央电视台新闻中心社会新闻部政法组记者

新闻出版总署

蔡素梅(女) 北京市新闻出版局市场管理处副处长

马爱民 山西省“扫黄”“打非”工作领导小组办公室副主任

全国妇联

康树芬(女) 山西省太原市妇联主席、太原市“为了下一代学校”校长

中国关工委

邵兰波 河北省保定监狱退休干部

全国杰出进城务工青年

第四届全国杰出(优秀)进城务工青年评选活动由共青团中央、公安部、司法部、劳动和社会保障部、建设部、国家人口和计划生育委员会、国家工商行政管理总局、中央综治办主办,根据农村劳动力就业形势的发展,在前三届评选全国杰出(优秀)进城务工青年、进城务工青年良师益友及“千校百万”培训工作先进集体的基础上,本届增加了评选全国进城务工青年先进集体(35 岁以下进城务工青年占所有务工人员80%以上的用工单位或青年组织)的内容。在层层选拔、推荐、审核的基础上,选出全国杰出进城务工青年 10 人,全国优秀进城务工青年 123 人、进城务工青年先进集体 102 个、进城务工青年良师益友 107 人、“千校百万”培训工作先进集体 109 个。

第四届全国杰出进城务工青年

(10 人,按姓氏笔画排序)

王 刚 河南怡和实业发展有限公司董事长(河南固始县陈集乡张集村人)

付丽君(女) 广东省珠海市金路幼儿园党支部书记、人力资源总监(山西新绛县弋家庄人)

刘 艳(女) 江西省宜春市鸿辉电子加工厂厂长(江西宜春市袁州区西村镇塘村人)

孙 恒(满族) 北京农友之家文化发展中心总干事(河南开封人)

陈明钰 山东省青岛市市南区“小陈热线”服务社负责人(陕西旬阳县吕河镇双井村人)

冷双德 湖北省孝感市双德建筑工程有限责任公司董事长兼总经理(湖北孝感市杨店镇人)

郁有宁 山东凌骏集团董事长(山东临沂市河东区九曲镇郁九曲村人)

赵月娟(女) 北京北毛集团金毛纺有限公司织造车间挡车工(河北崇礼县人)

黄世军 贵州省息烽县鹿窝乡老窝村委会主任(贵州息烽县鹿窝乡老窝村人)

韩志刚 辽宁省大连市开发区个体出租车司机(吉林辽源市人)

“为了明天——全国青少年自我保护教育基地”活动

为积极践行“三个代表”重要思想，认真实施《中华人民共和国未成年人保护法》和《中华人民共和国预防未成年人犯罪法》，贯彻落实《中共中央国务院关于进一步加强和改进未成年人思想道德建设的若干意见》精神，通过开展命名活动，调动和激励更多的社会力量投身于青少年自我保护教育事业，大力推进青少年自我保护教育工作，提高青少年自护意识和能力，共青团中央、中央综治委预防青少年违法犯罪工作领导小组办公室、最高人民法院、最高人民检察院、教育部、公安部、司法部、卫生部、新闻出版总署决定：授予北京青少年法律与心理咨询服务中心等101个单位为首批“为了明天——全国青少年自我保护教育基地”称号。

首批“为了明天——全国青少年自我保护教育基地”名单

北京市

北京青少年法律与心理咨询服务中心

北京图书大厦

海淀区人民法院

北京消防教育训练中心

北京市海淀区公共安全馆

天津市

天津市公安消防局教导大队

河西区人民法院少年刑事审判庭

天津市青少年绿色文明基地

河北省

唐山市公安局交通警察支队

衡水市人民路小学青少年自我保护教育基地

保定市前卫路小学青少年自我保护学校

山西省

长治市城区建设东路小学

大同市公安消防支队云中商城中队

万荣县看守所

太原市小店区坞城街道办事处坞城路西社区活动中心

内蒙古

包头市昆区乌兰小学

内蒙古青少年生态园管委会办公室

呼和浩特市公安消防支队

辽宁省

沈阳市铁西区凌空街道青年中心

大连市西岗区青春自护学校

抚顺市青年宫

沈阳消防教育训练基地

吉林省

长春市中小学素质教育实践基地

四平市青年中心

通化市监狱

黑龙江

佳木斯市前进区人民法院云峰社区青少年自护教育基地

黑河市公安局交通警察支队

牡丹江市消防一中队

上海市

上海青少年校外活动营地东方绿舟

上海公安博物馆

上海禁毒教育馆

江苏省

武警盐城消防支队

无锡市精神卫生中心

南京市秦淮区夫子庙消防中队

浙江省

宁波市余姚未成年人平安自护训练学校

温州市青少年活动中心

台州市公安局“护苗活动”基地

金华市义务实验小学
杭州市公安消防特勤大队

安徽省

合肥市琥珀中学
蚌埠市梅花山青少年自护教育基地
中国科学技术大学火灾科学国家重点实验室
望江县人民法院

福建省

福州市青少年活动中心预防青少年违法犯罪图片展馆
福州市青少年活动中心
厦门市消防教育馆

山东省

青岛消防博物馆
胜利油田阳光自护训练营
青岛市黄岛区人民检察院青少年警示教育基地
济南消防安全教育基地

河南省

平顶山市中小学生素质教育实践基地
济源市人民检察院法制教育基地
三门峡市图书馆

湖北省

武汉市第二看守所
襄樊市襄阳区消防大队
武警荆门消防支队象山消防站

湖南省

长沙市芙蓉区人民法院
郴州市交巡警支队第二大队
衡阳市环城南路小学
湖南消防防灾教育馆

广东省

广州市公安消防支队
广东省少年军校
清远市清城区青少年宫

广西省

南宁市青少年活动中心
柳州市鱼峰区沿村路小学
玉林市消防教育基地

海南省

儋州市那大二中
海南农垦少年军校
海口市公安消防支队金融中队

重庆市

忠县青少年宫
石柱县青少年活动中心
沙坪坝区人民检察院
江北区人民检察院
重庆市消防培训基地

四川省

宜宾市中山街小学
成都市锦江区水井坊社区
成都市中级人民法院少年审判庭
阿坝州公安局交警支队
成都市公安消防支队特勤二中队

贵州省

贵阳市省府路小学
贵州省消防教育馆

西藏

西藏自治区疾病预防控制中心健康教育所
拉萨市公安消防支队特勤大队消防宣传教育培训基地

陕西省

西安市林区人民法院
户县公安局秦渡派出所
宝鸡市公安消防支队

甘肃省

张掖市甘州区少年军校
武威第六中学
武威信息工程职业学校交通安全教育基地

青海省

青海省青少年教养管理所
西宁市中级人民法院少年法庭
西宁市公安消防支队城东区消防科

宁夏回族自治区

石嘴山市青少年活动中心

中卫市公安局交通警察大队

新疆

乌鲁木齐雏鹰自护拓展训练营

克拉玛依市公安消防大队

克拉玛依市公安局交警支队

阿克苏市公安消防中队

自治区消防防灾教育基地

新疆生产建设兵团

新疆生产建设兵团农八师八一中学

塔城市消防中队

中国杰出(优秀)青年外事工作者

为切实贯彻落实全国人才工作会议精神，不断完善外事战线人才培养机制，进一步调动广大青年外事工作者的工作热情和积极性，激励他们在为全面建设小康社会创造良好的国际环境的进程中做出更大贡献，共青团中央、中联部、外交部、商务部和对外友协等五部委在全国范围内联合发起了第二届“中国杰出(优秀)青年外事工作者”评选活动。经过严肃认真的评选，授予于海琳等10名同志“中国杰出青年外事工作者”荣誉称号，授予王强等48名同志“中国优秀青年外事工作者”荣誉称号。

第二届中国杰出青年外事工作者名单

(10名)

(按姓氏笔画排序)

于海琳　中共中央对外联络部三局三秘

巴　桑(女，藏族)　西藏自治区外事办公室礼宾接待处副处长

龙　梅(女)　最高人民检察院外事局司法协助处处长

叶成伟　上海市公安局徐汇分局出入境办公室副主任

肖凤怀　商务部对外援助司中西非处处长，原驻刚果(布)使馆经商参赞

宋延超　国防部外事办公室西亚非洲局副团职参谋

张宝峰　国家质检总局国际合作司处长

张亮哲　河南省医药保健品进出口公司总经理

罗明华　云南省外事办公室主任科员

欧阳玉靖　外交部条约法律司四处处长

第二届中国优秀青年外事工作者名单

(48名)

(按姓氏笔画排序)

王志伟　吉林省政府外事办公室调研员

王英春　黑龙江省外事办公室秘书处处长

王　强　全国政协外事局联络调研处副处长

韦正林　农业部国际合作司副处长

韦汶君　新疆生产建设兵团外事局外事管理处副处长

冯文利(女)　中国土地勘测规划院外办主任

叶长青　河北省人民政府外事办公室非洲大洋洲处副处长

田华(女)　财政部国际司外事处主任科员

加晓刚　陕西省咸阳市外经贸局科长

刘力伟　辽宁省外事办公室美洲大洋洲处副处长

刘日红　商务部驻日本使馆经商处三秘

刘宪军　山西省政府外事办公室助理调研员

刘　洋　北京市人民政府外事办公室涉外处处长

吕兴来　甘肃省外事办公室礼宾接待处主任

科员
孙传尚　山东省外事办公室美大处副处长
孙宝山　内蒙古自治区外事办公室助理调研员
朱海东　国家中医药管理局国际合作司副处长
吴　洁(女)　国家工商总局外事司副处长
张业初　四川省人民政府外事办公室欧美处主任科员
张　欣(女)　中央电视台外事处亚非拉科副科长
张若宁(女)　对外友协欧亚部国际地方政府组织处副处长
李明全　重庆市人民政府外事办公室主任科员
李　杰　宁夏回族自治区人民政府外事办公室友城处处长
李　勇　中国进出口银行出口信贷部买方信贷二处处长
李晓虹(女)　司法部司法协助外事司主任科员
李　斌　国家发展和改革委员会外事司副司长
李锦琦　中国作家协会外联部副处长
杨　红(女)　中粮集团大米部总经理
苏永军　新疆维吾尔自治区外(侨)办邻国处副处长
邱爱华　湖南省外事侨务办公室涉外礼宾处副处长
陈大立　教育部国际司欧洲处副主任科员
陈霖豪　科技部国际合作司调研员
林晓南(女)　建设部外事司主任科员
罗　煜(女)　贵州省外事办公室主任科员
范　阳　安徽省技术进出口股份有限公司董事长、总经理
郑学选　中国建筑工程总公司阿尔及利亚经理部总经理
侯继文　湖北省外事侨务办公室主任科员
俞　峰(女)　苏州市外事办公室副主任科员
胡张良　中国驻塞拉利昂使馆政治处主任(二秘)
赵红菊(女)　全国妇联国际部欧洲处处长
赵剑岭　天津市对外服务公司总支部书记、常务副总经理
骆　青(女)　人民日报社外事局欧美处副处长
唐小棠(女)　中国外文局国际合作部主任科员
桂　旭　海关总署国际合作司副主任科员
顾健红(女)　江西省人民政府外事侨务办公室亚洲东欧处副处长
黄梦龙　青海省外事侨务办公室主任科员
韩志立　海南省外事侨务办公室主任科员
戴　虹(女)　浙江省外事办公室主任科员

中国青年志愿者扶贫接力计划研究生支教团优秀组织奖

为进一步推进研究生支教团组织管理工作,表彰在项目实施过程中组织管理规范、工作成效显著的高校和服务县,2005 年 7 月,共青团中央、教育部、中华全国学生联合会联合开展了“中国青年志愿者扶贫接力计划研究生支教团优秀组织奖”评选活动。经过严肃认真的评选,共青团中央、教育部、中华全国学生联合会决定,授予北京大学等 8 所高校和甘肃省榆中县等 8 个服务县“中国青年志愿者扶贫接力计划研究生支教团优秀组织奖”,授予北京交通大学等单位“中国青年志愿者扶贫接力计划研究生支教团贡献奖”。

中国青年志愿者扶贫接力计划研究生支教团优秀组织奖获奖单位名单

北京大学

中国人民大学
清华大学
吉林大学
复旦大学
南京大学
华中师范大学
陕西师范大学
内蒙古自治区伊金霍洛旗
河南省新县
湖北省英山县
四川省昭觉县
甘肃省榆中县
青海省大通县
宁夏回族自治区西吉县
新疆维吾尔族自治区库尔勒市

中国青年志愿者扶贫接力计划研究生支教团贡献奖获奖单位名单

北京交通大学
中国海洋大学
郑州大学
山西省静乐县
广西壮族自治区田阳县
安捷伦科技有限公司(中国)

中国青年志愿服务金奖

2005年,在各级共青团、青年志愿者组织的大力倡导下,广大青年志愿者努力践行“奉献、友爱、互助、进步”的志愿精神,踊跃参加志愿服务,积极投身全面建设小康社会的伟大实践,为促进我国经济社会和谐发展发挥了积极作用,涌现了一大批不计名利、真诚奉献的优秀青年志愿者。为了充分发挥典型的激励示范作用,引导更多的青年进而带动其他社会公众参与志愿服务,进一步弘扬时代新风,根据《中国青年志愿者注册管理办法(试行)》的规定,经各省级团委推荐,共青团中央决定,授予于凯等37位同志2005年度“中国青年志愿服务金奖奖章”。

2005年度中国青年志愿服务金奖奖章获得者名单

于　凯　北京首汽股份有限公司第三运营分公司于凯车队队长
顾月海　天津市河北区环卫局津门时传祥环卫服务中心工人
贾德利　河北省石家庄市学雷锋车队队长
房正光　新华人寿保险股份有限公司山西晋城支公司总经理
张　蕾(女)　内蒙古自治区呼和浩特市卫生局系统青年志愿服务队队长
刘景红(女)　辽宁省北票市农经委蔬菜站职员、2003年大学生志愿服务西部计划地方项目志愿者
樊中文　吉林省舒兰市水利局水产水政科科长
蔡洪庆　黑龙江省大庆市石油管理局钻探集团钻井一公司综合服务公司红岗管理站站长
山　缨(女)　上海市华山医院心内科主治医生、2004年扶贫接力计划志愿者

臧　勇　宝钢集团上海梅山钢铁公司职工

陈彦中　浙江省遂昌县金竹中心卫生院职工、2004年大学生志愿服务西部计划地方项目志愿者

鲁朝晖　安徽省立医院传染科主任医师、2003年扶贫接力计划志愿者

黄毅军　福建省信息职业技术学院机电工程系辅导员、2003年大学生志愿服务西部计划志愿者

刘　方(女)　江西省高等级公路管理局鄱阳管理所田畈街站团支部书记

张　丽(女)　山东省济南市天真口腔诊所主任

董瑞瑞(女)　河南省周口市商水县汤庄乡卫生院门诊部主任、2004年大学生志愿服务西部计划地方项目志愿者

徐　壬　湖北省恩施土家族苗族自治州交通技工学校团委宣传部部长、2004年大学生志愿服务西部计划志愿者

凌　云　湖南省凤凰县山江区农技站农技推广员、2004年大学生志愿服务西部计划志愿者

邓家文　广东省佛山市顺德区龙江镇龙江社区志愿者

黄秀明(女)　广西壮族自治区隆安县屏山乡团委副书记、2003年大学生志愿服务西部计划志愿者

詹长智　海南大学图书馆馆长

徐根方　四川省金阳县德溪乡双龙坝中学教师、2003年大学生志愿服务西部计划志愿者

李正方　重庆铜梁县庆龙精细锶盐化工有限公司团支部书记、2004年大学生志愿服务西部计划志愿者

唐开文　贵州省贵阳市修文县六屯乡卫生院医疗组长、2003年大学生志愿服务西部计划志愿者

王昭荣　云南昭通市昭阳区委宣传部副部长、昭通黑颈鹤保护志愿者协会负责人

卢经仕　西藏自治区地勘局干部、2004年大学生志愿服务西部计划志愿者

李　伟　陕西省三原县新兴中学教师、2004年大学生志愿服务西部计划志愿者

王　军　甘肃省酒泉钢铁(集团)公司机械制造分公司车工

贾宏霞(女)　青海省共和县廿地乡中心学校教师、2003年大学生志愿服务西部计划志愿者

潘晓丽(女)　宁夏自治区党校教务处科员、2003年大学生志愿服务西部计划志愿者

付　静(女)　新疆维吾尔自治区昌吉回族自治州奇台县第一中学教师、2003年大学生志愿服务西部计划志愿者

杨洛新(女)　郑州铁路局洛阳机务段团委干事

蔡　越　中央办公厅中直管理局副科长、2004年扶贫接力计划志愿者

闪增宏　中国儿童艺术剧院院长助理、国家一级演员

沈永俊　中国电力投资集团公司安徽芜湖发电厂发电部后勤工人

王　林　新疆生产建设兵团农十师一八七团中学团总支书记、2003年大学生志愿服务西部计划志愿者

刘官棠　全法律师事务所律师

鄂尔多斯环保志愿服务与生态建设奖

从2004年起，共青团中央联合全国人大环境与资源保护委员会、全国政协人口资源环境委员会、水利部、国家林业局、新华社、中央人民广播电台和中国青年志愿者协会等单位在全国范围内开展“鄂尔多斯环保志愿服务与生态建设奖”评选活动，以表彰在环保与生态建设志愿服务中涌现出的富有特色、成效显著的公益项目。2005年共有来自24个省（区、市）的各类志愿者组织上报了86个参评项目，其中18个参评项目进入了复选，经评委会认真评选，最终有6个项目获得了奖项。为树立典型、表彰先进，激励和引导广大团员青年投身环保与生态建设志愿服务，共青团中央及主办单位决定，授予广西防城港市防城区江山中心小学的珍珠湾红领巾红树林防护林带项目“2005年鄂尔多斯环保志愿服务与生态建设大奖”，授予北京林业大学的首都大学生青春奥运林项目等5个项目“2005年鄂尔多斯环保志愿服务与生态建设奖”。

“2005年鄂尔多斯环保志愿服务与生态建设奖”获奖项目名单

一、鄂尔多斯环保志愿服务与生态建设大奖获奖项目

广西防城港市防城区江山中心小学珍珠湾红领巾红树林防护林带项目

二、鄂尔多斯环保志愿服务与生态建设奖获奖项目

甘肃省民勤县团委薛百乡宋和村青年防风治沙林项目

石家庄市志愿者协会“绿色传真线”民心河志愿服务项目

新疆兵团农十师团委平顶山生态绿化基地项目

北京林业大学首都大学生青春奥运林项目

陕西朱鹮保护观察站朱鹮保护与自然生态环境项目

全国青年中心建设试点工作先进市、县(区)

2003年以来，按照“试点先行、逐步推进、因地制宜、规范运作”的总体原则，各级团组织积极开展青年中心建设试点工作，全国已成立城乡青年中心2700多个，发展势头良好，初步成效明显，涌现出一大批先进集体和先进个人。共评选“全国青年中心建设试点工作先进市、县(区)93个，“全国优秀青年中心”101个，并授予105名同志“全国青年中心建设试点工作先进个人”称号。

全国青年中心建设试点工作先进市、县(区)

(93个)

北京市

东城区　　朝阳区　　通州区　　密云县

天津市

南开区　大港区　宝坻区

河北省

石家庄市　栾城县　青县

山西省

太原市　万柏林区　大同市城区灵丘县

高平市

内蒙古自治区

呼和浩特市　包头市　开鲁县　乌拉特前旗

辽宁省

沈阳市铁西区　沈阳市苏家屯区

大连市西岗区　抚顺县

吉林省

四平市　蛟河市　公主岭市

黑龙江省

哈尔滨市南岗区　牡丹江市　克山县

上海市

长宁区　青浦区　金山区

江苏省

南京市鼓楼区　苏州市　常熟市

海门市

浙江省

杭州市江干区　台州市路桥区

临海市　富阳市

安徽省

合肥市　肥西县　滁州市　庐江县

福建省

福州市　泉州市　南平市延平区

江西省

南昌市　九江市　庐山区

山东省

青岛市四方区　淄博市　胶南市

齐河县

河南省

焦作市　济源市　新乡县

湖北省

武汉市硚口区　宜昌市西陵区

应城市　浠水县

湖南省

岳阳市岳阳楼区

广东省

广州市东山区　深圳市龙岗区

东莞市

广西壮族自治区

南宁市　柳州市　宾阳县　恭城县

海南省

东方市

重庆市

九龙坡区　涪陵区　南岸区　石柱县

四川省

成都市锦江区　宜宾市翠屏区

乐山市

贵州省

贵阳市白云区　遵义市　余庆县

云南省

昆明市

西藏自治区

堆龙德庆县

陕西省

西安市长安区　延安市宝塔区

铜川市　丹凤县

甘肃省

武威市凉州区　玉门市　高台县

青海省

格尔木市

宁夏回族自治区

银川市兴庆区　银川市西夏区

吴忠市利通区

新疆维吾尔自治区

乌鲁木齐市米泉市

全国优秀青年中心

全国优秀青年中心名单

（101个）

北京市

房山区阎村青年中心

宣武区广外街道马连道采购中心区青年中心

石景山区八角街道青年中心

怀柔区桥梓青年中心

天津市

和平区劝业场街道青年中心

河北区宁园街道青年中心

武清区陈咀青年中心

河北省

栾城县东佐青年中心

廊坊市广阳区解放道街道青年中心

邯郸矿业集团有限公司云驾岭社区青年中心

青县清州青年中心

山西省

太原市滨河社区青年中心

长治县韩店青年中心

晋城市城区东街街道红星科教青年中心

高平市石末青年中心

内蒙古自治区

呼和浩特市新城区东风路街道青年中心

通辽市科尔沁永清街道青年中心

开鲁县道德青年中心

乌拉特前旗公田青年中心

辽宁省

沈阳市铁西区凌空街道青年中心

大连市西岗区站北街道e家青年中心

本溪县泉水青年中心

凤城市大梨树青年中心

吉林省

长春市绿园区铁西街道青年中心

公主岭市范家屯青年中心

黑龙江省

克山县鹏程社区青年中心

双城市和平青年中心

大兴安岭地区松鹤社区青年中心

上海市

长宁区天山街道天山社区青年中心

青浦区徐泾蟠龙青年中心

嘉定区马陆镇永盛公寓青年中心

江苏省

南京市六合区葛塘青年中心

张家港市张家港青年中心

南通市和平桥街道青年中心

扬州市荷花池社区青年中心

浙江省

宁波市“天天”发展社区青年中心

奉化市力邦青年中心

上虞市百官街道上虞青年中心

平阳县鳌江青年中心

安徽省

肥西县三河青年中心

芜湖市新芜区北京路街道青年中心

马鞍山市花山区中岗社区青年中心

郎溪县十字青年中心

福建省

福州市台江区亚峰社区青年中心

晋江市烧灰青年中心

龙海市海澄青年中心

江西省

赣州市章贡区沙河青年中心

鹰潭市月湖区东湖街道三角线社区青年中心

山东省

青岛市即墨农业高新区青年中心

莱州市沙河青年中心

东营市东城街道青年中心

胜利石油管理局胜利先河社区青年中心

河南省

鹤壁市经济技术开发区黎阳路街道青年中心

济源市济水街道青年中心

济源市轵城青年中心

方城县城关青年中心

湖北省

武汉市东西湖区吴家山街道青年中心

宜昌市夷陵区龙泉青年中心

荆州市沙市区胜利街道青年中心

南漳县九集青年中心

湖南省

邵阳市大祥区西湖社区青年中心

邵阳县白羊铺青年中心

广东省

广州市白云区米岗青年中心

广州市海珠区昌岗街道江南青年中心

深圳市宝安区大洋社区青年中心

佛山市南海区九江青年中心

广西壮族自治区

南宁市新城区新竹街道青年中心

柳州市城中区城中街道拓展青年中心

北海市铁山港区南康青年中心

柳江县百朋青年中心

海南省

三亚市田独青年中心

琼海市登仙岭社区青年中心

重庆市

九龙坡区含谷青年中心

渝北区回兴街道双湖路社区青年中心

南岸区弹子石街道青年中心

奉节县三峡青年中心

四川省

成都市锦江区春熙路青年中心

双流县东升青年中心

自贡市自流井区五星社区万卷青年中心

简阳市玉成青年中心

贵州省

贵阳市云岩区北京路街道青年中心

贵阳市白云区麦架青年中心

余庆县白泥青年中心

云南省

楚雄市鹿城镇学桥街社区青年中心

呈贡县斗南青年中心

澄江县龙街青年中心

西藏自治区

堆龙德庆县马乡青年中心

陕西省

宝鸡市陈仓区育才青年中心

咸阳市渭城区新兴路街道国寿青年中心

华阴市夫水青年中心

甘肃省

凉州区双城青年中心

酒泉市肃州区东南街青年中心

渭源县五竹青年中心

青海省

格尔木市青藏铁路公司铁鹰青年中心

贵德县河西青年中心

宁夏回族自治区

银川市贺兰县团结社区青年中心

中宁县石空青年中心

新疆维吾尔自治区(含兵团)

乌鲁木齐县水西沟青年中心

昌吉市延安路街道青年中心

生产建设兵团农八师石河子市向阳青年中心

生产建设兵团农十二师三坪农场青年中心

全国青年中心建设试点工作先进个人

全国青年中心建设试点工作先进个人名单

（105名）

北京市

王升旗　顺义区北务镇团委书记、青年中心理事长

李　奇　崇文区天坛街道团工委副书记

李　晨　海淀团区委基层部副部长

姜薛兵　门头沟区潭柘寺镇团委书记、青年中心理事长

天津市

孙向军　蓟县团县委书记

佟　铭　中国网通（集团）有限公司天津大港区分公司党总支副书记、副总经理

陈海燕　中国农业银行天津市河东支行行长

河北省

王　燕　易县团县委副书记

赵启伟　秦皇岛市海港团区委书记

闫纲飞　康保团县委书记

山西省

冯贵洲　长治团市委权益部部长

石培垣　平陆团县委副书记

张玉宏　晋城团市委书记

武中铎　祁县团县委书记

梅树旺　朔州团市委副书记

内蒙古自治区

宝勒道　锡林郭勒盟团委青工农牧部副部长

贺伟华　包头团市委书记

徐卓兴　安盟团委书记

徐景春　阿拉善左旗巴润别立镇镇长、青年中心名誉理事长

曹思阳　乌兰察布团市委副书记

辽宁省

刘占福　沈阳市皇姑团区委副书记

张　莹　锦州团市委书记

张力夫　大连市沙河口团区委书记

崔　巍　辽宁团省委青农部部长

谢　鹏　沈阳团市委青农部部长

吉林省

王晓平　公主岭团市委书记

高丽丽　长春市绿园团区委书记

黑龙江省

刘志强　双城团市委书记

陈明克　山团县委书记

上海市

干志英　金山区朱泾镇团委书记、青年中心理事长

徐　斌　长宁区华阳社区青年中心青年事务部部长

魏斌静　安区南京西路社区青年中心理事长

江苏省

王建国　中共徐州市泉山区泰山办事处党工委书记

张志方　江苏团省委青农部副处级干部

徐华明　盐城团市委副书记

董　涛　丰县团县委青农部部长

浙江省

王振璋　温州团市委农工部干事

江　琦　衢州市柯城区石梁镇白岭村团支部书记

阮灵华　台州市椒江区下陈街道办事处委员会团委书记

李俊伟　舟山市普陀团区委书记

黄益友　平阳团县委书记

安徽省

苏　勇　滁州团市委副书记

张怡宁　合肥团市委权益部副部长

杨进真　庐江团县委副书记

谢群峰　黄山团市委权益部副部长

福建省

叶晓东　厦门市翔安团区委副书记
庄胜彬　福州市晋安区福兴青年中心秘书长
徐春晖　泉州团市委书记
曾国强　福建团省委青农部副部长

江西省

李　鑫　南昌团市委权益部副部长
苏玉东　宜春市袁州区温汤镇党委书记、青年中心名誉理事长

山东省

刘宏涛　烟台团市委副书记
刘咏梅　昌乐团县委书记
李英春　威海团市委副书记
李彬彬　齐河团县委书记

河南省

曲万涛　偃师团市委书记
李月亮　安阳团市委青农部部长
姚志刚　郑州市管城回族区团委书记
黄　腾　焦作团市委副书记

湖北省

陈　凯　鄂州团市委权益部长
胡耀中　大冶市还地桥青年中心理事长
唐定勇　沙洋团县委书记
鲁明明　潜江市高石碑青年中心理事长

湖南省

游建忠　临澧团县委书记
林喜洋　衡阳团市委副书记

广东省

申翰杰　四会团市委书记
严毅江　佛山南海团区委团务部部长
唐航浩　广州团市委书记

广西壮族自治区

韦　耿　南宁团市委青农部部长
韦继宁　柳江团县委副书记
陈晓红　南宁团市委副书记
蒙　佳　梧州市长洲区恒祥社区青年中心副理事长

海南省

陈　屿　澄迈团县委书记
曾　锋　三亚团市委副书记

重庆市

万东良　渝北团区委书记
严　蕾　巴南团区委书记
张清莉　奉节团县委书记
董瑞芳　长寿团区委书记

四川省

卫正霞　泸州市龙马潭区莲花池街道办事处团工委书记
王安宁　双流团县委副书记
廖冬雪　成都团市委社区权益部部长
赫绍宏　昭觉团县委书记

贵州省

喻　芯　贵阳市云岩区北京路办事处团委书记
蒙　忠　贵州团省委青农部干部

云南省

尚朝辉　马龙团县委书记
何　俊　江川县大街镇下营团总支书记
段　超　昆明市五华团区委书记
施永生　呈贡团县委书记

西藏自治区

德庆卓嘎　乃东县昌珠青年中心理事长

陕西省

张　鹏　咸阳市渭城团区委书记
苗建国　汉中市城固县博望镇青年中心秘书长
郑　伟　西安市灞桥团区委书记

甘肃省

刘　宇　天水市北道团区委书记
张　鑫　平凉团市委权益部副部长
秦占军　敦煌团市委书记
袁海东　玉门团市委书记

青海省

刘建军　西宁市城西区虎台街道办事处党政办公室副主任、团工委书记
贺生杰　互助团县委书记

宁夏回族自治区

郭耀峰　吴忠团市委工农青年部部长

雍　丽　石嘴山市大武口团区委书记

新疆维吾尔自治区(含兵团)

周　谷　米泉团市委书记

张皓铭　乌鲁木齐市新市团区委书记

沈建霞　哈巴河县加依勒玛乡博旦拜团支部书记

张　硕　生产建设兵团农八师团委副书记

杨　霞　生产建设兵团农十二师三坪农场团委书记

第六部分

组 织 概 况

共青团组织基本情况

截至2005年底，全国共有共青团员7214.6万人，基层团委19.9万个，团总支22万个，团支部249.1万个。

学生团员总数为3570.1万人，约占团员总数的49.5%。全国各学校中共有基层团委5.5万个，团总支6.6万个，团支部90.5万个。

采掘业、制造业、电力、煤气及水的生产和供应业、建筑业以及地质勘查、水利管理业共有团员为577.3万人。这些行业中，基层团委达3.2万个，团总支3.3万个，团支部29.3万个。

在农、林、牧、渔业中，共有团员2118.9万人，基层团委5万个，团总支6.5万个，团支部81.7万个。

第三产业及其他行业中，团员总数为948.2万人，建立了基层团委6.2万个，团总支5.6万个，团支部47.5万个。

其他青年组织基本情况

中华全国青年联合会

中华全国青年联合会简称全国青联，成立于1949年5月4日。全国青联是中国共产党领导下的我国基本人民团体之一，是以中国共产主义青年团为核心力量的各青年团体的联合组织，是我国各族各界青年广泛的爱国统一战线组织。全国青联实行团体会员制，现有团体会员52个，其中全国性团体会员16个。全国青联目前有委员1489名，他们是由各会员团体推荐、协商产生的代表和特别邀请的各族各界青年的代表出任的。全国青联设有科学技术、教育、农林牧渔、社会科学、工交商贸、企业管理、金融、政法、文化艺术、新闻出版、体育、医药卫生、社会团体和中介组织、宗教、海外学人华侨、台胞和港澳特邀人士、公共管理和其他等共17个界别工作委员会。

全国青联的基本任务是：高举爱国主义、社会主义的旗帜；鼓励青年学习马列主义、毛泽东思想、邓小平理论和“三个代表”重要思想，学习现代科学技术和文化知识；最广泛地代表和维护各族各界青年的合法权益；引导青年积极健康地参与社会生活，努力为各族各界青年健康成长、奋发成才服务；发展同台湾青年、港澳青年及国外青年侨胞的联系和团结；发展同世界各国青年的联系和友谊；为巩固和发展我国社会安定团结的局面，推进我国的改革开放和社会主义现代化建设，推动社会主义市场经济的发展，健全社会主义民主和法制，促进祖国统一和维护世界和平，把我国建设成为富强、民主、文明的社会主义国家而奋斗。

2005年是全国青联的换届年。全国青联以邓小平理论和“三个代表”重要思想为指导，认真学习贯彻党的十六届五中全会、中央经济工作会议和全国科学技术大会精神，树立和落实科学发展观，围绕加强党的执政能力建设和构建社会主义和谐社会，高举爱国主义、社会主义旗帜，抓住青联换届契机，锐意创新，开拓进取，广泛团结凝聚海内外中华青年，为全面建设小康社会，为促进民族团结和祖国统一做出了新贡献，青联事业进入了新的发展阶段。

1. 召开全国青联十届一次全委会。2005年7月，全国青联十届一次全委会在京召开，胡锦涛等党和国家领导同志亲切会见全体委员，王兆国同志代表党中央发表了热情洋溢的祝词，充分体现了党中央对青联工作的高度重视和亲切关怀，使各族各界青年、广大青联委员和青联工作者深受鼓舞。十届青联根据时代发展和我国改革开放和现代化建设新阶段的要求，提出了“以邓小平理论和‘三个代表’重要思想为指导，全面落实科学发展观，高举爱国主义、社会主义旗帜，紧紧围绕全面建设小康社会、实现中华民族伟大复兴的宏伟目标，奏响团结、创新、奉献、合作的青春旋律，引导和组织广大青年为推动社会主义经济建设、政治建设、文化建设与和谐社会建设做出更大的贡献”的总体思路。会议审议并通过了九届全国青联主席赵勇代表全国青联第九届常委会所作的工作报告，通过了关于《中华全国青年联合会章程(修正案)》的决议。会议以无记名投票的方式选举出中华全国青年联合会新一届领导机构，共青团中央书记处常务书记赵勇当选为全国青联主席，胡伟、杨岳、尔肯江·吐拉洪、陈章良、陈肇雄、蔡振华、吉狄马加、张庆伟、秦文贵、竺延风、张继禹、刘志强、郭雷、彭丽媛、屈冬玉、申长雨、卢柯、廖明宏、黄英豪、曾智雄、陈明金、刘凯为副主席，安桂武为秘书长。

2. 深入调研，积极探索落实新时期青联工作任务的新思路。十届一次全委会召开以后，开展以“顺应时代潮流，服务发展大局，努力开创工作新局面”为主题的调研活动，面向100多位全国青联新老委员作问卷调查，利用全国青联网向委员和青联工作者作调查，召开青联工作者座谈会、研讨会和务虚会，广泛征求意见和建议。通过调研，摸清情况，理顺思路，找准工作切入点，提出了新时期青联工作的总体框架和对策措施。

3. 大力加强爱国主义教育和理想信念教育，增强广大青年为全面建设小康社会做贡献的责任感和使命感。利用纪念抗日战争60周年、“一二·九”运动70周年、“一二·一”运动60周年、“神舟六号”载人飞船发射成功等契机，组织富有特色的纪念和主题教育活动，在青年中大力开展爱国主义教育和理想信念教育，使广大青年坚定了跟党走中国特色社会主义道路的信念，进一步激发了爱国热情，增强了为全面建设小康社会做贡献的责任感和使命感。

4. 深化“博士服务团”工作，为西部地区、革命老区和民族地区提供人才智力支持。联合中组部召开“博士服务团”工作会议，总结第五批“博士服务团”工作，培训、动员第六批“博士服务团”成员。会后，来自42个中央国家机关和科研院所的145名博士分赴西部12个省区市以及江西和吉林延边、湖南湘西、湖北恩施进行为期一年的挂职锻炼服务，为促进西部地区、革命老区和民族地区的经济社会发展做出了积极贡献。

5. 组织“科技之光”百名青年专家服务团赴吉林开展活动，为农村和农民提供有效服务。联合科技部首次组织“科技之光”百名青年专家服务团，来自全国的123名青年专家在长春市开展“与青年科学家面对面”、吉林省农业发展青年专家座谈会、农业科技项目推介洽谈会等活动，深入两个县8个村庄直接面对农民进行技术指导、咨询论证、科学普及和医疗义诊，为农村和农民提供切实服务，深受当地干部群众的欢迎。

6. 举办“2005中国泰达生物论坛”，为中国生物技术发展献计献策。联合国家发改委等6部委和天津市举办“2005中国泰达生物论坛”，1000多名海内外生物技术领域的专家学者和企业家围绕生命科学、生物医药、生物产业与风险投资等主题展开讨论，同时还举办了医药产品展览会和人才交流等活动。论坛设立1亿元基金，推出面向全球的“泰达生物奖”，奖励世界生物技术领域取得杰出成绩的青年人才。

7. 开展第16届“中国十大杰出青年”评选活动，为广大青少年成长成才树立学习榜样。适当扩大人选推报渠道，重点选树具有鲜明时代特征和强烈导向性的创新型青年人才，进一步规范评选程序，加大社会公示和社会宣传力度，增强评选活动的社会性、广泛性和群众性，在全社会进一步营造有利于青年人才脱颖而出的良好氛围。

8. 开展全国青联志愿者艺术团赴老、少、边、贫地区的慰问演出活动，受到中宣部、中央文明办等14部委表彰。2005年11月，在全国开展文化科技卫生“三下乡”活动十周年之际，中宣部、中央文明办等14部委联合做出决定，表彰长期以来为“三下乡”活动做出突出贡献的先进集体和个人。全国青联志愿者艺术团作为先进集体受到表彰，志愿者艺术团成员的奉献行为得到广泛赞誉。2005年，全国青联志愿者艺术团累计组织全国青联文艺界委员近140人次，深入西部、农村、和国家重点工程建设一线，开展慰问演出11场，现场观众近6万人。

9. 举行“老”委员联谊活动，传承青联组织文化。在十届一次全委会期间，举行委员论坛，邀请资深老委员介绍青联组织的光荣传统和文化理念，举行卸任委员座谈会，向卸任委员代表颁发荣誉牌。中秋节前夕，举办“相约在月圆时节”青联之友联谊会活动，近百位卸任老委员欢聚颐和园，畅谈青春友谊，共话青联岁月。通过这些活动，向为青联事业做出突出贡献的老委员们表示敬意和感谢，对新委员进行生动的青联组织文化教育。

10. 开展“培养计划”工作，为西部和民族地区团干部提高素质搭建平台。选派西部和民族地区16个省(区、市)的51名团干部，分赴东部沿海10个经济相对发达的省(市)进行为期半年的挂职锻炼，在参与沿海发达地区改革开放和现代化建设中，开阔视野、增长见识，提高素质和能力，为促进东西合作和区域协调发展做出了积极的贡献。

11. 举办2005年全国宗教界青年代表人士学习考察活动，使宗教界青年代表人士进一步了解国情、增强服务社会主义建设和维护社会稳定的坚定性。组织55名全国青联和部分省级青联宗教界委员，先后赴西安、延安、北京进行为期一周的学习考察。邀请专家作关于宗教政策、“十一五”规划和中国传统文化的讲座。围绕“宗教与构建社会主义和谐社会”进行深入交流。通过学习考察交流活动，宗教界青年代表人士加深了对改革开放巨大成就的了解，提高了认识，坚定了信心，更加增强了服务社会的责任感。

12. 开展香港与内地青少年交流活动，进一步激发香港青少年的爱国热情。支持香港青年团体举办“香港青少年红色之旅江西行”活动，700多名香港青少年走进井冈山，认识历史，了解国情。支持举办“心系奥运”系列活动，接待香港青年社团领袖及各界青年学生代表130余人到京参加北京奥运会倒计时1000天系列活动，使香港青少年感受到祖国内地改革开放和现代化建设的巨大成就，增强了他们的爱国情怀和民族自豪感。

13. 参加庆祝澳门回归六周年系列活动，加强与澳门青年社团和各界青年的联系。组团赴澳门参加“辉煌澳门、青春同行”澳门各界青年庆祝澳门回归祖国六周年系列活动。通过举办“挑战冠军”羽毛球联谊赛、“庆回归·相聚澳门”联欢交流、“歌颂祖国·庆祝回归”普通话朗诵会等活动，与澳门各界青年2500余人开展广泛而深入的交流，在澳门青年中引起强烈反响，取得了积极的效果。

14. 举办两岸青年学生互访活动，拓展交流与合作的渠道。举办首次“海峡两岸校园歌手大赛”，邀请祖国大陆和台湾25所高校的38位青年学生参加比赛；首次以全国学联名义组织14位祖国大陆高校学生赴台访问，参加“新世纪两岸大学生研习营”等活动，使两岸青年学生在交流中加深了了解，增进了友谊。专门组派工作团赴台，与10多家台湾主要青少年社团和100多位台湾青年代表人士就深化两岸青年交流工作交换意见，达成广泛共识。

15. 开展“2005海外学人回国创业周”活动，团结凝聚海外留学人员为国服务。与欧美同学会一道举办以“创新创业，报效祖国”为主题的2005年创业周活动，邀请19个国家和地区的300余名海外学人到北京参加海归创业论坛、回国创业恳谈会、聚焦大型民营企业、部长形势报告会等活动，推动800名海外学人和新近归国留学人员与联想集团等42家国内大型民营企业进行人才合作对接，组织海外学人分6路赴上海等11个省、市投资考察和项目洽谈，为留学人员以多种方式为国服务或回国创业提供了有效的平台。

中华全国学生联合会

中华全国学生联合会简称全国学联，是中国共产党领导下的中国高等学校学生会、研究生会和中等学校学生会的联合组织。它是中华全国青年联合会的团体会员。其基本任务是：遵循和贯彻党的教育方针，促进同学德、智、体全面发展，团结和引导同学成为热爱祖国、适应有中国特色社会主义现代化建设事业要求的合格人才；发挥作为党和政府联系同学的桥梁和纽带作用，在维护国家和全国人民整体利益的同时，表达和维护同学的具体利益；倡导和组织自我服务、自我管理、自我教育，开展健康有益、丰富多彩的课外活动和社会服务，努力为同学服务；增进各民族同学的团结，加强与台湾和港澳同学的联系，促进中华民族的团结和伟大祖国的统一；发展同世界各国、各地区学生和学生组织的友谊与合作，支持各国、各地区人民和学生的正义事业。

全国学联实行团体会员制。国民教育体系中全日制普通高等学校和中等学校的学生会、高等学校和科研教育机构的研究生会、国外中国留学生团体，承认全国学联章程的，均可成为全国学联的团体会员。目前，全国学联拥有团体会员10万多个，团结和联系着全国近12500万大中学生。全国学联按照民主集中制的原则，在中国共产党的领导下和中国共产主义青年团的指导下，依照国家的法律、法规和《中华全国学生联合会章程》，独立自主地开展工作。全国学联会员团体分别在所在省、自治区、直辖市组成该省、自治区、直辖市学生联合会，为全国学联会员团体的地方联合组织。

2005年度，全国学联及地方学联、各大中学校学生会、研究生会组织，结合我国经济社会发展和青年学生的实际，积极开展工作，在团结引导广大同学高举爱国主义旗帜跟党走，服务于广大同学健康成长，表达和维护广大同学的具体利益等方面发挥了重要作用。一是始终把主题教育活动作为首要的政治任务，积极组织广大同学认真学习“三个代表”重要思想。通过专家讲座、报告会、论坛、创办理论刊物、开设校园红色网站等多种方式，进一步加深大学生对邓小平理论、"三个代表"重要思想、科学发展观和构建社会主义和谐社会的精神实质和科学内涵的理解。二是稳步推进"大中学生素质拓展计划"。2005年,着重从扩大试点范围和强化认证管理制度两个方面入手,在北京、上海、重庆重点进行了覆盖各类高校的试点工作;联合有关高校开发了"大学生素质拓展证书网络管理系统",开通了"大学生素质拓展服务网",为大学生素质拓展计划的管理和服务提供了切实保障。三是发挥文化育人的功能,加强校园文化建设,以第九届"挑战杯"全国大学生课外学术科技作品竞赛为牵引带动校园学术科技活动,以"首届中国大学生校园文化节"为龙头开展了第三届中国大学生校园歌手大赛、大学生心理健康教育系列活动、第二届全国高校"优秀学生社团"及其标兵评选活动等丰富多彩的校园文化艺术活动,引导同学们在健康向上的文化活动中陶冶情操,提高身心素质。四是深入开展以"服务和谐社会建设,提高思想政治素质"为主题的暑期"三下乡"社会实践活动,今年重点突出了服务和谐社会建设、服务革命老区经济社会发展、博士生服务地方经济建设等内容,全国共组织各类重点团队7000余支,其他各类团队近10万支,吸引了400余万大中学生参与。五是始终坚持服务宗旨,不断提高服务同学的能力,依托"大学生就业见习网",积极推进"大学生就业见习行动"为大学生就业服务;关心服务经济困难大学生,共募集4100多万元资金,在春节期间发放给贫困大学生;关注大学生心理健康教育,向全国100所高校免费发放10万册《大学新生心理健康手册》,举办了"第五期全国大中学校团组织心理咨询工作培训班"。六是普及和深化十八岁成人仪式教育活动,以公民意识教育、成人预备期志愿服务、素质训练和成人宣誓仪式为主要内容,激发适龄中学生的爱国情感,树立公民责任感。七是不断提高自身组织建设,2005年7月20日至7月24日中华全国学生联合会第二十四次代表大会于在北京胜利召开。胡锦涛、吴邦国、温家宝、贾庆林、曾庆红、黄菊、吴官正、李长春、罗干等党和国家领导人接见与会代表,并与全体代表合影留念,会议通过了第二十三届委员会工作报告的决议,选举产生了由清华大学、北京大学等校学生会、研究生会共177个会员团体组成的全国学联第二十四届委员会,选举产生了由北京大学、清华大学等校学生会、研究生会共37个团体组成的全国学联第二十四届主席团,北京大学学生会为本届全国学联主席团体,北京大学学生刘凯当选为新一届全国学联主席。八是加强对外交流,2005年全国学联第二次向香港大学学生会发出回内地参观考察的邀请,并于6月份在北京接待了香港大学学生会访问团;2005年10月23至31日,应台湾十大杰出青年基金会的邀请,全国学联率西安交通大学、西北大学、兰州大学、石河子大学一行20人组团对台湾大学、淡江大学、中兴大学、台湾中山大学等高校进行交流访问。

中国青少年发展基金会

2005年,是中国青基会机构建设和希望工程等公益事业取得积极成效的一年。按照国务院颁布的《基金会管理条例》,成立第五届理事会,建立起新的治理结构,成为机构制度转型的重要标志;执行财政部《民间非营利组织会计制度》,制定系列重要会计政策和财务制度,为有效地进行财务管理确定了制度框架;配合"两免一补"政策,继续调整希望工程资助结构,初步形成了以大学生、进城务工农民工子女和希望小学为重点的资助服务格局;举办助学长征、歌咏大赛、"我要上大学"等创新性活动,集中体现了资助服务、利益表达和社会倡导的性质;通过审计、评估摸清了直属单位和投资项目的基本状况,资产处置有了新的突破;工作目标管理、财务预算管理和绩效考核制度的深入实施;机构的社会影响和美誉度继续提升，公信力得到增强，全体员工的使命感、责任感、创造精神继续得到保持和发扬，为2006年的开拓进取奠定了良好基础。

2005年中国青基会共筹集资金101,285,658.00元人民币，资助支出86,290,700.50元人民币，超额完成了年初筹款8000万元的计划，并实现了提出的保九争亿目标。

一、审时度势，提升理念，加强管理，两大传统项目继续稳步发展

1.希望工程

2005年，在国家实施“两免一补”政策的大背景下，希望工程继续坚持“助农民的后代人人有书读”的宗旨，继续资助贫困农民的后代继续学业，继续资助贫困乡村的学校改善办学条件。作为对“两免一补”的配合和补充，希望工程在对学生的资助服务方面作出调整：一是将“助学金”改为“奖学金”，受益人的条件由“家庭贫困，品学优良”调整为“品学优良，家庭贫困”；二是将资助服务的重点转向进城务工农民工子女和特困农户家庭的高中、大学生。同时，为加强管理，修订了小学生、中学生及大学生的资助管理规则，使希望工程的学生资助工作体现“公开、公平、公正、高效”原则。

围绕中国青基会使命和价值观，希望工程的资助目标从以往的单纯救助上升到关注受助学生的发展。通过助学金发放“公开课”制度，向受助生宣讲希望工程“助人自助”的公益理念，教育学生懂得，在困难的时候享有获得政府、社会帮助的权利；希望工程资助目的在于帮助学生克服困难，提高能力，最终靠自己的力量改变不利环境；要有爱心，在有条件和能力的时候帮助其他需要帮助的人。大学生资助项目中，组织受助学生以学校为单位成立公益社团，参加公益活动；给受助学生提供“俭工助学”机会，使学生接触社会，提高能力，锻炼成长。

今年，中国青基会着重加大了对农村小学危旧校舍改造的资助力度，提高了希望小学建设的管理水平。推行了新的《希望小学建设管理规则》，建立了希望小学资助服务的基本标准。严格执行学校建设“面对面”伙伴培训制度，跟进对希望小学的后续资助服务，加强希望小学教师培训，继续为希望小学援建“希望图书室”、“希望网校”和提供文化体育设施，推动希望小学开展学唱希望小学校歌、开设“希望工程公益课”等文体娱乐和公益教育活动。

对各地的希望工程服务商标授权工作基本完成，对于希望工程的规范化管理，起到了重要作用。

2005年，希望工程获得中华慈善大会颁发的中华慈善奖。

2005年，中国青基会接受希望工程捐款97,252,264.00元人民币，资助学生56687人，援建希望小学149所，建设希望图书室79套，培训希望小学教师1万多名。

2.保护母亲河行动

2005年，中国青基会继续实施保护母亲河行动，加强了工程和资助资金管理，宣传资助造林项目的生态效益和社会效益。探索新的社会动员方式和组织方式，倡导青少年和社会各界继续参与生态建设和环境保护。项目管理作为今年保护母亲河行动的工作重点，在项目的检查验收过程中始终坚持实事求是、严格管理的原则，认真贯彻执行保护母亲河行动的有关管理规定，保证了各项目建设达到验收标准。

2005年，中国青基会共接受保护母亲河捐款345,146.00元人民币，资助支出6,738,808.00元人民币。新立项目7个，总面积3.5万亩，验收及涉及拨款项目28个。

二、以三大活动为突破口，掀起筹资和社会动员新高潮

1.助学长征

2005年是中国工农红军二万五千里长征胜利70周年。为了进一步激发海内外社会各界对西部贫困地区基础教育事业的关注，推动希望工程捐资助学活动的开展，中国青基会和香港著名慈善团体苗圃行动共同发起组织了“助学长征”公益助学步行筹款活动。由香港和内地人士组成的21名志愿者组成了助学长征全程步行团。2004年10月15日从江西瑞金出发，沿当年红军长征路线，跨越广东、广西、湖南、贵州、云南、四川、甘肃、宁夏，徒步跋涉8038公里，历时305天，于2005年8月15日抵达陕西吴旗，完成了一项世界公益史上史无前例的大型公益步行筹款活动。

助学长征是中国青基会和苗圃行动继1997年香港回归之际举办的“行路上北京”活动后，经过近三年的筹备，精心组织的又一大型步行筹款活动。助学长征活动共计筹集捐款3000万元，在长征途经的10省区的101个县援建助学长征苗圃希望小学，并提供师资培训。

2. 首届希望小学歌咏大赛

2005年8月，中国青基会在北京天桥剧场举办了首届希望小学歌咏大赛。此次大赛是中国青基会继去年全国希望小学运动会后又一次在全国希望小学范围内成功开展的一次大型活动，有700多名师生参加了此次大赛。

大赛包括希望小学校园歌曲演唱、中华古诗文经典诵读，同时，为了展示各地的民族文化特色，表现希望小学的孩子们对家乡的热爱，对地方优秀文化的传承，大赛专门设置了“才艺表演”。此次歌咏大赛，是希望工程的一次历史性盛会，是希望工程实施成果的一次集中展示，是希望工程的一次社会再动员。希望小学同学们的中华古诗文诵读、希望小学校园歌曲演唱和地方民族特色表演，表达了全国希望工程受助学生克服困难、读书成才的共同心愿，是向全社会的一次再呼吁：为了让农民的后代人人有书读，为了让同一蓝天下所有的儿童都拥有幸福的童年和美好的明天，让我们人人都献出一点爱。

比赛期间，中国青基会还组织了“首届全国希望小学歌咏比赛颁奖晚会”、“希望工程城乡儿童手拉手歌会”等多项丰富多彩的活动。

3. 我要上大学——希望工程与您共同关注农村特困大学新生

2005年7月10日—9月15日，中国青少年发展基金会、中央电视台新闻中心联合《中国青年报》、新浪网共同推出“我要上大学——希望工程与您共同关注农村特困大学新生”公益大行动。

此次活动以中央电视台新闻频道《共同关注》等栏目为报道主力，整合新闻中心其他栏目的力量，会同《中国青年报》、新浪网，集中报道农村特困大学新生上学遇到困难的问题。节目播出后，在社会上引起强烈反响。截至目前，通过网上个人直接申请、地方希望工程实施机构上报等形式，共收到合格申请1259份，接受捐款400多万元，有1000名审核合格的学生接受了资助。

此次公益大行动有两个重要特点：一是范围广、影响大。中央电视台高度重视，同时带动着各种媒体的广泛参与。7月10日，周强同志、中央电视台副台长罗明等领导出席了在人民大会堂举行的启动仪式，新华社、CCTV《新闻联播》等对此进行了报导，中央电视台《共同关注》栏目开始了典型学生个案的专题展播，在全社会引发了关爱农村贫困大学新生的新热潮。10月28日，在北京举行了首都高校受助学生助学金颁发仪式，CCTV《晚间新闻》等回顾了活动的整个过程，进行了较长时间专题报导，掀起了希望工程宣传和社会动员的又一个高潮。二是管理严格和服务创新，经过申请人初步筛选、所在村收入确认、原就读高中证明、录取大学复核等多种严格程序，以使所有受助对象符合条件，确保报名申请的学生全部找到，所有确认资助学生的助学金全部送到，真正达到“一个也不能少”。同时，为了方便捐赠人，此次活动不仅继续提供一对一的结对资助方式外，还充分利用现代信息技术，在努力保证贫困学生信息的真实性的前提下，实行网上申报，并在网上公布学生信息，为捐受赠双方提供信息面对面的服务，使捐款人的捐赠意愿有了更多的选择空间。同时，为保证捐款的安全、准确、迅捷，中国青基会开通了“网上安全支付平台”帮助捐赠者实现在线捐款。大学生资助网上申请和结对是中国青基会实施希望工程以来，通过信息技术手段将社会动员和资助服务一体化推进方面的重要突破。为使更多的在校贫困大学生获得资助，中国青基会将继续开通面对捐赠人的申请学生网上资料库，定期更新待资助学生的相关情况，进一步改善服务手段，使其成为一种长效工作机制，以方便捐赠人即时实现爱心，帮助申请学生及时获得资助。

三、加强机构管理和能力建设，进行治理结构调整，加大人事和财务相关制度改革力度，为机构长期发展奠定坚实基础

2005年，中国青基会对理事会、秘书处的职能定位进行了重新修订，依据《基金会管理条例》建立了全新的理事会治理架构，研究摸索建立了一套有效的运行机制和沟通互动模式，完成了机构治理结构调整，为机构建设和事业发展提供了保障。同时，在征求各地希望工程实施机构及内部员工意见的基础上，开始着手制定《中国青基会2005年—2008年战略规划》。

2005年，中国青基会对人事制度进行了大幅度改革，完成了包括岗位聘用、绩效考核、薪酬福利和专业职称管理等在内的新的人事制度建设，完成了机构员工失业、医疗、养老保险工作，进一步增强机构的凝聚力，激发机构活力。

2005年，中国青基会建立并执行了与《民间非营利组织会计制度》接轨的会计政策、会计核算办法、内部会计控制办法、资金管理办法等各项财务管理制度。组织全国青基会系统在北京集中进行了《民间非营利组织会计制度》培训。新制度的建立，对提升机构获得公众信赖的能力，接受理事会及社会各界的管理和监督起到了重要作用。

中国青年科技工作者协会

中国青年科技工作者协会简称中国青年科协，成立于1993年，是由海内外有较高威信、影响、知名度的青年科技工作者和地方、行业青年科技团体及部分海外留学人员团体组成的专业性群众组织，是经民政部批准注册的具有独立法人资格的非营利性社会团体，接受团中央的业务指导，是共青团联系青年科技工作者的桥梁和纽带。协会的基本任务是：开展学术交流，表彰、宣传优秀青年科技工作者，维护青年科技工作者的合法权益，组织青年科技工作者参与科技创新实践，促进科技成果转化为现实生产力。

中国青年科技工作者协会实行个人会员和团体会员制，现有个人会员1487名，团体会员29个。协会现共有会长1人，副会长36人，秘书长1人，副秘书长10人，常务理事128人，理事323人。协会下设信息科技、生物科技、新材料科技、农业科技、医药卫生、科普工作、高科技园区、海外学人、哲学社会科学、博士服务团、建设工程等11个专业（工作）委员会。

2005年，中国青年科技工作者协会高举邓小平理论和“三个代表”重要思想伟大旗帜，全面落实科学发展观，按照共青团中央的总体工作部署，认真贯彻落实科教兴国战略和人才强国战略，积极推进中国青年科技创新行动，深入实施“金桥计划”，为服务青年人才成长、推动青年科技创新、促进经济社会发展做出了积极贡献。

1. 积极开展青年专家科技服务活动。12月15日至16日，在吉林长春举办了“科技之光”百名青年专家服务团吉林行活动。来自全国各地的123名青年专家和吉林省的400余名科技工作者、农业企业管理者和青联委员、青企协会员参加了有关活动。活动期间,11 位著名青年科学家到吉林大学、长春工业大学、吉林省实验中学等 11 所学校,就学习与成才话题与青年学生进行了交流与对话。15 位知名青年农业专家与吉林省农业主管部门的负责同志举行了吉林省农业发展青年专家座谈会。19 位青年农业科技工作者举行了农业科技项目推介洽谈会,与吉林省、长春市 100 家涉农企业开展了项目洽谈与合作事宜。5 位青年医学专家到长春市南关区新春街道和平社区,为 300 多位社区居民进行了医疗义诊。80 多位青年专家分 8 组深入到吉林省的公主岭市朝阳坡镇和农安县合隆镇的 8 个自然村针对养殖业、种植业进行了技术指导和科学普及,为当地农民进行了医疗义诊,为中小学生上了生动的科普课。这次活动对于进一步动员和引导广大青年科技人员参与东北地区等老工业基地的振兴与发展,促进吉林省农业及农业产业发展,推动社会主义新农村建设起到了积极的作用。活动获得了圆满成功,受到当地群众的热烈欢迎和社会各界的高度评价。

2. 协助召开"博士服务团"工作会议。9 月 21 至 22 日,协助中组部、团中央在京召开会议,对第五批"博士服务团"工作进行了总结,对第六批"博士服务团"成员进行了培训动员。会议期间,围绕西部地区人文历史和民族宗教、如何当好地方党政领导副职、西部大开发战略情况等内容对青年博士开展了工作培训;"博士服务团"选派单位的代表和第五批"博士服务团"的部分成员作了交流发言。与会代表还与部分文艺界全国青联委员举行了联欢活动。第五批和第六批"博士服务团"成员,承担选派任务的中央国家机关有关部委、单位和有关省市党委组织部,接收省区市党委组织部和团委,井冈山、延安干部学院的有关人员共 385 人参加了会议。2005 年选派的第六批 145 名"博士服务团"成员,分别来自中央国家机关 42 个部委及所属科研院所、高等院校、国有大型骨干企业,以及北京、天津、上海、广东、浙江、山东、江苏等 7 个省市,平均年龄 37 岁。10 月中上旬,他们分赴西部 12 个省区市和江西革命老区及吉林延边、湖南湘西、湖北恩施等 3 个自治州进行为期一年的锻炼服务。"博士服务团"工作自 1999 年开展以来,已有 660 名优秀的青年知识分子到西部等地区锻炼服务。他们心系西部,充分发挥联系广泛、信息快捷、协调方便的优势,紧密结合西部地区实际,在招商引资、扩大合作、项目开发、对外交流、资金扶助等方面创造性地开展工作,为推动西部大开发、统筹区域发展做出了积极贡献。

3. 承办"中国泰达生物论坛·2005"。为追踪生物技术最新前沿进展,探讨生物技术为人类服务的新过程,解析生物经济的内在动因,推动中国生物技术及产业的发展,11 月 4 日至 6 日,协会承办了"中国泰达生物论坛·2005"。瑞典卡罗林斯卡大学校长哈里特·瓦尔贝格·亨里克森在论坛上作了主旨演讲。诺贝尔奖生理及医学评委会前主席简·爱克·古斯塔夫森等一批世界生物技术领域著名科学家和产业界人士围绕生命科学、生物医药、生物产业与风险投资、临床研究与 FDA/SFDA 等主题发表了演讲。论坛发布了"泰达生物奖"评选消息,首次设立 1 亿元奖励基金,面向全球,奖励生物技术领域取得卓越成就的杰出人才。期间举办了国内外企业产品展示、项目发布与洽谈、人才交流等系列活动。来自海内外生物技术领域的专家学者及产业界人士等 1000 多人参加了论坛。

4. 举办 2005 青岛新能源材料与技术应用国际论坛和第二届国际先进陶瓷技术及产业化交流大会。11 月 24 日至 27 日,协会在青岛举办了"2005 青岛新能源材料与技术应用国际论坛",来自中国、美国、英国、日本、韩国、德国、法国等 7 个国家的近 60 名国内外专家学者,与全国材料行业 240 位产业界人士,围绕锂离子电池材料、太阳能电池材料、温差电池材料及其技术应用、节能材料及技术应用、环境友好材料等五大科技与产业热点主题进行了深入的探讨和交流。会议期间还举办了“项目发布对接会”、日本新材料产业技术研究系列丛书之《新能源材料技术及其应用》出版发布会、参观新材料基地、商务考察、合作签约等活动。为加强科研院所、高校与产业界、投资界的联系和交流，推动陶瓷领域产学研资的结合，促进陶瓷技术成果转化和产业化，协会于今年3月举办了“第二届国际先进陶瓷技术及产业化交流大会”。来自全国新材料领域官、产、学、研的代表近150人就陶瓷的研发现状、产业化情况、市场应用、存在的问题等方面问题进行了交流和研讨。

5. 开展“振兴老区，服务三农，科技列车井冈行”活动。5月13日至20日，协会参与了“振兴老区，服务三农，科技列车井冈行”活动。组织了中国农科院、中国农业大学、华中农业大学、中国水稻所等单位的26位专家，先后到江西的13个县（市、区）、26个乡镇，围绕“科技以人为本，全面建设小康”、“加强农业综合生产能力建设，推进农村经济社会全面发展”、“普及科学知识，提高全民素质”等主题，针对当地需求开展了丰富多彩的科普活动。举办了近30场农业科技培训专题讲座、4场专家报告会、17场农业技术咨询、40场医疗卫生咨询和义诊活动，筹集并捐赠了160万元的科技图书和25万元的其他物资，创建了28个配有电脑、DVD和科普图书资料的农村科普图书室，受到革命老区广大干部群众的热烈欢迎。

6. 举办首届“中国中医药十大杰出青年”评选活动。为贯彻落实“名医、名科、名院”与“名厂、名店、名药”的中医药三名战略，牢固树立人才资源是第一资源的观念，协会联合中华中医药学会组织举办了“中国中医药十大杰出青年”评选活动。评选活动自2005年1月开始推报候选人，经评委会办公室初审，评委会复审，在有关媒体公示后，最终北京中医药大学基础医学院副院长李澎涛，黑龙江中医药大学副校长王喜军、中国人民解放军三〇六医院药学部主任吴久鸿、北京中医药大学东方医院神经内科副主任张允岭、山东中医药大学附属医院副院长张伟、广东省中医院副院长杨志敏、解放军三〇二医院药学部副主任肖小河、天津中医学院中医药研究中心主任高秀梅、中国中医研究院中药研究所所长黄璐琦、上海市中医药研究院骨伤科研究所所长詹红生等10人荣获首届“中国中医药十大杰出青年”称号，中南大学（湘雅）基础医学院生理学系副主任文志斌、辽宁中医学院附属医院科研处处长王文萍、新疆维吾尔自治区中医医院院长卢勇、中国中医研究院西苑医院研究员史大卓、卫生部中日友好医院医务部副主任兼中医办公室主任张纾难、福建中医学院骨伤系主任张俐、甘肃省中医院副院长李盛华、珠海健心医药有限公司、广州健心药业有限公司技术总监孟坤、青海省中医院副院长徐国治、河北中医肝病医院院长耿東华、广东省中医院大内科支部书记黄燕、内蒙古民族大学蒙医药学院副院长奥·乌力吉等12人获提名奖。评选活动充分展示了中医药行业杰出青年的创造能力与精神风貌，对中医药领域优秀青年人才脱颖而出起到了积极的推动作用。

过去的一年里，协会各专业委员会积极开展工作，组织了各类科技论坛和科技服务工作，取得了较好的社会影响。广大会员在本行业、本领域努力工作，锐意进取，为科技进步和经济社会发展做出了积极贡献。

中国青年企业家协会

2005年，中国青年企业家协会在团中央书记处的领导下，坚持以邓小平理论和“三个代表”重要思想为指导，认真贯彻党的十六大、十六届四中、五中全会和团十五大、十五届四中全会精神，按照中青企协第九次会员代表大会提出的工作要求，团结各级青企协组织和广大会员，紧紧围绕党和国家的工作大局，以服务青年企业家全面发展为宗旨，与时俱进，奋发进取，创造性地开展工作，动员引导广大青年企业家为全面建设小康社会、构建社会主义和谐社会做贡献，协会工作迈上了一个新台阶。

一、成功举办中国青年企业家协会成立二十周年总结表彰大会

12月8日，中国青年企业家协会成立20周年总结表彰大会在北京人民大会堂隆重召开。中共中央政治局委员王兆国出席会议并发表重要讲话。团中央书记处第一书记周强出席会议并讲话。国务院研究室主任魏礼群、国务院国资委副主任王瑞祥、中央党史研究室副主任谷安林、新闻出版总署副署长柳斌杰、国家开发银行副行长王益等中青企协第九届顾问出席会议。会议表彰了首届“中国青年企业家管理创新奖”、“协会建设成就奖”、“协会优秀会员”和“先进工作者”。会前，王兆国同志接见了获得首届“中国青年企业家管理创新金奖”的青年企业家，并与来自全国各地的300多名青年企业家代表合影留念。

二、动员引导青年企业家积极推进区域协调发展

1. 开展青年企业家“东北行”、“西部行”、“中部行”、“老区行”活动。

围绕东北地区等老工业基地振兴战略的实施，5月25日至27日，组织来自北京、上海、浙江等13个省（区、市）以及港澳台地区和韩国青年商会的300多名青年企业家到吉林开展了“青年企业家东北行——吉林经贸考察活动”，共签订投资合同10项，金额达人民币34.8亿元。围绕国家西部大开发战略的实施，9月15日至16日，组织120多名青年企业家赴新疆开展了“青年企业家西部行——新疆经贸考察活动”，共签订合同7项，金额达人民币29.6亿元。中共中央政治局委员、新疆维吾尔自治区党委书记王乐泉出席活动并发表重要讲话。此外，中青企协还组织会员赴宁夏、甘肃等西部地区进行经贸考察。这些活动的开展，为西部地区经济发展提供了必要的资金、技术、信息支持。为促进中部地区崛起，6月21日，中青企协开展了“青年企业家合肥经贸考察活动”，33名中青企协副会长及部分副秘书长参加，共签订人民币20亿元的投资协议。为支持老区经济建设，团中央、中青企协决定组织开展“青年企业家老区行”，于12月3日在山东临沂启动。在此次经济贸易考察活动中，签订经济合作合同11个，合同金额达人民币11.25亿元。

2. 动员青年企业家积极参与社会公益事业。

为帮助困难大学生渡过难关，春节前，中青企协下发了《关于开展“关爱寒假留校大学生行动”的紧急通知》，在很短的时间里，动员青年企业家捐款400万元，提供勤工助学岗位1050个。今年，江西九江发生洪灾，中国青年企业家协会采取有效措施，在广大青年企业家中广泛开展“送温暖、献爱心”活动，为九江地震灾区捐款20万元。

三、竭诚服务青年企业家成长发展

1. 成功举办六届中国青年企业家发展论坛与对话世界知名企业系列活动。

为帮助青年企业家提升自身素质，2005年4、5、8、11、12月中青企协在海南、北京、山东等地举办了六届中国青年企业家发展论坛，先后邀请知名学者、企业家就青年企业家普遍关心的热点问题作演讲，共有1100多人次青年企业家参加论坛。其中，第二届、第四届中国青年企业家发展论坛分别邀请日本东芝公司CEO冈村正、松下公司董事长森下洋一等世界知名企业家为青年企业家作演讲，受到了广大青年企业家的欢迎。

2. 广泛开展专业委员会活动。

中青企协秘书处充分调动各专业委员会成员积极性，指导开展了形式多样的主题活动。比如，专家委员会、维权委员会等邀请经济学家、法学家举办法律知识讲座；医药产业委员会、高新技术产业委员会等举办"高新技术与企业发展原动力"论坛；商贸旅游业委员会举办"纪念抗战胜利六十周年"座谈会；综合委员会与专家委员会共同举办登香山比赛活动。专业委员会活动日益活跃，为青年企业家增进了解、开展合作搭建了平台。

3. 开展评选表彰活动。

以召开中国青年企业家协会成立20周年为契机，适时开展了首届"中国青年企业家管理创新奖"评选活动和"优秀会员"评选活动。通过制定合理的评选标准，严格评选程序，扩大活动的社会参与度，保证了评选活动的"公开、公正、公平"。评选活动在广大青年企业家中和全社会引起了强烈反响，进一步激励了青年企业家的创新热情，在全社会展示了青年企业家良好的精神风貌，为青年企业家开创事业营造了更加良好的社会环境。

4. 加强对外交流工作。

随着近年来区域经济合作日益受到各国关注，协会与港澳台地区及周边国家的来往更加密切，交流更加深入，合作更加务实。今年以来，协会多次接待来自香港、澳门、台湾等地区和泰国、韩国、日本、印度等周边国家青年商会和其他社团组织的来访，并就开展中国青年企业家与这些国家和地区青年企业家的实质性合作进行了富有建设性的交流，建立了良好的合作关系，为广大青年企业家"走出国门、走向世界"发挥了积极的推动作用。

四、不断加强协会自身建设

1. 加强协会组织机制建设。

今年6月，中青企协在合肥召开了九届二次会长办公（扩大）会议。团中央书记处书记、中青企协会长王晓要求中青企协领导机构要进一步加强自身建设，在践行组织目标层面上做到知行统一，在加强组织管理层面上做到刚柔并济，在完善组织机制层面上做到统筹兼顾。为落实王晓同志的讲话精神，协会进一步明确会长办公会议的职责、任务和运行机制，严格了会长办公会议制度，专业委员会工作条例等工作制度。

2. 努力构建社会化的工作格局。2005年2月，中青企协召开新春联谊会，协会名誉会长、全国人大常委会副委员长成思危，全国政协副主席周铁农及27个部委负责同志出席。进一步加强了协会宣传工作：一方面进一步办好协会内刊和网站，对中青企协和地方协会工作进行及时宣传；另一方面积极争取中央电视台、《人民日报》、《经济日报》等社会重要媒体支持，对协会重点活动进行集中报道，有效扩大了协会的知名度和社会影响力。

3. 拓展服务领域。通过建立会员信息数据库，依托协会网站建立面向会员的数据库查询系统，开通会员短信互发和传真群发系统，加强了与会员的联系，大大提高了工作效率。协会秘书处与香山金源饭店、龙城丽宫假日酒店等酒店签订协议，为会员提供优惠服务；依托会员企业，创建中青企协健康俱乐部，为会员开展免费体检、健康讲座等服务。一年来，协会秘书处的服务能力进一步提高。

中国青年乡镇企业家协会

2005年，中国乡镇企业家协会紧紧围绕党和国家的工作大局，广泛团结、凝聚广大优秀青年经营管理人才，切实服务会员及其企业的发展，与时俱进，奋发进取，协会工作取得了明显成效。

一、紧密围绕中心，服务经济发展

5月份，协会组织了青年农产品经纪人"北京市场行"活动，100多位会员参观考察了大型连锁企业北京京客隆商业集团股份有限公司和国内最大的农产品交易市场北京新发地农贸市场，为会员了解市场信息、熟悉市场规则、开拓北京市场牵线搭桥。12月份，在广西南宁举办了青年乡镇企业家经贸之旅活动，

200多位青年乡镇企业家参观考察了南宁国际会展中心、中国——东盟经济园区、商务区、南宁市高新区等地，并与南宁有关部门开展了经贸投资洽谈活动，共有10多家企业就农业、房地产、基础设施、商贸市场等领域达成投资意向。

二、充分发挥优势，帮助会员发展

1. 结合国内外经济社会形势发展，通过组织高级学习班、外出参观考察、专题研讨会等方式，帮助会员提高驾驭市场、科学管理的能力。5月份，协会在北京举办了首届"中国青年农产品经纪人研讨会"。与会会员一起学习了胡锦涛总书记给买买提·沙吾尔等农村青年的回信精神，听取了有关领导和专家对我国农产品经纪人发展政策、农产品市场发展趋势与营销体系建设的专题讲座。12月份，与农业部联合举办了"中国乡镇（民营）企业发展论坛"，邀请国内知名专家就"十一五"规划和企业战略选择、打造企业核心竞争力等企业家关心的问题开展了专题研讨。

2. 针对会员企业的发展需求，积极搭建各种平台，服务会员企业发展壮大。依托协会网站为会员企业提供信息化服务。通过报纸、电视、网络等各种新闻媒介大力宣传协会自身和会员的先进事迹，为会员企业发展营造良好的氛围。

3. 与农业部联合开展了首届全国优秀青年乡镇企业家评选表彰活动。共有100名青年乡镇企业家获得这一荣誉称号，并在协会六届二次理事会期间召开了隆重的表彰大会。一年多来，经协会推荐，共有6位会员加入了全国青联，共有100多位会员荣获"全国农村青年创业致富带头人"等荣誉称号。

三、加强自身建设，促进协会发展

1. 积极加强协会与会员企业的联系和沟通，通过简报、快讯等方式及时通报会员消息，传递产业资讯。2005年初，协会面向全体会员就2005年的工作打算开展了问卷调查，征求会员的意见和建议。共回收问卷230多份，整理意见、建议100多条，为协会下一步的工作打下了坚实的基础。

2. 12月份，在广西南宁召开了协会六届二次理事（扩大）会，接纳了307名协会新会员，增选了17位副会长，28位常务理事，17位理事，进一步完善了会员结构，加强了协会领导力量。

3. 紧紧依托两个分会和各团体会员开展区域性、行业性活动，与团体会员建立上下联动、协调高效的运作机制，活跃了协会工作，提高了协会凝聚力。天津、四川等地协会召开了会员大会和理事会，大力表彰优秀青年企业家，进一步完善协会组织机构。浙江、黑龙江等省组织了部分会员企业和农产品经纪人协会会员分别开展了青年优质农副产品推广商洽会、"青"字号绿色特色农产品进超市出国门等市场推广活动。新疆、吉林、辽宁等地还开展了青年农产品经纪人培训。

中国青年志愿者协会

中国青年志愿者协会成立于1994年12月5日，是由志愿从事社会公益事业与社会保障事业的各界青年组成的全国性社会团体，是共青团中央指导下的，由依法成立的省、自治区、直辖市青年志愿者组织和全国性的专业、行业青年志愿者组织和个人自愿结成的全国性非营利社会组织，是全国青联团体会员，联合国国际志愿服务协调委员会联席会员组织。协会通过组织和指导全国青年志愿服务活动，努力弘扬"奉献、友爱、互助、进步"的志愿精神，推动社会主义精神文明建设，促进社会主义市场经济体制的建立和完善，提高青年的整体素质，为促进经济社会健康发展和构建社会主义和谐社会贡献力量。协会在宪法和法律许可的范围内开展工作。协会的基本任务是：改善社会风气和人际关系，为发展社会主义市场经济创造良好的社会环境；适应社会主义市场经济发展的需要，推动青年志愿服务体系和多层次社会保障体系的建立和完善；培养青年的公民意识、奉献精神和服务能力，促进青年健康成长；为扶贫开发、社区建设、环境保护、大型赛会和抢险救灾等社会事业提供志愿服务；为具有特殊困难以及需要帮助的社会成员提供服务；规划、组织青年志愿服务活动，协调、指导全国各地、各类青年志愿者组织开展工作；培训青年志愿者；开展与海内外志愿者组织和团体的交流。

2005年是青年志愿者工作“项目建设年”。中国青年志愿者协会坚持以邓小平理论和“三个代表”重要思想为指导，深入贯彻落实党的十六大和十六届三中、四中全会精神，以科学发展观为统领，坚持服务大局、服务社会、服务青年，坚持着眼发展、着力建设的基本思路，全力深化重点项目，带动志愿服务组织建设、队伍建设和机制建设，为促进经济社会全面发展，构建社会主义和谐社会做出了新的贡献。

大学生志愿服务西部计划深入实施。7月12日，胡锦涛总书记就实施大学生志愿服务西部计划作出重要指示。各级共青团和青年志愿者组织认真学习贯彻胡锦涛总书记重要指示精神，全力推进西部计划各项工作。2005年，全国项目新招募了8602名大学生志愿者，北京、河北等21个省(区、市)实施的地方项目新招募9000多名大学志愿者，使在岗志愿者总数超过2万名，服务县达到392个。青年志愿者扶贫接力计划继续推进。项目实施范围进一步扩大，增加甘肃省榆中县作为项目示范点，中直机关和上海、安徽、四川、贵州、青岛、福建、山东等地实施地方项目，共选派1102名志愿者到中西部欠发达地区开展服务。组织派遣第7届研究生支教团，从全国65所高校选派440名志愿者赴中西部57个贫困县开展为期1年的支教服务。青年志愿者国际合作发展计划取得新进展。12名中国青年志愿者首次走进非洲大陆，赴埃塞俄比亚开展为期半年的志愿服务工作；组织由18名队员组成的中国青年志愿者赴泰国救援服务队，在泰国南部海啸灾区成功实施了打捞救援工作；继续实施老挝、缅甸项目，分别招募15名志愿者前往老挝、缅甸开展服务。农村公共卫生体系志愿服务项目试点工作积累了新经验。选派来自卫生部、北京市等地重点医疗单位的三批共88名具有中级以上专业技术职称的青年卫生志愿者，与大学生志愿者一起，赴河北张北县、内蒙古喀喇沁旗和宁夏固原市开展医疗卫生服务，促进了当地农村公共卫生体系建设。青年志愿者社区发展计划不断深化。成功举办“社区志愿服务与和谐社会杭州论坛”，并达成《杭州共识》；与中国残联联合召开“百万青年志愿者助残行动”总结表彰大会，并下发《关于“十一五”期间继续做好“百万青年志愿者助残行动”工作的意见》；与国家禁毒办联合在陕西柞水召开禁毒志愿者现场会，推动禁毒志愿者工作的规范化建设；“爱心助成长”志愿服务计划、志愿者为老服务“金晖行动”、维护社会治安“筑城行动”、法律援助志愿者服务计划、中学生成人预备期志愿服务活动、青年志愿者“四进社区”活动等工作稳步推进。围绕大局做好各项工作。成功组织70名青年卫生志愿者参与中国人民抗日战争暨世界反法西斯战争胜利60周年纪念活动志愿服务工作；圆满完成青联、学联大会活动处的有关工作；参与组织全国政协共青团、青联界委员对大学生志愿服务工作情况进行考察；继续推进保护母亲河绿色行动营计划；继续开展鄂尔多斯环保志愿服务与生态建设奖评选活动。弘扬志愿精神，传播志愿服务理念。联合中宣部、中组部和教育部共同组织第二届“奉献者风采——在西部基层工作的优秀大学毕业生事迹报告团”；组织中国人民大学等首都12所高校共同举办“爱心牵手——西部志愿者日记大型诗歌朗诵会”；联合中青网发起“心动不如行动——

全国百家爱心网站携手西部计划大型公益活动”。

中国青年实业发展促进会

在过去的一年里，中国青年实业发展促进会（以下简称“青促会”）在团中央书记处的关怀和领导下，把握大局，有的放矢，整合资源，重构平台，重点开展了以下几方面的工作，并取得一定的成效。

1. 完成了对各省市“青促会”组织建制、存续状况及工作绩效的摸底调查，在此基础上在京举办了“中国青年实业发展促进会工作座谈会”，由此汇聚了智慧，梳理了工作思路，进一步提升了“青促会”的组织凝聚力。同时还指导陕西省“青促会”顺利完成了换届工作并开展实施了“陕西省青年经济理论工作者和优秀青年实业家”评选活动。

2. 在京策划并举办了“中韩青年经济人商务合作论坛”，吸引了中韩两国各行业上百家企业参会，与会代表按行业分组，就各自领域开展合作的可能性和具体步骤进行了坦诚、深入的洽谈和交流并达成了广泛的合作意向。团中央书记处书记、全国青联常务副主席胡伟出席“论坛”并发表重要讲话。针对国内类似活动“虚而不实、虎头蛇尾”的教训，“青促会”以增进中韩两国青年经济人的互信认识，建立直通型的纽带关系为着力点，采取政策咨询和行业信息介绍相结合、项目洽谈与合作机制磋商相结合的方式，赢得了中外方参会人员的一致好评，为提升类似活动的针对性与可操作性树立了积极的典范。

3. 为配合“保护母亲河行动”的进一步拓展与实施，“青促会”着眼于西部地区的生态保护和开发式扶贫，与清华大学、浙江长三角开发研究院达成了联合在新疆维吾尔自治区和田地区投资、种植具有防风固沙与药材加工双重收效的万亩红柳大芸林协议，并由此摸索出了国内共青团组织、学术科研机构、企业界与地方政府各方联合进行产业化生态治理的新路径，构筑了“产、官、学”项目共建的新模式。

4. “青促会”与日本知名企业在国内达成了联合建设万吨级以上废旧矿泉水瓶的工业化回收利用项目的合作意向，这将为国内这一产业由污染型走向环保型提供积极的范例。同时，“青促会”运用即将启动的《京都议定书》框架下有关温室气体排放权的贸易机制，促动日本、韩国企业来华在“保护母亲河行动”的框架下兴建生态林，并由其回购林木建成后的二氧化碳减排量，以此来抵消这些企业在其国内本应履行的温室气体减排指标，形成了运用国际机制整合跨国公司的企业资源来改善我国生态环境的新构架，并从中彰显了共青团组织参与循环经济构建的话语权。

5. “青促会”与“中日新世纪协会”合作，选派来自全国各地、由官员、专家、团干部、大学生志愿者共90人组成“中国青年代表团”赴日本札幌参加了第二届“中日民间水论坛”，团中央书记处书记、全国青联副主席尔肯江．吐拉洪作为代表团团长出席开幕式并发表了重要讲话。论坛期间，代表团不仅向日本主流社会展示了中国积极推进循环经济和节约型社会构建的战略姿态，表达了中国青年和青年组织真诚致力于参与国际水资源保护和水环境改善的良好意愿，也阐释了两国民间环保合作领域里广泛的共同责任和密切的利益关联。同时通过此次活动也进一步增强了中国青年组织在包括“水”在内的中日环保合作领域里的影响力。

中国青少年研究会

2005 年，在团中央书记处的领导和关怀下，中国青少年研究会坚持以邓小平理论和“三个代表”重要思想为指导，紧密围绕团中央工作大局，坚持“三个服务”，各项工作取得了新的进展。

中国青少年研究会的宗旨是：围绕青少年

在成长过程中出现的理论问题和现实问题，进行深入、有效的科学研究，以促进青少年的健康成长。据统计，2005年我们同中国青少年研究中心一起，公开发表科研成果568万字，其中青少年研究类著作13部，312万字；文章67篇，51万字。完成重点和一般课题16项。撰写并上报"专题研究报告"11辑，23.5万字；"内部参阅研究报告"及"青年内参"14辑，17.6万字。另外，编辑出版《中国青年研究》杂志12期，《少年儿童研究》杂志12期，《情况通报》2期，编辑量共295万字。"中国青少年研究网"共编辑发布网上信息778万字。全年召开大型理论研讨会、专题报告会5次。在全国各地举行专家报告会200余场。接待国外相关机构专家来访7次、37人，组织出国进行国际学术交流活动7批、16人次。

一、紧密围绕团中央工作大局，为服务青少年工作做出新贡献

2005年，我们紧密围绕团中央工作大局，坚持"三个服务"，进一步做好新形势下的科研工作，完成了一批重点课题，科研质量明显提高。如："非政府青年组织研究"；团中央书记处交办的"增强团员意识主题教育活动研究"和"青年政治取向研究"；"志愿服务与构建社会主义和谐社会"；"网络社会思潮的文本分析"系列研究报告；"中央8号文件发布实施一年来未成年人思想道德建设实施情况调查报告"；"中小学生素质教育调研报告"（与教育部合作）。另外，全国教育科学"十五"规划课题"少年儿童行为习惯与人格的关系研究"进入结题阶段，其系列研究成果在社会上引起强烈反响。"民间儿童救助组织调查报告"、"全国未成年犯抽样调查分析报告"、"工读教育问题研究"也引起有关部委的重视和好评。

2005年我们的"研究报告系列"继续受到共青团系统和学术界的高度关注。一年来我们陆续推出"专题研究报告"、"内部参阅研究报告"及"青年内参"，紧密结合社会焦点、热点问题，深入分析，精辟阐述，理论性和时效性强，取得了良好的社会效益。

二、坚持以科研为本，拳头产品创建实现新突破

2005年，继续狠抓拳头产品，全力打造科研品牌。共完成了如下"皮书系列"和"文库系列"：

1."青年蓝皮书"——《新生代——当代中国青年农民工研究报告》

"蓝皮书"所指的"新生代"是生于20世纪80年代，于90年代末或新世纪初进入城市的农民工。该研究重点回答以下三个问题：(1)新生代青年农民工是否已经发展成为一个特征比较明显的青年群体；(2)新生代青年农民工有哪些特殊的利益诉求；(3)新生代青年农民工将对中国经济社会的发展产生怎样的影响。全书包括一个主报告和7个分报告，分报告分别研究了新生代青年农民工的价值取向、就业生存状况、教育培训状况、情感婚姻状况、组织与权益保护状况、发展的政策环境和新生代青年农民工群体的潜在危机与发展趋势等。

2."少年儿童蓝皮书"——《新风貌——2000—2005中国少年儿童发展状况对比研究报告》

全国少工委办公室与中国青少年研究中心于2005年3月，联合开展了"当代中国少年儿童发展状况"调查。1999年，全国少工委办公室与中国青少年研究中心曾经联合进行过一次少年儿童发展状况的调查，并出版了国内第一本少年儿童蓝皮书《新发现——当代中国少年儿童报告》。此次调查是在5年前调查的基础上进行的一次追踪对比调查，主要涉及的领域有：少年儿童的价值观、学习、消费、闲暇、媒介接触、亲子关系、同伴关系、师生关系、少先队组织、儿童权利、流动和留守儿童等。本次调查在对比5年前调查数据的基础上，全面分析了当代中国少年儿童的发展特点、存在的问题及其原因,并提出了具体的对策和建议。

3."红皮书"——《中国城市社区预防青少年违法犯罪工作模式研究报告》

该书是"社区预防青少年违法犯罪"课题的第三个研究成果。课题组先后对东部地区的北京、上海、杭州、天津、青岛,中部地区的郑州、武汉,西部地区的兰州等几个城市的试点社区进行了调研,总结提炼出了上海依托社会工作者、杭州动员志愿者、天津助学帮困、北京治理外来人口聚居区、武汉新兴社区自治及设立预警评估机制、河南培育社区文化等7个具有推广和借鉴价值的工作模式;同时分析了美国、英国、德国、日本等国家社区预防工作的理念、实践和经验;在总结中外有关理念和实践的基础上,课题组提出了改进和完善我国社区预防工作的对策和建议。

4."文库系列"

2005年,我们同中国青少年研究中心一起打造的"文库系列"成果丰硕,完成并出版的图书主要有:《当代未成年人法律译丛·德国卷》、《中国城市社区预防青少年违法犯罪工作模式研究报告》、《好习惯好人生》、《最新共青团重点工作问答》(2005修订版)、《家教金点子丛书》、《青年就业问题与对策研究报告——中国青少年研究会优秀论文集(2004)》、《青少年文化现象报告(2004)》、《孩子健康生活的六个要领》、《小学生的21个好习惯》、《永恒的青春——增强共青团员意识主题教育活动读本》、《共青团历史上的人和事》等。

三、积极宣传,深度开发,科研成果转化取得新进展

2005年,我们充分发挥科研优势,积极宣传,强力推广并深度开发科研成果,在服务青少年健康成长的实践中取得新的进展。

1.《中国青年研究》

作为中国青少年研究会会刊的《中国青年研究》,继续沿着品牌化的道路发展,着力提高杂志的社会影响力,坚持学术积累与创新并重,夯实基础求发展。2005年《中国青年研究》改变开本,进一步增加发稿量。按时、高质量地编辑出版杂志12期,增刊2期,共203万字,发稿字数比上年增加14%。刊物质量稳定,获得了比较高的社会声誉。在继续被"中国知识资源总库"和"万方数据库"收录的同时,该刊2005年又被收录进"中文科技期刊数据库(全文版)"和"书生之家数据库"。2005年中国青年研究杂志社继续发挥自身优势,在服务决策和内部建设方面均有所创新和突破:一是继续出版《青年内参》,关注重大问题,及时为团中央书记处提供参考;二是成立了"中国青年研究杂志社理事会",密切了杂志与目标读者的联系。

2.《少年儿童研究》

2005年《少年儿童研究》继续以"父母的难题就是我们的课题"为办刊思路,编辑出版12期杂志,共发文字约75万字,期发行量10万册。2005年少儿杂志社狠抓杂志发行、宣传和青少年培训工作。服务社会,开展家庭教育讲座;服务学校,对参与课题研究的学校进行专家指导。2005年共组织召开各地区和学校家庭教育和课题指导讲座147场,听众近10万人。成立了"立爱父母俱乐部",为进一步贯彻杂志社的办刊理念,巩固读者群,更好地与读者沟通摸索途径。杂志社还建立了自己的网站——"少年儿童研究网",为在新时期、新形式下让读者有更多的参与机会开通了渠道。

3.中国青少年研究网(www. cycs. org)

以"研究青少年、发现青少年、服务青少年"为宗旨的中国青少年研究网(www. cycs. org)自2004年2月15日开通以来,该网站的内容不断丰富,社会影响逐步扩大。截至2005年11月30日,供编辑上传文献2439篇、图片578张,总字数约778万字。共推出"前沿话题"25个、"专题研究"31个,"论文库"累积论文1041篇,"动态信息"累积1296条。一、二、三级页面总点击率约176万次。目前,中国青少年研究网的注册会员为1650余人。从用户调查结果看,有65.2%的用户认为该网站是"中国青少年研究的国家级学术网站",近一半的用户认为网站的栏目设计是合理的,对网站的总体感觉良好。

四、成功创办"中国青少年发展论坛",研究会的工作跃上新台阶

由中国青少年研究中心、中国青少年研究会、共青团安徽省委联合主办的首届中国青少年发展论坛于2005年9月25—26日在安徽合肥召开。论坛主题为:"和谐社会与青少年思想道德建设"。除主论坛外,围绕3个专题,下设3个分论坛:(1)和谐社会与未成年人思想道德建设;(2)和谐社会与大学生思想政治教育;(3)和谐社会与网络中的青少年思想道德建设。此外还开设了安徽省100所中学校长和11个地市教育局长、团委书记出席的"中学生成长论坛"。此次论坛是在原中国青少年研究会年会暨专题研讨会的基础上,更名改造的一次成功尝试。这主要表现在:

(1)层次高。此次论坛特别邀请了团中央书记处书记杨岳、中国社会科学院常务副院长冷溶、国家信息化战略研究中心主任熊澄宇、中国青年政治学院常务副院长陆士桢在主论坛,发表了高水平的、精彩的讲话和演讲。

(2)论文多。此次论坛共收到论文204篇,比历次年会论文翻了1倍多。

(3)代表广。参会的正式代表150多人,列席代表200多人。与会代表除了来自共青团系统,还有大批来自高校和科研院所,除了有青少年工作者、科研人员、高校教师,还有一些中小学教师、研究生。

(4)提出了一些有价值的思想,社会影响比较大。《中国青年报》、《安徽日报》分别就论坛发表了消息。安徽的《新安晚报》连续发表了几个整版的专题报道和专家专访。"人民网"理论版开辟专栏,对论坛做了全方位的、详尽的报道。

"中国青少年发展论坛"成功创办,标志着中国青少年研究会的工作上了一个新的台阶,进入了一个新的发展阶段。

自2001年研究会办公室行使团中央课题评审办公室的职能后,四年多来不断总结经验,完善工作机制,与各地团委宣传部之间协调关系,并把这项工作与我会的工作有机地结合起来,使青少年研究的科研选题、科研立项、科研布局,更加合理。2005年,我们完成2000—2003年团中央所有研究课题的结项工作,以及2004—2005年度团中央研究课题的中期管理工作,新结项课题26个,其中2000—2003年度课题14项、2004—2005年度课题12项。召开"共青团中央2006—2007年度青少年和青少年工作研究课题指南"研讨会,修订了新年度的团中央课题指南。协助团中央公布下发《关于做好共青团中央2006—2007年度青少年和青少年工作研究课题申报工作的通知》等文件,启动新年度团中央研究课题的征集、申请和立项工作。

五、加强国际学术交流,外事工作呈现新局面

2005年全年成功地完成了7批25人次赴英国、日本、印度、法国、挪威等国家及澳门地区的出访任务,参加了"21世纪青年学生工作发展路向研讨会"、"第三次亚洲地区儿童参与权"、"中日韩美法五国高中生素质状况比较研究课题研讨会"、"可持续发展与青少年犯罪问题及其处遇学术研讨会"、"国际儿童观察组织核心成员会议及奥斯陆大学国际研讨会",接待了法国、俄罗斯、古巴、孟加拉、罗马尼亚、英国、日本7个国家的科研机构37人次的来访。

中国青少年犯罪研究会

2005年研究会紧紧围绕中心工作,团结、联络、组织全国有志于青少年犯罪研究的专家、学者、实务工作者,通过抓活动、抓建设,不断增强研究会凝聚力和影响力,推动研究会各项工作的规范化和可持续发展。

2005 年 12 月联合中央综治委预防办、中国法学会青少年法律研究会主办“为了明天——预防青少年违法犯罪论坛”；与相关单位合办了“为了明天——长三角首届‘法治社会与预防青少年违法犯罪’论坛”；举行了研究会第五届理事会第二次会议。开展了 2005 年全国青少年犯罪研究优秀论文评选，收到论文 120 多篇，评选出 80 篇优秀论文，编辑青少年犯罪研究论文集 2 部。建立“为了明天”预防青少年违法犯罪网站，不断充实相关内容。参与《未成年人保护法》修改工作。主办、参与各种形式的学术研讨会、报告会、座谈会 15 次。编辑出版《青少年犯罪研究》杂志 6 期。组织出访 1 次，接待国外相关机构专家来访 5 次 20 人。积极推动各省级青少年犯罪研究会和专业委员会建设和活动开展。

一、推进组织建设

举行了中国青少年犯罪研究会第五届理事会第二次全体会议，审议并通过了《中国青少年犯罪研究会关于增补执行会长、副会长、秘书长、常务理事、理事的议案》，增补了执行会长 1 名，副会长 9 名，常务理事 3 名、理事 2 名，秘书长 1 名。制定研究专业委员会管理办法，完善专业委员会的印章管理，规定各专业委员会外事交流、项目合作等重大事项须向研究会秘书处汇报。制定对外交流、人员聘用、工资福利、档案管理制度，加强了研究会规范管理。积极发展新会员，凝聚和团结国内更多有影响力的青少年犯罪研究人才。吸收港澳青少年犯罪研究专家和律师加入中国青少年犯罪研究会。7 月中国青少年犯罪研究会还推荐 5 位会员为第十届全国青联委员。积极推动各省级青少年犯罪研究会建设，并加强工作指导。

二、积极举办活动

2005 年 9 月联合中央综治委预防办、江苏省综治委、华东五省（市）团委在江苏省南通市共同主办了“为了明天——长三角首届‘法治社会与预防青少年违法犯罪’论坛”，全国人大常委会副委员长顾秀莲致信祝贺，团中央书记处书记杨岳出席讲话。12 月联合中央综治委预防办、中国法学会青少年法律研究会主办 2005 年“为了明天——预防青少年违法犯罪论坛”。开展了 2005 年全国青少年犯罪研究优秀论文评选，收到论文 120 多篇，评选出 80 篇优秀论文。推动地方开展各种形式的学术研讨会、报告会，组织安排中国青少年犯罪研究会的专家到江苏、湖南、宁夏、四川等地进行学术演讲，提高各地青少年犯罪研究水平。6 月联合中央综治委预防办召开未成年人违法犯罪问题座谈会。参与了 2005 年全国社会治安综合治理优秀集体和个人表彰大会、2005 年中央综治委预防青少年违法犯罪领导小组第二次会议的筹备。

三、努力加强研究

承担党和政府委托的科研任务，开展预防青少年违法犯罪研究，积极参与青少年法制建设和社会治安综合治理活动。研究会派出专家参与全国人大《未成年人保护法》的修改工作。联合中央综治委预防青少年违法犯罪领导小组办公室编撰《预防青少年违法犯罪工作年鉴（2004 年卷）》，编著《未成年人犯罪现状与对策研究》，这两项工作均在进行当中。联合中央综治委预防办、团中央权益部建设“为了明天”预防青少年违法犯罪网站，并不断充实相关内容。今年编辑出版《青少年犯罪研究》杂志共 6 期。

四、开展对外交流

中国青少年犯罪研究会先后与美国乔治亚州立大学刑事司法学院特雷尔教授、加利福尼亚州立大学刑事司法学院任昕教授、耶鲁大学中国法律中心主任葛维宝教授、韩国江陵大学法学系吴庆植教授等建立联系，就青少年犯罪研究交流合作进行了探讨。7 月中国青少年犯罪研究会派员赴新加坡参加东盟 10 + 3“青年与网络”专题研讨会。9月、11月和12月，中国青少年犯罪研究会与新加坡触爱社会服务组织多次联系，双方就中新青少年交流、青少年服务等有关项目合作进行商讨。

中国少年先锋队工作学会

中国少年先锋队工作学会是全国性的少先队学术团体，是国家一级学会。学会成立于1979年10月。目前拥有专家咨询委员会、少先队基础理论专业委员会、少先队活动专业委员会、少年儿童专业委员会、社区少先队专业委员会、少先队辅导员专业委员会等5个专业委员会;31个省级学会以及680名会员。拥有中国少年儿童信息研究基地和中国少先队科研实践基地200余个。学会集合了少先队理论研究的骨干力量，吸收了少年儿童理论研究的专家学者，动员了广大少先队工作者，形成了结构完整、系统有序、专兼结合、组织严密的科研机构。

2005年学会工作以邓小平理论和“三个代表”重要思想为指导，全面贯彻落实科学发展观，围绕少先队的工作大局，坚持在继承中创新，在创新中发展，切实履行学会“研究、参谋、交流、服务”的职责，抓住当代少年儿童思想道德建设的新特点，在努力繁荣少先队理论研究，推动少先队科研水平提升，加强少先队辅导员队伍建设，服务少先队工作大局等方面进行了积极的探索和实践，开创了生动活泼的新局面，涌现出一大批科研成果。

抓课题研究，加强少先队理论建设。学会工作的核心是科研，关键是课题。2005年学会在课题的管理上通过规范程序，建立了课题实施的有效管理机制，突出抓了课题的立项、申报、审批、督导，先后批复了突出体现少先队理论研究基础性、连续性和时代性的科研课题35个，组织专家到几十个课题实施单位进行面对面指导。使少先队科研形成了良好的发展态势。部分课题研究已经形成了重大成果，如“少年儿童的行为习惯养成”、“少先队的文化建设”、“少先队的社区建设”、“新童谣的创编与推广”、“网络与少先队”等，在推动少先队的建设和指导少先队的实践中发挥了重要作用。同时，学会通过及时编发的《学会动态》加强了和省级学会以及专业委员会的联系，调动了全队上下共同参与科研的积极性。

抓科研基地，活跃少先队信息建设。学会信息研究基地和科研实践基地充分发挥基层学校的积极性和创造性，为全队的科学发展提供信息支持和服务。在基地校里，由校长负责组建了包括辅导员在内的学校科研小组，有的放矢地开展实证性课题研究，特别是对影响少年儿童成长的“热点”和“焦点”问题进深入调查研究，先后对“口袋书的诱惑”、“少儿集卡现象”、“少年儿童眼中的当今社会”、“粗口歌CD的恶劣影响”等热点问题进行调查和剖析，编撰了《少年儿童热点问题内参》，向相关部门提供了少年儿童客观、真实的第一手资料，准确生动地反映出少年儿童中带有代表性、普遍性的问题，为科学决策发挥了参谋作用。

抓培训工作，推进辅导员队伍建设。2005年为了全面贯彻落实全国少代会精神，进一步提高少先队辅导员队伍的整体素质，推动少先队工作的新发展，中国少先队工作学会会同全国少工委办公室举办了“暑期全国大、中队辅导员远程培训”，在为期7天的培训中，1000多个基层学校少先队组织的4000余名辅导员参加了本次培训。为推进辅导员队伍的整体建设，切实提升辅导员的综合素质发挥了作用。

抓成果推广，促进少先队品牌建设。2005年全国少工委、中国少先队工作学会推出的《中国少年先锋队大全》是一部融少先队实际工作和理论研究成果的结晶。《大全》共分五卷，第一卷为少先队基础理论卷；第二卷为少先队组织卷；第三卷为少先队活动卷；第四卷为少先队工作者卷；第五卷为少先队历史卷。《大全》不但是研究少先队的重要资料，而且对于指导少先队工作有着重要的现实意义，深受读者欢迎。与此同时，学会策划、打造了以《中国少先队文库》为标志的理论成果系列和文化建设平台，继《全国少先队辅导员培训教程——面对专家听讲座》后，《中国少先队文化要略》、《中国儿童政策概论》、《社区少先队多种模式研究课题成果集》、《创建孩子的快乐家园》、《少年儿童行为习惯养成报告》、《少先队发展新思考》、《少先队辅导员专业化的理论与实践》等一大批科研成果在实践中得到了推广和使用。

抓自身发展，适应少先队整体建设。2005年学会加大会员发展力度，注重壮大少先队的科研力量，动员和协调少先队内外人员共同研究，开展实验，协同攻关。各专业委员会充分发挥自身优势，工作更加活跃。少年儿童专业委员会对当代少年儿童的行为习惯进行了系统研究并形成了专著；辅导员专业委员会举办了“辅导员论坛”；社区专业委员会深入基层，面对面的指导工作、开展研究，效果显著。省级学会有领导同志专人分管，日常工作专人负责，初步做到了科研有规划、有课题、有队伍；工作有计划、有制度、有成果，同时还带动了地市级、县级学会的建设。

学会坚持抓基层，打基础，配合全国少工委开展了全国范围内的大调研，对当代少年儿童成长具有影响的热点问题形成了调研报告，如中小学生作息时间调查报告、上海市少年儿童文化现状研究、重庆农村留守儿童现状及对策研究、少先队思想道德建设的调查与思考、关注留守儿童构建和谐社会、边远地区农村少先队辅导员专业素质的现状分析及发展构想等。为加强中学少先队工作，学会组织力量集中进行了全国“中学少先队发展状况”调研活动，4000多份调查问卷涉及到中学生，中学团委书记、辅导员，学校领导，详实的内容、充分的数据，为加强中学少先队工作提供了科学依据。

中国青年工作院校协会

2005年，中国青年工作院校协会以邓小平理论和“三个代表”重要思想为指导，认真学习贯彻党的十六届五中全会和中央经济工作会议精神，深入贯彻落实团的十五届四中全会精神，按照《共青团中央关于实施基层团干部培训工程的意见》的要求，充分发挥团校（青年院校）在团干部教育培训和培养青年人才中的重要作用，团结联系全国团校（青年院校）奋发进取，扎实工作，努力开创团干部教育培训工作和团校建设新局面。

——以基层团干部培训工程为重点，扎实做好团干部教育培训工作。认真贯彻中组部关于大规模培训干部的要求，联合团中央组织部，紧紧围绕学习贯彻“三个代表”重要思想和全面落实科学发展观，以基层团干部为重点，大力加强团干部培训工作。依托中央团校直接组织了团地、县委书记培训项目，先后举办了7期团地、县委书记培训班，培训786人。依托各省级团校组织了对乡镇团委书记和街道、学校、企业、机关等各条战线基层团干部的培训项目。同时，认真组织开展新任职团干部、西部团干部、少数民族青年干部等各种形式的培训，圆满完成了《2002年—2005年全国团干部教育培训规划》的各项培训任务。

——积极拓展团干部学历教育和出国出境培训。进一步开拓团干部学历教育平台，与北京大学政府管理学院联合举办了第二期团干部MPA和行政管理两个专业的研究生班，为团干部接受继续教育拓宽渠道。指导中央团校与中国人民大学、中央党校合作举办在职研究生班。指导中青高级人才培训中心与中国人民大学合作举办MPA班。积极开展出国出境培训。联合中国青年国际人才交流中心举办了3期共青团系统干部研修（培训）班，组织150余名团干部赴美国、德国、英国、加拿大、新西兰进行培训和交流。协会直接组织了

30 名省级团委组织部长、团校校长及中央国家机关部分团委书记赴美国蒙大拿州立大学进行研修培训。

——大力推动团属院校的建设和发展，不断加强协会自身建设。开展了第一届全国团校精品培训项目、精品课程的评选工作。各地团校报送作品 60 余件，共评选出精品培训项目 7 个、精品课程 18 个。启动了全国团干部教育培训基地的评选。通过多种方式加强团校（青年院校）之间的交流和合作。对全国团干部教育培训网进行了改版，利用网站为团干部和团属院校提供切实服务，推进团干部教育培训网络化建设。编辑下发了 11 期《团干部教育通讯》。先后在黑龙江、内蒙古、浙江召开了全国城市团校校长工作研讨会、全国团校后勤工作研究会第八次年会和团中央教材编审委员会年会。

——努力发挥协会在共青团青年人才工作中的积极作用。贯彻落实共青团全国青年人才工作会议精神，努力使团属院校成为青年人才培养的重要基地。按照股份制合作办学的方式，引入民办机制，积极筹办青年高等职业技术学院。依托团属院校，在 2004 年开展青年职业资格证书培训试点的基础上，进一步增加培训内容、扩大培训规模，深入实施青年职业资格证书培训工程。今年在原有 9 个培训项目的基础上，新增加了汽车营销师职业资格培训。截至目前，各级团校和青年培训机构共培训 12000 多人，近万名学员取得职业资格证书。今年 3 月，举办了全国青年营销方案大赛，1 万多人参赛，参赛作品 7000 多份，大赛网站点击率高达 8.53 万人次。

中国青少年宫协会

中国青少年宫协会是由青年宫、少年宫、青少年宫、青少年活动中心、儿童活动中心、青少年科技馆、青少年活动营地、青少年教育基地等青少年活动场所（以下简称青少年宫）组成的非营利性的全国行业性团体，是青少年活动场所的行业指导、协调、管理和服务机构。

中国青少年宫协会的工作宗旨是：促进中国青少年社会教育事业，服务青少年健康成长，推动青少年宫可持续发展。

中国青少年宫协会的主要任务：引领和协调各地青少年宫、社会相关组织，实施青少年社会教育，推动青少年社会教育的理论研究和社会实践；针对青少年身心成长的特点，开展富有特色和实效的社会教育示范活动，努力培养德、智、体、美全面发展，能正确认识社会、融入社会和改造社会的一代新人；争取政策支持，整合社会资源，为青少年社会教育的稳步推进创造良好的外部环境，推动国家青少年社会教育体系的建立；指导和服务各地青少年宫等青少年社会教育组织的工作，发挥系统整体优势；建立青少年社会教育指标体系，开展评价认证工作；开展青少年社会教育的国际交流与合作。

协会现有 18 个分会单位，有青年宫、少年宫、青少年宫、青少年活动中心、青少年活动营地等 272 个会员单位，其中常务理事单位 59 个、理事单位 145 个。

2005 年，中国青少年宫协会认真贯彻落实中央关于加强未成年人思想道德建设的精神，把发展中国青少年社会教育作为中国青少年宫和全国青少年宫系统的工作方向和工作定位，为青少年宫等校外活动场所的建设与发展，为培养有理想、有道德、有纪律，德、智、体美全面发展的一代新人做出了积极的贡献。

1. 2005 年 5 月 20 日，由团中央、全国青联、联合国青年就业网络共同举办的“青年就业与和谐社会国际论坛暨联合国青年就业网络年会”在北京开幕，来自联合国青年就业网络、国际劳工组织等国际机构和中国政府部门、工商企业界、青年组织的百余名代表出席了会议。团中央书记处第一书记周强、书记处书记胡伟到会并讲话。

2. 2005 年 6 月 24 日，中央宣传部、教育部、团中央等十部委联合发出《关于开展"小时候"青少年社会教育活动的通知》，安排部署"小时候"青少年社会教育活动。同日，十部委还联合发出了《关于开展中国青少年社会教育"银杏奖"评选表彰活动的通知》，奖励在青少年社会教育事业中做出突出贡献的集体和个人。此项活动由团中央宣传部、中国青少年宫协会倡导并积极推动。

3. 2005 年 6 月 30 日，团中央宣传部、中国青少年宫协会在京举办"中国青少年社会教育理论研讨会"。来自教育部、中央教育科学研究所等方面专家学者，就青少年社会教育的有关理论和实践问题进行了深入的研讨。团中央书记处常务书记、中国青少年宫协会会长赵勇同志到会并做了重要讲话。

4. 2005 年 7 月 12 日—22 日，由中国青少年宫协会承办的第四届"汉语桥"世界大学生中文比赛在京举行。来自亚、美、欧、大洋洲等五大洲、45 个国家的 95 名优秀选手汇聚北京参加决赛，用汉语阐述他们对中国和中国文化的理解和热爱。本届大赛主题为"山川秀丽的中国"。中央电视台对本次比赛进行了播出。

5. 2005 年 9 月 9 日，由中央宣传部、教育部、团中央等十部委主办，中国青少年宫协会、团北京市委共同承办的"中国青少年社会教育论坛——2005 · 娱乐与青少年成长论坛"在北京 · 第一城举行。团中央书记处书记张晓兰发表了主旨演讲。各界代表 400 余人参加了论坛的各项活动。

6. 2005 年 9 月 10 日，由十部委共同主办的"与共和国一起成长"——中国青少年宫半个世纪发展历程回顾展在国家博物馆开幕。展览充分展示了半个世纪以来中国青少年宫的发展历程和取得的教育成果。中共中央政治局常委李长春及王兆国、刘云山、贺国强、徐才厚、何勇、蒋正华、顾秀莲、热地、陈至立、白立忱等党和国家领导人参观了展览并对展览给予高度评价。

7. 2005 年 9 月 11 日，由十部委共同设立的中国青少年社会教育"银杏奖"颁奖晚会在京举行。晚会讴歌了几代青少年社会教育工作者辛勤育人、拼搏奉献的精神风貌，宣传了青少年社会教育理念，营造了良好的社会氛围。顾秀莲、周强等领导出席并颁奖。

8. 2005 年 9 月 11 日，中国青少年宫协会第四次会员大会在京召开。会议认真总结了五年来中国青少年宫协会的工作，提出了今后五年的主要任务，修改了《中国青少年宫协会章程》，选举产生了新一届领导机构。赵勇同志再次当选为中国青少年宫协会会长，谷丽萍同志再次当选为副会长兼秘书长。

9. 2005 年 12 月 5 日至 2005 年 12 月 14 日，中国青少年宫协会与诺基亚（中国）投资有限公司在全国 25 个城市的青少年宫（中心、站）开展"拥抱绿色的未来——2005 中国少年环保梦想短信征集行动"活动。活动共征集了约 100,000 条少年环保梦想短信，有 10 位来自全国各地的少年儿童被授予"环保小先锋"称号。

中国青年报刊协会

2005 年中国青年报刊协会认真贯彻主管单位共青团中央关于新闻宣传和出版管理的一系列指示精神，按照协会工作整体安排，进一步加强青年报刊研究、指导和管理，加强青年报刊的交流与合作，服务青年，服务大局，开拓创新，充分发挥协会作用，不断促进青年报刊改革发展。

一年来，中国青年报刊协会围绕全团工作中心，引导协会成员做好共青团和青年工作的宣传报道。利用侧记、特写、专版、专题、专栏等报道形式，充分做好共青团十五届三中全会、少先队第五次全国代表大会、全国青联十届一次全委会和全国学联二十四大上等重要会议的宣传，为会议的成功召开营造了良好的舆论氛围。做好五四运动 86 周年的宣传报道，报道各地团组织和团员青年开展的丰富多彩的纪念活动，在广大城乡青年、青年学生中开展多种鲜活生动的爱国主义教育宣传报道，大力弘扬爱国、进步、民主、科学的五四精神。做好大学生志愿服务西部计划的宣传报道，在全社会和大学生中唱响“到西部去、到基层去、到祖国和人民最需要的地方去建功立业”的主题。做好保护母亲河行动的宣传，抓住周强同志和全国青联获得联合国首届“地球卫士奖”这一有利契机，做好保护母亲河行动成果的展示和宣传。一年来，围绕手拉手、青年文明号、中国青年五四奖章、青年科技创新行动、青少年新世纪读书计划、大中学生志愿者“三下乡”、青年外事交流等共青团重点活动，配合有关部门，积极做好宣传报道。

按照中央关于发展文化事业和文化产业的要求，中国青年报刊协会着力加强对青少年文化事业和文化产业发展、新闻出版业改革发展政策的研究，为青年报刊事业改革发展提供决策参考，推动青年报刊稳妥改革，发展壮大青年报刊事业和产业。抓住保持共产党员先进性教育活动的重要契机，引导青年报刊继续深化“三项学习教育”活动。

中国青年报刊协会进一步发挥秘书处的作用，加强同各会员单位的联系及会员单位之间的联系和合作，为协会会员搭建一个信息共享的合作平台。加强对新形势下青年报刊改革与发展问题的研究，为会员单位提供有关政策咨询。加强报纸、期刊、管理、艺术装帧四个工作委员的工作，协调各委员会开展丰富的专业活动。认真做好会刊《青年报刊研究》的编辑出版工作。加强同中国期刊协会的业务联系和交流。做好2005年度中国青年报刊协会的年检工作。认真筹备中国青年报刊协会第19届年会。

中国少年儿童报刊工作者协会

1. 中国少年儿童报刊工作者协会美术摄影专业委员会成立(2005年1月3日)。

2. 中国少年儿童报刊工作者协会中学报刊专业委员会“光明乳业杯”首届全国中学生作文大赛隆重举行颁奖大会。全国人大常委会副委员长许嘉璐、顾秀莲，教委王文湛、团中央书记处书记杨岳等出席颁奖大会(2005年1月7日)。

3. 3月初，启动全年性的第二届全国中小学生“每天课外阅读十分钟”活动，该活动由山西教育出版社新作文杂志社承办。全国200多家少儿报刊协办，在同一时间内全国各地全面铺开，3600万小读者参加活动并受益。

随即：“激情’2005全国中小学生读书节”活动、2005中少期刊杯全国中小学生“快乐阅读”活动也拉开序幕。全国14家少儿出版社和40多家报刊社参与了此项活动。

4. 中国少年儿童报刊工作者协会组织学习辅导报刊专业委员会召开会议，调整领导班子，同时召开“报刊经管研讨会”，并推出《版权保护联盟》。(4月8日—12日)

组织中学报刊专业委员会，低幼报刊专业委员会、综合性期刊专委会，文学艺术性报刊专委会先后召开专题研讨交流会。

5. 第五次全国少先队代表大会在京召开。协会第一次组织十家少儿报刊会员小记者参加会议采访活动。(2005年5月31日)

6. 2005年8月7日至12日，中国少年儿童报刊工作者协会主办的“中国六一奖”、“中国优秀少儿报刊奖”评选会议在山西省太原市举行。

此次评出“中国优秀少儿报刊金奖”19家，“中国优秀少儿报刊奖”42家；中国六一新闻奖一等奖7篇、二等奖18篇、三等奖14篇；中国六一论文奖一等奖11篇、二等奖33篇、三等奖44篇；中国六一编辑奖一等奖133篇、二等奖189篇、三等奖259篇。

“中国六一奖”和“中国优秀少儿报刊奖”的评选极大地鼓舞了少儿报刊界的士气，为少儿报刊出精品、上台阶起到了积极的促进作用。

7. 协会第四届理事会第七次会长会议做出决定,协会副会长人事变动如下:由于团中央少年部刘进喜同志工作调动,副会长空缺。河南教育报刊社李国庆同志退休,由现任社长、总编辑高治军同志接任。山西小学生拼音报社王正选同志工作调动,辞去副会长一职,新增湖南教育报刊社社长欧阳勋同志担任副会长一职。(8 月 9 日)

8. 配合 2006 年 IBBY 第 30 届大会在中国的召开,发动少儿报刊会员单位积极宣传,为大会的精品少儿报刊展示做准备。

9 月 17 日—28 日,以海飞为团长,李东生、李瑞、梅花、程士庆、任新国等为成员的少儿报刊代表团出访美国、南非。邀请当地的 IBBY 分会成员参加 2006 年在中国举办的第 30 届世界大会。

9. 协会美术摄影专业委员会 2005 年工作会议在辽宁沈阳市召开。会议由辽宁新少年杂志社承办。会议针对当今少儿报刊美术摄影封面版式设计等业务进行了研讨和培训。参加会议的有全国 13 个省市 30 多家少儿报刊社的美术摄影记者代表共 39 人。(10 月 8 日—11 日)

10. 首届中国少儿报刊经营管理创新奖评选工作会议在辽宁大连市召开。经评委审定,产生了集体项目杰出奖 6 个,个人项目杰出奖 4 个。集体项目优秀奖 6 个,个人项目优秀奖 4 个。(11 月 23 日—25 日)

11. 12 月 5 日协会在京召开中国少年儿童报刊工作者协会小记者分会筹备工作会议。出席会议的有 34 报刊社的 39 人,大家畅所欲言,发表意见,对小记者分会的工作提出建设性的建议和意见。

中国青少年网络协会

2005 年,中国青少年网络协会坚持以邓小平理论和"三个代表"重要思想为指导,贯彻落实《中共中央关于进一步加强和改进未成年人思想道德建设的意见》和《中共中央国务院关于进一步加强和改进大学生思想政治教育的意见》精神,认真落实科学发展观,积极运用网络服务青少年,创新工作思路、改进工作作风、探索发展方向,紧紧围绕青少年网络发展的热点问题,积极组织和开展了系列活动,为促进青少年网络事业的发展,建设和谐的网络社会做出了有益的贡献。

一、充分认识青少年掌握互联网知识的重要意义,积极开展网络知识普及,切实提高青少年信息化水平和网络素养。

1. 开展中国科技馆特别行动。"五一"期间,为切实提高了青少年信息网络知识水平,协会在中国科技馆广场开设青少年安全上网知识专区,由专家讲授有关网络安全防护知识,并向青少年和家长赠送了 2 万套金山软件产品。

2. 举办第二届青少年绿色上网分论坛。为培养和提高青少年的网络素养,协会于 7 月在上海 CHINAJOY 展会上成功举办了主题为"数字娱乐:打造网络新素养"的论坛。通过深入探讨在互联网时代下发展数字娱乐产业的同时关注青少年的身心健康,为培养和提高青少年的网络素养探索一条道路。

二、大力推动民族网络游戏产业的发展,积极倡导健康、益智的绿色游戏和民族网络游戏,引导青少年健康娱乐。

1. 开展向未成年人推荐健康益智游戏产品联展活动。为未成年人营造良好的成长环境,引导广大青少年树立正确的游戏娱乐观念,协会联合有关单位在北京王府井书店举办了向未成年人推荐健康益智游戏联展活动,向青少年推荐了 15 款网络游戏和 10 款单机游戏。这有利于加强未成年人思想道德建设和促进网络游戏产业发展。团中央书记处书记、全国青联常务副主席胡伟、北京市副市长孙安民等出席启动仪式。

2. 举办"倡导绿色网游,促进成长进步"

访谈活动。为扶持民族原创的、健康向上的网络文化产品的创作和研发，促进青少年的成长进步，协会在人民日报社网络中心强国论坛访谈室举办了以"倡导绿色网络游戏，树立健康娱乐理念，促进青少年成长进步"为主题的访谈活动。从不同角度讨论了如何倡导绿色网络游戏，如何引导青少年健康娱乐以及如何为青少年创建绿色网络空间等当前社会关注的热点问题，并回答了网友提出的有关问题。

三、大力防范互联网给青少年带来的负面影响，深入研究网瘾问题，积极帮助青少年预防和戒除网瘾。

1. 举办的"健康上网拒绝沉迷——帮助未成年人戒除网瘾大行动"。为切实加强青少年网络文化建设，全面提高青少年思想道德素质，协会于3月启动了由中央文明办、共青团中央、新闻出版总署等五部委共同举办的"健康上网拒绝沉迷——帮助未成年人戒除网瘾大行动"，为帮助青少年预防和戒除网瘾切实做好发布《中国青少年网瘾报告(2005)》、编撰戒除网瘾指南等九项工作。此活动得到了社会各界特别是青少年朋友和家长的广泛支持和热情参与，在社会上引起了强烈反响。新闻出版总署副署长于永湛，团中央书记处书记张晓兰，光明日报社副总编辑何东平出席会议并讲话。

2. 举办百万家庭健康上网大行动。为进一步推进帮助未成年人戒除网瘾大行动，协会于6月开展了由中央文明办、共青团中央、新闻出版总署、中国社会科学院和光明日报社主办的"百万家庭健康上网大行动"，组织专家在全国30多个城市以开讲座、做报告的形式向家长、老师、青少年讲解网瘾相关知识及治疗方法，引导青少年健康上网，达到有效预防和戒除网瘾的目的。新闻出版总署副署长于永湛，团中央书记处书记张晓兰出席会议并讲话。

3. 开展戒除网瘾其他活动。2005年9月，协会联合光明日报社网络信息部在北京举办了"共担社会责任促进繁荣发展——《网络游戏防沉迷系统开发标准》座谈会"。会上对网络游戏防沉迷系统开发标准进行了充分的讨论。11月，协会在京发布了《中国青少年网瘾数据报告(2005)》，这是我国首次正式发布的有关青少年网瘾问题的调查报告。《中国青少年网瘾报告(2005)》预计于2006年初推出。

四、充分运用信息网络手段服务青少年，积极倡导读书新方式，引导青少年树立终身学习观念，大力提高青少年科学文化素质。

为引导青少年树立终身学习的观念，积极运用信息网络手段学习新知识，努力提高科学文化素养和网络素养。2005年5月，正式启动了以"读电子书，健康网络新生活"为主题"2005搜书网读书大赛"，号召青少年多读书、读好书，联合出版社、图书馆、大中学校、网校等向青少年免费开放100本电子书，并举行读书活动知名大学和中学巡回宣传、作者和青少年线上交流、"我与电子书"作文大赛等系列活动，引导青少年树立终身学习的观念，积极运用信息网络手段学习新知识，努力提高科学文化素养和网络素养。全国政协副主席、中国青少年网络协会名誉主席王选，团中央书记处书记张晓兰出席会议并致辞。

五、进一步加强协会自身建设，积极作好宣传工作，社会影响力不断扩大。

1. 加强协会自身建设。协会以保先教育活动为契机，多次组织全体工作人员学习业务知识，努力提高人员知识水平和业务，增强服务青少年的能力。同时，协会狠抓内部建设，完善了协会内部的规章制度，特别是奖惩制度，做到责权利基本统一；初步确定施行项目负责制，效益与个人报酬挂钩，进一步调动了全体工作人员的积极性和主动性。

2. 召开了协会一届一次会长办公会议。协会于9月召开了协会一届一次会长办公会议，总结了运用网络服务青少年的工作，研讨了网络与青少年互动的规律，部署了下一阶段青少年网络工作。团中央书记处常务书记、全国青联主席、中国青少年网络协会会长赵勇出席会议。

3. 重视宣传工作。充分调动中央电视台、中国教育电视台、中央人民广播电台、北京电视台、新华社、人民日报、光明日报、《中国青年报》、《北京青年报》、人民网、中青网、新浪网、网易等媒体,对协会及其所开展的各项活动进行了广泛深入的宣传报道,记载了协会为青少年成长进步所做出的有益贡献,大大提高了协会的社会影响力。

中国光华科技基金会

中国光华科技基金会(以下简称基金会)自归属团中央以来,在团中央书记处的领导和关怀下,根据三届一次理事会会议精神,坚持"服务、规范、创新"的工作理念,力求规范管理创实效,改革创新求发展。基金会在加强原有项目的运行和管理的基础上,十分注重发挥科技类基金会的自身优势,积极弘扬我们在科技领域所倡导的创新理念,不断探索、锐意进取,基金会的工作领域和主打项目都有了新的拓展。目前,基金会的活动领域已经从传统的科技奖励发展到涉及图书捐赠、科技创新、科技扶贫、和谐教育、环保能源、设计交流、人才培训等方面。

2005 年基金会全年实现捐赠总收入超过 4564 万元。其中现金收入为 1070 万元,物资捐赠收入为 3494 余万元。

一、不断开拓工作领域

始终坚持"发展是第一要务"的方针,在加强了原有项目的运行和管理的基础上,十分注重发挥科技类基金会的自身优势,积极弘扬在科技领域所倡导的创新理念,不断探索、锐意进取,基金会的工作领域和主打项目都有了新的拓展。2005 年,基金会的活动领域已经从传统的科技奖励发展到涉及绿色能源、科技扶贫、青少年和谐教育、环保、设计、管理人才培训等方面。

二、提升整体工作能力

自三届一次理事会以来,一是注重引导员工关注国内外公益事业及对非营利组织的研究,借鉴国内同行的先进经验和高效的业务管理方式,积极探索主营业务方向和重点项目;二是着力完善和健全了业务工作机制,坚持定期召开工作会议,认真执行业务考核制度;三是大力开展内部业务研讨活动,促进了全员业务水平和责任意识的提高;四是注重将项目化运作、可行性评估和内部业务研讨活动相结合,有效促进了业务工作水平的提高;五是强调服务意识和工作能力,充分发挥员工积极性、主动性和创造性,依靠自身力量,用事业感召人,用项目凝聚人,在项目实施过程中积累经验,锻炼和培养人才。

三、构建品牌公益项目

以创新指导在科技领域开展的各项公益事业,拓展基金会的工作领域,丰富公益事业的活动内涵,挖掘公益事业的发展潜力,积极探索打造具有特色的优质公益品牌项目,已日益成为基金会上下一致的认识和追求。2005 年 8 月,推出了"光华公益书海工程",这是基金会从创建和谐社会角度入手,开展公益捐书和无偿赠书活动,激发起全社会对贫困地区人们的文化条件匮乏的关注,为他们创造学习科普知识和实用技术的条件,促进当地人口综合素质的提高,推动社会和谐发展的一次有益探索。为保证"书海工程"的运行,进行了多方面的前期准备工作:

一是行政支持。这一行动得到了共青团中央、国家新闻出版总署领导的高度肯定和大力支持。团中央、国家新闻出版总署作为主办单位并联合发文,为顺利推进"书海工程"提供了基础。自 8 月中旬下发文件以来,短短 3 个月的时间,"书海工程"得到了 37 家图书出版发行单位的大力支持和积极参与,捐赠图书达 2122 万码洋。

二是技术支持。基金会从一开始就确定了规范运作的指导方针，采用先进的计算机网络系统和现代的图书管理手段结合，创建了我国第一家公益图书网站“中国图书捐赠网”，通过该网络系统对“书海工程”的运营实现科学管理，为图书捐赠人和受助人提供方便快捷的服务，推动了“书海工程”的深入开展。

三是制度支持。实行新的项目化运作体系，成立了书海工程图书募集部、服务中心和图书馆项目推广部，紧紧围绕“统分结合分级管理、上下联动各负其责”的总体思路，推行分级管理、分块负责的项目运作模式。明确了各部门的分工和责任，进一步完善项目化运作的考核体系。及时召开项目进展分析会，深入剖析项目开展中存在的问题，充分发挥了制度设计对项目运作的良性促进作用。

11月9日，在新疆自治区党委、人民政府以及自治区团委的大力支持下，成功地举行了“光华公益书海工程”启动仪式，取得了较好的社会反响。到12月20日，已募捐图书码洋3000多万，捐出图书码洋近1000万。可以说，这项工作在社会各界的关心和支持下，已经取得了阶段性的成果，奠定了基金会创建优质公益品牌的基础。

四、不断提高管理水平

这一年里，在转变职能、健全组织、完善制度、改进方法、提高质量、运用成果等方面做了大量的工作，基金会内控水平明显提高，为服务基金会管理决策方面发挥了积极作用。

一是健全、完善了内部管理制度，规范的内部管理体系初步成熟，较好地实现了内部管理与业务开展之间的衔接，加大了内部服务力度。

二是积极探索项目化运作模式。推行“项目找人，人找项目”的业务工作模式，通过项目管理的方式，对每个项目都进行账目、资金、人员等方面的独立核算和考核，建立了一系列的项目管理和考核办法。项目的预选、立项、实施、评估和核算都将严格按照有关制度进行，收到了很好的效果。

三是规范和改善基金会的财务工作，财务管理体制得到理顺。进一步加强资金预算管理，经常对资金使用情况进行清理，及时反馈资金存量信息；大力缩减各种不合理费用的开支，加强内部审计管理；部分遗留问题得到解决，财务状况明显改善。

五、积极优化工作环境

在2005年的工作中，注重调动基金会全体工作人员的积极性，增强集体的凝聚力，为各项工作的顺利开展提供了保证。

领导班子建设得到进一步加强。基金会始终在严格贯彻民主集中制，保证决策的民主性和科学性的同时，以提高素质、优化结构、增进团结为重点，引入竞争机制，进 步健全民主的决策机制和对决策过程的监督机制。

新的用人机制顺利推进。基金会实行开放式的用人机制，做到能进能出，能上能下。实行全员任务制，通过定期对所有员工按照既定的岗位和任务进行考核，根据考核结果决定员工的上下、去留。按照基金会的人事制度，在条件成熟时将吸纳优秀人才加盟，不断提高人员素质。截至2005年9月底，基金会本部共有员工16名，平均年龄为32岁，全部具有大专及以上学历，其中博士1名，硕士7名，占总人数的50%。

同时，为了提高现有员工的专业素质，基金会除了组织专职人员参加专业业务培训外，还多次组织全员业务培训，一方面发挥自身优势用自教自学的方式进行培训，教学相长；另一方面聘请业内有影响力的专家，进行专门的授课，通过培训提高了工作人员的理论知识和专业知识。学习形成制度化和经常化，全员学习、终身学习蔚然成风。据统计，自今年以来基金会组织的内部业务培训15次；外请专家授课7次；派出参加各类学习培训5次。

第七部分

事　业　发　展

团中央实业发展中心

一、基本情况

团中央实业发展中心成立于 1994 年，是团中央所属正局级事业单位。其主要职能是根据国家有关法律、法规和政策，创办对全国团办实业能起到产业导向作用的示范性企业；对团中央部分全资企业进行国有资产的监督管理工作，保证国有资产的保值增值；积极开展国内国际经济交流与合作。

中心成立近 10 年来，始终坚持以邓小平理论和“三个代表”的重要思想为指导，紧紧把握市场经济运行的规律，遵循“严格管理、依法经营、规范运作”的原则，抓住机遇、开拓进取，不断发展壮大，逐步形成了以青印厂综合改造项目为龙头，多元化经营的经济组织。

二、主要工作

2005 年团中央实业发展中心（以下简称中心）坚持以“三个代表”重要思想和科学发展观为指导，紧紧抓住发展这个主线，努力在完善产业结构，实现企业利润，推进企业改革和完善现代化管理等重大问题上取得突破，带动全面工作取得成效。

（一）以发展为中心，青印厂综合改造工作全面突破

1. 项目一期工程全面动工

在机关领导和有关部门的大力支持下，经过开发商和中心的共同努力，通过严格、复杂的报批程序，中心于 2004 年底取得了青印厂综合改造项目的施工许可证。2005 年初，在认真、细致地做好前期准备工作的基础上，青印厂综合改造项目一期工程全面破土动工。一期工程主要包括两个住宅楼的建设，总建筑面积约 5 万多平方米，预计竣工时间为 2006 年底。自一期工程启动以来，各项工作进展顺利，至 2005 年底，主体建筑已全部封顶。

2. 认真协调处理项目施工现场周边企业和居民的关系

自青印厂一期工程启动以来，陆续有白家庄北里 6、7、8 号楼的居民向书记处领导和有关部门写信，反映施工扰民补偿和采光遮挡的问题。中心对此高度重视，专门成立了工作组，在与开发商认真研究和多次与居民代表交流的基础上，制订了工作原则和处理方案。在前后几个月的时间里，工作组和青印厂领导班子分别与“居民代表”和开发商富力公司及白家庄北里社区有关领导进行了数十次沟通、协调、洽商，同时积极做好广大居民的解释和宣传工作。2005 年 4 月，就施工扰民问题与居民达成协议，并如期全额发放了扰民补偿费。2005 年 12 月，关于阳光遮挡补偿问题也已与居民正式签订补偿协议。

3. 进一步加强综合改造项目引资工作

在项目推进过程中，中心坚持以科学发展观指导工作，不断优化、调整改造方案，规避了风险、提升项目质量同时获得了更好的经济效益，但也由此而出现了较大的资金缺口。中心积极进行寻找战略投资合作者的工作，利用全国青联、青企协作为平台进行广泛接触，通过认真研究、多方论证，中心选定了华运公司作

为战略投资伙伴。经过多次的谈判、协商，中心与其达成了合作意向。双方将秉着“利益共享、风险共担”的原则，共同投资建设青印厂综合改造项目，其中华运公司将投资1亿5千万元全部用于青印厂综合改造工作。至此，有效缓解了青印厂综合改造工作中的资金压力，为下一步各项工作的顺利推进奠定了坚实的基础。

4. 与华鹏大厦正式签署拆迁协议

为了提升整个项目的品质、增加长期收益和尽快在规划部门通过审批程序，中心经过认真考察、调研、核算及与相关单位认真洽谈，决定调整原有规划，拆除华鹏大厦。从2005年初，中心开始与华鹏大厦的主管部门和上级单位进行积极磋商和洽谈。中心多次召开党组会和办公会确定谈判原则和方法并专门成立谈判小组。经过漫长、艰苦的谈判过程，通过多次斡旋、协商，终于于2005年8月与华鹏大厦管理方正式签署了华鹏大厦拆迁协议。在整个谈判过程中，谈判小组根据“有理、有利、有节”的原则，注重谈判技巧和方法，不仅为整个青印厂综合改造工作的顺利推进提供了时间保障，而且最大限度地维护了国有资产的权益。华鹏大厦已于2005年12月28日腾空交付。

（二）以完善产业结构为主导，接收改造中青旅汽车销售分公司

中心在不断提升企业主营产业核心竞争力的基础上，逐渐开拓和进入一些新的产业领域。2005年，为了完善自身的产业结构，拓宽经营领域，中心党组经过认真考察、研究，决定接收中青旅汽车销售分公司。

中青旅汽车销售分公司原属中青旅集团股份有限公司，是以汽车维修、销售、服务为一体的公司，拥有汽车维修行业二级资质和金龙大客车等品牌车辆的汽车销售代理资格。该企业人员少、资产结构清晰、负担较小，具备较好的发展基础。中心成立了专门工作组负责汽车销售分公司的接收改造工作，工作组积极推进接收谈判工作。2005年7月18日，与中青旅控股股份有限公司正式签署了《转让协议》，确定了汽车销售分公司中资产、人员、债权债务等的处置原则和操作方式。至7月底，全部完成了资产交接和人员安置工作。

为了加强管理、规范运作，中心党组决定将接收的中青旅汽车销售分公司的资产注册成立北京中青旅业汽车销售服务有限公司。新成立的企业注册资本金为500万元，经过努力，企业汽车维修资质由原来的二级资质升级为一级资质。通过对接收资产的改造，中青旅业汽车销售公司不仅壮大了企业规模，提高了自身品质，增强了企业在市场中的竞争力，而且通过建立现代企业制度，完善了现代化管理手段，逐步建立起科学规范的运营机制。

（三）以创新为动力，青少年消防安全教育基地建设工作全面完成

青少年消防安全教育基地项目自正式启动以来，在财政部和相关部门的支持下，项目建设进展顺利。2004年，项目场馆建设正式动工。2005年，青少年消防安全教育基地建设工作全面完成，目前已进入正式运营阶段。

1. 基地场馆和环境建设全面完成

基地的场馆和环境建设在2004年下半年已经陆续展开，2005年的建设工作主要是收尾、改进、调整、试运行和验收。在建设过程中认真细致、精益求精，力求把握每一个细节，仔细分析研究，以达到最优方案。至2005年9月完成工程验收为止，基地共建成室内基本知识技能综合教育培训区6800平方米，37个培训科目；室外生存拓展综合训练区1.2万平方米，高空培训科目12个，地面培训科目13个。在基地建设的同时，认真编写了培训流程与教学大纲。在培训流程中力求做到不遗漏每个环节，使得后期的实际培训做到有章可循，大大缩短了磨合期，提高了各项设施的使用效率，确保了基地提前投入正常使用。

2. 大力开展消防安全培训工作

2005 年 9 月，消防安全教育基地正式投入运营。中心采取了“走出去、请进来”的策略。一方面积极邀请学校学生和当地消防部门参加培训，积极开展与当地消防部门的共建活动，并进行现场训练表演，以丰富培训内容，提高培训效果。至 2005 年底，共接待学校和单位 36 批次，学员 7795 人；另一方面中心还主动走出去，到学校进行消防安全教育。先后到廊坊市一中、北京服装学院、天津大学等学校，共发放消防知识挂图 200 套，消防知识图书 3000 本，消防知识试卷 5.3 万套，消防知识答题卡 4 万张，编写消防知识题库（含答案及答案解释）500 套。

3. 以中国青少年安全教育网为载体，积极开展宣传教育活动

为了增强宣传力度，扩大覆盖面，按照“清新活泼，立足于青少年，以传授安全技能为着重点”的原则，中心策划、设计了“中国青少年安全教育网”。网站内容涵盖了“消防知识、交通安全、日常安全、野外旅行、自然灾害、急救护理、求助电话、基地介绍”等方面，是一个针对青少年的全方位安全教育的指导性网站。以网站为载体，中心积极开展消防安全知识的宣传普及工作：（1）由基地和中国人民武装警察部队学院共同编审的《青少年消防安全知识题库》于 2005 年底前完成并在中国青少年安全教育网上刊发；（2）成功举办了 119 消防安全系列宣传活动。

（四）以降低企业经营风险为指导，继续理清债权债务和产权关系。

1. 进一步理顺与四海公司产权关系

2003 年，中心将四海公司股权以有偿转让的方式转让。新的管理层接手后，积极开展四海公司的经营工作，并协助中心在 2004 年圆满完成了原四海公司的员工安置工作。但随着市场大形势的变化以及自身建筑资质的降级，企业逐渐面临较大的经营压力和困难。经刘富利申请，中心办公会研究决定：为了支持四海公司的发展，同意刘富利将自己所持的股权转出，中心放弃优先受让权。四海公司变更为中国四海控股有限公司，并成立了新的领导班子。目前，在新的管理班子领导下，四海公司的经营呈现出新的生机。

2. 继续清理中青实业发展中心的债权债务

中青实业发展中心作为中心系统创立之初的企业，在发展初始阶段，由于白手起家、缺乏经验，在当时的特殊背景下采取了一些应急措施。后来这些沉淀的问题逐渐暴露出来。中心专门成立工作组处理相关问题，清理债权债务并开展了卓有成效的工作。2005 年，先后处理相关债务纠纷十多起。

（五）以开展保持共产党员先进性活动为契机，大力加强中心的思想政治建设

根据中央关于在全党开展保持共产党员先进性教育活动的决定，按照团中央保持共产党员先进性教育活动领导小组的统一部署，中心组织全体党员认真开展保持共产党员先进性教育活动，完成了学习动员、分析评议、整改提高三个阶段的各项工作，达到了预期目的，取得了明显的成效。在先进性教育活动中，中心领导始终带头、率先垂范，密切结合中心工作实际，紧紧抓住提高党员思想认识这个关键，扎实搞好各项学习教育活动，为整个先进性教育工作奠定了较好的思想基础。在分析评议阶段，中心通过发放《征求意见表》、召开座谈会、和党员谈心等多种途径征求对中心班子成员、对支部和党员的意见。针对收集的意见和建议，在整改提高阶段，中心领导班子和党支部按照“提高党员素质，加强自身建设，促进各项工作”的目标要求，制定了包括加强党的建设、提高管理水平、促进企业发展等多项整改措施，并把整改与建章立制结合起来，把整改措施制度化，认真研究制定和修改完善相关制度。先后建立了干部（党员）理论学习制度、干部岗位（党员）培训制度、干部（党员）联

系群众制度以及民主评议干部(党员)等制度。通过开展保持共产党员先进性教育活动,不仅使中心全体党员和干部职工的思想认识得到进一步提高,增强了党员意识和创新动力,而且逐步实现了支部工作和党员教育管理工作的制度化、规范化,形成了保持党员先进性的长效机制,增强了中心的凝聚力和战斗力。

回顾中心一年来的工作,可以总结出这样几个基本特点:一是坚持以发展为中心,不断带动产业进步和效益提高;二是坚持科学发展观的原则,注重健康、全面、可持续发展;三是坚持以管理为基础,充分调动和发挥人的积极因素;四是坚持以改革为发展动力,推动企业经营管理不断进步。

中国青年政治学院(中央团校)

一、基本情况

2005年,中国青年政治学院以科学发展观统领各项工作,深入开展保持共产党员先进性教育活动,认真落实学院第九次党代会提出的各项要求,认真总结建院20年来的经验成果,坚持"以人为本"的教育理念,以本科教育为主,积极发展研究生教育,不断加强领导班子建设、专业学科建设、校风建设和校园建设,各项工作均取得了明显进展。

2005年,中青院设有8系2部3中心和职业技术学院,并设有继续教育学院(在全国14省区设有15个函授站)、轮训部等成人教育机构;开设14个专业(新增的财务管理、英语语言文学、社会学三个本科专业和应用心理学二学位专业首次招生);拥有经济学、法学、文学、管理学、教育学学士学位授予权和法学硕士学位授予权;毕业生2665人,其中,中央党校委托培养研究生69人,普通本专科生1017人,成人教育本专科生1579人。招生2694人,其中,中央党校委托培养研究生150人,普通本专科生1430人,成人教育本专科生1114人。在校生7396人,其中,中央党校委托培养研究生261人,与中国人民大学合作招收在职硕士研究生18人,普通本专科生4325人,成人教育本专科生2792人。全年举办各类团干部短训班共30期,培训学员共计2924人;涉外培训班16期,培训学员369人。此外,留学生教育中,外国语言生招生116人,毕业(结业)89人,在校116人。学院教职工517人,其中,专任教师245人。专任教师中,教授35人、副教授83人、讲师100人,具有博士学位61人、硕士学位113人,有硕士生导师11人,享受政府特殊津贴专家2人。聘任外籍教师14人。全年出访美国、法国、德国、巴西等17个国家和地区共计110人次,接待韩国、美国、日本等11个国家和地区参观访问、讲学、学术交流195人次。校本部占地面积11.32万平方米,建筑面积13.14万平方米,固定资产总值14992万元,其中教学仪器电子设备总值3333万元。图书馆建筑面积6954平方米,藏书54.36万册,其中电子图书11万册。全年教育经费7096万元,其中,国拨3911.85万元,自筹3184.15万元。

二、主要工作

(一)以"三个代表"重要思想为指引,落实科学发展观,深入开展保持共产党员先进性教育活动

在团中央直属机关党委的统一部署下,学

院党委把保持共产党员先进性教育活动作为加强党的建设、提高党员素质的重要工作来抓，认真组织、精心安排、积极实施，以教育活动的开展推动业务工作的深入，以业务工作的实绩检验和体现教育活动的成效，切实做到先进性教育活动与业务工作两不误、两促进，通过开展形式多样的活动，进一步强化了党员的组织生活观念和组织纪律性，增强了履行党员权利、义务的自觉性，提高了党委驾驭全局的工作能力，提高了广大党员的党性修养和综合素质，全面促进了学院党建工作。

为配合教育活动的开展，学院党委制定了《学院贯彻落实〈团中央直属机关保持共产党员先进性教育活动长效机制〉实施细则》，完成了部分党组织的机构调整和换届工作，开展了基层党务工作培训，对党内各项规章制度进行了梳理。学院院报开辟了先进性教育专题版面，校园网制作了"保持共产党员先进性教育专题"网页，多角度、多层面地报道先进性教育活动开展的进展和成果，同时为广大党员提供了学习和交流的有效平台。

2005 年在全院师生的共同努力下，学院先后被评为"中直机关文明单位"和"全国精神文明建设先进单位"；学院社会工作与管理系心灵相约工作室被评为"全国巾帼建功文明岗"；学院还获得了"北京市军训工作先进单位"等荣誉称号。

（二）以建院 20 周年为契机，认真总结建院 20 周年办学的成果和经验

在建院 20 周年之际，中共中央政治局委员、全国人大常委会副委员长王兆国及曾经担任过学院领导的有关同志亲临学院视察工作，王兆国同志对学院 20 年来取得的成绩给予充分肯定，对中青院未来的发展提出了希望和要求。

作为院庆 20 周年的重要活动，学院成功举办了"和谐视野下的大学生"主题论坛，周强同志、教育部副部长袁贵仁和赵勇同志等出席论坛开幕式，论坛邀请了国内以及美国、法国、台湾等国家和地区的专家学者就和谐视野下的大学生问题进行研讨，专家学者的研究成果在社会上引起较大的关注和影响，新华网对论坛全程进行网络直播，国内多家著名媒体对论坛盛况予以报道。

学院还与中央电视台合作，举办了"纪念中国青年政治学院建院 20 周年"激情广场大家唱活动。学院利用建院 20 周年的有利时机举办了"青年院校改革和发展研讨会"、"纪念中央团校建校 56 周年座谈会"和"纪念建院 20 周年校友座谈会"等会议，与会来宾、校友围绕共青团教育事业、学院的现状和未来进行了充分的座谈，为学院的发展献计献策。

通过建院 20 周年系列活动的开展，达到了鼓舞士气、凝聚人心、总结经验、扩大影响的积极效果。

（三）积极落实基层团干部培训计划，拓展培训空间，探索培训新方法

根据《共青团中央关于实施基层团干部培训工程的意见》要求，学院 2005 年连续举办了两期团地委书记轮训班以及四期团县委书记轮训班，共培训学员 230 人；为满足西部地区团干部的学习需求和适应西部地区的实际状况，分别在北京、贵州举办了西部地区基层团干部培训班。中央团校轮训部全年共举办各类培训班 46 个（含计划内班次、计划外班级以及涉外班次），培训学员 3293 人。

2005 年中央团校在内蒙古自治区建立了第四个校外培训基地，也是中央团校在西部地区的第一个培训基地。

2005 年学院还举办了涉外培训班 16 期，培训学员 369 人，不仅承担东盟及澳门特别行政区的青年领袖和工作人员的培训项目，还举办内地青年干部的赴法国和港澳等地境外交流项目，进一步扩大了培训的规模。

学院结合新时期团干部培训特点，完善教学内容，以较完备的教学体系和较强的师资力

量来吸引学员，增强学员的学习主动性和兴趣，加大教学互动空间，聘请学院有关专家、学者担任轮训班级的“班主任”，加强了培训的专业特色和理论特色，加强了培训工作的管理和指导，完成了四部专家讲义的汇编工作。

（四）不断提高教学水平和质量，积极动员全校力量为教育部2006年本科教学水平评估工作做好充分准备

2005年学院招收本科生1000人（含二学位、续本），硕士研究生39人，高职生430人。截至2005年底学院共有刑法学和思想政治教育2个硕士学位授予点，14个本科专业，学院新增的财务管理、英语语言文学、社会学三个本科专业和应用心理学二学位专业于2005年秋季首次招生，进一步丰富了学院的学科设置，完善了学科建设，为学院更好培养合格的公共管理类人才提供了保障。

学院高度重视本科教学工作，狠抓学风建设，推进教学建设和教学改革，规范教学管理。2005年，学院召开了第五次教学工作会议；召开了首次毕业论文工作研讨会和实习实践工作研讨会，深化教学改革，交流教学经验。

为迎接教育部2006年本科教学工作水平评估，学院邀请教育部评估专家刘金鉴教授为顾问，中层干部及评估工作相关人员认真学习教育部评估标准和要求，检查自身教学工作问题。学院召开部门负责人会议，落实迎评工作，学院和部门签订迎评责任书。

2005年，学院招收第二届硕士研究生，在认真总结去年经验的基础上进一步规范研究生教学和管理工作，为今后拓展硕士研究生层次教育打好基础。

2005年，学院新增的财务管理、英语语言文学、社会学三个本科专业和应用心理学二学位专业首次招生，进一步的丰富了学院的学科设置，完善了学科建设，为学院更好培养合格的公共管理人才提供了保障。目前，学院在积极申办社会学、经济学、新闻学等专业的硕士点。

2005年学院认真分析开办继续教育的现状和未来，面对成人教育生源数量下降的现状，积极探索继续教育的新局面，计划引进职业认证教育项目。

2005年，学院职业技术学院租借沙河校区办学，进一步扩大了办学规模和空间。

（五）加大投入，鼓励创新，开创科研工作新局面

学院高度重视科研工作，不断提高整体科研水平，大力推动科研精品战略实施，2005年学院共争取到院外科研课题39项（含子项目1项）。其中，国家级课题1项，省部级课题24项，世界银行、基金会以及地市级有关单位项目14项。共计项目经费164.5万元（其中含中直项目经费50万元）。围绕学科建设，统筹规划院级科研课题，加大青年教师科研工作的支持力度。

2005年学院青年发展研究院通过整合不同专业科研力量，以学术带头人为代表，发挥集体优势，共发表学术论文248篇，人大复印资料转载论文12篇，出版著作34部（其中专著11部）。在建院20周年之际出版了《中国青年政治学院建院20周年学术精品文集》，汇集了学院近些年来在青少年问题、社会发展问题、共青团建设问题、人文理论问题等方面的研究成果，受到了有关人士的肯定和好评。

2005年在教育部首届高校学报“名栏”建设工程评选中，学报的重点栏目“青少年研究”入选，并在入选的9家社科类名栏中名列第6。

为加强科研工作的对外交流与合作，学院邀请了国内外知名专家学者进行交流和讲学，成功举办了“中韩青年文化国际研讨会”和“新闻舆论监督研讨会”等学术会议。

（六）全面推进素质教育，探索培养符合社会要求的复合性公共管理人才的新路子

学院认真贯彻落实中央16号文件指示精神，积极探索加强和改进大学生思想政治工作

的新方法，通过建设“八个平台”不断培养学生全面、健康发展。重视学生的心理健康状况，为学生提供优质的、专业的心理健康辅导和帮助，组织学院的专业教师对全校班主任、辅导员进行心理健康知识和学生危机干预培训、举行新生“同心圆”辅导计划等，尝试用专业方法改进学生工作，注重发挥学生组织、社团的作用，积极引导、规范管理，为学生提供广阔的发展空间。

学院党委高度重视毕业生就业工作，认真实施就业工作“一把手”工程，面对日益严峻的就业形势及早做好各项准备工作和职业生涯规划辅导，广开就业渠道，大力倡导大学生志愿服务西部、服务基层，鼓励学生自主创业，积极进行大学生职业生涯规划和导航课题的研究。截至2005年9月底，学院本科生就业率达到94.32%，考取研究生74人。

学院党委高度重视贫困大学生问题，学院广泛号召、积极动员，圆满完成国家贷学金的办理和发放工作，寻求多方资源对家庭经济条件困难的学生予以帮助，鼓励困难学生在不影响学业的情况勤工助学。2005年，在全国青联的大力支持下，日本JC中日友好之会在我院设立了平成奖学基金。

学院积极倡导积极、健康和向上的校园文化，开展丰富多彩、喜闻乐见的校园活动，为创建和谐校园创造良好的文化氛围，先后举办了“社团文化节”和“金秋艺术节”，开展民族艺术和高雅艺术院团进校园活动和形式多样的群众体育活动，积极倡导全民健身计划，宣传奥运精神。

（七）强化管理，规范行政，积极推进校务公开和民主决策制度

学院党委不断明确办学指导思想和发展目标，认真制定“国家十一五期间中国青年政治学院发展规划”。学院继续推进以全员聘任制为核心的人事分配制度改革，坚持干部队伍年轻化、专业化的原则，促进干部合理流动。针对学院发展的情况，积极、谨慎地引进急需的人才。

学院成立专门工作小组，对建院20年来学院的各类规章制度进行系统、全面的梳理和修订。学院举办办公室工作专题研讨会，严格执行公文制度、公章使用制度、会议制度和对外接待制度，提高学院行政工作的整体水平。

学院党委十分重视校务公开制度和民主决策制度，在开展保持共产党员先进性教育活动期间认真参加民主评议，积极鼓励广大教职员工和学生对学院的发展改革大计提出意见和建议，严格执行学院重大事项通报制度，广泛听取群众意见。2005年底召开了学院第三届教代会暨第四届工会第五次会议，讨论学院发展大计，选举产生了新一届工会主席、副主席。

（八）以教学和科研为中心，进一步加强对外交流合作

2005年，学院共派出团组和个人赴美国、德国、意大利、韩国、澳大利亚、丹麦等国家以及港澳台地区访问交流34次，共计120人次；全年共邀请、接待了来自韩国、英国、法国、加拿大、朝鲜、日本、香港、台湾等国家和地区的代表团和个人考察访问25次，共计195人次。

为做好“迎评促建”工作，组织了由教学管理相关部门的负责人组成的代表团赴澳大利亚进行了为期10天的培训考察，为加强学院的学科建设及教育教学管理工作起到了积极作用。

2005年学院分别同澳大利亚詹姆斯·库克大学和英国诺丁汉大学签署了合作办学协议，拟与澳方在无锡合作建设中国青年政治学院江南学院，该计划正在准备材料进行报批申请；学院还同美国富勒神学院心理学研究生院就项目合作达成了共识，将共同合作开发培训课程，进行合作。

2004年9月至2005年9月共招收长期留学生194人次，并且还开办多种短期语言学

习班。

（九）全心全意为学院师生员工服务，创建和谐、文明、安全校园

学院充分关心师生员工及离退休职工的生活，切实解决群众关心的各种问题。

学院不断推进后勤社会化改革，严格执行各项规章制度，积极响应党中央提出的建立节约型社会的号召，发布学院节约资源的规章制度，建设节约型校园。

2005年学院新建的教务办公楼落成使用，热力站顺利完成搬迁工作，学子3号楼年底如期开工，学院“科技创安”工程（1、2期）验收并投入使用，实行了教学工作区和生活区的分离，有效地维护了校园的安全稳定。

在总结2005年工作的同时，学院也在努力查找工作中的疏漏和不足、问题和困难，主要包括学院特色建设还需要进一步突出和加强，需要正确处理办学特色和办学规模之间的关系，学科带头人和学术队伍整理素质有待提高，经费短缺、办学空间不足，现有人员编制已经不能满足学院发展的要求，缺乏有效的吸引人才的手段和措施等。面对新问题和困难，学院将一如既往地按照书记处的指示和要求，以科学发展观为指导，进一步总结先进性教育的成果，认真研究对策，多方寻求帮助，以“国家十一五期间中国青年政治学院发展规划”为目标，脚踏实地，艰苦奋斗，团结全院师生员工开创中青院更加美好的未来。

中国青少年研究中心

一、基本情况

2005年，在团中央书记处的领导和关怀下，中国青少年研究中心（以下简称青研中心）坚持以邓小平理论和“三个代表”重要思想为指导，紧密围绕团中央工作大局，坚持“三个服务”（服务决策、服务工作、服务青少年健康成长），各项工作取得了新的进展。

据统计（以成果完成时间并得到出版单位确认为准），2005年青研中心公开发表科研成果568万字，其中青少年研究类著作13部，312万字；文章67篇，51万字。2005年青研中心完成重点和一般课题16项（含皮书），撰写并上报“专题研究报告”11辑，23.5万字，“内部参阅研究报告”及“青年内参”14辑，17.6万字，挂图一幅。科研成果质量明显提高，基本上达到了年内的主要目标。另外，编辑出版《中国青年研究》杂志12期，增刊2期，《少年儿童研究》杂志12期，《情况通报》2期，编辑量共295万字。“中国青少年研究网”、“少年儿童研究网”2005年共编辑发布网上信息778万字；全年召开大型理论研讨会、专题报告会5次，在全国各地举行专家报告会200余场；接待国外相关机构专家来访7次、37人，组织出国进行国际学术交流活动7批、16人次。

二、主要工作

（一）保持共产党员先进性教育活动取得明显效果

按照团中央的统一部署，青研中心从2005年1月14日至6月15日开展了以学习实践“三个代表”重要思想为主要内容的保持共产党员先进性教育活动。作为第一批开展教育活动的单位，青研中心党组和全体党员始终以高度的政治责任感、良好的精神状态和求真务实的作风，积极参与到先进性教育活动中来，

统一思想，高度重视，加强领导，周密部署，稳步推进各阶段的教育活动。此次教育活动取得了明显的成效：一是广大党员学习实践“三个代表”重要思想的自觉性和坚定性进一步增强。二是广大党员的先锋模范作用进一步发挥。三是党的基层组织建设进一步加强。四是党内民主进一步发扬，党群、干群关系进一步密切。五是青研中心的各项工作有了进一步发展。切实做到先进性教育活动与科研工作两不误、两促进。结合中央部署的保持共产党员先进性教育活动巩固和扩大整改成果及“回头看”工作的要求，青研中心认真制定和落实整改方案，切实解决突出问题，建立健全长效机制，得到了团中央督导组的充分肯定。在团中央督导组组织的先进性教育活动满意度测评中，青研中心先进性教育活动获得全体职工的充分认可，顺利通过团中央的合格验收。

（二）紧密围绕全团重点工作，为服务青少年工作做出新贡献

2005年青研中心紧密围绕全团重点工作，坚持三个服务，进一步做好新形势下的科研工作。共完成重点和一般课题13项。如青年所课题“非政府青年组织研究”（上报党中央）“增强共青团员意识主题教育活动研究”、“青年政治取向研究”，以及“志愿服务与构建社会主义和谐社会”和“网络社会思潮的文本分析”系列研究报告；少儿所课题“中央8号文件发布实施一年来未成年人思想道德建设实施情况调查报告”、“中小学生素质教育调研报告”（与教育部合作）、全国教育科学“十五”规划课题“少年儿童行为习惯与人格的关系研究”进入结题阶段，其系列研究成果在社会上引起强烈反响。法律所课题“民间儿童救助组织调查报告”、“全国未成年犯抽样调查分析报告”、“工读教育问题研究”也引起有关部委的重视和好评。

2005年青研中心的“研究报告系列”继续受到共青团系统和学术界的高度关注。2005年青研中心陆续推出“专题研究报告”11辑，“内部参阅研究报告”及“青年内参”14辑。这些报告紧密结合社会焦点、热点问题，深入分析，精辟阐述，理论性和时效性强，取得了良好的社会效益。

（三）坚持以科研为本，拳头产品创建实现新突破

2005年，青研中心继续狠抓拳头产品，全力打造科研品牌。如“青年蓝皮书”——《新生代——当代中国青年农民工研究报告》、“少年儿童蓝皮书”——《新风貌——2000—2005中国少年儿童发展状况对比研究报告》、“红皮书”——《中国城市社区预防青少年违法犯罪工作模式研究报告》。

2005年，青研中心的“文库系列”成果丰硕，共出版“文库系列”图书、挂图共13部。主要有《当代未成年人法律译丛·德国卷》、《中国城市社区预防青少年违法犯罪工作模式研究报告》、《好习惯好人生》、《最新共青团重点工作问答（2005修订版）》、《家教金点子丛书》、《青年就业问题与对策研究报告——中国青少年研究会优秀论文集（2004）》、《青少年文化现象报告（2004）》、《青年就业问题与对策研究报告》、《孩子健康生活的六个要领》《小学生的21个好习惯》、《永恒的青春——增强共青团员意识主题教育活动读本》、《共青团历史上的人和事》、《增强团员意识永远跟党前进——增强共青团员意识主题教育活动宣传图片》。

（四）积极宣传，深度开发，科研成果转化取得新进展

2005年，青研中心充分发挥科研优势，积极宣传，强力推广并深度开发科研成果，在服务青少年健康成长的实践中取得新的进展。

2005年中国青年研究杂志社继续沿着品牌化的道路发展，着力提高杂志的社会影响力，坚持学术积累与创新并重，夯实基础求发展。按时、高质量地编辑出版杂志12期，增刊

2 期,共 203 万字,比上年增加 14%;少年儿童研究杂志社继续以“父母的难题就是我们的课题”为办刊思路,编辑出版 12 期杂志,发文字约 75 万字,期发行量 10 万册。2005 年少儿杂志社狠抓杂志发行、宣传和青少年培训工作,取得了较好的社会效益。

截至 2005 年 11 月 30 日,中国青少年研究网(www.cycs.org)共编辑上传文献 2439 篇、图片 578 张,总字数约 778 万字。三级页面的总点击率已超过 500 万次。目前,中国青少年研究网的注册会员为 1650 余人。从用户调查结果看,有 65.2% 的用户认为该网站是“中国青少年研究的国家级学术网站”,近一半的用户认为网站的栏目设计是合理的,对网站的总体感觉良好。

2005 年 9 月 25 日—26 日,在安徽合肥召开了“首届中国青少年发展论坛”。论坛主题为:和谐社会与青少年思想道德建设。此次论坛是在原中国青少年研究会年会的基础上,更名改造的一次成功尝试。这主要表现在:一是层次高。中国社会科学院常务副院长冷溶、团中央书记处杨岳同志、国家信息化战略研究中心主任熊澄宇等在主论坛发表了高水平的、精彩的讲话和演讲。二是论文多。此次论坛共收到论文 204 篇,比历次年会论文增加了一倍多。三是代表广。参会的正式代表 150 多人,列席代表 200 多人。四是提出了一些有价值的思想,社会影响比较大。《中国青年报》、《安徽日报》、“人民网”对论坛做了全方位的、详尽的报道。

为积极宣传青研中心科研成果,加强与新闻媒体的合作,扩大青研中心知名度和影响力,2005 年 10 月 25 日,青研中心首次科研成果发布会召开,共有 33 家在京新闻媒体 42 名记者参加发布会,并表达与青研中心进一步合作的意愿,为青研中心科研成果的宣传和推广打下了良好的基础。

(五)档案馆建设初具规模,青运史工作迈上新台阶

2005 年开始,团中央青运史档案馆的征集工作在全团全面展开。征集的主要成果是:省级团委的上报档案资料目录 19400 条,资料 1606 件。团中央机关各部门、各直属单位交档案馆的报纸 1570 份,杂志 400 多本,照片 1000 多张,文件资料 2000 多件,光盘 10 张、书籍 50 本,画册 4 本、礼品 60 多件,实物 30 多件。征集散存个人手中的资料 130 多件,打印整理老同志文稿 49000 余字。同时,对库存资料进行了分类整理。建立了建国前档案库、建国后档案库、学运资料库、少先队资料库、专题资料库、捐赠资料库、图书资料库。出版了《永恒的青春——增强共青团员意识主题教育活动读本》、《共青团历史上的人和事》、《增强团员意识永远跟党前进——增强共青团员意识主题教育活动宣传图片》。

(六)加强国际学术交流,外事工作呈现新局面

2005 年,青研中心继续致力于与亚洲、欧洲、美洲等国家青少年研究机构发展合作关系,并与 10 个国家和地区的青少年研究机构进行了广泛深入的交流与合作,成功地完成了 7 批 25 人次赴英国、日本、印度、法国、挪威等国家及澳门地区的出访任务,参加了“21 世纪青年学生工作发展路向研讨会”、“第三次亚洲地区儿童参与权”、“中日韩美法五国高中生素质状况比较研究课题研讨会”、“可持续发展与青少年犯罪问题及其处理学术研讨会”、“国际儿童观察组织核心成员会议及奥斯陆大学国际研讨会”,接待了法国、俄罗斯、古巴、孟加拉、罗马尼亚、英国、日本 7 个国家的科研机构 37 人次的来访。

(七)以人为本、构建和谐,自身建设取得新成效

2005 年青研中心继续坚持“以人为本,构建和谐”的理念,深化机制改革,加强内部管理,在制度建设、人力资源建设、环境建设、财

务管理、后勤保障、丰富职工业余文化生活等方面取得了新成效。

一是人力资源建设进一步加强。“科研人员培训周”和“科研工作信息交流会”等活动得到了延续和加强。二是内部管理进一步完善。新制定和完善一批规章制度，规范办事程序，制度的建设明显提高。三是办公条件进一步改善。对新办公楼进行了装修，更换了部分办公家具，进行了综合布线和无线网络架设。办公环境更加优化、美化、净化，改善了科研人员办公条件，形成青研中心集中办公的格局。四是后勤保障更加有效。2005 年 5 月完成了企业编制职工和长期聘用职工医疗保险、养老保险和失业保险工作。积极落实各类安全措施，2005 年无重大安全事故发生。五是党的建设卓有成效，工会活动丰富多彩，进一步增强了青研中心凝聚力和战斗力。并尝试利用馆藏资料为现实工作服务。2006 年将着手建立“中国青少年发展状况数据库”、“中国青少年发展状况样本库”、“中国青少年研究成果库”、“中国青少年研究人才库”，努力把青研中心建成中国青少年研究的信息资料中心。

(八)加强与港澳台地区的合作，努力构建“交流”中心

进一步加强与港澳台青少年研究机构的交流与合作，这是团中央书记处交给青研中心的一项重要任务。为此，青研中心将在充分研究论证的基础上，以适当的方式与港澳台青少年研究机构建立更为务实的交流合作关系，共同开展青少年研究及相关活动，相互推荐出版青少年读物及青少年研究成果，努力形成长期合作机制。继续加强与世界各国青少年研究机构的交流与合作，积极开辟与南美、非洲等青少年研究机构的交流。

(九)进一步加强党的建设，形成强力“保障”中心

2006 年青研中心将继续巩固保持共产党员先进性教育活动成果，建立长效工作机制。加强班子建设，健全党组制度，推进民主生活，完善基层组织，形成强有力的党的领导核心，保证青研中心正确的发展方向，保障“三个服务”的贯彻落实，保持青研中心各项工作全面、协调、健康可持续发展。

(十)积极营造良好环境，努力构建“和谐”中心

一是进一步完善分配制度和激励机制，建立健全以科研质量为主要标准的成果考评体系和相应的分配制度，形成正确的政策导向，确保青研中心在资源配置上向质量倾斜、向探索解决青少年和青少年工作实际问题的成果倾斜。在年度财政经费削减的情况下，尽最大力量保证职工的工资、福利、待遇的稳定。二是积极改善办公条件，2006 年上半年全面实现青研中心办公自动化。三是强化行政后勤部门的服务意识，努力提高办事效率，为科研营造良好发展环境。四是党委、工会等部门要积极开展形式多样，内容丰富的活动，不断丰富广大职工的业余文化生活，增强青研中心的凝聚力、吸引力和向心力，为构建和谐中心做出新贡献。

中国青年报社

一、基本情况：

2005年，中国青年报社遵循中央关于新闻宣传工作的一系列方针、原则，在团中央书记处的领导下，坚持正确舆论导向，进一步发挥团中央机关报的作用，报道工作取得了新的成绩；7月起，中青报进行了改版，强调加强要闻版、共青团报道、本报主导言论、教育报道、文化报道，同时对版面、流程、机构、人员进一步调整和改进，使之更加符合报纸宗旨和内容定位。报社在内部管理、队伍建设方面保持了稳定，先进性教育和三项学习教育活动取得了成果。中青报业公司股权比例调整工作稳妥进行，发行等工作平稳推进。

新闻报道方面，编委会组织了一系列重大报道，如：两会、科学发展观、大学生面向基层就业、青学联会议及增强团员意识教育、纪念抗战胜利六十周年、未成年人思想道德教育、社会公德等主题报道。胜利完成了神六飞天、连宋访大陆、自然灾害、矿难地震等重大事件的报道；宣传报道了一大批团组织和青年的先进典型。这些报道多次受到中宣部《新闻阅评》和团中央阅评小组的表扬，产生了较好的社会反响。其中科学发展观报道获得中宣部的“策划创新奖”。

2005年，中国青年报社加强内部管理，探索经营改革。以主报出版为龙头，全年共出版357期，全年平均发行量38万份；同时进一步加强子报网站的建设和管理。

二、主要工作

（一）深入学习贯彻党的十六大和十六届四中全会精神，进一步明确报纸的性质、宗旨和内容定位，做好全年报道工作

2005年初，报社新的领导班子成立不久，即提出按照团中央书记处的指示精神，结合报社实际情况办好这份报纸。经过问卷调查、谈话等形式调研后，党组、编委会多次开会讨论，进一步强调了中国青年报作为团中央机关报和服务于团组织与全国各族青年的全国综合性大报的性质，进一步明确了办报宗旨是使中国青年报成为党联系和团结青年的纽带与桥梁，明确了在新的形势下，中国青年报坚持“推动社会进步，服务青年成长”的总体内容定位。围绕这一原则，对相应的版面、流程、机构、人员全面调整，着重加强要闻、共青团报道、中青报主导言论、教育报道、文化报道等方面的版面和内容。

2005年报社按照这一主线，组织了一系列重大报道，如：两会、科学发展观、大学生面向基层就业、青学联会议及增强团员意识教育、纪念抗战胜利60周年、未成年人思想道德教育、社会公德等主题报道。胜利完成了“神六”飞天、连宋访大陆、自然灾害、矿难等重大事件的报道；宣传报道了一大批团组织和青年的先进典型。

2005年3月，中国青年报经过精心策划，充分准备，推出了2005年第一个重大报道——“两会”报道。除在一版和综合新闻版刊发重要程序性新闻及重点报道外，第一次推出了全国发行的《两会特刊》。从报道的效果看，程序报道、会议新闻报道及时准确，特刊的栏目设置特色鲜明，报道方式有所创新。特别是根据报纸的特点和读者的特定需求，把“两会”重大议题，尤其与青年成长、青年利益相关的重大新闻作为报道重点，推出了“焦点人物，焦点问题”、“我赞成，我反对”、“两会圆桌”、“崔丽说会”等富有新意体现特色的栏目，刊发了《我对总书记有话说了》、《讨论政府工作报告，人大代表动情宣读贫困生来信》、《大学生为什

么不愿当法官》、《教育乱收费乱在哪?》等鲜活、独家的报道,两次受到中宣部新闻阅评的肯定与表扬,团中央书记处领导也给予了高度评价。同时在媒体、网站保持了较高的转载率,读者反响强烈,产生了很好的社会效果。

自3月21日开始,按照中宣部部署,中国青年报成立专门班子,投入精兵强将和突出的版面,分三个阶段全力做好"落实科学发展观"的宣传报道。这次战役性报道,领导高度重视,整体策划精心,具体操作细致,既体现了中宣部"一要准确,二要生动"的要求,又突出了中国青年报的风格与特点,主题鲜明,选点典型,写作生动,既注重宣传性,又讲究新闻性。报道刊出后,报社接到了许多省市宣传部门的感谢信,中宣部阅评组也给予了很高的评价,认为这是一次成功的大型主题系列报道。其中第一阶段的报道获得中宣部的"策划创新奖",3篇稿件获优秀作品一等奖,5篇稿件获二等奖。

引导和鼓励大学生面向基层就业的报道是中国青年报今年一项重要的战役性报道,是中组部、中宣部交给中青报的一项特殊的宣传任务。这项工作于6月初启动,从6月6日开始,要闻版在显著位置开设"面向基层就业新旅程"专栏,刊发各地先后出台的一些鼓励大学生下基层锻炼的政策以及在基层和西部地区显身手、有作为的典型人物。配合中央即将出台的重大政策,该组报道很好地起到了营造氛围、鼓励引导的作用。除认真做好上级的"规定动作"外,又从实际生活寻找报道题目。从8月24日开始到9月19日,围绕"大学生去基层就业机制建设"这一话题,在一版和综合新闻版开辟专栏,与中青在线、新浪网等主流网站一起联动,围绕这个主题展开大讨论,吸引了众多读者纷纷发表看法和建议。在这场讨论中,中青报刊发新闻稿件、评论近40篇,在社会上产生重大影响。以后,又联合共青团湖南省委、湖南农业大学等,在长沙召开"畅通基层就业路"大型论坛,邀请各方面人士就大学生去基层就业机制建设问题进行研讨,在共青团、教育界、新闻界均属开创先河。

在加强共青团报道方面,充分体现和贯穿在2005年的整体报道上承担的重大活动有:青学联会议、少代会以及增强共青团员意识主题教育活动的报道。2005年的青学联会议是全国各族各界青年和广大青年学生政治生活中的一件大事,为切实做好会议的宣传报道工作,编委会成立了由总编辑任组长的报道领导小组,抽调部分优秀的编辑、记者加入报道小组。版面安排上,除要闻版、综合新闻版以及两期共青视点版配合,以会议的新闻报道为主外,还在会议期间随报出版两期各一个对开张的会议特刊,运用消息、特写、图片、评论、记者手记等多种形式,对会议进行了充分报道,为青学联工作的发展营造了良好的舆论氛围,得到了各个方面的好评。第五次全国少代会的宣传报道工作是历届少代会最突出的,报社领导高度重视,亲自部署,各有关部门联动配合,有力度、有高度、全方位、立体式展示了会议全貌,很好地发挥了团中央机关报的职能,为少代会的圆满成功做出了贡献。增强共青团员意识主题教育活动是全团又一项重点工作,也是中国青年报今年下半年的一项主要报道工作。报社为此制定了详细的报道方案,开辟了"团员意识教育"和"永恒的青春"专栏,并向报社各记者站发出紧急通知,对报道的主题、线索等进行强调和布置。从已见报的报道看,不仅稿件数量多,稿件质量也较高,有30多篇报道占据一版头条的重要位置,对宣传各级团组织在教育活动中涌现的典型做法和先进事迹起到了很好的作用,得到各地团组织的肯定。此外,2005年中国青年报采取"走下去,请进来"的开门办报的方针,党组、编委会成员多次到各地调研,报社团委组织了九期"一日中青报人"活动,把各级团组织负责人请到报社,采取多种形式广泛听取对共青团报道的意见和建议并逐步落实，获得各地团组织的一致好评。报社今年提出：要构建服务于共青团的体系，大报原来每周一个版的“共青城”调整为每周两个版的“共青视点”；原只有两人的“团的生活部”调整为七人的“共青团新闻部”，在报道方面除了紧密配合团中央的工作以外，加大了对基层团组织的报道力度，抓出了大批有影响的基层的好经验。除了中国青年报以外，中青在线网站开辟了“共青团频道”；筹备恢复《(团情快报)党政领导参阅》；在秋季开始的年度发行工作中，明确提出要着重于向各级团组织推荐介绍中国青年报社的这一调整，进一步贴近团组织和青年群众，倾心听取他们对报纸的意见。

在加强中青报主导言论方面，除继续办好“青年话题”版外，2005年在一版开辟了“青年论坛”栏目，恢复名牌栏目“求实篇”，同时加强社论和中青报评论员文章的力度，在引导青年方面起到了积极作用。2005年4月25日—4月29日，中国青年报在一版显著位置刊发了“新时期爱国主义系列谈”的署名评论员文章，分别从《爱国主义重塑民族精神》等五个角度，围绕“爱国主义”这个主题，以谈心的方式，入情入理地对青年读者进行思想引导，取得了较好的效果，中宣部《新闻阅评》(第236期)认为，这组评论“是一组对广大青年记者进行正面、理性引导、富有特色的佳作”。为配合中央《关于引导和鼓励高校毕业生面向基层就业的意见》发布和胡锦涛总书记就实施大学生志愿服务西部计划作出重要指示，中青报在2005年7月连续刊发“高校毕业生面向基层就业系列谈”和“论大学生志愿服务西部计划”两组评论，用青年熟悉的语言，为青年指出应如何选择人生道路，很好地发挥了舆论引导作用，受到中宣部新闻阅评的表扬。

对典型人物的报道是中青报2005年报道的又一个亮点。其中，既有中宣部“时代先锋”栏目要求报道的人物，又有中青报自己发掘的对青年成长产生影响的人物。在“时代先锋”人物报道上，“王顺友和马班邮路”的报道、“缉毒英雄吴光林”的报道、“导弹司令杨业功”的报道及“自强自立当代大学生洪战辉”的报道均得到了中宣部及相关部委的表扬。2005年4月，中青报以《十万群众泪别女教师》长篇通讯，最早报道了江苏金坛市普通女教师殷雪梅英勇舍身救学生的感人事迹，在全国引起巨大反响。7月，中青报“共青视点”版在媒体中率先以大部分篇幅刊登了有关歌手丛飞的事迹，报道内容充实具体，十分感人，受到社会各界广泛关注，也受到团中央阅评小组的表扬。

此外，中青报在特别报道、教育、法治、国际、摄影等版面推出了一批优秀稿件。如4月—5月的连战、宋楚瑜访问大陆的相关报道，其中记者贺延光拍摄的《两党一小步，民族一大步》图片，赢得了广泛赞誉。为纪念抗日战争胜利60周年，中青报的特别报道、国际、军事等版面从5月份陆续策划、刊发了一系列纪念性的报道和文章，既配合了宣传形势，又具有很强的可读性，在青年读者中的反响较好。“神舟六号”升空的报道及时、生动，体现了中青报的策划功力。“新疆阜康矿难”的调查报道中，记者从废纸堆里发现了官煤勾结的重要线索，并及时上报中央调查组，在事件真相的调查过程中发挥了重要的舆论监督作用。在年底中宣部统一布置的“社会公德”栏目报道中，中青报在不同版面，采取不同形式，刊发了多篇相关报道，其中《一位硕士生忏悔动天下》、《白血病人急等救命，骨髓捐献者临时变卦——公益行为也要讲诚信责任》、《被涂抹与侮辱的长城》摄影专版等引起广泛的社会反响。

(二)加强内部管理，促进队伍建设

2005年初，报社党组修订并颁布了《中国共产党中国青年报社党组工作规则》，对班子的建设和管理提出了要求。随后在上半年进行的保持共产党员先进性教育活动中，报社党组把统一办报思想，加强内部管理，提高队伍素质，推动和促进报社各项工作作为活动的具体目标，成立了先进性教育活动领导小组，分别制定了《中国青年报社2005年“三项学习教育”活动安排意见》和《中国青年报社“保持共产党员先进性教育活动”实施方案》。在学习讨论、分析评议、整改提高三个阶段中，始终坚持紧密结合报社的工作实际，针对办报、经营、队伍建设和内部管理方面存在的问题，运用串讲、讨论、讲党课和大会交流等多种形式，取得了很好的效果。中央督导组先后两次来报社视察工作，听取先进行教育活动情况汇报，对该项工作给予了充分肯定。同时，在整改提高阶段进行的民主测评中，报社干部群众对党组领导的报社先进性教育活动满意率达到了99%。这也反映了报社干部群众对新一届党组工作的支持与肯定。

随着先进性教育活动和三项学习教育活动的深入进行，结合报社采编工作的实际，报社先后制定颁布了《关于认真贯彻执行新闻采编人员从业管理规定及重新颁发报社职务作品署名管理规定的通知》、《中国青年报采编出版流程》、《中国青年报社关于加强社会自由撰稿人来稿的管理规定》等规章制度，从强化马克思主义新闻观教育、把握正确舆论导向、杜绝虚假新闻等方面入手，对提高采编队伍的整体素质和舆论引导水平发挥了积极作用。

（三）探索经营改革，实现减亏增效

2004年，报社与北大青鸟集团共同发起成立了中青报业公司，报社将发行广告等相关业务纳入中青报业公司经营。2005年初，北大青鸟提出股权调整的意向，报社根据公司成立后实际运营的情况和面临的新的形势和任务，积极应对。经双方反复协商，确定了股权调整的方案，同时报社将发行、广告等相关业务收回报社经营。该项工作从年初开始，历时近一年，8月31日作为调整的切换点，相关手续正在办理中。在调整的过程中既较好地维护了报社的利益，又基本实现了业务和人员的平稳过渡。股权调整符合报社的实际情况，有利于报社和中青报业公司长远发展。

在青年参考、青年时讯相继实现融资改制后，中国青年报的另一份子报青年体育报几年来一直处于亏损经营的状态。2005年，报社党组、编委会采取果断措施，对青年体育报进行了内部整改，处理了多年的遗留问题，止住亏损。

此外，印刷厂和中青记者之家饭店积极开拓市场，在市场竞争日益激烈的情况下实现了利润比上年增长，并成为报社的主要收入来源。

中国青年出版(总)社

一、基本情况

2005年，总社在团中央书记处的正确领导下，在领导班子、部门负责人和广大职工的共同努力下，是业务持续发展、改革稳妥推进、管理逐步规范的一年。

在这一年里，总社以保持共产党员先进性教育活动为动力，集中精力抓好书刊生产，使总社主业得到稳定持续发展。2005年出新书567种，再版书176种/239次，发行万册以上图书170种，占当年新书29.98%，12种图书获得大奖。《青年文摘》和《中国青年》杂志，社会效益和经济效益显著，仍是总社发展的强有力支柱。经过艰苦努力，我社组织开展的全国青少年读书教育活动连续取得双效益。据统计，全年总社销售总收入为10612万元，其他收入2581万元，利润总额为2022万元，按照与2004年同比口径计算，经营性利润增加73万元，同比提高5.3%。

这一年，总社全面加强管理，健全制度，在社务、人事、财务、业务、分配、奖惩等方面，制定了22项规章制度。到年底，以总社为主、部门为辅的总社规章制度体系已逐渐成型，使总社的人事管理、行政管理、业务和经营管理工作在制度化、规范化、程序化方面迈上了一个新台阶。

在狠抓业务和制度建设的同时，总社大力加强优秀机构文化建设，编辑出版《中青出版通讯》（全年24期）、完成制作并安装总社办公室门牌，170余块完成制作《中国青年出版总社简介》和《中国青年出版总社视觉形象识别手册》以及《中国青年出版总社年报》等。

二、主要工作

（一）认真组织开展保持共产党员先进性教育活动，提高了党员的思想觉悟，有力地促进了业务工作的开展

在全党范围开展保持共产党员先进性教育活动，是党中央深入研究新时期党所面临的形势、所承担的任务以及党员队伍的现状，审时度势、深思熟虑所做出的重大决策，是新阶段党的建设的基础工程。基于这样的认识，总社党组高度重视并将这项活动列为2005年的头等大事，紧密结合总社实际，制定有力措施，各级领导带头，认真加以组织和落实。

据不完全统计，保持共产党员先进性教育活动期间，总社召开全体党员大会3次，中层以上负责人、党委委员、党支部书记及离退休职工党员代表会议2次；专门召开党支部书记会议3次；由总社主要领导、相关部门负责人先后主持召开对总社党组和领导班子成员征求意见座谈会30余次，个别交谈230多人次；在评议阶段，通过意见箱、电子邮箱收到职工意见和建议96份，汇总为71条；在整改阶段，总社有29个部门、13个党支部提交书面意见和建议208条，汇总为6个方面，共63个问题；总社领导班子召开民主生活会1次；边学、边议、边改，组织现场会、工作研讨会3次；编发情况简报25期。这些数字具体真实地反映了总社开展保持党员先进性教育活动的情况和效果。

特别是2005年4月下旬进入整改阶段以后，总社领导在广泛听取并吸纳职工意见的基础上，对已于评议阶段就着手制定的总社《党员先进性教育活动整改方案》（讨论稿）和《保持共产党员先进性长效机制》（讨论稿）经过修改后再交职工充分讨论。5月27日，总社召开了对以上两个讨论稿的讨论会，中层以上负责人、党委委员、党支部书记及离退休党员代表70多人出席会议。会后，各部门和党支部还纷纷召开座谈会，再次征求职工对《整改方案》和《长效机制》的意见。总社领导和部门负责人结合各自工作，深入群众，广泛征求职工意见，共同探讨和落实整改措施。在九月份开展的“回头看”工作中，总社领导又再次召开多种类型的座谈会，进一步听取职工意见，有力地促进了总社各方面整改措施的落实。

（二）书刊生产稳定持续发展

2005年，在全国出版业面临严峻挑战的困难形势下，总社的书刊主业保持了稳定持续发展的态势。

1.图书出版亮点增多

近年来，图书市场低迷，印数下滑，盗版猖獗，退货上升等不良状况始终未能得到根本改变。面对这一严峻形势，总社领导和全体图书生产人员，共同努力，克服困难，使2005年的图书出版在以下方面取得新的进展。

（1）中青版的常规图书步入良性发展轨道。2005年总社共出版新书567种，比上年度减少了18种；再版书176种/239次，分别比上

年度增加了6种/6次；再版图书占当年新书31.04%，比上年度增加了5.64%。万册以上图书(青春21种，文教23种，总社项目72种，社科3种，文学艺术9种，综编16种，特编4种，中青新世纪22种)170种，占当年新书29.98%，其比率比上年度大幅度增加。制作音像电子产品212种，比上年度增加12种。图书品种的减少是总社主动压缩品种、减少平庸书的结果，再版图书连续两年不断增加，万册以上图书生产比率大幅上升，说明中青版的常规图书正在步入良性发展轨道。

(2)营销渐显起色，印务节约有效。2005年原定图书发货指标为6000万码洋，实际发货为6320万码洋，超出目标320万码洋，增加了5.3%；库存图书为10903万元，比2004年增加了703万元，增长率为6.9%，比2004年增长率31.5%减少了24.6%；2005年，图书总发货码洋为6320万元，退货1613万码洋，退货率为25.5%，比2004年28.7%减少了3.2%。这些数字说明，图书经营工作有了一定的起色。印务部门在纸张采购、工价控制、印刷周期、印刷品质等方面加强管理，精打细算，节约增效，成绩突出。

(3)配合中央关于加强青少年思想素质教育，围绕图书宣传举办各种活动，社会效益显著。总社围绕图书宣传举办出版座谈会、新书发布会、首发式签名售书、征文比赛、捐赠仪式、报纸连载等活动共25次(青春7次，文教6次，文学艺术4次，综编4次，特编2次，音像社2次)。例如，为了配合党和国家关于对加强未成年人思想道德教育，青春分社和中青音像社分别出版了有关未成年人思想道德教育的理论读本、文学读本，并成功举办了出版座谈会和捐赠仪式，受到中宣部的充分肯定。综编部为配合党中央关于对青少年进行素质教育的要求，针对网瘾青少年，积极策划出版了《向网瘾开战》一书，发行4万余册，有效地配合了团中央开展的关于帮助青少年预防和戒除网瘾的活动。同时，总社积极配合团中央、中央综治办等单位在全国启动了“为了明天——青春自护远离网瘾行动”，还主动承担了“用爱心和科学帮助孩子戒除网瘾巡回演讲活动”办公室的职能，使预防和戒除“网瘾”活动迅速影响全国。

(4)一批图书获得了良好的社会效益和经济效益。特编部编辑的《你的形象价值百万》，自主开发，重点打造，一年内重版8次，累计印数8万册，经济效益显著。由特编部和综编部分别编辑的《增强共青团员教育意识读本》、《增强共青团员主题教育活动问答》发行都在40万册以上。社科分社编辑的《废墟之花：摇滚·历史·文化》虽印数不大，但有30余家媒体对其进行宣传报道，报道评介的媒体之多，在近几年少见。文学艺术分社编辑的《中央美院附中优秀作品选·色彩/素描》、《中国油画史》等书，装帧设计、印制工艺得到业内人士赞扬。

(5)申报“十一五”期间国家重点图书规划项目数量及其获准率提高。2005年，总社申报“十一五”期间国家重点图书出版规划项目共12种、27册，全部获准。相对2000年申报“十五”规划5个项目，获准2个，其数量和获准率都有很大提高。

(6)申报普通高等教育“十一五”国家级规划教材项目的数量有较大突破。2000年申报普通高等教育“十五”规划教材项目仅9种，2005年申报该项目则达到33种，这是一个较大的突破。教材出版一直是总社想进入而又难以进入的领域，近些年除《中国现代文学发展史》等少数图书外，被列入教材的很少。2005年申报数量的增加，为总社进军教材出版打下了一个良好的基础。

(7)10种图书获得不同的奖项，受到相关部门和广大读者的肯定。这主要是：《清宫档案揭秘》，被评为“国家图书馆文津图书奖”推荐书目；《改变孩子一生的一件小事》、《世界遗产之中国档案》(上、下)、《图文中国昆虫记》、《培养杰出青少年7个习惯的方法》等书,入选“新闻出版总署向青少年推荐百种优秀图书目录”;《她们》,获“第四届全国优秀妇女读物奖”;《中华文学五千年》,获“第十四届上海市中小学幼儿园优秀图书评选”二等奖;《捏面手工艺》、《中国画的艺术与技巧》,获“第十四届上海市中小学幼儿园优秀图书评选”三等奖;《10000元6个月环游中国》,入选2005年中宣部、文化部关于“知识工程”推荐书目;《王受之讲述——建筑的故事》、《王受之讲述——产品的故事》荣获2005年度“中国最美的书”奖。2005年,国家和省部级各类评奖项目大幅减少,但总社仍然有十多种图书获奖,说明中青版图书在社会上的影响力。

(8)最可喜的是经过组织的培养、市场的磨练和个人的努力,总社出版人才茁壮成长。一是林栋同志被批准进入“全国宣传文化系统‘四个一批’人才”;二是一批年轻有为的编辑、记者迅速成长起来。他们勤于学习,善于思考,进入角色快,自主策划了一批好书,采写、编发了一批好文章,取得了不俗的成绩。

2. 期刊生产平稳发展

2005年社属刊物大多发展平稳,几个刊物扭亏成效明显。

(1)社属九刊如期出版,内容质量读者认同率提高。2005年,总社如期编辑出版了《中国青年》(上、下)、《青年文摘》(红、绿、彩版)、《青年文摘》(人物版)、《农村青年》、《中国共青团》、《青年文学》、《青年心理》、《虹》、《青年视觉》九刊156期。面对期刊市场严峻的竞争形势,从事期刊编辑出版的同志在工作中克服人少、办刊经验少和时间紧的困难,努力提高内容质量,如期完成出版任务。总社是全国最大的青年期刊出版阵地,社属九刊的保质按时出版,对于满足读者需求,提升总社品牌,扩大总社影响做出了积极贡献。2005年,由于刊物内容质量的提高,期刊文章被转载和获奖的比例远远大于2004年。2005年,《中国青年》有300多篇文章、《农村青年》有6篇文章、《青年文学》有72篇小说、《青年心理》有19篇文章,先后被《读者》、《青年文摘》、新浪网、新华网、人民网及各地报刊转载。《中国青年》杂志三名记者分别采写的《徐本禹:从心制造感动》、《独立特行的刘翔》、《在声音消失的地方起舞》等三篇文章,荣获“2005年度宣传共青团工作优秀新闻作品奖”。

(2)经营工作稳步发展。2005年,在经营管理中,社属刊物核算意识明显增强,多数刊物保证经济效益平稳,少数刊物扭亏成效明显。2005年,《中国青年》杂志社克服前所未有的挑战,以抓大放小、主攻大系统、开发新大户为突破口,使经营工作稳步发展,发行量与上一年持平,刊款按目标任务全部到账。《青年文摘》面对市场竞争加剧等困难局面,果断采取创办彩版、整合发行、加强活动、全面提高刊物内容质量等有力措施,使《青年文摘》2005年月均发行量达到220万册,比上年增长了7.4%。《青年文摘》绿版原由4位发行商包发,存在较大的风险,又与邮政主渠道存在一定矛盾。通过发行渠道整合,将红绿版统一交由邮政总发后,成效明显。2006年1月新刊发刊时,《青年文摘》绿版发行量上升15%,与红版的同期发行量基本持平。《青年文摘·彩版》改纸提价,进一步明确定位与特色,2006年第一期一上市,就得到市场好评。《青年文摘》(红绿彩版)整体呈现出良好的发展势头。2005年,《青年文摘·人物版》注重刊物质量,拓展品牌效应,策划畅销图书,也取得了明显成绩。2005年,《农村青年》杂志艰苦奋斗,内容质量、实用性明显改进,经过努力,发行工作、管理机制和减亏都取得初步成效,其中,减亏16.6万元。《中国共青团》杂志仅有三名员工,月发行6万多份,年年盈利,2005年盈利28.3万元,成绩显著。《青年文学》杂志是总社的重要期刊品牌,2005年在二渠道的有效发行和回款方面取得了新的进展。《青年心理》杂志是具有成长性的杂志，是总社具有很大发展空间和潜力的杂志之一。2005年，杂志社同志自我加压，艰苦奋斗，减亏18万元。2005年，《虹》杂志经过不懈努力，圆满完成48万上交广告利润的目标，比2004年提高了7%。《青年视觉》杂志坚持自有品牌的培育与开发，经营工作平稳，不断提高品牌价值，收回投资200万元，上交广告利润55万元。

3. 社属独立核算部门(单位)绩效突出

由于体制创新、机制灵活，特色鲜明，绝大部分社属独立核算部门(单位)经营业绩较为突出。中国青年音像出版社，主攻艺术考级教材图书，年总发货码洋550万，全年回款214万元，年纯利润25万元，较2004年增长2万元；中国青少年音像出版社，在艰苦努力发展业务的同时，减亏17.1万元；中青映画演艺公司成立不到一年，就取得了盈利50.2万元的好成绩；青少年法律读物编辑中心，主攻普法书籍，注重特色发行，年发货码洋294万，回款率达到90%，纯利润3.5万元；中青新世纪图书发行公司，年发货总码洋5487多万，回款率为50%，纯利润为200万元，公司出版发行的IT类图书，零售市场占有率在全国同类书籍中排名第五。中青文图书有限公司2005年开始策划进军中小学教材市场，一年中已有2种图书中标，取得可喜进展。社属独立核算部门(单位)的体制、机制和经营模式不仅对全社有示范意义，经营业绩也为壮大总社经济实力做出了贡献，同时，它们出版的图书、开展的活动所产生的良好社会效益和广泛影响，也为总社品牌的强化和发展增添了光彩。

4. 全国青少年读书教育活动连续取得双效益

2005年，总社读书办组织开展了第16届以《民族精神代代传》为主题内容的全国青少年读书教育活动。这届活动由于团中央书记处高度重视，总社领导周密安排，在克服“学校减负”、盗版猖獗等不利因素，积极应对竞争对手，艰苦工作，使本届活动用书在2004年850万册的基础上新增50万册，取得经济效益约270万元。2005年，读书办先后在湖北宜昌和新疆成功举办了第16届读书教育活动表彰大会暨学生夏令营和发行系统表彰会，对于扩大读书教育活动的影响起到了积极的推动作用。2005年，团中央作为读书教育活动的第一主办单位，邀请教育部也作为主办单位并联合发文，为这一活动的大发展打下了更坚实的基础。读书办还新增了四川和湖北等地市县级单位参加活动，为今后读书教育活动的广泛开展拓展了新的市场空间。读书教育活动已名副其实地成为总社又一品牌和经济支柱。

(三)制度建设和机构文化建设成绩突出，总社比较规范的管理体系和良好文化氛围正在形成

1. 2004年底，党组决定2005年为总社的“管理年”。因此，在2004年制度建设起步的基础上，2005年总社在人事、财务、行政、业务、分配、奖惩等方面，狠抓制度建设，实施规范管理。社务部、人事部、财务部、行政部、网络部、印务中心、营销中心等部门，积极参与总社规章制度的调研、制定和实施，截止到2005年12月31日，总社已出台了22项规章制度，还有十多项制度正在起草或研究，即将推出。除上述总社制定的规章制度外，编辑部门、综合业务部门、综合管理部门、经营管理部门以及社属独立核算部门，根据部门业务特点相应制定了部门工作制度。例如，选题论证制度、例会制度，有的部门还制定了员工手册。截至2005年年底，以总社为主、部门为辅的总社规章制度体系已逐渐成型。目前，有关部门正在对上述规章制度汇集成册，发给每位职工，严格执行。上述规章制度颁布(试行)以来，总社的经营管理工作在制度化、规范化、程序化方面迈上了一个新台阶。

2. 在狠抓管理和制度建设的同时，总社党

组十分重视作为总社核心竞争力组成部分的机构文化建设。主要是:如期编辑出版《中青出版通讯》(全年24期);完成制作并安装中国青年出版总社(12条、官园、浩鸿园等)的办公室门牌(170余块);完成制作《中国青年出版总社简介》;完成制作《中国青年出版总社视觉形象识别手册》。目前正在加紧编辑制作的还有《中国青年出版总社年报》和《中国青年出版总社社藏文物集》。通过上述工作,总社职工在不断强化认同感、归属感的基础上,进一步增强了向心力、凝聚力。

(四)切实关心职工利益,不断丰富职工生活

总社在保持共产党员先进性教育活动的"整改措施"中明确提出:"采取具体措施,进一步关心职工生活。"建设和谐社会,首先以人为本,建设好中青总社这个和谐集体,关心和保障职工的切身利益问题是其中的重要方面。党组始终把它作为总社的一项极其重要的工作来抓。2005年总社在切实关心职工利益,不断丰富职工生活方面做了许多卓有成效的工作。

1. 全心全意关心职工利益,不断丰富职工生活

(1)抓紧解决好群众最关心的问题。针对群众关心的"三险"问题,经过调研,总社初步形成了为聘用制职工、社聘劳务人员上齐"三险"、老体制职工在最有利的时间补上"三险"的不同处理方案。聘用制职工和社聘劳务人员上"三险"的工作已经启动,并由总社一名党组成员督办落实。贯彻总社"工资奖金福利三统一"的决定,不但使总社绝大多数职工收入有了增长,而且使总社的分配制度向更为科学先进的方向迈进了一步。针对个别职工收入有所减少的问题,总社始终把握"以人为本"、对职工负责的精神,采取十分谨慎的态度,通过设立政策性奖金微调系数进行适当补贴,以使其收入水平不降低。涉及到群众切身利益的其他问题,总社领导都是采取积极、慎重、妥善的方式加以处理,对一些国家政策不允许的情况,也还是积极地做深入的思想工作,说明情况,尽力使有关职工理解。

(2)积极改善办公条件。2005年,总社投资改造、装修三里屯办公区,为《农村青年》、《青年文学》、《青年心理》三个杂志社的职工创造了良好的办公条件,还配备了食堂、会议室等公共设置,现已进驻,大家表示很满意。总社领导关心职工的身体健康,对浩鸿园办公区进行了环保检测,及时更换了办公家具,改善了办公条件。2005年,在总社领导的高度重视、领导下,在老干部的帮助下,经过行政部同志的艰苦努力,为出版社幸福一村公房拆迁补偿争取了较高的补偿金额,有力维护了总社的利益。

(3)把提高职工福利的好事办好。为了提高餐点的加工制作水平,总社对官园、三里屯办公区的食堂设施进行了改造;为了满足职工自主选择就餐和到各食堂就餐的需要,从2005年9月起,总社为每位职工配备了"一卡通"餐卡。食堂设施的改造、就餐内容的多次调整以及"一卡通"的实行,使职工享受到了安全营养、方便可口的饭菜,获得了广大职工的肯定。

(4)把组织的温暖及时送给职工。总社继续开展了每月为职工过集体生日活动(全年12次),坚持逢职工住院、亲属病故、女职工生育和春节前夕为住院、长期病休、离异有子女、夫妻一方下岗的困难职工送温暖活动,使生病和有困难的职工感受到组织的关怀和大家的关心。

(5)丰富职工的生活。为了展示总社职工团结拼搏的精神,在2005年新春即将来临之际,总社组织开展了"迎春全家福摄影比赛"、"迎春卡拉OK友谊赛"、"迎春拔河比赛"活动。为了让职工得到愉快又有兴趣的休息,总社圆满地组织了春游密云清凉谷,秋游承德避暑山庄等活动;为了增强职工体质,总社在坚

持工间操的同时，在职工中进行新一套广播体操的学习推广活动；为支持社区活动，推广全民健身，总社组织职工参加了北新桥街道组织的足球、游泳、象棋和跳绳等各项比赛活动。上述活动的开展，不仅丰富了职工的生活，活跃了总社工作气氛，而且加强了总社职工间的了解和交流，进而为总社的和谐、融洽创造了必要的工作环境氛围。

2. 尽心尽力为离退休职工做好服务工作

（1）老干部关心国家大事，但无固定场所阅读文件的问题，总社决定从 2005 年起，每月 11 日～20 日期间，老干部可到机要室（12 条 320 室）现场阅读有关文件。这一措施受到老同志尤其是曾任社级领导同志的欢迎。

（2）总社老职工宿舍（三里屯幸福一村）因拆迁和北京市有关单位发生矛盾冲突，可能导致部分离退休老同志利益受损。总社党组本着“群众利益无小事”的精神，多次开会研究并采取有效措施加以支持帮助。经过总社领导的亲自参与，不懈努力与多方协商，使这个老同志极为关注的切身利益问题最终得到圆满解决。

（3）总社领导和职能部门在春节、中秋节慰问离退休的局级领导，看望生病、困难老同志和遗属及平日生病住院的老同志约百人次；及时看望、慰问重病在身和生病住院的老同志；春秋季先后组织老同志到香山植物园、密云云湖度假村游玩等，使老同志既感到组织的温暖，又愉悦了身心。

（4）总社为 70 岁以上老同志过集体生日，到四位 80 岁高龄的老同志家中祝寿；每月出版 1 期健康保健文摘，适时组织常见老年病与睡眠健康讲座，为老干部及时提供了健康保健服务信息，这些工作受到老同志好评。

3. 想方设法，妥善解决职工遗属实际困难

（1）出版社职工杨天成因病突然去逝，年仅 41 岁。女儿正在上小学。总社领导坚持以人为本，在充分考虑实际困难给予一次性补助的同时，还动员全体员工并亲自带头捐款 17590 元，为减轻其亲属经济压力做出最大的努力。

（2）出版社已故职工之女张无量，晚年生活凄苦。针对其特殊性，总社在政策允许范围内，先后为其解决了一间住房，提高了有关抚恤待遇，积极协助其解决孙子回城等，今年冬季来临前还帮其修缮房屋。

2005 年的工作中还存在一些不足。这主要是：图书选题思路不够清晰，内容结构较散，自主开发选题有所削弱，编印发的矛盾没有得到有效缓解，体制、机制创新仍有较大差距，图书亏损状况不容乐观；期刊内容还不能够很好地适应读者的需求，期刊的经营能力和水平距市场的要求还有较大差距，特别是针对广告效益大幅下滑还乏术可为；各级领导和广大员工的经营核算的意识、能力、水平亟待提高；规章制度还缺乏实施力度；虽然做了大量深入细致的思想工作，但是各级领导还需要进一步把工作做到位，更加深入地、及时地与广大职工沟通，取得理解与共识，使总社的改革发展在稳定的前提下更顺利地进行。

中国少年儿童新闻出版总社

一、基本情况

2005年,中少总社经过五年半的奋斗历程,进入快速前进、做强做大的重要发展时期,是总社的"品牌发展年"。总社深入贯彻党的十六大会议精神,以"三个代表"重要思想为指导,认真学习实践党的第十六届五中全会关于"立足科学发展、着力自主创新、完善体制机制、促进社会和谐"的论断,积极开展保持共产党员先进性教育活动,以进一步推进中心制运作、强化现代企业经营管理为主线,在实现资源全面整合的基础上,推行"大少儿文化产业"发展战略,形成了市场竞争地位提升、综合实力增强的良好发展势头。保持共产党员先进性教育的开展,构建"和谐社会"的提出,为中少总社的发展带来了前所未有的机遇和强大的发展动力。2005年,中少总社资产总额达到25,435万元,比2004年增加2,891万元,上升12.82%;所有者权益达到19,743万元,比2004年增加1,774万元,上升9.87%;资产负债率为22.38%。

二、主要工作

(一)保持共产党员先进性教育活动

2005年,保持共产党员先进性教育的开展,构建"和谐社会"的提出,新闻出版体制改革的继续深入,为中少总社的发展带来了前所未有的机遇和强大的发展动力。从1月14日至6月15日,总社7个基层党支部205名党员参加了保持共产党员先进性教育活动。在团中央书记处的指导下,在社党组领导和各党支部以及全体党员的共同努力下,总社先进性教育活动顺利完成,群众满意度测评高于98%。在整个活动中,社党组和全体党员牢牢把握"要确保先进性教育活动取得实效"的根本要求,把各项工作抓紧抓好,抓出了实效。具体做法有"七求",即活动部署求精、征求意见求广、相互谈心求真、党性分析求深、支部评议求准、边议边改求实、认真"回头看"求严;活动效果是"四让",即让党员受教育、让组织添活力、让总社增实效、让群众得利益。先进性教育活动大大提升了总社思想建设、组织建设和经营运作水平。通过活动交流,总社干群之间、党员之间、党群之间关系融洽,人气凝聚,为创建和谐总社奠定了坚实的基础。

(二)总体运营情况

2005年,总社总体运营状况良好,局部优势发挥突出,但也存在着严重的发展不平衡。总的经济指标如下:

品种指标:

报纸5种,期刊11种,图书454种,其中新书251种,再版书203种,共出版551万册。

发行指标:

总发行码洋48,630万元,其中报纸总发行量5,210万对开张,平均期发量为434万对开张,发行码洋3,880万元;

期刊总发行量3,573万册(含租型),平均月发量为298万册,发行码洋15,621万元;

图书主版书发行码洋8,129万元,教辅发行码洋21,000万元。

收入与利润指标:

总社全年实现书、报、刊销售收入12,600万元,比2004年增加65万元,上升0.52%;总社实现利润总额800万元,不动产变现收入600万元,扣除不可比因素,与去年同期基本持平。

总体指标:

资产总额:25,435万元,比2004年增加2,891万元,上升12.82%;

所有者权益:19,743万元,比2004年增加

1,774 万元,上升 9.87%;

资产负债率:22.38%

(三)新闻中心调整经营模式,开拓“中少报系”发展空间

1. 加强一批品牌,使其在产品内涵上有所创新。

《中国少年报》为扩大品牌影响力,继续举办“爱国百分百寻宝大行动”,并在第五次全国少代会期间推出专刊;《中国中学生报》为扩大品牌知名度,“校园”版版面由过去每周 3 个版增加到每周 4 个版,专栏达到 15 个;《中国儿童报》营造品牌效应,增加社会新闻与儿童感兴趣的国内外新闻的报道;开辟专版专栏,制作暑假合刊;《中国儿童画报》挖掘品牌潜力,重新组合周报和“大苹果”专版,扩版到周报 8 开 28 版;《中国少年英语报》打造品牌形象,与空中网合作,使孩子们拿起电话就能听报纸,就能和外国朋友对话。

2. 应对一费制和报纸经营市场化的严峻挑战,组建队报“大龙”,加强报纸发行。

为遏制效益下滑、加强报纸发行,新闻中心以队报“大龙”的形式重组《中国少年报》和《中国儿童报》,并成立市场部和经营领导小组。

3. 打基础,聚人气,共渡难关,弘扬“人和报兴”的中心文化。

(四)期刊中心全力打造中国少儿期刊第一方阵,扩大“中少刊系”领先优势

1. 巩固和拓展一批品牌,使其适应市场形势继续发展。

《婴儿画报》开辟有奖亲情订阅;《嘟嘟熊》筹拍人偶剧、制作平面动画 FLASH、举办有奖竞猜比赛、编辑出版《嘟嘟熊系列丛书》;《幼儿画报》从全国小学一年级语文教材中统计出常用汉字 284 个,并推进“红袋鼠”品牌建设;《中国少年儿童》内文由单色印刷改为全彩色印刷,并筹备创办旬刊军体版;《中学生》筹备创办旬刊高中版作文;《儿童文学》开展了第二届小说擂台赛,并通过中国小作家协会组织活动;《我们爱科学》确立卡通形象,着力从内容、版式到封面向时尚化、国际化靠近;《中国卡通》重视市场调研,着力开展阅读活动;《中国少年文摘》把下半月刊从娱乐资讯类改为知识类的定位,更新了品牌形象;《小主人报》2005 年刚创刊,加强对小记者、小编辑的编辑技能培训和对少儿美术编辑的版式设计培训。

期刊中心 2005 年实现毛利润 1,960 万元,同比增加 64 万元,增长 3.38%。五种期刊获得六项全国性大奖。

2. 瞄准首席定位,坚持营销创新,努力扩大“中少刊系”在同业中的领先优势。

期刊中心瞄准首席定位,探索深度营销,如邮局发行潜力再度开发;民营零售市场继续扩张;解决发行队伍的归属问题和规范发行行为;广告经营实行代理制等。

3. 坚持科学管理,积极建章立制,提高各刊竞争力。

4. 坚持细节管理,营造和谐进取的文化氛围。

(五)图书中心进一步深化改革,打造“中少书系”的新亮点

1. 打造一批图书品牌,使其成为“中少书系”的新增长点。

图书中心推出以“美绘版”形式为主的“皇冠”书系,包括《安徒生童话故事全集》(美绘版)、《格林童话故事全集》(美绘版)、《冰心儿童文学全集》(美绘版)等品牌书籍;“中少版口袋书”由大开明公司集中开发,向中宣部出版局提交了口袋本图书选题方案。

2. 加强核心领导能力,组建图书中心编委会,扎实推进图书选题和宣传工作。

图书中心在体制上实行“一个中心,两种制度”,在机构设置上改成“中”字形结构。中心的最高决策机构是编委会,下设总编室和营销策划科。原编辑部和新增项目部底下分设发行部,而最基层的结算科、库房等配置还是

统一的。总体发展方向是向市场靠拢，向营销策划靠拢，争取把主版书做强做大。

3. 在分析数据、清理库存的基础上实现科学生产，并且建立上下游联盟，加强图书生产的市场效益。

(六)活动中心通过开展双效活动，大力推进总社"大少儿文化产业"战略

1. 深挖"知心姐姐"品牌，使其延伸发展为品牌家族。

"知心姐姐"品牌目前已扩展为《知心姐姐》杂志、知心热线、知心姐姐咨询、知心家庭学校、"知心家庭"电视栏目、"知心姐姐"书屋、"知心姐姐"报告会、网上知心家庭学校、"知心姐姐"培训营、"知心姐姐"夏(冬)令营、"知心"艺术团、"知心家庭俱乐部"、知心短信等13个子品牌。各种"知心家庭"活动开展得如火如荼。

2. 大力开展活动，提升"中少"书报刊的影响力。

"手拉手"活动重点关注农村"留守儿童"和进城务工人员子女这两个弱势群体；"我能行"项目活动在10个西部贫困地区开展；"预防艾滋病同伴教育"活动以采访、征文、编书等形式深入开展；"手拉手地球村"活动征集环保绘画；"平安行动"系列活动以知识宣传、向西部赠书、开展DV大赛、全国巡讲等形式多维发展。

2005年，活动中心在各种活动中共赠送图书约209万码洋，是赠书最多的一年。

3. 节支增效，扩大活动中心的服务范围。

(七)经营中心强化经营管理，提高市场化运作能力

1. 直面教辅读物的严峻挑战，适应市场谋发展。

大开明公司提升教辅竞争力，出版新书190种，重印528种。

2. 开辟新增长点项目，推进动漫类图书和音像制品的发展。

动漫编辑部引进日本漫画书《龙珠》。中少音像出版公司年初归并大开明公司统一管理，先内后外地清理了债权债务。

3. 做好委印、委发业务，成功实行印务和纸张材料招标制。

坚持材料统一采购、印务统一管理，推动新开明公司对2006年书、报、刊用纸采购进行采购商务招标会，使整体采购价格有所下降。

4. 寻求中少大厦新的合作伙伴，解决旧合作伙伴大小股东之间的矛盾。

(八)管理中心强化管理意识，强调优质服务，为总社发展提供有力保障

1. 社长办公室积极、周到、稳妥、高效地完成社委会交办任务。

2. 人力资源部牢固树立服务意识，积极为总社发展提供人力资源支撑。

3. 财务部以总社"中心制"财务管理与核算为目标，加强资金管理，搞好财务服务。

4. 中国少年儿童报刊工作者协会秘书处求真务实、开拓创新，为全国少儿报刊的进一步深化改革服务。

2005年，总社总体运营状况良好，但也面临一些有待解决的发展问题。首先，解决主业发展不平衡的问题；其次，积极推进中少大厦工程；第三，提高职工敬业精神，提升总社综合竞争力。以发展的眼光认识问题，以科学的态度解决问题，可以预见，总社明年的发展一定会比今年更好。

中国青少年发展基金会

（见组织概况部分）

中华儿女杂志社

一、基本情况

中华儿女杂志社（以下简称杂志社）在团中央书记处的领导和指导下，紧密围绕中心工作，不断加强杂志社的企业文化建设、队伍建设及制度建设，从而推动杂志社各项工作全面开展。2005 年，杂志社在刊物内容上未出现政治失误及违反宣传纪律现象，并就改进刊物内容、提高刊物质量方面做了一些有益探索；在经营上围绕主业，实施品牌战略，经营纯利润比上年增长翻了近一番；在班子建设方面加大力度，严格“民主生活准则”及“议事规则”，班子团结有力；在制度建设方面加大力度，建立完善内部管理制度、考核制度、派驻机构管理制度，为杂志社各项工作提供有效依据。在关心职工生活方面，实现年初提出的职工人均收入比 2004 年平均增长 15% 的目标。

二、主要工作

（一）班子团结协作加强制度建设

2005 年对于杂志社来说，是稳固根基，逐步发展的一年。杂志社领导班子团结合作，按照“民主生活准则”及“议事规则”的要求，不断加强班子建设，积极发挥班子集体及个人的作用，强化民主决策，分工负责，并提出要充分发挥杂志社纪检部门的监督机制，对杂志社领导班子执行“民主生活准则”及“议事规则”的情况进行监督。社领导班子民主生活会以“深入开展保持共产党员先进性教育活动构建和谐杂志社”为主题，采取多种形式，广泛征求干部职工的意见和建议，根据群众提出的意见和建议，班子成员开诚布公，开展批评与自我批评，充分思考杂志社在发展过程中存在的问题，沟通思想，达成共识。

为了加强内部管理，杂志社先后出台了《考核办法》、《单项奖励办法》等一系列考核及奖罚制度，以岗定责，充分发挥竞争机制、激励机制的合力作用，把奖优罚劣，奖勤罚懒的要求落到实处，促进了工作正常、有序的开展。员工干劲足，热情高，杂志社内部和谐。

杂志社针对派驻机构管理工作中遇到的实际问题、汇总更新了《中华儿女杂志社派驻机构管理规定》，为构建和谐氛围起到了作用，强调了派驻机构的组织建设。严格考核制度，分别对工作长期处于停滞状态的记者站负责人实行了“末位解聘”，对长期业绩欠佳的记者站给予“黄牌提示”。杂志社各派驻机构共组稿 200 余篇，发行《中华儿女》杂志近 30 万册，宣传报道了大量当地优秀人物，工作受到当地党政机关的肯定。

（二）保持共产党员先进性教育活动稳步开展，贯穿到实际工作中

杂志社自开展先进性教育活动以来，以交心谈心、听取意见为纽带，以认真评议、边整边

改为动力，党员通过学习、座谈讨论、听专题讲座、辅导报告、上党课、观看先进事迹的录相片等多种形式，加深了对先进性教育的理解，不断提高认识，自觉加强党性锻炼，坚定理想信念，党组织的凝聚力有了显著的增强，企业文化建设有了进一步提升。党组织战斗堡垒作用和党员的模范带头作用深深影响着其他职工，近20名群众主动向党组织递交了入党申请书。

对于党员群众对杂志社领导班子提出的意见和建议，尤其是群众最关心的问题，杂志社领导班子认真对待，逐条分解，制订整改措施，责任到人。杂志社提出，先进性教育活动不是一时，而是要始终贯穿于杂志社各项工作中，要长抓不懈。杂志社的党员先进性教育活动受到中央督导组和书记处领导的好评。

通过先进性教育活动的开展，党员的思想得到了提高，理念信念更加坚定，同志之间的关系更加健康，杂志社的气氛更加和谐。

（三）保持刊物原有特色坚定不移推进改革

2005年，为配合重大事件和重要纪念日如“两会”召开、“抗战胜利60周年”、“十届青联换届”、“神六上天”、“陈云百年诞辰”等，杂志社高质量地策划并组织了一批重要稿件，并出版了专刊。

在强调中华儿女杂志刊物质量的同时，杂志社领导班子提出在求新、求变中继续再上新台阶。在稳定作者队伍、保持平稳过渡、在坚持和发扬中华儿女杂志原有办刊特色基础上，杂志社以积极的态度顺应变化，通过散发读者意见调查表、走访老作者、加强与同类型刊物的沟通与交流，并分类别召开多种形式座谈会等方式，对刊物今后发展方向，通过调查研究、市场分析，提出改刊思路，传达给各方面关心爱护《中华儿女》的作者和朋友，从而取得广泛的共识。目前改刊工作正在稳步进行。

杂志社在主刊求变的同时，所属子刊也根据实际情况，有所调整。

（四）坚定以主业为主开展经营活动

2005年，杂志社继续加强中华儿女品牌化运作与市场化运作相结合，坚持围绕主业开展经营，坚持围绕品牌开展经营。发行、广告、活动三项工作成鼎足之势，均取得较好经济利润。实践证明，以此模式开展经营工作是有效、可行的，符合杂志社现实情况。

2005年，发行工作采取全社动员、全员抓发行，开辟渠道、衔接关系，抓订阅、抓清欠、抓渠道建设和刊物宣传推广工作。采取灵活多样的方式，促进发行工作的有效进行。全社取得2006年发行量比上年增长8%—20%的成绩。

2005年，杂志社开展了多项社会影响力大、经济效益高的活动。如“两会”赠刊、“纪念陈云百年诞辰”、“中医药十大杰出青年”等。特别是分别举办的两次“区域经济论坛”，作为杂志社新推出的品牌活动，实践证明其有很强的生命力。明年还将继续。

为了加大杂志的品牌推广及广告力度，在保持传统特色的同时，积极开拓进取。2005年，是杂志社广告部工作正式运营的一年，彩色广告版面实现率达69.8%，实现了年初设想。试行的彩色杂志，广告覆盖率达73%，证明了经营的潜力。

（五）党团工会组织发挥积极作用，营造和谐氛围

2005年，杂志社党委在杂志社的各项工作中发挥积极作用。加强党的建设，组织实施保持共产党员先进性教育活动，加强和改进职工思想政治工作，关心和丰富职工生活，在企业文化建设方面积极开拓。成功组织了第一次员工集体休假，第一次全系统“七一”联欢会，第一次全系统杂志社年终总结会。杂志社党委在加强自身建设的同时，对中国产经新闻报社党建工作予以指导，协助建立健全报社党工团各级组织，协助报社党总支开展先进性教育

活动及各项文娱活动,受到党员群众的好评。

工会团委积极围绕党委工作,组织开展丰富多彩的活动,如外出参观学习,开展革命传统教育,举办球赛、演唱等文娱活动。工会关心困难职工生活,开展送温暖活动,团委积极组织青年团员开展“增强共青团员意识教育”活动。这些活动,增进了同志间的交流与友谊,增强了集体荣誉感和凝聚力,体现出杂志社大家庭积极向上、朝气蓬勃、和谐和美好。

在党工团组织的大力配合下,杂志社在经济效益提高的基础上,为群众多谋利益,2005年,实现职工收入在2004年基础上增长了15%的目标。

(六)中国产经新闻报以建立和谐报社为重点开展各项工作

2005年,杂志社与中国产经新闻报加强沟通,增进了解,杂志社在工作上给予支持,资源上开放共享,创造和谐、共同发展的环境。社党组特别要求报社在开展批评报道、舆论监督方面的工作进行认真总结,按照中央关于正确开展舆论监督的要求,在制度上、操作上采取切实有效措施,保证批评报道健康和良性发展。

报社把建立“和谐报社”作为2005年的重点工作。和谐报社工作的开展,促进了编委会民主决策。报社继续发扬好的传统,加强编委会职能,提倡分工负责,资源共享。编委会成员之间把批评与自我批评贯穿于日常工作当中。领导班子成员互相帮助,互为补充,互为依托,身先士卒,严格要求。和谐报社工作的开展,增强了报社凝聚力。报社提倡以员工为本,把为员工服务作为一项重点工作来抓。为大家多办实事,报社内部和谐、融洽。建立党总支后,开展了丰富多彩的活动。和谐报社工作促进报社在逆境中发展。经营队伍基本建立,采编工作起色大,报社刊发的文章在中央电视台、中央人民广播电台及有关网站的转发率高,扩大了中国产经新闻报社的社会知名度及影响力,记者通联工作局面好,对记者站的整顿力度加大,建章建制,撤销了不符合要求的记者站,补进了规范且懂新闻业务的记者站,加大了对记者站业务培训,《产权市场》今年也正常运作。

中国青少年发展服务中心

一、基本情况

2005年,中国青少年发展服务中心(以下简称中心)把“竭诚为青少年服务”作为工作的出发点和落脚点,全面贯彻落实科学发展观,大力推进体制创新、事业创新,果断进行体制改革和结构调整,奠定了中心超越发展的基础,实现了社会效益和经济效益双丰收。中心抓住中央推进事业单位改制的契机,率先进行事业单位改制。由中心注入品牌资源与现金,北京双全地产集团注入现金共同组建北京中青少文化发展公司。通过体制创新彻底解决了长期困扰中心的生存和发展、社会效益和经济界效益相互制约的矛盾。根据社会和青年就业创业的需求,发展和开发了心理咨询、人力资源及下岗失业人员再就业培训等20多个职业工种,年培训量达5000人次。与劳动和社会保障部SYB项目办合作开办了2期免费大学生创业培训班,培训大学生300人。共青团系统心理健康培训1000人。教育活动规范有序,活动中坚持教育性和社会效益第一的原则，科学规划、规范原作，取到了良好效果。围绕青少年德育教育、素质教育，先后开展了全国少年儿童中华文化经典诵读活动、第四届中国少年科学院小院士评选活动、第二届“争当小实验家”全国少年儿童科学体验活动、第二届全国少年儿童“科技之星”科普知识竞赛活动、“走进美妙的，数学花园”中国青少年数学论坛、第三届“走进美妙的数学花园”中国青少年数学论坛活动、两岸三地第三届青少年体验教育行动——学生领袖训练营活动、走进剑桥活动、中国少年先锋队鼓乐团纪念抗日战争胜利暨世界反法西斯胜利60周年卢沟桥检阅活动等。活动地域范围涉及全国各地及英国、新加坡等国。

二、主要工作

(一)落实科学发展观，科学构建竭诚服务青少年的品牌项目，实现稳步发展目标

2005年，中心在总结经验的基础上，对已有项目进行进一步的规范，使已有项目在去年的基础上都有了进一步的发展。

1. 少年儿童功能性社团活动蓬勃发展，受到少年儿童的踊跃参与和学校家长的普遍好评。中国少年科学院围绕青少年的科学普及活动，围绕学校创新素质教育开展的活动已形成系列深入学校，成为校本课程改革的内容。如开展的以培养少年儿童动手能力的“争当小试验家”活动、以培养读书观察能力的“科技之星”论文评选活动、以引导少年儿童学习兴趣为主要内容的学科类活动——“走进美妙的数学花园”。在教育部门取消奥数的背景下，中心已开展四届的“美妙的数学花园”学习兴趣活动受到少年儿童的欢迎和学校的支持。为配合2008年奥运会开展的青少年英语口语学习竞赛活动也已开展了第三届；为保护活动的兴趣性和科学性，中心加大了对活动内容的研究力度，聘请著名教育活动专家，对活动进行理论研究，力求既适合少年儿童的兴趣特点，又能与教育改革和少先队实践教育的内容相衔接。承担了国家科技部开展的全国青少年科技素养测评的研究工作，同时建立了青少年的专家、辅导员的论坛活动，受到普遍欢迎。与此同时，抓住有利时机，加快基础建设的步伐。首先，在确保安全、有序、规范运作的前提下，扩大活动规模，社团全年活动累计参加人数为100万人左右，涉及的学校和校外教育机构达万余所，为占领市场份额奠定了良好的基础；其次，加大阵地建设力度。为规范和加强基地建设，内部制定了系列建设和管理办法，并试运行了评选和考核标准，全年累计推荐设立部一级(团中央、中科院和全国少工委)基地33个，建立中国少年科学院各类基地300余个，有效地构建了组织网络。今年的对外交流活动取得了长足的进步和实质性的进展，港澳交流活动内涵更加丰富，发展空间进一步凸显，国际交流迈出了可喜的第一步。围绕反法西斯战争60周年，利用中国少先队鼓乐总团的名义开展了第三届鼓乐团展示比赛活动，来自全国10个代表队的和3个港澳代表队的800名少年儿童在卢沟桥开展了“牢记历史、不忘过去、珍爱和平、开创未来”的活动，展现了当代少年儿童的蓬勃向上的精神风貌。上述基础建设的进展，将进一步促进各社团的快速发展和迅速壮大。

2. 以彩虹工程为品牌的青年创业就业活动的影响范围日益扩大，以服务青年就业创业为主要内容的项目日益受到青年的喜爱和关注。服务青年的创业就业，是团中央书记处交给中心的一项重要工作，几年来，中心克服了以往认为此类项目只能靠政府投入，没有资金支持不好做的畏难情绪，动员中心的员工，要把竭诚服务的宗旨落在实处，就要急青年所急，帮青年所需。经过几年努力，中心用诚心感动行政部门的支持，感动社会人事的同情。2005年中心依靠社会支持和中心投入，为大学生举办创业培训近15场次，6000多学生接受培训；针对性下岗青年、农村青年的培训近万

名，拿到劳动部门颁发的就业资格证书，并实现80%以上就业；目前，在中心培训已有30多项国家职业资格的培训，围绕中小创业者的青年高级人才的培训工作，经过两年的资源整合和规范管理，开发的体育MBA、心理咨询师、就业指导师等培训近3000人。为扩大培训，中心还建立了远程网站，实现了帮助因工作关系影响上课的同学的服务，被北京市劳动部门评为先进培训学校，职业学校校长被评为优秀校长。凡是与中心工作打交道的部门，都一致感到中心的人员的素质和管理，每年都有“新感觉”。特别是“共青团工作者心理咨询培训”这一项目启动以来，经过不懈努力，得到中国心理卫生协会的专家的一致好评，他们认为，中心虽然硬件不是最好的，但中心人竭诚服务青少年的理念和执着令他们感动。已近七十高龄的中国心理协会会长，主动担任课题的专家委员会的主任，而且经常给予关心支持，也使中心员工深受鼓舞。

（二）坚持科学发展观，创新机制、创新管理

中心是自收自支企业化管理的事业单位。几年来，随着事业单位改革力度的加大，中心越来越感到一种进入残酷的市场竞争的紧迫感，随着时间的推移和事业的发展，现在的条件虽然仍无法与团中央系统的其他直属单位相比，但与当初只有25万元的启动费用，交完房租已无力支付工资的处境相比，已是有了很大的变化，但随之而来的，就是在管理上的日趋机关化，如不能坚持机制和管理的创新，要持续发展是绝对不可能的。为此，中心坚持创新管理，主要做到了：一是调整部门结构。通过部门结构的调整，达到减项目减人员消灭潜在隐患的目的。二是加强制度建设和制度的执行力度。发动中心全体员工，通过案例分析，总结经验教训。加强制度管理。坚持实行全员360度考核。考核内容更加全面具体。使过去只能夸夸其谈，两年下来，既培养不出项目，也培养不出员工，更不见效益的部门主管，面对量化的工作标准，主动对号入座。三是加强员工培训。建立中心内部的培训制度。四是建立项目的立项评估和项目全程监督制度，确保每个项目的公开透明，便于管理监督，从根子上消灭了个人私自签署项目协议的隐患。（包括二级独立法定代表人单位）五是设立了财务监督制度；六是建立了中心的服务跟踪监督抽查制度，并纳入年终奖考核。

（三）坚定不移走创新之路，勇敢对接市场，谋划可持续发展新格局

中心深知一定要站在服务青少年的高度，站在参与国际市场竞争的前沿，来思考未来的发展，并为未来的发展奠定基础。

如何面对危急？如何面对市场？如何更能体现为青少年的竭诚服务？如何整合资源，构架中心发展的核心优势，挑战下一步的发展？如何实现现有体制下的高层管理人员的考核？如何真正实现内部的公平公正公开机制的建设？

今年在书记处的支持下，中心在双全集团和其他三个企业的支持下，共同注资1000万元资金，成立了中青少文化教育有限公司，并结成了全面的战略合作伙伴。经过整合后的中心，引进现代企业的管理机制，在投资管理、用人聘任、奖惩考核方面，引进专业咨询机构，能使管理更加科学规范，在人才的引进和培训上使之更加与国际化的管理接轨，标志着中心的管理已进入一个新的层次，中心的目标是做好充分的准备，迎接更加激烈的竞争和挑战。通过整合后，会逐步实现公益服务有了基本稳定的资金保证，以此能更好地体现作为团中央系统的服务机构的公益服务的导向职能；同时引进资本和合作伙伴，加大市场研发和开发的力度，真正实现有自主品牌、自主开发适合青少年健康成长需求的物美价廉的优质产品服务于青少年。虽然在这个过程中，中心遇到了各方面的压力，但是坚信，唯此才是中心发展

的生路。

三、几点体会

经过一年艰苦创业，全体中心员工在实践中有以下几点体会：

（一）为青少年发展服务，一定要坚持以人为本，用全心全意投入服务的热情，用好品牌资源，开拓服务项目。既要开拓进取，又要量力而行，才能正确处理好稳定与发展的关系，保证中心事业的健康发展。

（二）为青少年发展服务一定要适应青少年成长的特点。寻求发展规律，坚持正确的导向，大力开展适合青少年成长的、受青少年欢迎的、喜闻乐见的活动，提高青少年学习知识，增长才干的兴趣，只有把服务融入青少年的需求之中，才会有事半功倍的效果。

（三）为青少年发展服务，一定要坚持公益性为主，不以盈利为目的。要积极争取社会各界的支持，同时采取适当地以活动养活动的方式，解决活动经费的出路问题。服务中心重在服务，重在推进公益性活动的深入，在赢得信誉的基础上得到一定的资助。只有这样才能建立起服务的诚信和声誉。

（四）为青少年发展服务，一定要积极争取领导支持，围绕党和国家关于青少年健康成长的方针政策和团中央的工作重点，充分利用专家、学者的智慧资源和青少年工作前辈们的工作经验，既承上启下，又与时俱进，开拓发展，朝气蓬勃地、扎扎实实地推进各项工作。

中国国际青年交流中心

一、基本情况

2005 年，中国国际青年交流中心（以下简称中心），在邓小平理论和“三个代表”重要思想指导下，在团中央书记处的领导下，积极开展保持共产党员先进性教育活动，坚持用科学发展观统领中心各项工作，在全体干部职工的共同努力下，国际青年交流培训事业取得了显著成绩：全年派遣研修培训交流考察团组 94 批、1081 人次，接待国外团组 56 个，1133 人次；参加中心研修项目的外国学员 3665 人次；派遣出国留学生签约 300 多人；举办国际论坛 3 个；组织文化演出 200 余场，共接待观众 11 万人次，其中国际文化交流演出 12 场；继续参加“保护母亲河”行动，负责组织实施“小渊基金”四个项目，共植树造林 8000 亩，并与日本经团联就第二期植树造林合作项目达成意向；开展了以防治艾滋病为主题的“青春红丝带，你我同行动”青少年健康教育活动，组织大型演出 2 场，街头演出 60 场，开展同伴教育 200 场，发放宣传品 7 万份。2005 年，中心取得了良好的社会、人才和经济效益。

二、主要工作

（一）国际青年交流培训工作取得可喜成绩

1. 加大团干部国际培训力度

根据《2001—2005 年全国干部教育培训规划》和《2002—2005 全国团干部教育培训规划》，加大“百名团干部赴国外研修培训项目”的实施力度，开展了赴美国公共行政管理研修交流项目，赴澳大利亚、新西兰青年工作开发与管理等长期项目；继续巩固与美国州际教育联合会、美国加州大学伯克利分校、德国卡尔.杜伊斯堡公益中心、新西兰国际人力资源开发中心及新西兰惠灵顿市政府的合作关系，组织

150余名优秀团干部赴美国、德国、新西兰进行为期15天至3个月的行政管理和青年事务的专项培训。

2. 开创赴日研修工作新局面

赴日研修生工作在坚持培养青年技术和管理人才的同时,根据国内青年就业和技能培训的需要,先后开辟了日本青伸会、日本新经济系统开发协同组合、日本流通产业协同产业组合等一批新的研修生接受渠道,开始了派遣三年期的技能研修生新项目,全年共派赴日研修生出8批97人,开创了派遣赴日研修生工作的新局面。

3. 拓展重点专业国际培训范围

从服务国家经济建设的需要出发,与财政部、中直机关管理局、民革中央、国资委、宁夏回族自治区人事厅等部门合作,逐步拓展了8个类别的专业国际培训,组织了国家财政部管理人员赴德专业培训;中国远程教育工作者赴美专业培训、中国奥运工程建设技术人员赴日专业培训、中国高速公路建设技术人员赴德专业培训、中国城市管理者赴德专业培训、中国青少年工作者赴美专业培训、中国青年管理者循环经济专题赴美专业培训、中国高校毕业生就业指导赴美专业培训,共派遣团组12个,参加人员200余人。

4. 发挥国际青年交流职能作用

发挥国际青年交流职能,积极开展国际青年交流事业,在巩固原有交流渠道的同时,不断发展新的交流项目。全年派出中国青年干部访日团、中韩青年文化交流访韩团、中国青年工作者赴拉美考察团、食品行业专家访日团、全国青联财务工作者赴欧洲专业交流团等15个交流培训团,共计160人次;接待来自美国、日本、德国、澳大利亚、新西兰、韩国等20多个国家的外国团组56个,1133人次;举办了"2005中美远程教育论坛"、"中日青年环保论坛"、"归国研修生与日本青年企业家经济交流会"等国际会议。这些活动的开展为中心营造出良好的国际青年交流氛围。

5. 推动国际合作环保造林工作

配合"保护母亲河"行动,在重庆合川、万州、长寿,湖北宜昌,陕西户县、潼关等地实施环保造林项目6个,引进国外资金6000万日元,植树造林8000多亩。环保造林项目的实施不仅改善了当地生态环境,而且促进了中日民间友好交流事业的发展。

6. 开展"青春红丝带"健康教育活动

配合《共青团中央防治艾滋病战略规划》的实施,争取国际资金和技术的支持,在西安、商洛等地开展了以防治艾滋病为主题的"青春红丝带,你我同行动"青少年健康教育活动,组织大型演出2场,街头演出60场,开展同伴教育200场,发放宣传品7万份,并在电台开办专栏节目,对防治艾滋病工作做出了积极贡献。

(二)促进经营工作全面发展又上新台阶

根据经营工作的整体布局,合理调整资源配置,通过完善经营体系、推进机制改革、改造老化设施、落实节能措施、加大项目品牌推广等手段,推动中心经营效益实现稳步增长。

21世纪饭店围绕"突破散客,提升会议,抓住展团,巩固自联"的经营方针,出台《经营管理责任书》,实行绩效管理,建立问题催办制度,规范服务用语,狠抓节能,强化职工培训,提前两个月完成了全年利润目标,提前一个月完成了全年经营目标。

研修部制定出台了部门经理负责教学质量监督体系,努力提高员工业务水平,研修教学质量得到提升,促进了业务发展。开办了中国烹饪研修班、日本里千家茶道研修班、和气道健身班、瑞士中医培训班、中国文化班、HSK辅导班、服装研修班、日本大学预科班等各种长短期培训研修课程,参加培训的外国学员达3665人次;世青中学、青苗小学、青苗幼儿园招收外国学生800多人。经营收入和经营利润也都超额完成计划任务。

演出部通过改制，激发了经营活力，全年组织演出98场。维也纳古典交响乐团、维也纳斯特劳斯歌舞团、俄罗斯民族舞蹈团、芬兰交响乐团、荷兰海中国际剧院歌舞团等一批具有世界影响团体的加盟演出，突显了国际文化交流特色，扩大了中心的知名度，同时也创造了良好的经济效益。

音像部与韩国电视台合作拍摄的电视剧《北京，我的爱》，在中央电视台和韩国电视台播放，受到两国青年欢迎，对加深两国青年的相互了解发挥了很好的作用。

游泳馆通过拓宽营销渠道，丰富服务内容，经营工作稳步推进。通过积极努力，游泳馆被确定为2008年奥运会训练场地，中心编制的游泳馆改造方案也通过奥运指挥部联合审查小组的审定。

留学业务部通过网络建设、设立外埠办事机构、加强留学中介公司间的业务联系等方式，共设立12个主要留学国别的项目，全年签约300余人，比去年同期增长20%。

为推动现代企业制度改革，促进中心所属企业的良性经营，专门成立了清产核资专项小组，对27个分公司进行了梳理。本着"区别对待、分类指导"的原则，对正常经营的14个公司鼓励其通过联合、重组、转让、参股的形式，逐步实行股份制改造；对长期亏损、经营不善的13个公司通过转轨、出售、兼并、破产等方式依法进行清理，逐步消除影响中心健康发展的潜在隐患。

（三）健全民主管理科学决策体制，确立事业发展目标，整合优势资源促进业务发展

贯彻落实书记处的要求，统一思想，统一认识，统一管理，做好两中心合并后机构整合、资源整合、业务整合工作，推动总体事业的不断发展。

1. 健全民主管理科学决策体制。中心设党组、董事会、总经理办公会，明确对经营方针、经营决策和经营管理的职责权限，对所属的19个经营管理部门实行扁平化垂直管理；领导班子成员分工明确、责任到人；实行中心董事会、总经理办公会和月度经营分析会"三会"制度，完善了中心的经营管理决策体制。

2. 确立事业发展目标。中心确定了建设一个以青年特色为主导集国际青年交流、教育合作、文化交流、人才培养、信息咨询、经贸合作、康乐休闲等诸多功能于一体，设施配套、功能齐全具有国际先进水准的现代化综合性国际青年交流基地的发展目标，并制定了相应的发展规划。

3. 完备中心登记注册手续。鉴于中编办不再新增事业编制的现实情况，通过由"人才中心"改名的方式，经中编办批准，完成中国国际青年交流中心的登记注册，申请办理了事业单位法人证书和组织机构代码证书，完备了中心自收自支事业单位的法律手续。

4. 整合优势资源，促进业务发展。中日中心与人才中心合并成立一年以来，逐步实现两中心优势互补，资源整合，壮大了综合实力。中日中心的各种服务设施为人才中心的国际交流事业提供了良好的交流平台，提升了人才中心开展国际培训的能力，人才中心频繁的国际交流活动营造了良好的经营氛围，提升了人气指数，给经营带来了直接的经济效益，实现了国际青年交流与经营活动相互促进、共同发展的良好局面。

（四）加强党团工会建设，注重人力资源的开发，完善员工福利保障体系

在"保持共产党员先进性教育活动"中，中心党组高度重视，将先进性教育活动同推进中心各项工作紧密结合，做到两不误、两促进，以实际成果检验先进性教育活动的成效。中央督导组组长李玉赋同志、周强同志对中心先进性教育活动给予了高度评价。中心认真贯彻十六届四中全会、五中全会精神，发挥党组织的政治核心作用，通过开展劳动竞赛、岗位评优活动，调动了广大员工的积极性。

重视人力资源开发,努力抓好领导班子和中层干部队伍建设和人才培训工作,组织企业文化方面的专题讲座七次,派出管理人员赴国外考察47人次;积极探索用人制度改革和机制创新,逐步完善了规范化、制度化的人才招聘制度;完善职工养老保险、医疗保险和失业保险等保障体系,解除职工后顾之忧,使广大员工全身心地投入工作,促进中心的和谐发展。

中国少先队事业发展中心

一、基本情况

2005年中国少先队事业发展中心(以下简称中心)在团中央书记处和全国少工委的领导下,紧密围绕共青团、少先队的中心工作,充分发挥团属事业单位的自身优势,积极进取,扎实工作,稳步推进,各项工作取得了新的发展。

《辅导员》杂志出版了《中国少年先锋队第五次全国代表大会专辑》;举办了辅导员远程教育培训、"贯彻落实第五次全国少代会精神专题研讨班暨实施《少先队辅导员工作纲要(试行)》现场观摩会",培训辅导员5400多人;《少先队小干部》杂志全新改版。开展了征集少先队员心愿、"我们是光荣的少先队员"、纪念红军长征70周年主题教育活动,15万名少先队员参加了活动;举行了第五届全国少年军校检阅式,中共中央政治局委员、中央军委副主席、国务委员兼国防部长曹刚川出席检阅式并讲话。1500多名少年军校学员接受了检阅;完成了"新时代青少年体质健康促进中心"民办非企社团法人登记注册工作;摄制了故事片《春天的花会开》、《乒乓小子》、《哥哥树》;编写了《可爱的兵团》教材,完成销售码洋400万元;全国小记者培训近5万人;举办了第二届"星星火炬"中国青少年艺术英才推选活动;夏令营中心开展了交流活动;参加了"第七届国际机器人奥林匹克竞赛",取得了4枚金牌的好成绩。

二、主要工作

(一)高度重视,精心安排,深入开展"保持共产党员先进性教育"活动

2005年是党建之年,在中央"保持共产党员先进性教育活动第23督导组"和团中央直属机关先进性教育活动领导小组的正确领导下,中心党组、党总支组织全体党员按照党中央要求和团中央开展先进性教育活动的工作部署,以饱满的政治热情和良好的精神状态,积极参加了"保持共产党员先进性教育活动"。

中心党组高度重视开展保持共产党员先进性教育活动,根据先进性教育活动的要求和工作安排,结合中心的工作实际,在全体党员中进行了全面动员,明确任务,明确要求,严格程序,抓好落实。中心领导班子成员,先进性教育活动领导小组和办公室成员带头参加所在党支部的活动,带领各个支部、各部门的同志一道,按要求认真开展了各阶段、各步骤的活动,以严谨、认真、务实的态度,回顾总结了自己在党的培养教育下,近年来党性修养的情况,对照党章和先进性教育的要求,认真分析,查找自身存在的差距和问题,并从世界观、人生观、价值观的层面分析成因,结合实际提出整改措施。中心党组还通过召开民主生活会、征求干部群众意见、广泛开展谈心活动等,带头开展批评和自我批评,引导中心党员干部和群众畅所欲言,本着相互促进,互相帮助,共同

提高，推动事业发展的原则，坦诚深入地交换意见。全体党员干部也在认真学习，提高认识的基础上，结合各自的实际总结分析了在党性修养、发挥党员先进性作用等方面的情况。在深入学习，提高认识，总结分析，广泛交流的同时，注意理论联系实际，把开展先进性教育和落实先进性实践活动紧密结合起来，开展了一系列实践活动。中心领导班子和中层干部前往雷锋纪念馆参观学习，重温雷锋同志热爱党，热爱人民，为党的事业不懈追求，全心全意为人民服务的高尚品德和崇高精神。辅导员杂志社党支部把开展先进性教育与服务基层少先队组织的工作结合起来，组织党员和入党积极分子赴天津开展实践活动，参观周恩来同志纪念馆，缅怀老一辈无产阶级革命家的丰功伟绩和崇高品格，召开天津市的辅导员通讯员座谈会，广泛征求基层意见，认真研究改进和提高通联工作实效的措施，促进杂志更好地为基层服务。少先队小干部杂志社党支部组织全体党员、编辑记者和中心办公室的同志，赴河北西柏坡学习实践，参观考察了西柏坡革命旧址，深刻体验坚持“两个务必”，保持共产党员先进性的重要意义和深刻内涵。考察期间，还向西柏坡希望小学的少先队员赠送了《全国十佳少先队员事迹读本》和少先队活动的 VCD 光盘，为革命老区少先队员送去了健康的精神食粮。

中心在开展党员先进性教育活动中，始终坚持把开展先进性教育与推动和加强各项工作结合起来，狠抓落实，注重实效。按照先进性教育活动的要求，在学习提高认识，分析查找差距，实践体验精神的基础上，抓住整改和“回头看”的阶段性要求，发动全体党员干部和群众，认真总结分析了中心成立以来各项工作所取得的经验，客观分析了制约中心事业发展的主客观因素，特别是存在的突出问题，结合先进性教育活动，从加强领导班子建设，建立和完善科学决策管理机制，进一步发挥党员干部先锋模范作用，制定和规划中心发展战略，服务青少年成长和共青团、少先队工作等方面提出了整改措施和工作规范，促进和提高了中心整体工作的发展。团中央直属机关先进性教育活动领导小组办公室编发的《简报》中，有 7 期反映了中心活动的开展情况。

为期半年的保持共产党员先进性教育活动，使中心全体党员的党员意识和组织纪律观念得到明显增强，理论学习的意识和学习自觉性有了显著提高，增强了党支部的凝聚力和创造力，提高了党支部的整体战斗力。通过活动，党员干部普遍受到了马克思主义理论教育，尤其是邓小平理论和“三个代表”重要思想深入人心，进一步增强了党员干部的政治意识、大局意识和责任意识，强化了党员全心全意为人民服务的思想意识，进一步明确了党员先进性的具体要求，明确了党员在不同岗位上发挥先锋模范作用的目标。

（二）突出重点，发挥优势，切实发挥《辅导员》、《少先队小干部》杂志的作用，加大为少先队工作服务的工作力度

《辅导员》、《少先队小干部》是团中央主办的中国少先队队刊，在加强和改进未成年人思想道德建设，落实全国少工委“全队抓基层、全队抓落实”的工作方针和促进少先队文化建设，提高少先队辅导员、少先队小干部队伍素质等方面发挥了重要作用。一年来，两刊紧紧围绕共青团和少先队工作的总体部署，充分发挥团属新闻媒体的特有优势和功能，在全国广大辅导员和少先队小干部中，大力宣传全国少工委的工作精神，围绕全队 2005 年的中心工作，开展了一系列富有成效的工作。

《辅导员》杂志在加强办刊管理，提高刊物质量，重点做好“声音”、“视线”、“人物”、“活动”、“资讯”五个版块内容，提高专题、专版、话题和专辑等栏目质量的基础上，通过出版 7 + 8 期合刊《中国少年先锋队第五次全国代表大会专辑》，以“文献”、“活动”、“解读”、“人物”、

“落实”五大版块，真实记录了第五次全国少代会这一历史性事件，为全国各级少先队组织学习、贯彻、落实少代会精神提供了丰富的资料和有力的指导。“倾听·关注·满足”系列专题、“《少先队辅导员工作纲要（试行）》解读”系列专题等重大选题，受到了广大读者的好评。

在抓好杂志编辑出版环节的基础上，辅导员杂志社充分发挥51年来积淀的在少先队组织中的品牌影响作用，立足于服务少先队工作全局、服务基层组织需要和服务辅导员专业成长，开展了多种形式的培训。为贯彻第五次全国少代会精神，提高辅导员队伍整体素质，辅导员杂志社配合全国少工委办公室、中国少先队工作学会与中国少年雏鹰网在暑期举办了全国大、中队辅导员远程教育培训，参加培训的辅导员达5000名。2005年9月，杂志社在江苏省常州市举办了“贯彻落实第五次全国少代会精神专题研讨班暨实施《少先队辅导员工作纲要（试行）》现场观摩会”，并编辑《纲要》辅导教材，受到基层辅导员老师的热烈欢迎，参加培训的辅导员达400多人。辅导员杂志网站自2004年12月开通后，受到各地基层辅导员的欢迎。目前，辅导员论坛上已有2000多名注册会员，日发帖量最高达到601篇，有效促进了杂志社与一线辅导员的沟通交流。杂志社在抓辅导员培训的同时，还组织举办了一批示范性活动，为少先队工作和基层辅导员成长提供服务，搭建平台。2005年，先后举办了“我是光荣的少先队辅导员”教育随笔征文和“第五届全国少先队小研究论文”；联合中国教师杂志社、北京成之路文化教育研究院举办了首届全国优秀班主任评选活动，从近万名参评者中评选出1100名优秀获奖者。还举办了“心中的旗帜——纪念《国旗法》实施15周年论坛”活动；为纪念徐悲鸿先生诞辰110周年主办了“我离大师有多远——‘龙人杯’书画夏令营”活动等。

面对各种传统媒体尤其是行业期刊发行纷纷下滑的趋势，特别是中小学校合并、“一费制”实施带来的教育报刊订阅难等严峻形势，辅导员杂志社认真研究，采取有效措施，加大宣传和合作力度，争取邮政部门的大力支持，力保邮局发行数字稳定。同时，加大自办发行工作力度，积极开拓市场与各地教育服务机构、团队事业单位和期刊营销实体的合作，挖掘潜力，扩大自办发行数量，补充邮局发行不足。在巩固发行工作的同时，开发刊发广告，杂志社成立了广告部，培训发展专业广告营销队伍，扩大了广告经营收益，使广告收入成为继杂志发行收入后，又一个新的经济增长点。

2005年是《少先队小干部》杂志创办的第五个年份。在团中央和全国少工委的扶持和领导下，这本创办不久的全国少先队队刊取得了新的发展。少先队小干部杂志社在以往工作的基础上，集中力量做好四个方面的工作。

一是进一步强化“儿童为本”的意识，精心打造全国队刊的品质，集中精力抓好刊物质量。在认真调研的基础上，2005年，杂志实现了全新改版，以少年儿童的审美阅读需求为依据，以全国少先队队刊的特有定位为指针，以服务少先队工作，服务少先队组织，服务少先队辅导员、服务少先队小干部为出发点和落脚点，精心设计、精心策划、精心编辑、精心出版，使新版杂志实现了色彩靓丽，装帧美观，图文并茂，儿童特点突出。改版后的新版杂志推出后即受到全国读者的热烈好评。

二是切实发挥队刊作用，积极做好全国少工委的舆论喉舌和宣传阵地。围绕第五次全国少代会的召开，2005年上半年，在全国读者中开展了征集少先队员对少代会心愿活动。通过征集评选活动，使少先队员对少先队组织表达心声、倾诉烦恼、美好祝愿和希望得到了切实反映，在杂志3至6期进行连载，为少代会营造了良好的氛围。第五次少代会召开期间，杂志社精心选拔了5名少先队员小记者组成小记者团，对此次大会进行了全程采访，并集中2005年第7+8期合刊的80页篇幅，重点报道了第五次全国少代会的盛况。为迅速宣传和落实少代会精神，杂志社联合全国少工委办公室从2005年7月至12月，在全国读者中开展了“我们是光荣的少先队员”主题教育活动，以全国第五次少代会精神为主线，以新修订的《中国少年先锋队章程》为主要内容，以少先队礼仪规范、少先队活动、少先队历史为知识学习参考范围，通过阅读学习杂志刊发的有关内容，引导少先队员掌握少先队的基本知识，认知少先队光荣历史，从而增强了少年儿童作为一名少先队员的光荣感和责任感，强化了队员意识，队组织观念和“我是少先队员”、“我在少先队组织中成长”、“我为红领巾添光彩”的深刻体验。全国近15万名队员参加了知识竞赛，此项活动及时有效地向少先队员宣传了第五次全国少代会精神，使少先队员光荣感教育落实到少先队员身上。2005年，杂志社还根据全国少工委深入开展“民族精神代代传”主题活动的要求，在全国读者中开展了“手拉手传承长征精神，心连心共话小康蓝图”——全国少先队员纪念红军长征70周年教育活动。依托杂志，采用少年儿童喜闻乐见的连环漫画连载的形式，把红军长征这一中国革命的伟大壮举，特别是长征途中发生的重要历史事件及老一辈无产阶级革命家的丰功伟绩，生动再现给少先队员。少先队员通过参加“我们也走长征路”游戏闯关的形式，进行知识点学习竞答。同时，引导各地队员通过调查、走访、参观、阅读、网上搜索等活动形式，深入学习了解红军长征的各个侧面，感悟伟大的长征精神，活动贯穿全年，使“民族精神代代传”教育通过此次活动得以进一步深化。

三是认真做好少先队小干部队伍建设，不断促进和推动少先队小干部队伍素质的提高，进一步落实全国少工委“全队抓基层，全队抓落实”的工作要求。

全国少工委四届六次全委会提出了“全队抓基层，全队抓落实”的工作要求，第五次全国少代会召开期间，根据中央8号文件和《关于进一步加强少先队工作的意见》精神，推出了在全队试行《少先队辅导员工作纲要》等一系列重要举措。《少先队小干部》杂志作为全国少工委重要宣传载体和面向全国少先队员服务的少先队队刊，承担着“抓基层、抓落实”义不容辞的光荣使命。杂志在落实全国少工委要求的过程中充分认识到，少先队组织的生命力关键在于少先队基层组织要具有生机和活力，而基层组织的全面活跃，十分关键的是少先队小干部队伍的整体素质提高，他们的素质和活力，能够影响和带动少先队员、少先队大、中、小队集体。因此，杂志社在“以刊代训”工作的基础上，组织编辑和部分少先队工作者精心编辑出版了一套《少先队小干部培训教材》，教材按照大、中、小队干部的岗位要求，有针对性地契合队干部实际工作和自身成长的需求，独立成章，汇集了队干部开展工作的各个方面解读指导，同时，也为辅导员老师帮助队干部、指导队干部工作提供了参考资料，全套教材共分为6个分册，受到基层的普遍欢迎。在出版教材的同时，利用杂志连载，使队干部的培训工作常规化，有力地促进和加强了少先队小干部队伍建设，促进了队干部整体工作技能素质的提高。为深入贯彻第五次全国少代会精神，按照全国少工委“全队抓基层、全队抓落实”的工作部署，杂志社还集中力量与基层少先队组织共同举办辅导员培训班，先后在天津、郑州、南阳、商丘、德州举办了辅导员培训班，参加培训的辅导员共1000人次，其中农村辅导员占50%，使全国少代会精神迅速传达到了基层队组织。

四是夯实基础，加强杂志社自身建设，不断提高经营绩效，为少先队文化建设奠定坚实基础。

抓品牌、抓管理、抓团队、抓效益，始终是

少先队小干部杂志社自身建设遵循的工作宗旨。一年来,通过围绕少先队中心工作,策划组织丰富多彩的少先队活动,在广大读者和全国队员中,进一步树立和扩大了杂志的品牌影响。通过举办辅导员培训班,在基层少先队工作者中,宣传了杂志的品牌,弘扬了抓好少先队小干部队伍建设,有利于促进少先队组织活跃,有利于激发少先队员热爱少先队、珍惜红领巾、增强主人意识、民主意识、培养少先队员光荣感、责任感和创造精神的理念,使杂志的品牌影响力进一步提升。通过抓好内部管理和团队建设,杂志社进一步巩固了团结、和谐、敬业、创新的工作局面,从而克服了人力资源紧缺,物质基础薄弱,市场竞争激烈等不利因素的影响,使杂志的发行数量保持了收益稳定。发行网络不断扩大,经营效益稳步增长,平稳渡过了杂志因价格调整带来的市场波动。在价格上调60%的情况下,杂志社自身收益保持了2004年同期水平。同时,培育和激励了基层发行网站的工作积极性。以去年底为基准,杂志2006年发行数量增长了30%,预计2006年发行收益将比2005年增长50%。

(三)强化品牌,扩大影响,进一步发挥少年军校在服务少先队事业发展中的作用,服务少先队事业发展

少年军校活动是少先队组织加强对少年儿童进行国防教育的重点工作和品牌活动。中国少年军校总校创建近十年以来,在团中央、解放军总政治部、国家国防教育办公室、全国少工委的领导和支持下,取得了不断发展的显著成绩。2005年,按照全国少工委抓品牌活动的总体部署,中心协调少年军校总校办公室,进一步加强了中国少年军校总校领导班子建设。在此基础上,2005年,中国少年军校总校开展了丰富多彩的国防教育活动,取得了可喜的成绩。

1. 成功举办了第五期全国少年军校教官(辅导员)研修班,来自全国22个省(区、市)的少年军校示范校校长、教官、辅导员70人参加了为期10天的培训。

2. 为加快全国少年军校正规化建设步伐,实现管理规范化、训练标准化、活动制度化建设目标,开展了全国少年军校小教官培训。来自全国各地少年军校的230多名小教官,在总校房山基地进行了为期10天的训练。

3. 由中央电视台、解放军宣传中心、全国少工委、国家国防教育办公室、中国少年军校总校共同举办的"第二届全国少年军事技能对抗赛"电视专题节目,8月在中央电视台七频道军事节目"红、蓝军"栏目中播出。

4. 在庆祝中国人民解放军成立78周年和纪念抗日战争胜利60周年之际,由团中央、解放军总政治部、全国少工委举办的第五届全国少年军校检阅式在北京举行。中共中央政治局委员、中央军委副主席、国务委员兼国防部长曹刚川出席检阅式并讲话。来自全国各地的25支少年军校代表队和香港女童军、香港交通安全队、澳门童军三支代表队共1500多名小学员接受了检阅。少年儿童用生动活泼的形式,汇报了两年来开展少年军校活动取得的优异成绩。检阅式期间,学员们在中国少年军校总校基地参加了第三届全国少年军校生存技能大赛暨第二届全国少年军校艺术节活动。

5. 在全国少年军校中广泛开展争创"全国少年军校示范校"活动,经过认真评选,2005年共有102所少年军校获得了"全国少年军校示范校"称号。同时,总校根据《全国少年军(警)校示范校管理实施细则(试行)》和《全国少年军(警)校示范校学年度考核评估标准(试行)》的规定要求,进一步加强了对全国少年军校示范校的评估考核,确保了示范校的先进示范作用。制定了《全国少年军(警)校示范校"三级"管理办法》,有力地推进了示范校和全国少年军(警)校的管理与建设工作。

6. 加大少年军校活动的宣传力度,进一步

扩大少年军校活动的社会影响。人民日报、光明日报、解放军报、中国青年报、中国教育报以及中央电视台新闻联播等中央级媒体都相继报道了第五届全国少年军校检阅式的盛况；中央电视台《科技与博览》分四期介绍了总校举办的少年军校"勇敢夏令营"活动；法制频道录制了两集（每集 30 分钟）军事夏令营节目，军事频道在节目时间十分紧张的情况下，仍然录制了"第二届全国少年军事技能对抗赛"并分两次在七频道播放；少儿频道以亲身体验的故事情节录制、编辑了两期反映少年军校生活和第五届检阅式的专题片《军校》。中国少年军校的品牌标识及活动，分别被收入到团中央和全国少工委编辑的《品牌》、《中国少年先锋队大全》、《新世纪我能行》及《中国校外教育年鉴》等大型文集中。总校制作了《中国少年军校》光盘，全面介绍了中国少年军校的活动情况。

7. 2005 年房山基地接待北京市学生军训和夏令营的青少年约 8000 余人，被北京市学生军训办公室和北京市朝阳区教委确定为北京市学生军训定点基地。

8. 为了进一步加快全国少年军校建设步伐，总结交流经验，更好地组织开展少年军校活动，2005 年 11 月 14 日—17 日在山东省聊城市召开了第五届全国少年军校示范校年会，研究部署了 2006 年中国少年军校工作。

（四）文化育人，项目推动，引导青少年在先进文化的熏陶中健康成长

发挥文化育人的作用，在广大少年儿童中培育和弘扬中华民族精神，用先进文化引导少年儿童，陶冶少年儿童，激励少年儿童，是中心长期坚持和始终探索的发展思路之一。2005 年，中心在兴办文化项目和开展文化活动方面又取得了新的进展。

1. 为了正确引导青少年积极参加体育锻炼，保持身心健康、强健体魄，提高当代青少年体质健康素质，在团中央的大力支持下，中心经过近一年的论证和筹备，完成了"新时代青少年体质健康促进中心"在民政部的民办非企社团法人登记注册工作，成为中心又一个新的延伸手臂、服务青少年的工作机构。

2. 中心影视部联合中国电影集团公司共同组建了第一条中小学校园电影院线，为少年儿童影片走进中小学校园奠定基础。同时，影视部联合中国关心下一代工作委员会、西安电影制片厂等单位共同摄制反映少先队辅导员题材故事片《春天的花会开》，反映少年儿童刻苦锻炼、立志为国争光的故事片《乒乓小子》，反映西部少年儿童自立自强的故事片《哥哥树》等。这些影片成为 2005 年"六一"期间献给全国少年儿童的特殊礼物。

3. 中心占股 25% 的宇宙鸟国际青少年科学文化传播中心，与新疆生产建设兵团共同编写了中小学生社会实践课程教材读本《可爱的兵团》，完成销售码洋收益 400 万元。为新疆地区青少年提供了健康的精神食粮。

4. 青少年通讯社成功举办了 2005"育英奖"全国少年儿童新闻通讯作文大赛，收到全国各地少年儿童参赛作品 2 万余份，评选出一等奖 12 名，二等奖 30 名，三等奖 300 名。2005 年 8 月 5 日在人民大会堂举行了隆重的颁奖仪式，一等奖的同学获得了由巨人教育集团赞助的笔记本电脑。

5. 2005 年 4 月，青少年通讯社承办了由团中央权益部、教育部普法办、司法部法宣司共同主办的"全国青少年普法知识竞赛"活动。历时半年，共收到全国各地青少年答卷 16 万份，据不完全统计，有近 600 所中、小学组织学生比赛。中央人民广播电台、中国教育报、中学生报、搜狐网、新华网、人民网等媒体进行了报道。

6. 全国小记者培训指导活动稳步推进，全国"小记者培训指导站"已达 178 家，参加全国小记者培训和活动人数近 5 万人，培训和活动网络基本形成。先后举办了"全国优秀小记者

夏令营”和“小记者教师培训班”，有效地推动了这项工作的开展。

7. 根据广大少年儿童对英语学习的兴趣，组建了“少儿英语培训中心”，选择了“8天英语”作为培训内容，编制了《8天少儿英语教材》和教学考试标准。推广试点工作已经在三个省展开，效果良好。与此同时，组织开展了“第二届全国青少年英语口语技能大赛”，全国共有8万余人参加了初赛阶段的比赛。通过设在全国的30余个分赛区的初赛选拔，共有900名选手参加了决赛阶段的比赛，有300多名选手获得了一、二、三等奖。

8. 根据各地青少年活动场所对艺术教育活动和培训的需求，组建了“青少年书画院”。各地青少年宫积极参加书画院组织的活动，各地选送500幅青少年优秀作品参加了5月在天津举办的“第三届中国书画艺术节”，展示了我国少年儿童精湛的书画水平，获得了主办者的一致好评。

9. 5月19—21日，中心与中华文化交流与合作促进会、中国少年儿童文化艺术基金会、内蒙古自治区团委、内蒙古自治区少工委、中共乌海市委、乌海市人民政府等单位联合举办了“星星火炬代代相传”中国少年先锋队红领巾艺术团赴内蒙古乌海慰问演出活动。此项活动包括“星星火炬代代相传”大型主题文艺演出、红领巾艺术团团员与圣雄希望小学“手拉手”联谊、红领巾艺术团乌海生态园纪念林奠基三大活动。演员以来自全国各地的红领巾艺术团团员为主，老艺术家耿莲凤、青年艺术家张华敏、莫元季等也应邀参加了演出，为孩子们献上了精彩的节目。为表达红领巾艺术团对乌海少年儿童的关心，艺术团给乌海少年儿童捐赠了价值20万元的运动鞋和语言学习机，作为慰问礼物热情支援西部地区的少年儿童更好地学习生活。

10. 举办了第二届“星星火炬”中国青少年艺术英才推选活动。在全国20个省份设立了30个分赛区。内容包括声乐、民族器乐、西洋器乐、戏曲、舞蹈、影视表演、模特表演七个门类，全国有3万多名青少年选手参加了地方的选拔活动。全国总决赛于7月26日拉开帷幕，来自全国各地的2500名青少年选手汇聚在北京，参加了总决赛。本次活动涌现出了一大批优秀青少年艺术人才，为红领巾艺术团输送了优秀团员。活动得到了各级团队组织的大力支持，涌现出的优秀选手和节目得到了艺术专家的高度评价。

11. 夏令营中心利用暑期开展了交流活动。接待了由香港北角官立上午小学和广东道官立小学学生、家长、老师组成的100人交流团。在内容安排上，注重传统文化学习与内地学生亲情交往相结合，达到了很好的效果。通过活动，使香港师生和家长进一步认识了祖国，他们希望加强交流再来北京。夏令营中心还接待了美国各地的华裔学生、家长组成的26人访问团。访问团交流活动得到了北京市教委、交流学校、北京舞蹈学院、中国民乐学会、中国书法家协会、朝阳区体委、河北团省委、承德团市委、北京大学、北京第二外国语学院、少年军校总校等多个地区和单位的大力支持，访问团成员开展了书法、篆刻、武术、民乐、中文、剪纸、空竹、国画等多种学习内容，让华人学生充分领悟了祖国文化的博大精深，感受到了祖国人民的亲情和诚意。

12. 中心青少年科普俱乐部启动了青少年机器人培训、比赛项目，参加了在韩国举行的“第七届国际机器人奥林匹克竞赛”，取得了4枚金牌的好成绩。组织了校长赴韩国科普考察活动，与韩国教育部门进行了交流。

团中央网络影视中心

一、基本情况

2005年,在书记处的关心领导和各部门的支持指导下,网络影视中心全体员工以邓小平理论和"三个代表"重要思想为指导,以先进性教育为动力,加强自身能力建设,深化体制改革,整合各种资源,求效益、求突破,各项工作都取得了新成效。

开通中国青少年网络电台和网络电视台。中国青少年网络电台已开通了《青年新闻》、《团情新闻》、《名家访谈》等一系列深受青少年喜爱的栏目,每天播出24个小时的节目;中国青少年网络电视台拥有校园、就业、培训、新知、健康、社会和娱乐等七个频道。推出了两部电影《88995》、《会说话的风筝》,三部电视剧《炫年华》、《老爸老妈兄弟姐妹》、《圆梦》,两部电视纪录片《神圣的使命》、《青少年网络安全大全》,两部电视专题片《青春盛会——中华全国青年联合会世界一次全体会议纪实》、《光荣与梦想——全国学联第二十四次代表大会会议纪实》,一个电视栏目《青春岁月》。昆仑卫视完成了北京、上海、重庆、武汉、新疆、大连、贵阳、南昌等10余城市2006年的落地工作;中国青年卡在各地已发卡100多万张,服务领域覆盖就业服务、教育培训、图书出版、旅游服务、保险医疗、电信服务、网络服务、休闲娱乐等众多领域。举办了三项重大活动,即首届中韩电子竞技大赛(CKCG2005)、"健康上网拒绝沉迷——帮助未成年人戒除网瘾大行动"、首届"全国大学生公益文化艺术大赛"。同时,经北京奥组委批准,启动了全国青年"献花传友谊、奥运同参与"和"青春风采奥运形象——全国青年奥运礼仪选拔"两项活动。

二、主要工作

(一)竭诚服务青少年,得到中央领导高度评价

在团中央书记处的领导下,中心充分发挥新型舆论阵地作用,坚持服务团的工作大局和广大青少年的健康成长。

1. 紧紧围绕团的中心工作,充分发挥中青网新型传媒作用。一是精心组织,圆满完成了两会、青学联会议、保持共产党员先进性教育、涉日舆情引导等重大宣传任务。二是关注"神六"发射成功、北京奥运会吉祥物发布等青少年时事热点,及时制作专题,受到了广大青少年的欢迎。三是贯彻落实《中共中央国务院关于进一步加强和改进大学生思想政治教育的意见》要求,建设开通了"中国大学生网",新华社内参介绍其做法。四是围绕青少年需求,策划了一系列活动。五是关注和宣传中国工艺美术,建设开通了"中国工艺美术网上博物馆",六是加强版面建设,改版了首页和主要网站,进一步扩大了知名度和影响力,提升了品牌形象。

2. 加强对青少年的教育引导,影视制作再上新台阶。2005年,中心在《我的法兰西岁月》取得巨大成功的基础上,今年克服困难,再接再厉,共推出了两部电影《88995》、《会说话的风筝》,三部电视剧《炫年华》、《老爸老妈兄弟姐妹》、《圆梦》,两部电视纪录片《神圣的使命》、《青少年网络安全大全》,两部电视专题片《青春盛会——中华全国青年联合会十届一次全体会议纪实》、《光荣与梦想——全国学联第二十四次代表大会会议纪实》,一个电视栏目《青春岁月》,同时获得两项华表奖。

2005年8月1日,全国人大常委会副委员长李铁映,丁关根同志在周强同志陪同下,分别听取了中心的主要工作汇报,并给予充分肯定;10月20日,李铁映同志在周强、赵勇、王晓

同志的陪同下视察了中青网，亲笔写下“服务明天、创造未来、培养新一代”的寄语，对中青网服务青少年的工作给予积极肯定。11 月 27 日，全国政协副主席张榕明出席“2005 中国大学生公益论坛”开幕式并接见了公益大使，全国政协副主席张怀西也发来贺信。一年来，新华社等媒体多次报道中青网工作和“远离网瘾”活动。

（二）以保持共产党员先进性教育活动为契机，加强自身建设

今年上半年，中心按照中央保持共产党员先进性教育活动的意见精神，认真落实团中央直属机关先进性教育活动实施方案，扎实完成了每个阶段的工作，建立了长效机制，取得了显著成效，推进了中心建设。一是使中心党员干部更加坚定共产主义理想和建设中国特色社会主义信念，牢记党的宗旨，勤奋学习，艰苦奋斗，提高政治理论水平和专业技术水平，增强服务大局、服务青少年健康成长、服务团的事业的责任意识和服务能力，开拓创新，努力把先进性教育活动体现到实际工作中去。二是密切了党员和群众、领导和员工的关系，统一了思想，增强中心的向心力和凝聚力；三是健全了组织，成立了党总支和团委，其中中心党支部被评为团中央直属机关五四红旗团支部。四是在中心党组调整的情况下，及时调整分工，保证了中心工作没有受到影响。五是对中心的各项规章制度进行及时调整、完善，保证中心的管理机制、用人机制和激励机制运转良好，既符合团属事业单位要求又遵循社会主义市场经济规律。

（三）搭建网络平台，贯通信息服务产业链

一年来，中心顺应科技发展趋势，始终把中青网建设作为工作的重点，在完成新闻宣传任务的同时，积极探索互联网发展的新形势和青少年需求的新变化，努力开拓中青网工作的新局面，更好地为广大青少年的健康成长服务。

2005 年 3 月，经国家广电总局批准，中青网正式获得网上传播视听服务许可证，明确获准在“中青网”上进行网络视听服务业务。同时投入资金对中国青少年网络电台——中青之声进行了改版，将节目进行了改进和扩充，并进一步充实编辑力量，具备了采编审播及监控程序，现已开通了《青年新闻》、《团情新闻》、《名家访谈》等一系列深受青少年喜爱的栏目，每天播出 24 个小时的节目。

中国青少年网络电视台目前已与两家投资商签约，共同运作校园网络电视和网络影视频道。今年 9 月份开通的校园网络电视目前已策划拥有校园、就业、培训、新知、健康、社会和娱乐等七个频道，自行制作了大量节目，其中一些节目已在大学生中拥有了一批忠实观众。网络影视频道通过计算机、电视点播影视节目，利用 IP – HDV 在电视上看网络上的电影，现在上千个影片正在后期制作中，拟于明年初试开通。另外，中心还将陆续开通游戏动漫频道、生活时尚频道、体育频道，以及手机频道、栏目。中心所属《新知识报》也正在探索和中青网的整合、对接。

目前，中青网已具有了网站、报纸、音频、视频的许可证，正在申请领取手机游戏、信息服务电信增值许可证，基本实现了网络信息服务产业链贯通，初步形成了视、音、图、文互动发展，报刊、电台、电视台与网络相结合的跨媒体格局。

（四）以卫视频道和青年卡为基础，打造了两项重点项目

1. 昆仑卫视实现平稳过渡。

2005 年 4 月，国务院出台了《关于非公资本进入文化领域的若干决定》文件，2005 年 6 月国家广播电影电视总局下发了《关于进一步加强电视频道管理的通知》，明确规定非公资本禁止参与电视频道合作。中心严格遵守国家规定，终止了与原有合作伙伴的合作，并多方协调，积极洽商，最终与国家气象局北京华风气象信息影视集团签订了合作协议，高效及

时完成昆仑公司股权转让,保证了青海卫视频道运营的平稳过渡。技术方面,完成了与原合作伙伴的对接,保障安全稳定的传输;广告方面,将青海卫视原有广告客户及订单与新合作伙伴进行了交接,保障经济效益不受影响,并积极开发新的广告客户;节目方面,首先保证了平稳过渡,同时,增加了新改版节目的策划、制作;频道包装方面,加大投入,邀请多家国际、国内知名包装公司对青海卫视频道进行包装方案设计;落地方面,克服困难,顺利完成了北京、上海、重庆、武汉、新疆、大连、贵阳、南昌等10余城市2006年的落地工作。

2. 中国青年卡开始全国发卡。

1月14日,中国青年卡正式举行首发仪式,标志着中国青年卡推行试点工作进入新的发展阶段,全国发卡工作正式拉开序幕。目前,在中国农业银行、交通银行、深圳发展银行、国家邮政局邮政储汇局四家合作金融单位和各试点地区的共同努力和推动下,中国青年卡在各地已发卡100多万张,服务领域覆盖就业服务、教育培训、图书出版、旅游服务、保险医疗、电信服务、网络服务、休闲娱乐等众多领域。今年12月中国青年卡获得万事达卡国际组织颁发的亚太营销项目白金奖。

(五)积极服务青少年,树立了四个活动品牌

1. 首届中韩电子竞技大赛(CKCG2005)成功举办

中韩电子竞技大赛作为中韩青少年交流的新型纽带,由团中央和韩国文化观光部共同主办,并列入中韩两国政府青年交往合作协议,周强同志和韩国议员李光宰担任共同委员长。此次大赛在世纪坛举办了盛大的开幕式晚会,周强、杨岳同志,李光宰议员以及韩国议员团等中韩两国的领导出席晚会,和大家一起观看了大赛形象大使张娜拉等中韩两国演艺明星的精彩演出。与此同时,中韩网络嘉年华也推出了异彩纷呈的活动。生动、形象的韩国文化展、韩国电影史展、韩国漫画展更是为广大的中国观众打开了一扇了解韩国现代文化的大门;而现场绘制的漫画和展示的精美韩国手工艺品则勾勒出一幅鲜活的韩国民俗画。

本次大赛在中韩两国引起广泛关注,各大媒体争相报道,广大青少年踊跃参与,韩国还直播了开幕式的盛况。此次大赛的成功举办,使CKCG成为继WCG、WEG之后的又一受到关注的重大国际赛事。

2. "健康上网拒绝沉迷——帮助未成年人戒除网瘾大行动"引起广泛影响

由中央文明办、团中央、国家新闻出版总署等五部委共同举办的"健康上网拒绝沉迷——帮助未成年人戒除网瘾大行动"是为帮助青少年预防和戒除网瘾做的一项具体工作,在社会上引起广泛共鸣。此次大行动举办了一系列活动:全国人大代表与青年志愿者共话"网瘾"座谈会,"家长对谈活动",组织家长参加山东卫视《天下父母》栏目网瘾专家陶宏开教授和知心姐姐卢勤的专场访谈"学会怎样做父母",与中国教育电视台新闻中心国事资讯栏目合作拍摄戒除网瘾系列节目,定期组织素质教育专家付中国教授给家长进行"如何提高孩子的综合素质"专门培训,"百万家庭健康上网大行动","共担社会责任促进繁荣发展——《网络游戏防沉迷系统开发标准》座谈会",发布《中国青少年网瘾数据报告(2005)》等。通过举办这些活动,唤起了社会各界对网瘾问题的重视,同时采取有效手段,切实帮助了青少年预防和戒除网瘾。

3. 首届"全国大学生公益文化艺术大赛"顺利进行

2005年3月,中心重新对全国大学生公益文化艺术大赛进行内部整顿、组织调整,并陆续启动湖南、湖北、吉林、辽宁、广西、广东等十个分赛区。在此过程中,为更好的扩大影响,推动大赛的顺利举办,召开了五部委代表参加的"全国大学生公益文化艺术大赛主办单位联

席会议”，得到了大家的鼎力支持。同时，与人民政协报联合举办的公益论坛已开展了“2005中国大学生公益论坛之先锋论坛”以及“2005中国大学生公益论坛”等两个论坛，在中央电视台新闻联播中进行了报道后，影响广泛。大赛总决赛计划于明年上半年在北京正式开展，至此中心将在全国3000余所大专院校、2000万在校生中掀起了一股展示公益文化、建设校园活动品牌、增进思想交流的热潮。

4. 奥运活动正式启动

全国青年“献花传友谊、奥运同参与”活动以“团结、友谊、文明、礼仪”为主题，以志愿者向参加第29届奥运会的奥运大家庭成员和国际友人敬献鲜花的方式，表达中国青年的美好情谊和祝愿，并以此增进与世界各国人民的友谊，展示中国青年的时代风尚，传播奥运精神，弘扬中华文明。“青春风采奥运形象——全国青年奥运礼仪选拔”活动是面向全国56个民族的青年广泛开展的普及奥运知识、弘扬奥运精神、倡导文明礼仪、服务奥运赛事的公益活动。这两项活动已得到北京奥组委的批准，各项工作正在有条不紊地进行。

全国青联中华青年交流中心

在过去的一年里，中心全体同志认真贯彻团中央书记处关于中心工作的指示精神，上下一心、齐心协力、艰苦奋斗、争创一流，组建、锻炼了工作队伍，探索、理清了工作思路，开创、实施了工作项目，打造、树立了工作品牌，中心工作从无到有，逐步开创了青年华人交流工作新局面。

过去的一年，按照“扎实工作，务实创新，培育品牌，长久发展”的工作要求，在相关部门指导帮助下，集中有限力量和资源，着力做了以下几项工作。

1. 成功举办了首届全球“青年华商峰会”

华人经济是世界经济中一支重要力量，青年华商是推动当代中国乃至世界经济发展的一支不容忽视的生力军。改革开放以来，中国和平发展举世瞩目，市场经济蓬勃发展使中国成为世界最大和商机无限的新兴市场，为全球华商尤其是充满朝气的青年华商提供了施展才华的广阔空间。为了积极促进海内外青年华商之间的相互交流，进一步拓展全球青年华商平等合作，让广大青年华商在祖国市场经济的大潮中发挥更重要的作用，中心解放思想，大胆创新，整合资源，苦心经营，集中全力、开创性打造“青年华商峰会”品牌。“峰会”将根据情况，每一到两年举办一届，力求办成世界青年华商精英了解中国，中国青年企业家了解世界的窗口，全球华人商界领袖共谋发展的平台，新一代青年华商激扬青春、彰显智能的舞台。最终把“峰会”打造成世界青年华商最高层次、最高水平、最高境界交流合作的精品项目。中心将根据自身业务发展情况，以“峰会”为平台，逐步拓展与国内外青年华商的经济合作领域。

2005年1月8日至9日，在北京成功举办了首届全球“青年华商峰会”。来自20多个国家和地区的青年华商领袖400余人参加了这次盛会，全国人大常委会副委员长成思危出席会议并作了主旨演讲，国家18个部委团体的领导同志出席了会议。周强同志到会致辞，赵勇同志为海外华商社团颁发了组织奖，并在青联欢迎晚宴上致欢迎词，胡伟同志出席了开、闭幕式并致闭幕词。本次峰会以"和平发展的中国：新世纪、新华商"为主题，开辟了"部长论坛"、"建设国际大都市——市长论坛"、"新一代华商展望未来"、"中西融合"等10几个权威、前沿、焦点论坛。在论坛组织方式上，采用了国际知名的媒体明星和理论界权威联袂主持方式；在活动组织方式上，将白天传统论坛"头脑风暴"与晚上中国传统文化展演有机结合起来；在运作方式上，初步探索出了一条政学商相结合，优势互补的社会化运行模式。峰会反响极大，好评如潮，海内外50多家新闻媒体进行了深度宣传报道。

2. 以"中国心·中华行"为品牌，创造性开展了两次青年国际文化交流活动

为弘扬民族文化和爱国主义精神，以文化交流为载体，团结凝聚全球炎黄子孙，永远保持一颗"中国心"，发挥各自所长，采取多种方式，为中华民族的伟大复兴贡献力量，中心将倾力推出"中国心·中国行"大型文化系列活动，通过丰富多彩的文化形式，有计划、按步骤与分布在世界各地的主流华人华侨组织开展深入的文化交流活动，并逐步将其打造成世界华人家喻户晓的中华民族国际大型文化交流项目。

2005年1月21日至2月2日，应美国北德州中国学生学者联谊会、WILLIAMCHULA-WOFFICE、达拉斯艺术家协会、中国西部开发世界联合会总会共同邀请，组派中国青年艺术家访问团一行10人，赴美举办"中国心·中国行"慰问演出并进行文化交流活动。慰问团走进美国高校及华人社区，先后在达拉斯、休斯顿、纽约、华盛顿等重要城市举行。此次慰问演出是以中华民族传统节日春节为契机，通过慰问演出的形式，把中国璀璨的文化和著名青年艺术家介绍给美国和美国青年，让更多的美国人了解中国，让更多的海外华侨华人、留学精英体会祖国博大精深的中华文化和日益强大的蓬勃气息，表达中华民族长期以来对和平与发展的美好追求，抒发当代中华青年渴望世界和平、民族团结、祖国统一、繁荣富强的美好愿望。

2005年10月6日至14日，"中国心·中华情"祖国大陆青年艺术家访问团赴台湾进行了文化考察交流。访问团在台北、台中、高雄分别进行了3场大型慰问演出和一场以"新世纪、新愿景——两岸青年文化论坛"为主题的活动。此次赴台交流是全国青联中华青年交流中心与中华青年交流协会、中国青年大陆研究文教基金会共同策划，通过演出和论坛的形式让更多的台湾青年不仅对祖国的优秀文化有了新的认识，还促进了两岸青年在经济、文化、教育等多方面的交流。

3. 成功举办首届"全球青年华人文化论坛"

为增进海内外华人青年的经济文化交流，弘扬中华文化，于2005年9月25日至27日在山西大同成功举办首届"全球青年文化论坛"。本次论坛以中华武术为主题，围绕青年与中华武术文化，借助北岳恒山求同求和的文化内涵，共同探讨青年在中华传统文化发展进程中发挥的作用，寻找传统文化在世界背景下保持文化的自主性和民族性的实践操作模式，并与同时举办的首届中国武术文化产业（国际）论坛共同就"功夫——中国影视走向世界的桥梁"等话题进行实质性探讨。

此次论坛得到了共青团中央、全国青联、中国武术协会、山西省委省政府、大同市委市政府等相关部门的大力支持，相关领导和国内外百余名优秀的青年华商、武术界、影视界、文化界知名人士出席论坛。期间，著名作家苏叔阳、旅美青年钢琴艺术家孔祥东等文化名人共同探讨了青年与中华传统文化。为期三天的文化论坛不仅在举办规模和运作模式上得到了好评，其实际影响也得到了广大专家学者的一致肯定。

4. 圆满完成2005年度香港学生首都考察体验团活动

中心紧扣“交流中心”职能，继圆满完成2004年首届香港学生首都考察体验团考察交流任务之后，紧锣密鼓地组织落实了2005年香港学生首都考察体验团活动。1400余名大、中学香港学生于6月13日至7月31日分18批对北京进行了为期5天的访问。参访学生来自香港50所中学和高校，年龄为14岁至22岁。在京期间，香港学生通过游览故宫、天坛、颐和园、圆明园、八达岭长城、卢沟桥等名胜古迹和文化遗产，深化了对祖国历史和文化的认识和理解；通过参观北京大学、清华大学、燕京华侨大学、北京二十一世纪学校等高等学府和中国科技馆，切身体验了祖国科学教育事业日新月异的发展势头；通过考察清华大学同方企业集团、北京有色金属研究院、韩村河、景泰蓝制作中心等，并与青年企业家进行交流，亲身感受到中国经济建设的巨大成就和综合国力的迅速提升。来自北京十多所中学和高校的近二百名青年志愿者陪同香港学生参加了活动，进行了零距离的交流，增进了彼此了解，建立了深厚感情，促进了相互学习，活动取得了圆满成功。

5. 开展赴港澳和泰国华人社团调研交流活动

中心的成立，延长了海外青年华人、华侨工作领域的手臂，加大了对海内外中华青年交流的工作力度。为进一步了解和掌握海外青年华侨、华人的新情况、新特点、新变化，按照年初开展“全球青年华侨、华人及侨团组织基本情况专题调研”的工作计划，中心首次组织“全国青联中华青年交流中心考察团”，赴香港、澳门进行了交流考察活动。新年伊始，中心就组织了3人工作组，于2月27日至3月3日，赴香港、澳门进行工作访问，访问活动取得了圆满成功。在港澳期间，工作组拜会了中央人民政府驻香港特别行政区联络办公室和驻澳门特别行政区联络办公室，向有关负责同志汇报了中心成立一年来工作开展情况和此行的目的；工作组先后拜访了香港青年联会、香港青年协会、中华青年交流中心（香港）有限公司、香港董事学会、香港广东社团总会青年委员会、粤港青年交流促进会、香港潮州商会青年委员会、澳门中华总商会青年委员会、澳门青年企业家协会、澳门科技大学等10几个社团组织和机构单位，并与香港青年协会、中华青年交流中心香港有限公司、香港董事学会进行了工作洽谈，达成了一些初步合作意向。除拜见港澳社团外，工作组还与100多位港澳各界人事进行了广泛的交流联谊，为进一步宣传全国青联中华青年交流中心项目品牌，拓展与港澳地区的合作领域打下了基础。

6月17日至21日，中心应泰国青年华人商会的邀请，组织中国青年企业家代表团赴泰参加了其盛大的成立5周年庆典及经贸洽谈活动，并拜会了泰国中华总商会、潮州会馆、青年企业家联合会、华人青年商会等当地华人社团，受到当地主流华人华侨商会和社团组织的热烈欢迎。双方就促进交流、加强合作进行了广泛务实的交流，从而进一步增进了了解，加深了友谊，扩大了影响，达成了共识，实现了预期目的。撰写的出访报告，为中心工作的长期定位、加深对海外侨胞现状及新一代青年华商的了解、做好与东南亚青年社团的合作提供了一系列建设性意见和建议。

6. 加强自身建设

打铁先要自身硬。中心任务任重道远，工作千头万绪，但关键在于团队建设。中心主要抓了三点：一是队伍建设。通过团中央机关调配、面向社会公开招聘等形式选拔聘任了一批干部职工，其中研究生学历3名，其余都是本科学历。中心3个部门干部配备基本到位。二是加强学习。针对中心人员来源渠道不一、素质参差不齐的现状，按照团中央书记处建立学习型机关的要求，中心自我加压，在学习上自觉与机关部门看齐，通过定期与不定期、统一组织学习与自学相结合等方式，严格按照团中央机关要求，圆满完成了保持党员先进性活动任务；带领大家认真学习“三个代表”重要思想、党的十六大和团的十五大会议精神；认真学习团的文件汇编和公文写作；结合本职工作，组织讨论中心工作，达成共识，形成合力，树立识大局、善协调、负责任的团队精神，使全体干部职工心往一处想、劲往一处使。三是建章立制。为了保证中心各项工作的有序运转，中心参照团中央机关有关规定，建立健全了包括人事管理、行政管理、文档管理、财务管理等中心一系列内部管理制度。并初步制定了中心岗位责任制，按照项目细化、工作量化、结果优化的原则，年底将对中心每位工作人员进行综合评定、量化打分，激励先进，鞭策落后，促进工作，使中心在工作学习上逐步形成比学赶帮超的热潮。

全国青联国际项目合作中心

一、基本情况

2005年全国青联国际项目合作中心(以下简称中心)认真落实科学发展观，紧密围绕团中央的重点工作，及时把握对外项目合作的发展趋势，在夯实主业、突出重点的基础上，有的放矢、拓展外延，坚持以环保为主线，以参与“保护母亲河行动”为主要着力点，以拉争外援为依托，以工程项目为载体，注重方法创新与机制创新，走差异化发展道路，取得了显著的成果。

中心全年与日本13家友好团体联合申请“日中绿化交流基金”的资助，在全国14个省、区、市共同兴建了21个“保护母亲河行动——中日青年生态绿化示范林”工程，受援金额达3亿日元，造林面积达2000公顷，其间动员了万余人次的中日两国各界人士参加植树劳动及环保对话；促成日本丰田汽车公司出资1000万元人民币与团中央、全国青联共同创设“中国青年丰田环境保护奖”，表彰了一批环保领域的优秀青年人物与先进事迹，扶持了一批有独特示范意义的环保创意与项目；争取到日本官方及民间的小额援助计400万元人民币，分别在江西、河南等地的革命老区新建了3个乡村卫生院、血吸虫防治站与“村村通”自来水工程，已全部建成并投入使用；与日本有关方面联合举办了第二届“中日民间水论坛”，在京举办了论展结合、以项目洽谈与技术研讨为特点的“中韩青年经济人商务合作论坛”。通过上述项目的实施，有力地展示了通过对外合作来推进环境友好型社会与社会主义新农村建设的重要价值，形成了共青团组织服务社会经济发展的独特抓手与平台。

二、主要工作

(一)继续大力推进“小渊基金”项目

首先，随着团属“小渊基金”项目的重心从造林向管林的自然转移，加大了对团属“小渊基金”项目的监管力度。去年各团属“小渊基金”项目区的邻近地区火灾、水灾、旱灾、虫灾频发。针对这些情况，中心预防在前，妥善应对，及时地确保了团属“小渊基金”项目区的安全及所种林木的高成活率和高保存率，防范了不必要的政治风险与生态风险，赢得了日方及国内有关主管部门的高度评价。

其次，全力拓展“小渊基金”项目的边际效

应。随着“小渊基金”项目的扎实耕耘与多年积累,各项目区已经显现出骄人的生态修复效应与景观效应。鉴于此,中心在内蒙古达拉特旗项目区率先修建了具有生态教育功能和生态旅游功能的青少年生态园区的基础上,指导其他项目区向地方政府主管部门申报生态旅游景区或森林公园。此外中心还协同各团属“小渊基金”项目区编制了具有专业水平的森林档案。目前,绝大多数团属“小渊基金”项目区已被评为当地的生态示范林或指标林工程,团属“小渊基金”项目区在中日生态合作框架中的分量已由过去单纯的政治优势转向政治优势与技术优势齐头并进,中心及领办“小渊基金”项目的各基础团组织在生态造林方面的行业权威性得到了进一步认可。

第三,继续保持“小渊基金”领办过程中的优势地位。在今年中日关系面临极大困境的情况下,主动出击,完成了书记处所交办的在三峡库区兴办团属“小渊基金”项目的政治任务。尤其中日双方围绕“小渊基金”项目资源的竞争日趋激烈,中日方申报单位已多达100余家,而日方主管部门的拨款总额又相对恒定的情况下,中心经多方努力,最终确保了团属“小渊基金”项目总量维持21个项目点的原有格局,遍及全国14个省、市、自治区,受援金额高达3亿日元,占今年度日方“小渊基金”援款总额的70%左右。

第四,继续注重“小渊基金”框架下的育人工作。2005年,面向日本各知名大学,以专题论文选评和面试的方式公开招募日本大学生志愿者来华与我国各地大学生志愿者共同前往“小渊基金”项目区参加植树劳动,并围绕“保护母亲河行动”开展专题研讨。同时,中心还与日本旅游机构联手接待了数百名日本各界旅游者专程来华、前往团属“小渊基金”项目区参加植树劳动,并对他们进行“保护母亲河行动”方面的现场教育。其次,中心还协助国家林业局举办了“中日少年儿童环保合作绘画作品展”。

综上所述,通过“小渊基金”项目的稳定实施,给基层团组织提供了可靠的工作抓手。同时再一次彰显了共青团组织参与生态建设的必要性与可行性,更重要的是,为今后“保护母亲河行动”的深化营造了长期有效的物质支撑和面向全社会开展保护母亲河教育及生态环保教育的可靠平台。

(二)创设“中国青年丰田环境保护奖”

经过多方努力,促成日本丰田汽车公司出资1000万元人民币与全国青联联手设立“中国青年丰田环境保护奖”。在表彰全国各地、各行、各界的青年个人和青年团队的优秀环保事迹的同时,分类别、分领域地扶持青年群体和青年个人所提交的既具有可操作性、又符合社会发展需求的环保创意。这是迄今为止共青团系统在环境保护领域里所获得的跨国公司的最高额资助。此项活动每年举办一次,第一轮合作期为期三年。到目前为止,搜狐网等国内主流新闻媒体高度关注,设专栏全程追踪报道,全国各地的报名十分踊跃。这项活动的启动,无疑将极大地增强共青团系统所开展的环保活动的社会感召力,也将在提升全民尤其是青年一代的环保参与热情方面发挥积极的推助作用。

(三)领办日本外务省的“利民工程”项目

中心顺应内陆及西部革命老区兴办公共事业,改善基础设施,改变当地贫穷落后状况的请求,主动策划与外联,申请到由日本外务省以“利民工程”名义设立、由日本驻华使馆主管的对华小额援助资金共计300多万元人民币,分别在河南省确山县、江西省吉安县和江西省瑞昌市兴建了乡村卫生院、乡村血吸虫防治站和乡级“村村通”自来水工程,上述援款已全部到位,项目已全部建成并投入使用,由此极大地提升了基层政府和民众对共青团组织的美誉度,也体现了共青团组织在建设社会主义新农村进程中所具有的独特的桥梁作用。

（四）举办“中韩青年经济人商务合作论坛”。

此次论坛期间，中心吸取国内类似活动“虚而不实、虎头蛇尾”的教训，首次运用两国青年企业家按行业分组，一对一进行对话的模式，以增进中韩青年经济人的互信，并建立直接纽带关系为着力点，采取政策咨询与行业信息介绍相结合、项目洽谈与合作机制磋商相结合的方式，赢得了双方参与人员的一致好评，并为今后进一步增强类似中外青年企业家双边合作机制的针对性、有效性提供了有益的范例和启示。

（五）参加第二届“中日民间水论坛”

中心选派来自全国各地由官员、专家、团干部、大学生志愿者共90人组成的大型代表团赴日本札幌参加了第二届“中日民间水论坛”。论坛期间，不仅向日本主流社会表达了中国积极推进循环经济和节约型社会构建的战略姿态，也阐述了中国青年和青年组织真诚致力于参与国际水资源保护和水环境改善的良好意愿，同时通过这个活动也进一步增强了中国青年组织在中日水合作领域里的影响力。

回顾2005年，中心开展的各项工作充分体现了求实精神、拼搏精神与创新精神。这些作风过去是、今后仍将是中心奋发向上的重要精神财富。

中国光华科技基金会

（见组织概况部分）

中国青少年犯罪研究会

（见组织概况部分）

中国青年旅行社总社

一、基本情况

2005年,中国青年旅行社总社(以下简称总社)在团中央书记处的领导下,贯彻党的十六届四中、五中全会精神,以"三个代表"重要思想为指导,以管理与监督为主导,从企业实际出发,求稳、求实、求新,不断促进和推动企业的发展,取得了较好的经济效益。

在2005年青旅写字楼的自主经营中,注重在开展多种促销活动中抓客户,在盘活现有资产中搞创收,取得了房屋出租率达95%,营业额达450万元的可喜成绩。开工两年多的上海淮海国际广场项目,总建筑面积8万平方米,包括写字楼、酒店及配楼商业部分,在2005年已完成土建和安装,正在进行内外装修。预计今年4月后正式开业。中青旅控股股份有限公司也已顺利完成了股权分置的改革。

二、主要工作

(一)积极参与,教育活动有声有色

根据团中央的统一部署,总社于2005年1月至6月,在青旅系统开展了以实践"三个代表"重要思想为主要内容的保持共产党员先进性教育活动,总社党委所属4个党支部,65名党员参加了这一活动。在活动中始终把增强党员意识放在首位,从党员意识是否淡薄找问题,在如何体现党员先进性上下功夫。

1. 领导班子成员处处带头作表率是教育活动取得成果的关键。领导班子成员带头发言,谈认识、谈体会,主动查找问题,感动了所有党员。尤其是班子成员对国有企业的党员领导干部既要抓住发展机遇,又要切实防范和控制风险,既要努力争取创造良好的企业业绩,又要牢固树立科学发展观,时刻把对党、对人民、对企业的责任铭记心间,时刻不忘责任重于泰山的认识有了新的提高。

2. 党员之间开展谈心,交流思想统一认识是教育活动取得成果的基础。活动中,大家先听后议,指出问题,坦诚交心,不护短为找不足,提建议为增友谊,真正做到了谈心必须交心,交流要有诚心,改错要有信心,以此达到互相帮助,共同进步的目的。

3. 整改措施切合实际,行之有效是教育活动取得成果的体现。为体现党员先进性,把教育活动落到实处。党委提出了要把抓落实,见实效放在主要位置上。党委在整改过程中,着力解决群众最为关心和与群众切身利益最为密切的事情。一是解决企业经营决策透明度不够的问题。实行社务公开,增加企业经营决策的透明度,增加员工的知情权。党委主要负责同志连续三次在全体员工会上介绍企业的经营状况和下一步的发展目标。此举深深地鼓舞了员工,员工的精神面貌为之振奋,工作干劲更足。二是解决关心员工生活方面的问题。不仅为员工提供了免费工作午餐,还为员工增加了养老和医疗的补充保险,解决了员工的后顾之忧。党员针对自身存在的问题在进行深刻的反思后,就如何发挥党员先进性制定出了切合个人实际的整改措施。总之,保持共产党员先进性教育活动得益于党委的认真组织、党员的积极参与,活动搞得有声有色,达到了预期目标,群众满意和基本满意度达100%。

(二)打造品牌,保证质量确保效益

中青旅集团上海控股有限公司是近年来总社在管理上投入精力最大的一家。经过前两年的改制,理顺了相互间的关系,形成了以总社为主导地位的公司组织架构,为公司健康有序的发展奠定了基础。开工两年多的上海淮海国际广场项目,总建筑面积近8万平方米,包括写字楼、酒店及配楼商业部分,目前已

完成土建和安装,正在进行内外装修。预计2006年4月该项目的写字楼正式开业,6月酒店将进行试营业。

1.高标准严要求抓好质量。对于上海淮海国际广场项目,始终把建设阳光工程的要求,贯彻在项目开发建设的全过程中,以健全各项制度来保证工程各个环节的质量,从而达到控制项目风险的目的。为确保这一项目的质量,打造青旅对外的国际品牌,总社领导亲自挂帅,协调各方面关系,严把质量关。团中央书记处对此项目极为重视,从项目的开工到大楼的封顶,多次批示要确保质量,要做好共青团的形象品牌,对该项目的顺利完工及按时交付使用起到了不可估量的作用。

2.定指标促销售确保效益。保证质量建好工程只是为实现效益打下了基础,而做好销售引入客户,才能最终实现效益。对此,总社已与香港的一家公司达成销售协议,制定了几套销售方案,并根据市场变化和社会需求,随时修改方案,力求实现黄金地段的黄金效益。目前写字楼的预租达到70%,列入国际500强企业的多家知名公司已签订意向将其在中国或亚洲的总部搬入其中。从预租的情况看,实现既定目标,达到较好的经济效益是有把握的。

(三)健全制度,做好服务赢得客户

总社写字楼经过2004年自主经营的尝试,积累了一定的物业管理经验。2005年在开展多种促销活动中抓客户,在盘活现有资产中搞创收,取得了房屋出租率达95%,营业额达450万元的可喜成绩。去年,为了提高服务质量赢得客户并留住客户,主要做好两项工作。

一是明确岗位职责,规范服务行为。写字楼的经营与管理,对于总社来说,是个新课题。总社从建立各类人员岗位责任制入手,对服务行为进行了规范,对服务质量提出了明确的标准和要求。同时,多次征求客户意见,客户对写字楼的物业管理和服务基本认可和满意。

二是完善写字楼功能,满足客户需求。写字楼建于1994年,通讯设备落后。去年重点做好宽带网、小灵通设备的维护保养和安全运行,方便了客户,提高了工作效率。同时,更新和维修了空调,进行屋顶防水及消防设施的检修等,保证了房屋的正常出租和使用。

(四)寻求合作,争取更大发展空间

企业的发展,一方面靠自身的基础和实力,另一方面也需借助外力,寻求合作,促进企业得到更快更大的发展。在这两年东交民巷饭店与外单位合作经营中,总社尝到了甜头。为此,只要有利于企业发展,有潜力的合作项目,只要看准了,我们就会抓住时机不松手。

1.积极拓展业务空间,寻找新的合作项目。在建设上海淮海国际广场项目的同时,总社与上海嘉定工业开发区共同组建一地产开发公司,先后获得了上海嘉定区内三块地块的开发权。其中一块占地近2万平方米,可建设开发包括写字楼、酒店和部分高档住宅。前期的报批手续已完成,预计春节后即可开工建设。

2.确定项目可行在先,赢取效益放在首位。经过2004年、2005年的磨合,中青旅集团上海控股有限公司已将武汉汉口大饭店主楼的产权全部收购完毕。目前进入全面装修阶段,预计2006年4月可开张营业。该项目的运营将带来较为可观的经济效益。

(五)监督管理,侧重财务审计把关

总社主要的监管对象是所属企业及参控股企业。根据公司法和企业的实际情况,总社正逐步完善监督管理的手段。首先,要求这些企业的财务,必须按照会计法规要求进行规范化管理,提高财务管理水平;其次,统一协调,由投资各方认定中介机构进行年度财务会计审计,根据相关数据分析、掌握公司的财务和经营状况,并对审计出的财务管理等问题,提出管理建议书,报送董事会,指导改进财务管理工作;再次,对于各企业有大的投资项目,在投资贷款的预审上进行把关。

中国青年实业发展总公司

一、基本情况

2005年,中国青年实业发展总公司(以下简称公司)以邓小平理论和“三个代表”重要思想为指导,开展保持共产党员先进性教育活动收到了良好的效果。公司领导班子以保持共产党员先进性教育取得的成果为契机,积极应对市场变化,在巩固进出口主营业务的同时,探索新的外贸进出口业务,稳妥操作证券投资,积极开拓新的业务增长点,全年实现进出口额人民币3500万元。按照创新、规范的经营思路发展嘉事堂药业业务。一方面整合投资企业,优化内部资源,一方面通过建设新物流、合作开发新药等项目,拓展新的业务渠道,稳妥推进公司经营管理业务发展。全年实现销售收入5.6亿元,利润1200万元,圆满完成全年经营任务。

二、主要工作

(一)适应市场变化,贸易进出口巩固传统业务,拓展新项目

2005年是我国加入世界贸易组织的第四年。按照中国入世的承诺,对外贸易与经营政策有所调整,使公司的经营面临前所未有的市场考验。主要体现在:一、我国外贸经营权从审批制到备案制的转变,注册资本金在50万元以上的企业均可从事进出口贸易活动,进出口贸易不再具备资源优势;二、授信额度的中止,降低了进口业务的竞争力。今年以来银行加大了资金风险防范,中止了公司与之授信额度的使用,使原本竞争激烈的进口业务更是面临新的困难;三、资金短缺,给业务开展带来不便。有时拆借客户退税和货款,对于业务开展、稳定客户都有影响,资金的减少给开展业务带来一定困难。面对各方面困难和市场的挑战,贸易部在稳定老客户群的基础上,积极开拓市场,发展新客户,保持业务的稳定发展,较好地完成了全年任务,全年完成进出口额430万美元,价值人民币3500万元,代理收入40万元。

贸易部充分利用几年来与客户建立起的良好业务关系,继续巩固原有客户,在对老客户服务的及时周到上下功夫。想客户之所想,急客户之所急。以良好务实的信誉,细致周到的服务,巩固发展传统经营项目和多年的合作关系。象恒福利公司、科安科公司、众智艺公司等,都是贸易部的传统客户。凭借多年的合作关系和业务基础,继续为他们代理进出口业务。从与之谈判,到签订协议履行承诺,面对每一笔业务,不论大小,不论难易,贸易部都给客户提供最为快捷、优质的服务,在客户心中形成了自己的“品牌”形象,真正实现了厂家与贸易部互惠互利的双赢。

贸易部始终把发展新客户,当成规避业务风险的一项重要工作来抓。今年以来,贸易部努力开发新项目,使新增客户业务有了稳定发展。如水泥熟料执行业务合同14个;汽车配件执行业务合同25个;新开发的与吴阶平基金会CT机项目进展顺利;彩超业务项目已纳入拓展项目之中。此外,成功代理大型化工设备的进口业务。为北京驰码特公司生产高科技治疗设备进口配件;为北京鼎瑞公司进口日本高速电机等项业务正在洽谈中,这些都将成为贸易部新业务的增长点。

降钙素是嘉事堂药业具有自主知识产权的产品,科技含量高,市场前景广阔。贸易部按公司要求,经过积极寻求销售渠道,与多家外商沟通,发出样品,进行理化试验,明年即可开始贸易洽谈。这些潜在客户群和新的业务,为公司主营业务外贸进出口的开拓,提供了发

展的空间，奠定了发展的基础。

（二）嘉事堂整合资源，优化配置，积极稳妥推进业务发展

嘉事堂药业按照创新、规范的经营思路，一方面通过整合投资企业，优化内部资源，挖掘潜力；一方面通过建设新物流、合作开发新药等工作，拓展业务新渠道，积极稳妥推进公司经营管理业务发展。全年销售5.6亿元，实现利润1200万元（尚未审计），完成了全年的经营任务。

1. 连锁以营销为先导，塑造品牌，扩大影响力

连锁以保持北京地区药店15%数量为目标，2005年度继续新开药店32家，市场覆盖面有所增加。分别在3月份和8月份，通过整合，原有关联企业药店归连锁部门统一管理，对门店按照授权经营统一模式进行调整，使北京地区所有嘉事堂药店纳入统一的管理轨道。今年连锁举行了四季药学服务春、夏、秋三个主题活动、农展馆展销活动、国庆抽奖活动、元旦春节嘉年华活动一系列营销活动，营销活动的频率和品位都有所提高；嘉事DM杂志2005年4月创刊，全年发行7期，累计10万册，受到消费者的关注；除新开业门店外，全年投入200万元，对10多个药店按照第二代药店的标准要求进行改造；增加与新闻沟通和对外曝光率，全年新闻报道近100次，增加行业和消费者对嘉事堂的认知。

2. 批发加强考核管理，逐步调整经营方向

在资源整合之前，公司在北京地区的批发业务格局是四个批发公司各自为政，特点是较为分散，业务量小，同质市场交叉，同时招标业务有冲突。公司对二级投资企业调整后，批发按区域全部调整为非独立法人的分公司，成立了海淀、石景山、丰台、房山批发分公司，实现物流、信息、结算一体化，减少管理人员，节约管理成本，另一方面实现产品资源共享，共同做大市场。克服没有代理品种资源的劣势，以服务赢市场，通过积极主动的工作，争取招标、竞标品种的经营权。完成招标品种282个，竞标品种8900个，保持批发业务的市场占有率；严格执行对批发部门的“超过三个月的应收账款全额计提风险准备金，并由业务代表承担风险”的考核政策，避免新的超期应收账款产生。

3. 新物流中心投资建成启用

公司新物流中心项目从2004年底启动，在短短的一年时间内，完成征地、办理开工手续、动工、设备引进等一系列繁杂的工作，按质按量完成工程进度。在工程建设过程中，通过设备招投标，增加成本透明度，工程投资控制在预算内。新物流采用半自动化分拣、叉车，工程硬件达到国内医药企业物流一流水平，增加了厂家的吸引力，提高了嘉事堂的品牌形象。同时，整合公司物流成本，管理人员从原有四个库房320人减少到70人，全年节约费用400万元。新物流的建成，得到药监主管部门的肯定，作为药监部门向医药商业物流建设推荐参照个案。公司积极申请作为药品第三方配送试点单位，并开始与招商厂家合作，为物流成为利润中心提供保障。

4. 金尔力产品调整经营策略，完善制度建设

今年以来，在新药分公司的努力下，金尔力产品纳入国家医保目录，并进入地方医保目录。同时在治疗骨质疏松基础上，增加治疗骨疼痛效果，扩大适应性，为明年销售奠定基础。调整经营布局和经营策略，确定建立大区，覆盖全国重点城市，进行自主经销，通过竞聘，聘请具有多年新药推广经验的专业素质人员担任大区经理，月销售额逐步上升。同时，新药部门参照国内外医药企业新药推广的做法，制订一整套管理手册，明确了责权利和流程程序，以制度规范管理。

5. 对关联企业完成二次资源整合，成立物业分公司

经过积极磋商，在各合作医药企业所在地

人民政府的大力支持下,2005 年北京市石景山区、丰台区、房山区、朝阳区国资委分别同意出让持有的参股公司国有股份,以股权置换的方式成为嘉事堂的股东。公司注销四个二级参控股公司,实现全资管理。为加强公司房产的管理,成立物业管理分公司。物业分公司成立后,积极与各合作单位磋商,办理房产产权手续并处置闲置房产。

(三)投资部控制风险投资,取得较好的经营效益

投资部始终把控制风险作为投资理念,贯穿于整个经营活动始终。在股权分置改革阶段,投资部坚决秉承控制风险价值投资、决不炒作的理念,认真研究上市公司经营环境、经营前景、管理水平、盈利能力、诚信度等因素,看准市场走向,把准市场脉搏,创造发展投资机会,在风险和不确定性的因素中,稳妥操作,合理控制投资比例,赢利 40 多万元。

(四)成立培训部,寻找新的经济增长点

2005 年,公司成立了新的经营部门,培养新的经济增长点。经过一年的探索,确立了以培训为主的业务方向。

培训部引进了成教项目《优势管理》,并且独立开发了提升商业服务业员工素质课程《商业、服务业员工礼仪培训》教程。通过组织试讲、试听,获得了积极反响。从培训部 7 月正式成立到年底,实现收入 8.6 万元。培训部还引进了二级建造师的考前辅导。把握 2005 年是建设部开始二级建造师首次考试的第一年的契机,组织培训,开拓市场,逐步在培训市场确立自己的特色。

(五)加强企业管理,强化财务核算,降低经营成本

从开源和节流两个方面强化管理。财务部在经费上推行年度计划制。部门开支列出计划,报请公司领导批准后,由财务部门负责控制,减少计划外支出,有效地减少了不必要的支出。今年公司公务用车实施改革,节约了车辆折旧费 21 万元、运行费 14 万元,为员工提供交通费用 16 万元。

今年是公司支持保障系统管理第一年。根据公司统一部署,公司编制了财务预算,从制度上建立了业务预算和财务预算协调机制。公司财务预算有效地支持了公司管理的基础工作。在保障工作的前提下,节约了开支,有效地降低了经营成本。财务部参与制定了公司《经营部门绩效考核管理办法》;在完成公司财务资金日常管理经营工作的同时,完成 2004 年公司产权登记工作和国有资产统计报告。申报退税 163 万元;退回税款 241 万元。完成员工的五险一金的办理工作。较好地完成了公司一年的财务工作。

(六)强化服务意识,完成行政后勤保障工作

办公室在人员少,工作任务繁杂的情况下,完成了公司领导交给的各项任务。主要是:一层部分房屋的出租及退租工作。2005 年 1 至 8 月份收取房屋租金 16 万元,同比增加收入 33.33%。9 月,团中央机关通知征用公司办公楼。在公司领导的支持下,办公室经过多次耐心细致的说服工作,督促客户按时搬出,使公司搬迁的顺利进行,从而圆满完成上级机关的部署。同时,完成一层传达室的装修、公司人事管理、新增人员的调配、领导用车保障、车辆管理及公司各种证照的年检换证等项工作。以最低的房租租到办公用房,节约了办公经费开支。完成公司搬迁工作,保证了公司的正常运行。真正树立了服务于公司领导,服务于公司员工,服务于大局的服务意识。

(七)加强党工团工作,作创建和谐社会的积极参与者

自中央开展以实践“三个代表”重要思想为主要内容的保持共产党员先进性教育活动以来,公司把先进性教育活动作为公司党建工作的头等大事来抓,同推动企业的发展结合起来。通过报请团中央直属机关党委批准,对公

司党委组织结构进行调整。调整后公司党委下设1个直属支部和嘉事堂药业公司党委。《关于公司员工继续教育的补充规定》出台后,员工继续教育已开始实施。2005年公司以各种形式培训员工20人次,实施了《关于公司员工继续教育的补充规定》,提高了员工素质和整体业务水平。一年以来公司发展预备党员6人,另有4名同志全部转为正式党员。响应党中央号召,积极组织,迅速落实“送温暖献爱心”活动,仅3天时间,就发动党员干部群众捐款人民币5000元、捐献棉、毛衣被256件(条)。

(八)存在的薄弱环节及有待改进的方面

经营方面,各经营部门赢利模式有待于完善。无论是中青国际贸易、培训业务,还是嘉事堂的连锁、批发、新药、新建物流,均是传统的经营业态、管理模式和利润实现方式。市场形势变化较快,如何适应市场,调整经营思路,改变赢利模式是摆在公司面前重要课题。

管理方面,缺少有序的管理流程。标准化、规范化不够,随意性、人为因素较大,利用信息统计数据管理远远不够,效率低。

企业文化不鲜明,对企业文化的培育与重视程度及投入不够。

中国青少年社会服务中心

一、基本情况

中国青少年社会服务中心(以下简称中心)是经团中央书记处批准、于1992年6月在国家工商总局登记注册的团中央全资非公司国有企业。中心成立自2003年3月,由中国青少年发展基金会代管,2003年4月至2005年5月,由团中央网络影视中心代管,2005年6月起划归机关,由办公厅代管。中心现有合同制员工共计40人,其中,退休、内退员工6人,在中心工作10年以上无固定期合同员工8人,近3年新签署合同员工26人,目前在岗34人。

中心成立以来,在团中央书记处的关心领导下,在中国青少年发展基金会、团中央网络影视中心和团中央办公厅等代管单位和部门的指导下,在历任领导班子和全体员工的共同努力下,坚持“为社会经济发展服务、为青少年健康成长服务、为团的事业服务”的宗旨,积极探索团属企业的发展模式,做出了艰苦的努力和积极的贡献。

二、主要工作情况

按照2003年以来的工作思路,2005年是中心“增强服务意识,转变经营思路,摆脱生存危机,确定可持续性发展主营项目”的第二个年头。在团中央书记处的关怀下,在团中央网络影视中心、特别是团中央办公厅的支持和领导下,以“增强服务意识、提高服务能力、建立服务机制、创新服务项目”为基本思路,依靠中心全体员工的共同拼搏,不断明确自身使命,努力克服困难,在巩固中发展,在创新中前进。保持了良好的发展态势,社会效益和经济效益都获得了突出成绩,进一步奠定了今后协调发展的基础。主要体现在以下几个方面:

(一)承建中国青少年网络电台,服务团的事业有新突破。

为落实中央领导同志重要批示精神,充分运用网络电台这一新的网络媒体加强对青少年的教育、服务和引导,探索创新共青团组织的工作和服务模式,促进网络时代的青少年健康成长，按照团中央书记处有关要求，中心于2005年6月接受了“网络电台”专题调研工作并承担起中国青少年网络电台的筹建工作。

在办公厅的直接领导下，中心联合团北京市委、团上海市委、团重庆市委、团江苏省委、团广东省委和有关商业电台组成调研队伍，就网络电台的发展现状与趋势、网络电台对青少年的影响、校园网络电台发展状况、网络电台主持人现象分析、现行网络电台管理政策分析与建议、如何创办青少年喜闻乐见的网络电台等问题做了深入调查研究并形成了《网络电台的兴起、现状和发展趋势》、《网络电台主持人调研与分析》、《校园网络电台调查分析》等内容比较全面的调研报告。

2005年8月16日，中心试开通了“青春之声——中国青少年网络电台”。电台试开通以来，得到了广泛关注，百度搜索的相关新闻报道数量约4000余条，全国各省、自治区、直辖市以及香港、澳门和台湾均有听众收听，达10万人次，已有100多位网友来信，申请成为电台的网络主持人。节目总量达2000小时，自行录制节目达200小时(《团情八点半》、《志愿者在西部》、《成长空间》、《普法专题广播》、《56个民族一家亲》、《忆抗战史、励爱国志、铸民族魂》等)。

(二)大力加强“民族魂”、“血铸中华”网站建设，网上青少年爱国主义教育品牌基地初步形成。

“民族魂”、“血铸中华”网站由共青团中央联合有关部委共同主办，由团中央信息办等承办，于2001年6月28日开通。2003年起，受办公厅的委托，中国青少年社会服务中心负责网站内容建设和维护工作。2005年全年上传文字、图片等信息6000多篇(幅)，音视频及动画资料200分钟。先后开通了“陈云纪念馆”、“杨靖宇纪念馆”、“张自忠纪念馆”、“方志敏纪念馆”、“郑和下西洋纪念馆”、“台湾同胞抗日斗争纪念馆”、“抗美援朝纪念馆”、“张爱萍纪念馆”、“一二·一运动纪念馆”等9个系列网站。举办了第四届清明节“网上祭英烈，共铸中华魂”、纪念陈云诞辰100周年、纪念抗日战争暨世界反法西斯战争胜利60周年及网上知识竞赛、纪念红军长征胜利70周年、纪念“一二·九”运动70周年等网上活动。广大网友留下了70余万条感人肺腑的留言，主网站和系列网站的当年总访问量超过2亿人次。人民日报、中央电视台、新华社等数十家新闻媒体多次给予报道和宣传，发表新闻报道300多篇，网上转载2000多篇。

在社会各方面的大力支持下，经过5年的建设，“民族魂”网站已收录301119名自鸦片战争以来为国捐躯的民族英烈和模范人物的生平事迹，网站留言100余万条，8500多万字，主网站访问量达1.2亿多人次。在社会各方面的支持和参与下，陆续建设开通了网上“孙中山纪念馆”、“毛泽东纪念馆”、“邓小平纪念馆”、“刘少奇纪念馆”、“周恩来纪念馆”、“朱德纪念馆”、“陈云纪念馆”、“焦裕禄纪念馆”、“雷锋纪念馆”、“鸦片战争纪念馆”、“五四运动纪念馆”、“八一南昌起义纪念馆”、“九一八事变纪念馆”、“抗美援朝英烈纪念馆”等140个人物和事件专题纪念馆，以两个网站为核心，一个以纪念和缅怀为主题的大规模爱国主义教育网站群已初步形成。自2002年起，在每年清明节期间，均联合众多中文网站发起举办“网上祭英烈，共铸中华魂”活动，连续4年来，参与网民4000多万人次，参与网站3000多家次，已经成为互联网上一个品牌性活动。

(三)努力推进“我们的文明”主题活动，社会影响越来越大。

“我们的文明”主题系列活动是团中央联合中央文明办、中央外宣办、中央文献研究室、中国文联、文化部、司法部、国家新闻出版总署、中国社科院、第29届奥组委、宋庆龄基金会、中国关心下一代工作委员会等共同指导的主题系列爱国主义教育公益活动，旨在通过网上交流、论坛对话、知识竞赛、各类展览、电视访谈、公益活动等具体活动的开展和整合,引导青少年具体感受、高度认同和传承复兴中华文明,活动自2003年初启动。

2005年中心积极组织开展了第二届全国青少年网上普法知识大赛、首届中国青少年原创动漫大赛暨首届中国青少年动漫展、全国青少年纪念抗日战争胜利60周年系列活动、"写给远方——诗歌校园行"公益活动、首届全国青少年网上现代体育知识竞赛、首届中国青少年"红色之旅"主题实践团活动、"56个民族,56张古琴共庆建国56周年长城庆典"活动、"长城结——2005中华青年长城万里行"活动、"第三届中华龙凤呈祥民族青年婚礼大典"等主题活动,取得了良好的社会效益。

特别是2005年5月起,中心联合白马广告公司联合发布的以"爱心构建和谐,行动创造文明"为主题的"我们的文明"主题公益广告牌陆续在全国29个城市亮相,5000余块广告牌成为宣传胡锦涛同志关于构建和谐社会的重要讲话精神,促进青少年思想道德建设,号召青少年积极参与共青团组织开展的系列爱心公益活动("希望工程"、"保护母亲河"、"中国青年志愿者行动"、"中国青年文化行动"、"中国青年创业行动"、"青年文明号"、"大中专学生暑期'三下乡'社会实践活动"、"手拉手活动"、"为了明天——预防青少年违法犯罪工程"、"青春红丝带行动"等)的宣传窗口和阵地,受到社会广泛关注,是"我们的文明"主题系列活动公益广告平台建设的重大突破。

(四)积极推进"中青奥美培训计划",构建服务青年就业创业的市场化网络体系的思路初步形成。

"中青奥美培训计划"是中国青年创业行动的5个示范项目之一,由中心联合全球三大广告商之一奥美集团依托各地团属青少年服务机构共同实施。自2004年正式启动以来,先后在全国21个省市举办了为期一周的青年创业专题培训班,接受培训的青年达5000余人,通过项目培训,使青年在掌握创业能力、技巧、方法上有了认识,通过项目带薪实践,为青年的就业创业开辟了一条服务的新路子。通过两年的努力,已与各地团属机构建立项目工作站63个,初步探索形成了从创业培训到项目实践的工作网络和工作模式,达到了预期目标。2005年,中心先后在全国11个城市和48所大学实施了"打工奔小康"女工理财培训和青春校园系列活动等项目,对该网络的开放式项目运做模式进行了初步的摸索,为今后大规模实施进行了初步尝试。

第八部分

省级团委工作简介

北京团的工作

2005年，团北京市委以邓小平理论和“三个代表”重要思想为指导，牢固树立落实科学发展观，积极贯彻党中央、团中央和市委一系列重要会议精神和重大工作部署，紧密围绕“新北京、新奥运”的战略构想和建设社会主义和谐社会首善之区的目标，坚持“建设、服务、创新、发展”的工作理念，巩固深化十一次团代会以来的工作格局，以“青春北京”为主题加快实施青春奥运战略、青年成才战略和服务青少年战略，稳步推进学习型组织和服务型组织建设，抓住保持共产党员先进性教育活动和增强团员意识主题教育活动的重要契机，切实加强团的自身建设，形成了基础建设更趋扎实、品牌项目渐成体系、重大活动精彩纷呈、服务领域延伸拓展、整体工作稳健推进的良好工作局面。

一、坚持以理想信念教育为核心，不断深化“三个代表”重要思想和科学发展观的学习实践活动，青少年思想政治工作积极推进

1. 深入学习实践“三个代表”重要思想，树立落实科学发展观，团的思想理论建设和宣传工作扎实推进。围绕“三个代表”重要思想、科学发展观、和谐社会等重要理论以及党的十六届五中全会等一系列重要会议，认真组织团员青年开展形式多样的学习实践活动。抓住抗日战争胜利60周年和“一二·九”运动70周年等有利契机，在青少年中大力弘扬和培育民族精神和时代精神。以“文明礼仪耀京城、志愿服务迎奥运”为主题，继续开展全市性青少年主题教育实践活动。加强课题研究管理和基层调研成果评比工作，出版《北京青年发展报告——北京青年指数2004年版》，《北京志·青年组织志》的编修工作已进入终审阶段，推出《北京市高新技术企业青年思想政治工作状况及对策调研报告》、《青少年视角的新娱乐及其发展研究》、《网络电台的发展状况及对青少年的影响》等一批有较大影响的调研报告，编制完成《北京市“十一五”时期青少年事业发展规划》。不断加强团的宣传工作，《北京青年报》、《北京青年工作研究》以及北京共青团网站等团属宣传阵地的作用得到更充分的发挥。全年，中央和首都各大媒体刊登和播放有关北京共青团的新闻千余条，创历史新高。

2. 深入开展未成年人思想道德实践教育，积极引导未成年人健康成长，工作形式不断创新拓展。继续做好中学生业余党、团校工作，在全体中小学生中开展“新春唱响新童谣”、“弘扬五四精神，投身青春奥运”成人宣誓仪式、“唱响国歌”和“我给神舟六号航天员写封信”征文等爱国主义教育活动。以“弘扬民族精神，承担社会责任”为主题，在全市中学生中广泛开展“四个一”暑期社会实践活动。

3. 以理想信念教育为核心，扎实开展理论学习、宣传和实践活动，大学生思想政治工作体系渐趋完善。开展以“忆抗战史、励爱国志、铸民族魂”为主题的系列教育活动，推出“献给可爱的中国——首都大学生纪念‘一二·九’

运动70周年大型文艺演出”等纪念活动。全年以“科学发展、共建和谐”为主题，坚持开展20余期“北京青年学生先锋论坛”。以“青春奉献奥运、共建和谐家园”为主题，组织千余支大学生社会实践团30余万大学生，分赴全国各地开展实践活动。加大学生骨干队伍教育培养和学生社团管理服务，重点加强“首都大学生新世纪英才学校”的教育教学工作。

4. 密切关注青年思想动态，主动加强正面教育引导，为维护首都政治稳定和社会安定团结做出新贡献。“四九”民间涉日游行活动期间，在非常复杂的情况下，团组织“思想敏锐、工作深入”，创造性地运用好网络信息平台，发挥好青年组织优势，完善好青年思想动态监测和预警机制，主动做好青年动态的收集报送工作，期间编辑报送有关动态88期，为市委及时分析、判断形势提供了重要的参考依据。“五四”前后，在《北京青年报》连续刊发6篇评论员文章进行舆论引导。精心策划和组织“理智爱国、健康成才”主题团(队)日活动和各种形势政策宣讲教育活动，引导青年合法有序地表达爱国热情。成立“社会力量举办高校学生工作领导小组”，开展关于高新技术企业从业青年思想状况的课题研究。

二、继续以“青春北京”为主题，全面提升“文明北京”、“志愿北京”、“学习北京”、“创业北京”四大工作品牌项目群，推动首都经济社会协调发展的生力军作用发挥显著

1. 志愿者工作扎实推进，营造了浓厚的志愿服务社会氛围，实现了奥运会志愿者工作“高起点、有声势”的开局要求。团市委积极承担北京奥运会志愿者工作协调小组办公室的职责，扎实推进奥运会志愿者工作。成功举办北京奥运会志愿者项目启动仪式和“志愿服务与人文奥运”国际论坛，制定并发布《北京奥运会志愿者行动计划》及招募选拔、培训、宣传、公益实践四个运行计划。举办“志愿北京7·13大型演唱会”，设立志愿北京7·13行动基金。召开北京志愿者协会第二次会员代表大会，制定并下发《北京志愿服务事业发展规划(2006—2008)》，成立“青年志愿者之家”，发起成立北京公益大联盟。推进“首都大学毕业生基层志愿服务团”等常规志愿项目，实施中国青年志愿者赴埃塞俄比亚服务项目。广泛组织开展“迎奥运”系列志愿服务活动，利用“奥运会倒计时1000天”、“12·5国际志愿者日”等重要纪念日集中组织宣传教育和实践活动，在五一、十一长假期间分别推出“青春微笑”行动和“文明交通伴我行”活动。启动赛会志愿者定向招募工作，组织奥运会前期志愿者参与奥组委日常工作，积极为北京《财富》全球论坛、中国网球公开赛等大型社会活动提供志愿服务。

2. 大力宣传文明礼仪，推进青少年文化建设，进一步提高了青少年的文明素养和首都社会的文明水平。通过城市美颜行动、赛场礼仪宣传、“文明我先行、快乐伴成长”等活动，在青少年中大力倡导文明礼仪意识。组织青年文明号文化节等职业青年文化活动，深化青年文明社区评选、社区青少年文化体育节等活动。推出大学生文化科技节等校园文化活动，举办乡村青年文化节、“庆祝‘六一’国际儿童节——文明快乐活动周”和“2005北京青少年公益电影节”，配合“第三届北京奥林匹克文化节”举办奥运体验营等活动。成功承办“中国青少年社会教育论坛——2005·娱乐与青少年成长论坛”，并推出电影《网络少年》。

3. 加强学习型组织。推出以青年为重点、面向社会公众的团的学习品牌，有力地促进了青年的学习和成长。制定下发《共青团北京市委关于加强学习型组织建设的若干意见》，举办北京共青团首期学习型组织建设训练营；开展“北京共青团学习型组织建设年度先进单位和优秀工作项目评选”工作，推出“学习型组织建设成果巡礼”活动。举办第二届北京青年学习节，深化“北京青少年新世纪读书计划”，成立北京读者协会，举办北京青少年读书节、“青春加油站”奖学计划等活动，利用青年宫等培训资源，为青少年乃至社会公众营造和提供良好的学习环境。

4. 进一步引导和支持青年创新创业，为首都经济建设发展做出了新的贡献。深化“北京市青工技能振兴计划”等工作，推进“农村青年现代化素质培训工程”，培育各类郊区青年经济合作组织。举办第二届北京青少年科技博览会，开展大学生“挑战杯”系列竞赛，组织参加首届“全国中学生科技创新成果展”，引导鼓励青少年进行科技创新。依托青年中心和社区培训阵地，开展来京务工青年职业技能培训。举办京津冀青年企业家合作年会，推出“杰出青年企业家合作论坛”。成立中国青年创业国际计划北京办公室，整合社会力量为青年创业提供指导以及资金、技术支持，组团参加“首届中国青年创业周”。启动北京市“优秀青年人才数据库”建设，继续举办“北京十大杰出青年”和“五四奖章”等各类评选活动，树立新时期首都青年榜样。

三、抓住开展保持共产党员先进性教育活动和增强共青团员意识主题教育活动的重要契机，全面加强团的自身建设，服务基层、服务青年的能力和水平不断提高

1. 扎实开展保持共产党员先进性教育活动，努力打造“青年满意工程”。团市委把此项教育活动作为全年重中之重，立足“两不误、两促进”，扎实推进学习动员、分析评议、整改提高三个阶段的工作。坚持边学边改、边议边改和边整边改，努力改进自身工作，并以做好当前的各项工作来检验活动的效果。提炼出反映北京共青团特点的保持党员先进性的具体要求和实践途径，制定实施了包括22条具体措施的整改方案。活动结束后，继续探索建立保持共产党员先进性的长效机制，努力使先进性教育活动的成果长期巩固提高。

2. 深入开展增强共青团员意识主题教育活动，围绕“增强意识、健全组织、活跃工作”的目标扎实推进各项工作。组织动员全市4万多个基层团组织和110多万共青团员深入开展增强团员意识主题教育活动。紧扣“永远跟党走”的主题，开展“青春献祖国、志愿迎奥运”主题团日、“学理论、知团情”主题学习活动等5项全市性重点活动。通过召开网络工作会议、开设教育活动网页、建立网上论坛、举办网上知识竞赛等多种方式，创新宣传动员学习的工作模式。积极探索长效机制，把主题教育活动的成果转化为加强团员队伍建设、推动团的工作发展的持久动力。

3. 扎实推进团的基层组织建设，进一步增强了基层团组织的内在活力。深入贯彻共青团全国基层组织建设工作会议精神，把2005年确定为“基层团建年”。推动区县、乡镇、村三级团组织整体联动，完善街道社区团组织网络并巩固“区校共建”、“四联共建”机制。建立“社区流动团员联络站”，启动部分区县“十、百、千”非公团建工程，在高新技术领域广泛成立青年俱乐部、青年科协等社团组织。开展“联系服务基层行动”，在全市抓7000个以上的基层团组织示范点。加大团干部培训力度，全年共举办各类培训班39期，培训各级团干部2600余人次。新建城市青年中心7家、农村青年中心8家，将“北京青年健康使者火炬行动”引入青年中心。

4. 切实转变工作作风，推出了一系列服务青少年的实际举措，在全社会营造了关心青少年健康成长的良好氛围。研究和编制了《北京市“十一五”时期青少年事业发展规划》，将青少年事业发展规划纳入全市国民经济和社会发展规划体系。大力强化未成年人保护和预防青少年违法犯罪工作，加大宣传贯彻落实新《北京市未成年人保护条例》的力度；启动北京市青少年网络依赖戒除“虹”计划项目，创办12355北京市青少年法律与心理咨询热线，举办“未成年人民事权益保护”专题研讨会。大力推进“阳光心语行动”，推出“阳光心语减压营”、“阳光心语培训快车”等子项目；召开北京市中小学“阳光心语行动”现场推进会，成立“青少年心理健康教育研究中心”。开展“帮留京学子，圆新春心愿”、“学子农家过大年”、“高校电影公益展映”、募集发放“学子阳光基金”等一系列关心服务寒假留校大学生的重点活动；成立大学生勤工助学服务社团，建立起关心服务贫困大学生的长效工作机制；举办“为了山里的孩子”捐资助学大型文艺晚会，设立“为了山里的孩子”专项基金；开展“关注打工子弟教育成长，构建和谐社会首善之区”系列公益活动。

四、完善青年工作体系，增强事业发展实力，团的工作领域不断得到扩展和延伸

1. 指导推进青联、学联、少先队工作和青少年社团建设，各类青少年组织凝聚、服务青少年的作用有效发挥。召开市青联九届一次全会，举办“京港澳台青年创新论坛”，启动“京港同心迎奥运”活动。学联工作全面加强，作用进一步发挥。坚持以团带队工作，成立北京少先队工作学会，举办首届北京市少先队辅导员夏令营。加强对其他青年社团的管理，成立“首都大学生关注心理健康社团联盟”等专业社团，并将球迷、车友等各类青年兴趣社团纳入团组织的联系服务范围。

2. 丰富完善青年外事工作，对外交流更加富有成效。启动北京国际志愿交流家庭暨中韩青少年文化交流项目和北京志愿者管理人才境外培训项目（美国），承接北京——纽约互联网青少年交流项目和21世纪大城市网—青年互助计划营尤里卡2005项目，开展“亚运城市青年联谊营”和“青年之声”国际交流营活动。加大基层团组织与基层青年参与外事工作的力度，建立首批21家北京青少年外事交流基地和外事专办员助理队伍。

3. 大力加强团的信息化建设，北京共青团信息化网络体系进一步完善。成立团市委信息中心，开通“青檬网络电台”，成功完成北京共青团网站第三次升级改版，继续广泛实施“基层团组织建站工程”，以网络为载体不断加强共青团信息化工作、扩大共青团的影响力。北京共青团网站建设继续走在全团前列，截至年底总访问量已达1400多万人次。

4. 支持团属企事业单位加快改革步伐，团属文化产业整体实力得到提高。各团属企事业单位以开展保持共产党员先进性教育活动为契机，全面加强党组织建设，大力促进各项工作。北京青年报社稳步推动文化体制改革试点工作，成立编辑、经营两个管理委员会。北京儿艺推出《红领巾》等优秀儿童剧。北京青年政治学院顺利通过“北京市高职高专人才培养工作水平评估”。北京市青年实业集团不断开拓旅游市场。北京市青年宫把“送片入校”打造为在京城有较大影响的“公益电影快车”品牌。北京市青少年音像出版社推出《古都北京》、《红色家书》等优秀音像制品。北京青少年服务中心全年先后组织近百万人参加禁毒教育、书市等活动。北京青少年发展基金会、希望工程北京捐助中心加强对区县希望工程工作站的指导管理。北京青少年科技文化交流服务中心围绕青少年科普、读书、创业工作，广泛组织了丰富多彩的活动。北京青少年星光素质教育培训中心深入开展未成年人自护教育和犯罪预防（警示）教育。

天津团的工作

2005年，是天津市加快发展、迎来重大历史性发展机遇的一年，也是天津共青团加强自身建设、工作取得新突破的一年。一年来，全市各级团组织以邓小平理论和“三个代表”重要思想为指导，牢固树立和全面落实科学发展观，认真贯彻党的十六届四中、五中全会和共青团十五届三中全会、中共天津市委八届七次、八次全会精神，紧紧围绕“三步走”战略目标，以保持共产党员先进性教育活动为契机，集中精力加强共青团能力建设；以增强共青团员意识主题教育活动为重点，牢牢把握教育青年、凝聚青年的主动权；以加快滨海新区开发开放为工作着力点，服务全市经济社会发展的大局，第十一次团代会以来形成的“四一六”工作格局更加成熟完善，天津共青团事业实现了新的发展。

一、学习实践“三个代表”重要思想活动蓬勃开展，广大团员青年积极投身建设和谐天津的伟大实践

1. 理想信念教育活动持续深入开展。坚持不懈地用“三个代表”重要思想武装全团、教育青年，充分发挥“三个代表”重要思想研究会、“红色网站”、业余党团校等组织和阵地的作用，通过开展宣讲报告、座谈交流、理论研讨、学习讲座等各种活动，累计培训各级团干部和青年骨干2万余人。紧紧抓住开展保持共产党员先进性教育活动和增强共青团员意识主题教育活动的契机，在全团兴起了学习实践“三个代表”重要思想的新高潮，进一步坚定了广大团员青年永远跟党走的信念。

2. 形势政策教育活动增强了团员青年投身家乡建设的责任感和使命感。召开了团市委十一届十次全委会，认真学习贯彻党的十六届五中全会和市委八届八次全会精神，开展了以“学习贯彻市委八届八次全会精神，为滨海新区开发开放做贡献”为主题的系列宣传教育活动，通过举办市情报告会、“我为滨海新区开发开放做贡献”论坛等形式，大力宣传天津改革开放和滨海新区建设的巨大成就和宝贵经验，凝聚和激发团员青年的创造活力。

3. 未成年人思想道德建设和大学生思想政治工作增强了针对性和实效性。开展了“弘扬民族精神、做世纪风范少年”系列教育活动，深化了“未成年人零犯罪社区”创建工作，组建100多支青少年法制教育志愿宣讲队进社区，为未成年人健康成长营造了良好的社会环境。积极推进大学生思想政治教育工作，以纪念“一二·九”运动70周年和抗日战争胜利60周年为契机，开展了一系列丰富多彩的教育活动。

4. 团的理论建设取得了新发展。深入进行调查研究，2005年，全市各级团组织共上报理论调研课题36个，形成论文及调研报告70余篇。团市委荣获了全团调研组织奖，两篇论文分获全团调研一等奖和二等奖。

二、保持共产党员先进性教育活动圆满完成，团市委系统广大党员的先锋模范作用更加突出

团市委先进性教育活动突出了青年党员的特点。按照中央和市委的统一部署，从2005年1月开始，团市委机关和直属企事业单位先后开展了第一批和第二批先进性教育活动。团市委坚持做到了“三个深入、三个联系、三个促进”，并先后开展了走访先进老党员党性教育活动、举办了“永远跟党走”主题演讲比赛、开展了新春助学暖万家和“1+1”连心助困活动、举办了党员读书笔记交流展评活动、开展了“六谈、五真、四促进”党员谈心活动等一系

列具有共青团特色和青年党员特点的教育活动，既扎实有效、又生动活泼。团市委的活动经验多次在《中共天津市委保持共产党员先进性教育活动简报》和《工作动态》上转发，中共中央政治局委员、市委书记张立昌还就团市委开展的"执政为民、温暖人心"主题实践活动作出了重要批示。先进性教育活动结束后，广大党员还按照团市委提出的"六个再"、"四个反馈"和"一个结合"的要求进行了一次全面彻底的"回头看"，进一步巩固和扩大了整改成果。通过测评，团市委先进性教育活动的满意率达到了100%，真正成为了群众满意工程。

三、增强共青团员意识主题教育活动扎实推进，团组织的吸引力、凝聚力和战斗力进一步增强

1. 结合实际，确立了团员意识教育活动的总体工作思路。按照团中央的统一部署，团市委于2005年9月中旬在全市各级团组织中开展了以学习实践"三个代表"重要思想为主要内容的增强共青团员意识主题教育活动。在天津市东丽区召开了现场推动会，结合天津团的实际，确立了"一二三四"的工作思路：一是把握一个主题，即以"永远跟党走"为主题；二是解决两个问题，即使团员的能力和素质进一步提高，使基层团组织的创造力、凝聚力和战斗力进一步增强；三是增强三种意识，即切实增强广大团员的政治意识、组织意识和模范意识；四是做到四个结合，即与保持共产党员先进性教育活动相结合、与加强团的基层组织建设相结合、与活跃团的各项工作相结合、与完善天津团"四一六"工作格局相结合。对全市开展好这次教育活动作出了全面的安排和部署。

2. 加强宣传，努力让广大团员积极参与到团员意识教育活动中来。团市委加大宣传力度，充分发挥网络阵地和舆论阵地的作用，在天津共青团网站和《天津青年工作》上专门设立了"增强团员意识教育活动"专栏，编印了《天津市增强团员意识教育活动工作简报》，广泛交流推广基层开展教育活动的工作经验。全市各级团组织结合实际纷纷制定工作方案、成立领导机构和工作机构、拟定日程安排、召开动员大会，并集中开展了"青春献祖国"主题团日活动和"增强团员意识，服务和谐社会"主题实践周活动，通过开展重温入团誓词、十八岁成人仪式、专题报告会、参观座谈、文艺演出、志愿服务等形式多样的活动，在全市掀起了开展增强团员意识教育活动的热潮，确保了团员的参与率、知晓率和认同率。

3. 体现特色，在推进团员意识教育活动中不断创新。为使这次教育活动的学习内容更加生动活泼、更加贴近青年特点，团市委专门编写了《增强共青团员意识主题教育"四字诀"》一书，团中央书记处第一书记周强亲自为该书作序，《团中央增强团员意识教育活动简报》专门刊发了团市委的这一做法，并全文登载了《"四字诀"》的内容，供全团学习交流。广大团员通过开展"六个一"学习活动、"学理论知团情"知识竞赛答题活动、《"四字诀"》诵读活动、团员标准大讨论活动、演讲比赛、百名团干讲团课等多种形式推动理论学习活动，基本确保了每名团员的学习时间都不少于15个学时。在团中央举办的"学理论知团情"知识竞赛决赛中，天津团代表队还取得了三等奖的好成绩。为创新增强团员意识教育活动载体，更好地推动教育活动蓬勃开展，团市委专门成立了"天津市增强团员意识教育活动宣传服务团"，下设500多支宣传服务小分队，各级宣传服务小分队通过开展"红色之行"寻访活动、参观爱国主义教育基地以及环境清整、法制宣传、医疗义诊、扶贫助困等各种志愿服务活动，使广大团员在活动中深化了学习、在服务中提高了认识、在实践中增强了意识、在社会中发挥了作用。

4. 做好督察，使团员意识教育活动真正成为了团员青年的满意工程。为确保教育活动不走过场、取得实效,团市委书记班子、各区县局团委都层层建立了联系点,帮助基层确定工作思路和工作重点,总结特色做法和新鲜经验,努力把联系点建成示范点。团市委专门成立了两个督察组,各区县局团委也成立了相应的督察组。通过卓有成效的督导检查,各级团组织把开展教育活动与解决实际问题有机结合起来,达到了"让团员受教育、让青年得实惠"的目的。据统计,在教育活动中全市18岁以上申请入党的团员已达14万余人,比去年增长了2万多人,经"推优"入党的团员数比去年增长了16%;全市各级专职团干部共帮扶团员青年4800多人,通过开展各类技能竞赛、新知识培训、就业咨询、岗位洽谈等活动,使受益青年达到了32万人次,极大地满足了广大团员青年求知就业成才的需求,使教育活动真正成为了团员青年的满意工程。中共天津市委保持共产党员先进性教育活动领导小组办公室分别在《工作简报》和《工作动态》上,介绍了团市委开展增强团员意识教育活动的情况,并以《专报》的形式向中央先进性教育活动领导小组作了汇报。

四、共青团能力建设全面加强,"四一六"工作格局进一步深化和完善

1. 青年创造能力明显提高。深入实施了"中国青年创业行动",投资1000万元创建了由创业培训中心、创业贷款中心、创业办公中心、创业服务中心构成的天津青年创业广场,采取一站式服务,共为2700余名青年提供了培训服务和贷款支持。深入开展了"青工技能振兴计划"和第三届"青工技能节",有近10万名青工参加培训,3个集体荣获了全国青工技能鉴定示范单位称号,一批优秀青年岗位能手脱颖而出。深化了"城乡互动1+1百业千对"活动和青年文明号创建活动、举办了第八届"挑战杯"天津市大学生课外学术科技作品竞赛,有效地激发了青年的创造热情,增强了青年的创业本领。在全国第九届"挑战杯"竞赛中,天津市有4件作品获一等奖、4件作品获二等奖、15件作品获三等奖,南开大学勇夺优胜杯。在"挑战杯"全国组委会上,团市委与南开大学还获得了第十届"挑战杯"竞赛的主办权。

2. 青年文化活动蓬勃开展。举办了"天津青年文化艺术节"、天津市十佳青年书法家美术家评选活动、天津市古诗文经典诵读比赛、天津市大学生辩论赛和"加快'三步走'、新春话未来"主题春联大赛等一系列高品位的文化活动,深入开展了青年文明社区创建活动,营造了健康向上的社会氛围。继续深化青年志愿者行动,出台了《志愿者注册管理规定》、《志愿者评优奖励办法》,今年累计新注册的志愿者达2万余人,2人荣获了中国青年志愿服务金奖奖章。2005年共有200多名优秀青年志愿者出色地完成了亚欧财长会议和首届亚欧政党青年领导人论坛等大型国际会议的志愿服务工作,选派100名高校毕业生参加了"2005年大学生志愿服务西部计划",在全社会进一步倡导了"奉献、友爱、互助、进步"的志愿精神。

3. 服务青少年工作更加务实。开通了青少年维权服务热线电话,开展了"圆特困家庭心愿"送温暖活动,共为3000余户特困青年家庭和困难青年子女求学提供了援助。开展了"天津青年五四奖章"、"天津十大杰出青年"等一系列评选表彰活动,此外,天津市市政设计院郝强还荣获了"全国十大杰出青年岗位能手"称号、苗建生同志荣获了第十届"全国十大杰出青年农民"称号,刘春海同志当选为中国杰出青年农民联谊会会长,纪昂同学和钱玉珍同志分别当选为"全国十佳少先队员"和"全国十佳志愿辅导员"。一大批杰出青年荣获了"全国青年科技创新奖"、"全国青年岗位能手"、"全国科技兴农产业带头人"、"全国青年创业奖"和"企业管理创新奖"等称号,充分展示了天津青年崭新的时代风貌。

4. 团的自身建设进一步夯实。"党建带团建”工作扎实推进，通过开展增强团员意识教育活动，一大批基层团组织得到了整顿、巩固和加强。2005年，天津市共有5个基层团委荣获“全国五四红旗团委”称号，5个基层团支部荣获“全国五四红旗团支部”称号，北辰团区委、南开团区委荣获“全国团建先进县(市)”称号。青年中心建设稳步推进，推出了“津卡城市青年中心卡”，提前实现了对全市街道100%的有效覆盖。开展了高校团支部展示、评比、表彰活动，实现了以评促建，互相交流的目的。发挥青联联结优势，加强与港澳台青年的交流，组织开展了“2005·京津沪渝港澳青年论坛”，承办了“2005中国泰达生物论坛”。市学联召开了十一届六次全委会，选举了新一届主席和执行主席。市少工委组织了22名代表参加了第五次全国少代会，4人当选为全国少工委委员，出版了《中国少先队文化要略》理论书籍。在全国少工委2005年度工作考核评比中，天津市喜获“全国少先队工做贡献奖”。同时，“民族精神代代传”主题活动和社区少先队工作分获工程奖和创新奖。

5. 团属产业市场竞争力不断增强。青年职业学院超计划完成招生工作，应届毕业生一次性就业率达到93%。青少年报刊总社提高办报办刊质量，赢得了广大青少年的喜爱。青年友好使者艺术团参加了“海河情”慰问演出活动，受到了市委宣传部的通报表彰。青年宫全年共引进教育项目13个，累计培训1万人次。少年宫开展了“梦幻海河”活动，教育教学实践成效明显。青少年活动中心成功地举办了20周年庆典活动。红领巾凤凰山营地全年共接待青少年10万人次。青少年绿色文明基地全年累计培训15万人次。天津青旅营业额突破了1.85亿元。未来集团加快了企业改制步伐。青年联合实业公司全年销售额达2600万元，利润额达153万元。

6. 青年国际交流日益扩大。先后派遣14个团组、60余名优秀青年代表赴韩国、美国、巴西等国家进行友好访问，接待了古巴、朝鲜、日本等多个国外青年组织。圆满地承接了“首届亚欧政党青年组织领导人论坛”活动，这是团市委、市青联历史上承接的规模最大、级别最高、最具影响力的一次国际会议，开创了天津市青年外联工作实现多边交流的先河。

河北团的工作

2005年，在河北省委和团中央的正确领导下，共青团河北省委围绕党政工作大局，以四项品牌工作和七项重点战线工作为牵动，团结带领全省广大团员青年投身全面建设小康社会的伟大实践，在加强青少年思想教育、动员团员青年参与经济社会建设、服务青年成长成才、加强共青团自身建设等方面取得了新的发展。

一、青少年思想教育工作取得新成效

1. 广泛开展团员意识教育，构建团员青年的精神支柱。以学习实践“三个代表”重要思想为主线，以团结带领广大团员青年“永远跟党走”为主题，以“增强意识、健全组织、活跃工作”为目标，在全省各级团组织和广大团员青年中扎实开展了增强团员意识主题教育活动，取得了明显成效。(1)抓宣传，营造氛围。在《河北青年报》、河北青少年之窗等团属阵地开辟了专版和专栏；在《河北日报》、河北电视台、河北人民广播电台、《燕赵都市报》等省内主要媒体对活动开展情况进行了广泛的宣传报道。(2)抓整合,争取支持。坚持"党建带团建"的基本原则,抓住深入开展保持共产党员先进性教育活动的有利时机,及时向党组织汇报教育活动的安排和工作开展情况,积极争取把增强共青团员意识主题教育活动纳入到保持共产党员先进性教育活动之中。(3)抓契机,开展活动。在全省范围内开展了"青春献祖国,永远跟党走"主题团日活动和"学理论、知团情"党团知识竞赛;在全省范围内开展了"增强团员意识,服务和谐社会"主题实践周活动;以党的十六届五中全会胜利召开为契机,广泛开展了"为崛起奉献青春"、"学习、建功、奉献"等主题团日活动;利用"12・5国际志愿者日"和"一二・九"运动纪念日在全省开展了"新时代、新风采"团员标准大讨论。(4)抓督导,确保实效。坚持把团员意识教育和团的基层组织建设紧密结合,把团员意识教育和推进团的各项工作紧密结合,达到了以"教育促工作,以工作促教育"的目的。

2. 以未成年人和大学生为重点群体,进一步加强和改进青少年思想政治工作。(1)深化民族精神和时代精神教育。利用纪念抗日战争暨世界反法西斯战争胜利60周年、五四运动86周年、"一二・九"运动70周年、神舟六号发射成功等有利契机,以"飞向太空——中国载人航天(石家庄)展"、百万青少年红色之旅等活动为载体,广泛开展爱国主义、集体主义和社会主义教育。(2)大力开展实践教育活动。组织少先队员开展"手拉手"活动、第二届"爱国百分百,寻宝大行动"、"预防校园侵害,争创平安校园"为主题的"六个一"活动;组织中小学生开展以"弘扬民族精神,承担社会责任"为主题的"四个一"活动;组织大学生开展以"服务和谐社会建设,提高思想政治素质"为主题的"三下乡"社会实践活动。(3)开展心理健康教育。制定下发了《关于认真做好未成年人心理健康教育工作的意见》,加大心理教师及校医骨干的培训力度,开设心理健康咨询热线,吸收石家庄心理咨询师培训中心等有关单位为加盟单位,不断加强青少年的心理健康教育,在青少年中倡导健康文明的学习生活方式。(4)围绕贯彻中央《建立健全教育、制度、监督并重的惩治和预防腐败体系实施纲要》,把廉洁教育纳入青少年思想道德建设之中,在全省范围内开展了以"敬廉崇洁"为主题、以"八个一"为内容的"廉洁文化进校园"活动,教育引导广大青少年树立廉洁意识,养成廉洁习惯。

3. 青少年思想教育方式方法不断创新。一方面,创新教育模式。将"坚持学校教育、家庭教育、社会教育并举,强化青少年思想道德建设"写入了省委《关于构建"和谐河北"若干重要问题的指导意见》,使社会教育成为青少年思想道德建设重要教育渠道。成立"河北省社会教育志愿服务团",并在高校进行了大型红色情景歌舞剧《走进西柏坡》巡演。另一方面,创新教育载体。探索建立了未成年人思想道德认知体系,通过开展生动活泼的少先队活动,较好解决了目标不切实际、教育方式成人化的问题,得到了省委宣传部、文明办、教育厅的充分肯定,被团中央评为"少先队活动创新奖"。面向青少年群体,举办了网络短信、Flash和DV大赛,组织广大青少年以自己喜爱的方式表达和传递身边让人感动的故事,引导他们对真善美的追求。

二、保持共产党员先进性教育活动取得明显成效

开展以学习实践"三个代表"重要思想为主要内容的保持共产党员先进性教育活动取得显著成效。一是党员学习实践"三个代表"重要思想的自觉性和坚定性进一步增强。广大党员对"三个代表"重要思想的科学内涵和精神实质的理解不断深化,把"三个代表"重要思想落实到岗位上、体现在行动中的自觉性和坚定性明显增强。二是党员的先锋模范作用不断提升。广大党员进一步强化了宗旨意识，加深了对党的路线方针的理解；进一步强化了党的组织生活观念，提高了党的组织纪律性，增强了履行党员权利、义务的自觉性；进一步推动了自身素质的全面提高，坚定了立足本职岗位创一流工作业绩的决心。三是机关内部关系更加和谐，凝聚力明显增强。通过广泛征求意见、深入交流谈心、认真开展批评与自我批评，党员领导干部与普通党员之间、党员之间及党员与群众之间的沟通渠道更加畅通，进一步增进了相互了解。四是推动了团的各项工作进一步发展。以教育活动的开展推动业务工作，以业务工作的实绩检验和体现教育活动的成效，做到了先进性教育与业务工作两不误、两促进。

三、团结带领全省团员青年在经济社会发展中做贡献

1. 引领农村团员青年在文明生态村创建中发挥作用。制定下发了《关于进一步深化“三争一促”活动的意见》。通过宣传发动、示范带动、扶持推动措施，使农村青年健康工程成为农村青年转变观念、改善人居环境的助推器；通过抓阵地、抓组织、抓活动，使农村青年文化工程成为传播先进文化、提高农村青年思想道德素质的催化剂。

2. 动员青年立足本职推动科技创新。全面推进“河北青工技能振兴计划”，命名表彰了一批杰出青年岗位能手，给予记二等功或颁发技师资格证书奖励，提高了评选表彰的含金量，调动了广大青年刻苦钻研、建功成才的积极性。组织参加了“振兴杯”全国青工技能大赛，被团中央、劳动和社会保障部命名为“优秀组织单位”。联合有关单位举办“挑战杯”2005年“动感地带”河北省大中学生课外学术科技创新作品竞赛，推报38件作品参加了第九届全国“挑战杯”决赛，共有27件作品获奖，取得了河北省参赛以来的最好成绩，并第三次获得了省级优秀组织奖。

3. 引导青年在经济合作和对外交往中发挥作用。成功举办“首届京津冀青年企业家合作(河北)年会”，揭开了三省市青年企业家合作的新篇章。共有7个项目签署合作协议或达成合作意向，意向投资额超过3亿元人民币；举办“新疆招商洽谈会”，组织青年企业家参加了“中国青年企业家新疆行”和河北企业家赴东北参观考察活动。接待澳门青年社团骨干培训班部分学员、台湾中华青年企业家协会代表，组派杰出青年赴港参加“明日领袖高峰论坛2005”活动，并为世界杰出青年颁发了荣誉证书，组织30名优秀青年出访韩国、新西兰、日本等10个国家和地区，加强了对外交流。

4. 引导团员青年积极投身生态建设，在促进经济社会可持续发展中发挥作用。启动实施了“相约2008——保护母亲河绿色接力行动”，为项目地——滦平县引进资金20万元用于潮河两岸的绿化。开展以“城乡互动，共建美好家园”为主题的植绿护绿活动，通过《燕赵都市报》、《河北青年报》向社会公开招募了500名志愿者，植树近300亩；在秦皇岛市、迁安市、围场满族蒙古族自治县开展了“城镇水土保持生态建设接力行动”，近万名青少年参加了小流域综合治理活动。不断深化“可持续发展的河北：相约碧水蓝天绿地——燕赵青年在行动”，举办了“相约碧水蓝天绿地”河北省青年艺术设计大赛。邀请欧盟考察组成员参加了“地球女儿”环保志愿者协会组织的安放鸟巢、青少年环保培训等活动。参加了由全国政协主办的“21世纪论坛”·2005可持续发展——中国与世界论坛，并就活动开展情况作了专题演讲。

四、以青少年为主体的精神文明创建活动取得新发展

1. 河北青年文化行动全面推进。站在建设文化大省、构建“和谐河北”的高度，从大处着眼，从小处着手，全面推进河北青年文化行动。(1)举办纪念“五四”运动86周年暨“青春燕赵”河北青年文化行动启动仪式。通过精彩纷呈的文艺节目充分展现了河北“博大包容、重义然诺、坚韧勤勉、红色活力、锐意进取、融同和谐”的文化内涵,展示了河北丰厚深邃的传统文化、民间文化和现代文化。(2)开展百万青少年红色之旅活动。在北京开展了“新中国从这里走来——河北省红色旅游宣传周”活动;以爱国主义教育和革命传统教育为主要内容开展了百万青少年红色之旅活动,共有150多万名省内外青少年参加;举办了“2005京津冀大学生狼牙山登山节”活动。(3)以“弘扬民族精神、解读长城文化、传承中华文明、增强爱国热情”为主题,举办“长城结——2005中华青年长城万里行”活动,历时15天,行程7000多公里,沿途开展了“长城联结你和我”、“祭英烈,共铸中华魂”、“长城结火炬传递”等内容丰富、意义深远的活动。(4)以“诵读千古美文,传承中华文明,赞美伟大祖国,建设美好家乡”为主题,开展中华(燕赵)美文诵读活动。全省20万大中小学生积极报名参加了此项活动。(5)创办“中华武术沧州擂”。2005年7月开始启动,共举办11期,在河北电视台播出。(6)各战线青年文化活动丰富多彩。在农村,广泛开展了以“繁荣乡村文化,服务青年发展”为主题的乡村青年文化节和青年文化大院创建活动,命名表彰了一批优秀活动项目和“乡村青年文化名人”;在企事业单位,开展了以“倡先进文化,做文明先锋”为主题的“文化兴号活动”。全省80%以上的青年文明号集体开展了以征集一条职业警句、开展一次文化竞赛、组织一次便民活动等为主要内容的“四个一”主题活动;在大中专院校,举办了“菁菁校园·动感地带”河北省第三届大学生校园歌手大赛、“动感地带”2005年河北省大中学生校园电影月、2005省会高校大学生篮球比赛等活动;在小学,开展了以“我眼中的家乡文化”、“为发展家乡文化进一言”为主题的“家乡文化搜索”活动,通过征文、摄影、DV等形式进行整理和创作,激发了青少年学生了解家乡、热爱家乡、建设家乡的热情。此外,省青联志愿者艺术团全年义务演出9场,并联合全国青联志愿者艺术团、北京市青联、首钢集团团委共同开展了“走进曹妃甸”大型志愿服务活动。

2. 青年志愿者行动蓬勃发展。(1)组织实施“引领河北·红色浪潮——河北省青年志愿者服务红色旅游行动”。组织102名青年志愿者在6个红色景区为海内外来宾提供良好的讲解服务,宣传了景区的红色魅力,展示了青年志愿者的良好形象。(2)组织开展“奉献青春热血、点燃生命之火——河北省青年志愿者献血行动”。以青年志愿者为主体建立了预约献血机制,推进献血模式向更高层次发展,在全国第一个建立了由青年志愿者组成的“爱心血库”。(3)大学生志愿服务项目深入实施。圆满完成“大学生志愿服务西部计划”招募工作,共确定365名志愿者奔赴四川、重庆、新疆开展志愿服务活动。继续组织实施“河北省大学生志愿者健康行动计划”,招募100名大学毕业生到张承地区7个县的33个乡镇卫生院从事志愿服务工作。“全国农村公共卫生体系志愿服务张北试点项目”取得阶段性成果,为推进张北农村公共卫生体系建设做出了积极贡献。团中央书记处第一书记周强对项目开展情况给予了高度评价。(4)组织“共享健康”——北京医学博士后志愿团张北、赤城行活动。2天时间为老百姓义诊上千人次。北京大学博士后办公室和张北县卫生局签订协议,建立起长期对口志愿帮扶合作关系。(5)探索建立“河北省青年志愿者扶老助残行动”机制。召开了河北省青年志愿者扶老助残行动经验交流暨总结表彰大会,制定下发了《关于推进“十一五”期间河北省青年志愿者扶老助残行动机制化建设的实施意见》。(6)组织青年志愿者服务重大国际活动取得新突破。首次组织青年志愿者为20国集团财长和央行行长会议及第十届中国吴桥国际杂技艺术节提供志愿服务。(7)大力普及志愿服务理念。抓住"12·5国际志愿者日"和2006新年的契机,设计制作了2000套(计2万张)志愿服务公益明信片和5000张公益宣传海报,分发各地,宣传张贴,普及志愿服务理念,扩大青年志愿服务活动的社会影响。

3.青年文明号创建活动继续深化。培养了一批具有不同特色创建模式的青年文明号精品典型。联合公安、交通、电力等行业系统命名表彰了2004年度省级青年文明号228个,继续认定省级青年文明号1250个。15个单位被新命名为2004年度全国青年文明号。

五、服务青少年各项工作稳步推进

1.满足青年成长成才的基本需求,积极开展青年人才工作。开展了2005年"河北省十大杰出青年"、第九届"河北青年五四奖章"、第七届"河北杰出(优秀)青年企业家"、"河北省科技十杰"等评选活动,建立并拓展了评选活动社会参与机制。

2.完善工作机制,青年就业与再就业工作再上新台阶。组织开展第二届"河北青年创业奖"评选活动。进一步激发广大青年的创业积极性。依托省青年就业与再就业服务中心收集省会2000多家企业的用工岗位信息3.3万条,为广大待业青年免费介绍工作5200多人次,举办各类人才洽谈会113场,参加人数14.4万。

3.完善青少年法律服务体系,促进青少年健康成长。召开省预防青少年违法犯罪工作领导小组会议,讨论了《河北省预防青少年违法犯罪工作考核办法》,对实施"为了明天——预防青少年违法犯罪工程"进行全面部署。以"为了明天——预防青少年违法犯罪"为主题,在全省开展"优秀青少年维权岗行动月"活动。开通12355青少年维权和心理咨询服务公益热线。继续开展社区"青少年法律学校"创建活动。

4.关注特殊青少年群体的成长。(1)开展"共享成长——走好人生路"河北省杰出青年帮教行动。河北杰青会与未成年犯管教所签订了联合帮教协议,组织历届"河北十大杰出青年"获得者走进未成年犯管教所,通过杰出青年讲述自己学习、工作、成长的历程,对未成年犯重新调整人生坐标、早日走向光明产生积极影响。(2)做好服务经济困难大学生工作。募集资金120万元,资助经济困难大学生1200名,提供勤工助学岗位1000个、就业见习岗位150个。(3)开展"手拉手"活动。以"走进省会,共享阳光,让农村孩子参加夏令营"为主题,举办"请农村伙伴来做客"夏令营,组织50名家庭贫困的农村优秀少先队员和城市少先队员结成"手拉手"对子,走进城市志愿接待家庭,开展了丰富多彩的交流和体验活动。

六、切实加强团的自身建设,团的战斗力、凝聚力不断增强

1.团的基层组织建设进一步加强。大力实施团的基层组织建设"一带一"工程,制定实施了团县(市、区)委书记基层团建专项述职制度。广泛开展结队帮建活动,全省共结成"一带一"对子1322个,通过为基层团组织提供工作指导和帮助,有力地带动了全省团的基层组织建设。目前,全省被带动的基层团支部全部达到二星以上标准。深化"创建五四红旗团委"活动,推动"三级联创"工作,形成了基层团建整体推进的良好工作格局。

2.青少年活动阵地建设有了新突破。(1)积极争取青少年宫建设专项资金,经多方努力,省财政厅每年为青少年宫建设划拨专项资金200万元。2005年的专项资金已划拨用于衡水、保定、张家口、石家庄市的青少年宫建设。(2)积极推动各地市青少年宫的建设立项,目前,投资2000万元的廊坊市青少年宫、投资3900万元的张家口市国际青少年文化交流活动中心、投资360万元的衡水市青少年宫和邯郸市两处建筑面积分别为2.5万平方米

和1.5万平方米的青少年活动中心都已正式立项。(3)河北省青少年教育实践基地进入筹建阶段,基地的选址工作已近尾声,部分筹建款已经到位。

3. 团属网络阵地建设进一步拓展,功能不断完善。扎实推进"四级在线"工程,完成"河北青少年之窗"升级改版工作,并更名为"河北青少年互联网公共服务平台",下设"阳光团务"、"欢乐青春"两个子网。通过提升网络功能,丰富栏目内容,吸引力不断增强,团的工作交流渠道更加顺畅,团属网络阵地的育人功能更加完善。

4. 青年中心建设进一步推进。围绕扩大覆盖、保证质量的目标,在强化组织、发展项目、培训骨干、建立机制上取得了新进展。全省建有城市青年中心38家,农村青年中心234家。召开全省青年中心建设工作会议,表彰了一批青年中心建设先进县(区)优秀创建单位和优秀青年中心。实施"农村青年中心青年健康促进计划"、"城市青年中心爱心行动"等工作项目,提高了青年中心的服务水平,涌现出了一批全国先进青年中心典型和一批优秀服务项目。

5. 团属事业单位取得新进展。省青干院、石家庄工商职业学院在培训培养团干部和教学体制改革等方面积极探索并取得成效。河北青年报、《青春岁月》杂志积极走市场化道路,发行量稳中有升,社会影响力逐步扩大。河北省中国青年旅行社、河北省学生社会实践服务中心改制工作顺利进行。河北省科技协会扎实推进青年科技创新行动,为凝聚培养青年科技人才发挥了应有作用。

山西团的工作

2005年,在山西省委的领导和团中央的指导下,全省各级团组织高举邓小平理论和"三个代表"重要思想伟大旗帜,深入贯彻党的十六届四中、五中全会和省委八届六次全会精神,努力落实团中央十五届三中全会提出的各项任务,认真学习胡锦涛总书记视察山西重要讲话精神,坚持以科学发展观统领共青团工作全局,团结带领全省广大团员青年积极为山西经济社会发展发挥生力军作用,各项工作取得了长足进展。

一、保持共产党员先进性教育活动和增强共青团员意识主题教育活动深入开展,山西青年组织建设工程成效明显

2005年是山西青年组织建设年。一年中,各级团组织围绕这一工作布局,以深入开展保持共产党员先进性教育和增强共青团员意识主题教育两大活动为重点,把山西青年组织建设工程摆在了山西共青团"五项工程"的首要位置,作为一项最重要的任务狠抓落实。

1. 按照省委的安排部署,全省各级团组织积极开展以学习实践"三个代表"重要思想为主要内容的保持共产党员先进性教育活动,并达到预期的教育成效。总体来看,全省团的系统开展的保持党员先进性教育活动主要有三个特点:一是周密部署实施与建立健全制度相结合。各级团组织通过成立先进性教育活动领导小组及办公室,确保了先进性教育分工明确,责任到人;通过制定先进性教育活动实施方案及日程安排表,使各阶段的任务得到了分解细化;通过建立健全领导干部联系点和教育培训、学习考勤、考核考评、监督管理等制度，探索党员“长期受教育、永葆先进性”的长效机制，确保了党员先进性教育工作的经常化、制度化、规范化；通过创办活动简报、开辟网站专栏等形式，及时宣传交流各地先进性教育活动动态和经验，在全省团的系统形成了党员先进性教育的良好氛围。二是“规定动作”不走样与“自选动作”创特色相结合。各级团组织通过支部讨论、专题讲座、收看录像、会议交流等多种形式，在完成规定学习任务的基础上，还组织了学习中央“五 + 一”法规性文件和省委干部选拔任用“三个规定”，得到了省委组织部的充分肯定。通过开展“真情助困进万家”、“保持先进性，同植党员林”、“交特殊党费、‘一助一’帮教”主题志愿者服务等实践教育活动，为困难青年群体带去了党的关怀与温暖。三是边学边议与边议边改、边整边改相结合。各级团组织在强化党员学习教育的基础上，通过自我评议、集中评议、广泛征求意见等形式，综合各个方面给组织和个人提出的种种缺点和不足，分别制定整改方案，突出整改重点，量化整改责任，明确整改时限，落实整改措施，切实解决了一批突出问题，得到了广大党员和青年群众的认可，使党员先进性教育活动真正成为群众满意工程。

2. 根据团中央的统一部署，全省各级团组织广泛开展以“永远跟党走”为主题的增强共青团员意识主题教育活动，达到了增强意识、健全组织、活跃工作的目的。四个月来，各级团组织在“增强共青团员意识”主题教育活动中着力抓了四个方面：一是加强组织领导，广泛宣传动员。各级团组织借鉴先进性教育活动经验，加强领导，周密部署，层层成立活动领导小组，制定活动方案，落实推进措施，形成了一级抓一级、层层抓落实的工作局面。同时，通过采取举办专题简报板报、层层召开动员大会、加大各类新闻媒体特别是团属报刊网站宣传力度等措施，广泛宣传，深入动员，形成了党政高度重视、团员积极参与、社会广泛关注的发展态势。二是深入基层联系，加强活动指导。县级以上团的领导机关和团干部结合各自特点，层层确定了活动联系点，并经常深入基层具体指导，帮助基层理清工作思路，解决实际问题。同时，注意及时发现和扶持优秀活动典型，促使相当一批基层联系点成为全省的活动示范带动点，为推进整体教育活动健康发展发挥了积极作用。三是学习培训扎实，教育活动丰富。各级团组织以“学理论知团情”主题学习活动为载体，通过知识竞赛、网上论坛、征文、演讲等形式，广泛开展了理论学习和团史团情教育，有机地把集中学习与自学和专题辅导融于一体。同时，广泛开展了“青春献祖国”主题团日、“增强团员意识、服务和谐社会”主题实践周以及“中央国家机关青年政策宣讲团启动仪式暨山西报告会”、“爱心进社区”、“国际残疾人日”爱心服务等教育实践活动，增强了全省团员服务他人、奉献社会的责任意识。四是加强活动督察，确保任务落实。县级以上团组织层层成立督察组，自上而下、分期分批地深入到基层学校、企业、机关、农村和社区，针对教育活动的组织领导、宣传发动、学习培训、实践活动、联系点工作、活动效果等六方面情况，进行了认真细致的全方位督促检查，发现了一批具有特点和亮点的活动典型及存在的一些问题，为明年教育活动的继续深化奠定了扎实基础，提供了推进依据。

3. 按照“全团抓基层”的要求，全省各级团组织以加强团的基层组织建设为突破口，深入实施山西青年组织建设工程，团的组织基础不断夯实。“三级联创”活动成效显现。祁县、阳泉城区被评为“全国团建先进县”，太原供电局团委等4个单位被评为“全国五四红旗团委”，山西农业大学农学021班等9个团支部被评为“全国五四红旗团支部”。非公经济组织团建势头良好。注重培育典型，示范带动，涌现出宏基实业、宏艺玻璃等一批先进典型，有效辐射了周边非公经济、新型社会组织的团建工作。青年中心建设稳步推进。以全国青年中心建设工作会议在晋城市召开为动力,以全省农村青年中心晋城经验交流会为标志,山西农村青年中心建设跃上了新台阶,已建成43个农村青年中心,在农村青年中的影响力、吸引力和凝聚力不断增强。全省城市青年中心积极推广"爱心超市"等新型服务载体,服务领域和服务内容不断拓展。团建创新有了新的突破。太原理工大学以团代会选举、竞选、团员大会直选等多种方式配齐了20名学院团委书记;山西医科大学面向全省公开选拔12名院系分团委书记;右玉县作为全省试点,公推直选了3名乡镇团委书记;朔州市出台了《关于在全市开展乡镇团委书记公推直选试点工作的实施方案》;长治市出台了《关于在全市公开招录市、县、乡三级团干的方案》。团干培训迈出了新的步伐。首次组织58名青年干部赴中央党校接受培训,举办了第二期上海培训班,选派5名团干部赴上海市宝山区挂职锻炼。青年社团组织健康发展。充分发挥共青团的核心带动作用,圆满完成了省青、学联换届工作,加快了各类青年社团的建设进程。特别是进一步加强了青年统战工作,成立了港澳特邀代表、华侨、留学人员界别工作委员会,加强了与山西籍港澳青年、台湾青年、华侨和留学归省人员的联系;举办了"山西青年论坛",形成了八个青年提案,发挥向省委省政府建言献策的作用。青少年文化事业不断壮大。顺利推进了《山西青年报》和《山西青年》、《小学生》杂志的改革改制,团属文化阵地在青少年文化建设中的积极作用日趋明显。

二、共青团组织服务大局、服务青年的能力不断增强,山西青年"四项工程"进展顺利

在突出抓好山西青年组织建设工程前提下,全省各级团组织以服务大局、服务青年为出发点和落脚点,充分发挥自身优势,在山西青年思想教育、青年文明、青年人才、青年创业等四项工程建设方面也取得了新的进展。

1. 山西青年思想教育工程建设特色鲜明。增强了青少年的爱国主义情感。各级团组织抓住纪念抗战胜利暨反法西斯战争胜利60周年、"一二·九"运动70周年等契机,在全省高等院校和中小学校广泛开展了"红色丰碑"展览和爱国主义知识竞赛、"缅怀先烈功勋、建设美好山西"、"民族精神代代传"、"红色之旅"等一系列革命传统教育活动,使广大青少年受到了深刻的爱国主义教育。增强了少先队员和辅导员的光荣感和责任感。各级团组织强化了"团带队"的责任,带领全省各级少先队组织抓住建队56周年及全国第五次少代会召开的契机,贯彻落实党员先进性教育和团员意识教育活动精神,普遍开展了"我是光荣的少先队员"主题队会教育活动,引导教育全省少先队员以主人翁姿态,自觉为红领巾事业增光添彩。增强了未成年人合法权益的保护力度。团省委倡议并协助省人大以常委会的名义第一次对全省各市贯彻落实《未成年人保护法》、《山西省实施〈未成年人保护法〉办法》情况进行了专项执法检查。各级团组织以青少年维权和"12355"心理咨询服务热线(已服务3940人次)为基础,搭建了以专家声讯服务、《山西晚报》专栏点评指导、山西电视台案例分析教育为平台,构建了省、市、县三级青少年维权岗(已建296个)和社区、农村、务工青年集聚地三位一体维权超市(已服务310场次)的"三三"制青少年维权服务体系,受理了630余起青少年权益侵害案件。同时,省、市、县分别组建了禁毒志愿者总队、支队、大队,争取10万元实施了全球基金山西青年艾滋病预防宣传干预项目,广泛开展了"青春红丝带"、"你我同参与"等系列青年预防艾滋病活动(已服务1.2万人),有效地推动了关注青少年健康成长的社会氛围进一步形成。

2. 山西青年文明工程建设精彩纷呈。以

青年文化建设为重点的青年文明工程建设，有力地推动了青年企业、乡村、社区和校园文化建设工作全面活跃。企业文化建设发挥了青年在安全生产中的排头兵作用。以创建“平安三晋”为抓手，深入开展了“青年文明号文化节”、“青年文明号节约示范行动”等活动。特别是围绕省委、省政府安全生产的要求，召开了第三届“山西省青年安全生产示范岗”表彰会，命名了42个“青年安全生产示范岗”，制定了《山西省“青年安全生产示范岗”管理办法（试行）》，并相应成立了活动领导机构，细化了考核评比标准，实行了公示制度，促进了全省工矿企业的安全生产和管理工作。乡村文化建设推出了一批具有山西特色的乡村青年文化优秀项目和歌手。以丰富农村青年生活、提升民俗文化品位为着力点，全力打造了“晋商文化旅游节”、“青年文化社火节”等系列活动，承办了“全国乡村青年歌手大赛”活动，充分展示了山西深厚历史文化底蕴和浓郁的风俗民情。社区文化建设扩大了青年的参与面和覆盖率。以“构建文明和谐社区”为主题，广泛开展了“大家乐舞台”、“警地四联”、“青年文化广场”等活动，有效地推进了群众性的社区精神文明建设。校园文化建设激发了青年学子的创新活力。重点开展了“校园文化老区行”、“中国移动彩铃唱作先锋大赛”、“动感地带杯”大学生校园歌手大赛等活动，大大丰富了大学生的精神文化生活。

3. 山西青年人才工程建设推陈出新。提高了青年的职业技能。全面实施“青工技能振兴计划”，举办了首届山西青年职业技能大赛，40多万名青工参加了多个工种的技术培训和比武活动，2000余名青工荣获各级青年岗位能手称号；深化“大学生素质拓展计划”，进一步整合了有助于大学生提高综合素质的各类活动项目；在全国第九届“挑战杯”大赛中，山西的参赛作品取得历史性突破。增进了青年人才的广泛交流。主办了“从山西走向世界——对话李彦宏、贾樟柯”、“浙商经验与晋商经验管理创新之路”大型报告会、“山西青年企业家论坛”，组织了“青年博士服务周”、“青年企业家西部行、东北行”、“青年专家三晋行”等活动，加强了与北京、上海、江苏、深圳等省市青年的交流合作；派遣了青年出国交流团10批71人次，接待了国外青年友好交流来访团3批24人次，加强了与澳大利亚、新西兰、美国、日本等国家以及港澳地区青年的友好交流与合作。选树了一批优秀青年人才。组织了全省十大杰出青年、杰出青年卫士、杰出青年农民、杰出青年企业家、青年“五四”奖章、青年创新能手、青年创业明星等评选表彰活动，宣传和展示了优秀青年人才的典型事迹和时代风采，大大激发了全省青年学习先进、争当先进、赶超先进的内在活力。

4. 山西青年创业工程建设成果丰硕。促进了农村青年增收成才。“共青团劳务输出大篷车”服务活动不断深入，先后在4市8县（市区）举办了洽谈会，帮助5千余名农村富余青年顺利转移就业，并辐射带动了5万余名农村青年外出务工就业。组织了引导性、技能性的培训30余场，培训农村青年3万余名。促进了青年就业再就业。进一步加大了青年技能培训、就业岗位推荐、扶持青年创业工作力度，先后培训待岗青年2万多名，开发就业岗位近3万个，扶持3000余名青年创办企业。全省有3人被评为“全国农村青年创业致富带头人标兵”，46人被评为“全国农村青年创业致富带头人”，临县的张百顺获得了团中央等六部委联合举办的第十六届“中国杰出青年农民”提名奖。促进了大学生社会实践和就业。在深入开展“大学生志愿服务晋西北计划”的基础上，不断深化了“大学生就业见习计划”；组织了“山西省大学生基层创业优秀代表报告会”，鼓励大学生到基层创业就业；通过招募就业见习基地，为大学生提供就业见习岗位，切实服务大学生创业就业。

内蒙古团的工作

一、以理想信念教育为核心，切实加强青少年思想政治工作

1. 深入开展“三个代表”重要思想学习教育活动。一年来，内蒙古自治区各级团组织以“铸魂塑形”工程为载体，深入开展了践行“三个代表”重要思想活动。组织团员青年认真学习贯彻党的十六届四中、五中全会精神，学习领会科学发展观、构建社会主义和谐社会等重大理论创新成果和重大决策部署，学习中央关于制定“十一五”规划的建议，把学习实践“三个代表”重要思想引向深入。针对团干部，认真开展了以学习实践“三个代表”重要思想为主要内容的保持共产党员先进性教育活动，进一步增强了学习实践“三个代表”重要思想的自觉性和坚定性。加强对基层的辅导，组织了内蒙古团委赴基层宣讲团，深入部分旗县团委巡回宣讲近30余场次，受到了基层广大团干部和团员青年的欢迎。

2. 进一步加强和改进青少年思想道德建设。在深入调研的基础上，形成了《关于全区未成年人思想道德建设现状调研报告》和《关于全区大学生思想政治教育工作若干问题的调研报告》，得到了内蒙古自治区有关领导的高度评价。特别是关于未成年人的调研报告，中央领导同志作出了专门批示，中央文明办将调研报告转发各省区市文明办及中央文明委各委员。根据调研成果，采取实践育人、服务育人、文化育人相结合的方式，在驻呼高校开展了“美丽青春人生论坛”，在中小学开展了“民族精神代代传”、“美丽的草原我的家”等主题鲜明的教育活动，扎实推进了青少年思想道德建设。

二、以科学发展观为指导，团结带领广大团员青年为促进全区经济发展做贡献

1. 全面推进农村牧区青年增收成才行动。在转移就业方面，全年举办青年农牧民转移就业服务大会、进城务工青年现场招聘会150余场次，促进转移农村牧区富余劳动力18万人。在就地自主创业方面，2005年开展了各类农牧业技能培训400多次，培训15万人次。大力培养和选树自治区级农村牧区创业致富带头人160名。通辽市青年农民梁长武被评为“全国十大杰出青年农民”。

2. 实施青工技能振兴计划。扎实推进“青工技能振兴计划”，连续第三年开展“百万青工岗位练兵，千名能手技术比武”活动，全年共有6个盟市、12个直属厂矿企业的10多万青工参加了赛前培训和各类技术竞赛活动，1200多名技术能手参加了在呼和浩特市举行的技术比武，极大地调动了广大青工提高技术技能的积极性，发挥了青工在经济建设主战场的生力军作用。积极组织参加了“振兴杯”全国首届青工技能大赛，两家企业获“优胜杯”，6名选手进入前20名。

3. 开展青年科技创新行动。开展青工技能月活动，动员广大青工为增强企业自主创新能力、发展循环经济贡献才智。组织青年创新创效成果推介转化活动，促进科技成果向现实生产力转化。举办了第四届“挑战杯”全区大学生创业计划竞赛，11所高校参赛，1000多名学生参加，上报作品数量406件。在第九届“挑战杯”中国大学生课外学术科技作品竞赛决赛中，自治区选送的16项作品，分获2个一等奖，1个二等奖，9个三等奖。内蒙古团委获优秀组织奖。

4. 引导青年在西部大开发中艰苦创业。继续做好“博士服务团”工作，协助自治区党委组织部选配12位博士到当地挂职锻炼，发挥高层次人才的作用。深化大学生志愿服务西部计划，2005年，争取到西部计划大学生志愿者568名。目前，在自治区服务的西部计划志愿者达到1500余名，分布在全区11个盟市、30个旗县区、465个乡镇苏木，有效地服务了地方经济社会发展。

5.深化国际青年交流与合作。服务党政外交大局，2005年共接待蒙古、俄罗斯、韩国和日本等国青年代表团100多人，发挥了青年交流在区域合作中的积极作用。

三、大力弘扬先进文化，组织青少年积极投身精神文明建设

1.大力实施青年文化行动。积极打造青年文化建设品牌，开展了“青春草原”系列活动，组织了纪念五四运动86周年庆祝活动，举办了《挥洒青春奉献草原》五四文艺晚会、“我和草原有个约定”斯琴朝克图声乐作品音乐会和“青春草原”纪念内蒙古青联成立50周年专题文艺晚会，宣传了青年文化精品，实现了民族文化与青年文化的互动。此外，乡村青年文化节、大中专学生“三下乡”等传统品牌被赋予了新内涵，在青年文化建设中发挥了积极作用。

2.深化青年志愿者行动和青年文明号、青年文明社区创建活动。加强青年志愿者协会建设，发展壮大志愿者队伍。目前，6万多名青年在各级青年志愿者组织注册，80多万青年经常参加各类志愿服务活动。继续开展“青年文明号信用建设示范行动”，为建设诚信社会贡献了力量。与自治区22个厅局联合开展了青年文明号评选表彰工作，表彰了114个自治区级青年文明号先进集体，38个集体荣获全国青年文明号荣誉称号。围绕社区文化建设，举办以“青春风采、建设和谐社区”为主题的社区青年文化节，开设“爱心超市”，进一步丰富了社区文化生活，促进了和谐友爱社区人际环境的形成。2005年，全区共有9个城市社区获得全国青年文明社区荣誉称号。自治区团委获得全国青年文明社区创建活动优秀组织奖。

四、以青年为本，努力做好服务青少年工作

1.服务青少年成长发展。深入开展青少年新世纪读书计划，举办了青少年读书讲座，推荐了一大批深受广大青少年欢迎和喜爱的优秀图书。聘请了8位著名专家学者为青少年进行了20余场精彩的演讲，其中陶宏开先生关于远离网瘾的讲座，在社会上引起了强烈反响。继续扩大希望工程资助范围，2005年共筹集各类捐款1000多万元，接受社会各界捐物折款300多万元，帮助3000多名不同年龄段的困难学生重返课堂，建设希望小学32所。

2.维护青少年合法权益。进一步扩大青少年维权岗创建工作的规模，培育了一批基层的青少年维权实体。开通了“12355”全区青少年维权和心理咨询服务热线电话，设计了青少年维权网页，进一步丰富了维权工作的载体。组织自治区法律专家开展了青少年维权工作调研，为有关部门决策提供了参考。深入开展青少年自护教育，依托青少年活动阵地、青年中心等场所，广泛建立自护学校和自护基地。以志愿者面对面宣传教育为主要手段，开展了“防治艾滋病——青春红丝带”活动。

3.切实开展为特殊困难青年送温暖活动。实施“共青团千村千户科教扶贫工程”，共资助400名农村贫困学生免费攻读中专学历。2005年元旦、春节期间，集中力量组织了“真情助困进万家”活动，参与活动的团干部和团员青年达到10万多人，筹集款物总价值达170多万元，把党和政府的关怀、把团组织和社会各界的关心送到了困难青少年身边。2005年12月，先后组织了春风行动、关爱进城务工青年等活动，向呼市等地建筑行业职工发放各种物资近15万元。

五、团组织自身建设得到进一步加强

1.加强团的基层组织建设。团区委坚持“固本强基”的思路不动摇，拨出专款用于基层团组织规范化建设，进一步加强基层组织建设，旗县区级团组织规范化建设的图表上墙率达到100%。不断建立健全工作制度,加强对基层工作的指导,建立了基层工作联系点800多个。进一步加强新兴领域建团工作,全区非公经济团组织建团率已达50%。创新团建模式,"团组织+青年中心"的团建模式得到推广,全区农村牧区和城镇社区青年中心已达280个。加大服务基层力度,争取社会资金,为101个旗县区各配备了一台高配置的电脑,实现了全区共青团的联网。评选表彰了10个全区"五四红旗团委标兵"和50个"五四红旗团委"。

2. 加强团干部队伍建设和调研工作。制定下发了《2005年全区团干部培训计划》,自治区团委全年培训基层团干部达2900多人次。与师范大学联合开办了在职研究生班,18名机关干部报名参加学习。选调13名基层团干部到自治区团委机关系统挂职锻炼,并选派5名基层团干部到北京、天津等地挂职锻炼。选派20余位团干部到境外学习考察。深入开展了"千名团干部百日下基层"、"千名团干部联系千家非公有制企业"、"千名团干部结对帮扶贫困户"、大学生思想政治教育工作调研等活动,进一步密切了团干部与团员之间的联系,增强了工作的针对性。

3. 深入开展增强共青团员意识主题教育活动。从2005年9月份开始,与党员先进性教育相呼应,自治区团委在全区组织开展了以学习贯彻"三个代表"重要思想为主要内容的增强共青团员意识主题教育活动。此次活动做到了规定动作与自选动作相结合,内部教育与开门教育相结合,开展教育活动与推动业务工作相结合,务虚与务实相结合,成效十分显著。通过教育活动,广大团员进一步增强了政治意识、责任意识、模范意识。

4. 团的外围组织建设得到加强。进一步加强青联、学联、青企协、志愿者协会等外围组织的建设,不断巩固党在青年中的群众基础。2005年7月,伊利集团总裁潘刚等21位优秀青年代表当选十届全国青联委员。2005年12月底,组织召开了内蒙古青联、学联换届大会。以青学联换届为契机,进一步扩大了团的外围组织,把更多优秀青年代表凝聚团结在党的周围。同时,按照隆重、热烈、节俭的原则,组织了青联成立50周年纪念活动,制作了"青春草原"CD和纪念画册,展示了内蒙古青联成立50年来的光辉业绩。

5. 团属各项事业稳步发展。自治区团委顺利搬入新办公楼,办公环境得到根本性改善。青年政治学院新院区建设基本完成,教学和管理水平不断提升,招生人数稳步增长,成为全国团干部培训基地。团属报刊坚持弘扬主旋律,青少年思想舆论阵地进一步巩固。青联组织广泛团结各族各界青年,积极推动青年交流,扩大对外交往。学联组织主动适应素质教育的要求,为广大学生学习成才提供服务。

一年来,自治区团委在推进各项工作的同时,紧紧围绕党政工作大局和青年的需求,创造性地设计、组织了一批社会反响强烈、深受党政好评和青年欢迎的重点活动和工作项目。继续推进"抓基层打基础抓落实"工作,在通辽市召开"两抓一打"现场会,自治区党委副书记杨利民亲自到会并作重要讲话,自治区、盟市、包括101个旗县在内的三级团干部参加了会议,这是近年来自治区共青团系统覆盖到旗县级团委,推动基层工作规模最大的一次会议;围绕自治区北开南联战略的实施,自治区团委主动走出去,组织青联委员和团干部先后成功出访蒙古国和俄罗斯,为三方青年在经济、文化等方面的交流合作牵线搭桥;按照内蒙古自治区党委、政府关于"不能让任何一名考上大学的学生因贫困上不起学"的指示精神,认真开展对贫困大学新生的救助活动,按照每人救助3500元学费的标准,帮助500余名大学新生顺利走进了大学校园;举办青春草原——首届内蒙古青年欢乐节,来自全国十余个省市的青年代表与自治区青年一起参加了活动,充分展示了草原文化的独特魅力，展示了内蒙古自治区在经济社会全面发展中取得的巨大成就，有力地宣传了内蒙古旅游文化资源；举办青春草原——首届内蒙古青少年读书节，全区各地都组织了青少年精品图书展、美文诵读晚会、学习成才系列讲座、青少年书画作品展等丰富多彩的活动，吸引了万名青少年参加，规模和影响都创下了自治区青年文化活动的新纪录。

辽宁团的工作

2005年是振兴辽宁老工业基地、构建和谐辽宁的关键一年。一年来，全省各级团组织在省委和团中央的正确领导下，在"三个代表"重要思想的指引下，全面贯彻落实科学发展观，按照共青团辽宁省委十一届三次全会的工作部署，坚持"为了青年、依靠青年"的工作思路，突出"改革、开放、振兴、和谐"工作主题，凝心聚力，锐意进取，埋头苦干，狠抓落实，团的各项工作在继承中创新，在开拓中前进，共青团事业呈现出奋发有为、蓬勃向上的气势和开拓创新、求真务实的局面，一条符合省情团情、顺应时代要求、凝聚青年意志的共青团事业的科学发展之路正在形成。

一、深入学习实践"三个代表"重要思想和科学发展观，青少年思想教育工作实现新发展

1. 增强共青团员意识主题教育活动取得实效。全省各级团组织以学习实践"三个代表"重要思想为主线，广泛开展了"青春献祖国，建设新辽宁"主题团日活动、"增强团员意识、建设和谐辽宁"主题实践周活动等增强共青团员意识主题教育活动，全省239万共青团员和近8万个基层团组织参加了活动。团省委举办了全省学校战线增强团员意识主题教育活动骨干培训班，建立了督察制度和基层联系点制度，进一步促进了全省团员意识教育活动的深入开展。辽宁省在全国"学理论、知团情"党团知识竞赛中获得了一等奖，还在共青团全国基层组织建设工作会议上介绍了团员意识教育的工作经验。

2. 理想信念和形势政策教育深入开展。联合"三个代表"重要思想网站开展了全省青少年学习"三个代表"重要思想和"老工业基地振兴战略与形势"网上知识竞赛活动，全省有8万名青年参与答题，掀起了学习理论和形势任务的高潮。召开了"志愿精神代代传"——纪念"辽宁青年志愿垦荒团"50周年座谈会，用垦荒团艰苦奋斗、勇于奉献的精神进一步激励广大青年投身辽宁老工业基地全面振兴的实践。全省各地还广泛开展了"三五"、"五四"、纪念中国人民抗日战争暨世界反法西斯战争胜利60周年活动，省本级召开了各界青年纪念"一二·九"运动70周年座谈会，启动了"青春·辽宁"形势政策大讲堂活动，培养了青年的爱国情怀，增强了他们振兴辽宁、构建和谐的责任感和使命感。

3. 青少年思想道德建设工作不断深化。全省各级团队组织广泛开展"三有三为"道德实践活动、辽宁小雷锋行动等活动，充分发挥团队组织的育人优势，进一步促进了未成年人的健康成长。全省还涌现出15个全国红旗大队、26个全国红旗中队、30个全国特色小队和1名全国"十佳"少先队辅导员，省少工委获全国未成年人思想道德建设活动优秀组织奖，

《小雷锋行动实施手册》获全省未成年人优秀文学作品二等奖，有力地推动了未成年人思想道德建设工作的整体发展。积极推进青少年宫活动场所建设和管理，青少年校外教育工作取得新进展，2005 年全省有 3 个单位、9 名同志分别荣获全国青少年社会教育先进集体和先进个人。团省委就加强和改进大学生思想政治教育工作下发了实施意见，从 9 个方面不断增强大学生思想政治教育工作的针对性和实效性。在沈阳成功承办了“振兴之旅，青春之约”中国（世界）大学生沈阳行系列活动，扩大了 2006 沈阳世园会的影响。广泛开展了“三下乡”、暑期社会实践、“服务大学生就业创业”等实践活动，在实践中教育引导大学生立志成才。

二、引导青年创业创新创优，服务辽宁老工业基地振兴创造新业绩

1. 围绕国企改革和非公有制经济发展，青年创新创效活动和青年创业行动实现突破。通过组织青工开展岗位能手、技能竞赛和技术、管理、服务、文化创新活动，激发了青工奉献意识，增强了企业发展动力。通过加强创业教育、深化创业培训、提供创业服务和给予创业扶持等措施，为青年就业创业提供条件，营造氛围。去年全省实现实名制培训 64012 人，城镇实名制就业 61026 人，“4050”家庭子女免费技能培训 5898 人，其中免费学历培训 280 人，扶持了 1625 人创办了自己的企业。

2. 围绕棚户区改造，青年的突击队作用有效发挥。全省各级团组织纷纷成立青年志愿者服务队、突击队，切实帮助棚户区居民解决实际问题。组织大中专学生广泛开展了“走进棚户区”考察服务活动，引导青年学生为棚户区改造献计出力。团省委系统还专门为棚户区捐款 2.93 万元。

3. 围绕农村青年增收成才，农村青年工作实现新发展。全省共实现农村青年劳动力转移就业 50848 人，培训核心农户 19600 户，培训青年农民 95000 余名。联合沈阳世捷教育培训中心，成立了省本级农村青年劳动力转移培训基地。

4. 围绕辽宁对外开放和区域发展，招商引资引智等工作不断深化。促成了深圳力劲集团投资 7000 万元对阜新北方压铸机厂的改造等项目，举办了“2005 海外学人回国创业周辽宁行”活动，组织全省大中专学生开展了“沿海经济带”实践考察活动，引导各级团组织和广大青年为辽宁省对外开放和区域经济发展做贡献。

5. 围绕人才强省战略，青年人才发展计划不断推进。大力开展青工技能培训，共培养高级技师 138 人，技师 303 人，高级技工 2015 人。举办了辽宁青工发展论坛、首届“振兴杯”辽宁青工职业技能大赛，形成了人人学技术，个个当能手的良好氛围。成功承办了首届“振兴杯”全国青年技能大赛决赛，辽宁代表队总成绩第一，捧得“振兴杯”，并获得两个单项赛冠军。组织选派了青年代表赴日、韩、德等国进行学习交流，培养了青年的国际化视野。举办了第七届“挑战杯”大学生课外学术科技作品竞赛，其中有 38 件作品在全国“挑战杯”大赛中获奖，创历史新高。

三、尽展青春活力，推动和谐辽宁建设开创新局面

1. 关爱老前辈行动取得显著成效。全省共实现大专院校与敬老院结对 1439 个，少先队员与“五老”结对 6.83 万个，农村青少年与老年人结对 3.16 万个，社区志愿者与社区老年人结对 4.97 万个，本单位、本部门、本系统与老同志结对 4104 个，建立社区敬老服务站 1627 个，农村敬老服务队 7003 个，开展各级各类敬老活动 6200 多次，全省共有近百万青少年参与到活动中来，使 17.96 万名老年人受益，逐步形成了活动的长期化、生活化和制度化。该行动被省直机关评为第三季度的最佳实事。

2. 大学生志愿服务辽西北计划稳步推进。

今年辽西北计划招募政策扩大到15条，更加具有吸引力和可操作性。首批449名志愿者中扎根的有182人，扎根率达40.53%。大学生志愿服务辽西北计划还被省直机关评为第二季度的最佳实事。

3. 建设和谐辽宁系列活动实现全面活跃。开展了“尽展青春活力，建设和谐辽宁”主题宣传教育活动、“青春共建和谐社区（村屯）行动”，引导广大青少年积极参与和谐社会建设。开展了首届百佳“青年和谐家庭”评选活动，采用网上投票方式，评选了100个“青年和谐家庭”，促进了广大青年养成良好的家庭美德和社会公德。开展了“建和谐辽宁，青年文明号在行动”教育活动，促进了青年文明号创建水平的整体提升。不断推进保护母亲河行动，全省共营建“青少年绿色家园”56个，推动了人与自然的和谐发展。开展了“动感地带”2005辽宁省青少年文化广场活动，全省共举办广场文化活动60余场，10万余名青少年和数万名群众参加活动，收到了良好的社会效果。

4. 服务青年和社会工作取得长足进步。开展了“真情助困进万家”扶贫帮困活动，团省委系统广大党员干部为青年群众办好事、实事243件，送钱物折合人民币200万元。积极开展了“情系学子心，共度欢乐年”关心服务留校大学生活动，团省委组织筹资人民币140余万元，解决了3264名家庭经济困难大学生的返乡难问题，该项工作被省直机关评为第一季度的最佳实事。启动实施了大学生家教莘情计划，切实维护大学生合法权益，促进大学生就业。加大了青少年维权工作力度，筹备开通12355青少年维权热线，成立青少年犯罪研究会，为弱势青少年群体提供法律援助和服务。大力推进希望工程工作，省本级募集资金500万元，成立了IT大学生专项奖学基金，资助了农民工子女就学1823人，援建希望小学21所。

5. 抗洪救灾和防控禽流感工作行动迅速。在辽宁部分城市发生严重洪灾和禽流感疫情的紧急时刻，团省委下发紧急通知，要求全省各级团组织要划拨专款，积极组织动员广大团员青年组建青年志愿者突击队、服务队，为灾区、疫区的群众提供了切实帮助。

四、以加强团的能力建设为重点，团的自身建设取得新进展

1. 保持共产党员先进性教育活动扎实开展。各级团的领导机关始终按照胡锦涛总书记提出的确保先进性教育活动取得实效、真正成为群众满意工程的根本要求，牢牢把握关键环节，紧紧抓住重点问题，确保各项工作落到实处，取得了明显成效。广大党员学习实践“三个代表”重要思想的自觉性和坚定性进一步增强，对“三个代表”重要思想的科学内涵和精神实质的理解不断深化；广大党员的先锋模范作用进一步发挥，宗旨意识和组织纪律观念不断增强，自身素质得到进一步提高；党的基层组织建设进一步加强，战斗堡垒作用得到充分发挥，凝聚力和创造力得到了明显加强；党群、干群关系进一步密切，群众反映强烈、直接涉及群众利益的问题得以切实解决；广大党员进一步改进了工作作风、提高了工作水平，把学习的收获和思想认识的成果转化为勤奋工作的实际行动，推动了团的各项工作的不断发展。

2. 团的基层组织建设大力推进。全省在去年28个试点的基础上，新增创建团建示范县（市、区）试点单位14个。召开了非公经济组织团建工作会议，进一步安排部署非公团建工作，实行非公团建实名制，提出3年内力争非公团建覆盖率达到90%的工作目标。大力推进城乡青年中心建设，确定了6个全国青年中心建设先进城区创建单位，18个全国农村青年中心建设先进县（市）创建单位。在沈阳召开了全国农村青年中心建设现场经验交流会，辽宁省介绍了经验并展示了沈阳农村青年中心建设的成果。全团把少先队工作作为基础，大力加强了全团带队工作，全力打造新时期开放、互动、服务的少先队。

3. 制度、政策、典型建设有新突破。着眼于建立科学的工作机制,团省委制定并出台《工作制度汇编》,提高了机关建设水平。进一步加强信息化建设,全面改版辽宁共青团网站,开发启用了辽宁共青团办公自动化系统。在全省县级以上团的领导机关开展学习型机关创建活动,形成了全团重学习、讲学习的浓厚氛围。在全省团员青年中开展了向王亮、徐强两位青年技术工人学习活动,发挥他们的示范引导和牵动辐射作用,营造了有利于青年技能人才成长的社会氛围。对“辽宁青年五四奖章”、“辽宁十大杰出青年”等青年榜样群体进行了评选表彰,在社会上引起强烈反响。主动与省总工会争取,对“辽宁青年五四奖章”一并授予“辽宁五一奖章”称号,与省人事厅协调,“辽宁省共青团系统先进工作者”同时荣立公务员二等功,对广大团干部起到了极大的激励作用。

4. 班子队伍和团干部队伍作风有新改观。省市两级机关干部深入开展了“到基层、抓落实、促发展”实践活动,班子成员带头深入基层,深入青年,两级机关干部形成了大量的调研报告,帮助基层群众解决了不少实际问题,培养了团干部扎实苦干的工作作风,达到了了解实际,总结经验,提升能力,推动工作的目的。同时,建立健全了领导班子理论学习制度,党员领导干部民主生活会制度,始终坚持民主集中制原则,各级团的领导班子思想素质、决策水平、表率作用及总揽全局、协调各方的能力进一步提高,科学执政、民主执政、依法执政水平不断增强。

吉林团的工作

2005 年,在吉林省委和团中央的领导下,全省团组织坚持以邓小平理论和“三个代表”重要思想为指导,全面贯彻科学发展观,认真落实省委和团中央有关会议精神,紧紧围绕全省工作大局和青年发展需求,深入开展保持共产党员先进性教育活动和增强共青团员意识主题教育活动,突出加强团的学习能力、服务能力、落实能力和合作能力,扎实推进各项工作,在服务青年创业就业、加强青少年思想道德建设、培养青年人才和团的自身建设等方面取得新的突破,呈现出重点突出、全面活跃、成果丰硕的良好局面,为振兴吉林老工业基地、促进和谐吉林建设做出了积极贡献。

一、青少年思想教育工作取得新成效

1.“三个代表”重要思想学习实践活动深入开展。全省团组织紧紧抓住开展保持共产党员先进性教育活动的契机,组织广大团员青年深入学习实践“三个代表”重要思想,把帮助广大青年树立和落实科学发展观,贯彻落实构建社会主义和谐社会等要求贯穿工作始终。以“兴起新高潮,创造新业绩”为主题,针对团干部、大学生和青工骨干等重点群体,开展了“二次创业、振兴吉林”、“吉林振兴与青年责任”等教育实践活动,切实把青年的思想和行动统一到中央和省委的重大决策部署上来。

2. 未成年人思想道德建设扎实推进。继续深化“民族精神代代传”活动,增强少年儿童的民族自尊心、自信心和自豪感。组织开展“喜迎东北亚博览会,争做文明青少年”、18 岁成人仪式、雏鹰争章、养成道德好习惯等活动,引导青少年树立正确的思想道德观念。关注未成年人的心理健康,开通了“12355”青少年维权和心理咨询服务热线,开设“未成年人心理健康诊所”。启动“平安助成长”系统工程,深入实施未成年人“关爱行动”,开展“青少年网上健康行”等,优化了未成年人的成长环境。

3. 大学生思想政治教育取得明显成效。以纪念五四运动、“一二·九”运动70周年等为契机,组织开展“继承光荣传统、共建和谐社会”、“我与祖国共发展——吉林振兴与大学生的责任”等主题教育,引导大学生大力弘扬民族精神和时代精神。以“5·25”中国大学生心理健康宣传日为契机,开展“快乐学习,阳光生活”系列活动。创新网络教育形式,东北师范大学“扬思”网、吉林大学“红色社团联盟”等一批校园红色网站相继建立。组建“吉林省十佳大学生”事迹报告团在高校巡回报告,为大学生树立了学习榜样。

二、带领团员青年在推进经济社会发展中做出新贡献

1. 成功举办“青年企业家东北行——吉林经贸考察活动”。省委书记王云坤、团中央书记处第一书记周强、省长王珉等领导同志出席活动,并给予充分肯定。活动签订合同项目10项,合同金额达34.8亿元,意向性合作协议金额7.88亿元,是团中央同类活动中签订合同金额最多的一次。目前已到位资金6.1亿元,资金到位率17.52%。活动后期,又有3个项目签订合同,金额达5.5亿元。

2. 继续深化农村青年增收成才行动。深入开展“农村青年科技培训春季行动”,组织农业科技专家服务团,深入村镇开展技术服务。实施“青年农民科技培训工程”,各级团组织共培训农村青年2万人次,培养青年创业致富带头人1000多名。

3. 不断推进青年科技创新行动。争取团中央、科技部支持,组织开展“科技之光”百名青年专家服务团吉林行活动,接待100余名国内知名青年专家深入学校、社区、农村,举行科技报告、专题座谈、农业科技推广咨询、医疗义诊等活动。开展“挑战杯”吉林大学生课外学术科技作品竞赛,吸引近万名学生参加,推荐26件作品参加全国决赛,获得特等奖1个、一等奖2个及省级优秀组织奖、个人杰出贡献奖等,奖项层次和数量居历年之首。组织参加第二届中国青年创业周活动,2个项目分获创业项目金奖和银奖,1名青年企业家获“中国最具创业潜能青年”称号。4名学生获得第二届中国青少年科技创新奖。

4. 深入开展大中专学生“三下乡”等社会实践活动。集中组织100余支大学生实践服务团,广泛开展“三下乡”社会实践活动。东北师范大学等11所高校、吉林农业大学博士生地方经济实践服务团等3支团队及3名团干部受到全国表彰。深化中学生“四个一”、“四进社区”社会实践活动,努力提高中学生社会公益意识、奉献意识和服务能力。

三、组织引导青少年参与精神文明建设取得新进展

1. 积极推动志愿服务立法,深入开展青年志愿者行动。经向省人大提交议案,申请进行志愿服务立法。会同省人大内司委、法工委成立了《吉林省志愿服务条例(草案)》起草领导小组,先后赴黑龙江、四川、广东等地开展立法调研,撰写调研报告,数次修改试拟稿、征求意见稿,接受人大代表质询。吉林省十届人大常委会第24次会议审议通过了《吉林省志愿服务条例》。广泛开展助老、助残、“爱老义工”等志愿服务活动。2人荣获“中国青年志愿服务金奖”。

2. 积极推进青年文化行动。组织召开“我为吉林发展做什么”座谈会、吉港澳青年企业家座谈会,开展“创新创业明星进校园”活动,举办创业大课堂,弘扬和培育青年创业文化。举办首届“吉林省大学生校园文化节”,开展大学生诗歌朗诵艺术大赛、大学生校园歌手大赛、青少年计算机作品主题竞赛、“社团活动集中展示月”等活动，积极发展校园文化。举办吉林省第七届“乡村青年文化节”、“社区青年文化节”，成立了全国青联志愿者艺术团吉林分团，进一步丰富了青年文化生活。

3. 继续深化青年文明号、青年文明社区创建活动。组织开展“青年文明号信用建设示范行动”、“青年文明号文化节”等活动，为经济发展优化了软环境。全省有23个青年文明号集体新评为国家级青年文明号，2个被命名为国家级信用建设示范单位。开展青年文明社区“大家乐”活动，推行“爱心超市”，促进和谐社区建设。全省有7个社区被命名为全国青年文明社区，长春团市委、通化团市委获全国创建活动组织奖。

四、服务青少年工作迈出新步伐

1. 扎实推进吉林青年创业行动。坚持“创业促就业”，继续深化“青年创业1+1”活动。累计发放青年创业基金237.4万元，协调运作项目资金总额达5000余万元；成立“吉林青年创业行动专家指导团”，组建11个青年创业导师团，扶持1200余名青年自主创业，带动2500余人就业。出台《吉林青年创业基金使用办法》，保障创业基金合理有效运转。“青年创业1+1”活动被列入全省创业促就业工作项目。在“中国青年创业论坛”上，团省委交流了经验。

2. 服务青少年学习成才。广泛开展“手拉手共建红领巾书屋”活动，募集图书100余万册，在农村贫困小学建设书屋309个。不断深化“大中学生素质拓展计划”，加强了职业导航和社会认同等工作。重视选树青少年先进典型，评选表彰了“吉林青年五四奖章”、“吉林省保护明天爱心奖”、“吉林省十佳大学生”、“吉林省十佳中学生”、“吉林省十佳少先队员”、“吉林省十佳少先队辅导员”等，激励青少年健康成长。团省委被省委、省政府命名为“吉林省人才工作先进单位”。

3. 服务困难青少年群体。在春节期间，认真做好服务经济困难大学生工作，筹措资金90余万元，为2000余名留校大学生发放慰问金和亲情电话卡，提供勤工助学岗位1200余个，举办“团团圆圆过大年”新春文艺晚会、“温暖除夕夜”等活动。继续推进“希望工程”，募集资金500余万元，资助贫困学生1191名，援建希望小学18所，筹建希望图书室、体育室22个。

4. 维护青少年合法权益。继续深化优秀“青少年维权岗”创建活动，开展“青少年维权岗在行动”，命名了175个省级优秀“青少年维权岗”。建立省青少年法律援助中心，与吉林人民广播电台合作创办青少年维权专题节目。开展“青春红丝带行动”——进城务工青年防治艾滋病“面对面”宣传教育活动。

5. 有效预防和减少青少年违法犯罪。推进“青少年违法犯罪社区预防计划”、“未成年人零犯罪社区”创建活动，在社区推广应用全国社区青少年信息管理系统。开展“青少年法制教育宣传周”、“社区青少年远离毒品”等活动，提高了青少年的法制意识和拒毒防毒意识。组织召开了全省预防青少年违法犯罪工作会议。

五、团的自身建设水平得到新提高

1. 认真开展保持共产党员先进性教育活动。按照省委的安排部署，全省各级团的领导机关积极开展了以学习实践“三个代表”重要思想为主要内容的保持共产党员先进性教育活动，达到预期的目的。团省委系统带头搞好先进性教育活动，通过开展宣传发动、理论学习、征求意见、深入谈心、撰写党性分析材料、召开民主生活会、分析评议等工作，确保党员思想政治素质进一步提高，党员队伍战斗力进一步增强。先进性教育活动得到了群众满意评价和省委督导组的充分肯定。

2. 深入开展增强共青团员意识主题教育活动。从2005年9月开始，全省团组织把握主线、突出主题，广泛开展了增强共青团员意识主题教育活动。探索了“一个统领、五个结合、五个环节、五种模式”的总体思路，以主题教育活动统领团的各项工作，把主题教育活动与保持共产党员先进性教育活动、加强团的基层组织建设、活跃团的各项工作、全省团组织集中调研、基层团组织集中换届结合起来，取得明显的教育效果。

3. 整体推进基层党建带团建工作。积极协调省委组织部联合下发了《关于进一步加强基层党建带团建工作的意见》，将基层团建纳入到基层党建的整体格局之中。会同省教育厅下发通知，转发团中央、教育部《关于进一步加强和改进高等学校共青团建设的意见》，有力地保障了高校团组织的建设和发展。进一步深化创建“五四红旗团委”活动，完善“三级联创”工作机制。敦化团市委、东丰团县委被评为“全国团建先进县(市)”，5 个基层团委被评为“全国五四红旗团委”，10 个基层团支部被评为“全国五四红旗团支部”。

4. 全力推进青年中心建设。分别召开城市青年中心建设工作会议和农村青年中心建设推进会，举办青年中心建设培训班，培训基层骨干 300 多人。实施“城市青年中心爱心行动”、“农村青年中心青年健康促进计划”等工作项目，提高青年中心的服务水平。目前全省已建立城乡青年中心 181 个，四平市、公主岭市、蛟河市被评为全国青年中心试点工作先进市、县，2 个青年中心被评为全国优秀青年中心。

5. 信息网络建设和调查研究工作不断加强。全省团的系统信息报送制度不断完善，团属网站建设得到加强，初步建立起比较健全的调研、信息和舆情观测网络。“全省团组织大调研”活动，取得阶段性成果。团省委研究室撰写的《色情视频聊天对青少年危害大》，得到省委书记王云坤的充分肯定，并作出重要批示。1 篇调研报告获全团调研奖一等奖。

6. 团的领导机关建设进一步加强。各级团的领导机关按照建设“学习型组织、健康型团队、活跃型机关”要求，不断加强机关建设。着力深化“人人论坛”、“知名人士进机关”等活动，营造了良好学习氛围；启动团的“人才交流工程”，加快了团干部成长进步。受省委、省政府委托，团省委圆满完成参加首届东北亚投资贸易博览会越南经贸代表团的接待工作，被组委会授予“吉林省对外开放特殊贡献奖”。

六、团的各项事业取得新发展

1. 成功召开吉林省青联十届一次全委会和省青企协第五次会员大会。省委书记王云坤出席了省青联十届一次全委会并作重要讲话。青联队伍不断壮大，委员总数达 702 人。青联组织建设、队伍建设和制度建设进一步加强，作用日益明显。扩大了港澳籍委员数量，首次吸收省外吉林籍优秀青年加入，健全完善了常委会制度、主席办公会制度等制度，成立卸职青联委员联谊会。省青企协第五次会员大会，修改了协会《章程》，创新了协会的机制建设，首次建立了执行会长制度和副秘书长驻会制度，成立了专业委员会，实行四大国有企业副会长席位制，邀请外省青年企业家进入协会领导层，聘请港澳企业家为特邀会员，通过多项改革措施，使协会活力和影响力日益增强。

2. 青联、青企协、学联、青年外事活动蓬勃开展。青联组织建设不断加强，全省已建立各级青联组织 30 个。省青企协扩大了对外交往，与上海、浙江、江苏、广东等省市建立友好组织，建设了“吉林省中小企业网”。在中国青年企业家协会成立 20 周年总结表彰大会上，省青企协作为分会荣获“协会建设成就奖”，另有 6 名会员获单项表彰。省学联召开七届二次全委会议，选举代表参加全国学联第二十四次代表大会。选派优秀大学生代表参加“振兴之旅、青春之约”中国(世界)大学生沈阳行系列活动。青联外事活动日趋活跃，在保持与韩国、日本等国家交往的基础上，与澳大利亚青年团体建立联系，拓宽了外事交往渠道。全年共接待青年外事团组12批次，来访代表60人次，先后组织出访团组13个，选派40余名优秀青年赴国外考察。

3. 少先队工作不断加强。会同省委宣传部、省教育厅等10个部门出台了《关于进一步加强全省少先队工作的意见》，优化了少先队工作的环境。全面实施《少先队辅导员纲要(试行)》、《吉林省少先队辅导员工作条例》，加强辅导员队伍建设，努力构建“全队抓基层”的工作机制。加强社区和农村少先队建设，延边州广泛建立了社区少工委。选派优秀代表出席了第五次全国少代会。

黑龙江团的工作

2005年，在黑龙江省委和团中央的领导下，团黑龙江省委紧紧围绕经济社会发展的新要求，不断拓展工作领域，创新工作方式，丰富工作内容，全省团的工作在原有基础上实现了新的发展和突破，得到了省委、团中央领导的高度肯定。2005年，团省委获省部级以上荣誉13项，其中有6项工作在全团或省级大会上介绍经验。

一、大力加强青少年思想政治工作，青少年思想道德素质不断提升

1. 实施“理论武装工程”，用科学理论武装全团，教育青年。一是开展丰富多彩的理论学习活动，通过讲座论坛、学术研讨、网上学习、参观实践、课题制、理论研究擂台赛等方式进行学习，全省乡级以上团组织开展了1079次学习活动。二是建立学习保障机制，指导各地建立完善骨干培训、中心组学习、学习考评等学习制度，建立宣传栏、板报简报、网站等学习宣传阵地4678个，培训省级宣讲员216名，各地培训县级以上宣讲员4200余名。三是举办“振兴龙江与青年责任”百场讲座，举办科学发展观、时事政治、农业技术、老工业基地振兴讲座180场，宣传树立各类青年集体和个人典型669名。同时，通过“唱、读、学”活动，加强了大中学生理论学习，使青年学生对“三个代表”重要思想的时代背景、实践基础、科学内涵、精神实质和历史地位的认识有了提高。

2. 以民族精神代代传和大中学生社会实践活动为载体，加强未成年人思想道德教育和大学生思想政治工作。一是积极推进“民族精神代代传”活动。充分利用纪念抗日战争暨世界反法西斯战争胜利60周年契机，号召广大少先队员通过读一本革命书籍，写一篇读后感，学习认识革命先辈的高尚品格，增强爱国主义精神。二是以“六讲六做”、“六尊”、“六德”、“健康礼尚文化”为载体，进一步加强和改进青少年思想道德建设。与省委宣传部、东北网等共同开展“道德建设与老工业基地振兴”网上论坛，在《黑龙江共青团》杂志上举办“学礼仪知识，做文明青少年”知识竞赛，收到答题卡21万份。在《黑龙江共青团》上开设《礼仪大课堂》专栏，共发8期。在清明节组织开展“网上祭英烈”活动，全省有近20万名青年参与其中，网上留言6万余条。

3. 以“青春龙江——走进经典”为牵动，深入开展青年文化活动。一是开展“青春龙江——走进经典”活动。通过专家和青少年推荐评选出117部思想理论、文学艺术、影视、音乐等中外经典作品，在全省建立经典作品库245个，开展了经典作品进校园、进社区、进乡村等

主要内容的经典作品龙江行活动。二是举办牵动性大型文艺活动。举办了“青春龙江”大型主题团会，12000名各界青年参与其中，气势恢宏，震撼人心，受到社会各界的高度赞扬。举办了“青春献祖国”和“青春飞扬”大型文艺晚会，掀起了青年文化活动的高潮。三是开展丰富多彩的基层文化活动。以招标制的方式，推出市(地)承办的特色青年文化活动26项。在大学生中举办了“欢乐校园”文化活动，全省70所高校开展校园文化活动170多场。在社区举办了“真我风采大比拼”、“大家乐”、社区擂台赛、文化周、楼道书画展等活动。四是评选青年文化新星。与省委宣传部、省文化厅、省文联联合评选黑龙江省首届青年文化新星，为青年文化人才成长搭建舞台。五是开展为农村捐书“333”行动。组织省直13所高校与11个县(区)结对捐书，共12.5万册;13个市(地)为农村社区捐书31.2万册，为农村社区青年读书学习提供帮助。

二、全面深化创业建功活动，服务经济发展取得新进展

1.以培养扶持农村青年大户为牵动，开展农村青年增收成才行动，为农民增收、农村经济社会全面进步做贡献。一是积极培养扶持农村青年大户。与省农村信用合作社联合出台了《关于做好扶持农村青年大户贷款工作的通知》，全省培养扶持农村青年种植大户7000余户，市场带动大户6000余户，畜牧大户11000余户。二是开展“青”字号绿色特色农产品进超市出国门市场行活动。举行了黑龙江省“青”字号绿色特色农产品进超市出国门市场行活动启动仪式和黑龙江省“青”字号绿色特色农产品展销会。有100余家“青”字号农产品企业的粮油、保健品、山珍产品、乳制品等4大类300余种绿色特色农产品经审核进入超市。三是积极推进农村青年劳动力转移就业。团省委与省电台的“关注农民工”节目建立了联系，每月发布一次用工信息，解答农村青年问题。针对市场要求，进行岗位培训农村劳动力并立档1000余人，全省团组织目前已转移农村青年劳动力5万人，培训建档10万人次。

2.深入实施“青工岗位技能振兴计划”，为老工业基地振兴培养高技能青年人才。一是开展技能培训。依托高校、技校等各类培训基地组织各级各类青工技能培训2000余次，培训青工近24万人次。二是组织开展导师带徒活动，全省各地新结师徒对子6.2万余对。三是组织开展技能大赛。截至目前，全省各地组织各级各类技能大赛近400场，有近10万名青工参加了大赛。

3.充分发挥青联、青年商会等组织的作用，大力开展招商引资活动。一是省青联邀请香港、澳门33名青年企业家到黑龙江进行经贸考察洽谈活动，分赴哈尔滨、大兴安岭、大庆进行了项目洽谈，达成合作意向17个。二是继续巩固招商引资成果，去年通过省青年商会的联络沟通，山东德州克代尔啤酒有限公司向双鸭山市进行意向性投资1亿元进行啤酒项目建设，现到位资金达1100万元。

4.积极开展争当“民营经济发展时代先锋”青年创业行动，推动黑龙江民营经济发展。一是组织全省13个市(地)青年创业就业服务组织共同签署了“共青团黑龙江青年创业就业服务联盟框架协议”，创建了“黑龙江青年创业网”，在网上及时提供创业就业相关的政策法规和创业项目等信息，为青年创业就业者提供网络信息服务。二是召开全省“争当民营经济发展时代先锋”青年创业行动启动大会，表彰十杰百优青年创业就业典型，营造了良好的青年创业就业氛围。三是依托黑龙江大学创业教育学院设立“黑龙江青年创业就业培训基地”，为全省青年民营企业家和有志创业青年提供服务，全省共有60余名学员参加首期的培训。四是参加全省首届“创业与创业培训成果展示会”，展示青年创业就业成果。

三、竭诚服务广大青年的实际需求，促进和谐社会建设取得显著成绩

1.广泛开展共青团牵手扶贫帮困工程。一是动员团组织、团干部、青年商会、青年文明号集体、青少年维权岗集体与贫困户（生）、进城务工青年结成帮扶对子，全年共结成各类帮扶对子18239对。全年共筹资260万元，援建了13所希望小学。二是深入开展扶贫帮困活动。通过动员组织团干部、青年商会、青年文明号集体为贫困学生提供学费、学习用品、生活用品、勤工助学岗位等，帮助贫困学生解决学习、生活中的实际困难。三是积极开展"三下乡"扶贫帮困活动。为农村捐赠价值7万余元的电脑，价值40万元的药品，义务诊治3000名患者，送图书100多万本，科技资料1000多万份，举办培训班40多次。四是开展了"2005哈尔滨国际微笑行动"，为129名家庭贫困的唇腭裂儿童进行了免费手术，并提供近20万美元的药品和医疗器械。

2.切实代表和维护青少年合法权益。一是深化优秀"青少年维权岗"创建活动。团省委与13个部门联合开展创建优秀"青少年维权岗"创建评选活动，2005年命名表彰省级优秀"青少年维权岗"35个。二是保障青少年维权热线稳定运行。受理来电2310个，来电处结率达到90%以上，顺利完成了"96308"同"12355"全国青少年维权热线的并轨工作。三是构建了全省青少年维权服务网络。全省各市（地）、县都成立了法律援助中心、青少年工作部或青少年法律援助站，构筑起了以青少年维权服务中心为中枢，以青少年维权热线为纽带，以优秀"青少年维权岗"为阵地依托的"三位一体"、区域联动的青少年维权服务网络。

3.全面提高青少年法律素养和自护能力。一是大力宣传"两法一例"。团省委多方筹措资金印制了35万册《两法一例》读本，作为全省中小学生的普法教材。全年，举办大型法制宣传活动27场，法制讲座400多场次，参与活动的青少年达160万人次。二是进一步提高法制教育的针对性和实效性。组织开展了青少年模拟法庭、以案说法、"送法进校园"等法制宣传教育活动，建立了一批青少年法律学校和青少年法制教育、警示教育基地。把青少年法制教育作为社区青少年教育的一项重要内容，协调教育部门向各街道派驻1—2名教师，加强法制教育工作，使学生"离校不离教"。三是加强在校青少年法制教育。组织中小学校认真做好法制教育"计划、师资、课时、教案"四落实，保证法制教育在课堂教学主渠道中得以实现。全省中小学校法制副校长或法制辅导员配置率达到98%，并发挥了积极作用。四是在全省启动开展了"为了明天——预防青少年违法犯罪工程"，向青少年传播自护理念和知识，进一步增强了青少年的自护意识和能力。

四、扎实开展增强团员意识主题教育活动，团的自身建设取得新突破

1.坚持分类指导，推动不同战线、不同领域的主题教育活动有效开展。一是针对农村组织状况和团员的特点，确定了团建先行，教育联动的思路，在健全农村团的组织和配齐配强团支部书记基础上，以"建设新农村，青年当先锋"为主题，引导团员在农村生产实践中发挥模范带头作用，努力做到"理论知识学起来，团员身份亮起来，科技致富带起来，增收成才干起来"，为建设社会主义新农村做出积极贡献。二是针对机关、企事业单位团员的特点，以"增强团员意识、提升岗位技能、争当创业先锋"为主题，以"三学三比"（即学理论、学技术、学先进、比境界、比素质、比贡献）为主要内容，深入开展了"团徽在岗位闪光"系列活动，进一步调动了广大青工和机关团员青年的工作积极性。三是针对学生团员的特点，确立了"学理论、知团情、拓素质、展风采"的主题，在全面拓展学生素质上下功夫、动脑筋，充分利用课题制、理论沙龙等载体和业余团校的阵地,开展理论学习和团情知识教育。广泛开展大学生科技文化艺术节、校园歌手大赛、青春风采大赛等文化活动,进一步深化"唱读学"、大中学生社会实践和志愿服务等活动,帮助学生团员了解国情,认识社会,全面提高自身素质。

2. 突出实践育人,开展丰富多彩的主题活动。一是全面开展"学理论知团情"学习活动。通过知识竞赛、征文、演讲、辩论、请专家为团员青年上党(团)课或作形势任务报告等学习教育方式,深入开展以"三个代表"重要思想为主要内容的理论学习和以团章为主要内容的团史团情教育。对流动团员采取送学习资料上门、结对助学等方式,在理论学习上确保每名团员一课不漏。全省各级团组织共举办各类讲座、知识竞赛等学习活动5万余场次。二是统一开展"青春献祖国"主题团日活动。团省委在省十届青联一次会议和省学联第七次代表大会期间,举行了升国旗仪式和重温入团誓词仪式,组织了"祝福祖国"大学生主题演讲会和"青春献祖国"文艺晚会,进一步激励全省团员青年为振兴老工业基地贡献青春、智慧和力量。三是深入开展讨论评议活动。以"新时代、新风采"、"新使命、新作为、新贡献"、"共青团员与老工业基地振兴"等为主题,结合新时期共青团员的时代特征、素质能力、作用发挥等开展团员标准讨论活动,引导广大团员立足岗位,努力学习,勤奋工作,在振兴老工业基地历史进程中争当先锋和模范。开展青年评议团员、团员评议团员、团员青年评议团组织"三评"活动,突出真实性、针对性、互动性,找准、解决团员和团组织存在的突出问题,明确整改措施和方向。四是广泛开展"我为团旗添光彩"系列主题实践活动。各级团组织根据行业、战线的特点,针对团员青年的实际,通过"六团"活动、创建团员岗(班、组)、团员服务区等形式,组织广大团员在社会生活和工作实践中增意识、亮身份、树形象、当先锋,以实际行动检验自我,到实践中发挥模范带头作用。

3. 以农村为重点,进一步加强基层团组织建设。一是积极争取党政重视支持。团省委充分利用全省第七届村委会换届选举的有利契机,积极协调省民政厅下发了《关于在全省第七届村民委员会换届选举中全面调整配强村团支部书记的通知》,明确规定在村委会换届选举中设置青年委员职位,组织、动员具备村委会成员条件,政治素质、文化素质较高,带头致富、带领青年致富能力较强,热爱青年工作,群众反响较好的优秀党团员、青年星火带头人、青年农业生产经营能人等参与竞争村委会成员职位,其当选青年委员后,再由团组织履行组织程序,将其任命为村团支部书记。二是大力开展专项推进。由团省委书记班子成员、各部门负责人带队,深入各地开展专项推进,每个专项推进组在所负责地区以县为单位建立了联系点,全程参与村委会青年委员选举和村团支部书记配备工作,加强政策性指导,帮助联系点解决实际问题。目前,全省村级换届选举中村委会青年委员配置率达到90%以上,实现村级建团率100%。

上海团的工作

2005 年，共青团上海市委在中共上海市委和团中央的领导下，以邓小平理论和“三个代表”重要思想为指导，树立和落实科学发展观，认真贯彻落实党的十六届四中全会，市委八届六次、七次全会和共青团十五届三中全会精神，以全力服务于党的执政能力建设、巩固党执政的青年群众基础为目标，以凝聚力建设为核心，团结带领全市团员青年为全面实施科教兴市战略、构建社会主义和谐社会作出积极努力。

一、努力服务党政大局，积极引导全市青少年参与科教兴市战略

1. 提高职业青年技能素养。全面深化青年职业生涯导航活动，全年共举办职业技能竞赛、技能比武 62 场，57300 多名职业青年参与。联合市职业鉴定中心开展青工技能专场鉴定，评定高一级技能等级 10756 人，实施青工技能培训学分制试点工作。成立上海首家区级青年职业发展服务中心，为上海青年职业发展服务中心区域建设的全面展开进行探索。成立上海青年高技能人才讲师团。举办“与大师同行——上海青年发展高层讲座”。

2. 大力推动青年创新创业。全年共举办青年就业培训 1010 班次，培训青年 101433 人次，全市各级团组织争取各类青年创业扶持资金近 1500 万元。举办 2005 上海青年创新创意大赛，参与承办第九届“挑战杯”全国大学生课外学术科技作品竞赛活动、2005 海外学人回国创业周、2005 长三角园区青年论坛。开展 22 场“走好成功职场第一步”大学生人生发展导航行动之成才择业校园巡讲活动和上海青年职业生涯导航义务咨询活动。

3. 完善青年人才举荐和培养机制。评选表彰第十二届上海十大杰出青年、第二届上海市青少年科技创新市长奖等各类优秀青年典型，为各类优秀青年人才脱颖而出创造机会、搭建平台。动员引导青联委员、青企协会员、杰青协会会员、IT 青年人才协会会员等优秀青年才俊通过结对帮困、捐资助学、扶持创业、与大学生共享成长等多种方式积极回馈社会，在奉献中追求崇高。

4. 着力深化与海内外青年和青年组织的交流合作。举办“中国企业的海外战略”——2005 沪港青年经济发展论坛、“网络与青少年成长”——2005 沪港新专家圆桌会议暨第五届上海青年发展战略论坛、2005 上海中外青年文化交流之夜活动和中拉青年节，增进海内外青年在经济文化等领域的交流。

二、帮助青少年树魂立根，有力推动大学生和未成年人思想政治工作

1. 青少年思想教育工作在实践中深化，在继承中发展。以团干部、大学生、优秀青年为重点，通过青年理论学习组织、网络阵地等途径，深化青年理论学习活动。举办上海青少年纪念陈云同志诞辰 100 周年、抗日战争暨世界反法西斯战争胜利 60 周年、“一二・九”运动 70 周年等系列活动。结合“渔阳里”团中央机关旧址纪念馆开馆一周年，组织“青年英模与时代精神”座谈会和征文活动。通过《青年报》、东方讲坛推出“今天我们怎样成长”大讨论和 33 场青年人生发展指导系列讲座，参与的青年达 7 万余人次。通过关注重点群体加强教育引导、组织专门队伍进行现场疏导、收集动态信息做好形势研判等，在协助党政妥善处置民间涉日游行中体现了共青团的积极作为。

2. 未成年人思想道德建设和大学生思想政治工作有重点、有特色地推进。在全市少先队员和辅导员中开展光荣感和责任感教育，重点推进以“做好队员、当好队长、建好集体、成好辅导”为主要内容的“四好”活动；开展以“好习惯伴我快乐成长”为主题的好习惯养成行动，为全市21万名儿童团员印制由10个道德好习惯组成的“成长树”。在全市中学生中开展2005年上海市中学生社团文化节，举办爱国诗词朗诵大赛、公益广告设计大赛等10项主题展示活动。与市委宣传部等单位联合下发《关于进一步加强和改进上海大学生社会实践的若干意见》，组织2000多支社会实践团队共10余万名大学生赴全国各地开展暑期社会实践，近500名优秀大学生赴全市基层第一线挂职锻炼，命名首批10家社会实践基地；在20所高校开展了“共享成长——与杰出青年面对面”活动，让大学生在相互启发中获得人生指导。

三、实践上海城市精神，全面深化和拓展青少年精神文明创建活动

1. 积极动员青少年参与志愿服务活动，引领社会风尚。以上海青年志愿者协会成立10周年为契机，全年共组织12000余名青年志愿者参与“3·5”集中行动周、“共青团健康快车”、“我为排堵保畅奉献一小时”交通宣传活动等；组织7230多名青少年参与第48届世乒赛、上海市第六届特殊奥林匹克运动会、F1世界锦标赛中国大奖赛等重大赛事的志愿服务工作。顺利开展第五批中国青年志愿者赴老挝服务队志愿者工作。举办上海青年造血干细胞捐献志愿者行动和青年献血志愿者集中行动，分别有1万余名和4000余名青年报名加入。

2. 大力引导青少年勇开文明风气之先，积极迎接世博。开展青年文明号、青年突击队服务城市管理“迎世博嘉年华”活动，激发青少年人人参与城市管理的自觉行动。举办上海市青年文明号（共青团号）文化节，弘扬社会诚信、职业道德和岗位文明。进一步培养青少年绿色文明意识和可持续发展理念，组织1100余名青少年参与上海青年生态体验主题宣传活动；组织12000多名中学生开展“绿色环保统一行动”；在少年儿童中开展“讲礼仪、讲诚信、讲节俭”活动。继续开展科技、文化、卫生“三下乡”活动。

3. 以上海对口支援的八地州为重点，主动服务全国。深化实施大学生志愿服务西部计划，组织223名大学生赴西藏、云南开展志愿服务，目前已有7名大学生志愿者选择长期扎根西藏工作，2名志愿者扎根云南。继续开展赴滇扶贫接力计划、“博士团西部行”活动和沪滇少先队员“手拉手”活动。希望工程取得新进展，全年共援建希望小学64所，资助西部地区失学儿童和贫困学生2600名，资助困难学生5000人次，资助进城务工农民工子弟3500人次，培训希望小学教师2398名。继续抓好西部及少数民族地区团干部来沪培训工作，全年累计培训对口支援地区优秀团干部11期共1020人。

四、促进青年和谐发展，不断丰富和创新服务团员青年的工作手段

1. 不断深化服务特定青少年群体的工作项目。开展帮困送温暖系列活动，全市各级团组织和团干部与7789名困难家庭青少年结成“一助一”互助对子。做好寒假留校贫困大学生工作，开展“助贫困学子回‘家’过年”活动；开展百名市民关爱百名住院青少年白血病患者活动。服务社区青年就业，开展“阳光下展翅”——上海社区青年就业援助行动。举办“青少年问题与和谐社会构建”上海青少年维权工作论坛，深化优秀青少年维权岗创建工作。继续高度关注进城务工青年，在进城务工青年中开展预防艾滋病“青春红丝带”主题宣传活动；继续推进“千名进城务工就业农民子女免费钢琴培训”。

2. 进一步创新服务团员青年的工作手段。积极承担并实施2005年市政府实事项目——

市民(青少年)信息服务平台,截至12月底,信息服务平台总访问量达到379916人次,通过12355维权服务热线、网站留言板等为5871人次的青少年提供了心理健康、法律援助、权益保护、家庭教育等方面的服务。网上网下联动,举办"互动成长新时空"——快乐周末挑战赛,吸引全市19个区县万余名青少年参与。通过城市青年网电子邮局系统,为基层团员青年免费提供文艺演出、报告讲座、展览会等入场券近6000张。

3. 不断满足青少年日益增长的文化需求。组织开展上海青年风尚节、上海青少年网络卡拉OK大赛、青春舞大赛等丰富多彩的青年文化活动。举办多场"迎世博、学外语"系列主题讲座,并与上海外语教育出版社联合策划出版"青春与世博同行——外语100句丛书"。依托东方网举办"今天我们怎样读书"网上在线交流活动,在青少年中进一步营造多读书、读好书的良好氛围。召开上海市青年文学艺术联合会第三次代表大会。

五、坚持党建带团建,深入开展团市委直属机关保持共产党员先进性教育活动和增强共青团员意识主题教育活动

1. 以学习实践"三个代表"重要思想为主要内容,开展团市委直属机关保持共产党员先进性教育活动。按照市委的总体要求和部署,团市委扎实有效、富有特色地开展了先进性教育活动,并组织全系统党员深入开展"高兴、放心、凝聚、覆盖"主题实践活动和"双结对"活动,共结成帮困助学对子160多对。确定了体现时代精神、符合共青团工作和团干部实际的具体要求,即:忠诚党的事业,自觉成为"党的人",做到"党有号召,团有行动";热爱团的岗位,争当事业"带头人",做到"用一辈子精神,做好一阵子工作";竭诚服务青年,永做青年"贴心人",做到"要做青年友,不做青年官"。在先进性教育活动中,团市委领导班子通过广泛征求群众和基层团干部意见,提出了23条措施,进行积极整改,取得了初步成效,在群众满意度测评中满意率达到100%。

2. 坚持服务求实效、创新促凝聚,全面开展增强共青团员意识主题教育活动。按照团中央的总体要求和部署,全市各级团组织全面开展了增强共青团员意识主题教育活动。教育活动覆盖全市各行各业、各条战线的103多万名共青团员和3.4万个基层团支部,注重做到将教育活动与进一步加强党建带团建相结合,与加强团员青年思想政治教育相结合,与引导本市团员青年积极投身科教兴市主战略相结合,与解决团的自身建设存在的问题相结合。通过教育活动,广大团员的政治意识、组织意识、模范意识明显增强,团的基层组织进一步健全,团的工作进一步活跃,团员意识教育的长效机制逐步建立,教育活动取得了阶段性成效,得到了各级党政组织和社会的肯定。

六、扩大组织有效覆盖,大力加强和稳步推进上海共青团各项建设

1. 以全面覆盖、有效联系、整体联动为目标,积极推进团的组织建设。深入推进"争红旗、创特色"活动,进一步加大对基层团建工作的服务力度。出台《关于进一步加强社区团的建设工作的意见》,探索"覆盖有效、管理有序、服务有力、协调有方"的上海社区共青团工作新格局。发起成立青年社团(组织)领袖沙龙,进一步加强了与各类青年自组织特别是社会活动积极分子的联系。全市青联、学联和少先队组织的作用得到进一步发挥,成立市医药卫生青联,进一步探索创新联系青年的有效组织形式。

2. 以"党放心、青年满意"为要求,切实加强团干部队伍建设。全面推进团干部发展导航工作,着力提高团干部的政治素养、理论水平、工作能力。进一步推进团市委机关干部发展导航工作,实施360度考核与发展性谈话制度。进一步深化拓展团干部教育培训工作,实施团干部人力资源管理知识培训计划,举办新上岗团委书记、"两新"组织团干部培训班。继续做好各类挂职锻炼、海外交流工作，新开辟一批团干部学习、挂职、交流基地。

3. 提高信息调研工作在全团工作中的贡献率。先后形成网络电台、网络青年社团、"裸聊"现象、博客、"超级女声"现象、QQ 群、国际学生社团等一批青年动态研究成果，中央和市委领导同志还就"网络电台"等调研报告作出重要批示。完成"和谐社会与当代青年"2005 上海青年发展报告和"儿童心声"2005 上海少年儿童研究报告。开展 2005 年度青年工作课题研究，首次发布 10 项重大招标课题。进一步完善全市共青团信息员网络建设和青年网络特约评论员队伍建设。

4. 着力提高共青团信息化程度。加强城市青年网、上海青年电子社区网站建设，进一步完善电子邮局、视频会议、手机短信群发、BBS 论坛、网络电话等基础平台；启动团友录、电子商城等项目的开发。设计基层团组织网站（网页）通用模板，推动基层团组织信息化建设。首次设立上海共青团信息工作奖，进一步支持鼓励基层团组织加强信息报送和推进信息化建设，提高信息工作水平。

七、着眼走到发展前列，深化共青团承担政府青年事务的创新实践

1. 开展政府青年事务机制探索。推动政府青年事务机构的试点，在党政的重视和支持下，推进闸北区青年事务局的成立，并指导其明确工作思路，梳理工作职能，大胆开展实践探索，取得了机构纳入序列、工作纳入体系、经费纳入预算等实实在在的进展，体现了对该区青年事务的统筹、协调、指导和管理等职能。上海青少年发展规划编制工作取得重大突破，在市委、市政府的重视、关心下，《上海青少年"十一五"发展规划》被正式列入上海"十一五"专项规划，为本市青年和青年工作提供了更加规范、稳定、可控的制度环境。

2. 着力推进社区青少年工作。指导上海市社区青少年事务办公室按照"政府主导推动、社团自主运作、社会多方参与"的总体思路，建立健全社区青少年教育、服务、管理的体制和长效机制，初步实现了对上海社区青少年的有效覆盖。在理论研究方面，编写《上海市社区青少年事务研究系列丛书》；开展社区青少年工作立法预调研。在机制建设方面，与公检法等部门联合发布《关于对违法犯罪情节较轻的未成年人实行考察教育制度的意见》。在队伍建设方面，实施 2005 沪港青少年社会工作合作交流项目，邀请 9 位香港资深社工来沪开展培训，组织 30 名本市骨干社工及社区青少年工作者赴香港进行为期两周的学习培训；开办青少年事务社工骨干队伍培训班；推进对社工的专业考核和薪酬制度改革。在工作项目方面，实施"上海青少年网络成瘾"调查计划；开展"让阳光洒满社区"系列活动；开展社区青少年工作数据普查等。

江苏团的工作

2005 年，共青团江苏省委认真贯彻团中央和江苏省委的工作部署，以科学发展观为统领，按照加强党的执政能力建设和先进性建设的要求，大力实施青少年理论武装行动、青春创业行动、青年文化行动、青年文明行动、青年人才开发行动和团的组织建设创新工程，全面推进团的各项重点工作,大力加强团的自身建设,团结带领广大团员青年矢志创业创新创优,为实现"两个率先"、构建社会主义和谐社会合力奋斗,团的建设和各项工作取得了新的成效。

一、大力推进青少年理论武装行动

1. 坚持不懈地抓好青少年理论武装工作。突出加强和改进大学生思想政治工作。精心组织300支省级重点团队、7000多支校系小分队共计40多万名大中专学生志愿者立足全省城乡基层开展暑期社会实践活动。

2. 不断深化未成年人道德实践活动。广泛开展以弘扬"三创"精神,做新一代江苏人为主题的少先队系列教育活动。开展"树立光荣感,永远跟党走"大型主题教育活动,联合省有关部门开展2005年江苏省少儿才艺大赛、"光荣的少先队"红色少儿经典影片展播和影评竞赛活动,组织开展"手拉手好朋友柳堡行"、"重走铁军路,情系沙家浜"大型主题联欢活动、"抗日烽火在江苏"小记者寻访活动、新安旅行团建团70周年纪念活动,举办"弘扬'三创'精神,做新一代江苏人"主题汇报活动,开展"未成年人心理健康知识大讲堂"巡讲活动、"李四光中队"创建活动,参与2005年中国少年儿童平安行动,组织参加全国少年军校检阅活动。

3. 大力开展青少年主题教育活动。紧紧抓住郑和下西洋600周年、纪念"一二·九"运动70周年、红军长征胜利70周年和抗日战争胜利60周年等契机,开展以"青春无悔""一二·九"运动革命者寻访活动、"追寻时代的精神"纪念"一二·九"运动70周年江苏青年学生论坛为主要内容的"青春万岁"青年学生系列爱国主义教育活动。

4. 切实做好大学生思想引导和困难大学生服务工作。举办"真情相伴"江苏留校大学生2005年春节联欢会,向部分春节留校困难大学生每人发放200元助学金,联合省电信公司向全省各地留校大学生捐赠价值35.5万元的爱心电话卡。

5. 加大青少年教育阵地建设。建立与13个市级团属青少年活动场所负责人经常联系机制,开展全省团属青少年活动场所安全专项检查。开展形式多样的网上青少年思想教育活动。重点建设、大力推广全省共青团电子政务系统。

二、大力推进青年文化行动

1. 打造青年文化活动品牌。举办以江苏水乡青年歌手大赛、江苏知名企事业青年龙舟大赛、大学生文化艺术节、青年最喜爱的江苏服装品牌展为主要内容的2005江苏青年文化节暨"东方水城——青春苏州"青年文化系列展示活动。举办第七届江苏省乡村青年文化节,开展向百万务工青年大拜年演出活动,在全省各地广泛开展"科技大集"、科技文化擂台赛、科技知识竞赛、"农村青年创业半月谈"、文艺汇演等文化活动。举办第三届江苏省"青春之歌"校园歌手大赛。

2. 创造青年文化精品。充分发挥团的"五个一工程奖"申报工作、全国乡村青年文化建设评选表彰活动的拉动作用,鼓励各级团组织广泛开展群众性青年文化活动,鼓励广大青年创作优秀文化作品,发现和培育一批青年文化人才。发挥青联和青年社团的优势,举办第四届江苏省青年书法篆刻作品展、江苏省首届少年儿童书法展等。开展首届江苏省"青年文明号文化节"活动。联合省委组织部、省国资委举办以"跟党走、做贡献、展风采"为主题的"苏美达"杯首届省部属企业青年文化节。

3. 推动青年文化阵地建设。注重把青年文化活动与青年中心建设结合起来,注重发挥青年中心的文化功能,以青年文化活动促进青年中心建设,以青年中心为依托带动青年文化活动。注重发挥团内报刊、杂志、网站、青少年活动中心等现有阵地的文化功能,大力弘扬先进文化,推动先进文化生产力的发展。

三、大力推进青春创业行动

1. 大张旗鼓地宣传青年创业典型。开展

第二届江苏省青春创业风云人物评选表彰活动,大力宣传青年创业典型的创业精神和感人事迹,激发青年的创业热情,营造创业氛围。

2. 继续全力抓好农村青年外出务工创业,全年共培训农村青年近30万名,输出农村青年12.9万人,新增输出近2万名,就地转移就业的人数占47%,经过培训转移的务工青年比例提高到62%,组织集中输出人数占总输出人数的81%,形成了许多具有地方特色的劳务品牌。推动8000多名打工有成的青年回乡创办民营企业,有力带动了当地农民转移就业。

3. 组织实施大学生志愿服务苏北计划、西部计划。选拔465名苏北计划志愿者赴徐州、淮安、盐城、连云港、宿迁五市的24个县(市、区)开展志愿服务,选拔337名志愿者赴陕西和贵州开展志愿服务。落实96名西部计划远程教育志愿者在泰州、盐城和苏州基层的工作。强化志愿者的日常管理和跟踪服务工作,成立大学生志愿者就业指导中心,举办优秀大学生志愿者就业推介会,为苏北计划、西部计划大学生志愿者服务期满就业落实相关政策。

4. 多种形式服务青年创业。举办以“现代服务业发展与青年企业家成长”为主题的2005江苏青年创业论坛。省委书记李源潮邀请部分青年企业家召开“现代服务业发展与青年企业家成长”座谈会。举办“青年科技创业项目大赛”,共征集青年科技创业项目526项,先后在南京、上海、杭州举办江苏省“青年科技创业项目与风险投资对接会”,实现资本对接2500万元。举办2005年“科技创业、报效祖国——海外学人回国创业周”盐城行活动。联合省农村信用联社出台《关于进一步加大为农村青年创业提供信贷扶持的指导意见》,帮助青年解决创业资金问题。成立由百名政府官员、专家学者组成的省农村青年创业辅导团,为农村青年创业提供实践指导。命名69家省级农村青年创业实践基地,为农村青年提供创业实践机会。举办首届江苏省农村青年优质农产品展示洽谈会。

四、大力推进青年人才开发行动

1. 全面推进“青工技能振兴计划”。在全省35周岁以下青年技术工人中开展全省青年职业技能大赛,选拔16名获奖选手组团参加首届“振兴杯”全国青年职业技能大赛的全部比赛项目,取得优异成绩。在全省广泛开展以“增强团员意识,岗位创新成才”为主题的江苏省“青工技能月”活动。

2. 扎实开展“百万农村青年学百技”活动。开展江苏省农业专家导师团乡村行和共青团健康直通车进农家活动。扶持、创建、发展各类农村青年技能培训基地。

3. 广泛开展青少年学生科技创新活动。在第九届“挑战杯”全国大学生课外学术科技作品竞赛终审决赛中,江苏参赛作品总数、捧杯学校数、团体总分、获得发起高校资格数四项指标全国第一。在第二届中国青少年科技创新奖评选中,江苏共有6名学生获得殊荣。组织11件青少年科技作品参加首届中学生科技创新成果展,22件青少年科技作品参加在上海举行的长三角科技创新成果展。

4. 大力选树青年典型。开展“江苏青年五四奖章”、2005年度“江苏省十大杰出青年”、“江苏省十大杰出青年企业家”、第七届“江苏省杰出青年农民”、“江苏省青年科学家奖”、“首届江苏省十大杰出青年律师”等评选表彰活动。省委书记李源潮在收到获得“杰出青年农民”及提名奖的18位青年农民的来信后,专门回信勉励他们以及全省广大农村青年在农村“两个率先”实践中谱写壮美的青春之歌。

5. 积极维护青少年合法权益。举办“为了明天——长三角首届‘法治社会与预防青少年违法犯罪’”论坛,发布长三角地区第一个联合预防青少年违法犯罪工作的《共同宣言》。成立《江苏省预防青少年违法犯罪工作条例》立法起草小组。开展2005年“为了明天——青少年法制教育宣传”活动和江苏省首批自护教育基地评选活动，推动“社区青少年法律学校”建设，加强青少年法制教育和自护教育。不断深化优秀“青少年维权岗”创建活动。抓好禁毒宣传“五个一”主题教育活动，与司法厅共建江苏省青少年禁毒教育基地，启动“为了明天——青春自护远离网瘾行动”。深化“青少年违法犯罪社区预防计划”，开展“未成年人零犯罪社区”创建活动。做好问题青少年的帮教工作和进城务工青年及其未成年子女提供就业帮助和维权服务工作。深入实施“希望工程”，广泛开展“爱心助成长、共圆大学梦”希望工程环省大行动，资助贫困应届大学新生1282名，创历史之最。全年共筹集捐款和物资价值1065.5万元，已签约或在建希望小学15所。

五、大力推进青年文明行动

1.圆满完成十运会志愿服务工作。十运会筹备和召开期间，全省参与志愿服务的各级各类志愿者超过10万名，志愿服务总时间超100万小时，为十运会提供礼仪接待、赛事辅助、会务服务、秩序维持、场馆清理等11个大类的志愿服务，得到国务委员陈至立，江苏省委书记李源潮、省长梁保华等领导的充分肯定。

2.不断深化青年文明号创建活动。开展“百城万店青年文明号信用宣传教育月”活动和以“做节约先锋、展青春风采”为主题的青年文明号节约示范行动，动员组织全省各窗口服务行业青年文明号集体注册为志愿者，为十运会提供富有特色的志愿服务。

3.深入实施保护母亲河“绿色江苏·青春行动”。组建江苏省青少年“绿色宣讲团”，编印“绿色教育读本”和宣传画，集中开展报告会、演讲等形式宣讲活动。集中开展“保护母亲河行动月”活动，全省共发动10多万名青少年、举办40多场环保宣传活动，发放宣传材料10万余份，张贴宣传画5万多张。开展“扮绿江苏，喜迎十运”活动，种植“中华青年绿色迎十运”纪念林。开展千万青少年共建节约型社会活动和青少年生态体验活动，全省共组建100多个青少年绿色行动营，10余万名青少年参加生态体验活动。加强保护母亲河生态监护站建设，全省共建立110个保护母亲河生态监护站，基本覆盖到全省各县（市、区），重点中心镇、示范镇，基本建立青少年环保监督岗。

4.大力推进“青年文明社区”创建工作。专门召开全省共青团工作会议，围绕“为什么和怎么样参与社会主义和谐社会建设”等问题，动员和组织各级团组织积极参与社会主义和谐社会建设。

六、大力推进团的组织建设创新工程

1.加强青少年工作调查研究。积极调研并制定《2005—2010年江苏省青少年发展规划》。扎实推进全省青少年和青少年工作重大课题研究，出版《江苏省大中小学生健康状况蓝皮书》，完成《江苏省青年社团发展现状及对策研究》，开展第三届全省调研奖评选活动。

2.集中开展团员意识主题教育活动。省、市、县三级党委保持党员先进性教育活动领导小组办公室相继转发《增强共青团员意识主题教育活动的意见》，省、市、县三级团委相继召开增强团员意识教育活动动员大会。

3.加强共青团和青少年组织建设。加快青年中心建设，分别召开全省农村青年中心建设工作推进会，苏南、苏中、苏北片社区和城市青年中心建设工作推进会，联合省委组织部、省文明办下发《关于进一步推进全省青年中心建设的意见》。目前，全省共建成农村青年中心270个、城市青年中心76个。全面推进全省高校团组织建设，加强中学生业余团校、业余党校建设。扎实推进“三级联创”活动，推动团的基层组织整体化建设。

4.加强团干部队伍建设。以“永葆先进性、永远跟党走”为主题，在各级团的领导机关深入开展保持党员先进性教育活动。大规模培训团干部，联合省委组织部、省委党校举办第五期市级（高校）团委书记进修班、第五期青年干部理论培训班、两期“市县团委书记培训班”，与南京农业大学联办公共管理硕士班。

5. 积极扩大与海内外青年和青年组织的交流。主办中日青年和平论坛、中日青年明城墙修复活动、东盟“10 + 3”青年领导人论坛等大规模高层次国际青年事务交流活动。与韩国全罗北道青年会所等签订长期友好互访合作协议。全年共接待韩国青年会议所代表团等400多名人员来访。组织选派50余人出访美国等地，组团参加中越、中菲青年友好会见活动等。进一步深化与港澳台青年交流。成功接待香港青年代表团等来访，组织参加香港青年联会13周年庆典等活动，联合省台办在全省高校招募100名志愿者参加“台湾中南部师生锦绣江苏夏令营”大型交流活动。继续加大与台湾社会发展研究院、台湾青商会等组织的交流力度。

浙江团的工作

一年来，全省各级团组织高举邓小平理论和“三个代表”重要思想伟大旗帜，深入学习贯彻党的十六大，十六届四中、五中全会精神，紧紧围绕省委和团中央的战略部署，按照“干在实处、走在前列”的要求，以科学发展观为指导，以深化服务能力建设为总揽，抓服务、抓基层、抓落实，团的各项工作取得新的发展。

一、进一步加强和改进青少年思想政治教育工作。以今年浙江省委召开全省加强和改进大学生思想政治教育工作会议为契机，进一步强化对青少年的科学教育和正确引导。一是深化“三个代表”重要思想和科学发展观的学习教育。以团干部和大学生为重点，青少年理论学习活动蓬勃开展。8月，召开了全省团干部读书会，学习贯彻中央和浙江省委关于“干在实处、走在前列”的一系列指示精神，提高了广大团干部用科学理论武装头脑、指导实践、推动工作的自觉性。二是加强对青少年的思想道德教育和引导。以纪念抗日战争胜利60周年和长征胜利70周年为契机，组织开展了“浙江百万青少年红色之旅主题活动”。针对在杭部分高校学生涉日活动，深入学生当中积极有效地做好教育引导工作。此外，还开展了“五爱四有”、少先队“民族精神代代传”、“18岁成人节”成人宣誓仪式等形式多样的道德实践活动。三是着力推进青少年校外活动场所的建设。基本实现“十五”期末全省100%市、县(市)至少建有一个青少年活动中心的总体目标。截止目前，彩票公益金扶持建设青少年活动中心等青少年校外活动场所47个，补助资金共计为4121.65万元，各级政府投入建设资金7.3亿元。开通了青少年宫在线网站。牵头编制了浙江省青少年校外活动场所建设和发展“十一五”规划。11月，全国青少年学生校外活动场所建设和管理工作会议在浙江召开，总结并推广浙江的经验。四是切实改进青少年思想教育工作的方式方法。加快推进新时期青少年舆情分析系统开发；积极发挥青年典型的示范引导作用，举行了杰出青年走进校园、杰出青年与舟山青年面对面等活动。

二、围绕深入实施“八八战略”，不断深化“浙江青年山海协作行动”。进一步在“浙江青年山海协作行动”等已有工作项目的深化与创新上下功夫，团结带领团员青年为促进浙江经济社会发展做出新贡献。一是以“欠发达地区农村青年人才培训工程”为主导项目，不断推动农村青年提升素质、就业创业。今年共下拨农村青年培训资金158万元。10月底，联合有关部门在义乌举办了浙江省农村青年劳动力转移就业推介会，探索以职业中介为桥梁服务农村青年转移就业的新模式。共有来自全省各地的129家用工企业、104家职业中介参加，设立标准展位323个。期间，共提供就业岗位54741个，就业前订单培训7310人。12月底，按照省委省政府的统一部署，开展“浙江青年山海协作行动舟山行”系列活动，着力做好舟山市革命老区的结对帮扶工作，启动实施了“舟山革命老区青年渔农民培训远航计划”、“青年文明号结对舟山革命老区百位贫困学子”等项目。团省委被省政府授予“浙江省山海协作工程先进单位”。二是着眼为打造先进制造业基地夯实人才支撑，深入实施浙江省青工技能振兴计划。相继召开了全省非公有制企业和国有企业青工技能振兴计划现场推进会。会同省劳动和社会保障厅等部门开展了“浙江省青工技能月”活动。举行了纪念省青年企业家协会成立20周年系列活动。三是着眼生态省和“绿色浙江”建设，继续深化“保护母亲河”行动。“保护母亲河号”和“保护母亲河生态监护站”创建活动，作为生态省建设省市长目标责任制考核指标之一，在各地扎实规范开展。今年，全省共创建省级“保护母亲河号”42个、“保护母亲河生态监护站”29个，全省已有各类青少年环保社团40余家，会员近万名。

三、着眼“平安浙江”建设，全面实施“创建助”行动。扎实推进“创建助”行动、青年志愿者行动和青年文明号创建活动，引导青少年在促进社会和谐稳定中发挥积极作用。一是以营造有利于青少年成长成才的社会环境为着力点，进一步深化青少年维权工作。在杭州上城区小营街道、宁波慈溪开展了社区青少年事务管理的试点。成立了“浙江省青少年维权中心”暨“浙江省青春健康教育服务中心”，涌现出全国级优秀“青少年维权岗”45家，省级优秀“青少年维权岗”387家。二是深入开展青年志愿者行动，在抗台救灾中组织动员青年充分发挥生力军作用。目前，全省共有注册青年志愿者逾60万名，服务队近3万支，各类服务阵地7800余个。在今年第5号、9号、13号和15号等强台风正面袭击浙江之际，组织青年突击队、青年志愿者，积极投身抗灾救灾第一线，充分发挥了团员青年的生力军和突击队作用。三是以强化管理建设为重点，不断深化青年文明号争创活动。开展“浙江省青年文明号管理建设年”系列活动，建立健全了对青年文明号集体的督导检查制度。目前，全省有全国级青年文明号203个，省级1207个，基层各级各类创建集体10万多个。

四、致力于为加快文化大省建设做贡献，深入开展浙江青年文化行动。充分发挥青年开风气之先的传统，引导青年成为先进文化的继承者、传播者和创造者。一是塑造青年文化活动品牌。深入开展“感动”——浙江青少年网络短信作品大赛，截止目前，“感动浙江”网站日平均点击量达5000人次。在宁波开展了“青春中华·时尚先锋”第二届中国青年服装时尚周。举办2005年杭州大学生电影节，全省21所高校、20余万大学生参加了电影节的系列活动。二是活跃基层群众性青少年文化活动。联合省体育局举办了“洁丽雅”杯社区青少年“三人篮球赛”，吸引了来自全省各地的600多名青少年篮球爱好者。与省教育厅共同举办了首届浙江省青少年校外教育综艺大赛，2000多名青少年参加了决赛。同时，大力开展了乡村青年文化节、青工技能文化节等群众性青年文化活动，推动了青年文化在基层的持续繁荣和全面活跃。三是深化青年文化研究工作。“浙江青年文化现象实证研究”课题形成了成果。

五、把竭诚服务青年作为根本出发点和落

脚点，扎实做好服务青年的各项工作。牢牢把握以人为本的要求，切实服务青少年成长发展中的具体需求。一是着力深化大学生志愿服务我国西部和本省欠发达地区计划，进一步加大服务青年就业创业工作的力度。举办了大学生志愿服务我国西部和浙江省欠发达地区计划工作座谈会。在全省14所高校举办了15场优秀大学生志愿者事迹报告会，直接受众达1万余名学生。今年，共选派西部计划志愿者286名、浙江省欠发达地区计划志愿者67名。同时，在全省开展了以"和谐创业·青春浙江"为主题的浙江青年创业行动，评比表彰了首届浙江青年创业奖。二是抓住大学生和农民工子女两个重点群体，扎实推进大学生助学计划和"希望工程"。继续深化"希望工程助学进城计划"，启动实施"千家党(团)组织牵手千名贫困家庭学子"等形式多样的助学活动。今年接受社会各界捐款累计921.71万元，结对资助贫困大学生1569名，结对资助中小学生3871名，其中资助农民工子女2150名。"六一"期间，浙江省委书记习近平到杭州青少年活动中心看望慰问了在杭部分农民工子女，并与他们共庆"六一"国际儿童节。年底，根据省委统一部署，启动开展了"健康成长送希望、共建和谐新农村"系列活动。三是继续推进"大中学生素质拓展计划"、少先队"雏鹰争章"活动，不断深化对加强青少年素质教育的探索。暑期浙江省共有5000多支实践小分队、20余万名大中学生投身文化科技卫生"三下乡"社会实践活动。"雏鹰争章"与基础教育课程改革有机结合的探索继续推进，并纳入浙江省妇女儿童发展"十一五"规划的目标体系，目前浙江省"雏鹰争章"活动参与率城市学校已达72%，农村学校已达50%。

六、扎实开展保持共产党员先进性教育活动和增强共青团员意识主题教育活动，切实加强团的自身建设。以改革创新的精神，坚持不懈地加强团的自身建设和先进性建设。一是认真部署开展保持共产党员先进性教育活动，切实加强各级团的领导班子和团干部队伍建设。结合共青团的实际，开展了"'三学习三坚持、三深入三牢记'，争做青年表率，争当时代先锋"学习实践活动、"新时期党员团干部形象"大讨论等活动。为贯彻"落实三真，关爱基层"的要求，五四期间在全省开展了五十佳基层团干部评选表彰活动，并召开了先进事迹报告会。中央督导组一行在团省委机关检查、指导先进性教育活动时，给予充分肯定。团省委关于在春节期间关心和服务困难大学生工作还被作为省直机关单位10个特色工作之一，选入浙江省第一批保持共产党员先进性教育活动特色工作汇编。二是深入开展增强共青团员意识主题教育活动，进一步加强团员队伍建设。在认真抓好规定动作的基础上，从浙江的特色出发，在非公有制企业团组织中开展共青团风采评选展示活动，在流动团员中探索组织关系接转和教育管理机制，在基层团组织中加大民主直选的探索力度，受到省委和团中央领导的赞扬。三是切实加强团的基层组织建设，不断扩大对团员青年的有效覆盖。抓住今年全省各地农村进行村党组织、村委会换届选举的契机，进一步加强了全省农村基层团的组织建设。青年中心建设全面推进，全省已建各类青年中心298个。乡镇(街道)团委班子直接选举试点工作全省已有11个市71个乡镇(街道)广泛推开。

安徽团的工作

2005年是安徽省抢抓机遇、乘势而上、奋力崛起,实现加快发展、富民强省,全面建设小康社会宏伟目标的重要一年。全省各级团组织在省委的坚强领导下,认真贯彻团中央的工作部署,强化思想教育,推进品牌工作,狠抓能力建设,树立良好形象,团结带领广大团员青年积极投身安徽省全面建设小康社会的伟大实践,团的工作全面活跃,自身建设明显加强,全省共青团和青年事业取得了新的发展。

一、以未成年人和大学生为重点,创新载体,改进方式,青少年思想教育生动活泼,更加实在,富有成效

1. 坚持不懈地用“三个代表”重要思想构筑青年一代的精神支柱。通过举办专家辅导报告、青年理论学习读书班、座谈会、实地考察等形式,广泛开展科学发展观和党的十六届五中全会精神的学习,深入进行改革开放取得的巨大成就教育。抓住纪念抗战胜利60周年的契机,组织开展演讲比赛、知识竞赛、红色旅游、慰问抗战老战士、学唱革命歌曲等活动;通过文艺晚会、歌咏比赛、网上交流、开展征文等活动,纪念“一二·九”运动和“一二·一”运动,加强对青少年的教育。

2. 加强大学生思想政治教育。开展关心和服务春节期间留校经济困难大学生工作,召开关心和帮助经济困难大学生暨勤工助学工作推进会,实施希望工程捐岗助学计划,设立“安徽省希望工程建文助学金”,全年共募集资金200万元,资助经济困难大学生4498名。举办高校“百场形势教育报告会”,广泛开展形势政策教育,召开加强和改进大学生思想政治教育工作理论研讨会。加强对舆情和大学生思想动态的分析研判,在敏感时期和重要时段,举办形势报告会,维护校园和社会稳定。

3. 加强未成年人思想道德建设。举办小学生日常行为规范知识竞赛、“好习惯”“坏习惯”漫画比赛、“聚焦江淮、我爱我家”摄影比赛等10项系列活动,引导少年儿童在参与和实践中接受教育。联合中国青少年研究中心和中国青少年研究会,以“和谐社会与青少年思想道德建设”为主题,成功举办首届中国青少年发展论坛(2005)。实施基层少先队辅导员巡回培训计划,组织优秀团队工作者和少先队专家赴基层巡讲,一年多来,免费培训4000多人。肥东县谭海美和祁门县方建平分别当选全国“十佳”少先队员和少先队辅导员。

二、以科学发展观为指导,围绕中心,服务大局,广泛开展“为崛起奉献青春”主题系列活动,团结带领团员青年为经济社会发展做贡献主题鲜明,氛围浓厚,措施有力,效果明显

始终把服务东向发展、促进奋力崛起作为全省团的工作的鲜明主题,发出“为崛起奉献青春”倡议书,举行主题晚会,加大宣传力度,在全省各级团组织和团员青年中唱响加快发展、奋力崛起的主旋律。

1. 深化青年创业行动。深入开展“青年企业家进校园”活动,举行优秀青年先进事迹报告会,21人次做了7场报告,2万多名青少年参加,着力培育高校学生和青年的创业意识。分南、北两片召开青年创业行动拓展计划推进会议,联合省工商银行在全省培育和扶持50家小型企业,帮助解决资金、技术问题,支持企业发展。马鞍山、芜湖、合肥、滁州等地通过建立基地、成立创业园(区)、举办培训班,为青年创业提供资金、信息、技术等方面的支持。坚持从培训抓起,省、市两级团组织共举办SYB培训班18期,培训960人。鼓励支持青年科技工作者和高校学生在高科技领域创业，推进青年科技创新行动，11人被评选表彰为省“杰出青年科技创新奖”。举办专场招聘会，组织100多家大中型知名企业提供近3000个岗位，15000多名大学生现场求职。加大信息、资金、技术支持力度，全省17个市全部建立就业（创业）服务中心，10个市开辟青年就业和再就业网站或网页，逐步形成上下贯通、左右互联、彼此支持的青年就业创业信息网络体系。

2. 推进“双培双带”青年行动。着眼于在农村青年中培养创业致富带头人，把这些创业致富带头人培养成共青团和青年骨干，“双培双带”青年行动在各地全面推开。各级团组织结合实施新型青年农民科技培训工程和农村劳动力转移培训阳光工程，依托农村青年中心、农业科技示范基地，广泛开展农村青年技能培训。联合政府有关部门和金融单位，为农村创业青年发放小额贷款。

3. 通过青年工作的交流服务安徽东向发展和对外开放。发挥团组织联系面广的优势，加强与长三角等发达地区团组织和青年企业家的交流合作。成功举办长三角(3+2)青年论坛，沪苏浙赣4省市和香港地区120多知名青年企业家出席。承担了中国青年企业家协会会长办公会暨经贸考察活动相关工作，邀请上海、浙江、江苏、北京以及台湾、香港等地12批264位青年企业家来皖考察，接待美国、东盟、俄罗斯4批69位青年及青年组织负责人来皖访问。积极参加团中央组织的赴美、日、韩、俄罗斯、东盟开展青年外事交流活动，与俄罗斯青年联盟乌里扬诺夫斯克州组织达成《文化与人文合作协议》初步意向。加强与港澳地区的联系，组织安徽省青联委员和青年企业家到长三角地区和香港等地开展经贸考察和文化交流。

4. 积极参与生态安徽建设，推动经济社会可持续发展。以“生态安徽青少年活动月”为载体，开展了植绿护绿、广告大赛、生态考察等系列活动，近17万名青少年参与营建“共青林”、环境监护等活动。举办第二届“生态安徽”青年公益广告大赛，4000多人的2816幅作品参赛。组织3支“保护母亲河”青年生态考察队分赴长江、淮河、新安江流域进行生态考察，5000多人报名，2000多人参加，散发环保宣传材料35000份，宣传了生态安徽和可持续发展理念。

5. 扎实推进农村改厕。争取省委宣传部支持，各地主要媒体集中播发改厕广告10000多次，配合生态家园富民计划和中央财政补助安徽省改厕项目，农村改厕工作稳步推进，省市县三级领导组成员帮扶198个乡镇，全年完成改厕25万多座，各类卫生厕所总量达到664万座，比上年提高2.01个百分点。团省委直接帮扶17个乡镇，对每个乡镇提供100套左右改厕器材，验收合格后给予每个农户100元补助，累计帮扶50多万元。

6. 深入开展“美丽家园”青年志愿者行动。组织青年志愿者投身“青年志愿者日”、“重阳节”、“国际志愿者日”活动和社区青年志愿服务，支持基层和农村社会事业发展。第九期青年卫生志愿者68人共做手术3000多例，义诊巡诊800多次，培训乡村医护人员4540人次，提供医疗保健服务近12万人次，缓解了当地农民群众“看病难看病贵”问题。招募414名大学生志愿者赴云南、重庆和本省贫困县，进行为期1—2年的支教、支医、支农服务，连同2004年招募的2年期志愿者一起，加上青年卫生志愿者，团省委直接派驻586名志愿者常年在边远贫困地区服务。组织457个团队近15万名大学生赴农村开展暑期文化、科技、卫生“三下乡”。坚持开展青联委员“三下乡”志愿团服务活动，直接服务群众3万多人次。

三、以服务青少年为出发点和落脚点，多办实事，多做好事，帮助广大青少年成长成才成就事业的力度增大，工作扎实，作用突出，影响广泛

1. 加强青年人力资源开发，帮助青少年成长成才成就事业。扎实推进青工技能振兴计划,建立8家省级青工技能培训基地和8家实践基地,开展“青工技能月”活动,在各级团组织广泛开展青工技能培训、比武基础上,举办青工职业技能大赛,4个工种75名选手参加决赛。深化“大中学生素质拓展计划”,举行省首届“挑战杯”大学生课外学术科技作品竞赛,21所高校推荐105件作品参赛,择优推荐的34件作品在全国决赛中全部获奖。广泛凝聚省内外青年人才在参与安徽发展过程中实现成才,省青年企业家协会召开会员换届大会,为一批新锐青年企业家发展搭建平台;省青联增补了69位青联委员,在中央政府驻香港联络办的支持下,6位香港青年知名人士加入省青联;全省农村青年创业致富带头人人才库筹建迅速,目前已达到2万人的规模。

2. 帮助青少年解决求学成长中的具体困难。强化爱心助学和希望工程项目开发,拓宽筹资渠道,完善机制建设,从单个学生救助向建立“希望之星班”、“希望之家”延伸发展,救助能力、管理水平进一步提升,社会影响日益扩大,走上了良性循环、快速发展的新阶段。省本级实际到账资金在去年首次突破1000万元基础上,今年达到1540万元,援建希望小学50所,新增受助学生3893名(含大学生)。支援西藏山南地区建设一所希望学校。引导各界青年能人、名人等青年精英为社会提供服务,为困难青少年提供帮助,组织为城乡贫困家庭子女送温暖,帮助他们树立积极向上的人生观,引导他们通过立足自身渡难关、求发展。实施心理阳光工程,加强青年学生的心理健康教育,承办第五届全国大中专学校团组织心理咨询工作培训班。开展农村“留守儿童”问题调研,组织慰问、心理咨询等丰富多彩的关爱活动,促进“留守儿童”健康成长。

3. 切实维护青少年合法权益。召开全省未成年人保护暨预防青少年违法犯罪工作会议,推动各地未保和预防青少年犯罪组织建设,把工作向社区和基层延伸拓展。加强预防青少年违法犯罪工作法制建设,在认真贯彻落实“两法一条例”基础上,牵头起草、推动通过《安徽省预防未成年人犯罪条例》,于2006年2月1日起实施。整合政府部门的力量,开展了6次大规模青少年文化娱乐场所专项整治行动,优化未成年人成长环境,维护青少年合法权益。实施“青少年违法犯罪社区预防计划”,创建优秀“青少年维权岗”,推进“预防艾滋病——青春红丝带行动”,深化“青少年远离毒品行动”,进一步加强了以青春自护为主要内容的青少年法制教育活动。

四、以开展增强共青团员意识主题教育活动为契机,强化机制建设,狠抓基层基础,团的基层组织建设有新的加强,团干部作风和能力建设全面进步,广大团员的团员意识明显增强

1. 开展增强共青团员意识主题教育活动。坚持从宣传发动入手,通过调研指导、集中督察、召开推进会,扎实有序推进增强共青团员意识主题教育活动,全省12.7万个基层团组织、301万名团员参加了教育活动,增强了团员意识,推进了团的自身建设,活跃了团的工作,取得了阶段性成效。编印并免费发放40000册《团史团情简明读本》,组织团员参加“团史团情网上知识竞赛”,开展“青春献祖国”、“为崛起奉献青春”、“真情助困进万家”等主题团日和实践活动,积极探索建立健全党建带团建、基层团建整体推进、团员意识教育的长效机制,初步规范了团情调查、团员发展、团员教育和管理等规律性做法。各基层团组织广泛开展了“上一次团课、学一遍团章、读一本学习辅导材料、写一篇学习心得、参加一次讨论活动、过一次民主生活”活动,“打团旗、戴团徽、唱团歌”成为自觉。

2. 加强基层团的组织和青年中心建设。确定260个第五批“全省五四红旗团委”创建单位,表彰130个“全省五四红旗团委”、“全省五四红旗团支部”，“五四红旗团委”创建活动进一步深化。推进“百乡千村”计划第三批65个乡镇420个村的试点工作，发挥试点乡村在自身建设、活跃工作上的示范作用。举办中学生成长发展论坛，确立100所共青团工作重点联系学校，中学共青团建设迈出新步伐，农村、新经济组织和社会组织、城市社区和高校团建稳步推进，社区、非公经济组织和民办学校的建团率逐步提高。开展“组织找团员、团员找组织”活动，积极探索流动团员的教育和管理新模式。全省已建成135个农村青年中心、46个城市青年中心，组织建设日渐规范，工作项目不断增多，阵地建设灵活多样，服务功能逐步优化，在教育青年、联系青年、服务青年方面发挥了积极作用。

3. 加强机关和干部队伍建设。扎实开展保持共产党员先进性教育活动，加强作风建设，进一步树立团干部的良好形象。认真执行团干部培训计划，举办县（区）、中学和权益系统团干部培训班，组织团干部到发达地区、经济建设前沿、基层一线学习锻炼，开阔视野，增强做群众工作和经济工作的本领，进一步加强团的能力建设。

4. 团的各项事业有新的进展和突破。希望工程事业大踏步前进。少年博览杂志社稳步发展。省团校招生工作取得进步，团干部培训规模扩大、质量提高。安徽青年报社举行了创刊50周年庆祝活动，报纸形成新闻周刊、教育周刊、学生周刊三刊并重的结构，为进一步拓展报业市场创造了条件。省青少年野营基地黄山管理处（青年旅行社）和科技发展中心（幼儿智力开发中心）内抓管理，外求拓展，举办了多项赛事，在积极发挥促进青少年成长进步作用的同时，增加了经济收益，扩大了社会影响。安徽省中青旅经营业绩取得了较大发展。

福建团的工作

2005年，福建省各级共青团组织坚持以邓小平理论和“三个代表”重要思想为指导，认真树立和落实科学发展观，在省委和团中央的领导下，紧紧围绕建设海峡西岸经济区，以“爱我福建，创业海峡西岸”为主题，扎实推进“海峡两岸青年创业行动”和“爱我福建青年文化行动”，突出思想、交流、品牌、维权和组织工作，坚持社会化、推进项目化、拓展网络化，服务青年，发挥优势，强化集聚，提高能力，团结带领广大团员青年为建设海峡西岸经济区贡献青春和力量。

一、进一步加强青少年思想道德建设

1. 在团员青年中不断兴起学习实践“三个代表”重要思想新高潮。将学习贯彻“三个代表”重要思想与学习贯彻党的十六届四中、五中全会和省委七届八次、九次、十次全会、省委工会共青团妇联工作会议精神有机结合起来。组织各级团组织、团干部和广大团员青年，认真学习、深刻领会科学发展观，全面理解“十一五”时期的指导思想、奋斗目标和主要任务，充分认识“海峡西岸”列入中央规划的重要意义，把思想和行动统一到福建新的发展阶段的“四个推进”、“四个基本”、“四个关键”上来。通过开展“学习郑忠华”活动，开通“郑忠华网上纪念馆”，举办“‘三平’精神与福建青年”报告会，广泛开展“爱祖国、爱福建、爱家乡”活动、

"爱我福建·创业海峡西岸"主题团日活动,举办纪念中国人民抗日战争暨世界反法西斯战争胜利60周年校园歌咏巡演等主题实践活动,进一步增强团员青年学习实践"三个代表"重要思想的自觉性和坚定性。

2. 加强和改进大学生思想政治工作。在全省大学生和中小学生中开展了"爱祖国、爱福建、爱家乡"寒假社会实践活动,召开全省大学生"爱祖国、爱福建、爱家乡"座谈会和福建省大学生"三个代表"征文比赛等活动,动员和组织广大青年学生在读书交流、参观走访、社会考察、服务社会中学习实践"三个代表"重要思想,树立和落实科学发展观。

3. 加强和改进未成年人思想道德建设。深化青少年新世纪读书计划,扎实开展"迈好青春门、走好成人路"主题教育活动,深化"雏鹰争章"活动,拓展"手拉手"活动,推进"民族精神代代传"活动。

二、扎实推进"海峡西岸青年创业行动"

1. 全力搭建青年创业服务平台。4月30日,福建省纪念"五四"运动86周年暨青年创业大会在福州隆重举行。20名福建青年获创业成就奖,80名福建青年获创业自强奖,激励了广大青年在创业中实现就业,在创业中建功成才。召开了"学习胡锦涛总书记给农村青年回信精神座谈会",带动更多的农村青年共同创业、共同致富。成立了中国青年创业国际计划(YBC)福建办公室,在资金、政策、服务等方面给予青年创业更大的支持。

2. 继续办好"海峡青年论坛"。成功举办了第三届海峡青年论坛,来自海峡两岸和海内外的600多位青年精英和商业领袖参加了盛会。全国人大常委会副委员长成思危为论坛发来贺信,省委书记卢展工为论坛开幕鸣锣,团中央书记处第一书记周强为论坛致词。邀请了团中央书记处书记、中华全国青年联合会常务副主席胡伟,中国人民银行副行长吴晓灵以及李钟桂等台港澳著名专家和知名人士到会演讲和交流。论坛包含了主旨论坛及"海峡青年精英论坛"、"亚太青年商业领袖峰会"、"中国青年创业国际计划论坛"3个分论坛,并举办了海峡青年愿景圆桌会议,发表了《海峡青年论坛青年创业宣言》。省青联与台湾中华青年交流协会还签署了《2005—2008年海峡青少年交流与合作备忘录》。

3. 深入开展"共青团城乡互动百千万工程"。活动开展两年来,全省共培养农村青年创业致富带头人11646人,培训农村青年营销员13102人,培训农村青年网络信息员11739人。

4. 实施青工技能振兴计划。开展"青工技能月"活动,组织青年积极投身创新实践,大力培养青年高技能人才,组织青工开展节能降耗等活动。继续深化"青年岗位能手活动",评选了一批青年岗位能手。

5. 深化青年科技创新行动。开展青年科技创新奖评选和青年科技创新论坛等活动。开展"全球通"首届福建IT行业十大杰出青年评选活动,激发广大IT行业青年大胆创造,为建设"数字福建"做出更大贡献。围绕"创新创业,报效祖国"这一主题,邀请78名来自欧美等发达国家的海外学人,组织"2005年海外学人海峡西岸行"活动,达成生物农药生产基地、废水脱氮等合作意向2500万美元。

6. 开展青年企业家参与"山海协作"活动。先后组织了青年企业家积极参与5·18中国(福州)海峡科技成果交易暨经贸洽谈会、6·18中国·福建项目成果交易会、9·8中国·厦门投资贸易洽谈会,达成多个合作项目。开展青年企业家闽东行、闽北行活动,组织青年企业家参加"青年企业家西部行"、"青年企业家东北行",促进省内、省际青年企业家经贸合作、交流。

三、深入开展"爱我福建青年文化行动"

1. 全力打造青年文化精品。举办"爱我福建"福建省首届少儿美术节,以青年文明号信用建设示范行动和节约示范行动为主题，建设诚实守信的职业道德，推进青年文明号文化建设。2005年，福建共有38个青年集体获国家级青年文明号称号，2人获青年文明号文化作品大赛二等奖和三等奖。

2.广泛开展群众性文化行动。元旦、春节期间，在全省农村团组织中广泛开展以“繁荣乡村文化，服务青年发展”为主题的“乡村青年文化节”活动，通过评选福建省乡村青年文化活动先进县(市、区)、先进乡镇、优秀活动项目、文化名人，培育和聚集了一批青年文化人才。举办福建青年合唱节，以“兴起新高潮、创造新业绩”为主题开展全省“社区青年文化节”活动。继续在进城务工青年中开展“千校百万”进城务工青年培训活动，深入进城务工青年开展文艺演出。与有关单位联合开展了“动感地带杯”福建省大学生校园网络歌手电视大奖赛、“金话筒”主持人大赛、大学生歌手赛、“福建省首届校园戏剧节暨经典剧目高校行”等活动。加强青少年宫建设、交流与合作，积极争取返还公益资金，支持团属青少年活动阵地建设。加强对团属新闻出版单位的管理。

3.积极打造健康的青少年网络文化。举办健康上网拒绝沉迷活动。开展“健康上网拒绝沉迷——帮助未成年人戒除网瘾行动”，针对青少年推出“阳光账号”等服务，邀请全国青少年网络文明大使陶宏开教授来闽演讲，帮助青少年预防和戒除网瘾。开展“海峡青少年网络文化节”活动，通过进一步开发完善“5461U”网络平台，举办“动感地带青少年网络作品大赛”等方式，引导青少年健康使用网络。

四、积极参与社会主义和谐社会建设

1.扎实推进青年志愿者行动。深入贯彻执行《福建省青年志愿服务条例》，完善青年志愿者注册制度，规范青年志愿服务活动。省人大常委会法工委对《福建省青年志愿服务条例》作立法后评估，充分肯定了全省团组织12年来坚持开展青年志愿者行动所取得的实效。举办了《燃情的玫瑰》青年志愿者电视晚会，召开“弘扬志愿精神、构建和谐社会”座谈会。围绕学雷锋、青年志愿者尊老敬贤、青年志愿者进社区、青年志愿者“三下乡”等活动开展了大量的志愿服务工作。积极参加6.18中国。福建项目成果交易会、福建青年创业大会、海峡青年论坛、全国青年文明专现场经验交流会等大型活动的志愿服务工作。

2.深化青年文明号活动。成功承办了全国青年文明号活动现场经验交流会，中央5位部委领导和省委有关领导出席了会议，充分展示了福建11年创建青年文明号活动特色和经验。进一步完善检查机制，突出行业标准，加强对全国级、省级青年文明号的有效管理。

3.深化“青年文明社区”创建活动。深入开展青年文明社区示范城(区)活动，形成城(区)、街道、社区共同推进青年文明社区创建工作的整体态势。举办社区青年文化节，推广“TBBA三人篮球”运动，开展青年文明社区“大家乐”活动。采取项目化管理模式加强青年中心建设。

4.组织青少年积极参与生态环境保护和建设。开展了以“为同一条河，献同一份爱”为主题的“保护母亲河行动——青年志愿者林”活动，动员团员青年从源头上防止、减少洪涝灾害。在青少年中开展了“请跟我来，天天环保”活动和“秀美山川环保之旅”体验活动。开展“青年同心，重建家园”活动。10月2日，福州遭受“龙王”强台风袭击，灾情严重。团省委组织万名青年志愿者在全省率先开展清淤保洁统一行动，奏响“青年同心、重建家园”的青春主旋律。

5.加强青少年维权工作。实施“为了明天工程”。联合有关单位开展了坚决取缔非法出版物的专项治理行动，深入实施“青少年违法犯罪社区预防计划”，不断深化“未成年人零犯罪社区”创建活动。深化创建优秀“青少年维权岗”。举办了“律师普法进校园”活动,加强毒品和艾滋病预防教育,建设“12355”热线,举办“福建省青少年早安成长八闽行”活动。

6. 开展为困难青少年送温暖活动。开展“真情相伴”慰问经济困难留校大学生活动。在春节寒假期间,慰问全省2368名留校经济困难大学生。做好“康海医药助、奖学金”等多种形式的助学奖学活动,给192名困难大学生发放了38.4万元助奖学金。希望工程全年共收到社会捐款1356万元,建设希望小学19所。希望工程208行动顺利推进,资助大学生428名,中学生820名,小学生1200名。举办“为了灾区的孩子——福建青年爱心赈灾电视晚会”,共募得资金573.21万元。组织青年企业家参加“福建各界青年赈灾援助团”,分赴三明、南平灾区,实地考察灾情,并将募集到的资金及实物共200万元送到灾区。以进城务工青年、下岗青工、贫困学生、农村贫困青年、残疾青年为重点,通过组织发动青年文明号、青年企业家、青年志愿者等单位和个人,采取募集钱物、志愿服务、社区服务、济困助学等多种措施,努力帮助他们解决困难。

五、继续扩大闽台港澳和对外青少年交流

1. 加强对台港澳青少年交流力度。以第三届“海峡青年论坛”为载体,积极做好对台港澳青年交流联络工作。“海峡青年论坛”在对台人员邀请的层次和代表性上有新的提高。成功举办了“海峡青年精英论坛”。让两岸四地青年代表畅所欲言,真诚对话,共叙共同关心的话题,不断加深彼此间的了解和友谊。尝试与台湾党派青年交往,加强做好台湾青年社团重点人物的联系工作。继续加强和保持与港澳闽籍社团的往来,注意与港澳其他社团的联络,为促进闽港澳青年间的友谊和三地经济发展做贡献。召开了省青联九届四次主席(扩大)会暨“根在福建,为在海西”港澳特邀委员座谈会。承办了“全国青联对台青少年交流工作研讨会”。会上,“海峡青年论坛”被确定为团中央、全国青联开展的四项对台青少年交流重点项目之一。召开了“忆渊源、话未来”闽台大学生中秋座谈会。成立闽台青少年交流促进会,进一步推动闽台青少年工作的向前发展。

2. 对外青少年交流更加深入、广阔、务实。建立与海外特别是东南亚国家闽籍团体和青少年组织的交流交往渠道,继续保持与东南亚国家青年团体的友好往来。全年共派出17批60人次团干部和青联委员,出访问欧美、东南亚等十几个国家和地区。同时,创新外事工作模式,尝试以社会公开招募形式,选派一批各界优秀青年成功出访韩国。

六、努力加强团的自身建设

1. 保持共产党员先进性教育取得明显成效。根据中央、省委的统一部署,团省委于2005年1月28日至6月30日,集中开展了以学习实践“三个代表”重要思想为主要内容的保持共产党员先进性教育活动。在整个先进性教育活动中,团省委常委会按照中央、省委的部署和要求,始终坚持了学习、坚持了注重实效、坚持了群众路线,做到了认识到位、措施到位、工作到位,顺利完成了先进性教育活动各项任务。从测评结果看,广大党员和群众对教育活动的评价和满意度较高。

2. 广泛深入地开展增强团员意识主题教育活动。从2005年8月下旬开始,全省共青团组织根据团中央的统一部署,以“永远跟党走,作为在海西”为主题,落实“四个关键”,积极开展党团知识、主题团日活动、团干部讲团课、新建团组织、团员标准大讨论等五项竞赛。在全省各级党组织的重视和关心下,教育活动取得可喜的成效。组织开展了“我为团旗添光彩”、“青春献祖国、作为在海西”等主题团日活动。全省参加党团知识竞赛人数达17万人次,收到书面答卷约52000份,共举办了937场党团知识竞赛活动。共有1867名团干部深入基层、联系点上团课 2417 场，听课人数达 31 万人次。开办的“新时期新风采”团员标准大讨论论坛上，网站贴数达 5 万多条。制定了《教育活动量化考评表》，省、市、县三级督导组下基层累计督导 1167 次。

3. 推进团的基层组织建设。深入开展团的基层组织建设“三级联创”活动，形成了县、乡、村三级团组织联合考核、联合创优、整体联动的三级团组织相互衔接、相互促进，层层创建、整体提高的工作格局。积极探索全省五四红旗团委动态管理、竞争淘汰机制。推进基层团建设创新。以团的组织设置方式、组织管理方式和组织运行机制创新为重点，加强对非公有制经济组织、社区、企业、农村等领域团建研究。大力推进城乡社区青年中心建设，努力把青年中心建设成联系青年群众的新型纽带。做好指导基层团组织换届工作。下发了《关于做好县、乡团委换届工作的通知》，对于团委班子的选配，上级团组织和同级党委组织部门做到早介入、早安排，配齐配强团的领导班子。做好团干部管理工作。评选表彰了 2005 年度全省优秀团员、优秀团干部。认真履行团干部协管工作，及时协助各地各单位党委组织部门做好团的领导班子选拔配备工作。

4. 加强青联、学联、少先队和青年社团工作。认真履行全团带队的职责，坚持团建带队建，坚持实践育人，坚持整合资源，坚持改革创新，切实做到带思想、组织、队伍、工作和作风，推动少先队工作不断向前发展。加强青年企业家协会、青年商会、青年志愿者协会等团属企事业单位的管理，推进团属事业健康发展。

江西团的工作

2005 年，在中共江西省委和团中央的领导下，团江西省委坚持“在继承中创新，在创新中发展”的原则，按照年初确定的“贯穿一条主线，加强三大建设，推进五项行动”的工作思路（即：以“充分发挥共青团作为党的助手和后备军作用，坚持育人为本，服务为先，培养中国特色社会主义事业的合格建设者和接班人”为主线；加强青少年思想道德建设、团的基层组织建设和团的能力建设；推进青年创业行动、青年志愿服务行动、青年人才行动、青年文化行动和保护明天行动），团结带领广大团员青年投身江西崛起的伟大实践，各项工作取得了新的发展。

一、发挥优势，做好“四个育人”

共青团组织肩负着“育人”的光荣使命。团江西省委认真贯彻中央 8 号和 16 号文件精神，加强未成年人思想道德建设和大学生思想政治教育，不断探索和创新教育的方式方法，使青少年思想教育工作更好地体现时代性，把握规律性，增强实效性。

1. 文化育人。坚持用先进文化引领青少年。启动了全省首届“大学生社团文化节”、“社区青年文化节”、“红领巾文化节”和“乡村青年文化节”。广泛开展校园文化进社区系列活动，形成校园文化和社区文化的良性互动。在“五四”期间举办了“红色青春——高举团旗跟党走”全省大学生文艺晚会，弘扬“五四”精神，激发大学生的报国情怀。联合省广播电视局举办了“和谐社会活力校园”江西高校青春赛歌会，15 场比赛分别在江西 15 所万人以上大学举行,活动波及人数近 30 万人次,充分展现了高校浓厚文化氛围和大学生积极向上的精神风貌。举办了第七届全省“乡村青年文化节”,开展了“农村青年读好书”活动,共捐赠图书 2 万册,价值 30 万元,建立了 35 个农村青年书屋。全面启动“红领巾文化节”,建设富有特色的江西少先队文化,以“绿色江西、古色江西、红色江西、崛起江西”为主题,在全省少先队员中广泛开展了“崛起的江西——童心江西秀”书画绘画摄影作品大赛,引导少年儿童了解江西,热爱江西,宣传江西,做新时代江西的小主人。

2. 实践育人。充分发挥共青团实践育人的传统优势。深入开展了大学生暑期“三下乡”社会实践活动,组织了 10 万名大中专学生深入乡村参加社会实践与服务,共建立实践服务基地 174 个;举办各类讲座、培训班 790 余场,印发宣传资料 124650 份,为地方培训人员 48732 人次;捐款 215000 元,捐物(价值)218570 元;发放价值 20 多万元的各类医疗用品和药品,为 3 万多人次进行了义诊;文艺演出近千场,义务维修家电 10400 余件,引导大学生在火热的社会实践中受锻炼、长见识、增才干。广泛开展了青年志愿者“四进社区”活动,组织了 600 余支专业志愿服务队与社区一对一定点挂钩,全省 30 余万人次的青年志愿者投入到社区建设中来。开展了“江西青工建功成才月”活动,在 10 个省属企业开展了青工职业技能大赛,对单项比赛前三名的青工可由初级技工破格晋升为高级技工,为青工发展拓展空间。抓好了“挑战杯”竞赛、少先队手拉手、雏鹰争章等一大批社会实践活动,引导广大青少年在实践中成长成才。

3. 服务育人。坚持在服务中教育青少年,增强教育的实效性。依托希望工程推进服务,全年累计筹集希望工程资金 2000 多万元,救助了 7000 余名失学青少年。争取了深圳市政府捐赠 1000 台电脑,在江西农村希望小学建立 40 个希望电脑室,帮助农村的孩子共享信息时代的发展成果。围绕困难群体推进服务,动员青联委员、青年企业家为特殊青少年群体献爱心。2005 年春节期间,开展了“情系困难学子爱心捐助行动”,共筹集资金 96 万元,帮助 3051 名留校困难大学生欢度春节。强化维权推进服务,开通了 12355 青少年维权和心理咨询服务公益热线,依托 50 多个国家级、280 多个省级优秀“青少年维权岗”,维护青少年合法权益。在江西启明学校建立了 15 个“阳光书屋”,捐赠了 3 万册书籍和 100 台电脑,帮助未成年犯树立重新做人的信心和勇气。

4. 网络育人。发挥网络对青少年的独特教育作用,开辟青少年教育的新路子。以网络妈妈刘焕荣为原型,开展网络教育志愿服务,全省共招募 700 名“青少年网络教育爱心大使”,产生了良好的社会反响。建设和完善了以“江西青年网”为龙头的青少年网站,主动占领网上教育阵地。大力推进“青少年文明上网行动”,在全省创建了一批“社区阳光网吧”和“校园阳光网苑”,不断优化青少年上网环境。涌现了江西英烈网和日新网、“大眼睛”少儿网络中心、东青在线、虔青在线等一批网络育人的典型。

二、找准位置,谋求“四个作用”

紧紧围绕江西崛起大局,在党政关注、发展所需、共青团所能上找准工作的切入点,充分发挥共青团的助手和后备军作用,在实现江西崛起进程中谋求新作为。

1. 服务“三农”的帮手作用。按照统筹城乡发展的要求,全面推进“百村万户青年文明行动”。以社会化、市场化的运作手段,“X + 1”的模式,多方筹集资金,为每个示范村筹集 5 万元,购买 100 吨水泥,帮助农村改善村容村貌,推动农村小康建设。活动自 2004 年实施以来,共筹集资金 300 余万元,建成“青年文明示范村”64 个,受惠群众近 6000 户。依托青年文明示范村,先后开展了“阳光工程”转移就业培训和农村青年增收成才培训，全省各市县共培训青年10万名，为新农村的建设培养了人才。春节前后，利用返乡务工青年探亲团聚之际，集中开展了“农村青年转移就业服务月”活动，活动影响较大，成效显著。

2.服务大开放的桥梁作用。充分发挥共青团独特的组织优势、人才优势和联系广泛的优势，服务大开放主战略的实施。加强了与长珠闽等周边地区的交流，先后在合肥、南京、上海举办了三期“长三角3+2青年论坛”，进一步完善了苏浙沪赣皖五地省级青年合作机制。活动促成了一批青年经贸项目，取得了实效。与福建青年组织联手开展了“赣闽一家亲”交流活动，与广东、香港、澳门青年组织联手开展了“同饮东江水——青年友谊之船”系列交流活动，使江西青年工作全面融入长珠闽。加强了青年外事工作，先后接待了美国、新加坡、英国等国家青年代表团，组织优秀青年赴日本、韩国、泰国、法国、英国、德国等国家学习考察，为江西走向世界、为世界了解江西作出了努力。成功举办了第二届“海外学人回国创业周江西行”活动，来自美国、加拿大等10个国家的32名海外学子走进江西，为他们了解江西、投资江西提供了平台，活动共签订意向性协议12项，协议资金3386万美元。开展了“江西籍在外优秀青年人才搜寻行动”，通过感情联络、乡情呼唤、商情吸引、真情留住，为江西发展汇聚四方英才。协助第四批赴赣博士服务团完成了《态势·战略·对策——以工业为主导的江西经济发展研究》课题的出版。创造性地开展第五批赴赣博士服务团工作，做到了“三个一”：制作了一面博士服务团团旗，设计了一个博士服务团标志，建立了一所希望小学——泰豪博士希望小学。

3.服务全民创业的推动作用。以青年创业行动为载体，全面推进“五百”工程，引导广大青年勇于创业，乐于创业，善于创业。在营造创业氛围上，举办了“共青精神与青年创业”论坛、首届“江西十佳百优创业青年”评选、京沪赣三地大学生“和谐·创业”演讲比赛。在创业项目推荐上，实施了“青年小老板创业计划”，推出了IP电话超市等一批创业项目，帮助100多名青年走上了成功创业之路。在创业资金服务上，争取省农村信用联社和国家开发银行支持，推出了青年创业授信制度，为青年创业提供小额贷款。积极整合省内外资源，由企业家捐资100万元，设立了“共青城青年创业基金”，为青年创业提供资金支持。

4.服务精神文明建设的先锋作用。发挥青年勇开风气之先的光荣传统，在弘扬文明新风上做出积极努力。围绕绿色生态江西的建设，投入资金1200万日元建设了保护母亲河项目，建设生态示范林120公顷；投入资金230万元建设了10个青少年绿色家园，绿化面积650公顷；组织16个高校环保社团开展了“湿地使者行动”；联合省环保局举办了首届高校环境文化节，进一步加强了环保社团之间的交流与合作，引导更多的青年志愿者投身环保事业，帮助青少年实践人与自然和谐共处的生态理念。围绕诚信社会的建设，推进了青年文明号活动，倡导文明从业、诚信服务，新增省广电局、省高级人民法院、中储粮江西分公司、中航油江西分公司为组委会成员单位，使组委会成员单位上升为40个，扩大了创建青年文明号活动的覆盖面，全省共创建国家级青年文明号172个，省级青年文明号1096个。围绕奉献社会的主题，推进了青年志愿者行动，重点抓好了“牵手夕阳，辉映青春”百万青年志愿者行动，把老年人对青少年的教育引导与青少年对老年人的服务结合起来，全省共有50余万青年志愿者与老年人结对服务，在全省营造了老少互助、老少互学、老少同乐的和谐氛围。2005年11月27日，九江市发生地震灾情的第二天，迅速组织医疗、搜救、消防等专业志愿者数百人组成32支服务队奔赴灾区参与抢险救灾。大力弘扬中华民族一方有难、八方支援的传统美德，开展了“增强团员意识，缴纳特殊团费，向九江地震灾区群众献爱心”活动，动员广大团员青年踊跃为九江地震灾区捐款，一个星期就募得款项 57 万元，争取到团中央和上海团市委支持 45 万元，充分展示了当代青年的时代风采。

三、创新特色，凸现四个亮点

坚持抓重点、攻难点、出亮点的工作方法，在创新中谋求特色，在特色中打造亮点。

1. 构建了开放的格局。顺应江西大开放主战略的实施，积极构建开放的青年工作格局。着力建设开放式的青年组织架构，在北京、广东、上海、福建以及香港、澳门等地设立了青联联络处；专设了省青联港澳界别委员会，21 名港澳青年精英加入到了省青联组织中来；专设了省青联博士服务团界别，20 名赴赣博士服务团成员加入到省青联组织中来。不断完善开放式的青年工作架构，主动走出去，请进来，加强与长珠闽和周边地区青少年组织的合作交流，拓展境外、国外青年工作合作新机制，在动与变的过程中实现双赢，初步打造了有“江西风格”的青年工作格局。

2. 打造了团建新载体。按照中共江西省委的安排部署，全省各级团组织积极开展以学习实践“三个代表”重要思想为主要内容的保持共产党员先进性教育活动，并达到预期的教育成效。坚持党建带团建，广泛开展增强共青团员意识主题教育，推进“举团旗、唱团歌、戴团徽、听团课、上团网、看团刊、过团日、交团费、知团史”等“团”字牌教育活动，使广大团员增强政治意识、组织意识和先锋模范意识。联合省委组织部在《江西日报》上开展了“永远跟党走——全省团员青年党团知识竞赛”，通过网上答题和书面答题，共有 70 万团员青年参与了竞赛。加大团干部培训力度，在中国井冈山干部学院举办了团市委书记暑期专题研讨班。推进团的有形化建设，做到“六有形”：团的办公场所标识有形化、团的工作制度有形化、团的干部形象有形化、团的主题教育活动有形化、团的工作网站有形化、团的事务用品管理有形化，不断提高共青团独特标识对青年的感召力和对社会影响力。全省各级党团组织以县为单位积极推进“五个一”工作（即：从每位党员党费中列支出一元钱用于“党建带团建”专项工作经费；县委主要领导每年听取团县委书记汇报一次工作；县委每年专题研究一次青年工作；县委主要领导每年参加一次基层团的活动；团县委结合自身工作实际创建一项“党建带团建”特色工作），团的建设焕发出新的时代魅力。深入推进“团干部素质提升计划”，与中国井冈山干部学院合作，首次举办了江西省团市委书记井冈山暑期研讨班。组织选派了 2 批团干部赴香港接受公共管理培训，150 名团干部赴上海团校参加中西部干部培训，200 多名基层团干部赴中央团校参加集训，着力打造一支党放心、青年满意的团干部队伍。

3. 打响了青少年红色教育品牌。依托江西丰富的红色资源和团队组织优势，在团中央的指导下，与全国各省级团委共同联手，推出了“我们的文明 · 红色之旅——江西行”大型主题教育活动，为全国团员青年接受红色教育提供了平台。特别是 2005 年 7 月 30 日至 8 月 2 日，与香港青年组织联合举办了“香港青少年红色之旅江西行”活动，750 名香港青少年来江西寻访革命足迹、接受红色教育，活动在香港引起了强烈反响。充分挖掘江西在中国青年运动史上的独特资源，发挥共青城、瑞金团中央旧址、萍乡少先队发源地等团内品牌的功能，构建了具有独特魅力的江西青少年红色教育品牌。与北大团委联手，在“五四”期间开展了“青春五月井冈红——北大与江西青年学子‘寻革命足迹，传五四精神’主题教育活动”，取得了良好的社会效果。

4. 形成了团属事业发展的新模式。根据市场经济的内在要求，顺应江西改革发展的大势，本着“存量＋增量＝能量”的原则，全团率先成立了“团属事业发展委员会”，对团省委团属事业进行了整合、归并，发挥整体优势，实现稳步有序发展。引入资金8000余万元，盘活存量，进一步壮大了团属事业的实力和发展后劲。江西青年职业学院建设加快，步入快速发展轨道。江西青年旅行社、青少年报刊社、井冈山营地得到稳步发展。

山东团的工作

2005年，在团中央和省委的领导下，共青团山东省委认真学习贯彻党的十六大和十六届三中、四中、五中全会精神，紧紧围绕省委、省政府中心工作，认真树立和落实科学发展观，大胆创新工作思路，精心设计工作载体，竭诚服务青年成长成才，扎实开展了一系列富有特色的活动，圆满完成了各项工作任务。

一、青少年思想教育取得新成效

1. 深化“三个代表”重要思想学教活动，构筑青少年强大精神支柱。全省各级团组织牢固确立“三个代表”重要思想在团的工作和建设中的指导地位，按照武装头脑、指导实践、推动工作的要求，组织团员青年认真学习贯彻团中央十五届三中全会精神，学习领会科学发展观、加强党的执政能力建设、构建社会主义和谐社会以及山东“一二三四五六”发展战略等重大理论创新成果和决策部署，学习中央、省委关于制定国民经济和社会发展第十一个五年规划的建议，把团员青年学习贯彻“三个代表”重要思想新高潮不断引向深入，使“三个代表”重要思想成为团员青年成长发展的行动指南和积极进取、奋发有为的精神动力。

2. 加强和改进未成年人思想道德建设和大学生思想政治教育。深入开展“民族精神代代传”活动，利用纪念抗日战争胜利60周年、五四运动86周年等有利契机，广泛开展富有特色的主题教育活动和纪念活动，引导青少年发愤学习创业，立志成才报国。组织开展“寻找身边的榜样”青少年典型教育活动，用“真人真事、凡人凡事”感动、教育、激励青少年。组织专门力量开展“大学生基层就业得失观调研”、“大学生考研热和考公务员热调研”、“全省大学生心理健康状况调研”等大型专题调研活动。进行“大学生思想政治工作创新奖”评选活动，并举办中铁十四局青藏铁路工程青年建设集体、胜利油田海洋钻井公司埕岛中心二号平台、济南铁路局0039“共青团号”机车组等三个优秀青年集体事迹报告会，推动全省大学生思想政治教育工作再上新台阶。

二、保持共产党员先进性教育活动取得明显效果

根据中央、省委的部署要求，团省委自1月12日到6月14日开展了保持共产党员先进性教育活动。活动开展主要有以下三个特点：一是高度重视，精心组织。团省委党组多次召开会议，进行安排部署，并专门成立了督促检查组负责对教育活动的督导，形成了事事有人管、件件抓落实的良好工作格局。二是突出重点，扎实推进。教育活动中，团省委注意做到整体推进与分类施教、集中学习与个人自学、读书与开展活动、理论学习与查找问题相结合，妥善处理工学矛盾，建立健全了有关学习、督导和联系点等方面六项制度，为教育活动的扎实推进提供了坚实保障。三是狠抓落实，效

果明显。贯彻党的路线方针政策的自觉性和坚定性有了明显增强;进一步转变了工作作风和思想作风;进一步提高了理论联系实际的本领,促进了突出问题的解决和团的工作的深入开展。在群众满意度综合测评中,党员群众满意率为98%。

三、团结带领青年服务经济社会发展取得新成绩

1. 青春创业行动不断深化。7月份,中共中央总书记、国家主席胡锦涛,中共中央政治局常委、国务院副总理黄菊等领导同志对反映山东青春创业行动的《联合国将推广山东共青团促进青年就业模式》一文作出重要批示后,团省委立即召开全委扩大会议认真学习贯彻重要批示精神,对进一步丰富和完善"四轮马车"工作模式,不断创新和发展青春创业行动工作机制,切实走出一条有中国特色帮助青年创业就业新路子进行了研究部署。探索建立了青春创业促进会,为青年创业提供政策服务、筹资协调、技能培训、项目信息、法律咨询等系列服务。创新"马"担保模式,与国家开发银行合作为创业青年提供小额贷款业务,陵县乐悟青春创业园奶牛分户养殖项目作为首个项目正式启动。团省委联合相关部门下发《关于开展山东省"青春创业号"评选活动的通知》,开展了省、市、县三级"青春创业号"创建工作,联合省食品药品监督管理局在济南药品行业开展药品行业创建市级"青春创业号"试点活动。在省委、省政府的关心下,省青春创业行动指导中心由自收自支事业单位改为财政全额拨款事业单位。争取省财政支持,设立了青年创业专项资金。在县一级推广了武城县返乡青年创业互助会的经验做法。出版了《青春创业行动:山东共青团帮助青年创业的案例解读》(中文、英文版)一书,较为全面地反映了青春创业行动的运作模式和主要成绩,并向社会集中介绍了54个典型案例。

2. 实施"青工技能振兴计划"。围绕产业结构优化升级和加快胶东半岛制造业基地建设要求,开展了导师带徒、拜师学艺等活动,通过岗位练兵、技能比武、QC小组等途径,帮助青年职工立足本职岗位学技成才。举办首届"振兴杯"山东省青年职业技能大赛决赛,开展了2005年"山东省优秀(杰出)青年岗位能手"评选活动,积极参与全国青年岗位能手评选活动,4名青工荣获全国优秀青年岗位能手称号。

3. 打造保护母亲河行动工作品牌。承办沿黄九省区"护同一条河,建和谐家园"保护母亲河系列活动,在黄河沿岸种植9片共900亩的纪念林,百名中小学生担当黄河小卫士,监测黄河水位、水文、水质并形成了测量报告,近百名大学生志愿者赴黄河入海口实地考察,撰写考察报告20余篇,在沿黄地区乃至全国产生了积极反响。在全国率先开展青少年绿化基地建设活动,命名了青岛市"绿色奥运志愿林"等首批12处省级青少年绿化基地。团省委获全国保护母亲河行动集体5年成就奖。

4. 做好促进农村青年转移就业工作。抓住农村外出务工青年春节期间返乡探亲以及集中外出前的有利时机,将2月初至3月中旬定为全省服务农村青年转移就业服务月,推动各地开展宣传发动、就业洽谈、信息发布、技能培训和跟踪服务等活动,开播农村青年转移就业电视栏目《打工在线》,为农村青年提供就业指导和就业岗位信息,受到广大农村青年的欢迎。2005年全省各级团组织共帮助6万多名农村青年转移就业。

5. 在防控高致病性禽流感工作中发挥生力军和突击队作用。联合有关单位举行了农村青年防控高致病性禽流感志愿服务启动仪式。各级团组织迅速组建了以村团支部为核心的青年志愿突击队67405支,队员223228名,全省85%以上的村至少有一支青年志愿突击队,各村团支部书记普遍兼任突击队队长。各突击队对所辖区域内的禽类养殖场、屠宰场进行了一次详细摸底,并建立了团员青年联系养殖场、养殖户、屠宰场制度，制定相关预案，建立和完善快速反应体系。

四、组织青少年参与精神文明建设取得新发展

1. 青年文化行动全面推进。承办首届全国乡村青年才艺风采大赛，共有来自全国各地的60多位乡村青年参加了比赛。围绕实施青少年新世纪读书计划，开展“好书进校园”青年助学、图书捐赠和资助贫困中学生活动，首批参加的中学就达到97所。举办“美文诵读大赛”活动，积极营造青少年读书学习的良好社会氛围。组织开展了山东省第九届大学生科技文化艺术节和第三届“全省大学生校园歌手大赛”活动。发挥互联网在少年儿童教育中的重要作用，利用好“e代少年”网站，推动少先队工作信息化、时代化。

2. 青年志愿者行动深入开展。实施了“牵手西部——山东赴宁夏志愿扶贫接力计划”，共选拔派遣志愿者20人；实施山东赴贵州志愿扶贫接力计划。聘请2004感动中国十大人物之一的徐本禹担任山东省青年志愿服务形象大使，向徐本禹任教的大水乡和大石村小学捐赠了价值8万余元的款物。精心组织实施“大学生志愿服务西部计划”，选拔出409名大学生志愿者到服务地进行为期1—2年的志愿服务。继续实施大学生志愿服务山东计划，招募50名优秀大学毕业生，分赴德州、聊城、滨州、菏泽四市进行为期一年的支教、支农、支医志愿服务。

3. 青年文明号和青年文明社区工作扎实推进。广泛开展青年文明号“一助一”活动和“三扶四送”(“扶资”、“扶技”、“扶志”，“送政策”、“送岗位”、“送信息”、“送项目”)活动，为下岗青工的生活和再就业提供了实实在在的帮助。开展“文明山东——青年文明号先行”活动，组织近2000名青年参加活动。在全省范围内集中开展青年文明号大检查工作，会同全省33个行业系统，命名了577个集体，继续认定了2493个集体为2004年度山东省青年文明号。在全省城市社区团组织中部署开展以“展青春风采、建和谐社区”为主题的社区青年文化节活动，进一步丰富了社区文化生活，促进了和谐友爱的社区人际关系环境的形成。

五、服务青少年成长成才取得新突破

1. 推进“学士后流动站”建设。召开全省“学士后流动站”建设工作现场推进会，整理编印了《“学士后流动站”案例选编》，系统总结“学士后流动站”实施两年来的工作情况，交流了先进经验，部署了工作任务。召开全省“学士后流动站”总结表彰会，济南舜网新闻网站等20家企事业单位被命名为“省级学士后流动站”，35个集体和55名个人被授予“山东省学士后流动站贡献奖”。举办山东省“学士后流动站”专场招聘会，全省160多家知名企业和3万多名大学生参加，为大学毕业生提供了更多的择业机会。

2. 努力做好服务困难青少年群体工作。开展“真情帮困助万家送温暖月”活动，积极为困难群众特别是下岗失业青年、困难学生、农村贫困青年、残疾青年等有特殊困难的青年群体办实事、办好事。为进城务工青年排忧解难，开展了“创业风帆助你行——进城务工青年技能培训”活动，600余名青年得到优惠或免费培训。春节期间，团省委筹集200万元专项资金发放给经济困难的大学生，并为留校经济困难大学生过好春节做好全方位服务工作。继续深化希望工程，全年共筹集资金1130万元，资助贫困学生8519名，援建希望小学32所，建设希望网校12所，希望图书室37个。

3. 维护青少年合法权益。开展“帮助孩子戒除网瘾”大型系列活动，通过开设专家论坛、招募志愿者、开通“帮助青少年网瘾服务热线——96717776”、举办“亲子素质拓展爱心训练营”等活动，帮助青少年远离“网瘾”侵扰。建起了全国首个省级“青少年素质教育志愿服务团”，先后举办大型报告会及咨询活动36场

次,有8600个家庭接受了现场辅导。青年维权热线建设得到进一步完善,目前,全省17市和绝大部分县均实现了12355直播呼叫,基本实现了省青少年维权中心和各地青少年维权工作站(点)的互联互动。建立了省级优秀青少年维权岗专家评审库。

六、共青团自身建设进一步加强

1. 全力推动团建创新,基层团组织进一步巩固和发展。起草下发《共青团山东省委关于不断巩固党执政的青年群众基础,深入开展共青团"凝聚力工程"的决定》,全力推动团建创新,使全省基层团组织得到普遍巩固和加强。以全省村"两委"集中换届为契机,狠抓农村团支部书记依法进"两委"工作,村团支部书记进"两委"的比例达到51%。选树典型,推广经验,在不同领域宣传推广济南鞭指巷社区团建模式、聊城阳谷县刘庙村团支部书记进"两委"的经验做法、烟台开发区非公有制经济组织经验做法和民办高校"扁平化组织体系"建设,促进基层团组织凝聚力工程建设,国有企业、高校、机关团建工作稳步发展。开展"万名团干部抓基层行动",动员全省1万余名专职团干部,每人确定1个基层团支部作为联系点,深入开展调研活动,联系指导基层工作,推动基层团组织全面活跃。

2. 推进团员意识主题教育。按照团中央的统一部署,在先行试点工作的基础上,紧密结合山东共青团和青年工作实际,以学习实践"三个代表"重要思想为主线,以"永远跟党走"为主题,在全省全面推开增强共青团员意识主题教育活动,编辑出版了《山东开展增强团员意识教育活动试点工作的实践与思考》、《增强团员意识学习教育读本》。

3. 重点抓好两支队伍,全省团干部队伍的整体素质逐步提高。一是选调生队伍更加规范和成熟。经过严格考选,今年又有44名优秀大学毕业生充实到各级基层团组织。建立"选调生之家"网站,为共青团系统选调生提供了学习和交流的平台。二是农村团干部队伍建设。在全团首创并实施了"农村优秀团支部书记培养计划"。在6个市进行了试点,通过考前培训和全国统一的自学考试,101人被录取为首批学员。加强团干部教育培训工作,全面提高团干部的综合素质,与省团校联合举办了全省企业团委书记、高校团总支书记、团县(市、区)委书记等9个重点培训班次,共培训团干部近500人。

4. 大力加强青年中心建设。继续开展农村青年中心建设先进县创建活动,广泛吸纳符合条件的农村青年成为青年中心会员,开展"农村青年中心特约服务单位"活动,在全省发展了20个声誉好、热心青少年事业、在当地有较大影响的企事业单位为农村青年中心"特约服务单位",服务农村青年成才。通过采取"分片推进,项目带动"等措施,城市青年中心建设工作在组织建设、发展项目、阵地依托、运行机制等方面有了新突破。全省已建成城市青年中心339个、成立青年社团1017个、吸纳青年会员8万余人。

七、其他工作全面推进

11月,山东省第五次少代会在济南圆满召开,会议总结了全省少先队五年来的工作,确定了今后的工作任务,选举产生了新一届领导机构。进一步密切与少数民族和各宗教青年团体的关系,继续做好少数民族挂职干部接收工作。努力加强与台湾青年组织的联系。今年,共接待英、加、朝、韩、俄、日等国的10个国外青年组织的来访。

河南团的工作

2005年，在团中央和省委的领导下，全省各级团组织坚持以“三个代表”重要思想为指导，按照团河南省十二届五次全委（扩大）会议提出的工作目标，紧紧抓住保持共产党员先进性教育和增强共青团员意识主题教育活动的契机，以青年创业、青年文化、青年人才、青年中心建设为重点，扎实推进工岗快递转移就业促进计划、未成年人思想道德建设和大学生思想政治教育工作，大力加强团的自身建设，全省团的工作重点突出、持续发展、成效显著，为河南改革、发展、稳定大局做出了积极贡献。

一、抓好理想信念教育，未成年人思想道德建设和大学生思想政治教育工作得到新加强

以“永远跟党走”为主题，以学习实践“三个代表”重要思想为主要内容，以宣传动员、集中学习、主题活动、督促指导为关键环节，广泛开展了增强共青团员意识主题教育活动。通过开展“永远跟党走、青春献祖国”主题团日、“增强团员意识、构建和谐中原”主题实践周、“新时代、新风采”演讲比赛和“河南省百万团员青年党团知识竞赛”等丰富多彩的活动，使广大团员青年思想政治素质进一步提高，理想信念进一步坚定。认真办好加强和改进未成年人思想道德建设确定的12件实事，以青少年“伦理、心理、生理”教育为主线，不断深化“少先队员手拉手”、“大眼睛看河南、红领巾爱家乡”、18岁成人仪式、少年军警校、青少年自护教育等实践活动，教育引导未成年人强健体魄、健全人格，提高综合素质。成功举办了大中学生志愿者暑期文化科技卫生“三下乡”社会实践、校园文化艺术节、“学习英雄李学生，争做时代好青年”大学生演讲比赛等活动，组织杰出青年走进校园、共享成才，制定出台了加强和改进大学生思想政治教育实施意见等8份政策性文件，推动了大学生思想政治教育工作向纵深发展。在“五四”运动86周年、纪念抗日战争胜利60周年、“一二·九”运动70周年等重大节日、纪念日期间，组织开展了演讲比赛、征文比赛、座谈会等纪念活动，增强了思想教育工作的吸引力和感染力。相继推出了李学生、张尚昀、洪战辉、魏青刚等大批青年先进典型，发挥了典型育人的作用。

二、服务劳务经济发展，“工岗快递转移就业促进计划”取得新成效

围绕省委、省政府大力发展劳务经济战略的实施，以“工岗快递转移就业促进计划”为抓手，深入开展河南青年创业行动。集中开展了“工岗快递转移就业促进计划新春行动”、“岗位筹措月”、农村青年劳动力转移阳光培训工程、十万农村青年转移就业扶贫培训计划和以“送技能、送岗位、建组织”为主要内容的“两送一建”等活动，争取多方资源，加大培训力度，进行大规模培训和转移，提高了青年就业技能。加强省际青年劳务合作，赴上海、江苏等地开展省际工岗快递，建立了豫沪、豫苏、豫闽等青年劳务工作省际合作机制。组织开展了“十杰百优务工有为青年”评选活动，“聚焦河南务工青年”采访团赴深圳、北京、上海等地进行集中报道，树立了河南务工青年的良好形象。相继召开专题座谈会，总结经验，推广典型，促进工岗快递转移就业促进计划深入开展。今年新筹措用工岗位42.52万个，培训青年18.8万人次，直接服务青年转移就业26.1万人，有效服务了劳务经济发展。实施了“河南青工技能振兴计划”，5万多名青年职工积极参与，新培养高级技工、技师、高级技师9900多名。成功举办了“海外学人回国创业开封行”、“挑战杯”河南省大学生课外学术科技作品竞赛等活动,推出青年创新成果549个,签约意向投资20.3亿元,为河南经济发展做出了积极贡献。

三、丰富青年文化生活,河南青年文化行动实现新发展

服务文化强省战略,发挥文化育人作用,启动了以“厚重河南,青春中原”为主题的河南青年文化行动,通过举办“青春舞中原”文艺晚会、李学生事迹诗歌朗诵会、“河南省百万青少年红色之旅”、“2005河南青少年读书节”等活动,不断满足青年日益增长的文化需求。徐光春书记亲自参加“经典回响”——河南青少年美文吟唱会,给予充分肯定,对广大青年寄予殷切期望。与此同时,相继开展了大学生科技文化艺术节、乡村青年文化节、社区青年文化节等丰富多彩的青年文化活动,推出了一批具有共青团特色的青年文化项目,丰富了青年文化生活。评选表彰了“河南省五四新闻奖”、“河南省五四文艺奖”和“河南青年文化新人”,举办了青少年书法美术摄影大赛,培育了一批青年文化作品和文化新人。青年志愿者行动不断加强项目和机制建设,实施大学生志愿服务贫困县计划、西部计划和远程教育计划,556名大学生参与了为期一年的志愿服务工作,广泛开展青年志愿者助残行动、“一助一”结对帮扶、“三夏”助收帮扶、金晖助老行动等活动,评选表彰了河南省十大杰出青年志愿者,倡树了社会新风,服务了和谐社会建设。全省注册志愿者数量已达100万,服务时间已突破10亿小时。切实加强青年网络建设,实施“共青网络家园行动”,开展青少年网络短信大赛、评选河南省十佳青年网站,全省已建各类青字号网站137个。青年文明号创建活动以“青春·金诺·和谐”为主题,深入实施“五个一”工程,进一步加强动态管理,提升工作品牌,1万多个市级以上青年文明号活跃在中原大地,成为河南精神文明建设的一道亮丽风景线。

四、促进青年成长发展,团组织服务能力得到新提高

服务青年就业创业、成长成才,启动了河南青年创业信贷资金扶持计划,开展了青工技能振兴计划,推行技能培训学分制,深化实施了新世纪青少年读书计划、大中学生素质拓展计划等活动,帮助青年提高素质,健康成长。以“为了明天”为主题,通过实施青少年违法犯罪社区预防计划、创建“未成年人零犯罪社区”、举办预防青少年违法犯罪论坛征文等活动,优化青少年成长环境,有效预防青少年违法犯罪。创新服务载体,整合社会资源,18个省辖市全部开通了“12355”青少年维权和心理咨询服务热线。服务困难青少年群体,在2005年春节期间集中开展了为贫困大学生“送路费、送岗位、送温暖”活动,筹措发放专款163.87万元,推荐勤工助学岗位6200多个。一年来,全省团干部结对帮扶11000名团员青年,新建希望小学9所、希望网校10所、希望书屋80个,救助贫困大中小学生6000多人,为青少年办了实事、好事。

五、坚持党建带团建,团的自身建设迈上新台阶

借助乡镇机构改革和村民委员会换届的有利契机,深入开展团建“三级联创”活动,农村团的基层组织活力进一步增强。社区团建按照改制一个社区建立一个团组织,建团数已达10500个,建团率达90%以上。采取单独建团、联合建团、派驻团建联络员等形式,适宜建团的非公有制经济组织建团率上升到85%。在学校,一方面抓团建创新,把团组织建在学生公寓、学生社团上,一方面抓好民办学校建团工作,建团率巩固在98%以上。把外出务工团组织建设作为团建工作重点,广泛开展了“组织找团员、团员找组织”活动,进行了集中建团,现已建驻外团组织2200多个,扩大了团组织的覆盖。加强团干部培训,县级以上团委共举办团干部培训班370余期，共培训36000余人次。全年新发展团员70多万人，26000名优秀团员青年光荣入党。青年中心建设抓组织、抓服务、抓项目，召开了现场推进会，已建和在建农村青年中心510个、城市青年中心136个。2005年6月，共青团全国基层组织建设工作会议在河南召开，对河南团的基层组织建设工作给予充分肯定。

按照省委的统一部署，今年上半年，在全省县以上团的领导机关集中开展了保持共产党员先进性教育活动，使广大团干部受到了教育，升华了思想，锤炼了党性，促进了共青团事业的持续发展。与此同时，青联、学联、少先队工作得到了新的加强。青年外事工作更加活跃，接待日、韩、英、澳等8个国家180人次来豫考察交流，派团赴澳、韩、越等国交流访问，服务了党政外交大局。团报、团刊和青少年理论研究工作围绕大局，不断创新，有了新的成效。团办实业克服困难，加强经营管理，有了新的起色。

湖北团的工作

一年来，全省各级团组织坚持以邓小平理论和"三个代表"重要思想为指导，认真贯彻党的十六届四中、五中全会精神，以科学发展观统领共青团工作全局，围绕中心、服务大局，发挥优势、履行职能，在加强青少年思想道德教育、团结带领青年投身经济社会发展、服务青年成长进步、加强团的自身建设等方面取得了明显成效，呈现出重点突出、全局活跃、有序推进、成果丰硕的工作局面，为全省改革开放和社会主义现代化建设做出了积极贡献。

一、坚持用科学理论武装全团，青少年思想教育特色鲜明。坚持不懈地用"三个代表"重要思想教育武装团员青年，按照"抓实践、抓活动、抓骨干、抓社团、抓网络"的工作思路，以团干部、大学生和各条战线青年骨干为重点，开展理论学习、工作研讨、成果交流。创新思想教育方式，开辟了团干理论学习网上专栏，增强了针对性、实效性。与省委宣传部联合开展青年理论读书组活动，广泛组建青年理论学习组织，在团员青年中持续兴起学习实践"三个代表"重要思想新高潮。各地广泛开展"永远跟党走"主题教育活动、"树立科学发展观"学习教育活动、"新时期新风采"团员标准讨论等教育活动。

发挥各级团队组织的主体优势，强化主题教育、体验教育，未成年人思想道德建设工作得到切实加强。利用纪念抗日战争暨世界反法西斯战争胜利60周年、建队56周年等契机，组织全省百万青少年"红色之旅"教育活动、"民族精神代代传"校园歌曲传唱活动，引导青少年弘扬和培育以爱国主义为核心的民族精神和以改革创新为核心的时代精神。深入开展雏鹰争章、青少年暑期劳动实践、中学生"四个一"社会实践等活动，引导青少年在亲身体验、社会实践中提高思想道德境界。与省电台联办"红领巾广播网"栏目，创办"湖北少先队之窗"网站，主办全省未成年人思想道德建设与青少年宫建设发展论坛。各地邀请团中央"知心姐姐"青少年心理健康报告团作巡回报告254场，听众达32万多人；邀请陶宏开教授举办多场戒除网瘾报告会，帮助青少年远离网瘾侵害。组织"我与祖国共发展"主题团日活动,邀请党政领导、专家学者走进校园,走近学生,共话成长发展。利用纪念“五四”运动86周年、纪念“一二·九”运动70周年、神舟六号成功发射等契机,开展了“青春同行”五四文艺晚会、第二十一届“一二·九”诗歌散文大赛、航天英雄与大学生见面会等教育活动。积极拓展实践教育,深化大中专学生暑期“三下乡”和“四进社区”社会实践活动,组织10余万名大中专学生深入基层、农村,开展文化宣传、支教扫盲、卫生医疗等服务。各高校群众性青年学术科研、创新实践活动蓬勃开展,“挑战杯”大学生课外学术科技作品竞赛掀起校园科技创新的新浪潮。

二、把握“永远跟党走”主题,增强团员意识教育活动有声有色。全省各级团组织按照团中央和团省委的统一部署,围绕主线,紧扣主题,突出重点,推动教育活动的贯彻落实,取得了阶段性成效。主题活动丰富多彩。团省委组织开展了“学理论,知团情”知识竞赛、“青春献祖国”主题团日活动、做“党放心,青年满意”团干部学习实践活动、“万名团干部结对帮扶万名困难青年”活动、“增强团员意识,服务和谐社会”主题实践周等全省性大型活动。各市州、企业、高校团组织广泛开展了形势报告会、知识竞赛、主题团日活动、团员风采大赛、岗位竞赛等活动,广泛组织团员青年参与,在活动中教育团员青年,取得了良好的效果。团干部培训规模空前。全省各级团组织举办教育活动骨干培训班,培训团干部12000余人次。联系点工作扎实有效。

三、实施“青春富康行动”,服务农村青年转移就业取得新成效。发挥共青团组织网络优势、项目品牌优势和人才智力优势,运用市场化、社会化、组织化手段,大力实施服务农村青年转移就业“青春富康行动”。各级团组织通过多种途径募集、投入资金305万元,面向农村青年开展各类培训23万人次,其中开展技能培训3.4万人,实现转移就业22758人。以信息为基础,实现了农村青年务工与用工企业有效对接。全省各级团组织发布各类招工信息2000余条。以培训为手段,实现了农村青年就业技能与就业岗位相适应。各级团组织共举办各类技能培训班800多期,培训农村青年34000余人,并通过优惠或免费培训争取减免培训经费近700万元。以基地为依托,实现了培训转移工作与市场需求共生双赢。各级团组织联合各地职校、党校、农村青年中心建立起培训基地近200个,各级团组织广泛联系省内外用工企业、职业中介组织建立就业基地近100个,为“青春富康行动”顺利推进提供了条件。以维权为保障,实现了外出务工农村青年与用工企业合法利益的有效维护。

四、推进“青工技能振兴计划”,青年创新创效活动掀起高潮。广泛实施以青工技能培训、职业技能大赛、专场技能鉴定等为主要内容的“青工技能振兴计划”,不断丰富青年创新创效活动内涵。重点抓好各层级青年职业技能大赛。与省劳动和社会保障厅、省总工会联合举行了通用工种的全省青年职业技能大赛,评选出15名“湖北省杰出青年岗位能手”。开展“2005年全省青工技能月”活动。深入开展技能培训。举办培训班、知识讲座和知识竞赛,帮助青工学习掌握新知识、新技术和新工艺。全省共举行了11场专场职业技能鉴定,9962名青年参加了鉴定。

五、弘扬先进青年文化,青少年精神文明创建活动精彩纷呈。以社会主义先进文化为指导,大力加强青年文化建设,充分发挥文化育人作用,有力促进了青年的全面发展、健康成长。第二十一届“江城之春”大学生科技文化节、“动感地带”全省大学生校园歌手大赛、第四届全省高校“新青年”小说大赛、首届“楚风杯”大学生书画大赛暨第二十届大学生“樱花笔会”,充分展示了青年学生的时代风采。全省“第八届乡村青年文化节”活动结合“农村青年专场招聘会”,更好地服务农村青年。全省青年外语口译大赛、全省青年商务谈判模拟大赛、全省青少年才艺秀大赛，使广大青少年锻炼了专业技能，提高了综合素质。大力加强项目、组织、队伍和机制建设，青年志愿者行动不断向前推进。积极贯彻中央领导重要批示精神，召开大学生志愿服务西部计划服务县工作推进会、优秀志愿者事迹报告会，印发西部计划工作手册。2005年度西部计划共招募志愿者511人，其中省级项目100人，毕业生报名数、志愿者招募数、赴外省服务人数名列全国前列，受到省委领导高度重视。《湖北省青年志愿服务条例》已确定为2006年度省人大立法计划项目。继续推行注册志愿者制度，全省注册志愿者人数达到100万。举办志愿服务与和谐社会论坛，加大了志愿服务事业理论研究力度。

丰富活动内涵，拓展活动领域，青年文明号活动在创新中发展。开展以“弘扬先进文化，争做文明先锋”为主题的“青年文明号文化节”活动，创作、推出了一批反映青年文明号主题的文化作品。实施“青年文明号节约示范行动”，动员广大青年立足岗位，厉行节约，争做建设节约型社会的排头兵。开展“百城万店青年文明号信用宣传教育月”活动。完善实施《青年文明号管理办法》，加大了对青年文明号的管理和考核力度。公示2005年省级青年文明号候选单位名单，广泛接受社会监督。

六、服务青年创业实践，促进青年就业创业效果显著。深入实施“青年文明号创岗助业计划”，引导各级青年文明号集体围绕中心，回报社会，服务青年。2005年，各级青年文明号集体共提供创业培训近4000人次，帮扶创业青年300多人，帮扶资金10多万元，开发就业岗位约5000多个，提供就业岗位2万多个，帮助3万余名青年实现就业。强化创业扶持，提供创业保障。工商、个协、税务等行业的青年文明号集体，积极开展创业指导，帮助青年了解工商登记、项目选择、市场管理等创业知识。积极开展青年文明号“真情助困进万家”、“一助一帮扶”、“救助下岗青工子女就学”等活动，为特殊困难青年家庭送岗位、送钱物、送技术，帮助解决生活难、培训难、就业难等问题。

大力推进“大学生就业创业促进行动”，围绕大学生就业创业需求，精心设计、广泛开展了一系列活动，为大学生搭建了就业创业的有效平台。启动“百企万岗”见习生计划，举办了3次大型供岗会，组织270多家企事业单位，为大学生提供12000余个就业见习岗位，受到学生的热烈欢迎，得到省委领导的高度评价。举办2005名校——浦东青年人才直通车武汉专场招聘会，吸引了浦东新区机关、企事业单位共150家参加。组织“职业指导进高校”人生规划和职业导航报告会，为毕业生和在校生提供职业指导。

七、健全领导机制、服务网络，青少年维权和预防青少年违法犯罪工作稳步推进。青少年权益保护工作扎实有效。推进优秀“青少年维权岗”创建活动，与有关部门联合表彰了131家优秀基层“青少年维权岗”、93名创建活动先进个人。省“未成年人维权服务中心”自成立以来已办理50多起未成年人维权案件，开展法律咨询服务上万人次。建设开通了“12355”青少年维权和心理咨询服务热线，切实为广大进城务工青年和未成年人提供法律咨询、案件代理和权益维护等服务。

预防青少年违法犯罪工作深入推进。依托社区青少年法律学校、青少年自护教育基地，组织开展法制教育和自护教育活动，不断提高青少年的法律法制素质和自我保护能力。创建未成年人无犯罪、无吸毒、无艾滋病、无辍学“四无”社区。组织青年志愿者、法律工作者和“五老”志愿者与无业闲散青少年、问题罪错青少年和弱势边缘青少年等重点群体结对，开展长期帮扶，切实解决他们生活、学习、工作中的困难。

八、开展爱心助学活动，服务青少年学习

成才扎实有效。深入实施"希望工程——让孩子们都上学"主题公益助学行动,2005年省青基会及各市州希望工程筹资1694.5万元,资助大中小学生26052人次,援建希望小学9所,为希望小学配赠20万元希望图书。认真做好服务经济困难大学生工作。与新闻媒体联手开展"六助贫困大学生"活动,动员全社会关心关注贫困大学生,筹集专项资金,扩大资助规模。春节期间,团省委紧急筹集款物100万元,以人均200元的标准发放到全省高校留校经济困难大学生手中,并广泛开展"真情相伴"、"高高兴兴过大年"和"温暖除夕夜"活动,让他们安心过年。组织开展"为经济困难大学生捐岗位"大型公益活动,在湖北省人才市场组织60余家企事业单位提供勤工助学岗位4000余个。动员各高校整合校内资源,选派经济困难大学生承担后勤服务、校园秩序维护、公益劳动等力所能及的工作,缓解生活困难,减轻学习压力。

九、增进合作与交流,青年统战外事工作迈出新步伐。与港澳台青少年组织的交往日益频繁。邀请由港澳14个青少年制服团体组成的"同心同根万里行2005——伟大建设之旅"考察团400余人来湖北参观考察。组派青年代表团赴港参加"香港·湖北周"活动,成功举办"湖北·香港青年企业家合作发展交流研讨会",成立鄂港青年交流促进会,与香港青年联会等机构签订交流合作协议。组派青少年事务研习团赴港澳友好交流访问、组团赴香港参加"同一颗心"青少年体育竞赛交流活动。加强与台湾青商总会的联系,做好来访接待工作,进一步推进了与港澳台三地青少年交流交往。

同各国青年的友好交流日趋活跃。接待日本友爱青年协会访华团,启动"保护母亲河行动——中日青年生态绿化示范林工程"第三期工程。接待"中泰一家亲"泰国青年代表团100人访问湖北。多次选派青联委员、青年工作者参加中国青年代表团,赴国外学习研修、交流访问。全年共接待5个来访团组600余人次,自主和协助组团8个共100余人次。

十、坚持党建带团建,团的自身建设进一步加强。联合省委组织部、省委高校工委和省国资委出台了高校和企业党建带团建工作意见,并积极做好调研考核工作,督促政策措施在基层的落实。适应新形势的发展,对国有大型企事业单位团的组织关系进行了调整,进一步完善团的组织结构。积极稳妥地推进基层团干部直选试点工作,开展"万名团干部结对帮扶万名困难青年"等活动,形成了全团抓基层的浓厚工作氛围。规范工作程序,深化团的基层组织建设"三级争创"活动,集中命名表彰了一批"全省五四红旗团委"、"全省五四红旗团支部"和"全省团建先进县市区"。评选表彰了2005年度"青年五四奖章"、"优秀共青团员"、"优秀共青团干部"、"十佳少先队员"、"十佳少先队辅导员"、"杰出(优秀)青年卫士"、"十大杰出青年记者",引导广大青少年学习先进,健康成长。召开湖北省优秀青年人才表彰座谈会、"走进校园——湖北省优秀青年人才与大学生交流会",大力宣传青年成长成才的正确导向。以"中国十大杰出青年"毛建东、"中国青年五四奖章"获得者陈春晓、"中国青年创业奖"获得者鲁建国、"全国十佳少先队员"王书瑞等为代表的一大批先进青少年典型脱颖而出,为全省青少年树立了可信、可亲、可敬、可学的模范和榜样。

深化实施"保护母亲河行动"。弘扬生态环保文化,开展生态环保体验,组织20余所高校近30个环保社团开展环保实践活动,发放环保宣传资料2万份。开展"小手牵大手——保护母亲河"、"消除窨井盖噪音"、"湿地使者"行等活动,引导青少年增强环保意识,积极参与环保实践。服务国家大型生态环保工程建设,启动"解放军青年林"、"武警奥运世纪林"项目建设,工程造林1.5万亩,全省工程造林达到12.5万亩。

湖南团的工作

2005年,在中共湖南省委和团中央的领导下,共青团湖南省委坚持以邓小平理论和"三个代表"重要思想为指导,认真学习贯彻党的十六届四中、五中全会和省委八届十次全会精神,贯彻落实科学发展观,围绕党政工作大局,进一步做好新形势下的青年工作,在加强青年思想政治教育、动员青年参与经济社会发展、服务青年成长成才、开展增强团员意识主题教育活动、加强自身建设等方面取得新的进展。

一、青少年思想教育工作取得新成效

1. 坚持不懈地用"三个代表"重要思想武装青年。团省委紧紧抓住开展保持共产党员先进性教育活动和增强共青团员意识主题教育活动的契机,组织广大团员青年深入学习实践"三个代表"重要思想,掀起了学习实践"三个代表"重要思想的新高潮。举办全省共青团干部树立和落实科学发展观与构建和谐社会专题研讨班,全省200多名各级团组织负责同志参加了学习研讨。以"我与祖国共发展"为主题,充分发挥团属新闻舆论阵地的作用,利用广播、电视、报刊、互联网等各种媒体,把学习实践"三个代表"重要思想引向深入。

2. 加强和改进未成年人思想道德建设和大学生思想政治教育。(1)开展民族文化和时代精神教育。利用纪念抗日战争胜利60周年、五四运动86周年、"一二·九"运动70周年、"一二·一"运动60周年、神舟六号发射成功等有利契机,广泛开展"爱国主义电影观摩周"、"红色旅游"等主题教育活动和纪念活动。(2)开展实践教育活动。组织少先队员开展手拉手、雏鹰争章活动,与国防科技大学联合举办了全省少年军事夏令营,组织大学生利用暑期开展"三下乡"社会实践活动,组织中小学生开展"四个一"实践教育活动。(3)开展"青少年健康行动",在青少年中倡导健康快乐的生活方式。(4)广泛开展"远离不良文化"专项教育活动,配合教育部门开展校园及周边治安综合治理行动,实施"校园净化工程";配合有关部门开展打击淫秽色情和不健康网站专项行动,创建"安全放心网吧"。

3. 积极创新青少年思想教育的方式方法。把握时代发展的特点和青少年成长的规律,运用互联网、短信等现代技术手段,不断探索和创新方式方法,使青少年思想教育工作更加生动有效。加强网上爱国主义教育基地建设,加大了"湖南青年在线"、"星星火炬"、"三湘防艾"等网站建设维护力度。以"湖南省大学生品学奖"评选为载体,推动全省青年大学生思想道德建设。

二、保持共产党员先进性教育活动取得明显效果

按照中央和省委的统一部署,团省委机关从1月至6月集中开展了保持共产党员先进性教育活动。教育活动以提高广大党员的思想认识、查找党员和党组织存在的突出问题、推动工作、提高素质为重点,形成了一级抓一级、一级带一级、事事有人管、层层抓落实的良好工作格局。教育活动取得明显成效:一是广大党员学习实践"三个代表"重要思想的自觉性和坚定性进一步增强;二是广大党员的先锋模范作用进一步发挥;三是党的基层组织建设进一步加强;四是党内、团内民主进一步发扬,党群、干群关系进一步密切;五是团的各项工作有了进一步发展。团省委先进性教育活动三个阶段的党员群众测评中,满意度都达到100%。

三、增强共青团员意识主题教育活动全面推进

从9月开始,以学习实践"三个代表"重要

思想为主线，以团结带领广大团员青年“永远跟党走”为主题，以“增强意识、健全组织、活跃工作”为目标，全面开展了增强共青团员意识主题教育活动，主要特点是：(1)党政重视，加强了教育活动的组织领导。省委召开常委会，专题研究活动方案。省委先进性教育活动领导小组办公室与团省委联合下发了《关于在全省开展以学习实践“三个代表”重要思想为主要内容的增强共青团员意识主题教育活动的实施意见》。《意见》下发之后，各市州党委高度重视，将主题教育活动纳入保持共产党员先进性教育活动总体部署，大大加强了对教育活动的组织领导。(2)广泛宣传，营造了教育活动的浓厚氛围。通过开设教育活动专栏、建立网上论坛、编发专题简报等各种形式，宣传教育活动的重要意义，报道基层工作的好做法和经验，全面、系统地介绍全省教育活动的开展情况，扩大了活动影响。(3)深入动员，确保了教育活动的参与面。团省委联合省委党校举办了全省增强共青团员意识主题教育活动骨干培训班，组织召开全省增强共青团员意识主题教育活动暨团的基层组织建设现场交流推进会。教育活动对全省团组织的覆盖率达到100%，对团干部的覆盖率达90%以上，对团员的覆盖率普遍在80%以上。(4)联系实际，开展了形式多样的主题活动。全省各级团组织坚持区别情况、分类指导，以形式多样的主题实践活动为载体，切实增强教育活动的针对性和实效性。青工战线开展“青春创业”行动；青农战线深化“增收成才”行动；学校战线全面深入推进“大中学生素质拓展计划”和少先队员“雏鹰争章”活动；社区开展“青春社区行”活动。9月29日，全省各级团组织统一开展了“青春献祖国”主题团日活动。

四、带领青年在推动经济发展中取得新进展

1. 引导青年在促进农业和农村发展中增收成才。大力推进农村青年转移就业促进计划。全省各级团组织共培训农村青年2万多人次，提供就业岗位1.8万个。大力实施农村青年人才开发计划，推进青年星火科技培训，实施“星火科技富民工程”和新型农民科技培训工程。

2. 动员青年在推动产业结构调整中创新创效。(1)深化青工技能振兴计划。全面加强青工培训工作，全年青工战线共培训青工1.9万人次。(2)广泛推行“项目制”。认真抓好申报创新项目、开展项目攻关、促进成果转化、建立激励机制等关键环节，为青年开展创新实践活动搭建平台。(3)举办青年创新创效成果评选、青年创新创效大赛，组织青年创新创效成果推介转化活动，促进科技成果向现实生产力转化。(4)深入开展青年安全生产示范岗创建活动。

3. 动员青年在实施科教兴湘和人才强省战略中发挥积极作用。(1)联合省人民广播电台开辟“对话青年俊杰”专题节目，先后推出了30名杰出青年参加节目，产生了良好的社会反响。(2)积极为青年企业家创造学习交流机会，召开了青年企业家协会第四次会员代表大会，举办了“湖南青年企业家经济论坛”、“长江2005管理前沿论坛”。(3)积极组织参加第九届“挑战杯”全国大学生课外学术科技作品竞赛，全省23所本科高校的122名师生组团参加竞赛，参赛团队表现出色，极大地激发了大学生参与科技创新的热情。(4)组织湖南省第26届青少年科技创新大赛，共有526个项目参赛。

4. 组织青年参与生态环境保护和节约型社会建设。(1)以“为同一条河，献同一份爱”为主题，利用“保护母亲河行动”和各种环保纪念日，广泛开展生态文化宣传。(2)与世界自然基金会合作将洞庭湖湿地保护与“保护母亲河行动”结合起来，组建了“湿地环保志愿者服务队”。(3)动员青少年参与节约型社会建设。开展“节约型社会我先行”和“四个一”节约资源活动，增强青少年的资源意识和节约意识。开展“青年文明号”节约示范行动，引导广大青年职工树立节约观念。

五、组织青少年参与精神文明建设创造新业绩

1. 青年文化行动全面推进。开展了湖南省首届优秀大学生社团评选活动；成功举办湖南首届“白领情缘”联谊活动；与省教育厅联合组织了湖南省首届大学生艺术展演活动；联合省工商联举办了第一届“湖南民营企业家创业论坛”；组队参加全国第三届校园歌手比赛获得三金一银的好成绩。

2. 青年志愿者行动深入开展。(1)2005 年共招募西部服务志愿者 257 人，其中 50 人派往宁夏服务，207 人在省内湘西州保靖、花垣县等地服务。服务于凤凰县的志愿者凌云获得“2005 年度中国志愿服务金奖”荣誉称号。(2)深入开展大学生志愿者“三下乡”和“四进社区”社会实践服务活动。全省 120 多所大中专院校共组织了 500 余支“三下乡”社会实践团队，30 多万名青年学生参加活动。(3)深入开展“万支服务队温暖万家”志愿服务活动。全省共有 50 多万青年志愿者参加活动，为困难企业和群众捐款捐物价值达 300 多万元。(4)开展“爱心助成长”、“维护社会治安志愿者筑城行动”、“法律援助志愿服务”、“青年志愿者助残行动”等主题志愿服务活动。(5)积极参加各种大型活动志愿服务，建立了完善的志愿服务工作机制。共有 6000 多名志愿者参加了湖南旅游文化节、农博会、花博会等重大活动。基本建立全省志愿者招募、注册、协调、管理网络。

3. 青年文明号、青年文明社区创建活动继续深化。修订完善了《湖南省省级“青年文明号”管理细则》，举办了以“展青春风采、建和谐社区”为主题的社区青年文化节，开展了湖南省首届“青年文明社区”评选活动，在社区广泛开设“爱心超市”，促进了和谐友爱社区人际环境的形成。

六、服务青少年工作迈上新台阶

1. 服务青少年学习成才。(1)深化青少年新世纪读书计划，促进青少年综合素质的提高。加大“红孩子”书屋、读书俱乐部建设力度，继续开展“中华古诗文诵读工程”，并为长沙进城农民工子弟组织了“蒲公英阅读大行动”活动。(2)开展了全省中小学、幼儿园“新童谣、新诗歌、新儿歌”学习创作和演唱比赛。(3)“雏鹰争章”活动深入发展，推出了与基础教育课程相适应的“雏鹰奖章”新体系。(4)开展了湖南省首届“青年学习节”活动，全省 95 所高校近 70 万学生参加了学习节的各项活动。(5)成立了少先队工作学会，开展了全省中小学“学三湘英模、创和谐生活”少先队主题活动周等活动。

2. 服务青年就业创业。(1)推进大学生就业创业。与《中国青年报》联合举办“畅通基层就业路”论坛，《中国青年报》开辟专栏予以连续报道，引起社会广泛关注。12 月，举办湖南省大学生创业教育论坛，为进一步实施大学生就业见习行动创造了良好的外部环境。(2)扎实推进创业行动。推出“成功创业计划”，一年来共扶持 300 多名青年成功创办企业。(3)广泛拓展青年就业渠道。通过“工岗快递”行动，直接帮助 1600 多青年实现就业；深化“金桥行动”，动员青企协会员企业为失业青年提供 600 多个就业岗位；通过“青年文明号服务下岗青工就业行动”，为 1300 名青年提供就业机会。(4)大力培育农村青年专业合作经济组织。到 2005 年 10 月，全省县以上团组织重点扶持和培育的农村青年合作经济组织超过 170 个，最多的协会会员达 3000 多人(户)。

3. 维护青少年的合法权益。(1)以建设“12355”青少年维权和心理咨询服务热线为重点，推动建立社会化的青少年维权网络。(2)命名表彰全省优秀“青少年维权岗”，培育了一批基层青少年维权实体。(3)深入开展青少年自我保护教育。开展了“为了明天——青春自护戒除网瘾行动”等活动。(4)开展防治艾滋病“青春红丝带行动”。举办了湖南省进城务工青年艾滋病防治知识培训班,开通了湖南省青少年艾滋病防治教育网站。

4. 服务困难青少年群体。(1)遵照胡锦涛总书记重要批示,认真做好服务经济困难大学生工作。春节期间,团省委全体机关干部职工为贫困大学生捐款16700余元,并募集济困助学资金300多万元,发放给7000多名困难大学生。(2)深入开展助学行动。把助学对象从中小学生扩大到即将入学的灾区、残疾人家庭、下岗职工家庭、农村贫困户和社区低保家庭的贫困大学生,开展了以“传递爱心、成就你我”为主题的“芙蓉学子助学行动”,筹集资金736万元,资助全国20个省区1556名贫困大学新生。6月25至27日,团省委深入到遭受5.31特大山洪灾害袭击的重灾区新邵县太芝庙乡和涟源市荷塘镇,捐赠贫困学子助学金50万元、校舍重建资金20万元。(3)继续推进希望工程。全年共筹集希望工程款项1690.7万元,已用拨款1618.9万元;新建立“汉寿·金喜塘华清希望工程助(奖)学基金”;援建希望小学30所;援建希望图书库17个。(4)开展“真情助困进万家”活动。按照省委的部署,组织机关、事业单位全体干部职工举行捐赠活动,捐得现金2万多元、衣服500多件,正式在全省共青团系统启动“送温暖、解难题”活动。活动中,团省委还为在长沙务工的部分农民工家庭子女捐赠7万元现金及价值10万元的学习、生活用品。

七、引导青年为维护改革发展稳定大局做出新贡献

1. 密切关注青年动态,掌握青年工作的主动权。关注青年群体中出现的新现象新问题,对新型组织中的青年群体和超级女声、网络闪客等青年现象进行了专题调研,并及时上报有关情况。高度重视高校稳定工作。敏感时期,团省委建立24小时值班制度,指导全省高校团学系统及时了解和把握青年学生思想动态,深入细致做好学生思想工作,引导学生将爱国热情化为报国之志,为维护社会稳定做出了贡献。

2. 参与社会治安综合治理,预防青少年违法犯罪。推动有关部门加强对闲散未成年人的教育管理,对农村留守儿童生存状况等社会热点问题进行深入调查研究,开展了“社区青少年远离毒品”、“青少年法制教育宣传周”、创建“未成年人零犯罪社区”等活动。

3. 引导广大青年与各种敌对势力的破坏活动作斗争。引导青年坚决同境内外敌对势力和分裂势力作斗争,坚决反对和遏制“台独”分裂活动;教育引导广大青年自觉维护民族团结;引导青年正确认识“法轮功”等邪教的本质,坚决抵制和反对邪教。

八、青年统战和青年外事工作实现新发展

1. 积极开展对港澳台青少年的交流工作。(1)成立了湘港青年交流促进会。湘港青年交流促进会多次组团到湖南考察,捐建了希望小学3所,并将在湖南投资发展第三产业。(2)严格按程序发展了10名香港青年知名人士为省青联特邀委员。(3)接待了澳门中山文化与辛亥革命研究会湖南考察团。(4)7月15日至8月15日,组织开展了“爱我中华”两岸三地青年大汇聚活动。(5)8月16日至25日,组织了“香江之曦”香港青年“9+2”湖南考察交流团。(6)12月26日至28日,湖南省青联与香港青年联会、湘港青年交流促进会共同在香港举办了“同一颗心——首届两地青年学生交流运动会”。(7)开展了“两岸学子湖湘文化之旅”活动。来自台湾36所高校的120多名青年大学生代表与湖南青年大学生代表开展了为期一周的交流活动,活动受到社会各界的广泛关注,中央电视台新闻联播、《焦点访谈》均作了专题报道。

2. 深化国际青年交流与合作。(1)接待了澳大利亚政治交流理事会代表团。(2)10月17日至24日,第12次湖南青年代表团对日

本进行了友好访问。(3)广泛开展多边交流,先后安排多人参加国家级代表团赴韩国、日本、越南、菲律宾等地进行友好访问。

九、大力评选、表彰、举荐了一批青少年典型

团省委联合有关单位开展了第七届"湖南省十大杰出青年"、第七届"湖南青年五四奖章"、第三届"湖南省杰出青年农民"、第四届青年企业家"鲲鹏奖"、第四届"湖南省杰出青年卫士"、第二届"湖南信息产业十大杰出青年(集体)"和湖南省"五四红旗团委"、"五四红旗团支部(总支)"、"团建先进县(市)"、"十佳中学生"、"十佳少先队辅导员"、"十佳少先队员"等评选活动。12月17日,在湖南大剧院成功举办了"永远跟党走、青春献祖国"大型主题颁奖晚会,对获奖单位与个人进行了集中表彰。与有关部门联合推介和树立了洪战辉、文花枝、盘振玉等一批青少年先进典型,在青少年中产生了良好的影响。

十、加强团的自身建设,全省团组织的吸引力、凝聚力和战斗力进一步增强

1. 整体推进团的基层组织建设。健全完善党建带团建工作机制,推动各地基层党建带团建领导机制、组织机制、工作机制的深化落实,切实将团的建设纳入党的建设的整体格局。深化"创建五四红旗团委"活动,形成了基层团建整体推进的工作机制。

2. 大力加强青少年活动中心和青年中心建设。在省委、省政府、天心生态新城建设协调领导小组和各主管部门的高度重视与大力支持下,湖南省青少年活动中心已于12月16日正式动工。项目计划总投资近2亿元,一期工程计划于2007年建成并投入使用。全省青年中心建设取得新进展。7月,在宁乡召开全省青年中心建设工作现场推进会,启动了全省农村青年中心工作骨干三级轮训工作。为汨罗和平江两地青少年中心争取财政部、团中央经费支持100万元。

3. 加强团干部、团员队伍建设。大力加强团干部思想作风建设,加大教育培养力度,依托团校举办各类培训班12期。加大了团员发展力度。目前,全省共有青年2102万人,其中团员人数为339万人,团青比为20.47%,团员人数比2003年增加10085人。

广东团的工作

2005年,是广东共青团抢抓机遇,加快发展的一年。在省委、省政府和团中央的重视和领导下,全省各级团组织和广大团干部紧紧围绕省委省政府中心工作,贯彻"青年为本、求真务实、和谐发展、争创一流"的理念,落实"前瞻、规范、整合、活跃、争先"的要求,凝聚力量,求真务实,锐意进取,推动全省共青团事业蓬勃发展。

一、青少年思想道德建设稳步推进。坚持科学理论武装,广泛开展"三走进三了解三提高"主题实践活动、"学理论、知团情"党团知识竞赛、"理想、责任、能力、形象"大专院校辩论赛,引导青少年进一步坚定理想信念。扎实开展主题教育活动,在全省青少年中全面推进"落实'八字'要求,争当现代公民"活动,开展"立志、修身、博学、报国"、廉政文化进校园等主题教育活动,举行"中华道德·青春创意"青少年公益宣传动漫、DV创作大赛等活动,引导青少年不断提高思想道德素质。贯彻全省大学生思想政治教育工作会议精神，不断加强大学生人生观、世界观、价值观教育，抓住抗日战争暨世界反法西斯战争胜利60周年、“一二·九”运动70周年等重大纪念日，举办青年代表座谈会、祭奠革命英烈、大型文艺汇演、主题团日、成人宣誓、红色之旅等主题鲜明的教育活动，在青少年中进一步传承民族精神，弘扬时代精神。

二、保持共产党员先进性教育活动卓有成效。按照广东省委统一部署，各级团的领导机关开展了保持共产党员先进性教育活动，通过共青团系统党员先进性标准大讨论、“万名团干”谈先进性等富有特色的主题教育和实践活动，坚持学、评、议、改相结合，扎实完成各个阶段工作，达到了提高党员素质、加强基层组织、服务人民群众、促进各项工作的目标。团省委机关先进性教育活动规定动作做到位，自选动作创特色，学习教育形式多样，服务困难群体扎实有效，整改措施针对性强，落实到位，受到省委督导组的高度评价。同时，注重运用教育活动成果，不断加强机关建设，探索并初步建立了保持先进性的长效机制。

三、服务经济持续健康发展取得实效。服务企业增产创效，大力实施“青工技能振兴计划”，建立一批青年技能培训基地，开展岗位练兵、技术比武，引导青年岗位成才。服务农村经济发展，不断深化“青年农民培训计划”，大力促进青年农民转移就业，全年培训青年农民5万多人次，帮助3万多名农村青年转移就业；扎实推进“星火富民科技计划”、“金穗双扶行动”，促进农业增效、农民增收、农村增益。服务绿色广东建设，举办“同一条河”泛珠三角青少年保护母亲河系统活动，联合省公路局举办“青春共建绿色长廊”，联合省国土资源厅举办“珍爱国土、从我做起”青少年国土资源意识教育活动，联合省海洋海事局举办“认识海洋、了解海事、热爱祖国”等活动，切实为建设资源节约型和环境友好型社会做贡献。服务区域经济协调发展，举办青年企业家百县行——走进河源、走进阳春系列活动，创建了全国首个青年绿色创业园。动员280名大学生志愿者参与服务西部、服务山区计划，组织“博士服务团”到西部地区挂职锻炼、“泛珠三角”区域青年企业家经贸交流合作、闽粤赣县域青年创业论坛等活动，有力推动了欠发达地区的经济发展。

四、“青春共建和谐广东”行动影响广泛。青年志愿者行动蓬勃开展，“健康直通车”首次走出广东，开进青藏高原，向当地赠送了一批价值100多万元的药品和设备，帮助25名患白内障的藏族同胞重见光明，该项目被省委列为今后一段时期广东省援藏工作“民心工程”重点项目之一；在全国率先启动地税纳税服务志愿行动；组织广大青年志愿者为广东国际旅游文化节、第七届亚洲艺术节提供志愿服务；举办广东青年志愿者行动10周年最具影响人物、事件评选等活动；召开纪念毛泽东同志为中山新平乡青年突击队写下按语50周年座谈会；推出《广东青年志愿者发展报告》等一批理论研究成果，大力开展志愿服务，弘扬青年志愿者精神。群众性精神文明创建活动不断深化，青年文明号、“青春共建和谐平安社区”、“三下乡”、“四进社区”等活动深入实施。青年文化全面活跃，乡村青年文化节、校园文化节、文化论坛、大型歌会等贴近青年的文化活动广泛开展，推出一批深受青少年喜爱的文化精品，为广东建设文化大省做出了积极贡献。同时，各级团学组织不断完善应对突发事件的预警和处理机制，引导广大青少年正确对待国内外重大事件及热点问题，理性表达爱国热情，自觉维护稳定，促进社会和谐。

五、服务青少年成长成才举措有力。高度重视解决学生实际困难，开展“福彩爱心助学子行动”，筹集500万元资助1000名经济困难大学生；筹资300多万元向春节留校的4000多名困难大学生发放慰问金，并开展一系列送温暖活动；举办全省大中专生暑期勤工助学见面会，提供1.6万多个勤工助学岗位。广州等地市也成立了资助困难大学生基金。创造性举办“爱心共筑希望”慈善拍卖会，“希望工程”全年筹资4100多万元，资助困难学生6415名，援建希望小学54所。扎实服务外来青年员工，举办“青春暖流”系列活动，开出外来务工青年春节探亲专列，通过法律援助、文艺汇演、医疗服务等形式，营造了关心关爱外来务工青年的良好氛围。启动《广东青少年生存与发展报告》撰写工作，已完成数据收集、分析工作。着力培养青年人才，举办第五届广东省十大杰出青年、第七届广东青年五四奖章评选活动，推进“大学生素质拓展计划”，举办第八届“挑战杯”广东省大学生课外学术科技作品竞赛，组织参加第九届“挑战杯”全国竞赛，为青年人才脱颖而出创造条件。

六、青少年维权工作不断深化。预防青少年违法犯罪工作深入开展，成功承办全国综治委、团中央等单位主办的“为了明天”大型公益晚会和全国预防青少年违法犯罪论坛，全国人大常委会副委员长顾秀莲、团中央书记处第一书记周强等出席了活动，在广东形成了很好的社会影响。充分发挥预防青少年违法犯罪工作领导小组的作用，成立省青少年犯罪研究会，积极开展专题研究，完成《预防青少年违法犯罪调研报告》，大力深化青少年违法犯罪社区预防计划，组织省青联艺术团和大学生志愿者到少管所开展帮教演出，有效预防青少年违法犯罪。青少年维权工作力度进一步加大，切实加强青少年维权中心、“青少年维权岗”和“12355”热线的建设，成功处理一批青少年维权个案，产生了广泛的社会反响。大力开展“拒绝毒品”、“青春红丝带”等宣传教育活动，努力为青少年健康成长营造良好的社会环境。

七、青年统战外事工作更加活跃。粤港澳台青年交流合作不断深化，成功举办第四届“爱我中华——两岸四地青年大汇聚”文化科技探索交流、“同根生——粤港青少年文化生活体验交流”、粤港青年交流高峰论坛、两岸青年“共植同心树”、“心系奥运”粤港青年学生田径运动会等活动，与港澳台地区青年团体建立交流合作机制，全年组团互访交流60多批，7500多人次。青年外事工作进一步加强，坚持“请进来”与“走出去”相结合，接待约旦、东盟、澳大利亚、美国等青年代表团，组团出访美加和北欧四国，积极派员随团中央、全国青联代表团赴外访问，有效拓展广东青年的对外交流工作。

八、增强团员意识主题教育活动扎实开展。结合广东实际，提出“团建先行，教育联动”的工作思路，建立联合督察、挂点联系、量化考核、青年监督评价等制度，确保教育活动扎实有效。把主题教育纳入先进性教育整体格局，联合省委先进办下发文件，共同组织青年党员先进事迹报告团、义务电影放映队、医疗卫生志愿者深入基层开展活动，广泛开展“青春献祖国”主题团日、“新时期团员新形象”网上论坛、党团知识竞赛等活动，在广大团员中掀起了增强团员意识的热潮。9月至12月，全省共印发学习资料15万多册，举办动员会、座谈会、学习会、现场推进会和培训班共5739场，2000多名团干部挂钩联系点；制作宣传海报(单张)3万多张，印发简报695期，在各类新闻媒体刊登相关报道310多篇(次)；建立省、市、县三级督察组135个，累计督察207次，督察单位778个；收回党团知识竞赛答题卡10万多份，占全国1/10强，组队参加团中央举办“学理论知团情”党团知识竞赛，获得了全国第三名的好成绩。同时，主题实践活动精彩纷呈，全省各级团组织创造性开展了“我为团旗添光彩”、“我优秀我入团，我入团我更优秀”、“团员回家工程”、“百号千手进‘两新’组织”等活动，增强了广大团员的政治意识、组织意识和模范意识，加强了团组织建设，提高了团工作的整体水平。教育活动和推动工作两不误、两促进、两提高，取得了阶段性成果。

九、团的组织建设不断完善，各项事业全面发展。成立了省青少年工作领导小组，建立了政府领导联系青少年和共青团工作机制，省政府指定一名副省长联系青少年和共青团工作，并要求市、县政府都要指定领导联系这块工作。坚持党建带团建，联合省委组织部召开全省党建带团建工作会议，以省委名义下发了《关于加强新形势下“党建带团建”工作的意见》文件，不断健全党建带团建工作机制。积极探索“两新”组织团建新方式，加强农村和社区青年中心建设，有效扩大团组织的覆盖面。完善团干培训机制，依托广东青年干部学院和各地团校，举办各类培训300多班次，培训各级团干部2万多人次。全力推进共青团信息化建设，完成了广东共青团信息中心建设、办公自动化系统一期建设及广东共青团网站、南方青少年网站建设，在国内率先开通省级团组织无线网站。自去年8月试运行到年底，浏览量达40多万人次。同时，团的各项事业也取得新发展，省青联强化服务意识，大力整合资源，为青年交流与合作创造了宽广的平台。省学联成功召开第九次代表大会，进一步凝聚了广大青年学子。少先队组织在加强未成年人思想道德建设中发挥了重要作用。各青年社团内部管理进一步加强。省青少年研究中心推出了一批调研成果。广东青年干部学院在教育培训、扩校选址等方面取得新进展。《黄金时代》、《少先队员》、《生力军》办刊水平不断提高。省青少年事业发展中心在信息化建设和服务团省委中心工作中发挥了积极作用。省青年旅行社再次荣获“广州十大旅行社”称号。省少先队服务公司积极探索工作规律，不断提升服务水平。省少年军校成为广东省青少年自我教育三大基地之一。各地青少年组织和团属企事业单位也在改革中取得新发展。新成立了广东省青少年犯罪研究会、广东省青年宣传工作研究会、广东省青年组织建设工作研究会等3个青年社团。

一年来，广东共青团坚持以科学发展观统领工作，围绕中心，服务青年；坚持以先进理念指导工作，整合联动，打造品牌；坚持以改革创新推动工作，继承传统，提高发展；坚持以固本强基夯实工作，规范运作，增强活力。全省共青团事业迈上了新的台阶。

广西团的工作

2005年，广西各级团组织认真贯彻落实科学发展观，紧紧围绕党政工作大局，按照共青团工作要“找准工作切入点，打造工作结合点，攀登工作制高点”的要求和“巩固基础，发挥优势，做强品牌，全面推进”的工作思路，认真做好新形势下的共青团和青少年工作，团的各项工作保持良好的发展态势，取得了明显成效，为加快富民兴桂新跨越步伐，建设和谐广西做出了应有的贡献。

一、认真开展保持共产党员先进性教育活动，永远跟党走在时代的前列

各级团组织结合实际，把先进性教育活动与服务党委中心工作结合起来，与服务青年成长成才结合起来，与改进机关作风结合起来，切实加强领导，精心组织，扎实推进，顺利完成了各项任务。团区委系统13个党支部、157名党员参加了先进性教育活动,参与率达100%。举办了团区委“保持先进性,永远跟党走”演讲比赛;组织全体党员观看电影《张思德》、《郑培民》,收看警示教育片;组织机关60多名党员到艰苦奋斗教育基地重温入党誓词,邀请北京大学潘文石教授、全军优秀离休干部王遐方等同志作先进事迹报告,加强先进性和艰苦奋斗的教育;开展以“当好党的助手,做党放心、青年满意的团干部”为主题的大讨论,提炼出团区委保持共产党员先进性“三服务、三放心、三满意”的具体要求。经过4个多月的集中学习教育,团区委的先进性教育活动取得明显成效,党员综合素质进一步提高,党支部的凝聚力进一步增强,服务青少年、服务社会成效明显,机关和二层机构的作风发生了根本性转变,团的各项工作有了新进展。群众满意度测评的满意率为66.1%,基本满意率为32.1%。

二、扎实推进增强团员意识主题教育活动,着力打造青年满意工程

全区各级团组织按照团中央的部署,扎实开展增强团员意识主题教育活动。全区近7万个团组织、230多万团员参加了主题教育活动,参与面达到96%。主要做了五个方面的工作:一是抓组织动员。各级团组织积极争取各级党委的支持,层层建立领导机构,制定方案,逐级落实领导责任制,形成了一级抓一级,一级带一级,层层抓落实的工作局面。二是抓学习培训。全区各级团干共带头集中学习5万多个小时、带头上团课2000多次,共举办培训班120多期,培训团干部2万多人。三是抓主题活动。组织开展学团史、戴团徽、举团旗、唱团歌、守团章和“青春献祖国”主题团日活动、“我是团员我光荣”主题征文比赛、“闪光的青春足迹——广西优秀共青团员事迹巡回报告会”、“增强共青团员意识,青春奉献和谐广西”演讲比赛等活动,展现出新时期团员青年的新风貌。全区50多万名新团员进行入团宣誓,近100万名老团员重温入团誓词,10多万名团员青年受到团史教育。四是抓督促检查。抽调专门力量,成立9个督导组,对全区教育活动进行督察。建立了领导联系点制度,全区每位专职团干部至少联系1—2个团支部,团干带头下基层5000多次。五是抓舆论宣传。充分利用各级大众传媒和团内宣传舆论阵地,营造浓厚的活动氛围。教育活动开展后,广大团员的政治意识、组织意识、模范意识明显增强,团的基层组织更加健全,团的工作更加活跃,团员意识教育的长效机制逐步建立,取得了阶段性成果。

三、加强青少年思想政治教育,用“三个代表”重要思想构筑青少年的精神支柱

1.坚持不懈地用“三个代表”重要思想武装团员、教育青年。组织团员青年认真学习贯彻党的十六届四中、五中全会和共青团十五届三中、四中全会精神,学习领会科学发展观、加强党的执政能力建设、构建社会主义和谐社会等重大理论创新成果和重大决策部署,学习中央关于制定国民经济和社会发展第十一个五年规划的建议,引导广大团员青年坚定理想信念,永远跟党走。

2.切实加强大学生思想政治教育工作。联合有关部门开展广西青年学生百场报告会活动,邀请各级党政领导、专家学者、杰出青年100多人,到50所高校举办报告会、座谈会140场,20多万名大学生聆听受益。自治区党委副书记李纪恒亲自到南宁、桂林为大学生作形势报告会,拉开百场报告会的序幕。寒假、暑假期间,分别以“真情助困进万家”和“服务和谐社会建设,提高思想政治素质”为主题,组织1.5万名大学生到基层开展的“三下乡”和“四进社区”社会实践活动,取得了良好的效果。

3.加强和改进未成年人思想道德建设。召开区少工委全委会、少先队组织管理创新经验交流会,学习第五次全国少代会精神,研究部署新时期加强和改进未成年人思想道德建设工作。联合举办“广西第一个‘未成年人思想道德建设宣传日’暨‘健康生活、快乐成长’系列活动”;开展暑假红色之旅活动,组织1万多名青少年和辅导员参加,“民族精神代代传”主题教育活动进一步深化。开展关爱农村“留守儿童”活动,资助“留守儿童”426名,捐赠物资价值11.2万元。组建以“五老”志愿辅导员为主体的“未成年人思想道德教育志愿服务团”、“爱心助成长志愿服务队”并广泛开展活动,志愿服务团队伍达10.8万人。

四、树立和落实科学发展观,带领青年在推动经济发展中建功立业

1.积极服务青年和学生就业创业。联合7家单位开展“广西青年劳务输出及技能培训暨百所院校学生就业创业服务月活动”,举办大型现场招聘会32场,中小型招聘会98场,供需对接直通车140多次,提供就业岗位49.1万个,13.8万多名青年当场签订就业协议。与深圳爱众人力资源服务有限公司等劳务中介机构签订劳务合作协议,长年免费培训和帮助广西青年转移就业。全年共帮助25万青年转移就业,培训青年18万人。

2.深入参与“百企入桂”活动。继续与柳州、来宾等地方政府联手举办青年企业家经贸考察活动和恳谈会,年内共组织80多名青年企业家来桂考察,促成签订项目投资协议5个,协议总金额2.6亿元。加快广西中国—东盟青年产业园建设步伐,已在园区落户的项目9个,投资总额4.95亿元;意向落户园区的项目10个,协议投资总额34.6亿元。

3.深化实施“大学生志愿服务西部计划”。广泛宣传发动全区44所院校1720名大学毕业生报名,招募298名,实际安排服务的650名。多方位、多渠道帮助服务期满的志愿者联系就业岗位,争取自治区党委组织部支持,全年选录42名志愿者到选调生队伍。与此同时,加强宣传策划,年内,《广西日报》两次整版报道了本区西部计划实施情况,中央电视台“新闻联播”也两次报道广西西部计划工作。

4.全面推进青年中心建设。团区委把青年中心建设作为2005年全区共青团的重点工作,通过抓典型、抓示范、抓服务项目等办法,总结推广各地好的建设模式,推广城市青年中心“爱心超市”项目,发展农村青年中心就业“连锁超市”项目。目前,全区已建成城市青年中心83个,农村青年中心321个,县(市、区)覆盖率达100%,发展会员16万多个,21个县(市)被评为“全国青年中心建设先进县(市)”。全区已建起67家青年中心“爱心超市”,收到捐赠物品7万多件,折合人民币超过百万元,发放物品近4万件,救助困难家庭5000多户,受惠群众近2万人,“爱心超市”也从城市社区向城镇农村延伸,形成了扶贫济困工作的长效机制。全区农村青年中心共建、合作单位560多个,发展服务项目400多个,其中20多个农村青年中心就业“连锁超市”培训并安排近万青年就业。

5.实施青工技能振兴计划。启动了“广西青工技能大培训、大竞赛、大鉴定和大表彰活动”,深入推进“广西青工技能振兴计划”,培训青工2000多名。组织选手参加首届“振兴杯”全国青年职业技能大赛,柳钢集团代表队荣获企业团体赛“优胜杯”,两名选手破格晋升为高级技师。

6.动员青少年参与生态环境保护和节约型社会建设。利用“保护母亲河日”和各种环保纪念日,以“为同一条河,献同一份爱”为主题,广泛开展生态文化宣传。大力开展“四个一”节约资源活动,引导青少年增强资源意识和节约意识,养成勤俭节约、艰苦奋斗的良好行为习惯。开展“保护红树林”环保实践、“保护野生动物宣传月”等活动,10万多人次参加活动,保护母亲河行动进一步深化。

五、秉承和谐社会的理念,组织青少年参与精神文明建设

1.出色完成第二届中国—东盟博览会志

愿服务工作。第二届中国—东盟博览会、中国—东盟商务与投资峰会和南宁国际民歌艺术节期间,招募了1542名专业志愿者和2万名普通志愿者提供志愿服务,为两会一节的成功举办做出了重要贡献。特别是专业志愿者在会展中心各场馆、指挥中心、新闻中心、客商接待组等80多个重要岗位上,以出色的表现赢得了参会人员和社会各界的赞誉。

2. 深入实施青年文化行动。组织参加"感动"——第二届全国青少年网络短信作品大赛,全区共收到近万条参赛短信、800多篇感动故事、100多篇感动人物作品。举办广西高校营销实战联赛、围棋选拔赛、高校学生社团发展论坛、女大学生形象魅力大赛等活动,促进校园文化建设。乡村青年文化节、社区青年文化节异彩纷呈,丰富了广大人民的文化生活。

3. 扎实推进青年文明号建设。编辑出版了《号手先锋——青年文明号的实践与理论研究》一书,开展"青年文明号优质服务统一行动日活动",举办青年文明号创新与发展论坛,组织开展全区青年文明号集体大检查活动,青年文明号活动扎实推进。全年新增全国青年文明号28个,新增广西青年文明号160多个,取消20个不合格集体的广西青年文明号,培训各级青年文明号负责人1000多人。

六、竭诚为青少年的成长成才服务,切实代表和维护青少年的利益

1. 关心和服务春节留校困难大学生。春节前夕,认真落实中央领导同志的指示,多方筹资100万元帮助4000多名留校困难大学生过年,提供勤工助学岗位2000个,组织留校困难大学生一起吃年饭、联欢,开展排球赛等活动丰富留校大学生的节日生活,并开展"四个一"(读一本好书、做一次志愿服务、为学校做一件好事、给亲人一个祝福)活动,引导他们铭记党的关怀,用实际行动回报社会。

2. 积极帮助灾区恢复生产,重建家园。组建3000多支青年突击队和志愿者应急小分队,动员20多万团员青年投入贵港、梧州等地的抗洪救灾和灾后重建工作,还广泛发动团员青年缴纳特殊团费,号召各级青年企业家协会会员、青联委员为灾区捐款捐物,共募集爱心款150多万元。印度洋海啸发生后,发动全区团员青年为海外受灾人民捐款50多万元。

3. 全力推进希望工程事业。联合区教育厅表彰了为广西希望工程事业发展做出积极贡献的106个先进集体和150位先进个人,进一步激发社会各界关心支持希望工程的热情。全年筹集希望工程资金1132万元,新建希望小学28所,资助学生2000人。

4. 加强"12355"青少年维权和心理咨询服务热线建设,推动青少年维权网络的建立。全区已开通12355热线12条,其中自治区级12355热线由南宁市市长热线接入并转接到广西青少年维权中心,实现三方同时通话,属全国首创。授予147个单位全区优秀"青少年维权岗"称号,进一步完善优秀"青少年维权岗"创建工作机制。与有关部门联合举办"普法迎新,关爱未来"大型演唱会,举办"关爱青春,与法同行"青年学生法律系列报告会,开展"青少年法制宣传月"活动,提高青少年学法、知法、守法、用法的意识和能力。

5. 深入开展青少年自我保护教育。举办"青春自护,远离网瘾"系列活动,邀请全国青少年网络文明爱心大使陶宏开教授到广西各地举办报告会和志愿者培训班,与100多个家庭面对面交流,帮助青少年正确使用网络,远离网瘾侵害。以"全国中小学生安全教育日"为契机,开展"爱在路上——让我们共同关注孩子的交通安全"、"广西青少年铁路平安行动"等活动,加强对青少年安全教育,提高他们的自我保护能力。

6. 加强青少年禁毒和预防艾滋病教育工作。开展"青少年禁毒知识竞赛"、"青少年禁毒誓词征集"活动和禁毒青少年志愿者行动,组织2万多名青少年志愿者组成“多助一”或“一助一”帮教小组,对涉毒青少年进行帮教。开展“中越青少年手拉手,共建边关无毒路”禁毒宣传教育系列活动,加强国际禁毒合作。实施防治艾滋病“青春红丝带行动”,全区共有“青春红丝带”志愿者队伍513支,人数近3万人,开展活动535次,发放各种宣传资料66万多份,受益群众达100多万人。

7. 评选表彰一批优秀青少年典型。年内共评选表彰广西杰出(优秀)青年卫士69名、第八届广西青年五四奖章获得者8名、广西优秀团员150名、全区优秀学生14名、全区优秀学生干部621名、广西十佳少先队员10名,对引导广大青少年树立正确的人生路标,起到很好的示范和推动作用。

七、发挥自身优势,切实推进青年统战外事工作

1. 加强与港澳台青年的交流与合作。先后与香港青年联合会、澳门中华新青年协会、台湾中华青年创业协会等多家社团互派交流团组,促进两岸四地的经济、文化、教育等方面的合作。成功组织了香港青年才俊访问团到广西考察访问,加深了他们对广西的了解。积极推荐港澳优秀青年担任广西各级青联委员,并充分利用这些资源为广西青年服务,从中引进资金25万元援建希望小学2所。

2. 做好东盟人才小高地建设工作。认真办好中国广西国际青年交流学院第三期东盟青年干部高级研修班,圆满完成团中央交给的第一轮东盟青年干部三年培训计划。加强中国广西国际青年交流学院与东盟各国大学的教育交流与合作,实施东盟国家青年领导人后备人才储备项目,接待了一批来自泰国的30多名国际儿童夏令营学员。

3. 积极拓展青年外事工作途径。扩大与友好国家特别是东南亚国家青年和青年组织的交流,先后派员赴韩国、日本、朝鲜、巴基斯坦、越南等国进行访问、交流,公开选拔10名来自不同界别的青年赴韩国访问。全年共接待国(境)外来访人员200多名,派遣出国(境)人员64名。

七、加强团的自身建设,团组织的吸引力、凝聚力和战斗力进一步增强

1. 深入推进团的基层组织建设。坚持“党建带团建,创新求发展”的工作思路,不断完善党建带团建的领导机制、组织机制和机制建设,将团的建设纳入党建的整体格局,有效促进了全区团的基层组织建设。目前全区农村建团率保持在98%,城市社区建团率达92%,非公有制企业建团率达65.8%。

2. 切实加强团干部、团员队伍建设。全年在区内培训团干部21600人次,选派15批共183名团干部到区外参加学习培训,选派8名机关干部赴美国、朝鲜、港澳等地学习交流。坚持发挥学校发展团员的主渠道作用,加大在农村、企业、社区、非公有制经济以及两新组织中发展团员的力度,团员数量稳中有升,新团员的素质明显提高。全区现有团员237万,为历史新高,团员占青年比例达到24.4%。全年推优入党数达2万人。

八、成功召开广西青联八届一次全会、广西学联第九次代表大会

4月7日—9日,广西青联八届一次全会和广西学联第九次代表大会在南宁召开,大会总结了过去五年来广西青联、学联的工作,研究和部署了今后五年的工作方向、目标和任务,选举产生新一届广西青联主席和学联主席,取得圆满成功。尤其是广西青联在这次会议上成立了界别委员会,按界别进行分组讨论和开展活动,极大地激发了委员的活力。27名港澳优秀青年担任八届广西青联委员,港澳特邀委员的比例进一步增大,占全部委员数的9%,青联的凝聚力、影响力得到进一步提高。

海南团的工作

过去的一年，是充满机遇的一年，充满挑战的一年，是充满青春创造活力的一年。一年中，共青团工作机遇多、大事多、挑战多、任务多。在全省各级团组织的共同努力下，海南共青团工作呈现出蓬勃发展的良好局面。

一、保持共产党员先进性教育收到了实效。按照省委的统一部署和安排，全省各级团的领导机关和基层组织深入开展了以学习实践“三个代表”重要思想为主要内容的保持共产党员先进性教育活动，并收到预期的教育成效。在先进性教育活动期间，各级团组织结合团的工作，开展了一系列富有特色的活动，制订了党员先进性标准，针对存在的问题分阶段进行了整改，切实做到了“两不误，两促进”。广大党员的思想政治素质有了明显提高，党支部的凝聚力和战斗力有了明显增强，“先进性教育见行动”得到了普遍的响应，一批关系群众尤其是青年群众切身利益的热点难点问题得到了切实解决，促进全省共青团工作跃上了新的台阶。广大群众对各级团组织开展的先进性教育活动给予了高度评价，团省委机关群众满意率达到了98.3%。

二、青少年思想道德建设取得了新的成效。全省各级团组织积极顺应新形势，努力解决新问题，在突出抓好未成年人思想道德建设和大学生思想政治教育的同时，不断探索职业青年道德教育的新途径。青少年思想道德教育有了明显的改善，青少年思想道德素质有了明显的提高。

在未成年人思想道德建设方面，紧紧抓住了引导和服务两个工作环节，结合未成年人的成长特点创新工作方式和方法，从增强爱国情感、确立远大志向、规范行为习惯、提高基本素质四个方面入手设计工作内容，强化了未成年人体验教育。广泛开展了“民族精神代代传”活动，结合新课改构建了“雏鹰争章”新体系，创建了万泉河峡谷等一批青少年素质教育体验基地，广大未成年人在参与具体活动中，陶冶了情操，规范了行为，增强了民族自豪感。

在大学生思想政治教育方面，团省委与高校团组织多方筹集60多万元资金，开展了“团情系学子，温暖进校园”主题活动，使春节期间留校困难大学生感受到团组织的温暖。全面实施了“大学生素质拓展计划”，提高了大学生的综合素质。深入开展了“暑期三下乡”活动，在服务海南农村经济文化发展的同时，也锻炼提高了大学生的实际能力。大学生在具体的实践中加深了对社会的认识，增强了历史使命感和责任感，思想政治素质有了较大的提高。

在职业青年的职业道德教育方面，主要抓好了“青春献给信用海南”这一有效活动载体。继续推进“信用青年、信用海南”青年文明号信用建设行动，强化青年文明号管理，突出信用、质量建设，教育广大青年立足本职，文明从业。举办了首届海南青年文明号文化节，集中展示和宣传青年文明号的成果，弘扬了职业文明新风。青年职工的职业道德素质不断提高，并向更广大的社会人群扩散。

三、服务海南发展大局做出了新的贡献。全省各级团组织紧紧围绕全面建设小康社会这一中心任务，在建设和谐海南、促进经济社会发展中开展了一系列富有成效的工作。

围绕建设和谐海南，大力开展志愿服务。成功地举办了“海南省志愿者注册仪式暨誓师大会”，省委主要领导在大会上带头成为海南第一批注册志愿者，有力地推动了注册志愿者队伍的壮大。召开了全省青年志愿者工作会议暨省青年志愿者协会第三届理事会，志愿者工作领导、网络建设和队伍建设得到了加强。全省建立了400多个青年志愿者服务站、几千支青年志愿者服务队，在社区、农村等地广泛提供教育、卫生、环保、法律、理财等各种志愿服务。此外，针对进城务工青年等弱势群体，开展了“关爱进城务工青年，共建和谐社会”活动，深化了“青春红丝带行动”等。这些活动有声势、有影响、有实效，促进了和谐海南的建设。

围绕生态省建设，深化“绿色青春、绿色海南”主题活动。各级团组织充分利用保护母亲河日、植树节、世界水日等重大环境纪念日，开展了以“共建生态省，保护母亲河”为主题的宣传教育实践活动，动员和组织广大团员青少年参加植树造林、水土保护、节约能源、环境监护等行动，协助政府有关部门组织了保护珊瑚礁联合大行动。团省委按照共青团牵头、多方面参与、项目化运作、社会化推进的工作思路，调动各级团组织的积极性和创造性，发动青联委员、青年企业家等社会力量，投入近50万元，积极推进项目建设，创建了16个“共青号”文明生态村试点。据不完全统计，全省参加“共青号”文明生态村创建活动共有3万人次，青年投工投劳达10万工时以上，全省参加结对扶助“共青号”文明生态村的青年文明号单位208家，成为全省团工作一道亮丽的风景线。

围绕农民增收工作，开展农村青年劳动力转移就业活动。各级团组织突出抓好农村青年就业引导、就业培训、就业转移和创业服务工作，改变农村青年就业观念，改善就业结构。五指山等市县团委积极配合有关部门依托农校、基地为阵地，举办了农村青年订单式培训，实现培训和就业的对接，成功地向省外输出两批劳工。

围绕抗灾救灾工作，开展“恢复生产重建家园”活动。面对多年不遇的旱灾和30年一遇的台风袭击等重大自然灾害，全省广大团员青年充分发挥突击队作用，奋战在抗旱抗风的第一线，为灾区恢复生产重建家园做出积极的贡献。台风前后，共动员青年近100万人次投入抗灾救灾，涌现出了一批李利腾式的英雄人物。团省委机关交纳“特殊党费”4万多元，购置了10台抽水机等一批物资支援抗旱，全省各级团组织交纳“特殊团费”和发动社会各界捐款共24万多元，支援台风袭击的重灾区重建家园。广大团员青年在抗灾救灾活动中表现出来的不畏艰难、勇挑重担的勇气和决心，众志成城、战胜困难的斗志，得到社会各界的广泛好评，受到了省委省政府的高度赞扬。

四、服务青年发展事业实现了新的突破。全省各级团组织立足青年根本需求，把竭诚服务青年作为全部工作的出发点和落脚点，为青年的成长成才做了大量的实事、好事。

青年统战外事交流活动日益频繁。成功地举办了“点燃青春耀琼港”万名青少年心连心联谊活动，香港青少年加深了对祖国和民族的了解，琼港粤三地青年通过深入的交流增进了友谊，加深了感情。成立了琼港青年促进会，加强了与港区青联委员的联系，促进了两地青年经贸文化方面的交流。与越南等东南亚国家青年组织有了初步的接触。

大学生服务西部计划成绩斐然。新增了三亚市4个乡镇为西部计划服务地，增派了55名志愿者到本省落后地区服务。在海南服务的大学生志愿者达到155名，服务地覆盖三亚、陵水、保亭、五指山4个市(县)28个乡镇。在服务过程中涌现出了一批富有奉献精神的优秀人才，被服务单位留用。

青年人才工作水平继续提升。在海南省“三个文明”建设的生动实践中，涌现出了大批优秀青年人才。通过开展“海南青年五四奖章”、“海南十大杰出青年”、“海南省杰出青年企业家”、“海南杰出青年卫士”、“海南青年文化之星”等一系列评选表彰活动，树立了一批典型，同时初步建立了青年人才信息库。为了扩大青年人才的社会影响，团省委组织了“青年优秀人才巡回报告团”，在全省各行业巡回宣讲，以榜样的力量激励广大青年立足岗位，奋发成才，形成了尊重人才的良好氛围，促进了人才强省战略的实施。

青少年成长环境不断优化。以预防青少年违法犯罪为主线，开展了青少年法制宣传教育，营造全社会关心重视青少年法制教育的氛围。召开了“优秀青少年维权岗”活动现场交流会，拉长维权手臂，切实维护广大青少年合法权益。开展了全省未成年人犯罪工作大调研，引起了各级政府对未成年人犯罪的高度关注，举办了声势浩大的“6·26”国际禁毒日宣传活动，提高青少年拒毒防毒意识，促进了海南省“无毒岛”建设。扎实推进“健康上网，助我成长”e知识学习体验月活动，邀请了全国著名青少年网络教育专家陶宏开教授举办了“帮您的孩子戒除网瘾”素质教育报告，引导青少年养成健康的网络意识，创建健康、文明、有序的网络环境。这一系列活动主题鲜明、生动活泼、可圈可点，进一步净化了青少年成长环境。

五、团的组织建设迈出了新的步伐。全省各级团组织主要围绕三个方面把团的组织建设工作做深、做细、做实。

深入开展了“永远跟党走”增强共青团员意识主题教育活动。各级团组织广泛开展了以“学理论知团情、学团章定标准、学先进明方向”、“千名团干结对千村百校建设”、“五四红旗团委”三级联创、“恢复生产重建家园”等活动，真正做到了“学习落实到个人，工作落实到支部，增强意识见行动”，取得了较好的成效。

全面启动了全省党建带团建“千村百校”工程建设工作。召开了“千村百校”工程建设大会，全省各地党团组织结合市县、乡镇团组织换届改选工作，采取有效措施扎实推进了此项工作。一批松散瘫痪的农村团组织得到整顿，农村团支部的正常比例比2004年初提高了19个百分点。全省成立大中学生团校的学校达275所，已成立业余党校的大中学校达76所。各大、中学校团组织向党组织“推优”的人数成倍增长，分别达6204人和1937人。

稳妥推动了青年中心建设，建设新型青年组织。团省委从政策上、措施上、途径上加大了青年中心建设试点工作的指导力度。召开了全省农村青年中心建设试点工作现场观摩推进会，稳妥推进农村青年中心建设。三亚田独青年中心积极探索出符合本地实际的青年中心建设模式。海口、东方等地的城市青年中心建设在探索中前进。全省18个市县青年中心创建工作都有了不同程度的进展。一批青年中心相继成立，提高了城乡社区青年的组织化程度，促进了青年工作资源的有效整合。

六、团的各项事业保持了较好的发展势头。青联、学联召开了换届大会，组织机构进一步健全，延伸了团的工作手臂。学联组织夯实了基础，进一步完善了自我管理、自我服务、自我教育的功能。少工委开展的少先队重点活动和少先队工作社会化效果显著，少先队辅导员队伍建设情况良好。杂志社在激烈的竞争下，大胆改革，通过实施目标责任制进一步加强内部管理，创办了《细节》杂志，保持良好的发展势头。海南省青少年希望工程基金会共接受社会各界捐款（含中国青基会划拨）167万元人民币，资助大学生122名，小学生950名，孤儿30名，希望小学竣工投入使用3所，完成立项2所，赢得了社会的广泛赞誉。海南省青少年活动中心调整了发展思路，工作出现了新的转机。

重庆团的工作

2005年以来,重庆各级团组织在市委和团中央的领导下,坚持以邓小平理论和“三个代表”重要思想为指导,围绕树立和落实科学发展观、服务党的执政能力建设和构建社会主义和谐社会,深入学习贯彻党的十六大和十六届四中、五中全会,市委二届七次、八次全委会和团的十五届三中、四中全会精神,大力加强青少年思想道德建设,深入实施“富民兴渝青春行动”,扎实开展保持共产党员先进性教育活动和增强共青团员意识主题教育活动,全面推进后备军建设工程,不断巩固和扩大党执政的青年群众基础,团结带领广大团员青年为全市经济建设、政治建设、文化建设、社会建设做出了积极的贡献。

一、深入开展保持共产党员先进性教育活动,努力争当青年先锋

全市团的领导机关牢牢把握“取得实效”和“成为群众满意工程”的总体要求,以“提高党员素质,加强基层组织,服务人民群众,促进各项工作”为目标,以“保持先进性,建设后备军,努力创一流,推进新跨越”为主题,坚持以超前谋划为先导,及早思考,精心准备,增强了教育活动的主动性;坚持以领导带头为关键,树立榜样,作好表率,增强了教育活动的示范性;坚持以提高认识为前提,深入宣传发动,认真学习讨论,增强了教育活动的自觉性;坚持以找准问题为重点,广泛征求意见,深入交心谈心,增强了教育活动的针对性;坚持以增强党性为核心,严于自我剖析,严格组织评议,增强了先进性教育活动的严肃性;坚持以求实创新为动力,紧密结合实际,搞好“自选动作”,增强了教育活动的特色性;坚持以群众满意为标准,认真落实整改,搞好群众测评,增强了教育活动的实效性;坚持以长期管用为目标,加强制度建设,巩固整改成果,增强了教育活动的长效性。通过开展先进性教育活动,各级团的领导机关党员素质进一步提高,党员意识进一步增强,工作作风进一步转变,党员先进性标准进一步明晰,党组织凝聚力进一步强化,共青团事业和各项工作推进更加有力,服务中心、服务青年的工作更加扎实有效,先进性教育活动取得了明显实效。

二、扎实推进增强共青团员意识主题教育活动,不断巩固党执政的青年群众基础

精心制定了全市团员意识教育活动“1+4”工作方案,广泛发动,深入宣传,对全市近5万个基层团组织和133万名团员基本实现了全覆盖。创新联系方式,深入开展了“建家、找家、回家、爱家”主题活动;创新教育方式,以“永远跟党走”为主题,组织开展了“传承红岩魂,青春献祖国”主题团日活动等示范活动;创新服务方式,开展了技能培训、结对帮扶、转移就业等活动,帮助团员青年解决实际困难;创新团建方式,加强了村级团组织活动阵地建设,全市1万多个村级团支部普遍建立了活动阵地,通过社区建团、公寓建团、企业建团等方式,新成立务工青年团支部275个、流动团支部197个。团员意识教育活动开展以来,全市发展新团员3.1万名,团员申请入党4.9万名,推优8200名,团员入党3839名;整顿软弱涣散团组织223个,理顺基层团组织关系192个,建立新领域基层团组织618个;培训各级团干部1万余名,选树了刘君洪、李恒太等一大批团员先进典型,实现了“增强意识、健全组织、活跃工作”的目标要求。全市广大团员的政治意识、组织意识、模范意识明显增强,团的基层组织更加健全,团的工作更加活跃,团员“长期受教育,永远跟党走”的长效机制逐步建立,教育

活动取得了重要的阶段性成果。

三、实施八项重点工作，大力推动重庆共青团事业跨越发展

围绕加强青少年思想道德建设、深化富民兴渝青春行动、加强后备军建设工程三项工作任务，大力推进富民兴渝青年人才计划、青年建功计划、青年文明计划，深入实施八项重点工作，以重点工作凝聚青年，服务党政中心工作，带动全市共青团工作创新发展，整体活跃。

1.“参与反腐倡廉，促进政治文明”青春倡廉行动影响广泛。联合市纪委等9个部门制定了《关于深入开展重庆市青春倡廉行动的意见》，标志着共青团参与党风廉政建设和反腐败工作进入部门联动、整体推进的新阶段。按照“典型带动、整体推进，教育青年、影响社会”的思路，举办了“参与反腐倡廉，促进政治文明”2005年重庆市青春倡廉行动青年学生辩论大赛并在重庆卫视录播，在重庆电台录制专题访谈节目，基层团组织广泛开展党风廉政宣传教育、阵地建设和主题实践活动，积极探索了共青团参与党风廉政建设和反腐败工作的有效途径和长效机制，拓展了加强和改进青少年思想道德建设的新内容、新领域，在全市、全团产生广泛影响。

“加强能力建设，做可靠后备军”共青团先进性教育行动扎实推进。坚持党建带团建，作出了《关于加强共青团能力建设，深化后备军建设工程的决定》，大力推进区县团委、基层团委、团支部“三级联创”，深入实施五四红旗团委创建活动，扎实抓好基层团建联系点，规范创新基层团建制度，建立健全基层团建工作机制。积极选树先进典型，举办了优秀团员青年事迹报告会、座谈会、主题团日活动，广泛号召全市广大团员青年向“重庆市见义勇为共青团员优秀群体”学习。推荐评选5名全国优秀共青团员、5名全国优秀团干部，表彰重庆市优秀共青团员128名、重庆市优秀共青团干部150名。

2.“服务市长峰会，建设魅力重庆”青少年文明行动备受赞誉。大力加强青年文化建设，广泛开展青少年文明创建活动，努力提高青少年思想道德素质和社会文明程度。全面推进青年志愿者行动，围绕服务亚太城市市长峰会，组织招募2万多名外围青年志愿者，精心选拔310名峰会核心层志愿者参与接待、翻译、导游、会务等服务，赢得了来自国内外130多个城市的嘉宾和社会各界的一致好评，团市委被市委、市政府评为市长峰会筹办工作先进单位。扎实抓好大学生志愿服务计划，着力加强志愿者就业指导服务。招募820名大学生在全市34个区县从事志愿服务。大力加强校外活动阵地建设，完成了18个新建国家扶持项目、2个市级自建项目的设备配套，对原有的7个项目进行了场所维护，并积极面向青少年开展丰富多彩的校外教育活动，产生了良好的社会效益。

3.“服务新型工业化，促进创业与就业”青工技能振兴行动不断深化。举办了全市国有企业(青工)技能大赛和青工技能月活动，参加全国首届青工技能大赛捧回“振兴杯”。深入开展“青工信息化推动工程”、“青工提质降耗保安全”立功竞赛、青年突击队立功竞赛、青年安全生产示范岗创建，成功举办了“西部‘十一五’——机遇与挑战”青年论坛，切实服务重庆新型工业化建设。深入开展青年文明号创建活动和青年文明号文化节活动。大力拓宽青年就业创业的渠道和领域，初步形成了市区两级青年就业创业阵地网络；深入开展“青春不下岗，我们助你行”主题活动，启动实施玫琳凯技能发展项目，全年共开展就业培训4359人次，帮助创业青年争取小额贷款120余万元，帮助1134名青年实现了就业与创业，评选表彰了青年创业奖和创业新星。

4.“服务‘三百’工程，促进城乡发展”青年增收成才行动卓有成效。强势推进保护母亲河行动，成功承办了全国保护母亲河行动大

会、“美化新三峡，保护母亲河”誓师暨三峡水库周边绿化带示范区建设启动仪式，中央政治局委员、国务院副总理曾培炎，全国政协副主席李蒙，国务院常务副秘书长汪洋，团中央书记处第一书记周强及10多个中央部委领导和市委黄镇东书记、市政府王鸿举市长、市政协刘志忠主席出席了活动，扩大了共青团工作在全国、全市的影响，并为三峡库区争取到9个国家级保护母亲河重点工程项目和近1000万元项目资金。大力推动农村精神文明建设，开展了第八届“乡村青年文化节”活动，进一步加强农村青年中心建设，全市已建成农村青年中心151个。积极服务农村青年增收成才，新投入240万元在6个县市实施青年农民科技培训工程，组织开展农村青年实用技能培训700多期次，创办和扶持了20个社会化的就业培训基地，培养青年农业产业化带头人100多名，为农村青年就地转移提供了1万多个就业岗位，帮助4万多名农村青年外出务工就业。

5.“加强思想教育，导航成长成才”青少年学生素质拓展行动成效显现。深入贯彻落实中发〔2004〕8号、16号文件精神，进一步加强和改进未成年人思想道德建设和大学生思想政治教育工作。全面深化青少年素质拓展计划，坚持文化育人、实践育人、服务育人，承办了中国大学生心理健康节，举办了争光贡献奖获得者进校园、“校园之春”、“金色之秋”、“挑战杯”、大学生科技节、大学生社团文化活动月等活动，在第九届“挑战杯”全国大学生课外学术科技作品竞赛决赛中，重庆共获得包括“优胜杯”和1个特等奖在内的23个奖项，取得了历史最好成绩。组织开展了“三下乡”、“四进社区”、“四个一”社会实践活动，深化大学生就业见习行动和人生发展导航行动，广泛开展服务经济困难大学生活动。深入实施红岩雏鹰素质拓展计划，先后举办了少先队光荣感和责任感教育、“喜迎亚太市长峰会、争做文明小市民”主题集会、“走进六月阳光”电视晚会、庆祝直辖8周年、建队56周年、纪念“11·27”主题集会、少先队鼓号队管乐队比赛、书画作文童谣大赛等一系列活动，面向社会筹资建设22个爱心少先队活动室，组织送培训下基层，为15个区县培养辅导员2000名。成功组团参加全国学联二十四大和第五次全国少代会。大力实施希望工程，全年累计筹资817.6万元，资助贫困学生3920名，新援建希望小学12所，培训希望小学教师54名，切实帮助贫困学生完成学业。

6.“推进科技创新，服务人才强市”青年凝聚行动深入发展。积极为青年人才成长发展搭建平台，组织青联委员开展“我为十一五献才智”系列活动，进一步加强重庆青年创业园管理，增补壮大了市青联委员队伍，委员界别活动全面活跃，成功组团参加全国青联十届一次全委会，充分展示了重庆青年才俊的风采。大力加强青年人才交流，举办了“同心同根万里行2005——伟大建设之旅”重庆活动，启动了“渝港高级青年管理人才培训计划”，举办了首届重庆市高层次青年人才港澳研修班，先后选派12批市青联委员、团干部代表参加中国青年代表团出访美国等15个国家和地区，接待了英国等国家和地区青年来渝访问，增进了与国外、境外青少年和青少年组织之间的交流和友谊。积极聚才引智，组织中组部、团中央第五批赴渝“博士服务团”成员深入万州、丰都、奉节等区县开展了“三峡之光——博士服务团库区行”活动，为库区经济社会发展出谋献策；邀请世界银行、国际货币基金组织专家来渝举办研讨会，举办了海归创业英才重庆行活动和海外学人归国创业重庆行活动。大力培养举荐青年人才，评选表彰了第九届重庆青年五四奖章、第三届“重庆市十大杰出青年”、第三届“重庆市青年科技创新奖”、第四届“重庆市十大杰出青年农民”、第五届“重庆市杰出青年企业家”等一大批实践成才的青年典型，切实服务重庆人才强市战略。

7.“优化成长环境，构建和谐社会”青少年社区发展行动有力推进。召开了全市未成年人保护工作电视电话会议，对部分区县贯彻落实“两法一办法”的情况进行督促检查，启动实施“为了明天——预防青少年违法犯罪工程”，组织实施“青少年违法犯罪社区预防计划”，开展“未成年人零犯罪社区”试点工作，积极开展优秀青少年维权岗创建活动，全市的全国和市级优秀青少年维权岗达235个。着力优化青少年成长环境，举办了第三届社区青年文化节、青少年社区发展行动月、青少年工作志愿者进社区等活动，大力实施进城务工青年发展计划，深入开展青年文明社区创建活动，进一步完善了“青年文明社区示范链”。

四、大力加强机关建设和团属事业发展，努力构建和谐共青团系统

按照“建一流班子，带一流队伍，创一流业绩，树一流形象”的目标，牢固树立和落实科学发展观，深入开展争创青年文明号部室、争当优秀部长（主任）、争当青年岗位能手活动和创建党建工作先进单位、文明单位、职工之家活动，积极构建和谐的重庆共青团直属系统，努力打造新时期团市委机关的崭新形象。

1. 大力推进机关自身建设。加强组织建设，着力提高班子成员综合素质，加强机关党支部建设，规范了支部组织生活，召开了团市委机关第二次团代会，不断加强机关工会、机关妇委会自身建设。健全完善了学习制度。修订完善22项规章制度，新制定多项规章制度。建设机关共青团文化走廊，大力组织开展丰富多彩的文化体育活动。加强信息化建设，OA办公自动化系统得到广泛应用。

2. 团属事业发展稳步推进。开展《重庆市青少年事业发展“十一五”规划》的编制工作，进一步明确了事业和产业未来发展的思路和步骤，不断创新直属单位管理机制，加大对团属青少年事业和产业的指导，扎实推进直属企事业单位深化改革，确保国有资产保值增值，实现做强实业、做大产业的目标，促进了青少年产业与青少年事业同步发展。重庆青年管理干部学院、市少年宫、重庆青年职业学院、少年先锋报社、重庆青年报社、重庆中国青年旅行社等团属企事业单位抢抓机遇，深化改革，加快发展，全系统形成了聚精会神抓建设、一心一意谋发展的良好氛围，总体呈现出跨越发展、争创一流的良好发展态势。

四川团的工作

2005年，四川各级共青团组织高举邓小平理论和“三个代表”重要思想的伟大旗帜，认真贯彻党的十六届四中、五中全会精神，全面落实省委八届四次、五次全会和团中央十五届三中全会要求，按照“一七三三”的工作思路，以“兴起新高潮，投身新跨越，创造新业绩”为主题，以“青春助困创和谐”行动等七项工作为重点，切实加强共青团组织的服务能力建设，努力巩固和扩大党执政的青年群众基础，团结和带领广大团员青年为推进四川发展新跨越和全面建设小康社会做出了积极贡献。

一、服务大局，切实加强和改进未成年人的思想道德建设

1. 以学习和贯彻“三个代表”重要思想为主要内容，认真开展形式多样的理论学习活动。全省各级团组织以团干部、青年学生为重点，通过读书班、报告会、征文比赛和知识竞赛等形式，组织他们学习了党的十六届四中、五中全会和省委八届五次全会精神，帮助他们领会了邓小平理论和“三个代表”重要思想的科学内涵，引导他们树立了坚定的理想信念。2005年，全省举办各类学习读书班100余期，参训人员达1万2千多名。

2. 以传承和弘扬民族主义爱国主义精神为主要特点，广泛开展主题鲜明的思想教育活动。全省各级团组织利用各个重大节庆纪念日，积极开展了“纪念五四运动86周年”、“继承伟人精神，立志振兴中华”和“民族精神代代传”等主题鲜明的思想道德教育实践活动，扎实推进未成年人思想道德建设工作。承办中国青少年红色旅游论坛，组织数千名各级各界青联委员开展了“革命老区邛崃行”和“伟人故里乐至行”等红色旅游主题教育活动，2万多青少年上网参加了“红色知识竞赛”和“红色征文”活动，表彰了一批优秀青少年爱国主义教育基地。

3. 以加强和改进大中学生思想教育工作为主要目标，深入开展特点突出的道德实践活动。全省各级团组织认真贯彻落实《中共中央国务院关于进一步加强和改进大学生思想政治教育的意见》，召开共青团加强和改进大学生思想政治教育工作会，开展“纪念‘一二九’运动70周年”、“牢记历史、振兴中华——纪念抗日战争胜利60周年”、大中学生寒暑假“三下乡”社会实践、18岁成人仪式和大学生廉政文化知识竞赛等社会实践活动，切实加强大中学生的思想政治工作。全年组织了数千名青年学生参与了“我与祖国同发展”活动，编辑了《红色旅游，助我成长》征文专辑。

4. 以丰富和满足青年精神文化生活需求为主要目的，积极开展内容丰富的文化建设活动。全省各级团组织充分发挥文化活动的育人功能，坚持正确的舆论导向，开展了丰富多彩的青年文化活动。召开四川青年文化建设座谈会，以“感谢文化与和谐社会”为主题举办了四川青年文化论坛，摄制了展示四川青年形象的宣传片《感谢》，开展了诸如第三届四川青年文化节、四川大学生公益文化艺术大赛、四川少年儿童书信写作暨明信片设计大赛和四川青年文化名人评选等各种文化活动达250场，参与的团员青年达50万人。

二、服务党政，积极团结和带领团员青年为四川经济发展和社会进步做出新贡献

1. 以促进农村青年实现转移就业为落脚点，努力推进农村青年增收成才行动。全省各级团组织联合农业、科技、劳动、财政等部门，着力实施“农村青年转移就业促进计划”、“农村青年人才开发计划”、“星火富民科技工程”和“农村青年转移就业培训工程”，举办了“农村青年经纪人培训班”、“四川省农业产业与农村青年增收成才论坛”和农村青年就业招聘会，开展了“农村青年转移就业服务月”和农村产业带头人农产品推介等活动，评选表彰了各类农村青年增收成才带头人，促进四川农村青年富余劳动力实现了转移就业。全年共举办各类培训达500余期，培训农村青年11万余人/次，实现转移就业有2万多人，新命名了10个省级农村青年转移就业培训基地，评选表彰了10名省级杰出青年农民。

2. 以转变城镇失业青年的就业观念为切入点，着力推进服务青年就业创业行动。全省各级团组织联合劳动等部门积极为失业青年提供政策咨询、信息沟通、资金担保和项目开发等服务，努力引导广大失业青年转变就业观念，提高就业技能，创业实现再就业。全年举办各类失业青年培训班和招聘会分别达150班和95场，面授培训下岗青工4146名，通过信函、网络等方式培训失业青年达4万多名，有6万多青年学生参与“青春创业大讲堂”巡讲活动，评选表彰了34名四川杰出（优秀）城市创业青年和358名青年兴业领头人。

3. 以增强团员青年的环境保护意识为出

发点，大力推进保护母亲河行动。全省各级团组织围绕“发展循环经济，建设节约型社会”这个主题，广泛开展“还三江清水，建生态四川——‘绿色环保·文明时尚’”、“为同一条河，献同一份爱”、“天天环保校园行”和“青年绿色劳动营”等主题宣传实践活动，启动了沿黄九省（区）、泛珠三角青少年保护母亲河活动，切实增强社会公众和青少年的环保意识。共印制环保承诺书签3万份，发放环保宣传资料6万余份，清理白色垃圾3吨左右，种植各类纪念绿化林300余亩，参与人数达4万余人。

4. 以提高从业青年的岗位技能为生长点，强力推进企业青工创新创效活动。全省各级团组织继续实施“青工技能振兴计划”，广泛开展了“青年焊工技能大赛”、“青年技术创新带头人竞赛”、“青年技术和岗位能手评选”等群众性技能比武练兵活动，不断深化青年文明号创建活动，启动了“做节约先锋，展青春风采”——青年文明号节约示范行动，促进了生产经营企业的人才效益、经济效益和社会效益的提高。全年共完成青年创新创效项目1218个，创造经济效益达3245万元，新命名省级青年文明号93个，表彰省级青年岗位能手69名，取消不合格的各级青年文明号207个。

5. 以规范日常管理、构建长效机制为兴奋点，全力推进青年志愿者志愿服务行动。全省各级团组织上下通力配合，积极弘扬志愿服务精神，顺利完成了2005年四川省大学生志愿服务西部计划的招募培训工作，实施了青年志愿者支医支教扶贫接力计划，举办了西部计划大型现场招聘会，组建了西部计划巡回报告演讲团和督导团，摄制了题为《奉献如歌》的电视记录片，取得了西部计划大学生志愿者参加优秀大学生选调的政策突破。2005年招募的大学生志愿者人数高居全国第一，服务项目实现了对21个市州31个县的覆盖，服务单位达900多个，举办了13场西部计划报告团巡回演讲报告会，85%的西部计划志愿者实现了就业，青年志愿者“一助一”帮扶结对达5900余对，60名青年医务工作者奔赴各受援地开展支医扶贫工作，10名杰出青年志愿者和30个先进集体受到了表彰。

三、服务青年，努力维护和满足团员青年的合法权益和成长需求

1. 以树立优秀青年典型为抓手，全面实施青年人才培养工程。全省各级团组织采取学习培训、上挂下派、外出考察和技术交流等方式，通过实施“博士服务团”和“大中学生素质拓展计划”等项目，举办了“四川杰出青年论坛”、“四川青年创新论坛”、“科学发展观与四川新跨越”理论与实践研讨会，开展了“十大杰出青年革命老区行”、“挑战杯”全国大学生课外学术科技作品竞赛、“亿利达青少年发明奖”评选和四川省“三好学生”、“优秀学生干部”评选等活动，着力加强青年人才的培养、表彰和使用。2005年，开展四川省第十三届十大杰出青年和第二届四川青年经济人物评选工作，四川青年人才总库收录了1.2万多名各类青年人才信息，向462名青年学生颁发了四川省大学生综合素质A级证书。第九届“挑战杯”全国大学生课外学术科技作品竞赛四川分赛区比赛和第十一届“亿利达”青少年发明奖评选活动，分别收到307件和212件作品。在第二十届全国“亿利达”青少年发明奖评选活动中，推荐的黄玉莹、先世君两位同学的作品双双荣获一等奖。另外，刘博文同学和舒航涯同学分别荣获全国“十佳中学生”和“全国十佳少先队员”荣誉称号。

2. 以资助贫困青年学生为重点，广泛开展青春助困创和谐行动。全省各级团组织充分发挥共青团的组织、人才、信息、网络等优势，多方整合社会资源，广泛开展了“三下乡”社会实践、“真情助困进万家、温暖祥和迎新春”、“关爱学子、情暖校园”、“中国骄子·阳光助学”、“中国肯德基曙光基金”助学、“助学长征”步行筹款、“手拉手、送温暖、话小康”和

“关爱进城务工青年”等活动,采取不同形式帮助解决诸如下岗失业青年、进城务工青年和贫困青年学生等社会弱势群体的实际困难。全年共筹措各种资助金约400万余元,向近万名品学兼优的贫困青年学生提供了无偿资助。其中,“志远班”助学模式取得了丰硕成果,受到了领导的肯定。

3. 以预防青少年违法犯罪为目的,积极实施青少年权益保护行动。全省各级团组织以“为了明天——预防青少年违法犯罪工程”为统揽,以创建青年文明社区为目标,着力深化“青少年违法犯罪社区预防计划”,扎实开展了“青少年法制和自护教育”、“未成年人维权行动月”专项整治和“青少年维权岗”等活动,建立了良好的青少年权益保护工作机制和服务网络。成立了四川省青少年犯罪研究会,开通了“12355”青少年维权和心理咨询服务热线,举办了2005年“四川省青少年维权岗负责人和青少年权益工作者培训班(新加坡)”,建立了300个“青年文明社区宣传栏”,有5家单位被命名为“全国青少年自我保护教育基地”,表彰了38个“青年文明社区大家乐舞台”和95个省级优秀青少年维权岗,成都市锦江区盐市口街道学道街社区等12个社区被命名为全国“青年文明社区”。

四、团建创新,不断加强共青团组织自身建设

1. 以推动基层组织开展直选工作为重点,大力推进团的组织建设。坚持党建带团建的工作原则,深入开展创建“五四红旗团委”及“三级联创”等活动,进一步加强了非公有制经济组织团的建设,积极培育发展城乡青年中心等新型青年组织,不断扩大基层团组织的有效覆盖,切实提高基层团组织的服务能力。建立了268个城乡青年中心,表彰了一批“四川五四红旗团委创建单位”和“四川省团建先进县(市、区)创建单位”。

2. 以增强共青团员意识教育活动为载体,不断推进团的队伍建设。全省各级团组织在深入开展团员发展和推优入党活动的基础上,以机关企事业单位、农村、社区、学校的基层团组织为重点,开展了“主题团日意识教育”和“学理论,知团情”知识竞赛等团员意识教育活动,认真完成了团干部教育培训和上挂下派工作,评选表彰了优秀的团干部和团员青年。推荐6名基层团干部分别到团中央和浙江挂职锻炼,选派了15名基层团干部到团省委机关挂职锻炼,举办了20多期各类团干部培训班,调训团干部达1294人,有5名团干部荣获了全国优秀团干部称号,有5名团员荣获了全国优秀团员称号,有7名青年获得了“四川青年五四奖章”。

3. 以解决青年热点难点重大问题为目的,扎实开展青年问题调研和信息网络建设工作。全省各级团组织围绕党政中心任务和青年遇到的热点难点问题,积极开展专题调研活动,努力完善青年信息交流平台,切实为党政决策提供可靠依据。完成《青少年与网络》的调查报告,形成了《大学生思想动态调查报告》和《新学期贫困大学生学习生活情况调查报告》,在团中央《全团要讯》和《中国青年动态》上刊发文章和信息9条。省委采用信息13条,四川党政网采用信息71条。团省委编发了33期《青年专报》、37期《重点工作简报》、12期《四川团情》,编辑了《2004年团省委机关理论研讨论文集》。

4. 以开展保持共产党员先进性教育活动为契机,努力推动团的各项事业全面发展。团省委机关和各直属单位扎实开展保持共产党员先进性教育活动,积极开展创建学习型机关和机关文明建设活动,编辑了《我们正在努力——团省委创建学习型机关活动手册》,逐步形成了“实事求是、朝气蓬勃、崇尚事业、追求卓越”的机关工作氛围。四川自修大学、省团校联合办学取得新进展,省青旅连续三年荣获“全省旅游工作先进集体”称号,青年报社不断强化管理，峨眉青少年活动中心改制工作稳步推进，省关工委、青少年发展基金会、青少年事务发展中心、出入境中心、影视中心各项工作进展顺利。青年外事工作卓有成效，全年共选派103人出访交流，接待了11个境外青年代表团来访。

贵州团的工作

2005年，在省委和团中央的领导和关怀下，共青团贵州省委坚持以邓小平理论和“三个代表”重要思想为指导，认真贯彻党的十六大和十六届三中、四中、五中全会，团十五届四中、五中全会和省委九届七次、八次全会精神，贯彻落实胡锦涛总书记视察贵州时的讲话精神，贯彻落实科学发展观，围绕党政工作大局，进一步做好新形势下的青年工作，在加强青少年思想教育、动员青少年参与经济社会发展、服务青少年成长成才和加强自身建设等方面取得新的进展。

一、青少年思想教育工作全面深化

1. 围绕学习实践“三个代表”重要思想和胡锦涛总书记视察贵州的讲话精神，在《贵州共青团》上开辟“党员先进性教育”和“学习总书记讲话”等学习专栏。以“我为团旗添光彩”为主题，开展了以“缅怀昨天”、“奉献今天”、“展望明天”为主要内容的“青春献祖国”团日活动，进一步引导青年全面准确地理解党和国家的各项重大方针政策，把思想和行动统一到中央的重大决策部署上来。

2. 围绕贯彻落实中央加强和改进未成年人思想道德建设和大学生思想政治教育的有关文件精神和重要部署，利用纪念“遵义会议”胜利召开70周年、纪念抗日战争胜利60周年、神舟六号发射成功等有机契机，开展了“传承革命精神、投身富民兴黔”等主题活动，举办了“传承长征精神”城市青年论坛等纪念活动。认真贯彻落实中央《建立健全教育、制度、监督并重的惩治和预防腐败体系实施纲要》，下发了《关于在全省青少年中深入开展廉洁自律教育活动的通知》，在青少年中开展廉洁自律教育等活动。

3. 围绕省委、省政府实施的“百乡千村”工程，开展“手拉手一起走”系列活动，以“1000+1000”为统领，制定了“百对少儿会亲会”、“千个团队帮扶”、“万封书信大赛”、“十万学子来助学”、“百万图书进乡村”等内容丰富的活动策划方案，更好地达到服务“两基”攻坚、加强未成年人思想道德建设和促进和谐社会建设的目的。活动吸引了新闻媒体的广泛关注，《人民日报》、新华社、《中国青年报》、《中国日报》、《贵州日报》、贵州电视台和贵州人民广播电台等从不同角度展开系列报道。甚至海外的英国路透社、《香港大公报》对活动进行了报道，开创了贵州共青团工作被海外媒体报道的先河。

二、保持共产党员先进性教育活动取得明显成效

按照省委的统一部署，团省委直属机关作为第一批开展教育活动的单位，从2005年1月26日至7月1日开展了以学习实践“三个代表”重要思想为主要内容的保持共产党员先进性教育活动。通过认真完成学习动员、分析评议和整改提高阶段的各项任务，教育活动达到预期效果。在省督导28组开展的群众满意度测评中，满意率为81.08%，基本满意率为

17.56%。团省委直属机关先进性教育活动中的“再回首”等活动富有共青团特色，得到中央督导组、省督导28组和省先教办的充分肯定，有3期简报被省先教办在全省范围内转发。

三、增强共青团员意识主题教育活动扎实推进

为把保持共产党员先进性教育活动精神贯彻落实到团员青年中去，根据团中央的安排，从2005年9月12日开始，团省委开展了以学习实践“三个代表”重要思想为主要内容的增强共青团员意识主题教育活动。目前，教育活动对团组织的覆盖率达到100%。通过加强宣传动员、争取党组织的领导和开展丰富多彩的主题教育活动，广大团员青年的政治意识、组织意识、模范意识明显增强，团的基层组织更加健全，团的工作更加活跃，教育活动取得阶段性成果。

四、带领青年在推动经济发展中创造新业绩

1. 引导青年在促进农业和农村发展中增收成才。围绕省委“三个基本”，积极推进农村贫困地区扶贫开发，推动“春晖行动”在全省的广泛开展。全省7个市、州、地已正式启动了“春晖行动”，在修文县、正安县、遵义县、绥阳县、赫章县等地建立了14个“春晖行动”试点县。各地礼聘“名誉村长”及“经济”、“法律”、“信息”等顾问300多人。举办了1期“农村青年脱贫致富带头人”培训班，对全省100个扶贫开发一类重点乡（镇）的102名农村青年进行了7天的培训。除了理论授课，还组织学员们实地参观了五里冲批发市场、贵州省牧草种子基地、贵阳市蔬菜示范基地。

2. 全面实施“青工技能振兴计划”。联合省劳动和社会保障厅、省国资委举办首届贵州省青年职业技能大赛，共有72名选手参加比赛，评选出20名技术能手，并对前10名的选手进行技术等级认定，评定出高级技师4名，技师6名。联合省商务厅、省劳动和社会保障厅等8家单位开展贵州省詹王杯烹饪技术大赛。组织贵航集团等3个企业队共14名选手赴沈阳参加首届振兴杯全国青年职业技能大赛四个工种的比赛。通过这些活动的开展，在贵州青工战线营造了尊重知识、学练技能的良好氛围，为促进青年人力资源开发、帮助青年成长成才提供了良好的机制。

3. 深化大学生志愿服务西部计划。截至7月10日，共招募了包括国家、省、市、县四级计划的大学生西部计划志愿者787人，加上外省志愿者486人，共招募1273名志愿者到基层从事支教、支医、支农、远教等志愿服务活动，在各条战线上为贵州的经济社会发展做出了积极贡献。西部计划的深入开展，引导着大学生自觉转变就业观念，有效缓解了大学生就业压力。

4. 组织青年专家赴贵州开展咨询论证、献计献策等科技服务活动。与省青年联合会、省科技厅、省科协共同发起主办了首届“贵州科技创新论坛”。协同省委组织部组织“博士服务团”，在贵阳、遵义、安顺、六盘水和黔东南州等地开展科技服务活动。编辑出版了《贵州博士服务团之窗》3期，总结了“博士服务团”在贵州挂职锻炼期间的工作情况，展示了博士们服务贵州的工作业绩，为贵州人才工作提供了很好的交流平台和宣传阵地。

5. 实施与四个对口帮扶城市之间的合作。组织举办首届共青团贵州、深圳、青岛、大连、宁波，泛（4+1）合作年会，五地团组织达成了六项共识：“加强志愿者交流相互派送、加强团干部交流挂职锻炼、加强青年人才资源开发与合作、加强企业家合作交流、加强青年组织交流学习、努力拓展合作领域”。

五、服务青少年工作迈上新台阶

1. 服务青少年学习成才。选树青年典型，李春燕成为2005年十大“感动中国”年度人物。开展“贵州青年五四奖章”、“贵州省十大杰出青年岗位能手”等评选活动，推进大中学生素质拓展计划和在高校开展大学生创业计

划竞赛,引导和激励更多的青少年立足本职岗位,学习新知识,掌握新技能,创造新业绩,不断在学习实践中成长成才。

2. 维护青少年合法权益。成立了贵州省青少年维权中心,开通了12355咨询热线,为青少年提供心理、教育和法律咨询。举办了以"关注未来、共建和谐"为主题的"青少年维权培训中心"授牌仪式,分别与贵州省青少年活动营地、驰远律师事务所以及睿智心理研究所签订合作协议,成立3个"青少年维权培训中心",免费为青少年提供法律援助。

3. 帮扶困难青少年群体。希望工程建校总数1085所,筹资总数突破2.2亿元,其中2005年全年筹集资金达2093.93万元。2005年春节期间,共筹集经费74.84万元和2万元实物,按每人现金200元,为全省21所高校的3030人发放济困助学金60.60万元,把党和政府的温暖送到了学生中间,收到了良好的社会效果。同时,建立了贵州高校经济困难大学生信息数据库,为2006年春节的济困慰问奠定了基础。

六、团组织的吸引力、凝聚力和战斗力进一步增强

1. 健全完善党建带团建工作机制,开展团省委直属机关抓基层团组织联系点活动,深化创建"五四红旗团委"活动。以开展保持共产党员先进性教育活动和增强共青团员意识主题教育活动为契机,加强团干部队伍思想作风、工作作风建设。依托中央团校开办150人的西部地区团干部培训班;依托省团校教育培训阵地,培训团干2697人次。

2. 正式启动团建系统工程。为巩固和扩大增强共青团员意识主题教育的工作成果,从2005年12月开始,启动团建系统工程,把保持党员先进性教育活动、增强团员意识主题教育活动、加强团的机制建设和能力建设、加强团的基层组织建设、实施团干部培训工程这五项当前团组织加强自身思想、组织、作风和制度建设的战略性工作有机结合在一起,实现在内容与形式上的统一、教育与服务上的统一、队伍建设和组织建设上的统一,构建适应新形势发展要求、符合贵州团情实际的长效工作机制。省财政划拨经费76.6万元用于实施团建系统工程。

3. 完成省青联、省学联、省少工委换届工作。10月,中国少年先锋队贵州省第四次代表大会在贵阳召开,来自全省九个市(州、地)的110名少先队员代表和152名少先队辅导员、少年儿童工作者参加,时任省委书记钱运录、省长石秀诗等省领导接见与会代表。会议选举出新一届的少工委员会。12月,省青联八届一次全会和省学联第六次代表大会在贵阳召开,来自全省九个市(州、地)的356名青联委员和302名学生代表参加了会议,选举出新一届的青联委员会和学联委员会。省委书记石宗源、省长石秀诗等省领导接见了青联委员和学联代表。

云南团的工作

2005年,云南共青团在省委和团中央的领导下,高举邓小平理论和"三个代表"重要思想伟大旗帜,以"青春献小康"行动为统揽,深入实施"云岭青年先锋"工程,广泛开展增强团员意识主题教育活动,不断加强共青团服务大局、服务基层、服务青年成长成才的能力,千方百计强基础，解放思想求深化，集中精力抓落实，攥紧拳头树品牌，团的各项工作取得了新的成绩。

一、加强和改进青少年思想政治工作，全力构筑青年一代的精神支柱

认真学习贯彻党的十六届四中全会精神，继续掀起学习实践"三个代表"重要思想的新高潮。以大学生和未成年人为重点群体，进一步贯彻落实中央、省委关于加强和改进大学生思想政治教育、未成年人思想道德建设的有关精神。深入开展纪念"一二·一"运动60周年"红土·国魂"主题教育系列活动。围绕"红土·国魂"这一主题，通过组织广大青少年参加大讨论、社区和校园青年文化、演讲比赛、纪念大会和文艺晚会等主题活动，大力宣传"一二·一"运动的时代背景与历史意义，对广大青少年进行革命传统教育，大力弘扬和培育以爱国主义为核心的伟大民族精神和以改革创新为核心的时代精神，引导青少年为全面建设小康社会、实现中华民族伟大复兴而奋发成才。命名了一批"云南省未成年人思想道德实践示范基地"。推进18岁成人仪式教育、手拉手、雏鹰争章、"节约资源、保护环境，做保护地球小主人"等活动。启动"共享成长行动"计划。协助有关部门开展大学生心理健康咨询和教育工作。

二、围绕党政中心工作，团结带领广大团员青年在经济建设中发挥生力军作用

持续推进农村青年绿色科技行动计划。积极开展"星火富民科技工程"、"新型青年农民科技培训工程"，培训农村青年18.9万人次，培养致富带头人1200人。以青年中心为中介和平台，组建各种专业协会512个，依托协会实施项目276个。组建农村青年职业技能培训讲师团16支，转移农村青年劳动力11.6万人。推进保护母亲河工程建设，完成掌鸠河水源林等项目，促进九湖流域生态监护工作纳入了全省的"十一五"规划。持续推进城市青年学习创新行动计划。召开全省青工技能振兴计划推进会，继续深化青年创新创效、青年岗位能手、青年安全生产示范岗活动，进一步提升青年职工的技能素质，为实施工业强省战略和走新型工业化道路，培养了以青年高级技师曹帅军为典型的一批高技能青工人才。"中央赴滇博士服务团"工作不断加强，服务地方经济社会建设的能力得到提高。

三、组织青少年积极倡导社会新风，推动社会主义精神文明建设

大力推进青年文化行动，深入开展青年文明社区、青年文明校园、乡村青年文化等活动，发展各具特色的青年文化。积极促进青少年文化精品创作和推广。深化新世纪读书计划。加大青少年宫等活动阵地的建设力度。围绕诚信、节约主题，深化青年文明号活动。推进青年志愿者行动，持续开展扶贫接力计划、社区发展计划、大学生志愿服务西部计划等活动，发挥了青年志愿者在抢险救灾中的突击队作用。促进云南省志愿服务工作的立法进程。

四、结合青少年实际需求，竭诚服务青少年成长成才

深入实施"大学生素质拓展计划"和"大学生就业创业行动计划"，开展了第三届"云南高校青年学术科技节"系列活动，拓展了"三下乡"社会实践活动的内涵。积极关注弱势青年群体，继续关爱进城务工子女。春节期间以"新春济困献真情、助学服务送温暖"为主题，慰问近7千名留校困难大学生。组织100名少数民族少先队员赴上海开展"滇沪手拉手、快乐过暑假"活动。以"希望工程"实施15周年系列活动为契机，1月至4月，开展了"助学长征"公益助学步行云南段助走筹款活动。5月，"马帮茶道·瑞贡京城"活动以"马背驮起希望"为主旋律，穿越6个省市，80多个县（市），历时5个半月，行程4000多公里，于10月14日到达北京，为希望工程义卖义拍筹资达440余万元。实施"为了明天——预防青少年违法犯罪"工程。加强理论研究工作，以调研成果编写的《禁毒防艾人民战争青少年读本》、《预防未成年犯罪教育读本》被列为中央党校出版社出版计划。开展青少年普法维权"七个一"活动，建立全国第一个未成年人管教所"流动图书馆"，组织城青系统3400余名团员青年开展"七个一"结对帮教活动，不断深化创建优秀"青少年维权岗"，开展"青少年远离毒品"、"青春红丝带"等行动，促进《云南省预防和减少青少年犯罪工作条例》的立法。

五、深入开展增强团员意识教育活动，不断加强团的自身建设

增强团员意识主题教育活动取得阶段性成效，全省75200个团组织的200多万团员参与了主题教育活动。青年中心试点工作取得成效，非公有制经济组织、新社会组织、社区团建工作取得进展。团员团干部队伍建设不断加强，先后培训了500多名团干部，选派30多名团干部交流挂职锻炼。表彰了43个"云南省五四红旗团委"、71个"云南省红旗团支部"、116名优秀团干部、120名优秀团员，马灿敏等16位同志获"云南青年五四奖章"。省委工青妇工作会议精神得到进一步贯彻落实，推优工作不断加强。全团带队工作得到加强，培训100名基层总辅导员。信息化建设稳步推进。探索工作考核机制。团属事业的改革步伐进一步加快。

六、加强青年统战和外事工作，扩大青年对外交流与合作

积极开展民族地区信教青年调研，组织少数民族青年干部赴发达地区挂职锻炼，稳步推进少数民族青年团结进步工作，推荐28人为全国青联委员，省青联委员王冬梅荣获第十六届"中国十大杰出青年"提名奖，圆满完成第六届"云南十大杰出青年"评选表彰，举行了"感动青春"颁奖典礼，省青联志愿者艺术团举行多场慰问演出。进一步拓展与港澳台青年交流的渠道，加强与越南、缅甸、老挝、日本、韩国、泰国、孟加拉等国的青年友好交往。

西藏团的工作

2005年，团西藏区委紧紧围绕党政工作大局，在巩固中发展，在创新中前进，团结带领各族团员青年以邓小平理论和"三个代表"重要思想为指导，坚持树立和落实科学发展观，以青少年思想政治工作为重点，以服务经济社会协调发展为中心，以建设社会主义新农牧区为主线，以服务青少年成长成才为突破口，以开展保持共产党员先进性教育活动和增强团员意识主题教育活动为着力点，以加强团的自身建设为基础，突出特色，打造品牌，狠抓落实，注重成效，推进了团的各项工作，为改革发展稳定做出了新的贡献。

一、强基固本，扎实开展保持共产党员先进性教育活动和增强团员意识主题教育活动

1. 保持共产党员先进性教育活动。团区委党组对先进性教育活动高度重视，及时研究出台了《团区委关于开展以实践"三个代表"重要思想为主要内容的保持共产党员先进性教育活动实施方案》，明确了目标要求、工作任务和职责分工。在整个教育活动中，坚持用理论武装党员，坚持理论教育与实践活动相结合，坚持为基层群众办实事、解难事，坚持深入查摆问题，坚持认真整改问题。通过学习教育活动，广大党员的理论水平和政治素质有了新的提高，工作作风和自律意识有了新的转变，党支部的吸引力、凝聚力和战斗力进一步增强，团组织的战斗堡垒作用得到了充分发挥。基本达到了提高党员素质、加强基层组织、服务人民群众、促进各项工作的目标要求。

2. 增强团员意识主题教育活动。各级团组织在同级党政组织的重视和支持下，周密部署，广泛宣传，层层动员，深入开展了各项教育活动，全区17万余名团员参与主题教育活动，占团员总数的93%，活动覆盖到全区7300多个基层团组织，覆盖率达到91%。在教育活动中，各级团组织认真开展骨干培训，深入搞好思想发动，努力学习理论知识，扎实搞好实践活动，深入开展团员标准大讨论，切实加强宣传引导，取得了阶段性成果。党建带团建工作得到进一步加强，团的基层组织得到进一步巩固，团干部和团员队伍进一步壮大，团员青年思想觉悟和认识水平进一步提高。

二、高举爱国主义伟大旗帜，青少年思想政治教育工作取得新进展

1. 深入开展爱国主义教育。通过开展"学领导讲话知中央关怀、学西藏历史知维护祖国统一"主题教育活动、"四观、两论"专题教育活动、民族区域自治法宣传活动、"见证西藏、共创辉煌"文艺庆祝活动，组织青少年收看《为了胜利》等爱国主义教育影片，对青少年进行爱国主义教育，使青少年进一步认清了统一是福、分裂是祸，团结是福、争斗是祸，发展是福、倒退是祸，更加热爱社会主义制度，拥护中国共产党的领导，自觉维护祖国统一，反对民族分裂，自觉抵制达赖集团的各种分裂言行。

2. 深入开展理想信念教育。各级团组织实施了新世纪读书计划，开展了入队、入团和成人宣誓活动，邀请老十八军战士讲解西藏历史，教育青少年树立正确的世界观、人生观和价值观。开展了形势政策专题讲座，教育青少年进一步树立了市场意识、竞争意识和危机意识，确立了正确的择业观念。组织青少年收看了防腐拒变警示教育片，教育青少年吃苦在前，享受在后。开展了绿色教学楼和文明寝室创建活动，引导青少年学生树立从自我做起、从现在做起、从小事做起，维护和改变自己的生活环境。

3. 深入开展思想道德教育。各级团组织以建党84周年、红军长征胜利69周年、西藏自治区成立40周年等重大活动和重大节庆为契机，广泛开展"民族精神代代传"主题教育活动，引导青少年增强民族自豪感、自尊心和自信心，树立与时代进步潮流相适应的思想观念、价值取向和行为方式。深化手拉手、雏鹰争章、养成道德好习惯等活动，引导少年儿童通过体验教育提高思想道德素质。通过主题宣传日、专题讲座、报告会、宣传栏、宣传册等形式，切实加强了对青少年的法制教育、网络安全教育、远离毒品教育和预防艾滋病教育。组织开展"三下乡"、"四进社区"、"少年军校"、"模拟法庭"、大中专学生社会实践、夏令营、体育比赛等活动，磨练了青少年的意志，提高了青少年的动手能力。深化了"心理阳光工程"，发挥心理类学生社团的作用，推进了青少年心理健康教育。

三、围绕中心，突出重点，服务经济社会协调发展各项工作迈上新台阶

1. 农牧区青年增收成才行动。组织农牧民青年开展各类实用技术培训5630人次。牵头落实墨竹工卡县甲玛乡石灰厂、米林县饮用水工程、改则县蔬菜大棚等农牧民增收成才项目3个，总投资80余万元。组织农牧区青年劳务输出2000余人次，参与青藏铁路建设和从事第三产业服务，累计创收400余万元。团区委起草了《西藏青年创业发展与培训计划》，已与自治区13个单位完成了会签工作，确定了扎囊县、班嘎县、白朗县、堆龙德庆县为团区委增收成才行动重点联系县。

2. 青工技能振兴计划。对全区三个全国

青工技能振兴计划试点单位采取在岗培训、脱产培训、外派培训、电教培训等方式，全年完成青工培训930余人次。西藏高争股份责任有限公司制定了《高争股份责任有限公司员工培训制度》，启动了青工培训长效机制。

3. 青年志愿者工作。成立西藏自治区青年志愿者协会，标志着西藏志愿者工作走上了正规化发展道路。以大学生志愿服务西部计划和研究生支教团为抓手，为下岗职工、困难学生、弱势群体提供了法律援助、技能培训、义务家教、文化娱乐等方面的志愿服务。组织挑选青年志愿者为西藏自治区成立四十周年大庆活动提供志愿服务。团中央第一批赴藏志愿者136人于2003年进藏，到2005年全部完成了服务期，其中82人实现了在西藏就业。完成了团中央第二批赴藏志愿者87人的集中培训和分配工作。

4. 保护母亲河行动。争取团中央10万元资金，在拉萨堆龙德庆县境内实施了“保护母亲河——安利林”项目，共植树300余亩20000余棵。设立了7个生态监护站，各生态监护站积极开展了环保宣传、环境和野生动物保护等工作，其中3个生态监护站获全国表彰。和区环保局联合主办了全区首届农牧民青年藏语电视环保知识竞赛，21名农牧民青年参加了比赛。与区环保局、西藏大学、科技厅高原生物研究所联合向团中央推荐了藏羚羊监测站、黑颈鹤保护、拉鲁湿地保护等三个项目。积极参与“中国青年丰田环保奖”西藏区的评选推荐工作。

5. 青年文明号工作。召开了全区青年文明号10周年庆祝大会，对青年文明号工作10年来取得的成绩进行全面的总结和宣传。为了进一步规范青年文明号工作，切实发挥青年文明号单位的窗口作用，成立了由区政协领导任组长的西藏自治区青年文明号监察领导小组，完善了青年文明号监督管理机制。完成了青年文明号年审工作。

6. 青年文明社区创建活动。建成城市青年中心3家，确定青年中心特约服务单位8家。开展了“共建文明社区”宣传教育活动，为社区居民提供了就业信息、文化娱乐、生活帮助等服务，邀请检司法系统的法律工作者对社区居民进行法律知识教育和培训，提高了居民学法、用法、守法的自觉性。在社区开展了禁毒和防治艾滋病知识宣传教育活动，积极创建“无毒社区”。组织社区治安服务站团员青年加强安全保卫和昼夜值班巡逻，有效保障了社区的治安秩序。组织业余文化宣传队在节假日为社区居民表演节目，丰富了社区居民的文化生活。带领社区团员青年积极参加社区组织的扶贫和公益活动，为构建和谐社区做出了贡献。

四、动真感情，下真功夫，服务青少年工作取得新成效

1. 成立未成年人保护委员会。2005年8月，区政府办公厅下发藏政办发〔2005〕57号文件，正式成立西藏自治区未成年人保护委员会，健全了未成年人保护组织领导机构。

2. 开展《青少年工作条例》立法工作。在区党委的大力支持下，团区委积极与区人大法制委员会、区政府法制局联系，在深入基层调查研究、听取区内外有关专家意见并与有关单位沟通协调后，起草了《青少年工作条例》初稿。并于10月份赴湖南、江西、浙江、上海等省（市）展开区外青少年工作条例立法情况调研，听取内地省（市）人大、团委对西藏拟定《青少年工作条例》的意见和建议。

3. 服务青少年健康成长。在中小学生中深入开展了“手拉手”互助活动、“百花园”文艺活动和“启明星”科技活动，加大了对学校、社区和农牧区青少年的服务力度。深入开展“雏鹰争章”活动，进一步完善了表彰激励机制。深化了大中学生素质拓展计划，丰富了活动内容，完善了自转机制，不断提高在校学生的综合素质。深化了青少年新世纪读书计划，开展了主题读书活动。

4. 服务青年就业创业。深入实施中国青年创业行动，通过技能培训、中介服务、观念引导、就业援助等手段，建立具有共青团特点、符合青年需求的青年就业工作体系。加大了高校毕业生就业指导和大学生就业见习行动工作力度。实施了城镇待业青年和农牧区进城务工青年岗前培训。

5. 维护青少年合法权益。深入实施青少年维权岗工程，开展了"为了明天——预防青少年违法犯罪"活动，组织青少年参加了法制讲座、庭审旁听、公审大会、宣判大会、预防未成年人犯罪座谈会，开通12355青少年维权和心理咨询服务热线电话。开展了"社区青少年远离毒品"行动，举行了禁毒知识宣传街活动。开展了"青少年网络文明行动"，配合有关部门加强了对网吧的监督和管理。

6. 服务困难青少年群体。投入137.55万元在拉萨市、林芝地区、山南地区新建希望小学5所，解决了4000余名小学生上学难的问题。投入助学金123.75万元对品学兼优的特困大中小学生2200人进行了资助，帮助他们解决生活困难，顺利完成学业。大力开展结对救助工作，结成"一帮一"救助对子440对。深入开展"真情助困进万家"活动，广泛动员社会力量，调动社会资源，切实为进城务工青年、农村贫困青年、残疾青年和困难群众排忧解难，各级团的机关共为困难团员青年捐款16万元。

7. 加强青少年活动阵地建设。目前全区共有县级以上团属青少年活动阵地4个。各级团属青少年活动阵地认真贯彻团组织工作部署，始终坚持公益性文化组织的职能定位，努力践行面向青少年、服务青少年的宗旨，进一步规范运营管理，集中开展文化教育和主题实践活动。

五、扩大交流，促进合作，青年统战和青年外事工作实现新突破

1. 青年统战工作。将"西藏青年理论学社"更名为"西藏自治区青年科技工作者协会"，发展新会员190名。以青年科技工作者协会为依托，申报了"跨越式发展进程中的西藏青少年"等研究课题。举办了纪念"五四"运动86周年笔会、西藏青联庆祝自治区成立40周年座谈会，与河南省青联联合举办了"河南——西藏青年庆祝西藏自治区成立40周年美术书画展"。参与全国青联的评选表彰活动，推荐了一批具有鲜明时代特征和较强导向性的青年典型。开展了西藏自治区第七届"十大杰出青年"评选活动，众多优秀人才脱颖而出。从拉萨、山南、日喀则选派了3名青年民族干部赴上海进行为期半年的挂职锻炼。

2. 青年外事工作。区政协副主席顿珠率中国西藏青年代表团一行15人赴尼泊尔王国进行友好访问，与尼泊尔青年就政治、经贸、文化、宗教等共同关心的问题进行了广泛的交流，发展和巩固了中尼青年友好互访机制。接待韩国驻华大使馆文化参赞柳在沂在藏考察。选派11人分两次随"中韩青年友好访问团"出访韩国，选派2人随"访日百人团"访问日本。在全区招募13名志愿者赴韩国参加为期一个月的志愿服务。

3. 青年联络工作。接待了河南、河北、甘肃、广东、云南、四川等省青联委员赴藏考察团，接待人数达210人次，进一步与兄弟省区青联沟通了信息，建立了友谊。

六、夯实基层，强化队伍，团的自身建设开创新局面

1. 加强团的组织建设。利用保持共产党员先进性教育活动和增强团员意识主题教育活动的有利时机，在党组织的大力支持下，新建团总支（支部）9个，清理整顿乡镇软、弱、涣、散团组织132个，为不具备专用办公场所的61个乡村团组织解决了办公室和基本办公条件。18个县团委业务经费列入了同级财政的经费预算。

2. 加强团的制度建设。继续深化"五四红旗团委"创建工作，逐步建立"三级联创"工作联合考核、联合创优、整体联动、动态管理的工作机制。进一步健全“三会两制一课”,县以下团组织按期集中换届制度。团区委出台了《西藏青年创业发展与培训计划》,起草了《全区共青团干部队伍建设的意见》。

3. 加强团的信息化建设。团区委、团拉萨市委开通了共青团网站及电子政务系统,为团组织的交流经验、联系工作、进行互动提供了有效的平台和便捷的方法。各级共青团组织发挥组织协调优势,利用团属舆论阵地,借助西藏电视台、西藏日报社等媒介,大力宣传团的各项工作,大力宣传在中央的关怀和全国人民的支援下,西藏经济发展、社会稳定、民族团结、边防巩固、人民安居乐业的伟大成就。西藏青年报社不断创新工作手段,充实工作人员,提高办报质量,加大发行数量,充分发挥了团属新闻阵地的舆论宣传作用。各级共青团组织强化了信息工作制度。

4. 加强团干部队伍建设。以邓小平理论、“三个代表”重要思想、科学发展观、构建社会主义和谐社会为主要内容,持续抓好团干部的理论武装工作。稳妥推进“双向培养”工作,认真履行“协管”职责,选配、管理、使用好团干部。加大团干部转岗交流力度。经积极争取,绝大部分乡镇团委配备了专职团干部,所有行政村配备了兼职团干部。加大基层团干部的培训工作力度,举办“西藏少数民族青年干部培训班,全区 93 名团组织负责人参加了为期 10 天的培训。

5. 不断壮大团员队伍。加强全区中学生团校建设,会同教育厅下发了《关于加强全区中学生团校建设的实施意见》,加大对入团积极分子的教育培训,青年思想觉悟不断提高,主动要求上进,18500 名有志青年向团组织递交了入团申请书,17400 名具备团员条件的青年被吸收到团组织中来,壮大了团员队伍。各级团组织注重发现和培养优秀团员青年,落实“推优”工作,推优入党共 87 人。

陕西团的工作

增强共青团员意识主题教育活动 2005 年 8 月,团陕西省委全面启动增强共青团员意识主题教育活动,全省各级团组织以“永远跟党走”为主题,以“增强意识、健全组织、活跃工作”为目标,一是开展“永远跟党走,青春献祖国”主题团日活动。9 月 22 日,团中央书记处第一书记周强出席设在延安革命纪念馆主会场的“青春献祖国”大型主题团日活动,全省 50 多万团员参加了团员宣誓、志愿服务、文艺演出、报告会、座谈会等多种形式的活动。二是团陕西省委组队参加了团中央开展的“学理论知团情”党团知识竞赛活动,团陕西省委获优秀组织奖;三是开展“团委书记讲团课”活动。各级团委书记带头上团课 1.1 万余场(次),培训团员 20 余万人次,县级以上团委举办骨干培训班 150 余期。陕西省“团委书记讲团课”的做法受到团中央好评,也成为陕西团组织增强共青团员意识主题教育活动中的青年满意工程。

组织建设 团的组织基础不断夯实。基层团组织“三级联创”活动成效显著,涌现了一批全国、全省五四红旗团委、五四红旗团支部和全国团建先进县(市、区)。全省已有 60% 的村团支部和 70% 的乡(镇)团委达到“五好”

标准,符合建团的非公经济组织建团率达50%以上,全省85所民办高校建立了团委;全年共发展新团员32万名,推优入党7800多名。进一步发挥青联、学联、少先队组织作用,党的青年群众基础不断扩大。召开了省青联九届一次全委会,选举产生了新一届省青联领导机构。学联组织在协助党团组织维护校园稳定,推进素质教育,丰富校园文化,指导高校学生会开展工作和规范学生社团等方面发挥了积极作用。少先队组织以县、乡少工委建设和红领巾示范学校为依托,以品牌活动带动全省少先队工作整体发展。

培训挂职 按照《陕西省团干部和少先队辅导员教育培训计划》,2005年,全省共培训团干部7800人,培训少先队辅导员1.3万余名,培训师范毕业生6000名,并广泛在解放军战士、企业家、行政工作者、医务人员、大学生志愿者中招募少先队志愿辅导员3127名。另外,配合团中央西部地区团干培训工作,选派50多名各级团干部赴北京、上海、贵州、北戴河参加学习培训。2005年7月,国家开发银行陕西省分行与团陕西省委贯彻团中央精神,开展干部交流挂职工作。25名团干部到国家开发银行陕西省分行交流挂职锻炼,1名银行干部到团陕西省委挂职锻炼。

青少年活动阵地 实施《共青团陕西省委促进未成年人思想道德建设计划》。落实陕西省委、省政府2005年为未成年人办的十件实事之一,加强未成年人校外活动场所的管理,实现了102?家爱国主义教育基地向未成年人免费开放,巩固和开辟了青少年宫(活动站)、中学业余党团校、红领巾广播站等活动阵地。

青年志愿者活动 3月5日前后,陕西省30余万名团员青年参加了以"破除陋习,崇尚文明"为主要内容的志愿服务活动,实现"一助一"结对20万人(对)。陕西省"2005朝阳行动"大型慈善募捐活动为200余名贫困学生募集救助资金27万余元;集中3天培训参加第二批西部计划的587名大学生,分赴陕西省8市、18县(区)开展1至2年的支农、支教、支医、法律援助等专项服务,目前陕西省西部计划大学生志愿者总数达到802名。

金桥计划 金桥计划充分发挥共青团、青联组织广泛联系青年科技人才的优势,在大专院校、科研院所与企业,东部地区与西部地区,海外学人与国内建设之间,架起人才与项目对接、成果与市场联系的桥梁,为不同领域、不同层次青年科技工作者的创新实践提供服务,促进科研与产业的紧密结合。2005年陕西省共有来自中科院、水利部、交通部、上海财经大学等单位的12位博士组成"博士服务团",在陕西进行为期一年的挂职服务。"博士服务团"分别赴杨凌农业高新技术产业示范区、安康、宝鸡、延安、榆林等地进行省情考察。

青年外事交流 拓展与港澳台青年团体交流新项目,推动青年外事工作实现新突破。7月2日至6日,由陕西省青联、香港青年联会、粤港青年交流促进会、港台青年交流促进会、澳门中华新青年协会、台湾中华青年企业家协会共同组织的"爱我中华"两岸四地青年大汇聚"文化科技探索之旅"交流团一行200余人来陕访问,其中台湾青年学生的到访具有十分重要的意义。活动增进了两岸四地青年的友谊和感情交流,特别是加深了台湾青年对祖国历史、文化、经济等各方面的认识,全年共接待来自日本、港澳台等国家和地区的青年团组260余人次,首次采用公开招募的方式开展了2005陕西青年日本行交流访问活动。此外,分别派遣基层团干部、青联委员、青年学生等赴日本、美国、越南、巴基斯坦等国家进行访问交流、研修学习。

青年职业技能大赛 大赛自5月20日开始,11月17日结束,历时半年,比赛地点跨越西安、咸阳、渭南、铜川、延安5市,覆盖80%的国有企业和20%的非公企业,青工参与达30多万人次,设置电焊工、工具钳工、数控车工、维修电工、烹饪专业、纺织专业、电力专业、石油工程专业等10个竞赛工程。培养各级岗位能手1.5万多名,创经济效益2亿多元,创建了130多个省市级青工技能培训基地,初步形成了省、市(区)、县(企业)三级青工技能培训网络。

陕西青年创业行动 以培养创业青年人才为主线,围绕普及创业意识、培养创业能力、提供创业扶持、完善就业服务等四个方面开展工作。启动实施"成功创业计划",选拔推荐创业青年,开展创业培训、推行创业导航、实施创业见习、进行创业孵化等方法,扶持青年成功创业;新建省级青年就业培训基地10个,培训青年1000多人;设立青年创业项目库,推荐100个操作性强、风险相对较小的创业项目参加全国项目发布会;成立青年就业创业志愿导师,为创业青年提供陪伴式创业指导。

青年文明号 开展青年文明号活动,引导全省各级青年文明号集体以爱岗敬业、诚实守信、服务群众的实际行动促进职业道德建设。目前,陕西省有国家级青年文明号集体30个,省级220个,市级1600个。

农村青年增收成才 一是以培训为基础,围绕果业、畜牧业、中药材等主导产业,举办了秦川牛养殖、奶牛养殖、中草药栽培技术等培训班,共培训农村青年20多万人次,创建各级农村青年科技培训基地300多个,创建"青"字号龙头企业、产业大户和中介组织2000多个。二是形成了具有共青团特色的农村青年转移就业工作格局。进一步巩固"青"字号劳务输出品牌,实现农村青年转移就业8万多人(次)。三是树立各级各类农村青年典型500多名,带动了一大批农村青年增收成才。

保护母亲河行动 组织青年参与生态环境保护和节约型社会建设。一年来陕西省参与保护母亲河行动的青少年和社会公众达50多万人次。重点培植了一批"青"字号品牌工程。宝鸡的"环保之春"、延安和榆林的千亩"共青林"、安康的"绿色安康"、汉中的"一江两岸"、商洛的"绿色经济林带"等植树护绿活动不断丰富和发展;"小渊基金"户县、潼关项目植树近30万株、生态治理5200余亩,成为中日青年学生友好交流的舞台和象征;2005年,保护母亲河重点项目——延河项目顺利通过团中央验收。全省县以上团组织建设重点项目80多个,造林种草、绿化荒山面积达9万余亩。

大学生思想道德建设 在陕西省大学生中开展"科学发展观与职业生涯规划"主题大讨论;邀请党政领导、专家学者和各行业杰出人物为大学生作形势政策报告百余场;结合纪念抗日战争胜利60周年,以"牢记历史,开创未来"为主题,举办抗战图片展、史料展和征文、讲座等活动,激励大学生弘扬民族精神,投身民族复兴大业。

三下乡 "三下乡"社会实践活动以"服务构建和谐社会,提高思想政治素质"为主题,陕西省共有20多万名大学生组成大学生和谐社会建设宣传服务团、大学生形势政策宣讲团、博士生地方经济实践服务团、未成年人思想道德建设服务团等团队开展"三下乡"社会实践活动。

挑战杯 成功举办第五届"挑战杯"陕西省大学生课外学术科技作品大赛,全省19所高校的6万余名大学生参加了比赛,选拔出272件优秀作品参加省级竞赛,在省级决赛中产生的56件优胜作品参加了第九届"挑战杯"全国大学生课外学术科技作品竞赛,西北工业大学、西安电子科技大学获得"优胜杯",团陕西省委获得优秀组织奖。

服务大学生成长成才 全力做好帮扶困难大学生群体工作,筹资25万元,资助在校贫困大学生近千名。服务大学生就业创业,在西北工业大学建立陕西省大学生项目管理培训中心,培训340多名大学生取得了项目管理资格证书。建立了西安高新区等20多个就业见

习基地。推进大学生素质拓展计划,全年新发《大学生素质拓展证书》10万本,提高了大学生就业能力

少先队活动 主要工作有:一、开展爱国主义和民族精神代代传教育活动。9月6日,"红领巾黄河行动"暨"八路军东渡黄河出师抗日纪念碑落成10周年"纪念活动在陕西省韩城市举行,少先队员代表和驻军部队官兵1000多人参加了纪念大会;9月下旬开展了600多名中华小记者参加的"红色火种代代传"中华小记者红色之旅接力采访万里行活动。二、"雏鹰争章"。每一位少年儿童在队龄期内,分阶段为自己确立"雏鹰奖章"新目标。截至目前,陕西省参加各类雏鹰争章活动的少先队员有26万人次。三、"手拉手"活动。重点组织城市少年儿童与进城务工农民子女、农村"留守少年儿童"和弱势群体少年儿童开展手拉手活动。2月6日,西安大华餐饮有限公司等热心社会公益事业的企业为西安市儿童福利院的400多名孤残儿童带去价值6000余元的节日礼物。截至目前,全省新结"手拉手"小伙伴近10万人,"手拉手"学校近5万所。四、在全省中小学生中开展安全教育活动。与交警部门联合在3月和9月开展"交通安全月"活动,12万名中小学生在"交通安全伴我行,争做文明少年"倡议书上签名。目前在西安已组织157名交警成立"交通安全宣读团",深入100多个小学宣读交通法规常识,受教育学生达10万人次。

青少年权益保护 青少年政策法规进一步完善。《陕西省实施〈预防未成年人犯罪法〉办法》6月2日在陕西省人大常委会第十九次会议上审议通过。该法对推进陕西省预防青少年违法犯罪工作,促进未成年人健康成长,构建陕西省"两法两办法"的青少年法律建设体系,具有重要作用,同时开展了为期一个月的法律宣传活动,举办了陕西省青少年法律知识竞赛;初步建立青少年预防艾滋病宣传教育体系,11月26日,开展"青春红丝带——你我同行"进城务工青年健康教育大型公益演出,并为进城务工青年进行义务体检。11月27日,在西安文理学院举办陕西省2005年"世界艾滋病日"文艺晚会;"青少年网络文明行动"、"青少年远离毒品行动"持续开展;维护青少年权益工作深入社区,省、市两级初步形成了青少年社会化维权网络体系。2005年,全省新创建各级青年文明社区80多个,新创建各级青少年维权岗180多个,举办各种公益演出280多场,发放宣传品26万多份。

青年中心 推进青年中心建设。初步构建了"基层团委+青年中心"的基层共青团和青年工作的组织网络体系。建立了20多个省级城乡青年中心示范点,创建城乡青年中心120多个,其中依托专业养猪协会建立的丹凤县武关镇青年中心,依托政府资源建立的咸阳渭城国寿青年中心,依托产业化创业示范点建立的陈仓区周原镇青年中心,依托希望小学建立的宝塔区南泥湾青年中心等都起到了良好的示范作用。

引资引智 充分发挥共青团的组织联络优势,努力开发利用省内省外两个市场、团内团外两种资源,着力建设青年引资引智工作队伍和主体队伍,实现了青年引资引智和科技成果推广工作的新发展。2005年陕西省各级团组织共引进项目128个,引进资金10.32亿元。

希望工程 全面实施"明德奖学金"、"芙蓉学子奖学金"、"金龙鱼农民工子女助学活动"、"助学长征——公益助学步行活动"、普洱茶义卖等筹款项目,此外,原陕西省委书记白纪年为希望工程捐款5万元,进一步掀起了希望工程助学行动的热潮。陕西省2005年累计募集资金1300多万元,援建希望小学52所,救助特困学生5200多人,培训希望小学教师50名。

甘肃团的工作

2005年，在甘肃省委、省政府和团中央的领导下，全省各级团组织坚持以邓小平理论和“三个代表”重要思想为指导，结合开展保持共产党员先进性教育活动，紧紧围绕落实省委“两高举一加强”和“两抓两放”的总体工作思路，紧扣全省经济快速发展和社会全面进步的大局，全面加强团的自身建设，扎实推进各项重点工作，为广大青少年的健康成长和全面发展提供了扎实有效的服务，全省团的工作在创新和务实中与时俱进，取得了新的突破和进展。

一、找准问题，理清思路，团的自身建设实现新发展

1. 牢固确立“大团建”理念，团的组织建设得到加强。一是壮大参与主体。部门合力抓团建，不仅组织部门抓团的组织建设，团的各条战线、各个部门都结合自己的工作抓团的组织建设，使团的各方面工作与组织建设相互融合，协调发展；条块协作抓团建，打破条块分割、各自为政的局面，实现条块结合、优势互补、相互促进。二是放大工作视野。放大视野来定位职能，面向未来，着眼长远，把团的组织建设与协助政府管理青年事务相结合；放大视野来整合资源，不仅争取党政支持，而且依托社会资源，按照不求所有、但求所用和互惠互利的原则，整合社会各方面力量为我所用，参与和支持团的组织建设。三是扩大有效覆盖。创新抓团建，按照有利于联系服务团员青年的原则，不拘一格、灵活设置团组织形式，在扩大覆盖面上下功夫；务实抓团建，不仅注重建团数量，更注重质量，在切实增强活力、发挥作用上下功夫。坚持做到不仅覆盖到，更要覆盖好。一年来，“大团建”理念在基层的实践取得了阶段性成果，团建工作只说不做的情况得到了一定改善。不少团组织积极推进团建创新，探索产业建团、协会建团、依托建团、联合建团、动态建团、网络建团、成立青年工作委员会等新的团建方式，新建团组织320多个，建设青年中心151个；通过公推直选、“1+3+X”等方式，进一步创新了团干部配备模式，团的组织建设有了新的发展。

2. 坚持“面向基层、服务基层”，团的作风得到改进，服务能力得到提高。一是团省委带头面向基层、服务基层。以开展保持共产党员先进性教育活动为契机，团省委带头转变机关工作作风，着力克服角色定位行政化、机关化，联系对象精英化、少数化，工作内容空洞化、形式化等倾向，坚持工作重心下移，加强对基层的联系、指导和服务。以开展增强共青团员意识主题教育活动为契机，团省委书记班子、各部门共建立各自的基层联系点16个，先后40余次深入联系点指导工作，真心实意帮助基层办实事，解难题。建立了团省委机关和基层团干部“上挂下派”相互挂职锻炼制度，选拔首批10名团县委书记到团省委机关就任部长、主任助理，派出5名机关团干部到基层一线任职锻炼；二是在全省团的各级领导机关启动了“联系服务基层行动”，建立团的领导机关基层联系点1000个，以点带面促进整体工作的活跃；三是坚持“不唯书、不唯上、只唯实”，鼓励基层创造性地开展工作。团省委修改完善了对市州、直属团委的考核办法，重新整合团内表彰奖励项目，设立了“创新奖”，减少了对基层的规定动作和“多头”干扰，为基层营造了更加宽松的工作环境；四是注重面向基层开展信息服务，团省委在加强“甘肃共青团”网站建设的同时，开通了甘肃农村青年创业网，开编了《一周基层动态摘要》、《基层组织建设简报》、《增强

团员意识教育活动简报》,在《甘肃青年工作》中开辟了“基层动态”专栏,宣传了一批基层工作的好典型、好做法。

3. 解决问题,务求实效,扎扎实实开展增强共青团员意识主题教育活动。为了使教育活动扎实推进,取得实效,团省委在宣传发动上着力抓好团的领导班子、团干部和团员“三个层次”,引导大家深刻理解为什么开展教育活动、怎样开展教育活动、如何评价教育活动效果“三个问题”,把问题是否找准、是否有了解决的思路、解决到什么程度、团组织和团干部是否树立起了新的形象作为衡量教育活动成效的重要标准。在推进措施上,坚持党的领导是保障,注重与党员先进性教育活动相结合,与基层组织建设相结合,与促进各项重点工作相结合;坚持以团员团干部的积极参与为基础,以主题实践活动为载体,在学习中实践,在实践中学习,着力提高团干部的素质和工作主动性;坚持强化督察抓落实,全省成立省、市、县三级督导组300多个,深入基层督导检查1100余次,促进教育活动各项要求落到了实处。活动中,全省共整顿基层团组织1300多个,督促换届650多个,新发展团员3.6万人,调整配备团干部820人。

二、围绕党政工作中心,服务大局做出新贡献

1. 农村青年转移就业工作扎实有效。团省委及时召开书记办公会,专题研究农村青年转移就业工作,把服务农村青年转移就业作为落实科学发展观和省委十届八次全委会议精神的重要举措,纳入全省团的重点工作,并就农村青年转移就业工作制定了八项措施,开辟委培就业新途径,引导和组织农村青年规模转移,集中输出。一是抓宣传引导。团省委专门制定下发了《甘肃农村青年转移就业工作方案》,动员和引导各级团组织积极为农村青年转移就业服务;开展了“农村青年转移就业服务月”活动,开通了甘肃农村青年创业网站,在甘肃电视台、省广播电台、《甘肃农民报》、“甘肃共青团”网站发布用工信息,宣传务工知识,营造了良好的工作氛围。二是抓调查摸底。团省委先后两次就农村青年的年龄知识结构、收入情况、就业打算和创业意愿等开展细致调查,掌握了农村青年在就业需求方面的真实情况。各市州和县区团组织也通过进村入户、发放调查问卷等形式,围绕农村青年就业状况展开专题调研,形成了一批具有较强参考价值的调研成果,为团组织有针对性地服务农村青年转移就业找准了方向,理清了思路。三是抓技能培训。团省委与省农牧厅、省财政厅联合,积极参与“新型青年农民科技培训工程”项目,在全省21个县(市、区)培训青年农民6万人次;依托“河西星火产业带百万农民科技培训”项目,在酒泉市、高台县、凉州区举办培训班30期,培训青年农民1500人次,并对正宁、武山等9个县的“新型青年农民科技培训工程”进行了申报立项,为团组织有计划地开展农村青年转移就业奠定了基础。四是抓项目对接。团省委主动与北京、上海、江苏、新疆等地团组织联系合作,通过团组织中介输转、“农村青年+团组织+用工企业+学校”委培就业输转等形式进行项目对接。广泛开展信息政策咨询、“工岗快递”和劳务项目对接工作,初步探索出了一些成功做法和运作模式,先后向北京、浙江、江苏、深圳、青岛等省市输送务工青年2600余名,帮助1.2万名青年在当地实现了就业和再就业,配合各级政府劳务部门输转劳动力19.5万人次。五是抓跟踪服务。各级团组织通过与用工企业签订协议、定期与用工地团组织联系、建立务工青年信息回馈制度、筹建流动团支部和务工青年权益维护站等形式,初步建立了务工青年跟踪服务和权益保障机制,帮助他们解决工作生活中的困难和问题。注重引导农村青年向其他非农产业转移,从思想上、技术上、物质上帮助他们致富。

2. 支持青年成才创业工作不断深化。大

力实施"青工技能振兴计划",以团中央在甘肃重点联系的12家企业为示范,在各级团组织中普遍开展了岗位练兵、技术比武、导师带徒、"五小"活动、创新创效、青工技能月、职业技能鉴定月(周)等活动,全省近10万名青年参加了甘肃省第二届青工技能大赛,涌现出了一大批青年技能型人才;充分发挥青年企业家协会的作用,邀请中国青年企业家协会10多名优秀青年企业家参加"甘肃青年发展论坛",部分中国青企协的青年企业家还在兰州、酒泉、甘南进行了前期项目考察和论证;扎实推进"甘肃青年创业行动",引导各级团组织通过全省已建立的青年就业服务中心和60家青年就业培训基地,组织创业培训,开展信息中介服务,提供政策资金支持,举办创业论坛和项目推介会,共开展青年就业创业培训283场次,培训2.1万人次,筹集扶持资金200余万元,为1500名青年提供了创业支持。在启动实施"大学生就业见习行动"过程中,首批20家省青联委员所在单位为在校大学生提供就业见习岗位600个,为其积累职业经验,提高就业竞争能力,创造了更多的机会和条件。结合评选第七届"甘肃省十大杰出青年",举办了"十大杰出青年走进校园"活动,并通过对"十杰"事迹的广泛宣传,为广大青少年树立了可信、可学的榜样和典型。

三、坚持以人为本,服务青年取得新成效

1.青少年思想教育工作进一步加强。团省委认真贯彻中共中央国务院2004年8号、16号文件精神,落实《"甘肃省未成年人健康成长行动计划"20条》,强化未成年人思想道德建设和大学生思想政治教育工作。研究制定了《加强未成年人思想道德建设工作推进计划》,并在"甘肃共青团"网站上增设了"未成年人思想道德建设"和"青少年心理知识教育"专栏;组织开展了第二届甘肃省少先队文化巡礼、"少年儿童平安行"和"学习航天精神、发扬革命传统"等活动;联合省教育厅、省少工委评选表彰了"陇原十佳少年"、"优秀少先队辅导员"、"优秀红旗大队"和第十届"世纪之星"甘肃省优秀中小学生;在第七届中小学生书信文化大赛中,收到信件120万封,创活动参与历史新高。在青少年对外交流工作中,组建甘肃青年代表团赴欧洲11国和日本、韩国访问,甘肃、香港两地组派青少年代表团开展了广泛的互动文化交流活动,为青少年开阔眼界、增长见识、对外宣传甘肃,加强团队组织对外交流与合作创造了条件。

2.青少年维权和预防青少年违法犯罪工作再上新台阶。以"为了明天——预防青少年违法犯罪工程"为统揽,开展了"青少年网络文明行动"和优秀"青少年维权岗"创建活动,并结合创建"青年文明社区",在城市街道、社区实施了"青少年违法犯罪社区预防计划",开展了"6·26国际禁毒日"、"社区青少年远离毒品"宣传教育活动和"情系社区,服务群众"社区慰问救助活动。配合省人大对预防青少年违法犯罪和未成年人保护工作进行了专题调研,开通了"12355"甘肃省青少年维权、心理咨询热线,接受法律、心理咨询560多人次。

3."保护母亲河行动"取得新成效。按照建设资源节约型、环境友好型社会的要求,全省各级团组织广泛整合社会资源,兴建了一批有一定规模的青少年纪念林。团省委帮助榆中县协调争取"保护母亲河"日中绿化交流基金1000万日元,设计绿化面积1200亩;总面积5031亩的永靖刘家峡解放军林顺利通过中国青基会验收;在兰州市建成了全国第一个"保护母亲河"标志性雕塑——山河聚;在全省青少年学生当中开展了"兰州石化杯"节约资源、保护环境知识竞赛,并向社会各界发出倡议,为会宁县会师地红色旅游纪念林筹集资金100多万元。这些工作都进一步扩大了共青团"保护母亲河行动"的社会影响力。

4."大学生素质拓展计划"稳步推进。各大专院校团组织以实施"大学生素质拓展计划”为统揽，努力强化育人功能，组织大中专学生10余万人开展了“三下乡”社会实践活动，9所高校被评为“三下乡”社会实践活动“全国优秀组织单位”。开展了以“挑战杯”竞赛为主要内容的大学生课外学术科技活动，在第九届全国“挑战杯”竞赛中，甘肃3件作品获得二等奖、5件作品获得三等奖。通过这些活动，促进了服务教育教学中心和培养大学生综合素质的有机融合。

5.“青年志愿者行动”不断拓展。完成了“西部计划”甘肃项目523名大学生志愿者的招募、培训、派遣、日常管理和服务工作，开展了“陇原青年志愿者百日助残”、“省城万名青年志愿者集中服务”等活动，拓宽了志愿服务活动的发动面和参与面，在弘扬社会新风方面发挥了积极作用。

6.实施希望工程有了新发展。一手抓规范管理，一手抓项目实施，在努力做好对已建成希望小学和受助学生后续跟踪管理的同时，不断加大项目争取和资金筹措力度，在配合中国青基会、香港苗圃慈善团体开展的“助学长征”苗圃行动中，筹集资金240万元，沿途捐建希望小学12所。一年来共筹集希望工程救助资金581万元，新捐建希望小学17所，新救助大、中、小学生1457名，向希望小学和山村学校配备了价值117万元的电教设备。

青海团的工作

2005年，在中共青海省委和团中央的领导下，全省各级团组织坚持以邓小平理论和“三个代表”重要思想为指导，深入贯彻党的十六届四中、五中全会以及省委十届六次、七次全委会和团十五届三中全会精神，紧紧围绕全省工作大局，按照团青海省十一届三次、四次全委会确定的目标任务，全面落实科学发展观的要求，坚持解放思想、实事求是、与时俱进、开拓创新、扎实工作，以团结带领团员青年参与和谐青海社会建设为主线，以夯实团的基层组织建设为基础，切实加强团的建设，竭诚为团员青年的成长成才服务，团结带领广大团员青年为完成“消除贫困、富民强省”和“深化改革，创新机制”两大历史任务，推动青海国民经济持续快速协调健康发展和社会全面进步做出了积极贡献。

理论教育和团组织建设 全省各级团组织按照省委的统一部署，扎实开展保持共产党员先进性教育活动，以实践“三个代表”重要思想为主题，以争做“党放心、青年满意好团干”为着眼点，抓好“六个环节”，实现“六个到位”，坚持将增强共青团员意识主题教育活动与贯彻落实保持共产党员先进性教育活动精神相结合，与加强团的基层组织建设相结合，与促进团的各项工作相结合。组织力量编印并免费发放《青海省增强团员意识教育读本》，包括藏文版共15000册，在电视、报纸、网站等各类媒体开辟“增强团员意识，构建和谐青海”专栏和播放专题节目，团省委举办“党史团情省情”知识竞赛，“新青海、新青年——在构建和谐青海中展风采”演讲比赛和“在构建和谐青海中展风采”大讨论活动，各级团组织统一步调集中开展了“坚定理想信念，增强团员意识，永远跟党走、青春献祖国”等专题活动，在新闻媒体刊发、播出“致流动团员的一封信”。全省各级团组织认真开展了“流动团员，团组织在找你”活动，通过设立流动团员登记爱心驿站，深入社区、集市、用工单位主动调查登记、外出团员向流入地开出流动团员参加教育活动介绍信等方式，使教育活动对流动团员的覆盖面进一步扩大。建立团员意识教育活动和基层团组织建设联系点制度，实行一级抓一级，层层抓落实的机制，取得较好的效果。在增强共青团员意识主题教育活动的带动下，各级团组织加强基层组织建设，大力推进“三级联创”，今年全省基层团组织建设先进县（市、区）创建参与率100%，确定了41个“全省第六批五四红旗团委创建单位”，87个“全省第三批五四红旗团支部（总支）创建单位”，全省共组织培训兼职团干部1994人次，省级专职团干部1900余人次。

青少年思想政治教育工作　按照省委统一部署，认真贯彻落实党中央国务院《关于进一步加强和改进大学生思想政治教育的意见》，结合保持共产党员先进性教育活动，开展了增强共青团意识主题教育活动、青年民族团结进步创建活动、“新一轮解放思想大讨论”活动，通过报纸、电视组织开展了全省青年保持共产党员先进性教育知识竞赛，紧紧抓住重要节庆、纪念日等重大契机，广泛组织“缅怀革命先烈，弘扬民族精神”、“民族精神代代传”、大型革命歌曲传唱、“为家乡喝彩”和“藏羚羊走进五环”等一系列主题教育宣传活动。开展大学生“三下乡”实践活动，在青年中进一步兴起了践行“三个代表”重要思想的新高潮。深入社区、高校访谈，直接面对未成年人和大学生群体进行有针对性的调研摸底。拿出应对措施，集中力量抓了“未成年人思想道德建设十件实事”、“迈进校园”、“青海贫困大学生助学基金”筹集发放、“留校大学生红红火火过大年”、“大学生阅报栏”配备等一系列实事。全省各级团组织大力开展了“热心献社会、真情暖人间”、“手拉手献爱心”、“向校园陋习说‘不’”、“为队旗添彩”、“节约资源保护环境知识竞赛”等一系列思想道德实践活动，形成了加强青少年思想道德教育的热潮。

阳光工程　组织青年积极参加各类技能培训和外出务工，团省委争取下岗职工就业再就业培训经费共计20万元，深入果洛、黄南、海东、海西部分县举办农牧区青年实用技术培训班5期，累计培训509名农牧区青年。全省各级团组织共培养农村青年星火带头人2165人，举办农牧区青年和科技实用技术培训班2000多期，培训农牧区青年达28170人次，组织劳务输出38678人次。开展工岗快递活动，今年共培训下岗青工1500余名，500余名青年实现再就业。

希望工程　2005年累计筹集各类资金410多万元。新建希望小学10所，筹集建校资金188.71万元；新建希望网校2所，筹集学习用品、生活用品资金160.94万元；配置希望书库10套；开展贫困学生救助和“明德”、“金龙鱼”、“芙蓉学子——与希望同行”、“哈飞育才”、“我要上大学”等多项资助活动。全年共新增中小学救助名额1000名，贫困大学生救助名额152名，完成筹集资助金70多万元。

示范群体建设　坚持以青年人力资源开发为主线，挖掘培养和举荐青年人才，加强青年示范群体建设。2005年5月，团省委组织了全省示范群体表彰会，表彰了一年来在全省各行业中涌现出的154名优秀青年典型和75个先进集体。

青少年维权工作　为构建和谐社会，全面参与“平安青海”建设，推进依法治省进程，切实维护青少年的合法权益，预防和减少青少年违法犯罪，努力营造青少年健康成长的良好社会环境，开通“12355”青少年维权和心理咨询服务热线，面向全省青少年提供权益保护、法律援助、心理咨询等方面的免费服务。截至2005年底，共接受法律咨询80起，进行法律援助6起，开展第四批“优秀青少年维权岗”推荐、评选活动，开展全省青少年法律知识竞赛活动,成立了31个未成年人法律援助工作站和法律援助中心,想法设法为青少年办实事,办好事,受到人民群众欢迎。

青工岗位技能振兴计划 2005年成功举办第二届全省青年职业技能大赛,服务青年职工岗位成才取得实效,此次大赛经过各地二类选拔赛和最终的全省一类大赛,进行了汽车驾驶、汽车维修、旅游星级饭店餐厅服务、旅游星级饭店客房服务4个工种竞赛,对获得优秀成绩的青年职工,由团省委、省劳动和社会保障厅授予"省级技术能手"、"全省优秀青年岗位能手"、"全省青年岗位能手"称号,并给予晋升技师和高级工的奖励,共有43名青年通过大赛获得技术等级晋升认定,全省青年职工参与热情高涨。

青年文明社区创建工作 在城市社区开展了"校园文化进社区"、"相约大家乐舞台"、"社区青少年三人篮球"等活动。在农牧区,开展了农牧区青年文明创建、青年文明号与农牧区青年中心"一助一"结对活动,积极参与构建和谐社会。为进一步贯彻团中央十五届二中、三中全会,全国青年中心建设工作会议和团省委十一届三次全委会精神,总结交流近两年青海城乡青年中心建设试点工作的做法和经验,研究部署下一步城乡青年中心建设工作,今年7月,在海南州贵德县召开全省农牧区青年中心建设试点工作现场推进会。今年8月,在格尔木召开全省城市及农村青年中心建设工作现场推进会。积极开展青年文化进社区,大学生援助服务进社区,维权服务,便民服务,大家乐舞台等活动,初步建立起规范的社区服务体系。

青年文明号活动 今年突出加强对青年文明号集体的管理,在进行严格复核考核后,37个国家级和512个省级青年文明号通过考核被继续认定,153个不符合要求的原省级"青年文明号"集体被摘牌取消资格。

公益活动 各级团组织广泛开展青年志愿者服务日活动和万名团员青年春季义务植树活动,组织青年志愿者服务"青洽会"、"环湖赛"、"同一首歌"、"黄河极限赛"、"郁金香节"等大型公益活动,成为共青团组织弘扬社会新风的亮点。

西部计划 西部计划自2003年开始实施,今年团省委积极协调有关部门,争取实施西部计划项目,扩大招募规模,取得了实质性进展。通过协调团中央支持,为海西、海北、海南、黄南地区的西部计划志愿者争取获得了与西藏同等的生活补贴待遇。通过公开招募,组织选拔,集中派遣的方式,招募辽宁省对口支教的普通高校应届毕业生170名志愿者到县、乡、镇从事为期1—2年的教育、卫生、农技、扶贫以及青年中心建设和管理等方面的服务工作。

青联、学联工作 增补了一批青联委员、常委,选派13名青年赴日本、韩国等国参观访问。继续深化同港澳地区青年组织的交流,成功接待了香港童军总会九龙地域交流考察团,省青联组成代表团成功回访港澳,达成了多项合作交流协议,向省委及有关方面提交了考察交流报告,得到了充分肯定。选派4名少数民族优秀青年干部赴东部发达地区挂职锻炼,举办了第三届全省青年歌手大赛。省学联积极适应新形势的要求,努力发挥联络服务职能,完善组织体系,提高了学生会的工作能力。

青海省第五次少代会 2005年6月13—15日,青海省少年先锋队第五次代表大会在西宁召开。大会选举出第五届工作委员会。由49名同志组成省第五届工作委员会,其中共青团、少先队工作者占16名,教育行政工作者14名,社会教育工作者12名,少先队辅导员4名,校外志愿辅导员1名,少先队员2名。

队伍建设 在加强团干部队伍建设方面,团省委始终坚持"两个务必"。增强服务意识,建设学习型团组织,加强干部队伍的作风建设,反对浮躁和不实之风。加强机关和系统内干部学习制度,组织培训全省各级团干部4218

人次。认真开展保持共产党员先进性教育活动,大力推进增强共青团员意识主题活动。加强基层组织建设,大力推进“三级联创”。1个县被评为“全国团建先进县(市)”,20个基层团委被确定为“全国五四红旗团委”创建单位。全省共发展团员3万余名,保持了适度增长。

事业单位管理 省团校认真履行培养团干部和各类人才的职能,培训团干部8期,举办职业技能培训5期,2005年新招大中专学生48人、中学生75人。青少年活动中心始终坚持“面向学校、面向少先队、面向全体少年儿童”的办学方向,校外教育培训6000余人,成为受青少年欢迎、家长和社会认可的培训、活动场所。青海青年报社把握正确舆论导向,弘扬社会新风,基本实现办公自动化,提高了办报质量。

宁夏团的工作

2005年,自治区团委坚持以邓小平理论和“三个代表”重要思想为指导,深入学习贯彻党的十六届三中、四中、五中全会,自治区党委九届十次、十一次、十二次全会和团十五届三中全会精神,认真贯彻落实自治区党委常委会听取自治区团委工作汇报时的重要指示和全区青年工作会议精神,全面贯彻落实科学发展观,以青少年思想道德教育为主线,以全面推进宁夏青年参与生产力发展工程、青年人才开发工程、青年文化工程、青年就业创业工程和团建创新工程为重点,服务党政中心工作,服务青少年成长成才,团结带领全区各级团组织和广大团员青年在全区“三个文明”建设中发挥了生力军和突击队作用,为建设和谐宁夏做出了积极贡献。

一、切实改进工作方式方法,青少年思想教育工作取得新成绩

通过举办读书吧、交流会、实践活动等多种形式,掀起全区各族各界青年学习“三个代表”重要思想的新高潮。首次编辑出版了《宁夏青少年发展状况蓝皮书》,为自治区党委和政府今后出台青少年政策提供了依据。抓住纪念抗日战争胜利60周年、五四运动86周年、“一二·九”运动70周年、“一二·一”运动60周年、神舟六号发射成功等有利契机,广泛开展了富有特色的主题教育活动和纪念活动。组织少先队员开展了“手拉手——山区孩子看首府”、雏鹰争章、民族精神代代传、18岁成人仪式系列教育活动。重视信息化发展对青少年思想的影响,建设了以“宁夏共青团”网站为主体的全区团属青少年网络系统。

二、扎实开展保持共产党员先进性教育活动和增强共青团员意识主题教育活动,党员意识和团员意识得到进一步提高

自治区团委机关在2004年先行开展保持共产党员先进性教育活动的基础上,按照自治区党委的统一部署,从2005年1月20日至6月23日开展了以学习实践“三个代表”重要思想为主要内容的保持共产党员先进性教育活动。自治区团委党组高度重视,切实把开展先进性教育活动作为加强和改进机关党建工作的“一号工程”。机关上下认识明确,行动迅速,措施得力,一手抓教育活动,一手抓工作推进,做到了两不误、两促进,先进性教育活动和各项工作取得了明显成效。通过先进性教育,机关党员的思想认识有了新的提高,学习实践

"三个代表"重要思想的自觉性和坚定性进一步增强,领导班子和机关党员的作风有了新的改进,机关党建工作有了新的加强,有效地激发了全体党员的内在动力,党组织的战斗堡垒作用和党员的先锋模范作用进一步发挥。在群众满意度测评中,群众满意率为100%。

为把保持共产党员先进性教育活动精神贯彻落实到团员青年中去,进一步加强团的基层组织建设,促进团的工作,根据团中央的统一部署,在先期试点取得工作经验的基础上,在全区范围内开展增强共青团员意识主题教育活动。自治区党委高度重视,成立活动领导机构和工作机构,并召开动员大会,自治区党委组织部、自治区先进性教育活动办公室和自治区团委联合下发了《关于开展以学习实践"三个代表"重要思想为主要内容的增强共青团员意识主题教育活动的实施方案》,全面启动教育活动。在活动中,下发增强共青团员意识主题教育活动学习教材1.9万册、宣传海报400幅,编制发放团史团情教育光盘260张,并充分运用各种宣传媒体,狠抓氛围营造,确保宣传到位。通过召开全区增强共青团员意识主题教育活动中期现场推进会,总结经验,分析问题,推进工作。紧扣主题教育活动目标要求,广泛开展主题活动,不断提高工作实效。9月29日在银川市西夏区宁夏解放纪念广场隆重举行全区"高举团旗跟党走,火红青春献祖国"主题团日活动;10月10日,自治区团委组织3000多名团员青年和群众在灵武市梧桐树乡开展全区团员青年农田水利基本建设大会战;10月28日成功举办宁夏"学理论知团情"党团知识竞赛,组队参加全国"学理论知团情"党团知识集中竞赛并荣获二等奖;12月上旬,广泛开展了"增强团员意识,服务和谐社会"主题实践周活动。元旦前后,各级团组织深入推进"真情助困进万家"活动,开展了为困难青年群体"送温暖"活动。通过教育活动,广大团员的政治意识、组织意识、模范意识明显增强,团的基层组织更加健全,团的工作更加活跃,团员意识教育的长效机制逐步建立,教育活动取得阶段性成果。

三、全面推进宁夏青年参与生产力发展工程,团结带领全区团员青年为促进经济发展做出新贡献

农村青年增收成才行动深入实施。开展了"千校百万"进城务工青年培训计划和举办转移就业青年先进事迹报告会,成立自治区进城务工青年培训基地5个,转移就业农村青年3000人次,培训转移就业农村青年2000人次,使60%的转移就业青年掌握了1—2门职业技能和劳动技能。深入开展新型青年农民科技培训工作,全年累计投入30万元,在全区20个市(县、区)系统培训农村青年2200人次,培养县级以上青年星火带头人800多人,其中500多人获得农民技术员职称。大力实施优质农产品开发计划,推广了一批先进实用技术,实施农业科技项目85个,县级以上团组织直接领办科技推广项目32个。大力加强农村青年经纪人协会建设,建立了以县级团委为中心的农村青年专业技术协会指导办和以乡镇团组织为中心的农村青年专业技术协会指导站。以固原市为主体,加强输出地与输入地共青团组织的对接,加大了劳务输出工作力度,全年有组织输出劳动力2000人次。积极探索农村产业化生产的模式,在部分县区成立了"企业+基地+青年农户"的合作组织,促进了农村产业化的发展。建立青年科技示范园区30个。组织团员青年积极投入全区农田水利基本建设,开展了2005年全区团员青年农田水利基本建设大会战。

青工技能振兴计划活动扎实开展。举办职业技能大赛5场,有5万名青年参加了大赛,涉及电力、煤炭、交通、宾馆等行业的13个工种,使参加技能竞赛70%的青工(35周岁以下)的技能水平在现有的基础上提升一个等级,培养青年高级工356名、青年技师52名、青年高级技师 11 名,表彰了全区杰出青年岗位能手 10 名和岗位能手 58 名。开展了创建青年安全生产示范岗活动,表彰了 17 个青年安全生产示范岗。

保护母亲河行动深入开展。启动实施了宁夏吴忠解放军青年林、中日青年石嘴山市生态绿化示范林和吴忠市红寺堡生态绿化示范林国家级保护母亲河工程项目 3 个和“灵武市青年林”自治区级保护母亲河工程项目 1 个，总投资 410 万元，计划植树造林 20500 亩。集中组织全区机关干部、青年志愿者、武警官兵、大中小学生 1.1 万人开展植树活动，在保护母亲河项目区造林 5189.2 亩，成活率达到 93.7%。积极参与了团中央组织的沿黄九省（区）“同一条河——金河文化林保护母亲河系列活动”，在银川市兴庆区通贵乡河滩村建设了“保护母亲河工程——兴庆区金河文化林”项目，投资 2 万元，规划造林 100 亩。

四、全面推进宁夏青年文化工程,青少年参与精神文明创建活动取得新进展

青年文化行动和青年志愿者行动蓬勃开展。组织开展了宁夏青少年书法大赛、“中华古诗文诵读工程”、第七届全区大学生校园科技文化艺术节和第九届全国“挑战杯”大学生课外科技作品竞赛及第四届全区“挑战杯”大学生课外学术科技作品竞赛活动,举办了首届全区少先队辅导员风采大赛和以“新农村、新青年、新风采”为主题的第八届宁夏“乡村青年文化节”、以慰问进城务工青年专场文艺演为主体的宁夏第二届社区青年文化节等活动。进一步深化大学生志愿者科技、文化、卫生“三下乡”社会实践活动,开展了“中国青年志愿者医疗扶贫万里长征活动”和以“实践志愿精神、展示青春风采”为主题的全区大中专学生志愿者“四进社区”活动。召开宁夏青年志愿者行动表彰大会,表彰了在宁夏青年志愿者行动中涌现出的先进典型。深入推进青年志愿者社区发展计划,实施了青年志愿者助残行动、为老服务金晖行动和中学生成人预备期志愿服务、少先队志愿辅导员社区服务等活动。逐步健全和完善青年志愿者管理机构和工作机制,加快志愿服务立法工作,配合自治区人大内司委调研起草了《宁夏志愿服务条例(草案)》。深入实施大学生志愿服务西部计划、中国青年志愿者扶贫接力计划研究生支教团项目和固原支医项目,启动实施了宁夏高校毕业生志愿服务农村计划和中国青年志愿者扶贫接力计划——鲁宁支农、支教项目。目前共有 2102 名志愿者在宁夏基层教育、卫生、农业、科技、宣传、文化、检察、青年中心、法律援助等领域开展志愿服务活动。全国政协青联界委员来宁视察了青年志愿者工作。

青年文明号活动和青少年新世纪读书计划扎实推进。组织开展了“青年文明号百城万店无假货活动”和“青年文明号优质服务促假日经济活动”等青年文明号信用建设示范活动。加大了对青年文明号集体的评选和考核,全年共评选申报全区文明号集体 16 个,复核 57 个。举办了全区国家级和自治区级青年文明号负责人培训班,全区 144 个青年文明号集体负责人参加了培训。广泛开展了以“弘扬先进文化,争做文明先锋”为主题的宁夏青年文明号文化节活动,进一步扩大青年文明号品牌的影响力。以创建学习型团队为重点,开展了青少年新世纪读书计划,全年推出 51 期新书推荐榜,并推出了《生命的节奏》、《今我宁夏》等新书专榜和各类图书共 600 余种。重视和加强读书网络的建设工作,指导基层单位建立了一批新世纪读书书屋。重视青少年学生心理健康教育,邀请知心姐姐杂志社心理健康巡讲团为广大青少年作心理健康的专题报告 50 余场。

五、全面推进青年人才工程,开发青年人力资源有了新突破

建立了青年人才库,加强对青年人才的培

养和举荐，注重对青年典型的选树和宣传，评选表彰了第七届“宁夏十大杰出青年”、“宁夏优秀青年”，宁夏平罗县青年农民杨振强当选“全国十大杰出青年农民”、海原县第一小学高凯歌同学当选“全国十佳少先队员”、张爱云和潘晓丽获“中国志愿服务金奖”奖章，复旦大学研究生支教团获2005年感动宁夏集体奖。配合自治区党委组织部做好博士服务团有关工作，组织博士服务团成员深入高校、企事业单位开展集体业务咨询与专题报告近60场。积极开展与港澳台和国外青年组织的交流与合作，全区共有7批34人次出访了日本、韩国、巴基斯坦、越南、俄罗斯、德国及挪威等北欧四国。配合自治区外办举办了“2005中国·宁夏青年交流之翼”活动。

六、全面推进青年就业创业工程，服务青年成长成才工作有了新作为

引导青年特别是转变大学生就业观念，全区举办创业意识（能力）培训班48期，培训人员5900多人，就业培训班12期，培训人员2600多人。设立100万元青年就业创业基金，实施了“青年创业典型示范工程”，重点扶持了24名青年创业典型。选派的参赛选手在第二届中国青年创业能力大赛中荣获总成绩第一名。建立了宁夏青少年维权服务中心，开通了宁夏青少年维权和心理咨询服务热线12355，表彰自治区级优秀“青少年维权岗”7个。开展了“青春自护”、“青春红丝带”、“少年儿童平安行动”、创建“青少年安全放心网吧”和“青少年网络文明行动”等活动。开展了为困难大学生、进城务工青年送温暖活动和维护进城务工青年权益等活动，化解了青年矛盾，理顺了青年情绪，维护了社会稳定。广泛开展爱心助学活动，继续做好希望工程筹资工作，全年筹资1111.3万元，新建希望小学21所，资助贫困大学生621名、中学生348名、小学生2214名，建立希望图书室12个、希望网校3个，培训希望小学教师150名。

七、全面推进团建创新工程，团的自身建设得到新加强

加强党建带团建工作，召开了全区青年工作会议第一次联席会议，明确了成员单位职责，形成了做好青年工作的合力。加强对青年的组织工作和思想覆盖，努力做到哪里有团员青年，哪里就有团组织。扎实开展“五四红旗团委”、“五四红旗团支部”和“团建先进县（市、区）”三级联创活动和全区共青团互观互检工作，全区有3个基层团委获“全国五四红旗团委”称号，3个基层团支部获“全国五四红旗团支部”称号，1个县获“全国团建先进县（市）”称号。探索基层团组织“双推直选”工作，取得初步经验。认真做好团干部培训工作，抓好对下级团干部的协管工作，督促指导基层团委搞好换届选举工作。有计划地推进团员发展工作，全年新发展团员45000多名。进一步加强了推优入党工作，全年推优入党9600多名。加大青年中心建设力度，投资80万元，新建青年中心36个，为每个新建青年中心配备了书籍和书架，并在部分青年中心配备了电子阅览室。青联、学联、少先队和青少年社团组织建设进一步加强，工作进一步活跃，有效延伸了共青团工作手臂。新成立了福建青年商会，为闽宁青年交流与合作搭建了新的平台。

新疆团的工作

2005年，新疆团区委按照“一个基础，三项工程”的工作思路，大力推进各项工作，强化“五种能力”建设，充分发挥助手和后备军作用，团结带领全区各族团员青年为开创新疆改革开放和现代化建设新局面做出了积极贡献。

一、贯彻落实总书记回信精神

5月4日，胡锦涛总书记给尉犁县兴平乡达西村团总支书记买买提·沙吾尔等青年回信后，自治区团委召开座谈会，下发通知，要求各级团组织结合本职工作，将学习贯彻回信精神落到实处。全区各级团组织把学习回信精神同开展党员先进性教育和民族团结教育月活动紧密结合起来，利用广播、电视、报纸、网络等媒介进行广泛宣传，并采取座谈、讨论、演讲等多种形式，贯彻落实总书记回信精神，迅速掀起学习实践“三个代表”重要思想新高潮。

二、开展保持共青团员先进性教育活动

根据团中央有关精神，结合新疆实际情况，开展以学习实践“三个代表”重要思想为主要内容的保持团员先进性教育活动，成立了由自治区党委常委、组织部长韩勇任组长，自治区党委组织部、团委领导任副组长的领导小组。自治区保持党员先进性教育活动领导小组批转了团委党组《关于团员先进性教育活动的实施方案》。

1.深入基层调查研究，加大服务基层力度。团委将城市青年中心建设推进会，团员先进性教育南、北疆片会等全区性会议，安排在克拉玛依市、伊犁州、巴州召开，既安排部署了工作，增强了相互间的交流，又开阔了各地团干部的眼界，取得了良好的效果。

2.加强宣传，推出典型，营造浓厚的学教氛围。专门录制教育光盘，并从各条战线选拔了6名先进青年典型组成宣讲团分赴各地巡回宣讲，14000名团员青年聆听了报告。《新疆日报》、《新疆经济报》在头版发表了社论，新疆共青团网站开辟了专栏，新疆青年杂志社出版了团员先进性教育专刊，授予艾买提·买买提等13人第七届“新疆青年五四奖章”荣誉称号。

3.严肃学习纪律，创新学习方法，扩大非公企业团员和流动团员参学率。全区各级团组织普遍建立并落实了严格的学习考勤制度，做到人员、内容、时间“三落实”，保证了学习任务的按期完成。各级团组织结合学习和工作实际，广泛开展了知识竞赛、座谈会、报告会、培训班、大讨论等形式多样的学习活动。

4.强化督导力度，适时召开推进会，确保教育活动落到实处。自治区先进性教育办公室成立了6个地州督导组、1个厅局企业督导组、1个学校督导组，对全区教育活动进行分类督导。同时，为及时掌握和了解教育活动中存在的问题和有益做法，分别召开了学校战线、青工战线和南、北疆片区先进性教育现场推进会。

5.突出抓好主题实践活动，确保教育活动成为青年满意工程。根据团中央开展“青春献祖国”主题实践活动的统一要求，开展了喜迎自治区成立50周年我为家乡添光彩、新疆区情知识竞赛、先进事迹报告团巡回宣讲、先进性教育征文比赛、12·5国际志愿者日奉献社会服务活动、12·9保持共青团员先进性永远跟党走文艺汇演、扶贫济困送温暖活动、农村青年科技文化节等8项主题实践活动。参与承办建党84周年《党啊！我的母亲》和全国网络媒体新疆行等大型文艺晚会。

三、以科学发展观统揽全局，围绕党政中心，竭诚服务青年

1. 促进青年就业创业，深化城镇青年就业成才工程。联合有关部门组成自治区“大中专毕业生就业、创业巡回报告团”在南北疆46所大中专院校的2万余名大中专毕业生中举办了14场就业形势报告会，编印《自治区2005年大中专毕业生就业、创业指导手册》，联合就业、劳动等有关部门，建立了11个大学生就业创业见习基地。举办“企业+团组织+培训机构”的订单培训6期，使近300人实现定点就业。与各高校建立合作意向，通过服务卡、网站、声讯电话等多种媒介普及就业知识，开办指导讲座，面对面服务5000余人次。举办3场周末短工见面会，为在校生提供促销、家教、客服等岗位近3000个。全面启动“新疆青工技能振兴计划”，逐步深化“青年岗位能手”活动，联合劳动部门在14个行业、16个工种开展了8场青工技能大比武。3家单位被命名为“全国青工技能鉴定示范单位”，62个企业班组被评为“自治区级青年安全生产示范岗”，59人获“自治区青年创新能手”，2人获自治区级技术能手，培养高级技师4名、技师43名、高级工333名。

2. 加大实用技能培训，推进农村青年增收成才工程。大力开展农村青年学用科技活动，启动并实施了大中专毕业返乡务农学生农业实用技术培训工作，分五批选送178名农村青年赴山东寿光学习蔬菜大棚种植技术。依托西部乡村流动图书车，开展“共青团城乡互动科技播火行动”，拍摄、制作《特色林果业栽培技术》光碟，在农村一线开展农业科技讲座、农业科技培训、农业科技光盘发放、播放、图书借阅等形式多样的科普活动，共举办讲座112次，培训农村青年1万余人次。开展“共青团助就业春风行动”，送岗位下乡，共推荐岗位4000余个。探索劳务派遣新途径，为喀什、和田地区500多农民工牵线搭桥提供岗位。

3. 认真贯彻落实中央8号文件，实施青少年民族团结教育工程。深入开展“民族精神代代传”活动，举办民族团结主题队会，开展“民族团结雏鹰奖章”争章活动，加大民族团结宣传，将民族团结教育纳入班队会活动。组织“波力海苔杯——了不起中国，了不起新疆”少儿想像作文大赛和“致2008年北京奥运会的一封信”主题少儿书信写作比赛，举办“欢乐儿童才艺大赛”，“我是小小科学家”红领巾手抄报比赛和“全国少儿歌手电视大赛”、第三届全国青少年英语口语大赛新疆赛区选拔赛。

4. 促进区域协调，承办中国青年企业家西部行——新疆经贸考察活动。召开自治区青企协四届四次理事会，专题研究经贸考察活动承办方案，组成招商团前往沿海开放城市进行招商。在招商活动中，采取集中招商项目推介与各自分头对接洽谈相结合的方式，开展了投资环境介绍、招商项目推介、个别对接洽谈，并在新疆共青团网站、新疆青工网网站上开辟专栏，发布新疆对外招商引资项目和招商引资优惠政策，专门制作了400套招商项目书及目录、新疆投资项目和投资环境推介光盘，提前给各省市寄送了招商项目书。团委主要领导分两组，与涉及石油化工、电子、机电等8个行业的近400名内地青年企业家建立了联系。经贸洽谈活动共签订合同7项，涉及总金额29.6亿元。

5. 贯彻落实中央16号文件精神，积极推进大中学生素质拓展计划。全面开展大学生素质拓展第二课堂课程体系、民族团结教育、大学生社区文化建设、大学生网上思想政治教育阵地建设和大学生形象塑造等高校共青团“五项推进行动”。以“挑战杯”为龙头，启动了大学生“学术科技节”，开展科普系列讲座、大学生课外学术科技竞赛暨展示会、大学生创业计划大赛暨风险模拟投资演示会等系列活动。继续深入开展大中学生志愿者“三下乡”社会实践活动，举办各类讲座150余场，培训、诊断11500余人次,发放书籍3000余册。联合自治区教育厅印发《中学生素质拓展计划实施意见和细则》,举办素质拓展培训班2期,培训中学团干部200余人。

6. 扎实做好大学生志愿服务西部计划工作。逐步扩大实施规模,拓展服务领域,招募818名大学生来疆开展志愿服务,涉及文教卫生、农业科技、青年中心管理、“百县千乡宣传文化工程”、基层检察院、全国农村党员干部现代远程教育等8个领域。完善管理服务,建立管理架构,进一步加强新疆大学生志愿者健康安全工作,与各地州市项目办签订《新疆大学生志愿者健康安全管理责任书》,丰富志愿者业余生活,开展“金点子”大赛。

7. 加强指导,以点带面,全面推进青年中心建设。深入基层调研青年中心试点工作,积极推广“爱心超市”项目。召开自治区城市青年中心建设现场推进会,印发《关于加强城市青年中心建设的意见》,形成以全国青年中心建设试点工作先进县市为辐射,以全国优秀青年中心为带动的整体发展格局。

8. 启动西部乡村流动图书车项目,加强青少年文化阵地建设。积极争取团中央、中华海外联谊会支持,西部乡村流动图书车项目在新疆启动,首批为13个地州市的贫困县捐赠流动图书车14辆、书籍7万余册。联合中国光华科技基金会向高校捐赠价值200万元的图书。

9. 创建青年文明社区,维护青少年合法权益。开展“社区青少年远离毒品行动”,组织青少年参加“网上青少年禁毒知识竞赛”、“6·26”国际禁毒日禁毒电影免费展映活动。开展“绿色上网健康成长”系列活动,向10余万名青少年赠送了《中国电信青少年健康上网手册》。建立“新疆青少年信息化教育基地”,开通“12355”青少年维权和心理咨询服务热线,与自治区卫生厅合作,对天山区、米泉市等5县市区实施青少年艾滋病/性病预防与控制项目。

10. 积极促进青年统战工作,努力拓宽青年外事工作领域。召开自治区青联七届二次常委会,总结工作,增补委员,完成委员新老交替。大力开展民族宗教界友好交流,组织宗教界青年代表人士赴陕西、北京进行学习考察。多形式、多渠道发展同港澳台地区、周边国家青年组织间的交往,组织81人次赴港澳台地区、日本、韩国、巴基斯坦考察研修。同香港童军总会开展“认识祖国、促进交流、体验生活”为主题的天山露营之旅活动。阿迪力·吾守尔荣获第16届中国十大杰出青年,选树了舍身救火优秀共青团员吐尔逊·白克日、雷锋式的好青年姜炜、见义勇为优秀共青团员艾尼·居玛等一批优秀青年典型。

四、整合社会资源,深化精品活动

1. 深化青年志愿者行动。在“3·5”学雷锋日期间,与自治区先进性教育办公室联合发出通知,组织全区青年党员开展了形式多样的党员志愿服务活动,全疆有超过10万名青年党员和100多万名青年团员志愿者上街头、下农村、进社区开展便民服务,并联合自治区青联开展了“实践党员先进性‘三下乡’慰问活动”。

2. 采取多种措施,大力加强青年文明号创建活动。依托新疆青工网,建立电子档案管理系统,规范创建工作。大力实施“青年文明号服务卡”、“青年文明号助万家”、“青年文明号信用建设示范行动”等活动,对区级以上青年文明号进行考核。召开全国青年文明号授牌仪式暨自治区青年文明号命名表彰大会,命名表彰全国青年文明号13个、自治区级青年文明号102个。

3. 不断深化“保护母亲河行动”,着力营造全社会共同关心生态建设的良好氛围。开展以“保护丝路生态,共建美好家园”为主题的系列环保活动。与新疆青年志愿者协会共同组织近千名青年志愿者参加了青格达湖湿地环保考察活动和天山天池志愿环保大行动。与有关单位联合开展“保护丝路生态，共建美好家园”主题少儿环保绘画大赛和大学生环保FLASH作品创作大赛。

4. 拓宽捐资渠道，关爱贫困学生。向团中央申请了60万元济困助学专项资金，使全疆28所高校的2000余名留校贫困大学生受到资助。联合有关单位举办首届“情满天山”慈善助学大型演唱会，为当地经济困难大学生募捐助学金3万余元。开展“百店联合劝募行动”，募集闲散资金12.6万余元。全年共募集550万余元，建立希望小学15所，捐助失学儿童748名。有198名特困生获“希望之星奖学金”，1965名特困生分获“明德奖学金”和“金龙鱼西部之星高中助学金”，完成配置希望书库8套，体育器材5套。

五、坚持党建带团建，发扬全团带队传统，推进全区共青团和少先队工作新发展

1. 坚持党建带团建，形成基层团建“三级联创”整体推进机制。以团员先进性教育活动为契机，各地州县市、厅局企业进一步加强了“五四红旗团委”、“五四红旗团支部”、团建先进单位创建工作，按照“五好”目标要求，狠抓团的基层组织建设，有效加强中学、非公企业团组织的建设力度，全面活跃团的基层工作。

2. 发扬全团带队传统，促进全区少先队工作协调发展。开展工作调研，摸清少先队工作底数，开展红领巾示范学校创建和标准化少先队组织建设工作，进一步加强少先队工作目标管理考核工作。规范少先队先进集体、先进个人评选表彰办法，下发《自治区少先队先进集体和先进个人评选表彰办法》，开展优秀少先队主题活动方案和DV作品征集活动，组织自治区第五届“十佳少先队辅导员”、“十佳少先队员”评选活动。

3. 切实加大团队干部培训力度，多渠道培养锻炼干部。进一步发挥团校培训主阵地作用，举办县市团委书记、乡镇团委书记、村团支部书记、企业团干部、学校团干部、少先队辅导员等培训班，累计培训1129人次；组织区外各类培训班4期，培训各级基层团干部82人次；选派5名优秀基层团干部和1名机关干部分别到山东和团中央挂职锻炼，选拔5名基层团干部到自治区团委机关挂职锻炼，派遣1名机关干部到于田县挂职锻炼，推荐1名机关干部到县市担任领导职务，促进了团干部的成长。加大基层辅导员培训力度，举办首届辅导员技能技巧大赛。

新疆生产建设兵团团的工作

2005年，兵团各级共青团组织以邓小平理论和“三个代表”重要思想为指导，深入贯彻落实党的十六届五中全会和兵团党委五届六次全委（扩大）会议精神，紧紧围绕兵团党委“围绕一个目标，建设两大基地，实施四大战略，做好四篇大文章，加快兵团发展”的中心工作，坚持“服务大局、服务青年”的工作原则，牢牢抓住青少年建功成才这一根本需求，全面落实培养屯垦戍边事业合格建设者和接班人这一根本任务，着力提升学习、育人、服务、自身建设和合作等五种能力，深入实施“助力行动”、“助学行动”、“西部计划”、“素质拓展”等兵团共青团品牌活动，大力加强青少年思想道德建设和团的自身建设，稳步推进兵团共青团的各项工作，团结带领广大团员青年在稳疆兴疆、富民固边，构建和谐兵团的伟大实践中发挥了生力军和突击队的作用。

一、弘扬兵团精神，坚持不懈地开展青少年思想政治教育

兵团各级共青团组织把提高青少年思想道德素质放在首位，积极开展各种青少年思想道德文化教育活动，努力增强思想政治工作的导向性、整体性、示范性和服务性，不断加强和改进青少年思想政治教育。

1. 思想政治教育突出导向性。抓住“五·四”青年节、“十·一”国庆节、世界反法西斯战争暨抗日战争胜利60周年和“一二·九”运动70周年等重大节庆日和团中央重大活动的有利契机，利用专题讲座、研讨、知识竞赛、主题演讲、主题活动等富有时代特色、符合青年特点的活动，在青少年中大力弘扬和培育以爱国主义为核心的民族精神和以改革创新为核心的时代精神，引导青年深刻理解"三个代表"重要思想的科学体系和精神实质，持续构建青年强大的精神支柱。

2. 弘扬兵团精神教育突出整体性。重点开展了弘扬兵团精神教育活动，整合社会整体资源，积极协调、争取有关单位的支持，关注青少年成长中遇到的问题，解决青少年的困惑，教育引导青少年成长成才，努力构建青少年思想政治教育社会网络，形成了齐抓共管青少年思想教育工作的局面。与关工委、教育局、军事部等单位联合做好"少年军校"活动。继续深入开展"兵团了不起，兵团人了不起，做了不起的兵团人"、"走访身边老军垦"等多种形式的知兵团、爱兵团教育活动。出版了《兵团共青团志》、《可爱的兵团》。

3. 宣传舆论突出示范性。充分利用电视、广播、报刊、互联网等信息化平台，拓宽宣传渠道有计划、有重点、分层次地对不同阶段的兵团共青团工作和先进青年典型进行专题报道，宣传了共青团的品牌工作，扩大了共青团的社会影响，营造了良好的舆论氛围。召开了"青年百星"表彰大会，评选表彰了来自兵团各条战线的兵团十大杰出青年、兵团十大杰出青年卫士、兵团十大杰出青年科技创新奖、兵团十大优秀青年企业家、兵团十佳少先队员、兵团杰出青年岗位能手等九类近百名优秀青少年。

4. 主题实践活动突出服务性。始终把竭诚为青年服务作为共青团组织全部工作的出发点和落脚点，开展"真情助困进万家"主题实践活动，进万家门、知万家情、访万家苦、解万家难、暖万家心，为下岗失业青年、外来务工青年、贫困学生、残疾青年排忧解难，使群众得到了实惠，团干部受到了教育，团组织增强了凝聚力。

二、坚持科学发展观，围绕兵团经济社会发展，服务青少年成长成才

1. 继续深化实施"助力行动"。贯彻落实兵团党委"1+3"文件，以服务团场青年增收成才奔小康为目标，在政策、资金、信息、科技、文化等方面为青年提供服务，重点实施领办科技推广项目，多方筹措资金，帮助青年落实创业贷款资金。2005年全兵团累计落实"助力行动"资金3878.2万元，扶持青年领办科技推广项目2455个；组织参加了"首届中国青年农产品经纪人研讨会暨北京市场行活动"；开展多种形式的考察和农业实用技术培训，联合自治区团委举办青年农业经纪人暨保护地栽培高新技术培训班，选送基层团干部、致富带头人、科技示范户、生产技术员到山东寿光市接受保护地栽培高新技术培训。

2. 大力推进"青工技能振兴计划"。各级团组织贯彻落实兵团党委"1+8"文件，积极争取劳动和社会保障部门的支持，开展职业技能大赛、职业技能鉴定、职业技能培训。重点抓好农八师天富电力、农七师电力公司等5家"全国青工技能振兴计划"试点单位工作，促进了青工技能振兴计划的深入实施。

3. 积极开展"双争"创建活动。开展了形式多样、内容丰富的"青年文明号文化节"活动；积极做好青年文明号活动负责人的培训工作，培养青年文明号活动工作骨干，进一步带动和提高兵团青年文明号活动的工作水平；共推报了29个全国青年文明号创建单位，73个兵团青年文明号创建单位，进一步扩大了青年文明号的创建覆盖面；把"青年岗位能手"的创建活动与创新创效工作结合起来，与企业经济效益、人才效益结合起来，围绕深化国企改革和企业生存发展，通过开展导师带徒、技术比武和"五小"活动等，帮助青年职工积极适应知识经济和市场竞争的新要求，学习新知识，掌握新技能。今年有1名同志荣获全国青年岗位能手,10 名同志荣获兵团杰出青年岗位能手,76 名同志荣获兵团青年岗位能手称号。

4. 深入实施兵团“青年文化行动”。组织开展了以“繁荣团场文化、服务青年发展”为主题的第七届“团场青年文化节”活动,并推报优秀活动参加团中央第七届“乡村青年文化节”项目、先进个人评选表彰活动。其中 4 个单位获得“乡村青年文化活动先进县(市、区)”称号,4 个项目获得“优秀乡村青年文化活动项目”称号,2 人获得“乡村青年文化名人”称号。开展了内容丰富多彩、形式多样的文体活动,繁荣团场文化生活,规范提升“团场青年文化节”活动。举办了首届兵团青少年校园歌手大奖赛,打造了兵团青年文化活动的品牌。

5. 志愿服务西部计划深入人心。从严做好服务管理工作,根据基层需要,合理设岗,深入细致地做好来自全国 77 所高校涉及 128 个专业的 302 名 2005 年大学生志愿者的志愿服务管理培训工作。同时,进一步做好 2004 年志愿者的管理工作。在服务期满的志愿者中,有 95 人留在兵团工作,今年,又有 104 人参加了公务员考试。目前,仍有 467 名大学生志愿者在兵团进行志愿服务。制作出版了大学生志愿服务西部计划兵团志愿者纪念邮折,编辑出版了纪实文学《感动绿洲》,目前,正在制作大学生志愿服务西部计划志愿者在兵团纪录片。

6. 助学行动扎实有效。建立起全面覆盖贫困生的档案资料。联合新疆啤酒产业集团公司,建立了兵团希望工程“乌苏啤酒助学基金”;成立了新疆西部阳光网站兵团希望工程助学工作站,资助贫困生 31 人,筹集助学款 12300 元;衣物 1270 件;参与了成龙“龙子心工程”新疆爱心之旅活动,主办了“成龙爱心互动晚会”。今年兵团希望工程筹集资金 20.2 万元,结对救助“希望之星”693 名;发放明德奖学金 32.75 万元;筹集资金 45 万元捐建希望小学 3 所;募集了价值 97.2 万元的物资、图书 6100 本。组队参加了首届真维斯全国希望小学歌咏大赛,兵团代表队取得团体总分第一名的好成绩。

7. 组织青年参与生态环境保护和节约型社会建设。围绕兵团城镇绿化、农田防护林、生态环保、荒漠治理等工作,大力开展兵团青年志愿者营建“青少年绿色文明园”生态体验活动。组织部分师、院校、直属机构的 1200 余名青年代表,开展了青年志愿者营建“兵团青年绿色文明园”生态体验活动;与自治区团委联合开展了青格达湖湿地环保考察活动。在全兵团发起了“保护母亲河——建设节约型社会我先行”、建设“节约型社会”的号召,使广大青少年把环保意识化为行动,自觉保护环境。

8. 青少年维权工作进一步加强。完善优秀“青少年维权岗”创建活动运行机制,在政法系统和城镇社区全面深化创建优秀“青少年维权岗”活动,并逐步向广播电视、新闻出版、质量技术监督、劳动和社会保障、建设、教育、民政等系统拓展,扩大维权工作的覆盖面。会同有关部门开展了第四届兵团优秀“青少年维权岗”评选活动。在第五届全国优秀“青少年维权岗”表彰活动中,有 7 个集体和 5 名同志荣获先进称号。着力解决危害青少年健康成长的突出问题,优化青少年成长的社会环境。积极开展“青少年网络文明行动”、“社区青少年远离毒品行动”、“青春红丝带”——青少年防治艾滋病志愿者“面对面”宣传教育活动和“青春自护行动”。

9. 素质拓展稳步推进。以全面提高广大学生的整体素质为目标,突出实践能力的培养,深化了“大中学生素质拓展计划”活动,在“三个依托、两个衔接、一个服务”上努力探索,小学依托体验教育、中国少年雏鹰行动;中学依托中学生素质拓展计划;大学依托大学生素质拓展计划推进素质教育,建立起从小学到中学,从中学到大学的素质教育衔接机制,努力服务学生成长成才。抓好公民意识教育、成人预备期志愿服务、18岁成人宣誓仪式三个环节相结合的“18岁成人教育”活动，组织开展大中学生暑期“三下乡”、大学生课外学术科技作品竞赛活动、大学生创业计划大赛、“走进社会大课堂”实践教育、社区援助、志愿服务、社会公益服务、勤工助学等各种社会实践活动。石河子大学“三下乡”服务队连续8年获全国高校优秀组织奖；在上海举办的第九届全国挑战杯大学生课外学术科技作品竞赛活动中，石河子大学1件作品获一等奖，4件作品获三等奖，成绩居新疆各高校之首，是历年参赛以来成绩最好的一次；2名中学生获首届全国“十佳中学生”提名奖。

三、抓住开展保持共产党员先进性教育活动和增强共青团员意识主题教育活动的重要契机，全面加强团的自身建设

1. 保持共产党员先进性教育活动取得明显效果。坚持从班子抓起，一手抓教育，一手抓工作，围绕“提高党员素质，增强宗旨意识，加强基层组织，服务青年群众，促进各项工作，努力把机关干部培养成党放心、青年满意的团干部”的总体要求，对党员团干部进行了集中学习教育，普遍开展了一次大学习、大教育、大评议、大整改，收到了良好的效果。

2. 增强共青团员意识主题教育活动全面推进。从2005年9月6日开始，在兵团党委的高度重视下，兵团团委面向全兵团28个师级和直属单位团委，383个基层团委，486个团总支，6671个团支部，近13万团员青年开展了以学习实践“三个代表”重要思想为主要内容的兵团增强共青团员意识主题教育活动。在分类指导过程中明确“两抓两并”的督导工作方针，在确保规定动作不走样的同时，结合兵团实际创新自选动作，自行编印了《兵团增强共青团员意识主题教育读本》，并把《可爱的兵团》作为选读教材；把主题教育活动有机地融入到保持共产党员先进性教育活动中，营造了浓厚的学习氛围，确保了学习时效性；开展了“如何做新时期屯垦戍边事业合格建设者和接班人”的团员标准大讨论；摸清了团情底数，在社区和新经济组织中填补了团组织建设的空白，规范了团的基层组织管理体系；广泛开展多种形式的富有兵团特色、符合团员青年特点的主题实践活动，初步形成了符合实际的长效机制。

3. 团干部培训和团员队伍建设有新突破。积极与上海团市委联系，开展了“兵团·上海手拉手互助活动”，免费培训103名基层团干部；选派47名基层团干部到北京、上海、天津、山东挂职和培训，开阔基层团干部的眼界，提高团干部的综合素质。在团员队伍建设上，加大了在生产一线青年和中学生中的团员发展力度。全年发展新团员21997名，团员总数达140806名，团青比例达到42.29%；“推优”工作有了新突破。推荐8139名优秀团员作为党的发展对象，3258名团员经“推优”入党，比上年新增303名。

4. 大力推进“青年中心建设”。按照“积极探索，稳定推进，力求突破”的工作思路，充分发挥三坪农场青年中心、石河子向阳街道青年中心的宣传示范作用，召开了兵团青年中心建设现场推进会；针对40名青年中心专项行动志愿者进行了青年中心建设的专项培训，配发了相关书籍；选派3名基层青年中心建设负责人参加全国农村青年中心建设专题培训研讨班；支持青年中心阵地建设，为每个建成的青年中心配发了一套“绿色科技书屋”。出台了《兵团团委关于加强青年中心建设的决定》，为促进兵团青年中心建设提供有力政策保障。新建成农二师双丰青年中心、农四师拜什墩农场青年中心、农十师188团青年中心、农四师61团青年中心4家青年中心。

四、强化依托，推进团属事业健康发展

1. 青联、学联工作进一步活跃。根据兵团青年和学生的特点，促进交流和合作。学联按照“自我服务、自我管理、自我教育”的三自方针，积极开展各种学习教育活动，引导学生广泛参与社会生活。青联充分发挥组织优势，积极组织人才交流和培训，搭建资源平台，促进兵团青年及与外地青年的交流与合作。2005年，先后选派2人赴韩国研修考察，1人赴日本研修考察，4人赴香港研讨交流。

2. 青企协工作成效显著。组织兵团经协办、兵团经济建设重点师的招商、发改委等部门40多人与中国青年企业家新疆行2批小分队开展了经贸洽谈，推介招商项目189个；促成了兵团建工（集团）公司与中国建筑工程总公司签订了总金额达3亿元的项目合同；组织了参加新疆赴北方六省、南方五省两个招商团开展招商引资、经贸洽谈活动；邀请广东江门青年企业家25人来兵团考察，组织召开了4场招商洽谈会，并进行了实地考察，为兵团招商引资工作拓宽了渠道，搭建了平台。

3. 青旅工作进一步发展。围绕国家旅游局开展“红色旅游年”的契机，依托兵团丰富的爱国主义教育资源，大力拓展各项业务，截止2005年10月底，兵青旅共接待、组团473个，接待人数4740人，营业收入890万元。

军队青年工作

2005年，军队青年工作坚持以邓小平理论和“三个代表”重要思想为指导，深入贯彻胡主席关于“勤于学习、善于创造、甘于奉献”等一系列重要指示，紧紧围绕军队现代化建设这个中心，以培养高素质青年军人为目标，科学筹划，突出重点，善借东风，主动作为，圆满完成了各项任务。

一、坚持抓好用科学理论武装凝聚青年这个根本任务。始终把用科学理论教育引导青年作为首要工作紧抓不放，针对青年官兵特点狠下功夫、力求实效。一是指导部队广泛开展增强团员意识主题教育活动。这项教育活动，是今年全国青年政治生活中的一件大事，团中央专门作出部署。根据总政和部里要求，认真总结前些年开展团的教育经验，积极借鉴党员先进性教育活动有效做法，及时研究提出增强团员意识主题教育活动方案，指导部队以“学习实践‘三个代表’重要思想，立足岗位强素质，争当打赢生力军”为主题，在团员青年中广泛开展教育活动。为推动教育活动形成声势、健康发展，通过军报、《组工情况》等媒体和刊物，不间断地刊发消息和评论，明确把握的重点。各大单位结合自己实际，制定教育计划，编发辅导教材，加强具体指导。广大基层单位充分利用团日和课余时间，普遍组织专题讲座、网上论坛、入团宣誓和岗位实践等丰富多彩的青年活动，使增强团员意识主题教育活动呈现出生动活泼、扎实推进的可喜局面。二是组织参加全国“学理论知团情”党团知识竞赛活动。把组织参加这次竞赛活动，作为引导青年官兵学习党的创新理论、掌握党团基本知识和展示军队青年良好形象的一个重要载体，认真抓好落实。同时，从全军留用团费中拿出40万元，为部队购发了一批党团知识书籍。自主答题阶段，据团中央通报，全军和武警部队有120多万团员青年上交了答卷，参赛人员覆盖率和答题成绩，均名列全国前列。集中竞赛阶段，包括军队在内全国共40个代表队参赛，各省市选手大都来自地方名牌大学。为便于组织，赢得竞赛，指导海军、空军、二炮、北京军区和武警部队等5个单位，精心选拔选手，组织强化训练，搞好相关协调。五个代表队抱着为军队争光、为军队青年争光的强烈责任感，经过艰苦拼搏，全部闯入决赛。最后组成的解放军联队，夺得总分第一的好成绩，获得一等奖，五个大单位青年处分别获得组织奖，总政组织部青年局获得唯一的优秀组织奖。军队选手的出色表现和成绩，充分展示了当代青年官兵的崭新风貌，从一个侧面展示了开展党员先进性教育和增强团员意识主题教育活动的显著成效。军委徐副主席和总政李主任分别作出批示，对这次参赛给予充分肯定。总政领导集体接见了参赛选手和工作人员，李主任作了重要讲话。三是注重总结推广部队理论武装的鲜活经验。会同沈阳军区总结的四十集团军装甲旅开办共青团理论业校的做法，在军报头版头条刊发，并在《政工通讯》、《组工情况》刊载，中央电台、电视台等媒体也进行了报道。会同成都军区总结的步兵四四六团把先进性教育向团员青年延伸的做法，在全国基层团建工作会议上作了介绍。团中央先后转发了北京、南京军区和总后等6个单位的做法。通过军报和内部刊物，及时总结推广了空军南宁场站、六十五集团军高炮旅和云南省军区边防第二团等12个不同类型单位组织团员学理论的做法。这些经验做法，对于引导部队按照真学真懂真信真用要求，深入学习党的创新理论发挥了较好的引路作用。

二、进一步加强了对学习成才活动的指导。学习成才活动是青年工作创出的一个“名牌”。去年总政着眼推动军队人才战略工程落实，专门下发5号文件，扩大了活动范围，提高了表彰层次，赋予活动更重要的使命。年初以来，围绕贯彻5号文件精神，立足新的起点和层次加强指导，进一步推动活动创新发展。一是筹备召开了第六届全军学习成才表彰暨座谈会。指导部队严格按照程序和标准推荐表彰对象，会同有关大单位对部分典型进行考察。经胡主席亲自批准，表彰暨座谈会于7月19日举行，总政领导，驻京大单位政治部主任和组织、干部部长，全军各大单位青年、调配处长，第六届全军十大学习成才标兵、学习成才先进个人和人才培养先进单位代表，共170人出席，集中研究如何着眼履行新世纪新阶段我军历史使命，深入开展学习成才活动，加快推进军队人才战略工程问题。会前徐副主席接见会议代表并作了重要指示，会上李主任发表重要讲话，进一步明确了深入开展学习成才活动的方向。这次表彰的层次和座谈会的规格规模，都是历届最高的，在部队产生了广泛影响。二是继续保持了宣传发动的强势。商军报、中青报和中央广播电台，继续开办“青春方阵”、“军旅青年学习成才”、“每周一星”、“成才之路”等4个专栏。协调军报用两个整版、中青报用10个半版集中宣传学习成才先进典型事迹。协调中央电视台七频道在“军事报道”栏目，连续播发十大标兵人物专题。通过《政工通讯》和《组工情况》推广一些单位和个人的经验事迹。从而做到了宣传胡主席和军委、总政关于人才培养决策指示不间断，交流经验不间断，展示成果不间断。三是指导部队在活动的制度化规范化上取得了突破性进展。措施不具体、制度不配套、保障不到位，是影响和制约学习成才活动深入发展的一个突出问题。为此，今年以贯彻第六届全军学习成才表彰暨座谈会精神为契机，组织力量到不同类型的陆海空部队调查研究、摸清症结，采取多种方式加强督促检查，指导部队按照总政5号文件要求，健全完善活动的有效运行机制。全军表彰暨座谈会以来，各大单位普遍制定下发了深入开展学习成才活动的实施意见，设立了100万元左右的专项经费，为开展活动提供了更为有力的制度保证。

三、下功夫抓了部队共青团组织建设。为切实增强团组织的吸引力、凝聚力和战斗力，以适应新的形势和任务需要，重点在两个方面下了功夫。一是起草了《军队共青团工作条例》稿。制定颁发《军队共青团工作条例》，是军队共青团建设史上的一项开创性工作，已列入军委“十五”期间立法规划。把研究起草《条例》作为年度工作的一件大事来抓，成立了由总政组织部青年局牵头、军事科学院有关人员参加的课题组，邀请机关、部队和院校等各方面15名同志组成了专家咨询组，制定了具体工作计划，并拿出专项经费进行保障。先后安排课题组深入部队进行调研，两次召集驻京大单位青年处长和有关专家集中研究一些重大问题，主动听取军委法制局、总部有关部门和团中央等单位的意见，组织课题组部分同志和军委法制局的同志一起，集中进行统稿。目前，《条例》草案已六易其稿，并报部里审示后下发部队征求意见，力争2006年第二季度呈军委批准颁发。二是重视抓了团组织能力建设。紧紧抓住全党全军加强党的建设的大好时机，按照抓党建带团建的思路，指导部队努力强化团组织功能，发挥团组织作用。督促部队结合年初各类干部集训，安排共青团工作方面的内容，培训团的干部骨干。重点指导武警部队举办了青工干部培训班。派人参加沈阳军区组织的加强共青团组织能力建设观摩集训活动，总结推广了3个单位的经验做法。指导部队积极利用担负大项任务、参加军事演习和重大纪念日等时机，广泛开展“青春献打赢”、“训练场上展风采”等活动，在部队建设的生动实践中，提高团组织教育培养青年和服务部队中心的能力。

四、组织开展了全军青年“学法规、知法规”知识竞赛活动。为贯彻从严治军方针和胡主席关于“三个下功夫、一个落到实处”的重要指示，上半年与军报共同举办了这次竞赛活动。竞赛采取在军报刊登试题，旅团级单位统一组织答题交卷的方式进行。竞赛试题从《宪法》、《党章》、《团章》、《政工条例》和《军队基层建设纲要》等法规中精选，都是青年官兵必学、必知、必守的法规内容。这项活动，受到各级领导机关的普遍关注和青年官兵的广泛认同。各大单位政治部下发通知，要求把活动覆盖到基层所有人员，有的还为基层下发了法规知识书籍。广大基层单位开展多种形式的学法规、知法规学习教育活动，并结合部队实际，认真查找和纠正执行政策法规上存在的突出问题，掀起了学法、知法、守法热潮，使知识竞赛的过程变成了促进从严治军工作落实的过程。全军和武警部队共答卷220多万份，大多数旅团参加答题人数接近100%。“五四”前夕，总政组织部对100名个人、20个旅团级单位给予奖励，综合的活动情况在军报头版用较大篇幅予以刊发，《组工情况》发了增刊，并以《请阅件》形式上报了总政领导。

五、指导部队在全军青年中开展了“强素质、练打赢、当尖兵”活动。着眼贯彻落实胡主席关于把军事训练切实摆到战略地位的指示要求，大力激发青年官兵安心军营、爱军精武热情，在全军青年官兵中广泛开展了“强素质、练打赢、当尖兵”活动。注重借助各种媒体进行发动引导，指导部队围绕“强化战斗精神、提高打赢能力”推动活动开展。各部队积极采取具体措施，把活动贯穿渗透于教育、训练、战备、值勤和科研等各项工作之中，取得明显成效。总政李主任给予了充分肯定，要求“继续开展下去，抓紧抓好”。为充分发挥典型示范作用，推动活动深入开展，并考虑到总政关于克服“五多”的要求，经报部领导批准，定于2006年第一季度举办一个融录像介绍、主持人访谈、现场互动和相关文艺演出等多种形式为一体的首届全军青年“爱军精武标兵”电视颁奖和事迹报告活动，实况录像在中央电视台播出，并制成光盘下发部队。从2005年9月下旬开始，有计划分步骤地展开了各项筹备工作。一是完成了总体策划。经商总政有关部门，这项活动由总政组织部青年局牵头组织、解放军电视宣传中心协助承办、各大单位配合做好有关工作。青年局和电视宣传中心明确具体负责人,组建了创作队伍。经反复研究并多方征求意见形成了活动的系统方案。力图充分运用各种电视元素,生动形象地展示典型的先进事迹和奋斗精神,同时,通过举办这次活动,创造一个褒扬典型的新平台,形成一个青年活动的新品牌。二是摄制了典型录像。本着事迹过硬、突出作战部队、以基层官兵为重点、扩大专业覆盖面、适当照顾大单位间平衡的原则精神,遴选确定了参加报告活动的12个青年典型。安排协调两个摄制组到部队采访,目前已完成了典型录像片的制作和访谈对话词的撰写。三是展开了文艺节目的创作。为增强报告活动的可视性、艺术性,在对每个典型进行录像介绍和现场访谈之间,将穿插不同形式的可烘托典型感人事迹的文艺节目。根据统一要求,典型所在大单位正在依托本单位力量搞创作,有的节目已经成型。目前正在协调军队担任全国青联委员的著名青年演员无偿承担演出任务。四是撰写了电视合成录制脚本。会同电视宣传中心,从全军范围挑选具有丰富电视工作经验的作家撰写报告活动脚本,拟于2006年1月底报部里审定。整个报告活动的合成排练和录像,计划安排在2006年第一季度完成,随后分期播出。

六、组织了军队青年工作现实问题的调查研究。认真贯彻胡主席关于"开展对重大现实问题研究"的重要指示,围绕深刻把握当代青年官兵特点、努力推动青年工作创新发展这个主题,对诸多现实问题进行梳理,从不同层次和侧面研究确定了比较系统的20个调研课题。年初总政组织部专门下发通知,给各单位明确任务,要求在以往调研的基础上,结合新的实际深入调查研究,并以组织部长的名义形成调研报告。各大单位组织部给予高度重视,许多部领导带队深入一线调查,亲自撰写和修改材料,共形成了14份具有较强前瞻性、现实针对性和可操作性的研究成果。同时,青年局组织力量,围绕如何深入开展学习成才活动问题,对平时掌握的面上情况进行归纳分析,并会同成都军区青年处深入7个旅团"解剖麻雀",撰写了专题调研报告。这些成果,已陆续在《组工情况》、《政工通讯》和军报刊发,并汇编成册下发全军团以上单位,对加强和改进部队青年工作提供了有益借鉴。

七、高标准参与了全国性的青年工作。把参加全国性青年工作,作为宣传军队建设成果、扩大军队青年和青年工作影响,以及学习借鉴地方青年工作经验的一个重要窗口,精心抓好有关工作落实。一是组织参加了第十届全国青联、第二十四届全国学联和第五届全国少代会。这三个大会,每五年召开一次并换届,党和国家领导人集体出席,是全国青年政治生活中的大事。指导各大单位严格按照条件和程序推选代表,多次与有关方面沟通协商,推荐65人当选全国青联委员,其中15人当选常委,总人数比上届增加了15个,并开创了军队青年出任副主席的先例。推荐10人成为学联特邀代表,2人当选少代会委员。精心做好总政领导出席会议和接见军队代表的协调、起草讲话稿等工作。针对军队代表人数多、名人名星多的特点,派人驻会,从日常言行举止到参加大会集体活动,始终坚持严管细抓,不放过任何细节,充分展示了军队代表团讲政治、守纪律、积极建言献策的良好形象,圆满完成了参加三个大会的任务。二是推出了一批全国性的青年典型。推荐广州军区士官宗道辉当选第十六届"中国十大杰出青年"候选人;沈阳军区班长李世刚、武警部队中队长刘红春荣获第九届"中国青年五四奖章",神六航天员费俊龙、聂海胜荣获"五四奖章特别贡献奖";追授上海警备区某部原副教导员王庆平"中国青年五四奖章",上海市委书记陈良宇、团中央书记处第一书记周强和南京军区政委雷鸣球等出席了追授仪式,会后综合呈报了请阅件,建议作为青年重大典型来继续宣扬表彰,军委徐副主席、总政李主任作了重要批示。推荐的3名军校学员荣获第二届中国青少年科技创新奖;42个团组织和团员、团干部被团中央表彰为“全国五四红旗团委、团支部标兵”、“全国五四红旗团委、团支部”和“全国优秀团员、团干部”;2人荣获“全国杰出青年岗位能手”和“岗位能手”;1人荣获第二届“中国杰出青年外事工作者”;2个单位被评为全国青年文明号;12个单位和个人被评为全国保护母亲河行动先进集体和个人。三是启动兴建了4个解放军青年林。根据全国保护母亲河行动领导小组统一规划,并报总政领导批准,今年又从全军青年专项捐款中拿出400万元,在北京顺义、重庆云阳、湖北宜昌和宁夏吴忠,兴建了总面积为2万亩的4个解放军青年林。为切实用好这部分捐款,确保取得生态和社会效益,与团中央等单位反复协商,共同考察选点,举行工程启动仪式,并协调新闻媒体进行宣传,在社会上产生了良好影响。总政李主任专门批示:这项活动很有意义。四是完成了大量日常团务工作。一年来,严格按程序报批和承办团中央交办的各种事务达100多项。先后组织13批共72名军队优秀青年和青年工作者出访14个国家和地区;组织驻京和驻港部队近千名青年官兵,分别参加了第四届世界大学生中文比赛现场录制和香港五四青年大会操活动。

武警部队青年工作

2005年,武警部队青年工作紧扣中心任务和时代主题,按照“抓组织强基础,抓活动促中心,抓根本育人才,抓创新促发展”的工作思路,围绕中心、找准位置、积极而为、发挥作用,加强了自身建设,活跃了部队青年工作,圆满完成了年度各项任务。

一、认真组织了第八届“中国武警十大忠诚卫士”评选表彰。按照“四结合、四为主”原则,精心组织了评选、表彰和宣传工作。3月份在部队层层遴选的基础上,对52名候选人的事迹材料进行了认真审核,组织召开组委会,投票产生了30名正式候选人,将事迹汇编成册下发评委,并在《人民武警报》刊发了他们的简要事迹和活动宣传画。5月中旬评选出第八届“十大忠诚卫士”后,6月24日在北京隆重召开颁奖大会。6月22日,胡锦涛、温家宝、罗干以及周永康、郭伯雄、曹刚川、徐才厚等领导同志在亲切接见武警部队第一次党代表大会代表的同时,接见了第八届“中国武警十大忠诚卫士”。颁奖大会结束后,组织5名忠诚卫士代表赴京沪粤等6省市部队作巡回报告14场,并与20多个基层中队(连)官兵进行了座谈交流。

二、认真组织开展了学习成才活动。指导部队坚持把本职岗位作为学习成才的最大舞台,把执勤哨位、处突一线、反恐战场,作为广大官兵学习成才、锻造过硬本领的主阵地,广泛开展小竞赛、小观摩、小评比和争当科技小行家、知识小状元、革新小能手、成才小标兵、“四会”小教员等活动,激励官兵争当训练尖子、技术能手、工作模范和行业标兵,增强了学习成才的吸引力和感召力。一年以来,先后对北京、山东、湖南总队和8630部队等在人才建设上比较好的单位,进行了考察和指导,推报的2个单位、5名个人,被全军评为“人才培养先进单位”和“学习成才先进个人”,其中宁夏总队医院门诊部医师孙香萍被树为全军“学习成才标兵”,并在表彰大会上作了事迹发言,受到总政领导和与会代表的高度评价。依据总政《关于在全军部队深入开展学习成才活动的意见》,武警部队拟制下发了《关于评选表彰学习成才先进个人和人才培养先进单位的通知》,规范了评选条件、奖励项目和实施办法,在部队广泛开展了评选表彰活动。全年评选表彰了10名武警部队学习成才标兵、35名先进个人、10个人才培养先进单位,进一步推动了学习成才活动的深入开展。

三、指导部队深入开展“四联”活动。在

2004年全国大中城市警地团组织广泛开展“四联”活动的基础上，利用各种时机对各单位在开展“四联”活动中的组织建设、内容规划、运作方式、机制保障及活动开展情况进行了检查指导，进一步拓宽了活动领域，丰富了活动内容，运用当地宣传媒体加大了宣传力度，在全国警地各级团组织中掀起了“四联”活动热潮。全年660多个大中城市开展了活动。通过警地双方一年多的共同努力，多数单位已初步形成了一些特色鲜明、有推广价值的经验，促进了“四联”活动广泛深入开展。

四、组织官兵参加了全军“学法规、知法规”知识竞赛。根据总政通知要求，结合武警部队实际，在《解放军报》刊发竞赛题目后，及时指导部队充分发挥驻地资源优势，广开渠道，利用三级网和局域网、开辟学法用法专栏，开展竞赛活动，极大地调动了广大官兵参与学习竞赛的积极性，在部队迅速掀起了学习法规的热潮。全部队89%的官兵参加了竞赛活动，寄出答题卡58万余张。经过评选，两个单位获得优秀组织奖，21名个人分别获得一、二、三等奖。

五、组织团员青年参加了“学理论知团情”党团知识竞赛和“青春献祖国”主题团日活动。为推动武警部队增强共青团员意识主题教育活动深入开展，精心组织了“青春献祖国”主题团日活动，积极发掘社会资源，普遍借助与驻地团委开展的“四联”活动，共同开展体现共青团特色、符合团员青年特点的大团日活动，极大地激发了广大团员青年的自豪感和使命感。按照总政要求，认真组织知识竞赛活动，选拔了2名团员参加全国“学理论知团情”党团知识竞赛，获得一等奖。

六、组织参与了“保护母亲河行动”工程建设。按照活动经常、注重实效的原则，在督促指导重庆“武警世纪林”，陕西、宁夏“西部万亩林”建设的同时，协同中国青少年发展基金会，在实地考察论证之后，确定了在南水北调中线工程进京源头湖北省丹江口市建造“武警奥运世纪林”，并于3月份在丹江口市项目建设区举行了活动启动仪式，组织驻地群众、青少年代表、武警官兵2000余人参加了植树活动，共植树4万多株。新华社、《人民日报》、《中国青年报》、《解放军报》、中央电视台等新闻媒体进行了宣传报道，产生了积极的社会影响。

七、重视加强了青年工作干部培训。为提高各单位青年工作干部的综合素质，10月10日至10月21日，组织82名学员，在武警上海指挥学院进行了短期培训。培训采取专家授课与座谈讨论相结合、理论讲解与体会交流相结合、经验介绍与参观见学相结合的方法，组织学员认真学习了党的十六届五中全会、全军学习成才座谈会和武警部队第一次党代会精神，并聘请上海团市委领导和地方院校教授进行了辅导授课，5个单位分别介绍了经验，68名学员撰写了研讨文章。通过培训，进一步增强了大家做好青年工作的紧迫感和责任感，理清了工作思路，明确了工作方法，为做好青年工作奠定了基础。

八、培养和推报了各类青年典型。为扩大武警部队的社会影响，注重培养和选拔各类青年典型，参加全军和全国性的评选表彰活动，并取得了良好的效果。交通一总队四支队五中队中队长刘红春荣获第九届“中国青年五四奖章”，并出席了颁奖大会，受到中央领导的亲切接见；黄金二总队七支队士官张学彬被团中央评为“全国青年岗位能手”；新疆总队政治部组织处干事樊富强、吉林总队四支队三中队班长韩守成，分别被共青团中央表彰为“全国优秀共青团干部”和“全国优秀共青团员”；青海总队海西州支队一中队副中队长高军强被确定为先进个人参加全军青年“强素质、练打赢、当尖兵”典型报告活动；5名同志被推报为“十杰百优”；申报了2004、2005年度拟认定的4个全国青年文明号，并指导部分单位考核继续认定了10个全国青年文明号单位；推报了天津总队五支队团委、广东总队深圳市支队五中队团支部为“全国五四红旗团委”和“全国五四红旗团支部”，较好地运用各类典型的示范作用影响和推动了部队青年工作的开展。

铁道系统团的工作

2005年是中国铁路深入贯彻党的十六大以及十六届四中、五中全会精神，跨越式发展取得重大进展的一年。一年来，铁路各级团组织适应新形势，满足新要求，不断创新工作理念，改进方式方法，促进共青团员意识进一步增强，引导团员青年在铁路跨越式发展中做出了新的贡献，共青团组织服务铁路跨越式发展和青年成长进步的贡献率显著提高。

一、青年思想政治工作成效显著

理论学习掀起新高潮。全路各级团组织充分利用全路广泛开展党员先进性教育的有利时机，不断加强团员青年的理论学习，引领团员青年树立和落实科学发展观，把握正确的政治方向。以“学习党员先进性、展示团员新风采”、“学党史，知党情”等主题活动为牵动，利用团干部例会、“三会一课”、“新时期共产党人风采”诗歌朗诵会等形式组织团干部和团员学习领会《保持共产党员先进性教育读本》，学习身边的党员先进事迹，用“三个代表”重要思想武装头脑，构筑团员青年强大的精神支柱，为构建和谐社会做出贡献。

爱国主义教育突出重点。今年是中国人民抗日战争暨世界反法西斯战争胜利60周年，广大团员青年认真学习领会胡锦涛总书记在纪念大会上的重要讲话精神，牢固树立跟党走中国特色社会主义道路的坚定信念。各级团组织通过举办老战士报告会、聘请爱国主义辅导员，参观铁路爱国主义教育基地等方式，将介绍抗日战争史与铁路发展史相结合，引导团员青年将爱国主义热情投入到铁路跨越式发展实践和建设现代化铁路的实际行动中。

团员意识教育深入开展。按照团中央的整体部署，自9月份开始，铁路系统广泛深入地开展了增强共青团员意识主题教育活动。铁道部政治部对活动高度重视，转发了活动方案，提出了明确要求。各级党组织将团员意识教育纳入党员先进性教育活动中，统一部署，统一要求。党委书记、党支部书记亲自参加活动启动仪式和骨干培训班提要求、做辅导。活动过程中，各级团组织邀请党委书记、党支部书记给团员们上团课、参加团日活动，聘请党政干部监督指导团员意识教育活动，充分体现了“永远跟党走”的主题。广大团员认真参加学习教育，找问题、抓整改，积极投身主题实践，做到“两不误，双促进”。“十一”黄金周期间全路开展了体现爱国主义主题、服务铁路企业生产的“青春献祖国，激情促跨越”主题实践活动，新年前夕，开展了“践行团员标准保安全、共建和谐之旅迎春运”主题活动。

宣传思想工作影响广泛。各级团组织充分利用铁路媒体资源和组织宣传优势，突出重点，捕捉闪光点，加强形势任务教育和青年典型宣传，积极推广先进经验，激发了团员青年投身跨越式发展的热情。全路实行铁路局直接管理站段体制后，各级团组织迅速在广大团员青年中贯彻改革精神，做细做好相关人员的思想工作，切实关心团干部的安置方案，使团员团干部队伍经受了考验，保持了稳定。8月起，铁道团委与人民铁道报社共同开展了“中国铁路青年风云人物”评选，通过组织推荐、自荐等方式产生了64名候选人，并在《人民铁道报》设专栏刊登了候选人事迹，10名“中国铁路青年风云人物”将以群众投票和专家评审的方式产生。考虑到互联网、手机短信等现代媒体在团员青年中的影响，铁道团委组建了铁路青年志愿网络宣传（评论）员队伍，建立了铁道青年网上家园。各级团组织引进新技术，加强共青团网站建设，建立了手机通信平台，有效地用正确的舆论引导团员青年，使现代通信工具成为与团员青年沟通交流的纽带。

二、有机融入中心，生力军作用充分发挥

重点任务中发挥了突击作用。在完成跨越式发展的各项“急难险重”任务中，各级团组织团结带领团员青年勇挑重担，突击奉献，在春运、暑运、抗洪抢险、防疫抗灾等重点工作中，活跃着青年突击队的身影，发挥了突击队和生力军作用。继续开展了“铁路青年与春运同行”春运立功竞赛。各级团组织结合本单位春运特点，全面开展站好春运第一岗、值乘“共青团号”临客、维护站车秩序、查堵危险品、提供志愿服务等活动。团中央书记处第一书记周强、书记处书记王晓、铁道部政治部主任何洪达专程到北京站、铁道部信息技术中心信息工程部，慰问了奋战在春运一线的团员青年和“青年文明号”集体，并对铁路团员青年在春运期间的工作给予了充分肯定。据不完全统计，春运期间，全路团员青年共检查整修共青团设备1.5万多处（台），开展春运突击5000多次，累计向旅客分发宣传单21万多份，解答旅客咨询8万多人次，为旅客做好事5万多件，收到表扬意见3万余条。“铁路青年与春运同行”活动产生了良好的社会影响。

为构建安全屏障做贡献。各级团组织将提高共青团保安全的能力作为重要任务，注重细节，突出重点，体现特色，在构建安全屏障中发挥了作用。继续深入开展了“创岗夺杯”活动，通过包保共青团设备、建立青年安全岗，在团员青年中形成保安全争先创优的良好氛围。通过举办安全座谈会、安全案例巡展、安全漫画评选等活动，防微杜渐，使团员青年树立牢固的安全意识。利用“安全月”、《铁路运输安全保护条例》宣传的有利时机，发挥共青团组织优势做好安全宣传、开展技能比武、推广导师带徒，大力倡导富有共青团特色的安全文化。

在铁路现代化建设中展作为。今年是铁路建设大发展的一年，新管理、新技术、新设备在铁路广泛应用。全路各级团组织以提高青年技术业务素质为重点，以新世纪青年读书计划为载体，大力实施青工技能振兴计划，有效发挥了青年的创造力。通过举办青年技术夜校、青年班组长班、推行“提素导航”计划，为青年的岗位成长加油助跑。成熟先进的操作技术推广、“五小”科技攻关成果的评选，激励广大团员青年在实现内涵扩大再生产、节约资源活动中作表率、当先锋。在首届铁路行业职工技能大赛上，青年职工的获奖率90%以上。各级团组织通过举办技能巡展、技术表演赛、经验交流会等形式，推广先进操作法，使青工学习技术的途径更加广泛、热情更加高涨。在铁路扩大路网规模、调图提速等建设任务中，参建单位以“双争”活动为牵动，引导团员青年积极投身铁路建设大会战。青藏铁路建设副总指挥吴维洲因在重点工程建设中的特殊贡献，荣获2005年“中国十大杰出青年”称号。

三、有效服务大局，团的组织优势明显

文化建设体现品牌特色。以“谱写铁路跨越式发展的青春文明”为主题，举办了青年文明号文化节。活动中以“青年文明号服务卡”、“青年文明号信用建设示范行动”为载体广泛开展了“征集一句职业警言、做一次群众回访、参加一次文化实践活动、开展一次活动理念宣传”活动，进一步挖掘了青年文明号活动的文化内涵，提升了青年文明号活动的文化感召力。各级团组织广泛开展了“青年文明号与安全文化建设同行”、青年文明号诚信行动。11月，全路青年文明号现场推进会在西安召开，同时举办了青年文明号管理论坛，歌曲《青春在飞》以及动漫作品《安全生命》、《技术信息带来的革命》等一批铁路青年创作的作品获奖。

凝聚青年体现活动优势。五四期间，以“弘扬五四精神，投身跨越伟业”为主题，营造浓厚的节日氛围，号召全路广大团员青年过一个文明进步、健康时尚的青年节，正确认识铁路改革所面临的新形势，珍惜来之不易的大好发展机遇，积极主动参与、支持、促进改革。各级团组织充分调动基层活力，广大团干部融入团员青年中，开展了评先表彰、歌咏比赛、青年艺术节等活动，做到支部个个有活动，青年人人都参与，在青年中构建和谐向上的气氛。楚九鹏等10名同志获铁路青年五四奖章。5月4日，铁道部部党组书记、部长刘志军代表部党组在《人民铁道报》上发表题为《发扬五四光荣传统谱写新的光辉篇章》的署名文章，向全路广大青年朋友和青年工作者致以诚挚的问候，向为中国铁路事业发展做出贡献的广大铁路青年表示衷心的感谢，并对团员青年和各级团组织提出了要求。五四系列活动的开展很好地鼓舞了广大团员青年，坚定了团员青年投身铁路跨越式发展的信心和勇气。

知路爱路护路活动深入开展。在2004年试点开展的基础上，“知路·爱路·护路，共铸平安铁路”活动全面推开，铁路共青团组织联合铁路安监、公安等相关部门，联系地方团的组织、学校等，深入开展“知路爱路护路”主题宣传教育活动、“爱路护路模范学校”创建以及青年志愿者护路行动等活动，既有效维护铁路安全畅通，实现“教育一个孩子、影响一个家庭”的目的，又促进了青少年的健康成长。12月，全国铁道团委、团青海省委、青藏铁路公司在青海省格尔木市站前路小学联合举行了主题宣传活动，在青藏铁路沿线全面启动了“知路·爱路·护路”活动，通过学生喜闻乐见的舞台剧、图板讲解、图片展示等形式，宣传铁路安全基本知识，提高青藏铁路沿线少年儿童的自我保护意识和能力，引导他们认识铁路、热爱铁路、保护铁路，

调研工作及时深入。全路共青团组织始终将开展调查研究，及时了解铁路青年的思想、工作情况作为重点工作抓紧抓好。在全路开展了“全国铁路青年创新素质创新能力”调查，发放问卷5000份，调查覆盖了全路500个站段，提出七个组别的数据统计报告，形成了领导访谈报告等10个系列调查报告。继续开展了团内调研成果的评选活动，广大团干部以勤奋务实的工作态度，深入实际，摸准实情，科学规划团的工作，不断创新工作思路和理念，涌现了一批代表各个层面的优秀调研成果，推动铁路团的工作，更为党政组织了解青年和青年工作提供了科学的依据。广大团干部将调研的过程延伸为宣传铁路跨越式发展的过程、服务青年的过程、与青年沟通交朋友的过程。在铁路全面实行路局直管站段体制后，铁道团委组织部及时了解基层组织设置、人员分布情况，为劳资、人事部门提供设定编制的依据。在团员意识教育活动中，各级团组织将开展调查研究，摸清家底作为开展活动的基础，深入基层，收集问题，认真剖析，确保了活动的顺利开展。

青年文明号管理更加规范。结合铁路改革发展形势修订实施了《铁路系统青年文明号管理办法》（以下简称《办法》），并按照《办法》对全路青年文明号进行了重新审定考核，各级团组织比照《办法》标准，积极开展青年文明号的争创工作。在铁路改革发展的新形势下，各级团组织加大考核力度，深入调查研究，探讨和尝试铁路新的管理体制和运营模式下青年文明号的创建办法和管理机制。各级青年文

明号集体分系统、分专业交流班组管理经验，提炼青年文明号的工作理念，强化了班组管理能力，保持了“青年文明号”的品牌效应。

青年志愿者活动进一步深化。继续在铁路青年中弘扬“奉献、友爱、互助、进步”的志愿精神。各级团组织团结带领团员青年在铁路春运、暑运等主战场上献工时、献智慧，服务企业、服务旅客货主，互相帮助。坚持开展“一助一”、“学雷锋”、“帮困助学”等活动。在帮困助弱、提倡奉献的同时，教育了青年、感动了青年，团结了青年、凝聚了青年。12 月 3 日至 12 月 10 日，全路各级团组织以“国际残疾人日”、“国际志愿者日”和“一二·九”运动 70 周年纪念日为契机，集中开展了以“践行团员标准保安全、共建和谐之旅迎春运”为主题的实践周活动，引导团员青年在构建社会主义和谐社会社会中发挥生力军作用。

四、团的组织建设进一步加强

各级团组织立足基层，狠抓基础，坚持强化团的基层组织建设。将团的工作纳入企业整体工作考核评比，及时整顿软弱涣散的基层组织。特别是在铁路局直接管理站段体制改革新形势下，及时调整组织设置，创造性地构建铁路共青团组织建设的新机制、新方法和新模式，及时修订和完善各项工作规章、标准，制定新的考核标准和办法。铁道团委以团内信息交流等方式向全路团组织介绍好经验、好做法，并就路局直管站段体制下铁路团的建设及时召开专题研讨会，交流经验、互相启发，探索新体制下团的建设新思路新方法。

铁道团委七届三次全委扩大会议通过了《关于铁路局直管站段体制下改进和创新共青团工作的意见》，并就新形势下开展团建创新进行了动员和阐述。各级团组织结合本单位实际探索建立区域（地区、片区）团的联合机制、团的系统（专业）联合机制、项目化运作机制和以现代信息技术为基础的团的管理机制。铁道团委就团的特色工作项目建立了专项申报考核制度，并在青年文明号文化节的活动中采取了项目化的运作方式，取得了良好的效果。基层团支部以活动展评、巡回擂台赛的方式交流经验，促进基层团建工作的整体提高。

五、团干部能力有了一定提高

广大团干部始终坚持政治理论的学习，并以党员先进性教育活动和团员意识教育活动为契机，总结提炼了新时期铁路共青团干部的标准，即“信念坚定，志存高远的政治本色；朝气蓬勃，甘于奉献的精神状态；勤奋学习，勇于创造的优良品格；求真务实，勤政廉洁的工作作风；服务青年，服务大局的牢固意识；纪律严明，团结一致的团队精神”。广大团干部对照标准、严格要求，不断在实践中完善自我，追求卓越。

这一年，广大专兼职团干部克服困难、创造条件，不断地开展丰富多彩的活动，吸引青年、凝聚青年，展示了良好的合作能力和创造能力。在涉及自身利益的具体问题面前，以大局为重，信念坚定，体现了良好的政治素质，成为了维护稳定的坚实力量。在各级各类团的培训中，结合新形势，新要求，引入体验式培训、拓展训练、心理分析等方式，培养团干部的团队意识和挑战精神。聘请青年班组长、青年技术骨干做小先生，促进团干部熟悉班组管理经验和铁路技术业务知识。开展团干部的职业导航计划，形成团干部的录用、考核、挂职锻炼、交流学习机制。鼓励、推荐团干部参与党员先进性教育活动，学习、借鉴、继承党的优良工作传统。为广大团干部参与学历教育、国际交流，创造条件、提供服务。据不完全统计，有 6060 人次团干部参加了各级各类共青团培训，768 人次参加了学历培训，12 人次参与了国际交流。

中直机关团的工作

2005年，中直团工委在中直工委和团中央的领导下，以邓小平理论和“三个代表”重要思想为指导，认真学习贯彻党的十六大和十六届三中、四中、五中全会精神，按照团的十五大和十五届三中、四中全会要求，紧紧围绕中直机关中心任务和工作大局，以竭诚服务青年为宗旨，以增强团员意识、提高青年能力素质为重点，坚持与时俱进，求真务实，中直机关团员青年工作取得一定进展，团的思想建设、组织建设、作风建设和团员、团干部队伍建设得到进一步加强，团组织的影响力和凝聚力进一步增强。

一、以深入学习“三个代表”重要思想为主线，青年思想政治工作取得新成效

1. 认真学习党的十六届五中全会精神，深化对“三个代表”重要思想的理解。中直机关各级团组织始终把用邓小平理论和“三个代表”重要思想武装团员、教育青年作为首要任务，引导团员青年牢固树立坚定的理想信念。党的十六届五中全会召开后，中直团工委迅速组织广大团员青年认真学习贯彻全会精神，并召开团工委委员会议进行专题学习研讨。各级团组织通过多种方式帮助青年加强学习。团中央直属机关团委召开机关团支部负责人学习研讨会，并把党的十六届五中全会相关文件和《人民日报》社论印成手册，发给团员青年，便于有针对性地学习，提高认识。

2. 积极组织青年党员参加保持共产党员先进性教育活动，增强党性修养。中直机关各级团组织积极配合本单位党组织开展保持共产党员先进性教育活动，开展了形式多样、内容丰富的活动。中央办公厅团委在《团的工作》上开辟“青年党员先进性教育系列谈”专栏，刊登青年党员参加先进性教育活动的心得体会。人民日报社团委举办了“先进性，青年党员永恒的实践”座谈会。新华社团委召开“十年青春风采路”优秀青年党员座谈会，弘扬爱岗敬业、拼搏奉献精神。中央党校团委举办了“永葆先进本色，争当时代先锋”青年党员主题讲演会，利用演讲、朗诵、小合唱等形式，提高青年对保持共产党员先进性教育活动的认识，夯实思想基础。

3. 在弘扬民族精神和时代精神中提高青年思想素质。中直团工委以纪念中国人民抗日战争暨世界人民反法西斯战争胜利60周年和五四运动86周年为契机，在中直机关广泛开展了以“发愤学习创业，立志成才报国”为主题的纪念活动，在青年中弘扬、培育以爱国主义为核心的伟大民族精神和以改革创新为核心的时代精神。中国科协、中央台办机关团委组织团员青年到西柏坡开展参观学习和社会实践活动；中国日报社等单位组织参观卢沟桥中国人民抗日战争纪念馆、北京焦庄户地道战遗址，组织开展“五四”青年节联欢会等活动。中组部机关团委通过评选表彰优秀共青团员、团干部和青年岗位能手，到内蒙古开展国情考察活动，对青年进行国情教育，增强了发展意识、改革意识和岗位成才意识。

二、以“增强意识、健全组织、活跃工作”为目标，增强团员意识主题教育活动取得阶段性成效

按照团中央关于在全团开展以学习实践“三个代表”重要思想为主要内容的增强共青团员意识主题教育活动的要求，中直团工委积极组织所属38个中央部委团组织的23500余名团员参加教育活动。一是高度重视，加强领导。中直工委分管领导认真听取了团工委的专题汇报，并要求中直机关各级团组织和广大

团员在这项活动中作出表率，走在全团前列。团中央召开电视电话会议对主题教育活动进行部署后，中直团工委认真研究制订了实施方案，及时召开各单位团组织负责人会，进行动员部署。中直各单位机关党委领导对活动给予高度关注，提出明确要求，并及时指导成立了教育活动领导小组，有的还担任组长，为开展活动提供了坚强保障。二是周密策划，认真组织。中组部机关团委按照“标准更高、要求更严、效果更好”的要求，通过精心设计并组织团员作答思考题的方式，务求学习实效；制订并组织填写活动目标任务完成统计表，对活动情况进行量化考核；着眼于建立长效机制，修订完善团的规章制度；注重做好“结合”文章，做到工作、活动两不误、两促进。全国妇联机关团委及时进行青年思想状况问卷调查，为开展教育活动打下良好基础。中国出版集团等单位通过举办团课讲座和“学理论、知团情”党团知识竞赛等多种方式，推动教育活动的开展。受中直团工委委托，中办团委组队参加团中央现场知识竞赛并荣获团体三等奖。三是结合实际，开展主题实践活动。广电总局团委对生活、工作有困难以及节假日加班团员进行慰问，帮助他们排忧解难。中联部机关团委组织团员青年到江西革命老区开展社会实践活动；人民日报社团委组织团员青年到河北平山李庄小学开展爱心助学，参观报社旧址和西柏坡纪念馆；中国侨联直属机关团委组织团员青年赴河北省易县狼牙山革命老区开展了“我为团旗添光彩”主题团日活动，对团员青年进行革命传统教育。四是组织团员标准大讨论，积极开展批评与自我批评。中组部机关团委通过组织讨论，提出本单位团员标准的5条基本要求。中央台办机关团委把团员标准大讨论与“行业标兵”标准大讨论结合起来，推动了业务工作。各单位在学习团章和团员标准大讨论的基础上，积极对照检查，开展了批评与自我批评，明确了整改措施和努力方向。五是加强交流培训，强化督促检查。中直团工委通过刊发信息，及时宣传各单位的做法。还召开两次团工委委员会，交流中直各单位开展活动情况，对下一步工作提出要求。组织了两次团课，对300多名团干部和团员进行培训。对部分单位教育活动的进展情况进行了检查指导。很多单位通过建立团委委员联系点制度、督察制度，采取不定期抽查、交叉检查等办法，确保活动不走过场、不走形式，取得实效。

通过几个月的主题教育活动，提高了团员青年对“三个代表”重要思想的认识，加深了对团史团情的了解，增强了永远跟党走中国特色社会主义道路的信心，增强了荣誉感、归属感、责任感；初步解决了部分基层团组织建设中存在的突出问题，逐步完善了组织体系，健全了工作机制，进一步提高了团组织联系和服务广大团员青年的能力。

三、以促进青年成长成才为根本，服务力度进一步加大

1. 积极加强青年人才队伍建设。深入贯彻落实《中直工委关于进一步加强中直机关青年人才工作的意见》和中直机关青年人才工作座谈会精神，在“中直机关十大杰出青年”评选活动开展十周年之际，中直团工委组织召开了第六届“中直机关十大杰出青年”表彰会暨纪念“中直机关十大杰出青年”评选活动开展10周年会议，号召中直机关广大青年向杰出青年学习，立足岗位，建功成才。王刚同志出席会议并作重要讲话，对广大青年提出了殷切期望。中直机关各级团组织都加大了对青年人才的培养力度，并通过广泛宣传青年典型的先进事迹，充分发挥青年典型的示范作用，激励更多的青年学习先进、争当先进。中国外文局团委联合人事部门印发了《中国外文局关于进一步加强青年人才工作的实施意见》和《中国外文局青年导师制实施办法（试行）》，为青年人才队伍建设提供了制度保证。

2. 努力做好评荐工作。中直团工委对

2004年命名表彰的57个中直机关青年文明号进行了审核,同时又授予21个青年集体中直机关青年文明号称号,其中3个先进青年集体被团中央命名为全国青年文明号。经推荐,周涛同志被授予"中国青年五四奖章";封丽霞同志被评为全国青年岗位能手;李靖、郝安平、沈黎萍、吴亚明、王华杰等5位同志被评为全国优秀团干部;杨兴烨、王明杰、张荣、刘丽、王华君5位同志被评为全国优秀共青团员;黄继军同志被授予"中国青年志愿服务金奖奖章";经济日报社印刷厂本报激光照排车间被命名为第三届全国"青年安全生产示范岗"。

3.积极引导青年在实践中锻炼成才。在总结第七批青年志愿者支教工作基础上,中直团工委组织了由中央纪委、中央办公厅、中央组织部、共青团中央、全国妇联、中国科协等6个单位12名青年组成的第八批志愿者服务队,赴西柏坡扶贫支教。他们工作勤奋、作风扎实,受到了当地干部群众的好评。国庆节前夕,中直团工委组织支教队员的家属到西柏坡进行了看望慰问。各单位团组织广泛开展了社会实践活动。全国总工会机关团委组织团员青年赴山西省和顺县开展捐资助学社会实践活动,既为革命老区的教育事业奉献爱心,又深入基层,了解了农民的生产、生活状况,增进了与贫困地区群众的感情,增强做好本职工作的责任感。

4.丰富机关青年文化生活,加强机关精神文明建设。中直团工委举办了第四期"中直机关青年文化论坛",取得良好效果。中直机关各级团组织通过举办青年论坛、读书征文比赛、"移动课堂"、专家学者讲座等形式,进一步拓宽青年视野,增长知识。坚持以人为本,通过开展各种文体活动,加强机关文化建设,促进青年全面发展。

四、以班子调整充实为契机,团的自身建设得到加强

1.加强团工委的自身建设。配合工委组织部对有关人员进行考察,调整充实了团工委班子。根据需要增补3位中直团工委委员,免去两位同志中直团工委委员职务。建立健全团工委理论学习制度,多次围绕学习贯彻党的十六届四中、五中全会精神、加强党的执政能力建设和党的先进性建设、新形势下深入推进中直机关共青团工作等专题进行学习研讨。探索建立团工委委员驻会工作制度。

2.加强团的基层组织建设。指导中央纪委、全国政协、中央文献研究室、全国总工会、共青团中央、中央编译局、中国法学会等单位团组织进行换届改选工作。加强"党建带团建"、团建创新等工作的调研,分别到中央党史研究室等7个单位了解情况,征求意见。评选表彰了一批中直机关"五四"红旗团支部和优秀共青团员、优秀团干部。通过加强青年社团等组织建设,积极探索广泛联系青年的新途径,扩大了青年工作的覆盖面。

五、成功召开中直青联三届一次全委会

2005年7月7日,中直青联召开三届一次全委会,王刚同志出席会议并作了重要讲话。会议明确了今后五年中直青联工作的方向、目标和任务,对于推动中直青联工作的进一步发展具有重要作用。新一届中直青联成立后,开展了富有成效的工作,如组织青联委员就青年关心的党建、团建创新方面的课题开展了调研工作;组织青联委员到国防大学看望慰问抗日老战士;每月组织青联委员集体生日联谊活动;举办中直机关青年中秋联谊晚会等。

中央国家机关团的工作

2005年是中央国家机关共青团工作不平凡的一年，是“任务多、攻坚多、成果多”的一年。一年来，在中央国家机关工委和团中央的正确领导下，坚持以邓小平理论和“三个代表”重要思想为指导，求真务实，开拓进取，通过各级团组织和广大团干部的共同努力，团的基础工作更加扎实，各项重点工作有所突破，服务青年能力不断提高，团组织的影响力日益扩大，团的各项事业都取得了较好的发展。

一、始终坚持学习贯彻“三个代表”重要思想，青年思想教育工作有声有色

一年来，中央国家机关各级团组织紧紧抓住开展保持共产党员先进性教育活动和增强共青团员意识主题教育活动的有利契机，广泛开展了形式多样、丰富多彩的主题教育活动，坚持不懈地用“三个代表”重要思想武装教育青年。

组织广大团员青年认真学习贯彻党的十六届四中、五中全会精神，学习领会党中央提出的科学发展观、加强党的执政能力建设、构建社会主义和谐社会等重大理论创新成果和重大决策部署，学习中央关于制定国民经济和社会发展第十一个五年规划的建议。进一步深化了学习的内容和领域，推动了学习实践“三个代表”重要思想的不断深入。特别是在党的十六届五中全会闭幕后，团工委及时下发了《关于在增强共青团员意识主题教育活动中认真学习贯彻党的十六届五中全会精神的通知》。按照《通知》要求，各部门机关团组织紧密联系部门实际，认真组织学习讨论，把广大团员青年的思想和行动及时统一到了这次全会的精神上来。

围绕抗日战争暨世界反法西斯战争胜利60周年，认真组织开展纪念活动。团工委下发了开展纪念活动的通知并带头开展活动，组织团工委（国青中心）党支部的全体同志集体参观了日军南京大屠杀惨案纪念展、太行精神光耀千秋展和卢沟桥抗日战争纪念展。各部门团组织纷纷以书画展、知识竞答、观看影视纪录片、参观革命遗址、请老战士讲经历等多种形式开展纪念活动，进一步激发了青年的爱国心、报国志，起到了用历史教育青年的作用。同时，为纪念“五四”运动86周年，各部门团组织积极行动，以重温“爱国、进步、民主、科学”的“五四”精神为主题，组织开展了主题座谈会、联欢会、五四青年论坛等多种形式的纪念活动，激励广大团员青年在邓小平理论和“三个代表”重要思想的指引下，继承和弘扬“五四”精神，常怀报国之心，树立报国之志，在推进中央国家机关各项事业的发展和全面建设小康社会的伟大实践中建功立业，谱写崭新的青春乐章。

二、主动融入保持共产党员先进性教育活动，服务机关党建工作大局再做新贡献

按照党中央的要求和部署，中央国家机关的保持共产党员先进性教育活动于2005年初正式启动。在这次先进性教育活动中，中央国家机关各级团组织始终站在发挥党的助手和后备军作用的高度，始终站在服务机关党建工作大局的高度，紧密结合青年和青年工作实际，密切配合、主动融入，坚持把服从服务于保持共产党员先进性教育活动作为一项重要工作来抓，组织和引导广大青年党员积极投入到先进性教育活动中来，协助和配合各级党组织在先进性教育活动中做了大量工作，为推动中央国家机关保持共产党员先进性教育活动的深入开展做出了积极贡献。

在先进性教育活动一开始，团工委就对中央国家机关各级团组织在先进性教育活动中如何发挥作用提出了明确要求，并利用简报《情况交流》，陆续将各部门团组织参与先进性教育活动的情况进行了编发。各部门团组织积极响应团工委的号召，在认真思考、准确定位的基础上，结合各自实际，通过下发文件、编写简报、召开专题会议、举办演讲会等灵活多样的形式和丰富多彩的活动，组织和引导广大青年党员积极投入到先进性教育活动中。为进一步推动工作，4 月初，团工委专门召开了中心组（扩大）会议，对各部门团组织协助配合党组织开展保持共产党员先进性教育活动的情况进行阶段性总结，并就如何围绕先进性教育抓团建进行了交流和讨论，形成了一些新鲜经验。结合纪念五四运动 86 周年，5 月下旬，团工委又组织召开了“先进性教育与青年成长”主题座谈会。座谈会上，来自中央国家机关有关部门的 23 名青年党员用真情实感畅谈了对保持共产党员先进性教育活动及其与青年成长的关系的理解和认识，交流了参加保持共产党员先进性教育活动的收获和体会，从而达到了反映成果、交流思想、促进共同提高的目的。

为深入动员广大青年党员积极投身先进性教育活动，激励和引导他们以先进典型为榜样，不断为中央国家机关各项事业的发展贡献青春和力量，在先进性教育活动期间，团工委还举办了以“感动”为主题的中央国家机关青年演讲比赛。演讲以讴歌身边优秀共产党员、优秀青年的先进事迹为主要内容，以片区组织比赛为主要形式，取得了圆满成功，收到了很好的教育效果。

三、全面启动增强共青团员意识主题教育活动，大规模的团员集中教育工作蓬勃开展

开展增强共青团员意识主题教育活动，是共青团组织学习实践“三个代表”重要思想的继续和深化，是全面贯彻落实中央保持共产党员先进性教育精神的实际行动和具体举措。从去年 7 月开始，团工委认真贯彻团中央关于开展增强共青团员意识主题教育活动的一系列要求和部署，及早谋划，精心组织，全面启动了中央国家机关增强共青团员意识主题教育活动，现在已经取得了阶段性成果。中央国家机关 94 个部门中，已有 90 个部门的教育活动已经结束或正在开展，有 1 个部门经报批推迟到今年 4 至 5 月开展，其余部门都在积极筹备，即将开展。此项工作得到了团中央督导组的充分肯定和高度评价。

为推动团员意识主题教育活动扎实开展，团工委建立了完善的领导机构和组织机构，专门成立了领导小组，领导小组下设办公室，同时还抽调力量组成 6 个督察组，到 6 个工作联络片开展监督检查。注重加强活动信息的宣传，团工委共编发团员意识教育活动专报 4 期，《情况交流》专刊 96 期，收到各部门简报 500 余份，并在紫光阁网站开辟了团员意识教育活动专栏，有 14 条信息被团中央教育活动专题网站采用，有 10 条信息被团中央教育活动简报采用，有 12 位部委领导的讲话和批示被团中央《全团要讯》转载。

此次教育活动得到了各级党政领导的高度重视，中央国家机关工委副书记、青年工作领导小组组长臧献甫对开展教育活动提出了明确要求，并在团工委的书面报告上作出批示。各部门团组织积极争取领导重视和支持，有 27 个部门的党组领导同志或担任领导小组组长、或作出批示、或出席动员会议并讲话，其中，国家民委、信息产业部、国家食品药品监督管理局、国务院机关事务管理局、全国社保基金会、中国宋庆龄基金会、国家中医药管理局等 7 个部门的党组书记都对教育活动作出批示。有 22 个部门的机关党委常务书记或副书记担任领导小组组长。财政部、中国宋庆龄基金会等部门机关党委印发了本部门的团员意识教育活动《实施方案》。部门党组和机关党委的重视和支持,高位推动了团员意识教育活动的顺利开展,为教育活动取得实效提供了强有力的保障。

在教育活动中,团工委还组建了中央国家机关青年政策宣讲团,到山西、福建两省开展了政策宣讲活动。各部门团组织也都结合各自实际,开展了形式多样的主题实践活动。通过开展团员意识主题教育活动,广大团员的政治意识、组织意识、模范意识明显增强,教育活动初步达到了增强意识、健全组织、活跃工作的目的。

四、不断深化“读书·实践·成才”和“树典型·学榜样·赶先进”两个主题活动,服务青年成长成才取得实效

立足于培养一支“有本事、靠得住、过得硬”的高素质机关青年队伍,着眼于机关青年在成长成才方面的需求,不断深化“读书·实践·成才”和“树典型·学榜样·赶先进”两个品牌主题活动,取得了实实在在的效果。

不断深化“读书·实践·成才”主题活动。为进一步推进中央国家机关青年新世纪读书计划,切实提高中央国家机关青年的综合素质,继续坚持举办中央国家机关青年系列知识名家讲座,在圆满完成管理知识系列讲座的基础上,又成功举办了法律、哲学两个系列讲座,并启动了国际问题系列讲座。这些系列讲座得到了中央国家机关广大团员青年的一致欢迎和好评,在全团和社会上也产生了良好的反响,已逐渐成为“读书·实践·成才”主题活动的有效载体,成为中央国家机关广大青年读书成才的重要平台和特色品牌。为进一步扩大讲座的成果,根据讲座的内容,还积极做好《中央国家机关青年系列知识名家讲座丛书》的编辑出版工作,经过辛勤的努力,《名家谈管理》一书已正式出版发行。团工委还承办了团中央“文明生活从读书开始”的有关赠书和讲座项目,取得良好效果。积极推进学习型团组织的建设,在认真总结高检院等部门经验和深入调查的基础上,完成了《关于在中央国家机关广泛开展创建学习型团组织活动的决定》的起草工作,目前正在征求意见中。

不断深化“树典型·学榜样·赶先进”主题活动。组织开展了2003—2004年度中央国家机关优秀共青团员、优秀共青团干部和五四红旗团委(支部)评选表彰活动。共评出中央国家机关优秀共青团员117名;优秀共青团干部118名;五四红旗团委(支部)43个。上半年,经团工委推报,中科院邓亚军和国家体育总局刘国梁被团中央授予“中国青年五四奖章”;民政部机关团委被团中央评为全国五四红旗团委标兵单位;中央国家机关中还有5人被团中央评为全国优秀共青团干部、5人被评为全国优秀共青团员;有4个青年集体获得2004年度“全国青年文明号”的荣誉称号;有2个集体获得全国青年文明号信用建设示范单位的荣誉称号;有2人获第二届“中国杰出青年外事工作者”荣誉称号;有12人获“中国优秀青年外事工作者”荣誉称号;有1人被确定为2004年度中国青年志愿者服务金奖候选人;有1个集体被团中央评为第三届全国青年安全生产示范岗;有1篇调研报告获2004年度全团调研三等奖。

五、推动落实“党建带团建”和“团建抓创新”,团组织的吸引力、凝聚力和战斗力明显增强。

各部门团组织始终紧紧抓住开展增强共青团员意识主题教育活动有利时机,通过积极争取,不断推动“党建带团建”和“团建抓创新”的落实,团组织的吸引力、凝聚力和战斗力明显增强。

推动了“党建带团建”工作机制的落实。国家环保总局着眼于实现环境保护工作的跨越式发展,针对团员逐渐减少、青年逐年增多的实际情况,在增强共青团员意识主题教育活动中成立了以党组副书记兼机关党委书记祝光耀为组长,机关党委、行政体制与人事司、办公厅、规划与财务司负责同志为成员的青年工作领导小组。领导小组办公室设在总局直属机关团委，作为领导小组的办事机构，由总局直属机关团委书记兼任办公室主任。外交部在增强团员意识教育活动中召开了青年工作会议，全体在京部领导、各司局一把手、各司局青年代表、各单位团组织主要负责人参加了会议，部领导李肇星、戴秉国、杨洁篪还分别在会上发表了讲话。会上，团委、干部司、行政司、国外工作局等青年工作负责单位汇报了推动青年工作的思路和措施，新闻司、财务司等司局交流了开展青年工作的经验和做法，会议还讨论通过了《外交部党委关于加强青年工作的指导性意见》，从而为推动今后的工作提供了根本的保障。

推动了基层团组织建设。在共青团全国基层组织建设会议后，为掌握情况、摸清家底，结合团员意识主题教育活动，通过调查，认真开展中央国家机关团员、团干部队伍和团组织基本状况调查，掌握了基础数据，摸清了各部门机关团委的设置、编制、团干部配备等情况，进一步发现一些部门机关团委存在着超期不换届、组织不健全、干部不到位等问题。针对这些问题，通过向部门机关党委发函或走访，推动一些部门团组织及时换届，配备团干部，健全团组织。在教育活动期间，已有 11 个部门机关团委配备了团干部或进行了换届，另有 9 个部门机关团委正积极筹备换届或调整团干部，从而为开展工作奠定了基础。

推动了团建创新机制的落实。在团员意识教育活动中，各部门团组织积极探索将一些好做法好经验以制度的形式固定下来，从而推动了中央国家机关团建创新机制的落实。譬如，商务部欧洲司设立了“青年书架”，建立团员青年学习的长效机制。

六、圆满完成青联换届，青联工作全面活跃

2005 年是全国青联和中央国家机关青联换届之年。团工委青联工作部、中央国家机关青联秘书处把工作重心放在了协商推荐十届全国青联委员和筹备召开中央国家机关青联三届一次全委会上。一共提名推荐 139 名同志成为全国青联十届委员，并组团参加了全国青联十届一次会议。有 31 名同志当选十届全国青联常委，4 名同志当选十届全国青联副主席。成功召开了中央国家机关青联三届一次全委会。选举产生了新一届中央国家机关青联领导班子，选举主席 1 人、副主席 16 人、常委 60 人。

围绕“青春创造未来”委员论坛和“服务社会回报社会”两个工作品牌，开展了丰富多彩的主题活动。做好内部刊物《春华秋实》的发行，举办了“音乐·艺术·人生”中央国家机关青联委员论坛、“心手相连——红五月青年助听活动”、赴山西省左权县慰问演出、“创新科技(北京)高峰论坛”、赴内蒙古“神华”煤田、陕西延安和三峡库区社会实践活动等，促进青联工作整体活跃。

稳步推进国青中心工作。立足于“稳固旧项目，拓展新项目，抓住发展点，努力创效益”的经营理念，国青中心在人员减少，任务不减的情况下，配合团工委、青联，稳步推进各项工作，不断创新服务青年新方式，取得了一定经济和社会效益。

中央金融系统团的工作

2005年，在银监会党委和团中央的领导下，团委坚持“服务大局、服务青年、服务基层”的工作方针，紧紧围绕监管中心任务，结合保持共产党员先进性教育的要求，以提高青年的思想政治素质和业务素质为重点，以丰富多彩的活动载体为依托，求真务实，开拓创新，努力工作，在较为圆满完成2005年工作计划的基础上，还进行了一些新的尝试。

一、充分发挥团组织的教育职能，切实加强青年思想政治教育

团委始终坚持从巩固和扩大党长期执政的青年群众基础战略高度出发，认真研究新形势下青年的特点和思想政治工作的规律，积极开展工作，大力加强青年思想教育。

一是结合保持共产党员先进性教育活动，根据团中央的统一部署和安排，在银监会系统开展了增强团员意识主题教育活动，组织团员青年认真学习邓小平理论和“三个代表”重要思想，树立和落实科学发展观，紧密结合银监会系统的党委中心工作，以“永远跟党走”为主题，切实增强广大共青团员的政治意识、组织意识和模范意识。各级团组织都开展了形式多样的活动，其中银监会机关团委组织开展了“永远跟党走，青春铸监管”主题教育活动、“你在他乡还好吗”——流动人口防艾大型公益宣传活动”；上海、江苏银监局将团员意识教育纳入党员先进性教育活动的大格局中，以党建带团建；青岛银监局团委组织开展“学习振超精神，增强团员意识”系列活动，各局的活动都切实增强了团员青年的责任意识和奉献精神，成效显著。天津银监局作为银监会系统的唯一代表接受了团中央督导组的检查，其工作扎实，组织得力，得到了团中央的充分肯定。

二是结合青年的特点和成长规律，利用重大节庆日、重大事件和重要革命活动纪念场馆对青年进行爱国主义、革命传统教育及职业道德教育活动。2005年，银监会系统各级团组织开展了丰富多彩的学习纪念活动，比如，吉林银监局团委组织开展的纪念“五四运动”86周年活动、“九一八”爱国主义教育活动，浙江银监局举办了纪念甲午战争110周年报告会，宁波银监局团委组织的警示教育座谈会，华融资产管理公司的“体验之旅”、“缅怀之旅”、“爱心之旅”活动等等。另外，还有的团委组织拜访老红军，“重走长征路”；有的参观革命纪念馆，奔赴革命圣地等等，使青年通过亲身感受、亲身经历接受教育，引导青年树立正确的世界观、人生观、价值观，明确行动的方向，坚定跟党走中国特色社会主义道路的理想和信念。

三是开展“东西助学”活动，培养青年高尚的社会主义道德情操。为响应党中央开发大西部的号召，为救助失学儿童、提高人口素质贡献力量，团委要求各级团委组织开展“东西助学”活动，银监会各级团组织积极响应，组织了形式多样的助学活动，会机关、天津银监局、河北银监局、信达资产管理团委等单位都组织团员青年赴贫困地区开展助学活动，通过青年的切身体验进行教育引导。广大青年对此反响强烈，踊跃参加，慷慨解囊，把资金和爱心一起奉献给了需要帮助的孩子和家庭，使他们感受到了社会主义大家庭的温暖。同时，青年的思想也在接触贫困中得到教育，青年的价值在回报社会中得到升华。

二、以监管为中心，以培养青年的业务素质和能力为重点，努力营造良好学习氛围

团委一直坚持以监管为中心，以促进青年业务素质的提高为己任，积极组织开展各项业务活动，为创建学习型组织、培养复合型人才

不懈努力。

一是举办了主题为“入世后过渡期——中国银行业的改革与发展”的学术论坛活动。此次活动得到了广大青年的热烈回应，共征集到论文2000多篇，覆盖面广，影响力大，对于引导大家努力学习业务知识，开展学术研究，起到了积极作用。各机构对此高度重视，为论坛的成功举办提供了保障。如山东、天津等银监局创新方法，组织了全局范围内论坛现场评审会，增进了论文作者与评委、作者与青年之间的互动与交流；广东、江苏、辽宁、湖南、宁波等银监局和中国信达资产管理公司、招商银行、中国民生银行等金融机构团委广泛发动，组织出色，取得了良好的效果。

二是成立了银监会团委热点问题调研组。为激发青年的积极性和创造性，引导和动员广大青年围绕银行业改革发展中的热点、难点问题进行专题研讨，营造良好的学术氛围，团委成立了热点问题调研组，调研组先从会机关有关部门和部分银监局选拔业务骨干进行试点，在短短几个月内形成了10篇质量较高的研究报告，内容从最新出台的法规、政策到商业银行的新兴业务等等，不仅为会领导决策提供了有力的参考依据，还为青年成长成才、展示自我搭建了一个很好的舞台。为进一步扩大调研成果，会团委将热点问题调研组成员范围扩大到各银监局和银监会直管九家金融机构。此项工作有效带动了银监会系统广大青年学习、调研之风，越来越多的青年参与到调查研究中来。

三是举办“我们关注”系列专题研讨会。从2004年开始，会团委就以银监会九家直管机构为主要参与对象不定期地举办了多期“我们关注”系列研讨会。研讨会邀请有关专家围绕某一现实难点问题进行深入探讨，为青年贡献聪明才智、提合理化建议疏通了渠道，也为各金融机构和青年专家学者提供了学术交流的平台，使大家开阔了眼界，交流了经验，同时研讨成果颇具参考价值，因而得到了领导和参与者的充分肯定和高度评价。四家资产管理公司为研讨会的成功举办贡献了许多智慧和力量。

四是部署各银监局开展“青春风采杯”监管知识竞赛。今年6月，会团委联合会机关团委成功举办了首届银监会机关青春风采杯监管知识竞赛，对促进青年学习监管业务知识，增强部门凝聚力起到了很好的作用。在此基础上，会团委向各银监局下发了通知，要求开展此项活动，以此营造良好学习氛围，促进监管业务。目前，许多银监局如辽宁、贵州、福建、西藏、宁夏等已率先组织开展，并取得良好成效。江苏、江西、新疆等银监局也已作了周密部署。

五是举办英语培训班和英语竞赛。为满足广大青年提高英语技能的要求，会团委联合机关团委举办了英语培训班，在各银监局起到了良好的示范作用。目前，各银监局通过举办英语培训班、举行英语演讲比赛等形式掀起了学英语的高潮。其中，北京、黑龙江等银监局团委成功组织了英语比赛，在青年中营造出浓厚的英语学习气氛；天津银监局团委根据局内青年英语水平不均的情况，组织了包括不同层次的英语培训班，有效调动了大家学习英语的热情。

此外，各银监局团委采取多种方式举办了多项活动，调动了广大青年学习、钻研的积极性。比如北京银监局团委发起的“爱知”读书会、新疆银监局的调研小组、大连银监局团委读书会、宁波银监局团委的读书俱乐部，还有包括青年课题组、青年业务小组、青年科技小组、青年攻关小组等各种类型的学习组织；天津、黑龙江、辽宁、重庆等局团委举办的青年专家登讲坛活动和各地举办的计算机、新业务、新规定培训，等等，众彩纷纭，不一而论，使广大青年在参与的过程中学到了知识，提高了素质，同时又交流了感情，增强了团队意识，使单位的工作氛围更加和谐。

三、着力弘扬健康向上的企业文化，培养员工爱岗敬业的职业道德

银监会直管九家机构团委结合各自实际情况，围绕打造积极向上的企业文化开展了多种富有意义的活动。如招商银行在全行范围内开展了“永远跟党走，青春献招行”为主题的教育活动，要求青年发扬“挑战、自省、奉献”的招银精神，在实践中磨练意志，同时还成立了招银青年合唱团，帮助青年净化心灵，陶冶情操。中国民生银行以十周年行庆为契机开展了“向先进看齐，向行庆献礼”的“双向”主题实践活动以及“民生精神民生人”大型演讲比赛，以民生银行优秀员工的先进事迹教育、带动所有员工，在全行上下形成了团结一心、爱行如家的良好氛围。华融资产管理公司为激励员工为公司发展献计献策，举办青年员工座谈会，开展青年员工与总裁对话活动，畅通了党委与青年员工的沟通渠道，激发了广大青年的工作热情。长城资产管理公司举办了以机关青年为主要参与对象，以公司改革与发展和业务经营为主题的“长城论坛”，为青年员工搭建了一个展示才华、为公司改革建言献策的良好平台。这些活动，大大丰富了企业文化建设的内涵，对增强机构凝聚力、向心力，培养青年的爱岗敬业精神起到了积极的作用。

四、积极响应团中央号召，大力推进创建青年文明号活动

青年文明号是团中央创办的旨在弘扬高度职业文明的一项文明创建活动，是金融系统精神文明建设的一个重要载体，也是各金融机构青年工作的品牌工程，具有强大的生命力。银监会团委一成立，就高度重视此项活动，尤其是今年围绕青年文明号创建做了大量工作。

一是制定下发《中国银监会青年文明号活动管理暂行办法》和《中国银监会“青年岗位能手”评审管理暂行办法》，各银监局也据此制定了相应的实施细则，使该项活动有了制度保障。二是召开银监会系统青年文明号推进会，会党委领导在会上作了重要讲话，与会代表进行了经验交流，使此项工作得到很大促进。三是积极参加团中央举办的全国青年文明号文化作品大赛并获得摄影类三等奖。四是下发《关于评选首届中国银监会系统青年文明号、青年岗位能手的通知》，正式启动了银监会青年文明号集体和个人的评选活动。

北京、黑龙江、上海、江苏、山东、河南、湖北、湖南、贵州等银监局团委和招商银行、中国民生银行、中国长城资产管理公司、中央国债登记结算有限责任公司团委等都已经制定了较为科学、详细的文明号实施办法，在全辖广泛发动；会机关、各银监局及银监会直管九家机构“青年文明号”评选工作正在积极开展，文明号活动已成为弘扬先进文化的有效载体。

五、树立典型表彰先进，积极倡导奋发向上的价值取向

为大力宣传、表彰先进青年的模范事迹，展示银监会系统青年的精神风貌，用员工身边的榜样影响和带动广大青年，立足岗位，建功成才，今年会团委组织了“第二届银监会系统十杰百优青年评选”活动，并将“十杰百优青年”的事迹与照片编印成册，广泛宣传，进一步弘扬了正气，树立了新风。

另外，团委还在银监会系统开展了评选“五四红旗团委”、“优秀团员”、“优秀团干部”活动。在2005年“五四”青年节到来前夕，评选表彰了一批中国银监会系统五四红旗团委、优秀共青团员、优秀共青团干部，对推动银监会系统基层团的组织建设，促进基层青年工作的活跃和银监会系统共青团工作整体水平的提高，起到了非常积极的作用。

六、开设网上青年论坛，为青年搭建相互交流、展示自我的平台

为更好地发挥共青团作为党的助手和联

系青年群众的桥梁纽带作用，为银监会青年搭建一个发表意见、相互交流、展示自我的网络平台，也作为落实党员先进性教育活动整改要求的另一具体措施，经报会党委领导批准，团委联合信息中心开设了网上青年论坛，并制定下发了《中国银监会网上青年论坛管理办法》。在办法制定过程中，上海、天津、江苏、山东、重庆等银监局提出了许多宝贵意见。目前，论坛在会机关率先开通，北京、天津、辽宁、黑龙江、江苏、山东、四川等银监局团委已主动申请担任银监会网上青年论坛各栏目的版主。论坛将于2006年在全系统运行。

七、开展银监会青年发展状况跟踪调查，为领导决策提供参考

为进一步全面客观地认识青年、评价青年，更好地为领导决策提供参考，有效促进青年的全面健康发展，团委在去年成功调研的基础上再次组织开展青年发展状况调查。各团委委员对调查问卷的设计进行了充分讨论，天津、北京银监局为问卷的定稿做了大量细致、具体的工作。在会机关、各银监局团委的精心组织下，问卷回收及时，青年参与程度高，使调查报告客观全面，较为真实地反映了青年的思想、工作和生活状况，为会领导提供了很好的参考。

八、活跃工作气氛，与系统工会联合筹办银监会系统文艺调演

为加强交流，活跃气氛，增强凝聚力，展示银监会职工的风采，促进银监会系统精神文明建设，根据会领导的指示，在2006年春节前夕，银监会将举办首届全系统文艺调演。为使调演取得成功，银监会团委协同银监会工会做了大量准备工作。各银监局对此也高度重视，在紧张的工作之余抽出人力、物力排演节目，北京、黑龙江、广东、新疆、云南等银监局表现尤为出色。

九、完成团中央部署的各项任务

完成团中央部署的各项任务是银监会团委的重要工作内容之一。在各级团组织的密切配合下，会团委圆满完成了团中央直接交办的各项工作，其中包括：顺利完成了2004年度银监会系统共青团员统计工作；制定并下发了《中国银行业监督管理委员会共青团员团费交纳和管理使用暂行办法》，启动了银监会团费收缴工作；多次抽调银监会系统团干部参加团中央组织的各项培训，提高银监会团干部的业务水平；组织参加了全国五四红旗团委评选、中国十大杰出青年卫士评选等多项评选活动。另外还完成了团中央办公厅、全国青联办公室、中国青年企业家协会、中国青年志愿者协会秘书处交办的各项日常工作。

中央企业系统团的工作

2005年，中央企业各级团组织按照国务院国资委党委和共青团中央的工作要求，紧密结合中央企业改革发展的实际、紧密结合保持共产党员先进性教育活动的要求，按照“一条主线、两个重要载体”的工作思路，抓住增强共青团员意识主题教育活动契机，切实提高服务能力、凝聚能力、学习能力和合作能力，团员意识得到增强，团的组织进一步健全，团的活动更加活跃，团的干部受到锻炼，党的青年群众基础不断巩固，有力地促进了中央企业改革发展稳定工作。

一、以“增强共青团员意识主题教育活动”为重点，团员青年思想政治教育得到进一步深化

中央企业各级团组织紧紧抓住开展保持共产党员先进性教育活动的契机，扎实开展了增强共青团员意识主题教育活动，把学习实践“三个代表”重要思想活动不断引向深入。

加强青年思想政治教育，兴起了学习实践“三个代表”重要思想的新高潮。各中央企业团组织坚持用科学理论构筑广大团员青年的精神支柱，丰富思想政治教育内容，扎实开展了学习实践“三个代表”重要思想活动。特别是在增强团员意识教育主题活动中，各级团组织以学习实践“三个代表”重要思想为主线，以“永远跟党走”为主题，以“学理论知团情”主题学习活动为载体，以《增强共青团员意识教育读本》、《增强共青团员意识主题教育活动问答》、《团章》和党的十六届五中全会精神为主要学习内容，广泛开展了理论学习和团史团情教育。通过个人自学、专题辅导、讲团课、党团知识竞赛、演讲比赛和征文比赛等形式，帮助团员青年加深了对“三个代表”重要思想的内涵和精神实质的理解，增强了实践“三个代表”重要思想的自觉性，激发了团员青年投身央企改革发展的信心和动力。活动中，各级党政领导讲团课6865场，团干部讲课10704场。

以重要的历史纪念日为契机，大力开展了爱国主义教育活动。以纪念五四运动86周年和纪念抗战胜利60周年为契机，中央企业团工委印发了关于开展纪念活动的通知，并组织开展了“牢记历史、振兴中华”主题活动。9月8日晚，组织在京中央企业团委干部和团员青年1000余人观看了舞剧《Nanjing1937》。国资委党委副书记、副主任王勇，团中央书记处书记、全国青联副主席尔肯江·吐拉洪等领导同志出席活动。各级团组织以“发愤学习创业，立志成才报国”为主题，广泛组织开展了“五四”精神的学习纪念活动，通过请专家教授作报告、与抗战老同志座谈、先进青年事迹报告、参加升国旗仪式、参观抗战旧址等活动，进一步弘扬了民族精神，引导青年自觉把爱国之情转化为报国之志，激发了青年积极投身祖国建设、报效中央企业的壮志豪情。

服务企业改革发展稳定大局，广泛开展了形势任务教育。各中央企业团组织立足于服务企业改革发展稳定的大局，开展了丰富多彩的形势任务教育活动。特别是在增强团员意识主题教育活动中，通过厂史馆、图片展、座谈会、形势任务报告等多种形式介绍当前企业改革发展的状况和前景，努力用事业激励和凝聚青年，帮助广大团员青年找准与企业改革发展的结合点，坚定了青年在推进企业改革发展稳定中实现人生价值的宏伟抱负。在中央企业辅业改制、中小学移交社会以及医院分流等工作中，各中央企业团组织本着高度负责的态度，认真做好分流企业建团和团的组织关系移交工作，认真做好团员青年的思想疏导和教育工作，切实维护了改制分流过程中团员青年的利益，为企业稳定做出了积极的贡献。

立足文化育人，积极推进了青年文化建设。在中央企业团系统下发了《关于在中央企业青年中深入开展廉洁教育活动的通知》，要求各级团组织努力培育富有青年特色的廉洁文化，帮助青年从思想上和行动上构筑反腐败的防线。中建总公司团委代表中央企业团组织在团中央“推进青少年廉洁教育座谈会”上作了交流发言。为大力弘扬青年文明号特色文化，中央企业团工委组织各中央企业参加全国青年文明号文化作品大赛，22件思想性和艺术性强、很好反映中央企业青年文明号活动文化内涵和精神实质的作品在比赛中获奖，展现了中央企业青年文明号的特色文化风采、反映了中央企业青年的精神面貌。各级团组织努力将青年文化建设与企业文化建设相结合，通过青年文化艺术节、青年FLASH大赛、网络短信作品征集、青年志愿者艺术团赴基层企业慰问演出等形式，大力培育健康向上的青年文化，在促进文化育人、引导青年健康成长方面发挥了积极的作用。

为困难群体献爱心送温暖，积极开展了扶贫济困和青年志愿者活动。中央企业各级团组织坚持“立足企业、服务社会”的原则，积极开展了扶贫济困和青年志愿者活动。特别是在增强团员意识主题教育活动期间，中央企业团工委组织了“真情助困进万家”活动，各企业团委通过多种形式积极行动起来，有的深入困难青年职工家庭，倾听青年心声，为下岗青年送岗位信息，面向患病职工开展了结对助困、送年货活动；有的为奥运工程进城务工青年建设者送温暖，开展了“青春暖流，真情服务”活动；有的为捐助贫困优等生，开展了交纳“特殊团费”活动；有的开展了青年志愿者扶贫接力活动，倡议每位团员青年向西部山区的青年志愿者捐助一本图书或可读性强的杂志；有的在贫困地区援建了青年希望小学。活动中，各中央企业累计开展活动3425项，帮扶困难职工41304人，捐款8542627元，捐赠衣物219796件，充分体现了中央企业团员青年真诚的爱心和强烈的社会责任感。一年来，中央企业6名同志被授予中国青年志愿服务金奖。东风汽车公司团委获得共青团中央、中国残联联合表彰的“百万青年志愿者助残行动”先进集体称号。

二、以培养青年人才、推进企业改革发展为目标，青年“创新创效”活动取得新成绩

2005年，各中央企业继续学习中铁工程总公司创新创效现场会经验，全面推进青年创新创效活动。尤其是在增强团员意识活动期间，各级团组织普遍将推进和深化创新创效活动作为团员意识教育活动的重要内容，共开展创新创效活动27580项，征集到创新创效合理化建议100807条。年内，创新创效活动已创造价值2.73亿元，预计创造价值近4.79亿元，取得了可观的人才效益和经济效益。

积极探索青年“创新创效”活动的工作机制。2005年，各中央企业团委进一步推广项目化运作方式，在把创新创效活动融入企业中心的工作机制上积极探索，取得了新进展。有的已持续四年开展青年技术创新百点计划，始终得到集团年度科技计划的重点支持；有的联合科技开发部设立了青年科研基金，每年从产业发展基金中列支专项经费，专门支持青年自主提出的科研项目；有的通过发放“青年项目书”等方式，发动青年职工立足本职岗位，以市场为导向，结合工作确定创新项目，申报创新课题，开展项目攻关；有的通过“百日百项百万”青年立功竞赛活动，有力地推进了创新创效活动在企业的深化，进一步促进了企业生产经营目标的全面实现。

大力实施青工技能振兴计划。中央企业团工委紧密围绕国资委职工素质工程的开展，对实施青工技能振兴计划提出了工作要求。各中央企业团组织结合企业的实际情况，立足于培养造就一支规模宏大、结构合理、素质较高的青年技能人才队伍，加强青工技能培训工作，进一步丰富了培训内容、创新了培训方式、完善了培训评价机制，帮助青年技术工人提高岗位技能和创新本领，提高团组织服务青年成长成才的能力。一些企业在调研的基础上，以党政工团名义联合下发了本企业的青工技能振兴计划，提出了具有本单位特点的技能振兴计划目标和措施。一些

单位联合工会、劳资部门举办了青工技能大赛，推荐的优秀选手在中央企业职工技能大赛和全国首届振兴杯青工技能大赛上均取得了优异的成绩。2005 年有 106 名青工获全国技术能手称号。

深入推进“青年文明号”、“青年岗位能手”和“青年安全生产示范岗”等活动。2005 年，中央企业团工委下发了进一步深化青年文明号和青年岗位能手活动的指导意见，对规范管理青年文明号和青年岗位能手活动提出了明确的要求。年内，2 个青年集体获全国杰出青年文明号称号，266 个青年集体获全国青年文明号称号，48 个青年集体认定为全国青年文明号信用示范单位；5 名青年获全国杰出青年岗位能手称号，146 名青年获全国青年岗位能手称号。7 个青年集体获中央企业杰出青年文明号称号，289 个青年集体获中央企业青年文明号；12 名青年获中央企业杰出青年岗位能手称号，206 名青年获中央企业青年岗位能手称号。同时，加强了对青年文明号的监督与管理，25 个中央企业青年文明号由于人员变化和工作因素被取消青年文明号的称号。按照国务院国资委关于加强中央企业安全生产工作的要求，各中央企业在青年职工中广泛开展了安全意识教育、安全生产岗位责任制教育，强化青年安全生产监督工作。承担国家重点工程任务的团组织成功开展了“我为国家重点工程做贡献”活动，以创青年优质工程、安全工程、创新工程为重点，在青藏铁路、三峡工程、南水北调、西电东送、西气东输和奥运工程等工程建设中，高扬的团旗已经成为一道亮丽的风景。

广泛开展“青年绿色环保行动”。响应国资委关于建设节约型企业的倡议，中央企业团工委开展了“青年文明号节约示范行动”，发挥了青年文明号集体在建设资源节约型企业中的表率作用。各级团组织通过形式多样的活动，纷纷行动起来，大力开展资源节约型企业创建活动。许多企业团组织通过倡议书、节约方法征集、设立节约青年监督岗等活动开展共建节约型企业宣传教育，营造了“节约光荣、浪费可耻”的良好氛围；许多团组织广泛开展了以节约一度电、节约一滴水、节约一张纸、节约一克煤、节约一分钱为主要内容的节约实践活动；许多团组织把共建节约型企业活动与开展创新创效活动结合起来，通过开展群众性资源节约合理化建议活动，研究、推广生产技术的小窍门、小革新、小发明，以技术进步促进能耗降低、生产效率提高、经济效益增加，为创建资源节约型企业和社会做出了贡献。

三、以能力建设为核心，团组织自身建设迈上新台阶。

团的十五届三中全会把 2005 年的工作重点确定为团的组织建设，各中央企业团组织积极争取党组织的高度重视和大力支持，针对自身建设的薄弱点、空白点，大力加强基层组织建设，广大团员青年的政治意识、组织意识、模范意识进一步增强，各级团的组织进一步健全。

基层组织建设进一步增强。2005 年，各中央企业团组织深入开展创建“五四红旗团委”活动和团建创新工作，党建带团建工作进一步制度化、规范化和经常化。特别是通过团员意识教育活动，基层团组织建设得到了加强。新建、调整和健全团组织 3864 个；基层团组织活动进一步活跃，基层团组织的学习能力得到了加强，基于支部基础上建立起来的青年理论学习小组和读书社的活动进一步丰富；团组织的合作能力得到加强，采用协作区交叉检查的方式推进工作、促进交流，提升了基层团组织的横向联系和工作协调能力；形成了中央企业团工委、各中央企业团委和各基层团委层层抓基层示范点的工作格局，团的各项工作和任务落实到了基层。

团干部的作风和能力进一步提高。通过

参加党员先进性教育活动和组织团员意识教育活动，广大团干部受到深刻的教育和锻炼，积累了宝贵的工作经验，提高了业务能力和工作水平，责任心和事业心明显增强。各级团组织通过下发意见建议征集单、召开座谈会、个别谈心等方式，面向团员青年广泛征求意见建议，共征集对团组织的意见建议39169条，对团干部的意见建议33185条。广大团干部认真对照意见加强整改，转变工作作风，提高工作质量，增强了团内民主氛围，密切了与团员青年的联系和关系。一些团干部提出了“到青年中去，到实践中去”的倡议，深入基层青年当中，了解青年需求，帮助青年解决实际问题和困难。一些企业团组织建立了团干部联系基层制度，明确了团干部的联系点和联系工作的职责，增强了团干部的责任意识。

团员意识得到进一步增强。通过丰富多彩的思想教育活动，特别是增强团员意识教育活动，团员普遍撰写了读书笔记和学习心得，进一步理解掌握了“三个代表”重要思想的深刻内涵，了解了国情、企情、团情，明确了新时期团员标准，坚定了理想信念和永远跟党走的决心，增强了对企业发展的信心。明确了团员的权力和义务，进一步增强了荣誉感和责任感。部分团员意识不强、组织观念淡漠、模范作用不突出的问题得到有效的解决。团员提交入党申请书的比例大幅提升，很多基层支部出现了全员申请入党的可喜现象。团员的工作积极性明显提高，在企业的改革发展中发挥了先锋模范作用。

团的工作制度建设进一步完善。一些好的制度被坚持和重新重视起来，特别是通过增强团员意识教育活动，各中央企业共建立和完善团的工作制度9784项。团的调研制度、“推优入党”制度得到巩固，在中央企业团工委共青团组织状况和重点工作情况调研的基础上，各企业团组织普遍加强了调查研究，积极开展了推优入党、推优荐才”活动。中央企业“三会一课”、团内民主生活会、联系基层、团员教育评议等团内的组织生活制度实现了正常化。共开展民主生活会、座谈会、团日活动等各类组织生活37443次。

此外，中央企业团工委和中央企业青联联合开展了第四届“中央企业十大杰出青年”、首届中央企业青年“走出去”战略（杰出）贡献奖评选活动。从家庭、健康等生活上关心委员和团干部，以“关心未来关爱子女”为主题，组织团干部及青联委员携带子女观看了专场演出——《红领巾》；中秋节为团干部和青联委员送上自制的精美贺卡和一本《饮食本草》书籍。团工委办公室和青联秘书处认真办好《中央企业青年通讯》，全年共刊发23期。

四、加强交流，发挥了青联组织特有的作用

中央企业团工委充分发挥共青团在青联组织中的核心作用，加强对青联工作的指导，整合委员优势、促进合作互补，不断发挥青联团结和凝聚青年的积极作用，中央企业青联影响力更加突出，工作更加活跃和丰富。

服务委员学习，推进“人才强企”战略。中央企业青联积极举荐优秀青年人才，开展学习培训活动，从多个角度和层面帮助委员学习先进管理经验和技术，树立青年学习的榜样。经中央企业青联推荐，1人荣获“中国青年五四奖章”，1人荣获“中国十大杰出青年”，9人荣获“中国青年企业家管理创新奖”，其中2人荣获“中国青年企业家管理创新金奖”。选派委员参加了“中国青年干部赴日本友好交流访问团”。组织委员赴美国开展中国青年高级管理者循环经济考察培训。开展了“信息技术应用前沿展示”、“激情试驾，体验航空”、“登月就在明天”等主题委员日活动。举办了庆祝神舟六号载人飞行圆满成功座谈会。

积极搭建交流合作平台，增强服务中央企业改革发展的能力。中央企业青联进一步加大对内、对外的交往与合作力度，切实发挥青联组织“桥”的作用。组织委员赴比利时进行开拓欧洲市场专题考察培训。协助组织日本关西生产性本部钟渊化学工业考察团赴中国建材集团公司参观访问。在俄罗斯青年政治家代表团应邀来华访问期间，协助组织代表团中的4名俄罗斯国家杜马议员赴中国石油天然气集团公司参观座谈。组织委员参加了新疆招商路演活动、“江苏淮阳美食文化节”活动，赴安徽省合肥市进行了经贸考察。

增强青联组织凝聚力，不断加强自身建设。圆满完成了全国青联十届一次全体会议中央企业代表团的组团任务。来自中央企业各行业系统的66名委员出席了会议，4名同志当选为全国青联副主席，12名同志当选为十届全国青联常委。届别组活动逐渐活跃。举办了“领导力素质与企业战略管理”、“中央企业国际竞争力问题”和“国有企业重组”等主题交流学习活动。

附　　录

2005 年工作大事记

2005 年工作大事记

1 月 1 日　赵勇出席全国政协举行的新年茶话会。

1 月 1 日　为纪念陈云同志诞辰 100 周年，由共青团中央、中共中央文献研究室联合主办，团中央信息办、中央文献研究室信息中心和中青网承办的“陈云纪念馆”网站开通。

1 月 4 日　全国青联九届九次主席会议在北京召开。会议讨论了在全国青联九届六次常委(扩大)会议上的工作报告，审议通过了有关决议。赵勇主持，尔肯江·吐拉洪等出席。

1 月 5 日　周强出席中央保持共产党员先进性教育活动工作会议电视电话会议。

1 月 5 日　赵勇拜访全国人大常委会副委员长韩启德，并汇报大学生志愿服务西部计划有关工作。

1 月 5 日—6 日　赵勇、胡伟出席中央保持共产党员先进性教育活动工作会议。

1 月 5 日　由共青团中央、中联部、外交部、商务部、对外友协共同主办的第二届“中国杰出(优秀)青年外事工作者”评选活动在北京揭晓，评选出 10 名“中国杰出青年外事工作者”和 48 名“中国优秀青年外事工作者”。获得第二届“中国杰出青年外事工作者”荣誉称号的是：于海琳、巴桑、龙梅、叶成伟、肖凤怀，宋延超、张宝峰、张亮哲、罗明华、欧阳玉靖。

1 月 6 日—13 日　应共青团中央邀请，以韩国国会议员金爀珪为团长的韩国青年国会议员代表团来华进行友好访问。11 日，中共中央政治局委员、全国人大常委会副委员长王兆国会见该团，周强、胡伟参加。

1 月 7 日　共青团中央、全国学联、正泰集团在北京人民大会堂举行首届“中国中学生正泰品学奖”颁奖会。全国政协副主席张怀西出席颁奖会。周强出席并讲话，杨岳主持。

1 月 7 日—8 日　赵勇出席保持共产党员先进性教育活动中央督导组培训会议。

1 月 7 日　胡伟出席中直机关党的工作会议。会后，向中央第 23 督导组汇报团中央直属机关贯彻落实中央保持共产党员先进性教育活动工作会议精神情况和团中央直属机关开展保持共产党员先进性教育活动的准备情况。

1 月 8 日　由全国青联主办，全国青联中华青年交流中心、国际 EMBA 俱乐部承办的首届“青年华商峰会”在北京召开。全国人大常委会副委员长成思危出席并发表主旨演讲，周强致开幕词，赵勇向为本次峰会组织工作做出突出贡献的海内外华人社团机构颁发荣誉证书，胡伟出席。18 个部委和社会团体的有关负责同志、国内具有代表性的大城市政府领导及国内杰出青年企业家代表出席并发表演讲。来自港澳台地区、美国、欧洲及东南亚国家的 400 多位海内外青年华商精英、跨国公司领导人、著名学术机构学者和海内外主流媒体参加。

1 月 8 日　全国老龄委办公室、中宣部、教育部、共青团中央和全国妇联在北京联合召开全国敬老爱老助老主题教育活动表彰大会。

张晓兰出席并讲话。

1月9日 由共青团中央、卫生部和中央电视台共同举办的“中国青年志愿者医疗扶贫万里长征”活动服务队抵达本次活动终点陕西延安市。服务队于2004年10月19日从江西省于都县出发,途经10个省(区、市),行程1.5万公里,先后在28个县的51个乡镇开展服务。累计接诊群众5.6万多人次,向群众直接发放药品价值47.5万多元,向基层卫生院捐赠药品和医疗器械价值超过100万元,培训基层医务人员4272人次,先后有4200多名当地青年志愿者参与。

1月10日 周强出席中央综治委2005年第一次全体会议。

1月10日 由共青团中央主办,团山西省委、中共晋城市委、晋城市人民政府协办,团晋城市委等承办的“碧水庄园杯”第五届全国乡村青年歌手大赛颁奖仪式在山西晋城市举行。赵勇、尔肯江·吐拉洪、中共山西省委副书记薛延忠、山西省人民政府副省长宋北杉出席并颁奖。

1月10日—11日 共青团全国青年中心建设工作会议在山西晋城市召开。赵勇出席并讲话,尔肯江·吐拉洪、中共山西省委副书记薛延忠、山西省人民政府副省长宋北杉等出席。会议总结交流了青年中心建设试点工作经验,安排部署今后一个时期的工作,并表彰了2004年度“全国青年中心建设试点工作先进市、县(区)”、“全国优秀青年中心”和“全国青年中心建设试点工作先进个人”。

1月10日—11日 杨岳向中央第23督导组汇报团中央直属机关贯彻落实中央保持共产党员先进性教育活动工作会议精神情况和团中央直属机关开展保持共产党员先进性教育活动的准备情况。

1月10日 王晓会见以李桂雄为团长的泰国华人青年商会访华代表团,双方就建立友好合作关系签订协议。

1月11日 周强出席中纪委第五次全体会议。

1月11日 共青团全国社区和权益工作会议在山西晋城市召开。

1月12日 团中央机关召开座谈会,欢送第11批到团中央机关挂职的基层团干部。周强、赵勇、胡伟、尔肯江·吐拉洪、王晓、张晓兰出席并讲话。

1月12日 周强出席中央精神文明指导委员会第五次全体会议。

1月12日 全国青联九届十次主席会议在北京召开。赵勇主持,胡伟、尔肯江·吐拉洪等出席。

1月12日 全国青联和搜狐网联合举办第15届“中国十大杰出青年”与媒体见面会暨网上交流会。近60万网民参与对话,300万网民浏览。

1月13日 全国青联九届六次常委(扩大)会议在北京召开。中共中央政治局委员、全国人大常委会副委员长王兆国会见与会代表并讲话。周强、赵勇讲话,胡伟作工作报告,杨岳、尔肯江·吐拉洪等出席。会议接纳中国青少年网络协会、中国青少年犯罪研究会为全国青联的团体会员,并增补182名全国青联委员。其间,与会全国青联常委还向印度洋海啸受灾国青少年捐款人民币42万余元。

1月13日 第15届“中国十大杰出青年”颁奖典礼在北京举行。中共中央政治局委员、全国人大常委会副委员长王兆国出席典礼,为十杰青年颁奖并发表重要讲话。周强,中直机关工委常务副书记孙晓群、赵勇、中直机关工委副书记赵凯、胡伟、尔肯江·吐拉洪出席。会前,王兆国接见了第15届“中国十大杰出青年”刘翔、李鸿、潘建伟、印春荣、王新纯、彭家鹏、张育彪、王振滔、刘郑国、吴希明等,并为他们颁发奖牌。

1月13日 杨岳出席全国加强和改进大学生思想政治教育工作会议协调会。

1 月 13 日　王晓出席“全国十大杰出青年法学家”表彰大会。

1 月 14 日　周强、赵勇参加在中南海怀仁堂举行的新时期保持共产党员先进性专题报告会。中共中央总书记胡锦涛作重要专题报告。

1 月 14 日　团中央直属机关召开保持共产党员先进性教育活动动员大会。周强作动员讲话，中央第 23 督导组组长、中央纪委委员、监察部副部长李玉赋出席并讲话，赵勇主持，胡伟宣布团中央直属机关开展保持共产党员先进性教育活动的领导机构和工作机构组成人员名单及《团中央书记处开展保持共产党员先进性教育活动的工作方案》，杨岳宣布《团中央直属机关开展保持共产党员先进性教育活动的实施方案》，尔肯江・吐拉洪、王晓、张晓兰出席。团中央机关全体党员、入党积极分子和直属单位主要负责同志、党委书记参加。

1 月 14 日　共青团中央在北京举行中国青年卡首发仪式。周强出席并讲话，赵勇主持。中国青年卡是由共青团中央统一规划、实施，以 14 岁—35 岁的城镇青年为主要服务对象，以信息网络为技术基础的富有青年特色的综合性服务卡，具有特色服务、信息管理、服务优惠、金融结算、信用记录等基本功能。

1 月 14 日　各省级团委分管书记、统战部长工作会议在北京举行。胡伟出席并讲话。

1 月 14 日　“我伴祖国共辉煌——中国十大杰出青年与清华学子面对面”活动在清华大学举行。尔肯江・吐拉洪出席并讲话。

1 月 15 日—17 日　胡伟在江苏淮安市出席“加快民营经济区域经济共同发展”论坛并讲话。

1 月 16 日　共青团中央、中央综治办、中央综治委预防青少年违法犯罪工作领导小组办公室在北京联合举行“为了明天——青春自护远离网瘾行动”新闻发布会暨启动仪式。杨岳出席并讲话。

1 月 17 日—18 日　周强、杨岳出席全国加强和改进大学生思想政治教育工作会议，周强在大会上发言。

1 月 18 日　周强参加中直机关工委举办的牛玉儒先进事迹报告会。

1 月 18 日　张晓兰出席越南社会主义共和国与中华人民共和国建交 55 周年招待会。

1 月 19 日　周强主持召开团中央书记处会议，传达学习全国加强和改进大学生思想政治教育工作会议精神，对充分发挥共青团组织作用，进一步做好大学生思想政治教育工作进行专题研究。

1 月 19 日　共青团中央、教育部、全国学联举行首届全国高校优秀学生社团评选活动。杨岳出席。

1 月 20 日　周强出席中央先进性教育活动领导小组办公室召开的先进性教育活动座谈会，并就团中央直属机关先进性教育活动工作情况发言。

1 月 20 日　周强会见日本众议院议员、农产物输出促进研究会会长松冈利胜及日本农业协同组合中央副会长花元克已一行。

1 月 20 日　由中宣部、中央文明办、共青团中央、国务院新闻办主办的首届全国青少年网络短信作品大赛颁奖活动在北京举行。中央文明办专职副主任翟卫华、胡伟等出席并颁奖。据统计，大赛期间主网页访问量达 230 万人次，共收到参赛作品 1 万多件。

1 月 20 日　中国青少年网络协会与北京市发行集团、北京市出版工作者协会、北京市发行协会在北京共同举办向未成年人推荐健康益智游戏产品联展活动。胡伟、北京市人民政府副市长孙安民出席。

1 月 20 日　由团中央社区和维护青少年权益部、团广东省委联合开设的“青春暖流”进城务工青年专列出发仪式在广东东莞市举行。杨岳出席仪式并慰问进城务工青年。

1 月 20 日　由共青团中央、全国青联主办，中国青年报社、团广州市委、广州市文联等共同承办的首届全国进城务工青年“鲲鹏文学奖”颁奖活动在广州市举行。杨岳出席并颁奖。

1月20日 团中央青工部与康佳集团在北京联合举行中国青年创业公益广告片开拍仪式。王晓出席并为获得“我的创业梦想，我的创业故事”征集活动十佳获奖者颁奖。

1月24日 周强参加中央政治局集体学习讲座。

1月24日 团中央学校部召开高校团干部座谈会，学习贯彻全国加强和改进大学生思想政治教育工作会议精神，部署有关工作。杨岳出席并讲话。

1月24日—25日 王晓在辽宁阜新市参观通过“青年企业家东北·阜新行”活动在阜新市落户的企业。同行的青年企业家在阜新市进行了经贸考察，签订了金额2亿元的合作协议。

1月25日 团中央组织部、办公厅、直属机关党委、服务局联合举办直属机关离退休老同志春节团拜会。周强致祝词，胡伟、尔肯江·吐拉洪出席，有关部门负责同志参加。

1月25日 由中国青少年发展基金会主办的首届希望工程宣传奖颁奖晚会在北京举行。尔肯江·吐拉洪、中国作协名誉副主席张锲、中国记协书记处书记肖东升等出席并颁奖。

1月25日 以“真品真货、真心真情”为主题口号的“百城万店青年文明号优质服务统一行动日”活动在全国开展。全国共有近6000个集体参加，发放10万多张信用服务卡和《青年文明号顾客意见反馈表》，为80多万名消费者提供咨询、宣讲和回访服务。

1月25日 由团中央宣传部、中国棋院、中国青少年宫协会主办的第四届全国青少年棋类大赛在北京开幕。

1月26日 周强听取团中央保持共产党员先进性教育活动领导小组办公室的工作汇报，并就团中央直属机关深入开展先进性教育活动提出明确要求：一是领导干部要带头，二是务求实效，三是抓好近期几项重点工作。

1月26日 周强会见新任老挝驻华大使惟及·欣达翁。

1月27日 周强主持召开团中央书记处会议，讨论国务院《政府工作报告》(征求意见稿)。

1月27日 周强、胡伟、尔肯江·吐拉洪、王晓与来访的军委总政治部组织部部长张铁健等就有关工作交换意见。

1月27日 团中央社区和维护青少年权益部等在河北石家庄市举行“为了明天”计算机教室和大红鹰书库的捐赠仪式，杨岳出席并讲话。

1月27日 由中国青少年网络协会主办的以“振兴民族网络游戏 创建绿色网络空间”为主题的座谈会在北京举行。杨岳出席并讲话。

1月27日 张晓兰出席国务院妇儿工委四届一次全委会。

1月28日 周强主持召开团中央书记处扩大会议，传达学习胡锦涛总书记、中共中央政治局委员王兆国关于关心寒假留校困难大学生生活和学习的重要批示精神，研究贯彻落实措施。

1月28日 周强与北京崇文区及前门街道的干部座谈，了解社区建设、居民生活等情况。胡伟、杨岳、尔肯江·吐拉洪、王晓、张晓兰分别带领团中央机关党员干部，看望慰问崇文区前门街道的特困居民。

1月28日 周强，铁道部党组成员、政治部主任何洪达，王晓等到北京站慰问北京铁路分局“共青团号”临时旅客列车值乘人员，到全国铁路运输指挥中心和全国青年文明号铁道部信息技术中心信息部看望为春运提供信息化支持的青年职工，并向他们赠送图书。

1 月 28 日 由中国少年儿童新闻出版总社主办的 2004 年“光明乳业”杯首届中国中学生作文大赛颁奖仪式在北京举行。全国人大常委会副委员长许嘉璐、顾秀莲，杨岳等出席并颁奖。

1 月 28 日 杨岳出席中央综治委学校及周边治安综合治理工作领导小组 2005 年第一次全体会议。

1 月 28 日 尔肯江·吐拉洪参加江泽民《为促进祖国统一大业的完成而继续奋斗》重要讲话发表 10 周年纪念会。

1 月 29 日 共青团中央在北京召开全团关心和服务困难大学生工作会议，贯彻落实中共中央总书记、国家主席胡锦涛关于关心寒假留校大学生生活和学习的重要指示和中共中央政治局委员王兆国的重要批示精神，对全团关心和服务寒假留校大学生工作作出部署。会议要求各级团组织切实帮助春节其间留校的经济困难大学生解决生活、学习和勤工助学方面的困难，在学校高高兴兴地过好年。为帮助春节期间不能回家的留校困难大学生在学校过好年，共青团中央拨出 200 万元特殊团费，向社会筹集 800 万元，各地团组织筹集 2000 万元，全团共筹集 3000 万元，切实帮助经济困难大学生解决春节期间的生活费用。同时，各级团组织积极动员青联委员、青年企业家协会会员为困难大学生提供勤工助学岗位，各级青年就业服务中心、大学生就业见习基地积极为他们勤工助学牵线搭桥。此外，各级团组织还将通过组织青联委员、大学生艺术团开展丰富多彩的联欢活动，开展多种形式的校园文化活动，丰富困难大学生的节日文化生活。周强讲话，胡伟主持，杨岳就各级团组织特别是高校团组织如何做好关心和服务困难大学生工作作了具体部署。尔肯江·吐拉洪、王晓、张晓兰等出席，团中央各部门负责同志，各省级团委主要负责同志、分管副书记、学校部长和高校团委书记参加。

1 月 共青团中央、全国青联号召全国广大青年奉献爱心，通过当地红十字会和慈善总(协)会为印度洋地震和海啸受灾国捐款。周强、赵勇、胡伟、杨岳、尔肯江·吐拉洪、王晓、张晓兰以及团中央直属机关干部职工共捐款 250,770 元。全国青联、中国青少年发展基金会捐款 100 万元援助海啸受灾国青少年。

2 月 1 日 周强主持召开团中央书记处扩大会议，学习贯彻胡锦涛总书记 1 月 29 日在团中央书记处会议纪要上的重要批示精神，就全团切实做好关心和服务留校困难大学生工作进一步研究和部署。

2 月 1 日 周强、杨岳到北京理工大学与 16 所首都高校留在北京过年的 500 多名大学生联欢，共庆新春。周强代表共青团中央、全国学联向大学生赠送了“春节亲情热线”电话卡和慰问金。

2 月 2 日 周强、胡伟、杨岳、尔肯江·吐拉洪、王晓、张晓兰到解放军总政治部走访，中央军委委员、解放军总政治部主任李继耐与周强就军队青年工作交换意见。

2 月 2 日 中央综治委预防青少年违法犯罪工作领导小组召开 2005 年第一次全体会议。会议传达学习了中央政法工作会议、中央综治委 2005 年第一次全体会议精神，总结回顾了 2004 年预防青少年违法犯罪工作开展情况，研究部署了 2005 年工作。全国人大常委会副委员长、中央综治委副主任、中央综治委预防青少年违法犯罪工作领导小组组长顾秀莲出席并讲话。周强主持，杨岳作工作汇报。

2 月 2 日 团中央直属机关党委在机关举办团中央保持共产党员先进性教育活动报告会，中央党校副校长李君如作题为“加强党的先进性建设的重大决策”的辅导报告。赵勇主持，胡伟、尔肯江·吐拉洪、王晓、张晓兰，中央第 23 督导组部分同志，机关全体党员和入党积极分子、直属单位主要负责人参加。

2 月 2 日—7 日 共青团中央、全国学联分别向30个省(区、市,除西藏外)和新疆生产建设兵团派出由团中央机关各部门负责人带队的13个工作组。工作组除慰问留校大学生外,还对各地济困助学资金的筹集发放、各高校学生登记领取资助金以及开展文化活动和勤工助学等工作进行指导。

2月3日 周强为机关全体党员、入党积极分子讲党课。

2月3日 杨岳出席中央第23督导组召开的5个派驻单位保持共产党员先进性教育活动领导小组办公室主任座谈会,并汇报了团中央直属机关开展保持共产党员先进性教育活动的情况和下一步活动安排。

2月4日 周强会见应全国青联邀请来访的以日本青年会议所日中友好之会会长冈田伸浩为团长的日本JC2005访华先遣团一行。胡伟参加。

2月4日 杨岳主持召开团中央直属机关保持共产党员先进性教育活动领导小组办公室会议,研究部署春节前保持共产党员先进性教育活动工作安排。

2月5日 周强、胡伟、杨岳、尔肯江·吐拉洪、王晓、张晓兰分别到北京大学、清华大学等高校看望慰问留校经济困难学生,并赠送了图书、运动用品、食品等慰问品以及慰问金。

2月6日 团中央书记处理论学习中心组以"继承发扬党的优良传统,加强共产党员作风建设"为主题,进行了学习和交流。周强、赵勇、胡伟、杨岳、尔肯江·吐拉洪、王晓、张晓兰参加会议并分别发言,周强主持。中央第23督导组组长李玉赋出席并讲话,督导组全体成员参加。

2月7日 周强、尔肯江·吐拉洪出席中共中央、国务院在人民大会堂举行的2005年春节团拜会。

2月7日 周强主持召开团中央书记处会议,听取共青团中央、全国学联13个工作组的情况汇报,总结前一阶段全团落实关心和服务寒假留校大学生工作的做法和经验,研究部署今后的工作思路和任务。

2月8日 全团统一开展"温暖除夕夜"慰问留校大学生活动。各地团组织组织留校大学生开展了丰富多彩的活动。周强、杨岳到首都部分高校和留校的大学生同吃年饭。

2月16日 周强出席国务院第三次廉政工作会议。

2月17日 杨岳主持召开团中央直属机关保持共产党员先进性教育活动领导小组办公室会议并讲话。

2月18日 周强参加中央领导同志与有关中直和中央国家机关主要负责同志座谈会并发言。

2月18日 周强、杨岳、尔肯江·吐拉洪、王晓、张晓兰就"如何保持共产党员先进性,做党放心、青年满意的团干部"与机关年轻党员座谈。

2月18日 全国青联在北京举行2004年度新增补九届全国青联委员见面会。来自全国各地的140多名全国青联委员参加。赵勇出席并讲话,胡伟介绍了全国青联的发展历程、组织概况和九届全国青联的工作情况。杨岳、尔肯江·吐拉洪和部分全国青联副主席出席,并向新委员代表颁发委员证。

2月19日—25日 周强参加在中央党校举办的省部级主要负责同志关于提高构建社会主义和谐社会能力专题研讨班。

2月19日 王晓在四川成都市出席"继承伟人精神,立志振兴中华"主题活动暨电影《我的法兰西岁月》四川首映式并讲话。

2月20日 中国少先队事业发展中心、中国教育学会少年儿童校外教育专业委员会、全国青少年技能培训管理中心联合举行全国少年儿童英语冬令营颁奖仪式。张晓兰出席并讲话。

2月22日—3月3日 应台湾"中国青年大陆研究文教基金会"的邀请,杨岳率领全国青联元宵访问团一行 27 人赴台湾访问。期间,访问团与两岸青年共度元宵佳节,与台湾青年举行“掌握契机,再创新局”两岸青年交流座谈会,拜访了台湾青年商会总会、中华青年企业家协会、两岸发展研究基金会、“中国”青年创业协会总会、十杰基金会、台湾中小企业创联会等社团,考察了台北薇阁中小学等教育文化场所,走访了台北等 12 个县市。

2 月 24 日 胡伟、尔肯江·吐拉洪与部分在京全国青联台湾省籍特邀委员共度元宵佳节。

2 月 24 日 中国青年志愿者协会在北京举行中国青年志愿者赴泰国救援服务队出征仪式。尔肯江·吐拉洪为服务队授旗并讲话,交通部副部长徐祖远、外交部部长助理沈国放、商务部部长助理傅自应出席并讲话,泰国驻华大使馆公使萨甘·素提巴蒂出席并致辞。

2 月 25 日 胡伟会见以中国国民党组发会青年部部长陈淑蓉为团长的“2005 年台湾青年学者北京交流访问团”一行。

2 月 26 日 中国青年企业家协会在北京举行 2005 年新春联谊会。全国人大常委会副委员长、中国青年企业家协会名誉会长成思危出席并讲话,全国政协副主席、中国青年企业家协会名誉会长周铁农,中国企业联合会名誉会长袁宝华,全国党建研究会副会长郑科扬,国务院研究室主任魏礼群等出席,周强出席并致辞,王晓主持。

2 月 26 日—3 月 1 日 王晓参加中组部《信访条例》专题研讨班学习。

2 月 27 日 周强宴请日本众议院议员、2004 年度长城计划代表团团长铃木克昌。

2 月 28 日 中央第 23 督导组召集所联系的五个单位保持共产党员先进性教育活动领导小组办公室主任会议。尔肯江·吐拉洪就团中央直属机关开展新时期保持共产党员先进性具体要求的大讨论情况、“回头看”情况和分析评议阶段工作的准备情况作了汇报。

3 月 1 日—5 日 应共青团中央邀请,以古巴共产主义青年联盟第一书记胡里奥·马丁内斯为团长的古巴共产主义青年联盟代表团访华。4 日,中共中央政治局委员、全国人大常委会副委员长王兆国会见代表团,尔肯江·吐拉洪参加。会见前,周强与代表团进行工作会谈。

3 月 1 日 团中央青农部、中国青少年发展基金会邀请国务院发展研究中心农村部部长韩俊作题为“当前我国农业农村经济形势与政策走向”的报告。尔肯江·吐拉洪出席报告会,团中央机关有关部门和直属单位部分党员干部和入党积极分子参加。

3 月 1 日 中央文明办、共青团中央、国家新闻出版总署、中国社科院、光明日报社在北京联合举行“健康上网,拒绝沉迷——帮助未成年人戒除网瘾大行动”新闻发布会。张晓兰出席并讲话。

3 月 2 日 第二届“中国杰出(优秀)青年外事工作者”表彰报告会在北京人民大会堂举行。国务委员唐家璇出席,为获奖人员颁奖,并发表重要讲话。周强主持会议,中联部副部长马文普,外交部机关党委书记、部长助理李金章,商务部部长助理易小准,中国对外友协副会长李小林,胡伟出席。

3 月 2 日 共青团中央召开 2005 年共青团宣传工作电视电话会议,总结去年团的宣传思想工作,对今年团的宣传思想工作进行部署,并对 2004 年度青年文化行动优秀组织奖、第十届“五四新闻奖”、第十届全国青年报刊“好新闻、好作品、好活动、好论文”评选和“感动——首届全国青少年网络短信大赛”的获奖单位和个人进行表彰。周强、赵勇出席会议并讲话。各省级团委、省会城市团委及宣传部负责同志,团属新闻出版单位、青少年宫负责同志参加。

3 月 2 日 胡伟会见并宴请朝鲜金日成社会主义青年同盟国际书记吉哲赫一行。

3月2日　由“我们的文明”主题系列活动组委会主办，中国青少年社会服务中心等单位共同承办的“首届中国青少年原创动漫大赛暨中国青少年动漫展”启动仪式在北京举行。

3月3日　团中央直属机关党委举行保持共产党员先进性教育活动报告会。中央第23督导组组长李玉赋作了题为“党风廉政建设和反腐败斗争”的报告。周强主持，尔肯江·吐拉洪、王晓、张晓兰出席。团中央机关各部门、各直属单位的500多名党员干部和入党积极分子参加。

3月3日—12日　赵勇、胡伟参加全国政协十届三次会议。

3月3日　共青团中央、中国残联、中国青年志愿者协会在北京举行“把耳朵叫醒——中国青年志愿者助残行动暨听障儿童康复公益活动”新闻发布会。王晓出席、讲话，并为“志愿者助残团”授旗。

3月4日　中共中央政治局常委、中央纪委书记吴官正看望出席全国政协十届三次会议的共青团、青联界及妇联界委员并参加联组讨论。周强陪同看望并参加讨论，赵勇主持联组会议，胡伟参加。

3月7日　周强听取全国政协十届三次会议共青团、青联界别小组讨论。

3月8日　周强会见以韩国水原市市长金容西为团长的韩国水原市政府代表团，并出席《全国青联与韩国水原市政府青少年足球交流活动谅解备忘录》签字仪式，张晓兰参加。

3月8日　周强、杨岳与“2005年度团中央直属机关优秀女职工”评选活动的获奖女职工合影，并向团中央直属机关全体女职工致以节日问候。

3月9日—11日　共青团中央召开工作会议，深入学习贯彻党的十六届四中全会精神，贯彻落实十届全国人大三次会议和全国政协十届三次会议精神，研究部署下一阶段工作。周强出席并讲话。会议指出，构建社会主义和谐社会，为共青团工作提供了难得的机遇和广阔的发展空间。各级团组织要认真学习贯彻胡锦涛总书记关于构建社会主义和谐社会的一系列重要论述，全面落实科学发展观，在构建社会主义和谐社会中充分发挥作用。要深入推进青少年教育事业，进一步加强青年思想政治工作，把青少年紧密地团结在党的周围。要动员组织青年积极参加社会公益活动，促进社会保障体系建设。要深入推进大学生志愿服务西部计划，不断深化青年人才工作，促进区域、城乡协调发展；深化保护母亲河行动，促进人与自然协调发展。会议强调，各级团组织要切实加强能力建设，进一步增强团组织的凝聚力。要按照团十五届三中全会的要求，加强共青团服务能力、凝聚能力、学习能力和合作能力建设。要大力加强青少年服务体系、教育体系、学习体系建设，构建完整的青少年工作体系。要加强团内外合作，整合资源，壮大青少年事业和产业。今年，要精心做好少代会、青联、学联换届工作，利用抗日战争胜利暨世界反法西斯战争胜利60周年、红军长征胜利70周年、“一二·九”运动70周年、“一二·一”运动60周年等契机，广泛开展青少年主题教育活动，大力弘扬以爱国主义为核心的伟大民族精神，教育引导青少年按照党的要求健康成长。会议指出，机关各部门和各直属单位要抓住当前开展保持共产党员先进性教育活动的契机，进一步加强队伍建设。在抓好学习动员阶段工作的基础上，切实解决本单位本部门存在的突出问题，真抓实干、深化改革、加强管理、促进发展，让广大干部群众满意。要发扬优良传统和作风，求真务实、与时俱进，艰苦奋斗、开拓进取。要进一步加强基层团组织建设，加强青年中心建设，多为基层办实事，把基层团组织建设工作落到实处。要广泛开展团员意识教育活动，加强干部培训，进一步加强队伍建设。要加强调查研究，适应新形势，研究新情况，解决新问题，实现新发展。其间，团中央书记处听取了各部门、各单位对书记处班子及成员在思想、作风、工作以及廉洁自律方面的意见和建议。赵勇、胡伟、杨岳、尔肯江·吐拉洪、王晓、张晓兰出席，并就有关工作作出部署。团中央机关各部门、各直属单位负责同志参加。

3月9日 胡伟参加全国政协、中央统战部宴请港澳地区全国政协委员招待会。

3月9日 中直工委副书记、中直机关先进性教育活动领导小组副组长赵凯率工作组在团中央机关与团中央直属机关先进性教育活动领导小组办公室全体同志进行座谈，交流开展先进性教育活动的情况。杨岳出席。随后，中直机关先进性教育活动领导小组在团中央机关召开座谈会，了解团中央直属机关开展先进性教育活动情况。座谈会由赵凯主持，团中央直属机关局级、处级和普通党员代表，团中央直属机关党委负责人和部分基层党务干部参加座谈。

3月9日 中央第23督导组在团中央机关召开座谈会，了解团中央直属机关开展先进性教育活动情况。座谈会由中央第23督导组组长李玉赋主持，团中央直属机关部分党员代表参加座谈。

3月9日 全国保护母亲河行动领导小组在全国各地组织开展"保护母亲河日"活动，向全国青少年广泛发放印有25位"保护母亲河爱心使者"形象、环保寄语和10件环保小事的环保纪念书签。

3月10日 共青团中央、交通部、商务部、外交部在北京召开中国青年志愿者赴泰国救援服务队总结座谈会。18名志愿者荣获中国青年志愿服务奖章，交通部救捞局和机关党委荣获"中国青年志愿者行动特别贡献奖"，北海救助局、东海救助局、南海救助局、烟台打捞局、上海打捞局和广州打捞局荣获"中国青年志愿者行动组织奖"。周强、交通部部长张春贤、商务部部长助理陈健以及外交部有关司局负责同志出席会议，听取志愿者们的汇报并讲话。交通部副部长黄先耀出席会议，杨岳主持会议。

3月10日 团中央组织部举办全国青年营销策划大赛颁奖仪式。胡伟出席并讲话。

3月11日 杨岳出席中直机关先进性教育活动办公室主任座谈会，并汇报团中央直属机关先进性教育活动的开展情况。

3月12日 周强出席中央人口环境资源工作座谈会。

3月12日 中华儿女杂志社在北京举行《中华儿女·"两会"特刊》首发暨杂志赠阅仪式。全国人大常委会副委员长蒋正华出席。尔肯江·吐拉洪、国家新闻出版总署副署长柳斌杰出席并讲话。

3月12日 全国保护母亲河行动领导小组组织全国各地上百万青少年开展形式多样的植绿护绿活动。

3月14日 团中央召开直属机关保持共产党员先进性教育活动分析评议阶段动员大会。周强作动员讲话，中央第23督导组组长李玉赋出席并讲话，杨岳主持，尔肯江·吐拉洪、王晓、张晓兰出席。团中央机关全体党员和入党积极分子、各直属单位主要负责同志，中央第23督导组其他有关同志参加。

3月14日—15日 2005年全团青年志愿者工作会议暨中国青年志愿者协会二届四次理事会在北京召开。周强、赵勇出席并讲话，杨岳主持。与会领导为2004年度"中国青年志愿服务金奖奖章"获奖代表颁奖。会上，中国青年志愿者协会进行了相关人事调整，增补了副理事长、秘书长、常务理事、理事等。

3月14日 张晓兰出席由外交部牵头召开的"胡锦涛主席访问东南亚三国准备工作部际协调会"并发言。

3月15日 中共四川省委、四川省人民政府、国家旅游局、共青团中央在北京举行"四川红色旅游北京宣传月"活动开幕式。全国政协副主席李蒙、原副主席杨汝岱出席。周强出席并讲话。

3月15日 2005年全国青年文明号活动组委会办公会议在北京召开。王晓出席并讲话。

3月15日 张晓兰会见以日本内阁府政策统括官下属参事官助理金子利雄为团长的日本内阁府先遣代表团。

3月16日 周强参加中央党的建设工作领导小组第16次会议。

3月16日 周强主持召开团中央书记处扩大会议，传达学习中央有关文件精神，研究贯彻落实措施。

3月16日 共青团中央、全国青联、全国学联在北京召开学习《反分裂国家法》座谈会。周强出席并讲话，尔肯江·吐拉洪主持，全国青联副主席冯巩、杨慧珠、申跃以及来自文化、教育、科技等界别的青年代表和大学生代表参加并发言。

3月16日 团中央直属机关党委、宣传部在机关举行保持共产党员先进性教育专题报告会。中国社会科学院社会学所副所长李培林作题为"构建社会主义和谐社会与当前社会发展"的报告。杨岳主持报告会，张晓兰出席，机关部分党员和入党积极分子参加。

3月16日 全国政协副主席张克辉会见以2005年度理事长西村刚敏为团长、日中友好之会会长田中常雅为名誉团长的日本东京青年会议所绿化合作代表团，张晓兰参加。

3月17日—19日 周强在云南就团的工作调研。其间，分别与中共云南省委书记白恩培，中共云南省委常委、组织部长李江，中共云南省委常委、秘书长杨应楠就有关工作交换意见。

3月17日 中国青少年发展基金会在云南曲靖市举行助学长征大型公益步行筹款活动云南段助走启动仪式。周强，中共云南省委常委、秘书长杨应楠，尔肯江·吐拉洪出席仪式，并与全程步行者一起参加步行活动。

3月17日 胡伟代表全国青联与阿塞拜疆青年、体育和旅游部部长卡拉耶夫签署《中华全国青年联合会和阿塞拜疆青年、体育和旅游部青年事务合作协议》。

3月17日 杨岳出席中组部召集的研究制定引导高校毕业生面向基层就业相关政策调研组会议。

3月21日 中央综治委预防青少年违法犯罪工作领导小组办公室召开会议，传达学习中央领导同志就当前预防未成年人违法犯罪工作所作的重要批示，研究"为了明天——预防青少年违法犯罪工程"宣传及重点工作的推进措施。杨岳出席并讲话。

3月21日 全国保护母亲河行动领导小组在湖北宜昌市举行"保护母亲河工程湖北宜昌项目——解放军青年林"启动仪式。这是自保护母亲河行动实施以来全军青年官兵捐建的第6片解放军青年林。尔肯江·吐拉洪、解放军总政治部组织部副部长刘健、湖北省副省长蒋大国出席启动仪式并为解放军青年林揭碑。

3月21日 张晓兰会见以平壤青年同盟第一书记金成哲为团长的朝鲜金日成社会主义青年同盟平壤市委代表团。

3月22日 中国青少年发展基金会、中国人民武装警察部队在湖北丹江口市举行"保护母亲河工程——武警奥运世纪林"开工仪式。周强、尔肯江·吐拉洪，湖北省人大常委会副主任邓道坤，武警总部副政委张钰钟出席、讲话并参加了植树活动。

3月23日 周强、尔肯江·吐拉洪到湖北十堰市东风汽车公司就企业团的工作调研。

3月23日 胡伟会见并宴请以主席龙子明为团长的粤港青年交流促进会"中央党校国情研习班"代表团。

3月25日 周强和中央第23督导组组长李玉赋到中国青年出版(总)社、中国青年报社、中国国际青年交流中心检查先进性教育活动开展情况,并对下一阶段工作提出要求。胡伟、杨岳、王晓和中央第 23 督导组其他成员参加。

3 月 25 日—27 日 应全国青联邀请,以总会长曾凤珠为团长的香港青年商会总会访问团访问北京。在京期间,访问团拜会了中央统战部、国务院港澳办和全国青联,中央统战部常务副部长梁金泉、国务院港澳办副主任周波和胡伟分别会见、宴请该团。访问团与北京奥组委、中国青年企业家协会、北京市青联进行了交流。

3 月 25 日 杨岳出席国务委员陈至立主持召开的加强高校校园网络管理工作协调会。

3 月 25 日 中国青年企业家协会在北京举行协会专家委员会成立仪式。26 日,举行协会建筑房地产委员会成立仪式。王晓分别出席并讲话。

3 月 26 日 尔肯江·吐拉洪参加由全国绿化委员会、中央直属机关绿化委员会、中央国家机关绿化委员会、首都绿化委员会联合举办的"以人为本,共建绿色家园——共和国部长义务植树活动"。

3 月 27 日 教育部、公安部、建设部、共青团中央、全国少工委、北京市人民政府在北京联合举办全国中小学生安全教育日宣传教育活动。教育部部长周济、副部长赵沁平,北京市副市长范伯元,建设部党组成员、中纪委驻建设部纪检组组长姚兵,张晓兰,公安部有关部门负责同志出席。

3 月 28 日—29 日 中央第 23 督导组到团中央,就书记处班子及成员思想和工作情况、团中央工作、先进性教育活动第二阶段工作,分别与周强、杨岳、尔肯江·吐拉洪、王晓、张晓兰以及各部门各直属单位党员代表谈话了解情况。

3 月 28 日 由共青团中央和韩国文化观光部主办,中国青少年网络协会、韩国 K&C、中青网络家园和中青网承办的 2005 中韩青少年电子竞技大赛启动仪式在北京举行。会前,周强会见了参加此次活动的韩国国会议员李光宰一行,杨岳参加。杨岳出席启动仪式并讲话,国务院新闻办、国家体育总局有关负责同志,李光宰等韩方代表出席。中央电视台、新浪网、韩国广播公司、首尔电视台等 80 多家国内外媒体报道。本次大赛旨在进一步落实中韩两国政府签署的青少年交流协议,为中韩两国青少年构建友好交往的纽带和桥梁,正确引导青少年的数字网络应用,促进两国青少年的成长发展和友好合作。大赛的内容包括中韩网络游戏对抗赛及网络娱乐、网络游戏产业高层论坛、网络游戏体验活动、原创音乐大赛、FLASH 大赛、小游戏挑战赛等。

3 月 28 日 尔肯江·吐拉洪会见参加"澳门青年社团领袖培训班"的澳门学员并讲话。

3 月 28 日—30 日 "青年企业家东北行——吉林经贸考察活动"第一批考察团一行在吉林进行了为期三天的经贸考察活动。

3 月 29 日 张晓兰会见以韩国文化观光部青少年参与课事务官金基国为团长的韩国青年代表团。

3 月 30 日 杨岳出席中央第 23 督导组召开所联系的 5 个单位先进性教育活动领导小组办公室主任会议,并介绍团中央直属机关开展先进性教育活动的情况。

3 月 30 日 王晓出席中共中央纪念蔡和森同志诞辰 110 周年座谈会。

3 月 30 日 中国青年企业家协会在北京举行维护青年企业家权益委员会成立仪式及主题活动。王晓出席。

3 月 30 日—31 日 全国省级团委统战部长工作会议在河北石家庄市召开。会议的主要任务是部署中华全国青年联合会第十届委员会第一次全体会议委员推荐、协商等换届筹备工作。各省级团委统战部长、总政组织部青年局、香港中联办教科部有关负责同志参加。

3月31日 周强主持召开团中央书记处扩大会议,学习贯彻中央领导批示精神,就进一步加强大学生思想政治工作,维护高校学生稳定进行专题研究部署。

3月31日 胡伟会见并宴请台湾青商总会2005年度总会长宋树人一行。

3月31日 全国大学生志愿服务西部计划项目管理办公室召开2005年工作会议。杨岳出席并讲话。

3月31日 团中央直属机关先进性教育活动领导小组负责人会议在团中央机关召开。杨岳传达了3月30日中央第23督导组会议精神,并就落实会议精神提出要求。

3月31日 尔肯江·吐拉洪出席"2004年中华环保世纪行总结表彰会暨2005年工作安排动员会议"。

4月1日 周强参加团中央办公厅党总支组织生活会,进行自我党性分析。

4月1日 共青团中央、卫生部在北京联合召开农村公共卫生体系志愿服务项目试点工作座谈会。杨岳出席并讲话。该项目第一阶段青年卫生志愿者代表和大学生志愿者代表交流了服务工作体会。

4月1日 团中央组织部和中央团校联合举办的全国新任职团干部培训班在中央团校举行开班典礼。杨岳出席并讲话。来自全国22个省(区、市)及中直机关、中央国家机关近70名新任职团干部将参加为期10天的培训。

4月1日—14日 应巴基斯坦文化、体育和青年事务部及阿塞拜疆青年、体育和旅游部邀请,以尔肯江·吐拉洪为团长的中国青年代表团赴上述两国进行友好访问。访巴期间,巴基斯坦总统穆沙拉夫会见了代表团部分成员。正在巴基斯坦访问的中共中央政治局常委、国务院总理温家宝和巴基斯坦总理阿齐兹共同会见了中巴两国青年代表。巴基斯坦文化、体育和青年事务部国务部长穆罕默德·阿里·杜拉尼和巴基斯坦国民大会副议长萨达·穆罕默德·亚布贝分别会见了代表团。代表团参加了在伊斯兰堡举行的中巴青年友谊演讲大会,并访问了信德省和旁遮普省。访阿期间,阿青年、体育和旅游部部长卡拉耶夫会见并宴请了代表团,阿国民议会副主席拉吉姆扎德和阿"新阿塞拜疆"党副主席兼该党青年组织主席诺夫鲁佐夫分别会见了代表团。代表团拜会了阿青年企业家协会,对阿塞拜疆舍马哈区进行了考察,并与阿塞拜疆巴库市纳里曼诺夫区政府主要官员举行了工作会谈。

4月1日 由共青团中央、国家邮政局等单位指导,"我们的文明"主题系列活动组委会、中国长城学会、中国集邮总公司、北京市邮政局主办的"全国青少年纪念中国人民抗日战争胜利60周年"系列活动在北京启动。

4月1日—7日 由"我们的文明"主题系列活动组委会主办,民族魂、血铸中华、中青网等千家网站共同发起的第四届"网上祭英烈,共铸中华魂"清明节网上公祭活动举行。其间,共有760多万网民访问民族魂网站,祭奠革命英烈和人民楷模并敬献鲜花。

4月2日 全国工商联、共青团中央、清华大学在北京联合举行中国民营企业家创业论坛。全国政协副主席、全国工商联主席黄孟复,周强出席并致辞,杨岳、全国工商联副主席程路等出席。

4月2日 杨岳参加北京市崇文区组织的"办绿色奥运、建宜居城市"全民义务植树活动。

4月2日 张晓兰出席团北京市委、北京林业大学、北京市学联联合举办的首都大学生创建绿色奥运——第九届"绿桥"系列活动开幕式并讲话。

4月3日 王晓在河北石家庄市出席首届京津冀青年企业家合作(河北)年会并讲话。其间,河北省省长季允石会见了王晓及参加河北经贸考察活动的中国青年企业家协会青年企业家代表。

4 月 4 日 共青团中央、全国绿化委员会、全国人大环境与资源委员会、全国政协人口资源环境委员会、水利部、农业部、国家环境保护总局、国家林业局、国务院三峡工程建设委员会办公室在重庆万州区联合召开保护母亲河行动大会。会议回顾总结保护母亲河行动6年来的工作,部署今后一个时期保护母亲河行动的主要任务。中共中央政治局委员、国务院副总理曾培炎出席大会并发表重要讲话。全国政协副主席李蒙,国务院副秘书长汪洋,国家发展和改革委员会副主任刘江,保护母亲河行动其他发起部委及有关单位负责同志出席大会。曾培炎等领导为第三届“母亲河奖”获奖者、保护母亲河行动5周年成就奖获得者、优质工程、优秀活动项目及保护母亲河行动先进集体、先进个人颁奖。周强主持大会并讲话。

4 月 4 日 “美化新三峡,保护母亲河”誓师暨三峡水库周边绿化带示范区建设启动仪式在重庆云阳县举行。中共中央政治局委员、国务院副总理曾培炎,全国政协副主席李蒙出席,为“三峡水库周边绿化带示范区建设纪念碑”揭幕,并向中国农工民主党、解放军总政治部组织部、中央电视台、团上海市委、团浙江省委、团广东省委等单位和个人颁发“美化新三峡,保护母亲河”捐赠纪念牌。随后,他们与少先队员一起参加植树活动。周强主持仪式。中共重庆市委书记黄镇东,重庆市市长王鸿举,国务院副秘书长汪洋,国家发展和改革委员会副主任刘江,国务院三峡工程建设委员会办公室主任蒲海清,重庆市政协主席刘志忠,全国人大环境与资源保护委员会委员蒋承菘,全国政协人口资源环境委员会副主任李伟雄,财政部副部长楼继伟,水利部副部长鄂竟平,国家环境保护总局副局长汪纪戎,国务院三峡工程建设委员会办公室副主任高金榜,中共重庆市委副书记姜异康,重庆市人民政府顾问甘宇平,三峡总公司总经理李永安,全国绿化委员会办公室副主任、国家林业局副局长祝列克,国务院研究室党组成员宁吉喆,农业部总经济师薛亮及重庆市领导马正其、范照兵等出席并参加植树活动。

4 月 4 日—6 日 周强在重庆万州区、云阳县、奉节县、巫山县和湖北宜昌市就团的工作调研。其间,就有关工作与中共重庆市委书记黄镇东,重庆市市长王鸿举,市委副书记姜异康,副市长童小平、余远慕等交换意见,在重庆万州区出席“建设西部快车道,迎接亚太市长峰会”——青年突击队立功竞赛活动启动仪式并讲话,在重庆巫山县看望在当地从事志愿服务的大学生志愿者。

4 月 4 日 杨岳出席国家禁毒委员会全体委员会议并发言。

4 月 5 日 张晓兰会见以会长夏秋干为团长的日本三重县日中友好协会代表团一行,并代表全国青联与三重县日中友好协会签订了新一轮小渊基金绿化合作协议。

4 月 5 日 团中央志愿者工作部在北京举行“2004 年西部计划万里采风志愿行动总结座谈会暨志愿服务新闻宣传工作研讨会”。会议对2004 年西部计划万里采风志愿行动进行总结,并就今年志愿服务新闻宣传工作进行部署。中央和北京主要新闻单位的有关负责同志、参加采风活动的部分记者参加。

4 月 5 日 共青团中央、中央宣传部、国家安全生产监督管理总局、国家广电总局、全国总工会联合下发《关于开展 2005 年“全国安全生产月”活动的通知》。

4 月 6 日 杨岳走访团中央离休党支部书记王陵,征求离休老同志对团中央书记处班子、书记处成员及先进性教育活动的意见。

4 月 7 日—8 日 中国青年企业家协会在海南三亚市举办首届中国青年企业家发展论坛。此次论坛的主题是“经济全球化与当代青年企业家发展”。王晓出席并讲话。来自全国各地的 130 多名青年企业家参加。论坛结束后，中国青年企业家协会举行协会金融委员会成立仪式。

4月7日 “2005年西部计划招募管理信息系统”培训活动在北京举行。来自全国30个省（区、市）项目办招募组的网络管理员参加培训。

4月8日 周强主持召开团中央机关各部门、各直属单位负责人会议，传达中央有关文件精神。王晓、张晓兰出席。

4月8日 周强参加团中央办公厅书记办党支部保持共产党员先进性教育活动专题组织生活会。

4月9日 全国青联留学人员联谊会一届二次会长会议在北京召开。胡伟出席并讲话。会议总结了联谊会成立以来的工作，研究部署了2005年的各项工作，研究决定会长、副会长的分工，增设了部分专业委员会，增补了部分联谊会副秘书长、专业委员会秘书长和联谊会会员。

4月10日 赵勇会见并宴请澳门特区政府社会文化司司长崔世安及澳门青年事务委员会北京、青岛访问团一行。此前，全国青联与澳门特区政府教育暨青年局签署了合作意向书。

4月11日 周强主持召开团中央书记处会议，传达学习中央领导同志有关指示精神，研究贯彻落实措施。

4月12日 联合国环境规划署宣布中华全国青年联合会及其名誉主席周强获得首届地球卫士奖。

4月12日 中国青少年宫协会在北京召开会长办公会。赵勇出席并讲话。

4月12日 2005年大学生志愿服务西部计划服务省团委书记座谈会在北京举行。周强、赵勇出席并讲话，杨岳主持会议。内蒙古、河北等18个省（区）和新疆生产建设兵团团委负责同志在会上就2004年西部计划实施情况、2005年服务期满志愿者就业服务工作安排、2005年服务岗位申报情况以及加强改进管理服务工作等进行交流。

4月12日 中国青少年发展基金会在北京人民大会堂举行“CBA与我共成长公益计划”暨“安踏爱心行动”启动仪式。王晓出席并为“CBA与我共成长公益计划”揭幕。

4月13日 2005年大学生志愿服务西部计划部际联席会在北京举行。周强主持会议并讲话。教育部副部长袁贵仁、杨岳出席并讲话。共青团中央、教育部、财政部、人事部以及中央文明办、最高人民检察院、全国远程办有关部门负责同志参加并对有关工作方案提出意见和建议。

4月13日 中央第23督导组组长李玉赋到团中央机关，就团中央书记处开展保持共产党员先进性教育活动情况向周强反馈意见。

4月13日 胡伟会见并宴请以中华青年企业家协会理事长刘灿树为团长的台湾中华青年企业家经贸访问团。

4月14日 “保护母亲河行动顺义项目解放军青年林”启动仪式在北京顺义区举行。周强、解放军总政治部组织部部长张铁健、北京市副市长范伯元等出席并为解放军青年林揭碑。1000余名解放军青年官兵、首都青少年参加植树活动。

4月14日—22日 应香港中华总商会邀请，全国青联第六期青年管理人才高级研修班在香港举办。来自内地西部地区的17名青年干部和青联委员参加研修。

4月15日 共青团中央、教育部、财政部、人事部联合在北京召开2005年大学生志愿服务西部计划电视电话会议，部署今年各项工作。周强、教育部副部长袁贵仁、人事部副部长侯建良、杨岳出席并讲话。共青团中央、教育部、财政部、人事部及中央文明办、最高人民检察院、全国远程办、司法部有关部门负责同志，各省（区、市）团委、教育厅（教委）、财政厅（局）、人事厅（局）及文明办、人民检察院、组织部和部分高校负责同志分别在主会场和各分会场参加。

4 月 15 日 团中央书记处召开主题为“实践‘三个代表’重要思想，保持共产党员先进性”的专题民主生活会。周强、胡伟、杨岳、尔肯江·吐拉洪、王晓、张晓兰参加并发言，赵勇提交书面发言。中央第 23 督导组组长李玉赋，中纪委、中组部、中直工委、中央第 23 督导组有关同志列席会议。

4 月 15 日 周强会见以日本众议院议员、社民党国际委员长东门美津子为名誉团长、日本“绿色之桥”推进中心会长佐藤晴男为团长的日本国际友好文化中心访华团主要成员。

4 月 16 日 周强参加中央有关会议。

4 月 17 日 周强主持召开团中央书记处会议，传达学习中央有关文件精神，研究决定有关事项。

4 月 17 日 中国青少年发展基金会在北京举办东芝(中国)集团向希望工程捐款仪式。尔肯江·吐拉洪出席。

4 月 18 日—28 日 应联合国环境规划署、新西兰国际人力资源开发中心和菲律宾全国青年委员会邀请，周强率中国青年代表团赴联合国出席首届地球卫士奖颁奖仪式并访问了新西兰和菲律宾。19 日，首届“地球卫士奖”颁奖仪式在联合国总部举行。联合国副秘书长、环境规划署执行主任克劳斯·特普费尔向周强颁发了“地球卫士奖”奖杯和证书。代表团还拜会了联合国副秘书长、联合国经社事务部部长奥坎普，并访问了耶鲁大学，与中国常驻联合国大使王光亚、驻纽约总领事刘碧伟就联合国青年事务、中美青少年交流交换了意见。在新西兰期间，新西兰工党主席麦克·威廉姆斯和惠灵顿市副市长艾里克·萧宴请了代表团，代表团与新西兰国际人力资源开发中心签署了中新青年人才培养合作协议，还参观了维多利亚大学。27 日，胡锦涛主席与菲律宾阿罗约总统出席两国一系列协议签字仪式，周强与菲全国青年委员会主席阿基诺签署了《中菲青年事务合作协议》。在菲律宾期间，菲众议长德贝内西亚会见了周强一行，菲参议院多数党领袖潘基里南、菲众议院旅游委员会主席查托等分别宴请了周强一行；周强出席了胡锦涛主席在菲众参两院联席会议上的演讲活动及阿罗约总统为胡锦涛主席到访举行的欢迎国宴；参观了马尼拉市菲青年志愿服务项目“无尽关爱”，参加了义务劳动，并与菲全国青年委员会商定由我出资在马尼拉贫民区与其合作共建“中菲青年友谊村”，为贫民提供住房。

4 月 18 日 中国光华科技基金会在北京举行国内首家能源专项公益基金——“绿色能源科技专项基金”发起设立仪式。尔肯江·吐拉洪出席并讲话。

4 月 18 日 全国保护母亲河行动领导小组下发《关于开展沿黄九省(区)“‘同一条河——爱同一条河，护同一条河，建和谐家园’金河文化杯”保护母亲河系列活动的通知》。

4 月 19 日 共青团中央、教育部、财政部、人事部在北京联合召开“2005 年大学生志愿服务西部计划新闻发布会”。杨岳出席、讲话并就有关问题回答记者提问。

4 月 19 日 中国青年企业家协会在北京举行第二届中国青年企业家发展论坛暨对话世界知名企业系列活动启动仪式。王晓出席并讲话。日本东芝公司总裁冈村正发表演讲。会前，王晓会见冈村正，并授予冈村正“中国青年企业家协会荣誉顾问”称号。会后，中国青年企业家协会举行了协会制造业专业委员会成立仪式，王晓出席并讲话。

4 月 20 日 胡伟会见并宴请以韩国青年会议所中央会长崔氾镇为团长的韩国青年会议所代表团。

4 月 20 日 杨岳会见以越南青年报总编辑阮公契为团长的越南青年报代表团。

4 月 21 日 团中央组织部举办形势报告

会。胡伟为团中央直属机关离退休同志作形势报告,并通报了近期团的重点工作及进展情况。机关离退休同志,直属单位离退休局级干部、离退休干部党支部书记和委员参加。

4月21日 杨岳出席全国人大内司委未成年人保护法起草领导小组会议,并就共青团中央先行起草未成年人保护法修订案建议稿的有关情况作介绍。

4月21日 团中央保持共产党员先进性教育活动领导小组办公室分片召开各直属单位保持共产党员先进性教育活动领导小组办公室负责同志座谈会,检查督导各直属单位分析评议阶段工作。

4月22日 胡伟参加"中国青年五四奖章"获奖者联谊会会议。

4月22日 中宣部、中组部、共青团中央、教育部在北京举行第二届"奉献者风采——在西部基层工作的优秀大学毕业生事迹报告团"首场报告会。杨岳出席并讲话。会后,报告团代表与全国学联在京主席团成员、首都部分高校学生干部进行座谈,就爱国成才的主题和当前青年学生关心的话题进行交流。

4月22日 尔肯江·吐拉洪会见以早川正一副会长为团长的日中青年研修协会代表团一行。此前,该团赴辽宁参加了中日青年阜新生态绿化工程启动仪式。

4月22日 中国青年企业家协会在北京举行第三届中国青年企业家发展论坛及中青企协高新科技产业委员会、医药业产业委员会成立仪式。王晓出席。

4月23日 中国青少年研究中心举行"少年儿童行为习惯与人格的关系研究"结题培训会。杨岳出席并讲话。

4月25日 杨岳出席中华全国总工会成立80周年大会。

4月25日 尔肯江·吐拉洪会见以俄罗斯青年联盟中央委员会第二书记、全俄青年与儿童组织联合会主席亚历山大·萨卡洛夫为团长的俄罗斯青年联盟代表团。

4月26日 尔肯江·吐拉洪在山西灵丘县出席上海中医药大学送医下乡活动暨医疗、通信设备捐赠仪式和灵丘县纪念"五四"运动86周年暨"十大杰出(优秀)青年"、"青年文明号"颁奖活动,看望了在灵丘支教的青年志愿者,与团中央驻灵丘扶贫工作队全体队员座谈。

4月26日 张晓兰会见以也门全国人民大会政治和对外关系部部长尤尼斯·哈扎·哈善为团长的也门全国人民大会干部考察团。

4月27日 共青团中央召开"当前和今后一个时期我国青少年思想意识变化及对策建议"座谈会。杨岳主持。来自北京、上海、深圳等地的团干部和理论工作者就当前和今后一个时期我国青少年思想意识变化的特点和趋势,影响青少年世界观、人生观、价值观形成和变化的主要因素,当前青少年思想教育工作中存在的薄弱环节及需要全社会共同采取的对策和建议等问题进行探讨交流。

4月27日 中央第23督导组召开5个派驻单位先进性教育活动领导小组办公室主任会议,中央第23督导组组长李玉赋传达了贺国强在中央督导组组长第二次座谈会上的讲话,并对下一步工作进行部署。杨岳出席。

4月27日 中国青少年发展基金会在北京举行"摩托罗拉向希望工程捐赠仪式"。尔肯江·吐拉洪出席并讲话,摩托罗拉公司董事长兼首席执行官爱德华·詹德出席。

4月28日 中国青少年发展基金会在北京举行"可口可乐健康之旅项目启动仪式"。尔肯江·吐拉洪出席并讲话。

4月28日 中国光华科技基金会在北京人民大会堂举行"关爱环保,从我做起"暨《中华环保三字经》全国社区活动启动仪式。王晓出席。

4月29日 中共中央政治局常委、中央书记处书记曾庆红主持召开党中央书记处会议,听取团中央书记处关于青学联换届工作和少代会筹备工作的汇报并作出重要指示。

4月29日 中宣部、国家版权局、教育部、共青团中央在北京联合举行“拒绝盗版，从我做起——中学生版权保护主题教育活动启动仪式”。国家版权局局长石宗源、中央文明办专职副主任翟卫华、国家版权局副局长阎晓宏、尔肯江·吐拉洪、北京市副市长孙安民等出席。

4月29日 由中国社会科学院法学所主办，中国法学会研究部、全国青联秘书处协办的第一届中国青年法律学术奖(法鼎奖)颁奖仪式在北京人民大会堂举行。中国社会科学院常务副院长冷溶、中国法学会副会长孙在雍、尔肯江·吐拉洪出席并讲话。

4月30日 周强主持召开团中央书记处扩大会议，传达学习党中央书记处会议和曾庆红重要讲话精神，研究贯彻落实措施；传达学习王兆国重要批示和中央维稳办通知精神，结合共青团和青年工作实际，就切实做好“五一”长假期间维护稳定工作进行专题研究部署；传达学习《向中央政治局通报中央政治局常委参加保持党员先进性教育活动民主生活会情况的报告》(中发〔2005〕7号)，结合工作实际，研究部署团中央直属机关下一阶段先进性教育工作。

4月30日 周强、胡伟出席2005年全国劳动模范和先进工作者表彰大会。

5月1日—4日 以王晓为团长的内地青年代表团赴港澳参加港澳各界青年庆祝五四系列活动。在香港，代表团参加了香港青年联会第13届会董会就职典礼、香港18岁青年成人礼、香港青年五四大汇演等活动，香港特别行政区署理行政长官曾荫权、香港中联办主任高祀仁等出席有关活动。在澳门，代表团团员分别与澳门6所大学和中学的学生进行交流座谈；参加了澳门各界青年庆祝五四青年节晚会，澳门特别行政区行政长官何厚铧、澳门中联办主任白志健等先后会见代表团全体团员并出席有关活动。

5月3日 团中央社区和维护青少年权益部组织第四届“全国杰出进城务工青年”与北京市部分进城务工青年代表在北京“爱义行”汽车服务公司座谈交流。杨岳出席并讲话。

5月4日 共青团中央、全国青联在北京举行第九届“中国青年五四奖章”颁奖座谈会。中共中央政治局委员王兆国出席座谈会并发表重要讲话。周强主持座谈会，赵勇、教育部副部长袁贵仁、胡伟、杨岳、尔肯江·吐拉洪、王晓、张晓兰出席。第九届“中国青年五四奖章”获得者代表在座谈会上发言。会前，王兆国为第九届“中国青年五四奖章”获得者颁奖，并接见了首届“全国十佳中学生”和第四届“全国杰出进城务工青年”。

5月4日 周强主持召开团中央书记处会议，认真学习贯彻胡锦涛总书记3月4日提出的关于新形势下发展两岸关系的“四点意见”和4月29日与中国国民党主席连战会谈时提出的关于发展两岸关系的“四点主张”精神，结合共青团工作实际，研究贯彻落实措施。

5月4日 全国青联、全国学联召开“学习胡锦涛总书记讲话，促进祖国统一大业”座谈会。周强、赵勇出席并讲话，胡伟主持，杨岳、尔肯江·吐拉洪、张晓兰出席，在京的台湾省籍、访问过台湾以及海外学人华侨界的全国青联委员和青年学生代表参加。

5月4日 “我们的文明”主题系列活动组委会开始在全国29个城市公交车站发布以“爱心构建和谐，行动创造文明”为主题的公交车站候车亭公益广告。

5月5日 共青团中央、教育部在北京人民大会堂联合召开首届“全国十佳中学生”表彰会。周强出席并讲话，教育部副部长陈小娅出席，杨岳主持。“全国十佳中学生”是共青团中央和教育部授予中学生的最高荣誉称号，旨在进一步加强和改进未成年人思想道德建设，为中学生树立可亲、可敬、可信、可学的榜样，激励广大中学生努力成长为中国特色社会主义事业的合格建设者和可靠接班人。

5月7日—8日 中国青少年宫协会在四川成都市召开常务理事(扩大)会议。会议深入贯彻《中共中央国务院关于进一步加强和改进未成年人思想道德建设的若干意见》精神，总结交流团属青少年宫在加强青少年思想道德建设、开展青少年社会教育等方面取得的成果和经验，研究部署今后一段时期的工作。

5月9日 周强主持召开团中央书记处会议，认真学习胡锦涛总书记给新疆尉犁县兴平乡达西村农村青年买买提·沙吾尔和达西村青年朋友的回信，结合共青团和农村青年工作实际，研究贯彻落实措施。

5月9日 赵勇主持召开团中央青少年专业教师高级职务评审委员会评审会议，评审确认了中国青年政治学院等单位推荐的19名同志的高级职称任职资格。

5月10日 第五次全国少代会全体工作人员动员大会在团中央机关召开。周强出席并讲话，张晓兰主持并宣布工作机构及人员名单。

5月10日—14日 应朝鲜金日成社会主义青年同盟中央委员会邀请，以胡伟为团长的中国青年代表团赴朝鲜进行友好访问。访朝期间，朝鲜金日成社会主义青年同盟中央委员会第一书记金景浩会见代表团。中国驻朝鲜大使武东和会见并宴请代表团。

5月10日 团中央组织部和中央团校联合举办西部地区团干部培训(北京)班开班典礼。张晓兰出席并讲话。来自西部地区12个省(区、市)及新疆生产建设兵团15个少数民族的近150名基层团干部参加了为期7天的培训。

5月10日 由中宣部、中组部、共青团中央、教育部共同主办的第二届“奉献者风采——在西部基层工作的优秀大学毕业生事迹报告团”巡回报告会在广东深圳市落幕。此前，报告团分别在北京、沈阳、南京、武汉、广州等地举行了巡回报告会。

5月10日 共青团中央、国家安全生产监督管理总局联合下发文件，命名首钢型材轧钢厂三车间轧钢乙班等102个单位为第三届全国“青年安全生产示范岗”。

5月10日 共青团中央、全国青联和世界银行合作举办的预防艾滋病同伴教育培训班在北京石景山区八角街道青年中心正式开班。这是城市青年中心首次承接国际合作项目。

5月11日 周强主持召开团中央书记处会议，研究第五次全国少代会有关文件和其他事项。

5月11日 中国青年企业家协会在北京举办第四届中国青年企业家发展论坛暨对话世界知名企业系列活动。周强会见了日本松下电器产业株式会社社长森下洋一并授予其“中国青年企业家协会荣誉顾问”证书和证章，随后出席论坛。王晓出席并致辞。森下洋一作了题为“不变的理念，不断变化的方式”的演讲。

5月11日 王晓出席中国青年企业家协会交通运输业委员会成立仪式并讲话。

5月12日 周强会见突尼斯新任驻华大使默罕默德·萨赫比·巴斯里。

5月12日 共青团中央、中华海外联谊会、全国青联、海外杰青汇中华筹委会共同主办的西部乡村流动图书车项目启动仪式在新疆举行。中共中央政治局委员、新疆维吾尔自治区党委书记王乐泉出席并为西部乡村流动图书车授旗。赵勇出席并讲话。来自香港的捐赠方代表参加。仪式结束后，流动图书车在乌鲁木齐县乡村科技大集上开展了捐赠图书等活动。

5月12日 杨岳会见以新加坡人民行动党青年团德义支部主席、端利集团总裁柯建庆为团长的新加坡青年企业家教育文化考察团。

5 月 13 日 团中央召开直属机关保持共产党员先进性教育活动整改提高阶段动员大会。周强作动员讲话，中央第 23 督导组组长李玉赋讲话。尔肯江·吐拉洪、王晓、张晓兰，中央第 23 督导组全体成员，团中央机关全体党员及入党积极分子、直属单位主要负责同志及党委书记出席会议。杨岳主持会议。

5 月 15 日 杨岳出席全国青少年走进科学世界科技活动示范基地命名授牌仪式并讲话，出席“爱因斯坦的世界——爱因斯坦奇迹百年展”及系列科普活动启动仪式。

5 月 15 日 王晓出席志愿者助残行动公益晚会。

5 月 16 日 胡伟会见并宴请以英国文化委员会联系青年机构主任戈登·布莱克利为团长的英国文化委员会联系青年机构代表团。

5 月 16 日 杨岳出席中央先进性教育活动领导小组召开的各地区各部门各单位先进性教育活动领导小组办公室主任座谈会议。

5 月 16 日 张晓兰出席中国青少年网络协会、中国出版工作者协会、中国图书学会和北京北大方正电子有限公司在北京联合召开的“2005 中国 EBOOK 产业年会”并致词。

5 月 17 日 中国青少年发展基金会五届一次理事会议在北京召开，周强出席并讲话。会议批准了《中国青基会 2005 年工作计划》、《中国青基会财务预算报告》；修改并通过了新的《中国青少年发展基金会章程》。中国青基会新一届理事会由 21 名理事组成，另设 3 名监事。会议推选尔肯江·吐拉洪任中国青少年发展基金会理事长。

5 月 17 日 胡伟会见应中联部邀请来访的以博茨瓦纳民主党中央委员、青年之翼主席彼得·麦斯威里为团长的博茨瓦纳民主党代表团。

5 月 17 日 团中央学校部、中央团校共同举办“加强和改进大学生思想政治教育”专题培训班开班式。杨岳出席并讲话。

5 月 18 日 共青团中央在北京召开全团加强和改进大学生思想政治教育工作会议，对进一步做好大学生思想政治教育工作作出全面部署。周强出席并讲话，胡伟、尔肯江·吐拉洪、王晓、张晓兰出席，杨岳主持会议。团中央机关各部门和有关直属单位负责同志，各省（区、市）团委负责同志、学校部部长，部分高校团委书记参加会议。

5 月 19 日 团中央书记处与第 12 批到团中央机关挂职干部和部分机关年轻干部进行座谈。周强、胡伟、杨岳、王晓出席并讲话。

5 月 19 日 杨岳主持召开团中央直属机关先进性教育活动领导小组办公室会议，传达学习贺国强、李景田在各地区各部门各单位先进性教育活动领导小组办公室主任会议上的重要讲话，并对整改提高阶段的工作进行了研究部署。

5 月 19 日—20 日 团中央青农部和中国青年乡镇企业家协会联合举办首届中国青年农产品经纪人研讨班暨北京市场行活动。尔肯江·吐拉洪出席开幕式并讲话。近百名来自全国各地的青年农产品经纪人和共青团各省（区、市）青农部部长学习了胡锦涛总书记给买买提·沙吾尔等青年农民的回信，听取了有关专家学者和相关部委负责人的专题报告，并到北京京客隆商业股份有限公司和北京新发地农产品批发市场进行参观考察。

5 月 20 日—21 日 全国青联与联合国青年就业网络共同在北京举办青年就业与和谐社会国际论坛暨联合国青年就业网络年度会议。20 日，全国人大常委会副委员长司马义·艾买提出席开幕式并讲话，周强致辞，胡伟出席并为联合国青年就业网络中国项目合作办公室揭牌。之前，周强、胡伟陪同司马义·艾买提副委员长会见部分与会代表。21 日，胡伟出席中国青年创业周国际计划第一届理事会会议并讲话。

5 月 20 日 周强会见以越南胡志明共青

团中央书记处书记阮成峰为团长的越南胡志明共青团代表团。胡伟参加。随后，胡伟与代表团举行工作会谈。

5月20日 胡伟宴请应中联部邀请来访的德国联邦议员卡琳·洛特女士一行。

5月20日 西部计划全国项目办在北京召开就业服务工作会议，研究部署2005年西部计划志愿者就业服务工作。杨岳出席并讲话。

5月22日 周强、王晓就有关工作与中共辽宁省委书记李克强，省委常委、秘书长曾维等交换意见。

5月22日 王晓在辽宁沈阳市出席全国青工技能振兴现场观摩会。

5月23日 共青团中央、劳动和社会保障部在辽宁沈阳市共同举办首届"振兴杯"全国青年职业技能大赛开幕式。中共辽宁省委书记李克强，中共辽宁省委常委、秘书长曾维，省人民政府副省长鲁昕等出席开幕式，周强，中共辽宁省委副书记、沈阳市委书记张行湘出席并讲话，王晓主持会议。随后，周强、王晓参观了大赛现场。本次大赛共设有电焊工、工具钳工、维修电工、数控车工等四个竞赛工种，定级为国家一类赛。

5月23日—25日 周强、王晓先后在辽宁沈阳市，吉林通化市、长春市就团的工作调研。与中共辽宁省委副书记、沈阳市委书记张行湘，省委常委、组织部长骆琳，省人民政府副省长鲁昕，沈阳市人民政府市长陈政高等就有关工作交换意见。在吉林期间，与中共吉林省委书记王云坤，省人民政府省长王岷，省委副书记林炎志、杜学芳，省委常委、长春市委书记王儒林，省委常委、组织部长王松鹤等就有关工作交换意见。

5月23日 胡伟会见并宴请以韩国京仁日报社常务理事宋光锡为团长的韩国青年经济人代表团一行。

5月23日 沿黄九省区"'同一条河——爱同一条河，护同一条河，建和谐家园'金河文化杯"保护母亲河系列活动启动仪式在山东滨州市举行。尔肯江·吐拉洪出席并讲话，中共山东省委副书记王修智为活动发来贺信。保护母亲河行动爱心大使吕薇以及来自青海、四川、甘肃、宁夏、内蒙古、陕西、山西、河南、山东等沿黄九省区的青少年代表和滨州市5000余名青少年代表参加了启动仪式。以此为标志，历时6个月，以弘扬黄河文化、保护黄河流域生态环境为主题的沿黄九省区青少年"同一条河"保护母亲河系列活动拉开了帷幕。

5月24日 张晓兰出席CE基金会支持希望工程捐赠仪式暨第五期CE教师培训班开学典礼。

5月25日 "青年企业家东北行——吉林经贸考察活动"开幕式在长春市举行。周强，吉林省人民政府省长王岷出席开幕式并讲话，省委副书记林炎志等出席会议，王晓主持。来自全国13个省（区、市）以及港澳台的300多名青年企业家出席会议，韩国青年商会的企业家应邀参加活动。此次经贸考察活动共签订合同10项，总金额34.8亿元。

5月25日 杨岳出席2005年中国大学生心理健康节开幕式并讲话。

5月26日 周强会见并宴请以罗马尼亚众议院书记、众议员维克多·蓬塔为团长的罗马尼亚青年议员代表团，杨岳参加。

5月26日 中央第23督导组在天津召开部分团干部代表座谈会，听取对团中央整改提高工作的建议。座谈会由中央第23督导组组长李玉赋主持，中央第23督导组其他成员、团中央直属机关保持共产党员先进性教育活动领导小组办公室负责同志、部分团干部代表参加。

5月27日—28日 中央民族工作会议暨国务院第四次全国民族团结进步表彰大会在北京举行。周强出席开幕式，胡伟出席会议。

5月27日 共青团中央、国家民委联合举办的新疆少数民族青年干部培训班在中央团校举行开班典礼。来自新疆14个地州市的50名少数民族青年干部参加培训。

5月28日 由全国青联主办的“海峡两岸青年共植同心树”活动在广东珠海市举行，来自台湾青商总会广东经贸考察团的150位台湾青年与广东省各界青年300人参加了植树活动。尔肯江·吐拉洪以及广东省青联，中共珠海市委、市人民政府主要负责同志出席并致辞。随后，台湾青商总会广东经贸考察团分赴东莞、番禺、江门、中山、佛山等地开展经贸交流活动。

5月29日 胡伟会见并宴请以孟加拉青年体育部副秘书胡马云·卡利德为团长的孟加拉青年代表团。

5月30日 团中央志愿者工作部组织山西灵丘县少先队员代表到团中央机关做客。周强会见少先队员代表并讲话，尔肯江·吐拉洪参加。

5月30日 周强、赵勇、胡伟与中央统战部有关负责同志就青学联会议筹备工作情况交换意见。

5月30日 最高人民法院、共青团中央召开2004年度法院系统全国青年文明号表彰大会。大会命名北京市第一中级人民法院司法警察支队等38个青年集体，继续认定河北省承德市双滦区人民法院等7个青年集体为2004年度全国青年文明号。最高人民法院院长肖扬、周强出席并讲话。最高人民法院副院长曹建明、姜兴长、沈德咏、万鄂湘、黄松有、奚小明，中央第26督导组组长于宁，王晓出席。

5月30日 杨岳出席中宣部副部长、中央文明办主任胡振民主持召开的改进和创新未成年人思想道德建设座谈会。

5月30日 文化部、财政部、教育部、国家广电总局、共青团中央、北京市人民政府、中国音协在北京联合举行“希望之歌”优秀少儿歌曲演唱会。张晓兰出席。

5月31日 第五次全国少代会代表与首都少先队员共计2300余人齐聚中华世纪坛，以“祝福祖国，放飞希望”为主题，用歌声和话语展示亿万少先队员参加“民族精神代代传”主题教育活动的成果。周强、赵勇、张晓兰，教育部副部长陈小娅等出席。

5月31日 共青团中央、北京奥组委、全国少工委在中华世纪坛联合举行“2008，我为你喝彩”主题活动。张晓兰、北京奥组委执行副主席李炳华出席。

5月31日 胡伟会见以朝青盟中央委员会革命史记部部长桂奉世为团长的朝鲜金日成社会主义青年同盟代表团。

5月31日 团中央直属机关党委召开机关各部门党支部负责人会议，部署开展团中央机关帮扶北京高校困难大学生活动。机关各部门党支部将与北京高校部分团支部结对，为经济困难大学生提供经济帮助和提供勤工助学岗位。

5月31日 民政部、共青团中央、全国妇联、中国残联、全国少工委和北京市人民政府在北京举行“残疾孤儿手术康复明天计划”志愿服务活动启动仪式，杨岳出席并讲话。

6月1日—3日 中国少年先锋队第五次全国代表大会在北京召开。1日，大会开幕式在人民大会堂举行。开幕式前，中共中央总书记胡锦涛，中共中央政治局常委吴邦国、温家宝、贾庆林、曾庆红、黄菊、吴官正、李长春、罗干等中央领导同志亲切接见了全体与会代表，向大会表示热烈的祝贺，向全国各族少年儿童致以节日的问候。中共中央总书记胡锦涛对身边的少先队员说，今天是“六一”国际儿童节，也是中国少年先锋队第五次全国代表大会开幕的日子。我向你们表示节日的祝贺，希望与会的少先队员代表把这次大会开好，团结全国的小朋友不断开创少先队工作的新局面；希望全国的小朋友勤奋学习、快乐生活、全面发展。王兆国、刘云山、吴仪、贺国强、王刚、徐才厚、蒋正华、顾秀莲、华建敏、陈至立、刘延东、周铁农等党和国家领导人出席接见活动。开幕式上,中共中央政治局委员王兆国代表党中央向大会致祝词。党和国家领导人蒋正华、顾秀莲、陈至立、刘延东、周铁农,团中央书记处胡伟、杨岳、尔肯江·吐拉洪、王晓以及中央和国家机关有关部委、解放军总政治部、武警总部、人民团体和北京市的负责同志出席开幕式。周强、教育部部长周济分别代表共青团中央、教育部致词。张晓兰代表第四届全国少先队工作委员会作工作报告。赵勇主持开幕式。3 日,中国少年先锋队第五次全国代表大会在北京闭幕。会议审议通过了中国少年先锋队第五次全国代表大会关于第四届全国少工委报告的决议,通过了关于《中国少年先锋队章程(修正案)》的决议,选举产生了第五届中国少年先锋队全国工作委员会。赵勇致闭幕词,张晓兰主持会议。在随后举行的全国少工委五届一次全委会上选举赵勇为全国少工委主任,陈小娅、张晓兰为常务副主任,姜沛民、高洪、海飞、艾玲、赵武军、杨进、万超岐、张朝晖为副主任。其间,第五次全国少代会全体代表在北京大学举行少年话题"成长"论坛,在保利剧院观看了大型儿童剧《红领巾》。

6 月 1 日　周强会见中韩电子游戏大赛韩方执委会主席金钟学一行。

6 月 1 日　国务院妇女儿童工作委员会、全国妇联、共青团中央、全国少工委与中央电视台在北京联合举行"感动未来"六一联欢晚会。赵勇、张晓兰出席。

6 月 2 日　胡伟参加朝鲜驻华使馆金成基公使宴请中国青年访朝代表团活动。

6 月 3 日　周强会见韩国水原京仁日报编辑局长宋光锡一行。

6 月 4 日—11 日　应美国青年政治领袖理事会邀请,以赵勇为团长的中国青年代表团访问美国,并参加在华盛顿举行的纪念两组织建立交往关系 25 周年庆祝活动。访问期间,美国司法部长阿尔伯特·冈萨雷斯、联邦参议员克里斯托福·邦德和乔·利伯曼、联邦众议院多数党督导罗依·布伦特、美国最高法院首位女大法官桑德拉·奥康娜、联邦参议院秘书长埃米莉·雷诺兹、美国财政部副部长汤姆·亚当斯、美国劳工部副部长莫天成、美青理会会长德比·霍尔特和董事会主席丹尼·麦克唐纳等分别会见代表团。双方就加强两国青年交流问题广泛交换意见。代表团还拜会了美国国务院、参议院外交关系委员会、国会美中经济与安全审查委员会、联邦选举委员会和美国国家安全理事会等机构,参观了纽约证交所、瓦利斯公共政策咨询机构和律师事务所等企业,出席了美青理会举办的大型庆典晚会。举行了与美青理会前访华团成员的座谈会,赵勇与美国科罗拉多州副州长简·诺顿女士共同主持座谈会。

6 月 4 日　中央综治委预防青少年违法犯罪工作领导小组办公室、中央电视台、公安部金盾影视文化中心在中央电视台联合举行专题文艺晚会《为了明天——未成年人思想道德建设专题特别节目》。公安部政治部主任孙明山、中国关工委副主任闵振环、杨岳及中央综治办、中宣部、教育部、司法部的有关负责同志出席观看晚会。

6 月 5 日　张晓兰在北京人民大会堂会见并宴请以日本宝冢市副议长为团长的日本宝冢 lions club 绿化合作代表团一行。

6 月 6 日　胡伟会见香港青年协会总干事王䓪鸣,就合作开展活动交换意见。

6 月 7 日　周强会见应全国青联邀请,由东盟国家青年事务官员、青年企业家和东盟秘书处官员组成的"东盟青年领袖访华计划"代表团。胡伟参加。

6 月 7 日　周强会见应全国青联邀请,以约旦最高青年委员会秘书长萨利·哈姆丹博士为团长的约旦青年代表团。胡伟参加。

6 月 7 日 “为了明天——全国青少年禁毒宣传月”活动启动仪式在北京市公安局强制戒毒所举行。杨岳出席并讲话,国家禁毒委副主任、公安部副部长张新枫出席。

6 月 8 日 周强列席中央人才工作协调小组第九次会议。

6 月 8 日 周强、尔肯江·吐拉洪在团中央机关会见新疆少数民族青年干部培训班全体学员并合影。

6 月 8 日 周强会见以新西兰惠灵顿地区经济发展署副首席执行官、惠灵顿市长首席经济代表克里斯·利普斯科姆为团长的新西兰小型贸易代表团。

6 月 8 日 周强会见并宴请以菲律宾全国青年委员会主席保罗·阿基诺为团长的菲律宾青年代表团。双方共同签署了《关于“中菲青年友谊村”的协议》。胡伟参加。

6 月 8 日 胡伟会见应中联部邀请来访的以巴勒斯坦人民党总书记巴萨姆·萨利希为团长的巴勒斯坦人民党代表团。

6 月 8 日 杨岳出席中央第 23 督导组负责联系的 5 个派驻单位先进性教育活动领导小组办公室主任会议并汇报团中央先进性教育活动整改提高阶段工作情况。随后,团中央直属机关先进性教育活动办公室召开会议,杨岳传达了会议精神,部署团中央各部门、各直属单位先进性教育活动“向群众公布整改情况”和“群众满意度测评”工作。

6 月 8 日 全国保护母亲河行动领导小组下发《关于开展“‘同一条河——相约 2008 绿色接力潮河情’保护母亲河行动系列活动”的通知》。决定从 2005 年至 2008 年,北京、河北两地的团组织将组织动员广大青少年,以“关爱潮河,相约 2008”为主题,开展京冀生态环保志愿者潮河之旅、生态环境保护教育“四进四出”活动,为北京 2008 年奥运会做贡献。

6 月 9 日 周强与中国扶贫开发协会会长胡富国就有关工作交换意见。

6 月 9 日 团中央直属机关先进性教育活动办公室召开各部门、各直属单位先进性教育活动领导小组办公室负责人会议,杨岳传达中央先进性教育活动第 23 督导组负责联系的 5 个派驻单位先进性教育活动领导小组办公室主任会议精神,部署团中央各部门、各直属单位先进性教育活动“向群众公布整改情况”和“群众满意度测评”工作。

6 月 10 日 共青团中央在北京举行纪念陈云百年诞辰暨《中华儿女·陈云专刊》首发式。全国政协副主席张思卿出席首发式,周强出席并讲话,胡伟出席。陈元及多位党史专家发言。

6 月 10 日 周强主持召开团中央书记处会议,讨论团中央书记处整改措施。

6 月 10 日 国土资源部、国家环保总局、共青团中央在北京联合召开“节约资源、保护环境、做保护地球小主人”活动全国组委会第一次工作会议。张晓兰出席。

6 月 12 日 周强出席“2005 中美远程教育论坛”开幕式,胡伟致辞。

6 月 12 日 中宣部、国家安全生产监督管理总局、国家广电总局、全国总工会和共青团中央联合在北京举行 2005 年全国安全生产宣传咨询日活动。王晓出席。

6 月 12 日 张晓兰出席中国关工委在北京举行的全国关心下一代工作表彰大会开幕式,并代表共青团中央、全国总工会、全国妇联致贺词。

6 月 12 日 由中宣部、国家安全生产监督管理总局、国家广电总局、全国总工会和共青团中央联合发起的第四届“2005 年全国安全生产万里行”活动启动仪式在广东广州市举行。

6 月 13 日 周强出席陈云诞辰 100 周年纪念大会。

6 月 13 日 胡伟出席台湾“中国”青年创业协会前任总会长张耀煌个人画展开幕式。

6月13日 团中央直属机关先进性教育活动领导小组办公室召开团中央直属机关先进性教育活动群众满意度测评会。杨岳通报了直属机关先进性教育活动的有关情况，团中央直属机关各部门、各直属单位党组织负责人、党员、民主党派和无党派人士、群众、离退休党员代表共245人，在中央第23督导组的监督指导下，进行了群众满意度测评，群众满意度100%（其中满意票95.9%，基本满意票4.1%）。

6月14日 中共中央政治局委员王兆国召集全国总工会、共青团中央、全国妇联、中国科协、全国侨联5家单位负责同志就如何开展好先进性教育活动等问题谈话。周强参加。

6月14日 周强，中央第23督导组组长李玉赋及其他成员，胡伟、杨岳到中华儿女杂志社和中青旅控股股份有限公司就保持共产党员先进性教育活动开展情况进行调研，并考察了在建的中青旅大厦施工现场。

6月14日 中央文明办、共青团中央、国家新闻出版总署、中国社会科学院、光明日报社在北京举行百万家庭健康上网活动新闻发布会。张晓兰出席。

6月15日 团中央直属机关召开保持党员先进性教育活动总结暨七一表彰大会。周强作总结讲话，中央第23督导组组长李玉赋出席并讲话。中央先进性教育活动领导小组办公室指导协调二组、中直机关先进性教育活动领导小组办公室有关负责同志出席了会议。会议对团中央直属机关先进性教育活动中表现突出，做出积极贡献的先进党支部、优秀共产党员和党务工作者进行了表彰。赵勇主持会议，胡伟、杨岳、尔肯江·吐拉洪、王晓、张晓兰出席。团中央机关全体党员、入党积极分子和直属单位领导班子成员及所属党支部负责同志近500人参加。

6月15日 “同一条河——相约2008绿色接力潮河情”保护母亲河行动系列活动启动仪式在河北滦平县举行。尔肯江·吐拉洪和中共河北省委常委、省总工会主席臧胜业出席、讲话，并为“京冀青少年潮河纪念林”揭碑。

6月16日—19日 周强、胡伟在福建福州市、泉州市、厦门市就对台青少年工作进行调研。其间，就对台青少年工作与中共福建省委书记卢展工，福建省人民政府省长黄小晶，省委副书记王三运，省委常委、秘书长陈少勇，省委常委、教育工委书记唐国忠，省委常委、福州市委书记袁荣祥，省委常委、厦门市委书记何立峰等交换意见。在泉州期间，周强、胡伟到华侨大学看望台湾籍学生并与他们座谈。在厦门期间，周强、胡伟到厦门大学与台湾研究院师生座谈。周强在座谈会上强调，各级共青团、青联组织要大力推动两岸青少年多方面多层次的交流，努力构筑服务两岸青少年的平台。大力推动两岸青年在经济领域的交流与合作，实现优势互补，整合资源，提升整体竞争力，使中华民族在激烈的国际竞争中立于不败之地；大力推动两岸青少年在文化领域的交流，文化对青少年的影响深远，要善于通过流行歌曲、网络、动漫等当代青少年喜闻乐见的形式进行沟通，尤其要发挥闽南文化的独特优势，搭建两岸文化交流的平台；大力推动两岸青少年的人员往来，除了业已形成的两岸杰出青年定期互访外，还要进一步拓展两岸青少年间多层次的交流，通过组织各种活动增进交流扩大共识；积极做好台湾青少年在祖国大陆工作、学习、旅游等各方面的服务工作，竭诚为台湾青少年提供便利。

6月16日 周强会见在中国青年政治学院进修的中国广西国际青年交流学院第三期东盟青年干部高级研修班的全体学员。胡伟参加。

6月16日 杨岳出席公安部、教育部贯彻落实“公安机关维护校园及周边治安秩序八条措施”电视电话会议。

6月16日 中国青少年发展服务中心举

行中国青少年读书指导委员会成立大会。张晓兰出席并讲话。

6月17日 周强在福建福州市出席第三届海峡青年论坛开幕式并致辞，胡伟参加。18日，周强、胡伟在福建福州市出席第三届福建项目成果交易会开幕式。

6月17日 共青团中央、全国少工委在北京向投身红领巾事业的湖北当阳市庙前镇井岗小学退休教师郑琦颁发一级“星星火炬奖章”。张晓兰出席并颁发奖章。

6月17日 中宣部、教育部、共青团中央、中共湖北省委、中共北京市委在北京联合举行郑琦先进事迹报告会。张晓兰出席。

6月20日—24日 应全国青联邀请，以日本青年会议所日中友好之会名誉会长野津乔为名誉顾问、会长冈田伸浩为名誉团长、日本JC2005年度会头高竹和明为团长的日本JC代表团来华进行友好访问。20日，中共中央政治局委员、全国人大常委会副委员长王兆国会见代表团，周强、赵勇、胡伟参加。会见前，周强与代表团会谈，胡伟参加。会见后，周强出席全国青联与日本JC友好交流20周年纪念庆典并讲话，赵勇、胡伟出席。当晚，周强、胡伟出席全国青联与日本JC友好交流20周年纪念招待会，赵勇出席并致辞。

6月20日 中青旅控股股份有限公司召开第二次党代会。杨岳出席并讲话。

6月20日 尔肯江·吐拉洪在人民大会堂出席南方航空公司“十分”关爱基金会成立暨捐赠仪式。

6月20日 张晓兰宴请以芬兰教育部文化事务顾问基摩·阿尔托宁为团长的芬兰教育部代表团。

6月21日 周强列席国务院第96次常务会议。

6月21日 胡伟宴请美国拉斯维加斯市三星管理租赁公司副总裁罗伯特·安德斯坦一行。

6月21日 中国青少年发展基金会在人民大会堂举行首届全国希望小学歌咏大赛启动暨真维斯捐款冠名仪式。尔肯江·吐拉洪出席并为捐款方代表颁发纪念牌。

6月21日—22日 中国青年企业家协会九届二次会长办公(扩大)会议暨合肥经贸考察活动在安徽合肥市举行。中共安徽省委常委、合肥市委书记孙金龙，王晓出席并讲话。其间，中共安徽省委书记郭金龙，省长王金山，省委副书记王明方，省委常委、合肥市委书记孙金龙，省委常委、秘书长张学平等会见青年企业家，王晓出席。会议听取并讨论通过了中青企协工作报告和专业委员会工作情况汇报。此次经贸考察活动达成20亿元的投资协议。

6月21日—24日 全国学联在北京接待了香港大学学生会访问团。其间，访问团与全国学联和内地大学生进行了交流，参观了清华大学和中国政法大学校园；拜访了国务院台办、国务院港澳办、北京市第一中级人民法院。

6月22日 杨岳出席国务委员陈至立主持召开的研究素质教育有关问题会议。

6月22日 国务院扶贫办、共青团中央和中国农业大学联合发起的大学生扶贫社会调查团在中国农业大学举行出征仪式。国务院扶贫办主任刘坚、尔肯江·吐拉洪、中国农业大学党委书记瞿振元出席并讲话。

6月23日 周强、杨岳在人民大会堂出席全国第二批保持共产党员先进性教育活动工作会议。赵勇代表中央第16督导组出席会议。

6月23日 尔肯江·吐拉洪在人民大会堂出席“关注森林——绿色海疆万里行”活动启动仪式。

6月23日 农业部、国务院三峡办、共青团中央联合在重庆举行“保护三峡、铲除外来入侵生物”现场会。张晓兰出席并讲话。

6月24日 周强主持召开团中央书记处扩大会议，传达学习胡锦涛总书记6月19日在中央办公厅《综合与摘报》第64期《互联网新媒体网络电台对青少年的影响日益增强》一文上所作的重要批示精神,王兆国6月14日与工、青、妇、科协、侨联主要负责同志谈话精神,贺国强在全国第二批保持共产党员先进性教育活动工作会议上的讲话精神,结合共青团和青年工作实际研究贯彻落实措施。

6月24日 赵勇出席保持共产党员先进性教育活动中央督导组工作总结会议。

6月24日 全国青联召开十届一次会议工作机构负责人会议。赵勇讲话,胡伟主持,杨岳、王晓出席。

6月24日 胡伟宴请美国“环球桥”基金会主席拉德·克里斯腾森一行。

6月25日 由中共新疆维吾尔自治区委、共青团中央、全国青联共同主办的保持共产党员先进性教育暨庆祝建党84周年大型电视文艺晚会《党啊,亲爱的母亲》在新疆师范大学举行。中共中央政治局委员、新疆维吾尔自治区委书记王乐泉,自治区主席司马义·铁力瓦尔地等出席晚会,赵勇率全国青联志愿者艺术团参加了晚会。新疆自治区有关方面负责同志及新疆各界代表近4000余人观看了演出。

6月26日 杨岳出席北京“6·26”国际禁毒日万人长走活动。

6月27日 周强、胡伟会见并宴请两岸发展研究基金会董事长、台湾“立法委员”丁守中一行。

6月27日 胡伟会见以日本内阁府政策统括官下属参事官渡边清为团长的日本内阁府先遣人员代表团。

6月27日—28日 共青团农村青年中心建设现场经验交流会在辽宁沈阳市召开。尔肯江·吐拉洪出席并讲话。

6月28日—29日 周强、胡伟在河南郑州、开封等地就团的工作调研。其间,与中共河南省委书记徐光春、省人民政府省长李成玉、省委副书记王全书等就团的工作交换意见。

6月28日—29日 共青团全国基层组织建设工作会议在河南郑州市召开。会议系统总结交流近年来团的基层组织建设的主要经验和做法,研究提出当前和今后一个时期团的基层组织建设的工作思路和推进措施,部署开展增强共青团员意识主题教育活动。周强、胡伟出席并讲话,中共河南省委副书记王全书出席会议。来自38个省级团委的负责同志和组织部长以及团中央机关有关部门负责同志参加会议。27日,周强,中共河南省委书记徐光春等省委领导,胡伟同与会全体同志合影留念。

6月28日 共青团中央、中共沈阳市委、沈阳市人民政府共同建设的“全国青少年生态文化园”在“2006沈阳世界园艺博览会”展区举行奠基仪式。尔肯江·吐拉洪出席并讲话,中共沈阳市委副书记、市长陈政高等出席。

6月28日—29日 张晓兰出席国务委员陈至立召集的“民主党派领导素质教育座谈会”和“教育界老领导老专家素质教育座谈会”。

6月28日 未成年人心理生理知识教育专项工作小组联络员会议在团中央机关召开,会议了解沟通了专项工作责任单位有关工作落实情况。张晓兰出席并讲话,教育部、卫生部、全国妇联、中国科协、中国社科院等部委未成年人心理生理知识教育专项工作小组联络员和团中央机关有关部门、直属单位负责同志参加。

6月28日 共青团中央、劳动和社会保障部共同举行2004年度全国青年岗位能手评选活动。沈阳鼓风机(集团)公司职工徐强等10名青年职工被授予全国杰出青年岗位能手称号,北京市京棉纺织集团二公司张俊良等193名青年职工被授予全国青年岗位能手称号。

6月29日 共青团全国组织部长会议在河南郑州市召开。会议系统总结交流近年来团的组织工作的主要经验和做法，对今后一个时期共青团组织工作重点要点作了说明和部署。胡伟出席并讲话。来自 38 个省级团委的组织部长参加会议。

6 月 29 日 王晓出席国务院再就业工作部际联席会议并发言。

6 月 29 日 由中宣部、国家安全生产监督管理总局、国家广电总局、全国总工会、共青团中央举办的 2005 年“安全生产万里行”活动闭幕。

6 月 30 日 周强出席国务院建设节约型社会近期重点工作电视电话会议。

6 月 30 日 团中央宣传部、中国青少年宫协会在团中央机关举办中国青少年社会教育理论研讨会。来自教育部、中央教育科学研究所、中国青少年研究中心、中国教育学会、中国人民大学、首都师范大学、广州市少年宫等单位的有关负责同志和专家学者围绕青少年社会教育的有关理论和实践问题进行了广泛深入的研讨，就“大力发展青少年社会教育，全面促进青少年健康成长”形成一致共识。赵勇出席并讲话。来京出席“小时候”青少年社会教育活动协调会的各地青少年宫负责人参加。

6 月 30 日 杨岳出席中直机关先进基层党组织、优秀共产党员和优秀党务工作者表彰大会。

7 月 1 日 胡伟会见以全国政协委员、中华海外联谊会副会长廖泽云为名誉团长，湖北省政协常委、中华海外联谊会常务理事马有恒为团长的“第二届澳门大学生暨青年企业家酒泉航天科技交流团”一行。

7 月 1 日 周强会见日本外务省政务官福岛启史郎一行。

7 月 1 日 胡伟会见并宴请以台湾青商总会前总会长吴燕卿为团长的台湾青商会钢铁经贸代表团。

7 月 1 日—2 日 杨岳出席中央综治委各专门工作领导小组办公室主任、副主任及有关成员单位联络员联席会议并汇报预防青少年违法犯罪有关工作情况。

7 月 1 日 张晓兰会见应中联部邀请来访的以执委会主席米奥德拉格·拉杜诺维奇为团长的塞黑黑山共和国社会主义者民主党代表团。

7 月 2 日 中国青年政治学院举行 2005 年毕业典礼。周强出席并讲话，赵勇出席。

7 月 4 日 周强在团中央机关会见在中央团校学习的安徽淮南市部分团干部并座谈。

7 月 4 日 中国青年卡工作会议在北京召开。赵勇出席并讲话。

7 月 4 日 胡伟会见并宴请德国驻华大使史丹泽、文化参赞寇文刚和白雅荷。

7 月 4 日 杨岳出席 2005 年中央综治委流动人口治安管理工作领导小组第一次全体会议并介绍组织开展进城务工青年工作的有关情况。

7 月 5 日 赵勇出席全国政协十届十次常委会并作专题发言。

7 月 5 日 赵勇会见全国青联副主席、黄乾亨黄英豪律师行合伙人黄英豪。

7 月 5 日 胡伟会见以菲律宾布拉干省省长乔瑟菲娜·克鲁斯为团长的菲律宾青年政治家代表团。

7 月 5 日 杨岳出席中组部、人事部和教育部联合举行的引导鼓励高校毕业生面向基层就业工作座谈会并宣读共青团中央、全国学联倡议书。

7 月 5 日 王晓在山东青岛市出席海关系统全国青年文明号揭牌仪式并讲话。

7 月 6 日 周强与国家环境保护总局局长解振华就有关工作交换意见。

7 月 6 日 尔肯江·吐拉洪在河北石家庄市出席河北省青年中心现场推进会并讲话。

7 月 6 日 张晓兰列席并参与全国政协十届十次常委会关于社会道德问题的分组讨论。

7 月 7 日 周强、赵勇出席中直机关青联三届一次全委会闭幕式。赵勇讲话。

7月7日 尔肯江·吐拉洪在深圳市看望深圳市义工联合会艺术团团长丛飞,并向他颁发了中国青年志愿者最高奖——“中国青年志愿服务金奖”。当晚,出席鄂尔多斯公司向希望工程捐赠活动并向鄂尔多斯集团总裁王林祥颁发捐赠纪念牌。

7月7日 胡伟陪同全国人大常委会副委员长乌云其木格会见泰国下议院第二副议长拉丽达,出席中泰青年文化经贸交流活动并致辞。

7月8日 周强出席做好纪念抗日战争和世界反法西斯战争胜利60周年宣传工作座谈会。

7月8日 周强主持召开团中央书记处会议,研究青学联会议有关事宜。

7月8日 周强会见来华参加CKCG中韩电子对抗大赛活动的韩国国会议员李光宰、李华泳等。

7月8日 周强出席由中泰友好人士常媛女士举办的中泰青年文化经贸活动泰方答谢宴会。

7月8日 赵勇宴请以泰国下议院第二副议长拉丽达为团长的泰国议会代表团。

7月8日 全国少工委发出倡议,号召全国少先队员从现在做起,从点滴做起,积极参与建设节约型社会,在亲身实践中节约每一滴水、每一度电、每一张纸、每一粒米,养成良好的行为习惯。

7月10日 中国青少年发展基金会举办“我要上大学——希望工程与您共同关注农村特困大学新生”公益活动启动仪式。周强出席并为活动揭幕,尔肯江·吐拉洪致辞,中央电视台有关负责同志出席启动仪式。

7月11日 周强、赵勇到中国气象局就有关工作进行商谈。

7月11日 中国青少年发展基金会在人民大会堂举行真维斯大学生助学基金捐赠仪式。周强出席,尔肯江·吐拉洪出席并致辞。

7月11日 王晓出席在内蒙古呼和浩特市举办的“西部人才论坛”第二届年会并讲话。

7月12日 团中央机关召开动员大会,就全国青联十届一次全委会、全国学联第二十四次代表大会筹备工作作出部署。周强出席并讲话,赵勇主持,胡伟、王晓、张晓兰出席。

7月12日 中宣部、中央文明办、教育部、共青团中央和全国学联在中国农业大学举行2005大中专学生暑期“三下乡”出征仪式。周强、中央文明办副主任翟卫华、教育部副部长吴启迪出席并讲话,杨岳主持。

7月12日 周强出席日本三洋电机公司向中日青年交流中心捐赠陶艺作品的赠送仪式。

7月12日 中国青少年发展服务中心举办“彩虹工程——首期全国大学生创业培训班”开班典礼。杨岳出席。

7月13日 周强与菲律宾全国青年委员会主席保罗·阿基诺共同签署《中菲关于继续开展中菲青年交流的谅解备忘录》,并宴请菲律宾青年代表团。胡伟参加。14日,中共中央政治局委员、全国人大常委会副委员长王兆国会见代表团主要成员,并与全体成员合影留念。周强、胡伟参加。

7月14日 周强主持召开团中央书记处扩大会议,传达学习胡锦涛总书记7月12日在共青团中央、教育部呈报的《关于大学生志愿服务西部计划实施情况的报告》上的重要批示,就进一步深化实施大学生志愿服务西部计划进行专题研究部署;传达学习胡锦涛总书记、黄菊副总理在新华社《国内动态清样》第2038期《联合国将推广山东共青团促进就业模式》一文所作的重要批示,结合共青团和青年工作实际研究贯彻落实措施。

7月14日 周强会见即将离任的日本驻华使馆特命全权公使原田亲仁一行。

7月14日 胡伟宴请两岸发展研究基金

会执行长、台湾政治大学主任秘书魏艾。

7 月 14 日 杨岳在北京人民大会堂出席“牵手未来牵手希望——海峡两岸四千大学生联欢”活动。

7 月 15 日 周强参加中共中央政治局候补委员、中央书记处书记、中央办公厅主任王刚主持召开的胡耀邦同志诞辰 90 周年纪念活动协调会议。

7 月 15 日 周强会见日本民主党参议员藤末健三。

7 月 15 日 “感动”——第二届全国青少年网络短信作品大赛启动仪式在清华大学举行。赵勇出席、讲话，并代表主办单位开通大赛端口，激活大赛主网页。中宣部、中央文明办、国务院新闻办、教育部、信息产业部、国家广电总局等单位有关负责同志出席。

7 月 15 日 中央综治委预防青少年违法犯罪领导小组召开 2005 年第二次全体会议。全国人大常委会副委员长顾秀莲出席并讲话。中央综治办主任陈冀平主持，杨岳出席并汇报上半年工作情况。

7 月 16 日 周强主持召开团中央书记处会议，专题研究讨论九届全国青联常委会工作报告和全国学联第二十三届委员会工作报告。

7 月 16 日 周强主持召开中国少年宫建设领导小组及办公室第一次会议，就中国少年宫筹建工作进行专题研究部署。

7 月 16 日—21 日 由全国少工委办公室、团云南省委、玉溪市人民政府联合主办的全国少先队玉溪抚仙湖夏令营在云南玉溪市举行。本次夏令营的主题为“关注环保、热爱生命、尊重科学、共建和谐社会”。来自农村、贫困地区和经济困难家庭的 200 名少先队员参加。张晓兰出席开营式并讲话。

7 月 17 日 国家海洋局、教育部、共青团中央在北京举行“纪念郑和下西洋 600 周年海洋知识竞赛电视总决赛”。主办单位相关负责同志出席并为获奖选手颁奖。

7 月 18 日 赵勇会见参加“中日韩青年领导人论坛”的三国青年代表一行。

7 月 19 日 周强会见并宴请美国耶鲁大学法学院中国法律中心主任葛维宝教授。

7 月 20 日 周强会见日本丰田汽车公司副社长稻叶良睍一行。双方就共同举办“中国青年丰田环境保护奖”评选活动事宜交换意见。

7 月 20 日 中国青少年发展服务中心举行第三届全国青少年英语口语大赛颁奖仪式。杨岳出席。

7 月 21 日 周强陪同中共中央政治局常委、全国政协主席贾庆林会见第六届“海外杰青汇中华”交流团全体团员。

7 月 21 日 首都大学生志愿服务西部服务团出征仪式在北京举行。周强出席并讲话，教育部副部长袁贵仁出席并为服务团授旗，赵勇主持。人事部副部长侯建良，中共北京市委副书记强卫，铁道部党组成员、政治部主任何洪达等出席，出席仪式的领导向志愿者们赠送了礼品和书籍。

7 月 22 日—24 日 中华全国青年联合会第十届委员会第一次全体会议、中华全国学生联合会第二十四次代表大会在北京召开。22 日 9:00，党和国家领导人胡锦涛、吴邦国、温家宝、贾庆林、曾庆红、黄菊、吴官正、李长春、罗干等亲切会见了出席会议的全体委员和代表，并合影留念。王兆国、回良玉、刘淇、刘云山、周永康、贺国强、郭伯雄、曹刚川、曾培炎、王刚、徐才厚、何勇、顾秀莲、韩启德、唐家璇、华建敏、陈至立、王忠禹、刘延东和胡启立等领导，团中央书记处全体成员，中央国家机关有关部委、解放军总政治部、武警总部、各人民团体以及北京市的负责同志参加会见和合影。9:30 大会开幕式在北京人民大会堂举行，中共中央政治局委员王兆国出席开幕式并代表党中央向大会作了题为《铸就青春辉煌，推进民族复兴》的祝词，顾秀莲、韩启德、陈至立、王忠禹、刘延东出席。周强代表团中央作了题为《在全面建设小康社会的伟大历史进程中谱写新的青春篇章》的致词，中国科协书记处第一书记邓楠代表全国总工会、全国妇联、中国科协、中国文联、中国作协、全国侨联、全国台联、中国残联等人民团体向大会致贺词。会上，赵勇代表全国青联第九届委员会常务委员会作了题为《唱响团结、创新、奉献、合作的青春旋律，为实现中华民族的伟大复兴而奋斗》的工作报告，申跃同学代表全国学联第二十三届委员会作了题为《为创造中华民族伟大复兴的美好未来奋发成才》的工作报告。开幕式由胡伟主持，杨岳、尔肯江·吐拉洪、王晓、张晓兰和中央国家机关有关部委、解放军总政治部、武警总部、各人民团体以及北京市的负责同志出席。

全国青联十届一次全委会审议通过了赵勇代表全国青联第九届委员会常务委员会所作的工作报告，通过了关于《中华全国青年联合会章程(修正案)》的决议。全国学联第二十四次代表大会审议通过了申跃同学代表全国学联第二十三届委员会所作的工作报告。会议分别选举产生了新一届全国青联领导机构、全国学联主席团。赵勇再次当选为全国青联主席。胡伟、杨岳、尔肯江·吐拉洪和中国农业大学校长陈章良，中国长城计算机集团公司董事长陈肇雄，国家体育总局乒乓球羽毛球运动管理中心主任蔡振华，中国作家协会书记处书记吉狄马加，中国航天科技集团公司总经理张庆伟，中国石油天然气集团公司工程技术与市场部副主任秦文贵，中国第一汽车集团公司总经理竺延风，中国道教协会副会长张继禹，香江集团有限公司董事局主席刘志强，中国科学院数学与系统科学研究院院长郭雷，总政歌舞团一级演员彭丽媛，中国农业科学院副院长屈冬玉，郑州大学校长申长雨，中国科学院金属研究所所长卢柯，哈尔滨工业大学计算机科学与技术学院副院长廖明宏，香港黄乾亨黄英豪律师事务所首席合伙人黄英豪，中国世贸集团主席曾智雄，澳门金龙集团有限公司董事长陈明金，北京大学学生刘凯等 22 人当选全国青联副主席。北京大学学生刘凯当选为新一届全国学联主席，清华大学孙伟等 36 名同学为副主席。

会议期间，全国政协副主席、中央统战部部长、中华海外联谊会会长刘延东会见了出席全国青联十届一次全委会的党外委员，科技部等 22 个部委和单位的领导与青联委员进行了界别交流，还举办了外交形势报告会、“青春同行，岁月如歌”委员论坛、“我和我的祖国”大型联欢晚会、“成长与责任——当代青年学生与基层建设者特别论坛”、“相聚长城，祝福奥运”志愿服务、“挑战未来，振兴中华”航天城参观等活动，十届全国青联全体委员向全国广大青年发出《节约资源，青年当先》的倡议书，全国学联二十四大全体代表向全国广大青年学生发出《投身基层的广阔天地，谱写无悔的青春篇章》的倡议书。

7 月 24 日　全国青联十届一次常委会在北京召开。会前，中共中央政治局委员王兆国接见了新当选的十届全国青联常委会的全体同志并发表讲话。周强出席会议，赵勇出席并讲话。会议由胡伟主持，杨岳、尔肯江·吐拉洪出席。

7 月 25 日—30 日　团中央组织部在北戴河举办“推进基层团建创新工程，开展增强共青团员意识主题教育活动”培训班。周强会见全体学员并讲话。来自全国 31 个省(区、市)的 246 名团干部参加培训。

7 月 25 日—8 月 3 日　团中央网络影视中心在北京交通大学举办团干部网络应用技术培训班。尔肯江·吐拉洪出席开班式并讲话。

7 月 26 日　周强主持召开团中央书记处会议，研究讨论建立保持共产党员先进性教育活动长效机制有关问题。会议还对中华全国青年联合会第十届委员会第一次全体会议、中华全国学生联合会第二十四次代表大会工作进行了总结。

7月26日 周强会见日本前驻华大使佐藤嘉恭。

7月26日 张晓兰会见以日本静冈挂川市市长户塚进也为团长的日本静冈挂川市访华团。

7月27日—29日 由全国学联主办，福建省学联、台湾中华青年交流协会、厦门市青联和厦门市学联共同承办的"首届海峡两岸大学校园歌手邀请赛"在福建厦门市举行。杨岳出席比赛开幕式并讲话。

7月28日 共青团中央、解放军总政治部、全国少工委在北京举行第五届全国少年军校检阅式。中共中央政治局委员、中央军委副主席、国务委员兼国防部长曹刚川出席检阅式并发表重要讲话。检阅式上，全国少工委、国家国防教育办公室、中国少年军校总校共同命名了第三批"全国少年军校示范校"。周强、解放军总政治部副主任唐天标、张晓兰出席。来自全国各地的22支少年军校代表队和香港女童军、香港交通安全队、澳门童军3支代表队约1500名小学员接受检阅。

7月28日 中国青少年发展基金会在北京人民大会堂举行中国人民解放军空军部队捐款仪式。空军此次捐赠160万元，计划在7个西部贫困省区援建7所"蓝天希望小学"。周强、空军副政委刘亚洲中将出席并讲话。空军副司令员李买富中将、尔肯江·吐拉洪、空军政治部副主任王祥富少将出席。

7月28日 "为爱心助力——华尔街英语支持中国青年志愿者行动捐赠仪式"在北京举行。尔肯江·吐拉洪出席。

7月29日 赵勇会见港澳14家青少年制服团体组成的"同心同根万里行2005——伟大建设之旅"交流团主要嘉宾一行。

7月30日 中国青少年发展服务中心在北京人民大会堂举办全国少年儿童"科技之星"科普知识竞赛活动表彰大会。张晓兰出席并讲话。

7月31日 尔肯江·吐拉洪在江西吉安市井冈山出席香港青少年红色之旅江西行启动仪式并讲话。

7月31日 中国青年出版(总)社在湖北宜昌市召开全国青少年"民族精神代代传"爱国主义教育读书活动总结表彰大会。张晓兰出席并讲话。

8月1日—3日 周强在河北秦皇岛市就团的工作调研。

8月1日 由共青团中央、司法部、全国普法办主办，团中央社区与维护青少年权益部、司法部法制宣传司和"我们的文明"主题系列活动组委会承办的"第二届全国青少年网上普法知识大赛"正式启动。

8月1日 为纪念建军78周年和张爱萍诞辰95周年，由共青团中央、中央党史研究室、国家档案局主办，团中央信息办、国家档案局办公室和中青网共同承办的网上"张爱萍纪念馆"正式开通。

8月2日 中国工艺美术协会、团中央网络影视中心在北戴河举办"保护中国传统工艺美术行动"百名大师技艺资料片开拍仪式。全国人大常委会副委员长李铁映出席，周强出席并讲话。

8月2日—7日 团中央青工部在北戴河举办全国青年文明号活动负责人培训班。其间，周强会见全体学员并讲话。

8月2日—7日 由全国少工委和香港游乐场协会主办、陕西省少工委承办的"第四届内地香港少年手拉手体验交流营"在陕西举行。内地营员与香港营员一起参加了参观考察、民宿、城市追踪等手拉手体验活动。

8月4日 杨岳出席"青春祖国行——2005年京港澳中学生专列"夏令营开营式。

8月5日 杨岳会见以泰国战略六一三公

司总裁常念周为团长的泰国商务考察团一行。

8月5日—7日 国家海洋局、教育部、共青团中央在海南举办“纪念郑和下西洋600周年海洋科技暨航海夏令营”。74名全国中学生代表参观了国家海洋卫星地面接收站、郑和下西洋途经的西沙永兴岛等地。

8月6日—14日 应全国台联和全国少工委邀请，“第十届台湾赴大陆和平小天使访问交流团”一行对北京、天津进行了交流访问。11日，全国政协副主席张克辉会见该团，王晓参加。

8月6日 中国科协、教育部、科技部、国家环保总局、国家体育总局、国家自然科学基金委、共青团中央、全国妇联和北京市人民政府在北京举办“第20届全国青少年科技创新大赛”开幕式。张晓兰出席。来自全国各地的509名青少年代表参加比赛，美国、德国、丹麦等7个国家和地区的代表队也参加了此次活动。

8月7日—8日 共青团全国团校后勤工作研究会第八次年会在内蒙古自治区团校召开。

8月8日 第二届中国青少年科技创新奖评审会在北京举行。杨岳出席并讲话。

8月10日—12日 全国城市团校校长工作研讨会在黑龙江哈尔滨市召开。来自全国14个城市团校的负责同志围绕学习贯彻共青团全国基层组织建设工作会议精神，加快城市团校的建设和发展进行了研讨。

8月11日 周强出席中共中央政治局常委李长春，中共中央政治局委员、中央书记处书记、中宣部部长刘云山召集的中国人民抗日战争暨世界反法西斯战争胜利60周年纪念活动第四次联席会议。

8月11日 周强会见了台湾南方文教基金会董事长、上海马内利投资咨询有限公司董事长王志雄先生等一行。双方就在祖国大陆合作开展资助贫困青少年和加强两岸青少年交流等项目交换了意见。

8月12日 周强主持召开团中央书记处扩大会议，学习贯彻中央领导同志批示精神，结合共青团和青年工作实际，对做好当前有关工作进行专题研究部署。

8月12日 共青团中央、中国残联在四川成都市联合召开“百万青年志愿者助残行动”总结表彰大会。杨岳、中国残联理事长汤小泉和中共四川省委常委、省总工会主席李登菊出席。会议总结了“百万青年志愿者助残行动”实施以来的成功经验，研究部署“十一五”期间志愿者助残的任务和目标，并表彰了在“百万青年志愿者助残行动”中事迹突出的先进集体和先进个人。

8月14日—19日 中国青年志愿者扶贫接力计划第七届安捷伦研究生支教团集训在郑州大学举行。440名支教团成员和12名参加山西静乐县、广西田阳县、甘肃榆中县等团中央示范项目的志愿者接受了为期5天的志愿服务理念、教育专业技能和团队意识等方面的培训。培训期间，召开了研究生支教团招募高校和服务县团委书记工作会议，并向北京大学等8所高校和甘肃榆中县等8个服务县颁发了青年志愿者扶贫接力计划研究生支教团优秀组织奖。培训后，志愿者将奔赴中西部19个省(区、市)的57个服务县开展为期1年的支教志愿服务工作。

8月15日 周强会见应全国青联邀请，由美国民主和共和两党青年政治领导人组成的美国青年政治领袖理事会代表团。

8月15日 由八一电影制片厂摄制的重大革命历史题材影片《太行山上》在北京举行首映式。中共中央政治局委员、中央军委副主席郭伯雄，中央军委委员、总政治部主任李继耐出席，周强参加并观看了影片。

8月15日 周强、杨岳、王晓听取中国青年报社主要负责同志就有关情况的汇报。

8月15日—16日 张晓兰出席国务院妇

儿工委在北京举行的第四次全国妇女儿童工作会议。

8月16日 中共中央政治局委员、中央书记处书记、中宣部部长刘云山召集会议，听取贯彻落实中办、国办《关于进一步加强互联网管理工作的意见》情况汇报，周强参加并发言。

8月16日 杨岳出席中非合作论坛中方后续行动委员会全体会议。

8月16日 杨岳陪同全国人大常委会副委员长许嘉璐会见美国青年政治领袖理事会代表团。

8月16日 由共青团中央主办的“青春之声——中国青少年网络电台”（www. vocy. cn）开始试播。中国青少年网络电台是共青团组织运用网络电台这一新兴的网络媒体，创新工作方法和服务模式的战略性探索，以便更好地服务广大青少年学习、成长、成才需要，促进他们健康成长。

8月16日—17日 团中央组织部在内蒙古召开“全国增强共青团员意识主题教育活动”座谈会，交流研讨各地各系统主题教育活动的实施方案。部分省级团委书记和各省级团委主题教育活动领导小组办公室主要负责同志参加会议。

8月17日 中共中央政治局常委、国务院副总理黄菊会见孟加拉国总理齐亚，杨岳参加。随后，黄菊出席由中国人民对外友好协会举办的庆祝中孟建交30周年招待会，杨岳参加。

8月17日 杨岳会见以工人总联合会主席、法塔赫革命委员会委员、巴解组织中央委员会委员、巴全国委员会委员海德尔·卡巴哈为团长的巴勒斯坦“法塔赫”干部考察团。

8月18日 周强主持召开团中央书记处会议，学习讨论中央有关文件。

8月19日 共青团中央、全国绿化委员会、全国人大环境与资源保护委员会、全国政协人口资源环境委员会、水利部、农业部、国家环境保护总局、国家林业局、中国美术家协会在北京人民大会堂联合举行“保护母亲河行动——‘同一条河’美术家采风活动”启动仪式。全国政协副主席李蒙出席启动仪式并向采风团授旗。周强出席并讲话，尔肯江·吐拉洪主持。

8月19日 中国青少年发展基金会在天安门广场举行助学长征凯旋仪式。周强出席，尔肯江·吐拉洪出席并讲话。随后，全国人大常委会副委员长许嘉璐在人民大会堂会见活动主办方、沿途各省代表及21名全程步行者。周强、尔肯江·吐拉洪参加。

8月19日 周强宴请参加中韩电子竞技大赛的韩国国会议员一行，杨岳参加。之后，周强出席在中华世纪坛举行的中韩电子竞技大赛暨网络嘉年华活动开幕式，杨岳致辞。

8月19日 周强会见韩国前副总理林昌烈、国会议员尹昊重一行。中午，周强宴请韩国国会议员李光宰一行。

8月19日 杨岳召集团中央宣传部、国际联络部、中国国际青年交流中心负责同志研究筹办奥林匹克青年营有关事宜。

8月20日—21日 周强到河北张北县就农村公共卫生体系志愿服务试点项目调研，并看望了正在那里服务的青年卫生志愿者。其间，出席北京医学博士后志愿团对口志愿帮扶签字仪式并讲话。

8月20日 团中央在河北张北县召开全国农村公共卫生志愿服务张北试点项目工作座谈会。周强，中共河北省委常委臧胜业出席并讲话。

8月20日 中宣部、中央统战部、共青团中央和中国人民对外友好协会在北京召开中国人民抗日战争暨世界反法西斯战争胜利60周年纪念活动接待人员培训工作会议。中宣部常务副部长吉炳轩、中央统战部副部长陈喜庆、中央台办副主任王在希、外交部副部长武大伟、杨岳、中国人民对外友好协会会长陈昊苏出席。

8月21日 共青团中央、中国音乐家协会、中央电视台在北京联合举行"首届全国少儿歌手电视大赛"颁奖晚会。张晓兰出席。

8月22日 第二届中国青少年科技创新奖颁奖大会在北京举行。中共中央政治局委员王兆国、国务委员陈至立为获奖学生颁奖并合影。周强宣读了《关于颁发第二届中国青少年科技创新奖的决定》,中国科协副主席、书记处第一书记邓楠代表邓小平同志亲属讲话。邓小平同志部分亲属出席了大会,杨岳主持大会,张晓兰及有关部委负责同志出席。中国青少年科技创新奖励基金管委会、评委会、监委会成员和部分捐资企业代表等参加了大会。

8月22日 杨岳出席中韩电子竞技大赛颁奖仪式及闭幕式。

8月22日 张晓兰会见并宴请以主席因格·威斯为团长的德国青年体育联合会代表团。

8月23日 周强会见并宴请以新任署长卡罗伊·博尔贝伊为团长的罗马尼亚国家青年署代表团。

8月23日 杨岳会见以秘鲁共产党总书记阿尔维托·莫雷诺为团长的秘鲁共产党代表团。

8月24日 共青团中央在北京召开全国增强共青团员意识主题教育活动电视电话会议,在全团部署开展以学习实践"三个代表"重要思想为主要内容的增强共青团员意识主题教育活动。开展增强共青团员意识主题教育活动,是共青团组织贯彻落实保持共产党员先进性教育活动精神的具体举措。教育活动从2005年9月开始,至2006年1月结束,7000多万名共青团员和近300万个基层团组织将参加这项活动。教育活动以学习实践"三个代表"重要思想为主线,以"永远跟党走"为主题,分为宣传动员、学习教育和总结提高三个阶段,通过丰富多彩的主题活动,努力实现"增强意识、健全组织、活跃工作"的目标,不断增强共青团组织的吸引力、凝聚力,使基层共青团组织成为战斗的堡垒,使广大团员青年成为"三个代表"重要思想的坚定实践者,更加紧密地团结在党的周围,不断巩固和扩大党的青年群众基础。周强、杨岳出席会议并讲话,尔肯江·吐拉洪主持会议,王晓、张晓兰出席。

8月24日 尔肯江·吐拉洪会见香港大学生内地支教志愿者访问团一行。在结束对北京的访问后,10名参加"香港大学生安利内地支援教学计划"的香港大学生志愿者将前往湖南吉首市进行为期10个月的支教工作。

8月24日 中国青年企业家协会组织部分在京会员参观中国人民抗日战争纪念馆并举行了"纪念抗日战争胜利60周年座谈会"。王晓出席。

8月24日—28日 共青团中央、中国石油天然气集团公司联合在黑龙江大庆市举行"2005年中国石油职业技能竞赛"。

8月25日 以"做节约先锋,展青春风采"为主题的"青年文明号节约示范行动"在全国范围内启动。王晓参加了在北京的统一行动日活动。

8月25日 团中央组织部举办"加强团的基层组织建设"团地委书记轮训班。周强出席第一期开班典礼并讲话。来自全国25个省(区、市)以及新疆生产建设兵团的104个地(市、州、盟、师)的108名团委书记参加了为期8天的培训。

8月25日 周强在北京出席全国公安保卫战线英雄模范立功集体代表大会。

8月26日 团中央书记处与机关新招录和结束基层锻炼返回机关工作的年轻干部座谈。周强、王晓、张晓兰出席座谈会并讲话,办公厅、组织部、机关党委和机关服务中心负责同志参加了座谈。

8月26日 周强参加中央政治局集体学习讲座。

8 月 26 日 杨岳出席在河南郑州市举行的第九届全国中学生运动会组委会第一次会议暨运动会开幕式。

8 月 26 日 第二届“中国青年创业奖”评审会在北京召开，评委采取无记名投票的方式评选出了 10 名第二届“中国青年创业奖”获得者和 19 个提名奖。王晓主持。

8 月 27 日 中国青年企业家协会在北京香山公园举行登山比赛。周强、王晓参加。

8 月 27 日—9 月 1 日 尔肯江·吐拉洪随以中共中央政治局常委、全国政协主席贾庆林为团长的中央代表团参加西藏自治区成立 40 周年庆祝活动。其间，参加西藏自治区成立 40 周年成就展开幕式，参观西藏博物馆，随中共中央政治局委员、国务委员周永康赴那曲地区慰问，参加庆祝西藏自治区成立 40 周年干部大会，陪同中央领导同志会见西藏宗教界人士，参加西藏自治区成立 40 周年招待会和庆祝大会，看望慰问团西藏区委干部职工，并代表团中央向团区委捐赠 40 万元人民币和价值 110 万元的电脑和图书。

8 月 27 日 张晓兰会见并宴请以澳大利亚联邦议员、移民部影子部长托尼·布尔克为团长的澳大利亚政治交流理事会代表团。

8 月 28 日 由团中央网络影视中心、中共广东省委宣传部等联合拍摄的纪念邓小平同志诞辰 100 周年影片《我的法兰西岁月》获得华表奖优秀故事片奖，在影片中扮演少年时期邓小平的钟秋获得优秀新人奖。

8 月 29 日 周强、张晓兰出席国务院妇儿工委、全国妇联、外交部、联合国驻华系统在北京人民大会堂联合举行的“纪念第四次世界妇女大会十周年会议”开幕式。当晚，张晓兰出席在北京人民大会堂举行的“纪念第四次世界妇女大会十周年会议”欢迎招待会。

8 月 29 日 王晓会见以团结的斐济党全国主任、党的官方发言人查列·班巴为团长的斐济代表团。

8 月 29 日 由中国青少年发展基金会主办的首届真维斯全国希望小学歌咏大赛在北京开幕。张晓兰出席并讲话。比赛期间，还将举办“首届全国希望小学歌咏比赛颁奖晚会”、“希望工程城乡儿童手拉手歌会”等活动。

8 月 29 日 由中国青年企业家协会主办的第五届中国青年企业家发展论坛在北京举行。

8 月 30 日 周强出席中直和中央国家机关领导班子思想政治建设情况交流座谈会。

8 月 30 日 杨岳在黑龙江鹤岗市萝北县出席共青农场开发建设暨北京等五省市青年志愿垦荒队参加开发北大荒 50 周年纪念大会并讲话，出席传承垦荒精神火炬接力和北大荒青少年宣誓仪式并点燃火炬。

8 月 30 日 由中宣部、中央文明办、教育部、文化部、国家广电总局、国家新闻出版总署、国家体育总局、共青团中央、全国妇联、中国科协 10 个部委联合主办的“小时候”青少年社会教育活动重点项目——全国青少年宫大型广场文艺晚会在湖北武汉市青少年宫广场举行。张晓兰和有关部委负责同志观看了晚会。

8 月 30 日 由团中央组织部牵头，中国青年五四奖章获得者联谊会组织的“伊利健康行——北京医疗专家赴内蒙古自治区义诊活动”结束。7 位专家组成的医疗服务队先后赴内蒙古自治区武州、托克托两个国家级贫困县，开展了义诊、免费手术、学术讲座、疑难病例讨论等活动，共接待求医问诊群众上千人次。同时，中日友好医院与当地医院签订了长期帮扶协议，在人才培养、医疗器械援助等方面继续提供后续帮扶。

8 月 31 日 周强列席中共中央政治局常委李长春主持召开的中央宣传思想工作领导小组第 27 次会议。

8 月 31 日—9 月 11 日 应波兰自卫党主席莱佩尔、自卫党青年组织和俄罗斯青年联盟的邀请,王晓率中国青年代表团访问波兰和俄罗斯。访波期间,波兰自卫党主席莱佩尔会见并宴请代表团,波兰自卫党青年组织领导人马·皮斯科尔斯基宴请代表团。代表团还参加了中国驻波兰大使馆举行的庆祝世界反法西斯战争胜利60周年大型酒会。访俄期间,俄罗斯青年联盟中央委员会第一书记雷日诺夫宴请代表团。俄全国青少年组织理事会主席、俄青年联盟中央委员会第二书记萨加罗夫与代表团举行工作会谈。俄乌里扬诺夫斯克州州长谢尔盖·莫洛佐夫会见代表团,乌里扬诺夫斯克州青年联盟主席卡洛宁、州政府青年事务委员会主席古拉基娜分别宴请代表团。代表团还拜会俄联邦教育部教育中心。

8月31日—9月8日 由团中央志愿者工作部组织,来自北京中医药大学、首都医科大学和北京市卫生系统的70名青年志愿者为应邀来华参加中国人民抗日战争暨世界反法西斯战争胜利60周年纪念活动的海外爱国人士、抗日将领、国际友人或其遗属提供了包括接待、联络、陪护和急救等方面的志愿服务。

8月 由中宣部、中央文明办、教育部、共青团中央、全国学联联合组织实施的2005年全国大中专学生志愿者暑期“三下乡”社会实践活动结束。今年活动的主题是“服务和谐社会,提高政治思想素质”。进入暑期以来,约400万大中专学生奔赴祖国各地,深入全国31个省(区、市)的1400个县,共举办农村实用技术培训和各类讲座、报告会12000余场,为乡镇企业咨询会诊1900余次,组织文艺演出7000余场,为基层群众检查身体、提供健康咨询48.5万余人,完成各种调查报告7000余篇。

9月1日 周强会见以日本青年团协议会会长冈下进一为团长的日本青年代表团主要成员。

9月1日 中国青少年发展基金会在北京人民大会堂举行“NEC通讯知心你我”——希望工程助学基金捐赠仪式。周强出席。

9月2日 周强、赵勇、尔肯江·吐拉洪在北京人民大会堂出席观看纪念中国人民抗日战争暨世界反法西斯战争胜利60周年文艺晚会。

9月2日 周强会见由加拿大前总理金·坎贝尔、韩国前总理李洪九、罗马尼亚前总理彼得·罗曼等人组成的“马德里俱乐部”代表团。

9月2日 张晓兰出席由越南驻华使馆主办的庆祝越南社会主义共和国建国60周年招待会。

9月3日 周强参加中共中央、全国人大常委会、国务院、全国政协、中央军委在北京举行的中国人民抗日战争暨世界反法西斯战争胜利60周年大型纪念活动。上午,参加在天安门广场举行的向人民英雄纪念碑敬献花篮仪式。随后,参加在人民大会堂举行的中国人民抗日战争暨世界反法西斯战争胜利60周年纪念大会并代表各人民团体发言。当晚,出席在人民大会堂举行的纪念活动招待会。

9月3日 为纪念中国人民抗日战争胜利60周年和杨靖宇将军诞辰100周年,由共青团中央、中央党史研究室、国家档案局主办,团中央信息办、国家档案局办公室和中青网共同承办的网上“杨靖宇纪念馆”正式开通。

9月4日 中国青少年网络协会一届一次会长办公会在北京召开。赵勇出席。

9月4日 中国红十字会总会、教育部、卫生部、共青团中央在北京联合召开全国红十字青少年工作会议。杨岳出席开幕式并讲话。

9月5日 共青团中央发出通知,要求各级团组织组织团员青年认真学习贯彻胡锦涛总书记在纪念中国人民抗日战争暨世界反法西斯战争胜利60周年大会上的重要讲话,紧密结合学习贯彻邓小平理论和“三个代表”重要思想,全面落实科学发展观,紧密结合学习贯彻党的十六大和十六届三中、四中全会精神,紧密结合深入开展保持共产党员先进性教育活动和增强共青团员意识主题教育活动，引导广大团员青年紧密团结在以胡锦涛为总书记的党中央周围，高举邓小平理论和“三个代表”重要思想伟大旗帜，大力弘扬伟大的民族精神，为推进我国的改革开放和现代化建设，为维护世界和平，促进共同发展，共同创造人类的幸福生活和美好未来而不懈奋斗。

9月5日 共青团中央以“牢记历史，振兴中华”为主题，召开学习胡锦涛总书记在纪念中国人民抗日战争暨世界反法西斯战争胜利60周年大会上的讲话座谈会。团中央直属机关抗战老战士、老同志与年轻同志一起认真学习讲话精神。周强为抗战老战士、老同志颁发纪念章并讲话，尔肯江·吐拉洪出席。

9月5日 中央综治委预防青少年违法犯罪工作领导小组办公室召开会议。会议传达了中央领导同志就当前预防未成年人违法犯罪工作所作的重要批示，讨论了《关于贯彻落实中央领导批示精神、进一步深入推进预防未成年人违法犯罪重点工作的方案》的目标任务分工和2005年度各部门工作任务及落实措施，研究了近期预防未成年人违法犯罪几项重点工作。中央政法委副秘书长、中央综治办主任陈冀平出席会议并讲话，杨岳主持。

9月6日 共青团中央第二期“加强团的基层组织建设”团地委书记轮训班在中央团校开班。尔肯江·吐拉洪出席开班式并讲话。来自全国28个省(区、市)以及新疆生产建设兵团的76名团地委书记将参加为期8天的培训。

9月6日 中国青年政治学院举行2005级新生开学典礼。尔肯江·吐拉洪出席并讲话。之前，为中国青年政治学院校史展览馆揭牌。

9月6日 由天津市人大副主任左明担任组长的中央第3检查组进驻共青团中央，开始对团中央直属机关开展先进性教育活动巩固扩大成果情况进行检查。

9月7日 团中央书记处在团中央机关向中央第3检查组汇报了团中央直属机关开展先进性教育活动巩固扩大成果情况。周强出席并讲话，杨岳代表书记处作汇报，赵勇、尔肯江·吐拉洪、王晓、张晓兰参加。

9月7日 全国青年高技能人才培养示范基地命名大会在辽宁沈阳市举行。沈阳市被共青团中央确定为全国第一个青年高技能人才培养示范基地。

9月8日 团中央增强团员意识主题教育活动领导小组召开会议。会议分析、总结了全国增强团员意识主题教育活动电视电话会议以来各地、各系统团组织教育活动开展情况，对扎实推进下一步教育活动进行研究部署。会上，领导小组各成员单位分别介绍了本部门按照增强团员意识主题教育活动的总体要求，结合战线实际，扎实推进教育活动的具体措施。周强、赵勇、杨岳、尔肯江·吐拉洪、王晓、张晓兰出席并讲话。

9月8日 尔肯江·吐拉洪会见并宴请以国民党籍“立法委员”、国民党中常委蔡正元为荣誉团长，国民党中评委、567大联盟召集人李辐轩为团长，国民党组织经营部主任黄重宪为首席顾问的“2005年台湾青年公共事务访问团”一行21人。

9月9日—11日 由中宣部、中央文明办、教育部、文化部、国家广电总局、新闻出版总署、国家体育总局、共青团中央、全国妇联、中国科协10个部委共同主办，团中央宣传部、中国青少年宫协会承办的“小时候”青少年社会教育活动“欢聚篇”主体活动在北京举行。9日，“中国青少年社会教育论坛——2005娱乐与青少年成长论坛”在河北香河县举行。全国各省市青少年宫协会会员、知名专家学者、国内外文化娱乐企业代表以及青少年代表400余人参加。张晓兰，北京市人民政府副市长孙安民，教育部党组成员、部长助理郑树山出席并讲话。10日，“与共和国一起成长”——中国青少年宫半个世纪发展历程回顾展在中国国家博物馆开幕。赵勇、全国妇联书记处书记张世平出席，教育部党组成员、部长助理郑树山致辞。11 日，中国青少年社会教育“银杏奖”颁奖典礼在河北香河县举行。全国人大常委会副委员长、全国妇联主席顾秀莲，周强，中央文明办专职副主任翟卫华，赵勇出席典礼并颁奖。中国青少年社会教育“银杏奖”是建国以来首次对在青少年社会教育工作中做出突出贡献的集体和个人进行的表彰。北京市青年宫等 100 个单位获得优秀团队奖；虞景生等 200 人获得突出贡献奖；肖锋等 31 人获得终身成就奖；史兆元等 30 名获得特别荣誉奖。

9 月 9 日 中国青年政治学院举行建院 20 周年庆祝活动。中共中央政治局委员王兆国出席建院 20 周年座谈会，并在中国青年政治学院考察工作。他强调，要紧紧围绕科教兴国和人才强国战略，全面贯彻党的教育方针，努力培养更多的政治素质良好、基础知识扎实、实践能力较强、富有社会责任感的中国特色社会主义事业合格建设者和可靠接班人。中央人才工作协调小组副组长宋德福，周强，国家行政学院原副院长张修学，赵勇和中直机关工委、教育部、中共北京市委教育工委的有关负责同志陪同考察。

9 月 9 日 杨岳在内蒙古呼和浩特市出席团内蒙古自治区委、区青联主办的中蒙俄三国青年内蒙古协作论坛并致辞。

9 月 9 日 中央第 3 检查组在团中央机关召开部分处级以上干部座谈会并进行个别走访，检查团中央直属机关开展先进性教育活动巩固扩大成果情况。

9 月 10 日—12 日 由中宣部、中央文明办、教育部、文化部、国家广电总局、新闻出版总署、国家体育总局、共青团中央、全国妇联、中国科协等主办，团中央宣传部、中国青少年宫协会承办的“与共和国一起成长”——中国青少年宫半个世纪发展历程回顾展在中国国家博物馆举行。展览通过大量照片、实物生动展示了半个世纪以来青少年宫的发展历程和取得的成果，展现了青少年宫在青少年社会教育领域的探索和实践。中共中央政治局常委李长春，中共中央政治局委员王兆国、刘云山、贺国强，中共中央书记处书记徐才厚、何勇，全国人大常委会副委员长蒋正华、顾秀莲、热地，国务委员陈至立，全国政协副主席白立忱等参观了展览。李长春在参观展览时指出，青少年宫等校外活动场所是对青少年进行思想道德教育，培养情操，增长知识的重要阵地，广大青少年社会教育工作者为青少年健康成长付出了艰辛的努力。他强调，青少年宫是重要的校外活动阵地，在培养青少年德、智、体、美全面发展上负有重要责任。青少年宫是公益性文化事业的重要组成部分，要始终把社会效益放在首位，要适应青少年的身心特点和接受能力，不断改进青少年宫的工作，更加贴近青少年思想实际、贴近青少年生活现实、贴近青少年群体，增强吸引力和感染力。要把青少年宫的活动和学校教育、课程设置有机结合起来，把指导性与趣味性、知识性、科学性结合起来。各级党委政府要高度重视青少年课外活动阵地建设，为促进未成年人健康成长和全面发展创造更好的条件。周强，文化部部长孙家正，中宣部副部长、中央文明办主任胡振民，中央文明办专职副主任翟卫华，教育部副部长章新胜、赵沁平，文化部副部长孟晓驷，国家广电总局副局长胡占凡，国家体育总局副局长冯建中，赵勇、尔肯江·吐拉洪，全国妇联书记处书记张世平，中国科协书记处书记程东红等陪同参观。

9 月 10 日 杨岳陪同中央第 3 检查组到中国青年政治学院检查中国青年政治学院开展先进性教育活动巩固扩大成果情况。

9 月 11 日 中国青少年宫协会第四次会员大会在北京召开。全国人大常委会副委员长、中国青少年宫协会名誉会长许嘉璐向大会发来贺信。赵勇出席并讲话。大会选举产生了新一届协会领导机构,赵勇当选为中国青少年宫协会会长。

9 月 12 日 中宣部、中华全国总工会、共青团中央、劳动和社会保障部、建设部在北京人民大会堂联合举行优秀进城务工人员先进事迹首场报告会。会前,中共中央政治局委员、全国人大常委会副委员长、中华全国总工会主席王兆国,中共中央政治局委员、中央书记处书记、中宣部部长刘云山接见了报告团全体成员。周强、杨岳陪同。中华全国总工会副主席、书记处第一书记张俊九出席报告会并讲话,中宣部副部长、中央文明办主任胡振民主持,杨岳出席。报告团还将赴河南、上海、广东、重庆进行巡回报告。

9 月 12 日 赵勇会见并宴请澳门中联办秘书长田敏和全国青联澳门地区特邀委员李佳鸣,就开展内地与澳门青年交流工作交换意见。

9 月 12 日 全国人大常委会副委员长韩启德会见以日本时事画报社理事长桑原博为团长的日本青年代表团,尔肯江·吐拉洪参加。

9 月 13 日 周强会见并宴请应文化部邀请来华访问的以芬兰文化部部长坦娅·卡尔佩拉为团长的芬兰文化部代表团。

9 月 13 日 由国家新闻出版总署和共青团中央共同组织实施,上海盛大网络公司开发的大型系列爱国主义网络游戏——《中华英雄谱》在北京发布。《中华英雄谱》是贯彻落实中共中央国务院《关于进一步加强和改进未成年人思想道德建设的若干意见》,改善中国网络游戏市场环境的重要举措之一,已列入国家重点网络出版工程计划。

9 月 13 日 中央第 3 检查组在团中央机关召开部分普通党员座谈会,并进行由团中央机关局级、处级及普通干部共 50 人参加的问卷调查,检查团中央直属机关开展先进性教育活动巩固扩大成果情况。

9 月 14 日 中国青年政治学院举办“和谐社会视野下的大学生”主题论坛。周强出席,教育部副部长袁贵仁、赵勇出席并致辞。

9 月 14 日 以天津市人大副主任左明为组长的中央第 3 检查组在团中央机关与周强就团中央直属机关开展先进性教育活动巩固扩大成果的检查情况进行沟通。

9 月 15 日 “青年企业家西部行——新疆经贸考察活动”在新疆乌鲁木齐市开幕。中共中央政治局委员、新疆区委书记王乐泉出席欢迎仪式并讲话。周强出席并致辞,中共新疆区委副书记、自治区政协主席艾斯海提·克里木拜,王晓,中共新疆区委副书记胡家燕,新疆维吾尔自治区人民政府副主席胡伟,新疆生产建设兵团副政委翟小衡出席活动。此次活动共签订合同 7 项,总金额 29.6 亿元。来自北京、天津、上海、山东等 10 个省(区、市)的中国青年企业家协会会员和澳门特邀会员共 120 人参加。

9 月 15 日—16 日 周强、王晓在新疆乌鲁木齐市就团的工作调研。其间,中共中央政治局委员、新疆区委书记王乐泉会见了周强、王晓一行。周强、王晓就有关工作与中共新疆区委副书记胡家燕、新疆生产建设兵团政委聂卫国等交换意见。16 日,团新疆区委举行新疆各族团干部代表座谈会。周强,中共新疆区委副书记胡家燕出席并讲话。王晓,新疆生产建设兵团副政委翟小衡出席。

9 月 15 日 杨岳在江苏南通市出席“为了明天——长三角首届法治社会与预防青少年违法犯罪”论坛。

9 月 16 日 赵勇会见台湾青商总会前任总会长李玉文。

9 月 18 日 共青团中央第二期“加强团的基层组织建设”团县委书记轮训班在中央团校开班。来自全国 23 个省(区、市)的 106 名团县委书记将参加为期 5 天的培训。

9月19日 青联之友联谊会2005中秋赏月活动在北京举行。周强，中国科学院常务副院长、青联之友联谊会会长白春礼院士出席活动并讲话，赵勇主持。近百名卸任青联委员参加。

9月19日 杨岳看望团中央机关抗战老同志吴芸红、张学敏，并为他们颁发中国人民抗日战争胜利60周年纪念章。

9月19日 杨岳会见应中联部邀请来访的亚美尼亚共和党议会议员、共和党青年组织主席阿尔门·阿绍基扬一行。

9月19日 共青团中央在北京人民大会堂举行老一辈无产阶级革命家陈云夫人、著名营养学家于若木向农村青年中心捐赠著作《循经取穴胶布疗法》仪式。尔肯江·吐拉洪出席并讲话，于若木家属出席。

9月19日 全国农村青年中心青年发展项目(新中)基金设立暨“特约服务单位”授牌仪式在北京人民大会堂举行。尔肯江·吐拉洪出席并讲话。该基金由共青团中央发起，江苏张家港市新中环保设备有限公司捐资500万元人民币设立，是用于支持全国农村青年中心建设的第一个专项公益基金。

9月20日 由全国工商联、全国青联主办，中华儿女杂志社、中华工商时报和浙江湖州市人民政府承办的第二届“加快民营经济与区域经济共同发展”论坛在湖州市举行。全国政协副主席白立忱，全国工商联副主席程路，杨岳出席并讲话。

9月20日 共青团中央、民政部、建设部、国家工商行政管理总局联合下发文件，命名表彰355个社区为第四批全国“青年文明社区”，授予62个单位“青年文明社区”创建活动组织奖。

9月21日—22日 中组部、共青团中央在北京召开会议，对第五批“博士服务团”工作进行总结，对第六批“博士服务团”成员进行培训动员。21日，中组部常务副部长赵洪祝、周强专门看望了博士服务团成员，赵洪祝讲话。中组部副部长李建华出席会议并讲话，赵勇主持。22日，赵勇出席闭幕会并作总结讲话。第六批145名“博士服务团”成员将前往西部12个省(区、市)和江西革命老区以及吉林延边、湖南湘西、湖北恩施3个自治州进行为期1年的锻炼服务。

9月21日—22日 由中国青年报社、团湖南省委和湖南农业大学联合主办的“畅通基层就业路”论坛在长沙市举行。王晓、湖南省人民政府副省长郑茂清出席开幕式并讲话。

9月21日 杨岳会见应中联部邀请，以中央委员克里斯托弗·马特拉科为团长的南非共产党干部代表团。

9月22日 共青团中央第二期“加强团的基层组织建设”团县委书记轮训班培训结业式在中央团校举行。杨岳出席并讲话。

9月23日 周强会见韩国开放国民党党首、韩国JC前中央会长文喜相一行。

9月23日 杨岳会见应中国青年国际人才交流中心邀请，以日本经济团体联合会中国委员会植林协力部会长、新日本制铁副社长关泽秀哲为团长的日中环境植林协力使节团一行。

9月23日—10月1日 尔肯江·吐拉洪随以中共中央政治局常委、中央政法委书记罗干为团长的中央代表团参加新疆维吾尔自治区成立50周年庆祝活动。其间，在中共中央政治局委员、国务院副总理、中央代表团副团长回良玉的带领下赴新疆和田、喀什地区和克孜勒苏柯尔克孜自治州、巴音郭楞蒙古自治州四地，看望慰问各族干部群众和各界人士；参加庆祝中华人民共和国成立56周年、新疆维吾尔自治区成立50周年庆典活动；陪同中央领导同志参加新疆维吾尔自治区成立50周年干部大会和新疆维吾尔自治区成立50周年庆祝大会；看望慰问团新疆区委、新疆生产建设兵团团委干部职工；与自治区人民政府副主席胡伟一起，与机关、高校、地州团干部座谈；代表团中央书记处向新疆各族青少年表示祝贺，并向团新疆区委、新疆生产建设兵团团委捐赠40万元人民币和价值110万元的电脑和图书。

9月23日 王晓会见并宴请以全国青联副主席、原香港青年联会主席黄英豪为团长的香港青年工商界人士访问团一行。

9月24日 团中央社区和维护青少年权益部在北京举行“关爱务工青年、构建和谐社会”座谈会。杨岳出席并讲话。进城务工青年代表、专家学者和有关单位负责人近30人参加。

9月24日 中宣部、建设部、劳动和社会保障部、全国总工会、共青团中央有关部门在北京共同主办“关爱农民工、倡导新风尚”公民道德建设网上座谈会。新华网、人民网、中青网、新浪网等网站联合进行了转播，共有1万多人收看了视频，页面浏览量达3000万人次。

9月25日 周强出席中央国家机关第二届职工运动会开幕式。

9月25日 由中国青少年研究中心、中国青少年研究会、团安徽省委共同主办的首届中国青少年发展论坛（2005）在安徽合肥市举行。中国社科院常务副院长冷溶、杨岳、中共安徽省委常委王秀芳出席并讲话。

9月25日 由全国青联、中国武术协会、中共山西省委宣传部主办的中国武术文化产业（国际）论坛及全球青年华人文化论坛在山西北岳恒山开幕。张晓兰出席并讲话。

9月26日—27日 共青团中央、劳动和社会保障部在北京联合召开中国青年创业行动推进会。26日，中共中央政治局常委、国务院副总理黄菊，中共中央政治局委员王兆国在会前会见了第二届“中国青年创业奖”获得者，黄菊发表了重要讲话。周强、劳动和社会保障部部长田成平、国务院副秘书长尤权、王晓参加。会议深入贯彻党中央、国务院领导同志对青年创业工作的重要批示，总结近年来各地实施中国青年创业行动的做法与经验，研究部署推进中国青年创业行动的措施。周强、田成平出席会议并讲话，王晓主持。会上表彰了中国青年创业行动优秀组织单位和先进个人。

9月26日 全国青联政法界别交流活动在北京举行。周强、赵勇和九届全国青联副主席、最高人民法院副院长黄松有出席并讲话。政法界别新老委员和其他界别委员代表60余人参加。

9月26日 共青团中央、劳动和社会保障部联合下发了《关于表彰第二届“中国青年创业奖”的决定》、《关于表彰中国青年创业行动优秀组织单位和先进个人的决定》和《关于在青年中实施“成功创业计划”的通知》。

9月26日 共青团中央下发《关于印发〈“全国城市青年中心建设先进城区（市）”创建办法（试行）〉的通知》并公布2005年度创建单位名单。

9月27日 共青团中央在北京召开共青团工作宣传报道座谈会，就进一步加强和改进共青团工作的宣传报道，引导团属新闻媒体更好地服务大局、服务青年进行座谈。周强出席并讲话，赵勇主持。

9月27日 共青团中央在北京召开推进青少年廉洁教育座谈会。周强出席并讲话，赵勇主持。有关方面负责同志和专家学者分别从民族优秀文化传统、素质教育规律、良好习惯养成、青少年全面发展和经济社会发展需要等方面进行了研讨。

9月27日 周强出席中央国家机关青联三届一次全会并讲话。

9月27日 杨岳在江苏无锡市会见来华参加“东盟与中日韩（10+3）青年友好会见”的东盟各国与日本、韩国代表团团长及东盟秘书处官员。随后，杨岳出席活动启动仪式暨欢迎晚宴并致辞。

9月27日 由全国少工委办公室、中国文化扶贫委员会、中国环境新闻工作者协会、中国少年儿童新闻出版总社等单位联合主办的“中国少年儿童手拉手地球村”环保绘画全国巡展在北京开幕。张晓兰出席并讲话。

9月28日—30日 周强在陕西延安、西安市就团的工作调研。在延安,参观了我国新民主主义青年团第一个农村团支部——冯庄团支部,与团员青年进行座谈。其间,与中共陕西省委书记李建国,省委副书记、西安市委书记袁纯清,省委副书记杨永茂,省委常委、组织部长杨士秋,省委常委、延安市委书记王侠就有关工作交换了意见。

9月28日 由团中央社区和维护青少年权益部、教育部普法办、司法部法制宣传司联合主办,中国青少年通讯社承办的2005年全国青少年普法教育竞赛在北京启动。

9月29日 周强在陕西延安市出席“青春献祖国”主题团日活动。在延安革命纪念馆前,周强,中共陕西省委常委、延安市委书记王侠为新团员颁发了入团证书和团徽并讲话。

9月29日 赵勇在浙江杭州市江干区九堡镇牛田村,就“如何成为一名新时期合格的共青团员”与当地基层团干部、团员座谈。

9月29日 杨岳在湖北三峡大坝截流纪念园出席“青春献祖国——建设者风采”主题团日活动并讲话。

9月29日 王晓在江西井冈山北山烈士陵园出席“青春献祖国”主题团日活动并讲话。

9月29日—30日 “青春献祖国”主题团日活动在全团开展。今年8月,团中央为贯彻落实保持共产党员先进性教育活动精神,在全团部署开展了以学习实践“三个代表”重要思想为主要内容的增强共青团员意识主题教育活动。“青春献祖国”主题团日活动是其中一项重要内容,也是广大团员青年喜迎建国56周年的一项重要活动。全国7000多万名团员参加了各地的活动。

9月29日 张晓兰出席中央文明办召集的推进未成年人思想道德建设工作协调会并发言。

9月30日 周强在北京人民大会堂出席国务院举行的中华人民共和国建国56周年国庆招待会。

9月30日 杨岳出席国务委员华建敏主持召开的部署落实《应急管理科普宣教工作总体实施方案》有关工作会议。

10月6日 中国光华科技基金会在北京举行捐赠仪式。润泰集团总裁、中国光华科技基金会副理事长尹衍樑先生,台湾裕隆集团执行长严凯泰先生,大连实德集团董事长徐明先生分别捐款100万元,共计300万元人民币。周强出席并向捐赠人颁发捐赠证书和名誉理事证书。

10月8日—11日 周强出席党的十六届五中全会。

10月9日—11日 团中央直属机关党委召开先进性教育活动工作总结研讨会。杨岳出席并讲话。团中央直属机关先进性教育活动领导小组办公室全体人员、各部门各直属单位先进性教育活动领导小组办公室负责人参加。

10月11日 中共中央政治局常委、国家副主席曾庆红会见并宴请日本日中友好协会名誉顾问、前官房长官野中广务一行。周强参加。

10月11日—15日 应日本东京青年会议所(简称“东京JC”)日中友好之会邀请,赵勇率中国青年代表团访问日本。其间,赵勇出席了东京JC日中友好之会成立30周年纪念庆典活动,还与日本前首相桥本龙太郎,日本众议院议员、日中协会会长野田毅,众议院议员茂木敏充、后藤田正纯等日本政要进行了会晤,与东京JC、日本JC和日本商工会议所等工商财界的主要领导人座谈,并参观了松下电器公司和迪斯科公司。

10月11日 杨岳会见并宴请以副会长佐

佐木春树为团长、久保田满宏为顾问、来华参加“小渊基金”中日青年生态绿化示范林植树劳动的日本青年团协议会绿化访华团全体成员。

10月11日 以“我健康、我快乐、我成长”为主题的“全国十佳少先队员校园行活动”在北京小学举行。历届“全国十佳少先队员”代表与200多名少先队员参加了“我们的快乐生活”主题队会。第六届“全国十佳少先队辅导员”、第五届“全国十佳少先队志愿辅导员”也分别与北京市的辅导员代表交流工作经验。

10月12日 共青团中央、教育部、全国少工委和中央电视台在北京人民大会堂联合表彰第十届“全国十佳少先队员”、第六届“全国十佳少先队辅导员”和第五届“全国十佳少先队志愿辅导员”。中共中央政治局委员、全国人大常委会副委员长王兆国出席表彰会，为“全国十佳少先队员”颁发奖章并发表即席讲话。周强，教育部党组成员、部长助理郭向远等为获奖代表颁发纪念牌和荣誉证书，张晓兰宣读表彰决定。

10月12日 国务委员唐家璇会见并宴请日本日中友好协会名誉顾问、前官房长官野中广务一行。周强、杨岳参加。

10月12日 周强主持召开团中央书记处扩大会议，传达学习党的十六届五中全会精神，结合共青团和青年工作实际研究贯彻落实措施。

10月13日 杨岳出席全国人大常委会劳动法执法检查第一次全体会议。

10月14日 周强会见应邀来访的日本日中协会副会长大平裕一行4人。

10月14日—16日 由共青团中央，全国学联，中共沈阳市委、市人民政府主办的“振兴之旅青春之约”中国(世界)大学生沈阳行系列活动在辽宁沈阳市举行。15日，杨岳出席“拥抱青春相约世园”中国(世界)大学生沈阳行大联欢活动并讲话。16日，杨岳出席市长与大学生面对面座谈会。本次活动旨在配合振兴东北老工业基地战略的实施，切实服务大学生成长成才。活动内容包括“青年与振兴”、“相约世园”、“我们与自然和谐共生”三个系列，来自全国31个省(区、市)和港澳台地区及世界五大洲的大学生代表千余人参加。

10月15日 中国青少年发展基金会举办的“马帮茶道·瑞贡京城”普洱茶文化北京行活动——希望工程慈善拍卖在北京举行。此次拍卖加上沿途义卖共为希望工程筹资360多万元。中午，尔肯江·吐拉洪宴请马帮全体成员并讲话。

10月15日 为表彰在神舟六号载人飞船设计发射过程中涌现出的先进青年集体，共青团中央、国务院国资委联合命名载人航天运载火箭总装车间等2个青年集体为全国“杰出青年文明号”，逃逸固体火箭发动机研究室等5个青年集体为全国“青年文明号”。

10月16日 尔肯江·吐拉洪在北京人民大会堂出席中国社会工作协会主办的第二届“全国十大社会公益之星”表彰大会。

10月17日 由共青团中央、中国红十字会总会等单位联合主办的“中国公益事业与构建和谐社会”高层论坛在北京人民大会堂举行。全国人大常委会副委员长司马义·艾买提、全国政协副主席张怀西、中国红十字会总会会长彭珮云出席。尔肯江·吐拉洪出席并讲话。

10月17日 由“我们的文明”主题系列活动组委会主办的第三届“中华龙凤呈祥民族青年婚礼大典”在北京人民大会堂举行。张晓兰出席并讲话。

10月18日—26日 应全国青联邀请，以俄罗斯联邦杜马议员、中俄友好、和平与发展委员会青年工作分委会俄方副主席、俄“青年统一”社会运动领袖布拉塔耶娃为团长的俄罗斯青年政治家和青年记者代表团访华。19日，中共中央政治局委员、全国人大常委会副委员长王兆国会见代表团。周强、杨岳参加。当天上午,杨岳出席中俄青年友好论坛并做主旨发言。当晚,周强宴请该团,杨岳参加。

10月19日 由全国少工委、中国航天科技集团公司共同组织的“飞上太空的心愿”——迎接神舟六号搭载少先队员太空画仪式在北京举行。赵勇、张晓兰,中国航天科技集团公司总经理张庆伟出席并向10名少先队员颁发搭载证书。

10月20日 全国人大常委会副委员长李铁映到中国国际青年交流中心与青年企业家代表座谈。座谈会上,李铁映为获得第12届“东盟青年奖”的百度在线网络技术(北京)有限公司总裁李彦宏颁奖。座谈会前,李铁映听取了周强的工作汇报并视察中青网。赵勇、杨岳、王晓、张晓兰参加有关活动。

10月20日—24日 由共青团中央,全国青联,中共宁波市委、市人民政府主办的“青春中华”第二届中国青年服装时尚周在浙江宁波市举行。赵勇出席2005中国青年服装设计大赛决赛暨颁奖晚会并为获奖选手颁奖,出席中国青年服装时尚论坛并致辞。其间,还举办了2005中国青年最喜爱的服装品牌发布会、少儿服饰文化节、中国青年服装设计展示馆开馆仪式等活动。

10月20日 杨岳会见以蒙古乌兰巴托市青年联合会主席道·奥云其其格为团长的乌兰巴托市青年联合会代表团。

10月20日 尔肯江·吐拉洪会见以陈幼南为团长的香港侨界青年才俊访问团一行。

10月20日 中国青少年发展基金会在北京人民大会堂举行“中国大地保险助学基金”启动仪式。中国大地财产保险股份有限公司首批捐赠60万元,用于资助革命老区井冈山、延安和西柏坡建造3所“大地保险希望小学”。尔肯江·吐拉洪出席并讲话。

10月20日 共青团中央第三期“加强团的基层组织建设”团县委书记轮训班在中央团校开班。20个省(区、市)的78名团县委书记参加。

10月21日 由国务院防治艾滋病工作委员会办公室、卫生部、共青团中央联合举办的,以“电影传播知识,科学防治艾滋”为主题的“青春红丝带”预防艾滋病知识进校园活动在北京大学启动。

10月21日 尔肯江·吐拉洪会见并宴请国民党“立法院”党团书记长、“立法委员”、“青年发展基金会”执行长黄德福一行。

10月21日 周强出席中央精神文明建设指导委员会第6次全体会议。

10月21日 周强会见韩国前副总理林昌烈一行。

10月24日 周强出席由中共中央政治局候补委员、中央书记处书记王刚主持召开的有关会议。

10月24日 团中央书记处召开办公会议,听取中青旅控股股份有限公司和中国青年政治学院就有关工作的情况汇报,研究决定有关事宜。

10月24日 周强会见以泰国社会发展和人类保障部弱势群体权益保护、促进和能力提升办公室主任克提·萨曼泰为团长的泰国青年代表团主要成员。

10月24日 由中国少年科学院举办的第二届“争当小实验家”全国少年儿童科学体验活动表彰大会在北京举行。杨岳出席、讲话并向获奖小选手颁奖。该活动是实施“新世纪我能行”体验教育活动的重要载体,全国每年有近10万名中小学生参与。

10月24日 为纪念中国人民志愿军抗美援朝出国作战55周年,由共青团中央、中国社会科学院主办,团中央信息办、中国社科院近代历史研究所和中青网共同承办的网上“抗美援朝纪念馆”正式开通。

10月25日 共青团中央召开增强共青团员意识主题教育活动领导小组第二次全体会

议。周强、杨岳、尔肯江·吐拉洪、张晓兰出席并讲话，赵勇主持。会议听取了领导小组各成员单位前一阶段推进教育活动的情况介绍，分析总结了 9 月 8 日团中央增强共青团员意识主题教育活动第一次领导小组会议以来各地、各系统教育活动的开展情况，对下一步扎实开展教育活动集中督察工作进行了部署。

10 月 25 日 周强、杨岳出席中央综治委 2005 年第二次全体会议，周强代表中央综治委预防青少年违法犯罪工作领导小组汇报预防青少年违法犯罪工作。

10 月 25 日 赵勇出席在北京人民大会堂举行的首都各界纪念台湾光复 60 周年大会。

10 月 25 日—26 日 共青团中央、最高人民法院、公安部等单位在福建福州市联合召开全国青年文明号活动现场经验交流会。王晓出席并讲话，国家质量检验检疫总局党组副书记、副局长支树平，中共福建省委常委、省教育工委书记唐国忠，省人大常委会副主任谢先文，省人民政府副省长李川，省政协副主席叶家松等出席。来自全国 25 个部门、行业的青年文明号优秀集体和个人参加会议并进行现场观摩和经验交流。

10 月 25 日 为纪念台湾光复 60 周年，由共青团中央、中国社会科学院主办，团中央信息办、中国社科院近代历史研究所和中青网共同承办的网上“台湾同胞抗日斗争纪念馆”正式开通。

10 月 26 日 周强出席中央精神文明建设指导委员会召开的全国精神文明建设工作表彰大会。

10 月 26 日—30 日 以尔肯江·吐拉洪为团长的全国青联代表团赴日本札幌参加第二届“中日民间水论坛”。尔肯江·吐拉洪出席论坛并作主旨发言。

10 月 26 日—11 月 1 日 张晓兰率团中央增强共青团员意识主题教育活动督察组赴江苏、安徽进行工作督察。期间，督察组先后赴两省的 7 个市的 29 个基层团组织，督察调研各地、各基层单位开展增强共青团员意识主题教育活动情况。31 日，督察组在安徽合肥市召开华东地区增强共青团员意识主题教育活动座谈会，张晓兰出席并讲话。

10 月 26 日 共青团中央、全国青联追授舍己救人的上海警备区司令部通信站副教导员王庆平“中国青年五四奖章”，并号召广大团员青年向王庆平学习。

10 月 27 日—30 日 应全国青联邀请，以日本众议院议员、民主党前副代表小泽一郎为名誉团长，以众议院议员奥村展三为团长的日本第 13 次“长城计划”友好交流代表团访华。28 日，国务委员唐家璇在北京人民大会堂会见并宴请代表团主要成员，周强参加。28 日，周强会见代表团主要成员。

10 月 27 日 由中宣部、共青团中央、全国人大环资委、全国政协人资环委、文化部、国家环保总局、国家广电总局等单位联合主办的 2005 中国环境文化节——首都全国环保美术书法摄影展开幕式在北京举行。王晓出席。

10 月 27 日 由中国青少年发展基金会主办的“希望就在身边——希望工程募捐箱全国投放活动”在北京人民大会堂启动。该活动将在全国投放带有希望工程标志的功能多样的募捐箱，从而为希望工程开辟稳定的民间零散资金募集渠道。预计在整个投放工作完成后，将每年给全国希望工程增加 1500 万至 2000 万元的民间零散捐款。

10 月 28 日—11 月 3 日 以赵勇为团长的全国政协共青团、青联界委员大学生志愿服务情况考察团赴宁夏和辽宁考察大学生志愿服务工作情况。这是 1993 年全国青年志愿者工作开展以来，全国政协首次专门组团考察大学生志愿服务工作。28 日，考察团在北京召开会议，周强、全国政协副秘书长齐续春出席并讲话，赵勇主持。考察团先后到宁夏银川市、海原县和辽宁大连市、朝阳市等地的乡村农户、街道社区、机关学校走访座谈，共召开各类座谈会6次，捐建希望小学3所，举行慰问演出1场，捐赠款物超过100万元，为服务期满志愿者提供就业岗位220个。其间，中共辽宁省委书记李克强、中共宁夏回族自治区党委书记陈建国分别会见并宴请了考察团成员。

10月28日—29日 全国少工委办公室在江苏南京市召开部分省(市)"全队抓基层、全队抓落实"工作会议，就各级少工委贯彻落实中央8个部委《关于进一步加强少先队工作的意见》，在基层学校实施《少先队辅导员工作纲要(试行)》进行研究部署。张晓兰出席并讲话。

10月28日 共青团中央、劳动和社会保障部、国务院国有资产监督管理委员会联合下发通知，决定于11月开展"2005年中国青工技能月"活动。

10月28日 中国青少年发展基金会、中央电视台新闻中心等单位向北京部分高校的农村贫困大学新生发放助学金，这是"我要上大学——希望工程与您共同关注农村特困大学新生公益大行动"的一部分。据统计，中国青少年发展基金会今年新增受助贫困大学新生人数已突破5000名，目前直接资助的在读大学生共计1.3万多名。

10月30日 赵勇会见香港青年协会总干事王葛鸣一行，就加强内地与香港青少年交流工作交换了意见。

10月30日—11月3日 王晓率团中央增强共青团员意识主题教育活动督察组赴贵州、云南进行工作督察。其间，督察组先后到两省的7个地区(市)、9个县(市、区)，督察了机关、企业、学校、社区等不同类型的27个基层团组织，召开座谈会16次，并分别向中共贵州省委副书记孙淦和和中共云南省委副书记丹增反馈了督察情况。3日，督察组在云南昆明市召开西南地区增强共青团员意识主题教育活动座谈会，王晓出席并讲话。

10月30日—11月6日 应越南胡志明共青团中央邀请，以杨岳为团长的中国青年代表团赴越南参加第六届"中越青年友好会见"活动。访越期间，中共中央总书记、国家主席胡锦涛和越共中央总书记农德孟共同会见中越青年代表团并与全体代表合影留念。越南国家副主席张美花出席中越友好会见活动开幕式。杨岳分别与越南胡志明共青团中央第一书记陶玉蓉、书记处书记段文泰举行工作会谈并共同签署《中国共青团中央与越南胡志明共青团中央2006年至2007年合作协议》。代表团还在越南河西、北宁和广宁三省以及胡志明市、头顿市与越南青年举行了交流活动。

10月30日 中华儿女杂志社在安徽合肥市召开《中华儿女》2005安徽笔会。中共安徽省委常委、合肥市委书记孙金龙，国家新闻出版总署副署长柳斌杰，张晓兰，中共安徽省委常委、省工会主席王秀芳等出席并讲话。

10月31日 周强会见以朝鲜金日成社会主义青年同盟中央委员会国际部部长金承焕为团长的朝鲜青年同盟代表团。

11月2日 共青团中央召开直属新闻单位负责人会议，传达学习中央有关会议精神。周强出席并讲话。

11月2日 周强会见以日本前国会议员、前自民党青年局长、现静冈县挂川市市长户塚进也为顾问，前社会党国会议员、参议院邮电委员长及川一夫为团长的日本参议院协会代表团。随后，会见以日中友协会长平山郁夫为团长的日中友好协会代表团。

11月2日 周强会见以韩国大国家党国会议员南京弼为名誉团长的韩国水原市青年代表团。

11月3日 中国杰出青年农民联谊会成立暨中国农村青年发展基金启动仪式在北京人民大会堂举行。尔肯江·吐拉洪出席并讲话。

11月3日 共青团中央、水利部、农业部、财政部、国家林业局和全国青联在北京人民大会堂举行第十届中国杰出青年农民颁奖典礼。中共中央政治局委员、全国人大常委会副委员长王兆国,中共中央政治局委员、国务院副总理回良玉出席并为第十届中国杰出青年农民获奖者颁奖,回良玉发表重要讲话。周强主持。全国人大农业与农村委员会主任委员刘明祖、国务院副秘书长张勇、水利部副部长翟浩辉、尔肯江·吐拉洪、农业部总经济师朱秀岩、财政部部长助理张弘力、国家林业局副局长赵学敏出席。

11月3日 张晓兰会见以日本东京青年会议所日中友好之会名誉顾问、日本铁道车辆工业会理事中村弘为团长的日本铁道车辆工业会代表团。

11月4日—6日 由共青团中央、全国青联、国家发改委、科技部、中国科学院、国家药监局、中国侨联和天津市人民政府共同主办的“中国泰达生物论坛·2005”在天津举办。3日,中共天津市委副书记、市长戴相龙代表论坛主办单位举行欢迎宴会并致辞,周强,中共天津市委常委、天津市滨海新区管委会主任皮黔生等出席。4日,“中国泰达生物论坛·2005”举行开幕式。全国人大常委会副委员长、中国科学院院长路甬祥发来贺信。周强、戴相龙,科技部党组成员、秘书长张景安,民盟中央副主席李重庵,中国侨联副主席林淑娘等出席开幕式并致辞。尔肯江·吐拉洪主持。皮黔生公布了“泰达生物奖”评选结果。当晚,周强代表论坛举办单位举行答谢招待会并致辞,皮黔生等出席。其间,举办了国内外企业产品展示、项目发布与洽谈、人才交流等系列活动。来自海内外生物技术领域的专家学者及产业界人士等1000多人参加。本次论坛首次设立了金额为1亿元的面向全球生物技术领域的奖励基金。

11月4日 周强在天津滨海新区就团的工作调研。其间,与中共天津市委副书记、市人民政府市长戴相龙,中共天津市委常委、滨海新区管委会主任皮黔生,市委常委、组织部长史莲喜等就有关工作交换了意见。

11月4日 共青团中央、水利部、农业部、财政部、国家林业局和全国青联等单位在北京联合举办“青春·田野——中国杰出青年农民评选表彰活动10周年文艺晚会”。全国人大常委会副委员长司马义·艾买提,赵勇、尔肯江·吐拉洪、王晓、张晓兰,农业部总经济师朱秀岩等出席。

11月5日—7日 周强在安徽池州市、马鞍山市、芜湖市、合肥市就团的工作调研。其间,与中共安徽省委书记郭金龙,省人民政府省长王金山,省委副书记、纪委书记杨多良,省委常委、合肥市委书记孙金龙,省委常委、政法委书记徐立全,省委常委、秘书长张学平,省委常委、芜湖市委书记詹夏来,省委常委、省总工会主席王秀芬,省人民政府副省长赵树丛等就有关工作交换了意见。

11月6日—8日 由共青团中央、农业部主办的“金升杯”首届全国乡村青年才艺风采大赛在山东临沂市举行。8日,尔肯江·吐拉洪、农业部总经济师朱秀岩出席大赛颁奖晚会,并为获奖选手颁奖。

11月6日—12日 应菲律宾全国青年委员会邀请,以杨岳为团长的中国青年代表团访问菲律宾,并参加在菲举办的首届“中菲青年友好会见”活动。访菲期间,菲律宾总统阿罗约的女儿露莉·阿罗约代表总统宴请代表团。菲律宾前总统拉莫斯出席活动告别酒会。菲律宾全国青年委员会主席保罗·阿基诺陪同代表团参加主要活动,并与杨岳共同出席“中菲青年友谊村”共建活动。

11月7日 周强,安徽省人民政府省长王金山出席“长三角(3+2)青年论坛”开幕式并讲话。中共安徽省委常委、合肥市委书记孙金龙,省委常委、省总工会主席王秀芳等出席。来自安徽、江苏、上海、浙江、江西五省市和香港特别行政区的青年代表参加了有关活动。

11月7日 周强出席安徽省增强共青团员意识主题教育活动汇报会并讲话。中共安徽省委常委、省总工会主席王秀芳等出席。

11月7日 共青团中央在山东东营市胜利广场举行沿黄九省(区)"同一条河"金河文化杯保护母亲河系列活动文艺晚会。尔肯江·吐拉洪出席晚会并讲话。胜利油田千余名青年和沿黄九省(区)的青年代表观看了晚会。至此,历时半年多的"同一条河——沿黄九省(区)保护母亲河系列活动"圆满结束。

11月7日 张晓兰在河南郑州市出席国务院防治艾滋病工作委员会办公室召开的"全国艾滋病综合防治示范区经验交流大会"并代表共青团中央做典型发言。

11月7日—13日 团中央青工部依托中青网举办增强企业共青团员意识主题教育活动网上论坛,共有1.6万多人次参加了讨论。

11月8日—11日 应香港青年联会的邀请,全国青联副主席、中国农科院副院长屈冬玉赴港参加由全国青联港区特邀委员发起、香港80多家青少年社团和机构参与合办的"心系奥运"系列活动启动仪式,并出席香港青年联会13周年会庆典礼。

11月8日 团中央实业发展中心组织的"11·9青少年消防安全教育系列宣传活动"开幕。北京市部分学校小学生接受了"如何在火灾中自救"、"如何安全通过烟雾通道"、"如何使用灭火器"等场景式消防安全培训。

11月9日 由全国青联、中国科协支持,中华中医药学会、中国青年科技工作者协会、中华儿女杂志社主办的首届中国中医药十大杰出青年评选活动颁奖典礼在北京人民大会堂举行。全国人大常委会原副委员长吴阶平、赵勇、卫生部副部长佘靖出席颁奖典礼并为获奖者颁奖。赵勇、佘靖分别讲话。黑龙江中医药大学副校长王喜军等10人荣获"首届中国中医药十大杰出青年"称号,中南大学基础医学院教授文志斌等12人荣获"首届中国中医药十大杰出青年"提名奖。

11月9日—10日 共青团中央在北京举行"学理论知团情"党团知识竞赛。来自全国各省(区、市)各系统的40支代表队参加,江苏、辽宁、解放军等12支代表队分获一、二、三等奖,北京等8支代表队获得组织奖。10日,王晓在北京大学出席知识竞赛决赛并为获奖队颁奖。

11月9日 由共青团中央、国家新闻出版总署主办,中国光华科技基金会、团新疆维吾尔自治区委承办的"光华公益书海工程"启动仪式在新疆大学举行。国家新闻出版总署副署长邬书林,中共新疆维吾尔自治区委常委、乌鲁木齐市委书记杨刚,新疆维吾尔自治区人民政府副主席胡伟等出席,中共新疆维吾尔自治区委常委、秘书长符强出席并讲话。启动仪式上,中国光华科技基金会及中国青年出版(总)社、朝华出版社代表中国书刊发刊业协会社科委员会和科技委员会为新疆维吾尔自治区首批捐赠价值200万元的图书,深圳市华达玻璃钢通信制品有限公司捐赠20套价值8万元的卫星接收设备。

11月10日—11日 赵勇出席中宣部、中央外宣办召开的互联网新闻宣传工作座谈会。

11月10日 赵勇宴请以全国青联副主席陈明金为团长的第二期澳门青年骨干培训班全体学员。学员由全国青联澳门地区特邀委员和澳门部分青年社团负责人组成。

11月10日 卫生部、共青团中央在云南召开全国卫生系统"号、手"创建活动经验交流会。

11月10日 由中宣部、全国总工会、教育部、共青团中央、中共北京市委联合主办的全国劳动模范和先进工作者先进事迹报告会分别在北京大学、清华大学举行。全国劳动模范、青岛港务局前湾集装箱码头有限责任公司桥吊队队长许振超等为大学生作了事迹报告。

11 月 11 日 赵勇在北京工人体育馆出席北京 2008 奥运吉祥物发布暨倒计时 1000 天活动。

11 月 11 日 团中央在广东广州市举行"同一条河——泛珠三角青少年保护母亲河系列活动"启动仪式。尔肯江·吐拉洪出席仪式并讲话,广东省人大常委会副主任陈坚、中共广州市委副书记林元和、广州市人民政府副市长李卓彬出席。泛珠三角区域各省区的青少年代表、港澳地区青年组织负责人、环保志愿者参加了仪式。随后与会领导出席了泛珠三角青少年环保论坛,尔肯江·吐拉洪点击开通了广州市青少年环保先锋网。

11 月 11 日 王晓参加国务院副总理黄菊召集的全国再就业工作部际联席会议并发言。

11 月 11 日 共青团中央下发了《关于实施"城市青年中心建设推进计划"的通知》,要求各地团委进一步加强城市青年中心基础建设和项目建设,实施配备专职社会工作者等十项举措,并通过宣传推广、争取政策、项目扶持等措施大力推动城市青年中心建设。目前全国已经建成城市青年中心 2000 多个,建设率超过 33%。

11 月 11 日 共青团中央发出通知,要求各级团组织认真贯彻落实中央对高致病性禽流感防控工作的部署,在各级党委的统一领导下,动员组织广大团员青年积极做好高致病性禽流感防控工作。要将防控高致病性禽流感工作同正在开展的增强共青团员意识主题教育活动结合起来,做到思想到位、工作到位、措施到位,在防控高致病性禽流感工作中积极发挥生力军作用,为全面做好防控工作,维护改革发展稳定的大局做出应有的贡献。

11 月 12 日 共青团中央、全国青联、中国青年科技工作者协会祝贺神舟六号载人航天飞行圆满成功晚宴在北京举行。周强,中国青年科技工作者协会会长、中国科学院常务副院长、中国科学院院士白春礼出席并讲话。赵勇向航天领域青联委员、青科协会员赠送了为他们专门创作的书法作品。全国青联副主席、中国航天科技集团公司总经理张庆伟介绍了神舟六号载人航天飞行有关情况。活动由尔肯江·吐拉洪主持。

11 月 12 日 全国青联十届二次主席会议在北京召开。会议深入学习党的十六届五中全会精神,研究贯彻落实措施。赵勇主持会议并讲话,尔肯江·吐拉洪出席。

11 月 12 日 由中央文明办、文化部、共青团中央等部门共同组织的第四届"四进社区"文艺汇演在江苏扬州市举行。王晓出席有关活动。

11 月 12 日 团中央宣传部、志愿者工作部向团中央定点扶贫县山西灵丘县捐赠乡村流动图书车仪式在灵丘县举行。中国青年报社、中国青年出版(总)社、中国少年儿童新闻出版总社、中华儿女杂志社、团中央网络影视中心等单位为图书车配备了 6000 多册图书和《中国青年报》等报刊以及一批音像制品。流动图书车将开赴灵丘县 12 个乡镇,为当地青少年读书学习开展长期服务。由共青团中央、中华海外联谊会、全国青联、海外杰青汇中华筹委会主办的西部乡村流动图书车项目自今年启动以来,已向新疆、山西等中西部地区捐赠了 15 辆流动图书车。

11 月 12 日 中国青年企业家协会在北京举办金秋联谊会。

11 月 13 日 周强会见以香港特别行政区民政事务局局长何志平为团长的"心系奥运——香港青年社团领袖及各界青年学生代表访京团"一行,赵勇、尔肯江·吐拉洪,国家体育总局党组成员、局长助理蔡振华出席。当晚,赵勇宴请访京团全体成员。

11 月 14 日—18 日 共青团中央、全国青联在陕西、北京举行 2005 年全国宗教界青年代表人士学习考察团活动。18 日,考察团在北京召开总结座谈会。全国政协副主席、中共中央统战部部长刘延东出席座谈会并讲话。周强主持座谈会,中央统战部副部长陈喜庆、国家宗教事务局局长叶小文、尔肯江·吐拉洪等出席。学习考察期间,考察团参加了宗教政策理论和法律法规讲座、"十一五"规划讲座和中国传统文化讲座,考察了西安经济技术开发区、阎良飞机城、革命圣地延安、北京航天城和各宗教活动场所,并进行了座谈交流。

11 月 14 日 "共青团全国青年卡工作办公室、海南航空支持青年志愿者服务西部"签字仪式在北京举行。赵勇出席并讲话。

11 月 14 日 团中央直属机关党委召开机关各部门党支部负责人会议,传达学习回良玉副总理在国务院防控高致病性禽流感工作会议上的重要讲话,要求机关各部门党支部认真落实讲话精神,对防控高致病性禽流感工作高度重视,密切关注,做好防范,确保安全。

11 月 15 日 共青团中央召开增强共青团员意识主题教育活动领导小组第三次会议。会议听取团中央第一批 5 个督察组的督察情况汇报,分析总结近来各地、各系统教育活动的开展情况,并就切实做好第二批督察工作,进一步推进教育活动深入开展进行部署。周强出席会议并讲话,赵勇、杨岳、尔肯江·吐拉洪、张晓兰出席,王晓主持。

11 月 15 日—21 日 共青团中央第四期"加强团的基层组织建设"团县委书记轮训班在中央团校举办。来自全国 22 个省、自治区的 89 名团县(市、区、旗)委书记参加培训。

11 月 16 日—19 日 应全国青联邀请,来自拉丁美洲及加勒比地区 20 个国家的 65 名青年代表访华,并参加在华举办的"中拉青年节"活动。16 日,周强在北京人民大会堂会见与会各国代表团主要成员,并为全体与会代表举行欢迎晚宴,张晓兰参加。17 日,张晓兰出席"中拉青年合作论坛"并作主旨发言。下午,全国人大常委会副委员长韩启德会见代表团主要成员,张晓兰参加。

11 月 16 日—26 日 共青团中央开展增强共青团员意识主题教育活动第二批督察工作,五个督察组分赴 11 个省(区、市)对活动开展情况进行督察。

11 月 16 日—17 日 杨岳率团中央增强共青团员意识主题教育活动督察组在团北京市委和新华社分别召开座谈会,听取北京市各条战线及中直机关开展增强共青团员意识主题教育活动情况的汇报。

11 月 17 日 周强为日本民主党前党首、众议院议员冈田克也一行举行早餐会。

11 月 17 日 第 16 届"中国十大杰出青年"评选活动第二次组委会在北京召开,会议研究确定了 30 名候选人。赵勇出席会议并讲话,尔肯江·吐拉洪主持。

11 月 17 日 尔肯江·吐拉洪会见以董事丸下芳和为团长的日本积水化学工业株式会社代表团一行。

11 月 18 日 周强出席中共中央举行的纪念胡耀邦诞辰 90 周年座谈会并发言。

11 月 18 日 周强会见日本日中建设技术友好协会顾问梅木信秋一行。

11 月 18 日—19 日 王晓率团中央增强共青团员意识主题教育活动督察组赴广东江门市、东莞市、广州市等地的企业、机关、学校、社区进行督察。19 日,督察组听取团广东省委工作汇报,王晓讲话。随后,督察组向中共广东省委副书记刘玉浦反馈督察情况。

11 月 18 日 共青团中央向我国新民主主义青年团第一个农村团支部——冯庄村团支部捐赠图书仪式暨宝塔区农村青年读书行动启动仪式在陕西延安市宝塔区冯庄村举行。仪式上,冯庄村团员青年代表宣读了冯庄村全体团员青年给共青团中央和周强的感谢信,团宝塔区委向全区广大农村团员青年发出了开展读书行动的倡议。

11 月 19 日—20 日 周强在上海就团的工作调研。其间,与中共中央政治局委员、上海市委书记陈良宇，南京军区政委雷鸣球，上海市人民政府市长韩正，中共上海市委副书记刘云耕、殷一璀等就有关工作交换意见。

11 月 19 日 第九届"挑战杯"全国大学生课外学术科技作品竞赛终审决赛开幕式在上海复旦大学举行。开幕式前，中共中央政治局委员、上海市委书记陈良宇会见了参赛代表并座谈。开幕式上，周强宣布第九届"挑战杯"终审决赛开幕，上海市人民政府市长韩正，杨岳，上海市政协副主席、复旦大学校长王生洪出席并讲话。中国科协书记处书记、副主席徐善衍，中共上海市委副书记殷一璀，教育部党组成员、部长助理郭向远，上海市人民政府副市长严隽琪，第九届"挑战杯"评审委员会主任、中国科学院院士王乃彦，全国学联主席刘凯等出席开幕式，复旦大学党委书记秦绍德主持。开幕式后，与会领导观看了在复旦大学举办的首届全国中学生科技创新成果展和"挑战杯"参赛作品展。本届比赛是"挑战杯"举办以来参赛作品最多的一届，共有 1175 件作品入围复赛，其中 701 件优秀作品进入终审决赛。作品涉及机械与控制、信息技术、数理、生命科学、能源化工、哲学、经济、社会、法律、教育和管理等 11 个门类。

11 月 19 日 共青团中央、南京军区和上海警备区在上海举行王庆平"中国青年五四奖章"追授仪式。中共中央政治局委员、上海市委书记、上海警备区党委第一书记陈良宇，南京军区政委雷鸣球出席并讲话，周强宣读了共青团中央、全国青联《关于追授王庆平"中国青年五四奖章"的决定》，陈良宇、周强、雷鸣球向王庆平家属颁发了奖状、证书和慰问金。中共上海市委副书记刘云耕，市委常委、秘书长范德官，上海警备区司令员江勤宏出席仪式，中共上海市委常委、上海警备区政委戴长友主持。仪式开始前，有关领导会见了王庆平家属。

11 月 19 日 张晓兰在北京人民大会堂宴请日本法政大学访华代表团。

11 月 20 日 王晓在北京人民大会堂出席由民政部举办的以"携手慈善，共创和谐"为主题的"中华慈善大会"。共青团中央推荐的希望工程、均瑶集团、冯艾等分别获得了项目奖、机构奖和个人奖。

11 月 20 日—26 日 应全国青联邀请，来自亚欧会议 34 个成员国的政党青年组织以及亚欧区域性青年组织的 100 名青年领导人来华参加由全国青联和亚欧基金共同举办的首届亚欧政党青年组织领导人论坛。21 日，论坛开幕式在北京举行。赵勇出席并作主旨发言，张晓兰宣布论坛开幕并主持论坛第一次全会。当晚，张晓兰宴请全体与会代表。22 日，周强会见并宴请主要与会代表，张晓兰参加。23 日，杨岳会见并宴请前来参加论坛的菲律宾全国青年委员会主席保罗·阿基诺一行。当天下午，中联部副部长刘洪才、张晓兰会见全体与会代表。24 日，中共天津市委副书记、市人大常委会主任房凤友，张晓兰在天津会见部分与会代表。随后，张晓兰出席论坛闭幕式并讲话。

11 月 21 日—23 日 全国副省级城市社区共青团工作座谈会在山东济南市和青岛市召开。杨岳出席并讲话。

11 月 21 日—22 日 团中央组织部举办团中央直属机关离退休干部学习中共中央十六届五中全会精神读书班。来自直属机关的离退休局级干部、党支部书记等 50 多人参加。22 日，王晓与参加读书班的老同志参观了中国兵器工业集团公司。

11 月 21 日 张晓兰会见以爱尔兰共和党全国青年大会负责人、共和党青年事务官员艾登·奥格曼为团长的爱尔兰共和党代表团。

11 月 22 日 周强会见应中日友协邀请来访的，以日本众议院议员、公明党国际局长上田勇为团长的日本公明党青年政治家代表团。

11 月 22 日 周强会见韩国国会议员李光

宰一行。

11 月 22 日 第九届“挑战杯”飞利浦全国大学生课外学术科技作品竞赛在上海闭幕,复旦大学夺得本届“挑战杯”。当晚,颁奖典礼暨“青春·创新·使命”文艺晚会在复旦大学举行。杨岳、上海市人民政府副市长严隽琪、中国科协副主席杨福家等出席。

11 月 23 日 周强会见并宴请日本众议院议员、日本前首相小渊惠三之女小渊优子一行3人。张晓兰参加。

11 月 23 日—25 日 尔肯江·吐拉洪率团中央增强共青团员意识主题教育活动督察组赴湖南、海南两省的 7 个市(地区)、12 个县(市、区)的 25 个基层组织进行督察。其间,督察组先后召开座谈会 15 次,并分别向中共湖南省委副书记戚和平和中共海南省委常委、统战部长王守初反馈了督察情况。24 日,督察组在海南海口市召开中南地区增强共青团员意识主题教育活动座谈会,尔肯江·吐拉洪出席并讲话。

11 月 23 日—25 日 共青团团中央直属机关第十三次代表大会在北京召开。23 日,周强会见与会代表并讲话,杨岳、王晓、张晓兰参加。杨岳出席开幕式并讲话。来自团中央各部门、各直属单位的 92 名代表参加。会议听取并审议共青团团中央直属机关第十二届委员会工作报告,选举产生了共青团团中央直属机关第十三届委员会,表彰了团中央直属机关五四红旗团支部、优秀共青团员和优秀团干部。

11 月 23 日 团中央青工部在北京人民大会堂举行“中国青年创业行动——宝健自主创业项目”启动仪式。王晓出席。今后 10 年,宝健(中国)日用品有限公司将每年向该项目投入约 500 万元人民币的资金和产品,用于推动中国青年创业行动的开展。

11 月 23 日 由团中央宣传部、中国青少年宫协会、团四川省委主办的“中国青少年红色旅游论坛”在四川广安市举行。北京、上海、井冈山、延安等 10 个红色旅游重点城市团委负责人参加论坛,并共同签署了青少年红色旅游合作协议。

11 月 24 日 中宣部、中央文明办、团中央等 14 个部委在河北衡水市联合召开全国文化科技卫生“三下乡”活动 10 周年工作座谈会。赵勇出席并讲话。会议还表彰了全国文化科技卫生“三下乡”活动先进集体和个人。全国青联志愿者艺术团荣获全国文化科技卫生“三下乡”先进集体称号。

11 月 25 日 周强参加中央政治局集体学习讲座。

11 月 25 日 共青团中央、国家工商行政管理总局、中国个体劳动者协会联合下发《关于评选表彰 2005 年度和考核认定 2004 年度个协私协系统全国青年文明号的通知》。

11 月 26 日 周强出席中共中央、国务院、中央军委在北京人民大会堂举行的庆祝神舟六号载人航天飞行圆满成功大会。

11 月 26 日 周强会见并宴请以新疆维吾尔自治区人民政府副主席胡伟为团长的新疆维吾尔自治区人民政府经贸考察团一行。尔肯江·吐拉洪参加。

11 月 26 日 王晓在浙江温州市出席浙江青年企业家协会成立 20 周年暨温州青年企业家协会成立 10 周年庆典并讲话。

11 月 27 日 共青团中央、教育部、文化部、国家广电总局、中国文联在北京共同举办 2005 中国大学生公益论坛。全国政协副主席张怀西向论坛发来贺信。全国政协副主席张榕明出席并于开幕前会见了丛飞、徐本禹、邓散心等“公益形象大使”、“公益爱心大使”和大学生公益之星代表。杨岳出席论坛并讲话。

11 月 27 日 王晓出席新疆维吾尔自治区人民政府经贸考察团在北京举行的项目推介会并讲话。

11 月 28 日—12 月 9 日 应澳大利亚政治

交流理事会和新加坡全国青年理事会邀请，以张晓兰为团长的中国青年代表团访问澳大利亚和新加坡。在澳期间，澳联邦参议院议长保罗·卡尔沃特和众议院议长戴维·霍克，影子内阁外交贸易和国际安全部长陆克文议员、移民部长托尼·伯克，总理首席私人秘书托尼·特纳，儿童青年事务国会秘书长苏珊·蕾议员，澳中理事会主席余森美分别会见代表团。国会澳中小组委员会主席朱墨兰议员、联邦议员艾伦·卡德曼、新南威尔士州议员米琳达·佩威、碧噶郡商会成员分别宴请代表团。代表团还拜会自由党总部、国家党总部、工党总部和选举委员会，旁听参众两院质询，参观新南威尔士州议会、碧噶郡市政厅等。在新期间，新加坡社区发展、青年及体育部长兼贸工部第二部长、全国青年理事会主席维文·巴拉克里席安宴请代表团，新加坡全国青年理事会理事长冯显昌与代表团举行工作会谈。代表团还拜会新加坡中华总商会，参观触爱社会服务、油池民众俱乐部等。

11 月 28 日　第六届中直机关“十大杰出青年”表彰大会在北京举行。中共中央政治局候补委员、中央书记处书记、中央办公厅主任、中直工委书记王刚出席、讲话并为“中直机关十大杰出青年”颁奖。周强、中直工委有关负责同志出席。

11 月 28 日　赵勇出席中央第三批保持共产党员先进性教育活动工作会议。

11 月 28 日　共青团中央、全国青联决定授予参加神舟六号载人航天飞行任务的中国人民解放军航天员大队航天员费俊龙、聂海胜等 5 人“中国青年五四杰出贡献奖章”。

11 月 28 日　尔肯江·吐拉洪出席中国航天科技集团公司庆祝神舟六号载人航天飞行圆满成功表彰大会，在会上宣读《共青团中央、全国青联关于授予费俊龙等 5 人“中国青年五四杰出贡献奖章”的决定》、《共青团中央、国务院国有资产监督管理委员会关于命名中国航天科技集团公司载人航天运载火箭总装车间等两个青年集体为“全国杰出青年文明号”、四院设计部 101 室等 5 个青年集体为“全国青年文明号”的决定》，并为获奖集体和获奖个人颁奖。

11 月 29 日—12 月 1 日　周强出席中央经济工作会议。

11 月 29 日　杨岳率团中央督察组向中直工委副书记赵凯反馈对中直机关开展增强共青团员意识主题教育活动督察情况。

11 月 29 日　团中央青工部在河南洛阳市召开“青工技能振兴计划”工作研讨会。

11 月 30 日　共青团中央在全国开展“青春红丝带”行动——进城务工青年防治艾滋病“面对面”宣传教育月活动。当天上午，杨岳在北京出席宣传教育月活动并讲话。

11 月 30 日　杨岳在云南昆明市出席由中共云南省委、省人民政府暨中共昆明市委、市人民政府举行的“纪念‘一二·一’爱国学生运动 60 周年”大会并讲话。

11 月 30 日—12 月 3 日　由中宣部、共青团中央、全国人大环资委、全国政协人资环委、文化部、国家环保总局、国家广电总局等单位联合主办的 2005 中国环境文化节在北京举行。11 月 30 日，尔肯江·吐拉洪出席开幕式晚会暨“2005 绿色中国年度人物”颁奖仪式。12 月 3 日，出席 2005 中国环境文化节闭幕式。

11 月 30 日　由共青团中央、全国青联、全国学联、中国青年志愿者协会、中央电视台共同举办，团中央志愿者工作部、中国青年国际文化交流中心承办的“志愿者之歌”专题文艺晚会在北京举行。王晓出席。

12 月 1 日　团中央增强共青团员意识主题教育活动第二次电视电话会议在北京召开。会议总结交流了各地各系统开展增强共青团员意识主题教育活动的做法和经验，对下一阶段增强共青团员意识主题教育活动的工作进行研究部署。周强出席并讲话。赵勇、杨岳、尔肯江·吐拉洪出席，王晓主持。

12月1日 为纪念“一二·一”运动60周年,由共青团中央、全国学联主办,团中央信息办、全国学联秘书处、中国青少年社会服务中心、中青网承办的网上“一二·一运动纪念馆”正式开通。

12月1日 国务院防治艾滋病工作委员会办公室、中宣部、共青团中央等部委在北京举行“‘遏制艾滋,履行承诺’世界艾滋病日主题宣传”暨农民工预防艾滋病宣传教育工程启动仪式。国务院副总理吴仪出席并作重要讲话。杨岳出席。

12月2日 周强主持召开团中央书记处会议,传达学习中央经济工作会议精神,结合共青团和青年工作实际研究贯彻落实措施。

12月2日 杨岳出席全国人大常委会劳动法执法检查组第二次全体会议。

12月2日 杨岳出席高校毕业生就业工作部际联席会议并讲话。

12月2日 为纪念“一二·九”运动70周年和“一二·一”运动60周年,中宣部、中央党史研究室、教育部、共青团中央联合下发通知,决定于今年“一二·九”、“一二·一”前后,在广大青年学生中组织开展多种形式的纪念活动。通知要求,各地要把纪念活动作为当前贯彻落实中央加强和改进未成年人思想道德建设、加强和改进大学生思想政治教育的一项重要工作抓紧抓好,使广大青年学生能真正受到一次生动、深刻的爱国主义教育。

12月2日 尔肯江·吐拉洪会见并宴请来访的巴基斯坦青年代表团。

12月3日 周强、王晓在山东临沂市就团的工作调研。其间,就有关工作与中共山东省委常委、省总工会主席阎启俊交换意见。

12月3日 团中央机关召开2004年度总结表彰大会。会议分别表彰了荣获2004年度团中央机关“工程奖”、“文明单位”、“文明处室”、“通报嘉奖”、“优秀青年工作者”、“理论调研成果奖”的集体和个人。周强出席,赵勇作2004年度总结,胡伟宣读表彰决定。会议由尔肯江·吐拉洪主持,王晓、张晓兰出席。机关全体同志参加。

12月3日 由共青团中央、中国青年企业家协会共同举办的“青年企业家革命老区行——山东临沂经贸考察活动”在山东临沂市举行。周强出席开幕式并讲话,中共山东省委常委、省总工会主席阎启俊致辞,王晓主持。此次经贸考察活动共签订合同5项,合同金额11.25亿元。

12月3日 由共青团中央、中央综治委办公室、司法部、教育部、中央综治委预防青少年违法犯罪工作领导小组联合举办的2005年“为了明天——青少年法制教育宣传周”活动启动仪式在北京举行。司法部副部长张苏军,杨岳出席并讲话。随后,张苏军、杨岳出席第二届全国青少年网上普法知识大赛校园特别活动并讲话。

12月4日 尔肯江·吐拉洪在北京人民大会堂出席由中宣部、全国人大常委会法工委、司法部联合举办的全国法制宣传日座谈会。

12月5日 周强在团中央机关会见日本东芝株式会社新任社长西田厚聪一行。

12月5日—6日 杨岳出席全国政法工作会议。

12月5日 杨岳率团中央督察组对中央国家机关开展增强共青团员意识主题教育活动情况进行督察。

12月5日—6日 尔肯江·吐拉洪在黑龙江督察增强共青团员意识主题教育活动开展情况,听取团黑龙江省委关于增强共青团员意识主题教育活动开展情况的汇报。6日,率团中央督察组向中共黑龙江省委副书记周同战反馈督察情况。

12月5日 中国青年创业国际计划全国办公室、诺基亚(中国)投资有限公司和团北京市委在北京人民大会堂联合举行“中国青年创业国际计划(简称YBC)北京办公室成立仪式”。全国人大常委会副委员长傅铁山,王晓出席并为YBC北京办公室挂牌揭幕。诺基亚(中国)投资有限公司向YBC捐款100万元,作为YBC青年创业专项基金。

12月7日 由公安部、全国总工会、共青团中央联合召开的第二届全国先进保安服务公司优秀保安员表彰大会在北京人民大会堂举行。中共中央政治局常委、中央政法委书记罗干在会前会见了出席表彰大会的先进单位和优秀个人代表。中共中央政治局委员、全国人大常委会副委员长王兆国,中共中央政治局委员、中央书记处书记、国务委员周永康参加会见并出席表彰大会,为获奖单位和个人颁奖。周强出席并讲话,尔肯江·吐拉洪出席。

12月7日—8日 杨岳出席全国宣传部长会议。

12月8日 中国青年企业家协会成立20周年总结表彰大会在北京召开。中共中央政治局委员、全国人大常委会副委员长王兆国出席并讲话。周强作汇报发言,王晓主持。中国青年企业家协会顾问、国务院研究室主任魏礼群,国务院国资委副主任王瑞祥,中央党史研究室副主任谷安林,国家新闻出版总署副署长柳斌杰,经济日报社总编辑庹震,国家开发银行副行长王益,北京大学常务副校长陈文申等出席。会议表彰了首届中国青年企业家管理创新奖、协会建设成就奖、协会优秀会员和先进工作者。下午,中国青年企业家协会举行第六届中国青年企业家发展论坛。王晓出席。

12月8日 周强会见并宴请日本众议院议员松冈利胜一行,双方就开展中日环保合作及农业合作事宜交换意见。

12月8日 教育部、人事部、劳动和社会保障部、共青团中央在北京联合召开2006年全国普通高校毕业生就业工作会议。杨岳出席并讲话。

12月9日 中共中央政治局常委、中央书记处书记、国家副主席曾庆红主持党中央书记处办公会议,听取团中央书记处的工作汇报。周强代表团中央书记处作了汇报。党中央书记处充分肯定了2005年共青团工作,对2006年工作作出重要指示,强调要在实现“十一五”美好蓝图的实践中,找准聚焦点、明确结合点、把握着力点。要在积极投身社会主义和谐社会建设的实践中,科学教育青少年、正确引导青少年、热诚服务青少年。要在深化与港澳台青少年的交流和继续做好青年外事工作中,搭建新平台、建立新机制、寻求新突破。要在深入开展增强共青团员意识主题教育活动中,进一步探索加强共青团自身建设的新路子。会议同意召开共青团十五届四中全会。

12月9日 周强主持召开团中央书记处会议,学习中共中央政治局常委、中央书记处书记、国家副主席曾庆红等中央书记处领导同志在听取团中央书记处工作汇报时所作的重要指示精神。

12月9日 共青团中央、全国青联、全国学联、团北京市委在北京人民大会堂举行首都青年纪念“一二·九”运动70周年、“一二·一”运动60周年大会。中共中央政治局常委李长春出席大会并作重要讲话。张洁珣、王汉斌分别代表参加过“一二·九”运动和“一二·一”运动的老同志讲话,全国学联主席刘凯代表首都各界青年和青年学生发言。中共中央政治局委员、全国人大常委会副委员长王兆国,中共中央政治局委员、中央书记处书记、中宣部部长刘云山,国务委员陈至立出席大会。彭珮云、郑天翔、刘导生、袁宝华、朱穆之、刘家栋、周南、杜润生等参加过“一二·九”运动、“一二·一”运动的老同志出席。周强主持,中宣部副部长欧阳坚,中央党史研究室副主任谷安林,教育部副部长李卫红,中共北京市委副书记强卫,杨岳等出席。首都大学生和各界青年代表500多人参加。

12月9日 周强、杨岳在北京大学出席观看由中共北京市委宣传部、团北京市委等举办的“献给可爱的祖国”首都大学生纪念“一二·九”运动70周年文艺晚会。

12月9日 团中央直属机关党委召开机关各部门党支部负责人、各直属单位党委负责人会议，学习贯彻胡锦涛总书记的重要批示精神，研究部署在团中央直属机关开展“共产党员送温暖、献爱心”活动。

12月10日 中宣部、中央党史研究室、教育部、共青团中央和中共北京市委在北京师范大学举行纪念“一二·九”运动70周年和“一二·一”运动60周年座谈会。彭珮云，中央党史研究室副主任张启华、教育部副部长李卫红、北京师范大学党委书记刘川生和参加过“一二·九”运动、“一二·一”运动的老同志代表出席。杨岳主持。

12月10日 王晓在江西共青城出席由团江西省委、团上海市委和共青城开放开发区管委会联合主办的纪念共青城创业50周年青年企业家论坛活动。论坛开幕前，中共江西省委书记孟建柱，王晓，中共江西省委常委、省委秘书长陈达恒会见了参加论坛的中国青年企业家协会代表团和上海青年企业家协会代表团。论坛期间，王晓出席共青团中央、中国青年企业家协会向九江地震灾区捐赠20万元仪式。

12月11日 由共青团中央、全国绿化委员会、全国人大环境与资源保护委员会、全国政协人口资源环境委员会、水利部、农业部、国家环保总局、国家林业局、中国美术家协会联合主办的“同一条河·全国中国画作品展”在北京开幕。全国政协副主席周铁农出席并为捐献画作的美术家颁发证书和纪念牌，周强致辞，全国政协人口资源环境委员会副主任刘成果，水利部副部长鄂竟平，中纪委驻国家林业局纪检组组长、国家林业局党组成员杨继平，中国美术家协会常务副主席刘大为出席，尔肯江·吐拉洪主持。

12月12日 周强主持召开团中央书记处扩大会议，传达学习12月9日中共中央政治局常委、中央书记处书记、国家副主席曾庆红等中央书记处领导同志在听取团中央书记处工作汇报时所作的重要指示精神，结合实际研究贯彻落实措施。

12月12日 共青团中央召开直属新闻出版单位负责人会议。杨岳传达了全国宣传部长会议精神，并对直属新闻出版单位做好有关工作提出要求。会上，还传达了近期中宣部、国家新闻出版总署出版通气会议精神。

12月12日 杨岳会见并宴请以菲律宾亚洲管理学院教授弗朗西斯科·本纳尔多为团长的菲律宾“亚洲企业家”项目代表团。

12月12日—13日 共青团中央在北京举行“培养计划”2005年西部和民族地区挂职团干部学习班和总结座谈会。12日，尔肯江·吐拉洪出席座谈会并讲话。本年度在东部地区挂职锻炼的西部和民族地区16个省（区、市）的50名团干部参加。

12月12日 王晓在江西共青城出席共青城创业50周年纪念大会并宣读周强的贺信。

12月12日 张晓兰会见韩国《京仁日报》常务理事、编辑局长宋光锡一行，双方就开展中韩青年经济交流事宜交换了意见。

12月13日 周强会见以日本民主党党首前原诚司为团长的日本民主党代表团并共进早餐。

12月13日 团中央直属机关党委召开2005年度“机关建设月”动员会。杨岳出席并作动员讲话。

12月13日 杨岳率团中央督察组向中央国家机关工委副书记臧献甫反馈对中央国家机关开展增强共青团员意识主题教育活动督察情况。

12月13日 团中央直属机关党委召开直属单位主要负责同志会议。杨岳出席并传达党中央书记处对共青团工作的重要指示精神，并就学习贯彻工作提出要求。

12月13日 团中央青工部在辽宁沈阳市

召开"青年技能人才与经济发展"研讨会。北京、天津、河北等省级团委青工部负责同志、全国"青工技能振兴计划"重点联系城市和试点企业团委负责人共 80 多人参加。

12 月 14 日—15 日 由共青团中央和农业部共同举办的首届"全国优秀青年乡镇企业家"命名表彰暨"广西(南宁)经贸之旅"活动在广西南宁市举行。14 日,尔肯江·吐拉洪出席、讲话,并为首届"全国优秀青年乡镇企业家"称号获得者颁奖。随后,出席中国青年乡镇企业家协会六届二次理事(扩大)会议。其间,举行了广西(南宁)经贸项目专场推介会和洽谈会。

12 月 14 日 共青团中央、教育部、国家邮政局、全国少工委在北京联合举行"第二届全国少年儿童书信文化活动"启动仪式。张晓兰出席并讲话。

12 月 15 日 周强、杨岳与中共北京市委常委、教工委书记朱善璐一行到中国青年政治学院调研,并就有关工作交换了意见。团中央组织部、机关服务中心,中国青年政治学院以及北京市有关方面负责同志陪同调研并参加座谈。

12 月 15 日—18 日 由共青团中央、教育部、全国学联主办,湖南大学承办的"新航道"杯第三届中国大学生校园歌手大赛决赛在湖南长沙市举行。18 日,杨岳、湖南省人民政府副省长许云昭等出席颁奖典礼暨首届中国大学生校园文化节闭幕式并颁奖。

12 月 15 日—16 日 共青团中央、科技部、全国青联、中国青年科技工作者协会在吉林长春市举办"科技之光"百名青年专家服务团吉林行活动。15 日,中共吉林省委副书记林炎志,尔肯江·吐拉洪等出席开幕式并讲话。其间,举办了"与青年科学家面对面"、吉林省农业发展青年专家座谈会、农业科技项目推介洽谈会等系列科技服务活动。来自全国各地的 123 名青年专家和吉林省的 400 余名青年科技工作者等参加。

12 月 15 日 第八届全国乡村青年文化节正式启动。本届文化节为期两个月,将开展歌颂新时代、学习新技能、健身迎奥运、真情助农家等 4 个方面的活动。

12 月 15 日 团中央办公厅和教育部办公厅联合发出通知,向全国高等学校推荐由团中央学校部、团中央网络影视中心联合制作的首部反映大学生思想政治教育工作的系列电视片《神圣的使命——加强大学生思想政治教育典型实录》。

12 月 16 日—17 日 周强在广东出席中央综治委有关会议期间,与中共中央政治局委员、广东省委书记张德江,中共广东省委副书记刘玉浦,中共广东省委常委、组织部长胡泽君,中共广东省委常委、广州市委书记林树森等就有关工作交换了意见。

12 月 16 日 共青团中央、中央综治委办公室在广东广州市联合举办"为了明天"大型公益晚会。全国人大常委会副委员长、中央综治委预防青少年违法犯罪工作领导小组组长顾秀莲,周强,中央政法委副秘书长、中央综治办主任陈冀平,杨岳,中共广东省委副书记刘玉浦出席。晚会上还举行了"为了明天——喜愿基金"捐赠仪式,该基金是广东双喜文化传播有限公司捐资 1000 万元人民币设立的全国性预防青少年违法犯罪公益基金。

12 月 16 日 中国扶贫开发协会、全国总工会、共青团中央、全国妇联在北京人民大会堂联合举行向在京务工的农民工代表免费捐赠《农民务工读本》仪式。尔肯江·吐拉洪出席。

12 月 17 日 中央综治委预防青少年违法犯罪工作领导小组、中央综治委办公室和共青团中央在广州市联合召开全国预防青少年违法犯罪先进表彰暨示范创建工作会议。顾秀莲出席并讲话,周强主持,中央政法委副秘书长、中央综治办主任陈冀平宣读了中央综治委《关于表彰全国预防青少年违法犯罪工作先进集体和先进个人的决定》,杨岳介绍了全国预防青少年违法犯罪示范创建总体情况。与会领导为全国预防青少年违法犯罪工作先进集体和先进个人代表颁发了奖牌和证书。

12 月 17 日 中央综治委预防青少年违法犯罪工作领导小组办公室、中国青少年犯罪研究会、中国法学会青少年法律研究会在广州市共同举办"为了明天——预防青少年违法犯罪论坛"。顾秀莲出席并讲话,周强、中共广东省委副书记刘玉浦出席并致辞,中国青少年犯罪研究会名誉会长万绍芬、中央综治办主任陈冀平出席,杨岳作总结讲话。

12 月 17 日 中央综治委办公室、中央综治委预防青少年违法犯罪工作领导小组办公室在广州市召开全国省级综治委预防青少年违法犯罪工作办公室主任会议。杨岳出席并对 2006 年预防青少年违法犯罪重点工作进行部署。

12 月 18 日 由全国青联、中国青少年发展基金会等单位联合主办的第 16 届"中国十大杰出青年"评选活动评审会议在北京召开。尔肯江·吐拉洪出席并讲话。主办单位领导和从评委库中随机抽取产生的评委共 49 人以无记名投票方式选出本届"中国十大杰出青年":宗道辉、张庆君、张怡宁(女)、丁立国、邓中翰、盘振玉(女,瑶族)、吴维洲、毛建东、阿迪力·吾休尔(维吾尔族)、陈丹。

12 月 18 日 由共青团中央、中国青少年新世纪读书计划指导委员会主办,团北京市委、北京图书大厦承办的 2005 年"文明生活从读书开始"中国青少年新世纪读书计划主题读者日活动在北京举行。张晓兰、国家新闻出版总署副署长柳斌杰出席。

12 月 19 日 周强主持召开团中央书记处会议,研究讨论共青团十五届四中全会有关文件,安排部署全团深入开展"真情助困进万家"活动,研究中国青年实业发展总公司有关事宜。

12 月 19 日 周强主持召开团中央常委(扩大)会议,传达学习曾庆红等中央书记处领导同志在听取团中央书记处工作汇报后的重要指示精神,就共青团十五届四中全会有关事宜进行研究部署。

12 月 19 日—21 日 共青团十五届四中全会在北京召开。会议的主要任务是,以邓小平理论和"三个代表"重要思想为指导,全面贯彻落实科学发展观,深入贯彻落实党的十六届五中全会和中央经济工作会议精神,紧紧围绕党的十六届五中全会提出的目标任务,团结带领广大团员青年充分发挥生力军作用,竭诚服务青年一代的健康成长和全面发展,不断开创共青团工作新局面。中共中央政治局委员王兆国出席会议并发表重要讲话,并在会前会见了即将卸职的团中央委员、候补委员。全会传达学习了曾庆红等中央书记处领导在听取团中央书记处工作汇报时所作的重要指示精神,认真学习了王兆国在全会上的重要讲话精神,审议通过了《关于认真学习贯彻党的十六届五中全会精神,团结带领广大团员青年在实施"十一五"规划进程中充分发挥生力军作用的决定》和《关于团结带领广大团员青年为构建社会主义和谐社会做贡献的决定》,总结了 2005 年的工作,并就 2006 年和今后一个时期的工作作出了部署。会议期间,周强作了题为《全面贯彻落实科学发展观,团结带领广大团员青年在构建社会主义和谐社会中发挥生力军作用》的报告,杨岳作了会议总结。根据团章的规定,会议增补王永前等 14 人为团中央委员,增补马春雷等 12 人为团中央常委,增补贺军科、卢雍政为团中央书记处书记,确认方文杰等 20 人递补为团中央委员。尔肯江·吐拉洪、王晓、张晓兰出席。

12 月 19 日 周强会见并宴请耶鲁大学法学院中国法律中心主任葛维宝教授。

12 月 19 日 共青团中央、教育部、公安部和全国少工委在北京人民大会堂举行以"预防交通意外伤害、快快乐乐出门、平平安安回家"

为主题的 2005 年“中国少年儿童平安行动”展示汇报暨表彰大会。张晓兰出席并讲话。

12 月 21 日—27 日 共青团中央、全国青联、欧美同学会共同举办“创新创业、报效祖国——2005 海外学人回国创业周”活动。21 日，活动开幕式在北京人民大会堂举行。中共中央政治局委员、全国人大常委会副委员长王兆国出席并讲话。周强介绍了共青团中央、全国青联近年来开展青年留学人员工作的有关情况和今后的工作安排。中央统战部副部长、欧美同学会党组书记陈喜庆，人事部副部长王晓初，欧美同学会常务副会长冯长根出席，尔肯江·吐拉洪主持。来自 19 个国家和地区的海外留学人员以及全国青联留学人员联谊会部分在京会员共约 400 人参加。开幕式前，王兆国会见了参加活动的留学人员，周强、陈喜庆、王晓初、尔肯江·吐拉洪、冯长根等参加。当天，还举办了“2005 海外学人创业论坛”、“海外学人回国创业恳谈会”和“部长形势报告会”。中国载人航天工程总设计师王永志等不同时期留学人员代表交流了留学报国、创新创业的感受和体会。国家发展和改革委员会主任马凯在“部长形势报告会”上作《关于“十一五规划”建议的几个问题》的主题报告。当晚，举行“2005 海外学人回国创业周”联欢晚宴。周强出席并致辞，中国科学院常务副院长白春礼等出席，尔肯江·吐拉洪主持。22 日，举行“2005 海外学人回国创业周— —聚焦大型民营企业”活动。42 家国内大型民营企业与 700 多名海外留学人员进行了人才、项目洽谈。创业周期间，参加活动的海外留学人员参加了在北京等 11 个省(区、市)举行的项目洽谈与人才交流活动，共发布生物医药、信息通讯、新材料、农业、环保等项目 825 项，签署合作协议 9 份。尔肯江·吐拉洪、卢雍政分别出席在河南、福建的活动。

12 月 21 日 共青团中央举行 2005 年度全国先进团组织表彰仪式。上海文化广播影视集团团委等 10 个基层团委获“全国五四红旗团委标兵”称号，北京公共交通控股(集团)有限公司团委等 190 个基层团委获“全国五四红旗团委”称号；陕西延安市宝塔区冯庄乡冯庄村团支部等 10 个团支部(总支)获“全国五四红旗团支部标兵”称号，北京顺义区仁和镇陶家坟村团支部等 276 个团支部(总支)获“全国五四红旗团支部”称号；北京门头沟区团委等 60 个团县(市、区)委获“全国团建先进县(市)”称号。周强出席并讲话，杨岳宣读表彰决定，王晓主持。书记处全体同志为获奖集体代表颁奖。

12 月 21 日 周强在团中央机关会见日本前外务副大臣、自民党众议员逢泽一郎和“未来政治研究会”会长、民主党众议员武正公一率领的日本国会议员代表团。

12 月 21 日 周强与中国驻日大使王毅就有关工作交换意见。

12 月 22 日 王晓宴请我驻波兰大使苑桂森夫妇，并就进一步开展中波青年交流事宜交换意见。

12 月 22 日 共青团中央、全国学联作出决定，授予洪战辉同学“全国自立自强优秀大学生”荣誉称号，并号召广大团员青年向他学习。

12 月 23 日—24 日 杨岳出席第十四次全国高等学校党的建设工作会议。

12 月 23 日—28 日 由团中央学校部、全国学联秘书处主办，合肥工业大学承办的第五期全国大中学校团组织心理咨询工作培训班在安徽合肥市举办。来自全国近百所大中学校团组织的 128 人参加。

12 月 24 日—28 日 由共青团中央、劳动和社会保障部主办，团浙江省委，中共台州市委、市人民政府承办的以“和谐·青春·创业·发展”为主题的第二届中国青年创业周活动在浙江台州市举行。24 日，王晓、浙江省人民政府副省长陈加元出席活动开幕式并讲话。随后，参观第二届中国青年创业项目洽谈会。

创业周期间，举办了第二届中国青年创业能力大赛及第三届中国青年创业论坛。

12月25日—30日　应全国青联澳门地区特邀委员和香港青年商会总会的邀请，以尔肯江·吐拉洪为团长的全国青联访问团一行11人访问澳门和香港。其间，访问团先后参加了“见证澳门”活动启动仪式、“挑战冠军”体育联谊赛、“庆回归·相聚澳门”联欢晚宴、“歌颂祖国·庆祝回归”普通话朗诵会、“同一颗心”首届内地与香港青年学生交流运动会开幕式，拜访了澳门中联办、香港中联办以及澳门中华总商会青年委员会、香港童军总会、香港青年协会、香港青年联会、香港广东社团总会，与港澳地区青联委员及各界青年代表人士开展交流活动。澳门特区行政长官何厚铧等出席有关活动，港澳各界青少年约3500多人次参加交流活动。

12月25日　贺军科在天津出席由中国科协、中国宇航协会、中国高科技产业化研究会、天津市人民政府等联合主办的“全国青少年学习航天英雄、弘扬航天精神大会”及“英雄航天员和航天专家与天津大学生见面会”并讲话。

12月25日　“我们的文明”主题系列活动组委会在北京举行由共青团中央、中央外宣办、中国社会科学院等指导，中国青少年社会服务中心、中青品牌网承办的“全国青少年喜爱的中国品牌展示活动”新闻发布会。

12月26日—27日　由共青团中央、中国青年志愿者协会主办，团浙江省委、浙江省青年志愿者协会、团杭州市委、中共下城区委、下城区人民政府共同承办的“社区志愿服务与和谐社会杭州论坛”在浙江杭州市举行。王晓出席论坛开幕式并讲话，中共浙江省委副书记乔传秀出席并开通论坛专题网站。中央有关部委负责同志和来自全国29个省(区、市)的团干部、社区志愿服务工作者及专家学者共200余人参加论坛。

12月26日—28日　团中央组织部在中央团校召开第一届全国团校精品培训项目、精品课程评审会议。

12月26日　杨岳出席中直机关2006年党的工作会议。

12月27日　共青团中央下发《关于深入开展“真情助困进万家”活动的通知》，要求各级团组织认真贯彻落实胡锦涛总书记关于在困难群众中开展送温暖、献爱心活动的重要指示精神，在元旦、春节期间深入开展“真情助困进万家”活动，切实为困难群众，尤其是为下岗失业青年、经济困难学生、农村贫困青年、残疾青年、进城务工青年、灾区青年等青年困难群体排忧解难，把党和政府的关怀和温暖，把团组织的关心和帮助送到他们的心坎上。

12月28日—29日　杨岳出席中央农村工作会议。

12月28日　卢雍政出席全国农村党员干部远程教育试点工作领导协调小组第六次(扩大)会议并发言。

12月30日　团中央直属机关党委召开机关各部门党支部书记、各直属单位党委书记会议，传达学习中直机关2006年党的工作会议精神，研究部署2006年工作。杨岳出席并讲话。

12月30日　张晓兰出席中俄“国家年”中方组委会工作组成员会议。

12月31日　团中央机关举办主题为“和谐——我们共同的追求”2006年新年联欢会。周强代表书记处致新年贺辞。书记处全体同志和机关全体干部职工参加。

12月31日　周强主持召开团中央书记处会议，研究书记处分工和书记处班子建设有关事宜。

12月　团中央直属机关广大党员和干部职工积极响应胡锦涛总书记的倡导，踊跃向困难群众特别是受灾群众捐款捐物，共捐款122，612元，捐献过冬衣物4750多件。同时，还动员中国青年企业家协会会员为江西九江地震灾区捐款20万元。